Slow Food Editore

slow wine

GUIDA 2021

slow wine

STORIE DI VITA, VIGNE E VINI IN ITALIA

GUIDA 2021

Curatori: Giancarlo Gariglio, Fabio Giavedoni

Redazione: Jonathan Gebser, Fabio Pracchia, Stella Ricciardelli, Gabriele Rosso

Segreteria di redazione: Sara Bertola, Federico Gallo, Tommaso Portieri, Olivia Reviglio

Collaboratori principali: Francesco Abate, Emidio Bachetti, Richard Baudains, Paolo Camozzi, Gian Paolo Ciancabilla, Matteo Circella, Paride Cocchi, Pierluigi Cocchini, Savio Del Bianco, Elisa De Nardo, Stefano Ferrari, Fausto Ferroni, Andrea Fontana, Fabrizio Gallino, Gianpaolo Giacobbo, Corinna Gianesini, Adele Elisabetta Granieri, Raffaele Guzzon, Vito Lacerenza, Francesco Paolo Lauriola, Patrizia Loiola, Alessandro Marra, Francesco Muci, Gaia Muci, Paolo Nozza, Davide Panzieri, Alessio Pietrobattista, Claudia Pinna, Antonio Previdi, Francesco Quercetti, Giancarlo Rafele, Federica Randazzo, Valentina Vercelli, Simone Zoli

Collaboratori: Filippo Abate, Francesca Alcaro, Andrea Aldrighetti, Maurizio Amoroso, Adriano Anglani, Simone Antonietti, Stefano Asaro, Bruno Bacci, Ugo Baldassarre, Alessandro Barletta, Giuseppe Barretta, Gabriele Bartalena, Marco Bechi, Luca Bersani, Francesca Bertaggia, Francesca Bidasio degli Imberti, Sauro Bini, Laura Boccutto, Gianni Boffredo, Ivan Bon, Simona Bonsignore, Marco Braganti, Pietro Buscetto, Tommaso Calosci, Fiorenza Cambiaghi, Vincenzo Canoro, Marilù Caputo, Emanuela Cardetta, Luca Carletto, Giulio Carli, Matteo Carlucci, Nadia Castellaccio, Marco Cavallotto, Emanuele Cenghiaro, Alessandro Cesca, Fabio Ceste, Roberto Checchetto, Pasquale Colucci, Corinne Cremonini, Michela Cristofoli, Giovanni Cucchiara, Chiara D'Adamo, Barbara D'Agapiti, Mario D'Alesio, Giovanni D'Alessandro, Lisa Dal Lago, Mario Da Ros, Giorgio Davini, Giorgio D'Orazio, Pier Ottavio Daniele, Marco Dell'Era, Franco Demoro, Massimo Di Cintio, Mariella Dubbini, Alessandra Etzo, Paolo Ferrarini, Marco Ferri, Piero Fiorentini, Antonio Follo, Pietro Garibbo, Roberto Gazzola, Alessandra Gianelli, Laura Giorgi, Francesca Gori, Maria Pia Gori, Giancarlo Granaldi, Attilio Granelli, Raffaella Grassone, Francesco Gronchi, Ivana Guantiero, Matteo Guidorizzi, Matteo Haber, Isho Kumamori, Sandra Ianni, Marcello Ingrassia, Barbara Iuan, Roberto Jancinelli, Lorena Lancia, Luca Lanza, Sante Laviola, Alessandro Limone, Maria Giulia Lorenzon, Simone Lucchisani, Carmelo Maiorca, Lorenzo Manea, Michele Marangio, Filippo Marchi, Massimo Marchi, Michele Marchi, Emiliano Marelli, Claudia Marinelli, Lanfranco Mariotti, Sara Marte, Franco Martino, Giacomo Mazzavillani, Paolo Mazzola, Giovanni Menicucci, Teresa Mincione, Alessandra Molinaro, Claudio Leonardo Moretti, Francesco Motta, Roberto Muzi, Valentino Nolich, Giovanni Norese, Laura Norese, Salvo Ognibene, Luca Ornani, Samuele Palandri, Maurizio Paolillo, Silvia Parcianello, Daniele Parri, Corrado Pasqualin, Gianluca Passaponti, Enrico Pastori, Andrea Pegoiani, Marco Peluso, Ennio Petovello, Adriana Pieroni, Peppino Placentino, Patrizia Poli, Antonio Politi, Giuseppe Pollio, Gianpaolo Priore, Rosa Prisciandaro, Salvatore Pulimeno, Martin Rance, Federica Ricci, Maurizio Rodighiero, Daniele Romanin, Chiara Ronchiato, Marco Rosati, Adriano Rossi, Andrea Russo, Matteo Salvetti, Marco Sangiorgi, Antonio Santini, Giuseppe Santo, Mirko Sciutto, Greta Sensidoni, Cristina Set, Maurizio Silvestri, Benedetto Squicciarini, Maurizio Stagnitto, Carlo Stasi, Enrico Tacchi, Salvatore Taronno, Stefano Tonanni, Lello Tornatore, Franco Utili,

Federico Varazi, Michele Vasselli, Martina Vetrih, Martina Viccinelli, Filippo Villa, Francesco Villa, Massimo Volpari, Carmen Wallace, Piero Xian, Liu Yi-Ching, Palma Zambetta, Andrea Zoccheddu,

Revisione testi: Valentina Carena, Tommaso Martino, Gabriele Rosso

Progetto grafico della copertina: Alice Iuri e Mauro de Toffol / theWorldofDot

Sistemi informativi, automazione: Flavio Marchesini

Impaginazione: Francesco Perona

Cartografia: Touring Editore

Finito di stampare nel settembre 2020 da Rotolito S.p.a., Seggiano di Pioltello (Mi)

Slow Food Editore srl
Via Audisio, 5 - 12042 Bra (Cn)
Tel. 0172 419611 - Fax 0172 411218
www.slowine.it - www.slowfoodeditore.it

Direttore editoriale: Chiara Cauda

Amministratore delegato: Carlo Bogliotti

La guida è stata chiusa in redazione il 5 settembre 2020.
Le segnalazioni non possono tenere conto di mutamenti intervenuti dopo tale data.

ISBN 978-88-8499-654-1

Dati personali e privacy
I dati sono trattati per l'edizione della Guida Slow Wine sulla base dei rapporti contrattuali nel caso dei collaboratori e sulla base del legittimo interesse nel caso delle schede dei prodotti o delle attività economiche recensite, tenuto conto che i dati personali sono limitati a quelli di contatto. Alcuni dati sono esclusivamente archiviati nei sistemi gestionali della società editrice per finalità amministrative-contabili ed organizzative-editoriali; i nominativi e alcuni dati di contatto, già pubblici, sono inseriti nelle guide e pertanto diffusi a tutti coloro che le acquistano o in versione cartacea o in versione digitale mediante app. I dati possono essere altresì diffusi mediante strumenti informatici (web e web app) o cartacei o altri strumenti editoriali, anche ad opera degli enti contitolari o Partner di progetto, nell'ambito di iniziative atte a segnalare, consigliare itinerari enogastronomici o promuovere stili di vita affini al movimento.

FSC
www.fsc.org
MISTO
Carta da fonti gestite in maniera responsabile
FSC® C005461

Si ringraziano tutte le persone, gli enti, le enoteche, i ristoranti e i Consorzi che ci hanno appoggiato durante il percorso di realizzazione della nostra guida.
Tra questi vogliamo in particolare citare:

Agriturismo La Polledrara a Paliano; Agriturismo San Mattia di Giovanni Ederle a Verona; Associazione Grandi Cru Costa toscana; Comune di Offida; Consorzio Chianti Rufina; Consorzio del vino Brunello di Montalcino; Consorzio del vino Chianti Classico; Consorzio del Vino Nobile di Montepulciano; Consorzio della Denominazione San Gimignano; Consorzio di Tutela dei vini del Sannio; Consorzio per la Tutela dei Vini Bolgheri Doc; Consorzio tutela Morellino di Scansano; Consorzio tutela Vini Maremma toscana; Consorzio tutela Vini Montecucco; Consorzio tutela Vini Montefalco; Consorzio Valtènesi; Consorzio Vignaioli del Trentino; Consorzio Vini Camignano; Consorzio Vini Piceni; Enoteca Regionale d'Abruzzo; Event Service Tuscany; Hotel Ristorante Ispinigoli a Dorgali; IDM Südtirol-Alto Adige di Bolzano; Istituto Agronomico Mediterraneo di Bari a Valenzano; Istituto Marchigiano di Tutela; Osteria Altran a Ruda; Osteria del Velodromo Vecchio a Roma; Osteria Don Abbondio a Forlì; Osteria Entrà a Finale Emilia; Parco Archeologico della Valle dei Templi; Ristorante La Brinca di Sergio Circella a Ne; Strada del Vino Colline Lucchesi; Strada del Vino e dei Sapori della Valle dei Templi; Strada del Vino Terre di Arezzo; Trattoria Il Gabbiano a Corte de' Cortesi; Trattoria Visconti a Ambivere; Vinea Soc. Coop. Agricola a Offida.

Sommario

INTRODUZIONE

Un anno eccezionale come il 2020 non poteva che lasciare la sua ingombrante impronta anche sulla nostra guida. Era inevitabile e così è stato. Fin dal principio, 11 anni fa, il nostro mantra – ripetuto fino allo sfinimento – è stato quello di aprire le stanze di degustazione, di abbandonare il bicchiere come unico paradigma del nostro giudizio. Abbiamo mantenuto la promessa. Abbiamo sguinzagliato centinaia di collaboratori su e giù per l'Italia del vino, percorrendola in lungo e in largo, macinando migliaia di chilometri. Abbiamo incontrato centinaia e centinaia di produttrici e produttori ogni anno, li abbiamo conosciuti, salutati, abbracciati, ci siamo confidati e abbiamo raccolto le loro confidenze. Il contatto come fonte di ispirazione. Il 10 marzo 2020 tutto questo è finito di colpo. Noi chiusi nelle nostre case e i vignaioli nelle loro, due mondi separati. Ma non poteva finire così: un anno eccezionale richiede strumenti altrettanto eccezionali, o in realtà, pensandoci a posteriori, normalissimi. Ormai taluni li definiscono addirittura invasivi. La tecnologia, spesso vituperata, è stata essenziale, e così per non recidere del tutto il cordone ombelicale che univa noi critici ai "giudicati" ecco che i computer e gli smartphone ci sono venuti in soccorso, così come è accaduto in molteplici altri campi. Pertanto *Slow Wine 2021* raccoglie al fondo di molte schede un QR Code: si tratta della testimonianza filmata dei nostri colloqui con i produttori. Non c'è alcuna velleità artistica, sono semplici racconti, istantanee di un momento eccezionale, vissuto da tutti i protagonisti in modo straordinariamente ordinario. Si narra la storia dell'azienda, si forniscono informazioni sulla conduzione del vigneto e sullo stile enologico. Nulla di così diverso dal solito, in fondo, ma riguardandoli nel complesso il consueto si trasforma in eccezionale. Perché scorrendo i 940 video si comprende come tutte queste interviste si tramutino in un mosaico che è un unicum nel panorama della critica enologica. Sogni, fatiche, imprevisti, talvolta lutti, risalite dopo le cadute, sconfitte e vittorie. Un racconto corale che è un groviglio di vite intrecciate, tutte accomunate da un denominatore unico, il vino. Però il contatto digitale, con tutti i suoi pro, non potrà mai sostituire la profondità di conoscenza raggiunta durante una visita in carne e ossa. Un fotogramma non ti porta in vigna così come lo fa una camminata tra i filari. E qui veniamo alla scelta più dolorosa che abbiamo compiuto, ovvero quello di non procedere con l'assegnazione del riconoscimento della Chiocciola – attribuito proprio sulla base delle visite che facciamo di persona in azienda –, il simbolo della nostra associazione e il premio più iconico. Confessiamo che in certi frangenti, quando sul database la mano doveva assegnare a molte cantine la Bottiglia o la Moneta invece della Chiocciola, abbiamo indugiato. I ripensamenti sono stati innumerevoli. Ma il rispetto per i lettori e per la coerenza con cui è stata costruita la nostra guida hanno prevalso. Recentemente un vignaiolo ci ha detto: «trovo che la scelta sia giusta perché ogni anno la Chiocciola va conquistata, non è un riconoscimento alla carriera». Ha colto nel segno. *Slow Wine* cambia, muta, si adatta al succedersi delle stagioni climatiche, al ricambio fisiologico dei collaboratori, alle mode stilistiche che si avvicendano, alle variazioni dei nostri gusti e all'invecchiamento dei nostri palati. Quella che per forza di cose deve rimanere sé stessa – pena la perdita di autorevolezza – è la voglia di consegnarvi una narrazione collettiva che si ponga poche chiare regole: il costante desiderio di indagine, di approfondimento, di conoscenza e di confronto con gli appassionati, così come con i produttori. A restarci scolpito nella memoria sarà il desiderio, a tratti feroce, di resistere che ci hanno trasmesso i nostri collaboratori e i vignaioli, quell'energia vitale capace di convincerci che, nonostante tutto, *Slow Wine* sarebbe uscita lo stesso anche nel 2020, e che l'edizione del 2019 non sarebbe stata il nostro ultimo ballo. Ora che scorriamo le centinaia di pagine che compongono questo volume, sentiamo che un piccolo contributo alla resilienza generale siamo riusciti a darlo, e che il vino è uno dei motivi per cui vale senz'altro la pena di gioire, e forse persino di vivere.

Giancarlo Gariglio e Fabio Giavedoni

COME LEGGERE LA GUIDA

LE CANTINE

BOTTIGLIA — Simbolo assegnato alle cantine che hanno espresso un'ottima qualità per tutte le bottiglie presentate alle nostre degustazioni.

€ **MONETA** — Simbolo assegnato alle cantine che hanno espresso un buon rapporto tra la qualità e il prezzo per tutte le bottiglie presentate alle nostre degustazioni.

CHIOCCIOLA — Simbolo assegnato a una cantina per il modo in cui intrepreta valori (organolettici, territoriali e ambientali) in sintonia con la filosofia di Slow Food. Sospeso in questa edizione della guida perchè non sono state effettuate le visite fisiche in azienda nel corso del 2020.

ACCOGLIENZA

Cantina che, nella stessa sede o nelle vicinanze, offre ristoro.

Cantina che, nella stessa sede o nelle vicinanze, offre ospitalità.

SCONTO **-10%** — Questo simbolo contrassegna l'azienda che effettua uno sconto minimo del 10% sul vino acquistato direttamente dal singolo cliente che si presenta in cantina con l'edizione cartacea di *Slow Wine 2021*. Questa promozione ha la durata di un anno, da ottobre 2020 a ottobre 2021.

Il QR Code, inserito al fondo delle schede, è collegato alle video interviste che documentano la nostra visita virtuale.

Prezzo in enoteca. Questo valore è stato calcolato aggiungendo al prezzo franco cantina l'IVA e poi il 40%, ovvero il ricarico medio operato dalle enoteche.

I dati relativi alle pratiche viticole ed enologiche sono stati forniti direttamente dalle aziende.

I VINI

TOP WINE

TOP

Vino che sotto il profilo organolettico ha raggiunto l'eccellenza durante le degustazioni.

VINO SLOW

VINO SLOW

Top Wine che, oltre ad avere una qualità organolettica eccellente, riesce a condensare nel bicchiere caratteri legati a territorio, storia e ambiente. L'attribuzione di questo simbolo implica l'assenza di diserbo chimico nei vigneti. Il Vino Slow risponde anche al criterio del buon rapporto tra la qualità e il prezzo, tenuto conto di quando e dove è stato prodotto.

VINO QUOTIDIANO

VINO QUOTIDIANO

Top Wine che costa fino a 12 € in enoteca.

Tipo di vino

- ○ Vino bianco
- ● Vino rosa
- ● Vino passito
- ● Vino rosso
- Vino frizzante

Tipo di affinamento

- Acciaio
- Legno piccolo
- Anfora
- Cemento
- Legno grande

Abbreviazioni generiche

ha	Ettari di proprietà o in affitto gestiti e coltivati direttamente dall'azienda
bt	Bottiglie totali prodotte dalla cantina
Cl.	Classico
Et.	Etichetta
M.	Metodo (M.Cl. per Metodo Classico)
P.R.	Peduncolo Rosso
Ris.	Riserva
Sel.	Selezione
Sup.	Superiore
V.T.	Vendemmia Tardiva

Abbreviazioni geografiche

A.A.	Alto Adige
C.B.	Colli Bolognesi
Con. Vald.	Conegliano Valdobbiadene
FCO	Friuli Colli Orientali
C.P.	Colli Piacentini
O.P.	Oltrepò Pavese

Glossario

FERTILIZZANTI

Compost

Si ottiene dalla decomposizione di un misto di sostanze organiche, residui di potature, scarti alimentari, letame, liquami... Condizioni essenziali per la sua efficacia sono la qualità della materia prima utilizzata, che deve essere priva di sostanze inquinanti, e il grado di umificazione. Essendo costituito di sostanza organica, migliora le caratteristiche chimiche, fisiche e microbiologiche del suolo.

Humus

Costituisce la frazione organica del terreno. Di composizione variabile e indeterminata, si forma dall'evoluzione dei residui di materia organica ad opera della macrofauna prima e della microflora e microfauna del suolo poi. Una volta maturo, assume l'aspetto e la consistenza di un terriccio scuro e umido, soffice e privo di odore. Il livello di evoluzione della materia organica che lo costituisce è definito "grado di umificazione". Svolge un ruolo agronomico insostituibile in quanto migliora la fertilità complessiva del suolo: come ammendante migliora la struttura del suolo, come concime fornisce il complesso di nutritivi necessari alla pianta, come bioattivatore stimola lo sviluppo della microflora del suolo. Con lo stesso termine si identificano in maniera generica i materiali organici di provenienza non meglio precisata che vengono apportati al suolo per migliorarne la fertilità.

Letame

È il prodotto dell'umificazione delle deiezioni solide e liquide degli animali in stabulazione, maturato, in opportune condizioni, insieme alla paglia della lettiera. È sostanza organica ad alto grado di umificazione, quindi fondamentale nella fertilizzazione, in quanto migliora le caratteristiche fisiche, chimiche e biologiche del suolo. Fino all'introduzione della chimica in agricoltura costituiva il fertilizzante per eccellenza; il suo uso è previsto sia dal metodo biologico sia da quello biodinamico. Presenta caratteristiche diverse a seconda dell'animale di provenienza. Può essere usato in forma naturale o in pellet, per un utilizzo più semplificato.

Minerali

Sono concimi ottenuti da composti minerali. La maggior parte di questi prodotti è ottenuta dall'industria estrattiva e chimica. I concimi minerali vengono definiti anche come concimi chimici. Non contenendo carbonio sono costituiti di materia inorganica. In base al loro principale componente, vengono classificati in concimi fosforici, azotati o potassici; esistono poi i concimi minerali complessi (binari, ternari...) che contengono due, tre o più elementi nutritivi (ed esempio, azoto-fosforo, azoto-fosforo-potassio...).

Organo-minerali

Sono ottenuti dalla miscela o dalla reazione di uno o più concimi organici con una o più parti di concimi minerali semplici o composti. Si tratta quindi di una via di mezzo tra i concimi organici, rispetto ai quali hanno un contenuto più elevato di elementi nutritivi, e quelli minerali, rispetto ai quali hanno una maggiore efficacia, in quanto agiscono anche sulle caratteristiche fisiche e microbiologiche del suolo. L'azoto e il fosforo devono provenire almeno in parte dai concimi organici, mentre il potassio e le restanti parti di azoto e fosforo possono derivare dalla parte minerale.

Preparati biodinamici

Si tratta di prodotti che svolgono azioni volte al miglioramento delle caratteristiche del suolo e della vegetazione secondo quanto previsto dal metodo di conduzione biodinamico del vigneto. Esistono preparati da spruzzo e da cumulo. I primi sono: il cornoletame o 500, che stimola il processo di umificazione del terreno, e il cornosilice o 501, coadiuvante del processo fotosintetico della pianta. I preparati da cumulo sono così detti in quanto si inoculano in un cumulo di letame appositamente predisposto che, dopo opportuna maturazione, viene distribuito sul terreno. Tutti i preparati biodinamici vengono utilizzati in dosi minime, da poche decine a poche centinaia di grammi per ettaro.

Sovescio

È una pratica agronomica che consiste nell'interramento di determinate colture allo scopo di migliorare la fertilità del suolo. I risultati di tale pratica virtuosa possono essere molteplici: aumento della materia organica del terreno, rallentamento dei fenomeni erosivi e mantenimento del patrimonio di azoto. Sotto questo punto di vista appare particolarmente importante il sovescio di leguminose, poiché queste piante fissano direttamente l'azoto atmosferico: esse sono in grado di arricchire il tenore di azoto disponibile nel terreno.

FITOFARMACI

Sono usati per proteggere le piante dall'attacco di fitofagi e patogeni e per controllare lo sviluppo di piante infestanti. Possono essere naturali o di sintesi. La confezione con cui vengono commercializzati i fitofarmaci deve recare una serie di indicazioni: il grado di tossicità (secondo la classificazione in *molto tossici, tossici, nocivi, irritanti*), il bersaglio (*insetticida, fungicida, diserbante...*), il tipo di formulazione (*polvere bagnabile, liquido emulsionabile...*), il meccanismo d'azione (*sistemico, citotropico, per contatto...*).

Fitofarmaci di sintesi

È il gruppo a cui appartengono tutti i prodotti ottenuti per via sintetica attraverso un processo chimico-industriale.

Rame e zolfo

Sono i fungicidi tradizionali per eccellenza. In viticoltura il rame è usto prevalentemente contro la peronospora, lo zolfo contro l'oidio. Lo zolfo però presenta rischi di fitotossicità nei confronti dei giovani tralci, soprattutto in coincidenza con le alte temperature estive. Può interferire sul processo di fermentazione, soprattutto nel caso di vitigni bianchi precoci. Il rame invece è un metallo pesante; il suo uso continuativo può determinarne l'accumulo con conseguenti problemi di tossicità nel terreno.

Organici

Sono utilizzati in agricoltura biologica. Si tratta di sostanze organiche, latte, decotti e tisane. La loro azione deve essere coordinata e in sinergia con una serie di altri interventi, il più delle volte preventivi, disciplinati dalla conduzione agronomica scelta.

DISERBO

Questa azione rientra nella gestione del suolo del vigneto onde evitare che erbe infestanti entrino in competizione con la vite e pregiudichino un corretto sviluppo della pianta. Il **diserbo chimico** fa uso di prodotti di sintesi che agiscono per contatto (sulla parte visibile dell'infestante), per traslazione (sistemici che attaccano radice e pianta), per azione residuale (nel tempo impediscono al seme di germinare). Il **diserbo meccanico** e/o **manuale** prevede l'uso di mezzi e di tecniche finalizzati alla rimozione di erbe infestanti o a ostacolarne lo sviluppo, determinando condizioni più sfavorevoli alla loro crescita. La più semplice tecnica di diserbo meccanico è lo sfalcio che prevede l'utilizzo di barre falcianti o decespugliatori. Questa pratica garantisce il rispetto totale dell'ambiente ed è utilizzata nei vigneti a conduzioni biologica o biodinamica.

LIEVITI

I lieviti sono i responsabili della fermentazione, ovvero della trasformazione dello zucchero del mosto in alcol (etanolo) e anidride carbonica. Nell'uva i lieviti sono localizzati in parte sulla pruina, la sostanza cerosa che riveste l'epidermide dell'acino e in parte nell'ambiente della cantina: sono i cosiddetti lieviti indigeni. L'evoluzione delle tecniche di cantina ha permesso di selezionare ceppi di lieviti capaci di rispondere a esigenze particolari di ogni produttore oppure di coadiuvare i lieviti indigeni qualora questi trovino qualche ostacolo in questa delicata e fondamentale fase della vinificazione. In base alla sua filosofia produttiva, alle sue esigenze o alle contingenze occasionali, ogni produttore potrà scegliere come condurre le fermentazioni. Le possibili modalità sono essenzialmente quattro. La **fermentazione spontanea** prevede che nulla venga aggiunto al mosto, né lieviti né coadiuvanti dei lieviti stessi: l'inizio di fermentazione può eventualmente essere regolato dal controllo delle temperature. Gli starter della fermentazione sono colture di lieviti selezionati che avviano il processo fermentativo. Possono essere utilizzati: lieviti **selezionati industriali**, prodotti da grandi ditte specializzate e facilmente reperibili in commercio, utilizzati per attivare velocemente ed efficacemente le fermentazioni; **selezione di lieviti indigeni**, individuati attraverso uno specifico lavoro di ricerca e selezione dei lieviti presenti naturalmente nel vigneto aziendale e/o in cantina, oppure da selezioni condotte su una singola varietà di uva, duplicati in laboratorio e utilizzati da più produttori dello stesso territorio. Il pied de cuve è una tecnica antica e consolidata che prevede la raccolta anticipata di una piccola quantità di uva che viene pigiata e posta a fermentare (più spesso in maniera spontanea, o con inoculo di lieviti): questa piccola massa di mosto in fermentazione verrà poi usata come starter per le uve raccolte e pigiate successivamente.

ABRUZZO E MOLISE

ALTO ADIGE/SÜDTIROL

318 A.A. Chardonnay Donà D'Or 2013 ○ VINO SLOW
Hartmann Donà
330 A.A. Lago di Caldaro Cl. Sup.
Quintessenz 2019 ●
Cantina Caldaro
330 A.A. Lago di Caldaro Scelto Cl. Sup.
Bischofsleiten 2019 ● VINO QUOTIDIANO
Castel Sallegg - Conte Kuenburg
321 A.A. Lagrein Kretzer 2019 ● VINO QUOTIDIANO
Cantina Convento Muri-Gries
317 A.A. Pinot Bianco Flora Ris. 2018 ○
Cantina Girlan
318 A.A. Pinot Bianco
Plötzner 2019 ○ VINO QUOTIDIANO
Cantina San Paolo
320 A.A. Pinot Nero Pigeno 2017 ●
Stroblhof
336 A.A. Pinot Nero Linticlarus Ris. 2017 ●
Tiefenbrunner - Castel Turmhof
341 A.A. Pinot Nero Schweizer 2016 ●
Franz Haas
327 A.A. Santa Maddalena Cl. 2019 ●
Untermoserhof - Georg Ramoser
323 A.A. Santa Maddalena Cl. Isarcus 2018 ●
Griesbauerhof - Georg Mumelter
324 A.A. Santa Maddalena Morit 2019 ● VINO SLOW
Loacker
340 A.A. Sauvignon Praesulis 2019 ○
Gumphof - Markus Prackwieser
338 A.A. Sauvignon Voglar 2018 ○
Peter Dipoli
338 A.A. Schiava 2019 ● VINO SLOW
Glassierhof - Stefan Vaja
332 A.A. Terlano Chardonnay
Sophie 2018 ○ VINO SLOW
Manincor
346 A.A. Terlano Pinot Bianco Rarity 2007 ○
Cantina Terlano
333 A.A. Val Venosta Riesling Unterortl 2019 ○
Unterortl - Castel Juval
348 A.A. Valle Isarco Riesling Praepositus 2018 ○
Abbazia di Novacella
328 A.A. Valle Isarco Sylvaner 2019 ○
Hoandlhof - Manni Nössing
329 A.A. Valle Isarco Sylvaner 2019 ○ VINO SLOW
Kuenhof - Peter Pliger
326 Caroline 2017 ○ VINO SLOW
Pranzegg - Martin Gojer
340 Casòn Bianco 2017 ○ VINO SLOW
Alois Lageder
325 Elda 2015 ● VINO SLOW
Nusserhof - Heinrich Mayr
316 Hoamet 2017 ● VINO SLOW
Bergmannhof - Josef Pichler
350 Müller Thurgau Etza 2019 ○ VINO SLOW
Radoar - Norbert Blasbichler
321 Pinot Bianco Vom Muschelkalk 2018 ○ VINO SLOW
Weingut Abraham
345 Pinot Nero 8 2017 ● VINO SLOW
Tenuta Dornach - Patrick Uccelli
335 Sankt Anna 2017 ● VINO SLOW
In Der Eben - Urban Plattner
334 Sauvignon 2018 ○ VINO SLOW
Grawü
326 Schiava 2017 ● VINO SLOW
Reyter
350 Sylvaner 2018 ○ VINO SLOW
Garlider - Christian Kerschbaumer
347 T Bianco 2019 ○ VINO QUOTIDIANO
Cantina Tramin

BASILICATA

977 Aglianico del Vulture Etichetta Bianca 2017 ● VINO SLOW
Musto Carmelitano

982 Aglianico del Vulture Gricos 2018 ● VINO SLOW
Grifalco

983 Aglianico del Vulture Liscone 2015 ● VINO QUOTIDIANO
Madonna delle Grazie

974 Aglianico del Vulture Sup. Cruà 2016 ●
Basilisco

979 Aglianico del Vulture Sup. La Firma 2015 ●
Cantine del Notaio

974 Aglianico del Vulture Titolo 2018 ● VINO SLOW
Elena Fucci

979 Antelio 2018 ● VINO SLOW
Camerlengo

CALABRIA

988 Cirò Bianco 2019 ○ VINO QUOTIDIANO
Cote di Franze

988 Cirò Rosé 2019 ● VINO QUOTIDIANO
Cataldo Calabretta

987 Cirò Rosso Cl. Sup. Aris 2017 ● VINO SLOW
Sergio Arcuri

987 Cirò Rosso Cl. Sup. Ris. 2016 ● VINO SLOW
'A Vita

990 Orange 2019 ○ VINO SLOW
Cantine Benvenuto

CAMPANIA

897 **Aglianico del Taburno Vigna Cataratte Ris. 2015 ●** VINO SLOW
Fontanavecchia

889 **Campi Flegrei Bianco Tenuta Jossa 2018 ○** VINO SLOW
Cantine Astroni

887 **Campi Flegrei Falanghina 2018 ○** VINO QUOTIDIANO
Cantine del Mare

891 **Campi Flegrei Piedirosso 2017 ●** VINO SLOW
Contrada Salandra

888 **Campi Flegrei Piedirosso Vigna delle Volpi 2017 ●** VINO SLOW
Agnanum - Raffaele Moccia

874 **Campi Flegrei Piedirosso Vigna Madre 2018 ●** VINO SLOW
La Sibilla

884 **Campo di Mandrie 2018 ○** VINO SLOW
Giovanni Iannucci

883 **Cilento Aglianico Siopé 2016 ●**
Maffini

881 **Cilento Fiano Valmezzana 2019 ○** VINO QUOTIDIANO
Albamarina

910 **Cupo 2018 ○**
Pietracupa

900 **È Iss Prefilloxera 2016 ●** VINO SLOW
Tenuta San Francesco

876 **Falanghina del Sannio 2019 ○** VINO QUOTIDIANO
Terra di Briganti

879 **Falanghina del Sannio Alexia 2019 ○** VINO QUOTIDIANO
Fattoria Ciabrelli

882 **Falanghina del Sannio Fois 2019 ○** VINO QUOTIDIANO
Cautiero

893 **Falanghina del Sannio Sant'Agata dei Goti Vigna Segreta 2018 ○** VINO SLOW
Mustilli

884 **Falanghina del Sannio Extra Dry** ⁂ VINO QUOTIDIANO
Corte Normanna

918 **Fiano di Avellino 2017 ○** VINO SLOW
Guido Marsella

919 **Fiano di Avellino 2019 ○** VINO SLOW
Ciro Picariello

916 **Fiano di Avellino Alimata 2018 ○**
Villa Raiano

921 **Fiano di Avellino Serrapiano 2018 ○** VINO SLOW
Torricino

908 **Fiano di Avellino Tognano 2017 ○** VINO SLOW
Rocca del Principe

920 **Greco di Tufo 2019 ○** VINO QUOTIDIANO
Cantine di Marzo

918 **Greco di Tufo Cutizzi 2019 ○**
Feudi di San Gregorio

920 **Greco di Tufo Miniere 2018 ○** VINO SLOW
Cantine dell'Angelo

895 **Phos 2018 ●** VINO SLOW
I Cacciagalli

899 **Piedirosso 2019 ●** VINO QUOTIDIANO
Giuseppe Apicella

901 **Polveri della Scarrupata 2018 ○**
Nanni Copè

879 **Preta 2019 ○** VINO QUOTIDIANO
Capolino Perlingieri

875 **Spasso 2019 ●** VINO QUOTIDIANO
Cantine Matrone

914 **Taurasi Puro Sangue Ris. 2015 ●** VINO SLOW
Luigi Tecce

913 **Taurasi Vigna Cinque Querce 2013 ●**
Salvatore Molettieri

EMILIA-ROMAGNA

558 Albana Passito Scaccomatto 2016 ●
Fattoria Zerbina

558 Arcaica 2018 ○ VINO SLOW
Paolo Francesconi

526 Bersot 1933 2018 ○ VINO SLOW
Gradizzolo - Ognibene

534 C. B. Pignoletto Frizzante Vènti 2018 ◌ VINO SLOW
Lodi Corazza

519 C.B. Barbera Saramat 2019 ● VINO SLOW
Al di Là del Fiume

534 C.B. Pignoletto Cl. 2018 ○ VINO QUOTIDIANO
Manaresi - Podere Bella Vista

526 C.B. Pignoletto Sup. 2019 ○ VINO QUOTIDIANO
Alessandro Fedrizzi

531 C.P. Malvasia Frizzante
Blanca 2019 ◌ VINO QUOTIDIANO
Gualdora

531 C.P. Malvasia Passito 2018 ●
Il Negrese

530 C.P. Malvasia Sorriso di Cielo 2019 ○ VINO SLOW
La Tosa

529 C.P. Vin Santo Albarola 2009 ●
Barattieri

529 C.P. Vin Santo di Vigoleno 2010 ●
Lusignani

530 Caravaggio Bianco 2019 ○ VINO SLOW
Romagnoli

546 Cinquecampi Rosso 2019 ◌ VINO QUOTIDIANO
Cinque Campi

528 Grotto 2018 ○ VINO SLOW
Orsi - Vigneto San Vito

521 Gutturnio Sup. Migliorina 2018 ● VINO QUOTIDIANO
Marengoni

543 Il Mio Ribelle 2019 ◌ VINO QUOTIDIANO
Camillo Donati

543 Il Nativo Ancestrale 2018 ◌ VINO QUOTIDIANO
Terraquilia

537 Lambrusco di Modena M. Cl. Rosé 2015 ◌
Cantina della Volta

539 Lambrusco di Sorbara Falistra 2019 ◌ VINO SLOW
Podere Il Saliceto

538 Lambrusco di Sorbara Radice 2019 ◌ VINO SLOW
Gianfranco Paltrinieri

548 Lambrusco di Sorbara Rito 2019 ◌ VINO QUOTIDIANO
Zucchi

541 Lambrusco Grasparossa di Castelvetro
Monovitigno 2019 ◌ VINO QUOTIDIANO
Fattoria Moretto

547 Levante 90 2019 ◌ VINO QUOTIDIANO
Denny Bini - Podere Cipolla

523 Masrà 3 Uve 2018 ◌ VINO QUOTIDIANO
Tenuta Borri

562 Mezzelune 2018 ○ VINO SLOW
Ca' dei Quattro Archi

571 MonteRè 2016 ○ VINO SLOW
Vigne dei Boschi

518 Nevermore 2011 ● VINO SLOW
Luretta

557 Perlagioia 2019 ○ VINO QUOTIDIANO
Ancarani

554 Pignoletto Frizzante
Sui Lieviti 2019 ◌ VINO QUOTIDIANO
Fratta Minore

532 Pratobianco 2019 ○ VINO QUOTIDIANO
Torre Fornello

541 Ripa di Sopravento 2019 ◌ VINO SLOW
Vittorio Graziano

563 Romagna Albana GioJa 2019 ○ VINO QUOTIDIANO
Giovannini

563 Romagna Albana Passito 2016 ●
Fattoria Monticino Rosso

557 Romagna Albana Secco
SabbiaGialla 2019 ○ VINO SLOW
Cantina San Biagio Vecchio

564 Romagna Albana Vitalba 2019 ○ VINO SLOW
Tre Monti

559 Romagna Sangiovese Brisighella
Corallo Rosso 2018 ● VINO SLOW
Gallegati

561 Romagna Sangiovese
Il Bosco di Pertinello 2019 ● VINO QUOTIDIANO
Tenuta Pertinello

570 Romagna Sangiovese Longiano Sup.
Primo Segno 2018 ● VINO SLOW
Villa Venti

569 Romagna Sangiovese Predappio
Il Sangiovese 2019 ● VINO QUOTIDIANO
Noelia Ricci

566 Romagna Sangiovese Sup. Atto II 2018 ● VINO SLOW
Il Teatro

552 Romagna Sangiovese Sup.
Oddone 2019 ● VINO QUOTIDIANO
Tenuta La Viola

567 Romagna Sangiovese Sup.
Papesse 2019 ● VINO QUOTIDIANO
Villa Papiano

568 Romagna Sangiovese Sup. Predappio
di Predappio Vigna del Generale Ris. 2015 ●
Fattoria Alessandro Nicolucci

539 San Vincent 2019 ◌ VINO SLOW
Bergianti Vino - Terre Vive

555 Sangiovese La Farfalla 2019 ● VINO QUOTIDIANO
Marta Valpiani

535 Vinessum 2019 ◌ VINO QUOTIDIANO
Oro di Diamanti

544 Znèstra 2019 ◌ VINO QUOTIDIANO
Crocizia

FRIULI VENEZIA GIULIA

441 Aquileia Sauvignon
Giona 2019 ○ VINO QUOTIDIANO
Tarlao Vignis in Aquileia
479 Arbis Blanc 2017 ○ VINO SLOW
Borgo San Daniele
473 Brda 2017 ○ VINO SLOW
Kristian Keber
474 Brda Rebula 2018 ○ VINO SLOW
Movia
476 Brda Rebula Opoka
Medana Jama Cru 2017 ○
Marjan Simčič
472 Brda Rebula Robida 2015 ○ VINO SLOW
Borut Blažič
504 Carso Vitovska 2018 ○ VINO SLOW
Rado Kocjančič
483 Collio Bianco 2018 ○ VINO SLOW
Edi Keber
477 Collio Bianco Vecchie Vigne 2016 ○ VINO SLOW
Roncùs
509 Collio Bianco Zuani Ris. 2017 ○
Zuani
480 Collio Friulano 2019 ○ VINO QUOTIDIANO
Maurizio Buzzinelli
481 Collio Friulano 2019 ○
Colle Duga
489 Collio Friulano 2019 ○
Franco Toros
510 Collio Friulano Manditocai 2018 ○
Livon
491 Collio Pinot Bianco Tàlis 2019 ○
Venica & Venica
495 Collio Ribolla Gialla 2015 ○ VINO SLOW
La Castellada
451 FCO Bianco Clivi Galea 2018 ○ VINO SLOW
I Clivi
464 FCO Friulano 2019 ○ VINO QUOTIDIANO
Orlando e Didonè - La Cricca
443 FCO Friulano 2019 ○ VINO QUOTIDIANO
Petrucco
465 FCO Friulano 2019 ○ VINO QUOTIDIANO
Pizzulin
443 FCO Friulano 2019 ○ VINO QUOTIDIANO
Flavio Pontoni
453 FCO Friulano 2019 ○ VINO QUOTIDIANO
Ronc dai Luchis
466 FCO Friulano 2018 ○ VINO SLOW
Ronco Severo
455 FCO Friulano Vigne Cinquant'anni 2018 ○
Le Vigne di Zamò
452 FCO Refosco di Faedis 2016 ● VINO SLOW
Ca' dei Faggi
499 Folo Bianco 2018 ○ VINO SLOW
Zaro 1348
441 Friuli Aquileia
Pinot Bianco 2019 ○ VINO QUOTIDIANO
Mulino delle Tolle
487 Friuli Friulano Blanc di Simon 2019 ○ VINO SLOW
Simon di Brazzan
467 Friuli Friulano La Duline 2018 ○ VINO SLOW
Vignai da Duline
502 Friuli Isonzo Bianco Flors di Uis 2018 ○
Vie di Romans
486 Friuli Isonzo Bianco Latimis 2018 ○
Ronco del Gelso
497 Friuli Isonzo Friulano 2019 ○ VINO QUOTIDIANO
Blason
503 Friuli Isonzo Sauvignon Corvatis 2018 ○
Murva Renata Pizzulin
510 Friuli Isonzo Sauvignon Picol 2018 ○
Lis Neris
498 Istra Malvazija 2018 ○ VINO QUOTIDIANO
Korenika & Moškon
511 Kras Vitovska 2017 ○ VINO SLOW
Stemberger
507 Malvasia 2016 ○ VINO SLOW
Il Carpino
492 Malvasia 2018 ○ VINO SLOW
Skerk
512 Malvasia 2017 ○ VINO SLOW
Skerlj
494 Ribolla 2012 ○ VINO SLOW
Gravner
495 Ribolla Gialla 2010 ○
Damijan Podversic
471 Vipaska Dolina Zelen 2019 ○ VINO QUOTIDIANO
Ferjančič
512 Vipavska Dolina Burja Bela 2018 ○ VINO SLOW
Burja
513 Vipavska Dolina Malvazija 2018 ○ VINO SLOW
Vina Krapez
471 Vipavska Dolina
Rebula Selection 2018 ○ VINO SLOW
Guerila
493 Vitovska Kamen 2018 ○ VINO SLOW
Zidarich

LAZIO

828 Artemisia 2019 ○ VINO SLOW
Le Rose
830 Cardito 2019 ○ VINO QUOTIDIANO
Donato Giangirolami
833 Cesanese del Piglio
Priore Ju Quarto 2018 ● VINO SLOW
La Visciola
820 Cesanese del Piglio Sup.
Tenuta della Ioria 2018 ● VINO QUOTIDIANO
Casale della Ioria
827 Frascati Sup. Abelos 2019 ○ VINO QUOTIDIANO
De Sanctis
825 M. Cl. Pas Dosé Kius 2013 VINO SLOW
Marco Carpineti
831 Olevano Romano Sup.
Il Fresco 2019 ● VINO QUOTIDIANO
Marco Antonelli
831 Olevano Romano Sup. Silene 2018 ● VINO SLOW
Damiano Ciolli
829 Zero8 Aleatico 2016 ● VINO QUOTIDIANO
Georgea Marini

LIGURIA

217 Apogeo 2019 ○
Cascina delle Terre Rosse
220 Berette Non Filtrato 2018 ○ VINO SLOW
La Ricolla
227 Cinque Terre 2019 ○ VINO SLOW
Possa
225 Cinque Terre Pergole Sparse 2019 ○
Cantina Cinque Terre
211 Colline di Levanto Vermentino
Luccicante 2019 ○ VINO SLOW
Cà du Ferrà
228 Giuncàro 2018 ○ VINO SLOW
Santa Caterina
226 Harmoge 2017 ○
Walter De Battè
231 Lumassina 2019 ○ VINO QUOTIDIANO
Sancio
222 Riviera Ligure di Ponente Pigato 2019 ○
Laura Aschero
215 Riviera Ligure di Ponente
Vermentino 2019 ○ VINO QUOTIDIANO
Luigi Bianchi Carenzo
217 Rossese di Dolceacqua 2018 ● VINO SLOW
Testalonga
216 Rossese di Dolceacqua
Bricco Arcagna 2018 ● VINO SLOW
Terre Bianche
227 Rossese di Dolceacqua Curli 2018 ● VINO SLOW
Maccario Dringenberg

LOMBARDIA

248 **1703 2018** ● VINO SLOW
Togni Rebaioli
284 **347 m.s.l.m. 2019** ● VINO QUOTIDIANO
Valdamonte
271 **Barbacarlo 2018** ● VINO SLOW
Barbacarlo
242 **Blanc de Blancs**
Pas Operé Sogno 2014 ⁂ VINO SLOW
Ca' del Vent
237 **Botticino Pià de la Tesa 2018** ● VINO SLOW
Noventa
239 **Capriano del Colle Marzemino**
Berzamì 2019 ● VINO QUOTIDIANO
Lazzari
239 **Capriano del Colle Rosso**
Carme 2018 ● VINO QUOTIDIANO
San Michele
245 **Franciacorta Brut CruPerdu 2014** ⁂
Castello Bonomi
246 **Franciacorta Brut Rosé QRosé 2011** ⁂
Tenuta Quadra
251 **Franciacorta Brut Satèn 2016** ⁂ VINO SLOW
Cavalleri
245 **Franciacorta Brut Satèn** ⁂ VINO SLOW
Corte Fusia
253 **Franciacorta Dosaggio Zero 2015** ⁂ VINO SLOW
Andrea Arici Colline della Stella
254 **Franciacorta Dosaggio Zero 2016** ⁂ VINO SLOW
Monte Alto
250 **Franciacorta Dosaggio Zero**
Annamaria Clementi Ris. 2010 ⁂
Ca' del Bosco
253 **Franciacorta Dosaggio Zero Sublimis Ris. 2012** ⁂
Uberti
258 **Franciacorta Extra Brut EBB 2015** ⁂
Mosnel
247 **Franciacorta Extra Brut**
Palazzo Lana Extreme Ris. 2009 ⁂
Guido Berlucchi & C.
250 **Franciacorta Extra Brut Pas Operé 2014** ⁂
Bellavista
251 **Franciacorta Extra Brut Pietro Camossi Ris. 2010** ⁂
Camossi
261 **Franciacorta Naturae Edizione 2016** ⁂ VINO SLOW
Barone Pizzini
252 **Franciacorta Nature 2014** ⁂
Enrico Gatti
247 **Franciacorta Pas Dosé**
Girolamo Bosio Ris. 2013 ⁂
Bosio
261 **Il Valtènesi 2018** ● VINO QUOTIDIANO
Pasini - San Giovanni
264 **Imberghem 2019** ● VINO QUOTIDIANO
Angelo Pecis
265 **Lugana Capotesta 2019** ○
Cascina Maddalena
259 **Lugana Etichetta Nera 2019** ○ VINO QUOTIDIANO
Brunello
260 **Lugana Marangona 2019** ○ VINO QUOTIDIANO
Marangona
249 **Lugana Montunal 2019** ○ VINO QUOTIDIANO
Montonale
278 **M. Cl. Brut Pinot 64 2016** ⁂ VINO SLOW
Calatroni
264 **Moscato di Scanzo 2015** ● VINO SLOW
Biava
281 **O.P. Bonarda Frizzante**
Campodelmonte 2019 ⁂ VINO QUOTIDIANO
Agnes
273 **O.P. Bonarda Vivace**
Ipazia 2019 ⁂ VINO QUOTIDIANO
Andrea Picchioni
274 **O.P. M. Cl. Pinot Nero Extra Brut**
Vergomberra 2016 ⁂ VINO SLOW
Bruno Verdi
277 **O.P. Pinot Nero Noir 2017** ● VINO SLOW
Tenuta Mazzolino
283 **O.P. Pinot Nero**
Solonero 2018 ● VINO QUOTIDIANO
Manuelina
255 **San Giobbe 2017** ● VINO SLOW
La Costa
259 **San Martino della Battaglia**
Monte Olivi 2019 ○ VINO QUOTIDIANO
Cobue
268 **Sforzato di Valtellina**
Quattro Soli 2015 ● VINO SLOW
La Perla Marco Triacca
275 **Uva Rara 2018** ● VINO QUOTIDIANO
Frecciarossa
244 **Valtellina Sup. Grumello Sassorosso 2017** ●
Nino Negri
258 **Valtellina Sup. Ris. 2017** ● VINO SLOW
Dirupi
240 **Valtellina Sup. Sassella Grisone 2017** ● VINO SLOW
Alfio Mozzi
266 **Valtellina Sup. Sassella**
Nuova Regina Ris. 2013 ● VINO SLOW
Ar.Pe.Pe.
244 **Valtellina Sup. Sassella**
Vigna degli Apostoli 2013 ●
Rainoldi
268 **Valtellina Sup. Valgella**
Carterìa Ris. 2016 ● VINO SLOW
Fay
262 **Valtènesi Chiaretto Preafète 2019** ● VINO SLOW
Podere dei Folli

MARCHE

804 **Arshura 2017 ●** VINO SLOW
Valter Mattoni
797 **Bianchello del Metauro Sup.**
Tenuta Campioli 2019 ○ VINO QUOTIDIANO
Fiorini
785 **Campo delle Oche Integrale 2015 ○** VINO SLOW
Fattoria San Lorenzo
797 **Castelli di Jesi Verdicchio Ris. Cl.**
Rincrocca 2017 ○ VINO SLOW
La Staffa
781 **Castelli di Jesi Verdicchio Ris. Cl.**
San Paolo 2017 ○ VINO SLOW
Pievalta
767 **Castelli di Jesi Verdicchio Ris. Cl.**
Vigna Il Cantico della Figura 2017 ○
Andrea Felici
790 **Castelli di Jesi Verdicchio Ris. Cl.**
Villa Bucci 2017 ○ VINO SLOW
F.lli Bucci
785 **Di Gino 2019 ○** VINO QUOTIDIANO
Fattoria San Lorenzo
809 **Falerio Pecorino Franco 2019 ○**
Officina del Sole
800 **Falerio Pecorino Onirocep 2019 ○** VINO SLOW
Pantaleone
807 **I Paoli 2019 ●** VINO QUOTIDIANO
Fiorano
807 **Kurni 2018 ●**
Oasi degli Angeli
787 **Lacrima di Morro d'Alba**
Da Sempre 2019 ● VINO QUOTIDIANO
Vicari
793 **Lacrima di Morro d'Alba**
Piramo 2018 ● VINO QUOTIDIANO
Vigna degli Estensi
787 **Lacrima di Morro d'Alba Sup.**
Orgiolo 2018 ● VINO SLOW
Marotti Campi
801 **Michelangelo 2016 ●**
Emanuele Dianetti
814 **Offida Pecorino 2019 ○** VINO QUOTIDIANO
Tenuta Santori - Montebove
802 **Offida Pecorino**
Artemisia 2019 ○ VINO QUOTIDIANO
Tenuta Spinelli
803 **Offida Pecorino Mida 2019 ○** VINO SLOW
Maria Letizia Allevi
812 **Offida Rosso**
Lupo del Ciafone 2016 ● VINO SLOW
San Filippo
806 **Piceno Sup. Polisia 2016 ●** VINO SLOW
Vigneti Vallorani
810 **Rosso Piceno Sup. 2018 ●** VINO SLOW
Aurora
817 **Rosso Piceno Sup.**
Vigna Monteprandone 2018 ● VINO SLOW
Saladini Pilastri
767 **Verdicchio dei Castelli di Jesi Cl. Sup.**
Arsicci 2019 ○ VINO QUOTIDIANO
Fattoria Nannì
795 **Verdicchio dei Castelli di Jesi Cl. Sup.**
Conscio 2018 ○ VINO SLOW
Accadia
775 **Verdicchio dei Castelli di Jesi Cl. Sup.**
Cuprese 2018 ○ VINO QUOTIDIANO
Colonnara
772 **Verdicchio dei Castelli di Jesi Cl. Sup.**
Ghiffa 2018 ○ VINO QUOTIDIANO
Cològnola - Tenuta Musone
776 **Verdicchio dei Castelli di Jesi Cl. Sup.**
Il Priore 2018 ○
Sparapani - Frati Bianchi
797 **Verdicchio dei Castelli di Jesi Cl. Sup.**
La Staffa 2019 ○ VINO QUOTIDIANO
La Staffa
770 **Verdicchio dei Castelli di Jesi Cl. Sup.**
Podium 2018 ○
Gioacchino Garofoli
781 **Verdicchio dei Castelli di Jesi Cl. Sup.**
Tre Ripe 2019 ○ VINO QUOTIDIANO
Pievalta
789 **Verdicchio dei Castelli di Jesi Cl. Sup.**
Vecchie Vigne 2018 ○
Umani Ronchi
771 **Verdicchio dei Castelli di Jesi Cl. Sup.**
Vigneto del Balluccio 2018 ○ VINO SLOW
Tenuta dell'Ugolino
794 **Verdicchio dei Castelli di Jesi Cl. Sup.**
Ylice 2018 ○ VINO SLOW
Poderi Mattioli
784 **Verdicchio di Matelica 2019 ○** VINO QUOTIDIANO
Tenuta Colpaola
782 **Verdicchio di Matelica Bisci 2019 ○** VINO QUOTIDIANO
Bisci
783 **Verdicchio di Matelica Cambrugiano Ris. 2017 ○**
Cantine Belisario
772 **Verdicchio di Matelica**
Collestefano 2019 ○ VINO QUOTIDIANO
Collestefano
783 **Verdicchio di Matelica**
Del Cerro 2019 ○ VINO QUOTIDIANO
Cantine Belisario
782 **Verdicchio di Matelica**
Senex Ris. 2015 ○ VINO SLOW
Bisci
782 **Verdicchio di Matelica Vertis 2018 ○** VINO SLOW
Borgo Paglianetto

PIEMONTE

161 **Alta Langa Blanc de Noir Pas Dosé For England 2016** ⁂
Contratto
170 **Alta Langa Pas Dosé 2014** ⁂
Bava
69 **Barbaresco Albesani 2016** ● VINO SLOW
Cantina del Pino
127 **Barbaresco Albesani Vigna Santo Stefano 2017** ●
Castello di Neive
87 **Barbaresco Asili 2017** ●
Bricco Rocche - Bricco Asili
148 **Barbaresco Asili Ris. 2015** ●
Ca' del Baio
132 **Barbaresco Cottà 2017** ●
Sottimano
73 **Barbaresco Crichët Pajé 2012** ●
Roagna
127 **Barbaresco Gallina 2016** ● VINO SLOW
Piero Busso
72 **Barbaresco Martinenga Camp Gros Ris. 2015** ●
Marchesi di Grésy
72 **Barbaresco Montefico Ris. 2015** ●
Produttori del Barbaresco
73 **Barbaresco Montestefano 2016** ● VINO SLOW
Serafino Rivella
71 **Barbaresco Rabajà Ris. 2013** ●
Giuseppe Cortese
70 **Barbaresco Roccalini 2017** ● VINO SLOW
Cascina Roccalini
149 **Barbaresco Rombone 2016** ● VINO SLOW
Fiorenzo Nada
65 **Barbaresco Sanadaive 2017** ● VINO SLOW
Marco e Vittorio Adriano
130 **Barbaresco Sorì Paitin Serraboella 2017** ● VINO SLOW
Paitin
71 **Barbaresco Sorì Tildin 2017** ●
Gaja
68 **Barbaresco Starderi 2017** ● VINO SLOW
Olek Bondonio
149 **Barbaresco Valeirano 2017** ● VINO SLOW
Ada Nada
164 **Barbera d'Asti 2019** ● VINO QUOTIDIANO
Cascina Cerutti
198 **Barbera d'Asti Asinoi 2019** ● VINO QUOTIDIANO
Carussin
188 **Barbera d'Asti Casascarpa 2017** ● VINO QUOTIDIANO
Scarpa
207 **Barbera d'Asti da Sul 2017** ● VINO QUOTIDIANO
Laiolo Reginin
174 **Barbera d'Asti Sup. San Michele 2017** ● VINO SLOW
Cascina San Michele - Marco Minnucci
169 **Barbera d'Asti Tanguera 2018** ● VINO QUOTIDIANO
Vada
195 **Barbera del Monferrato Volpuva 2019** ● VINO QUOTIDIANO
Vicara
77 **Barolo 2016** ●
Bartolo Mascarello
123 **Barolo 2016** ● VINO SLOW
Réva
110 **Barolo Badarina 2016** ● VINO SLOW
Michele Reverdito
79 **Barolo Boschetti 2015** ●
Scarzello
88 **Barolo Bricco Boschis 2016** ●
Cavallotto Tenuta Bricco Boschis
140 **Barolo Bricco delle Viole 2016** ● VINO SLOW
460 Casina Bric
86 **Barolo Bricco Fiasco 2016** ●
Azelia
79 **Barolo Brunate 2016** ● VINO SLOW
Giuseppe Rinaldi
75 **Barolo Cannubi 2015** ●
Borgogno & Figli
151 **Barolo Cannubi 2016** ●
G.B. Burlotto
146 **Barolo Cerretta 2016** ●
Giovanni Rosso
116 **Barolo Ciabot Mentin 2016** ●
Domenico Clerico
115 **Barolo del Comune di Castiglione Falletto 2015** ● VINO SLOW
Cascina Fontana
129 **Barolo Falletto 2016** ●
Bruno Giacosa
121 **Barolo Gavarini Chiniera 2016** ●
Elio Grasso
119 **Barolo Ginestra Ris. 2012** ●
Paolo Conterno
109 **Barolo La Serra 2016** ● VINO SLOW
Poderi Marcarini
141 **Barolo Lazzarito 2016** ●
Casa E. di Mirafiore
143 **Barolo Lazzarito Ris. 2014** ●
Ettore Germano
151 **Barolo Massara 2016** ● VINO SLOW
Castello di Verduno

118 **Barolo Monfortino Ris. 2014 ●**
Giacomo Conterno
150 **Barolo Monvigliero 2016 ●** VINO SLOW
Alessandria Fratelli
78 **Barolo Mosconi 2016 ●**
E. Pira & Figli - Chiara Boschis
117 **Barolo Mosconi Vigna Ped 2016 ●**
Conterno Fantino
95 **Barolo Pressenda 2016 ●** VINO SLOW
Marziano Abbona
103 **Barolo R 56 2016 ●**
Brandini
123 **Barolo Ravera 2016 ●** VINO SLOW
Ferdinando Principiano
80 **Barolo Ravera 2016 ●**
G.D. Vajra
133 **Barolo Ravera Vigna Elena Ris. 2014 ●**
Elvio Cogno
111 **Barolo Rocche dell'Annunziata 2016 ●** VINO SLOW
Trediberri
89 **Barolo Rocche di Castiglione 2016 ●**
Vietti
108 **Barolo Serradenari 2016 ●**
Giulia Negri - Serradenari
97 **Barolo Sottocastello di Novello Ris. 2013 ●**
Ca' Viola
113 **Barolo Vigna Rionda 2014 ●**
Vigneti Luigi Oddero e Figli
87 **Barolo Villero 2016 ●**
Brovia
119 **Barolo Villero 2016 ●** VINO SLOW
Giacomo Fenocchio
50 **Boca 2016 ●**
Le Piane
59 **Boca Il Rosso delle Donne 2016 ●** VINO SLOW
Cantine del Castello Conti
58 **Carema Etichetta Bianca 2016 ●**
Ferrando
192 **Colli Tortonesi Timorasso 2018 ○** VINO SLOW
Oltretorrente
203 **Colli Tortonesi Timorasso**
Derthona 2018 ○ VINO SLOW
La Colombera
170 **Colli Tortonesi Timorasso**
Filari di Timorasso 2018 ○ VINO SLOW
Luigi Boveri
165 **Colli Tortonesi Timorasso**
Piccolo Derthona 2019 ○
La Spinetta
135 **Colline Saluzzesi**
Rosso Ardy 2018 ● VINO QUOTIDIANO
Cascina Melognis
184 **Derthona Costa del Vento 2018 ○** VINO SLOW
Vigneti Massa
95 **Dogliani 2019 ●** VINO SLOW
Nicholas Altare
100 **Dogliani Sorì dij But 2019 ●** VINO QUOTIDIANO
Anna Maria Abbona
97 **Dogliani Sup. Pirochetta**
Vecchie Vigne 2018 ● VINO SLOW
Cascina Corte
98 **Dogliani Sup. Sirì d'Jermu 2018 ●** VINO SLOW
Pecchenino
99 **Dogliani Sup. Vigne Dolci 2018 ●** VINO SLOW
San Fereolo
136 **Dolcetto d'Alba**
Bricco Caramelli 2018 ● VINO SLOW
Mossio Fratelli
93 **Dolcetto di Diano d'Alba**
Sorì della Rivolia 2019 ● VINO QUOTIDIANO
Renzo Castella
61 **Erbaluce di Caluso 13 Mesi 2018 ○** VINO SLOW
Benito Favaro
56 **Gattinara Vigna Valferana 2016 ●**
Nervi
176 **Gavi del Comune di Gavi**
Etichetta Nera 2019 ○ VINO QUOTIDIANO
Il Poggio
177 **Gavi del Comune di Gavi**
Etichetta Nera 2018 ○ VINO QUOTIDIANO
La Chiara
190 **Gavi del Comune di Gavi Indi 2019 ○** VINO SLOW
La Mesma
175 **Gavi del Comune di Gavi**
Rovereto Minaia 2019 ○ VINO QUOTIDIANO
Nicola Bergaglio
190 **Gavi Pisé 2017 ○** VINO SLOW
La Raia
57 **Ghemme Signore di Bayard 2013 ●** VINO SLOW
Antichi Vigneti di Cantalupo
183 **Grignolino d'Asti 2019 ●** VINO SLOW
Luigi Spertino
196 **Grignolino del Monferrato**
Casalese 2019 ● VINO QUOTIDIANO
Tenuta Migliavacca
198 **Guercia 2019 ●** VINO SLOW
Cascina Tavijn
136 **Langhe Freisa 2018 ●** VINO SLOW
499
135 **Langhe Pinot Nero 2018 ●** VINO SLOW
Gian Luca Colombo - Segni di Langa
59 **Lessona 2015 ●**
Proprietà Sperino
60 **Lessona Pizzaguerra 2016 ●** VINO SLOW
Colombera & Garella - Cascina Cottignano

91 Moscato d'Asti Canelli 2019 VINO QUOTIDIANO
La Morandina
189 Nizza 2018 ● VINO SLOW
Sette
181 Nizza Ris. 2017 ●
Olim Bauda
162 Nizza Titòn 2017 ● VINO SLOW
L'Armangia
200 Ovada Celso 2017 ● VINO SLOW
Cascina Boccaccio
164 Ovada Losna 2018 ● VINO SLOW
Rocco di Carpeneto
163 Ovada Tre Passi Avanti 2017 ● VINO QUOTIDIANO
Cascina Gentile
68 Roero 2017 ●
Careglio
140 Roero 2018 ● VINO SLOW
Alberto Oggero
85 Roero 2018 ● VINO SLOW
Valfaccenda
84 Roero Arneis 2019 ○ VINO QUOTIDIANO
Marco Porello
125 Roero Bric Valdiana 2017 ● VINO SLOW
Giovanni Almondo
80 Roero Mompissano Ris. 2017 ● VINO SLOW
Cascina Ca' Rossa
139 Roero Sreja Ris. 2015 ● VINO SLOW
Cascina Fornace
169 Rossore 2018 ● VINO SLOW
Iuli

PUGLIA

954 Armécolo 2018 ● VINO QUOTIDIANO
Castel di Salve
932 Cacc'e Mmitte di Lucera 2017 ●
Agricole Alberto Longo
933 Cacc'e Mmitte di Lucera
Motta del Lupo 2019 ● VINO QUOTIDIANO
Paolo Petrilli
931 Cacc'e Mmitte
di Lucera Caporale 2017 ● VINO SLOW
Agricola Paglione
928 Castel del Monte Nero di Troia
Armentario Ris. 2014 ● VINO SLOW
Cantine Carpentiere
926 Castel del Monte Nero di Troia
Romanico 2017 ● VINO SLOW
Ognissole - Tenuta di Cefalicchio
926 Castel del Monte Nero di Troia
Violante 2018 ● VINO QUOTIDIANO
Rivera
925 Castel del Monte Rosso
Parco Grande 2019 ● VINO QUOTIDIANO
Giancarlo Ceci
958 Crae 2018 ● VINO QUOTIDIANO
Cantine Tre Pini
937 Crusta 2016 ● VINO SLOW
Casa Primis
969 Es 2018 ● VINO SLOW
Gianfranco Fino
961 EstRosa 2019 ● VINO SLOW
Pietraventosa
971 Gioia del Colle Primitivo
Lavarossa 2017 ● VINO QUOTIDIANO
Giuliani
961 Gioia del Colle Primitivo Ris. 2017 ● VINO SLOW
Plantamura
943 Girofle 2019 ● VINO QUOTIDIANO
Garofano Vigneti e Cantine
932 Il Melograno 2019 ● VINO QUOTIDIANO
Cantina La Marchesa
952 Il Prodigo 2019 ● VINO QUOTIDIANO
Natalino Del Prete
927 Il Sale della Terra 2016 ● VINO SLOW
Antica Enotria
927 L'Insolito 2019 ○ VINO QUOTIDIANO
Michele Biancardi
934 Locorotondo Antico 2019 ○ VINO QUOTIDIANO
I Pàstini
936 M. Cl. Gran Cuvée XXI Secolo 2014 VINO SLOW
d'Araprì
944 Metiusco Rosato 2019 ●
Palamà

955 Mjere Rosso Selezione Limitata 2015 ● VINO SLOW
Michele Calò & Figli
948 Nardò Rosso Danze della Contessa 2019 ● VINO QUOTIDIANO
Alessandro Bonsegna
927 Nero di Troia 2017 ● VINO QUOTIDIANO
Antica Enotria
970 Novantino 2019 ● VINO QUOTIDIANO
Vinicola Savese
966 Old Vines 2017 ● VINO SLOW
Morella
949 Ostuni Bianco Signora Nina 2019 ○ VINO QUOTIDIANO
Greco
946 Patriglione 2015 ●
Cosimo Taurino
959 Primitivo 2018 ● VINO QUOTIDIANO
Amastuola
965 Primitivo Sinfarosa Zinfandel 2018 ●
Felline
965 Primitivo di Manduria Ventesima Vendemmia Ris. 2014 ●
Attanasio
939 Rosa del Golfo 2019 ● VINO QUOTIDIANO
Rosa del Golfo
952 Salice Salentino Rosato Le Pozzelle 2019 ● VINO QUOTIDIANO
Francesco Candido
942 Spinello dei Falconi 2019 ● VINO QUOTIDIANO
Cupertinum - Cooperativa di Copertino
946 Susumaniello 2018 ● VINO QUOTIDIANO
Vallone
970 Taranta 2019 ● VINO QUOTIDIANO
Vetrère
950 Tenuta Vignali 2018 ● VINO QUOTIDIANO
Torre Ospina

SARDEGNA

1067 Cannonau di Sardegna Berteru 2019 ● VINO SLOW
Cantina Gungui
1067 Cannonau di Sardegna Mamuthone 2017 ● VINO SLOW
Giuseppe Sedilesu
1057 Capichera 2018 ○
Capichera
1071 Carignano del Sulcis Grotta Rossa 2017 ● VINO QUOTIDIANO
Cantina Santadi
1074 Stellato Nature 2019 ○
Pala
1056 Sulle Bucce 2019 ○ VINO SLOW
Quartomoro di Sardegna
1068 Vermentino di Gallura Sup. Aghiloja Oro 2019 ○ VINO QUOTIDIANO
Cantina del Vermentino
1059 Vermentino di Gallura Sup. Li Pastini 2019 ○ VINO SLOW
Cantina Li Seddi
1076 Vernaccia di Oristano 2011 ○ VINO SLOW
Famiglia Orro
1077 Vernaccia di Oristano 2005 ○ VINO SLOW
Serra Fratelli
1060 Vernaccia di Oristano Antico Gregori 1976 ○
Contini
1073 Ziru 2018 ○ VINO SLOW
Antonella Corda

SICILIA

1005 **Arcifà 2019** ○ VINO QUOTIDIANO
CVA Canicattì
1052 **BB 2017** ● VINO SLOW
Arianna Occhipinti
1000 **Bianco 2019** ○ VINO SLOW
Elios
1034 **Bianco Don Carmelo 2019** ○ VINO QUOTIDIANO
Virgona
1033 **Bianco Pomice 2019** ○ VINO SLOW
Tenuta di Castellaro
1045 **Carjcanti 2017** ○ VINO SLOW
Gulfi
1008 **Catarratto 2019** ○ VINO SLOW
Barraco
1018 **Catarratto 2018** ○ VINO QUOTIDIANO
Bosco Falconeria
999 **Catarratto 2019** ○ VINO QUOTIDIANO
Sergio Drago
1022 **Cimento di Perricone 2018** ● VINO QUOTIDIANO
Centopassi
1001 **Coccinella 2019** ● VINO SLOW
Aldo Viola
1029 **Etna Bianco Ante 2018** ○ VINO SLOW
I Custodi delle Vigne dell'Etna
1041 **Etna Bianco Contrada Blandano 2016** ○ VINO SLOW
Terra Costantino
1038 **Etna Bianco Sup. 2018** ○ VINO SLOW
Tenuta delle Terre Nere
1036 **Etna Bianco Sup. Aurora 2019** ○ VINO SLOW
I Vigneri
1040 **Etna Bianco Sup. Pietramarina 2016** ○
Benanti
1025 **Etna Rosso 2018** ● VINO SLOW
Irene Badalà
1037 **Etna Rosso Allegracore 2018** ● VINO SLOW
Fattorie Romeo del Castello
1026 **Etna Rosso Arcuria 2018** ● VINO SLOW
Calcagno
1023 **Etna Rosso Contrada Pianodario 2017** ●
Tasca d'Almerita
1029 **Etna Rosso Passorosso 2018** ●
Passopisciaro
1030 **Etna Rosso San Lorenzo 2018** ● VINO SLOW
Girolamo Russo
1035 **Faro 2017** ● VINO SLOW
Bonavita
1022 **Fontana dei Grilli 2018** ● VINO QUOTIDIANO
Funaro
1051 **Frappato 2019** ● VINO SLOW
Cos
1052 **Frappato 2018** ● VINO SLOW
Manenti
1004 **Grand Cru 2018** ○
Tenuta Rapitalà
1034 **Infatata 2019** ○ VINO QUOTIDIANO
Antonino Caravaglio
1012 **Menfi Ciàtu 2017** ● VINO SLOW
Cantine Barbera
1015 **Passito di Pantelleria 2014** ● VINO SLOW
Ferrandes
1008 **Passito di Pantelleria Bukkuram Padre della Vigna 2014** ● VINO SLOW
Marco De Bartoli
1006 **Perricone Berlinghieri 2018** ● VINO QUOTIDIANO
Di Legami
1014 **Pietra Gialla Diciotto 2019** ○ VINO QUOTIDIANO
La Chiusa
1004 **Porta del Vento 2019** ○ VINO SLOW
Porta del Vento
1021 **Sicilia Catarratto Bianco d'Altura 2019** ○ VINO QUOTIDIANO
Tenute Lombardo
1012 **Sicilia Catarratto Midor 2019** ○ VINO SLOW
Tenuta Gorghi Tondi
1014 **Sicilia Chardonnay 2018** ○
Feudo Disisa
1019 **Sicilia Grillo 2019** ○ VINO QUOTIDIANO
Bagliesi
1005 **Sicilia Nero d'Avola Kerasos 2018** ● VINO QUOTIDIANO
Valdibella
1013 **Sicilia Nocera 2018** ●
Planeta
1027 **Susucaru Rosato 2019** ● VINO SLOW
Frank Cornelissen
1023 **Valledolmo Contea di Sclafani Sicilia Shiarà 2018** ○ VINO SLOW
Castellucci Miano

TOSCANA

628 **Altoreggi 2017** ● VINO QUOTIDIANO
Casanuova - Thilo Besançon
613 **Ampeleia 2017** ● VINO SLOW
Ampeleia
584 **Bolgheri Rosso Camarcanda 2017** ●
Ca' Marcanda
577 **Bolgheri Sassicaia 2017** ●
Tenuta San Guido
593 **Bolgheri Sup. Argentiera 2017** ●
Tenuta Argentiera
585 **Bolgheri Sup. Campo al Fico 2017** ● VINO SLOW
I Luoghi
689 **Brunello di Montalcino 2015** ● VINO SLOW
Collemattoni
695 **Brunello di Montalcino 2014** ● VINO SLOW
Il Paradiso di Manfredi
695 **Brunello di Montalcino 2015** ●
La Cerbaiola - Salvioni
697 **Brunello di Montalcino 2015** ●
Le Ragnaie
702 **Brunello di Montalcino 2015** ● VINO SLOW
Agostina Pieri
702 **Brunello di Montalcino 2015** ●
Pietroso
684 **Brunello di Montalcino Dedicato a Franco Ris. 2012** ●
Biondi Santi - Tenuta il Greppo
697 **Brunello di Montalcino Diecianni Ris. 2010** ●
Le Chiuse
688 **Brunello di Montalcino Poggio al Vento Ris. 2013** ●
Col d'Orcia
698 **Brunello di Montalcino Vigna Schiena d'Asino 2015** ●
Mastrojanni
705 **Brunello di Montalcino Poggio di Sotto 2015** ●
Poggio di Sotto - Tenuta San Giorgio
704 **Brunello di Montalcino Santa Maria 2015** ● VINO SLOW
Podere Sante Marie Colleoni
712 **Brunello di Montalcino Vigna Soccorso 2015** ● VINO SLOW
Tiezzi
700 **Brunello di Montalcino Vigneti del Versante 2015** ●
Pian dell'Orino
677 **Caberlot 2017** ●
Podere Il Carnasciale
618 **Cabernet Franc 2018** ● VINO SLOW
I Mandorli
683 **Cafaggio 2018** ○ VINO QUOTIDIANO
Podere La Madia
721 **Campigliole 2019** ○ VINO QUOTIDIANO
Mannucci Droandi
624 **Carmignano Elzana Ris. 2016** ● VINO SLOW
Fattoria Ambra
624 **Carmignano Terre a Mano 2016** ● VINO SLOW
Fattoria di Bacchereto Terre a Mano
640 **Cepparello 2017** ●
Isole e Olena
647 **Chianti Cl. 2018** ● VINO QUOTIDIANO
Oliviera
671 **Chianti Cl. 2017** ● VINO SLOW
Val delle Corti
670 **Chianti Cl. Bugialla Ris. 2017** ● VINO SLOW
Poggerino
669 **Chianti Cl. Campitello Ris. 2017** ●
Monteraponi
666 **Chianti Cl. Caparsino Ris. 2017** ● VINO SLOW
Caparsa
656 **Chianti Cl. Lamole 2018** ● VINO SLOW
I Fabbri
652 **Chianti Cl. Le Miccine Ris. 2017** ● VINO SLOW
Le Miccine
662 **Chianti Cl. Monte Bernardi Ris. 2017** ● VINO SLOW
Monte Bernardi
649 **Chianti Cl. Vigna Barbischio Ris. 2017** ● VINO SLOW
Maurizio Alongi
668 **Chianti Cl. Vigna Cavarchione 2018** ● VINO SLOW
Istine
731 **Chianti Colli Aretini 2018** ● VINO QUOTIDIANO
Paterna
626 **Chianti Colli Fiorentini 2017** ● VINO QUOTIDIANO
Fattoria di Fiano - Ugo Bing
623 **Chianti Montalbano 2018** ● VINO QUOTIDIANO
Fattoria Castellina
676 **Chianti Podere Alberese Ris. 2016** ● VINO SLOW
Podere Alberese
626 **Chianti Rufina 2018** ● VINO QUOTIDIANO
Fattoria Il Lago
627 **Chianti Rufina 2018** ● VINO QUOTIDIANO
Frascole
634 **Chianti Rufina Vigneto Erchi 2017** ● VINO SLOW
Fattoria Selvapiana
613 **Chianti San Miniatello 2018** ● VINO QUOTIDIANO
Agrisole
635 **Chianti Santa Caterina 2018** ● VINO QUOTIDIANO
Castelvecchio
657 **Chianti Sup. 2018** ● VINO QUOTIDIANO
Ottomani

683 Rosso di Montalcino 2018 ● VINO SLOW
Baricci
693 Rosso di Montalcino 2018 VINO SLOW
Fornacina
706 Rosso di Montalcino 2018 ● VINO SLOW
Ridolfi
692 Rosso di Montalcino
Alberello 2018 ● VINO SLOW
Fonterenza
715 Rosso di Montepulciano
2019 ● VINO QUOTIDIANO
Contucci
637 Rosso Vigliano 2018 ● VINO SLOW
Paolo e Lorenzo Marchionni a Vigliano
616 San Lorenzo 2017 ● VINO SLOW
Sassotondo
673 Sangiovese Tïn 2017 ● VINO SLOW
Montesecondo
680 Syrah Apice 2016 ● VINO SLOW
Stefano Amerighi
677 Valdarno di Sopra Bòggina A 2018 ●
Petrolo
682 Valdarno di Sopra Petruna in Anfora 2018 ●
Il Borro
724 Vernaccia
di San Gimignano 2019 ○ VINO QUOTIDIANO
Cesani
725 Vernaccia
di San Gimignano 2019 ○ VINO QUOTIDIANO
Fontaleoni
729 Vernaccia
di San Gimignano 2019 ○ VINO QUOTIDIANO
San Benedetto
727 Vernaccia di San Gimignano
Carato 2017 ○ VINO SLOW
Montenidoli
723 Vernaccia di San Gimignano
Prima Luce Ris. 2017 ○ VINO SLOW
Cappellasantandrea
726 Vernaccia di San Gimignano
Selvabianca 2019 ○ VINO SLOW
Il Colombaio di Santa Chiara
625 Vin Santo di Carmignano Ris. 2012 ● VINO SLOW
Tenuta di Capezzana

TRENTINO

289 **Enantio Piede Franco 2017** ● VINO SLOW
Lorenzo Bongiovanni
313 **Esegesi 2016** ● VINO SLOW
Eugenio Rosi
306 **Groppello di Revò 2018** ● VINO QUOTIDIANO
El Zeremia
293 **Müller Thurgau Palai 2019** ○ VINO SLOW
Pojer & Sandri
297 **Nosiola 2019** ○ VINO SLOW
Maso Grener
301 **Nosiola 2018** ○ VINO SLOW
Salvetta
298 **Nosiola 2018** ○ VINO SLOW
Vignaiolo Fanti
302 **Planus 2018** ●
Dorigati
296 **Ritratto Rosso 2015** ●
La Vis
304 **Teroldego Granato 2017** ● VINO SLOW
Foradori
302 **Teroldego Rotaliano 2018** ● VINO QUOTIDIANO
Dorigati
309 **Teroldego Rotaliano 2018** ● VINO QUOTIDIANO
Endrizzi
303 **Teroldego Rotaliano 2017** ●
Andrea Martinelli
303 **Teroldego Rotaliano Clesurae 2016** ●
Cantina Rotaliana
300 **Trentino Manzoni Bianco Da Fora 2018** ○
Cantina Toblino
299 **Trentino Müller Thurgau Laetitia 2019** ○ VINO QUOTIDIANO
Cantina Romanese
293 **Trentino Müller Thurgau San Lorenz 2019** ○ VINO QUOTIDIANO
Bellaveder
291 **Trentino Schiava 2019** ● VINO QUOTIDIANO
Cembra - Cantina di Montagna
300 **Trentino Vino Santo 2006** ● VINO SLOW
Pisoni
308 **Trento Dosaggio Zero Ris. 2014** ⁂
Letrari
310 **Trento Extra Brut Giulio Ferrari Riserva del Fondatore 2009** ⁂
Ferrari
288 **Trento Pas Dosè Giulio Larcher 2015** ⁂
Tenuta Maso Corno

UMBRIA

757 000162020 2019 ● VINO QUOTIDIANO
Marco Merli
759 Amelia Vin Santo Occhio di Pernice 2013 ●
La Palazzola
745 Anteprima Tonda 2018 ○ VINO SLOW
Antonelli San Marco
761 Bianco di Torgiano
Costellato 2019 ○ VINO QUOTIDIANO
Terre Margaritelli
739 Ciliegiolo 2019 ● VINO SLOW
Fontesecca
759 FiorFiore 2018 ○
Cantina Roccafiore
756 Grechetto 2019 ○ VINO SLOW
Palazzone
737 Montefalco Rosso 2018 ● VINO QUOTIDIANO
Di Filippo
750 Montefalco Rosso Molinetta Ris. 2016 ●
Romanelli
736 Montefalco Rosso Pomontino 2018 ● VINO SLOW
Tenuta Bellafonte
746 Montefalco Sagrantino 2015 ●
Cantina Colle Ciocco
740 Montefalco Sagrantino 2015 ● VINO SLOW
Omero Moretti
751 Montefalco Sagrantino
Campo alla Cerqua 2016 ● VINO SLOW
Tabarrini
735 Montefalco Sagrantino
Il Domenico 2010 ● VINO SLOW
Adanti
745 Montefalco Sagrantino Pagliaro 2011 ●
Paolo Bea
751 Montefalco Sagrantino Passito 2016 ●
Scacciadiavoli
752 Orvieto Cl. Bi.An.Co. 2019 ○ VINO QUOTIDIANO
Castello di Montegiove
755 Orvieto Cl. Sup. Ca' Viti 2019 ○ VINO QUOTIDIANO
Enrico Neri
754 Orvieto Cl. Sup. Il Bianco 2018 ○
Decugnano dei Barbi
743 Piantata 2018 ● VINO SLOW
Cantina Cenci
750 Rosso della Gobba 2018 ● VINO QUOTIDIANO
Raìna
749 Spoleto Trebbiano
Spoletino 2019 ○ VINO QUOTIDIANO
Fratelli Pardi
758 Trebbiano Spoletino
Vigna Vecchia 2019 ○ VINO SLOW
Collecapretta

VALLE D'AOSTA

44 Valle d'Aosta Chambave
Muscat Flétri 2018 ● VINO SLOW
La Vrille
37 Valle d'Aosta Gamay 2019 ● VINO QUOTIDIANO
Didier Gerbelle
45 Valle d'Aosta Petite Arvine 2018 ○
Anselmet
42 Valle d'Aosta Petite Arvine
Vigna Rovettaz 2019 ○ VINO SLOW
Grosjean Vins
41 Valle d'Aosta Pinot Noir
L'Etranger 2018 ● VINO SLOW
Les Granges
44 Valle d'Aosta Torrette 2018 ● VINO QUOTIDIANO
Di Barrò
36 Valle d'Aosta Torrette Sup. 2018 ●
Elio Ottin

VENETO

378 **Amarone della Valpolicella 2014** ● VINO SLOW
Musella

379 **Amarone della Valpolicella Cavolo 2015** ●
Brigaldara

361 **Amarone della Valpolicella Cl. 2016** ●
Allegrini

373 **Amarone della Valpolicella Cl. 2012** ●
Giuseppe Quintarelli

375 **Amarone della Valpolicella Cl. 2016** ●
Villa Spinosa

362 **Amarone della Valpolicella Cl. 2016** ●
Monte Santoccio

383 **Amarone della Valpolicella Cl. Campomasua 2015** ●
Massimino Venturini

384 **Amarone della Valpolicella Cl. Croce del Gal Black Label 2011** ●
Benedetti Corte Antica

382 **Amarone della Valpolicella Cl. La Fabriseria Ris. 2015** ●
Tedeschi Fratelli

380 **Amarone della Valpolicella Cl. Stropa 2012** ● VINO SLOW
Monte Dall'Ora

358 **Bardolino 2018** ● VINO QUOTIDIANO
Giovanna Tantini

358 **Bardolino Chiaretto 2019** ◍ VINO QUOTIDIANO
Poggio delle Grazie

359 **Bardolino Cl. Brol Grande 2018** ● VINO SLOW
Le Fraghe

410 **Breganze Rosso Cavallare 2015** ● VINO SLOW
Vigneto Due Santi

401 **Carmenère Più 2017** ●
Inama

357 **Chiaretto di Bardolino 2019** ◍ VINO QUOTIDIANO
Gentili

355 **Chiaretto di Bardolino Rosa dei Casaretti 2019** ◍ VINO QUOTIDIANO
Casaretti

430 **Col Fondo 2019** ◌ VINO QUOTIDIANO
Garbara

409 **Colli Berici Tai Rosso 2019** ● VINO QUOTIDIANO
Pegoraro

408 **Colli Euganei Merlot Casa del Merlo 2017** ● VINO SLOW
Il Filò Delle Vigne

407 **Colli Euganei Rosso Gemola 2015** ●
Vignalta

408 **Colli Euganei Rosso Serro 2017** ● VINO SLOW
Il Mottolo

421 **Con. Vald. Dosaggio Zero 2017** ◌ VINO SLOW
Mongarda

420 **Con. Vald. Sui Lieviti Brut Nature 2019** ◌ VINO QUOTIDIANO
BiancaVigna

414 **Cuore di Donna Daria** ●
La Montecchia Conte Emo Capodilista

389 **Custoza 2019** ○ VINO QUOTIDIANO
Menegotti

389 **Custoza 2019** ○ VINO QUOTIDIANO
Albino Piona

395 **Durello M. Cl. Brut 24 Mesi** ◌ VINO SLOW
Dama del Rovere

392 **Lessini Durello M.Cl. Extra Brut Nostrum 2015** ◌ VINO SLOW
Casa Cecchin

437 **Montello e Colli Asolani Rosso San Carlo 2016** ● VINO SLOW
Case Paolin

436 **Montello Rosso Seneca 2017** ● VINO SLOW
Ida Agnoletti

415 **Montepulgo 2013** ● VINO SLOW
Masari

423 **Piave Malanotte 2010** ● VINO SLOW
Tessère

391 **Pico 2018** ○ VINO SLOW
La Biancara

382 **Recioto della Valpolicella Cl. La Roggia 2017** ● VINO SLOW
Speri

357 **Riesling Renano Collezione di Famiglia 2016** ○ VINO SLOW
Roeno

396 **Soave 2019** ○ VINO QUOTIDIANO
La Cappuccina

396 **Soave Cl. Battistelle 2018** ○ VINO QUOTIDIANO
Le Battistelle

395 **Soave Cl. La Froscà 2018** ○ VINO SLOW
Gini

404 **Soave Cl. La Rocca 2018** ○ VINO SLOW
Leonildo Pieropan

404 **Soave Cl. Monte Carbonare 2018** ○
Suavia

398 **Soave Cl. Staforte 2018** ○ VINO SLOW
Prà

403 **Soave Colli Scaligeri Vigne della Brà 2018** ○ VINO SLOW
Filippi

365 **Soave Corte Paradiso 2019** ○ VINO QUOTIDIANO
Marco Mosconi

399 **Soave Evaos 2018** ○
Corte Moschina

402 **Soave Sup. Vigna della Corte 2018** ○ VINO QUOTIDIANO
Corte Adami

426 **Sottoriva Col Fondo per Tradizione 2018** ◌ VINO QUOTIDIANO
Malibràn

426 **Valdobbiadene Sup. Cartizze Dry 2019** ◌ VINO SLOW
Bastia - Michele Rebuli

429 **Valdobbiadene Sup. Extra Brut 2019** ◌ VINO SLOW
Silvano Follador

435 **Valdobbiadene Sup. Extra Brut Particella 232 2019** ◌ VINO SLOW
Sorelle Bronca

428 **Valdobbiadene Frizzante Naturalmente 2019** ◌ VINO QUOTIDIANO
Casa Coste Piane

433 **Valdobbiadene Sup. Frizzante Slavina Rossa 2018** ◌ VINO SLOW
Nicos Brustolin

428 **Valdobbiadene Sup. Rifermentato in Bottiglia Vigneto Mariarosa 2019** ◌ VINO SLOW
Ca' dei Zago

370 **Valpolicella Ca' Fiui 2019** ● VINO SLOW
Camerani - Corte Sant'Alda - Adalia

381 **Valpolicella Cl. 2019** ● VINO QUOTIDIANO
Rubinelli Vajol

363 **Valpolicella Cl. 2017** ●
Secondo Marco

386 **Valpolicella Cl. Lena di Mezzo 2019** ● VINO QUOTIDIANO
Monte del Frà

364 **Valpolicella Cl. Sup. Ognisanti 2018** ●
Cav. G.B. Bertani

374 **Valpolicella Cl. Sup. Pavaio 2018** ● VINO QUOTIDIANO
Vigneti di Ettore

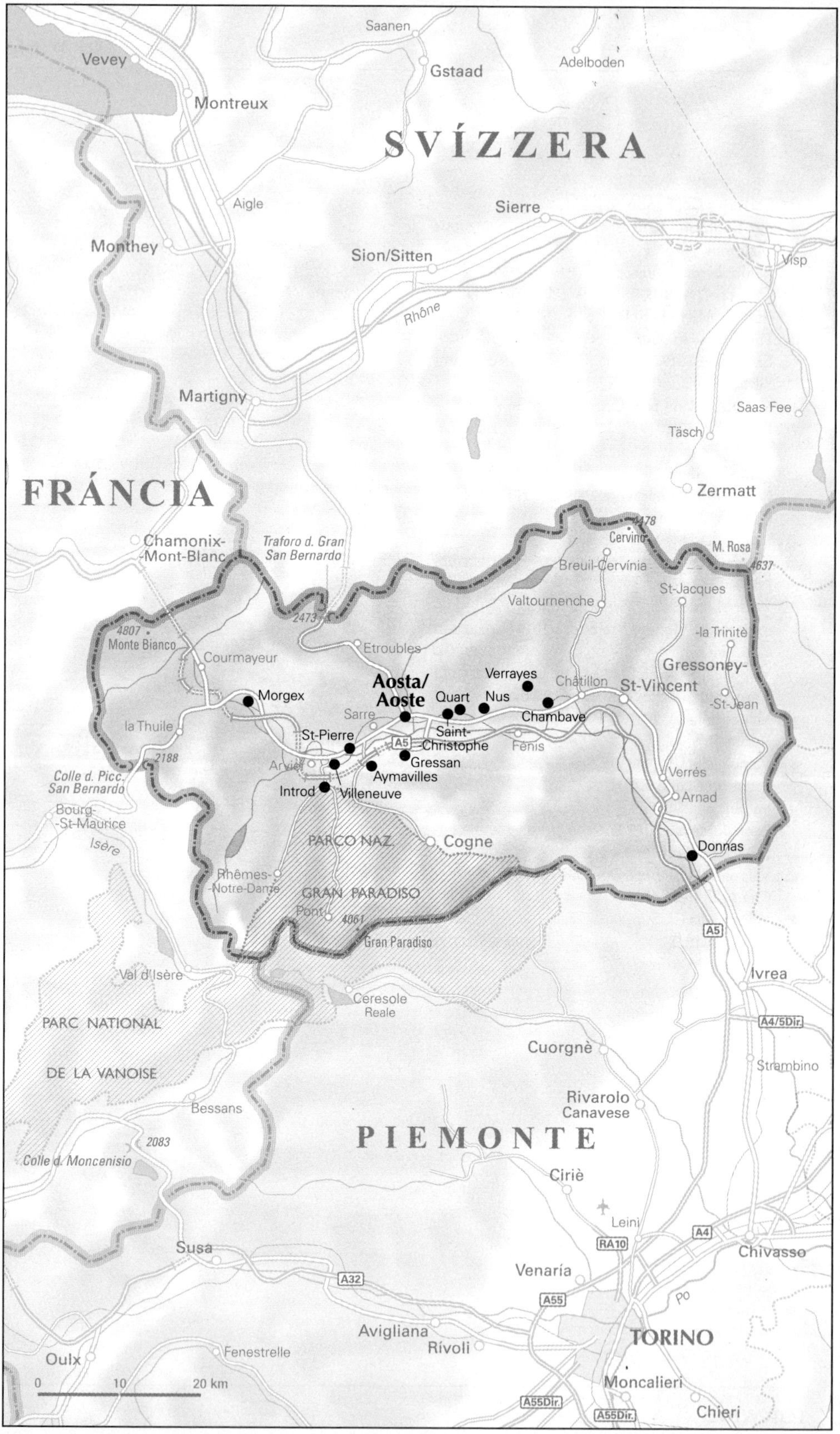

SVÍZZERA
FRÁNCIA
PIEMONTE
Vevey
Montreux
Saanen
Gstaad
Adelboden
Aigle
Sierre
Monthey
Sion/Sitten
Visp
Rhône
Martigny
Saas Fee
Täsch
Zermatt
Chamonix-
-Mont-Blanc
Traforo d. Gran
San Bernardo
4478
Cervino
Breuil-Cervínia
M. Rosa
4637
St-Jacques
Valtournenche
2473
4807
Monte Bianco
Courmayeur
Etroubles
-la Trinité
Gressoney-
-St-Jean
Verrayes
Châtillon
St-Vincent
Aosta/
Aoste
Quart
Nus
Chambave
Morgex
la Thuile
Sarre
Saint-
Christophe
St-Pierre
A5
Fénis
Gressan
2188
Arvier
Aymavilles
Colle d. Picc.
San Bernardo
Introd
Villeneuve
Verrés
Arnad
Bourg-
-St-Maurice
Isère
PARCO NAZ.
Cogne
Donnas
Rhêmes-
-Notre-Dame
GRAN PARADISO
Pont
4061
Gran Paradiso
A5
Val d'Isère
Ceresole
Reale
Ivrea
PARC NATIONAL
DE LA VANOISE
A4/5Dir.
Cuorgnè
Strambino
Rivarolo
Canavese
Bessans
2083
Colle d. Moncenisio
Ciriè
Leini
RA10
A4
Susa
Chivasso
Venaría
A32
A55
Po
Avigliana
Rívoli
TORINO
Fenestrelle
Oulx
0
10
20 km
Moncalieri
Chieri
A55Dir.
A55Dir.

VALLE D'AOSTA

Anche in Valle d'Aosta si susseguono, come in altre aree vitivinicole italiane, annate non facilissime da gestire: dopo le gelate del 2017 e un 2018 segnato da piogge primaverili abbondanti, nel 2019 si è registrato invece un andamento regolare all'inizio, a cui è seguita un'estate caldissima, con scarse precipitazioni e limitate escursioni termiche tra il giorno e la notte. Questo ha portato a una produzione lievemente inferiore alle attese, con grappoli più leggeri, e i vini risultano, in base a quelli che sono stati i nostri assaggi, meno carichi rispetto all'annata precedente e sicuramente più pronti e immediati. Il 2020, iniziato in maniera decisamente anticipata a causa dell'assenza di un vero e proprio inverno, vede svilupparsi scenari diversi: in bassa valle si sono avute piogge abbondanti, mentre nel resto della regione le precipitazioni sono state di nuovo inferiori alla media, seppur con temperature meno elevate rispetto al 2019. Dal punto di vista delle aziende registriamo la nascita di nuove piccole realtà gestite da giovani (se non giovanissimi) vignerons, che spesso e volentieri si appoggiano a cantine già esistenti per un discorso logistico, ma soprattutto nell'ottica di apprendere un savoir-faire di più lungo corso. Il ricambio generazionale che ha segnato alcune maison storiche non ha comportato inversioni di rotta improvvise o rotture con il passato: una continuità confortante, fatta di migliorie tecniche e maggiore consapevolezza sul fronte ambientale e sulla valorizzazione del terroir valdostano e dei suoi vitigni autoctoni. Questo ricambio lo cogliamo anche nelle cooperative, dopo anni in cui la preoccupazione per l'innalzamento dell'età media costituiva fonte di grande preoccupazione. Sicuramente l'inizio del 2020, segnato dal lockdown e dalla cancellazione di un'intera stagione turistica, ha rallentato (se non quasi azzerato) il comparto vendite, ma dai segnali che abbiamo ricevuto la ripresa estiva è stata confortante. Sul fronte istituzionale si registrano novità importanti: infatti nel corso dell'anno si è assistito al cambio della presidenza della Vival, l'associazione che raggruppa buona parte sia delle aziende private, sia delle cooperative: il dato significativo è che nel nuovo consiglio sono entrate cantine storiche (in precedenza meno coinvolte), che così facendo si sono assunte nuovamente un ruolo di traino per l'intero comparto vitivinicolo valdostano. Anche il Cervim, altra realtà che tutela la viticoltura di montagna (non solo valdostana ma a livello europeo) ha registrato un cambio di presidenza.

le Bottiglie

45 Anselmet
37 Didier Gerbelle
41 Les Granges
36 Elio Ottin

INSTITUT AGRICOLE RÉGIONAL

Regione La Rochère, 1/a - tel. 0165 215821
www.iaraosta.it - iar@iaraosta.it

VITA - Nato nel 1951 per volontà del canonico Vaudant, figura simbolo della rinascita della viticoltura valdostana, l'Insitute da semplice scuola si è trasformato in un polo di ricerca nell'ambito agricolo. Il focus, per quanto riguarda la viticoltura, è rivolto soprattutto ai vitigni autoctoni e alla sperimentazione di nuove tecniche, sia in vigna sia in cantina, condivise anche con i vignerons della Valle d'Aosta in un clima di positiva collaborazione.

VIGNE - La maggior parte delle vigne dello IAR si trovano nel comune di Aosta, sia sulla destra sia sulla sinistra orografica della Dora Baltea, con diverse esposizioni e pendenze. Possiamo trovare vitigni internazionali e numerosi vitigni autoctoni, anche meno conosciuti: per questi ultimi è stato ed è fondamentale il ruolo dell'Institut nel salvaguardare dall'estinzione il patrimonio ampelografico valdostano.

VINI - La cantina è condotta da diversi anni da Daniele Domeneghetti, che si dedica a piccole vinificazioni di vitigni autoctoni minori.

Valle d'Aosta Fumin 2017 ● 1.500 bt; 18 € - Caratterizzato da un naso tipico, con frutto e speziatura, in bocca è ricco e concentrato, con tannini vispi e buona dinamica acido-sapida.
Valle d'Aosta Pinot Noir 2019 ● 2.000 bt; 11 € - Delicato al naso, con ricordi floreali e fruttati, all'assaggio si mostra vibrante, con buona beva e persistenza.
Valle d'Aosta Rosso Grains Rouges 2018 ● 1.450 bt; 11 € - Piacevole e immediato, al naso presenta un frutto croccante. La bocca è polposa, e chiude lungo con una nota sapida di carattere.
Valle d'Aosta Petite Arvine 2019 ○ 2.000 bt; 14 € - Teso, fruttato, sapido.
Valle d'Aosta Cornalin 2019 ● 2.000 bt; 13 € - Agile, fruttato, gastronomico.
Valle d'Aosta Petit Rouge 2019 ● 4.000 bt; 12 € - Succoso, floreale, varietale.

ha 7,3 - **bt** 50.000
Fertilizzanti organo-minerali
Fitofarmaci chimici di sintesi, rame e zolfo
Diserbo chimico, lavorazione meccanica/manuale
Lieviti selezionati industriali, selezione di lieviti indigeni
Uve 100% di proprietà
Certificazione nessuna certificazione

ELIO OTTIN

Frazione Porossan Neyves, 209 - tel. 347 4071331
www.ottinvini.it - info@ottinvini.it

VITA - Elio Ottin è un personaggio solare e sempre sorridente: oramai stabilmente affiancato dal figlio Nicolas da diversi anni, conduce questa azienda agricola a 360 gradi che oltre a dedicarsi alla viticoltura spazia nella frutticoltura (mele) e nell'allevamento di mucche. La cantina, recentemente ampliata, si trova poco sopra Aosta ed è diventata una delle tappe fondamentali per approfondire e comprendere al meglio la viticoltura valdostana.

VIGNE - Negli ultimi anni si è assistito a un lento ma costante ampliamento della superficie vitata: i terreni bianchi e limosi contraddistinguono le vigne sparse tra i comuni di Aosta, Quart e Saint-Christophe, con altitudini che variano dai 550 ai 700 metri. L'approccio in vigna è tradizionale ma da diversi anni si è abbandonata la pratica del diserbo.

VINI - Passione per il territorio e rigore stilistico sono le caratteristiche fondamentali di questa maison valdostana.

TOP **Valle d'Aosta Torrette Sup. 2018** ● 5.000 bt; 22 € - Sentori fruttati e una delicata speziatura precedono un assaggio ricco, sapido ed espressivo, regalando un vino fortemente territoriale.
Valle d'Aosta Petite Arvine Nuances 2018 ○ 3.000 bt; 26 € - Grande eleganza nei sentori di frutto maturo e spezie; la bocca è tesa e vibrante, con buona materia e grande equilibrio.
Valle d'Aosta Pinot Noir L'Emerico 2017 ● 3.000 bt; 38 € - Sottile e cangiante nei cenni fruttati e speziati, in bocca si mostra sapido, con trama tannica vigorosa e grande persistenza finale.
Valle d'Aosta Petite Arvine 2019 ○ 15.000 bt; 20 € - Vibrante, fruttato, sapido.
Valle d'Aosta Pinot Noir 2018 ● 15.000 bt; 22 € - Croccante, floreale, espressivo.
Valle d'Aosta Fumin 2018 ● 10.000 bt; 26 € - Potente, speziato, profondo.

ha 9 - **bt** 55.000
Fertilizzanti letame
Fitofarmaci organici, rame e zolfo
Diserbo lavorazione meccanica/manuale
Lieviti selezionati industriali, selezione di lieviti indigeni
Uve 100% di proprietà
Certificazione nessuna certificazione

AYMAVILLES (AO)

DIDIER GERBELLE

Frazione Cherettes, 20 - tel. 0165 902091 - 339 8433452
www.gerbelle.vievini.it - gerbelle@hotmail.it

VITA - L'azienda è nata nel 2006 e si è consolidata in questi anni. Assistiamo a importanti novità in casa Gerbelle: circa un anno fa è stata acquisita un'altra azienda di Aymavilles, l'Atoueyo, raddoppiando praticamente la superficie vitata. Anche a livello di produzione Didier ha scelto di affiancare alla linea classica anche una seconda, costituita da vini più semplici e immediati, che in etichetta portano ancora il nome della maison precedente.

VIGNE - Anche le nuove vigne acquistate sono poste quasi tutte ad Aymavilles, poco distanti dalla cantina che era dell'Atoueyo. Tutto il parco vitato, di circa 8 ettari, è suddiviso in vari appezzamenti che vanno dai 600 agli 850 metri di altitudine, sulla destra della Dora. La filosofia produttiva, nonostante l'ampliamento, non cambia: nessun prodotto di sintesi né diserbo chimico in vigna.

VINI - Curioso e instancabile sperimentatore, Didier conduce la propria cantina proponendo vini schiettamente territoriali.

TOP **Valle d'Aosta Gamay 2019** VINO QUOTIDIANO ● 4.000 bt; 12 € - Piccoli frutti rossi al naso e una delicata speziatura aprono la strada a un vino giocato sulla beva semplice e immediata, data da freschezza e sapidità.
Valle d'Aosta Rouge Peque-Na 2017 ● 4.000 bt; 15 € - Un naso ricco di sfumature floreali e fruttate precede un sorso equilibrato, con tannini integrati e buona profondità.
Valle d'Aosta Petit Rouge Vigne Plan 2018 ● 2.000 bt; 14 € - Troviamo un frutto un po' scuro e maturo; l'assaggio è leggiadro, con trama tannica integrata e buon allungo finale.
Valle d'Aosta Torrette 2019 ● 18.000 bt; 12 € - Fresco, fruttato, gastronomico.
Valle d'Aosta Rouge Coeur de Meleze 2016 ● 1.200 bt; 35 € - Austero, speziato, profondo.
Valle d'Aosta Fumin 2017 ● 1.500 bt; 20 € - Potente, speziato, complesso.

ha 8 - **bt** 60.000
Fertilizzanti compost, letame
Fitofarmaci organici, rame e zolfo
Diserbo lavorazione meccanica/manuale
Lieviti fermentazione spontanea, selezione di lieviti indigeni
Uve 100% di proprietà
Certificazione nessuna certificazione

AYMAVILLES (AO)

LES CRÊTES

Strada Regionale 20, 50 - tel. 0165 902274
www.lescretes.it - info@lescretes.it

VITA - Nel caso di un'azienda che ha fatto la storia del vino in Valle d'Aosta e in Italia si potrebbe correre il rischio di ripetere sempre le stesse cose: per fortuna la dinamicità dimostrata offre sempre nuovi spunti. Condotta con mano ferma e rigorosa dalle sorelle Charrere, Elena ed Eleonora, e da Giulio Corti, negli ultimi anni sta focalizzando sempre più l'attenzione sui vitigni autoctoni e sullo studio dei vari cru aziendali.

VIGNE - Le vigne sono suddivise in vari appezzamenti sparsi in buona parte della media valle. Dopo alcuni tentativi del passato di approcci alternativi e più affini al biologico che non hanno portato i risultati attesi, sono gestite in maniera convenzionale: si cerca, ad esempio, di limitare l'uso dei prodotti sistemici attraverso una rete di sistemi elettronici che, monitorando l'andamento del clima, permettono di focalizzare e mirare gli interventi.

VINI - Attenzione e rigore sono parole chiave per comprendere i vini di Les Crêtes, sempre espressivi e territoriali.

Valle d'Aosta Chardonnay Cuvée Bois 2018 ○ 20.500 bt; 42 € - Un grande classico: l'affinamento in legno è ben equilibrato. All'assaggio la verve acida e sapida, unita a un bel corpo, regala un grande allungo.
Valle d'Aosta Merlot Le Merle 2017 ● 3.300 bt; 27 € - Grande frutto maturo e nota speziata al naso; il palato si rivela vibrante, con trama tannica distesa e buona materia.
Valle d'Aosta Pinot Noir Reveil 2017 ● 900 bt; 43 € - Giovane e riottoso per i tannini scalpitanti e la freschezza, al naso offre sentori giocati su un frutto croccante.
Valle d'Aosta Petite Arvine 2019 ○ 35.000 bt; 15 € - Agile, floreale, sapido.
Valle d'Aosta Petite Arvine Fleur 2018 ○ 6.600 bt; 26 € - Fitto, fruttato, avvolgente.
Valle d'Aosta Fumin 2018 ● 14.000 bt; 22 € - Ampio, speziato, profondo.

ha 22 - **bt** 200.000
Fertilizzanti minerali, organo-minerali
Fitofarmaci chimici di sintesi, rame e zolfo
Diserbo chimico, lavorazione meccanica/manuale
Lieviti selezionati industriali
Uve acquisto 5%
Certificazione nessuna certificazione

CHAMBAVE (AO)

LA CROTTA DI VEGNERON

Piazza Roncas, 2 - tel. 0166 46670
www.lacrotta.it - info@lacrotta.it

VITA - Portabandiera della viticoltura nell'areale di Chambave e della prima parte della media valle (da Chatillon a Nus), la Crotta di Vegneron continua il percorso iniziato oramai nel 1980: i 55 soci della cooperativa sono capitanati da Sandro Théodule e da Andrea Costa, enologo tuttofare. La novità di quest'anno è rappresentata dal progetto Griffe, ossia una nuova linea di prodotti di altissima qualità.

VIGNE - Oltre al classico approccio da cooperativa, in cui si supportano i conferitori indicando periodi e modalità per gli eventuali trattamenti, la Crotta prosegue il discorso della campionatura delle uve conferite, al fine di controllare gli eventuali residui di trattamenti chimici: i risultati, secondo quanto ci ha raccontato Andrea, sono estremamente soddisfacenti.

VINI - Cura del dettaglio e fini fortemente territoriali: il muscat, vitigno simbolo di Chambave, è il fiore all'occhiello della cooperativa.

Valle d'Aosta Chambave Muscat 2019 ○ 45.000 bt; 17 € - 🗍 - Al naso è tipico nel suo varietale giocato su sfumature dolci; in bocca è teso e vibrante, con una bella dimensione acido-sapida e una persistenza interessante.
Valle d'Aosta Muscat Passito Flétry 2018 ● 6.000 bt da 0,375 l; 27 € - 🗍 - Classico nei suo sentori di frutto candito e di spezie come lo zafferano, all'assaggio mostra grande equilibrio tra la vena sapida e la componente dolce.
Valle d'Aosta Fumin La Griffe des Lions 2018 ● 2.600 bt; 67 € - 🛢 - I sentori speziati e fruttati introducono una bocca che offre una trama tannica incisiva e grande finezza.
Valle d'Aosta Nus Malvoisie 2019 ○ 4.500 bt; 17 € - 🗍 - Agile, floreale, espressivo.
Valle d'Aosta Muscat Attente 2017 ○ 2.600 bt; 22 € - 🗍🛢 - Succoso, speziato, elegante.
Valle d'Aosta Chambave 2019 ● 10.000 bt; 14 € - 🗍 - Schietto, fruttato, rustico.

ha 31 - **bt** 200.000
Fertilizzanti letame
Fitofarmaci chimici di sintesi, rame e zolfo
Diserbo lavorazione meccanica/manuale
Lieviti selezionati industriali
Uve 100% di proprietà
Certificazione nessuna certificazione

DONNAS (AO)

CAVES COOPÉRATIVES DE DONNAS

Via Roma, 97 - tel. 0125 807096
www.donnasvini.it - info@donnasvini.it

VITA - Il vino, a Donnas, è parte integrante della storia con testimonianze che risalgono al Duecento. La storia della cooperativa ha avuto inizio invece nel 1971 (la prima in Valle d'Aosta): si è configurata come polo di sostegno per tutti i piccoli, se non piccolissimi, produttori della zona. A oggi conta circa 65 soci e alla presidenza troviamo sempre Mario Dalbard: oltre a coordinare le attività dei conferitori la Cave si pone come difensore del terroir di Donnas.

VIGNE - Tenendo conto della forte parcellizzazione degli appezzamenti e della conformazione delle vigne, tutte poste su terrazzamenti, la meccanizzazione è praticamente impossibile: il ruolo della Cave è quello di indirizzare i soci a limitare il più possibile l'uso dei sistemici e il diserbo chimico è stato abbandonato da alcuni anni. La cooperativa, al fine di salvaguardare il patrimonio vitato della zona, dal 1994 coltiva in proprio alcuni ettari.

VINI - Salvaguardare e dare lustro al picotendro: questa la priorità di questa realtà che produce vini identitari ed espressione del terroir.

Valle d'Aosta Donnas 2017 ● 35.000 bt; 13 € - 🛢 - Un classico, con sentori delicati di spezia e frutto surmaturo al naso; in bocca è giovane, con trama tannica vibrante e grande freschezza.
Valle d'Aosta Donnas Napoleon 2016 ● 6.000 bt; 16 € - 🛢 - Austero, mostra al naso una nota legata al legno e un frutto scuro maturo; l'assaggio denota una vena acido-sapida e tannini in equilibrio.
Valle d'Aosta Nebbiolo Barmet 2019 ● 14.000 bt; 10 € - 🗍 - Croccante e gastronomico, con sentori di frutti rossi al naso, in bocca è leggiadro, con tannini integrati e buona acidità.
Valle d'Aosta Rosé Larmes du Paradis 2019 ● 3.500 bt; 9 € - 🗍 - Dinamico, fruttato, delicato.
Valle d'Aosta Pinot Gris 2019 ○ 3.000 bt; 9 € - 🗍 - Fine, floreale, sapido.

ha 22 - **bt** 120.000
Fertilizzanti letame, organo-minerali
Fitofarmaci chimici di sintesi, rame e zolfo
Diserbo lavorazione meccanica/manuale
Lieviti selezionati industriali
Uve 100% di proprietà
Certificazione nessuna certificazione

DONNAS (AO)

PIANTA GROSSA

SCONTO **-10%**

Via Roma, 213 - tel. 348 0077404
www.piantagrossadonnas.it - info@piantagrossadonnas.it

VITA - Una cantina in costante crescita, sia quantitativamente sia qualitativamente. Per quando giovane, questa azienda fondata nel 2014 da Luciano Zoppo Ronzero si sta rivelando essere una delle più schiette e fedeli interpreti del nebbiolo (qui chiamato picotendro) di Donnas. Partito dai vigneti della famiglia della moglie, negli ultimi anni Luciano ha aumentato la superficie vitata, elemento fondamentale anche per la salvaguardia del terroir.

VIGNE - Le vigne sono sparse tra i territori di Donnas e Pont Saint-Martin, con piante di età variabile tra i 15 e i 50 anni. La caratteristica di quest'area sono le coltivazioni a pergola e i terrazzamenti che non permettono la meccanizzazione e obbligano a lavorazioni unicamente manuali, percorrendo a piedi le ripide, talvolta scoscese, scalinate che collegano i vari appezzamenti, e rivelando uno dei tanti aspetti della cosiddetta viticoltura eroica.

VINI - Luciano, con il supporto in cantina di Andrea Costa, propone sempre dei Picotendro tipici del territorio di Donnas.

Valle d'Aosta Donnas Georgos 2017 ● 800 bt da 1 l; 45 € - - Dopo circa 26 mesi di affinamento rileviamo sensazioni speziate eleganti e lievemente austere. Nel bicchiere troviamo un vino che parte lentamente e poi tende ad allargarsi, con tannini ben integrati e una bella freschezza che dona piacevolezza alla beva.
Valle d'Aosta Nebbiolo Dessus 2018 ● 1.800 bt; 25 € - - L'affinamento in legno si fa ancora sentire e tende a coprire la parte fruttata del vino. In bocca si dimostra giocato sulla tensione sapida, con trama tannica vibrante.
Valle d'Aosta Nebbiolo 396 Aesculus Hippocastanum 2019 ● 12.000 bt; 17 € - - Tipico esempio di Picotendro della bassa valle, con sentori fruttati in evidenza. L'assaggio mostra una grande freschezza che facilita una beva immediata e persistente.

ha 4 - **bt** 20.000
Fertilizzanti nessun concime
Fitofarmaci chimici di sintesi, rame e zolfo
Diserbo lavorazione meccanica/manuale
Lieviti selezionati industriali
Uve 100% di proprietà
Certificazione nessuna certificazione

GRESSAN (AO)

NADIR CUNÉAZ

Frazione La Magdelaine, 8 - tel. 339 1891494
www.lacantinadicuneaz.it - lacantinadicuneaz@tiscali.it

VITA - Siamo a Gressan, piccolo paese sulla destra orografica della Dora. Ereditando il savoir-faire del nonno e del padre, nel 2003 Nadir Cunéaz ha iniziato a fare le prime prove di vinificazione, e nel 2009 ha costruito la sua cantina: da lì è cominciato un percorso che lo ha portato a discostarsi dagli insegnamenti ricevuti e da buona parte della produzione vitivinicola valdostana, affermandosi così come uno degli interpreti naturali della regione.

VIGNE - Le vigne, quasi tutte situate a Gressan su terreni di origine morenica ricchi di pietre e roccia, sono condotte in biologico anche se non certificato (per ragioni di costi e di burocrazia, come dice Nadir): se all'inizio della sua avventura seguiva ancora le linee tradizionali con l'uso di alcuni sistemici, nel tempo li ha abbandonati completamente.

VINI - Duro e puro nel suo percorso: nessun lievito selezionato, nessuna filtrazione, uso minimo della solforosa per cercare la naturalità del vino valdostano.

Valle d'Aosta Gewürztraminer Pantagruel 2019 ○ 1.400 bt; 18 € - - Al naso la nota aromatica è evidente, supportata da ricordi floreali; in bocca è molto teso, sapido e fresco.
Valle d'Aosta Rouge Badebec 2018 ● 3.000 bt; 19 € - - Vibrante, giocato sul frutto croccante e su una nota selvatica, all'assaggio si dimostra giovane, con trama tannica da integrare e freschezza.
Valle d'Aosta Pinot Noir Grand Gosier 2018 ● 2.000 bt; 19 € - - Elegante, con sentori di confettura e lieve spezia, offre un sorso in cui la spinta sapida e acida accompagna tannini vispi.
Boton D'Or XIX 2019 ○ muscat blanc a petit grain; 500 bt; 18 € - - Schietto, fruttato, sapido.
5 Jours XIX 2019 ● pinot noir; 1.000 bt; 15 € - - Croccante, floreale, leggiadro.
Valle d'Aosta Rouge Les Gosses 2018 ● 1.500 bt; 18 € - - Incisivo, fruttato, autentico.

ha 1,5 - **bt** 10.000
Fertilizzanti nessun concime
Fitofarmaci rame e zolfo
Diserbo lavorazione meccanica/manuale
Lieviti fermentazione spontanea
Uve 100% di proprietà
Certificazione nessuna certificazione

INTROD (AO)

LO TRIOLET

Frazione Junod, 7 - tel. 339 1387092
www.lotriolet.it - info@lotriolet.it

VITA - Introd è una deviazione quasi obbligatoria se si vuole comprendere la viticoltura valdostana. Qui troviamo Marco Martin che continua il percorso iniziato nel 1993 con la sua solita flemma e serenità: vignaiolo di lungo corso, sa che la politica dei piccoli passi ben ponderati è quella più efficace, e i risultati ottenuti lo dimostrano. Negli ultimi anni ha incrementato il parco vitato e sono iniziati i lavori di ampliamento della cantina.

VIGNE - L'approccio in vigna adottato da Marco è pragmatico: laddove possibile si riducono al minimo i trattamenti, ma se è necessario intervenire, specialmente nelle annate più difficili, lo si fa nell'ottica di portare in cantina uve sane. Le vigne, alcune lavorabili solo a mano per le forti pendenze, sono suddivise in 11 appezzamenti sparsi nella media valle, da Nus a Introd, con esposizioni differenti e altitudini che vanno dai 600 ai 900 metri.

VINI - L'approccio in cantina è molto rigoroso e nulla viene lasciato al caso. I vini sono sempre molto curati ed espressivi.

Valle d'Aosta Pinot Gris 2019 ○ 12.000 bt; 19 € - Un naso tipico, con ricordi floreali e agrumati ben distinti, anticipa una bocca materica e calda, con buona freschezza e chiusura sapida.
Valle d'Aosta Muscat Petit Grain 2019 ○ 4.000 bt; 19 € - L'evidente aromaticità del vitigno unita a una nota erbacea precede un assaggio teso e vibrante, con un'acidità sferzante.
Valle d'Aosta Gamay 2019 ● 6.000 bt; 15 € - Ricco nelle sfumature speziate e fruttate al naso, in bocca è lieve e leggiadro, con tannini eleganti e una vena acida che favorisce la beva.
Valle d'Aosta Petite Arvine 2019 ○ 6.000 bt; 20 € - Agile, fruttato, teso.
Valle d'Aosta Pinot Noir 2018 ● 6.000 bt; 20 € - Fine, fruttato, sottile.
Valle d'Aosta Fumin 2018 ● 6.000 bt; 27 € - Dinamico, speziato, varietale.

ha 4,5 - **bt** 60.000
Fertilizzanti letame, sovescio
Fitofarmaci chimici di sintesi, rame e zolfo
Diserbo chimico, lavorazione meccanica/manuale
Lieviti selezionati industriali, selezione di lieviti indigeni
Uve acquisto 25%
Certificazione nessuna certificazione

MORGEX (AO)

CAVE MONT BLANC DE MORGEX ET LA SALLE

Località La Ruine - Chemin des Iles, 19 - tel. 0165 800331
www.caveduvinblanc.com - info@caveduvinblanc.com

VITA - La cooperativa Mont Blanc, nata nel 1983 raccogliendo l'eredità dell'Association des Viticolteurs fondata dall'abbé Bugeat, continua la sua tradizionale produzione molto variegata. Capitanata da Mauro Jacod, a cui si affianca il giovane enologo Nicola del Negro, vanta circa 80 soci conferitori che si dedicano alla coltivazione del prié blanc ai piedi del monte Bianco.

VIGNE - Come detto l'orgoglio di questa piccolissima area è costituito dal prié blanc, allevato a piede franco. La coltivazione avviene tra gli 800 e i 1.100 metri di altitudine, ed è tra le più alte d'Europa. Per preservare i grappoli dalle forti escursioni climatiche, viene usato il tipico sistema a pergola bassa: la distesa che si può notare dall'alto rende unico il paesaggio.

VINI - L'obiettivo è ovviamente l'esaltazione del prié blanc, un vitigno eclettico che si presta alla realizzazione di diverse tipologie di vini.

Valle d'Aosta Blanc de Morgex et de La Salle 2019 ○ 30.000 bt; 13 € - Ha un bel frutto, ancora croccante, che precede una bocca segnata da una grande freschezza.
Valle d'Aosta Blanc de Morgex et de La Salle M. Cl. Extra Brut Glacier 2016 8.000 bt; 22 € - Al naso offre sentori di mela e lieviti, in bocca è teso e dritto, molto sapido.
Valle d'Aosta Blanc de Morgex et La Salle M. Cl. Blanc de Blanc Brut 2018 10.000 bt; 21 € - Avvolgente, con sentori fruttati all'olfatto e bocca materica segnata dalla vena acida.
Valle d'Aosta Blanc de Morgex et de La Salle Vendemmia Tardiva Chaudelune 2018 ● 3.000 bt da 0,5 l; 42 € - Articolato, speziato, profondo.
Valle d'Aosta Blanc de Morgex et La Salle Rayon 2018 ○ 10.000 bt; 13 € - Agile, fruttato, verticale.
Valle d'Aosta Blanc de Morgex et La Salle M. Cl. Cuvée du Prince 2013 1.300 bt; 33 € - Solido, speziato, opulento.

ha 17 - **bt** 130.000
Fertilizzanti nessun concime
Fitofarmaci chimici di sintesi, rame e zolfo
Diserbo chimico, lavorazione meccanica/manuale
Lieviti selezionati industriali
Uve 100% di proprietà
Certificazione nessuna certificazione

MORGEX (AO)

ERMES PAVESE

Strada Pineta, 26 - tel. 0165 800053
www.ermespavese.it - info@ermespavese.it

VITA - Da oltre 20 anni Ermes Pavese è uno degli interpreti più rigorosi e affidabili in quel di Morgex. Carattere gioviale e sorridente, è un gran lavoratore e un fervente sostenitore del prié blanc: poco alla volta sta ampliando il parco vitato con il recupero di appezzamenti e parcelle poste sui terrazzamenti. In azienda troviamo anche Ninive, la secondogenita, che si occupa dell'accoglienza.

VIGNE - Lavorare le vigne di Morgex e di La Salle, con la classica struttura a pergola bassa, è molto faticoso: la meccanizzazione quasi impossibile, viste le pendenze e la grande parcellizzazione, obbliga a operazioni manuali. Ermes ha abbandonato il diserbo chimico da 10 anni e i trattamenti sono effettuati solo con prodotti organici, zolfo e rame.

VINI - Vini affilati e precisi, che valorizzano in pieno le potenzialità del prié blanc e di questo terroir.

Valle d'Aosta Blanc De Morgex et de La Salle 2019 ○ 27.000 bt; 17 € - Tipica espressione del prié blanc, è giocato su note erbacee e fruttate e una bocca dritta e verticale, con buona acidità e sapidità.
Valle d'Aosta Blanc De Morgex et de La Salle M. Cl. Pavese XXIV 2016 2.526 bt; 39 € - Profondo e teso, giocato sul frutto maturo, in bocca è sferzante per la vena acido-sapida che regala grande allungo.
Valle d'Aosta Blanc De Morgex et de La Salle M. Cl. Pavese XXXVI 2015 468 bt; 44 € - Complesso e sfaccettato, con ricordi di erbe e spezie, in bocca è avvolgente e ricco, con nota sapida evidente.
Valle d'Aosta Blanc de Morgex et de La Salle Le Sette Scalinate 2016 ○ 525 magnum; 68 € - Ampio, fruttato, incisivo.
Valle d'Aosta Blanc De Morgex et de La Salle M. Cl. Pavese XVIII 2016 2.500 bt; 32 € - Croccante, fruttato, sapido.
Valle d'Aosta Vin Blanc 20 Anni 2013 ○ 640 bt; 32 € - Dinamico, speziato, autentico.

ha 7 - **bt** 33.000
Fertilizzanti letame
Fitofarmaci organici, rame e zolfo
Diserbo lavorazione meccanica/manuale
Lieviti selezionati industriali
Uve acquisto 10%
Certificazione nessuna certificazione

NUS (AO)

LES GRANGES

Località Les Granges, 1 - tel. 0165 767229 - 339 4896438
www.lesgrangesvini.com - info@lesgrangesvini.com

VITA - Dall'omonima frazione di Nus si domina una larga fetta della media valle sottostante, sullo sfondo il castello di Fenis. Alle spalle le montagne e tutto intorno, in un anfiteatro naturale scosceso, le vigne. Il silenzio è solo interrotto dal vento: tutto ciò rende Les Granges un luogo magico. Qui troviamo Gualtiero Crea, vignaiolo dai modi gentili e affabili, che con la moglie Liana Grange e i figli Edoardo e Beatrice conduce questa bella realtà.

VIGNE - Dopo annate difficili, siamo felici di rilevare un lento ritorno alle produzioni, in termini di quantità, del recente passato. Gualtiero e la sua famiglia proseguono sulla strada oramai tracciata negli anni scorsi: infatti questa è l'unica azienda valdostana a essere certificata biodinamica (oltre che biologica). Le vigne, poste tra i 500 e i 700 metri di quota, sono lavorate a mano, utilizzando solo prodotti naturali.

VINI - Fermentazioni spontanee, uso minimo della solforosa, nessuna filtrazione: in questi elementi si condensa la filosofia produttiva di Gualtiero.

TOP **Valle d'Aosta Pinot Noir L'Etranger 2018** VINO SLOW ● 1.000 bt; 19 € - Un vino di grande eleganza, al naso è articolato tra frutti rossi maturi e note delicatamente speziate. In bocca si dimostra essere teso, con trama tannica vibrante, buon corpo e grande freschezza.
Valle d'Aosta Nus Malvoisie 2018 ○ 1.100 bt; 15 € - Materico, presenta subito al naso un ricordo di fieno e di frutto bianco maturo. In bocca è ricco ma non perde l'agilità, data da una vena acido-sapida di grande importanza.
Valle d'Aosta Fumin 2017 ● 2.000 bt; 22 € - Potente, varietale, in bocca dimostra una bella propulsione data dal tannino vispo e dal corpo decisamente ricco.
Valle d'Aosta Cornalin Survivant 2018 ● 300 bt; 34 € - Articolato, fruttato, profondo.

ha 3,5 - **bt** 9.000
Fertilizzanti letame, organo-minerali, preparati biodinamici
Fitofarmaci organici, rame e zolfo
Diserbo lavorazione meccanica/manuale
Lieviti fermentazione spontanea, selezione di lieviti indigeni
Uve 100% di proprietà
Certificazione biodinamico e biologico certificato

QUART (AO)

GROSJEAN VINS

Frazione Ollignan, 2 - tel. 0165 775791
www.grosjeanvins.it - info@grosjeanvins.it

VITA - Pur essendo una delle cantine storiche della valle d'Aosta, la maison continua a guardare verso il futuro, in un'ottica di continuo miglioramento ed evoluzione. Oramai saldamente alla guida del gruppo della nuova generazione dei Grosjean troviamo Hervé, che sta apportando molte migliorie sia in vigna sia in cantina. Anche a livello di immagine c'è un cambiamento delle linee di produzione e delle etichette.

VIGNE - Grosjean continua sulla strada del biologico intrapresa oramai da diversi anni con assoluta convinzione. L'attenzione è sempre più rivolta ai vitigni autoctoni valdostani, e si traduce in ampliamenti della superficie vitata anche nei cru storici, come vigna Rovettaz e vigna Tzeriat, citati già da documenti del Settecento.

VINI - Registriamo una grande evoluzione nella produzione: una certa rusticità del passato lascia posto a vini sempre più precisi ed eleganti.

TOP **Valle d'Aosta Petite Arvine Vigna Rovettaz 2019** VINO SLOW ○ 18.000 bt; 20 € - Sentori agrumati ed erbacei netti anticipano una bocca in cui ricchezza materica e tensione acido-sapida si integrano, regalando un allungo davvero notevole.
Valle d'Aosta Gamay 2019 ● 17.000 bt; 12 € - Succoso ed elegante, è contraddistinto dalla classica e leggiadra speziatura del vitigno, e da un sorso avvolgente e profondo.
Valle d'Aosta Pinot Noir Vigna Tzeriat 2018 ● 4.000 bt; 23 € - Pur pagando ancora un po' in gioventù a causa di un tannino ancora decisamente vispo, regala al naso sentori fruttati e speziati e una grande beva.
M. Cl. Extra Brut Rosé Montmary 2018 chardonnay, pinot nero; 3.000 bt; 22 € - Dinamico, fruttato, incisivo.
Valle d'Aosta Fumin Vigna Rovettaz 2018 ● 3.000 bt; 26 € - Articolato, speziato, energico.
Valle d'Aosta Cornalin Vigna Rovettaz 2019 ● 5.000 bt; 20 € - Succoso, fruttato, gastronomico.

ha 17 - **bt** 140.000
Fertilizzanti letame, sovescio
Fitofarmaci rame e zolfo
Diserbo lavorazione meccanica/manuale
Lieviti fermentazione spontanea, selezione di lieviti indigeni
Uve acquisto 20%
Certificazione biologico certificato

QUART (AO)

ROSSET TERROIR

Località Torrent de Maillod, 4 - tel. 0165 774111
www.rosseterroir.it - info@rosseterroir.it

VITA - Sempre interessante il confronto con Nicola Rosset, proprietario dell'azienda: visione di lungo periodo, valorizzazione e promozione del territorio valdostano sono i capisaldi del suo pensiero. In questi anni ha investito moltissimo sia nell'ampliamento del parco vitato, sia nella costruzione della nuova cantina, collocata all'interno dell'azienda storica di famiglia, la distilleria St. Roch alle porte di Aosta.

VIGNE - Le operazioni in vigna e in cantina sono coordinate oramai da diversi anni da Matteo Moretto. Le vigne, in cui l'uso dei sistemici è praticamente nullo, si trovano in diversi comuni della media valle, con altitudini variabili tra i 500 e i 900 metri, ed esposizioni ottimali. In cantina si sta scommettendo su nuove tipologie di materiali, come orci e cemento.

VINI - La consapevolezza di Matteo cresce anno dopo anno, e la mano è ormai sicura: i vini prodotti risultano essere sempre più precisi ed espressivi.

Sopraquota 900 2019 ○ petite arvine; 5.400 bt; 38 € - Complesso e avvolgente, con ricordi erbacei e di frutto maturo, in bocca è ricco, materico, e supportato da una vena acida vibrante.
Valle d'Aosta Syrah 2018 ● 2.300 bt; 38 € - Tipico, con sentori fruttati e speziati al naso, all'assaggio si mostra ricco e strutturato, con buona progressione finale.
Valle d'Aosta Cornalin 2018 ● 4.500 bt; 15 € - Giocato su sfumature lievemente selvatiche e fruttate al naso, offre un sorso di buona freschezza e con una trama tannica da integrare.
Prémisse 2019 ○ muscat blanc a petit grain, chardonnay, pinot grigio; 1.200 bt; 15 € - Agile, floreale, salino.
Valle d'Aosta Petite Arvine 2019 ○ 3.400 bt; 21 € - Dinamico, fruttato, teso.
Valle d'Aosta Chambave Muscat 2019 ○ 2.300 bt; 21 € - Croccante, fruttato, varietale.

ha 8 - **bt** 45.000
Fertilizzanti preparati biodinamici
Fitofarmaci organici, rame e zolfo
Diserbo lavorazione meccanica/manuale
Lieviti selezionati industriali
Uve 100% di proprietà
Certificazione nessuna certificazione

SAINT-CHRISTOPHE (AO)

FRANCO NOUSSAN

SCONTO **-10%**

Località Maillod, 2 - tel. 0165 541297 - 335 5630909
www.noussanvini.it - franco@noussanvini.it

VITA - La cantina di Franco Noussan, posta sotto l'abitazione sulla collina che domina Aosta, è davvero piccola e potrebbe ricordare quella di un garagista. E forse l'animo è rimasto proprio quello, anche se l'ordine e la pulizia che troviamo svelano un produttore attento e rigoroso che interpreta fedelmente il territorio e i vitigni valdostani. Attivo dal 2003, in un'ottica di piccoli passi, ha poco alla volta ampliato la superficie vitata e la produzione.

VIGNE - I piccoli appezzamenti, distribuiti da Saint-Christophe fino a Saint Pierre nella zona del Torrette, sono lavorati rigorosamente a mano da Franco e dai suoi familiari. L'approccio in vigna è basato sull'uso esclusivo di zolfo e rame: i prodotti sistemici sono stati abbandonati anni fa e il diserbo chimico non è mai stato praticato. Anche in cantina la filosofia non cambia: interventi minimi, poca solforosa e uso di lieviti indigeni.

VINI - I vini sono schietti e rappresentano molto bene Franco: denotano fedeltà al territorio e restituiscono la miglior espressione possibile delle uve che arrivano in cantina.

Valle d'Aosta Petite Arvine 2019 O 700 bt; 20 € - - Al naso troviamo un profilo erbaceo e lievemente agrumato; l'assaggio evidenzia un buon corpo, sorretto da una freschezza importante.
Saint Ours 2018 ● petit rouge, cornalin, barbera, fumin; 980 bt; 14 € - - Sentori selvatici di sottobosco e di frutto maturo introducono una bocca segnata da buon equilibrio e persistenza, con la parte acida in evidenza.
Valle d'Aosta Torrette 2018 ● 1.350 bt; 14 € - - Tipico e gastronomico, con frutti croccanti al naso, al sorso si presenta scorrevole e piacevole, con buona freschezza e tannini vispi.
Valle d'Aosta Pinot Gris 2019 O 1.100 bt; 20 € - - Dinamico, fruttato, sapido.
Valle d'Aosta Fumin 2018 ● 883 bt; 26 € - - Fitto, speziato, profondo.

ha 2,5 - **bt** 12.000
Fertilizzanti letame
Fitofarmaci rame e zolfo
Diserbo lavorazione meccanica/manuale
Lieviti fermentazione spontanea, selezione di lieviti indigeni
Uve 100% di proprietà
Certificazione nessuna certificazione

SAINT-PIERRE (AO)

CHÂTEAU FEUILLET

Località Château Feuillet, 12 - tel. 328 7673880
www.chateaufeuillet.vievini.it - fiorano@vievini.it

VITA - Nel 2021 Château Feuillet compirà 20 anni: partito quasi da zero con pochi vigneti già strutturati e con la realizzazione di nuovi impianti, dal 2001 Maurizio Fiorano, piemontese approdato in Valle d'Aosta per amore, ha costruito questa realtà che si è poco alla volta affermata come rigorosa interprete del territorio valdostano, dove la cura maniacale ai dettagli sia in vigna sia in cantina è l'elemento fondamentale.

VIGNE - Pensare ai vini di Château Feuillet vuol dire dover parlare della storica zona del Torrette, a cavallo tra i comuni di Sarre e Saint-Pierre: vigneti posti tra i 600 e gli 800 metri di altitudine, in un'area impervia e siccitosa che rende il lavoro arduo, poiché buona parte degli interventi deve essere fatta manualmente. Fin dall'inizio dell'attività non si pratica il diserbo chimico, e negli ultimi anni si è drasticamente ridotto l'uso di prodotti di sintesi.

VINI - Maurizio propone sempre vini fortemente territoriali, giocati perlopiù sulla spiccata finezza espressiva.

Valle d'Aosta Petite Arvine 2019 O 10.000 bt; 20 € - - Una nota agrumata e sentori erbacei precedono una bevuta tesa e sapida, che regala persistenza e allungo finale.
Valle d'Aosta Fumin 2019 ● 5.000 bt; 26 € - - Seppure ancora giovane, con frutto croccante in evidenza e ricordi floreali, in bocca mostra tannini incisivi, una buona materia e una bella profondità.
Valle d'Aosta Cornalin 2019 ● 4.000 bt; 22 € - - Sentori giocati sul frutto e su note più scure, tipiche del vitigno, accompagnano un assaggio lungo, di persistenza sapida.
Valle d'Aosta Traminer Aromatico 2019 O 4.000 bt; 15 € - - Incisivo, fruttato, varietale.
Valle d'Aosta Torrette 2019 ● 12.000 bt; 14 € - - Succoso, fruttato, espressivo.
Valle d'Aosta Syrah 2019 ● 4.000 bt; 22 € - - Croccante, speziato, leggiadro.

ha 7 - **bt** 45.000
Fertilizzanti letame
Fitofarmaci rame e zolfo
Diserbo lavorazione meccanica/manuale
Lieviti selezione di lieviti indigeni
Uve 100% di proprietà
Certificazione nessuna certificazione

SAINT-PIERRE (AO)

DI BARRÒ

SCONTO **-10%**

Località Château Feuillet, 8 - tel. 0165 903671
www.dibarro.vievini.it - dibarro@vievini.it

VITA - Elvira Rini e suo marito Andrea Barmaz hanno iniziato la loro avventura nel 1999, strutturando l'azienda di famiglia che comunque era già operativa nel passato. Un lento e continuo ampliamento della superficie vitata (è stato appena terminato un vigneto proprio di fronte alla casa-cantina) e lavorazioni in locali dalla dimensione artigianale sono i biglietti da visita di questa realtà: negli ultimi anni sono entrati anche i due figli.

VIGNE - Dalla casa di Elvira e Andrea le vigne in altura sono ben visibili: stiamo volgendo lo sguardo a una delle zone più storiche e vocate dell'intera regione, il Torrette, citato già nell'Ottocento da Lorenzo Gatta. Esposizione quasi totalmente a sud, pendenze in alcuni casi vertiginose, terreni che vedono la prevalenza della roccia e della pietra, vegetazione scarsissima: è inevitabile che con queste condizioni le pratiche colturali siano unicamente manuali.

VINI - In cantina si usano solo lieviti autoctoni, non si effettuano filtrazioni e l'utilizzo della solforosa è ridotto al minimo indispensabile.

TOP **Valle d'Aosta Torrette 2018** VINO QUOTIDIANO ● 1.400 bt; 12 € - - Classico e gastronomico fin dai sentori giocati su un frutto croccante, in bocca è espressivo e materico, dalla grande freschezza e di ottimo equilibrio.

Valle d'Aosta Torrette Sup. Ostro 2015 ● 1.200 bt; 29 € - - I profumi di frutta matura introducono un sorso vibrante e teso, con buona vena acida e trama tannica ben integrata.

M. Cl. Pas Dosé Mirliflor 2016 pinot bianco, chardonnay, petite arvine, pinot grigio; 1.400 bt; 23 € - - Regala al naso ricordi di miele e frutto maturo, mentre il sorso è ricco e discretamente teso.

Valle d'Aosta Pinot Gris 2018 O 1.300 bt; 13 € - - Fresco, floreale, incisivo.

Lo Flapì 2018 ● pinot grigio; 600 bt da 0,5 l; 26 € - - Avvolgente, speziato, elegante.

ha 3 - **bt** 18.000
Fertilizzanti letame
Fitofarmaci rame e zolfo
Diserbo lavorazione meccanica/manuale
Lieviti fermentazione spontanea, selezione di lieviti indigeni
Uve 100% di proprietà
Certificazione nessuna certificazione

VERRAYES (AO)

LA VRILLE

Hameau du Grangeon, 1 - tel. 0166 543018
www.lavrille.it - lavrille@gmail.com

VITA - Hervé Deguillame, francese di ritorno con origini valdostane, prosegue nella sua avventura con mano salda, nel solco di una consapevolezza acquisita oramai da anni, che fa di questa realtà una tappa obbligata nel panorama vitivinicolo valdostano. Le vigne, poste in un anfiteatro naturale intorno alla cantina, sono uno spettacolo per gli occhi e focalizzate sui vitigni tipici dell'areale di Chambave, dove la fa da padrone il muscat.

VIGNE - Pur non avvalendosi di alcuna certificazione biologica, fin dalla sua fondazione a La Vrille non si fa uso di prodotti sistemici e di diserbo chimico: ogni dettaglio è curato da Hervé che continua a ripetere che la vigna «è la sua malattia». In alcune situazioni, vista la conformazione dei vigneti, è necessario procedere a lavorazioni unicamente manuali.

VINI - Il rigore e la precisione di Hervé emergono chiaramente nei suoi vini, sempre espressivi e territoriali.

TOP **Valle d'Aosta Chambave Muscat Flétri 2018** VINO SLOW ● 1.200 bt da 0,375 l; 38 € - - Un grande vino per eleganza e tipicità, in cui dolcezza e suadenza mai eccessive si accompagnano a una vena sapida e acida di grande respiro, che regala un finale convincente.

Valle d'Aosta Chambave Muscat 2018 O 6.500 bt; 18 € - - Classico e caratteristico nel dispiegarsi del varietale, con note fruttate, all'assaggio rivela un carattere quasi elettrico per freschezza e tensione.

Valle d'Aosta Fumin 2016 ● 1.700 bt; 27 € - - Un naso intenso, con sfumature fruttate tipiche del vitigno, anticipa una bocca ricca e opulenta, con trama tannica distesa e profondità.

Valle d'Aosta Chambave 2019 ● 2.200 bt; 15 € - - Agile, fruttato, gastronomico.

Valle d'Aosta Pinot Noir 2017 ● 1.400 bt; 21 € - - Fine, speziato, elegante.

Valle d'Aosta Vuillermin 2017 ● 1.600 bt; 18 € - - Pungente, speziato, scuro.

ha 3 - **bt** 17.000
Fertilizzanti letame
Fitofarmaci rame e zolfo
Diserbo lavorazione meccanica/manuale
Lieviti fermentazione spontanea, selezione di lieviti indigeni
Uve 100% di proprietà
Certificazione nessuna certificazione

ANSELMET

SCONTO **-10%**

Frazione Vereytaz, 30 - tel. 0165 904851
www.maisonanselmet.it - info@maisonanselmet.it

VITA - Renato Anselmet nel 1978 ha deciso di iniziare a imbottigliare e vendere i vini con la propria etichetta, facendo sua una tradizione famigliare che affonda le radici nel tempo. Agli inizi degli anni Duemila è stato affiancato da figlio Giorgio, che successivamente ha preso in mano le redini dell'azienda dandole sempre più lustro e visibilità, fino a farla diventare una delle maison di punta all'interno del panorama vitivinicolo valdostano.

VIGNE - Le vigne si trovano in diversi appezzamenti, talvolta anche piccolissimi, in media valle, da Chambave a Villeneuve, con altitudini che vanno dai 500 ai 900 metri. Molti dei vigneti sono in posizioni sfavorevoli, e gli unici interventi possibili sono manuali. L'approccio è classico, con l'attenzione volta a limitare il numero degli interventi a seconda dell'annata.

VINI - Riassumiamo tutto con tre T: Tradizione, Tecnica, Tecnologia. Ecco il matrimonio che si cela dietro l'approccio al vino di Anselmet.

TOP **Valle d'Aosta Petite Arvine 2018** O 2.000 bt; 34 € - Una lama di acidità e succo salato, condita da profumi floreali molto complessi e invitanti. L'influsso del tonneau è ottimamente dosato e aggiunge ricchezza senza donare pesantezza.
Valle d'Aosta Chardonnay Élevé en Fût de Chêne 2018 O 2.000 bt; 34 € - Sempre una sicurezza grazie a una rispondenza assoluta al vitigno e una beva sfaccettata e sontuosa.
Valle d'Aosta Pinot Noir Semel Pater 2018 ● 3.000 bt; 46 € - Spezie e frutto succoso, con rimandi evidenti alla varietà. Acido al punto giusto con una struttura importante.
Valle d'Aosta Chardonnay Main et Couer 2018 O 2.000 bt; 51 € - Ampio, fruttato, dettagliato.
Le Prisonnier 2018 ● petit rouge, cornalin, fumin, mayolet; 1.500 bt; 60 € - Fine, speziato, ampio.
Valle d'Aosta Syrah Henri 2018 ● 5.000 bt; 29 € - Denso, speziato, profondo.

ha 10 - **bt** 80.000
Fertilizzanti letame in pellet
Fitofarmaci chimici di sintesi, rame e zolfo
Diserbo chimico, lavorazione meccanica/manuale
Lieviti selezionati industriali, selezione di lieviti indigeni
Uve 100% di proprietà
Certificazione nessuna certificazione

VILLENEUVE (AO)

LA PLANTZE

SCONTO **-10%**

Frazione Vereytaz, 30 - tel. 0165 904851 - 346 0571193
www.laplantze.eu - laplantze@gmail.com

VITA - Dopo aver affiancato il padre Giorgio nella maison di famiglia, il giovanissimo Henry Anselmet ha iniziato nel 2013 un proprio percorso autonomo. Idee chiare e ben precise: osare, sperimentare, un voler quasi tornare alle origini semplificando le lavorazioni per riprendere quella che era la produzione tipica valdostana del passato. La tecnologia, soprattutto in cantina, è limitata al minimo indispensabile, e si utilizzano anche contenitori alternativi per le vinificazioni.

VIGNE - Partito con un piccolo vigneto posto a 800 metri di altitudine, la storica vigna di Filippo Garin in località Montagnine, Henry è arrivato oggi a circa 4 ettari, suddivisi in diverse parcelle nei comuni di Nus, Fenis, Saint-Pierre e Villeneuve, alcuni dei quali in posizioni tali da richiedere solo lavorazioni manuali. L'attenzione alla sostenibilità ambientale porta a limitare il più possibile l'uso di prodotti sistemici.

VINI - Parlare di stile nei confronti di uno sperimentatore potrebbe essere riduttivo: sono vini talvolta fuori dagli schemi e di grande impatto.

Ferox 2019 O sauvignon blanc; 2.500 bt; 19 € - La varietà in questo caso esce davvero poco, perché non è per nulla caricaturale e cresce al palato con grande energia.
Al Mister 2019 O viognier, sauvignon blanc; 2.000 bt; 24 € - Un bianco opulento, ma allo stesso tempo cremoso e allungato. Grande struttura, ma poi beva rinfrescata dal sale.
Torrette Sup. 2018 ● 2.000 bt; 19 € - Molta spezia grazie alla presenza di cornalin e fumin, ha un bello slancio territoriale e allungo.
Valle d'Aosta Pinot Gris Trii Rundin 2019 O 2.200 bt; 17 € - Articolato, fruttato, stratificato.
La Copine 2019 O sauvignon blanc; 3.000 bt; 14 € - Vibrante, floreale, salino.
Nagot 2018 ● petit rouge, fumin, cornalin, prëmetta; 2.000 bt; 34 € - Fine, speziato, energico.

ha 6 - **bt** 20.000
Fertilizzanti letame in pellet
Fitofarmaci chimici di sintesi, rame e zolfo
Diserbo chimico, lavorazione meccanica/manuale
Lieviti selezionati industriali, selezione di lieviti indigeni
Uve 100% di proprietà
Certificazione nessuna certificazione

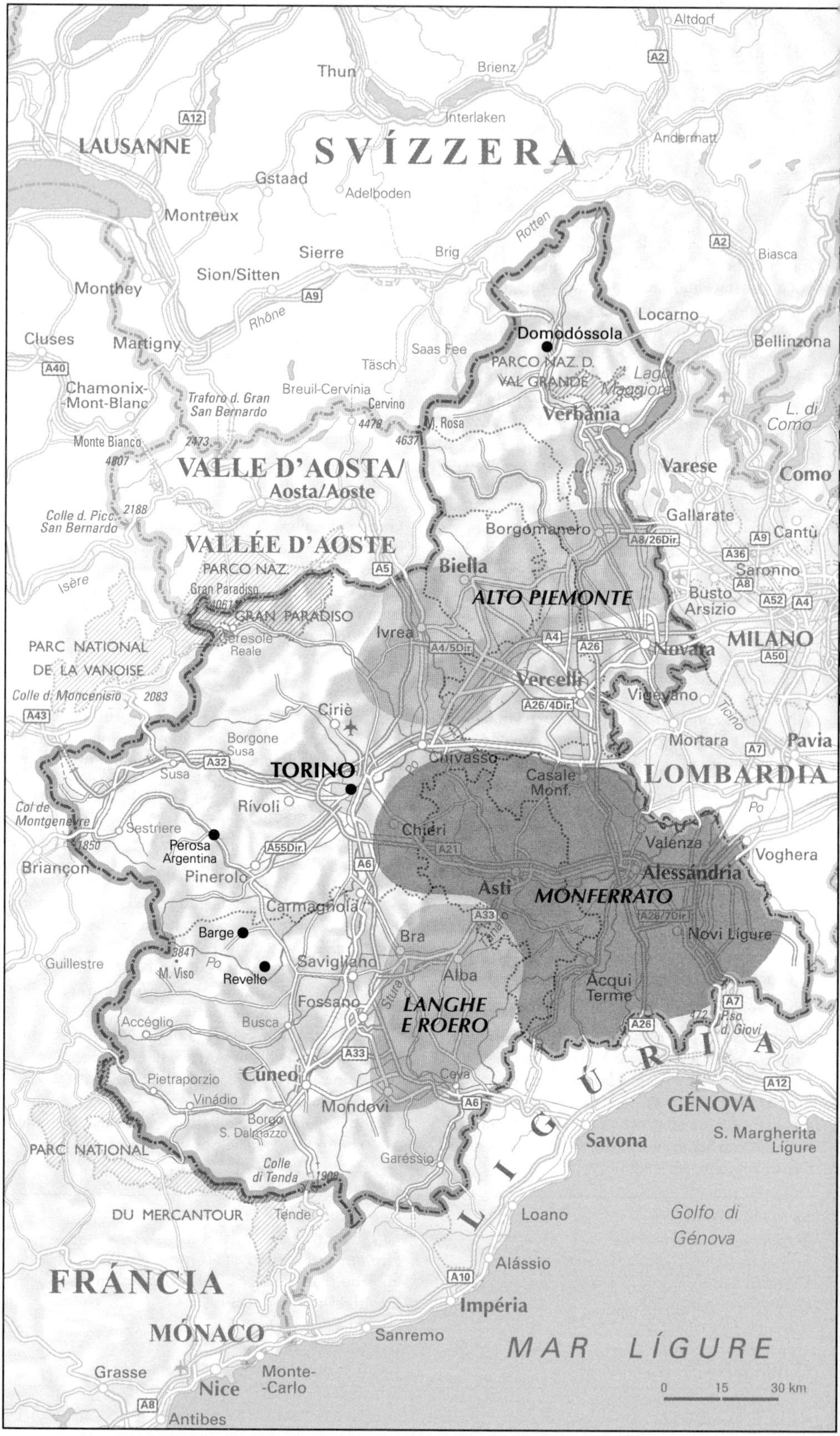
SVÍZZERA
LAUSANNE
Thun
Brienz
Interlaken
Altdorf
Andermatt
Gstaad
Adelboden
Montreux
Sierre
Sion/Sitten
Brig
Rotten
Biasca
Monthey
Rhône
Martigny
Cluses
Locarno
Bellinzona
Domodóssola
Saas Fee
Täsch
PARCO NAZ. D. VAL GRANDE
Lago Maggiore
Chamonix-Mont-Blanc
Breuil-Cervinia
Cervino
Traforo d. Gran San Bernardo
M. Rosa
Verbània
L. di Como
Monte Bianco
VALLE D'AOSTA/
Aosta/Aoste
VALLÉE D'AOSTE
Varese
Como
Colle d. Picc. San Bernardo
Gallarate
Borgomanero
Cantù
Biella
PARCO NAZ. Gran Paradiso
GRAN PARADISO
ALTO PIEMONTE
Saronno
Busto Arsízio
Isère
Ivrea
MILANO
PARC NATIONAL DE LA VANOISE
Ceresole Reale
Novara
Vercelli
Vigevano
Colle d. Moncenisio
Ciriè
Ticino
Mortara
Pavia
Borgone Susa
Chivasso
Susa
TORINO
Casale Monf.
LOMBARDIA
Col de Montgenèvre
Rívoli
Sestriere
Chieri
Po
Perosa Argentina
Valenza
Voghera
Briançon
Pinerolo
Alessándria
Asti
MONFERRATO
Carmagnola
Novi Ligure
Barge
Bra
Guillestre
Savigliano
Alba
M. Viso
Revello
Fossano
Stura
LANGHE E ROERO
Acqui Terme
Accéglio
Busca
P.so d. Giovi
Pietraporzio
Cúneo
Ceva
LIGÚRIA
Vinádio
Mondovì
GÉNOVA
Borgo S. Dalmazzo
Savona
S. Margherita Lígure
PARC NATIONAL
Garéssio
Colle di Tenda
DU MERCANTOUR
Tende
Loano
Golfo di Génova
Alássio
FRÁNCIA
Impéria
MÓNACO
Sanremo
MAR LÍGURE
Grasse
Nice
Monte-Carlo
Antibes
0 15 30 km

PIEMONTE

Il 2016 sarà ricordato come un millesimo davvero eccezionale dal punto di vista dell'omogeneità qualitativa dei Barolo: tanti vini eccellenti, con poche cadute e molti acuti. Viceversa ci aspettavamo poco dal Barbaresco 2017, e invece ci ha stupiti, segno di una sensibilità agronomica molto più sviluppata da parte dei vignaioli, bravi a interpretare un'annata complicata. Crescono tantissimo il Nizza, una denominazione in cui riponiamo profonda fiducia, e il Timorasso, dove sono confluiti molti nuovi produttori dall'esterno. Ma dobbiamo anche registrare gli enormi passi in avanti nel Roero, con la nuova generazione che impone uno stile più leggero e alternativo rispetto ai Nebbioli di Langa, e nell'Alto Piemonte, dove la consapevolezza di avere a che fare con un territorio dalle potenzialità ancora inesplorate sta pungolando più di un vignaiolo a sperimentare e migliorare.

le Bottiglie

le Monete €

ALTO PIEMONTE

BARENGO (NO)

GILBERTO BONIPERTI

Via Vittorio Emanuele, 43 - tel. 347 0302469
www.bonipertivignaioli.com - info@bonipertivignaioli.com

VITA - Gilberto Boniperti colpisce per due cose: da un lato c'è la sua innata gentilezza, che sembra fare da contraltare alla volontà ferrea che muove il suo agire. La sua oltretutto è una storia particolare: dopo una laurea in enologia e esperienze in giro per l'Italia, nel 2008 ha deciso di tornare a casa rimettendo letteralmente in piedi i vigneti poco curati che appartenevano alla sua famiglia e iniziando così l'avventura come produttore.

VIGNE - Quasi tutte le vigne sono poste tra Fara e Brusnengo, su terreni dalla composizione variabile: possiamo trovare a poca distanza l'uno dall'altro appezzamenti ricchi di argille e altri molto più acidi, con la presenza anche di pietre e minerali. Le ultime annate, segnate da estati calde, hanno visto la comparsa della piccola ma fastidiosa popillia, che attacca l'apparato fogliare compromettendo l'equilibrio delle piante.

VINI - Vini che rispecchiano il vignaiolo: precisi senza scadere nel tecnicismo, sono anche solari e ricchi di energia.

Colline Novaresi Vespolina Favolalunga 2018 ● 6.000 bt; 11 € - - Un vino sempre elegante, con una nota speziata e un frutto ancora croccante al naso; in bocca si evidenziano tannini lievi e ben integrati, e una venatura sapida.
Colline Novaresi Nebbiolo Carlin 2018 ● 8.000 bt; 12 € - - Sfaccettato nei suoi profumi, con un frutto maturo in evidenza, in bocca è dritto e teso, con trama tannica in evidenza e buona freschezza.
Fara Barton 2017 ● 2.800 bt; 23 € - - Lieve al naso, con piccoli frutti rossi e una speziatura che vira su note più dolci, in bocca mostra una trama tannica cesellata e buona freschezza. In chiusura avvolge delicatamente il palato.
Rosa di Sera 2019 ● nebbiolo; 1.200 bt; 11 € - - Croccante, floreale, teso.
Colline Novaresi Barbera Barblin 2018 ● 2.000 bt; 12 € - - Succoso, fruttato, gastronomico.

ha 4 - **bt** 20.000
Fertilizzanti letame
Fitofarmaci chimici di sintesi, rame e zolfo
Diserbo lavorazione meccanica/manuale
Lieviti selezionati industriali
Uve acquisto 5%
Certificazione nessuna certificazione

BARGE (CN)

LE MARIE

Via San Defendente, 6 - tel. 0175 345159
www.lemarievini.eu - info@lemarievini.eu

VITA - Ai piedi del Monviso, sospesa tra torinese e cuneese, troviamo Barge, comune di una landa che in epoca medievale veniva chiamata "terre di Eyssart". Qui, all'inizio del nuovo millennio, Valerio Raviolo ha fondato questa azienda che ora vede in prima linea i figli, Simona e Daniele: lo scopo è dare nuovo lustro a un territorio vitivinicolo un po' dimenticato, ma che vanta una tradizione molto antica, come testimoniano documenti del Quattrocento.

VIGNE - Daniele, che si occupa delle lavorazioni in vigna, racconta che la loro filosofia è quella di ridurre sempre più l'uso di sistemici, seguendo l'andamento del ciclo vegetativo e intervenendo solo laddove necessario. Le vigne, poste intorno ai 400 metri di altitudine, si trovano su terreni di origine fluvioglaciale, e sono protette dai monti circostanti che limitano l'arrivo di correnti fredde.

VINI - Vini territoriali, precisi ed espressivi. La parte del leone la fa la malvasia moscata, una varietà non molto diffusa e qui di casa.

Ninin 2019 ○ malvasia moscata; 800 bt; 17 € - - L'aspetto aromatico del vitigno è in evidenza, accompagnato da ricordi agrumati; all'assaggio è ricco, carnoso, con una bella nota acido-sapida.
Pinerolese Rosso Debarges 2017 ● 5.000 bt; 15 € - - I cenni di frutti rossi e una delicata speziatura introducono un sorso fine, con trama tannica distesa e buon allungo.
Piemonte Pinot Nero Noir de Mariette 2018 ● 1.800 bt; 15 € - - Al naso offre note di piccoli frutti rossi ancora croccanti; in bocca è esuberante, con tannini vibranti e un carattere sapido.
Blanc de Lissart 2019 ○ malvasia moscata; 7.000 bt; 13 € - - Vibrante, fruttato, teso.
Pinerolese Barbera Colombe 2017 ● 3.000 bt; 15 € - - Croccante, fruttato, gastronomico.
Passito 2018 ● malvasia moscata; 1.000 bt da 0,375 l; 20 € - - Fine, speziato, profondo.

ha 8 - **bt** 45.000
Fertilizzanti letame in pellet, letame
Fitofarmaci chimici di sintesi, rame e zolfo
Diserbo lavorazione meccanica/manuale
Lieviti selezionati industriali
Uve 100% di proprietà
Certificazione nessuna certificazione

BOCA (NO)

LE PIANE

Piazza Matteotti, 1 - tel. 348 3354185
www.bocapiane.com - info@bocapiane.com

VITA - Quando due decenni fa il patrimonio vitato della zona di Boca era ormai ridotto a una manciata di ettari e la Doc era lungi dall'essere riconosciuta, toccò al visionario svizzero Christoph Künzli credere nell'infinito potenziale di questo territorio, adoperandosi per emanciparlo dal torpore in cui sguazzava. Grazie a un team di collaboratori eccellenti è riuscito nel suo intento.

VIGNE - Si è bandito ogni utilizzo della chimica in vigna e in cantina, dove si lascia che tutti i processi si svolgano in modo naturale, con l'obiettivo di restituire vini genuini e di massima espressione territoriale. Da una realtà come questa ci si aspettano sorprese continue, e difatti sono da poche state introdotte due riuscite novità, il Bianko, alla terza annata e con uve erbaluce, e da due anni un nebbiolo in purezza.

VINI - Sono vini sottili, leggiadri, di grande beva e in grado di esaltare le caratteristiche uniche del territorio

TOP **Boca 2016** ● 12.000 bt; 55 € - Ⓛ - Un vino buonissimo che si afferma da subito per la sua profondità ed eleganza. Di grande pulizia al naso, dove spiccano notte fruttale, floreali, speziate, terrose e agrumate, con incursioni balsamiche, è vibrante al sorso, sottile e gustoso, con un tannino perfettamente integrato e una sapidità che invoglia la beva.
Mimmo 2017 ● nebbiolo, croatina, vespolina; 15.000 bt; 21 € - Ⓛ - È una perfetta sintesi territoriale: al naso richiama sentori fruttati, speziati e minerali. Pieno al sorso, generoso e coerente, si allunga in un lungo finale sapido.
Bianko 2018 ○ greco novarese; 6.000 bt; 15 € - Ⓛ - In una insolita veste dorata, è intenso al naso dove emergono sottili richiami vegetali e floreali, erbe aromatiche e miele. Al sorso è generoso e coerente e chiude con un lungo slancio acido che esalta il carattere del vitigno.

ha 9 - **bt** 60.000
Fertilizzanti letame, sovescio
Fitofarmaci organici
Diserbo nessun diserbo
Lieviti fermentazione spontanea, selezione di lieviti indigeni
Uve acquisto 20%
Certificazione nessuna certificazione

BOCA (NO)

PODERE AI VALLONI

Via Traversagna, 1 - tel. 0322 87332
www.podereaivalloni.it - info@podereaivalloni.it

VITA - A Podere ai Valloni sono stati appena celebrati i 40 anni di attività: nel 1980 Guido Sertorio acquistò la villa e i vigneti che la circondavano, e iniziò a risistemare il tutto dedicandosi anche alla produzione di piccole partite di vino. Oggi troviamo la figlia, Anna, che con l'aiuto di Matteo Baldin in vigna e di Luca Faccenda in cantina sta dando nuova linfa a questa azienda. La certificazione biologica è stata conseguita nel 2014.

VIGNE - L'anfiteatro naturale su cui sorge Villa Cristiana, con i suoi gradoni e i boschi tutto intorno, offre ai visitatori uno scorcio di grande bellezza. Ci troviamo all'interno del Parco del monte Fenera, e i terreni sono totalmente di origine vulcanica, come testimoniato dai grandi porfidi rossi posti all'ingresso della tenuta, che ricordano la presenza del supervulcano della Valsesia. Il vitigno principe è il nebbiolo, a cui si affiancano anche bonarda e uva rara.

VINI - La ricerca dell'artigianalità, piccole quantità e grande attenzione al terroir di Boca: questi gli elementi che contraddistinguono i vini di Podere ai Valloni.

Boca Vigna Santa Cristiana 2012 ● 2.600 bt; 38 € - Ⓛ - Nonostante un'apparente gioventù risulta già elegante ed esprime una certa tipicità: al naso sono ancora presenti note legate all'affinamento in legno, contornate da un frutto già maturo; in bocca la trama tannica è vibrante e la componente acido-sapida è importante. Chiude persistente.

Due i riassaggi: il Colline Novaresi Nebbiolo Gratus 2017 ha una nota fruttata ancora evidente ma più scura, e in bocca la trama tannica si è distesa e la beva ha acquistato in piacevolezza; il Colline Novaresi Rosso Sass Russ 2017 è agile, fruttato e integro.

ha 3 - **bt** 12.000
Fertilizzanti nessun concime
Fitofarmaci rame e zolfo
Diserbo lavorazione meccanica/manuale
Lieviti fermentazione spontanea, selezionati industriali, selezione di lieviti indigeni
Uve 100% di proprietà
Certificazione biologico certificato

BOGOGNO (NO)

CA' NOVA - GIADA CODECASA

SCONTO -10%

Via San Isidoro, 1 - tel. 0322 863406
www.cascinacanova.it - info@cascinacanova.it

VITA - Tutto ha avuto inizio nel 1996, quando Giada Codecasa con il padre Vittorio ha scoperto quasi per caso questo territorio dalle grandi potenzialità viticole. La ristrutturazione del vecchio cascinale e i primi nuovi vigneti hanno dato vita a quella che ormai possiamo ritenere un'azienda di sicuro interesse. I vini sono tradizionali, essenziali e di personalità.

VIGNE - La valorizzazione dei vitigni autoctoni e l'uso consolidato di prodotti naturali raccontano un approccio sempre più rivolto alla viticoltura di qualità ed eco-compatibile. Sono 10 gli ettari di proprietà, di cui 6 nel comune di Ghemme, mentre un vero gioiello è la piccola vigna San Quirico, situata poco distante dalla cantina.

VINI - L'approccio in cantina prevede lunghe macerazioni e il progressivo abbandono delle barrique a favore di legni più grandi: è questo il credo di Giada, che da quasi 20 anni è coadiuvata dall'enologo Gianluca Scaglione, con la consulenza esterna di Cristiano Garella e Davide Ferrarese.

Colline Novaresi Nebbiolo San Quirico 2013 ● 3.500 bt; 20 € - Un vino balsamico e minerale, di grande complessità olfattiva. In bocca il tannino è fine, e il sorso integro, sapido e di buona progressione gustativa. Equilibrato ed espressivo, si distingue per l'ottima beva.
Ghemme 2013 ● 7.200 bt; 24 € - Da terreni morenici, al naso è fine ed elegante, fruttato e con note speziate. In bocca è caldo, con un tannino setoso e buona freschezza. Il finale è avvolgente.
Colline Novaresi Nebbiolo Aurora 2019 ● 10.000 bt; 11 € - Il Nebbiolo che non ti aspetti: il colore è rosa tenue, e sorprende al naso con la sua intensità e le caratteristiche note citrine e di frutta fresca. La bocca è sapida e persistente.
Colline Novaresi Bianco Rugiada 2019 ○ 4.200 bt; 11 € - Fresco, vegetale, sapido.

ha 10 - **bt** 45.000
Fertilizzanti organo-minerali, sovescio
Fitofarmaci rame e zolfo
Diserbo lavorazione meccanica/manuale
Lieviti selezionati industriali
Uve 100% di proprietà
Certificazione nessuna certificazione

BRUSNENGO (BI)

LE PIANELLE

Via Forte, 25 - tel. 366 5220327
www.lepianelle.com - info@lepianelle.com

VITA - Un'azienda nata per un atto di amore verso il Piemonte settentrionale: questo è stato il motore che ha spinto Dieter Heuskel, tedesco innamorato di questa zona, a fondare nel 2004 Le Pianelle, facendosi affiancare da un personaggio carismatico come Peter Dipoli, da un enologo che conosce assai bene l'alto Piemonte come Cristiano Garella, e da Andrea Zanetta, che forte della sua pluriennale esperienza si occupa di tutte le lavorazioni in vigna.

VIGNE - Nel corso degli anni sono stati acquisiti diversi appezzamenti e in alcuni casi si è reso necessario il reimpianto totale delle vigne. Le aree di produzione sono tre: a Lessona, a Brusnengo e a Roasio, con terroir completamente differenti per composizione ed esposizioni. Passiamo dalle sabbie lessonesi a un mix di sabbie porfiriche e marine a Brusnengo, per arrivare a suoli completamente di origine vulcanica e ricchi di porfidi a Roasio.

VINI - Vini espressivi e territoriali, che esprimono bene le caratteristiche dei diversi terreni da cui provengono.

Bramaterra 2016 ● 5.000 bt; 46 € - Un vino di grande eleganza, con un frutto scuro e una fitta speziatura al naso, e con richiami lievemente dolci, che anticipano una bocca ricca, con trama tannica ancora vibrante e una buona venatura sapida che dona profondità e allungo finale.
Coste della Sesia Al Forte 2017 ● 3.000 bt; 21 € - Energico, con sentori un po' cupi di frutto molto maturo, in bocca si rivela molto materico, con trama tannica decisamente vispa, grande sapidità finale, e una nota alcolica in evidenza.
Coste della Sesia Rosato Al Posto dei Fiori 2019 ● 10.000 bt; 15 € - Un rosa tutt'altro che scontato, con un bel corredo aromatico floreale e di piccoli frutti rossi, e un sorso giocato sulla tensione acida e una chiusura con il ritorno del frutto croccante.

ha 4,5 - **bt** 18.000
Fertilizzanti letame in pellet, letame
Fitofarmaci rame e zolfo
Diserbo lavorazione meccanica/manuale
Lieviti selezionati industriali, selezione di lieviti indigeni
Uve 100% di proprietà
Certificazione nessuna certificazione

MURAJE

SCONTO -10%

Via Croce, 20 - tel. 351 8112325
www.muraje.it - info@muraje.it

VITA - È facile innamorarsi dell'anima gracile del Carema, e del tutto legittimo è coltivare il sogno di produrlo; mettersi a farlo però è tutt'altro che una passeggiata. Lo sanno bene Federico e Deborah Santini, che con sacrificio hanno tirato su questo piccolo gioiello. Magari qui non ci vorranno cifre astronomiche come in altre zone, ma bisogna comunque guadagnarsi la fiducia dei caremesi, gelosi custodi del patrimonio viticolo locale; ci vuole inoltre una struttura per vinificare in loco, per non parlare delle infinite ore di lavoro sulle tabbie.

VIGNE - Tabbie in dialetto indica le piccole terrazze strappate alla parete rocciosa che sovrasta il paese. La coltivazione di questi fazzoletti di terra, lavorati del tutto a mano e spesso raggiungibili soltanto a piedi attraverso vertiginose scalinate, è impegnativa. La manutenzione o addirittura il recupero lo sono ancora di più. Deborah e Federico hanno radunato negli anni una quarantina di tabbie sparse su diverse sottozone.

VINI - Mentore è stato Cristoph Künzli di Le Piane a Boca, che ha ospitato le prime vinificazioni (2015 e 2016). Lo stile è poco interventista: fermentazioni con lieviti indigeni, lunghe macerazioni in vasche di cemento e affinamenti di circa 18 mesi in legni usati servono a portare in bottiglia un frutto integro, luminoso e croccante.

Carema Sumié 2017 ● 1.412 bt; 56 € - - Figlio di un'annata calda, presenta naturalmente un frutto più ampio e maturo, una densità quasi viscosa, e un tannino morbido ben rivestito di succo. Non perde però il consueto sottofondo roccioso e il sollievo sapido.
Lasú 2019 ● 600 bt; 27 € - - Il fratello piccolo del Sumié, prodotto con nebbiolo, neyret e altre varietà locali, è un rosso più immediato, leggiadro ma incisivo, con deliziose note fruttate e speziate.

ha 1,5 - **bt** 4.000
Fertilizzanti nessun concime
Fitofarmaci chimici di sintesi, rame e zolfo
Diserbo lavorazione meccanica/manuale
Lieviti fermentazione spontanea
Uve 100% di proprietà
Certificazione nessuna certificazione

CAREMA (TO)

PRODUTTORI NEBBIOLO DI CAREMA

SCONTO -10%

Via Nazionale, 32 - tel. 0125 811160
www.caremadoc.it - cantinaproduttori@caremadoc.it

VITA - Non smetteremo mai di sottolineare l'importanza di questa cantina cooperativa: fin dagli anni Sessanta infatti difende e porta avanti la coltivazione del nebbiolo a Carema, uno dei piccoli gioielli dell'Italia enoica. L'azienda, sempre guidata dal presidente Viviano Gassino, si avvale dell'apporto di circa 80 soci conferitori. In cantina troviamo Manlio Muggiano, instancabile tuttofare.

VIGNE - Dal punto di vista paesaggistico Carema è davvero un unicum: non vi è discontinuità tra le vigne e il centro abitato. I vigneti sono posti su terrazzamenti scoscesi, che arrivano fino a circa 600 metri di altitudine, e vedono la presenza della classica pergola, con i tipici pali in pietra. Le parcelle sono in certi casi davvero minuscole, a causa di una grande frammentazione, e le lavorazioni possono essere meccanizzate solo in rarissimi casi.

VINI - Elogio della tradizione: i Nebbioli di montagna vengono fatti affinare in grandi botti di rovere, per ottenere vini sottili, precisi e territoriali.

Carema 2017 ● 40.000 bt; 14 € - - Ancora un po' riottoso e giovane al momento dell'assaggio, dimostra però stoffa da vendere: il naso giocato sul frutto anticipa una bocca ricca e materica, con tannini vibranti e una buona freschezza.
Carema Ris. 2016 ● 16.000 bt; 18 € - - Presenta ricordi balsamici e di frutti rossi maturi, e in bocca è già disteso, con trama tannica cesellata, freschezza sapida e una buona profondità: l'allungo è avvolgente.
Carema Selezione 2015 ● 3.700 bt; 36 € - - Nato per festeggiare i 60 anni di attività della cooperativa, mostra un naso giocato su spezie dolci e un assaggio avvolgente, con tannini integrati e bella freschezza.
Canavese Nebbiolo Paré 2018 ● 4.000 bt; 8 € - - Schietto, fruttato, gastronomico.
M. Cl. Villanova nebbiolo; 3.500 bt; 16 € - - Fresco, speziato, sapido.

ha 19 - **bt** 65.000
Fertilizzanti letame
Fitofarmaci chimici di sintesi, rame e zolfo
Diserbo lavorazione meccanica/manuale
Lieviti selezionati industriali
Uve 100% di proprietà
Certificazione nessuna certificazione

CAVAGLIO D'AGOGNA (NO)

TIZIANO MAZZONI

SCONTO **-10%**

Via Asilo, 16 - tel. 347 0644911
www.vinimazzoni.it - info@vinimazzoni.it

VITA - Una bella realtà familiare quella dei Mazzoni: ne ha fatta di strada Tiziano da quando, vent'anni fa, decise di abbandonare la vita da meccanico sul lago Maggiore accompagnato prima dalla moglie Rita Mora e ora dal figlio Gilles. Piccoli ma costanti passi in avanti per una famiglia che ha nel DNA il duro lavoro e il sacrificio: in via di ultimazione i lavori di ristrutturazione della cantina e della nuova sala degustazione.

VIGNE - Sono diversi gli appezzamenti che costituiscono il parco vitato, tutti sparsi in mezzo ai boschi che dividono Cavaglio d'Agogna da Ghemme. Su terreni ricchi di minerali, porfidi e argilla, le vigne si trovano a circa 300 metri di altitudine. Come già evidenziato negli anni passati l'approccio in vigna fa a meno di diserbanti chimici e tendenzialmente l'uso dei sistemici è mirato, a seconda delle annate e del ciclo vegetativo e stagionale.

VINI - Vini schietti e genuini come Tiziano, sempre alla ricerca della pulizia stilistica e della massima espressività territoriale.

Ghemme Dei Mazzoni 2016 ● 4.000 bt; 22 € - - Naso molto tipico, ricco di frutto e spezie; in bocca ha una trama tannica vibrante e incisiva, ed è decisamente sapido, con un buon allungo finale.
Ghemme Ai Livelli 2015 ● 1.500 bt; 32 € - - Erroneamente recensito lo scorso anno risulta più complesso al naso, con ricordi balsamici e ferrosi; all'assaggio si dimostra molto teso ed energico, con tannini ancora vispi e tanta materia.
Colline Novaresi Nebbiolo del Monteregio 2018 ● 5.000 bt; 12 € - - Un Nebbiolo ancora fragrante, con ricordi floreali e fruttati che anticipano una bocca elegante e immediata, con tannini già integrati e buona freschezza.
Iris 2019 O greco novarese; 1.500 bt; 11 € - - Dinamico, fruttato, incisivo.
Colline Novaresi Vespolina 2019 ● 3.500 bt; 12 € - - Croccante, fruttato, incisivo.

ha 4,5 - **bt** 15.000
Fertilizzanti humus, letame
Fitofarmaci chimici di sintesi, rame e zolfo
Diserbo lavorazione meccanica/manuale
Lieviti fermentazione spontanea, selezionati industriali
Uve 100% di proprietà
Certificazione nessuna certificazione

LA RINASCITA DI CAREMA

È indubbio che Slow Food e Slow Wine tengano in modo particolare a Carema: la nostra associazione ha addirittura creato un Presidio sul vino di questo piccolo comune di 800 abitanti, posto al confine con la Valle d'Aosta. Un tempo era definito un paese-vigneto, nel senso che le viti a pergola si trovavano anche tra le case e ornavano giardini e cortili. Era la dimostrazione che per gli abitanti di Carema il vino costituiva una risorsa importante: rappresentava una delle maggiori fonti di lavoro e di ricchezza, ma era anche un forte simbolo identificativo della comunità. Stiamo parlando di uno scenografico sistema di terrazze messe ad anfiteatro, che si sviluppano tra i 300 e i 600 metri di altitudine. Fino a qualche anno fa la superficie vitata era in caduta libera, e la forza lavoro inevitabilmente invecchiata: insomma, una situazione disperata. Ora, finalmente, registriamo una sorta di rinascita, o quanto meno un sussulto: segnaliamo 14,13 ettari coltivati a vite nel 2015, 15,87 nel 2016 e 16,82 nel 2017. Da una parte la cooperativa ha ripreso slancio e i suoi vini sono sempre più interessanti e ben realizzati, ma oltre a questa abbiamo anche un manipolo di giovani che hanno deciso di confrontarsi con la produzione del nobile vino di Carema. Oltre ai Produttori di Carema e allo storico e bravissimo Ferrando, troverete in guida anche la novità Muraje. In più pensiamo sia giusto segnalare, vista la qualità dei vini, anche tre altre recentissime realtà che si stanno affacciando sul mercato e che speriamo abbiano il successo che meritano.

Chiussuma
Via Rovine, 23 – Carema (TO)
tel. 335 7251131

Achille Milanesio
Via Vittorio Emanuele, 22 – Carema (TO)
tel. 349 7782721

Monte Maletto
Via Basilia, 5 – Carema (TO)
tel. 348 5958050

Sorpasso
Via Chiussuma, 24 – Carema (TO)
tel. 349 3799081

CAVALLIRIO (NO)

BARBAGLIA

Via Dante, 54 - tel. 0163 80115
www.vinibarbaglia.it - info@vinibarbaglia.it

VITA - L'azienda, di carattere familiare, è gestita da papà Sergio Barbaglia, che si occupa di tutte le operazioni in cantina, e dalla vulcanica figlia Silvia, di inesauribili energie e contagiosa nel trasmettere il suo entusiasmo per un territorio di grande fascino e vocazione, che si occupa invece delle vigne e degli aspetti commerciali. È sempre bello sentirla raccontare con passione dei porfidi di Boca, nati dall'esplosione del supervulcano della Valsesia ai tempi della Pangea.

VIGNE - Ciò che colpisce e impressiona in vigna, oltre alla magnifica vista del massicio del monte Rosa, è la ricchissima colorazione dei suoli, che passa da affascinanti sfumature rosa, al viola, per poi virare sul blu e il verde. Sono suoli ricchi di minerali, la cui presenza si riscontra spesso nella peculiare vena sapida dei vini.

VINI - Sono vini schietti e veraci, in grado di esaltare appieno le singolarità di tutti i vitigni autoctoni.

Boca 2016 ● 3.500 bt; 34 € - Ha un naso ampio e profondo, che spazia dai sentori fruttati a effluvi balsamici, con una nota di cuoio e una marcata vena minerale. Il sorso è ricco, ritorna il frutto, cullato da un tannino morbido. Chiude con un bell'equilibrio acido-sapido.
Colline Novaresi Vespolina Ledi 2019 ● 2.200 bt; 15 € - La caratteristica nota pepata della Vespolina emerge all'istante, solleticante, per poi lasciar spazio a sentori fruttati ed erbacei. Il sorso è vibrante, con un'acidità che richiama il sorso e un tannino leggero e gustoso.
M. Cl. Brut Curticella erbaluce; 1.200 bt; 31 € - Riposa 48 mesi sui lieviti. Sfrutta le potenzialità del vitigno: al naso emergono note di lievito e floreali, e sentori di frutta secca. In bocca sono gli agrumi ad aprire il poderoso slancio acido, che si allunga in un finale molto sapido.

ha 6 - **bt** 25.000
Fertilizzanti letame
Fitofarmaci chimici di sintesi, rame e zolfo
Diserbo lavorazione meccanica/manuale
Lieviti selezione di lieviti indigeni
Uve acquisto 10%
Certificazione nessuna certificazione

COSSATO (BI)

CENTOVIGNE - CANTINE DEL CASTELLO DI CASTELLENGO

SCONTO **-10%**

Frazione Castellengo - Via Castello, 31 - tel. 338 3543101
335 5252890 - www.centovigne.it - info@centovigne.it

VITA - I "castellani" Magda Zago e Alessandro Ciccioni, proprietari di questa azienda, vedono svilupparsi le proprie vigne in quello che è considerato l'ultimo lembo (detto Baraggia) della savana europea, l'area pedemontana delle Prealpi, sotto al massiccio del monte Rosa, caratterizzata da un altipiano argilloso e storicamente poco fertile, utilizzato da sempre come pascolo e per la produzione di legno. La cantina è situata all'interno di una vecchia rimessa delle carrozze.

VIGNE - Sparse dunque per la savana biellese, le vigne sono curate con amore da Magda e Alessandro, nel rispetto più alto della biodiversità territoriale. Qui il vitigno nebbiolo è il padrone indiscusso: di recente sono stati piantati 2 nuovi ettari proprio all'interno della Baraggia che daranno sicuramente ottimi risultati.

VINI - Lo stile aziendale ricerca vini caratterizzati da pulizia olfattiva e da schiettezza di gusto, sacrificando un po' l'imponenza. Le fermentazioni a tini aperti sono quasi sempre spontanee: la cantina raccolta aiuta molto le partenze. Per i Nebbiolo le macerazioni sulle bucce sono di media lunghezza, intorno ai 15-18 giorni.

Coste della Sesia Nebbiolo Castellengo 2014 ● 3.000 bt; 26 € - Tannicità e acidità molto piacevoli e ben levigate rendono questo Nebbiolo una verace e identitaria espressione territoriale. Profuma di frutta e spezie.
Coste della Sesia Nebbiolo Il Centovigne 2015 ● 4.500 bt; 17 € - Armonico, speziato, autentico.
Rosso della Motta 2018 ● nebbiolo; 26.000 bt; 11 € - Fine, fruttato, armonico.

Segnaliamo l'ottimo riassaggio del Miranda 2018, un bianco da uve di greco novarese che risulta fruttato al naso e integrato e armonico in bocca.

ha 7,5 - **bt** 37.000
Fertilizzanti humus, organo-minerali
Fitofarmaci rame e zolfo
Diserbo lavorazione meccanica/manuale
Lieviti fermentazione spontanea, selezionati industriali
Uve 100% di proprietà
Certificazione nessuna certificazione

DOMODOSSOLA (VB)

CANTINE GARRONE

Via Scapaccino, 36 - tel. 0324 242990
www.cantinegarrone.it - info@cantinegarrone.it

VITA - A Domodossola i Garrone hanno iniziato a occuparsi di vino come mediatori e venditori: a metà degli anni Ottanta si è presa la decisione di dedicarsi anche alla produzione nel territorio ossolano, area di tradizione molto antica ma legata all'autoconsumo. Il merito dei Garrone è stato quello di creare una rete di circa 60 conferitori e, nel corso del tempo, piantare nuove vigne o recuperare vecchi appezzamenti.

VIGNE - Qui il vitigno principe è il nebbiolo, chiamato prunent: in un ideale filo rosso il sistema di coltivazione a pergola lega questa area montana a quelle presenti a Carema e Donnas. I terreni sono costituiti da pietre e sabbie. In queste vigne, alcune su gradoni sorretti da muretti a secco, possiamo ancora trovare piante centenarie a piede franco.

VINI - Uno stile in evoluzione: si stanno abbandonando le barrique a favore dei tradizionali legni grandi, e si stanno sperimentando le fermentazioni spontanee.

Valli Ossolane Rosso Ca d'Maté 2017 ● 7.000 bt; 17 € - - Giovane e avvolgente, al naso è giocato sul frutto e sulle note selvatiche; in bocca è vibrante, con tannini vivaci, buona freschezza e bella persistenza.
Valli Ossolane Nebbiolo Sup. Prünent 2017 ● 6.500 bt; 23 € - - Elegante, dai sentori di frutto maturo e spezie piccanti, in bocca è già abbastanza equilibrato, con una vena acida importante e una trama tannica viva.
Valli Ossolane Nebbiolo Sup. Prünent Diecibrente 2016 ● 660 bt; 31 € - - Incisivo, dalla grande beva, ha un tannino integrato e una freschezza importante, precedute al naso da un corredo aromatico ampio.
Munaloss 2018 ● nebbiolo, croatina, barbera; 15.000 bt; 8 € - - Agile, fruttato, sottile.
Valli Ossolane Rosso Tarlàp 2018 ● 8.000 bt; 13 € - - Dinamico, fruttato, profondo.
La Gera 2019 ○ chardonnay; 1.000 bt; 16 € - - Solido, fruttato, compatto.

ha 14 - **bt** 40.000
Fertilizzanti letame
Fitofarmaci chimici di sintesi, organici, rame e zolfo
Diserbo lavorazione meccanica/manuale
Lieviti selezionati industriali
Uve acquisto 80%
Certificazione nessuna certificazione

GATTINARA (VC)

MAURO FRANCHINO

Piazza Castello, 1 - tel. 340 9569941
az.franchino@gmail.com

VITA - Il tempo pare essersi fermato nella piccola cantina Franchino in centro a Gattinara, ma la realtà è ben diversa e più dinamica. Infatti oramai alla guida della cantina non troviamo più Mauro, ma il giovane nipote Alberto che, dopo la necessaria gavetta affiancando lo zio, ha preso in mano le redini di tutte le lavorazioni, decidendo comunque di continuare nel solco della tradizione appresa: al momento lo stile non ha subito particolari modifiche.

VIGNE - Le vigne, in cui da anni si è eliminato il diserbo e l'uso dei sistemici è molto limitato, si trovano nella fascia bassa di Gattinara, nelle regioni Lurghe e Borelle, molto distanti tra di loro ma accomunate da un terreno magro di origine vulcanica con porfidi, ricco di sostanze minerali. Gli impianti in alcuni casi risalgono a 50 anni fa, e le rese sono relativamente basse, ideali per ottenere uve nebbiolo di qualità.

VINI - La tradizione regna sovrana: una piccola cantina suddivisa in più ambienti sotto la casa, quasi una sorta di labirinto, ospita le vasche di cemento e le vecchie botti di legno, in cui affinano per lungo tempo i vini che riportano alla mente i tempi che furono.

Gattinara 2016 ● 8.500 bt; 22 € - - Paga ancora di gioventù al momento dell'assaggio: i classici sentori ferrosi e cupi, accompagnati da un frutto maturo e qualche nota data dall'affinamento in legno, anticipano un sorso rigido, dritto e teso, dove tannini ancora scalpitanti si uniscono a una freschezza non indifferente e a una verve alcolica in evidenza.
Coste della Sesia 2016 ● 1.800 bt; 12 € - - È di grande impatto: un bel frutto maturo, accompagnato da una speziatura data dall'affinamento in legno, precede una bocca di grande energia e tensione, con tannini vibranti, buona freschezza e un finale di grande persistenza.

ha 3 - **bt** 10.000
Fertilizzanti organo-minerali
Fitofarmaci chimici di sintesi, rame e zolfo
Diserbo lavorazione meccanica/manuale
Lieviti selezionati industriali
Uve 100% di proprietà
Certificazione nessuna certificazione

GATTINARA (VC)

NERVI

Corso Vercelli, 117 - tel. 0163 833228
www.nervicantine.it - info@nervicantine.it

VITA - Questa azienda storica fondata nel 1906 grazie a Luigi Nervi è uno dei nomi di punta della denominazione. Dopo alcuni passaggi di proprietà, nel 2018 è stata acquisita da un celeberrimo produttore di Langa, Roberto Conterno, che ha visto nell'alto Piemonte delle potenzialità inespresse da valorizzare e fare crescere. Il suo arrivo ha portato a una totale ristrutturazione della cantina, i cui lavori si sono chiusi nel 2020.

VIGNE - Molsino, Vaferana, Casaccia e Garavoglie: questi cru storici di fondamentale importanza e di alto valore sono anche i luoghi in cui sorgono le vigne dell'azienda. Presentano terreni magri di origine vulcanica, con pH acido, dove affiorano porfidi rosa e rocce quarzifere, che ospitano il vitigno principe dell'alto Piemonte, il nebbiolo, che qui a Gattinara si esprime con tratti caratteristi netti e riconoscibili, di grande eleganza e profondità.

VINI - Saper leggere il terroir e le varie sfumature date dai diversi cru, per restituire vini di grande eleganza e impatto.

TOP **Gattinara Vigna Valferana 2016** ● 6.900 bt; 102 € - Profondo e sfaccettato, con rimandi al terreno ferroso e al muschio, in bocca danza e cattura, con un allungo finale che abbandona il palato dopo molto tempo, grazie a un'interminabile scia saporosa.
Gattinara Vigna Molsino 2016 ● 10.000 bt; 102 € - Un rosso che riesce ad abbinare la ricchezza alla finezza: pare a tratti leggero, per poi sorprendere con il tannino gustoso e ricco.
Gattinara 2017 ● 60.000 bt; 51 € - Dona cenni ematici e di frutta rossa, in particolare fragole di bosco, e poi trova lo slancio succoso proprio delle grandi annate e di un Gattinara di razza qual è.

ha 24 - **bt** 150.000
Fertilizzanti letame
Fitofarmaci chimici di sintesi, rame e zolfo
Diserbo lavorazione meccanica/manuale
Lieviti selezionati industriali
Uve 100% di proprietà
Certificazione nessuna certificazione

GATTINARA (VC)

GIANCARLO TRAVAGLINI

Strada delle Vigne, 36 - tel. 0163 833588
www.travaglinigattinara.it - visite@travaglinigattinara.it

VITA - Una storia che attraversa cinque generazioni: la fondazione è del 1920, ma la svolta è arrivata nel 1958, con Giancarlo Travaglini che ha apportato grandi modifiche. Allora si sono acquisite nuove vigne e si è stravolto il modo di coltivare, introducendo il guyot e abbandonando la maggiorina, puntando alla qualità e non alla quantità. Dal 1989 è entrata in azienda Cinzia, figlia di Giancarlo, che oggi è affiancata dalle figlie Alessia e Carolina.

VIGNE - La famiglia Travaglini possiede più della metà della superficie vitata di Gattinara, e molte delle vigne sono poste nei cru storici della zona: Molsino, Ronchi e Valferana. Le parcelle, poste mediamente a 400 metri di quota, sorgono su terreni rocciosi, ricchi di porfido, granito e materiale ferroso, tipici di questo terroir, che regalano finezza e carattere unico ai vini prodotti. In vigna l'approccio è classico: i prodotti di sintesi vengono usati con parsimonia.

VINI - La classicità e la storicità del Gattinara: questi gli elementi che contraddistinguono in modo indelebile i vini di Travaglini.

Gattinara Ris. 2015 ● 35.000 bt; 36 € - Elegante, con ricordi balsamici e di confettura all'olfatto, in bocca è vibrante, lungo, con trama tannica cesellata.
Gattinara 2017 ● 180.000 bt; 24 € - Giocato su note scure al naso, in bocca si dimostra leggiadro e acido, con una dimensione sapida in evidenza e buon allungo.
Gattinara Tre Vigne 2015 ● 23.000 bt; 32 € - Le note terrose ed ematiche lasciano poi posto al frutto maturo; l'assaggio è sottile ed elegante, ben risolto ed equilibrato.
Il Sogno 2016 ● nebbiolo; 4.900 bt; 68 € - Articolato, speziato, complesso.
Coste della Sesia Nebbiolo 2019 ● 32.000 bt; 15 € - Croccante, fruttato, sapido.

ha 56 - **bt** 245.000
Fertilizzanti letame, organo-minerali
Fitofarmaci chimici di sintesi, rame e zolfo
Diserbo lavorazione meccanica/manuale
Lieviti selezionati industriali, selezione di lieviti indigeni
Uve 100% di proprietà
Certificazione nessuna certificazione

GHEMME (NO)

ANTICHI VIGNETI DI CANTALUPO

SCONTO **-10%**

Via Michelangelo Buonarroti, 5 - tel. 0163 840041
www.cantalupo.net - info@cantalupo.net

VITA - La storia del vino di Ghemme è strettamente intrecciata con le vicende di questa cantina: è documentata fin da tempi molto antichi la presenza della famiglia Arlunno nel campo della produzione di vini, e fin dagli albori della denominazione Cantalupo si è rivelato essere un alfiere imprescindibile del territorio. In cantina troviamo Alberto Arlunno, anima, mente e cuore dell'azienda.

VIGNE - Un'agricoltura attenta e ragionata, per usare le parole di Alberto, è l'approccio adottato per condurre i numerosi ettari sparsi sulle colline di Ghemme. I vigneti sono posti intorno ai 280 metri di altitudine, circondati da boschi e distribuiti in varie parcelle, che in molti casi costituiscono i cru più celebri della zona: Carellae e Breclamae. I terreni di origine morenica, figli della Sesia e del monte Rosa, sono ricchi di granito, ghiaia e porfidi.

VINI - Un incrocio ben riuscito tra storia e terroir: ecco l'essenza dei vini di Cantalupo, sempre centrati ed espressivi.

TOP **Ghemme Signore di Bayard 2013** VINO SLOW ● 900 bt; 36 € - Ancora giovanissimo: al naso dona profumi ematici e di spezie, che accompagnano un frutto maturo; in bocca è scalpitante, con spinta tannica e un'acidità di gran livello.
Ghemme Cantalupo Anno Primo 2012 ● 15.000 bt; 27 € - Avvolgente e materico, al naso troviamo note balsamiche e fruttate che precedono un assaggio ricco, con trama tannica ben distesa, freschezza e una persistenza notevole.
Ghemme Collis Breclemae 2013 ● 4.000 bt; 46 € - Austero, al naso è sfaccettato, con note di spezie dolci e frutto maturo; l'assaggio è vibrante, con tannini che devono ancora distendersi del tutto e una vena sapida che regala allungo finale.
Colline Novaresi il Mimo 2019 ● 70.000 bt; 9 € - Agile, fruttato, sapido.

ha 35 - **bt** 180.000
Fertilizzanti letame, minerali, organo-minerali
Fitofarmaci rame e zolfo
Diserbo lavorazione meccanica/manuale
Lieviti selezionati industriali
Uve acquisto 5%
Certificazione nessuna certificazione

GHEMME (NO)

ROVELLOTTI

SCONTO **-10%**

Via Interno Castello, 22 - tel. 0163 841781
www.rovellotti.it - info@rovellotti.it

VITA - L'azienda gestita da Paolo e Antonello Rovellotti si è affermata come una delle realtà più interessanti del territorio, e oggi si prepara a ricevere nuova linfa vitale dall'ingresso della nuova generazione. L'enologo Mario Ronco può lavorare in un contesto unico: la sede è situata nell'affascinante Ricetto di Ghemme.

VIGNE - Le vigne si sviluppano sulle colline moreniche nate dal supervulcano della Valsesia: siamo su terreni ricchi di porfidi rosa, mentre più a valle troviamo argille acide, sabbie e ciottoli. Recente la realizzazione di un impianto di nebbiolo con il particolare clone cobianco.

VINI - I vini rispecchiano bene il terroir di appartenenza: mai snaturati, vengono realizzati con frequenti rimontaggi e affinamenti in botti grandi.

Ghemme Costa del Salmino Ris. 2013 ● 3.300 bt; 41 € - Da un vitigno storico, un vino sontuoso, fine e di carattere deciso, con note evidenti balsamiche, floreali, fruttate e minerali.
Colline Novaresi Vespolina Ronco al Maso 2018 ● 7.750 bt; 11 € - Eleganza e speziatura emergono a conferma dell'identità territoriale del vitigno. Note floreali, fruttate e balsamiche molto intense precedono un sorso con un bel tannino vellutato e di grande suadenza.
Valdenrico 2018 ● greco novarese; 2.500 bt da 0,375 l; 30 € - L'olfatto intenso è un tripudio di profumi di frutta secca ed erbe aromatiche. Al palato il giusto equilibrio di zuccheri e acidità lo fa diventare un vino da abbinare a tavola.
Colline Novaresi Bianco Il Criccone 2018 ○ 13.000 bt; 11 € - Croccante, minerale, autentico.
Ghemme Chioso dei Pomi 2014 ● 13.000 bt; 25 € - Setoso, fruttato, avvolgente.
Colline Novaresi Nebbiolo Valplazza 2018 ● 13.000 bt; 11 € - Agile, floreale, espressivo.

ha 25 - **bt** 75.000
Fertilizzanti letame
Fitofarmaci rame e zolfo
Diserbo lavorazione meccanica/manuale
Lieviti selezione di lieviti indigeni
Uve 100% di proprietà
Certificazione nessuna certificazione

GHEMME (NO)

TORRACCIA DEL PIANTAVIGNA

Via Romagnagno, 69/a - tel. 0163 840040
www.torracciadelpiantavigna.it - info@torracciadelpiantavigna.it

VITA - Questa azienda è radicata nel territorio da lungo tempo: fu infatti Pierino Piantavigna, nonno dell'attuale proprietario Alessandro, a iniziare l'attività produttiva. Se in teoria questa realtà sarebbe nata nel 1955, è però negli anni Settanta che si è strutturata, con l'acquisizione di appezzamenti e l'impianto di nuove vigne a Ghemme e a Gattinara. Nel tempo si sono poi aggiunte le proprietà della famiglia Ponti, arrivando così agli attuali 38 ettari vitati.

VIGNE - La filosofia aziendale è ben precisa: nessun diserbo chimico fin dagli anni Ottanta, sperimentazioni sui vari tipi di inerbimento, per ridare nuova vita alla microroflora del terreno, e uso minimo di prodotti sistemici. Troviamo terreni molto differenti tra Ghemme e Gattinara: ciottoli ricchi di sostanze minerali e argille da un lato, scheletro e porfido affiorante dall'altro.

VINI - Obiettivo dell'azienda trasformare l'uva in vino in maniera sincera interpretando l'annata e i territori.

Ghemme 2015 ● 25.000 bt; 24 € - - Strutturato e fine, giocato su note balsamiche e di frutto molto maturo, in bocca è risolto e profondo, con buona acidità e tannini integrati.
Gattinara 2016 ● 20.000 bt; 25 € - - Un naso quasi sussurrato, con note speziate del legno e frutto maturo; in bocca la trama tannica è vibrante ma agile nel sorso. Emerge una nota sapida finale.
Colline Novaresi Bianco Erbavoglio 2019 ○ 35.000 bt; 11 € - - Delicato al naso, con ricordi erbacei e fruttati, in bocca è giocato sulla sapidità e sulla verticalità, con discreta persistenza.
Colline Novaresi Rosato Barlàn 2019 ● 25.000 bt; 11 € - - Agile, floreale, leggiadro.
Colline Novaresi Nebbiolo Tre Confini 2018 ● 30.000 bt; 12 € - - Fresco, fruttato, sapido.
Colline Novaresi Nebbiolo Neb 2018 ● 25.000 bt; 11 € - - Croccante, fruttato, gastronomico.

ha 38 - **bt** 250.000
Fertilizzanti letame
Fitofarmaci chimici di sintesi, rame e zolfo
Diserbo lavorazione meccanica/manuale
Lieviti selezionati industriali
Uve acquisto 10%
Certificazione nessuna certificazione

IVREA (TO)

FERRANDO

Via Torino, 599/a - tel. 0125 633550
www.ferrandovini.it - info@ferrandovini.it

VITA - La storia della famiglia Ferrando è strettamente legata a quella di due territori ben distinti, seppur vicini: Carema e il Canavese. L'azienda fondata da Luigi negli anni Sessanta vede ora in prima linea i figli Roberto e Andrea, che continuano nella valorizzazione dei due territori, focalizzando l'attenzione sull'Erbaluce di Caluso e sul Nebbiolo del piccolo paese a cavallo tra Piemonte e Valle d'Aosta, di cui suono fedeli interpreti.

VIGNE - Territori ben distinti che identificano molto bene i vini prodotti: da un lato troviamo l'erbaluce, presente a Borgomasino su una superficie di circa 3 ettari, su terreni di origine morenico-sabbiosa; dall'altro troviamo i circa 2 ettari di nebbiolo in quel di Carema, parcellizzati in vigne talvolta minuscole.

VINI - Parlando con Roberto emerge il grande legame anche affettivo con il terroir di Carema: questa cantina è stata per lungo tempo un baluardo che ha permesso di non disperdere una storia secolare.

TOP **Carema Etichetta Bianca 2016** ● 7.200 bt; 41 € - - Un grande classico: un Nebbiolo sottile, sussurrato nei sentori caleidoscopici e con una bocca che evidenzia una nota sapida di grande impatto.
Carema Etichetta Nera 2016 ● 1.600 bt; 60 € - - Un vino di grande finezza ed eleganza fin dai sentori, giocati tra frutto maturo e lieve speziatura. In bocca ha un incedere già sicuro, con trama tannica vibrante e buona materia, supportata da una bella freschezza.
Erbaluce di Caluso Cariola 2019 ○ 6.000 bt; 11 € - - Giocato su note fruttate e agrumate, con una lieve nota speziata, ha una bella tensione all'assaggio, che sostiene una struttura notevole.
Erbaluce di Caluso La Torrazza 2019 ○ 10.000 bt; 9 € - - Agile, fruttato, sapido.

ha 6 - **bt** 50.000
Fertilizzanti organo-minerali
Fitofarmaci rame e zolfo
Diserbo lavorazione meccanica/manuale
Lieviti selezionati industriali, selezione di lieviti indigeni
Uve acquisto 30%
Certificazione nessuna certificazione

LESSONA (BI)

PROPRIETÀ SPERINO

Via Orolungo, 38 - tel. 015 99408
www.proprietasperino.it - info@proprietasperino.it

VITA - Se andrete a visitare Proprietà Sperino ritagliatevi un po' di tempo: Luca De Marchi è un personaggio di grandissima cultura e conoscenza. Sarà sicuramente in grado di coinvolgervi mentre racconta il suo amore per la terra di Lessona, divagando tra motti medievali e letteratura, parlandovi anche della Toscana (il suo accento lo tradisce) e del Piemonte, di musica e di arte, in un viaggio a 360 gradi in cui il vino è una semplice "scusa".

VIGNE - Terra difficile da coltivare per vari motivi: da un lato gli stravolgimenti climatici degli ultimi anni hanno spesso e rovinosamente flagellato Lessona e i comuni circostanti con grandinate devastanti; dall'altro troviamo terreni poveri su cui le famose sabbie la fanno da padrone, e le piante devono essere attentamente seguite. I suoli cambiano radicalmente a Brusnengo, dove si trovano altri appezzamenti della tenuta: qui c'è presenza di porfidi.

VINI - Banale a dirsi ma corrispondente al vero: i vini sono fortemente espressivi e territoriali, e contraddistinti da un'evidente finezza.

TOP **Lessona 2015** ● 7.500 bt; 60 € - - Un vino che non tradisce le aspettative: apre con una nota ematica e ferrosa evidente, che poi lascia il posto a un frutto ancora croccante e a un lievissimo ricordo floreale; in bocca è ben equilibrato in tutte le sue componenti, con una trama tannica soffusa e incessante, grande freschezza, una nota alcolica ben integrata e un finale lunghissimo.

Coste della Sesia Uvaggio 2017 ● 9.000 bt; 27 € - - Figlio di un'annata difficile, contraddistinta prima da una gelata e poi da un'estate siccitosa, profuma di frutti rossi quasi opulenti, che fanno da contorno a una nota pepata evidente. L'assaggio è materico, ricco, quasi salato, con una bella vena acida e tannini che devono ancora integrarsi.

ha 12 - **bt** 55.000
Fertilizzanti sovescio
Fitofarmaci chimici di sintesi, organici, rame e zolfo
Diserbo lavorazione meccanica/manuale
Lieviti fermentazione spontanea, selezionati industriali, selezione di lieviti indigeni
Uve acquisto 15%
Certificazione nessuna certificazione

MAGGIORA (NO)

CANTINE DEL CASTELLO CONTI

SCONTO **-10%**

Via Borgomanero, 15 - tel. 0322 87187
www.castelloconti.it - info@castelloconti.it

VITA - Le sorelle Conti – Elena, Paola e Anna – stanno facendo uno splendido lavoro portando avanti l'azienda di famiglia, una piccola realtà agricola artigianale fondata dal padre Ermanno negli anni Sessanta. Tra le protagoniste della rinascita del Boca, hanno dato un tocco personale alla loro impresa: non solo producono vini di grande naturalezza espressiva, ma hanno fatto del Castello anche un piccolo polo di divulgazione artistico-culturale.

VIGNE - Elena è una vignaiola tosta e sensibile che non si risparmia nella cura meticolosa delle proprie vigne, rigorosamente senza chimica di sintesi e con il minimo utilizzo di sostanze impattanti come il rame. Vigne belle e vitali, nascoste tra il bosco fitto, che poggiano su terreni rossicci, sabbiosi e rocciosi di matrice porfirica. Elena custodisce anche alcuni rari esemplari di maggiorina, tradizionale sistema d'allevamento di questa zona.

VINI - L'approccio in cantina è tradizionale, poco interventista ma attento e assolutamente privo di travolgenti interventi enologici.

TOP **Boca Il Rosso delle Donne 2016** VINO SLOW ● 2.260 bt; 53 € - - Vino di gran classe, scuro, austero ed essenziale, gioca tutto sul dettaglio e la finezza, con tannino gracile e acuto, materia succosa altrettanto delicata e una vena acido-salina ad allungare il sorso.

Colline Novaresi Nebbiolo Flores 2018 ● 1.280 bt; 20 € - - Vinificato senza solfiti aggiunti, un vino delizioso e accogliente, pieno di luminosa grazia floreale, energico e con un rapporto tannino-succo che favorisce una beva sfrenata.

Origini 2018 ● barbera, croatina, nebbiolo, vespolina, uva rara; 3.600 bt; 18 € - - Da uve allevate a maggiorina, un vino leggiadro e incisivo, piacevolmente rustico, con note fruttate, speziate e terrose.

Colline Novaresi Spanna 2018 ● 1.970 bt; 20 € - - Robusto, articolato, energico.

ha 3,2 - **bt** 14.000
Fertilizzanti compost, sovescio
Fitofarmaci organici, rame e zolfo
Diserbo lavorazione meccanica/manuale
Lieviti fermentazione spontanea
Uve acquisto 30%
Certificazione nessuna certificazione

MASSERANO (BI)

COLOMBERA & GARELLA CASCINA COTTIGNANO

Cascina Cottignano, 2 - tel. 334 1525151
colomberaegarella@gmail.com

VITA - Questa giovane realtà nata nel 2010 già da diversi anni sforna vini di altissima qualità. Chissà se Carlo Colombera avrebbe mai immaginato che sarebbe andata così quando nel 1996 acquistò la vigna a Cottignano: i suoi figli, Giacomo e Guglielmo, con il socio Cristiano Garella, hanno fatto crescere poco alla volta l'azienda, acquisendo o affittando delle vigne nei vicini paesi di Roasio e Lessona.

VIGNE - Siamo nel cuore del Bramaterra, segnato dai terreni vulcanici ricchi di porfido: le vigne intorno alla vecchia cascina ospitano i vitigni classici dell'area, ossia nebbiolo, vespolina e croatina. Tra i filari si adotta un approccio molto attento all'ambiente: non si usa alcun tipo di prodotto sistemico, e non si pratica il diserbo chimico, facendo molta attenzione ai cicli vegetativi e avendo in prospettiva l'obiettivo della conversione al biologico.

VINI - Vini di grande trasparenza e pulizia, con un'eccellente rapporto tra la qualità e il prezzo. Una cantina da seguire attentamente.

TOP **Lessona Pizzaguerra 2016** VINO SLOW ● 3.000 bt; 29 € - Il Pizzaguerra è uno dei cru più storici e importanti di Lessona: restituisce grande finezza. Al naso qui troviamo piccoli frutti rossi già maturi, e in bocca equilibrio tra acidità e corpo.
Bramaterra Cascina Cottignano 2016 ● 10.000 bt; 29 € - Vino di grande energia, al naso è giocato sul frutto e una lievissima speziatura; in bocca è vibrante, con un ricordo quasi agrumato, un tannino ben integrato, una bella nota fresco-sapida e un allungo finale convincente.
Coste della Sesia Cascina Cottignano 2018 ● 9.000 bt; 15 € - Nato nella vigna di Roasio, con frutto e spezia al naso, è un vino giocato sulla beva, dalla grande freschezza e che si dimostra essere molto gastronomico.

ha 9,5 - **bt** 22.000
Fertilizzanti compost, letame
Fitofarmaci rame e zolfo
Diserbo lavorazione meccanica/manuale
Lieviti selezione di lieviti indigeni
Uve 100% di proprietà
Certificazione nessuna certificazione

PEROSA ARGENTINA (TO)

DANIELE COUTANDIN

Borgata Ciabot, 12 - tel. 0121 803473
ramie.coutandin@alpimedia.it

VITA - Questa piccolissima realtà artigianale è stata fondata nel 1997 da Giuliano Coutandin e dalla moglie Laura Pero, con l'idea di salvaguardare la viticoltura nel pinerolese e le sue varietà autoctone. Il loro progetto si è arricchito e affinato ancora nel 2008 con l'ingresso in azienda del figlio Daniele, un vignaiolo meticoloso e sensibile, con un profondo senso del rispetto per la terra. C'è moltissima cura del dettaglio lungo la filiera, a cominciare dai lavori in vigna, del tutto manuali e sempre in completa armonia con la natura.

VIGNE - Nonostante si trovi tra i 700 e gli 800 metri di quota, la vigna di Pomaretto gode di un microclima particolare, caldo da far crescere anche piante mediterranee, grazie all'esposizione a sud e la pendenza vertiginosa (anche 45%) che massimizza l'insolazione. Le viti affondano le loro radici in un suolo roccioso, povero di humus, e per garantire una perfetta maturazione dell'uva le rese sono bassissime.

VINI - Anche in cantina si lavora in maniera naturale, con solo lieviti indigeni, in acciaio e senza nessun additivo, nemmeno i solfiti.

Pinerolese Ramiè 2018 ● avanà, bequet, chatus, neretto, barbera, avarengo; 2.000 bt; 33 € - Un vino intenso e sfrontato, di carattere montano, piacevolmente rustico e dalla beva coinvolgente. Ognuna delle varietà, tutte tipiche della zona, miste nel vigneto e raccolte separate a perfetta maturazione, gioca il suo ruolo nella composizione di questa piccola sinfonia di profumi fruttati maturi, floreali, speziati e terrosi. Al palato tannino, succo e acidità dialogano in maniera armonica, per un sorso vivo e dinamico, di grande naturalezza.

ha 1 - **bt** 2.300
Fertilizzanti nessun concime
Fitofarmaci rame e zolfo
Diserbo lavorazione meccanica/manuale
Lieviti fermentazione spontanea
Uve 100% di proprietà
Certificazione nessuna certificazione

PIVERONE (TO)

BENITO FAVARO

Strada Chiusure, 1/b - tel. 0125 72606
www.cantinafavaro.it - info@cantinafavaro.it

VITA - Piverone e il Canavese sono una sorta di estremo lembo della Valle D'Aosta in territorio piemontese. Infatti la Serra morenica di Ivrea è un enorme anfiteatro nato dal disfacimento dei ghiacciai che scendevano dalle Alpi verso la pianura. L'azienda, nata nel 1997, è di chiara impronta familiare, con Camillo, figlio di Benito (ex impiegato dell'Olivetti), che con talento la gestisce insieme al papà, al nipote Vittorio e al fratello Nicola.

VIGNE - I suoli sono granitici, con presenza di dioriti, con un po' di argilla e tanti sassi. Il primo impianto è del 1992. Si utilizza il sistema della pergola trentina, si sono fatti anche esperimenti con la controspalliera, ma non hanno dato risultati adeguati, secondo i Favaro. I vigneti non hanno mai visto il diserbo chimico. Dal 2008 hanno abbandonato l'uso dei sistemici. Da quest'anno sono biologici certificati.

VINI - I vini sono particolarmente dritti, grazie all'influsso dei suoli molto acidi. Pochi "magheggi" e molta sostanza.

TOP **Erbaluce di Caluso 13 Mesi 2018** VINO SLOW ○ 2.500 bt; 19 € - Affinato per il 30% in barrique non nuove, ha eleganza e profondità di beva, con la giusta presenza del legno che non offusca mai l'olfatto. Un bianco puro e godibile, con ambizioni di invecchiamento mai celate.
Erbaluce di Caluso Le Chiusure 2018 ○ 9.000 bt; 17 € - Affinato per molto tempo sulle fecce fini e con pochissimi travasi, ha molta grinta e un'acidità scattante. Un bianco fatto per invecchiare, e si sente.
F2 2018 ● freisa; 2.000 bt; 12 € - Vinificato con una buona parte di grappoli interi per ammorbidire il tannino e affinato in barrique molto vecchie: un rosso ruspante e allo stesso tempo elegante.
Ros 2018 ● nebbiolo; 1.500 bt; 19 € - Armonico, fruttato, complesso.
Rossomeraviglia 2018 ● syrah; 300 bt; 24 € - Croccante, speziato, ampio.

ha 3,8 - **bt** 20.000
Fertilizzanti letame, sovescio
Fitofarmaci rame e zolfo
Diserbo lavorazione meccanica/manuale
Lieviti fermentazione spontanea, selezionati industriali
Uve 100% di proprietà
Certificazione biologico certificato

PIVERONE (TO)

LA MASERA

Strada San Pietro, 3 - tel. 331 8016881
www.lamasera.it - info@lamasera.it

VITA - «Eravamo un gruppo di amici che avevano il sogno di fare vino. E abbiamo iniziato a farlo, soprattutto nell'ottica di rendere più bello il territorio»: con queste parole Alessandro Comotto racconta l'inizio dell'avventura de La Masera nel 2005. Partiti praticamente da zero, solo con l'esperienza ereditata dai genitori, hanno piantato il primo ettaro di vigneto e poco alla volta hanno ampliato l'azienda, dividendosi tra Settimo Rottaro e Piverone.

VIGNE - Gli ettari sono circa 5,5, di cui 4,5 di proprietà e uno in affitto. L'approccio in vigna prevede un'agricoltura ragionata e consapevole; il diserbo chimico è stato abbandonato da tempo. Nel 2010 è stata acquisita la cantina già esistente, ma in disuso da alcuni anni, che si trova a Piverone, sulle pendici della Serra morenica.

VINI - Diverse le etichette, per soddisfare i gusti dei vari soci dell'azienda: l'intento è quello di esaltare il territorio e in particolar modo il suo vitigno principe, l'erbaluce.

Erbaluce di Caluso M. Cl. Masilé 2013 1.500 bt; 25 € - Dopo circa 60 mesi di affinamento, al naso troviamo sentori fruttati e di pasticceria. In bocca è ricco, ben equilibrato e dalla grande persistenza.
Erbaluce di Caluso Anima 2018 ○ 8.000 bt; 11 € - Giocato tra sensazioni di fieno e un frutto maturo, in bocca mostra subito la vena acido-sapida tipica del vitigno e una buona struttura.
Erbaluce di Caluso Passito Venanzia 2012 ● 1.700 bt da 0,5 l; 23 € - Tipico, con sentori di frutta candita, pasticceria e spezie, in bocca vede la componente acida predominare su quella dolce.
Erbaluce di Caluso Anima d'Annata 2017 ○ 1.500 bt; 13 € - Ampio, fruttato, espressivo.
Canavese Rosso 2018 ● 1.800 bt; 8 € - Croccante, fruttato, gastronomico.
Canavese Barbera Montegerbido 2017 ● 2.400 bt; 9 € - Potente, speziato, energico.

ha 5,5 - **bt** 27.000
Fertilizzanti nessun concime
Fitofarmaci rame e zolfo
Diserbo lavorazione meccanica/manuale
Lieviti selezionati industriali
Uve 100% di proprietà
Certificazione nessuna certificazione

SAN GIORGIO CANAVESE (TO)

CIECK

SCONTO **-10%**

Cascina Castagnola, 2 - tel. 0124 330522
www.cieck.it - info@cieck.it

VITA - Remo Falconieri rimane il punto fermo di questa azienda, anche se oggi in capo alla gestione troviamo la figlia Lia insieme al socio Domenico Caretto. Negli anni questa azienda si è ritagliata un ruolo importante sul mercato vitivinicolo nazionale e internazionale, ottenendo anche numerosi riconoscimenti di pubblico e di critica e valorizzando il territorio canavese.

VIGNE - L'erbaluce la fa da padrone in questa zona, e in azienda viene interpretato con diverse tecniche e modalità di vinificazione, dalla versione ferma allo spumante, fino ad arrivare al passito. Sul versante delle uve a bacca nera troviamo un po' di nebbiolo.

VINI - Il taglio è classico e attento alle opportunità offerte dalle innovazioni tecnologiche, il tutto per fare vini precisi e di agile beva.

Erbaluce di Caluso Passito Alladium Ris. 2006 ● 1.500 bt da 0,375 l; 31 € - - L'affinamento lungo ha reso questo Passito un trionfo di sensazioni di frutta matura, agrumi, spezie, cacao e tabacco. In bocca troviamo un'acidità avvolgente.
Erbaluce di Caluso Ingenuus 2017 ○ 1.000 bt; 16 € - - Come si faceva una volta: solo le uve migliori vanno in questa produzione, ottenuta attraverso una fermentazione spontanea e l'affinamento per 18 mesi in botti piccole.
Erbaluce di Caluso M. Cl. Brut San Giorgio 2017 12.000 bt; 20 € - - Metodo Classico armonico e autentico, con note citriche piacevoli, e cenni di frutta e miele, ben sostenuto dall'acidità tipica del vitigno.
Canavese Nebbiolo 2017 ● 4.000 bt; 14 € - - Austero, speziato, varietale.
Erbaluce di Caluso Passito Alladium 2013 ● 2.000 bt da 0,375 l; 23 € - - Possente, speziato, incisivo.

ha 13 - **bt** 90.000
Fertilizzanti letame in pellet
Fitofarmaci rame e zolfo
Diserbo lavorazione meccanica/manuale
Lieviti selezionati industriali
Uve 100% di proprietà
Certificazione nessuna certificazione

SAN GIORGIO CANAVESE (TO)

ORSOLANI

SCONTO **-10%**

Via Michele Chiesa, 12 - tel. 0124 32386
www.orsolani.it - info@orsolani.it

VITA - Gianluigi Orsolani porta avanti la tradizione di famiglia con determinazione e rinnovandone le fortune. Ci troviamo di fronte a una realtà storica, vera e propria memoria del comparto dell'Erbaluce, e proprio a partire da questo prestigioso passato si lavora per portare più in alto il nome del Canavese

VIGNE - Immersi nella zona di Caluso e San Giorgio, i vigneti sono allevati in parte secondo la tradizione locale della pergola, in parte con nuovi impianti e sistemi oggi più diffusi. Tutta questa zona ai piedi della collina morenica più grande d'Europa ha la fortuna di sfruttare i venti che scendono dalla Valle d'Aosta, che aiutano a mantenere un clima mite e adatto alla viticoltura.

VINI - In questa azienda nulla è lasciato al caso: la storicità della produzione è ben presente, e viene supportata dalla tecnologia disponibile. Si cerca di lavorare bene in vigna per portare a casa un'uva di partenza che che sia già di spiccata qualità.

Caluso M. Cl. Extra Brut Cuvée Tradizione 2013 3.000 bt; 26 € - - Uno spumante da Metodo Classico che ben rappresenta il territorio: in bocca ha una fresca acidità che si accompagna ai richiami agrumati e di miele, avvolgente.
Caluso Passito Sulè 2016 ● 6.500 bt; 25 € - - La classica e avvolgente sapidità del vitigno contrasta in modo riuscito la dolcezza, non stucchevole e innervata di rimandi ai fichi secchi e agli agrumi maturi.
Erbaluce di Caluso La Rustìa 2019 ○ 45.000 bt; 12 € - - Corto, fruttato, autentico.
Erbaluce di Caluso Vintage 2016 ○ 2.500 bt; 20 € - - Integrato, speziato, dettagliato.
Canavese Rosso 2018 ● 5.000 bt; 10 € - - Armonico, fruttato, compatto.

ha 16 - **bt** 150.000
Fertilizzanti letame in pellet
Fitofarmaci chimici di sintesi
Diserbo lavorazione meccanica/manuale
Lieviti selezionati industriali
Uve acquisto 20%
Certificazione nessuna certificazione

SOSTEGNO (BI)

ODILIO ANTONIOTTI

Frazione Casa del Bosco - Vicolo Antoniotti, 5
tel. 0163 860309 - antoniottiodilio@libero.it

VITA - Frazione nel Bosco è davvero nomen in omen: vecchi boschi circondano questo paesino fatto di case accalcate. Qui troviamo la cantina di Odilio Antoniotti e del figlio Mattia. Il loro racconto è pieno di passione e amore per questo lembo di nord Piemonte, dove in passato la viticoltura era assai più diffusa, e che a causa dell'abbandono della campagna ha rischiato di scomparire quasi del tutto.

VIGNE - Terreni ricchi di porfido e sostanze minerali, tra cui il ferro, sono il substrato su cui albergano le vigne, poste a differenti altitudini e con esposizioni ottimali. Oltre alle classiche varietà che costituiscono il cuore del Bramaterra, ossia nebbiolo, vespolina e uva rara, possiamo trovare una vigna sperimentale in cui sono stati messi a dimora cloni di nebbiolo differenti, al fine di osservarne evoluzione e rese.

VINI - Una piccola cantina, di quelle antiche scavate direttamente nel terreno, posta sotto la casa: qui nascono i vini degli Antoniotti, sempre grandi classici per la denominazione.

Bramaterra 2016 ● 5.800 bt; 28 € - Classico ed elegante, questo Bramaterra offre un naso sfaccettato, con lievissime note agrumate e un frutto maturo; l'assaggio rivela una trama tannica ancora da integrare e una bella freschezza, che dona allungo invitante.
Coste della Sesia Nebbiolo 2017 ● 4.000 bt; 15 € - Annata calda la 2017, e lo si capisce fin dal naso, con sentori di frutta matura e una lievissima speziatura; in bocca è ricco, quasi materico, per una dimensione che non toglie nulla a un sorso abbastanza facile e piacevole.
Pramartel 2019 ● nebbiolo, croatina, vespolina; 4.000 bt; 12 € - Gioca sulla semplicità e sulla beva; al naso troviamo un frutto croccante, che precede una bocca con tannini vispi, una buona freschezza e una discreta persistenza.

ha 5,5 - **bt** 15.000
Fertilizzanti letame in pellet
Fitofarmaci rame e zolfo
Diserbo lavorazione meccanica/manuale
Lieviti fermentazione spontanea
Uve 100% di proprietà
Certificazione nessuna certificazione

SUNO (NO)

FRANCESCO BRIGATTI

Via Olmi, 31 - tel. 0322 85037
www.vinibrigatti.it - info@vinibrigatti.it

VITA - Cento anni esatti di storia per questa realtà ora gestita da Francesco Brigatti, che dopo una laurea in agraria e un'esperienza da ricercatore universitario nel 1996 ha preso in mano le redini dell'azienda, precedentemente portata avanti dal papà Luciano. Nel corso degli anni si è puntato ad abbassare le rese, in passato molto alte, per puntare alla qualità più elevata possibile.

VIGNE - Fin dalla metà degli anni Ottanta, quando ancora Francesco era studente, si è abbandonato il diserbo chimico: «è iniziata una collaborazione con l'erba» per usare le parole di questo simpatico vignaiolo, al fine di ridare l'equilibrio a terreni dal pH molto acido. Celebri i tre cru aziendali Campazzi, Mot Ziflon e Mot Frei, diversi come composizione: da sabbie bianche a sabbie rosse e argilla.

VINI - Solo fermentazioni spontanee, nessuna filtrazione e uso attento dei legni: questa la filosofia seguita fin dall'inizio da Francesco.

Colline Novaresi Nebbiolo Möt Frei 2017 ● 3.000 bt; 13 € - Presenta cenni floreali delicati e un frutto ancora croccante; all'assaggio si evidenziano trama tannica e una buona freschezza.
Colline Novaresi Nebbiolo Möt Ziflon 2017 ● 8.000 bt; 13 € - Espressivo, con una vena lievemente rustica dovuta a un frutto cupo, in bocca è ben equilibrato, con tannino già disteso e grande profondità estrattiva.
Ghemme Oltre il Bosco 2016 ● 3.000 bt; 19 € - Austero, con sentori legati alla spezia e al frutto maturo, in bocca è giovane e un po' rigido, con tannini vibranti e vena acido-sapida in evidenza.
Colline Novaresi Bianco Mottobello 2019 ○ 5.000 bt; 9 € - Agile, fruttato, teso.
Colline Novaresi Vespolina Maria 2019 ● 4.000 bt; 9 € - Croccante, fruttato, espressivo.
Colline Novaresi Uva Rara Selvalunga 2019 ● 4.000 bt; 9 € - Incisivo, fruttato, gastronomico.

ha 7 - **bt** 30.000
Fertilizzanti letame in pellet, letame, sovescio
Fitofarmaci chimici di sintesi, rame e zolfo
Diserbo lavorazione meccanica/manuale
Lieviti fermentazione spontanea, selezione di lieviti indigeni
Uve 100% di proprietà
Certificazione nessuna certificazione

LANGHE E ROERO

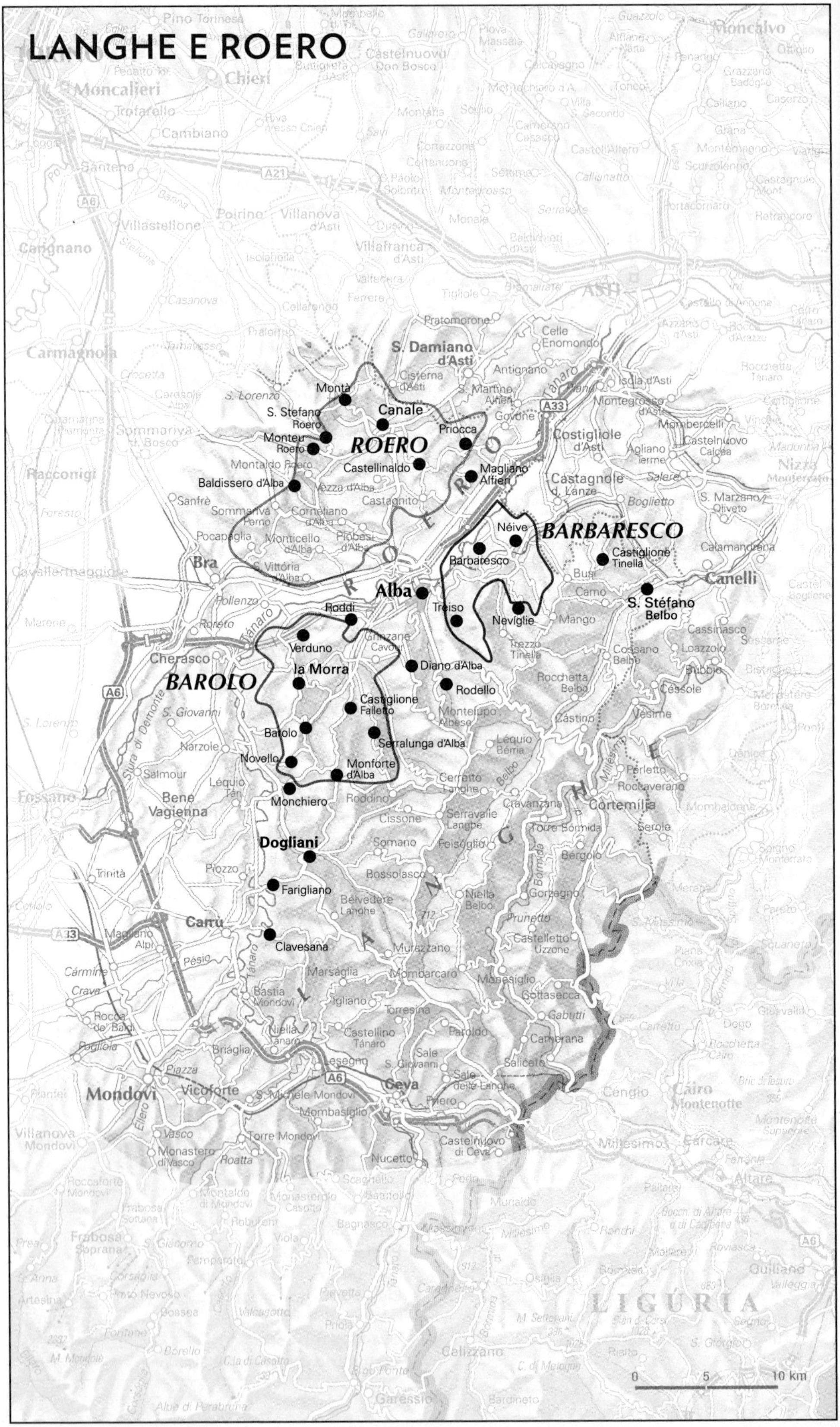

ALBA (CN)

MARCO E VITTORIO ADRIANO €

SCONTO -10%

Frazione San Rocco Seno d'Elvio, 13/a - tel. 0173 362294
www.adrianovini.it - info@adrianovini.it

VITA - Gli "Adrianos" sono originari dell'alta Langa, e negli anni Sessanta si sono spostati a San Rocco Seno d'Elvio, dove hanno iniziato a produrre uva, frutta e nocciole, e ad allevare bovini. I due fratelli Marco e Vittorio hanno quindi deciso di stravolgere l'azienda e puntare sulla viticoltura arrivando a produrre vini territoriali e al giusto prezzo. La famiglia è unita e organizzata: a Marco la gestione del vigneto, a Vittorio libertà in cantina. Sua figlia Michela, impegnata su export e comunicazione, incarna la grinta della nuova generazione.

VIGNE - Intorno alla cantina sorge la maggior parte dei vigneti, mentre bisogna spostarsi a Neive per raggiungere il cru Basarin. Massima la cura dei filari, per permettere alle piante di raggiungere il naturale equilibrio adattandosi all'annata. Duratura la collaborazione con i 10 dipendenti: nei mesi in cui la vite concede riposo ci si occupa dei 12 ettari a nocciole.

VINI - In vigna tutto è fatto per intervenire il meno possibile in cantina: solfiti al minimo e uso esclusivo di lieviti indigeni sui rossi sono due step orgogliosamente raggiunti in questi anni.

TOP **Barbaresco Sanadaive 2017** VINO SLOW ● 12.000 bt; 23 € - Tipico e didattico, con la dimensione olfattiva spostata verso la dolcezza del frutto e le spezie; ha un tannino morbido e un buon succo che invoglia la beva.
Barbaresco Basarin 2017 ● 16.000 bt; 26 € - Il vino risponde al cambio di territorio e ha più struttura e profondità. Si affacciano i sentori terrosi, più scuri, e il sorso ha spalle decisamente più larghe.
Dolcetto d'Alba Aldo 2019 ● 8.000 bt; 9 € - Dinamico, speziato, leggiadro.
Barbera d'Alba Sup. 2018 ● 20.000 bt; 12 € - Avvolgente, fruttato, gastronomico.
Langhe Sauvignon Basaricò 2019 ○ 20.000 bt; 10 € - Schietto, erbaceo, sapido.

ha 30 - **bt** 160.000
Fertilizzanti letame in pellet, letame
Fitofarmaci organici, rame e zolfo
Diserbo lavorazione meccanica/manuale
Lieviti fermentazione spontanea, selezione di lieviti indigeni
Uve 100% di proprietà
Certificazione nessuna certificazione

ALBA (CN)

CERETTO

SCONTO -10%

Località San Cassiano, 34 - Strada Provinciale Alba-Barolo
tel. 0173 282582 - www.ceretto.com - visit@ceretto.com

VITA - La gestione di quest'azienda è ormai nelle salde mani dei figli dei fratelli Bruno e Marcello Ceretto, che ne hanno scritto le pagine più importanti: rispettivamente Roberta e Federico, e Lisa e Alessandro. L'ultima generazione ha contribuito a rivoluzionare sia la comunicazione, sia l'approccio agricolo, e a trasformare Ceretto da semplice cantina in un brand che spazia in ambito culturale e artistico. Qualità assoluta anche dal punto di vista della ristorazione, con il tre stelle Michelin Piazza Duomo.

VIGNE - Traghettare verso il biologico, con qualche incursione nella biodinamica, un'azienda agricola di 100 ettari non è un gioco da ragazzi. La problematica principale, a detta di Alessandro, che cura la direzione tecnica, è di essere pronti a trattare tutto il patrimonio vitato con estrema rapidità. Pensando che i vigneti vanno da Castellinaldo nel Roero fino ad Albaretto Torre pare un'impresa disperata. E invece oggi è realtà.

VINI - La qualità si sta innalzando con grande rapidità, in particolare su Barolo e Barbaresco, davvero molto convincenti per il loro puro timbro nebbiolesco, senza indugiare in interferenze speziate.

Barolo 2016 ● n.d. bt; n.d. € - Naso di grande fascino, con un frutto puro e molto tipico. La bocca è perfetta, allungata e sottile. La chiusura ha presenza tannica, ma non eccessiva.
Barbaresco 2017 ● n.d. bt; n.d. € - Olfatto decisamente elegante e ricco, frutto esuberante e caldo. La bocca mette in mostra un tannino robusto.
Langhe Bianco Monsordo 2019 ○ n.d. bt da 1 l; n.d. € - Croccante, idrocarburico, cangiante.
Langhe Arneis Blangé 2019 ○ n.d. bt; n.d. € - Agile, fruttato, contrastato.
Nebbiolo d'Alba Bernardina 2018 ● n.d. bt; n.d. € - Agile, fruttato, compatto.

ha 100 - **bt** 1.000.000
Fertilizzanti compost, letame, sovescio
Fitofarmaci organici, rame e zolfo
Diserbo lavorazione meccanica/manuale
Lieviti selezionati industriali, selezione di lieviti indigeni
Uve 100% di proprietà
Certificazione biologico certificato, parte dei vigneti in regime biodinamico

ALBA (CN)

LANO GIANLUIGI

SCONTO **-10%**

Frazione San Rocco Seno d'Elvio - Strada Basso, 38 - tel. 0173 286958
www.lanovini.it - lano.vini@tiscali.it

VITA - Gianluigi Lano viaggia un po' al di fuori dalle rotte principali del vino di Langa, vuoi perché la sua cantina e le sue vigne si trovano a San Rocco Seno d'Elvio, in una zona che potremmo definire periferica rispetto ai territori più noti e citati, vuoi perché conserva un approccio riservato e schivo, preferendo puntare sul verace lavoro contadino. In azienda lo aiutano la moglie Daniela Marcarino e il figlio Samuele.

VIGNE - Sul versante agronomico l'indirizzo aziendale è chiaro: ottenuta la certificazione biologica nel 2017, è da tempo che la chimica è stata bandita, anche per le preoccupazioni per la salute di chi (Gianluigi in primis) lavora la vigna. I filari sono rigogliosi, la vegetazione ricca di vitalità. Il cru di riferimento è quello che accoglie la cantina: Rocche Massalupo. Si coltivano dolcetto, barbera, nebbiolo e freisa.

VINI - Vini di impostazione classica, ottenuti senza scorciatoie enologiche in una piccolissima cantina, e con quel tocco di sana rusticità che non guasta. All'assaggio manca purtroppo all'appello la Freisa, di cui Gianluigi è un interprete fedele.

Barbaresco Rocche Massalupo 2016 ● 3.500 bt; 25 € - Si fa attendere un anno in più dei suoi fratelli Barbaresco: austero nel profilo olfattivo, in bocca è potente, dal tannino ben ricoperto e dal finale polposo. Gli manca un po' di profondità, ma è ben fatto e schietto.
Langhe Nebbiolo 2018 ● 3.500 bt; 15 € - Classico, varietale, ha uno spunto acido che contrasta la struttura importante.
Barbera d'Alba Sup. Vigna Altavilla 2016 ● 4.000 bt; 15 € - Succoso, fruttato, contrastato.
Langhe Lanöt 2016 ● 4.000 bt; 10 € - Fresco, erbaceo, corto.

ha 6 - **bt** 35.000
Fertilizzanti nessun concime
Fitofarmaci rame e zolfo
Diserbo lavorazione meccanica/manuale
Lieviti fermentazione spontanea
Uve 100% di proprietà
Certificazione biologico certificato

ALBA (CN)

PIO CESARE

Via Cesare Balbo, 6 - tel. 0173 440386
www.piocesare.it - direzione@piocersare.it

VITA - Le novità in questa storica azienda di Alba non mancano. La prima è quella relativa all'impegno sempre più costante della giovanissima Federica Boffa, figlia del proprietario Pio Cesare. Per il parco vigneti invece registriamo l'investimento nella zona del tortonese: il futuro di Pio Cesare sarà un po' più banchista grazie al Timorasso.

VIGNE - È lontana l'epoca in cui questa realtà fondava le sue fortune sull'acquisto di uve. Già negli anni Ottanta e ancor di più nei Novanta si sono fatti importantissimi investimenti nell'acquisto di vigne in menzioni di assoluto valore come il Bricco a Treiso e l'Ornato a Serralunga. Ora l'azienda è totalmente autosufficiente, e compra solo piccolissime partite per ragioni di amicizia con vecchi conferitori.

VINI - Anche per lo stile dei vini ci pare che sia in corso una notevole evoluzione: i Nebbioli ricordano gli aromi classici primari del vitigno, con un'influenza del legno più leggera. Tutto a vantaggio di beva e territorialità.

Barolo Mosconi 2016 ● 5.000 bt; 120 € - La spezia c'è, ma non prevale, perché a riporto compare nitido e profondo il frutto rosso. Ha energia e grinta in bocca, con un finale deciso e lungo.
Barolo 2016 ● 60.000 bt; 67 € - Non chiamatelo base, recita l'etichetta, e in questo caso Pio Cesare ha pienamente ragione, perché è un rosso tosto, ricco di carattere e ha stoffa da vendere.
Barolo Ornato 2016 ● 10.000 bt; 111 € - Molto frutto al naso, esplosivo e ricco. Qui il tannino è più intenso rispetto al Mosconi, ma sempre sotto controllo.
Barbaresco Il Bricco 2016 ● 7.000 bt; 111 € - Austero, speziato, compatto.
Barbaresco 2016 ● 30.000 bt; 67 € - Articolato, fruttato, ampio.
Barbera d'Alba Sup. Fides Vigna Mosconi 2018 ● 7.000 bt; 31 € - Croccante, fruttato, avvolgente.

ha 75 - **bt** 400.000
Fertilizzanti letame in pellet, letame, sovescio
Fitofarmaci organici, rame e zolfo
Diserbo lavorazione meccanica/manuale
Lieviti selezionati industriali
Uve 100% di proprietà
Certificazione nessuna certificazione

ALBA (CN)

PODERI COLLA

Frazione San Rocco Seno d'Elvio, 82 - tel. 0173 290148
www.podericolla.it - info@podericolla.it

VITA - Nell'Olimpo delle aziende langarole che rappresentano la storia e la tradizione più verace del territorio c'è anche Poderi Colla, che per mano dei fratelli Beppe (che ci ha lasciato a inizio 2019) e Tino Colla è diventata una realtà solida e innervata di vibrante sapienza contadina. I Colla non amano i riflettori, ma sono tutt'altro che schivi: Federica, figlia di Beppe, e Pietro, figlio di Tino, sanno accogliere e raccontarsi senza filtri.

VIGNE - Un po' Barolo, con la Bussia, un po' Barbaresco, con Roncaglie. E il Bricco del Drago, dove sorgono la vecchia cantina (quella nuova è sulla collina di fronte, a Madonna di Como) e gli uffici: un paradiso viticolo e di biodiversità in mezzo alle due denominazioni, in un luogo intriso di storia.

VINI - Le vinificazioni e gli affinamenti si muovono sullo spartito della tradizione: lunghe macerazioni, lunghi affinamenti in botti grandi, lunghe attese prima dell'uscita dei vini, che in gioventù potrebbero risultare un po' duri.

Langhe Rosso Bricco del Drago 2016 ● 11.900 bt; 21 € - Vino iconico dell'azienda: l'85% di uva dolcetto e il 15% di nebbiolo si uniscono a comporre un quadro austero ed elegante, per un sorso succoso e con il tannino ben ricoperto. Un vino dal sapore nostalgico, figlio di una vigna splendida.
Barbaresco Roncaglie 2017 ● 13.000 bt; 38 € - Ha una bocca tesa e fresca in cui non si percepisce la densità dell'annata, e un tannino consistente e incisivo, ancora molto presente.
Barolo Bussia Dardi Le Rose 2016 ● 25.500 bt; 50 € - Un Barolo potente, dal sorso compatto e dalla verticalità sapida: non si concede ma è quintessenziale.
Dolcetto d'Alba Pian Balbo 2019 ● 23.000 bt; 11 € - Schietto, vinoso, gastronomico.
Langhe Pinot Nero Campo Romano 2017 ● 4.500 bt; 20 € - Succoso, fruttato, varietale.

ha 28 - **bt** 150.000
Fertilizzanti humus
Fitofarmaci chimici di sintesi, rame e zolfo
Diserbo lavorazione meccanica/manuale
Lieviti selezionati industriali
Uve 100% di proprietà
Certificazione nessuna certificazione

ALBA (CN)

PRUNOTTO

Corso Barolo, 14 - tel. 0173 280017
www.prunotto.it - prunotto@prunotto.it

VITA - Il racconto dell'enologo e responsabile di Prunetto Gianluca Torrengo fa rivivere la storia di questa azienda situata nelle Langhe, che dal 1961 si dedica alla vinificazione separata dei cru. Nel 1994 è entrata a far parte del gruppo Antinori, che qui ha trovato un altro terroir di estremo fascino, in cui dare continuità alla passione di Alfredo Prunotto.

VIGNE - Se in passato la quota di acquisto uve era ancora più importante di quanto non lo sia oggi, negli ultimi anni si è cercato di aumentare la parte di proprietà o affitto. Le vigne storiche nel portafoglio di Prunotto sono la Bussia di Monforte, con la celeberrima vigna Colonnello, il Cannubi a Barolo, il Bric Turot a Barbaresco e poi Costamiole nel Monferrato e Occhetti a Monteu Roero.

VINI - Prunotto è ovviamente sinonimo di Langa, ma anche di stile Antinori. Troveremo quindi vini precisi, moderni, che cercano di giocare sull'eleganza e sull'espressività territoriale.

Barolo Bussia Vigna Colonnello Ris. 2014 ● 6.000 bt; 145 € - Affina per 18 mesi in botti di rovere francesi e 2 anni in acciaio e bottiglia. Eleganti profumi fruttati e floreali si intrecciano con note speziate e balsamiche. In bocca è di corpo e con tannini vellutati.
Barbaresco Secondine 2017 ● 9.000 bt; 67 € - Complesso al naso, al palato risulta ben risolto, persistente e con un tannino fine.
Barolo Bussia 2016 ● 20.000 bt; 68 € - Eleganti profumi di frutta rossa matura e note floreali e balsamiche aprono la strada a un sorso corposo, avvolgente e con tannini setosi.
Barbaresco Bric Turot 2017 ● 15.000 bt; 39 € - Armonico, fruttato, avvolgente.
Langhe Arveja 2019 ○ 3.000 bt; 16 € - Fresco, fruttato, armonico.
Barbera d'Asti Sup. Nizza Costamiòle 2017 ● 12.000 bt; 31 € - Avvolgente, fruttato, complesso.

ha 70 - **bt** 900.000
Fertilizzanti sovescio
Fitofarmaci rame e zolfo
Diserbo lavorazione meccanica/manuale
Lieviti selezione di lieviti indigeni, selezionati industriali
Uve acquisto 50%
Certificazione nessuna certificazione

BALDISSERO D'ALBA (CN)

CAREGLIO

€

SCONTO **-10%**

Località Aprato, 15 - tel. 0172 40436 - 333 9905448
www.cantinacareglio.it - cantinacareglio@tiscali.it

VITA - Come unici produttori a Baldissero d'Alba, possiamo dire che i Careglio non temono la concorrenza. E a ragione, perché l'impegno più che trentennale dà i propri frutti. Un gran lavoro di team, o meglio di duo: papà Pierangelo, con lunga esperienza per l'aspetto agricolo, e Andrea, che oltre a supportarlo nei vigneti segue cantina e marketing. Grande l'impegno per la valorizzazione del Roero: Andrea è consigliere del Consorzio.

VIGNE - I 9 ettari di vigneto godono delle migliori esposizioni di Baldissero, nelle menzioni Valmezzana e Costabella; un territorio contraddistinto da una grande varietà di suoli, anche nell'arco di poche centinaia di metri. La gestione segue i dettami della certificazione Green Experience ed è stato abbandonato il diserbo chimico nel 2012. Una nuova scommessa: è entrato in produzione anche un piccolo vigneto di pinot nero, esposto a nord e meno assolato.

VINI - La grande novità è il completamento della nuova cantina, inaugurata con la vendemmia 2019. Le idee sono chiare e precise: l'uso delle nuove tecnologie è oculato e sapiente, per non andare a intaccare, ma anzi a favorire, l'espressione varietale dei vini.

TOP **Roero 2017** ● 5.000 bt; 19 € - - Le note di piccoli frutti rossi si coniugano bene con la spezia. Il tannino è ben svolto e la beva, verticale e lunga, è pericolosamente facile.
Roero Arneis 2019 ○ 15.000 bt; 10 € - - Davvero interessante, territoriale, schietto. Completo e dissetante.
Roero Arneis Savij 2016 ○ 1.000 bt; 19 € - - I 4 anni di affinamento (di cui 11 mesi in acciaio sui lieviti con bâtonnage e 30 mesi in bottiglia) rendono questo Arneis consistente, ma comunque fresco e teso nel finale.
Gramplin 2019 ● nebbiolo; 3.000 bt; 10 € - - Agile, fruttato, energico.
Barbera d'Alba 2018 ● 3.000 bt; 12 € - - Schietto, fruttato, integro.

ha 9 - **bt** 35.000
Fertilizzanti letame in pellet, letame, organo-minerali
Fitofarmaci chimici di sintesi, rame e zolfo
Diserbo lavorazione meccanica/manuale
Lieviti selezionati industriali
Uve 100% di proprietà
Certificazione nessuna certificazione

BARBARESCO (CN)

OLEK BONDONIO

SCONTO **-10%**

Via Terzolo, 14 - tel. 338 7421620
olekbondonio@hotmail.com

VITA - Vignaiolo scanzonato, un po' surfer un po' guerriero del decespugliatore, Olek Bondonio viaggia lontano dai riflettori del vino di Langa. Lo fa mettendoci sudore, determinazione, un pizzico di follia, e producendo vini naturali, espressivi, non mediati, sempre di sfacciata bontà. Andarlo a trovare in cantina è un'esperienza, ammesso che lo troviate: è più spesso in vigna a domare le viti.

VIGNE - La cantina sorge nella menzione Roncagliette, dove vegetano 1,8 ettari con tanto nebbiolo e un po' di pelaverga. Spostandoci nella vicina Neive dobbiamo andare nel cru Starderi, dove un piccolo appezzamento viene coltivato direttamente e un po' di uve vengono acquistate. Il terzo nucleo vitato sorge invece ad Altavilla, tra Alba e San Rocco Seno d'Elvio.

VINI - Se cercate vini schietti, realizzati "in ascolto" e senza trucchi enologici la cantina di Olek è quella giusta: sono veraci, gastronomici, varietali e buonissimi.

TOP **Barbaresco Starderi 2017** VINO SLOW ● 2.000 bt; 43 € - - Incisivo, piacevolmente rustico, ha un'anima varietale ben espressa: un Barbaresco senza fronzoli, diretto, teso e sapido. Di una bontà che stupisce e lascia disorientati, come fossimo nei panni di Morgan a Sanremo mentre chiede «dov'è Bugo?».
Barbaresco Roncagliette 2017 ● 7.000 bt; 48 € - - Di un'incollatura dietro allo Starderi, ma buonissimo pure lui: più cupo all'olfatto, è ricco e articolato, con un tannino grintoso ma ben ricoperto. Un matrimonio riuscito tra gli spigoli contadini e il richiamo compulsivo alla beva.
Langhe Rosso Giulietta 2019 ● 2.000 bt; 20 € - - Croccante nel frutto, floreale e pepato, è delicato e teso al momento stesso: Olek sa giocare sui contrasti, e qui surfa con leggiadria sulle onde di un vino godibilissimo.
La Mosca Ubriaca 2019 ● barbera; 2.200 bt; 20 € - - Succoso, fruttato, sottile.

ha 4,5 - **bt** 25.000
Fertilizzanti nessun concime
Fitofarmaci rame e zolfo
Diserbo lavorazione meccanica/manuale
Lieviti fermentazione spontanea
Uve acquisto 10%
Certificazione biologico certificato

CANTINA DEL PINO

Strada Ovello, 31 - tel. 0173 635147
www.cantinadelpino.com - cantina@cantinadelpino.com

VITA - Il 2020 non è stato solo un anno di paure e speranze, di chiusure e riaperture. Il 2020, purtroppo, è anche l'anno che si è portato via Renato Vacca, che il 14 marzo ha perso la sua battaglia contro un tumore. Vignaiolo sincero e mite, lascia un'eredità enorme: la famiglia, prima di tutto, con Franca Miretti e la piccola Anna, ma per noi bevitori anche vini bellissimi, tipici, di austera espressività. Vini che gli assomigliano molto. Grazie, Renato.

VIGNE - Franca si è rimboccata le maniche, ha fatto di necessità virtù e oggi gestisce in prima linea l'azienda continuando a tenere in vita il percorso tracciato. Il parco vitato ha il suo cuore pulsante nell'Ovello, con i circa 5 ettari storici. Altre vigne si sviluppano nella vicina Neive, in tre menzioni di tutto rispetto come Albesani, Gallina e Starderi. In futuro si aggiungerà un appezzamento di Montelupo, in cui domina la varietà barbera.

VINI - Botti grandi per i Barbaresco, per un approccio stilistico tradizionale e minimale, alla ricerca di vini precisi e di spiccata territorialità.

TOP **Barbaresco Albesani 2016** VINO SLOW ● 3.000 bt; 46 € - Il profilo olfattivo gioca intorno a note di frutto scuro e cenni elegantemente speziati. La bocca denota buona potenza e una trama tannica incisiva e presente: ancora un po' di affinamento e sarà il solito fuoriclasse.
Barbaresco Ovello 2016 ● 6.000 bt; 49 € - Austero, con sbuffi fruttati e floreali, ha un'articolazione molto centrata e tipica. In bocca conquista con un'estrazione misurata: ci sono tensione, sapidità e un tannino di bel carattere.
Barbaresco 2016 ● 13.000 bt; 34 € - Tutto meno che un Barbaresco di ingresso: spicca per tipicità e carattere, e per il sorso compatto.
Barbera d'Alba Sup. 2018 ● 2.500 bt; 19 € - Succoso, fruttato, autentico.

ha 7 - **bt** 35.000
Fertilizzanti organo-minerali, sovescio
Fitofarmaci chimici di sintesi, rame e zolfo
Diserbo lavorazione meccanica/manuale
Lieviti fermentazione spontanea, selezionati industriali
Uve 100% di proprietà
Certificazione nessuna certificazione

BARBARESCO (CN)

CASCINA DELLE ROSE

Strada Rio Sordo, 58 - tel. 0173 638292
www.cascinadellerose.it - cascinadellerose@cascinadellerose.it

VITA - Ci sembra che Giovanna Rizzolio e Italo Sobrino abbiano fatto uno splendido lavoro crescendo i figli Davide e Riccardo. Li abbiamo visti muovere i primi passi in azienda e ormai da qualche anno il timone è passato ufficialmente nelle loro mani. Due ragazzi in gamba, ognuno con il proprio talento: Davide adora il lavoro in vigna e ha una sensibilità agricola invidiabile, mentre Riccardo è bravissimo a curare i rapporti con i clienti.

VIGNE - Le vigne si trovano nelle menzioni Tre Stelle e Rio Sordo, simili per esposizione e altitudine, con terreni caratterizzati da marne bluastre, a pochi centimetri nel primo, più in profondità nel secondo. Dal 2018 si è aggiunto anche mezzo ettaro nel Marcorino a Neive, molto pendente, lavorato a mano e con maggiore componente sabbiosa. Biologico certificato solo di recente, il lavoro in vigna è sempre stato sostenibile.

VINI - Poco interventista, lo stile aziendale si ispira alle tradizioni più radicate di Langa: lunghe macerazioni, affinamenti in botte grande e niente additivi, chiarifiche o filtrazioni.

Barbaresco Rio Sordo 2017 ● 3.000 bt; 42 € - Elegante e profondo, di raffinato carattere floreale e balsamico, ha tannino solido e un sorso lineare e salino, di grande naturalezza espressiva.
Barbaresco Tre Stelle 2017 ● 6.000 bt; 42 € - Più estroverso e di profilo aromatico maturo e speziato, contrasta bene il calore dell'annata con succo e freschezza, per un sorso disinvolto e verace.
Barbera d'Alba Sup. Donna Elena 2017 ● 5.000 bt; 20 € - Avvolgente e succoso, ricco di contrasto acido e minerale, ha tratti balsamici che solo le terre di Langa sanno dare.
Dolcetto d'Alba A Elizabeth 2019 ● 4.000 bt; 10 € - Croccante, fruttato, leggiadro.
Barbera d'Alba 2018 ● 4.500 bt; 14 € - Agile, fruttato maturo, sapido.

ha 5 - **bt** 26.000
Fertilizzanti sovescio
Fitofarmaci rame e zolfo
Diserbo lavorazione meccanica/manuale
Lieviti fermentazione spontanea
Uve 100% di proprietà
Certificazione biologico certificato

CASCINA MORASSINO

Strada Bernino, 10 - tel. 0173 635149
morassino@gmail.com

VITA - Roberto Bianco guida l'azienda dal 1984, seguendo in prima persona tutta la filiera produttiva e mettendo a frutto l'esperienza maturata negli anni. Barbaresco e la famiglia Bianco appartengono alla storia del vino, avendo contribuito a scriverne importanti pagine già a fine Ottocento. Oggi Cascina Morassino, nata da una divisione a livello familiare, è una realtà consolidata.

VIGNE - I filari di nebbiolo più importanti si trovano nella menzione Ovello, dove nasce il vino di punta dell'azienda. Sotto la cantina si trova il vigneto Morassino. Altri piccoli appezzamenti in posizione meno felice vedono la presenza di merlot e barbera, anche se probabilmente nei prossimi anni saranno spiantati. I terreni sono prevalentemente marnoso-calcarei.

VINI - La filosofia produttiva tiene fede alla tradizione di Langa, con l'uso della botte grande. Attualmente Roberto riserva particolare attenzione alle fermentazioni e alle macerazioni, per ottenere estrazioni più armoniche.

Barbaresco Ovello 2017 ● 3.500 bt; 47 € - Ⓤ - Sicuramente un vino di forza: ampio, elegante e balsamico. In bocca è concentrato, con un tannino ben integrato con le componenti morbide e una lunga persistenza. L'affinamento prevede la sosta in botti grandi per circa 22 mesi.
Barbaresco Morassino 2017 ● 7.400 bt; 33 € - Ⓤ - Di impronta tradizionale, profuma di frutta matura e fiori secchi. Al palato è intenso, succoso, con le marne grigie che conferiscono cenni minerali e freschezza. Di buona persistenza, ha un tannino calibrato che dona eleganza.
Langhe Nebbiolo 2018 ● 5.000 bt; 20 € - Ⓤ - Un piccolo capolavoro, anche in termini di rapporto tra la qualità e il prezzo. Al naso è sottile e fruttato, con nuance speziate. In bocca è lineare, immediato e di buona persistenza: il vino che vorremmo bere ogni giorno.

ha 4,5 - **bt** 22.000
Fertilizzanti letame in pellet
Fitofarmaci chimici di sintesi, rame e zolfo
Diserbo lavorazione meccanica/manuale
Lieviti selezione di lieviti indigeni
Uve 100% di proprietà
Certificazione nessuna certificazione

BARBARESCO (CN)

CASCINA ROCCALINI €

Località Roccalini, 12 - tel. 347 0526898
cascinaroccalini@gmail.com

VITA - Da quando Paolo Veglio ha iniziato a produrre vino nel 2004 molto è cambiato nelle terre langarole. Non tanto lui: più maturo, più esperienza, un bel po' di successo, ma Paolo è rimasto umile e con i piedi per terra. Continua a gestire tutto, dalla vigna alla cantina, in prima persona, secondo le proprie idee e senza consulenze esterne, come una volta. I vini sono ottimi, vivi, sinceri e diretti.

VIGNE - La menzione Roccalini, situata nella parte sud-occidentale dell'area comunale di Barbaresco, affacciata sulla città di Alba e la valle del Tanaro, è sempre stata apprezzata dai commercianti d'uva, e grazie a Paolo abbiamo imparato ad apprezzarla anche noi. Il suo approccio all'agricoltura è rispettoso e va oltre ogni protocollo biologico. Il suo è un amore profondo per il proprio mestiere, nutrito sin da giovane, a cui si aggiunge una sensibilità affinata tra i filari.

VINI - Paolo vinifica in modo tradizionale e poco interventista, con lunghe macerazioni a cappello sommerso (circa 60 giorni) in vasche di cemento. Gli affinamenti per il Barbaresco si fanno in botti grandi e si aggiungono solo minime quantità di solforosa.

TOP **Barbaresco Roccalini 2017** VINO SLOW ● 10.000 bt; 35 € - Ⓤ - Un altro capolavoro: nonostante l'annata torrida Paolo è riuscito a tenere il calore nel vino sotto controllo. La materia è ampia e profonda, il tannino fine e dolce, ma come sempre quel che domina il sorso è l'energia succosa innescata da un centro bocca sapido e incisivo.
Langhe Nebbiolo 2019 ● 6.600 bt; 20 € - Ⓐ - Vinificazione identica al Barbaresco ma senza l'affinamento in legno: un Nebbiolo delizioso che gioca sul frutto più giovanile e succoso. Il sorso è pieno, già ben disteso, e con una freschezza acida e una finezza tannica che ci fanno già sognare il Barbaresco destinato a uscire tra due anni.

ha 4,7 - **bt** 20.000
Fertilizzanti sovescio
Fitofarmaci rame e zolfo
Diserbo lavorazione meccanica/manuale
Lieviti fermentazione spontanea
Uve 100% di proprietà
Certificazione nessuna certificazione

BARBARESCO (CN)

GIUSEPPE CORTESE

Strada Rabajà, 80 - tel. 0173 635131
www.cortesegiuseppe.it - info@cortesegiuseppe.it

VITA - La scomparsa di Giuseppe Cortese a fine 2018 ha lasciato un grande vuoto, ma non ha messo in discussione la continuità del lavoro oggi gestito dai figli Piercarlo e Tiziana, e dal di lei marito Gabriele Occhetti. L'azienda oggi ha raggiunto una solidità e una costanza qualitativa davvero invidiabili, inaugurando una nuova etichetta, figlia di una nuova selezione delle uve dei due cru di famiglia.

VIGNE - Rabajà, Rabajà e ancora Rabajà: è questo il cuore dell'identità aziendale, il cru prestigioso che la famiglia Cortese abita e ha valorizzato più di chiunque altro. Da qui nascono Barbaresco di grande classe, che non smettono di stupire di vendemmia in vendemmia. La restante parte della vigne si trova nella Trifolera, sul versante che si specchia verso la cantina.

VINI - Tradizione e classicità, botti grandi e fermentazioni spontanee: viaggia intorno a queste linee guida il lavoro in cantina di Piercarlo, che negli ultimi anni ci ha restituito vini di straordinaria qualità, sempre tra i migliori della denominazione.

TOP **Barbaresco Rabajà Ris. 2013** ● 6.000 bt; 92 € - Il millesimo importante si fa sentire in un Rabajà di altissimo lignaggio. Austero ed elegante, in bocca è esplosivo: è teso, lievemente salino, profondo, con un tannino fitto, incisivo e cesellato in modo sartoriale.
Barbaresco Rabajà 2017 ● 17.000 bt; 46 € - L'annata calda e siccitosa non pregiudica la freschezza e la tensione: molto classico nei suoi cenni floreali, ha densità, ma anche un tannino di carattere e un finale di grande persistenza.
Barbaresco 2017 ● 10.000 bt; 29 € - Al suo esordio, è figlio delle vigne più giovani del Rabajà e dei filari più vocati della Trifolera.
Langhe Nebbiolo 2018 ● 10.000 bt; 15 € - Incisivo, floreale, compatto.
Langhe Dolcetto 2019 ● 10.000 bt; 9 € - Setoso, fruttato, varietale.

ha 9 - **bt** 58.000
Fertilizzanti letame, sovescio
Fitofarmaci rame e zolfo
Diserbo lavorazione meccanica/manuale
Lieviti fermentazione spontanea
Uve 100% di proprietà
Certificazione nessuna certificazione

BARBARESCO (CN)

GAJA

Via Torino, 18 - tel. 0173 635158
info@gaja.com

VITA - Ogni volta che visitiamo questa azienda, faro di Langa, ci pare che compia ancora un passo in avanti sulla strada della qualità e dell'unicità. Merito di Angelo Gaja e della moglie Lucia, ma le due figlie maggiori sono una certezza su cui poggerà il futuro della cantina: Gaia gira il mondo, e Rossana segue di più gli aspetti tecnici e il mercato interno. Ormai anche Giovanni, non ancora trentenne, si sta ritagliando il suo ruolo in questa macchina così ben oliata.

VIGNE - Non riportano in etichetta i nomi delle menzioni i Sorì di Gaja, ma poco cambia, visto che sono tutti riconducibili a parcelle ben precise. Così come precisissima è la gestione agronomica, volta a portare il miglior frutto possibile in cantina, con un'ossessiva attenzione per l'ambiente. Rossana dialoga con i migliori entomologi, geologi e agronomi, il tutto per comprendere come sta cambiando l'ecosistema a causa del cambiamento climatico, e per aiutare fauna e flora a convivere con la viticoltura.

VINI - Ci convincono sempre di più i rossi di Gaja. Più diretti, meno impostati, gustosi e sapidi. Una grandinata ci ha privato del Conteisa 2016.

TOP **Barbaresco Sorì Tildin 2017** ● 10.000 bt; 480 € - Il naso ricorda l'arancia rossa, la bocca è un concentrato di succo. Già pronto alla beva, è molto elegante e strutturato.
Barbaresco Costa Russi 2017 ● 9.800 bt; 480 € - Diretto, fruttato, con bocca lunga e salata. Rispetto agli altri riposa di più in legno grande.
Barbaresco Sorì San Lorenzo 2017 ● nebbiolo; 10.000 bt; 480 € - Spezia e cioccolato al naso, ha bocca affilata e tannino in evidenza sul finale. Nato per sfidare i decenni.
Barbaresco 2017 ● 40.000 bt; 180 € - Armonico, fruttato, profondo.
Barolo Sperss 2016 ● 21.000 bt; 225 € - Articolato, speziato, consistente.

ha 92 - **bt** 350.000
Fertilizzanti compost, letame
Fitofarmaci rame e zolfo
Diserbo lavorazione meccanica/manuale
Lieviti n.d.
Uve 100% di proprietà
Certificazione biologico certificato

BARBARESCO (CN)

MARCHESI DI GRÉSY

Strada della Stazione, 21 - tel. 0173 635221
www.marchesidigresy.com - hello@marchesidigresy.com

VITA - La storia della famiglia di Gresy si perde nella notte dei tempi, ma è solo da metà degli anni Settanta che Alberto, ultimo rampollo di casa, ha deciso di dedicarsi a questa azienda agricola. Dopo 40 anni di attività ha ora la fortuna di essere affiancato dai figli Alessandro e Ludovica, e di poter contare su uno staff preparatissimo e molto professionale.

VIGNE - Il colpo d'occhio che si ha quando si entra nell'anfiteatro vitato della Martinenga, sotto l'abitato di Barbaresco, è davvero impressionate. La perfezione geometrica dei filari e l'imponente collina scoscesa sono spettacolari. Due sono le sottodenominazioni: Gaiun, esposto a pieno sud, e Camp Gros, che guarda a sud-ovest. Nell'alessandrino l'azienda ha un'ampia tenuta a Cassine.

VINI - Impressionano i colori tenui di questi Barbaresco che riescono ad abbinare la modernità evidente nei sentori fruttati e speziati (mai esagerata la dose di legno), con la succosità del palato.

TOP **Barbaresco Martinenga Camp Gros Ris. 2015** ● 7.226 bt; 102 € - Un rosso estremamente rilassato e godibile: ha tanto succo e stoffa da vendere, ed è affilato e profondo in chiusura.
Barbaresco Martinenga 2017 ● 14.412 bt; 56 € - Molto elegante, regge bene l'annata torrida e si difende alla grande grazie all'acidità e alla prontezza di beva.
Barbaresco Martinenga Gaiun 2016 ● 8.133 bt; 77 € - Il più moderno della compagnia, quello che al momento dell'assaggio, anche grazie all'annata spettacolare, ha più bisogno di bottiglia e un futuro più radioso di fronte a sé.
Langhe Sauvignon 2019 ○ 19.765 bt; 17 € - Articolato, floreale, cangiante.
Langhe Nebbiolo Martinenga 2019 ● 25.931 bt; 19 € - Agile, fruttato, gastronomico.
Dolcetto d'Alba Monte Aribaldo 2018 ● 22.000 bt; 12 € - Croccante, fruttato, consistente.

ha 35 - **bt** 200.000
Fertilizzanti letame in pellet, organo-minerali
Fitofarmaci chimici di sintesi, rame e zolfo
Diserbo lavorazione meccanica/manuale
Lieviti selezionati industriali
Uve 100% di proprietà
Certificazione nessuna certificazione

BARBARESCO (CN)

PRODUTTORI DEL BARBARESCO €

Via Torino, 54 - tel. 0173 635139 - www.produttoridelbarbaresco.com
produttori@produttoridelbarbaresco.com

VITA - La storia di questa cooperativa, nata nel 1958 da uno sparuto numero di vignaioli, è ormai una favola di quelle che andrebbero raccontate ai bimbi prima di metterli a letto: è lo specchio di quello che la serietà, la dedizione e l'impegno possono portare. Un successo grande, forse insperato, ma ormai sotto gli occhi di tutti. Ed è una storia fatta di solo nebbiolo.

VIGNE - Solo nebbiolo, come si diceva in precedenza, coltivato in alcune delle più belle vigne della denominazione, che da qualche anno è stata suddivisa in Menzioni Geografiche Aggiuntive (MGA): in totale sono nove quelle presidiate. Si sta aggiungendo in questi ultimi anni anche un altro tassello alla fiaba, quello di un'agricoltura più attenta che ha eliminato il diserbo chimico.

VINI - Le Riserve sono austere, rispecchiano di solito molto bene il terroir di provenienza, e così Rabajà e Montestefano, in un'annata calda, sono molto più cariche delle altre.

TOP **Barbaresco Montefico Ris. 2015** ● 16.666 bt; 41 € - Ha un succo prodigioso. Poi anche godibilità e una bocca austera, ma non in modo eccessivo, con le spezie del legno sotto controllo.
Langhe Nebbiolo 2018 ● 210.000 bt; 17 € - È sempre il pezzo forte della batteria, e con quest'annata così profumata si conferma intrigante e un'ottima opzione per comprendere cosa possa dare l'uva nebbiolo da queste parti.
Barbaresco 2017 ● 286.000 bt; 29 € - Con questi numeri è un capolavoro di autenticità e fragranze. Ha energia e potenza, grazia e lunghezza. Non delude le attese.
Barbaresco Ovello Ris. 2015 ● 18.741 bt; 41 € - Articolato, speziato, incisivo.
Barbaresco Rabajà Ris. 2015 ● 16.104 bt; 41 € - Austero, speziato, compatto.
Barbaresco Montestefano Ris. 2015 ● 16.036 bt; 41 € - Denso, speziato, opulento.

ha 112 - **bt** 570.000
Fertilizzanti letame in pellet, letame, sovescio
Fitofarmaci rame e zolfo
Diserbo lavorazione meccanica/manuale
Lieviti selezionati industriali
Uve 100% di proprietà
Certificazione nessuna certificazione

SERAFINO RIVELLA

Località Montestefano, 6 - tel. 0173 635182

VITA - Finché non ti mostra le mani, potresti pensare che Teobaldo Rivella si stia godendo una pensione da favola. Intanto pare un ragazzino, scattante e dal fisico asciutto, e poi è sempre abbronzato come se fosse appena uscito da una spiaggia della Costa Azzurra. In realtà passa tutto il santo giorno in vigna ad accudire i suoi 2 ettari, che tratta come un orto dando del tu a ogni ceppo. Lo fa da 50 anni a questa parte, con al fianco la sua splendida sposa Maria Musso.

VIGNE - Non ci sono dubbi che il Montestefano sia un grand cru di Barbaresco. Perfettamente esposto a sud, regala vini potenti e austeri. Questo è il regno di Teobaldo, che accudisce 2 ettari precisi, 1,5 a nebbiolo e il resto a dolcetto, che però ha subito una brutta grandinata nel 2018 e che è in fase di rinnovamento. I ceppi hanno una bella età visto che sono stati piantati nel lontano 1963. La coltivazione è più artigianale e naturale possibile.

VINI - Una bomboniera, non potrebbe essere definita diversamente la piccola cantina dei Rivella. Tutto pulito, ordinato, preciso e minuscolo. Stile come detto austero, che lascia briglia sciolta ai vini senza chiuderli in tecnicismi esagerati che mortificano la naturale espressione del terroir.

TOP **Barbaresco Montestefano 2016** VINO SLOW ● 9.000 bt; 52 € - Ⓓ - I profumi sono speziati e terrosi: i Nebbioli di Teobaldo non hanno mai nel frutto la propria carta vincente. Sono materici, ricchi, senza mai stancare la beva. Salini e gustosi. Il resto lo fa l'annata, che in questo caso è molto buona, e così abbiamo un rosso luminoso, che sfiderà gli anni a testa alta.
Langhe Nebbiolo 2019 ● 2.000 bt; 17 € - Ⓓ - Fa il suo debutto per la prima volta questa etichetta, che regala un frutto croccante appena colto, fine, profondo e dalla beva pericolosamente lunga e invitante.

ha 2 - bt 12.000
Fertilizzanti letame
Fitofarmaci rame e zolfo
Diserbo lavorazione meccanica/manuale
Lieviti fermentazione spontanea
Uve 100% di proprietà
Certificazione nessuna certificazione

ROAGNA

Località Paglieri, 9 - tel. 0173 635109
www.roagna.com - info@roagna.com

VITA - Nell'Olimpo delle aziende vitivinicole piemontesi che sanno unire vini strepitosi, in grado di indicare la direzione, e un approccio rivoluzionario e quasi unico alle pratiche agronomiche, Roagna occupa un posto di assoluto rispetto. Questo perché da anni stupisce con etichette iconiche, rare e ricercate, e perché propone un viticoltura a impatto zero che lascia a bocca aperta.

VIGNE - Papà Alfredo vigila sul lavoro di Luca Roagna: le vigne si dividono tra Barbaresco, con i cru Pajè, Asili e Montefico, e Castiglione Falletto, con il Pira. Le viti, spesso molto vecchie, hanno trovato un equilibrio naturale che le fa esprimere a livelli superlativi.

VINI - Le fermentazioni spontanee a tini aperti restituiscono vini di ineguagliata levità e di invidiabile carattere: l'eccellenza, a livelli spesso stratosferici.

TOP **Barbaresco Crichët Pajé 2012** ● 780 bt; n.d. € - Ⓓ - Sul dizionario alla voce capolavoro dovrebbe esserci una foto del Crichët Pajé, ogni anno in grado di stupire, entusiasmare, rapire. Qui è in una versione come sempre molto slanciata, dai tannini dolci e ricoperti di un succo da occhi a cuoricino.
Barbaresco Pajé Vecchie Viti 2015 ● 2.500 bt; n.d. € - Ⓓ - Olfatto di grande definizione, ricco di dettaglio, di spiccata suadenza fruttata e cenni floreali. La bocca è sottile, danzante, molto misurata e di straordinaria integrazione.
Barbaresco Montefico Vecchie Viti 2015 ● 1.200 bt; n.d. € - Ⓓ - Al naso si apre su cenni fruttati e di lieve radice. In bocca troviamo una maggiore carica tannica, ma anche slancio, profondità e succo.
Barbaresco Asili Vecchie Viti 2015 ● 1.200 bt; n.d. € - Ⓓ - Incisivo, floreale, sapido.
Barolo Pira Vecchie Viti 2015 ● 2.500 bt; n.d. € - Ⓓ - Integrato, fruttato, teso.

ha 13,5 - bt 60.000
Fertilizzanti nessun concime
Fitofarmaci rame e zolfo
Diserbo nessun diserbo
Lieviti fermentazione spontanea
Uve 100% di proprietà
Certificazione nessuna certificazione

BARBARESCO (CN)

ALBINO ROCCA

Strada Ronchi, 18 - tel. 0173 635145
www.albinorocca.com - roccaalbino@roccaalbino.com

VITA - Suggestiva ed efficiente, la cantina offre una vista spettacolare su alcune delle vigne più rappresentative dell'azienda e di Barbaresco, a partire da quella di Ronchi. Le tre sorelle Rocca, Monica e Daniela in amministrazione, e Paola con il marito Carlo Castellengo in vigna e cantina, consolidano anno dopo anno l'azienda del compianto padre Angelo, cui dedicano un ottimo Barbaresco.

VIGNE - Ci sono grande attenzione e cura per il patrimonio vitato che viene tramandato da quattro generazioni. I vigneti di Barbaresco e le parcelle a San Rocco Seno d'Elvio sono affidate alle scrupolose cure di Paola. I cru aziendali comprendono Ovello, al cui interno si trova la vigna Loreto, e Ronchi a Barbaresco, Montersino a Treiso, e Cottà nel comune di Neive.

VINI - I vini sanno esprimere una raffinata eleganza, unita a una tensione in grado di sfidare adeguatamente il tempo.

Barbaresco Angelo 2016 ● nebbiolo; 2.100 bt; 75 € - Frutto di una selezione dei cru Ronchi, Montersino e Ovello, ha un'incredibile concentrazione e un caleidoscopio di eleganti sfumature olfattive, fruttate, speziate e floreali, esaltate da un sorso pieno e succoso, preciso e teso, tra il tannino cesellato e la fresca acidità.
Barbaresco Ronchi 2016 ● 9.000 bt; 48 € - Risulta intenso e complesso: si apre progressivamente su affascinanti note fruttate e floreali, e in bocca è scorrevole, con un magistrale equilibrio tra la freschezza e il lunghissimo finale sapido.
Barbaresco Ovello Vigna Loreto 2017 ● 2.600 bt; 44 € - Al naso risulta austero, più scuro, su note di erbe aromatiche e spezie, ma al sorso entusiasma per la sottile eleganza e la piacevole freschezza.
Barbera d'Alba Gepin 2017 ● 5.000 bt; 29 € - Avvolgente, speziato, complesso.

ha 18 - **bt** 100.000
Fertilizzanti letame in pellet
Fitofarmaci rame e zolfo
Diserbo lavorazione meccanica/manuale
Lieviti selezione di lieviti indigeni
Uve 100% di proprietà
Certificazione nessuna certificazione

BARBARESCO (CN)

BRUNO ROCCA

Strada Rabajà, 60 - tel. 0173 635112
www.brunorocca.it - info@brunorocca.it

VITA - Quella dei Rocca è una bella storia di famiglia, di un papà (Bruno) che ha fondato l'azienda portandola a risplendere, di un figlio (Francesco) che dopo tanta gavetta si è caricato sulle spalle le operazioni in vigna e in cantina, provando a cambiare direzione, e di una figlia (Luisa) che lavora instancabilmente per promuovere i vini, viaggiando in tutto il mondo.

VIGNE - Rabajà e Currà sono i due cru principali per estensione vitata. A loro si aggiungono Fausoni, Marcorino, San Cristoforo, e 2,5 ettari a Vaglio Serra. Ciò che più salta agli occhi è la gestione agronomica attenta e sostenibile di Francesco, curioso sperimentatore. I Rocca hanno scelto di rinunciare alla certificazione biologica pur continuando sulla strada già intrapresa in passato.

VINI - L'evoluzione generazionale ha portato l'abbassamento del peso dei legni piccoli (perlopiù usati) e un aumento dei tempi di macerazione, cambiando volto ai vini, che si sono fatti più classici e austeri.

Barbaresco Rabajà Ris. 2014 ● 1.792 bt; 145 € - L'annata fredda e piovosa ci restituisce un vino austero nei profumi e una bocca compatta, succosa, tesa, con un piacevole slancio sapido. La trama tannica è ben risolta e integrata, per un Barbaresco dalle viti più vecchie che danza tra potenza e leggiadria.
Barbaresco Rabajà 2016 ● 6.000 bt; 77 € - Un vino di spiccato profilo territoriale: fruttato, lievemente minerale, al palato è lineare, progressivo, fresco e dal tannino incisivo. Un assaggio didattico per capire il cru.
Barbaresco Currà Ris. 2014 ● 2.200 bt; 145 € - Meno profondo del Rabajà Riserva, è comunque degno figlio del millesimo, in equilibrio tra incisività gustativa e snellezza.
Barbaresco Currà 2016 ● 3.500 bt; 77 € - Austero, floreale, avvolgente.
Barbaresco 2017 ● 11.800 bt; 41 € - Fitto, fruttato, profondo.

ha 14 - **bt** 75.000
Fertilizzanti letame
Fitofarmaci rame e zolfo
Diserbo lavorazione meccanica/manuale
Lieviti selezione di lieviti indigeni
Uve 100% di proprietà
Certificazione nessuna certificazione

BARALE FRATELLI

Via Roma, 6 - tel. 0173 56127
www.baralefratelli.it - info@baralefratelli.it

VITA - Il presente di questa azienda storica è caratterizzato da una bella dinamica di scontro/incontro generazionale. Da una parte c'è il papà Sergio Barale, in prima fila in vigna con verace e pragmatico spirito contadino, dall'altra le figlie Eleonora e Gloria, che si occupano di questioni amministrative e commerciali e hanno impresso una svolta, sposando un'idea sempre più naturale di vino.

VIGNE - L'adesione a VinNatur nel 2015 è un passaggio che testimonia la volontà di dare concretezza a un percorso ideale molto sentito, e che si è tradotto in una serie di cambiamenti per nulla traumatici, visto che già prima di allora la direzione era tracciata. Le vigne si sviluppano principalmente tra Barolo (Castellero), Monforte (Bussia) e Neive (Serraboella).

VINI - I vini, da sempre realizzati con piglio tradizionale, negli ultimi anni hanno virato verso interpretazioni più caratterizzate e ancora meno mediate. L'annata 2015 è l'ultima per il Cannubi firmato Barale: una divisione di proprietà in famiglia ha sottratto il controllo dell'appezzamento in questo cru.

Barolo Bussia Ris. 2013 ● 1.900 bt; 85 € - Ⓛ - Figlio della vigna più vecchia della Bussia, è accogliente fin dal profilo olfattivo, in cui emergono sbuffi floreali timidamente decadenti. La bocca è molto integrata e dinamica, e ha un ottimo finale fruttato e salino.
Barolo Cannubi 2015 ● 1.800 bt; 85 € - Ⓛ - L'ultima annata di questo vino viene celebrata onorevolmente: ha un sorso di tessitura setosa, con un tannino morbido e un percorso suadente.
Barolo Castellero 2016 ● 9.500 bt; 51 € - Ⓛ - Integrato, floreale, teso.
Barolo Bussia 2016 ● 5.000 bt; 51 € - Ⓛ - Denso, floreale, autentico.
Dolcetto d'Alba Le Rose 2019 ● 3.400 bt; 12 € - Ⓛ - Succoso, fruttato, incisivo.

ha 13 - **bt** 80.000
Fertilizzanti letame, sovescio
Fitofarmaci organici, rame e zolfo
Diserbo lavorazione meccanica/manuale
Lieviti fermentazione spontanea, selezione di lieviti indigeni
Uve acquisto 5%
Certificazione biologico certificato

BORGOGNO & FIGLI

Via Gioberti, 1 - tel. 0173 56108
www.borgogno.com - info@borgogno.com

VITA - Da quando nel 2010 Andrea Farinetti si è insediato alla guida di questo storico marchio di Barolo e del Barolo, Borgogno è tornato stabilmente nell'empireo dei grandi nomi del vino italiano. Lo ha fatto grazie a un poderoso slancio economico, ma anche grazie a una ferma visione e a un pizzico di sana follia, lavorando intorno alla tradizione e tenendo fermi alcuni valori imprescindibili.

VIGNE - Liste, Fossati e Cannubi sono il cuore del parco vitato barolistico: tre cru di pregio condotti, come le altre vigne, con un intransigente approccio sostenibile. Tra questi filari si respira la lunga storia del marchio, anche se il presente è segnato dai recenti investimenti a Madonna di Como e nella zona del tortonese, dove sta decollando il progetto timorasso.

VINI - Andrea ha investito sul binomio cemento e botte grande, lavorando con approccio filologico alla valorizzazione delle tecniche tradizionali: i vini sono classici e territoriali.

TOP **Barolo Cannubi 2015** ● 6.666 bt; 85 € - Ⓛ - Quintessenziale nel rispecchiare i caratteri tipici della menzione, è incisivo nella componente tannica ma anche di una certa avvolgenza. I profumi floreali e di piccoli frutti rossi anticipano un sorso in cui tensione gustativa e morbidezza alcolica si integrano alla perfezione.
Barolo Fossati 2015 ● 6.666 bt; 59 € - Ⓛ - I cenni floreali ed erbacei che aprono il profilo olfattivo si concretizzano in un sorso di buon succo e dal tannino integrato.
Barolo Liste 2015 ● 6.666 bt; 68 € - Ⓛ - Incisivo, fruttato, sapido.
Barolo Ris. 2013 ● 15.000 bt; 108 € - Ⓛ - Incisivo, balsamico, sapido.
Derthona 2018 ○ 10.000 bt; 44 € - - Teso, giovanile, integro.
Langhe Riesling Era Ora 2018 ○ 8.000 bt; 24 € - - Fresco, agrumato, sapido.

ha 43 - **bt** 260.000
Fertilizzanti compost, letame
Fitofarmaci rame e zolfo
Diserbo lavorazione meccanica/manuale
Lieviti fermentazione spontanea
Uve 100% di proprietà
Certificazione biologico certificato

BAROLO (CN)

GIACOMO BREZZA & FIGLI

SCONTO -10%

Via Lomondo, 4 - tel. 0173 560921
www.brezza.it - brezza@brezza.it

VITA - Enzo Brezza attraverso il suo lavoro e i suoi vini è diventato simbolo di una Langa del Barolo verace, senza spinte all'abbellimento modaiolo. Rappresentante di una famiglia storica e molto legata al territorio, attiva anche nella ristorazione e nell'ospitalità da tempi non sospetti, ha fatto scelte sostenibili da un punto di vista ambientale quando queste erano considerate pazzie da visionari. Così facendo ha contribuito a delineare un canone oggi riconosciuto da tutti.

VIGNE - Cannubi, Sarmassa e Castellero: sono questi tre i cru prestigiosi e molto diversi tra loro che raccontano la dimensione dei Barolo di Barolo di Enzo. Ma non basta: il parco vitato è più ampio, e tocca il Fossati, la Ravera, Bricco San Pietro, e poi alcuni appezzamenti tra Diano d'Alba e Alba. Tutti trattati con cura e rispetto.

VINI - I vini hanno uno stampo classico e tradizionale di grande misura ed eleganza, che unisce precisione e sincera espressività.

Barolo Sarmassa 2016 ● 6.400 bt; 50 € - Austero e cupo, con lievi cenni di frutta scura, si apre poi su eleganti profumi floreali. La bocca ha potenza e incisività tannica, e si muove in un quadro di spiccate solidità e tensione.
Barolo Cannubi 2016 ● 8.800 bt; 45 € - Un Cannubi cannubiano, ci si passi l'aggettivo. Floreale, pepato, sottilmente minerale, ha leggiadria ed energia succosa, con un tannino setoso e lunghezza salina. Figlio di un'annata straordinaria.
Barolo Castellero 2016 ● 5.000 bt; 40 € - Il meno complesso dei tre Barolo da singolo cru, è misurato e scorrevole, morbido e beverino.
Langhe Nebbiolo 2019 ● 12.400 bt; 14 € - Succoso, fruttato, teso.
Nebbiolo d'Alba Santa Rosalia 2018 ● 12.400 bt; 15 € - Fine, floreale, varietale.

ha 20 - **bt** 100.000
Fertilizzanti compost, letame, sovescio
Fitofarmaci organici, rame e zolfo
Diserbo lavorazione meccanica/manuale
Lieviti selezionati industriali
Uve 100% di proprietà
Certificazione biologico certificato

BAROLO (CN)

BRIC CENCIURIO

Vicolo del Pozzo, 2 - tel. 0173 56317
www.briccenciurio.com - info@briccenciurio.com

VITA - Nel cuore delle Langhe, e più precisamente nel centro di Barolo, ci imbattiamo in questa azienda storica con la sala di degustazione che si trova praticamente nella via principale del paese, mentre la cantina è poco fuori, ai piedi del Cannubi, ed è in fase di completamento. Oggi sono i due fratelli Alessandro (enologo) e Alberto Pittatore a condurre questa realtà con polso sicuro.

VIGNE - I vigneti si dividono tra i Comuni di Barolo, Castellinaldo (nel Roero), dove troviamo il Bric Cenciurio da cui deriva il nome all'azienda, e Magliano Alfieri. Da tale varietà nasce una gamma con ben 14 etichette. I vigneti più vecchi hanno circa 70 anni di età.

VINI - Nei vini ritroviamo una certa classicità contemporanea, data da un approccio enologico che si avvale delle tecniche più moderne e intende valorizzare l'espressività dei vari territori coinvolti.

Barolo Coste di Rose 2016 ● 5.000 bt; 55 € - Da vigne di circa 50 anni, nel bicchiere trova un buon equilibrio, è elegante, con una giusta acidità e tannini non invasivi.
Barolo Monrobiolo di Bussia 2016 ● 1.000 bt; 50 € - Da un piccolo appezzamento di soli 11 filari, viene affinato in tonneau: molto elegante, è morbido, ha tannini cesellati e un buon potenziale di invecchiamento.
Langhe Nebbiolo 2019 ● 4.500 bt; 24 € - Subisce un breve passaggio in legno per ammorbidire i tannini e non renderli invasivi. Il profumo è particolarmente fresco, con sentori di frutta, e in bocca è equilibrato e beverino.
Barbera d'Alba 2018 ● 6.000 bt; 15 € - Fresco, fruttato, armonico.
Roero Arneis 2019 ○ 10.000 bt; 15 € - Avvolgente, floreale, armonico.
Langhe Riesling 2018 ○ 1.200 bt; 17 € - Fresco, minerale, complesso.

ha 13 - **bt** 65.000
Fertilizzanti letame in pellet
Fitofarmaci rame e zolfo
Diserbo lavorazione meccanica/manuale
Lieviti fermentazione spontanea, selezionati industriali
Uve 100% di proprietà
Certificazione nessuna certificazione

GIACOMO GRIMALDI

Via Luigi Einaudi, 8 - tel. 0173 560536
www.giacomogrimaldi.com - info@giacomogrimaldi.com

VITA - Barolo, inevitabile cuore geografico e simbolico della denominazione a cui questo bellissimo borgo ha dato il nome, ha nella famiglia Grimaldi uno dei suoi alfieri. A guidare questa insegna da anni è Ferruccio Grimaldi, oggi ben supportato dal figlio Alberto che ha iniziato a muovere i primi passi in azienda. Una realtà moderna, affidabile, e protagonista sui mercati esteri.

VIGNE - Il parco vitato è di tutto rispetto: parliamo di vigne nelle menzioni Le Coste, Terlo e Ravera, intorno o a poca distanza dalla cantina, e Sotto Castello di Novello, all'estremità sud-orientale della denominazione. Altre vigne si sviluppano poi in zona Fornaci a Monforte d'Alba, ancora a Novello, affacciate verso il Tanaro, e nel roerino Valmaggiore.

VINI - L'impronta in cantina strizza l'occhio a una modernità che punta su legni di affinamento più piccoli, anche se lo fa con moderazione e tenendo conto del cambio di direzione del vento.

Barolo Ravera 2016 ● 3.500 bt; 84 € - Grande prova per questo Barolo figlio di un cru di prestigio: ha cenni balsamici e un frutto schietto, con note floreali e di erba bagnata a fare da contorno; il sorso è di impatto, con tannino incisivo ma ben integrato, e dinamica distesa.
Barolo Sotto Castello di Novello 2016 ● 6.600 bt; 84 € - Più timido nell'espressività olfattiva, maggiormente segnato dal legno di affinamento, ha anche più ricchezza gustativa e polpa, pur conservando una buona tensione.
Nebbiolo d'Alba Vigna Valmaggiore 2018 ● 11.000 bt; 28 € - Denota un'agilità tutta roerina, fatta di freschezza e ritorno fruttato sul finale di bocca.
Barolo 2016 ● 14.400 bt; 55 € - Tecnico, fruttato, essenziale.
Roero Arneis 2019 ○ 3.500 bt; 22 € - Succoso, fruttato, varietale.

ha 16 - **bt** 70.000
Fertilizzanti n.d.
Fitofarmaci n.d.
Diserbo n.d.
Lieviti n.d.
Uve 100% di proprietà
Certificazione nessuna certificazione

BARTOLO MASCARELLO

Via Roma, 15 - tel. 0173 56125

VITA - A forza di parlare di mito poi si rischia di pensare a Maria Teresa Mascarello come distante e lontana da noi comuni mortali. Invece è lì a Barolo presa ogni giorno da mille dettagli che cura con attenzione e precisione, tanto da essersi ormai scrollata di dosso il pesante e ingombrante "figlia di". Questo grazie a tanta serietà e indomita coerenza, che l'hanno proiettata tra i grandissimi interpreti di questa denominazione.

VIGNE - Delle vigne di Mascarello non si parla mai tanto, forse perché, per convinzione dettata dal gusto, Bartolo aveva deciso di non imbottigliare i singoli cru e quindi si fatica un po' a individuare la provenienza delle loro uve. Un peccato, perché si parla di appezzamenti di grande valore: Cannubi, Ruè, Monrobiolo di Bussia e Rocche dell'Annunziata. Insomma, ci siamo capiti.

VINI - Maria Teresa ha contribuito a rendere più fine ed elegante il Barolo di casa, ripulendolo da riduzioni giovanili e creando un rosso di rara purezza e territorialità.

TOP **Barolo 2016** ● 17.000 bt; 84 € - Da un'annata perfetta ecco un rosso illuminante e luminoso: presenta profumi di frutta rossa complessi e cangianti, e un palato armonico, integro, elegante e invitante.
Barbera d'Alba 2018 ● 4.800 bt; 27 € - Beva strepitosa e allungata, con la polpa della ciliegia che solletica il palato e un'acidità salivante che contrasta perfettamente l'alcol.
Langhe Freisa 2018 ● 2.000 bt; 17 € - Ci coglie una certa malinconia bevendo questo vino, verso una Langa che si è persa. Ha un pelo di frizzantino che non guasta e ammorbidisce il classico tannino di questa varietà rustica.
Langhe Nebbiolo 2018 ● 4.300 bt; 29 € - Fine, fruttato, elegante.
Dolcetto d'Alba 2019 ● 6.000 bt; 15 € - Ampio, fruttato, autentico.

ha 5 - **bt** 34.100
Fertilizzanti letame, sovescio
Fitofarmaci rame e zolfo
Diserbo nessun diserbo
Lieviti fermentazione spontanea
Uve acquisto 10%
Certificazione nessuna certificazione

BAROLO (CN)

E. PIRA & FIGLI CHIARA BOSCHIS

SCONTO **-10%**

Via Vittorio Veneto, 1 - tel. 0173 56247
www.pira-chiaraboschis.com - info@pira-chiaraboschis.com

VITA - È illuminante confrontarsi con Chiara Boschis, lasciarsi contagiare dal suo inesauribile entusiasmo e farsi trasportare dalla sua energia. Il suo rapporto con il territorio è viscerale e privilegiato, e lei lo onora con un rispetto ammirevole, perseguendo un ideale di sostenibilità totale. Affiancata in cantina dal fratello Giorgio, Chiara oggi preferisce dedicarsi al lavoro in vigna, seguendo tutte le fasi della filiera produttiva.

VIGNE - Sono stati eliminati dalla vigna tutti gli elementi non organici, ultimi dei quali dei pali di materiale plastico. Un'esplosione vegetativa in vigna: sulle piante Chiara interviene il meno possibile, avendo abolito anche la cimatura e lasciando che siano loro stesse a creare l'ecosistema più adatto a compiere il ciclo vegetativo. Cannubi, Mosconi e Via Nuova sono i prestigiosi cru aziendali.

VINI - I vini, di stampo moderno, non scendono tuttavia a compromessi con le sovrastrutture enologiche, e in cantina vengono valorizzati: sembrano rispecchiare il carattere di Chiara, esuberante e deciso.

TOP **Barolo Mosconi 2016** ● 5.000 bt; 67 € - - La barrique richiama sentori speziati e di tostatura, ma si apre poi su note erbacee e un frutto ben delineato. È austero e si concede con i giusti tempi. Il tannino è integrato, gustoso, e gradualmente cede il passo a un convincente slancio sapido.

Barolo Cannubi 2016 ● 4.000 bt; 81 € - - Profuma di frutta matura, con rinfrescanti note balsamiche e speziate e ricordi terrosi. La bocca è fresca, con un solleticante ritorno fruttato che cede il passo a un tannino potente ma sinuoso.

Barolo Via Nuova 2016 ● 8.000 bt; 58 € - - Ritornano i sentori balsamici ma il frutto è più piccolo e varietale. Elegante la bocca nel preciso slancio acido. Il tannino è avvolgente ed essenziale.

ha 10 - **bt** 33.000
Fertilizzanti sovescio
Fitofarmaci rame e zolfo
Diserbo lavorazione meccanica/manuale
Lieviti fermentazione spontanea
Uve 100% di proprietà
Certificazione biologico certificato

BAROLO (CN)

FRANCESCO RINALDI E FIGLI

SCONTO **-10%**

Via Crosia, 28 - tel. 0173 440484
www.rinaldifrancesco.it - info@rinaldifrancesco.it

VITA - L'azienda condotta dalle sorelle Paola e Piera Rinaldi trasuda storia, e lo fa già a partire dalla sua struttura logistica: ancora oggi divisa tra la cantina di vinificazione di Barolo e la sede di Alba, è figlia di un'epoca in cui stare vicini ai binari della ferrovia (e quindi nella capitale delle Langhe) era decisivo per il successo commerciale. L'identità non poteva quindi che continuare a essere tradizionale, e il lavoro di Paola e Piera procede in questo solco.

VIGNE - L'adesione al progetto Cannubi, che ha impegnato tutti i vignaioli a rinunciare a ogni prodotto chimico tra i filari della collina più famosa del Barolo, ha rappresentato uno stimolo a rivedere alcune vecchie e radicate convinzioni, innescando un processo di rinnovamento nell'approccio viticolo, oggi più verde. Tra le diverse vigne di casa segnaliamo i cru Cannubi Boschis, Brunate e Rocche dell'Annunziata.

VINI - In cantina regna la botte grande, per una mano che punta molto sulla riconoscibilità varietale e territoriale dei vini, sempre di stile classico.

Barolo Brunate 2016 ● 10.000 bt; 52 € - - Da questo cru prestigioso, diviso tra i comuni di La Morra e Barolo (le vigne delle sorelle Rinaldi sono nel secondo), nascono sempre vini di grande carattere, in questo caso declinato soprattutto attraverso una trama tannica importante, che dona impatto all'ingresso e incisività al centro bocca.

Barolo Cannubi 2016 ● 8.500 bt; 54 € - - Da vigne situate nei pressi della cantina storica, questo vino racconta bene la dimensione tipica di Cannubi, dove troviamo suoli a più spiccata componente sabbiosa: il sorso è morbido e vellutato, e il tannino è fitto.

Nebbiolo d'Alba 2018 ● 6.000 bt; 17 € - - Setoso, fruttato, contratto.

Barbera d'Alba 2018 ● 7.000 bt; 15 € - - Succoso, fruttato, irrisolto.

ha 11 - **bt** 70.000
Fertilizzanti letame in pellet, letame
Fitofarmaci chimici di sintesi, rame e zolfo
Diserbo lavorazione meccanica/manuale
Lieviti selezionati industriali
Uve acquisto 5%
Certificazione nessuna certificazione

BAROLO (CN)

GIUSEPPE RINALDI

Via Monforte, 5 - tel. 0173 56156
info@rinaldigiuseppe.com

VITA - Questa mitica azienda di Barolo è oggi saldamente nelle mani delle figlie del compianto Beppe Rinaldi, Carlotta e Marta, che con grande passione e una genuina e spregiudicata volontà di migliorarsi stanno sperimentando nuove tecniche agronomiche nel segno della biodinamica, dimostrando una chiarissima visione del futuro. Varcando la soglia della cantina ci ritroviamo immersi in un ambiente rustico ma di grande suggestività: la storia del Barolo passa da qui.

VIGNE - La grandissima novità è l'acquisizione di un ettaro di vigna nella menzione Bussia, da cui si farà un Barolo a partire dall'annata 2019. Dalle altre parcelle nei cru di Cannubi San Lorenzo, Ravera e Le Coste provengono le uve che compongono il Barolo Tre Tine, mentre nel meraviglioso Brunate troviamo i filari da cui nasce l'omonimo fuoriclasse.

VINI - Classicità e adesione intelligente alla tradizione: i Rinaldi i canoni del vino di Langa li hanno scritti, con un occhio alla facilità di beva e alla genuinità.

TOP **Barolo Brunate 2016** VINO SLOW ● 7.000 bt; 65 € - Ⓤ -È austero e compatto, si concede lentamente con le note fruttate, subito rinfrescato da sbuffi balsamici e speziati di grande suggestione. In bocca è avvolgente, con un tannino ben integrato che ravviva il sorso e richiama le note fruttate, chiudendo con una golosa acidità.

Barolo Tre Tine 2016 ● 9.000 bt; 65 € - Ⓤ - Colpisce per l'affascinante luminosità nel bicchiere, poi al naso convince con la freschezza dei sentori fruttati e floreali, che anticipano suggestioni balsamiche e terrose e le note agrumate. Il sorso è pieno, leggiadro e con un guizzo sapido che richiama il sorso.

Barbera d'Alba 2019 ● 8.000 bt; 17 € - Ⓤ - Profonda e sfaccettata, entusiasma nei variegati sentori speziati, fruttati e floreali, che preannunciano un sorso vivo, perfettamente bilanciato tra acidità e sapidità.

ha 6,5 - **bt** 40.000
Fertilizzanti letame, preparati biodinamici
Fitofarmaci rame e zolfo
Diserbo lavorazione meccanica/manuale
Lieviti fermentazione spontanea
Uve 100% di proprietà
Certificazione nessuna certificazione

BAROLO (CN)

SCARZELLO

Via Alba, 29 - tel. 0173 56170
www.scarzellobarolo.com - info@scarzellobarolo.com

VITA - Federico Scarzello, con la moglie Federica Sterpone, porta avanti la gestione della piccola cantina familiare nata alla fine della Seconda guerra mondiale. Nonostante l'ancor giovane età, sono ormai 20 anni che si dedica in prima persona alla gestione enologica e agricola, con risultati molto incoraggianti.

VIGNE - La grande novità aziendale di quest'anno è rappresentata dall'uscita della prima annata ricavata dalla menzione Boschetti, conosciuta per la sua bella dose di suolo sabbioso e per la presenza del clone michet. Si sta avviando una selezione massale di grande interesse in questa vigna, per rimpiazzare le tante fallanze. Federico è molto curioso in campo agricolo, e da qualche anno sta approfondendo sistemi più attenti alla vitalità dei suoli.

VINI - La ricerca della longevità e la scelta di ritardare l'uscita delle etichette più importanti di Barolo sono due tratti distintivi di questa cantina, così come uno stile tradizionale pulito e preciso. Il risultato nel bicchiere è sempre intrigante, ed eleva questa cantina tra le più interessanti della denominazione.

TOP **Barolo Boschetti 2015** ● 1.500 bt; 56 € - Ⓤ - Di rara purezza espressiva, è un rosso nobile ma allo stesso tempo profumatissimo di frutta e dalla bocca precisa, gustosa e molto profonda.

Barolo Sarmassa Vigna Merenda 2015 ● 4.800 bt; 56 € - Ⓤ - Ricco e complesso, ha un ampio ventaglio olfattivo e una lunghezza impressionante.

Barolo del Comune di Barolo 2015 ● 8.400 bt; 40 € - Ⓤ - Interpretazione perfetta di questa grande annata: ancora un bimbo in fasce al momento dell'assaggio, ma con prospettive future importanti. Ha beva, sapidità ed eleganza.

Barbera d'Alba Sup. 2017 ● 12.000 bt; 19 € - Ⓤ - Ampio, fruttato, autentico.

Langhe Nebbiolo 2018 ● 22.000 bt; 15 € - Ⓤ - Articolato, fruttato, armonico.

ha 5,5 - **bt** 40.000
Fertilizzanti letame in pellet
Fitofarmaci rame e zolfo
Diserbo lavorazione meccanica/manuale
Lieviti fermentazione spontanea
Uve acquisto 15%
Certificazione nessuna certificazione

BAROLO (CN)

G.D. VAJRA

Frazione Vergne - Via delle Viole, 25 - tel. 0173 56257
www.gdvajra.it - info@gdvajra.it

VITA - Incontrando la famiglia Vaira si intuisce la passione per il proprio mestiere e per il territorio, ma anche l'ambizione di realizzare sempre vini di carattere e di altissima qualità. Al comando ci sono Milena Ghigo e Aldo Vaira, ma ormai i loro figli sono sempre più addentro ai meccanismi che governano la cantina, nata sul finire degli anni Settanta. Giuseppe e Francesca dedicano molto tempo a fare gli ambasciatori della casa in giro per il globo. Isidoro, il più giovane, si occupa principalmente degli aspetti agronomici.

VIGNE - Il patrimonio vitato è impressionante e tocca principalmente tre comuni della Docg Barolo: Novello con Ravera, Barolo con Bricco Viole, Fossati e Coste di Rose, e Serralunga con la cantina Baudana (Cerretta e Baudana le due menzioni). Tra i primi a praticare il biologico in Langa, avevano poi abbandonato la certificazione. Ora, notizia fresca, l'hanno ripresa.

VINI - Dedicati a tutti coloro che ricercano vini leggeri, profondi, mai troppo esuberanti sia al naso sia in bocca. Composti, territoriali, mai urlati. Longevi.

TOP **Barolo Ravera 2016** ● 6.000 bt; 77 € - Regala cenni di rosmarino e un frutto deciso, godibilissimo. Energia e bocca che dona ampie vibrazioni. Un campione.
Barolo Coste di Rose 2016 ● 4.800 bt; 60 € - Convince pienamente: è lungo, profondo, incisivo e succoso.
Barolo Bricco delle Viole 2016 ● 15.000 bt; 85 € - Ha naso con frutto molto ricco e carnoso. La bocca entra dolce e ha un tannino decisamente morbido, con contrasto finale amarognolo.
Langhe Riesling Pètracine 2019 ○ 6.000 bt; 26 € - Croccante, floreale, incisivo.
Dolcetto d'Alba Coste & Fossati 2019 ● 8.000 bt; 17 € - Ampio, fruttato, consistente.
Barolo Albe 2016 ● 40.000 bt; 34 € - Armonico, floreale, delicato.

ha 80 - **bt** 400.000
Fertilizzanti compost, letame, sovescio
Fitofarmaci rame e zolfo
Diserbo lavorazione meccanica/manuale
Lieviti fermentazione spontanea, selezione di lieviti indigeni
Uve 100% di proprietà
Certificazione biologico certificato

CANALE (CN)

CASCINA CA' ROSSA

Località Ca' Rossa, 56 - tel. 0173 98348
www.cascinacarossa.com - info@cascinacarossa.com

VITA - Se il Roero oggi è in forte ascesa nel borsino dei bevitori, e in special modo in quello dei bevitori nebbiolisti, il merito è anche di Angelo Fierro e della sua Cascina Ca' Rossa, da tempi non sospetti un punto di riferimento per tanti colleghi del territorio e per bevitori e appassionati di tutto il mondo. Angelo, vignaiolo di schietto animo contadino, è riuscito a imporsi all'attenzione con vini buoni e territoriali.

VIGNE - La cantina è immersa in un panorama vitato davvero bellissimo, appena fuori Canale. A un tiro di schioppo c'è il pregiato cru Mompissano, bandiera del parco vitato aziendale, ma non possiamo non citare anche gli appezzamenti nel Valmaggiore (oggetto di risistemazione) e l'ultimo acquisto, il Le Coste di Santo Stefano Roero, un nuovo impianto.

VINI - Legni grandi e legni piccoli si affiancano in cantina, per un approccio abbastanza moderno ma sempre molto attento a non prevaricare i vini e a lasciare loro libertà espressiva.

TOP **Roero Mompissano Ris. 2017** VINO SLOW ● 6.000 bt; 27 € - Una certezza inossidabile: di anno in anno conquista con la sua finezza olfattiva, figlia di una menzione in cui la sabbia fa spazio alla terra bianca e alla marna, che parla la lingua del frutto croccante; anche in bocca è trascinante: ha succo e scorrevolezza, per un Nebbiolo roerino di razza.
Roero Le Coste 2017 ● 4.000 bt; 38 € - Più timido al naso, col tempo si apre mettendo in mostra un bel profilo floreale. In bocca ha un tannino appena polveroso, ma anche tutta la classe di un cru di cui sentiremo parlare.
Roero Valmaggiore Audinaggio 2018 ● 3.000 bt; 29 € - Altra grande vigna: Valmaggiore è un nome che fa sognare tanti vignaioli, non soltanto roerini. Qui è in una versione snella e profumata.
Roero Arneis Merica 2019 ○ 20.000 bt; 12 € - Dinamico, fruttato, sottile.

ha 15 - **bt** 95.000
Fertilizzanti letame
Fitofarmaci rame e zolfo
Diserbo lavorazione meccanica/manuale
Lieviti fermentazione spontanea, selezionati industriali
Uve acquisto 3%
Certificazione parte dei vigneti in regime biologico

CANALE (CN)

CORNAREA

Via Valentino, 150 - tel. 0173 65636
www.cornarea.com - info@cornarea.com

VITA - Cornarea è protagonista attivo della storia del Roero: oltre 40 anni fa il fondatore, Giampiero Bovone, acquistò le prime vigne di arneis, principale vitigno aziendale. È interessante notare come le ultime scelte fatte siano orientate a migliorare sul versante dei vini rossi, che costituiscono il 20% della produzione. Una realtà sempre in movimento, condotta al meglio dai due fratelli Pier e Gian Nicola.

VIGNE - Le vigne si sviluppano in uno splendido corpo unico circondano il grazioso B&B: le più anziane risalgono agli anni Settanta. Esposizioni molto diverse e un suolo ricco di magnesio donano una rilevante sapidità e una grande longevità.

VINI - Pulizia estrema, sia in vigna sia in cantina, vinificazioni senza chiarifiche e in assenza di ossigeno: i vini risultano espressivi e aderenti al carattere varietale.

Roero Arneis 2019 O 80.000 bt; 16 € - - Sapido e fresco, ha un sorso che sosta parecchio in bocca e ha un allungo prodigioso, con toni minerali in evidenza.
Roero Arneis Enritard 2016 O 3.000 bt; 21 € - - «Quando hai a disposizione una grande materia prima, tutto risulta più facile» ricorda Pier: qui le uve arneis sostano due anni in più in acciaio e mostrano tutta la grande capacità d'invecchiamento della varietà. Un vino dall'allungo prodigioso, con mineralità in evidenza e toni fruttati.
Roero 2017 ● 6.000 bt; 21 € - - Si gioca su una trama tannica fine ed elegante, per un sorso in cui la succosità è manifesta. La beva è scattante.
Nebbiolo d'Alba 2018 ● 8.000 bt; 15 € - - Agile, floreale, espressivo.
Cornarea Tarasco 2016 ● arneis; 3.500 bt da 0,375 l; 34 € - - Denso, floreale, consistente.
Barbera d'Alba 2017 ● 4.000 bt; 17 € - - Fresco, fruttato, varietale.

ha 15 - **bt** 110.000
Fertilizzanti letame, organo-minerali
Fitofarmaci chimici di sintesi, rame e zolfo
Diserbo lavorazione meccanica/manuale
Lieviti selezione di lieviti indigeni
Uve acquisto 3%
Certificazione nessuna certificazione

CANALE (CN)

MATTEO CORREGGIA

Via Santo Stefano Roero, 124 - tel. 0173 978009
www.matteocorreggia.com - cantina@matteocorreggia.com

VITA - È impossibile capire il Roero senza parlare di Matteo Correggia, uno dei primi vignaioli a credere nel potenziale di un territorio affascinante e di grande vocazione. La visione pionieristica del compianto Matteo è stata portata avanti con sacrificio e grande dedizione dalla moglie Ornella Costa, coadiuvata dall'enologo Luca Rostagno. Oggi è il momento di Giovanni di raccogliere il testimone del padre.

VIGNE - La cantina è circondata dai propri filari, che culminano nella vigna La Val dei Preti, coltivati a nebbiolo e arneis: colpiscono per la suggestiva pendenza e la tipica composizione sabbiosa, particolarmente accennata nel Bric Marun, da cui nasce una grande Barbera. Il roero Roche d'Ampsej è figlio invece di una vigna caratterizzata da una maggiore presenza di argilla e da una triplice esposizione a sud, est e ovest, in località Pecetto.

VINI - Moderni, giocati sulla ricchezza di frutto e sulla piacevolezza di beva: sono vini che in cui è facile percepire tutto il potenziale di questo grande territorio.

Roero Ròche d'Ampsèj Ris. 2016 ● 6.600 bt; 40 € - - Regala emozionanti sfaccettature olfattive di frutta polposa matura, con cenni balsamici, speziati e terrosi. Coerente in bocca, esalta l'eleganza del tannino, è succoso e slanciato, e ha un lungo finale equilibrato.
Barbera d'Alba Sup. Marun 2017 ● 14.000 bt; 26 € - - Colpisce per la grande concentrazione: emergono note speziate, è avvolgente, floreale e fruttato. Il sorso è pieno, con un'acidità ben integrata e una vena sapida.
Roero La Val dei Preti 2017 ● 9.000 bt; 25 € - - Sfoggia interessanti sfumature che vanno dal floreale all'ematico e al vegetale. Al sorso è scandito da un tannino ben tornito e da richiami speziati e minerali.
Roero Arneis La Val dei Preti 2014 O 6.600 bt; 25 € - - Incisivo, minerale, espressivo.

ha 22 - **bt** 150.000
Fertilizzanti letame, sovescio
Fitofarmaci rame e zolfo
Diserbo lavorazione meccanica/manuale
Lieviti selezione di lieviti indigeni
Uve 100% di proprietà
Certificazione biologico certificato

CANALE (CN)

DELTETTO 1953

SCONTO **-10%**

Corso Alba, 43 - tel. 0173 979383
www.deltetto.com - info@deltetto.com

VITA - Carlo Deltetto è stato negli anni Cinquanta uno dei primi produttori di vino del Roero. Il figlio Tonino si è appassionato alla spumantistica e ha deciso di affiancare ai vini tipici del territorio anche dei Metodo Classico da uve chardonnay e pinot nero. I nipoti Carlo, Cristina e Claudia hanno seguito le orme di famiglia, e oggi si occupano rispettivamente di cantina, amministrazione e commerciale. Come in ogni realtà familiare che si rispetti lo scambio di competenze e saperi è continuo.

VIGNE - Nei vigneti roerini sono nebbiolo e arneis a farla da padrone, insieme a barbera e favorita. Per i vitigni da base spumante si è deciso di spiantare le vigne di Canale e investire in alta Langa, a Roddino, dove ci sono altitudini, temperature fresche e ventilazione ideali. Si sta cercando in questi anni di ingrandire e accorpare gli appezzamenti, invece di parcellizzare, in modo da gestire al meglio la conduzione biologica, imboccata anche per favorire la biodiversità in vigna.

VINI - Interessante il lavoro sull'Arneis: da tre vigneti (con diverse esposizioni e terreni) si producono altrettanti vini. Le tre vinificazioni differenti sono volte a esaltare la versatilità del vitigno.

Roero Arneis Daivej 2019 ○ 40.000 bt; 11 € - - Il terreno argilloso regala freschezza e sapidità. Un vino lineare.
Roero Arneis San Michele 2019 ○ 12.000 bt; 14 € - - Grazie alla presenza di marne blu in questa vigna, troviamo nel bicchiere un Arneis più complesso e ricco.
Roero Arneis San Defendente 2018 ○ 1.748 bt; 30 € - - Le vigne di oltre 30 anni e l'affinamento in legno contribuiscono alla riuscita di un vino dalle grandi potenzialità di invecchiamento.
Alta Langa Brut 2016 7.000 bt; 22 € - - Fresco, agrumato, incisivo.
Roero Gorrini 2018 ● 6.000 bt; 15 € - - Solido, fruttato, consistente.

ha 25 - **bt** 180.000
Fertilizzanti compost, letame, sovescio
Fitofarmaci rame e zolfo
Diserbo lavorazione meccanica/manuale
Lieviti fermentazione spontanea, selezione di lieviti indigeni
Uve acquisto 10%
Certificazione biologico certificato

CANALE (CN)

FILIPPO GALLINO

SCONTO **-10%**

Frazione Madonna Loreto - Valle del Pozzo, 63 - tel. 0173 98112
www.filippogallino.com - info@filippogallino.com

VITA - Già alla fine dell'Ottocento alcuni documenti attestano che la famiglia Gallino produceva Barbera e Nebbiolo. La fondazione dell'azienda agricola per mano di Filippo Gallino risale però ai primi anni Sessanta: da allora a oggi la lungimiranza di Filippo ha pagato, con l'investimento fatto sull'arneis in una regione da sempre legata ai vini rossi.

VIGNE - Lorenzo, nipote di Filippo che ha ereditato da lui passione e lungimiranza, ha accolto anche la filosofia e le idee di sostenibilità del nonno. La parte agronomica è avviata verso una gestione delle vigne sempre più sostenibile. Tante piccole parcelle, sia vecchie, sia nuove, e con favorevoli esposizioni e buona ventilazione, vengono coltivate in modo sempre più attento.

VINI - Lo stile tradizionalista di Filippo è stato conservato dal figlio Gianni, che ha messo insieme sguardo classico e investimento su nuove tecnologie.

Moda Veja 2017 ○ 1.500 bt; 14 € - - Un piacevole ricordo dello stile di vinificazione anni Settanta, questo Arneis da uve che crescono su terreno argilloso ha un colore dorato, un naso intenso e floreale, e un palato fresco, di buona sapidità e morbido.
Barbera d'Alba 2018 ● 20.000 bt; 8 € - - Una garanzia questo vino dall'intenso colore rosso rubino: il profumo di frutto maturo apre a un palato ampio e fresco, di pronta beva.
Langhe Nebbiolo Licin 2018 ● 6.000 bt; 12 € - - Note fruttate e speziate introducono un sorso di buona e facile beva.
Roero Arneis 2019 ○ 7.000 bt; 10 € - - Ampio, fresco, sapido.
M. Cl. Brut Seventy 2018 arneis; 3.500 bt; 15 € - - Citrino, minerale, sapido.
Roero Arneis 4 Luglio 2018 ○ 7.000 bt; 10 € - - Fresco, minerale, espressivo.

ha 14 - **bt** 80.000
Fertilizzanti organo-minerali, sovescio
Fitofarmaci rame e zolfo
Diserbo lavorazione meccanica/manuale
Lieviti selezionati industriali
Uve 100% di proprietà
Certificazione nessuna certificazione

CANALE (CN)

MALVIRÀ

Località Canova - Case Sparse, 144 - tel. 0173 978145
www.malvira.com - malvira@malvira.com

VITA - Una cantina che nel breve volgere di un trentennio scarso è diventata il faro di un intero territorio, grazie alle scelte azzeccate e lungimiranti dei fratelli Damonte, Massimo e Roberto. Non sono solo i numeri a indicarne il successo, ma anche la decisione di dedicarsi con bravura all'enoturismo, con un bel relais e un ristorante di valore.

VIGNE - I vigneti che vengono lavorati sono di assoluto prestigio. Basti pensare che il nome Arneis pare derivare da quello del Renesio, parcella storica dove i Damonte raccolgono alcuni dei loro grappoli migliori. Poi possono contare sull'ottima esposizione del Trinità e del Saglietto, oltre che del Mombeltramo. Producono anche un Barolo di La Morra dalla menzione Boiolo.

VINI - Negli ultimi anni ci pare che i rossi di Malvirà ricerchino di più la ricchezza e la potenza, cosa che in passato non accadeva, forse complice il cambiamento climatico.

Roero Vigna Trinità Ris. 2016 ● 19.200 bt; 31 € - Un rosso dalla bella concentrazione e speziatura, con una bocca potente e ricca. Il finale è convincente e succoso.
Roero Arneis S.S. Trinità 2019 ○ 20.000 bt; 15 € - Conquista grazie a un allungo molto godibile e complesso e a un finale strutturato e profondo. L'affinamento in legno piccolo interessa solo il 10% della massa.
Roero Arneis Renesio 2019 ○ 13.500 bt; 15 € - Bello dritto e allungato, presenta un profilo fruttato preciso e godibile.
Roero Vigna Renesio Ris. 2016 ● 13.650 bt; 31 € - Dinamico, speziato, profondo.
Roero Arneis Vigna Saglietto 2018 ○ 6.600 bt; 23 € - Solido, fruttato, complesso.
Roero Vigna Mombeltramo Ris. 2016 ● 6.200 bt; 31 € - Denso, fruttato, scuro.

ha 42 - **bt** 300.000
Fertilizzanti letame in pellet, letame, sovescio
Fitofarmaci organici, rame e zolfo
Diserbo lavorazione meccanica/manuale
Lieviti fermentazione spontanea, selezionati industriali
Uve acquisto 12%
Certificazione biologico certificato

CANALE (CN)

MONCHIERO CARBONE

Via Santo Stefano Roero, 2 - tel. 0173 95568
www.monchierocarbone.com - info@monchierocarbone.com

VITA - Francesco Monchiero, classe 1975, conduce con piglio sicuro quest'azienda con l'aiuto della moglie Lucrezia Scarsi. Fortunatamente la sua giornata può contare su 48 ore, perché si divide anche con l'altro suo impegno, quello di presidente del Consorzio del Roero, che grazie anche alla sua gestione sta raccogliendo ottimi risultati, non ultima la scelta di essere la prima denominazione piemontese a rinunciare al diserbante chimico.

VIGNE - Tutto ha avuto inizio nel 1918, quando la bisnonna di Francesco, Tilde, acquistò una piccola porzione del cru Mombirone. Ora il patrimonio vitato al confronto è impressionante, grazie all'acquisto di importanti parcelle nel Renesio, lo Sru e il S.S. Trinità. Tanto arneis, come è naturale da queste parti, ma anche una buona porzione di uve a bacca nera.

VINI - A Francesco piacciono i vini ricchi, puliti e che puntino alla longevità. Ecco allora un'impostazione che potrebbe essere definita moderna senza eccessi.

Roero Printi Ris. 2016 ● 6.000 bt; 32 € - I profumi ricordano le spezie e la frutta matura, e il palato risulta potente, con una buona distensione in chiusura.
Roero Arneis Recit 2019 ○ 70.000 bt; 11 € - Sempre una bella certezza questo bianco territoriale: ha profumi di frutta tropicale e un palato dolce, ma ben sorretto da acidità e sale.
Barbera d'Alba Mombirone 2017 ● 12.000 bt; 27 € - Figlia di una grande annata per la varietà, è una Barbera che guadagna alcol e potenza, ma anche stacco acido e beva.
Roero Arneis Cecu d'la Biunda 2019 ○ 15.000 bt; 15 € - Dinamico, fruttato, ampio.
Roero Srü 2017 ● 10.000 bt; 20 € - Austero, speziato, cupo.

ha 30 - **bt** 200.000
Fertilizzanti letame
Fitofarmaci chimici di sintesi, rame e zolfo
Diserbo lavorazione meccanica/manuale
Lieviti fermentazione spontanea, selezionati industriali
Uve acquisto 2%
Certificazione nessuna certificazione

MARCO PORELLO €

SCONTO -10%

Corso Alba, 71 - tel. 0173 979324
www.porellovini.it - info@porellovini.it

VITA - I Porello sono una bella realtà familiare. L'azienda ha raggiunto, secondo il titolare Marco, la dimensione perfetta che gli permette di rimanere produttori-artigiani. Lui rappresenta la terza generazione, è l'enologo dell'azienda ed è attivo anche in vigna; ma la vera colonna portante in campagna è la mamma Enza Delpero, che può contare su 60 vendemmie di esperienza.

VIGNE - Gli autoctoni arneis, favorita, nebbiolo e barbera sono i protagonisti nelle vigne dislocate tra Vezza, dove il terreno è sciolto e ricco di sabbia, e Canale, dove aumenta la presenza argillosa. Nei due comuni citiamo il vigneto Camestrì, che ospita viti di arneis molto vecchie, e il Torretta San Michele, ideale per i nebbioli. La conduzione agronomica è sostenibile: secondo Marco la vigna deve essere un ambiente salubre in primis per chi ci lavora.

VINI - L'attenzione in cantina mira a pulizia, precisione e franchezza dei vini. La consapevolezza raggiunta è quella secondo cui la vera qualità si fa in vigneto.

TOP **Roero Arneis 2019** VINO QUOTIDIANO ○ 40.000 bt; 10 € - Un bianco tipico e profumato, con un palato leggiadro e ben realizzato, grazie ad acidità e sapidità ben dosate.
Roero Torretta 2017 ● 5.000 bt; 17 € - Molto convincente, con frutta rossa matura in evidenza e una bella evoluzione nel bicchiere. Il tannino è fine e il sorso equilibrato.
Roero San Michele Ris. 2016 ● 1.000 bt; 25 € - Apre leggermente caldo, con vaniglia e frutta matura in primo piano. In bocca la struttura è solida: darà sicuramente il meglio di sé negli anni.
Roero Arneis Camestrì 2019 ○ 30.000 bt; 13 € - Agile, fruttato, autentico.
Langhe Nebbiolo 2018 ● 25.000 bt; 13 € - Fine, speziato, autentico.
Langhe Favorita 2019 ○ 10.000 bt; 10 € - Articolato, erbaceo, salino.

ha 15 - **bt** 140.000
Fertilizzanti letame
Fitofarmaci chimici di sintesi, rame e zolfo
Diserbo lavorazione meccanica/manuale
Lieviti selezione di lieviti indigeni
Uve 100% di proprietà
Certificazione nessuna certificazione

CANALE (CN)

ENRICO SERAFINO

Corso Asti, 5 - tel. 0173 979485
www.enricoserafino.it - info@enricoserafino.it

VITA - Enrico Serafino ha fondato questa azienda nel 1878 e fin da subito l'ha proiettata, grazie ai concorsi internazionali, tra le maison più importanti della regione. Poi tra alti e bassi, con una parentesi piuttosto lunga di azienda commerciale, nel 2015 la famiglia americana con radici italiane Krause l'ha acquistata, e da allora ha avuto inizio la sua rinascita. Intanto sono state tagliate tutte le etichette frutto di acquisto di uva o vino, e quindi sono confluite nel patrimonio vitato le vigne che Kyle Krause ha acquistato in questi ultimi anni.

VIGNE - La direzione aziendale è nelle mani di Nico Conta, che si avvale di un ottimo team anche in campagna. Tre sono i territori dove la Serafino lavora i vigneti. Il Roero, la sua casa natale, in particolare a Canale, con le tre vigne di Oesio, Valpone e San Defendente. Poi la Langa con le menzioni Briccolina, Carpegna e Meriame. Infine l'Alta Langa, con la tenuta La Soprana a Cerretto Langhe.

VINI - Il responsabile di cantina è il preparato Paolo Giacosa, mentre il consulente enologo è da tempo Beppe Caviola.

Alta Langa Pas Dosé Zero Ris. 2014 15.000 bt; 41 € - Gran bella bolla, con perlage elegante, bocca dritta e verticale, allungata e salina.
Barolo del Comune di Serralunga 2016 ● 1.300 bt; 66 € - Un bell'esempio di Barolo, che regala eleganza e profondità di beva, con un bel fruttato tipico.
Langhe Nebbiolo Picotener 2018 ● 7.000 bt; 24 € - Il colore è molto leggero, così come i profumi decisamente eleganti e invitanti. Il palato ha brio e slancio salino.
Alta Langa Extra Brut Blanc de Blancs Propago 2016 3.000 bt; 29 € - Articolato, floreale, avvolgente.
Alta Langa Brut Oudeis 2016 80.000 bt; 25 € - Fresco, floreale, profondo.
Roero Oesio 2017 ● 1.500 bt; 30 € - Fine, speziato, dettagliato.

ha 60 - **bt** 350.000
Fertilizzanti compost, letame, organo-minerali
Fitofarmaci chimici di sintesi, organici, rame e zolfo
Diserbo lavorazione meccanica/manuale
Lieviti fermentazione spontanea, selezionati industriali
Uve acquisto 55%
Certificazione parte dei vigneti in regime biologico

CANALE (CN)

VALFACCENDA

Frazione Madonna di Loreto - Località Valfaccenda, 43
tel. 339 7303837 - www.valfaccenda.it - info@valfaccenda.it

VITA - La ventata di aria fresca di cui il Roero aveva bisogno: a 10 anni dalla prima vendemmia l'azienda di Carolina Roggero e Luca Faccenda sta entrando nell'età adulta, con una dimensione che permette di seguire sempre in prima persona tutte le fasi, dalla vigna al commerciale. Anche le idee si sono affinate negli anni, sperimentando, a volte sbagliando, senza mai perdere di vista l'obiettivo: esaltare l'anima più vera del Roero.

VIGNE - Con l'aiuto dei collaboratori Davide Sacchetto e Athos Calvo, i ragazzi coltivano parcelle nelle menzioni Mompellini e Loreto a Canale, San Grato a Santo Stefano Roero e Valmaggiore a Vezza d'Alba, alcune delle quali talmente ripide da poter essere lavorate solo a mano. La scelta convinta sin dall'inizio è stata quella di lavorare solo con nebbiolo e arneis, e senza chimica di sintesi.

VINI - Eleganza, finezza, aderenza alla terra e all'annata ma anche facilità di beva: Valfaccenda ha sdoganato un altro modo di intendere il Roero, più verace, divertente e contemporaneo.

TOP **Roero 2018** VINO SLOW ● 5.300 bt; 28 € - Integro e puro, ha un frutto rosso luminoso, deliziose venature floreali-speziate, e un sorso agile, energico e succoso fino in fondo.
Roero Bianco Loreto Ris. 2018 ○ 833 bt; 40 € - Un bianco di gran classe, da terre pendenti e sabbiose: cristallino ed essenziale, tutto giocato sulla delicatezza floreale e rocciosa, ha succo e sale che vanno in profondità e invecchieranno alla grande.
Roero Vigna Valmaggiore Ris. 2017 ● 1.800 bt; 46 € - Da vecchie vigne del 1947, un'interpretazione più fitta e profonda: ancora giovanile, è di raffinato timbro scuro e terroso.
Roero Bianco 2019 ○ 10.800 bt; 18 € - Solido, stratificato, consistente.
Vindabeive 2019 ● nebbiolo; 3.300 bt da 1 l; 19 € - Croccante, fruttato, leggiadro.

ha 4 - **bt** 20.000
Fertilizzanti letame
Fitofarmaci organici, rame e zolfo
Diserbo lavorazione meccanica/manuale
Lieviti fermentazione spontanea
Uve 100% di proprietà
Certificazione biologico certificato

CASTELLINALDO (CN)

MARSAGLIA

SCONTO **-10%**

Via Madama Mussone, 2 - tel. 0173 213048
www.cantinamarsaglia.it - cantina@cantinamarsaglia.it

VITA - Marsaglia di trova in quella parte di Roero al limitare dell'Alto Monferrato, all'interno del comune di Castellinaldo. Artefici del successo aziendale sono l'instancabile Enrico Marsaglia, che si divide tra i lavori in vigneto e la gestione della cantina, la sorella Monica, a cui è affidata la parte commerciale, e i genitori, Emilio e Marina Mortara. Presso la sede aziendale troviamo anche una bella casa vacanze.

VIGNE - I vigneti di proprietà si trovano nel Roero e, salvo poche eccezioni, sono tutti sotto il comune di Castellinaldo. Il Serramiana, dove in passato erano piantati gli alberi di pesco, ha terreno sabbioso ideale per l'arneis, mentre sui suoli argillosi trovano spazio il barbera, il syrah e il nebbiolo. A supportare e consigliare Enrico nella gestione del vigneto è l'agronomo Diego Scavino.

VINI - In cantina ci si avvale della competenza dell'enologo Gianfranco Cordero. Lo stile è classico, con macerazioni lunghe e uso per gli affinamenti sia di botti grandi, sia di tonneau e barrique.

Barbera d'Alba Sup. Castellinaldo 2016 ● 6.000 bt; 24 € - Cresce in terreni argillosi e poco profondi, e sorprende con un naso floreale e speziato. In bocca l'acidità è incisiva, e accompagna il sorso in un finale caldo e morbido.
Barbera d'Alba San Cristoforo 2018 ● 10.000 bt; 12 € - Intensa nell'espressione olfattiva, dove emerge un netto sentore di ciliegia, al palato è possente e alcolica, ma anche sostenuta da una buona acidità.
Roero Arneis Serramiana 2019 ○ 30.000 bt; 11 € - Da terreni sabbiosi nasce un Arneis intenso e pulito al naso, che presenta cenni di pesca. Il palato è morbido e in debito di acidità.
Nebbiolo d'Alba San Pietro 2018 ● 8.000 bt; 14 € - Astringente, floreale, essenziale.
Langhe Rosso Complotto 2015 ● 1.500 bt; 15 € - Austero, speziato, contratto.

ha 18 - **bt** 100.000
Fertilizzanti letame in pellet, minerali
Fitofarmaci chimici di sintesi, rame e zolfo
Diserbo lavorazione meccanica/manuale
Lieviti selezione di lieviti indigeni
Uve 100% di proprietà
Certificazione nessuna certificazione

CASTELLINALDO (CN)

STEFANINO MORRA

Via Castagnito, 50 - tel. 0173 213489
www.morravini.it - stefanino@morravini.it

VITA - Solida realtà del territorio roerino, l'azienda di Stefanino Morra è oramai alla quarta generazione con il figlio Luca, ma la sua storia è iniziata nel 1925. Precisione e attenzione al territorio sono le cifre stilistiche che emergono, così come la volontà di promuovere Castellinaldo e la sua Barbera unica ed espressiva, un vino nel quale i Morra credono fortemente.

VIGNE - Le vigne sono dislocate in cinque comune limitrofi alla cantina: Canale, Priocca, Vezza d'Alba, Castagnito e Castellinaldo. Il cuore batte forte in quest'ultimo, dove la varietà barbera trova la sua massima espressione, così come il Roero e l'Arneis con le eccellenze dello Srăi e del San Pietro, splendide colline che circondano la cantina e dove si conduce una viticoltura fatta di attenzioni e poco interventista.

VINI - Pulizia, costanza e ricerca, per esprimere al meglio il vitigno: «se si ha un buon frutto è meglio intervenire il meno possibile», e siamo d'accordissimo con il Morra-pensiero, in un terroir in cui l'uva barbera dà il meglio di sé.

Barbera d'Alba Castellinaldo 2017 ● 4.000 bt; 17 € - È il vino che ci ha colpiti di più, per la nitidezza del frutto che emerge da un sorso denso, balsamico, perfettamente integrato, di riferimento per la tipologia.
Roero Arneis 2019 O 13.000 bt; 15 € - Colpisce per slancio e persistenza, chiudendo con una buona freschezza.
Roero Srăi Ris. 2016 ● 2.000 bt; 44 € - Un tannino robusto, irruento, un palato solido e persistente; note di spezie e di tabacco accompagnano un vino ancora giovane.
Roero 2017 ● 8.000 bt; 13 € - Austero, floreale, armonico.
Barbera d'Alba Castlè 2017 ● 2.000 bt; 19 € - Succoso, floreale, avvolgente.
Barbera d'Alba 2017 ● 13.000 bt; 11 € - Fresco, fruttato, avvolgente.

ha 12 - **bt** 80.000
Fertilizzanti letame in pellet, letame
Fitofarmaci chimici di sintesi, rame e zolfo
Diserbo lavorazione meccanica/manuale
Lieviti selezione di lieviti indigeni
Uve 100% di proprietà
Certificazione nessuna certificazione

CASTIGLIONE FALLETTO (CN)

AZELIA

Frazione Garbelletto - Via Alba-Barolo, 143 - tel. 0173 62859
www.azelia.it - l.scavino@azelia.it

VITA - Un secolo di storia: è questo il traguardo che Azelia ha raggiunto nel 2020. E parlare di storia in relazione a questa azienda, condotta con sicurezza da Luigi Scavino e da suo figlio Lorenzo, è quanto di più azzeccato si possa fare, visto l'approccio molto classico e le vigne vecchie, un patrimonio difeso gelosamente. Tutto è partito da Castiglione Falletto e dal Bricco Fiasco, ma poi è arrivato il coup de coeur per Serralunga...

VIGNE - Le vigne vecchie sono il punto forte di Azelia: sono ceppi di 70-80 anni (e oltre) per Bricco Fiasco a Castiglione Falletto, e Margheria e San Rocco a Serralunga d'Alba. Qui c'è tutta l'austera nobiltà dei vini di casa, figlia della scelta di non rimpiazzare le viti di nebbiolo fino alla loro morte naturale. Il terzo tassello del parco vitato si trova a Montelupo Albese.

VINI - Esordisce il Barolo Cerretta, altro pregiato cru di Serralunga, finora non proposto come Barolo da singola vigna perché le viti erano "troppo giovani". Compiuti i 30 anni, per gli Scavino hanno raggiunto la maggiore età.

TOP **Barolo Bricco Fiasco 2016** ● 5.900 bt; 94 € - Nitido, lineare. Una fotografia senza sfocature. In bocca è succoso, fresco, scalpitante: un Barolo quintessenziale.
Barolo Margheria 2016 ● 6.200 bt; 94 € - Un vino sontuoso: minerale e salmastro, dal frutto rosso croccante, ha una bocca di straordinaria compattezza e potenza. Il tannino è fitto e ben ricoperto, il finale sapido e lunghissimo. Uno schiaffo e una carezza.
Barolo Cerretta 2016 ● 3.600 bt; 111 € - La novità: il cru si presenta da solo, e nel bicchiere troviamo tutta la tipicità serralunghiana, con cenni minerali e un sorso teso e sapido.
Barolo San Rocco 2016 ● 6.900 bt; 94 € - Fitto, balsamico, profondo.
Dolcetto d'Alba Bricco dell'Oriolo 2018 ● 13.600 bt; 13 € - Succoso, fruttato, sapido.

ha 16 - **bt** 80.000
Fertilizzanti letame, sovescio
Fitofarmaci rame e zolfo
Diserbo lavorazione meccanica/manuale
Lieviti fermentazione spontanea
Uve 100% di proprietà
Certificazione nessuna certificazione

BRICCO ROCCHE BRICCO ASILI

Via Monforte, 63 - tel. 0173 282582
www.ceretto.it - visit@ceretto.com

VITA - Due cantine, da una parte quella a Bricco Asili, nel cuore del Barbaresco, dall'altra quella di Bricco Rocche, al centro della Docg Barolo. Un'unica visione, che fa dell'estrema ricerca della qualità il proprio mantra. La terza generazione dei Ceretto, rappresentata dai cugini Lisa, Roberta, Alessandro e Federico, viaggia spedita e da quest'anno può contare su un'altra etichetta cult: la menzione Bussia.

VIGNE - La forza di questa azienda è nei vigneti, sia per il prestigio associato al loro nome (Brunate, Bussia, Bricco Rocche, Prapò e Asili), sia per la conduzione agronomica assolutamente sostenibile e ispirata ai principi della biodinamica, grazie alle preziose consulenze prima dei coniugi Bourguignon, poi di Stefano Pescarmona. Il tutto sotto l'occhio vigile e appassionato di un perfezionista come Alessandro, che nulla lascia al caso.

VINI - Quanto sono cambiati in questi ultimi 10 anni i vini della maison! Molto più affilati, con un frutto decisamente più vivo, meno legati alle note derivanti dall'affinamento in legno. Si collocano tutti al vertice delle due Docg.

TOP **Barbaresco Asili 2017** ● n.d. bt; n.d. € - - Dal succo lunghissimo, ha digerito alla grande un'annata torrida. Spezia e complessità, ma non date dal legno. L'acidità in chiusura è goduriosa.
Barolo Brunate 2016 ● n.d. bt; n.d. € - - Naso cangiante con una moltitudine di sentori, dai fiori alle spezie, fino alla frutta. Un vero capolavoro anche la bocca lunga e affilata.
Barolo Prapò 2016 ● n.d. bt; n.d. € - - Elegantissimo e profondo nella beva. Un fuoriclasse che avrà vita lunghissima.
Barbaresco Bernardot 2017 ● n.d. bt; n.d. € - - Dinamico, fruttato, ampio.
Barolo Bricco Rocche 2016 ● n.d. bt; n.d. € - - Fine, speziato, complesso.
Barolo Bussia 2016 ● n.d. bt; n.d. € - - Austero, speziato, compatto.

ha 15 - **bt** 35.000
Fertilizzanti compost, preparati biodinamici
Fitofarmaci rame e zolfo
Diserbo lavorazione meccanica/manuale
Lieviti selezionati industriali
Uve 100% di proprietà
Certificazione biologico certificato

CASTIGLIONE FALLETTO (CN)

BROVIA

Frazione Garbelletto - Via Alba-Barolo, 145 - tel. 0173 62852
www.brovia.net - info@brovia.net

VITA - Un'adesione rigorosa e intelligente alla tradizione, accompagnata da grande serietà e sensibilità, caratterizza quest'azienda guidata da Elena Brovia con il marito Alex Sanchez in quel di Castiglione Falletto. I vini Brovia non sono mai strapotenti e sovrestratti e, senza nulla perdere in profondità, hanno sempre una misura e una grande agilità di beva, anche i Barolo giovani, che ne fanno a nostro avviso una delle grandi star delle Langhe.

VIGNE - La cura meticolosa dei vigneti è il (non) segreto di casa Brovia; e di certo aiuta possedere parcelle in cru splendidi come Rocche e Villero a Castiglione Falletto, senza dimenticare il Garbelletto, e il Brea Ca' Mia a Serralunga. Selezione massale vigna per vigna, potatura meno invasiva, gestione attenta della chioma e nessun ricorso alla chimica per i trattamenti.

VINI - Lo stile dei Brovia non solo è radicato nella tradizione più pura del Barolo, ma è anche di una purezza enologica sempre più rara.

TOP **Barolo Villero 2016** ● 5.500 bt; 80 € - - È un rosso di sensazionale profondità, incisività e scorrevolezza. Tipico nei profumi e negli aromi floreali, dona un sorso di irresistibile lunghezza e persistenza.
Barolo Rocche di Castiglione 2016 ● 5.500 bt; 80 € - - È come sempre sottile, intrigante, guizzante, dotato di tannini davvero fini, dolci eppure ben presenti; nel finale emergono note floreali e fruttate.
Barolo Brea Vigna Ca' Mia 2016 ● 5.500 bt; 80 € - - Coniuga la dolcezza del frutto di una grande annata con la classica energia; dona un sorso pieno, ricco senza eccessi, e come sempre di bella agilità.
Barolo 2016 ● 25.000 bt; 45 € - - Solido, articolato, armonico.
Barbera d'Alba Sorì del Drago 2018 ● 7.000 bt; 20 € - - Succoso, fruttato, incisivo.
Dolcetto d'Alba Vignavillej 2018 ● 11.000 bt; 13 € - - Fitto, fruttato, profondo.

ha 16,5 - **bt** 70.000
Fertilizzanti letame, sovescio
Fitofarmaci rame e zolfo
Diserbo lavorazione meccanica/manuale
Lieviti fermentazione spontanea
Uve 100% di proprietà
Certificazione biologico certificato

CAVALLOTTO TENUTA BRICCO BOSCHIS

Località Bricco Boschis - Strada Alba-Monforte, 102
tel. 0173 62814 - www.cavallotto.com - info@cavallotto.com

VITA - Come non rimanere incantati di fronte ai racconti di Alfio Cavallotto, che guida con i fratelli Giuseppe e Laura la storica azienda di famiglia, vedendo con quale spirito accetti implicitamente il ruolo di guida nella ricerca verso la sostenibilità? Qui si fanno costosi esperimenti per eliminare il rame (che stanno dando i loro frutti) e c'è una ricerca maniacale della qualità, che si può facilmente percepire nel bicchiere.

VIGNE - C'è anche la volontà di esaltare il terroir di Castiglione Falletto, e la necessità etica prima che commerciale di rispettare al massimo i terreni di Langa, senza sfruttarli. Il parco vitato è un must: il celeberrimo Bricco Boschis, bellissimo e di fatto quasi un monopolio aziendale. Si sperimenta l'uso delle reti per cercare di limitare i problemi della grandine, purtroppo sempre più frequente.

VINI - La vigna nel bicchiere, sorsi di terroir, e non potrebbe essere diversamente vista l'attenzione certosina agli aspetti agronomici, e lo stile tradizionalista e non interventista in cantina.

TOP **Barolo Bricco Boschis 2016** ● 38.500 bt; 68 € - Come non rimanerne innamorati? L'annata lo esalta, con un frutto cesellato, un tannino già ammorbidito e persistente, e le spezie che accompagnano la balsamicità eterea.
Barolo Bricco Boschis Vigna San Giuseppe Ris. 2013 ● 11.000 bt; 147 € - Vino monumentale, lunghissimo, in cui dominano l'eleganza austera e la balsamicità.
Langhe Nebbiolo 2018 ● 20.000 bt; 26 € - Un piccolo Barolo, tipico ed elegantissimo: sa di Langa e ammalia il bevitore.
Barbera d'Alba Sup. Vigna del Cuculo 2018 ● 13.300 bt; 26 € - Avvolgente, fruttato, elegante.
Langhe Freisa 2018 ● 3.300 bt; 19 € - Vibrante, fruttato, espressivo.
Dolcetto d'Alba Vigna Scot 2019 ● 10.000 bt; 14 € - Vivo, fruttato, gastronomico.

ha 25 - **bt** 90.000
Fertilizzanti organo-minerali
Fitofarmaci organici, zolfo
Diserbo lavorazione meccanica/manuale
Lieviti fermentazione spontanea
Uve 100% di proprietà
Certificazione biologico certificato

CASTIGLIONE FALLETTO (CN)

PAOLO SCAVINO

Via Alba-Barolo, 157 - tel. 0173 62850
www.paoloscavino.com - info@paoloscavino.com

VITA - Enrico Scavino, nonostante non sia troppo in là con l'età, è ormai da considerarsi a pieno titolo tra i patriarchi della Langa. Questo grazie al suo costante impegno nella costruzione della sua azienda e di un team di altissimo livello. Le sue due figlie, Elisa (vigna e cantina) ed Enrica (commerciale), estremamente capaci e grintose, lo affiancano e ormai lo sostituiscono in numerosi compiti e frangenti.

VIGNE - Poche aziende della Langa barolista vantano un patrimonio più esteso, e soprattutto composito, di questa. Ci si muove quasi su tutti i comuni e su menzioni di assoluto prestigio: si va dal vicino Bricco Fiasco al Bricco Ambrogio di Roddi, dal Rocche dell'Annunziata a La Morra, dal Prapò a Serralunga fino al Ravera di Novello. Da 10 anni qui si fa selezione massale.

VINI - Nel 2019 è stato acquistato un ettaro a Bussia-Fantini. Quest'anno non sono stati prodotti la Barbera 2018 affinata in carati e il Rocche dell'Annunziata Riserva 2014.

Barolo Ravera 2016 ● 8.200 bt; 97 € - Grande finezza al naso, con cenni di ciliegia e rimandi alle spezie; la bocca ha grip tannico con succo in chiusura.
Barolo Bric dël Fiasc 2016 ● 12.000 bt; 114 € - Un rosso che ha sempre conquistato grazie all'eleganza e a un tannino solido ma anche ben sorretto da alcol e frutto. Armonico e fine.
Barolo Prapò 2016 ● 5.800 bt; 97 € - Ci ha conquistato il palato di questo rosso, sapido e salino, con energia in abbondanza. Figlio di una grande vigna.
Barolo Bricco Ambrogio 2016 ● 15.200 bt; 83 € - Ampio, speziato, complesso.
Langhe Nebbiolo 2018 ● 31.200 bt; 26 € - Fine, fruttato, ampio.
Langhe Bianco Sorriso 2019 ○ 19.000 bt; 23 € - Dinamico, floreale, elegante.

ha 30,3 - **bt** 180.000
Fertilizzanti letame, sovescio
Fitofarmaci chimici di sintesi, organici, rame e zolfo
Diserbo lavorazione meccanica/manuale
Lieviti fermentazione spontanea
Uve 100% di proprietà
Certificazione nessuna certificazione

CASTIGLIONE FALLETTO (CN)

VIETTI

SCONTO **-10%**

Piazza Vittorio Veneto, 5 - tel. 0173 62825
www.vietti.com - info@vietti.com

VITA - Nella visita virtuale di maggio 2020 abbiamo chiacchierato con grande piacere con Elena Penna e suo marito Luca Currado. Entrambi sorseggiavano l'ultima scommessa di casa Vietti, un magnifico Timorasso di cui siamo certi si parlerà molto in futuro, quando i vigneti di proprietà saranno finalmente in produzione. A parte il nuovo bianco di casa, tutto pare filare alla grandissima in questa azienda, che mai come ora sta sfornando vini di alta qualità, ponendosi ai vertici dell'enologia italiana.

VIGNE - Abbiamo già detto del Derthona, ma recentemente è stata aggiunta, a una collezione mostruosa di vigneti, la menzione Monvigliero. La gestione agronomica di ogni appezzamento è attentissima e volta a mantenere un basso impatto ambientale delle lavorazioni. L'occhio vigile di Laste Stojaonovski veglia sopra le competenti maestranze.

VINI - Impresa quasi impossibile dare un ordine di piacevolezza ai vini prodotti, in quanto lo scarto è millimetrico e non solo i Barolo sono magnifici, ma anche le Barbere e i due bianchi. Decisivo il contributo dell'enologo interno Eugenio Palumbo.

TOP **Barolo Rocche di Castiglione 2016** ● 5.000 bt; 159 € - Che finezza! Un rosso che è la sintesi dell'eleganza e della profondità di beva. Il migliore dei 2016.
Barolo Ravera 2016 ● 6.000 bt; 159 € - Possente, senza essere pesante. Ricco, sfaccettato e complesso. Ha una fortissima personalità e spinta in bocca.
Barolo Villero Ris. 2013 ● 3.500 bt; 325 € - Un monumento alla denominazione, figlio di un'annata strepitosa. Ha beva ricca, elegante e aristocratica.
Barolo Lazzarito 2016 ● 6.500 bt; 159 € - Ampio, fruttato, avvolgente.
Barolo Castiglione 2016 ● 50.000 bt; 51 € - Dinamico, fruttato, incisivo.
Barbera d'Asti La Crena 2018 ● 9.500 bt; 27 € - Croccante, speziato, profondo.

ha 35 - **bt** 250.000
Fertilizzanti letame
Fitofarmaci rame e zolfo
Diserbo lavorazione meccanica/manuale
Lieviti selezione di lieviti indigeni
Uve 100% di proprietà
Certificazione biologico certificato

CASTIGLIONE TINELLA (CN)

CAUDRINA DI ROMANO DOGLIOTTI

SCONTO **-10%**

Via Valle Bera, 10 - tel. 0141 855126
www.caudrina.it - romano@caudrina.it

VITA - L'azienda a conduzione familiare è guidata dal carismatico Romano Dogliotti, che tanto ha dato alla storia del Moscato e dell'Asti. La moglie Bruna Mastrazzo da sempre supervisiona i conti, ma anche i tre figli rivestono ruoli importanti: Marco cura la parte amministrativa, Alessandro lavora in cantina e Sergio si occupa delle vigne.

VIGNE - I cambiamenti tra i filari procedono per gradi. Su alcuni appezzamenti il diserbo chimico è stato eliminato, e il progetto per il prossimo futuro è di abbandonarlo su tutti i vigneti di proprietà. Gli ettari coltivati a barbera e nebbiolo sono a Nizza Monferrato, sul Bricco Cremosina. Con l'annata 2016, La Caudrina aderisce al progetto della nuova Docg Nizza, volta a valorizzare il territorio attraverso l'espressione unica del vitigno barbera in quest'area.

VINI - L'azienda è nota in primis per i suoi Moscato, vini che richiedono un importante apporto di tecnologia. Per gli affinamenti dei rossi si privilegiano i legni piccoli.

Moscato d'Asti La Galeisa 2019 13.000 bt; 14 € - Da terreni sabbiosi e viti del 1998 nasce un vino unico nel suo genere: succoso e aromatico, acquisisce complessità a ogni sorso.
Nizza Montevenere 2016 ● 4.000 bt; 14 € - Potente e profondo, con un corpo ben sostenuto dall'acidità, regala piacevoli note di frutta e spezie.
Asti La Selvatica 2019 30.000 bt; 14 € - Dal perfetto equilibrio tra acidità e dolcezza, è caratteristico e croccante, con intensi e tipici sentori di pesca e salvia.
Moscato d'Asti La Caudrina 2019 O 120.000 bt; 10 € - Agile, floreale, dettagliato.
Barbera d'Asti La Solista 2018 ● 13.000 bt; 8 € - Incisivo, fruttato, espressivo.
Monferrato Rosso Sfacciato 2016 ● 4.000 bt; 9 € - Austero, speziato, gastronomico.

ha 30 - **bt** 200.000
Fertilizzanti letame in pellet, letame, minerali, sovescio
Fitofarmaci chimici di sintesi, rame e zolfo
Diserbo chimico, lavorazione meccanica/manuale
Lieviti selezionati industriali
Uve 100% di proprietà
Certificazione nessuna certificazione

CASTIGLIONE TINELLA (CN)

EZIO CERRUTI

Strada Comunale Balbi, 8 - tel. 0141 855240 - 338 8007017
e.cerruti@inwind.it

VITA - C'è molto da imparare da uno come Ezio Cerruti: uomo di principi e testa pensante, spirito libero e sereno, amante della natura, della musica e della letteratura, non gli piacciono le maglie troppo strette e ha sempre scelto di seguire la propria strada. E così ha deciso di fare il contadino. I suoi vini sono integri, unici e originali, e rispecchiano bene il suo carattere rilassato e generoso. Con più gente così il mondo del vino sarebbe più colorato e divertente.

VIGNE - A Castiglione Tinella, comune tra i più vitati d'Italia, ci troviamo nel cuore della zona del moscato, con colline di matrice calcarea-marnosa che sono considerate tra le più vocate per l'aromatico piemontese. Ezio coltiva diverse parcelle sparse e, sin dall'inizio di lavorare senza chimica di sintesi, valorizzando il proprio territorio con prodotti artigianali e veraci, anziché con il processo standardizzante della presa di spuma in autoclave.

VINI - Ezio è partito con un unico vino, il Passito Sol, da uve appassite in vigna, fermentate con lieviti indigeni e affinate quattro anni in botte. Negli anni si sono aggiunti il Fol, un Moscato secco, e il Rifol, la versione rifermentata in bottiglia, anche in questo caso prodotto senza forzature enologiche. Di entrambi i vini la versione 2019 verrà presentata l'anno prossimo. C'è però una bella novità.

MacFol 2018 O 2.000 bt; 20 € - - Dopo i primi esperimenti Ezio ha rimodulato il periodo di macerazione, più equilibrata e leggera sulla componente tannica. Con questa tecnica l'aromaticità del moscato diventa qualcosa di molto particolare: acuto e incisivo, con richiami di zenzero e agrume candito, ha poi un palato sapido e deciso, consistente ma scorrevole grazie al succo e all'acidità.

ha 6,8 - **bt** 20.000
Fertilizzanti sovescio
Fitofarmaci organici, rame e zolfo
Diserbo lavorazione meccanica/manuale
Lieviti fermentazione spontanea
Uve 100% di proprietà
Certificazione nessuna certificazione

CASTIGLIONE TINELLA (CN)

ICARDI

Località San Lazzaro - Via Balbi, 30 - tel. 0141 855159
www.icardivini.com - info@icardivini.com

VITA - Claudio Icardi è un vignaiolo eccentrico: guru della biodinamica in chiave pragmatica, titolare dell'azienda di famiglia insieme alla sorella Mariagrazia, è un fiume in piena a volte difficile da domare, ma anche persona schietta e trasparente, alcuni direbbero "senza filtri". È bello vederlo interagire in azienda con i figli Sara e Ivan e con il nipote Luca: è tutto un susseguirsi di animate discussioni che nascondono un grande amore per il lavoro e per la famiglia.

VIGNE - Quando Claudio ha capito che in Icardi non c'era spazio per le sue idee viticole steineriane, ha creato un'altra azienda, Cascina San Lazzaro, a pochi metri di distanza dalla cantina. E, rivincita delle rivincite, dopo qualche anno è riuscito a incanalare nel suo percorso personale anche l'azienda di famiglia, lasciando a San Lazzaro la funzione di laboratorio in cui divertirsi e sperimentare.

VINI - La gamma dei vini è ampia, anche grazie a un patrimonio vitato che passa attraverso le denominazioni del Barolo e del Barbaresco e si allunga sull'astigiano. In cantina l'approccio è classico, con qualche spunto di inevitabile curiosità.

Moscato d'Asti La Rosa Selvatica 2019 70.000 bt; 12 € - - Siamo nel regno del Moscato, e non potevamo che iniziare da un Moscato fatto molto bene: profuma di salvia e ha un bel contrasto tra acidità e dolcezza.
Langhe Rosso Pafoj 2016 ● 3.500 bt; 32 € - - Un Nebbiolo in purezza floreale e carnoso, fresco e teso, slanciato e dal tannino ben ricoperto. Una variazione sul tema ben fatta.
Barolo Parej 2016 ● 20.000 bt; 46 € - - Tipico al naso, ha un sorso succoso e dal tannino fitto, anche se difetta un po' di incisività complessiva.
Langhe Nebbiolo Surìsjvan 2018 ● 12.000 bt; 17 € - - Succoso, floreale, incisivo.
Barbaresco Starderi 2017 ● 6.000 bt; 48 € - - Potente, tostato, contratto.

ha 55 - **bt** 300.000
Fertilizzanti sovescio
Fitofarmaci organici, rame e zolfo
Diserbo lavorazione meccanica/manuale
Lieviti fermentazione spontanea
Uve 100% di proprietà
Certificazione biologico certificato

CASTIGLIONE TINELLA (CN)

LA MORANDINA

Via Morandini, 12 - tel. 0141 855261
www.lamorandina.com - giulio@lamorandina.com

VITA - Se oggi il Moscato di qualità è vivo e lotta con noi, cercando strade e percorsi per un riconoscimento in grado di differenziarlo dalle versioni di stampo industriale, è anche grazie ad aziende come La Morandina, che da anni, anzi fin da tempi non sospetti, lavorano per creare un prodotto sì tecnico ma dal cuore contadino e artigianale. I fratelli Giulio e Paolo Morando sono i volti di una realtà dalle radici addirittura secolari.

VIGNE - Intorno alla cantina, a Castiglione Tinella, sorge la maggior parte delle vigne di moscato, in un contesto paesaggistico pregevole. Ma La Morandina coltiva anche barbera a Montegrosso d'Asti e nebbiolo a Neive, completando così una gamma articolata e completa. L'approccio alla vigna è verde e sostenibile.

VINI - Il Moscato punta molto sulla scelta giusta del periodo vendemmiale per conservare una spiccata acidità, mentre sui rossi si utilizzano legni piccoli e grandi, per vini puliti e di stampo classico.

TOP **Moscato d'Asti Canelli 2019** VINO QUOTIDIANO 120.000 bt; 12 € - Erbaceo, con tocchi balsamici, delicatamente floreale, ha lo slancio acido che è la firma di casa e che ci piace tanto: il finale pulito e appena sapido chiude il cerchio di un Moscato esemplare e quintessenziale.
Langhe Chardonnay 2019 O 7.000 bt; 14 € - Uno Chardonnay ben fatto, magari un po' rigido in alcuni passaggi ma capace di uscire dall'anonimato che caratterizza tanti bianchi di Langa con freschezza, polpa e slancio.
Barbera d'Asti Sup. Varmat 2017 ● 4.500 bt; 26 € - Al naso risente un po' dell'affinamento in barrique, e in bocca ha struttura e morbidezza da vendere, per una Barbera che vuole giocare sulla potenza.
Barbera d'Asti Zucchetto 2018 ● 10.000 bt; 15 € - Avvolgente, fruttato, varietale.
Barbaresco Bricco Spessa 2017 ● 4.000 bt; 31 € - Astringente, speziato, compatto.

ha 20 - **bt** 145.000
Fertilizzanti nessun concime
Fitofarmaci organici, rame e zolfo
Diserbo lavorazione meccanica/manuale
Lieviti fermentazione spontanea, selezionati industriali
Uve 100% di proprietà
Certificazione nessuna certificazione

CASTIGLIONE TINELLA (CN)

ELIO PERRONE

SCONTO **-10%**

Strada San Martino, 2 - tel. 0141 855803
www.elioperrone.it - perrone@elioperrone.it

VITA - Stefano Perrone è una persona dai modi gentili e affabili: quando parla dell'azienda, delle vigne e dei vini si scorge nel suo sguardo l'orgoglio per il percorso fatto. Per Stefano il lavoro in campagna conta come quello in cantina: qui, nel cuore del versante cuneese della zona del Moscato, lavora rispettando le proprie radici e producendo vini nel segno della qualità.

VIGNE - L'epicentro delle vigne si trova a Castiglione Tinella, ma Stefano possiede anche alcuni appezzamenti di barbera a Isola d'Asti in frazione Mongovone, dove dalle vigne più vecchie si produce l'omonimo vino, e da quelle più giovani il Tasmorcan.

VINI - L'attenzione prestata a ogni dettaglio si traduce in vini precisi e classici, in cui equilibrio, eleganza e territorialità si fondono molto bene.

Barbera d'Asti Sup. Mongovone 2018 ● 12.000 bt; 27 € - Sorprende per la profondità del sorso, e per la spiccata freschezza che stimola la salivazione. I profumi fruttati e speziati richiamano l'affinamento in legno piccolo, per un vino dal notevole potenziale evolutivo.
Moscato d'Asti Sourgal 2019 95.000 bt; 10 € - Ha una vibrante acidità, che accompagna a lungo il sorso e si amalgama perfettamente con lo zucchero residuo. Ha sentori fruttati e di miele, per un'espressività tutta varietale.
Barbera d'Asti Tasmorcan 2019 ● 70.000 bt; 14 € - Agile, floreale, verticale.
Gi 2019 O chardonnay, moscato, viognier; 3.500 bt; 10 € - Ampio, floreale, verace.
Bigarò 2019 brachetto, moscato; 45.000 bt; 10 € - Articolato, fruttato, delicato.

Abbiamo riassaggiato il Vino Rosso No 2017, un'evoluzione di Barbera impensabile. Il tannino nobile, l'acidità succosa e gli aromi fruttati o rendono armonico e ben contrastato.

ha 17 - **bt** 230.000
Fertilizzanti letame in pellet, letame, sovescio
Fitofarmaci chimici di sintesi, rame e zolfo
Diserbo lavorazione meccanica/manuale
Lieviti fermentazione spontanea, selezione di lieviti indigeni
Uve acquisto 20%
Certificazione nessuna certificazione

CLAVESANA (CN)

CANTINA CLAVESANA

Borgo Madonna della Neve, 19 - tel. 0173 790451
www.inclavesana.it - info@inclavesana.it

VITA - Era il 27 aprile del 1959 quando venne fondata questa azienda cooperativa. Il primo nucleo di vignaioli soci era formato da 32 pionieri, un piccolo manipolo di persone che decisero di unirsi per migliorare quei tempi così duri qui in Langa. Ora i conferitori sono oltre 200, e la superficie vitata colloca questa cooperativa tra le realtà più grandi del Piemonte. Il presidente è l'inossidabile Giovanni Bracco.

VIGNE - Il vitigno principe è il dolcetto, ma sono anni ormai che qui si sta diversificando la produzione, anche perché le difficoltà commerciali di questo nobile vitigno autoctono non fanno dormire sonni tranquilli. Tra l'altro è uscito proprio a primavera il primo Dogliani Bio, una scelta virtuosa che ci fa ben sperare per una svolta futura sempre più ecosostenibile.

VINI - Due le linee di produzione, Terra e Mito: la prima ha l'obiettivo di coprire le esigenze del consumo quotidiano, la seconda ha qualche ambizione maggiore e viene realizzata con uve selezionate.

Dogliani Sup. Terra 2019 ● 50.000 bt; 9 € - - Un rosso gustoso e gastronomico, con un buon palato e una facilità di beva che lo rende agile e versatile.
Barbera d'Alba Terra 2018 ● 30.000 bt; 7 € - - Un rosso che gioca tutte le sue carte sulla freschezza e sulla facilità di abbinamento a tavola. Verace e gustoso.
Langhe Nebbiolo Terra 2017 ● 50.000 bt; 9 € - - Ha una buona dose di eleganza fruttata e un ritmo gustativo che alterna il tannino a un alcol non eccessivo.
Barolo Terra 2016 ● 60.000 bt; 22 € - - Austero, fruttato, armonico.
Barbera d'Alba Sup. Terra 2017 ● 30.000 bt; 10 € - - Robusto, speziato, scuro.
Alta Langa Mito 2016 3.000 bt; 20 € - - Agile, floreale, dettagliato.

ha 350 - **bt** 2.000.000
Fertilizzanti letame, organo-minerali
Fitofarmaci chimici di sintesi, rame e zolfo
Diserbo chimico, lavorazione meccanica/manuale
Lieviti selezionati industriali
Uve 100% di proprietà
Certificazione nessuna certificazione, parte dei vigneti in regime biologico

DIANO D'ALBA (CN)

ABRIGO FRATELLI

SCONTO **-10%**

Via Moglia Gerlotto, 2 - tel. 0173 69104 - 335 5326474
www.abrigofratelli.it - info@abrigofratelli.it

VITA - C'è tanta storia dietro questa azienda agricola: gli Abrigo, che provengono da Treiso, si sono insediati a Diano già nel lontano 1935. Dal 1976 in avanti sono arrivate le prime etichette prodotte da Ernesto, capostipite di questo percorso vitivinicolo, oggi ben coadiuvato dal figlio Walter e dal genero ed enologo Emanuele Antona. Si può respirare la grande passione per il lavoro che svolgono.

VIGNE - La famiglia Abrigo negli ultimi anni ha prestato particolare attenzione alla vigna, dedicando energie e risorse a coltivare la vite in modo rispettoso e custodendo le peculiarità della zona in cui opera. Se ne avvantaggiano i vini, che portano in dote le caratteristiche uniche e più profonde del territorio. Walter, neolaureato in Scienze naturali, ha in serbo ottimi progetti per il futuro.

VINI - La ricerca di una certa comfort zone tecnologica non sposta di una virgola l'approccio molto tradizionale e pragmatico alle vinificazioni e agli affinamenti.

Diano d'Alba Sup. 2018 ● 6.500 bt; 15 € - - Dolcetto che si apre con intensi profumi fruttati e lievi note vegetali; in bocca è armonico, succoso e invita alla beva in modo spigliato.
Alta Langa Sivà 2016 5.000 bt; 20 € - - Si presenta con note olfattive fruttate, accenni floreali e di erbe aromatiche, e si apre al palato con buona acidità, una leggera nota sapida, e un fine perlage a legare il tutto.
Barolo Ravera 2016 ● 4.000 bt; 39 € - - Nasce su un terreno marnoso-argilloso, e si presenta con decise note fruttate e balsamiche, e un palato caldo, avvolgente e solido.
Diano d'Alba 2019 ● 15.000 bt; 10 € - - Succoso, fruttato, armonico.
Nebbiolo d'Alba 2018 ● 7.000 bt; 14 € - - Ampio, floreale, avvolgente.
Langhe Bianco Lumié 2019 ○ 12.000 bt; 10 € - - Fresco, minerale, verace.

ha 27 - **bt** 80.000
Fertilizzanti letame in pellet, letame
Fitofarmaci rame e zolfo
Diserbo lavorazione meccanica/manuale
Lieviti selezionati industriali, selezione di lieviti indigeni
Uve 100% di proprietà
Certificazione nessuna certificazione

DIANO D'ALBA (CN)

BRICCO MAIOLICA

Frazione Ricca - Via Bolangino, 7 - tel. 0173 612049
www.briccomaiolica.it - info@briccomaiolica.it

VITA - Amiamo il Dolcetto e vorremmo per questo vino una strada futura lastricata di gloria. Ci fa un po' male vedere territori vocati come quello dianese sopravvivere tra mille difficoltà, e produttori storici come Beppe Accomo, che per il Dolcetto di qualità si è battuto, tirare un po' i remi in barca prendendo atto della situazione. A Beppe e sua moglie Claudia Castella va però riconosciuto il merito di aver saputo diversificare con intelligenza.

VIGNE - A Bricco Maiolica troviamo molto meno dolcetto di un tempo e più nebbiolo, che si affianca a barbera e agli internazionali chardonnay, pinot nero, sauvignon blanc e merlot. Dalla vendemmia 2012 in gamma c'è anche un Barolo ottenuto da quell'angolino di Diano che rientra nella denominazione: un inno al territorio e lo spunto per ricordare una beffa, visto che originariamente Diano doveva far parte della Docg, ma poi preferì sfilarsi.

VINI - I vini sono di impronta moderna: precisi, spesso giocati sulla potenza, affinano sovente in legni piccoli.

Dolcetto di Diano d'Alba 2019 ● 15.000 bt; 14 € - Ancora molto giovane al momento dell'assaggio, al naso è vinoso e molto tipico, tra cenni di frutta scura e di mandorla. La bocca è slanciata, incisiva nella trama tannica, e segnata dal classico amarognolo finale. Diano vuol dire Dolcetti eleganti, e questa versione ne è un classico esempio.
Langhe Pinot Nero Perlei 2017 ● 4.000 bt; 24 € - Si presenta con spunti floreali, per poi incedere in bocca con leggiadria: un vino di discreta profondità.
Barolo del Comune di Diano d'Alba Contadin 2016 ● 3.000 bt; 51 € - Potente ed estrattivo: un Barolo che vuole gareggiare nei pesi massimi.
Nebbiolo d'Alba Sup. Cumot 2017 ● 8.000 bt; 24 € - Astringente, speziato, ampio.
Langhe Chardonnay Pensiero Infinito 2016 ○ 3.000 bt; 38 € - Fresco, legnoso, profondo.

ha 24 - **bt** 100.000
Fertilizzanti letame
Fitofarmaci rame e zolfo
Diserbo lavorazione meccanica/manuale
Lieviti selezione di lieviti indigeni
Uve 100% di proprietà
Certificazione nessuna certificazione

DIANO D'ALBA (CN)

RENZO CASTELLA €

SCONTO -10%

Via Alba, 15 - tel. 0173 69203
renzocastella@virgilio.it

VITA - Una chiacchierata con Renzo Castella mette sempre di buon umore, come un sorso dei suoi vini. Positivo e solare, orgoglioso produttore di vini schietti e quotidiani, rappresenta per certi versi un vignaiolo di altri tempi. Niente cantina ostentata, nessuna raffinata strategia di marketing, nessun tempo sprecato sui social network. Qui il focus rimane sulle cose che contano davvero: il lavoro in vigna e in cantina, e il rapporto diretto con i clienti, tanti privati.

VIGNE - Le vigne si trovano nel sorì della Rivolia, sul versante che guarda la valle Taloria, e nel sorì Piadvenza, sul versante opposto esposto a est, sud-est. Il dolcetto è per definizione il re di queste colline, ma siamo pur sempre in Langa e i terreni argilloso-calcarei simili alla vicina zona del Barolo lasciano la loro impronta inequivocabile anche su barbera e nebbiolo. Da qualche anno tra i filari c'è il riesling, vinificato per la prima volta nel 2019.

VINI - I vini di Renzo sono tipici e territoriali, precisi e di grande facilità di beva, venduti a prezzi davvero interessanti.

TOP **Dolcetto di Diano d'Alba Sorì della Rivolia 2019** VINO QUOTIDIANO ● 4.000 bt; 8 € - Un Diano da manuale, fruttato, con tracce balsamiche che solo la terra di Langa può dare, e un sorso pieno, succoso e appagante.
Dolcetto di Diano d'Alba 2019 ● 10.000 bt; 7 € - Appena più semplice e leggiadro, ma altrettanto tipico e ben calibrato, energico, con cenni floreali e speziatura terrosa.
Langhe Riesling 2019 ○ 1.200 bt; 7 € - Convincente esordio per questo Riesling davvero originale, con brevissima macerazione sulle bucce per un sorso consistente, sapido e salino, di buona struttura e verticalità.
Langhe Nebbiolo Madonnina 2018 ● 2.500 bt; 10 € - Fitto, floreale, contrastato.
Barbera d'Alba Sarcat 2018 ● 2.000 bt; 9 € - Succoso, fruttato, gastronomico.

ha 10 - **bt** 20.000
Fertilizzanti letame in pellet, organo-minerali
Fitofarmaci rame e zolfo
Diserbo lavorazione meccanica/manuale
Lieviti fermentazione spontanea
Uve 100% di proprietà
Certificazione nessuna certificazione

DIANO D'ALBA (CN)

LE CECCHE

SCONTO **-10%**

Via Moglia Gerlotto, 10 - tel. 0173 69352 - 331 6357664
www.lececche.it - info@lececche.it

VITA - Le Cecche è una dinamica realtà nata nel 2002 per mano del belga Jan de Bruyne, ex medico prestato alla vitivinicoltura. In questa avventura tra le bellissime colline di Diano d'Alba è accompagnato dalla moglie Paola Invrea, piemontese doc. Non solo: conta molto anche sui collaboratori, nel suo caso l'enologo Piero Ballario e l'agronomo Gian Piero Romana.

VIGNE - Diano significa dolcetto, ma Jan si misura anche con il nebbiolo da Barolo. Unico produttore a rivendicare in etichetta la menzione Borzone di Grinzane Cavour, può contare su vigne anche nei cru Sorano e Bricco San Pietro. Vicino alla cantina coltiva vecchie vigne di dolcetto, alcune risalenti anche al 1948.

VINI - Pulizia e profumi che invitano alla beva, corposità e longevità per i vini più importanti. Lo stile di Le Cecche è classico e attento a dare ampia espressività varietale ai vini.

Barolo Bricco San Pietro 2016 ● 3.200 bt; 32 € - Note balsamiche, fruttate e floreali si alternano elegantemente. Ha grande personalità, per un sorso sontuoso e dal tannino morbido, di grande equilibrio.
Barolo Sorano 2016 ● 2.200 bt; 36 € - I profumi sono intensi: note balsamiche, di frutta rossa, floreali e speziate annunciano un vino complesso e strutturato con un tannino ben svolto.
Barolo Borzone 2016 ● 1.200 bt; 26 € - Fine, con note che ricordano le erbe mediterranee, è un vino potente, con un tannino piacevole e un finale tostato, già godibile.
Nebbiolo d'Alba 2017 ● 4.000 bt; 14 € - Armonico, speziato, dettagliato.
Langhe Rosso 2019 ● 8.000 bt; 8 € - Avvolgente, fruttato, gastronomico.
Langhe Rosso Fiammingo 2018 ● 2.000 bt; 15 € - Possente, fruttato, profondo.

ha 8 - **bt** 37.500
Fertilizzanti letame in pellet, letame
Fitofarmaci rame e zolfo
Diserbo lavorazione meccanica/manuale
Lieviti selezione di lieviti indigeni
Uve 100% di proprietà
Certificazione nessuna certificazione

DIANO D'ALBA (CN)

GIOVANNI PRANDI

SCONTO **-10%**

Via Farinetti, 5 - tel. 0173 69248
www.prandigiovanni.it - info@prandigiovanni.it

VITA - Diano d'Alba, regno dei Dolcetti profumati, sottili e di grande finezza, ha in Alessandro Prandi uno degli interpreti più miti e sinceri del territorio. Nella piccola cantina di via Farinetti, circondata dalle colline più belle e panoramiche dell'intera Langa, Alessandro realizza vini di grande immediatezza e di sincera espressività, senza inutili sovrastrutture enologiche.

VIGNE - Il parco vitato si sviluppa perlopiù nei dintorni della sede aziendale, su suoli di matrice calcarea vocati per accogliere piante di dolcetto, ovviamente, ma che bene si comportano anche con il nebbiolo. Tra i filari troviamo anche barbera e arneis. I due Sorì aziendali, esposti a sud e a sud-ovest, restituiscono vini di incantevole misura.

VINI - In assenza del Sorì Cristina ci consoliamo con un Sorì Colombé molto a fuoco: come tutti i vini di Alessandro spicca per schiettezza.

Dolcetto di Diano d'Alba Sorì Colombé 2019 ● 3.500 bt; 7 € - Già nel profilo olfattivo ritroviamo tutta la tipica eleganza del Dolcetto di Diano, con un frutto fragrante e cenni floreali a ingentilire il quadro. La bocca è sottile e slanciata, e chiude con un affascinante finale appena amarognolo e di convincente ritorno fruttato. Testimonianza della grande vocazione dianese per questo vitigno.
Nebbiolo d'Alba 2018 ● 5.000 bt; 10 € - Se il Sorì Colombé dimostra la vocazione del territorio per il Dolcetto, questo vino fa altrettanto col Nebbiolo: floreale, di buona definizione e di tipico stampo dianese, è abbastanza semplice anche se in bocca gioca sulla potenza estrattiva, con un tannino ancora un po' scoperto sul finale.
Barbera d'Alba 2019 ● 2.500 bt; 8 € - Ancora troppo giovane e acerbo al momento dell'assaggio, dimostra tuttavia un potenziale intrigante.
Langhe Arneis 2019 ○ 2.000 bt; 7 € - Schietto, fruttato, corto.

ha 4,5 - **bt** 20.000
Fertilizzanti letame in pellet
Fitofarmaci rame e zolfo
Diserbo lavorazione meccanica/manuale
Lieviti fermentazione spontanea
Uve 100% di proprietà
Certificazione nessuna certificazione

MARZIANO ABBONA

SCONTO -10%

Borgata San Luigi, 40 - tel. 0173 721317
www.abbona.com - abbona@abbona.com

VITA - L'azienda di Marziano Abbona è un solido punto di riferimento in Langa: qui la storia si coniuga con la qualità. Aiutato dalla famiglia, Marziano porta avanti orgogliosamente la tradizione contadina, con sapienza e buonsenso. Amaro segno dei tempi: per la prima volta dopo decenni la produzione vedrà una piccola retromarcia in termini quantitativi.

VIGNE - Bellissimi gli appezzamenti sparsi in tutte le Langhe (in particolare a Novello e a Monforte), oltre al meraviglioso anfiteatro che circonda la cantina, e al nuovo terreno a Belvedere, piantato a pinot nero a testimoniare quanto Marziano e la sua famiglia credano nell'Alta Langa. Finalmente è arrivata la certificazione biologica, ad attestare ufficialmente quanto veniva fatto ormai da parecchi anni.

VINI - La solita batteria di vini solida e convincente. I due fuoriclasse Papà Celso e Cerviano-Merli hanno solo bisogno di un pochino più di tempo per esprimersi al massimo.

TOP **Barolo Pressenda 2016** VINO SLOW ● 13.000 bt; 48 € - L'annata lo esalta: le note intriganti al naso si sviluppano anche al palato, per un sorso che risulta sempre di grande eleganza e tipicità.
Nebbiolo d'Alba Bricco Barone 2018 ● 37.000 bt; 18 € - Leggiadro ed elegante, emergono violetta e note balsamiche, a sottolinearne la natura di "Barolo più giovane".
Langhe Bianco Cinerino 2019 ○ 21.000 bt; 24 € - Da uve viognier, ha naso ampio e floreale, e bocca grassa e di grande piacevolezza: davvero riuscito, un must ormai da anni, se non addirittura un precursore.
Dogliani Papà Celso 2019 ● 40.000 bt; 17 € - Denso, fruttato, espressivo.
Barolo Cerviano-Merli 2016 ● 6.000 bt; 55 € - Austero, fruttato, complesso.
Barbera d'Alba Rinaldi 2019 ● 35.000 bt; 17 € - Croccante, fruttato, energico.

ha 60 - **bt** 300.000
Fertilizzanti letame, sovescio
Fitofarmaci rame e zolfo
Diserbo lavorazione meccanica/manuale
Lieviti fermentazione spontanea
Uve 100% di proprietà
Certificazione biologico certificato

DOGLIANI (CN)

NICHOLAS ALTARE

Borgata Valdiberti, 32 - tel. 348 9725965
www.altarenicholaswine.it - altarenicholas@libero.it

VITA - L'aria di stanchezza, ci si passi il termine, che si respirava negli ultimi tempi nel doglianese, complici anche le difficoltà di affermazione del Dolcetto sui mercati, oggi lascia spazio alla freschezza di alcuni giovani entrati nella stanza dei bottoni delle loro aziende, grazie al passaggio generazionale, o che hanno deciso di dare vita a un proprio progetto: è quest'ultimo il caso di Nicholas Altare, che ha fatto fruttare le vigne di famiglia e in pochissimo tempo ha iniziato a proporre vini incantevoli.

VIGNE - Da Borgata Valdiberti si gode di un panorama invidiabile: le vigne di Nicholas si sviluppano tutto intorno alla cantina e testimoniano un approccio sostenibile e una grande sensibilità viticola: dolcetto, barbera e nebbiolo, che formano il grande trittico langarolo, sono coltivati con l'intenzione di dare massima espressività varietale alle uve, per vini schietti e gastronomici.

VINI - In cantina troviamo tante piccole vasche di cemento e qualche vecchio tonneau. Nicholas realizza vini naturali che colpiscono per sincerità e piacevolezza, con quel graffio rustico che dona carattere e facilità di beva.

TOP **Dogliani 2019** VINO SLOW ● 14.000 bt; 13 € - Il vino di punta dell'azienda non poteva che essere questo Dolcetto da vigne di 40-60 anni di età, che dopo tre settimane di macerazione affina 10 mesi in cemento: tipico, ancora giovane (e giovanile), ha quella rassicurante dimensione fruttata, polposa, slanciata, piacevolmente rustica e gastronomica che abbiamo già imparato a riconoscere come la firma di Nicholas.
Langhe Barbera 2018 ● 1.000 bt; 15 € - Succosa e fresca, è una Barbera semplicemente quintessenziale.
Langhe Nebbiolo 2018 ● 1.000 bt; 17 € - Profumato, tipico, accogliente: ha carattere ma non vi è traccia di pesantezza estrattiva. Se non è equilibrio questo...

ha 2,5 - **bt** 19.000
Fertilizzanti nessun concime
Fitofarmaci rame e zolfo
Diserbo lavorazione meccanica/manuale
Lieviti fermentazione spontanea
Uve 100% di proprietà
Certificazione nessuna certificazione

DOGLIANI (CN)

OSVALDO BARBERIS

SCONTO **-10%**

Borgata Valdibà, 42 - tel. 335 6872691
www.osvaldobarberis.com - info@osvaldobarberis.com

VITA - Tra i pionieri del biologico nel distretto doglianese, Osvaldo Barberis conserva un bell'approccio contadino, schietto e diretto, che rende piacevoli le visite in azienda e si ritrova molto ben espresso nei vini che produce. Siamo in Borgata Valdibà, in una delle zone più vocate e prestigiose della denominazione, dove negli ultimi anni i fenomeni temporaleschi e la grandine si sono dimostrati ingenerosi.

VIGNE - La maggior parte del parco vitato, di una decina di ettari, si sviluppa intorno alla cantina, dove il protagonista non poteva che essere l'amato dolcetto. Osvaldo guarda però anche verso la vicina Monforte: qui coltiva, con il solito approccio sostenibile, vigne di nascetta e nebbiolo che contribuiscono a completare la gamma.

VINI - I vini hanno un'impronta gustativa giocata sulla spiccata freschezza acida, che si accompagna alla scelta di prediligere l'espressività varietale delle diverse etichette.

Dogliani Valdibà 2019 ● 5.000 bt; 10 € - 🍷 - Al naso denota tutta la sua gioventù con profumi vinosi e di mandorla. Molto tipico e centrato, ha una bocca polposa che ha bisogno di tempo per distendersi.
Dogliani Puncin 2019 ● 2.500 bt; 13 € - 🍷 - Un Dogliani molto tipico, ancora giovanile al momento dell'assaggio: profuma di mandorla e ha un bel profilo fruttato accogliente; la bocca è compatta, il tannino ben ricoperto, e una lieve sapidità dona lunghezza al sorso.
Dogliani Avrì 2019 ● 2.000 bt; 11 € - 🍷 - Senza solfiti aggiunti, si distingue per l'integrità e la tipicità, anche se è molto giovanile.
Langhe Nebbiolo Visat 2019 ● 1.000 bt; 11 € - 🍷 - Schietto, fruttato, incisivo.
Langhe Barbera Bricat 2019 ● 2.000 bt; 10 € - 🍷 - Verde, fruttato, sapido.
Barbera d'Alba Cesca 2018 ● 2.500 bt; 15 € - 🛢 - Fresco, fruttato, corto.

ha 10 - **bt** 17.000
Fertilizzanti letame
Fitofarmaci rame e zolfo
Diserbo lavorazione meccanica/manuale
Lieviti fermentazione spontanea
Uve 100% di proprietà
Certificazione biologico certificato

DOGLIANI (CN)

FRANCESCO BOSCHIS

Borgata Pianezzo, 57 - tel. 0173 70574
www.boschisfrancesco.it - info@boschisfrancesco.it

VITA - Con 100 anni di storia e 50 vendemmie alle spalle, l'azienda della famiglia Boschis ha ormai radici profonde a Dogliani, anche se le loro origini risalgono a Barolo. A condurla oggi sono i fratelli Paolo e Marco Boschis, quarta generazione di vignaioli. Pulizia, aderenza al territorio e rispetto per l'ambiente sono i dogmi di questa bella realtà.

VIGNE - Situate tutto intorno alla cantina, in mezzo a cinque comuni e a un'altitudine di oltre 500 metri, le vigne sono un mix di impianti vecchi e altri più giovani. La stessa variabilità la troviamo con i terreni, calcarei in alcune zone e argillosi nella parte più alta: sono alternati a colture differenti come noccioleti e a terreni destinati al pascolo. Queste condizioni concedono alla famiglia Boschis una palette di scelte davvero interessante.

VINI - La ricerca del varietale è tra i dettami dello stile aziendale. Se a questo uniamo una ricerca per uno stile il più naturale ed espressivo possibile, ne risultano vini davvero legati profondamente al terroir di origine.

Dogliani Sup. Vigna dei Prey 2018 ● 5.500 bt; 10 € - 🍷 - Sorprende per la sua lunghezza e acidità, e per la trama tannica compiuta e ampia: queste caratteristiche ci portano a ritenerlo di grande longevità. Un riferimento per la tipologia.
Barbera d'Alba Sup. Vigna le Masserie 2017 ● 1.500 bt; 14 € - 🛢 - Una Barbera davvero impattante, ampia e intensa, con sentori di piccoli frutti rossi in evidenza, calda e dal finale davvero lungo.
Langhe Sauvignon Vigna del Garisin 2017 ○ 2.500 bt; 14 € - 🍷 🛢 - Molto varietale, con frutti tropicali in evidenza, è intenso e strutturato, oltre che dotato di spiccata freschezza.
Dogliani Sup. Vigna del Ciliegio 2017 ● 1.500 bt; 14 € - 🛢 - Solido, fruttato, ampio.
Dogliani Vigne in Pianezzo 2018 ● 14.000 bt; 9 € - 🍷 - Dinamico, floreale, energico.

ha 10 - **bt** 35.000
Fertilizzanti letame
Fitofarmaci rame e zolfo
Diserbo lavorazione meccanica/manuale
Lieviti fermentazione spontanea
Uve 100% di proprietà
Certificazione nessuna certificazione

DOGLIANI (CN)

CA' VIOLA

SCONTO -10%

Borgata San Luigi, 11 - tel. 0173 742 535
www.caviola.com - info@caviola.com

VITA - Originario di Montelupo, Beppe Caviola, enologo consulente di grande successo, ha deciso una ventina di anni fa di realizzare la propria cantina a Dogliani, e insieme alla bottega si è anche trovato una casa molto bella, ottocentesca, che ha ristrutturato con gusto grazie all'aiuto della moglie Simonetta Raimondo. Da qualche tempo li affiancano i giovani nipoti, Michela e Andrea.

VIGNE - Da persona precisa e attenta ai particolari, Beppe tiene molto alle vigne, anche se forse riesce ad andarci molto meno di quello che vorrebbe. Grazie ai consigli di Gian Piero Romana, agronomo con cui collabora anche in altre realtà italiane, è riuscito nel compito non semplice di iniziare il percorso di certificazione biologica. Non semplice, perché a Montelupo le viti sono vecchissime e si sono formati degli scalini che impediscono una gestione meccanizzata del sottofila.

VINI - Beppe riesce a interpretare in modo perfetto i vari vitigni e territori in cui opera, caratterizzando i vini con precisione e senza tecnicismi.

TOP **Barolo Sottocastello di Novello Ris. 2013** ● 2.000 bt; 132 € - Una prova maiuscola per questo rosso, ci ha stupito e conquistato con ricchezza, tannino, grinta e allungo sapido in chiusura.
Barolo Sottocastello di Novello 2016 ● 8.000 bt; 66 € - Come sempre è un Barolo possente, ricco di tannini e di frutto: qui la gestione attenta denota tuttavia eleganza e un sapiente uso del legno in fase di affinamento.
Barbera d'Alba Bric du Luv 2017 ● 10.000 bt; 30 € - Sempre uno spettacolo di rosso, saporito, verticale e lunghissimo. Trascinante la beva, in perfetto equilibrio tra acidità e alcol.
Barolo Caviót 2016 ● 3.500 bt; 46 € - Articolato, fruttato, dettagliato.
Langhe Nebbiolo 2018 ● 8.000 bt; 24 € - Fine, fruttato, elegante.
Dolcetto d'Alba Vilot 2019 ● 20.000 bt; 13 € - Croccante, fruttato, complesso.

ha 13 - **bt** 75.000
Fertilizzanti letame, sovescio
Fitofarmaci rame e zolfo
Diserbo lavorazione meccanica/manuale
Lieviti fermentazione spontanea, selezionati industriali
Uve 100% di proprietà
Certificazione in conversione biologica

DOGLIANI (CN)

CASCINA CORTE

Borgata Valdiberti, 33 - tel. 0173 743539
www.cascinacorte.it - info@cascinacorte.it

VITA - Sembra impossibile, perché questa storia l'abbiamo vissuta direttamente essendo stato Sandro Barosi un nostro collega a Slow Food, ma sono già 20 anni che Sandrìn, come lo chiamano gli amici, si è licenziato per fare il contadino vero e acquistare, insieme alla moglie Amalia Battaglia, questa tenuta. Dal 2001 a oggi si sono fatti passi da gigante e vini di grande personalità e territorialità.

VIGNE - La parte agronomica è curata con tantissima attenzione, e fin da subito qui si è deciso di coltivare in regime biologico (quando la scelta era di pochi). La vigna Pirochetta può contare su ceppi molto vecchi, ma tutto il parco vitato punta sull'armonia tra la viticoltura e l'ambiente, con la presenza di piante da frutto e prati. Negli ultimi anni si sono piantati anche nascetta, freisa, pinot nero e riesling, ma la parte del leone la fa sempre il dolcetto.

VINI - Lo stile è molto poco interventista, con fermentazioni naturali che lasciano spazio alla libera espressione della varietà.

TOP **Dogliani Sup. Pirochetta Vecchie Vigne 2018** VINO SLOW ● 6.000 bt; 15 € - Al naso si apre timidamente, poi è ricco e potente, con un bel tannino rivestito da un frutto saporito.
Dogliani San Luigi 2019 ● 6.000 bt; 12 € - Decisamente giovane e ruspante, ha una forte impronta gustativa, che quando sarà più armonica darà grandissimi risultati.
Langhe Nebbiolo 2018 ● 4.500 bt; 17 € - Una buona finezza: molto verticale e acido, ha struttura e slancio in chiusura.
Langhe Nascetta Cecilia 2019 ○ 1.100 bt; 19 € - Articolato, fruttato, espressivo.
Langhe Riesling 2019 ○ 1.100 bt; 19 € - Dinamico, floreale, dettagliato.
Langhe Barbera Anfora 2018 ● 1.100 bt; 19 € - Croccante, fruttato, verace.

ha 7,8 - **bt** 25.000
Fertilizzanti letame in pellet
Fitofarmaci rame e zolfo
Diserbo lavorazione meccanica/manuale
Lieviti fermentazione spontanea
Uve 100% di proprietà
Certificazione biologico certificato

DOGLIANI (CN)

QUINTO CHIONETTI

Borgata Valdiberti, 44 - tel. 0173 71179
www.chionettiquinto.com - chionettiquinto@chionettiquinto.com

VITA - Siamo di fronte a un vero e proprio monumento, non solo di questa zona di Langa, ma di tutta l'enologia piemontese: l'eredità di nonno Quinto Chionetti, che il nipote Nicola sta portando avanti conservando la cifra identitaria fatta di tradizione ed eleganza, per vini profondamente legati al territorio.

VIGNE - Il corpo storico delle vigne è attorno alla cantina, a San Luigi, il regno del dolcetto, ma ci sono appezzamenti nella zona del Barolo (quest'anno debutta il Parussi), un ettaro di barbera sul cucuzzolo della collina di San Sebastiano, nonché l'ultimo nato, il riesling piantato a 530 metri di quota in zona La Martina a Dogliani: è il primo bianco aziendale, croce e delizia (ma Nicola si è già innamorato).

VINI - Una batteria di alto livello, con esclusi eccellenti ma solo per la mancanza di spazio. I tre vini al debutto (Parussi, San Sebastiano e Riesling), forniscono prove più che convincenti. I Dogliani pagano la precocità dell'assaggio, ma la 2019 è un'annata che promette benissimo.

Barolo Parussi 2016 ● 3.300 bt; 32 € - Ⓛ - Che esordio! Il tannino deve ancora affinarsi pienamente, ma il vino è già di una finezza impressionante, con belle note balsamiche.
Barolo Bussia Vigna Pianpolvere 2016 ● 1.900 bt; 55 € - Ⓛ - Può un Bussia essere già pronto? No, però già si sente una potenzialità immensa.
Dogliani San Luigi 2019 ● 30.000 bt; 11 € - ▯ ▯ - Aveva ancora bisogno di qualche mese al momento del nostro assaggio, ma già si sente "IL" San Luigi, il super classico di Dogliani, nella sua assoluta tipicità.
Dogliani Briccolero 2019 ● 20.000 bt; 14 € - ▯ Ⓛ - Possente, speziato, gastronomico.
Barbera d'Alba Vigna San Sebastiano 2018 ● 5.500 bt; 16 € - Ⓛ - Croccante, speziato, avvolgente.
Langhe Riesling 2019 ○ 4.000 bt; 20 € - ▯ - Fresco, floreale, incisivo.

ha 13 - **bt** 80.000
Fertilizzanti letame
Fitofarmaci rame e zolfo
Diserbo lavorazione meccanica/manuale
Lieviti fermentazione spontanea, selezione di lieviti indigeni
Uve 100% di proprietà
Certificazione biologico certificato

DOGLIANI (CN)

PECCHENINO

Borgata Valdiberti, 59 - tel. 0173 70686
www.pecchenino.com - pecchenino@pecchenino.it

VITA - Una storia tipica di Langa, quella della famiglia Pecchenino, che ha vissuto nella seconda metà del secolo scorso la trasformazione veloce di questa terra da zona contadina di emigrazione a eden enologico. I fratelli Orlando e Attilio guidano l'azienda con curiosa umiltà e sapienza, senza dimenticare le proprie origini.

VIGNE - Un'azienda, tre terroir: la classica evoluzione di questa zona di Langa, con il corpo principale dei vigneti attorno alla sede nel Bricco Botti a Dogliani, dedicato principalmente al dolcetto, poi la storica presenza nella vicina Monforte, in cru celeberrimi, per il nebbiolo, e i terreni a Bossolasco, in Alta Langa, dedicati allo spumante e al debuttante riesling.

VINI - Una bella batteria di vini, tutti con una precisa identità e pulizia; figli di pazienza e saggezza contadina, sono testimoni preziosi di cosa renda unico questo terroir.

TOP **Dogliani Sup. Sirì d'Jermu 2018** VINO SLOW ● 12.000 bt; 16 € - Ⓛ - Un Dolcetto ai massimi livelli, con un bel frutto polposo sorretto da una spalla acida che esalta l'annata. L'affinamento chiude il cerchio e lo rende davvero riuscito.
Barolo Le Coste di Monforte 2016 ● 3.800 bt; 53 € - Ⓛ - Il tannino già piacevole e le note di fiori appassiti disegnano un'eleganza assoluta per un Barolo che non cerca la potenza, ed è già estremamente godibile nella sua finezza.
Barolo Bussia 2016 ● 5.800 bt; 53 € - Ⓛ - Macerazione lunga con acini interi: ha ancora bisogno di tempo per esprimere il suo grandissimo potenziale, ma già emergono la balsamicità, la verticalità e il goudron. La grandezza di Bussia.
Dogliani San Luigi 2019 ● 90.000 bt; 12 € - ▯ - Croccante, fruttato, varietale.
Langhe Riesling 2018 ○ 2.500 bt; 15 € - ▯ - Vibrante, floreale, energico.
Alta Langa Pas Dosé 2016 ○ 8.000 bt; 24 € - ▯ - Dinamico, fruttato, incisivo.

ha 35 - **bt** 140.000
Fertilizzanti organo-minerali, sovescio
Fitofarmaci rame e zolfo
Diserbo lavorazione meccanica/manuale
Lieviti fermentazione spontanea, selezionati industriali
Uve 100% di proprietà
Certificazione nessuna certificazione

DOGLIANI (CN)

PODERI LUIGI EINAUDI

SCONTO **-10%**

Cascina Tecc - Borgata Gombe, 31-32 - tel. 0173 70191
www.poderieinaudi.com - info@poderieinaudi.com

VITA - Il nome dell'azienda chiarisce da subito la grande storia che l'accompagna: Poderi Luigi Einaudi era un punto di riferimento per le Langhe quando il vino ancora non era il fenomeno economico e culturale che è oggi. Matteo Sardagna Einaudi, che la guida da qualche anno, ha con intelligenza iniziato un lento, prudente, ma progressivo cambiamento, culminato nella nuova cantina che permette di intervenire meglio, delicatamente, e con attenzione a ogni dettaglio.

VIGNE - Il parco vitato, già ampio e variegato (tra le altre c'è perfino un'insolita vigna di pinot grigio), ha visto negli ultimi anni acquisizioni importanti che hanno dato seguito alla passione di Matteo: il Barolo. Quindi ecco cru prestigiosi come Monvigliero, Bussia, Cannubi, e anche una vigna nel Bricco Micca a Neive, da cui arriverà un Barbaresco a chiudere il cerchio.

VINI - Eleganza, finezza, complessità: questo vuole essere il filo rosso dei vini di casa. Dall'ampia gamma aziendale abbiamo assaggiato lo storico Dogliani, e le diverse declinazioni del Nebbiolo oggi disponibili.

Barolo Bussia 2016 ● 6.700 bt; 70 € - Ricco e potente, è ampio, e sebbene necessiti di tempo, con un tannino ancora giustamente appuntito, già si intravede un'eleganza assoluta: sarà un campione.
Barolo Cannubi 2016 ● 10.000 bt; 70 € - Naso esplosivo, ha un percorso gustativo elegante anche se denota ancora giovinezza: un classico Cannubi.
Dogliani Sup. Vigna Tecc 2018 ● 25.000 bt; 17 € - Tipico, con un bel frutto fine e un'intrigante nota silvestre. Il sorso è succoso e dritto.
Barolo Terlo Vigna Costa Grimaldi 2016 ● 9.000 bt; 50 € - Fine, floreale, elegante.
Barolo Ludo 2016 ● 33.000 bt; 38 € - Vibrante, fruttato, essenziale.
Langhe Nebbiolo 2019 ● 35.000 bt; 16 € - Agile, speziato, gastronomico.

ha 64 - **bt** 350.000
Fertilizzanti letame in pellet
Fitofarmaci rame e zolfo
Diserbo lavorazione meccanica/manuale
Lieviti selezionati industriali
Uve 100% di proprietà
Certificazione nessuna certificazione

DOGLIANI (CN)

SAN FEREOLO

Borgata Valdibà, 59 - tel. 0173 742075
www.sanfereolo.com - info@sanfereolo.com

VITA - Sono ormai quasi 30 anni che Nicoletta Bocca arricchisce il panorama Doglianese con la sua presenza, le sue idee e i suoi vini. È stato il padre Giorgio a introdurla sin da giovane all'anima più pura delle Langhe. E forse il segreto sta proprio lì, nella volontà di non scendere a compromessi ma di esaltare i tratti più distintivi di questa terra. Una testa pensante e indipendente, voce autorevole che parla chiaro e senza filtri, come i suoi vini.

VIGNE - Nicoletta ha perso il cuore tra i filari: difficile oggi immaginarsela lavorare nel mondo della moda a Milano, come faceva prima. C'è molta umiltà nei confronti della natura e un modo quasi materno di accudire le piante. Il patrimonio di vecchie vigne a Dogliani è prezioso e rappresenta il cuore dell'azienda, ma altrettanto spettacolari sono le vigne più elevate a Rocca Ciglié, comune di storica vocazione viticola che Nicoletta sta di nuovo valorizzando da alcuni anni.

VINI - Sono vini vivi, di carattere deciso e con tanto da dire, non sempre immediati ma di sicura profondità.

TOP **Dogliani Sup. Vigne Dolci 2018** VINO SLOW ● 1.300 bt; 16 € - Dalle vigne di Rocca Ciglié un Dolcetto davvero delizioso, elegante, territoriale e sapido, pieno di energia succosa.
Dogliani Sup. San Fereolo 2013 ● 13.000 bt; 27 € - Vivo, integro e infinitamente stratificato, fa capire la profondità e la capacità d'invecchiamento del Dolcetto, capovolgendo il paradigma del vinello fresco e giovane.
Langhe Rosso Austri 2013 ● 6.000 bt; 25 € - Quando la Barbera invecchia bene: slanciata, intensa, con quella stimolante spina dorsale acido-salina ormai perfettamente integrata nella materia succosa.
Langhe Nebbiolo Il Provinciale 2016 ● 2.700 bt; 25 € - Austero, articolato, contrastato.
Langhe Rosato La Lupa 2019 ● 2.000 bt; 18 € - Succoso, fruttato, consistente.

ha 16 - **bt** 45.000
Fertilizzanti sovescio
Fitofarmaci rame e zolfo
Diserbo lavorazione meccanica/manuale
Lieviti fermentazione spontanea
Uve 100% di proprietà
Certificazione biologico certificato

FARIGLIANO (CN)

ANNA MARIA ABBONA

SCONTO **-10%**

Frazione Moncucco, 21 - tel. 0173 797228
www.annamariabbona.it - info@annamariabbona.it

VITA - La forza ostinata di una donna caparbia, che, nel 1989, ha voluto salvare dall'oblio le colline di casa tornando a valorizzarle insieme al marito Franco Schellino, oggi è diventata la forza amorevole di una famiglia intera, che guida un'azienda dalla solidità invidiabile, faro di un intero territorio e firma di vini impeccabili. Oggi in prima linea ci sono infatti anche i figli Federico e Lorenzo.

VIGNE - La cantina sorge nella zona di Moncucco, un incantevole angolo di Langa al confine tra Farigliano e Dogliani. Qui si coltiva perlopiù dolcetto, come nel meraviglioso vigneto del San Bernardo sormontato dalla vecchia chiesetta. Altre vigne si trovano a Marsaglia, in alta Langa, e a Monforte e Castiglione Falletto per i Barolo. Le altitudini più elevate della media restituiscono vini freschi e fragranti.

VINI - Il punto di incontro tra precisione e schiettezza espressiva qui ha trovato dimora da tempo: la gamma è ampia, strepitosa sui Dolcetti e in crescita sui Barolo.

TOP **Dogliani Sorì dij But 2019** VINO QUOTIDIANO ● 25.000 bt; 11 € - Difficile scegliere il più buono rispetto al San Bernardo, pur essendo interpretazioni molto diverse: qui abbiamo la schiettezza varietale e la facile beva. Quintessenziale.

Dogliani Sup. San Bernardo 2017 ● 10.000 bt; 18 € - L'annata calda e siccitosa dona potenza a un vino (spaventosamente buono) che tuttavia conserva leggiadria: nei profumi di frutta croccante e nella bocca succosa, ritmata e dalla verticalità salina. Un Dolcetto di struttura di altissimo livello.

Langhe Riesling L'Alman 2018 ○ 5.000 bt; 14 € - Fresco, fruttato, sapido.

Barolo del Comune di Castiglione Falletto 2016 ● 2.600 bt; 38 € - Integrato, fruttato, essenziale.

Barolo Bricco San Pietro 2016 ● 6.600 bt; 43 € - Potente, floreale, contratto.

ha 20 - **bt** 100.000
Fertilizzanti letame
Fitofarmaci chimici di sintesi, rame e zolfo
Diserbo lavorazione meccanica/manuale
Lieviti selezionati industriali
Uve acquisto 10%
Certificazione nessuna certificazione

FARIGLIANO (CN)

GILLARDI

Località Corsaletto, 69 - tel. 0173 76306
www.gillardi.it - gillardi@gillardi.it

VITA - Non si può rimanere indifferenti davanti alla storia di Giacolino Gillardi, che nel 1980 riuscì a creare l'azienda partendo dai vigneti di famiglia, e con fierezza e intelligenza è riuscito a renderla un punto di riferimento. Come dimenticare l'idea geniale dell'Harys, quasi un Darmagi degli anni Novanta, o le battaglie per l'identità del Dogliani? Giacolino è coadiuvato dalla figlia Elena, combattiva e capace.

VIGNE - Il corpo principale dei vigneti è sotto la cantina, che domina l'anfiteatro delle vigne di dolcetto, ma anche di syrah, merlot e grenache, e un giovane impianto di nebbiolo. Giacolino ama le sfide e il Barolo, e con grande fatica (ma grandi soddisfazioni) si occupa di due piccoli appezzamenti a La Morra e a Barolo.

VINI - Stile tradizionale, con concessioni moderne nei vini da uve internazionali: il che vuol dire che i Dolcetti erano un po' troppo giovani al momento del nostro assaggio, ma denotano già un grandissimo potenziale. Ci sbilanciamo: con la favorevole annata 2016 è nata una stella, e Giacolino ed Elena sono entrati tra i barolisti top.

Barolo Vignane 2016 ● 1.500 bt; 65 € - Affinamento in botte più lungo e tradizionale. È un vino pazzesco, che stordisce per finezza e piacevolezza, nonostante la tenera età.

Langhe Rosso Harys 2018 ● 1.500 bt; 46 € - Barrique stravecchie, e un'esplosione di fiori e spezie per questo ormai classico in cui la Langa prevale sul Rodano.

Langhe Nebbiolo 2018 ● 10.000 bt; 16 € - Un piccolo Barolo, delizioso e tipico. Monforte? No, Farigliano, da cloni michet. Giù il cappello.

Barolo 2016 ● 3.500 bt; 42 € - Potente, floreale, elegante.

Dogliani Cursalet 2019 ● 12.000 bt; 14 € - Dinamico, fruttato, espressivo.

Dogliani Maestra 2019 ● 18.000 bt; 12 € - Croccante, fruttato, varietale.

ha 9 - **bt** 50.000
Fertilizzanti letame
Fitofarmaci rame e zolfo
Diserbo lavorazione meccanica/manuale
Lieviti fermentazione spontanea
Uve 100% di proprietà
Certificazione nessuna certificazione

FARIGLIANO (CN)

ERALDO REVELLI

SCONTO **-10%**

Località Pianbosco, 29 - tel. 0173 797154
www.eraldorevelli.com - eraldorevelli@tin.it

VITA - Oggi è quello di Claudia Revelli il volto dell'azienda che porta il nome di papà Eraldo: col tempo ne ha preso in mano le redini, dimostrando coraggio, tenacia e capacità. Ultima rappresentante di tre generazioni di viticoltori, ha l'onere di portare avanti il lavoro di valorizzazione di questo angolo di Langa dal grande potenziale, ancora non del tutto espresso. Lo sta facendo bene, con idee chiare e vini molto centrati.

VIGNE - In casa Revelli si coltivano soltanto due varietà, dolcetto (qui nel suo regno prediletto) e barbera. Un segnale importante, in un'epoca in cui vediamo allungarsi a dismisura la gamma dei vitigni lavorati dalle singole aziende, a volte più interessate a presidiare ogni angolo del mercato che a impegnarsi in profondità nelle cose che riescono meglio. L'approccio agronomico è sostenibile.

VINI - Le vinificazioni e gli affinamenti di stampo classico restituiscono vini schietti, senza particolari svolazzi ma sempre molto godibili e solidi.

Dogliani Autin Lungh 2019 ● 12.000 bt; 12 € - - Proviene dal sorì Autin Lungh ed è un campione di tipicità. Il sorso è succosissimo, ma a esaltare il bevitore è il dialogo serrato tra il tannino incisivo e la sferzata sapida, che ne fa un Dolcetto di perfetta dimensione gastronomica.
Dogliani Sup. San Matteo 2018 ● 8.000 bt; 16 € - - Da una singola vigna con rese limitate, ha un carattere più austero, e un sorso di chiaro stampo doglianese, ricco ed esuberante, di buona struttura.
Dogliani Otto Filari 2019 ● 12.000 bt; 10 € - - Il più semplice e diretto dei tre Dogliani, è varietale e di facile beva.
Langhe Barbera La Basarisca 2019 ● 3.000 bt; 16 € - - Fresco, fruttato, teso.
Langhe Rosato Rossèt 2019 ● 2.000 bt; 12 € - - Agile, fruttato, corto.

ha 7 - **bt** 35.000
Fertilizzanti letame
Fitofarmaci rame e zolfo
Diserbo lavorazione meccanica/manuale
Lieviti fermentazione spontanea
Uve 100% di proprietà
Certificazione nessuna certificazione

LA MORRA (CN)

ELIO ALTARE

Frazione Annunziata, 51 - tel. 0173 50835
www.elioaltare.com - elioaltare@elioaltare.com

VITA - Silvia Altare è da poco diventata mamma di una splendida bimba di nome Nora, ma state certi che il lieto evento non l'ha distratta più di tanto dal suo impegno per questa celebre firma della Langa barolista. Elio, il papà, pur professandosi in pensione si impegna tra gli amati filari e dà un contributo importante alla gestione aziendale.

VIGNE - Vignaioli fino al midollo e orgogliosi delle origini contadine, gli Altare hanno nelle vigne il loro punto di forza grazie a una gestione perfetta della vitalità del suolo (fin dai primi anni Ottanta qui non si usano il diserbo e i concimi chimici), e alla sensibilità agronomica iscritta probabilmente nel loro DNA. Poi contano anche le vigne, e Arborina e Cerretta, pur nella loro diversità, non sono affatto male!

VINI - Legni piccoli e macerazioni piuttosto brevi sono da molti anni il mantra di questa azienda, e hanno contribuito a crearne il timbro e il mito.

Barolo Cerretta Vigna Bricco Ris. 2014 ● 3.500 bt; 111 € - - Nelle annate "deboli" gli Altare si esaltano e non fa eccezione questo rosso ricco di stoffa, salinità e allungo saporito. Un gran Barolo.
Barolo Arborina 2016 ● 5.000 bt; 97 € - - L'altro classico di casa, compatto e fruttato, con spezie in sottofondo e un tannino bello tosto a chiudere un sorso lungo.
Barolo 2016 ● 10.000 bt; 63 € - - Interpreta molto bene l'annata austera e classica, con bocca ricca ma contrastata e note speziate e fruttate.
Langhe Rosso Larigi 2018 ● 1.600 bt; 68 € - - Solido, speziato, complesso.
Langhe Rosso Giàrborina 2018 ● 1.500 bt; 68 € - - Fine, speziato, compatto.
Langhe Rosso La Villa 2018 ● 1.500 bt; 68 € - - Solido, speziato, energico.

ha 10 - **bt** 70.000
Fertilizzanti letame
Fitofarmaci rame e zolfo
Diserbo lavorazione meccanica/manuale
Lieviti fermentazione spontanea
Uve 100% di proprietà
Certificazione nessuna certificazione

LA MORRA (CN)

BATASIOLO

SCONTO **-10%**

Frazione Annunziata, 87 - tel. 0173 50130
www.batasiolo.com - info@batasiolo.com

VITA - Fiorenzo Dogliani racconta la sua azienda trasmettendo tutta la passione di famiglia, che continua da tre generazioni. Batasiolo è stata acquistata nel 1978, è ben strutturata e ha una continua voglia di ingrandirsi e migliorare ancora. Una voglia che negli ultimi tempi si è concretizzata in alcuni ammodernamenti, tra cui la costruzione della nuova barricaia.

VIGNE - I 130 ettari vitati coprono tutte le migliori zone e alcune delle menzioni più prestigiose della denominazione barolistica. Cinque i cru nobili: Boscareto, Briccolina, Bussia, Brunate, Cerequio, con vigne anche di discreta età, nel caso di Briccolina di circa 40 anni.

VINI - L'azienda fa grandi numeri cercando di tenere salda la barra della qualità. Si punta all'eleganza e alla rispondenza territoriale, sfruttando i mezzi tecnici in possesso per proporre vini precisi e in grado di raggiungere un vasto pubblico.

Barolo Cerequio 2016 ● 13.500 bt; 54 € - Nasce su terreni marnoso-calcarei e presenta note speziate, di cioccolato e fruttate. La bocca è ricca e articolata.
Barolo Briccolina 2016 ● 13.500 bt; 54 € - Da un vigneto storico di quasi 50 anni, affina in barrique e ha un tannino potente. Un Barolo moderno, ammorbidito dal legno, di ottima struttura ed elegante.
Barolo Brunate 2016 ● 13.500 bt; 54 € - Buona mineralità, tannini smussati e ottima struttura fanno di questo Barolo un buon vino da invecchiamento.
Barolo 2016 ● 160.000 bt; 35 € - Austero, fruttato, armonico.
Barbera d'Alba Sovrana 2018 ● 120.000 bt; 17 € - Schietto, fruttato, ampio.
Nebbiolo d'Alba Sup. 2017 ● 15.000 bt; 13 € - Ampio, floreale, complesso.

ha 130 - **bt** 2.500.000
Fertilizzanti letame in pellet, letame
Fitofarmaci chimici di sintesi, rame e zolfo
Diserbo chimico, lavorazione meccanica/manuale
Lieviti selezione di lieviti indigeni
Uve 100% di proprietà
Certificazione nessuna certificazione

LA MORRA (CN)

ENZO BOGLIETTI

Via Fontane, 18/a - tel. 0173 50330
www.enzoboglietti.com - info@enzoboglietti.com

VITA - Nuovo capitolo per questa bella realtà familiare di La Morra: Gianni Boglietti è uscito dall'azienda e il fratello Enzo è ora aiutato dai figli Matteo e Linda, che contribuiscono con il loro entusiasmo a coadiuvare il padre. Finalmente, ci dice Enzo con entusiasmo, è stato centrato l'obiettivo di arrivare a una piena padronanza dell'uso del legno nel Barolo, coincidente peraltro con la notevole annata 2016.

VIGNE - Le vigne si trovano in alcuni dei più rinomati cru del Barolo: d'altronde ci sono cinque etichette più la Riserva, non solo a La Morra (Brunate, Boiolo, Fossati, Case Nere) ma anche a Serralunga d'Alba con il celebre Arione. I filari vengono condotti con grande attenzione e da un po' di tempo con la certificazione biologica. Da segnalare un nuovo impianto di nebbiolo a Roddino.

VINI - Enzo cerca di ottenere finezza ed equilibrio, e non esita a mixare varie tipologie di legni in tutti i suoi vini, usando con parsimonia quelli nuovi. Una bella batteria quella presentata alla nostra attenzione quest'anno.

Barolo Brunate 2016 ● 2.300 bt; 73 € - Classico, varietale, già godibilissimo ora nonostante un tannino che giustamente si deve ancora smussare del tutto.
Barolo Arione 2016 ● 2.000 bt; 73 € - Eleganza e potenza, per un Barolo che ha solo bisogno di un pochino di tempo per raggiungere un grandissimo livello.
Barbera d'Alba Roscaleto 2017 ● 6.300 bt; 24 € - Suadente, fruttata, piena, con una bella vena acida. La nota quasi cioccolatosa ricorda un po' gli anni Novanta? Forse, ma lo fa a grandi livelli.
Barolo Case Nere 2016 ● 2.300 bt; 73 € - Potente, floreale, elegante.
Dolcetto Tiglineri 2018 ● 6.400 bt; 15 € - Croccante, fruttato, espressivo.
Langhe Nebbiolo 2018 ● 5.900 bt; 15 € - Fine, speziato, rilassato.

ha 23 - **bt** 70.000
Fertilizzanti letame, organo-minerali
Fitofarmaci organici, rame e zolfo
Diserbo lavorazione meccanica/manuale
Lieviti fermentazione spontanea
Uve 100% di proprietà
Certificazione biologico certificato

LA MORRA (CN)

GIANFRANCO BOVIO

SCONTO -10%

Frazione Annunziata - Borgata Ciotto, 63 - tel. 0173 50667
www.boviogianfranco.it - boviogianfranco@boviogianfranco.com

VITA - Negli anni Settanta Gianfranco Bovio, straordinario ristoratore con l'accoglienza scritta nel proprio DNA, decise di costruirsi una piccola cantina in quel di La Morra. A distanza di molti anni, dopo la sua scomparsa, l'azienda è passata nelle mani della figlia Alessandra e del marito Marco Boschiazzo. Per portarla avanti hanno creato un piccolo team con Matteo Franci che cura la parte enologica e Roberto Tofan che accoglie i clienti e gli appassionati.

VIGNE - Nessun volo pindarico, la gestione agronomica è molto classica. I Bovio possono contare sulla proprietà di piccole parcelle, ma molto ben collocate ed esposte. E così a La Morra le menzioni sono di tutto prestigio, con Gattera (dove le piante sono piuttosto vecchie), Arborina e Rocchettevino. Mentre a Castiglione Falletto si coltiva il Parussi.

VINI - Anche in cantina tutto è improntato alla tradizione, con lunghe macerazioni e uso di legni grandi: nascono così prodotti che esaltano il territorio e la beva.

Barolo Gattera 2016 ● 3.300 bt; 51 € - Il palato esprime un bel calore alcolico, senza essere eccessivamente ricco, grazie a un saporito guizzo acido e tannico. Rassicurante la solita eleganza olfattiva.
Barolo Arborina 2016 ● 3.300 bt; 51 € - Ha una grande facilità di beva, con un'ottima componente fruttata che allunga il sorso e lo conduce a un finale lungo e affilato.
Barolo Parussi 2016 ● 1.850 bt; 55 € - Delicato e soffuso, ha energia e succo, ben accompagnati da sapidità e dinamismo gustativo.
Barolo 2016 ● 10.500 bt; 34 € - Fine, fruttato, profondo.
Barbera d'Alba Sup. Regiaveja 2018 ● 10.800 bt; 17 € - Solido, fruttato, verticale.
Langhe Nebbiolo Firagnetti 2018 ● 12.500 bt; 17 € - Dinamico, fruttato, armonico.

ha 8,5 - **bt** 65.000
Fertilizzanti letame, organo-minerali
Fitofarmaci organici, rame e zolfo
Diserbo lavorazione meccanica/manuale
Lieviti fermentazione spontanea
Uve acquisto 10%
Certificazione nessuna certificazione

LA MORRA (CN)

BRANDINI

Borgata Brandini, 16 - tel. 0173 50266
www.agricolabrandini.it - brandini@agricolabrandini.it

VITA - Giovani, appassionate, entusiaste del proprio mestiere: sono le due sorelle Bagnasco, Giovanna e Serena. Chiacchierare con loro, anche solo virtualmente, è sempre interessante perché è un assaggio di quello che sarà la Langa nei prossimi decenni. Il padre Piero, che ha acquistato nel 2007 questa azienda, le affianca senza soffocarle. Giovanna si occupa degli aspetti commerciali, mentre Serena è focalizzata sulla produzione.

VIGNE - Le vigne sono sparse su più comuni e arrivano fino alle propaggini dell'Alta Langa, in particolare a Benevello e Lequio Berria. Il cuore aziendale batte però sul versante occidentale del Barolo, in quel di La Morra, nella menzione che porta il nome della cantina. Ma poi si coltivano parcelle anche a Serralunga d'Alba e Dogliani (per il viognier). Si sta facendo tanta ricerca sul biologico.

VINI - Rosa di etichette molto composita: se si vuole trovare un fil rouge si potrebbe dire che qui si ricercano beva e freschezza, con il mantenimento del carattere di ogni vigneto.

TOP **Barolo R 56 2016** ● 4.500 bt; 65 € - Questa menzione è vinificata con il 40% di grappolo intero e questo si sente, con aromi espressivi e molto gradevoli e un tannino gustoso e piacevole. Grande eleganza e spinta in bocca.
Barolo Annunziata 2016 ● 6.200 bt; 77 € - Un rosso di grande beva, con slancio e succo difficili da riscontrare in altri Barolo di pari annata.
Barolo Cerretta 2016 ● 7.000 bt; 77 € - Molto sapido, salato e succoso, è il più tosto della batteria di Barolo.
Barolo del Comune di La Morra 2016 ● 20.000 bt; 43 € - Ampio, fruttato, consistente.
Langhe Bianco Rebelle 2019 O viognier; 5.000 bt; 26 € - Avvolgente, fruttato, opulento.
Alta Langa Brut 2016 12.000 bt; 17 € - Fine, fruttato, energico.

ha 18 - **bt** 80.000
Fertilizzanti letame, sovescio
Fitofarmaci rame e zolfo
Diserbo lavorazione meccanica/manuale
Lieviti fermentazione spontanea, selezionati industriali
Uve 100% di proprietà
Certificazione biologico certificato

LA MORRA (CN)

CASCINA BALLARIN

Frazione Annunziata, 115 - tel. 0173 50365
www.cascinaballarin.com - cascina@cascinaballarin.it

VITA - A Cascina Ballarin si vive di agricoltura dal 1928. La conversione in azienda vinicola è avvenuta sul finire degli anni Ottanta per opera di Luigi Viberti, papà di Giorgio e Giovanni, che oggi proseguono il suo lavoro sempre con un'impostazione familiare. Questa realtà ha ovviamente nel Barolo il proprio cavallo di battaglia, ma realizza anche diversi rossi e bianchi da uve locali.

VIGNE - «Quando eravamo piccoli andavamo a pescare in un rio dietro la cascina. Per anni non si è più potuto a causa delle acque inquinate, ma oggi è di nuovo possibile»: la testimonianza di Giorgio racconta la riconversione verde avvenuta nel territorio nell'ultimo decennio, un orientamento fatto proprio anche dai Viberti, con un graduale ma necessario abbandono della chimica. Il patrimonio vitato aziendale è diviso tra i comuni di La Morra, Novello e Monforte, con un'importante appezzamento nella Bussia.

VINI - In cantina l'impostazione è classica, con pochissimi interventi, la ricerca di vini puliti e territoriali, e un discreto uso di legni piccoli.

Barolo Bussia 2016 ● 1.900 bt; 38 € - - Il profilo olfattivo è ampio ed elegante, con le note tipiche del Nebbiolo. In bocca è fresco, bilanciato e sapido.
Barolo Tre Ciabot 2016 ● 12.000 bt; 29 € - - Il naso è spostato verso le note vegetali, terrose, speziate e di sottobosco, e il palato è più muscolare: si avvertono tannini più marcati, profondi, con un finale più irregolare e dinamico.
Barolo Bricco Rocca 2016 ● 1.800 bt; 38 € - - La gamma di profumi è più vicina all'espressione del Bussia, ma leggermente più indietro nella maturazione. In bocca troviamo tannini regolari, e un sorso equilibrato, pieno, godibile.
Langhe Nascetta 2019 ○ 2.300 bt; 13 € - - Schietto, fruttato, incisivo.

ha 9 - **bt** 55.000
Fertilizzanti letame in pellet
Fitofarmaci rame e zolfo
Diserbo lavorazione meccanica/manuale
Lieviti fermentazione spontanea
Uve 100% di proprietà
Certificazione nessuna certificazione

LA MORRA (CN)

CORDERO DI MONTEZEMOLO

Frazione Annunziata, 67 bis - tel. 0173 50344
www.corderodimontezemolo.com - info@corderodimontezemolo.com

VITA - Pochi simboli sanno richiamare alla mente la Langa del Barolo come il cedro del Libano, ormai secolare, che poggia sulla collina della menzione Gattera a La Morra. Dietro alla sua storia c'è un'azienda, la Cordero di Montezemolo, che ha radici profonde e un profilo riconosciuto in tutto il mondo: quello di una realtà prestigiosa, al passo con i tempi e dinamica. A dirigerla Alberto Cordero e la sorella Elena.

VIGNE - Il parco vitato è ampio e dislocato in più zone, ma il suo cuore è rappresentato dai 28 ettari che si sviluppano intorno alla cantina disegnando un paesaggio da sogno. Se parliamo di La Morra troviamo vigne in Annunziata, Gattera e Brandini (l'ultimo ingresso), a cui si aggiungono il Villero a Castiglione Falletto, e alcuni appezzamenti a Madonna di Como e a Castagnito e Guarene nel Roero, dove si coltiva arneis.

VINI - Il taglio stilistico è moderno: macerazioni abbastanza brevi e affinamenti in legni di diverse dimensioni.

Barolo Gattera 2016 ● 4.800 bt; 68 € - - Inizialmente timido al naso, dove prevalgono i cenni fruttati in pieno timbro lamorrese, ha un sorso polposo, con un tannino fitto e ben cesellato che tuttavia si scopre un po' sul finale.
Barolo Enrico VI 2016 ● 7.800 bt; 85 € - - Il regale figlio del Villero si esprime su toni di frutta matura ed è ricco, potente, dal tannino incisivo e ben risolto, e dal finale di piacevole ritorno aromatico.
Barbera d'Alba Sup. Funtanì 2017 ● 9.500 bt; 36 € - - Qui il legno di affinamento si sposa bene con il profilo aromatico ed esalta un sorso succoso, fresco, e dal finale suadente.
Barolo Monfalletto 2016 ● 50.000 bt; 44 € - - Incisivo, fruttato, contratto.
Dolcetto d'Alba 2019 ● 40.000 bt; 13 € - - Succoso, varietale, gastronomico.
Langhe Arneis 2019 ○ 70.000 bt; 13 € - - Tecnico, fruttato, sapido.

ha 56 - **bt** 300.000
Fertilizzanti letame, minerali, organo-minerali, sovescio
Fitofarmaci organici, rame e zolfo
Diserbo lavorazione meccanica/manuale
Lieviti selezione di lieviti indigeni
Uve 100% di proprietà
Certificazione biologico certificato

LA MORRA (CN)

GIOVANNI CORINO

Frazione Annunziata, 25/b - tel. 0173 509452
www.corino.it - info@corino.it

VITA - Questa azienda a conduzione familiare oggi vede Giuliano Corino, la moglie Stefania Galasso e i figli Andrea e Veronica in prima linea nella produzione di Barolo di chiaro stampo lamorrese. Tutto è iniziato a metà degli anni Ottanta, ma oggi i Corino non si accontentano e preparano altre novità.

VIGNE - In vigna gli interventi sono condotti con misura, cercando di ridurre al minimo l'impatto delle lavorazioni. Il cuore del parco vitato si trova nella parte bassa di La Morra, nei dintorni dell'Annunziata: qui troviamo gli storici cru Arborina e Giachini, ma anche la new entry Bricco Manescotto.

VINI - I Corino prediligono macerazioni a contatto con le bucce piuttosto brevi e l'uso di legni piccoli per l'affinamento dei Barolo, continuando a percorrere la strada del modernismo lamorrese con convinzione.

Barolo Bricco Manescotto 2016 ● 4.000 bt; 68 € - - Figlio di una vigna acquistata nel 2013, è alla sua seconda annata. Non tradisce il carattere classico del nebbiolo: al naso è fruttato e floreale, e la trama tannica è ben domata.
Barolo Arborina 2016 ● 2.500 bt; 72 € - - L'Arborina è uno dei cru più conosciuti di La Morra, con terreno argilloso e presenza di sabbia. Da qui nasce un Barolo esplosivo nei profumi, di misurata presenza tannica e buona freschezza.
Barolo Giachini 2016 ● 4.000 bt; 68 € - - Da vigne piantate nel 1953, è un Barolo molto rappresentativo di La Morra: fruttato, di profilo dolce e dal tannino arrotondato.
Barolo del Comune di La Morra 2016 ● 10.000 bt; 44 € - - Robusto, fruttato, armonico.
Barbera d'Alba 2018 ● 7.000 bt; 15 € - - Avvolgente, speziato, gastronomico.
Barbera d'Alba Ciabot du Re 2017 ● 3.000 bt; 34 € - - Armonico, speziato, integro.

ha 10 - **bt** 50.000
Fertilizzanti letame in pellet, letame
Fitofarmaci organici, rame e zolfo
Diserbo lavorazione meccanica/manuale
Lieviti selezione di lieviti indigeni
Uve 100% di proprietà
Certificazione nessuna certificazione

LA MORRA (CN)

RENATO CORINO

Frazione Annunziata - Borgata Pozzo, 49/a - tel. 338 7301814
www.renatocorino.it - info@renatocorino.it

VITA - La collina dell'Annunziata, oltre a essere una delle zone più prestigiose del vino lamorrese e di Langa, è anche un luogo in cui si concentrano tanti bravi produttori, molti dei quali hanno segnato da protagonisti la rivoluzione modernista del Barolo. L'azienda di Renato Corino, nata nel 2005 in seguito a una divisione familiare, si colloca esattamente in quest'alveo, e oggi vede in prima linea, accanto al suo fondatore, i figli Stefano e Chiara.

VIGNE - L'azienda ha vigne distribuite in alcuni cru di tutto rispetto: spiccano Rocche dell'Annunziata, Arborina e Roncaglie, con quest'ultimo che è al centro di un nuovo progetto portato avanti con determinazione da Stefano, che firma anche la bottiglia di Barolo che ne deriva. L'approccio in campo è rispettoso e pragmatico.

VINI - Macerazioni non molto lunghe e legni piccoli: la firma dei Corino è quella che ha reso celebri molte aziende radicate su queste colline.

Barolo Roncaglie 2016 ● 1.500 bt; 38 € - - Il nuovo nato, quello che sull'etichetta porta il nome di Stefano, è anche quello che quest'anno ci ha convinti di più: al naso si apre sul frutto scuro e una lieve balsamicità; la bocca è densa e alcolica, ma il tannino fitto e l'acidità sostengono bene il sorso. Un vino dalle ottime potenzialità.
Barolo Rocche dell'Annunziata 2016 ● 4.500 bt; 63 € - - Profuma di vaniglia e spezie dolci, e il percorso gustativo è morbido, segnato da una buona freschezza, con il tannino integrato e un lieve amarognolo a increspare il finale.
Barolo Arborina 2016 ● 5.600 bt; 51 € - - Ancora segnato dal legno di affinamento al momento dell'assaggio, ha un bel succo ma risulta in debito di integrazione, soprattutto nella componente tannica.
Barolo del Comune di La Morra 2016 ● 10.200 bt; 36 € - - Integrato, fruttato, avvolgente.

ha 8 - **bt** 50.000
Fertilizzanti letame
Fitofarmaci rame e zolfo
Diserbo lavorazione meccanica/manuale
Lieviti fermentazione spontanea
Uve 100% di proprietà
Certificazione nessuna certificazione

DOSIO

Regione Serradenari, 6 - tel. 0173 50677
www.dosiovigneti.com - info@dosiovigneti.com

VITA - L'azienda è stata fondata da Beppe Dosio negli anni Settanta. Ingegnere impiegato nel settore tessile, con caparbietà e lungimiranza acquistò le vigne e una vecchia cascina in località Serradenari a La Morra. Oggi la proprietà è passata alla famiglia Lanci, e la parte agronomica e la gestione della cantina sono finite nelle mani di Francesco Iacono, dopo la lunga collaborazione con Marco Dotta.

VIGNE - Le vigne si trovano in frazione Serradenari, nella parte più alta del comune di La Morra, ad altitudini che sfiorano i 500 metri. Sono circa 9 gli ettari piantati a barbera, dolcetto e nebbiolo. L'azienda possiede anche una parcella nel cru Fossati a Barolo e una a Montaldo Roero, dove viene coltivato l'arneis. Le vigne sono condotte con attenzione all'ambiente: niente diserbo chimico, trattamenti ridotti e lavorazioni del terreno misurate.

VINI - I vini rispecchiano lo stile aziendale, dal piglio moderno e preciso: sono più classici i vini monovarietali, con uno sguardo in avanti gli assemblaggi.

Barolo Fossati 2016 ● 6.000 bt; 50 € - Molto articolato nel profilo olfattivo, in bocca si presenta fresco e sapido, caratteristiche che ben contrastano la ricchezza di struttura.
Barolo Serradenari 2016 ● 5.000 bt; 43 € - I sentori di rosa e di fragola aprono la strada a un sorso fresco, dai tannini morbidi e dal lungo finale.
Barolo 2016 ● 15.000 bt; 31 € - Ricco nel profilo olfattivo, al palato attacca fresco e corposo, trovando un ottimo equilibrio.
Dolcetto d'Alba Nassone 2018 ● 3.300 bt; 14 € - Agile, fruttato, varietale.
Langhe Rosso Momenti 2016 ● 6.500 bt; 20 € - Potente, fruttato, complesso.
Barbera d'Alba Sup. 2017 ● 9.500 bt; 15 € - Ampio, fruttato, avvolgente.

ha 11 - **bt** 65.000
Fertilizzanti letame in pellet, sovescio
Fitofarmaci rame e zolfo
Diserbo lavorazione meccanica/manuale
Lieviti selezione di lieviti indigeni
Uve 100% di proprietà
Certificazione nessuna certificazione

LA MORRA (CN)

SILVIO GRASSO

SCONTO **-10%**

Frazione Annunziata, 112 - tel. 351 6703545
www.silviograsso.com - info@silviograsso.com

VITA - Azienda fondata nel lontano 1927, la Silvio Grasso ha iniziato a imbottigliare negli anni Ottanta, nel pieno della rivoluzione modernista del Barolo. Da allora i coniugi Alessio Federico Grasso e Marilena Pedassa sono ancora saldamente impegnati nella gestione di questa realtà familiare. Altrettanto coinvolti sono i figli Silvio e Paolo, per un continuo e proficuo dialogo tra generazioni.

VIGNE - Il cuore pulsante dell'azienda è a La Morra, nella zona dell'Annunziata. Qui i vigneti, posti a circa 250 metri di altitudine ed esposti a sud, hanno età media di 30-40 anni. Qualche parcella è sita anche nei comuni di Barolo e Roddino, e un'altra piccola vigna, che concorre alla produzione del Langhe Nebbiolo, è invece nel Roero. I maggiori cambiamenti nelle pratiche agricole sono avvenuti per adeguarsi al cambiamento climatico e difendere le uve dall'aumento delle temperature.

VINI - La gamma è composta da soli vini rossi con focus soprattutto sulle diverse espressioni di Barolo lamorrese. Lo stile segue gli impulsi modernisti e la barrique è il contenitore prediletto per gli affinamenti, seppure per alcuni vini si ricorra anche a passaggi in botti grandi.

Barolo Turné 2016 ● 4.000 bt; 41 € - Oltre ai sentori di frutta rossa matura, spicca un'iniziale nota balsamica. Al momento del nostro assaggio è ancora un po' frenato dal tannino giovane, ma acidità e sapidità danno scorrevolezza al sorso.
Barolo Bricco Luciani 2016 ● 4.500 bt; 41 € - Gioca su speziatura e dolcezza. L'ingresso in bocca è vellutato, il tannino più rotondo, e sul finale chiude leggermente amaro.
Barolo Bricco Manzoni 2016 ● 2.500 bt; 51 € - Denso, fruttato, profondo.
Barolo Annunziata Vigna Plicotti 2016 ● 3.000 bt; 41 € - Austero, tostato, scuro.
Barolo 2016 ● 12.000 bt; 26 € - Ruvido, fruttato, espressivo.

ha 14 - **bt** 80.000
Fertilizzanti letame in pellet, letame, organo-minerali
Fitofarmaci chimici di sintesi, rame e zolfo
Diserbo lavorazione meccanica/manuale
Lieviti fermentazione spontanea, selezionati industriali,
Uve acquisto 15%
Certificazione nessuna certificazione

LA MORRA (CN)

MARIO MARENGO

Località Serradenari, 2/a - tel. 0173 50115
marengo@cantinamarengo.it

VITA - Questa azienda storica è nata nel 1899, e oggi è condotta da Mario Marengo, dalla moglie Eugenia Battaglino e dal figlio Stefano, che aiuta il papà nella gestione dei vigneti e nelle vinificazioni. La nuova sede di recente costruzione si trova nella borgata Serradenari, mentre la cantina storica è situata in centro a La Morra, ed è accogliente, moderna, funzionale e molto curata.

VIGNE - Le vigne sono situate in due prestigiosi cru, Brunate a La Morra e Bricco delle Viole a Barolo, ma non solo: l'azienda possiede infatti anche appezzamenti nel Roero, precedentemente di proprietà della famiglia di Eugenia e rimpolpati con un recente acquisto nel pregiato Valmaggiore di Vezza d'Alba.

VINI - I vini sono di stile moderno: l'utilizzo dei legni piccoli è sapiente e non invadente, per prodotti pronti e facili alla beva, nel rispetto delle caratteristiche varietali e del territorio di provenienza.

Barolo Brunate 2016 ● 7.000 bt; 50 € - - Granato intenso, al naso è fine, con profumi di fiori e di piccoli frutti rossi; in bocca è caldo, di corpo con tannini ben integrati e un finale lunghissimo.
Barolo Bricco delle Viole 2016 ● 6.500 bt; 38 € - - Il profilo olfattivo è complesso, con sentori di fragola di bosco e rosa appassita; l'attacco in bocca è caldo, di grande corpo, diremmo sontuoso. Il finale è lunghissimo.
Barolo 2016 ● 12.000 bt; 31 € - - Intrigante al naso, al sorso è fresco, minerale, di buon corpo, equilibrato e persistente.
Barbera d'Alba Vigna Pugnane 2018 ● 5.000 bt; 15 € - - Avvolgente, fruttato, opulento.
Nebbiolo Valmaggiore 2018 ● 6.000 bt; 17 € - - Armonico, fruttato, elegante.
Dolcetto d'Alba 2019 ● 4.000 bt; 10 € - - Agile, fruttato, autentico.

ha 8 - **bt** 40.000
Fertilizzanti letame in pellet, organo-minerali
Fitofarmaci rame e zolfo, organici
Diserbo lavorazione meccanica/manuale
Lieviti fermentazione spontanea
Uve 100% di proprietà
Certificazione in conversione biologica

LA MORRA (CN)

MAURO MOLINO

SCONTO **-10%**

Frazione Annunziata Gancia, 111/d - tel. 0173 500035
www.mauromolino.com - info@mauromolino.com

VITA - Mauro Molino ha creato questa realtà lamorrese più che consolidata producendo il suo primo Barolo nel 1982. Nonostante oggi i figli Martina e Matteo ne abbiano preso saldamente in mano le redini, Mauro è ancora partecipe e attivo, soprattutto in vigna. L'azienda è particolarmente legata a vigna Conca, il cru più piccolo della denominazione acquistato da Mauro proprio nel 1982.

VIGNE - A La Morra sono dislocati tutti i vigneti da cui la cantina attinge per la produzione dei Barolo. Nonostante l'appartenenza allo stesso comune, le caratteristiche di ciascun cru rendono ogni etichetta una traccia esemplare dell'articolazione espressiva di questo territorio. Nel 2015 sono state acquistate delle vigne di barbera a Costigliole D'Asti, paese di origine del nonno Giuseppe.

VINI - Matteo ricerca eleganza e aromaticità nei suoi Nebbioli, per valorizzare la ricchezza e le peculiarità di ogni singolo cru.

Barolo Gallinotto 2016 ● 8.000 bt; 48 € - - L'altitudine e l'esposizione della vigna di Berri premiano questo vino: fiori, agrumi, tè, frutta e spezie arricchiscono il bouquet aromatico, mentre in bocca il sorso è pulito e preciso, con tannini sottili, mineralità e freschezza.
Barolo Conca 2016 ● 3.000 bt; 63 € - - Naso molto evoluto e complesso: dalle spezie alle note vegetali, dalla terra ai fiori e a una lieve tostatura. In bocca ha un timbro deciso, con tannini composti e un buon equilibrio.
Barolo La Serra 2016 ● 2.700 bt; 50 € - - Naso decisamente più austero rispetto agli altri cru lamorresi, con frutta matura in primo piano. Il sorso è profondo, vivo e lungo, i tannini sono solidi e ben integrati.
Barolo Bricco Luciani 2016 ● 4.500 bt; 50 € - - Avvolgente, complesso, stratificato.
Barolo 2016 ● 30.000 bt; 36 € - - Ampio, floreale, espressivo.

ha 16,5 - **bt** 95.000
Fertilizzanti sovescio
Fitofarmaci rame e zolfo, organici
Diserbo lavorazione meccanica/manuale
Lieviti selezione di lieviti indigeni
Uve acquisto 15%
Certificazione nessuna certificazione

LA MORRA (CN)

GIULIA NEGRI SERRADENARI

Via Bricco del Dente, 19 - tel. 0173 50119
www.giulianegri.com - info@giulianegri.com

VITA - Non è più un segreto, Giulia Negri è una delle star emergenti nel panorama vitivinicolo langarolo. Giovane e solare, intelligente, ambiziosa e preparata, ha dato una svolta totale all'azienda di famiglia, gestita in passato da antenati illustri quanto eccentrici, e mai troppo focalizzati sul vino. Giulia, al contrario, si sta dedicando in tutto e per tutto a far emergere Serradenari come una delle menzioni destinate a essere ricordate.

VIGNE - Con altitudini fino a 550 metri, a Serradenari troviamo alune delle vigne più alte del comprensorio, una benedizione in tempi di cambiamento climatico. I terreni sono un mix di diverse formazioni, in cui Giulia ha individuato tre vigneti che vanno dal calcareo e alcalino fino al sabbioso e acido. Poi c'è il bosco, piantato dal nonno Franco come tartufaia (e il tartufo c'è), che rappresenta un prezioso polmone verde ed è garante di biodiversità.

VINI - I vini di Giulia giocano tutti sulla finezza, il dettaglio e la verticalità, ma c'è un'altra sua ossessione che fa la differenza: la maturità del tannino e la scelta dei legni.

TOP **Barolo Serradenari 2016** ● 6.500 bt; 68 € - Elegante, espressivo ed equilibrato, pieno di energia succosa, ben modulato nella materia e nel tannino, ha davvero tutto: frutto e fiore, tratti balsamici e terrosi, il tutto messo a fuoco da una spina dorsale acida che va in profondità.
Barolo Marassio 2016 ● 2.500 bt; 118 € - Dalla vigna più alta, è il vino più gracile ed essenziale, ma anche quello più incisivo e ricco di dettaglio sottile. Ha un frutto luminoso e acuto, incorniciato da deliziosi tratti minerali di polvere di gesso.
Barolo La Tartufaia 2016 ● 15.500 bt; 51 € - Da terreni più argillosi e profondi, un vino più immediato e gentile, di profilo fruttato più maturo e tannino già risolto. Non manca di contrasto acido-salino.

ha 6,5 - **bt** 45.000
Fertilizzanti letame
Fitofarmaci rame e zolfo
Diserbo lavorazione meccanica/manuale
Lieviti fermentazione spontanea
Uve 100% di proprietà
Certificazione biologico certificato

LA MORRA (CN)

ODDERO - PODERI E CANTINE

Frazione Santa Maria Tetti, 28 - tel. 0173 50618
www.oddero.it - info@oddero.it

VITA - La storia del Barolo passa da qui: Giacomo Oddero ha vissuto da protagonista alcuni dei passaggi fondamentali e delle vicende che hanno determinato il successo di questo vino, e oggi che il testimone è da anni nelle mani della figlia Mariacristina l'azienda continua a percorrere una strada fatta di prestigio e distinzione, onorando le proprie radici. La nuova generazione si sta affacciando: il figlio Pietro Viglino e la nipote Isabella Boffa scalpitano.

VIGNE - Tanta storia, tanto prestigio, tanta centralità nel mondo del Barolo si traducono in un parco vitato da capogiro. Sembra di recitare la formazione del Dream Team alle Olimpiadi di Barcellona del 1992: Brunate, Bussia Soprana, Rocche di Castiglione, Villero, Vigna Rionda e Monvigliero. Una squadra di fuoriclasse.

VINI - Luca Veglio supervisiona la produzione da tempo. L'approccio è molto classico, per vini che giocano sulla precisione e l'eleganza.

Barolo Vigna Rionda Ris. 2014 ● 2.200 bt; 161 € - L'annata fredda e piovosa ha evidenziato le differenze tra le grandi vigne e quelle mediocri. Vigna Rionda appartiene senza dubbio alle prime: leggiadro e sussurrato, è fresco, teso, con un tannino setoso e un finale sapido che dona distensione e profondità al sorso.
Barolo Villero 2016 ● 6.000 bt; 70 € - Floreale, con cenni minerali, in bocca è potente e con una trama tannica fitta. Di grande prospettiva.
Barolo Vigna Rionda Ris. 2013 ● 3.000 bt; 176 € - Doppia uscita quest'anno per il Vigna Rionda Riserva: questa è l'annata 2013, più classica della 2014 ma anche un po' meno emozionante. Un Barolo tipico, dalla dorsale acido-sapida che sostiene una bocca potente.
Barbaresco Gallina 2017 ● 6.000 bt; 45 € - Incisivo, fruttato, profondo.
Barolo Brunate 2016 ● 1.700 bt; 108 € - Integrato, fruttato, corto.

ha 36 - **bt** 150.000
Fertilizzanti compost, letame in pellet, letame, sovescio
Fitofarmaci organici, rame e zolfo
Diserbo lavorazione meccanica/manuale
Lieviti fermentazione spontanea, selezionati industriali
Uve 100% di proprietà
Certificazione biologico certificato

LA MORRA (CN)

PODERI MARCARINI

Piazza Martiri, 2 - tel. 0173 50222
www.marcarini.it - marcarini@marcarini.it

VITA - I giovanissimi Andrea, Chiara ed Elisa Marchetti rappresentano la sesta generazione nella storia di Poderi Marcarini. Pienamente coinvolti in ogni processo produttivo, sono ormai più di un semplice sostegno per i genitori Luisa Marcarini e Manuel. Andrea è impegnato maggiormente nella parte amministrativa, Elisa segue la cantina e i lavori in vigna, mentre Chiara si occupa dell'agriturismo di Neviglie.

VIGNE - Nel comune di La Morra è presente il cuore dell'azienda con i cru Brunate e La Serra e con la vigna prefillosserica di dolcetto in località Berri. Altri appezzamenti sono situati a Neviglie e Montaldo Roero. La parte agricola è condotta senza utilizzo di chimica e con inerbimento controllato per preservare la fertilità dei terreni.

VINI - I vini sono estremamente puliti, freschi e scorrevoli: è questa la cifra stilistica della gamma assaggiata, il tratto distintivo aziendale.

TOP **Barolo La Serra 2016** VINO SLOW ● 9.000 bt; 41 € - Profuma di frutta e cenni balsamici, per un profilo austero, pulito ed elegante. In bocca mantiene un timbro solido, con tannini ben presenti e profondità. Un Barolo davvero appagante.
Barolo del Comune di La Morra 2016 ● 20.000 bt; 28 € - Seconda uscita per questo vino di chiara impronta lamorrese ben al di là del nome: al naso prevalgono infatti sentori agrumati e sottili note fruttate. Sorprende per la facilità di beva, con il sorso slanciato e l'ingresso fresco.
Dolcetto d'Alba Fontanazza 2019 ● 7.000 bt; 8 € - Profumi intensissimi e di ampio spettro: pepe e spezie, fiori, frutta fresca. La piacevolezza olfattiva è coerente con un sorso che si rivela avvolgente, succoso e croccante.
Barbera d'Alba Ciabot Camerano 2018 ● 15.000 bt; 12 € - Dinamico, fruttato, incisivo.
Roero Arneis 2019 ○ 7.000 bt; 9 € - Fresco, fruttato, rilassato.

ha 20 - **bt** 120.000
Fertilizzanti organo-minerali, sovescio
Fitofarmaci chimici di sintesi, rame e zolfo
Diserbo lavorazione meccanica/manuale
Lieviti selezione di lieviti indigeni
Uve 100% di proprietà
Certificazione nessuna certificazione

LA MORRA (CN)

RENATO RATTI

SCONTO **-10%**

Frazione Annunziata, 7 - tel. 0173 50185
www.renatoratti.com - info@renatoratti.com

VITA - Nel 1965 Renato Ratti, dopo 10 anni di lavoro in Brasile per conto della Cinzano, tornò in Italia e, grazie all'amicizia con ex compagni di scuola del calibro di Gigi Rosso e Bruno Giacosa, acquistò un piccolo vigneto a La Morra in zona Conca. Da qui partì l'epopea di questa azienda e di un uomo che ha cambiato il volto del Barolo e non solo. Oggi, dopo la sua prematura scomparsa nel 1988, troviamo al comando il dinamico e capace figlio Pietro.

VIGNE - In principio Renato era un grande selezionatore di uve e infatti una delle prime mappe dei cru di Langa è proprio stata realizzata da lui. Poi, verso la fine della sua vita, comprese che il futuro sarebbe stato dominato dai vignaioli-vinificatori, e iniziò a comprare ottime vigne. Ora il patrimonio vitato è notevole e può contare su menzioni come Conca e Rocche dell'Annunziata, oltre a tanti altri ettari sparsi nel Roero, nel Doglianese e nell'Astigiano.

VINI - Il frutto dei Nebbioli, in gioventù, è sempre molto ricco, quasi esuberante, e segna il profilo olfattivo dei vini.

Barolo Rocche dell'Annunziata 2016 ● 5.000 bt; 75 € - Da una posizione molto importante nasce questo rosso dal naso estremamente ricco di frutto e dalla bocca succosa, dolce e profonda.
Barolo Marcenasco 2016 ● 70.000 bt; 43 € - Attacca invitante con cenni di lampone, e in bocca ha energia e un tannino bello tosto, senza risultare indigesto.
Barolo Conca 2016 ● 3.000 bt; 75 € - Da una delle posizioni più assolate e calde della denominazione giunge questo rosso opulento nei sentori e nel palato.
Barbera d'Alba Battaglione 2019 ● 70.000 bt; 17 € - Agile, fruttato, gastronomico.
Piemonte Sauvignon I Cedri 2018 ○ 6.000 bt; 19 € - Articolato, vegetale, ampio.
Langhe Dolcetto Colombé 2019 ● 50.000 bt; 10 € - Croccante, fruttato, integro.

ha 45 - **bt** 400.000
Fertilizzanti nessun concime
Fitofarmaci chimici di sintesi, rame e zolfo
Diserbo lavorazione meccanica/manuale
Lieviti fermentazione spontanea, selezionati industriali
Uve acquisto 20%
Certificazione nessuna certificazione

LA MORRA (CN)

MICHELE REVERDITO

Frazione Rivalta - Borgata Garassini, 74/b - tel. 0173 50336
www.reverdito.it - reverdito-m@libero.it

VITA - Ci vogliono coraggio e ostinazione per prendere 20 anni di lavoro e metterli da parte: è quello che ha fatto Michele Reverdito, che non contento della direzione presa nella prima fase della sua attività ha scelto di sparigliare le carte e inseguire l'idea di vino che sentiva più sua. Ha abbandonato la strada vecchia, fatta di barrique e qualche insicurezza di troppo, per quella nuova, all'insegna della tradizione e di una direzione enologica chiara e convincente. Ad aiutarlo c'è la sorella Sabina.

VIGNE - La cantina si trova in frazione Rivalta a La Morra, e buona parte del parco vitato sorge nei dintorni, in un'area non lontana dal confine con Verduno. Il Bricco Cogni, non a caso, è un cru dai risvolti verduniani, a cui si aggiungono Ascheri, Castagni, La Serra, oltre a Badarina a Serralunga.

VINI - Vini schietti, varietali, che recano chiara l'impronta del territorio: l'impianto tradizionale si sente, e si avvantaggia dell'introduzione dei tini tronconici per le fermentazioni dei Barolo, quest'anno in una versione da urlo.

TOP **Barolo Badarina 2016** VINO SLOW ● 5.500 bt; 55 € - Ⓛ - Il figliolo serralunghiano: austero e minerale, ha un sorso dritto, caratteriale, salino e ritmato. Una prova superlativa, un premio alla passione di Michele, e un dizionario da consultare se si vuole comprendere l'anima dei Barolo di questa zona.
Barolo La Serra 2016 ● 2.800 bt; 55 € - Ⓛ - Alla sua prima annata è già un cult: ha bocca ampia e tannino incisivo, nuotando in un orizzonte di potenza che non perde mai la misura.
Barolo Bricco Cogni 2016 ● 5.400 bt; 48 € - Ⓛ - Incisivo, fruttato, cangiante.
Barbera d'Alba Delia 2017 ● 6.700 bt; 16 € - Ⓛ - Succoso, fruttato, varietale.
Langhe Nebbiolo Simane 2018 ● 28.000 bt; 12 € - Ⓛ - Teso, floreale, rustico.

ha 24 - **bt** 100.000
Fertilizzanti letame in pellet, sovescio
Fitofarmaci rame e zolfo
Diserbo lavorazione meccanica/manuale
Lieviti fermentazione spontanea, selezionati industriali
Uve 100% di proprietà
Certificazione nessuna certificazione

LA MORRA (CN)

ROCCHE COSTAMAGNA

SCONTO -10%

Via Vittorio Emanuele, 8 - tel. 0173 509225
www.rocchecostamagna.it - barolo@rocchecostamagna.it

VITA - Rocche Costamagna è sinonimo di storia e ospitalità. Alessandro Locatelli, l'attuale proprietario, gestisce un patrimonio vinicolo nobile, che ha rilanciato nel 1986 con una gestione della cantina in chiave moderna e attenta alla qualità. Gli appassionati sono sempre benvenuti: bellissima la sala degustazioni, così come sono belle le cantine e le stanze del piccolo B&B.

VIGNE - Rocche dell'Annunziata, in pieno territorio lamorrese, è il cru di riferimento. Le altre parcelle si trovano all'interno dello stesso comune e a Verduno. Il rinnovamento svolto da Alessandro è stato imponente: gli ettari vitati sono passati da 8 a 16, è stato ripiantato l'80% delle viti con una logica di maggiore densità e facendo ricerca sui cloni, e sono stati fatti grandi passi avanti in tema di sostenibilità.

VINI - Se sul Nebbiolo la scelta è di ricorrere a botti grandi che preservino le caratteristiche varietali e che premino il più possibile l'identità del territorio, sulla Barbera si predilige un invecchiamento in barrique.

Barolo Rocche dell'Annunziata 2016 ● 22.000 bt; 40 € - Ⓛ - Pienamente risolto al naso, ha un palato persistente, godibile e pieno: perfetto l'equilibrio nelle sue componenti tanniche.
Barolo 2016 ● 8.000 bt; 29 € - Ⓛ - Al naso è dotato di un bouquet fine e pulito, con profumi fruttati e floreali. La beva è facile, con tannini docili e sottilissimi, ben integrati. Anche in questo Barolo ritroviamo eleganza ed equilibrio.
Barbera d'Alba Sup. Rocca delle Rocche 2017 ● 8.000 bt; 18 € - Ⓑ - Il profilo olfattivo elegante, pulito e composto varia tra note di frutta matura e una leggera speziatura. In bocca il sorso è vivo, denso, polposo e profondo.
Barbera D'Alba 2018 ● 16.000 bt; 12 € - Ⓑ - Denso, fruttato, profondo.
Langhe Arneis 2019 ○ 12.000 bt; 12 € - Ⓐ - Vivo, fruttato, verticale.

ha 15 - **bt** 95.000
Fertilizzanti organo-minerali, sovescio
Fitofarmaci chimici di sintesi, rame e zolfo
Diserbo lavorazione meccanica/manuale
Lieviti selezionati industriali
Uve acquisto 7%
Certificazione nessuna certificazione

LA MORRA (CN)

TREDIBERRI

€

Borgata Torriglione, 4 - tel. 0173 509302
www.trediberri.com - info@trediberri.com

VITA - Il giovane Nicola Oberto, fondatore di Trediberri insieme al papà Federico e all'amico e socio Vladimiro Rambaldi, ha un'animo passionale, curioso e irrequieto. Ci vuole in effetti un po' di irrequieta follia per farsi largo in un mondo affollato e difficile come quello del Barolo, ma Nicola lo sta facendo con competenza e una visione fresca e contemporanea. In pochi anni l'azienda è diventata una realtà da tenere d'occhio con attenzione.

VIGNE - Il parco vitato si divide tra le Rocche dell'Annunziata, nobile cru culla di nobili Barolo, Torriglione (intorno alla cantina), Capalot e Berri, dove nel 2007 sono stati acquistati i 5 ettari che hanno dato il nome ai "tre di Berri". Recente l'innesto di Bricco Mollea a Vicoforte, dove nasce il Dogliani. Nicola e soci hanno rinunciato alla certificazione biologica, in polemica con le nuove regole sulle quantità di rame ammesse.

VINI - I vini sono schietti, varietali, lineari e privi di sovrastrutture enologiche. Tanto cemento, e solo legno grande per i Barolo.

TOP **Barolo Rocche dell'Annunziata 2016** VINO SLOW ● 3.800 bt; 60 € - Di nuovo uno dei Rocche dell'Annunziata più buoni dell'annata: rigetta la solita piacioneria di certi lamorresi, per esprimersi su registri floreali eleganti con cenni balsamici e di liquirizia; il sorso è incisivo, fresco, diretto, fedele specchio di un Barolo nobile ed essenziale.
Barolo 2016 ● 32.000 bt; 32 € - Succoso e fresco, un Barolo "di ingresso" (ci si perdoni la definizione) come andrebbe fatto.
Dogliani Bricco Mollea 2019 ● 8.500 bt; 15 € - La novità: fa piacere vedere un'azienda giovane puntare con così tanto entusiasmo sul Dolcetto. È giovanile, tipico, succoso e gastronomico.
Barbera d'Alba 2019 ● 14.000 bt; 15 € - Succoso, fruttato, essenziale.
Langhe Nebbiolo 2019 ● 28.000 bt; 17 € - Incisivo, floreale, varietale.

ha 11 - **bt** 90.000
Fertilizzanti letame, sovescio
Fitofarmaci rame e zolfo
Diserbo lavorazione meccanica/manuale
Lieviti fermentazione spontanea
Uve acquisto 15%
Certificazione nessuna certificazione

LA MORRA (CN)

MAURO VEGLIO

Frazione Annunziata - Cascina Nuova, 50 - tel. 0173 509212
www.mauroveglio.com - mauroveglio@mauroveglio.com

VITA - Ormai l'unione di forze e di intenti tra Mauro Veglio e il nipote Alessandro ha raggiunto un suo punto di stabilità. Quello che ancora si muove, anche se i nostri due protagonisti promettono che sarà l'ultimo tassello ad aggiungersi, è il parco vitato, che già oggi conta su un portafoglio di cru da urlo, e che con l'annata 2019 vedrà la presenza anche di vigne in affitto da quel di Serralunga.

VIGNE - I 4,5 ettari di Lirano e Manocino si aggiungono dunque ad Arborina (dove sorge la cantina), Gattera, Rocche dell'Annunziata, Paiagallo e Castelletto. Vedremo nei prossimi anni se la scelta di uscire con tante etichette da singolo cru si rivelerà azzeccata: per ora è evidente la volontà di costruire una gamma giocata sull'espressione territoriale delle vigne.

VINI - Veglio è da tempo sinonimo di Barolo che sposano macerazioni abbastanza brevi e affinamenti in legni piccoli, qualcuno direbbe "modernisti". Ma il matrimonio aziendale tra Mauro e Alessandro sta rimettendo in discussione questa etichetta, testimoniando la sua inadeguatezza a interpretare il presente.

Barolo Arborina 2016 ● 6.500 bt; 50 € - Il vino-simbolo di casa ci è sembrato parecchio in forma: molto lamorrese, ha bocca ampia, morbida, che non eccede in potenza.
Barolo Gattera 2016 ● 8.000 bt; 50 € - Di nuovo un simbolo, questa volta dell'incontro tra Mauro e Alessandro, visto che l'annata 2016 è la prima ottenuta con l'unione delle loro uve: fruttato e speziato, ha un sorso esuberante e ricco.
Barolo Paiagallo 2016 ● 4.000 bt; 68 € - Etichetta al suo esordio: un Barolo minerale e fruttato, dal sorso potente, con un tannino nerboruto che sul finale si scopre un po'.
Langhe Nebbiolo Angelo 2018 ● 20.000 bt; 15 € - Incisivo, fruttato, gastronomico.
Barolo Castelletto 2016 ● 6.500 bt; 50 € - Fitto, fruttato, compatto.

ha 22 - **bt** 110.000
Fertilizzanti letame in pellet, letame
Fitofarmaci rame e zolfo
Diserbo lavorazione meccanica/manuale
Lieviti fermentazione spontanea
Uve 100% di proprietà
Certificazione nessuna certificazione

LA MORRA (CN)

ERALDO VIBERTI

SCONTO **-10%**

Frazione Santa Maria - Borgata Tetti, 53 - tel. 0173 50308
335 453028 - www.eraldoviberti.com - info@eraldoviberti.it

VITA - Eraldo Viberti è un vignaiolo che lavora con passione e personalità, riuscendo a riversare tali doti nei suoi vini. Siamo a La Morra, in frazione Santa Maria, in una realtà dalle radici profonde e di schietto stampo contadino. Se la denominazione del Barolo oggi ha raggiunto l'olimpo del vino mondiale è anche grazie ai tanti piccoli produttori partiti dal nulla che hanno saputo interpretare un momento storico, il post-scandalo del metanolo, con i piedi saldi a terra e grandi ambizioni.

VIGNE - Scrupolosa l'attenzione in vigna per produrre uve di qualità sui terreni ricchi di argilla e tufo, dislocati a varie altitudini e con differenti esposizioni. Per i Barolo di casa Eraldo può contare su due cru di tutto rispetto: Rocchettevino e Roncaglie.

VINI - Le macerazioni sono lunghe, e i legni di affinamento sono grandi per il Roncaglie, piccoli per il Barolo "classico" e per il Rocchettevino.

Barolo Roncaglie 2016 ● 3.200 bt; 65 € - - Pulito ed elegante, si apre su cenni minerali, balsamici ed erbacei, per poi virare su un bel frutto rosso. Il tannino è ben modulato, per un vino decisamente sontuoso e strutturato, che promette un'importante evoluzione espressiva.
Barbera d'Alba Vigna Clara 2018 ● 4.000 bt; 20 € - - L'olfatto è molto intenso, e la bocca ha una bella verve acida. Fine e succoso, ha una bella complessità e sensazioni vellutate al palato.
Barolo 2016 ● 2.300 bt; 31 € - - Fine e minerale, ha note balsamiche, floreali, fruttate e terziarie. Il tannino è deciso: è un vino di bella struttura, da masticare, già godibile ma con un bel futuro davanti.
Langhe Nebbiolo 2018 ● 3.000 bt; 20 € - - Integrato, speziato, armonico.

ha 6,5 - **bt** 26.000
Fertilizzanti compost, letame, sovescio
Fitofarmaci organici, rame e zolfo
Diserbo lavorazione meccanica/manuale
Lieviti selezione di lieviti indigeni
Uve 100% di proprietà
Certificazione biologico certificato

LA MORRA (CN)

OSVALDO VIBERTI

SCONTO **-10%**

Borgata Serra dei Turchi, 95 -tel. 0173 50374
www.vibertiosvaldo.it - osvaldoviberti@gmail.com

VITA - Esattamente un secolo di vita e tre generazioni: è questa la finestra temporale che racconta la storia dell'azienda. Con entusiasmo, nel 1993 ,Osvaldo Viberti ne ha preso in mano le redini e ha deciso di tuffarsi nel primo imbottigliamento, aumentando la superficie vitata e spendendosi per una gestione più sostenibile del vigneto.

VIGNE - A ridosso della cantina a Serra dei Turchi troviamo le vigne di proprietà con le classiche varietà di Langa: nebbiolo, barbera, dolcetto e una piccola frazione di nascetta. Nel comune di Serralunga c'è inoltre una vigna situata nel cru Meriame. I cambiamenti climatici hanno indotto, Osvaldo a una maggior copertura dei grappoli e all'inerbimento totale tra i filari.

VINI - La consulenza enologica è di Sergio Molino. Nei primi anni Duemila si è scelto di tornare all'affinamento in botte grande, e oggi si svolgono fermentazioni di media durata con estrazioni misurate. Pur definendosi tradizionalista Osvaldo è aperto alla novità e alle sperimentazioni.

Barolo Serra dei Turchi 2016 ● 3.500 bt; 32 € - - Un vino intrigante dal tannino nobile. Il frutto maturo è supportato in bocca da una freschezza corroborante.
Barolo del Comune di Serralunga d'Alba 2016 ● 3.500 bt; 32 € - - Speziato e balsamico al naso, in bocca è armonico e succoso, di buona trama tannica.
Barolo del Comune di La Morra 2016 ● 8.000 bt; 25 € - - Pronto e godibile, si apre note con floreali e speziate. In bocca il tannino è fine, integrato ed essenziale.
Barbera d'Alba Mancine 2018 ● 4.000 bt; 12 € - - Succoso, speziato, sapido.
Barbera d'Alba 2019 ● 10.000 bt; 9 € - - Agile, vinoso, delicato.
Langhe Nebbiolo 2019 ● 3.500 bt; 11 € - - Incisivo, speziato, contratto.

ha 11 - **bt** 38.000
Fertilizzanti humus, sovescio
Fitofarmaci rame e zolfo
Diserbo lavorazione meccanica/manuale
Lieviti selezione di lieviti indigeni
Uve 100% di proprietà
Certificazione nessuna certificazione

LA MORRA (CN)

VIGNETI LUIGI ODDERO E FIGLI

Frazione Santa Maria - Tenuta Parà, 95 - tel. 0173 500386
www.figliluigioddero.it - info@figliluigioddero.it

VITA - Una cantina giovane e storica allo stesso tempo, cosa abbastanza singolare. Storica perché Luigi Oddero è stato uno dei patriarchi della Langa. Recente perché solo nel 2006 è arrivata la divisione dal fratello Giacomo. Poi Luigi è mancato nel 2010, e la moglie Lena Gavrilova è riuscita a dare nuovo slancio a questa azienda. Il team è preparato e molto affiatato: Alberto Zaccarelli è il direttore, Francesco Versio, dal 2017, è l'enologo interno, Luciano Botto, dal 2018, è l'agronomo. La consulenza è in mano a Dante Scaglione dal 2013.

VIGNE - Un patrimonio vitato di altissimo valore, con menzioni molto prestigiose: Rocche Rivera e Specola circondano la cantina, a cui si aggiungono Scarrone a Castiglione Falletto (la porzione di maggiore pendenza) e Vigna Rionda a Serralunga d'Alba. Nella zona del Barbaresco si coltiva il Rombone, in quel di Treiso. Il moscato invece è a Trezzo Tinella.

VINI - Rossi di grande carattere tradizionale, frutto di lunghe macerazioni e affinamenti in legni decisamente grandi.

TOP **Barolo Vigna Rionda 2014** ● 3.200 bt; 128 € - Un rosso che sprigiona tanta energia, sia dal punto di vista olfattivo (con profumi di frutta e spezie), sia da quello gustativo, con profondità di tannino e di beva.
Barbaresco Rombone 2017 ● 7.800 bt; 34 € - Succoso e sapido, presenta una chiusura di grande eleganza.
Barolo 2016 ● 15.000 bt; 39 € - Figlio di una grande annata, ha slancio e godibilità.
Barolo Rocche Rivera 2016 ● 3.000 bt; 94 € - Austero, fruttato, profondo.
Langhe Nebbiolo 2017 ● 10.500 bt; 17 € - Incisivo, fruttato, sapido.
Langhe Bianco 2018 ○ 1.300 bt; 17 € - Ampio, fruttato, opulento.

ha 32 - **bt** 100.000
Fertilizzanti organo-minerali
Fitofarmaci chimici di sintesi, rame e zolfo
Diserbo lavorazione meccanica/manuale
Lieviti selezione di lieviti indigeni
Uve 100% di proprietà
Certificazione nessuna certificazione

MAGLIANO ALFIERI (CN)

LE MORE BIANCHE

Via Adele Alfieri, 35 - tel. 345 6141980
www.lemorebianche.com - info@lemorebianche.com

VITA - Sono passati solo cinque anni dalla nascita di questa piccola realtà roerina, ma i riscontri positivi pressoché immediati non ci sorprendono affatto. Intanto Alessandro Bovio ha un'ottima preparazione tecnica e tanta esperienza, frutto di anni di lavoro come consulente enologico. A questo unisce un'invidiabile sensibilità agricola, un sincero rispetto per la vigna e il vino, e idee molto chiare su come portare l'essenza più pura del luogo, del vitigno e dell'annata in bottiglia.

VIGNE - Abbiamo conosciuto questo giovane vignaiolo proprio nel 2015, in occasione di un giro per vigne con un altro produttore, suo amico. Stava lavorando tra i suoi filari con visibile felicità, orgoglioso della loro biodiversità e convinto del suo approccio biologico, seppure non certificato. I terreni qui a Magliano sono di matrice più calcarea e meno sabbiosi rispetto alle zone classiche del Roero, un fattore che si ritrova nei vini.

VINI - Vini precisi e ben delineati ma anche integri ed espressivi, fatti con sapienza artigiana e mano leggera.

Roero San Bernardo 2017 ● 3.000 bt; 24 € - Vino di grande finezza e dettaglio aromatico, con note rocciose, fruttate e sottili cenni speziati. La materia è ben estratta, sottile e trasparente, il tannino solido ma delicato.
Barbera d'Alba Sup. 2018 ● 2.600 bt; 23 € - Fine, terroso e minerale, di gran bella polpa succosa, ha l'acidità ben integrata e una sana manciata di sale in chiusura, per un sorso dinamico e profondo.
Roero San Bernardo 2018 ● 3.000 bt; 24 € - Di carattere più giovanile dell'altro Roero, con il frutto in primo piano e un palato ampio, denso e sapido, ha un tannino già più accogliente.
Langhe Nebbiolo Nebiulin 2019 ● 5.000 bt; 15 € - Fine, floreale, leggiadro.
Barbera d'Alba 2018 ● 4.000 bt; 15 € - Succoso, fruttato, incisivo.

ha 2,5 - **bt** 17.600
Fertilizzanti sovescio
Fitofarmaci rame e zolfo
Diserbo lavorazione meccanica/manuale
Lieviti selezione di lieviti indigeni
Uve 100% di proprietà
Certificazione nessuna certificazione

MONCHIERO (CN)

GIUSEPPE MASCARELLO E FIGLIO

Via Borgonuovo, 108 - tel. 0173 792126
www.mascarello1881.com - info@mascarello1881.com

VITA - Poche cantine, in una zona dalla storia comunque ricchissima e stratificata come la Langa del Barolo, possono vantare un passato così glorioso e un presente altrettanto importante come quella guidata oggi da Mauro Mascarello insieme alla moglie Maria Teresa Mioletti e ai figli Elena e Giuseppe. Il peso specifico è quello dei fuoriclasse: non a caso oggi i Barolo targati Giuseppe Mascarello spostano un interesse internazionale che ha pochissimi eguali.

VIGNE - Se parliamo di Giuseppe Mascarello non possiamo che partire dal Monprivato, favoloso cru di Castiglione Falletto che è praticamente un monopole aziendale. Altre piccolissime parcelle sono inoltre dislocate nel Villero, che ha la stessa posizione ma sorge un rilievo collinare più a sud, e nel Perno e nella Bussia, a Monforte d'Alba.

VINI - La vecchia cantina del 1919 in quel di Monchiero racconta lo stile aziendale al primo sguardo. Botti grandi, spesso anche molto grandi, e una dimensione austera, senza tanti inutili abbellimenti.

Barolo Monprivato 2015 ● 18.500 bt; 128 € - - Un vino ormai iconico, insieme al Ca' d' Morissio che esce solo nelle annate migliori, e dal tratto spesso molto riconoscibile: qui è in una versione che gioca su cenni speziati e una spiccata morbidezza nell'attacco gustativo. Poi il solito austero e grande carattere.
Barbera d'Alba Scudetto 2017 ● 8.000 bt; 26 € - - Nasce nella vigna di Perno, tra gli incantevoli filari sotto la cappella di Santo Stefano: l'annata calda e siccitosa gli dona densità, ma paradossalmente anche tanta freschezza, che ben si amalgama al succo.
Langhe Nebbiolo 2018 ● 6.000 bt; 32 € - - Un Langhe Nebbiolo lineare, di schietta espressività varietale: i profumi floreali e fruttati anticipano una bocca che non indugia sulla potenza e trova un buon ritmo.

ha 12 - **bt** 60.000
Fertilizzanti letame
Fitofarmaci chimici di sintesi, organici, rame e zolfo
Diserbo lavorazione meccanica/manuale
Lieviti fermentazione spontanea, selezione di lieviti indigeni
Uve 100% di proprietà
Certificazione nessuna certificazione

MONFORTE D'ALBA (CN)

GIANFRANCO ALESSANDRIA

SCONTO **-10%**

Località Manzoni, 13 - tel. 0173 78576
www.gianfrancoalessandria.com - azienda.alessandria@gmail.com

VITA - Oggi il volto giovane e appassionato dell'azienda è quello delle figlie di Gianfranco Alessandria, Vittoria e Marta. L'energia al femminile che riescono a trasmettere si riverbera su questa classica realtà familiare di Monforte, la cui caratteristica principale è data dal fatto di essere custode pressoché unica della menzione San Giovanni.

VIGNE - Il parco vitato presenta piante di diverse età, anche se non mancano le viti vecchie, su cui si fanno attente selezioni per alcune etichette più importanti. I suoli a base di tufo e calcare, e privi di sabbia, favoriscono strutture importanti nei vini. Sono in progetto nuovi impianti di nebbiolo e barbera.

VINI - La scelta sugli affinamenti è quella di prediligere le barrique, perlopiù vecchie, anche sui Barolo. Col tempo si sono modificate le macerazioni, che sono state allungate ma vengono condotte a temperature più basse.

Barolo San Giovanni 2016 ● 5.000 bt; 52 € - - Si apre con note erbacee e balsamiche, floreali e fruttate molto intense. Un vino decisamente complesso, molto fine, di ottima persistenza, che denota un sapiente utilizzo del legno lasciando esprimere l'identità territoriale.
Barbera d'Alba Vittoria 2017 ● 5.000 bt; 30 € - - Nonostante l'annata calda è una Barbera di beva: il sorso è succoso, di grande schiettezza e finezza, molto intenso, con note marcate di frutto rosso. Piacevole e delicata la speziatura, per una bocca di bella sapidità e dal giusto tannino.
Barolo 2016 ● 12.000 bt; 38 € - - Di impatto floreale, ha un tannino ancora giovanile e una discreta struttura.

ha 8 - **bt** 55.000
Fertilizzanti letame in pellet, letame
Fitofarmaci rame e zolfo
Diserbo lavorazione meccanica/manuale
Lieviti selezione di lieviti indigeni
Uve 100% di proprietà
Certificazione nessuna certificazione

PIERO BENEVELLI

Località San Giuseppe, 14 - tel. 0173 78416
www.barolobenevelli.com - info@barolobenevelli.com

VITA - Massimo Benevelli è il volto, oltre che il cuore, di questa piccola realtà di Monforte che rivendica con orgoglio, fin dalle etichette, la sua identità contadina. Ci troviamo sulla strada che dal bellissimo borgo langarolo porta verso Roddino, ai confini meridionali della denominazione. Qui i Benevelli sono custodi di una tradizione radicata, fatta di mitezza e sudore.

VIGNE - Mosconi, Le Coste e Ravera di Monforte: le tre menzioni che danno il nome alle tre etichette da singolo cru di Barolo sono, oltre che l'estremo sud della denominazione, la culla del patrimonio vitato di famiglia. Alle vigne qui coltivate si aggiungono poco più di 3 ettari nella zona che sconfina verso Dogliani.

VINI - Dopo aver ceduto alla tentazione di un approccio più modernista, con l'uso di legni piccoli per gli affinamenti, Massimo sta tornando a uno stile più tradizionale.

Barolo Ravera di Monforte 2016 ● 5.100 bt; 51 € - Una prova davvero convincente: al naso è floreale, appena minerale, con un bel frutto definito e croccante; la bocca è vibrante, fresca e sapida, di lieve esuberanza alcolica, ma in possesso di tensione e profondità, e di un tannino che dona carattere.
Langhe Nebbiolo 2019 ● 12.000 bt; 16 € - Un Nebbiolo molto profumato e leggiadro: note di fragolina di bosco e fiori introducono una bocca ben integrata, con un tannino un po' esuberante, ma anche una lieve salinità che dona profondità al sorso.
Barolo Le Coste di Monforte 2016 ● 6.200 bt; 40 € - Timido all'olfatto, ha un sorso abbastanza dritto ma ancora in debito di integrazione al momento dell'assaggio.
Barolo Mosconi 2016 ● 2.600 bt; 53 € - Molle, fruttato maturo, avvolgente.
Dolcetto d'Alba La Costa 2019 ● 10.000 bt; 9 € - Incisivo, fruttato, gastronomico.

ha 10,5 - **bt** 45.000
Fertilizzanti letame in pellet
Fitofarmaci rame e zolfo
Diserbo lavorazione meccanica/manuale
Lieviti fermentazione spontanea
Uve 100% di proprietà
Certificazione nessuna certificazione

CASCINA FONTANA

Località Perno - Vicolo della Chiesa, 2 - tel. 0173 789005
www.cascinafontana.com - info@cascinafontana.com

VITA - Mario Fontana ha il merito di aver sempre perseguito le proprie idee fino in fondo, anche quando il vento soffiava in un'altra direzione. Nel 1994 si è distaccato dall'azienda di famiglia per fondare la propria: una piccola realtà agricola, con forte accento sul lavoro in vigna e vini integri e di grande classicità. Siamo felici di constatarne il recente successo: Mario però non si è mai montato la testa, e continua deciso per la propria strada.

VIGNE - Mario è un vignaiolo vero che preferisce il lavoro tra i filari a quello in ufficio, alle fiere o ai social media. Ha scelto una dimensione tale da poter seguire tutte le lavorazioni in prima persona, e da lavorare senza facili scorciatoie chimiche. Le parcelle sono dislocate tra Castiglione Falletto (Villero e Mariondino), La Morra (Giachini) e Sinio, appena fuori zona Barolo, dove si coltivano dolcetto, barbera e nebbiolo.

VINI - Lo stile di Mario è decisamente tradizionale, poco interventista e di una purezza, ahinoi, sempre più rara in Langa.

TOP **Barolo del Comune di Castiglione Falletto 2015** VINO SLOW ● 4.000 bt; 56 € - Un Barolo affascinante e di vecchio stampo: ricco di sfumature floreali, di foglie passite, di tratti salmastri e balsamici, ha un palato vivo e disteso, con un tannino solido e dolce e il giusto contrasto acido.
Langhe Nebbiolo 2018 ● 7.000 bt; 20 € - Vino goloso, molto classico nelle note fruttate e floreali, ma con tratti anche rocciosi. Il palato è fine e agile, con un tannino ben estratto e un frutto dolce e disteso.
Vino Rosso 2019 ● 2.600 bt; 20 € - Dalle vigne di La Morra, prodotto senza solfiti aggiunti, è un Nebbiolo giovanile, integro e accogliente, tutto frutto, succo e freschezza.
Dolcetto d'Alba 2019 ● 4.000 bt; 9 € - Solido, fruttato, gastronomico.
Barbera d'Alba 2018 ● 6.000 bt; 17 € - Succoso, minerale, verace.

ha 5 - **bt** 30.000
Fertilizzanti letame
Fitofarmaci rame e zolfo
Diserbo lavorazione meccanica/manuale
Lieviti fermentazione spontanea, selezione di lieviti indigeni
Uve 100% di proprietà
Certificazione nessuna certificazione

MONFORTE D'ALBA (CN)

CASTELLO DI PERNO

SCONTO **-10%**

Località Castelletto, 33 - tel. 334 5648263
www.castellodiperno.it - info@castellodiperno.it

VITA - Gregorio Gitti, avvocato milanese, è arrivato in Langa in punta di piedi. Ha acquistato il Castello di Perno e una cantina a Castelletto, che era in costruzione ma non ancora del tutto funzionante, e ha deciso di realizzare un progetto molto preciso. A Perno, nella dimora storica che fu di Giulio Einaudi, ha costruito un luogo di cultura in cui artisti e letterati possano sentirsi a casa propria, mentre nei locali di Castelletto è nata una cantina moderna e funzionale, che realizza etichette dalla forte impronta territoriale e ricche di carattere.

VIGNE - La gestione agronomica è curata dal consulente Roberto Abate, che sta seguendo la volontà di Gregorio di portare avanti un tipo di agricoltura sostenibile e attenta alla natura. I vigneti sono molto belli e si trovano principalmente a Monforte, con appezzamenti a Perno, Castelletto e Gramolere. Le uve barbera sono coltivate al Bricco di Nizza, in una splendida tenuta che conta anche vigne di oltre 70 anni.

VINI - La parte enologica è curata da Gian Luca Colombo, che ha uno stile di vinificazione piuttosto classico, con macerazioni lunghe e affinamenti in legni di grandi dimensioni.

Barolo Castelletto 2016 ● 6.600 bt; 46 € - Ⓛ - Profumato di fragola, con un impatto gustoso al palato, è elegante e algido. L'impressione è che sia nato per sfidare gli anni.
Barolo 2016 ● 10.000 bt; 34 € - Ⓛ - Più pronto, ricco e opulento del fratello maggiore. Grazie alla bella spinta di succo si allunga bene al sorso.
Nizza 2017 ● 7.000 bt; 22 € - Ⓛ - Figlio di una grande annata per questa varietà, ha polpa gustosa e una scia sapida che conquista.
Langhe Nebbiolo 2018 ● 10.000 bt; 20 € - Ⓛ - Fine, fruttato, dettagliato.
Langhe Nascetta 2019 ● 4.500 bt; 15 € - ▯ - Croccante, floreale, energico.
Dolcetto d'Alba 2018 ● 3.500 bt; 12 € - ▯ - Agile, fruttato, gastronomico.

ha 13 - **bt** 70.000
Fertilizzanti letame in pellet
Fitofarmaci rame e zolfo
Diserbo lavorazione meccanica/manuale
Lieviti selezione di lieviti indigeni
Uve 100% di proprietà
Certificazione biologico certificato, in conversione biologica

MONFORTE D'ALBA (CN)

DOMENICO CLERICO

Località Manzoni, 22/a - tel. 0173 78171
www.domenicoclerico.com - info@domenicoclerico.com

VITA - Il poeta statunitense James Russell Lowell diceva che solo «gli stupidi non cambiano mai opinione», e questa citazione descrive perfettamente quando sta succedendo in azienda, dove sotto la guida intelligente di Oscar Arrivabene si stanno mettendo in discussione molte scelte passate: è la migliore forma di rispetto che ci possa essere per il lavoro di Domenico Clerico, che d'altronde era pure lui un vulcano di idee sempre pronto a cambiare rotta.

VIGNE - Ogni riflessione parte dalla vigna: la possibilità di contare su un parco vitato di grandissimo prestigio si risolve in un obbligo morale, quello di rispettarlo e trarne il meglio. Ginestra, Pajana e Mosconi a Monforte e Baudana a Serralunga sono le menzioni in cui si trovano le vigne di Clerico.

VINI - In cantina è cambiata la direzione del vento, imprimendo maggiore velocità a una svolta già intrapresa negli ultimi anni di vita di Domenico: meno legni piccoli, macerazioni più lunghe e, in generale, meno sovrastrutture enologiche.

TOP **Barolo Ciabot Mentin 2016** ● 5.500 bt; 82 € - Ⓛ ▦ - Dalle vigne della Ginestra, questo Barolo iconico non smette di stupire, trovando una strada per certi versi simile al fratello serralunghiano di cui sotto, fatta di incisività e spinta verticale. Il sorso è lunghissimo, quasi eterno.
Barolo del Comune di Serralunga d'Alba Aeroplanservaj 2016 ● 6.000 bt; 99 € - Ⓛ ▦ - L'unico Barolo serralunghiano di casa qui è in forma: ha frutto e mineralità, una lieve balsamicità, cenni floreali; il sorso è compatto e dritto, sottile, dal tannino ben ricoperto e dal finale sapido.
Barolo Percristina 2010 ● 2.000 bt; 179 € - Ⓛ ▦ - Potente, fruttato, profondo.
Barolo Pajana 2016 ● 4.500 bt; 82 € - Ⓛ ▦ - Succoso, speziato, contratto.
Langhe Nebbiolo Capisme-e 2018 ● 18.000 bt; 20 € - ▯ - Denso, fruttato, varietale.

ha 21 - **bt** 110.000
Fertilizzanti letame, sovescio
Fitofarmaci organici, rame e zolfo
Diserbo lavorazione meccanica/manuale
Lieviti fermentazione spontanea, selezione di lieviti indigeni
Uve 100% di proprietà
Certificazione nessuna certificazione

MONFORTE D'ALBA (CN)

CONTERNO FANTINO

Località Ginestra, 1 - tel. 0173 78204
www.conternofantino.it - info@conternofantino.it

VITA - Una squadra formidabile quella che compone l'anima di questa azienda. Due famiglie che hanno creato un binomio ormai inscindibile (38 anni di società), e ora che si sta affermando la nuova generazione le cose paiono funzionare sempre meglio. Da un lato i Conterno con Claudio, che è l'anima agronomica, e dall'altro i Fantino con Guido e il figlio Fabio, più impegnati nella gestione della vinificazione.

VIGNE - Claudio è una persona che fa della praticità la sua cifra stilistica. Ha un'impostazione che punta sull'empirismo e sul continuo aggiornamento tecnico. Il cuore viticolo batte nella menzione Ginestra, ma si coltivano splendidi vigneti anche nella zona di Mosconi e Castelletto. L'obiettivo futuro è quello di alleggerire i trattori per evitare il compattamento del suolo, e di consumare molto meno carburante.

VINI - Lo stile è indubbiamente moderno, ma intravediamo comunque un'evoluzione, con un apporto del legno piccolo più misurato e strutture meno possenti.

TOP **Barolo Mosconi Vigna Ped 2016** ● 6.200 bt; 73 € - Un naso complesso e ricco di frutta, con un palato potente ma non eccessivo, dal tannino sapido e decisamente allungato in un gran finale.
Barolo Ginestra Vigna del Gris 2016 ● 9.100 bt; 68 € - Mentolo e frutta rossa segnano l'olfatto. La bocca è austera e decisa, con una chiusura succosa inaspettata e gradevole.
Barolo Ginestra Vigna Sorì Ginestra 2016 ● 11.700 bt; 82 € - Conquista la dolcezza del frutto al palato, con una chiusura tosta, dettata da un tannino ricco.
Barolo Castelletto Vigna Pressenda 2016 ● 6.500 bt; 68 € - Ampio, fruttato, consistente.
Langhe Nebbiolo Ginestrino 2018 ● 35.500 bt; 20 € - Croccante, fruttato, leggiadro.
Barbera d'Alba Vignota 2018 ● 36.500 bt; 17 € - Dinamico, fruttato, gastronomico.

ha 25 - **bt** 150.000
Fertilizzanti compost, sovescio
Fitofarmaci rame e zolfo
Diserbo lavorazione meccanica/manuale
Lieviti fermentazione spontanea, selezione di lieviti indigeni
Uve 100% di proprietà
Certificazione biologico certificato

MONFORTE D'ALBA (CN)

DIEGO CONTERNO

Via Montà, 27 - tel. 0173 789265
www.diegoconterno.it - info@diegoconterno.it

VITA - È rassicurante vedere la nuova generazione di vignaioli in Langa integrarsi nelle aziende di famiglia apportando idee, apertura di mente e la capacità di rapportarsi con un mondo del vino che non conosce più confini. Stefano Conterno ne è un ottimo esempio. Ancora giovane, solido lavoratore e bravo ambasciatore delle terre langarole, compensa bene l'indole più riservata del padre Diego, fondatore di questa giovane realtà nel 2003, ma legato alla viticoltura da sempre.

VIGNE - "Nato in località Ginestra" pare che reciti la carta di identità di Diego, ed è proprio qui che si trova il cuore del vigneto aziendale, con tre diversi appezzamenti nel celebre cru. Il corpo più esteso si trova però sul versante sotto la cantina, nella parte meridionale del comune e appena fuori dalla zona del Barolo: è dedicato a dolcetto, barbera, nebbiolo e nascetta, per i vini classici.

VINI - Lo stile aziendale è tradizionale ed equilibrato, con macerazioni prolungate, affinamenti in legno grande e giusto peso dato anche all'affinamento in bottiglia.

Barolo del Comune di Monforte d'Alba 2016 ● 6.000 bt; 49 € - Dalle vigne giovani di Pajana e Vigna del Gris nella Ginestra, un vino fine e stratificato, di grande equilibrio e piacevolezza: ricco di dettaglio floreale, con cenni balsamico-terrosi, ha un palato leggiadro e luminoso, di incisiva energia sapida.
Langhe Nebbiolo Baluma 2018 ● 13.000 bt; 17 € - Interpretazione golosa e divertente, tutta incentrata sul frutto, ricco di polpa succosa e contrasto acido-salino.
Barolo 2016 ● 10.000 bt; 40 € - Robusto, giovanile, irrisolto.
Barbera d'Alba Ferrione 2018 ● 12.000 bt; 15 € - Solido, fruttato, compatto.
Dolcetto d'Alba 2019 ● 5.000 bt; 13 € - Fresco, fruttato, sottile.
Langhe Nascetta 2019 ○ 4.000 bt; 14 € - Incisivo, agrumato, essenziale.

ha 7,5 - **bt** 55.000
Fertilizzanti humus, letame in pellet, sovescio
Fitofarmaci rame e zolfo
Diserbo lavorazione meccanica/manuale
Lieviti fermentazione spontanea, selezionati industriali
Uve 100% di proprietà
Certificazione biologico certificato

FRANCO CONTERNO CASCINA SCIULUN

SCONTO -10%

Località Bussia, 62 - tel. 0173 78627
www.francoconterno.it - info@francoconterno.it

VITA - Quella di Franco Conterno è la tipica azienda a conduzione familiare di Langa. Il figlio di Franco, Daniele, si occupa principalmente della cantina in collaborazione con l'enologo Sergio Molino. Il fratello Andrea si dedica alla vigna insieme al papà, mentre il lato femminile rappresentato da Emina Viberti, moglie di Daniele, e Vilma Gabutti, la mamma, sovrintende alla parte amministrativa e commerciale.

VIGNE - Le vigne si dividono tra i comuni di Monforte, dove ovviamente ci sono alcuni appezzamenti nella prestigiosa Bussia, Barolo, Novello (Panerole), Castiglione Falletto (Pugnane) e Madonna di Como. Spettacolare l'anfiteatro vitato che circonda la cantina.

VINI - Per i Barolo si utilizzano legni grandi, come vuole la tradizione. Le altre varietà sono interpretate in modo classico, cercando di dare espressione alle loro potenzialità.

Barolo 7 Anni Ris. 2012 ● 3.100 bt; 77 € - L'olfatto è molto intenso: si alternano note balsamiche, fruttate, floreali, di frutta secca, e un leggero boisé. Al palato è di grande intensità, persistenza, freschezza e sapidità. Vengono utilizzati i grappoli migliori dei vigneti più prestigiosi.
Barolo Bussia Ris. 2014 ● 12.000 bt; 44 € - Un Barolo strutturato, di importante mineralità, balsamico e floreale; il tannino è ben marcato, così come è ampia la persistenza al palato.
Barbera d'Alba Sup. Bricco Torta 2017 ● 4.500 bt; 20 € - Il vitigno si esprime nei profumi eleganti e marcati di frutti rossi. L'affinamento gli regala cenni balsamici e speziati. In bocca è strutturato e di buona freschezza.
Langhe Nascetta 2019 ○ 7.000 bt; 12 € - Succoso, vegetale, autentico.
M. Cl. Extra Brut Na Punta nebbiolo; 3.000 bt; 30 € - Setoso, balsamico, compatto.

ha 33 - **bt** 220.000
Fertilizzanti letame
Fitofarmaci rame e zolfo
Diserbo lavorazione meccanica/manuale
Lieviti fermentazione spontanea, selezione di lieviti indigeni
Uve 100% di proprietà
Certificazione biologico certificato

GIACOMO CONTERNO

Località Ornati, 2 - tel. 0173 78221
www.conterno.it - conterno@conterno.it

VITA - L'obiettivo che si è dato Roberto Conterno è molto semplice: ogni giorno dare qualcosa di più di quello appena trascorso. Così facendo è riuscito non solo a mantenere a livelli altissimi la cantina che il padre Giovanni gli ha lasciato nel 2004, ma anche ad accrescerne fama e dimensioni. Non era semplice riuscirci, visto l'alone di leggenda che già l'accompagnava, eppure Roberto lo ha fatto con grinta e serietà fuori dal comune..

VIGNE - Nel 1974 Giovanni acquistò Cascina Francia, da allora culla dell'omonima menzione e del Monfortino, poi con il millesimo 2010 è uscito il primo Barolo Cerretta e, infine, nel 2015 è stato completato l'acquisto dell'Arione. L'azienda è a forte trazione serralunghiana, con vigneti piuttosto diversi tra loro ma connotati tutti da altitudini elevate e suoli che regalano grande struttura e longevità.

VINI - Lo stile è tradizionale e rigoroso, con macerazioni belle lunghe, legni selezionatissimi e attenzione a ogni singolo dettaglio.

TOP **Barolo Monfortino Ris. 2014** ● 17.000 bt; n.d. € - In un'annata complicata da numerose piogge a luglio, ecco che esce questa perla, grazie a selezioni estreme in vigna e a un terroir con pochi paragoni. Il naso è di estrema eleganza fruttata, la bocca ha una finezza da capolavoro e una chiusura lunga e verticale.
Barolo Francia 2016 ● 14.000 bt; n.d. € - Puro e grintoso, sapido e saporito: un monumento all'annata e alla denominazione.
Barolo Arione 2016 ● 8.000 bt; n.d. € - Il più viscerale e terroso, con humus e una speziatura finissima e tipica. Ha un gran tannino, coperto magistralmente dal frutto.
Barolo Cerretta 2016 ● 6.000 bt; n.d. € - Fine, fruttato, complesso.
Barbera d'Alba Vigna Francia 2018 ● 17.000 bt; n.d. € - Ampio, fruttato, stratificato.
Barbera d'Alba Vigna Cerretta 2018 ● 6.000 bt; n.d. € - Solido, fruttato, profondo.

ha 17 - **bt** 62.000
Fertilizzanti letame
Fitofarmaci rame e zolfo
Diserbo lavorazione meccanica/manuale
Lieviti selezionati industriali
Uve 100% di proprietà
Certificazione nessuna certificazione

MONFORTE D'ALBA (CN)

PAOLO CONTERNO

Località Ginestra, 34 - tel. 0173 78415
www.paoloconterno.com - ginestra@paoloconterno.com

VITA - Non è così comune che un piemontese si innamori della Toscana, e a onor del vero accade ancora meno il contrario. A Giorgio Conterno è successo questo, tanto è vero che oltre alla sua stupenda azienda in località Ginestra di Monforte ne ha aggiunta una nella zona a nord di Firenze, dove coltiva, oltre all'autoctono sangiovese, anche altre varietà internazionali come merlot, sauvignon blanc e chardonnay.

VIGNE - La qualità del vigneto è assolutamente fuori discussione, visto che ci troviamo in una delle menzioni più prestigiose del Barolo. La Ginestra è un appezzamento fortemente pendente e ha un'esposizione ottimale a sud-est. La gestione è molto precisa e attenta anche alla sostenibilità ambientale.

VINI - Lo stile dei vini è molto pulito, con macerazioni lunghe e un utilizzo attento del legno grande sui Nebbioli.

TOP **Barolo Ginestra Ris. 2012** ● 4.000 bt; 170 € - Un rosso di grande levatura, con naso particolarmente fresco nonostante gli anni alle spalle. In bocca trova slancio ed eleganza. Ottimo il finale profondo.
Barolo Ginestra 2016 ● 16.000 bt; 69 € - Profumi cangianti di ciliegia e fragola, con qualche cenno di mentuccia. Il palato è denso e ricco, con chiusura articolata e intensa.
Barolo Riva del Bric 2016 ● 20.000 bt; 40 € - Esplosivo nella componente speziata e fruttata, ha un tannino deciso ma mai soverchiante.
Barbera d'Asti Bricco 2018 ● 7.000 bt; 14 € - Teso, fruttato, sapido.
Langhe Nebbiolo Bric Ginestra 2018 ● 12.000 bt; 20 € - Nobile, fruttato, integro.
Piemonte Chardonnay Divers 2017 ○ 2.000 bt; 29 € - Ampio, fruttato, opulento.

ha 37 - **bt** 180.000
Fertilizzanti n.d.
Fitofarmaci rame e zolfo
Diserbo lavorazione meccanica/manuale
Lieviti fermentazione spontanea
Uve 100% di proprietà
Certificazione nessuna certificazione

MONFORTE D'ALBA (CN)

GIACOMO FENOCCHIO

Località Bussia, 72 - tel. 0173 78675
www.giacomofenocchio.com - info@giacomofenocchio.com

VITA - Claudio Fenocchio è diventato negli anni uno dei punti di riferimento per il mondo del Barolo classico, ed è un personaggio solare, una persona di grande spessore. Sin da giovane ha affiancato il padre Giacomo in azienda, imparando da lui i segreti del mestiere. Segreti che ha sempre portato avanti con convinzione, integrati con alcune innovazioni tecnologiche per rendere più efficaci certe lavorazioni.

VIGNE - Fenocchio è sinonimo di Bussia, più precisamente Bussia Sottana: è qui che si trova il cuore del vigneto aziendale, con i suoi terreni più argillosi e le marne bluastre. Simile in termini di suolo e altitudine l'appezzamento in Villero a Castiglione Falletto; più sabbia, tufo grigiastro e altitudini più basse invece nel Cannubi e nel Castellero a Barolo. Un parco vigneti ricco di sfumature, completato dal 2010 da alcune vigne di arneis in Roero.

VINI - «Tradizionale puro» è come Claudio definisce il proprio stile: vuol dire macerazioni lunghe circa 40 giorni e affinamento in botte grande per i Barolo.

TOP **Barolo Villero 2016** VINO SLOW ● 6.000 bt; 48 € - Il più energico della compagnia, e di affascinante essenzialità: il tannino fitto e reattivo è ben rivestito da un delizioso velo di succo di marca floreale ed eterea. Chiude con una lunga scia sapida.
Barolo Bussia 2016 ● 25.000 bt; 41 € - Più ampio, compatto e profondo, colpisce per la classicità del profilo aromatico, ricco di dettaglio floreale e balsamico.
Barolo Cannubi 2016 ● 3.000 bt; 51 € - Anche quest'anno il più gentile e seducente, con tannino soave e un profilo più caldo e avvolgente.
Langhe Nebbiolo 2018 ● 15.000 bt; 15 € - Fine, floreale, stratificato.
Barbera d'Alba Sup. 2018 ● 20.000 bt; 14 € - Succoso, fruttato, contrastato.
Barolo Castellero 2016 ● 4.500 bt; 41 € - Solido, introverso, irrisolto.

ha 15 - **bt** 100.000
Fertilizzanti nessun concime
Fitofarmaci rame e zolfo
Diserbo lavorazione meccanica/manuale
Lieviti fermentazione spontanea
Uve 100% di proprietà
Certificazione nessuna certificazione

MONFORTE D'ALBA (CN)

FRATELLI SEGHESIO

Frazione Castelletto, 19 - tel. 0173 78108
www.fratelliseghesio.com - info@fratelliseghesio.com

VITA - La parte settentrionale del comune di Monforte ha sostanzialmente due versanti: uno occidentale che guarda verso Novello e Barolo, e uno orientale che si sviluppa in direzione di Serralunga. L'azienda fondata nel 1988 da Riccardo Seghesio si affaccia in questa seconda direzione, in una zona di grande rilievo paesaggistico e naturalistico. Siamo nel Castelletto, dove trova sede questa realtà di stampo classico.

VIGNE - Le vigne sono coltivate a base di nebbiolo, ovviamente, e poi barbera e dolcetto, a chiudere il trittico langarolo. Più recente è l'impianto di Manzoni bianco: questa giovane vigna offre già oggi risultati notevoli, che lasciano presupporre un ottimo sviluppo per il futuro.

VINI - I vini sono tutti caratterizzati da notevole pulizia olfattiva e un approccio stilistico classico, che unisce contenitori diversi per interpretare al meglio le uve. Si cerca di privilegiare la freschezza e la piacevolezza di beva. I Barolo, pur essendo potenti, ricchi e sfaccettati, sono spesso già pronti al momento dell'uscita.

Barolo La Villa 2016 ● 7.000 bt; 41 € - Complesso nel profilo olfattivo, con note fruttate in prima linea, in bocca attacca fresco, con tannini morbidi e grande equilibrio.
Barolo 2016 ● 15.000 bt; 31 € - Il calore che investe il palato in ingresso trova un piacevole bilanciamento nella venatura acida che allunga il finale.
Barbera d'Alba La Chiesa 2017 ● 2.500 bt; 20 € - Acidità e calore alcolico si palleggiano il sorso, che risulta di grande corpo e dal finale lungo.
Barbera d'Alba 2019 ● 2.500 bt; 11 € - Ampio, fruttato, avvolgente.
Langhe Nebbiolo 2018 ● 7.000 bt; 15 € - Armonico, speziato, autentico.
Rapui 2019 O incrocio Manzoni; 670 bt; 11 € - Agile, fruttato, avvolgente.

ha 10 - **bt** 60.000
Fertilizzanti organo-minerali, sovescio
Fitofarmaci rame e zolfo
Diserbo lavorazione meccanica/manuale
Lieviti fermentazione spontanea
Uve 100% di proprietà
Certificazione in conversione biologica

MONFORTE D'ALBA (CN)

ATTILIO GHISOLFI

SCONTO **-10%**

Località Bussia, 27 - tel. 0173 78345
www.ghisolfi.com - ghisolfi@ghisolfi.com

VITA - Il 1988 è stato l'anno del grande cambiamento: Gianmarco Ghisolfi ha sostituito il padre Attilio alla guida dell'azienda che fino ad allora produceva frutta e uva da vino, passando così dallo sfuso alle prime bottiglie con etichetta. Il nuovo approccio di Gianmarco ha portato a una costante crescita aziendale e all'acquisto di nuovi terreni, valorizzando il vitigno nebbiolo e puntando su produzioni di qualità destinate quasi totalmente al mercato estero.

VIGNE - In un contesto paesaggistico di rara bellezza, il Bricco Visette è sicuramente il vigneto più prestigioso, quello da cui nasce il vino simbolo dell'azienda. La tessitura dei terreni è quella tipica di Langa: marne bianche poste a 350-400 metri di altitudine, dove sono coltivati barbera, nebbiolo e pinot nero. Proprio da questi ultimi due l'idea del giovane Davide, figlio di Gianmarco, di produrre uno spumante Metodo Classico.

VINI - Pur mantenendo uno stile tradizionale i vini sono avvolgenti e dal frutto bilanciato, grazie ai diradamenti contenuti in vigna e agli affinamenti più lunghi, perlopiù in botte grande. Al momento dell'assaggio mancavano le nuove annate della Barbera d'Alba e del Langhe Nebbiolo.

Barolo Bricco Visette 2016 ● 6.000 bt; 42 € - Al naso è ampio, fruttato, con note speziate e finemente balsamiche. Di buona progressione gustativa, ha un tannino fitto ed è avvolgente e articolato. Un Barolo complesso, che evolvendo darà belle soddisfazioni a chi lo saprà aspettare.
Barolo Bussia 2016 ● 10.700 bt; 32 € - Delicato ed elegante al naso, con tipiche note floreali e di frutta secca, in bocca è rotondo e di possente alcolicità, fedele figlio della vendemmia 2016. Il sorso è potente, integrato e schietto, ma anche di buona tensione e freschezza.

ha 7,5 - **bt** 55.000
Fertilizzanti letame
Fitofarmaci rame e zolfo
Diserbo lavorazione meccanica/manuale
Lieviti selezione di lieviti indigeni
Uve 100% di proprietà
Certificazione nessuna certificazione

MONFORTE D'ALBA (CN)

ELIO GRASSO

Località Ginestra, 40 - tel. 0173 78491
www.eliograsso.it - info@eliograsso.it

VITA - Se dovessimo immaginare un tour della "cattedrale" della storia recente del Barolo, tra le tappe dovremmo inserire anche la Ginestra di Monforte e la cantina della famiglia Grasso, con Gianluca al comando e papà Elio sempre indaffarato in vigna. Sì perché i Grasso hanno investito in questo angolo della denominazione barolistica in tempi non sospetti, e col duro lavoro hanno creato un'azienda solidissima, ma anche uno scrigno a difesa della biodiversità.

VIGNE - L'approccio sostenibile alla viticoltura si traduce non solo in pratiche virtuose tra i filari, ma anche nella conservazione di prati, incolti e boschi a contornare le vigne: un approccio pressoché unico in un territorio duramente provato dalla monocoltura. Il grosso del parco vitato si trova nelle menzioni Ginestra e Gavarini, a cui si aggiungono un paio di ettari acquisiti pochi anni fa in Bricco San Pietro.

VINI - Lo stile moderno, con un uso dei legni (anche piccoli) in certi casi ancora evidente, non pregiudica mai la nobiltà della materia, sempre integra ed espressiva.

TOP **Barolo Gavarini Chiniera 2016** ● 20.000 bt; 82 € - Ricco e articolato al palato, non cede in dinamismo gustativo, e denota spiccata eleganza.
Barolo Rüncot Ris. 2013 ● 5.000 bt; 179 € - Se al naso emergono chiari i richiami vanigliati e speziati dell'affinamento, la bocca ha matericità tridimensionale: ci troviamo solidità tannica, freschezza e sapidità, per un vino potente e teso.
Barolo Ginestra Casa Maté 2016 ● 20.000 bt; 82 € - Ha carattere e potenza, ma al momento dell'assaggio tradiva ancora un po' troppa esuberanza tannica.
Dolcetto d'Alba dei Grassi 2019 ● 16.000 bt; 11 € - Succoso, vinoso, gastronomico.
Barbera d'Alba Vigna Martina 2017 ● 24.000 bt; 22 € - Denso, speziato, opulento.

ha 18 - **bt** 100.000
Fertilizzanti letame, sovescio
Fitofarmaci rame e zolfo
Diserbo lavorazione meccanica/manuale
Lieviti fermentazione spontanea, selezionati industriali
Uve 100% di proprietà
Certificazione nessuna certificazione

MONFORTE D'ALBA (CN)

GIOVANNI MANZONE

Via Castelletto, 9 - tel. 0173 78114
www.manzonegiovanni.com - info@manzonegiovanni.com

VITA - Più o meno dalla Ginestra di Monforte alle Rocche di Castiglione si sviluppa una fascia boschiva che rappresenta una risorsa di grande biodiversità per una Langa del Barolo ormai rassegnatasi alla monocoltura intensiva. In mezzo a questa fascia c'è il cru Gramolere, di cui Giovanni Manzone, con la moglie Rita Roggero e i figli Mauro e Mirella, è uno degli interpreti principali. La sede aziendale è a Castelletto, su un crinale che si affaccia verso Serralunga.

VIGNE - Castelletto e Gramolere sono anche le due menzioni su cui possono contare i Manzone, oggi custodi di un pezzo di territorio davvero unico, che curano con attenzione. Oltre alla classica trilogia varietale di Langa dolcetto-barbera-nebbiolo troviamo viti di rossese bianco, un vitigno che Giovanni ha contribuito a riscoprire.

VINI - In cantina qualche botte grande ma soprattutto molti tonneau, firma di casa per gli affinamenti dei Barolo, di stampo classico.

Barolo Bricat 2016 ● 5.500 bt; 41 € - Al naso risulta molto espressivo, tra note fruttate e floreali e cenni di liquirizia e e caffè. Il sorso è succoso senza cedere in potenza, con un tannino ben integrato.
Barolo Gramolere 2016 ● 12.000 bt; 39 € - Di profilo balsamico, con l'impronta del legno di affinamento un po' più in evidenza, ha un tannino fitto e incisivo, che sostiene un sorso energico, succoso e sapido.
Barolo Castelletto 2016 ● 5.000 bt; 39 € - Molto tipico, ha una bocca rotonda, con una vena sapida che ricorda certi fratelli serralunghiani che nascono non molto distante.
Barolo Gramolere Ris. 2013 ● 3.000 bt; 61 € - Potente, speziato, energico.
Barbera d'Alba Sup. La Marchesa 2017 ● 5.500 bt; 22 € - Succoso, fruttato, compatto.
Langhe Rossese Bianco Rosserto 2017 ○ 6.000 bt; 13 € - Succoso, speziato, corto.

ha 7,5 - **bt** 45.000
Fertilizzanti nessun concime
Fitofarmaci chimici di sintesi, rame e zolfo
Diserbo lavorazione meccanica/manuale
Lieviti fermentazione spontanea
Uve 100% di proprietà
Certificazione nessuna certificazione

MONFORTE D'ALBA (CN)

ARMANDO PARUSSO

Località Bussia, 55 - tel. 0173 78257
www.parussovini.com - info@parusso.com

VITA - Un langhetto un po' atipico Marco Parusso, perché non te le manda a dire e ama il confronto anche diretto. Sempre pronto alla discussione, partendo però da convinzioni profonde che ne segnano il cammino. Lo affiancano dal punto di vista lavorativo, ormai da 30 anni, la sorella Tiziana, e da molto meno tempo la nipote Giulia Poggi.

VIGNE - I due fratelli sono partiti quasi dal nulla, perché da queste parti, subito dopo la guerra, si viveva in una dignitosa povertà. Ora il patrimonio vitato è davvero impressionante: si va dalla Bussia fino alle menzioni Mariondino e Mosconi. La ricetta in campo agronomico è molto precisa, e Marco studia parcella per parcella, onde apportare sempre la giusta concimazione ai filari che coltiva. Nel 2016 ad Alba, in località Santa Rosalia, è stata comprata una tenuta di cui sentiremo parlare in futuro.

VINI - Lo stile è Parusso, riconoscibilissimo, e marca fortemente sia l'olfatto sia il gusto dei vini, con profumi esplosivi di lampone e palati affilati e tannici, grazie a un appassimento dei grappoli post-raccolta in cantina.

Barolo Bussia 2016 ● 7.000 bt; 84 € - - I profumi sono decisamente intensi, con ricordi di frutti di bosco; la bocca ha tannino dolce e opulento, con finale lungo.
Barolo Mosconi 2016 ● 1.700 bt; 84 € - - Frutto deciso e pronunciato, con qualche inserto balsamico. Il palato è austero, con un tannino salivante.
Barolo 2016 ● 30.000 bt; 42 € - - Un po' meno carico dei cru, ma sempre molto coerente con i gusti di Marco.
M. Cl. Brut 2015 nebbiolo; 10.000 bt; 32 € - - Setoso, floreale, ampio.
Barolo Mariondino 2016 ● 7.500 bt; 55 € - - Astringente, fruttato, compatto.
Barbera d'Alba Sup. 2018 ● 7.500 bt; 31 € - - Dinamico, speziato, profondo.

ha 26 - **bt** 130.000
Fertilizzanti compost
Fitofarmaci rame e zolfo
Diserbo lavorazione meccanica/manuale
Lieviti fermentazione spontanea
Uve 100% di proprietà
Certificazione nessuna certificazione

MONFORTE D'ALBA (CN)

PODERE ROCCHE DEI MANZONI

Località Manzoni Soprani, 3 - tel. 0173 78421
www.rocchedeimanzoni.it - info@rocchedeimanzoni.it

VITA - Rodolfo Migliorini ha saputo, con tenacia e grinta fuori dal comune, raccogliere un testimone pesante, quello di Valentino, suo padre, e della mamma Jolanda, che sono scomparsi a pochi anni di distanza quando ancora erano in giovane età. Loro, piacentini di origine, nel 1974 avevano creato un'azienda di grande successo. Valentino era animato da spirito eretico ed era un grande sperimentatore. Produsse sia il primo Metodo Classico di Langa (nel 1978), sia il primo taglio bordolese della zona.

VIGNE - Il patrimonio vitato è davvero impressionante, e colloca questa azienda tra quelle che possono vantare le maggiori superfici vitate della denominazione. Tra l'altro avendo impianti risalenti a quasi 40 anni fa si tratta di piante nella loro piena maturità, che donano così frutti di straordinaria qualità. Sono quattro in particolare le zone più importanti di coltivazione dell'uva nebbiolo: il Bricco San Pietro, Perno, Castelletto e Mosconi.

VINI - Lo stile dell'azienda privilegia l'uso del legno piccolo e una bella concentrazione del frutto, per realizzare rossi strutturati, possenti e longevi.

Barolo Perno Vigna Cappella di S. Stefano 2015 ● 12.000 bt; 137 € - - Da una vigna di grande valore, questa etichetta dona profumi speziati e un finale sapido.
Barolo 2015 ● 25.000 bt; 65 € - - Al naso si avvertono le spezie e il cacao, al palato ha calore e potenza, con una buona dose di rinfrescante acidità.
Langhe Nebbiolo 2017 ● 15.000 bt; 34 € - - Non aspettatevi un Nebbiolo semplice o scarico: qui si fa sul serio anche in questo caso, con massa, struttura e potenza.
Langhe Bianco Tataya 2019 ○ 15.000 bt; 24 € - - Avvolgente, floreale, ampio.
Barbera d'Alba La Cresta 2018 ● 18.000 bt; 38 € - - Nobile, speziato, opulento.

ha 60 - **bt** 250.000
Fertilizzanti letame, preparati biodinamici, sovescio
Fitofarmaci rame e zolfo
Diserbo lavorazione meccanica/manuale
Lieviti selezione di lieviti indigeni
Uve 100% di proprietà
Certificazione in conversione biologica

MONFORTE D'ALBA (CN)

FERDINANDO PRINCIPIANO

SCONTO -10%

Via Alba, 47 - tel. 0173 787158
www.ferdinandoprincipiano.it - info@ferdinandoprincipiano.it

VITA - Da produttore tutto sommato "come tanti altri" (senza offesa), a guida di una delle realtà più dinamiche e singolari delle Langhe: l'evoluzione professionale, personale e culturale di Ferdinando Principiano è una bellissima storia. Già nei primi anni Duemila, quando il biologico e il naturale erano derisi da tanti, lui è andato controcorrente nella sua personale ricerca di un percorso virtuoso a tutto tondo.

VIGNE - Il prima grande cambio di paradigma è stato quello di accompagnare anziché guidare il vigneto. Non si tratta solo di ripristinare un ecosistema vigna sano e vitale, ma anche di salvaguardare e, dove possibile, promuovere la biodiversità, la bellezza paesaggistica e il patrimonio storico-culturale delle Langhe. In questo è stato importante il confronto con vignaioli affini di tutto il mondo, e con i grandi personaggi storici di Langa.

VINI - L'approccio in cantina è delicato e poco interventista, per vini precisi, integri ed espressivi, tanto leggiadri quanto incisivi, divertenti da bere anche nelle etichette più importanti.

TOP **Barolo Ravera 2016** VINO SLOW ● 3.000 bt; 55 € - Profondo, completo e verace, un Barolo delizioso che contrappone al tannino solido di Monforte una componente succosa altrettanto decisa, il tutto innervato da una stuzzicante anima acido-sapida che crea dipendenza.
Langhe Nebbiolo 2018 ● 20.000 bt; 16 € - Un Nebbiolo di gran classe e purezza espressiva, tutto giocato sulla leggerezza e il dettaglio floreale, con un sorso agile, accogliente e incisivo.
Barolo del Comune di Serralunga d'Alba 2016 ● 30.000 bt; 34 € - Luminoso, agile e svelto, con note di fiori passiti, spezie e tratti balsamici.
Langhe Rosso 2018 ● slarina; 1.800 bt; 20 € - Agile, fragrante, leggiadro.
Barbera d'Alba 2018 ● 15.000 bt; 14 € - Succoso, fruttato, leggiadro.

ha 21 - **bt** 120.000
Fertilizzanti nessun concime
Fitofarmaci rame e zolfo
Diserbo lavorazione meccanica/manuale
Lieviti fermentazione spontanea
Uve 100% di proprietà
Certificazione nessuna certificazione

MONFORTE D'ALBA (CN)

RÉVA

SCONTO -10%

Località San Sebastiano, 68 - tel. 0173 328116
www.revawinery.com - office@revawinery.com

VITA - Sono cambiate molte cose a Réva nel breve volgere di un anno. La sede produttiva si è spostata da Monforte a La Morra, in località Gallinotto. Questo perché il relais e il ristorante (neo stellato) avevano bisogno di spazio e anche perché la cantina aveva bisogno di maggiori volumi, visto che l'estensione vitata è cresciuta dal 2001, anno della fondazione. La proprietà è sempre nelle salde mani del ceco Miroslav Lekes, e la commercializzazione è gestita da Daniele Gaia.

VIGNE - I nomi delle menzioni gestite sono altisonanti. Infatti all'iniziale Ravera si sono aggiunti Lazzarito e Cannubi, a formare un trittico delle meraviglie. Poi contribuiscono alcuni appezzamenti di grande valore come quelli a Monforte in località San Sebastiano, e quelli (18 ettari) a Roddino. La gestione agronomica impressa da Gian Luca Colombo è sempre più attenta e rigorosa, con il biologico che è solo un punto di partenza verso future sperimentazioni biodinamiche a ciclo chiuso.

VINI - Lo stile è neoclassico, con ricercata purezza olfattiva, ma anche un palato figlio di lunghe macerazioni e legni grandi.

TOP **Barolo 2016** VINO SLOW ● 10.000 bt; 36 € - Ha grande beva e succo, complessità olfattiva e leggiadria nel tannino. Molto convincente dal punto di vista del timbro territoriale e varietale. Tanta acidità, ma ci piace molto anche per questo.
Nebbiolo d'Alba 2018 ● 10.000 bt; 15 € - Colore tenue e invitante; naso con cenni di fragola di bosco; bocca molto elegante e slanciata: uno dei migliori della tipologia.
Barbera d'Alba Sup. 2018 ● 10.000 bt; 19 € - Ha un gran bel naso: punta sul frutto ma ci sono anche cenni di terra e spezie nobili. In bocca ha allungo saporito.
Barolo Cannubi 2016 ● 2.000 bt; 137 € - Austero, speziato, compatto.
Dolcetto d'Alba 2019 ● 7.000 bt; 12 € - Ampio, fruttato, gastronomico.

ha 23 - **bt** 60.000
Fertilizzanti compost, letame in pellet, letame, sovescio
Fitofarmaci organici, rame e zolfo
Diserbo lavorazione meccanica/manuale
Lieviti fermentazione spontanea, selezione di lieviti indigeni
Uve 100% di proprietà
Certificazione biologico certificato

MONFORTE D'ALBA (CN)

GIOVANNI ROCCA

SCONTO **-10%**

Località San Giuseppe, 43/a - tel. 0173 78504
www.roccagiovanni.it - info@roccagiovanni.it

VITA - Un ambiente genuino, accogliente e ospitale: la famiglia di Giovanni Rocca, a cui si affianca la moglie Caterina Dogliani, da tre generazioni lavora duro qui a Monforte, in una cantina rinnovata e capiente. Un team compatto, completato dai figli Federica e Maurizio, con la moglie di quest'ultimo Ilaria Grisotto che segue la parte commerciale e delle degustazioni.

VIGNE - L'area vitata è di tutto rispetto, con impianti dalle pendenze vertiginose nella menzione Ravera di Monforte, e viti di oltre 65 anni nella parcella di Pianromualdo, con filari di barbera. Boschi e ampie zone verdi sono garanzia di un microclima ottimale e di tanta biodiversità, che riescono a garantire ogni anno una produzione di vini di qualità importante.

VINI - Dura da molti anni la preziosa collaborazione con l'enologo Piero Ballario. L'impronta dei legni di affinamento è ancora importante, e discreto spazio è riservato ai contenitori di piccole dimensioni.

Barolo Mosconi 2016 ● 2.500 bt; 43 € - Dai profumi intensi e fruttati, presenta anche note speziate delicate e sfumature di tabacco. Si apre al palato fitto, integrato e complesso.
Barolo Ravera di Monforte 2016 ● 14.000 bt; 38 € - Giocano a stimolare l'olfatto le spezie, le note di fiori appassiti e il frutto rosso maturo. La bocca è ricca, ampia, e avvolge il palato dal nobile tannino.
Barolo 2016 ● 12.000 bt; 29 € - Il frutto maturo e una nota floreale, aprono la strada a un sorso caldo, austero e ben integrato.
Barbera d'Alba Pianromualdo 2018 ● 12.000 bt; 15 € - Fresco, floreale, armonico.
Langhe Pinot Nero Tommaso 2017 ● 1.000 bt; 15 € - Fine, speziato, integro.
Dolcetto d'Alba Vigna Sant'Anna 2019 ● 12.000 bt; 15 € - Succoso, fruttato, espressivo.

ha 16 - **bt** 90.000
Fertilizzanti letame
Fitofarmaci rame e zolfo
Diserbo lavorazione meccanica/manuale
Lieviti selezione di lieviti indigeni
Uve 100% di proprietà
Certificazione nessuna certificazione

MONFORTE D'ALBA (CN)

ELIO SANDRI

Località Perno, 14 - tel. 0173 787337
www.cascinadisa.com - info@cascinadisa.com

VITA - «Il vino è solo vino, ma bisogna rispettarlo molto»: parole che riassumono le idee e il percorso di Elio Sandri, vignaiolo di caratura superiore, quasi di altri tempi. La sua azienda, nata nel 1965, lo ha visto entrare in scena nel 1981 a soli 16 anni, dopo un incidente occorso al papà Giovanni. Da allora Elio ha viaggiato lontano dai riflettori, producendo straordinari vini di impronta tradizionale e territoriale.

VIGNE - Perno: è qui, in questo angolo di Monforte in cui ancora si può respirare biodiversità grazie alla presenza di alcuni boschi, che Elio coltiva le sue vigne in un corpo unico. I suoli calcarei ospitano filari in cui non si ricerca l'estetica della vigna: l'approccio è sartoriale, sostenibile, inteso a non disturbare il percorso naturale della pianta. Si coltivano dolcetto, barbera e nebbiolo.

VINI - Tempo e paziente osservazione: le vinificazioni (in cemento) e gli affinamenti (in legni grandi) non seguono protocolli prestabiliti, ma sono cuciti addosso all'annata.

Barolo Perno Vigna Disa Ris. 2013 ● 1.500 bt; 46 € - Una vigna storica, di pregio assoluto, per un vino tutto austerità e tipicità, che si muove tra note di prugna e cenni minerali, con un palato compatto e ritmato. Il tannino fitto impreziosisce e dona carattere a un sorso energico e profondo. Sua maestà il Barolo.
Barolo Perno Ris. 2013 ● 8.000 bt; 43 € - Una Riserva "virtuale", ottenuta con la selezione dei grappoli al di fuori della vigna Disa che dimostrano la migliore espressione vegetativa. Sprigiona classicità da tutti i pori: è fresco, vibrante nel tannino, ricco e sapido.
Barolo Perno 2015 ● 7.000 bt; 39 € - Territoriale, fragrante nel frutto, ha un sorso integrato, ricco come vuole l'annata, ma anche fresco e salino.
Langhe Nebbiolo 2018 ● 9.000 bt; 17 € - Incisivo, fruttato, varietale.

ha 7,5 - **bt** 36.000
Fertilizzanti humus
Fitofarmaci rame e zolfo
Diserbo lavorazione meccanica/manuale
Lieviti fermentazione spontanea
Uve 100% di proprietà
Certificazione nessuna certificazione

MONFORTE D'ALBA (CN)

SIMONE SCALETTA

Località Manzoni, 61 - tel. 348 4912733
www.simonescaletta.it - simone@simonescaletta.it

VITA - Quella di Simone Scaletta è una storia sui generis: il suo percorso racconta la vicenda di un vignaiolo "alloctono", arrivato a Monforte d'Alba nel 2002 dal torinese e da tutte altre occupazioni. Se oggi vediamo molti imprenditori stranieri e non insediarsi sul territorio e investire, Simone ha fatto invece una scelta di vita totalizzante, mettendoci sì del denaro, ma soprattutto tanto sudore e tanti sacrifici.

VIGNE - Tutto è iniziato con l'acquisto della cascina in San Pietro e dei terreni circostanti: qui oggi c'è la bella cantina e la maggioranza del parco vitato, che può contare anche su un piccolo appezzamento di 2.500 metri quadrati nella prestigiosa Bussia.

VINI - I vini di stile classico, sono già ottimi nelle versioni più immediate, e hanno ancora potenziale di miglioramento sulle etichette più importanti.

Barolo Bricco San Pietro Chirlèt 2016 ● 10.000 bt; 60 € - Un Barolo di impostazione classica, che gioca piuttosto sul frutto e ha una bocca abbastanza ampia. Il tannino è integrato e maturo: racconta fedelmente l'ottima annata.
Barolo Bussia 2016 ● 2.000 bt; 77 € - Qui è più evidente il contributo del legno di affinamento, con note tostate che poi virano sul floreale e sul lieve balsamico. La bocca è più potente: difetta un po' di profondità e ha un tannino un po' frenante, che chiede tempo per distendersi.
Langhe Nebbiolo Autin 'd Madama 2018 ● 8.000 bt; 24 € - All'olfatto ha cenni floreali e minerali, al palato trova tensione e ritmo, con un tannino abbastanza morbido.
Langhe Nebbiolo Autin 'd Professor 2019 ● 2.600 bt; 22 € - Integrato, fruttato, corto.
Dolcetto d'Alba Viglioni 2019 ● 5.000 bt; 14 € - Incisivo, fruttato, varietale.
Barbera d'Alba Sup. Sarsera 2018 ● 6.000 bt; 20 € - Succoso, floreale, consistente.

ha 7 - **bt** 35.000
Fertilizzanti letame, sovescio
Fitofarmaci organici, rame e zolfo
Diserbo lavorazione meccanica/manuale
Lieviti fermentazione spontanea
Uve 100% di proprietà
Certificazione nessuna certificazione

MONTÀ D'ALBA (CN)

GIOVANNI ALMONDO

Via San Rocco, 26 - tel. 0173 975256
www.giovannialmondo.com - almondo@giovannialmondo.com

VITA - Tra le aziende storiche del Roero è probabilmente quella che in questo momento sta cambiando con più rapidità e acume. Merito di un padre, Domenico Almondo, che con grande intelligenza ha compreso le potenzialità dei figli e ha dato loro fiducia, e anche di chi ne ha raccolto il testimone: Federico, esuberante e brillante, impegnato anima e corpo in cantina e vigna, e Stefano, talentoso e molto maturo, che si occupa degli aspetti commerciali.

VIGNE - Due sono i corpi aziendali principali: il primo è quello che vede l'arneis come protagonista e si trova in località Bricco delle Ciliegie (nell'estremo nord della denominazione), con suolo argilloso, pesante, scosceso e acido. Il secondo, Bric Valdiana, è quello dove dimora il nebbiolo: assolato e con il classico terreno sabbioso.

VINI - Sui bianchi non è cambiato molto negli ultimi anni, con Arneis strutturati e dalle potenzialità di invecchiamento notevoli. Nei rossi abbiamo assistito a una rivoluzione, per noi positivissima, con estrazioni più leggere e legni meno presenti. I risultati degli ultimi anni sono decisamente incoraggianti.

TOP **Roero Bric Valdiana 2017** VINO SLOW ● 5.000 bt; 31 € - Colore tenue che anticipa un rosso di grande piacevolezza e complessità. Ha energia, succo, salinità e beva godibilissima.
Roero 2018 ● 6.600 bt; 17 € - Al naso richiama le ciliegie e la frutta rossa in generale; in bocca ha allungo gustoso e un finale che è un crescendo di serbevolezza.
Roero Arneis Bricco delle Ciliegie 2019 ○ 60.000 bt; 17 € - Un bianco dalle potenzialità di longevità davvero importanti. Da giovane è molto floreale e fruttato, con ricchezza e gusto al palato.
Barbera d'Alba Valbianchera 2018 ● 4.000 bt; 17 € - Articolato, fruttato, gastronomico.

ha 23 - **bt** 130.000
Fertilizzanti compost, letame in pellet, sovescio
Fitofarmaci organici, rame e zolfo
Diserbo lavorazione meccanica/manuale
Lieviti fermentazione spontanea, selezionati industriali
Uve 100% di proprietà
Certificazione nessuna certificazione

MONTÀ D'ALBA (CN)

GENERAJ

SCONTO **-10%**

Borgata Tucci, 4 - tel. 0173 976142
www.generaj.it - aziendaagricolagenerai@generaj.it

VITA - Siamo all'estremo nord del Roero, in un territorio con grandi peculiarità e una vocazione tutta sua. Per comprendere il lavoro di Beppe Viglione, anima e cuore di Generaj, bisogna partire proprio da qui, da un Roero poco comune. In azienda oggi Beppe può contare sull'aiuto della figlia Alessia, di papà Gian Paolo, e sulla vigilanza di nonno Pinòtu.

VIGNE - Sabbie, calcare e ghiaia caratterizzano i suoli delle vigne vicino alla cantina, in Borgata Tucci. Più argilla, con lingue di terreno ricche di terra rossa, sulla collina di San Vito. Una variabilità che è caratteristica precipua di Montà d'Alba, insieme alle altitudini più elevate. In partenza un progetto sull'Alta Langa.

VINI - La mano è molto classica, e l'uso dei legni mira a non essere soverchiante: i vini sono precisi e territoriali.

Barbera d'Alba Sup. Ca' d' Pistola 2017 ● 5.000 bt; 16 € - Ⓛ ▦ - La dimensione atipica di Generaj passa anche dalla bontà di questa Barbera, in un territorio promesso sposo di Arneis e Nebbiolo. Il contributo del legno è percepibile ma ben integrato. La bocca è esplosiva: succosa, fresca, ha slancio e finale suadente. Una Barbera come va fatta.
Roero Bric Aût Ris. 2016 ● 5.000 bt; 21 € - Ⓛ ▦ - Fruttato, con tracce che ricordano l'affinamento in legno, ha una bella polpa che ricopre il tannino, e uno spunto sapido che sostiene il sorso ricco e potente.
Roero Arneis Quindicilune Ris. 2018 ○ 5.000 bt; 13 € - ▯ ▦ - Il 20% della massa affina in tonneau: su toni di frutta matura e agrumi al naso, ha un sorso strutturato e di buon dinamismo minerale.
M. Cl. Pas Dosè 2013 ⁘ arneis, chardonnay, pinot nero; 2.500 bt; 31 € - ▯ - Fresco, agrumato, gastronomico.
Roero Bric Aût 2017 ● 5.000 bt; 17 € - Ⓛ ▦ - Robusto, varietale, contratto.

ha 13 - **bt** 72.000
Fertilizzanti letame in pellet, letame
Fitofarmaci rame e zolfo
Diserbo lavorazione meccanica/manuale
Lieviti selezionati industriali, selezione di lieviti indigeni
Uve acquisto 2%
Certificazione nessuna certificazione

MONTEU ROERO (CN)

ANGELO NEGRO & FIGLI

Frazione Sant'Anna, 1 - tel. 0173 90252
www.negroangelo.it - negro@negroangelo.it

VITA - La famiglia Negro, capitanata da papà Giovanni e ben rappresentata in azienda dai figli Angelo, Emanuela, Gabriele e Giuseppe, è l'esempio di come si possa fare impresa restituendo sempre qualcosa al proprio territorio. Partiti praticamente dal nulla, i Negro hanno costruito una realtà molto importante nel Roero, ramificandosi anche nella vicina Langa, ma soprattutto valorizzando la viticoltura della loro terra.

VIGNE - Il parco vitato è amplissimo, e copre molte delle migliori menzioni roerine, con un recente acquisto anche nel Valmaggiore. Ciò che più importa, tuttavia, è l'approccio agronomico responsabile, che non fa ricorso alla chimica. Da qualche anno i Negro sono anche a Neive, nel Basarin, e a Serralunga, nel Baudana.

VINI - L'approccio a vinificazioni e affinamenti è classico, e prevede l'uso di tanto legno grande. La gamma dei vini, molto ampia, racconta bene e con sobrietà il territorio.

Roero Arneis Sette Anni 2013 ○ 4.000 bt; 43 € - ▯ - L'interpretazione da lungo affinamento dell'Arneis: riposa sette anni in bottiglia ed esprime note fruttate, con cenni canditi e fumé; integro ed energico, ha polpa in centro bocca e tensione salina a sostenere il finale disteso.
Barolo del Comune di Serralunga d'Alba 2016 ● 4.000 bt; 43 € - Ⓛ - Un piccolo manuale sul Barolo di Serralunga: austero, fruttato, lievemente minerale, in bocca è potente, teso e sapido.
Roero Sudisfà Ris. 2017 ● 3.000 bt; 38 € - Ⓛ ▦ - Frutto di una selezione delle migliori uve di nebbiolo, ha bocca potente e concentrata, con il classico tannino setoso del Roero.
Barbaresco Basarin Ris. 2015 ● 4.000 bt; 43 € - Ⓛ - Incisivo, fruttato, profondo.
Roero Prachiosso 2018 ● 14.000 bt; 17 € - Ⓛ - Croccante, fruttato, gastronomico.
Roero Ciabot San Giorgio Ris. 2017 ● 3.000 bt; 24 € - Ⓛ - Denso, balsamico, espressivo.

ha 60 - **bt** 350.000
Fertilizzanti compost, letame, sovescio
Fitofarmaci rame e zolfo
Diserbo lavorazione meccanica/manuale
Lieviti selezione di lieviti indigeni
Uve 100% di proprietà
Certificazione nessuna certificazione

NEIVE (CN)

PIERO BUSSO

Via Albesani, 8 - tel. 0173 67156
www.bussopiero.com - bussopiero@bussopiero.com

VITA - L'importanza di una buona e sana agricoltura come punto di partenza per fare grandi vini i Busso l'hanno capita ben prima che diventasse uno slogan da sbandierare. Al contrario di quanto succede di solito, quando Pierguido ha iniziato ad affiancare i genitori Piero Busso e Lucia Fava nel 2003, ha preferito partire proprio dalla vigna prima di dedicarsi dal 2010 anche alla cantina, dove ha introdotto piccoli accorgimenti, per vini più aerei ed espressivi.

VIGNE - L'effetto terroir emerge chiaramente nei cru di casa: a Neive sono tre colline parallele che danno vini molto diversi. La vigna Borgese, nel cuore degli Albesani, ha classici terreni argillo-so-calcarei ed età media delle viti elevata, Balluri verso nord ha più sabbia, mentre Gallina a sud più argilla. Il Santo Stefanetto a Treiso, invece, ripidissimo e più in alto, ha maggiore componente calcarea e dona vini più strutturati e minerali.

VINI - Per mantenere integra l'espressione di vigna e annata si lavora con fermentazioni spontanee, con lunghe ma delicate macerazioni in tini di legno per il Barbaresco, e affinamento in botte grande.

TOP **Barbaresco Gallina 2016** VINO SLOW ● 3.700 bt; 68 € - Irruente, espressivo e ricco di dettaglio, ha tannino e succo di grande finezza, per un sorso di vibrante energia e incisiva sapidità.
Barbaresco Albesani Vigna Borgese 2016 ● 4.000 bt; 51 € - Vino di grande eleganza e profondità, dal trascinante carattere sanguigno. Denso, quasi austero, ha succo e freschezza ad agevolare il sorso.
Barbaresco San Stunet 2016 ● 3.800 bt; 51 € - Solido e ben piantato, colpisce per equilibrio e il profilo originale che richiama le spezie.
Barbaresco Mondino 2017 ● 2.800 bt; 38 € - Avvolgente, fruttato maturo, espressivo.
Barbera d'Alba S. Stefanetto 2018 ● 2.700 bt; 25 € - Succoso, balsamico, verace.

ha 10 - **bt** 45.000
Fertilizzanti nessun concime
Fitofarmaci rame e zolfo
Diserbo lavorazione meccanica/manuale
Lieviti fermentazione spontanea
Uve 100% di proprietà
Certificazione biologico certificato

NEIVE (CN)

CASTELLO DI NEIVE

SCONTO **-10%**

Piazzetta Paolina Demaria - tel. 0173 67171 - 329 2125171
www.castellodineive.it - lacasetta@castellodineive.it

VITA - Tanta storia è passata sotto il tetto del castello di Neive. Un luogo che rievoca un passato importante per il vino: qui sono stati fatti alcuni dei primi esperimenti sul vitigno nebbiolo e sulla produzione di un rosso simile al Barbaresco o al Barolo. Ora questa azienda è gestita da Italo Stupino, un giovanotto di 80 anni che con il sorriso stampato in volto realizza da decenni vini intriganti e territoriali. Lo affianca da tempo l'enologo Claudio Roggero.

VIGNE - Gran parte del vigneto Santo Stefano è di proprietà di questa azienda, un patrimonio davvero unico per dimensioni e giacitura. Oltre a questa menzione viene coltivato anche il cru Gallina, che non ha bisogno di presentazioni. Italo Stupino, insieme al professor Gerbi dell'Università di Torino, è stato tra i primi a credere nella coltivazione dell'arneis e nella selezione clonale di questa varietà.

VINI - Sui Barbaresco negli ultimi anni abbiamo notato un'inversione di tendenza, con rossi più ricchi e possenti, e talvolta con un'influenza del legno un po' più importante che in passato.

TOP **Barbaresco Albesani Vigna Santo Stefano 2017** ● 13.000 bt; 58 € - Esprime subito un gran bel frutto; in bocca ha energia e slancio sapido, con un tannino ben gestito e beva profonda.
Barbaresco 2017 ● 50.000 bt; 38 € - Ci conquista grazie alla sua beva allungata e immediata, con frutto pulito e chiusura gustosa.
Piemonte Albarossa 2017 ● 5.000 bt; 28 € - Un'altra scommessa di Italo. Ha carattere e grinta, forse un legno di affinamento un po' sovrabbondante, ma intriga e incuriosisce.
Langhe Arneis 2019 ○ 30.000 bt; 17 € - Croccante, fruttato, incisivo.
Barbaresco Albesani Santo Stefano Ris. 2015 ● 6.500 bt; 77 € - Possente, speziato, scuro.
Barbaresco Gallina 2017 ● 3.500 bt; 50 € - Austero, speziato, contratto.

ha 25 - **bt** 150.000
Fertilizzanti compost, letame in pellet, organo-minerali
Fitofarmaci chimici di sintesi, rame e zolfo
Diserbo lavorazione meccanica/manuale
Lieviti selezionati industriali
Uve 100% di proprietà
Certificazione nessuna certificazione

NEIVE (CN)

CIGLIUTI FRATELLI

Via Serraboella, 17 - tel. 0173 677185
www.cigliuti.it - info@cigliuti.it

VITA - È una storia contadina, quella della famiglia Cigliuti, ma è anche una storia di protagonismo femminile. Quando papà Renato ha iniziato a immaginare il futuro della sua azienda abbarbicata sulla collina di Serraboella, temeva che tutto quanto aveva costruito sarebbe andato perso, avendo lui "solo" due figlie femmine: ma Silvia e Claudia hanno ribaltato i cliché, e oggi conducono questa realtà di Neive occupandosi di tutti i lavori, dalla vigna al commerciale.

VIGNE - La storia del Barbaresco passa di qui, dove si sono introdotti i primi diradamenti e si è iniziato a fare qualità quando ancora non era una parola d'ordine riconosciuta da tutti. Le vigne si dividono tra la menzione Serraboella, intorno alla cantina sui due versanti della collina, e il vicino Bricco di Neive, su cui è stata appena piantata una vigna nuova di 1,5 ettari.

VINI - Complici anche le caratteristiche dei terreni, che in particolare nel caso del Serraboella restituiscono vini più strutturati, i prodotti targati Cigliuti hanno bisogno di tempo per distendersi al meglio.

Barbaresco Serraboella 2016 ● 8.000 bt; 56 € - Un vino maturo, ingentilito da cenni floreali e minerali. In bocca il tannino è vigoroso, ancora in debito di integrazione al momento dell'assaggio, e l'alcolicità è alla ricerca di un efficace contrasto.
Barbera d'Alba Campass 2017 ● 2.500 bt; 23 € - Profuma di polpa di amarena e ha un sorso concentrato, fedele all'annata e figlio di un affinamento che ne favorisce succosità e potenza. Una Barbera da lunghe distanze, alcolica e contrastata da una sottile acidità.
Barbaresco Vie Erte 2016 ● 5.000 bt; 40 € - Dalle vigne del Bricco di Neive, al naso presenta un frutto scuro evidente, e al palato si sviluppa polposo, per poi chiudere più agile e con un tannino che emerge in tutta la sua consistenza.

ha 9 - **bt** 30.000
Fertilizzanti nessun concime
Fitofarmaci rame e zolfo
Diserbo lavorazione meccanica/manuale
Lieviti fermentazione spontanea
Uve 100% di proprietà
Certificazione nessuna certificazione

NEIVE (CN)

COLLINA SERRAGRILLI

Via Serragrilli, 30 - tel. 0173 677010
www.serragrilli.it - info@serragrilli.it

VITA - I vini di Collina Serragrilli continuano a raccontare in modo fedele il territorio, contribuendo a farlo conoscere in tutto il mondo. L'entusiasmo che riesce a trasmettere Piernicola Bruno quando parla della sua azienda è contagioso, ed è figlio di un lavoro di modernizzazione di una tradizione produttiva già importante.

VIGNE - La collina di Serragrilli è sicuramente un'area che per caratteristiche dei suoli e microclimatiche rende i vini qui realizzati molto eleganti. Oltre ai filari che si sviluppano intorno alla cantina, Piernicola può contare su vigne anche nello Starderi. Tra le varietà coltivate figurano il protagonista nebbiolo, poi barbera e dolcetto, ma anche pinot nero, chardonnay e sauvignon.

VINI - Lo stile aziendale è moderno e ricerca finezza e precisione esecutiva: per gli affinamenti dei Barbaresco si prediligono le botti piccole.

Barbaresco Starderi 2017 ● 2.500 bt; 48 € - Al naso si apre con una successione di frutta matura e spezie, e in bocca viene accompagnato da un tannino morbido e avvolgente.
Barbaresco Serragrilli 2017 ● 2.500 bt; 31 € - Vino-simbolo ed espressione del territorio, ha una buona struttura sorretta da un tannino ben modulato e da un'acidità avvolgente e bilanciata. Profuma di spezie e frutta matura.
Langhe Nebbiolo Bailè 2017 ● 8.000 bt; 15 € - Setoso, speziato, armonico.
Barbera d'Alba Grillaia 2017 ● 4.000 bt; 15 € - Diluito, fruttato, avvolgente.
Barbera d'Alba Serraia 2017 ● 30.000 bt; 9 € - Fresco, speziato, compatto.
Langhe Bianco Grillobianco 2019 ○ 4.600 bt; 10 € - Ampio, fruttato, complesso.

ha 15 - **bt** 100.000
Fertilizzanti letame
Fitofarmaci rame e zolfo
Diserbo lavorazione meccanica/manuale
Lieviti selezionati industriali
Uve 100% di proprietà
Certificazione nessuna certificazione

NEIVE (CN)

FONTANABIANCA

SCONTO **-10%**

Via Bordini, 15 - tel. 0173 67195
www.fontanabianca.it - info@fontanabianca.it

VITA - Un'azienda in continua evoluzione: sono alcuni anni che Fontanabianca sta spingendo sull'acceleratore del cambiamento, complice l'ingresso del giovane Matteo Pola, oggi saldamente al comando ma sempre supportato da papà Aldo. Un cambiamento prima di tutto strutturale, con gli importanti lavori alla cantina oggi finalmente terminati: non resta che concentrarsi ancora di più sul vino.

VIGNE - La cantina si trova nel cru Bordini di Neive, con le vigne che si sviluppano rigogliose tutto intorno. L'altra menzione da cui nasce un Barbaresco singola vigna è Serraboella, che dona vini di grande struttura, che alcuni definiscono "baroleggianti". Negli ultimi anni qualche grandinata di troppo si è affacciata sulle vigne dei Pola, complicando le cose. Ma la visione di Matteo è chiara, e la direzione ben tracciata.

VINI - Se le ultime vendemmie sono state un po' turbolente, e qualche incertezza qua e là è venuta fuori, siamo convinti che l'approccio convintamente classico, l'energia di Matteo e la nobiltà delle vigne ci regaleranno vini sempre più convincenti.

Barbaresco Bordini 2017 ● 5.000 bt; 33 € - Ⓛ - Austero al naso, tra toni di frutta scura e sottobosco, ha una bocca ricca, rispondente all'annata, e un tannino poderoso che deve trovare maggiore integrazione. Vino di prospettiva.
Barbaresco 2017 ● 25.000 bt; 25 € - Ⓛ ▦ - Nel 2017 la grandinata su Serraboella ha spinto i Pola a non uscire con il cru, e le uve vendemmiate sono confluite qui: dal profilo balsamico, ha sorso ricco e ampio.
Langhe Nebbiolo 2018 ● 10.000 bt; 15 € - Ⓛ - Fitto, fruttato, gastronomico.
Barbera d'Alba Sup. 2018 ● 11.000 bt; 13 € - ▦ - Fresco, fruttato, teso.
Langhe Arneis Sommo 2019 ○ 35.000 bt; 10 € - ▢ - Succoso, fruttato, corto.

ha 16 - **bt** 85.000
Fertilizzanti letame in pellet, letame
Fitofarmaci rame e zolfo
Diserbo lavorazione meccanica/manuale
Lieviti fermentazione spontanea, selezionati industriali
Uve 100% di proprietà
Certificazione nessuna certificazione

NEIVE (CN)

BRUNO GIACOSA

Via XX Settembre, 52 - tel. 0173 67027
www.brunogiacosa.it - brunogiacosa@brunogiacosa.it

VITA - Continua, con risultati mai inferiori alle aspettative, la conduzione da parte di Bruna Giacosa di un'azienda non solo nota in tutto il mondo, ma portatrice di una classicità fatta certo di vinificazione tradizionale in vasi vinari, ma anche e soprattutto di misura di scrupolosa e attenzione ai particolari, grazie anche all'impegno di una squadra molto competente a tutti i livelli della filiera produttiva.

VIGNE - Una conoscenza impareggiabile dei tanti diversificati vigneti delle Langhe ha permesso nel corso dei decenni al padre Bruno di mettere insieme un parco vigneti di altissimo livello. I cru Asili e Rabajà nel comune di Barbaresco, Falletto a Serralunga, al cui interno si trova la vigna Rocche, e lo scosceso Valmaggiore a Vezza d'Alba nel Roero sono le gemme più preziose di una collezione davvero invidiabile. Le uve arneis vengono acquistate.

VINI - Lo stile di casa Giacosa è tradizionale, senza tempo. Si distingue però da tutti per la qualità e la finezza del tannino.

TOP **Barolo Falletto 2016** ● 14.500 bt; 205 € - Ⓛ - Pura e raffinata eleganza per questo rosso di grande struttura tannica e di allungo sapido-acido al palato. Armonia e austerità, incisivo.
Barbaresco Rabajà 2016 ● 3.624 bt; 171 € - Ⓛ - Raffinato ed energico, dotato di tannini fini e mai aggressivi, è succoso e pieno di una profondità di beva che è specchio fedele di un'annata particolarmente felice.
Barolo Falletto Vigna Le Rocche Ris. 2014 ● 14.000 bt; 393 € - Ⓛ - Austero, è dotato di gran bella freschezza, con tannini che risultano maturi in relazione a un'annata tutt'altro che facile da interpretare.
Barbaresco Asili 2017 ● 14.000 bt; 154 € - Ⓛ - Articolato, fruttato, armonico.
Roero Arneis 2019 ○ 135.000 bt; 20 € - ▢ - Fresco, fragrante, consistente.

ha 18 - **bt** 300.000
Fertilizzanti humus, letame
Fitofarmaci chimici di sintesi, rame e zolfo
Diserbo chimico, lavorazione meccanica/manuale
Lieviti selezionati industriali
Uve acquisto 70%
Certificazione nessuna certificazione

NEIVE (CN)

UGO LEQUIO

Via del Molino, 10 - tel. 0173 677224
www.ugolequio.it - info@ugolequio.it

VITA - L'avventura di Ugo Lequio come vinificatore ha avuto inizio nel 1981 e si porta dietro una spiccata peculiarità: non possiede né ha mai avuto in affitto alcun vigneto. Ugo da sempre compra le uve da due viticoltori ormai storici, il primo a Neive nel cru Gallina, dove vengono allevati il nebbiolo e la barbera, e l'altro a Guarene, dove si raccoglie l'arneis.

VIGNE - Nulla è cambiato nel vigneto, salvo l'utilizzo di nuovi macchinari. Tra gli agricoltori proprietari dei terreni e Ugo si è instaurato un bellissimo rapporto, e uno dei due titolari è un agronomo sposato a sua volta con un'agronoma. Insomma, le piante sono gestite al meglio e con l'intento di ottenere un frutto sano e pulito.

VINI - In cantina lo stile è tradizionale, con fermentazioni di circa 15 o 20 giorni per il Nebbiolo, e l'utilizzo di botti grandi di rovere di Slavonia da 25 ettolitri.

Barbera d'Alba Sup. 2017 ● 5.500 bt; 20 € - Ⓤ - Questa Barbera nasce dalle vigne di Neive situate in località Gallina, su terreni calcarei. Al naso troviamo cenni di frutta matura e cacao, mentre in bocca l'alcol si impone come protagonista. Il sorso è avvolgente, opulento per un finale caldo e persistente che racconta fedelmente l'annata.
Langhe Nebbiolo 2018 ● 5.500 bt; 17 € - Ⓤ - Dal profilo olfattivo floreale, con note che ricordano il nocciolo di pesca, è un vino dalla beva semplice e lineare, espressivo e dal finale pulito.
Langhe Arneis 2019 O 7.000 bt; 12 € - ▯ - Proviene dai terreni sabbiosi di Guarene. Al naso colpisce per la delicatezza dei profumi, fini e sussurati, che ricordano i fiori bianchi e la pesca. In bocca ha la classica polpa succosa dell'Arneis e uno slancio che beneficia della chiusura lievemente salina.
Barbaresco Gallina 2017 ● 10.000 bt; 36 € - Ⓤ - Austero, speziato, cupo.

ha 0 - **bt** 30.000
Fertilizzanti organo-minerali
Fitofarmaci chimici di sintesi, rame e zolfo
Diserbo lavorazione meccanica/manuale
Lieviti selezione di lieviti indigeni
Uve acquisto 100%
Certificazione nessuna certificazione

NEIVE (CN)

PAITIN

Via Serra Boella, 20 - tel. 0173 67343
www.paitin.it - info@paitin.it

VITA - Non lasciano nulla al caso i fratelli della famiglia Pasquero Elia. Infatti Giovanni e Silvano si dividono i compiti, il primo più impegnato nella parte commerciale e della cantina, mentre il secondo esprime il suo talento in vigna. Li affianca il giovane Luca, figlio di Giovanni, che ha portato una ventata nuova in azienda, grazie a studi in altri ambiti e a un'insaziabile voglia di imparare.

VIGNE - I filari corrono ordinati sotto la struttura aziendale. Sono esposti magnificamente a sud-ovest, con pendenze molto decise, in quella che è la menzione Serraboella: terreni belli sodi, che regalano vini verticali e possenti. Nel cuore della vigna cresce la parcella Sorì Paitin, con piante che superano i 50 anni di età.

VINI - Come detto in precedenza il fatto di avere vigne così ben esposte e con un bel po' di anni sulle spalle porta a una naturale concentrazione dei vini, che però non sono mai esagerati e invecchiano alla grande.

TOP **Barbaresco Sorì Paitin Serraboella 2017** VINO SLOW
● 10.500 bt; 44 € - Ⓤ - Un rosso che ci ha conquistato grazie alla sua profondità sia olfattiva sia gustativa. Inoltre è relativamente di facile beva, grazie a tanto succo e a una dinamica impressionante.
Barbaresco Serraboella 2017 ● 9.000 bt; 34 € - Ⓤ - Dal colore tenue ed elegante, ha una forte presa in bocca, con tannino deciso, ma non sovrabbondante.
Barbaresco Vecchie Vigne Sorì Paitin Ris. 2015 ● 3.500 bt; 67 € - Ⓤ - L'annata calda marca un po' il frutto, che risulta ricco e maturo, ma la grinta gustativa lo allunga e lo rinfresca.
Barbera d'Alba Campolive 2017 ● 4.000 bt; 23 € - Ⓤ - Potente, fruttato, sapido.
Roero Arneis Elisa 2019 O 9.000 bt; 13 € - ▯ - Dinamico, fruttato, teso.
Nebbiolo d'Alba Ca Veja 2017 ● 5.000 bt; 21 € - Ⓤ - Solido, fruttato, elegante.

ha 19 - **bt** 90.000
Fertilizzanti letame in pellet, letame, preparati biodinamici, sovescio
Fitofarmaci organici
Diserbo lavorazione meccanica/manuale
Lieviti fermentazione spontanea
Uve 100% di proprietà
Certificazione biologico certificato

NEIVE (CN)

PUNSET

SCONTO -10%

Via Zocco, 2 - tel. 0173 67072
www.punset.com - punset@punset.com

VITA - Marina Marcarino ha una luce particolare, che è quella che spesso troviamo negli occhi dei visionari, di coloro che hanno fatto della loro vita un campo di prova per teorie e pratiche che poi si sono dimostrate rivoluzionarie. Con Punset, dagli anni Ottanta, Marina ha fatto avanguardia vera in quel di Neive, facendosi simbolo di un'agricoltura che va ben oltre la biodinamica. Oggi la aiuta una squadra giovane e affiatata.

VIGNE - Le idee di Masanobu Fukuoka, il botanico e filosofo giapponese pioniere dell'agricoltura naturale o del non fare, qui hanno trovato terreno fertile: le vigne, che si distribuiscono tra il cru San Cristoforo e il Basarin, intorno alla cantina, sono totalmente inerbite, selvagge, rigogliose e libere di esprimersi. Un panorama insolito, se siete abituati a certi giardini vitati un po' troppo pettinati.

VINI - I vini sono schietti, figli di un approccio poco interventista. Sui Barbaresco si sceglie di attendere più del dovuto per l'uscita.

Barbaresco San Cristoforo Campo Quadro 2014 ● 4.000 bt; 39 € - Un bel frutto rotondo e cenni floreali caratterizzano l'articolato olfatto di questo Barbaresco senza filtri: si sente che ha qualche anno in più sulle spalle, ma conserva una spiccata acidità, figlia dell'annata, e ha un tannino fitto e ricoperto, che dona buona profondità.
Barbera d'Alba 2019 ● 10.000 bt; 32 € - Al naso emerge col suo profilo piacevolmente rustico e denso nel frutto. Il sorso è verticale, fresco, ancora un po' crudo al momento dell'assaggio, ma con un bel futuro davanti.
Langhe Nebbiolo 2018 ● 5.000 bt; 17 € - Di bella tipicità floreale, ha un profilo olfattivo suadente. In bocca ha una spiccata acidità, qualche durezza di troppo che il tempo smusserà, e un bel dinamismo, che si risolve in un sorso sottile e slanciato.

ha 17 - **bt** 60.000
Fertilizzanti preparati biodinamici, sovescio
Fitofarmaci organici, rame e zolfo
Diserbo nessun diserbo
Lieviti fermentazione spontanea
Uve 100% di proprietà
Certificazione biologico certificato

NEIVE (CN)

RESSIA

Via Canova, 28 - tel. 0173 677305
www.ressia.com - info@ressia.com

VITA - La storia di questa piccola azienda guidata da Fabrizio Ressia, con il recente ingresso del figlio Alessandro a dare una mano, è inestricabilmente legata alla collina su cui sorge la cascina-cantina, che risponde al nome di Canova. Le vigne si sviluppano tutto intorno, sui due versanti, in un angolo meno noto ai più, all'estremità orientale della denominazione, e che confina con il Bricco di Neive, di cui richiama alcune caratteristiche.

VIGNE - L'approccio alle attività agronomiche è curioso e sperimentale. L'uso di centraline meteo, le ricerche fatte con l'Università, il tentativo di mitigare gli effetti del cambiamento climatico utilizzando anche esposizioni più fredde sono tutti segnali di questo dinamismo di senso pragmatico. Tutte le vigne di Fabrizio si trovano nel cru Canova.

VINI - In cantina troviamo una mano classica, soprattutto sui Barbaresco, e (di nuovo) curiosa, come dimostrano le vinificazioni del Moscato secco.

Barbaresco Canova Serie Oro Ris. 2015 ● 1.600 bt; 47 € - Affina cinque anni in botticelle grandi, e inizialmente nasconde un po' l'impronta varietale. Lasciato respirare emerge nel suo profilo di frutta scura, e procede in bocca con un tannino incisivo e ben integrato, per un sorso ampio e succoso, con accennata sapidità.
Barbaresco Canova 2017 ● 3.500 bt; 33 € - Dal profilo olfattivo schietto e varietale, con un bel frutto croccante, ha un percorso gustativo che al momento dell'assaggio risultava ancora in debito di integrazione, ma che promette un futuro radioso.
Barbera d'Alba Sup. Vigna Canova 2018 ● 6.000 bt; 15 € - Denso, fruttato, profondo.
Evien 2019 ○ moscato; 6.000 bt; 10 € - Succoso, aromatico, sfibrato.

ha 7 - **bt** 35.000
Fertilizzanti organo-minerali, preparati biodinamici
Fitofarmaci chimici di sintesi, rame e zolfo
Diserbo lavorazione meccanica/manuale
Lieviti fermentazione spontanea, selezionati industriali
Uve 100% di proprietà
Certificazione nessuna certificazione

NEIVE (CN)

SOTTIMANO

Località Cottà, 21 - tel. 0173 635186
www.sottimano.it - info@sottimano.it

VITA - La storia di questa azienda è quella comune a tante cantine di questa zona di Langa nate all'inizio degli anni Ottanta, quando alcuni contadini che possedevano qualche ettaro di terra decisero di specializzarsi nella viticoltura e imbottigliare il frutto dei loro filari. Rino Sottimano iniziò così con semplicità, e altrettanto "semplicemente" fu affiancato dai figli, prima da Andrea e poi anche da Elena e Claudia, che completano il quadro familiare.

VIGNE - Nel tempo i Sottimano con caparbietà, oculatezza e parsimonia hanno accresciuto la proprietà di vigne, e ora lavorano menzioni di tutto rispetto, alcune delle quali hanno contribuito a far conoscere nel mondo. I nomi di questi appezzamenti corrispondono a: Basarin (uno dei più recenti), Cottà, Currà, Fausoni, Pajorè e San Cristoforo. Nei vigneti sono anni che non si diserba, e la certificazione biologica è stata ottenuta da tempo.

VINI - Lo stile è piuttosto moderno, con affinamenti solitamente in legno piccolo, anche se qui non si estremizza con macerazioni troppo brevi.

TOP **Barbaresco Cottà 2017** ● 8.400 bt; 60 € - È molto giovane, tutto su un delicato e fine frutto rosso, con il palato slanciato e acido, con un bel ritorno di sale in chiusura di bocca.
Barbaresco Basarin 2016 ● 6.600 bt; 60 € - Da una vigna molto erta e ben esposta, ecco un rosso grintoso, profumato di spezie, con allungo tannico in bocca e una buona rotondità in chiusura.
Barbaresco Currà 2015 ● 3.000 bt; 77 € - Da una vigna con più di 70 primavere sulle spalle, ecco questa versione di Barbaresco possente, ricca, estratta e dalla materia fruttata opulenta.
Barbaresco Pajorè 2017 ● 4.800 bt; 60 € - Denso, speziato, profondo.
Langhe Nebbiolo 2019 ● 22.000 bt; 20 € - Ampio, fruttato, energico.

ha 19,5 - **bt** 90.000
Fertilizzanti letame, sovescio
Fitofarmaci organici, rame e zolfo
Diserbo lavorazione meccanica/manuale
Lieviti fermentazione spontanea
Uve 100% di proprietà
Certificazione in conversione biologica

NEVIGLIE (CN)

BERA

SCONTO **-10%**

Via Castellero, 12 - tel. 0173 630194
www.bera.it - info@bera.it

VITA - Neviglie è una zona di confine: appena fuori dalla denominazione del Barbaresco, si affaccia anche su quella parte di provincia cuneese che è culla del moscato. L'azienda in qualche modo è espressione di questi confini: guidata da Valter Bera insieme ai figli Umberto e Riccardo e alla moglie Alida Chiarle, ha un cuore moscatista su cui si sono innestate, soprattutto negli ultimi anni, scorribande dal sapore di Barbaresco e Barolo.

VIGNE - Il parco vitato si sviluppa a partire da Neviglie. Poi alcuni cru prestigiosi qualche chilometro più a nord: Basarin, il più vicino, Rabajà, forse il più nobile, e Serraboella, il più recente, se parliamo di Barbaresco. In zona Barolo si sono messe radici nella menzione Mosconi di Monforte: la prima vendemmia è stata la 2017.

VINI - Sottolineiamo il lavoro fatto sul Moscato ma ancor di più sull'Asti, perché Valter ci ha puntato a lungo e meriterebbe maggiore attenzione. Sui rossi l'approccio è classico: si preferisce la botte grande.

Asti 2019 12.000 bt; 12 € - Una tipologia massacrata dalla sua cattiva immagine, ma che con i Bera trova un'espressione talmente convincente da far ricredere anche i critici più feroci: varietale nell'espressione olfattiva, ha freschezza e sapidità in bocca, con una dolcezza meno invasiva e più contrastata rispetto al Moscato d'Asti.
Moscato d'Asti 2019 100.000 bt; 12 € - Classico e beverino: una delle versioni più convincenti di anno in anno.
Alta Langa Brut 2013 6.500 bt; 23 € - Ancora bolle: evidentemente i Bera le sanno fare. Compatto, fresco e profondo, è piacevolissimo.
Barbera d'Alba Sup. La Lena 2017 ● 7.000 bt; 15 € - Succoso, fruttato, contrastato.
Barbaresco 2017 ● 5.500 bt; 26 € - Avvolgente, fruttato, gastronomico.
Barbaresco Serraboella Ris. 2015 ● 2.000 bt; 36 € - Potente, austero, increspato.

ha 28 - **bt** 200.000
Fertilizzanti letame
Fitofarmaci chimici di sintesi, rame e zolfo
Diserbo lavorazione meccanica/manuale
Lieviti selezionati industriali, selezione di lieviti indigeni
Uve acquisto 10%
Certificazione nessuna certificazione

NEVIGLIE (CN)

ROBERTO GARBARINO

Località Ronconuovo, 10 - tel. 347 7675403
www.robertogarbarino.it - info@robertogarbarino.it

VITA - Roberto Garbarino ci ha messo poco tempo a emergere tra i più capaci interpreti dell'Alta Langa. Dopo gli studi di viticoltura ed enologia a Torino e diverse esperienze lavorative ha acquistato cascina e terreni nel 2011 e prodotto il primo vino nel 2013. Da poco lo affianca anche la compagna Beatrice Carli Moretti, esperta nell'ambito della comunicazione e portatrice d'idee. Insieme il progetto è destinato a crescere e consolidarsi, con l'ambizione di produrre anche grandi bianchi da invecchiamento.

VIGNE - Alle vigne di Neviglie si sono aggiunte da poco parcelle a Trezzo Tinella. I terreni argillosi e calcarei sono simili alla vicina zona del Barbaresco, ma con altitudini tra i 450 e i 600 metri e un clima più fresco, adatto per spumanti e varietà bianche. Sono già state piantate le prime barbatelle di riesling e rossese bianco. Fin da subito si è scelto di lavorare in biologico, seppure non certificato.

VINI - Lo scopo di Roberto, che poi è quello condiviso anche dal consorzio Alta Langa, è di fare spumanti gastronomici, di struttura, persistenza e mineralità. I suoi però si distinguono anche per finezza e precisione tecnica.

Alta Langa Extra Brut 2016 5.000 bt; 24 € - Con lieve preponderanza di chardonnay, un Alta Langa di grande eleganza, equilibrio e precisione: essenziale e di raffinato carattere floreale, ha buona struttura, contrasto sapido e un perlage fine e integrato.
Alta Langa Rosè Dosaggio Zero 2016 3.150 bt; 25 € - Di carattere più sfrontato e incisivo: fitto, speziato e quasi austero, non nasconde qualche spigolo e durezza, ma ha anche il giusto contrappeso di materia succosa.
Moscato d'Asti Hiku 2019 ○ 3.500 bt; 11 € - Fresco, floreale, delicato.
Rosé Grisù 2019 pinot nero; 2.500 bt; 11 € - Teso, fruttato, sapido.

ha 7 - **bt** 15.000
Fertilizzanti letame, sovescio
Fitofarmaci organici, rame e zolfo
Diserbo lavorazione meccanica/manuale
Lieviti selezionati industriali
Uve 100% di proprietà
Certificazione nessuna certificazione

NOVELLO (CN)

ELVIO COGNO

SCONTO **-10%**

Via Ravera, 2 - tel. 0173 744006
www.elviocogno.com - elviocogno@elviocogno.com

VITA - Elvio Cogno, uno dei patriarchi del Barolo, ebbe a fine degli anni Ottanta un'intuizione geniale. Spingersi più a Sud rispetto alla sua amata Barolo per investire i risparmi di una vita a Novello, un comune fino ad allora poco noto. Grazie alla figlia Nadia e al genero Valter Fissore, questa idea ha trovato una realizzazione pratica che sta contribuendo a scrivere alcune delle più luminose pagine della denominazione.

VIGNE - Ravera è oggi una delle menzioni più in voga e con alcuni degli interpreti più talentosi del Barolo. Ma la sua prima, reale, valorizzazione passa da qui, da questa cascina che ne domina il panorama. I vigneti si distendono ai suoi piedi e i Cogno-Fissore ne hanno individuato alcune parcelle, da cui traggono sia il Bricco Pernice, con esposizione sud, sia il Vigna Elena, con piante del clone rosé.

VINI - Negli ultimi anni si stanno sperimentando, con successo, macerazioni a grappolo intero, che non snaturano il carattere profondo di Ravera.

TOP **Barolo Ravera Vigna Elena Ris. 2014** ● 3.000 bt; 91 € - Il naso ha grande espressività, con frutto molto aperto e pulito, la bocca ha energia e acidità salina. Chiusura poderosa e complessa.
Barolo Ravera Bricco Pernice 2015 ● 4.500 bt; 89 € - Perfetto rappresentante di un'annata piuttosto calda come la 2015, ha un bel frutto maturo, ma anche grinta in bocca.
Barolo Ravera 2016 ● 10.000 bt; 72 € - Versione strepitosa di questo rosso, con profumi di mentuccia e di ciliegia. La bocca ha il giusto tannino per far salivare e invitare alla beva.
Langhe Nascetta del Comune di Novello Anascëtta 2019 ○ 15.000 bt; 20 € - Ampio, fruttato, complesso.
Barolo Cascina Nuova 2016 ● 15.000 bt; 38 € - Incisivo, fruttato, verticale.
Barbera d'Alba Bricco dei Merli 2018 ● 10.000 bt; 20 € - Dinamico, fruttato, complesso.

ha 15 - **bt** 100.000
Fertilizzanti letame in pellet, letame
Fitofarmaci chimici di sintesi, organici, rame e zolfo
Diserbo lavorazione meccanica/manuale
Lieviti selezione di lieviti indigeni
Uve acquisto 10%
Certificazione nessuna certificazione

PRIOCCA (CN)

CASCINA VAL DEL PRETE

SCONTO **-10%**

Strada Santuario, 2 - tel. 0173 616534
www.valdelprete.com - valdelprete@tiscali.it

VITA - Galeotto fu un bicchiere! Lodovica Tedeschi, giovane enologa della val d'Ossola, assaggiato l'Arneis Bizzarro ha deciso di andare direttamente in cantina a conoscere la famiglia Roagna, in pieno Roero. Un innamoramento a tutto tondo: ora aiuta il compagno Giovanni Roagna a prendere gradualmente il testimone aziendale dalle sagge mani del padre Mario, che cerca di mediare con proverbiale prudenza le vulcaniche idee della giovane coppia.

VIGNE - Un bell'anfiteatro attorno alla cantina, terreni argillosi e calcarei e le stesse vigne da sempre: in piena tradizione contadina, di cui sono giustamente fieri, i Roagna non ambiscono a ingrandirsi o fare passi più lunghi della gamba, ma vogliono solo dedicarsi alla cura dei loro bei vigneti, condotti con piglio sostenibile.

VINI - Una bella batteria di vini che interpretano correttamente il territorio, oltretutto con prezzi decisamente interessanti.

Roero Vigna di Lino 2017 ● 1.800 bt; 19 € - - Affinato in barrique con parecchia "esperienza", in questa annata può contare sulle uve di solito dedicate al Riserva, e si sente: è ancora giovane, ma già emergono una bella balsamicità e un deciso carattere. Farà strada.
Roero Bricco Medica 2017 ● 2.500 bt; 16 € - - Al naso è elegante, e in bocca è polposo. Riesce a tenere a bada la potenza con un tannino fine, anche se ancora giovane.
Bizzarro 2019 ○ 1.800 bt; 15 € - - Selezione delle uve, tre giorni di macerazione sulle bucce e vecchie barrique per un Arneis dai toni di fiori passiti e frutta disidratata, e dalla bocca vibrante e materica.
Nebbiolo d'Alba 2017 ● 5.000 bt; 13 € - - Potente, floreale, varietale.
Barbera d'Alba Serra de' Gatti 2019 ● 15.000 bt; 10 € - - Croccante, fruttato, espressivo.
Roero Arneis Luèt 2019 ○ 12.000 bt; 10 € - - Bianco macerato, fresco, floreale, delicato.

ha 10 - **bt** 55.000
Fertilizzanti sovescio
Fitofarmaci rame e zolfo
Diserbo lavorazione meccanica/manuale
Lieviti fermentazione spontanea
Uve 100% di proprietà
Certificazione biologico certificato

PRIOCCA (CN)

HILBERG - PASQUERO

SCONTO **-10%**

Via Bricco Gatti, 16 - tel. 0173 616197 - 339 1728728
www.hilberg-pasquero.com - hilberg.pasquero@gmail.com

VITA - Nella ricchezza di sguardi che oggi caratterizzano il vivace e sempre più convincente Roero, non possiamo non riservare un posto a tavola per Annette Hilberg e Miklo Pasquero, che da tempo in quel di Priocca si distinguono per aver realizzato una viticoltura sostenibile senza compromessi, che va sotto il nome di bioergodinamica. Una visita in cantina può essere l'occasione per farsi travolgere dalla loro simpatia.

VIGNE - Con la certificazione biologica alle spalle, oggetto di una rinuncia ragionata che lo ha visto spingere ancora di più sull'acceleratore del rispetto per l'ecosistema, Miklo continua a impegnarsi duramente tra i filari. Sono tre gli appezzamenti vitati: il Bricco Gatti intorno alla cantina, nella menzione Cascinotto, il Monteforche, menzione tra Priocca e Govone, e il Bricco Stella, al di fuori della denominazione roerina.

VINI - Le fermentazioni spontanee e l'uso di legni piccoli caratterizzano l'approccio in cantina. I vini vanno aspettati, senza fretta.

Vareij 2019 ● 5.000 bt; 19 € - - A base di uve brachetto con un saldo di barbera, è un vino di godibile: di esuberanza aromatica, con bei cenni floreali, ha una bocca di buona tensione e polpa, per un sorso ritmato e fragrante. Da bere fresco, a tavola.
Nebbiolo d'Alba Sul Monte 2018 ● 3.000 bt; 31 € - - Timido e floreale, al palato si distingue per la dolcezza del frutto, in un contesto a cui manca un filo di integrazione alcolica e tannica. Si farà.
Nebbiolo d'Alba Sup. 2017 ● 4.000 bt; 38 € - - Se il naso al momento dell'assaggio era ancora un po' segnato dai legni di affinamento, il sorso si fa preferire grazie a un profilo sì potente ma teso e dinamico.
Barbera d'Alba Sup. 2017 ● 4.000 bt; 38 € - - Potente, fruttato, incerto.
Barbera d'Alba Sulla Stella 2019 ● 7.000 bt; 21 € - - Succoso, speziato, irrisolto.

ha 7 - **bt** 23.000
Fertilizzanti compost, organo-minerali, preparati biodinamici, sovescio
Fitofarmaci rame e zolfo
Diserbo lavorazione meccanica/manuale
Lieviti fermentazione spontanea
Uve 100% di proprietà
Certificazione nessuna certificazione

REVELLO (CN)

CASCINA MELOGNIS

SCONTO -10%

Via San Pietro, 10 - tel. 0175 257395
cascina.melognis@gmail.com

VITA - Vanina Carta non è solo la guida ispirata di questa piccola realtà all'ombra del Monviso, a ovest di Saluzzo: da un po' di tempo guida anche il Consorzio delle Colline Saluzzesi, tentando di smuovere un comparto che ancora denota qualche incertezza. Cascina Melognis è ovviamente un'eccezione: da anni dimostra che anche qui, in una zona ricca di storia, si possono fare ottimi vini. Ad aiutare Vanina in campo e in cantina c'è il marito Michele Fino.

VIGNE - Sono tre gli appezzamenti principali: si dividono tra Revello e Saluzzo (San Lazzaro e San Bernardino). Si coltivano pelaverga grosso, barbera, chatus, freisa, neretta cuneese, quagliano, oltre a pinot nero e due vitigni a bacca bianca di origine montana: il gouias blanc e lo chasselas.

VINI - L'approccio alle vinificazioni e agli affinamenti è classico, per vini di spiccata espressività aromatica.

TOP **Colline Saluzzesi Rosso Ardy 2018** VINO QUOTIDIANO ● 3.800 bt; 11 € - Profuma di frutta scura e porta in dote cenni terrosi molto tipici. La bocca è di spiccata spinta acida, come vuole il territorio: è di facile beva e caratteriale.
M. Cl. Dosaggio Zero Olim Atrum O pinot nero; 1.500 bt; 24 € - Agrumato, con lievi cenni lievitosi, è ricco di dettaglio. La bocca è fresca e tagliente, di buona struttura e sapida. Un Metodo Classico fatto molto bene.
Novamen 2018 ● barbera, pinot nero; 2.700 bt; 16 € - Il vino più "importante" di casa: cupo nell'espressività aromatica, con cenni animali, in bocca è morbido e denota freschezza.
Comitis 2019 O chasselas, gouais blanc; 1.500 bt; 13 € - Fresco, fruttato, incisivo.
Colline Saluzzesi Pelaverga Divicaroli 2019 ● 3.500 bt; 13 € - Agile, speziato, corto.
Sinespina 2019 ● barbera, chatus, freisa, neretta cuneese, pelaverga, quagliano; 2.000 bt; 11 € - Fresco, fruttato, sottile.

ha 3,6 - **bt** 15.000
Fertilizzanti nessun concime
Fitofarmaci rame e zolfo
Diserbo lavorazione meccanica/manuale
Lieviti fermentazione spontanea, selezionati industriali
Uve acquisto 15%
Certificazione biologico certificato

RODDI (CN)

GIAN LUCA COLOMBO SEGNI DI LANGA

SCONTO -10%

Località Ravinali, 25 - tel. 380 3945151 - 347 7749497
www.segnidilanga.it - info@segnidilanga.it

VITA - In un territorio dove è praticamente impossibile cominciare da zero se non si è ricchi imprenditori di altri settori fulminati sulla via del Barolo, ecco che 10 anni fa è spuntato questo giovane enologo che si è inventato una nuova azienda. Gian Luca con la sfrontatezza della giovane età e un gran talento ha messo su un gioiellino, che anno dopo anno sta trovando una sua precisa fisionomia.

VIGNE - I suoi appezzamenti sono in parte nel piccolo comune di Roddi, con alcune parcelle affittate di nebbiolo e di pelaverga, poi nella Ravera, dove ha coltivato il suo primo vigneto, un nord pieno allevato a pinot nero, il vitigno che ha contribuito a farlo conoscere. Sta lavorando con la stessa varietà a Dogliani, su suoli e altitudini differenti. La gestione è molto attenta e si effettuano numerose sperimentazioni agronomiche.

VINI - Colombo è una firma, grazie a uno stile pulito, aggraziato ed elegante, con la volontà però di rischiare sempre un po' per estrarre al massimo l'essenza del terroir.

TOP **Langhe Pinot Nero 2018** VINO SLOW ● 5.000 bt; 24 € - Forse la versione più intrigante mai prodotta, con naso iper varietale e bocca poco alcolica e scorrevole: è complesso in chiusura, con beva da primato.
Barbera d'Alba Sup. 2018 ● 4.500 bt; 21 € - Ha energia e succo, con richiami fruttati molto intriganti.
Barolo 2016 ● 1.200 bt; 44 € - Il primo Barolo di casa Colombo. Forse anche per questo il legno un po' fa capolino, ma tradisce già la classe che siamo certi sfodererà in futuro.
Nebbiolo d'Alba 2018 ● 2.400 bt; 22 € - Armonico, fruttato, leggiadro.
Rosso Nu 2019 ● barbera, nebbiolo, pinot nero, dolcetto; 4.500 bt da 1 l; 16 € - Croccante, fruttato, autentico.

ha 3,4 - **bt** 14.500
Fertilizzanti letame in pellet
Fitofarmaci rame e zolfo
Diserbo lavorazione meccanica/manuale
Lieviti fermentazione spontanea
Uve 100% di proprietà
Certificazione parte dei vigneti in regime biologico

RODELLO (CN)

MOSSIO FRATELLI

SCONTO **-10%**

Via Montà, 12 - tel. 0173 617149 - 338 4002835
www.mossio.com - mossio@mossio.com

VITA - Mossio è diventato negli anni sinonimo di Dolcetto, e non c'è moda o crisi che possa spezzare il legame profondo tra questa bella famiglia contadina e quest'umile varietà piemontese. Dagli anni Ottanta vediamo in prima linea i cugini Valerio e Remo Mossio, terza generazione di vignaioli, ma è ora di introdurre anche il nipote Michele, che affianca ormai da anni Remo nei lavori in vigna, e Francesco, figlio di Valerio, che sta muovendo i primi passi in azienda.

VIGNE - La cascina Carameli con le sue vigne si trova in collina sopra Alba, in una zona ben esposta, sempre ventilata e con terreni caratterizzati dalle marne calcaree tipiche della Langa. Il Bricco Caramelli è la vigna più vecchia, piantata nel 1952: una sorta di panettone con diverse esposizioni che raggiunge anche i 480 metri di quota. Il Piano delli Perdoni, più in basso, è una sorta di altopiano con viti d'età media comunque elevata.

VINI - Vinificazioni classiche, senza forzature enologiche, e pazienza nell'affinamento sono la ricetta semplice per vini tipici, territoriali e sempre precisi.

TOP **Dolcetto d'Alba Bricco Caramelli 2018** VINO SLOW ● 5.000 bt; 14 € - Complesso e di buona concentrazione, ha carattere fruttato maturo, speziato e sanguigno. Il tannino è solido ma risolto, e c'è tanto succo a rivestire il tutto.
Dolcetto d'Alba Piano delli Perdoni 2018 ● 22.000 bt; 12 € - Tipico ed equilibrato, lineare e compatto, ha dolcezza di frutto e contrasto acido, chiudendo sulla consueta vena terroso-balsamica di Langa.
Dolcetto d'Alba Sup. Gamus 2017 ● 3.500 bt; 22 € - Un anno in botte conferisce a questo vino un'elegante profondità e signorile compostezza: ha un sorso slanciato e compatto, di fitta trama tannica e carattere scuro, balsamico e floreale.
Langhe Nebbiolo Luen 2016 ● 5.000 bt; 22 € - Austero, speziato, complesso.

ha 10 - **bt** 50.000
Fertilizzanti humus, letame in pellet, letame
Fitofarmaci organici, rame e zolfo
Diserbo lavorazione meccanica/manuale
Lieviti fermentazione spontanea
Uve 100% di proprietà
Certificazione nessuna certificazione

SANTO STEFANO BELBO (CN)

499

€

SCONTO **-10%**

Frazione Camo - Via Roma, 3 - tel. 328 3193018
www.499vino.it - info@499vino.it

VITA - 499 si sta ritagliando con merito uno spazio importante tra le realtà emergenti delle Langhe. Condotta da Gabriele Saffirio, principalmente impegnato nelle attività agricole, e Mario Andrion, cantiniere e anima commerciale, l'azienda ha puntato sin dall'inizio sulla Freisa e sul Moscato, riuscendo a raggiungere livelli qualitativi eccellenti con coraggio, competenza e passione.

VIGNE - L'altitudine è l'elemento che più caratterizza il patrimonio vitato aziendale. I 499 metri sul livello del mare delle vigne di Camo rendono difficile la viticoltura, ma allo stesso tempo concedono uva di qualità eccelsa, soprattutto per quanto riguarda la maturazione, la freschezza e l'aromaticità. Componente non secondaria per il profilo dei vini è anche la forte presenza di pietra arenaria.

VINI - La grande esperienza di Mario e Gabriele con le uve di moscato e freisa permette di adattare sempre meglio le pratiche vinicole e agricole alle loro necessità. Il risultato è una crescita costante della qualità dei vini.

TOP **Langhe Freisa 2018** VINO SLOW ● 3.000 bt; 13 € - Il profilo olfattivo è fine e composto con una frutta croccante e godibilissima. In bocca è potente e profondo, fresco e dai tannini definiti.
Langhe Freisa Coste dei Fre 2016 ● 1.700 bt; 18 € - Al naso avvertiamo frutta matura, prugna, fico, e sentori evoluti e intensi. Al palato emergono densità, corpo, tannini presenti ma incorniciati in un sorso comunque bilanciato e scorrevole. L'esuberanza varietale è plasmata perfettamente dal passaggio in legno.
Moscato D'Asti 2019 ○ 6.000 bt; 9 € - È dotato di grande freschezza, mineralità, e di un sorso pieno, fresco e dinamico. Un Moscato gastronomico, che non si limita ad accompagnare la fine del pasto, ma ha diverse potenziali declinazioni di abbinamento.
Grela 2019 ● freisa; 800 bt; 12 € - Agile, floreale, incisivo.

ha 11 - **bt** 15.000
Fertilizzanti letame in pellet
Fitofarmaci chimici di sintesi, rame e zolfo
Diserbo lavorazione meccanica/manuale
Lieviti fermentazione spontanea, selezionati industriali
Uve 100% di proprietà
Certificazione nessuna certificazione

SANTO STEFANO BELBO (CN)

MARCO CAPRA

Località Seirole, 40 - tel. 0141 840464
www.marcocapravini.it - info@marcocapravini.it

VITA - Marco Capra era giovanissimo quando nel 1996 ha iniziato ad affiancare il padre nell'azienda di famiglia, per poi prendere in mano definitivamente le redini e passare pian piano all'imbottigliamento in proprio. Negli anni ha rafforzato il marchio grazie anche alla preziosa collaborazione con gli enologi Daniela Serra e Dante Scaglione. Un solido indirizzo per classici vini del territorio, Moscato in primis, ma si punta sempre di più anche sull'Alta Langa.

VIGNE - Marco è innanzitutto un viticoltore: al suo ingresso in azienda è partito subito dalle vigne e tuttora passa buona parte delle sue giornate tra i filari, dove si avvale della consulenza di Roberto Abate. Buona parte delle vigne si trova in frazione Seirole di Santo Stefano Belbo, dove domina il moscato. Chardonnay e pinot nero per l'Alta Langa provengono da Camo, Rocchetta Palafea, Cessole e Vesime; il nebbiolo cresce a Santo Stefano Roero.

VINI - I vini di Marco sono precisi e territoriali, divertenti da bere e venduti a prezzi giusti.

Alta Langa Extra Brut Seitremenda 2015 ⁘ 11.900 bt; 27 € - ▢ - Prodotto con circa due terzi pinot nero, è un Metodo Classico dritto ed essenziale, che gioca sulla mineralità più che sul frutto.
Barbera d'Asti DoppiaDi 2018 ● 16.000 bt; 14 € - ▢ - Un sorso davvero piacevole, ricco di polpa succosa, tutta incentrato tutta sull'immediatezza del frutto e il contrasto acido che agevola la beva.
Moscato d'Asti Bricco delle Merende 2019 ⁘ 25.000 bt; 14 € - ▢ - Metodo Charmat, fresco, fruttato, armonico.
Langhe Nascetta Conna 2019 ○ 2.600 bt; 17 € - ▢ - Incisivo, agrumato, essenziale.

In attesa della nuova annata abbiamo riassaggiato il Nebbiolo d'Alba Testanvisca 2017. Nasce in Roero, ed è un Nebbiolo fragrante, di fine estrazione tannica, agile e succoso, ricco di dettaglio floreale.

ha 18 - **bt** 85.000
Fertilizzanti letame
Fitofarmaci chimici di sintesi, rame e zolfo
Diserbo lavorazione meccanica/manuale
Lieviti fermentazione spontanea, selezionati industriali
Uve 100% di proprietà
Certificazione nessuna certificazione

SANTO STEFANO BELBO (CN)

FRATELLI GRIMALDI

SCONTO **-10%**

Località San Grato, 15 - tel. 0141 840341
www.fratelligrimaldi.it - cantina@fratelligrimaldi.it

VITA - La cantina è oggi gestita dai due fratelli Ilaria e Paolo Grimaldi, coadiuvati dai genitori. Grande entusiasmo circonda i loro progetti di sviluppo: l'ampliamento della parte di stoccaggio e affinamento degli spumanti, e i cambiamenti alla sala degustazione. Della parte produttiva si occupa Paolo, coadiuvato da papà Sergio. Ilaria si dedica invece alla gestione dei clienti e dell'accoglienza.

VIGNE - Le vigne in parte circondano la cantina, in parte sono in zone di prestigio comunque non molto distanti: San Grato, Moncucco e San Maurizio sono nomi che fanno sognare tanti moscatisti, e che i Grimaldi hanno in portafoglio da tempo. Poi citiamo il Bauda e, di fronte, la collina Gaminella resa celebre dagli scritti di Cesare Pavese, da cui nasce l'Alta Langa.

VINI - Il Moscato è il grande e inevitabile protagonista, qui oggetto di un lavoro certosino di differenziazione a partire dai cru.

Alta Langa 2015 ⁘ 5.000 bt; 29 € - ▢ - Una seconda sboccatura a quasi quattro anni dal tiraggio: fine nei profumi di fragola e biscotto, in bocca trova un attacco fresco, sapido, dal finale lungo e avvolgente.
Moscato d'Asti Canelli Vigna Moncucco 2019 ⁘ 3.000 bt; 15 € - ▢ - Elegante nel profilo olfattivo, in cui spiccano sottili note agrumate, ha una bocca fresca e ben contrastata: un Moscato figlio di una grandissima vigna.
Moscato d'Asti Canelli San Maurizio 2019 ⁘ 5.000 bt; 12 € - ▢ - Molto varietale nei profumi, in bocca attacca fresco e si distende alla grande grazie e una sottile vena sapida.
Moscato d'Asti 2019 ⁘ 60.000 bt; 10 € - ▢ - Fresco, floreale, autentico.
Brut Ventuno Rosé 2018 ⁘ pinot nero; 7.500 bt; 11 € - ▢ - Metodo Charmat, agile, fruttato, elegante.
Piemonte Moscato Passito Montaldi 2016 ● 400 bt da 0,375 l; 26 € - ▢ - Ampio, fruttato, avvolgente.

ha 18 - **bt** 100.000
Fertilizzanti compost, minerali, sovescio
Fitofarmaci organici, rame e zolfo
Diserbo lavorazione meccanica/manuale
Lieviti selezionati industriali
Uve 100% di proprietà
Certificazione nessuna certificazione

SANTO STEFANO BELBO (CN)

PIERO GATTI

Località Moncucco, 28 - tel. 0141 840918
www.vinigatti.it - info@vinigatti.it

VITA - Santo Stefano Belbo, patria di un grandissimo della letteratura come Cesare Pavese, sembrava aver perso un po' di "poesia" con l'avanzare dell'industria del vino. Ma grazie a un manipolo di piccole aziende l'argine è stato eretto, e Barbara Gatti è una dei custodi di questo simbolico edificio. Purtroppo a ottobre 2019 ci ha lasciati la mamma Rita Bernengo, ma c'è anche la novità di un fiocco rosa: la nascita della piccola Agata dà continuità alla linea tutta al femminile.

VIGNE - La cantina si trova ai piedi della collina di Moncucco, senza dubbio uno dei cru più prestigiosi per la coltivazione del moscato: pendenze vertiginose, e un piglio da austero guardiano che si erge su Santo Stefano Belbo. Altre vigne aziendali si trovano a Cossano Belbo, San Martino Alfieri e Nizza Monferrato, per un parco di tutto rispetto.

VINI - I vini hanno un'impostazione classica e un grande obiettivo: esprimere tutta la loro carica varietale senza mediazione alcuna. Semplici e di ottimo prezzo, sono graditi compagni della tavola.

Violetta 2019 ● freisa; 2.500 bt; 9 € - Giovanile e dai tratti vinosi, denota un'estrazione molto misurata, che ne fa una Freisa slanciata, succosa e dalla matrice tannica sussurrata.
Piemonte Moscato 2019 40.000 bt; 9 € - Il vino-simbolo dell'azienda, anche in termini numerici, ha nella schiettezza e nell'affidabilità i suoi punti forti: salino come vuole il Moncucco, da cui proviene una parte delle uve, profuma di pesca ed è ben contrastato.
Verbeia 2018 ● barbera, freisa; 2.000 bt; 10 € - L'80% di uve barbera caratterizza il profilo aromatico e gustativo: fresco e semplice, si fa voler bene.
Piemonte Brachetto 2019 10.000 bt; 10 € - Metodo Charmat, fresco, fruttato, contrastato.
2 Gatti 2019 ○ moscato, favorita; 2.500 bt; 10 € - Fresco, aromatico, corto.

ha 7,5 - **bt** 70.000
Fertilizzanti letame, organo-minerali
Fitofarmaci chimici di sintesi, rame e zolfo
Diserbo lavorazione meccanica/manuale
Lieviti selezionati industriali
Uve 100% di proprietà
Certificazione nessuna certificazione

SANTO STEFANO BELBO (CN)

MARCALBERTO

Via Porta Sottana, 9 - tel. 0141 844022
www.marcalberto.it - info@marcalberto.it

VITA - I fratelli Marco e Alberto Cane hanno ereditato dal padre Piero una passione sconfinata per il Metodo Classico, tanto da puntare tutta l'identità della loro piccola impresa su questa tipologia. Piero, ai tempi direttore tecnico di una nota casa spumantistica locale, ne aveva avviato una minuscola produzione artigianale a inizio anni Novanta, incrementata con l'ingresso in azienda dei figli, ma sempre seguita con la stessa cura maniacale di ogni dettaglio.

VIGNE - Le vigne, sparse tra Cossano Belbo, Loazzolo, Calosso e Santo Stefano ad altitudini fino ai 600 metri, sono piantate esclusivamente a pinot nero e chardonnay, con cloni da base spumante e barbatelle portate direttamente dalla zona della Champagne. La fase più calda, letteralmente, è a Ferragosto, quando vengono monitoriate minuziosamente le curve di maturazione per centrare il momento ideale per la raccolta.

VINI - Il lavoro scrupoloso prosegue con una pressatura ultra-soffice in un torchio verticale, fermentazioni spontanee per i vini base e accurato affinamento con bâtonnage in legni esausti e acciaio.

M. Cl. Brut Nature Nature 3.500 bt; 34 € - Forse il vino più singolare dell'azienda, vinificato senza solfiti aggiunti: integro ed espressivo, è molto saporito, consistente e ben contrastato.
Alta Langa Extra Brut Millesimo2mila16 2016 8.000 bt; 29 € - Delicato, sapido, gioca tutto sulla finezza floreale con un palato di buona struttura e profondità.
M. Cl. Brut Sansannée 25.000 bt; 19 € - Un base davvero ottimo: fresco e lineare, equilibrato nel dosaggio, ha una bolla fine e integrata, con note fruttate e citrine e un sottofondo minerale-gessoso.
M. Cl. Pas Dosé Blanc de Blancs 7.000 bt; 24 € - Vibrante, minerale, essenziale.
M. Cl. Brut Rosé 7.500 bt; 20 € - Ampio, speziato, energico.

ha 6 - **bt** 50.000
Fertilizzanti nessun concime
Fitofarmaci rame e zolfo
Diserbo lavorazione meccanica/manuale
Lieviti fermentazione spontanea, selezionati industriali
Uve 100% di proprietà
Certificazione nessuna certificazione

SANTO STEFANO BELBO (CN)

MONGIOIA

Frazione Valdivilla, 40 - tel. 0141 847301
www.mongioia.com - info@mongioia.com

VITA - Il mantra del "piccolo è bello" si può applicare senza timore a questa realtà familiare che da anni ci convince e stupisce con vini deliziosi e territoriali, liberi da sofisticazioni enologiche. Maria Graziano e Riccardo Bianco gestiscono l'azienda con intelligenza e senza farsi travolgere dalle mode del momento, dedicando ogni singola energia al Moscato.

VIGNE - Santo Stefano Belbo con Castiglione Tinella è zona di moscato, con terreni calcarei, marnosi, ricchi di argilla bianca e sabbia a medio impasto, ed esposizioni e latitudine ideali. È qui che trova dimora una parte dei vigneti di Mongioia, mentre a Mango sorge la porzione più grande, con piante anche molto vecchie.

VINI - In cantina il Moscato viene interpretato con intelligenza e provando a prescindere dall'approccio iper-tecnologico che ha dominato la tipologia negli ultimi decenni: sperimentazione e recupero di antiche tradizioni vanno a braccetto.

Moscato d'Asti L'Astralis 2018 4.000 bt; 34 € - L'uso dell'antico metodo di filtrazione a tela, reinterpretato da Riccardo in chiave moderna, e i due anni di affinamento in bottiglia hanno creato un prodotto che ci ha entusiasmato per la sua complessità. Le note fruttate, balsamiche e speziate, e il sorso setoso, ricco di sensazioni, fanno di questo Moscato un'esperienza unica.
Moscato d'Asti Canelli La Moscata 2019 4.000 bt; 21 € - L'affinamento in un'anfora creata appositamente per il Moscato dona armonia, notevoli sentori aromatici, e un'acidità integrata che contrasta bene lo zucchero, rendendo la dinamica gustativa agile e succosa.
M. Cl. Brut Nature Meramentae 2016 2.339 bt; 32 € - Una notevole interpretazione del Moscato in versione champenoise: ha un perlage finissimo e un'acidità che accompagna a lungo il sorso, sfaccettato e complesso.

ha 10 - **bt** 55.000
Fertilizzanti letame
Fitofarmaci rame e zolfo
Diserbo lavorazione meccanica/manuale
Lieviti selezione di lieviti indigeni
Uve 100% di proprietà
Certificazione biologico certificato

SANTO STEFANO ROERO (CN)

CASCINA FORNACE

SCONTO **-10%**

Frazione Sant'Antonio, 29/a - tel. 333 2038618
cascinafornace@gmail.com

VITA - Difficile immaginare che Enrico Cauda fino a poco più di 10 anni fa faceva tutt'altro nella vita. Come il padre aveva scelto la fabbrica negli anni Sessanta, lui ha deciso di tornare alla terra, e chi lo conosce sa che ha una profonda anima agricola e una rara sensibilità per il mestiere. Poi c'è l'appoggio del fratello minore Emanuele, sempre più coinvolto, e il continuo confronto con gli amici di Solo Roero e i compagni vignaioli di tutto il mondo.

VIGNE - C'è un profondo senso etico ed ecologico in questi fratelli, che permea ogni aspetto della vita e di sicuro non risparmia la vigna. Tra affitto e proprietà le parcelle sono sparse perlopiù a Santo Stefano Roero, molte delle quali vecchie e talmente ripide da essere lavorate del tutto a mano. Valdovato, Sreja, Pedaforno, Bric del Medic: i vini oggi portano nome e cognome.

VINI - Lo stile sempre più in sottrazione ha trovato negli anni una grazia gustativa di magistrale equilibrio.

TOP **Roero Sreja Ris. 2015** VINO SLOW ● 700 bt; 43 € - Vino affascinante, di stimolante vitalità e infinita stratificazione. Ben scolpito dal tempo, gioca su un profilo decadente che richiama il sottobosco, le foglie passite, il muschio; poi trova un palato leggiadro e agile, minerale e incisivo, che punta dritto al cuore.
Roero Valdovato 2017 ● 4.500 bt; 25 € - Sempre giocato sulla finezza e il dettaglio, ha un frutto integro e croccante, con cenni di roccia in sottotraccia, e un palato slanciato, dinamico e gustoso.
Pedaforno 2017 O 1.000 bt; 25 € - Sette giorni di delicata macerazione sulle bucce danno a questo Arneis un profilo acuto e incisivo, e un palato saporito e disteso, di convincente contrasto salino.
Desaja 2017 O 5.000 bt; 23 € - Viscoso, articolato, compatto.
Viscà 2018 ● 2.500 bt da 1 l; 22 € - Vivo, fruttato, integro.

ha 4 - **bt** 19.000
Fertilizzanti compost, sovescio
Fitofarmaci rame e zolfo
Diserbo lavorazione meccanica/manuale
Lieviti selezione di lieviti indigeni
Uve 100% di proprietà
Certificazione nessuna certificazione

SANTO STEFANO ROERO (CN)

ALBERTO OGGERO

Frazione Santissima Trinità, 21 - tel. 329 0085648
www.albertooggero.it - info@albertooggero.it

VITA - Nella scorsa edizione della guida scrivevamo che il percorso di Alberto Oggero si stava facendo sempre più equilibrato e convincente. In questa non possiamo che sottolineare come questo giovane vignaiolo sia definitivamente sbocciato: oggi è uno degli interpreti più intelligenti e capaci dell'intero Roero, in grado di presentare una gamma solidissima che racconta ogni sfaccettatura del territorio.

VIGNE - Partito con le poche vigne del nonno Sandro a Caudana, Alberto oggi è arrivato a gestire 5 ettari, con alcuni appezzamenti da vertigine nella menzione Anime. La dimensione contenuta del parco vitato permette una gestione diretta, artigiana, naturale e puntualissima.

VINI - Primo comandamento: non portare il vino là dove non può arrivare, forzandolo. Serve una profonda conoscenza di ogni filare per disegnare una gamma di vini naturali ben fatti e iper-territoriali come questi. Alberto ci è riuscito, e il risultato è da urlo.

TOP **Roero 2018** VINO SLOW ○ 8.000 bt; 13 € - La quadratura del cerchio. Metà massa macera sulle bucce per un paio di giorni e affina in legno grande, mentre le uve dalle vigne meno calde viaggiano in acciaio. Un Arneis croccante nel frutto, con delicati cenni macerativi e mineralità, per un sorso polposo, salino e verticale, che ti fa venire voglia di abbracciarlo e non lasciarlo andare via. Mai.
Roero Ris. 2016 ● 800 bt; 33 € - Affina 12 mesi in tonneau usati e 6 mesi in acciaio, ed è figlio di un'attenta selezione in vigna: balsamico e floreale, ha sorso incisivo e succoso, fresco e sapido.
Roero 2017 ● 4.000 bt; 18 € - Stesso affinamento del Riserva, con meno tempo in bottiglia: un Roero roerino al cubo, setoso e sapido, denso come vuole l'annata.
Sandro D'Pindeta 2018 ● 5.000 bt; 13 € - Succoso, floreale, gastronomico.

ha 5 - **bt** 18.000
Fertilizzanti sovescio
Fitofarmaci organici, rame e zolfo
Diserbo lavorazione meccanica/manuale
Lieviti fermentazione spontanea
Uve 100% di proprietà
Certificazione biologico certificato

SERRALUNGA D'ALBA (CN)

460 CASINA BRIC

SCONTO **-10%**

Località Bruni, 8 - tel. 347 0689643
www.casinabric-barolo.it - info@casinabric-barolo.it

VITA - La nostra visita, quest'anno virtuale, si è svolta finalmente nei locali di affinamento della nuova cantina di Serralunga. Un bel sospiro di sollievo per il triatleta e maratoneta Gianluca Viberti, che sta finalmente vedendo la luce in fondo al tunnel dopo tanti mesi dedicati a costruire una nuova casa per i i suoi vini. Casina Bric è una realtà che abbiamo seguito con grande interesse, perché in pochi anni ha saputo sfornare vini di grande piacevolezza e territorialità.

VIGNE - Una cantina che ha il cuore in due territori: il primo è quello del Barolo e in particolare del cocuzzolo più alto della menzione Bricco delle Viole, a 460 metri di quota (da qui il nome dell'azienda), e il secondo nel Roero, a Guarene, dove Gianluca ha costruito un progetto teso a esaltare i profumi del nebbiolo di questa zona, che si ritrovano negli spumanti che lui ha deciso di realizzare qui.

VINI - I Barolo hanno sempre grandissima pulizia e profumi precisi e invitanti, con una beva strepitosa, figlia di un'impostazione tradizionale.

TOP **Barolo Bricco delle Viole 2016** VINO SLOW ● 6.500 bt; 44 € - I profumi sono quelli classici e tipici di questa vigna che ha un'importante altitudine. Ha freschezza e acidità saporita, e un finale gustoso.
Barolo del Comune di Barolo 2016 ● 6.500 bt; 34 € - Ha un gran bell'ingresso al palato, grintoso e naturale, con una beva profonda e succosa.
Langhe Rosso Ansì 2018 ● 10.000 bt; 17 € - Un gran rosso da uve barbera e nebbiolo, ricco di carattere e profumi. Ha energia e distensione da vendere.
Nebbiolo d'Alba M. Cl. Rosé Origo-Ginis 2014 1.600 magnum; 75 € - Fine, fruttato, ampio.
Langhe Arneis 2019 ○ 6.500 bt; 13 € - Dinamico, fruttato, stratificato.
Nebbiolo d'Alba Brut Rosé Origo-Ginis Cuvée 970 16.000 bt; 15 € - Metodo Charmat, croccante, fruttato, leggiadro.

ha 12 - **bt** 65.000
Fertilizzanti letame in pellet, letame, sovescio
Fitofarmaci rame e zolfo
Diserbo lavorazione meccanica/manuale
Lieviti selezione di lieviti indigeni
Uve 100% di proprietà
Certificazione parte dei vigneti in regime biologico

BOASSO

SCONTO **-10%**

Borgata Gabutti, 3/a - tel. 0173 613165
www.gabuttiboasso.com - boasso@gabuttiboasso.com

VITA - I fratelli Ezio e Claudio Boasso affiancano il papà Franco nel condurre questa realtà serralunghiana che si distingue per la schietta dimensione contadina. Incontriamo la cantina e il vicino B&B I Grappoli salendo a Serralunga dal fondovalle, in zona Gabutti: qui si predica una viticoltura rispettosa e pragmatica, capace di restituire vini territoriali e senza molti fronzoli.

VIGNE - Le principali menzioni baroliste su cui possono contare i Boasso sono la già citata Gabutti, e poi la vicina Meriame e la prestigiosa Margheria. Sono tre aree che si sviluppano quasi parallele, anche se la conformazione della colline regala esposizioni e terreni sensibilmente diversi.

VINI - I vini sono schietti, con una vena rustica che non guasta, e raccontano Serralunga in modo abbastanza fedele.

Barolo Gabutti 2016 ● 4.000 bt; 51 € - Quest'anno ci è parso il Barolo più in forma: classico nei profumi, con un tocco austero, al palato si distingue per la buona polpa e l'integrazione gustativa; il tannino è ben ricoperto e il sorso più orizzontale che profondo.
Barolo Margheria 2016 ● 3.500 bt; 43 € - Da un cru di grande potenzialità, si apre su accenni floreali e minerali, e in bocca patisce un po' un eccesso di calore alcolico che dona sì potenza ma frena anche un po' la dinamica.
Langhe Nebbiolo 2018 ● 4.000 bt; 14 € - Abbastanza maturo al naso, un po' rustico, è un Nebbiolo di struttura, dal tannino ben risolto, che chiude in bocca sul frutto dolce.
Dolcetto d'Alba 2019 ● 5.000 bt; 9 € - Schietto, fruttato, essenziale.
Barolo del Comune di Serralunga d'Alba 2016 ● 15.000 bt; 34 € - Possente, floreale, contratto.
Barbera d'Alba Sup. 2018 ● 7.000 bt; 12 € - Succoso, fruttato, varietale.

ha 7 - **bt** 30.000
Fertilizzanti letame, organo-minerali, sovescio
Fitofarmaci organici, rame e zolfo
Diserbo lavorazione meccanica/manuale
Lieviti fermentazione spontanea, selezione di lieviti indigeni
Uve 100% di proprietà
Certificazione nessuna certificazione

CASA E. DI MIRAFIORE

Via Alba, 15 - tel. 0173 626117
www.mirafiore.it - info@mirafiore.it

VITA - Prosegue senza tentennamenti il percorso di "distacco" di questa azienda dalla casa madre Fontanafredda. Non è quindi solo un marchio (nato nel lontano 1878 e messo in naftalina tra gli anni Trenta del Novecento fino all'acquisizione della famiglia Farinetti), ma una realtà a parte, che ha il chiaro obiettivo di realizzare vini solo con vigne di proprietà. La gestione è nelle mani di Andrea Farinetti, che si avvale di un team molto preparato, con Giorgio Lavagna come enologo.

VIGNE - Parco vigneti di prim'ordine con le due gemme di Paiagallo e Lazzarito a farla da padrone. Due menzioni che hanno come caratteristica comune quella di regalare rossi molto tosti e possenti. Il primo con esposizione sud-est sovrasta il comune di Barolo, il secondo guarda a sud-ovest ed è uno degli anfiteatri vitati più spettacolari di Serralunga.

VINI - Tradizione allo stato puro: con lunghissime macerazioni, legni grandi (e datati) e fermentazioni con lieviti indigeni.

TOP **Barolo Lazzarito 2016** ● 13.000 bt; 77 € - Il naso parte con un misto molto classico di frutta e cenni salmastri, poi in bocca esplode la potenza e la ricchezza, sia dell'annata sia della vigna.
Barolo Ris. 2013 ● 13.000 bt; 111 € - Dimostra di possedere tanta eleganza, con un frutto nitido e preciso, i tannini ben calibrati e un allungo da grande annata.
Barolo 2016 ● 45.000 bt; 46 € - Molto classico nell'approccio olfattivo, ha una bocca particolarmente dolce e gustosa, con tannino ben ricoperto dal frutto e mai spigoloso.
Alta Langa Blanc de Noir Brut 2015 10.000 bt; 28 € - Avvolgente, floreale, energico.
Langhe Rosso Pietra Magica 2017 ● nebbiolo, barbera; 6.666 bt; 29 € - Agile, floreale, gastronomico.
Barolo Paiagallo 2016 ● 13.000 bt; 56 € - Potente, fruttato, contrastato.

ha 30 - **bt** 200.000
Fertilizzanti letame
Fitofarmaci organici
Diserbo lavorazione meccanica/manuale
Lieviti selezione di lieviti indigeni
Uve 100% di proprietà
Certificazione biologico certificato

SERRALUNGA D'ALBA (CN)

FONTANAFREDDA

Via Alba, 15 - tel. 0173 626111
www.fontanafredda.it - info@fontanafredda.it

VITA - Da quando è cambiata la proprietà, passando dal Monte dei Paschi di Siena alla cordata di soci capitanati da Oscar Farinetti, questa cantina ha cambiato completamente pelle, trasformandosi in una delle aziende faro dell'enoturismo piemontese. Ma oltre a questo, il cambio è stato radicale anche sul versante enologico, con una maggioranza di bottiglie non più rappresentata dall'Asti ma da vini fermi, tendenzialmente rossi.

VIGNE - Il parco vigneti di proprietà regala un colpo d'occhio impressionante, perché circonda la tenuta e la sovrasta. La conduzione è molto attenta, improntata a pratiche sostenibili. Anche i tanti conferitori sono invogliati a coltivare senza utilizzare diserbanti e fitofarmaci di sintesi: sono pagate di più le uve che provengono da vigneti più sostenibili.

VINI - Lo sforzo compiuto in questi anni è notevole, con l'obiettivo, riuscito, di dare sempre maggiore personalità ai vini prodotti.

Barolo Vigna La Rosa 2016 ● 20.000 bt; 67 € - - La sua forza sta nel frutto ben definito e nella bocca succosa e allungata, che ne fanno un rosso equilibrato e molto territoriale.
Barolo del Comune di Serralunga d'Alba 2016 ● 200.000 bt; 50 € - - È encomiabile lo sforzo teso a produrre un gran numero di bottiglie raggiungendo risultati convincenti: ha gran carattere e presenza di tannino arrotondando e che fa salivare.
Alta Langa Brut Vigna Gatinera 2011 ⁂ 20.000 bt; 34 € - - Perfetta testimonianza degli sforzi compiuti per creare un grande spumante: la bella linearità di bocca e l'allungo finale sono davvero molto intriganti.
Langhe Bianco Marin 2016 ○ 40.000 bt; 18 € - - Dinamico, floreale, energico.
Roero Arneis Pradalupo 2019 ○ 100.000 bt; 12 € - - Dinamico, fruttato, incisivo.
Barolo Proprietà in Fontanafredda 2016 ● 13.000 bt; 60 € - - Fitto, fruttato, elegante.

ha 120 - **bt** 8.000.000
Fertilizzanti letame in pellet, letame
Fitofarmaci chimici di sintesi, rame e zolfo
Diserbo chimico, lavorazione meccanica/manuale
Lieviti selezione di lieviti indigeni
Uve acquisto 90%
Certificazione parte dei vigneti in regime biologico

SERRALUNGA D'ALBA (CN)

GARESIO

SCONTO **-10%**

Località Sordo, 1 - tel. 366 7076775
www.garesiovini.it - info@garesiovini.it

VITA - Giuseppe Garesio, torinese doc, non è uomo che attende gli eventi, e da imprenditore qual è cerca di anticiparli. Ha acquistato nel 2010 circa 5 ettari a Serralunga d'Alba, con una cascina piuttosto malandata. In soli 10 anni l'ha ristrutturata e ha aggiunto altri 15 ettari nell'astigiano, investendo nella denominazione Nizza. Ha trovato nella figlia Giovanna la persona che continuerà la sua opera e nella moglie Ornella Panico molto di più che una semplice spalla.

VIGNE - L'abilità di Giuseppe è stata anche quella di scegliere dei consulenti molto validi: tra questi va citato assolutamente Nicola Argamante, valente agronomo, che ha il compito non sempicissimo di gestire le due menzioni di Serralunga (Cerretta e Gianetto), oltre ai 15 ettari astigiani compresi tra Incisa Scapaccino (il primo appezzamento acquistato oltre 10 anni fa) e Castelnuovo Calcea.

VINI - In cantina si muove con competenza il consulente Gian Luca Colombo, che ha come sempre una mano delicata e attenta a esaltare le caratteristiche dei diversi territori.

Barolo del Comune di Serralunga 2016 ● 12.000 bt; 31 € - - Un rosso compatto e ben eseguito, con la grinta di Serralunga e un allungo finale salivante e ben condotto.
Barolo Gianetto 2016 ● 6.000 bt; 48 € - - Da una menzione con esposizione a sud-est nasce questo rosso robusto, tannico e asciutto, grintoso e dalle buone prospettive future.
Nizza 2017 ● 15.000 bt; 16 € - - Di certo un bell'esempio delle potenzialità di questa denominazione, grazie al fruttato esuberante e a una beva acida trascinante, che non ha paura dell'alcol.
Nizza Ris. 2016 ● 3.000 bt; 26 € - - Potente, speziato, energico.
Langhe Nebbiolo 2018 ● 6.500 bt; 15 € - - Fresco, fruttato, cangiante.
Barbera d'Asti Sup. Sage 2018 ● 6.500 bt; 13 € - - Fitto, fruttato, avvolgente.

ha 25 - **bt** 85.000
Fertilizzanti letame in pellet, sovescio
Fitofarmaci chimici di sintesi, rame e zolfo
Diserbo lavorazione meccanica/manuale
Lieviti selezione di lieviti indigeni
Uve acquisto 10%
Certificazione parte dei vigneti in regime biologico

ETTORE GERMANO

Località Cerretta, 1 - tel. 0173 613528
www.ettoregermano.com - info@ettoregermano.com

VITA - Sergio Germano e la moglie Elena Bonelli procedono spediti nel rafforzamento del loro progetto aziendale e di famiglia, visto che ormai sono affiancanti dai due figli, Maria ed Elia. Ora che l'ambiziosa riqualificazione della cantina è terminata, tutto gira attorno al patrimonio vitato.

VIGNE - La forza di questa azienda sta nei suoi vigneti, coltivati con cura e rispetto dell'ambiente. Due le zone in cui operano i Germano: da un lato Serralunga, con quattro MGA di prestigio assoluto: Cerretta, Lazzarito, Prapò e Vigna Rionda. Poi a 50 chilometri di distanza ecco il parco vitato di Cigliè, dove si coltivano il celebre riesling, lo chardonnay e il pinot nero (questi ultimi due per l'Alta Langa).

VINI - Ci si potrebbe perdere nella rutilante produzione di Sergio. Tutto al top, in ogni categoria tra i migliori a livello non solo piemontese ma italiano.

TOP **Barolo Lazzarito Ris. 2014** ● 4.500 bt; 73 € - Purezza ed eleganza da primato, con un naso che gioca sui piccoli frutti rossi, una beva straordinaria e profonda. Mai scarno, è complesso e lunghissimo.
Barolo Cerretta 2016 ● 17.500 bt; 53 € - Incredibile trovare tannini così morbidi e risolti per una MGA che di solito è molto austera e tosta. Qui è tutto leggerezza, ma sotto si sente che la materia scalpita.
Barolo Vigna Rionda 2016 ● 2.700 bt; 99 € - Una bomba, un Nebbiolo da grandissima vigna. Ottenuto da uve non diraspate, ci regala un naso metallico ed ematico, e una bocca straordinariamente sfaccettata.
Langhe Riesling Hérzu 2018 ○ 27.000 bt; 22 € - Incisivo, idrocarburico, complesso.
Barolo Prapò 2016 ● 9.000 bt; 53 € - Setoso, fruttato, energico.
Alta Langa Brut 2016 20.000 bt; 28 € - Croccante, pietroso, espressivo.

ha 20 - **bt** 140.000
Fertilizzanti letame in pellet, letame, sovescio
Fitofarmaci rame e zolfo
Diserbo lavorazione meccanica/manuale
Lieviti fermentazione spontanea, selezione di lieviti indigeni
Uve 100% di proprietà
Certificazione in conversione biologica

SERRALUNGA D'ALBA (CN)

BRUNA GRIMALDI

SCONTO **-10%**

Via Roddino - tel. 0173 262094
www.grimaldibruna.it - vini@grimaldibruna.it

VITA - Quest'azienda, che già aveva due anime che si dividevano tra Serralunga d'Alba, dove ci sono sede legale e vigneti, e Grinzane Cavour, dove sorge la sede operativa, oggi è ulteriormente articolata dal passaggio generazionale in corso, con i fratelli Simone e Martina Fiorino sempre più protagonisti a fianco di papà Franco e di mamma Bruna Grimaldi. Segnaliamo il riuscitissimo restyling delle etichette.

VIGNE - Il parco vitato è frammentato, e se parliamo di Barolo si distribuisce tra i comuni di Serralunga d'Alba, con la menzione Badarina, Grinzane Cavour, con il Borzone e il Raviole, Roddi con Bricco Ambrogio e La Morra con Roere di Santa Maria. La scelta del biologico fatta negli ultimi anni oggi viene vissuta con grande energia e consapevolezza da Simone e Marta, giovani alfieri di questa svolta.

VINI - Vinificazioni molto classiche in acciaio, con fermentazioni malolattiche svolte in cemento per i Barolo, e affinamenti perlopiù in botti grandi.

Barolo Badarina 2016 ● 6.500 bt; 38 € - Il simbolo serralunghiano dell'azienda: un Barolo territoriale, che profuma di fiori e note minerali, e dalla bocca dritta, tesa, ossuta, dal tannino grintoso e dalla profondità sapida. Un vino di grande prospettiva.
Barolo Bricco Ambrogio 2016 ● 4.500 bt; 31 € - Dall'unica menzione del comune di Roddi nasce questo Barolo floreale, dal sorso sottile, teso e sapido, e dal tannino in debito di integrazione al momento dell'assaggio.
Nebbiolo d'Alba Bonurei 2018 ● 15.000 bt; 13 € - Affina 12 mesi in tonneau ed è croccante nel frutto, con una bocca grintosa e fresca.
Barbera d'Alba Sup. Scassa 2017 ● 25.000 bt; 12 € - Fresco, fruttato, ampio.
Dolcetto d'Alba San Martino 2018 ● 8.000 bt; 8 € - Setoso, varietale, essenziale.
Barolo Camilla 2016 ● 18.000 bt; 27 € - Denso, fruttato, increspato.

ha 15 - **bt** 80.000
Fertilizzanti letame
Fitofarmaci rame e zolfo
Diserbo lavorazione meccanica/manuale
Lieviti fermentazione spontanea
Uve 100% di proprietà
Certificazione biologico certificato

SERRALUNGA D'ALBA (CN)

PAOLO MANZONE

SCONTO -10%

Località Meriame, 1 - tel. 0173 613113
www.barolomeriame.com - paolomanzone@barolomeriame.com

VITA - Il mondo del vino Paolo Manzone l'ha percorso un po' in ogni direzione, prima come enologo e buyer di vini, poi come vignaiolo e produttore in proprio. Lo ha fatto unendo le forze, è il caso di dirlo, con la moglie Luisella Corino. Oggi la loro azienda è diventata una solida realtà serralunghiana, capace di unire vini tipici e accoglienza.

VIGNE - La sede aziendale e la cantina, insieme all'agriturismo, sorgono nel cuore del cru Meriame, un po' prima dell'incantevole borgo di Serralunga d'Alba arrivando dal fondovalle. Ma il parco vitato, oltre che svilupparsi intorno a questo nucleo, può contare su altri appezzamenti nella vicina Sinio, dove sorgono le vigne che Paolo ha ereditato dalla sua famiglia.

VINI - I vini hanno uno stampo classico: puntano sulla precisione e sulla pulizia, e lo fanno con una firma autoriale abbastanza riconoscibile.

Barolo Meriame 2016 ● 6.000 bt; 41 € - - Una versione austera, timida nell'espressione olfattiva, che poi si apre su lievi cenni floreali e trova una bocca di bella densità, appena frenata dall'esuberanza alcolica e da un tannino ancora molto presente.
Barolo del Comune di Serralunga d'Alba 2016 ● 15.000 bt; 31 € - - Sentori lattici e fruttati, con sussurrati sbuffi floreali, anticipano un sorso caldo, giocato in orizzontale e in ampiezza.
Nebbiolo d'Alba Mirinè 2018 ● 9.000 bt; 16 € - - Di bella articolazione floreale, ha una bocca integrata e di buona materia e struttura.
Barbera d'Alba Sup. Fiorenza 2018 ● 12.000 bt; 14 € - - Potente, balsamico, corto.
Dolcetto d'Alba Magne 2019 ● 8.000 bt; 10 € - - Succoso, fruttato, gastronomico.
Roero Arneis Reysù 2019 ○ 4.000 bt; 11 € - - Dinamico, fruttato, varietale.

ha 11 - **bt** 80.000
Fertilizzanti letame in pellet, letame, sovescio
Fitofarmaci organici, rame e zolfo
Diserbo lavorazione meccanica/manuale
Lieviti fermentazione spontanea, selezione di lieviti indigeni
Uve 100% di proprietà
Certificazione nessuna certificazione

SERRALUNGA D'ALBA (CN)

MASSOLINO

Piazza Cappellano, 8 - tel. 0173 613138
www.massolino.it - massolino@massolino.it

VITA - Nella storia del Barolo la famiglia Massolino ha avuto e continua ad avere un ruolo molto importante: presenti dal 1896 con l'azienda vitivinicola a Serralunga d'Alba, sono riusciti a dare grande solidità e continuità al proprio lavoro, oggi portato avanti dai fratelli Franco e Roberto, che curano personalmente le vigne, la cantina e la commercializzazione dei vini, eccellenti e molto apprezzati anche all'estero.

VIGNE - Tanta Serralunga e un po' di Castiglione Falletto. L'elenco dei cru su cui possono contare i Massolino è da brividi: innanzitutto Vigna Rionda, oggi una delle menzioni più prestigiose e nobili della denominazione, poi Parafada, con età media delle viti di 50 anni, e quindi Margheria, dove troviamo maggiore presenza di sabbia, e Parussi, con una vigna incantevole che si sviluppa sulla sommità della collina.

VINI - I vini sono precisi, fini e territoriali. Negli anni i Massolino hanno sviluppato la capacità di domare l'esuberanza tannica di certi Nebbiolo senza snaturarne l'identità: i loro Barolo sono attuali e buonissimi.

Barolo Vigna Rionda Ris. 2014 ● 7.000 bt; 102 € - - Affina per 6 anni di cui 42 mesi in botti di rovere di Slavonia. Complesso, floreale, speziato, in bocca è robusto ma dotato di tannini suadenti e cesellati.
Barolo Parafada 2016 ● 4.000 bt; 61 € - - Profuma di frutti rossi e fiori. Il sorso è avvolgente e dotato di una trama tannica ben presente ma anche integrata.
Barolo Parussi 2016 ● 5.000 bt; 61 € - - Presenta profumi eterei con note speziate, floreali e di tabacco. Ha un corpo importante e una tannicità incisiva.
Barolo Margheria 2016 ● 5.000 bt; 61 € - - Armonico, speziato, avvolgente.
Barolo 2016 ● 80.000 bt; 30 € - - Integrato, fruttato, compatto.
Barbera d'Alba 2019 ● 80.000 bt; 12 € - - Fresco, fruttato, dettagliato.

ha 46 - **bt** 300.000
Fertilizzanti letame in pellet, sovescio
Fitofarmaci chimici di sintesi, rame e zolfo
Diserbo lavorazione meccanica/manuale
Lieviti fermentazione spontanea, selezione di lieviti indigeni
Uve 100% di proprietà
Certificazione nessuna certificazione

SERRALUNGA D'ALBA (CN)

PALLADINO

Piazza Cappellano, 9 - tel. 0173 613108
www.palladinovini.com - info@palladinovini.com

VITA - La famiglia Palladino, attraverso Maurilio e Piero, ha preso in mano l'omonima azienda nel 1974, avviando un percorso di crescita che si è consolidato una trentina di anni dopo con l'inserimento delle nuove leve, in particolare di Veronica Santero, nipote dei fondatori. Con l'aiuto del marito Alessandro Olocco, della cugina Margherita e di alcuni stabili collaboratori, Palladino si è affermata recentemente tra le aziende più interessanti del panorama barolistico.

VIGNE - Il patrimonio viticolo vanta alcuni grandi cru nel comune di Serralunga, dove l'azienda ha la propria sede e cantina: San Bernardo, Parafada e Ornato. Questi ultimi due in particolare, posti alla stessa quota e con medesima esposizione, differiscono totalmente nelle espressioni esclusivamente in virtù delle differenti caratteristiche dei suoli.

VINI - Stesso affinamento (botte grande) e stesso periodo di invecchiamento per i Barolo, una scelta precisa e chiara per valorizzare l'identità di ciascun cru.

Barolo Parafada 2016 ● 3.500 bt; 40 € - - Spettro amplissimo al naso, dalla frutta matura ai fiori e alle spezie, con chiari cenni balsamici e una rapida evoluzione nel bicchiere. In bocca l'ingresso è minerale, fresco, con tannini perfettamente integrati e una potenza ben gestita.
Barolo Ornato 2016 ● 2.500 bt; 40 € - - Il naso denota un bouquet complesso ed elegante, con note di sottobosco, tabacco e composta di frutta. In bocca il timbro è più austero del Parafada: il tannino è più marcato, la bocca densa, solida, dall'interessante potenziale evolutivo.
Barbera d'Alba Sup. Bricco delle Olive 2017 ● 6.000 bt; 15 € - - Il naso è intensissimo, con profumi netti e puliti. La bocca è ricca, succosa e croccante, per un sorso lungo e consistente. Una beva davvero appagante.
Barolo del Comune di Serralunga d'Alba 2016 ● 10.000 bt; 28 € - - Setoso, complesso, armonico.
Nebbiolo d'Alba 2018 ● 4.000 bt; 15 € - - Fine, speziato, espressivo.

ha 11 - **bt** 180.000
Fertilizzanti letame in pellet, organo-minerali
Fitofarmaci chimici di sintesi, rame e zolfo
Diserbo lavorazione meccanica/manuale
Lieviti fermentazione spontanea
Uve acquisto 50%
Certificazione nessuna certificazione

SERRALUNGA D'ALBA (CN)

LUIGI PIRA

Via XX Settembre, 9 - tel. 0173 613106
www.piraluigi.it - pira@piraluigi.it

VITA - Un'azienda schiettamente familiare, con una storia alle spalle comune a quella di molte altre realtà di questo piccolo comune. Negli anni Cinquanta Luigi Pira, contadino di lungo corso, decise di specializzarsi nella viticoltura; poi il figlio Gianpaolo, all'inizio degli anni Novanta, affiancò il padre e quindi a lui si unirono anche gli altri fratelli Claudio e Romolo.

VIGNE - Abbiamo parlato di azienda familiare, ma bisogna dire che nonostante si tratti di una piccola realtà, le menzioni su cui i tre fratelli Pira lavorano sono di valore assoluto: 2 ettari nella vigna Marenca (piantati nel 1990), 1,5 a Margheria (la parcella più storica con ceppi di oltre 50 anni) e Vigna Rionda (impianto più recente del 1994). Insomma, non si scherza quando scendono in campo questi nomi.

VINI - Rossi tosti, austeri, possenti, ricchi e profondi. Qui si cerca di estrarre tutto dall'uva e quindi lo spessore dei vini, complice la provenienza da vigne ottimamente esposte, si sente e ha bisogno di tempo e pazienza per essere giustamente digerito. Ma è la bellezza dei rossi dei Pira.

Barolo Margheria 2016 ● 7.000 bt; 51 € - - Si apre su un bel timbro olfattivo classico e armonico, che mette in mostra un frutto intenso che ritroviamo energico al palato; chiude allungato e saporito.
Barolo Marenca 2016 ● 9.000 bt; 63 € - - Ha una nota speziata, anche se il legno non marca il suo profilo: il sorso è di grande concentrazione e ricchezza.
Barolo Vigna Rionda 2016 ● 4.000 bt; 79 € - - Raffinato, allungato e di sicura longevità. Il calore della vigna è ben armonizzato grazie a tannino e acidità.

ha 12 - **bt** 60.000
Fertilizzanti letame in pellet, letame
Fitofarmaci chimici di sintesi, rame e zolfo
Diserbo lavorazione meccanica/manuale
Lieviti fermentazione spontanea
Uve 100% di proprietà
Certificazione nessuna certificazione

SERRALUNGA D'ALBA (CN)

GUIDO PORRO

Via Alba, 1 - tel. 0173 613306
www.guidoporro.com - guidoporro@guidoporro.com

VITA - Molto è cambiato nelle Langhe del Barolo, nel bene e nel male, da quando si sono accesi i fari più luminosi su questa denominazione. Non è cambiato molto invece Guido Porro, vignaiolo fino al midollo. Umile e con i piedi per terra, porta avanti insieme alla moglie Giovanna Ruffinengo questa piccola realtà agricola nel pieno solco della tradizione, con una produzione artigianale ottima e, ci piace sottolineare, accessibile anche ai comuni mortali.

VIGNE - In vigna non si fa nulla di stravagante, solo buona e sana agricoltura con tanto olio di gomito. D'altra parte Guido può contare su vigne di primo rango nel comune di Serralunga, con i storici cru Lazzairasco e Santa Caterina (parte della menzione Lazzarito) sotto la cantina, una parcella nella maestosa Vigna Rionda, ricevuta in eredità qualche anno fa, e sull'altro versante del paese il cru Gianetto.

VINI - Le vinificazioni sono di stampo tradizionale, con lunghe macerazioni e affinamento in botti grandi, per vini che giocano sulla finezza estrattiva e il dettaglio floreale.

Barolo Vigna Rionda 2016 ● 2.500 bt; 84 € - Un Barolo completo, ancora giovanile e austero, con cenni balsamici e speziati e un sorso compatto, profondo e lungo.
Barolo Vigna Lazzairasco 2016 ● 11.000 bt; 29 € - Fine ed elegante, di luminoso profilo fruttato-floreale e speziato dolce, ha un palato energico e vibrante, di raffinata estrazione tannica e dalla polpa succosa perfettamente calibrata.
Barolo Gianetto 2016 ● 6.000 bt; 25 € - Solido, quasi denso nella matrice tannica ben intrisa di succo, è ravvivato da una deliziosa vena sapido-minerale che marca centro bocca e finale.
Barolo Vigna Santa Caterina 2016 ● 6.000 bt; 27 € - Fitto, balsamico, irrisolto.
Barbera d'Alba Vigna Santa Caterina 2019 ● 6.000 bt; 11 € - Succoso, fruttato, contrastato.

ha 8 - **bt** 40.000
Fertilizzanti letame in pellet
Fitofarmaci rame e zolfo
Diserbo lavorazione meccanica/manuale
Lieviti fermentazione spontanea
Uve 100% di proprietà
Certificazione nessuna certificazione

SERRALUNGA D'ALBA (CN)

GIOVANNI ROSSO

Via Roddino, 10/1 - tel. 0173 613340
www.giovannirosso.com - info@giovannirosso.com

VITA - Ci ricordiamo molto bene degli esordi di Davide Rosso, quando con tanta voglia di crescere ci portava i suoi primi vini una ventina di anni fa. Pare trascorsa un'era geologica dall'inizio degli anni Duemila: Davide ora ha costruito un'azienda importante, i suoi vini girano per tutto il globo e ha messo insieme un team affiatato e molto valido. Lui rimane quello di un tempo, esuberante al limite della spavalderia, ma molto curioso e pronto a cogliere sempre nuove sfide. Quella di realizzare un'azienda sull'Etna è stata senza dubbio una di queste.

VIGNE - Le vigne per Davide sono una splendida ossessione. E il patrimonio vitato con cui si confronta ha pochi pari visto che stiamo parlando di menzioni di grande valore come Cerretta, Serra e la celeberrima Vigna Rionda. Confluiscono nel Barolo del Comune di Serralunga d'Alba altre parcelle coltivate nelle menzioni Boglio, Meriame, Costabella, Baudana, Lirano, Sorano e Damiano.

VINI - Andrea Delpiano affianca Davide nella vinificazione, contribuendo allo stile di casa che regala rossi di valore eccezionale.

TOP **Barolo Cerretta 2016** ● 9.800 bt; 66 € - All'olfatto si dona ricco di frutta, giocando sui profumi tipici del Nebbiolo di Serralunga. La bocca ha il classico della Cerretta, ma rimane un Barolo slanciato e profondo.
Barolo Serra 2016 ● 6.350 bt; 66 € - I profumi sono speziati, più maturi del vino precedente, mentre la dinamica gustativa risulta avere un finale di grande beva e sapore.
Barolo del Comune di Serralunga d'Alba 2016 ● 15.000 bt; 34 € - Fitto, fruttato, elegante.

ha 18 - **bt** 150.000
Fertilizzanti letame
Fitofarmaci organici, rame e zolfo
Diserbo lavorazione meccanica/manuale
Lieviti selezione di lieviti indigeni
Uve 100% di proprietà
Certificazione nessuna certificazione

SERRALUNGA D'ALBA (CN)

SCHIAVENZA

Via Mazzini, 4 - tel. 0173 613115
www.schiavenza.com - schiavenza@schiavenza.com

VITA - Schiavenza è una realtà gestita da un'intera famiglia. Nello specifico, in prima linea troviamo Walter Anselma e il cognato Luciano Pira, che si occupano di vigna e cantina e contribuiscono al solido futuro di questa realtà ben integrata nel territorio. Talmente integrata che di fianco ai locali di vinificazione e affinamento sorge l'osteria gestita sempre dalla famiglia, che offre piatti tipici piemontesi.

VIGNE - Le vigne sono dislocate nella parte orientale di Serralunga, con altitudini che variano dai 300 ai 350 metri di quota, fino a raggiungere i 400 metri per il prestigioso cru Cerretta. Il resto del parco vitato si divide tra le menzioni Broglio, Cerrati, Meriame, Prapò e Perno, quest'ultima a Monforte.

VINI - L'annata 2016 regala eleganza e carattere ai Barolo Schiavenza, che evidenziano una trama tannica eccellente. L'approccio in cantina è classico, con affinamenti in legno grande che lasciano spazio all'espressività varietale e territoriale dei vini.

Barolo Cerretta 2016 ● 5.240 bt; 41 € - Di grande finezza e importanza, si apre con note balsamiche, minerali, floreali e fruttate. In bocca trova struttura e carattere, per un palato succoso e dal tannino levigato.
Barolo Prapò 2016 ● 2.973 bt; 55 € - Di ampia complessità e piacevolezza, presenta note fruttate e floreali ancora molto fresche, a cui seguono quelle balsamiche. Ben strutturato, è setoso ma anche potente.
Barolo Broglio 2016 ● 6.500 bt; 38 € - Al naso è intenso, minerale e balsamico, e in bocca mette in mostra un tannino dolce e misurato.
Barolo del Comune di Serralunga d'Alba 2016 ● 11.800 bt; 29 € - Fitto, balsamico, dettagliato.
Dolcetto d'Alba 2019 ● 8.260 bt; 9 € - Austero, speziato, verace.

ha 11 - **bt** 46.000
Fertilizzanti letame in pellet, letame
Fitofarmaci rame e zolfo
Diserbo lavorazione meccanica/manuale
Lieviti fermentazione spontanea
Uve 100% di proprietà
Certificazione nessuna certificazione

SERRALUNGA D'ALBA (CN)

TENUTA CUCCO

SCONTO **-10%**

Via Mazzini, 10 - tel. 0173 613003
www.tenutacucco.it - info@tenutacucco.it

VITA - L'azienda Tenuta Cucco è storia recente: nel 2015 la famiglia Rossi Cairo ha rilevato l'intera proprietà modificando l'assetto produttivo e ampliando la superficie vitata. Nonostante questo la cantina ha origini storiche che risalgono al 1850, legate alla famiglia Cappellano che volle la struttura ai piedi del castello di Serralunga.

VIGNE - Le geometrie ordinate dei filari di nebbiolo giacciono su terreni calcarei con ottima esposizione. Il cru Cerrati e la Vigna Cucco sono situati nei pressi della cantina, a circa 400 metri di altitudine, mentre una piccola parcella si trova nel cru Bricco Voghera. A Roddi, su terreno argilloso, troviamo barbera, cabernet sauvignon e merlot.

VINI - La stessa precisione riscontrata in vigna la ritroviamo anche in cantina. La vinificazione è oculata, classica, senza eccessi nelle estrazioni. Gli affinamenti avvengono perlopiù in botte grande.

Barolo Cerrati 2016 ● 3.300 bt; 48 € - Cru rivendicato in etichetta unicamente da Tenuta Cucco, il Cerrati dona un Barolo di grande potenziale evolutivo. Al naso è netto nei sentori di frutta sotto spirito, erbe aromatiche e spezie, mentre il sorso ha grande progressione.
Barolo del Comune di Serralunga 2016 ● 30.000 bt; 34 € - Vino di buona complessità olfattiva, con note floreali e finemente speziate, in bocca presenta un tannino setoso che si integra bene con il frutto. Il sorso è verticale e il finale si dimostra equilibrato.
Barbera d'Alba Sup. 2018 ● 5.000 bt; 17 € - Pur conservando l'identità varietale questo vino si distingue per la struttura donata dall'affinamento per 12 mesi in botti piccole. Al naso troviamo frutta fresca in evidenza, con cenni boisè; il palato è armonico e vibrante.
Langhe Nebbiolo 2019 ● 4.000 bt; 16 € - Fresco, floreale, essenziale.

ha 13 - **bt** 70.000
Fertilizzanti compost, letame in pellet
Fitofarmaci rame e zolfo
Diserbo lavorazione meccanica/manuale
Lieviti selezione di lieviti indigeni
Uve 100% di proprietà
Certificazione biologico certificato

TREISO (CN)

CA' DEL BAIO

Via Ferrere Sottano, 33 - tel. 0173 638219
www.cadelbaio.com - cadelbaio@cadelbaio.com

VITA - Scendendo dalla collina di Treiso verso Neive si incontra questa bella e accogliente cantina gestita dalla famiglia Grasso. Le tre giovani e motivate sorelle Federica, Paola e Valentina, insieme al papà Giulio, hanno creato un fertile clima di mutuo confronto generazionale, di cui si percepiscono l'energia e i gratificanti risultati. Segnaliamo che dal mese di febbraio 2020 Giulio ha ceduto la proprietà dell'azienda alle tre figlie.

VIGNE - Durante l'assaggio emergono le differenze tra le due macrozone di provenienza delle uve nebbiolo, in particolare Vallegrande, Marcorini e Ferrera a Treiso, e Pora e il celeberrimo Asili a Barbaresco. Convincente anche la produzione di bianchi, ottenuti da uve riesling e chardonnay, che gradualmente si punta a trasferire nei vitigni acquisiti in alta Langa in zona Serra Chinassa.

VINI - Vini di stampo classico, realizzati con precisione e pulizia, che dimostrano una grande conoscenza del territorio e una sapiente capacità di valorizzarlo.

TOP **Barbaresco Asili Ris. 2015** ● 3.000 bt; 89 € - È arricchito da una piccola percentuale di uva non diraspata in vinificazione, ed entusiasma per la raffinata complessità, con spezie dolci, note erbacee e balsamiche in evidenza. È generoso al sorso: scandito dalla dolcezza del tannino, chiude su un rinfrescante finale sapido.

Barbaresco Pora 2016 ● 1.600 bt; 50 € - Frutto delle vigna più vecchia dell'azienda, è profondo al naso, con note di spezie e di china, mentre il sorso è vivacizzato dalla succosità del frutto, in mirabile equilibrio con un bel tannino compatto.

Barbaresco Asili 2017 ● 7.000 bt; 42 € - Rispetto al Riserva si mostra più fresco ed esuberante nelle note floreali e speziate, arricchite da una vena minerale che ritorna al sorso, rendendolo agile e godurioso.

ha 2,8 - **bt** 140.000
Fertilizzanti letame, sovescio
Fitofarmaci rame e zolfo
Diserbo lavorazione meccanica/manuale
Lieviti fermentazione spontanea, selezione di lieviti indigeni
Uve 100% di proprietà
Certificazione nessuna certificazione

TREISO (CN)

MOLINO FRATELLI

SCONTO **-10%**

Via Ausario, 5 - tel. 0173 638384
www.molinovini.com - info@molinovini.com

VITA - Oggi a guidare questa tipica azienda familiare di Langa troviamo Marco Molino, che con l'orgoglio dipinto in volto racconta di quando suo nonno Virginio, insieme ai tre figli Dario, Franco e Tommaso, ha deciso di comprare la cascina sulla cima della collina Ausario. Correva l'anno 1991, e da allora di strada se n'è fatta tanta.

VIGNE - A Treiso, in località Ausario, su terreni argilloso-calcarei troviamo le vigne di nebbiolo e barbera, con esposizione sud, sud-ovest, e quelle di dolcetto e chardonnay, orientate a est. A Costigliole d'Asti, su terreni più sabbiosi, si coltivano di nuovo barbera e poi moscato. Ai piedi del castello di Guarene ci sono infine i vigneti da cui si ottengono le uve arneis.

VINI - I vini sono puliti e classici. L'attenta gestione della botte e delle barrique permette di esaltare la complessità dei vini, senza eccedere nel dargli l'impronta del legno.

Barbaresco Ausario Ris. 2015 ● 760 bt; 68 € - Da una selezione di uve nel cru Ausario, dopo cinque anni di affinamento risulta un vino dai profumi di frutti rossi maturi e armonico nello sviluppo della trama tannica.

Barbaresco Ausario 2016 ● 4.000 bt; 38 € - Longevo e strutturato, affina per 24 mesi in tonneau. Al naso si presenta con note di frutta rossa matura e una lieve speziatura. In bocca trova già un discreto equilibrio.

Barbaresco Teorema 2017 ● 12.000 bt; 26 € - Elegante nei profumi di frutta rossa e nei cenni speziati, al sorso è equilibrato, morbido, avvolgente con un tannino cesellato.

Langhe Chardonnay Sofia 2018 ○ 3.000 bt; 16 € - Fresco, esotico, avvolgente.

Barbera d'Alba Sup. 2018 ● 9.000 bt; 16 € - Ampio, fruttato, armonico.

Piemonte Rosso La Selvaggia 2019 ● 15.000 bt; 11 € - Fresco, floreale, armonico.

ha 16 - **bt** 80.000
Fertilizzanti compost, humus
Fitofarmaci rame e zolfo
Diserbo lavorazione meccanica/manuale
Lieviti fermentazione spontanea, selezione di lieviti indigeni
Uve 100% di proprietà
Certificazione nessuna certificazione

ADA NADA

Località Rombone - Via Ausario, 12/b - tel. 0173 638127
335 7439658 - www.adanada.it - info@adanada.it

VITA - Con 100 anni di storia la famiglia Nada vanta radici profonde in località Rombone. Anna Lisa Nada, che rappresenta la quarta generazione, dal 2001 gestisce l'azienda insieme al marito Elvio Cazzaro, con visibile entusiasmo, serietà e ottimi risultati. Negli anni è stato ampliato il parco vitato, si è scelta la strada del biologico e la gamma non solo è migliorata, ma anche cresciuta con alcune etichette divertenti, come i Metodo Classico.

VIGNE - Mentre Anna Lisa si occupa del rapporto con i clienti e dello splendido agriturismo, le vigne sono regno di Elvio: adora il lavoro agricolo, come attestano l'intensa abbronzatura o i suoi racconti entusiasti sulla biodiversità sempre maggiore tra i filari. Ha la fortuna di avere tutte le parcelle comodamente attorno alla cascina, con i pezzi forti delle vecchie vigne di nebbiolo nelle menzioni Rombone e Valeirano.

VINI - Un approccio in cantina equilibrato, con macerazioni di media lunghezza, legni grandi e medi per l'affinamento, e grande attenzione alla pulizia dei vini.

TOP **Barbaresco Valeirano 2017** VINO SLOW ● 11.000 bt; 26 € - Accogliente e già risolto, ha un solido impianto tannico ma altrettanta materia succosa, per un sorso agile ed energico, di timbro floreale.
Barbaresco Rombone Elisa 2017 ● 3.000 bt; 36 € - Ha energia e vigore, materia tannica fitta ancora in evidenza, e un profilo scuro e profondo, incentrato su classici toni balsamici e terrosi.
Barbaresco Rombone Cichin Ris. 2015 ● 2.500 bt; 48 € - Strutturato, austero e ben calibrato, ha un'ottima prospettiva di invecchiamento.
Barbera d'Alba Pierin 2018 ● 6.000 bt; 14 € - Succoso, fruttato, sapido.
M.Cl. Rosé Extra Brut Dilva 2015 nebbiolo, barbera; 1.500 bt; 26 € - Articolato, floreale, incisivo.
Langhe Nebbiolo Serena 2019 ● 6.000 bt; 14 € - Incisivo, floreale, essenziale.

ha 9 - **bt** 50.000
Fertilizzanti letame in pellet, letame
Fitofarmaci rame e zolfo
Diserbo lavorazione meccanica/manuale
Lieviti fermentazione spontanea, selezione di lieviti indigeni
Uve 100% di proprietà
Certificazione biologico certificato

TREISO (CN)

FIORENZO NADA

Località Rombone - Via Ausario, 12/c - tel. 0173 638254
www.nada.it - nadafiorenzo@nada.it

VITA - Bruno Nada e suo figlio Danilo, sempre più protagonista in azienda, si sono definitivamente imposti tra i migliori interpreti del Barbaresco, sposando una filosofia che mette insieme savoir-faire, rispetto del territorio e cura maniacale di ogni fase produttiva. Rigorosi e al tempo stesso gioviali, ai Nada dobbiamo riconoscere il merito di aver sempre tenuto la barra dritta, costruendo una realtà solida nella sua classicità.

VIGNE - Tutte le vigne sono a poca distanza dalla cantina, ma nonostante ciò i cru Rombone, Manzola e Montaribaldi garantiscono una varietà di caratteristiche geologiche e microclimatiche molto ampia. Qui l'approccio viticolo sostenibile si lega alla conoscenza stratificata nel tempo di ogni singolo filare, e il risultato è una gamma di vini di cristallina espressione territoriale.

VINI - In cantina per i Barbaresco si scelgono affinamenti in botte grande, per un approccio al tema legni complessivamente laico, ma anche molto attento a restituire vini di impianto tradizionale.

TOP **Barbaresco Rombone 2016** VINO SLOW ● 4.500 bt; 61 € - Solitamente Rombone vuol dire freschezza e tannino muscolare, e il 2016 conferma appieno questa sua cifra: austero, timidamente fruttato e minerale, in bocca è un'esplosione di carattere. Fitto nella trama tannica, ha tensione e profondità da vendere.
Barbaresco Manzola 2016 ● 7.000 bt; 44 € - Il più pronto dei Barbaresco di casa si muove tra accoglienti cenni floreali e un succo ben sostenuto da acidità e sapidità.
Barbaresco Montaribaldi 2016 ● 4.500 bt; 61 € - Succoso, fruttato, ampio.
Langhe Rosso Seifile 2016 ● 3.000 bt; 61 € - Denso, fruttato, avvolgente.
Barbera d'Alba 2018 ● 6.000 bt; 20 € - Fresco, fruttato, ampio.
Langhe Nebbiolo 2018 ● 12.000 bt; 18 € - Fitto, floreale, varietale.

ha 1 - **bt** 50.000
Fertilizzanti letame
Fitofarmaci rame e zolfo
Diserbo lavorazione meccanica/manuale
Lieviti fermentazione spontanea
Uve 100% di proprietà
Certificazione biologico certificato

TREISO (CN)

RIZZI

Via Rizzi, 15 - tel. 0173 638161
www.cantinarizzi.it - cantinarizzi@cantinarizzi.it

VITA - Quando ti trovi di fronte una realtà dinamica, in piena crescita, ricca di potenzialità e con una conduzione salda te ne accorgi: con Rizzi le cose stanno così, e i risultati lo stanno confermando. I fratelli Enrico e Jole Dellapiana, cuore e mente di vigna e cantina lui, factotum commerciale e amministrativa lei, stanno portando l'azienda fondata da papà Ernesto nell'Olimpo della denominazione, presentando vini di anno in anno più buoni.

VIGNE - A dare il nome all'azienda è il cru sulla cui sommità sorge la cantina. Tutto intorno le vigne si sviluppano a perdita d'occhio, e continuano nel vicino Nervo, bellissimo anche da vedere e camminare. Poi c'è il Pajorè, l'altra menzione rivendicata, e ci sono Manzola, Giacone e, nel prossimo futuro, toccherà anche al Bricco di Neive, di recente acquisto e impianto. Il parco vitato è esteso e prestigioso. Non tutte le uve vengono vinificate.

VINI - Si ricercano vini precisi e puliti, ma senza scorciatoie enologiche o sovrastrutture: cemento e legno grande garantiscono schietta espressività varietale e territoriale.

Barbaresco Pajorè 2017 ● 3.600 bt; 39 € - Racconta in modo didattico il cru e l'annata: ha bocca densa, tannino fitto e ben ricoperto, e tanta freschezza a dare tensione e persistenza. In una parola: buonissimo.
Barbaresco Vigna Boito Ris. 2015 ● 3.300 bt; 55 € - Dalle vigne che si trovano sulla sommità del cru Rizzi, è un vino di grande prospettiva. Articolato al naso, al palato è potente e teso quanto basta per trovare dinamismo.
Barbaresco Nervo 2017 ● 3.600 bt; 39 € - Meno polposo del Pajorè, spicca per la bella scodata sapida.
Barbaresco Rizzi 2017 ● 20.000 bt; 27 € - Incisivo, floreale, compatto.
Alta Langa Pas Dosé 2016 ○ 3.500 bt; 25 € - Citrino, erbaceo, profondo.

ha 42 - **bt** 90.000
Fertilizzanti compost, letame in pellet, sovescio
Fitofarmaci rame e zolfo
Diserbo lavorazione meccanica/manuale
Lieviti fermentazione spontanea
Uve 100% di proprietà
Certificazione nessuna certificazione

VERDUNO (CN)

ALESSANDRIA FRATELLI

SCONTO -10%

Via Beato Valfrè, 59 - tel. 0172 470113
www.fratellialessandria.it - info@fratellialessandria.it

VITA - L'azienda, di carattere familiare, ha sede da sempre nel cuore del comune di Verduno, e con il suggestivo borgo ha un rapporto di romantico scambio. Vittore Alessandria, istrionico e inarrestabile, la conduce nel solco tracciato dal padre Gian Battista, coadiuvato dallo zio Alessandro, e rinnovando continuamente la sua dedizione al territorio, che anche grazie al suo impegno è oggi riconosciuto come uno dei più vocati di tutta la Langa.

VIGNE - A Verduno hanno sede i due iconici cru dell'azienda, San Lorenzo e Monvigliero, così come le vigne da cui nasce la specialità esclusiva del comune, lo speziato Pelaverga. A Monforte invece troviamo una parcella nel cru Gramolere, una delle vigne più elevate dell'intero comprensorio del Barolo, che da anni regala grandi vini.

VINI - Vini artigianali, di stampo classico, che nascono da una lunga tradizione familiare e puntano sull'eleganza e la territorialità.

TOP **Barolo Monvigliero 2016** VINO SLOW ● 6.500 bt; 61 € - Si presenta austero e profondo, ma lascia intuire un potenziale in divenire che dà una misura della sua grandezza. C'è tutto qui, il frutto, la spezia, e un mirabile mix di erbe aromatiche e incursioni salmastre. Il sorso è ampio, con tannino avvolgente e vivace mineralità.
Barolo Gramolere 2016 ● 6.500 bt; 50 € - È affascinante e profondo al naso, su sentori di frutta e sottobosco, con incursioni balsamiche e una sottile nota salmastra, in una cornice speziata. Elegante e avvolgente al sorso, chiude sapido e mentolato.
Barolo San Lorenzo di Verduno 2016 ● 4.500 bt; 47 € - È più ammiccante: alle caratteristiche note varietali si accostano accenni agrumati e di spezie dolci. In bocca è succoso e di beva pericolosa, sostenuta da un brioso tannino.
Verduno Pelaverga Speziale 2019 ● 20.000 bt; 14 € - Agile, speziato, varietale.

ha 15 - **bt** 90.000
Fertilizzanti letame in pellet, letame, sovescio
Fitofarmaci organici, rame e zolfo
Diserbo lavorazione meccanica/manuale
Lieviti selezione di lieviti indigeni
Uve 100% di proprietà
Certificazione nessuna certificazione

VERDUNO (CN)

G.B. BURLOTTO

Via Vittorio Emanuele, 28 - tel. 0172 470122
www.burlotto.com - burlotto@burlotto.com

VITA - Fabio Alessandria è più che degno erede di un pezzo importante della storia del Barolo, scritto nell'Ottocento dal trisnonno Giovan Battista Burlotto. Umile, intelligente e di innegabile talento, Fabio è riuscito a riportare questa storica realtà ai vertici della denominazione, sapendo interpretare un patrimonio viticolo da fuoriclasse, con uno stile unico e senza tempo, che esalta le sfumature di luogo e annata in maniera precisa e naturale.

VIGNE - Il cuore del vigneto aziendale si trova a Verduno, zona emersa negli ultimi anni come patria di Nebbioli di particolare finezza e dal profilo aromatico inimitabile. La classe del Cannubi è attestata, mentre la sfida più recente è l'acquisto nel 2018 di un appezzamento nel cru Castelletto a Monforte d'Alba. Preziosa l'esperienza fatta con Cannubi Bio, il primo biodistretto nel comprensorio: oggi tali pratiche si applicano su tutte le parcelle.

VINI - Lo stile è classico, con lunghe macerazioni in tini aperti. Da sottolineare la delicatezza nelle lavorazioni che si traduce in tannini di grande finezza e profili aromatici ricchi di dettaglio.

TOP **Barolo Cannubi 2016** ● 4.000 bt; 62 € - Un capolavoro di equilibrio e profondità, seduce con un frutto integro e sottili tracce di balsamicità terrosa, in un sorso compatto ma aereo, pieno di energia succosa.
Barolo Monvigliero 2016 ● 7.500 bt; 60 € - La vinificazione con i raspi, secondo l'antica tradizione di casa Burlotto, e la vigna di partenza donano a questo Barolo un carattere inconfondibile di frutta rossa, spezie fini e roccia, con un passo lieve ma incisivo, di lungo respiro sapido.
Barolo Acclivi 2016 ● 7.000 bt; 55 € - Solido, floreale, elegante.
Verduno Pelaverga 2019 ● 8.000 bt; 13 € - Fine, speziato, espressivo.
Langhe Nebbiolo 2018 ● 8.000 bt; 17 € - Fresco, floreale, essenziale.

ha 16 - **bt** 90.000
Fertilizzanti compost, letame
Fitofarmaci organici, rame e zolfo
Diserbo lavorazione meccanica/manuale
Lieviti fermentazione spontanea, selezionati industriali
Uve acquisto 5%
Certificazione nessuna certificazione

VERDUNO (CN)

CASTELLO DI VERDUNO

Via Umberto I, 9 - tel. 0172 470284
www.cantinecastellodiverduno.it - info@cantinecastellodiverduno.it

VITA - Castello di Verduno è prima di tutto l'unione di due famiglie del vino, i Bianco di Barbaresco e i Burlotto di Verduno, saldatesi nel matrimonio tra Franco e Gabriella. È così nata una delle aziende più prestigiose di Langa, custode della storia di un castello che ha visto i nobili natali del Barolo, e protagonista di un presente importante, con la figlia Marcella Bianco in primissima linea.

VIGNE - Barbaresco più Verduno in questo caso vuol dire Rabajà e Rabajà Bas più Monvigliero e Massara, il prestigio di uno dei migliori cru di Barbaresco (Rabajà) e l'ammaliante eleganza di una delle menzioni oggi più ambite della denominazione barolistica (Monvigliero). E poi la storia del pelaverga, vitigno che qui ha trovato dimora in tempi non sospetti, oltre che ampiezza di interpretazioni.

VINI - L'enologo di casa è Mario Andrion, il cui lavoro si sviluppa nel solco della tradizione, che vuol dire vinificazioni poco interventiste, botti grandi e lunghi affinamenti. Non è stato fatto il Barolo Monvigliero Riserva 2014.

TOP **Barolo Massara 2016** VINO SLOW ● 5.200 bt; 51 € - Grandissima prova in una grandissima annata: fermenta in tini troncoconici e si rivela croccante nel frutto, balsamico e articolato. Il sorso è un inno alla leggiadria, sottile e dinamico, fresco e lievemente sapido, pur in un contesto ricco: un'estrazione perfetta che riassume la nobiltà del Barolo.
Barbaresco Rabajà 2017 ● 4.300 bt; 51 € - Stessa vinificazione del Massara, ma figlio di un'annata calda e siccitosa e quindi più denso al palato, dove tuttavia troviamo tensione e incisività.
Barbaresco Rabajà Bas 2017 ● 2.800 bt; 43 € - Denso, fruttato maturo, varietale.
Verduno Basadone 2019 ● 20.000 bt; 16 € - Succoso, speziato, autentico.
M. Cl. Dosaggio Zero S-ciopét 2016 pelaverga; 1.600 bt; 24 € - Fresco, fruttato, leggiadro.

ha 11,5 - **bt** 80.000
Fertilizzanti nessun concime
Fitofarmaci chimici di sintesi, rame e zolfo
Diserbo lavorazione meccanica/manuale
Lieviti fermentazione spontanea, selezionati industriali
Uve acquisto 5%
Certificazione nessuna certificazione

MONFERRATO

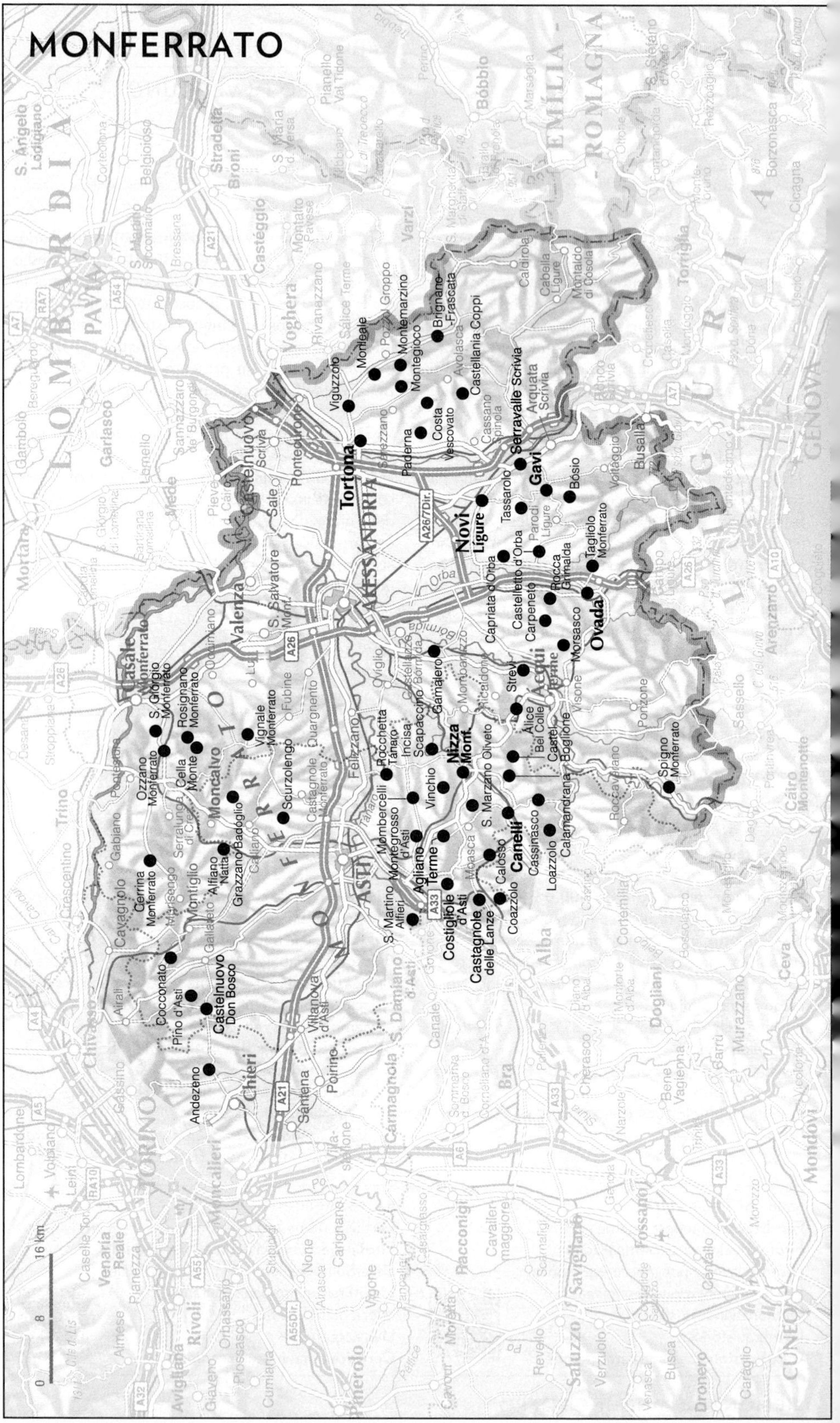

0
8
16 km
Casale Monferrato
S. Giorgio Monferrato
Rosignano Monferrato
Ozzano Monferrato
Cella Monte
Vignale Monferrato
Moncalvo
Scurzolengo
Grazzano Badoglio
Alfiano Natta
Cerrina Monferrato
Cocconato
Castelnuovo Don Bosco
Pino d'Asti
Andezeno
Chieri
Valenza
Tortona
Viguzzolo
Monleale
Montemarzino
Montegioco
Brignano Frascata
Castellania Coppi
Costa Vescovato
Paderna
Serravalle Scrivia
Novi Ligure
Gavi
Tassarolo
Bosio
Parodi Ligure
Capriata d'Orba
Castelletto d'Orba
Tagliolo Monferrato
Rocca Grimalda
Carpeneto
Ovada
Morsasco
Acqui Terme
Strevi
Alice Bel Colle
Castel Boglione
Spigno Monferrato
Gamalero
Rocchetta Tanaro
Incisa Scapaccino
Nizza Monf.
Vinchio
Mombercelli
Montegrosso d'Asti
Agliano Terme
S. Marzano Oliveto
Canelli
Calosso
Cassinasco
Calamandrana
Loazzolo
Coazzolo
Castagnole delle Lanze
Costigliole d'Asti
S. Martino Alfieri
Asti
Alessandria
Torino
Genova
Cuneo
Alba
Bra
LOMBARDIA
EMILIA - ROMAGNA
LIGURIA
MONFERRATO

AGLIANO TERME (AT)

DARIO COCITO

SCONTO **-10%**

Regione Montà, 29 - tel. 0141 954238 - 338 3467043
338 3467043 - www.cocitodario.it - info@cocitodario.it

VITA - Agliano Terme è terra di grande vocazione barberista, e se c'è un'azienda che questa vocazione la interpreta con piglio orgogliosamente contadino è quella di Dario Cocito, situata sulla prestigiosa collina della Crena. Dario, sempre in prima linea nella attività aziendali, si avvale del contributo dei figli Sergio, per la parte di cantina, e Nadia, che si occupa di amministrazione e aspetti commerciali.

VIGNE - Dicevamo della Crena: una collina bellissima, che ospita alcune delle più grandi vigne astigiane di barbera, contese da grandi nomi del vino piemontese. I filari dei Cocito si sviluppano perlopiù intorno alla cantina, con qualche parcella poco distante nei pressi di un piccolo invaso artificiale, tra cui troviamo anche viti di viognier per il Monferrato Bianco. L'età delle piante di barbera spesso è considerevole, a suggello di un parco vitato di grande nobiltà.

VINI - I vini sono schietta espressione del territorio: legni grandi e piccoli per le Barbere, perlopiù acciaio per tutto il resto.

Barbera d'Asti Sup. Violanda 2017 ● 7.000 bt; 14 € - La Barbera-simbolo di casa ha i suoi punti forti nella dimensione gustativa piacevolmente polposa e nella dinamica ritmata. L'alcolicità non frena il sorso, grazie a una bella schiettezza acida.
Piemonte Bonarda 2019 ● 2.000 bt; 10 € - Rustico nel profilo olfattivo, ha una bocca succosa e scorrevole, con un tannino ben ricoperto e una spiccata dimensione gastronomica.
Barbera d'Asti Sup. Sole d'Estate 2017 ● 3.000 bt; 20 € - Ancora un po' segnato dal legno di affinamento al momento dell'assaggio, ha densità gustativa come vuole l'annata.
Elisa 2019 ● barbera, dolcetto; 7.000 bt; 10 € - Agile, fruttato, corto.
Monferrato Bianco 2019 ○ 3.000 bt; 10 € - Fresco, fruttato, compatto.

ha 10 - **bt** 35.000
Fertilizzanti nessun concime
Fitofarmaci chimici di sintesi, rame e zolfo
Diserbo lavorazione meccanica/manuale
Lieviti selezionati industriali
Uve 100% di proprietà
Certificazione nessuna certificazione

AGLIANO TERME (AT)

DACAPO

SCONTO **-10%**

Strada Asti-Mare, 4 - tel. 0141 964921 - 335 7091570
www.dacapo.it - salesoffice@dacapo.it

VITA - La scelta di vita di Renata Bonacina è arrivata a compimento: da Milano si è stabilita ad Agliano Terme, dove si è ben integrata nella comunità locale. Dopo aver acquistato Ca' ed Balos a Castiglione Tinella, nel 2017 ha rilevato anche l'azienda Dacapo, di casa ad Agliano ma con vigne anche a Castiglione Monferrato. Ormai i vini cominciano a recare la sua personale impronta.

VIGNE - Si abusa spesso della parola passione, ma soli 8 ettari totali divisi in tre corpi principali molto distanti tra loro ne sono un'evidente testimonianza: la cornice di Agliano, accanto alla sede aziendale, con grignolino e soprattutto barbera, che qui vuol dire Nizza; Castiglione Tinella con moscato e dolcetto; e infine Castagnole Monferrato, con il ruché ma anche pinot nero e nebbiolo.

VINI - Quest'anno rimane fuori il Moscato, ma Renata ci tiene a ribadire il suo amore per le uve aromatiche e semiaromatiche, come il ruché. Protagonista quindi la Barbera, in tre declinazioni molto diverse ma ugualmente convincenti. La piccolissima produzione di Grignolino è davvero molto interessante.

Barbera d'Asti Sup. Valrionda 2017 ● 3.950 bt; 14 € - Veramente una grande espressione della Barbera, giocata sull'equilibrio tra frutto, corpo e acidità, che la rende molto riuscita e gastronomica.
Nizza Vigna Dacapo Ris. 2016 ● 3.060 bt; 23 € - Elegante al naso, si conferma in bocca con tanta polpa ma soprattutto una vibrante acidità, che dona tensione e lunghezza.
Barbera d'Asti Sanbastian 2018 ● 7.000 bt; 10 € - Classica Barbera facile, ma in grande equilibrio.
Grignolino d'Asti Renard 2019 ● 844 bt; 11 € - Dinamico, floreale, incisivo.
Piemonte Pinot Nero Cantacucco 2017 ● 500 bt; 20 € - Articolato, fruttato, rilassato.
Ruché di Castagnole Monferrato Majoli 2019 ● 6.800 bt; 12 € - Schietto, floreale, gastronomico.

ha 8 - **bt** 45.000
Fertilizzanti letame, sovescio
Fitofarmaci rame e zolfo
Diserbo lavorazione meccanica/manuale
Lieviti selezionati industriali
Uve 100% di proprietà
Certificazione biologico certificato

AGLIANO TERME (AT)

ROBERTO FERRARIS

Frazione Dogliano, 33 - tel. 0141 954234
www.robertoferraris.com - az.ferraris@virgilio.it

VITA - Roberto Ferraris porta avanti con impegno e dedizione questa realtà fondata dal nonno sulle colline di Agliano Terme. Roberto sa tutto dei suoi filari e conosce una a una le viti. Grazie alla collaborazione della moglie Laura Laiolo e del figlio Marco, ha saputo dare una solida prospettiva alla sua realtà. Bella e ben studiata la nuova cantina situata poco distante dalla cascina.

VIGNE - Le vigne si trovano sulle colline intorno alla cantina. Ben organizzate e gestite con cura, tra i filari si possono scorgere ceppi vecchi che vanno dai 50 agli 80 anni di età. La maggior parte dei vigneti è coltivata a barbera, con un paio di parcelle in cui fanno capolino altre nobili varietà locali come grignolino e nebbiolo.

VINI - Le vinificazioni tradizionali prevedono l'uso di lieviti indigeni attentamente selezionati, con l'obiettivo di arrivare a vini puliti ma anche di carattere territoriale. Le macerazioni sulle bucce sono medio-lunghe e gli affinamenti perlopiù in botti piccole.

Nizza Liberta 2017 ● 1.500 bt; 30 € - 🛢 - Nasce da una vigna felicemente esposta e denota grande carattere. Floreale e schietto al naso, si esprime al palato con tenacia ed energia, per un sorso denso e vibrante, che mette in mostra un finale persistente.
Barbera d'Asti Il Nobbio 2018 ● 20.000 bt; 15 € - 🛢 - Ritroviamo le tipiche caratteristiche delle Barbere di Agliano in questo vino schietto e sincero, che si distingue per finezza, freschezza e vitalità. Fruttato e compatto, scorre agile ed energico, in un percorso ricco di dettaglio.
Barbera d'Asti Suôrí 2019 ● 34.000 bt; 14 € - 🛢 - Schietto, speziato, varietale.
Barbera d'Asti Sup. Bisavolo 2018 ● 6.500 bt; 26 € - 🛢 - Teso, fruttato, profondo.
Barbera d'Asti Sup. La Cricca 2018 ● 6.500 bt; 32 € - 🛢 - Ampio, speziato, avvolgente.

ha 12 - **bt** 70.000
Fertilizzanti nessun concime
Fitofarmaci rame e zolfo
Diserbo chimico, lavorazione meccanica/manuale
Lieviti selezione di lieviti indigeni
Uve 100% di proprietà
Certificazione nessuna certificazione

AGLIANO TERME (AT)

AGOSTINO PAVIA & FIGLI

Località Molizzo, 10 - tel. 0141 954125
www.agostinopavia.it - agostinopavia@agostinopavia.it

VITA - In località Molizzo ad Agliano Terme la famiglia Pavia coltiva la vite da tempo, ma fu Agostino che negli anni Ottanta iniziò a vinificare e imbottigliare con etichette proprie. Da allora tante vendemmie sono passate, e l'ampliamento e la modernizzazione della tenuta sono stati possibili grazie al lavoro e alla passione dei due figli Mauro e Pino. La cantina si trova a poche centinaia di metri dalla sede aziendale, dove è presente anche un grazioso B&B.

VIGNE - Tutti i vigneti sono ubicati nel comune di Agliano, con l'esclusione di un piccolo appezzamento sito nel comune di Montegrosso d'Asti. La gestione agronomica non è mutata negli ultimi anni: da sempre c'è attenzione a limitare al minimo i trattamenti, e in condizioni di criticità ci si affida alla consulenza di Piero Arosio. In cantina arrivano solo uve provenienti da vigneti posti su suoli argillosi e argilloso-sabbiosi.

VINI - Il responsabile della vinificazione è l'enologo Lorenzo Quinterno. Questa classica azienda familiare ricerca nei propri vini la facilità di beva, con macerazioni non eccessive, fermentazioni spontanee e l'utilizzo di botti di legno sia grandi, sia piccole.

Barbera d'Asti Sup. La Marescialla 2017 ● 11.000 bt; 22 € - 🛢 - Nasce su terreni prettamente argillosi ed è il frutto di questa annata, calda e siccitosa: note di frutta matura e pane tostato si fondono a un palato ben supportato da un'acidità articolata. Il sorso è avvolgente e dal finale lungo.
Barbera d'Asti Sup. Moliss 2017 ● 22.000 bt; 12 € - 🛢 🛢 - Sempre da terreni argillosi, è una Barbera dal quadro olfattivo ricco, con sentori di ciliegia matura e spezie, mentre al sorso è sorprendentemente fresca ed espressiva, con un finale lungo e incisivo.
Barbera d'Asti Casareggio 2019 ● 3.000 bt; 15 € - 🛢 - Spigoloso, speziato, sottile.

ha 12 - **bt** 110.000
Fertilizzanti organo-minerali
Fitofarmaci chimici di sintesi, rame e zolfo
Diserbo lavorazione meccanica/manuale
Lieviti selezione di lieviti indigeni
Uve acquisto 10%
Certificazione nessuna certificazione

AGLIANO TERME (AT)

TENUTA GARETTO

Strada Asti-Mare, 30 - tel. 0141 098248
www.tenutagaretto.it - visitegaretto@gagliardo.it

VITA - Nizza è una denominazione calamita: questa è l'impressione che si evince scorrendo i nomi di chi recentemente ha deciso di investire qui e valorizzare la Docg nata nel 2014. Certo, questo territorio vanta tradizioni ben più antiche, ma ci voleva la nascita di un nuovo "brand" per esaltarne appieno le potenzialità. Tenuta Garetto è di proprietà della famiglia Gagliardo di La Morra dal 2017. La sua gestione è affidata all'ultima generazione, i fratelli Stefano (che si occupa degli aspetti commerciali ed enologici) e Alberto (impegnato in vigna).

VIGNE - E proprio Alberto Gagliardo ci sta regalando le novità più interessanti nelle vigne. Infatti, la gestione qui è biologica e si è lavorato negli ultimi tempi per conferire sostanza organica a terreni che non ne avevano più vista negli ultimi decenni. La cosa positiva è che nemmeno il disseccante era stato utilizzato, ma i ceppi di barbera, alcuni molto vecchi (impianti del 1930 e del 1950), erano un po' in sofferenza e non producevano quasi più grappoli.

VINI - Lo stile non è mutato molto rispetto alla precedente proprietà: si è forse alleggerito nell'uso del legno, e questo ha arricchito di sfumature i vini prodotti.

Barbera d'Asti 2018 ● 26.000 bt; 12 € - Un rosso dal frutto puro e gustoso, con rimandi alla ciliegia. In bocca ha uno slancio convincente e un'acidità ricca e saporita.
Nizza Favà 2017 ● 11.000 bt; 27 € - Quando si parla di vini territoriali pensiamo a rossi così: frutto, muschio, spezia (non da legno). Il palato scatta e addomestica un alcol esuberante.
Grignolino d'Asti 2019 ● 6.600 bt; 11 € - Dal colore tenue, sprigiona un ventaglio di note speziate: è il preludio a un palato succoso e ben calibrato, con il tannino ottimamente gestito.
Moscato d'Asti 2019 7.500 bt; 11 € - Croccante, fruttato, cangiante.

ha 10 - **bt** 50.000
Fertilizzanti letame
Fitofarmaci rame e zolfo
Diserbo lavorazione meccanica/manuale
Lieviti selezionati industriali
Uve acquisto 10%
Certificazione nessuna certificazione

ALFIANO NATTA (AL)

CREALTO

SCONTO -10%

Località Cardona - Strada Crealto, 6 - tel. 348 3846665
www.crealto.it - info@crealto.it

VITA - Dopo aver rilevato nel 2008 la storica azienda situata in un bellissimo angolo di Monferrato casalese, Luigi Armanino ed Eleonora Costa hanno fatto parecchia strada, crescendo in competenza agronomica ed enologica e migliorando gradualmente lo splendido agriturismo. Ora c'è un allevamento di conigli a suggellare la congiunzione tra cucina ligure e monferrina: le origini genovesi non si possono certo cancellare!

VIGNE - Merita una menzione a parte la celebre vigna del Marcaleone, una pietra miliare del Casalese. Il resto del corpo dei vigneti è curato con attenzione certosina, oltre i principi del semplice biologico, ora anche grazie all'arrivo di due asinelli. Eleonora e Luigi sono particolarmente concentrati sulla vigna del baratuciat, vitigno della valle di Susa in cui credono moltissimo.

VINI - Non solo vini genuini, ma anche corretti e puliti, che crescono molto pure qualche giorno dopo l'apertura, provare per credere! Continua la collaborazione con l'azienda Matunei di Alberto Brignolo, che si concretizza in due vini presenti in batteria, il Dru e il Bagardo.

Marcaleone 2018 ● grignolino; 6.000 bt; 10 € - Delizioso, tipico nelle sue note floreali e speziate eleganti, ha un tannino già fine e piacevolissimo.
La Svolta 2017 ● barbera; 3.000 bt; 24 € - Pieno, polposo e fruttato, va aperto con molto anticipo e poi sprigiona note intensissime di funghi secchi.
Agricolae 2018 ● barbera; 6.500 bt; 10 € - Affinamento identico al Marcaleone: è vellutato, con un bel frutto e un'elegante spalla acida.
Pionda 2017 ● nebbiolo; 2.500 bt; 24 € - Potente, speziato, energico.
Dru 2018 ● freisa; 3.500 bt; 12 € - Avvolgente, fruttato, gastronomico.
Bagardo 2018 ● nebbiolo; 3.000 bt; 20 € - Pungente, floreale, energico.

ha 5,5 - **bt** 20.000
Fertilizzanti sovescio
Fitofarmaci rame e zolfo
Diserbo lavorazione meccanica/manuale
Lieviti fermentazione spontanea
Uve 100% di proprietà
Certificazione biologico certificato

ALICE BEL COLLE (AL)

CA' BIANCA

SCONTO **-10%**

Regione Spagna, 58 - tel. 0144 745420
www.cantinacabianca.it - cantinacabianca@giv.it

VITA - Il lavoro che l'enologo e direttore di questa cantina di proprietà del Gruppo Italiano Vini Andrea Autino sta portando avanti negli ultimi anni comincia a dare i sui frutti. I progetti messi in campo, dalla realizzazione di un Metodo Classico all'utilizzo di nuovi contenitori per la fermentazione e l'affinamento dei vini stanno arrivando a conclusione.

VIGNE - A settembre del 2020 è prevista nella tenuta la prima vendemmia di pinot nero: la vigna è strutturata ad anfiteatro, su 3 ettari, ed è suddivisa in tre particelle ben distinte in cui sono stati piantati tre diversi cloni del celebre vitigno borgognone. Le particelle hanno esposizioni diverse l'una dall'altra, e ci si aspetta che i cloni porteranno ognuno un vino diverso, che una volta assemblato darà vita a un Alta Langa.

VINI - L'azienda in cantina lavora per esaltare il potenziale varietale e territoriale dei vini realizzati con le tecnologie più aggiornate e cercando pulizia e precisione.

Barbera d'Asti Sup. Chersì 2017 ● 6.000 bt; 15 € - Il terreno calcareo, la lunga macerazione e l'affinamento in legno di circa due anni donano a questa Barbera profumi fruttati e speziati, e un sorso pieno, caldo, armonico, la cui struttura denota un notevole potenziale evolutivo.
Moscato d'Asti 2019 300.000 bt; 8 € - Di ottimo stampo territoriale, presenta intriganti profumi minerali e fruttati. Il sorso è avvolgente e mai stucchevole, grazie a un'acidità che gli dona una discreta persistenza.
Dolcetto d'Acqui 2019 ● 18.000 bt; 9 € - Austero, fruttato, varietale.
Gavi 2019 O 50.000 bt; 10 € - Fresco, floreale, gastronomico.
Barbera d'Asti Sup. 2018 ● 30.000 bt; 9 € - Integrato, fruttato, varietale.
Roero Arneis 2019 O 15.000 bt; 10 € - Dinamico, fruttato, rilassato.

ha 24 - **bt** 500.000
Fertilizzanti humus, letame in pellet
Fitofarmaci rame e zolfo
Diserbo lavorazione meccanica/manuale
Lieviti selezionati industriali, selezione di lieviti indigeni
Uve acquisto 15%
Certificazione nessuna certificazione

ANDEZENO (TO)

BALBIANO

Corso Vittorio Emanuele, 1 - tel. 011 9434044
www.balbiano.com - info@balbiano.com

VITA - La storia della famiglia Balbiano è strettamente legata a quella del territorio chierese: fin dal 1941, grazie al lavoro di Melchiorre Balbiano, si valorizza questo scampolo di territorio a due passi da Torino. Negli anni Settanta è subentrato in azienda Francesco, costruendo la cantina nella vecchia cascina di famiglia. Oggi ad affiancarlo c'è il giovane Luca, che continua a diffondere in ogni dove la cultura della Freisa.

VIGNE - L'approccio dei Balbiano in vigna segue un'agricoltura ragionata e sostenibile: abbandonato il diserbo, si tende a limitare l'uso dei sistemici. Le vigne sono in diversi appezzamenti tra Andezeno e i comuni vicini, e i terreni sono contrassegnati dalla natura calcareo-argillosa che si sposa bene con le caratteristiche del vitigno freisa. Fiore all'occhiello è la Vigna della Regina, a Torino, a due passi da piazza Vittorio.

VINI - L'esaltazione della varietà freisa, proposta in varie versioni, si accompagna al lavoro su altri vitigni tipici della collina torinese.

Freisa di Chieri Vigna Villa della Regina 2016 ● 3.600 bt; 26 € - Giocato su note di frutti rossi maturi e una lieve speziatura, in bocca è fine, con un tannino già levigato, e ha buona freschezza e una persistenza importante.
Freisa di Chieri Sup. Barbarossa 2018 ● 3.500 bt; 14 € - Vigoroso, con un frutto ancora croccante al naso e una bocca potente e irruente, presenta una spiccata vena acido-sapida e tannini ancora da integrare.
Collina Torinese Cari 2019 ● 2.000 bt; 12 € - Vitigno quasi dimenticato, il cari dimostra di essere soave e leggiadro: un vino tutto giocato sui piccoli frutti rossi e su una bocca ben equilibrata.
Freisa di Chieri Frizzante 2019 50.000 bt; 9 € - Croccante, floreale, gastronomico.
Freisa di Chieri Surpreisa 2019 ● 10.000 bt; 9 € - Incisivo, fruttato, avvolgente.

ha 6,5 - **bt** 90.000
Fertilizzanti nessun concime
Fitofarmaci rame e zolfo
Diserbo lavorazione meccanica/manuale
Lieviti selezionati industriali
Uve acquisto 40%
Certificazione nessuna certificazione

BOSIO (AL)

LA CAPLANA

SCONTO **-10%**

Circonvallazione, 4 - tel. 0143 684182
www.lacaplana.it - lacaplana@email.it

VITA - Dopo la prematura scomparsa del titolare Luca Grosso, dirigono l'azienda la moglie Carmen Guido con suo fratello Natalino. I tre figli collaborano: tra loro segnaliamo Alice, che ha messo a disposizione la sua laurea in Enologia e le esperienze fatte, anche all'estero. La famiglia è molto unita nelle decisioni, e i giovani portano una ventata di rinnovamento.

VIGNE - Tradizionalmente La Caplana si affida perlopiù all'acquisto di uve da conferitori fidati, gestendo direttamente solo 1,5 ettari di vecchie piante di cortese. Ci troviamo in zona appenninica, su colline baciate dalle brezze marine che determinano così un microclima unico e adatto alla coltivazione della vite.

VINI - Lo stile aziendale prevede macerazioni brevi e passaggio in barrique per alcuni rossi. Soprattutto sui bianchi si cerca di mantenere inalterate le caratteristiche varietali dell'uva. È una produzione di nicchia ma molto interessante il Gavi vinificato in anfora.

Gavi del Comune di Gavi La Caplana 2019 ○ 30.000 bt; 9 € - Buona espressione di Cortese, è armonico e incisivo, dotato di una spiccata acidità.
Gavi Villavecchia 2019 ○ 35.000 bt; 9 € - Prodotto con uve provenienti dai vigneti più vecchi ed elevati, si presenta di corpo e con un'acidità integrata che permette la salivazione e accompagna l'emergere degli aromi floreali e fruttati.
Dolcetto di Ovada 2019 ● 40.000 bt; 7 € - Dai tannini di ottima qualità, ha profumi fruttati tra i quali emerge la ciliegia, e unisce all'ampiezza una proporzionata scorrevolezza.
Dolcetto di Ovada Narcys 2016 ● 20.000 bt; 12 € - Setoso, speziato, complesso.
Barbera d'Asti 2018 ● 40.000 bt; 8 € - Succoso, floreale, avvolgente.
Brut La Caplana chardonnay, cortese; 10.000 bt; 12 € - Metodo Charmat, fresco, floreale, espressivo.

ha 5 - **bt** 180.000
Fertilizzanti letame
Fitofarmaci rame e zolfo
Diserbo lavorazione meccanica/manuale
Lieviti selezionati industriali
Uve acquisto 40%
Certificazione nessuna certificazione

BOSIO (AL)

LA SMILLA

SCONTO **-10%**

Vicolo Giuseppe Garibaldi, 7 - tel. 0143 684245
www.lasmilla.it - info@lasmilla.it

VITA - L'azienda, situata nel centro storico di Bosio, è gestita da diverse generazioni dalla famiglia Guido. Oggi Danilo Guido si occupa delle vinificazioni, e dal 2020 anche dei vigneti insieme al padre Matteo. La cantina storica nel corso della Seconda guerra mondiale è servita da rifugio durante l'invasione tedesca.

VIGNE - Le vigne, situate in due aree principali, si trovano a circa 450 metri di altitudine in una zona appenninica, dove l'influsso del mare apporta caratteristiche singolari alle uve. I terreni sono tufacei e magri, e l'uva principale è, come in tutta la zona, il cortese, con altre varietà autoctone quali dolcetto e barbera.

VINI - La Smilla segue uno stile di vinificazione classico, senza rinunciare alla giusta dose di tecnologia per agevolare il lavoro. La new entry è il Sauvignon blanc, che va a concorrere nel blend di uno dei vini di punta, il Bergi, fortemente voluto da Danilo per dare una ventata di novità.

Gavi 2019 ○ 40.000 bt; 11 € - Armonico e dinamico, presenta raffinati profumi floreali e fruttati, e in bocca è avvolgente e di notevole persistenza.
Gavi M. Cl. 2016 2.400 bt; 20 € - Uno spumante decisamente equilibrato, disteso e consistente, con un buon compromesso tra acidità e mineralità. Il sorso è agile, i profumi sono raffinati e di indirizzo floreale e agrumato.
Dolcetto di Ovada 2018 ● 20.000 bt; 9 € - I vigneti si trovano nella zona di Rocca Grimalda. I tannini sono setosi e ben integrati con il corpo e l'alcolicità del vino, per un sorso dinamico anticipato da schietti profumi floreali e fruttati.
Monferrato Bianco Bergi 2017 ○ 3.000 bt; 13 € - Ampio, floreale, espressivo.
Gavi del Comune di Gavi 2019 ○ 15.000 bt; 12 € - Fresco, floreale, energico.

ha 6 - **bt** 100.000
Fertilizzanti letame in pellet
Fitofarmaci rame e zolfo
Diserbo lavorazione meccanica/manuale
Lieviti selezionati industriali
Uve acquisto 50%
Certificazione nessuna certificazione

BRIGNANO FRASCATA (AL)

PAOLO POGGIO

Via Roma, 67 - tel. 0131 784929 - 338 3859265
cantina.poggio@gmail.com

VITA - Paolo Poggio fa parte di quel manipolo di intraprendenti produttori, capitanati da Walter Massa, che sul finire degli anni Ottanta iniziò l'opera di reimpianto del timorasso, all'epoca quasi completamente estinto, credendo nelle potenzialità di quest'uva. Un autentico contadino, Paolo, che insieme al figlio Mattia, studente di enologia, si divide fra il lavoro in vigna e in cantina e quello delle coltivazioni di mele, alcune rare e antiche quali la pomella genovese e la rosa mantovana.

VIGNE - I vigneti aziendali sono sparsi in una zona ricca di boschi e meleti, in un paesaggio in cui regna la biodiversità e ancora poco antropizzato. Proprio a inizio 2020 Paolo ha piantato una nuova vigna di timorasso, tutta esposta a sud a 300 metri di altitudine: la natura non si è fermata e speriamo di vederne, fra cinque anni, i frutti nel calice!

VINI - Sia in vigna, sia in cantina, tutto è caratterizzato da una forte artigianalità, anche se con la nuova generazione rappresentata da Mattia si stanno introducendo novità, anche sul versante dei macchinari.

Colli Tortonesi Timorasso Ronchetto 2018 ○ 3.500 bt; 17 € - Nasce da terreni di matrice calcarea, da una vigna di circa 30 anni di età. Dopo 12 mesi sulle fecce fini, con costanti bâtonnage manuali, si ottiene un vino elegante al naso e in bocca, già pronto e dalla lunga persistenza.
Rosso Derio 2016 ● 1.200 bt; 17 € - Da una vigna piantata dal padre di Paolo (Derio, appunto) prima di partire per la Seconda guerra mondiale, è una Barbera dal colore rubino luminoso e dal sorso ampio, in cui il legno è ben integrato e rende la beva piacevole.
Colli Tortonesi Prosone 2018 ● 2.500 bt; 15 € - Fitto, speziato, energico.

ha 4,5 - **bt** 17.000
Fertilizzanti letame in pellet
Fitofarmaci rame e zolfo
Diserbo lavorazione meccanica/manuale
Lieviti selezionati industriali
Uve 100% di proprietà
Certificazione nessuna certificazione

CALAMANDRANA (AT)

MICHELE CHIARLO

Strada Statale Nizza-Canelli, 99 - tel. 0141 769030
www.chiarlo.it - info@chiarlo.it

VITA - È uno dei grandi marchi del Piemonte e dell'Italia, creato sul finire degli anni Cinquanta grazie alle doti imprenditoriali di Michele Chiarlo, che porta con leggerezza le sue 80 e più primavere. Ora è affiancato dai due figli Alberto (più concentrato sugli aspetti commerciali) e Stefano (direttore e tecnico di cantina e vigna).

VIGNE - Il patrimonio vitato è impressionante e può contare su almeno tre nuclei di grande importanza: nell'Astigiano, dove tutto ha avuto inizio, troviamo la stupenda tenuta de la Court, nella Langa le menzioni Cannubi, Cerequio, Asili e Faset (vale una sosta il relais Palás Cerequio), infine il cru Rovereto nel Gavi. Viene posta grande attenzione alla rapidità nei trattamenti e al monitoraggio delle condizioni atmosferiche, visto che le distanze tra le varie tenute sono davvero importanti.

VINI - Lo stile dei vini è molto classico e vicino ai gusti dei numerosissimi clienti internazionali di questo brand. Questo senza snaturare la territorialità delle varie etichette.

Nizza La Court Ris. 2017 ● 13.000 bt; 34 € - Esprime calore e potenza, ben sorrette da acidità e succo, con finale ricco e allungato.
Nizza Cipressi 2018 ● 55.000 bt; 23 € - Un gran bel biglietto da visita della denominazione: ricchezza senza opulenza, e facilità di beva ben sorretta dal carattere.
Barolo Cerequio 2016 ● 13.000 bt; 113 € - Naso e bocca classici, con una brillantezza di frutto che invita al ritorno sul bicchiere.
Barolo Cannubi 2016 ● 5.000 bt; 113 € - Austero, speziato, consistente.
Barbaresco Asili 2017 ● 5.000 bt; 113 € - Fitto, speziato, compatto.
Barbaresco Faset 2017 ● 5.000 bt; 113 € - Solido, speziato, contratto.

ha 60 - **bt** 1.200.000
Fertilizzanti humus, letame in pellet, letame
Fitofarmaci chimici di sintesi, rame e zolfo
Diserbo lavorazione meccanica/manuale
Lieviti selezionati industriali, selezione di lieviti indigeni
Uve acquisto 50%
Certificazione nessuna certificazione

CALAMANDRANA (AT)

LA GIRIBALDINA

Frazione San Vito, 39 - tel. 0141 718043
www.giribaldina.it - info@giribaldina.it

VITA - Emanuele Colombo con la mamma Maria Grazia Macchi lavora da anni con impegno in questa realtà monferrina. Originari della Lombardia, si sono affezionati alle colline di Calamandrana e cercano di ricavarne vini buoni e caratteristici. Nella bella cascina, oltre a poter degustare ottimi vini, si può alloggiare in accoglienti camere ben ristrutturate.

VIGNE - La maggior parte dei vigneti si trova intorno alla cantina, con filari ordinati e ben lavorati. Altre parcelle sono a Vaglio Serra e Agliano Terme. Protagonista indiscussa è la varietà barbera, mentre nelle esposizioni più fresche trovano collocazione il sauvignon blanc e il moscato. L'azienda da anni è impegnata ad affermare la sostenibilità agronomica e attualmente è in conversione biologica.

VINI - Una gamma compatta e affidabile, tipica e territoriale, incentrata sulla Barbera declinata nelle sue varie versioni.

Barbera d'Asti Monte del Mare 2019 ● 20.000 bt; 10 € - Da terreni sabbiosi e ricchi di fossili marini, una Barbera giovane molto classica, slanciata e succosa, tutta incentrata sull'immediatezza del frutto.
Barbera d'Asti Biologico di Cavalbianc 2019 ● 2.000 bt; 13 € - La prima Barbera dell'azienda certificata biologica: ha una materia densa e avvolgente, ben supportata dall'acidità e da un profilo fruttato scuro e balsamico.
Nizza Cala delle Mandrie Ris. 2017 ● 8.000 bt; 20 € - Figlio di un'annata felice per la Barbera, un rosso ricco e possente ma altrettanto contrastato e incisivo. Gioca su un profilo fruttato ampio e maturo, intrecciato a dolci note speziate date dall'affinamento in tonneau.
Moscato d'Asti 2019 8.000 bt; 10 € - Fresco, floreale, delicato.
Monferrato Bianco Ferro di Cavallo 2019 ○ 12.000 bt; 12 € - Succoso, erbaceo, sapido.

ha 10 - **bt** 70.000
Fertilizzanti letame in pellet, organo-minerali
Fitofarmaci chimici di sintesi, organici, rame e zolfo
Diserbo lavorazione meccanica/manuale
Lieviti fermentazione spontanea, selezionati industriali
Uve 100% di proprietà
Certificazione in conversione biologica

CALOSSO (AT)

SCAGLIOLA

Via San Siro, 42 - tel. 0141 853183
www.scagliolavini.com - info@scagliolavini.com

VITA - La famiglia Scagliola negli ultimi decenni si è sempre più affermata come protagonista in quel di Calosso, dove si incontrano la zona classica del barbera e quella del moscato. Una progressiva ristrutturazione aziendale ha portato a un rinnovamento delle zone di vinificazione e di stoccaggio, con tutti i benefici che questo comporterà. Da segnalare l'uso dei tappi a vite per alcune tipologie di vino.

VIGNE - Il corpo vitato attorno alla cantina è davvero maestoso: è di ben 18 ettari, anche se altri piccoli appezzamenti si segnalano sempre a Calosso e nei comuni circostanti, come Canelli o Santo Stefano Belbo. Da evidenziare il recente acquisto di vigne di 50-60 anni ad Agliano, a rafforzare la presenza nel Nizza, progetto in cui la famiglia crede molto.

VINI - I vini presentati non sono molti, considerando oltretutto l'ampia gamma aziendale, ma alcune etichette non erano pronte al momento del nostro assaggio, e non si sono voluti forzare i tempi per non penalizzarle.

Moscato d'Asti Volo di Farfalle 2019 30.000 bt; 10 € - Un manifesto del Moscato d'Asti: cremoso, fresco, equilibrato e pienamente appagante, senza essere assolutamente stucchevole. Facile e complesso allo stesso tempo. Davvero un piccolo capolavoro.
Nizza Foravia 2017 ● 6.500 bt; 19 € - L'eleganza del Nizza di Agliano, senza rinunciare alla facilità di beva e alle caratteristiche tipiche della Barbera.
Barbera d'Asti Frem 2018 ● 50.000 bt; 10 € - Davvero molto piacevole, facile ma non grossolano: una bella unione tra frutto e tratto gustativo equilibrato.
Piemonte Chardonnay Danvian 2019 ○ 10.000 bt; 9 € - Fresco, floreale, delicato.

ha 42 - **bt** 250.000
Fertilizzanti letame in pellet
Fitofarmaci rame e zolfo
Diserbo lavorazione meccanica/manuale
Lieviti selezionati industriali
Uve 100% di proprietà
Certificazione nessuna certificazione

CALOSSO (AT)

TENUTA DEI FIORI

Regione Rodotiglia - Via Valcalosso, 3 - tel. 0141 853819
335 6674169 - www.tenutadeifiori.com - info@tenutadeifiori.com

VITA - Valter Bosticardo non si può dire ami seguire le strade più semplici: dopo aver ristrutturato la casa di famiglia ricavandone anche un B&B si è speso in mille progetti controcorrente. Il suo nome però è inestricabilmente legato al Calosso, il vino ricavato dal raro vitigno della zona, il gamba di pernice, finalmente messo in salvo dopo alcune assurde battaglie legali.

VIGNE - Le vigne sono curate nei minimi particolari, sfruttando le caratteristiche di ogni singola parcella per coltivare sapientemente cabernet sauvignon, freisa, pinot nero, dolcetto, chardonnay, oltre naturalmente a moscato, barbera e all'enfant du pays, il gamba di pernice, in soli 5 ettari totali. Da segnalare l'acquisizione a San Marzano Oliveto di una vigna destinata al Nizza, la nuova avventura di Valter.

VINI - Quest'anno niente Pensiero (Moscato Metodo Classico invecchiato 10 o 12 anni!), niente Rusticardi e niente Tulipano Nero: Valter non ha problemi a saltare le annate o a posticipare la loro uscita.

Calosso 2014 ● 3.500 bt; 12 € - - Tannino ancora vivo e speziatura evidente, per un vino equilibrato e vibrante.
Monferrato Rosso Cinque File 2009 ● 4.000 bt; 17 € - - Dopo quasi 11 anni finalmente questo blend da uve barbera e cabernet sauvignon è stato ritenuto pronto da Valter: è lunghissimo e incredibilmente facile da bere.
Barbera d'Asti Sup. R3 2016 ● 5.000 bt; 17 € - - L'annata 2016 della Barbera Rusticardi non uscirà, e le sue uve sono confluite qui donando maggiore ricchezza e articolazione.
Piemonte Pinot Nero Cuorenero 2018 ● 2.600 bt; 17 € - - Setoso, speziato, incisivo.
Piemonte Chardonnay Il Vento 2019 ○ 3.000 bt; 9 € - - Fresco, floreale, delicato.
Monferrato Rosso Emma 2018 ● 2.500 bt; 17 € - - Succoso, fruttato, gastronomico.

ha 6 - **bt** 30.000
Fertilizzanti nessun concime
Fitofarmaci rame e zolfo
Diserbo lavorazione meccanica/manuale
Lieviti selezione di lieviti indigeni
Uve 100% di proprietà
Certificazione biologico certificato

CANELLI (AT)

CASCINA BARISÉL

SCONTO **-10%**

Regione San Giovanni, 30 - tel. 339 4165913
www.barisel.it - info@barisel.it

VITA - Una storia fenogliana quella di Barisél, con un lieto fine: Franco Penna, decimo figlio di Enrico, conduce dal 1985 la cantina, ed entrare nella raccolta sala degustazione è davvero come mettere un piede nella storia del territorio. Se a ciò unite una splendida accoglienza e vini davvero schietti, la visita in quel di Canelli non potrà che essere una bella esperienza.

VIGNE - I terreni sono molto diversi tra loro e con esposizioni diverse. Il moscato è piantato a una buona quota, mentre le viti di barbera vanno dai suoli argillosi a quelli calcarei, e ci regalano una gamma di vini davvero molto sfaccettata. Sempre il fatto di poter contare su discrete altitudini ci restituisce basi per il Metodo Classico davvero rimarchevoli.

VINI - Nei vini si ricerca aderenza al territorio e precisione: sono queste le linee guida aziendali, evidentissime nelle bollicine.

Barbera d'Asti Sup. La Cappelletta 2016 ● 7.000 bt; 17 € - - Una Barbera che ci può accompagnare per tutto il pasto, con la sua profondità e lunghezza: è potente e dal futuro molto lungo. C'è davvero tanta materia.
M. Cl. Brut Enrico Penna 2016 chardonnay, pinot nero; 2.000 bt; 17 € - - La sfida di produrre un Metodo Classico in un territorio che in passato ha fatto la storia della tipologia è già stata vinta da tempo, e ogni annata è una conferma: il sorso è piacevole e profondo. Sosta fino a 40 mesi sui lieviti, e ha una carbonica estremamente raffinata, per nulla irruente e molto gastronomica.
Moscato d'Asti Canelli 2019 10.000 bt; 10 € - - Metodo Charmat, fresco, floreale, armonico.
L'Avìja 2017 ● 1.200 bt da 0,375 l; 17 € - - Denso, floreale, avvolgente.
Barbera d'Asti Sup. Listoria 2018 ● 5.000 bt; 12 € - - Schietto, fruttato, elegante.

ha 4,5 - **bt** 40.000
Fertilizzanti letame in pellet
Fitofarmaci rame e zolfo
Diserbo lavorazione meccanica/manuale
Lieviti selezione di lieviti indigeni
Uve acquisto 30%
Certificazione nessuna certificazione

CANELLI (AT)

CONTRATTO

Via Giuliani, 56 - tel. 0141 823349
www.contratto.it - info@contratto.it

VITA - Se dobbiamo pensare a una cantina monumentale e stupenda da visitare in Piemonte la mente corre subito a Contratto: con le sue immense gallerie in cui sono stoccate le bottiglie è uno spettacolo per gli occhi. Ora a gestire questo patrimonio troviamo la famiglia Rivetti, che l'ha acquistata nel 2010 e ne ha stravolto positivamente la gestione.

VIGNE - Chiave di volta della rivoluzione imposta da Giorgio Rivetti è stata quella di spostare il baricentro dell'approvvigionamento delle uve dall'Oltrepò alla Langa, prima a Loazzolo, e poi con un imponente acquisto di 30 ettari (tutti di impianti nuovi) a Bossolasco: un terreno bianco compreso tra i 750 e gli 800 metri di quota che assicura freschezza e verticalità agli spumanti.

VINI - Si sta delineando uno stile che privilegia bollicine gastronomiche, con tanta acidità e frutto che non cade mai nel pan brioche.

TOP **Alta Langa Blanc de Noir Pas Dosé For England 2016** 18.000 bt; 41 € - Un naso affascinante, molto Pinot nero, con tracce ematiche e floreali. La bocca ha grinta e slancio, succo e beva, con un leggero tannino rinfrescante.
M. Cl. Pas Dosé Special Cuvée 2012 pinot nero, chardonnay; 5.600 bt; 77 € - Una bolla dal grandissimo fascino, elegante e profonda, con acidità costante e lunghezza notevole.
Asti M. Cl. De Miranda 2013 2.000 bt; 55 € - Una grandissima etichetta, che meriterebbe molto più spazio: ha energia e grande beva, succo e sale. Molto più di un vino da dessert.
Piemonte M. Cl. Millesimato Pas Dosé 2015 chardonnay, pinot nero; 91.000 bt; 28 € - Avvolgente, floreale, gastronomico.
Alta Langa Blanc de Blancs Extra Brut For England 2016 12.000 bt; 41 € - Potente, biscottato, consistente.
Alta Langa Rosé Pas Dosé For England 2016 11.600 bt; 41 € - Fitto, fruttato, incisivo.

ha 42 - **bt** 170.000
Fertilizzanti letame, preparati biodinamici, sovescio
Fitofarmaci organici, rame e zolfo
Diserbo lavorazione meccanica/manuale
Lieviti fermentazione spontanea, selezione di lieviti indigeni
Uve acquisto 5%
Certificazione in conversione biologica

CANELLI (AT)

COPPO

SCONTO **-10%**

Via Alba, 68 - tel. 0141 823146
www.coppo.it - info@coppo.it

VITA - L'azienda ha scritto la storia del vino del Monferrato: la cantina è una delle cosiddette cattedrali sotterranee, e alcuni vini sono pietre miliari del Piemonte, da uno dei primi bianchi da invecchiamento, il Monteriolo, agli spumanti canellesi. Ora però possiamo dire che al centro delle attenzioni c'è la barbera: Luigi Coppo conferma quanto creda nel Nizza, tanto da creare due nuove etichette per dimostrare la qualità dei diversi terroir.

VIGNE - I tanti appezzamenti sono sparsi in vari comuni, non solo del Monferrato, e uno studio certosino è stato fatto sul Nizza, sulle vigne e sui suoli, con i nuovi cru Pontiselli, dalla vigna di Agliano, e Bric del Marchese, da due terreni a Nizza Monferrato.

VINI - Quest'anno si è scelto di celebrare la Barbera con la gamma dei vini presentati, dal rosa, al quotidiano Avvocata, ai Nizza, tutti molto precisi e puliti, come da tradizione aziendale. I tre Nizza sono vinificati nello stesso identico modo, per esaltare la differenza dei terroir: missione davvero riuscita! Il Pontiselli è giusto mezza lunghezza dietro al Pomorosso.

Nizza Bric del Marchese 2017 ● 2.000 bt; 63 € - Che debutto! Ampio, elegante, con una bellissima spinta acida che lo rende vibrante e appagante.
Nizza Pomorosso 2017 ● 30.000 bt; 50 € - La consueta eleganza si ritrova anche nel finale lunghissimo: un'autentica fuoriserie.
Barbera d'Asti L'Avvocata 2019 ● 100.000 bt; 10 € - Molto tipica, succosa e con tanta polpa, è la Barbera d'Asti quotidiana, da osteria, senza il vestito della domenica.
Nizza Pontiselli 2017 ● 2.000 bt; 63 € - Avvolgente, speziato, profondo.
Piemonte Rosato Sempre Lui 2019 ● 6.000 bt; 12 € - Fresco, fruttato, gastronomico.

ha 59 - **bt** 420.000
Fertilizzanti letame, organo-minerali
Fitofarmaci chimici di sintesi, rame e zolfo
Diserbo lavorazione meccanica/manuale
Lieviti selezionati industriali
Uve acquisto 40%
Certificazione nessuna certificazione

L'ARMANGIA €

SCONTO -10%

Regione San Giovanni, 122 - tel. 0141 824947
www.armangia.it - info@armangia.it

VITA - Ignazio Giovine è un vignaiolo mite e riservato, ma anche cocciuto e orgoglioso, tanto è vero che il termine armangia in piemontese significa rivincita morale. Quella di un produttore convinto che Canelli non fosse solo un territorio di grandi imbottigliatori di mediocri spumanti (cosa che fortunatamente oggigiorno non è più), ma anche terreno per realizzare vini fermi di ottima qualità. Una sfida vinta alla grande, anche grazie all'apporto della moglie Giuliana Casolini.

VIGNE - Due sono le denominazioni su cui si impegna maggiormente questa azienda: da una parte Canelli (neo Docg) con il Moscato, dall'altra Nizza con la Barbera. Ma a inizio anni Novanta Ignazio coltivava, e lo fa ancora, un appezzamento molto interessante a Pratorotondo piantato a chardonnay. Da segnalare come da queste parti la flavescenza dorata picchi davvero duro.

VINI - Facilità di beva, freschezza e su alcune etichette anche grande longevità, in particolare lo Chardonnay e le Barbere Titòn e Vignali.

TOP **Nizza Titòn 2017** VINO SLOW ● 8.000 bt; 14 € - In un'annata così importante per la varietà Ignazio non sbaglia, con una prestazione maiuscola e succosissima. Un gran bere, con allungo salino.

Moscato d'Asti Canelli 2019 18.500 bt; 8 € - Qui il Moscato riesce alla grande, molto profumato e gustoso. Un dolce strepitoso sia a fine pasto, sia per l'aperitivo estivo.

Nizza Vignali Ris. 2016 ● 3.200 bt; 26 € - Un rosso austero e ricco, che non cade nella trappola dell'eccessiva opulenza. Profondo e destinato a un lungo invecchiamento.

Alta Langa Dosaggio Zero Lorenzomariasole 2014 1.300 bt; 20 € - Incisivo, floreale, teso.

Piemonte Chardonnay Robi & Robi 2018 O 1.400 bt; 15 € - Fitto, speziato, complesso.

Monferrato Bianco Enne Enne 2019 O 7.800 bt; 8 € - Dinamico, vegetale, cangiante.

ha 10,5 - **bt** 95.000
Fertilizzanti compost, letame in pellet, letame
Fitofarmaci chimici di sintesi, organici, rame e zolfo
Diserbo lavorazione meccanica/manuale
Lieviti selezionati industriali
Uve 100% di proprietà
Certificazione nessuna certificazione

CANELLI (AT)

LHV AVEZZA

SCONTO -10%

Regione Monforte, 35 - tel. 0141 822296
www.paoloavezza.com - contatti@paoloavezza.com

VITA - Il nuovo nome aziendale testimonia l'unione tra la famiglia di Paolo Avezza e quella norvegese di Lisette Lyhus, innamoratasi di Canelli e del suo territorio, e ben decisa a lasciare a Paolo la gestione della vigna e della cantina, senza soluzione di continuità ma garantendo energia e nuove idee. Le attenzioni sono chiaramente incentrate sul Nizza ma anche sul Canelli, Docg del Moscato pronta a partire: il sogno di Paolo di avere un Moscato Riserva potrà realizzarsi.

VIGNE - Canelli ha da sempre un'identità divisa tra il Moscato, la Barbera e la spumantistica: le vigne aziendali non fanno eccezione e seguono questo schema. Da segnalare il corposo vigneto a Nizza Monferrato e quelli per l'Alta Langa, oltre alla chicca del nebbiolo, storicamente utilizzato per un inconsueto Metodo Classico rosa.

VINI - Le annate favorevoli fanno emergere le Barbere, davvero tutte molto interessanti e riuscite, oltre al consueto bellissimo Moscato. Non da meno gli spumanti, a testimonianza di una solida gamma di vini.

Nizza Ris. 2015 ● 1.000 bt; 32 € - Al naso si presenta con cenni di amarena, poi emergono eleganti note di cuoio: è il frutto di una selezione di quattro barrique, e unisce densità e scorrevolezza.

Nizza 2017 ● 4.000 bt; 22 € - Un sapiente uso del legno piccolo porta a un Nizza fruttato e morbido, schietto ma anche nobile.

Moscato d'Asti Canelli La Commenda 2019 4.000 bt; 9 € - Esemplare, fresco e piacevole senza mai stancare: un Canelli con tutti i crismi!

Alta Langa Dosaggio Zero 2017 10.000 bt; 22 € - Fine, agrumato, teso.

Barbera d'Asti 2018 ● 5.500 bt; 9 € - Croccante, fruttato, varietale.

M. Cl. Brut Rosé 2018 nebbiolo; 1.800 bt; 22 € - Fresco, fruttato, espressivo.

ha 7 - **bt** 30.000
Fertilizzanti letame in pellet
Fitofarmaci chimici di sintesi, rame e zolfo
Diserbo lavorazione meccanica/manuale
Lieviti selezionati industriali
Uve acquisto 5%
Certificazione nessuna certificazione

CANELLI (AT)

VILLA GIADA

SCONTO -10%

Regione Ceirole, 10 - tel. 0141 831100
www.villagiada.wine - info@villagiada.wine

VITA - Andrea Faccio, dopo essere stato uno dei promotori della Docg Nizza, è entrato a far parte anche del progetto per la Docg Canelli, che intende promuovere il Moscato di qualità. Questo dimostra come la sua filosofia schietta e territoriale sia volta all'esaltazione delle zone che abita e in cui produce i suoi vini, sempre molto lineari e ben fatti.

VIGNE - Il territorio delle colline del Monferrato è ben rappresentato nel parco vitato aziendale. Troviamo i vitigni tipici di questa zona del Piemonte: moscato, barbera, gamba di pernice e nebbiolo, che nei tempi passati era ben presente in zona. Andrea sta concludendo il passaggio di tutta la superficie vitata alla conduzione biologica, cosa di cui va estremamente orgoglioso.

VINI - La tecnologia enologica è presente ma viene utilizzata con grande misura e consapevolezza: Andrea preferisce le lunghe macerazioni, le fermentazioni con lieviti indigeni e gli affinamenti prolungati.

Nizza Dani 2017 ● 9.000 bt; 17 € - Cresce su terreni argilloso-calcarei con leggera presenza di sabbia, che insieme al lungo affinamento ci restituiscono un sorso fresco ma anche molto lungo. Le note fruttate e speziate fanno da contorno a una struttura gustativa che lascia trasparire notevoli potenzialità evolutive.
Moscato d'Asti Canelli 2019 ○ 12.000 bt; 9 € - Varietale nella sua aromaticità, ha un sorso segnato dalla freschezza e dalla sapidità.
Barbera d'Asti Surì 2019 ● 50.000 bt; 7 € - Affinato solo in vasche d'acciaio, è dotato di una buona acidità e di piacevoli note floreali. Dà il meglio di sé a tavola.
Barbera d'Asti Sup. Quercia 2018 ● 12.000 bt; 12 € - Articolato, fruttato, speziato, incisivo.
Gamba di Pernice 2018 ● 7.000 bt; 12 € - Austero, speziato, varietale.

ha 25 - **bt** 170.000
Fertilizzanti letame in pellet, sovescio
Fitofarmaci rame e zolfo
Diserbo lavorazione meccanica/manuale
Lieviti selezione di lieviti indigeni
Uve 100% di proprietà
Certificazione nessuna certificazione

CAPRIATA D'ORBA (AL)

CASCINA GENTILE €

Strada per San Cristoforo, 11 - tel. 0143 468975 - 349 6916117
daniele.oddone@gmail.com

VITA - Daniele Oddone è un ragazzo appena trentenne ma già al timone dell'azienda di famiglia da 11 anni. Ci piacciono il suo approccio al vino, aperto e sempre curioso, il modo di affrontare il lavoro con pragmatismo e idee chiare, ma senza estremismi, e il suo carattere umile, generoso e partecipe, sempre in prima linea quando si tratta di darsi da fare per il bene del territorio, come fa in veste di vicepresidente del Consorzio Ovada.

VIGNE - Daniele lavora su tre aree specifiche: l'Ovadese, il Gaviese e i Colli Tortonesi, che in termini di vitigni si traduce in dolcetto, cortese, timorasso e un po' di barbera. Perfetto rappresentante della categoria del vignaiolo indipendente (è socio della FIVI), segue in prima persona tutte le lavorazioni. Ha adottato pratiche biologiche per convinzione sin dall'inizio.

VINI - I vini di Daniele sono fatti con pochi e ponderati interventi: escono dopo pazienti affinamenti in legno e in bottiglia, sono facili quanto incisivi, e sempre di marcato carattere territoriale.

TOP **Ovada Tre Passi Avanti 2017** VINO QUOTIDIANO ● 6.000 bt; 11 € - Delicato nell'estrazione tannica, con materia succosa eterea e ricco di dettaglio, dal fruttato scuro e terroso al floreale e speziato, ha un sorso incisivo e gustoso, tutt'altro che semplice.
Ovada Le Parole Contanto Tanto Ris. 2016 ● 3.500 bt; 15 € - Ha un'indole più scura, densa e con tannino più fitto, guadagnando in profondità senza rimetterci in scorrevolezza.
Colli Tortonesi Timorasso Derthona 2017 ○ 2.000 bt; 16 € - Ha un profilo olfattivo molto tipico ed estroverso: idrocarburo, frutta gialla e gesso. Il sorso è deciso, ben ritmato e ricco di succo.
Piemonte Barbera Mat 2017 ● 2.500 bt; 10 € - Succoso, fruttato, gastronomico.
Gavi Confine SP 177 2019 ○ 6.000 bt; 11 € - Fresco, agrumato, saporito.

ha 10 - **bt** 30.000
Fertilizzanti letame
Fitofarmaci rame e zolfo
Diserbo lavorazione meccanica/manuale
Lieviti fermentazione spontanea, selezione di lieviti indigeni
Uve 100% di proprietà
Certificazione biologico certificato

CARPENETO (AL)

ROCCO DI CARPENETO

SCONTO **-10%**

Strada Cascina Rocco, 500 - tel. 0143 1870034 - 348 8101442
www.roccodicarpeneto.it - info@roccodicarpeneto.it

VITA - Lidia Carbonetti e Paolo Baretta sono stati bravi a ribaltare la loro vita cittadina e mettere su questa bell'azienda in pochissimi anni. C'è sempre stata un'idea precisa, quella di fare vini veraci, da singola vigna e da vitigni locali, ma c'è anche la concretezza di chi si rimbocca le maniche e affronta il da farsi. Un percorso convincente di continua crescita, che ha aiutato a riaccendere i fari su questa zona.

VIGNE - Ai 4,5 ettari di vecchie vigne acquisite nel 2009 si sono aggiunte altre parcelle, sempre vecchie e adiacenti al corpo originale, fino ad arrivare all'attuale superficie, ideale per la loro idea di viticoltura a basso impatto, che cerca di minimizzare l'uso di rame e ogni intervento superfluo. Dopo anni di sovescio ora si passerà a un inerbimento permanente spontaneo, rinunciando alle lavorazioni del sottofila.

VINI - Vinificazioni naturali senza controllo della temperatura, con macerazioni piuttosto lunghe e pochi solfiti aggiunti all'imbottigliamento. Le loro Barbere, sappiatelo, per natura non fanno mai la malolattica.

TOP **Ovada Losna 2018** VINO SLOW ● 4.546 bt; 16 € - Vino cangiante e ricco di contrasto: denso ma agile, d'indole scura, terrosa e minerale, ha tannino robusto ma intriso di succo, il tutto sorretto da una spina dorsale acida vibrante e incisiva.

Rataraura 2018 ● barbera; 2.800 bt; 17 € - Essenziale, gustosa ed equilibrata, gioca su un profilo fruttato scuro e freddo, di affascinante austerità.

Reitemp 2016 ● barbera; 2.273 bt; 19 € - Vino dai contrasti estremi, che funzionano alla grande: fitto, potente, dal frutto maturo e succoso, ha abbastanza acidità e sale da rendere il sorso slanciato, incisivo, apparentemente leggiadro.

Rapp 2018 ● barbera; 1.333 bt; 16 € - Teso, minerale, energico.

Reìs 2019 ○ cortese; 1.800 bt; 14 € - Bianco macerato, viscoso, erbaceo, profondo.

ha 12 - **bt** 40.000
Fertilizzanti nessun concime
Fitofarmaci rame e zolfo
Diserbo nessun diserbo
Lieviti fermentazione spontanea
Uve 100% di proprietà
Certificazione biologico certificato

CASSINASCO (AT)

CASCINA CERUTTI

SCONTO **-10%**

Via Canelli, 205 - tel. 0141 851286
www.cascinacerutti.it - info@cascinacerutti.it

VITA - «Prima di tutto siamo vignaioli», e Gianmario Cerutti lo è con anima e cuore. Non solo gestisce l'azienda di famiglia con l'aiuto del padre Enrico, la madre Luciana Petrini e la moglie Anita Crippa, non solo collabora anche con la cantina Coppo di Canelli, ma da sempre s'impegna in prima linea anche nella FIVI e ora nell'associazione Produttori Moscato di Canelli. Tutto questo perché crede nel valore del territorio, nel fare squadra e nella figura del vignaiolo, appunto.

VIGNE - In quest'ottica Gianmario ha scelto di lavorare su denominazioni di territorio in cui il vitigno diventa implicito: Alta Langa, Canelli (in corso di approvazione la Docg) e presto il Nizza. A Cassinasco, dove i terreni hanno più sabbia e l'altitudine garantisce un clima fresco con sbalzi termici importanti, troviamo moscato, chardonnay e pinot nero. Canelli è zona d'eccellenza per il moscato come lo è Agliano per il barbera.

VINI - Vini tipici e territoriali, non potrebbe essere altrimenti, fatti con particolare attenzione a freschezza e facilità di beva.

TOP **Barbera d'Asti 2019** VINO QUOTIDIANO ● 4.000 bt; 12 € - Tipica, tutta incentrata sull'immediatezza del frutto giovanile, regala un sorso agile, succoso e contrastato.

Barbera d'Asti Sup. Föje Rùsse 2017 ● 4.000 bt; 20 € - una classica barbera affinata in legno di felice evoluzione: avvolgente, stratificata e di bella profondità, aggiunge al frutto scuro intriganti note terrose, di sottobosco e spezie.

Alta Langa Brut Enrico Cerutti 2016 ○ 4.000 bt; 23 € - Predomina il carattere speziato e più austero del Pinot nero in questo Alta Langa di ottima fattura, incisivo e piacevolmente spigoloso.

Moscato d'Asti Canelli Surì Sandrinet 2019 ○ 7.000 bt; 10 € - Fresco, agrumato, contrastato.

Cortese dell'Alto Monferrato 2019 ○ 3.000 bt; 10 € - Schietto, varietale, leggiadro.

ha 8,5 - **bt** 25.000
Fertilizzanti compost, letame, organo-minerali
Fitofarmaci chimici di sintesi, rame e zolfo
Diserbo lavorazione meccanica/manuale
Lieviti selezione di lieviti indigeni
Uve 100% di proprietà
Certificazione nessuna certificazione

CASTAGNOLE DELLE LANZE (AT)

GIANNI DOGLIA

SCONTO -10%

Frazione Annunziata, 56 - tel. 0141 878359
www.giannidoglia.it - info@giannidoglia.it

VITA - Gianni Doglia è un vignaiolo moderno, simpatico e sempre sorridente. Sarà l'aria che tira sul bel bricco dell'Annunziata di Castagnole Lanze, saranno i filari rigogliosi, sarà il vino, fatto sta che qui incontrerete una bella famiglia riunita in armonia: infatti ad accompagnarlo nel lavoro quotidiano c'è sempre la sorella Paola.

VIGNE - Le vigne si sviluppano armoniosamente tutto intorno alla cantina, con qualche divagazione fuori porta: una vigna a Nizza Monferrato e alcune parcelle di recente acquisizione in affitto ad Agliano Terme. A fare la voce grossa sono le due varietà-simbolo del territorio: moscato e barbera.

VINI - Le vinificazioni tradizionali si accompagnano a un attento controllo delle temperature nelle varie fasi di lavorazione. Per i vini rossi si conducono macerazioni medio-lunghe e fermentazioni spontanee.

Moscato d'Asti Casa di Bianca 2019 6.000 bt; 15 € - - Floreale, con sentori di geranio e miele, è fresco e vibrante al palato. Risulta persistente e composto nel finale, con cenni di agrumi e frutti esotici che rimangono ben impressi.
Nizza Viti Vecchie 2018 ● 9.000 bt; 16 € - - Ottenuto dalla meticolosa cernita dei grappoli di barbera nella vigna del Bricco di Nizza, si esprime su un profilo fruttato, schietto e avvolgente. Compatto, ha un finale balsamico.
Barbera d'Asti Sup. Genio 2018 ● 9.000 bt; 16 € - - Floreale e autentico, si esprime austero e denso al palato, con una vibrante persistenza che sfuma in gustose sensazioni fruttate.
Barbera d'Asti Bosco Donne 2019 ● 8.000 bt; 10 € - - Vivo, fruttato, incisivo.
Grignolino d'Asti 2019 ● 5.000 bt; 11 € - - Setoso, floreale, incisivo.

ha 15 - **bt** 100.000
Fertilizzanti letame in pellet
Fitofarmaci rame e zolfo
Diserbo lavorazione meccanica/manuale
Lieviti fermentazione spontanea, selezione di lieviti indigeni
Uve 100% di proprietà
Certificazione nessuna certificazione

CASTAGNOLE DELLE LANZE (AT)

LA SPINETTA

Via Annunziata 17 - tel. 0141 877396
www.la-spinetta.com - info@la-spinetta.com

VITA - I fratelli Rivetti hanno raccolto nel 1977 l'eredità contadina dei genitori Lidia e Giuseppe. Ora Giovanna, Carlo, Bruno e Giorgio gestiscono un'azienda pazzesca se rapportata con gli inizi. A metà degli anni Novanta hanno realizzato i primi Barbaresco, nei primi Duemila il Barolo, e nel 2010 hanno acquistato Contratto. Nel frattempo Giorgio, che è il leader del gruppo, ha contribuito alla nascita di un'azienda di distribuzione negli Usa e all'apertura di due ristoranti.

VIGNE - Le vigne si trovano in quattro denominazioni: l'ultima arrivata è quella del Derthona, dove si è realizzata un'acquisizione di oltre 20 ettari. La prima è stata quella del Moscato, mentre i vigneti di Barbaresco si trovano nelle menzioni Gallina, Starderi e Valeirano. La tenuta nella Docg Barolo è a Grinzane Cavour. Vigono poche e chiare regole: ceppi vecchi, no al diserbo e rese basse.

VINI - I Nebbioli hanno uno stile con frutto molto croccante e sparato, sui bianchi si ricercano la verticalità e la profondità di beva.

TOP **Colli Tortonesi Timorasso Piccolo Derthona 2019** ○ 14.000 bt; 28 € - - Ci piace lo stile di questo vino: rigoroso, senza fronzoli, ricalca territorio e vitigno. È per forza di cose un "piccolo" Dhertona, ma si sente la stoffa succosa e verticale. In attesa del fratello maggiore, un grande debutto.
Langhe Bianco Sauvignon 2017 ○ 6.700 bt; 55 € - - Nulla a che vedere con il classico varietale caricaturale al naso: ha bocca allungata, ritmata, con gran finale.
Barolo Campé Ris. 2009 ● 800 magnum; 478 € - - Naso molto giovane tutto sul frutto, bocca tannica e allungo salato.
Piemonte Chardonnay Lidia 2017 ○ 5.000 bt; 63 € - - Ampio, speziato, contrastato.
Langhe Nebbiolo 2018 ● 25.000 bt; 22 € - - Incisivo, fruttato, severo.
Barbaresco Gallina 2017 ● 7.800 bt; 128 € - - Austero, fruttato, contratto.

ha 130 - **bt** 350.000
Fertilizzanti letame, preparati biodinamici, sovescio
Fitofarmaci organici, rame e zolfo
Diserbo lavorazione meccanica/manuale
Lieviti fermentazione spontanea, selezione di lieviti indigeni
Uve 100% di proprietà
Certificazione in conversione biologica

CASTEL BOGLIONE (AT)

CASCINA GARITINA

SCONTO **-10%**

Via Gianola, 20 - tel. 0141 762162
www.cascinagaritina.it - cascinagaritina@cascinagaritina.it

VITA - Gianluca Morino, vignaiolo verace e molto attivo sui social, conduce l'azienda avvalendosi dell'aiuto in vigna del padre Pasquale. Vincenzo Vivacqua cura le spedizioni e la cantina, mentre Alessandra Giachino è responsabile dell'accoglienza clienti. La cantina produce esclusivamente vini rossi, perlopiù Barbera, in maggioranza chiusi con il tappo a vite, che consente una micro-ossigenazione ottimale.

VIGNE - I vigneti sono ubicati a sud di Nizza Monferrato, nel cru Gianola. L'inerbimento con lo sfalcio sotto il filare è pratica costante che consente di risolvere i problemi di erosione, aumentare la portanza, proteggere il suolo dall'eccessivo calore e dalla perdita di acqua. La cimatura è stata quasi eliminata. I filari più bassi permettono, nelle annate siccitose, un minor accumulo di zuccheri nell'uva.

VINI - Nei vini emerge la tenacia e la forza del vitigno barbera allevato su suoli poveri: la freschezza acida ne supporta l'elevata alcolicità.

Nizza Neuvsent 58-61 2017 ● 5.800 bt; 21 € - - Da una vigna vecchia, coltivata in selezione massale su terreno calcareo, povero e compatto, nasce questo vino possente, autentico e incisivo.
Barbera d'Asti Garitta 2018 ● 6.800 bt; 10 € - - I pochi grappoli salvati dopo la devastante grandinata del luglio 2018 hanno regalato un vino dal gran corpo, ben equilibrato.
Morinaccio... Sui Lieviti barbera; 6.500 bt; 9 € - - Rifermentato in bottiglia da bere fresco: una vera chicca che apre nuove prospettive per gli amanti della Barbera mossa.
Barbera d'Asti Sup. Caranti 2017 ● 23.000 bt; 15 € - - Incisivo, fruttato, profondo.
Nizza Margherita 2017 ● 6.200 bt; 21 € - - Potente, speziato, espressivo.
Niades brachetto; 33.000 bt; 8 € - - Agile, fruttato, rilassato.

ha 16 - **bt** 120.000
Fertilizzanti compost, humus, letame in pellet, sovescio
Fitofarmaci organici, rame e zolfo
Diserbo lavorazione meccanica/manuale
Lieviti fermentazione spontanea, selezione di lieviti indigeni
Uve 100% di proprietà
Certificazione nessuna certificazione

CASTELLANIA COPPI (AL)

VIGNE MARINA COPPI

SCONTO **-10%**

Via Sant'Andrea, 5 - tel. 0131 837089
www.vignemarinacoppi.com - info@vignemarinacoppi.com

VITA - Quando parliamo dell'azienda guidata da Francesco Bellocchio e Anna Manfredi non si può fare altro che esordire ricordando l'indimenticabile Fausto Coppi, campione in sella a una bici e simbolo dell'Italia intera. Francesco è suo nipote, e il vino l'attività di famiglia che si intreccia a una storia gloriosa. Come Fausto scalava montagne, così l'azienda si trova a suo agio in cima, se consideriamo il comparto enologico regionale.

VIGNE - Siamo a Castellania, anzi no: a Castellania Coppi. Il paese ha infatti cambiato nome per celebrare in modo indelebile il Campionissimo. Negli ultimi due anni la superficie vitata è passata dai 4,5 ai 6 ettari, con alcune acquisizioni che hanno completato i cru storici del comune, tra cui il prestigioso Vedra, ora monopole aziendale.

VINI - In cantina l'approccio privilegia vini precisi che tuttavia non perdono incisività, risultando sì fini ma anche veraci e gastronomici.

Colli Tortonesi Timorasso Fausto 2018 ○ 4.500 bt; 35 € - - Il vino dedicato al Campionissimo si dimostra un campionissimo e in salita stacca tutti: varietale, ricco di dettaglio e articolato, è fresco e contrastato, grazie a una tensione gustativa che beneficia anche di una lieve salinità. Più fine che muscolare.
Colli Tortonesi Lindin 2017 ● 600 bt; 24 € - - Se c'era bisogno di dimostrare che il Nebbiolo qui può essere di casa beh, ecco fatto: di bel timbro floreale, è succoso, incisivo e caratteriale. Un vino schietto e gastronomico di bella fattura.
Colli Tortonesi Favorita Marine 2018 ○ 2.500 bt; 21 € - - La breve macerazione sulle bucce a freddo dona complessità a questo bianco gessoso, teso e ritmato.
Colli Tortonesi Barbera Sup. I Grop 2016 ● 4.500 bt; 25 € - - Succoso, fruttato, contrastato.
Colli Tortonesi Barbera Sant'Andrea 2019 ● 6.500 bt; 13 € - - Agile, vinoso, verace.

ha 6 - **bt** 35.000
Fertilizzanti letame, sovescio
Fitofarmaci rame e zolfo
Diserbo lavorazione meccanica/manuale
Lieviti selezione di lieviti indigeni
Uve 100% di proprietà
Certificazione biologico certificato

CASTELLETTO D'ORBA (AL)

FORTI DEL VENTO

SCONTO **-10%**

Via San Rocco, 3 - tel. 345 1359466 - 334 6646850
www.fortidelvento.com - info@fortidelvento.com

VITA - Le personalità forti, come i sapori o le opinioni, tendono a dividere, ma sono sempre meglio di una mediocrità che mette d'accordo un po' tutti però non emoziona veramente nessuno. Forti del Vento, l'azienda di Marco Tacchino e Tommaso Armento, di sicuro non fa per tutti, ma se vi piacciono i vini vivi ed espressivi, integri e puri, fatti senza chimica in vigna e senza aggiunte in cantina, questa piccola realtà agricola dell'Ovadese potrebbe fare per voi.

VIGNE - Nato 10 anni fa dall'unione delle vigne dei due soci e amici, Forti del Vento lavora su due zone diverse: Rocca Grimalda, dove i terreni sono più compatti e argillosi, e Castelletto d'Orba, dove la terra è bianca e ricca di marne calcaree. Dall'agricoltura biologica si è passato negli anni a pratiche biodinamiche, ma il profondo desiderio di migliorare sempre e impattare meno spinge i due a continue ricerche e sperimentazioni.

VINI - In cantina si lavora con fermentazioni spontanee e senza aggiunte di nessun tipo. I vini sono positivamente imprevedibili, di garantito carattere deciso.

La Volpe 2018 ● 6.000 bt; 11 € - - Espressione pura e giovanile di Dolcetto, è slanciato, di piacevole trama fruttata-floreale, con un dialogo succo-tannino in favore del primo.
Ventipassi 2018 ● 1.500 bt; 16 € - - Dal recupero dell'antica varietà locale di dolcetto chiamata nibiò, un rosso robusto, terroso e piacevolmente rustico, pieno di energia succosa e con un tannino maturo ben modulato.
Rosato 299 2019 ● dolcetto; 1.000 bt; 15 € - - Un sorso leggiadro ma deciso, sapido e disteso, incentrato sull'immediatezza del frutto.
Cortese Maia 2019 ○ 1.300 bt; 15 € - - Solido, articolato, espressivo.
An Piota 2019 ○ chardonnay; 1.300 bt; 16 € - - Pungente, complesso, energico.
Ottotori 2017 ● dolcetto; 2.000 bt; 15 € - - Succoso, terroso, cupo.

ha 7 - **bt** 16.000
Fertilizzanti sovescio
Fitofarmaci rame e zolfo
Diserbo lavorazione meccanica/manuale
Lieviti fermentazione spontanea
Uve 100% di proprietà
Certificazione biologico certificato

CASTELLETTO D'ORBA (AL)

LUIGI TACCHINO

SCONTO **-10%**

Via Martiri della Benedicta, 26 - tel. 0143 830115
www.luigitacchino.it - info@luigitacchino.it

VITA - Quando Luigi Tacchino sostituì il padre alla guida dell'azienda mai avrebbe pensato di raggiungere risultati così importanti, sino a divenire un punto di riferimento per l'intero Alto Monferrato. Gli artefici di questi risultati, oltre a Luigi, sono stati i figli Alessio e Romina, caparbi e instancabili, il primo nella gestione dei vigneti e nelle pratiche di cantina, la seconda nel girare per il mondo a raccontare i vini aziendali.

VIGNE - I vigneti sono situati a Castelletto d'Orba e nel comune di Lerma, su terreni di differente composizione e con impianti di diverse età. I diradamenti sono precisi e Alessio, con la supervisione di Alberto Pansecchi, dedica particolare attenzione allo studio della gestione della parete fogliare.

VINI - In cantina continua da almeno un decennio la collaborazione con Mario Ronco. Si cercano vini puliti e di stampo moderno, con macerazioni moderate, fermentazioni spontanee e l'utilizzo di legni di piccole dimensioni.

Dolcetto d'Ovada Sup. Du Riva 2016 ● 5.500 bt; 24 € - - Da uve coltivate su terreni scoscesi caratterizzati da argille e calcare, inizia timido all'olfatto, per poi aprirsi su un frutto schietto e incisivo. In bocca il tannino è fitto, e troviamo un'acidità vibrante.
Barbera del Monferrato Albarola 2015 ● 8.000 bt; 15 € - - Da terreni argilloso-calcarei, stupisce per l'intensità dei profumi, con netti sentori di ciliegie sotto spirito e cacao. Il palato è scorrevole e avvolgente.
Gavi del Comune di Gavi 2019 ○ 30.000 bt; 10 € - - Le uve provengono da un vigneto con suoli argilloso-marnosi del comune di Gavi. Buona l'intensità olfattiva, che fa emergere intriganti note floreali. In bocca è teso ed espressivo, e ha un finale leggermente amarognolo.
Monferrato Rosso Di Fatto 2017 ● 8.000 bt; 15 € - - Articolato, vinoso, profondo.

ha 13 - **bt** 120.000
Fertilizzanti nessun concime
Fitofarmaci chimici di sintesi, rame e zolfo
Diserbo lavorazione meccanica/manuale
Lieviti fermentazione spontanea
Uve acquisto 15%
Certificazione nessuna certificazione

CASTELNUOVO DON BOSCO (AT)

CASCINA GILLI

SCONTO -10%

Frazione Nevissano, 36 - tel. 011 9876984
www.cascinagilli.it - info@cascinagilli.it

VITA - Racconta Paolo Vergnano come il papà Gianni ebbe, all'inizio degli anni Ottanta, l'intuizione e la lungimiranza di capire come l'area di Castelnuovo Don Bosco sarebbe diventata nel tempo una zona di alto valore per la produzione vitivinicola. Cascina Gilli si è distinta negli anni per la valorizzazione e il recupero di vitigni storici, e per la spinta alla qualità.

VIGNE - Le vigne intorno a Cascina Gilli crescono su terreni simili per composizione a quelli di Langa, e negli ultimi anni è stata data particolare importanza alla cura del suolo e alla sostenibilità. Il lavoro in vigna viene svolto direttamente dal personale dell'azienda. La graduale diminuzione nella resa per ettaro ha conferito nel tempo uve più sane e mature.

VINI - Lo stile si lega molto alla tradizione e all'espressività varietale dei vini, che devono risultare piacevoli e di facile beva.

Malvasia di Castelnuovo Don Bosco 2019 ● 30.000 bt; 12 € - - Vino di punta dell'azienda, ha profumi intensi, aromatici, fruttati e floreali. Il palato è denso e in ottimo equilibrio.
Freisa d'Asti Sup. Arvelè 2016 ● 6.000 bt; 18 € - - Sviluppa sentori fruttati intensi, che si risolvono in un sorso armonico, pieno e suadente.
Barbera d'Asti Sup. Dédica 2017 ● 4.000 bt; 18 € - - Integrato, balsamico, autentico.
Piemonte Chardonnay Rafé 2019 ● 8.000 bt; 12 € - - Agile, fruttato, incisivo.
Freisa d'Asti Il Forno 2018 ● 8.000 bt; 12 € - - Fine, floreale, autentico.
Dlicà ● malvasia di Schierano; 4.000 bt; 20 € - - Avvolgente, fruttato, espressivo.

ha 15 - **bt** 100.000
Fertilizzanti organo-minerali
Fitofarmaci chimici di sintesi, rame e zolfo
Diserbo chimico, lavorazione meccanica/manuale
Lieviti selezione di lieviti indigeni
Uve acquisto 10%
Certificazione nessuna certificazione

CELLA MONTE (AL)

LA CASACCIA

SCONTO -10%

Via Dante Barbano, 10 - tel. 0142 489986
www.lacasaccia.biz - vini@lacasaccia.biz

VITA - Questa piccola azienda monferrina è ormai giunta al suo ventennale: correva infatti l'anno 2001 quando Giovanni Rava e la moglie Elena Bassignana hanno iniziato a porre le fondamenta di questa cantina, capace di affermarsi negli anni tra le più apprezzate e rappresentative del Casalese. Il loro lavoro è supportato dalla figlia Margherita, stabilmente in capo alla parte commerciale.

VIGNE - Tutte situate all'interno del territorio comunale nella frazione Coppi, le vigne sono suddivise in diverse piccole parcelle. Accudite da sempre con molta sensibilità e cura, ben oltre il regime biologico, le piante sono anche inserite in un contesto naturale vario e biodiverso. La caratteristica comune di questo territorio è la forte componente gessoso-calcarea dei suoli.

VINI - Autenticità e immediatezza sono caratteristiche ricorrenti in tutta la batteria di vini presentati.

Grignolino del Monferrato Casalese Poggeto 2019 ● 7.000 bt; 9 € - - Floreale, speziato e fruttato, ha un profilo molto delicato. Carattere completamente ribaltato al palato, dove la varietà impone una decisa vena acida e tannica, per un sorso grintoso e persistente.
Barbera del Monferrato Giuanin 2018 ● 12.000 bt; 9 € - - Facile e immediato, dal naso intenso e fruttato, è una Barbera corposa, piena e carnosa.
Monferrato Freisa Monfiorenza 2018 ● 5.600 bt; 9 € - - Accogliente nelle note speziate e vegetali, ha una bocca con un tannino composto e lieve, che smorza il vigore della polpa. Il sorso trova un ottimo equilibrio.
Grignolino del Monferrato Casalese Ernesto 2014 ● 600 bt; 20 € - - Setoso, speziato, avvolgente.
Barbera del Monferrato Bricco dei Boschi 2016 ● 2.600 bt; 13 € - - Fresco, vinoso, espressivo.
Piemonte Chardonnay Charnò 2019 ○ 4.000 bt; 9 € - - Fresco, erbaceo, energico.

ha 8 - **bt** 35.000
Fertilizzanti letame
Fitofarmaci organici, rame e zolfo
Diserbo lavorazione meccanica/manuale
Lieviti fermentazione spontanea, selezione di lieviti indigeni
Uve acquisto 5%
Certificazione biologico certificato

CERRINA MONFERRATO (AL)

IULI

Frazione Montaldo - Via Centrale, 27 - tel. 0142 946657
338 2566139 - www.iuli.it - cavimon@iuli.it

VITA - Iuli riassume per noi un po' tutto quello che cerchiamo in un'azienda vitivinicola: un'agricoltura sana e vissuta, un legame sincero con la propria terra, vini deliziosi, vivi e veraci, senza estremismi e accessibili a tutti. Insomma, buono, pulito e giusto. Ma non solo. Fabrizio Iuli è anche una persona di grande spessore umano, sempre pronto a dare una mano o un consiglio ad amici e colleghi.

VIGNE - In val Cerrina c'è un contesto rurale ancora intatto, variegato e ricco di biodiversità, con prati, campi e frutteti, ma anche tanto bosco a rivestire queste colline di terra bianca calcarea. Condizioni ideali per un'agricoltura pulita e sensata, senza contaminazioni da vicine colture convenzionali. In questi ultimi anni Fabrizio si sta dedicando al recupero di alcune varietà dimenticate come la slarina e il baratuciat.

VINI - L'approccio è poco interventista. Le fermentazioni avvengono in piccole vasche di cemento che non hanno bisogno di controllo delle temperature, che se sono troppo basse tendono a omologare.

TOP **Rossore 2018** VINO SLOW ● 12.000 bt; 19 € - Una Barbera integra, energica e ricca di succo, ma altrettanto elegante, profonda e, soprattutto, con quell'acidità vibrante che stimola il sorso e crea dipendenza.
La Rina 2019 ● slarina; 3.300 bt; 19 € - Vino goloso, leggiadro, salino e incisivo, tutto incentrato su un sottile frutto croccante e affascinanti venature rocciose e fumé.
Malidea 2018 ● nebbiolo; 4.000 bt; 25 € - Interpretazione originale e deliziosa del nobile piemontese, giocata sul dettaglio floreale e speziato; ha materia e tannino finissimo, ed è animato da notevole acidità, espressivo.
Nino 2018 ● pinot nero; 3.000 bt; 25 € - Fine, stratificato, espressivo.
Natalin 2019 ● grignolino; 11.000 bt; 16 € - Dinamico, saporito, leggiadro.
Barat 2019 O baratuciat; 4.000 bt; 19 € - Solido, minerale, autentico.

ha 20 - bt 50.000
Fertilizzanti nessun concime
Fitofarmaci organici, rame e zolfo
Diserbo lavorazione meccanica/manuale
Lieviti fermentazione spontanea
Uve 100% di proprietà
Certificazione biologico certificato

COAZZOLO (AT)

VADA

Via Osasca, 21 - tel. 0141 870142
www.vadavini.com - vada.vini@yahoo.it

VITA - «Un altro Moscato è possibile», come ci dimostra da anni Guido Vada con il suo Mosca Bianca, l'aromatico piemontese in versione secca. Ma non solo, Guido crede fortemente in un destino migliore per questa zona di storica vocazione viticola, bellissima ma negli ultimi decenni messa in ginocchio dall'industria. Da un po' di tempo lo affianca in questa battaglia un gruppo di amici, tutti giovani vignaioli, riuniti nell'associazione Aroma di un Territorio.

VIGNE - Questi ragazzi si sono dati un disciplinare virtuoso per la produzione di Moscato secco, hanno creato il marchio esCAMOtage e raccolto le loro storie in un libro per promuovere il concetto di un Moscato che vada oltre l'abbinamento con il panettone, per diventare vero specchio della terra. L'emergenza covid-19 ha rallentato solo temporaneamente la loro missione, come anche la conversione biologica di Guido, che doveva concretarsi quest'anno.

VINI - Dalla vigna alla cantina, Guido è un vignaiolo a tutto tondo. Il suo approccio artigianale prevede pochi e mirati interventi e niente tecnologie sofisticate, per uno stile personale incentrato sulla purezza del frutto e sulla piacevolezza di beva.

TOP **Barbera d'Asti Tanguera 2018** VINO QUOTIDIANO ● 6.000 bt; 11 € - Fresca e succosa, agile e leggiadra, con il frutto in primo piano e piacevoli cenni terrosi: una Barbera schietta come si deve, che ben rispecchia lo stile di casa.
Mosca Bianca 2018 O moscato; 4.000 bt; 13 € - Lineare e disteso, di buona freschezza e sapidità, ha un sorso divertente, di inconfondibile ma delicato carattere aromatico, fatto di fiori bianchi e cenni agrumati, privo d'ogni traccia amara.
Moscato d'Asti Florentino 2019 6.000 bt; 11 € - Idee chiare per il Moscato ma Guido non disdegna certamente la versione tradizionale: la sua gioca su un profilo ampio e cremoso, dai tratti agrumati dolci.

ha 3 - bt 25.000
Fertilizzanti letame in pellet, letame
Fitofarmaci rame e zolfo
Diserbo lavorazione meccanica/manuale
Lieviti selezione di lieviti indigeni
Uve 100% di proprietà
Certificazione nessuna certificazione

COCCONATO D'ASTI (AT)

BAVA

SCONTO **-10%**

Strada Monferrato, 2 - tel. 0141 907083
www.bava.com - bava@bava.com

VITA - Partiamo con il dire che Bava e Cocchi (di cui recensiamo qui i vini) sono due cantine differenti: quello che le unisce è la proprietà, che è in mano alla famiglia dei fratelli Giulio, Paolo e Roberto Bava. Questa storia parte dal lontano 1911, quando a Cocconato venne fondata l'azienda. Cocchi invece è nata ad Asti nel 1891 e poi è stata acquistata dai Bava negli anni Settanta: ora è sinonimo di Alta Langa (oltre che di alcuni ottimi Vermuth).

VIGNE - Il patrimonio vitato è molto composito, anche se il corpo principale di Cocconato è molto ampio e dà perfettamente l'idea di come qui si lavori tra i filari. Grande attenzione nella gestione dell'erba, da molti anni non si usano disseccanti chimici, e precisione nei trattamenti. Una buona parte delle vigne coltivate con la varietà barbera si trovano ad Agliano Terme, e i Bava possono contare anche su una tenuta a Castiglione Falletto nella menzione Scarrone.

VINI - Rossi varietali e gustosi, e bollicine complesse, con uno stile che fa della freschezza e della pulizia fruttata il proprio cavallo di battaglia.

TOP **Alta Langa Pas Dosé 2014** ⁘ 6.000 bt; 43 € - La bollicina è molto elegante e cremosa, la bocca succosa e acida il giusto, con una chiusura salina e saporita. Verticale e profondo.
Alta Langa Brut Totocorde 2015 ⁘ 20.000 bt; 30 € - Elegante e raffinato, senza giocare su sensazioni esotiche. Va dritto al punto e lo centra perfettamente.
Nizza Piano Alto 2017 ● 20.000 bt; 18 € - Annata perfetta per questo rosso ricco di materia e di potenza, con chiusura gastronomica e azzeccata.
Alta Langa Brut Bianc 'd Bianc 2015 ⁘ 12.000 bt; 33 € - Articolato, floreale, elegante.
Barbera d'Asti Libera 2019 ● 90.000 bt; 12 € - Croccante, fruttato, teso.
Piemonte Albarossa Rosignana 2018 ● 5.000 bt; 15 € - Austero, speziato, dettagliato.

ha 50 - **bt** 490.000
Fertilizzanti letame, organo-minerali, sovescio
Fitofarmaci rame e zolfo
Diserbo lavorazione meccanica/manuale
Lieviti selezione di lieviti indigeni
Uve 100% di proprietà
Certificazione nessuna certificazione

COSTA VESCOVATO (AL)

LUIGI BOVERI

SCONTO **-10%**

Via XX Settembre, 6 - tel. 0131 838165 - 340 4803352
www.boveriluigi.com - info@boveriluigi.com

VITA - Costa Vescovato, non ci stanchiamo di dirlo, vanta un'alta concentrazione di ottimi vignaioli: la prima cantina arrivando da Tortona è proprio quella di Luigi Boveri. Un pergolato sulle vigne e il sorriso energico della moglie Germana Ciccotti sono un ottimo biglietto da visita per vini che, di anno in anno, si mantengono sempre di alta qualità. Anche il giovane figlio Francesco collabora con passione e affianca il padre nelle degustazioni in Italia e nel mondo.

VIGNE - Tutte le vigne godono di ottima esposizione: su terreni bianchi, calcareo-marnosi, troviamo timorasso e cortese, su quelli a tessitura argillosa le uve a bacca nera. Si è aggiunta, ai 20 ettari già coltivati, una vigna di barbera nelle vicinanze.

VINI - Vignaiolo attento e scrupoloso, Luigi ripercorre gli insegnamenti paterni adattandoli alle nuove tecniche. Grande interprete del Timorasso, non nasconde il suo grande amore per la Barbera.

TOP **Colli Tortonesi Timorasso Filari di Timorasso 2018** VINO SLOW ○ 4.000 bt; 34 € - Da un'unica vigna, con basse rese, un vino che ogni anno continua a stupirci. Di grande impatto al naso, ha un sorso pieno e ampio.
Colli Tortonesi Barbera Poggio Delle Amarene 2017 ● 3.000 bt; 20 € - Una Barbera sicuramente non usuale, a partire dalla fermentazione, che avviene in vecchie vasche di cemento vetrificate. Una volta svinata riposa un altro anno in vasche di cemento con frequenti bâttonage. Profuma di confettura, con un tocco di erbaceo e un bel finale balsamico; in bocca è densa e compatta.
Colli Tortonesi Timorasso Derthona 2018 ○ 15.000 bt; 20 € - Fine, floreale, delicato.
Colli Tortonesi Barbera Boccanera 2019 ● 40.000 bt; 12 € - Fresco, fruttato, verace.
Colli Tortonesi Croatina Sensazioni 2016 ● 4.000 bt; 20 € - Integrato, speziato, ampio.

ha 22 - **bt** 80.000
Fertilizzanti letame in pellet
Fitofarmaci chimici di sintesi, organici, rame e zolfo
Diserbo chimico, lavorazione meccanica/manuale
Lieviti selezione di lieviti indigeni, selezionati industriali
Uve 100% di proprietà
Certificazione nessuna certificazione

COSTA VESCOVATO (AL)

GIOVANNI DAGLIO

Via Montale Celli, 10 - tel. 333 7382002
www.vignetidaglio.com - vigneti.daglio54@gmail.com

VITA - L'azienda di Giovanni Daglio è lungo la strada che da Costa Vescovato porta verso Castellania, patria di Fausto Coppi, percorsa ancora da tanti ciclisti e appassionati. All'inizio del 2020 una malattia ha costretto Giovanni ad allontanarsi dalle sue amate vigne: la ripresa sarà lunga e non facile, ma continua a ripetere che tornerà tra i filari, e noi glielo auguriamo di cuore.

VIGNE - Dalla nuova sala degustazione, si possono vedere alcune delle vigne aziendali: oltre all'immancabile timorasso troviamo barbera, nella vigna quasi centenaria Basinas, dolcetto e moscato nero, che Giovanni lascia surmaturare in pianta per produrre un interessante Passito. Sempre suggestivi i calanchi che fanno da cornice ai vigneti.

VINI - Vignaiolo verace, ha il tipico approccio tradizionalista sia in vigna, sia in cantina: ne nascono vini genuini ed espressivi.

Colli Tortonesi Timorasso Cantico 2018 O 3.500 bt; 22 € - 🍷 - Una grande espressione di Timorasso, già al naso, dove spicca una bella nota di erbe mediterranee e fiori gialli, ma soprattutto in bocca: un vino di struttura, destinato a un lungo invecchiamento.
Negher 2018 ● 500 bt da 0,375; 34 € - 🛢 - Una piccola chicca, questo Passito da uve moscato nero, ottenuto da un vendemmia tardiva e da un lungo affinamento in botte piccola. Le note tipiche di frutta secca e candita, marzapane e spezie dolci, danno il la a un vino da abbinare sia ai dolci, sia ai formaggi di media stagionatura.
Colli Tortonesi Barbera Basinas 2018 ● 4.000 bt; 22 € - 🛢 - Denso, speziato, espressivo.
Colli Tortonesi Timorasso Derthona 2018 O 3.500 bt; 15 € - 🍷 - Fresco, fruttato, varietale.

ha 10 - **bt** 25.000
Fertilizzanti organo-minerali
Fitofarmaci chimici di sintesi, rame e zolfo
Diserbo chimico
Lieviti selezionati industriali
Uve 100% di proprietà
Certificazione nessuna certificazione

COSTA VESCOVATO (AL)

CARLO DANIELE RICCI

Via Montale Celli, 9 - tel. 0131 838115 - 335 8296312
cascinasanleto@libero.it

VITA - Scomodando il sommo Fabrizio De Andrè e il titolo della prima antologia postuma dell'artista, "in direzione ostinata e contraria" potrebbe essere il motto impresso sulle bottiglie di Daniele Ricci, per alcuni l'anarchico del Timorasso, per altri semplicemente un vignaiolo di grande talento e di grande visione. Per noi è entrambe le cose: lungo la strada ha demolito le regole e ci ha regalato vini magnifici, e continua a farlo. In direzione ostinata e contraria.

VIGNE - Cascina San Leto è uno scrigno. Al centro l'agriturimo di famiglia, tutto intorno le vigne e il grano coltivato dal figlio Mattia. Un patrimonio naturale difeso dalla chimica (e dai pericoli di un vicinato potenzialmente sintonizzato su registri agronomici convenzionali) acquistando anche le fasce di confine, che diventano zone cuscinetto.

VINI - Daniele firma bianchi che fermentano spontaneamente, macerano sulle bucce, non subiscono filtrazioni e chiarifiche, e vanno attesi a lungo. Un approccio naturale, frutto di una visione intelligente e pacificata.

Derthona 2017 O 8.000 bt; 17 € - Dal frutto croccante, è il più classico, per così dire, dei tre Timorasso in batteria. La bocca ha struttura, ma soprattutto tanta tensione acida e minerale.
Il Giallo di Costa 2016 O 3.300 bt; 31 € - 🍷 - Sono 90 i giorni di macerazione sulle bucce a cappello sommerso di questo Timorasso caleidoscopico. Come consigliano i migliori manuali di degustazione, va bevuto a temperatura da rosso: è sfaccettato, con un profilo olfattivo che spazia dall'albicocca ai fiori appassiti, e una bocca tridimensionale, fresca, tesa, profonda. Wow!
San Leto 2016 O 6.000 bt; 27 € - 🍷 - Dalle vigne più vecchie di timorasso e da uve macerate sulle bucce nasce questo vino dal frutto maturo e dal profilo accogliente, succoso e morbido al palato.

ha 10 - **bt** 40.000
Fertilizzanti letame in pellet, letame, sovescio
Fitofarmaci rame e zolfo
Diserbo lavorazione meccanica/manuale
Lieviti fermentazione spontanea
Uve 100% di proprietà
Certificazione biologico certificato

COSTA VESCOVATO (AL)

ANDREA TIRELLI

Via XX Settembre, 4 - tel. 340 2326134
www.tirellivini.it - info@tirellivini.it

VITA - L'azienda situata a Costa Vescovato era del nonno e poi dello zio: ma Andrea Tirelli sin da piccolo li aveva seguiti partecipando alle vendemmie e alla vita di campagna, rimanendone affascinato. Così diversi anni fa ha fatto una scelta di vita prendendo in gestione le vigne. Il suo non è solo un percorso di vita, ma un progetto che trova nel vino lo specchio della sua personalità e dell'amore verso la campagna.

VIGNE - Vale la pena di andare a trovare Andrea, e con lui passeggiare lungo le vigne per meglio comprendere il lavoro e l'impegno che ci mette, tutto nel rispetto delle viti, della terra e dell'ambiente. In ogni sua vigna il terreno è lavorato con inerbimento e sovescio, ed è particolarmente ricco sia di sostanza organica, sia soprattutto di biodiversità.

VINI - L'attenzione parte prima di tutto in vigna, nel rispetto della cultura locale, delle tradizioni contadine e delle viti, in una visione di un'agricoltura sostenibile e di basso impatto. Andrea è sempre alla ricerca di vini che possiamo definire non banali, che siano l'espressione naturale del territorio e del vitigno, a volte a costo di scelte estreme.

Lithium 2016 ○ timorasso; 1.300 bt; 19 € - - Andrea per questo vino ha avuto la pazienza di aspettare, lasciandolo maturare sulle fecce fini per tre anni. Si presenta con un colore carico tendente all'aranciato, e in bocca è grasso e leggermente abboccato. Ha un finale pulito e molto persistente, in cui esce la salinità data dai terreni. Un bianco macerato dalle note evolutive appena accennate.
Druid 2016 ● freisa; 1.100 bt; 17 € - - Ampio, fruttato, energico.
Beltane ◌ freisa; 800 bt; 14 € - - Metodo Ancestrale, succoso, speziato, verace.

ha 4 - **bt** 8.000
Fertilizzanti preparati biodinamici, sovescio
Fitofarmaci organici, rame e zolfo
Diserbo lavorazione meccanica/manuale
Lieviti fermentazione spontanea
Uve 100% di proprietà
Certificazione biologico certificato

COSTA VESCOVATO (AL)

VALLI UNITE

Cascina Montesoro - tel. 0131 838100
www.valliunite.com - vini@valliunite.com

VITA - La cooperativa Valli Unite si è affermata come solido punto di riferimento per l'agricoltura sostenibile e naturale, ben oltre la semplice certificazione biologica: non solo vini ma anche cereali, ortaggi e allevamenti, per un progetto pienamente riuscito, con più di 20 soci alle spalle. È cantina, spaccio, agriturismo, ma anche camere, campeggio e area camper.

VIGNE - I 21 ettari vitati (sui 120 totali) sono condotti da Alessandro Poretti con un principio semplice: togliere il più possibile, usando buonsenso e una sempre maggiore esperienza, nonché appoggiandosi su solidi studi scientifici grazie alla collaborazione con l'Università di Torino, senza perdere di vista le tradizioni delle valli del Tortonese. Da segnalare la piccola vigna di barbera rilevata dopo anni di abbandono.

VINI - La mano è minimale e poco interventista, di approccio curioso e naturale. Debutto in guida per il frizzante, diventato un best-seller aziendale.

Colli Tortonesi Timorasso Coop23 2015 ○ 4.000 bt; 26 € - - Un Timorasso con la giusta maturità: ha un naso di frutta dolce e una bocca verticale e persistente, quasi vellutata.
Marmote 2017 ● croatina; 3.000 bt; 15 € - - Succoso, pieno, ha un bel corpo da cui emerge quasi un succo di amarene. Da aspettare con pazienza nel bicchiere.
Colli Tortonesi Timorasso San Vito 2017 ○ 3.000 bt; 26 € - - Il legno grande di acacia esalta un'annata particolare, incentrata sulla freschezza, con note quasi citriche e grande dimensione gastronomica.
Terragno 2018 ○ cortese, favorita; 3.000 bt; 17 € - - Bianco macerato, vibrante, floreale, energico.
Il Brut And The Beast 2019 ◌ cortese, malvasia; 10.000 bt; 12 € - - Vibrante, floreale, gastronomico.
Colli Tortonesi Barbera Gaitu 2019 ● 7.000 bt; 12 € - - Dinamico, fruttato, energico.

ha 21 - **bt** 100.000
Fertilizzanti letame
Fitofarmaci rame e zolfo
Diserbo lavorazione meccanica/manuale
Lieviti fermentazione spontanea
Uve 100% di proprietà
Certificazione biologico certificato

COSTA VESCOVATO (AL)

VIGNETI GIACOMO BOVERI

SCONTO **-10%**

Frazione Montale Celli - Via Costa Vescovato, 15
tel. 0131 838223 - www.vignetiboveri.it - info@vignetiboveri.it

VITA - Situata in valle Ossona, una delle valli dei colli Tortonesi, l'azienda di Giacomo Boveri continua la lunga tradizione di famiglia ormai giunta alla quinta generazione di produttori di vino. Nel 2010 il grande passo, quando Giacomo ha deciso di imbottigliare direttamente il vino, etichettando le prime bottiglie. È aiutato dalla moglie Sara Bonadeo, che lo sostiene occupandosi della gestione amministrativa e commerciale.

VIGNE - I vigneti sono collocati su terreni vocati nei comuni di Costa Vescovato, Villaromagnano, Cerreto e Montegioco, con suoli argillosi o di terre bianche; troviamo i vitigni autoctoni del territorio: barbera, timorasso, croatina, freisa e dolcetto. L'esposizione ottimale e la cura delle viti restituiscono uve di qualità.

VINI - L'azienda ha maturato di anno in anno una sensibilità sempre maggiore in termini di qualità complessiva. La consulenza enologica è di Piero Ballario.

Colli Tortonesi Timorasso Derthona Lacrime del Bricco 2017 ○ 2.800 bt; 21 € - - Al naso è complesso, con profumi di frutta bianca e note minerali. In bocca è stratificato, fresco, ricco, ma anche ben equilibrato e di buona persistenza.
Piccolo Derthona 2019 ○ 3.800 bt; 12 € - - Fine, floreale, delicato.
Avermasia 2019 ◍ barbera; 1.200 bt; 10 € - - Schietto, fruttato, varietale.
Colli Tortonesi Barbera Carassa 2018 ● 2.000 bt; 8 € - - Dinamico, fruttato, elegante.

Si conferma buonissimo al riassaggio il Colli Tortonesi Barbera Sup. Bricco della Ginestra 2015, un vino caratterizzato da un'importante struttura e tannicità. Al naso è articolato, con note di frutta rossa matura e spezie; in bocca è un vino di corpo, caldo e morbido.

ha 9,5 - **bt** 25.000
Fertilizzanti letame in pellet, sovescio
Fitofarmaci rame e zolfo
Diserbo lavorazione meccanica/manuale
Lieviti selezione di lieviti indigeni
Uve 100% di proprietà
Certificazione nessuna certificazione

COSTIGLIOLE D'ASTI (AT)

CASCINA CASTLET

SCONTO **-10%**

Strada Castelletto, 6 - tel. 0141 966651
www.cascinacastlet.com - info@cascinacastlet.com

VITA - Mariuccia Borio e la Barbera, un binomio vincente. Così come questa gioviale produttrice ha costruito le fortune della sua azienda intorno al vino-simbolo del Monferrato, anche la Barbera deve riconoscere che un pezzo del suo successo porta proprio il nome di Cascina Castlet e di Mariuccia. Nel percorso che ha portato questa realtà a diventare una delle più importanti del territorio, i benefici sono stati reciproci.

VIGNE - Barbera, tantissimo barbera. Poi anche un po' di chardonnay, il moscato, e una varietà rara di casa a Costigliole d'Asti, l'uvalino. Il parco vitato si sviluppa perlopiù intorno alla cantina, con qualche appezzamento poco distante dal corpo centrale.

VINI - Da molti anni accompagna Mariuccia il lavoro del bravo enologo Giorgio Gozzelino, che coordina le attività e contribuisce a realizzare vini che giocano sulla potenza, la densità e la concentrazione.

Barbera d'Asti 2019 ● 110.000 bt; 10 € - - Un inno al territorio per schiettezza ed espressività varietale. Tipica nei profumi di frutta scura e terrosi, ha quella proverbiale freschezza che accompagna il sorso polposo verso il finale. Una Barbera centrata e senza fronzoli.
Moscato d'Asti 2019 ○ 10.000 bt; 10 € - - Di nuovo tanta tipicità: fresco, misurato nella dolcezza, è lievemente sapido sul finale.
Barbera del Monferrato Frizzante Goy 2019 ◌ 6.600 bt; 10 € - - Una tipologia (purtroppo!) in declino: eppure un tempo non mancava mai nelle case contadine. Realizzata con Metodo Charmat, è rustica e succosa, di bella beva.
Monferrato Rosso Policalpo 2016 ● 6.000 bt; 17 € - - Denso, vegetale, ampio.
Monferrato Rosso Uceline 2013 ● 5.500 bt; 25 € - - Viscoso, fruttato, corto.

ha 30 - **bt** 220.000
Fertilizzanti letame in pellet
Fitofarmaci organici, rame e zolfo
Diserbo lavorazione meccanica/manuale
Lieviti selezionati industriali
Uve acquisto 30%
Certificazione nessuna certificazione

COSTIGLIOLE D'ASTI (AT)

CASCINA ROERA

SCONTO -10%

Cascina Roera - Via Bionzo, 32 - tel. 349 3161820 - 348 4141391
www.cascinaroera.com - info@cascinaroera.com

VITA - La storia di Cascina Roera si sviluppa intorno a un'unione di intenti: è quella che ha messo insieme Claudio Rosso e Piero Nebbiolo, che nel 2001 hanno deciso di unire vigne, braccia e idee per dare vita a un piccolo gioiello di vitivinicoltura naturale in quel di Costigliole d'Asti. L'adesione a VinNatur è stato un passo convinto, che testimonia un'idea di vino realizzato senza compromessi sposata in modo totale.

VIGNE - Anche grazie a Claudio e Piero, Costigliole d'Asti sta vedendo moltiplicarsi i piccoli produttori di approccio naturale o che comunque propongono una viticoltura sana, sostenibile, poco interventista. È principalmente Claudio a occuparsi dei lavori in vigna, mettendoci tanta attenzione e sperimentando e facendo ricerca con continuità.

VINI - Vini da attendere, dalle alcolicità importanti ma anche dotati di tensione e mineralità. In cantina l'approccio è assolutamente non interventista.

Le Aie 2016 ○ chardonnay; 800 bt; 14 € - Macerato sulle bucce per qualche giorno, affina in legno. Profuma di frutta candita e spezie dolci, e ha un sorso dinamico, pieno, ben contrastato da freschezza e sapidità. Un'ottima prova.
Barbera D'Asti La Roera 2017 ● 3.300 bt; 10 € - Il vino più "classico" di casa, macera circa due mesi sulle bucce e ha un frutto denso e maturo ma nessuna traccia di sovraestrazione: è teso, sapido e dritto, in buon equilibrio.
Zero 16 2016 ● barbera; 3.500 bt; 11 € - Senza solfiti aggiunti, inizia su cenni ossidativi che poi lasciano spazio alla tipica espressività varietale. Spinge molto sull'acidità e ha un'alcolicità ben integrata.
Ciapin 2019 ○ arneis, cortese; 2.000 bt; 9 € - Bianco macerato, incisivo, fruttato, stratificato.
Piva 2015 ● nebbiolo; 2.600 bt; 16 € - Spigoloso, floreale, verace.

ha 8 - **bt** 25.000
Fertilizzanti sovescio
Fitofarmaci rame e zolfo
Diserbo lavorazione meccanica/manuale
Lieviti fermentazione spontanea
Uve 100% di proprietà
Certificazione in conversione biologica

COSTIGLIOLE D'ASTI (AT)

CASCINA SAN MICHELE MARCO MINNUCCI

Strada Chiesa San Michele, 8 - tel. 388 7430281
www.cascinasanmichele.com - minnucci.marco@gmail.com

VITA - «Sono bevitore ancora prima di produttore», racconta scherzando Marco Minnucci, adesso al suo decimo anno in veste di vignaiolo. Bevitore "illuminato", aggiungiamo noi conoscendo la sua passione sfrenata per il vino (barbera in primis), ma anche la curiosità di assaggiare e la voglia di comprendere. Nonostante i tanti impegni, nel 2019 ha addirittura aperto un wine bar nel centro di Costigliole d'Asti per sopperire alla mancanza.

VIGNE - In campo Marco è tutto lavoro a testa bassa, e non dà nulla per scontato. La scelta sin dall'inizio è stata quella di lavorare con e non contro natura: la certificazione biologica inquadra solo in parte il suo impegno quotidiano, che invece punta a minimizzare tutti gli input, rame e zolfo compresi. Niente male per un ragazzo che a quasi 30 anni ha deciso di lasciare la professione di ristoratore per dedicare la sua vita alla vite.

VINI - Fermentazioni spontanee, lunghe macerazioni, pochi travasi e basse dosi di solforosa sono la ricetta semplice di Marco per produrre Barbere integre, di grande purezza espressiva e facile beva.

TOP **Barbera d'Asti Sup. San Michele 2017** VINO SLOW ● 2.500 bt; 26 € - Freschezza e muscoli: pochi vitigni riescono a portare bene materia e alcol come il barbera, e questo vino ne è un ottimo esempio. Potente e ricco di succo, è altrettanto vivo, minerale e incisivo. La beva diventa automatica.
Barbera d'Asti Sup. La Briccona 2017 ● 4.000 bt; 26 € - Una Barbera vecchio stampo dai contrasti estremi: intensa e calorosa, matura e possente, riesce a scaldare mantenendo scorrevolezza e agilità.
Barbera d'Asti Primevi 2018 ● 6.500 bt; 15 € - Dalle vigne giovani, è slanciato, energico e salino.
Eteronimo 2018 ○ cortese; 3.000 bt; 15 € - Bianco macerato, succoso, erbaceo, stratificato.

ha 7 - **bt** 20.000
Fertilizzanti sovescio
Fitofarmaci rame e zolfo
Diserbo lavorazione meccanica/manuale
Lieviti fermentazione spontanea
Uve 100% di proprietà
Certificazione biologico certificato

GAMALERO (AL)

TENUTA GRILLO

SCONTO **-10%**

Strada Maranchetti, 6 - tel. 339 5870423
www.zampaglionevino.it - info@tenutagrillo.it

VITA - Nel 2002 Guido Zampaglione si è spostato in Piemonte per dare vita a un nuovo percorso vitivinicolo. A Gamalero, in un angolo dell'alessandrino, ha trovato una proprietà con vigne disposte intorno alla cantina, un territorio dove lavorare uve autoctone e con un suolo ottimale per realizzare vini longevi. Una caratteristica, quest'ultima, fondamentale per Guido.

VIGNE - Le vigne si trovano su un altopiano leggermente scosceso. Il suolo asciutto e sabbioso, oltre a facilitare la lavorazione agricola, contribuisce come dicevamo alla produzione di vini longevi: concentrati e potenti da giovani, restituiscono finezza ed eleganza nel tempo.

VINI - Le macerazioni sono lunghe, anche di 90 giorni, per estrarre il più possibile dall'uva. I rossi svolgono affinamenti di tre o quattro anni in legno grande, i bianchi vedono solo acciaio. I vini escono a distanza di tempo per permettere l'evoluzione desiderata.

Solleone 2014 ○ sauvignon blanc; 4.000 bt; 18 € - - Polpa di frutta fresca, fiori, agrumi, miele: sono numerose le sensazioni olfattive che emergono dal bicchiere. La bocca è coerente, e presenta una componente tannica data dalla lunga macerazione sulle bucce.
Crisopa 2005 ● 1.000 bt; 23 € - - Dopo varie prove Guido è riuscito a presentare un'etichetta 100% freisa che soddisfacesse la propria idea di invecchiamento. Il risultato è molto interessante: al naso emergono note speziate e di frutta sotto spirito, al palato sono presenti tannini ben amalgamati alla materia, e un sorso che sorprende per freschezza e persistenza.

Il riassaggio a distanza di tempo di Baccabianca 2011, da uve cortese, ci offre un vino in costante evoluzione: è la dimostrazione di come il mantra dell'attesa sia il cuore della filosofia di Tenuta Grillo.

ha 16 - **bt** 20.000
Fertilizzanti sovescio
Fitofarmaci organici, rame e zolfo
Diserbo lavorazione meccanica/manuale
Lieviti fermentazione spontanea
Uve 100% di proprietà
Certificazione biologico certificato

GAVI (AL)

NICOLA BERGAGLIO

Frazione Rovereto - Località Pedaggeri, 59 - tel. 0143 682195
nicolabergaglio@alice.it

VITA - Le colline di Rovereto fanno da scenario a una delle aziende storiche del Gavi. La famiglia Bergaglio vinifica da tempo all'insegna della tradizione, esaltando l'uva cortese. In azienda troviamo Gianluigi Bergaglio con i figli Diego e Ilaria, che con una conduzione di tipo familiare lasciano trasparire la passione per questo lavoro. Il loro obiettivo è produrre vini in grado di raccontare fedelmente il Gaviese.

VIGNE - Il parco vitato si sviluppa a un'altitudine di circa 300 metri, e i filari sono tutti posizionati nelle immediate vicinanze della cantina. Il cru principale è il Minaia: il terreno ricco di argille rosse cariche di ferro che lo caratterizza conferisce mineralità e struttura ai vini. Meno complessi i suoli degli altri appezzamenti, da cui si ricava il Gavi di partenza. La conduzione agricola è affidata a Diego.

VINI - Ritroviamo tanta concretezza nell'approccio alla vinificazione delle due etichette prodotte dall'azienda, due vini che ogni anno regalano sensazioni differenti in ossequio all'annata, visto che le scelte produttive rimangono inalterate.

TOP **Gavi del Comune di Gavi Rovereto Minaia 2019**
VINO QUOTIDIANO ○ 75.000 bt; 9 € - - Si caratterizza per un profilo olfattivo in cui emergono in modo lineare le note fruttate. In bocca è croccante, fresco, dotato di una straordinaria corposità e particolare lunghezza.
Gavi del Comune di Gavi Rovereto 2019 ○ 75.000 bt; 8 € - - Si apre al naso con note floreali, e continua in bocca piacevolmente fresco. La beva è agile e lievemente sapida, caratterizzata oltretutto da una buona persistenza. La chiusura è molto tipica, con la classica nota di mandorla.

ha 20 - **bt** 150.000
Fertilizzanti organo-minerali
Fitofarmaci rame e zolfo
Diserbo lavorazione meccanica/manuale
Lieviti selezionati industriali
Uve 100% di proprietà
Certificazione nessuna certificazione

GAVI (AL)

CASTELLARI BERGAGLIO

SCONTO **-10%**

Frazione Rovereto, 136 - tel. 0143 644000
www.castellaribergaglio.it - gavi@castellaribergaglio.it

VITA - L'azienda, situata a Rovereto, vanta una lunga tradizione. Dall'Ottocento la famiglia Bergaglio vinifica l'uva del territorio, il cortese, facendone risaltare le caratteristiche classiche. A guidare questa realtà oggi c'è Marco Bergaglio, che ha saputo proiettare verso nuovi orizzonti quanto creato dai suoi avi. Filo conduttore la costante ricerca di equilibrio e tipicità nelle etichette prodotte.

VIGNE - Le vigne sono posizionate in diverse zone della Docg. Quelle vicino alla cantina a Rovereto presentano caratteristiche marne bianche, e qui nascono vini fini, floreali, molto minerali e freschi. Dai vigneti nel comune di Tassarolo, dove prevalgono i terreni argillosi, si producono vini di maggiore struttura e longevità. L'agricoltura è di tipo biologico certificata dal 2017.

VINI - Castellari Bergaglio vuol dire vini sempre ben fatti e fortemente espressivi del vitigno e delle caratteristiche del territorio, sia di pronta beva, sia da lunghi affinamenti.

Gavi del Comune di Gavi Rolona 2019 O 20.000 bt; 14 € - 🛢 - Al naso sprigiona intense note fruttate. La beva è fresca, agile, minerale. La persistente acidità accompagna il sorso: è un vino teso e spiccatamente varietale.
Gavi del Comune di Tassarolo Fornaci 2019 O 30.000 bt; 10 € - 🛢 - Intense note fruttate dominano i profumi di questo vino, che in bocca presenta piacevoli note agrumate e balsamiche. La beva è croccante, energica e di lunga durata.
Gavi del Comune di Rovereto Vigna Vecchia 2018 O 7.000 bt; 16 € - 🛢 - Frutto di uno storico vigneto di oltre 80 anni di età, si presenta al naso con note speziate e floreali. Al palato spicca per il grande corpo, puntellato da una piacevole sapidità che dona grande lunghezza.
Gavi "Pilin" 2014 O 7.000 bt; 20 € - 🛢 - Succoso, fruttato, energico.

ha 10 - **bt** 100.000
Fertilizzanti organo-minerali
Fitofarmaci rame e zolfo
Diserbo lavorazione meccanica/manuale
Lieviti selezione di lieviti indigeni
Uve 100% di proprietà
Certificazione biologico certificato

GAVI (AL)

IL POGGIO

Frazione Rovereto, 171 - tel. 338 3970590
www.ilpoggiodigavi.com - info@ilpoggiodigavi.com

VITA - Francesca Poggio prima si è trasferita da Milano alla campagna vicino a Gavi, e poi per 20 anni ha aiutato sua madre, che produceva vino come secondo lavoro. Nel 2004 però ha deciso di dedicarsi completamente all'azienda vitivinicola, e negli anni la passione e la professionalità l'hanno portata a migliorare la qualità produttiva e a realizzare il B&B e il nuovo wine shop.

VIGNE - I vigneti si trovano per la maggior parte nella frazione di Rovereto, nei pressi della sede, e sono caratterizzati dalla terra rossa. Alcuni nuovi appezzamenti in affitto si trovano nella zona del Novese. La produzione principe rimane il cortese, affiancata dai rossi dolcetto, cabernet franc e merlot. In progetto un ulteriore ampliamento della superficie vitata.

VINI - La stessa Francesca definisce semplice lo stile dei suoi vini: dalla vigna al bicchiere, aggiungiamo noi riscontrando spiccata autenticità. L'enologo, Gaspare Buscemi, dal 1985 segue Il Poggio nella realizzazione di alcuni tra i migliori esemplari della denominazione.

TOP **Gavi del Comune di Gavi Etichetta Nera 2019** VINO QUOTIDIANO O 25.000 bt; 11 € - 🛢 - Un vino che spicca grazie ai sentori floreali e fruttati, e che in bocca dimostra un corpo ben integrato, con rimandi citrini e un'identità articolata.
Gavi Nuvole Sul Poggio 2019 O 5.000 bt; 9 € - 🛢 - Prodotto su terreni di argilla marnosa, presenta note fruttate e un palato armonico, agile, molto vibrante in chiusura.
Gavi del Comune di Gavi M. Cl. Il Poggio 2013 1.200 bt; 25 € - 🛢 - La permanenza per 48 mesi sui lieviti trasforma la base di cortese, riconoscibile dai sentori floreali, donandole una bocca densa e incisiva, con un finale ottimamente dettagliato.
Monferrato Rosso Betò 2015 ● 1.800 bt; 19 € - 🛢 - Fitto, speziato, ampio.
Sole sul Poggio 2016 O cortese; 3.000 bt; 12 € - 🛢 - Avvolgente, speziato, stratificato.

ha 3,5 - **bt** 33.000
Fertilizzanti organo-minerali
Fitofarmaci rame e zolfo
Diserbo lavorazione meccanica/manuale
Lieviti selezione di lieviti indigeni
Uve acquisto 30%
Certificazione nessuna certificazione

GAVI (AL)

LA CHIARA

Località Vallege, 24/2 - tel. 0143 642293
www.lachiara.it - info@lachiara.it

VITA - Proprietà della famiglia Bergaglio, La Chiara ha un legame profondo con il territorio, essendo nata alla fine degli anni Settanta e avendo contribuito a scrivere la storia della denominazione del Gavi. Oggi i fratelli Dario e Simona, dopo aver rinnovato l'immagine aziendale con una nuova sala degustazione e organizzando eventi, insieme al padre Roberto stanno risistemando la cantina con dei nuovi locali.

VIGNE - I vigneti si trovano nei pressi della sede aziendale, a circa 350 metri di quota, su terreni calcareo-tufacei con inserzioni argillose. Alcuni hanno mezzo secolo di età, altri sono più giovani, e per la maggior parte sono coltivati a cortese. La volontà di rispettare maggiormente gli equilibri naturali ha portato l'azienda a sperimentare su qualche ettaro i protocolli biologici.

VINI - L'approccio è classico, con qualche licenza di sperimentazione qua e là. L'intento è comunque quello di valorizzare le varietà storiche, cortese in primis, cercando di non avere la mano pesante.

TOP **Gavi del Comune di Gavi Etichetta Nera 2018** VINO QUOTIDIANO O 8.000 bt; 10 € - Vigne vecchie, una breve macerazione sulle bucce e bâtonnage frequenti danno a questo vino note fruttate, un palato articolato e un finale in piacevole equilibrio.
Gavi del Comune di Gavi 2019 O 130.000 bt; 8 € - Il vino-simbolo dell'azienda prodotto in quantità importanti: è figlio di una pressatura soffice che preserva gli aromi del frutto, e arriva al palato agile e compatto.
Gavi del Comune di Gavi Groppella 2018 O 4.000 bt; 10 € - I sentori speziati donati da quasi un anno di maturazione in botti piccole fanno da preludio a un sorso avvolgente e profondo.
M. Cl. Brut La Chiara 2018 cortese, chardonnay; 7.000 bt; 14 € - Fresco, floreale, delicato.
Monferrato Rosso Nabarì 2018 ● 4.000 bt; 8 € - Setoso, speziato, integro.

ha 27 - **bt** 200.000
Fertilizzanti organo-minerali, sovescio
Fitofarmaci chimici di sintesi, rame e zolfo
Diserbo lavorazione meccanica/manuale
Lieviti selezione di lieviti indigeni
Uve 100% di proprietà
Certificazione nessuna certificazione

GAVI (AL)

LA GHIBELLINA

Frazione Monterotondo, 61 - tel. 0143 686257
www.laghibellina.it - info@laghibellina.it

VITA - Nel 2000 Marina Galli e Alberto Ghibellini sono tornati ai luoghi di origine e hanno iniziato a fare vino. Reduci da esperienze pregresse diverse, si sono calati nella nuova veste di produttori, ottenendo di anno in anno risultati sempre migliori. Oggi l'azienda prosegue il suo percorso verso un'agricoltura sempre più sostenibile, per creare un legame ancora più forte con il territorio che li ha accolti.

VIGNE - Siamo in frazione Monterotondo, un paesino protetto dall'Appennino Ligure e affacciato sulla pianura Padana. I vigneti, in corpo unico, sono posizionati intorno alla cantina, su colline dai terreni calcarei e a un'altitudine di circa 250 metri: condizioni ideali per la coltivazione del cortese e in minima parte di barbera e merlot.

VINI - Il vitigno protagonista è il cortese, la cui vinificazione punta a essere la più tradizionale possibile, in modo da esaltarne le caratteristiche varietali. Freschezza, mineralità ed eleganza sono riscontrabili in tutte le etichette.

Gavi del Comune di Gavi Mainìn 2019 O 30.000 bt; 10 € - Si apre su ampie sensazioni floreali al naso; la beva è agile, piacevolmente fresca e dissetante, misurata ed estremamente persistente. In chiusura si percepisce la tipica nota ammandorlata.
Gavi del Comune di Gavi Altius 2018 O 3.500 bt; 15 € - Frutto di un affinamento di 12 mesi, esprime già al naso articolati aromi fruttati. In bocca è stratificato, sapido, con una piacevole acidità che supporta tutto il sorso.
Gavi del Comune di Gavi M. Cl. Brut Cuvée Marina 10.000 bt; 24 € - Dal fine perlage, si apre sulle note floreali tipiche del vitigno cortese. La bocca è fresca, ben articolata, cremosa e di buona lunghezza.
Monferrato Rosso Pituj 2018 ● 2.000 bt; 14 € - Robusto, speziato, espressivo.

ha 7,5 - **bt** 65.000
Fertilizzanti sovescio
Fitofarmaci rame e zolfo
Diserbo lavorazione meccanica/manuale
Lieviti selezionati industriali
Uve 100% di proprietà
Certificazione biologico certificato

GAVI (AL)

LA GIUSTINIANA

SCONTO **-10%**

Frazione Rovereto, 5 - tel. 0143 682132
www.lagiustiniana.it - info@lagiustiniana.it

VITA - La tenuta, che comprende una magnifica villa del Seicento, vigneti, cascinali, boschi e sentieri, apparteneva alla nobile famiglia genovese Giustiniani. Dal 2016 Magda Pedrini e Stefano Massone, due produttori molto conosciuti della zona del Gavi, l'hanno rilevata e stanno lavorando al restauro degli edifici e al recupero degli spazi aperti. In azienda Chiara Traverso si occupa dell'accoglienza e Pierluca Avramo è il commerciale.

VIGNE - I nuovi proprietari hanno investito molto nella completa ristrutturazione dei vigneti, che quando sono stati rilevati non erano in condizioni ottimali. Nel contempo sono state piantante nuove barbatelle di cortese, unico vitigno coltivato e vinificato in azienda. Stefano gestisce le vigne e si avvale dell'aiuto di consulenti esterni o tecnici solo nelle annate più problematiche.

VINI - I vini esprimono le caratteristiche del vitigno cortese, ognuno sottolineando le differenze dei suoli di provenienza. Il lavoro in cantina è volto a mantenere una qualità costante nel tempo, per far ritrovare uno stile riconoscibile anno dopo anno.

Gavi del Comune di Gavi Montessora 2019 ○ 30.000 bt; 12 € - 🍷 - Prende il nome dall'omonimo cru dai suoli rossi, con ghiaie alluvionali ricche di ferro. Al naso offre note di frutta, fiori ed erbe mediterranee. L'acidità spiccata ne sostiene il corpo. La sapidità e le note minerali ne evidenziano l'espressività. Un vino di bella progressione e dal buon potenziale di invecchiamento.
Gavi del Comune di Gavi Lugarara 2019 ○ 90.000 bt; 9 € - 🍷 - Da terreni composti da marne grigie e sabbia, è caratteristico e di buona beva. Si apre con intense note erbacee e balsamiche, seguite da sentori floreali e fruttati. In bocca è salino, croccante e in perfetto equilibrio.

ha 40 - **bt** 130.000
Fertilizzanti compost, letame
Fitofarmaci rame e zolfo
Diserbo lavorazione meccanica/manuale
Lieviti selezione di lieviti indigeni
Uve 100% di proprietà
Certificazione nessuna certificazione

GAVI (AL)

GIORDANO LOMBARDO

Cascina San Martino, 1 - tel. 0143 643906
www.giordanolombardo.it - info@giordanolombardo.it

VITA - Giordano Lombardo rivendica con orgoglio il suo percorso da vignaiolo. Terminati gli studi di Enologia ha iniziato a collaborare con alcune grandi aziende, fino alla scelta di creare la sua piccola realtà seguendo i principi dell'agricoltura biologica e biodinamica. Oggi in azienda trovano posto, con ruoli diversi, la moglie Stefania Aragone e i figli Allegra, Francesco e Matteo, che da quest'anno gestiscono anche un piccolo agriturismo nelle vicinanze della cantina.

VIGNE - I vigneti sono suddivisi in due appezzamenti differenti. Il cru aziendale, il vigneto San Martino, è posizionato nei dintorni della cantina ed è coltivato a cortese. I terreni qui sono ricchi di minerali e conferiscono ai vini una straordinaria freschezza. Il secondo vigneto si trova invece nel comune di Francavilla e ha caratteristici suoli argillosi. Tra i filari la natura è rigogliosa: Giordano diserba meccanicamente e in misura molto ridotta, pratica il sovescio e in generale opera interventi mirati e poco invasivi.

VINI - Nelle vinificazioni Giordano mette in luce tutte le sue capacità enologiche: ne risultano vini sempre caratterizzati da una piacevole freschezza, dotati inoltre di grande equilibrio e ottima struttura.

Gavi del Comune di Gavi San Martino 2019 ○ 30.000 bt; 10 € - 🍷 - Al naso colpiscono le note floreali molto intense. La beva è agile, con ritorni aromatici agrumati, ed estremamente lunga. Il finale denota carattere, pulizia e tipicità.
Piemonte Barbera Sasso Alto 2019 ● 8.000 bt; 10 € - 🍷 - Intense note floreali caratterizzano i profumi di questo vino. In bocca piace la sua spiccata agilità, che si accompagna a freschezza e armonia gustativa. La chiusura è fortemente varietale, e fa pensare che questa Barbera abbia grandi possibilità evolutive.

ha 11,5 - **bt** 75.000
Fertilizzanti compost, preparati biodinamici, sovescio
Fitofarmaci rame e zolfo
Diserbo lavorazione meccanica/manuale
Lieviti selezione di lieviti indigeni
Uve 100% di proprietà
Certificazione biodinamico certificato, biologico certificato

GAVI (AL)

MORGASSI SUPERIORE

Case Sparse Sermoria, 7 - tel. 0143 642007
www.morgassisuperiore.it

VITA - Le sorelle Marina e Cecilia Piacitelli hanno lavorato molto per portare in azienda uno sguardo al passo con i tempi, attraverso l'uso intelligente dell'innovazione tecnologica. Stiamo parlando di una realtà presente nel territorio gaviese dal 1993, e che oggi ha trovato una sua definitiva solidità. Da anni la parte agronomica e di cantina è gestita da Alessandro Rastero.

VIGNE - Gli ettari dedicati alla coltivazione delle vigne sono poco meno della metà della superficie complessiva della proprietà. Troviamo infatti anche zone boschive e alcuni terreni in cui si coltivano nocciole. I suoli calcareo-argillosi presentano perlopiù esposizioni sud, sud-ovest, e si sviluppano su ripide colline coltivate a cortese e più in alto a timorasso. La cura prestata ai filari è enorme, e i risultati sono ben visibili.

VINI - Nella cantina si predilige un approccio classico, con le vinificazioni e gli affinamenti che prevedono l'uso di contenitori in acciaio, per far esprimere al meglio le varietà e il terroir. Ne risultano vini dal carattere ben riconoscibile e precisi.

Gavi del Comune di Gavi Volo 2018 O 20.000 bt; 15 € - - La maturazione a contatto con le fecce fini dona spiccata profondità a questo vino, che mette in mostra un sorso compatto e persistente.
Gavi del Comune di Gavi Tuffo 2019 O 90.000 bt; 13 € - - Questo vino, da uve coltivate su terreni marnosi, all'olfatto si apre su sentori fruttati, e al palato trova una buona morbidezza, sostenuta dalla tipica freschezza del Cortese.
Monferrato Bianco Timorgasso 2017 O 3.000 bt; 18 € - - Le note speziate che si percepiscono al naso sono seguite da un sorso citrino e dotato di una materia ricca di dettagli.

ha 20 - **bt** 103.000
Fertilizzanti compost, sovescio
Fitofarmaci rame e zolfo
Diserbo lavorazione meccanica/manuale
Lieviti selezione di lieviti indigeni
Uve 100% di proprietà
Certificazione parte dei vigneti in regime biologico

GAVI (AL)

PRODUTTORI DEL GAVI

SCONTO **-10%**

Via Cavalieri di Vittorio Veneto, 45 - tel. 0143 642786
www.cantinaproduttoridelgavi.it - info@produttoridelgavi.com

VITA - Questa cantina sociale può contare su 80 soci conferitori che conducono vigneti negli 11 comuni del Gavi. Andrea Pancotti, direttore ed enologo, gestisce la vinificazione e stabilisce i tempi di raccolta in base alle zone del comprensorio e all'andamento dell'annata. Il team che lo affianca è costituito da due cantinieri, due collaboratrici amministrative e da una squadra di avventizi per la vendemmia.

VIGNE - Le vigne sono in vari comuni nel sud-est del Piemonte, a ridosso del crinale ligure. I paesi di Gavi, Bosio e Voltaggio, siti ad altitudini più elevate, hanno climi più freddi e terreni bianco-tufacei, che riflettono la luce solare. A San Cristoforo, Novi e Capriata i suoli sono rossi e le temperature più calde. L'abbassamento delle rese in vigna e l'inerbimento hanno aumentato la qualità delle uve.

VINI - Le differenze di substrati e di microclima che caratterizzano i vigneti danno vita a una gamma ricca di sfaccettature, grazie a un approccio classico che intende valorizzare varietà e territorio.

Gavi G 2018 O 11.000 bt; 7 € - - Prodotto da uve selezionate e vendemmiate tardivamente, è complesso, corposo, sapido, autentico e incisivo. Profuma di frutta tropicale ed erbe mediterranee.
Gavi del Comune di Gavi GG 2018 O 14.000 bt; 9 € - - Il vino rispecchia fedelmente il vitigno e il territorio: è molto piacevole, fruttato, salino e articolato.
Gavi Primi Grappoli 2019 O 12.000 bt; 5 € - - Ottimo vino dotato di un'acidità ben integrata che ne sostiene il corpo. Il corredo sapido è in bella evidenza, per un sorso persistente.
Gavi M. Cl. Brut ⁘ 7.000 bt; 14 € - - Teso, fruttato, leggiadro.
Gavi del Comune di Gavi Maddalena 2019 O 12.000 bt; 6 € - - Agile, floreale, autentico.
Gavi Il Forte 2019 O 90.000 bt; 4 € - - Vibrante, erbaceo, essenziale.

ha 230 - **bt** 200.000
Fertilizzanti compost, humus, letame, organo-minerali, sovescio
Fitofarmaci chimici di sintesi, organici, rame e zolfo
Diserbo chimico, lavorazione meccanica
Lieviti selezione di lieviti indigeni, selezionati industriali
Uve acquisto 5%
Certificazione parte in regime biologico

GAVI (AL)

VILLA SPARINA

Frazione Monterotondo, 56 - tel. 0143 633835
www.villasparina.it - info@villasparina.it

VITA - Villa Sparina si trova in località Monterotondo, su un bel crinale circondato dai vigneti di proprietà dei tre fratelli Moccagatta: è cantina vitivinicola, resort, ristorante. Sono in corso lavori di ristrutturazione che l'emergenza Covid ha rallentato: si è quindi deciso di riaprire nel 2021 con una struttura rinnovata, anche nelle idee e nelle proposte.

VIGNE - I vigneti di cortese, che poggiano su terreni magri, si estendono in parte attorno alla villa, regalando ai visitatori e agli ospiti un panorama suggestivo. Le uve barbera sono invece coltivate su terreni a matrice più argillosa, nella zona dell'alto Monferrato.

VINI - Rigore e attenzione nel conservare la territorialità dei vini, sempre freschi e puliti. Il cortese viene sia utilizzato nella versione ferma sia in quella spumantizzata.

Gavi del Comune di Gavi Monterotondo 2017 O 9.733 bt; 34 € - Da vigne di cortese della zona storica di Monterotondo, dopo un sapiente passaggio sia in botte piccola, sia grande, esce un vino fine, di grande equilibrio e dalla lunga persistenza.
M. Cl. Brut Blanc de Blancs Villa Sparina 50.000 bt; 22 € - Dopo tre anni sui lieviti questo spumante invoglia la beva già dall'impatto olfattivo, floreale e fruttato. In bocca il sorso è fine, e calice dopo calice restano freschezza e un bel finale sapido.
Villa Sparina 10 Anni Monterotondo 2009 O cortese; 1.120 magnum; 181 € - In uscita dopo un lungo e sapiente affinamento fra botte grande, botte piccola e bottiglia: è un vino in perfetto equilibrio e fortemente territoriale.
Gavi del Comune di Gavi Villa Sparina 2019 O 250.000 bt; 14 € - Fresco, fruttato, autentico.
Barbera del Monferrato Villa Sparina 2018 ● 26.650 bt; 14 € - Succoso, fruttato, avvolgente.

ha 65 - **bt** 650.000
Fertilizzanti letame in pellet, minerali
Fitofarmaci organici, rame e zolfo
Diserbo lavorazione meccanica/manuale
Lieviti selezione di lieviti indigeni
Uve 100% di proprietà
Certificazione nessuna certificazione

GRAZZANO BADOGLIO (AT)

TENUTA SANTA CATERINA

SCONTO **-10%**

Va Marconi, 17 - tel. 0141 925108
www.tenuta-santa-caterina.it - info@tenuta-santa-caterina.it

VITA - Nella splendida abbazia di Grazzano sapientemente ristrutturata (con alcune camere ove è possibile soggiornare) l'azienda di Guido Alleva produce vini eleganti, che nascono da vigne sane e circondate da altre colture, che ospitano una brulicante biodiversità. La cantina storica è mozzafiato.

VIGNE - Le vigne attorno all'abbazia sono spettacolari, e trasudano vita. L'agronoma Luciana Biondo aiuta Guido nella cura del parco vitato secondo una filosofia chiara, prestando attenzione a ogni particolare. C'è anche uno stagno che aiuta a regolare il microclima e offre rifugio alle libellule. Da segnalare l'acquisizione di un nuovo ettaro di terreno piantato a grignolino.

VINI - Lavoro in vigna, certo, ma anche uno stile aziendale chiaro, che ricerca grande finezza. Il 2015 vede finalmente il debutto ufficiale del Monferace, l'ambizioso Grignolino affinato per quattro anni per esaltarne la nobiltà. Al momento del nostro assaggio è ancora giovane, ma il potenziale è innegabile: farà parlare di sé.

Barbera d'Asti Sup. Setecàpita 2016 ● 4.500 bt; 24 € - Stupendo: ha frutto, eleganza, ed è lunghissimo al palato.
Monferrato Bianco Salidoro 2018 O 10.000 bt; 15 € - A base di uve chardonnay e sauvignon blanc, è figlio di una bellissima annata: la consueta finezza e la salinità vengono esaltate da una nota olfattiva quasi fumè.
Grignolino d'Asti Arlandino 2018 ● 9.000 bt; 10 € - Capolavoro di semplicità e piacevolezza, manifesto di come il Grignolino possa dare vita anche a vini facili e deliziosi.
Grignolino d'Asti Monferace 2015 ● 4.000 bt; 31 € - Austero, speziato, complesso.
Barbera d'Asti Sup. VignaLina 2017 ● 12.000 bt; 13 € - Succoso, fruttato, salino.
Monferrato Rosso Illegale 2017 ● 5.000 bt; 15 € - Fine, floreale, gastronomico.

ha 20 - **bt** 60.000
Fertilizzanti compost, organo-minerali, sovescio
Fitofarmaci rame e zolfo
Diserbo lavorazione meccanica/manuale
Lieviti selezione di lieviti indigeni
Uve 100% di proprietà
Certificazione nessuna certificazione

INCISA SCAPACCINO (AT)

BREMA

Via Pozzomagna, 9 - tel. 0141 74019
www.vinibrema.com - info@vinibrema.com

VITA - Questa realtà storica del territorio è stata fondata nel 1887, ed è oramai giunta alla quinta generazione al comando, con il giovane Umberto Brema che ha già alle spalle un po' di vendemmie ed è capace di interpretare al meglio il patrimonio di famiglia. Poco interventista, presta massima attenzione al proprio, prezioso territorio, con vigneti di età media decisamente avanzata per vini aderenti al varietale ed espressivi.

VIGNE - I vigneti aziendali si dividono in tre comuni: Nizza Monferrato, Sessame e Mombaruzzo. Le viti hanno età che arrivano anche a 80 anni. La varietà barbera è la vera protagonista, con espressioni davvero diverse: abbiamo il sud-ovest della Volpettona o l'argilla del Casalotto, o ancora il calcare del Bricco Cremosina. Una gamma di diverse condizioni che restituiscono Barbere molto diverse tra loro e aderenti al territorio.

VINI - I vini sono espressivi e molto diversi tra loro, proprio perché in cantina la mano non è affatto pesante, anzi lascia esprimere le uve abbastanza liberamente.

Barbera d'Asti Ai Cruss 2018 ● 40.000 bt; 11 € - Polposo, ricco, e con un frutto rosso in primo piano, al sorso sfocia in un finale fresco e perfettamente integrato. Un vino dalla beva davvero eccezionale.
Barbera d'Asti Sup. Volpettona 2017 ● 12.000 bt; 22 € - Una Barbera che affina in legno piccolo, e che evidenzia toni speziati abbastanza raffinati. La sua ampia e vigorosa struttura ci fa pensare che darà il meglio di sé tra qualche anno.
Barbera del Monferrato Castagnej 2019 ● 5.000 bt; 9 € - Vibrante, fruttato, autentico.
Nizza A Luigi Veronelli 2017 ● 4.000 bt; 24 € - Potente, fruttato, profondo.

ha 15 - **bt** 90.000
Fertilizzanti sovescio
Fitofarmaci rame e zolfo
Diserbo lavorazione meccanica/manuale
Lieviti fermentazione spontanea
Uve 100% di proprietà
Certificazione nessuna certificazione

INCISA SCAPACCINO (AT)

OLIM BAUDA

Regione Prata, 50 - tel. 0141 702171
www.tenutaolimbauda.it - info@tenutaolimbauda.it

VITA - Fiore all'occhiello della vitivinicoltura del Monferrato, Olim Bauda è un'azienda nata dalla volontà dei fratelli Diana, Dino e Gianni Bertolino, da sempre uniti nell'amore per la propria terra e da un trascorso familiare incentrato sul mondo del vino. I compiti in azienda sono ben definiti e la sintonia è avvertibile in ogni circostanza. Gianni, al secondo mandato come presidente dell'Associazione del Nizza, può essere definito l'alfiere di questa giovane Docg.

VIGNE - I Bertolino possiedono appezzamenti in cinque comuni differenti tra i quali Isola d'Asti e Fontanile, ma anche a Castellinaldo nel Roero. Lo studio del suolo è stato fondamentale: essendo in possesso di differenti vigneti hanno cercato di piantare il vitigno migliore per ogni singolo terreno. Responsabile unico della lavorazione in campagna e della gestione della cantina è "iron" Dino.

VINI - I vini che escono dalla cantina hanno uno stile tradizionale, con macerazioni lunghe, l'utilizzo caratteristico di vasche in acciaio basse e larghe e legni pregiati da 25 ettolitri.

TOP **Nizza Ris. 2017** ● 13.800 bt; n.d. € - Ampio, profondo e denso di polpa succosa, trova un suo equilibrio grazie all'energia sapida che fa da contrasto.
Barbera d'Asti Sup. Le Rocchette 2017 ● 29.000 bt; n.d. € - Da terreni più sabbiosi una Barbera tutta giocata su un'austera eleganza: il timbro olfattivo è fruttato e balsamico, e il sorso slanciato e compatto, ben modulato nelle sue componenti e decisamente inclinato verso la parte acida, come dovrebbe essere.
Barbera d'Asti La Villa 2019 ● 70.000 bt; n.d. € - Succoso, fruttato, espressivo.
Grignolino d'Asti Isolavilla 2019 ● 5.650 bt; n.d. € - Schietto, speziato, sottile.
Moscato d'Asti Centive 2019 25.000 bt; n.d. € - Metodo Charmat, fresco, floreale, delicato.

ha 30 - **bt** 20.0000
Fertilizzanti letame, sovescio
Fitofarmaci organici, rame e zolfo
Diserbo lavorazione meccanica/manuale
Lieviti fermentazione spontanea
Uve 100% di proprietà
Certificazione in conversione biologica

LOAZZOLO (AT)

BORGO MARAGLIANO

SCONTO **-10%**

Regione San Sebastiano, 2 - tel. 0144 87132
www.borgomaragliano.com - info@borgomaragliano.com

VITA - Generazioni in continuo fermento nella famiglia Galliano, con un tris di giovani fratelli tutti pimpanti e vocati per il mondo del vino. Giuseppe Galliano ha saputo lasciar spazio al dinamismo del figlio Carlo e della moglie Silvia Quirico. Ma dicevamo del tris di giovani fratelli: Francesco, Giovanni e Federico scalpitano e danno ulteriore brio a questa realtà-simbolo della spumantistica di qualità in Piemonte.

VIGNE - Le vigne si possono ammirare dalla balconata che recentemente è stata realizzata sopra alla cantina. Moscato, pinot nero, riesling e chardonnay sono le varietà che rappresentano il parco vitato. I filari sono ordinati e condotti con accurata professionalità. Ci troviamo a un'altitudine di circa 500 metri, in una zona di Langa ben esposta e ventilata.

VINI - Energia e autenticità caratterizzano lo stile aziendale, che esprime con maestria la tradizione spumantistica piemontese, però in un'area viticola ancora tutta da scoprire.

M. Cl. Brut Nature Giuseppe Galliano 2015 ⁂ pinot nero, chardonnay; 12.000 bt; 26 € - 🥛 - Fresco e floreale, si apre con una bollicina fine e persistente, e al palato è vibrante, vivo, e dotato di un'eleganza che sfuma in piacevoli sensazioni speziate.
Moscato d'Asti La Caliera 2019 ⁂ 110.000 bt; 11 € - 🥛 - Proveniente dai sorì meglio esposti, è immediato e con un ventaglio floreale intenso; in bocca risulta fresco e dinamico. Chiude con richiami di frutta tropicale.
M. Cl. Brut Blanc de Blancs Francesco Galliano 2016 ⁂ chardonnay; 28.000 bt; 35 € - 🥛 - Agile, floreale, ampio.
M. Cl. Brut Rosé Giovanni Galliano 2016 ⁂ pinot nero; 7.000 bt; 27 € - 🥛 - Nobile, floreale, espressivo.
Piemonte Chardonnay Crevoglio 2018 O 24.000 bt; 12 € - 🥛 - Schietto, speziato, gastronomico.

ha 39 - **bt** 340.000
Fertilizzanti letame in pellet, letame
Fitofarmaci chimici di sintesi, rame e zolfo
Diserbo chimico, lavorazione meccanica/manuale
Lieviti selezionati industriali
Uve acquisto 30%
Certificazione nessuna certificazione

LOAZZOLO (AT)

FORTETO DELLA LUJA

SCONTO **-10%**

Regione Candelette, 4 - tel. 0141 831596
www.fortetodellaluja.it - info@fortetodellaluja.it

VITA - La famiglia Scaglione ha tracciato una strada ammirata e seguita da molti piccoli produttori di questa porzione di Langa astigiana, dove la viticultura sembrava dover lasciare spazio ai boschi. Giancarlo Scaglione è stato un uomo di grande esperienza e in qualche modo possiamo dire che abbia inventato il Loazzolo. Il figlio Giovanni, che oggi conduce l'azienda, tiene il timone dritto avendo come obiettivo una viticoltura sostenibile.

VIGNE - Le vigne del Forteto sono un parco, dove l'uva matura in armonia con le orchidee e la danza delle farfalle. La coltivazione biologica e le pratiche naturali che prevedono anche l'utilizzo del cavallo nella lavorazione dei filari: è questo il contesto in cui ci si ritrova immersi. Non a caso da qualche tempo il Forteto è sede di un'oasi WWF. Le parcelle più significative sono coltivate a moscato, barbera, dolcetto e pinot nero.

VINI - Le vinificazioni tradizionali prevedono lunghe macerazioni, per vini che raccontano fedelmente il territorio e l'annata.

Loazzolo Piasa Rischei 2016 ● 4.000 bt da 0,375 l; 32 € - 🛢 - Nasce dall'accurato appassimento dei grappoli di moscato: si apre con sentori di miele, fichi bianchi e fieno, ed è denso e profondo al palato, con un finale vibrante e potente.
Barbera d'Asti Mon Ross 2019 ● 12.000 bt; 9 € - 🥛 - Semplice e fresco, è il risultato della vinificazione dei grappoli raccolti in appezzamenti ben esposti. Al naso esprime un ampio ventaglio di frutti rossi, e in bocca è succoso e fruttato, con un finale schietto.
Monferrato Rosso Le Grive 2018 ● 15.000 bt; 16 € - 🛢 - Agile, fruttato, autentico.
Brachetto Passito Pian dei Sogni 2017 ● 2.000 bt da 0,375 l; 23 € - 🛢 - Denso, fruttato, elegante.
Moscato d'Asti San Maurizio 2019 ⁂ 10.000 bt; 10 € - 🥛 - Metodo Charmat, armonico, floreale, energico.

ha 10,5 - **bt** 45.000
Fertilizzanti letame in pellet
Fitofarmaci rame e zolfo
Diserbo lavorazione meccanica/manuale
Lieviti fermentazione spontanea
Uve 100% di proprietà
Certificazione biologico certificato

LOAZZOLO (AT)

ISOLABELLA DELLA CROCE

SCONTO -10%

Regione Caffi, 3 - tel. 0144 87166
www.isolabelladellacroce.it - info@isolabelladellacroce.it

VITA - Gli Isolabella della Croce la sanno lunga in fatto di bottiglie: qualche decennio fa producevano liquori in quel di Milano. Con il medesimo piglio di allora hanno scelto i bricchi di Loazzolo per iniziare una nuova avventura. Avvocati di professione, hanno creato nel giro di pochi anni una realtà interessante e ben gestita da validi collaboratori, in primis da Andrea Elegir.

VIGNE - Tutt'intorno alla cantina situata nel cuore di un affascinante borgo, i filari di pinot nero e moscato fanno da cornice a uno scenario ben curato. Sui bricchi più alti viene coltivato il moscato per ottenere il Loazzolo, mentre altri vigneti sono situati a Calamandrana, dove si vendemmiano ottime uve di barbera per il Nizza, vino in cui la famiglia crede molto.

VINI - Lo stile è tradizionale, ma non mancano le dovute tecnologie di ultima generazione. Le macerazioni sui rossi sono medio-lunghe.

Nizza Augusta Calamandrana 2016 ● 8.000 bt; 21 € - 🛢 - Cresce su terre tufose di buon impasto. Si apre subito al naso con un ventaglio di profumi floreali, e in bocca è slanciato e diretto, gustoso e imponente: si fa ben ricordare per equilibrio e lunghezza.
Moscato d'Asti Valdiserre 2019 ⁂ 30.000 bt; 11 € - ▯ - Terre bianche e ottime esposizioni sono i fattori che danno un risultato in termini di olfatto da subito ampio, floreale e fruttato; il sorso è dinamico e slanciato, con un bel percorso integro e un'acidità bilanciata.
Bricco del Falco 2016 ● pinot nero; 9.000 bt; 26 € - 🛢 - Armonico, fruttato, autentico.
Barbera d'Asti Serena 2017 ● 8.000 bt; 17 € - 🛢 - Incisivo, speziato, integro.
Piemonte Sauvignon Blanc 2019 ○ 10.000 bt; 15 € - ▯ - Fine, floreale, avvolgente.

ha 15 - **bt** 85.000
Fertilizzanti organo-minerali
Fitofarmaci rame e zolfo
Diserbo lavorazione meccanica/manuale
Lieviti selezione di lieviti indigeni
Uve 100% di proprietà
Certificazione nessuna certificazione

MOMBERCELLI (AT)

LUIGI SPERTINO

Strada Lea, 505 - tel. 0141 959098
luigi.spertino@libero.it

VITA - Sperimentatore infaticabile, Mauro Spertino conduce da diversi anni l'azienda fondata dal padre Luigi, oggi con il contributo prezioso e sempre più importante dei figli Andrea e Marina. Punto di forza di questa bella realtà è la qualità impeccabile dei vini, dal Grignolino, classico e in anfora, alla Barbera, dal Cortese al nuovo e ottimo Metodo Classico, senza dimenticare che Mauro ha una vera passione per i Vermouth.

VIGNE - Tutti i lavori effettuati nelle diverse vigne sono manuali. Ciò significa un numero di ore molto maggiore per Mauro e coloro che lavorano nei vigneti, e un notevole aggravio di spesa. La scelta di Mauro non è dettata solo da considerazioni pratiche come la pendenza dei terreni e così via, ma dalla volontà di rispettare l'ambiente ed evitare compattamenti del terreno.

VINI - Grande attenzione al dettaglio, alla pulizia ma anche alle esigenze intrinseche di ogni varietà sono alla base di una gamma impeccabile.

TOP **Grignolino d'Asti 2019** VINO SLOW ● 15.000 bt; 17 € - ▯ - Si presenta quest'anno in una versione agile, fresca, molto tipica; queste caratteristiche gli conferiscono una grande facilità di breva con un piacevole sottofondo erbaceo.
Grignolino d'Asti Margherita Barbero 2019 ● 2.000 bt; 31 € - ⚱ - Terroso e sapido, conferma che questa varietà si sposa benissimo con l'anfora; bello il frutto nel finale.
Barbera d'Asti Sup. La Mandorla 2018 ● 4.500 bt; 68 € - 🛢 - A nostro avviso la migliore di sempre per l'equilibrio che mostra nella sua bella ricchezza; affinata in tonneau, non avrà difficoltà ad assorbire il legno con il tempo.
M. Cl. Luigi Spertino 2016 ○ pinot nero; 3.000 bt; 34 € - ▯ - Teso, minerale, incisivo.
Vilèt 2017 ○ cortese; 2.500 bt; 27 € - ▯ - Bianco macerato, succoso, fruttato, consistente.
Barbera d'Asti 2018 ● 12.000 bt; 20 € - ◎ - Fresco, varietale, contrastato.

ha 12,5 - **bt** 42.000
Fertilizzanti letame
Fitofarmaci rame e zolfo
Diserbo lavorazione meccanica/manuale
Lieviti selezione di lieviti indigeni
Uve 100% di proprietà
Certificazione nessuna certificazione

MONLEALE (AL)

RENATO BOVERI

SCONTO **-10%**

Strada Costa del Ronco, 2 - tel. 0131 80560 - 347 9302791
bdany68@alice.it

VITA - Renato Boveri è praticamente un'istituzione del territorio tortonese, e alla sua ottantasettesima vendemmia (sicuramente un record!) ha lasciato completamente in mano al figlio Danilo le redini aziendali. Una storia ultracentenaria, con la vigna più vecchia, Sant'Ambrogio, piantata nel 1917, e una preziosa saggezza contadina che si può assorbire andando a Monleale.

VIGNE - La cappella votiva dedicata a Sant'Ambrogio domina il succitato vigneto più vecchio, principalmente vitato a barbera; in altre zone si coltivano tutte le uve più tipiche della zona, tra cui cortese, freisa e naturalmente croatina e timorasso. L'approccio agronomico è inteso a esaltare l'artigianalità e a rispettare ciò che madre natura offre, seguendo le tradizioni di questo angolo di Piemonte.

VINI - Annate sempre più calde, zuccheri e alcol sempre più presenti: nessuna ricerca di ruffianeria, ci tiene a specificare Danilo, solo rispetto dell'annata e delle maturazioni. Va specificato che l'equilibrio e la godibilità ci sono, assieme a un fascino un po' piacione. Non presentati il Cappelletta (Cortese) e il Costa Da Ronco (Croatina), non ancora pronti al momento del nostro assaggio.

Sant'Ambrogio 2018 ● barbera; 4.800 bt; 16 € - Potente, pieno, quasi amaroneggiante, è molto piacevole senza eccedere nei muscoli.
Barlou 2019 ● barbera, merlot; 3.000 bt; 13 € - Una piccola chicca: macerazione carbonica lunga mista a una fermentazione tradizionale, per un vino davvero convincente e gastronomico.
Derthona Sant'Alberto 2018 ○ 4.800 bt; 18 € - Versione particolare di Timorasso, che non insegue l'acidità ma si lascia cullare dalle morbidezze.
Tri Russ 2018 ● barbera, dolcetto, freisa; 3.500 bt; 15 € - Articolato, fruttato, autentico.

ha 8 - **bt** 25.000
Fertilizzanti letame in pellet
Fitofarmaci rame e zolfo
Diserbo lavorazione meccanica/manuale
Lieviti fermentazione spontanea, selezione di lieviti indigeni
Uve 100% di proprietà
Certificazione nessuna certificazione

MONLEALE (AL)

VIGNETI MASSA

Piazza Capsoni, 10 - tel. 0131 80302
vignetimassa@libero.it

VITA - Walter Massa è entrato nel mondo dell'enologia nel 1978, quando ha raccolto le redini dell'azienda di famiglia. Il patrimonio vitato allora era quasi del tutto rappresentato dalle vigne di barbera. Nel 1986 ha iniziato a pensare al timorasso come chiave di "svolta" per la sua azienda. A fine degli anni Novanta ha quindi creato un gruppo di vignaioli amici, che ha rivoluzionato la storia di questo angolo di Piemonte.

VIGNE - Intorno al piccolo abitato di Monleale Alto troviamo i celebri vigneti di Walter: a sud ci sono il Costa del Vento e Sterpi, a ovest Montecitorio, mentre a est il giovane (per anno di impianto) Scalda Pulce, che per ora non è ancora stato vinificato singolarmente. La gestione è un po' scapigliata come il protagonista di questa storia: si fa seguendo l'istinto.

VINI - Individuare uno stile non è cosa semplice, perché Walter non ha mai smesso di sperimentare. In genere i suoi bianchi si segnalano per estrema longevità e per la ricchezza in gioventù.

TOP **Derthona Costa del Vento 2018** VINO SLOW ○ 6.000 bt; 43 € - Ha un impatto olfattivo molto ricco, con cenni di miele e di nocciola, poi ha succo e un finale acido-salino che sorregge la beva opulenta.
Derthona Sterpi 2018 ○ 6.000 bt; 43 € - Grasso e luminoso, ha potenzialità di invecchiamento certe e una beva a tratti faticosa e a tratti leggiadra.
Derthona Montecitorio 2018 ○ 6.000 bt; 43 € - Affilato ed esuberante allo stesso tempo, non è semplice classificarlo, ne rendere a parole la sua complessità. Risulta cangiante e vivo nel bicchiere.
Derthona 2018 ○ 60.000 bt; 20 € - Avvolgente, speziato, consistente.
Colli Tortonesi Monleale 2016 ● 20.000 bt; 20 € - Incisivo, speziato, ampio.
Sentieri 2019 ● barbera; 12.000 bt; 12 € - Fresco, fruttato, energico.

ha 27 - **bt** 140.000
Fertilizzanti compost, letame in pellet, sovescio
Fitofarmaci chimici di sintesi, rame e zolfo
Diserbo lavorazione meccanica/manuale
Lieviti selezione di lieviti indigeni
Uve 100% di proprietà
Certificazione nessuna certificazione

MONTEGIOCO (AL)

CASCINA SALICETTI

Cascina Salicetti, 2 - tel. 0131 875192 - 338 8238170
www.cascinasalicetti.it - info@cascinasalicetti.it

VITA - Siamo a Montegioco, in una zona molto panoramica delle colline tortonesi. Con Anselmo Franzosi si è ormai giunti alla terza generazione di vignaioli, ma è grazie al padre Marco che si deve l'iniziale conversione da azienda dedita ad agricoltura mista e allevamento a cantina vitivinicola. Dopo gli studi in enologia Anselmo ha proseguito su questa strada e ha portato Cascina Salicetti a essere una delle realtà emergenti del territorio.

VIGNE - Dei 46 ettari di proprietà, solo 16 sono dedicati alla coltivazione della vite, e sono collocati in un corpo unico tutt'intorno alla cascina, formando un anfiteatro naturale. Questo ha permesso di poter scegliere per ogni vitigno le posizioni migliori, lasciando le rimanenti parti a seminativo o bosco. Dal 2020 è stato eliminato il diserbo chimico.

VINI - L'azienda intende mettere in bottiglia quello che la natura, i terreni e le condizioni climatiche sanno offrire: tutti vini in purezza, che trasmettono eleganza e freschezza e che sono espressione schietta della varietà.

Colli Tortonesi Timorasso Ombre di Luna 2018 ○ 3.000 bt; 15 € - 🍷 - Al naso è ampio, con sentori di frutta bianca e fiori. In bocca è fresco, corposo, con sentori minerali e di lunga persistenza.
Colli Tortonesi Croatina Risulò 2017 ● 3.000 bt; 9 € - 🍷 - Si presenta con un naso ampio di frutta rossa. In bocca è morbido, con tannini poco invadenti, e ben strutturato.
Colli Tortonesi Barbera Morganti 2019 ● 3.000 bt; 8 € - 🍷 - Dal profilo olfattivo fruttato maturo, al palato è morbido e ben contrastato dall'acidità.
Colli Tortonesi Rosso Il Seguito 2018 ● 3.000 bt; 9 € - 🍷 - Ampio, fruttato, essenziale.
Colli Tortonesi Dolcetto Mont'effe 2019 ● 3.000 bt; 8 € - 🍷 - Dinamico, fruttato, armonico.

ha 16 - **bt** 35.000
Fertilizzanti letame in pellet
Fitofarmaci rame e zolfo
Diserbo nessun diserbo
Lieviti selezione di lieviti indigeni
Uve 100% di proprietà
Certificazione nessuna certificazione

MONTEGROSSO D'ASTI

ANTONIO BELLICOSO

SCONTO **-10%**

Frazione Molisso, 5/a - tel. 0141 953233
www.bellicoso.it - antonio.bellicoso@alice.it

VITA - Nel panorama monferrino la cantina Bellicoso si distingue per l'accoglienza e la spontaneità. Antonio è un vignaiolo in formazione continua (rimarchevole la sua ricerca sul vitigno freisa), e con la sua famiglia è pronto ad accogliervi con un buon calice o un buon piatto dalla cucina del bellissimo agriturismo adiacente. Il tutto immersi in quel "mare verde" che tanto piaceva allo scrittore Davide Lajolo, e che tanto piace a noi.

VIGNE - Barbera e freisa sono le varietà coltivate nel parco vitato che circonda quasi in un corpo unico la cantina e l'agriturismo. Antonio ha bandito da tempo l'uso della chimica ed è attento al percorso della vite, in particolare all'attività fogliare, decisiva per lo sviluppo del frutto. L'attenzione e il rispetto fanno sì che i vigneti si integrino alla perfezione con il panorama circostante e ci regalino degli ottimi vini.

VINI - Interpretare al meglio il frutto intervenendo il meno possibile: sono vini autentici, senza mezze misure, di buona beva, e in cui riconoscere il varietale è la regola. È lo stile di Antonio, e lo si ritrova in ogni sua bottiglia.

Barbera d'Asti Amor Mio 2019 ● 15.000 bt; 9 € - 🍷 - Espressione tipica dello stile della cantina, denota semplicità, fraganza e un'ottima acidità, su toni di frutti varietali come la ciliegia. Un vino da merenda, da bere tutto in un sorso.
Freisa d'Asti 2019 ● 5.000 bt; 10 € - 🍷 - Un tannino setoso, quasi da Pinot nero, e un sorso ampio che si distingue per i suoi richiami fruttati, delicati e integrati perfettamente.
Barbera d'Asti Merum 2018 ● 4.000 bt; 19 € - 🍷 - Ampio, fruttato, varietale.
Chiaroforte 2019 ● freisa; 3.000 bt; 7 € - 🍷 - Fresco, fruttato, sapido.

ha 5 - **bt** 22.000
Fertilizzanti minerali
Fitofarmaci chimici di sintesi, rame e zolfo
Diserbo lavorazione meccanica/manuale
Lieviti selezione di lieviti indigeni
Uve 100% di proprietà
Certificazione nessuna certificazione

MONTEGROSSO D'ASTI (AT)

TENUTA LA MERIDIANA

SCONTO **-10%**

Via Tana Bassa, 5 - tel. 0141 956172
www.tenutalameridiana.com - info@tenutalameridiana.com

VITA - L'azienda storica costruita dal compianto Giampiero Bianco oggi è guidata con slancio curioso e professionale da Federico Primo, che l'ha acquistata nel 2017. Dopo i primi mesi di collaborazione fianco a fianco, la prematura scomparsa di Giampiero nel 2018 lo ha obbligato a cambiare passo e a rimboccarsi ancora di più le maniche.

VIGNE - Siamo a Montegrosso d'Asti, in un territorio vocato ovviamente per il barbera, ma che non disdegna altre varietà, tra cui il nebbiolo, che proprio nel Monferrato un tempo aveva una delle sue patrie d'elezione. Il parco vitato si distende tutto intorno alla cantina e ogni vigna è raggiungibile a piedi.

VINI - Lo stile è moderno e prevede per le Barbere più importanti l'uso di legni piccoli, ma i risultati del passaggio di consegne inizieranno a vedersi più chiaramente tra qualche anno.

Barbera d'Asti Sup. Bricco Sereno 2018 ● 12.000 bt; 17 € - - La Barbera più convincente di quest'anno. Ancora segnata un po' dall'affinamento in legno al naso, in bocca si presenta ricca di materia, succosa, con una corroborante tensione gustativa, ma anche morbida.
Barbera d'Asti Sup. Tra la Terra e il Cielo 2018 ● 9.000 bt; 23 € - - Un'incollatura dietro alla Barbera precedente: il legno qui è più integrato ed emerge il classico profilo fruttato, e in bocca troviamo succo e freschezza, con un lieve apporto tannico.
Barbera d'Asti Le Gagie 2018 ● 18.000 bt; 13 € - - La più semplice e schietta, ha una bella impronta varietale e una bocca fresca e salina che difetta un po' di succosità.
Monferrato Nebbiolo L'Antagonista 2019 ● 3.500 bt; 15 € - - Ruvido, fruttato, espressivo.
Monferrato Rosso Rivaia 2016 ● 5.000 bt; 24 € - - Potente, vegetale, increspato.

ha 14 - **bt** 100.000
Fertilizzanti letame in pellet, letame, sovescio
Fitofarmaci organici, rame e zolfo
Diserbo lavorazione meccanica/manuale
Lieviti fermentazione spontanea, selezione di lieviti indigeni
Uve 100% di proprietà
Certificazione nessuna certificazione

MONTEMARZINO (AL)

POMODOLCE

SCONTO **-10%**

Via IV Novembre, 7 - tel. 0131 878135
www.pomodolce.it - info@pomodolce.it

VITA - Siamo a Montemarzino, dove nelle giornate di sole e cielo terso si può godere di un incantevole panorama sulla catena alpina: dopo boschi e vigneti ecco spuntare il monte Rosa e il Cervino. Il giovane Alessandro Davico, aiutato dal padre Silvio e negli ultimi anni dalla moglie Francesca Siotto nel marketing, porta avanti l'azienda che quest'anno festeggia i 15 anni di attività.

VIGNE - Dalla terrazza vicina allo storico ristorante di famiglia Da Giuseppe, dove, insieme ai piatti tipici del territorio si possono degustare i vini aziendali, c'è una bella vista sulle vigne, tutte esposte a sud su terreni bianchi, calcarei e tufacei. Grande spazio al timorasso, mentre fra le uve a bacca nera troviamo barbera, croatina, nebbiolo e dolcetto, nel suo antico clone, nei Colli Tortonesi chiamato nibiò.

VINI - Per le uve timorasso si predilige una breve macerazione a freddo, così da valorizzare le migliori caratteristiche organolettiche della varietà.

Colli Tortonesi Timorasso Grue 2018 ○ 2.000 bt; 16 € - - Da un'attenta selezione in vigna esce una grande espressione di Timorasso, in cui già avvertiamo, al naso, un bouquet complesso ed espressivo: i fiori, la frutta a polpa bianca, le erbe, e quella nota minerale destinata a evolversi nel tempo. Il sorso è incisivo e fresco.
Colli Tortonesi Timorasso Diletto 2018 ○ 3.500 bt; 13 € - - Al naso il vino si presenta elegante, e in bocca troviamo richiami agrumati che invogliano la beva, e una perfetta corrispondenza gusto-olfattiva.
Piccolo Derthona 2019 ○ 1.000 bt; 12 € - - Fresco, floreale, delicato.
Colli Tortonesi Monleale Marsen 2015 ● 2.500 bt; 12 € - - Succoso, fruttato, energico.
Niall 2015 ● nebbiolo; 1.500 bt; 12 € - - Solido, speziato, consistente.

ha 6 - **bt** 20.000
Fertilizzanti letame in pellet
Fitofarmaci rame e zolfo
Diserbo lavorazione meccanica/manuale
Lieviti selezione di lieviti indigeni
Uve 100% di proprietà
Certificazione biologico certificato

MORSASCO (AL)

LA GUARDIA

Podere La Guardia, 74 - tel. 0144 73076
www.laguardiavilladelfini.com - guardia@libero.it

VITA - Questa è un'azienda storica, tra le più prestigiose del territorio acquese e ovadese. Esempio di gestione familiare, vede alla guida Franco Priarone e i suoi cinque figli, ognuno con le sue incombenze: Graziella segue la cantina e la parte enologica, Giorgio cura i vigneti, Mariangela, Bruna e Ottavio si dedicano alla parte amministrativa e commerciale. Da segnalare le cantine del Seicento che si trovano nella sede aziendale Villa Delfini, utilizzata anche per eventi.

VIGNE - I vigneti sono accorpati in un blocco unico e circondano la sede aziendale: siamo a circa 330 metri di altitudine con un'esposizione sud, sud-est; il terreno è tufaceo, calcareo e sassoso. Troviamo sia le classiche uve monferrine dolcetto e barbera, sia i vitigni internazionali come cabernet sauvignon, merlot e pinot nero. Tra le uve a bacca bianca cortese e chardonnay.

VINI - Graziella è poco interventista in cantina: i vini sono franchi, varietali e territoriali, e fanno lunghi affinamenti prima della messa in commercio. Molte sono le etichette in gamma, e alcune di queste non erano ancora pronte al momento degli assaggi.

Barbera del Monferrato Ornovo 2017 ● 6.500 bt; 14 € - ▯ - Al naso troviamo sentori balsamici e fruttati, e in bocca la ben presente acidità, tipica della Barbera, che è contrastata da un'ottima struttura. Il finale è persistente.
Lucifero 2017 ● merlot, dolcetto, pinot nero; 4.500 bt; 22 € - ▯ - Un blend figlio di un'annata calda e siccitosa: il naso è complesso, e il sorso è slanciato, con tannini non invasivi e un'ottima chiusura sapida e persistente.
Brut Rosè La Guardia 2018 ⁘ pinot nero; 6.500 bt; 19 € - ▯ - Un Metodo Charmat semplice e piacevolmente fragrante.

ha 35 - **bt** 80.000
Fertilizzanti sovescio
Fitofarmaci rame e zolfo
Diserbo lavorazione meccanica/manuale
Lieviti selezionati industriali
Uve 100% di proprietà
Certificazione nessuna certificazione

NIZZA MONFERRATO (AT)

CASCINA LA BARBATELLA

Strada Annunziata, 55 - tel. 0141 701434 - 349 4165240
www.labarbatella.com - cascina@labarbatella.com

VITA - Situata all'Annunziata, in uno dei luoghi più suggestivi dell'areale del Nizza, Cascina La Barbatella dal 2010 è di proprietà di Lorenzo Perego, giovane imprenditore lombardo attratto non solo dalla bellezza del luogo, ma anche dalla voglia di lasciare un segno nel mondo del vino. Oltre che per la qualità dei vini realizzati, Lorenzo si distingue per l'organizzazione di numerosi eventi, supportato dalla moglie Cinzia Marguccio.

VIGNE - I vigneti, tutti piantati intorno alla cantina, insistono su suoli di origine prettamente calcarea e tendente al sabbioso, ad altitudini di circa 220 metri. A gestire le pratiche agronomiche è da oltre 30 anni il sapiente Domenico Pera, che non contento, sotto la supervisione dell'enologo Claudio Dacasto, si occupa anche delle operazioni in cantina.

VINI - Lo sguardo moderno si propone un solo risultato, quello di ottenere grandi vini che esprimano uno stile ben definito e riconoscibile.

Nizza La Vigna dell'Angelo Ris. 2016 ● 1.000 bt; 39 € - ▦ - Nasce dai nove filari meglio esposti della Vigna dell'Angelo. Il naso è complesso: il frutto, il tostato, le note di cioccolato e di spezie sono perfettamente integrate. Al palato è sorprendente sia per la nobiltà del tannino, sia per l'armonia, e il sorso è più che mai incisivo e profondo.
Barbera d'Asti La Barbatella 2018 ● 8.000 bt; 12 € - ▯ - Una Barbera classica, di interpretazione più semplice e beverina: intensa e pulita al naso, dove emerge il frutto croccante, è agile, tesa e succosa al palato.
Monferrato Rosso Sonvico 2015 ● 2.000 bt; 38 € - ▦ - Questo vino da uve cabernet sauvignon e barbera rappresenta il legame tra la vecchia gestione del fondatore Angelo Sonvico e quella attuale: è un'esplosione di frutti rossi e spezie, con un palato in cui emerge un tannino solido, che dialoga bene con l'acidità.

ha 5 - **bt** 25.000
Fertilizzanti letame
Fitofarmaci rame e zolfo
Diserbo lavorazione meccanica/manuale
Lieviti fermentazione spontanea, selezione di lieviti indigeni
Uve 100% di proprietà
Certificazione nessuna certificazione

NIZZA MONFERRATO (AT)

LA GIRONDA

SCONTO **-10%**

Strada Bricco, 12 - tel. 0141 701013
www.lagironda.com - info@lagironda.com

VITA - Se il comparto del Nizza sta acquistando sicurezza anno dopo anno è anche grazie a La Gironda, una realtà piccola ma caratterizzata da un'idea molto chiara di Barbera, declinata in tre versioni quasi "scolastiche" nel raccontarne la versatilità. Il merito è di Susanna Galandrino, sempre sorridente e intraprendente, e di suo marito Alberto Adamo.

VIGNE - La cantina si trova sul Bricco di Nizza, in una posizione prestigiosa e incantevole, ed è circondata dalle vigne aziendali, con barbera, ma anche varietà a bacca bianca. Tuttavia il nucleo originario della famiglia Galandrino si trova a Calamandrana, dove su suoli tufacei allignano anche filari di moscato e brachetto.

VINI - Rispettare fedelmente l'espressione varietale delle uve barbera non è scontato in un territorio che ancora tende, in taluni casi, a incagliarsi in sovrastrutture enologiche soverchianti. La Gironda, al contrario, ha il grande pregio della schiettezza produttiva. Purtroppo manca all'appello la Barbera d'Asti Superiore La Gena.

Nizza Le Nicchie 2017 ● 7.000 bt; 23 € - Fedele figlio di un'annata calda e siccitosa, risulta ben contrastato tra morbidezza alcolica, densità del frutto, freschezza varietale e profondità gustativa. Un giovanotto che ha tanta strada davanti.
Barbera d'Asti La Lippa 2019 ● 20.000 bt; 10 € - La Barbera senza schermi: fruttata, succosa, freschissima. Da bere tutti i giorni, senza remore.
Moscato d'Asti 2019 ○ 18.000 bt; 10 € - Metodo Charmat, fresco, floreale, verace.
M. Cl. Galandrino Brut 2015 ○ chardonnay, pinot nero; 2.000 bt; 20 € - Fresco, agrumato, essenziale.
Monferrato Rosso Soul 2016 ● 3.000 bt; 23 € - Incisivo, fruttato, opulento.

ha 8,5 - **bt** 65.000
Fertilizzanti nessun concime
Fitofarmaci organici, rame e zolfo
Diserbo lavorazione meccanica/manuale
Lieviti fermentazione spontanea, selezione di lieviti indigeni
Uve acquisto 6%
Certificazione in conversione biologica

NIZZA MONFERRATO (AT)

SCARPA

Via Montegrappa, 6 - tel. 0141 721331
www.scarpawine.com - info@scarpawine.com

VITA - Sono già alcuni anni che in casa Scarpa si respira un'aria di grande rinnovamento e la voglia di rilanciare una storia ultra centenaria. La proprietà è in mano a imprenditori russi, ma la gestione è affidata a giovani motivati e preparati. Riikka Sukula è la direttrice, Andrea Roccione si occupa degli aspetti commerciali, mentre l'enologo è Silvio Trinchero.

VIGNE - Pur essendo la cantina nel centro di Nizza, purtroppo (per noi visto che appoggiamo molto la nuova denominazione) i vigneti sono esterni alla Docg. Poco male, perché l'appezzamento spettacolare posto a Castel Rocchero merita la visita. Qui il vitigno barbera è assoluto padrone grazie a un suolo e un clima che ne esaltano le caratteristiche. Negli ultimi anni è stato acquistato un appezzamento nella menzione Monvigliero a Verduno, mentre da più tempo si possiedono 2,2 ettari a Canova di Neive e 1,2 ettari nel Roncaglie.

VINI - Quello che non è cambiato è lo stile classico nell'affinamento della Barbera, con legni grandi e tanta pazienza nelle macerazioni.

TOP **Barbera d'Asti Casascarpa 2017** VINO QUOTIDIANO ● 33.000 bt; 9 € - Un rosso estremamente godibile, territoriale e dal prezzo molto conveniente. Tanta frutta e acidità saporita.
Barbera d'Asti Sup. La Bogliona 2014 ● 8.500 bt; 41 € - L'etichetta che ha contribuito a creare il mito di questa azienda. Grande profondità e complessità sia al naso sia in bocca. Freschezza intensa nonostante l'annata.
Barbera d'Asti I Bricchi 2015 ● 12.000 bt; 21 € - Cenni di spezie e di terra bagnata rendono più complesso l'impatto fruttato, con un bell'allungo salino al palato.
Monferrato Rosso Rouchet 2017 ● 3.500 bt; 24 € - Dinamico, floreale, delicato.
Monferrato Bianco 2018 ○ 2.500 bt; 15 € - Armonico, floreale, contrastato.

ha 31 - **bt** 150.000
Fertilizzanti letame in pellet, sovescio
Fitofarmaci chimici di sintesi, rame e zolfo
Diserbo lavorazione meccanica/manuale
Lieviti selezionati industriali, selezione di lieviti indigeni
Uve acquisto 6%
Certificazione in conversione biologica

NIZZA MONFERRATO (AT)

SETTE

SCONTO **-10%**

Località Ponteverde, 74 - tel. 340 1002253
www.sette.wine - info@sette.wine

VITA - Un trio delle meraviglie quello che ha dato vita a questa giovanissima azienda: abbiamo l'enologo talentuoso, Gian Luca Colombo, il commerciale hipster e geniale, Gino Della Porta, e l'avvocato milanese dalla cultura strabordante, Gregorio Gitti. Due di questi hanno anche altre aziende: Colombo la piccola Segni di Langa in quel di Roddi, mentre Gitti l'affascinante Castello di Perno. Probabilmente anche grazie a questa natura eterogenea i vini che nascono sono spiazzanti e ci hanno conquistato.

VIGNE - Nonostante la proprietà sia piuttosto piccola, Gian Luca ha individuato ben 17 parcelle differenti (per suolo, vitigno, età delle piante) su cui si opera in modo diverso. L'uomo di vigna è Franco Desole, che cura i filari come un giardino. Due ettari sono impervi e hanno ceppi di quasi 70 anni di età, un vero e proprio cru che regala al Nizza complessità e ricchezza da primato.

VINI - Qui si marcia sulla lama di un rasoio e si sperimenta molto dal punto di vista enologico, con macerazioni lunghissime per la Barbera. Il risultato è, il più delle volte, entusiasmante, e va all'essenza di un terroir dalle potenzialità immense.

TOP **Nizza 2018** VINO SLOW ● 6.500 bt; 23 € - Di questo rosso ci hanno conquistato la scia sapida e la sua lunghezza da primato, senza essere ricco o troppo estratto. Il naso è ancora molto giovane, ma uscirà alla grande.

Barbera d'Asti 2019 ● 8.000 bt; 13 € - Profumi terrosi ed ematici per un sorso saporito, con chiusura delicata e super beverina.

Moscato Secco 2019 ○ 1.500 bt; 14 € - Un bianco inaspettato e dalle note vegetali che conquistano. In bocca è un concentrato di energia e allungo salino.

Rosato 2019 barbera; 1.600 bt; 12 € - Agile, terroso, ampio.

Vino da Litro 2019 ● barbera, syrah; 4.000 bt da 1 l; 10 € - Croccante, fruttato, gastronomico.

ha 5,4 - **bt** 20.000
Fertilizzanti letame
Fitofarmaci organici, rame e zolfo
Diserbo lavorazione meccanica/manuale
Lieviti fermentazione spontanea
Uve 100% di proprietà
Certificazione in conversione biologica

NOVI LIGURE (AL)

LA CEDRAIA

SCONTO **-10%**

Strada Castellone, 3 - tel. 0143 329881
www.lacedraia.it - info@lacedraia.it

VITA - La Cedraia è situata sulle prime colline di Novi Ligure ed è di proprietà della famiglia Cremonini da generazioni. Marco Cremonini, professionalmente occupato in altro settore, ha voluto nel 2009 rilanciare l'attività vitivinicola, credendo nel potenziale delle vigne a dimora nella sua azienda. Con il passare degli anni ha investito sia nello sviluppo della struttura sia nella ricerca di una costante crescita della qualità dei vini.

VIGNE - Le vigne accorpate intorno alla cantina sono situate su dolci colline con una buona esposizione a sud. Il terreno prettamente argilloso è ideale per la coltivazione del cortese. L'attenzione di Marco allo sostenibilità ha portato alla certificazione con il progetto VIVA del Ministero dell'Ambiente, che si basa sui quattro indicatori (acqua, aria, territorio e vigneto) e i cui risultati sono consultabili in etichetta.

VINI - La scommessa che ha fatto Marco per i suoi vini è quella di riuscire a caratterizzare il Gavi rendendolo attrattivo, con buoni profumi e un certo corpo. Una scelta che lo sta premiando.

Gavi Selezione 2019 ○ 3.000 bt; 11 € - Nasce da una selezione delle migliori uve che dona una una struttura più importante, pur mantenendo intatta la fragranza e conservando i profumi caratteristici del vitigno. Al naso spiccano le note piacevoli di frutti bianchi, mentre in bocca il particolare terroir conferisce note minerali e una buona lunghezza.

Gavi 2019 ○ 3.000 bt; 10 € - Fine, floreale, sapido.

Brut La Cedraia 2018 cortese; 3.000 bt; 11 € - Metodo Charmat, fresco, fragrante, delicato.

ha 3 - **bt** 12.000
Fertilizzanti minerali
Fitofarmaci rame e zolfo
Diserbo lavorazione meccanica/manuale
Lieviti selezione di lieviti indigeni
Uve 100% di proprietà
Certificazione nessuna certificazione

NOVI LIGURE (AL)

LA MESMA

SCONTO -10%

Strada Tassarolo, 26 - tel. 0143 342012
www.lamesma.it - info@lamesma.it

VITA - Un'azienda declinata completamente al femminile, nata a inizio degli anni Duemila quando le tre sorelle Rosina, genovesi di origine, decisero di acquistare qualche ettaro di vigna a fianco della villa di famiglia. Ora Anna, Francesca e Paola gestiscono un meccanismo complesso, con un approccio agronomico biologico e una qualità media molto elevata, che colloca La Mesma tra le realtà di riferimento di questo territorio.

VIGNE - Due sono i corpi aziendali: 15 ettari circa circondano la villa di Monterotondo (suoli calcarei e bianchi), primo nucleo vitato che è andato a comporre la proprietà, mentre il secondo si trova a Tassarolo (terreno rosso e ferroso), e culmina con la presenza maestosa e inconfondibile del rovere verde, una pianta ultracentenaria che è monumento nazionale. Il consulente agronomico è il bravissimo Davide Ferrarese.

VINI - Quest'anno siamo orfani di due etichette importanti (la Riserva e l'Etichetta Nera), la cui uscita è posticipata con coraggio per consentirne una maggiore maturazione.

TOP **Gavi del Comune di Gavi Indi 2019** VINO SLOW ○ 10.000 bt; 16 € - Bassa solforosa e fermentazione spontanea per questo bianco spigliato e ricco di sfaccettature. Rilassato in bocca, è morbido e incisivo.
Gavi del Comune di Gavi Etichetta Gialla 2019 ○ 30.000 bt; 11 € - Notevole il carattere che esprime sia al naso sia al palato, con un bel frutto aperto e una chiusura secca e pulita, che invita al sorso.
Gavi M. Cl. 10 Anni 2009 200 magnum; 70 € - Complessità alle stelle per questo spumante, cremoso e con cenni di nocciola e frutta secca. Bella acidità e drittezza al palato.
Gavi M. Cl. La Mesma 2014 1.800 bt; 24 € - Croccante, floreale, incisivo.

ha 25 - **bt** 50.000
Fertilizzanti letame in pellet, sovescio
Fitofarmaci rame e zolfo
Diserbo lavorazione meccanica/manuale
Lieviti fermentazione spontanea, selezionati industriali, selezione di lieviti indigeni
Uve 100% di proprietà
Certificazione biologico certificato

NOVI LIGURE (AL)

LA RAIA

SCONTO -10%

Strada Monterotondo, 79 - tel. 0143 743685
www.la-raia.it - info@la-raia.it

VITA - L'agricoltura sostenibile è il caposaldo su cui la famiglia Rossi Cairo nel 2003 ha fondato questa azienda di 180 ettari, di cui solo una parte coltivati a vite. L'ambizioso progetto di Piero Rossi Cairo ha visto il recupero di alcuni fabbricati dell'Ottocento, come Borgo Merlassino, adibito ora a struttura ricettiva, e il punto di ristoro Locanda La Raia.

VIGNE - Il microclima e la componente sabbiosa dei terreni assicurano vini bianchi longevi, in particolar modo dalle vigne La Madonnina e Cascinetta nel cru Pisè, dove le viti raggiungono anche i 70 anni di età. La coltivazione prevede l'inerbimento dei filari e il rifiuto di usare sostanze chimiche di sintesi.

VINI - La parte enologica è affidata a Clara Milani, con la consulenza esterna di Piero Ballario. La filosofia aziendale si pone l'obiettivo di ottenere vini puliti, di qualità e dal grande potenziale evolutivo, facendo anche emergere una propria identità riconoscibile.

TOP **Gavi Pisé 2017** VINO SLOW ○ 3.500 bt; 24 € - La lunga permanenza sui lieviti (20 mesi) conferisce a questo vino un'identità unica. Ampio e intenso nei profumi, ha una nota minerale che si unisce alla frutta disidratata e alla crosta di pane. L'ingresso in bocca è denso e articolato, per un sorso compatto e persistente.
Gavi Vigna Madonnina Ris. 2018 ○ 19.000 bt; 17 € - Le uve provengono da un singolo vigneto e affinano per 12 mesi sui lieviti. Al naso presenta note floreali e di frutta matura. Al palato è armonico, schietto e varietale.
Gavi 2019 ○ 110.000 bt; 12 € - Un vino di pronta beva, gradevole e fresco, nonostante l'annata difficile. Fine e delicato al naso, ha sentori floreali e minerali. In bocca è citrino e fruttato, con un finale sottile e di buon equilibrio.
Piemonte Barbera 2019 ● 13.000 bt; 12 € - Croccante, floreale, sapido.

ha 45 - **bt** 160.000
Fertilizzanti letame, preparati biodinamici, sovescio
Fitofarmaci rame e zolfo
Diserbo lavorazione meccanica/manuale
Lieviti selezione di lieviti indigeni
Uve 100% di proprietà
Certificazione biodinamico certificato, biologico certificato

OVADA (AL)

BONDI

Strada Cappellette, 76 - tel. 0143 821369 - 339 2663204
www.bondivini.it - info@bondivini.it

VITA - I Bondi hanno acquisito Cascina Banaia e i vigneti attigui nei primi anni Duemila, trasferendo la grande passione che già avevano per l'enogastronomia – visto che da molti anni gestivano il ristorante Locanda dell'Olmo di Bosco Marengo – anche nella produzione vitivinicola. Quello che poteva sembrare un azzardo è risultato una scommessa vinta, facendo di questa realtà una cantina di riferimento per il territorio.

VIGNE - I vigneti sono collocati in una delle zone più vocate per la coltivazione del dolcetto, le famose terre bianche di Ovada. Siamo in località Cappellette, a un'altitudine di circa 500 metri, con un'ottima esposizione a sud. Qui troviamo ceppi di dolcetto e barbera, oltre a del merlot che ha dato ottimi risultati. Nel 2019 è stato acquistato un vigneto di circa un ettaro, attiguo a quelli già esistenti.

VINI - Giovanni Bailo collabora con Andrea Bondi per la parte enologica. I vini sono strutturati e opulenti, diretta espressione delle uve, senza necessità di grandi mediazioni in cantina: sviluppano il loro potenziale dopo lunghi affinamenti.

Ovada D'uien 2017 ● 3.500 bt; 10 € - 🛢 - Un tannino vibrante dona tensione a un vino di struttura importante, dall'ottima persistenza gustativa e dai sentori fragranti di frutta rossa matura.
Barbera del Monferrato Sup. Ruvrin 2017 ● 1.500 bt; 14 € - 🛢 - Affinato in legno piccolo per 24 mesi, al naso presenta note tostate, leggere sfumature speziate e sentori di frutta matura. La bocca è succosa e fresca, e ha un finale persistente che esalta la sapidità.
Monferrato Rosso Ansensò 2017 ● 1.500 bt; 16 € - 🛢 - Viene prodotto solo nelle annate in cui le uve merlot meritano davvero di essere vinificate in purezza e trascorre 24 mesi in barrique. Morbido al palato, è di buona intensità gustativa e unisce i sentori speziati alle note erbacee.

ha 5 - **bt** 20.000
Fertilizzanti letame
Fitofarmaci chimici di sintesi, rame e zolfo
Diserbo lavorazione meccanica/manuale
Lieviti selezione di lieviti indigeni
Uve 100% di proprietà
Certificazione nessuna certificazione

OVADA (AL)

CASTELLO DI GRILLANO

SCONTO **-10%**

Frazione Grillano, 4 - tel. 0143 821085
www.castellodigrillano.it - info@castellodigrillano.it

VITA - Nel Castello di Grillano si produce vino dagli anni Trenta del Novecento. Dal 2000 è Francesco Torello a condurre personalmente questa piccola azienda del territorio ovadese. Il marketing e la logistica sono i settori nei quali si sta cimentando la nuova generazione. L'accoglienza comprende anche una guesthouse in cui soggiornare.

VIGNE - Dal 2008 l'azienda ha intrapreso la strada dell'agricoltura biologica. Dopo aver imparato sui libri e attraverso l'esperienza sul campo, Francesco si occupa della parte agronomica, seguendo l'istinto e il cuore. La valorizzazione del terroir è il caposaldo da cui partire per arrivare a un prodotto di qualità. Qui le terre bianche poco distanti dal mare regalano vini delicati e fini.

VINI - Vincenzo Munì collabora con Francesco per la parte enologica. L'intenzione in cantina è quella di evitare interventi invasivi, accompagnando il mosto quasi con discrezione. I vini frizzanti sono prodotti con la tecnica della rifermentazione in bottiglia.

Dolcetto di Ovada Sup. 2018 ● 4.000 bt; 8 € - 🛢 - Sorprende per la finezza e cesellatura del sorso. Le note fruttate dimostrano la spiccata personalità varietale del vino, che in bocca trova particolare persistenza.
Barbera del Monferrato Sup. Tourgnà 2018 ● 3.500 bt; 8 € - 🛢 - Una Barbera che si apre su classiche note fruttate. L'affinamento in botti di rovere aggiunge corpo alla beva, caratterizzata da buona freschezza e da un finale armonico e appagante.
Monferrato Bianco 2019 ○ 2.000 bt; 6 € - 🛢 - Schietto, floreale, autentico.
Bianco Frizzante Fefì 2019 ○ cortese; 2.000 bt; 8 € - 🛢 - Metodo Ancestrale, croccante, floreale, cangiante.

ha 4 - **bt** 15.000
Fertilizzanti letame in pellet, sovescio
Fitofarmaci organici, rame e zolfo
Diserbo lavorazione meccanica/manuale
Lieviti selezione di lieviti indigeni
Uve 100% di proprietà
Certificazione biologico certificato

OZZANO MONFERRATO (AL)

CANTINE VALPANE

SCONTO -10%

Cascina Valpane, 10/1 - tel. 0142 486713 - 335 5478607
www.cantinevalpane.com - info@cantinevalpane.com

VITA - In uno degli angoli più belli e meno conosciuti del Monferrato, proprio al confine tra i tre comuni di Ozzano, Cellamonte e Sala Monferrato, si incontra questa tenuta un po' nascosta e fuori dal tempo. Pietro Arditi è il padrone di casa: persona mite e semplice, custodisce un piccolo grande patrimonio, costituito dalla bellissima cascina, le sue cantine storiche, e il prezioso parco di vigneti disposto intorno alla casa settecentesca.

VIGNE - Pietro, da quando ha in gestione la cantina, ha sempre insistito sui vitigni locali, in particolare freisa, barbera e grignolino. Abbandonata l'agricoltura convenzionale, è passato gradualmente al biologico, di cui possiede la certificazione già da alcuni anni. Purtroppo la grandinata che abbiamo documentato nella passata edizione ha effettivamente compromesso buona parte del raccolto 2019.

VINI - Nel tempo Pietro ha riconosciuto il valore della scelta di lasciare invecchiare a dovere i vini, e tende a uscire sempre con qualche anno di ritardo. In cantina il legno è dosatissimo, con un utilizzo minimo e mai con botti di primo passaggio.

Monferrato Freisa Canone Inverso 2016 ● 2.800 bt; 12 € - Una bottiglia in ottima forma: il naso è aperto e presenta nette sfumature speziate e balsamiche. In bocca il tannino e la materia denotano gioventù, per un vino di prospettiva.
Barbera del Monferrato Sup. Valpane 2011 ● 4.000 bt; 19 € - Al naso spiccano note complesse di frutta matura, che contrastano con una bocca viva, freschissima e persistente, con un leggero tannino da legno in chiusura.
Barbera del Monferrato Sup. Perlydia 2015 ● 6.600 bt; 15 € - Al naso emergono sentori balsamici con cenni evolutivi, al palato non mancano freschezza, una buona polpa e slancio.

ha 10 - bt 75.000
Fertilizzanti nessun concime
Fitofarmaci rame e zolfo
Diserbo lavorazione meccanica/manuale
Lieviti fermentazione spontanea
Uve 100% di proprietà
Certificazione biologico certificato

PADERNA (AL)

OLTRETORRENTE

SCONTO -10%

Via Cinque Martiri - tel. 339 8195360 - 348 4027271
www.oltretorrente.com - info@oltretorrente.com

VITA - In un momento storico in cui il Tortonese è diventato terra di conquista di vignaioli alloctoni, vale la pena ricordare che tra i primi forestieri a credere in questi luoghi vanno annoverati Michele Conoscenti e Chiara Penati: correva l'anno 2010 quando, dopo una laurea milanese (sono entrambi agronomi) e alcune esperienze lavorative, hanno deciso di buttarsi su Paderna. Oggi Oltretorrente è una delle voci più cristalline e fresche di questo territorio.

VIGNE - Il parco vitato si suddivide tra alcune vecchie vigne che ospitano diverse varietà, alcune ben note altre meno, e dei nuovi impianti, perlopiù dedicati al timorasso. Michele e Chiara sono diventati custodi di una biodiversità viticola straordinaria, e con approccio sostenibile, passione e curiosità stanno salvando dalla condanna a morte il tesoro viticolo locale.

VINI - Vinificazioni poco interventiste, uso del cemento e ricerca di vini vibranti, che però non rinunciano all'estrazione e alla struttura: sono questi i capisaldi che disegnano la traiettoria dei vini di Oltretorrente.

TOP **Colli Tortonesi Timorasso 2018** VINO SLOW ○ 5.000 bt; 23 € - Una versione solitamente più sottile e fresca della media tra i Timorasso locali, in quest'annata si conferma di grande incisività acida e sapida, per un vino quasi ossuto e segnato da tensione e mineralità.
Colli Tortonesi Barbera Sup. 2017 ● 2.000 bt; 27 € - Le uve da viti molto vecchie, i 2 mesi di macerazione in cemento e i 18 mesi di riposo in barrique usate restituiscono una Barbera sontuosa, dal frutto croccante e di spiccata mineralità. L'acidità vibrante sostiene il sorso polposo, per una galoppata di gusto indimenticabile.
Colli Tortonesi Rosso 2019 ● 14.000 bt; 18 € - Succoso, fruttato, verace.
Colli Tortonesi Bianco 2019 ○ 8.000 bt; 15 € - Agile, fruttato, sapido.

ha 7,5 - bt 30.000
Fertilizzanti sovescio
Fitofarmaci rame e zolfo
Diserbo lavorazione meccanica/manuale
Lieviti fermentazione spontanea
Uve acquisto 10%
Certificazione biologico certificato

Jules Gaubert-Turpin
Adrien Grant Smith Bianchi
IL GIRO DEL MONDO
in
80
bicchieri
Appunti di viaggio
da sorseggiare,
dalle birre belghe
al whisky giapponese
Slow Food Editore

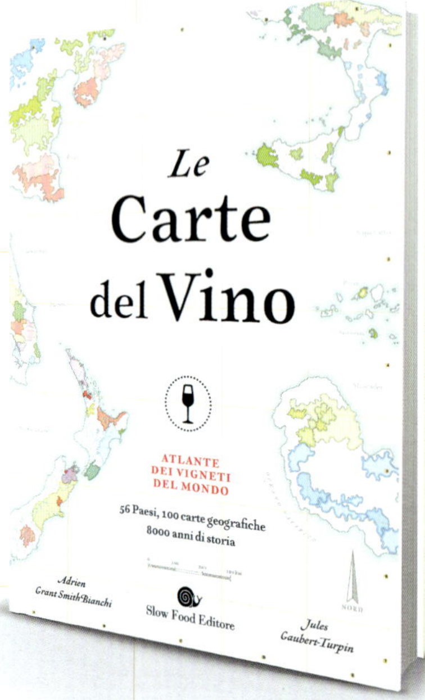
Le
Carte
del Vino
ATLANTE
DEI VIGNETI
DEL MONDO
56 Paesi, 100 carte geografiche
8000 anni di storia
Adrien
Grant Smith Bianchi
Slow Food Editore
Jules
Gaubert-Turpin

PINO D'ASTI (AT)

CA' DEL PRETE

Via Maestra, 55 - tel. 333 8950701
www.vinobiologicocadelprete.it - info@vinobiologicocadelprete.it

VITA - L'azienda, fondata dalla famiglia Ferrero, è nata negli anni Ottanta e fin da subito ha dimostrato una grande sensibilità ambientale: ha intrapreso la strada del biologico nel 1986 e prosegue ancora oggi su questa linea. A partire dal 2014 è subentrato in azienda il giovane Luca, ragazzo di grandissima umiltà ma con le idee molto chiare, che sta apportando significative modifiche a livello di produzione, conducendo solo fermentazioni spontanee.

VIGNE - Un territorio un po' dimenticato dal punto di vista vitivinicolo quello di Pino d'Asti, a cavallo tra le province di Torino e Asti. Le colline dolci e sinuose che si susseguono creano dei magnifici anfiteatri naturali dove albergano le vigne, buona parte delle quali con esposizioni ottimali. Qui i terreni sono calcareo-sabbiosi e vedono la presenza di freisa, barbera e malvasia di Schierano.

VINI - Sperimentare: ecco il senso che Luca sta dando al suo procedere, dando un'interpretazione del tutto personale ma efficace.

Freisa d'Asti Sup. Casot 2017 ● 3.500 bt; 14 € - - Seppur paghi un po' in gioventù, al naso propone sentori fruttati e speziati di grande intensità. L'assaggio evidenzia una trama tannica fitta e vivace, supportata da una vena acida di grande importanza e buona profondità. Da aspettare.
Rosato Frizzante Malvé 2018 malvasia di Schierano, freisa; 3.000 bt; 11 € - - Bello nel suo corredo aromatico, molto tipico, giocato principalmente sulle note fruttate, in bocca è elegante e leggiadro, dalla beva facile e immediata.

Il riassaggio della Freisa d'Asti Blenda 2018 evidenzia un'evoluzione dei sentori che iniziano a virare su un frutto maturo e una lievissima nota agrumata. In bocca è disteso ed equilibrato, con tannini integrati e grande sapidità finale.

ha 4,5 - **bt** 12.000
Fertilizzanti nessun concime
Fitofarmaci rame e zolfo
Diserbo lavorazione meccanica/manuale
Lieviti fermentazione spontanea
Uve 100% di proprietà
Certificazione biologico certificato

ROCCA GRIMALDA (AL)

CASCINA LA MADDALENA

Frazione San Giacomo - Località Pian del Padrone, 257 - tel. 0143 876074
www.cascina-maddalena.com - cascinalamaddalena@gmail.com

VITA - Cascina La Maddalena permette di provare un'esperienza enoica a tutto tondo: il palcoscenico è il territorio ovadese di Rocca Grimalda, e gli attori sono Anna Poggio e il marito Danilo Fascicolo, che in 20 anni hanno saputo far evolvere l'azienda, trasformandola in agriturismo e in un progetto didattico con "Adotta un filare".

VIGNE - I vigneti sono situati nelle vicinanze della cantina. Siamo nel territorio del dolcetto, che qui approfitta dei terreni argillosi, ideali per la sua coltivazione. Tra i filari troviamo tuttavia anche barbera, merlot, viognier e timorasso. Gli impianti hanno un'età di 60 anni se parliamo di barbera, mentre quelli con altre varietà sono più recenti. Importante la consulenza agronomica di Alberto Mallarino.

VINI - I vini dell'azienda, realizzati con la consulenza dell'enologo Fabio Daino, sono fortemente varietali e realizzati in modo schietto, con un giusto compromesso tra corpo e facilità di beva.

Dolcetto di Ovada 2018 ● 3.500 bt; 10 € - - Intense note di frutta rossa e fini note speziate introducono una beva piacevole, molto calda e avvolgente, caratterizzata da una tannicità ben equilibrata e da una buona lunghezza.
Barbera del Monferrato 2018 ● 6.000 bt; 10 € - - Al naso prevalgono le note fruttate, molto intense, prevalentemente di frutta rossa. In bocca troviamo un sorso solido, per un vino con ottime prospettive di evoluzione e articolato.
Bricco del Padrone 2016 ● 1.500 bt; 15 € - - Realizzato con uve merlot in purezza, è un vino di forte carattere, frutto di diversi anni di affinamento. Prevalgono gli aromi di frutta rossa matura, che si accompagnano a leggere note speziate e di liquiriza. La bocca è avvolgente ed equilibrata.
Rosato Venti Rose 2019 barbera, merlot; 2.000 bt; 12 € - - Fine, floreale, essenziale.

ha 5 - **bt** 20.000
Fertilizzanti nessun concime
Fitofarmaci chimici di sintesi, rame e zolfo
Diserbo lavorazione meccanica/manuale
Lieviti selezione di lieviti indigeni
Uve 100% di proprietà
Certificazione nessuna certificazione

ROCCHETTA TANARO (AT)

BRAIDA

Strada Provinciale 27, 9 - tel. 0141 644113
www.braida.it - info@braida.it

VITA - Giacomo Bologna è stato un anticipatore di quasi tutto quello che sarebbe avvenuto nei decenni seguenti. Ristoratore attento alla qualità della materia prima, grande narratore, profeta della Barbera d'Asti. A lui dobbiamo i primi esperimenti tesi a smarcare il vitigno dalla sua fama operaia. Dopo la sua morte prematura ne hanno raccolto il testimone i due figli, Raffaella e Beppe, che con bravura hanno fatto crescere la creatura paterna.

VIGNE - Negli ultimi tre decenni si è investito molto nell'acquisto di terreni, comprendendo il valore del controllo sui filari rispetto al puro acquisto dell'uva. Le selezioni di Barbera nascono a Rocchetta Tanaro, mentre a Castelnuovo Calcea su suolo più leggero si alleva l'uva per il Bacialé; Castiglione d'Asti è il luogo di origine de La Monella.

VINI - I tre cru di casa escono sul mercato molto giovani e risultano possenti e ricchi, carichi di cenni speziati. Con il tempo, lo sappiamo bene, tutto è più armonico e godibile.

Barbera d'Asti Ai Suma 2017 ● 10.000 bt; 60 € - Realizzato solo nelle annate più importanti, è frutto dell'appassimento di una parte dei grappoli. Questa cosa si avverte con intensi profumi di frutti maturi, che vibrano su nobili sensazioni di marmellata. Chiude dolce, sorretto da tanta succosa acidità.
Monferrato Rosso Il Bacialè 2017 ● barbera, cabernet sauvignon, cabernet franc, merlot, pinot nero; 65.000 bt; 15 € - Un rosso molto complesso e opulento. Le note olfattive sono speziate e intense. Il palato graffiante e con tannini decisi, chiude allungato e potente.
Grignolino d'Asti Limonte 2019 ● 20.000 bt; 11 € - Dinamico, fruttato, incisivo.
Barbera del Monferrato La Monella 2019 150.000 bt; 11 € - Metodo Charmat, vibrante, fruttato, energico.
Moscato d'Asti Vigna Senza Nome 2019 100.000 bt; 11 € - Croccante, fruttato, dettagliato.

ha 65 - **bt** 650.000
Fertilizzanti letame in pellet
Fitofarmaci rame e zolfo
Diserbo lavorazione meccanica/manuale
Lieviti selezione di lieviti indigeni
Uve acquisto 20%
Certificazione nessuna certificazione

ROCCHETTA TANARO (AT)

MARCHESI INCISA DELLA ROCCHETTA

SCONTO -10%

Via Roma, 66 - tel. 0141 644647
www.marchesiincisawines.it - info@marchesiincisawines.it

VITA - Gli Incisa della Rocchetta rappresentano una famiglia del vino che da parecchie generazioni dimostra di lavorare per fare qualità. La cascina, organizzata a corte, è situata nel centro del paese ed è accogliente: offre ai visitatori la possibilità di degustare ottimi vini, oltre che di soggiornare nell'annessa foresteria. L'azienda è gestita da Filiberto Massone Incisa, che ha raccolto il testimone dalla mamma Barbara Incisa della Rocchetta.

VIGNE - Le vigne si sviluppano sulle colline di Rocchetta Tanaro, principalmente nelle frazioni Cornalea e Sant'Emiliano. Vi troviamo barbera, grignolino e pinot nero. Intorno ai vigneti, un suggestivo parco naturalistico fa respirare le viti circondandole con un ambiente fresco e rilassante.

VINI - Le vinificazioni vengono gestite tradizionalmente con adeguate macerazioni. Si realizzano vini classici ed eleganti, con una ricerca attenta dei legni di affinamento, perlopiù piccoli.

Barbera d'Asti Sup. Sant'Emiliano 2017 ● 20.000 bt; 21 € - Ottenuto dalla selezione dei migliori grappoli della bella vigna immersa nel parco naturale, al naso è floreale e fruttato, e al palato avvolgente, croccante e ampio. Un percorso incisivo e lineare.
Barbera d'Asti Valmorena 2018 ● 60.000 bt; 13 € - Semplice e diretto, si rivela immediatamente fruttato e generoso. Ha un bel palato vivo e slanciato, ed è di beva schietta e gustosa, caratterizzata da un percorso vibrante.
Grignolino d'Asti 2019 ● 12.000 bt; 13 € - Agile, speziato, delicato.
Piemonte Rosato Futurosa 2019 ● 30.000 bt; 10 € - Schietto, fruttato, gastronomico.
Piemonte Pinot Nero Marchese Leopoldo 2018 ● 5.000 bt; 21 € - Incisivo, floreale, profondo.

ha 17 - **bt** 100.000
Fertilizzanti letame in pellet, organo-minerali
Fitofarmaci chimici di sintesi, rame e zolfo
Diserbo lavorazione meccanica/manuale
Lieviti selezione di lieviti indigeni
Uve 100% di proprietà
Certificazione nessuna certificazione

ROSIGNANO MONFERRATO (AL)

CASTELLO DI UVIGLIE

SCONTO -10%

Castello di Uviglie, 73 - tel. 0142 488132
www.castellodiuviglie.com - info@castellodiuviglie.com

VITA - Il castello di Uviglie domina la collina vicino a Rosignano dal XIII secolo, ed è in questo posto bellissimo, usato anche come location per matrimoni, che Simone Lupano realizza i vini classici del Casalese e non solo, vista la sua passione per le bollicine. Da segnalare le spettacolari cantine storiche, risalenti al Settecento: da sole valgono la visita.

VIGNE - Dal castello si possono osservare le vigne che lo circondano, principalmente barbera e grignolino ma anche nebbiolo, albarossa, sauvignon blanc, pinot nero e chardonnay, coltivate con un approccio il più sostenibile possibile. Finalmente da quest'anno parte il Monferace, il progetto che grazie a selezioni in vigna, vinificazioni mirate e affinamenti lunghissimi vuole nobilitare il Grignolino e rilanciare il territorio.

VINI - Quest'anno non sono presenti in guida due punti fermi dell'azienda come lo spumante e l'Albarossa: Simone vuole farli affinare un po' più a lungo.

Barbera del Monferrato Sup. Pico Gonzaga 2017 ● 6.000 bt; 21 € - Spezie, cuoio e una spalla acida notevole per un vino elegantissimo e dalla grande persistenza, che riesce a gestire una potenza non da poco.
Grignolino del Monferrato Casalese Monferace San Bastiano 2015 ● 3.500 bt; 24 € - Un nuovo tipo di Grignolino: due anni e mezzo di botte grande e più di anno in bottiglia donano grande complessità, evoluzione e un tannino incredibilmente incisivo. Siamo solo all'inizio del percorso.
Barbera del Monferrato Sup. Le Cave 2018 ● 15.000 bt; 15 € - Un vino di estrema piacevolezza, con grande pulizia ed equilibrio.
Barbera del Monferrato Bricco del Conte 2019 ● 20.000 bt; 9 € - Fresco, fruttato, gastronomico.
Grignolino del Monferrato Casalese San Bastiano 2019 ● 6.500 bt; 9 € - Schietto, speziato, varietale.

ha 25 - **bt** 90.000
Fertilizzanti letame
Fitofarmaci rame e zolfo
Diserbo lavorazione meccanica/manuale
Lieviti selezione di lieviti indigeni
Uve 100% di proprietà
Certificazione nessuna certificazione

ROSIGNANO MONFERRATO (AL)

VICARA

SCONTO -10%

Cascina Madonna delle Grazie, 5 - tel. 0142 488054
www.vicara.it - vicara@vicara.it

VITA - Le famiglie Visconti, Cassinis e Ravizza stanno proseguendo nel loro percorso di ricerca della massima qualità, puntando forte sul rapporto con il territorio: con questo termine non intendono riferirsi solo ai suoli su cui insistono le vigne, ma a tutto ciò che è espressione del contesto produttivo, con un particolare occhio di riguardo verso i collaboratori stagionali.

VIGNE - Nelle vigne è in corso una grande ricerca sulla fertilità del suolo, con iniziative destinate a comprendere l'impatto che il lavoro dei viticoltori ha sui terreni, e a come modificare o sostituire questi comportamenti per aumentare la fertilità biologica.

VINI - In cantina si cerca di rispettare quello che restituisce il territorio con un approccio poco interventista, che si traduce in vini spiccatamente varietali.

TOP **Barbera del Monferrato Volpuva 2019** VINO QUOTIDIANO ● 10.000 bt; 12 € - Sapida e gustosa, tutta incentrata sul frutto giovanile, ha un palato agile, fresco e ricco di polpa succosa.
Grignolino del Monferrato Casalese Uccelletta 2016 ● 1.813 bt; 30 € - Un vino che sfata il mito secondo cui il Grignolino deve essere bevuto giovane. Le vigne vecchie, il suolo calcareo marnoso e i quattro anni di affinamento contribuiscono a donargli profumi fruttati ed eterei; il tannino è incisivo e l'acidità vibrante.
Grignolino del Monferrato Casalese .G 2019 ● 11.000 bt; 13 € - Elegante negli aromi floreali e speziati, equilibrato nelle varie componenti tanniche, acide e alcoliche, sicuramente è un vino che dà il meglio di sé a tavola.
Barbera del Monferrato Cascina Rocca 33 2017 ● 3.133 bt; 25 € - Fresco, fruttato, autentico.
Monferrato Airales 2019 ○ 4.000 bt; 13 € - Fresco, erbaceo, gastronomico.

ha 34 - **bt** 80.000
Fertilizzanti letame, sovescio
Fitofarmaci rame e zolfo
Diserbo lavorazione meccanica/manuale
Lieviti fermentazione spontanea, selezione di lieviti indigeni
Uve 100% di proprietà
Certificazione in conversione biologica

SAN GIORGIO MONFERRATO (AL)

DANIELE SACCOLETTO

Strada Statale Casale-Asti, 82 - tel. 0142 806509
saccolettovini@virgilio.it

VITA - Daniele Saccoletto è un vero unicum: simpatico, chiacchierone, emotivo, a volte un po' ingenuo e svampito ma sempre sul pezzo quando si tratta di discutere di vigna e delle fatiche quotidiane. La sua idea di agricoltura parte da un profondo rispetto per la natura, che non viene mai tradito per logiche commerciali. In cantina è un curioso sperimentatore: anche le etichette classiche hanno un tocco artistico, diverso ogni anno e, come si fa in Francia, la qualità dell'annata determina anche il prezzo delle bottiglie.

VIGNE - Vigne spettinate ma piene di vita: Daniele punta su un equilibrio naturale dell'ecosistema e la resistenza propria delle piante. L'erba viene lasciata crescere alta e i trattamenti, solo con rame e zolfo, sono ridotti al minimo. Quattro ettari sono in fase di reimpianto, colpiti dalla flavescenza dorata che Daniele cerca di combattere con buonsenso e delicatezza, partendo da barbatelle di qualità innestate a doppio spacco inglese.

VINI - Lo stile di vinificazione è poco interventista, e privo di additivi se non piccole quantità di solfiti.

Fuori Serie 2019 ○ 150 bt; 9 € - ▢ - Da uva parzialmente appassita poi macerata sulle bucce, un Moscato secco ampio ed espressivo, con morbide note fruttate mature e toni citrini più acuti. Il palato è denso e viscoso, saporito e ben modulato, reso dinamico grazie al sale e all'acidità che dominano in chiusura.
I Tigli 2019 ○ bussanello, timorasso; 3.000 bt; 8 € - ▢ - Un bianco leggero, delicato e fragrante, che gioca su toni floreali, citrini e di erbe di campo. Il sorso è rilassato, disteso e succoso.
Il Cornalasca 2019 ● grignolino; 3.000 bt; 8 € - ▢ - Schietto, speziato, rustico.
Fiordaliso 2018 ● freisa; 2.000 bt; 12 € - ▢ - Succoso, ossidativo, decadente.
Krasis 2017 ● nebbiolo; 1.700 bt; 12 € - ▢ - Solido, varietale, energico.

ha 10 - **bt** 20.000
Fertilizzanti nessun concime
Fitofarmaci rame e zolfo
Diserbo nessun diserbo
Lieviti fermentazione spontanea
Uve 100% di proprietà
Certificazione biologico certificato

SAN GIORGIO MONFERRATO (AL)

TENUTA MIGLIAVACCA €

Via Cascina Migliavacca, 8 - tel. 0142 781761 - 339 2458574
brezzafrancesco@libero.it

VITA - Francesco Brezza, figlio del fondatore Luigi, è da ormai alcuni anni l'anima di Tenuta Migliavacca, azienda agricola tradizionale, produttrice di vino ma anche di cereali, frutta e ortaggi. Convinti fautori della biodinamica da decenni, da ancora prima che fosse una pratica così associata alla viticoltura, i Brezza hanno sempre lavorato di sostanza, lontani dai riflettori e con i piedi per terra. Da alcuni anni, finalmente, la storia produttiva di questa famiglia viene riconosciuta appieno per il suo valore.

VIGNE - In cima a uno dei bricchi di San Giorgio Monferrato, dove si trova la tenuta, si gode una bellissima vista verso la pianura Padana e la prima fascia collinare monferrina. Intorno c'è un ecosistema equilibrato composto da vigne, boschi e campi di seminato. Gli appezzamenti vitati, quasi tutti intorno alla cantina, sono caratterizzati da un suolo calcareo-argilloso che esalta l'aromaticità, la freschezza e la mineralità delle uve.

VINI - Semplici, diretti, espressivi e concreti. I vini di Francesco arrivano sempre al punto e hanno dimensione schietta, naturale, di sostentamento e accompagnamento alla tavola. Vini contadini, vini da bere senza esitazioni.

TOP **Grignolino del Monferrato Casalese 2019** VINO QUOTIDIANO ● 7.000 bt; 10 € - ▢ - Naso tipico, con sfumature speziate e sentori floreali. In bocca c'è tanta freschezza in primissimo piano: è verticale, succoso, minerale, dal finale persistente.
Barbera del Monferrato Sup. 2017 ● 4.000 bt; 13 € - ◎ - Sempre grande tipicità al naso, con profumi intensi sulla frutta. Al sorso emergono rotondità e morbidezza, sorrette da una puntuale freschezza. Ci sono croccantezza, materia, succo e tensione.
Monferrato Freisa 2019 ● 2.500 bt; 10 € - ▢ - Il profilo olfattivo è fruttato, con una lieve speziatura, e il sorso è profondo e denso.

ha 11 - **bt** 19.000
Fertilizzanti sovescio
Fitofarmaci organici, rame e zolfo
Diserbo lavorazione meccanica/manuale
Lieviti fermentazione spontanea
Uve 100% di proprietà
Certificazione biodinamico certificato, biologico certificato

SAN MARTINO ALFIERI (AT)

MARCHESI ALFIERI

Piazza Alfieri, 28 - tel. 0141 976015
www.marchesialfieri.it - info@marchesialfieri.it

VITA - L'incantevole castello di San Martino Alfieri troneggia sul paese e sulle colline circostanti. Siamo in una zona bellissima, a un tiro di schioppo da Langa e Roero (e si sente), ma in posizione leggermente defilata. L'azienda, di proprietà delle sorelle San Germano, ha una lunghissima tradizione da onorare, e lo sta facendo benissimo sotto la guida professionale di Mario Olivero.

VIGNE - Le vigne sono comprese nel comune di San Martino Alfieri, e poggiano su suoli bianchi e poveri che permettono alle uve barbera di esprimersi al loro meglio. Troviamo piante di diverse età, alcune anche molto vecchie. Ma Marchesi Alfieri non è solo barbera: piccola ma significativa la presenza di uve di nebbiolo, che confluiscono nella Doc Terre Alfieri, di pinot nero e di grignolino.

VINI - L'approccio è legato, soprattutto se parliamo di Barbera, all'uso del legno piccolo. Un uso tuttavia molto misurato, non soverchiante, che non pregiudica l'espressività varietale.

Barbera d'Asti La Tota 2018 ● 100.000 bt; 17 € - Difficile fare una Barbera così beverina e gastronomica, con ogni dettaglio al posto giusto, producendone quantità così importanti. La Tota riesce là dove in molti non riescono, ed è tipica, fruttata e succosa, come Barbera comanda.
Barbera d'Asti Sup. Alfiera 2017 ● 25.350 bt; 34 € - Sta una mezza incollatura indietro nelle nostre preferenze di quest'anno questa Barbera iconica: l'annata regala sì potenza e compattezza, in un quadro di eleganza olfattiva e di freschezza varietale, ma un pizzico di leggiadria in più non guasterebbe.
Piemonte Grignolino Sansoero 2019 ● 2.850 bt; 13 € - Schietto, sottile e slanciato, frutto di un'estrazione leggera e misurata, sapido: da bere compulsivamente!
Terre Alfieri Nebbiolo Costa Quaglia 2017 ● 4.000 bt; 24 € - Succoso, austero, incisivo.

ha 20 - **bt** 140.000
Fertilizzanti organo-minerali
Fitofarmaci chimici di sintesi, rame e zolfo
Diserbo lavorazione meccanica/manuale
Lieviti fermentazione spontanea, selezionati industriali
Uve acquisto 20%
Certificazione nessuna certificazione

SAN MARZANO OLIVETO (AT)

GUIDO BERTA

Regione Saline, 53 - tel. 0141 856193
www.cascinaguidoberta.com - cascinaguidoberta@alice.it

VITA - Guido Berta è cresciuto in una famiglia di viticoltori nel paese di San Marzano Oliveto, di cui è un profondo conoscitore. Si occupa da sempre di vitivinicoltura, e negli anni ha saputo costruire una bella realtà, solida, affidabile e a misura d'uomo. Riesce a seguire personalmente ogni fase della produzione senza tralasciare le mansioni commerciali, che affronta con semplicità e naturalezza.

VIGNE - I vigneti si trovano perlopiù intorno alla cantina, coltivati in prevalenza a barbera, chardonnay e nebbiolo, ma altre parcelle di barbera le troviamo al Bricco di Nizza e una nuova vigna, destinata a produrre Nizza Docg, ha preso forma nel 2019 a Calamandrana, poco distante dalla cascina. I filari sono ordinati, la conduzione è esperta e si limita al minimo l'uso della chimica.

VINI - Lo stile è tradizionale: la ricerca identitaria dei vini avviene attraverso vinificazioni equilibrate. Le fasi di lavorazione son ben orchestrate e gestite a temperature controllate. Gli affinamenti sono condotti in prevalenza con botti piccole.

Nizza Canto di Luna 2017 ● 7.000 bt; 21 € - Una gran bella espressione della denominazione, che si apre con freschezza e profondità, mantenendo una lineare finezza gustativa. Fruttato e co note speziate, si mostra articolato e incisivo.
Barbera d'Asti 2018 ● 25.000 bt; 9 € - Ottenuto da una selezione delle diverse vigne è vivo, sincero, e si apre subito con un bel ventaglio floreale e fruttato. In bocca il percorso è armonico e compatto.
Barbera d'Asti Sup. 2017 ● 10.000 bt; 16 € - Un vino ampio, succoso, e di spiccata espressività varietale.
Monferrato Rosso 2017 ● 4.000 bt; 17 € - Setoso, floreale, dettagliato.
Moscato d'Asti 2019 14.000 bt; 9 € - Metodo Charmat, croccante, fruttato, energico.

ha 18 - **bt** 51.000
Fertilizzanti compost, organo-minerali
Fitofarmaci rame e zolfo
Diserbo lavorazione meccanica/manuale
Lieviti selezione di lieviti indigeni
Uve 100% di proprietà
Certificazione in conversione biologica

SAN MARZANO OLIVETO (AT)

CARUSSIN €

SCONTO **-10%**

Regione Mariano, 27 - tel. 0141 831358
www.carussin.it - vinicarussin@gmail.com

VITA - Carussin, l'azienda di Bruna Ferro, del marito Luigi Garberoglio e dei figli Luca e Matteo, è un luogo speciale. Intanto perché loro sono persone belle e accoglienti, e poi perché come pochi altri hanno capito davvero di non essere padroni della loro terra. Fanno agricoltura a San Marzano Oliveto nel modo più delicato possibile, perfettamente consci di chiedere tanto alla natura. I loro vini, schietti, sinceri e accessibili a tutti, sono una estensione della loro generosità.

VIGNE - Il concetto è questo: proprio perché si produce un genere alimentare di conforto e non di prima necessità, bisogna farlo nel massimo rispetto della terra e di chi magari il vino non lo consuma. La loro è un'agricoltura sensibile, vissuta quotidianamente, biologico certificata ma biodinamica di fatto. L'obiettivo è mantenere alta la biodiversità, la vitalità dei suoli e la resistenza naturale delle piante.

VINI - Il concetto di vino quotidiano viene preso sul serio da Carussin: tutte le etichette hanno una naturalezza spontanea che invita a un sorso spensierato e coinvolgente.

TOP **Barbera d'Asti Asinoi 2019** VINO QUOTIDIANO ● 40.000 bt; 11 € - Il vino-simbolo di Carussin in forma smagliante: leggiadro ma incisivo, racchiude tutta l'energia succosa che amiamo nella Barbera.

Barbera d'Asti Lia Vì 2017 ● 25.000 bt; 14 € - Da una singola vigna un vino più stratificato e complesso, sempre giocato sulla delicatezza estrattiva e la scorrevolezza del sorso, e animato da un vibrante cuore acido-salino.

Completo 2019 ● 15.000 bt da 1 l; 14 € - Prodotto in buona parte con il torchiato di tutte le varietà a bacca rossa, barbera soprattutto, fa onore al suo nome: è un rosso leggero e gastronomico, integro e rustico. Va giù come l'acqua, ma è molto più divertente da bere.

Sisto NA 2016 ● nebbiolo; 2.600 bt; 26 € - Fine, articolato, armonico.

Tra L'Altro 2019 ○ moscato; 2.500 bt; 15 € - Schietto, floreale, espressivo.

ha 16 - **bt** 80.000
Fertilizzanti sovescio
Fitofarmaci rame e zolfo
Diserbo lavorazione meccanica/manuale
Lieviti fermentazione spontanea
Uve acquisto 2%
Certificazione biologico certificato

SCURZOLENGO (AT)

CASCINA TAVIJN

Frazione Monterovere, 10 - tel. 0141 203187
info@cascinatavijn.it

VITA - Nadia Verrua da giovanissima ha scelto di fare la vignaiola e dare continuità all'azienda di famiglia. Decisione convinta seppur non facile: la terra, si sa, è bassa e già porta le sue difficoltà; il mondo del vino poi è spietato, tra burocrazia, commissioni delle Doc e una critica a volte ottusa, che difficilmente si mette in discussione. Nadia non si è mai scomposta e continua dritta per la propria strada.

VIGNE - «Cascina Tavijn è diventata grande», dice Nadia ora che alle vigne di Scurzolengo si sono aggiunti 3 ettari a Montemagno e uno a Castagnole (non ancora tutti in produzione). Dimensione però sempre gestibile a livello familiare e in biologico, grazie al prezioso aiuto degli instancabili genitori Teresa Rossi e Ottavio. L'idea per il futuro sarebbe di valorizzare questi singoli cru, come Nadia sta già facendo con alcune vecchie vigne di amici viticoltori.

VINI - La cantina è il luogo in cui Nadia scatena tutta la sua voglia di sperimentare: c'è sempre qualche curiosa novità. Le costanti per tutte le etichette sono i lieviti indigeni, i pochi interventi, e l'assenza di additivi se non piccole quantità di solfiti (a volte nemmeno quelle).

TOP **Guercia 2019** VINO SLOW ● 900 bt; 17 € - Da una vecchia vigna a Quarto d'Asti, una Barbera lineare, molto tesa e salata, con deliziose note di frutta rossa acida. Va in profondità proprio grazie alla sua essenzialità.

Ottavio 2019 ● grignolino; 5.000 bt; 11 € - Vino estroverso ed espressivo, quasi piccante, ha toni vegetali, terrosi e speziati, e un palato equilibrato tra tannino e succo, con predominio dell'ultimo.

Teresa 2019 ● ruché; 5.000 bt; 14 € - Incanta con deliziosi aromi floreali e un frutto dolce, disteso e ben contrastato.

Bandita 2017 ● barbera; 5.000 bt; 14 € - Incisivo, terroso, verace.

ha 7 - **bt** 30.000
Fertilizzanti sovescio
Fitofarmaci rame e zolfo
Diserbo lavorazione meccanica/manuale
Lieviti fermentazione spontanea
Uve acquisto 40%
Certificazione biologico certificato

SERRAVALLE SCRIVIA (AL)

LA BOLLINA

SCONTO -10%

Via Monterotondo, 58 - tel. 0143 61984
www.labollina.it - info@labollina.it

VITA - L'azienda agricola La Bollina si trova sulle prime alture di Serravalle Scrivia. Oltre alla parte vitivinicola troviamo un hotel e centro congressi, con ristorante e campo da golf. Insomma, qui si può trovare un'offerta enoturistica a tutto tondo. La gestione è affidata a Marco Roveda, con cui collaborano per la parte enologica Andrea Bernardini e per quella agronomica Franco Fierli.

VIGNE - Nei 27 ettari di vigneti ci sono principalmente impianti con uve a bacca bianca, con netta prevalenza del cortese e presenza di chardonnay. Le viti si trovano nelle immediate vicinanze della sede aziendale, su terreni marnoso-argillosi con esposizione sud-ovest. I vigneti a bacca rossa di barbera e nebbiolo sono invece collocati nelle vicinanze di Novi Ligure, con esposizione a sud.

VINI - I vini della Bollina si caratterizzano per pulizia tecnica e coerenza varietale: sono di buona beva e hanno un taglio moderno.

Gavi La Bollina 2019 ○ 100.000 bt; 8 € - Il colore giallo paglierino con riflessi verdi ci anticipa la freschezza olfattiva, con note fruttate e floreali. Al palato troviamo equilibrio tra il corpo e una vibrante acidità che favorisce la beva, con un finale tipicamente amarognolo.
Monferrato Rosso Bricchetta 2017 ● 12.000 bt; 15 € - Vengono utilizzate per la realizzazione di questo vino principalmente uve barbera e circa un 15% di nebbiolo affinato in legno piccolo: il risultato è un vino armonico, con un sorso succoso e una discreta persistenza.
Beneficio 2019 ○ sauvignon blanc, chardonnay, cortese; 50.000 bt; 7 € - Un blend semplice, caratterizzato da fresche note vegetali.
Monferrato Chiaretto Tinetta 2019 ● 30.000 bt; 8 € - Fresco, vegetale, armonico.

ha 33 - bt 240.000
Fertilizzanti letame, organo-minerali
Fitofarmaci chimici di sintesi, rame e zolfo
Diserbo chimico, lavorazione meccanica/manuale
Lieviti selezionati industriali
Uve 100% di proprietà
Certificazione nessuna certificazione

SPIGNO MONFERRATO (AL)

CASCINA BERTOLOTTO

Regione Rocchetta - tel. 0144 91551
www.cascinabertolotto.it - info@cascinabertolotto.it

VITA - Oggi è Fabio Traversa a gestire con passione e orgoglio questa realtà vitivinicola, lavorando la vigna e la cantina con spiccata determinazione. L'azienda ha origine alla fine del XIX secolo, in questo lembo estremo del Piemonte così vicino alla Liguria. Da qualche anno, con la ristrutturazione della casa colonica, è stata affiancata anche un'attività di B&B, che offre un'atmosfera casalinga immersa nei vigneti.

VIGNE - Siamo su colline con forte vocazione viticola, con pendenze importanti, a 400 metri di altitudine e non lontane dai primi contrafforti dell'Appenino ligure. I suoli arricchiti da sedimenti arenari conferiscono alle uve prima e al vino poi le caratteristiche di un prodotto unico. Inoltre la zona, ricca di biodiversità, gode di un microclima influenzato dalle brezze marine, che permettono una maturazione anche tardiva delle uve, trasferendo nel bicchiere una buona freschezza.

VINI - I vini di Fabio trasmettono tutta la passione per questo lavoro e sono lo specchio del suo animo: caratterizzati da sapori e profumi autentici, hanno anche un ottimo rapporto tra la qualità e il prezzo.

Dolcetto d'Acqui La Muiette 2018 ● 10.000 bt; 15 € - Dal colore rubino intenso, al naso si presenta tipico, con note floreali molto nitide. In bocca è teso, persistente, e con il caratteristico e leggero amarognolo finale.
Dolcetto d'Acqui La Cresta 2018 ● 12.000 bt; 12 € - Ruvido, vinoso, varietale.
Brachetto d'Acqui Il Virginio 2019 5.000 bt; 15 € - Metodo Charmat, fresco, floreale, delicato.
Moscato d'Asti La Muscatela 2019 5.000 bt; 12 € - Metodo Charmat, debole, floreale, essenziale.

ha 14 - bt 60.000
Fertilizzanti letame
Fitofarmaci rame e zolfo
Diserbo lavorazione meccanica/manuale
Lieviti fermentazione spontanea
Uve 100% di proprietà
Certificazione nessuna certificazione

STREVI (AL)

MARENCO

SCONTO **-10%**

Piazza Vittorio Emanuele, 10 - tel. 0144 363133
www.marencovini.com - info@marencovini.com

VITA - Michela Marenco dirige l'azienda insieme alle sorelle Doretta e Patrizia, ma importante è anche il contributo di suo marito Giovanni Costa, che negli anni Ottanta ha mappato i vigneti, delineato i cru, acquistato nuovi terreni e viaggiato per promuovere i vini sui mercati nazionali e internazionali. Andrea, figlio di Michela e Giovanni, ha introdotto in cantina innovazione e modernità grazie alle sue esperienze all'estero.

VIGNE - La parte viticola è gestita dall'agronomo Filippo Furlani, che si avvale all'occorrenza di consulenti esterni. Lotta integrata, sovescio, inerbimenti, concimazioni fogliari sono le pratiche adottate in vigna, volte al rispetto del suolo e dei suoi microelementi. Un obiettivo importante per la famiglia Marenco è quello di lasciare alle future generazioni vigneti sani e con un terreno ricco di sostanze organiche.

VINI - I vini, classici e raffinati, esprimono la territorialità delle colline dell'Acquese. A coordinare le attività di cantina è Patrizia, enologa.

Moscato D'Asti Scrapona 2019 ⁘ 15.000 bt; 12 € - ▯ - I terreni di marna calcarea dell'omonima vigna donano perfetta armonia e complessità ai profumi, a cui fa seguito un sorso fresco e fragrante.
Brachetto d'Acqui Pineto 2019 ⁘ 20.000 bt; 12 € - ▯ - Equilibrato, dai sentori fruttati, rispecchia fedelmente nel bicchiere il vitigno con cui viene realizzato.
Monferrato Bianco Carialoso 2018 ○ 1.500 bt; 12 € - ▯ - Dall'antico vitigno autoctono caricalasino nasce un vino fresco e dalle intriganti note floreali ed erbacee.
Moscato d'Asti Strev 2019 ⁘ 70.000 bt; 10 € - ▯ - Succoso, floreale, dettagliato.
Barbera d'Asti Bassina 2018 ● 15.000 bt; 10 € - ▯▯ - Teso, fruttato, gastronomico.
Dolcetto d'Acqui Marchesa 2018 ● 15.000 bt; 10 € - ▯▯ - Austero, fruttato, varietale.

ha 80 - **bt** 250.000
Fertilizzanti letame, organo-minerali, sovescio
Fitofarmaci chimici di sintesi, rame e zolfo, organici
Diserbo lavorazione meccanica/manuale
Lieviti selezione di lieviti indigeni, selezionati industriali
Uve 100% di proprietà
Certificazione parte in regime biologico

TAGLIOLO MONFERRATO (AL)

CASCINA BOCCACCIO

Località Piano Moglia, 21 - tel. 0143 882400
www.cascinaboccaccio.com - viniboccaccio@gmail.com

VITA - Sul panorama vitivinicolo Ovadese, nel pieno di una meritata rinascita, ma anche di un più ampio ritorno a una viticoltura più artigiana e rispettosa, Cascina Boccaccio è a nostro avviso un convincente esempio da seguire. L'azienda vanta una storia più che centenaria ed è stata rilevata da Roberto Porciello e Ileana Boccaccio nel 2002. Qui non si fa nulla di stravagante, solo buona e sana agricoltura e vini genuini, che trasmettono gioia di bere.

VIGNE - Alle storiche vigne attorno alla cascina a Tagliolo si sono aggiunte parcelle in affitto a Ovada e alcune vecchie vigne in zona San Lorenzo di Rocca Grimalda, resa celebre dal mitico produttore Pino Ratto. L'azienda è biologico certificata ma Roberto, da vignaiolo attento e sensibile, è sempre alla ricerca di soluzioni meno impattanti sull'ambiente, specialmente per le alternative al rame.

VINI - L'approccio in cantina è poco interventista, con fermentazioni spontanee, niente filtrazioni né chiarifiche o aggiunte, se non piccole quantità di solfiti, per vini integri, divertenti e luminosi.

TOP **Ovada Celso 2017** VINO SLOW ● 4.000 bt; 15 € - ▯ - Tipico ed equilibrato, con toni fruttati e terrosi, è di solida matrice tannica, ben avvolto da una ricca polpa succosa, e sollevato da una vibrante vena acida.
Ovada Nonno Rucchein Ris. 2016 ● 2.500 bt; 21 € - ▯ - Solido e profondo, ancora piuttosto introverso, ha un palato compatto e austero e un profilo gustativo scuro, balsamico e fresco.
Celso Zero 2019 ● dolcetto; 3.000 bt; 13 € - ▯ - La versione senza solfiti aggiunti è disinvolta e succosa, tutta incentrata sulla purezza e sull'immediatezza del frutto.
Infernot Rosato 2019 ⁘ dolcetto; 3.000 bt; 12 € - ▯ - Metodo Ancestrale, fresco, fruttato, sapido.
Infernot Bianco 2019 ⁘ cortese, pinot bianco; 3.000 bt; 12 € - ▯ - Metodo Ancestrale, schietto, floreale, leggiadro.

ha 7 - **bt** 20.000
Fertilizzanti sovescio
Fitofarmaci rame e zolfo
Diserbo lavorazione meccanica/manuale
Lieviti fermentazione spontanea
Uve 100% di proprietà
Certificazione biologico certificato

TASSAROLO (AL)

CINZIA BERGAGLIO

Via Gavi, 29 - tel. 348 4032968
www.cinziabergagliovini.it - info@cinziabergagliovini.it

VITA - Negli ultimi anni in azienda a Cinzia Bergaglio e a suo marito Massimo si sono aggiunti i figli Mattia e Michela, che si occupa di comunicazione. I compiti sono ben definiti: Massimo si occupa di cantina con la collaborazione dell'enologo Andrea Buzio, Mattia lo troviamo in vigna dove si avvale della consulenza di Daniele Eberle, e a Cinzia resta la parte di gestione amministrativa e commerciale.

VIGNE - La superficie vitata è divisa in due appezzamenti distinti, con caratteristiche significative: i terreni argilloso-ferrosi del comune di Tassarolo danno vita all'etichetta La Fornace, mentre quelli che si trovano nella zona di Rovereto nel comune di Gavi sono calcarei. La conduzione dei vigneti negli ultimi anni ha visto svilupparsi una maggiore volontà di limitare i trattamenti.

VINI - I vini di Cinzia esaltano le caratteristiche delle uve e del territorio, come si può vedere dalle due etichette qui recensite. Sono due strutturati, destinati all'affinamento, e da rivedere tra qualche anno. Ottimo il rapporto tra la qualità e il prezzo.

Gavi La Fornace 2019 ○ 20.000 bt; 8 € - - Il bel colore giallo paglierino scarico anticipa un quadro olfattivo dai profumi fruttati e floreali, ingentilito da leggere note minerali. Al palato è succoso, oltre che dotato di una spinta acido-sapida che contribuisce a dare precisione e intensità alla chiusura del sorso.
Gavi del Comune di Gavi Grifone delle Roveri 2019 ○ 10.000 bt; 10 € - - Al naso troviamo un'ottima intensità, con note fruttate e floreali e leggere sfumature agrumate. In bocca è strutturato e incisivo, con una spalla acida ben delineata che contribuisce a definire l'equilibrio gustativo. Il finale, di buona lunghezza, è tipicamente ammandorlato.

ha 9 - **bt** 32.000
Fertilizzanti letame in pellet, sovescio
Fitofarmaci chimici di sintesi, rame e zolfo
Diserbo lavorazione meccanica/manuale
Lieviti selezione di lieviti indigeni
Uve 100% di proprietà
Certificazione nessuna certificazione

TASSAROLO (AL)

CASTELLO DI TASSAROLO

SCONTO **-10%**

Località Alborina, 1 - tel. 0143 342248
www.castelloditassarolo.it - massimiliana@castelloditassarolo.it

VITA - Durante l'intervista Massimiliana Spinola ci ha raccontato la storia dell'azienda, che ha antiche radici: qui si produce vino sin dal Seicento. Quella di oggi è una realtà in fermento, che ha scelto con convinzione l'agricoltura sostenibile, realizzando vini naturali di qualità ineccepibile. Segnaliamo la preziosa collaborazione con l'enologo Vincenzo Munì, che ha tradotto al meglio nel bicchiere la filosofia aziendale.

VIGNE - I vigneti si sviluppano vicino alla cantina, su colline dalla lieve pendenza, circondati da boschi e frutteti. I terreni sono di natura argillosa. Nelle pratiche agricole e nelle lavorazioni vengono utilizzati anche i cavalli. Il vitigno principale è il cortese, che raggiunge i migliori risultati nel cru Alborina, ma si coltivano anche barbera e cabernet sauvignon.

VINI - Tutti i vini sono fortemente varietali, caratteristici per freschezza e vitalità, oltre che dotati di ottimo equilibrio.

Gavi del Comune di Tassarolo Il Castello 2019 ○ 30.000 bt; 10 € - - Intense note floreali anticipano un sorso di profilo agrumato e incisivo. La chiusura leggermente sapida dona straordinaria lunghezza.
Gavi del Comune di Tassarolo Spinola Senza Solfiti 2019 ○ 20.000 bt; 10 € - - Al naso è intenso, con evidenti note fruttate. In bocca conquista per la sua acidità che supporta il succo, rendendo la beva fresca e fragrante. La chiusura è lunga, con piacevoli note di mandorla.
Gavi del Comune di Tassarolo Alborina 2018 ○ 6.000 bt; 12 € - - Affinato in barrique, è un vino che al naso presenta note minerali e floreali. La piacevole acidità contrasta bene il corpo.
Piemonte Barbera Titouan 2019 ● 13.000 bt; 12 € - - Avvolgente, speziato, varietale.
Gavi Sparkling Spinola 2019 5.000 bt; 11 € - - Metodo Charmat, agile, floreale, essenziale.

ha 17 - **bt** 122.000
Fertilizzanti compost, letame, sovescio
Fitofarmaci rame e zolfo
Diserbo lavorazione meccanica/manuale
Lieviti selezione di lieviti indigeni
Uve 100% di proprietà
Certificazione biodinamico certificato, biologico certificato

TASSAROLO (AL)

LA ZERBA

Località Zerba, 1 - Strada per Francavilla - tel. 0143 342259
www.la-zerba.it - info@la-zerba.it

VITA - Questa azienda immersa tra le colline di Tassarolo è gestita dalla famiglia Lorenzi, ed è una tra le realtà più interessanti della zona. La conduzione è familiare: Andrea Mascherini si occupa della cantina e dei vigneti, sua moglie Maria Grazia Lorenzi e il di lei fratello Luigi seguono la parte commerciale. Collaborano con Andrea per la parte agronomica Davide Ferrarese, e per quella enologica Piero Ballario.

VIGNE - I vigneti sono in un blocco unico e circondano la sede aziendale, insistono sui tipici terreni argillosi della zona, e beneficiano di un'ottima esposizione sud, sud-ovest. Principalmente si alleva cortese, ma c'è anche un vigneto di barbera. Nella continua ricerca della qualità alcuni anni fa è stata iniziata la conversione al biologico: quella del 2019 è la seconda annata di produzione certificata.

VINI - Andrea è poco interventista in cantina: cerca di esaltare le caratteristiche intrinseche del cortese. I suoi Gavi sono freschi e sapidi, ma anche strutturati. Dalle sperimentazioni sono nati il Gavi Primin (al momento delle degustazioni non era ancora stato imbottigliato), affinato in legno, e il Gavi in anfora.

Gavi del Comune di Tassarolo 2019 O 11.000 bt; 12 € - - Sentori floreali si uniscono a note di frutta bianca. In bocca è dinamico, con un'acidità viva e una marcata sapidità finale.
Gavi del Comune di Tassarolo Terrarossa 2019 O 11.000 bt; 14 € - - I profumi sono intensi, con note fruttate, e al palato è corposo, con un'ottima vena acida che favorisce la beva. Il finale è tipicamente ammandorlato.
Gavi del Comune di Tassarolo Anfora 2018 O 426 bt; 21 € - - La macerazione sulle bucce e l'affinamento per nove mesi in anfora donano caratteristiche particolari, che esaltano la struttura e la mineralità.

ha 12 - **bt** 37.000
Fertilizzanti letame, sovescio
Fitofarmaci rame e zolfo
Diserbo lavorazione meccanica/manuale
Lieviti fermentazione spontanea, selezionati industriali
Uve 100% di proprietà
Certificazione biologico certificato

TASSAROLO (AL)

TENUTA SAN PIETRO

SCONTO **-10%**

Località San Pietro, 2 - tel. 0143 342422
www.tenutasanpietro.it - info@tenutasanpietro.it

VITA - L'azienda ha ormai raggiunto livelli che la collocano tra le più importanti della denominazione, con una forte vocazione internazionale. La famiglia Alota, che la guida dal 2002, ha saputo farla crescere per migliorarne la produzione senza perdere i legami col territorio: fondamentale è stato il passaggio alla conduzione biologica, concluso nel 2013.

VIGNE - I vigneti sono nelle immediate vicinanze della cantina e sono disposti su terreni collinari a 300 metri di quota, con suoli di origine calcarea e dall'ottima esposizione, e un microclima influenzato dai venti marini della vicina Liguria: condizioni ideali per far esprimere al meglio le potenzialità del cortese. Troviamo anche vitigni a bacca nera quali l'albarossa e il dolcetto nella sua variante nibiò.

VINI - La filosofia aziendale è quella di offrire vini che siano espressione dell'uva e della tradizione, con una facilità e piacevolezza di beva, rispettando la tipicità dei vitigno.

Gavi del Comune di Tassarolo Il Mandorlo 2018 O 10.000 bt; 24 € - - Le uve provengono da un vigneto storico dell'azienda. Ha un naso intenso, con cenni di fiori bianchi e la caratteristica nota di mandorla. In bocca presenta una buona struttura ed eleganza, ed è fresco e di buona sapidità, con un finale persistente.
Gavi del Comune di Tassarolo San Pietro 2019 O 150.000 bt; 15 € - - Al naso si presenta con note floreali e un leggero spunto minerale. In bocca è sapido, fresco, dalla beva ben distesa.
Brut San Pietro 2019 cortese, chardonnay; 11.000 bt; 15 € - - Metodo Charmat, ampio, floreale, elegante.
Brut Rosé San Pietro 2019 albarossa; 11.000 bt; 20 € - - Metodo Charmat, fresco, fruttato, armonico.
Monferrato Rosso Nero San Pietro 2018 ● 30.000 bt; 15 € - - Armonico, fruttato, incisivo.

ha 35 - **bt** 220.000
Fertilizzanti nessun concime
Fitofarmaci organici, rame e zolfo
Diserbo lavorazione meccanica/manuale
Lieviti selezione di lieviti indigeni
Uve 100% di proprietà
Certificazione biologico certificato

TORINO

FRANCO M. MARTINETTI

Via San Francesco da Paola, 18 - tel. 011 8395937
info@francomartinetti.it

VITA - Anticipatore come pochi nel panorama del vino piemontese, Franco Martinetti ha intuito le potenzialità del Timorasso 20 anni prima di altri colleghi, insieme al mitico Giacomo Bologna è stato tra i primi ad affinare la Barbera in barrique, così come aveva capito quanto il Gavi potesse invecchiare se vinificato nel modo giusto. Aggiungiamo a questo una cultura sterminata in campo gastronomico, e abbiamo una delle figure più singolari e apprezzabili dell'universo enologico della regione.

VIGNE - Franco non è un contadino e non pretende neppure di assomigliargli. È un selezionatore di uve, ma nel tempo è entrato ancor di più nel ruolo di chi la vigna la conosce e la pratica, principalmente per indirizzare i suoi conferitori verso pratiche più attente e sostenibili, con l'obiettivo di poter vinificare sempre un'uva di altissimo valore organolettico.

VINI - Lo stile privilegia due aspetti in particolare: il frutto pulito e la longevità dei vini. Questi sono i due chiari obiettivi che si ripromette di raggiungere.

Barolo Marasco 2016 ● 8.000 bt; 51 € - Ricco di richiami e rimandi fruttati, ha speziatura fine e un allungo ricco di sostanza.
Colli Tortonesi Timorasso Martin 2018 ○ 5.000 bt; 27 € - Asciutto, dritto, speziato, ha una bocca molto intensa e potente.
Gavi Minaia 2019 ○ 8.000 bt; 27 € - Le note vegetali ben si sposano con rimandi di nocciola e mandorla. Il palato ha grip e sale.
Barbera d'Asti Bric dei Banditi 2018 ● 35.000 bt; 15 € - Armonico, fruttato, avvolgente.
Monferrato Rosso Sul Bric 2018 ● 7.000 bt; 29 € - Dinamico, speziato, elegante.
Barbera d'Asti Sup. Montruc 2018 ● 14.000 bt; 29 € - Ampio, speziato, opulento.

ha 6 - bt 140.000
Fertilizzanti letame, sovescio
Fitofarmaci rame e zolfo
Diserbo lavorazione meccanica/manuale
Lieviti selezione di lieviti indigeni
Uve acquisto 80%
Certificazione nessuna certificazione

TORTONA (AL)

LA COLOMBERA

SCONTO -10%

Frazione Vho - Strada Comunale per Vho, 7 - tel. 0131 867795
www.lacolomberavini.it - info@lacolomberavini.it

VITA - Nonostante per noi sia sempre una ragazza, Elisa Semino è una produttrice che ormai visitiamo e frequentiamo da tantissimi anni, fin dai primi Duemila. Questo perché ha iniziato prestissimo a occuparsi di vigna: ce la ricordiamo durante gli anni universitari, quando frequentava il gruppo di giovani ribelli che aveva in Walter Massa il proprio leader indiscusso. Sempre un po' nell'ombra la figura importantissima del padre Piercarlo.

VIGNE - Il corpo principale dell'azienda si trova ai piedi della cantina ed è stato studiato e sezionato in più parcelle: ormai ha pochi segreti per i Semino. Tutto un altro discorso quello relativo al nuovo, grande, appezzamento a Sarezzano (10 ettari), che ha suoli calcarei con ampia presenza di calcio: sarà terreno di conquista per il timorasso.

VINI - La cifra stilistica, soprattutto sui bianchi, è votata alla facilità di beva, all'eleganza e alla finezza. Tutte caratteristiche che amiamo molto in un vitigno possente come il Timorasso.

TOP **Colli Tortonesi Timorasso Derthona 2018** VINO SLOW ○ 15.000 bt; 17 € - Un bianco che impressiona per classe, ricchezza e beva che non stanca mai. Una versione affilata di questa varietà, che sta scalando le classifiche di gradimento in Italia e all'estero.
Colli Tortonesi Timorasso Il Montino 2018 ○ 5.000 bt; 28 € - Teso e vibrante. Nato per sfidare gli anni, raggiungerà di certo l'obiettivo.
Colli Tortonesi Cortese Bricco Bartolomeo 2019 ○ 10.000 bt; 8 € - Un'etichetta semplice ma molto gradevole, ottima compagna sulla tavola di tutti i giorni.
Colli Tortonesi Barbera Elisa 2017 ● 4.000 bt; 20 € - Dinamico, speziato, opulento.
Colli Tortonesi Barbera Vegia Rampana 2019 ● 10.000 bt; 10 € - Agile, fruttato, gastronomico.
Colli Tortonesi Croatina La Romba 2019 ● 5.000 bt; 12 € - Potente, speziato, severo.

ha 25 - bt 80.000
Fertilizzanti compost, sovescio
Fitofarmaci rame e zolfo
Diserbo lavorazione meccanica/manuale
Lieviti fermentazione spontanea
Uve 100% di proprietà
Certificazione nessuna certificazione

TORTONA (AL)

CLAUDIO MARIOTTO

Frazione Vho - Strada per Sarezzano, 29 - tel. 0131 868500
www.claudiomariotto.it - info@claudiomariotto.it

VITA - Se l'iniziale assolo sulle note del Timorasso (in versione Walter Massa) è diventato un coro polifonico, ricco di sfumature e di voci in grado di interpretare in modo originale e autonomo questo nobile bianco piemontese, il merito è anche di Claudio Mariotto, che oggi ne è uno dei principali e più iconici promotori. Claudio è un vignaiolo verace.

VIGNE - Il parco vitato è ampio: Claudio è il principale coltivatore di uva timorasso, se parliamo di numeri. Ma anche in termini qualitativi si distingue in modo particolare, visto che le parcelle di Vho e Sarezzano, gestite con approccio sostenibile, restituiscono grappoli di grandissima potenzialità. Ci sono anche uve di cortese, dolcetto, croatina e barbera.

VINI - I Timorasso di Claudio sono schietti e per nulla mediati: ci troviamo la classica struttura ma anche tanta tensione, per vini in grado di vincere la sfida del tempo come pochi.

Colli Tortonesi Timorasso Pitasso 2018 ○ 5.000 bt; 31 € - - Il solito fuoriclasse tridimensionale, da masticare e profondo. Presenta cenni di idrocarburo e ha un finale salino e polposo.
Colli Tortonese Barbera Vho 2016 ● 10.000 bt; 16 € - - Si parla sempre di Timorasso ma nei Colli Tortonesi si producono anche ottime Barbere. Qui ne troviamo una versione sontuosa: il frutto scuro e i cenni terrosi testimoniano la sincera aderenza al varietale, così come la bocca ben contrastata tra succo e freschezza acida.
Colli Tortonesi Timorasso Derthona 2018 ○ 12.000 bt; 16 € - - Il più esile e croccante dei Timorasso di Claudio: presenta lievi cenni gessosi e ha una bella energia.
Colli Tortonesi Timorasso Cavallina 2018 ○ 5.000 bt; 24 € - - Incisivo, fruttato, ampio.
Colli Tortonesi Croatina Montemirano 2016 ● 6.000 bt; 16 € - - Succoso, fruttato, gastronomico.

ha 34 - **bt** 120.000
Fertilizzanti letame, sovescio
Fitofarmaci rame e zolfo
Diserbo lavorazione meccanica/manuale
Lieviti fermentazione spontanea, selezionati industriali
Uve 100% di proprietà
Certificazione in conversione biologica

VIGNALE MONFERRATO (AL)

GIULIO ACCORNERO E FIGLI

Ca' Cima, 1 - tel. 0142 933317
www.accornerovini.it - info@accornerovini.it

VITA - Da 123 anni la famiglia Accornero è presente a Vignale Monferrato dedicandosi alla coltivazione della vite. La storia vera e propria dell'azienda parte negli anni Cinquanta, con la vinificazione in proprio delle uve. Man mano il parco vitato si è ampliato per arrivare agli attuali 25 ettari, e negli anni Ottanta, con l'ingresso di Ermanno, è iniziato l'imbottigliamento. Di recente è entrata in azienda anche la figlia Francesca.

VIGNE - Le vigne sono in un corpo unico e sono poste nell'anfiteatro naturale che circonda la cantina: i terreni sono di natura calcareo-marnosa, con esposizioni che variano da sud-est a sud-ovest. Qui nell'areale di Vignale il grignolino è il vitigno principe, ed Ermanno ne è un convinto sostenitore, proponendone diverse versioni.

VINI - L'approccio classico, con controllo delle temperature e uso di lieviti indigeni, regala vini eleganti e giocati principalmente sulla facilità di beva.

Grignolino del Monferrato Casalese Bricco del Bosco 2019 ● 11.000 bt; 11 € - - Classico, con frutto e spezia lieve al naso, in bocca è vibrante, con tannini vispi, una nota sapida e buona freschezza.
Grignolino del Monferrato Casalese Bricco del Bosco Vigne Vecchie 2015 ● 3.500 bt; 38 € - - Austero e rigoroso, con i sentori del legno ancora da smussare, in bocca è verticale, con bella acidità che supporta una buona materia.
Barbera del Monferrato Giulin 2017 ● 40.000 bt; 13 € - - Immediato, con frutti rossi croccanti al naso, in bocca è giocato sulla beva, con grande freschezza e fragranza.
Monferrato Freisa La Bernardina 2019 ● 3.500 bt; 11 € - - Agile, fruttato, gastronomico.
Monferrato Rosso Girotondo 2017 ● 3.500 bt; 17 € - - Croccante, floreale, sottile.
Casorzo Brigantino 2019 ● 2.000 bt; 11 € - - Fresco, floreale, delicato.

ha 25 - **bt** 120.000
Fertilizzanti nessun concime
Fitofarmaci chimici di sintesi, rame e zolfo
Diserbo lavorazione meccanica/manuale
Lieviti selezione di lieviti indigeni
Uve 100% di proprietà
Certificazione nessuna certificazione

VIGNALE MONFERRATO (AL)

ORESTE BUZIO

Via Piave, 13 - tel. 0142 933197 - 338 9306755
www.orestebuzio.it - info@orestebuzio.it

VITA - Questa piccola realtà familiare ha una tradizione radicata nel passato: infatti, prima di strutturarsi come la vediamo oggi, si dedicava alla produzione per l'autoconsumo e successivamente conferiva le uve a una cantina cooperativa poco distante. A partire dal 2006 i fratelli Andrea e Marco, con l'aiuto del padre Oreste Buzio, hanno deciso di mettersi in proprio, dando vita a un'azienda oramai consolidata nel panorama di Vignale.

VIGNE - Fin dall'inizio Andrea ha voluto dare un'impronta precisa, eliminando il diserbo chimico e avvicinandosi al biologico, convertendo tutte le vigne. Nonostante le difficoltà delle ultime annate per le note questioni climatiche, la strada non cambia: gli appezzamenti sono sparsi in varie zone, ma il corpo principale è ai piedi della cantina, lungo una collina di Vignale che degrada a sud. I vitigni sono quelli classici dell'area: grignolino, freisa e barbera.

VINI - La mano di Andrea va a cercare due caratteristiche: pulizia e semplicità, nell'idea di fare dei vini tipici della tradizione del Monferrato casalese.

Grignolino del Monferrato Casalese 2019 ● 5.000 bt; 9 € - Molto tipico nel suo offrirsi con sentori fruttati e una delicata speziatura al naso, in bocca evidenzia una certa gioventù, con un tannino ancora ruvido, una vena acido-sapida di carattere e un buon allungo finale.
Barbera del Monferrato 2019 ● 8.000 bt; 8 € - Gioca sulla fragranza del fiore e del frutto rosso; in bocca è lieve, beverino, dotato di grande freschezza, caratteristiche che rendono questo vino assolutamente gastronomico.
Monferrato Freisa 2019 ● 3.000 bt; 8 € - Un naso sfaccettato, con note ancora lievemente verdi, introduce un sorso d'impatto, con una vena leggermente rustica data dai tannini vibranti, e un buon corpo.
Monferrato Bianco 2019 ○ 1.000 bt; 8 € - Croccante, fruttato, sapido.

ha 5 - bt 21.000
Fertilizzanti letame in pellet
Fitofarmaci rame e zolfo
Diserbo lavorazione meccanica/manuale
Lieviti selezionati industriali
Uve 100% di proprietà
Certificazione biologico certificato

VIGNALE MONFERRATO (AL)

MARCO CANATO

Località Ca' Baldea, 19/3 - tel. 0142 933653
www.canatovini.it - info@canatovini.it

VITA - Marco Canato, uomo sorridente e gioviale, è un vignaiolo autentico, che nel raccontare la sua azienda fa trasparire grande competenza e un profondo attaccamento alla propria terra. Marco ha raccolto l'eredità del padre Primo, che ha trasformato questa realtà (che nel secolo scorso era una cascina contadina, con coltivazione di cereali e allevamento) rendendola uno dei nomi di punta del circondario.

VIGNE - Le vigne sono su terreni argilloso-calcarei che favoriscono la crescita della vite anche nelle annate molto calde, come le ultime, in quanto le riserve idriche riescono a mantenersi. Dalla cascina dove sorge la cantina (e l'annesso B&B) si possono vedere i vigneti che degradano lentamente verso il basso, sulle morbide colline di Vignale. Marco ha fin dall'inizio scelto di non utilizzare prodotti sistemici e diserbo chimico.

VINI - Sapienza contadina e savoir faire: ecco gli strumenti preferiti da Marco nel produrre i suoi vini, che sono una bella espressione del territorio.

Grignolino del Monferrato Casalese Celio 2019 ● 2.000 bt; 10 € - Schietto, offre sentori floreali e fruttati; in bocca è sapido, quasi salato, con tannini ancora vispi e una bella persistenza finale.
Muntavà 2019 grignolino; 2.000 bt; 17 € - Metodo Ancestrale giocoso ma di carattere, con sentori di ciliegia evidenti al naso; in bocca trova una beva irresistibile.
Barbera del Monferrato Sup. Rupes 2010 ● 2.500 bt; 20 € - Austero, con note speziate e un frutto scuro e maturo, all'assaggio mostra grande profondità, con tutte le parti integrate e una grande persistenza.
Cherù 2019 ● ruché; 1.500 bt; 14 € - Incisivo, floreale, espressivo.
Barbera del Monferrato Gambaloita 2019 ● 2.000 bt; 9 € - Succoso, fruttato, gastronomico.
Bianc di Fiur 2019 ○ moscato; 2.000 bt; 9 € - Schietto, floreale, teso.

ha 8 - bt 25.000
Fertilizzanti nessun concime
Fitofarmaci rame e zolfo
Diserbo lavorazione meccanica/manuale
Lieviti selezionati industriali
Uve 100% di proprietà
Certificazione nessuna certificazione

VIGNALE MONFERRATO (AL)

GAUDIO

Regione Mondalino, 5 - tel. 0142 933204
www.gaudiovini.it - info@gaudiovini.it

VITA - Dinamica e vulcanica, Beatrice Gaudio è oramai diventata a tutti gli effetti l'anima di questa cantina. Affianca il padre Mauro e prosegue nell'opera iniziata dal nonno Amilcare negli anni Settanta. Oltre a loro c'è Matteo Macchi, toscano, che dal 2008 si dedica all'azienda. Gaudio è una realtà solida che ha nel grignolino il proprio portabandiera: Beatrice non fa nulla per nascondere il profondo amore per questo vitigno e la sua terra.

VIGNE - Le vigne, acquistate poco alla volta per volontà di Mauro, sono sparse tra Vignale, Camagna e Casorzo, ma uno dei cru più importanti (e a cui Beatrice è particolarmente affezionata) è il Mondalino, collina sulla quale sorge anche la cantina. Terreni di diversa natura compongono i vari appezzamenti: alcuni più calcarei, altri più argillosi, altri ricchi di sedimenti marini.

VINI - Uno stile in continua evoluzione: da vini più densi e concentrati si sta andando verso una maggiore leggiadria.

Grignolino del Monferrato Casalese Gaudio 2019 ● 15.000 bt; 10 € - 🍷 - Tipico, dai profumi floreali e fruttati, ha una bocca tesa, fresca e sapida, con trama tannica vibrante e buon allungo.
Grignolino del Monferrato Casalese Bricco Mondalino 2018 ● 3.000 bt; 15 € - 🍷 - Presenta sentori fruttati scuri e cenni di spezie; all'assaggio è già disteso, con una buona profondità e un buon corpo.
Malvasia di Casorzo Dolce Stil Novo 2019 ⁂ 3.600 bt; 11 € - 🍷 - Fragrante nei sentori fruttati, è ben equilibrato tra la parte dolce e quella acida, con un tannino lieve che rende la beva interessante.
Grignolino del Monferrato Casalese Monte della Sala 2016 ● 1.000 bt; 19 € - Ⓓ - Austero, speziato, profondo.
Barbera d'Asti il Bergantino 2017 ● 5.000 bt; 19 € - Ⓓ 🛢 - Solido, fruttato, incisivo.
Barbera d'Asti Zerolegno 2018 ● 7.000 bt; 12 € - 🍷 - Fresco, fruttato, gastronomico.

ha 16,5 - **bt** 100.000
Fertilizzanti letame in pellet, letame, organo-minerali
Fitofarmaci chimici di sintesi, rame e zolfo
Diserbo chimico, lavorazione meccanica/manuale
Lieviti selezionati industriali, selezione di lieviti indigeni
Uve 100% di proprietà
Certificazione nessuna certificazione

VIGUZZOLO (AL)

CASCINA MONTAGNOLA

Strada Montagnola Inferiore, 1 - tel. 348 0742701
www.cascinamontagnola.com - info@cascinamontagnola.com

VITA - La tenuta Cascina Montagnola, di fine Ottocento, fu acquistata e ristrutturata dai coniugi Donatella Giannotti e Bruno Carvi nel 1988, affascinati dalla vita di campagna. Purtroppo il 2020 ha prematuramente portato via Bruno all'affetto dei suoi cari, lasciando un grande vuoto da colmare. Donatella, anche se in un momento di forte smarrimento, continua a portare avanti con impegno l'azienda cercando di onorarne il ricordo, con l'aiuto sempre più decisivo di Joseph Manuel.

VIGNE - Le vigne circondano l'azienda e il primo intervento fatto nel 1988 fu su una vigna di barbera degli anni Cinquanta: seguirono investimenti sia in campo sia in cantina, con l'acquisizione di nuovi strumenti di vinificazione. Nei primi anni Novanta sono stati piantati cortese, chardonnay e croatina, alcuni internazionali come savignon blanc e merlot, e infine l'autoctono timorasso. La consulenza agronomica è in capo a Davide Ferrarese.

VINI - I vini si distinguono per i lunghi tempi di maturazione: gli affinamenti scelti permettono di esprimere al meglio le caratteristiche territoriali e delle uve, senza sovrapporsi all'identità naturale delle varietà vinificate. In cantina supervisiona le operazioni l'enologo novese Giovanni Bailo.

Colli Tortonesi Timorasso Morasso 2018 ○ 4.000 bt; 22 € - 🍷 - Al naso si presenta con un'intensa nota di frutta gialla e uno spunto minerale. In bocca è fresco, di esuberanza alcolica, ma trova equilibrio e si distende con una buona persistenza.
Colli Tortonesi Cortese Dunin 2019 ○ 4.000 bt; 14 € - 🍷 - Avvolgente, floreale, autentico.
Risveglio 2018 ○ chardonnay; 1.800 bt; 19 € - 🛢 - Fresco, fruttato, delicato.

ha 10 - **bt** 30.000
Fertilizzanti letame in pellet
Fitofarmaci rame e zolfo
Diserbo chimico, lavorazione meccanica/manuale
Lieviti selezionati industriali
Uve 100% di proprietà
Certificazione nessuna certificazione

VINCHIO (AT)

LAIOLO REGINININ

Via San Giorgio, 1 - tel. 0141 950311 - 338 8362408
www.reginin.it - info@reginin.it

VITA - Paolo Laiolo ha una profonda anima agricola: lo si percepisce dall'entusiasmo che dimostra quando racconta il proprio mestiere. Un vignaiolo nel vero senso della parola: insieme alla moglie Anna Giargi segue tutti i lavori in prima persona e senza l'aiuto di consulenti. Questo perché i due hanno già idee proprie e ben precise su come fare vini artigianali, autentici e territoriali, frutto di una viticoltura pulita e di vinificazioni senza scorciatoie.

VIGNE - Le vigne si trovano tutte vicine alla cantina ma hanno terreni ben diversi: una parte poggia su terreni sabbiosi e leggeri, l'altra su suoli marnosi e calcarei. La differenza emerge nelle due Barbere. Seppur non certificato, il lavoro di Paolo è un biologico virtuoso che va oltre i parametri del disciplinare. Ma poi il suo concetto di sostenibilità si estende a tutti gli aspetti della vita quotidiana.

VINI - L'approccio in cantina è di stampo tradizionale, con fermentazioni spontanee, macerazioni medio-lunghe e senza l'utilizzo di additivi o sofisticate tecnologie enologiche.

TOP **Barbera d'Asti Da Sul 2017** VINO QUOTIDIANO ● 9.000 bt; 12 € - Il vino-simbolo dell'azienda, da una vecchia vigna su marna bianca. Ha densità e succo, un timbro fruttato scuro e, naturalmente, acidità e sale che rendono il sorso dinamico, profondo e leggiadro.
Barbera d'Asti Sup. Suris 2017 ● 3.000 bt; 15 € - Dagli stessi terreni ma tutto affinato in tonneau: gioca sull'eleganza e la compostezza. Ha matrice succosa più densa e compatta, e timbro aromatico balsamico e terroso.
M. Cl. Brut Lo Stravagante 36 Mesi 1.500 bt; 20 € - Interpretazione originale e convincente di Barbera: vinoso e saporito, ampio e corposo, ha deliziosi tratti fruttati, speziati e floreali.
Cortese dell'Alto Monferrato Chi Ca Vota 2019 ○ 3.500 bt; 10 € - Fresco, fruttato, leggiadro.

ha 7 - **bt** 38.000
Fertilizzanti letame
Fitofarmaci rame e zolfo
Diserbo lavorazione meccanica/manuale
Lieviti fermentazione spontanea
Uve 100% di proprietà
Certificazione nessuna certificazione

VINCHIO (AT)

VITICOLTORI ASSOCIATI DI VINCHIO E VAGLIO SERRA

SCONTO **-10%**

Regione San Pancrazio, 1 - tel. 0141 950903
www.vinchio.com - info@vinchio.com

VITA - Purtroppo l'annata 2020 sarà ricordata da quest'azienda come tragica e sfortunata. Non per il covid-19, visto che ha colpito in modo uniforme il Piemonte, ma piuttosto per il tremendo lutto che ha strappato alla vita il direttore dell'azienda, Ernestino Laiolo. Aveva solo 56 anni e se n'è andato per un malore sul finire di luglio. Un colpo davvero duro per questa cooperativa modello, che anche grazie a lui nel corso degli anni ha realizzato ottimi vini, con il vitigno barbera assoluto protagonista.

VIGNE - La compagine dei 200 soci conferitori è composita ed eterogenea, con aziende agricole molto piccole e altre più strutturate e importanti. Il minimo comune denominatore è la loro collocazione, perlopiù nel territorio di Vinchio e Vaglio Serra, su suoli leggeri e adatti alla coltivazione di rossi profumati e strutturati. Il presidente è l'inossidabile Lorenzo Giordano.

VINI - Com'è normale che sia la gamma è molto ampia e prevede la realizzazione di quasi tutte le denominazioni del basso Piemonte. Ma il fulcro resta la Barbera, e noi ci concentriamo su queste etichette.

Nizza Laudana Ris. 2016 ● 5.000 bt; 14 € - Ha una struttura molto importante, grazie alla selezione delle uve migliori e a una dolcezza di frutto che riempie il palato.
Barbera d'Asti I Tre Vescovi 2018 ● 200.000 bt; 10 € - Uno dei cavalli di battaglia di questa azienda: gustosa, gastronomica e dalla beva saporita.
Barbera d'Asti Sup. Vigne Vecchie 2017 ● 10.000 bt; 21 € - Frutto della selezione di uve dei ceppi migliori, è ricchissima e polposa, con speziatura intensa dovuta all'affinamento.
Barbera d'Asti Sorì dei Mori 2019 ● 50.000 bt; 9 € - Fresco, fruttato, gastronomico.
Barbera d'Asti Vigne Vecchie 50 2018 ● 20.000 bt; 15 € - Incisivo, fruttato, ampio.

ha 450 - **bt** 1.200.000
Fertilizzanti n.d.
Fitofarmaci rame e zolfo
Diserbo chimico, lavorazione meccanica/manuale
Lieviti selezione di lieviti indigeni
Uve 100% di proprietà
Certificazione parte dei vigneti in regime biologico

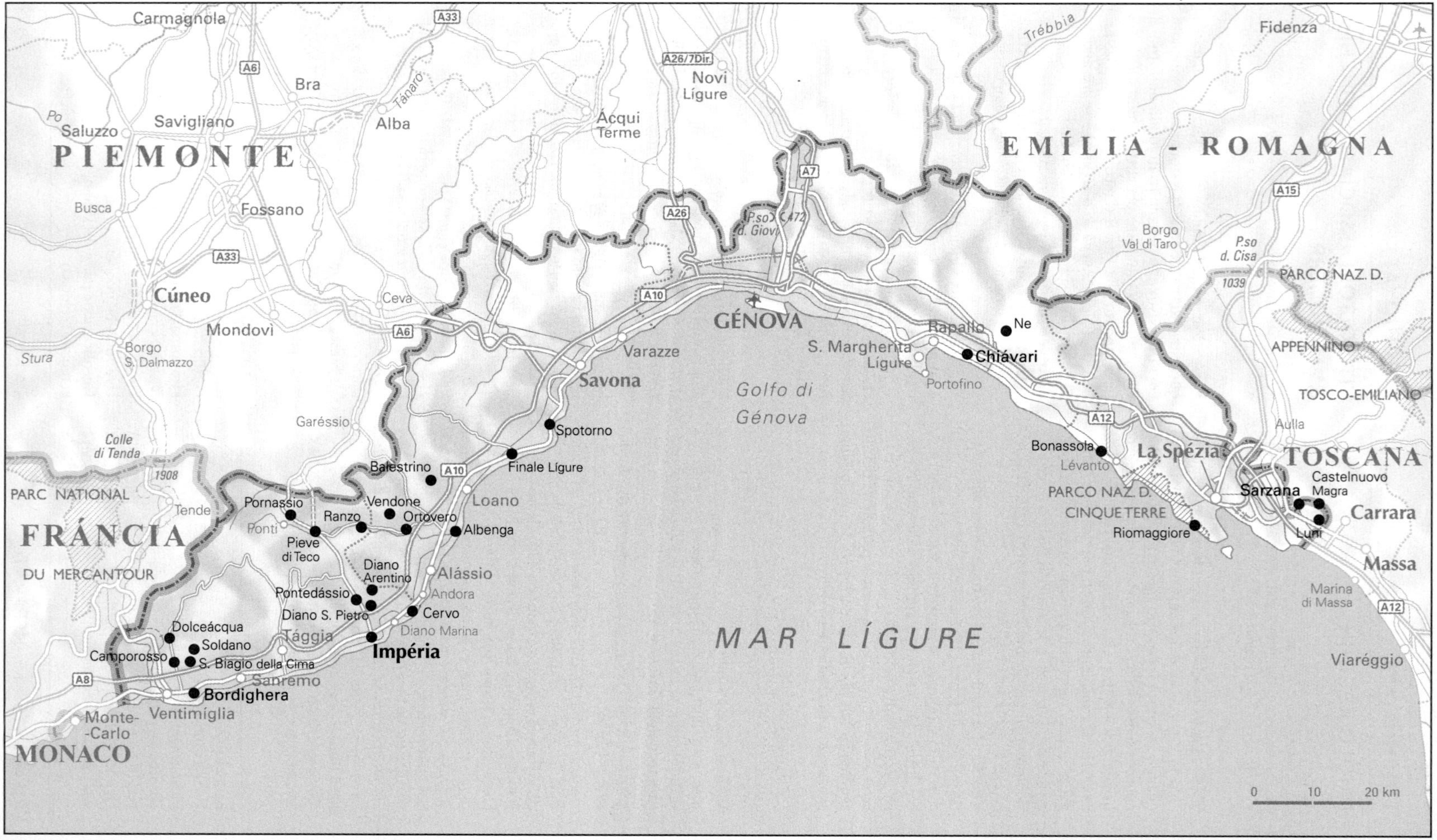

PIEMONTE
EMÍLIA - ROMAGNA
TOSCANA
FRÁNCIA
MONACO
MAR LÍGURE
Golfo di Génova
Carmagnola
Bra
Saluzzo
Savigliano
Alba
Ácqui Terme
Novi Lígure
Fidenza
Trébbia
Tánaro
Po
Busca
Fossano
Cúneo
Mondovì
Ceva
Borgo S. Dalmazzo
Stura
Garéssio
Colle di Tenda
1908
PARC NATIONAL DU MERCANTOUR
Tende
Ponti
Pornassio
Pieve di Teco
Ranzo
Vendone
Ortovero
Balestrino
Albenga
Loano
Finale Lígure
Spotorno
Savona
Varazze
GÉNOVA
P.so d. Giovi
472
S. Margherita Lígure
Rapallo
Portofino
Chiávari
Ne
Borgo Val di Taro
P.so d. Cisa
1039
PARCO NAZ. D. APPENNINO TOSCO-EMILIANO
Aulla
Bonassola
Lévanto
PARCO NAZ. D. CINQUE TERRE
Riomaggiore
La Spézia
Sarzana
Castelnuovo Magra
Luni
Carrara
Massa
Marina di Massa
Viaréggio
Alássio
Andora
Cervo
Diano Marina
Diano Arentino
Pontedássio
Diano S. Pietro
Impéria
Tággia
Sanremo
Dolceácqua
Soldano
S. Biagio della Cima
Camporosso
Bordighera
Ventimíglia
Monte-Carlo
A6
A33
A26/7Dir.
A7
A15
A26
A10
A12
A8
0
10
20 km

LIGURIA

Anche quest'anno la Liguria ci ha conquistati. Ci ha colpiti per la sua capacità di resistere a uno sconquasso che da queste parti francamente poteva essere letale, visto che il turismo è una voce essenziale del bilancio delle cantine e che i bianchi la fanno da padrone. Una tipologia questa che viene consumata sempre d'annata, e quindi lascia poco scampo a chi salta commercialmente la stagione estiva. È una maledizione quella di voler bere tutto e subito, ma se si parla con i produttori la solfa è sempre la stessa: «i ristoratori mi chiedono la tal etichetta a gennaio, se non gliela fornisco si rivolgono al mio vicino». Una corsa assurda, soprattutto se pensiamo che le capacità di invecchiamento dei Pigato, dei Vermentino e dei Cinque Terre sono prodigiose, e lascerebbero spazio ad ambizioni ben differenti. Nonostante una situazione che poteva essere esplosiva e drammatica dobbiamo sottolineare come quasi tutti i vini siano stati imbottigliati, magari solo con un po' di ritardo rispetto al solito (questo ha solo contribuito a migliorarne la qualità), tanto che alla fine sono giunti sul nostro tavolo di assaggio. Veniamo alle nostre impressioni a caldo. La prima, forse la più interessante da condividere, è che finalmente esiste un effettivo equilibrio tra Ponente e Levante. Mentre un tempo il secondo era, nei nostri giudizi, molto più debole, figlio di una scarsità nel numero di vignaioli e in alcune zone anche di logiche un po' produttivistiche e industriali, ora la situazione è radicalmente cambiata. Nel Levante di oggi troviamo più aziende che spingono sulle sperimentazioni e che lasciano un po' più sciolta la briglia dal punto di vista tecnico. Abbiamo così bianchi più spontanei e meno imbrigliati in dosi di solforosa che spesso, in passato, risultavano eccessive. Tutto ciò restituisce un'impronta più chiara e godibile del territorio. In questo contesto dobbiamo aprire una parentesi sulla stupenda enclave delle Cinque Terre, paradiso in terra segnato da un turismo un po' troppo "mordi e fuggi": mai come oggi ci auguriamo che il mantra dello «speriamo che tutto torni come prima» non venga rispettato. Ricostruire un modello più ecosostenibile, che faccia dell'agricoltura uno degli strumenti su cui puntare per la rinascita, sarebbe non solo logico ma strategicamente vincente. Chissà se questo potrà accadere o se tutto, ahinoi, finirà nei vicoli traboccanti di turisti che ingurgitano più spritz che dorati calici di saporiti vini locali. Infine il Ponente, che esprime una qualità media molto elevata, con bianchi puliti, energici e realizzati a regola d'arte. Ma questa terra ha anche la fortuna di poter contare su uno dei rossi a nostro parere più folgoranti e intriganti, quel Rossese di Dolceacqua che ormai non è più neppure una novità. Qui i vignaioli hanno compreso l'importanza dei cru – che chiamano con il vecchio e affascinante termine delle nomeranze –, e anno dopo anno ci regalano perle di rara finezza e godibilità.

le Bottiglie

le Monete €

ALBENGA (SV)

BIOVIO

Frazione Bastia - Via Crociata, 24 - tel. 0182 20776
www.biovio.it - info@biovio.it

VITA - Si respira un clima di calda accoglienza quando si varca la soglia di questa azienda, gestita dalla famiglia Vio nel piccolo borgo di Bastia. Ad affiancare il papà Aimone in vigna e in cantina ci sono la figlia Caterina e il marito Vincenzo Sorrentino, entrambi enologi. La secondogenita Camilla si occupa della parte contabile, mentre la mamma Chiara Ascheri e l'altra figlia Carolina si dedicano alla gestione dell'agriturismo.

VIGNE - L'azienda, dedita da sempre alla coltivazione biologica, dispone della relativa certificazione dal 1989. Negli anni ha saputo creare un parco vigneti di tutto rispetto, scegliendo terroir di prim'ordine, premessa indispensabile per poter condurre le vigne senza fare ricorso a prodotti di sintesi. L'utilizzo di attrezzature meccaniche non sempre è praticabile e nel sottofila si interviene spesso manualmente.

VINI - Le vinificazioni sono piuttosto classiche, senza particolari fronzoli tecnologici, per vini che convincono per purezza e aderenza al territorio.

Riviera Ligure di Ponente Pigato Mà Renè 2019 O 24.000 bt; 14 € - - Esprime al meglio la tipicità del vitigno: si apre immediatamente con decisi aromi fruttati, e in bocca ha spessore e lunghezza, con il classico finale amarognolo appena accennato.
Riviera Ligure di Ponente Vermentino Aimone 2019 O 12.000 bt; 14 € - - Intenso al naso, regala profumi floreali e sensazioni di erbe aromatiche, mentre al palato ha slancio e succo.
Riviera Ligure di Ponente Pigato EsSenza 2019 O 900 bt; 18 € - - Schietto, fruttato, autentico.
Riviera Ligure di Ponente Rossese U Bastiò 2019 ● 4.000 bt; 13 € - - Integrato, speziato, avvolgente.
Riviera Ligure di Ponente Granaccia Gigò 2019 ● 4.000 bt; 14 € - - Dinamico, fruttato, ampio.
Rosé 4 C 2019 ● rossese di Campochiesa; 3.300 bt; 13 € - - Fresco, fruttato, armonico.

ha 9 - **bt** 60.000
Fertilizzanti letame, organo-minerali, sovescio
Fitofarmaci rame e zolfo
Diserbo lavorazione meccanica/manuale
Lieviti selezione di lieviti indigeni
Uve acquisto 1%
Certificazione biologico certificato

BALESTRINO (SV)

BERRY AND BERRY

SCONTO **-10%**

Via Matteotti, 2 - tel. 333 2805368 - 339 5793783
www.berryandberry.it - alex.berriolo@libero.it

VITA - La pietra degli scoscesi terrazzamenti liguri, la fatica per coltivarli e la passione nel voler preservare le tradizioni della propria terra: sono queste le parole con cui il giovane enologo Alex Berriolo riassume la storia di questa cantina, iniziata 10 anni fa. Nonostante l'impegno crescente dell'attività di consulenza prestata ad altre aziende della zona, Alex non trascura certo la propria realtà e non smette di perfezionarsi vendemmia dopo vendemmia.

VIGNE - Alex, con l'aiuto determinante del padre Fernando, ha in gestione una decina di parcelle, minuscoli fazzoletti di terra sparsi tra le province di Imperia e Savona, per un totale di circa 3 ettari. Ad accomunare i vari appezzamenti sono gli stretti terrazzamenti su cui sono poste le vigne, spesso raggiungibili solo in fuoristrada o a piedi, per cui il lavoro è obbligatoriamente manuale.

VINI - Le accortezze in vinificazione portano Berry and Berry a presentare vini che, senza esasperazioni o estremismi, risultano molto precisi negli aromi e di giusto equilibrio in bocca.

Campolòu 2018 O pigato; 1.000 bt; 22 € - - Fermentato in acciaio e affinato sui lieviti per circa 10 mesi, è intenso e ampio nell'apertura fruttata, con cenni minerali e di idrocarburo. In bocca è sapido, con uno sviluppo gustativo dinamico e di apprezzabile piacevolezza.
Lappazucche 2019 ● 4.000 bt; 15 € - - È una riuscita interpretazione del barbarossa (con un saldo di ormeasco), antico vitigno autoctono ligure: al naso mette in mostra tenui sentori floreali, e in bocca è affilato e scorrevole, di bella trama acido-salina.
Baitinin 2019 O pigato, vermentino; 4.000 bt; 15 € - - Armonico, fruttato, sapido.
Poggi del Santo 2017 ● sangiovese; 1.000 bt; 22 € - - Ampio, speziato, avvolgente.

ha 3 - **bt** 10.000
Fertilizzanti letame in pellet, organo-minerali, sovescio
Fitofarmaci chimici di sintesi, rame e zolfo
Diserbo chimico, lavorazione meccanica/manuale
Lieviti fermentazione spontanea, selezionati industriali
Uve acquisto 10%
Certificazione nessuna certificazione

BONASSOLA (SP)

CÀ DU FERRÀ

SCONTO -10%

Via Nuova per San Giorgio, 27/bis - tel. 0187 814083
328 0369500 - info@caduferra.wine

VITA - L'azienda è guidata da Davide Zoppi con il marito Giuseppe Luciano Aieta, coadiuvati dai genitori di Davide, Antonio e Aida Forgione, che nella prima parte degli anni Duemila hanno deciso di dedicarsi al turismo rurale e, successivamente, alla creazione dell'azienda vitivinicola. Nel 2018 è stata inaugurata la nuova cantina in prossimità dei vigneti di Bonassola, un nuovo fulcro aziendale, moderno e funzionale. La famiglia Zoppi è affiancata dagli enologi Barbara Tamburini e Vittorio Fiore.

VIGNE - Le vigne sono distribuite in diversi comuni del Levante ligure. Il corpo principale si trova a Bonassola, con impianti a filare baciati dal mare, in posizione esposta magnificamente. Di incredibile fascino i vigneti in Vernazza e Riomaggiore, su terrazzamenti. La filosofia aziendale prevede un approccio multicolturale in ogni vigneto.

VINI - Vini fragranti, ottenuti da vinificazioni precise e con il solo utilizzo di vasche in acciaio per mantenere la schiettezza del frutto.

TOP **Colline di Levanto Vermentino Luccicante 2019** VINO SLOW ○ 5.000 bt; 21 € - 🍷 - Dal sorso succoso e vibrante, con grande tensione e sale, è un Luccicante dalla veste moderna e molto ligure allo stesso tempo.
L'Intraprendente 2018 ● bosco, vermentino, albarola; 500 bt da 0,375 l; 60 € - 🍷 - Figlio delle Cinque Terre, è una piccola produzione che nasce dalle vigne a Riomaggiore con uve vendemmiate e lasciate appassire alcuni mesi con rese bassissime. Il risultato è un vino suadente, varietale, dal sorso lungo e convincente. Il vino di Davide.
Colline di Levanto Bianco Bonazolae 2019 ○ 3.500 bt; 18 € - 🍷 - Agile, floreale, salino.
Colline di Levanto Rosso 'Ngilù 2019 ● 500 bt; 20 € - 🍷 - Avvolgente, fruttato, gastronomico.

ha 4 - **bt** 9.500
Fertilizzanti letame, sovescio
Fitofarmaci rame e zolfo
Diserbo lavorazione meccanica/manuale
Lieviti selezionati industriali
Uve 100% di proprietà
Certificazione biologico certificato

BORDIGHERA (IM)

TENUTA SELVADOLCE

Via Selva Dolce, 14 - tel. 349 2225844
www.selvadolce.it - info@selvadolce.it

VITA - Riservato e pacato nei modi, ma esuberante ed energico nei contenuti, Aris Blancardi sa incarnare bene il carattere singolare e disorientante dei suoi vini. Inizialmente riservato, non appena l'interlocutore mostra il suo lato più vero, dimostra un genuino piacere per il confronto. Allergico alle logiche del marketing, è felice di fornirci i propri campioni per il semplice fatto che andiamo a verificare se davvero le sue vigne esistono!

VIGNE - Semplicemente stupende le vigne poste immediatamente accanto alla cantina, immerse su un declivio che guarda il mare, composto da un suolo di medio impasto argilloso-calcareo, e perfettamente esposte alla benefica brezza. Le altre viti sono a Negi, nell'entroterra, e vengono allevate con il tipico alberello provenzale.

VINI - Dichiaratamente convinto dei principi steineriani per ciò che concerne la viticoltura, i suoi vini sono il chiaro esempio di come Aris intenda tale filosofia: nessuna forzatura in cantina, e capacità di mettersi in silenziosa attesa. Indipendentemente da ciò che la logica vorrebbe, la loro immissione sul mercato non avviene fino a quando lui non ritenga sia il momento giusto.

Crescendo 2018 ○ pigato; 1.500 bt; 26 € - 🍷 - Presenta un profilo olfattivo con cenni di resina e cera, e con dolci note di frutta bianca. Il palato è leggiadro e scorrevole. Forse un filo di persistenza in più gli gioverebbe, ma è già godibile e ottimo compagno a tavola.
Rebosso 2018 ○ vermentino; 2.000 bt; 26 € - 🍷 - Si apre lento con una dolce speziatura al naso e con lievi tocchi balsamici. In bocca mostra il suo lato ancora scomposto e da attendere, con un finale lievemente marcato dalle sensazioni amarognole, che in un prossimo futuro lo nobiliteranno.

ha 5 - **bt** 10.000
Fertilizzanti preparati biodinamici, sovescio
Fitofarmaci rame e zolfo
Diserbo lavorazione meccanica/manuale
Lieviti fermentazione spontanea
Uve 100% di proprietà
Certificazione biodinamico certificato, biologico certificato

CAMPOROSSO (IM)

ROBERTO RONDELLI

Frazione Brunetti, 1 - tel. 328 0348055
rondellivini@gmail.com

VITA - La piccola realtà condotta da Roberto Rondelli, coadiuvato dal padre Danilo, ha visto la sua prima vendemmia nel 2009, con l'obiettivo di produrre vini di grande aderenza territoriale e nel rispetto delle condizioni del millesimo. Curioso e appassionato, Roberto non disdegna il confronto e la conversazione con i suoi interlocutori del mestiere, e con il mondo del vino nella sua complessità.

VIGNE - Il vigneto aziendale è composto da un unico appezzamento frontistante la cantina, in un versante posto a nord-est, con una buona esposizione ai venti e ben irradiato. Le marne azzurre di Montevilla compongono in prevalenza la vigna dedicata ai bianchi, mentre il rossese è posto su terreni a maggiore composizione calcarea.

VINI - In costante ricerca di una vinificazione che esprima l'appartenenza al territorio da cui traggono origine i vini, l'azienda condotta da Roberto privilegia il minor intervento possibile in vigna e la naturalità delle vinificazioni in cantina, a volte a discapito di una più comoda omogeneità nella linea produttiva. Scelte coerenti e serie, sintomo di grande coraggio e pazienza.

Rossese di Dolceacqua Migliarina 2015 ● 1.500 bt; 20 € - - Gioca su un registro floreale di rose e viole, cui si aggiungono lievi cenni di frutti rossi in secondo piano, in una composizione olfattiva di buon equilibrio e in piena armonia con il sorso bilanciato, che lo designa come un affidabile compagno della tavola.
Rossese di Dolceacqua Marne 2018 ● 3.000 bt; 14 € - - Diluito, floreale, sottile.
Rossese di Dolceacqua Arenaria 2019 ● 4.500 bt; 14 € - - Manchevole, floreale, sapido.

ha 3 - **bt** 15.000
Fertilizzanti letame
Fitofarmaci rame e zolfo
Diserbo lavorazione meccanica/manuale
Lieviti fermentazione spontanea
Uve 100% di proprietà
Certificazione nessuna certificazione

CASTELNUOVO MAGRA (SP)

GIACOMELLI

SCONTO **-10%**

Via Palvotrisia, 134 - tel. 0187 675709
www.azagricolagiacomelli.com - az.giacomelli@libero.it

VITA - È da più di un secolo che la famiglia Petacchi si dedica all'attività agricola. Dai primi anni Novanta Roberto Petacchi ha deciso di seguire gli insegnamenti del nonno paterno e di concentrarsi principalmente sulla vigna: sapienza e amore per il territorio sono stati determinanti. La moderna cantina ben attrezzata è di fondamentale utilità per le pratiche di vinificazione.

VIGNE - I vigneti sono distribuiti fra i comuni di Castelnuovo Magra, Luni e Sarzana. In pianura si producono prevalentemente le uve per i vini più semplici, su terreni sabbiosi e alluvionali, mentre in collina si concentra maggiormente la produzione delle uve per i vini a Doc.

VINI - Il percorso intrapreso da Roberto è quello di intervenire il meno possibile in vigna e di non utilizzare prodotti di sintesi. Le fermentazioni spontanee o con lieviti indigeni vengono condotte in acciaio a temperatura controllata.

Colli di Luni Vermentino Giardino dei Vescovi 2018 O 2.500 bt; 22 € - - Figlio di un vigneto di antichissime origini parzialmente ripiantato nel 2012, ha una struttura importante, avvolgente, e una beva intrigante che spazia tra ricordi di frutti e resinosi.
Colli di Luni Vermentino Boboli 2019 O 9.000 bt; 16 € - - Al momento del nostro assaggio ancora chiuso, potrebbe avere bisogno di tempo per esprimere le sue potenzialità. In bocca troviamo un finale morbido e un filo dolce.
Colli di Luni Vermentino Pianacce 2019 O 36.000 bt; 13 € - - Nasce da terreni sabbiosi, ha un buon frutto e ricordi di erbe aromatiche: un vino piacevole e di buona beva, con un finale caldo e asciutto.
Paduletti 2019 O vermentino, trebbiano, malvasia; 15.000 bt; 10 € - - Fresco, fruttato, gastronomico.
Gorgonia 2019 sangiovese; 5.000 bt; 10 € - - Fresco, fruttato, sapido.

ha 12 - **bt** 75.000
Fertilizzanti letame, sovescio
Fitofarmaci rame e zolfo
Diserbo lavorazione meccanica/manuale
Lieviti fermentazione spontanea, selezione di lieviti indigeni
Uve 100% di proprietà
Certificazione nessuna certificazione

CASTELNUOVO MAGRA (SP)

IL TORCHIO

Via delle Colline, 24 - tel. 0187 67405
www.agriturismolavallesp.it - gildamusetti@gmail.com

VITA - La nuova veste de Il Torchio è incarnata dai fratelli Edoardo e Gilda Musetti, che negli ultimi cinque anni hanno saputo rivoluzionare una delle realtà storiche dei colli di Luni, fondata dal nonno Giorgio Tendola, donandole modernità e freschezza. Un percorso che seguiamo con estremo interesse, che oggi vede Gilda con il compagno Alessandro Chesi occuparsi della parte commerciale, mentre le pratiche agronomiche e di cantina sono gestite da Edoardo.

VIGNE - I vigneti aziendali sono in un corpo unico di proprietà sito ai piedi del borgo di Castelnuovo Magra, un anfiteatro naturale collinare che circonda la cantina, caso unico in un territorio come quello ligure. I suoli a prevalenza calcarea e le esposizioni principalmente a sud-est, con la brezza che dal mare soffia in maniera costante, creano un microclima unico.

VINI - Continua la ricerca di nuove vie e interpretazioni del territorio, con vinificazioni più sussurrate e altre tese a far emergere la territorialità dei vitigni. In questa annata dalle rese scarse sono stati presentati i vini più schietti, con l'intenzione di attendere le selezioni più importanti.

Il Bianco 2019 O 16.000 bt; 15 € - Il vermentino ama il mare e si esalta quando trova verve sapida, e il Bianco è l'emblema della schiettezza di questo vitigno, snello ma profondamente caratterizzato.
Brutto Anatroccolo 2018 sangiovese; 1.000 bt; 13 € - Vivo, fruttato, salino.

Abbiamo riassaggiato Il Rosso Logorroico 2018: è un vino succoso, dai sentori vinosi e di frutta croccante. All'assaggio si presenta equilibrato, dal tannino deciso ma integrato. Una Liguria in veste snella e vibrante.

ha 6 - **bt** 30.000
Fertilizzanti compost, letame
Fitofarmaci rame e zolfo
Diserbo lavorazione meccanica/manuale
Lieviti fermentazione spontanea
Uve 100% di proprietà
Certificazione nessuna certificazione

CASTELNUOVO MAGRA (SP)

OTTAVIANO LAMBRUSCHI

SCONTO **-10%**

Via Olmarello, 28 - tel. 0187 674261
www.ottavianolambruschi.com - info@ottavianolambruschi.com

VITA - Possiamo parlare di un patrimonio dei Colli di Luni: si tratta di Ottaviano Lambruschi, ex cavatore di marmo, e grande esempio di serietà e coerenza. Sempre presente sia in vigna, sia in cantina, con i suoi 80 anni alle spalle, già da un po' coordina i lavori affiancato dal figlio Fabio, degno erede di questa bella realtà.

VIGNE - I vigneti sono baciati dalla brezza marina, con esposizioni veramente uniche. Lo storico vigneto di Costa Marina e quello più giovane, denominato Il Maggiore, hanno caratteristiche differenti, che vanno dalle composizioni geologiche argillose del primo a quelle calcareo-pietrose del secondo. Tutti elementi che rendono i vini unici e di grande carattere e longevità.

VINI - La qualità dei vini è sempre molto alta e l'impronta aziendale è riconoscibile. Grandi profumi, buon frutto e spiccata acidità fanno sì che possano viaggiare nel tempo tranquillamente.

Colli di Luni Vermentino Costa Marina 2019 O 15.000 bt; 18 € - Figlio di un vigneto di una trentina d'anni allevato a guyot capovolto semplice, ha buona stoffa, note di pietra focaia e un bel frutto che corre dritto nel palato. Ottima la beva, bella la chiusura potente e iodata.
Colli di Luni Vermentino Il Maggiore 2019 O 6.000 bt; 18 € - Proviene da un vigneto scalpitante, quasi nervoso, che produce uve ricche di profumi che poi ritroviamo nel calice. Ha un grande temperamento, con sentori di macchia mediterranea e fiori gialli, e un sorso pieno, avvolgente e persistente. Un vino di grande profondità.
Colli di Luni Vermentino Sup. 2019 O 1.000 bt; 22 € - Articolato, fruttato, armonico.
Maniero 2019 ● canaiolo, merlot, sangiovese; 1.300 bt; 13 € - Vibrante, fruttato, autentico.

ha 5 - **bt** 30.000
Fertilizzanti letame, sovescio
Fitofarmaci chimici di sintesi, rame e zolfo
Diserbo lavorazione meccanica/manuale
Lieviti selezionati industriali, selezione di lieviti indigeni
Uve 100% di proprietà
Certificazione nessuna certificazione

CERVO (IM)

LA GINESTRAIA

Via Steria - tel. 338 1283229
www.laginestraia.com - info@laginestraia.com

VITA - La Ginestraia è figlia di una sorta di sfida, che ha visto il ligure Mauro Leporieri invitare l'amico piemontese Marco Brangero, già vignaiolo, a fare del buon vino anche in terra di Liguria. Dall'insolito duello è nata quella che è ormai una solida realtà del Ponente, da oltre 10 anni in continua crescita, che dimostra come la volontà e la professionalità possano portare a splendidi risultati anche in questo campo.

VIGNE - Le vigne principali sono poste tra i comuni di Cervo e San Bartolomeo, con ulteriori appezzamenti a Ortovero, Campochiesa e Arnasco. La diversificazione dei suoli e delle esposizioni garantisce un invidiabile equilibrio nelle produzioni, e una costanza qualitativa davvero pregevole. Mentre sono in corso i lavori della nuova cantina di vinificazione, non viene meno la volontà di cercare altri appezzamenti da riportare in produzione.

VINI - I vini aziendali sono prodotti con grande rispetto della terra e con metodi di vinificazione classici, che danno vita a prodotti sempre di alto livello qualitativo, precisi e territoriali.

Riviera Ligure di Ponente Pigato Marige 2019 ○ 2.000 bt; 26 € - 🍷 - Avvolge con maturi profumi di frutta bianca e balsamici. La bocca è setosa ed equilibrata, succosa nel finale.
Riviera Ligure di Ponente Vermentino 2019 ○ 9.000 bt; 17 € - 🍷 - Fiori di ginestra e pesca bianca segnano il profilo olfattivo, che introduce un palato sapido e verticale, di buona lunghezza e coerente nell'espressione varietale.
Riviera Ligure di Ponente Pigato 2019 ○ 22.000 bt; 17 € - 🍷 - Evanescente, floreale, sottile.

ha 7 - **bt** 38.000
Fertilizzanti minerali, organo-minerali
Fitofarmaci organici, rame e zolfo
Diserbo lavorazione meccanica/manuale
Lieviti selezione di lieviti indigeni
Uve 100% di proprietà
Certificazione nessuna certificazione

DIANO ARENTINO (IM)

MARIA DONATA BIANCHI

Località Valcrosa - Via Merea, 101 - tel. 0183 498233
www.aziendaagricolabianchi.it - info@aziendaagricolabianchi.com

VITA - Siamo di fronte a un'azienda che ha scritto pagine importanti della storia enologica recente del Ponente ligure. Sotto la spinta di Emanuele Trevia i vini hanno raggiunto personalità e livello superiori, ponendosi come punto di riferimento per tutti i produttori del comprensorio. Emanuele ha passato da qualche anno il testimone alla figlia Marta, laureata in Enologia, alla quale non mancano certo carattere, competenze e voglia di fare.

VIGNE - Un angolo incontaminato di Liguria immerso nella macchia mediterranea è la dimora delle vigne di pigato e vermentino, che circondano la cantina e l'agriturismo in località Valcrosa di Diano Arentino. Trattasi di una collina terrazzata di natura argilloso-sassosa, esposta a est, a circa 350 metri di quota. A Diano Marina troviamo altre tre piccole parcelle, con suoli calcarei che completano la proprietà. Tutte le piante sono potate a guyot.

VINI - Lo stile produttivo ricerca coerenza varietale, freschezza e pulizia, senza rinunciare alla consistenza. Tutti i vini sono giocati sull'eleganza più che sulla potenza.

Riviera Ligure di Ponente Pigato 2019 ○ 12.000 bt; 15 € - 🍷 - Le uve vengono selezionate e fatte fermentare separatamente in tre modi diversi (in bianco, con macerazione pellicolare e con breve contatto sulle bucce), per ottenere una migliore estrazione degli aromi. Unisce toni fruttati e agrumati a un sorso pieno, di lunga espressione, con un bel finale incisivo.
Riviera Ligure di Ponente Vermentino 2019 ○ 12.000 bt; 15 € - 🍷 - Esprime grande finezza al naso e belle tonalità floreali e di macchia mediterranea. La beva è agile e croccante, grazie alla fresca vena acida e al finale sapido.
Rosato Ines 2019 ● granaccia; 1.000 bt; 17 € - 🍷 - Fresco, fruttato, espressivo.

ha 4 - **bt** 30.000
Fertilizzanti sovescio
Fitofarmaci rame e zolfo
Diserbo lavorazione meccanica/manuale
Lieviti fermentazione spontanea, selezionati industriali
Uve acquisto 3%
Certificazione in conversione biologica

DIANO SAN PIETRO (IM)

LUIGI BIANCHI CARENZO €

Via Isabella Lantero, 19 - tel. 0183 429072 - 335 311013
alive.massone@libero.it

VITA - Luigi Bianchi Carenzo era poco più di un bambino quando, nell'immediato dopoguerra, si è trovato costretto a lavorare nei campi per supportare la famiglia, privata dell'apporto del padre, tragicamente ucciso dalle truppe naziste durante un rastrellamento. Oggi, a 84 anni di età, Luigi è ancora lì a curare le sue viti e i suoi olivi. Con caparbietà, determinazione e una bella scorta di energia positiva.

VIGNE - I vigneti sono divisi in due corpi distinti. Il primo, con le piante più vecchie risalenti ai primi anni Ottanta, è attiguo alla cantina di Diano San Pietro, composto da fasce progressivamente ampliate e ripalificate. L'altro appezzamento, più recente, si trova a Diano Arentino, a 350 metri di quota. Entrambi i terreni, di matrice calcareo-argillosa con abbondante presenza di ciottoli, sono totalmente inerbiti.

VINI - Luigi è riuscito a creare uno stile aziendale ben definito, legato strettamente a questo angolo di Liguria. Controlla le temperature di fermentazione in vasche di acciaio termoregolate, ma per il resto gli interventi in cantina sono minimi: si punta soprattutto a valorizzare l'ottima materia prima di partenza.

TOP **Riviera Ligure di Ponente Vermentino 2019** VINO QUOTIDIANO ○ 3.100 bt; 12 € - È il solito campione di tipicità: ha fragranza, belle sensazioni di erbe aromatiche e macchia mediterranea, ricchezza di bocca e freschezza acida.
Riviera Ligure di Ponente Pigato 2019 ○ 1.500 bt; 12 € - Molto interessante anche l'altro bianco aziendale, caratterizzato da franchi profumi di frutti gialli, e da una succosa trama aromatica impreziosita da un lungo finale ammandorlato.
Riviera Ligure di Ponente Rossese 2019 ● 1.300 bt; 12 € - Schietto, speziato, armonico.

ha 1 - **bt** 5.900
Fertilizzanti organo-minerali
Fitofarmaci chimici di sintesi, rame e zolfo
Diserbo lavorazione meccanica/manuale
Lieviti selezionati industriali
Uve 100% di proprietà
Certificazione nessuna certificazione

DOLCEACQUA (IM)

DU NEMU

Via Monsignore Tornatore, 10 - tel. 0184 206850
www.dunemu.it - info@dunemu.it

VITA - Dalla prima recensione su questa guida ne hanno fatta di strada Luca Dallorto e Ari Silva, sua moglie, dopo aver iniziato quasi per caso a lavorare le vigne del nonno. La passione e l'entusiasmo che animano l'azienda si uniscono alla voglia di mettersi in discussione e imparare nuove cose, con l'intento di far crescere ancora questa ormai solida realtà.

VIGNE - Il parco vitato si sviluppa in tre distinte località: in comune di Camporosso si trovano gli impianti di pigato, mentre le uve a bacca nera vengono coltivate in prevalenza nel comune di Dolceacqua in località Terre Bianche, Tramontina e Arcagna, con tipici impianti ad alberello, su suoli con composizione di medio impasto.

VINI - Il percorso di ricerca di nuovi impianti e di selezione in vigna delle singole parcelle sta portando a una migliore definizione dello stile dei vini, che restituiscono una più spiccata aderenza territoriale. Per ora le scelte effettuate stanno dando ragione a Luca.

Rossese di Dolceacqua 2019 ● 7.000 bt; 13 € - - Subito reticente, si apre successivamente su sentori di frutti rossi e una sottile speziatura. La bocca è lieve e asciutta, ma dalla beva gradevole e tipicamente amarognola sul finale.
Rossese di Dolceacqua Sup. Arcagna 2018 ● 3.500 bt; 17 € - Apre con sentori terrosi e di cuoio, porgendo poi una bocca ancora in via di definizione e lievemente scomposta, e chiudendo con acidità in rilievo. Il tempo gli conferirà certamente maggiore equilibrio.
Riviera Ligure di Ponente Pigato 2019 ○ 6.000 bt; 12 € - Citrino, erbaceo, verace.

ha 4 - **bt** 19.500
Fertilizzanti letame, minerali, organo-minerali
Fitofarmaci organici, rame e zolfo
Diserbo lavorazione meccanica/manuale
Lieviti selezione di lieviti indigeni
Uve 100% di proprietà
Certificazione nessuna certificazione

DOLCEACQUA (IM)

MAIXEI

SCONTO -10%

Regione Porto - Piazza Mauro, 3 - tel. 0184 205015 - 328 3785793
www.maixei.it - cantina@maixei.it

VITA - Da più di un decennio l'enologo Fabio Corradi, supportato dall'agronomo Pasquale Restuccia, è il personaggio attorno al quale ruota l'attività della cooperativa. Non è sicuramente impresa facile coordinare il lavoro di circa 30 soci che coltivano piccoli appezzamenti di terra strappati alla montagna e alle rocce, eppure ogni anno la cantina riesce a produrre vini di qualità che rappresentano un'affidabile chiave di accesso al territorio di Dolceacqua.

VIGNE - La superficie vitata è di circa 4,5 ettari, quasi totalmente piantati a rossese, con una piccola percentuale di pigato, vermentino e, in minima parte, syrah. Le viti vengono allevate prevalentemente ad alberello a potatura corta, con un solo sperone per branca. Alla specificità dei vini contribuisce la felice esposizione dei vigneti, posizionati su un territorio pedemontano che va dai 300 ai 600 metri di quota.

VINI - Fabio ha imposto una linea di cantina precisa e personale. I vini prodotti sono l'esaltazione della pulizia e dell'integrità dei profumi che il vitigno rossese può dare.

Rossese di Dolceacqua 2019 ● 13.000 bt; 16 € - 🛢 - Offre intense note fruttate, balsamiche e speziate, per poi mostrare una bella sapidità e una vibrante, tipica e persistente vena amarognola.
Rossese di Dolceacqua Sup. 2018 ● 5.000 bt; 18 € - 🛢 - Una macerazione a contatto con le bucce più lunga rispetto alla versione classica mette in evidenza il frutto maturo e intenso, pieno e corrispondente al palato, con una spiccata chiusura salmastra e minerale che invoglia alla beva.
Rossese di Dolceacqua Sup. Barbadirame 2018 ● 2.600 bt; 20 € - 🛢 - Ampio, speziato, avvolgente.

ha 4,5 - bt 40.000
Fertilizzanti organo-minerali
Fitofarmaci chimici di sintesi, rame e zolfo
Diserbo lavorazione meccanica/manuale
Lieviti selezionati industriali
Uve 100% di proprietà
Certificazione nessuna certificazione

DOLCEACQUA (IM)

TERRE BIANCHE

Località Arcagna - tel. 0184 31426
www.terrebianche.com - terrebianche@terrebianche.com

VITA - Sono sempre raffinate e colte le scorrevoli conversazioni con Filippo Rondelli, patron di Terre Bianche e curatore delle nomeranze del vitigno rossese in Dolceacqua. Instancabile vignaiolo, unisce tecnica e passione nel lavoro, affiancandole a una pacatezza d'animo che funge da contraltare a una dinamicità evidente nella crescita della sua tenuta.

VIGNE - Le vigne di rossese condotte ad alberello si uniscono ad alcuni impianti condotti a cordone speronato, tutti poggianti su suoli di medio impasto. I vigneti di località Arcagna, davvero splendidi, si sommano a quelli in località Scartozzoni, nel comune di Camporosso, e sono condotti senza far ricorso alla chimica.

VINI - Attenti alle diversità che la vigna offre e alle condizioni che la singola annata concede, i vini aziendali rispecchiano l'animo preciso di Filippo: sono rispettosi delle tipicità e perfettamente coerenti con il millesimo e la zona di produzione.

TOP **Rossese di Dolceacqua Bricco Arcagna 2018** VINO SLOW ● 3.000 bt; 31 € - 🛢 - Ampio e coinvolgente al naso, con cenni di frutta e spezie, presenta un sorso succoso e lineare, scorrevolissimo, pronto compagno della tavola.
Rossese di Dolceacqua Terra Bianca 2018 ● 2.000 bt; 25 € - 🛢 - Apre con una notevole e fine speziatura, per incedere in bocca minerale e longilineo.
Riviera Ligure di Ponente Pigato Arcana Bianco 2018 ○ 2.600 bt; 24 € - 🛢 - Gli aromi di frutta esotica dolce fanno da contraltare a una bocca ancora un po' incerta, ma bilanciata e con un finale lungo e promettente.
Rossese di Dolceacqua 2019 ● 16.000 bt; 16 € - 🛢 - Armonico, fruttato, espressivo.
Riviera Ligure di Ponente Pigato 2019 ○ 16.000 bt; 15 € - 🛢 - Dinamico, floreale, essenziale.
Riviera Ligure di Ponente Vermentino 2019 ○ 15.000 bt; 15 € - 🛢 - Agile, floreale, incerto.

ha 8 - bt 60.000
Fertilizzanti organo-minerali
Fitofarmaci rame e zolfo
Diserbo lavorazione meccanica/manuale
Lieviti fermentazione spontanea
Uve 100% di proprietà
Certificazione nessuna certificazione

DOLCEACQUA (IM)

TESTALONGA

Via Barberis 21 - tel. 0184 206267
perrino.testalonga@gmail.com

VITA - Un connubio perfetto quello che lega Antonio "Nino" Perrino e sua nipote Erica nella vita aziendale. Il primo è testimone di una tradizione vitivinicola che ha permeato e trasformato questo lembo di Liguria, la seconda è partecipe e acuta erede dei principi dello zio, orientata con ancora maggiore sensibilità a difendere le tradizioni e quella natura che offre i suoi più pregiati frutti solo a chi ne rispetta tempi e regole.

VIGNE - Distribuiti in varie località del territorio di Dolceacqua, nelle zone maggiormente vocate di Casiglia e Arcagna, i vigneti aziendali sono tutti condotti con impianti ad alberello poggianti su suoli misti argilloso-calcarei. L'esposizione a sud, sud-est e la buona ventilazione favoriscono un'ottimale e sana fruttificazione.

VINI - Il rispetto della natura sin dalla scelta dell'epoca di vendemmia, senza forzare la mano a ciò che il millesimo può concedere, e una vinificazione di stampo antico (qui le uve si pigiano davvero con i piedi), rendono veramente questa azienda custode di valori gustativi "d'antan", senza compromessi o artifici per rendere il prodotto finale differente da ciò che la vigna ha concesso.

TOP **Rossese di Dolceacqua 2018** VINO SLOW ● 4.000 bt; 22 € - Lo penalizza al momento dei nostri assaggi una marcata riduzione, dovuta sia al difficile millesimo, sia al metodo di vinificazione: lascia trasparire note di resina e spezia, che si ritrovano in un sorso ricco, avvolgente, caldo, che chiude su note di china. Da attendere.

Bianco 2018 O pigato; 2.000 bt; 19 € - Esibisce un bouquet di cera e miele, con lievi cenni fumè, porgendo una bocca di discreta ampiezza, segnando il centro del palato e distendendosi scorrevole pur con un lieve calare sul finale, dove diventa lievemente amarognolo.

ha 2,5 - **bt** 6.000
Fertilizzanti letame, sovescio
Fitofarmaci rame e zolfo
Diserbo lavorazione meccanica/manuale
Lieviti fermentazione spontanea
Uve 100% di proprietà
Certificazione nessuna certificazione

FINALE LIGURE (SV)

CASCINA DELLE TERRE ROSSE

SCONTO **-10%**

Via Manie, 3/b - tel. 0196 98782
cascinaterrerosse@gmail.com

VITA - Un piccolo angolo di paradiso è quello che Vladimiro Galluzzo insieme alla moglie Paola Bighetti hanno creato sopra le Manie, nell'entroterra di Finale Ligure, dove sorge la casa-cantina circondata da vigneti e boschi. Da sempre l'azienda lavora in regime biologico, ma non è mai stata richiesta alcuna certificazione.

VIGNE - Gran parte delle vigne sono sull'altopiano delle Manie a circa 300 metri di quota: qui vengono allevati il pigato, il vermentino, la lumassina, la granaccia e il rossese. Il suolo è sassoso-ghiaioso ed è ricco di ossido di ferro. A seconda delle annate si praticano sovesci con senape, rafano e orzo.

VINI - L'uso delle bucce in fermentazione, come da tradizione ligure, a volte anche per 10-15 giorni, concorre a donare quei profumi vibranti che contraddistinguono la gamma da sempre. Troviamo vini di carattere, che hanno bisogno di tempo per esprimersi al meglio.

TOP **Apogeo 2019** O pigato; 2.900 bt; 26 € - Viene raccolto di solito a metà settembre, e macera a contatto con le bucce. È un vino strutturato, ma anche di grande beva ed energia.

Riviera Ligure di Ponente Pigato 2019 O 5.400 bt; 19 € - Scorrevole e intrigante, presenta ricordi di frutta matura e di erbe aromatiche. Le note minerali ci accompagnano fino alla chiusura. Preciso ed elegante.

Riviera Ligure di Ponente Vermentino 2019 O 2.800 bt; 19 € - Si presenta al naso con profumi delicati di fiori e di erbe. Un vino sincero, non aggressivo, che con la sua morbidezza e semplicità invoglia alla beva. Leggermente caldo, ha un gradevole finale amarognolo.

Le Banche 2019 O pigato, vermentino; 560 bt; 61 € - Verde, fruttato, contratto.

Il Solitario 2018 ● barbera, granaccia, merlot; 800 bt; 61 € - Astringente, fruttato, teso.

ha 4 - **bt** 16.000
Fertilizzanti organo-minerali, sovescio
Fitofarmaci rame e zolfo
Diserbo lavorazione meccanica/manuale
Lieviti fermentazione spontanea, selezionati industriali
Uve 100% di proprietà
Certificazione nessuna certificazione

IMPERIA

VISAMORIS

SCONTO **-10%**

Strada Privata Molino Javè, 23 - tel. 348 3959569 - 335 1848798
www.visamoris.it - visamoris@libero.it

VITA - L'avventura di questa cantina è decollata nel 2004, da un piccolo vigneto di mille piante e senza una cantina, poi costruita nel 2008. Tutta la famiglia Tozzi è impegnata in azienda, ma chi vi opera a tempo pieno è ora il figlio di Roberto, Simone, enologo. Nonostante la giovane età ha preso consapevolezza dei propri mezzi e sperimenta nuove soluzioni in vigna e in cantina.

VIGNE - Il parco vitato negli anni si è progressivamente ampliato con il recupero di parcelle incolte nelle vicinanze. Recentemente è stato acquisito un nuovo terreno in località Montegrazie. Qui come forma di allevamento Simone ha scelto il tradizionale alberello, ritenuto ottimale per la potatura con il metodo Simonit e Sirch, e più adatto del guyot per una piena maturazione dell'uva pigato. Dopo la svolta biologica, il prossimo obiettivo è la riduzione del rame.

VINI - Diverse le vinificazioni, ma sempre ispirate a principi di naturalità: nessun additivo (solo minime quantità di solforosa), nessuna chiarifica e fermentazioni spontanee.

Riviera Ligure di Ponente Pigato Sogno 2018 O 4.400 bt; 18 € - Un campione di eleganza e profondità. Ha un naso sfaccettato, in cui a sensazioni minerali molto intense fanno da cornice ricordi fruttati. La beva è appagante e persistente.
Riviera Ligure di Ponente Pigato Verum 2019 O 2.200 bt; 16 € - Ottenuto con macerazione sulle bucce e, in parte, con grappoli interi, è complesso, pieno, polposo, ben sorretto dall'acidità, per una progressione gustativa ampia con ritorni finali salmastri.
Riviera Ligure di Ponente Pigato Domè 2019 O 8.000 bt; 15 € - Dinamico, fruttato, armonico.
M. Cl. Brut 4.000 bt; 25 € - Fine, fruttato, elegante.
VisSS 2019 pigato; 900 bt; 17 € - Metodo Ancestrale, schietto, fruttato, autentico.

ha 3,5 - **bt** 19.500
Fertilizzanti humus, sovescio
Fitofarmaci rame e zolfo
Diserbo lavorazione meccanica/manuale
Lieviti fermentazione spontanea
Uve 100% di proprietà
Certificazione biologico certificato

LUNI (SP)

LA FELCE

Via Bozzi, 36 - tel. 0187 66789
lafelce.marcesini@libero.it

VITA - L'azienda è nata nel dopoguerra per mano di Renato Marcesini, ma è diventata La Felce solo nel 1998, nel momento in cui il fondatore ha lasciato le redini al nipote Andrea. Il percorso fatto oggi delinea una delle visioni più tradizionaliste di Luni, con l'abbandono quasi totale della tecnologia in cantina per non snaturare il frutto del lavoro agricolo. Andrea è persona schietta e laboriosa: da sempre si prodiga per salvaguardare e raccontare l'intero territorio del Levante ligure.

VIGNE - Nel primo entroterra di Luni l'appezzamento di Monte dei Frati, in prima collina, è la culla delle varietà a bacca bianca, con il vermentino principe su suoli a tendenza calcarea. I filari a bacca nera adiacenti alla cantina sono la memoria storica aziendale, con vigne vecchie che insistono su suoli argillosi e sabbiosi.

VINI - Un'agricoltura senza l'utilizzo di chimica di sintesi, lavorazioni quasi totalmente manuali, seguite da vinificazioni molto tradizionali, conducono a vini sinceri, schietti, di assoluta franchezza territoriale. L'annata 2019 ha dato rese minime, e sono solo due i vini presentati da Andrea, a causa della perdita totale delle uve a bacca nera.

Felce Bianco 2019 O trebbiano, vermentino, malvasia di Candia; 10.000 bt da 1 l; 11 € - Vino schietto e quotidiano, beverino e dal sorso sapido e contrastato. Un assoluto cult per la tavola di tutti i giorni, a partire dal formato.
Monte dei Frati 2019 O vermentino; 11.000 bt; 14 € - Le uve di collina vinificate con rigore, senza eccessi interventisti, danno a questo vino un carattere sapido meno verticale del solito, dato dalla fermentazione malolattica svolta. Un sorso di autentica Liguria.

ha 6 - **bt** 22.000
Fertilizzanti letame, sovescio
Fitofarmaci rame e zolfo
Diserbo lavorazione meccanica/manuale
Lieviti fermentazione spontanea
Uve 100% di proprietà
Certificazione nessuna certificazione

LUNI (SP)

LA PIETRA DEL FOCOLARE

Via Isola, 76 - tel. 0187 662129
www.lapietradelfocolare.it - lapietradelfocolare@libero.it

VITA - Quella di Stefano Salvetti e Laura Angelini è una realtà che nel tempo ha saputo consolidarsi e diventare una concreta rappresentante delle eccellenze dei colli di Luni. Attenzione e difesa delle tradizioni, unite a continue ricerche e sperimentazione, donano all'azienda una veste moderna. Oggi con l'ingresso della figlia Linda siamo sicuri che la crescita sarà ancora più galoppante.

VIGNE - Gli appezzamenti sono sparsi tra i comuni di Luni e Castelnuovo Magra, 7 ettari collinari divisi in 13 parcelle, tutte baciate dalle brezze marine. Di particolare interesse quelle in località Sarticola, dove il tipico terreno sciolto conferisce carattere unico ai vini. Le uve a bacca nera sono coltivate soprattutto in località Becco, dove terreni argillosi e ricchi creano l'habitat perfetto per vini energici e potenti.

VINI - Vini salini e autentici, diretti ma in grado di emozionare chi li sa cogliere e interpretare. Un vitigno su tutti, il vermentino.

Colli di Luni Vermentino Sup. Solarancio 2018 O 4.000 bt; 20 € - - Succoso ed energico, si avvantaggia di un affinamento che gli dona lunghezza e dinamicità. Un carattere unico conferitogli dal terroir di Sarticola e Bacchiano.
Colli di Luni Vermentino Villa Linda 2019 O 5.000 bt; 14 € - - Sapido e fresco nel frutto, risulta un Vermentino dal carattere classico e godibile.
Colli di Luni Vermentino Augusto 2019 O 15.000 bt; 12 € - - Croccante, floreale, espressivo.
Campo alle Rose 2018 O vermentino, malvasia, trebbiano, albarola; 1.500 bt; 12 € - - Ampio, fruttato, espressivo.

ha 7 - **bt** 30.000
Fertilizzanti letame, sovescio
Fitofarmaci rame e zolfo
Diserbo lavorazione meccanica/manuale
Lieviti fermentazione spontanea, selezionati industriali
Uve 100% di proprietà
Certificazione nessuna certificazione

LUNI (SP)

TERRA DELLA LUNA

SCONTO **-10%**

Via Isola Alta, 55 - tel. 331 2466521
www.terradellaluna.com - terradellaluna@gmail.com

VITA - Solo un po' di follia e il legame con la terra dei colli di Luni hanno spinto Alessandro Vignali a buttarsi a capofitto in questa avventura. Il percorso intrapreso è quello di un'agricoltura sostenibile, senza l'utilizzo di prodotti di sintesi sia in vigna, sia in cantina, arrivando anche a non aggiungere solforosa al vini.

VIGNE - A pochi chilometri dal mare e dalle Alpi Apuane, vicino al borgo di Nicola troviamo il vigneto, a corpo unico. Circondato da boschi, gode di un clima veramente peculiare. I terreni in superficie sono ciottolosi, ma in profondità troviamo argille grigie, che permettono a seconda delle annate di avere vendemmie posticipate.

VINI - Fermentazioni spontanee, lunghe macerazioni sulle bucce, con i primi passaggi in acciaio e un uso intelligente dei fusti di legno, fanno di Alessandro Vignali un'icona per i produttori naturali.

Colli di Luni Vermentino Plinio 2018 O 2.500 bt; 18 € - - Vendemmiato ai primi di ottobre, fermentato spontaneamente, raggiunge dopo un anno di bottiglia una delle massime espressioni del Vermentino, secondo Alessandro. Una buona acidità, un grande corpo e una sapidità accattivante lo faranno andare sicuramente molto avanti nel tempo.
Lun'Antica 2018 O vermentino; 1.500 bt; 19 € - - Amanti delle ossidazioni: qui c'è pane per i vostri denti. Figlio di una vendemmia tardiva realizzata circa a metà ottobre, questo vino ha una spalla acida importante, tanta materia, e un frutto pieno. Per noi deve ancora assestarsi e trovare un suo equilibrio: un po' irrequieto, si farà.
Caligrè 2017 ● granaccia; 1.500 bt; 28 € - - Astringente, fruttato, complesso.
Vignali di Luna 2017 ● syrah; 1.500 bt; 28 € - - Ruvido, fruttato, stratificato.

ha 2 - **bt** 7.500
Fertilizzanti letame, sovescio
Fitofarmaci rame e zolfo
Diserbo lavorazione meccanica/manuale
Lieviti fermentazione spontanea
Uve 100% di proprietà
Certificazione nessuna certificazione

NE (GE)

LA RICOLLA

SCONTO **-10%**

Via Garibaldi, 12/2 - tel. 0185 337087 - 339 6740576
laricolla2004@gmail.com

VITA - Una crescita continua quella di Daniele Parma, «agricoltore sarvego», come si definisce lui. Con le ultime vendemmie ha finalmente trovato la sua dimensione di vignaiolo: un percorso lento e non facile, che ha riportato alla luce gli antichi profumi e i sapori di un territorio a lungo dimenticato. Fondamentale il recupero di vecchi vigneti.

VIGNE - Sei parcelle in sei comuni differenti nell'area del Tigullio, ognuna con caratteristiche morfologiche differenti: in val Graveglia ci sono i nuclei storici aziendali Rivara, Prioria e Tolceto; a Casarza quello di Verici; a Mezzanego il vigneto di Vignolo, e infine a Sestri Levante quello dell'Esedra, che da quest'anno andrà in produzione con la granaccia.

VINI - Solo un grande lavoro in vigna può portare a grandi risultati. Le fermentazioni sono tutte spontanee e gli affinamenti sono sia in acciaio, sia in anfora.

TOP **Berette Non Filtrato 2018** VINO SLOW O vermentino; 3.300 bt; 18 € - La lunga macerazione sulle bucce per tutta la durata della fermentazione, la malolattica svolta e i bâtonnage restituiscono ricordi di macchia mediterranea e note minerali, per un palato succoso e caldo.

Oua 2 2018 O vermentino; 1.300 bt; 26 € - Un vino maturo ma vibrante, che può andare lontano nel tempo. Ha un frutto importante e una buona acidità: un fuoriclasse per gli amanti del genere.

Portofino Bianchetta Genovese I Due Vigneti 2019 O 3.300 bt; 13 € - Rappresenta appieno il territorio con la sua mineralità e il suo frutto. Intrigante la chiusura citrina.

Portofino Passito Sarvaego 2018 ● 250 bt da 0,5 l; 43 € - Stile ossidativo, avvolgente, fruttato, complesso.

Ninte de Ninte 2018 O bianchetta genovese; 1.300 bt; 26 € - Stile ossidativo, vivo, fruttato, autentico.

Portofino Rosso Toseo 2018 ● ciliegiolo, sangiovese; 4.000 bt; 14 € - Schietto, fruttato, gastronomico.

ha 6 - **bt** 25.000
Fertilizzanti sovescio
Fitofarmaci rame e zolfo
Diserbo lavorazione meccanica/manuale
Lieviti fermentazione spontanea
Uve 100% di proprietà
Certificazione in conversione biodinamica, in conversione biologica

ORTOVERO (SV)

DURIN

SCONTO **-10%**

Via Roma, 202 - tel. 0182 547007
www.durin.it - info@durin.it

VITA - Prosegue come sempre l'opera dei coniugi Antonio e Laura Basso in vigna e in cantina, anche se una novità c'è: i figli sono entrati in azienda, con Giovanni che si occupa di tutte le fasi di vinificazione, mentre il fratello Giacomo presta la sua opera nei vigneti. Inoltre una nuova sala di degustazione accoglie gli ospiti in visita.

VIGNE - L'azienda ha aumentato di 2,5 ettari la superficie vitata con una nuova vigna in valle Arroscia, sulla sponda del fiume, dove troviamo filari di pigato e rossese: questo non ha fatto che aumentare il legame tra l'azienda e la valle, dove si trovano quasi tutte le vigne di proprietà, in cui la famiglia Basso ha piantato pigato, vermentino, ormeasco e rossese.

VINI - Ai vini tipici del territorio si affiancano da ormai 10 anni le produzioni di Metodo Classico affinate nelle grotte di Toirano, un vero e proprio fiore all'occhiello dell'azienda.

Riviera Ligure di Ponente Pigato Gèva 2019 O 4.000 bt; 15 € - Al naso troviamo cenni di pera e fiori, mentre il palato è caldo, morbido, avvolgente, con spiccato retrogusto ammandorlato.

Alicante 2019 ● 3.000 bt; 15 € - Profuma di pepe nero e spezie, e ha un percorso gustativo di timbro fruttato, segnato dall'affinamento in barrique che dona morbidezza.

M. Cl. Bàsura Obscura 2016 pigato; 5.000 bt; 27 € - Metodo Classico affinato 48 mesi nelle grotte di Toirano, ha intense note di erbe aromatiche al naso ed è piacevolmente sapido in bocca.

Riviera Ligure di Ponente Pigato 2019 O 50.000 bt; 13 € - Dinamico, fruttato, espressivo.

U Picettu 2019 ● syrah; 2.000 bt; 15 € - Armonico, fruttato, avvolgente.

Riviera Ligure di Ponente Vermentino 2019 O 30.000 bt; 13 € - Fresco, fruttato, sapido.

ha 17,5 - **bt** 125.000
Fertilizzanti letame, sovescio
Fitofarmaci rame e zolfo
Diserbo lavorazione meccanica/manuale
Lieviti selezionati industriali, selezione di lieviti indigeni
Uve acquisto 7%
Certificazione nessuna certificazione

PIEVE DI TECO (IM)

CASCINA NIRASCA

SCONTO **-10%**

Frazione Nirasca - Via Alpi, 3 - tel. 0183 368067 - 335 5809589
www.cascinanirasca.com - info@cascinanirasca.com

VITA - Sono 4 gli ettari di vigneto condotti direttamente dai titolari Marco Temesio e Gabriele Maglio, che hanno deciso di iniziare un proprio percorso vitivinicolo consci che coltivare la vigna in Liguria è difficile: la meccanizzazione, infatti è inesistente, ma le difficoltà non impediscono la realizzazione di un ottimo prodotto. La cantina con tecniche d'avanguardia è seguita insieme all'enologo Alex Berriolo.

VIGNE - Gli appezzamenti di ormeasco, molto frazionati, sono situati in valle Arroscia in frazione Nirasca di Pieve di Teco e nei comuni limitrofi, a un'altitudine che va dai 400 ai 650 metri. Vecchie vigne di oltre 60 anni si alternano con nuovi impianti, tutti sui classici terrazzamenti liguri prevalentemente calcarei e pietrosi. Altri possedimenti sono situati a Costarainera e Cipressa per il vermentino, e nell'entroterra di Albenga per il pigato.

VINI - Vini equilibrati e piacevoli, decisi, profumati, dal tratto caratteristicamente mediterraneo: denotano un legame intimo con il territorio.

Ormeasco di Pornassio 2019 ● 23.000 bt; 10 € - - Varietale, con sentori di frutta rossa matura e speziato, è giustamente tannico e sapido.
Ormeasco di Pornassio Sup. 2018 ● 2.500 bt; 15 € - - Intenso, presenta sentori di resina e di sottobosco, è balsamico e avvolgente nel frutto: un vino morbido e complesso.
Riviera Ligure di Ponente Vermentino 2019 ○ 5.000 bt; 10 € - - Molto tipico nei suoi sentori di erbe aromatiche e frutta, ha un'impronta iodata e salina ben definita.
Ormeasco di Pornassio Sciac-trà 2019 ◍ 4.000 bt; 10 € - - Setoso, floreale, sottile.
Riviera Ligure di Ponente Pigato 2019 ○ 3.500 bt; 10 € - - Articolato, fruttato, ampio.
Riviera Ligure di Ponente Rossese 2019 ● 2.300 bt; 12 € - - Armonico, fruttato, rilassato.

ha 4 - **bt** 40.500
Fertilizzanti letame, organo-minerali
Fitofarmaci chimici di sintesi, rame e zolfo
Diserbo lavorazione meccanica/manuale
Lieviti fermentazione spontantea,
selezionati industriali, selezione di lieviti indigeni
Uve acquisto 20%
Certificazione nessuna certificazione

PIEVE DI TECO (IM)

TENUTA MAFFONE

SCONTO **-10%**

Frazione Acquetico - Via Case Soprane, 11 - tel. 347 1245271
339 6582592 - www.tenutamaffone.it - info@tenutamaffone.it

VITA - La cantina ha solo 10 anni di storia alle spalle, ma ha già molto da dire: siamo ad Acquetico, piccolo borgo nel comune di Pieve di Teco, dove Bruno Pollero e la moglie Eliana Maffone hanno deciso di lasciare il posto fisso e ritornare ai campi dando vita a una cantina moderna. La produzione ogni anno viene ampliata, anche grazie al recupero di un vivaio per la messa a dimora di barbatelle rappresentative dei cloni esistenti in Liguria.

VIGNE - Il territorio è impervio e difficile da coltivare, ma presenta condizioni ottimali per la crescita delle viti: clima caldo e asciutto, ventilazione adeguata, vicinanza al mare e buone escursioni termiche. La vendemmia delle uve bianche avviene addirittura dopo quella delle uve a bacca nera. La vigna di pigato è la più alta di tutta la Doc Riviera Ligure di Ponente.

VINI - Vini veri, puliti, schietti e morbidi, ottenuti grazie al prezioso contributo dell'enologo langarolo Stefano Biglino.

Ormeasco di Pornassio 2019 ● 12.000 bt; 12 € - - Intenso e ampio, è nettamente mediterraneo, fruttato e speziato.
Riviera Ligure di Ponente Pigato Montania 2019 ○ 5.000 bt; 15 € - - Un uso sapiente del legno, non invadente, rende questo vino elegante e per nulla pesante.
Riviera Ligure di Ponente Granaccia 2019 ● 3.000 bt; 14 € - - Anno dopo anno acquista corpo, con una buona speziatura e piacevoli note di frutta matura.
Ormeasco di Pornassio Sciac-trà 2019 ◍ 500 bt; 12 € - - Fresco, fruttato, rilassato.
Riviera Ligure di Ponente Pigato Giuanò 2019 ○ 2.500 bt; 14 € - - Croccante, erbaceo, sapido.
Riviera Ligure di Ponente Vermentino 2019 ○ 1.500 bt; 12 € - - Articolato, floreale, varietale.

ha 8 - **bt** 50.000
Fertilizzanti letame, organo-minerali, sovescio
Fitofarmaci rame e zolfo
Diserbo lavorazione meccanica/manuale
Lieviti fermentazione spontanea,
selezione di lieviti indigeni
Uve 100% di proprietà
Certificazione in conversione biologica

PONTEDASSIO (IM)

LAURA ASCHERO

Piazza Vittorio Emanuele II, 7 - tel. 0183 710307 - 348 5174690
www.lauraaschero.it - info@lauraaschero.it

VITA - Erano gli anni Ottanta quando Laura Aschero decise di iniziare a produrre vino in un antico magazzino situato sotto la piazza principale di Pontedassio. Oggi, a 40 anni di distanza, l'azienda è una solida realtà vitivinicola del Ponente ligure, grazie al contributo fornito da tutti i membri della famiglia: Marco Rizzo e la figlia Bianca gestiscono botti e vigneti, mentre la moglie Carla Gazzano segue la parte commerciale e amministrativa.

VIGNE - Il vigneto di località Posai è stato ulteriormente ampliato: 1,5 ettari nuovi sono stati adibiti principalmente a pigato e vermentino. Gli ampi terrazzamenti, esposti a sud-ovest, si trovano in una vasta conca creata dal cedimento della collina, che ha terreno a composizione argillosa e ricca di ferro. Di matrice calcareo-pietrosa sono invece le piccole fasce di regione Monti, lo storico podere aziendale.

VINI - Poche ore di contatto mosto-vinacce, temperature controllate e uso esclusivo dell'acciaio: sono queste le pratiche enologiche seguite per ottenere vini che privilegiano l'immediatezza di beva e l'espressività del frutto.

TOP **Riviera Ligure di Ponente Pigato 2019** ○ 32.000 bt; 16 € - Si propone con una notevole intensità aromatica che si dipana tra frutti gialli e note agrumate. Ha una succosità molto intensa, chiude con una piacevole vena mandorlata, che ne ravviva il finale.
Riviera Ligure di Ponente Vermentino 2019 ○ 34.000 bt; 15 € - Vino che rappresenta al meglio la denominazione, accordato al naso su sentori di erbe aromatiche e macchia mediterranea, e sviluppato in bocca su un percorso succoso ed equilibrato, di bella tensione acida.
Riviera Ligure di Ponente Rossese 2019 ● 3.000 bt; 15 € - Succoso, fruttato, varietale.
Rosato Laura Aschero 2019 rossese, vermentino; 1.000 bt; 14 € - Molle, floreale, docile.

ha 5 - **bt** 75.000
Fertilizzanti letame in pellet
Fitofarmaci rame e zolfo
Diserbo lavorazione meccanica/manuale
Lieviti selezionati industriali
Uve 100% di proprietà
Certificazione nessuna certificazione

PORNASSIO (IM)

FONTANACOTA

SCONTO **-10%**

Frazione Ponti - Via Provinciale, 131 - tel. 333 9807442
www.fontanacota.it - info@fontanacota.it

VITA - Alla guida di questa azienda d'impostazione e stampo tipicamente familiare troviamo dai primi anni Duemila Marina Berta, coadiuvata dal fratello Fabio, impegnato principalmente nella cura delle vigne. La cantina di vinificazione è a Ponti di Pornassio, all'interno di un antico fabbricato di cui sono state conservate e valorizzate le caratteristiche. Preziosa la collaborazione dell'enologo Alex Berriolo.

VIGNE - I vigneti sono situati in due zone ben distinte. In val Prino, nell'immediato entroterra di Imperia, su suoli calcareo-argillosi troviamo le varietà a bacca bianca tipiche della zona e il rossese. A Pornassio, in zona collinare a 300 metri di quota, su terreni di medio impasto esposti a sud-est, ci sono l'ormeasco e la granaccia. La viticoltura praticata è molto attenta all'ambiente.

VINI - I vini non mirano a inutili frivolezze ma, in linea con il carattere di chi li produce, sono schietti, lineari e di pronta beva, oltre che contraddistinti da una ben definita impronta olfattiva.

Riviera Ligure di Ponente Pigato 2019 ○ 12.000 bt; 12 € - È caratterizzato da un buon frutto abbinato a una leggera mineralità. In bocca risulta morbido ma non stancante, grazie a una viva trama acida.
Ormeasco di Pornassio Sciac-trà 2019 5.000 bt; 11 € - Ottima espressione della tipologia, convince per la freschezza dei profumi di piccoli frutti rossi e per il finale sapido che invoglia alla beva.
Riviera Ligure di Ponente Rossese 2019 ● 3.000 bt; 12 € - Schietto, speziato, varietale.
Ormeasco di Pornassio 2018 ● 2.500 bt; 11 € - Armonico, fruttato, rustico.
Riviera Ligure di Ponente Vermentino Sup. Barbazenà 2017 ○ 600 bt; 15 € - Ampio, fruttato, avvolgente.
Riviera Ligure di Ponente Vermentino 2019 ○ 12.000 bt; 12 € - Agile, fruttato, delicato.

ha 5 - **bt** 35.000
Fertilizzanti letame in pellet, sovescio
Fitofarmaci rame e zolfo
Diserbo lavorazione meccanica/manuale
Lieviti selezionati industriali
Uve 100% di proprietà
Certificazione nessuna certificazione

A MACCIA

SCONTO **-10%**

Frazione Borgo - Via Umberto I, 54 - tel. 366 9022107 - 328 0176445
www.amaccia.it - info@amaccia.it

VITA - Siamo alla terza generazione nella gestione dell'azienda, fondata nel lontano 1975 da nonna Fernanda Fiorito, alla quale è succeduta mamma Loredana Faraldi, che a sua volta ha passato il testimone alla giovane Carlotta Carminati che, con il prezioso aiuto del compagno Fulvio Traglia Brunengo (entrambi agrotecnici e sommelier) prosegue instancabilmente il lavoro mirato al mantenimento delle produzioni tradizionali.

VIGNE - Ben sei sono le vigne di proprietà, che hanno la particolarità di avere diverse tipologie di terreno che va dall'argilloso al medio impasto e al medio sabbioso. Ciò si riverbera in positivo nelle diverse tipologie di vino prodotte. Il lavoro in vigna viene svolto manualmente, i trattamenti sono mirati e contenuti nel numero.

VINI - Vini da singolo vitigno, di pronta beva, concreti e diretti, sempre fruibili da un'ampia gamma di clienti.

Riviera Ligure di Ponente Pigato 2019 ○ 15.000 bt; 19 € - - Un profumo intenso e persistente di macchia mediterranea introduce a un palato teso e sapido.
Riviera Ligure di Ponente Vermentino 2019 ○ 4.000 bt; 19 € - - All'olfatto troviamo cenni di fiori bianchi e fieno, in bocca richiami erbacei che si aggiungono alla giusta sapidità.
Riviera Ligure di Ponente Collezione Di Una Volta 2018 ○ 1.000 bt; 22 € - - Prodotto con uve da vendemmia tardiva macerate in prefermentazione per 24 ore è di un bel colore giallo ambrato, esprime in modo deciso le qualità varietali tipiche del Pigato, trovando maggiore struttura in bocca.
Ormeasco di Pornassio 2019 ● 2.000 bt; 19 € - - Robusto, fruttato, complesso.
Riviera Ligure di Ponente Rossese 2019 ● 3.000 bt; 19 € - - Armonico, fruttato, autentico.
Ormeasco di Pornassio Sciac-trà 2019 ● 600 bt; 19 € - - Agile, fruttato, essenziale.

ha 3,5 - **bt** 25.600
Fertilizzanti letame, sovescio
Fitofarmaci rame e zolfo
Diserbo lavorazione meccanica/manuale
Lieviti selezionati industriali
Uve 100% di proprietà
Certificazione nessuna certificazione

RANZO (IM)

MASSIMO ALESSANDRI

SCONTO **-10%**

Via Costa Parrocchia, 22 - tel. 0182 53458 - 339 5094447
www.massimoalessandri.it - massimoalessandri@libero.it

VITA - Massimo Alessandri, classe 1972, fa parte di quella schiera di viticoltori che oltre 20 anni fa ha impresso una decisa svolta qualitativa ai vini del Ponente ligure, sapendo cogliere e interpretare le innovazioni sia sul fronte dei bianchi, sia su quello dei rossi. In questo percorso Massimo ha sempre avuto nel padre Luciano un convinto sostenitore e un intraprendente promotore commerciale.

VIGNE - Tranne per l'appezzamento di vermentino in regione Cannata, tutti gli impianti si trovano in località Costa de Vigne, un'area collinare posta tra i 250 e i 400 metri di quota, che abbraccia le contigue parcelle di Costa Parrocchia, Ricci e Bonfigliara. I vigneti poggiano su terreni argilloso-calcarei e godono di un'ottimale esposizione a sud, buona ventilazione, ed escursioni termiche significative.

VINI - Massimo cerca di esprimere l'identità del territorio: i suoi sono vini tendenzialmente non immediati e che possiedono ottime potenzialità di invecchiamento.

Riviera Ligure di Ponente Pigato Costa de Vigne 2019 ○ 14.000 bt; 13 € - - Un bianco convincente, dai profumi netti, teso, largo e incalzante, con il frutto in bella evidenza, animato da una rinfrescante spinta acida.
Riviera Ligure di Ponente Pigato Vigne Veggie 2018 ○ 3.000 bt; 19 € - - Affinato per alcuni mesi in tonneau, è un vino che arriva da vigne di 40 e 50 anni. Ha profumi complessi e un palato coerente, ben disteso, ricco ed equilibrato.
Riviera Ligure di Ponente Vermentino Costa de Vigne 2019 ○ 6.000 bt; 13 € - - Agile, floreale, armonico.
Riviera Ligure di Ponente Granaccia 2018 ● 3.500 bt; 16 € - - Croccante, fruttato, varietale.
Riviera Ligure di Ponente Rossese 2018 ● 3.500 bt; 14 € - - Integrato, speziato, docile.
Viorus 2018 ○ viognier, roussanne; 2.000 bt; 21 € - - Ampio, fruttato, avvolgente.

ha 7 - **bt** 35.000
Fertilizzanti letame in pellet
Fitofarmaci chimici di sintesi, rame e zolfo
Diserbo lavorazione meccanica/manuale
Lieviti selezionati industriali
Uve 100% di proprietà
Certificazione nessuna certificazione

RANZO (IM)

BRUNA

Via Umberto I, 81 - tel. 0183 318082
www.brunapigato.it - info@brunapigato.it

VITA - Francesca e Annamaria Bruna avevano intrapreso la strada dell'università, ma ben presto hanno scelto con convinzione di ritornare a fare le vignaiole. Anche il marito di Francesca, Roberto Germani, è rimasto contagiato dalla stessa passione e, abbandonato il lavoro di grafico, è oggi impegnato a tempo pieno in azienda. Da diversi anni la consulenza enologica è in capo a Valter Bonetti.

VIGNE - I vigneti, condotti in biologico seppure in assenza di certificazione, sono disseminati tra le alture di Ortovero e Ranzo. Godono di ottime esposizioni, ad altitudini tra i 100 e i 350 metri, e di suoli composti in prevalenza da argilla rossa o azzurra. Per gli aspetti agronomici entra in gioco il toscano Ruggero Mazzilli, esperto di strategie fitoiatriche biologiche.

VINI - In cantina si assecondano le peculiarità del terroir, senza rinunciare a sperimentare nuove tecniche di affinamento. Da qui l'introduzione di botti grandi da 12 ettolitri e di contenitori clayver.

Riviera Ligure di Ponente Pigato Le Russeghine 2019 ○ 6.000 bt; 19 € - Si presenta in tutta la sua eleganza e complessità dopo otto mesi passati sulle fecce fini: sapido, aromatico e minerale, mette in evidenza frutto e polpa.
Riviera Ligure di Ponente Pigato U Baccan 2018 ○ 1.800 bt; 32 € - Proviene da un'accurata selezione di uve da viti di oltre 50 anni. Notevole la complessità aromatica, con la frutta matura in evidenza, unita a mineralità e profondità di beva.
Riviera Ligure di Ponente Pigato Majè 2019 ○ 12.000 bt; 15 € - Agile, fruttato, armonico.
Riviera Ligure di Ponente Vermentino 2019 ○ 2.000 bt; 17 € - Dinamico, floreale, delicato.
Pulin 2018 ● granaccia, syrah; 1.000 bt; 28 € - Austero, fruttato, ampio.
Bansigu 2019 ● granaccia, barbera, rossese, mourvedre; 2.800 bt; 14 € - Agile, fruttato, autentico.

ha 8,5 - **bt** 40.000
Fertilizzanti compost, sovescio
Fitofarmaci organici, rame e zolfo
Diserbo lavorazione meccanica/manuale
Lieviti selezionati industriali
Uve 100% di proprietà
Certificazione in conversione biologica

RANZO (IM)

DEPERI

SCONTO **-10%**

Frazione Canneto, 2 - tel. 333 3089919
www.deperi.eu - info@deperi.eu

VITA - Già nei primi anni dell'Ottocento la famiglia Deperi coltivava la vite, ma è solo nel 2004 che il giovane Paolo Deperi, coadiuvato dal padre Pier Luigi e dallo zio Mauro, ha dato nuovo slancio all'attività di famiglia, rinnovando la cantina con tecnologie all'avanguardia e ripiantando gran parte dei vigneti. L'azienda possiede anche un moderno frantoio, per la produzione di un apprezzato olio extravergine di oliva da monocultivar taggiasca.

VIGNE - Gli impianti più estesi di pigato si trovano in prossimità della cantina, in località Canneto e Costa di Ranzo. Dimorano su ampi terrazzamenti esposti a sud-ovest, ad altitudini variabili tra i 250 e i 350 metri. Ultimato il dispendioso lavoro di recupero di terrazzamenti abbandonati, dall'annata 2019 è entrata in produzione la vigna di vermentino della tenuta La Colombera, situata in una conca a pochi passi dal mare, di fronte all'isola Gallinara.

VINI - Anche grazie all'ingresso in pianta stabile in azienda del giovane enologo Andrea Magliano, i vini oggi sono figli di una vinificazione attenta, puliti e classici, ma senza interventi enologici che li stravolgano.

Riviera Ligure di Ponente Pigato 2019 ○ 15.000 bt; 12 € - Spicca al naso la tipicità del frutto, con pesca e agrumi che si susseguono con dinamismo e trovano corrispondenza nel palato, scorrevole e succoso.
Riviera Ligure di Ponente Vermentino Tenuta Colombera 2019 ○ 2.000 bt; 18 € - Convincente la prova d'esordio del nuovo cru di casa Deperi. Affinato per sei mesi in acciaio sulle fecce fini, si apre subito su netti sentori floreali e cenni salmastri. In bocca è snello e gradevolmente asciutto in chiusura.
Riviera Ligure di Ponente Vermentino 2019 ○ 10.000 bt; 12 € - Agile, floreale, sottile.

ha 6 - **bt** 50.000
Fertilizzanti letame
Fitofarmaci chimici di sintesi, rame e zolfo
Diserbo lavorazione meccanica/manuale
Lieviti selezionati industriali
Uve acquisto 5%
Certificazione parte dei vigneti in regime biologico

RIOMAGGIORE (SP)

CANTINA CINQUE TERRE

SCONTO -10%

Località Groppo - Via Valleccia - tel. 0187 920435
www.cantinacinqueterre.com - info5t@cantinacinqueterre.com

VITA - Ne è stata fatta di strada dal 1973, anno di fondazione della cooperativa. Da pochi conferitori di vino si è passati al conferimento di uve da parte dei soci, attualmente circa 200, con un buon numero di giovani. Importante è il lavoro dell'enologo Gianfranco Vita, che ha saputo migliorare la qualità dei vini. Dal 2020 è effettivo il grande ampliamento della cantina, con l'ingresso di nuove tecnologie.

VIGNE - I piccoli vigneti sui tipici muretti a secco sono dislocati in tutti e tre i comuni delle Cinque Terre. L'allevamento è per la gran parte a pergola bassa e a filare. Ogni vigneto di solito è raggiunto dalla tipica monorotaia, utilizzato per il trasporto dell'uva raccolta solo manualmente, ma in alcuni casi per arrivare ai i vigneti più impervi ci si deve affidare alle spalle dei viticoltori.

VINI - Valorizzazione delle differenze tra le coste storiche e salvaguardia del territorio: è questa l'ambiziosa missione (di estrema importanza) della Cantina Cinque Terre.

TOP **Cinque Terre Pergole Sparse 2019** O 5.000 bt; 15 € - - Ha tutti ricordi della macchia mediterranea, un gran frutto, un cenno iodato e una bella acidità, per un vino progressivo e unico.
Cinque Terre Vigne Alte 2019 O 4.000 bt; 15 € - - Una grande mineralità contraddistingue questo vino, differente dagli altri Cinque Terre, teso ma polposo, con un bel finale caldo e lungo.
Cinque Terre Sciacchetrà 2018 ● 7.600 bt da 0,375 l; 44 € - - Un grandissimo naso, con profumi di frutta secca, note salmastre, di miele e di resina. Non stucchevole, è elegante nel tannino, piacevolissimo e di agile beva.
Cinque Terre Costa da Posa 2019 O 10.000 bt; 17 € - - Citrino, fruttato, salino.
Cinque Terre 2019 O 100.000 bt; 14 € - - Costruito, fruttato, essenziale.

ha 45 - **bt** 200.000
Fertilizzanti letame, organo-minerali, sovescio
Fitofarmaci rame e zolfo
Diserbo lavorazione meccanica/manuale
Lieviti selezionati industriali
Uve 100% di proprietà
Certificazione nessuna certificazione

RIOMAGGIORE (SP)

CANTINE LITÀN

SCONTO -10%

Via Matteotti, 32/f - tel. 340 7655840
www.litan.it - litanfc@libero.it

VITA - Nei primi anni Duemila Francesco e Orlando Cevasco sono stati incoraggiati dal nonno Giulio a iniziare il recupero di vecchi vigneti abbandonati, e come conseguenza di questo percorso nel 2006 è nata Cantina Litàn. Hanno sperimentato molto e ascoltato gli anziani di Riomaggiore, e seguendo l'istinto oggi cercano di dare lustro con i loro vini alle Cinque Terre.

VIGNE - È stato fatto un intenso lavoro di recupero degli antichi muretti a secco che sostengono le piccole terrazze ciottolose a strapiombo sul mare, dove crescono il vermentino, il bosco e l'albarola. Ultimamente hanno anche messo in produzione un vitigno recuperato, il piccabon. Interessante il progetto di un vigneto in val di Vara, da coltivare principalmente con varietà a bacca nera.

VINI - Lunghe macerazioni sulle bucce e lungo riposo sulle fecce fini consentono di estrarre il massimo dei profumi. Lo spunto iodato è onnipresente nei loro vini, insieme a freschezza e buona beva, pulizia e nitore espressivo.

Ciàn der Pàadisu 2018 O rossese bianco, picabon; 900 bt; 36 € - - Nasce da vigneti giovani, da cui l'esuberanza evidente. È complesso, denso, con i sentori della macchia mediterranea e spiccata sapidità. In bocca è caldo e persistente: un gran bel sorso.
Cinque Terre Sciacchetrà 2018 ● 850 bt da 0,375 l; 51 € - - Una rarità che solo nelle grandi annate trova la sua massima definizione: lavorato totalmente a mano, si presenta esplosivo e di grande complessità.
Cinque Terre Costa de Sèra 2019 O 4.600 bt; 26 € - - Nasce in una delle zone più vocate di Riomaggiore, con allevamento ad archetto e a pergola. Ha uno stile classico, sobrio e ben definito nelle sue sfaccettature: ricordi di ginestra, buona polpa e pungente salinità, per un sorso teso e asciutto.
Bric La Ruota 2017 ● pinot nero; 1.378 bt; 17 € - - Ampio, fruttato, complesso.

ha 2,5 - **bt** 9.000
Fertilizzanti letame, organo-minerali, sovescio
Fitofarmaci rame e zolfo
Diserbo lavorazione meccanica/manuale
Lieviti fermentazione spontanea, selezionati industriali
Uve 100% di proprietà
Certificazione nessuna certificazione

RIOMAGGIORE (SP)

LUCIANO CAPELLINI

Via Montello, 240/b - tel. 0187 920632
www.vinbun.it - capellini@vinbun.it

VITA - Luciano Capellini è una delle figure di riferimento tra i produttori del panorama delle Cinque Terre. Da sempre il suo percorso è votato al rispetto del territorio attraverso un'agricoltura sostenibile, e al recupero degli stretti terrazzamenti di Volastra, un lavoro inevitabilmente manuale. Da segnalare il nuovo allestimento di un'area tra i vigneti attrezzata per accogliere gli appassionati di vino e non, in una cornice davvero unica.

VIGNE - I vigneti sono frazionati in diverse parcelle nel comune di Riomaggiore, in particolare nelle vicinanze del borgo di Volastra, dove è sita la cantina, nell'areale detto costa da' Posa, una delle coste più vocate e storiche per la viticoltura della zona. L'allevamento dei vigneti più vecchi è a pergola bassa, come da tradizione, mentre i nuovi impianti sono a filare.

VINI - I vini, dal carattere mediterraneo, schietti e profondamente legati al territorio da cui provengono, vengono realizzati con metodi tradizionali e gesti che da decenni si ripetono con sacralità.

Cinque Terre 2019 ○ 8.500 bt; 23 € - - Snellito dalla macerazione sulle bucce più insistita di annate precedenti, questo millesimo si presenta più schietto e verticale, dal bouquet mediterraneo e docile. Fermentazione e affinamento in vasche d'acciaio servono per preservare frutto e profondità gustativa.
Cinque Terre Sciacchetrà 2018 ● 1.000 bt da 0,375 l; 68 € - - La perla più rara, dai profumi caleidoscopici di frutta secca e matura, dalla polpa succosa ma fresca e vibrante. Un sorso che non abbandona mai il palato.
Vin de Gussa 2018 ○ bosco, vermentino, albarola, rossese bianco; 300 bt da 0,5 l; 24 € - - Bianco macerato, incisivo, speziato, autentico.

ha 2 - **bt** 11.000
Fertilizzanti organo-minerali
Fitofarmaci rame e zolfo
Diserbo lavorazione meccanica/manuale
Lieviti selezione di lieviti indigeni
Uve 100% di proprietà
Certificazione nessuna certificazione

RIOMAGGIORE (SP)

WALTER DE BATTÈ

Via Trarcantu, 25 - tel. 389 8084812
www.primaterra.it - walter.debatte@gmail.com

VITA - Un percorso di ricerca e sperimentazione ormai pluridecennale ha reso Walter De Battè un riferimento dell'enologia non solo ligure, complici una passione e un'intraprendenza che hanno pochi eguali in tutto il panorama nazionale. Vini di concretezza e dettaglio mediterraneo sono la firma di una mano capace ogni anno di sorprendere. La cantina personale di Riomaggiore è affiancata dal progetto Prima Terra in quel di Campiglia.

VIGNE - Da segnalare il progetto nato a Montaretto, alle spalle di Framura, nel primo entroterra ligure, dove dal 2016 nasce il percorso Saladero, che sostituisce Altrove, un vino ormai iconico che troverà una nuova definizione nei prossimi anni con le giovani vigne a Campiglia.

VINI - Personalità e armonia, attraverso vini complessi e dall'impronta mediterranea, sempre azzeccatissimi.

TOP **Harmoge 2017** ○ albarola, bosco, vermentino; 1.700 bt; 41 € - - Taglio della tradizione, con l'uva bosco protagonista: la macerazione sulle bucce e il passaggio in legno in affinamento arricchiscono lo spettro gustativo, con note succose ma mature. Un vino dal sicuro futuro, che deve essere lasciato distendersi se vogliamo godere di tutti i dettagli aromatici.
Saladero ○ bosco, albarola, vermentino; 1.200 bt; 39 € - - Novità aziendale, nasce da una vigna in località Montaretto, con due annate assemblate in puro stile De Battè. La parte aromatica si presenta complessa, con note salmastre e di macchia mediterranea. Il sorso è lungo e sapido.
Cericò 2016 ● grenache, syrah; 1.500 bt; 44 € - - Rosso mediterraneo, è complesso ed elegante: uno dei vertici della produzione aziendale.
Carlaz 2018 ○ vermentino; 4.000 bt; 27 € - - Bianco macerato, agile, floreale, contrastato.
Tonos 2017 ● sangiovese, canaiolo, ciliegiolo, cabernet sauvignon, dolcetto; 2.500 bt; 31 € - - Robusto, fruttato, armonico.

ha 3,5 - **bt** 10.000
Fertilizzanti organo-minerali
Fitofarmaci rame e zolfo
Diserbo lavorazione meccanica/manuale
Lieviti fermentazione spontanea
Uve 100% di proprietà
Certificazione nessuna certificazione

RIOMAGGIORE (SP)

POSSA

Via Sant'Antonio, 72 - tel. 348 3162470
www.possa.it - info@possa.it

VITA - Samuele Heydi Bonannini è l'anima di Possa, azienda in Riomaggiore che in poco più di 15 anni ha saputo diventare un punto di riferimento per il panorama ligure e nazionale. Un progetto profondamente caratterizzato dalla personalità di Heydi, dedito da sempre alla valorizzazione del suo territorio con vini schietti e sinceri.

VIGNE - Il corpo principale delle vigne di proprietà si trova in valle Possaitara, un costone a picco sul mare di rara bellezza, dove strette fasce sono coltivate a vigna con sistema a pergola bassa per le più storiche, e a filare per i nuovi impianti. Altre parcelle sono sparse attorno al borgo di Riomaggiore. Da sottolineare la particolare attenzione al recupero e alla salvaguardia delle varietà meno comuni, ma storiche delle Cinque Terre. Le lavorazioni in vigna sono totalmente manuali.

VINI - Vini dal carattere territoriale, vinificazioni non interventiste per valorizzare l'identità marina di tutta la linea, grande dettaglio e finezza: questa è la firma di Possa.

TOP **Cinque Terre 2019** VINO SLOW ○ 6.700 bt; 23 € - La tradizione raccontata da un vino succoso, sapido e di grande dinamicità. All'inizio l'olfatto è timido e chiuso per poi aprirsi su intriganti e appassionanti note iodate.

Cinque Terre Sciacchetrà Anfora 2018 ● 975 bt da 0,375 l; 64 € - Dai migliori grappoli lasciati appassire si ottiene un succo denso, sapido, profondamente ligure e dalla persistenza infinita.

Cinque Terre Anfora 2019 ○ 900 bt; 26 € - Novità in casa Possa: l'affinamento in terracotta mantiene un carattere succoso e sapido, con una disposizione alla beva superiore alla versione tradizionale.

Principe Jacopo 2019 bosco, albarola; 1.300 bt; 23 € - Metodo Ancestrale, succoso, fruttato, sapido.

Parmaea 2019 ○ vermentino, albarola, trebbiano; 1.000 bt; 23 € - Bianco macerato, dinamico, floreale, salino.

ha 3,5 - **bt** 15.000
Fertilizzanti organo-minerali, preparati biodinamici
Fitofarmaci rame e zolfo
Diserbo lavorazione meccanica/manuale
Lieviti fermentazione spontanea
Uve 100% di proprietà
Certificazione nessuna certificazione

SAN BIAGIO DELLA CIMA (IM)

MACCARIO DRINGENBERG

Via Torre, 3 - tel. 333 2063295
maccariodringenberg@yahoo.it

VITA - La sensibilità di pensiero che esprime Giovanna Maccario, titolare dell'azienda, nell'affermare le sue idee sul mondo che ci circonda si combinano perfettamente con i suoi principi sul mondo del vino. Fiera del mestiere che fa, porta le sue convinzioni e le riflessioni ovunque vada, convinta assertrice che la comunicazione sia strumento di grande potenza. Completa l'azienda Goetz Dringenberg, infaticabile quanto ineccepibile custode delle vigne aziendali.

VIGNE - Accomunati dalla tipica composizione di medio impasto, i vigneti aziendali sono la vera garanzia di risultati eccellenti in qualsiasi condizione versi il millesimo: dalle località Luvaira al Curli, Posau o Brae, troviamo i classici impianti ad alberello e favorevoli esposizioni. Vinificati valorizzando il concetto di cru, restituiscono vini di vera appartenenza territoriale.

VINI - La possibilità di disporre di un parco vitato così differenziato consente di ottenere prodotti estremamente diversi tra loro e soddisfare così ogni palato, sempre nel rispetto della tipicità e con un occhio di riguardo alle moderne tecniche di produzione.

TOP **Rossese di Dolceacqua Curli 2018** VINO SLOW ● 1.000 bt; 26 € - Elegante e raffinato, esprime la tipicità del vitigno in maniera esemplare, con una grande pulizia olfattiva e una bocca setosa e scorrevole. Davvero un perfetto rappresentante di ciò che questo territorio può esprimere.

Rossese di Dolceacqua 2019 ● 10.000 bt; 15 € - I tenui sentori floreali che lo contraddistinguono preludono a una bocca asciutta e sottile, lineare, ma scorrevole e molto equilibrata.

Rossese di Dolceacqua Brae 2019 ● 1.000 bt; 17 € - Denso, floreale, consistente.

Rossese di Dolceacqua Luvaira 2018 ● 4.000 bt; 20 € - Solido, speziato, ampio.

Rossese di Dolceacqua Posaù 2018 ● 6.000 bt; 20 € - Denso, speziato, scuro.

ha 4,5 - **bt** 25.000
Fertilizzanti organo-minerali
Fitofarmaci rame e zolfo
Diserbo lavorazione meccanica/manuale
Lieviti fermentazione spontanea
Uve 100% di proprietà
Certificazione nessuna certificazione

SARZANA (SP)

IL MONTICELLO

SCONTO **-10%**

Via Groppolo, 7 - tel. 0187 621432
www.ilmonticello.it - ilmonticello@gmail.com

VITA - Alessandro e Davide Neri hanno ormai fatto più di 25 vendemmie da quando hanno preso il comando dell'azienda di famiglia. Il legame con il territorio è stato il motivo che li ha portati a condurre un'agricoltura sempre più pulita e sostenibile, con l'eliminazione di tutti i prodotti di sintesi da vigna e cantina. Di fondamentale importanza l'aiuto dell'enologo Nicola Tucci.

VIGNE - I vigneti sono nei comuni di Santo Stefano e di Sarzana, sia in zone pianeggianti, sia in collina. I terreni hanno componente limo-sabbiosa e ricca di scheletro, con inserzioni di argille grigie e rosse. Sono circondati da boschi, oliveti e macchia mediterranea, e questo permette di avere una bella varietà microclimatica.

VINI - Tecnologia utilizzata con attenzione e nel rispetto dell'espressività varietale: le criomacerazioni servono per estrarre grandi profumi dalle uve, e i pochi travasi per mantenerli integri.

Colli di Luni Vermentino Groppolo 2019 ○ 66.000 bt; 12 € - È il vino che meglio rappresenta l'azienda e che l'ha fatta conoscere. Semplice ma non banale, di buona beva, dritto e agrumato, ha un finale asciutto.
Colli di Luni Vermentino Poggio Paterno 2018 ○ 2.530 bt; 15 € - Da un vigneto di una trentina d'anni a Sarzanello nasce questo vino complesso, con ricordi olfattivi di frutta tropicale e di fiori, ma anche con note resinose. Il finale è avvolgente e ha una vena amarognola.
Rosso Rupestro 2019 ● sangiovese, ciliegiolo, canaiolo; 18.400 bt; 10 € - Presenta cenni di piccoli frutti rossi e neri, e al palato è schietto, morbido, dal tannino elegante. Caldo e vigoroso il finale.
Serasuolo 2019 ciliegiolo; 11.000 bt; 10 € - Armonico, fruttato, espressivo.
Passito dei Neri 2019 ● vermentino, albarola, colombana bianca; 1.600 bt da 0,375 l; 17 € - Ampio, fruttato, avvolgente.

ha 15,5 - **bt** 100.000
Fertilizzanti compost, letame, preparati biodinamici, sovescio
Fitofarmaci rame e zolfo
Diserbo lavorazione meccanica/manuale
Lieviti selezione di lieviti indigeni
Uve 100% di proprietà
Certificazione nessuna certificazione

SARZANA (SP)

SANTA CATERINA

Via Santa Caterina, 6 - tel. 0187 629429
www.santacaterina-sarzana.it - andrea.kihlgren@alice.it

VITA - Andrea Kihlgren prosegue il suo percorso in Santa Caterina: da fine anni Ottanta la linea scelta è stata determinata dalla volontà di dare un'identità precisa e territoriale al lavoro. Si seguono i dettami concreti della biodinamica, per ottenere una materia prima di altissimo livello e procedere di conseguenza a vinificazioni senza utilizzo di prodotti enologici.

VIGNE - Sono tre i principali appezzamenti: Santa Caterina circonda la cantina, in media collina, con dolci terrazzamenti e la parte più consistente di piante di vermentino; Giuncàro e Ghiarétolo si trovano lungo la piana alluvionale di Luni, a impasto misto il primo e più ghiaioso il secondo. In Giuncàro c'è la vigna mista di sauvignon e friulano, mentre a Ghiarétolo troviamo le uve a bacca nera, con la novità dei nuovi filari di granaccia.

VINI - Estrema attenzione al lavoro in vigna per ottenere uve perfette a piena maturazione. Non interventismo e lavorazioni tradizionali.

TOP **Giuncàro 2018** VINO SLOW ○ sauvignon, friulano; 2.800 bt; 15 € - Abito dai colori e dalle sfumature intense e aromaticità non tipicamente ligure, ma che con la grande destrezza di Andrea diventa pura bellezza. Sapido e lungo nel sorso.
LM 2018 ○ 900 bt; 19 € - Vermentino in versione più giocosa: una lunga macerazione interamente in vasi di gres dona una nota aromatica pungente e vibrante, e un sorso allungato, balsamico e decisamente asciutto e salino.
Poggi al Bosco 2018 ○ 1.300 bt; 19 € - Albarola da ceppo antico recuperato da Andrea in persona, ha struttura docile ma dal forte carattere espressivo, ancora da distendersi al momento del nostro assaggio. È un'eccellenza di Santa Caterina.
Ghiarétolo 2017 ● merlot; 2.700 bt; 15 € - Fitto, speziato, consistente.
Etichetta Verde 2019 ○ vermentino; 3.200 bt; 15 € - Bianco macerato, incisivo, fruttato maturo, energico.

ha 7 - **bt** 25.000
Fertilizzanti compost, letame, preparati biodinamici, sovescio
Fitofarmaci rame e zolfo
Diserbo lavorazione meccanica/manuale
Lieviti fermentazione spontanea
Uve 100% di proprietà
Certificazione nessuna certificazione

SESTRI LEVANTE (GE)

BISSON

Contrada Pestella, 42 - tel. 0185 450884
www.bissonvini.it - bisson@bissonvini.it

VITA - Bisson ha saputo portare in giro per il mondo i vini del Tigullio, ottenuti da varietà autoctone come cimixia e bianchetta genovese, oggi apprezzate anche oltreoceano. Piero Lugano, l'estroso protagonista di questa storica realtà, è un curioso sperimentatore e un grande imprenditore: l'ultima sua creazione è la nuovissima cantina a Sestri Levante, una struttura moderna e dai grandi spazi, in grado di accogliere un turismo nuovo per l'areale tigullino.

VIGNE - Il corpo principale dei vigneti si trova nell'entroterra sestrese. Lo storico appezzamento di Trigoso è affiancato dall'affascinante Villa Fieschi, a Pestella, dove risiede la nuova cantina. Qui un anfiteatro naturale è oggi quasi totalmente coltivato a cimixia. La zona storica di produzione di bianchetta è invece sita in località Verici, in media collina.

VINI - Vinificazioni tecniche a elevata automatizzazione, utilizzo di vasche in acciaio e controllo serrato delle temperature per mantenere l'integrità del frutto, valorizzazione dei vitigni autoctoni e continua sperimentazione: un taglio classico, la dimensione stilistica di questa eccellenza del Tigullio.

Portofino Cimixià Villa Fieschi 2018 ○ 2.500 bt; 17 € - - Di grande intensità olfattiva, fruttata e varietale, ha un sorso caldo e ricco: un vino da vitigno autoctono che emerge per struttura e complessità.
Portofino Cimixià L'Antico 2018 ○ 3.300 bt; 14 € - - Si presenta di buona aromaticità, più diretto e meno complesso del fratello maggiore, e non a caso nasce dalle vigne più giovani. Il sorso è disteso e di buona fluidità.
Granaccia 2017 ● 3.300 bt; 16 € - - Potente, fruttato, incisivo.
Portofino Bianchetta U Pastine 2019 ○ 24.000 bt; 11 € - - Fresco, fruttato, varietale.

ha 14 - **bt** 130.000
Fertilizzanti nessun concime
Fitofarmaci n.d.
Diserbo lavorazione meccanica/manuale
Lieviti selezionati industriali, selezione di lieviti indigeni
Uve 100% di proprietà
Certificazione nessuna certificazione

SOLDANO (IM)

KÀ MANCINÉ

Frazione San Martino - Via Maciurina, 7 - tel. 339 3965477
www.kamancine.it - info@kamancine.it

VITA - È nata nel 2006 questa ormai solida realtà di Soldano, condotta con mano sicura da Maurizio Anfossi e da sua moglie Roberta Repaci, nel chiaro intento di migliorare ogni anno la qualità dei prodotti. Un percorso, il loro, seguito con l'intenzione di conservare la giusta misura nel rispettare la propria vocazione e mettendo al centro il consumatore finale. Kà Manciné oggi è una delle aziende di vertice della denominazione.

VIGNE - I due cru aziendali sono situati in località Galeae e Beragna, e da loro traggono origine i due vini principali. Sono due vigne diverse tra loro per esposizione e altitudine: a 400 metri di quota la prima, esposta a sud-est, un po' più bassa ed esposta a nord-est la seconda. Entrambe presentano suoli dalla tipica composizione a medio impasto.

VINI - I vini aziendali presentano un profilo che li rende immediatamente godibili ed è rispettoso della loro espressività e sincerità, e sono conseguenza di una conduzione agronomica e di cantina di assoluta coerenza e professionalità, oltre che garanzia di un risultato qualitativo sempre costante.

Rossese di Dolceacqua Beragna 2019 ● 10.000 bt; 16 € - - Esordisce con un naso esuberante e fruttato, preludio di un sorso sottile, croccante e appagante.
Rossese di Dolceacqua Galeae 2019 ● 5.500 bt; 20 € - - Presenta un profilo più reticente all'olfatto rispetto all'altro rosso aziendale, speziato e fine. Scorre ricco in bocca, anche se deve ancora mostrare il suo lato migliore, che il tempo sicuramente gli concederà.
Tabaka 2019 ○ massarda, vermentino; 1.000 bt; 17 € - - Agile, floreale, rilassato.
Sciakk 2019 ● rossese; 1.000 bt; 19 € - - Fresco, fruttato, essenziale.

ha 3 - **bt** 20.000
Fertilizzanti minerali, organo-minerali
Fitofarmaci organici, rame e zolfo
Diserbo lavorazione meccanica/manuale
Lieviti fermentazione spontanea, selezione di lieviti indigeni
Uve 100% di proprietà
Certificazione nessuna certificazione

SOLDANO (IM)

POGGI DELL'ELMO

Corso Verbone, 135 - tel. 0184 289148
www.poggidellelmo.com - poggidellelmo@gmail.com

VITA - Gianni Guglielmi è diventato viticoltore dopo una prima fase trascorsa nell'attività di floricoltura dell'azienda paterna, e oggi si rivolge alla terra per allevare la vite proprio mentre la crisi floricola incombe. Una scelta che gli ha dato ragione, visti i risultati soddisfacenti. Conversatore piacevole e schietto, non si nasconde dietro alcun artificio, così come fanno i suoi vini, mostrando subito il suo lato più diretto ed empatico.

VIGNE - Tutto il parco vitato è situato nello stupendo Poggio Pini, con vigne che godono di una perfetta esposizione sud, sud-est, con ottima ventilazione. Le radici delle piante affondano in un suolo di medio impasto argilloso-calcareo, caratteristico di questi luoghi. I tipici terrazzamenti su cui sono piantate con il sistema ad alberello creano uno scenario di incantevole meraviglia.

VINI - Non c'è spazio per trucchi e accorgimenti strani con Gianni: il lavoro in vigna e in cantina è sincero e ben condotto, ed è inteso a valorizzare in modo autentico quello che il millesimo è in grado di fornire.

Rossese di Dolceacqua Sup. Barba Pepin 2018 ● 2.000 bt; 15 € - - Al naso apre con note di ciliegia sotto spirito, per un profilo caldo e maturo. Al palato porge una buona spinta acida e chiude ben equilibrato in tutte le sue componenti. Davvero ottimo.
Rossese di Dolceacqua Sup. Pini Dante 2018 ● 3.000 bt; 21 € - - Maturo nel frutto all'olfatto, con evidenti e gradevoli sentori di erbe aromatiche, prosegue con una bocca fresca e di grande persistenza.
Riviera Ligure di Ponente Vermentino 2019 O 1.300 bt; 12 € - - Schietto, fruttato, essenziale.
Rossese di Dolceacqua 2019 ● 9.000 bt; 12 € - - Ruvido, speziato, autentico.

ha 3 - **bt** 15.000
Fertilizzanti minerali, organo-minerali
Fitofarmaci organici, rame e zolfo
Diserbo lavorazione meccanica/manuale
Lieviti selezione di lieviti indigeni
Uve 100% di proprietà
Certificazione nessuna certificazione

SOLDANO (IM)

TENUTA ANFOSSO

Corso Verbone, 175 - tel. 0184 289906
www.tenutaanfosso.it - tenutanfosso@libero.it

VITA - Non nasconde la fierezza della sua appartenenza alla tradizione della viticoltura Alessandro Anfosso, che unitamente a sua moglie Marisa Perrotti e a suo figlio Lorenzo conduce con mano salda l'azienda, centrata sulla tipicità e su un approccio tradizionale a tutte le lavorazioni, pur non disdegnando le tecniche di produzione moderne.

VIGNE - Meravigliosi gli appezzamenti di questa tenuta, vero orgoglio aziendale: dallo scenografico Poggio Pini all'anfiteatro del Luvaira, fino al monopole aziendale del Fulavin, le viti allevate con il tipico alberello godono di esposizioni e terreni ideali per la loro perfetta conduzione agronomica.

VINI - La tradizione nella conduzione in vigna e in cantina instrada il lavoro di Alessandro, che da cauto osservatore del mondo vinicolo che lo circonda non si chiude a riccio sul passato e guarda con curiosità alle novità.

Rossese di Dolceacqua Sup. Poggio Pini 2018 ● 1.300 bt; 22 € - - Ricchissimo nei sentori terrosi e di humus, porge un palato pieno per la tipologia, avvolgente ma senza eccessi. Chiude pulito e coerente, appagando per equilibrio gustativo.
Rossese di Dolceacqua Sup. Luvaira 2018 ● 1.300 bt; 22 € - - Sottile e delicato nei profumi floreali e di spezie, scivola con fresca acidità in un sorso verticale ed energico, che chiude amaro come da tipicità del vitigno.
Rossese di Dolceacqua Sup. Fulavin 2018 ● 1.300 bt; 22 € - - Reticente al naso e da comporsi nei suoi sentori maturi, presenta una bocca sapida e di rilievo alcolico, che lascia presagire un futuro molto promettente.
Rossese di Dolceacqua Sup. 2018 ● 15.000 bt; 16 € - - Armonico, floreale, autentico.
Rossese di Dolceacqua E Prie Poggio Pini 2018 ● 600 bt; 22 € - - Armonico, floreale, rilassato.

ha 6 - **bt** 25.000
Fertilizzanti letame, organo-minerali
Fitofarmaci rame e zolfo
Diserbo lavorazione meccanica/manuale
Lieviti fermentazione spontanea
Uve 100% di proprietà
Certificazione nessuna certificazione

SPOTORNO (SV)

SANCIO

SCONTO -10%

Via Laiolo, 73 - tel. 019 743255
www.cantinasancio.it - cantinasancio@libero.it

VITA - Dopo aver preso in mano le redini dell'azienda fondata dal papà Mario, Riccardo Sancio in questi 20 anni ha valorizzato al meglio i frutti del suo territorio, donando alla rara varietà lumassina nuove espressioni. La curiosità e la ricerca crescono anche in cantina, dove possiamo trovare vasi vinari in gres Clayver, di cui aspettiamo trepidanti i primi frutti.

VIGNE - A parte la vigna storica di Cappellania situata accanto alla cantina a Spotorno, le altre parcelle sono posizionate nelle zone di Vezzi San Giorgio, Orco Feglino, Finale Ligure e Celle Ligure, con terreni che vanno dal limoso all'argilloso e al calcareo, e risentono della vicinanza del mare.

VINI - L'uva che entra in cantina è sempre perfetta: questo permette di intervenire pochissimo durante le varie fasi. Le fermentazioni si svolgono tutte in contenitori di acciaio a temperatura controllata.

TOP **Lumassina 2019** VINO QUOTIDIANO ○ 2.256 bt; 10 € - 🍷 - Nei terreni di Orco Figlino nasce questo vino-simbolo dell'azienda, con ricordi di rosmarino, buona mineralità e un finale amarognolo e asciutto.

Riviera Ligure di Ponente Vermentino 2019 ○ 6.666 bt; 13 € - 🍷 - Nasce sui classici muretti a secco e risente della brezza marina di Finale Ligure e Vezzi: ha un bel frutto maturo, con ricordi di pesca e salvia, e al palato chiude con una nota mandorlata.

Riviera Ligure di Ponente Pigato 2019 ○ 16.665 bt; 13 € - 🍷 - In evidenza note fruttate e di ginestra. Ha una buona progressione e il finale è caldo e avvolgente.

Riviera Ligure di Ponente Pigato Capellania 2019 ○ 3.333 bt; 14 € - 🍷 - Avvolgente, fruttato, espressivo.

Lumassina Frizzante Marì 2019 ⁘ 1.600 bt; 13 € - 🍷 - Metodo Ancestrale, fresco, fruttato, espressivo.

Riviera Ligure di Ponente Rossese 2019 ● 2.620 bt; 13 € - 🍷 - Schietto, speziato, armonico.

ha 5 - **bt** 38.000
Fertilizzanti letame, sovescio
Fitofarmaci rame e zolfo
Diserbo lavorazione meccanica/manuale
Lieviti fermentazione spontanea, selezione di lieviti indigeni
Uve 100% di proprietà
Certificazione nessuna certificazione

VENDONE (SV)

CLAUDIO VIO

Frazione Crosa, 16 - tel. 339 7077180 - 333 8686007
claudio.vio@libero.it

VITA - Un cammeo incastonato nelle colline del primo entroterra del Ponente ligure: ecco come possiamo descrivere questa azienda a conduzione familiare, ormai giunta alla terza generazione, che vede il giovane Stefano, valido agronomo, sempre più impegnato nella gestione. In ciò si avvale del costante ausilio del padre Claudio, e della sua quarantennale esperienza.

VIGNE - Le vigne, tutte di proprietà, la maggior parte delle quali si trova nel comune di Vendone, si arrampicano sui terrazzamenti collinari. La principale è in costa della Crosa, dove viti di pigato di oltre 50 anni crescono in fasce di due o tre filari con pendenze importanti; in località Barbigione troviamo pigato e granaccia, in località Valle pigato e vermentino; altre tre vigne completano il panorama viticolo.

VINI - Fermentazione in acciaio, uso di lieviti indigeni, temperatura controllata e bâtonnage sono le pratiche che identificano l'approccio produttivo: i vini sono destinati a una clientela che cerca prodotti non banali e omologati.

Riviera Ligure di Ponente Pigato 2019 ○ 8.000 bt; 19 € - 🍷 - Il profilo olfattivo reca sentori di fiori e fieno, pesca gialla, salvia e spiccate note minerali. Il percorso al palato sfocia nel tipico finale ammandorlato. Questo Pigato fa una macerazione sulle bucce di circa 24 ore.

Riviera Ligure di Ponente Vermentino 2019 ○ 3.000 bt; 19 € - 🍷 - All'olfatto sa di erbe aromatiche e presenta cenni minerali; il sorso è persistente e incisivo.

Granaccia 2018 ● 500 bt; 22 € - 🍷 - Armonico, fruttato, avvolgente.

U Grottu 2018 ○ pigato; 500 bt; 26 € - 🍷 - Bianco macerato, avvolgente, fruttato, consistente.

ha 2 - **bt** 12.000
Fertilizzanti letame, organo-minerali
Fitofarmaci rame e zolfo
Diserbo lavorazione meccanica/manuale
Lieviti selezione di lieviti indigeni
Uve 100% di proprietà
Certificazione nessuna certificazione

LIECHTENSTEIN
SVÍZZERA
ALTO ÁDIGE/
SÜDTIROL
TRENTINO-
VALTELLINA
NORD LOMBARDIA
SUD LOMBARDIA
VÉNETO
PIEMONTE
EMÍLIA-ROMAGNA
LIGÚRIA
TOSCANA
MAR LÍGURE
Golfo di Génova
Vaduz
Schruns
Landeck
Matrei am Brenner
Brennero
1375
Sölden
Vipiteno/Sterzing
Schwyz
Glarus
Altdorf
Flims
Rhein
Chur/Coira/Cuira
Davos
Inn
Scuol
Zernez
PARC NAZ. SVIZZER
PARCO NAZ. DELLO STÉLVIO
P.so d. Stélvio/Stilfserjoch
Adige/Etsch
Ortles
3905
Merano/Meran
Bolzano/Bozen
Andermatt
Airolo
St. Moritz
Livigno
Bormio
Madesimo
Bernina
4049
Biasca
Chiavenna
Mese
Tirano
Madonna di Campiglio
3150
Locarno
Bellinzona
PARCO NAZ. D. VAL GRANDE
Lago Maggiore
Adda
Sóndrio
Ponte di Legno
P.so d. Tonale
3539
Adamello
Brenta
Edolo
Morbegno
Sarca
Trento
Lugano
Menaggio
L. di Como
Cerveno
Óglio
Riva d. Garda
Luino
Verbania
Varese
Clusone
Darfo
Como
Lecco
Lóvere
Rovereto
Asiago
Angera
La Valletta Brianza
Gallarate
Perego
Bérgamo
Gardone Val Trómpia
Lago di Garda
Schio
Saronno
Merate
Monza
Bréscia
Busto Arsizio
Rho
Sesto S. Giovanni
Novara
MILANO
Desenzano d. Garda
Verona
Vercelli
Vigévano
Ticino
Crema
Castiglione d. Stiv.
S. Bonifácio
Villafranca di Verona
Ádige
Mortara
Pavia
Lodi
Codogno
Mántova
Legnago
Casale Monf.
Cremona
Villimpenta
Po
Stradella
Póggio Rusco
Ostiglia
Valenza
Piacenza
Voghera
Alessándria
Fiorenzuola d'Arda
Guastalla
Mirándola
Trebbia
Sécchia
Panaro
Fidenza
Parma
Cento
Novi Lígure
Acqui Terme
Réggio n. Emília
Módena
Reno
472
Giovi
Borgo Val di Taro
Cisa
BOLOGNA
GÉNOVA
1039
PARCO NAZ. D. APPENNINO TOSCO-EMILIANO
Pavullo n. Frignano
Rapallo
Savona
M. Cimone
2165
La Spézia
Passo della Futa
903
PARCO NAZ. D. CINQUE TERRE
Sarzana
Carrara
Massa
Pistóia
Prato
Viaréggio
Lucca
Montecatini Terme
Arno
Pisa
Pontedera
Émpoli
FIRENZE
A4
A3
A2
A13
A12
A22
A9
A8/26Dir.
A26
A8
A52
A51
A4
A35
A50
A58
A21
A1
A7
A21Dir.
A26/7Dir.
A15
A11Dir.
A11
A1Var.
0
20
40 km

LOMBARDIA

Da qualche anno a questa parte si è acceso il dibattito istituzionale circa la possibilità di creare una Doc regionale Lombardia, a emulazione di ciò che da tempo avviene nella maggior parte delle regioni italiane, al fine di esaltare identità e confini geografici ampi e ben riconoscibili. Si pensi all'efficacia (pur discutibile) della Doc Piemonte o della Doc Sicilia. Siamo fortemente critici sull'eventualità di tale riconoscimento, se non altro perché crediamo che il futuro del vino regionale lombardo debba continuare a passare per la promozione delle specifiche differenze territoriali, che in nessun luogo come in Lombardia costituiscono una ricchezza straordinaria, antidoto all'omologazione. In tal senso Milano, in qualità di metropoli sempre più internazionale, dovrà fungere da vetrina di tale patrimonio di biodiversità vitivinicola, approfittando della coesistenza di una gamma di vini che copre tutte le tipologie possibili, dai Metodo Classico, ai passiti (uno su tutti l'ottimo Moscato di Scanzo). Una veloce carrellata sui singoli territori presi in esame quest'anno ci consente di raccontare ciò che abbiamo colto grazie alle degustazioni e alle interviste ai produttori. La Franciacorta conferma il suo prestigio in termini non solo di identità espressiva, con vini sempre più convincenti, ma anche nel ruolo di territorio che più di tutti investe in ricerca e studio. Luci e ombre disegnano il quadro dell'Oltrepò Pavese, zona complessa per storia, geografia e tradizione, sempre più abitata da aziende di eccellenza, le stesse che vanno avanti a testa alta, lasciandosi alle spalle le ombre alimentate da frodi, fallimenti, svalutazione di terreni e vini, esito di cattive abitudini e di sospettabile clientelismo. In crescita la performance generale sul pinot nero, in particolare sul Metodo Classico, ma anche nelle versioni in rosso. Positivo il quadro enologico del Lugana, con vini che si arricchiscono di carattere e spinta acida, meno giocati sul residuo zuccherino, anche grazie al lavoro di piccoli e giovani produttori interessati a fare emergere il particolare terroir della zona più che a compiacere il gusto dei turisti tedeschi. In un momento positivo per il mondo dei rosa, Garda e Valtènesi trionfano a livello nazionale, quali zone storiche e vocate per la tipologia. Oltre a queste zone più affermate, il bresciano è da valorizzare per le sue sfumature territoriali meno note, che regalano interpretazioni che hanno molto da dire. Una su tutte, il Montenetto, con due aziende recensite che sfornano etichette non solo identitarie, ma anche di rara bontà. Ricordiamo anche lo storico comprensorio di Botticino e la val Camonica, entrambe bisognose di nuove realtà che si uniscano al coro di quelle che già raccontiamo. Le nostre attenzioni sul mantovano sono circoscritte alla terra dei Lambruschi; ci metteremo d'impegno per dare voce a nuove aziende e a progetti di recente fondazione, a cui stiamo già guardando con attenzione. Capitolo a parte per le terre lariane: ci auguriamo che l'indiscutibile bellezza del paesaggio di queste colline e dei terrazzamenti prossimi al lago di Como possa coniugarsi all'affermazione di uno stile enologico sempre più definito e condiviso. Contemporaneità, riconoscibilità, innovazione, territorialità e attrattività sono le parole chiave che animano la Valtellina, territorio che ha imparato a conoscersi e a farsi conoscere, grazie all'impegno di tanti produttori (tutti, verrebbe da dire), attivi nel promuovere la bellezza del terrazzamento e del "Nebbiolo delle Alpi".

le Bottiglie

le Monete €

NORD LOMBARDIA

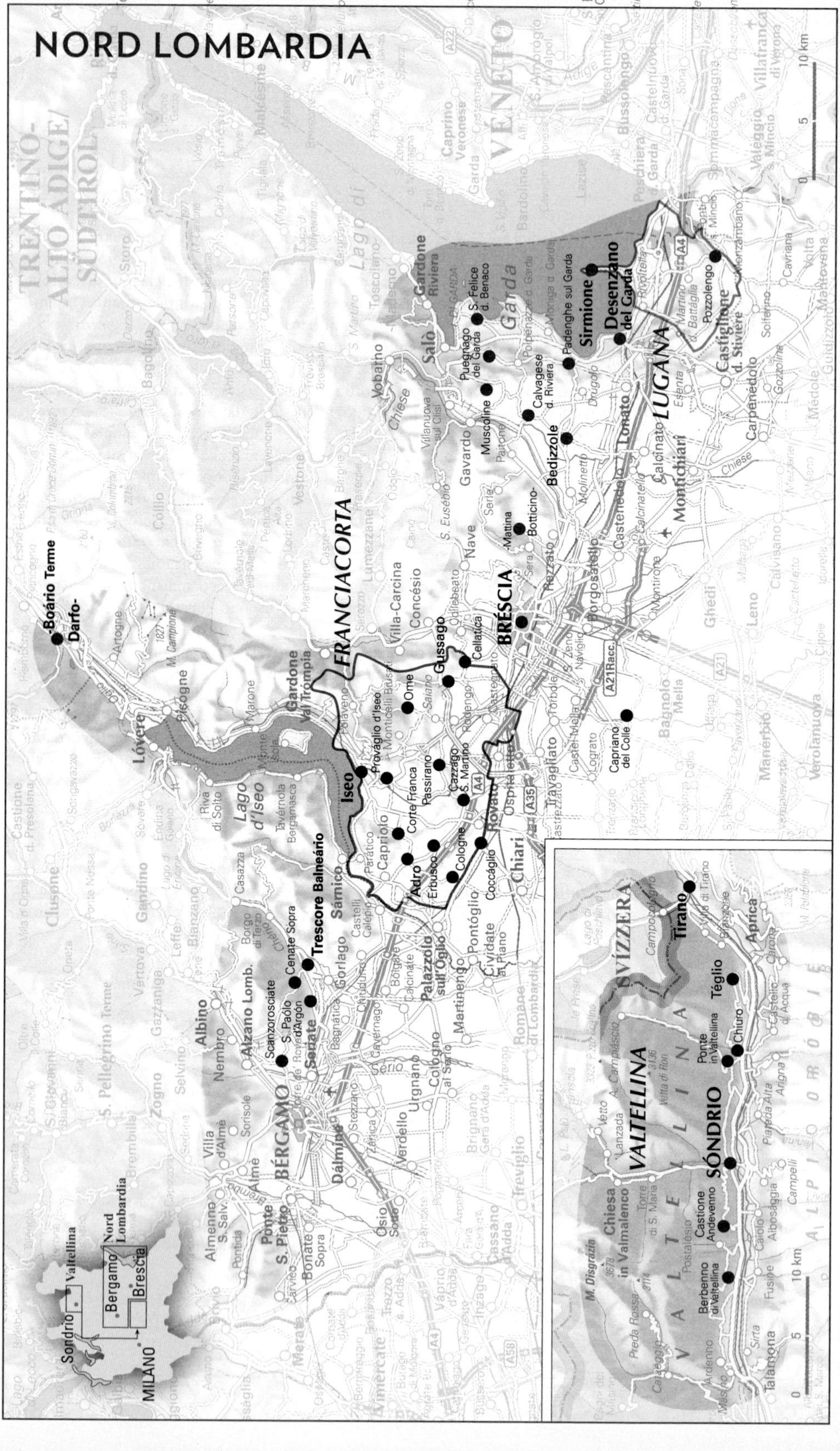

ADRO (BS)

FERGHETTINA

SCONTO **-10%**

Via Saline, 11 - tel. 030 7451212
www.ferghettina.it - info@ferghettina.it

VITA - Laura e Matteo Gatti, entrambi laureati in Enologia, conducono l'azienda fondata dal papà Roberto e dalla mamma Andreina Corsini. Cresciuta in maniera progressiva nel corso degli anni, Ferghettina rappresenta ormai un punto di riferimento nella denominazione. La gestione è orgogliosamente familiare, ed è legata in profondità alla tradizione agricola locale.

VIGNE - I vigneti sono gestiti in conduzione biologica sotto la responsabilità della preparatissima Laura. Dislocati in vari comuni della Franciacorta, consentono all'azienda di usufruire delle differenze nelle caratteristiche dell'uva. Fin dalle origini, la maggior parte del tempo è dedicato ai vigneti, così come gli investimenti, segno evidente che il lavoro più importante si gioca al di fuori delle mura della cantina.

VINI - La responsabilità dei lavori in cantina è affidata a Matteo e Roberto. I vini di Ferghettina mantengono freschezza e una piacevole sapidità, con un affinamento sui lieviti che supera i 30 mesi per tutte le etichette.

Franciacorta Extra Brut 2014 8.000 bt; 32 € - - Esempio lampante dell'identità dei vini di Ferghettina: vivo e intenso, presenta un agrume carnoso e una bella freschezza al palato, con piacevoli sentori speziati e una chiusura sapida. Un vino elegante e di spessore.
Franciacorta Brut Eronero 2012 8.000 bt; 32 € - - Carattere e personalità, note di agrume e sentori di pasticceria. Un vino di bella persistenza, un po' asciugante sul finale.
Franciacorta Brut Milledì 2016 50.000 bt; 29 € - - Sottile e con note floreali, al palato si presenta con un frutto delicato e buona sapidità.
Franciacorta Brut Rosé 45.000 bt; 29 € - - Armonico, sapido, elegante.
Franciacorta Brut 290.000 bt; 20 € - - Agile, vegetale, espressivo.

ha 190 - **bt** 500.000
Fertilizzanti nessun concime
Fitofarmaci organici
Diserbo lavorazione meccanica/manuale
Lieviti selezionati industriali
Uve 100% di proprietà
Certificazione biologico certificato

ADRO (BS)

RONCO CALINO

Località Calino - Via Fenice, 45 - tel. 030 7451073
www.roncocalino.it - info@roncocalino.it

VITA - Dopo il recente restyling della cantina è ancora più evidente l'intenzione di Lara e Paolo Radici di fare di Ronco Calino una casa accogliente per gli ospiti in cerca di bellezza agreste. Oggi a gestire questo piccolo gioiello c'è una squadra affiatata. La preziosa consulenza di Leonardo Valenti, da cui dipende la fisionomia dei vini, e l'ambiente rurale unico: bastano questi semplici ingredienti per raccontare l'essenza dell'azienda.

VIGNE - La bellezza del paesaggio della collina di Calino è impreziosita dal ritmarsi dei filari. Qui la sapiente mano di Pierluigi Donna, coadiuvato da Graziano Buffoli, conserva il patrimonio agricolo perseguendo l'idea di biodiversità dinamica, un modo per dare sollievo alla monocoltura attraverso inerbimento, sovescio ed equilibrio vegetativo.

VINI - I vini sono rigorosi e austeri, forse freddi e poco accoglienti in gioventù, specialmente nelle annate meno favorevoli. Ma la fibra che innerva queste bollicine promette longevità e una sostanza che premia chi sa aspettare.

Franciacorta Satén 13.500 bt; 25 € - - È un vino dall'incedere sussurrato: profuma di lime e menta, è floreale, delicato, dotato di un portamento slanciato che maschera la materia ben presente e che attende di sbocciare.
Franciacorta Brut Rosé Radijan 4.100 bt; 27 € - - Figlio del millesimo generoso, presenta cenni caldi e carezzevoli di albicocca matura e agrume candito, e note speziate. La bocca è solida e carnosa, molto gustosa.
Franciacorta Brut Nature 2015 4.000 bt; 31 € - - Un vino arcigno, che necessita di affinamento per amalgamare le note agrumate e mature alla ferrea sapidità e alla spiccata acidità.
Franciacorta Brut 45.000 bt; 22 € - - Vibrante, floreale, sapido.

ha 13 - **bt** 70.000
Fertilizzanti compost, sovescio
Fitofarmaci rame e zolfo
Diserbo lavorazione meccanica/manuale
Lieviti selezionati industriali, selezione di lieviti indigeni
Uve 100% di proprietà
Certificazione biologico certificato

ANGERA (VA)

CASCINA PIANO

Via Valcastellana, 33 - tel. 0331 930928
www.cascinapiano.it - info@cascinapiano.it

VITA - A inizio Ottocento il poeta dialettale milanese Carlo Porta elogiava nei suoi componimenti i vini di Angera. Purtroppo la tradizione viticola locale è oggi quasi scomparsa, ma ci sono piccole aziende che lavorano affinché si possa recuperare il terreno perduto. Tra queste, Cascina Piano è senz'altro il faro dei Ronchi Varesini. Fondata nel 2003 da Franco Berrini, aiutato in vigna e in cantina da amici e soci, fa parte della Fivi.

VIGNE - Il parco vitato di Cascina Piano è costituito da piccoli appezzamenti, circondati da boschi e altre colture a garanzia di una buona biodiversità, gode anche del particolare microclima dato dal lago Maggiore. I terreni sono perlopiù sciolti, di origine morenica, con presenza di detriti alluvionali, ciottoli e sabbia. I vitigni coltivati sono quelli tipici lombardi e del vicino Piemonte, con alcune varietà internazionali.

VINI - L'attaccamento al territorio qui si traduce in un approccio classico e si vede già dalle etichette, che riportano le immagini di affreschi locali e spezzoni di filastrocche in dialetto.

Prime Nebbie 2016 ● nebbiolo; 1.800 bt; 25 € - È giocato sui sentori floreali e agrumati, con un palato rinforzato da una parte (il 20%) di uve appassite; in bocca è varietale, elegante, con leggeri ritorni balsamici.
Sebuino 2018 ● croatina, merlot, vespolina, barbera; 3.000 bt; 12 € - Ha intensi profumi floreali e fruttati e un sorso gustoso e slanciato, nonostante corpo e tannino siano ben presenti.
Mott Carè 2018 ● 860 bt da 0,5 l; 26 € - È un vino dolce a base di malvasia aromatica, con la metà delle uve attaccate da botrytis cinerea e l'altra metà lasciata in appassimento. Il naso si apre su profumi di fiori, frutta tropicale e ananas in conserva, e in bocca il sorso è dolce ma ben contrastato da freschezza e leggerezza.

ha 3,5 - **bt** 20.000
Fertilizzanti letame in pellet, organo-minerali
Fitofarmaci chimici di sintesi, rame e zolfo
Diserbo lavorazione meccanica/manuale
Lieviti selezionati industriali
Uve 100% di proprietà
Certificazione nessuna certificazione

BEDIZZOLE (BS)

CANTRINA

Frazione Cantrina - Via Colombera, 7 - tel. 030 6871052
www.cantrina.it - info@cantrina.it

VITA - L'azienda è nata nel 1990, e se all'inizio della sua storia si è distinta per la produzione di vini da varietà internazionali, oggi possiamo dire che Cristina Inganni e Diego Lavo sono diventati grandi interpreti dell'uva locale groppello, vinificata in rosso e, da un paio di anni, anche in rosa, in purezza. La cantina prende nome dal minuscolo borgo in cui ha sede, un angolo di pace del primo entroterra gardesano.

VIGNE - Gli 8 ettari vitati sono tutti disposti nelle immediate vicinanze della cantina e la conduzione è certificata biologica dal 2017. Le vigne, piantate tra il 1991 e il 2013, poggiano su terreni argillosi di medio impasto e sono curate da Diego con competenza e sensibilità, le stesse doti che si ritrovano in cantina al momento della vinificazione.

VINI - La filosofia aziendale, riportata su ogni etichetta, è quella del «libero esercizio di stile», inteso come lavoro libero da preconcetti e condizionamenti, sia in vigna sia in cantina. Ne risultano vini pieni di personalità, in parte differenti dalla produzione della zona, ma che riescono a essere comunque grandi ambasciatori del terroir.

Riné 2018 ○ riesling renano, chardonnay, incrocio Manzoni; 7.300 bt; 13 € - Il profilo agrumato ed erbaceo del Riesling è completato dall'ampiezza dello Chardonnay fermentato in tonneau, per un sorso slanciato, complesso, pieno di sapidità e di succo.
Valtènesi Chiaretto 2019 ● 5.100 bt; 11 € - Groppello in purezza per un vino rosa delicato e varietale, con profumi di pesca e fragoline e un bel gusto sapido.
Rosanoire 2019 ● 6.500 bt; 11 € - L'altro rosa di casa è un Pinot nero fresco e grintoso che profuma di ciliegia.
Zerdì 2017 ● rebo; 5.500 bt; 14 € - Ampio, fruttato, armonico.

ha 8 - **bt** 40.000
Fertilizzanti nessun concime
Fitofarmaci rame e zolfo
Diserbo lavorazione meccanica/manuale
Lieviti fermentazione spontanea, selezionati industriali
Uve 100% di proprietà
Certificazione biologico certificato

BERBENNO IN VALTELLINA (SO)

ASSOVIUNO

SCONTO **-10%**

Via Adua, 121 - tel. 0342 598022
www.maroggia.com - maroggia75@gmail.com

VITA - Il territorio della Maroggia, un nucleo di terrazzamenti sopra all'abitato di Berbenno, è stato a lungo in ombra rispetto alle altre storiche sottozone della Valtellina. Solo nel 2002 è avvenuto il riconoscimento ufficiale, complice il ruolo perseverante della figura che può essere definita, senza esitazione, ambasciatore della Maroggia: Matteo Tarotelli. Matteo conduce l'azienda intorno a cui si è saldata l'identità di questo micro territorio.

VIGNE - Storicità non fa rima con staticità. La Maroggia, grazie al lavoro di Matteo, è in costante sviluppo, sempre pronta a riscoprirsi nelle sue potenzialità. L'opera di bonifica del territorio e l'acquisizione di nuovi piccoli terrazzi sottratti all'abbandono si sommano all'impegno per rendere più agevole la gestione del vigneto, come dimostra la riconversione dei filari a girapoggio.

VINI - I vini tengono conto dell'estro creativo di Matteo, come dimostrano alcune tipologie atipiche assaggiate quest'anno (un rosa e un fortificato speziato), che si distinguono anche per le etichette piuttosto strambe. È giusto soffermarsi sull'espressività più classica nel nebbiolo.

Valtellina Sup. Maroggia 2017 ● 2.900 bt; 23 € - Appare un po' più caldo nella componente fruttata, ma conserva finezza e ampia riconoscibilità.
Valtellina Sup. Maroggia Ris. 2016 ● 1.000 bt; 30 € - Un vino di buona tensione e consistenza, un po' chiuso al momento dell'assaggio, ma con un futuro ben delineato.
Rosso di Valtellina Malaroggia 2018 ● 1.200 bt; 15 € - Ha una buona trama acida, ben integrata a frutto, struttura e intensità, al punto da rendere sottile la differenza con la versione Superiore.
Rosa Retica 2019 nebbiolo, merlina; 1.700 bt; 17 € - Fresco, floreale, salino.

ha 7,5 - **bt** 25.000
Fertilizzanti letame, sovescio
Fitofarmaci chimici di sintesi, rame e zolfo
Diserbo lavorazione meccanica/manuale
Lieviti selezione di lieviti indigeni
Uve 100% di proprietà
Certificazione nessuna certificazione

BOTTICINO (BS)

NOVENTA

SCONTO **-10%**

Frazione Mattina - Via Merano, 26 - tel. 030 2691500
www.noventabotticino.it - info@noventabotticino.it

VITA - Non capita tutti i giorni di incontrare un produttore di vino che estrae dalla propria borsa un campione di terra delle sue vigne! È quanto ci è successo prima del lockdown con Alessandra Noventa e suo marito Cristian Campana, a dimostrazione di quanta voglia di raccontare il proprio territorio animi questa bella famiglia. Assieme a loro in azienda operano papà Pierangelo e l'altra figlia Rossella.

VIGNE - Ascoltare Alessandra raccontare la sua terra aiuta a capire le peculiarità di Botticino. Tuttavia è solo camminando tra le vigne che ci si rende conto della particolarità di queste zona uniche, attraversate dallo strato calcareo del famoso marmo bianco di Botticino, che genera un terroir senza eguali nel mondo.

VINI - L'arrivo in cantina di Cristian e la consulenza di Carlo Ferrini hanno trasformato i vini dei Noventa, alleggerendoli e privilegiando il frutto e la piacevolezza di beva.

TOP **Botticino Pià de la Tesa 2018** VINO SLOW ● 12.000 bt; 24 € - Assente il Gobbio, ancora in affinamento al momento delle nostre degustazioni, lo scettro passa al Pià de la Tesa, secondo vino solo sulla carta. Figlio di una vigna unica nel comprensorio, attraversata da una vena di terra rossa e totalmente esposta a sud, ha naso elegante e fruttato, con bocca avvolgente, tannino carezzevole e finale di ottima complessità gusto-olfattiva. Un vino dal potenziale di invecchiamento notevole.
Botticino Colle degli Ulivi 2018 ● 16.000 bt; 15 € - Dalle vigne più giovani, è l'espressione più fresca e vinosa di Botticino, affinato solo in cemento. Il frutto è giovane e cesellato, la bocca distesa e morbida.
L'Aura 2019 schiava gentile; 4.000 bt; 15 € - Anno dopo anno acquista maggiore definizione aromatica e compostezza della materia. Il naso è etereo e delicato, il sorso è sapido e croccante.

ha 11 - **bt** 45.000
Fertilizzanti sovescio
Fitofarmaci rame e zolfo
Diserbo lavorazione meccanica/manuale
Lieviti selezione di lieviti indigeni
Uve 100% di proprietà
Certificazione biologico certificato

BRESCIA

SCAPIGLIATA

SCONTO **-10%**

Località Ospitaletto - Via Michelangeli, 122
tel. 339 3265871- scapigliatasa@gmail.com

VITA - Potrà sembrare bizzarro dedicare una scheda a una realtà vinicola lillipuziana come questa, in un territorio che annovera anche dei colossi in termini numerici, ma l'azienda di Mauro Lorenzi e Claudio Sabotti rappresenta per noi il segno virtuoso di un'agricoltura a dimensione umana, pregna di significati e di valori, in grado di mostrare un'altra sfaccettatura della Franciacorta, in cui esaltare il rapporto dell'uomo con la terra che lo ospita.

VIGNE - Due sono gli appezzamenti in lavorazione, di circa mezzo ettaro ciascuno, e la zona è quella orientale della denominazione, tra Monticelli Brusati e Rodengo Saiano. La scelta di Mauro è caduta su piccoli lembi di vigneto con microclima fresco, a ridosso di zone boschive e con terreno argilloso-calcareo, in cui allevare le piante seguendo il principio del minimo intervento, con zero chimica e niente sfalcio o cimature, alla ricerca di un'utopia che ha margini di concretezza.

VINI - Freschezza, immediatezza e libertà espressiva dei vini senza rinunciare al rigore produttivo: le fermentazioni spontanee restituiscono sapori e profumi primari in cui trovare nuovi significati della parola profondità.

Franciacorta Dosaggio Zero Ninfale 2016 1.100 bt; 29 € - - Ha un profilo floreale e una parte vegetale morbida e suadente. Alterna note di pasticceria e zucchero a velo al classico agrume franciacortino. In bocca entra con delicatezza di bolla e lunghezza di sapore, supportato da sapidità intensa e tesa, per un finale agrumato.
Curtefranca Bianco Fantesca 2017 ○ 600 bt; 20 € - - Ottenuto con una selezione delle frazioni di vigna dalla raccolta più tardiva e adattato al profilo di un bianco fermo: sa di fiori bianchi, di sambuco e glicine, mentre in bocca ha morbidezza tattile e un frutto delicato e snello, per un sorso gustoso.

ha 1,1 - **bt** 1.750
Fertilizzanti letame
Fitofarmaci rame e zolfo
Diserbo nessun diserbo
Lieviti fermentazione spontanea, selezione di lieviti indigeni
Uve 100% di proprietà
Certificazione biologico certificato

CALVAGESE DELLA RIVIERA (BS)

ZATTI

SCONTO **-10%**

Via Lanfranchi, 10 - tel. 335 1002830
www.cantinazatti.it - zatti@valtenesi.eu

VITA - Giovanni Zatti e il figlio Andrea hanno deciso di imbottigliare la loro produzione vinicola solo nel 2012, dopo aver coltivato la vigna più per passione che per lavoro negli anni precedenti. L'attività era stata inaugurata da nonno Gino negli anni Cinquanta, che però aveva avviato anche un'officina meccanica, che allora come oggi dava sostentamento alla famiglia. Con l'arrivo della terza generazione c'è ora la chiara volontà di rendere la cantina autosufficiente.

VIGNE - Le vigne si trovano sui due versanti della collina Perrone (o "Perù", in dialetto locale), dalla quale si gode una splendida vista sul vicino lago di Garda. I nostri hanno completato l'iter per la certificazione biologica con la vendemmia 2018. Riesling renano e groppello sono le uve più coltivate, e stanno alla base di tutte le etichette prodotte, con marzemino, barbera e sangiovese a completare.

VINI - I Riesling degli Zatti (quello fermo e il nuovo Metodo Classico) sono caratterizzati dall'esuberanza delle note terziarie, tratto comune anche ai vini rossi e rosa.

Garda Riesling Renano Gep 2018 ○ 2.500 bt; 15 € - - Un vino che esce in commercio dopo un anno di affinamento in vasca, e che dopo un ulteriore adeguato riposo in bottiglia dà il meglio di sé. Ha la consueta nota espressiva di idrocarburi e una bocca asciutta, sapida e croccante.
M. Cl. Brut Aureo 2017 riesling renano; 1.000 bt; 19 € - - Il nuovo nato di casa Zatti conferma la mano felice dei nostri con questa uva e nella produzione di bollicine. È dissetante, fresco e marcatamente varietale.
M. Cl. Brut Rosé Sandrjolè 2016 groppello; 1.000 bt; 20 € - - Uno spumante rotondo e morbido, con bocca sapida e gustosa, a cui riteniamo gioverebbe un minor dosaggio.
Garda Marzemino Gibo 2016 ● 3.000 bt; 12 € - - Ampio, fruttato, varietale.

ha 2 - **bt** 12.000
Fertilizzanti letame in pellet
Fitofarmaci rame e zolfo
Diserbo lavorazione meccanica/manuale
Lieviti selezione di lieviti indigeni
Uve 100% di proprietà
Certificazione biologico certificato

LAZZARI €

SCONTO -10%

Via Mella, 49 - tel. 030 9747387
www.lazzarivini.it - info@lazzarivini.it

VITA - Se la minuscola denominazione di Capriano del Colle (la produzione totale non raggiunge le 400.000 bottiglie) è oggi presente sul radar dell'enologia nazionale, gran parte del merito è della famiglia Lazzari, che per prima ha creduto nella potenzialità del territorio del monte Netto. Ancora oggi in azienda coesistono tre generazioni: nonno Fausto, i figli Dario e Giovanni, i nipoti Giordano e Davide, con quest'ultimo che è il front-man della cantina.

VIGNE - I 9 ettari di vigna sono concentrati sull'altopiano del monte Netto, un parco agricolo regionale che nella bella stagione è costantemente interessato dal passaggio di cicloturisti. Gli interventi sono mirati e limitati a pochi trattamenti di rame e zolfo, e da qualche anno si stanno facendo interessanti esperimenti con prodotti naturali per ridurne ulteriormente il quantitativo utilizzato.

VINI - I vini di Lazzari sono caratterizzati dall'esuberanza del frutto del marzemino (base di tutti i vini rossi), e dalla tenacia e freschezza dell'uva trebbiano di Lugana.

TOP **Capriano del Colle Marzemino Berzamì 2019** VINO QUOTIDIANO ● 4.000 bt; 9 € - Ottima prova quest'anno per il Marzemino di casa Lazzari, con il frutto rosso brillante che ben si amalgama alla sapidità e alla vena amarognola tipica del vitigno.
Capriano del Colle Rosso Adagio 2017 ● 3.600 bt; 10 € - Il lungo affinamento in cemento valorizza le piacevoli note di frutta rossa, sapientemente integrate in un quadro di freschezza acida e struttura tannica.
Capriano del Colle Bianco Fausto 2019 O 7.600 bt; 10 € - Il vino preferito di nonno Fausto, a cui è stato dedicato qualche anno fa. È sapido, fresco, con delicati sentori erbacei e floreali, e una chiusura asciutta e pulita
Capriano del Colle Bianco Sup. Bastian Contrario 2018 O 1.200 bt; 32 € - Stile ossidativo, solido, evoluto, complesso.

ha 9 - **bt** 45.000
Fertilizzanti letame
Fitofarmaci rame e zolfo
Diserbo lavorazione meccanica/manuale
Lieviti selezionati industriali
Uve 100% di proprietà
Certificazione biologico certificato

CAPRIANO DEL COLLE (BS)

SAN MICHELE €

SCONTO -10%

Via Parrocchia, 57 - tel. 030 9444091
www.sanmichelevini.it - info@sanmichelevini.it

VITA - I cugini Mario ed Elena Danesi rappresentano in pieno il nuovo corso della denominazione Capriano del Colle: meno di 60 anni in due, hanno abbastanza gioventù, entusiasmo, idee chiare e capacità per contribuire all'affermazione di questo minuscolo comprensorio nel panorama vinicolo nazionale. Prese in mano le redini dell'azienda di famiglia, l'hanno subito trasformata, facendola diventare il punto di riferimento della zona.

VIGNE - San Michele dispone del più ampio parco vitato della denominazione (16 ettari sui 70 totali iscritti nell'intera Doc), diviso in diversi appezzamenti che coprono tutti i versanti del monte Netto. La base ampelografica è il marzemino (presente in zona già da fine Ottocento) per i vini rossi, e la turbiana (o trebbiano di Lugana) per i bianchi. La gestione agronomica, guidata da Angelo Divittini, è certificata biologica dal 2018.

VINI - La filosofia che guida Mario Danesi e l'enologo consulente Nico Danesi (omonimi ma non parenti) tende a privilegiare la pulizia del frutto e la compostezza della materia. A tal proposito, ci sembra che gli affinamenti in cemento, che da qualche vendemmia ha preso il posto dell'acciaio, abbiano dato maggior slancio e tensione a tutti i vini.

TOP **Capriano del Colle Rosso Carme 2018** VINO QUOTIDIANO ● 20.000 bt; 8 € - Il più prodotto, il più economico, eppure il più gustoso: ha frutto croccante e una bocca suadente, appagante, succosa e avvolgente.
Capriano del Colle Bianco Netto 2019 O 10.000 bt; 8 € - Spicca per coerenza del frutto, sapidità di bocca e tensione acido-tattile.
Capriano del Colle Marzemino 2019 ● 15.000 bt; 10 € - Frutto definito e cesellato, bocca ampia, finale rotondo e avvolgente: in una parola, convincente.
M. Cl. Brut Belvedere trebbiano, chardonnay; 5.000 bt; 16 € - Armonico, floreale, espressivo.

ha 16 - **bt** 70.000
Fertilizzanti compost, sovescio
Fitofarmaci rame e zolfo
Diserbo lavorazione meccanica/manuale
Lieviti selezionati industriali
Uve 100% di proprietà
Certificazione biologico certificato

CASTIONE ANDEVENNO (SO)

CANTINA MENEGOLA

Via Ezio Vanoni, 16 - tel. 334 3699971
www.cantinamenegola.it - info@cantinamenegola.it

VITA - Ci piace dare visibilità a questa piccola azienda valtellinese, non fosse altro per la riservatezza con cui giace fuori dal coro e dai riflettori della critica. Da anni, grazie a etichette altrettanto "riservate" ma di grande eleganza, la realtà di Walter Menegola e della sua famiglia merita particolari attenzioni. L'azienda è nata con l'obiettivo di valorizzare i terreni di proprietà e al tempo stesso come attività parallela al ristorante di famiglia, la Cantinetta.

VIGNE - Le radici nel terrazzamento sono ben salde in casa Menegola, come testimonia la presenza di alcuni appezzamenti con ceppi di oltre 100 anni. Questo straordinario patrimonio storico si affianca alla presenza di impianti più recenti, esito di un riammodernamento della proprietà. Il cuore vitato è nella Sassella.

VINI - Senza farne una bandiera, tanto meno una scelta altezzosa, Walter propone i suoi vini a distanza di qualche vendemmia rispetto alla media del territorio. Si affida a una media permanenza in legno e a un lungo affinamento in bottiglia. Una scelta che apprezziamo molto e che ritroviamo in vini sempre pronti e di grande respiro.

Valtellina Sup. Sassella Rupestre 2015 ● 10.000 bt; 25 € - Una conduzione naso-bocca molto azzeccata, da cui emerge tutta la finezza del Nebbiolo delle Alpi.
Valtellina Sup. Orante 2015 ● 10.000 bt; 22 € - Dalle vigne più giovani (si fa per dire) di 35 anni di età, una versione di spessore, con ricchezza di frutto e facilità di beva.
Valtellina Sup. Sassella Ris. 2015 ● 4.000 bt; 39 € - Dal vigneto centenario, con ceppi pre-filossera, un vino di spessore, dalla matrice ricca e calorosa, che saprà raccontare tanto di sé nel tempo.
Sforzato della Valtellina Per Giulio 2015 ● 6.000 bt; 53 € - Ampio, fruttato, avvolgente.

ha 3 - **bt** 30.000
Fertilizzanti nessun concime
Fitofarmaci chimici di sintesi, rame e zolfo
Diserbo lavorazione meccanica/manuale
Lieviti fermentazione spontanea
Uve acquisto 30%
Certificazione nessuna certificazione

CASTIONE ANDEVENNO (SO)

ALFIO MOZZI

Via Ca' Bianca, 19 - tel. 339 3707018- alfiomozzi@alice.it

VITA - Alfio Mozzi è un personaggio del vino valtellinese che bisogna un po' rincorrere: non ama stare sotto i riflettori, e preferisce trascorrere buona parte del tempo tra le vigne e le montagne. Sarà un po' per questo, ma a noi piace: piace il suo essere silenzioso e attento ai dettagli, piace il suo essere focalizzato sull'essenzialità del lavoro di vignaiolo, con risultati che, anno dopo anno, si rivelano sempre più convincenti, piace che stia un po' in disparte, ma comunque in armonia con l'impegno dei colleghi sul territorio.

VIGNE - Con un passato da fabbro, Alfio non può che dedicare ore e ore alla cura manuale delle vigne. La fortuna vuole che la proprietà sia concentrata in un blocco pressoché uniforme, condizione rara in Valtellina. Siamo nel cuore della Sassella, nella parte più alta. Una passeggiata consente di cogliere il valore dei terreni oltre che di osservare atipiche testimonianze alpine, tra cui i fichi d'India, simbolo dell'azienda e rappresentativi di condizioni microclimatiche eccezionali.

VINI - Coerenza è la parola chiave che descrive l'impegno di Alfio in cantina. I vini escono quando è ritenuto opportuno. Lo stile tende a valorizzare la sottigliezza del frutto, la vena acida, senza mai eccedere in concentrazione e potenza. Il lettore sappia che dalla bella cantina in pietra occasionalmente escono anche uno Sforzato e una Riserva, quest'anno non valutati.

TOP **Valtellina Sup. Sassella Grisone 2017** VINO SLOW ● 9.000 bt; 24 € - Altra testimonianza di affinità con il suo autore, questo vino apre timido, quasi inavvertibile, per poi svilupparsi in un crescendo di melodia e carattere. Ha anima da vendere, un bel bagaglio di finezza e succosità, sostenuto da una riconoscibilità territoriale che lo rende uno dei vini più cangianti della Valtellina. Bravo Alfio!

ha 4 - **bt** 15.000
Fertilizzanti letame
Fitofarmaci rame e zolfo
Diserbo lavorazione meccanica/manuale
Lieviti fermentazione spontanea
Uve 100% di proprietà
Certificazione in conversione biologica

Scopri il piacere della degustazione
Discover the tasting pleasure
IRONIKA
Sip by sip

1701

Via Galileo Galilei, 44 - tel. 030 7750875
www.1701franciacorta.it - info@1701franciacorta.it

VITA - Silvia Stefini e il fratello Federico sono i titolari di questa giovane azienda, nata nel 2012 sulle vestigia della storica cantina dei Conti Bettoni Cazzago, da cui hanno ereditato i poco più di 10 ettari di vigne. Hanno rinnovato adattando colture, stile dei vini e immagine a un'idea del tutto personale di agricoltura.

VIGNE - Le vigne in quel di Cazzago San Martino godono di suoli caratterizzati da terreno morenico profondo, molto sciolto, con ampie venature sabbiose, e danno origine a uve di bella ricchezza, che grazie alle pratiche di coltura biodinamica presentano un frutto solare, supportato da buona sapidità. Notevole il vigneto storico del brolo dei Conti Bettoni, vero e proprio clos (luogo chiuso) cinto da storiche mura a secco.

VINI - I vini sono ampi e diretti, e coniugano il frutto succoso con una nervatura salina gustosa e pulita, che contribuisce a dare bella profondità al sorso.

Franciacorta Brut Nature 30.000 bt; 24 € - - Esprime compiutamente il lavoro fatto in vigna: ha frutto agrumato intenso, al limite della canditura, e una lieve pennellata vegetale. La traccia sapida dona nerbo e lunghezza.
Franciacorta Rosé Nature 2016 2.500 bt; 36 € - - Ben domati l'energia e il calore dell'annata. Presenta un frutto rosso carnoso, note vegetali e speziate, e il tipico floreale del vitigno. Davvero vigoroso.
Sullerba 2018 chardonnay; 8.000 bt; 20 € - - Sempre molto divertente questo Metodo Ancestrale, quasi uno sberleffo alla denominazione: si fa perdonare, perché regala semplici golosità spensierate.
Franciacorta Satèn 2016 15.000 bt; 31 € - - Croccante, fruttato, incisivo.
Franciacorta Dosaggio Zero Ris. 2013 2.500 bt; 55 € - - Robusto, speziato, avvolgente.
Sebino Bianco Surnàt 2019 O chardonnay; 2.000 bt; 18 € - - Bianco macerato, agile, floreale, delicato.

ha 10,5 - **bt** 60.000
Fertilizzanti compost, sovescio
Fitofarmaci rame e zolfo
Diserbo lavorazione meccanica/manuale
Lieviti selezione di lieviti indigeni
Uve 100% di proprietà
Certificazione biodinamico certificato, biologico certificato

CAZZAGO SAN MARTINO (BS)

MONTE ROSSA

Frazione Bornato - Via Monte Rossa, 1/rosso
tel. 030 725066 - www.monterossa.com - info@monterossa.com

VITA - Emanuele Rabotti è un personaggio eccentrico ma molto concreto. In un mondo a volte troppo serioso, lui ama rimarcare il carattere ludico e gioviale del vino. «La mia paura più grande è deludere chi decide di spendere dei soldi per stappare una mia bottiglia. Sento una forte responsabilità nei confronti del cliente che sceglie di bere Monte Rossa», ci ha confidato.

VIGNE - Monte Rossa rappresenta la tipica azienda franciacortina che dispone di un parco vigneti distribuito in molti comuni del territorio, prevalentemente nel versante orientale della denominazione, con una vigna anche nel comune di Brescia. La gestione agronomica è convenzionale, guidata da un sano pragmatismo imprenditoriale.

VINI - I vini rispecchiano Emanuele: sono morbidi e diretti, affinano per una parte o completamente in legno, e combinano ricchezza gustativa e piacevolezza di beva.

Franciacorta Brut Cabochon Fuoriserie 022 13.000 bt; 60 € - - Anche quest'anno lo preferiamo al fratello millesimato. Ha stoffa, eleganza, beva distesa e accattivante, grazie al frutto rotondo e croccante.
Franciacorta Satèn Sansevé O 110.000 bt; 27 € - - Tra i migliori della categoria, con frutto bianco fresco e integro e bocca suadente ma tesa e vivace, di grande allungo.
Franciacorta Brut Prima Cuvée 150.000 bt; 24 € - - È il prodotto di ingresso dell'azienda eppure spicca per personalità e piacevolezza. Vero emblema dello stile Monte Rossa, ha frutto compatto e sorso rilassato e avvolgente.
Franciacorta Brut Cabochon 2014 35.000 bt; 65 € - - Dinamico, speziato, energico.
Franciacorta Nature Cabochon Doppiozero 2014 O 3.000 bt; 94 € - - Articolato, speziato, incisivo.
Franciacorta Nature Coupé 35.000 bt; 27 € - - Solido, floreale, verticale.

ha 70 - **bt** 500.000
Fertilizzanti organo-minerali
Fitofarmaci rame e zolfo
Diserbo lavorazione meccanica/manuale
Lieviti selezionati industriali
Uve 100% di proprietà
Certificazione nessuna certificazione

CAZZAGO SAN MARTINO (BS)

VIGNA DORATA

Località Calino - Via Sala, 80 - tel. 030 7254275
www.vignadorata.it - info@vignadorata.it

VITA - Azienda familiare posta a sud dell'anfiteatro morenico franciacortino, relativamente distante dall'influenza del lago, quella della famiglia Rocco è una piccola realtà che di anno in anno matura consapevolezza e affina uno stile personale, che la pone tra le realtà interessanti della denominazione. Papà Vigilio Rocco e la figlia Luisa sono le anime di Vigna Dorata, una storia contadina che si rinnova con modernità e felice radicamento territoriale.

VIGNE - Esposte in pieno sud, le vigne esprimono il calore adatto per ottenere degli Chardonnay pieni di frutto (da qui deriva il nome Vigna Dorata), e che grazie all'andamento collinare riescono a mantenere caratteristiche di freschezza indispensabili per la produzione di vini con il Metodo Classico.

VINI - Sono vini diretti, che puntano sulla maturità del frutto senza particolari accorgimenti in affinamento, così da conservare freschezza e facilità di beva, coniugando spensieratezza e golosità.

Franciacorta Satén 20.000 bt; 22 € - Il vino bandiera della casa, è delicatamente vegetale, con cenni floreali. Il frutto agrumato, teso e slanciato, maschera un po' la polpa di questo Chardonnay maturo e solare.
Franciacorta Nature 3.500 bt; 24 € - Una versione ancora contratta al momento dell'assaggio, per un vino dal consueto impianto fruttato che alterna note di pesca matura a cenni agrumati quasi verdi. La potenza si deve ancora integrare, così da alleggerire la dimensione acida ora predominante.
Franciacorta Brut 12.000 bt; 20 € - Leggiadro, semplice ma già godibile nella sua dimensione più accogliente, tra frutto succoso e beva equilibrata.
Franciacorta Brut Rosé 5.000 bt; 23 € - Croccante, fruttato, gastronomico.

ha 8 - **bt** 70.000
Fertilizzanti letame
Fitofarmaci rame e zolfo
Diserbo lavorazione meccanica/manuale
Lieviti selezione di lieviti indigeni, selezionati industriali
Uve 100% di proprietà
Certificazione in conversione biologica

CELLATICA (BS)

CA' DEL VENT

Località Campiani - Via Stella, 4 - tel. 030 2522363
www.cadelvent.com - info@cadelvent.com

VITA - Ca' del Vent è un "gioco" assolutamente serio: Flavio Faliva e Antonio Tornincasa gestiscono la proprietà con l'intento di affermarsi, anche a costo di una rottura con il classico sguardo franciacortino, verso orizzonti alti e altri. I modelli sono quelli virtuosi d'oltralpe, con la consapevolezza dei propri mezzi e la giusta ambizione.

VIGNE - La collina dei Campiani di Cellatica presenta unicità di terroir, con suolo di marne argilloso-calcaree e microclima fresco da alta collina. Le vigne sono accompagnate nella loro libera espressione: niente cimature e suolo totalmente inerbito alla ricerca dell'equilibrio vitale. Nonostante l'aspetto selvaggio nulla è lasciato al caso e si interviene in modo puntuale.

VINI - Per Flavio il vino è emozione e deve raccontare l'unicità del luogo e la sensibilità del produttore in maniera trasparente, sincera e non banale.

TOP **Blanc de Blancs Pas Operé Sogno 2014** VINO SLOW
chardonnay; 6.840 bt; n.d. € - Un vino di grande fascino, delicatamente evolutivo, che profuma di pasticceria, di frutta esotica e di agrume candito, e ha un sorso leggero, guidato da una traccia sapida di notevole profondità.
Tamerlano 2018 ○ chardonnay; 1.800 bt; n.d. € - Un piccolo capolavoro di eccentricità. Al naso presenta note di frutto candito, di lievito fresco, di erbe officinali ha pungenza e spigoli che si quietano in bocca, dove troviamo un mirabile equilibrio gastronomico.
Brut Pas Operé Memoria 2014 pinot nero, chardonnay; 6.559 bt; n.d. € - Teso e polposo, ha materia serrata apportata dal Pinot nero. Profuma di crema di limone, e presenta cenni metallici e di susina: un profilo gusto-olfattivo caleidoscopico e materico, per un sorso di grande lunghezza.
Campiani 2018 ● barbera, marzemino, schiava gentile; 3.371 bt; n.d. € - Vibrante, fruttato, leggiadro.

ha 6 - **bt** 25.000
Fertilizzanti nessun concime
Fitofarmaci rame e zolfo
Diserbo lavorazione meccanica/manuale
Lieviti fermentazione spontanea, selezione di lieviti indigeni
Uve 100% di proprietà
Certificazione nessuna certificazione

CENATE SOPRA (BG)

NOVE LUNE

SCONTO -10%

Via Valpredina, 5 - tel. 335 5827757
www.nove-lune.com - info@nove-lune.com

VITA - Alessandro Sala è una persona determinata che non ha paura di rompere gli schemi. In un territorio in cui la viticoltura ha radici storiche che però non hanno mai portato a risultati eclatanti, ha scelto di puntare su un gesto agricolo spiazzante, azzerando la consuetudine dei vitigni di stampo bordolese per puntare sulle varietà resistenti conosciute come PIWI. La cantina ha solo pochi anni di vita e le sperimentazioni richiederanno ancora tempo.

VIGNE - La scelta parte dalla volontà di non utilizzare prodotti chimici in vigna. Bronner, solaris e johanniter sono varietà ottenute attraverso incroci di vitigni e sono resistenti alle patologie tipiche di un vigneto. Grazie a queste loro caratteristiche, unite alla natura del terreno incontaminato che trova casa all'interno di un'oasi faunistica, c'è l'intento di provare a riscrivere la storia di un territorio.

VINI - Trovare la forma adatta a vitigni nuovi per il territorio è una bella sfida. Alessandro sta sperimentando ogni possibilità espressiva, che va dal rifermentato naturale, alla vinificazione tradizionale o in anfore, fino all'appassimento.

Rukh 2019 O bronner, johanniter; 700 bt; 32 € - ◌ - Vino affinato in anfora con macerazione sulle bucce, ha caratteristiche note di cera d'api, accarezzate da un velo di volatile a far da supporto al frutto agrumato, quasi candito. In bocca è serrato, decisamente amarognolo e di buona scorrevolezza.
Heh 2019 ⁘ solaris; 1.200 bt; 26 € - ◌ - Interpretazione sbarazzina del vitigno per un rifermentato sur lie dai profumi di frutta esotica e dal sorso scorrevole e gustoso.
310 2019 O solaris, bronner, johanniter; 580 bt; 26 € - ◌ - Ha profumi delicati di fiori e di frutta gialla matura. In bocca è sapido, saporito e di buona profondità.

ha 1 - **bt** 5.000
Fertilizzanti letame
Fitofarmaci nessun prodotto
Diserbo nessun diserbo
Lieviti selezionati industriali, selezione di lieviti indigeni
Uve 100% di proprietà
Certificazione biologico certificato

CERVENO (BS)

I NADRE

Località Muline - tel. 347 8356866
aziendaagricolainadre@gmail.com

VITA - Quella che Fabrizio Beatrici ha cominciato come hobby all'inizio degli anni Duemila, quando ha piantato le prime vigne, è poi diventata un'attività vera e propria, che oggi coinvolge anche la figlia Chiara, impegnata sia tra i filari, sia nella cantina da poco ultimata. Moderna e funzionale, è circondata dai vigneti, in un luogo ricco di quiete e di biodiversità.

VIGNE - I vigneti sono disposti ai piedi della Concarena, a circa 400 metri di altitudine, e poggiano su terreni calcarei e molto sassosi che donano buona mineralità. Alle uve per la produzione di Metodo Classico, pinot nero e chardonnay, si affiancano incrocio Manzoni e riesling per i bianchi, e barbera, merlot e cabernet per i rossi. La gestione agronomica è molto attenta e rispettosa del territorio, gli interventi in cantina sono ridotti al minimo.

VINI - La consulenza enologica è affidata ad Alessandro Schiavi. Lo stile produttivo mira a esaltare il terroir, ponendo l'accento soprattutto sull'acidità tipica di questa zona della Valcamonica. Per questo motivo tutti i Metodo Classico escono come dosaggio zero.

M. Cl. Dosaggio Zero A Chiara 2014 ⁘ 1.500 bt; 21 € - ◌ - È uno Chardonnay in purezza con 54 mesi di sosta sui lieviti, tesissimo e sferzante, con note di crosta di pane e agrumi.
M. Cl. Dosaggio Zero 62 2013 ⁘ chardonnay; 1.000 bt; 26 € - ◌ - Nuovo nato, dopo oltre cinque anni di affinamento si presenta cremoso, con cenni di uva passa e spezie ben sorretti dall'acidità.
Bottond'oro 2016 O 500 bt; 17 € - ◌ - È un incrocio Manzoni macerato sulle bucce e non filtrato, in cui la polpa fruttata è ben contrastata da tannino e acidità.
Muline 2016 ● barbera; 500 bt; 17 € - ◌ ◌ - Fresco, fruttato, espressivo.

ha 2 - **bt** 5.000
Fertilizzanti nessun concime
Fitofarmaci rame e zolfo
Diserbo lavorazione meccanica/manuale
Lieviti fermentazione spontanea, selezionati industriali
Uve 100% di proprietà
Certificazione nessuna certificazione

CHIURO (SO)

NINO NEGRI

Via Ghibellini, 3 - tel. 0342 485211
www.ninonegri.it - n.negri@giv.it

VITA - Danilo Drocco è ormai da un paio di anni alla guida della più importante azienda valtellinese di proprietà del Gruppo Italiano Vini. Forte delle sue radici e delle sue esperienze nelle Langhe, ha portato all'interno del territorio un'ondata di positività, confermando il percorso tracciato da Casimiro Mauro, per oltre 40 anni leader maximo della cantina di Chiuro.

VIGNE - Oltre a una rete di centinaia di viticoltori e famiglie, grazie a cui si sorregge il complesso mosaico del terrazzamento, si aggiunge il ricco patrimonio di vigne di proprietà. Queste costituiscono un raro esempio di accorpamento parcellare, che consente una più agevole gestione agronomica. Il caso più eclatante è rappresentato dal vigneto Fracia, monumentale cru localizzato all'inizio della Valgella.

VINI - Danilo è affiancato da un team articolato, tra cui il bravo enologo Claudio Alongi. Lo stile aziendale è impeccabile su tutti i vini, con un uso del legno importante ma molto misurato.

TOP **Valtellina Sup. Grumello Sassorosso 2017** ● 20.000 bt; 23 € - Il vino che ci ha più convinto: espressione di tipicità valtellinese, ha una bocca vibrante e tesa.
Sforzato di Valtellina Carlo Negri 2017 ● 25.000 bt; 40 € - Una versione leggiadra, che privilegia freschezza e fragranza, e che si porta dietro note di appassimento molto eleganti.
Valtellina Sup. Valgella Vigneto Fracia 2017 ● 10.000 bt; 34 € - Il cru aziendale si presenza integro, leggermente segnato dal legno piccolo di affinamento, ma con sfaccettature di buona eleganza.
Valtellina Sup. Inferno Carlo Negri 2017 ● 20.000 bt; 26 € - Fitto, speziato, incisivo.
Sforzato di Valtellina 5 Stelle 2017 ● 25.000 bt; 65 € - Possente, fruttato, ampio.

ha 35 - **bt** 800.000
Fertilizzanti humus, minerali, sovescio
Fitofarmaci chimici di sintesi, rame e zolfo
Diserbo chimico, lavorazione meccanica/manuale
Lieviti selezione di lieviti indigeni
Uve acquisto 80%
Certificazione nessuna certificazione

CHIURO (SO)

RAINOLDI

Via Stelvio, 128 - tel. 0342 482225
www.rainoldi.com - rainoldi@rainoldi.com

VITA - Aldo Rainoldi nelle vesti di presidente del Consorzio Vini di Valtellina, ma soprattutto di erede della tradizione di famiglia, è uno dei protagonisti della rivoluzione qualitativa locale. L'azienda ha un trascorso storico: prima un passato da vinificatori e commercianti di vino, poi un presente tracciato nell'esaltazione sempre più spinta della filiera agricola.

VIGNE - «Il futuro del territorio è nella responsabilità di noi produttori nel valorizzare la terra, e acquisire vigne laddove c'è la possibilità salvandole dall'abbandono»: parole di Aldo, che evidenziano la sua missione personale e istituzionale. Il patrimonio vitato di proprietà è localizzato in zone terrazzate nel cuore delle sottozone, ma anche su conoidi riconvertiti dove la lavorazione risulta più agevole.

VINI - L'azienda firma da anni etichette che hanno contribuito a portare la Valtellina nel mondo, in particolare gli Sforzato. Lo stile esalta la riconoscibilità del nebbiolo delle Alpi e la sua eleganza.

TOP **Valtellina Sup. Sassella Vigna degli Apostoli 2013** ● 2.800 bt; 50 € - Trionfale ingresso di questo nuovo progetto di vigna: dai terrazzi nel cuore della Sassella ottiene un vino suadente, a tratti nascosto, che poi si apre a favore della più coerente finezza del vino valtellinese.
Sforzato della Valtellina Fruttaio Ca' Rizzieri 2017 ● 14.000 bt; 48 € - Da sempre apprezziamo la scelta di lasciare il giusto tempo di affinamento ai vini, come ci ricorda questa magistrale versione del vino simbolo dell'azienda. Ricco, ma dall'anima fresca e succosa: uno Sforzato contemporaneo.
Valtellina Sup. Sassella Ris. 2017 ● 24.000 bt; 19 € - Dall'ottimo rapporto tra la qualità e il prezzo, è ricco e molto territoriale.
Rosso di Valtellina San Gregorio 2018 ● 13.000 bt; 13 € - Croccante, speziato, compatto.

ha 10 - **bt** 180.000
Fertilizzanti letame, organo-minerali
Fitofarmaci chimici di sintesi, rame e zolfo
Diserbo lavorazione meccanica/manuale
Lieviti selezione di lieviti indigeni
Uve acquisto 60%
Certificazione nessuna certificazione

COCCAGLIO (BS)

CASTELLO BONOMI

Via San Pietro, 46 - tel. 030 7721015
www.castellobonomi.it - info@castellobonomi.it

VITA - La proprietà di Castello Bonomi è da anni nelle solide mani della famiglia Paladin. La persona che però ha contribuito maggiormente alla crescita dell'azienda è Luigi Bersini, che da oltre 30 anni presiede la parte tecnica in maniera impeccabile e lungimirante.

VIGNE - I vigneti si trovano sulle pendici del monte Orfano, rilievo prealpino che delimita la zona sud-occidentale della denominazione. La conoscenza dei vigneti che si tramanda da anni consente di ottenere il meglio da ognuno di essi, grazie a una gestione accurata e all'amore smisurato per questo territorio. È cosi che Luigi, molti anni fa, ha riscoperto il vigneto CruPerdu, ormai nascosto dal bosco, e lo ha riportato in vita.

VINI - Lo stile aziendale è improntato alla valorizzazione delle sfumature del millesimo. Il controllo delle temperature in fase di vinificazione è attento, e gli affinamenti sui lieviti sono generalmente molto lunghi.

TOP **Franciacorta Brut CruPerdu 2014** 50.000 bt; 36 € - All'olfatto emergono sentori di erbe aromatiche, salvia, agrume candito e lieviti. Ha energia ed è di spiccata sapidità, caratteristica che rende il sorso estremamente appagante e di grande persistenza.
Franciacorta Dosaggio Zero 2011 10.000 bt; 43 € - L'impatto olfattivo è intenso, con note di frutta bianca, lieviti e sentori vegetali. Al palato si percepiscono un frutto pieno e succoso, sferzate d'agrume e buona sapidità.
Franciacorta Extra Brut Cuvèe Lucrezia Etichetta Nera 2008 500 bt; 150 € - Il lungo affinamento rivela all'olfatto note balsamiche, di crosta di pane e sottobosco. Al palato denota carattere, per un sorso sapido e profondo, sorretto da una sostenuta freschezza.
Franciacorta Brut Satèn 2014 15.000 bt; 38 € - Armonico, floreale, elegante.

ha 24 - **bt** 160.000
Fertilizzanti compost, letame
Fitofarmaci rame e zolfo
Diserbo lavorazione meccanica/manuale
Lieviti selezionati industriali
Uve 100% di proprietà
Certificazione biologico certificato

COCCAGLIO (BS)

CORTE FUSIA

Via degli Orti, 2 - tel. 328 8471276 - 338 4715169
www.cortefusia.com - info@cortefusia.com

VITA - Sentirsi parte di un territorio e maturare l'esigenza di volerlo raccontare attraverso il vino può essere un'ambizione di successo solo se unita alla passione, a una solida cultura di fondo e, perché no, all'amicizia. Daniele Gentile e Gigi Nembrini, soci, amici e fondatori della cantina Corte Fusia, in questo senso hanno le carte in regola, e nel 2020 festeggiano i loro primi 10 anni di storia.

VIGNE - I vigneti sono collocati sul monte Orfano, a più livelli, e nella loro varietà riescono a estrarre tutte le migliori qualità ed espressività della zona. Roccia, argilla e calcare sono le componenti principali dei terreni, spesso circondati da zone boschive che proteggono la vite. Gigi segue la parte agronomica, forte della voglia di continuare a migliorare la conoscenza di questa parte della Franciacorta, a cui è tanto legato.

VINI - «I nostri sono prodotti artigianali, così come un vestito lo è per un sarto. Ogni anno creiamo vini su misura, rispettando il più possibile l'espressione del millesimo, senza invasività. Così otteniamo vini unici e autentici», ci hanno detto Daniele e Gigi.

TOP **Franciacorta Brut Satèn** VINO SLOW 16.000 bt; 29 € - Si apre su sentori floreali intensi, e in bocca esplode una piacevole sensazione di agrume. Il perlage è cremoso e il finale piacevolmente sapido e persistente.
Franciacorta Dosaggio Zero 2014 3.500 bt; 34 € - Dopo un ulteriore anno di affinamento sui lieviti è intenso, ha note agrumate e tocchi vegetali che lo rendono energico e di spessore.
Franciacorta Satèn Ris. 2014 1.000 bt; 43 € - Elegante, mette in mostra un frutto ben amalgamato alla struttura data dal lungo affinamento. Intenso e sapido, in bocca chiude con una bella persistenza. Un'esperienza unica per la tipologia.
Franciacorta Brut 15.000 bt; 24 € - Agile, fruttato, espressivo.

ha 7 - **bt** 36.000
Fertilizzanti nessun concime
Fitofarmaci rame e zolfo
Diserbo lavorazione meccanica/manuale
Lieviti selezionati industriali
Uve 100% di proprietà
Certificazione nessuna certificazione

COCCAGLIO (BS)

LORENZO FACCOLI & FIGLI

Via Cava, 7 - tel. 030 7722761
www.faccolifranciacorta.it - aziendafaccoli@libero.it

VITA - L'azienda agricola Faccoli è un caposaldo della Franciacorta: condotta dai fratelli Gian Mario e Claudio Faccoli, può vantare una delle storie più importanti della zona del monte Orfano e dell'intera denominazione. Gian Mario si occupa della gestione dei vigneti, mentre Claudio segue la parte di cantina e quella commerciale. La nuova generazione, composta dai figli di quest'ultimo Francesca (enologa) e Giorgio (perito agrario), si è insediata da poco: a loro spetterà il compito di continuare nel processo di costante crescita qualitativa.

VIGNE - Legati visceralmente ai loro vigneti, tutti disposti sulle pendici del monte Orfano, Gian Mario e Claudio provano autentico dispiacere ad allontanarsi da casa. Le lavorazioni richiedono attenzione e particolare impegno, anche per mantenere la parte boschiva presente a contorno dei terreni. Il tutto viene però ripagato dalla qualità e dalle caratteristiche uniche della materia prima.

VINI - Vini schietti, rappresentativi della singola annata, espressivi e di struttura, che prediligono lunghi affinamenti sui lieviti per ricercare quell'evoluzione che incarna lo stile aziendale.

Franciacorta Dosaggio Zero 2014 8.000 bt; 34 € - - Espressione pura della filosofia di casa: intenso e complesso, con sentori di anice e spezie, al palato presenta rimandi di crema di limone accompagnati da una buona sapidità. In commercio dopo un ulteriore anno sui lieviti, il sorso è pieno e vigoroso, il finale persistente.
Franciacorta Extra Brut 22.000 bt; 24 € - - Sentori vegetali introducono un palato dai piacevoli accenni agrumati, e con un finale leggermente ammandorlato.
Franciacorta Brut 10.000 bt; 24 € - - Agile, fruttato, espressivo
Franciacorta Brut Rosé 10.000 bt; 24 € - - Succoso, fruttato, rustico.

ha 5,5 - **bt** 50.000
Fertilizzanti compost
Fitofarmaci chimici di sintesi, rame e zolfo
Diserbo lavorazione meccanica/manuale
Lieviti selezionati industriali
Uve 100% di proprietà
Certificazione nessuna certificazione

COLOGNE (BS)

TENUTA QUADRA

Via S.Eusebio, 1 - tel. 030 7157314
www.quadrafranciacorta.it - info@quadrafranciacorta.it

VITA - Il completamento della nuova cantina mostra che il percorso dell'azienda della famiglia Ghezzi, sempre orchestrata con maestria da Mario Falcetti, tecnico dalla storia consolidata e partner del progetto, è saldo e ambiziosamente agganciato al futuro. L'idea è quella di creare vini dal carattere identitario, sfruttando le potenzialità che l'ambiente, inteso come territorio, clima e storia agricola, mette a disposizione, a testimonianza della vocazione alla qualità spumantistica.

VIGNE - I vigneti sono lavorati in regime convenzionale, con grande attenzione all'equilibrio vegetativo delle piante. Non si diserba chimicamente, ma non per questo è stato bandito l'uso di fitofarmaci dove e quando è strettamente necessario, ben sapendo che la coltivazione di buona uva è frutto di costante osservazione e presenza assidua, tanto lavoro manuale e precisione d'intenti.

VINI - Mario predica rispetto per il proprio terroir, ama vini che esprimano fragranza di frutto, schiettezza e pulizia, e lascino intravedere fin da subito un bel potenziale evolutivo.

TOP **Franciacorta Brut Rosé QRosé 2011** 20300 bt; 26 € - - Riposa 96 mesi sui lieviti ed è frutto di una grande annata: somiglia molto a un Blanc de Noir, ha un colore rosa pallido e note tipiche del pinot nero, tra piccoli frutti rossi, rosa e spezie. Ha una struttura ferrea, e al momento dell'assaggio era ancora molto giovane.
Franciacorta Dosaggio Zero QZero Ris. 2013 3.380 bt; 30 € - - vino di fascino grazie a un leggero tratto evolutivo. La bocca è solida e tesa, e alterna richiami di agrume candito a eleganti cenni vegetali.
Franciacorta QSatèn 2015 20.620 bt; 27 € - - Satèn in cui si esalta la morbidezza del frutto e la cremosità di bolla, uniti da un bel contrasto dolce/acido.
Franciacorta Brut QBlack 71.345 bt 22 € - - Croccante, speziato, compatto.

ha 20 - **bt** 160.000
Fertilizzanti nessun concime
Fitofarmaci chimici di sintesi, rame e zolfo
Diserbo lavorazione meccanica/manuale
Lieviti selezionati industriali
Uve 100% di proprietà
Certificazione nessuna certificazione

BOSIO

Località Timoline - Via Mario Gatti, 4 - tel. 030 9826224
335 231167 - www.bosiofranciacorta.it - info@bosiofranciacorta.it

VITA - L'azienda Bosio è una realtà solida, che da sempre fa della grande passione per la coltivazione della terra, del rispetto per l'ambiente e della voglia di continuare a innovare i capisaldi del suo credo. I proprietari sono i fratelli Laura e Cesare Bosio, padroni di casa accoglienti e premurosi. Si occupano rispettivamente della parte commerciale e della conduzione agronomica dei vigneti.

VIGNE - Sotto l'attenta e precisa guida di Cesare, l'obiettivo principale dell'azienda è rivolto alla produzione di uve di assoluta qualità. Impianti fitti a spalliera, pratiche proprie della viticoltura biologica e rispetto per la biodiversità si uniscono alle caratteristiche intrinseche dei terreni morenici e alle condizioni microclimatiche favorevoli.

VINI - Lo stile di vinificazione pulito ed esemplare è finalizzato al rispetto della materia prima e alla massima espressione territoriale. La responsabilità di gestire la cantina è affidata al rigore di Umberto Ivaldi.

TOP **Franciacorta Pas Dosé Girolamo Bosio Ris. 2013** 2.000 bt; 51 € - Il profilo olfattivo è segnato da note di frutto maturo, agrumi e zafferano. Teso e incisivo al palato, ha una persistenza degna di nota, con un finale salino.

Franciacorta Extra Brut Boschedòr 2015 7.000 bt; 36 € - Complesso e articolato tra note speziate, di frutta tropicale e lieviti, in bocca è elegante e dotato di una piacevole profondità.

Franciacorta Extra Brut Rosé 2016 10.000 bt; 31 € - I profumi ricordano lo zucchero filato e il lampone maturo. In bocca è solido, integro nella componente fruttata, con note vegetali e sostenuta sapidità. Persistente il finale.

Franciacorta Nature 2015 10.000 bt; 31 € - Vivo, floreale, delicato.

Franciacorta Brut 50.000 bt; 24 € - Agile, floreale, essenziale.

ha 20 - bt 120.000
Fertilizzanti letame
Fitofarmaci rame e zolfo
Diserbo lavorazione meccanica/manuale
Lieviti selezionati industriali
Uve 100% di proprietà
Certificazione biologico certificato

CORTE FRANCA (BS)

GUIDO BERLUCCHI & C.

Località Borgonato - Piazza Duranti, 4 - tel. 030 984381
www.berlucchi.com - info@berlucchi.it

VITA - L'incontro tra due persone, l'intuizione e la capacità di passare dai progetti ai fatti hanno fatto sì che, a metà degli anni Cinquanta, nascesse la prima bottiglia di Metodo Classico in Franciacorta. Poche parole che racchiudono una grande storia: quella della Guido Berlucchi, del suo fondatore e di Franco Ziliani. Oggi la proprietà è nelle mani dei figli di Franco: Cristina, Arturo e Paolo.

VIGNE - Il parco vitato è composto da un mix di appezzamenti di proprietà e in affitto. Particolare attenzione viene posta sui vigneti di pinot nero come il Brolo e 15 Piò: le uve che ne derivano sono ritenute fondamentali per l'apporto di materia, struttura e sapidità, che ben si sposano con i lunghi affinamenti sui lieviti.

VINI - Le reponsabilità di cantina sono affidate ad Arturo e a Ferdinando Dell'Aquila. Importante è stata la scelta di introdurre le presse Coquarq, ripagata tutt'oggi dalla crescita qualitativa registrata proprio nelle fasi di pressatura.

TOP **Franciacorta Extra Brut Palazzo Lana Extreme Ris. 2009** n.d. bt; 56 € - L'olfatto è caratterizzato da un frutto esotico e da sentori di arancia candita. La bocca è decisa, dinamica: emerge la struttura del Pinot nero, accompagnata da una spiccata freschezza e dalla sapidità.

Franciacorta Nature '61 Blanc de Blancs 2013 n.d. bt; 33 € - Al naso emergono sentori di frutta bianca e note tostate. Buona la materia al palato, sorretta da freschezza e sapidità.

Franciacorta Nature '61 2013 n.d. bt; 31 € - Il profilo olfattivo intenso è composto da sentori di frutta esotica, lievito e note vegetali. L'assaggio rivela un frutto croccante e agrumato, buona freschezza e finale sapido.

Franciacorta Nature Rosé '61 2013 n.d. bt; 37 € - Croccante, fruttato, elegante.

ha 550 - bt 4.400.000
Fertilizzanti letame in pellet, sovescio
Fitofarmaci organici, rame e zolfo
Diserbo lavorazione meccanica/manuale
Lieviti selezione di lieviti indigeni
Uve acquisto 75%
Certificazione biologico certificato

DARFO BOARIO TERME (BS)

TOGNI REBAIOLI

Frazione Erbanno - Via Rossini, 19 - tel. 339 4986463
www.tognirebaioli.it - e_togni@hotmail.com

VITA - Enrico Togni è il simbolo della Valcamonica del vino. Da quando, nei primi anni Duemila, ha deciso di prendere in mano le vigne piantate dal nonno, ha lavorato per restituire dignità a un territorio in cui la viticoltura era quasi scomparsa. Enrico ha creato un sistema virtuoso in cui, oltre al vino, produce quasi tutto quel che gli serve: farina, frutta, verdura, miele e carne. Il prossimo passo sarà la realizzazione del pollaio.

VIGNE - L'alfiere del vitigno erbanno non smette mai di studiare e di partecipare a corsi di approfondimento sull'agricoltura biodinamica. Alle vigne piantate dal nonno tra gli anni Sessanta e Settanta, si sono aggiunti due nuovi appezzamenti, uno di merlot e l'altro destinato a incrementare la produzione di nebbiolo.

VINI - Enrico è il one man band dell'azienda: si divide tra vigna e cantina e cerca di interpretare al meglio ogni annata. Ne risultano vini a volte leggermente imprecisi, ma sempre pura espressione del territorio di provenienza e della mano del vignaiolo.

TOP **1703 2018** VINO SLOW ● nebbiolo; 1.800 bt; 20 € - Secondo Enrico è il suo vino più facile da capire. Secondo noi è un'intrigante espressione di Nebbiolo di montagna, succoso e sapido, con note di frutta rossa e spezie, e un tannino vivo e ben gestito.
M. Cl. Dosaggio Zero L'Attaccabrighe 2016 1.700 bt; 23 € - Da uve barbera in purezza e con un affinamento sui lieviti di 30 mesi, si offre fresco, succoso e slanciato: è il perfetto ritratto di una bollicina di montagna.
Martina 2018 ● erbanno; 2.500 bt; 13 € - Recensito per errore lo scorso anno, è la versione in rosa dell'Erbanno: un vino gustoso, che profuma di fragole e agrumi e che, anche grazie alla volatile, è molto scorrevole e gastronomico.
San Valentino 2018 ● erbanno; 2.000 bt; 17 € - Articolato, fruttato, complesso.

ha 3 - **bt** 15.000
Fertilizzanti compost, preparati biodinamici
Fitofarmaci rame e zolfo
Diserbo lavorazione meccanica/manuale
Lieviti fermentazione spontanea
Uve 100% di proprietà
Certificazione biologico certificato

DESENZANO DEL GARDA (BS)

LA RIFRA

Via del Pilandro, 2 - tel. 030 9108023
www.aziendaagricolalarifra.it - vitivinicolalarifra@virgilio.it

VITA - Questa azienda familiare, condotta dai fratelli Claudio e Luigino Fraccaroli, è un punto di riferimento per gli appassionati di Lugana italiani e stranieri, che affollano il punto vendita aziendale per fare incetta dei vini, proposti con un rapporto tra la qualità e il prezzo che ha pochi rivali nella denominazione. La consulenza enologica è affidata a Emiliano Rossi.

VIGNE - La maggior parte delle vigne è situata attorno alla cantina, su terreni argillosi e ricchi di sali minerali, con impianti del 1988 di turbiana, l'uva per il Lugana, cui si affiancano piccole parcelle coltivate con uve a bacca rossa: marzemino, merlot e cabernet sauvignon. Un altro appezzamento, acquistato nel 2011, è a breve distanza, nel territorio di San Martino della Battaglia, piccola denominazione che sta tornando in auge.

VINI - Vinificazioni pulite e senza fronzoli, per perseguire la massima aderenza territoriale, danno vita a vini sempre centrati e piacevoli.

Lugana Libiam 2019 ○ 80.000 bt; 9 € - Vino bandiera de La Rifra, questo Lugana ha frutto morbido e delicati profumi di fiori bianchi. In bocca la dolcezza è ben bilanciata dal finale sapido.
Lugana Il Bepi Ris. 2017 ○ 3.300 bt; 14 € - Si avvantaggia dell'affinamento prolungato e sfoggia un palato ricco e maturo, efficacemente contrastato dalla croccantezza del frutto.
San Martino della Battaglia Il Foyer 2019 ○ 6.600 bt; 8 € - Classica interpretazione dell'uva tuchì, con profumi di nespole e cenni vegetali, e un sorso che si presenta profondo e succoso, con finale di mandorla.
Garda Marzemino Palpito 2019 ● 6.600 bt; 8 € - Agile, fruttato, varietale.

ha 17 - **bt** 130.000
Fertilizzanti letame, organo-minerali
Fitofarmaci chimici di sintesi, rame e zolfo
Diserbo lavorazione meccanica/manuale
Lieviti selezionati industriali
Uve 100% di proprietà
Certificazione nessuna certificazione

DESENZANO DEL GARDA (BS)

MONTONALE €

Località Montonale Basso, 6 - tel. 030 9103358
www.montonale.com - info@montonale.com

VITA - I tre fratelli Claudio, Roberto e Valentino Girelli sono alla guida di un'azienda relativamente giovane, ma le loro radici affondano in una famiglia di viticoltori che da sempre si è confrontata con l'uva turbiana. Innamorati del territorio gardesano, lavorano per valorizzare il Lugana, inteso come bianco capace di grandi evoluzioni e non solo come vino semplice da bere ghiacciato a bordo lago.

VIGNE - I vigneti si trovano nelle immediate vicinanze della cantina e poggiano sui suoli tipici della denominazione, ricchi di argilla gialla, limosi e sassosi. Il particolare microclima del lago, con i venti Ora e Pelèr, assicura la maturazione ottimale e la sanità delle uve, consentendo così di ridurre al minimo gli interventi sistemici. Valentino, l'addetto alla vigna, pratica la lotta integrata e la confusione sessuale.

VINI - Tutti i vini, di spiccata facilità di beva e freschezza, restituiscono la tipicità dei terreni della denominazione. Ci sono piaciuti molto i due Lugana.

TOP **Lugana Montunal 2019** VINO QUOTIDIANO ○ 85.000 bt; 12 € - Il Lugana d'annata, bandiera della produzione aziendale, è tipico ed equilibrato, immediato solo in apparenza e perfetto per capire le potenzialità del territorio.
Lugana Orestilla 2018 ○ 8.000 bt; 23 € - - Un Lugana più complesso, ottenuto da una piccola vigna esposta a sud: ha profumi di frutta tropicale, agrumi dolci ed erbe aromatiche, e un palato succoso e slanciato.
Valtènesi Chiaretto Rosa di Notte 2019 ● 15.000 bt; 12 € - - Si apre su profumi di piccoli frutti rossi e di erbe balsamiche, e in bocca la morbidezza è ben bilanciata dalla sapidità. Si può bere subito oppure lasciare ad affinare in cantina per qualche tempo: acquisterà in complessità e vi regalerà soddisfazioni.
La Venga 2018 ● marzemino, barbera; 6.000 bt; 13 € - - Avvolgente, fruttato, sapido.

ha 30 - **bt** 120.000
Fertilizzanti compost, letame
Fitofarmaci organici, rame e zolfo
Diserbo lavorazione meccanica/manuale
Lieviti fermentazione spontanea, selezione di lieviti indigeni
Uve 100% di proprietà
Certificazione nessuna certificazione

DESENZANO DEL GARDA (BS)

PODERE SELVA CAPUZZA

Località Selva Capuzza - tel. 030 9910381
www.selvacapuzza.it - info@selvacapuzza.it

VITA - Luca Formentini, jazzista prestato al mondo del vino, è il deus ex machina di questa solida realtà gardesana, che ha da poco tagliato il traguardo delle cento vendemmie, e che coniuga alta qualità a numeri importanti. Selva Capuzza rappresenta il prototipo dell'azienda ricettiva di questa zona: accoglie il turista con un proprio ristorante, un agriturismo e, appunto, la cantina.

VIGNE - Il podere dispone di una superficie notevole: ai vigneti troviamo alternati boschi, prati e laghetti, in un ecosistema naturale di grande equilibrio. Luca presta molta attenzione all'intero ciclo vegetativo e produttivo, attraverso scelte ecosostenibili sia in vigna, sia in cantina.

VINI - I vini, curati dall'enologo Emiliano Rossi, ogni anno dimostrano maggiore definizione, concentrandosi sulla verticalità del frutto più che sull'opulenza della materia.

Riviera del Garda Cl. Chiaretto San Donino 2019 ● 10.000 bt; 10 € - - Una versione particolarmente riuscita, ricca di frutta rossa ben bilanciata da una gradevole tensione acida e da una bocca sapida, snella e gustosa.
Lugana San Vigilio 2019 ○ 90.000 bt; 10 € - - Il più semplice dei tre Lugana quest'anno è anche il più convincente: sapido e disteso, il poco residuo zuccherino è ben bilanciato dalla bocca croccante e snella.
Lugana Menasasso Ris. 2016 ○ 8.000 bt; 16 € - - La versione più ambiziosa, con una parte della massa che matura 18 mesi in barrique. Un vino complesso ma non pesante, armonico, e con note mature di miele e cedro candito.
Riviera del Garda Cl. Rosso Dunant 2017 ● 10.000 bt; 10 € - - Dinamico, speziato, sapido.
Garda Cl. Rosso Sup. Madèr 2015 ● 5.000 bt; 15 € - - Avvolgente, maturo, consistente.
San Martino della Battaglia Campo del Soglio 2019 ○ 5.000 bt; 12 € - - Denso, floreale, autentico.

ha 30 - **bt** 300.000
Fertilizzanti compost, letame, organo-minerali
Fitofarmaci chimici di sintesi, rame e zolfo
Diserbo lavorazione meccanica/manuale
Lieviti selezionati industriali
Uve 100% di proprietà
Certificazione nessuna certificazione

ERBUSCO (BS)

BELLAVISTA

Via Bellavista, 5 - tel. 030 7762000
www.bellavistawine.it - info@bellavistawine.it

VITA - L'azienda di Vittorio Moretti e della figlia Francesca, riunita insieme a Contadi Castaldi nella holding Terra Moretti, riassume in sé la storia della Franciacorta per radicamento e riconoscibilità del brand. L'esperienza ormai quarantennale nella produzione di vini di alto livello, che sono espressione territoriale grazie all'ampio patrimonio viticolo, si concretizza nell'apporto di Mattia Vezzola, vera mente di ogni bottiglia.

VIGNE - Bellavista possiede circa 200 ettari vitati distribuiti in diversi comuni della denominazione, e grazie a questo mosaico viticolo ha la fortuna di poter comporre sempre cuvée di elevati standard qualitativi. Le vigne sono curate minuziosamente, a dimostrazione della caparbietà imprenditoriale tipica di questa terra, che lega impegno e lavoro alla qualità del prodotto.

VINI - Lo stile Bellavista è riassumibile in tre punti: maturità del frutto, opulenza ed eleganza nella precisione dei dettagli, e inconfondibile riconoscibilità di gusto.

TOP **Franciacorta Extra Brut Pas Operé 2014** 9.800 bt; 56 € - Un vino di grande tensione gustativa, accompagnato da ricche note di pasticceria e agrume candito, per un insieme barocco ma equilibrato.
Franciacorta Extra Brut Vittorio Moretti Ris. 2013 n.d. bt; n.d. € - Il naso è un caleidoscopio di fiori, frutta gialla e speziatura. La dimensione gustativa è opulenta ma non sfocia nella staticità.
Franciacorta Brut Teatro alla Scala 2015 200.000 bt; 46 € - Offre la consueta polpa fruttata che si alterna con un timbro vegetale amarognolo, per un sorso di buona profondità.
Franciacorta Non Dosato Alma Grande Cuvée 210.000 bt; 38 € - Austero, fruttato, energico.
Franciacorta Brut Cuvée Alma 1.200.000 bt; 38 € - Solido, speziato, amaro.

ha 206 - **bt** 1.500.000
Fertilizzanti compost, letame in pellet, sovescio
Fitofarmaci rame e zolfo
Diserbo lavorazione meccanica/manuale
Lieviti selezionati industriali, selezione di lieviti indigeni
Uve 100% di proprietà
Certificazione biologico certificato

ERBUSCO (BS)

CA' DEL BOSCO

Via Albano Zanella, 13 - tel. 030 7766111
www.cadelbosco.com - cadelbosco@cadelbosco.com

VITA - Ca' del Bosco è la maison simbolo della denominazione Franciacorta, al contempo pietra di paragone e realtà dalla personalità inconfondibile, come si conviene alle icone. La cantina immaginata e realizzata da Maurizio Zanella veleggia con grande autorevolezza, forte di una storia cinquantennale costellata di innumerevoli riconoscimenti, ottenuti grazie a savoir faire e spirito innovativo, che si confermano anno dopo anno.

VIGNE - Sono quasi 250 gli ettari vitati che spaziano nell'intero territorio franciacortino, al fine di creare un puzzle di profumi e sapori adatto alla composizione delle varie cuvée aziendali: tale impostazione concede il lusso di poter effettuare delle selezioni chirurgiche per i vini di alta gamma, fino ad arrivare alla definizione di veri e propri cru in stile borgognone, per bottiglie di fattura sartoriale.

VINI - Purezza di frutto e potenza espressiva unita a estrema eleganza: è questa la cifra distintiva dell'inimitabile stile Ca' del Bosco.

TOP **Franciacorta Dosaggio Zero Annamaria Clementi Ris. 2010** n.d. bt; 98 € - È un monumento di frutto ed eleganza. In questo vino raffinato eppure viscerale c'è davvero tutto.
Franciacorta Dosage Zéro Noir Vintage Collection 2011 n.d. bt; 80 € - Un vino cesellato, di grande stratificazione aromatica: spazia dall'agrume maturo ai piccoli frutti rossi, dalle note speziate alla giusta tensione di bocca.
Franciacorta Extra Brut Rosé Annamaria Clementi Ris. 2010 n.d. bt; 157 € - La materia prima opulenta è stata gestita in maniera mirabile in cantina.
Franciacorta Satèn Vintage Collection 2015 n.d. bt; 46 € - Armonico, floreale, complesso.
Franciacorta Dosage Zéro Vintage Collection n.d. bt; 46 € - Austero, speziato, ampio.
Franciacorta Brut Cuvée Prestige n.d. bt 31 € - Croccante, fruttato, dettagliato.

ha 248 - **bt** 1.750.000
Fertilizzanti letame in pellet, letame, organo-minerali
Fitofarmaci rame e zolfo
Diserbo lavorazione meccanica/manuale
Lieviti selezione di lieviti indigeni
Uve 100% di proprietà
Certificazione biologico certificato

ERBUSCO (BS)

CAMOSSI

Via Metelli, 5 - tel. 030 7268022
www.camossifranciacorta.com - azvitcamossi@yahoo.it

VITA - Nel cuore di Erbusco sorge questa realtà familiare condotta con impegno e dedizione dai fratelli Claudio e Dario Camossi. Senza tanti fronzoli ci si concentra soprattutto sul mantenere la tradizione del lavoro in vigna, faccenda che ormai si tramanda da generazioni con risultati qualitativi in costante crescita, per consapevolezza e risultati.

VIGNE - I vigneti esprimono una costante e consolidata qualità, segno di un percorso intrapreso molti anni fa e caratterizzato da una conduzione agronomica curata, su vigneti dall'indiscutibile valore intrinseco. Un esempio sono le vigne di Provaglio d'Iseo e Paratico, che donano un pinot nero di grande finezza e personalità.

VINI - La vinificazione predilige l'utilizzo di contenitori d'acciaio e non prevede l'aggiunta di zuccheri esogeni nei vini. L'obiettivo è quello di mantenere l'equilibrio tra la freschezza e la maturità del frutto.

TOP **Franciacorta Extra Brut Pietro Camossi Ris. 2010** 1.800 bt; 39 € - Profumi intensi di frutta e piccola pasticceria precedono un palato dal carattere e dinamico. Il finale è sostenuto da una piacevole sapidità che lo rende armonico, gustoso e persistente.

Franciacorta Dosaggio Zero CR 142 Ris. 2007 2.000 bt; 67 € - Intensi sentori di frutta matura, quasi candita, danno il la a un sorso dalle piacevoli note ossidative, ricco e strutturato. Il finale è piacevole e persistente.

Franciacorta Dosaggio Zero 8.000 bt; 23 € - Apre con note vegetali e speziate. Al palato troviamo croccanti note di agrumi e buona sapidità.

Franciacorta Extra Brut 30.000 bt; 22 € - Verde, fruttato, essenziale.

ha 35 - **bt** 70.000
Fertilizzanti letame in pellet, letame
Fitofarmaci organici, rame e zolfo
Diserbo lavorazione meccanica/manuale
Lieviti selezionati industriali
Uve 100% di proprietà
Certificazione biologico certificato

ERBUSCO (BS)

CAVALLERI

Via Provinciale, 96 - tel. 030 7760217
www.cavalleri.it - cavalleri@cavalleri.it

VITA - Francesco Franzini e la cugina Diletta Nember rappresentano la terza generazione della famiglia Cavalleri dedita alla produzione di vino. Questa azienda storica per radicamento territoriale ha fatto parte del nucleo fondativo della denominazione col nonno Giovanni Cavalleri, e oggi, grazie alla fresca energia giovanile alla guida e a un affiatato team di lavoro, rimane il punto di riferimento per la produzione di Franciacorta di taglio autoriale.

VIGNE - Il patrimonio vitato è dedicato principalmente allo chardonnay ed è collocato nel cuore caldo della Franciacorta, sui terreni più vocati di Erbusco. Le vigne hanno raggiunto piena maturità, e l'approccio biodinamico comincia a dare frutti rigogliosi. La mano dell'uomo è presente ma misurata, alla ricerca dell'equilibrio necessario per dare carattere e spontaneità a ogni cuvée prodotta.

VINI - L'identità dei vini coniuga la libera espressione di terroir e millesimo con minimi interventi in cantina, fermentazioni spontanee e un felice uso del legno grande in affinamento.

TOP **Franciacorta Brut Satèn 2016** VINO SLOW 13.300 bt; 32 € - Una sontuosa versione della tipologia che esalta la morbidezza solare del vitigno con note floreali e fruttate generose, e un perfetto equilibrio tra acidità e chiusura sapida.

Franciacorta Brut Collezione Grandi Cru 2013 4.500 bt; 41 € - Un vino intenso e viscerale che, lasciato libero di esprimersi, fonde un sentore floreale evoluto con cenni ossidativi eleganti e tratti agrumati. La bocca è energica per peso e ritmo.

Franciacorta Brut Rosé 2015 7.200 bt; 36 € - Rosé di frutto e tensione vegetale, succoso, lungo e dal taglio severo.

Franciacorta Brut Blanc de Blancs 120.000 bt; 28 € - Croccante, fruttato, teso.

Franciacorta Pas Dosé 2015 13.000 bt; 32 € - Ampio, speziato, integro.

ha 40 - **bt** 200.000
Fertilizzanti compost, preparati biodinamici, sovescio
Fitofarmaci rame e zolfo
Diserbo lavorazione meccanica/manuale
Lieviti fermentazione spontanea, lieviti indigeni
Uve 100% di proprietà
Certificazione biologico certificato, in conversione biodinamica

ERBUSCO (BS)

ENRICO GATTI

Via Metelli, 9 - tel. 030 7267999
www.enricogatti.it - info@enricogatti.it

VITA - È una cantina che vanta una storia ormai quarantennale quella della famiglia Gatti, con Lorenzo Gatti e il cognato Enzo Balzarini in prima fila, coadiuvati dai figli di quest'ultimo, Nicolò e Giulia. Nonostante la fama ormai consolidata, è ancora grande la voglia di mantenere un gusto moderno sempre al passo coi tempi, che porta a rimodellare i vini rendendoli più snelli, senza rinunciare a carattere e riconoscibilità.

VIGNE - Le vigne sono collocate tutte sulle balze più nobili del comune di Erbusco, e cominciano ad avere un'età adeguata per fornire uve di pregevole qualità. Il lavoro in vigna è nel dna familiare e i frutti ricavati sono da sempre il vanto della cantina, come dimostrano gli assaggi dei vecchi millesimi, testimonianza di un terroir d'eccezione e di grande maestria nell'interpretarlo.

VINI - Maturità di frutto, eleganza e freschezza di beva: è questo lo stile aziendale distillato in oltre 30 annate di produzione di Metodo Classico, in grado di affrontare il tempo mirabilmente.

TOP **Franciacorta Nature 2014** 8.000 bt; 34 € - Un millesimo poco generoso in frutto, che esalta la parte floreale, assecondata da nobili note di pasticceria. Nel sorso troviamo la consueta eleganza nel pennellare toni agrumati e tracce sapide di grande allungo.
Franciacorta Satèn 2016 20.000 bt; 29 € - Una bellissima versione della cremosità fruttata dello Chardonnay, per un vino morbido e suadente, col consueto timbro slanciato di casa, impreziosito da intensi ricami floreali.
Franciacorta Brut 65.000 bt; 23 € - Un vino solido, generoso, che ha nella semplicità di beva il suo punto forte. La frutta gialla è ben espressa, e si accompagna a note di arancia succosa. Il sorso è affilato ed estremamente saporito.
Franciacorta Nature 20.000 bt; 27 € - Croccante, fruttato, energico.

ha 17 - **bt** 120.000
Fertilizzanti letame, sovescio
Fitofarmaci rame e zolfo
Diserbo lavorazione meccanica/manuale
Lieviti selezionati industriali
Uve 100% di proprietà
Certificazione biologico certificato

ERBUSCO (BS)

SAN CRISTOFORO

Via Villanuova, 2 - tel. 030 7760482
www.sancristoforo.eu - info@sancristoforo.eu

VITA - San Cristoforo è una piccola cantina dalla dimensione familiare e dalla storia ormai ventennale, classica dimostrazione del valore artigianale di una grande denominazione. Celeste Dotti, sempre supportata da papà Bruno e mamma Claudia Cavalleri, è l'esempio virtuoso di come le nuove generazioni dei vignaioli franciacortini lascino ben sperare in un futuro luminoso di crescita e consapevolezza.

VIGNE - I 10 ettari vitati sono tutti collocati sulle colline di Erbusco, dove lo chardonnay trova suoli e microclima adatti a esaltare il suo carattere più solare, generoso e fruttato. Bruno sovrintende ancora alla lavorazione dei vigneti con ritmi e cadenze da agricoltore specializzato, concentrandosi nella coltivazione delle uve migliori per la produzione di Metodo Classico dallo stile impeccabile.

VINI - Trasformazione della materia prima in filigrana trasparente, niente maquillage di dosaggi o affinamenti esasperati, prediligendo lo stile asciutto e teso che richiama la golosità del frutto: è questo il biglietto da visita dell'azienda.

Franciacorta Pas Dosé Celeste 2011 800 bt; 48 € - Sontuosa versione del millesimo: il lungo affinamento restituisce un vino armonico e complesso, su note di pasticceria, crema e agrume, e con un sorso energico e profondo.
Franciacorta Pas Dosé 2015 4.000 bt; 32 € - Ecco lo stile in filigrana dell'azienda: un vino sempre molto ben definito, che alterna note fruttate generose e slanci vegetali freschi e di grande eleganza. La bocca è di beva trascinante.
Franciacorta Brut 2015 4.000 bt; 32 € - È il fratello gemello del Pas Dosè, di cui esalta la parte morbida e che necessita di tempo per armonizzarsi.
Franciacorta Brut 45.000 bt; 21 € - Croccante, fruttato, essenziale.
Franciacorta Dosaggio Zero ND 10.000 bt; 23 € - Fresco, fruttato, espressivo.

ha 10 - **bt** 90.000
Fertilizzanti compost, letame in pellet
Fitofarmaci rame e zolfo
Diserbo lavorazione meccanica/manuale
Lieviti selezionati industriali
Uve 100% di proprietà
Certificazione biologico certificato

ERBUSCO (BS)

UBERTI

Località Salem - Via Enrico Fermi, 2 - tel. 030 7267476
www.ubertivini.it - info@ubertivini.it

VITA - Gli Uberti sono viticoltori addirittura dal 1793: è con orgoglio che in questa maison si rivendicano radici storiche importanti. Silvia e Francesca rappresentano l'attuale generazione al comando, e dimostrano un grado di consapevolezza e maturità all'altezza di papà Agostino. L'azienda oggi ha un profilo molto contemporaneo, pur avendo conservato i valori tradizionali acquisiti.

VIGNE - Gli ettari vitati sono situati nel cuore caldo della Franciacorta, tra le colline di Erbusco intorno alla cantina, e ad Adro, sia in zona Favento, sia intorno alla sommità di Calino. Troviamo vigne di quasi 50 anni allevate a guyot o a sylvoz, con un approccio attento e mirato a caratterizzare in modo distintivo i vini aziendali.

VINI - I vini sono pieni, polposi, materici, e puntano sull'evoluzione del frutto accettando la sfida, per certi versi poco contemporanea, di scommettere su una silhouette concentrata.

TOP **Franciacorta Dosaggio Zero Sublimis Ris. 2012** 4.500 bt; 45 € - Un vino dal carattere delicatamente vegetale e con intense note agrumate. La bocca coniuga maturità di frutto e uno slancio sapido di bella eleganza.

Franciacorta Satèn Magnificentia 2016 22.000 bt; 39 € - In perfetto stile Uberti, è caldo e materico, con un frutto giallo esuberante rafforzato da toni di macchia mediterranea. Il sorso è potente e cremoso.

Franciacorta Extra Brut Comarì del Salem 2013 6.500 bt; 41 € - Di nuovo un Franciacorta di grande materia, per un profilo olfattivo che oscilla tra tocchi vegetali e agrumati.

Franciacorta Extra Brut Francesco I 75.000 bt; 26 € - Robusto, fruttato, consistente.

Franciacorta Extra Brut Quinque 1.050 bt magnum; 157 € - Ampio, sfaccettato, complesso.

ha 27 - **bt** 180.000
Fertilizzanti compost, sovescio
Fitofarmaci rame e zolfo
Diserbo lavorazione meccanica/manuale
Lieviti selezione di lieviti indigeni
Uve 100% di proprietà
Certificazione biologico certificato

GUSSAGO (BS)

ANDREA ARICI COLLINE DELLA STELLA

Via Forcella, 70 - tel. 347 8039339
www.collinedellastella.com - collinedellastella@libero.it

VITA - Collocata nella zona nord-orientale della Franciacorta, sulle pendici delle prealpi bresciane, Colline della Stella si sta affermando sempre più per la forte identità impressa da Andrea Arici: in lui è grande la voglia di raccontare, attraverso il suo lavoro, il costante impegno che la terra richiede per ottenere una grande materia prima, che a sua volta possa dar luce a vini di grande carattere.

VIGNE - I vigneti di Andrea crescono su terreni calcarei molto drenanti, caratteristica che fin dall'inizio lo ha spinto a non dosare i Franciacorta. L'obiettivo era chiaro: preservare l'espressione del territorio nella maniera più trasparente possibile. Chiacchierando ci ha raccontato: «passo la maggior parte del mio tempo in vigna, per me è come una seconda casa in cui mi trovo perfettamente a mio agio, circondato da viste uniche sul paesaggio franciacortino».

VINI - In questo contesto i vitigni chardonnay e pinot nero si esaltano esprimendo tutta la loro autenticità e grande qualità: dalla terra al calice, i vini di Andrea hanno un timbro semplice ma anche di personalità.

TOP **Franciacorta Dosaggio Zero 2015** VINO SLOW 2.000 bt; 43 € - Solare e vibrante, si apre con sentori intensi di ananas e note balsamiche. Al palato è teso e di sostanza, con un finale sapido di spiccata lunghezza.

Franciacorta Dosaggio Zero Francesco Arici Ris. 2012 2.000 bt; 60 € - I profumi di piccoli frutti rossi e sottobosco anticipano un sorso teso ed energico, dal finale lungo e persistente. Necessita di un po' di tempo per potersi esprimere al massimo delle sue potenzialità.

Franciacorta Dosaggio Zero Uno 35.000 bt; 29 € - Fresco e con sentori vegetali, in bocca riporta sensazioni agrumate e un finale leggermente ammandorlato.

Franciacorta Dosaggio Zero Rosé 7.000 bt; 32 € - Vibrante, fruttato, rustico.

ha 13 - **bt** 60.000
Fertilizzanti letame
Fitofarmaci chimici di sintesi, rame e zolfo
Diserbo lavorazione meccanica/manuale
Lieviti selezionati industriali
Uve acquisto 10%
Certificazione nessuna certificazione

ISEO (BS)

CLARABELLA

Via delle Polle, 1800 - tel. 030 9821041
www.cascinaclarabella.it - clarabella@cascinaclarabella.it

VITA - Questa realtà consolidata da circa 15 anni svolge un ruolo sociale: è una cooperativa onlus con lo scopo del reinserimento nell'ambito lavorativo di persone svantaggiate. Alessandro Mogavero e Aldo Papetti, rispettivamente direttore commerciale e responsabile tecnico, conducono con mano sicura la parte dell'azienda dedicata alla produzione di Franciacorta, cui va riconosciuto un indubbio valore.

VIGNE - I vigneti sono distribuiti in un areale circoscritto non lontano dalla cantina, salvo un piccolo appezzamento sotto il monte Orfano, in cui il terreno morenico sciolto e il microclima fresco rendono possibile una viticoltura rispettosa dell'ambiente in regime biologico, adatta alla raccolta di uve fragranti. Lo chardonnay la fa da padrone.

VINI - Lo stile Clarabella è definibile come un insieme di pulizia, croccantezza e facilità di beva, con il giusto mix tra il frutto maturo e le delicate nuance vegetali tipiche della denominazione.

Franciacorta Satèn 18.000 bt; 21 € - Così giovane, è già espressivo nelle note di crema di limone e fiori bianchi. In bocca troviamo la texture suadente tipica della tipologia, per una beva decisamente raffinata.
Franciacorta Dosaggio Zero 180 2013 2.000 bt; 27 € - Un vino intenso che alterna note di scorza d'agrume candito a toni vegetali quasi piccanti. La bocca è tesa e piena: ha bisogno di tempo per distendersi.
Franciacorta Brut 35.000 bt; 20 € - Didascalico nella sua tessitura essenziale, che affianca note vegetali ancora graffianti a un bel frutto maturo. Al momento dell'assaggio la bocca era ancora in divenire, ma già dimostrava sicura stoffa.
Franciacorta Dosaggio Zero Èssenza 12.000 bt; 23 € - Austero, speziato, energico.
Franciacorta Brut Rosé Annalisa Faifer 2015 2.500 bt; 36 € - Croccante, fruttato, compatto.

ha 11 - **bt** 80.000
Fertilizzanti organo-minerali
Fitofarmaci rame e zolfo
Diserbo lavorazione meccanica/manuale
Lieviti selezionati industriali, selezione di lieviti indigeni
Uve 100% di proprietà
Certificazione biologico certificato

ISEO (BS)

MONTE ALTO

SCONTO -10%

Frazione Clusane - Via Luigi Di Bernardo, 98 - tel. 347 8693294
www.montealtofranciacorta.it - info@montealtofranciacorta.it

VITA - Monte Alto rispecchia totalmente la Franciacorta nella lettura di Alberto Tribbia, giovane enologo determinato e pragmatico. Dopo gli studi e anni di esperienza nel settore, ha ideato ogni singolo tassello dell'attuale azienda. Segue personalmente anche ogni fase della vigna, segno che ci troviamo in una piccola e autentica realtà artigianale dalle grandi potenzialità.

VIGNE - Le vigne sono collocate sulle pendici del monte Alto, affacciate sulle acque blu del lago d'Iseo. Il vitigno di casa è il pinot nero: la morfologia del terreno e le condizioni ambientali hanno portato Alberto a intuire che la massima espressione di questo pezzo di Franciacorta avrebbe potuto trovare forma attraverso questa varietà.

VINI - I vini sono eleganti e precisi, e mantengono le caratteristiche della materia prima grazie al sapiente uso delle tecniche di vinificazione, sempre non invasive, che prevedono l'uso di acciaio e botti di legno usate. Oltre alla gamma dei Franciacorta, Alberto produce anche degli ottimi vini fermi rossi.

TOP **Franciacorta Dosaggio Zero 2016** VINO SLOW 550 bt; 35 € - Rispecchia in pieno lo stile aziendale: è incisivo, fine e armonico. Al naso si apre su sentori floreali e al palato si articola con una bella freschezza, cenni di piccoli frutti rossi, tocchi speziati, e una piacevole sapidità, che lo rende appagante ed energico.
Franciacorta Extra Brut 7.500 bt; 25 € - Delicato e dinamico, mette in evidenza note floreali e un frutto bianco maturo sussurrato, con buona sapidità al palato. Sottile ed essenziale, regala una facile e piacevole beva.
Càlem 2017 1.200 bt; 13 € - Vibrante espressione del vitigno nebbiolo, è fruttato e floreale, saporito, con una piacevole progressione gustativa.

ha 3 - **bt** 14.000
Fertilizzanti letame, organo-minerali, sovescio
Fitofarmaci rame e zolfo
Diserbo lavorazione meccanica/manuale
Lieviti selezionati industriali
Uve 100% di proprietà
Certificazione nessuna certificazione

LA VALLETTA BRIANZA (LC)

LA COSTA

Via Galbusera Nera, 2 - tel. 039 5312218
www.la-costa.it - info@la-costa.it

VITA - Claudia Crippa sprigiona un entusiasmo contagioso. Instancabile ambasciatrice del suo territorio, è stata l'artefice della rinascita della viticoltura del Parco Regionale di Montevecchia e della valle del Curone. Oggi è alla prese con una nuova sfida, la valorizzazione del vitigno verdese.

VIGNE - Sul crinale di un teatro morenico terrazzato sono piantati merlot, riesling renano, chardonnay, syrah, pinot nero e moscato rosso, oltre all'autoctono verdese. I suoli sono calcarei e ricchi di minerali, capaci di donare vini freschi, sapidi e moderni.

VINI - Raggiunto il traguardo delle venti vendemmie, La Costa ha messo a punto vini che sono diretta espressione del territorio, della varietà e dell'annata.

TOP **San Giobbe 2017** VINO SLOW ● pinot nero; 6.000 bt; 22 € - Si apre su eleganti profumi di frutti rossi e spezie, per evolvere verso note di erbe mediterranee e vaniglia. In bocca ha una beva morbida e fresca, con chiusura sapida.
Solesta 2017 ○ riesling renano; 3.500 bt; 20 € - Un bianco luminoso e slanciato, con profumi delicati di agrumi, pesca bianca e fiori di acacia. In bocca è lungo, leggermente piccante, con l'immancabile chiusura salina.
Vino del 17 2017 ○ 600 bt; 22 € - Nace dalla volontà di valorizzare l'uva locale verdese, che, dopo 13 giorni di macerazione, si presenta in versione orange: la materia ben presente, il tannino e la lieve ossidazione lo rendono interessante.
Brigante Bianco 2019 ○ chardonnay, verdese, incrocio Manzoni; 10.000 bt; 12 € - Vivo, fruttato, sapido
Brigante Rosso 2017 ● merlot, pinot nero; 12.000 bt; 12 € - Vivo, fruttato, rustico.
Seriz 2017 ● pinot nero, syrah, merlot; 6.000 bt; 18 € - Armonico, speziato, sapido.

ha 10 - **bt** 45.000
Fertilizzanti letame in pellet, preparati biodinamici
Fitofarmaci rame e zolfo
Diserbo lavorazione meccanica/manuale
Lieviti fermentazione spontanea selezionati industriali
Uve 100% di proprietà
Certificazione biologico certificato

MESE (SO)

MAMETE PREVOSTINI

SCONTO **-10%**

Via Don Lucchinetti, 63 - tel. 0343 41522
www.mameteprevostini.com - info@mameteprevostini.com

VITA - Ripercorrere la storia di Mamete Prevostini vuol dire entrare in un turbine di cambiamenti, innovazioni e investimenti che trova pochi eguali nel mondo del vino. Mamete è l'erede di una famiglia di ristoratori che ha sempre prodotto vino per rifornire l'affidabile Crostasc. Poi il salto qualitativo e identitario, avvenuto negli anni Novanta, con conseguente e inarrestabile opera di valorizzazione della vitivinicoltura.

VIGNE - Il legame con il terrazzamento è la base da cui partire per comprendere il lavoro di Mamete e della sua squadra, tra cui citiamo il fratello Paolo. Anno dopo anno, aumenta lo sforzo nella gestione delle vigne, esito della bonifica di nuovi terreni e dell'acquisizione di parcelle destinate a non essere più seguite. Non manca una rete di conferitori locali.

VINI - Candore e grazia espressiva contraddistinguono lo stile enologico di Mamete, negli ultimi anni reso ancor più definito da una riduzione nell'uso del legno.

Valtellina Sup. Ris. 2015 ● 7.000 bt; 33 € - Espressione esemplare di territorio e di stile aziendale, è giocato su carattere, equilibrio, magistrale uso del legno e persistenza.
Valtellina Sup. Grumello Garof 2017 ● 8.000 bt; 21 € - Da piccoli terrazzamenti che sfiorano i 500 metri di quota, ha un carattere impeccabile, fine, succoso e molto gastronomico.
Sforzato di Valtellina Albareda 2017 ● 10.500 bt; 57 € - Figlio della grande esperienza aziendale, è ricco, potente, privo di eccessi; conserva tipicità ed equilibrio.
Valtellina Sup. Sassella San Lorenzo 2017 ● 4.900 bt; 37 € - Ampio, fruttato, incisivo.
Valtellina Sup. Sassella Sommarovina 2017 ● 13.600 bt; 31 € - Solido, speziato, profondo.
Rosso di Valtellina Santa Rita 2018 ● 36.000 bt; 17 € - Dinamico, fruttato, varietale.

ha 30 - **bt** 180.000
Fertilizzanti letame in pellet
Fitofarmaci chimici di sintesi, rame e zolfo
Diserbo lavorazione meccanica/manuale
Lieviti selezione di lieviti indigeni
Uve acquisto 40%
Certificazione nessuna certificazione

MUSCOLINE (BS)

CASCINA BELMONTE

SCONTO **-10%**

Frazione Moniga del Bosco - tel. 333 5051606
www.cascinabelmonte.it - info@cascinabelmonte.it

VITA - Enrico Di Martino si definisce un agricoltore di prima generazione: non ha ereditato l'azienda dalla famiglia, ma ha intrapreso quest'avventura per passione, appena uscito dall'Università di Agraria, nel 2003. Prima generazione, per Enrico, significa anche libertà di coltivare i propri appezzamenti con un approccio tutto personale, volto all'ecologia e alla conservazione del territorio, più che alla produttività.

VIGNE - L'approccio all'agricoltura di Enrico lo porta a sperimentare sia in campagna, con l'impianto di vitigni resistenti, sia in cantina, con l'utilizzo delle anfore. Sono oltre 10 le varietà di uva prodotte sui terreni magri e ghiaiosi tipici delle colline gardesane, una zona ricca di biodiversità che beneficia anche del particolare microclima del lago di Garda. Alla produzione di vino si affianca quella di succhi d'uva biologici.

VINI - Enrico punta alla produzione di vini nitidi, facili da bere e in grado di raccontare la mineralità del territorio gardesano. La batteria in assaggio quest'anno mancava dei vini rossi.

Valtènesi Chiaretto Costellazioni 2019 ● 6.300 bt; 12 € - 🍷 - Ci è piaciuto per i suoi profumi freschi e tipici di pesca e di fiori. In bocca è coerente, slanciato e beverino.
Firmamento 2019 O riesling renano; 1.200 bt; 14 € - 🍷 - Si apre su aromi di frutta tropicale e agrumi; in bocca è semplice, morbido, con un finale minerale.
Serése 2019 O incrocio Manzoni; 3.400 bt; 12 € - 🍷 - Ha una nota leggermente affumicata ben amalgamata ai sentori di frutta matura e di erbe aromatiche. All'assaggio compaiono anche gli agrumi e un bel finale salino.

ha 10 - **bt** 40.000
Fertilizzanti letame
Fitofarmaci rame e zolfo
Diserbo lavorazione meccanica/manuale
Lieviti selezionati industriali
Uve 100% di proprietà
Certificazione biologico certificato

OME (BS)

MAJOLINI

Località Valle - Via Manzoni, 3 - tel. 030 6527378
www.majolini.it - majolini@majolini.it

VITA - Verso la fine degli anni Sessanta Valentino Maiolini ha deciso di fondare questa azienda. Dopo anni intensi e pieni di sfide, Majolini ha conosciuto una svolta negli anni Ottanta, quando, grazie all'impegno e alla lungimiranza del figlio Ezio, si è trovata proiettata nella produzione di Franciacorta, raccogliendo importanti riconoscimenti. Oggi al timone c'è la terza generazione, rappresentata dai cugini Giovanni, Simone ed Elena Maiolini.

VIGNE - Quasi tutti collocati nel comune di Ome, i vigneti sono gestiti in maniera impeccabile da Cristina Peroni, responsabile della parte agronomica con la consulenza di Pierluigi Donna. È piacevole addentrarsi nella zona pedecollinare di Ome e scoprirli uno a uno: sono segnalati da cartelli informativi che ne indicano il nome e la dimensione.

VINI - Uno stile ricercato e di personalità, che vede anche l'utilizzo di vini di riserva per la creazione di alcune cuvée. La cantina è nelle mani di Jessica Barbera, che si avvale della consulenza enologica di Cesare Ferrari e Jean Pierre Valade.

Franciacorta Brut Electo 2011 ⁂ 9.000 bt; 32 € - 🍷 🎞 - Rispecchia appieno lo stile aziendale. Da una nuova sboccatura emergono intensi sentori di frutta matura e vegetali che anticipano un palato in cui scaturiscono rimandi di frutta ossidata ed erbe aromatiche, per un sorso di buona sapidità.
Franciacorta Pas Dosé Aligi Sassu 2015 ⁂ 9.000 bt; 28 € - 🍷 - Lievito e frutta gialla al naso anticipano una bocca corrispondente e piacevolmente sapida
Franciacorta Brut Vintage 2013 ⁂ 25.000 bt; 28 € - 🍷 - Dinamico, fruttato, elegante.
Franciacorta Satèn 2016 ⁂ 40.000 bt; 28 € - 🍷 - Armonico, fruttato, delicato.
Franciacorta Brut ⁂ 80.000 bt; 26 € - 🍷 - Agile, floreale, espressivo.

ha 20 - **bt** 180.000
Fertilizzanti letame in pellet, letame, sovescio
Fitofarmaci rame e zolfo
Diserbo lavorazione meccanica/manuale
Lieviti selezione di lieviti indigeni
Uve 100% di proprietà
Certificazione biologico certificato

PADENGHE SUL GARDA (BS)

PRATELLO

Via Pratello, 26 - tel. 030 9907005
www.pratello.com - pratello@pratello.com

VITA - La famiglia Bertola è prima di tutto appassionata custode di un territorio a due passi dal lago, dove si producono vini sotto le denominazioni Lugana, Valtènesi e Riviera del Garda Classico. Alla produzione vinicola si affiancano quelle di olio, di frutta e di verdure, servite al ristorante dell'agriturismo, che dispone anche di piacevoli camere. Da qualche anno Pratello ha rinunciato alla certificazione biologica, sostituita da un disciplinare interno, più rigido e attento alla biodiversità.

VIGNE - Le vigne sono piantate sulle colline adiacenti il Garda e comprendono, oltre alle varietà previste dai disciplinari di Lugana e Valtènesi, incrocio Manzoni, syrah, riesling e pinot grigio. Tra gli obiettivi agronomici che l'azienda si è posta c'è quello di bandire completamente il rame, mentre in cantina si lavora per dimezzare il contenuto dei solfiti rispetto al tetto previsto dalla certificazione biologica.

VINI - Della nutrita batteria di vini presentati quest'anno, tutti caratterizzati da aderenza territoriale e facilità di beva, ci sono piaciuti soprattutto i Lugana.

Lugana Catulliano 2019 ○ 275.000 bt; 12 € - Ha un profilo teso, varietale, profumi floreali e un sorso ravvivato da note citrine.
Lugana 90+10 2019 ○ 25.000 bt; 16 € - Vede un piccolo saldo di uve chardonnay (come si può intuire anche dal nome) ed è più morbido, ma comunque sorretto da una piacevole sapidità.
Valtènesi Chiaretto Sant'Emiliano 2019 50.000 bt; 12 € - È tipico per i sentori di lampone, cedro e mela, con un sorso succoso e di bella grinta, e una chiusura all'insegna di morbidezza e sapidità.
San Martino della Battaglia Ottocento 2019 ○ 3.000 bt; 13 € - Citrino, floreale, sottile.
Garda Mille 1 2017 ● merlot, rebo; 80.000 bt; 16 € - Succoso, fruttato, ampio.

ha 120 - **bt** 550.000
Fertilizzanti compost, letame, sovescio
Fitofarmaci rame e zolfo
Diserbo lavorazione meccanica/manuale
Lieviti fermentazione spontanea
Uve 100% di proprietà
Certificazione nessuna certificazione

LA VALTÈNESI E I VINI BIANCHI

C'è un nome apparso recentemente sui radar dell'enologia lombarda sconosciuto fino a pochi anni fa: stiamo parlando della Valtènesi, la sponda bresciana del lago di Garda, in passato nota appunto come Garda Classico o Riviera del Garda Bresciano. L'ottimo lavoro del Consorzio Valtènesi guidato dal capace Alessandro Luzzago ha portato alla ribalta questo territorio, conosciuto soprattutto per i due prodotti tipici, il Chiaretto e il Rosso, entrambi ottenuti in prevalenza dal vitigno autoctono groppello gentile. Lo stesso groppello sta vivendo anche una seconda giovinezza nel suo recente utilizzo per la spumantizzazione in bianco, tanto che non mancano i premi, anche della nostra guida, a questa versione, impensabile fino a pochi anni fa. In questo quadro preciso e ben cesellato, ci piace però anche raccontarvi di un altro fenomeno che sta recentemente attraversando queste colline. Numerose sono infatti le aziende che stanno concentrando i loro sforzi su sperimentazioni e sulla valorizzazione dei vini bianchi da uve riesling renano, finora relegati a mera produzione di complemento della gamma aziendale. In quest'ottica ci piace segnalare un piccolo gruppetto di giovani e appassionati produttori, anche dei territori vicini, che si incontra e confronta con regolarità, al fine di scambiarsi informazioni, impressioni e metodologie di lavoro.
Oltre alle aziende presenti in guida delle quali apprezziamo i Riesling prodotti (Zatti di Calvagese e Cascina Belmonte di Muscoline) citiamo anche:

Tenute del Garda
Calvagese della Riviera (BS)
tel. 030 9919000
Il giovane Andrea Lorenzi è il frontman di questo consorzio di produttori. Sotto i nostri riflettori già da un paio di anni, quest'anno il suo **Garda Riesling 2016** è intrigante nelle note idrocarburiche, e ha bocca tesa e ricca, con finale persistente.

Cantina Pietta
Muscoline (BS)
tel. 0365 32143
Stefano Pietta è un piccolissimo produttore: oltre a presentare il **Riviera del Garda Cl. Rismen 2018** di bella tensione acida e freschi rimandi agrumati, possiede un bagaglio di vecchie annate che dimostrano l'ottima capacità d'invecchiamento del Riesling gardesano.

Due Pini
Polpenazze del Garda (BS)
tel. 0365 675123
Viticoltori storici originari di Botticino, i Coccoli hanno acquistato questa tenuta nel 1993 e la coltivano in regime biologico dal 2006. Il giovane Marco Coccoli realizza il **Garda Riesling Emanuela 2018**, finemente aromatico e agrumato; la bocca è secca, di bella acidità e minerale.

PASSIRANO (BS)

MOSNEL

SCONTO -10%

Località Camignone - Via Barboglio, 14 - tel. 030 653117
www.mosnel.com - info@mosnel.com

VITA - I fratelli Giulio e Lucia Barzanò sono eredi e custodi di una storia familiare e aziendale di lunga data. Con piglio moderno, determinazione e consapevolezza del proprio stile di maison, Mosnel si è affermata sempre più come azienda di punta del panorama franciacortino e, grazie alla nuova cantina di affinamento, oggi propone vini capaci di perfezionarsi con maggiore cura in attesa della commercializzazione.

VIGNE - Il corpo vitato aziendale si trova tutto intorno alla cantina e racconta le caratteristiche morfologiche di questa parte orientale dell'anfiteatro morenico, posta sotto il lago d'Iseo. Siamo in una zona fresca grazie all'influenza lacustre, protetta dai contrafforti orientali di origine alpina, per un microclima ideale alla coltivazione di uve da Metodo Classico. La conduzione agronomica, sotto le sapienti direttive di Pierluigi Donna, è in regime biologico da ormai molti anni.

VINI - I vini sono estremamente puliti e freschi, e portano in dote grandi capacità di evoluzione grazie al sapiente uso dei legni in affinamento, mai invadente e fortemente caratteristico della firma Mosnel.

TOP **Franciacorta Extra Brut EBB 2015** 8.000 bt; 44 € - Esibisce l'ormai consueta eleganza fatta di una trama cremosa e ampia, su profumi di zagara e una lieve nota fumé.
Franciacorta Satèn Millesimato 2016 27.000 bt; 31 € - È forse il vino che quest'anno esprime meglio lo stile Mosnel: delicatamente vegetale, sinuoso nei profumi, al sorso è intenso, lungo e appagante.
Franciacorta Pas Dosé Rosé Parosé 2015 6.000 bt; 44 € - In questo millesimo caldo esprime solarità di frutto, note di pesca e ribes, e una bocca polposa.
Franciacorta Brut Nature Bio 20.000 bt; 26 € - Austero, fruttato, compatto.
Franciacorta Brut 130.000 bt; 24 € - Agile, floreale, delicato.

ha 41,5 - **bt** 250.000
Fertilizzanti compost, sovescio
Fitofarmaci rame e zolfo
Diserbo lavorazione meccanica/manuale
Lieviti selezionati industriali, selezione di lieviti indigeni
Uve 100% di proprietà
Certificazione biologico certificato

PONTE IN VALTELLINA (SO)

DIRUPI

Località Madonna di Campagna - Via San Carlo - tel. 0342 050667
347 2909779 - www.dirupi.com - info@dirupi.com

VITA - L'ascesa qualitativa e identitaria dell'azienda dei vulcanici Birba (Pierpaolo Di Franco) e Faso (Davide Fasolini) sembra non avere freni. Dal 2004, armati di passione, competenza acquisita con lo studio, esperienze all'estero e radicamento nella loro Valtellina, i due amici conducono la loro azienda con idee chiare, ponendosi come punto di riferimento di un territorio che, anche grazie al loro impegno, gode di ottima salute.

VIGNE - Una visita tra le loro vigne è sempre un'occasione per cogliere novità e sfaccettature della loro incessante ma graduale opera di ricerca espressiva. È quanto avvenuto, per esempio, alcuni anni fa, con l'avvio della conduzione biologica, e quindi con la valorizzazione delle singole parcelle. Le vigne sono dislocate in diverse sottozone.

VINI - I vini hanno un marchio di fabbrica preciso e riconoscibile, fatto di finezza, verticalità e sottigliezza della materia, come vogliono il territorio e l'identità del Nebbiolo di montagna.

TOP **Valtellina Sup. Ris. 2017** VINO SLOW ● 3.200 bt; 46 € - Magistrale testimonianza di eleganza e tipicità, vera e propria firma aziendale, icona di una rinnovata interpretazione della Valtellina che guarda al futuro.
Valtellina Sup. Dirupi 2018 ● 15.000 bt; 23 € - Un'altra prova di espressività valtellinese, condita da una sfumatura ematica al naso e dallo slancio sapido al palato.
Sforzato di Valtellina Vino Sbagliato 2018 ● 3.000 bt; 65 € - Birba e Faso hanno dato alla loro interpretazione di Sfursat una chiave di lettura che ci ha convinto. Ha succosità da vendere, con freschezza e acidità da manuale.
le**Valtellina Sup. Guast 2017** ● 900 bt; 36 € - Ampio, fruttato, autentico.
Valtellina Sup. Gess 2017 ● 2.300 bt; 36 € - Incisivo, speziato, stratificato.
Rosso di Valtellina Olé 2019 ● 14.500 bt; 15 € - Fresco, floreale, salino.

ha 6,3 - **bt** 45.000
Fertilizzanti letame in pellet
Fitofarmaci organici, rame e zolfo
Diserbo lavorazione meccanica/manuale
Lieviti selezionati industriali
Uve acquisto 20%
Certificazione biologico certificato

POZZOLENGO (BS)

BRUNELLO

Via Zappaglia, 8 - tel. 030 918570
brunello.galliano@libero.it

VITA - L'azienda, fondata dal nonno Battista negli anni Trenta, è oggi condotta da Brunello Galliano con l'aiuto della moglie Milla Gambini e delle figlie Sonia, che si occupa della campagna, e Moira, che preferisce i lavori di cantina. Una bella realtà familiare che si è fatta apprezzare da noi e dai numerosi turisti che frequentano la zona per i vini semplici, schietti, di grande aderenza territoriale e sempre proposti a un prezzo più che onesto.

VIGNE - Passeggiare tra i filari di Brunello è sempre un piacere: davanti alla casa-cantina le piante sono forti e rigogliose, con ceppi di oltre 60 anni di età. Crescono sui suoli tipici di Pozzolengo, costituiti da argille chiare, ricche di sali minerali. Grazie al particolare microclima del lago di Garda (è il posto più a nord del mondo in cui crescono i limoni) le uve arrivano in cantina perfettamente sane e con il giusto grado di maturazione.

VINI - I vini rispecchiano il territorio di provenienza e l'annata. «Il 2019 è stato un buon millesimo per il Lugana», ci ha raccontato Sonia. E i risultati si vedono.

TOP **Lugana Etichetta Nera 2019** VINO QUOTIDIANO O 15.000 bt; 9 € - Dalle vigne più vecchie, si apre su profumi di fiori bianchi e frutta matura; all'assaggio è sfaccettato e intrigante, con una bella vena sapida che bilancia la delicata morbidezza. A questo prezzo non troverete qualcosa di meglio.
Lugana 2019 O 65.000 bt; 7 € - Più semplice dell'Etichetta Nera, ne condivide lo stile produttivo e i sentori, spiccatamente floreali e minerali.
Merlot Noè 2017 ● 8.000 bt; 9 € - Fresco, speziato, ampio.
Cabernet Sauvignon 1930 2015 ● 5.000 bt; 17 € - Avvolgente, fruttato, opulento.

ha 8 - **bt** 110.000
Fertilizzanti letame, organo-minerali
Fitofarmaci chimici di sintesi, rame e zolfo
Diserbo lavorazione meccanica/manuale
Lieviti selezione di lieviti indigeni
Uve acquisto 5%
Certificazione nessuna certificazione

POZZOLENGO (BS)

COBUE €

SCONTO -10%

Località Cobue di Sopra - tel. 030 108319
www.cobue.it - info@cobue.it

VITA - Già azienda agricola agli inizi dell'Ottocento, Cobue è stata acquistata nel 1971 dalla famiglia di Laura Gettuli, che oggi la conduce insieme al marito Aurelio Castoldi e ai figli Simona e Gilberto, che ricopre anche la carica di presidente del Consorzio San Martino della Battaglia. È stato inaugurato il wine resort con appartamenti e piscina.

VIGNE - Le vigne circondano la cantina, a breve distanza dalla torre di San Martino della Battaglia, e poggiano su terreni collinari morenici, argillosi e calcarei. Grazie al microclima del lago di Garda le uve, allevate ad archetto capovolto, arrivano alla perfetta maturazione, sane e senza problemi di umidità. Sono raccolte a mano da tutta la famiglia con l'aiuto di fidati collaboratori.

VINI - I vini di Cobue sono caratterizzati dalla spiccata aderenza territoriale e da una vinificazione precisa e senza fronzoli che esalta il frutto e la piacevolezza di beva.

TOP **San Martino della Battaglia Monte Olivi 2019** VINO QUOTIDIANO O 7.000 bt; 12 € - Ci è piaciuto molto: è succoso, complesso, profondo, fruttato, con leggere note vegetali e un finale piacevole di mandorla. Tra i migliori assaggi della piccola denominazione su cui i produttori locali stanno tornando a puntare.
Lugana Monte Lupo 2019 O 34.000 bt; 12 € - Cavallo di battaglia di Cobue per numeri e fama, è molto tipico nei suoi profumi di fiori bianchi, limone e frutta. In bocca ha grande slancio e sapidità, per una beva mai stancante.
Riviera del Garda Cl. Rosso Il Poggio 2018 ● 7.000 bt; 11 € - È un rosso dal carattere disinvolto, pepato, succoso e saporito. Giocando con la temperatura di servizio, si può bere con soddisfazione in tutti i mesi dell'anno.

ha 16 - **bt** 90.000
Fertilizzanti letame, organo-minerali
Fitofarmaci chimici di sintesi, rame e zolfo
Diserbo lavorazione meccanica/manuale
Lieviti fermentazione spontanea, selezione di lieviti indigeni
Uve 100% di proprietà
Certificazione nessuna certificazione

POZZOLENGO (BS)

MARANGONA €

Località Marangona - tel. 030 919379
www.marangona.com - info@marangona.com

VITA - L'azienda di Alessandro Cutolo prende il nome da una vecchia campana, posta nel cortile della cascina seicentesca, che suonava all'alba e al tramonto per scandire l'inizio e la fine del lavoro nei campi. Risale invece agli anni Settanta l'avvio della produzione vinicola di qualità, con la costruzione dell'odierna cantina, che ha portato Marangona a essere un punto di riferimento imprescindibile in Lugana.

VIGNE - Nel comune di Pozzolengo si trovano alcune delle parcelle più vocate di tutta la denominazione: i terreni sono costituiti da fini argille chiare e calcaree, e il microclima del lago di Garda favorisce la piena maturazione e sanità delle uve. Le vigne di Alessandro, poste per la maggior parte nelle immediate vicinanze della cantina, hanno tra i 10 e i 50 anni di età, e sono da tempo condotte in biologico.

VINI - Stimiamo da tempo il lavoro di Alessandro perché si muove nel solco della tradizione, senza rinunciare a sperimentare nuove vie per la vinificazione della turbiana.

TOP **Lugana Marangona 2019** VINO QUOTIDIANO O 70.000 bt; 11 € - Ci ritroviamo tutta l'essenza del territorio, senza orpelli e senza facili scorciatoie date dal residuo zuccherino. È un campione di equilibrio, di mineralità e di beva, facilitata dall'allungo sapido in chiusura buono da subito; è capace di sfidare il tempo.
Lugana Tre Campane 2018 O 14.000 bt; 14 € - Più ritroso al naso, gioca tutte le sue carte in bocca, dove esplode in un concentrato agrumato e sapido.
Lugana Cemento 2019 O 3.000 bt; 19 € - La fermentazione in cemento con le bucce gli regala profondità e complessità, senza fargli perdere la freschezza. Si apre su note di fiori e frutta bianca, speziate e di grafite, e ha un finale asciutto e persistente.
Riviera del Garda Cl. Chiaretto 2019 6.000 bt; 11 € - Succoso, minerale.verace

ha 33 - **bt** 100.000
Fertilizzanti letame in pellet, letame
Fitofarmaci organici, rame e zolfo
Diserbo lavorazione meccanica/manuale
Lieviti selezionati industriali
Uve 100% di proprietà
Certificazione biologico certificato

POZZOLENGO (BS)

TENUTA ROVEGLIA

Località Roveglia, 1 - tel. 030 918663
www.tenutaroveglia.it - info@tenutaroveglia.it

VITA - Le origini di Tenuta Roveglia vanno rintracciate a inizio Quattrocento, mentre il passaggio di proprietà alla famiglia italo-svizzera Zweifel-Azzone risale a inizio Ottocento; la produzione di vino di qualità, invece, è iniziata negli anni Ottanta con Giovanni Felice Azzone, che ha trovato un indispensabile collaboratore in Paolo Fabiani, oggi direttore dell'azienda.

VIGNE - La maggior parte delle vigne è intorno alla sede aziendale e poggia sui suoli tipici della denominazione Lugana: di origine morenica, argillosi e calcarei, sono responsabili del gusto sapido che si ritrova in ogni vino. Di recente si è aggiunto l'affitto di un appezzamento a San Martino della Battaglia per la produzione dell'omonimo bianco da uva tuchì, ora in grande spolvero.

VINI - I vini di Tenuta Roveglia sono molto tipici e territoriali: le differenti versioni di Lugana sono un manuale della versatilità dell'uva turbiana, cui si aggiungono un rosato, prodotto con le uve classiche della Valtènesi, e tre rossi da vitigni internazionali.

Lugana Vigne di Catullo Ris. 2017 O 35.000 bt; 21 € - Prodotto con le vigne più vecchie, ha un profilo olfattivo che si muove tra la frutta matura, gli agrumi e i fiori. In bocca è strutturato e teso, con finale salino e retrogusto di frutta secca: la beva è irresistibile.
Lugana Limne 2019 O 650.000 bt; 12 € - Ha una beva trascinante anche il Lugana d'annata, ben bilanciato tra morbidezza e tensione acido-sapida.
Lugana V.T. Filo d'Arianna 2017 O 8.000 bt; 28 € - Ampio e carezzevole al palato, ha profumi di frutta secca tostata e frutta tropicale. Il finale, fresco e persistente, è ben sorretto dalla mineralità.
Garda Cl. Chiaretto Miti 2019 35.000 bt; 10 € - Fresco, minerale, leggiadro.

ha 100 - **bt** 800.000
Fertilizzanti letame, sovescio
Fitofarmaci organici, rame e zolfo
Diserbo lavorazione meccanica/manuale
Lieviti selezionati industriali
Uve acquisto 5%
Certificazione nessuna certificazione

PROVAGLIO D'ISEO (BS)

BARONE PIZZINI

Via San Carlo, 14 - tel. 030 9848311
www.baronepizzini.it - info@baronepizzini.it

VITA - Barone Pizzini rivendica a buon diritto il ruolo di azienda che ha pionieristicamente introdotto, sin dalla fine degli anni Novanta, il tema del rispetto ambientale nella coltivazione delle uve. Silvano Brescianini è stato l'attore fondamentale di questa scelta, che in poco più di 20 anni ha orientato il sistema franciacortino verso una pratica diffusa del biologico. L'azienda è dinamica e si distingue per la forte progettualità.

VIGNE - L'introduzione e lo studio della varietà autoctona erbamat è la nuova grande scommessa di Silvano, con l'obiettivo di marcare una differenza identitaria territoriale prettamente franciacortina. Il vitigno è molto tardivo, e apporta grande freschezza alle cuvée in cui entra. Vedremo se saprà essere valore aggiunto per dei vini di già consolidata fama.

VINI - Pulizia di frutto, freschezza e longevità sono le parole d'ordine che disegnano la traiettoria stilistica di Barone Pizzini.

TOP **Franciacorta Naturae Edizione 2016** VINO SLOW 20.000 bt; 32 € - Vino terso, dal frutto croccante e teso che esalta la facilità di beva. Fiori di acacia, prugna gialla, note speziate e agrumate segnano un profilo olfattivo che è tripudio del millesimo.

Franciacorta Satèn Edizione 2016 49.000 bt; 32 € - Interpretazione magistrale dell'annata, tra i toni floreali dello Chardonnay cesellati in un frutto candido e maturo, e il sorso limpido, saldo e sapido.

Franciacorta Dosaggio Zero Animante L.A. 4.950 bt; 30 € - Un'edizione all'insegna della leggiadria, con cenni vegetali freschi e balsamici, accompagnati da note agrumate e di pasticceria. Il sorso è scorrevole ma anche materico.

Franciacorta Extra Brut Rosé Edizione 2016 43.000 bt; 32 € - Armonico, fruttato, dettagliato.

Franciacorta Extra Brut Animante 38.000 bt; 24 € - Dinamico, floreale, avvolgente.

ha 53 - **bt** 300.000
Fertilizzanti compost, sovescio
Fitofarmaci rame e zolfo
Diserbo lavorazione meccanica/manuale
Lieviti selezionati industriali, selezione di lieviti indigeni
Uve acquisto 20%
Certificazione biologico certificato

PUEGNAGO DEL GARDA (BS)

PASINI - SAN GIOVANNI €

Frazione Raffa - Via Videlle, 2 - tel. 0365 651419
www.pasinisangiovanni.it - info@pasinisangiovanni.it

VITA - La bella cantina con sala degustazione e punto vendita, la certificazione biologica, il rispetto per l'ambiente, la produzione di vini di chiara aderenza territoriale, l'appartenenza al gruppo dei Vignaioli Indipendenti, i prezzi corretti: tutto qui è un segnale di quanto la terza generazione della famiglia Pasini, con Luca, Paolo, Sara e Laura, sia innamorata del territorio gardesano e orgogliosa di rappresentarlo attraverso i vini.

VIGNE - I vigneti da cui si ottiene il Lugana sono a Peschiera, nelle frazioni Broglie e Busocaldo, e a San Benedetto, e poggiano sui tipici terreni argillosi della zona. Le vigne per i Valtènesi sono in parte attorno alla cantina, su terreni di origine morenica sciolti e ricchi di scheletro, in parte a Picedo di Polpenazze. In vigna e in cantina ci si avvale della consulenza dell'agronomo Pierluigi Donna e dell'enologo Nico Danesi.

VINI - Accanto alla produzione delle Doc Lugana e Valtènesi l'azienda si distingue per i Metodo Classico. Dalla prima bottiglia del 1980 di strada ne è stata fatta parecchia, e oggi risultano interessanti le due etichette che vedono protagonista l'uva groppello.

TOP **Il Valtènesi 2018** VINO QUOTIDIANO 45.000 bt; 11 € - Un Groppello in purezza, tipico, slanciato, succoso, con un finale pepato che rende la beva agile e irresistibile. Anche quest'anno si conferma un campione.

Valtènesi Chiaretto Rosagreen 2019 7.000 bt; 13 € - Groppello di nuovo in purezza, in un rosa che sfoggia una bocca tesa e salina, con intriganti note di pesca.

M. Cl. Extra Brut Centopercento groppello; 5.000 bt; 20 € - Affina 36 mesi sui lieviti e sfoggia una bocca tesa, sapida, molto gastronomica.

Lugana Biologico 2019 120.000 bt; 12 € - Fresco, fruttato, delicato.

Valtènesi Il Chiaretto 2019 45.000 bt; 12 € - Agile, fruttato, essenziale.

ha 40 - **bt** 300.000
Fertilizzanti letame, sovescio
Fitofarmaci rame e zolfo
Diserbo lavorazione meccanica/manuale
Lieviti fermentazione spontanea, lieviti selezionati industriali, selezione di lieviti indigeni
Uve acquisto 15%
Certificazione biologico certificato

PUEGNAGO SUL GARDA (BS)

LA BASIA

Via Predefitte, 31 - tel. 0365 555958
www.labasia.it - info@labasia.it

VITA - La Basia è un piccolo paradiso a pochi passi dal lago di Garda: accanto alla variegata attività agricola, comprende un maneggio e un agriturismo con appartamenti. Fondata nel 1975 da Elena Parona, è oggi portata avanti dai tre figli Davide, Giacomo e Irene Tincani. Con la vendemmia 2018 è stato completato l'iter per la certificazione biologica, ma non sono ancora uscite annate con la certificazione riportata anche in etichetta.

VIGNE - Il parco vitato si estende su 25 ettari in un corpo unico, in cui, oltre alla vite, si coltivano olivi, fieno, e cereali che poi vengono trasformati in farine nel vicino mulino di Bedizzole. Siamo a 300 metri di altitudine, in uno dei punti più alti della denominazione Valtènesi: le vigne poggiano su terreni calcarei di origine morenica e sono state piantate tra il 1998 e il 2001.

VINI - Nessuna scorciatoia in cantina, rispetto per il territorio, vini che sono uno specchio fedele dell'annata, affinamenti in contenitori che non ne mutano il profilo organolettico: ecco i capisaldi su cui si fonda la produzione dei fratelli Tincani.

Valtènesi La Botte Piena 2018 ● 10.000 bt; 11 € - In questo classico blend della Valtènesi l'uva groppello occupa il 65% e dona a questo rosso tipicità e profilo pepato. La bocca conquista per freschezza e scorrevolezza.
DettoFrizz 2019 groppello, marzemino, sangiovese, barbera, rebo; 2.000 bt; 12 € - È un rifermentato in bottiglia rosa divertente e dissetante, con aromi vegetali e di piccoli frutti rossi, e un sorso teso e succoso.
Valtènesi Chiaretto La Moglie Ubriaca 2019 ● 8.000 bt; 11 € - Si apre sui cenni floreali e agrumati tipici dei Chiaretti della Valtènesi, per allungarsi in bocca in un sorso ricco di spinta e di sale.
Le Morene 2017 ● 2.000 bt; 12 € - Armonico, fruttato, leggiadro.

ha 4,5 - **bt** 28.000
Fertilizzanti letame
Fitofarmaci organici, rame e zolfo
Diserbo lavorazione meccanica/manuale
Lieviti fermentazione spontanea, selezionati industriali
Uve acquisto 10%
Certificazione nessuna certificazione

PUEGNAGO SUL GARDA (BS)

PODERE DEI FOLLI

SCONTO **-10%**

Via Palazzo Garibaldi, 23 - tel. 0365 674776
www.poderedeifolli.it - info@poderedeifolli.it

VITA - Il giovane Davide, con l'aiuto del fratello Marco, ha preso in mano le redini di questa bella cantina di Mura, un piccolo borgo che fa parte del comune di Puegnago. Accanto a lui lavorano instancabilmente il papà Eligio e perfino il nonno Andrea, che abita ancora la cascina che è sede dell'azienda. Questa realtà è stata tra le prime in Valtènesi a puntare sul biologico e alla produzione di vino affianca quella di olio.

VIGNE - Vigneti e oliveti si trovano tra il lago Lucone, a Polpenazze del Garda, e i laghetti di Sovenigo, a Puegnago del Garda. I terreni sono quelli tipici della Valtènesi: morenici, ciottolosi e calcarei, e regalano ai vini un'inconfondibile nota sapida. Le vigne più vecchie sono state piantate circa 40 anni fa.

VINI - I vini sono improntati a uno stile fresco e territoriale che privilegia in particolare la facilità di beva.

TOP **Valtènesi Chiaretto Preafète 2019** VINO SLOW ● 6.000 bt; 15 € - Frutto del blend classico locale, che vede la percentuale maggioritaria di uve groppello affiancate da barbera, marzemino e sangiovese, ha intensi profumi di pesca con cenni agrumati e un sorso teso, con il finale sapido tipico della zona. È senza dubbio uno dei migliori vini rosa lombardi assaggiati quest'anno.
Riviera del Garda Cl. Rosé Extra Dry Béspoi 4.500 bt; 17 € - Questo Metodo Charmat affina per due mesi e mezzo in autoclave e sfodera suadenti profumi di piccoli frutti e una beva fresca, da aperitivo estivo.

ha 4 - **bt** 20.000
Fertilizzanti letame
Fitofarmaci rame e zolfo
Diserbo lavorazione meccanica/manuale
Lieviti selezione di lieviti indigeni
Uve 100% di proprietà
Certificazione biologico certificato

SAN FELICE DEL BENACO (BS)

LE CHIUSURE

Via Boschette, 2 - tel. 349 5658842
www.lechiusure.net - info@lechiusure.net

VITA - Dalla tranquilla e suggestiva posizione de Le Chiusure Alessandro Luzzago guida con piglio riflessivo e competente la sua azienda e il Consorzio Valtènesi, di cui è presidente da otto anni. Siamo a Portese di San Felice del Benaco, sulla sponda bresciana del lago di Garda, dove i muretti a secco che circondano la tenuta offrono riparo e ristoro.

VIGNE - I vigneti attorno alla minuscola cantina rappresentano una virtuosa e coraggiosa eccezione, accerchiati come sono dagli edifici circostanti, figli di un'urbanizzazione tanto conveniente quanto inopportuna. I filari sono curati e ordinati, accolgono i vitigni caratteristici del territorio, e godono della costante ventilazione del lago, in linea d'aria distante meno di 500 metri.

VINI - I vini di Alessandro si differenziano dalla maggior parte dei fratelli del territorio per l'assenza quasi totale di residui zuccherini, e per privilegiare uno stile fatto di struttura e longevità per i rossi, e di freschezza e sapidità per i rosa.

Valtènesi Chiaretto 2019 6.000 bt; 12 € - - Sempre una garanzia, con il suo stile schietto e vibrante, fatto di poca estrazione del colore e profumi tenui e delicati che privilegiano la bevibilità e la freschezza.
Valtènesi Chiaretto Roseti 2018 1.200 bt; 18 € - - Il nuovo progetto di Alessandro, figlio delle vigne più vecchie dell'azienda. Un Chiaretto che punta su longevità e pienezza gustativa, grazie alle note di pietra focaia e alla bella persistenza in bocca.
Valtènesi Campei 2017 4.600 bt; 16 € - - Il migliore tra i rossi di quest'anno, grazie alla succosità della bevuta e a un corpo strutturato ma anche agile e scorrevole.
Valtènesi 2018 4.200 bt; 11 € - - Fresco, floreale, espressivo.
Malborghetto 2017 rebo, merlot; 4.500 bt; 23 € - - Denso, speziato, opulento.

ha 4 - **bt** 25.000
Fertilizzanti letame in pellet, letame
Fitofarmaci rame e zolfo
Diserbo lavorazione meccanica/manuale
Lieviti fermentazione spontanea, selezione di lieviti indigeni
Uve 100% di proprietà
Certificazione biologico certificato

I MARGINI DELLA FRANCIACORTA

Territorio ormai assurto a un successo fortemente voluto e programmato, la denominazione Franciacorta è forte di un metodo, regole e discipline tra le più precise e rigorose dell'intero sistema del vino italiano. Tale rigore produttivo lascia a volte ai margini tutto ciò che non può essere incluso o non viene riconosciuto affine, a prescindere dalla motivazione del soggetto escluso. Esiste pertanto un pugno di aziende che vive questi margini, anche in maniera molto differente, in cui cercare una propria diversa identità.
Per citarne solamente una, ma significativa, ci viene in mente Il Pendio di Michele Loda. In questo spazio vogliamo però segnalare un'altra piccola cantina, meno conosciuta, tra quelle che ci piacciono e che hanno deciso di mantenere un legame esplicito con il nome Franciacorta, simbolo identitario del territorio, invece di rivendicare un altrove immaginario, legittimo ma a volte nebuloso.

Rizzini
Monticelli Brusati (BS)
tel. 339 8497703
Guido Rizzini, diploma di geometra nel cassetto, alterna la professione tecnica a quella di vignaiolo, e da circa una quindicina d'anni gestisce il vigneto di famiglia, 3 ettari in un corpo unico sopra la cantina, tutti allevati a chardonnay. In cantina, con la consulenza di Andrea Rudelli, realizza tre sole etichette che hanno nella verticalità, nella freschezza e nella pulizia il loro tratto distintivo: un Millesimato che riposa 60 mesi sui lieviti dosato Brut, un Vintage da 90 mesi non dosato, e un Selezione da 120 mesi Extra Brut.

SAN PAOLO D'ARGON (BG)

ANGELO PECIS

SCONTO **-10%**

Via San Pietro delle Passere, 12 - tel. 035 959104
www.pecis.it - angelopecis@libero.it

VITA - Angelo Pecis dal 1982 gestisce l'azienda voluta da papà Carlo con l'aiuto della moglie Marialaura Briola e dei figli Massimo e Lorenzo. Ci piace la dedizione con cui si dedicano alla franconia, un'uva arrivata nel bergamasco con la dominazione austriaca, che dà rossi leggeri e molto moderni. Angelo racconta che è stato sua papà a piantarla da subito, spinto dai ricordi che ne aveva da bambino.

VIGNE - Il nucleo originario dei vigneti è intorno alla cantina e alla chiesetta romanica di San Pietro delle Passere, mentre un secondo lotto di circa 2,5 ettari si trova a Cenate Sotto. Ultimamente si è aggiunto un piccolo appezzamento coltivato a rebo e petit verdot. I terreni, ben drenanti, sono di origine fluvio-glaciale. Alla produzione di uva si affianca quelle di mele, che dà vita a un sidro Metodo Classico.

VINI - Siamo lieti di constatare che, anno dopo anno, si incrementa la produzione di bottiglie di Franconia e ci piace pensare che sia anche un po' per merito nostro, che da tempo lo premiamo come bandiera del territorio bergamasco.

TOP **Imberghem 2019** VINO QUOTIDIANO ● franconia; 6.500 bt; 10 € - Ha profumi freschi di ciliegie e fragole, con delicate note speziate. In bocca è fresco, succoso e ben bilanciato.
M. Cl. Brut Maximus 2012 pinot bianco, chardonnay; 2.500 bt; 18 € - Dopo sette anni sui lieviti, porge un profilo incentrato sul frutto maturo e sulla freschezza. Il perlage è cremoso ed elegante, la bocca equilibrata e di bella progressione. Il dosaggio è contenuto.
Soffio del Misma 2014 ● merlot, cabernet sauvignon, franconia; 4.500 bt; 22 € - Complice l'annata fredda e il saldo di uve franconia, ha una bocca fresca e piena di succo, coerente con i profumi di frutti rossi ed erbe balsamiche.
Valcalepio San Pietro delle Passere 2012 ● 3.300 bt da 0,5 l; 9 € - Possente, speziato, gastronomico.

ha 5 - **bt** 25.000
Fertilizzanti letame in pellet
Fitofarmaci chimici di sintesi, rame e zolfo
Diserbo lavorazione meccanica/manuale
Lieviti fermentazione spontanea
Uve acquisto 2%
Certificazione nessuna certificazione

SCANZOROSCIATE (BG)

BIAVA

Via Monte Bastia, 7 - Via Monte Bastia, 7 - tel. 335 349313
www.aziendabiava.it - manuel@aziendabiava.it

VITA - La cantina di Manuel Biava si trova sulle prime balze del monte Bastia, forse l'unico vero cru della provincia di Bergamo, dove trova casa il moscato di Scanzo, vitigno alla base della Docg più piccola d'Italia. Come uno scalatore in solitaria, Manuel porta avanti il lavoro ereditato dal nonno paterno, incurante di mode e difficoltà di produzione connaturate a questo vitigno così unico e particolare.

VIGNE - Sono 3 gli ettari, quasi tutti terrazzati a causa della notevole pendenza. Per il moscato di Scanzo l'allevamento è a pergola tradizionale, un sistema che unito al suolo calcareo chiamato "sass de luna" fornisce gli elementi che rendono grande il vino che ne deriva. La lavorazione è rigorosamente manuale, volta alla conservazione di vigne vecchie che mantengono la memoria dei cloni storici.

VINI - I vini di Manuel sono schietti e lineari, profondamente connotati dalla varietà e dalle caratteristiche del suolo, di cui viene rispettata l'unicità.

TOP **Moscato di Scanzo 2015** VINO SLOW ● 2.000 bt da 0,5 l; 65 € - Un vino profondo, austero, in cui la dolcezza soffusa è al servizio della struttura. Sa di rosa, incenso, cacao, susina, e in bocca alterna dolcezza ricamata a sapidità intensa e acidità ben delineata. Grande il potenziale evolutivo.
Secco 2017 ● moscato di Scanzo; 1.600 bt; 15 € - Inusuale e moderna interpretazione del vitigno, presenta le consuete note di rosa e di prugna, per una bocca tesa, fresca e slanciata, di golosa aromaticità.
Giallo 2012 ● moscato giallo, moscato fior d'arancio; 1.000 bt da 0,5 l; 43 € - Morbido, dolce, oleoso senza essere stucchevole. Alle note di pasticceria e frutta matura fa da contraltare in bocca una bella sapidità.
Exenthia 2006 ● moscato giallo, moscato fior d'arancio, moscato di Scanzo; 500 bt da 0,5 l; 48 € - Ampio, fruttato, complesso.

ha 3 - **bt** 8.500
Fertilizzanti nessun concime
Fitofarmaci rame e zolfo
Diserbo lavorazione meccanica/manuale
Lieviti selezione di lieviti indigeni
Uve 100% di proprietà
Certificazione parte dei vigneti in regime biologico

SIRMIONE (BS)

CA' LOJERA

Frazione Rovizza - Via 1866, 19 - tel. 030 919550
www.calojera.com - info@calojera.com

VITA - L'azienda creata da Franco Tiraboschi e Ambra Perotti nel 1992 è uno dei nomi che hanno fatto la storia della denominazione Lugana. Dopo tutti questi anni, la passione per il vino e il suo territorio è rimasta immutata. Il nome Ca' Lojera, casa dei lupi, è quello della vecchia cascina, sede aziendale: si narra che un tempo fosse un nascondiglio di contrabbandieri e l'accesso fosse difeso da un branco di lupi.

VIGNE - Siamo a pochi passi dal lago di Garda, che garantisce un microclima molto adatto alla coltivazione della vite, con i venti Ora e Pelèr che assicurano la sanità delle uve. Il corpo principale di 18 ettari abbraccia la cantina e poggia sui suoli tipici della zona, ricchi di argille chiare, con piante che superano il mezzo secolo di età. Un altro appezzamento di oltre 2 ettari è più a sud, sulle prime colline moreniche mantovane, ed è dedicato alla produzione delle uve a bacca nera.

VINI - Franco crede da sempre nella capacità di affinamento dei Lugana, e da qualche tempo propone in vendita annate molto vecchie, come la 2001 che abbiamo assaggiato quest'anno. I suoi vini hanno come tratti distintivi la precisione, l'aderenza territoriale e la facilità di beva, senza scadere mai nella banalità.

Lugana Riserva del Lupo 2017 O 4.000 bt; 19 € - - Sfoggia tutte le caratteristiche dell'uva e del territorio: gli intensi aromi floreali e fruttati sono percorsi da una vena agrumata, mentre in bocca il volume è slanciato dalla nota acida e dalla chiusura salina.
Lugana 2019 O 90.000 bt; 12 € - - Citrino e sapido, fresco e persistente, semplice e appagante, rimane uno dei biglietti da visita del territorio.
Lugana Sup. 2001 O 1.000 bt; 17 € - - Il colore si fa oro vivo, e il palato si allarga verso le note di frutta appassita e secca, sorretto ancora da una discreta freschezza.
M. Cl. Dosaggio Zero Tur Blanc 2013 2.000 bt; 19 € - - Ampio, minerale, gastronomico.
Ravel 2015 ● turbiana, malvasia bianca; 4.000 bt da 0,375 l; 15 € - - Avvolgente, fruttato, elegante.

ha 20 - **bt** 160.000
Fertilizzanti letame
Fitofarmaci rame e zolfo
Diserbo lavorazione meccanica/manuale
Lieviti selezionati industriali
Uve 100% di proprietà
Certificazione nessuna certificazione

SIRMIONE (BS)

CASCINA MADDALENA

Via Maddalena, 17 - tel. 346 0275513
www.cascinamaddalenalugana.com - info@cascinamaddalena.com

VITA - A Cascina Maddalena si respira aria di tradizione e di famiglia. Dopo l'acquisto dei terreni nel 1946 da parte del nonno, oggi è al lavoro la terza generazione degli Zordan, con Mattia impegnato in cantina e in vigna, dove affianca papà Luciano, ed Elisa, che collabora nella cucina dell'agriturismo, dove nascono piatti che valorizzano i sapori e i prodotti locali.

VIGNE - Le vigne circondano la cantina in un corpo unico. Oltre alla turbiana, si coltivano marzemino e cabernet sauvignon, piantati tra il 2001 e il 2008. I terreni di argille chiare, ricchi di sali minerali, donano ai vini la caratteristica sapidità. Il microclima del lago di Garda assicura invece le giuste escursioni termiche e una brezza costante che soffia tra i filari, assicurando la sanità delle uve.

VINI - Mattia è giovane e appassionato di vino, assaggia con i colleghi e sperimenta molto in cantina per mettere a fuoco la migliore espressione dei Lugana, per cui ricerca slancio e capacità di evolvere nel tempo. Innamorato delle bolle, ci presenterà a breve anche un nuovo Metodo Classico in rosa, che affiancherà il Dosaggio Zero Leonardo Millesimato. Quest'anno gli assaggi si sono concentrati su un solo Lugana.

TOP **Lugana Capotesta 2019** O 26.000 bt; 14 € - - Ci ha intrigato con il suo slancio salato e le note agrumate. Ci piace segnalarlo per lo stile secco e austero che si discosta da quello, opposto, dei Lugana che giocano tutte le loro carte sul residuo zuccherino.

ha 4 - **bt** 35.000
Fertilizzanti letame, organo-minerali, sovescio
Fitofarmaci chimici di sintesi, organici, rame e zolfo
Diserbo lavorazione meccanica/manuale
Lieviti fermentazione spontanea, selezionati industriali
Uve 100% di proprietà
Certificazione nessuna certificazione

SONDRIO

AR.PE.PE.

SCONTO **-10%**

Via del Buon Consiglio, 4 - tel. 0342 214120
www.arpepe.com - info@arpepe.com

VITA - L'eredità di Arturo Pelizzati, figura chiave della storia della Valtellina, è in mano ai figli Emanuele, Isabella e Guido, i quali, nel giro di pochi anni, hanno avviato un percorso di riattualizzazione più che mai sorprendente, tanto per il mondo del vino e degli appassionati, quanto per loro stessi. Ar.Pe.Pe. è sinonimo di un rinnovato contributo all'eccellenza espressiva e identitaria del nebbiolo di montagna.

VIGNE - L'operato di Emanuele tra i filari consiste nell'incessante opera di ammodernamento dei terrazzamenti di proprietà, tutti localizzati in zone ad altissima vocazione, e nei quali persiste un ampio patrimonio di vecchie piante. La proprietà è dislocata su diversi territori, ma tutti all'interno delle sottozone Inferno, Grumello e Sassella.

VINI - L'attesa è l'elemento chiave che contraddistingue il modello Ar.Pe.Pe., unita alla ricerca maniacale dell'equilibrio tra maturazione del frutto, acidità e lunghe macerazioni.

TOP **Valtellina Sup. Sassella Nuova Regina Ris. 2013** VINO SLOW ● 6.000 bt; 60 € - Un capolavoro di eleganza: affina 40 mesi in botte e a lungo in bottiglia, per un risultato che evidenzia le sfaccettature più nascoste della Valtellina.
Valtellina Sup. Inferno Sesto Casto Ris. 2013 ● 6.200 bt; 60 € - Affidato a una vinificazione speculare al precedente, fa emergere altrettanta eleganza, con un cenno di maggiore spessore e frutto.
Valtellina Sup. Il Pettirosso 2017 ● 22.500 bt; 26 € - È molto snello e vibrante, una porta di ingresso ai Riserva. Ha frutto e spezia dolce.
Valtellina Sup. Sassella Ultimi Raggi Ris. 2013 ● 6.200 bt; 60 € - Dinamico, fruttato, dettagliato.
Rosso di Valtellina 2018 ● 47.700 bt; 17 € - Schietto, fruttato, varietale.

ha 15 - **bt** 100.000
Fertilizzanti letame in pellet, letame
Fitofarmaci organici, rame e zolfo
Diserbo lavorazione meccanica/manuale
Lieviti fermentazione spontanea, selezione di lieviti indigeni
Uve acquisto 15%
Certificazione nessuna certificazione

SONDRIO

COOPERATIVA TRIASSO E SASSELLA

Frazione Triasso, 25 - tel. 0342 217310 - 345 5274823
www.cooptriasso.it - coop.triasso@gmail.com

VITA - Negli ultimi 15 anni la Valtellina si è arricchita di nuove micro realtà che, da semplici produttrici di uva, si sono indirizzate verso il completamento della filiera, e quindi sono arrivate al vino in bottiglia. Questa è, in sintesi, anche la storia di questa affidabile cooperativa, gestita da un pugno di soci, che contribuisce ad arricchire il mosaico territoriale con vini sempre molto centrati. Alla guida troviamo il presidente Giulio Dell'Agostino.

VIGNE - I vigneti gestiti dalla cooperativa sono il frutto di un graduale recupero di appezzamenti sottratti all'abbandono. Siamo nel cuore della Sassella, nella zona più alta, attorno al borgo di Triasso. Qui il paesaggio si distingue per il saliscendi nella roccia di piccolissime parcelle vitate, straordinaria testimonianza della cultura e della storia rurale del luogo.

VINI - La piccola cantina in pietra è fatta di cunicoli scavati nella roccia, nei quali entrano su misura le botti di legno e le vasche di acciaio. La gamma è ridotta al minimo, e di solito contempla non più di due etichette. Lo stile valorizza carattere e leggerezza del nebbiolo delle Alpi. Quest'anno ci limitiamo a recensire un solo vino, quello più rappresentativo dell'azienda.

Valtellina Sup. Sassella Sassi Solivi 2017 ● 9.000 bt; 24 € - Frutto di un'annata calda, in realtà stupisce per il carattere fresco e leggiadro, che si sostanzia in una piacevole e spiccata trama acida, a tratti un po' verde. Ci troviamo di fronte a un vino che darà il meglio di sé dopo un adeguato periodo di affinamento.

ha 3,5 - **bt** 13.000
Fertilizzanti letame in pellet, letame
Fitofarmaci chimici di sintesi, rame e zolfo
Diserbo chimico, lavorazione meccanica/manuale
Lieviti fermentazione spontanea
Uve 100% di proprietà
Certificazione nessuna certificazione

SONDRIO

ALBERTO MARSETTI

Via Scarpatetti, 15 - tel. 0342 216329
www.marsetti.it - info@marsetti.it

VITA - Alberto Marsetti gestisce un'azienda cosiddetta classica, di quelle che basta varcare la porta della cantina nel cuore del centro storico di Sondrio, per andare con la mente a un'immagine fortemente ancorata alla cultura vitivinicola tradizionale valtellinese. La conduzione è in mano ad Alberto per la quasi totalità dei lavori, ma segnaliamo anche il piccolo contributo di Stefano, suo nipote.

VIGNE - È sufficiente lasciarsi alle spalle la città, arrampicarsi per qualche tornante, e si giunge al principale nucleo vitato di proprietà. Alberto ha la fortuna di possedere un appezzamento monoblocco, caso raro in Valtellina. Significativo l'impegno ormai storico nel valorizzare un'identità specifica che guarda oltre al concetto delle sottozone, come dimostra il vigneto terrazzato Le Prudenze, un vero e proprio cru.

VINI - I vini di Marsetti raccontano con eleganza il territorio: hanno un tessuto fatto di struttura e potenza, che si sviluppa anche attraverso un uso importante del legno in affinamento, senza mai eccedere.

Valtellina Sup. Grumello 2016 ● 7.300 bt; 21 € - 🛢 - La grande annata di cui è figlio lascia intravedere un futuro radioso e di grande espressività. Al momento del nostro assaggio giocava piuttosto sul frutto e su un palato sottile.
Valtellina Sup. Le Prudenze 2016 ● 5.000 bt; 25 € - 🛢 - Il legno emerge con intensità e grazia, e si unisce allo spessore della materia. Un Nebbiolo di anima territoriale e buona intensità.
Imperfetto 2015 ● nebbiolo; 3.500 bt; 32 € - 🛢 - Da non vivere come un'alternativa allo Sforzato, che quest'anno manca all'appello, ma come una ricerca più incisiva di frutto e potenza, risultato di oltre quattro mesi di appassimento delle uve.
Rosso di Valtellina 2018 ● 10.000 bt; 13 € - ▯ - Denso, fruttato, integro.

ha 10 - **bt** 40.000
Fertilizzanti humus, organo-minerali, sovescio
Fitofarmaci chimici di sintesi, organici, rame e zolfo
Diserbo chimico, lavorazione meccanica/manuale
Lieviti fermentazione spontanea, selezione di lieviti indigeni
Uve 100% di proprietà
Certificazione nessuna certificazione

LA VALTELLINA CHE CI PIACE

Territorio ormai assurto a un successo fortemente vo-
Dieci edizioni di Slow Wine ci hanno permesso di porre uno sguardo attendo su quello che, senza esitazioni, ci piace definire uno dei più straordinari areali vitivinicoli italiani. La Valtellina a noi piace e tanto! Da sempre abbiamo voluto dare una lettura "nostra" del territorio, mettendo insieme l'inevitabile dose di riconoscenza nei confronti delle prestigiose maison locali, una su tutte la Nino Negri, alla curiosità e allo spirito effervescente delle tante piccole realtà emergenti. In questo binomio, a nostro avviso mai contrapposto né contrapponibile, risiede buona parte del fascino e del successo identitario e qualitativo della Valtellina. Insieme piccoli e grandi, storici ed emergenti parlano di terrazzamenti, di difficoltà tecniche e strutturali, di prezzi delle uve, di paesaggio rurale, si interrogano sulla qualità dei mosti e sulle modalità di affinamento, diffondono un'immagine unita della Valtellina dentro e fuori dal territorio (basti pensare al visionario e affermato stand del Vinitaly, vero e proprio modello di coesione territoriale, o al successo di Valtellina Wine Festival a Chiavenna). Ci piace al tempo stesso evidenziare come in questo decennio sia cresciuta, anche in noi, la consapevolezza da parte di molti produttori dell'importanza di mettere al centro della propria politica promozionale e identitaria il vigneto, non più accessorio estetico su cui piangere le proprie fatiche, ma catalizzatore di orgoglio e di distintività. Le tante ore trascorse arrampicandosi su e giù per i terrazzamenti insieme ai produttori sono diventate l'essenza di un naturale e imprescindibile percorso di giudizio sul vino non più ridotto alle mere "faccende degustative". Questo approfondimento lo vogliamo dedicare ad alcune aziende che in questi anni abbiamo conosciuto, con cui abbiamo trascorso momenti tra le vigne, di cui abbiamo assaggiato i vini, e che per svariate ragioni non compaiono nelle pagine qui accanto, ma che ai nostri occhi costituiscono un tassello fondamentale per conoscere e apprezzare la Valtellina.

Boffalora
Castione Ardevenno (SO)
tel. 335 685 7057

Renato Folini
Chiuro (SO)
tel. 340 0955803

Terrazzi Alti
Castione Ardevenno (SO)
tel. 339 3707018

Marcel Zanolari
Bianzone (SO)
tel 380 455 0129

TEGLIO (SO)

FAY

SCONTO **-10%**

Località San Giacomo di Teglio - Via Pila Caselli, 1 - tel. 0342 786071
www.vinifay.it - info@vinifay.it

VITA - Sandro Fay è un luminare della vitivinicoltura valtellinese, tra i cui meriti c'è quello di aver trasmesso passione al figlio Marco, oggi riferimento indiscusso della rivoluzione qualitativa del territorio. Marco interpreta il suo ruolo con una sensibilità rara, che mette al primo posto la valorizzazione non solo della sua azienda, ma dell'intero territorio, fungendo da stimolo per tanti nuovi piccoli produttori.

VIGNE - Il patrimonio vitato è nella Valgella, sottozona di confine a cui Sandro e Marco hanno dedicato tanto lavoro. I cru Ca' Morei e Carteria, valorizzati separatamente da diversi anni, sono divenuti icone di uno sguardo nuovo al territorio, oggi più che mai attuale e condiviso. Marco è anche un sostenitore dell'importanza di considerare l'aspetto altimetrico dei vigneti, per cui ha deciso di avviare un bellissimo impianto di chardonnay, posizionato oltre i 700 metri di quota.

VINI - La destrezza di Marco in cantina fa di lui uno dei più capaci interpreti del nebbiolo delle Alpi. Lo stile negli ultimi anni ha visto una riduzione del legno, a vantaggio di candore ed eleganza.

TOP **Valtellina Sup. Valgella Carterìa Ris. 2016** VINO SLOW ● 9.200 bt; 31 € - Un vino completo, di trionfale stoffa, complesso ma sottile, caratteriale ma dalla grande beva. Monumentale, icona di una Valtellina 2.0.
Valtellina Sup. Valgella Costa Bassa 2017 ● 20.000 bt; 20 € - Dai vigneti appena sopra i 300 metri di quota, un vino cristallino e dalle ampie sfaccettature.
Valtellina Sup. Valgella Cà Moréi 2017 ● 10.800 bt; 29 € - Quest'altro cru aziendale ha un'anima più nascosta, per questo intrigante e di grande classe.
Valtellina Sup. Sassella Il Glicine 2017 ● 6.900 bt; 29 € - Armonico, fruttato, stratificato.
Chardonnay Sottocastello 2018 ○ 4.500 bt; 24 € - Agile, floreale, energico.

ha 15 - **bt** 85.000
Fertilizzanti nessun concime
Fitofarmaci organici, rame e zolfo
Diserbo lavorazione meccanica/manuale
Lieviti fermentazione spontanea,lieviti indigeni
Uve 100% di proprietà
Certificazione parte dei vigneti in regime biologico

TEGLIO (SO)

LA PERLA MARCO TRIACCA

SCONTO **-10%**

Località Tresenda - Via Valgella, 29/b - tel. 346 2878894
www.vini-laperla.com - info@vini-laperla.com

VITA - Armato di una generosa semplicità nei modi, Marco Triacca è diventato uno dei riferimenti della vitivinicoltura valtellinese. La sua impostazione aziendale ci convince molto e coniuga l'esperienza ereditata dal padre Domenico, indiscutibile visionario del territorio, con la spinta a guardare avanti. La cantina è il condensato di tutto ciò: un modello estetico e sostenibile di riqualificazione di caseggiati in pietra tra i terrazzamenti.

VIGNE - Il confine con la Svizzera è a un tiro di schioppo dalle vigne di Marco, localizzate tutte nel Tiranese, proprio sopra alla cantina. Il legame con questo areale più marginale trova spiegazione nelle radici della famiglia. Significativa e distintiva la conduzione del vigneto, disposto a girapoggio.

VINI - Lo stile è convincente e si fonda sull'abilità tecnica di Marco. Tra le altre cose si è deciso di affinare i vini più a lungo della media, scelta da noi molto apprezzata. La performance complessiva di quest'anno è davvero eccellente.

TOP **Sforzato di Valtellina Quattro Soli 2015** VINO SLOW ● 3.000 bt; 48 € - Un vino che ci piace per come è in grado di rappresentare l'azienda e la storia di un territorio, raccontando le sue radici (lungo affinamento, ricerca del frutto) e proiettandosi nel futuro (facilità di beva ed eleganza). Uno Sforzato modello!
Valtellina Sup. La Mossa 2015 ● 10.000 bt; 20 € - Rigoroso e di rara eleganza, si distingue per la spiccata riconoscibilità territoriale, il sorso convincente e l'ottimo rapporto tra la qualità e il prezzo.
Valtellina Sup. Elisa Ris. 2014 ● 3.000 bt; 27 € - Affidato alla tecnica della resezione dei tralci a maturazione avvenuta, questa versione ha struttura ma mantiene freschezza e slancio.
M. Cl. Extra Brut La Perla 2017 pignola; 4.000 bt; 20 € - Croccante, floreale, sottile.

ha 3,5 - **bt** 20.000
Fertilizzanti letame in pellet, minerali, organo-minerali
Fitofarmaci chimici di sintesi, organici, rame e zolfo
Diserbo lavorazione meccanica/manuale
Lieviti selezionati industriali
Uve 100% di proprietà
Certificazione nessuna certificazione

TIRANO (SO)

TENUTA SCERSCÉ

SCONTO -10%

Via Lungo Adda V Alpini, 124 - tel. 346 1542970
www.tenutascersce.it - direzione@tenutascersce.it

VITA - In pochi anni Cristina Scarpellini ha costruito un'azienda identitaria, con l'intento preciso di esaltare la cultura vitivinicola valtellinese. Il cuore del suo progetto è concentrato nella Valgella, tra vigne e muretti che custodisce con impegno, forte anche del suo ruolo istituzionale come presidente della Fondazione ProVinea, il cui scopo è esaltare il ricco patrimonio di terrazzamenti. È doveroso segnalare l'investimento sulla nuova cantina situata nella periferia di Tirano.

VIGNE - L'acquisizione dei vigneti è stata, come da prassi obbligata vista l'eccessiva frammentazione valtellinese, lenta e graduale, accompagnata dalla volontà di ricercare i giusti appezzamenti nelle zone più vocate. Bellissimo il Curnal, sopra Teglio, che sfiora i 700 metri di altitudine, una quota ottimale per la ricerca di freschezza e carattere. Non mancano appezzamenti nelle sottozone Inferno e Sassella, da cui nasceranno nuove etichette.

VINI - Cristina si affida alla consulenza di Attilio Pagli, grazie a cui ottiene vini molto integri che esaltano la tipicità del nebbiolo di montagna e la struttura, senza mai eccedere. Da un paio di vendemmie in cantina si sono aggiunti tini troncoconici di cemento per le fermentazioni.

Valtellina Sup. Essenza 2017 ● 6.600 bt; 26 € - L'annata calda dà energia e calore a questa versione prodotta da uve provenienti dalla Valgella. Un vino che non tradisce lo stampo aziendale, che vuole mantenere freschezza e slancio.
Sforzato di Valtellina Infinito 2017 ● 3.800 bt; 42 € - Uno Sforzato di nuova concezione, che spinge su acidità e accessibilità, senza nascondere la matrice alcolica e l'intensità di frutto.
Rosso di Valtellina Nettare 2018 ● 16.200 bt; 15 € - Una versione fragrante che dà luce alla tipologia più semplice, ma non per questo minore. Dalla beva trionfale.

ha 6 - **bt** 39.000
Fertilizzanti letame in pellet, letame, organo-minerali
Fitofarmaci chimici di sintesi, rame e zolfo
Diserbo lavorazione meccanica/manuale
Lieviti fermentazione spontanea
Uve acquisto 15%
Certificazione nessuna certificazione

TRESCORE BALNEARIO (BG)

MEDOLAGO ALBANI

Via Redona, 12 - tel. 035 942022
www.medolagoalbani.it - info@medolagoalbani.it

VITA - L'elegante villa settecentesca di Emanuele Medolago Albani si staglia su un panorama di vigneti a perdita d'occhio. Qui si coltiva la vite da secoli, come testimonia l'antica cantina del Cinquecento, parte di un romitaggio con attività agricola. Una visita è consigliata per scoprire la storia della viticoltura della Valcalepio, anche perché Emanuele veste con entusiasmo i panni del presidente del Consorzio.

VIGNE - Siamo sulle colline di Redona, all'imbocco della valle Cavallina, in un vigneto a corpo unico di 23 ettari esposto a mezzogiorno, a un'altitudine di circa 350 metri. Sui suoli calcareo argillosi si coltivano chardonnay, pinot bianco, pinot grigio, merlot, cabernet sauvignon, pinot nero e moscato giallo. L'immediata vicinanza della cantina garantisce l'arrivo di uve fresche e sane.

VINI - L'azienda produce vini frutto dei vitigni autoctoni che rientrano nella Doc Valcalepio, tutti ben eseguiti, di pronta beva e con un buon rapporto tra la qualità e il prezzo. Noi preferiamo i rossi.

Valcalepio Rosso 2018 ● 98.000 bt; 9 € - Profuma di frutti di bosco e vaniglia, lasciando trasparire l'impronta dell'affinamento. In bocca è armonioso, fresco e di bella beva.
Valcalepio Rosso I Due Lauri Ris. 2016 ● 10.000 bt; 18 € - Si apre su profumi intensi di frutti di bosco e spezie, e continua con un palato elegante e morbido, con tannini levigati e un percorso gustativo all'insegna dell'equilibrio e della piacevolezza.
Valcalepio Bianco 2019 O 32.000 bt; 9 € - Fresco, fruttato, leggiadro.
M. Cl. Brut chardonnay, pinot nero; 20.000 bt; 16 € - Ampio, fruttato, rilassato.

ha 23 - **bt** 250.000
Fertilizzanti letame, minerali
Fitofarmaci rame e zolfo
Diserbo chimico, lavorazione meccanica/manuale
Lieviti fermentazione spontanea, selezionati industriali
Uve 100% di proprietà
Certificazione nessuna certificazione

SUD LOMBARDIA

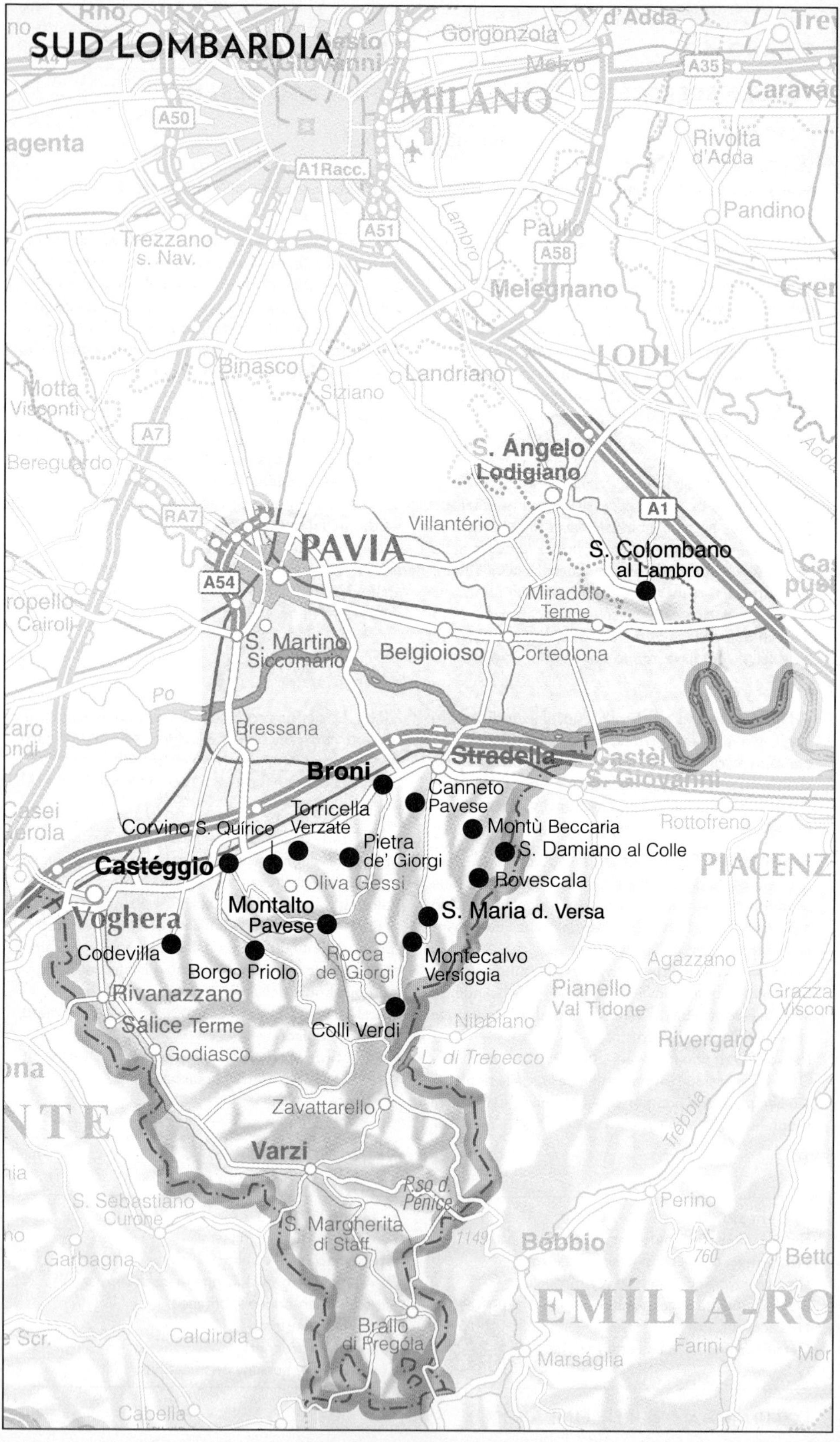

BORGO PRIOLO (PV)

PERCIVALLE

Località Torchi, 15 - tel. 338 9397904
www.percivalle.com - info@percivalle.com

VITA - L'azienda di Paolo Percivalle è all'imbocco della valle Coppa, poco distante da Casteggio, in una zona fortemente ancorata alla tradizione agricola e alla produzione di frutta e uva. È qui che, forte di una lunga tradizione di famiglia, Paolo ha riattualizzato la sua proprietà, investendo nel biologico e in una produzione davvero affidabile.

VIGNE - La cantina è localizzata nel fondo valle, in una delle miriadi di frazioni di Borgo Priolo. I vigneti, appena sopra, mettono in mostra la loro vertiginosa pendenza, caratteristica comune di questo territorio. La variabilità dei terreni ha permesso a Paolo di esaltare la sua curiosità nella scelta dei vitigni, dai più comuni e vocati, con in testa il pinot nero, ai più azzardati e insoliti, tra cui il merlot.

VINI - I vini sono schietti e ben condotti, e contribuiscono ad abbattere il luogo comune, purtroppo ancora in voga in questo territorio, circa l'affidabilità tecnica dei vini biologici. Tutte le etichette di Paolo sono rigorose dal punto di vista enologico: denotano pulizia e integrità.

Quattordicimarzo 2019 ● 4.000 bt; 13 € - 🍷 - La schiettezza del Pinot nero in una versione fragrante, dalla grande riconoscibilità varietale: un bel biglietto da visita per avvicinarsi al vitigno e al territorio.
M. Cl. Pinot Nero Brut 2016 ⁘ 2.000 bt; 20 € - 🍷 - Ha tensione, carattere e anima territoriale. La bocca è fragrante e denota un approccio al palato molto gastronomico.
M. Cl. Brut Cuvée 270 ⁘ 4.000 bt; 13 € - 🍷 - Una discutibile scorciatoia di soli nove mesi di affinamento sui lieviti non ci impedisce di riconoscere un vino di ottima stoffa e riuscito. Semplice e ben fatto.
Settembre 2019 ● merlot; 3.000 bt; 12 € - 🍷 - Agile, speziato, varietale.

ha 11 - **bt** 35.000
Fertilizzanti letame in pellet, letame
Fitofarmaci organici, rame e zolfo
Diserbo lavorazione meccanica/manuale
Lieviti selezionati industriali, selezione di lieviti indigeni
Uve 100% di proprietà
Certificazione biologico certificato

BRONI (PV)

BARBACARLO

Via Mazzini, 50 - tel. 0385 51212
barbacarlodimaga@libero.it

VITA - Lino Maga è il padre indiscusso del Barbacarlo e dell'identità artigianale del vino oltrepadano (e non solo). A un passo dai 90 anni, Lino è e rimane il combattente numero uno di queste colline, la voce narrante, sottile ma rassicurante, di un passato che ha ancora molto da dire e a cui guardare con attenzione. Ascoltate gente!

VIGNE - Lino gestisce i ripidissimi vigneti Barbacarlo e Montebuono grazie al lavoro instancabile del figlio Giuseppe, che prosegue la conduzione nel pieno rispetto della tradizione di famiglia. La storia di questi due celebri vigneti passa attraverso i rispettivi vini, cartina di tornasole di un progetto di esaltazione del naturale (termine usato da Lino ben prima che se ne facesse abuso) e rispettoso di riti e ritmi, e basato sull'ascolto dell'ambiente.

VINI - La cantina storica di Viale Mazzini 50, meta di pellegrinaggio per cultori e appassionati, accoglie vecchie annate, e tante bottiglie omaggiate da colleghi, oltre a ritratti e dediche degli amici storici di Lino, i grandi Gianni Brera e Gino Veronelli. I locali di vinificazione sono invece appena fuori Broni. Qui Lino e Giuseppe si affidano a macerazioni lunghe in botte, nessuna forzatura, travasi occasionali e permanenza in bottiglia.

TOP **Barbacarlo 2018** VINO SLOW ● croatina, vespolina; 5.000 bt; 40 € - 🍷 - Una poesia nuova da leggere a voce alta. I versi (croatina, vespolina, un accento di uva rara) sono incastonati in una metrica ritmata dal tempo, valore di cui il Barbacarlo è straordinariamente intriso: dai ceppi quasi centenari, a bottiglie di oltre 30 anni ancora perfette, ai 22 anni di battaglie legali impugnate da Lino per rivendicarne il nome, poi vinte. Il 2018 ha grazia, eleganza e rotondità. Sfoggia una traccia di residuo zuccherino e un'allusione rustica che donano personalità.

ha 8 - **bt** 15.000
Fertilizzanti nessun concime
Fitofarmaci rame e zolfo
Diserbo lavorazione meccanica/manuale
Lieviti fermentazione spontanea
Uve 100% di proprietà
Certificazione nessuna certificazione

BRONI (PV)

CA' TESSITORI

Via Matteotti, 15 - tel. 0385 51495 - 338 1662993
www.catessitori.it - info@catessitori.it

VITA - Visitare l'azienda di Luigi Giorgi è come fare un salto indietro nel tempo. In cantina sono presenti ampie vasche di cemento, pensate e costruite sul finire della Seconda guerra mondiale, ma non mancano riferimenti al secolo ancora precedente, visto il legame storico della famiglia con la produzione di uva e vino. Oggi, a fianco dell'instancabile Luigi, ci sono i figli Francesco e Giovanni.

VIGNE - A proposito di radici, pare che la gestione della storica proprietà che dà il nome all'azienda risalga al 1863. Poi all'inizio del Novecento si è aggiunto un appezzamento in quel di Finigeto, località nel comune di Montalto Pavese. Da questi due cuori vitati, ancora perfettamente gestiti e arricchiti dalla presenza di vecchie vigne, deriva la base da cui si ottengono uve ben differenziate per tipologia e aderenza territoriale.

VINI - I due filoni identitari dell'azienda sono lo specchio fedele dei due territori. I Metodo Classico sono tesi, arricchiti spesso da un vena ossidativa che dà luce al Pinot nero di queste terre. I rossi sono un radicato contributo all'espressione più ruspante e tradizionale dell'Oltrepò.

O.P. M. Cl. Pinot Nero Dosaggio Zero 2016 6.000 bt; 24 € - - Da un singolo vigneto nell'alta Valle Versa, un'espressione fortemente territoriale, elegante, con note ematiche e sorso sicuro e avvolgente.
O.P. Bonarda Vivace Sempà 2019 30.000 bt; 9 € - - Fragrante, succosa, simpatica (per richiamare il nome): una Bonarda schietta che parla in modo lineare di sé, dell'azienda e del territorio.
Rosso Borghesa 2019 ● 8.500 bt; 10 € - - Unione tradizionale di Croatina e Barbera, per un risultato convincente e dall'ottimo rapporto tra la qualità e il prezzo.
Croatina Oltremodo 2018 3.000 bt; 16 € - - Metodo Ancestrale, succoso, fruttato, espressivo.

ha 40 - **bt** 140.000
Fertilizzanti letame, sovescio
Fitofarmaci rame e zolfo
Diserbo lavorazione meccanica/manuale
Lieviti fermentazione spontanea, selezione di lieviti indigeni
Uve 100% di proprietà
Certificazione nessuna certificazione

CANNETO PAVESE (PV)

GIULIO FIAMBERTI

Via Roma, 31 - tel. 0385 88019
www.fiambertivini.it - info@fiambertivini.it

VITA - L'azienda di Giulio Fiamberti è da sempre lo specchio delle colline di Canneto e, di conseguenza, del Buttafuoco, il vino simbolo della sua famiglia e dell'intero comprensorio. Giulio spende energie e forza, con il contributo di tanti bravi colleghi, nel valorizzare la versione storica, a fianco di una produzione che annovera anche gli altri classici di questa terra rossista. Al suo fianco, in cantina, troviamo sempre il prima linea il papà Ambrogio.

VIGNE - Giulio è fortemente legato ai suoi cru, legame storico tra la famiglia Fiamberti e queste terre. Basti pensare che la vigna Solenga, esito di una recente riqualificazione, è stata acquisita nel 1814. Simbolo aziendale, associato alla nomea del vino che ne deriva, è il vigneto Sacca del Prete, altro monumento di vocazione, con pendenze da capogiro. Significativo l'impegno dedicato alla produzione del Sangue di Giuda.

VINI - La gamma è articolata, ma è nel tradizionale blend a base di Croatina che si delinea lo stile enologico, teso a evidenziare muscolosità e rusticità, senza rinunciare a eleganza e rigore.

Buttafuoco Il Cacciatore 2018 ● 6.600 bt; 15 € - - Un'interpretazione più che riuscita, in una versione più leggiadra, nel quale emerge un tessuto acido-tannico molto convincente.
Buttafuoco Storico Vigna Sacca del Prete 2016 ● 3.800 bt; 29 € - - Ha una bella articolazione olfattiva e gustativa, su una base potente che non nasconde l'anima selvaggia di queste terre.
Buttafuoco Storico Vigna Solenga 2016 ● 1.800 bt; 38 € - - Una versione fortemente territoriale, con speziatura dolce e alcolicità evidente, mitigata da un buon equilibrio complessivo.
O.P. Bonarda Frizzante La Briccona 2019 14.000 bt; 11 € - - Ampio, fruttato, scuro.
O.P. M. Cl. Pinot Nero Brut 2.500 bt; 23 € - - Croccante, floreale, sottile.

ha 20 - **bt** 130.000
Fertilizzanti nessun concime, organo-minerali
Fitofarmaci rame e zolfo
Diserbo lavorazione meccanica/manuale
Lieviti fermentazione spontanea, selezione di lieviti indigeni
Uve acquisto 5%, acquisto di vino
Certificazione nessuna certificazione

ANDREA PICCHIONI €

Frazione Camponoce, 8 - tel. 0385 262139
www.picchioniandrea.it - info@picchioniandrea.it

VITA - L'Oltrepò Pavese non sarebbe ciò che è senza Andrea Picchioni, capace e sincero testimone di un'immagine concreta di vino e di paesaggio. Il suo racconto è trasparente: parla di qualità, vocazione, artigianalità, identità, tutti elementi che è possibile cogliere andandolo a trovare o incontrandolo in qualche ristorante, dove porta sempre un'immagine bella e pulita dell'intero territorio.

VIGNE - Sono trascorsi quasi 30 anni dal radicamento di Andrea tra le colline di Canneto, luoghi che allora vivevano il dramma dell'abbandono. Da zero li ha risollevati, li ha ammodernati e ne ha fatto la base da cui partire. La zona è quella della Solinga, storico cru condiviso anche con altri colleghi, baluardo di eccellenza e di espressività dei vitigni più tradizionali.

VINI - I vini di Andrea sono specchio fedele della sua destrezza in cantina, resa tale anche dal contributo dello storico amico Beppe Zatti.

TOP **O.P. Bonarda Vivace Ipazia 2019** VINO QUOTIDIANO ⁘ 15.000 bt; 10 € - Non è cosa facile dare dignitità, splendore, eleganza e grazia espressiva alla tipologia base dell'Oltrepò, da molti bistrattata. Andrea ci riesce come pochi sanno fare, contribuendo a diffondere speranza e curiosità attorno a un vino di collina che merita rispetto.
Buttafuoco Bricco Riva Bianca 2017 ● 6.500 bt; 26 € - Il vino iconico di Andrea, la cui potenzialità di invecchiamento è testimoniata dagli assaggi di vecchie annate. La nuova versione ha potenza e concentrazione, senza perdere in equilibrio e acidità.
Buttafuoco Solinghino 2019 ● 20.000 bt; 11 € - Ha grande tipicità, con frutto marcato e beva convincente. Una versione semplice ma per nulla banale.
Rosso d'Asia 2017 ● croatina, vespolina; 6500 bt; 20 € - Austero, speziato, profondo
Arfena 2018 ● pinot nero; 2.500 bt; 22 € - Agile, fruttato, leggiadro.

ha 10 - **bt** 70.000
Fertilizzanti letame
Fitofarmaci rame e zolfo
Diserbo lavorazione meccanica/manuale
Lieviti fermentazione spontanea
Uve 100% di proprietà
Certificazione biodinamico certificato

CANNETO PAVESE (PV)

FRANCESCO QUAQUARINI

Frazione Monteveneroso - Via Casa Zanbianchi, 26 - tel. 0385 60152
www.quaquarinifrancesco.it - info@quaquarinifrancesco.it

VITA - La grande capacità della famiglia Quaquarini, con papà Francesco ancora attivo e i figli Umberto, enologo, e Maria Teresa, responsabile amministrativo, sta tutta nei numeri che riescono a realizzare: coltivare 60 ettari in biologico nonostante le ripide pendenze della prima fascia collinare dell'Oltrepò, e produrre 600.000 bottiglie di ottima qualità media, non è assolutamente cosa da tutti.

VIGNE - I 60 ettari vitati si sviluppano nel comune di Canneto Pavese e in quelli confinanti di Castana e Montescano. La conduzione è biologica da inizio secolo, e comporta tante ore di lavoro e una gestione del suolo e della parete fogliare molto attenta e rigorosa. Ci piace ricordare l'importanza dell'uva autoctona ughetta di Canneto.

VINI - I vini sono coerenti, puliti e rassicuranti. La parte del leone la fanno i vini frizzanti e Metodo Charmat, ma Quaquarini è un ottimo interprete anche dei vini fermi più ambiziosi.

O.P. Buttafuoco Storico Vigna Pregana 2016 ● 4.000 bt; 27 € - Il vino più importante dell'azienda, pieno e strutturato, ha nella longevità e nelle note di piccoli frutti rossi maturi le sue caratteristiche più significative.
O.P. Bonarda Frizzante Riva di Sass 2019 ⁘ 12.000 bt; 12 € - Tra le etichette più riuscite del progetto territoriale La Mossa Perfetta. Realizzata senza solfiti aggiunti, questa Bonarda è tesa, vibrante, succosa e dinamica.
Magister 2018 ● 3.000 bt; 11 € - Associa alla freschezza ed eleganza del Pinot nero, l'acidità della Barbera, la spezia dell'Ughetta e il tannino della Croatina. Il risultato è un vino rotondo, morbido e di grande piacevolezza.
O.P. M. Cl. Pinot Nero Brut Classese 2013 ⁘ 18.000 bt; 20 € - Articolato, floreale, teso.
O.P. Sangue di Giuda 2019 ⁘ 120.000 bt; 9 € - Metodo Charmat, tecnico, fruttato, espressivo.

ha 60 - **bt** 600.000
Fertilizzanti letame in pellet, sovescio
Fitofarmaci rame e zolfo
Diserbo lavorazione meccanica/manuale
Lieviti selezione di lieviti indigeni
Uve acquisto 5%
Certificazione biologico certificato

CANNETO PAVESE (PV)

BRUNO VERDI

Località Vergomberra - Via Vergomberra, 5 - tel. 0385 88023
www.verdibruno.it - info@brunoverdi.it

VITA - L'azienda di Paolo Verdi è senza dubbio una delle più affermate in Oltrepò. Il merito è da attribuire alla curiosità, alla competenza tecnica e a quello sguardo positivo che lo fa volare alto, oltre i pregiudizi e le criticità di questo territorio. Paolo produce ottimi vini, di grande riconoscibilità territoriale, supportato dai figli Jacopo e Laura.

VIGNE - Le vigne sono condotte con rigore, professionalità e attenzione alla vocazione. Un approccio molto evidente se si considera la differenziazione di esposizioni e suoli con cui Paolo e Jacopo si destreggiano tra i filari. Il nucleo principale abbraccia la cantina, mentre altri appezzamenti sono localizzati poco distanti; tra questi vi è il celebre Cavariola, vigneto con pendenze importanti e vecchi ceppi.

VINI - Il rigore in tutte le fasi della filiera è trasferito nei vini, di grande precisione. La selezione è ampia, dovuta più che altro alle differenziazioni di terreni e vigneti.

TOP **O.P. M. Cl. Pinot Nero Extra Brut Vergomberra 2016** VINO SLOW 5.000 bt; 24 € - Ha un grande carattere, eleganza, finezza e quel finale sapido che dona slancio e trionfale facilità di beva. Un'ottima testimonianza che dà luce al territorio.

O.P. Riesling La Costa 2018 3.500 bt; 12 € - Da un vigneto localizzato nel posto giusto, un Riesling profondo, succoso, che esalta il vitigno e la sua aderenza territoriale.

O.P. Rosso Cavariola Ris. 2016 croatina, barbera, ughetta di Canneto; 4.000 bt; 29 € - Simbolo dell'azienda, è un vino di grande spessore alcolico e struttura, capace di trionfare nel tempo.

O.P. Buttafuoco 2019 10.000 bt; 9 € - Armonico, fruttato, leggiadro.

O.P. Bonarda Vivace Possessione di Vergomberra 2019 15.000 bt; 9 € - Schietto, fruttato, varietale.

O.P. Barbera Campo del Marrone 2018 3.500 bt; 20 € - Incisivo, speziato, teso.

ha 10 - **bt** 90.000
Fertilizzanti letame, sovescio
Fitofarmaci rame e zolfo
Diserbo lavorazione meccanica/manuale
Lieviti selezionati industriali, selezione di lieviti indigeni
Uve acquisto 20%
Certificazione nessuna certificazione

CASTEGGIO (PV)

BALLABIO

SCONTO **-10%**

Via San Biagio, 32 - tel. 0383 805878
www.ballabiowinery.it - commerciale@ballabio.net

VITA - Ingresso in guida per questa importante realtà dell'Oltrepò Pavese: Ballabio è un'azienda del Casteggiano con alle spalle una storia di lunga tradizione nella produzione di Metodo Classico, per anni cantina di vinificazione di una delle più importanti maison franciacortine. Il ritorno alla propria filiera rappresenta oggi la strada tracciata con fermezza da Filippo Nevelli e dal figlio Mattia, protagonisti di una grande rivoluzione territoriale.

VIGNE - Farfalla è il nome che caratterizza i vini di Ballabio, ma prima di tutto rappresenta la forma dello storico vigneto localizzato sulle alture di Casteggio. Il parco vitato è ampio, e ciò consente a Filippo e Mattia di poter attingere da un ricco bagaglio di sfaccettature, dato da esposizioni, pendenze, suoli e climi differenti. Con cautela l'azienda ha avviato alla conversione biologica una parte delle vigne.

VINI - La cantina è arricchita dalla presenza di un patrimonio di tecnologia che lascia a bocca aperta. Ciò spiega il candore e la grande precisione stilistica che caratterizzano la gamma. L'assenza del millesimo in etichetta trova spiegazione nella scelta di comporre le cuvée con una ricca dose di vini di riserva.

M. Cl. Pinot Nero Extra Brut Farfalla 25.000 bt; 21 € - Ha una rara eleganza, un naso fitto e sfaccettato, che fa emergere tipicità territoriale e sfumature fresche agrumate, su un palato aggraziato e di lunga persistenza.

M. Cl. Pinot Nero Pas Dosé Farfalla 15.000 bt; 25 € - Ha profondità ed è ricco di personalità e riconoscibile. Presenta una fulminea trama acida che dona slancio, unita a un tratto succoso.

M. Cl. Pinot Nero Brut Rosé 10.000 bt; 23 € - Una versione cristallina, figlia di una limititassima estrazione di colore. Si evidenziano il frutto, la speziatura e, di nuovo, l'aderenza varietale.

ha 50 - **bt** 50.000
Fertilizzanti organo-minerali
Fitofarmaci organici, rame e zolfo
Diserbo chimico, lavorazione meccanica/manuale
Lieviti selezionati industriali
Uve 100% di proprietà
Certificazione parte dei vigneti in regime biologico

FRECCIAROSSA

Via Vigorelli, 141 - tel. 0383 804465
www.frecciarossa.com - info@frecciarossa.com

VITA - Scommettere sulle colline di Casteggio 100 anni fa non era cosa da tutti. Giorgio Odero lo fece con entusiasmo e fiducia, virtù che l'hanno portato in pochi anni a diventare uno dei riferimenti dell'eccellenza identitaria di queste terre. L'eredità è oggi nella mani sicure di Valeria Radici, che sotto l'occhio vigile della simpatica mamma Margherita Odero conduce una delle più belle realtà dell'Oltrepò Pavese.

VIGNE - La vocazione delle colline sopra a Casteggio si somma alla sensibilità nella gestione di un paesaggio rurale di rara bellezza. Roveri secolari, noccioli (i pochi sopravvissuti all'avanzata dei cinghiali), un grande orto, boschi, prati e naturalmente vigneti. Il patrimonio vitato è collocato al posto giusto, sfruttando le esposizioni migliori attorno alla cantina.

VINI - Valeria non si è voluta sedere sugli allori del prestigio connesso alla produzione di uno dei più autorevoli e celebri Pinot nero del territorio. Negli ultimi anni ha rispolverato la storia aziendale e ha voluto portare il suo contributo nella riscoperta di vini più tradizionali dell'Oltrepò, tra questi l'Anamari, uvaggio elegante di croatina, barbera e uva rara.

TOP **Uva Rara 2018** VINO QUOTIDIANO ● 3.600 bt; 11 € - Valeria dà voce a un vitigno considerato secondario, e lo arricchisce di personalità ed empatia, grazie a un'interpretazione snella e di grande attualità. Dalla facilità di beva sconvolgente.

O.P. Pinot Nero Giorgio Odero 2016 ● 3.600 bt; 30 € - Coerente al calore dell'annata, rimane il vino iconico dell'azienda, intriso di carattere, finezza e succosità.

O.P. Pinot Nero Carillo 2019 ● 10.000 bt; 11 € - Croccante, succoso, profumato e, come sempre, affidabile. La versione snella e compatta.

O.P. Riesling Gli Orti 2018 ○ 3.600 bt; 11 € - Agile, floreale, salino.

ha 21 - **bt** 80.000
Fertilizzanti compost, letame, sovescio
Fitofarmaci rame e zolfo
Diserbo lavorazione meccanica/manuale
Lieviti selezione di lieviti indigeni
Uve 100% di proprietà
Certificazione biologico certificato

CASTEGGIO (PV)

DAVIDE ROVATTI

Strada Madonna, 54 - tel. 340 3053610
daviderovatti.vini@gmail.com

VITA - Per conoscere questa minuscola realtà casteggiana è sufficiente indirizzarsi verso le prime colline, in località Madonna, nel cuore di una delle più vocate aree rossiste dell'Oltrepò Pavese. Davide Rovatti ha ereditato la passione della famiglia e, in pochi anni, ha deciso di dare un volto nuovo al suo progetto vitivinicolo. Noi gli diamo fiducia, non fosse altro per l'impegno costante che trasmette e piccoli e graduali investimenti volti a innalzare il livello qualitativo.

VIGNE - Il parco vitato si sviluppa a pochi passi dalla cantina e raccoglie, per buona parte, ciò che la famiglia di Davide ha sempre coltivato. Al primo posto troviamo barbera, il vitigno principale di queste colline, affiancato dalla croatina. La voglia di diversificare lo ha spinto verso le zone più fresche e gessose adatte ai bianchi, in quel di Corvino San Quirico, dove viene coltivato il riesling.

VINI - La cantina è essenziale e si arricchisce poco a poco di ciò che serve per ospitare le vinificazioni secondo un approccio sempre più attento a pulizia e integrità. I vini rispondono a un registro che evidenzia ancora una certa vena di rusticità. Manca all'appello il Casteggio, la micro Doc che Davide e pochissimi altri colleghi hanno deciso di abbracciare per valorizzare queste colline.

Croatina 2018 ● 2.000 bt; 10 € - Ha un naso cupo e ampia riconoscibilità varietale. Al palato è succoso e tipico. Un bel biglietto da visita per conoscere l'azienda.

Barbera 2019 ● 1.000 bt; 9 € - Una versione leggera e leggiadra, dal frutto croccante e dal sorso convincente.

Rosato 2019 ● 800 bt; 9 € - Un modo corretto e pimpante di valorizzare l'uva rara, con la complicità di quel saldo di barbera che dà slancio.

Riesling 2019 ○ riesling italico; 1.000 bt; 9 € - Succoso, floreale, espressivo.

ha 4 - **bt** 8.000
Fertilizzanti letame, sovescio
Fitofarmaci rame e zolfo
Diserbo lavorazione meccanica/manuale
Lieviti fermentazione spontanea
Uve 100% di proprietà
Certificazione nessuna certificazione

CODEVILLA (PV)

MONTELIO

Via Mazza, 1 - tel. 0383 373090
www.montelio.it - cantine@montelio.it

VITA - Una realtà con oltre 150 anni di radicamento nel mondo del vino potrebbe sedersi sugli allori della propria storia, ma per Montelio non è così. Da qualche vendemmia l'azienda di Caterina e Giovanna Brazzola è un turbine di novità, dettate prima di tutto dall'ingresso di Edoardo Scanavino, figlio di Giovanna, che con la complicità dei familiari sta dando slancio a un'ulteriore riqualificazione.

VIGNE - Le vigne rispecchiano la storia, come ricorda la presenza tra i filari di quel po' di tutto in voga nei decenni passati. Questo angolo orientale dell'Oltrepò dialoga con il vicino Piemonte, motivo per cui troviamo il cortese, affiancato da uve atipiche ma oggi storiche, tra cui merlot e Müller Thurgau. Le radici sono anche rintracciabili nel pinot nero, usato per ripristinare la produzione di Metodo Classico.

VINI - A partire dalle etichette, ripensate nella grafica, l'azienda ha intrapreso una strada di ridefinizione dello stile, a vantaggio di una maggiore integrità e un accresciuto rigore espressivo. Alta è l'aspettativa per il Metodo Classico, vino simbolo della storia ottocentesca dell'azienda, oggi di nuovo in produzione.

O.P. Bonarda Frizzante 2019 ⁂ 10.000 bt; 9 € - ▯ - Fragrante, tipico, espressivo, dal sorso sicuro e convincente.
O.P. Bonarda Frizzante La Grangia 2018 ⁂ 3.000 bt; 12 € - ▯ - Nasce dalla volontà di dare maggiore dignità al vino d'ingresso dell'Oltrepò. Di maggiore spessore e ricchezza, ha uno spunto minerale e fresco che dona slancio.
Gaina 2018 ● 1.800 bt; 12 € - ▯ ▦ - È figlio di un progetto di recupero e riqualificazione della storica uva della Cascina, varietà locale che dà un vino rustico, denso e identitario.
O.P. Pinot Nero Costarsa 2017 ● 3.000 bt; 18 € - ▦ - Ampio, speziato, cupo.
O.P. Cortese 2019 ○ 8.000 bt; 9 € - ▯ - Agile, floreale, sottile.

ha 27 - **bt** 100.000
Fertilizzanti compost, sovescio
Fitofarmaci rame e zolfo
Diserbo lavorazione meccanica/manuale
Lieviti selezionati industriali
Uve 100% di proprietà
Certificazione in conversione biologica

COLLI VERDI (PV)

TORRE DEGLI ALBERI

SCONTO **-10%**

Frazione Torre degli Alberi - tel. 333 8235792
www.torredeglialberi.it - info@torredeglialberi.it

VITA - Un'azienda a cui guardiamo con interesse e curiosità da alcuni anni, nata sulla scia del ricco bagaglio di esperienza agricola della storica famiglia Dal Verme. Camillo, figlio del leggendario partigiano Luchino (morto nel 2017 a 103 anni), ha deciso di affiancare la coltivazione di pinot nero all'allevamento biologico di bovini, a quello di galline per la produzione di pulcini di alta genetica, e alla gestione di uno straordinario patrimonio di pascoli e boschi. I risultati sono eccezionali.

VIGNE - Torre degli Alberi è una frazione della neonata fusione di piccoli comuni nell'alto Oltrepò Pavese, arricchita dalla presenza del bellissimo castello trecentesco, abitazione della famiglia. Per valorizzare ancor di più il contesto agricolo di questo angolo di Appennino, Camillo ha deciso di piantare pinot nero, con l'obiettivo di fare basi spumante, traendo finezza e acidità dai 500 metri di quota.

VINI - I Metodo Classico si distinguono per il carattere leggiadro, la sottigliezza e l'animo varietale, e piacciono per la gastronomicità. La conduzione dell'azienda vede anche la presenza di Filippo, figlio di Camillo, e l'aiuto tecnico del giovane enologo Guido Beltrami.

O.P. M. Cl. Pinot Nero Pas Dosé 2015 ⁂ 6.000 bt; 19 € - ▯ - È coerente rispetto a vitigno e territorio di appartenenza, sostenuto da una fulminea trama acida e da un sorso piacevole.
O.P. M. Cl. Pinot Nero Brut 2015 ⁂ 6.000 bt; 17 € - ▯ - Un vino silenzioso che parlerà col tempo: molto sottile, dal tessuto citrico, non perde in carattere e riconoscibilità, nonostante la leggerezza.
O.P. M. Cl. Cruasé Brut 2015 ⁂ 4.000 bt; 17 € - ▯ - Gioca sul frutto, sulle sfumature speziate e sul sorso godereccio. Tra i pochi testimoni della denominazione.

ha 4 - **bt** 20.000
Fertilizzanti letame
Fitofarmaci rame e zolfo
Diserbo lavorazione meccanica/manuale
Lieviti selezionati industriali
Uve 100% di proprietà
Certificazione biologico certificato

CORVINO SAN QUIRICO (PV)

TENUTA MAZZOLINO

SCONTO -10%

Via Mazzolino, 34 - tel. 0383 876122
www.tenuta-mazzolino.com - info@tenuta-mazzolino.com

VITA - Francesca Seralvo ha deciso di prendere in mano l'azienda di famiglia, e ciò non può che far piacere a noi e all'intero territorio. La sua conduzione è impostata nel solco della continuità, per portare avanti con cura maniacale il progetto di valorizzazione della cultura vitivinicola delle colline, mettendo in luce le potenzialità di pinot nero e chardonnay.

VIGNE - L'affermazione qualitativa di Mazzolino è anche da attribuirsi alla professionalità delle persone che la vivono. Tra queste il bravo Stefano Malchiodi, motore tecnico e di pensiero dell'azienda, a cui si deve buona parte del merito nella conversione alla gestione biologica. Le vigne sono localizzate a raggiera attorno all'azienda, su crinali differenti in base a vitigno e progetto di cantina. È in cantiere l'idea di valorizzare ancora di più micro appezzamenti di pinot nero per enfatizzare il concetto di cru.

VINI - L'integrità del frutto e la scrupolosa gestione produttiva sono la base di un risultato impeccabile sul fronte enologico. Ci piace anche sottolineare la riduzione del legno in affinamento, che dona ancora più fragranza ai vini.

TOP **O.P. Pinot Nero Noir 2017** VINO SLOW ● 10.000 bt; 32 € - Ha una grazia espressiva che lo rende il più riuscito testimone oltrepadano del grande vitigno. Esemplare tanto al naso quanto al palato.
Terrazze 2019 ● 30.000 bt; 13 € - La versione slanciata e succosa del Pinot nero, dotata di un piacevole ingresso.
O.P. M. Cl. Cruasé Brut 7.000 bt; 22 € - Tra i pochi a rivendicare questo marchio territoriale, piace per la croccantezza del frutto.
Blanc 2018 O chardonnay; 8.000 bt; 24 € - Incisivo, speziato, profondo.
Camarà 2019 O chardonnay; 15.000 bt; 12 € - Agile, floreale, salino.
M. Cl. Pas Dosé Blanc de Blancs 2011 1.000 bt; 41 € - Solido, floreale, leggiadro.

ha 20 - **bt** 120.000
Fertilizzanti letame, sovescio
Fitofarmaci organici, rame e zolfo
Diserbo lavorazione meccanica/manuale
Lieviti fermentazione spontanea, selezione di lieviti indigeni
Uve 100% di proprietà
Certificazione in conversione biologica

MONTALTO PAVESE (PV)

CÀ DEL GÈ

Località Cà del Gè, 3 - tel. 339 4555551 - 0383 870179
www.cadelge.it - info@cadelge.it

VITA - Sara, Stefania e Carlo Padroggi sono i giovani volti di Cà del Gè, azienda a gestione familiare importante nei numeri, ma fedele alla più radicata tradizione oltrepadana. Da anni sono portabandiera della qualità distintiva del terroir di Montalto Pavese, uno dei distretti più significativi per la produzione di base spumante da uve pinot nero. I risultati sono evidenti nei vini, ma anche nei loro modi affabili e cortesi, con cui accolgono chiunque vada a trovarli.

VIGNE - Il patrimonio viticolo è molto ricco, anche sul piano dell'estensione vitata, con in testa il pinot nero. Questo grande vitigno trova collocazione proprio nei terreni bianchi nei pressi della cantina, e approfitta dell'energia, delle escursioni termiche e delle influenze climatiche dell'alta collina. Nonostante la vocazione bianchista di queste terre, non manca qualche filare a testimonianza della tradizione contadina, come dimostra la vigna centenaria di barbera. Il nucleo dei rossi è dislocato verso la prima collina, in quel di Cigognola.

VINI - I vini sono precisi e di rigorosa espressività, ma non tradiscono l'anima rustica di queste terre. Quest'anno la proposta è limitata per via della scelta di lasciare in affinamento molte delle etichette proposte.

O.P. M. Cl. Pinot Nero Brut 2014 20.000 bt; 20 € - È il risultato di un maggiore periodo di affinamento sui lieviti, di oltre 50 mesi, con un profilo intrigante che fa emergere una punta ossidativa e un profilo speziato, sostenuto dall'evidente trama acida tipica di queste terre. Il dosaggio è ricco, ma elegante.
O.P. Barbera Vigna Varmasì 2018 ● 4.000 bt; 12 € - Un vino di grande potenza alcolica e struttura, ma che, pur nell'esuberanza, evidenzia eleganza, acidità e carattere espressivo. È testimone della vigna centenaria, con all'interno un saldo di croatina.

ha 47 - **bt** 170.000
Fertilizzanti letame in pellet, letame, organo-minerali, sovescio
Fitofarmaci rame e zolfo
Diserbo lavorazione meccanica/manuale
Lieviti selezionati industriali
Uve 100% di proprietà
Certificazione nessuna certificazione

MONTECALVO VERSIGGIA (PV)

CALATRONI

SCONTO -10%

Località Casa Grande, 7 - tel. 0385 99013 - 338 3449289
www.calatronivini.it - info@calatronivini.it

VITA - L'azienda di Stefano e Cristian Calatroni ha una storia segnata da decenni di mezzadria, e un presente e un futuro dettati dai grandi investimenti fatti nella valorizzazione dell'identità del vino oltrepadano. Il lavoro dei due giovani fratelli è indirizzato soprattutto all'esaltazione del Metodo Classico. Il tutto è avvalorato anche dalla presenza in azienda di un ottimo punto di ristorazione agrituristica.

VIGNE - Novità dell'anno è il consolidamento del nuovo vigneto Poggio del Duca, uno spettacolare appezzamento che sfiora i 600 metri di quota tra Rocca de' Giorgi e Montecalvo, vocato per il pinot nero e per la ricerca di acidità, carattere ed eleganza. Il resto della superficie vitata si concentra nei pressi della cantina, dove Stefano e Cristian dimostrano un'acuta sensibilità agronomica.

VINI - La gamma dei Metodo Classico si distingue a tal punto da rendere molto riconoscibile il timbro aziendale, grazie a un profilo sottile, mai invadente, alle acidità marcate e alla fulminea facilità di beva.

TOP **M. Cl. Brut Pinot 64 2016** VINO SLOW 9.000 bt; 21 € - Una cuvée di più vigne vendemmiate in periodi differenti, da cui emerge il candore del vitigno e del territorio. Il sorso è un trionfo di sensazioni.
M. Cl. Pas Dosé Poggio del Duca 2015 pinot nero; 1.000 bt; 25 € - Esordio di gran classe. Emerge per carattere e slancio.
O.P. Pinot Nero Fioravanti 2019 ● 15.000 bt; 12 € - Impeccabile interpretazione croccante e sapida del vitigno principale di queste terre.
M. Cl. Rosé Extra Brut Norema 2017 pinot nero; 7.000 bt; 23 € - Schietto, floreale, profondo.
M. Cl. Pas Dosé Rosé Riserva di Famiglia 2012 pinot nero; 1.000 bt; 32 € - Vibrante, speziato, stratificato.
O.P. Riesling Campo Dottore 2019 O 10.000 bt; 13 € - Fitto, fruttato, dettagliato.

ha 20 - **bt** 90.000
Fertilizzanti letame in pellet, sovescio
Fitofarmaci organici, rame e zolfo
Diserbo lavorazione meccanica/manuale
Lieviti selezione di lieviti indigeni
Uve 100% di proprietà
Certificazione biologico certificato

MONTECALVO VERSIGGIA (PV)

TENUTA BELVEDERE

SCONTO -10%

Frazione Castelrotto - tel. 347 5957202
info@belvederewine.it

VITA - Ogni qualvolta si incontra Gianluca Cabrini bisogna mette in conto di essere sorpresi da qualche novità. Il suo percorso di produttore di vino è fatto di prove, tentativi, convinzioni maturate, coraggio e tanto confronto con gli amici vignaioli. Il percorso intrapreso guarda tanto alla valorizzazione delle colline storiche di Montecalvo, quanto alla ricerca di una propria identità stilistica.

VIGNE - Gianluca si è trovato a gestire vigne già avviate, che ha dovuto adattare e modificare per coniugare l'esistente con le proprie idee agronomiche e di cantina. Fortuna vuole che il parco vitato si trovi nella frazione Castelrotto, un'areale ad altissima vocazione. Ad avvalorare il tutto, la scelta di orientarsi su pratiche biologiche con sperimentazioni tese a ridurre al minimo l'uso del rame.

VINI - Originalità è il termine che detta legge in azienda, con proposte tutt'altro che standard, come dimostrano la devozione per il Metodo Ancestrale proposto in ben tre declinazioni, e l'uso quasi nullo di solforosa.

M. Cl. Pinot Nero Ma Non Troppo 2014 3.200 bt; 29 € - In una terra che parla di Metodo Classico Gianluca non poteva esimersi dall'esordire con il proprio. Il risultato è convincente, estrattivo, giocato sulla ricerca della maturazione. La trama acida lo bilancia e dona slancio.
Wai Bianco 2018 3.200 bt; 12 € - Dall'anima rustica, un Metodo Ancestrale che contribuisce a risollevare l'identità, in chiave innovativa, del riesling italico. La base è pinot nero, immancabile protagonista.
Lo Amo Macerato 2018 O 1.100 bt; 17 € - Un altro tentativo di risollevare in chiave personale le sorti del cortese. Dopo un percorso di affinamento in legno di acacia, appare riuscito e dal sorso elegante.
Wai Rosso 2017 croatina, pinot nero, barbera; 1.500 bt; 12 € - Metodo Ancestrale, vivo, fruttato, rustico.

ha 9 - **bt** 24.000
Fertilizzanti letame in pellet
Fitofarmaci rame e zolfo
Diserbo lavorazione meccanica/manuale
Lieviti fermentazione spontanea
Uve 100% di proprietà
Certificazione in conversione biologica

MONTECALVO VERSIGGIA (PV)

PIETRO TORTI

SCONTO -10%

Località Castelrotto, 9 - tel. 0385 99763 - 338 5849675
www.pietrotorti.it - info@pietrotorti.it

VITA - L'azienda di Sandro Torti ha un futuro davanti a sé che lascia ben sperare. L'entusiasmo della sua famiglia, in particolare della giovane figlia Chiara, è il motore che lo spinge ad andare avanti e lo rende uno dei più validi testimoni dell'artigianalità del vino oltrepadano. L'azienda è nel cuore del distretto del pinot nero, avvolta tra le belle colline di Montecalvo.

VIGNE - La tradizione di queste terre fa sì che anche Sandro abbia tra i filari quel po' di tutto. È doveroso, tuttavia, precisare quanto questa diversità varietale sia collocata al posto giusto, a prova della sensibilità contadina e della capacità di saper interpretare il territorio. Ampio spazio è dedicato al pinot nero, ma non manca la croatina. Impeccabile la gestione agronomica.

VINI - Sandro ha sposato la causa del ridotto interventismo e lascia ai vini libertà di azione. Ciò non significa che non manchi il giusto livello di attenzione nella gestione di cantina. Alcune etichette, in particolare le versioni di Pinot nero in rosso, esprimono rusticità, prova che hanno bisogno di tempo in bottiglia.

O.P. Bonarda Vivace La Riva 2019 ⁘ 5.000 bt; 8 € - 🍷 - Esprime coerenza e tipicità, con un tannino ricco ma avvolgente.
O.P. M. Cl. Pinot Nero Brut Torti 2015 ⁘ 3.000 bt; 20 € - 🍷 - Una lunga permanenza sui lieviti e altrettanta in bottiglia post sboccatura fanno di questo vino un piacevole testimone di aderenza varietale, dal carattere ruspante.
Italico 2016 ○ 2.000 bt; 12 € - 🍷 - Singolare interpretazione del riesling italico, vitigno ingiustamente bistrattato. Alla base una parte di uve fatte surmaturare in pianta e altre appassite in cassetta, per una vinificazione semplice in acciaio. Un vino ricco di personalità.
O.P. Pinot Nero Terre Gobbe 2018 ● 3.000 bt; 10 € - 🍷 - Austero, fruttato, teso.

ha 10,5 - **bt** 40.000
Fertilizzanti nessun concime, sovescio
Fitofarmaci organici, rame e zolfo
Diserbo lavorazione meccanica/manuale
Lieviti fermentazione spontanea, selezione di lieviti indigeni
Uve 100% di proprietà
Certificazione biologico certificato

MONTÙ BECCARIA (PV)

PICCOLO BACCO DEI QUARONI

SCONTO -10%

Frazione Costa Montefedele - tel. 0385 60521
www.piccolobaccodeiquaroni.it - info@piccolobaccodeiquaroni.it

VITA - Di anno in anno l'azienda di Tommaso Cavalli si fa strada all'interno del mondo del vino artigianale dell'Oltrepò Pavese. Questa edizione è segnata, in particolare, da una proposta di vini che appare molto più convincente e definita sul piano tecnico, pur conservando l'approccio spontaneo che da sempre contraddistingue il percorso aziendale. Molto apprezzato anche il restyling delle etichette e la scelta del tappo a vite sulla Bonarda Frizzante.

VIGNE - La Fiocca, Casa Padroni, Campasso e Fornacione sono i quattro nuclei vitati su cui è distribuita la proprietà. Le differenze in esposizioni, suoli, varietà e climi permettono a Tommaso di gestire un'ampia parcellizzazione, un aspetto molto diffuso in Oltrepò, in particolare in questo angolo che guarda verso il Piacentino. L'età dei vigneti è varia, con importante presenza di viti vecchie.

VINI - Come anticipato, abbiamo colto in tutti i vini un maggiore rigore espressivo, più integrità e uno stile che privilegia freschezza e facilità di beva, persino sul Buttafuoco, il vino più austero e potente della gamma aziendale.

O.P. Bonarda Vivace Mons Acutus 2019 ⁘ 4.000 bt; 9 € - 🍷 - Un accenno rustico rafforza l'identità della Croatina di queste terre, unito a una bocca croccante e dolcina, che dà slancio e beva.
Sire 2019 ○ riesling renano; 3.000 bt; 15 € - 🍷 - Come è giusto che sia per un Riesling renano giovane, piace per la mancanza di cenni idrocarburici, a vantaggio di note floreali molto marcate. Il palato è sapido ed elegante.
Buttafuoco Vigneto Cà Padroni 2015 ● 3.000 bt; 19 € - Ⓞ - Ha intensità e carattere da vendere, tra i motivi per cui le prossime edizioni lo vedranno arricchito dell'indicazione di Buttafuoco Storico. Conserva succosità e fragranza.
La Posa 2019 ⁘ barbera; 500 bt; 14 € - 🍷 - Metodo Ancestrale, agile, floreale, integro.

ha 10 - **bt** 35.000
Fertilizzanti letame, sovescio
Fitofarmaci organici, rame e zolfo
Diserbo lavorazione meccanica/manuale
Lieviti fermentazione spontanea
Uve 100% di proprietà
Certificazione biologico certificato

PIETRA DE' GIORGI (PV)

CANTINA SCUROPASSO

SCONTO **-10%**

Frazione Scorzoletta, 40 - tel. 338 4455039
www.scuropasso.it - info@scuropasso.it

VITA - L'azienda di Fabio Marazzi, affiancato dalla figlia Flavia, oggi ha un'anima ancora più agricola. Questa affermazione è doverosa, in quanto risultato di un passaggio formale e culturale che ha richiesto anni di impegno. Scuropasso ha un trascorso di decenni di produzione di Metodo Classico per conto di grandi maison piemontesi, ma un presente e un futuro segnati dall'esaltazione della propria terra.

VIGNE - Il parco vitato è caratterizzato da una differenziazione di parcelle, esposizioni e microclimi molto ampia. Il vigneto di pinot nero a Ruino, a 600 metri di altitudine, è un esempio tra i tanti che avvalora il percorso di valorizzazione delle basi spumante. Ricca la presenza di vecchie vigne, tra queste un impianto di riesling italico su cui la famiglia punta molto.

VINI - È apprezzabile la scelta di orientarsi su poche tipologie, senza tradire vocazione e variabilità dei terreni. I due filoni identitari sono raccolti attorno al Buttafuoco e al Metodo Classico, quest'ultimo caratterizzato da etichette distintive che evidenziano maturità del frutto e beva.

O.P. M. Cl. Cruasé Brut Roccapietra 2014 4.800 bt; 20 € - Un fuoriclasse di eleganza e succosità che dà lustro al marchio territoriale Cruasé, oggi in disuso, e che evidenzia una grazia espressiva che fa ben sperare.
O.P. M. Cl. Pinot Nero Brut Roccapietra 2014 4.000 bt; 20 € - Gioca su un profilo olfattivo ricco, da cui emerge riconoscibilità varietale e territoriale.
O.P. Buttafuoco Costabarosine 2017 ● 5.000 bt; 10 € - La versione più snella e fragrante, che mette in luce l'impegno anche su questa tipologia.
O.P. M. Cl. Pinot Nero Pas Dosé Roccapietra 2014 5.500 bt; 21 € - Fitto, fruttato, energico.
O.P. Buttafuoco Lunapiena 2014 ● 4.800 bt; 16 € - Austero, speziato, espressivo.

ha 18 - **bt** 100.000
Fertilizzanti letame in pellet, letame, sovescio
Fitofarmaci rame e zolfo
Diserbo lavorazione meccanica/manuale
Lieviti fermentazione spontanea, selezione di lieviti indigeni
Uve 100% di proprietà
Certificazione biologico certificato

PIETRA DE' GIORGI (PV)

CONTE VISTARINO

Frazione Scorzoletta, 82 - tel. 0385 85117
www.contevistarino.it - info@contevistarino.it

VITA - Quella di Ottavia Giorgi di Vistarino, erede di un'azienda che ha contribuito a fare la storia della spumantistica italiana, è senza dubbio, per superficie vitata, trascorsi e successo, una realtà sì importante nei numeri, ma anche orientata a esaltare le caratteristiche del territorio con approccio da vero vigneron. Negli ultimi anni ha iniziato una rivoluzione interna che l'ha portata a focalizzare sforzi e investimenti nell'esaltazione di singoli vigneti.

VIGNE - Sono 800 gli ettari tra boschi, campi, riserve di caccia, vigneti e decine di cascine che danno lavoro a numerose famiglie. Insomma, un patrimonio inestimabile di funzionalità ed estetica del paesaggio che non lascia indifferenti. Ed è proprio la conoscenza capillare del territorio, frutto di 150 anni di coltivazione del pinot nero, ad aver guidato Ottavia a ricercarne le migliori espressività, attraverso la selezione dei cru.

VINI - Il percorso verso la specializzazione è in corso, reso possibile anche dall'investimento sulla nuova cantina, voluta proprio per poter lavorare con comodità e grande sensibilità tecnica anche piccole masse. Lo stile dei vini è preciso e rigoroso.

O.P. Pinot Nero Tavernetto 2017 ● 4.800 bt; 26 € - Proveniente da un terreno a maggiore presenza di argilla e calcare, è la versione che ci ha più convinto: elegante, ha una sottigliezza agrodolce che dà slancio e grande beva.
O.P. Pinot Nero Pernice 2017 ● 3.600 bt; 36 € - Una versione lineare, dallo spiccato registro varietale, che ha slancio e carattere.
O.P. Pinot Nero Bertone 2017 ● 4.700 bt; 36 € - Ha una trama più balsamica, di rara finezza. Il sorso è deciso e caratteriale.
M. Cl. Pinot Nero Brut Cepage 12.000 bt; 21 € - Agile, floreale, sottile.
O.P. Riesling Ries 2018 ○ 6.600 bt; 12 € - Dinamico, floreale, salino.

ha 200 - **bt** 350.000
Fertilizzanti organo-minerali, sovescio
Fitofarmaci chimici di sintesi, rame e zolfo
Diserbo lavorazione meccanica/manuale
Lieviti selezionati industriali
Uve 100% di proprietà
Certificazione nessuna certificazione

POGGIO RUSCO (MN)

FONDO BOZZOLE

SCONTO -10%

Via Cantaboa, 12 - tel. 348 3785695
www.fondobozzole.it - info@fondobozzole.it

VITA - Questo suggestivo territorio, Oltrepò Mantovano per definizione, in quanto ultimo lembo di terra lombarda oltre i confini del grande fiume, è molto vicino all'Emilia nella viticoltura: il lambrusco spadroneggia. Oggi, grazie alla grande dedizione dei fratelli Franco e Mario Accorsi, in questa piccola e consolidata realtà si producono vini di alto spessore qualitativo, capaci di raccontare un territorio nella sua autenticità.

VIGNE - Fra queste sconfinate e pianeggianti campagne, interrotte solo da corsi d'acqua e piccole strade mai diritte per consuetudine, si trova il suggestivo parco vitato di Fondo Bozzole. Qui, dove i terreni sono di matrice argillosa con buona presenza di sabbia e limo, troviamo un'alta fertilità sapientemente gestita con basse rese e conduzione agronomica attenta e rispettosa.

VINI - Pochi i vini proposti quest'anno, tutti realizzati col Metodo Charmat, sempre affidabili e convincenti per franchezza e piacevolezza.

Lambrusco Mantovano Giano 2019 6.500 bt; 8 € - Oramai un vero e proprio punto di riferimento nel panorama del Lambrusco mantovano: invitante già dai profumi di mirtilli e ciliegie, integrati con delicate note di pepe e balsamiche, al sorso è dotato di freschezza, buon frutto, carbonica fine e garbato tannino in chiusura. Un vino di grande beva.
Brut Cocai 2019 lambrusco Marani, lambrusco salamino; 6.600 bt; 9 € - Fine e leggiadro nei profumi di fragoline di bosco e lamponi, al sorso è cremoso, fragrante e dotato di lunga sapidità.
Foxi 2019 trebbiano romagnolo; 2.700 bt; 9 € - Impeccabile nei profumi di frutti gialli e nelle note floreali, in bocca è fresco e sapido, con bollicina gradevole e persistente.

ha 8,5 - **bt** 35.000
Fertilizzanti nessun concime
Fitofarmaci rame e zolfo
Diserbo lavorazione meccanica/manuale
Lieviti selezionati industriali
Uve 100% di proprietà
Certificazione biologico certificato

ROVESCALA (PV)

AGNES €

Via Campo del Monte, 1 - tel. 0385 75206
www.fratelliagnes.it - info@fratelliagnes.it

VITA - Scrivere dei fratelli Agnes vuol dire aprire un lungo capitolo sulla storia dell'Oltrepò Pavese, in particolare sul territorio di Rovescala, del quale i nostri sono gli indiscutibili ambasciatori. La storia si ritrova nei loro gesti di custodi del patrimonio di vecchie vigne, nel loro sguardo ancorato alla tradizione più pura, nell'esaltazione della croatina in tutte le sue più svariate forme. Nel loro modo di vivere il territorio noi vediamo il futuro.

VIGNE - I vecchi ceppi di croatina e di antiche varietà locali che abitano il vigneto del Loghetto superano i 100 anni di età. Sono di qualche decennio più giovani quelli del vigneto del Cresta dei Ghiffi e del Campodelmonte. L'azienda è orientata a difendere l'identità di questi luoghi e alla messa a dimora di nuove piante laddove è necessario. Impeccabile la gestione sostenibile tra i filari.

VINI - Sergio e Cristiano si muovono con destrezza e competenza in cantina, sfornando etichette che raccolgono l'essenza dei vigneti: ampia concentrazione, potenza, rusticità della Croatina, in un quadro di sorprendente equilibrio.

TOP **O.P. Bonarda Frizzante Campodelmonte 2019** VINO QUOTIDIANO 8.000 bt; 9 € - Una versione impeccabile che evidenzia l'impegno dell'azienda nell'esaltare la semplicità a partire dalla complessità. Il sorso è incisivo.
O.P. Bonarda Frizzante Cresta del Ghiffi 2019 13.500 bt; 9 € - Dal tannino più incisivo, è sorretto da succosità e sorso di rara eleganza.
Loghetto 2018 ● 1.500 bt; 19 € - Il nostro coup de coeur da vigne centenarie di croatina, moradella, vespolina e chissà cos'altro: ha ampia alcolicità e spessore, esito di una macerazione post fermentativa di quasi un anno.
O.P. Bonarda Millennium 2016 ● 2.500 bt; 17 € - Ampio, speziato, profondo.
Possessione del Console 2018 ● 6.500 bt; 10 € - Incisivo, fruttato, opulento.

ha 20 - **bt** 120.000
Fertilizzanti organo-minerali, sovescio
Fitofarmaci organici, rame e zolfo
Diserbo lavorazione meccanica/manuale
Lieviti fermentazione spontanea
Uve 100% di proprietà
Certificazione nessuna certificazione

SAN COLOMBANO AL LAMBRO (MI)

ANTONIO PANIGADA

SCONTO -10%

Via Vittoria, 13 - tel. 0371 89103
www.banino.it - vinobanino@hotmail.com

VITA - Ambasciatore della piccola zona collinare di San Colombano in Italia e nel mondo, Antonio Panigada è un interprete sicuro del territorio. La sua cantina è localizzata nel cuore del paese, di fronte alla storica bottega alimentare, e può contare sulla presenza di locali sotterranei del Quattrocento, che testimoniano la storicità della produzione di vino.

VIGNE - Le colline di San Colombano e Miradolo, i due comuni che animano la Doc, si innalzano improvvisamente dalla pianura Padana, caratterizzando il territorio e segnando il passaggio dalla produzione agricola intensiva alla viticoltura. Antonio valorizza i suoi ripidi vigneti coltivando i vitigni tradizionali di queste terre, nel pieno rispetto dell'ecosistema naturale.

VINI - I vini di Antonio guardano per affinità di stile all'Oltrepò Pavese. Specie i rossi chiedono tempo per emergere in tutta la loro espressività, motivo per cui molte etichette mancano all'appello.

Banino Frizzante 2019 3.400 bt; 7 € - Novità dell'anno, questo rifermentato in bottiglia ottenuto da uve barbera, croatina e uva rara si distingue per la piacevolezza di beva, in un quadro di fragranza e rusticità che lo rendono riconoscibile.
Banino Bianco 2019 O sauvignon blanc, chardonnay, riesling renano; 6.500 bt; 8 € - Un biglietto da visita riuscito ed equilibrato, che sebbene divaghi in quanto a ispirazione e aderenza al territorio, non manca di incisività e personalità.
Passito Aureum 2017 ● malvasia di Candia aromatica; 1.300 bt da 0,375 l; 15 € - Racconta la capacità di Antonio di saper aspettare, esito di una cura maniacale dei grappoli e di un lungo affinamento in legno. Il risultato è convincente: dal frutto intenso e aggraziato, ha una bocca densa e succosa.
Banino Uva Rara 2019 2.600 bt; 8 € - Agile, floreale, sottile.

ha 5 - **bt** 32.000
Fertilizzanti nessun concime
Fitofarmaci chimici di sintesi, rame e zolfo
Diserbo lavorazione meccanica/manuale
Lieviti fermentazione spontanea, selezionati industriali, selezione di lieviti indigeni
Uve 100% di proprietà
Certificazione nessuna certificazione

SAN DAMIANO AL COLLE (PV)

BISI

SCONTO -10%

Località Cascina San Michele - Frazione Villa Marone, 70 - tel. 0385 75037
www.aziendagricolabisi.it - info@aziendagricolabisi.it

VITA - Claudio Bisi conduce l'azienda insieme alla famiglia sulle colline di San Damiano al Colle, a pochi passi dal Piacentino. Serietà e competenza sono tra le virtù che lo contraddistinguono, nelle vesti di produttore che ha sempre lavorato per esaltare l'eccellenza e l'identità delle sue terre, con uno sguardo rivolto allo studio e alla ricerca.

VIGNE - A proposito di ricerca, il patrimonio vitato è il risultato dell'impegno di Claudio nella valorizzazione della sapienza contadina, ereditata dalla famiglia e dall'ascolto degli anziani locali, ma anche nelle sperimentazioni con l'Università Statale di Milano e nell'adesione a progetti di sostenibilità territoriale, come l'iniziativa ViNO (Vigneti e Natura in Oltrepò Pavese). Tra i filari sono presenti solo uve tradizionali.

VINI - I vini di Claudio necessitano talvolta di tempo per esprimersi, ma poi sanno regalare eleganza e grande adesione territoriale. La sua è una produzione fedele alla più radicata cultura di questo angolo di Oltrepò, con in testa Barbera e Croatina.

Pramattone 2018 ● 6.000 bt; 10 € - Una Croatina in purezza che evidenzia la vocazione del territorio per la versione ferma, in acciaio. Il risultato è materico, e denota un riuscito compromesso tra la componente tannica e la scorrevolezza di beva.
Pezzabianca 2018 ● barbera; 6.000 bt; 10 € - Ha una trama acida coerente con il vitigno, ma anche una struttura importante e calore. Un vino ricco dal sorso solido e compatto.
Calonga 2017 ● 3.000 bt; 21 € - Un Pinot Nero di cui si intravede il futuro, fatto di espressività e carattere, anche se, al momento dell'assaggio, era ancora trattenuto dalla gioventù.
Roncolongo 2017 ● barbera; 3.000 bt; 21 € - Denso, fruttato, incisivo.

ha 30 - **bt** 90.000
Fertilizzanti nessun concime
Fitofarmaci rame e zolfo
Diserbo lavorazione meccanica/manuale
Lieviti fermentazione spontanea, selezione di lieviti indigeni
Uve 100% di proprietà
Certificazione in conversione biologica

SAN DAMIANO AL COLLE (PV)

ALESSIO BRANDOLINI

SCONTO **-10%**

Frazione Boffalora, 68 - tel. 0385 75232
www.alessiobrandolini.com - info@alessiobrandolini.com

VITA - È trascorso un decennio da quando Alessio Brandolini ha rispolverato l'azienda di famiglia e, da solo, ha iniziato il suo convincente cammino. Il suo impegno è a 360 gradi, e lo ha visto in prima fila nel rinnovamento delle vigne, nella definizione di uno stile sempre più impeccabile, e nel rifacimento delle etichette con la complicità di un artista locale.

VIGNE - Una visita all'azienda di Alessio aiuta a capire tante cose dell'Oltrepò Pavese. Lo scorcio della pianura da una parte, la vicinanza alle montagne appenniniche dall'altra, e il confine ravvicinato con il Piacentino testimoniano la presenza di un'estrema differenziazione di suoli, climi e vitigni. La focalizzazione resta sul pinot nero, che trova nel versante che guarda verso Santa Maria la sua massima espressività.

VINI - L'ampia gamma evidenzia la specializzazione sul Metodo Classico, rigorosamente 100% pinot nero, che Alessio interpreta con vini che possiamo definire goderecci.

M. Cl. Dosaggio Zero Luogo d'Agosto 2016 ⁘ pinot nero; 8.000 bt; 20 € - ▯ - Ha un profilo olfattivo intrigante, con note di fiori secchi, e un sorso semplice e avvolgente.
Al Negres 2018 ● pinot nero; 3.000 bt; 17 € - ▦ - Piace per la succosità, unita al carattere varietale e alla spinta acida. Un vino convincente e territoriale.
M. Cl. Pas Dosé I Gerr Ris. 2014 ⁘ pinot nero; 1.000 bt; 32 € - ▯ - Novità assoluta: dopo circa 60 mesi di affinamento sui lieviti e un'adeguata permanenza in bottiglia post sboccatura, questa selezione ha un profilo agrumato, un'elegante ossidazione e tanto carattere.
M. Cl. Extra Brut Rosé Note d'Agosto 2016 ⁘ pinot nero; 2.000 bt; 20 € - ▯ - Agile, floreale, armonico.
O.P. Bonarda Frizzante Il Cassino 2019 ⁘ 8.000 bt; 8 € - ▯ - Fresco, fruttato, cangiante.
Beneficio 2016 ● croatina, barbera; 3.000 bt; 15 € - ▦ - Astringente, speziato, espressivo.

ha 10 - **bt** 60.000
Fertilizzanti sovescio
Fitofarmaci rame e zolfo
Diserbo lavorazione meccanica/manuale
Lieviti fermentazione spontanea
Uve 100% di proprietà
Certificazione nessuna certificazione

SANTA MARIA DELLA VERSA (PV)

MANUELINA

SCONTO **-10%**

Frazione Ruinello di Sotto, 3 - tel. 338 9669317
www.manuelina.com - info@manuelina.com

VITA - Paolo e Antonio Achilli sono i volti di Manuelina. Da qualche anno al loro fianco troviamo anche Manuela, figlia di Paolo, da cui deriva il nome dell'azienda: contribuisce con idee e creatività a dare lustro a questa affabile realtà familiare. Nell'ultimo periodo la cantina ha saputo raggiungere ottimi risultati, con vini che si distinguono all'interno del territorio dell'Oltrepò Pavese.

VIGNE - Il cuore vitato è intorno alla cantina, in frazione Ruinello, nel comune di Santa Maria della Versa. Questo nome, collegato alla storia della vicina cantina La Versa, lascia intendere quale sia e debba essere la vocazione aziendale: ovviamente il pinot nero! Con differenze di esposizioni, cloni e metodi di lavorazione, Paolo e Antonio sono interpreti del grande vitigno, affiancato anche dalla più tradizionale croatina e da qualche filare di riesling renano.

VINI - Lo stile di Manuelina valorizza la riconoscibilità varietale e territoriale, tralascia eccessi ed estrazioni sbilanciate, e favorisce facilità di beva e sottigliezza.

TOP **O.P. Pinot Nero Solonero 2018** VINO QUOTIDIANO ● 10.000 bt; 10 € - ▯ - Davvero convincente, rappresentativo di una lettura leggiadra e fresca del vitigno. La bocca è croccante, succosa e dotata di una finezza che lo rende un ottimo biglietto da visita per l'intero territorio.
O.P M. Cl. Pinot Nero Brut 137 2016 ⁘ 2.000 bt; 23 € - ▯ - Ha un dosaggio lieve, e sfumature ossidative e di fiori secchi, oltre a un'evidente riconoscibilità territoriale.
M. Cl. Pinot Nero Dosaggio Zero 2016 ⁘ 2.000 bt; 23 € - ▯ - Una versione che gioca su finezza e anima sottile, quasi nascosta. Il sorso è saporito e consistente.
O.P. M. Cl. Pinot Nero Brut Rosé 145 2015 ⁘ 2.000 bt; 23 € - ▯ - Fresco, floreale, salino.
O.P. Riesling Filare 52 2018 ○ 5.000 bt; 10 € - ▯ - Armonico, fruttato, varietale.

ha 22 - **bt** 250.000
Fertilizzanti letame in pellet, sovescio
Fitofarmaci rame e zolfo
Diserbo lavorazione meccanica/manuale
Lieviti selezione di lieviti indigeni
Uve acquisto 10%
Certificazione nessuna certificazione

SANTA MARIA DELLA VERSA (PV)

TENUTA QUVESTRA

Località Case Nuove - Strada Provinciale 189
tel. 347 6014109 - www.quvestra.it - info@quvestra.it

VITA - Sono trascorse poche vendemmie da quando un gruppo di soci varesini ha dato il via a Quvestra, una bella realtà sulle colline di Santa Maria, sorta sulla scia di una storica proprietà. L'avvio è stato fin da subito impeccabile, grazie alla scelta di destinare la conduzione a due affidabili e capaci ragazzi: Simone Bevilacqua e Miriam Prencisvalle. La loro attività è un esempio di qualità dell'accoglienza.

VIGNE - Simone e Miriam "fanno i conti" con ciò che è stato coltivato prima del loro arrivo. La fortuna vuole che la conduzione fosse concentrata sulla qualità e sulla vocazione, con qualche insolita divagazione, come testimonia la presenza di un po' di merlot. L'età media degli impianti sfiora i 30 anni. Alcuni vigneti sono oggetto di riqualificazione.

VINI - L'azienda si muove con destrezza alla ricerca di una propria identità stilistica. L'augurio è che possa intraprendere la strada della specializzazione, focalizzandosi su meno tipologie. A oggi, tutto ciò che è prodotto è comunque di buona fattura, anche grazie al supporto di Mario Maffi, grande conoscitore del territorio. Ci focalizziamo sui vini che ci hanno convinto di più.

Pinot Nero 2015 ● 3.500 bt; 15 € - L'annata calda dà spessore e materia, senza nascondere il tratto varietale
M. Cl. Brut Symposium 3.500 bt; 18 € - Un'interpretazione del vitigno pinot nero, con un saldo di chardonnay. Risultato di un affinamento sui lieviti di circa 50 mesi, ha un profilo ossidativo molto piacevole.
Croatina 2015 ● 3.500 bt; 15 € - Piace per come riesce a coniugare potenza, riconoscibilità e beva accessibile.
O.P. Sinfonia in Rosso 2017 ● 3.500 bt; 10 € - Fitto, fruttato, rustico.

ha 12 - **bt**; 40.000
Fertilizzanti minerali, sovescio
Fitofarmaci chimici di sintesi, rame e zolfo
Diserbo lavorazione meccanica/manuale
Lieviti selezionati industriali
Uve 100% di proprietà
Certificazione nessuna certificazione

SANTA MARIA DELLA VERSA (PV)

VALDAMONTE €

SCONTO **-10%**

Frazione Valdamonte, 47 - tel. 0385 79665
www.valdamonte.it - valdamonte@gmail.com

VITA - Abbiamo seguito l'ascesa e l'affermazione di Alberto Fiori fin dall'inizio della sua avventura, quando decise di rinnovare i terreni di famiglia. Oggi non possiamo che constatare come il suo lavoro tra le colline di Santa Maria della Versa sia assolutamente convincente. Un piccolo e significativo merito va anche alla moglie Carola Manstretta, grazie a cui è attivo anche un bel punto di ristorazione agrituristica che consigliamo vivamente.

VIGNE - La famiglia di Alberto, come tante in questo territorio, ha sempre conferito buona parte delle uve alla nota cantina di Santa Maria, pertanto l'attenzione alla vocazione e alla qualità dei terreni ha sempre dettato legge in casa Fiori. Con un'importante eredità, consistente rispetto al numero di bottiglie realizzate, Alberto impegna gran parte del lavoro in vigna, da un paio di vendemmie condotta in regime biologico.

VINI - I vini si distinguono per l'ottimo rapporto tra la qualità e il prezzo. Lo stile privilegia essenzialità e immediatezza, fattori che reputiamo di forte attualità. Mancano all'appello un paio di etichette ritenute non pronte, tra cui la selezione di Bonarda afferente al progetto La Mossa Perfetta.

TOP **347 m.s.l.m. 2019** VINO QUOTIDIANO ● barbera, croatina; 8.000 bt; 7 € - È un vino pimpante, dalla spiccata riconoscibilità territoriale e dal sorso limpido e convincente.
O.P. Bonarda Vivace 2019 6.600 bt; 7 € - La versione più semplice, ma non banale, esito di una grande cura tra vigna e cantina, che fa emergere succosità, equilibrio e carattere.
347 m.s.l.m. Bianco 2019 ○ 3.300 bt; 11 € - Entrato da un paio di vendemmie nella gamma di Alberto, questo bianco è figlio della surmaturazione dello chardonnay e della finezza del riesling renano. La bocca gioca su un registro di dolcezza, sostenuta da un sorso agile e sicuro.

ha 16 - **bt** 22.000
Fertilizzanti nessun concime
Fitofarmaci organici, rame e zolfo
Diserbo lavorazione meccanica/manuale
Lieviti selezionati industriali
Uve 100% di proprietà
Certificazione biodinamico certificato

TORRICELLA VERZATE (PV)

MONSUPELLO

Via San Lazzaro, 5 - tel. 0383 896043
www.monsupello.it - monsupello@monsupello.it

VITA - L'azienda di Pierangelo e Laura Boatti consolida il proprio ruolo di baluardo dell'eccellenza del Metodo Classico in terra oltrepadana. Un plauso, come da abitudine, va al compianto papà Carlo, artefice di questa rivoluzione. Citiamo tra le novità anche il ruolo di Carlotta, figlia di Laura, che porta energia e creatività, al fianco della nonna Carla. La parte tecnica è sempre affidata all'abile Marco Bertelegni.

VIGNE - I Boatti sono in prima linea nella coltivazione del pinot nero, che trova collocazione su pendii nella prima collina tra Casteggio, Borgo Priolo, Torricella Verzate e Oliva Gessi. La storia aziendale è ancorata anche ai vitigni della tradizione oltrepadana, sebbene sempre più in secondo piano. Tra questi citiamo il nucleo rossista a base di croatina e barbera attorno al Podere La Borla.

VINI - In un anno che si può definire stazionario per il mondo del vino oltrepadano, ci aspettavamo una semplice conferma da parte delle solite eccellenti selezioni di Metodo Classico. Invece, la gamma si è arricchita con novità e sorprese che testimoniano impegno costante.

M. Cl. Nature ⁂ 68.000 bt; 22 € - 🍷 - Si conferma il biglietto da visita del territorio: sottile, integrato, espressivo, dalla beva travolgente.
M. Cl. Brut ⁂ 10.000 bt; 22 € - 🍷 - Ha una trama fitta, una spiccata riconoscibilità e grande complessità.
M. Cl. Extra Brut Blanc de Blancs ⁂ 6.000 bt; 44 € - 🍷 🛢 - Inaspettata e incantevole novità, un'interpretazione fuori dal coro: esito di 45 mesi di affinamento sui lieviti, funge da diversivo alla tradizione di casa Boatti.
M. Cl. Brut Rosé ⁂ 22.000 bt; 24 € - 🍷 - Schietto, floreale, integro.
Riesling 2018 ○ 18.000 bt; 11 € - 🍷 - Agile, fruttato, varietale.
Podere La Borla 2016 ● barbera, croatina, pinot nero; 10.000 bt; 14 € - 🛢 - Austero, speziato, ampio

ha 50 - **bt** 300.000
Fertilizzanti letame in pellet, organo-minerali, sovescio
Fitofarmaci chimici di sintesi, organici, rame e zolfo
Diserbo chimico, lavorazione meccanica/manuale
Lieviti selezionati industriali, selezione di lieviti indigeni
Uve acquisto 10%
Certificazione nessuna certificazione

VILLIMPENTA (MN)

VILLA PICTA

SCONTO **-10%**

Via Madonnina, 24 - tel. 349 0612138
www.villapicta.it - info@villapicta.it

VITA - È sempre un piacere chiacchierare con Paolo Pasini: l'entusiasmo traspare fin da subito e si percepisce chiaramente quanto sia determinato nel fare viticoltura senza mai scendere a compromessi. Dalla minuscola cantina ricavata nel garage di casa trasforma le proprie uve nel pieno rispetto del territorio e delle tradizioni.

VIGNE - In questo lembo di terra fra la provincia di Mantova e Verona, dove nei secoli il transito dei fiumi Mincio, Tione e Po ha creato un microclima favorevole per la viticoltura, si trova la piccola vigna di Villa Picta. Le varietà si alternano: troviamo lambrusco Ruberti, salamino e Sorbara, ma non mancano le cultivar veronesi come garganega, cabernet sauvignon, cabernet franc e merlot.

VINI - Pochi i vini prodotti, ma mai banali: sempre dotati di spiccata personalità, non sono omologati e appaiono di chiara ispirazione personale.

M. Cl. Brut Rosato Il Bacio 2018 ⁂ 700 bt; 15 € - 🍷 - Insolito per questo territorio, ma ben ben fatto se confrontato alla tipologia di riferimento, questo spumante colpisce da subito con nitidi profumi di fragola e ribes, che anticipano un sorso fresco e vibrante, dotato di allungo sapido e carbonica fine e persistente.
Lambrusco Villa Picta 2019 ⁂ lambrusco Ruberti; 5.000 bt; 9 € - 🍷 - Ancora troppo giovane al momento dell'assaggio per esser valutato correttamente, ma già in linea con le aspettative, ricco nella materia e dotato di buona presa di spuma. Nel frattempo ci ha convinti pienamente il riassaggio dell'annata precedente: invitanti profumi di frutti rossi introducono un vino gustoso e fragrante, con carbonica fine e ben integrata al tannino.
Terra 2019 ● merlot, cabernet sauvignon, cabernet franc; 500 bt; 15 € - 🍷 🛢 - Fresco, fruttato, armonico.

ha 3 - **bt** 8.000
Fertilizzanti letame, sovescio
Fitofarmaci rame e zolfo
Diserbo lavorazione meccanica/manuale
Lieviti selezione di lieviti indigeni
Uve 100% di proprietà
Certificazione nessuna certificazione

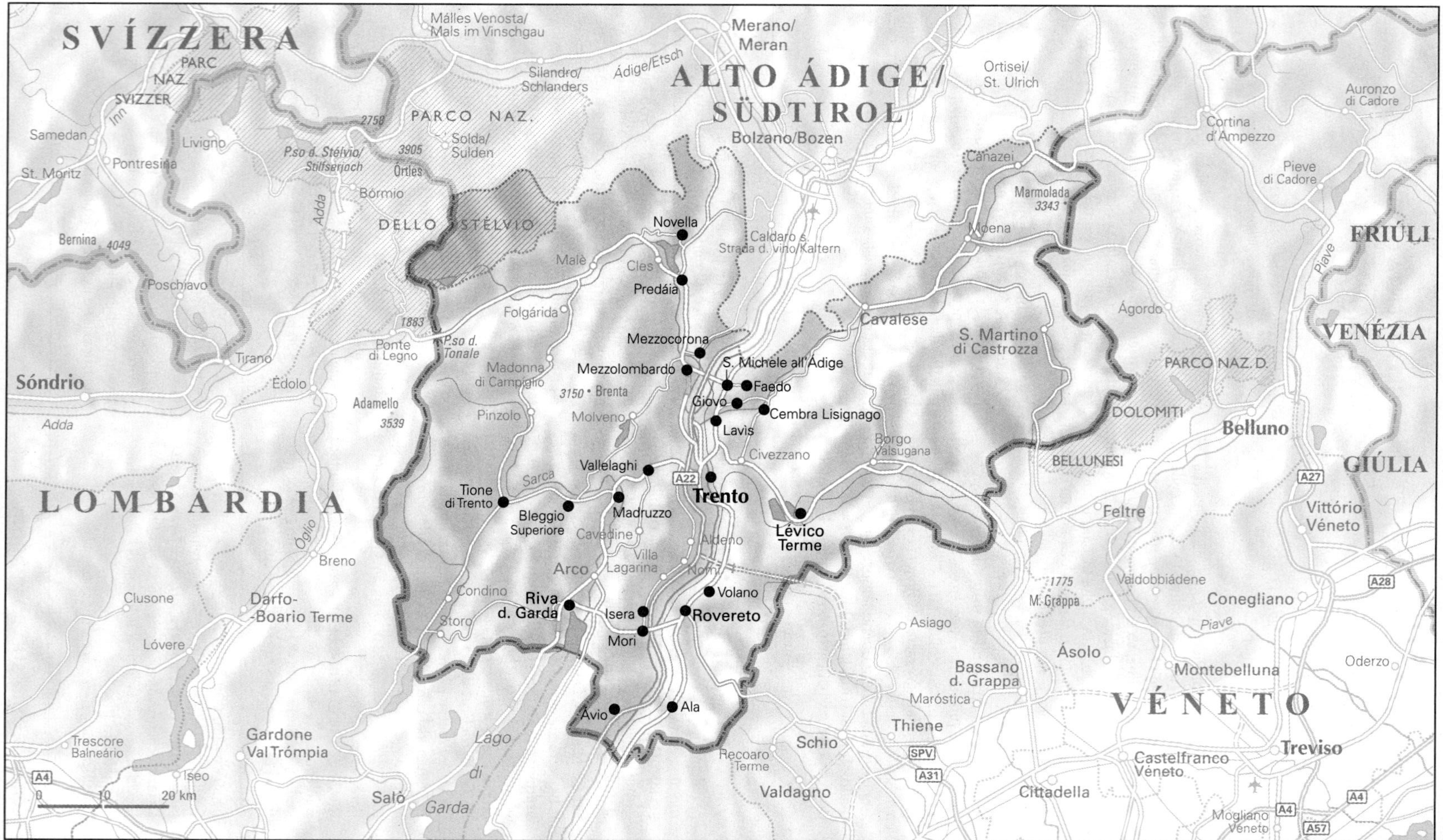
SVÍZZERA
ALTO ÁDIGE/ SÜDTIROL
LOMBARDIA
VÉNETO
FRIÚLI VENÉZIA GIÚLIA
PARC NAZ. SVIZZER
PARCO NAZ. DELLO STÉLVIO
PARCO NAZ. D. DOLOMITI BELLUNESI
Málles Venosta/ Mals im Vinschgau
Merano/ Meran
Silandro/ Schlanders
Ádige/Etsch
Ortisei/ St. Ulrich
Auronzo di Cadore
Cortina d'Ampezzo
Pieve di Cadore
Samedan
Inn
Livigno
Pontresina
St. Moritz
2758
3905
Solda/ Sulden
P.so d. Stélvio/ Stilfserjoch
Ortles
Bórmio
Adda
Bolzano/Bozen
Canazei
Marmolada 3343
Moena
Novella
Caldaro s. Strada d. vino/Kaltern
Bernina 4049
Malè
Cles
Predáia
Poschiavo
Folgárida
Cavalese
Ágordo
Piave
1883
P.so d. Tonale
Ponte di Legno
Tirano
Mezzocorona
S. Martino di Castrozza
Madonna di Campiglio
Mezzolombardo
S. Michele all'Ádige
Faedo
Sóndrio
Édolo
3150 • Brenta
Giovo
Cembra Lisignago
Adamello 3539
Pinzolo
Molveno
Lavis
Adda
Borgo Valsugana
Belluno
Civezzano
Vallelaghi
A22
Sarca
Tione di Trento
Madruzzo
Trento
Bleggio Superiore
Lévico Terme
Feltre
Vittório Véneto
Cavedine
Oglio
Aldeno
Breno
Villa Lagarina
Arco
Nomi
1775
Valdobbiádene
A28
Clusone
Condino
Volano
M. Grappa
Conegliano
Darfo- -Boario Terme
Riva d. Garda
Isera
Rovereto
Storo
Asiago
Piave
Mori
Lóvere
Ásolo
Oderzo
Montebelluna
Bassano d. Grappa
Maróstica
Ávio
Ala
Thiene
Trescore Balneário
Gardone Val Trómpia
Lago di Garda
Schio
Recoaro Terme
SPV
Castelfranco Véneto
Treviso
Iseo
A4
A31
0 10 20 km
Saló
Valdagno
Cittadella
A4
A4
Mogliano Véneto
A57

TRENTINO

La provincia di Trento ha un'innegabile vocazione alla viticoltura di qualità, grazie alla varietà di suoli, esposizioni e altitudini che caratterizza le sue campagne. Se per anni l'abbiamo descritta come una bella addormentata in cui solo poche e felici realtà avevano saputo cogliere il potenziale di queste terre, ora la situazione pare mutata. Assistiamo con rinnovato interesse a un progressivo cambio generazionale. Le nuove leve stanno portando in molte aziende competenze, frutto anche di studi presso la scuola di enologia di San Michele all'Adige, esperienze fatte in altre zone, e voglia di sperimentare. Si assaggiano con sempre più frequenza vini tecnicamente perfetti ma anche aderenti ai territori di origine, e iniziano a delinearsi zone vitivinicole con caratteri propri, che meriterebbero maggiore riconoscimento istituzionale. Dall'altra parte anche la cooperazione, vera spina dorsale della viticoltura trentina, non resta a guardare. Sebbene si assista con una certa preoccupazione a un'ulteriore tendenza all'aggregazione, non possiamo far finta di non vedere che dalle cantine sociali escono etichette di valore, proposte tra l'altro a prezzi decisamente convenienti. Dando uno sguardo ai territori il basso Trentino, zona di vini rossi di grande stoffa, paga quest'anno l'infelice accoppiata tra le annate difficili per le grandi Riserve e la scelta virtuosa, dettata perlopiù dalla pandemia in atto, di ritardare gli imbottigliamenti. Molte etichette storiche mancano all'appello, ma abbiamo la certezza che sapranno presentarsi l'anno prossimo migliorate dal prolungato affinamento. Una nota dolente in regione è il marzemino: questo vitigno iconico sta lentamente scomparendo a causa delle difficoltà agronomiche e di una scarsa penetrazione sul mercato. Ciò nondimeno le poche etichette assaggiate ci hanno conquistati: sono vini gastronomici, di buona stoffa, che meritano certamente attenzione. È innegabile che la fascia di colline tra i borghi di Lavis, Pressano e Sorni stia assurgendo a gran cru regionale. I vini che nascono qui, prevalentemente da varietà a bacca bianca, sono un pregevole connubio tra la fragranza del frutto, la struttura e la capacità di invecchiare. Le ultime annate molto calde penalizzano a queste quote i vitigni aromatici, ma incrocio Manzoni, chardonnay e nosiola danno vini dal carattere proprio e di grande interesse. La nosiola poi merita un capitolo a parte: è una varietà rara, che dona vini giocati su un inconsueto equilibrio tra basso grado alcolico e struttura robusta, e si presta a molteplici interpretazioni, tutte da esplorare. Nella Piana Rotaliana prosegue il lavoro dei vignaioli del Teroldego, vino che sa ormai confrontarsi con altri campioni dell'enologia italiana. Restano in cerca d'autore due zone storiche del Trentino, la valle dei Laghi e la val di Cembra: nonostante l'impegno profuso da molte cantine, mancano ancora un'idea condivisa di vino e un vitigno iconico. Infine le terre alte, a quote prossime o superiori ai 1.000 metri, ai piedi dei massicci dolomitici: qui la viticoltura è storia recente e pochi ancora i pionieri che si sono spinti quassù, coltivando prevalentemente vitigni resistenti alle avversità e precoci nella maturazione; tuttavia i vini prodotti dimostrano il potenziale di queste terre, e i recenti investimenti di molte cantine trentine fanno intuire un futuro molto interessante.

le Bottiglie

le Monete €

ALA (TN)

BORGO DEI POSSERI

SCONTO **-10%**

Località Pozzo Basso - tel. 0464 671899
www.borgodeiposseri.com - info@borgodeiposseri.com

VITA - Più che un borgo un piccolo paradiso, enoico e paesaggistico, incastonato nel fianco della montagna sopra all'abitato di Ala. È opera di Martin Mainenti, che ha saputo dare nuova vita agli antichi cascinali e ai vigneti, disegnando un futuro di segno diverso rispetto all'epoca in cui l'abbandono delle campagne aveva fatto dimenticare una lunga tradizione agricola.

VIGNE - A oltre 500 metri di altitudine, tra le radure e marcati dai muri a secco, si trovano i diversi vigneti, lembi di terra che danno il nome ai vini della tenuta. Se la toponomastica dà i nomi ai vini è il connubio tra i terreni calcarei della montagna e il clima alpino lambito dalle brezze del Garda a creare un contesto ambientale unico, come gli aromi e la verticalità che ritroverete nei bicchieri.

VINI - L'ampia gamma di vini si presenta moderna fin dal design delle bottiglie. Molta sostanza comunque, per una beva sempre croccante nel frutto e viva nella spinta acida, con espressioni varietali sincere e mai banali.

Pinot Nero Paradis Plus 2017 ● 4.500 bt; 22 € - Verticale nella trama sapida e nel tannino rigoroso che ne svela il carattere montano. Note di marasca e pietra focaia impreziosiscono il bicchiere.
Merlot Rocol 2017 ● 8.000 bt; 14 € - Un altro vino montano dai sentori di sottobosco e di erbe officinali. La bocca è fresca e agile, di corpo lieve, lontano dagli stereotipi del vitigno.
Trento Brut Nature Tananai Zero 2014 1.200 bt; 28 € - Millesimo difficile ma da grandi Metodo Classico: i profumi di fiori secchi, cera e pietra bagnata accompagnano un perlage cremoso e una beva ampia, elegantemente evoluta.
Trento Brut Tananai 2016 6.000 bt; 24 € - Dinamico, agrumato, consistente.

ha 21 - **bt** 70.000
Fertilizzanti letame in pellet, letame, minerali, sovescio
Fitofarmaci chimici di sintesi, rame e zolfo
Diserbo lavorazione meccanica/manuale
Lieviti selezionati industriali
Uve 100% di proprietà
Certificazione nessuna certificazione

ALA (TN)

TENUTA MASO CORNO

Località Valbona - tel. 0464 421130
www.tenutamasocorno.it - info@tenutamasocorno.it

VITA - Il Trentino è da sempre un luogo di transito. Oggi il fiume Adige e l'autostrada scorrono paralleli verso sud, incrociandosi di tanto in tanto. A Serravalle, poco dopo Rovereto, le pareti delle montagne si avvicinano, e la valle si fa sinuosa nascondendo alla vista l'orizzonte. Nei pressi di Avio, lo sguardo dei più curiosi è colpito dal podere vitato che spicca a mezza montagna, circondato dal bosco: è la tenuta Maso Corno.

VIGNE - Nel 2006 il maso fu acquistato da Giulio Larcher. Impostato su terreni calcarei-dolomitici, colpisce l'esposizione inusuale per una vigna trentina. Tutti i campi vitati sono rivolti in prevalenza a settentrione e ricevono l'insolazione alcuni solo al mattino, e altri alla sera. Negli anni nuovi terreni attorno al maso originario sono stati bonificati e la superficie vitata ampliata, scegliendo di piantare vitigni internazionali.

VINI - È innegabile l'ispirazione tecnica ed emotiva data dai vini dei più famosi territori transalpini. Un classicismo che oggi può apparire anacronistico, ma è di grande precisione ed eleganza.

TOP **Trento Pas Dosè Giulio Larcher 2015** 3.000 bt; 28 € - Dal colore dorato con riflessi vivaci, i profumi sono fini, con aromi tostati di nocciole e caffè, floreali e gessosi. È intenso, cremoso e austero al sorso, di grande gustosità ed eleganza.
Trento Pas Dosè Giulio Larcher Clou 2014 2.500 bt; 32 € - Dorato luminoso alla vista, l'aroma è complesso, con note evolute di pasticceria, spezie, vaniglia e zafferano. In bocca risulta ricco e salato.
Trentino Pinot Nero Santa Maria Ris. 2014 ● 1.360 bt; 38 € - Lontano dal modello sudtirolese, è austero, con note speziate, di erbe officinali e balsamiche. Solido e denso al palato.
Trentino Chardonnay Villanova Ris. 2015 ○ 3.000 bt; 29 € - Teso, speziato, stratificato.

ha 6 - **bt** 15.000
Fertilizzanti compost
Fitofarmaci chimici di sintesi
Diserbo chimico
Lieviti fermentazione spontanea
Uve 100% di proprietà
Certificazione biodinamico certificato

LORENZO BONGIOVANNI

SCONTO -10%

Località Sabbionara - Via Sant'Antonio, 28 - tel. 0464 684388
www.bongiovannilorenzo.com - info@bongiovannilorenzo.com

VITA - «La viticoltura fa parte della nostra famiglia da sempre e io, finiti gli studi, ho continuato la tradizione tenendo duro nei tempi difficili e puntando sulle nostre varietà autoctone»: così dice Lorenzo Bongiovanni, titolare e tuttofare di questa azienda familiare incastonata nell'abitato di Sabbionara fin dall'Ottocento, che da sempre coltiva e custodisce i segreti per la coltivazione delle uve locali marzemino ed enantio.

VIGNE - Nel cuore della Vallagarina l'azienda possiede alcuni interessanti appezzamenti ancora coltivati a pergola. In questi, oltre alle uve autoctone, si possono trovare merlot e chardonnay. Quest'ultimo, assieme al marzemino, trova spazio sui vigneti nelle colline che salgono verso il monte Baldo. Le piante di enantio, centenarie e ancora a piede franco, si trovano invece nell'alveo dell'Adige, dove trovano il migliore clima per arrivare alla perfetta maturazione.

VINI - I vini prodotti rispecchiano in pieno il produttore: sinceri, schietti e senza troppi fronzoli, sono in grado di dare il meglio dopo pochi istanti nel bicchiere.

TOP **Enantio Piede Franco 2017** VINO SLOW ● 6.000 bt; 15 € - Da viti centenarie non si può che ottenere un vino dalla grande eleganza. Compatto e pieno, al sorso presenta un tannino già perfettamente equilibrato al momento del nostro assaggio. Al naso si alternano aromi di frutta rossa e leggere sfumature floreali.
Trentino Chardonnay 2019 ○ 4.000 bt; 12 € - Profumi di frutta tropicale e agrume emergono non appena si avvicina il bicchiere al naso. Al palato è maturo, ma ben bilanciato da un'ottima sapidità finale.
Trentino Marzemino 2018 ● 6.000 bt; 13 € - Succoso, speziato, autentico.

ha 7 - **bt** 35.000
Fertilizzanti letame, nessun concime
Fitofarmaci rame e zolfo
Diserbo lavorazione meccanica/manuale
Lieviti fermentazione spontanea, selezionati industriali
Uve 100% di proprietà
Certificazione nessuna certificazione

AVIO (TN)

TENUTA SAN LEONARDO

Località San Leonardo - Frazione Borghetto all'Adige
tel. 0464 689004 - www.sanleonardo.it - info@sanleonardo.it

VITA - La storia di Tenuta San Leonardo è ricca di aneddoti e lunga da raccontare. Alcuni si scoprono durante la visita in cantina, ma la maggior parte viene alla luce solamente grazie alle chiacchiere con Anselmo e Carlo Guerrieri Gonzaga, appassionati artefici di questa realtà. Novità dell'anno: finalmente il San Leonardo ha trovato la sua casa, un'apposita vasca di cemento in cui si vinificano solamente le migliori uve destinate alla sua produzione.

VIGNE - L'azienda crede fermamente nelle lavorazioni rispettose dell'ambiente e della propria terra. Le certificazioni biologica e "biodiversity friend" ne sono la riprova. Circondati da circa 300 ettari di bosco, protezione naturale e portatori di biodiversità, i vigneti sono coltivati in parte a pergola e in parte con altri metodi a spalliera. Le diverse composizioni del terreno sono ideali per le uve internazionali care all'azienda.

VINI - Tutti i vini subiscono una fermentazione in grandi vasche di cemento e un successivo affinamento in legno, utile ad accrescere l'eleganza che già possiedono. Da quest'anno i due rossi aziendali di punta subiscono un affinamento ancora più lungo, per questo motivo le nuove annate saranno pronte solamente più avanti.

Terre di San Leonardo 2017 ● cabernet sauvignon, merlot, carmenère; 95.000 bt; 14 € - Classico taglio bordolese, è complesso ed elegante al naso, con note fruttate che lasciano spazio a spezie e tabacco. L'affinamento in vecchi tonneau lo rende rotondo e succoso, lasciando un'importante freschezza acida che dona grande facilità di beva.
Vette di San Leonardo 2019 ○ sauvignon; 95.000 bt; 12 € - L'unico bianco aziendale è indiscutibilmente varietale. Ha beva snella e fresca, con tipici aromi tropicali e una leggera nota floreale a completare il tutto.

ha 40 - **bt** 285.000
Fertilizzanti letame
Fitofarmaci rame e zolfo
Diserbo lavorazione meccanica/manuale
Lieviti fermentazione spontanea
Uve 100% di proprietà
Certificazione biologico certificato

AVIO (TN)

VALLAROM

Frazione Masi, 21 - tel. 0464 684297
www.vallarom.it - info@vallarom.com

VITA - Filippo Scienza custodisce lo storico maso fondato dal nonno Ezio alle pendici dei monti Lessini, in un affascinante angolo di Trentino che merita di essere riscoperto per il suo paesaggio e per l'antica tradizione vitivinicola. Viticoltura e accoglienza si integrano a Vallarom: ogni ambito dell'azienda agrituristica e della cantina è seguito direttamente dalla famiglia di Filippo.

VIGNE - Un unico corpo vitato esposto a occidente sulla conoide erosiva dei monti Lessini è il tratto distintivo di questa azienda. Questa felice combinazione dona un clima mediterraneo, rinfrescato da brezze, e consente una maturazione lunga e regolare dei diversi vitigni, che trovano affinità con suoli dalla geologia mutevole. Le varietà borgognone dominano l'ampelografia aziendale, ben accompagnante da vitigni locali come il marzemino.

VINI - La gamma di etichette è ampia e recentemente si è arricchita di spumanti e rifermentati in bottiglia. Il cuore dell'azienda è rappresentato però dai grandi vini rossi che le terre della Vallagarina sanno donare.

Syrah 2017 ● 2.500. bt; 26 € - Torna all'assaggio dopo alcuni anni un'etichetta che ha fatto la storia di questo maso. Filippo interpreta alla grande questa varietà affascinante ma sensibile al terroir, declinandola sul frutto rosso maturo, accompagnato dalle tipiche note speziate. La beva è ampia e calda, dal tannino lieve, mediterranea.
Pinot Nero 2018 ● 8.000 bt; 20 € - Declinato sui toni caldi con note di ciliegia sotto spirito e radici in evidenza, ha un sorso sanguigno, con un tannino ben presente e un finale succoso.
Chardonnay 2018 ○ 6.000 bt; 18 € - Fragranti note di chinotto si integrano a sentori lattici evoluti. All'assaggio è rotondo, ma dal finale rigoroso.

ha 7 - **bt** 35.000
Fertilizzanti compost, sovescio
Fitofarmaci rame e zolfo
Diserbo lavorazione meccanica/manuale
Lieviti fermentazione spontanea
Uve 100% di proprietà
Certificazione biologico certificato

BLEGGIO SUPERIORE (TN)

CAVIC

SCONTO **-10%**

Frazione Santa Croce - Località Colture, 10 - tel. 335 6748738
www.cavic.it - info@cavic.it

VITA - La piccola azienda di Luca Caliari si trova a 600 metri di quota a Santa Croce del Bleggio, su un altipiano rurale dedito all'allevamento e alla frutticoltura, stretto tra le Dolomiti di Brenta e il lago di Garda. Per l'iniziativa di alcuni agricoltori e il coinvolgimento della cantina sociale di Toblino, negli ultimi due decenni la viticoltura specializzata è arrivata anche in queste terre alte, complice il cambiamento climatico.

VIGNE - Nella mappa viticola trentina del passato le valli Giudicarie sono state sempre considerate un territorio estremamente marginale, di scarsa tradizione e modesta vocazione, dedita a una viticoltura hobbystica di ibridi produttori diretti, capaci di garantire solo un'uva e un vino di scarse o nulle qualità enologiche, ma oggi lo spartito è cambiato.

VINI - Se in campagna la conduzione è pragmatica, condizionata dalle difficoltà di una viticoltura in quota, in cantina lo stile è provocatore, eccentrico: si sperimentano vinificazioni in anfora, macerazioni sulle bucce e rifermentazioni in bottiglia.

Sonata 2018 ○ souvignier gris; 350 bt; 26 € - Fermenta e affina in anfora. Aranciato, ha profumo complesso con note speziate, erbacee e agrumate. Al palato mostra buona ricchezza, è avvolgente e ha un finale saporito.
Kerner L'Insolito 2018 ○ 1.000 bt; 17 € - Prodotto con breve macerazione sulle bucce e affinato in legno, si presenta con profumi nitidi di frutta, agrumi e spezie. Al sorso è energico, con una lieve rustica tannicità che lo rende gastronomico.
Lingera 2019 2.500 bt; 12 € - Naturalmente torbido per la rifermentazione in bottiglia da uve solaris, ha note floreali, fruttate e di agrumi. Al sorso è agile, teso e dissetante, con una carbonica scoppiettante e avvolgente.
Macri 2019 ○ kerner, Müller Thurgau; 1.200 bt; 12 € - Vibrante, fruttato, salino.

ha 3 - **bt** 8.000
Fertilizzanti compost, letame in pellet, letame, sovescio
Fitofarmaci chimici di sintesi, organici, rame e zolfo
Diserbo lavorazione meccanica/manuale
Lieviti selezionati industriali
Uve 100% di proprietà
Certificazione nessuna certificazione

CEMBRA LISIGNAGO (TN)

CEMBRA CANTINA DI MONTAGNA €

Viale IV Novembre, 72 - tel. 0461 680010
www.cembracantinadimontagna.it - info@cembracantinadimontagna.com

VITA - Non smetteremo mai di raccontare quanto la val di Cembra nel panorama enoico trentino sia un territorio estremamente prezioso e identitario: erti vigneti alpini terrazzati, il suolo vulcanico, l'incessante opera dell'uomo a modellare un paesaggio rurale mozzafiato. Suggestioni che auguriamo mantengano centralità nei progetti futuri di questa cantina del gruppo LaVis, rientrato come figliol prodigo nel potente consorzio di cooperative trentine Cavit.

VIGNE - Nella complessa morfologia cembrana, alcuni cru spiccano per l'irripetibilità delle loro caratteristiche. Forche è una vigna a quasi 900 metri di quota, esposta a sud e con un carattere porfirico unico. Saosent è un anfiteatro in cui il pinot nero matura come in poche altre zone della val di Cembra. Nelle vigne di Cancor alla grandissima acidità corrisponde un'uva estremamente matura.

VINI - In attesa delle nuove annate dei citati cru, i vini classici sono la sintesi dello sfaccettato vigneto cembrano, di cui esaltano la cifra identitaria.

TOP **Trentino Schiava 2019** VINO QUOTIDIANO ● 20.000 bt; 11 € - Emblema della resistenza territoriale, al naso è un susseguirsi leggiadro di frutti acerbi, fiori e spezie. Il sorso è vivo e croccante, pericolosamente beverino.
Trentino Müller Thurgau 2019 ○ 100.000 bt; 11 € - Prototipo della varietà e dei tratti distintivi dei vini della valle, profuma di agrumi, fiori ed erbe aromatiche. Al palato emergono la sapidità incisiva e il finale speziato e ammandorlato.
Trentino Pinot Nero 2018 ● 25.000 bt; 13 € - Mostra eleganza alpina nei tratteggiati profumi floreali, di frutti di bosco e di fragranti spezie. All'assaggio il corpo è misurato. Il sorso è fresco, morbido, con retrogusto piacevolmente fruttato e zuccherino.

ha 300 - **bt** 300.000
Fertilizzanti compost, humus, letame in pellet, letame, minerali, organo-minerali, sovescio
Fitofarmaci chimici di sintesi, rame e zolfo
Diserbo chimico, lavorazione meccanica/manuale
Lieviti selezionati industriali
Uve 100% di proprietà
Certificazione parte dei vigneti in regime biologico

CEMBRA LISIGNAGO (TN)

CEMBRANI DOC

SCONTO **-10%**

Viale IV Novembre, 52 - tel. 0461 090906
www.cembranidoc.it - info@cembranidoc.it

VITA - Cembrani DOC è un bell'esempio di sinergia tra produttori e territorio. È un consorzio che unisce quattro cantine familiari, una cantina sociale e due distillerie della val di Cembra, un lembo di Trentino fortemente identitario, caratterizzato da un paesaggio rurale alpino modellato dalla viticoltura. Il consorzio è uno strumento di promozione territoriale che veicola l'unicità della valle attraverso i prodotti, le visite e gli eventi.

VIGNE - Percorrendo la strada principale della val di Cembra si scopre come il panorama sia un insieme di infiniti dettagli. La viticoltura si sviluppa in prevalenza su un fianco, da 350 fino a oltre 800 metri di quota, su suoli porfirici. Le geometria del paesaggio è caratterizzata dal susseguirsi di linee e forme tratteggiate dal sinuoso sviluppo di muretti a secco e filari interrotti bruscamente da boschi, capezzagne, dossi e salti rocciosi.

VINI - Il nome dei vini richiama la lunghezza totale dei muretti che sostengono i pendii vitati della valle. Le aziende associate si impegnano a fornire le migliori partite prodotte nell'annata per assemblare vini rappresentativi di un ideale gusto del territorio, in versione bianca e rossa.

708 km Rosso 2018 ● 2.500 bt; 18 € - Cuvée di Schiava e Lagrein, si concede come un fragrante dialogo tra le due varietà, con note fruttate e speziate. Agile, invitante alla beva è discretamente avvolgente.
708 km Bianco 2018 ○ Müller Thurgau, riesling renano; 2.500 bt; 18 € - Lucente, intenso e sfaccettato nei profumi che giocano tra il fruttato tropicale e agrumato e le note speziate e di erbe aromatiche, al palato è coerente, rilassato, delicato e autentico.
Pinot Nero Michele Simoni 2018 ● 1.200 bt; 19 € - Setoso, fruttato, integro.
Müller Thurgau Michele Simoni 2019 ○ 2.200 bt; 16 € - Croccante, floreale, espressivo.

ha 0 - **bt** 8.500
Fertilizzanti compost, letame in pellet, letame
Fitofarmaci rame e zolfo
Diserbo lavorazione meccanica/manuale
Lieviti selezionati industriali
Uve acquisto 100%
Certificazione nessuna certificazione

CEMBRA LISIGNAGO (TN)

CORVÉE

SCONTO **-10%**

Località Bedin, 1 - tel. 344 0260170
www.corvee.wine - info@corvee.wine

VITA - Dopo solo quattro vendemmie, prende sempre più forma il progetto ambizioso di Corvée, moderna boutique winery in val di Cembra. È formato da sette soci, di cui quattro viticoltori, che uniscono vigne e competenze, consapevoli di lavorare su un territorio unico, di alta montagna, dove poter sviluppare una viticoltura che ha come elementi fondamentali la quota e il suolo porfirico, con l'obiettivo di esaltare la longevità dei vini di questo angolo di Trentino.

VIGNE - La viticoltura è legata al caos degli elementi naturali, spiega l'enologo Moreno Nardin. All'interno del variegato paesaggio cembrano i vigneti di Corvée sono intesi come un insieme di cru, distinti per esposizione, microclima, suolo e varietà, coltivati in biologico e vinificati singolarmente. Da ogni cru nasce un'etichetta che deve esprimere la "cembranità", intesa come freschezza minerale e tensione gustativa.

VINI - Lo stile di Corvée si esprime con vini dritti, taglienti, tesi, in grado di evolvere e trovare equilibrio nel tempo.

Trentino Cembra Sup. Müller Thurgau Viàch 2018 ○ 9.740 bt; 18 € - ▯ - Intenso, nervoso, con piccanti ritocchi agrumati, ha una bocca saporita, tesa, salina e coerente.
Trentino Pinot Bianco Còr 2018 ○ 3.779 bt; 20 € - ▦ - Croccante, con note di pesca bianca, timo, limone e burro, al palato è cremoso, minerale e ammandorlato.
Trentino Pinot Grigio Corvàia 2018 ○ 6.463 bt; 20 € - ▦ - Spiazzante, è fruttato, minerale e affumicato. Il sorso è elegante, arrotondato dal legno, e sapido.
Trentino Pinot Nero Agole 2017 ● 5.197 bt; 39 € - ▦ - Fine, fruttato, dettagliato.
Trento Brut 2016 ◌ 20.000 bt; 24 € - ▦ - Teso, stratificato, espressivo.
Trento Brut Rosé 2016 ◌ 10.000 bt; 26 € - ▦ - Succoso, evoluto, delicato.

ha 16,5 - **bt** 75.000
Fertilizzanti compost, letame in pellet, letame, sovescio
Fitofarmaci organici, rame e zolfo
Diserbo lavorazione meccanica/manuale
Lieviti selezionati industriali
Uve 100% di proprietà
Certificazione biologico certificato, in conversione biologica

CEMBRA LISIGNAGO (TN)

ZANOTELLI ELIO & F.LLI

SCONTO **-10%**

Viale IV Novembre, 52 - tel. 0461 683131
www.zanotelliwines.com - contatti@zanotelliwines.com

VITA - I cugini Zanotelli sono tra i più sicuri e affidabili interpreti della val di Cembra. Capace di intuire il cambiamento del mercato, negli anni l'azienda si è evoluta e adattata nel proporre vini moderni e aderenti al territorio, partendo da un profondo e continuo rinnovamento dei vigneti. Nel passato le vigne cembrane erano dedicate alla schiava e il vino leggero e pallido che si otteneva era principalmente venduto sfuso.

VIGNE - Oggi sono le varietà bianche le più coltivate. Dal Müller Thurgau, che ha un legame speciale con la valle tanto da essere considerato un vitigno locale, allo chardonnay (ambito dalle case spumantistiche), passando per le varietà "tedesche" riesling, kerner e gewürztraminer, su cui si stanno concentrando le attenzioni dell'azienda. Il terreno porfirico dona ai vini snellezza e una franca sapidità, la quota preserva freschezza.

VINI - La gamma di vini proposta è ampia, dettata dalle tante cultivar che trovano posto nei vigneti di proprietà caratterizzati da esposizioni, quote e suoli molto diversi. A volte l'uso disinvolto del legno frena lo sviluppo gustativo dei vini più ambiziosi.

Kerner 2019 ○ 11.000 bt; 14 € - ▯ - Un vino di buon talento e lieve. Fruttato, con cenni vegetali, al palato è succoso. Il sorso facile, vibrante, mostra un buon potenziale evolutivo.
Trentino Valle di Cembra Sup. Müller Thurgau 2019 ○ 20.000 bt; 12 € - ▯ - Ha buona intensità, colore e profumi di frutto maturo, con note di pesca e rintocchi vegetali. Al palato è saporito e minerale.
Trento Brut Forneri 2015 ◌ 8.000 bt; 21 € - ▯ ▦ - Metodo Classico verace quanto ambizioso: sottile al naso, con note di frutta secca, crosta di pane e tostature, al palato ha sapidità tagliente e sorso fragrante.
Trentino Sup. Pinot Nero 2018 ● 10.000 bt; 16 € - ▦ - Fitto, fruttato, contratto.

ha 20 - **bt** 90.000
Fertilizzanti compost, letame
Fitofarmaci rame e zolfo
Diserbo lavorazione meccanica/manuale
Lieviti selezionati industriali
Uve 100% di proprietà
Certificazione nessuna certificazione

BELLAVEDER

SCONTO **-10%**

Località Maso Belvedere - tel. 0461 650171
www.bellaveder.it - info@bellaveder.it

VITA - L'azienda Bellaveder si avvicina alla maggiore età e si profila sempre più l'affidabilità della cantina e dei prodotti. Negli anni la famiglia Lucchetta ha fatto crescere con perseveranza il progetto e consolidato il gruppo di lavoro attorno all'enologo Luca Gasperinatti, con loro fin dall'esordio. L'ammodernamento dello storico maso ha conosciuto una svolta con la costruzione della cantina nel 2003. La prima vendemmia sul mercato è stata la successiva.

VIGNE - Al maso Belvedere, come su tutto il conoide di Faedo, negli anni Sessanta si coltivava la schiava. Ogni decennio successivo ha una varietà che descrive il momento storico: al lagrein degli anni Settanta è seguita l'introduzione dei pinot negli anni Ottanta. Gli anni Novanta sono per il gewürztraminer e dopo la ristrutturazione sono arrivati pinot nero e teroldego. La gestione agricola dal 2013 è certificata biologica.

VINI - I vini si distinguono per precisione e nettezza. Una maturità produttiva che si evidenzia nella costanza qualitativa anche nell'alternarsi di annate meteorologicamente bizzose, basti pensare all'incubo del 2014 (produzione dimezzata in diversi vigneti), o alle conseguenze della terribile grandinata del 2017.

TOP **Trentino Müller Thurgau San Lorenz 2019** VINO QUOTIDIANO ○ 11.000 bt; 12 € - Aperto nei profumi floreali, di caprifoglio, sambuco e agrumi, al palato è saldo e saporito, rotondo.
Trentino Pinot Nero Faedi Ris. 2017 ● 2.700 bt; 26 € - Profondo, ha un frutto maturo e carnoso e una speziatura calibrata. Ambizioso, di buona freschezza, succoso.
Trentino Lagrein Dunkel Mansum 2017 ● 4.200 bt; 20 € - Possente, con note speziate, balsamiche, di cacao e frutto scuro. Al sorso è fitto, denso e persistente.
Trento Brut Nature Ris. 2016 5.000 bt; 25 € - Vibrante, fruttato, delicato.

ha 12 - **bt** 80.000
Fertilizzanti compost, letame, sovescio
Fitofarmaci rame e zolfo
Diserbo lavorazione meccanica/manuale
Lieviti fermentazione spontanea, selezionati industriali
Uve 100% di proprietà
Certificazione biologico certificato

FAEDO (TN)

POJER & SANDRI

Località Molini, 4 - tel. 0461 650342
www.pojeresandri.it - info@pojeresandri.it

VITA - Cosa raccontare ancora della fucina di idee in cui Mario Pojer e Fiorentino Sandri, oggi accompagnati dai loro figli, sfornano da decenni vini tra i più iconici del Trentino? Nulla, se non che ogni visita è una sorpresa per le innovazioni che i due, instancabilmente, sanno offrire, e per i riassaggi delle vecchie annate che fanno intendere quanto i due "ragazzi" ci avessero visto giusto agli inizi.

VIGNE - L'ampio patrimonio vitato abbraccia differenti microzone della val di Cembra: il conoide alluvionale di Faedo prevalentemente calcareo, il Maso Besleri sui terrazzamenti porfirici, e il Maso Rella a Grumes, dove in un clima alpino ha trovato spazio il progetto Zero Infinito, per la produzione di vini da varietà resistenti.

VINI - La cantina è un prodigio di artigianalità e tecnica enologica, che Mario riversa in vini che pur accomunati da uno stile fatto di assoluto rigore e fresca espressione varietale, sanno distinguersi ed evolvere.

TOP **Müller Thurgau Palai 2019** VINO SLOW ○ 35.000 bt; 13 € - Icona dell'azienda, vibrante nelle note officinali e di polvere pirica. La bocca è elettrica, rinfrescante e sapida.
Trentino Riesling 2019 ○ 7.500 bt; 16 € - Si apre su note di pesca bianca, erba sfalciata e pepe. Ampio alla beva, dove prevalgono i rimandi fruttati, e rigoroso nel sapido finale.
Rosso Faye 2015 ● cabernet sauvignon, merlot, lagrein; 2.000 bt; 35 € - Erbe officinali, liquirizia, caffè verde si integrano ad accenni evolutivi. Croccante nella polpa del frutto alla beva, è rinfrescato da una nota sapida ed erbacea.
M. Cl. Brut Rosé chardonnay, pinot nero; 13.000 bt; 26 € - Croccante, fruttato, gastronomico.
Bianco Faye 2016 ○ chardonnay, pinot bianco; 3.000 bt; 20 € - Armonico, complesso, opulento.
Nosiola 2019 ○ 2.000 bt; 13 € - Croccante, floreale, espressivo.

ha 26 - **bt** 250.000
Fertilizzanti compost, letame in pellet, letame, sovescio
Fitofarmaci chimici di sintesi, rame e zolfo
Diserbo lavorazione meccanica/manuale
Lieviti selezionati industriali, selezione di lieviti indigeni
Uve acquisto 10%
Certificazione parte dei vigneti in regime biologico

GIOVO (TN)

VILLA CORNIOLE

SCONTO **-10%**

Frazione Verla - Via al Grec', 23 - tel. 0461 695067 - 347 5860178
www.villacorniole.com - info@villacorniole.com

VITA - La cantina della famiglia Pellegrini si trova a Verla, nella porzione di valle più ampia e prossima al monte Corona, un bastione di rocce calcaree che separa la val di Cembra dalla valle dell'Adige e delimita una conca luminosa, ben esposta e protetta dai venti settentrionali. Seppur orgogliosamente cembrana, l'azienda è felice interprete del prezioso areale della Piana Rotaliana, dove si coltivano le varietà rosse tradizionali e il pinot grigio.

VIGNE - Nei vigneti cembrani si pone molta attenzione al tipo di suolo, calcareo o porfirico, che influenza in modo netto l'aromaticità e la personalità dell'uva e dei vini. La quota è divenuta un elemento fondamentale per sviluppare l'idea del vino che verrà: il Müller Thurgau, uva del cuore dei Pellegrini, non viene più coltivato sotto i 600 metri.

VINI - I vini si caratterizzano per pulizia e una tecnica sicura e mai oltre misura, che esaltano la fragranza gustativa e la sapidità.

Teroldego Rotaliano 7Pergole 2016 ● 2.500 bt; 38 € - Materico, al naso presenta note di frutti scuri, floreali e tostate, di caffè e balsamiche. È denso e solido al palato.
Kròz Bianco 2018 ○ 4.000 bt; 19 € - Lo Chardonnay porta in dote la nobiltà e il Müller Thurgau completa l'accento territoriale e alpino. Delicate note di burro fresco e un leggero tocco agrumato e vegetale si avvertono al naso; al palato troviamo rimandi a tostature e vaniglia, per un sorso vibrante.
Trentino Müller Thurgau Sup. Valle di Cembra Pietramontis 2019 ○ 12.000 bt; 13 € - Da vigneti oltre quota 600 metri su suoli calcarei e porfirici. Aperto, solare, profuma di agrumi, sambuco ed erbe aromatiche. Fresco e succoso, finale salato.
Pinot Grigio Ramato Pietramontis 2018 ○ 12.000 bt; 17 € - Bianco macerato, succoso, fruttato, gastronomico.

ha 10 - **bt** 85.000
Fertilizzanti letame, sovescio
Fitofarmaci chimici di sintesi, rame e zolfo
Diserbo lavorazione meccanica/manuale
Lieviti selezionati industriali
Uve 100% di proprietà
Certificazione nessuna certificazione

ISERA (TN)

DE TARCZAL

SCONTO **-10%**

Frazione Marano - Vicolo Giovan Battista Miori, 4 - tel. 0464 409134
www.detarczal.it - info@detarczal.it

VITA - Ruggero De Tarzcal, oggi affiancato dalle figlie Elena e Felicia, porta avanti con grande passione questa storica realtà sulle colline di Isera. Le chiavi della cantina sono affidate alle giovani ma esperte mani di Matteo Marzari, che da più di 15 anni gestisce magistralmente tutti gli spazi del vecchio palazzo asburgico che ospita l'azienda. Una tappa è assolutamente da fare all'osteria ben condotta da Felicia.

VIGNE - Fin dai tempi dell'Impero asburgico la cantina è famosa per il marzemino. Per questo motivo buona parte dei vigneti ancora oggi vedono quest'uva farla da padrona. La scelta delle varietà coltivate è stata molto oculata: sui terreni di media collina, composti da vene basaltiche, crescono le varietà rosse, influenzate anche dai venti proveniente dal Garda. Le varietà bianche sono invece più in alto, su suoli di matrice argilloso-calcarea.

VINI - Nonostante la ricerca e le idee siano sempre in evoluzione, nel corso degli anni Matteo ha dato un timbro personale a tutti i vini prodotti: sono eleganti e complessi, pur rimanendo legati alla tipicità.

Husar 2017 ● 9.000 bt; 16 € - È prodotto dalle migliori uve di marzemino che subiscono anche una breve surmaturazione. La fermentazione avviene per metà in tini e per metà in acciaio, mentre l'affinamento successivo è fatto in legno grande per almeno un anno. Potente, pieno e dalla struttura tannica ben evidente, al naso rivela note speziate e di viola.
1 2018 ● pinot nero; 1.300 bt; 16 € - Vinificato interamente in tino e affinato in tonneau, ha bisogno di qualche istante per aprirsi al meglio. Le note date dall'affinamento risaltano al naso, mentre il sorso è polposo, con una chiusura secca e pulita.

ha 17 - **bt** 100.000
Fertilizzanti letame in pellet
Fitofarmaci rame e zolfo
Diserbo lavorazione meccanica/manuale
Lieviti fermentazione spontanea, selezionati industriali
Uve acquisto 5%
Certificazione nessuna certificazione

CANTINE MONFORT

SCONTO **-10%**

Via Carlo Sette, 21 - tel. 0461 246353
www.cantinemonfort.it - info@cantinemonfort.it

VITA - La famiglia Simoni si conferma come una realtà decisamente interessante nel panorama trentino. Dalla cantina nel centro di Lavis esce una gamma di vini sicuramente molto ampia, ma anche dalla qualità elevata. Meritano particolare attenzione le selezioni da singoli vigneti, veri e propri cru che sanno raccontare al meglio la viticoltura locale.

VIGNE - Si va dalle colline lavisiane alle propaggini della val di Cembra, fino all'alta Valsugana dove i nostri hanno recuperato gli storici vigneti di Serso. Da non trascurare il Maso Cantanghel, clos dalla vocazione assoluta, una terrazza affacciata su Trento che ha finalmente ritrovato l'attenzione che merita.

VINI - Nella bella enoteca nel centro di Lavis potrete fare un viaggio nel vasto vigneto trentino, tra vini noti e tesori da scoprire.

Trentino Pinot Nero Vigna Cantanghel 2017 ● 6.780 bt; 26 € - 🛢 - Vino maturo, giocato sui toni evoluti e speziati, con sentori di tabacco che accompagnano la ciliegia sotto spirito. La beva è aristocratica, dal tannino ben levigato e dal finale sapido.
Nosiola Corylus 2018 ○ 1.720 bt; 17 € - 🛢 - Si conferma ad alti livelli questa Nosiola a cui la macerazione sulle bucce dona finezza. L'entrata in bocca è sommessa, delicatamente aromatica, con un finale amarognolo su note officinali.
Trentino Gewürztraminer Vigna Caselle 2019 ○ 6.520 bt; 15 € - 🛢 - Prevalgono complesse note fermentative, speziate e viniliche, sui sentori primari. Il sorso è salato e ampio, il finale rigoroso e pieno. Vino di grande eleganza.
M. Cl. Brut Nature Blanc de Sers 2018 ⁘ nosiola, vernaza, valderbara; 9.000 bt; 14 € - 🛢 - Fresco, erbaceo, salino.
Trentino Sauvignon Vigna Cantanghel 2019 ○ 4.970 bt; 14 € - 🛢 - Dinamico, minerale, complesso.

ha 55 - **bt** 200.000
Fertilizzanti letame in pellet, letame, organo-minerali
Fitofarmaci chimici di sintesi, rame e zolfo
Diserbo chimico, lavorazione meccanica/manuale
Lieviti fermentazione spontanea, selezionati industriali
Uve 100% di proprietà
Certificazione parte dei vigneti in regime biologico

LAVIS (TN)

EREDI DI ALDO COBELLI

Frazione Sorni - Localita Maso di Sopra, 22 - tel. 331 9672482
www.cobelli.it - info@cobelli.it

VITA - Una bella realtà familiare, in cui i tre fratelli Devis, Tiziano e Ivano Cobelli coltivano l'eredità umana e agricola di Aldo. I nostri non si limitano alla conservazione, ma propongono bottiglie che pur saldamente ancorate alla tradizione dei Sorni, si presentano come moderne e genuine interpretazioni di questi vocati terroir.

VIGNE - Il territorio dei Sorni, a nord di Lavis, è uno degli storici cru trentini, vocato sia per la complessa geologia, sia per la felice esposizione e il microclima fresco ma mediterraneo. Nei vigneti dei Cobelli trovano spazio nosiola, teroldego e schiava, accanto a chardonnay e gewürztraminer. Gli impianti, in buona parte a pergola, si trovano lungo il conoide che dal fondovalle arriva fino al maso aziendale.

VINI - I vini dei Cobelli sono certamente espressioni molto personali di questi territori: un interessante punto di vista da assaggiare.

Nosiol 2019 ○ nosiola; 2.223 bt; 16 € - 🛢 - Svela l'anima più selvatica del vitigno, su cenni di erba sfalciata e sentori lattici. La beva è rigorosa nelle note saline, dai bei rimandi aromatici e dal finale fresco.
Teroldego Grill 2016 ● teroldego; 3.750 bt; 16 € - 🛢 - Verace interpretazione che si giova della freschezza delle colline. Note sanguigne si accompagnano a sentori speziati, e il sorso è ben sostenuto dall'alcol, con un tannino marcato che dona carattere, ma suggerisce ancora un certo affinamento in bottiglia.
Trentino Sorni Bianco Arlevo 2018 ○ 7.216 bt; 20 € - 🛢 🛢 - Vino-icona di questo territorio, si apre su fini sentori di lievito e spezie, mentre l'assaggio è gentile, con rimandi al fieno e un finale rinfrescante.

Il riassaggio del Teroldec 2017 lo conferma una fresca e rigorosa interpretazione del vitigno: a eleganti sentori di erbe officinali si accompagnano note di liquirizia e una beva agile.

ha 9 - **bt** 30.000
Fertilizzanti letame in pellet, sovescio
Fitofarmaci rame e zolfo
Diserbo lavorazione meccanica/manuale
Lieviti selezionati industriali, selezione di lieviti indigeni
Uve 100% di proprietà
Certificazione biologico certificato

KLINGER PILATI

Frazione Pressano - Via Clinga, 16 - tel. 334 1539034
info@klingerpilati.it

VITA - Diamo il benvenuto in guida alla famiglia Pilati, proprietaria dagli anni Venti del secolo scorso di Maso Clinga, sulle colline sovrastanti Pressano, zona da sempre dedita alla produzione di bianchi di struttura. Le vicende della vita hanno portato a ridurre la superficie vitata del maso, ma tutt'oggi la famiglia prosegue la tradizione con il papà Felice e i figli Enzo, Lorena e Umberto.

VIGNE - Pressano è un borgo viticolo tra i più vocati del Trentino, in particolare per la produzione di vini bianchi, grazie a terreni argillosi, ricchi ma ben drenati, e un clima mediterraneo ma rinfrescato dai venti che spirano nella valle dell'Adige. Nei vigneti del maso, su vecchie pergole con ceppi monumentali, si coltivano le tradizionali nosiola, chardonnay, pinot bianco e gewürztraminer.

VINI - Vini fragranti e moderni, nel contenuto e nella livrea, ottimi rappresentanti del territorio di Pressano.

Nosiola 2018 ○ 3.000 bt; 18 € - Da un vigneto storico con piante centenarie, una Nosiola di grande struttura che si colloca ai vertici della tipologia. Note idrocarburiche e di fiori essiccati si accompagnano alla pesca gialla. La beva è materica nel frutto, ben risolta nell'equilibrio dal finale sapido, con invitanti rimandi alla frutta secca e alla pietra bagnata.
Trentino Gewürztraminer 2018 ○ 1.300 bt; 19 € - Questo vino, dopo un adeguato affinamento, si apre su fini note di rosa e spezie, sostenute da rimandi erbacei. Il sorso è moderato nell'impatto alcolico, con piacevoli rimandi aromatici e un finale rinfrescato da una piacevole nota amarognola.
Pizpór 2018 ○ chardonnay, pinot bianco; 3.300 bt; 17 € - Le eleganti note di torrefazione ben si integrano nel frutto e nei complessi sentori di cera e farina. La beva è rotonda, ben centrata nella vena acida, elegantemente aromatica nel finale.

ha 5 - **bt** 12.000
Fertilizzanti letame
Fitofarmaci rame e zolfo
Diserbo lavorazione meccanica/manuale
Lieviti selezionati industriali
Uve 100% di proprietà
Certificazione nessuna certificazione

LAVIS (TN)

LA VIS €

Via del Carmine, 7 - tel. 0461 440111
www.la-vis.com - cantina@la-vis.com

VITA - Il gruppo La Vis negli ultimi 10 anni ha navigato in acque terribilmente agitate. Uno scandalo finanziario legato a un'amministrazione allegra della cooperativa ne ha compromesso la solvibilità e indotto un traumatico strascico economico per gli oltre 700 soci. Di riflesso, agli occhi di tanti osservatori, la crisi societaria ha reso meno credibile il progetto qualitativo sostenuto con coerenza dalla cantina sin dal finire degli anni Ottanta.

VIGNE - L'accordo siglato a fine 2019 con Cavit, il consorzio di cantine cooperative trentine, permetterà maggiore stabilità finanziaria al gruppo, e ci auguriamo non tolga consapevolezza alla valorizzazione delle colline lavisane. L'ottimo staff tecnico, guidato dall'agronomo Corrado Aldrighetti, avrà così modo di continuare il lavoro di stimolo e di consapevolezza verso i soci conferitori, che gestiscono un ampio patrimonio vitato, concentrato prevalentemente a Lavis, Sorni e in val di Cembra.

VINI - Altrettanto preciso e attento è il lavoro svolto in cantina dall'enologo Ezio Dallagiacoma, sempre più portato a tratteggiare vini aderenti al territorio.

TOP **Ritratto Rosso 2015** ● teroldego, lagrein, merlot; 5.000 bt; 24 € - Denso, solido, con eleganti note di spezie e balsamiche, è nobile e avvolgente al palato, da conservare per seguire la sua evoluzione nel tempo.
Trentino Nosiola 2019 ○ 45.000 bt; 10 € - Profumi nitidi e croccanti, con rimandi floreali, di nocciola e di pesca bianca, introducono un sorso scattante e succoso.
Trentino Gewürztraminer Clinga 2017 ○ 6.000 bt; 20 € - Profuma di spezie dolci e vaniglia, ed è ambizioso e materico al palato.
Trentino Lagrein 2019 ● 50.000 bt; 11 € - Fresco, speziato, espressivo.

Notevoli i riassaggi di Maso Franch 2015 e di Chardonnay Diaol 2017: dimostrano il potenziale dei bianchi trentini.

ha 450 - **bt** 1.000.000
Fertilizzanti compost, letame in pellet, letame, minerali, organo-minerali, preparati biodinamici, sovescio
Fitofarmaci chimici di sintesi, rame e zolfo
Diserbo chimico, lavorazione meccanica
Lieviti selezionati industriali
Uve 100% di proprietà
Certificazione parte dei vigneti in regime bio

LAVIS (TN)

MASO FURLI

Località Furli - Via Furli, 32 - tel. 0461 240667
www.masofurli.it - info@masofurli.it

VITA - Maso Furli è adagiato su di un caratteristico balcone calcareo, a pochi passi dal centro di Lavis. Posto al confine tra la val di Cembra e la piana disegnata dal fiume Adige, sa trarre il meglio dalle influenze alpine e dal calore mediterraneo, regalandoci, grazie alla dedizione di Marco Zanoni, vini imprescindibili per conoscere queste terre.

VIGNE - Il vigneto aziendale è ben esposto a sud, con radici che affondano nella roccia calcarea. L'appezzamento sulle colline più alte contribuisce alla freschezza dei vini. Marco è un bianchista di rango e sa gestire con rigore quattro varietà molto differenti tra loro, non omologando ma esaltando le peculiarità di ciascuna di esse mediante il lavoro in campagna e attente vinificazioni.

VINI - In cantina la (minima) tecnica utilizzata da Marco non prevale mai sul frutto e preserva il carattere delle uve, restituendo vini integri nei sentori varietali, longevi e complessi.

Manzoni Bianco 2017 O 1.800 bt; 21 € - Ogni anno una riscoperta: sa coniugare ricchezza tropicale nel frutto con un rigore nordico che si ritrova nella bocca sapida e amarognola. L'affinamento dona poi accenni di spezia e zenzero, che evolvono nella frutta disidratata sostando nel bicchiere.
Trentino Chardonnay 2018 O 2.000 bt; 21 € - Maturo nella frutta gialla, impreziosito da note di gesso e da una fine speziatura, ha una bocca ampia e sostenuta dal contributo alcolico. È morbido e mai stucchevole nel finale.
Trentino Sauvignon 2018 O 4.000 bt; 21 € - Ancora giovanissimo, ha un'importante materia che lascia intravedere sentori di erbe mediterranee, lavanda e salvia, accompagnate da cenni salmastri. Il sorso è compatto, roccioso, sapido e di sicuro avvenire.
Trentino Gewürztraminer 2018 O 3.800 bt; 21 € - Armonico, speziato, avvolgente.

ha 3,5 - **bt** 13.000
Fertilizzanti letame, preparati biodinamici, sovescio
Fitofarmaci rame e zolfo
Diserbo lavorazione meccanica/manuale
Lieviti selezionati industriali
Uve 100% di proprietà
Certificazione biologico certificato

LAVIS (TN)

MASO GRENER

Frazione Pressano - Località Masi, 21 - tel. 0461 871514
340 7794091 - www.masogrener.it - info@masogrener.it

VITA - Fausto Peratoner ha dato nuova vita a questo bel maso contribuendo alla ribalta enologica di un territorio, quello di Pressano e Sorni, che si conferma tra i più vocati della provincia trentina. Visitando questa azienda agricola e agrituristica vi sentirete accolti in un luogo dove è di casa il saper fare, in vigna e in cantina.

VIGNE - Non perdetevi una passeggiata nelle vigne con Fausto per scoprire qualcosa della complessità delle colline di Pressano. Qui si incontrano le rocce dolomitiche e le infusioni porfiriche della val di Cembra. Questa variabilità unita a un clima caldo, ma con buone escursioni termiche, consente a molti vitigni di dare uve di carattere sia sulle tradizionali pergole, sia sulle moderne spalliere.

VINI - I vini sono piacevoli già al primo sorso, ma meritano attenzione per la complessità che sanno esprimere dopo un adeguato affinamento.

TOP **Nosiola 2019** VINO SLOW O 2.500 bt; 13 € - Si conferma una delle interpretazioni più felici della zona. Al naso solari note di fiori essiccati e terrose. La polpa è compatta, di bella personalità, con importanti rimandi aromatici.
Trentino Chardonnay Vigna Tratta 2019 O 2.500 bt; 15 € - L'uscita anticipata non giova a un vino che sa invecchiare egregiamente. Già possiamo apprezzare il frutto maturo e il sorso materico, al momento dell'assaggio declinato sui sentori fermentativi. Un adeguato affinamento donerà maggiore equilibrio e complessità.
Bianco Maso Grener 2019 O chardonnay, sauvignon blanc; 7.000 bt; 12 € - Elegante fin dal naso nei sentori di agrumi e fiori bianchi. Il sorso agile, finemente aromatico, è sostenuto dal piacevole finale amarognolo.
Trentino Sauvignon Vigna Tratta 2019 O 2.500 bt; 15 € - Armonico, fruttato, opulento.
Trentino Pinot Nero Vigna Bindesi 2019 ● 2.400 bt; 21 € - Setoso, fragrante, gastronomico.

ha 3 - **bt** 17.000
Fertilizzanti letame in pellet, letame, sovescio
Fitofarmaci rame e zolfo
Diserbo lavorazione meccanica/manuale
Lieviti selezionati industriali, selezione di lieviti indigeni
Uve 100% di proprietà
Certificazione in conversione biologica

VIGNAIOLO FANTI

Frazione Pressano - Piazza della Croce, 3 - tel. 0461 240809
www.vignaiolofanti.it - info@vignaiolofanti.it

VITA - Alessandro Fanti, bianchista di rango, conduce la storica cantina di famiglia privilegiando le maturazioni tardive di vigne poste sulle colline più alte, con lunghe fermentazioni e un adeguato affinamento del vino sulle fecce fini. Un'azienda che nel tempo è diventata un punto di riferimento imprescindibile.

VIGNE - Le vigne si trovano sulle colline di Pressano, modellate dai fiumi Adige e Avisio. Terra rossa argillosa mista a breccia calcarea e arenarie gialle sono il mix perfetto per vini bianchi dalla grande struttura e longevità. Alessandro cura i suoi vigneti alla ricerca di un equilibrio vegetativo che consenta la produzione di uve espressive di questi luoghi.

VINI - Le bottiglie di Alessandro concedono spazio a rassicuranti note varietali, e sanno evolvere nel tempo in finezza e complessità.

TOP **Nosiola 2018** VINO SLOW ○ 3.500 bt; 14 € - Ai vertici della tipologia, rara quanto imperdibile. Fiori gialli, accenni tropicali e note di gesso introducono un sorso maturo, sostenuto da un lieve amarognolo. Un vino di materia dalla lunga prospettiva.
Manzoni Bianco Isidor 2018 ○ 3.050 bt; 22 € - Da vigne d'altura, è rigoroso quanto mediterraneo. Cedro, incenso e note di resina accompagnano un'acidità vibrante. Il corpo equilibrato, mai eccedente nella pur ampia materia, prelude a un finale succoso con rimandi agrumati.
Pritianum 2018 ○ chardonnay, incrocio Manzoni; 1.600 bt; 17 € - Si apre su toni di agrumi, gelsomino e pepe bianco. È di buon corpo e di ampia aromaticità, ben bilanciato nell'alcol e nelle note sapide.
Manzoni Bianco 2018 ○ 4.800 bt; 17 € - Avvolgente, fruttato, gastronomico.
Portico Rosso 2017 ● teroldego, cabernet sauvignon, cabernet franc; 2.430 bt; 22 € - Vibrante, fragrante, verace.

ha 4 - **bt** 17.000
Fertilizzanti letame in pellet, letame, sovescio
Fitofarmaci rame e zolfo
Diserbo lavorazione meccanica/manuale
Lieviti fermentazione spontanea, selezione di lieviti indigeni
Uve 100% di proprietà
Certificazione biologico certificato

LAVIS (TN)

VILLA PERSANI SILVANO CLEMENTI

Frazione Pressano - Via Marconi, 13 - tel. 349 3605561
www.villapersani.com - info@villapersani.com

VITA - Villa Persani, la creatura di Silvano Clementi, è una delle cantine più giovani e più identitarie di Pressano. I vini che propone sono frutto dell'esperienza di Silvanonell'ambito vitivinicolo e della sua capacità di osare nuove interpretazioni, per prodotti che sanno divertire e interrogare l'assaggiatore curioso.

VIGNE - Le vigne di Silvano, per quanto contenute nell'estensione, sono un puzzle complesso dove trovano posto i vigneti di famiglia, nei dintorni del paese, e appezzamenti recuperati sulle colline più alte. Il gioiello è un vigneto di nosiola, strappato al bosco e ripristinato nei tradizionali muri a secco. Interessanti anche le sperimentazioni condotte sui vitigni resistenti.

VINI - Silvano produce i suoi vini con fermentazioni spontanee, macerazioni attente e mai invasive, e assemblaggi di varietà tradizionali trentine con vitigni tolleranti verso le malattie che consentono di ridurre i trattamenti fitosanitari. Sono vini longevi, grazie anche alle chiusure a vite, potenti nell'espressione del frutto e ricchi al sorso, sicuramente felici nell'abbinamento gastronomico.

Performance 2018 ○ pinot grigio; 3.500 bt; 22 € - Fuori dallo standard trentino con questa varietà, strizza l'occhio alle vendemmie tardive alsaziane. Note lattiche e di frutta gialla si accompagnano a lievi sentori di miele. Il sorso è rotondo e caldo, pur mantenendo agilità, e risulta appagante nei rimandi aromatici.

La Nosiola Raetica 2018, vino di identità e struttura, al riassaggio si apre su note di agrume per poi virare su sentori di zenzero e gesso. La beva è rotonda e succosa, salina nel finale che prospetta una notevole longevità. Il Nero Silvo 2017 si conferma al secondo assaggio come rosso di frutto, accompagnato da note selvatiche e da una beva agile.

ha 3,5 - **bt** 17.000
Fertilizzanti sovescio
Fitofarmaci rame e zolfo
Diserbo lavorazione meccanica/manuale
Lieviti fermentazione spontanea, selezione di lieviti indigeni
Uve 100% di proprietà
Certificazione biologico certificato

LAVIS (TN)

RUDI VINDIMIAN

Via Zandonai, 40 - tel. 0461 240373 - 347 1189501
www.vindimian.it - info@vindimian.it

VITA - Rudi Vindimian accoglie amici e viandanti enocuriosi nella sua casa ai margini del paese di Lavis, dove da qualche tempo ha ripreso vita l'osteria di famiglia, punto tradizionale di ritrovo del paese. Qui potrete bere un bicchiere in sua compagnia, non ve ne pentirete.

VIGNE - Le vigne sono site in diversi appezzamenti. Nella piana alluvionale alla confluenza tra Adige e Avisio dimora il teroldego. Ai piedi della Paganella, su suoli calcarei sciolti e in un clima alpino, prosperano le varietà bianche. Il ciclo vegetativo è seguito in prima persona da Rudi; i vini fermentano senza lieviti selezionati e affinano lungamente nelle cantine sotto alla dimora di famiglia.

VINI - Bottiglie contadine, nel senso migliore del termine, con profumi e sapori autentici che sanno raccontare queste terre.

Müller Thurgau Fuori Standard 2017 O 12.000 bt; 16 € - - Non cercate semplice freschezza in questo vino. La macerazione e l'affinamento ne fanno un bicchiere complesso fin dal colore. Note di agrumi essiccati si accompagnano a sentori speziati. Il sorso è ben strutturato grazie all'accenno tannico, e sapido nel finale lungamente aromatico.
Kerner 2018 O 2.500 bt; 16 € - - Piccanti sentori di agrumi si accompagnano a note di salvia. La beva è croccante e ampia, ben matura, con un finale rigoroso.
Teroldego 2016 ● 4.000 bt; 14 € - - Ha invitanti note di ciliegia sotto spirito e lievi sentori animali. La bocca è calda e matura, con un finale saporito e un tannino ben assestato, che ne fanno un ottimo compagno della tavola.
Manzoni Bianco 2018 O 1.200 bt; 14 € - - Armonico, complesso, espressivo.
Gewürztraminer 2018 O 1.400 bt; 16 € - - Dinamico, speziato, energico.

ha 3,5 - **bt** 22.000
Fertilizzanti preparati biodinamici
Fitofarmaci rame e zolfo
Diserbo lavorazione meccanica/manuale
Lieviti fermentazione spontanea
Uve 100% di proprietà
Certificazione biologica

LEVICO TERME (TN)

CANTINA ROMANESE

Strada Provinciale 11, 52 - tel. 347 3817590
www.cantinaromanese.com - info@spumantelagorai.it

VITA - La Cantina Romanese è nata alla fine degli anni Novanta a Levico Terme in Valsugana, terra di viticoltura fin dall'epoca dell'impero austroungarico. Giorgio e Andrea Romanese hanno saputo dar seguito alla brillante intuizione del padre, piantando 5 ettari di vigneto sulle pendici del Lagorai, in piena esposizione a meridione, sui rilievi che dominano la cittadina.

VIGNE - Tutto il ciclo produttivo è legato al territorio. Le vigne a chilometro zero, il Metodo Classico che affina in fondo al lago di Levico, a temperatura costante tutto l'anno e lontano da ogni interferenza esterna. Il rémuage e la sboccatura avvengono in un forte risalente al primo conflitto mondiale.

VINI - Spumanti d'altura, algidi e affusolati, e vini fermi spiccatamente varietali, ma mai banali, sono figli di un territorio che merita sicuramente un'attenta riscoperta.

TOP **Trentino Müller Thurgau Laetitia 2019** VINO QUOTIDIANO O 3.500 bt; 12 € - - Si conferma con invitanti note di pesca, lavanda e pietra bagnata. La beva è tagliente, dalla buona polpa e dal finale deciso.
Trento Dosaggio Zero Lagorai Ris. 2015 2.016 bt; 50 € - - Una nuova sboccatura lo rende più complesso, vivissimo nelle note di pietra focaia e lievito. Il perlage è fine e cremoso e la beva salina, con piacevoli rimandi aromatici.
Trento Brut Ris. 2015 2.000 bt; 35 € - - Interpretazione del Metodo Classico di terre alpine complementare al Lagorai. Qui si cercano maggiore struttura e un'evoluzione giocata su misurati toni ossidativi. La beva è piena, con rimandi al frutto giallo e alla pasticceria.
Trentino Chardonnay Fides 2019 O 1.200 bt; 12 € - - Agile, fruttato, dettagliato.
Trentino Rebo Narciso 2019 ● 1.400 bt; 15 € - - Austero, fruttato, gastronomico.

ha 4 - **bt** 17.000
Fertilizzanti nessun concime
Fitofarmaci rame e zolfo
Diserbo lavorazione meccanica/manuale
Lieviti selezionati industriali
Uve 100% di proprietà
Certificazione in conversione biologica

CANTINA TOBLINO €

Località Sarche - Via Longa, 1 - tel. 0461 564168
www.toblino.it - marketing@toblino.it

VITA - Cantina Toblino compie ormai 60 anni di età. Fin dalla sua nascita lo scopo di questa moderna realtà cooperativa è stato quello di puntare alla valorizzazione di ciò che la valle dei Laghi può offrire, trovando sempre nuovi modi per poterlo fare. Ciò passa anche attraverso l'Hosteria Toblino, dove si possono trovare ottime pietanze fatte con prodotti locali.

VIGNE - I vigneti, in parte di proprietà e in parte dei soci, sono costantemente seguiti dagli agronomi della cantina che, con sempre maggior convinzione, consigliano la gestione con l'uso di pratiche biologiche. Sulle colline di Madruzzo è possibile trovare nosiola, più a nord la schiava, mentre tra Riva e Arco crescono altri vitigni rossi, e altre varietà aromatiche si trovano infine nel Bleggio e nel Lomaso.

VINI - Le vinificazioni sono moderne, ma gli enologi sono sempre più attenti a cercare nuove pratiche che aiutino a valorizzare la grande diversità di varietà che la cantina possiede. Anche nelle sperimentazioni si cercano pulizia, freschezza e piacevolezza di beva.

TOP **Trentino Manzoni Bianco Da Fora 2018** ○ 7.000 bt; 26 € - Prima uscita per per questo ottimo vino. Una parte è vinificata in anfora, una parte in acciaio. Sentori agrumati e una leggera speziatura introducono il sorso ampio, fresco e piacevolmente sapido nel finale.
Nosiola L'Ora 2015 ○ 6.500 bt; 16 € - Un lungo affinamento, in legno prima e in acciaio poi, dà ottimo equilibrio in bocca, ampia e dalla piacevole freschezza. Suadenti i profumi di frutta tropicale e la sottile nota di miele.
Trentodoc Brut Antares 2016 ○ 18.000 bt; 16 € - Croccante, agrumato, salino.
Trentino Schiava 2018 ● 4.000 bt; 8 € - Succoso, floreale, essenziale.

ha 850 - **bt** 425.000
Fertilizzanti compost, letame, minerali, preparati biodinamici
Fitofarmaci organici, rame e zolfo
Diserbo lavorazione meccanica/manuale
Lieviti fermentazione spontanea, selezione di lieviti indigeni
Uve 100% di proprietà
Certificazione parte dei vigneti in regime biologico

MADRUZZO (TN)

PISONI

SCONTO -10%

Frazione Pergolese - Località Sarche - Via San Siro, 7/a
tel. 0461 564106 - www.pisonivini.it - info@pisonivini.it

VITA - I due cugini Marco e Stefano Pisoni sono l'anima di questa azienda, a conduzione familiare sin dal 1852. L'amore e la grande passione per il loro lavoro e la loro terra li spingono a una conduzione rispettosa e al contempo attenta alle novità. Formatisi all'istituto agrario di San Michele, i due hanno seguito le proprie inclinazioni: Stefano gestisce la campagna, mentre Marco cura la parte enologica.

VIGNE - Sin dagli anni Duemila l'azienda è certificata biologica, ma da ben prima Stefano è fautore di un approccio agronomico di cui fanno parte anche alcuni dettami della biodinamica. Le varietà coltivate sono diverse e, oltre a merlot e cabernet sauvignon, grande attenzione viene prestata alle uve autoctone nosiola e Rebo. Tra i vigneti è possibile anche notare molte siepi e fiori, che aiutano ad aumentare la biodiversità e a creare un ecosistema sano e in equilibrio.

VINI - Come già detto, le varietà autoctone sono le più utilizzate in azienda. I metodi più tradizionali di lavorazione incontrano la modernità, creando vini di facile beva ma al contempo di grande espressività.

TOP **Trentino Vino Santo 2006** VINO SLOW ● 6.000 bt da 0,375 l; 38 € - Un vino che non ha bisogno di tanti giri di parole. Gli aggettivi ampio, complesso ed elegante bastano per descriverlo sotto ogni aspetto, gustativo e olfattivo. Il potenziale d'invecchiamento è assicurato, garantito dalle vecchie annate ancora in gran forma presenti in cantina.
Nosiola 2019 ○ 12.000 bt; 11 € - Interpretazione tipica e varietale, è piacevole per schiettezza e freschezza. Il sorso è citrino, sapido e dall'intrigante finale amarognolo. Al naso si esprime con note fruttate e un sottile sentore di sambuco.
Reboro 2015 ● Rebo; 8.000 bt; 43 € - Denso, speziato, ampio.

ha 16 - **bt** 80.000
Fertilizzanti letame, preparati biodinamici, sovescio
Fitofarmaci rame e zolfo
Diserbo lavorazione meccanica/manuale
Lieviti fermentazione spontanea, selezione di lieviti indigeni
Uve 100% di proprietà
Certificazione biologico certificato

PRAVIS

SCONTO **-10%**

Località Le Biolche, 1 - tel. 0461 564305
www.pravis.it - info@pravis.it

VITA - Due generazioni convivono in armonia all'interno di Pravis. La prima è quella dei fondatori Gianni Chisté, Mario Zambarda e Domenico Pedrini, soci e grandi amici, mentre la seconda è quella formata dai loro figli, ormai tutti impegnati a tempo pieno. Tra loro, Giulia ed Erika Pedrini si occupano della parte enologica, portando avanti il lavoro di ricerca e innovazione iniziato dal papà, mentre Silvio e Alessio Chisté controllano l'andamento della campagna.

VIGNE - I vigneti aziendali sono piccoli e sparsi. Questo consente di trovare lo spazio più adatto per ciascuna delle varietà coltivate. L'azienda ha un feeling particolare con le uve resistenti (ben 13 quelle coltivate, anche per sperimentazione), che crescono nei terreni più difficili da raggiungere per i trattamenti. Le varietà locali, rebo e nosiola in primis, si trovano invece sulle piccole fratte della vallata.

VINI - La gamma aziendale dei vini è consistente. L'azienda punta a esaltare al massimo tutte le caratteristiche delle uve che possiede: per questo motivo la maggior parte dei vini sono monovarietali.

Nosiola Le Fratte 2019 ○ 6.600 bt; 11 € - Una versione fresca e facile di Nosiola: sottili sentori fruttati e di nocciola aprono la strada al sorso croccante e ben bilanciato dalla piacevole chiusura amarognola.
L'Ora 2018 ○ 3.300 bt; 19 € - In questo caso l'uva nosiola viene messa brevemente ad appassire e la fermentazione avviene in piccoli legni d'acacia. Sottili note floreali e di frutta disidratata fanno capire che il sorso sarà pieno e morbido, in perfetto equilibrio con la fresca acidità.
Negrara 2017 ● 6.600 bt; 12 € - Fitto, speziato, stratificato.
Gold Soliva 2018 ● gold traminer; 3.300 bt da 0,5 l; 28 € - Denso, fruttato, complesso.

ha 36 - **bt** 170.000
Fertilizzanti compost, letame
Fitofarmaci rame e zolfo
Diserbo lavorazione meccanica/manuale
Lieviti selezione di lieviti indigeni
Uve 100% di proprietà
Certificazione nessuna certificazione

MADRUZZO (TN)

SALVETTA

Località Sarche - Via Rauten, 10 - tel. 0461 231177
www.rauten.it - aziendaagricola@rauten.it

VITA - «Qui da noi la tradizione incontra la riscoperta e l'innovazione»: così sostiene Francesco Salvetta, che assieme al papà Giancarlo è artefice della rinascita di questa piccola ma interessantissima realtà nella frazione Sarche, nel cuore della valle dei Laghi. Un passo alla volta procedono anche i lavori agli edifici adiacenti alla cantina, testimoni silenziosi dell'antica storia viticola di questi luoghi.

VIGNE - Incastonati tra il lento scorrere del fiume Sarca e le pendici del monte Casale, i vigneti prendono linfa da terreni alluvionali di origine dolomitica. Le correnti del Limarò e dell'Ora aiutano a mitigare il clima, creando le condizioni per una più lenta e completa maturazione dell'uva nosiola, unica varietà che l'azienda coltiva con grande cura e, fin dal principio, con l'uso di pratiche biologiche.

VINI - La gamma aziendale è limitata a due soli vini, un bianco e un dolce, entrambi prodotti da uve nosiola. Il Vino Santo è un esemplare giovane e fresco di questa tipologia, mentre la particolare vinificazione rende intrigante il bianco prodotto.

TOP **Nosiola 2018** VINO SLOW ○ 8.000 bt; 19 € - Vinificato con un'iniziale macerazione sulle bucce, alla quale seguono una lenta fermentazione e l'affinamento in grandi botti di acacia e rovere, risulta intenso nei gusti e negli aromi. Sentori di agrumi e leggeri cenni speziati affiancano una ben percettibile nota minerale. In bocca è rotondo, pieno e succoso, con un esaltante finale croccante.
Trentino Vino Santo 2015 ● 300 bt da 0,375 l; 51 € - Francesco crede nella freschezza e nella gioventù che questo vino deve avere. Il suo è infatti un esemplare succoso, ricco di profumi di frutta gialla polposa e miele. Ben bilanciata la dolcezza, che non rende stucchevole il sorso.

ha 2 - **bt** 8.000
Fertilizzanti letame
Fitofarmaci rame e zolfo
Diserbo lavorazione meccanica/manuale
Lieviti fermentazione spontanea
Uve 100% di proprietà
Certificazione biologico certificato

MEZZOCORONA (TN)

MARCO DONATI

SCONTO **-10%**

Via Cesare Battisti, 41 - tel. 0461 604141
www.cantinadonatimarco.it - info@cantinadonatimarco.it

VITA - La pareti del monte di Mezzocorona incombono sulle vigne del maso Donati. In passato fu proprietà dei conti Spaur, una nobile casata tirolese, che a loro volta lo acquisirono dal coppiere dei conti del Tirolo, a ricordare come la zona sia da secoli conosciuta per i vini di alta qualità. Oggi prosegue l'attività Marco Donati con la figlia Elisabetta, contagiata dalla passione del padre per il Teroldego.

VIGNE - Partendo dallo storico maso di famiglia ai margini dell'abitato di Mezzocorona, Marco ha ampliato la superficie aziendale collezionando appezzamenti su numerosi areali classici del Trentino. L'obiettivo è di esaltare questi terroir, ricercando la massima espressività della cultivar, nell'interazione con elementi quali il suolo, l'esposizione, la quota e il microclima, e applicando un protocollo agronomico rispettoso degli ecosistemi.

VINI - Marco è autore di Teroldego impeccabili. I vini si distinguono per pulizia e frutto in evidenza, sono carnosi, privi di spigoli, quasi compiacenti al palato.

Teroldego Rotaliano Sangue di Drago 2017 ● 8.000 bt; 29 € - Dalla selezione dei vecchi ceppi del maso, è cupo, profuma di confettura di piccoli frutti e terra bagnata. È fitto e morbido al palato.
Teroldego Rotaliano Bagolari 2018 ● 8.000 bt; 16 € - Delicato, con note dolci di frutta fresca, balsamiche e di cuoio, in bocca ha un bel finale ammandorlato.
Trento Brut 3.000 bt; 22 € - Croccante, classico nelle fragranti note di pane e frutto, è coerente al gusto, succoso e rilassato.
Trentino Sup. Gewürztraminer V.T. ○ 3.000 bt; 15 € - Integrato, fruttato, contratto.
Trentino Nosiola Sole Alto 2019 ○ 4.000 bt; 13 € - Denso, maturo, decadente.

ha 27 - **bt** 120.000
Fertilizzanti letame in pellet
Fitofarmaci organici, rame e zolfo
Diserbo lavorazione meccanica/manuale
Lieviti selezionati industriali, selezione di lieviti indigeni
Uve 100% di proprietà
Certificazione nessuna certificazione

MEZZOCORONA (TN)

DORIGATI

Via Dante, 5 - tel. 0461 605313
www.dorigati.it - vini@dorigati.it

VITA - Nel celebre libro "Vino al vino" lo scrittore Mario Soldati racconta la sua visita nel 1968 ai fratelli Dorigati. Sorprende, rileggendo quelle pagine, come il tempo pare essersi fermato a Mezzocorona. I vigneti sono ancora allevati a pergola doppia, la cantina è tuttora raccolta attorno al cortile, Michele e Paolo Dorigati interpretano il ruolo dei loro genitori, e soprattutto il Teroldego è rimasto un vino eccezionale.

VIGNE - Se il ritratto è immutato, lo sfondo non è immobile. Le vigne di proprietà sono distribuite in diversi appezzamenti della Piana Rotaliana. Proprio all'anno della visita soldatiana risale il vigneto di cabernet sauvignon. Nell'ultima generazione dei Dorigati è forte l'attenzione alla pedologia dei suoli per comprendere e valorizzare le vigne, da destinare a progetti dedicati.

VINI - Quasi controcorrente rispetto alle aziende trentine, Dorigati rimane una cantina fedelmente rossista pur producendo un rigoroso Metodo Classico, la Riserva Methius, riferimento per la denominazione Trento.

TOP **Planus 2018** ● Rebo, cabernet sauvignon, teroldego; 8.000 bt; 14 € - Riassume la storia viticola della famiglia. Di netto richiamo territoriale, profuma di frutti scuri e spezie. Al sorso è vibrante, con un finale vegetale e piccante.
TOP **Teroldego Rotaliano 2018** VINO QUOTIDIANO ● 40.000 bt; 12 € - Archetipo della varietà, ha un naso in equilibrio tra note di piccoli frutti e cenni vegetali, balsamici e speziati. In bocca è scorrevole e fresco.
Teroldego Rotaliano Luigi Ris. 2016 ● 3.288 bt; 39 € - Solido ed elegante, è fascinoso e complesso al naso. Austero, ha grande pienezza gustativa e succosità.
Teroldego Rotaliano Diedri Ris. 2017 ● 10.000 bt; 23 € - Denso, speziato, avvolgente.
Trentino Lagrein Kretzer 2019 ● 11.000 bt; 11 € - Agile, fruttato, sapido.

ha 10 - **bt** 100.000
Fertilizzanti letame in pellet, letame
Fitofarmaci chimici di sintesi, rame e zolfo
Diserbo lavorazione meccanica/manuale
Lieviti selezionati industriali
Uve acquisto 50%
Certificazione nessuna certificazione

MEZZOCORONA (TN)

ANDREA MARTINELLI

SCONTO **-10%**

Via del Castello, 10 - tel. 338 8288686
www.cantinamartinelli.com - cantinamartinelli@gmail.com

VITA - Nell'ultimo lustro l'assopito mondo del vino trentino ha trovato in Piana Rotaliana alcuni argomenti in grado di scuoterlo: la nascita di nuove aziende, la consapevolezza della spiccata identità del territorio, l'avvio di un confronto tra giovani zelanti produttori per una rivoluzione gentile del disciplinare del Teroldego Rotaliano. I fratelli Andrea e Giulio Martinelli, romani impiantati a Mezzocorona, sono tra i protagonisti del rinnovamento.

VIGNE - Cresciuti a Roma, formazione all'estero lontani dal vino e dalla campagna, potevano essere dei marziani in questa zona. Con umiltà, passione e studio si sono inventati vignaioli, ma anche muratori e carpentieri per rinnovare la decaduta azienda di famiglia, suscitando simpatia nei viticoltori della zona. Lo storico maso dei Martinelli si trova ai piedi del severo Castel Firmian e delle incombenti pareti del monte di Mezzocorona.

VINI - Le vecchie pergole del maso hanno quasi un carattere bizzoso e sensibile alle avversità delle stagioni. L'incostante resa in campagna è bilanciata da una tecnica risoluta in cantina.

TOP **Teroldego Rotaliano 2017** ● 7.500 bt; 20 € - Risente dell'annata complicata dalla grandine, ma non perde per questo la solita ottima impronta. Denso alla vista, ha profumi di frutta sottolineati da una nota speziata ed erbacea. Al palato ha buona struttura, estrazione misurata e sorso energico e dettagliato.
Teroldego Rotaliano Single Barrel 2018 ● 2.000 bt; 14 € - Esalta il lato fruttato della varietà con note di piccoli frutti, ribes e fragoline. Agile e verticale, al gusto torna il frutto soave, leggermente speziato.
Trentino Chardonnay Barrel Aged 2018 ○ 1.100 bt; 20 € - È sottile, didattico per le note burrose e di nocciola, rotondo e saporito.
Souvignier Gris 2018 ○ 300 bt; 15 € - Schietto, fruttato, essenziale.

ha 3 - **bt** 15.000
Fertilizzanti compost, letame
Fitofarmaci chimici di sintesi, rame e zolfo
Diserbo lavorazione meccanica/manuale
Lieviti fermentazione spontanea, selezione di lieviti indigeni
Uve 100% di proprietà
Certificazione in conversione biologica

MEZZOLOMBARDO (TN)

CANTINA ROTALIANA

Via Trento, 65/b - tel. 0461 601010
www.cantinarotaliana.it - info@cantinarotaliana.it

VITA - La Cantina Rotaliana è una delle più importanti aziende cooperative del Trentino. Nata nel 1931, oggi lavora le uve di circa 300 soci per oltre 400 ettari di superficie, sparsi tra Mezzolombardo, i comuni limitrofi alla Piana Rotaliana, e fino in val di Cembra. Un'azienda con una decisa valenza sociale, economica e identitaria: basti dire che oltre il 50% dei soci ha meno di mezzo ettaro di proprietà.

VIGNE - Il direttore Leonardo Pilati festeggia i 30 anni in azienda e può descriverne con dovizia l'evoluzione. Fino a 20 anni fa il teroldego rappresentava il 90% della produzione, oggi è il 40%, pur mantenendo lo stesso tonnellaggio. Legatissima al teròldec, come viene qui chiamato, solo nell'immaginario Cantina Rotaliana è ancora una cantina rossista: il sorpasso del vino bianco è avvenuto oramai più di 10 anni fa.

VINI - Da queste evidenze sulla realtà produttiva sono partiti alcuni progetti che fanno scoprire una certa ecletticità, che va oltre alle interpretazioni del Teroldego Rotaliano: raffinati bianchi da vigne selezionate, gustosi Trento espressivi dei vigneti di collina.

TOP **Teroldego Rotaliano Clesurae 2016** ● 10.000 bt; 38 € - Le vecchie pergole dei migliori cru e la vinificazione in legno restituiscono un frutto scuro, cenni torbati e una bocca densa e solida. Da lunghissimo invecchiamento.
Teroldego Rotaliano Sup. Ris. 2017 ● 50.000 bt; 18 € - È fruttato, speziato, con un lieve erbaceo. Avvolgente e caldo al palato, ha un finale amarognolo.
Trentino Pinot Bianco Cortuta 2018 ○ 2.500 bt; 20 € - Cremoso, profuma di mela caramellata, spezie e fieno. È rotondo e incisivo al gusto.
Trento Extra Brut R 15.000 bt; 20 € - Dinamico, semplice, gastronomico.
Trentino Müller Thurgau Cortuta 2018 ○ 2.500 bt; 15 € - Fresco, floreale, essenziale.

ha 450 - **bt** 800.000
Fertilizzanti compost, letame in pellet, letame, sovescio
Fitofarmaci chimici di sintesi, organici, rame e zolfo
Diserbo chimico, lavorazione meccanica/manuale
Lieviti fermentazione spontanea, selezionati industriali, selezione di lieviti indigeni
Uve 100% di proprietà
Certificazione nessuna certificazione

MEZZOLOMBARDO (TN)

DE VIGILI

SCONTO -10%

Via Molini, 28 - tel. 349 5543239
www.cantinadevigili.it - info@cantinadevigili.it

VITA - Con un lustro di vendemmie all'attivo, sta acquisendo maggiore personalità il progetto del giovane Francesco De Vigili. Dal rampante produttore di Mezzolombardo traspare un maturo entusiasmo mentre parla del teroldego e del contributo alla sua valorizzazione da parte del collettivo Teroldego Evolution, l'associazione di viticoltori col pallino della qualità che si è dotata un rigoroso disciplinare indipendente.

VIGNE - Un percorso serio e condiviso alla ricerca dell'essenza del teroldego, dando centralità alla vigna e al sottosuolo. La Piana Rotaliana è un fertile conoide alluvionale in cui si alternano strati ciottolosi, sabbiosi e limosi modellati dall'irruenza passata del torrente Noce. I De Vigili coltivano le vigne nelle Teroldeghe a nord del paese: un toponimo identitario dove sono riconosciuti alcuni cru come Pasquari, Cervare, Entichiari.

VINI - Lo stile di vinificazione, semplice e basilare, vuole essere rispettoso della tradizione e della vocazione delle vigne.

Teroldego Rotaliano Sup. Ottavio Ris. 2017 ● 1.000 bt; 36 € - Nasce dai ceppi più vecchi del cru Pasquari. È ambizioso e profondo: la vinificazione in legno esalta il profilo più scuro e terroso del Teroldego. In bocca è serrato, verticale e dal finale speziato.
Teroldego Rotaliano 2018 ● 12.000 bt; 15 € - È un assemblaggio dei cru delle Teroldeghe. Esprime una franca classicità rotaliana, con note di piccoli frutti, cenni floreali e un lieve speziato pungente. Al palato è fitto, con un sorso scorrevole, caldo e saporito.
Teroldego Rosato 2019 ● 4.000 bt; 11 € - È vinificato in bianco senza alcuna macerazione, ed evidenzia l'anima spigolosa e fresca della varietà. Al naso si rincorrono spunti vegetali, mela, erbe aromatiche e rosmarino. Il palato è piccante, con un sorso leggermente frizzante.

ha 5 - **bt** 25.000
Fertilizzanti letame in pellet, letame, sovescio
Fitofarmaci rame e zolfo
Diserbo lavorazione meccanica/manuale
Lieviti fermentazione spontanea
Uve 100% di proprietà
Certificazione nessuna certificazione

MEZZOLOMBARDO (TN)

FORADORI

Via Damiano Chiesa, 1 - tel. 0461 601046
www.elisabettaforadori.com - info@elisabettaforadori.com

VITA - La Foradori è un'azienda agricola a tutto tondo, dove alla viticoltura si accompagnano l'orticoltura, l'allevamento e la caseificazione. Il merito è di Elisabetta Foradori, che a ciascuno dei figli impiegati in azienda, Emilio, Theo e Myrtha, ha lasciato la libertà di seguire attitudini e aspirazioni diverse.

VIGNE - Il corpo aziendale di riferimento è nel cuore della Piana Rotaliana, dove tra i filari crescono le primizie dell'orto. A Fontanasanta e sul monte Baldo, tra i filari d'uva a bacca bianca, si allevano alcune vacche brune, in un sorprendente equilibrio di biodiversità.

VINI - Vini dallo stile personale, rappresentanti storici della vitivinicoltura trentina, che si ripropongono attualissimi anno dopo anno; vini da attendere nel bicchiere.

TOP **Teroldego Granato 2017** VINO SLOW ● 20.000 bt; 50 € - Dalle pergole più vecchie il vino bandiera dell'azienda, pienamente identitario già nei profumi. Come sempre la materia è ben domata in un sorso fragrante, in cui il tannino è lieve e la polpa lunga e sapida.
Nosiola Fontanasanta 2018 ○ 10.000 bt; 30 € - Interpretazione personale del vitigno: la macerazione sulle bucce dona finezza e incisività al quadro olfattivo, che si rivela coerente alla beva, salina e di insospettabile struttura.
Teroldego 2018 ● 50.000 bt; 20 € - Elegante nel frutto croccante che si apre dopo un'adeguata ossigenazione; la beva è agile e succosa, invitante nel grado alcolico contenuto e nella fresca acidità.
Teroldego Sgarzon 2018 ● 10.000 bt; 30 € - Dinamico, articolato, avvolgente.
Teroldego Morei 2018 ● 10.000 bt; 30 € - Vibrante, floreale, rustico.

ha 30 - **bt** 150.000
Fertilizzanti compost, letame, preparati biodinamici, sovescio
Fitofarmaci rame e zolfo
Diserbo lavorazione meccanica/manuale
Lieviti fermentazione spontanea
Uve acquisto 10%
Certificazione biodinamico certificato, biologico certificato

MEZZOLOMBARDO (TN)

REDONDEL

SCONTO **-10%**

Via Roma, 28 - tel. 0461 605861
www.redondel.it - info@redondel.it

VITA - Paolo Zanini sorride, ha gli occhi vispi di un ragazzino e ricorda quasi con pudore che sono già 35 le sue vendemmie. Alla domanda su cosa significhi per lui fare il vino, sorprende la malinconia delle sue parole: «c'è il rispetto per il lavoro di mio padre e l'eredità della sua esperienza. Un vino non lo puoi progettare, le variabili in un'annata sono troppe. Puoi solo assaggiare l'uva quando è matura, capire la sua forza e assecondarla».

VIGNE - «Non ho studiato. A 13 anni mio padre mi chiese cosa volevo fare nella vita», confessa Paolo: «se vuoi studiare, penso dovrò vendere l'azienda. Se ti si tolgono i calli dalle mani, il rapporto con la terra non sarà più quello di prima. Finirà che la venderai tu, quindi meglio disfarsene subito», si sentì dire. Così Paolo cominciò a seguirlo in vigna, a scoprire le differenze tra gli appezzamenti, a osservare i segnali che danno le piante.

VINI - Il più grande lusso è il tempo. Così è anche per i Teroldego di Redondel: longevi, tenaci, che ricordano nei tratti alcuni grandi vini del Rodano.

Teroldego Rosato Assolto 2019 ● 3.500 bt; 11 € - ◻ - L'uva è "assolta" dalle lunghe macerazioni. Il vino nasce dalla selezione delle vigne più giovani, meno portate a dare frutti adatti all'invecchiamento. Si presenta brillante, vivo. I profumi sono fini, ricordano i piccoli frutti rossi, la rosa, le erbe aromatiche, la roccia spaccata. In bocca è saporito e croccante.

Impeccabile l'evoluzione a dieci anni dalla vendemmia degli altri due Teroldego, che abbiamo riassaggiato. Il Teroldego Rotaliano Dannato 2010 è articolato al naso, ed è nobile e denso al palato. Il Teroldego Beato Me 2010 mostra tutto il potenziale della varietà. Solido, austero, dalla trama tannica importante, è denso e stratificato al naso.

ha 3 - **bt** 15.000
Fertilizzanti nessun concime
Fitofarmaci rame e zolfo
Diserbo lavorazione meccanica/manuale
Lieviti fermentazione spontanea
Uve 100% di proprietà
Certificazione biologico certificato

MORI (TN)

BRUNO GRIGOLLI

Via San Bernardino, 10 - tel. 0464 917368 - 347 1608619
www.grigollibruno.it - info@grigollibruno.it

VITA - Bruno Grigolli, dopo l'esperienza in un'importante distilleria, nel 2006 è tornato tra i vigneti che la famiglia ha accudito sin dall'Ottocento, ritrovando la sua identità contadina e iniziando il suo personale percorso enologico. Al suo fianco l'infaticabile moglie Giovanna Rigatti e il figlio Marco che, dopo alcune importanti esperienze a Bordeaux, ha iniziato a dare il suo importante e innovativo contributo in azienda.

VIGNE - I vigneti di proprietà si trovano proprio alle spalle della cantina. Bruno ha interamente recuperato i vecchi terrazzamenti mantenendo i muri a secco con cui erano stati costruiti un tempo. Qui trovano spazio non solo impianti moderni a guyot, ma anche delle viti di oltre 40 anni ancora coltivate con la tradizionale pergola, ideale per raggiungere le maturità ottimali di cui Bruno ha bisogno in cantina.

VINI - Per filosofia aziendale i vini prodotti non escono mai prima di aver subito un affinamento di almeno un anno, utile per dare profondità. I vini rossi rimangono a lungo in legno, aumentando la loro complessità, mentre i bianchi percorrono strade differenti. Caratteristica comune è l'ottima freschezza bilanciata dalla struttura.

Trentino Rosso Trilogia Ris. 2013 ● 3.900 bt; 24 € - ▦ - Perfetto taglio bordolese, si apre subito con aromi speziati, di tabacco e frutta sotto spirito. Al sorso è pieno e succoso, con un tannino perfettamente bilanciato.
Chardonnay 2018 ○ 1.800 bt; 18 € - ◎ - Una parte delle uve viene macerata, mentre l'altra fermenta e affina brevemente in legno. Al palato è fresco, pieno e avvolgente, con sottili note fruttate e di vaniglia in evidenza al naso.
Traminer 2018 ○ 2.400 bt; 19 € - ◻ - Avvolgente, fruttato, complesso.

ha 5 - **bt** 13.000
Fertilizzanti nessun concime
Fitofarmaci rame e zolfo
Diserbo chimico, lavorazione meccanica/manuale
Lieviti selezione di lieviti indigeni
Uve 100% di proprietà
Certificazione nessuna certificazione

NOVELLA (TN)

EL ZEREMIA

SCONTO **-10%**

Frazione Revò - Via IV Novembre, 15 - tel. 0463 432271
347 4577525 - www.elzeremia.it - info@elzeremia.it

VITA - Si dice che la mela non cade mai lontano dall'albero. Questa frase potrebbe avere ancora più senso parlando di un'azienda della val di Non, terra dove la melicoltura intensiva ha trasformato il paesaggio rurale, il tessuto socioeconomico e messo in ombra una vocazione vinicola storica. Ma a proposito di mele che non cadono lontano dall'albero, Lorenzo Zadra è degno figlio di Augusto: ritrovi in lui il coraggio, la testardaggine, il senso contadino della riscoperta che erano del padre.

VIGNE - Augusto ebbe il merito di sottrarre all'oblio la coltura della vite e del locale groppello, varietà esclusivamente nonesa. Dopo la sua scomparsa Lorenzo ne ha raccolto il testimone e rilanciato l'ambizione: oltre al groppello ora, nei ripidi vigneti, si coltivano vitigni bianchi resistenti e si è avviato il recupero e la sperimentazione di una vecchia varietà a bacca bianca, il moar.

VINI - L'interpretazione del groppello è paradigmatica, nel rispetto di una varietà dotata di netta freschezza alpina e franca rusticità di fondo.

TOP **Groppello di Revò 2018** VINO QUOTIDIANO ● 3.700 bt; 11 € - - Affinato in acciaio, si presenta con profumi fragranti, speziati e con note di piccoli frutti rossi. Al palato è sottile, fresco, senza mancare di succosità.
Groppello di Revò Selezione Zeremia 2018 ● 1.500 bt; 18 € - - Nasce dalle vecchie viti a piede franco, quasi centenarie. Alla vista è più compatto, i profumi sono arricchiti dalle note più dolci del legno di affinamento, e da leggeri sbuffi vegetali e balsamici. Al palato mostra maggiore profondità, è dinamico, con un buon contrasto tra freschezza e tannino avvolgente.
Johanniter 2019 ○ 1.300 bt; 15 € - - Si caratterizza per l'aroma fruttato in evidenza, con note di frutta tropicale e di melone. Al palato è semplice, scorrevole, essenziale.

ha 2 - **bt** 6.500
Fertilizzanti compost, letame in pellet, letame
Fitofarmaci rame e zolfo
Diserbo lavorazione meccanica/manuale
Lieviti selezionati industriali
Uve 100% di proprietà
Certificazione nessuna certificazione

PREDAIA (TN)

VIN DE LA NEU

Località Coredo - Via San Romedio, 8 - tel. 347 4116854
www.vindelaneu.it - info@vindelaneu.it

VITA - Nicola Biasi, giovane enologo esperto nella coltivazione dei vitigni PIWI che non richiedono trattamenti fitosanitari, ha deciso di valorizzare una piccola proprietà di famiglia a Coredo piantandovi il johanniter, varietà particolarmente vocata alla viticoltura di montagna, per produrre un grande vino, senza compromessi. Ci sta riuscendo in modo sempre più convincente.

VIGNE - Terreni di origine dolomitica, calcarei e magri, un'esposizione in pieno est e il fresco clima alpino (siamo a 1000 metri di altitudine) consentono un ciclo vegetativo lungo e una maturazione graduale delle uve, che crescono in vigne allevate ad alberello e con un sesto d'impianto che sfiora addirittura le 10.000 piante a ettaro. Non di rado la vendemmia avviene sotto le prime nevi: tutto qui sembra fuori dai canoni e non a caso il vino che ne deriva non è mai banale.

VINI - Sostenibilità e qualità assoluta, senza complessi d'inferiorità, fanno intuire un futuro luminoso per questa realtà e diverso per l'alta val di Non.

Vin de la Neu 2018 ○ johanniter; 500 bt; 85 € - - Nasce nella piccola cantina-boutique dove viene vinificato in vasche di cemento grezzo e barrique. Lunghe soste sui lieviti consentono di domare una materia importante, acquisendo complessità e garantendo lunga vita in bottiglia .La versione 2018 spicca tra i vini PIWI comunemente assaggiati, accostandosi ai Riesling delle sponde del Reno. Cedro ed erbe officinali, accompagnate da sentori di gesso e lievito, preludono a una beva ampia e materica, resa agile da un'acidità imperiosa, mai cruda.

ha 1 - **bt** 500
Fertilizzanti compost
Fitofarmaci nessun prodotto
Diserbo lavorazione meccanica/manuale
Lieviti fermentazione spontanea
Uve 100% di proprietà
Certificazione nessuna certificazione

RIVA DEL GARDA (TN)

COMAI

Via di San Cassiano, 9 - tel. 0464 553485
www.agriturcomai.com - info@agriturcomai.com

VITA - Si muove a piccoli passi, ma con piglio deciso, l'impresa dei giovani fratelli Andrea e Marco Comai. Entrambi diplomati alla prestigiosa Fondazione Mach di San Michele all'Adige, hanno preso in mano la gestione dell'azienda biologica di famiglia con appezzamenti di viti e olivi dislocati nella Busa, alle spalle del lago di Garda, e nei panoramici terrazzamenti in quota del comune di Tenno, dividendosi i compiti in campagna e in cantina.

VIGNE - Le vigne sono coltivate in biologico da oltre 10 anni, quando ancora le uve erano conferite alla locale cantina sociale. Nel fondovalle si coltivano le varietà a bacca nera, in zona pedecollinare sui lati a levante e ponente della conca, a nord del lago. A 400 metri di quota i terrazzi vitati di Vandrino sono destinati alle uve bianche. Ancora più su, a Campi, a ben 700 metri di quota ed esposto a settentrione, c'è un vigneto con varietà resistenti.

VINI - I vini hanno un tratto moderno e sicuro, si percepiscono la ricerca della perfetta maturazione dell'uva e un uso del legno calibrato nelle selezioni.

Trentino Chardonnay 2018 ○ 2.200 bt; 19 € - Fermentato in legno, parte velato, complesso, con note di polvere da sparo, nocciola e marmellata di arance amare. Cremoso, ficcante e saporito al gusto, è una sorprendente interpretazione della varietà.
Rebo Morèr 2017 ● Rebo; 1.300 bt; 24 € - La vivacità del colore si conferma nelle note fruttate, fragranti di spezie e tostate, e nel finale piacevolmente espressivo. Ambizioso, conferma la duttilità del Rebo.
Sauvignon 2018 ○ 1.400 bt; 20 € - Brillante, profuma di ribes, uva spina, sambuco e caffè. Spigoloso e saporito in bocca: è in evoluzione.
Busat Rosé 2019 merlot, schiava; 2.900 bt; 13 € - Setoso, fruttato, sapido.

ha 5 - **bt** 10.000
Fertilizzanti letame in pellet, letame, sovescio
Fitofarmaci rame e zolfo
Diserbo lavorazione meccanica/manuale
Lieviti fermentazione spontanea, selezionati industriali
Uve acquisto 10%
Certificazione biologico certificato

ROVERETO (TN)

BALTER

Località Bosco della Città - Via Vallunga II, 24 - tel. 0464 430101
www.balter.it - info@balter.it

VITA - Vallunga è uno scrigno vitato alle porte di Rovereto. Una torre medioevale indica la strada per la cantina che Nicola Balter, oggi aiutato dai figli Giacomo e Clementina, ha avviato negli anni Novanta sui terreni di famiglia, diventando rapidamente un punto di riferimento per la spumantistica trentina. In gamma troviamo anche una misurata selezione di vini fermi, territoriali e veraci.

VIGNE - Vallunga è una riparata conca a circa 300 metri di altitudine, chiusa tra i monti che circondano Rovereto, ma aperta alle brezze che soffiano da meridione. Come naturale da queste parti, il suolo è calcareo, frutto della disgregazione di fondali marini preistorici. Clima e suolo donano sapidità a uve allevate su moderni sistemi a spalliera e vinificate nella cantina scavata sotto il fortilizio, dotata di scenografici cunicoli.

VINI - Balter ha rivelato la vocazione spumantistica di questo territorio, sposando un modello fatto di fragranza e facilità di beva, senza mai perdere in complessità e longevità.

Trento Brut 35.000 bt; 19 € - Un classico, da sole uve chardonnay, in piccola parte vinificate in legno: didascalico nei sentori evoluti di lievito e pasticceria, accompagnati da rimandi allo zafferano, ha una bocca cremosa e gradevolmente fresca.
Trento Rosé Brut 6.800 bt; 24 € - Tanta frutta in questo Rosé di struttura e materia. Profuma di marasca e canfora, ha beva che richiama il frutto rosso ed è appagante nel perlage. Di buon corpo, è decisamente gastronomico.
Barbanico 2017 ● lagrein, cabernet sauvignon, merlot; 4.500 bt; 22 € - Storico taglio bordolese che abbina fresche note vegetali al frutto cupo del Lagrein. Agile al sorso, ha un finale sapido e lievemente speziato.
Lagrein Merlot 2018 ● 5.000 bt; 12 € - Agile, fruttato, verace.
Sauvignon 2019 ○ 4.000 bt; 14 € - Fresco, floreale, varietale.

ha 10 - **bt** 70.000
Fertilizzanti letame in pellet, letame
Fitofarmaci rame e zolfo
Diserbo lavorazione meccanica/manuale
Lieviti selezionati industriali
Uve 100% di proprietà
Certificazione nessuna certificazione

LETRARI

SCONTO **-10%**

Via Monte Baldo, 13-15 - tel. 0464 480200
www.letrari.it - info@letrari.it

VITA - Lucia Letrari è una fiera leonessa del vino trentino. Enologa, cresciuta all'ombra del padre Lionello, indimenticabile patriarca del vino trentino di qualità, Lucia è tra i protagonisti indiscussi della crescita e dell'affermazione del Trento. Negli ultimi 10 anni la produzione si è focalizzata sul Metodo Classico.

VIGNE - I vigneti coltivati raccontano la diversità della Vallagarina. Nel passare dal fresco e ventilato fondovalle di Borghetto, stretto tra il monte Baldo e i Lessini, fino all'assolato e luminoso versante collinare di Nogaredo, si incontrano molteplici esposizioni, microclimi e suoli adatti alla vite.

VINI - I Trento firmati da Lucia hanno un tratto comune nella maturità del frutto e nella ricercata cremosità, più esplicito nelle selezioni lungamente affinate sui lieviti, ma evidente anche nelle versioni più giovani.

TOP **Trento Dosaggio Zero Ris. 2014** 8.000 bt; 39 € - Dorato, luminoso, si apre con la finezza e la maturità data dalla lunga sosta sui lieviti: evoluto, presenta note di pasticceria, di tostatura dolce e vaniglia. Al palato è saporito, cremoso, rotondo.
Ballistarius 2015 ● 3.000 bt; 30 € - Raffinato taglio bordolese arricchito dalla varietà autoctona enantio. Complesso al naso, in bocca è compatto, setoso e avvolgente, animato da acidità vibrante. Da lungo invecchiamento.
Trento Brut Cuvèe Blanche 25.000 bt; 22 € - Archetipo del Metodo Classico trentino, è fragrante e profuma di mela matura e zucchero vanigliato. Il sorso è lieve ma gustoso, sorretto da un'effervescenza cremosa, pulito ed essenziale.
Trento Brut Quore Ris. 2013 4.000 bt; 39 € - Vibrante, agrumato, armonico.
Trento Dosaggio Zero 2017 9.000 bt; 28 € - Teso, floreale, espressivo.

ha 16 - **bt** 130.000
Fertilizzanti letame
Fitofarmaci chimici di sintesi, rame e zolfo
Diserbo lavorazione meccanica/manuale
Lieviti selezione di lieviti indigeni
Uve 100% di proprietà
Certificazione nessuna certificazione

ROVERETO (TN)

LONGARIVA

Frazione Borgo Sacco - Via Zandonai, 6 - tel. 0464 437200
www.longariva.it - info@longariva.it

VITA - Sono già 45 le candeline che spengono insieme quest'anno Marco e Rosanna Manica, complici da sempre sia nella vita e sia nel lavoro che portano avanti con amore e dedizione. Situata nel quartiere di Borgo Sacco, la loro può essere definita una cantina-abitazione: la calorosa accoglienza è uno dei punti di forza dei due coniugi, sempre pronti a raccontare le loro storie di vita seduti davanti al focolare e con un bicchiere in mano.

VIGNE - Marco è un grande appassionato di Borgogna, per questo motivo la sua idea è quella di dare identità ai vini utilizzando solo uve provenienti da un unico appezzamento, come fossero veri e propri cru. Ognuna delle diverse varietà coltivate si trova sui terreni più adatti per microclima e pedologia, e diversi sono i metodi di coltivazione, guyot e pergola soprattutto. Una perla da non perdere il vigneto Zinzele, dove si trova il pinot nero.

VINI - Le continue sperimentazioni di Marco in cantina, assieme a rese sempre più basse e all'attenta selezione delle uve, hanno portato al costante miglioramento dei vini. Complessità ed eleganza sono il filo conduttore riscontrabile in tutti i prodotti.

Quartella 2015 ● cabernet franc, cabernet sauvignon; 5.900 bt; 17 € - Complesso, apre con note di frutta rossa che lasciano spazio a sentori speziati e incenso. Il legno di affinamento, ben utilizzato, aiuta a creare una beva ampia, piena e di grande classe.
Marzemino Ai Dossi 2017 ● 3.700 bt; 15 € - Intrigante, con note balsamiche, rimandi di frutta rossa e la caratteristica viola, al sorso è morbido e fragrante al contempo.
Graminè 2018 ○ pinot grigio; 10.600 bt; 15 € - Succoso, fruttato, delicato.
Marognon 2013 ● cabernet sauvignon; 1.300 bt; 17 € - Robusto, fruttato, energico.

ha 15 - **bt** 65.000
Fertilizzanti humus, letame, organo-minerali
Fitofarmaci organici, rame e zolfo
Diserbo lavorazione meccanica/manuale
Lieviti selezionati industriali
Uve 100% di proprietà
Certificazione nessuna certificazione

ENDRIZZI

SCONTO **-10%**

Località Masetto, 2 - tel. 0461 650129
www.endrizzi.it - info@endrizzi.it

VITA - Gli Endrici, originari della val di Non, si stabilirono al Masetto nel 1885. In quasi un secolo e mezzo di storia aziendale, ogni generazione è stata protagonista dello sviluppo dell'economia vinicola trentina: dall'ammodernamento della viticoltura di fine Ottocento all'attuale storytelling dei vini, passando per i primi imbottigliamenti d'inizio Novecento, le guerre mondiali, la crescita della cooperazione, le sfide dei nuovi mercati.

VIGNE - Il Masetto, dove ha sede la cantina, è idealmente un crocevia di tre nette espressioni del territorio trentino: la Piana Rotaliana e i suoi vini rossi fruttati, caldi e moderni, il conoide di Faedo fino alla val di Cembra, dove crescono varietà bianche e pinot nero dotati di freschezza e sapidità, e i pendii collinari con terre calcareo-marnose di Pressano e Sorni, che donano calore, struttura e corroborante sapidità ai vini.

VINI - Costanti e tecnicamente impeccabili, i vini più ambiziosi hanno un tratto materico ma sobrio, dettagliato ma non barocco.

TOP **Teroldego Rotaliano 2018** VINO QUOTIDIANO ● 40.000 bt; 12 € - Classico nello stile Endrizzi, al sorso è agile, spontaneo, con continui rimandi al varietale, al frutto e ai primi sentori terziari.
Teroldego Gran Masetto 2015 ● 10.000 bt; 61 € - Da uve in parte appassite, è denso e compatto, complesso, con profumi fruttati, di erbe officinali e spezie. Saporito e possente al sorso.
Trento Brut Rosè Piancastello Ris. 2014 7.000 bt; 27 € - Ampio, con eleganti note di mandorle tostate, di frutti esotici e vaniglia, in bocca è cremoso e dettagliato.
Teroldego Rotaliano Sup. Leoncorno Ris. 2017 ● 12.000 bt; 19 € - Vibrante, speziato, stratificato.
Trento Brut Piancastello Ris. 2015 20.000 bt; 23 € - Armonico, fruttato, sapido.
Dalis Bianco 2019 O chardonnay, nosiola, sauvignon, Müller Thurgau; 32.000 bt; 12 € - Croccante, agrumato, essenziale.

ha 55 - **bt** 600.000
Fertilizzanti letame in pellet, organo-minerali
Fitofarmaci organici, rame e zolfo
Diserbo lavorazione meccanica/manuale
Lieviti selezionati industriali
Uve acquisto 70%
Certificazione nessuna certificazione

SAN MICHELE ALL'ADIGE (TN)

ROBERTO ZENI SCHWARZHOF

SCONTO **-10%**

Frazione Grumo - Via Stretta, 2 - tel. 0461 650456
www.zeni.tn.it - info@zeni.tn.it

VITA - Yin e yang, nero e bianco, pianura e montagna, materia e spirito. Negli Zeni convivono dualità opposte. Pur radicati nella Piana Rotaliana da fine Ottocento, con Roberto e Andrea Zeni hanno scoperto nuovi stimoli nell'alta collina di Sorni: da un ottimo areale del vino rosso a un pregiato rilievo adatto al bianco. Dagli anni Settanta la piccola distilleria connessa alla cantina chiude il cerchio e condensa in spirito la materia dell'annata.

VIGNE - Il podere del Maso Nero (Schwarzhof) nella primavera 2020 è stato oggetto di nuovi interventi legati al rinnovo degli impianti. Rudi Zeni spiega come sia venuto il momento di investire sulla nosiola, il vitigno bianco più identitario del Trentino. Bistrattato nel recente passato dalle cantine sociali e non troppo amato nemmeno dalla maggioranza dei vignaioli indipendenti, oggi rappresenta la sfida per la nuova generazione.

VINI - I vini tendono a essere costretti nella loro forma da un approccio tecnico, preciso e calibrato, che in apparenza ne limita la spontaneità. Spesso necessitano di buona ossigenazione nel calice o di tempo in bottiglia.

Trentino Nosiola Palustella 2019 O 8.000 bt; 16 € - Singolare, spigoloso, con note aromatiche di fiori di campo, erba sfalciata e radici. Il sorso è vibrante e il finale ricco di sapore.
Rossara Legiare 2018 ● 6.000 bt; 16 € - Velato, al frutto dolciastro segue un effluvio fragrante speziato e vegetale, coerente al gusto. In bocca è composto, dal corpo contenuto e dal sorso scorrevole, caldo e salino.
Teroldego Rotaliano Lealbere 2018 ● 45.000 bt; 18 € - Violaceo, inizialmente contratto nei profumi di frutta scura, balsamici e speziati, è morbido al palato, e sostenuto da una buona freschezza che lo rende dinamico e sottile.
Trento Maso Nero Rosè 4.000 bt; 31 € - Agile, fruttato, gastronomico.

ha 12,5 - **bt** 120.000
Fertilizzanti compost, letame in pellet, letame
Fitofarmaci rame e zolfo
Diserbo lavorazione meccanica/manuale
Lieviti selezionati industriali
Uve 100% di proprietà
Certificazione biologico certificato

TIONE DI TRENTO (TN)

FILANDA DE BORON

Via Pozedine, 5 - tel. 347 0511044
www.filandadeboron.it - info@filandadeboron.it

VITA - Filanda de Boron è un'azienda vitivinicola e un accogliente agriturismo a Tione di Trento, nel cuore del Parco Adamello Brenta. Qui Nicola Del Monte e la sua famiglia coltivano il solaris e altre varietà resistenti, domandone l'esuberanza e la precocità, aiutati dalle fresche brezze che scendono dalle cime del Brenta.

VIGNE - Le terre alte alle pendici dei massicci dolomitici riscuotono interesse tra i viticoltori in risposta ai mutamenti climatici. Salire in quota per sfuggire alla calura non è però sufficiente. In questi ambienti la viticoltura è una sfida quotidiana, e scegliere i vitigni giusti è essenziale. I vitigni resistenti sono incroci tra vitis vinifera e le viti americane, inadatte alla vinificazione. Queste varietà hanno buona attitudine enologica, adattamento ai climi rigidi e resistenza alle comuni infezioni della vite, riducendo l'esigenza di trattamenti fitosanitari.

VINI - Vitigni rari e interpretazioni originali: i vini della Filanda di Boron sanno incuriosire anche l'enofilo più esperto.

Solaris Dedit 2018 O 2.000 bt; 24 € - Vino materico, in cui a lievi note balsamiche si accompagnano sentori di caffè verde e cedro. Il sorso è consistente e appagante, ben bilanciato nell'alcol e nella viva acidità, e il finale è agile e salino.
Sauvignoner Gris Tre 2019 O 1.000 bt; 43 € - Non si cada in equivoco: il vitigno non ha nulla a che vedere con il comune sauvignon blanc. La vinificazione in anfora ne amplifica la personalità. Sentori riccamente vinosi si accompagnano a note di erbe sfalciate e frutta gialla, mango e melone. La beva è croccante, piacevolmente tannica, con rimandi speziati e vinilici.

ha 2 - **bt** 6.200
Fertilizzanti letame
Fitofarmaci nessun prodotto
Diserbo lavorazione meccanica/manuale
Lieviti fermentazione spontanea
Uve 100% di proprietà
Certificazione biologico certificato

TRENTO

FERRARI

Via del Ponte di Ravina, 15 - tel. 0461 972416
www.ferraritrento.it - info@ferrarispumante.it

VITA - Qual è il segreto che permette ai Lunelli di proporre anno dopo anno spumanti ai vertici dell'enologia italiana? Un fidato staff di tecnici dall'assoluta competenza, moderni stabilimenti e una profonda conoscenza dell'ampio panorama viticolo trentino per cogliere le uve migliori, capaci di esaltare le sfumature di ogni cuvée aziendale.

VIGNE - I vigneti sono gestiti in agricoltura biologica, con un notevole beneficio per tutto l'ecosistema della provincia di Trento. I viticoltori sono seguiti tutto l'anno dai tecnici della cantina. Solo le uve di proprietà coltivate nei masi più alti entrano nelle cuvée più prestigiose.

VINI - Gli spumanti Ferrari sono dei classici che sanno reinventarsi, definendo continuamente nuovi standard qualitativi.

TOP **Trento Extra Brut Giulio Ferrari Riserva del Fondatore 2009** 55.000 bt; 136 € - Algido nei sentori di gelsomino e pietra focaia, evolve sui toni della pesca bianca e della pasticceria. La bocca è salata ed elettrizzante nel fine perlage che sostiene il sorso e la viva aromaticità.
Trento Extra Brut Riserva Lunelli 2012 35.000 bt; 62 € - Più materico, è altrettanto complesso al naso. Il sorso è ampio e maturo, carnoso nel frutto, di spiccata sapidità.
Trento Brut Maximum 500.000 bt; 33 € - Anche nelle cuvée più popolari troviamo precisione e qualità, grazie a una beva sapida, agile e invitante.
Trento Brut Perlé Bianco Ris. 2012 35.000 bt; 49 € - Croccante, floreale, cangiante.
Trento Dosaggio Zero Perlé Cuvée Zero13 20.000 bt; 67 € - Avvolgente, evoluto, gastronomico.
Trento Rosé Extra Brut Giulio Ferrari Riserva del Fondatore 2008 5.000 bt; 214 € - Succoso, fruttato, profondo.

ha 100 - **bt** 5.500.000
Fertilizzanti letame, sovescio
Fitofarmaci rame e zolfo
Diserbo lavorazione meccanica/manuale
Lieviti selezionati industriali
Uve acquisto 80%
Certificazione in conversione biologica, parte dei vigneti in regime biologico

TRENTO

MASO BERGAMINI

Frazione Cognola - Località Bergamini, 10 - tel. 0461 983079
www.masobergamini.com - info@masobergamini.com

VITA - Se Trento può ancora definirsi città agricola lo si deve a persone come Remo e Damiano Tomasi, che caparbiamente conducono questo storico maso sulle colline di Maderno. Residenze estive nobiliari nel Medioevo, queste colline sono oggetto di una notevole speculazione edilizia e dunque la cura dei vigneti è anche tutela di un paesaggio agrario, umano e storico.

VIGNE - Le pendici del monte Calisio, esposte a meridione sopra la città di Trento, sono da sempre vocate per la viticoltura. Alla comune matrice calcarea, nei vigneti di Maso Bergamini si accompagna una vena di roccia basaltica che dona caratteri peculiari a uve e vini.

VINI - Quale che sia il vitigno, Remo lavora le uve con mano delicata, per vini dalla franca riconoscibilità varietale unita a un tocco minerale che è frutto dei caratteri del luogo.

Trento Brut Terre Basaltiche 2016 3.300 bt; 25 € - - L'impegno nell'arte spumantistica è massimo: questo nuovo lotto, di recente sboccatura, si apre su sentori di cera, gesso e favo di miele; la beva è compatta, con rimandi minerali, accompagnata da un perlage elegante e misurato.
Trentino Riesling Renano 2019 4.000 bt; 16 € - - Qui il Riesling si esprime più nella dimensione tattile, con corpo ampio e appagante nelle note di erbe mediterranee, sorrette da una vigorosa salinità. Non mancano fini richiami alle erbe sfalciate e al frutto giallo. Una paziente attesa ne saprà valorizzare la complessità.
Trentino Moscato Rosa 2019 500 bt; 28 € - - Questo piccolo miracolo enologico si conferma nella sua schiettezza, fatta di sentori di rosa e spezie. Il sorso croccante nell'acidità e nel frutto è piacevolmente abboccato.
Trentino Pinot Nero 2019 3.800 bt; 14 € - - Croccante, floreale, varietale.

ha 6 - **bt** 20.000
Fertilizzanti letame in pellet, letame
Fitofarmaci rame e zolfo
Diserbo lavorazione meccanica/manuale
Lieviti selezionati industriali, selezione di lieviti indigeni
Uve 100% di proprietà
Certificazione biologico certificato

TRENTO

MASO MARTIS

Località Martignano - Via dell'Albera, 52 - tel. 0461 821057
www.masomartis.it - info@masomartis.it

VITA - Se Trento è patria delle bollicine di qualità il merito va anche ad Antonio Stelzer, che ha creato un piccolo paradiso per gli amanti di questa tipologia. In un unico vigneto, circondato da antichi muri a secco in una delle zone più caratteristiche della città di Trento, trovano dimora i classici vitigni champenoise, votati alla produzione di Metodo Classico dal frutto ricco e dalla complessa finezza.

VIGNE - Il vigneto è esposto a meridione nelle prime colline di Trento, su suoli calcarei frutto della disgregazione del monte Callisio: sono terre già abitate nella preistoria e che conservano segni della Grande guerra.

VINI - Occorre interpretare il genius loci per mantenere, a quote basse, l'equilibrio vegetativo che permette maturazioni lente e complete nel frutto e nell'acidità, base per spumanti di qualità.

Trento Dosaggiozero Ris. 2016 8.000 bt; 39 € - - L'assenza di dosaggio esalta il frutto fragrante, accompagnato da interessanti cenni evolutivi e note di crosta di pane, zenzero e agrumi. La bocca è fragrante, sapida nel finale sorretto da un perlage delicato.
Trento Extra Brut Rosé 2016 8.000 bt; 36 € - - Di misurata potenza e piacevole espressività, al naso presenta ricordi di frutto rosso, accompagnati da piacevoli note di fiori essiccati. Il sorso è ampio e appagante, rotondo, rigoroso nel finale sorretto da una misurata acidità.
Trento Madame Martis Ris. 2010 2.700 bt; 119 € - - Affascinante timbro evolutivo, con note candite e di zafferano che si accompagnano alla frutta gialla e ad accenni idrocarburici. L'assaggio stupisce per la freschezza, pur nell'apparente ampiezza di un vino evoluto.
Trento Brut 40.000 bt; 28 € - - Armonico, floreale, leggiadro.

ha 12 - **bt** 90.000
Fertilizzanti letame, sovescio
Fitofarmaci rame e zolfo
Diserbo lavorazione meccanica/manuale
Lieviti selezionati industriali
Uve acquisto 30%
Certificazione biologico certificato

TRENTO

FRANCESCO MOSER

SCONTO **-10%**

Via Castel di Gardolo, 5 - tel. 0461 990786
www.mosertrento.com - info@mosertrento.com

VITA - Francesco Moser non ha bisogno di presentazioni, grazie ai suoi meriti sportivi e alla felice intuizione di investire in questo maso, edificato in epoca conciliare, su di un soleggiato altipiano affacciato sulla città di Trento. Oggi i lusinghieri risultati sono frutto del lavoro di tutta la famiglia, dal nipote Matteo, responsabile della cantina, ai figli Carlo e Francesco.

VIGNE - Le colline tra Gardolo e Lavis sono un complesso mosaico di esposizioni, altitudini e suoli. Ai vigneti coltivati su terreni calcarei e argillosi si accompagnano quelli della val di Cembra, dalla caratteristica trama porfirica. Prevale la pergola, che preserva freschezza e aromaticità.

VINI - L'età avanzata di molti vigneti assicura equilibrio e complessità ai vini, che mantengono comunque una fragrante nota varietale.

Trento Brut 51,151 ○ 45.000 bt; 25 € - Vino bandiera della cantina, deve il nome al record dell'ora di Francesco. Di grande sostanza, si apre su note di agrume, pasticceria e glicine. Il sorso è salino, con bei rimandi fruttati; il finale sapido è accompagnato da un perlage cremoso.
Trentino Moscato Giallo 2019 ○ 13.000 bt; 14 € - A volte le sorprese si nascondono nelle bottiglie semplici, come succede con questo Moscato secco che si conferma, anno dopo anno, nell'elegante aromaticità agrumata e nella beva rigorosa, fresca e amarognola.
Trentino Riesling 2019 ○ 5.000 bt; 15 € - Degno alter ego del precedente, è un vino bianco algido nei toni di erbe officinali e dalla beva giocata sui rimandi alla pesca bianca. Sapido il finale, con un'acidità matura.
Trentino Chardonnay 2019 ○ 6.000 bt; 12 € - Dinamico, floreale, armonico.
Trentino Gewürztraminer 2019 ○ 20.000 bt; 15 € - Croccante, speziato, opulento.

ha 13 - **bt** 120.000
Fertilizzanti letame in pellet, letame
Fitofarmaci rame e zolfo
Diserbo lavorazione meccanica/manuale
Lieviti selezionati industriali
Uve acquisto 20%
Certificazione biologico certificato

VALLELAGHI (TN)

FRANCESCO POLI

Frazione Santa Massenza, 36 - tel. 0461 340090
www.distilleriafrancesco.it - info@s.massenza.net

VITA - «Le idee sono tante e le cose da fare ancora di più, ma la soddisfazione che si prova quando si è tra i filari di queste terre è unica»: i vini di Alessandro Poli, proprio come lui, sono sinceri e senza troppi fronzoli. La chiacchierata annuale è una continua scoperta dei segreti della valle dei Laghi e, forse proprio per questo, lui è oggi uno dei punti di riferimento tra i vignaioli di queste terre.

VIGNE - Camminando tra i vigneti, sparsi tra le colline sopra Santa Massenza e Padergnone, ci si accorge di come Alessandro abbia ricreato nel tempo, grazie all'uso di pratiche attente e rispettose, un ecosistema florido e un'importante biodiversità. La profonda conoscenza delle proprie terre ha portato precise scelte anche sulle varietà e i metodi di allevamento. Pergola e basse spalliere sono ideali non solo per nosiola e Rebo, ma anche per le varietà resistenti.

VINI - I vini di Alessandro sono concreti, materici e in grado di dare grandi soddisfazioni fin dalla prima goccia che si assaggia.

Trentino Nosiola Sottovi 2019 ○ 7.000 bt; 13 € - Ottima interpretazione della varietà: elegantemente leggera, apre con sentori agrumati, mentre in bocca ha freschezza e salinità e chiude delicatamente con una nota di mandorla.
Reboro 2015 ● 2.000 bt; 39 € - L'appassimento per circa 40 giorni e un lungo affinamento in legno donano complessità e rotondità. Un Rebo mai banale, con alcolicità e tannicità ben rivestite. Gli aromi continuano a cambiare, passando dall'immediatezza del frutto a una più complessa speziatura.
Naranis 2018 ○ bronner, solaris; 2.000 bt; 15 € - Dinamico, fruttato, gastronomico.
Trentino Vino Santo 2005 ● 3.500 bt da 0,5 l; 43 € - Setoso, fruttato, complesso.

ha 6,5 - **bt** 30.000
Fertilizzanti letame, preparati biodinamici, sovescio
Fitofarmaci rame e zolfo
Diserbo lavorazione meccanica/manuale
Lieviti fermentazione spontanea
Uve 100% di proprietà
Certificazione biologico certificato

VALLELAGHI (TN)

GIOVANNI POLI

Frazione Santa Massenza - Via Del Lago, 3 - tel. 0461 864119
www.giovannipolisantamassenza.it - info@giovannipolisantamassenza.it

VITA - È quasi impossibile trovare Graziano Poli con le mani in mano. Tra mille ampolle e bottiglie di grappa o vino, c'è sempre qualcosa da fare o qualcosa da assaggiare. Graziano segue ogni cosa in azienda, affiancato dal padre Giovanni, memoria storica del luogo e naso fine nell'assaggio, e dal figlio, fresco di studi enologici, pronto a portare una ventata di innovazione in azienda.

VIGNE - Il legame con il territorio è forte e Graziano non vuole rinunciare a rispettarlo. I vigneti di proprietà, sparsi in cinque comuni che vanno dalla cantina fino ad Arco, possono contare su una biodiversità di terreni e microclimi non indifferente, dove anche galline e altri animali possono crescere serenamente. Graziano ha deciso di coltivare, oltre ai più tradizionali nosiola e rebo, anche alcuni vitigni resistenti, per abbassare ulteriormente il numero di trattamenti necessari.

VINI - I vini prodotti sono un perfetto mix tra tradizione, tipica rusticità e tecnica moderna. Equilibrati in ogni aspetto, sono intriganti e dotati di ottima facilità di beva.

Schiava Saven 2019 ● 3.500 bt; 9 € - - Incentrato sulla semplicità e sulla facilità di beva, è frutto di una leggerissima macerazione sulle bucce che dona succosità e una sensazione dissetante, mentre al naso presenta una piacevole nota fruttata.
Rebo 2017 ● 4.500 bt; 12 € - - Piacevole interpretazione del noto incrocio creato da Rebo Rigotti. Pieno e maturo, mette in evidenza un'accentuata nota alcolica e un tannino ben marcato che, però, non disturbano la beva.
Blaunature 2019 ● cabernet cortis, prior; 1.600 bt; 9 € - - Fresco, floreale, rustico.
Fuggé Bianco 2018 O nosiola, traminer, sauvignon blanc; 4.000 bt; 10 € - - Denso, fruttato, rilassato.

ha 6 - **bt** 38.000
Fertilizzanti letame in pellet, sovescio
Fitofarmaci organici, rame e zolfo
Diserbo lavorazione meccanica/manuale
Lieviti selezionati industriali
Uve 100% di proprietà
Certificazione biologico certificato

VOLANO (TN)

EUGENIO ROSI

Via Tavernelle, 3/b - tel. 0464 461375
rosieugenio.viticoltore@gmail.com

VITA - Eugenio non ama i riflettori: è schivo di carattere quanto sa essere accogliente nella bella cantina sotterranea dove riposano i suoi vini. Tuttavia rimane una delle menti più lucide dell'enologia trentina, autore di battaglie d'opinione, come quella sull'abbassamento delle rese, quanto mai necessarie.

VIGNE - Partendo dal vigneto di famiglia, coltivato a marzemino negli Ziresi, Eugenio e la moglie Tamara Marzari hanno raccolto piccoli appezzamenti in angoli nascosti di queste terre. Dal centro di Rovereto fino alle pendici delle piccole Dolomiti, altitudine, microclima e pedologia impongono scelte differenti in termini di sistema di allevamento e varietà coltivate. Straordinaria la cura delle vigne più antiche, risanate con interventi di dendrochirurgia per preservarne vita e frutti.

VINI - I vini di Eugneio sussurrano espressioni autentiche di questi territori, ottenute attraverso la profonda conoscenza delle uve e pratiche tradizionali, alle quali si è saputo dare nuova ragione di vita.

TOP **Esegesi 2016** VINO SLOW ● cabernet sauvignon, merlot; 7.500 bt; 20 € - - Caldo nel frutto rosso, con eleganti note di noce e cuoio, ha una beva appagante, lievemente eterea, con un bel finale dal tannino rigoroso e fresco.
Anisos 2017 O chardonnay, nosiola, pinot bianco; 4.000 bt; 22 € - - Difficile descrivere la finezza e i sentori cangianti di questo algido bianco. Cedro, confetto, pepe bianco e gesso sono i primi descrittori olfattivi, accompagnati da un sorso morbido ma lieve, croccante e assai sapido nel finale.
Riflesso Rosi 2018 ● cabernet sauvignon, merlot, marzemino; 7.000 bt; 12 € - - Ematico, salmastro, con guzzanti rimandi alla marasca. La bocca è agile ma complessa, coerente nei sentori aromatici, salata nel finale.
15-16-17 Cabernet Franc ● 1.000 bt; 32 € - - Dinamico, speziato, espressivo.

ha 8 - **bt** 24.000
Fertilizzanti letame, sovescio
Fitofarmaci rame e zolfo
Diserbo lavorazione meccanica/manuale
Lieviti fermentazione spontanea
Uve 100% di proprietà
Certificazione biologico certificato

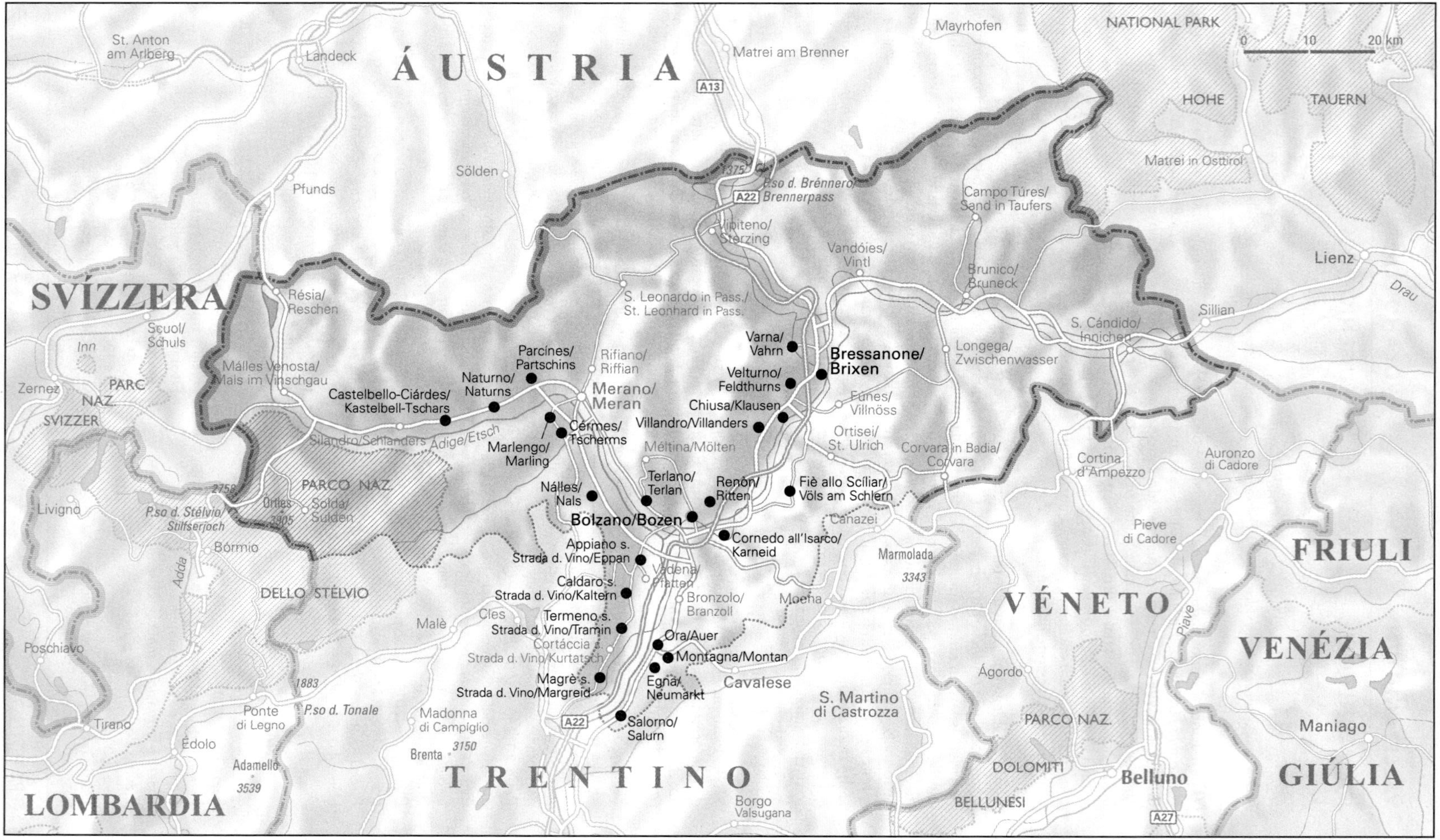
ÁUSTRIA
SVÍZZERA
LOMBARDIA
TRENTINO
VÉNETO
FRIULI
VENÉZIA
GIÚLIA
NATIONAL PARK
HOHE
TAUERN
0
10
20 km
St. Anton am Arlberg
Landeck
Matrei am Brenner
Mayrhofen
A13
Sölden
Pfunds
Matrei in Osttirol
Lienz
Drau
Sillian
Campo Túres/
Sand in Taufers
Brunico/
Bruneck
Vandóies/
Vintl
S. Cándido/
Innichen
Longega/
Zwischenwasser
2375
P.so d. Brénnero/
Brennerpass
A22
Vipiteno/
Sterzing
S. Leonardo in Pass./
St. Leonhard in Pass.
Résia/
Reschen
Scuol/
Schuls
Inn
PARC
NAZ.
SVIZZER
Zernez
Málles Venosta/
Mals im Vinschgau
Parcínes/
Partschins
Naturno/
Naturns
Castelbello-Ciárdes/
Kastelbell-Tschars
Rifiano/
Riffian
Merano/
Meran
Varna/
Vahrn
Bressanone/
Brixen
Velturno/
Feldthurns
Chiusa/Klausen
Villandro/Villanders
Fúnes/
Villnöss
Ortisei/
St. Ulrich
Corvara in Badia/
Corvara
Cortina d'Ampezzo
Auronzo di Cadore
Cérmes/
Tscherms
Marlengo/
Marling
Silandro/Schlanders
Adige/Etsch
Méltina/Mölten
Terlano/
Terlan
Renon/
Ritten
Fiè allo Scíliar/
Völs am Schlern
Nálles/
Nals
Bolzano/Bozen
Cornedo all'Isarco/
Karneid
Canazei
PARCO NAZ.
Ortles
3905
Solda/
Sulden
2758
P.so d. Stélvio/
Stilfserjoch
Livigno
Bórmio
Adda
DELLO STÉLVIO
Appiano s.
Strada d. Vino/Eppan
Vadena/
Pfatten
Caldaro s.
Strada d. Vino/Kaltern
Bronzolo/
Branzoll
Moena
Marmolada
3343
Pieve di Cadore
Piave
Termeno s.
Strada d. Vino/Tramin
Cortáccia s.
Strada d. Vino/Kurtatsch
Ora/Auer
Montagna/Montan
Egna/
Neumarkt
Cavalese
Magrè s.
Strada d. Vino/Margreid
Salorno/
Salurn
Cles
Malè
Poschiavo
1883
P.so d. Tonale
Tirano
Ponte di Legno
Édolo
Adamello
3539
Madonna di Campíglio
Brenta
3150
S. Martino di Castrozza
Ágordo
PARCO NAZ.
DOLOMITI
BELLUNESI
Belluno
A27
Maniago
Borgo Valsugana

ALTO ADIGE/SÜDTIROL

Un antico proverbio cinese recita: «quando soffia il vento del cambiamento, alcuni costruiscono muri, altri mulini a vento». Le correnti che ci hanno travolto nel 2020 hanno dimostrato, una volta di più, come l'Alto Adige appartenga alla seconda categoria di "costruttori". Con senso del futuro e spirito di squadra, infatti, quest'anno la regione ci ha stupito con la presentazione dell'Agenda 2030 del Consorzio Vini Alto Adige, una strategia comune per una produzione vitivinicola all'insegna della sostenibilità. L'Agenda, vissuta dai produttori come un impegno morale prima ancora che come un'opportunità di crescita economica, si articola su cinque livelli operativi, che corrispondono ai cinque pilastri su cui poggia il settore vitivinicolo: suolo, vigneti, vino, territorio e società. Fra i diversi obiettivi si trovano l'eliminazione degli erbicidi sintetici, l'incremento e la tutela della biodiversità e la riduzione delle emissioni di CO_2 durante il ciclo produttivo. Si alza ancora, quindi, l'asticella del vino sudtirolese, che dopo aver raggiunto indiscutibili vette qualitative punta ora a fare la differenza con un piano di sviluppo sostenibile, fatto di traguardi chiari, tangibili e misurabili e che arriva con un tempismo significativo rispetto a necessità non più trascurabili. In questo moto verticale degli altoatesini, da scalatori di montagne ci verrebbe da dire, si inserisce inoltre il progetto della zonazione – ormai alle fasi finali dell'*iter* burocratico –, che attraverso l'introduzione delle Menzioni Geografiche Aggiuntive consentirà ai produttori di amplificare le voci dei *terroir* più vocati. Un'opportunità importante, che si basa su un grande lavoro di ricerca e mediazione e che, se sfruttata con convinzione, potrà rendere ancora più conosciuti e riconoscibili i vini di questo territorio. Con piacere abbiamo registrato, poi, come dalla qualità, ormai consolidata, il *focus* di diverse cantine si stia spostando sull'identità e sulla ricerca di un'originalità espressiva che scongiuri la standardizzazione. Un'esigenza sentita anche dalle nuove generazioni, fra le quali troviamo giovani produttrici e produttori che stanno rivoluzionando le storiche aziende di famiglia per raccontare la propria idea di vino. In conclusione vi avvertiamo: oltre a quello per i PIWI – le varietà resistenti alle malattie fungine per le quali l'Alto Adige è una delle regioni italiane di riferimento – cresce l'interesse per la spumantistica, alla quale sempre più aziende si stanno dedicando e che, anche se c'è ancora un po' di strada da fare, a noi sembra rappresentare un buon auspicio per i brindisi futuri.

le Bottiglie

BERGMANNHOF - JOSEF PICHLER

Riva di Sotto/Unterrain, 46 - tel. 0471 637082
www.bergmannhof.it - info@bergmannhof.it

VITA - Tenete d'occhio il Bergmannhof! Da alcuni anni abbiamo notato una felice evoluzione nella concezione del vino e del lavoro in vigna. Il tandem padre e figlio funziona alla grande, con Josef Pichler a contribuire con la sua lunga esperienza, e il giovane Johannes ad apportare idee fresche e una particolare sensibilità per il mestiere. Da quest'anno entra a far parte della squadra anche il fratello minore Benjamin, che si occuperà perlopiù della parte commerciale.

VIGNE - Seppur non certificato, le pratiche sono ormai biologiche, ma Johannes continua a tenere le antenne dritte per soluzioni sempre meno impattanti: un impegno a tutto tondo che vede l'azienda aderire al Patto per la neutralità climatica 2025. Il corpo storico delle vigne si estende attorno al maso, a 270 metri di quota, su terreni argilloso-sabbiosi ricchi di scheletro. Spettacolare anche la vigna giovane di pinot bianco in frazione Gaido, sospesa a 800 metri sopra la valle.

VINI - L'approccio in cantina è sempre meno interventista, con fermentazioni spontanee ovunque possibile e lunghi affinamenti, perlopiù in legno grande.

TOP **Hoamet 2017** VINO SLOW ● 650 bt; 25 € - Vinificato con il 50% dei raspi e affinato a lungo sulle fecce fini, è una Schiava di grande personalità e naturalezza espressiva. Frutto croccante e rinfrescati cenni balsamici anticipano un sorso agile e intenso.
A.A. Lagrein 2019 ● 3.700 bt; 15 € - Integro, succoso e ricco di contrasto. Un Lagrein d'annata come piace a noi.
A.A. Chardonnay Ris. 2017 ○ 1.300 bt; 26 € - Un vino ampio e profondo, sapido e disteso. Una piccola parte di macerazione sulle bucce esalta il sapore dell'uva e dà volume e contrasto.
Kålch 2016 ● merlot, cabernet franc, lagrein; 1.100 bt; 49 € - Fine, terroso, elegante.
A.A. Schiava 2019 ● 3.700 bt; 13 € - Agile, fruttato, verace.

ha 3 - **bt** 15.000
Fertilizzanti nessun concime
Fitofarmaci organici, rame e zolfo
Diserbo lavorazione meccanica/manuale
Lieviti fermentazione spontanea, selezione di lieviti indigeni
Uve 100% di proprietà
Certificazione nessuna certificazione

APPIANO/EPPAN (BZ)

CANTINA COLTERENZIO

Località Cornaiano - Strada del Vino, 8 - tel. 0471 664246
www.colterenzio.it - info@colterenzio.it

VITA - Fondata nel 1960 da 26 viticoltori, la cooperativa di Colterenzio è stata una delle protagoniste della rivoluzione qualitativa che ha animato l'Alto Adige a partire dagli anni Ottanta. Già all'epoca, infatti, l'allora presidente Luis Raifer aveva capito l'importanza di valorizzare i vigneti e i viticoltori più virtuosi, riunendoli in gruppi di qualità. Oggi, che di soci ne conta 300, la cantina sta proseguendo su queste solide basi grazie all'impegno dell'enologo Martin Lemayr e del suo team.

VIGNE - I vigneti si estendono nella parte meridionale dell'Alto Adige, nei territori di Colterenzio, Appiano e Cornaiano. Altitudini, esposizioni e suoli eterogenei consentono di scegliere le zone più vocate per ogni vitigno. Gli attenti conferitori sono seguiti scrupolosamente dalla cantina.

VINI - Eleganza e piacevolezza: ecco le caratteristiche che la cantina cerca nei propri vini. Noi aggiungiamo anche ambizione e affidabilità, qualità che ritroviamo con piacere anche quest'anno.

A.A. Chardonnay Lafóa 2018 ○ 46.000 bt; 28 € - Bianco vivo in cui la cremosità del sorso è ben bilanciata dalla freschezza. I profumi di frutta gialla interagiscono con l'impronta del legno piccolo, che accompagna naso e palato in modo deciso, ma senza sovrastarli.
A.A. Cabernet Sauvignon Lafòa 2017 ● 6.400 bt; 70 € - Pienezza e avvolgenza contraddistinguono questo rosso dall'impianto solido. Al naso si apre su sentori terrosi, accompagnati dal frutto polposo e da cenni balsamici.
A.A. Pinot Bianco Berg 2018 ○ 23.000 bt; 18 € - Fine, tipico e delicato nelle note di fiori e frutta gialla. Ha una progressione armonica al palato, succoso e agile.
A.A. Sauvignon Lafóa 2018 ○ 62.000 bt; 27 € - Articolato, fruttato, contrastato.
A.A. Gewürztraminer Lafóa 2018 ○ 20.000 bt; 27 € - Fresco, speziato, contrastato.

ha 300 - **bt** 1.900.000
Fertilizzanti humus, letame in pellet, organo-minerali
Fitofarmaci chimici di sintesi, rame e zolfo
Diserbo lavorazione meccanica/manuale
Lieviti selezionati industriali
Uve 100% di proprietà
Certificazione nessuna certificazione

CANTINA GIRLAN

SCONTO -10%

Località Cornaiano - Via San Martino, 24 - tel. 0471 662403
www.girlan.it - info@girlan.it

VITA - Dopo aver raggiunto un alto livello qualitativo, la cooperativa di Cornaiano, fondata nel 1923, sta lavorando sempre più sulla propria identità, concentrandosi su poche varietà di cui si è dimostrata interprete sensibile. Una scelta lungimirante, che passa attraverso la selezione ed è portata avanti dall'ottimo team composto dal kellermeister Gerhard Kofler, dal presidente Helmut Meraner e dal direttore Oscar Lorandi.

VIGNE - La cantina ha nel parco vigneti dei veri e propri gioielli, come la centenaria pergola di schiava da cui nasce l'etichetta Gschleier, o le vigne di pinot nero sulla collina Mazzon. Le altre uve sono sparse in diversi territori vocati dell'Alto Adige. L'azienda segue gli impianti insieme ai contadini, generando un prezioso scambio reciproco di esperienze e pratiche.

VINI - La cantina riesce a tradurre le sfaccettature del territorio in etichette intense ed espressive, che scongiurano il rischio della standardizzazione.

TOP **A.A. Pinot Bianco Flora Ris. 2018** ○ 9.000 bt; 26 € - Una felice prova della vocazione dell'Alto Adige per questa varietà: il palato è cremoso e sapido, e ha tensione acida che dona slancio alla polpa. Il naso è elegante e complesso.
A.A. Schiava Fass N° 9 2019 ● 90.000 bt; 12 € - Scorrevole e saporita, unisce la beva succosa e fresca a un frutto scuro puntellato da lieve tannino.
A.A. Pinot Nero Trattmann Ris. 2017 ● 34.000 bt; 40 € - Fine e di grande personalità, profuma di amarena, spezie e note balsamiche. Il sorso ha una polpa in equilibrio fra acidità, tannino e succo.
A.A. Schiava Gschleier Alte Reben 2018 ● 22.000 bt; 18 € - Articolato, fruttato, profondo.
A.A. Pinot Nero Vigna Ganger Ris. 2017 ● 2.225 bt; 137 € - Incisivo, speziato, dettagliato.
A.A. Chardonnay Flora 2018 ○ 13.000 bt; 26 € - Vibrante, etereo, espressivo.

ha 220 - **bt** 1.350.000
Fertilizzanti humus, letame in pellet, sovescio
Fitofarmaci organici, rame e zolfo
Diserbo lavorazione meccanica/manuale
Lieviti selezionati industriali
Uve 100% di proprietà
Certificazione nessuna certificazione

CANTINA SAN MICHELE APPIANO

Via Circonvallazione, 17-19 - tel. 0471 664466
www.stmichael.it - office@stmichael.it

VITA - Questa cantina fondata nel 1907, che oggi associa oltre 340 viticoltori, è l'esempio lampante di come sia possibile raggiungere un successo reale solo attraverso una ricerca della qualità che non ammette compromessi. Il merito di ciò va riconosciuto al kellermeister Hans Terzer, che fin dal suo arrivo in cantina, nel 1977, ha saputo interpretare questo territorio con la lungimiranza e l'ambizione proprie dei fuoriclasse.

VIGNE - Appiano è il comune vitivinicolo più ampio della regione: la cantina conta quindi su un panorama di vigneti molto vasto e differenziato, all'interno del quale sono stati identificati veri e propri cru come Sanct Valentin, Schulthaus e Montiggl.

VINI - Lo stile dei vini di Terzer, austero e rigoroso, ha segnato non solo la storia della cantina ma l'intero modo di produrre vino in Alto Adige. Oggi viene parzialmente rivisitato alla luce delle continue intuizioni del kellermeister e dei riscontri del mercato globale.

A.A. Sauvignon The Wine Collection 2017 ○ 3.300 bt; 106 € - The Wine Collection è la linea di eccellenza della cantina: contempla questo Sauvignon ricco e articolato al naso, cremoso e concentrato al palato.
A.A. Sauvignon Sanct Valentin 2019 ○ 145.000 bt; 30 € - Lo stile è quello di un tempo, rivisitato con maggiore eleganza e misura olfattiva, e con decisa potenza gustativa.
A.A. Bianco Appius 2015 ○ 6.600 bt; 128 € - Raffinato, frutto di attente selezioni, è complesso: raggiungerà la vetta dopo qualche anno in bottiglia.
A.A. Pinot Nero Sanct Valentin 2017 ● 20.000 bt; 37 € - Articolato, complesso, armonico.
A.A. Chardonnay Sanct Valentin 2018 ○ 86.000 bt; 29 € - Ampio, complesso, dettagliato.
A.A. Pinot Bianco Schulthauser 2019 ○ 195.000 bt; 15 € - Agile, fruttato, sapido.

ha 380 - **bt** 2.300.000
Fertilizzanti humus, letame in pellet, organo-minerali
Fitofarmaci chimici di sintesi, rame e zolfo
Diserbo chimico, lavorazione meccanica/manuale
Lieviti selezionati industriali
Uve 100% di proprietà
Certificazione nessuna certificazione

APPIANO/EPPAN (BZ)

CANTINA SAN PAOLO

Frazione San Paolo - Via Castel Guardia, 21 - tel. 0471 1807700
www.stpauls.wine - info@stpauls.wine

VITA - L'avventura della cooperativa vitivinicola di San Paolo ha avuto inizio nel 1907 con la costruzione di una cantina all'avanguardia, che già al tempo prevedeva la lavorazione per gravità. Di recente l'azienda è stata rinnovata e, grazie al lavoro del giovane enologo Wolfgang Tratter, del neo eletto presidente Dieter Haas, e del loro team, produce una gamma di vini completa e varietale, che rispecchia bene il territorio di provenienza.

VIGNE - I vigneti si estendono nell'arco di pochi chilometri intorno alla cantina, sopra la frazione di San Paolo. Ci troviamo in una delle zone più vocate per i vitigni bianchi, che possono godere di un terreno ricco di calcare, di un clima mite e delle fresche brezze montane. L'azienda è attenta a praticare un'agricoltura sostenibile e, per questo, segue rigidi protocolli di lotta integrata e limita al massimo l'utilizzo di fitofarmaci di sintesi.

VINI - La moderna tecnologia consente di lavorare con delicatezza la materia prima, rispettandone la qualità e le caratteristiche varietali. Accanto a una linea classica, con vini fruttati e tipici, l'azienda si sta concentrando sempre di più sulle selezioni di singoli territori, per dare risalto alle zone maggiormente vocate.

TOP **A.A. Pinot Bianco Plötzner 2019** VINO QUOTIDIANO ○ 100.000 bt; 11 € - Tipico nelle note di pera ed erbe aromatiche, ha un sorso beverino e incisivamente sapido.

A.A. Pinot Bianco Sanctissimus Ris. 2017 ○ 4.000 bt; 75 € - Prodotto da una delle vigne di pinot bianco più vecchie di tutto l'Alto Adige (risale al 1889), è un vino ampio e concentrato, con un palato profondo e avvolgente.

A.A. Sauvignon Gfill 2019 ○ 80.000 bt; 11 € - Setoso, speziato, consistente.

A.A. M. Cl. Brut Praeclarus chardonnay; 20.000 bt; 23 € - Ampio, fruttato, sapido.

ha 185 - **bt** 1.500.000
Fertilizzanti compost, letame in pellet, sovescio
Fitofarmaci chimici di sintesi, organici, rame e zolfo
Diserbo lavorazione meccanica/manuale
Lieviti selezionati industriali
Uve 100% di proprietà
Certificazione nessuna certificazione

APPIANO/EPPAN (BZ)

HARTMANN DONÀ

Località Cornaiano - Via Casa di Gesù, 23 - tel. 329 2610628
www.hartmanndona.it - info@hartmanndona.it

VITA - Hartmann Donà è un vignaiolo artigiano di raro talento e sensibilità. La sua profonda comprensione del vino è frutto di diverse esperienze: dall'aver vissuto in ambienti agricoli, agli studi all'Università di Geisenheim, dalla lunga esperienza come enologo (in passato presso la cantina di Terlano) a quelle come consulente lungo tutto lo stivale. È stato il primo a proporre una chiave di lettura diversa del territorio altoatesino, con vini di carattere e con capacità d'invecchiamento.

VIGNE - Hartmann coltiva soltanto mezzo ettaro di vecchie vigne di pinot nero sulle colline di Cornaiano, a 500 metri di quota su terreni morenici di origine glaciale, poco profondi e ricchi di scheletro roccioso. Inoltre collabora con pochi viticoltori di fiducia che condividono le sue stesse idee. L'ultima frontiera è il progetto Liquid Stone, tre Schiave da viti vecchie su tre suoli diversi: fillade, dolomite e granito.

VINI - Vini di carattere, profondi e longevi, fatti con mano leggera, sapiente uso del legno (perlopiù usato) e la sensibilità di un grande vignaiolo.

TOP **A.A. Chardonnay Donà D'Or 2013** VINO SLOW ○ 1.200 bt; 66 € - Un bianco di gran classe e infinita stratificazione, maturo ma integro, con un palato materico e disteso, di vibrante energia sapida.

Schiava Liquid Stone Phyllit 2018 ● 2.000 bt; 23 € - Parte con un naso appena rustico, ma il palato è di strepitosa leggiadria e agilità, saporito e privo di inutili dolcezze.

Donà Blanc 2016 ○ chardonnay, pinot bianco; 4.000 bt; 25 € - Ha la matrice solida e gessosa di un grande bianco, un succo denso e avvolgente e sollievo acido-salino per chiudere in bellezza.

A.A. Pinot Bianco 2019 ○ 4.000 bt; 17 € - Agile, minerale, essenziale.

Donà Rouge 2013 ● schiava, pinot nero, lagrein; 4.000 bt; 30 € - Fitto, terroso, espressivo.

A.A. Sauvignon 2019 ○ 5.000 bt; 19 € - Teso, varietale, incisivo.

ha 0,6 - **bt** 50.000
Fertilizzanti letame
Fitofarmaci rame e zolfo
Diserbo lavorazione meccanica/manuale
Lieviti fermentazione spontanea, selezionati industriali
Uve acquisto 90%
Certificazione nessuna certificazione

HOF GANDBERG
THOMAS NIEDERMAYR

Località San Michele - Strada Castel Palù, 1 - tel. 0471 664152
www.thomas-niedermayr.com - info@thomas-niedermayr.com

VITA - Il percorso di Thomas Niedermayr è sempre più caratterizzato dalla sinergia tra uomo e natura. Entrare nella sua azienda significa immergersi in un ecosistema fatto di fiori di ogni tipo, animali da cortile e bambini sorridenti, in cui le vigne godono di una vitale biodiversità. Già pioniera delle varietà PIWI in Alto Adige, Hof Gandberg è oggi un indiscutibile punto di riferimento per le uve resistenti alle malattie fungine.

VIGNE - Da quest'anno l'intero vigneto aziendale ospita solo varietà PIWI. È stata spiantata, infatti, la storica vigna di pinot bianco, dei cui vini però potremmo godere ancora per un po'. Una scelta netta, volta a eliminare del tutto, o quasi, i trattamenti fitosanitari. Oltre alle varietà più note, quali solaris, bronner, souvignier gris e cabernet cortis, Thomas sperimenta direttamente in campo nuovi incroci resistenti.

VINI - Pochi interventi, fiducia nel tempo, macerazioni sapienti e una bella dose di talento naturale, sono gli elementi che fanno di Thomas una delle voci più interessanti nel panorama italiano dei PIWI. I suoi vini sono dotati di grande espressività, tridimensionalità e vitalità.

T.N. 99 Sonnrain 2017 ○ solaris, muscaris; 3.000 bt; 22 € - Particolarmente aggraziato il blend aromatico dell'azienda: la spinta acida e i sentori agrumati si inseriscono in un sorso pieno e succoso.
T.N. 04 Bronner 2018 ○ 6.000 bt; 20 € - Snello e agile, regala una lunga persistenza salata. I profumi di fieno e fiori conferiscono complessità e finezza al naso.
Freistil 2019 souvignier gris, bronner, solaris; 1.700 bt; 26 € - Nuovo nato in casa, un Metodo Ancestrale rinfrescante e beverino, che unisce spensieratezza e frutto.
T.N. 11 Gandfels 2016 ● cabernet cortis; 2.000 bt; 29 € - Armonico, fruttato, scuro.
T.N. 76 Pinot Bianco 2014 ○ 2.000 bt; 38 € - Fresco, agrumato, teso.

ha 5 - **bt** 30.000
Fertilizzanti sovescio
Fitofarmaci organici, rame e zolfo
Diserbo lavorazione meccanica/manuale
Lieviti fermentazione spontanea
Uve 100% di proprietà
Certificazione biologico certificato

APPIANO/EPPAN (BZ)

KLAUS LENTSCH

Frazione San Paolo - Reinspergweg, 18/a - tel. 0471 967263
www.klauslentsch.eu - info@klauslentsch.eu

VITA - Era il 2008 quando Klaus Lentsch si è innamorato di un antico maso in valle Isarco circondato da vecchie vigne di grande pregio. Questa la scintilla che lo ha convinto a dedicarsi a un proprio progetto vitivinicolo, che sta prendendo forma giorno dopo giorno, vino dopo vino, e che, dal 2013, può contare sulla nuova e moderna cantina costruita nella frazione di San Paolo. Quella di Klaus è un'azienda in movimento, che sta crescendo con idee chiare ed etichette di carattere.

VIGNE - Intorno al maso in località Campodazzo, in valle Isarco, a quota 580 metri su ripidi pendii di roccia porfirica e detriti alluvionali, crescono grüner veltliner, gewürztraminer e pinot nero. Gli altri impianti sono dislocati fra l'Oltradige, dove si trovano pinot bianco, moscato giallo e sauvignon blanc, e in bassa Atesina, dove è coltivato il lagrein.

VINI - Pragmatismo e passione si fondono in Klaus, che in cantina lavora per ottenere vini fraganti e puliti, che sappiano esprimersi con eleganza e leggerezza.

A.A. Pinot Bianco Scelto Ampberg 2019 ○ 8.500 bt; 17 € - Il naso è tipico, con frutta gialla croccante e una sottile vena gessosa. Il palato ha una buona avvolgenza e un deciso allungo sapido.
A.A. Valle Isarco Grüner Veltliner Scelto Cl. Sup. Eichberg 2018 ○ 6.000 bt; 24 € - Roccioso e teso, è dotato di vibrante sapidità e un naso agrumato, con cenni di erbe di montagna.
A.A. Pinot Nero Scelto Cl. Sup. Bachgart 2017 ● 9.000 bt; 27 € - Leggero e fruttato, è una versione beverina ma non banale della tipologia.
A.A. Lagrein Amperg Ris. 2017 ● 18.000 bt; 24 € - Avvolgente, fruttato, varietale.

ha 9 - **bt** 85.000
Fertilizzanti letame in pellet, letame, organo-minerali
Fitofarmaci rame e zolfo
Diserbo lavorazione meccanica/manuale
Lieviti selezionati industriali
Uve acquisto 15%
Certificazione nessuna certificazione

APPIANO/EPPAN (BZ)

IGNAZ NIEDRIST

Località Cornaiano - Via Ronco, 5 - tel. 0471 664494
info@ignazniedrist.com

VITA - Ignaz Niedrist è un personaggio noto nel panorama vitivinicolo altoatesino, non solo perché è un vignaiolo d'indubbio talento, ma anche perché da sempre si adopera per la causa delle piccole aziende. La sua idea di vino parte dalla terra e intende valorizzare l'unicità del luogo d'origine attraverso un accurato, rispettoso e ragionato lavoro artigiano.

VIGNE - Ignaz lavora su due terroir distinti: la vigna di casa, in località Ronco, sulla soleggiata collina di Cornaiano, poggia su terreni morenici di origine glaciale, poco profondi e ricchi di scheletro roccioso (porfido, granito e gneiss); la vigna di Appiano Monte, invece, ha terreni calcarei e argillosi, molto più profondi, e il clima è contrastato da sbalzi termici causati dai venti in arrivo dal sovrastante massiccio della Mendola. Un'altra piccola vigna si trova a Gries, su suoli d'origine alluvionale ricchi e profondi.

VINI - Vini precisi, stratificati e territoriali, frutto di vinificazioni molto classiche, con fermentazioni in acciaio per i bianchi, in tini di legno per i rossi.

A.A. Pinot Nero Ris. 2017 ● 5.000 bt; 34 € - Dalle vigne di Cornaiano, dimostra il consueto carattere scuro, terroso e minerale. Il palato è compatto e profondo, con una bella acidità a sostegno.
A.A. Pinot Bianco Limes 2018 ○ 1.400 bt; 25 € - Dai suoli calcarei di Appiano Monte, fermentato in botte grande, è un vino agile e slanciato, ricco di contrasto sapido e di seducente consistenza cremosa.
Trias 2018 ○ chardonnay, petit manseng, Manzoni bianco; 5.000 bt; 25 € - Un grande classico di casa Niedrist, ricco di sfumature aromatiche con dolci toni floreali, frutta gialla e lievi cenni tostati, e un palato avvolgente ma ben sorretto dell'acidità.
A.A. Lagrein Berger Gei Ris. 2017 ● 3.000 bt; 30 € - Solido, balsamico, profondo.

ha 7 - **bt** 50.000
Fertilizzanti compost, sovescio
Fitofarmaci rame e zolfo
Diserbo lavorazione meccanica/manuale
Lieviti selezione di lieviti indigeni
Uve 100% di proprietà
Certificazione nessuna certificazione

APPIANO/EPPAN (BZ)

STROBLHOF

Località San Michele - Via Piganò, 25 - tel. 0471 662250
www.stroblhof.it - weingut@stroblhof.it

VITA - In questo maso tipico si coltivava uva già nel XVI secolo: una lunga storia ora proseguita da Andreas Nicolussi-Leck, che si occupa di vigna e cantina, affiancato dalla moglie Rosmarie Hanny, che si dedica invece all'ospitalità nell'hotel quattro stelle e nel raffinato ristorante. Stroblhof è un indirizzo sicuro non solo per gli appassionati di vino, ma anche per chi voglia concedersi un weeekend di relax con tutti i comfort.

VIGNE - I vigneti intorno al maso sono coltivati a 500 metri di altitudine alle pendici della Mendola, una montagna che assicura un microclima molto particolare, fresco e sempre ben ventilato, ideale per le uve a bacca bianca e per il pinot nero. I terreni sono calcarei in superficie e porfirici in profondità. Un altro appezzamento si trova nella zona del lago di Caldaro.

VINI - Anno dopo anno i vini di Andreas Nicolussi-Leck si confermano precisi ed eleganti. Ci hanno colpito soprattutto i due Pinot nero.

TOP **A.A. Pinot Nero Pigeno 2017** ● 15.000 bt; 25 € - È un campione di equilibrio ed eleganza, con profumi profondi, fruttati, speziati e leggermente balsamici. All'assaggio è agile e succoso, con note di frutta dolce e un tannino fitto e ben gestito.
A.A. Pinot Nero Ris. 2017 ● 6.700 bt; 41 € - Prodotto solo nelle annate migliori, è tipico, elegante, varietale; si propone con aromi di frutti scuri e cioccolato, e un palato agile e molto equilibrato.
A.A. Pinot Bianco Cl. Strahler 2019 ○ 12.600 bt; 17 € - Un campione di tipicità (non per niente il Pinot bianco è prodotto in loco da metà Ottocento): profuma di frutta gialla e pera e ha un sorso godibilissimo, pieno, di bella freschezza e persistenza.
A.A. Chardonnay Cl. Schwarzhaus 2019 ○ 5.300 bt; 17 € - Teso, fruttato, elegante.

ha 6 - **bt** 47.000
Fertilizzanti nessun concime
Fitofarmaci organici, rame e zolfo
Diserbo lavorazione meccanica/manuale
Lieviti selezionati industriali, selezione di lieviti indigeni
Uve 100% di proprietà
Certificazione nessuna certificazione

APPIANO/EPPAN (BZ)

WEINGUT ABRAHAM

Via Maderneto, 29 - tel. 0471 664192 - 349 4650714
www.weingutabraham.it - info@weingutabraham.it

VITA - Nel 2011 Martin Abraham e la moglie Marlies Pohl hanno cambiato vita e lavoro: il richiamo del vino era troppo forte per resistere. Sarà che la fortuna premia gli audaci, sarà per il rigore con cui hanno affrontato questa nuova strada, ma sta di fatto che, in meno di 10 anni, le loro etichette sono diventate fra le bevute più stimolanti, profonde e appaganti dell'Alto Adige.

VIGNE - In Der Låmm e Gfillberg sono le due vigne di grande vocazione da cui proviene il pinot bianco. La prima, sul versante ovest di Appiano Monte, cresce su suoli ricchi di porfido e quarzo, con viti molto vecchie. La seconda, sul versante opposto, gode di suoli ricchi di calcare e di un'altitudine di 600 metri. Vecchie pergole di schiava, pinot nero e gewürztraminer completano il quadro.

VINI - Semplicità e pazienza: così Martin affronta il lavoro in cantina. Uva matura ma croccante, malolattica anche per i bianchi e lunghi affinamenti, il tutto al fine di ottenere vini in cui profondità e verticalità coesistono armoniosamente.

TOP **Pinot Bianco Vom Muschelkalk 2018** VINO SLOW ○ 3.000 bt; 24 € - Un vino che porta alla scoperta dell'intimità della materia prima e, al contempo, procede algido e tagliente. Il sorso è sapido ed elegante, il naso nordico e fruttato, con sentori di citronella e zenzero: da capogiro!
Pinot Bianco In der Låmm 2018 ○ 4.500 bt; 21 € - Ampiezza e maturità del frutto sono bilanciate da una sapidità incisiva e dall'allungo fresco. Il legno accompagna e arricchisce il succo senza sovrastarlo.
Upupa Orange 2017 ○ gewürztraminer; 3.000 bt; 25 € - La macerazione sulle bucce conferisce al vino un piacevole grip tannico e un cenno di volatile, che dialogano con la ricchezza aromatica del frutto e con la pienezza e sapidità del sorso.
Upupa Rot 2017 ● schiava; 4.000 bt; 18 € - Succoso, speziato, complesso.

ha 5 - **bt** 30.000
Fertilizzanti compost, sovescio
Fitofarmaci rame e zolfo
Diserbo lavorazione meccanica/manuale
Lieviti fermentazione spontanea
Uve 100% di proprietà
Certificazione nessuna certificazione

BOLZANO/BOZEN

CANTINA CONVENTO MURI-GRIES

Piazza Gries, 21 - tel. 0471 282287
www.muri-gries.com - info@muri-gries.com

VITA - Il convento di Muri-Gries, un tempo in aperta campagna e oggi in un quartiere residenziale di Bolzano, non è solo una piacevole attrazione turistica, ma anche un importante luogo di preghiera e di lavoro. Ancora oggi vive qui un gruppo di monaci benedettini, ma la produzione vinicola è affidata dal 1988 alle sapienti mani del kellermeister Christian Werth, mentre la gestione agronomica è a cura di Walter Bernard.

VIGNE - Con i vigneti posizionati in alcune delle migliori parcelle della conca di Bolzano, Muri Gries è sinonimo di Lagrein, l'uva autoctona a bacca nera che la cantina convento propone in versione rosa, d'annata e Riserva. In altri vigneti, nel comune di Appiano, crescono invece alcune varietà a bacca bianca, oltre a schiava e pinot nero.

VINI - I vini di Christian Werth sono affidabili, con uno stile di vinificazione classico, che ricerca anno dopo anno la migliore espressione del varietale. Manca all'appello l'Alto Adige Lagrein 2019, per il quale si è deciso di prolungare l'affinamento.

TOP **A.A. Lagrein Kretzer 2019** VINO QUOTIDIANO ● 60.000 bt; 12 € - Si apre su piacevoli note di lampone, con qualche cenno di fiori ed erbe aromatiche. In bocca è succoso e saporito, con finale morbido.
A.A. Santa Maddalena Cl. 2019 ● 35.000 bt; 10 € - Dopo un'iniziale riduzione, esce il varietale della Schiava, con qualche cenno di spezie e di arancia. In bocca è dolce, succoso, semplice ma appagante.
A.A. Lagrein Abtei Muri Ris. 2017 ● 58.000 bt; 26 € - Corposo e denso, ha note di frutti rossi e cioccolato; un tannino lievemente rustico lo rende un buon compagno della tavola. La discreta acidità bilancia il finale alcolico.
A.A. Terlano Pinot Bianco Abtei Muri Ris. 2017 ○ 5.000 bt; 25 € - Succoso, minerale, ampio.
A.A. Pinot Nero Abtei Muri Ris. 2017 ● 8.000 bt; 25 € - Avvolgente, fruttato, ampio.

ha 35 - **bt** 650.000
Fertilizzanti nessun concime
Fitofarmaci chimici di sintesi, rame e zolfo
Diserbo lavorazione meccanica/manuale
Lieviti selezionati industriali
Uve acquisto 30%
Certificazione nessuna certificazione

BOLZANO/BOZEN

CANTINA DI BOLZANO

SCONTO **-10%**

Via San Maurizio, 36 - tel. 0471 270909
www.cantinabolzano.com - info@cantinabolzano.com

VITA - Con l'inaugurazione della nuova cantina certificata CasaClima Wine le uve vengono ricevute e lavorate a caduta, per garantire la massima qualità dei prodotti imbottigliati. Il resto è merito del kellermeister Stephan Filippi, che sa interpretare con competenza e rispetto le tante varietà coltivate dai 224 soci, imbottigliando vini, come il Santa Maddalena e il Lagrein Riserva, che sono diventati un punto di riferimento per il territorio.

VIGNE - I vigneti sono dislocati in quasi tutto il territorio vinicolo altoatesino, anche se i più rappresentativi restano quelli intorno a Bolzano, dove troviamo due fuoriclasse: il maso Huck am Bach, sulla collina di Santa Maddalena, e il Taber, nel quartiere ormai cittadino di Gries.

VINI - Cantina di Bolzano è da molti anni un punto di riferimento in Alto Adige, soprattutto per la produzione di rossi a base schiava, lagrein e cabernet sauvignon.

A.A. Santa Maddalena Cl. Huck am Bach 2019 ● 120.000 bt; 13 € - - Profuma di viole e lamponi e ha un percorso gustativo molto coerente con la tipologia e l'annata; succoso e fruttato, chiude con la tipica nota di mandorla.
A.A. Lagrein Taber Ris. 2018 ● 12.000 bt; 50 € - - Proviene da vigne di oltre 80 anni ed è una delle etichette più rappresentative della categoria. Si apre su profumi di frutti di bosco, violetta e spezie, come la vaniglia. In bocca arriva anche la nota di cacao, insieme a un tannino ben gestito e alla materia ben supportata dalla freschezza.
A.A. Cabernet Mumelter Ris. 2018 ● 12.000 bt; 43 € - - Ha note di frutti scuri e spezie e un palato croccante e succoso, con finale morbido.
A.A. Pinot Bianco Dellago 2019 ○ 30.000 bt; 15 € - - Fresco, fruttato, sapido.
A.A. Chardonnay Stegher Ris. 2018 ○ 5.000 bt; 26 € - - Succoso, fruttato, elegante.

ha 350 - **bt** 3.000.000
Fertilizzanti organo-minerali
Fitofarmaci chimici di sintesi, rame e zolfo
Diserbo chimico, lavorazione meccanica/manuale
Lieviti selezionati industriali
Uve 100% di proprietà
Certificazione nessuna certificazione

BOLZANO/BOZEN

ERBHOF UNTERGANZNER JOSEPHUS MAYR

Frazione Cardano - Via Campiglio, 15 - tel. 0471 365582
www.mayr-unterganzner.it - info@mayr-unterganzner.it

VITA - L'antico maso Unterganzner appartiene alla famiglia Mayr dal 1629 e oggi è condotto dalla decima generazione: il simpatico Josephus, quando non è al lavoro in cantina con l'immancabile grembiule blu dei contadini altoatesini, veste i panni di presidente del Consorzio per la Tutela della Produzione del vino Santa Maddalena, e quelli del fiero suonatore di timpani nella banda di Bolzano.

VIGNE - Siamo a breve distanza dal centro città, nel punto in cui il Rio d'Ega confluisce nell'Isarco. Le vecchie parcelle di schiava e lagrein sono allevate a pergola, nei pressi del maso, all'estremità orientale della conca di Bolzano, e poggiano su suoli profondi, alluvionali e porfirici. Alle vigne con uve a bacca bianca, coltivate a Campegno, si aggiunge l'impianto di varietà PIWI a Cornedo dell'Isarco, a una quota di 850 metri.

VINI - I vini rossi di Josephus Mayr, frutto di vigne vecchie piantate a pergola, sono precisi, ben fatti e con una chiara identità territoriale.

Composition Reif 2017 ● 6.200 bt; 40 € - - È un taglio bordolese che vede in assemblaggio il lagrein accanto a cabernet sauvignon e franc, merlot e petit verdot. Il naso è complesso, con note di frutta rossa, funghi e cenni balsamici e vegetali; in bocca è polposo, morbido e persistente.
Lamarein 2017 ● 9.900 bt; 51 € - - È un Lagrein con parte delle uve appassite; mostra un profilo caldo e denso, con aromi di frutta sotto spirito e cenni speziati. In bocca è consistente e succoso.
A.A. Lagrein Kretzer 2019 ● 4.850 bt; 14 € - - È piacevole con i suoi aromi di ciliegia, i cenni vegetali e il finale ammandorlato. La lieve carbonica incoraggia la beva.
A.A. Santa Maddalena Cl. Heilmann 2018 ● 3.380 bt; 20 € - - Fitto, fruttato, varietale.
A.A. Sauvignon Platt&Pignat 2019 ○ 4.600 bt; 14 € - - Fresco, floreale, essenziale.

ha 10 - **bt** 70.000
Fertilizzanti compost, letame
Fitofarmaci chimici di sintesi, rame e zolfo
Diserbo lavorazione meccanica/manuale
Lieviti selezionati industriali
Uve 100% di proprietà
Certificazione nessuna certificazione

BOLZANO/BOZEN

GLÖGGLHOF - FRANZ GOJER

Frazione Santa Maddalena - Località Glögglhof - Via Rivellone, 1
tel. 0471 978775 - www.gojer.it - info@gojer.it

VITA - Franz Gojer è uno degli alfieri della schiava, varietà in cui ha sempre creduto e che ha sempre continuato a produrre, anche durante il periodo più duro del declino. Oggi si gode il momento di felice rinascita di questo rosso moderno e gastronomico insieme al figlio Florian, che lo affianca con competenza ed entusiasmo. Sono terminati i lavori della nuova cantina a Cornedo all'Isarco.

VIGNE - La maggior parte delle vigne, con impianto a pergola, si trova intorno all'antico maso del XIII secolo, nel cuore della denominazione Santa Maddalena; tra queste anche quella, molto vocata, del Rondell, cui si aggiungono altre parcelle dedicate alle uve a bacca bianca, a Cornedo all'Isarco a una quota di circa 600 metri, e la vigna del kerner, che supera i 700 metri di altitudine. La vigna di lagrein è a Gries, una delle zone migliori per questa varietà autoctona.

VINI - La produzione è artigianale e affidabile: le etichette a base di schiava sono tra le più raccomandate della regione. A causa del covid-19 e dei lavori in cantina, quest'anno non abbiamo assaggiato alcuni vini icona, come la Schiava Alte Reben, il Santa Maddalena Classico e il Lagrein Grant, immessi più tardi sul mercato.

A.A. Santa Maddalena Cl. Vigna Rondell 2019 ● 7.000 bt; 17 € - Ⓛ - La presenza del Lagrein si sente e dona profondità a un vino molto rappresentativo della denominazione, fruttato, succoso e godereccio.
A.A. Lagrein Ris. 2017 ● 6.000 bt; 25 € - Ⓛ ▦ - È un'interpretazione che privilegia la facilità di beva, con le note di prugna e frutta rossa matura, e un sorso fresco, succoso e slanciato.
Pipa XVII 2017 ● lagrein; 2.000 bt da 0,5 l; 34 € - Ⓛ - Possente, speziato, avvolgente.

ha 8,5 - **bt** 60.000
Fertilizzanti letame
Fitofarmaci chimici di sintesi, rame e zolfo
Diserbo lavorazione meccanica/manuale
Lieviti fermentazione spontanea, selezionati industriali
Uve 100% di proprietà
Certificazione nessuna certificazione

BOLZANO/BOZEN

GRIESBAUERHOF - GEORG MUMELTER

Via Rencio, 66 - tel. 0471 973090
www.griesbauerhof.it - info@griesbauerhof.it

VITA - Andare al Griesbauerhof significa immergersi in una rilassante realtà familiare a pochi passi dal centro di Bolzano: mentre gli occhi si riempiono della bellezza delle vigne, naso e palato possono godere dei vini artigianali prodotti con sapienza da Georg Mumelter, e dell'infinita varietà di pomodori coltivati dalla moglie Margareth Silbernagl. Da qualche anno in azienda sono arrivati anche i figli Lukas, enologo, e Michael, sommelier, che ha dato vita a un delizioso wine bar all'interno del maso.

VIGNE - Il cuore del vigneto si trova intorno al maso, luogo dove la viticoltura è praticata già dal 1610. Qui, su terreni ricchi di porfido, crescono vecchie piante di schiava, lagrein e cabernet sauvignon. Sui terreni alluvionali e più pesanti a sud di Bolzano si trovano, invece, il merlot e un'altra parte di lagrein. I bianchi crescono a 500 metri di quota, nel comune di Appiano.

VINI - Vignaiolo con la V maiuscola, Georg produce vini di territorio, che abbracciano la tradizione e danno spazio alle sfumature di ogni vendemmia. Nelle Schiave cerca agilità e freschezza ma, in alcune interpretazioni, ne valorizza la profondità; per i Lagrein punta su vini di maggior struttura e pienezza.

TOP **A.A. Santa Maddalena Cl. Isarcus 2018** ● schiava, lagrein; 2.000 bt; 20 € - ▦ - Particolarmente convincente quest'interpretazione di Santa Maddalena, prodotta con una piccola parte di uve passite. Stratificato e succoso, ha un sorso puntellato di sapidità e piacevoli note di frutta scura e cenni eterei.
A.A. Santa Maddalena Cl. 2019 ● 10.000 bt; 13 € - ▯ - Freschezza e tensione accompagnano la complessità di questo vino, classico e squisito.
A.A. Lagrein Ris. 2017 ● 5.000 bt; 28 € - ▦ - Solido, speziato, scuro.
A.A. Pinot Bianco 2018 ○ 1.500 bt; 16 € - Ⓛ - Armonico, fruttato, varietale.

ha 4 - **bt** 35.000
Fertilizzanti nessun concime
Fitofarmaci chimici di sintesi, rame e zolfo
Diserbo lavorazione meccanica/manuale
Lieviti selezionati industriali
Uve 100% di proprietà
Certificazione nessuna certificazione

LOACKER

Località Santa Giustina, 3 - tel. 0471 365125
www.loacker.net - lo@cker.it

VITA - A guardare oggi il percorso di questa azienda, non ci si può non sorprendere dello spirito avanguardista di Reiner Loacker. Già nel 1978, anno di fondazione, aveva intrapreso con convinzione la strada della produzione naturale, e lo aveva fatto pionieristicamente, in una regione ancora lontana da certe idee. La sua visione è oggi portata avanti con sensibilità e gratitudine dai figli Hayo e Franz.

VIGNE - La maggior parte delle vigne si estende intorno al maso Schwarhof, luogo di grande vocazione. L'esposizione a sud e l'altitudine tra i 370 e i 480 metri garantiscono frutti maturi e ricchi di aromi. In campagna si lavora con grande sapienza, con continui sovesci, preparati biodinamici e rimedi omeopatici, il tutto per stimolare la vitalità dei suoli e rendere più equilibrate le piante.

VINI - Tutti gli sforzi fatti in vigna sono valorizzati in cantina, dove Hayo utilizza solo pratiche che non snaturino le uve. Il risultato sono vini territoriali e schietti.

TOP **A.A. Santa Maddalena Morit 2019** VINO SLOW ● 8.600 bt; 13 € - Un vino di grande personalità, che sorprende il palato con un frutto rosso polposo, e si articola in un finale fresco e appagante. Il tannino è fine, il naso complesso e la beva agile ed elegante.
Gran Lareyn 2018 ● lagrein; 8.300 bt; 22 € - Scuro e floreale, ha un succo pieno e ben contrastato. Ottimo l'equilibrio fra trama tannica, ruspante ma calibrata, freschezza, ed estrazione materica.
Bianco Timeless 2011 O chardonnay, kerner, gewürztraminer, sauvignon blanc; 660 bt; 53 € - Nuovo nato in azienda, è un vino ambizioso che affina per sette anni in tonneau. Ampio e cremoso, ha un palato profondamente sapido e scorrevole.
Atagis 2019 O gewürztraminer; 1.200 bt; 24 € - Agile, fruttato, elegante.
Ywain 2018 ● merlot; 2.200 bt; 22 € - Avvolgente, terroso, energico.

ha 7 - **bt** 65.000
Fertilizzanti preparati biodinamici, sovescio
Fitofarmaci nessun prodotto
Diserbo lavorazione meccanica/manuale
Lieviti fermentazione spontanea
Uve acquisto 5%
Certificazione biodinamico certificato

BOLZANO/BOZEN

MESSNERHOF - BERNHARD PICHLER

Via San Pietro, 7 - tel. 0471 977162
www.messnerhof.net - info@messnerhof.net

VITA - Con la costruzione della nuova cantina Bernhard Pichler ha aggiunto un tassello importante alla propria avventura di vignaiolo. Il suo è un sogno nato da bambino e coltivato con pazienza fino al 2003, anno in cui ha finalmente iniziato a imbottigliare in proprio le uve prodotte fin dall'Ottocento dalla sua famiglia.

VIGNE - La decisione di Bernhard di dedicarsi al 100% alle proprie vigne e ai propri vini è andata di pari passo con quella di eliminare i prodotti chimici di sintesi. Il biologico, infatti, è la strada che ha scelto con fermezza prima di tutto per se stesso e per la propria salute. Le vecchie pergole di schiava e lagrein e le varietà internazionali, fra cui cabernet sauvignon e petit verdot, crescono intorno al maso, a un'altitudine di circa 350 metri. Qui i terreni sono morenici e ricchi di porfido, scisti e gneiss. Parte del lagrein si trova anche a Gries, mentre il syrah e le varietà bianche crescono nel comune di Appiano, su suoli calcarei.

VINI - Da grande osservatore e produttore meticoloso, Bernhard dà vita a etichette territoriali e deliziose. In cantina Bernhard limita gli interventi allo stretto necessario affinché territorio, varietà e annata siano esaltati. I suoi sono vini orgogliosamente artigianali e dal carattere ben delineato. Fra le novità della cantina segnaliamo un Lagrein vinificato in rosa, che però non abbiamo ancora avuto il piacere di assaggiare. Per quest'anno, infatti, Bernhard ha deciso di ritardare l'imbottigliamento di tutti i vini, che avverrà in autunno. Prendendo esempio dalla sua pazienza, attendiamo con piacere il prossimo anno per assaggiarli e parlarvene.

ha 2,8 - **bt** 18.800
Fertilizzanti nessun concime
Fitofarmaci rame e zolfo
Diserbo lavorazione meccanica/manuale
Lieviti fermentazione spontanea
Uve 100% di proprietà
Certificazione nessuna certificazione

NUSSERHOF - HEINRICH MAYR

Via Josef Mayr-Nusser, 72 - tel. 0471 978388 - 335 6207558
mayr-nusser@rolmail.net

VITA - Da sempre elogiamo la resistenza della famiglia Mayr-Nusser: quella sociopolitica al nazismo, quella pragmatica all'eccessiva burocrazia, quella agricola all'urbanizzazione delle campagne e all'omologazione dei vini. Continueremo a celebrarla ma, per un significativo paradosso, varcando il cancello di Nusserhof si ha la sensazione che a resistere sia piuttosto il mondo che resta fuori. Qui, infatti, si trova la riserva di biodiversità e armonia curata dai coniugi Heinrich ed Elda Mayr e dalla figlia Gloria, che prosegue l'illuminato percorso dei genitori.

VIGNE - Il giardino intorno all'azienda ospita vecchi ceppi di lagrein, teroldego e blatterle, tre uve autoctone profondamente legate a questo territorio. I vecchi biotipi di schiava sono custoditi, invece, nel vigneto in località Coste, piantato a pergola. Nusserhof è stata una delle prime aziende locali a ottenere la certificazione biologica.

VINI - Fare, anzi non fare. Eliminare il superfluo: questo l'approccio in cantina, lontano dall'eccessivo interventismo e fautore di vini personalissimi, di cui è impossibile stancarsi.

TOP **Elda 2015** VINO SLOW ● schiava gentile, schiava grigia, schiava grossa; 4.000 bt; 25 € - A costo di sembrare noiosi, non possiamo che ripeterci: una delle Schiave più originali, gustose e profonde che possiate bere. Le note terrose, di sottobosco e fungo sono i suoi segni distintivi, ma non ci si ferma qui. Il succo profuma di ciliegie, incenso e spezie, e il sorso è polposo e profondamente sapido.
Ty.....go 2015 ● teroldego; 1.200 bt; 30 € - Agile e scorrevole, profuma di frutti scuri e spezie e ha un'energia travolgente.
B..te..le 2018 O blatterle; 1.100 bt; 19 € - Ottenuto da uve bianche autoctone in via di estinzione, è un vino teso ed essenziale, con profumi di nocciola e cenni fumé.

ha 4 - **bt** 20.000
Fertilizzanti sovescio
Fitofarmaci rame e zolfo
Diserbo lavorazione meccanica/manuale
Lieviti fermentazione spontanea
Uve 100% di proprietà
Certificazione biologico certificato

BOLZANO/BOZEN

PFANNENSTIELHOF JOHANNES PFEIFER

Via Pfannenstiel, 9 - tel. 0471 970884 - 340 4803081
www.pfannenstielhof.it - info@pfannenstielhof.it

VITA - Speriamo che Johannes Pfeifer non ce ne voglia, ma quest'anno vogliamo iniziare il racconto con un plauso alle donne di casa: la moglie Margareth Marini e le figlie Veronika e Anna, con competenza, energia e grinta, stanno dando un contributo prezioso allo sviluppo dell'azienda. Ne sarà sicuramente orgoglioso Johannes che, nel 1971, ha raccolto dai suoi avi il testimone di oltre 200 anni di tradizione vitivinicola e, con coraggio, ha iniziato a imbottigliare in proprio i vini prodotti.

VIGNE - I vigneti sono il giardino di casa Pfeifer: si estendono intorno al maso creando un'oasi di verde a pochi passi dal centro di Bolzano. Verso la collina di Santa Maddalena crescono le vecchie pergole di schiava e una piccola parte di lagrein. Dall'altro lato, su terreni più leggeri, si trovano i restanti impianti di lagrein con vigne che raggiungono anche i 70 anni.

VINI - Fedeltà ai vitigni autoctoni di Bolzano, schiava e lagrein, senso del limite, modernità che non cede alla mondanità, e tradizione che non scivola nell'immobilismo. Così i vini dell'azienda diventano autentici rappresentanti di questo luogo.

A.A. Santa Maddalena Cl. 2019 ● 20.000 bt; 19 € - Luminoso e articolato, è un'interpretazione molto classica della tipologia. Il frutto rosso anticipa una bocca piena e succosa.
A.A. Lagrein Vom Boden 2019 ● 13.000 bt; 22 € - Beva e mineralità caratterizzano questo vino, che ha un succo dolce ma teso, e tannino solido.
A.A. Lagrein Ris. 2017 ● 3.000 bt; 41 € - Più austera e profonda questa versione di Lagrein, che alle note fruttate affianca sentori terrosi e spezzati. Il sorso è morbido, ma ben sorretto da tannini e acidità.
Lagrein Rosé 2019 ● 2.500 bt; 22 € - Succoso, fruttato, varietale.

ha 4 - **bt** 43.000
Fertilizzanti nessun concime
Fitofarmaci chimici di sintesi, rame e zolfo
Diserbo lavorazione meccanica/manuale
Lieviti selezionati industriali
Uve 100% di proprietà
Certificazione nessuna certificazione

PRANZEGG - MARTIN GOJER

Via Campegno, 8 - tel. 0471 977436
www.pranzegg.com - info@pranzegg.com

VITA - Con i suoi primi vini, nel 2009, Martin Gojer ha dato una scossa al mondo vinicolo altoatesino e, siamo sinceri, non tutti hanno apprezzato. Troppo ruspante per una communità enologica che si è guadagnata il rispetto puntando tutto sulla precisione stilistica. Quello che ha fatto però andava fatto: oggi il movimento dei vini liberi ha slancio e non può più essere ignorato. In fondo ci pare che entrambi i mondi ne abbiano tratto beneficio.

VIGNE - Alla base dei vini di Pranzegg c'è il lavoro agricolo quotidiano, svolto con coscienza e profondo rispetto per l'ambiente, applicando metodi biodinamici per mantenere integro un ecosistema fragile come la vigna. E come abbiamo potuto osservare nei vini, questa vitalità e l'equilibrio delle piante sono fondamentali per raggiungere l'obiettivo di fare prodotti leggiadri ma non crudi, di buona maturità fenolica.

VINI - Dopo alcuni eccessi iniziali Martin oggi vinifica con mano più leggera, e ci pare abbia trovato un grandioso equilibrio tra profondità, leggerezza ed espressività.

TOP **Caroline 2017** VINO SLOW ○ chardonnay, sauvignon blanc, viognier, Manzoni bianco; 3.500 bt; 29 € - Frutto di una vendemmia scalare e vinificazioni separate, qualcuna con macerazione sulle bucce, il 2017 gioca su toni più acuti e incisivi, quasi piccanti. Il sorso è slanciato e profondo, di vibrante energia acido-salina. Un grande bianco da godere adesso o dimenticare in cantina.

Ca-I 2017 ● schiava; 5.500 bt; 25 € - Rimane per noi il prototipo di una nuova concezione di Schiava, qui in versione particolarmente gracile e luminosa, con un tannino di grande finezza a dare solidità al sorso, che non cede mai in succo e agilità.

Rosso Leggero 2019 ● schiava; 4.500 bt; 17 € - Fine, varietale, leggiadro.

Miau 2019 schiava; 3.500 bt; 19 € - Metodo Ancestrale, schietto, fruttato, gastronomico.

ha 3 - **bt** 20.000
Fertilizzanti letame
Fitofarmaci organici, rame e zolfo
Diserbo lavorazione meccanica/manuale
Lieviti fermentazione spontanea
Uve 100% di proprietà
Certificazione biologico certificato

BOLZANO/BOZEN

REYTER

Via Eisenkeller, 14/b - tel. 0471 271368 - 333 3207811
www.reyter.it - info@reyter.it

VITA - Christoph Unterhofer è un contadino fiero e caparbio, che si relaziona con la propria dimensione agricola senza fretta e senza compromessi. I suoi sono vini intensi, capaci di catturare la sinergia fra uomo e natura e di restituirla al momento giusto. Dalla vendemmia di quest'anno Christoph e sua moglie Rosy Mair possono contare sulla nuovissima cantina costruita nel maso, inaugurando così una nuova fase del loro prezioso progetto vitivinicolo.

VIGNE - Una vigna cittadina quella di Reyter, che cresce al centro del quartiere bolzanino di Gries, accanto a maso e cantina. Qui vecchie pergole di lagrein convivono con altre colture e disegnano un rigoglioso giardino vitato. Altri piccoli appezzamenti in affitto si trovano a Caldaro, Termeno e San Paolo. Le uve bianche, invece, provengono da selezionati contadini del Tirolo. Dal 1996 Christoph ha scelto la strada del biologico e, a piccoli passi, si sta avvicinando anche al metodo biodinamico.

VINI - In cantina tutto il lavoro è finalizzato a salvaguardare la vitalità delle uve. L'utilizzo dei raspi e la capacità di lasciare tempo al vino conferiscono tridimensionalità, compiutezza e longevità alle etichette di questa azienda.

TOP **Schiava 2017** VINO SLOW ● 2.500 bt; 26 € - Da pergole veterane, un vino vibrante e stratificato, che porta con sé profumi terrosi e di arancia amara. La leggera volatile anticipa un sorso incisivo, che ha un tannino solido, allungo fresco e una tipica venatura di mandorla amara.

A.A. Lagrein Rahm 2015 ● 1.600 bt; 32 € - Prodotto da vigne di oltre 80 anni di età, ha un frutto scuro e polposo, in cui si inseriscono una viva volatile e note speziate di cacao e liquirizia. Al palato il tannino è fitto e il sorso succoso.

ha 1,8 - **bt** 13.000
Fertilizzanti preparati biodinamici, sovescio
Fitofarmaci rame e zolfo
Diserbo lavorazione meccanica/manuale
Lieviti fermentazione spontanea
Uve acquisto 20%
Certificazione biologico certificato

THURNHOF - ANDREAS BERGER

Località Aslago - Via Castel Flavon, 7 - tel. 0471 288460
www.thurnhof.com - info@thurnhof.com

VITA - Quella di Thurnhof è una deliziosa realtà contadina circondata dalla modernità urbana. A custodire con orgoglio e dedizione l'attività di famiglia oggi c'è Andreas Berger, che, dopo una lunga carriera da insegnante nel prestigioso centro di sperimentazione di Laimburg, dal 2000 si dedica a tempo pieno alla propria azienda. La famiglia Berger vanta una tradizione vitivinicola lunga sei generazioni, e l'antico maso era noto già ai tempi di Mainardo II conte del Tirolo per la qualità dei vini.

VIGNE - Il cuore del vigneto aziendale, caratterizzato dalle uve schiava, lagrein e cabernet sauvignon, si trova nel quartiere bolzanino di Aslago, ai piedi del Virgolo, in una zona particolarmente soleggiata con terreni di origine porfirica. Parte del lagrein e il moscato crescono, invece, a sud della città, su terreni alluvionali, mentre il sauvignon blanc proviene da un appezzamento ad alta quota sul Renon.

VINI - Per Andreas i vini devono esprimere l'identità delle singole varietà e saper durare nel tempo. Ecco perché li accompagna con sapienza, ricercando nitidezza, pulizia e impronta minerale.

A.A. Santa Maddalena 2019 ● 4.000 bt; 13 € - Molto fine nella sua semplicità, un Santa Maddalena agile e gustoso, dotato di freschezza, profumi fruttati e cenni terrosi.
A.A. Lagrein Ris. 2017 ● 4.000 bt; 25 € - Succo dolce e ben contrastato, con tannino sottile e sorso armonico. Al naso si apre su note di cioccolata e frutti scuri, per poi sprigionare sentori di liquirizia e cioccolato.
A.A. Cabernet Sauvignon Weinegg Ris. 2017 ● 3.000 bt; 29 € - Fine, balsamico, ampio.
A.A. Sauvignon 800 2019 ○ 4.500 bt; 17 € - Fresco, agrumato, delicato.
A.A. Moscato Giallo 2019 ○ 2.500 bt; 15 € - Armonico, fruttato, delicato.

ha 4 - **bt** 25.000
Fertilizzanti letame in pellet, sovescio
Fitofarmaci chimici di sintesi, rame e zolfo
Diserbo lavorazione meccanica/manuale
Lieviti selezionati industriali
Uve acquisto 10%
Certificazione nessuna certificazione

BOLZANO/BOZEN

UNTERMOSERHOF - GEORG RAMOSER

Via Santa Maddalena di Sotto, 36 - tel. 0471 975481
www.untermoserhof.com - untermoserhof@rolmail.net

VITA - Untermoserhof è sinonimo di accoglienza e genuinità. Il merito va a Georg Ramoser e alla moglie Margareth Unterhofer, che sanno valorizzare con semplicità e passione la propria attività di vignaioli. Nel maso Untermoser il vino si produce dal 1630, e la famiglia Ramoser è stata fra le prime a imbottigliare in proprio. Da qualche anno papà Georg può contare sull'aiuto del figlio Florian, dinamico e sorridente come i genitori.

VIGNE - Le vigne intorno al maso contribuiscono all'incanto della collina di Santa Maddalena: vecchie pergole di schiava e lagrein completamente esposte a sud, che crescono su suoli di origine morenica ricchi di porfido e puntellati di zone argillose. Merlot e chardonnay provengono, invece, dalla zona di Appiano. Quest'anno l'azienda ha deciso di lavorare le vigne solo con rame e zolfo, e la volontà è quella di procedere così anche in futuro.

VINI - In cantina si lavora per valorizzare la spontaneità espressiva delle diverse varietà. L'azienda è particolarmente legata alla schiava e vuole dimostrare come, se coltivata nelle zone di vocazione, possa regalare grandi vini, dotati di beva, freschezza e longevità.

TOP **A.A. Santa Maddalena Cl. 2019** ● 11.000 bt; 17 €- - Un vino gustosissimo, in cui acidità e sapidità giocano con la dolcezza del frutto e lasciano al palato la voglia di un altro sorso. Anzi, di un'altra bottiglia!
A.A. Santa Maddalena Cl. Hub 2018 ● 3.300 bt; 26 € - - Prodotto a partire da una singola vigna in cui crescono vecchie pergole di schiava, è una versione più materica e strutturata della denominazione.
A.A. Lagrein Ris. 2017 ● 4.800 bt; 36 € - - Intrigante e profondo. I sentori balsamici si uniscono a quelli fruttati di prugna e a note terrose; il sorso è appagante ed equilibrato.

ha 4,5 - **bt** 35.000
Fertilizzanti nessun concime, sovescio
Fitofarmaci rame e zolfo
Diserbo lavorazione meccanica/manuale
Lieviti selezionati industriali
Uve acquisto 10%
Certificazione nessuna certificazione

BOLZANO/BOZEN

WALDGRIES - CHRISTIAN PLATTNER

SCONTO **-10%**

Via Santa Giustina, 2 - tel. 0471 323603
www.waldgries.it - info@waldgries.it

VITA - Il vino scorre nelle vene dei Plattner da tre generazioni: fu il nonno di Christian ad acquistare la splendida tenuta Waldgries e a iniziare un commercio con la Svizzera. Poi il padre, fra i pionieri dell'imbottigliamento nella zona, e infine Christian, che oggi conduce l'azienda con talento e determinazione. Fin da subito ha creduto negli autoctoni a bacca nera, conferendo loro uno spirito al contempo moderno e austero.

VIGNE - La tenuta si trova sulla collina Santa Giustina ed è abbracciata dalle vigne di schiava e lagrein. I terreni sono di origine morenica e ricchi di porfido. I visitatori possono godere anche di un delizioso sentiero didattico, che esplora il vino con un tocco di arte. Gli altri appezzamenti si trovano a Ora e ad Appiano.

VINI - Christian ricerca profondità e stratificazione, per questo predilige lunghe macerazioni, uve mature e passite, piccole percentuali di grappoli interi e legni piccoli.

A.A. Santa Maddalena Cl. 2019 ● 25.000 bt; 15 € - Un Santa Maddalena gustoso, giocato sulle morbidezze ma non privo di agilità. Il sorso carnoso è solcato da una venatura sapida, che bilancia la dolcezza del succo, e chiude piacevolmente ammandorlato.

A.A. Lagrein Mirell Ris. 2017 ● 6.000 bt; 44 € - Vigne vecchie, parte di uve passite e utilizzo di barrique conferiscono a questo vino maestosità e ricchezza. Scuro e fruttato al naso, ha un palato concentrato, con un discreto contrasto acido e tannini fitti.

A.A. Lagrein Roblinus de Waldgries 2017 ● 3.000 bt; 104 € - Prodotto solo nelle migliori annate, è un rosso autorevole e profondo, che unisce estrazione materica e viva energia.

A.A. Lagrein Ris. 2017 ● 8.000 bt; 27 € - Fitto, fruttato, compatto.

A.A. Pinot Bianco ISOS 2017 ○ 3.000 bt; 23 € - Incisivo, speziato, sapido.

ha 7,2 - **bt** 65.000
Fertilizzanti letame, organo-minerali
Fitofarmaci chimici di sintesi, rame e zolfo
Diserbo lavorazione meccanica/manuale
Lieviti selezionati industriali
Uve acquisto 12%
Certificazione nessuna certificazione

BRESSANONE/BRIXEN (BZ)

HOANDLHOF MANNI NÖSSING

Frazione Kranebih - Via dei Vigneti, 66 - tel. 0472 835993
www.manni-noessing.com - info@manninossing.it

VITA - Se oggi i vignaioli della valle Isarco sono fra i più ricercati e amati dell'Alto Adige un po' di merito va sicuramente anche a Manni Nössing. Carattere verace e genuino, è uno dei bianchisti più talentuosi d'Italia. La sua è la storia di un self-made man: nel 2000, seguendo il proprio istinto, ha rivoluzionato l'azienda di famiglia e ha iniziato la propria traversata, fatta di vini sinceri, cristallini e intensi. Degli equilibristi!

VIGNE - Manni ha un rapporto viscerale con la propria valle e con le vigne che vi crescono. Un rapporto fatto di rispetto e conoscenza, che si traduce in un'agricoltura sensibile e attenta all'impatto ambientale. Le piante si trovano intorno al maso, a un'altitudine compresa fra i 600 e gli 800 metri, e crescono su terreni leggeri, di matrice sabbiosa e ricchi di granito.

VINI - Manni ha molto riguardo per l'annata e un talento naturale per esaltare il territorio e ottenere vini tesi e tridimensionali, che non eccedono in carica aromatica né calore alcolico.

TOP **A.A. Valle Isarco Sylvaner 2019** ○ 5.000 bt; 15 € - Ingresso di bocca spudoratamente sapido, per un sorso che si distende lungo e incisivo. Al naso colpisce per l'eleganza nordica.

A.A. Valle Isarco Kerner 2019 ○ 25.000 bt; 14 € - Un Kerner beverino, croccante e fresco. Il sorso succoso e saporito è accompagnato da profumi di mela verde ed erbe di montagna, e da lievi cenni idrocarburici.

A.A. Valle Isarco Riesling 2019 ○ 4.000 bt; 15 € - Equilibrato nel gioco fra spiccata acidità e dolcezza. Lungo e stratificato, ha un finale pieno e persistente. Un vino longevo dal naso fruttato e roccioso.

A.A. Valle Isarco Grüner Veltliner 2019 ○ 12.000 bt; 14 € - Agile, erbaceo, armonico.

A.A. Valle Isarco Müller Thurgau Sass Rigais 2019 ○ 6.000 bt; 12 € - Croccante, fruttato, armonico.

ha 5,5 - **bt** 50.000
Fertilizzanti organo-minerali
Fitofarmaci chimici di sintesi, rame e zolfo
Diserbo lavorazione meccanica/manuale
Lieviti selezionati industriali
Uve 100% di proprietà
Certificazione nessuna certificazione

BRESSANONE/BRIXEN (BZ)

KUENHOF - PETER PLIGER

SCONTO **-10%**

Località Mara, 110 - tel. 0472 850546
www.kuenhof.com - pliger.kuenhof@rolmail.net

VITA - Peter Pliger e i suoi vini continuano a essere un punto di riferimento per la valle Isarco, e questo non perché è partito per primo negli anni Novanta a vinificare in proprio. C'è una grande sensibilità in questo vignaiolo riflessivo, che si traduce nei vini in una dimensione di spiccata vitalità e purezza, che fa la differenza. Lo affiancano nella gestione dello storico maso la moglie Brigitte Unterkofler e, da alcuni anni, il figlio Simon.

VIGNE - Le vigne si trovano sui ripidi versanti intorno al maso e nella vicina e maestosa menzione Lahner, ad altitudini fra i 500 e i 700 metri. L'esposizione è a sud-est, i suoli rocciosi sono ricchi di scisto e fillite quarzifera, e il clima è aspro e montano, con marcati sbalzi termici. La conduzione è attenta e ragionata: ispirata a diverse correnti agricole, va oltre il biologico e punta sulla vitalità dell'ecosistema e la resistenza delle piante.

VINI - Profondità e armonia, essenzialità e rilassatezza sono tratti comuni dei vini, che riescono a essere verticali senza rigidità.

TOP **A.A. Valle Isarco Sylvaner 2019** VINO SLOW O 10.000 bt; 17 € - Vino di grande eleganza, complesso e stratificato, con un palato consistente e quasi docile, che gioca su un contrasto più sottile, fatto più che altro di sapidità.
A.A. Valle Isarco Riesling Kaiton 2019 O 15.000 bt; 17 € - Ecco invece un vino trasparente ed essenziale, con tensione acida più incisiva: compatto, ancora giovanile, quasi austero, avrà una lunga vita davanti. Uno dei grandi Riesling italiani.
A.A. Valle Isarco Veltliner 2019 O 8.500 bt; 17 € - Dall'altro lato dello spettro, il Veltliner risulta più ampio e caloroso, denso e disteso: emoziona per la naturalezza espressiva e la sua anima terrosa e fumé.
A.A. Valle Isarco Gewürztraminer 2019 O 2.000 bt; 17 € - Viscoso, varietale, espressivo.

ha 6,5 - **bt** 45.000
Fertilizzanti compost
Fitofarmaci organici, rame e zolfo
Diserbo lavorazione meccanica/manuale
Lieviti selezione di lieviti indigeni
Uve 100% di proprietà
Certificazione nessuna certificazione

BRESSANONE/BRIXEN (BZ)

TASCHLERHOF - PETER WACHTLER

Località Mara, 107 - tel. 0472 851091
www.taschlerhof.com - info@taschlerhof.com

VITA - Peter Wachtler è un vignaiolo intraprendente con idee chiare e una direzione ben definita: raccontare la valle attraverso dei vini artigianali. Dopo aver conferito per anni all'Abbazia di Novacella, nel 2000 ha deciso di iniziare a imbottigliare in proprio le prime 4.000 bottiglie prodotte. Una scelta coraggiosa, che lo ha presto ripagato: oggi ha decuplicato la produzione ed è molto apprezzato dai consumatori.

VIGNE - I vigneti crescono intorno al maso su terreni prevalentemente sassosi ricchi di scisti, silicio e quarzo. La viticoltura è quella di montagna, caratterizzata da pendenze notevoli e altitudini che vanno dai 530 ai 780 metri. Nel vigneto Lahner crescono vecchie piante di sylvaner. Le altre varietà coltivate sono quelle tipiche della zona: riesling, kerner e gewürztraminer.

VINI - I vini di Taschlerhof sono bianchi elegantemente aromatici, in cui Peter ricerca la sapidità e la freschezza tipiche di questa zona.

A.A. Valle Isarco Sylvaner 2019 O 8.500 bt; 16 € - Profumi di agrumi ed erbe di montagna anticipano un sorso puntellato di freschezza, che interagisce con un succo dolce e disteso.
A.A. Valle Isarco Sylvaner Lahner Ris. 2018 O 2.800 bt; 21 € - Una versione più sfaccettata, con note di frutta gialla e polline, e un palato strutturato e incisivo.
A.A. Valle Isarco Gewürztraminer 2019 O 4.800 bt; 16 € - Ha un succo spesso ma scorrevole, che è dotato di una profonda vena sapida. I profumi di citronella e agrumi snelliscono l'aromaticità del vitigno.
A.A. Valle Isarco Riesling 2019 O 5.500 bt; 18 € - Dinamico, agrumato, sapido.
A.A. Valle Isarco Kerner 2019 O 18.500 bt; 16 € - Ampio, fruttato, varietale.

ha 5,5 - **bt** 40.000
Fertilizzanti compost, letame
Fitofarmaci chimici di sintesi, rame e zolfo
Diserbo lavorazione meccanica/manuale
Lieviti selezionati industriali
Uve 100% di proprietà
Certificazione nessuna certificazione

CANTINA CALDARO

Via Cantine, 12 - tel. 0471 963149
www.kellereikaltern.com - info@kellereikaltern.com

VITA - Pienamente conclusa la fusione con l'altra grande realtà cittadina (Erste+Neue), e messa definitivamente a punto la nuova e avanguardistica cantina di vinificazione, oggi a Caldaro si comincia a godere pienamente dei frutti di queste grandi operazioni condotte negli ultimi anni. Ad animare di continuo, con geniali intuizioni e sempre maggiore esperienza, l'azione quotidiana della cantina ,ci pensa il dinamico kellermeister Andrea Moser, ben coadiuvato da tutto lo staff aziendale.

VIGNE - I 450 soci conferitori gestiscono 280 ettari di vigneti, in parte in regime biologico e biodinamico. La forza della cantina sta in questo grande patrimonio, differenziato per composizione dei suoli, altitudini ed esposizioni, che viene condotto con acume e rispetto, grazie anche al minuzioso lavoro di zonazione fatto nel tempo.

VINI - L'idea di fondo di Andrea è quella di esaltare il frutto nei vini della linea classica, mentre per le etichette Quintessenz si privilegia il timbro di ogni singolo vigneto, ricercando freschezza cristallina e capacità di evoluzione.

TOP **A.A. Lago di Caldaro Cl. Sup. Quintessenz 2019** ● 50.000 bt; 15 € - Un capolavoro: solido, gustoso, asciutto, molto sapido, assolutamente rigoroso.
A.A. Cabernet Sauvignon Quintessenz Ris. 2017 ● 10.000 bt; 34 € - Un vino elegante e austero, perfettamente equilibrato e dinamico, con tannini raffinati e morbidi.
A.A. Pinot Bianco Quintessenz 2018 ○ 10.000 bt; 25 € - Cristallino, pieno di frutto morbido e vellutato, con un finale salino e dinamico, di ottima beva.
A.A. Sauvignon Quintessenz 2018 ○ 10.000 bt; 25 € - Incisivo, agrumato, espressivo.
A.A. Moscato Giallo Passito Quintessenz 2016 ● 5.000 bt da 0,375 l; 43 € - Articolato, aromatico, opulento.
A.A. Pinot Bianco Vial 2019 ○ 60.000 bt; 15 € - Agile, floreale, sapido.

ha 280 - **bt** 2.000.000
Fertilizzanti letame in pellet
Fitofarmaci chimici di sintesi, rame e zolfo
Diserbo chimico, lavorazione meccanica/manuale
Lieviti selezionati industriali
Uve 100% di proprietà
Certificazione parte dei vigneti in regime biodinamico

CALDARO/KALTERN (BZ)

CASTEL SALLEGG CONTE KUENBURG

Vicolo di Sotto, 15 - tel. 0471 963132
www.castelsallegg.it - info@castelsallegg.it

VITA - La fiabesca costruzione nel centro di Caldaro testimonia la storia vitivinicola della tenuta, attiva in questo settore già nel 1851. Negli anni Novanta l'appassionato proprietario Georg Kuenburg ha deciso di rilanciare la produzione di vino, modernizzando gli impianti e dando una nuova identità alle etichette. Oggi, a seguire vigne e cantina c'è l'enologo Matthias Hauser, attento alla territorialità e alla qualità dei vini.

VIGNE - I vigneti sono dislocati in tre appezzamenti: nel centro di Caldaro, su terreni calcarei e ciottolosi, crescono pinot grigio, pinot bianco e chardonnay; pinot nero e sauvignon sono coltivati sui suoli argillosi e sabbiosi di Leisenpuiten; le restanti varietà, in particolare le bordolesi, la schiava e il raro moscato rosa, si trovano in un corpo unico di 18 ettari che si affaccia sulle sponde del lago di Caldaro.

VINI - Matthias è un enologo di grande preparazione e in cantina ricerca vini dal portamento elegante, croccanti e fruttati. Degli ottimi testimoni del territorio.

TOP **A.A. Lago di Caldaro Scelto Cl. Sup. Bischofsleiten 2019** VINO QUOTIDIANO ● 17.000 bt; 12 € - In un'annata ottimale per le schiave viene proposta una versione di Bischofsleiten impeccabile per eleganza e profondità, estremamente sapida e gustosa.
A.A. Cabernet Sauvignon Ris. 2017 ● 3.000 bt; 27 € - Note di mora, peperone e liquirizia anticipano il sorso ampio e ricco, ben bilanciato dalla freschezza.
A.A. Moscato Rosa 2017 ● 1.136 bt; 43 € - Una vera chicca, prodotta con una varietà quasi scomparsa in Alto Adige: si apre con grazia sulle note di rosa e ciliegie e ha un sorso equilibrato fra dolcezza, acidità e lieve trama tannica.
A.A. Terlano Pinot Bianco Pratum 2018 ○ 2.830 bt; 31 € - Ampio, floreale, sapido.
A.A. Gewürztraminer 2019 ○ 30.000 bt; 15 € - Armonico, aromatico, avvolgente.

ha 30 - **bt** 200.000
Fertilizzanti nessun concime
Fitofarmaci chimici di sintesi, rame e zolfo
Diserbo lavorazione meccanica/manuale
Lieviti selezionati industriali
Uve acquisto 10%
Certificazione nessuna certificazione

CALDARO/KALTERN (BZ)

KETTMEIR

Via Cantine, 4 - tel. 0471 963135
www.kettmeir.com - info@kettmeir.com

VITA - La cantina di Caldaro, che porta il nome del fondatore Giuseppe Kettmeir, ha oltre un secolo di vita, mentre la produzione di spumanti, che l'ha portata a essere un punto di riferimento sul territorio, ha avuto inizio nel 1964. Dal 1986 è di proprietà del gruppo Santa Margherita.

VIGNE - Kettmeir si avvale di circa 65 conferitori, con vigne poste in tre zone principali: nella vallata di Caldaro crescono le uve a bacca nera, mentre sulle colline dietro la cantina, su terreni calcarei, sono piantati i vitigni per i Metodo Classico, il sauvignon e il moscato rosa. Nella zona di Soprabolzano, ad altitudini che arrivano a 800 metri, cresce il Müller Thurgau, e al maso Reiner di Pochi di Salorno ci sono pinot nero e chardonnay.

VINI - La gamma di spumanti Metodo Classico, articolata in etichette semplici e altre più complesse, è il vanto di Kettmeir, ma anche i vini fermi sono affidabili.

A.A. M. Cl. Extra Brut 1919 Ris. 2014 5.000 bt; 40 € - Dopo 60 mesi di affinamento sui lieviti, i profumi spaziano dagli agrumi canditi alle spezie, dalla frutta matura a quella secca. In bocca è complesso e dinamico, con un'acidità ben calibrata e una sapidità che gli donano slancio.
A.A. M. Cl. Pas Dosé 2015 4.000 bt; 32 € - Si apre su profumi di frutta a polpa bianca, agrumi ed erbe di montagna; in bocca è fresco e slanciato, con una bolla cremosa e avvolgente e un finale sapido.
A.A. M. Cl. Brut Athesis 2017 30.000 bt; 22 € - Agrumato e floreale, con note di crosta di pane al naso, ha un sorso piacevole e morbido, ravvivato dalla chiusura salina.
A.A. Chardonnay Vigna Maso Reiner 2018 O 6.400 bt; 21 € - Ampio, fruttato, elegante.
A.A. Pinot Bianco Athesis 2018 O 3.600 bt; 24 € - Ampio, fruttato, varietale.
A.A. M. Cl. Rosé Brut Athesis 2017 38.000 bt; 24 € - Fresco, fruttato, armonico.

ha 0,5 - **bt** 290.000
Fertilizzanti compost, organo-minerali
Fitofarmaci organici
Diserbo lavorazione meccanica/manuale
Lieviti selezionati industriali
Uve acquisto 99%
Certificazione nessuna certificazione

CALDARO/KALTERN (BZ)

KLOSTERHOF - OSKAR ANDERGASSEN

Via Prey - Klavenz, 40 - tel. 0471 961046
www.weingut-klosterhof.it - info@weingut-klosterhof.it

VITA - Gli Andergassen sono vignaioli orgogliosi, solidi lavoratori che puntano in alto ma nel frattempo sembrano anche divertirsi. Più che seguire le mode o sperimentare cose stravaganti, ci si concentra sul perfezionare di anno in anno una gamma di vini molto classica e coerente con la zona. Da quando Oskar Andergassen ha cominciato a vinificare le uve in proprio nel 1998, la qualità è cresciuta costantemente, ancora di più dall'ingresso in azienda del figlio Hannes.

VIGNE - Trifall, la vigna adiacente alla cantina, a 450 metri di quota, è piantata a pinot bianco e moscato giallo; Plantaditsch, più in basso, vicino al lago, è nella zona prediletta per la schiava; Panigl e Barleit, a 400 metri, e Vial, a 530 metri di altitudine, sono invece dedicate al pinot nero. Di recente si è aggiunto un appezzamento ad alta quota sopra Laives.

VINI - Uno stile artigianale, ben curato e attento al dettaglio, dalla scelta dei legni alla delicatezza nelle lavorazioni.

A.A. Pinot Nero Schwarze Madonna 2017 ● 7.000 bt; 44 € - Vino di gran classe ed eleganza, per nulla caricaturale, con deliziosi cenni di frutta rossa e il legno di affinamento ben integrato. Il tannino è sottile e la materia succosa, gracile e sinuosa.
A.A. Lago di Caldaro Cl. Sup. Plantaditsch 2018 ● 6.000 bt; 20 € - Un Lago di Caldaro verace, ricco di dettaglio floreale, fruttato e terroso, in un sorso agile, succoso e profondo.
A.A. Pinot Bianco Acapella 2018 O 6.000 bt; 20 € - Dalle vigne Trifall e Barleit, affina in legno di acacia locale e dona un sorso ampio e stratificato, dall'indole dolce e floreale.
A.A. Pinot Nero Rosé Summer 2019 4.000 bt; 20 € - Succoso, floreale, consistente.
A.A. Moscato Giallo Birnbaum 2019 O 4.000 bt; 20 € - Fresco, fragrante, varietale.

ha 5,5 - **bt** 35.000
Fertilizzanti nessun concime
Fitofarmaci chimici di sintesi, rame e zolfo
Diserbo lavorazione meccanica/manuale
Lieviti selezionati industriali, selezione di lieviti indigeni
Uve 100% di proprietà
Certificazione nessuna certificazione

MANINCOR

San Giuseppe al Lago, 4 - tel. 0471 960230
www.manincor.com - info@manincor.com

VITA - Difficile non rimanere estasiati dall'eleganza che caratterizza non solo i vini, ma anche i gesti e le parole dell'azienda Manincor. Un'eleganza che trae origine dalla naturalezza con cui i proprietari Michael e Sophie Goëss-Enzenberg e l'enologo Helmut Zozin si approcciano alla vigna e alla cantina. Fondata nel 1996, grazie a idee lungimiranti e sensibilità, Manincor è oggi una realtà preziosa per l'Alto Adige.

VIGNE - La più grande azienda della zona ad applicare il metodo biodinamico: una scelta coraggiosa, che i proprietari hanno fatto fin da subito e che è vissuta in senso olistico, al fine di ottenere una qualità pura delle uve. Intorno alla tenuta, su terreni argilloso-sabbiosi, crescono le varietà a bacca nera; i bianchi sono invece nella zona di Terlano.

VINI - Siamo abituati alla grazia e all'espressività dei vini di Manincor ma, quest'anno, erano letteralmente uno più buono dell'altro. In cantina la mano dell'enologo accompagna le uve, affinché conservino l'armonia della vigna.

TOP **A.A. Terlano Chardonnay Sophie 2018** VINO SLOW ○ 19.400 bt; 32 € - Un grande bianco, profondo e sfaccettato. Il frutto carnoso interagisce con note eteree e una sottile volatile che esalta i profumi. Il palato è ricco e dotato di grande equilibrio acido-sapido.
A.A. Terlano Sauvignon Tannenberg 2018 ○ 18.000 bt; 26 € - Ampio e generoso, è un vino stratificato, dal finale persistente.
A.A. Pinot Nero Mason 2018 ● 17.800 bt; 33 € - Profumi di rosa e frutta rossa preludono a un palato succoso, sostenuto da viva freschezza e tannino fine.
A.A. Pinot Nero Mason di Mason 2017 ● 4.100 bt; 67 € - Armonico, speziato, espressivo.
A.A. Terlano Réserve della Contessa 2019 ○ 55.000 bt; 18 € - Succoso, floreale, sapido.
A.A. Terlano Pinot Bianco Eichhorn 2018 ○ 15.000 bt; 26 € - Ampio, etereo, elegante.

ha 50 - **bt** 350.000
Fertilizzanti compost, preparati biodinamici, sovescio
Fitofarmaci rame e zolfo
Diserbo lavorazione meccanica/manuale
Lieviti fermentazione spontanea
Uve 100% di proprietà
Certificazione biodinamico certificato, biologico certificato

CALDARO/KALTERN (BZ)

WEINGUT NIKLAS

SCONTO -10%

Via Fontane, 31/a - tel. 0471 963434
www.niklaserhof.it - wine@niklaserhof.it

VITA - Con l'ingresso di Michael Sölva, che affianca il padre Dieter aiutandolo sia in vigna sia in cantina, siamo arrivati alla terza generazione familiare di viticoltori per questa bella realtà affacciata sul lago di Caldaro e sul mare dei vigneti coltivati soprattutto a schiava, vitigno in cui i Sölva credono molto, al punto di essere tra i firmatari della Charta del Kalterersee, che detta i parametri per una produzione di alta qualità.

VIGNE - Le vigne sono affacciate sul lago di Caldaro, in posizione soleggiata e ventilata. Oltre alla schiava, si coltivano a quote più elevate alcuni vitigni tradizionali della zona, come il pinot bianco e il sauvignon. Il kerner, altro cavallo di battaglia della cantina, che lo coltiva dagli anni Settanta, cresce invece in valle Isarco.

VINI - Vendemmia dopo vendemmia, i Sölva presentano vini precisi, affidabili e fortemente identitari della zona di produzione.

A.A. Lago di Caldaro Cl. Sup. Klaser Hect 2019 ● 2.500 bt; 13 € - Una bella interpretazione di Lago di Caldaro che, dopo un'iniziale e lieve riduzione, si apre su un frutto scuro fragrante e succoso. Il sorso è sapido, con discreto grip tannico.
A.A. Kerner Luxs 2019 ○ 12.000 bt; 15 € - I profumi spaziano dalla frutta matura all'agrume succoso, con qualche cenno fumé; all'assaggio è citrino e mieloso, fresco, sapido e di bella energia.
A.A. Pinot Bianco Hos 2019 ○ 12.000 bt; 13 € - Molto varietale, con cenni minerali e buona sapidità. La bocca è saporita e riesce a coniugare morbidezza e slancio.
A.A. Merlot DJJ Ris. 2017 ● 1.500 bt; 47 € - Fitto, fruttato, opulento.
A.A. Pinot Bianco Klaser Salamander Ris. 2017 ○ 4.000 bt; 21 € - Ampio, fruttato, espressivo.
A.A. Sauvignon Doxs 2019 ○ 6.000 bt; 16 € - Fresco, erbaceo, leggiadro.

ha 7 - **bt** 50.000
Fertilizzanti nessun concime
Fitofarmaci rame e zolfo
Diserbo lavorazione meccanica/manuale
Lieviti selezionati industriali
Uve 100% di proprietà
Certificazione nessuna certificazione

MARINUSHOF

Località Maragno - Strada Vecchia, 9/b - tel. 0473 624717
www.marinushof.it - info@marinushof.it

VITA - Un manager di aziende multinazionali che, a un certo punto, decide di tornare nella terra d'origine, la val Venosta, per scrivere il secondo capitolo della propria vita. Potrebbe essere la trama di un film, e invece è la storia di Heiner Pohl, che nel 2005 ha costruito da zero maso e cantina, e da allora si dedica alla produzione di vini di montagna di ottima fattura e di squisiti distillati di frutta.

VIGNE - Gli appezzamenti di riesling, pinot grigio, pinot nero e zweigelt si trovano su ripidi pendii che raggiungono i 700 metri di altitudine e sono caratterizzati da suoli scistosi e sabbiosi. Le uve godono di un clima fresco e asciutto, e della particolare attenzione di Heiner per l'equilibrio delle piante.

VINI - Ascoltare il vino, intervenire al momento giusto e solo se necessario, evitare lavori inutili. Questi i cardini del lavoro di Heiner, per il quale è necessario ricreare l'armonia delle vigne anche in cantina. Ogni vino proviene da un singolo appezzamento ed è testimone fedele dell'annata e delle sue caratteristiche.

A.A. Val Venosta Riesling 2019 ○ 2.000 bt; 20 € - Verticale e piacevole, con profumi vegetali di erbe aromatiche. Il sorso è succoso e stratificato.
A.A. Val Venosta Pinot Nero 2018 ● 5.000 bt; 25 € - Essenziale e gustoso, ha un succo dolce, con legno ben bilanciato e viva acidità.
Zweigelt 2019 ● 3.000 bt; 19 € - Succoso, fruttato, verace.
Rosé 2019 pinot nero, zweigelt; 3.000 bt; 19 € - Armonico, fruttato, consistente.
Weinsinn 2019 ○ pinot bianco, kerner; 2.000 bt; 19 € - Succoso, fruttato, avvolgente.
A.A. Val Venosta Pinot Grigio 2019 ○ 2.500 bt; 34 € - Fresco, fruttato, armonico.

ha 2,2 - **bt** 20.000
Fertilizzanti nessun concime
Fitofarmaci rame e zolfo
Diserbo lavorazione meccanica/manuale
Lieviti selezionati industriali
Uve acquisto 20%
Certificazione nessuna certificazione

CASTELBELLO CIARDES/KASTELBELL TSCHARS (BZ)

UNTERORTL - CASTEL JUVAL

Frazione Juval, 1/b - tel. 0473 667580
www.unterortl.it - info@unterortl.it

VITA - Quando il famoso alpinista Reinhold Messner gli ha consegnato le chiavi di Unterortl nel 1992, l'idea non era soltanto quella di creare un'azienda vinicola di alto livello, ma anche di garantire la continuità di un'agricoltura storica, praticata sulla collina Juval sin dall'Età del bronzo. Nei coniugi Martin e Gisela Aurich ha trovato i custodi ideali: assidui, sensibili e preparati, attenti alla cura di ogni dettaglio.

VIGNE - Con vigne poste tra i 600 e gli 850 metri di quota e pendenze importanti, parliamo di una viticoltura eroica e di montagna a tutti gli effetti. I terreni sono di origine morenica, leggeri, sabbiosi, ricchi di scheletro roccioso e molto drenanti. Il clima è ventilato e asciutto, e i riflussi d'aria della vicina val Senales garantiscono un contrasto costante alle alte temperature diurne.

VINI - I vini di Castel Juval sono essenziali, più dritti che larghi, sottili e ben definiti nei tratti aromatici.

TOP **A.A. Val Venosta Riesling Unterortl 2019** ○ 5.700 bt; 28 € - Un grande classico, puro e cristallino nelle note rocciose, con delicati cenni fruttati e un palato verticale e incisivo.
A.A. Val Venosta Pinot Bianco 2019 ○ 8.800 bt; 19 € - Tra le versioni più convincenti, sottile e ricco di dettaglio floreale, ha un'acidità integrata che allunga il sorso.
A.A. Val Venosta Riesling Windbichel 2018 ○ 2.600 bt; 45 € - Dalla vigna più elevata, gioca sul contrasto tra un sottile residuo zuccherino e l'acidità, con un frutto più ampio, maturo e disteso.
A.A. Val Venosta Riesling Gletscherschliff 2019 ○ 6.600 bt; 18 € - Incisivo, agrumato, sapido.
A.A. Val Venosta Müller Thurgau 2019 ○ 6.000 bt; 16 € - Teso, minerale, essenziale.
A.A. Val Venosta Pinot Nero Ris. 2017 ● 5.900 bt; 32 € - Agile, fruttato, leggiadro.

ha 4,5 - **bt** 35.000
Fertilizzanti compost, letame, organo-minerali
Fitofarmaci chimici di sintesi, organici, rame e zolfo
Diserbo lavorazione meccanica/manuale
Lieviti selezionati
Uve 100% di proprietà
Certificazione nessuna certificazione

CERMES (BZ)

GRAWÜ

Via Raffein, 8 - tel. 329 8682894
www.grawu.wine - info@grawu.wine

VITA - In un territorio storico e profondamente legato alle tradizioni, qual è l'Alto Adige, non è facile per chi proviene da altre zone emergere e portare la propria idea di vino. Ci sta riuscendo Dominic Würth, originario della Germania, che insieme alla moglie Leila Grasselli ha scelto questa terra per dare vita a un progetto enoico animato da numerose esperienze in giro per il mondo, da piccoli e selezionatissimi conferitori, e da una grande sensibilità per la materia prima e il suo potenziale espressivo.

VIGNE - L'azienda coltiva mezzo ettaro in val Venosta, dove crescono le varietà PIWI souvignier gris e regent. Le restanti uve, fra cui gewürztraminer, sauvignon, chardonnay, pinot bianco, pinot grigio e pinot nero, provengono da piccoli conferitori scelti e seguiti con estrema cura, che si trovano principalmente in Trentino.

VINI - In cantina Dominic è un perfezionista: punto di partenza è la selezione rigorosa di uve perfettamente integre. La materia è poi esaltata dalle macerazioni, che vanno da pochi giorni fino a diversi mesi, dall'utilizzo di raspi e dalla complicità delle botti di legno, sapientemente utilizzate.

TOP **Sauvignon 2018** VINO SLOW ○ 1.400 bt; 23 € - - «Vogliamo far cantare questo vino!» dichiarano Leila e Dominic, e noi vi assicuriamo che la promessa è ampiamente mantenuta. Provenienti da un appezzamento a 400 metri di altitudine in valle dell'Adige, le uve di sauvignon blanc regalano un vino polposo e teso, con sentori floreali e un grip tannico che conferisce tridimensionalità al sorso.
Chardonnay 2018 ○ 2.000 bt; 23 € - - Interpretazione personale e sfaccettata di uno dei vitigni più coltivati al mondo. Macerato sulle bucce per pochi giorni, è caratterizzato da una leggera volatile, un'anima sapida e una struttura avvolgente.
Pinot Nero 2018 ● 1.300 bt; 35 € - - Schietto, terroso, rustico.

ha 0,5 - **bt** 8.000
Fertilizzanti nessun concime
Fitofarmaci rame e zolfo
Diserbo lavorazione meccanica/manuale
Lieviti fermentazione spontanea
Uve acquisto 75%
Certificazione biologico certificato

CHIUSA/KLAUSEN (BZ)

CANTINA VALLE ISARCO

Via Coste, 50 - tel. 0472 847553
www.eisacktalerkellerei.it - info@eisacktalerkellerei.it

VITA - Oggi costituita da 135 soci, è stata fondata da un gruppo di 24 viticoltori nel 1961 ed è la cantina sociale più giovane e più piccola dell'Alto Adige. I piccoli appezzamenti, curati come giardini, forniscono uve di ottima qualità (per il 95% a bacca bianca) che poi le sapienti mani del kellermeister Hannes Munter trasformano in vini sempre affidabili e piacevoli.

VIGNE - Il parco vigneti si distribuisce lungo tutta la valle, ad altitudini comprese tra i 300 e i 950 metri e con condizioni di terreno molto diverse, che spaziano dal granito di Novacella alla diorite di Chiusa, con zone ricche di quarzo e di porfido. Le grandi escursioni termiche tra giorno e notte assicurano un clima ideale per la coltivazione delle uve a bacca bianca.

VINI - I vini sono impeccabili da un punto di vista enologico e rappresentano con costanza qualitativa l'anima bianchista della Valle Isarco.

A.A. Valle Isarco Grüner Veltliner Aristos 2019 ○ 8.000 bt; 19 € - - Si apre su note fresche e aromatiche di frutta matura e di erbe; in bocca è gustoso, sapido e piccantino.
A.A. Valle Isarco Gewürztraminer Aristos 2019 ○ 10.000 bt; 20 € - - Figlio del territorio da cui proviene, è un Gewürztraminer leggero e sapido, con profumi freschi di rosa, litchi e chiodi di garofano.
A.A. Valle Isarco Sylvaner Sabiona 2018 ○ 2.500 bt; 34 € - - Molto tipico nei suoi sentori di fiori, pera e mela, ha un palato slanciato e minerale che sorregge l'alcol e la materia.
A.A. Valle Isarco Kerner Sabiona 2018 ○ 2.500 bt; 34 € - - Articolato, floreale, salino.
A.A. Valle Isarco Sylvaner Aristos 2019 ○ 25.000 bt; 19 € - - Possente, fruttato, consistente.
A.A. Valle Isarco Riesling Aristos 2019 ○ 8.000 bt; 21 € - - Fresco, fruttato, opulento.

ha 150 - **bt** 950.000
Fertilizzanti letame
Fitofarmaci chimici di sintesi, rame e zolfo
Diserbo chimico, lavorazione meccanica/manuale
Lieviti selezionati industriali
Uve 100% di proprietà
Certificazione nessuna certificazione

CORNEDO ALL'ISARCO/KARNEID (BZ)

IN DER EBEN URBAN PLATTNER

Frazione Cardano - Via Lastebasse, 21 - tel. 0471 365120 - 333 9955238
www.indereben.com - info@indereben.com

VITA - Prima di prendere in mano l'azienda di famiglia nel 2014, Urban Plattner ha fatto diverse esperienze fuori dall'Alto Adige, fra cui quella con i preparatori d'uva Simonit e Sirch. Da ognuna di queste ha riportato a casa un'intuizione, una scintilla, un quid che ha messo al servizio dei propri vini. Così Urban in pochi anni è riuscito a raccontarci un bel po' di sé con bottiglie sincere ed espressive.

VIGNE - Intorno al maso crescono vecchie pergole di schiava e altre varietà, fra cui la rara malvasia rossa, di cui Urban è uno degli ultimi custodi e interpreti. I suoli di origine vulcanica, sassosi e ricchi di porfido, si trovano in una zona soleggiata e arieggiata. L'azienda è certificata biologica dal 1990, e con Urban è stato introdotto il metodo biodinamico.

VINI - Urban interviene il meno possibile e lavora con lunghe macerazioni e affinamenti. Il tempo e l'attesa sono suoi alleati per ottenere vini equilibrati e longevi.

TOP **Sankt Anna 2017** VINO SLOW ● schiava; 7.200 bt; 17 € - Ottenuta con fermentazione a grappolo intero, una versione molto personale e coinvolgente della tipologia: una Schiava che dialoga con il tempo e in cui leggerezza e profondità non sono in antitesi. Tannino e freschezza accompagnano il sorso fruttato e polposo, generando una dinamica viva e saporita.
Sauvignon 2016 ○ 1.800 bt; 21 € - Avvolgente e teso, un assaggio tridimensionale che al frutto affianca note erbacee, spezie e una leggera volatile. Il sorso beneficia di un'intensa sapidità.
Roter Malvasier 2017 ● malvasia rossa; 700 bt; 23 € - Sprigiona grazia e luminosità. Profuma di incenso, fiori, erbe officinali e spezie; il sorso è snello e persistente.
Gewürztraminer 2018 ○ 3.000 bt; 21 € - Vibrante, agrumato, stratificato.
Sankt Anna Ris. 2015 ● schiava; 2.000 bt; 32 € - Succoso, fruttato, stratificato.

ha 3,5 - **bt** 20.000
Fertilizzanti compost, preparati biodinamici, sovescio
Fitofarmaci organici, rame e zolfo
Diserbo lavorazione meccanica/manuale
Lieviti fermentazione spontanea
Uve 100% di proprietà
Certificazione biologico certificato

CORTACCIA/KURTATSCH (BZ)

BARON WIDMANN

Via Endergasse, 3 - tel. 0471 880092
www.baron-widmann.it - info@baron-widmann.it

VITA - Andreas Widmann e il figlio Hans Peter sono un felice esempio di chi vive la propria realtà contadina con acuta sapienza e autenticità. La tenuta, attiva dal 1824 e pioniera delle varietà bordolesi in bassa Atesina, ha iniziato a imbottigliare in proprio alla fine degli anni Ottanta, e ai vini affianca un'incantevole produzione di aceti.

VIGNE - I vigneti sono dislocati in diversi appezzamenti nel comune di Cortaccia, con particolare attenzione per il connubio zona-vitigno. Le uve bordolesi e il gewürztraminer si trovano su ripidi conoidi alluvionali accanto alla tenuta; pinot bianco e sauvignon blanc prediligono quote più alte, mentre le suggestive pergole centenarie di schiava crescono nel centro del paese. Cura e biodiversità sono i punti fermi del lavoro in campagna.

VINI - In cantina Andreas e Hans Peter vogliono scongiurare la standardizzazione e gli eccessivi tecnicismi, mantenere la genuinità delle uve, e dar voce alle caratteristiche dei diversi terroir. Anno dopo anno, stanno ponendo sempre più attenzione alla vinificazione separata delle singole parcelle.

A.A. Schiava 2019 ● 10.000 bt; 13 € - Frutto croccante e polpa succosa. Una Schiava beverina e aggraziata, ottimo esemplare della tipologia.
A.A. Cabernet-Merlot Auhof 2016 ● 3.000 bt; 42 € - Terroso e balsamico, ha un sorso concentrato ma anche dotato di un buon contrasto fresco.
Bianco 2018 ○ chardonnay, petit manseng, pinot bianco; 3.000 bt; 18 € - Armonico, fruttato, avvolgente.

Ottimo anche il riassaggio dell'A. A. Sauvignon 2018: esotico e salato, regala un sorso teso e rinfrescante. Un vino sfaccettato, con un finale persistente e molto piacevole.

ha 18 - **bt** 35.000
Fertilizzanti letame, organo-minerali, sovescio
Fitofarmaci chimici di sintesi, rame e zolfo
Diserbo lavorazione meccanica/manuale
Lieviti selezionati industriali
Uve 100% di proprietà
Certificazione nessuna certificazione

CORTACCIA/KURTATSCH (BZ)

CANTINA CORTACCIA

Strada del Vino, 23 - tel. 0471 880115
www.kellerei-kurtatsch.it - info@kellerei-kurtatsch.it

VITA - Cantina Cortaccia festeggia i suoi primi 120 anni e per l'occasione si è regalata la prima etichetta di spumante di Metodo Classico e un nuovo edificio, che ospita la barricaia e una sala degustazioni con vista mozzafiato. La cooperativa, ottima interprete dei tagli bordolesi, può contare su 190 soci e su un patrimonio vitato estremamente eterogeneo, che è valorizzato dall'intenso lavoro di zonazione e dall'impegno dello staff, capitanato dall'enologo Othmar Donà e dal presidente Andreas Kofler.

VIGNE - In un solo comune i vigneti possono godere di un dislivello di 700 metri. Una condizione unica, che consente di avere grande varietà di suoli e di microclima. Sui pendii argillosi più in basso ci sono le uve rosse e, poco più in alto, il gewürztraminer. Salendo si trovano gli altri vitigni bianchi, che raggiungono anche i 900 metri di quota.

VINI - Terroir per terroir, vino per vino. Questa la filosofia seguita per esaltare il connubio fra vitigno e luogo di provenienza.

A.A. Gewürztraminer Brenntal Ris. 2018 ○ 10.000 bt; 27 € - Sfaccettato e fine, profuma di cedro candito, frutta secca, miele di acacia e spezie. La corrente aromatica del sorso è persistente e ben equilibrata dalla sapidità.
A.A. Schiava Sonntaler Alte Reben 2019 ● 20.000 bt; 15 € - Tipico e squisitamente fruttato, ha una beva succosa e leggiadra.
A.A. Cabernet Sauvignon Freienfeld Ris. 2016 ● 6.800 bt; 53 € - Dal frutto scuro e succoso, ha un palato importante, bilanciato da tannini levigati e dal contrasto acido.
A.A. Merlot Brenntal Ris. 2017 ● 9.000 bt; 42 € - Articolato, fruttato, stratificato.
A.A. Sauvignon Kofl 2018 ○ 15.000 bt; 20 € - Avvolgente, fruttato, consistente.
M. Cl. Pas Dosé Blanc de Blancs 600 2014 chardonnay; 3.000 bt; 33 € - Fresco, fruttato, teso.

ha 190 - **bt** 1.300.000
Fertilizzanti humus, letame in pellet, letame, organo-minerali, sovescio
Fitofarmaci chimici di sintesi, organici, rame e zolfo
Diserbo lavorazione meccanica/manuale
Lieviti selezionati industriali
Uve 100% di proprietà
Certificazione nessuna certificazione

CORTACCIA/KURTATSCH (BZ)

TIEFENBRUNNER - CASTEL TURMHOF

Frazione Niclara - Via Castello, 4 - tel. 0471 880122
www.tiefenbrunner.com - info@tiefenbrunner.com

VITA - Tra le tenute storiche dell'Alto Adige, Tiefenbrunner rimane una delle più importanti e affidabili. Christof Tiefenbrunner ha ereditato dal padre Herbert, ai suoi tempi vero pioniere della viticoltura, un profondo senso per la qualità, la serietà, e la lungimiranza necessaria per affermare il proprio marchio nel mondo. Affinché rimanga così, la ricerca, la sperimentazione e l'innovazione in campo e in cantina vanno sempre avanti.

VIGNE - Le vigne di proprietà, come quelle di una quarantina di conferitori storici, sono sparse perlopiù tra i comuni di Cortaccia, Magrè e Cortina, dove godono del clima mite della bassa Atesina. L'impegno pluriennale sul fronte della zonazione porta oggi il vantaggio di poter attingere, nelle annate calde, a parcelle più elevate e fresche. L'approccio nelle vigne di proprietà è sempre più di basso impatto, senza utilizzo di diserbanti.

VINI - Dalla linea classica Merus alle grandi selezioni Vigna, la gamme offre qualcosa per ogni tasca e per ogni occasione.

TOP **A.A. Pinot Nero Linticlarus Ris. 2017** ● 4.000 bt; 36 € - Da vigneti nel comune di Montagna, tra i 450 e i 480 metri di quota, convince per il dettaglio aromatico e la spinta sapida, a sollevare una materia succosa ben estratta.
A.A. Müller Thurgau Feldmarschall Von Fenner 2018 ○ 16.000 bt; 39 € - Simbolo dell'azienda e tra le icone del vino altoatesino, nasce a 1.000 metri di quota ed è unico nel suo genere, per profondità del sorso e complessità aromatica.
A.A. Chardonnay Au Ris. 2017 ○ 1.800 bt; 72 € - Il legno di affinamento è ben integrato: presenta un frutto sodo maturo al punto giusto e contrasto acido ad allungare il sorso.
A.A. Sauvignon Rachtl Ris. 2017 ○ 2.000 bt; 60 € - Avvolgente, varietale, elegante.
A.A. Pinot Bianco Anna 2018 ○ 19.000 bt; 16 € - Ampio, floreale, sapido.

ha 27 - **bt** 700.000
Fertilizzanti letame in pellet, letame, sovescio
Fitofarmaci chimici di sintesi, organici, rame e zolfo
Diserbo chimico, lavorazione meccanica/manuale
Lieviti fermentazione spontanea, selezionati industriali
Uve acquisto 70%
Certificazione nessuna certificazione

EGNA/NEUMARKT (BZ)

BRUNNENHOF KURT ROTTENSTEINER

Località Mazzon - Via degli Alpini, 5 - tel. 0471 820687
www.brunnenhof-mazzon.it - info@brunnenhof-mazzon.it

VITA - Originario di Bolzano, Kurt Rottensteiner si è insediato a Mazzon negli anni Ottanta, prima che la zona raggiungesse la fama come una delle migliori per il pinot nero in Italia. Dal 1999 produce vini artigianali e ricchi di carattere, frutto di un'agricoltura pulita, perseguita non tanto per stupire il degustatore seriale, quanto piuttosto per conquistare gli amanti dei vini sinceri e veraci. Lo affianca nei lavori la moglie Johanna, e di recente anche il giovane figlio Johann.

VIGNE - Il cuore del vigneto aziendale, piantato a pinot nero, si estende a ridosso del maso a 400 metri di quota, su terreni sabbioso-argillosi, ben esposti al sole pomeridiano e alle brezze dell'Ora, con vicino il gewürztraminer. Più in basso, a 250 metri di quota, si trovano l'incrocio Manzoni, la vecchia vigna di lagrein e, dal 2018, una vecchia vigna di chardonnay in affitto.

VINI - Vinificazioni artigianali di stile borgognone, con sapiente uso dei legni (niente barrique, solo tonneau) e fermentazioni in tini di legno per i rossi.

A.A. Pinot Nero Mazzon Ris. 2017 ● 8.000 bt; 31 € - - Il prodotto più rappresentativo, aggiunge al seducente frutto di Mazzon una gradevole vena scura e terrosa. Il palato solido ha materia ben estratta, tannini fitti e acidità che allunga il sorso.
A.A. Chardonnay 2018 ○ 2.000 bt; 18 € - - Convincente esordio per questo Chardonnay da vecchie vigne: note di frutta matura e tropicale aprono la strada a un palato avvolgente e stratificato, con un vibrante contrasto acido-sapido.
A.A. Lagrein Ris. 2018 ● 4.000 bt; 20 € - - Agile, fruttato, espressivo.
Eva 2019 ○ incrocio Manzoni; 3.000 bt; 18 € - - Ampio, fruttato, contrastato.

Al nostro riassaggio l'A.A. Pinot Nero Vigna Zis 2016, dalle vigne più vecchie, si conferma un vino di gran classe e profondità, denso e compatto, ancora introverso.

ha 7,5 - **bt** 40.000
Fertilizzanti compost, humus, organo-minerali
Fitofarmaci organici, rame e zolfo
Diserbo lavorazione meccanica/manuale
Lieviti selezione di lieviti indigeni
Uve 100% di proprietà
Certificazione biologico certificato

EGNA/NEUMARKT (BZ)

CASTELFEDER

Via Franz Harpf, 15 - tel. 0471 820420
www.castelfeder.it - info@castelfeder.it

VITA - Oggi a condurre la storica azienda di famiglia, fondata nel 1970, troviamo i fratelli Ines e Ivan Giovanett, che hanno raccolto un testimone importante e che, con intraprendenza, stanno dando un nuovo corso alla cantina, senza perdere di vista le proprie origini. Castelfeder può contare su una fidata rete di viticoltori che segue durante tutto l'anno.

VIGNE - Le vigne si estendono da Salorno a Bolzano e ospitano vitigni autoctoni e internazionali. Fra questi spicca il pinot nero, coltivato in zone di grande vocazione e valorizzato in etichette espressive e di carattere. Passeggiare fra i filari è una preziosa occasione per conoscere questa zona e apprezzare l'attenzione prestata al connubio vitigno-territorio.

VINI - Per conoscere ed esaltare le qualità delle singole parcelle, Ivan realizza numerose microvinificazioni. Inoltre, da quest'anno l'azienda affianca le storiche e apprezzate etichette di Pinot nero con due nuove selezioni ottenute da terroir differenti, dei quali riesce a catturare le sfumature.

A.A. Pinot Nero Buchholz 2018 ● 5.000 bt; 27 € - - Da uve coltivate sui pendii sopra Salorno, un vino fine e varietale, con note di lampone e ciliegia. Il sorso è di buona profondità e ha slancio acido.
A.A. Pinot Nero Mazon 2018 ● 8.000 bt; 38 € - - Proveniente dalla zona di Mazzon, è un rosso ampio e ritmato, con sorso voluminoso, ben contrastato da freschezza e sapidità. Il naso è sfaccettato e il legno ben calibrato.
A.A. Pinot Nero Burgum Novum Ris. 2017 ● 14.000 bt; 56 € - - Strutturato e austero, ha un palato dal tannino fitto e dal sorso polposo e deciso. Al naso profuma di frutti scuri, spezie ed erbe aromatiche.
A.A. Pinot Nero Glen 2018 ● 3.500 bt; 27 € - - Fine, speziato, ampio.
A.A. Sauvignon Raif 2019 ○ 30.000 bt; 23 € - - Ampio, erbaceo, sapido.

ha 31 - **bt** 500.000
Fertilizzanti compost, humus, organo-minerali, sovescio
Fitofarmaci chimici di sintesi, organici, rame e zolfo
Diserbo lavorazione meccanica/manuale
Lieviti fermentazione spontanea, selezionati industriali
Uve acquisto 65%
Certificazione nessuna certificazione

EGNA/NEUMARKT (BZ)

PETER DIPOLI

Via Ortler Friedrich, 5 - tel. 0471 813400
www.peterdipoli.com - info@peterdipoli.it

VITA - Peter Dipoli è un punto di riferimento importante per comprendere il vino altoatesino e conoscerne la storia e le sfumature. Mosso da una forte passione, nel 1987 ha fondato la propria cantina e non ha mai smesso di viaggiare, confrontarsi e migliorarsi. Non solo: carattere schietto e fumantino, animo generoso, ha contribuito e contribuisce alla cultura vitivinicola della zona come pochi. La sua è, senza retorica, una storia di amore profondo per il vino e con il vino. Oggi condivide il tutto con il nipote Felix Bampi, che lo affianca.

VIGNE - Ha girato mezzo mondo Peter, per capire, primo fra tutti, la vocazione della collina di Penon per il sauvignon blanc. I terreni ricchi di calcare e roccia dolomitica, l'altitudine fra i 500 e i 600 metri, e le diverse esposizioni, consentono di avere uve perfettamente mature senza compromettere l'acidità. Cabernet sauvignon e merlot si trovano, invece, sui suoli argillosi e calcarei di Magrè.

VINI - Valorizzare l'annata nel vino e, attraverso l'annata, capirlo. Questo il compito del vignaiolo secondo Peter, per il quale solo dalla sinergia fra luogo, vitigno e uomo può nascere una grande bottiglia.

TOP **A.A. Sauvignon Voglar 2018** ○ 30.000 bt; 17 € - Lontano dalle mode, non indugia su note primarie e vegetali ma ricerca la complessità del frutto, raccolto a piena maturazione. La 2018 è stata un'annata abbastanza calda, che ha portato a un naso elegante e generoso di frutta tropicale, agrumi e cenni idrocarburici. La progressione dinamica del sorso, stratificato e appagante, è ritmata da viva acidità e sapidità.

A.A. Merlot-Cabernet Iugum 2015 ● 6.000 bt; 31 € - Fruttato e terroso, ha un palato di grande equilibrio, con tannino fine e succo polposo e teso.

ha 6,5 - **bt** 50.000
Fertilizzanti nessun concime
Fitofarmaci chimici di sintesi, rame e zolfo
Diserbo chimico, lavorazione meccanica/manuale
Lieviti selezionati industriali
Uve 100% di proprietà
Certificazione nessuna certificazione

EGNA/NEUMARKT (BZ)

GLASSIERHOF - STEFAN VAJA

SCONTO **-10%**

Via Villa, 13 - tel. 335 1031673
bio@glassier.it

VITA - Aveva 17 anni Stefan Vaja quando ha iniziato a dedicarsi alla coltivazione della vite e alla produzione di vino nella storica azienda di famiglia. Da allora, a piccoli passi, ha fatto scelte coraggiose, come quella di imbottigliare in proprio i vini prodotti e di convertire l'agricoltura al biologico. Oggi è un vignaiolo coinvolgente e di grande esperienza, fortemente legato al gesto agricolo e alla sua capacità di rinnovarsi anno dopo anno.

VIGNE - In vigna la parola d'ordine è armonia, che viene raggiunta grazie a basse rese per ettaro e un'agricoltura sostenibile e particolarmente attenta. Gli appezzamenti si estendono intorno alla cantina e nel territorio fra Egna e Montagna; molto suggestive le pergole centenarie di schiava e l'Himalaya, il vertiginoso vigneto di pinot nero.

VINI - Ogni vino deve essere il racconto allo stato liquido della zona d'origine, delle caratteristiche del vitigno e dell'annata. Ogni vino è una storia a sé. Questo il credo di Stefan, che in cantina limita al minimo gli interventi sulla materia prima.

TOP **A.A. Schiava 2019** VINO SLOW ● 1.200 bt; 13 € - Ricca di frutto e veracità, è un'interpretazione di Schiava genuina e di grande beva. La spinta acida veicola un sorso dall'estrazione magistrale, che non indugia su inutili dolcezze. I sentori di sottobosco e i cenni speziati arricchiscono il tutto.

A.A. Pinot Nero Himalaya 2017 ● 1.400 bt; 42 € - Naso espressivo con note di frutta scura e terra; il sorso è equilibrato e vivo. Un Pinot nero originale e succoso.

A.A. Gewürztraminer Maratsch 2019 ○ 1.000 bt; 24 € - Intenso e profumato, regala sentori di rosa e tocchi fumé. La pienezza del sorso è ben bilanciata, e la beva piacevolmente sapida.

A.A. Sauvignon Geboch 2018 ○ 2.000 bt; 20 € - Schietto, erbaceo, verace.

ha 4,2 - **bt** 17.000
Fertilizzanti nessun concime
Fitofarmaci organici, rame e zolfo
Diserbo lavorazione meccanica/manuale
Lieviti selezionati industriali
Uve 100% di proprietà
Certificazione biologico certificato

EGNA/NEUMARKT (BZ)

GOTTARDI

Località Mazzon - Via degli Alpini, 17 - tel. 0471 812773
www.gottardi-mazzon.com - weingut@gottardi-mazzon.com

VITA - Sono passati oltre 30 anni da quando la famiglia Gottardi, attiva nel commercio di vini in Austria, ha deciso di investire in Alto Adige. Per farlo non ha scelto un luogo a caso, ma la collina di Mazzon, patria del pinot nero sudtirolese. Bruno Gottardi, infatti, era un appassionato di questa varietà e sognava di produrre grandi vini rossi, emozionanti e territoriali. Anno dopo anno il desiderio di Bruno ha preso forma e, dopo la sua scomparsa, è oggi alimentato con convinzione dal figlio Alexander.

VIGNE - Il vigneto aziendale è suddiviso in sette parcelle, che si trovano intorno alla splendida tenuta e sono coltivate con meticolosità. I suoli sono eterogenei, con una buona componente di argilla e calcare, e si trovano ad altitudini comprese tra i 320 e i 420 metri. Le piante sono esposte a nord-ovest e possono godere della brezza pomeridiana dell'Ora e dell'irraggiamento solare fino a sera.

VINI - Ogni appezzamento è vinificato separatamente per lasciare spazio all'espressività delle singole parcelle. In cantina la materia prima è lavorata con delicatezza, in barrique perlopiù usate e con una piccola percentuale di raspi. Scelta, quest'ultima, che consente di amplificare la percezione della freschezza e di donare maggior eleganza ai vini. A un'etichetta più classica e di grande territorialità è affiancata una riserva, frutto di una selezione delle vigne più vecchie e prodotta solo nelle annate migliori.

Quest'anno Alexander ha deciso di aspettare a stappare i vini e di concedere loro un po' più tempo per farli esprimere al meglio. Appoggiamo la sua scelta e, nell'attesa, ci godiamo le annate in commercio, già recensite nella scorsa edizione della guida.

ha 8,5 - **bt** 45.000
Fertilizzanti humus, letame in pellet, sovescio
Fitofarmaci chimici di sintesi, rame e zolfo
Diserbo lavorazione meccanica/manuale
Lieviti selezionati industriali
Uve 100% di proprietà
Certificazione nessuna certificazione

FIÈ ALLO SCILIAR/VÖLS AM SCHLERN (BZ)

BESSERERHOF

Via Novale di Presule, 10 - tel. 0471 601011
www.bessererhof.it - info@bessererhof.it

VITA - In questa bella realtà familiare all'imbocco della valle Isarco si coltiva la vite dalla fine degli anni Cinquanta. All'inizio le uve erano vendute a una vicina cantina sociale, poi, a fine anni Ottanta, è iniziata la produzione di vino e, con la vendemmia del 1998, si è cominciato a imbottigliare e a vendere in proprio, grazie all'impegno della quarta generazione familiare, i coniugi Otmar e Rosmarie Mair, oggi affiancati dal figlio Hannes.

VIGNE - Le prime varietà coltivate sono state pinot bianco e schiava, cui oggi si sono aggiunte moscato giallo, gewürztraminer, sylvaner, kerner, sauvignon, chardonnay e zweigelt. Alle vigne intorno alla cantina, che beneficiano delle fredde correnti alpine e di quelle calde in arrivo dal lago di Garda, si aggiunge l'impianto a 850 metri di quota in val di Funes, che presenta le condizioni ottimali per il kerner.

VINI - La produzione è sempre curata con rigore, alla ricerca dell'espressione varietale e territoriale. Un impegno destinato ad aumentare ancora di più, in seguito alla decisione della famiglia di abbandonare la coltivazione delle mele per dedicarsi solo al vino.

A.A. Sauvignon 2019 O 5.400 bt; 18 € - - In questa zona all'imbocco della valle Isarco nel 2019 il sauvignon blanc ha dato una grande prova, restituendoci vini come questo: profumato, elegante e varietale, con un palato succoso e sapido.
A.A. Chardonnay Ris. 2017 O 5.200 bt; 18 € - - Si apre su delicati profumi fruttati e ha un sorso misurato ed elegante, teso ed energico, con una materia ben presente ma mai sovrastante.
A.A. Pinot Bianco 2019 O 9.100 bt; 16 € - - Al naso emergono le note di frutta gialla, mentre il sorso rivela un vino potente e morbido, piacevole e gastronomico, molto territoriale.
A.A. Valle Isarco Kerner 2019 O 11.000 bt; 18 € - - Citrino, erbaceo, sapido.

ha 5 - **bt** 50.000
Fertilizzanti nessun concime
Fitofarmaci rame e zolfo
Diserbo lavorazione meccanica/manuale
Lieviti selezionati industriali
Uve 100% di proprietà
Certificazione nessuna certificazione

FIÈ ALLO SCILIAR/VÖLS AM SCHLERN (BZ)

GUMPHOF MARKUS PRACKWIESER

Località Novale di Presule, 8 - tel. 0471 601190 - 335 1293915
www.gumphof.it - info@gumphof.it

VITA - La famiglia di Markus Prackwieser coltiva le terre del Gumphof da oltre due secoli, ma il maso è già nominato in documenti risalenti alla prima metà del Cinquecento. Dal 2000, dopo gli studi a Laimburg, Markus si occupa della gestione agronomica e della cantina con passione e grande talento.

VIGNE - La cantina si trova in una posizione particolare all'imbocco della valle Isarco, dove c'è un clima alpino-mediterraneo. I vigneti, ben ventilati, si trovano a circa 500 metri di quota, sono ripidissimi e poggiano su suoli ghiaiosi, morenici e calcarei, con porfido in profondità. Dal 2019 c'è anche una parcella di pinot nero a 800 metri di quota, con terreni argillosi e calcarei.

VINI - Curioso e amante delle sperimentazioni, Markus ha viaggiato in alcune delle regioni vinicole più importanti di Francia, portando a casa tecniche che è stato capace di integrare con gli insegnamenti tradizionali. Ne è nato uno stile personale e incisivo.

TOP **A.A. Sauvignon Praesulis 2019** ○ 15.000 bt; 21 € - Tra i migliori Sauvignon di quest'anno, ha profumi floreali, agrumati e di erba tagliata. In bocca è ampio, complesso e salato, con toni di pietra focaia.
A.A. Pinot Nero Praesulis 2018 ● 5.000 bt; 27 € - Profuma di frutti rossi e di erbe alpine, con cenni di vaniglia. In bocca è austero, sapido, dinamico e succoso.
A.A. Pinot Bianco Praesulis 2019 ○ 12.500 bt; 20 € - Si apre con profumi di fiori bianchi, frutta gialla e cenni balsamici. In bocca è ricco ma slanciato dalla vena minerale.
A.A. Sauvignon Reinassance Ris. 2017 ○ 3.000 bt; 38 € - Succoso, floreale, sapido.
A.A. Schiava Mediaevum 2019 ● 10.000 bt; 12 € - Fresco, fruttato, gastronomico.
A.A. Gewurztramienr Praesulis 2019 ○ 5.000 bt; 19 € - Armonico, speziato, espressivo.

ha 7 - **bt** 60.000
Fertilizzanti letame
Fitofarmaci chimici di sintesi, rame e zolfo
Diserbo lavorazione meccanica/manuale
Lieviti selezionati industriali
Uve acquisto 30%
Certificazione nessuna certificazione

MAGRÈ/MARGREID (BZ)

ALOIS LAGEDER

Vicolo dei Conti, 9 - tel. 0471 809500
www.aloislageder.eu - info@aloislageder.eu

VITA - Con lungimiranza e pazienza i Lageder stanno aprendo nuovi varchi, che abbracciano la sinergia fra uomo e natura e intendono l'agricoltura come uno strumento per rendere omaggio a questo connubio. La tradizione secolare che si respira nell'incantevole tenuta di Magré, si intreccia con i nuovi progetti e l'energia di Alois Lageder, del figlio Clemens e degli enologi Georg Messner e Jo Pfisterer. Non sono da meno le donne di casa: la moglie Veronika Riz e le figlie Anna e Helena Lageder contribuiscono con raffinatezza e creatività alla crescita aziendale.

VIGNE - Nelle vigne di proprietà si applica il metodo biodinamico e c'è grande attenzione per la vitalità dei suoli e l'equilibrio delle piante. Gli affezionati conferitori sono per la maggior parte certificati biologici o biodinamici. I vigneti più antichi sono ultracentenari e crescono sulle colline di Magrè.

VINI - Trovare risposte a sfide quali il cambiamento climatico e non cedere all'omologazione, ma assecondare la naturale vitalità delle uve: è seguendo questi principi che la tenuta imbottiglia vini espressivi e di carattere.

TOP **Casòn Bianco 2017** VINO SLOW ○ petit manseng, viognier; 8.000 bt; 41 € - Un bianco che ci ha sorpresi per la grande complessità ed eleganza. I profumi balsamici e quelli di miele e frutta gialla sono amplificati da una leggera volatile. Il sorso è incisivo, succoso e agile.
A.A. Gewürztraminer Cl. Am Sand 2018 ○ 13.300 bt; 26 € - Vinificato con parte di uve intere, è una versione sempre originale e coinvolgente della tipologia. Il palato è slanciato e profondamente sapido.
A.A. Lagrein Lindenburg 2016 ● 6.600 bt; 33 € - Ha un succo libero e verace. La polpa dolce è contrastata dalla viva freschezza e puntellata di sapidità.
A.A. Cabernet Sauvignon Cor Römigberg 2016 ● 13.300 bt; 56 € - Denso, terroso, scuro.

ha 55 - **bt** 1.200.000
Fertilizzanti compost, letame, preparati biodinamici
Fitofarmaci organici, rame e zolfo
Diserbo lavorazione meccanica/manuale
Lieviti fermentazione spontanea
Uve acquisto 67%
Certificazione parte dei vigneti in regime biodinamico, parte dei vigneti in regime biologico

MARLENGO/MARLING (BZ)

CANTINA MERAN

SCONTO **-10%**

Via Cantina, 9 - tel. 0473 447137
www.kellereimeran.it - info@cantinamerano.it

VITA - Nata nel 2010 dalla fusione di due storiche cooperative della zona, e alloggiata in una sede nuova, moderna e con vista panoramica mozzafiato, Cantina Merano è oggi ben equipaggiata per scrivere un nuovo capitolo del vino del Burgraviato. Gli oltre 360 soci conferitori possono contare sull'eclettico enologo Stefan Kapfinger, sul presidente Kaspar Platzer e sul loro affiatato team.

VIGNE - I vigneti sono dislocati principalmente sulle colline del meranese e godono di un clima mite. Una piccola parte di uve cresce, poi, in val Venosta, a circa 900 metri di altitudine. In campagna la chimica è limitata allo stretto necessario e si lavora per arrivare al biologico in tutti gli appezzamenti. Curioso l'impianto di saperavi, vitigno rosso autoctono della Georgia, a cui Stefan si è appassionato durante un viaggio in quella terra e dal quale ricava poche bottiglie che saranno presto in commercio.

VINI - In cantina Stefan ama sperimentare e divertirsi. Lo fa con grande professionalità e, accanto a etichette varietali e più immediate, crea vini da singole vigne, figli di selezioni rigorose e lunghi affinamenti, che vengono prodotti in piccole quantità.

A.A. Pinot Bianco V Years Ris. 2014 ○ 5.000 bt; 65 € - Ottenuto da vigne vecchie che crescono ai piedi di Castel Tirolo, è un vino profondo e ampio, con un naso affascinante di tè verde, frutta gialla e cenni balsamici.
A.A. Pinot Nero Zeno Ris. 2017 ● 13.000 bt; 29 € - Vinificato con parte di uva intera, mostra un bel frutto rosso croccante impreziosito da fine spaziatura; il sorso, elegante e dinamico, si ammorbidisce nel finale.
A.A. Chardonnay Goldegg Ris. 2017 ○ 5.000 bt; 26 € - Da singola vigna nella zona di Scena: è pieno di frutto maturo, con incisiva vena acido-sapida a sostenerlo.
A.A. Pinot Bianco Tyrol 2018 ○ 10.000 bt; 26 € - Fresco, floreale, leggiadro.

ha 260 - **bt** 1.600.000
Fertilizzanti letame in pellet, sovescio
Fitofarmaci chimici di sintesi, rame e zolfo
Diserbo lavorazione meccanica/manuale
Lieviti selezionati industriali
Uve 100% di proprietà
Certificazione nessuna certificazione

MONTAGNA/MONTAN (BZ)

FRANZ HAAS

Via Villa, 6 - tel. 0471 812280
www.franz-haas.it - info@franz-haas.it

VITA - L'ultracentenaria cantina è tramandata di Franz in Franz da generazioni. Il Franz Haas che abbiamo il piacere di conoscere, e che è attualmente a capo dell'azienda, è un uomo tenace e perfezionista che ama le sfide. Ben presto, infatti, si è appassionato al pinot nero, vitigno ostico, capriccioso, e lo ha eletto a proprio "terreno di gioco", interpretandolo con carattere ed estro. Accanto a lui lavorano la moglie Maria Luisa Manna e i figli Sofia e Franz.

VIGNE - Fra il vigneto più basso e quello più in quota ci sono oltre 900 metri di dislivello: una verticalità che consente alla cantina di valorizzare ogni vitigno. L'ultima impresa di Haas, che da anni ha scelto la strada dell'agricoltura biologica, è un impianto di pinot nero a 1.160 metri di altitudine.

VINI - In cantina si lavora con meticolosità, con vinificazioni separate per cogliere le sfumature delle singole parcelle, e con maestria nell'utilizzo dei legni. Franz, inoltre, è un sostenitore del tappo a vite, a cui affida la chiusura della maggior parte dei vini.

TOP **A.A. Pinot Nero Schweizer 2016** ● 10.000 bt; 40 € - Il sorso è ricco di succo e ben contrastato dalla colonna acido-sapida, oltre che puntellato da un tannino setoso. Il naso è elegante e stratificato nelle note di frutta rossa, radice e spezie.
A.A. Sauvignon 2018 ○ 12.000 bt; 25 € - Il frutto maturo accompagnato dalle erbe aromatiche anticipa il sorso profondo e di buona freschezza.
A.A. Pinot Nero 2018 ● 100.000 bt; 25 € - Un Pinot nero più essenziale e sottile, con note di frutta rossa e spezie dolci. Il palato è fresco e slanciato.
Manna 2018 ○ riesling, chardonnay, gewürztraminer, kerner, sauvignon blanc; 55.000 bt; 24 € - Dinamico, fruttato, sapido.
A.A. Pinot Bianco Lepus 2019 ○ 20.000 bt; 16 € - Armonico, fruttato, delicato.

ha 55 - **bt** 400.000
Fertilizzanti compost, sovescio
Fitofarmaci organici, rame e zolfo
Diserbo lavorazione meccanica/manuale
Lieviti fermentazione spontanea, selezionati industriali
Uve acquisto 35%
Certificazione nessuna certificazione

MONTAGNA/MONTAN (BZ)

PFITSCHER

Via Dolomiti, 17 - tel. 0471 1681317
www.pfitscher.it - info@pfitscher.it

VITA - Fondata nel lontano 1861, Pfitscher sta spingendo con sempre maggiore determinazione sull'acceleratore dell'identità e della sostenibilità. La moderna cantina è la prima struttura italiana a potersi fregiare della certificazione Casa Clima Wine e, anche grazie all'energia della nuova generazione rappresentata dai fratelli Marion, Daniel e Hannes Pfitscher, si sta affermando attraverso vini di montagna di ottima fattura.

VIGNE - La dislocazione dei vigneti in cinque comuni (Montagna, Egna, Fié allo Scillar, Cortaccia e Ora) consente di dedicare alle diverse varietà le migliori condizioni pedoclimatiche. La maggior parte degli impianti si trova ad alta quota, fra i 500 e i 900 metri d'altitudine, ed è seguita personalmente dalla famiglia, che ha di recente abolito l'utilizzo di fitofarmaci chimici.

VINI - Lo spirito montano dei vigneti è mantenuto intatto in cantina con la produzione di vini tersi e precisi, che all'opulenza preferiscono la sottrazione e la verticalità.

A.A. Sauvignon Mathias 2018 ○ 3.000 bt; 34 € - ▯ ▦ - Ottenuto da una singola vigna a quota 900 metri, è un vino particolarmente sapido e dotato di un ottimo contrasto al palato. Luminoso e ritmato, regala note balsamiche e un leggero tocco fumé.
A.A. Gewürztraminer Rutter Ris. 2018 ○ 2.000 bt; 26 € - ▯ - Nasce da piante di oltre 40 anni e si apre con note agrumate e una sussurrata finezza. Un piacevole esempio di tipicità e nitidezza, per una tipologia che, ogni tanto, rischia di scivolare negli eccessi.
A.A. Pinot Nero Matan Ris. 2017 ● 8.000 bt; 34 € - ▦ - Agile, fruttato, delicato.
A.A. Lagrein Griesfeld Ris. 2017 ● 4.000 bt; 26 € - ▦ - Agile, floreale, elegante.

ha 20 - **bt** 130.000
Fertilizzanti compost, letame in pellet, letame, preparati biodinamici, sovescio
Fitofarmaci rame e zolfo
Diserbo lavorazione meccanica/manuale
Lieviti fermentazione spontanea, selezionati industriali
Uve acquisto 5%
Certificazione nessuna certificazione

NALLES/NALS (BZ)

CANTINA NALS MARGREID

Via Heiligenberg, 2 - tel. 0471 678626
www.kellerei.it - info@kellerei.it

VITA - Rigore e coraggio fanno sì che la cooperativa Nals Margreid, nata nel 1985, stia riuscendo a emergere con vini espressivi e di carattere, che vogliono scongiurare il rischio della standardizzazione. L'azienda è particolarmente interessata alla sostenibilità in vigna e sta portando avanti con decisione un lavoro di sensibilizzazione rivolto ai propri conferitori. A guidarla ci sono l'enologo Harald Schraffl, il presidente Kurt Wolfensberger e l'attento direttore commerciale Gottfried Pollinger.

VIGNE - I vigneti sono distribuiti in 14 diverse zone ad altitudini comprese fra i 200 e i 900 metri. Ogni varietà è coltivata e valorizzata nei luoghi più vocati, dei veri e propri cru. È il caso di Sirmian, che ospita le uve dell'omonimo Pinot Bianco. La cantina sta procedendo a passi sicuri verso un'agricoltura ancora più attenta, che si avvicina al biologico in quasi tutti gli appezzamenti.

VINI - Vini diretti e con personalità, che negli ultimi anni possono godere di un maggior tempo di affinamento, che consente loro di esprimere al meglio le potenzialità delle uve. Presto la cantina presenterà Nama, un vino ambizioso che vorrebbe essere «l'essenza dell'azienda».

A.A. Pinot Bianco Sirmian 2019 ○ 40.000 bt; 18 € - ◍ - Ha un frutto maturo, integro e profondo, che si inserisce in un sorso di grande equilibrio fra dolcezza e acidità. Chiude lungo e saporito.
A.A. Sauvignon Mantele 2019 ○ 28.000 bt; 26 € - ◍ - Frutta tropicale e sapidità caratterizzano questo bianco ricco e stratificato.
A.A. Chardonnay Baron Salvadori Ris. 2017 ○ 15.000 bt; 38 € - ▦ - Ben slanciato dall'acidità, ha un naso tipico e un sorso incisivo.
A.A. Chardonnay Magred 2019 ○ 20.000 bt; 18 € - ◍ - Succoso, fruttato, profondo.
A.A. Moscato Giallo Baronesse Passito 2017 ● 2.500 bt da 0,375 l; 43 € - ▦ - Avvolgente, agrumato, consistente.

ha 170 - **bt** 1.000.000
Fertilizzanti compost, humus, letame in pellet, sovescio
Fitofarmaci organici, rame e zolfo
Diserbo lavorazione meccanica/manuale
Lieviti selezionati industriali
Uve 100% di proprietà
Certificazione nessuna certificazione

NATURNO/NATURNS (BZ)

FALKENSTEIN - FRANZ PRATZNER

Via Castello, 19 - tel. 0473 666054
www.falkenstein.bz - info@falkenstein.bz

VITA - Franz Pratzner l'ha vista lunga quando, ormai 30 anni fa, ha deciso di spiantare le mele e puntare tutto sulla viticoltura di qualità in val Venosta. Ispirato dai vini della Wachau, il suo stile, incentrato su un sapiente uso del legno e lunghi affinamenti sulle fecce fini, è diventato un punto di riferimento in Italia. Da sempre a suo fianco nei lavori tra i filari c'è la moglie Bernardette, e ormai da due anni anche la figlia maggiore Magdalena, che si occupa di vendite e cantina.

VIGNE - Dislocate tra i 600 e i 900 metri di quota sul monte Sole, esposte a sud e con pendenze spesso importanti, le vigne, con sesti d'impianto molto fitti (fino a 12.000 piante per ettaro), poggiano su terreni sabbiosi ricchi di scheletro roccioso come scisto, gneiss, granito e mica. La geologia, insieme a un clima ventilato, asciutto e con forti escursioni termiche tra giorno e notte, garantisce buone maturazioni, finezza aromatica e contrasto acido.

VINI - L'utilizzo di botti grandi d'acacia, i lunghi affinamenti sulle fecce fini e un anno in più in bottiglia danno vita a bianchi complessi, densi e cremosi, ma anche agili e contrastati.

A.A. Valle Venosta Pinot Bianco 2018 ○ 15.000 bt; 27 € - Ci ha colpito per dettaglio aromatico, profondità e allungo gustativo.
A.A. Valle Venosta Riesling 2018 ○ 50.000 bt; 33 € - Il vino simbolo di Falkenstein e tra i grandi riesling italiani. Essenziale nella componente fruttata, incisivo nella dimensione sapido-minerale.
A.A. Valle Venosta Riesling Alte Rebe 2017 ○ 1.400 bt; 53 € - Dalle vigne più vecchie, si presenta più ampio, denso e disteso, con note fruttate mature più barocche.
A.A. Valle Venosta Sauvignon 2018 ○ 10.000 bt; 32 € - Agile, floreale, incisivo.
A.A. Val Venosta Pinot Bianco Phileo 2016 ○ 700 bt; 63 € - Armonico, floreale, profondo.

ha 12 - **bt** 90.000
Fertilizzanti compost, letame in pellet, letame
Fitofarmaci chimici di sintesi, rame e zolfo
Diserbo lavorazione meccanica/manuale
Lieviti selezione di lieviti indigeni
Uve 100% di proprietà
Certificazione nessuna certificazione

ORA/AUER (BZ)

FERRUCCIO CARLOTTO

Via Clauser, 19 - tel. 0471 810407
www.ferruccio-carlotto.com - michelacarlotto@gmail.com

VITA - Poche parole, idee chiare e senso del limite sono gli elementi che fanno della cantina Carlotto una realtà autentica e genuina, lontana da mode e riflettori. I vini dei Carlotto, infatti, sanno raccontarsi da soli, trasmettendo l'identità dei luoghi di provenienza e la storia di Ferruccio e della figlia Michela, la cui famiglia coltiva la vigna a Egna da tre generazioni e che, dal 2000, imbottigliano in proprio i vini prodotti.

VIGNE - Le vigne di pinot nero si trovano sulla collina di Mazzon, luogo di assoluta vocazione per questo vitigno, dove l'esposizione a nord-ovest e i terreni con buona componente di argilla e calcare creano le condizioni ideali per la maturazione e l'espressività dell'uva. Il pinot nero è una varietà particolarmente cara a Michela, che è capace di assecondarne la natura esigente e nobile. Lagrein e schiava provengono, invece, dai terreni alluvionali di Ora.

VINI - In cantina la materia prima è accompagnata con delicatezza al fine di ottenere vini spontanei e franchi, che abbiano una propria vibrazione. Per i Carlotto, inoltre, i vini non devono mai pesare sul palato di chi li beve, ma lasciare un ricordo positivo senza ostentare la propria importanza. Quest'anno Michela ha deciso di dare un po' più di tempo al Pinot nero, per permettergli di esprimersi al meglio quando lo stapperemo.

A.A. Schiava 2019 ● 2.000 bt; 13 € - Un vino che nel suo percorso gustativo si presenta con dolcezza di frutto, e nel complesso risulta giovane e particolarmente schietto. Il naso è fine e tipico, e il sorso oltre a dimostrare spiccata agilità chiude piacevolmente ammandorlato.

ha 6 - **bt** 50.000
Fertilizzanti compost, organo-minerali
Fitofarmaci chimici di sintesi, organici, rame e zolfo
Diserbo lavorazione meccanica/manuale
Lieviti selezionati industriali
Uve 100% di proprietà
Certificazione nessuna certificazione

PARCINES/PARTSCHINS (BZ)

STACHLBURG

Via Mitterhofer, 2 - tel. 0473 968014
www.stachlburg.com - sigmund.kripp@stachlburg.com

VITA - Sul panorama viticolo altoatesino, celebre per l'eccellenza e la costanza qualitativa ma a volte fin troppo prevedibile, i vini sinceri e pieni di carattere di Stachlburg sono una gradita alternativa. Ma non solo nel bicchiere: alla base ci sono un territorio e un percorso virtuoso in vigna, certificato biologico sin dagli anni Novanta. Sono le idee del proprietario Sigmund von Kripp, realizzate con l'aiuto dell'enologo Mattia Bolzan.

VIGNE - Il cuore del vigneto aziendale si trova a Parcines, all'imbocco della val Venosta, intorno ai 650 metri di quota; un secondo corpo vitato è nel vicino comune di Naturno, e un terzo ad Andriano, in una zona più bassa e calda. L'approccio biologico ha come obiettivi quello di migliorare la fertilità del suolo, la resistenza delle piante e di promuovere la biodiversità nei vigneti.

VINI - In cantina si lavora con mano leggera, un approccio che si riflette nel carattere dei vini, espressivi e meno prevedibili e ingessati della media regionale.

A.A. Valle Venosta Pinot Nero 2017 ● 4.000 bt; 29 € - Un vino che va oltre il varietale, aggiungendo intriganti note di sottobosco. Al palato è elegante, dall'essenza leggiadra e dal sapore deciso.
A.A. Terlano Sauvignon 2019 O 3.600 bt; 17 € - Niente grezze note erbacee: questo Sauvignon gioca su un profilo più discreto, che richiama piuttosto il lemongrass. Il palato è equilibrato, di buona polpa succosa e con un contrasto acido mai esuberante.
A.A. Valle Venosta Chardonnay 2019 O 2.700 bt; 19 € - L'altitudine di quasi 700 metri dona un'inconsueta ma molto apprezzata freschezza citrina, in contrasto con le note più mature del profilo aromatico.
A.A. Val Venosta Pinot Bianco 2019 O 2.500 bt; 19 € - Schietto, floreale, sottile.
A.A. Merlot Ris. 2017 ● 1.600 bt; 24 € - Agile, fruttato, contrastato.

ha 8 - **bt** 32.000
Fertilizzanti letame in pellet, letame
Fitofarmaci organici, rame e zolfo
Diserbo lavorazione meccanica/manuale
Lieviti fermentazione spontanea, selezionati industriali
Uve 100% di proprietà
Certificazione biologico certificato

RENON/RITTEN (BZ)

RIELINGER

Collalbo - Siffianer Leitach, 7 - tel. 0471 356 274
www.rielinger.it - info@rielinger.it

VITA - Da Rielinger di certo non ci si capita per caso, ma la deviazione, ve lo assicuriamo, vale la pena. In un antico maso del XIII secolo, dagli anni Cinquanta proprietà della famiglia Messner, si porta avanti un modello agricolo sempre più raro, a tutto tondo, con animali, vigna e frutteti, poi l'agriturismo e una trattoria dove si mangia davvero bene. A curare il tutto con visibile affetto ed evidente sapienza sono Matthias Messner e la moglie Evi Micheli.

VIGNE - Il maso si trova a 750 metri di quota sull'altopiano di Renon, in un contesto agricolo incontaminato, di fronte al massiccio dello Sciliar. Le vigne poggiano su terreni d'origine morenica con pendenze anche fino al 75%. Conta anche la luminosità a quest'altitudine, che insieme al clima contrastato aiuta a dare vini di bassa alcolicità e perfetta maturazione fenolica.

VINI - Uno stile in sottrazione che fa traspirare un cristallino carattere alpino nei vini, tutti piuttosto leggiadri e incisivi.

A.A. Valle Isarco Riesling Stein 2018 O 3.000 bt; 19 € - Fine ed essenziale, con delicate note fruttate, rocciose e d'erba di montagna, punta dritto al sodo (e al nostro cuore) con la sua vibrante spina dorsale acida.
Schiava '69 2018 ● 1.800 bt; 17 € - Da vigne del 1969, affinato in legno di castagno, è una Schiava profonda e stratificata, dal frutto integro e croccante, con una solida matrice acido-tannica a dare volume e tensione.
Kerner 2019 O 3.500 bt; 17 € - Per metà fermentato sulle bucce e affinato in legno di acacia, un Kerner di bel carattere, verticale e consistente, più minerale che aromatico, e soprattutto privo delle dolcezze tipiche della tipologia.
Blatterle 2018 O 700 bt; 27 € - Teso, agrumato, sottile.
Vernatsch 2019 ● 3.500 bt; 11 € - Fresco, fruttato, leggiadro.

ha 3 - **bt** 20.000
Fertilizzanti letame, sovescio
Fitofarmaci organici, rame e zolfo
Diserbo lavorazione meccanica/manuale
Lieviti selezione di lieviti indigeni
Uve 100% di proprietà
Certificazione biologico certificato

HADERBURG

Frazione Pochi - Via Albert Düren, 3 - tel. 0471 889097
www.haderburg.it - info@haderburg.it

VITA - In Alto Adige la spumantistica deve fare ancora un po' di strada, ma fra gli indirizzi più interessanti e affidabili c'è sicuramente Haderburg. Era il 1997 quando Alois Ochsenreiter, dopo un viaggio in Germania, ha deciso di dedicare anima e vigne al Metodo Classico. Da sempre affiancato dall'energica moglie Christine Ceolan, oggi può contare anche sui figli Erika e Hannes, che sono stati travolti dall'effervescente passione del padre.

VIGNE - Intorno al maso cinquecentesco crescono chardonnay e pinot bianco, e fra le vigne la parola d'ordine è biodiversità. Le altre varietà provengono dagli appezzamenti in valle Isarco, Terlano e Cortaccia. Da due decenni l'azienda lavora seguendo il metodo biodinamico, che aiuta a creare equilibrio e armonia in vigneto come in cantina.

VINI - La spumantistica rappresenta oltre il 60% della produzione aziendale e spazia da prodotti più immediati a Riserve dotate di fine complessità. Non sono da meno i vini fermi, sempre territoriali e armoniosi.

A.A. M. Cl. Brut 20.900 bt; 24 € - Dopo due anni sui lieviti procede con portamento elegante e avvolgente. Al naso il frutto è evoluto e arricchito da squisite note di pasticceria; il palato è cremoso e persistente.
A.A. M. Cl. Pas Dosé 2016 22.700 bt; 31 € - Palato essenziale e teso, con piacevole nota di nocciola in chiusura. La bolla è fine e incisiva.
A.A. Riesling Obermairlhof 2018 ○ 4.300 bt; 18 € - Agrumato e varietale, ha un naso arricchito da un'intrigante nota fumé. Il palato è misurato, fresco e leggiadro.
A.A. Pinot Nero Hausmannhof Ris. 2016 ● 2.500 bt; 50 € - Vivo, fruttato, armonico.
A.A. Pinot Grigio Salurn Pfatten 2018 ○ 3.800 bt; 18 € - Fresco, fruttato, espressivo.

ha 13,5 - **bt** 100.000
Fertilizzanti letame in pellet, letame, preparati biodinamici
Fitofarmaci rame e zolfo
Diserbo lavorazione meccanica/manuale
Lieviti fermentazione spontanea, selezione di lieviti indigeni
Uve 100% di proprietà
Certificazione biologico certificato

TENUTA DORNACH PATRICK UCCELLI

Via Dornach, 12 - tel. 338 6973946
www.ansitzdornach.it - info@ansitzdornach.it

VITA - Patrick Uccelli è una di quelle persone che se non ci fossero bisognerebbe inventarle. Sempre sorridente e pronto al confronto, ha la capacità di trascinarti con leggerezza nella sua vita contadina e di innescare riflessioni costruttive, senza l'urgenza di trovare risposte. Questo è anche il suo approccio in campagna e in cantina, dove, insieme alla moglie Karoline Terleth, vive l'agricoltura con la consapevolezza e l'entusiasmo di chi sente che è un processo in divenire.

VIGNE - Nella tenuta Dornach l'essenziale diventa visibile anche agli occhi: i vigneti convivono con ortaggi, cereali e animali da cortile, creando una felice realtà a vocazione autarchica. Fin dal 2008, anno in cui ha fatto ritorno nel maso di famiglia, Patrick ha applicato il metodo biodinamico e, accanto ai vitigni tradizionali, ha deciso di coltivare diverse varietà PIWI.

VINI - Per Patrick le varietà sono un mezzo e non un fine: servono per esprimere i territori e, ancora di più, l'obiettivo enologico di chi le trasforma in vino.

TOP **Pinot Nero 8 2017** VINO SLOW ● 2.600 bt; 29 € - Un rosso da invecchiamento che non rinuncia alla scorrevolezza del sorso. Profuma di frutti rossi e sottobosco, ha un palato genuino con slancio acido-saporito. Delizioso!
Pinot Bianco 7 2017 ○ 2.600 bt; 29 € - Sfaccettato nelle note di pera, camomilla ed erbe di montagna, ha un palato puntellato di sapidità, insieme carnoso e dissetante.
Rosato 10 2019 ● schiava, prior; 800 bt; 19 € - Nuovo nato in cantina, un rosa delicato e leggiadro, che si lascia bere con grande spensieratezza.
Gewürztraminer 6 2018 ○ 2.300 bt; 24 € - Bianco macerato, vibrante, fruttato, integro.
Pinot Nero 9 2019 ● 2.700 bt; 19 € - Fresco, fruttato, essenziale.
Bianco 11 2019 ○ solaris; 1.700 bt; 20 € - Fresco, erbaceo, docile.

ha 7 - **bt** 20.000
Fertilizzanti compost, preparati biodinamici, sovescio
Fitofarmaci rame e zolfo
Diserbo lavorazione meccanica/manuale
Lieviti fermentazione spontanea
Uve 100% di proprietà
Certificazione biodinamico certificato, biologico certificato

TERLANO/TERLAN (BZ)

CANTINA ANDRIANO

Via Silberleiten, 7 - tel. 0471 257156
www.cantina-andriano.com - office@cantina-andriano.com

VITA - Cantina Andriano rappresenta un pezzo significativo della storia enoica dell'Alto Adige. Si tratta, infatti, della prima cantina cooperativa sorta in questa zona, la prima ad aver creduto in quell'unione che oggi rappresenta una delle maggiori forze dell'Alto Adige vitivinicolo. Fondata nel 1893, nel 2008 si è fusa con cantina Terlano, con la quale, pur mantenendo la propria identità in un marchio separato, condivide il team e l'alto livello qualitativo.

VIGNE - I vigneti dei soci conferitori si trovano in gran parte sulla riva destra dell'Adige, ai piedi del massiccio della Mendola su terreni esposti a sud-est, ad altitudini comprese fra i 260 e i 340 metri. I suoli sono ricchi di argilla, calcare e roccia dolomitica, e godono del sole mattutino e di un clima quasi mediterraneo, mitigato dai freschi venti montani.

VINI - La vinificazione in purezza dei singoli vitigni consente di apprezzarne le caratteristiche e le diverse espressioni. La produzione è divisa in due linee: la linea I Classici comprende etichette territoriali prodotte in zone storiche; la linea Le Selezioni annovera vini eleganti e longevi, ottenuti da vigne particolarmente vocate e coltivate con basse rese per ettaro.

A.A. Pinot Nero Anrar Ris. 2017 ● 5.000 bt; 42 € - Complesso nei profumi di lampone, chiodi di garofano e incenso. Il palato è caratterizzato da un succo dolce e polposo, slanciato dalla viva acidità.
A.A. Lagrein Tor di Lupo Ris. 2017 ● 19.000 bt; 39 € - Varietale nelle note di frutti di bosco, ha un naso scuro caratterizzato dalle spezie del legno. Il palato è di buona struttura, con chiusura arrotondata e saporita.
A.A. Sauvignon Andrius 2018 ○ 7.000 bt; 30 € - Incisivo, erbaceo, armonico.
A.A. Gewürztraminer Passito Juvelo 2018 ● 2.000 bt da 0,375 l; 37 € - Ampio, fruttato, dettagliato.

ha 80 - **bt** 500.000
Fertilizzanti compost, organo-minerali, preparati biodinamici
Fitofarmaci chimici di sintesi, organici, rame e zolfo
Diserbo lavorazione meccanica/manuale
Lieviti selezionati industriali
Uve 100% di proprietà
Certificazione nessuna certificazione

TERLANO/TERLAN (BZ)

CANTINA TERLANO

Via Silberleiten, 7 - tel. 0471 257135
www.cantina-terlano.com - office@cantina-terlano.com

VITA - Cantina Terlano è da molti anni sinonimo di grandi vini, in particolare bianchi. Fondata nel 1893, ha saputo ben presto far emergere la propria identità, forte e luminosa. Questo anche grazie allo storico cantiniere Sebastian Stocker, che ci fa piacere ricordare e che, fin da subito, ha creduto nella longevità dei bianchi del territorio. L'enologo Rudi Kofler ha raccolto con particolare dedizione quest'importante testimone, mettendo la propria preparazione al servizio di vini ambiziosi ed emozionanti.

VIGNE - I vigneti si trovano per la maggior parte lungo i pendii sopra Terlano, su terreni porfirici ricchi di minerali. Le forti escursioni termiche e l'intenso irraggiamento solare fanno di questo terroir una zona particolarmente vocata per le uve destinate a grandi bianchi. Il resto del lavoro è nelle mani del team di cantina, che affianca e consiglia i conferitori.

VINI - «Prendersi il tempo e dare il tempo»: è questa la filosofia della cantina, che punta su grandi bianchi da invecchiamento, al quale affianca vini territoriali originali ed espressivi.

TOP **A.A. Terlano Pinot Bianco Rarity 2007** ○ 3.340 bt; 120 € - Affinamento di 11 anni sui lieviti fini, per un vino intenso e di grande eleganza. Il sorso è cremoso e sapido, e regala un finale lungo, armonico e fresco.
A.A. Terlano Pinot Bianco Vorberg Ris. 2017 ○ 55.000 bt; 29 € - Stratificato e fine, profuma di frutti tropicali e si distende sul palato con un sorso pieno e ben contrastato dallo slancio acido-salino.
A.A. Terlano Nova Domus Ris. 2017 ○ 20.000 bt; 41 € - Il palato è ampio e vellutato, ma non privo di agilità, il naso è accogliente, con venature erbacee.
A.A. Terlano I Grand Cuvée 2017 ○ 2.700 bt; 187 € - Ampio, speziato, elegante.
A.A. Terlaner Sauvignon Quarz 2018 ○ 58.000 bt; 44 € - Succoso, erbaceo, elegante.

ha 190 - **bt** 1.500.000
Fertilizzanti compost, organo-minerali, preparati biodinamici
Fitofarmaci chimici di sintesi, organici, rame e zolfo
Diserbo lavorazione meccanica/manuale
Lieviti selezione di lieviti indigeni
Uve 100% di proprietà
Certificazione nessuna certificazione

TERLANO/TERLAN (BZ)

KORNELL - FLORIAN BRIGL

Frazione Settequerce - Via Cosimo e Damiano, 6
tel. 0471 917507 - www.kornell.it - info@kornell.it

VITA - Aveva solo 21 anni Florian Brigl quando, nel 1996, ha ereditato la storica tenuta Kornell e ha scelto di rendere onore al duro lavoro della sua famiglia e alla vocazione di questo luogo. Con caparbietà e dedizione, e con un team affiatato e preparato, è riuscito a realizzare un'azienda solida che, anche grazie al lavoro dell'enologo Marco Chistè, interpreta questo territorio con rispetto e genuinità.

VIGNE - La splendida tenuta risalente al XIV secolo è circondata dalle varietà bordolesi, che qui trovano una zona particolarmente adatta, grazie a suoli ricchi di porfido e al clima mite. Le uve bianche prosperano sui terreni morenici e argillosi di Appiano Monte, a 520 metri di altitudine. Il lavoro in campagna è scrupoloso e attento alle esigenze di ogni singola pianta.

VINI - Florian cerca nei suoi vini lunghezza, mineralità e freschezza, il tutto nel rispetto dell'annata e del territorio.

A.A. Merlot Kressfeld Ris. 2016 ● 4.000 bt; 61 € - Il lungo affinamento in barrique di primo passaggio è eseguito con particolare maestria: un rosso intrigante e non invadente, dallo sviluppo dinamico e succoso. Cenni balsamici arricchiscono note di peperone e sentori terrosi, in una bevuta che regala grande soddisfazione.
A.A. Merlot Staffes Ris. 2017 ● 12.000 bt; 28 € - Più giocato sul frutto maturo e sulla dolcezza del succo: una versione avvolgente che non perde in scorrevolezza.
A.A. Sauvignon Oberberg 2018 O 5.000 bt; 31 € - Floreale e stratificato, è un vino equilibrato fra polpa e freschezza, dal sorso piacevolissimo.
A.A. Lagrei Greif 2019 ● 25.000 bt; 14 € - Armonico, fruttato, energico.
A.A. Gewürztraminer Damian 2019 O 10.000 bt; 16 € - Agile, speziato, armonico.
A.A. Bianco Aichberg 2018 O 6.000 bt; 31 € - Fresco, agrumato, delicato.

ha 23 - **bt** 180.000
Fertilizzanti letame in pellet
Fitofarmaci rame e zolfo
Diserbo lavorazione meccanica/manuale
Lieviti selezionati industriali
Uve acquisto 2%
Certificazione nessuna certificazione

TERMENO/TRAMIN (BZ)

CANTINA TRAMIN

Strada del Vino, 144 - tel. 0471 096633
www.cantinatramin.it - info@cantinatramin.it

VITA - Se è vero che il gewürztraminer ha preso il nome da Tramin, dove sorge la cantina sociale fondata nel 1898, non c'è da stupirsi che qui venga prodotto con risultati eccellenti. I 310 soci possono contare su un enologo fuoriclasse, Willi Stürz, profondo conoscitore di questo vitigno aromatico.

VIGNE - La maggior parte dei vigneti è ai piedi del monte Roen, dove le condizioni sono ideali per il gewürztraminer, grazie alle escursioni termiche, che favoriscono i profumi, e ai terreni calcareo-argillosi e porfirici. Alcune parcelle sono in biologico e biodinamico.

VINI - Alle tante versioni di Gewürztraminer, si affiancano vini monovitigno a base delle varietà più coltivate in Alto Adige, e alcune cuvée.

TOP **T Bianco 2019** VINO QUOTIDIANO O chardonnay, pinot bianco, riesling, sauvignon blanc; 180.000 bt; 9 € - È fresco e profumato di fiori bianchi e limone. In bocca è slanciato, sapido e agrumato. Difficile trovare un bianco più piacevole a questo prezzo.
A.A. Pinot Nero Maglen Ris. 2017 ● 12.000 bt; 34 € - Si apre con profumi di marasche, frutti di bosco, spezie e scorza di arancia, insieme a un tannino levigato e a una struttura sorretta dalla freschezza.
A.A. Gewürztraminer Spätlese Epokale 2013 O 1.200 bt; 97 € - Dopo l'imbottigliamento affina in una miniera a oltre 2.000 metri di quota per oltre sei anni. Ha profumi di rosa, frutta tropicale e spezie. All'assaggio è complesso, con la parte dolce e quella sapida che si intrecciano bilanciandosi.
A.A. Gewürztraminer Nussbaumer 2018 O 80.000 bt; 29 € - Ampio, fruttato, espressivo.
A.A. Gewürztraminer Selida 2019 O 280.000 bt; 15 € - Fresco, floreale, armonico.

ha 270 - **bt** 1.800.000
Fertilizzanti compost, letame, minerali, organo-minerali, preparati biodinamici, sovescio
Fitofarmaci chimici di sintesi, organici, rame e zolfo
Diserbo lavorazione meccanica/manuale
Lieviti selezionati industriali, selezione di lieviti indigeni
Uve 100% di proprietà
Certificazione parte dei vigneti in regime biologico

TERMENO/TRAMIN (BZ)

ELENA WALCH

Via Andreas Hofer, 1 - tel. 0471 860172
www.elenawalch.com - info@elenawalch.it

VITA - Donna di città, nata e cresciuta a Milano dove lavorava come architetto, negli anni Ottanta Elena Walch è arrivata nel piccolo paese di Termeno per amore. Folgorata dai vigneti del marito, la cui famiglia produce vino dal 1869, ha deciso di occuparsene e, con idee lungimiranti e un approccio internazionale, è riuscita a far conoscere in Italia e all'estero la ricchezza di questa terra. Le figlie Karoline e Julia hanno ereditato la sua tempra e, affiancate dall'enologo Stefano Bolognani, stanno portando nuove energie in azienda.

VIGNE - Protagonista della rivoluzione qualitativa della regione, da oltre 30 anni l'azienda pratica una viticoltura sostenibile. Due i vigneti principali: Castel Ringberg, che gode del clima mite e della vicinanza al lago di Caldaro e sul quale crescono diverse varietà, e Kastelaz a Termeno, esposto a sud, dove dimorano gewürztraminer e merlot.

VINI - Grazie a soluzioni all'avanguardia in cantina si tutela il delicato lavoro fatto nei vigneti. Ne derivano vini impeccabili, insieme territoriali e cosmopoliti.

A.A. Lagrein Vigna Castel Ringberg Ris. 2017 ● 9.000 bt; 34 € - - Ha un succo di grande equilibrio, polposo e piacevolmente sapido. Il naso è tipico e profondo, profuma di frutta scura e spezie.
A.A. Chardonnay Vigna Castel Ringberg Ris. 2017 ○ 2.000 bt; 36 € - - Sfaccettato nelle note di fiori, bacche di sambuco e sottobosco. La bocca è fresca e di buon equilibrio.
A.A. Pinot Bianco Kristallberg 2018 ○ 8.000 bt; 20 € - - Fine e fruttato, ha un palato ampio e slanciato da una piacevole vena sapida.
A.A. Gewürztraminer Vigna Kastelaz 2019 ○ 14.000 bt; 30 € - - Ampio, speziato, varietale.
A.A. Pinot Nero Ludwig 2017 ● 10.000 bt; 30 € - - Fresco, fruttato, incisivo.
A.A. Sauvignon Vigna Castel Ringberg 2019 ○ 15.000 bt; 21 € - - Fine, fruttato, delicato.

ha 60 - **bt** 540.000
Fertilizzanti compost, humus, sovescio
Fitofarmaci chimici di sintesi, organici, rame e zolfo
Diserbo lavorazione meccanica/manuale
Lieviti selezione di lieviti indigeni
Uve 100% di proprietà
Certificazione parte dei vigneti in regime biologico

VARNA/VAHRN (BZ)

ABBAZIA DI NOVACELLA

Frazione Novacella - Via dell'Abbazia, 1 - tel. 0472 836189
www.abbazianovacella.it - info@abbazianovacella.it

VITA - La splendida abbazia, fondata nel 1142, è fra i luoghi più suggestivi della valle Isarco. Queste mura custodiscono da secoli la viticoltura di montagna i cui frutti, da oltre 20 anni, sono affidati al sapiente lavoro di Celestino Lucin. Enologo preparato e tradizionalista, non ha perso la voglia di sperimentare, come dimostra il nuovo progetto Insolitus: etichette che cambieranno ogni anno e che nascono con l'intento di esplorare diverse tecniche e vitigni.

VIGNE - La maggior parte del vigneto aziendale è costituita da varietà bianche, che crescono in valle Isarco su terreni sabbiosi di origine morenica. Le altitudini fra i 600 e i 900 metri conferiscono un'acidità alpina alle uve, mentre l'esposizione a sud le porta a piena maturazione. Lagrein e pinot nero si trovano a Cornaiano e Bolzano.

VINI - Varietà aromatiche e utilizzo di acciaio consentono alla cantina di produrre vini freschi, giocati sui profumi primari e con una buona traccia minerale.

TOP **A.A. Valle Isarco Riesling Praepositus 2018 ○** 13.000 bt; 27 € - - Ottenuto con una piccola percentuale di uve passite, è un vino dall'ottimo impianto fresco-sapido, con profumi agrumati e tropicali e un sorso teso e persistente.
A.A. Pinot Bianco Insolitus 2018 ○ 1.700 bt; 27 € - - Una delle tre etichette del progetto Insolitus, è un Pinot bianco di grande eleganza e fascino: naso profondo di frutta, spezie dolci e burro; sorso ampio ma di incisiva sapidità e lunga persistenza.
A.A. Valle Isarco Gewürztraminer Praepositus 2018 ○ 20.000 bt; 21 € - - Aromaticità fine e misurata che anticipa un palato pieno e con spinta salina.
A.A. Valle Isarco Grüner Veltliner Praepositus 2018 ○ 13.000 bt; 20 € - - Ampio, agrumato, teso.
A.A. Valle Isarco Kerner 2018 ○ 45.000 bt; 20 € - - Agile, fruttato, varietale.

ha 26 - **bt** 800.000
Fertilizzanti compost, sovescio
Fitofarmaci chimici di sintesi, rame e zolfo
Diserbo lavorazione meccanica/manuale
Lieviti selezionati industriali
Uve acquisto 70%
Certificazione nessuna certificazione

VARNA/VAHRN (BZ)

KÖFERERHOF GÜNTHER KERSCHBAUMER

Frazione Novacella - Via Pusteria, 3 - tel. 347 4778009
www.koefererhof.it - info@koefererhof.it

VITA - L'ascesa della valle Isarco a una delle zone bianchiste per eccellenza d'Italia deve molto a un gruppo di vignaioli artigiani che, a partire dagli anni Novanta, ha deciso di vinificare le proprie uve e puntare sulla qualità. Günther Kerschbaumer è stato tra i primi nel 1995, e tuttora è considerato uno dei massimi interpreti, con uno stile personale e riconoscibile che si distingue per stratificazione, avvolgenza e contrasto.

VIGNE - Quest'anno sono aumentate leggermente la superficie coltivata in proprio e quella dei conferitori, soprattutto sul fronte kerner, la varietà principale dell'azienda. Le vigne si trovano tra i 650 e i 750 metri di quota, su terreni leggeri e sabbiosi d'origine morenica, con forte componente di scisto e granito. L'altro elemento fondamentale sono gli intensi sbalzi termici tra notte e giorno, garanti di finezza aromatica e freschezza.

VINI - I vini di Günther sono fini, precisi e complessi, con armonico contrasto tra maturità del frutto, densità e tensione.

A.A. Valle Isarco Veltliner 2018 O 4.000 bt; 20 € - - Ci ha colpiti per equilibrio e misura, con tratti più terrosi che fruttati e un palato solido, di medio spessore e sinuosa tensione acida.
A.A. Valle Isarco Kerner 2019 O 25.000 bt; 17 € - - Il cavallo di battaglia dell'azienda, e Günther lo sa domare bene: essenziale, con poche morbidezze ma più verticalità e sale.
A.A. Valle Isarco Riesling 2018 O 8.000 bt; 24 € - - Raccolto in due passaggi di cui uno tardivo, il vino gioca tutto sui contrasti: tra il residuo zuccherino e lo slancio acido-salino, tra le note fruttate fresche e quelle più mature e la componente minerale-rocciosa.
A.A. Valle Isarco Sylvaner 2019 O 10.000 bt; 15 € - - Succoso, floreale, incisivo.
A.A. Valle Isarco Sylvaner R 2018 O 4.000 bt; 25 € - - Ampio, fruttato maturo, profondo.

ha 6 - **bt** 90.000
Fertilizzanti compost, humus, organo-minerali
Fitofarmaci chimici di sintesi, rame e zolfo
Diserbo lavorazione meccanica/manuale
Lieviti selezionati industriali
Uve acquisto 40%
Certificazione nessuna certificazione

VARNA/VAHRN (BZ)

STRASSERHOF - HANNES BAUMGARTNER

SCONTO **-10%**

Frazione Novacella - Unterrain, 8 - tel. 0472 830804
www.strasserhof.info - info@strasserhof.info

VITA - Il maso dei Baumgartner ha mura che risalgono all'XI secolo. Dal 2003 ha preso le redini della gestione vinicola Hannes Baumgartner, mentre il resto della famiglia si occupa dell'agriturismo e dell'osteria, aperta nei mesi autunnali per il tradizionale Törgellen, durante il quale si assaggia il vino novello accompagnato da ricette tipiche tirolesi.

VIGNE - Siamo in una delle aziende vinicole più a nord d'Italia, con i vigneti che circondano il maso, a 700 metri di altitudine; sono ben esposti, soleggiati, e godono di importanti escursioni termiche, che garantiscono ai vini bianchi freschezza e profumi. I terreni sono leggeri, sabbiosi e ricchi di ghiaia; le varietà coltivate sono quelle tipiche della valle Isarco, tutte a bacca bianca, con l'eccezione dello zweigelt.

VINI - I vini di Hannes sono diretti e varietali: riflettono l'annata, ma soprattutto sono degli ottimi biglietti da visita per conoscere le varietà e il terroir della valle Isarco.

A.A. Valle Isarco Kerner Cl. 2019 O 18.000 bt; 17 € - - I profumi sono freschi, fragranti e fruttati, con note di sambuco, ananas e mela verde. In bocca è di bella progressione, con la parte dolce ben contrastata dalla spinta acido-sapida.
A.A. Valle Isarco Sylvaner Cl. 2019 O 8.000 bt; 17 € - - Si apre su profumi di agrumi, frutta gialla e fieno; all'assaggio la struttura è sorretta da una buona acidità, e il finale è teso ed equilibrato.
A.A. Valle Isarco Sauvignon Cl. 2019 O 3.000 bt; 17 € - - È l'ultima etichetta prodotta da Hannes, da vigne piantate nel 2013. I profumi sono varietali, e in bocca è salato, saporito e slanciato.
A.A. Valle Isarco Grüner Veltliner Cl. 2019 O 4.000 bt; 16 € - - Fresco, minerale, essenziale.
A.A. Valle Isarco Riesling Cl. 2019 O 9.000 bt; 18 € - - Agile, fruttato, sapido.

ha 6,5 - **bt** 50.000
Fertilizzanti compost, organo-minerali, sovescio
Fitofarmaci chimici di sintesi, rame e zolfo
Diserbo lavorazione meccanica/manuale
Lieviti fermentazione spontanea, selezionati industriali
Uve acquisto 2%
Certificazione nessuna certificazione

GARLIDER CHRISTIAN KERSCHBAUMER

Via Untrum, 20 - tel. 0472 847296
www.garlider.it - info@garlider.it

VITA - La parola tedesca spannung rende bene il senso della tensione, della vitalità, e ci pare calzi a pennello per raccontare Christian Kerschbaumer: uomo di poche parole e gesti energici, ha uno spirito montano profondamente radicato nella terra di origine ma, al contempo, proteso verso nuove sfide, sperimentazioni e incontri. Il tutto convoglia nella sua sensibilità contadina e in vini di incredibile luminosità e purezza, che esplorano la valle Isarco nelle sue più intime espressioni.

VIGNE - Sostenitore dell'agricoltura biologica, Christian utilizza anche diversi preparati biodinamici. Il cuore del vigneto cresce sui pendii intorno al maso, tra i 530 e i 650 metri di altitudine, e su terreni scistosi con presenza di quarzite. A 850 metri si trova, inoltre, un piccolo appezzamento di Müller Thurgau e sylvaner.

VINI - Intervenire il meno possibile per far sì che i vini trasmettano intatta la materia prima. Questo è l'approccio in cantina: semplice, essenziale e incisivo.

TOP **Sylvaner 2018** VINO SLOW O 7.700 bt; 20 € - Nordico e salato, è un vino magnetico che ci ha incantati per grazia e nerbo. Il frutto terso è esaltato dalle note di erbe aromatiche.
Grüner Veltliner Leichtigkeit 2019 O 1.300 bt; 17 € - Lo confessiamo: si è giocato fino all'ultima goccia il riconoscimento di Vino Slow. Vi ritroviamo la profondità salata, segno distintivo dell'azienda, che qui si inserisce in un sorso succoso che profuma di agrumi e miele.
Grüner Veltliner 2018 O 7.800 bt; 20 € - Frutto giallo maturo e arrotondato, che si inserisce in un sorso avvolgente ben contrastato dall'acidità.
Sylvaner Hautnah 2017 O 700 bt; 39 € - Bianco macerato, vinificato in porcellana, fresco, erbaceo, incisivo.
Pinot Nero 2018 ● 2.000 bt; 26 € - Agile, fruttato, teso.

ha 4,2 - **bt** 25.000
Fertilizzanti preparati biodinamici, sovescio
Fitofarmaci rame e zolfo
Diserbo lavorazione meccanica/manuale
Lieviti fermentazione spontanea
Uve 100% di proprietà
Certificazione biologico certificato

VELTURNO/FELDTHURNS (BZ)

RADOAR - NORBERT BLASBICHLER

Località Pedratz, 1 - tel. 0472 855645
www.radoar.com - info@radoar.com

VITA - Il maso Radoar mantiene ancora, almeno in parte, l'impostazione di una volta: oltre la vigna ci sono bestiame e animali da cortile, diverse colture frutticole, vendute fresche o trasformate in succhi e distillati, poi in autunno le castagne e l'ospitalità per il törggelen. Tutto questo non è frutto di una vena nostalgica di Norbert Blasbichler, ma di una visione più ampia e profonda di agricoltura e del ruolo dell'uomo come custode, e non padrone, di un territorio.

VIGNE - Le vigne si trovano in alto, tra i 750 e i 900 metri di quota; il clima è ben contrastato e i terreni sono sabbiosi, poco profondi e ricchi di scheletro scistoso. Tutti elementi che lasciano un'impronta precisa nel carattere dei vini, leggerezza e intensità gustativa in primis. Il resto lo fa la sensibilità agricola di Norbert, con un approccio biologico convinto e l'applicazione pragmatica di alcune pratiche biodinamiche.

VINI - Vini precisi e territoriali, elaborati senza scorciatoie enologiche e fatti per essere bevuti più che per stupire. L'impegno ora va verso la ricerca di maggiore carattere e profondità, con prove di macerazioni sulle bucce per diversi bianchi, più tempo sulle fecce fini e meno solfiti totali.

TOP **Müller Thurgau Etza 2019** VINO SLOW O 3.600 bt; 17 € - Un vino tutta finezza: leggiadro, essenziale, sottile nelle note fruttate, pronunciato su quelle rocciose, ha un sorso rilassato, come quando si beve acqua di fonte.
Kerner Radoy 2019 O 2.800 bt; 19 € - Deliziosi toni di mandarino ed erbe di montagna avvolte in un sorso che gioca su un azzeccato contrasto tra dolcezza e acidità.
Loach 2018 ● zweigelt, pinot nero; 3.300 bt; 23 € - Fine, fruttato, verace.
Zweigelt 2019 ● 2.000 bt; 14 € - Fresco, fruttato, leggiadro.

Abbiamo assaggiato in anteprima il Riesling Vives 2018, nuovo cocco di Norbert, unico per naturalezza e succosità.

ha 3 - **bt** 20.000
Fertilizzanti compost
Fitofarmaci rame e zolfo
Diserbo lavorazione meccanica/manuale
Lieviti fermentazione spontanea
Uve 100% di proprietà
Certificazione biologico certificato

VELTURNO/FELDTHURNS (BZ)

ZÖHLHOF - JOSEF MICHAEL UNTERFRAUNER

Via Untrum, 5 - tel. 335 1305728
www.zoehlhof.it - info@zoehlhof.it

VITA - C'è sempre qualcosa da imparare allo Zöhlhof: qui il biologico non è soltanto una certificazione, ma il fondamento dell'azienda stessa e parte integrale della filosofia di vita della famiglia Unterfrauner. Il loro è un approccio olistico, alimentato dalla volontà di vivere e operare in piena sintonia con la natura, anche se ciò vuol dire fare un passo indietro sul piano commerciale. È quest'umiltà che colpisce, frutto del lungo percorso di Josef Michal Unterfrauner, trasmesso anche al giovane figlio Wolfgang, attivo in azienda da alcuni anni.

VIGNE - Allo Zöhlhof si coltivano uve e mele: gli impianti si trovano vicino al maso, sui versanti esposti verso sud-est, a circa 630 metri di quota. I terreni leggeri e drenanti sono un miscuglio tra sabbia, ghiaia e roccia scistosa e quarzifera. Condizioni ideali per varietà bianche come sylvaner, il vitigno più importante, ma anche gewürztraminer e riesling. L'approccio biologico non è soltanto convinto, è interiorizzato e costantemente arricchito di spunti.

VINI - L'obiettivo in cantina è di portare il massimo della natura in bottiglia, con vinificazioni molto poco interventiste.

Sylvaner Greil 2019 O 2.600 bt; 15 € - Vinificato con metà della massa macerata sulle bucce per 24 ore, è un vino di grande purezza espressiva, con note fruttate in primo piano ma anche cenni terrosi e di roccia. Il palato è consistente, succoso e disteso, animato da un vibrante cuore sapido.

Gewürztraminer Dyonisos 2019 O 2.000 bt; 17 € - Ha un'aromaticità piuttosto discreta, con classiche note di rosa e spezie, e un palato avvolgente, caloroso ma non dolce, e comunque ben contrastato.

ha 2,3 - **bt** 10.000
Fertilizzanti sovescio
Fitofarmaci organici, rame e zolfo
Diserbo lavorazione meccanica/manuale
Lieviti fermentazione spontanea
Uve 100% di proprietà
Certificazione biologico certificato

VILLANDRO/VILLANDERS (BZ)

RÖCK

Via San Valentino, 22 - tel. 0472 847130
www.roeck.bz - roeck@rolmail.net

VITA - Un maso d'origine antica, di proprietà della famiglia Augschöll da oltre duecento anni, che sta vivendo una felice transizione generazionale: Hannes Augschöll, dopo gli studi a Weinsberg in Germania ed esperienze lavorative in diverse cantine, da un po' di tempo affianca il padre Konrad portando idee nuove in campo viticolo, enologico e sul piano dell'immagine aziendale, ma anche una sensibilità profonda per il concetto di sostenibilità nel senso più ampio.

VIGNE - Le vigne si trovano attorno al maso tra i 500 e i 700 metri di quota. L'idea per il futuro è di spingersi ancora più in alto, per garantire, in questi tempi di riscaldamento globale, la necessaria freschezza acida. Per quanto riguarda la gestione, già da anni si è abbandonato il diserbo e sono stati gradualmente ridotti i trattamenti sistemici. Quest'anno, senza per ora aspirare a certificazioni, si è lavorato esclusivamente con rame e zolfo per la difesa fitosanitaria.

VINI - In cantina si è scelto di lavorare in maniera più delicata, con chiarifiche soltanto leggere e affinamenti più lunghi sulle fecce fini e in bottiglia. Per questo abbiamo recensito soltanto due vini quest'anno. Gli altri, degustati in anteprima, promettono molto bene. Si sperimenta anche con fermentazioni spontanee e brevi macerazioni sulle bucce, per ora su una piccola parte della massa, per aumentare complessità e volume.

A.A. Valle Isarco Müller Thurgau Petra 2019 O 2.000 bt; 11 € - Puro ed essenziale, di filigrana aromatica articolata, ha un sorso leggiadro ma incisivo: sembra di bere acqua di roccia.

Pet Nat 2019 Müller Thurgau; 150 bt; 18 € - Primo esperimento, piuttosto riuscito possiamo dire, di un rifermentato in bottiglia: vinoso, con toni floreali e di mela succosa, ha un palato consistente e fresco, di delicatissima effervescenza.

ha 2,5 - **bt** 18.000
Fertilizzanti letame, sovescio
Fitofarmaci rame e zolfo
Diserbo lavorazione meccanica/manuale
Lieviti fermentazione spontanea, selezionati industriali
Uve 100% di proprietà
Certificazione nessuna certificazione

ÁUSTRIA
ALTO ÁDIGE/
SÜDTIROL
TRENTINO-
FRIÚLI
VENÉZIA
GIÚLIA
LOMBARDIA
EMÍLIA-
-ROMAGNA
VALPOLICELLA E VENETO OCCIDENTALE
TERRE DELLA GARGANEGA
BREGANZE, COLLI BERICI E COLLI EUGANEI
COLLINE DEL PROSECCO, PIAVE E VENETO ORIENTALE
Landeck
Matrei am Brenner
Pfunds
Sölden
Vipiteno/
Sterzing
Brennero
Brunico/
Bruneck
Lienz
Drau
S. Cándido/
Innichen
Merano/
Meran
Bressanone/
Brixen
Ádige/Etsch
PARCO NAZ.
D. STÉLVIO
Bolzano/Bozen
Ortisei/
St. Ulrich
Cortina
d'Ampezzo
Pieve
di Cadore
Tolmezzo
Marmolada
3343
Moena
Madonna
di Campíglio
P.so d.
Tonale
3150
Brenta
PARCO NAZ.
DOLOMITI
BELLUNESI
Maniago
Belluno
Tione
di Trento
Sarca
Trento
Pordenone
Vittorio
Véneto
Riva
d. Garda
Arco
M. Grappa
1775
Codróipo
Conegliano
Piave
Asiago
Rovereto
Bassano
d. Grappa
Portogruaro
Lago
di
Garda
Schio
Castelfranco
Véneto
Treviso
S. Donà
di Piave
Lignano
Sabbiadoro
Cittadella
Vicenza
Mirano
Lido di Jésolo
Mestre
Verona
VENÉZIA
S. Bonifácio
Mira
Pádova
Villafranca
di Verona
Golfo
di
Venézia
Monsélice
Chióggia
Este
Mántova
Legnago
Ádige
Rovigo
Ostiglia
Ádria
Porto Tolle
Po
Mésola
Guastalla
Secchia
Mirándola
Ferrara
Carpi
Panaro
MAR
Cento
Reno
Comácchio
Réggio
n. Emília
Módena
Argenta
ADRIÁTICO
Sassuolo
BOLOGNA
Lugo
Ravenna
Pavullo
n. Frignano
Ímola
Faenza
Cérvia
Forlì
M. Cimone
2165
0
15
30 km
A13
A22
A27
A23
A28
A4
A31
SPV
A57
A1
A14Dir.
A14
A1Var.
RA8
1375
1883

VENETO

Uno sguardo veloce “a volo d’angelo” su tutte le zone che compongono il macroterritorio vitivinicolo del Veneto restituisce un’immagine piuttosto solida e felice. Si nota, ovviamente, qualche ombra ma sembra che tutto sia indirizzato nel verso giusto. Le denominazioni che crescono attorno al lago di Garda godono di buona salute, in particolare il Bardolino, che dopo la “Chiaretto Revolution” ha acquistato grande credito anche a livello internazionale. Situazione più complessa e sfaccettata in Valpolicella, dove cresce la qualità dei vini d’annata e dei Superiori, rimane stabile il fenomeno commerciale del Ripasso mentre permangono nebulose le sorti dell’Amarone per la confusa progettualità che ruota attorno a questo vino. A Soave continuano a lavorare molto bene le solite realtà, già pienamente affermate: mancano semmai le novità. Nella terra di confine tra la provincia di Verona e quella di Vicenza si sta imponendo con decisione il Metodo Classico a base durella: i produttori sembrano avere messo a fuoco l’obiettivo e finalmente si ha la sensazione che dietro queste bollicine vi siano un progetto chiaro e una visione più a lungo termine. Anche nei colli Berici c’è fermento, e una generale riscoperta della grande vocazione per i vini da uve a bacca rossa, in modo particolare il Carmenère. I colli Euganei invece sono un po’ in standby, pur con vini di indiscusso interesse: il bordolese veneto trova in queste zone interpreti di valore, ma in generale sembra che vi sia una sorta di pausa di riflessione, e che manchi una generazione nuova in grado di raccontare la propria storia. I colli Asolani e il Montello hanno invece il vento in poppa: stiamo assistendo a un vero e proprio boom in termini produttivi, ma siamo in attesa di una maggiore definizione per quanto riguarda l’espressione sensoriale. Lison Pramaggiore e la denominazione Piave resistono, anche se con fatica: onore ad alcuni produttori che ancora continuano a sfoderare la bandiera del raboso, ma che poco possono nei confronti dell’immenso mare di glera e pinot grigio che li travolge. Tra le colline del Prosecco Superiore si sta lavorando bene: le nuove generazioni ci hanno messo del loro e i risultati cominciano a percepirsi. Il livello qualitativo è molto alto in generale, e raramente si evidenziano situazioni di dubbia qualità. La “Colfondo Generation” ha preso una posizione stabile: sono cresciute le etichette presenti sul mercato e anche il livello generale si è alzato notevolmente.

le Bottiglie

le Monete €

VALPOLICELLA E VENETO OCCIDENTALE

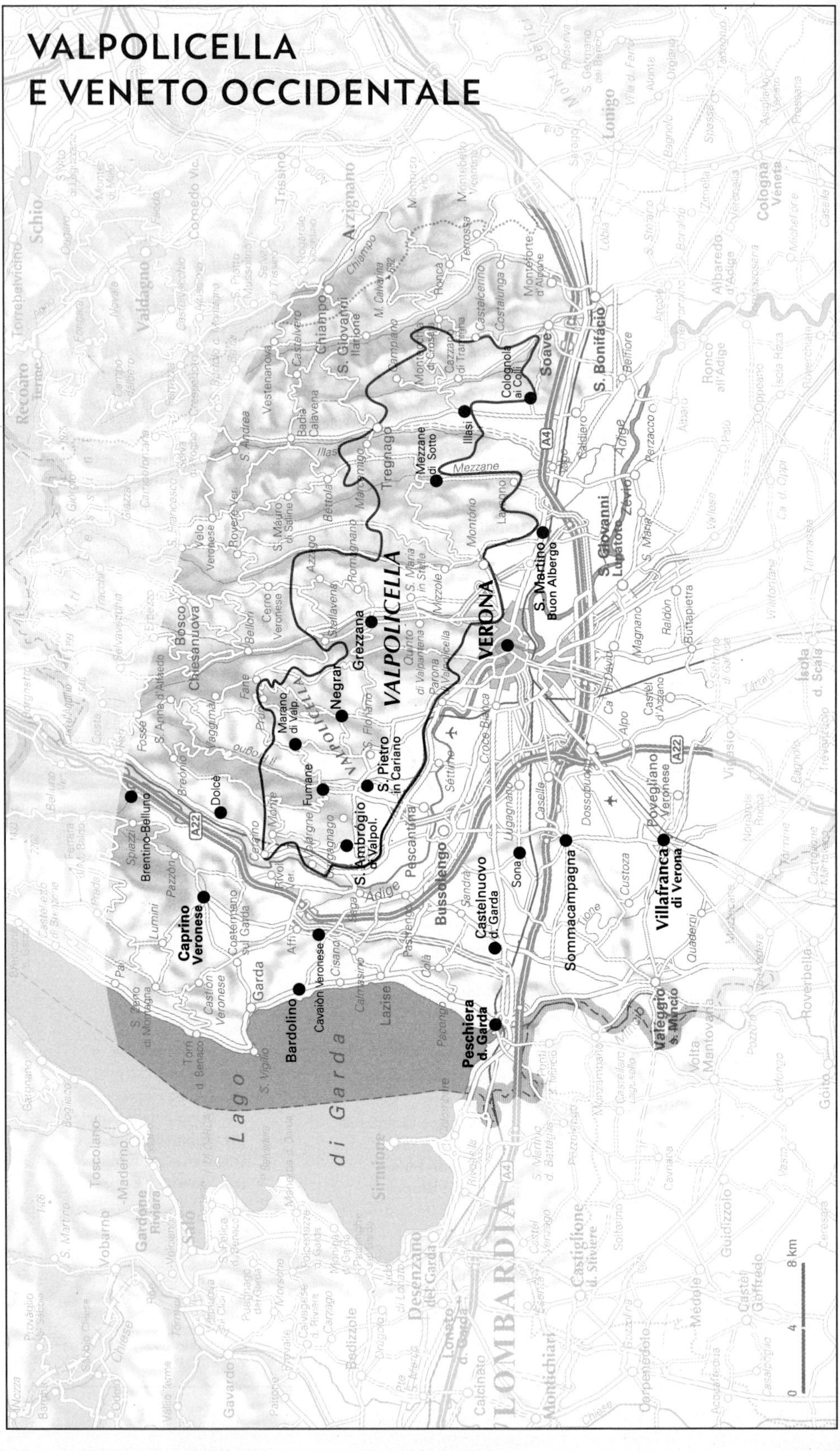

BARDOLINO (VR)

CASARETTI

€

Frazione Calmasino - Località Casaretti, 2/a - tel. 045 7235475
www.casaretti.it - info@casaretti.it

VITA - Seguendo le orme tracciate dai loro predecessori i fratelli Gianmaria e Stefano Rossi hanno iniziato nel 2010 a prendersi cura dell'azienda vitivinicola, che la loro famiglia gestisce da oltre 100 anni in località Casaretti, nel comune di Calmasino, nella zona classica del Bardolino. Gianmaria segue i vigneti, mentre Stefano, enologo, si dedica alla cantina. L'attitudine semplice e diretta e la grande dedizione per il lavoro sono le armi vincenti dei due fratelli.

VIGNE - I 13 ettari di proprietà si trovano in due appezzamenti principali, nei comuni di Calmasino e Cavaion Veronese. I terreni sono di origine morenica, ricchi di fossili e tipici dell'entroterra del lago di Garda, e conferiscono ai vini una decisa sapidità. Qui vengono coltivate in regime biologico soprattutto le varietà autoctone del territorio (corvina, rondinella, molinara, corvinone e garganega), limitando molto le rese, con lo scopo di ottenere della materia prima eccellente.

VINI - Sobrietà e pulizia caratterizzano lo stile aziendale, che tende a preservare nei vini la salinità offerta dai terreni.

TOP **Chiaretto di Bardolino Rosa dei Casaretti 2019** VINO QUOTIDIANO 10.000 bt; 10 € - Profumi suadenti di pesca bianca, fiori e scorza d'agrume invitano al sorso, che si rivela dissetante e sapido.
Bardolino Cl. Olte Longhe 2018 ● 2.600 bt; 13 € - Il ricordo della marasca succosa si ritrova anche al palato, ben risolto nell'equilibrio tra freschezza e sapidità.
Bardolino Cl. La Nogara 2019 ● 8.000 bt; 10 € - Intrigante nei sentori balsamici di menta e in quelli di sottobosco e fruttati, ha un palato scorrevole e giustamente tannico.
Bardolino Cl. Essentia 2018 ● 650 bt; 22 € - Solido, speziato, energico.
Brol di Calmasino 2019 ○ garganega, cortese; 2.000 bt; 11 € - Agile, fruttato, delicato.

ha 13 - **bt** 45.000
Fertilizzanti letame in pellet, sovescio
Fitofarmaci organici, rame e zolfo
Diserbo lavorazione meccanica/manuale
Lieviti selezionati industriali, selezione di lieviti indigeni
Uve 100% di proprietà
Certificazione biologico certificato

BARDOLINO (VR)

COSTADORO

SCONTO -10%

Via Costadoro, 5 - tel. 045 7211668
www.agriturismocostadoro.com - cantina@agriturismocostadoro.com

VITA - Da tempo legati in un'indissolubile quanto reciproca simbiosi, la famiglia Lonardi e il territorio di Bardolino, la costa dorata, sono oggi gli alfieri di un raro quanto lodevole esempio di sereno e gioioso equilibrio. Valentino Lonardi si occupa della cantina, la moglie Mariangela Zorzi del B&B, e le figlie Rachele e Valentina di diverse mansioni.

VIGNE - Su tutto l'anfiteatro vitato domina il suolo morenico, illuminato dagli influssi del lago, per impianti a spalliera. Pionieri della raccolta meccanizzata, attenti custodi della biodiversità ambientale, i Lonardi stanno investendo su una sempre maggiore innovazione tecnica.

VINI - I vini sono classici, precisi da un punto di vista enologico, di buona espressività territoriale. I processi di vinificazione e di affinamento restituiscono etichette lineari e identitarie.

Bardolino Cl. Sup. 2018 ● 8.000 bt; 14 € - Questo è senza dubbio il vino che più rappresenta la cantina e il suo stile. I suadenti sentori di ciliegia che si percepiscono subito all'olfatto, lasciano spazio a un palato di impianto tannico, fresco e sapido.

Bardolino Cl. Broi 2018 ● 10.000 bt; 7 € - Dall'omonimo appezzamento nasce questo vino che potremmo definire un fratello minore che non teme l'inferiorità. Si apre con freschi sentori fruttati e intensi ricordi balsamici, per poi passare a un palato agevole, che tuttavia non scade mai nel banale.

Bardolino Chiaretto Brut 2019 9.000 bt; 14 € - Questo agile spumante è ottenuto con il Metodo Charmat: gioca su iniziali sentori di fragolina e sottobosco, per poi sviluppare la dinamica gustativa in un palato fresco, piacevole e spiccatamente beverino.

ha 24 - **bt** 180.000
Fertilizzanti minerali
Fitofarmaci rame e zolfo
Diserbo lavorazione meccanica/manuale
Lieviti selezionati industriali
Uve 100% di proprietà
Certificazione nessuna certificazione

BARDOLINO (VR)

GUERRIERI RIZZARDI

SCONTO **-10%**

Strada Campazzi, 2 - tel. 045 7210028
www.guerrieri-rizzardi.it - mail@guerrieri-rizzardi.it

VITA - Nel 1914, per la prima volta, i cognomi Guerrieri e Rizzardi apparirono affiancati sull'etichetta di una bottiglia. Entrambe le famiglie vantavano già una lunga esperienza nel mondo del vino veronese, i Guerrieri nel territorio del Bardolino e i Rizzardi in Valpolicella. Negli anni Settanta fu acquistata anche la tenuta in Soave a Costeggiola, ampliando così ulteriormente l'offerta di vini. Le proprietà si completano con la tenuta in Valdadige.

VIGNE - I vigneti si dividono su un territorio ampio, con microclimi e terreni molto diversi fra loro. Dai suoli vulcanici e calcarei del Soave, ai terreni sabbiosi e ciottolosi del Bardolino, senza dimenticare quelli calcareo-argillosi della Valpolicella. Nella conduzione delle vigne sono ridotti al minimo gli interventi fitosanitari con prodotti di sintesi, prediligendo trattamenti a base di rame e zolfo. Si sta abbandonando il diserbo chimico.

VINI - I vini degustati sono accomunati dalla facile beva, grazie alle freschezza e sapidità che li contraddistinguono. Anche nei vini a più lungo invecchiamento, come gli Amaroni, l'austerità data dall'alcol è ben bilanciata dalla nota acida.

Amarone della Valpolicella Calcarole Ris. 2015 ● 6.436 bt; 60 € - - Al naso note di marasca, spezie dolci e tostature. In bocca è austero e consistente.
Bardolino Cl. Cuvée XV 2019 ● 36.000 bt; 8 € - - Profuma di piccoli frutti rossi ed è leggermente speziato. Il sorso è fine e agile.
Munus 2018 ● corvina, merlot, ancellotta; 24.000 bt; 15 € - - Fruttato e speziato, ha una bocca integrata e ampia.
Bardolino Cl. Tacchetto 2018 ● 30.000 bt; 10 € - - Ampio, fruttato, armonico.
Valpolicella Cl. Cuvée XVII 2019 ● 36.000 bt; 10 € - - Fresco, fruttato, essenziale.
Bardolino Chiaretto Cl. Keya 2019 ● 45.000 bt; 8 € - - Fresco, fruttato, delicato.

ha 100 - **bt** 700.000
Fertilizzanti letame, organo-minerali, sovescio
Fitofarmaci chimici di sintesi, rame e zolfo
Diserbo chimico, lavorazione meccanica/manuale
Lieviti selezionati industriali, selezione di lieviti indigeni
Uve acquisto 10%
Certificazione nessuna certificazione

BARDOLINO (VR)

VIGNETI VILLABELLA

SCONTO **-10%**

Frazione Calmasino - Strada Bisabola, 6 - tel. 045 7236448
www.vignetivillabella.com - info@vignetivillabella.com

VITA - L'azienda prende il nome della località all'interno del comune di Affi dove nel 1971 è nato il progetto delle famiglie Cristoforetti e Delibori, ancora oggi alla guida di questa realtà. Se è vero che il Bardolino, nelle sue diverse interpretazioni, resta il vino del cuore perché si è partiti dal suo territorio, Vigneti Villabella in questi 50 anni ha investito per offrire al consumatore un'ampia scelta di vini del veronese.

VIGNE - Oltre ai vigneti di Villabella, segnaliamo anche Villa Cordevigo a Cavaion Veronese: un cru di 23 ettari a conduzione biologica, in cui si sono dedicati 5 ettari alla riscoperta dell'oseleta, vitigno storico del territorio. L'azienda ha una sede aziendale anche a Fumane, in Valpolicella, con 12 ettari di vigneto intorno alla cantina. Il custoza arriva da Sandrà. Da cinque anni si produce anche lugana da Lonato.

VINI - L'imperativo in cantina è conservare e valorizzare le caratteristiche territoriali di ciascun vino, intervenendo il meno possibile.

Bardolino Chiaretto Cl. 2019 ● 30.000 bt; 8 € - - In questa interpretazione, fresca e beverina, si ritrovano al naso piacevoli note di pesca e sbuffi minerali.
Bardolino Cl. Morlongo 2018 ● 45.000 bt; 8 € - - Dalle colline moreniche del Bardolino, con note di ciliegia matura e spezie, al palato è morbido e piacevolmente avvolgente.
Amarone della Valpolicella Cl. Fracastoro Ris. 2011 ● 18.000 bt; 41 € - - Dai terreni calcareo-argillosi della Valpolicella, presenta tipiche note di confettura miste a cenni di spezie dolci. All'assaggio troviamo grande struttura ed eleganza.
Valpolicella Cl. Sup. Ripasso 2018 ● 50.000 bt; 14 € - - Avvolgente, fruttato, autentico.
Montemazzano 2018 ● corvina, rondinella; 10.000 bt; 12 € - - Fine, fruttato, sottile.
Lugana 2019 O 40.000 bt; 11 € - - Fresco, fruttato, sapido.

ha 220 - **bt** 600.000
Fertilizzanti letame in pellet, minerali, sovescio
Fitofarmaci chimici di sintesi, rame e zolfo
Diserbo lavorazione meccanica/manuale
Lieviti fermentazione spontanea, selezionati industriali
Uve 100% di proprietà
Certificazione parte dei vigneti in regime bio

BRENTINO BELLUNO (VR)

ROENO

SCONTO -10%

Frazione Belluno Veronese - Via Mama, 5 - tel. 045 7230110
www.cantinaroeno.com - info@cantinaroeno.com

VITA - Ci troviamo nella terra dei Forti, la parte della valle dell'Adige che collega Trento a Verona. È qui che Rolando Fugatti ha dato vita a Roeno negli anni Sessanta. Oggi l'azienda è gestita dai figli Cristina, enologa, Giuseppe, agronomo, e Roberta, che cura l'ospitalità e la gestione del bel ristorante annesso alla cantina. Ma una nuova generazione è già ai blocchi di partenza.

VIGNE - I vigneti sono in zone diverse della Valdadige: Rivoli Veronese, Affi, Brentino Belluno, Dolcè, fino alla provincia di Trento. L'azienda ha investito in un'importante lavoro di zonazione della varietà pinot grigio, presente nel territorio da molti decenni. Altro cavallo di battaglia è l'enantio, vite silvestre nativa di questo territorio, coltivato sul terreno sabbioso in riva all'Adige in possenti vigne centenarie e franche di piede.

VINI - Fondamentale l'apporto dell'enologo Mirko Maccani. In gamma troviamo solo vini monovarietali (fatta eccezione per il passito Cristina), per enfatizzare al massimo le caratteristiche di ogni singola uva.

TOP **Riesling Renano Collezione di Famiglia 2016** VINO SLOW ○ 3.500 bt; 33 € - Le caratteristiche note agrumate e di idrocarburo si fondono in un palato sapido e gustoso, con un'acidità ben integrata nel sorso e un terso e lungo finale.
Terradeiforti Pinot Grigio Rìvoli 2017 ○ 7.000 bt; 21 € - Floreale ed erbaceo, offre un sorso dalla solida sapidità, compensata dal riaffiorare di sentori fruttati più morbidi.
Terradeiforti Enantio 1865 Pre-Fillossera Ris. 2015 ● 4.000 bt; 39 € - Verace e profondo, invade il palato con un tannino irruente, che poi cede il passo a sensazioni succose, balsamiche e speziate.
Vendemmia Tardiva Cristina 2017 ○ pinot grigio, chardonnay, gewürztraminer, sauvignon blanc; 2.000 bt da 0,5 l; 26 € - Avvolgente, floreale, espressivo.

ha 80 - **bt** 400.000
Fertilizzanti compost, letame, sovescio
Fitofarmaci rame e zolfo
Diserbo lavorazione meccanica/manuale
Lieviti fermentazione spontanea, selezione di lieviti indigeni
Uve 100% di proprietà
Certificazione nessuna certificazione

CAPRINO VERONESE (VR)

GENTILI

€

SCONTO -10%

Via Sant'Antonio, 271 - tel. 339 1651823
www.cantinagentili.com - info@cantinagentili.com

VITA - Questa realtà si trova alle pendici del Monte Baldo. In una suggestiva corte contadina del Seicento i fratelli Enrico ed Elisa Gentili gestiscono l'azienda agricola a cui il padre Carlo ha dato vita negli anni Settanta, scommettendo sulle potenzialità di un territorio fino ad allora inesplorato dal punto di vista enologico. Le prime etichette sono del 2010, e da allora Enrico, enologo, si cimenta in campo e in cantina con vecchie e nuove varietà.

VIGNE - I terreni si dividono in tre appezzamenti principali, uno adiacente alla cantina e due nel comune di Costermano. Si coltivano perlopiù le uve del Bardolino, ma anche trebbianello, un vitigno autoctono a bacca bianca presente in questo territorio da tempo immemorabile, e dei vitigni PIWI. Affascinante il vigneto di corvinone accanto alla cantina, un patrimonio lasciato dal nonno.

VINI - Gentili ama mettere alla prova il proprio territorio con sperimentazioni sempre nuove, senza mai perdere la bussola dell'eleganza, tratto distintivo di tutti i vini.

TOP **Chiaretto di Bardolino 2019** VINO QUOTIDIANO 4.000 bt; 7 € - Esprime bene la freschezza della zona con i delicati profumi floreali, di erbe aromatiche e agrumi che si ritrovano in un sorso gustoso e piacevolmente amarognolo.
Chiaretto di Bardolino M. Cl. Enrico Gentili 2017 1.015 bt; 23 € - Il riposo per 24 mesi sui lieviti dà vita a un palato elegante e risoluto, dotato di grande sapidità e freschezza, in cui emergono piacevoli note agrumate.
Bardolino San Verolo 2018 ● 1.100 bt; 16 € - L'affinamento in anfora dona al vino profondità, senza limitare la veracità della corvina, e offrendo un sorso dinamico e coinvolgente.
Trebianel Vendrisanto 2019 1.020 bt; 10 € - Metodo Ancestrale, fresco, minerale, autentico.
Souvigner Gris Enrico Gentili 2019 ○ 900 bt; 17 € - Teso, balsamico, energico.

ha 37 - **bt** 12.000
Fertilizzanti letame, sovescio
Fitofarmaci chimici di sintesi, organici, rame e zolfo
Diserbo lavorazione meccanica/manuale
Lieviti fermentazione spontanea, selezionati industriali
Uve 100% di proprietà
Certificazione nessuna certificazione

CASTELNUOVO DEL GARDA (VR)

POGGIO DELLE GRAZIE

€

SCONTO -10%

Via Milano, 199 - tel. 347 8608785
www.poggiodellegrazie.it - info@poggiodellegrazie.it

VITA - Poggio delle Grazie e la sua chiesetta sono indissolubilmente legati alla famiglia Brutti, che intreccia vita e vite in un rapporto di reciproca simbiosi. Come è successo per molte piccole realtà, la famiglia si è dedicata per più di 30 anni al commercio delle uve, fino alla svolta: il 2014 ha visto finalmente nascere la prima etichetta. Oggi troviamo un'azienda squisitamente familiare già solida e con le idee chiare.

VIGNE - In lontananza la rassicurante e benevola presenza del lago di Garda dona un clima piacevole e un suolo in prevalenza morenico. L'allevamento è principalmente a guyot, con raccolte e vinificazioni separate che valorizzano le singole sottozone. Lodevole la grande attenzione per l'ambiente che vede, nel 2020, il lungo progetto coronato della prima vendemmia biologica certificata.

VINI - Lo stile aziendale si caratterizza per vini a fermentazione spontanea che colpiscono per pulizia, secchezza e sapidità.

TOP **Bardolino Chiaretto 2019** VINO QUOTIDIANO ● 8.000 bt; 9 € - Vino che subito colpisce per i fini sentori di piccoli frutti rossi croccanti, che proseguono in una beva tesa, sapida e gustosa; su tutto domina l'elegante equilibrio d'insieme.
Bardolino 2018 ● 10.000 bt; 9 € - Proveniente dal cru La Rocca, sprigiona sentori di ciliegia per passare poi a un palato fine, delicato e sapido, con chiusura dai rimandi floreali.
Custoza 2019 ○ 10.000 bt; 9 € - Il colore giallo paglierino rivela subito un naso fruttato, che poi si apre in un palato molto fresco e pulito, con chiusura leggermente amarognola.
Quadrivium 2015 ● corvina; 4.000 bt; 12 € - Avvolgente, speziato, gastronomico.

ha 15 - **bt** 60.000
Fertilizzanti organo-minerali
Fitofarmaci rame e zolfo
Diserbo lavorazione meccanica/manuale
Lieviti fermentazione spontanea
Uve 100% di proprietà
Certificazione biologico certificato

CASTELNUOVO DEL GARDA (VR)

GIOVANNA TANTINI

€

Località I Mischi - Via Unità d'Italia, 10 - tel. 045 7575070
www.giovannatantini.it - info@giovannatantini.it

VITA - Giovanna Tantini dopo una laurea in giurisprudenza ha deciso di dedicarsi alla gestione delle vigne di famiglia. Ad affiancarla nel suo lavoro troviamo Roberto Abate in vigna e Attilio Pagli in cantina. L'azienda si trova nel comune di Castelnuovo del Garda, a cavallo tra le denominazioni Custoza e Bardolino. Una realtà che è diventata un punto di riferimento per i produttori della zona.

VIGNE - I vigneti si trovano in parte attorno alla cantina e in parte sparsi tra le dolci colline dell'entroterra del Garda. I terreni argillosi e ricchi di detriti fossili donano ai vini grande sapidità. Viene praticata una viticoltura attenta e rigorosa, che ha come obiettivo la qualità delle uve e il rispetto dell'ambiente.

VINI - I vini riflettono il carattere deciso e dinamico di Giovanna. La precisione e la cura portano ogni suo vino a essere l'espressione del territorio, dell'uva e dell'annata di cui è figlio.

TOP **Bardolino 2018** VINO QUOTIDIANO ● 6.000 bt; 9 € - Sempre di ottima qualità questo Bardolino che esce un anno dopo la vendemmia. Piacevoli note di fiori, piccoli frutti rossi e delicate note di pepe stuzzicano il naso. Il sorso risulta vibrante, e dotato di un delicato tannino che accompagna il finale fresco e asciutto.
Bardolino Chiaretto 2019 ● 22.000 bt; 9 € - Sottile ed elegante nei profumi, risulta molto appagante nella beva scorrevole.
Garda Corvina Ma.Gi.Co 2019 ● 3.000 bt; 8 € - Un'interpretazione della varietà fresca e immediata, sapida e asciutta al palato. Un ottimo vino da gustare tranquillamente durante l'estate.
Ettore 2014 ● corvina, merlot; 3.000 bt; 17 € - Avvolgente, fruttato, gastronomico.

ha 11,5 - **bt** 35.000
Fertilizzanti nessun concime
Fitofarmaci chimici di sintesi
Diserbo lavorazione meccanica/manuale
Lieviti selezione di lieviti indigeni
Uve 100% di proprietà
Certificazione nessuna certificazione

CAVAION VERONESE (VR)

LE FRAGHE

SCONTO -10%

Località Colombare, 3 - tel. 045 7236832
www.fraghe.it - info@fraghe.it

VITA - Fraghe signica fragole in dialetto veronese, un nome che Matilde Poggi ha deciso di dare all'azienda fondata sul terreno che la famiglia possiede dall'Ottocento a Cavaion Veronese, alle pendici del monte Baldo. Nel 1984 Matilde ha iniziato a vinificare la propria uva: «desideravo vedere nel vino qualcosa di mio, ed essendo la prima vignaiola in famiglia ho fatto un percorso molto personale, creando vini che prima di tutto piacessero a me», racconta.

VIGNE - «Anno dopo anno ho imparato a conoscere le mie vigne sempre meglio e a rispettarle sempre di più», dichiara Matilde, che ha convertito tutta la produzione in regime biologico diversi anni or sono. I vigneti sono disposti in zone diverse tra i comuni di Cavaion, Affi e Rivoli, e godono di un clima favorevole, mitigato dai venti freschi della Valdadige e dal calore del bacino del Garda. Le viti, tutte da varietà autoctone, poggiano su un terreno morenico, ricco di fossili e molto drenante.

VINI - Lo stile è poco interventista e punta a offrire un goloso connubio tra piacevolezza e facilità di beva, utilizzando in cantina solo acciaio e cemento.

TOP **Bardolino Cl. Brol Grande 2018** VINO SLOW ● 7.500 bt; 16 € - Elegantissimo nei ricordi di petalo di rosa e di erbe aromatiche, ha palato integro e succoso, con tannino vellutato e un piacevole ritorno speziato sul finale, timbro dell'uva corvina.
Bardolino 2019 ● 45.000 bt; 10 € - Un bouquet che fonde profumi di ciliegia matura e di fiori rossi invita al sorso, che si risolve in una beva piacevole, in equilibrio tra sapidità e freschezza.
Bardolino Chiaretto Ròdon 2019 ● 47.000 bt; 10 € - Sottile e salino, presenta un'iniziale austerità, che subito si scioglie in un palato schietto e diretto, dotato di buon succo, dal quale emergono ricordi di fiori e agrumi.

ha 30 - **bt** 150.000
Fertilizzanti letame, sovescio
Fitofarmaci rame e zolfo
Diserbo lavorazione meccanica/manuale
Lieviti fermentazione spontanea, selezione di lieviti indigeni
Uve 100% di proprietà
Certificazione biologico certificato

COLOGNOLA AI COLLI (VR)

TENUTA SANT'ANTONIO

SCONTO -10%

Località San Zeno - Via Ceriani, 23 - tel. 045 7650383
www.tenutasantantonio.it - info@tenutasantantonio.it

VITA - Tenuta Sant'Antonio, guidata dai fratelli Castagnedi, è un'azienda poliedrica della Valpolicella orientale, la cui sede è situata sulle colline circostanti Verona, e dove il rispetto della natura è convinzione di famiglia. A testimonianza di questa cultura un ramo aziendale, Telos, ora in conversione biologica, da anni produce esclusivamente vini senza solfiti aggiunti, raggiungendo ottimi risultati qualitativi.

VIGNE - L'azienda è nata sui terreni posseduti da Antonio Castagnedi nella zona di Mezzane. I quattro figli hanno poi ampliato la proprietà. I suoli sono variegati, perché la Valpolicella orientale confina con la zona del Soave. Si trovano basalti, calcari e argille, tutte variabili che danno carattere e personalità ai vini.

VINI - I vini di Tenuta Sant'Antonio si ispirano alla classicità veronese strizzando l'occhio a tecniche più moderne. I rossi sono austeri e gastronomici, i bianchi freschi e minerali.

Valpolicella Sup. La Bandina 2017 ● 30.000 bt; 24 € - Profumi di polpa di ciliegia, fiori, pepe e tabacco danno il la a un sorso sapido e gustoso, percorso da un tannino fitto.
Valpolicella Sup. Il Rosso Telos 2017 ● 10.000 bt; 20 € - Il profilo olfattivo presenta note di ciliegia e peperone verde. Il sorso è agile e vibrante, sapido e succoso.
Soave Vigne Vecchie 2018 ○ 5.000 bt; 15 € - I cenni floreali sfociano in un sorso polposo, con allungo sapido a dare grinta.
Amarone della Valpolicella Collezione Antonio Castagnedi 2016 ● 80.000 bt; 38 € - Austero, speziato, complesso.
Soave Monte Ceriani 2019 ○ 20.000 bt; 13 € - Fresco, floreale, salino.
Amarone della Valpolicella L'Amarone Telos 2015 ● 5.000 bt; 48 € - Incisivo, speziato, cupo.

ha 110 - **bt** 745.000
Fertilizzanti compost, letame, sovescio
Fitofarmaci organici
Diserbo lavorazione meccanica/manuale
Lieviti selezione di lieviti indigeni
Uve 100% di proprietà
Certificazione nessuna certificazione

COLOGNOLA AI COLLI (VR)

VILLA CANESTRARI

SCONTO **-10%**

Via Dante Broglio, 2 - tel. 045 7650074
www.villacanestrari.com - info@villacanestrari.com

VITA - Villa Canestrari è un'azienda storica della Valpolicella orientale, che ha fatto del rispetto della tradizione il suo marchio di fabbrica. Tutto ha avuto inizio nel 1888, da un quaderno degli appunti di Carlo Bonuzzi, studente di enologia a Conegliano e bisnonno di Francesco, attuale titolare. Da quest'anno si aggiunge il nuovo brand, Tenuta Casaletti, che propone uno stile rivolto a un pubblico più giovane.

VIGNE - Siamo là dove la Valpolicella e il Soave si incontrano. I suoli passano dal basalto all'argilla e al calcare. Questo è stato il motivo per cui è nata Tenuta Casaletti: notando che dai vari suoli le uve davano prodotti diversi, si è deciso di riunire queste particolarità e seguire due linee stilistiche, assecondando la diversità delle vigne.

VINI - Lo stile di Villa Canestrari segue fedelmente la tradizione della Valpolicella. Vini pieni, affascinanti, con utilizzo del legno mai eccessivo. Tenuta Casaletti, grazie alla selezione delle uve di diversi vigneti, propone vini più snelli, senza perdere in identità.

Amarone della Valpolicella 1888 Ris. 2013 ● 9.000 bt; 82 € - Bouquet scuro e complesso, con pepe e mirtillo. Il sorso è ampio e balsamico, molto succoso e soddisfacente.
Amarone della Valpolicella Plenum Ris. 2013 ● 6.000 bt; 51 € - Molto affascinante, con olfatto in cui si ritrovano un frutto integro e cenni di violetta. Il sorso è solido e importante.
Valpolicella Sup. Tenuta Casaletti 2016 ● 3.000 bt; 19 € - Profumi di amarena ed erbe balsamiche anticipano un sorso succoso, dinamico e piacevole.
Valpolicella Sup. 2016 ● 4.000 bt; 21 € - Dinamico, balsamico, espressivo.
Amarone della Valpolicella Tenuta Casaletti Ris. 2013 ● 3.000 bt; 40 € - Incisivo, fruttato, energico.
Soave Sup. Ris. 2016 ○ 6.000 bt; 14 € - Succoso, floreale, compatto.

ha 20 - **bt** 150.000
Fertilizzanti letame, organo-minerali
Fitofarmaci chimici di sintesi, organici, rame e zolfo
Diserbo chimico, lavorazione meccanica/manuale
Lieviti selezionati industriali
Uve 100% di proprietà
Certificazione nessuna certificazione

DOLCÈ (VR)

ALBINO ARMANI

SCONTO **-10%**

Via Ceradello, 401 - tel. 045 7290033
www.albinoarmani.it - info@albinoarmani.com

VITA - Originaria del Trentino, la famiglia Armani ha via via ampliato la sua sfera d'interessi, arrivando ad abbracciare il Veneto per poi giungere al Friuli Venezia Giulia. Oggi troviamo la sede principale dell'azienda a Dolcè, fulcro e summa di un lungo viaggio che ha sempre cercato crescita e miglioramento. Il lungimirante Albino Armani e la solare Egle Capilupi quest'anno festeggiano l'ingresso in azienda del figlio Federico.

VIGNE - Simbolo della diversificazione, questa realtà dispone di vigne in diversi territori. Alfiere è sicuramente la Valdadige, dal suolo morenico, con i vitigni bianchi, gli autoctoni e le vecchie varietà. Segue la Valpolicella, con la cantina di Marano, fino ad arrivare al Grave friulano. Il filo conduttore rimangono sempre la montagna e l'alta collina, con l'attenzione per la sostenibilità.

VINI - La gamma di etichette prodotte è smisurata, difficilmente riassumibile in poche parole. L'approccio enologico ricerca vini precisi, di profilo classico e varietale.

Valdadige Terra dei Forti Pinot Grigio Colle Ara 2019 ○ 25.000 bt; 12 € - Vino simbolo, nato da terreni poveri e calcarei. Colpisce per le note di frutta, che lasciano poi spazio a un corpo avvolgente, lungo e sapido.
Trento Brut Clé 2015 6.500 bt; 24 € - Prodotto che cresce su terreni basaltici e ricorda le avite origini. Non delude le aspettative grazie alla beva sapida e verticale, con sentori di crosta di pane e agrume.
Amarone della Valpolicella Cl. Albino Armani 2016 ● 15.000 bt; 31 € - Dai suoli calcarei e vulcanici nasce questo vino dai sentori intriganti di frutta matura, con un palato teso e lungamente sapido.
Foja Tonda 2016 ● casetta; 7.000 bt; 14 € - Austero, fruttato, profondo.
Friuli Grave Sauvignon 2019 ○ 7.000 bt; 15 € - Agile, varietale, sapido.

ha 290 - **bt** 1.000.000
Fertilizzanti letame in pellet, organo-minerali, sovescio
Fitofarmaci chimici di sintesi, rame e zolfo
Diserbo lavorazione meccanica/manuale
Lieviti fermentazione spontanea, selezionati industriali
Uve acquisto 25%
Certificazione parte dei vigneti in regime biologico

STEFANO ACCORDINI

SCONTO -10%

Frazione Cavalo - Località Camparol, 10 - tel. 045 7760138
www.accordinistefano.it - info@accordinistefano.com

VITA - Ci troviamo in una delle zone più alte della Valpolicella classica, a Cavalo, frazione del comune di Fumane a circa 600 metri di quota. Qui, tra boschi e pascoli, i fratelli Tiziano e Daniele Accordini, viticoltori di terza generazione, hanno deciso di spostare la cantina che gestivano a Pedemonte dal 1980. L'azienda si è nel tempo ingrandita, anche grazie all'aiuto dei figli Marco, Giacomo e Paolo, e ora offre anche la possibilità di soggiornare presso il grazioso agriturismo accanto alla cantina.

VIGNE - Gli Accordini amano le alture e così gli impianti aziendali, oltre a quelli intorno alla cantina, sono dislocati nelle zone più elevate delle colline di Marano, Negrar e Sant'Ambrogio. Un nuovo appezzamento è stato acquisito a Grezzana, mentre resiste lo storico vigneto di Pedemonte, dove tutto ebbe inizio. Il cambio climatico sta spingendo la famiglia a convertire gli impianti in pergole, per difendere l'uva dalle scottature.

VINI - L'altitudine dona a tutti i vini aziendali una buona freschezza ed esalta i sentori speziati tipici della varietà corvina.

Amarone della Valpolicella Cl. Acinatico 2016 ● 40.000 bt; 43 € - Austero nei profumi di pepe nero, tabacco e fiori viola, offre un sorso potente dal finale speziato.
Valpolicella Cl. Accordini Stefano 2019 ● 55.000 bt; 9 € - Croccante e vivace nelle note di marasca fresca, presenta un sorso teso e diretto, di buona beva.
Recioto della Valpolicella Cl. Acinatico 2018 ● 8.000 bt da 0,5 l; 27 € - Ricordi dolci di more e ciliege scure introducono un sorso di grande sapidità e buon succo.
Valpolicella Cl. Sup. Ripasso Il Fornetto 2015 ● 80.000 bt; 15 € - Possente, speziato, compatto.

ha 27 - **bt** 210.000
Fertilizzanti letame, sovescio
Fitofarmaci rame e zolfo
Diserbo lavorazione meccanica/manuale
Lieviti selezione di lieviti indigeni
Uve 100% di proprietà
Certificazione parte dei vigneti in regime biologico

ALLEGRINI

SCONTO -10%

Via Giare, 9-11 - tel. 045 6832011 - 045 6832023
www.allegrini.it - marketing@allegrini.it

VITA - La maison Allegrini ricorda molto la laboriosità di un alveare. Le api, minute e infaticabili, sono ovunque. Le vigne, la cantina e gli uffici osservano, increduli, il brulichio continuo, volto alla realizzazione di quel miele immaginifico che sono il Recioto, l'Amarone e il Valpolicella, fatti conoscere, apprezzare e amare con instancabile determinazione dai fratelli Franco e Marilisa, per ogni dove della piccola sfera illuminata dal sole.

VIGNE - La complessità del fare vino, pur partendo dal sogno, non può prescindere da un'ineluttabile concretezza, quella che viene dai miscellanei e profondi terroir delle classiche vallate di Fumane, Sant'Ambrogio, Marano e San Pietro in Cariano, dove giganteggiano i nobili cru La Grola, La Poja e Fieramonte.

VINI - Il mestiere di vivere il proprio tempo informa il tratto stilistico dell'azienda. Illuminante è il magistrale uso degli strumenti e delle tecniche in cantina.

TOP **Amarone della Valpolicella Cl. 2016** ● 120.000 bt; 70 € - L'intensità e la profondità del colore della ciliegia matura, riverberate all'unisono nell'olfatto e nel gusto, rifulgono nel suo sontuoso essere.
Amarone della Valpolicella Cl. Fieramonte Ris. 2013 ● 5.000 bt; 256 € - Finezza, eleganza e potenza; incredibile gioventù per un vino che può aspettare a lungo.
La Poja 2016 ● corvina veronese; 15.000 bt; 94 € - Semplicemente fantastico, dal frutto integro e pieno.
La Grola 2017 ● oseleta, corvina veronese; 100.000 bt; 26 € - Setoso, minerale, teso.
Palazzo della Torre 2017 ● corvinone, rondinella, sangiovese, corvina veronese; 500.000 bt; 19 € - Fitto, balsamico, avvolgente.
Recioto della Valpolicella Cl. Giovanni Allegrini 2016 ● 10.000 bt da 0,5 l; 44 € - Croccante, fruttato, ampio.

ha 150 - **bt** 1.300.000
Fertilizzanti letame in pellet, letame, minerali, organo-minerali
Fitofarmaci organici, rame e zolfo
Diserbo lavorazione meccanica/manuale
Lieviti fermentazione spontanea
Uve 100% di proprietà
Certificazione nessuna certificazione

FUMANE (VR)

LE SALETTE

SCONTO -10%

Via Pio Brugnoli, 11/c - tel. 045 7701027
www.lesalette.it - info@lesalette.it

VITA - La famiglia Scamperle custodisce una lunga tradizione vitivinicola, che ha origine agli inizi dello scorso secolo. L'azienda, che imbottiglia il proprio vino da oltre 40 anni, prende il nome dal santuario votivo incastonato nella roccia che veglia sul paese di Fumane e sui bellissimi vigneti che Franco Scamperle coltiva con amore, potendosi avvalere dell'aiuto dei figli Cesare e Giulia. La cantina è un piccolo museo rurale in cui, tra botti di diverse dimensioni e qualche anfora usata per affinare il Recioto, si ritrovano vecchi attrezzi contadini.

VIGNE - I vigneti aziendali sono divisi in vari appezzamenti tra i comuni di Fumane, San Floriano e Sant'Ambrogio. Il vigneto di Le Salette, accanto alla cantina, è un'ode alla storia della Valpolicella: qui bellissime pergole di corvina, rondinella e molinara, frammiste a olivi e cespugli di erbe aromatiche, poggiano sui muretti a secco originali della metà dell'Ottocento, restaurati con grande cura.

VINI - I vini aziendali sono uno specchio del territorio: dimostrano con sincerità il loro carattere verticale e austero.

Amarone della Valpolicella Cl. La Marega 2016 ● 10.000 bt; 41 € - Intenso e scuro, dotato di un tannino vigoroso, richiama succosi ricordi di ciliegia e pepe nero, in un sorso materico e teso.
Amarone della Valpolicella Cl. Pergole Vece 2016 ● 4.000 bt; 70 € - Piacevoli sensazioni di piccoli frutti scuri, tabacco e pepe aprono a un sorso di bella intensità e sapidità, in cui il tannino è una presenza incisiva e costante.
Pergole Vece Recioto della Valpolicella 2016 ● 2.000 bt da 0,5 l; 38 € - Verace ed espressivo, offre un sorso equilibrato, in cui la dolcezza si accompagna a un tannino levigato e a piacevoli ritorni fruttati.
Valpolicella Cl. 2019 ● 55.000 bt; 10 € - Agile, floreale, amarena, sottile.

ha 22 - **bt** 140.000
Fertilizzanti organo-minerali, sovescio
Fitofarmaci organici, rame e zolfo
Diserbo lavorazione meccanica/manuale
Lieviti selezione di lieviti indigeni
Uve 100% di proprietà
Certificazione biologico certificato

FUMANE (VR)

MONTE SANTOCCIO

Località Santoccio, 6 - tel. 349 6461223
www.montesantoccio.it - info@montesantoccio.it

VITA - Sulla sommità del monte Santoccio, in un luogo incantato fatto di boschi, olivi e vigneti, la vista spazia per chilometri verso la pianura sottostante. Immersi in tanta bellezza non è difficile capire perché Nicola Ferrari, dopo un'esperienza in un'importante realtà vitivinicola veronese, abbia deciso di dare vita alla sua azienda. Un'avventura iniziata nel 2008 insieme alla moglie Laura Ardiri, vinificando l'uva che la sua famiglia coltivava già da anni.

VIGNE - Quando ha cominciato a gestire i terreni di famiglia Nicola ha subito abolito i prodotti chimici. Le varietà coltivate, tutte autoctone della Valpolicella, sono suddivise in due appezzamenti, uno attiguo alla cantina e uno lievemente più a valle, sempre nel comune di Fumane.

VINI - Fermentazioni spontanee per tutti i vini, fatta eccezione per l'Amarone, per il quale Nicola ha selezionato un lievito indigeno, con lo scopo di esaltare il territorio.

TOP **Amarone della Valpolicella Cl. 2016** ● 15.000 bt; 35€ - Sontuosa prova d'autore, per un vino che ha indubbia ricchezza di materia ma ottima eleganza e acidità: si beve con piena soddisfazione del gusto, grazie a una vena acido-sapida che sostiene il sorso quasi all'infinito.
Santocciorosso 2018 ● corvina, corvinone, merlot, sangiovese, cabernet franc, cabernet sauvignon; 6.000 bt; 20 € - Accenni di arancia rossa, violetta e ciliegia si risolvono in una beva distesa e piacevole.
Valpolicella Cl. Sup. 2018 ● 12.000 bt; 12 € - Un'esplosione di violette e fragoline di bosco prepara a un palato gustoso e vibrante.
Valpolicella Cl. 2019 ● 6.000 bt; 9 € - Agile, fruttato, essenziale.
Valpolicella Cl. Sup. Ripasso 2018 ● 12.000 bt; 15 € - Dinamico, fruttato, gastronomico.

ha 7 - **bt** 55.000
Fertilizzanti letame
Fitofarmaci organici, rame e zolfo
Diserbo lavorazione meccanica/manuale
Lieviti fermentazione spontanea, selezionati industriali, selezione di lieviti indigeni
Uve acquisto 20%
Certificazione nessuna certificazione

FUMANE (VR)

SECONDO MARCO

SCONTO -10%

Via Campolongo, 9 - tel. 045 6800954
www.secondomarco.it - info@secondomarco.it

VITA - Sprigiona entusiasmo, coinvolge, ti trascina nella discussione Marco Speri, una delle tigri della Valpolicella, che tanto sarebbe piaciuta a Emilio Salgari. "Secondo" proprio a nessuno, anzi, protagonista, sulla scorta di una lunga epopea familiare, della new wave di una denominazione che parla un linguaggio universale, quasi pontificio.

VIGNE - I due comuni di Fumane e San Pietro in Cariano, qui nella frazione Castelrotto, località Cengia, custodiscono il parco viticolo, regno degli allevamenti a pergola veronese. La natura dei terreni è calcareo-argillosa: qui recitano nel rispetto più assoluto della tradizione gli shakespeariani attori corvina, cortisone, rondinella e molinara. La forza delle radici proiettata negli orizzonti del terzo millennio.

VINI - Fra le più alte espressioni della Valpolicella, i vini di Marco lasciano il segno, un ricordo vivo, intenso, vibrante, che sprigiona emozioni intarsiate di riflessi luminosi. Non mancano mai la tensione, l'avvolgenza, il ritmo serrato, un accordo di blues, la finezza.

TOP **Valpolicella Cl. 2017** ● 30.000 bt; 13 € - La classe non è acqua, e questo vino ne ha da vendere.
Amarone della Valpolicella Cl. 2013 ● 18.000 bt; 55 € - Con un'importante percentuale di uve rondinella, fa 90 giorni di macerazione sulle bucce con fermentazione spontanea. Verticale, molto fine, vi si colgono il fiore dell'iris, il frutto della marasca e della prugna che vanno a incontrare le castagne e i funghi. Un pianissimo musicale virato in un lunghissimo finale. Sembra un vino del maestro Roberto Ferrarini.
Recioto della Valpolicella Cl. 2015 ● 3.000 bt da 0,5 l; 42 € - Molto giovane: da aspettare pazientemente.

ha 17 - **bt** 85.000
Fertilizzanti nessun concime
Fitofarmaci organici, rame e zolfo
Diserbo lavorazione meccanica/manuale
Lieviti fermentazione spontanea
Uve 100% di proprietà
Certificazione in conversione biologica

FUMANE (VR)

DAVID STERZA

Via Casterna, 37 - tel. 045 6801503
www.davidsterza.it - info@davidsterza.it

VITA - Viticoltore per tradizione familiare, anziché continuare a vendere solo l'uva, nel 1998 David Sterza è partito con un suo marchio e ha costruito la sua piccola cantina con l'aiuto del cugino enologo Paolo Mascanzoni. David è certamente tradizionalista nel suo operare in campagna, ma è aria nuova la maggiore tutela della biodiversità e del territorio che si può vedere nella cura e nel ripristino delle siepi di confine, degli alberelli e degli olivi intorno ai piccoli vigneti.

VIGNE - Le viti si distribuiscono in piccoli appezzamenti tutti collinari, con terreni argillosi e calcarei, nei comuni limitrofi di Fumane e San Pietro in Cariano, giusto nel cuore della Valpolicella. Le viti hanno circa 30-40 anni, gli impianti sono a pergola come da tradizione, ma ora sono inerbiti.

VINI - Abbiamo detto che lo stile è tradizionalista e tutti i vini rispettano la tipicità, con una comune freschezza e facilità di beva, a volte con una certa rusticità che piace ed è riconosciuta dalla clientela affezionata.

Amarone della Valpolicella Cl. 2016 ● 10.000 bt; 34 € - Finiti i suoi soliti quattro anni di maturazione risulta ancora giovane e può senz'altro evolvere e migliorare ancora in cantina. Tuttavia denota già una certa piacevolezza anche in abbinamento alla tavola, come da tradizione di queste valli quando si parla di Amarone.
Valpolicella Cl. Sup. 2017 ● 2.000 bt; 17 € - Un nuovo vino: distinto, curato, piacevole, senza la solita irruenza ma anzi in possesso di una convincente eleganza e di buona complessità.
Valpolicella Cl. Sup. Ripasso 2018 ● 20.000 bt; 15 € - Vino che incontra una varietà di gusti: se cercate corpo e struttura ci sono, se volete il frutto e la rotondità ci sono, se volete sapore e facilità di beva ci sono.
Valpolicella Cl. 2019 ● 5.000 bt; 9 € - Spigoloso, fruttato, incisivo.

ha 4,5 - **bt** 40.000
Fertilizzanti nessun concime
Fitofarmaci rame e zolfo
Diserbo lavorazione meccanica/manuale
Lieviti fermentazione spontanea
Uve 100% di proprietà
Certificazione nessuna certificazione

GREZZANA (VR)

CAV. G.B. BERTANI

SCONTO **-10%**

Via Asiago, 1 - tel. 045 8658444
www.bertani.net - bertani@bertani.net

VITA - Tradizione, eleganza e sobrietà: sono queste le caratteristiche principali di Bertani, un'azienda che ha fatto la storia della Valpolicella. Nata nel 1857 per mano di Giovan Battista e Gaetano Bertani, oggi è una realtà moderna e in costante evoluzione. Visitare la cantina, con le storiche botti, le lunghe gallerie per l'affinamento in cemento e la preziosa collezione di bottiglie storiche è un sogno a occhi aperti per gli appassionati di vino.

VIGNE - Gran parte dei vigneti si trova nel comune di Grezzana, nella Valpolicella orientale, nei pressi della sede aziendale. Di grande bellezza il cru Villa Novare, nella Valpolicella classica, in cui troviamo solo vitigni autoctoni allevati in filari di pergole, che seguono l'andamento della collina su terreni calcarei. Qui si trova anche l'appassitoio per il riposo delle uve destinate all'Amarone. Segnaliamo il progetto Bertani Cru, frutto di uno studio approfondito sui terreni di Villa Novare e su diversi cloni di corvina.

VINI - Bertani ha uno stile preciso e raffinato, definito dall'utilizzo di legno grande e dai lunghi affinamenti in cemento.

Valpolicella Cl. Sup. Ognisanti 2018 ● 13.000 bt; 24 € - - Polpa, succo, sapidità e una piacevole vena balsamica, per un sorso tutto da gustare.
Valpolicella Cl. Le Miniere di Novare 2019 ● 13.000 bt; 20 € - - Suadente nei ricordi di frutti e fiori rossi, conquista con una beva scorrevole.
Amarone della Valpolicella Valpantena 2017 ● 50.000 bt; 43 € - - Fine, ha un sorso terso e gustoso in cui riemergono sentori di ciliegia e spezia scura.
Soave Vintage 2018 ○ 35.000 bt; 15 € - - Setoso, floreale, sapido.
Secco Bertani 2017 ● corvina, sangiovese, syrah, cabernet sauvignon; 35.000 bt; 16 € - - Armonico, fruttato, gastronomico.
Soave Sereole 2019 ○ 50.000 bt; 11 € - - Agile, floreale, leggiadro.

ha 200 - **bt** 1.800.000
Fertilizzanti compost, letame, organo-minerali, sovescio
Fitofarmaci organici, rame e zolfo
Diserbo lavorazione meccanica/manuale
Lieviti selezionati industriali, selezione di lieviti indigeni
Uve 100% di proprietà
Certificazione nessuna certificazione

ILLASI (VR)

I CAMPI - FLAVIO PRÀ

SCONTO **-10%**

Frazione Cellore - Via delle Pezzole, 3 - tel. 349 8310599
www.icampi.it - info@icampi.it

VITA - Per Flavio Prà, enologo di indiscussa capacità, il progetto dell'azienda I Campi è un punto di arrivo e di ripartenza di una nuova fase di vita: dopo anni dedicati ad aiutare altre aziende a fare buoni vini con questa realtà crea le sue etichette, giocando intelligentemente con le diverse caratteristiche dei vigneti, i campi per l'appunto, e valorizzando tutta la sua esperienza.

VIGNE - Un approccio rigoroso e rispettoso della viticoltura, la valorizzazione dei singoli appezzamenti e della loro espressività, l'accento sulle potenzialità naturali dei vini senza interventi pesanti in vinificazione: è questa la ricetta vincente di Flavio. I vigneti sono posizionati in diversi territori, in zona vulcanica a Monteforte di Alpone, con l'influsso dei monti Lessini a Illasi attorno alla cantina, nelle terre del Progno e nell'areale marnoso di Mezzane di Sopra. Infine "i campi" di argilla per il Lugana.

VINI - Vini che racchiudono ed esprimono le caratteristiche dei terreni di provenienza in modo netto, dall'ossatura leggera e dalla beva facile.

Amarone della Valpolicella Campi Lunghi 2016 ● 20.000 bt; 52 € - - Ha una nota balsamica ed erbacea in apertura, e un sorso ben teso e diretto.
Valpolicella Sup. Biologico 2018 ● 3.000 bt; 17 € - - Intrigante, profuma di arancia rossa e pepe, e ha una vena balsamica e di rosa. Il palato è sapido e teso e ha una bella beva.
Valpolicella Sup. Ripasso Campo Ciotoli 2017 ● 20.000 bt; 21 € - - Pieno, ricco di sentori fruttati caldi e maturi, ha un sorso esplosivo, potente, con bella alcolicità e un buon tannino.
Soave Campo Base 2019 ○ 30.000 bt; 12 € - - Fine, fruttato, autentico.
Soave Cl. Campo Vulcano 2019 ○ 15.000 bt; 18 € - - Articolato, fruttato, consistente.
Lugana Campo Argilla 2019 ○ 15.000 bt; 16 € - - Dinamico, floreale, sapido.

ha 14 - **bt** 96.000
Fertilizzanti letame
Fitofarmaci rame e zolfo
Diserbo lavorazione meccanica/manuale
Lieviti selezione di lieviti indigeni
Uve 100% di proprietà
Certificazione biologico certificato

ILLASI (VR)

MARCO MOSCONI

SCONTO **-10%**

Località Paradiso, 5 - tel. 045 6529109
www.marcomosconi.it - info@marcomosconi.it

VITA - I Mosconi, da sempre legati alla loro terra, sono da tre generazioni coltivatori d'uva. La svolta è avvenuta con Marco, che nel 2006 ha deciso di seguire interamente il lungo e complesso percorso che dall'uva porta alla bottiglia. Da eclettico geometra-trombettista ha saputo trasformarsi in produttore di vino. Completa il quadro familiare la moglie Valentina Franchi.

VIGNE - Tutte le vigne crescono nella bella val d'Illasi. Possiamo dividere i suoli in quattro sottozone: la collina del monte Tenda, dedicata al Valpolicella, la località Paradiso, nelle immediate prossimità della cantina, Montecurto, tra la val d'Illasi e Mezzane, e la località Turano, nei dintorni di Lavagno. Il suolo è composto da marna calcarea per le zone più collinari, fino ad arrivare ai suoli alluvionali. La 2020 è la prima vendemmia certificata biologica.

VINI - I vini, grazie all'elevata presenza di calcare dei suoli, spiccano per mineralità e verticalità, doti attraverso cui riescono a valorizzare il territorio.

TOP **Soave Corte Paradiso 2019** VINO QUOTIDIANO ○ 10.000 bt; 10 € - Dall'omonima sottozona e da un suolo fortemente calcareo nasce questo bianco affinato sei mesi sur lie. I sentori fruttati e finemente balsamici lasciano spazio a un palato minerale e verticale, lungo e dal finale sottilmente amarognolo. Colpiscono la grande nitidezza e l'equilibrio d'insieme.
Passito 2006 ● garganega; 500 bt da 0,375 l; 51 € - Fermenta in barrique e affina nelle stesse per 10 anni. Un vino complesso, altero, un prodotto dall'anima e dall'approccio non così immediato che, per i pazienti sperimentatori, riserva austere emozioni. Le iniziali note terziarie, tostate e balsamiche si schiudono in un palato pieno, avvolgente e sapido.

Segnaliamo il riassaggio di due vini già recensiti l'anno scorso: agile ed espressivo il Valpolicella Montecurto 2017, più strutturato e tannico il Valpolicella Sup. 2015.

ha 13 - **bt** 40.000
Fertilizzanti compost, letame, preparati biodinamici, sovescio
Fitofarmaci rame e zolfo
Diserbo lavorazione meccanica/manuale
Lieviti fermentazione spontanea
Uve 100% di proprietà
Certificazione biologico certificato

ILLASI (VR)

SANTI

SCONTO **-10%**

Via Ungheria, 33 - tel. 045 6529068
www.cantinasanti.it - giv@giv.it

VITA - Il prestigioso marchio storico Santi – casa vinicola fondata da Attilio Carlo Santi nel 1843, poi passata, con alterne vicissitudini, ad altre proprietà – da qualche tempo è custodito dal Gruppo Italiano Vini, che, qualche anno fa, si è dedicato in un'impegnativa e intelligente politica di rilancio. La direzione è stata saggiamente conferita nelle mani di Cristian Ridolfi, enologo di lunga e comprovata esperienza.

VIGNE - I vigneti, sparsi nelle diverse vallate della Valpolicella, sui suoli argillosi di Negrar, sui suoli vulcanici nei dintorni di Marano, sulle altitudini di Fumane e nella valle di Illasi, sono arrivati all'ultimo anno di conversione al biologico: un cammino che ha pagato in termini di maggiore carattere delle uve. Di recente è stato preso in affitto un vigneto di 10 ettari nel cuore della Doc Lugana, con piante che hanno più di 50 anni di vita.

VINI - La ricerca e l'impegno di Cristian vanno tutti nella direzione di presentare vini di ricercata eleganza e di stile classico impeccabile, grazie a un accurato ma poco invasivo lavoro di cantina. Nella gamma manca quest'anno l'Amarone della Valpolicella Classico Proemio, etichetta di punta dell'azienda: nel 2014, cattiva annata in Valpolicella, si è deciso di non produrlo.

Amarone della Valpolicella Cl. Santico 2015 ● 75.000 bt; 46 € - Misurato e ben equilibrato, gioca al naso sulle note della frutta matura, con una bocca morbida e vellutata.
Lugana Folar 2019 ○ 107.000 bt; 15 € - Si avverte tutta la polpa della frutta, fresca e matura; al palato incede elegante e progressivo, con bella chiusura sapida.
Valpolicella Sup. Ventale 2018 ● 32.000 bt; 19 € - Austero, terroso, profondo.
Valpolicella Ripasso Cl. Sup. Solane 2017 ● 112.000 bt; 22 € - Avvolgente, fruttato, opulento.

ha 53 - **bt** 1.430.000
Fertilizzanti letame in pellet
Fitofarmaci rame e zolfo
Diserbo lavorazione meccanica/manuale
Lieviti selezionati industriali, selezione di lieviti indigeni
Uve acquisto 15%
Certificazione in conversione biologica

MARANO DI VALPOLICELLA (VR)

ANTOLINI

Via Prognol, 22 - tel. 333 6546187
www.antolinivini.it - info@antolinivini.it

VITA - Partiti nel 1992 con l'acquisto di 2 ettari di vigneto, la svolta vera in realtà è del 2001, anno in cui è stata completata la cantina e finalmente si è iniziato a etichettare il vino con il nome della famiglia. Una grandissima emozione, come sottolinea Pier Paolo Antolini, che guida l'azienda insieme al fratello Stefano.

VIGNE - I vigneti, divisi in diversi comuni, sono condotti con il massimo rispetto per il territorio e la pianta. Il Moròpio, a quota 350 metri ed esposto a sud-est, ospita viti risalenti agli anni Settanta. Il Persegà è esposto a ovest, in località Prognol. Altri 2 ettari sono a Negrar: il vigneto si chiama Ca' Coato ed è tra i 170 e i 220 metri di quota. Il Semonte si trova invece a San Pietro in Cairano.

VINI - Si stanno sperimentando i legni della tradizione della Valpolicella, ovvero ciliegio, castagno e gelso, per vedere come il vino si esprime in contenitori diversi da quelli più conosciuti. La filosofia è quella di produrre un vino rispettoso del frutto che dà la vigna intervenendo il meno possibile.

Valpolicella Cl. Sup. Persegà 2019 ● 6.666 bt; 14 € - Al naso percepiamo note di frutta e fiori. Il sorso è agile e di grande energia.
Amarone della Valpolicella Cl. Moropio 2016 ● 9.000 bt; 37 € - Profuma di frutta rossa sotto spirito e presenta note di cacao; in bocca si sviluppa avvolgente e succoso.
Valpolicella Cl. 2019 ● 9.000 bt; 10 € - Floreale al naso, presenta al palato sentori di frutta rossa e balsamici.
Valpolicella Cl. Sup. Ripasso 2017 ● 25.000 bt; 15 € - Agile, fruttato, autentico.
Amarone della Valpolicella Cl. Ca' Coato 2016 ● 6.000 bt; 46 € - Fine, fruttato, ampio.
Theobroma 2013 ● cabernet sauvignon; 5.000 bt; 24 € - Fresco, speziato, ampio.

ha 9 - **bt** 70.000
Fertilizzanti letame in pellet
Fitofarmaci rame e zolfo
Diserbo lavorazione meccanica/manuale
Lieviti fermentazione spontanea
Uve 100% di proprietà
Certificazione nessuna certificazione

MARANO DI VALPOLICELLA (VR)

CA' LA BIONDA

Via Bionda, 4 - tel. 045 6801198
www.calabionda.it - info@calabionda.it

VITA - Alessandro Castellani racconta con passione la storia della cantina. Lui, enologo, e il fratello Nicola, agronomo, sono orgogliosi di essere «contadini figli di contadini». Pur essendosi formati con percorsi di studio adeguati, come sottolinea Alessandro, sono spesso la tradizione e l'esperienza tramandatagli dal nonno e dal padre a guidarli in alcune scelte di stile, per la vinificazione e nella gestione della vigna.

VIGNE - Già dal 2008 le vigne sono condotte in biologico, e dal 2013 l'azienda ha anche la certificazione. Una scelta, questa, sicuramente dettata dalla volontà di curare e preservare il territorio, anche se non è pesata: si è trattato di un percorso assolutamente naturale, più vicino alla vita del viticoltore, che ha con la vigna un rapporto profondo, tanto da conoscere filare per filare potenzialità e problematiche.

VINI - Lo stile aziendale è volutamente tradizionale, rivolto a chi vuole trovare nel calice le caratteristiche della Valpolicella: finezza, eleganza e facilità di beva.

Bianco del Casal 2019 ○ garganega, trebbiano di Soave; 2.900 bt; 51 € - Al naso troviamo miele, poi frutta e mallo di noce. In bocca si presenta fresco, con una spiccata sapidità. Un vino profondo.
Valpolicella Cl. Sup. Casalvegri 2018 ● 19.834 bt; 34 € - Sentori di mora e mirtillo, note di coriandolo e di chiodo di garofano; al palato un vino fine, ampio, sapido, espressivo del territorio di provenienza.
Amarone della Valpolicella Cl. Ravazzol Ris. 2012 ● 2.750 bt; 145 € - Da uno dei cru storici della Valpolicella, è un vino autentico. All'olfatto percepiamo note di amarena e cioccolato, e all'assaggio si presenta avvolgente, armonico, grazie alla freschezza che contrasta la forte presenza alcolica.
Valpolicella Cl. 2019 ● 40.000 bt; 18 € - Agile, fruttato, sapido.

ha 29 - **bt** 120.000
Fertilizzanti letame, sovescio
Fitofarmaci rame e zolfo
Diserbo lavorazione meccanica/manuale
Lieviti fermentazione spontanea, selezione di lieviti indigeni
Uve 100% di proprietà
Certificazione biologico certificato

MARANO DI VALPOLICELLA (VR)

GIUSEPPE CAMPAGNOLA

SCONTO -10%

Via Agnella, 9 - tel. 045 7703900
www.campagnola.com - campagnola@campagnola.com

VITA - Una storica realtà a gestione familiare, oggi condotta dai giovani fratelli Andrea e Paolo Campagnola, che si avvalgono pienamente della decisiva esperienza del padre Giuseppe, capace negli anni di crescere in numeri di produzione e qualità dei vini, senza perdere quel sano spirito contadino ben amalgamato con una dinamica e oculata attenzione al mercato.

VIGNE - I vigneti di proprietà sono situati nelle zone più belle delle rispettive denominazioni: 30 ettari nel comprensorio di Bardolino e 10 in Valpolicella, vicini alla cantina. A questi si aggiungono le proprietà "esterne": 10 ettari in Friuli e 6,5 in Abruzzo, nel Podere Frontino. Una trentina di storici conferitori garantiscono poi uve provenienti da circa 85 ettari complessivi, tutti posti in Valpolicella e seguiti dall'azienda attraverso una propria rete di collaboratori, riuniti dal 2013 in una cooperativa che porta il nome del fondatore Gino Campagnola.

VINI - Vini di taglio moderno e rigoroso, ottenuti con sapienti lavorazioni di cantina e uso oculato dei legni di affinamento. La linea Caterina Zardini è riservata ai prodotti migliori, da uve provenienti dai vigneti di proprietà.

Valpolicella Cl. Sup. Caterina Zardini 2018 ● 50.000 bt; 16 € - Naso scuro e intenso, profondo e complesso; palato austero e incisivo, con un finale gustoso di buona succosità fruttata.
Amarone della Valpolicella Cl. Caterina Zardini Ris. 2015 ● 20.000 bt; 41 € - Vino dal taglio elegante e compassato, ampio nelle note di frutta matura, tannico e teso al palato.
Valpolicella Cl. Sup. Ripasso 2018 ● 300.000 bt; 14 € - Solido, fruttato, avvolgente.
Bardolino Cl. Roccolo del Lago Bio 2019 ● 30.000 bt; 8 € - Incisivo, minerale, sottile.
Bardolino Chiaretto Cl. Roccolo del Lago Bio 2019 ● 30.000 bt; 8 € - Agile, fragrante, sapido.

ha 71,5 - **bt** 5.000.000
Fertilizzanti letame in pellet, organo-minerali
Fitofarmaci chimici di sintesi, rame e zolfo
Diserbo lavorazione meccanica/manuale
Lieviti fermentazione spontanea, selezionati industriali
Uve acquisto 50%
Certificazione parte dei vigneti in regime biologico

MARANO DI VALPOLICELLA (VR)

CORTE RUGOLIN

SCONTO -10%

Frazione Valgatara - Località Rugolin, 1 - tel. 045 7702153
www.corterugolin.it - info@corterugolin.it

VITA - I fratelli gemelli Elena e Federico Coati sono oggi l'anima di questa azienda, che ha sede in una vasta corte rurale seicentesca che porta lo stesso nome, ristrutturata negli anni Sessanta dal papà Bruno. Elena e Federico hanno alle spalle una lunga e ininterrotta tradizione familiare, che, unita a recenti nuove collaborazioni enologiche, ha permesso loro di proporre una nuova linea di vini personale e identitaria.

VIGNE - «Nonostante l'avvio ufficiale delle pratiche per la certificazione sia avvenuta solo nel 2020, il biologico è nelle nostre corde da sempre», racconta Elena. In fase di rinnovo dei vigneti, ai vitigni ormai noti della Valpolicella vengono affiancate antiche varietà autoctone e quasi dimenticate, come lo spigamonti e la molinara, a testimonianza della volontà dell'azienda di mantenere un legame forte con il proprio passato.

VINI - La predilezione per l'uso di legni grandi, più rispettosi della vocazione naturale delle uve, e il basso residuo zuccherino caratterizzano lo stile aziendale, che punta a vini in cui si facciano notare soprattutto la freschezza e l'impronta della frutta.

Amarone della Valpolicella Cl. Crosara de le Strie 2015 ● 20.000 bt; 42 € - Al naso i profumi sono sottili, si aprono piano e poi si fondono. L'attacco sul palato è secco, con un un tannino ben dosato. Il sorso è equilibrato, sostenuto da una bella acidità, ed esprime energia.
Valpolicella Cl. Sup. Ripasso 2017 ● 30.000 bt; 25 € - Anche quest'annata conferma la volontà dell'azienda di proporre un vino vivo, rappresentativo di una nuova identità. Il profilo odoroso di piccoli frutti rossi anticipa un sorso avvolgente, equilibrato da una rinfrescante sapidità.
Valpolicella Cl. Rugolin 2019 ● 20.000 bt; 11 € - Agile, fruttato, essenziale.

ha 12 - **bt** 80.000
Fertilizzanti letame
Fitofarmaci organici, rame e zolfo
Diserbo lavorazione meccanica/manuale
Lieviti selezione di lieviti indigeni
Uve 100% di proprietà
Certificazione in conversione biologica

MARANO DI VALPOLICELLA (VR)

GAMBA

SCONTO **-10%**

Frazione Valgatara - Via Gnirega, 19 - tel. 045 6801714 - 349 3154527
www.vinigamba.it - info@vinigamba.it

VITA - I fratelli Martino, Giuseppe e Giovanni Aldrighetti conducono questa azienda familiare giunta alla terza generazione, occupandosi personalmente di tutta la filiera produttiva e degli aspetti commerciali. L'origine del loro soprannome, la famiglia Gamba, ha una storia simpatica, che amano raccontare agli ospiti che accolgono nella loro bella e ampia cantina. Ristrutturata completamente nel 2017, quest'ultima ha sede nel piccolo borgo di Gnirega.

VIGNE - Il percorso di conversione al biologico di tutti i vigneti si completa a fine 2020, ma il lavoro rispettoso della terra e la spiccata attenzione all'ecosostenibilità caratterizzano da sempre le scelte agronomiche dell'azienda. I vigneti si trovano tra i 350 e i 600 metri di altitudine, su terreni prevalentemente argillosi, e sono accarezzati da una costante brezza. Si privilegiano i vitigni autoctoni, su tutti il corvinone.

VINI - L'uso sempre più prevalente di legni grandi e le note organolettiche di questo territorio si declinano in vini eleganti e longevi.

Valpolicella Cl. Sup. Campedel 2017 ● 7.000 bt; 24 € - Prodotto solo con uve fresche, è la novità in gamma. Al naso dominano spiccati profumi floreali, su tutti la lavanda; il sorso è vibrante e tannico.
Amarone della Valpolicella Cl. Le Quare 2015 ● 15.000 bt; 46 € - Il naso è complesso, come ci si aspetta. In bocca evidenzia una marcata acidità.
Amarone della Valpolicella Cl. Campedel 2016 ● 10.000 bt; 60 € - Un vino perfettamente riuscito: nel bicchiere si apre con eleganza, e al palato è succoso e ricco; solo il tannino necessita di tempo per essere smussato.
Valpolicella Cl. Sup. Ripasso Le Quare 2017 ● 20.000 bt; 22 € - Incisivo, fruttato, gastronomico.
Valpolicella Cl. Sup. Ripasso Campedel 2017 ● 15.000 bt; 32 € - Fine, speziato, integro.

ha 15 - **bt** 80.000
Fertilizzanti letame in pellet, letame, sovescio
Fitofarmaci rame e zolfo
Diserbo lavorazione meccanica/manuale
Lieviti fermentazione spontanea
Uve 100% di proprietà
Certificazione in conversione biologica

MARANO DI VALPOLICELLA (VR)

LE BIGNELE

SCONTO **-10%**

Frazione Valgatara - Via Biniele, 4 - tel. 388 4066545
www.lebignele.it - info@lebignele.it

VITA - L'azienda si trova su una collina lungo la valle di Marano ed è a conduzione familiare: i fratelli Angelo e Luigi Aldrighetti e i figli di quest'ultimo, Nicola, Silvia e Cecilia, si spartiscono le varie mansioni, producendo non solo vini, ma anche frutta trasformata in composta e succhi. Non basta: c'è anche un piccolo agriturismo di sei stanze ricavato da un rustico, e si fanno degustazioni per i turisti.

VIGNE - La valle accoglie il vento da nord: la collina è fresca, con diverse zone boscose, e i terreni sono di buon impasto argilloso, con sassi calcarei e tufo. Le vigne hanno in media 30-40 anni, e si autoregolano senza irrigazione. Le viti sono allevate a pergola veronese, e i filari sono inerbiti. Si ha l'impressione di una riuscita integrazione tra le idee di diverse generazioni nel riuscire a cogliere le diverse opportunità offerte dal territorio.

VINI - I vini sono tradizionali, sempre attenti a essere di facile beva, con la spalla acida tipica della vallata di Marano, e un uso dei legni più che prudente, che restituisce prodotti non troppo concentrati e di facile approccio.

Valpolicella Cl. Sup. 2017 ● 6.000 bt; 10 € - Diretto e nervoso, gastronomico, energico, è dissetante e gustoso.
Valpolicella Cl. 2019 ● 6.000 bt; 7 € - Fruttato al naso, fresco e dissetante, è un ottimo vino da bere tutti i giorni.
Valpolicella Cl. Sup. Ripasso 2017 ● 6.000 bt; 14 € - Succoso, fruttato, incisivo.
Lu.Mi Rosè 2019 ● corvina; 6.000 bt; 7 € - Croccante, fruttato, sapido.

Segnaliamo il riassaggio dell'Amarone della Valpolicella Cl. 2014, già recensito l'anno scorso, che mantiene intatto il carattere slanciato e grintoso.

ha 10 - **bt** 35.000
Fertilizzanti letame, sovescio
Fitofarmaci rame e zolfo
Diserbo lavorazione meccanica/manuale
Lieviti selezione di lieviti indigeni
Uve 100% di proprietà
Certificazione nessuna certificazione

MARANO DI VALPOLICELLA (VR)

LE MAROGNOLE

Frazione Valgatara - Via Marognole, 7 - tel. 349 2569347
www.lemarognole.it - info@lemarognole.it

VITA - La famiglia Corsi dimora da generazioni in località Le Marognole, così chiamata per la presenza delle marogne, i tradizionali muretti a secco che ridisegnano a gradini il paesaggio della Valpolicella. Nel 2004 Fabio Corsi ha dato vita al suo personale progetto sulle terre del padre Roberto, che ancora oggi lo aiuta nei vigneti. La moglie Eleonora Stanghellini si occupa invece degli aspetti commerciali.

VIGNE - Nessuna certificazione per scelta, ma tanto lavoro manuale nei vigneti, attenzione alla qualità delle uve e rispetto del territorio. Dopo aver sperimentato in passato l'uso di oltre 15 varietà autoctone, Fabio ha scelto di utilizzare prevalentemente i tre vitigni della tradizione (corvina, corvinone e rondinella), da cui riesce a trarre la struttura e l'eleganza che ricerca nei propri vini.

VINI - I vini sono noti per la bella freschezza che li identifica, grazie anche all'importante escursione termica tra il giorno e la notte che caratterizza la vallata di Marano.

Recioto della Valpolicella Cl. Campo Gerico 2017 ● 4.000 bt da 0,5 l; 32 € - Colpisce la precisione del vino già dai suoi profumi, tipici e ben amalgamati. Il tannino è ben dosato.
Valpolicella Cl. Sup. Ripasso 2016 ● 13.000 bt; 17 € - Viene prodotto utilizzando esclusivamente le tre uve tradizionali, da cui sono state sapientemente estratte struttura e ottima complessità.
Valpolicella Cl. 2018 ● 8.000 bt; 10 € - Armonico, fruttato, energico.
El Marascar 2019 ● corvina; 5.000 bt; 9 € - Fresco, fruttato, rustico.

Segnaliamo il riassaggio di due vini già recensiti l'anno scorso: Amarone della Valpolicella Cl. Campo Rocco 2015, dal sorso profondo e scuro, e El Nane 2016, integro e ricco di frutto maturo.

ha 6 - **bt** 35.000
Fertilizzanti letame
Fitofarmaci rame e zolfo
Diserbo lavorazione meccanica/manuale
Lieviti selezionati industriali
Uve 100% di proprietà
Certificazione nessuna certificazione

MARANO DI VALPOLICELLA (VR)

TERRE DI LEONE

SCONTO **-10%**

Località Porta - tel. 045 6895040
www.terredileone.it - info@terredileone.it

VITA - «La vita a volte ti mette davanti a dei bivi, che spesso arrivano dopo una curva cieca»: così Federico Pellizzari racconta la storia dell'azienda, che è nata per il profondo legame creatosi fra la moglie Chiara Turati e il nonno materno di lui, Leone, a cui questa realtà è dedicata. Insieme Chiara e Federico hanno avuto il coraggio di abbandonare il proprio lavoro, cambiare vita, e cogliere l'eredità culturale loro trasmessa.

VIGNE - I vigneti si trovano quasi tutti a 450 metri, prevalentemente esposti a sud su terreni a base tufaceo-basaltica. Federico conduce la vigna in un modo simile a quello utilizzato dal nonno, lasciando parte del terreno ad area boschiva, così da favorire la biodiversità, e optando per l'inerbimento totale dei filari. Unica modifica apportata l'abbandono della pergola veronese a favore del guyot.

VINI - Il richiamo alla tradizione passa soprattutto per l'uso di tutte le varietà autoctone. I vini si distinguono per agilità e sapidità.

Valpolicella Cl. Sup. Terre di Leone 2016 ● 2.666 bt; 26 € - Al naso troviamo note di amarena e cioccolato, per un palato setoso. Un vino di facile beva.
Valpolicella Cl. Sup. Ripasso Terre di Leone 2015 ● 2.666 bt; 31 € - Profuma di frutta rossa sotto spirito, vaniglia e liquirizia, e all'assaggio è succoso.
Amarone della Valpolicella Cl. Terre di Leone Ris. 2011 ● 7.400 bt; 68 € - Impenetrabile alla vista, si apre su note di amarena, cioccolato e tostatura di caffè. In bocca si presenta avvolgente e consistente.
Valpolicella Cl. Il Re Pazzo 2018 ● 16.000 bt; 11 € - Agile, fruttato, integro.
Valpolicella Cl. Sup. Ripasso Il Re Pazzo 2018 ● 5.000 bt; 17 € - Armonico, fruttato, gastronomico.
Amarone della Valpolicella Cl. Il Re Pazzo 2015 ● 4.500 bt; 34 € - Austero, speziato, espressivo.

ha 7 - **bt** 40.000
Fertilizzanti letame in pellet, organo-minerali, sovescio
Fitofarmaci rame e zolfo
Diserbo lavorazione meccanica/manuale
Lieviti selezione di lieviti indigeni
Uve 100% di proprietà
Certificazione nessuna certificazione

MARANO DI VALPOLICELLA (VR)

VAONA ODINO

SCONTO -10%

Frazione Valgatara - Via Paverno, 41 - tel. 045 7703710
www.vaona.it - info@vaona.it

VITA - Nella frazione di Paverno, nel cuore della Valpolicella classica, troviamo questa bella realtà frutto dell'impegno e della dedizione di una famiglia da sempre legata al mondo del vino. L'azienda oltre agli instancabili coniugi Odino Vaona e Pia Aldrighetti, oggi vede in prima linea il figlio Alberto, che segue l'aspetto agronomico ed enologico, e sua moglie Mara Rinco-Tavella, che si occupa di vendite e ufficio.

VIGNE - Tutti i vigneti crescono nella Valpolicella classica, con presenza sia di varietà tradizionali, sia di "nuovi arrivati". I terreni, molto variabili anche localmente, si suddividono in vulcanici a Marano, argillosi a San Pietro, e calcarei ad Arbizzano-Negrar. Lodevole la vinificazione separata per sottozone, la presenza di vecchie vigne ancora in attività e l'attenzione per l'ambiente.

VINI - Rispetto allo stile dei vini la definizione che ci dà Alberto è chiara e precisa: «sono vini figli dell'uva e non della cantina». La gamma è di spiccata espressività territoriale.

Valpolicella Sup. 2018 ● 8.000 bt; 12 € - Dai suoli alluvionali-calcarei e in seguito a un affinamento di 12 mesi in anfora e botte grande nasce questo vino dai sentori di frutta rossa leggermente speziata, e dal palato teso, fresco e caratteriale.
Amarone della Valpolicella Cl. Paverno 2016 ● 12.000 bt; 28 € - Allevato su suoli più calcarei e terrazzati, affina 36 mesi in botte grande. La spezia iniziale si apre poi su sentori di frutta sotto spirito, per far spazio quindi a un palato lungo e corposo.
Amarone della Valpolicella Cl. Pegrandi Ris. 2013 ● 1.300 bt; 70 € - Figlio di Marano, affina 5 anni in legno piccolo. Presenta inizialmente sentori balsamici, che poi virano sulla frutta rossa; il sorso è morbido, con ottima freschezza e persistente tannicità.

ha 10 - **bt** 100.000
Fertilizzanti letame in pellet, sovescio
Fitofarmaci rame e zolfo
Diserbo lavorazione meccanica/manuale
Lieviti fermentazione spontanea
Uve 100% di proprietà
Certificazione biologico certificato

MEZZANE DI SOTTO (VR)

CAMERANI CORTE SANT'ALDA - ADALIA

SCONTO -10%

Località Fioi - Via Capovilla, 28 - tel. 045 8880006
www.camerani.wine - info@camerani.wine

VITA - Camerani è il cognome di due donne dal carattere diverso, ma entrambe fortissime: Marinella e Federica, madre e figlia. Marinella è indomita, ha avviato Corte Sant'Alda nel 1986 e da allora ha sempre portato avanti le sue idee in libertà, introducendo per prima la biodinamica e vinificando con uno stile personale. Federica ha un'indole più dolce, ma con la determinazione di una leonessa si è guadagnata crescente spazio.

VIGNE - Tre sono gli appezzamenti vitati aziendali. Il primo è accanto alla cantina, in località Fioi, dove le vigne sono allevate a guyot, componenti di un ecosistema complesso fatto di alberi, erbe spontanee e sovesci. Il secondo è Adalia, un cru di pergole circondate dal bosco sull'altro versante della val Mezzane. Infine c'è il Pian di Castagne, un pianoro sulla sommità di un'alta collina rinfrescata dal vento.

VINI - Caratteri diversi per due linee diverse: Corte Sant'Alda offre vini introspettivi, ricchi di estratto e spezie, mentre i vini Adalia sono leggiadri e di grande beva.

TOP **Valpolicella Ca' Fiui 2019** VINO SLOW ● 25.000 bt; 14 € - Un concentrato di tipicità, per un sorso scorrevole e appagante, di grande profondità ed eleganza.
Recioto della Valpolicella Roasan Adalia 2016 ● 1.000 bt da 0,5 l; 27 € - Seduce con note di frutta rossa candita e tostate che si sciolgono in un palato succoso, sapido e armonico. Buonissimo.
Amarone della Valpolicella Ruvaln Adalia 2016 ● 7.500 bt; 38 € - Sentori di piccoli frutti carnosi, speziatura elegante e ricordi balsamici introducono un palato fine, condito da una gustosa salinità e da un tannino saporito.
Recioto della Valpolicella 2017 ● 1.000 bt da 0,5 l; 38 € - Denso, speziato, avvolgente.
Soave Singan Adalia 2019 O 4.500 bt; 8 € - Fresco, floreale, delicato.
Agathe 2019 ● molinara; 600 bt; 17 € - Vibrante, fruttato, energico.

ha 19 - **bt** 125.000
Fertilizzanti letame, organo-minerali, preparati biodinamici
Fitofarmaci organici, rame e zolfo
Diserbo lavorazione meccanica/manuale
Lieviti fermentazione spontanea
Uve 100% di proprietà
Certificazione parte dei vigneti in regime biodinamico, biologico certificato

MEZZANE DI SOTTO (VR)

MASSIMAGO

SCONTO **-10%**

Via Giare, 21 - tel. 045 8880143
www.massimago.com - info@massimago.com

VITA - Camilla Rossi Chauvenet, giovane ed energica vignaiola, è l'anima di questa realtà vitivinicola della valle di Mezzane nata, proprio grazie alla sua determinazione, nella proprietà che le ha lasciato la nonna. Camilla, completati gli studi di agraria, vi si è dedicata anima e corpo, conquistando un riconoscimento crescente. Nell'antico casale accanto alla cantina si trova oggi un bellissimo agriturismo presso cui si può mangiare e soggiornare.

VIGNE - I terreni vitati, circondati da macchie boschive, pur trovandosi tutti attorno alla cantina hanno conformazioni diverse, che variano dal calcare bianco alla marna rossa, fino agli inserti basaltici, e sono posti a un'altitudine che va dai 150 ai 350 metri. Questa diversificazione permette a Camilla di accentuare le diverse caratteristiche dei suoi vigneti, allevati in parte a pergola e in parte a guyot, principalmente con varietà autoctone della Valpolicella.

VINI - Camilla interpreta il territorio di Mezzane, che si traduce in vini con molto estratto e austeri, sposando uno stile del tutto personale, comunque declinato nel rispetto dell'espressività varietale. Ogni etichetta corrisponde a un personaggio.

Amarone della Valpolicella 2015 ● 6.000 bt; 54 € - Il naso fine e sfaccettato, con note calde e croccanti di frutta, sfocia in un palato succoso, con un tannino che asciuga piacevolmente il palato e un lungo finale speziato.
Amarone della Valpolicella Conte Gastone 2016 ● 15.000 bt; 36 € - Una versione più agile, che offre delicati sentori floreali e fruttati e un sorso teso e sapido.
Brut Rosè Magò 2018 10.000 bt; 17 € - Corvina, corvinone e rondinella per questo Metodo Charmat leggiadro e piacevole, da stappare senza indugio.
Garganega Duchessa Allegra 2019 ○ 8.000 bt; 13 € - Dinamico, floreale, sapido.

ha 13 - **bt** 80.000
Fertilizzanti compost, letame, sovescio
Fitofarmaci organici, rame e zolfo
Diserbo lavorazione meccanica/manuale
Lieviti fermentazione spontanea, selezionati industriali, selezione di lieviti indigeni
Uve 100% di proprietà
Certificazione biodinamico certificato

NEGRAR (VR)

TOMMASO BUSSOLA

Località San Peretto - Via Mulino Turri, 30 - tel. 045 7501740
www.bussolavini.com - info@bussolavini.com

VITA - Questa realtà è nata nel 1997 grazie al lavoro di Tommaso Bussola, con la guida e il supporto del fratello Giuseppe. La caratteristica rimasta costante nel tempo è l'impegno per migliorare e valorizzare al massimo la realtà unica della Valpolicella. Oggi in azienda, oltre all'infaticabile Tommaso, troviamo i figli Paolo, che si occupa dell'aspetto agronomico ed enologico, e Giuseppe, che segue il commerciale.

VIGNE - I tradizionali vitigni della Valpolicella classica coltivati dall'azienda crescono tutti nel comune di Negrar. Partendo dalla frazione di San Peretto, a 280 metri di quota, si arriva ai 500 metri di Montecchio. Su tutto domina una natura forte e viva, circondata e protetta da un'ampia fascia boscosa. L'allevamento è condotto con la tipica pergola veronese, con una piccola parentesi a guyot. Lodevole la ricerca di biodiversità e la presenza di vecchie vigne in produzione.

VINI - L'approccio tradizionale permette di realizzare vini schietti e rispettosi del territorio e dei tempi della natura.

Valpolicella Sup. Ripasso Ca' del Laito 2016 ● 40.000 bt; 20 € - Da circa 24 mesi di affinamento in legno, sia grande sia piccolo, nasce questo vino dai sentori di frutta e spezie, e dal palato possente ma anche agile.
Valpolicella Cl. Sup. TB 2015 ● 13.000 bt; 35 € - Un sorprendente affinamento di 42 mesi, sempre in legni misti, dona a questo prodotto un'interessante evoluzione, che al naso spazia dalla frutta matura a sentori leggermente balsamici, e in bocca si attesta su un registro denso e dinamico.
Amarone della Valpolicella Cl. 2014 ● 15.000 bt; 53 € - Vino-simbolo dell'azienda, riesce a stupire anche in questa difficile annata. Gli iniziali sentori di frutta rossa si confondono con suadenti note tostate e speziate, per poi confluire in un palato morbido e avvolgente.

ha 14 - **bt** 80.000
Fertilizzanti letame
Fitofarmaci rame e zolfo
Diserbo lavorazione meccanica/manuale
Lieviti fermentazione spontanea, selezione di lieviti indigeni
Uve 100% di proprietà
Certificazione nessuna certificazione

NEGRAR (VR)

CANTINA VALPOLICELLA NEGRAR

Via Ca' Salgari, 2 - tel. 045 6014300
www.cantinanegrar.it - info@cantinanegrar.it

VITA - Azienda orgogliosamente cooperativa dal 1933, è figlia della crisi economica degli anni Venti: è nata, infatti, dall'idea innovativa di sette imprenditori decisi a collaborare per sopravvivere. Oggi raccoglie 230 piccoli vignaioli, con medie di 3 ettari vitati per produttore. Da 10 anni è diretta dalla sapiente mano di Daniele Accordini, che ha saputo cogliere le sfide della modernità.

VIGNE - I 700 ettari totali crescono in cinque comuni della Valpolicella classica; 120 sono gli ettari dedicati alla coltivazione biologica. Una profonda conoscenza del territorio e delle singole realtà ha portato alla vinificazione separata delle singole sottozone.

VINI - Valorizzare i cru e la territorialità dei vini: lo si fa gestendo numeri importanti, con approccio inevitabilmente tecnologico ma con grandi attenzioni.

Amarone della Valpolicella Cl. Pruviniano 2015 ● 10.000 bt; 34 € - Nato sui suoli calcareo-argillosi di Marano, apre con suadenti sentori di frutta rossa, per poi passare a un palato morbido, lungo e di incisività tannica.
Amarone della Valpolicella Cl. Biologico 2016 ● 5.000 bt; 34 € - Dai terreni più calcarei tra Negrar e Fumane nascono profumi fruttati più intensi e una bocca piena, robusta e vigorosa.
Amarone della Valpolicella Cl. Domini Veneti 2015 ● 100.000 bt; 34 € - Proveniente da terreni argilloso-calcarei, sprigiona profumi fruttati e speziati, con un palato morbido, fresco e leggermente amarognolo.
Valpolicella Cl. Sup. Ripasso La Casetta 2017 ● 100.000 bt; 17 € - Avvolgente, fruttato, espressivo.
Valpolicella Cl. Sup. Verjago 2017 ● 40.000 bt; 9 € - Possente, fruttato, verace.
Valpolicella Cl. 2018 ● 200.000 bt; 9 € - Agile, fruttato, sottile.

ha 700 - **bt** 8.000.000
Fertilizzanti letame in pellet, organo-minerali, sovescio
Fitofarmaci chimici di sintesi, rame e zolfo
Diserbo chimico, lavorazione meccanica/manuale
Lieviti selezionati industriali
Uve 100% di proprietà
Certificazione parte dei vigneti in regime biologico

NEGRAR (VR)

LE RAGOSE

SCONTO **-10%**

Frazione Arbizzano - Via Ragose, 1 - tel. 045 7513241
www.leragose.com - leragose@leragose.com

VITA - Arnaldo Galli e Marta Broletto hanno comprato nel 1969 questo luogo bellissimo, che, pur essendo a un passo dal centro di Verona, gode di una vista affascinante che spazia dal centro cittadino fino al lago di Garda. Ora alla guida di Le Ragose ci sono i figli Marco, agronomo, e Paolo, enologo. L'azienda ha visto il recente ingresso nei ranghi di Marta, la figlia di Paolo.

VIGNE - «In questa terra si fa il vino da 400 anni, come dimostrano i reperti trovati durante la sistemazione dei vigneti», racconta Paolo orgogliosamente. Non è difficile credergli, osservando i vigneti che circondano la cantina in un anfiteatro naturale sempre ventilato e abbracciato dal bosco. Le uve sono coltivate sulle tipiche pergole veronesi.

VINI - Vini longevi, messi sul mercato dopo anni, perché l'uva de Le Ragose porta sempre in dote una gran dose di freschezza, domata gradualmente con legni di grandi dimensioni.

Amarone della Valpolicella Cl. Marta Galli 2010 ● 2.600 bt; 48 € - Riserva dedicata alla fondatrice. Avvolgente e caldo, presenta un'incalzante tensione gustativa e un frutto integro, che terminano in una piacevole chiusura speziata.
Amarone della Valpolicella Cl. 2010 ● 38.000 bt; 44 € - Eleganza floreale e un'intrigante vena balsamica fanno strada a un palato molto gustoso, con tannino fine e grande succosità.
Recioto della Valpolicella Cl. 2016 ● 2.000 bt; 27 € - L'apertura speziata cede il passo a gustose sensazioni di piccoli frutti rossi e scuri sotto spirito, mentre tannino e acidità sorreggono il sorso saporito.
Valpolicella Cl. Sup. Marta Galli 2016 ● 2.600 bt; 23 € - Avvolgente, fruttato, scuro.
Valpolicella Cl. 2019 ● 13.000 bt; 11 € - Agile, floreale, sottile.

ha 18 - **bt** 130.000
Fertilizzanti letame in pellet, letame, organo-minerali
Fitofarmaci chimici di sintesi, rame e zolfo
Diserbo lavorazione meccanica/manuale
Lieviti fermentazione spontanea
Uve 100% di proprietà
Certificazione nessuna certificazione

NEGRAR (VR)

ROBERTO MAZZI

Frazione San Peretto - Via Crosetta, 8 - tel. 045 7502072
www.robertomazzi.it - info@robertomazzi.it

VITA - I Mazzi sono stati per secoli dei mugnai a San Peretto di Negrar, e nell'affascinante corte contadina il mulino è ancora presente e funzionante. Agli inizi del secolo scorso la famiglia ha cominciato a produrre anche il vino, avviando la cantina nel 1960. Oggi l'attività è gestita dai fratelli Stefano e Antonio, che gestiscono anche un'attività di ristorazione presso l'agriturismo adiacente alla cantina, nato per mano del padre Roberto.

VIGNE - I vini portano il nome dei singoli cru dai quali sono ottenuti, situati nella Valpolicella classica: Pojega, Villa, Calcarole e Castel sono tutte zone ben esposte, con terreni principalmente calcarei, a un'altitudine che varia dai 200 ai 340 metri. Le varietà, coltivate a pergola, sono quelle autoctone: corvina, corvinone, rondinella e anche molinara, un'uva ormai dismessa da molte aziende e che invece i Mazzi amano e difendono per il suo apporto floreale.

VINI - Eleganza, freschezza e una certa dose di austerità sono gli elementi fondamentali dello stile aziendale, fedele al territorio di Negrar.

Amarone della Valpolicella Castel 2015 ● 3.500 bt; 70 € - Succulento, carnoso e piacevolmente speziato, ha un palato di buon nerbo, dal finale balsamico.
Valpolicella Cl. Sup. Sanperetto 2017 ● 10.000 bt; 18 € - Un bouquet floreale apre la strada a un sorso molto elegante, succoso e sapido, dalla piacevole vena balsamica.
Valpolicella Cl. 2019 ● 16.000 bt; 13 € - Croccante e integro, con una bella marasca succosa e buona sapidità.
Recioto della Valpolicella Le Calcarole 2018 ● 4.000 bt da 0,375 l; 32 € - Nobile, speziato, complesso.
Valpolicella Cl. Sup. Poiega 2017 ● 7.000 bt; 21 € - Austero, speziato, compatto.

ha 8 - **bt** 50.000
Fertilizzanti letame in pellet
Fitofarmaci rame e zolfo
Diserbo lavorazione meccanica/manuale
Lieviti selezione di lieviti indigeni
Uve 100% di proprietà
Certificazione nessuna certificazione

NEGRAR (VR)

GIUSEPPE QUINTARELLI

Via Cerè, 1 - tel. 045 7500016
vini@giuseppequintarelli.it

VITA - Financo in tempi di pestilenza, sul domaine più prestigioso della Valpolicella, così come durante il regno di Carlo V d'Asburgo, non tramonta mai il sole. La saga dei Quintarelli, al pari di quella dei Buddenbrook, continua a permeare valli, progni, marogne e laghi in quel nordovest del Veneto che si figura come anello di congiunzione fra la Serenissima e i Celti, i Longobardi e i Cimbri, facendo salire un canto di liberazione: venceremos.

VIGNE - Il graffiare lungo la route del Cerè, quando la stagione inclina la primavera nell'atto del distendersi, quasi in un saffico palpitio della mano, verso l'estate, genera uno scatenarsi di emozioni che solo Jimi a Monterey, Janis, Bird e Trane sapevano dare. La madre terra e "le sacre" delle vigne nella spiritualità del silenzio, che è il canto della poesia, raccontano il dantesco dei finage di Negrar, Marano e Sant'Ambrogio.

VINI - È il tempo a dettare le regole, i ritmi, le oscillazioni; colui che scrutando il pendolo gli dice vai e non fermarti mai, alla velocità che solo tu puoi. Quel tempo di cui aveva bisogno Stanley Kubrick per "vinificare" i suoi capolavori. Il tempo della meditazione, della preghiera, della liturgia; il tempo dell'infinito.

TOP **Amarone della Valpolicella Cl. 2012** ● 14.000 bt; 237 € - Uno dei più grandi mai fatti. Un vino che potrebbe stare tra Latour e Romanée Conti senza colpo ferire. Uno che farebbe cantare a Francesco De Gregori Viva l'Italia.
Amabile del Cerè 2012 O chardonnay, garganega, saorin, sauvignon blanc, trebbiano toscano; 2.800 bt da 0,5 l; 149 € - Neanche un millimetro in meno del succitato.
Alzero 2011 ● cabernet franc, cabernet sauvignon, merlot; 3.000 bt; 295 € - Da uve appassite: inarrivabile!
Valpolicella Cl. Sup. 2013 ● 20.000 bt; 67 € - Setoso, speziato, integro.

ha 12 - **bt** 60.000
Fertilizzanti letame, organo-minerali
Fitofarmaci chimici di sintesi, rame e zolfo
Diserbo lavorazione meccanica/manuale
Lieviti selezionati industriali
Uve 100% di proprietà
Certificazione nessuna certificazione

NEGRAR (VR)

RECCHIA

Via Cà Bertoldi, 30 - tel. 045 7500584
www.recchiavini.it - info@recchiavini.it

VITA - I fratelli Roberto e Riccardo Recchia, eredi di una tradizione vitivinicola centenaria, stanno passando il testimone ai figli Enrico, Chiara, Luca ed Elisa, che hanno apportato alla gestione dell'azienda una visione manageriale e moderna. Ciò che rimane invariato, invece, è l'attaccamento alla terra di questa famiglia, che nel 1906 riuscì ad acquistare il primo ettaro, elevandosi dal ruolo di mezzadri a quello di proprietari terrieri.

VIGNE - La maggior parte degli ettari vitati si trova nella Valpolicella classica, dislocati in diversi appezzamenti tra i comuni di Negrar, vicino alla cantina, San Pietro in Cariano, Marano, Fumane e Sant'Ambrogio. Su questi terreni, tra loro diversi, sono due gli elementi costanti: l'utilizzo della pergola veronese e la predilezione per le varietà autoctone, come corvina, corvinone, rondinella e molinara. Un altro appezzamento si trova a Castelnuovo, vicino al lago di Garda.

VINI - Lo stile Recchia è pulito e preciso, legato al territorio di provenienza delle uve e ai vitigni autoctoni utilizzati.

Chiaretto di Bardolino Poderi del Roccolo 2019 ● 120.000 bt; 5 € - Veramente piacevole questo rosa del lago di Garda, che offre fini sentori di fragolina di bosco ed erbette, in un palato sapido e di gran succo.
Amarone della Valpolicella Cl. Masùa di Jago 2015 ● 60.000 bt; 23 € - Inizialmente austero e speziato, si apre poi su note suadenti di frutta scura, che ritroviamo anche al palato, dotato di buona tensione e tannino levigato.
Valpolicella Ripasso Cl. Sup. Le Muraie 2016 ● 100.000 bt; 15 € - Ottenuto con uve ripassate sulle vinacce del Recioto, è carnoso e ricco, con sensazioni di prugna e ciliegie scure. Il sorso è equilibrato, con tannino integrato e una discreta freschezza che compensa la nota alcolica.

ha 120 - **bt** 600.000
Fertilizzanti letame in pellet, minerali
Fitofarmaci chimici di sintesi, rame e zolfo
Diserbo chimico, lavorazione meccanica/manuale
Lieviti selezionati industriali
Uve acquisto 40%
Certificazione nessuna certificazione

NEGRAR (VR)

VIGNETI DI ETTORE

€

Via Casetta di Montecchio, 1 - tel. 0457 540158 - 340 4620518
www.vignetidiettore.it - info@vignetidiettore.it

VITA - Fin da quando era bambino l'ambizione di Ettore Righetti, classe 1930, è stata quella di trasformare l'uva in vino. Nel 2012 il progetto ha trovato la sua realizzazione grazie al figlio Giampaolo, che si occupa dei vigneti, e al nipote Gabriele, enologo. Ancora oggi Ettore è al loro fianco nelle decisioni più importanti. La cantina ospita anche l'incantevole agriturismo Le Croibe, da cui si gode di una vista privilegiata sulle colline.

VIGNE - Il parco vitato si sviluppa tra i due versanti della vallata di Negrar, ed è diviso in quattro aree. I vigneti, tutti in regime biologico dal 2019, si presentano inerbiti e dolcemente digradanti. La raccolta è esclusivamente manuale e tutte le uve sono poste in cassetta, dopo un'attenta selezione. Il sovescio, praticato ovunque, garantisce il corretto apporto organico ai terreni che ospitano anche vecchie piante di pelara e uva spigamonti.

VINI - L'azienda realizza vini che lasciano trasparire il territorio di provenienza: precisi, di facile beva ed eleganti, sono in grado di affrontare anche lunghi invecchiamenti.

TOP **Valpolicella Cl. Sup. Pavaio 2018** VINO QUOTIDIANO ● 10.000 bt; 12 € - Si apre su toni floreali e sfumature speziate. Al palato è succoso e sorprende per la sua freschezza. Un tannino ben dosato sottolinea una piacevole profondità gustativa.
Valpolicella Cl. Bio 2019 ● 6.000 bt; 10 € - All'olfatto è immediatamente espressivo: i profumi sono netti e accattivanti. Guida il sorso un tannino fitto, supportato da un interessante intreccio fresco-sapido. Vivace e beverino.
Amarone della Valpolicella Cl. 2016 ● 9.000 bt; 33 € - Colpisce per la complessità gustativa e olfattiva. Spezie scure, frutta rossa, balsamicità anticipano un sorso potente ma equilibrato.
Recioto della Valpolicella Cl. 2017 ● 5.000 bt da 0,50 l; 24 € - Denso, fruttato, autentico.

ha 20 - **bt** 80.000
Fertilizzanti letame, sovescio
Fitofarmaci rame e zolfo
Diserbo lavorazione meccanica/manuale
Lieviti fermentazione spontanea, selezione di lieviti indigeni
Uve 100% di proprietà
Certificazione biologico certificato

NEGRAR (VR)

VILLA SPINOSA

SCONTO **-10%**

Via Jago Dall'Ora, 14 - tel. 045 7500093 - 340 3060480
www.villaspinosa.it - info@villaspinosa.it

VITA - Enrico Cascella Spinosa è alla guida di questa bella realtà che ha sede in un'antica villa padronale, circondata da un magnifico giardino all'italiana e dai vigneti, nella frazione di Jago, sopra Negrar. Enrico ha iniziato a vinificare le proprie uve negli anni Novanta, e da allora ha continuato a far crescere l'attività. Oggi una squadra di giovani professionisti lo affianca nelle varie mansioni aziendali, condividendo con lui la filosofia aziendale, da sempre fedele allo stile più tradizionale della Valpolicella.

VIGNE - «Villa Spinosa ha due cuori», dice Enrico: uno è a Jago, vicino alla cantina, e l'altro è il cru Figari a Marano di Valpolicella. A questi si è aggiunto alcuni anni or sono il vigneto di Costa del Buso, un impianto ancora giovane sul quale si stanno facendo alcuni esperimenti di gestione agronomica alternativa. Nei terreni aziendali si coltivano solo vitigni autoctoni, tra i quali la corvina regna sovrana, affiancata da corvinone e rondinella. Il sistema di allevamento è prevalentemente a guyot.

VINI - Villa Spinosa desidera far emergere le peculiarità intrinseche delle uve autoctone della Valpolicella: poco estratto, speziatura, e una decisa freschezza sono le caratteristiche comuni di tutti i vini.

TOP **Amarone della Valpolicella Cl. 2016** ● 6.087 bt; 41 € - Deliziosi profumi di viole e piccoli frutti scuri e maturi invitano alla beva, che si rivela sapida, coerente e gustosa, concludendosi in un finale speziato e sorretto da un'ottima freschezza.
Valpolicella Cl. Sup. Figari 2017 ● 6.546 bt; 15 € - Un bel bouquet di rose rosse e una stuzzicante nota balsamica invitano al sorso, che è succoso e fresco, con alcolicità ben integrata. Ottimo il lungo e gustoso finale.

ha 20 - **bt** 45.000
Fertilizzanti letame in pellet, sovescio
Fitofarmaci chimici di sintesi, rame e zolfo
Diserbo lavorazione meccanica/manuale
Lieviti selezionati industriali
Uve 100% di proprietà
Certificazione nessuna certificazione

NEGRAR (VR)

VIVIANI

Località Mazzano - Via Mazzano, 8 - tel. 045 7500286
www.cantinaviviani.com - viviani@cantinaviviani.com

VITA - Claudio Viviani, la moglie Sandra Hament e il figlio Elia sono i volti, il cuore e le braccia di questa azienda della Valpolicella che si è guadagnata nel tempo e col sudato lavoro il diritto di stare tra i migliori. Protagonista della storia dell'Amarone, Claudio è impetuoso, un vignaiolo sincero e spinto da un fuoco interiore che si ritrova nei vini, sempre personali e caratterizzati.

VIGNE - Siamo nell'alta valle di Negrar, dove i terreni sono calcarei, con tufo e argilla, e i vigneti vengono allevati a guyot, con poche parcelle rimaste alla tradizionale pergola veronese. Su Claudio, sulla sua perizia di vignaiolo, sul modo di pensare la viticoltura come una delle tante facce della Valpolicella, tutte da tutelare, abbiamo sempre scritto molto nelle scorse edizioni della guida: confermiamo ogni singola parola.

VINI - I vini sono sempre molto curati, figli di molte arti tra le quali quella dell'assemblaggio. Anche i Valpolicella più semplici devono far nascere in chi li beve le stesse forti sensazioni che Claudio e famiglia hanno provato quando li hanno congedati.

Amarone della Valpolicella Cl. 2016 ● 15.000 bt; 34 € - Quasi didattico, tipico, fruttato: l'artigiano si nasconde un po' per spiegarvi la Valpolicella.
Valpolicella Cl. Sup. Campo Morar 2017 ● 10.000 bt; 26 € - Grande vino, un'architettura perfetta dove tutto si equilibra, una gustosa banda di profumi e sapori.
Valpolicella Cl. Sup. Ripasso 2016 ● 12.000 bt; 16 € - Senza forzature di corpo, è gustoso e di piacevole beva, oltre che scorrevole.
Recioto della Valpolicella Cl. 2016 ● 3.000 bt da 0,5 l; 40 € - Nobile, fruttato, complesso.

ha 10 - **bt** 80.000
Fertilizzanti letame in pellet
Fitofarmaci rame e zolfo
Diserbo lavorazione meccanica/manuale
Lieviti selezionati industriali, selezione di lieviti indigeni
Uve 100% di proprietà
Certificazione nessuna certificazione

PESCHIERA DEL GARDA (VR)

LE MORETTE - VALERIO ZENATO

SCONTO **-10%**

Viale Indipendenza, 19/d - tel. 045 7552724
www.lemorette.it - info@lemorette.it

VITA - L'azienda le Morette è nata come attività vivaistica abbinata alla produzione di vino sfuso, fino a quando Gino Zenato ha deciso di fondare la cantina, portata avanti poi dal figlio Valerio. Oggi sono i nipoti Fabio, agronomo, e Paolo, enologo, a condurre questa dinamica realtà, conservando l'identità familiare che l'ha sempre caratterizzata.

VIGNE - Sono 38 gli ettari nella zona del Lugana Doc, con terra ricca di argilla e componenti minerali, e 4 quelli a Lazise per la produzione del Bardolino. Da sempre impegnati nel limitare l'uso di prodotti chimici (aderiscono dal 2019 al protocollo Biodiversity Friend), in questi ultimi anni stanno ottimizzando la gestione della chioma delle viti per creare un microclima più arieggiato, per uve più sane e meno bisognose di trattamenti.

VINI - Il Lugana da sempre è la passione della famiglia: tempi di lavorazione veloci e assenza di ossigeno permettono di preservare il corredo aromatico e la freschezza, per farli ritrovare poi nel bicchiere insieme alla grande sapidità data dai terreni.

Lugana Mandolara 2019 ○ 270.000 bt; 11 € - È l'emblema aziendale: sapido, fresco, dalla beva piacevole e diretta.
Lugana Ris. 2017 ○ 4.000 bt; 19 € - Complesso ed elegante al naso, con sentori minerali, di frutta matura, di agrumi e spezie dolci. In bocca l'entrata è morbida, ma poi lascia spazio al vero carattere della turbiana, con grande sapidità e freschezza. Un vino di indiscussa longevità.
Lugana Benedictus 2018 ○ 30.000 bt; 14 € - Complesso, caldo e avvolgente, grazie alla raccolta tardiva delle uve.
Bardolino Chiaretto 2019 40.000 bt; 8 € - Fresco, floreale, gastronomico.
Cepage Rosè corvina, rondinella; 12.000 bt; 11 € - Metodo Charmat, agile, floreale, autentico.
Bardolino Cl. 2019 ● 18.000 bt; 8 € - Croccante, speziato, espressivo.

ha 42 - **bt** 450.000
Fertilizzanti letame in pellet, letame
Fitofarmaci rame e zolfo
Diserbo lavorazione meccanica/manuale
Lieviti fermentazione spontanea
Uve 100% di proprietà
Certificazione nessuna certificazione

PESCHIERA DEL GARDA (VR)

OTTELLA

SCONTO **-10%**

Frazione San Benedetto di Lugana - Località Ottella, 1
tel. 045 7551950 - www.ottella.it - info@ottella.it

VITA - Il legame tra antica tradizione vitivinicola e arte moderna contraddistingue Ottella, realtà tra le più rinomate del lago di Garda. La storica sede del Cinquecento ha lasciato ormai il posto alla nuova cantina, dove convivono vini e opere d'arte moderna che ben rappresentano lo spirito d'innovazione con cui i fratelli Michele e Francesco Montresor guidano l'azienda.

VIGNE - Diversi territori per creare diversi vini: è questa la filosofia aziendale. I terreni argillosi, grassi e ricchi di mineralità nei dintorni della cantina sono dedicati alla produzione del Lugana. I terreni morenici invece danno vita ai vini rossi della zona di Monzambano, mentre sono quasi marmorei quelli nella Valpolicella orientale. L'allevamento a guyot è il prediletto, ma viene utilizzato anche il cordone speronato.

VINI - I vini sono moderni, scattanti e sempre di buona beva. Ammirevole il lavoro in vigna e in cantina per mettere in risalto l'unicità delle varie espressioni di Turbiana. L'entusiasmo e la propensione alla sperimentazione si evidenzia nelle tecniche di produzione e affinamento usate in alcuni vini.

Lugana 2019 ○ 350.000 bt; 11 € - Intrigante e avvolgente nei profumi di pesca, agrumi e frutta esotica, al palato è fresco e sapido.
Lugana Back to Silence 2019 ○ 10.000 bt; 17 € - Vendemmia tardiva delle uve, macerazione sulle bucce per un mese, zero solforosa aggiunta: un orange wine dal gusto pieno, complesso e appagante.
Lugana Molceo Ris. 2017 ○ 20.000 bt; 19 € - Potente, complesso, elegante. Un vino capace di sfidare il tempo.
Amarone della Valpolicella Ripa della Volta 2015 ● 6.000 bt; 43 € - Potente, speziato, complesso.
Valpolicella Ripasso Ripa della Volta 2016 ● 15.000 bt; 20 € - Avvolgente, speziato, armonico.

ha 60 - **bt** 500.000
Fertilizzanti letame
Fitofarmaci rame e zolfo
Diserbo n.d.
Lieviti fermentazione spontanea
Uve 100% di proprietà
Certificazione in conversione biologica, parte dei vigneti in regime biologico

PESCHIERA DEL GARDA (VR)

ZENATO

Via San Benedetto, 8 - tel. 045 7550300
www.zenato.it - info@zenato.it

VITA - L'azienda è nata nel 1960 quando Sergio Zenato ha deciso di scommettere sul Lugana, contribuendo alla nascita della denominazione. Dopo il successo nel mondo ha scelto di iniziare una nuova avventura nella produzione di vini rossi, acquistando 30 ettari in Valpolicella. Oggi a portare avanti la sua opera ci sono la moglie Carla Prosperi e i figli Alberto e Nadia, che hanno indubbiamente ereditato lo stesso spirito intraprendente e lungimirante del padre.

VIGNE - I vigneti di turbiana prosperano su suoli argillosi con viti vecchie anche di 50 anni, e si trovano nella zona di San Benedetto di Lugana, nei dintorni della cantina. Nei pressi di Sant'Ambrogio troviamo invece i vigneti per la produzione dei rossi della Valpolicella. Interessante anche il progetto Sansonina, nato per valorizzare un vecchio vigneto di merlot nell'area del Lugana.

VINI - L'ampia gamma di vini riflette fedelmente le caratteristiche dei territori e dei vitigni di provenienza. Ogni vino viene realizzato con estrema cura, rispettando i tempi giusti di maturazione.

Lugana Santa Cristina 2019 ○ 180.000 bt; 13 € - - Intensi profumi di agrumi e frutta tropicale introducono un palato fresco e appagante.
Lugana Sergio Zenato Ris. 2017 ○ 26.000 bt; 25 € - - Vecchie viti e sei mesi in botti piccole per un vino avvolgente e profondo.
Amarone della Valpolicella Cl. 2016 ● 80.000 bt; 43 € - - Vino importante, con note di ciliegia sotto spirito, cacao e spezie. Al palato è avvolgente e caldo.
Valpolicella Sup. Ripasso Ripassa 2016 ● 150.000 bt; 17 € - - Avvolgente, speziato, gastronomico.
Cresasso 2015 ● corvina veronese; 22.000 bt; 31 € - - Dinamico, fruttato, autentico.
Lugana San Benedetto 2019 ○ 120.000 bt; 11 € - - Fresco, minerale, espressivo.

ha 95 - **bt** 2.000.000
Fertilizzanti letame in pellet, letame
Fitofarmaci chimici di sintesi, rame e zolfo
Diserbo lavorazione meccanica/manuale
Lieviti selezionati industriali
Uve 100% di proprietà
Certificazione nessuna certificazione

SAN MARTINO BUON ALBERGO (VR)

CORTE SCALETTA

Frazione Marcellise - Via Cao di Sopra, 19 - tel. 045 8740269
www.cortescaletta.it - info@cortescaletta.it

VITA - L'azienda familiare Corte Scaletta per generazioni ha conferito le uve, e solo dal 2011 ha iniziato a vinificare in proprio. La motivazione principale che ha spinto alla realizzazione della cantina è stata la volontà di fare vini rispettosi della storia territoriale. Giulia Cavedoni e il fratello Michele, con il papà Riccardo e la mamma Laura, sono uniti e portano avanti un brillante lavoro di squadra, con ottimi risultati.

VIGNE - In vigna si fanno pochi trattamenti e solo con zolfo e rame. A Marcellise e all'interno della tenuta Musella i bei vigneti allevati a guyot sono integrati in un ambiente ricco di biodiversità. Tra i filari crescono erbe spontanee sfalciate saltuariamente, e vengono lavorati solamente i sottofila, con adeguata frequenza e senza l'uso di chimica. La zona è caratterizzata da terreni marnosi.

VINI - Uno stile di vinificazione decisamente essenziale, con pochi interventi in cantina e fermentazioni spontanee per valorizzare le uve del territorio. Aromi e sapori tipici per le due etichette proposte quest'anno, per vini diretti e veraci. Posticipata l'uscita del Valpolicella Superiore 2015, del Valpolicella Superiore Ripasso 2015 e dell'Amarone della Valpolicella 2015.

Valpolicella 2017 ● 3.000 bt; 9 € - - Il vino più storico delle vallate locali è senza dubbio un riferimento aziendale, un punto di vista dal quale si capisce lo stile della cantina. Diretto e franco nel frutto ben in evidenza, presenta bei toni balsamici e note speziate. Al palato entra fresco, pimpante, leggero, ma avvolgente e con un finale deciso.
Cabernet Sauvignon 2014 ● 3.000 bt; 15 € - - Classico e intenso negli aromi, si distingue per un sorso succoso e dotato di tannini ben amalgamati.

ha 12 - **bt** 30.000
Fertilizzanti sovescio
Fitofarmaci rame e zolfo
Diserbo lavorazione meccanica/manuale
Lieviti fermentazione spontanea
Uve 100% di proprietà
Certificazione nessuna certificazione

MUSELLA

SCONTO **-10%**

Via Ferrazzette, 2 - tel. 045 973385
www.musella.it - maddalena@musella.it

VITA - Fondata da Emilio Pasqua di Bisceglie nel 1995, la società agricola Musella è nata essenzialmente dall'esigenza familiare di affrancarsi dalla frenetica vita moderna per dedicarsi ai più lenti tempi dell'agricoltura. Nella splendida tenuta troviamo anche un romantico country relais. Ora a guidarla c'è la figlia Maddalena, sempre pronta a nuove iniziative e a promulgare l'idea di agricoltura amorevole.

VIGNE - L'intera tenuta ricorda un giardino incantato, e tutta la filiera produttiva richiama al rispetto per la terra e per l'ambiente che ci circonda, non solo tramite le certificazioni biologica e biodinamica. La terra argillosa, rossa in superficie e calcarea in profondità, ha ispirato anche l'uso di contenitori particolari di marmo, che lasciano riposare il vino in una sorta di ritorno alle origini della materia prima.

VINI - «Il vino lo fanno le piante», dice Maddalena, «noi dobbiamo solo condurlo sulla retta via». E continua: «il vigneron deve interpretare al meglio il proprio terroir senza mettersi in competizione». Premesse che portano ad avere vini estremamente "viziati" dalle cure date, vivi, riconoscibili e sinceri, oltre che molto digeribili.

TOP **Amarone della Valpolicella 2014** VINO SLOW ● 14.000 bt; 39 € - Intensa e piacevole l'apertura su un concentrato di frutta scura. Al palato è succoso, sapido, e con lunghi e morbidi tannini.
Valpolicella Sup. 2018 ● 100.000 bt; 17 € - Eleganti il sentore di rosa e i toni croccanti. L'entrata in bocca è sapida, la chiusura piena e polposa.
Drago Bianco 2018 O garganega; 6.000 bt; 15 € - Affinato in contenitori di marmo di Verona, esprime un frutto giallo molto fine. Il sorso è scorrevole, fresco e gustoso.
Valpolicella Sup. Ripasso 2016 ● 40.000 bt; 19 € - Nobile, balsamico, profondo.

ha 30 - **bt** 180.000
Fertilizzanti sovescio
Fitofarmaci organici, rame e zolfo
Diserbo lavorazione meccanica/manuale
Lieviti fermentazione spontanea
Uve 100% di proprietà
Certificazione biodinamico certificato, biologico certificato

TERRE DI PIETRA

SCONTO **-10%**

Località Marcellise - Via Arcandola, 4 - tel. 328 0849020
www.terredipietra.it - info@terredipietra.it

VITA - La storia di Terre di Pietra ha avuto inizio nel 2005 dalla volontà di lavorare in vigna di Laura Albertini, coadiuvata dal marito Cristiano Saletti, che dal 2017 ha raccolto la guida. I fatti raccontano una vicenda fatta di passioni, istinti e motivazioni ancestrali. La filosofia operativa sposa da sempre il rispetto per le tradizioni contadine.

VIGNE - Cristiano oltre a produrre il suo vino è anche promotore del progetto "Re Valpo", associazione che riunisce sette produttori di vino naturale nella Valpolicella, con lo scopo di valorizzare il territorio con le sue specifiche caratteristiche. Questi valori ben si sposano con la pratiche agricole messe in atto nei suoi vigneti, molto ben condotti e curati premurosamente. In tutti gli appezzamenti troviamo terre nere vulcaniche, terre bianche e marna.

VINI - I vini si ottengono con fermentazioni spontanee, senza alcun correttivo di origine chimica, e con un uso oculato della solforosa e delle operazioni di filtraggio. Si presentano come liquido vivo, in trasformazione e decisamente identitari.

Amarone della Valpolicella Rosson 2013 ● 2.000 bt; 58 € - Denso e materico sin dal colore, esprime sentori di ciliegia, poi note di tabacco e cipria. Entra ampio e robusto, chiude con carattere e incisività.
Valpolicella Sup. Mesal 2015 ● 3.000 bt; 24 € - Questo vino nasce su pietre e terra nera. Si apre con suadenti profumi di ciliegie, poi di prugna e spezie. Il sorso risulta scorrevole e persistente.
Cizero 2018 ● corvina; 1.300 bt; 21 € - Agile, fruttato, verace.
Valpolicella Sup. Vigna del Peste 2017 ● 4.000 bt; 22 € - Setoso, floreale, sottile.
Quercia Laboriosa 2018 O garganega; 2.500 bt; 15 € - Fresco, fruttato, agrumato.

ha 6 - **bt** 20.000
Fertilizzanti letame in pellet, letame, sovescio
Fitofarmaci organici, rame e zolfo
Diserbo lavorazione meccanica/manuale
Lieviti fermentazione spontanea
Uve 100% di proprietà
Certificazione nessuna certificazione

SAN PIETRO IN CARIANO (VR)

LORENZO BEGALI

SCONTO **-10%**

Via Cengia, 10 - tel. 045 7725148
www.begaliwine.it - info@begaliwine.it

VITA - Per i Begali il lento e regolare scorrere del tempo non ha fatto altro che legare indissolubilmente vita e vite. Figura chiave è stato ed è il coraggioso e verace Lorenzo che, raccolta l'esperienza del nonno Giordano, negli anni Ottanta ha fondato l'azienda. Orgogliosamente a conduzione familiare, oggi oltre all'infaticabile fondatore, sempre in vigna, e alla moglie Adriana Lavarini in ufficio, troviamo i figli Giordano in cantina e Tiliana in amministrazione.

VIGNE - Tutti i vigneti sono situati nel cuore della Valpolicella classica, in prevalenza a San Pietro e secondariamente a Negrar. La composizione dei suoli, molto variabile anche localmente, è perlopiù a base argillosa. L'allevamento delle viti è tradizionalmente a pergola, con altitudini dei vigneti che variano dai 150 ai 250 metri. Interessante la vinificazione separata delle singole sottozone, che valorizza la ricchezza di diversità.

VINI - «Vini tradizionali fatti soprattutto per essere bevuti e apprezzati»: così Giordano racconta l'approccio di casa.

Valpolicella Cl. 2019 ● 20.000 bt; 9 € - 🍷 - Vino base che non soffre d'inferiorità. Colpisce per un naso fruttato con ricordi di ciliegia croccante, e per il palato teso e sapido, con tannino vivo.
Valpolicella Cl. Sup. Siora 2017 ● 6.000 bt; 22 € - Ⓛ - Alfiere dell'azienda, è un vino prodotto da uve leggermente appassite. Il naso si apre con una leggera frutta per poi passare a una fine speziatura; il palato è sorprendentemente agile e fresco, e si apprezza soprattutto per il grande equilibrio.
Amarone della Valpolicella Cl. Monte Ca' Bianca 2015 ● 6.000 bt; 60 € - Ⓛ - Affinato in botti di rovere per 40 mesi, sprigiona sentori di frutta scura e speziati, per aprirsi poi in una beva corposa e fresca. Colpisce per la vitalità quasi sferzante.

ha 12 - **bt** 100.000
Fertilizzanti letame
Fitofarmaci rame e zolfo
Diserbo chimico, lavorazione meccanica/manuale
Lieviti fermentazione spontanea
Uve 100% di proprietà
Certificazione nessuna certificazione

SAN PIETRO IN CARIANO (VR)

BRIGALDARA

SCONTO **-10%**

Frazione San Floriano - Via Brigaldara, 20 - tel. 045 7701055
www.brigaldara.it - info@brigaldara.it

VITA - Il succedersi delle dilaniate stagioni srotola il filo rosso di questa proprietà scaligera, icona del comune di San Pietro in Cariano. Da quando ci conoscemmo, sul crinale che chiudeva gli anni Ottanta del metanolo e del riscatto, aprendosi ai folgoranti Novanta, Stefano Cesari, idealmente un diesel che non fa rumore, come la neve di Mogol e Battisti, ha riproiettato una tela del Veronese avviluppata fra la grazia e la bellezza.

VIGNE - Il considerevole patrimonio vegetativo è base fondamentale per lo sviluppo della progettualità e della sua concretizzazione nelle diverse forme e identità: la Valpolicella classica, la Valpantena e Marcellise. Le vigne prosperano in una biodiversità fortemente protettiva, costituita da boschi, olivi e tartufaie. Gli allevamenti, regno della pergola veronese, sono innestati su terreni poliedrici con origini argillose, calcaree e tufacee.

VINI - La ricerca della finezza e della facilità di beva connota nettamente l'insieme della produzione. Le vinificazioni avvengono separatamente per vigneto, utilizzando acciaio, barrique e botte grande.

TOP **Amarone della Valpolicella Cavolo 2015** ● 10.000 bt; 39 € - Ⓛ - Conferma nuovamente il suo valore. Offre una gradevolezza immediata, che lascia diffondere sensazioni balsamiche, di fieno e liquirizia.
Amarone della Valpolicella Case Vecie 2015 ● 15.000 bt; 51 € - Ⓛ - È il solito campione, una delle massime espressioni della tipologia. Farne scorta e dare tempo al tempo è l'imperativo.
Soave 2019 ○ 20.000 bt; 10 € - 🍷 - Un'esplosione di freschezza, un vino deliziosamente didattico.
Valpolicella Ripasso Sup. 2018 ● 100.000 bt; 17 € - 🍷Ⓛ - Dinamico, fruttato, profondo.

ha 50 - **bt** 300.000
Fertilizzanti compost, letame in pellet
Fitofarmaci chimici di sintesi, rame e zolfo
Diserbo lavorazione meccanica/manuale
Lieviti selezionati industriali, selezione di lieviti indigeni
Uve 100% di proprietà
Certificazione nessuna certificazione

SAN PIETRO IN CARIANO (VR)

MANARA

Frazione San Floriano - Via Don Cesare Biasi, 53
tel. 045 7701086 - www.manaravini.it - info@manaravini.it

VITA - La famiglia Manara, arrivata oggi alla quarta generazione di viticoltori, deve molto al bisnonno Lorenzo e al nonno Guido. Questi, negli anni Cinquanta, pionieristicamente hanno commercializzato i primi vini. Il successivo passaggio ha visto prendere in mano le redini i tre fratelli Giovanni, Lorenzo e Fabio, che hanno unito le loro forze armoniosamente. Ultimo in ordine d'arrivo (nel 2017) è Davide, espressione della generazione più giovane.

VIGNE - Tutti i vitigni si situano nella Valpolicella classica. Lodevole la progressiva riduzione della chimica, con la lotta integrata e l'incentivo alla biodiversità. La composizione del suolo è prevalentemente argillosa, con una base di marna basaltica che offre ampia variabilità locale.

VINI - I vini sono di impronta classica e vengono realizzati con cura tecnica, usando vasche d'acciaio, botti grandi e barrique.

Amarone della Valpolicella Cl. Corte Manara 2016 ● 13.000 bt; 29 € - Colpisce per le note di frutta rossa matura e per il corpo pieno e avvolgente. Il tannino è vivo ma ben addomesticato.
Amarone della Valpolicella Cl. Postera 2014 ● 6.000 bt; 33 € - Rispetto al precedente dimostra una nota più matura, soprattutto grazie a un naso sì fruttato ma anche balsamico. Il palato è pieno, lungo e fresco.
Guido Manara 2015 ● cabernet sauvignon, merlot, croatina; 3.500 bt; 33 € - Dedicato al nonno, è realizzato con la tecnica dell'appassimento. Suadenti i sentori di frutta matura e speziati, per un corpo pieno, vigoroso e morbido.
Valpolicella Cl. Sup. Vecio Belo 2017 ● 20.000 bt; 10 € - Croccante, fruttato, autentico.
Valpolicella Cl. Sup. Ripasso Le Morete 2018 ● 32.000 bt; 12 € - Avvolgente, fruttato, espressivo.
Recioto della Valpolicella Cl. Moronalto 2017 ● 5.000 bt; 21 € - Possente, fruttato, avvolgente.

ha 12 - **bt** 150.000
Fertilizzanti letame in pellet, organo-minerali
Fitofarmaci chimici di sintesi, rame e zolfo
Diserbo lavorazione meccanica/manuale
Lieviti fermentazione spontanea
Uve acquisto 10%
Certificazione nessuna certificazione

SAN PIETRO IN CARIANO (VR)

MONTE DALL'ORA

SCONTO **-10%**

Località Castelrotto - Via Monte dall'Ora, 5 - tel. 045 7704462
www.montedallora.com - info@montedallora.com

VITA - Questa è una storia d'amore, dapprima tra due sposi, Carlo Venturini e Alessandra Zantedeschi, e poi tra loro e il luogo in cui hanno deciso di costruire la propria casa e l'azienda. Il loro grande rispetto per questa terra si percepisce chiaramente osservando come la vigna sia solo una delle coltivazioni a cui si dedicano i due coniugi: «prima ancora di essere dei vignaioli siamo dei contadini», ricorda Carlo.

VIGNE - Monte dall'Ora è un ecosistema dinamico in cui le vigne si mescolano a zone boschive, olivi, alberi da frutto, aree adibite a orti e all'allevamento di api, oche e galline. La maggior parte dei vigneti si trova attorno alla cantina, sulla collina di Castelrotto, in cui l'Ora, il vento del Garda che dona il nome all'azienda, soffia dolcemente tra le marogne (i tipici muretti a secco), assicurando alle belle pergole di corvina e corvinone una ventilazione costante.

VINI - L'intenzione di Carlo e Alessandra è che i loro vini siano specchio dell'annata. A tale scopo intervengono il meno possibile in cantina e affinano il vino a lungo.

TOP **Amarone della Valpolicella Cl. Stropa 2012** VINO SLOW ● 4.500 bt; 79 € - Un connubio ideale tra l'integrità succosa dei piccoli frutti rossi e la potenza del sorso, caldo, tannico e pepato.
Valpolicella Cl. Sup. Camporenzo 2017 ● 9.000 bt; 20 € - Leggiadro e floreale, offre un palato gustoso, sapido e fresco, con un piacevole grip tannico e una bella beva.
Valpolicella Cl. Saseti 2019 ● 17.000 bt; 13 € - Profumi invitanti di fiori e frutta rossa introducono un palato sapido e gustoso, dal finale lievemente amarognolo. Un vino gastronomico.
Valpolicella Cl. Sup. San Giorgio Alto 2016 ● 3.900 bt; 36 € - Austero, speziato, sapido.
Valpolicella Cl. Sup. Ripasso Saustò 2017 ● 3.000 bt; 26 € - Incisivo, fruttato, armonico.

ha 12,5 - **bt** 40.000
Fertilizzanti compost, letame, sovescio
Fitofarmaci rame e zolfo
Diserbo lavorazione meccanica/manuale
Lieviti fermentazione spontanea
Uve 100% di proprietà
Certificazione biodinamico certificato, biologico certificato

NICOLIS

SCONTO -10%

Via Villa Girardi, 29 - tel. 045 7701261
www.vininicolis.com - info@vininicolis.com

VITA - L'azienda è nata nel 1951, grazie all'impegno e alla dedizione di papà Angelo Nicolis. La tappa successiva è arrivata nel 1978, con la prima etichetta col nome di famiglia. Oggi in cantina troviamo i due fratelli Giuseppe, enologo, e Giancarlo, agronomo. Ma è già pronta e scalpitante una nuova generazione, capeggiata da Angelo, anch'egli enologo, che ha fatto interessanti esperienze estere.

VIGNE - I vigneti sono tutti nel cuore della Valpolicella classica. Crescono a partire dalla zona pedecollinare, con altitudini di 200 metri, fino ad arrivare all'alta collina, a 500 metri. L'ampia varietà climatica locale, l'altrettanto diversificato suolo a base morenico-calcarea, e l'allevamento sia a pergola tradizionale sia a guyot, permettono un'ampia valorizzazione di questa grande diversità. Lodevoli il basso uso di solfiti e la certificazione di sostenibilità RRR.

VINI - In cantina troviamo legni grandi e qualche barrique dedicata all'Amarone Ambrosan, per vini identitari e che non rinunciano all'espressività territoriale.

Valpolicella Cl. Sup. Ripasso Seccal 2017 ● 85.000 bt; 15 € - Anche grazie all'affinamento di sei mesi in legno grande, questo vino colpisce per sentori d'avvolgente frutta matura, e per il palato pieno e morbido, percorso da viva tannicità.
Amarone della Valpolicella Cl. 2015 ● 25.000 bt; 39 € - L'appassimento delle uve e i 30 mesi di fermo, sempre in botte grande, donano al prodotto profumi austeri e speziati, per rivelare poi una beva vigorosa e piena. Colpisce il tannino, ancora sorprendentemente vivo e presente.
Amarone della Valpolicella Cl. Ambrosan 2011 ● 21.000 bt; 55 € - Simbolo di famiglia, affinato lungamente in legno grande e barrique, sprigiona un naso di frutta matura sotto spirito, per poi passare a un palato esplosivo e avvolgente, fresco e pieno.

ha 42 - **bt** 220.000
Fertilizzanti nessun concime
Fitofarmaci rame e zolfo
Diserbo lavorazione meccanica/manuale
Lieviti selezione di lieviti indigeni
Uve 100% di proprietà
Certificazione nessuna certificazione

SAN PIETRO IN CARIANO (VR)

RUBINELLI VAJOL

€

SCONTO -10%

Via Paladon, 31 - tel. 045 6839277 - 340 9203445
www.rubinellivajol.it - info@rubinellivajol.it

VITA - I fratelli Alberto e Renzo Rubinelli conducono questa azienda insieme al nipote Nicola Scienza, che si occupa della parte commerciale. Gli investimenti degli ultimi anni hanno riguardato la nuova cantina tutta interrata, organizzata per lavorare le uve a caduta, e il recupero di terrazze e vecchi muretti a secco, con attenzione agli aspetti storici e paesaggistici, che insieme concorrono all'identità della Valpolicella.

VIGNE - Vajol è una piccola conca di 10 ettari rivolti verso sud che gira intorno alla villa padronale. I terreni sono costituiti da tufo, argilla e pietrisco, e i vigneti sono a guyot dove c'è poca pendenza, e a pergola veronese sui terrazzamenti, senza sistema di irrigazione: le viti devono arrangiarsi sviluppando radici profonde, ma il terreno conserva una sufficiente umidità e c'è sempre una buona ventilazione.

VINI - Con il sistema per caduta adottato in cantina la buccia rimane integra, e partono micro fermentazioni interne all'acino che donano freschezza, integrità di colore e maggiore qualità anche nei profumi.

TOP **Valpolicella Cl. 2019** VINO QUOTIDIANO ● 13.300 bt; 10 € - Diretto e sincero, è croccante, profumato e accogliente.
Valpolicella Cl. Sup. Ripasso 2016 ● 28.000 bt; 20 € - Fruttato, intrigante, gustoso, ben si abbina a piatti di carattere.
Amarone della Valpolicella Cl. Ris. 2008 ● 354 bt; 137 € - Etereo, armonico, di vecchia scuola, ha corpo nervoso, ed è raro per equilibrio tra materia, tannini setosi, grintosa freschezza ed eleganza nei profumi.
Amarone della Valpolicella Cl. 2013 ● 26.000 bt; 48 € - Ampio, speziato, profondo.
Valpolicella Cl. Sup. 2015 ● 7.500 bt; 17 € - Schietto, fruttato, sottile.
Recioto della Valpolicella Cl. 2013 ● 5.000 bt da 0,50 l; 34 € - Avvolgente, fruttato, elegante.

ha 10 - **bt** 70.000
Fertilizzanti letame, sovescio
Fitofarmaci organici, rame e zolfo
Diserbo lavorazione meccanica/manuale
Lieviti selezione di lieviti indigeni
Uve 100% di proprietà
Certificazione nessuna certificazione

SAN PIETRO IN CARIANO (VR)

SPERI

SCONTO **-10%**

Frazione Pedemonte - Via Fontana, 14 - tel. 045 7701154
www.speri.com - info@speri.com

VITA - Prima di essere un'azienda Speri è una grande famiglia. Sette generazioni di vignaioli si sono avvicendate alla guida di questa realtà vitivinicola, facendone una delle più antiche della Valpolicella classica. Sono ben nove i familiari, tra fratelli, cugini e nipoti, che oggi gestiscono l'azienda, dividendosi tra loro in modo molto efficiente le diverse mansioni.

VIGNE - Gli ettari vitati sono 60, tutti condotti in regime biologico, un cammino iniziato nel 2014 e portato avanti con convinzione crescente. Le varietà coltivate sono quelle autoctone della Valpolicella, con un'attenzione particolare alla conservazione di alcune vecchie tipologie. Oltre al celebre vigneto Sant'Urbano, sopra Fumane, degno di nota è anche il cru La Roggia, a ridosso della cantina, da cui provengono le uve del Recioto.

VINI - Il carattere dei vini è sobrio ed elegante, ricercato attraverso l'utilizzo di legno grande e un lungo affinamento in bottiglia.

TOP **Recioto della Valpolicella Cl. La Roggia 2017** VINO SLOW ● 15.000 bt da 0,50 l; 40 € - Fonde in modo impeccabile la dolcezza della ciliegia con le note speziate di tabacco, pepe nero e cacao, in un sorso equilibrato e gustoso, in cui tannino e sapidità invitano alla beva.

Amarone della Valpolicella Cl. Vigneto Monte Sant'Urbano 2016 ● 100.000 bt; 51 € - Scuro e speziato, con un frutto concentrato che si ritrova nella bocca succosa. Il tannino ben presente e la grande sapidità e freschezza ne fanno un vino già godibile.

Valpolicella Cl. Sup. Sant'Urbano 2017 ● 80.000 bt; 20 € - Sapido e fresco, ha un tannino ancora irruente che lascia trasparire le note più calde.

Valpolicella Cl. 2019 ● 100.000 bt; 11 € - Agile, fruttato, gastronomico.

Valpolicella Cl. Sup. Ripasso 2018 ● 100.000 bt; 18 € - Avvolgente, speziato, energico.

ha 60 - **bt** 400.000
Fertilizzanti sovescio
Fitofarmaci organici, rame e zolfo
Diserbo lavorazione meccanica/manuale
Lieviti selezione di lieviti indigeni
Uve 100% di proprietà
Certificazione biologico certificato

SAN PIETRO IN CARIANO (VR)

TEDESCHI FRATELLI

SCONTO **-10%**

Frazione Pedemonte - Via Verdi, 4/a - tel. 045 7701487
www.tedeschiwines.com - info@tedeschiwines.com

VITA - È sempre affascinante visitare i Tedeschi. Si riapre il libro della Valpolicella e la storia fluisce come le acque dell'Adige, maestose, agli squilli di tromba dell'Aida che s'innalzano dall'Arena. Si affaccia il grande Lorenzo, padre nobile del Recioto e dell'Amarone, e per noi la rimembranza di passati eventi dionisiaci diventa motivo di raffinata e coriacea gioia; un sentirsi come i re francesi in preghiera nella cattedrale di Reims.

VIGNE - Usando un'espressione gioco-scherzosa, possiamo parlare di tenuta classicamente allargata. Il cuore dell'ebolliente nucleo pulsa, infatti, a ovest di Verona, nella Valpolicella classica: San Pietro in Cariano, Sant'Ambrogio e Fumane. A est il futuro prossimo, tra Mezzane e Tregnago, in località Maternigo. Ottantaquattro ettari, bosco incluso, dei quali quasi 33 vitati, galvanizzati da marne ricche di metalli.

VINI - Sovrana, ma non sovranista, la botte grande è signora nel solco della tradizione valpolicelliana; la struttura sapientemente shakerata con le tensioni della finezza e le forme dell'eleganza. Come on boys, let's gonna drink these marvellous wines.

TOP **Amarone della Valpolicella Cl. La Fabriseria Ris. 2015** ● 2.500 bt; 171 € - Cru mitico a San Giorgio di Sant'Ambrogio, sfodera un bouquet composito di viola, terra, tartufo e funghi; in bocca è pieno, dal tannino serrato e lungo.

Amarone della Valpolicella Cl. Monte Olmi Ris. 2015 ● 8.000 bt; 60 € - Una sontuosa versione di un altro caposaldo aziendale: la voluttuosità del frutto, il tocco intrigante della mandorla, un sereno appagamento.

Amarone della Valpolicella Ansari 2016 ● 6.300 bt; 43 € - Acronimo di Antonietta, Sabrina e Riccardo, alla prima uscita è molto buono.

Valpolicella Cl. Lucchine 2019 ● 20.000 bt; 9 € - Succoso, fresco, sottile.

ha 46 - **bt** 500.000
Fertilizzanti letame, sovescio
Fitofarmaci organici, rame e zolfo
Diserbo lavorazione meccanica/manuale
Lieviti selezione di lieviti indigeni
Uve acquisto 10%
Certificazione parte dei vigneti in regime biologico

SAN PIETRO IN CARIANO (VR)

MASSIMINO VENTURINI

SCONTO **-10%**

Località San Floriano - Via Semonte, 20 - tel. 335 5219689
www.viniventurini.com - info@viniventurini.com

VITA - I Venturini sono giunti, passo dopo passo, alla quarta generazione familiare alla guida di questa solida azienda di San Floriano: ai fratelli Mirco, Daniele e Giuseppina si sono definitivamente aggiunti i giovani Ilenia e il cugino Alessandro, che hanno portato un bel vento di freschezza.

VIGNE - I 15 ettari di vigneto sono tutti localizzati nella Valpolicella Classica: meraviglioso il cru Masua, in cima alla collina, con piante di oltre 30 anni e un terreno sassoso e calcareo, che regala uva molto concentrata e mineralità; un vigneto tutto terrazzato con i muretti in pietra, le marogne, che drenano l'acqua, e le scale in pietra per salire.

VINI - Si usano le uve tradizionali della Valpolicella, con pochi grappoli in pianta che vengono selezionati per i vini più importanti. Lo stile è molto tradizionalista, ma è anche supportato da investimenti tecnologici mirati.

TOP **Amarone della Valpolicella Cl. Campomasua 2015** ● 25.000 bt; 43 € - Scuro e concentrato, al palato ha un bel grip tannico e buon succo. Un po' giovane al momento dell'assaggio, è già molto piacevole.
Massimino Rosso Verona 2016 ● corvina, corvinone, rondinella; 20.000 bt; 3 € - Naso leggiadro, con frutta ben matura, cuoio e tabacco; in bocca è caldo e armonico.
Recioto della Valpolicella Cl. Le Brugnine 2015 ● 5.000 bt; 26 € - Ricorda nei profumi la confettura di amarene e i chiodi di garofano. Si coglie un finale quasi minerale, per un sorso molto saporito e appagante.
Passito Bianco Il Castelliere 2012 ● 2.000 bt da 0,50 l; 34 € - Fine, fruttato, complesso.
Valpolicella Ripasso Cl. Sup. Semonte Alto 2016 ● 30.000 bt; 13 € - Dinamico, fruttato, espressivo.
Valpolicella Cl. 2019 ● 30.000 bt; 7 € - Fresco, fruttato, incerto.

ha 15 - **bt** 130.000
Fertilizzanti letame in pellet
Fitofarmaci organici, rame e zolfo
Diserbo lavorazione meccanica/manuale
Lieviti selezione di lieviti indigeni
Uve 100% di proprietà
Certificazione nessuna certificazione

SAN PIETRO IN CARIANO (VR)

ZYMÈ

Via Ca' del Pipa, 1 - tel. 0457 701108
www.zyme.it - info@zyme.it

VITA - Il nome dell'azienda è ricco di significato e storia: viene dal greco antico Zýmē, che vuol dire fermento, lievito. Un termine che si accosta molto bene all'instancabile intraprendenza di Celestino Gaspari: una vita interamente dedicata al mondo del vino, prima come apprendista, poi come consulente, e infine come produttore. Ha iniziato quasi per gioco ad appassire l'uva nel garage di casa, oggi guida una cantina che esprime eccellenza.

VIGNE - Nata nel 2003 con meno di un ettaro di vigneto, l'azienda oggi può contare su un ampio parco articolato su più territori, per un totale di circa 30 ettari. Nella zona occidentale, soprattutto nei comuni di Sant'Ambrogio e San Pietro, troviamo i vitigni tipici della Valpolicella, con allevamento inizialmente a spalliera, riconvertito poi a pergola. Nella parte orientale, nella zona dei colli Berici, crescono invece le varietà internazionali.

VINI - «Vini che esprimono l'identità del produttore»: così Celestino racconta la gamma di Zymè, svelandoci l'anima di questa sua realtà.

From Black to White 2019 ○ golden traminer, incrocio Manzoni, rondinella bianco, kerner; 40.000 bt; 14 € - Nato dal terreno calcareo-argilloso di Verona, apre con un ampio naso fruttato per passare a un palato fresco e verticale.
Valpolicella Reverie 2019 ● 25.000 bt; 11 € - Vino dai sentori di croccante frutta rossa speziata, colpisce per una beva tannica e fresca, con chiusura leggermente amarognola.
Valpolicella Cl. Sup. Val 2017 ● 20.000 bt; 25 € - Cresciuto nei suoli di Sant'Ambrogio e Negrar, si presenta con sentori di frutta rossa composta e un palato corposo, energico ed elegante.
Amarone della Valpolicella Cl. Am 2015 ● 7.000 bt; 91 € - Armonico, fruttato, complesso.

ha 30 - **bt** 120.000
Fertilizzanti letame, minerali
Fitofarmaci organici, rame e zolfo
Diserbo lavorazione meccanica/manuale
Lieviti fermentazione spontanea, selezione di lieviti indigeni
Uve 100% di proprietà
Certificazione nessuna certificazione

BENEDETTI CORTE ANTICA

SCONTO **-10%**

Via Case Sparse Prunea di Sotto, 5 - tel. 045 6801736
www.cantine-benedetti.com - info@cantine-benedetti.com

VITA - La montagna, quella della Lessinia, custodisce le radici della famiglia Benedetti; poi la migrazione, termine che contiene in sé esistenzialismo e filosofia sino al midollo, degradando in giù verso la Valpolicella, oltre 50 anni fa, per allevare e coltivare. Nel 1995 la svolta, focalizzando il lavoro sul concetto di qualità. A Luigi, il grande timoniere, si affiancano i guardiamarina Davide, Giuseppe e Simone... "e la nave va".

VIGNE - La rotta è tracciata: massimo rispetto per la vigna, sovescio, niente chimica. È in atto la conversione al biologico che sarà effettiva nel 2021. La conduzione si giova del prezioso apporto di Enrico Casarotto, spaziando sulle aree di Gargagnago nel comune di Sant'Ambrogio, nella Valpolicella classica, e Marcellise a est di Verona. La diversificazione dei suoli permette di fare slalom fra le argille, i ciottoli e il tufo.

VINI - Da vigne che arrivano anche ai 60 anni nascono vini capaci di coniugare potenza e finezza, di durare nel tempo, di esprimere quella saggezza che li traghetti verso lo status di eterni. Per i Benedetti, coadiuvati dal giovane enologo Gianmaria Zanella, è fondamentale che essi rispecchino l'uomo e il suo terroir, che abbiano un'identità immediatamente riconoscibile.

TOP **Amarone della Valpolicella Cl. Croce del Gal Black Label 2011** ● 6.000 bt; 55 € - Affinato in barrique (nuove e usate) e tonneau: è avvolto di finissima seta, e baciato dal goudron accarezza il palato con la lievità di una brezza dolomitica.

Amarone della Valpolicella Cl. Croce del Gal Ris. 2004 ● 1.000 bt; 205 € - Ha la classe di una creazione di alta moda.

Amarone della Valpolicella Cl. 2015 ● 10.000 bt; 31 € - Spiccano la viola, il tannino trapuntato e una geometrica armonia.

ha 16 - **bt** 70.000
Fertilizzanti sovescio
Fitofarmaci organici, rame e zolfo
Diserbo lavorazione meccanica/manuale
Lieviti selezionati industriali, selezione di lieviti indigeni
Uve 100% di proprietà
Certificazione in conversione biologica

MASI AGRICOLA

Frazione Gargagnago - Via Monteleone, 26 - tel. 045 6832511
www.masi.it - masi@masi.it

VITA - Il succedersi delle generazioni è il leitmotiv dei Masi. L'orologio della Valpolicella segna un anno preciso: 1772. La stagione gloriosa della Serenissima volgeva al termine; alle porte la rivoluzione francese che avrebbe seppellito l'Ancien régime; liberté, egalité, fraternité si respiravano anche al Vaio di Sant'Ambrogio. Un anelito che Sandro Boscaini, chiamato mister Amarone, ha portato con sé nell'affermazione della sua griffe nel mondo.

VIGNE - Il valore del gruppo, il suo lavoro, la sue idee sono alla base di tutto. L'insieme, sia dal punto di vista familiare, e altrettanto da quello tecnico. L'intuizione dei cru nasce fra il 1955 e il 1960 con l'acquisto di Campolongo di Torbe e Mazzano, seguito poi da Mezzanella; nel 1964 la valorizzazione del tradizionale metodo del ripasso con il Campofiorin. Un vulcano in continua eruzione.

VINI - Sotto la guida enologica di Andrea Dal Cin avviene il fermento delle fermentazioni, l'agire riflessivo e tumultuoso di una macchina complessa qual è quella di questa grande maison. La poliedricità e la polifunzionalità dei mezzi, degli strumenti di lavoro esplica molto bene la diversificazione delle proposte: acciaio, barrique, botte grande e media, fusto veronese da 600 litri di rovere, acacia, ciliegio.

Amarone della Valpolicella Cl. Mazzano 2012 ● 15.350 bt; 116 € - Così fitto da essere insieme foresta e caverna; ampio il bouquet, frutto pieno, tannino esuberante.

Amarone della Valpolicella Cl. Costasera Ris. 2015 ● 42.000 bt; 62 € - Un'immersione nei profumi e negli odori del bosco, giocando sui toni della mora e del cioccolato. Potente e contrastato.

Valpolicella Cl. Sup. Monte Piazzo Serego Alighieri 2017 ● 35.000 bt; 25 € - Strong wine cui non farebbe male un pò di gentilezza.

ha 640 - **bt** 4.300.000
Fertilizzanti letame in pellet, organo-minerali
Fitofarmaci organici, rame e zolfo
Diserbo lavorazione meccanica/manuale
Lieviti selezione di lieviti indigeni
Uve 100% di proprietà
Certificazione nessuna certificazione

SOMMACAMPAGNA (VR)

CAVALCHINA

SCONTO **-10%**

Frazione Custoza - Via Sommacampagna, 7 - tel. 045 516002
www.cavalchina.com - info@cavalchina.com

VITA - Questa realtà storica di Custoza è nata nei primi del Novecento dalla dedizione del nonno calzolaio Luciano Piona. La cantina, inaugurata nel 1948, inizialmente vestì la duplice funzione di enoteca e distilleria, per poi dedicarsi solo all'aspetto enologico. Dopo un'attenta quanto mirata espansione, l'azienda non ha perso lo spirito iniziale, e oggi conserva una gestione familiare. Al timone troviamo i due fratelli Luciano e Franco.

VIGNE - L'azienda si è espansa negli anni Sessanta nella collina di Monzambano nel Mantovano, dopo l'iniziale sviluppo sulle terre di Custoza e Bardolino. Nel 2010 fu la volta della Valpolicella orientale, con successiva certificazione biologica. Ultima arrivata è la denominazione Lugana, con terreni sulle rive del lago del Frassino. Lodevole la gestione separata di ogni realtà, che mira sempre alla tipicità locale.

VINI - «Espressività del vitigno senza interferenze», così dice Luciano parlandoci della sua realtà ricca di storia e di varietà territoriale.

Custoza 2019 ○ 210.000 bt; 9 € - Vino simbolo dell'azienda, colpisce per il naso finemente floreale e per il palato fresco, sapido e lungo, il tutto in elegante equilibrio.
Garda Riesling Paroni 2019 ○ 5.000 bt; 12 € - I profumi floreali di sambuco si intrecciano con una delicata nota agrumata; la beva si scopre succosa e fresca, di nuovo con ricordi d'agrume. Lungo e vibrante il finale.
Valpolicella Torre d'Orti 2018 ● 6.000 bt; 13 € - Dalle uve biologiche di San Martino nasce questo vino dai delicati sentori floreali e speziati, con palato sapido, teso e tannico.
Bardolino Chiaretto 2019 65.000 bt; 9 € - Agile, fruttato, delicato.
Amarone della Valpolicella Torre d'Orti 2016 ● 25.000 bt; 36 € - Austero, speziato, energico.
Lugana 2019 ○ 30.000 bt; 12 € - Incisivo, fruttato, verticale.

ha 44 - **bt** 370.000
Fertilizzanti organo-minerali
Fitofarmaci chimici di sintesi, organici, rame e zolfo
Diserbo lavorazione meccanica/manuale
Lieviti selezionati industriali
Uve 100% di proprietà
Certificazione nessuna certificazione

SOMMACAMPAGNA (VR)

LE VIGNE DI SAN PIETRO

SCONTO **-10%**

Via San Pietro, 23 - tel. 045 510016
www.levignedisanpietro.it - info@levignedisanpietro.it

VITA - Una storia lunga 40 anni quella che racconta Carlo Nerozzi. Ha iniziato nel 1979 quando papà Sergio, architetto, ha deciso di cambiare la qualità della vita della propria famiglia e trasferirsi sulla collina di San Pietro, nel comune di Sommacampagna, un luogo che lui stesso definì «magico». Qui Carlo cominciò a fare i primi passi come viticoltore: inizialmente un hobby, ben presto si è trasformato in passione e quindi in professione.

VIGNE - Le varietà riesling e pinot nero, inizialmente presenti nei vigneti, sono state con il tempo sostituite dall'incrocio Manzoni, che meglio si è adattato ai terreni morenici di origine glaciale che caratterizzano la zona. I filari vengono mantenuti inerbiti e la lavorazione avviene unicamente attraverso mezzi meccanici elettrici, per ridurre l'impatto ambientale. La resa per ettaro viene mantenuta molto bassa.

VINI - Lo stile aziendale punta a vini poco concentrati, delicati e dotati di una certa morbidezza; vini intenzionalmente scarichi di colore e di forza, ma non certo di personalità.

Custoza 2019 ○ 20.000 bt; 10 € - Un vino che racconta in modo autentico la mineralità che caratterizza le terre da cui nascono le sue uve. Profuma di frutta gialla croccante e il sorso è gustoso e leggiadro.
Bardolino 2018 ● 12.000 bt; 10 € - La scelta di farlo riposare in bottiglia oltre un anno prima di commercializzarlo si rivela vincente. All'olfatto si presenta con un interessante mix floreale e di spezie. In bocca si fa notare grazie a un tannino garbato e un interessante bilanciamento fra freschezza e morbidezza.
Bardolino Chiaretto Corderosa 2019 5.000 bt; 12 € - Invitante con i suoi profumi varietali. Il sorso è croccante e delicatamente tannico.
Come Un Pino Nero 2018 ● corvina; 2.600 bt; 28 € - Integrato, fruttato, autentico.

ha 10 - **bt** 50.000
Fertilizzanti compost, sovescio
Fitofarmaci rame e zolfo
Diserbo lavorazione meccanica/manuale
Lieviti fermentazione spontanea, selezionati industriali
Uve 100% di proprietà
Certificazione nessuna certificazione

SOMMACAMPAGNA (VR)

MONTE DEL FRÀ

€

Strada Custoza, 35 - tel. 045 510490
www.montedelfra.it - info@montedelfra.it

VITA - Tre generazioni, 62 anni di attività, una conduzione orgogliosamente familiare: in una parola i Bonomo. È forte e duraturo il legame che unisce la famiglia al territorio. Inizialmente radicati a Sommacampagna, nel 2006 hanno ampliato i propri orizzonti con la Tenuta Lena di Mezzo, in Valpolicella, per proseguire poi ancora con Peschiera e il lago di Garda.

VIGNE - Gli ampi e articolati possedimenti si snodano in varie realtà e toccano molte denominazioni, sempre ricercando un approccio rispettoso delle tipicità dei singoli luoghi. Gli aviti terreni sono consacrati al Custoza e al Bardolino, sicuri alfieri dello stile aziendale. Spicca la nuova certificazione SQNPI, che attesta l'attenzione aziendale per la sostenibilità ambientale.

VINI - La ricerca di vini eleganti che valorizzino i vitigni e il territorio si fonda su un approccio imprenditoriale moderno, che intende unire i grandi numeri con una gamma precisa e facilmente spendibile sul mercato.

TOP **Valpolicella Cl. Lena di Mezzo 2019** VINO QUOTIDIANO ● 80.000 bt; 11 € - Dai terreni argillosi e calcarei della Valpolicella nasce questo vino dai sentori fruttati e dal palato fine, dotato di un ottimo equilibrio tra sapidità e freschezza.
Custoza Sup. Cà del Magro 2018 ○ 60.000 bt; 15 € - Questo vino che nasce da un singolo vigneto sui terreni morenici di Sommacampagna presenta un naso finemente fruttato e leggermente balsamico, con un palato lungo, sapido e fresco.
Custoza 2019 ○ 500.000 bt; 9 € - Il fratello minore non teme il confronto. Regala sottili e delicati sentori floreali, e ha una bocca succosa, viva e piacevole.
Valpolicella Cl. Sup. Ripasso Lena di Mezzo 2018 ● 100.000 bt; 17 € - Avvolgente, fruttato, espressivo.
Bardolino 2019 ● 200.000 bt; 9 € - Agile, floreale, teso.
Lugana 2019 ○ 30.000 bt; 14 € - Incisivo, fruttato, salino.

ha 202 - **bt** 1.000.000
Fertilizzanti organo-minerali, sovescio
Fitofarmaci chimici di sintesi, rame e zolfo
Diserbo lavorazione meccanica/manuale
Lieviti fermentazione spontanea, selezionati industriali
Uve 100% di proprietà
Certificazione nessuna certificazione

SONA (VR)

CORTE QUAIARA

SCONTO **-10%**

Frazione San Giorgio in Salici - Via Corte Quaiara, 1
tel. 045 7190273 - www.cortequaiara.it - info@cortequaiara.it

VITA - Giovanni Montresor è un giovane vignaiolo dallo spirito combattivo, che, dopo un'esperienza in una grande realtà vitivinicola, ha deciso di dare nuova vita all'azienda agricola che i nonni materni avevano fondato negli anni Sessanta a San Giorgio in Salici. In questa impresa è affiancato dalla sorella Anna.

VIGNE - Alcune varietà coltivate a Corte Quaiara sono inusuali per la zona di produzione, ma trovano sulle dolci colline moreniche, ricche di detriti fossili, un microclima ideale, mitigato dagli influssi del lago di Garda e del monte Baldo. Tra queste goldtraminer, petit verdot, pinot grigio ramato e, soprattutto, pinot nero, vitigno di cui Giovanni è innamorato. Bellissimi i vecchi impianti di uve autoctone, tra cui spiccano garganega e oseleta.

VINI - «O ti distingui o ti estingui», è il motto di Giovanni, che ha declinato la sua creatività in vini ricchi di personalità, diversissimi per uve e metodi di produzione utilizzati.

Pinuàr 2016 ● pinot nero; 6.600 bt; 36 € - Fine, aristocratico, con note di sottobosco e spezie che introducono un sorso appagante, teso ed equilibrato.
M. Cl. Brut Vintage Cuvée Saccomani Veneri 2008 pinot nero, chardonnay; 5.000 bt; 39 € - L'affinamento di 120 mesi sui lieviti offre una bollicina cremosa, raffinati sentori di fiori e un sorso integro, sorretto da freschezza e sapidità.
Garda Pinot Grigio Amphora 2018 ○ 3.300 bt; 24 € - Terso, con succosi sentori di frutta resi ancor più profondi e gustosi dall'affinamento in anfora e da una decisa sapidità.
Campo al Salice 2016 ○ garganega; 3.300 bt; 14 € - Setoso, sapido, elegante.
Oseleta 2016 ● 3.000 bt; 39 € - Robusto, speziato, autentico.
Obardi 2013 ● syrah, petit verdot, teroldego, merlot; 3.300 bt; 44 € - Austero, speziato, avvolgente.

ha 13 - **bt** 25.000
Fertilizzanti letame, sovescio
Fitofarmaci rame e zolfo
Diserbo lavorazione meccanica/manuale
Lieviti selezione di lieviti indigeni
Uve 100% di proprietà
Certificazione nessuna certificazione

GIOVANNI EDERLE

SCONTO -10%

Via Santa Giuliana, 2 - tel. 045 913797 - 340 1580887
www.giovanniederle.it - info@giovanniederle.it

VITA - San Mattia si trova sulle Torricelle, le dolci colline che circondano il centro di Verona. Qui, in un piccolo paradiso fatto di macchie boschive, vigneti e olivi, si trova la cantina di Giovanni Ederle, classe 1987. La sua famiglia vive e lavora in questi luoghi da molte generazioni, ma Giovanni è stato il primo a diventare un vignaiolo, decidendo di piantare le vigne quando aveva solo 18 anni. La bella cantina, recentemente ampliata, è funzionale e completamente interrata.

VIGNE - Gli ettari vitati si trovano tutti intorno alla cantina e poggiano su un terreno ricco di tufo e calcare. Giovanni vi coltiva a regime biologico le varietà tipiche della Valpolicella, oltre a garganega e chardonnay. Gli impianti sono perlopiù a guyot, con grande attenzione alla gestione della parete fogliare per evitare scottature o marciumi, e sono sostenuti dai caratteristici muretti a secco, circondati da oliveti e altri alberi da frutto.

VINI - Lo stile aziendale tende a essere poco invasivo ed estrattivo. Ne derivano vini di grande beva e freschezza.

Valpolicella Sup. 2017 ● 8.500 bt; 20 € - Croccante nei ricordi di ciliegia, offre un palato succoso e sapido, agile e appagante al tempo stesso, con piacevoli ritorni di frutta e spezie.
Amarone della Valpolicella 2016 ● 5.000 bt; 44 € - Seduce con sentori maturi di ciliegia, e note scure di spezia e grafite. Riserva un sorso dinamico ed energico, dal lungo finale.
Recioto della Valpolicella Carlo Ederle 2017 ● 1.000 bt da 0,5 l; 77 € - Prodotto in edizione limitata per ricordare l'antenato Carlo Ederle, eroe di guerra. Intenso nei sentori di amarena sotto spirito, polvere di cacao e tabacco, ha sorso austero, molto sapido e tannico.
Terragialla 2017 O garganega, chardonnay; 5.000 bt; 13 € - Agile, floreale, sapido.

ha 6 - **bt** 35.000
Fertilizzanti letame in pellet, letame, sovescio
Fitofarmaci organici, rame e zolfo
Diserbo lavorazione meccanica/manuale
Lieviti fermentazione spontanea
Uve 100% di proprietà
Certificazione biologico certificato

LA GIUVA

Via Trezzolano, 20/c - tel. 342 1117089
www.lagiuva.com - info@lagiuva.com

VITA - Le sorelle Giulia e Valentina Malesani (GiuVa), hanno ereditato dal padre Alberto la passione per il vino e questa giovane azienda sulle alture di Montorio, a est di Verona. Tecnologia d'avanguardia nella lucente nuovissima cantina, viti parsimoniose per necessità in queste colline magre e sassose, però aria fine e paesaggi splendidi gratis come sempre: un posto fantastico per fare vini di qualità.

VIGNE - I terreni sono calcarei e ricchi di scaglia bianca: è il biancone della Lessinia, che dà freschezza e finezza ai vini. I vitigni sono quelli a bacca nera classici per il Valpolicella, con vigneti orientati in tutte le direzioni per adattarsi ai declivi, tutti con irrigazione a goccia. La sanità delle piante è favorita dall'altitudine (400 metri di media), dalla ventilazione e da una viticoltura che qui non è ancora intensiva.

VINI - I vini de La Giuva, realizzati con la consulenza dell'enologo Lorenzo Caramazza, sono freschi e ricchi di mineralità, nervosi da giovani, tendenzialmente fini, con una precisa tecnica di cantina che serve più a preservare le genuine caratteristiche dell'uva che a inventarsi nuovi aromi. Vini fatti per durare e migliorare con qualche anno in più.

Valpolicella Il Valpo 2019 ● 8.000 bt; 14 € - Di buona struttura e bella beva, è gustoso e soddisfa il bevitore senza essere complicato.
Valpolicella Sup. Il Rientro 2017 ● 16.000 bt; 26 € - Schietto e vivace a fronte di una certa articolazione gusto-olfattiva, è saporito e lungo.
Amarone della Valpolicella 2015 ● 900 bt; 137 € - Una bella struttura in un vino ancora giovane ma già complesso, che sta iniziando lentamente a guadagnare ampiezza ed eleganza.
Recioto della Valpolicella 2017 ● 1.800 bt da 0,5 l; 34 € - Succoso, fruttato, elegante.

ha 9 - **bt** 35.000
Fertilizzanti letame
Fitofarmaci rame e zolfo
Diserbo lavorazione meccanica/manuale
Lieviti selezionati industriali
Uve 100% di proprietà
Certificazione biologico certificato

VERONA

TEZZA

SCONTO **-10%**

Frazione Poiano di Valpantena - Stradella Maioli, 4
tel. 045 550267 - www.tezzawines.it - info@tezzawines.it

VITA - Vanio Tezza si occupa della cantina, i cugini Flavio e Federico curano la conduzione dei vigneti, e tutta l'azienda si sta muovendo verso una maggiore sostenibilità: per questo dal 2020 c'è la certificazione biologica, per questo il 60% dell'energia che serve viene autoprodotta, per questo vengono adottate nuove pratiche di campagna come il sovescio, o i vini maturano più lentamente e con legni meno invasivi.

VIGNE - La Valpantena è una valle secca e ventilata, senza grandi problematiche di muffe, con buona maturazione delle uve. I vigneti più vecchi sono del 1998, anche se ogni anno viene rinnovato qualcosa, con la continua lotta contro il mal dell'esca che comporta la sostituzione delle piante colpite.

VINI - Nei vini dei Tezza riconosciamo alcune tipicità della Valpantena: una tipica mineralità, una speziatura verso il pepe, la cioccolata, e note orientali come la cannella, un bel frutto. Particolarmente fini ed eleganti quelli che provengono dai terreni ghiaiosi del cru Brolo delle Giare.

Valpolicella Sup. Brolo delle Giare 2016 ● 6.600 bt; 21 € - - Fruttato e speziato, ha tannini rotondi ed è sapido, lungo e armonico.
Amarone della Valpolicella Valpantena 2013 ● 10.000 bt; 32 € - - Equilibrato, maturo al punto giusto, è già molto piacevole e accogliente.
Amarone della Valpolicella Valpantena Brolo delle Giare Ris. 2013 ● 6.600 bt; 49 € - - Di corpo contenuto per la media della tipologia, denota grande finezza ed eleganza. Un vino di classe.
Recioto della Valpolicella Brolo delle Giare 2017 ● 6.000 bt da 0,5 l; 33 € - - Ampio, fruttato, varietale.
Valpolicella Sup. Ripasso Valpantena 2017 ● 23.000 bt; 14 € - - Solido, fruttato, verace.

ha 28 - **bt** 200.000
Fertilizzanti letame in pellet, sovescio
Fitofarmaci rame e zolfo
Diserbo lavorazione meccanica/manuale
Lieviti selezionati industriali
Uve 100% di proprietà
Certificazione biologico certificato

VERONA

PIETRO ZANONI

SCONTO **-10%**

Frazione Quinzano - Via Are Zovo, 16/d - tel. 045 8343977
www.pietrozanoni.it - info@pietrozanoni.it

VITA - Pietro Zanoni, erede di tre generazioni di agricoltori, dopo aver studiato e lavorato in giro per l'Italia, ha deciso insieme alla moglie Luisa Marini di prendere il mano il lascito del padre, e iniziare a imbottigliare il vino con la propria etichetta sulla collina di Quinzano, a un passo dal centro di Verona. La casa di Pietro e Luisa è letteralmente circondata dalla cantina: il fruttaio è accanto, mentre gli ambienti di vinificazione e affinamento sono al piano inferiore, completamente interrati.

VIGNE - Gli 8 ettari di vigneto sono misti a macchie boschive e oliveti. Le rese sono basse e i filari, piantati a guyot, seguono il dolce andamento della collina. Le varietà sono quelle autoctone della Valpolicella, e Pietro coltiva anche qualche vitigno minore come oseleta, cabrosina e dindarella. Bellissimo il cru Campo Denari, nel comune di Avesa, inglobato in un'oasi naturalistica protetta.

VINI - «La vinificazione è un canovaccio, che va adattato in funzione della materia prima che si ottiene dall'annata»: è questo lo stile di Pietro, che non è troppo interventista e crede molto nella maturazione in bottiglia del vino.

Valpolicella Sup. Campo Denari 2017 ● 6.327 bt; 19 € - - Prodotto con uve leggermente appassite, offre sentori deliziosi di viola e sottobosco, insieme alla polpa di amarena che si ritrova poi nel sorso succoso, tannico, di bell'equilibrio ed eleganza.
Amarone della Valpolicella 2015 ● 7.200 bt; 47 € - - Profondo, con note terrose e piccoli frutti scuri in evidenza, si apre al palato con un sorso energico, teso, succoso, in cui tornano piacevoli sbuffi di pepe e tabacco.
Valpolicella Sup. 2017 ● 6.450 bt; 10 € - - È un vino diretto, in cui i sentori di marasca e pepe rosa della Corvina la fanno da padrone, insieme a una bella sapidità.

ha 8 - **bt** 25.000
Fertilizzanti compost, letame, organo-minerali, sovescio
Fitofarmaci chimici di sintesi, rame e zolfo
Diserbo lavorazione meccanica/manuale
Lieviti selezionati industriali
Uve 100% di proprietà
Certificazione nessuna certificazione

VILLAFRANCA DI VERONA (VR)

MENEGOTTI €

SCONTO -10%

Località Acquaroli, 7 - tel. 045 790 2611
www.menegotticantina.com - info@menegotticantina.com

VITA - Fondata negli anni Cinquanta dal nonno Antonio, l'azienda ha visto l'inizio dell'imbottigliamento negli anni Settanta con i figli Giorgio e Vittorino. Proprio grazie alla passione di quest'ultimo è nata l'idea di interpretare in chiave spumante i vitigni locali. Oggi, in azienda, troviamo al lavoro la terza generazione, con Andrea enologo e Antonio agronomo.

VIGNE - Situate su terreni a prevalenza morenica, le viti sorgono sulle dolci colline dei comuni di Villafranca, Custoza e Valeggio. Molti i vitigni presenti, allevati principalmente a spalliera: possiamo trovare sia varietà autoctone, sia internazionali. Con l'eliminazione del diserbo chimico l'azienda sta cercando di percorrere sempre più una strada sostenibile.

VINI - «Vini gentili, equilibrati e piacevoli da bere»: così Andrea racconta i suoi prodotti, che spiccano per verticalità e freschezza.

TOP **Custoza 2019** VINO QUOTIDIANO ○ 8.000 bt; 7 € - Iniziali sentori di frutta gialla lasciano lo spazio a una piacevole quanto fine balsamicità. Al palato si apprezza l'iniziale sapidità, seguita da una freschezza misurata.
M. Cl. Pas Dosé 1.500 bt; 49 € - Da uve corvina in purezza, presenta un fine perlage, e ci conquista con le note agrumate e di crosta di pane. Il palato si dimostra fresco e teso.
Bardolino Chiaretto 2019 20.000 bt; 7 € - Vino caro alla famiglia, si distingue per un'eleganza olfattiva che richiama i piccoli frutti rossi, e per il palato fresco, in piacevole equilibrio, che invita a un secondo sorso.
M. Cl. Brut chardonnay, corvina; 10.000 bt; 17 € - Fresco, fragrante, teso.
M. Cl. Extra Brut garganega; 6.000 bt; 14 € - Agile, fruttato, verticale.
Bardolino 2019 ● 13.500 bt; 7 € - Croccante, fruttato, sapido.

ha 28 - **bt** 210.000
Fertilizzanti letame in pellet, letame, organo-minerali
Fitofarmaci chimici di sintesi, organici, rame e zolfo
Diserbo lavorazione meccanica/manuale
Lieviti fermentazione spontanea, selezionati industriali
Uve acquisto 5%
Certificazione nessuna certificazione

VILLAFRANCA DI VERONA (VR)

ALBINO PIONA €

Località Casa Palazzina di Prabiano, 2 - tel. 045 516055
www.albinopiona.it - info@albinopiona.it

VITA - Questa azienda, le cui origini risalgono addirittura al 1893, inizialmente produceva vino per rifornire l'osteria di famiglia. Poi a partire dal 1976 l'impegno e la dedizione di Albino Piona ne hanno fatto una realtà vitivinicola strutturata. Oggi, sempre sotto l'attenta guida e supervisione del papà, in prima linea ci sono i tre figli, con Monica al punto vendita, Alessandro responsabile commerciale, e Massimo che segue vigna e cantina.

VIGNE - Le vigne crescono vicino alla cantina, in un crocevia di diverse realtà e denominazioni. Il suolo è a prevalenza morenico, antico dono della formazione del Garda. Tra i sistemi di allevamento spicca il guyot, che garantisce un ottimale apporto di sole e areazione; secondariamente troviamo la tradizionale pergola, soprattutto per le vecchie vigne ancora in produzione.

VINI - «Vini tradizionali che esaltano la tipicità», così Monica racconta le etichette aziendali e ci presenta l'interpretazione del territorio secondo la famiglia Piona.

TOP **Custoza 2019** VINO QUOTIDIANO ○ 150.000 bt; 8 € - Vino simbolo dell'azienda, apre con un fine sentore di biancospino e piacevole balsamicità, per poi passare a un palato succoso, fresco e molto equilibrato.
Bardolino Chiaretto 2019 49.000 bt; 8 € - Le piacevoli e tenui tinte rosa fanno da preludio a un olfatto in cui si fondono i sentori di sottobosco e fragolina. La beva è gustosa, pulita e fresca.
Verde Piona 2019 garganega, trebbiano, rondinella; 20.000 bt; 10 € - Questo Metodo Ancestrale colpisce per le tonalità verdi, i sentori fruttati e il palato vivace e cremoso, dotato di un'ottima acidità finale.
Azobè 2016 ● merlot, corvina; 14.000 bt; 15 € - Avvolgente, fruttato, opulento.

ha 46 - **bt** 300.000
Fertilizzanti letame, sovescio
Fitofarmaci chimici di sintesi, rame e zolfo
Diserbo lavorazione meccanica/manuale
Lieviti fermentazione spontanea, selezione di lieviti indigeni
Uve 100% di proprietà
Certificazione nessuna certificazione

TERRE DELLA GARGANEGA

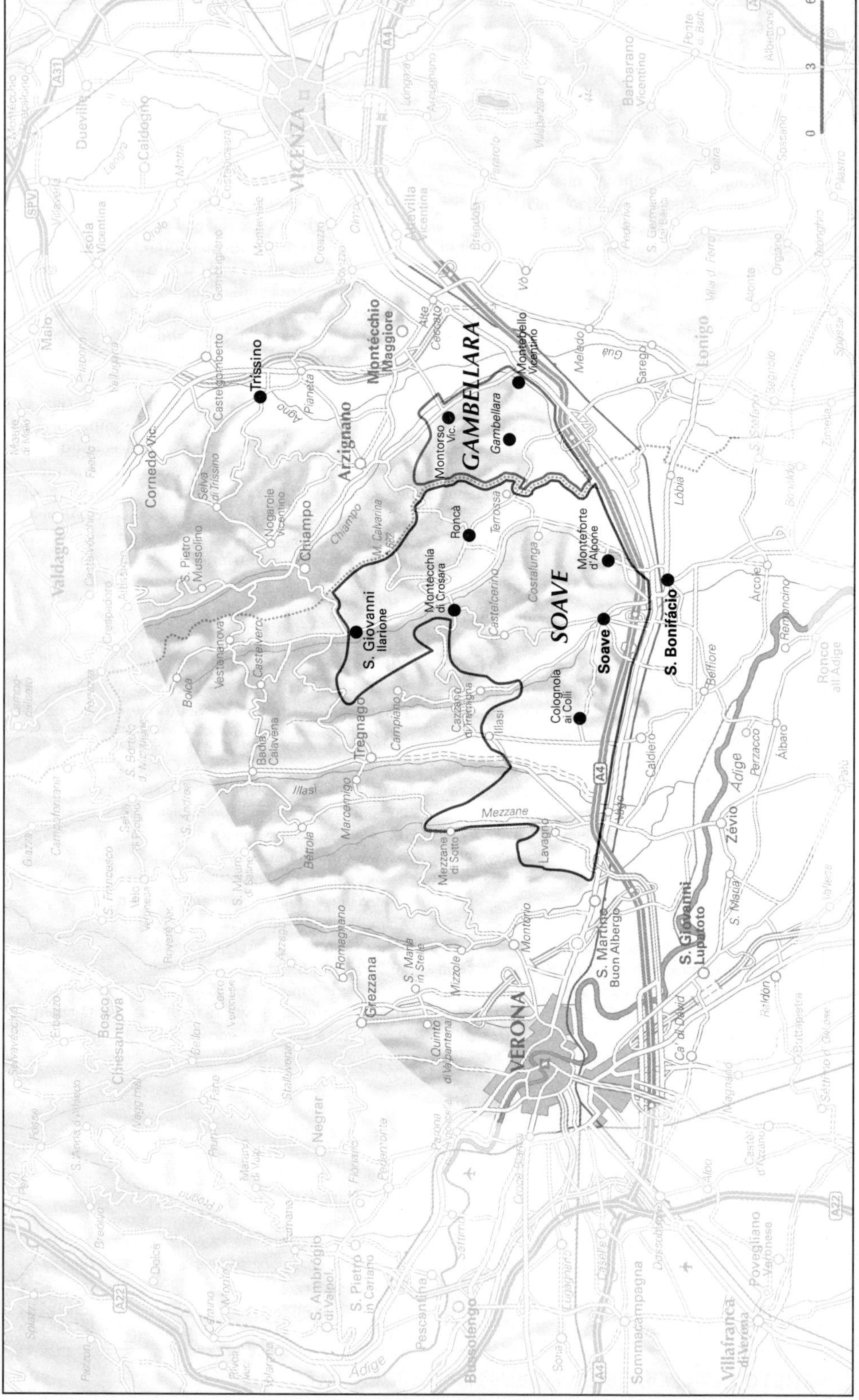

COLOGNOLA AI COLLI (VR)

AGOSTINO VICENTINI

Frazione San Zeno - Via Cesare Battisti, 62 - tel. 045 7650539
www.vinivicentini.com - vicentini@vinivicentini.com

VITA - Questa azienda di carattere familiare è nata nel 1990 per volontà di Agostino Vicentini e della moglie Teresa Bacco, una scelta naturale visto che da quattro generazioni la famiglia Vicentini produceva vino. Oggi i figli Emanuele e Francesca aiutano i genitori occupandosi della produzione del vino e delle vendite. Negli ultimi anni particolare attenzione è stata riservata al trebbiano di Soave, uva che con la vendemmia 2019 è stata vinificata in purezza per dare vita a un nuovo vino.

VIGNE - Sono due le macro-zone vitate: una destinata alle uve a bacca bianca, a Colognola ai Colli nei dintorni della cantina, con terra quasi nera, vulcanica, molto forte nella zona Casale e con terreni misti più leggeri nelle Terre Lunghe; le uve a bacca nera si trovano nella val d'Illasi, nella frazione di Campiano, a un'altitudine di 600 metri su terreni rocciosi.

VINI - Per Agostino il vino nasce in vigneto, dove si lavora il più possibile per avere un frutto sano e maturo. Si limitano le pratiche di cantina lasciando all'uva la possibilità di esprimere integralmente vitigno e terreno. Poco usato l'affinamento in legno.

Soave Sup. Il Casale 2018 ○ 15.000 bt; 21 € - 🛢 - Bel profumo di frutta, reso intrigante da note di erbette e pepe. Al palato troviamo grande finezza e sapidità. Freschezza e corpo lasciano intuire che saprà evolversi ancora nel tempo.

Soave Vigneto Terre Lunghe 2019 ○ 70.000 bt; 10 € - 🛢 - Frutta gialla matura, leggere note agrumate e tanta mineralità caratterizzano il bouquet olfattivo. Piacevole e appagante la beva.

Valpolicella Sup. Idea Bacco 2015 ● 10.000 bt; 14 € - 🛢 - Intensa la nota di ciliegia croccante al naso, per un sorso lungo, equilibrato e sostenuto da un bel corpo.

Valpolicella Sup. 2017 ● 10.000 bt; 14 € - 🛢 - Agile, fruttato, gastronomico.

ha 20 - **bt** 120.000
Fertilizzanti letame in pellet
Fitofarmaci rame e zolfo
Diserbo lavorazione meccanica/manuale
Lieviti selezionati industriali
Uve 100% di proprietà
Certificazione nessuna certificazione

GAMBELLARA (VI)

LA BIANCARA

Frazione Sorio - Via Biancara, 14 - tel. 338 9627064
www.angiolinomaule.com - biancaravini@virgilio.it

VITA - Superate agilmente le 30 vendemmie Angiolino Maule ci regala vini su cui siamo tutti d'accordo: le potenziali "contraddizioni" del naturale sembrano aver trovato in quest'anno così complicato il nodo della matassa, e per noi il sogno del produttore che ha dato vita al movimento di VinNatur si è realizzato. Lo condivide con la moglie Maria Rosa Padovan e i figli Alessandro, Giacomo e Tommaso.

VIGNE - Chimica di sintesi sia in vigneto sia in cantina non si vede da tempo e mai più si vedrà, per non parlare di attivatori di fermentazioni, filtrazioni e altri interventi invasivi. I fatti gli danno ragione, è possibile "fare senza". I territori vulcanici, calcarei e argillosi di Gambellara, dove tutto ciò avviene da tempo, hanno trovato nel loro paladino Angiolino la strada da seguire per essere valorizzati come meritano.

VINI - La Garganega in tutte le sue sfaccettature, mirabilmente gestita tra legni grandi e macerazioni, per dare godibilità a bevute intense, poliedriche, a volte concettuali come il loro creatore.

TOP **Pico 2018** VINO SLOW ○ garganega; 10.000 bt; 20 € - 🛢 - Splendido vino che miete consensi: domina la nota balsamica, e ha profondità e piacevolezza al palato, con equilibrio ed eleganza nella struttura e una bella persistenza.

Sassaia 2019 ○ 22.000 bt; 14 € - 🛢 🛢 - Stile ossidativo con note di frutta matura, rinfrescate dal balsamico dell'anice stellato; al palato ha bella sapidità, freschezza, e un tannino gentile che regala facile beva. Un vino completo.

Garg'n'go 2019 ⁘ garganega; 16.000 bt; 14 € - 🛢 - Rifermentato in bottiglia che ricorda una birra lambic spinta sul vegetale: ha bolla cremosa e voluminosa e un bell'allungo beverino.

Masieri Bianco 2019 ○ garganega, trebbiano; 25.000 bt; 10 € - 🛢 - Incisivo, erbaceo, sapido.

ha 20 - **bt** 150.000
Fertilizzanti preparati biodinamici
Fitofarmaci nessun prodotto
Diserbo lavorazione meccanica/manuale
Lieviti selezione di lieviti indigeni
Uve 100% di proprietà
Certificazione biologico certificato

GAMBELLARA (VI)

DAVIDE VIGNATO

SCONTO **-10%**

Via Capo di Sopra, 39 - tel. 0444 444144
www.davidevignato.it - info@davidevignato.it

VITA - Appena fuori dal centro di Gambellara si trovano i vigneti della piccola cantina di Davide Vignato. Nel 1997, dopo gli studi, Davide ha preso in gestione i terreni del padre e nel 2003 ne ha modificato lo stile, passando dal convenzionale al biologico. Una scelta difficile vista la precedente gestione all'antica, restia al cambiamento e all'innovazione: si vendeva quasi esclusivamente vino sfuso. La scelta si è rivelata vincente e ora Davide ne è orgoglioso.

VIGNE - Altitudini diverse per diversi vigneti: in pianura si trova il merlot piantato nel 1950, mentre in alta collina ci sono le vigne di durella e di garganega, con quest'ultima che ha circa 40 anni. Il terreno è di origine vulcanica. Oltre al biologico, segnaliamo l'introduzione di qualche pratica biodinamica.

VINI - Davide utilizza principalmente l'acciaio con lo scopo di far risaltare nel vino le note sapide e vulcaniche, così da far apprezzare nel vino le caratteristiche del terreno. Per i passiti, invece, utilizza il legno. Nel complesso si cercano struttura ma anche facilità di beva: per questo le etichette escono sul mercato dopo minimo un anno di affinamento in bottiglia.

Gambellara Cl. El Gian 2018 O 15.000 bt; 11 € - Ha beva scorrevole accompagnata dalle note balsamiche, di rosmarino e di basilico, e impreziosita da una bella chiusura sapida.
Primo Incontro 2017 garganega; 7.000 bt; 11 € - Metodo Ancestrale leggero e beverino, ha un profilo olfattivo in cui spiccano le note di arancia e pompelmo rosa. Il sorso è segnato da una bella acidità, e la bollicina è sottile e avvolgente.

Segnaliamo il riassaggio del Gambellara Cl. Col Moenia 2017, già recensito l'anno scorso, che mantiene un sorso fresco, vivo e molto minerale.

ha 16 - **bt** 35.000
Fertilizzanti letame in pellet, sovescio
Fitofarmaci organici, rame e zolfo
Diserbo lavorazione meccanica/manuale
Lieviti fermentazione spontanea, selezione di lieviti indigeni
Uve 100% di proprietà
Certificazione biologico certificato

MONTEBELLO VICENTINO (VI)

CASA CECCHIN

SCONTO **-10%**

Località Agugliana - Via Agugliana, 11 - tel. 0444 649610
www.casacecchin.it - info@casacecchin.it

VITA - Roberta Cecchin, proprietaria dell'azienda, riesce a trasmettere tutta la sua passione e il suo entusiasmo nel produrre vino. Casa Cecchin si trova sul cucuzzolo della collina vulcanica di Agugliara, a Montebello Vicentino, immersa in un paradiso verde, sulla sommità di due vallate. In cantina è aiutata dal padre (e fondatore) Renato, ancora molto attivo e partecipe delle scelte vitivinicole.

VIGNE - Si potrebbe soprannominarla "la casa del Durello", dato che questa è l'uva maggiormente coltivata da diversi anni e proprio in queste colline si è insediata bene, grazie anche al terreno vulcanico che dona mineralità al vino. Negli anni il cambiamento più grande che ha aiutato molto nella produzione del Metodo Classico è stato il cesto esagonale per il remuage, inventato dall'ingegnere Renato.

VINI - Roberta utilizza principalmente l'acciaio, anche se osa con qualche novità come l'anfora. «Bisogna provare e sperimentare come abbiamo fatto finora, cerco però di evitare il legno, perché modifica le caratteristiche organolettiche della durella», dice. Negli anni il tempo dedicato alla rifermentazione e al riposo sui lieviti del Metodo Classico è stato allungato, ottenendo vini sempre più eleganti e caratteriali.

TOP **Lessini Durello M.Cl. Extra Brut Nostrum 2015** VINO SLOW 10.800 bt; 22 € - Tenace, grintoso, al palato presenta una bollicina che risulta setosa e delicata, e la naso spiccano leggere note di noci.
Lessini Durello M. Cl. Dosaggio Zero Ris. 2014 3.800 bt; 27 € - Si percepisce il carattere dell'uva durella, che comunque è ben domata risultando elegante e di nobile struttura.
Durello Passito Montebello 2016 ● 900 bt da 0,5 l; 26 € - Al palato è succoso e pieno, con un'acidità che lo tiene vivo. All'olfatto emergono note di caramello e agrumi canditi.

ha 3,5 - **bt** 25.000
Fertilizzanti letame, organo-minerali
Fitofarmaci rame e zolfo
Diserbo lavorazione meccanica/manuale
Lieviti selezione di lieviti indigeni
Uve 100% di proprietà
Certificazione in conversione biologica

MONTEBELLO VICENTINO (VI)

CAVAZZA

Contrada Selva, 22 - tel. 0444 649166
www.cavazzawine.com - info@cavazzawine.com

VITA - Questa realtà storica dell'areale vicentino fondata nel 1928 oggi vede la quarta generazione dei Cavazza impegnata in prima fila. Pur avendo raggiunto dimensioni notevoli mantiene comunque un'identità familiare. Le scelte operate 40 anni fa da Giancarlo, Francesco e Giovanni, scommettendo su territori quasi dimenticati, si stanno rivelando grandi intuizioni. Oggi sta a Stefano, Elisa, Mattia e Andrea portare avanti le loro idee.

VIGNE - I vigneti sono suddivisi in due principali macrozone. Una di grande vocazione per i bianchi attorno a Gambellara, dove si coltivano soprattutto garganega e durella, su terreno vulcanico-basaltico, e una, la tenuta Cicogna, sui monti Berici, su terreno sedimentario di origini marine, da cui provengono uve a bacca nera come cabernet franc, merlot e syrah.

VINI - Lo stile dei Cavazza è sicuramente classico. Nei bianchi si predilige la verticalità, mentre nei rossi lo zenith è la ricerca del frutto. La grande facilità di beva è il segno distintivo di entrambe le tipologie.

Gambellara Cl. Bocara 2019 ○ 60.000 bt; 9 € - Elegante all'olfatto, con sentori floreali e balsamici, al palato convince per progressione gustativa e lunghezza.
Syrah Cicogna 2016 ● 15.000 bt; 20 € - Rosso rubino sanguigno, al naso presenta note fruttate di ciliegia e cenni vegetali di peperone, per un profilo caldo e accogliente. Il sorso è sapido, saporito e dotato di freschezza.
Gambellara Cl. Creari 2017 ○ 5.000 bt; 15 € - Ampio, speziato, armonico.
Cabernet Cicogna 2016 ● 15.000 bt; 20 € - Armonico, fruttato, espressivo.
Lessini Durello Spumante ○ 22.000 bt; 9 € - Metodo Charmat, fresco, agrumato, salino.

ha 150 - **bt** 620.000
Fertilizzanti organo-minerali, sovescio
Fitofarmaci chimici di sintesi, rame e zolfo
Diserbo lavorazione meccanica/manuale
Lieviti selezione di lieviti indigeni
Uve 100% di proprietà
Certificazione nessuna certificazione

MONTEBELLO VICENTINO (VI)

DAL MASO

SCONTO **-10%**

Contrada Selva, 62 - tel. 0444 649104
www.dalmasovini.com - info@dalmasovini.com

VITA - Anna, Nicola e Silvia Dal Maso rappresentano la quarta generazione familiare a capo di questa storica realtà vitivinicola del vicentino. L'azienda, per molti anni uno dei punti di riferimento della produzione locale, con la loro gestione è stata in grado di rinnovarsi ed è tuttora in continuo fermento. Molte sono le nuove idee, tutte accomunate da un unico filo conduttore: mantenere forte il legame con la tradizione e il territorio che li ospita.

VIGNE - Nicola, enologo ed enotecnico, predilige le uve autoctone garganega, durella e tocai rosso. Quest'ultimo, affiancato dalle varietà internazionali merlot e cabernet sauvignon, è coltivato tra Alonte e Lonigo, sui colli Berici. La garganega, coltivata ancora su vecchie pergole, trova spazio sui terreni vulcanici. In ultima la durella cresce a 500 metri di altitudine sulle colline di Roncà, in condizioni ideali per la produzione spumantistica.

VINI - Le molteplici etichette prodotte hanno uno stile ben riconoscibile che può anche essere considerato il motto aziendale: fedeltà al territorio. Tutti i vini esprimono in modo evidente le peculiarità dei luoghi di provenienza delle uve.

Lessini Durello M. Cl. Pas Dosé Ris. 2016 5.000 bt; 33 € - Al naso rivela intriganti note minerali e di frutta bianca. All'assaggio presenta un'ottima bolla, cremosa e ben bilanciata dall'attacco sapido e fresco.
Colli Berici Tai Rosso Colpizzarda 2017 ● 6.000 bt; 23 € - Un uso ben dosato delle barrique dona intensità e struttura. Sottili sentori speziati e di frutta matura si alternano al naso, mentre in bocca è pieno e avvolgente.
Gambellara Ca' Fischele 2019 ○ 20.000 bt; 10 € - Succoso, fruttato, teso.
Colli Berici Merlot Casara Roveri 2017 ● 6.000 bt; 23 € - Potente, speziato, complesso.

ha 30 - **bt** 250.000
Fertilizzanti letame in pellet, letame
Fitofarmaci n.d.
Diserbo lavorazione meccanica/manuale
Lieviti selezione di lieviti indigeni
Uve acquisto 10%
Certificazione nessuna certificazione

MONTECCHIA DI CROSARA (VR)

CA' RUGATE

SCONTO **-10%**

Via Pergola, 36 - tel. 045 6176328
www.carugate.it - carugate@carugate.it

VITA - Cà Rugate è uno dei migliori esempi del rapporto fra tradizione contadina, innovazione tecnologica e visione manageriale: la globalità cum grano salis. Spaziando su tre denominazioni, Soave, Valpolicella e Lessini Durello, è in grado di offrire ai consumatori e agli appassionati in primis, e ai mercati poi, una proposta altamente qualitativa, diversificata e capace di rispondere alle molteplici esigenze economiche.

VIGNE - Il raggiungimento della certificazione biologica è un ulteriore tassello nell'opera di definizione dell'assetto aziendale. L'affitto di un terreno a Monte di Sant'Ambrogio, nella Valpolicella classica, ne è una puntuale conferma. La guida agronomica di Giampiero Romana assicura competenza e visione d' insieme. Importanti segni di creatività sono quello della fattoria didattica e il progetto di fattoria sociale.

VINI - Variopinti e polifunzionali gli strumenti che compongono l'orchestra, magistralmente diretta da Beppe Caviola: acciaio, tripla barrique, tonneau, legno grande, ceramica. Sentieri che esplorano la specificità delle direzioni.

Soave Cl. Monte Fiorentine 2019 ○ 55.000 bt; 13 € - - Acciaio, la lucentezza dell'oro, la violenza benefica del sambuco, la "soavità" del frutto: simply the best.
Studio 2018 ○ trebbiano di Soave, garganega; 10.000 bt; 18 € - - Acciaio e tonneau: si distingue per la finezza renana, pesca bianca a mille. «Verghine» direbbe il "torbido" oste Mauro Lorenzon.
Amarone della Valpolicella Punta 470 2016 ● 30.000 bt; 43 € - - L'attacco è di vaniglia, cui seguono le carnose ciliegia e prugna, e la fine liquirizia, per un sorso ricco e contrastato.
Lessini Durello M. Cl. Pas Dosè Amedeo Ris. 2015 12.600 bt; 25 € - - Croccante, minerale, cangiante.
Valpolicella Rio Albo 2019 ● 150.000 bt; 10 € - - Setoso, fruttato, energico.

ha 90 - **bt** 700.000
Fertilizzanti letame in pellet, letame
Fitofarmaci rame e zolfo
Diserbo lavorazione meccanica/manuale
Lieviti selezione di lieviti indigeni
Uve 100% di proprietà
Certificazione biologico certificato

MONTECCHIA DI CROSARA (VR)

SANDRO DE BRUNO

SCONTO **-10%**

Località Pergola - Via Santa Margherita, 26 - tel. 045 6540465
www.sandrodebruno.it - info@sandrodebruno.it

VITA - Sandro De Bruno è nato e vissuto in mezzo all'uva e al vino. L'azienda, fondata dal nonno Alessandro dopo aver trovato fortuna oltreoceano, è passata di mano prima al padre Bruno, e poi a lui. Un tempo gli osti della zona venivano a prenotarsi le vasche di vino sfuso per l'anno intero, oggi le cose sono cambiate: buona parte della produzione viene imbottigliata, soprattutto per le varietà autoctone garganega e durella.

VIGNE - Le vigne si estendono tra zone più pianeggianti, a 110 metri di altitudine attorno a Montecchia di Crosara, per poi salire sulla fascia collinare più ripida, sul terreno vulcanico del monte Calvarina. A Roncà si raggiungono i 350 metri sul monte San Piero, dove troviamo buone escursioni termiche che danno vita a vini dotati di maggiore freschezza. «In altitudine i vini arrivano a maturazione più lentamente e acquisiscono maggiore complessità», dice Sandro.

VINI - I vini sono autentici e rispecchiano il territorio e il varietale. La sua idea è quella di lasciare che possano esprimersi per quel che sono, senza intervenire per dare loro un indirizzo preciso.

Soave Cl. Sup. Monte San Piero 2018 ○ 6.600 bt; 17 € - - Il profilo olfattivo è aperto e disponibile, con note balsamiche e agrumate. In bocca si dimostra pieno e sapido.
Lessini Durello M.Cl. 100 mesi 2.500 bt; 27 € - - Il profilo olfattivo è intenso, con note di frutta esotica, agrume dolce e sensazioni balsamiche. Bella la presenza gustativa, ottimo l'allungo, anche grazie a una bolla gentile e carezzevole.
Soave Colli Scaligeri 2019 ○ 26.000 bt; 10 € - - Potente, fruttato, compatto.
Soave 2019 ○ 26.000 bt; 10 € - - Croccante, agrumato, energico.

ha 24 - **bt** 90.000
Fertilizzanti letame in pellet, sovescio
Fitofarmaci rame e zolfo
Diserbo lavorazione meccanica/manuale
Lieviti selezionati industriali
Uve 100% di proprietà
Certificazione nessuna certificazione

DAMA DEL ROVERE

€

SCONTO -10%

Frazione Brognoligo - Via Mezzavilla, 59 - tel. 045 4970738
www.damadelrovere.com - info@damadelrovere.com

VITA - I fratelli Davide, per la parte viticola, e Massimo Prà, per la parte enologica, quando serve aiutati dalle rispettive famiglie, conducono questa azienda nata nel 2003. Il nome deriva da una madonnina votiva posta nell'incavo di una grande quercia, tra i vigneti di garganega della collina di Brognoligo. Le altre parcelle vitate si trovano con la cantina sul monte Calvarina, in località Brentòn, a 450 metri di altitudine, in una zona d'elezione per l'uva durella.

VIGNE - I terreni sono di origine vulcanica, più basaltici che calcarei. Nelle zone collinari più alte si sta tornando alla vecchia pergoletta, che si è dimostrata migliore del guyot. Continua la ricerca anche sulle tecniche agronomiche, come con le defogliazioni meccaniche con aria compressa, seguendo le innovazioni quando si dimostrano efficaci, ma tenendo a mente la tradizione che garantisce un forte valore identitario.

VINI - Lo stile di vinificazione è in lenta evoluzione: sempre meno vini di pronta beva e sempre più Metodo Classico. Vini molto equilibrati, che non esagerano in nulla, né in alcol né in freschezza, con la giusta sapidità, fatti per gli amanti del genere.

TOP **Durello M. Cl. Brut 24 Mesi** VINO SLOW 8.000 bt; 13 € - Nervoso per fedeltà al vitigno durella, fresco e sapido quasi per vulcanica prepotenza, di carattere perché senza idoli da imitare: assolutamente da provare.

Soave Cl. Bortolo Vigne Vecchie 2016 O 3.500 bt; 12 € - Da un un vigneto di 60 anni con basse rese, cloni di soave ormai scomparsi e caratteristiche uniche, il vino fa un anno di botte piccola che gli dona eleganza e persistenza.

M. Cl. Durlì durella; 5.000 bt; 11 € - Di più facile beva, diretto e dissetante, è un jolly buono per qualsiasi occasione.

ha 7 - **bt** 50.000
Fertilizzanti letame in pellet
Fitofarmaci chimici di sintesi, rame e zolfo
Diserbo chimico, lavorazione meccanica/manuale
Lieviti selezionati industriali, selezione di lieviti indigeni
Uve 100% di proprietà
Certificazione nessuna certificazione

MONTEFORTE D'ALPONE (VR)

GINI

SCONTO -10%

Via Matteotti, 42 - tel. 045 7611908
www.ginivini.com - info@ginivini.com

VITA - La famiglia Gini incarna lo spirito del Soave e ne è un punto di riferimento importante: le origini storiche risalgono al Cinquecento con Camillo Gini, ma ne sono passate molte di vendemmie già solo da quando il nonno Giuseppe faceva il carrettiere per vendere il vino. Ai fratelli Sandro e Claudio oggi si affiancano in azienda i figli Marta e Matteo.

VIGNE - Le vigne di Monteforte d'Alpone, circa 30 ettari, hanno dai 70 anni in su: il terreno vulcanico le ha preservate anche dalla filossera. Scendere nei sotterranei delle gallerie della cantina scavata nella nera roccia vulcanica è uno spettacolo imperdibile: sembra un labirinto dantesco. Gli altri 30 ettari di vigneto sono in Valpolicella, a Campiano, con un panorama spettacolare dal monte Mirabello.

VINI - La regola ferrea aziendale è puliti in vigneto, puliti in cantina: tutti i cru del Soave vengono vinificati separatamente, e il tempo e l'attesa sono le chiavi di volta del lavoro in cantina.

TOP **Soave Cl. La Froscà 2018** VINO SLOW O 20.000 bt; 18 € - Veramente espressivo questo vino, identitario della zona storica. Selezione di alcuni cru diversi, è sontuoso nei profumi di rosa, e lunghissimo nel finale sapido.

Soave Cl. Contrada Salvarenza Vecchie Vigne 2018 O 12.000 bt; 24 € - Ottenuto da un unico cru e raccolto a fine ottobre, è un vino finissimo, le cui tracce di muffa nobile lo rendono di un'eleganza sottile e classica. Nobile, appunto.

M. Cl. Camillo 2010 6.000 bt; 25 € - Realizzato solo nelle annate più fresche, si esprime con vivacità di beva e tanta piacevolezza.

Recioto di Soave Col Foscarin 2013 ● 5.000 bt da 0,5 l; 23 € - Fresco, fruttato, sapido.

Recioto di Soave Cl. Renobilis 2013 ● 2.000 bt da 0,5l; 40 € - Avvolgente, mielato, ampio.

Soave Cl. 2019 O 100.000 bt; 12 € - Succoso, fruttato, sapido.

ha 60 - **bt** 200.000
Fertilizzanti compost, letame in pellet, letame, sovescio
Fitofarmaci rame e zolfo
Diserbo lavorazione meccanica/manuale
Lieviti selezione di lieviti indigeni
Uve 100% di proprietà
Certificazione biologico certificato

MONTEFORTE D'ALPONE (VR)

LA CAPPUCCINA

SCONTO **-10%**

Frazione Costalunga - Via San Brizio, 125 - tel. 045 6175036
www.lacappuccina.it - lacappuccina@lacappuccina.it

VITA - Pionieri del biologico e legati fortemente ai ricordi di famiglia, i tre fratelli Tessari, Elena, Sisto e Pietro, conducono con rigore, entusiasmo e armonia questa solida azienda del Soave. La chiesa dedicata a San Giovanni Battista all'interno di Villa Buri e il vecchio gelso di 300 anni sembrano essere lì a proteggere il lavoro quotidiano e tutte le persone che collaborano alla vita di La Cappuccina.

VIGNE - Ai 42 ettari di vigneti si è aggiunto un ettaro acquisito nel cru di Monte Stelle: sono vecchie vigne già ben condotte, in una posizione felice. Siamo sulle colline di Monteforte D'Alpone, dove su basalti rocciosi troviamo anche il cru del San Brizio, con vigne attorniate anche da oliveti. Attorno alla cantina sorgono le altre vigne: sembrano giardini con il prato all'inglese.

VINI - L'estrema attenzione alla qualità, con impianti strutturati per basse rese, e l'approccio biodinamico che segue l'andamento delle fasi lunari per gli interventi sul vino, si traducono in uno stile molto personale e ben riconoscibile, teso a valorizzare le differenze di vigneto. Per gli affinamenti si usano legni diversi.

TOP **Soave 2019** VINO QUOTIDIANO O 155.000 bt; 10 € - Un naso ricco di mineralità, tra aromi di pesca ed erbette. Il palato è piacevole e dinamico, beverino. Un vino perfetto per l'estate.

Soave Cl. Monte Stelle 2019 O 20.000 bt; 15 € - Versione ricca e polposa, in cui spiccano la vaniglia e le leggere note mielate. Deve distendersi con il tempo, lo farà.

Soave Fontègo 2019 O 25.000 bt; 12 € - L'olfatto fine, con sensazioni agrumate e aromatiche, apre la strada a un palato teso, fresco, con un finale che chiude sulla mandorla amara.

Soave San Brizio 2018 O 20.000 bt; 20 € - Ampio, speziato, sapido.

Campo Buri 2016 ● carmenère, oseleta; 25.000 bt; 27 € - Articolato, speziato, consistente.

ha 42 - **bt** 350.000
Fertilizzanti compost, letame, preparati biodinamici, sovescio
Fitofarmaci organici, rame e zolfo
Diserbo lavorazione meccanica/manuale
Lieviti fermentazione spontanea
Uve 100% di proprietà
Certificazione biologico certificato, in conversione biodinamica

MONTEFORTE D'ALPONE (VR)

LE BATTISTELLE

SCONTO **-10%**

Frazione Brognoligo - Via Sambuco, 110 - tel. 045 6175621
www.lebattistelle.it - info@lebattistelle.it

VITA - C'è Proust che ti batte nel cervello quando prendendo la strada per Monteforte d'Alpone t'inoltri verso Brognoligo à la recherche du vin perdu. Boschi e colline custodiscono quel vino che, davvero, sarebbe perduto (circola troppo cattivo Soave) se non ci fossero piccole e belle realtà come Le Battistelle, incarnate nelle persone di Gelmino, Cristina, Andrea e Gloria Dal Bosco, a difendere uno dei tesori più reconditi dell'italica enologia.

VIGNE - È nostra miserrima convinzione che anche il genio fiammingo di Bonn avrebbe dedicato a questa viticoltura eroica la sua musica. Là dove annusi il profumo della Lessinia, l'inebrianza del muschio, la sensibilità delle foglie, impettita si erge, fiera come la dea Diana, l'istrionica figlia delle basaltiche rocce e delle scorribande vulcaniche, la carezzevole pergola veronese, lanciando il grido di guerra: vade retro chimica.

VINI - La purezza cristallina che sgorga dai vini pascoliani delle Battistelle ha l'animo gioioso della fanciullezza. Qui non bivaccano né il Massiccio Centrale francese, né la Slavonia, il rovere americano, l'acacia, il ciliegio o il castagno; non ci sono la messianica scoperta-ritorno del cemento, né la millenarità dell'anfora; qui solfeggia in perfetta solitudine e moderna dannazione l'angelo del male chiamato acciaio. Eppure qui, sempre qui, si fanno delle caleidoscopiche magie, qui si girano film che hanno la semplicità e la grandezza di Charlot.

TOP **Soave Cl. Battistelle 2018** VINO QUOTIDIANO O 12.000 bt; 11 € - Bevetela, tracannatela tutta, questa quintessenza di vino bianco.

Soave Cl. Roccolo del Durlo 2018 O 4.500 bt; 15 € - Da vigne ultracentenarie, vendemmiate a metà ottobre: ginestra e prugna gialla per un sorso ricco e stratificato.

Soave Cl. Montesei 2019 O 20.000 bt; 9 € - Fresco, vibrante, slanciato: un vino di grande beva.

ha 9 - **bt** 40.000
Fertilizzanti organo-minerali
Fitofarmaci rame e zolfo
Diserbo lavorazione meccanica/manuale
Lieviti selezione di lieviti indigeni
Uve 100% di proprietà
Certificazione nessuna certificazione

MONTEFORTE D'ALPONE (VR)

DANIELE NARDELLO

SCONTO **-10%**

Via IV Novembre, 56 - tel. 045 7612116
www.nardellovini.it - info@nardellovini.it

VITA - Questa realtà compie 20 anni: in un momento molto particolare Daniele e Federica Nardello festeggiano questo traguardo insieme, sempre più motivati e con mille idee ancora in testa. Daniele è il motore instancabile che muove campagna e cantina, mentre Federica è la frontwoman, e gestisce tutta la parte amministrativa dell'azienda, a dimostrazione di come ormai le donne siano fortunatamente sempre più presenti nel mondo del vino.

VIGNE - I terreni presentano una molteplicità di suoli che donano alle uve caratteristiche peculiari. Anche se questo implica un maggiore controllo degli appezzamenti, Daniele coglie questa cosa come un'opportunità unica per la successiva vinificazione. La garganega, varietà prevalente tra i filari, è coltivata sulla tradizionale pergola, principalmente a Monte Zoppega su terreni vulcanici, mentre il guyot è la forma più usata a Monte Tondo, sui terreni calcarei.

VINI - Lo stile aziendale prevede una profonda pulizia e l'esaltazione delle caratteristiche uniche che ogni appezzamento può dare alle uve utilizzate. Tutti i vini sono accomunati da grande espressività territoriale e freschezza.

Soave Cl. Merides 2019 O 45.000 bt; 8 € - Note di frutta bianca e floreali introducono un sorso immediato e snello. Questo è tutto ciò che serve per creare un vino dalla beva facile, quasi compulsiva.
Soave Cl. Vigna Turbian 2019 O 10.000 bt; 10 € - Il saldo di uve trebbiano lo rende un vino espressivo, con note fruttate e di fiori bianchi in evidenza da subito. All'assaggio concentra freschezza e mineralità, è piacevole e ha un'ottima intensità di beva.
Blanc de Fè 2019 O chardonnay, trebbiano, garganega; 4.000 bt; 8 € - Fresco, floreale, espressivo.
Robia'n 2019 O garganega; 4.000 bt; 15 € - Bianco macerato, succoso, fruttato, incerto.

ha 14 - **bt** 85.000
Fertilizzanti compost, organo-minerali
Fitofarmaci rame e zolfo
Diserbo lavorazione meccanica/manuale
Lieviti selezione di lieviti indigeni
Uve 100% di proprietà
Certificazione in conversione biologica

MONTEFORTE D'ALPONE (VR)

UMBERTO E MARIA PORTINARI

Frazione Brognoligo - Via Santo Stefano, 2 - tel. 045 6175087
www.portinarivini.com - info@portinarivini.com

VITA - Umberto Portinari ha un carattere forte e deciso, scolpito da oltre 45 anni di lavoro tra campagna e cantina. I figli Silvio e Maria lo affiancano oggi nella sua avventura. Il primo si dedica alla gestione della campagna, mentre Maria, dopo anni di "apprendistato", gestisce la cantina in maniera magistrale e con piglio innovativo, pur sempre con papà Umberto a far da controllore.

VIGNE - Da sempre l'azienda ha improntato il lavoro in vigna con grande rispetto per la propria terra, e la certificazione biologica è stata quasi una formalità. Gli ettari di proprietà sono divisi su due corpi principali: a Ronchetto si trovano i vigneti di collina su terreni vulcanici, mentre nella zona pianeggiante di Albare si trovano terreni alluvionali, ideali per provare la doppia maturazione ragionata delle uve.

VINI - Umberto e Maria hanno dato nel tempo un'impronta unica ai propri vini, che giovano dei maggiori tempi di affinamento e di un'uscita ritardata: l'assaggio di alcune vecchie annate fa capire come, ricchi e complessi, siano predisposti anche all'invecchiamento.

Soave Albare 2017 O 10.000 bt; 16 € - Prodotto con la tecnica della doppia maturazione ragionata in vigna, possiede un ottimo equilibrio al naso, tra note floreali, fruttate e una sottile nota di miele. All'assaggio è minerale e piacevole, con una sottile nota ammandorlata in chiusura.
Soave Cl. Sup. Ronchetto 2018 O 8.000 bt; 13 € - Delicati cenni di frutta bianca e sottili note balsamiche lo rendono intrigante e avvolgente. L'affinamento sulle proprie fecce per qualche mese dona tensione e succosità al palato, che chiude piacevolmente citrino.
Soave Santo Stefano 2017 O 2.500 bt; 20 € - Articolato, fruttato, contratto.
Soave UP 2019 O 8.000 bt; 9 € - Fresco, fruttato, sottile.

ha 4 - **bt** 20.000
Fertilizzanti letame in pellet, sovescio
Fitofarmaci rame e zolfo
Diserbo lavorazione meccanica/manuale
Lieviti selezione di lieviti indigeni
Uve 100% di proprietà
Certificazione biologico certificato

MONTEFORTE D'ALPONE (VR)

PRÀ

SCONTO -10%

Via della Fontana, 31 - tel. 045 7612125
www.vinipra.it - info@vinipra.it

VITA - «La mia avventura di vignaiolo è nata per esigenza e così continua ancora oggi, dopo tanti anni», racconta Graziano Prà, che ha ereditato giovanissimo l'azienda agricola del padre, iniziando a imbottigliare nel 1983. Con intraprendenza Graziano ha continuato a crescere introducendo le innovazioni tecnologiche che si rendevano man mano disponibili, e affinando uno stile molto personale. Oggi è uno dei produttori simbolo del territorio del Soave.

VIGNE - I 30 ettari vitati si trovano tra i comuni di Soave e Monteforte, suddivisi in diversi cru, vocati per esposizione e ventilazione e caratterizzati dal terreno nero basaltico che conferisce ai vini una particolare sapidità. Spiccano i vigneti di monte Grande e di monte Bisson. Altri 8 ettari si trovano nell'appezzamento di Morandina, a Tregnago, in Valpolicella, su terreni calcarei a 500 metri di quota.

VINI - Grande pulizia e potenzialità di invecchiamento sono le caratteristiche fondamentali dei vini di Prà, che utilizza solo vitigni autoctoni.

TOP **Soave Cl. Staforte 2018** VINO SLOW O 30.000 bt; 15 € - Intenso nelle note floreali, con ricordi di magnolia e zagara, in bocca denota grande equilibrio, per un sorso sapido e succoso.
Soave Cl. Otto 2019 O 272.000 bt; 12 € - Intrigante, variegato, con ricordi di pesca ed erbe aromatiche. Il palato è leggiadro, molto tipico e persistente nella sapidità.
Soave Cl. Monte Grande 2018 O 15.000 bt; 20 € - L'affinamento in botte grande dona al vino un palato gustoso e avvolgente, con bella sapidità e un piacevole finale fruttato.
Amarone della Valpolicella Morandina 2015 ● 12.000 bt; 50 € - Dinamico, fruttato, teso.
Valpolicella Morandina 2019 ● 25.000 bt; 13 € - Agile, floreale, essenziale.
Soave Cl. Colle Sant'Antonio 2016 O 4.000 bt; 26 € - Croccante, balsamico, espressivo.

ha 37 - **bt** 370.000
Fertilizzanti letame, sovescio
Fitofarmaci rame e zolfo
Diserbo lavorazione meccanica/manuale
Lieviti selezionati industriali, selezione di lieviti indigeni
Uve 100% di proprietà
Certificazione parte dei vigneti in regime biologico

MONTORSO VICENTINO (VI)

CANTINA TONELLO

SCONTO -10%

Montorso Vicentino - Via Corcironda, 6 - tel. 0444 686205
www.vinitonello.com - info@vinitonello.com

VITA - L'azienda, oggi condotta da Diletta Tonello, è stata gestita dal padre Bruno e prima ancora dal nonno Antonio. Originariamente a conduzione mista, con allevamento e coltivazione di seminativi, dal 1985 è diventata solo vitivinicola. La produzione del Metodo Classico a base durella è iniziata nel 2000, ma è di recente che si sta ridefinendo grazie alle nuove idee portate dalla "Durella Bella", come viene chiamata Diletta dalle amiche.

VIGNE - Le vigne dei Tonello si trovano nella parte vicentina dei monti Lessini, nella valle del Chiampo. I vigneti vengono coltivati in parte in collina, dove la matrice è esclusivamente vulcanica, e in parte nella zona pianeggiante, dove i suoli sono di sedimentazione vulcanica e argillosi. I vini che ne derivano sono minerali e longevi.

VINI - Lo stile aziendale è molto lineare e preciso. Diretto, asciutto, arriva subito all'essenzialità della materia senza perdere quella parte d'anima che fa la differenza. Garganega e durella sono vitigni che richiedono verticalità, e la vinificazione di Diletta tende a farla emergere.

Lessini Durello M. Cl. ioTeti 2016 15.000 bt; 18 € - La bollicina è elegante e sottile, il naso è fresco, con note agrumate e balsamiche. L'acidità in bocca detta il passo, per uno spumante dall'incedere adrenalinico, con una lunga prospettiva di vita.
Monti Lessini Durello ioCloe 2017 O 4.000 bt; 9 € - Bella freschezza al naso, con sentori floreali e agrumati. Il palato è salino e dotato di naturale freschezza, e il finale di bocca è asciutto, senza troppi barocchismi.
ioEos 2018 O garganega; 4.000 bt; 9 € - Agile, fruttato, energico.
Lessini Durello M. Cl. ioAura Ris. 2015 1.500 bt; 26 € - Croccante, agrumato, energico.

ha 12 - **bt** 30.000
Fertilizzanti letame, organo-minerali, sovescio
Fitofarmaci rame e zolfo
Diserbo lavorazione meccanica/manuale
Lieviti selezione di lieviti indigeni
Uve acquisto 5%
Certificazione in conversione biologica

CORTE MOSCHINA

SCONTO **-10%**

Via Moschina, 1 - tel. 045 7460788
www.cortemoschina.it - info@cortemoschina.it

VITA - Corte Moschina è nata nel 1998 a seguito della scissione della Danese, storica realtà familiare. Grazie anche all'aiuto delle aziende vicine, Silvano Danese e Patrizia Niero, insieme ai figli Alessandro e Giacomo, sono riusciti a ripartire e a diventare una bella realtà, dimostrando la loro unione e raccontando con orgoglio la loro terra.

VIGNE - Dagli iniziali 4 ettari oggi l'azienda ne conta 35, distribuiti in tre zone. Un'area pedecollinare dove viene coltivata la garganega, una più alta a Santa Margherita di Roncà, dove trova dimora la durella con la sua freschezza e sapidità, e una terza zona, sui colli Berici, dove vengono coltivate le varietà bordolesi a bacca nera. Da questi suoli di origine sedimentaria arriverà presto anche il carmenère.

VINI - Corte Moschina lavora in modo pulito: sono vini che si sviluppano in verticale, alla ricerca dell'espressione della terra. Non manca qualche sperimentazione coraggiosa, che rende onore allo spiritodi ricerca e all'idea di continuare il viaggio intrapreso nella valorizzazione di questi luoghi.

TOP **Soave Evaos 2018** O 7.000 bt; 13 € - Al naso è ricco di frutta matura ed erbe officinali. Al palato ha compattezza e sapore, per un vino che scorre donando piacevolezza di beva.
Soave Roncathe 2019 O 20.000 bt; 9 € - Parte in fase riduttiva per poi aprirsi con convinzione verso sensazioni agrumate e fresche. In bocca è scattante e presente.
Lessini Durello M. Cl. Brut Nature Ris. 2013 O 3.000 bt; 32 € - I sentori di fiori bianchi e zest di limone e zenzero anticipano un sorso cremoso, con una salinità ben presente che si lega all'acidità.
Soave Sup. I Tarai 2018 O 7.000 bt; 16 € - Agile, agrumato, energico.
Purocaso Sui Lieviti durella; 8.000 bt; 13 € - Metodo Ancestrale, croccante, agrumato, energico.

ha 35 - **bt** 95.000
Fertilizzanti sovescio
Fitofarmaci organici, rame e zolfo
Diserbo lavorazione meccanica/manuale
Lieviti fermentazione spontanea, selezione di lieviti indigeni
Uve 100% di proprietà
Certificazione in conversione biologica

FATTORI

SCONTO **-10%**

Località Terrossa - Via Olmo, 4 - tel. 045 7460041 - 335 1314485
www.fattoriwines.com - info@fattoriwines.com

VITA - Questa realtà storica della Lessinia attualmente è condotta da Antonio Fattori, un nome ricorrente in famiglia. Consapevole del patrimonio naturale da custodire, l'azienda mira a far emergere quanto di grande si trova tra le mani. C'è molto da fare e da scoprire, ma tutto questo, di fatto, è un viaggio, non una meta. Durella e garganega sono i mezzi di trasporto ideali per tradurre questi suoli e capirne le potenzialità.

VIGNE - Le vigne di Fattori possono essere divise in due macrozone. Una nella Lessinia, tra Roncà e Monteforte d'Alpone, dove si coltivano garganega e durella su terreni vulcanici e sedimentari, l'altra nella tenuta di recente acquisizione sul col Bastia, in Valpolicella, su terreni di scaglia calcarea, attorniati da bosco. Un luogo di grande bellezza da cui si gode una bellissima vista sulla pianura veneta.

VINI - Lo stile aziendale è pulito, elegante, ma ha anche quella giusta dose di coraggio che serve per far emergere l'identità di un territorio che non può essere intrappolato in gabbie enologiche eccessive.

Soave Danieli 2019 O 85.000 bt; 9 € - Al naso si rende disponibile subito con note fruttate lievemente vegetali, e al palato trova bella piacevolezza e succosità.
Lessini Durello M. Cl. Brut Roncà 60 mesi 2013 6.000 bt; 20 € - I sentori di frutta fresca croccante e agrumi introducono un sorso polposo e succoso, di buona persistenza.
Amarone della Valpolicella Ris. 2015 ● 4.000 bt; 61 € - Profuma di frutta matura, è accogliente e variegato, con note di tabacco e spezie. In bocca risulta gustoso e appagante.
Soave Motto Piane 2018 O 14.000 bt; 16 € - Agile, agrumato, espressivo.
Valpolicella Sup. Ripasso Col de Bastia 2018 ● 10.000 bt; 12 € - Armonico, fruttato, ampio.
Roncha 2017 O trebbiano di Soave; 600 bt; 13 € - Agile, balsamico, armonico.

ha 87 - **bt** 330.000
Fertilizzanti compost, letame, sovescio
Fitofarmaci rame e zolfo
Diserbo lavorazione meccanica/manuale
Lieviti selezione di lieviti indigeni
Uve 100% di proprietà
Certificazione in conversione biologica

RONCÀ (VR)

FONGARO

SCONTO **-10%**

Via Motto Piane, 12 - tel. 045 7460240 - 346 5029560
www.fongarospumanti.it - info@fongarospumanti.it

VITA - Tanita Danese è una ragazza decisa e dal carattere forte, che prima ha provato a fuggire dalla sua terra di origine e dal lavoro in vigna, si è laureata in filosofia, e poi è inesorabilmente tornata alle sue colline in Val d'Alpone, innamorata più che mai. Da quest'anno è alla guida in prima persona dell'azienda storica Fongaro, fondata da Guerrino, colui che per primo intuì la grande vocazione spumantistica del durello e dei Monti Lessini.

VIGNE - Le vigne si trovano a Roncà, in Val d'Alpone, arrampicate su colline ripide e vulcaniche dove la sera la temperatura scende anche nei mesi più caldi, e dove spesso c'è buona ventilazione. L'azienda ha la certificazione biologica dal 1985. Già allora Guerrino Fongaro aveva intuito che il modo migliore di fare agricoltura era la sostenibilità e, trovandosi in un luogo in cui clima e territorio lo permettono, ha percorso questa strada da molto tempo.

VINI - Donna di carattere e vini di carattere. Siamo nell'unica denominazione italiana in cui si ottiene un metodo classico con un vitigno autoctono, e le potenzialità del vitigno devono essere espresse in modo inequivocabile.

Lessini Durello M. Cl. Brut 2014 10.000 bt; 24 € - Al naso ha una netta nota iodata, per poi aprirsi in profumi di erbe balsamiche e scorza di limone. Il sorso è tipico del Durello: pulito, salino e sassoso, molto lungo.
Lessini Durello M. Cl. Pas Dosé 2014 10.000 bt; 24 € - Apre con crosta di pane e rosmarino, continua con cedro candito e liquirizia. In bocca è una lama che sferza piacevolmente il palato, e lo rinfresca con finale di menta e limone.
Lessini Durello M. Cl. Brut Ris. 2012 2.500 bt; 37 € - Bouquet complesso con miele millefiori, nocciola ed eucalipto. Attacco di bocca imponente, pieno e verticale. Finale di bocca lungo e balsamico.

ha 8 - **bt** 60.000
Fertilizzanti compost, letame in pellet, letame
Fitofarmaci organici, rame e zolfo
Diserbo lavorazione meccanica/manuale
Lieviti selezionati industriali
Uve 100% di proprietà
Certificazione biologico certificato

RONCÀ (VR)

GIANNITESSARI

SCONTO **-10%**

Via Prandi, 10 - tel. 045 7460070
www.giannitessari.wine - office@giannitessari.wine

VITA - Dal 2017 Gianni Tessari guida l'azienda che porta il suo nome. In poco tempo sono avvenuti grandi cambiamenti, sia nei vini, sia nelle scelte aziendali, ottenendo quasi subito risultati soddisfacenti. In cantina, tra i vari collaboratori, Gianni riceve un sostegno importante anche dalla moglie Anna Maria Dal Bosco e dalla figlia Valeria. L'idea di base è fare cose semplici, ma con stile.

VIGNE - I vigneti sono suddivisi in tre zone, ognuno con uve allocate sui terreni più congeniali alla varietà: cabernet sauvignon, merlot e tai rosso sui colli Berici, su suoli calcareo-argillosi, durella, pinot nero e chardonnay a Roncà, in zona vulcanica, e garganega a Soave con fondo vulcanico-calcareo. Buone le prospettive per il solaris, vitigno PIWI piantato da qualche anno. L'azienda partecipa al protocollo ministeriale di sostenibilità ambientale SQNPI.

VINI - Per quanto concerne le maturazioni si fanno lunghe rifermentazioni sui lieviti per il Durello Metodo Classico, affinamenti in acciaio per i bianchi più semplici, mentre tutti i vini rossi e alcuni bianchi importanti passano in legno.

Lessini Durello M. Cl. Extra Brut 60 Mesi Ris. 2013 12.000 bt; 27 € - Sottile e fine nei profumi, spiccano l'agrumato, il balsamico e il floreale; in bocca è pieno di energia, pulito, gustoso.
Soave Cl. Perinato 2018 ○ 8.000 bt; 15 € - Armonico, con sentori di vaniglia ceduti dal legno di affinamento, e cenni fruttati e agrumati, al palato risulta scorrevole e sapido.
Colli Berici Pian Alto 2015 ● 9.000 bt; 19 € - Al naso emergono note di ribes nero e amarene sotto spirito, in bocca è complesso e morbido.
Lessini Durello M. Cl. Brut 120 Mesi 2008 4.000 bt; 41 € - Fine, speziato, autentico.
Tai Rosso 2018 ● 8.000 bt; 10 € - Schietto, fruttato, docile.

ha 50 - **bt** 350.000
Fertilizzanti letame, sovescio
Fitofarmaci chimici di sintesi
Diserbo lavorazione meccanica/manuale
Lieviti selezionati industriali, selezione di lieviti indigeni
Uve 100% di proprietà
Certificazione parte dei vigneti in regime biologico

SAN BONIFACIO (VR)

INAMA

Via Biacche, 50 - tel. 045 6104343
www.inama.wine - inama@inama.wine

VITA - La cannoniera Inama (nel senso di "mettete dei vini nei vostri cannoni") è pronta a salpare i mari come le navi di Sir Francis Drake agli ordini di sua maestà Elisabetta I, qui nelle vesti di Stefano Inama. L'autunnale ribollir dei tini tra un cappello e l'altro è vissuto dai giovani Matteo, Alessio e Luca, la squadra dei tre fratelli, con tutto il grip proprio della giovane generazione.

VIGNE - Il territorio del Soave custodisce due grandi areali di immenso valore, colmi di storia, tradizione, presente e futuro: il Foscarino e le Carbonare, la cui composizione basalto-lavica determina lo specifico carattere dei vini. I conturbanti e spaziali Berici, purtroppo fra le tante perle italiane quasi sconosciute, scolpiti dal calcare e dalla terra rossa, sono un'esplosione di fuochi d'artificio come alla festa del Redentore di Venezia.

VINI - Vorremmo partire, noi che conosciamo fin dagli inizi l'operato di Stefano (vulcanico e geometrico-irrazionale), da un sentimento che è stato a volte accesamente critico. Poi, siccome non siamo proprio dei pirla, come disse Josè Mourinho, abbiamo seguito sottotraccia il suo cammino e capito che quel "testone" lì davvero padroneggiava la materia. Due lame che non lasciano scampo al toro nel sorriso amaro di Hemingway.

TOP **Carmenère Più 2017** ● 80.000 bt; 14 € - Espressione lussuriosa del carmenère (con saldo di merlot), è saettante come la Lancia Stratos di Sandro Munari.
Colli Berici Cabernet Bradisismo 2017 ● 26.000 bt; 27 € - Ricco, di mediterranea intensità, con la lunghezza del tratto palladiano.
Soave Cl. Vigneto Du Lot 2017 ○ 13.000 bt; 23 € - Boisé pervasivo e frutto ricamato, per un sorso contrastato tra struttura e freschezza.
Vulcaia Fumé Sauvignon 2018 ○ 26.000 bt; 31 € - Viscoso, minerale, cangiante.

ha 62 - **bt** 550.000
Fertilizzanti letame, sovescio
Fitofarmaci rame e zolfo
Diserbo lavorazione meccanica/manuale
Lieviti fermentazione spontanea, selezionati industriali
Uve 100% di proprietà
Certificazione parte dei vigneti in regime biologico

SAN GIOVANNI ILARIONE (VR)

DANIELE PICCININ

SCONTO **-10%**

Via Governi, 4 - tel. 348 7030557
piccinindaniele@tiscali.it

VITA - La prima passione di Daniele Piccinin è stata la ristorazione. Grazie a questo lavoro si è avvicinato al vino, con crescente curiosità ed entusiasmo, decidendo infine di abbandonare la cucina per dedicarsi alla cantina. L'azienda si trova sulle colline di San Giovanni Ilarione, bellissime e scoscese, in un contesto boschivo ricco di biodiversità. «Questo posto è casa mia. Non avrei potuto fare il vignaiolo in nessun altro luogo», dice Daniele.

VIGNE - I 12 ettari vitati comprendono impianti messi a dimora da Daniele, ma anche vecchie vigne che ha trovato in loco. Si trovano tra i 300 e i 600 metri di altitudine, con una ventilazione fresca e costante. In quota vengono coltivati pinot nero e chardonnay, ma la maggior parte della produzione riguarda il durello. La gestione agronomica è da sempre biodinamica, nella convinzione che le piante debbano imparare a difendersi dalle avversità con le proprie forze.

VINI - «Il mio stile è in costante trasformazione, anno dopo anno cerco di migliorare, realizzando vini che rispecchino l'evoluzione del mio gusto» confessa Daniele. L'approccio è naturale e poco interventista.

Arione durella; 7.000 bt; 20 € - Dolci sentori di fiori e frutta si fondono a una nota lievemente ossidativa, in una bollicina da Metodo Classico cremosa e molto sapida.
Montemagro 2018 ○ durella; 7.000 bt; 14 € - Da vigneti di oltre 60 anni, è un vino diretto, dal sorso teso e sapido, con piacevoli ritorni agrumati e di frutta a polpa bianca.
Pinot Nero 2018 ● 4.000 bt; 24 € - I quasi 600 metri di altitudine si fanno sentire in un sorso fresco e succoso, con note di mora e lampone, che necessita di tempo per essere goduto pienamente.
Bianco Muni 2018 ○ chardonnay, durella, pinot grigio; 25.000 bt; 10 € - Agile, floreale, salino.

ha 12 - **bt** 45.000
Fertilizzanti compost, humus, letame, preparati biodinamici, sovescio
Fitofarmaci organici, rame e zolfo
Diserbo lavorazione meccanica/manuale
Lieviti fermentazione spontanea
Uve 100% di proprietà
Certificazione biologico certificato

BALESTRI VALDA

SCONTO -10%

Via Monti, 44 - tel. 045 7675393
www.vinibalestrivalda.com - info@vinibalestrivalda.com

VITA - Sin dagli esordi di Balestri Valda ciò che ha guidato il lavoro del fondatore, l'enologo Guido Rizzuto, è stato evidente: l'impronta data dal terroir attraverso l'utilizzo di vitigni autoctoni. Di pari passo si è sempre cercato di rispettare la biodiversità presente nel territorio, mantenendo ettari di bosco e frutteto come parte integrante della proprietà. Ora la figlia Laura, con la propria personalità, sta contribuendo al continuo progresso aziendale.

VIGNE - In azienda sono banditi i prodotti chimici da sei anni, la certificazione biologica è del 2019 e l'approccio sostenibile è testimoniato anche dalla felicità delle api, che svolazzano tutto intorno. In vigna troviamo esclusivamente due varietà, garganega e trebbiano di Soave. Le terre ricche e scure di origine vulcanica e le basse rese dei vigneti sono espressione della ricerca della massima qualità possibile.

VINI - Nessuna pratica enologica spinta: i vini spiccano per personalità e intensità, e sono ben equilibrati, con tanto frutto e tensione sapida. Gli affinamenti sempre più lunghi prima della messa in commercio danno vita a prodotti longevi e strutturati.

Soave Cl. 2019 ○ 45.000 bt; 10 € - I ciottoli e il terroir vulcanico donano spiccata mineralità, a cui si aggiungono cenni floreali: il sorso è saporito e chiude molto fresco.
Soave Cl. Vigneto Sengialta 2017 ○ 5.500 bt; 15 € - Profuma di erbe aromatiche, frutta fiori. In bocca entra sapido, risulta equilibrato e chiude con una lunga scia di freschezza.
Libertate 2017 ○ trebbiano di Soave; 4.500 bt; 14 € - Figlio di terreni basaltici scuri, era ancora un po' chiuso e trattenuto al momento dell'assaggio: abbisogna di tempo per aprirsi e lasciarsi apprezzare.

ha 15 - **bt** 70.000
Fertilizzanti letame, sovescio
Fitofarmaci rame e zolfo
Diserbo lavorazione meccanica/manuale
Lieviti fermentazione spontanea, selezione di lieviti indigeni
Uve 100% di proprietà
Certificazione biologico certificato

SOAVE (VR)

CORTE ADAMI

€

SCONTO -10%

Via Circonvallazione Aldo Moro, 32 - tel. 045 6190218
www.corteadami.it - info@corteadami.it

VITA - Quella oggi al comando è la terza generazione di viticoltori e la prima di vinificatori: il 2004 è stato l'anno del primo imbottigliamento che ha coronato il sogno del nonno Gaetano Adami. Lungimirante e ancora attivo agricoltore, negli anni Settanta ha iniziato la prima espansione agronomica tra il natio Soave e la vicina Valpolicella orientale. L'azienda, dal sapore squisitamente familiare, vede oggi Martina addetta al commerciale, Giulia in ufficio, Andrea in cantina e l'instancabile papà Angelo in vigna.

VIGNE - Il forte legame con la realtà territoriale consente di conoscere nel dettaglio sia i suoli sia i vigneti. I terreni, fortemente variabili, culminano nella bellissima erta basaltico-calcarea di Castelcerino, vocata alla garganega. Diverso, ma non meno complesso, il suolo argilloso-calcareo dedicato alle uve rosse di Montorio, con ampi terrazzamenti.

VINI - I vini puntano all'equilibrio, alla freschezza di beva e alla godibilità del sorso. Sono classici, varietali e territoriali.

TOP **Soave Sup. Vigna della Corte 2018** VINO QUOTIDIANO ○ 8.000 bt; 11 € - Vino-simbolo del'azienda, è figlio di una vendemmia tardiva e regala delicati profumi fruttati, un'ottima finezza complessiva, e un finale sapido.
Soave Cl. Cimalta 2019 ○ 9.000 bt; 9 € - Fratello più giovane del Vigna della Corte, regge il confronto e non delude con tenue note floreali e un palato fresco e lineare.
Valpolicella 2019 ● 6.000 bt; 10 € - Novità di quest'anno, la prima annata colpisce per un frutto croccante e un palato equilibrato, beverino e moderatamente tannico.
Valpolicella Sup. 2017 ● 25.000 bt; 12 € - Succoso, fruttato, sottile.
Valpolicella Sup. Ripasso 2017 ● 20.000 bt; 16 € - Austero, fruttato, energico.
Amarone della Valpolicella 2016 ● 10.000 bt; 34 € - Potente, speziato, avvolgente.

ha 380 - **bt** 170.000
Fertilizzanti letame in pellet, organo-minerali
Fitofarmaci chimici di sintesi, rame e zolfo
Diserbo lavorazione meccanica/manuale
Lieviti selezionati industriali
Uve 100% di proprietà
Certificazione nessuna certificazione

FILIPPI

Località Castelcerino - Via Libertà, 55 - tel. 045 7675005
www.cantinafilippi.it - cantina@cantinafilippi.it

VITA - Filippo Filippi e la compagna Paola Giagulli sono i custodi di questa bellissima realtà. Il percorso di consapevolezza ed esperienza che hanno maturato in questi anni è arrivato al suo punto più alto: Filippo in particolare ha saputo affinare i suoi già preziosi strumenti di lettura della vite e del vino, imponendosi come uno dei più originali e rigorosi interpreti del territorio di Soave.

VIGNE - Siamo in uno dei luoghi più alti del territorio di Soave, sulla cima della collina di Castelcerino, tra i 300 e i 400 metri di quota. Si percepisce la sensazione che più che trovarsi in un'azienda vitivinicola si sia immersi in un'oasi di protezione di questo territorio: troviamo 10 ettari di bosco ricco di fauna e flora, e le vecchie pergole piantate negli anni Cinquanta, suddivise in diverse parcelle accorpate tra loro per omogeneità dei suoli, che vegetano in un naturale e perfetto equilibrio.

VINI - Lo stile dei vini ricalca le caratteristiche del luogo: potente e delicato al contempo, assai complesso eppure immediato e verace. Le vinificazioni sono concepite per non alterare il carattere delle uve, mature e piene di gusto.

TOP **Soave Colli Scaligeri Vigne della Brà 2018** VINO SLOW O 6.600 bt; 23 € - Vino di grande materia, al contempo rustica ed elegante, ben definita nel bicchiere, che riempie di gioia il palato. Dategli il giusto tempo per evolvere ancora più felicemente.
Soave Colli Scaligeri Castelcerino 2018 O 26.000 bt; 17 € - Si tratta del secondo imbottigliamento del vino già recensito l'anno scorso, ancora più pieno, teso e sapido.
Turbiana 2018 O 1.200 bt; 24 € - Interpretazione di Trebbiano di grande carattere, intensa e incisiva, che mantiene i tratti di rusticità propri del vitigno arricchiti di fini note balsamiche e speziate. La bocca è gustosissima.
Garganega Monteseroni 2018 O 2.600 bt; 23 € - Austero, fruttato, salino.
Merlot Roaron 2018 ● 1.000 bt; 26 € - Vivo, fruttato, profondo.

ha 1,5 - **bt** 55.000
Fertilizzanti compost, preparati biodinamici
Fitofarmaci rame e zolfo
Diserbo lavorazione meccanica/manuale
Lieviti fermentazione spontanea
Uve 100% di proprietà
Certificazione biologico certificato

SOAVE (VR)

MONTE TONDO

SCONTO -10%

Via San Lorenzo, 89 - tel. 045 7680347
www.montetondo.it - info@montetondo.it

VITA - Questa azienda è nata negli anni Ottanta grazie all'impegno di una famiglia da sempre legata al mondo del vino, i Magnabosco. Vero fautore e artefice di tutto è stato il papà Gino, che ha saputo fondere sapere antico e scelte coraggiose. Oggi troviamo un'azienda orgogliosamente familiare, con i coniugi Gino (in vigna) e Paola Tolo (al B&B), e i figli Stefania, Marta e Luca, rispettivamente alle vendite, al settore estero e in cantina.

VIGNE - Le viti crescono prevalentemente nel comune di Soave e nella Valpolicella orientale. La composizione dei terreni è molto frammentaria e variegata, con suoli che vanno dal vulcanico al morenico-calcareo. Le pendenze collinari importanti, la presenza di vecchie vigne e le vinificazioni separate sono impegnative quanto centrali per la qualità finale.

VINI - Nei vini si cerca di valorizzare tipicità varietale e territorialità, con un approccio alle vinificazioni moderno e attento.

Soave Cl. Montetondo 2019 O 40.000 bt; 9 € - I fini sentori floreali e aromatici si fondono in un palato sapido, fresco e gustoso.
Soave Cl. Casette Foscarin 2018 O 6.000 bt; 12 € - Da suoli vulcanici e da vigne quasi centenarie, nasce questo vino dai profumi fruttati e minerali, di agile beva, con grande equilibrio e un tenue finale amarognolo.
Soave Cl. Sup. Foscarin Slavinus 2018 O 6.000 bt; 16 € - Sempre da suoli vulcanici ma frutto di una vendemmia tardiva, questo vino si apre con un naso profondo e minerale, per evolvere quindi in un palato verticale, salino e soavemente (è il caso di dirlo) armonico.
Brut Soave 2019 8.000 bt; 10 € - Metodo Charmat, agile, fruttato, leggiadro.
Valpolicella Sup. San Pietro 2018 ● 18.000 bt; 10 € - Armonico, fruttato, elegante.
Valpolicella Ripasso Campo Grande 2017 ● 8.000 bt; 16 € - Avvolgente, speziato, espressivo.

ha 40 - **bt** 280.000
Fertilizzanti letame
Fitofarmaci organici, rame e zolfo
Diserbo lavorazione meccanica/manuale
Lieviti fermentazione spontanea
Uve 100% di proprietà
Certificazione nessuna certificazione

SOAVE (VR)

LEONILDO PIEROPAN

Via Camuzzoni, 3 - tel. 045 6190171
www.pieropan.it - info@pieropan.it

VITA - La storia di Pieropan è la storia del Soave. L'azienda è stata fondata nel 1880, ma è stato Leonildo Pieropan, vignaiolo visionario innamorato di questa terra, a farne la grande realtà che è. Nino ha introdotto per primo il diradamento dei grappoli, la conduzione biologica dei vigneti e varie innovazioni tecnologiche in cantina, che hanno dimostrato nel tempo le grandissime potenzialità del Soave. I suoi figli Dario, enologo, e Andrea, agronomo, proseguono la sua opera, con il sostegno della loro mamma Teresita.

VIGNE - Nel Soave gli impianti di garganega e trebbiano si trovano in zone vocate della denominazione, su terreni concimati pochissimo, allevati in sesti d'impianto fitti, per spingere le viti a dare il meglio di sé. Spiccano per bellezza e particolare vocazione i cru Calvarino, su terreno basaltico, e La Rocca, su terreno calcareo. Un altro appezzamento si trova a Illasi ed è destinato alla produzione di Valpolicella.

VINI - Vini tersi e longevi, in cui freschezza e florealità sono protette in ogni fase della lavorazione dell'uva, divenendo il tratto distintivo dello stile Pieropan.

TOP **Soave Cl. La Rocca 2018** VINO SLOW O 48.000 bt; 29 € - Un'ode all'uva garganega. Sofisticato e fresco nei ricordi di fiori ed erbe aromatiche, conquista con un palato sapido, di bella tensione, con un piacevolissimo e lungo finale.
Soave Cl. Calvarino 2018 O 55.000 bt; 20 € - Deliziosi profumi di glicine e rimandi balsamici introducono un sorso di grande eleganza, in cui succo e sapidità sono in perfetto equilibrio.
Recioto di Soave Cl. Le Colombare 2016 ● 11.200 bt da 0,5 l; 28 € - Dolci ricordi di agrumi canditi, fiori bianchi, timo e salvia si fondono in un palato denso, sapido e succoso, asciugato delicatamente da un tannino setoso.
Soave Cl. 2019 O 320.000 bt; 12 € - Fresco, floreale, elegante.

ha 70 - **bt** 540.000
Fertilizzanti letame, sovescio
Fitofarmaci rame e zolfo
Diserbo lavorazione meccanica/manuale
Lieviti selezione di lieviti indigeni
Uve 100% di proprietà
Certificazione biologico certificato

SOAVE (VR)

SUAVIA

Frazione Fittà - Via Centro,14 - tel. 045 7675089
www.suavia.it - info@suavia.it

VITA - Tra le ripide colline della zona classica del Soave si trova Suavia, fondata nel 1982 da Giovanni Tessari. Oggi in azienda ci sono anche le quattro figlie Alessandra, Arianna, Meri e Valentina, impegnate in cantina, vigna, accoglienza e commerciale, che portano avanti una realtà solida, dinamica ma che conserva sempre il suo carattere familiare.

VIGNE - I vigneti si inerpicano sui coni formati dai detriti vulcanici che disegnano il paesaggio della zona, tutti nella frazione di Fittà. Si coltivano solo le due varietà autoctone garganega e trebbiano di Soave. L'allevamento è in parte a pergola veronese e in parte a guyot. Attorno alle vigne si alternano boschi e frutteti, a tutela della biodiversità.

VINI - Suavia porta avanti con convinzione l'idea secondo cui da queste terre possono nascere vini bianchi eleganti e longevi. Sono vini che raccontano fedelmente il territorio, vini di carattere, di ottima tensione e di spiccata persistenza gustativa.

TOP **Soave Cl. Monte Carbonare 2018** O 30.000 bt; 16 € - Un vino completo che esprime la forza e la mineralità dei suoli neri vulcanici da cui nasce. Complessità ed eleganza arrivano dalla selezione delle migliori uve in vigneti di oltre 60 anni.
Soave Cl. 2019 O 130.000 bt; 11 € - Fresco, sapido, appagante alla beva. L'etichetta della vendemmia 2019 mostra orgogliosamente che la conversione biologica è stata completata.
Massifitti 2017 O 14.000 bt; 15 € - Freschezza e struttura caratterizzano questo vino, che nasce da un progetto ambizioso di recupero e studio del trebbiano di Soave (qui in purezza), al fine di esaltare al massimo le sue doti.
Le Rive 2017 O 7.000 bt; 23 € - Avvolgente, speziato, complesso.

ha 20 - **bt** 180.000
Fertilizzanti letame, sovescio
Fitofarmaci rame e zolfo
Diserbo lavorazione meccanica/manuale
Lieviti selezione di lieviti indigeni
Uve 100% di proprietà
Certificazione biologico certificato

TRISSINO (VI)

DALLE ORE

SCONTO **-10%**

Via San Nicolò, 84 - tel. 0445 1925051 - 331 4805533
www.dalleore.it - info@dalleore.it

VITA - L'annata 2019 è stata meteorologicamente difficile per l'azienda di Marco, Vittorio e Luciano Margoni, che ha perso circa il 70% delle uve: questo è il motivo per cui alcuni vini non sono stati prodotti. L'azienda si trova nella Lessinia, ed è condotta con cura certosina in campagna e in cantina, seguendo un approccio biodinamico; da poco vi lavora a tempo pieno anche la figlia di Marco, Benedetta.

VIGNE - L'azienda punta da sempre sulle uve autoctone tradizionali, come durella e garganega, ma non disdegna gli internazionali cabernet franc, pinot nero e riesling renano, perseguendo una filosofia che limita al massimo gli interventi dell'uomo, sia in campo, sia in sede di vinificazione. I vigneti sono tutti collinari e si estendono attorno alla cantina, su terreno in gran parte vulcanico e argilloso, con grande presenza di minerali.

VINI - Lo stile dell'azienda mette al centro l'uva e le caratteristiche varietali, prediligendo affinamenti brevi in legno piccolo per i rossi.

M. Cl. Torque 2015 ⁘ 4.000 bt; 23 € - ▢ - Sono 45 i mesi sui lieviti di questo Metodo Classico non dosato, elegante versione dell'autoctona uva durella in purezza: ricco di note vegetali e minerali al naso, è fine e avvolgente al palato.
Mappale 77 2019 ○ chardonnay, pinot grigio, riesling; 6.700 bt; 15 € - ▢ - Un vino ben riuscito, che si esalta nei profumi di pesca, fiori e frutta tropicale. In bocca risulta avvolgente e sapido.
Pinot Nero 2018 ● 4.000 bt; 17 € - ◎ - Intrigante novità: fermentato in tini di rovere e non filtrato, è fruttato al naso e minerale in bocca, corposo ma fresco.
Cabernet Sauvignon 2018 ● 4.000 bt; 15 € - ◎ - Croccante, fruttato, avvolgente.

ha 15 - **bt** 80.000
Fertilizzanti letame, preparati biodinamici
Fitofarmaci rame e zolfo
Diserbo lavorazione meccanica/manuale
Lieviti fermentazione spontanea
Uve 100% di proprietà
Certificazione biologico certificato

UNDERGROUND PEDEMONTANO

Nell'area pedemontana che scorre ai piedi dei Monti Lessini per poi scivolare verso est lungo le pendici del massiccio dell'Altopiano di Asiago nel breganzese stanno sorgendo nuove realtà di micro produttori convinti e motivati. Si tratta spesso di persone a cui la passione del vino legata alla ricerca non basta più e che sentono l'esigenza di mettersi in gioco in prima persona. Un movimento underground composto soprattutto da giovani, ma non solo, che, ereditato da qualche parente o preso in affitto qualche ettaro di vigneto, spesso abbandonato, decidono di produrre il loro vino. I risultati sono spesso incoraggianti, a volte con qualche scivolone ma sembra quasi delinearsi una sorta di vivaio per future realtà. Denominatore comune il rispetto per l'ambiente, l'utilizzo di vitigni autoctoni, e una conduzione della vigna chemical-free e un'enologia poco invasiva. Si assiste quindi a una sorta di rinascimento enologico che viene dal basso, assistendo così alla rivalutazione del Durello, della Garganega e della Vespaiola, del Groppello a Breganze ma soprattutto la tutela di aree e vigneti parzialmente dimenticati.
Un fenomeno che in qualche modo ricorda quello delle birre artigianali italiane e che poi diventa una consolidata realtà. Abbiamo calpestato queste vigne e assaggiato questi vini e riteniamo possano essere degni di menzione.

Garganuda di Andrea Fiorini
Montecchia di Crosara (VR)
tel. 349 3404970

Il Ceo
Cittadella (PD)
Via Giusti, 27
tel. 342 8012142

Il Moralizzatore
Carmignano di Brenta (PD)
tel. 329 9293656

Insolente, di Castagna Francesca
Monteforte d'Alpone (VR)
tel. 348 1312482

Matervi, di Alberto Rigon
Fara Vicentino (VI)
tel. 340 0092253

Volcanalia, di Rossella Mastrotto
Gambellara (VI)
tel. 342 7563375

BREGANZE, COLLI BERICI E COLLI EUGANEI

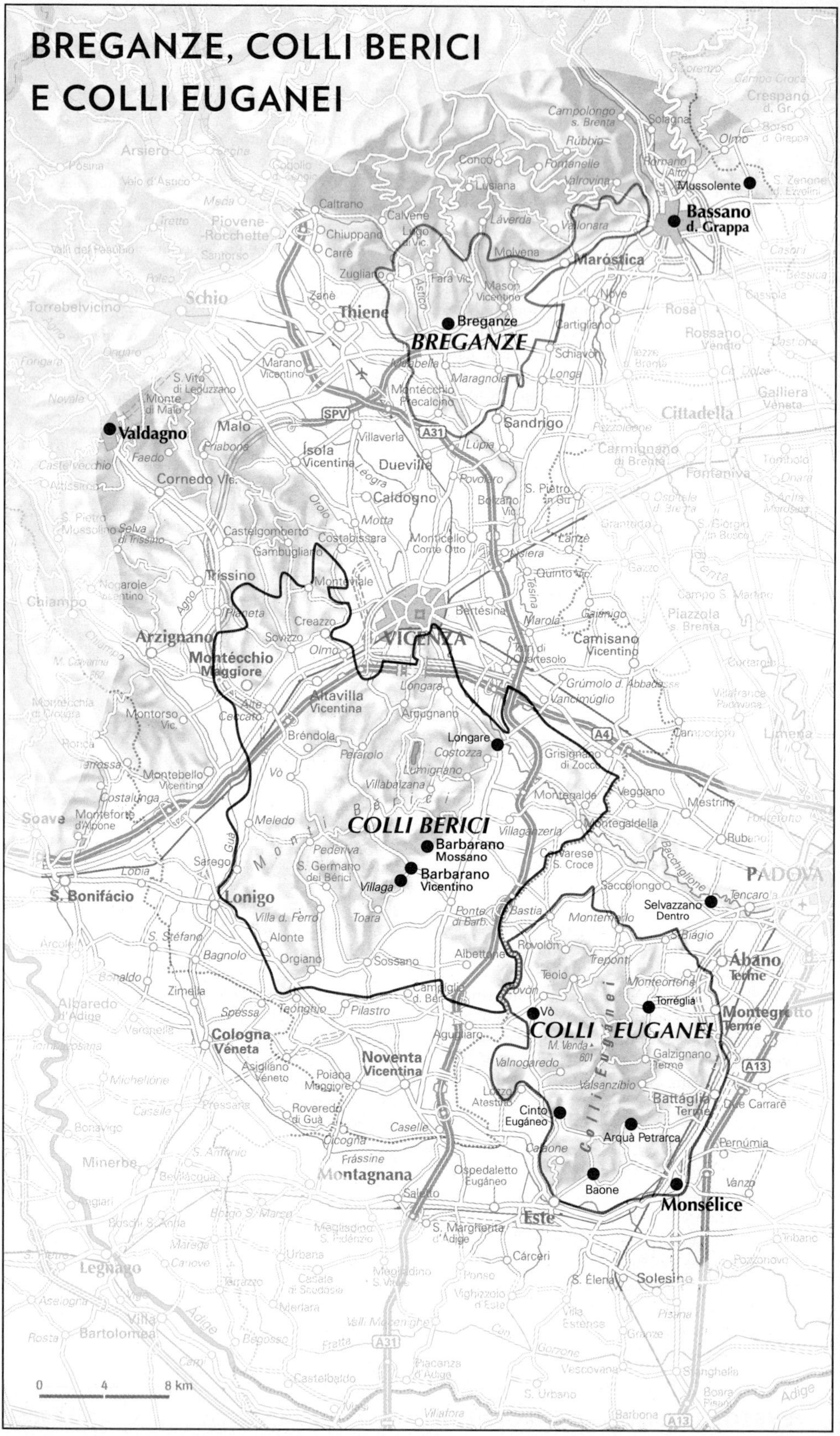

ARQUÀ PETRARCA (PD)

VIGNALTA

SCONTO -10%

Via Scalette, 23 - tel. 0429 777305
www.vignalta.it - info@vignalta.it

VITA - Fondata nel 1980 da Lucio Gomiero, oggi Vignalta vede impegnati anche i soci Paolo Guzzo e Luciano Salvagnin. La cantina rimane un faro di riferimento per i vini, soprattutto bordolesi, dei Colli Euganei, capaci di reggere confronti impegnativi a livello mondiale. L'azienda sposa una filosofia che predilige la tradizionalità delle pratiche, a cui associa sperimentazioni e scelte che spesso si sono rivelate pionieristiche.

VIGNE - Una grande novità è rappresentata dalla decisione d'avviare il processo per la certificazione biologica, seguito dall'agronomo Filippo Scortegagna e dall'enologo Michele Montecchio, che sottolineano come «da anni non utilizziamo più pesticidi e tutto mira all'equilibrio della pianta e alla piena maturità del frutto al momento della raccolta». Fare grandi uve è da sempre l'obiettivo primario.

VINI - Uno stile classico e ben ponderato. L'eleganza che proviene dalla trachite di matrice vulcanica e la potenza dei lunghi periodi di affinamento, sia in botte sia in bottiglia, sono le chiavi per interpretare vitigni e territorio adeguatamente.

TOP **Colli Euganei Rosso Gemola 2015** ● 18.000 bt; 37 € - - Ampio e pimpante l'impatto fruttato. In bocca entra con tannini setosi e troviamo tanto succo e lunghezza.
Colli Euganei Moscato Fior d'Arancio Passito Alpianae 2017 ● 8.000 bt da 0,375 l; 27 € - - Profuma di albicocca ed erbe aromatiche, e presenta un ottimo bilanciamento fra dolcezza e chiusura fresca.
Sirio Moscato Secco 2019 ○ 5.000 bt; 11 € - - Il solito campione di espressività varietale, all'insegna della piacevolezza.
Colli Euganei Merlot Ris. 2015 ● 6.000 bt; 25 € - - Fine, fruttato, espressivo.
Ode Rosso 2018 ● cabernet sauvignon, merlot; 30.000 bt; 11 € - - Fitto, fruttato, verace.
Pinot Bianco 2018 ○ 13.000 bt; 11 € - - Succoso, balsamico, sapido.

ha 36 - **bt** 240.000
Fertilizzanti nessun concime
Fitofarmaci rame e zolfo
Diserbo lavorazione meccanica/manuale
Lieviti fermentazione spontanea, selezionati industriali
Uve acquisto 5%
Certificazione in conversione biologica

BAONE (PD)

CA' OROLOGIO

Via Ca' Orologio, 7/a - tel. 0429 50099
www.caorologio.it - caorologio@caorologio.com

VITA - A Cà Orologio Maria Gioia Rosellini coltiva la vite dal 1995, e dal 2002 commercializza i suoi vini. L'approccio degli inizi ha lasciato il posto alla maturità data dalle vendemmie vissute in prima fila. Abituata a fare tutto da sola in vigna e in cantina, è sempre alla ricerca di una strada molto personale, ma ora con Erik e Christian, nuovi collaboratori, ha due validi aiuti per tutte le pratiche quotidiane.

VIGNE - Dei 34 ettari dell'azienda 11 sono vitati. Il percorso è sempre all'insegna del cambiamento: dagli esordi con una viticoltura convenzionale, passando per una fase biodinamica e quindi alla certificazione biologica, ora Maria Gioia dice di aver aggiustato il tiro e pratica semplicemente una buona agricoltura. Si applica il sovescio e si utilizza il compost per arricchire i terreni.

VINI - Le vinificazioni sono molto attente e vengono vissute quasi in simbiosi con l'uva, con l'obiettivo di uno stile libero ma territoriale e riconoscibile. La sfida è quella di ottenere vini con un'anima, caratterizzati e puliti.

Colli Euganei Rosso Calaone 2018 ● 10.000 bt; 18 € - - Materia ampia, giovane, con un deciso impatto vegetale e toni fruttati. Al sorso troviamo tannini decisi e molto presenti, che col tempo si levigheranno, e una chiusura che riempe la bocca.
Relogio 2018 ● carmenère, cabernet franc; 3.200 bt; 28 € - - Al naso percepiamo le note vanigliate derivanti dall'affinamento in legno piccolo, e piacevoli cenni fruttati. Austero al palato, al momento dell'assaggio aveva ancora bisogno di tempo per ingentilirsi.
SalaRosa 2019 ● barbera; 2.600 bt; 11 € - - Schietto, fruttato, verace.
Salaròla 2019 ○ friulano, moscato bianco, moscato giallo, pinot bianco; 5.000 bt; 13 € - - Incisivo, balsamico, stratificato.

ha 11 - **bt** 25.000
Fertilizzanti compost, nessun concime, sovescio
Fitofarmaci rame e zolfo
Diserbo lavorazione meccanica/manuale
Lieviti fermentazione spontanea
Uve 100% di proprietà
Certificazione biologico certificato

BAONE (PD)

IL FILÒ DELLE VIGNE

SCONTO **-10%**

Via Terralba, 14 - tel. 0429 56243
www.ilfilodellevigne.it - info@ilfilodellevigne.it

VITA - Bisogna salire in alto per scoprire questa azienda dei colli Euganei, ma ne vale la pena: si verrà ripagati da un bellissimo vigneto a scavallo di collina. La scommessa di Carlo Giordan prosegue alla grande, il supporto enologico di Andrea Boaretti continua prezioso, e l'apporto appassionato di Matteo Zanaica è indiscutibile.

VIGNE - I terreni a scaglia bianca di Baone, attorno alla casa padronale, sono perfetti per dare eleganza ai vini, anche se i cinghiali che li calpestano con costanza sono un bel problema. I sedimenti vulcanici danno ulteriore spessore minerale. Le bassissime rese contribuiscono alla qualità, così come un'agricoltura molto attenta, da cinque anni senza diserbo chimico.

VINI - Possiamo suddividere i vini in due categorie fondamentali: quelli dagli affinamenti importanti e quelli più facili, dalla beva fresca e agile, a cui si è aggiunto il primo vino rosa dell'azienda, ottenuto da vecchi vitigni come il moscato nero e la pataresca.

TOP **Colli Euganei Merlot Casa del Merlo 2017** VINO SLOW ● 3.300 bt; 25 € - Che eleganza questo Merlot che i cugini francesi ci invidierebbero! Ha un bel naso balsamico, con tracce di salvia e di fieno sfalciato, e un sorso potente e morbido che non annoia mai.

Colli Euganei Cabernet Borgo delle Casette Ris. 2016 ● 10.000 bt; 27 € - Sempre entusiasmante questo vino che profuma di viola e ciclamino, ed è luminoso, di facile beva e setoso.

Terralba di Baone 2019 O chardonnay, riesling, tai; 3.300 bt; 13 € - Un altro gran bel vino: si esprime schietto, con finezza di beva e sapido.

Colli Euganei Cabernet Cecilia di Baone Ris. 2017 ● 10.000 bt; 17 € - Spigoloso, fruttato, espressivo.

Volo 2019 ● merlot, cabernet franc; 17.000 bt; 11 € - Agile, fruttato, essenziale.

ha 22,5 - **bt** 50.000
Fertilizzanti letame in pellet
Fitofarmaci chimici di sintesi, rame e zolfo
Diserbo lavorazione meccanica/manuale
Lieviti fermentazione spontanea, selezionati industriali
Uve 100% di proprietà
Certificazione nessuna certificazione

BAONE (PD)

IL MOTTOLO

SCONTO **-10%**

Via Comezzara, 13 - tel. 347 9456155
www.ilmottolo.it - info@ilmottolo.it

VITA - Sergio Fortin e Roberto Dalla Libera sono gli entusiasti vignaioli proprietari de Il Mottolo. Sin dall'inizio, nel 2003, lo spirito d'iniziativa e la progettualità non gli sono mai mancati. Ora è il turno di nuovi vigneti, nuovi vini e altri cambiamenti all'orizzonte di cui però non si vuole ancora svelare nulla. Sergio si occupa della gestione di vigna e cantina, mentre Roberto è più impegnato sul fronte commerciale.

VIGNE - Confermato l'agronomo Filippo Giannone, che cura le vigne che vanno dai 15 ai 70 anni di età. Quest'anno si chiuderà il cerchio della conversione al biologico. I terreni di origine vulcanica si compongo di zone argillose e di "motoli", tipiche sporgenze calcaree da cui prende il nome l'azienda. Splendida la zona vitata disposta a semicerchio che sovrasta la cantina.

VINI - Il Mottolo con l'enologo Flavio Prà continua a perfezionare uno stile legato al minimalismo e all'agilità, orientato all'eleganza, per tutta la gamma dei vini. Una cura particolare viene riservata ai pregiati bordolesi locali, sempre più apprezzati.

TOP **Colli Euganei Rosso Serro 2017** VINO SLOW ● 5.000 bt; 20 € - Da un terreno di origine vulcanica, argilloso e calcareo, denota precisione e finezza di aromi, tannini levigati, con una lunga chiusura succosa.

Colli Euganei Carmenère Vignànima 2017 ● 4.000 bt; 20 € - Gli aromi ampi e strutturati, il liquido materico e speziato, il sorso avvolgente e dai tannini vibranti: è questa la cifra del Vignànima.

Comezzara 2018 ● merlot; 12.000 bt; 11 € - Si apre su ricchi profumi di frutta rossa, e continua con un palato deciso, austero, dalla chiusura appagante.

Le Contarine 2019 O moscato bianco, moscato giallo; 2.500 bt; 11 € - Teso, aromatico, incisivo.

Vigna Marè 2018 ● cabernet franc, cabernet sauvignon; 12.000 bt; 11 € - Austero, speziato, espressivo.

ha 8,5 - **bt** 36.000
Fertilizzanti letame in pellet
Fitofarmaci rame e zolfo
Diserbo lavorazione meccanica/manuale
Lieviti selezionati industriali
Uve 100% di proprietà
Certificazione in conversione biologica

BAONE (PD)

VIGNALE DI CECILIA

Via Croci, 14 - tel. 042 951420
www.vignaledicecilia.it - info@vignaledicecilia.it

VITA - L'azienda Vignale di Cecilia a Baone, sotto il monte Cecilia, è condotta da Paolo Brunello da due decenni, ma le origini risalgono alla precedente gestione del nonno. Il suo approccio sperimentale è consolidato dall'esperienza maturata, che determina una certa sicurezza nella gestione dei vigneti e delle pratiche in cantina. Un vero contadino tuttofare, che provvede attentamente a ogni passaggio della filiera produttiva.

VIGNE - I terreni, di natura vulcanica e di matrice argilloso-calcarea, sono determinanti per caratterizzare le uve coltivate. Le uve a bacca nera sono merlot, cabernet sauvignon e barbera, collocate perlopiù su suoli maggiormente argillosi. Quelle a bacca bianca, tra cui troviamo moscato, garganega e tai bianco, crescono su base più calcarea.

VINI - Quello del Vignale di Cecilia potrebbe definirsi uno stile rustico, o meglio ancora contadino, nell'accezione più nobile del termine. Le fermentazioni spontanee creano i presupposti per vini tipicamente euganei, che valorizzano le peculiarità del territorio.

Passacaglia 2016 ● merlot, cabernet sauvignon; 2.500 bt; 19 € - 🛢 - Abbisogna di tempo per essere apprezzato al meglio. Polpa di frutta rossa intensa e note d'arancia anticipano un palato in cui i tannini incisivi chiudono avvolti dal succo.
Colli Euganei Covolo 2017 ● 13.000 bt; 12 € - 🍾 - Sbarazzino, al naso spicca la confettura di frutti di bosco. Energico il sorso, che ha una bella spinta acida e finisce sapido.
Cocai 2018 ○ tai bianco; 2.500 bt; 13 € - 🍾 - Ampia la gamma aromatica di frutta bianca e gialla, per una bocca sapida e dal finale lungo.
Val di Spin Frizzante ⁂ garganega, glera; 5.000 bt; 10 € - 🍾 - Metodo Ancestrale, dinamico, fruttato, espressivo.

ha 10 - **bt** 30.000
Fertilizzanti letame in pellet, letame, sovescio
Fitofarmaci rame e zolfo
Diserbo lavorazione meccanica/manuale
Lieviti fermentazione spontanea
Uve 100% di proprietà
Certificazione biologico certificato

BARBARANO MOSSANO (VI)

PEGORARO

€

SCONTO **-10%**

Via Calbin, 24 - tel. 0444 886461 - 349 7749208
www.cantinapegoraro.it - info@cantinapegoraro.it

VITA - Quella dei Pegoraro è una piccola realtà a conduzione familiare alle pendici dei Colli Berici. Enrico si occupa dei vigneti, il fratello Alessandro è l'enologo, e in azienda sono impegnati anche papà Pasquale e, da poco, la sorella Valeria. Molto scenografico il portico che per metà è duecentesco, e fu corte di un monastero. La cantina è stata rinnovata e ampliata.

VIGNE - Dalla sala degustazioni sopra il punto vendita lo sguardo abbraccia la conca di Mossano e i vigneti aziendali, in un unico appezzamento. Il terreno è argilloso-sassoso, ricco di scheletro, tranne un triangolo vulcanico su cui cresce l'uva per l'unica Riserva, il Rovea, quest'anno non recensito perché non ancora pronto. Le vigne più vecchie occupano la parte più in basso. Nell'unico appezzamento terrazzato cresce invece la garganega dello Jose.

VINI - L'azienda limita gli interventi nei vigneti, coltivati perlopiù con le storiche varietà autoctone tai rosso e garganega, ma anche tai bianco e syrah, mirando a valorizzare i profili varietali dei vini.

TOP **Colli Berici Tai Rosso 2019** VINO QUOTIDIANO ●
20.000 bt; 10 € - 🫙 - È una conferma: ha tannini gentili e profumi fruttati, agile ed elegante al palato, come ci si aspetta da un ottimo Tai Rosso.
Jose 2018 ○ 3.300 bt; 13 € - 🫙 🛢 - Ultimo nato, è un vino di corpo che per metà affina sei mesi in botti piccole. Deve il suo nome al bisnonno che per primo piantò la garganega, anche se qui sono state utilizzate viti di sei anni di età. Floreale, espressivo.
Colli Berici Tai 2019 ○ 10.000 bt; 10 € - 🫙 - Profumi floreali, freschezza al palato e un finale piacevole di mandorla amara contraddistinguono questo ottimo vino.
Syrah 2017 ● 3.300 bt; 13 € - 🫙 🛢 - Solido, fruttato, armonico.
Rosé Brut ⁂ tai rosso; 3.000 bt; 9 € - 🫙 - Metodo Charmat, croccante, fruttato, rilassato.

ha 8 - **bt** 45.000
Fertilizzanti letame in pellet, organo-minerali
Fitofarmaci rame e zolfo
Diserbo lavorazione meccanica/manuale
Lieviti selezionati industriali
Uve 100% di proprietà
Certificazione nessuna certificazione

BARBARANO VICENTINO (VI)

PIALLI

Via Ramiro Fabiani, 22 - tel. 0444 886788 - 340 8243946
www.vinipialli.it - info@vinipialli.it

VITA - Questa realtà è nata dall'unione delle piccole proprietà appartenute sia al nonno materno, sia a quello paterno di Alessandro Pialli, attorno al paese di Barbarano Vicentino. Entrato in azienda nel 2001 con l'idea di valorizzare il tai rosso, il vitigno autoctono lontano parente del grenache, con cui condivide alcuni elementi caratteristici, dalle sue parole emerge l'intesa instaurata con la sua vigna nel tempo.

VIGNE - Il vigneto di Pialli si compone principalmente di tai rosso, ma da cinque anni si è aggiunto un piccolo impianto di garganega sulla sommità della collina, su terreno calcareo e sedimentario. La composizione del terreno è fortemente minerale e conferisce vini non troppo strutturati, ma dotati di grande eleganza.

VINI - I vini mirano a esprimere equilibrio e facilità di beva. Sono prodotti che rispettano l'identità varietale delle uve e il luogo di provenienza, ma nel contempo possono essere intriganti e spesso molto longevi. Con il tempo Alessandro ha abbandonato la ricerca di muscolarità a favore dell'eleganza.

Colli Berici Tai Rosso Calbin 2019 ● 6.000 bt; 12 € - Il profilo olfattivo è fruttato, e reca in dote cenni di marasca che si uniscono a sbuffi speziati. Al palato troviamo un tannino delicato e bella sapidità, per un sorso incisivo e di facile beva.
Tai Rosso Perpetuo ● 1.500 bt; 19 € - Un perpetuo dal naso delicato, floreale, con cenni di petalo di rosa, e fruttato. In bocca è fresco, sapido e dotato di invidiabile allungo.
Barbarano Tai Rosso Cio Bacaro 2017 ● 3.000 bt; 21 € - Avvolgente, fruttato, armonico.
La Garghi 2019 ○ 2.000 bt; 11 € - Agile, fruttato, elegante.

ha 4 - **bt** 17.000
Fertilizzanti letame in pellet, letame, preparati biodinamici, sovescio
Fitofarmaci organici, rame e zolfo
Diserbo lavorazione meccanica/manuale
Lieviti fermentazione spontanea
Uve 100% di proprietà
Certificazione biologico certificato

BASSANO DEL GRAPPA (VI)

VIGNETO DUE SANTI

SCONTO **-10%**

Viale Asiago, 174 - tel. 0424 502074
www.vignetoduesanti.it - info@vignetoduesanti.it

VITA - È sempre più illuminante l'approccio di Stefano e Adriano Zonta, un modo di fare vino come vissuto di memoria, dedizione ed energia positiva. Nel 1988 è arrivato un cambiamento radicale di vita per Stefano, affiancato nel 1999 dal cugino: ha avviato questa realtà che tende sempre al miglioramento continuo, soffusa di un'umanità rara.

VIGNE - I 15 ettari vitati sono ai piedi delle colline bassanesi, dove c'è una fortunata combinazione di terre moreniche e vulcaniche esposte a sud, ai margini orientali della Doc Breganze. Il vigneto di famiglia risaliva agli anni Cinquanta e così è stato conservato. Per i vini bianchi abbiamo sauvignon blanc, tai, pinot bianco e pochissima malvasia, e per i rossi cabernet sauvignon e franc e merlot. È stata continua negli anni la ricerca delle zone più vocate per le diverse tipologie.

VINI - Vinificazione classica per i bordolesi, estraendo tutto il possibile dall'uva e facendoli riposare in barrique. Tecnica artigianale anche per i bianchi, solo più veloce: non si aggiunge nulla e si ascoltano i profumi del vino per capire come comportarsi.

TOP **Breganze Rosso Cavallare 2015** VINO SLOW ● 5.000 bt; 23 € - Ci accoglie un bel naso balsamico che sa di liquirizia, austero, elegante. Il sorso è morbido per la dolcezza del tannino e fresco.
Breganze Cabernet Vigneto Due Santi 2017 ● 20.000 bt; 24 € - Sentori netti di viola e ciclamino introducono un vino luminoso, di ottima beva e setoso.
Breganze Bianco Rivana 2019 ○ 8.000 bt; 11 € - Ricorda la primavera con profumi floreali e una bella sapidità. Piacevole la nota finale di mandorla.
Breganze Pinot Bianco 2019 ○ 5.000 bt; 11 € - Fine, floreale, delicato.
Malvasia Campo di Fiori 2019 ○ 4.000 bt; 11 € - Schietto, floreale, armonico.
Breganze Cabernet 2018 ● 27.000 bt; 11 € - Aspro, fruttato, energico.

ha 15 - **bt** 100.000
Fertilizzanti letame
Fitofarmaci chimici di sintesi, rame e zolfo
Diserbo lavorazione meccanica/manuale
Lieviti fermentazione spontanea, selezionati industriali
Uve 100% di proprietà
Certificazione nessuna certificazione

BREGANZE (VI)

CA' BIASI

SCONTO **-10%**

Via Fratte, 12 - tel. 0445 851069
www.cabiasi.it - cabiasi@libero.it

VITA - Nel vino ci nuotano come pesci nell'acqua, almeno in senso tecnico: Innocente Dalla Valle è enologo come la figlia Elisa, e l'altra figlia Anna è agronoma. Quinta generazione familiare di viticoltori sulle colline di Breganze, coltivano i vitigni tipici della loro zona, forti dell'esperienza maturata e di tanta passione, preparati alle nuove sfide, capaci di tutelare il territorio e la sua biodiversità, come certificato dalla presenza di olivi e arnie d'api tra i vigneti.

VIGNE - Diversi i terreni coltivati: i vigneti di monte Goggio hanno suoli calcarei, quelli di Farra Vicentina sono argilloso-vulcanici. Gli impianti sono tutti a spalliera e sono inerbiti. Nei terreni più leggeri c'è la vespaiola, in quelli più forti il cabernet sauvignon. Interessante il recupero da vecchi ceppi, che Innocente ha fatto negli anni Novanta, del groppello di Breganze e di un refosco autoctono, più rustici ed energici dei cloni conosciuti.

VINI - Da sempre paladino del territorio, Innocente crede nei vitigni autoctoni e soprattutto nella vespaiola. Ricerca la facilità di beva nei vini, tutti molto tradizionali, qualcuno un po' burbero, ma comunque diretti e sinceri. Anche in cantina sta tornando a preferire le vasche in cemento al posto dell'acciaio.

Breganze Vespaiolo 2019 ○ 5.300 bt; 9 € - Fresco e dissetante, di buon corpo e lineare, come ci si aspetta dall'uva vespaiola.
Breganze Torcolato 2016 ● 3.600 bt da 0,5 l; 24 € - Da appassimento sui graticci senza deumidificatori, è un vino da dessert o formaggi, con la sua tradizionale freschezza che attenua la dolcezza. Ancora giovane al momento dell'assaggio, consigliamo di attendere un po' questo Torcolato da favola.
Breganze Cabernet 2015 ● 1.500 bt; 20 € - Potente, speziato, rustico.
Groppello 2018 ● 3.000 bt; 9 € - Schietto, fruttato, rustico.

ha 13 - **bt** 80.000
Fertilizzanti letame, organo-minerali
Fitofarmaci chimici di sintesi, rame e zolfo
Diserbo lavorazione meccanica/manuale
Lieviti selezione di lieviti indigeni
Uve 100% di proprietà
Certificazione nessuna certificazione

BREGANZE (VI)

MACULAN

SCONTO **-10%**

Via Castelletto, 3 - tel. 0445 873733
www.maculan.net - info@maculan.net

VITA - Azienda storica del vicentino, Maculan ha contribuito in modo decisivo alla diffusione della denominazione Breganze nel mondo. Terminati gli studi, Fausto Maculan ha iniziato a trasformare l'azienda del padre dando valore a ciò che nel vigneto si coltivava con passione, e mirando fin da subito a far conoscere in Europa il suo nuovo vino. Ora è tutto in mano alle figlie Angela e Maria Vittoria, molto appassionate.

VIGNE - Il parco vitato è ubicato intorno alle colline vulcaniche di Breganze, avvolte dall'altopiano di Asiago e dai rilievi dell'alto Vicentino, mentre la cantina è nel centro storico di Breganze. Risalta la bellezza del vigneto Ferrata, uno tra i più storici dell'azienda. Tra le varietà coltivate in diversi appezzamenti troviamo la vespaiola, lo chardonnay, il cabernet sauvignon, il cabernet franc e il merlot.

VINI - Due sono le linee guida nel produrre i vini: acciaio per i bianchi e i rossi più giovani, qualche mese in barrique per tutti gli altri.

Acininobili 2015 ● vespaiola; 4.000 bt da 0,375 l; 47 € - Ricco, di carattere, esalta i profumi di frutta esotica essiccata, e in bocca ha una bella acidità che equilibra la dolcezza.
Breganze Vespaiolo Valvolpara 2019 ○ 1.200 bt; 17 € - Pieno, succoso ed elegante, con note fruttate, soprattutto di pesca gialla matura. Il sorso è dotato di una piacevole sapidità.
Fratta 2016 ● cabernet sauvignon, cabernet franc; 7.000 bt; 58 € - Spiccano i sentori di mirtilli e mora, e in bocca è profondo.
Breganze Vespaiolo 2019 ○ 12.000 bt; 9 € - Croccante, agrumato, armonico.
Breganze Torcolato 2016 ● 18.000 bt da 0,375 l; 19 € - Armonico, fruttato, avvolgente.
Brentino 2018 ● cabernet sauvignon, merlot; 140.000 bt; 12 € - Vibrante, vegetale, energico.

ha 35 - **bt** 600.000
Fertilizzanti nessun concime
Fitofarmaci chimici di sintesi
Diserbo lavorazione meccanica/manuale
Lieviti selezionati industriali
Uve acquisto 20%
Certificazione nessuna certificazione

CINTO EUGANEO (PD)

CA' LUSTRA

SCONTO **-10%**

Frazione Faedo - Via San Pietro, 50 - tel. 0429 94128
www.calustra.it - info@calustra.it

VITA - Dobbiamo aprire ricordadno la scomparsa nel 2019 del carismatico fondatore dell'azienda, Franco Zanovello, personaggio simbolo della viticoltura dei colli Euganei. Oggi Ca' Lustra è condotta dai figli Linda e Marco, che perseguono l'obiettivo paterno di valorizzare i diversi terroir collinari. Il loro splendido anfiteatro in altura tra i vigneti ospita rassegne estive di musica, cinema e teatro, ormai un must per l'estate padovana.

VIGNE - Tutti i vigneti aziendali sono situati all'interno del Parco regionale dei Colli Euganei, a quote che arrivano fino ai 400 metri per quelli ubicati sul monte Venda. Franco è stato tra i primi viticoltori della zona a credere con convinzione nella conduzione biologica, ritenendo che il terreno e il clima dei colli Euganei fossero particolarmente adatti a una viticoltura di qualità.

VINI - Nel 2020 l'azienda ha scelto di rallentare l'affinamento dei vini bianchi, per questo ha presentato soprattutto etichette da varietà bordolesi, presenti negli Euganei fin dall'Ottocento.

Il Boschetto 2017 ○ garganega; 1.000 bt; 12 € - - Convince decisamente il nuovo nato, che dopo una breve macerazione sulle bucce affina in legno grande: un vino asciutto e dai sentori di spezie e frutta matura.
Colli Euganei Rosso Natìo 2015 ● 8.000 bt; 25 € - - Espressivo e speziato, è un taglio bordolese potente e non privo di eleganza.
Colli Euganei Merlot Sassonero 2016 ● 20.000 bt; 16 € - - Vino piacevole e dall'intenso sentore di frutta rossa, avvolgente e rotondo al palato.
Colli Euganei Cabernet Girapoggio 2016 ● 19.000 bt; 20 € - - Robusto, balsamico, severo.
Moscato di Reitia ○ 3.600 bt; 16 € - - Avvolgente, fruttato, dettagliato.
Roverello 2016 ○ chardonnay; 5.400 bt; 13 € - - Succoso, floreale, espressivo.

ha 25 - **bt** 140.000
Fertilizzanti nessun concime
Fitofarmaci rame e zolfo
Diserbo lavorazione meccanica/manuale
Lieviti fermentazione spontanea,
Uve 100% di proprietà
Certificazione biologico certificato

CINTO EUGANEO (PD)

MARCO SAMBIN

Frazione Valnogaredo - Via Fattorelle, 20/a - tel. 329 8464757
www.vinimarcus.com - info@vinimarcus.com

VITA - I colli Euganei, non ci stancheremo mai di sottolinearlo con forza, sono un finage di altissimo livello, che nulla ha da invidiare ai più blasonati dello stivale. Un terroir che è la culla dei bordolesi italiani, con una storia millenaria, in cui la vite, l'olivo e la poesia sono protagonisti. In questo Eden "enoletterario", dal 2002 si è inserito in maniera perentoria e con indubbia qualità Marco Sambin, il professore vignaiolo.

VIGNE - L'illuminata competenza dell'agronomo-enologo Guido Busatto governa il gregge delle vigne, ubicate nel comune di Cinto Euganeo. Un puzzle in cui la ricchezza della scheletro, il calcare e l'argilla disegnano la fitta trama nella quale le viti, coltivate a cordone speronato, alberello in spalliera e guyot, trionfano.

VINI - Il compito principale è quello di domare in una linea di condotta la ciclopica energia della natura. Nei colli eruttati dai fondali marini, sui quali sorge la pianura del Po, il dio sole picchia, arroventa, brucia, sferza la vigne e mette a dura prova il vignaiolo. Come in una finale olimpica dei 100 metri, far sbocciare la massa muscolare in un liberatorio paesaggio di Constable. Finezza, eleganza: ecco l'imperativo.

Marcus 2017 ● merlot, cabernet sauvignon, cabernet franc; 6.700 bt; 31 € - - Eccellente espressione di bordolese euganeo: è fitto nel colore, molto fine al naso, succoso e dal tannino giovanile in bocca.
Alter 2017 ● cabernet sauvignon, cabernet franc; 4.000 bt; 17 € - - Il tono erbaceo lo disegna, le spezie lo definiscono, la ciliegia lo permea. Il sorso è polposo e possente.
Le Femminelle 2019 ● cabernet sauvignon, merlot, cabernet franc, syrah; 3.770 bt; 12 € - - L'osteria nel bicchiere.

ha 3,7 - **bt** 20.000
Fertilizzanti letame, preparati biodinamici, sovescio
Fitofarmaci rame e zolfo
Diserbo lavorazione meccanica/manuale
Lieviti fermentazione spontanea
Uve 100% di proprietà
Certificazione biologico certificato

LONGARE (VI)

MATTIELLO

SCONTO **-10%**

Località Costozza - Via Volto, 57 - tel. 347 4125041
www.cantinamattiello.it - info@cantinamattiello.it

VITA - Andrea Mattiello, un giovane pieno di energia, è il titolare dell'omonima cantina. L'azienda è stata fondata dal nonno e poi, di generazione in generazione, questa piccola realtà situata nel verde del basso Vicentino, esattamente tra i colli Berici, è arrivata nelle mani di Andrea. All'inizio non amava granché il vino ma, dopo aver frequentato alcuni corsi, capì che questa era la sua strada.

VIGNE - Lo scopo di Andrea è di valorizzare le uve tipiche della zona, soprattutto quelle rosse: tai rosso e carmenère, oltre a merlot e cabernet sauvignon, mentre tra quelle bianche coltiva garganega e Manzoni bianco. I vari appezzamenti vitati insistono su suoli calcareo-argillosi. Andrea aderisce al protocollo di sensibilità ambientale SQNPI.

VINI - Lo stile aziendale prevede di far maturare il vino in acciaio per i bianchi e in legno piccolo per i rossi. Le difficoltà del 2020 hanno impedito di imbottigliare lo stesso volume di vino prodotto fino all'anno precedente.

Colli Berici Carmenère Foliage Ris. 2017 ● 750 bt; 24 € - - Dinamico, deciso, dagli sbuffi vegetali, si prospetta proprio una bella bottiglia, con potenziale evolutivo.
Colli Berici Cabernet Sauvignon I Covoli Ris. 2017 ● 1.300 bt; 20 € - - In bocca si presenta pieno, potente, ma anche morbido e vellutato.
Colli Berici Bianco I Covoli 2019 O 1.500 bt; 12 € - - Un bianco a base di uve garganega e chardonnay che risulta strutturato, vibrante, con profumi di pesca gialla e il richiamo gustativo finale che vira sulla nocciola tostata.
Manzoni 6.Zero.13 2019 O incrocio Manzoni 6.0.13; 4.000 bt; 11 € - - Agile, floreale, delicato.
Colli Berici Garganega 2019 O 4.000 bt; 9 € - - Fresco, fruttato, rilassato.

ha 12 - **bt** 50.000
Fertilizzanti letame in pellet, organo-minerali
Fitofarmaci chimici di sintesi, organici, rame e zolfo
Diserbo lavorazione meccanica/manuale
Lieviti selezionati industriali
Uve 100% di proprietà
Certificazione nessuna certificazione

MONSELICE (PD)

BORIN VINI E VIGNE

SCONTO **-10%**

Via dei Colli, 5 - tel. 0429 74384
www.viniborin.it - info@viniborin.it

VITA - La cantina della famiglia Borin si trova a Monticelli, sulla strada che da Monselice inizia a salire verso Arquà Petrarca. A dirigerla sotto gli occhi attenti di papà Gianni, professore universitario e uno dei massimi esperti di viticoltura nel comprensorio euganeo, e di mamma Teresa Callegaro vi sono i figli Gianpaolo, che segue la parte commerciale, e Francesco, che è enologo e si occupa anche dei vigneti.

VIGNE - I vigneti dei Borin si estendono in diversi appezzamenti lungo i versanti dei colli Euganei, dove trovano una diversità di suoli e microclimi che col tempo e l'esperienza sono stati dedicati ai vitigni che meglio vi si adattavano. Sono stati così creati numerosi piccoli cru, che spaziano dai rossi bordolesi, di casa negli Euganei fin dall'Ottocento, ai bianchi internazionali e all'autoctono moscato giallo.

VINI - L'azienda cerca di valorizzare i profumi varietali, utilizzando lieviti neutri per preservare, soprattutto nei vini bianchi, i precursori aromatici del'uva.

Colli Euganei Manzoni Bianco Corte Borin 2018 O 2.650 bt; 12 € - - Intriga per i profumi fruttati e l'aromaticità non invadente. Riposa un anno sui lieviti e in bocca presenta un inatteso spessore.
Colli Euganei Fior d'Arancio Secco Fiore di Gaia 2019 O 5.900 bt; 11 € - - È sempre una certezza questo vino aromatico, sapido e fragrante.
Delle Venezie Pinot Grigio 2019 O 2.700 bt; 11 € - - Fruttato ed equilibrato al palato, è fresco e adatto alla tavola.
Colli Euganei Merlot Rocca Chiara Ris. 2017 ● 2.000 bt; 17 € - - Armonico, speziato, compatto.
Syrah Coldivalle 2018 ● 2.000 bt; 21 € - - Fine, con frutto maturo, consistente.
Colli Euganei Cabernet Sauvignon Coldivalle 2018 ● 2.000 bt; 21 € - - Robusto, fruttato, cangiante.

ha 26 - **bt** 100.000
Fertilizzanti letame, organo-minerali
Fitofarmaci chimici di sintesi, rame e zolfo
Diserbo chimico, lavorazione meccanica/manuale
Lieviti selezionati industriali
Uve 100% di proprietà
Certificazione nessuna certificazione

MUSSOLENTE (VI)

CALALTA

SCONTO **-10%**

Via Giaretta, 10 - tel. 0424 87565 - 348 5781100
www.calalta.it - info@calalta.it

VITA - Ha inizio negli anni Settanta con l'acquisto del corpo aziendale il racconto di Calalta, un toponimo del comune di Mussolente. Nel 2009 si sono caricate le batterie, ovvero è stato realizzato l'impianto dei vigneti, ma è del 2013 il big bang, la conflagrazione attuale. Sì, perché Nicola Brunetti e Giulia Zanesco sono partiti col botto, forti della loro esuberante gioventù e interpreti delle migliori istanze della vitivinicoltura veneta.

VIGNE - Un finage insolito, senza glorie particolari per la viticoltura, ancorché di una bellezza e di una sensualità stordenti, quasi un lembo di Galapagos strappato al Pacifico. Inoltrarvisi, poggiando con garbo e quel certo timore i piedi nella vegetazione, e avere dentro il fluire delle Variazioni Goldberg suonate da Glenn Gould, crea un estatico senso di pacificazione interiore, il momento in cui le vigne sussurrano la loro ninna nanna.

VINI - Senza dubbio i vini esprimono appieno il terroir che li ha fatti nascere, dove l'argilla e i sassi la fanno da padrone. Acciaio, tini troncoconici, barrique e tonneau sono gli strumenti di lavoro. I lieviti sono quelli indigeni e non si fanno filtrazioni.

Mentelibera 2018 O incrocio Manzoni, bronner; 3.140 bt; 15 € - Penetrante fumé, miele, confettura d'arancia: eccellente anche sul versante gustativo.
Rivatonda 2018 ● cabernet franc, merlot; 5.600 bt; 16 € - Un vino ricco di materia e dallo sviluppo notevole.
Campasi 2014 O vespaiola; 570 bt da 0,375 l; 26 € - Ancora una versione vibrante dopo un maggiore affinamento: profuma di fichi, frutta secca, spezie.
Monsaulente 2017 ● cabernet franc, merlot; 1.500 bt; 26 € - Solido, terroso, energico.
Onbrìa 2019 ● cabernet franc; 3.340 bt; 15 € - Agile, speziato, verace.
Davvero 2018 O riesling; 4.520 bt; 17 € - Vibrante, agrumato, gastronomico.

ha 5,5 - **bt** 15.000
Fertilizzanti letame in pellet, sovescio
Fitofarmaci rame e zolfo
Diserbo lavorazione meccanica/manuale
Lieviti selezione di lieviti indigeni
Uve 100% di proprietà
Certificazione biologico certificato

SELVAZZANO DENTRO (PD)

LA MONTECCHIA CONTE EMO CAPODILISTA

SCONTO **-10%**

Via Montecchia, 16 - tel. 049 637294
www.lamontecchia.it - lamontecchia@lamontecchia.it

VITA - Gli Emo, che furono tra i fondatori della Repubblica veneziana, alla fine del Settecento si unirono tramite matrimonio alla famiglia padovana Capodilista, assorbendone il cognome e le proprietà, tra cui La Montecchia. Sulla cima del colle, villa Emo Capodilista veglia sul vigneto e custodisce al suo interno un affresco cinquecentesco di Dario Varotari, nel quale si racconta la vendemmia dell'epoca, a testimonianza della lunga storia di questa realtà.

VIGNE - I vigneti, che si dividono fra La Montecchia (20 ettari) e Baone sul monte Castello (10 ettari), sono tutti condotti con attenzione all'impatto ambientale, sopportando la presenza dei caprioli che a volte si cibano di uva direttamente dalla vite. Interessante la riscoperta e la promozione di vitigni autoctoni come la turca, il carmenère (per il quale sono stati recuperati ceppi preclonali in una vigna vicina), e il raboso.

VINI - I vini assaggiati sono tutti espressivi del territorio dal quale provengono: vi si ritrovano buona sapidità e freschezza, e al naso bei cenni minerali.

TOP **Cuore di Donna Daria** ● moscato giallo; 1.000 bt; 99 € - Si apre su note di miele, arancia candita e dattero. All'assaggio si presenta avvolgente, un vino compatto e appagante.
Progetto Recupero 2016 ● carmenère; 3.000 bt; 14 € - Al naso emergono le note erbacee tipiche del vitigno, e al palato si sviluppa con buon dinamismo. Un vino autentico.
Turca 2019 ● 1.000 bt; 10 € - Un vitigno dimenticato ci regala al naso note di piccoli frutti rossi e pepe, e una bocca schietta e di facile beva, per un vino essenziale.
Colli Euganei Rosso Villa Capodilista 2015 ● 6.500 bt; 23 € - Avvolgente, fruttato, armonico.
Forzate 2015 ● raboso; 3.000 bt; 10 € - Fine, speziato, energico.
Piuchebello 2019 O moscato giallo; 5.000 bt; 10 € - Agile, fruttato, delicato.

ha 30 - **bt** 130.000
Fertilizzanti nessun concime
Fitofarmaci rame e zolfo
Diserbo lavorazione meccanica/manuale
Lieviti selezione di lieviti indigeni
Uve 100% di proprietà
Certificazione nessuna certificazione

TORREGLIA (PD)

QUOTA 101

SCONTO **-10%**

Via Malterreno, 12 - tel. 0425 410922
www.quota101.com - info@quota101.com

VITA - Quota 101 è nata nel 2010 rispondendo al forte richiamo alla natura avvertito dalla famiglia Gardina, composta dalle sorelle Silvia e Roberta, e dai genitori Roberto e Natalia. La rinascita e il recupero delle vigne preesistenti è stato il primo amorevole passo nel tentativo di comunicare valori ambientali ed etici, che si affermano anche nella nuova cantina che sarà certificata CasaClima Wine.

VIGNE - Sono sempre sotto la guida dell'agronomo ed enologo Guido Busatto i 16 ettari vitati, divisi in due corpi: uno a Torreglia con un microclima più fresco e terreni argilloso-marnosi, mentre a Baone, in una zona più calda, ci sono suoli a base argillosa con scaglie bianche e rosse. Oculate le dislocazioni dei vigneti, con allevamenti disposti nelle zone più idonee per ogni vitigno. Sempre più attiva e progettuale la propensione verso la sostenibilità ambientale.

VINI - Uno stile genuino, pulito e alla ricerca della migliore espressione organolettica. Le cure in vigna e in cantina si traducono in pratiche il meno interventiste possibili.

Colli Euganei Cabernet Sauvignon 2016 ● 700 bt; 20 € - - Bella apertura su note di amarena dolce e vegetali. Scorrevole al palato, ha un finale corroborante dai tannini ben integrati.
Colli Euganei Merlot Silvano 2019 ● 6.000 bt; 9 € - - Intenso all'olfatto, dove emerge il frutto rosso, è pieno ed equilibrato al palato.
Colli Euganei Chardonnay 2018 ○ 2.000 bt; 11 € - - Nitido e complesso, tra profumi agrumati e di frutta tropicale, ha un sorso vellutato con chiusura fresca.
Colli Euganei Fior d'Arancio Spumante Dolce 2019 4.100 bt; 10 € - - Metodo Charmat, vibrante, aromatico, espressivo.
Colli Euganei Cabernet Poggio Ameno 2018 ● 4.000 bt; 9 € - - Fitto, fruttato, profondo.
Garganega 2018 ○ 4.000 bt; 9 € - - Bianco macerato, avvolgente, vinoso, verace.

ha 16 - **bt** 50.000
Fertilizzanti letame in pellet, letame, sovescio
Fitofarmaci rame e zolfo
Diserbo lavorazione meccanica/manuale
Lieviti fermentazione spontanea, selezionati industriali
Uve 100% di proprietà
Certificazione biologico certificato

VALDAGNO (VI)

MASARI

Contrada Bevilacqua, 2/a - tel. 0445 410780 - 347 0080817
www.masari.it - info@masari.it

VITA - «È stato un lavoro di riscoperta dell'agricoltura in un territorio in cui era stata abbandonata», racconta Arianna Tessari che insieme a Massimo Dal Lago, in un progetto di lavoro e di vita in comune, ha dato vita a Masari, una realtà sempre più punto di riferimento in questo territorio di una bellezza cristallina, ai piedi delle piccole Dolomiti.

VIGNE - Siamo in una zona di alta collina, tra i 300 e i 500 metri di altitudine, difficile da lavorare e ricca di biodiversità. Il territorio è caratterizzato dalla valle in cui scorre il fiume Agno, che ha due versanti diversi, uno di tipo calcareo e uno di tipo vulcanico. Qui si coltivano le stesse uve, pinot nero, merlot, cabernet sauvignon, durella e garganega, ma i diversi suoli danno vita a vini molto differenti.

VINI - Dal primo vino realizzato con sole due barrique dal vecchio vigneto di Montepulgo nel 1998, di strada ne è stata fatta: i vini da singoli vigneti, hanno in comune la freschezza e l'integrità delle caratteristiche varietali. Le tipologie di affinamento rispettano la diversità delle uve.

TOP **Montepulgo 2013** VINO SLOW ● merlot; 1.500 bt; 94 € - - Esprime una freschezza identitaria, ricca di profumi, dalle fragole al chicco di caffè, e un sorso dal tannino svolto: è un piacere farsi accarezzare il palato.
San Lorenzo 2017 ● pinot nero; 1.500 bt; 60 € - - Schiettezza, frutta rossa croccante e speziatura, per un sorso gustoso e fedele testimone della varietà.
Costa Nera 2018 ● pinot nero; 5.000 bt; 16 € - - Si differenzia dal cugino per la sapidità data dalla sua origine su suoli vulcanici: ha grinta da vendere.
San Martino 2016 ● merlot, cabernet sauvignon; 10.000 bt; 14 € - - Dinamico, fruttato, gastronomico.
Agnobianco 2019 ○ durella, garganega, riesling renano; 20.000 bt; 12 € - - Schietto, agrumato, energico.

ha 10 - **bt** 55.000
Fertilizzanti nessun concime
Fitofarmaci rame e zolfo
Diserbo lavorazione meccanica/manuale
Lieviti fermentazione spontanea
Uve 100% di proprietà
Certificazione biologico certificato

VILLAGA (VI)

PIOVENE PORTO GODI

Frazione Toara - Via Villa, 14 - tel. 0444 885142 - 348 3035515
www.piovene.com - info@piovene.com

VITA - Questa famiglia storica da oltre quattro secoli possiede terreni vitati in questa zona. Oggi con il lavoro dei fratelli Alessandra ed Emanuele Piovene Porto Godi, e con la cugina Chiara, agronomo, l'azienda è arrivata al secondo anno di certificazione biologica, con tutte le difficoltà che tale gestione può comportare.

VIGNE - Nelle quattro diverse zone vitate, sempre intervallate da seminativi e boschi, la biodiversità è rispettata per tradizione. I vigneti sono soprattutto allevati a guyot, perché così si adattano bene ai declivi morbidi di queste colline, e in ogni parcella ci sono vitigni a bacca bianca e nera, per scelta aziendale. I suoli sono molto vari tra le diverse zone, da argillosi a calcarei, fino a carsici. Vi troviamo i vitigni tipici dei Berici, come il tai rosso.

VINI - Vini sempre puliti, pensati per essere in equilibrio tra struttura, freschezza e sapidità. In questa annata sono notevoli specialmente i rossi, anche per la scelta di fare meno legno.

Colli Berici Tai Rosso 2019 ● 30.000 bt; 10 € - - Al solito una grande versione della tipologia: profuma di sottobosco e ribes, con cenni speziati. Il sorso suadente invita continuamente alla beva.
Colli Berici Merlot Fra i Broli 2016 ● 10.000 bt; 18 € - - Colore lucente, bel corpo, in bocca trova grande freschezza, per un percorso ampio e lungo.
Colli Berici Sauvignon Fostine 2018 ○ 8.000 bt; 10 € - - Semplice, con buona struttura, è diretto e sapido, fresco e pulito.
Colli Berici Tai Rosso Thovara 2016 ● 5.000 bt; 20 € - - Armonico, speziato, espressivo.
Rosso Polveriera 2018 ● merlot, cabernet franc, cabernet sauvignon, carmenère; 30.000 bt; 10 € - - Croccante, fruttato, espressivo.
Colli Berici Garganega 2019 ○ 10.000 bt; 10 € - - Schietto, fruttato, varietale.

ha 40 - **bt** 120.000
Fertilizzanti compost, letame, sovescio
Fitofarmaci rame e zolfo
Diserbo lavorazione meccanica/manuale
Lieviti selezionati industriali
Uve 100% di proprietà
Certificazione biologico certificato

VILLAGA (VI)

SIEMAN

Via Crocenera, 13 - tel. 329 5677394 - 340 2224049
www.sieman.it - info@sieman.it

VITA - I fratelli Andrea, Daniele e Marco Filippini (sei mani o Siemàn in dialetto) dal 2015 conducono una piccola cantina con annesso microbirrificio tra le colline più selvagge di Barbarano. Con curiosità e passione stanno proponendo prodotti alternativi molto richiesti all'estero, vini artigianali e birre acide fatte con una parte di mosto d'uva.

VIGNE - Tra recupero di vecchie vigne abbandonate e nuovi impianti, finalmente nel 2019 secondo i Filippini c'è stata la prima vendemmia "adulta", e nei vini si sentono il sole, la mineralità, il giusto equilibrio raggiunto nei vigneti. Questi sono disposti in piccole parcelle allevate a guyot di garganega, tai, incrocio Manzoni, pinot nero e della vecchia e rustica corbinona a bacca nera.

VINI - Lo stile di vinificazione è artigianale e si adatta molto all'annata. Gli esperimenti in corso riguardano l'uso di anfore e il nuovo impianto di bronner, un vitigno resistente selezionato nel 1975 che dà buoni risultati in regime biologico.

Occhio al Bianco 2019 ○ garganega, tai bianco, Manzoni bianco; 3.500 bt; 15 € - - Serio e autorevole, territoriale e riconoscibile, dopo una breve macerazione sulle bucce affina per metà in cemento e metà in tino di acacia. È sapido, pulito e lungo.
Camaleonte 2019 garganega, tai; 3.500 bt; 14 € - - Bianco frizzante sur lie, riposa sette mesi in vasca di cemento prima della rifermentazione in bottiglia. Un vino gustoso e vibrante.
Occhio al Rosso 2019 ● tai rosso; 2.500 bt; 15 € - - Profuma di erbe e di sottobosco, è fresco e contrastato, in un bel gioco di chiaroscuri.
Lesa Maestà 2019 ● tai rosso, pinot nero; 700 bt; 19 € - - Croccante, fruttato, contrastato.
Rosavìa 2019 corbina; 300 bt; 19 € - - Dinamico, speziato, contrastato.

ha 4 - **bt** 20.000
Fertilizzanti letame in pellet, letame
Fitofarmaci rame e zolfo
Diserbo lavorazione meccanica/manuale
Lieviti fermentazione spontanea, selezione di lieviti indigeni
Uve 100% di proprietà
Certificazione biologico certificato

VÒ (PD)

MONTEVERSA

SCONTO **-10%**

Via Monte Versa, 1024 - tel. 049 9941092
www.monteversa.it - info@monteversa.it

VITA - I nomi della cantina e dei vini sono dedicati al monte Versa, sul cui cocuzzolo, nel 2010, ha preso vita questo progetto. Ci troviamo in un territorio particolarmente vocato alla viticoltura, con alcuni vigneti che raggiungono i 50 anni di età. Da qui sono partiti la famiglia Voltazza, proprietaria dell'azienda, e Giovanni Bressanin, che fin dalla sua nascita ha curato le vigne e la vinificazione. Si produce anche olio d'oliva.

VIGNE - In certificazione biologica dal 2010, i vigneti affondano le radici in suoli calcareo-argillosi che conferiscono al vino la sua particolare sapidità. Il vigneto è un corpo unico di 17 ettari disposto a raggiera intorno alla cantina. Protette dalle correnti fredde dai monti Venda e Vendevolo, le vigne, collocate a 140 metri di altitudine sul cocuzzolo del rilievo, sono sferzate da un costante venticello.

VINI - L'azienda crede molto nella rifermentazione in bottiglia, e con questo stile propone diversi vini. Indipendentemente dallo stile di vinificazione scelto, abbiamo avuto il piacere di assaggiare vini accomunati da una piacevole acidità e una stuzzicante mineralità, caratteristiche riconducibili al particolare terroir di provenienza.

Primaversa 2019 moscato giallo; 5.400 bt; 11 € - Rifermentato con Metodo Ancestrale, al naso presenta piacevoli note di zagara, mandarino ed erbe aromatiche, e al palato è agile e incisivo.
Animaversa 2018 chardonnay; 2.000 bt; 12 € - Anche questo è un Metodo Ancestrale: piacevoli note di lievito, fiori di campo ed erbe aromatiche anticipano un sorso essenziale.
Colli Euganei Versacinto Rosso 2018 ● cabernet franc, cabernet sauvignon, merlot; 10.000 bt; 11 € - Al naso troviamo note di ciliegia matura, mora, ed erba sfalciata. Di facile beva, in bocca è fine, armonico, fresco.

ha 17 - **bt** 50.000
Fertilizzanti compost, letame, sovescio
Fitofarmaci rame e zolfo
Diserbo lavorazione meccanica/manuale
Lieviti fermentazione spontanea
Uve 100% di proprietà
Certificazione biologico certificato

VÒ (PD)

VIGNA RODA

SCONTO **-10%**

Località Cortelà - Via Monte Versa, 1569 - tel. 049 9940228
www.vignaroda.com - info@vignaroda.com

VITA - «Dalla nostra terrazza la vista spazia dai colli Berici ai colli Euganei: ogni volta che mi soffermo a osservare il tramonto mi emoziono ancora come un bambino»: così parla Gianni Strazzacapa, che con la moglie Elena Abrosi ha dato vita a Vigna Roda nel 1999, in un luogo di grande fascino. Al punto che hanno programmato di organizzare in orario pre-serale alcune degustazioni guidate, proprio dal meraviglioso terrazzo.

VIGNE - La vigna è condotta prestando attenzione alla sostenibilità ambientale. I trattamenti a base di rame e zolfo sono gestiti insieme a un controllo certosino delle previsioni meteorologiche, così da ridurli al minimo. La cattura degli insetti è propedeutica a trattamenti mirati, volti a colpire solo il parassita. I vigneti si trovano tutti nel comune di Vo'.

VINI - Il vino, nell'idea di Gianni ed Elena, deve essere la fedele fotografia del territorio in cui viene prodotto: è il filo conduttore che abbiamo ritrovato negli assaggi e che muove le pratiche di cantina.

Colli Euganei Fior D'Arancio Spumante 2019 O 12.000 bt; 10 € - Emergono le tipiche note di zagara, che confluiscono in una bocca fresca e sapida. Un vino versatile, buono anche come aperitivo.
Serprino 2019 glera; 12.000 bt; 9 € - Al naso presenta note di mela e ananas maturo, e all'assaggio è agile, salino, con una piacevole effervescenza.
Colli Euganei Cabernet Espero 2018 ● 10.000 bt; 12 € - Solido, speziato, espressivo.
Il Damerino 2018 ● merlot; 8.000 bt; 10 € - Schietto, erbaceo, integro.
Aroma 2.0 2019 O moscato bianco; 4.000 bt; 10 € - Agile, varietale, sapido.

Segnaliamo il riassaggio del Colli Euganei Rosso Scarlatto 2016, già recensito l'anno scorso, dal sorso ancora succoso e solido.

ha 20 - **bt** 85.000
Fertilizzanti letame, organo-minerali, sovescio
Fitofarmaci rame e zolfo
Diserbo lavorazione meccanica/manuale
Lieviti selezionati industriali
Uve 100% di proprietà
Certificazione nessuna certificazione

COLLINE DEL PROSECCO, PIAVE E VENETO ORIENTALE

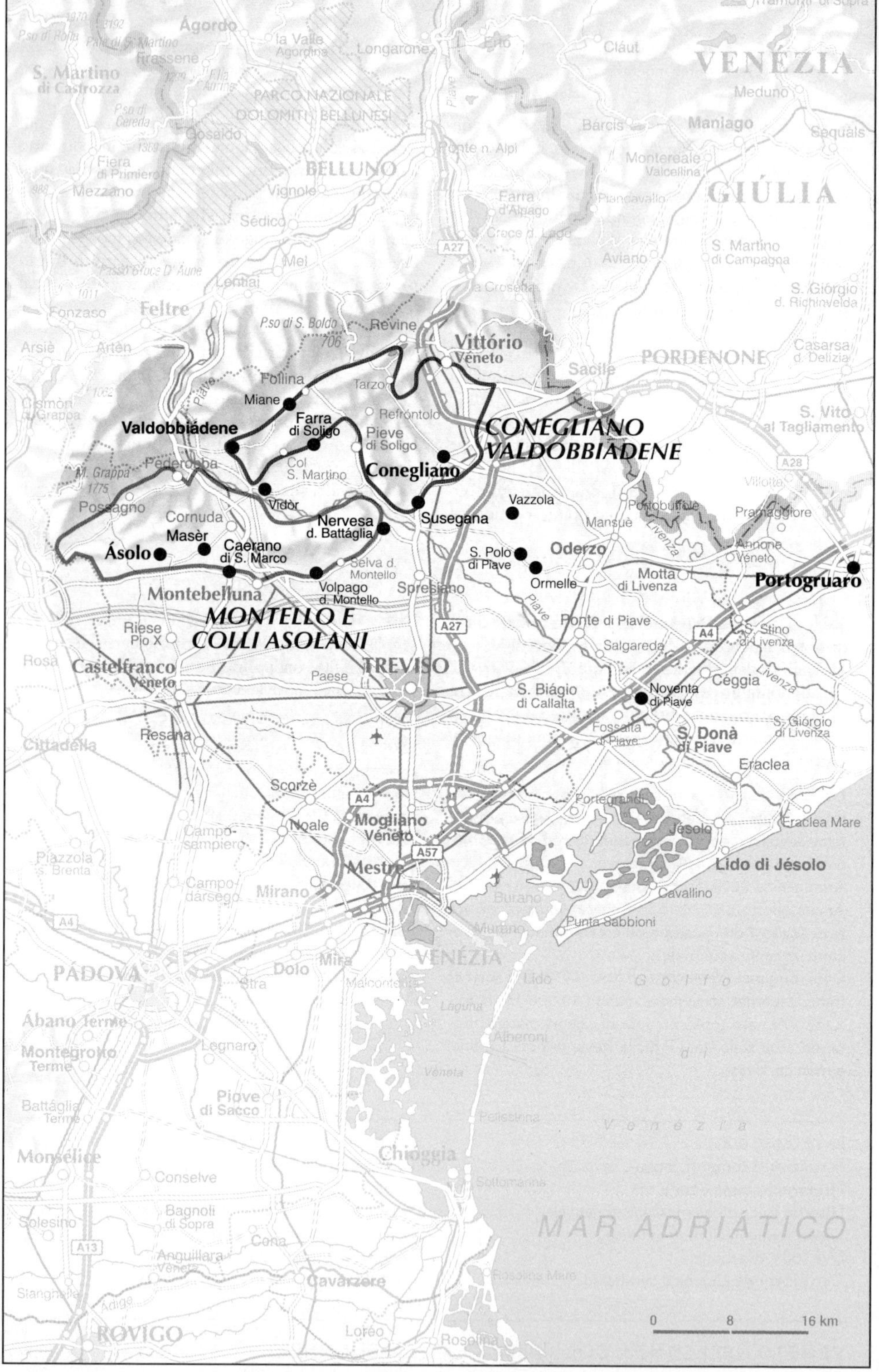

ASOLO (TV)

CIROTTO

SCONTO **-10%**

Via Bassanese, 51 - tel. 0423 952396 - 333 4012979
www.cirottovini.com - francesco@cirottovini.com

VITA - Cirotto è un nome che ha saputo conquistarsi, nell'arco di un ventennio, un posto di rilievo nella denominazione Asolo, un territorio di folgorante bellezza e di enormi potenzialità. Il progetto è sostenuto con forza e convinzione da un'equipe familiare composta da papà Gianni Cirotto, il vessillo, i figli Gilberto, che si occupa della parte agronomica, e Monica, dedita a quella burocratico-amministrativa, e il genero Francesco, attivo in cantina.

VIGNE - Una parte della provincia di Treviso nota al mondo per la storia, che racchiude tesori vitivinicoli ancora tutti da scoprire. Raccolto dopo raccolto però, essi si affacciano sullo scenario regionale, nazionale e globale, grazie anche al turbo Prosecco. Parliamo di cru scintillanti e caleidoscopici, quali Castelcucco, Monfumo, Cavaso del Tomba e Borso del Grappa, amato per i suoi carnosi bisi.

VINI - Il professor Luigi Manzoni, illustre studioso che operò alla Scuola Enologica di Conegliano fra le due Guerre, padre del celebre vitigno ottenuto dall'incrocio di riesling renano e pinot bianco, sarebbe fiero dei Cirotto, i quali hanno fatto di questo suo figlio la punta di lancia della loro produzione. Due le versioni: un Metodo Classico e un vino fermo.

M. Cl. Dosaggio Zero Sogno 2015 ◌ incrocio Manzoni; 2.000 bt; 34 € - 🍷 - Da un vigneto posto a 350 metri di altitudine, dopo una lunga permanenza sui lieviti (sboccatura a maggio 2020) si presenta con una veste dorata, permeata di verde; profuma di erbe aromatiche, è salino e chiude con un delizioso tocco di mandorla.
Manzoni Bianco Costalunga 2018 O 5.000 bt; 15 € - 🍷 - Stoffa certa e incedere saldo: è fine, floreale, gustoso.
Asolo Prosecco Sup. Millesimato Brut 2019 ◌ 20.000 bt; 13 € - 🍷 - Fresco, fruttato, cremoso; la trasfigurazione del Borgo d'Asolo in bottiglia.

ha 10 - **bt** 80.000
Fertilizzanti compost, organo-minerali, sovescio
Fitofarmaci chimici di sintesi, rame e zolfo
Diserbo lavorazione meccanica/manuale
Lieviti selezionati industriali
Uve acquisto 10%
Certificazione nessuna certificazione

CAERANO DI SAN MARCO (TV)

BELE CASEL

SCONTO **-10%**

Via Moresca, 136/c - tel. 0423 859795
www.belecasel.com - info@belecasel.it

VITA - L'azienda è nata negli anni Settanta dall'idea appassionata e un po' folle di Danilo Ferraro e Antonella Pellizzari, che, occupati in altre professioni, vi hanno riversato tutti gli introiti e il tempo disponibili. L'entrata in campo dei figli Luca e Paola negli anni Duemila è stata la svolta: «siamo una squadra, oltre che una famiglia, in cui ognuno ha i suoi compiti: papà segue la cantina, io la vigna, Paola il commerciale e mia madre l'amministrazione», racconta orgoglioso Luca.

VIGNE - La vigna di Monfumo, nel comune di Asolo, è uno spettacolo in cui gli occhi si perdono tra le vecchie pergole di glera, arrampicate sul terreno scosceso di impasto argilloso-calcareo, miste a vari alberi da frutto. Altri vigneti si trovano a Cornuda, primo impianto su cui la famiglia ha investito, Maser e Caerano di San Marco, vicino alla cantina. Oltre alla glera si coltivano anche pelera e bianchetta, vecchie varietà che vengono utilizzate nel Colfondo.

VINI - «Nel nostro vino non deve mai mancare il sale», dice Luca, che cerca appunto di coniugare la grande sapidità regalata dai terreni di Asolo con una piacevole facilità di beva.

Asolo Prosecco Sup. Extra Brut 2019 ◌ 40.000 bt; 12 € - 🍷 - Un bouquet olfattivo floreale e fresco apre la strada a un sorso sapido e verticale, di bella e incalzante progressione gustativa.
Asolo Prosecco Sup. Vecchie Uve 2016 ◌ 3.381 bt; 16 € - 🍷 - Il sorso, ricco e pieno di ricordi solari di frutta e di fiori gialli, si risolve in una piacevole e delicata sapidità in chiusura.
Asolo Prosecco ColFóndo 2018 ◌ 20.000 bt; 12 € - 🍷 - Note balsamiche e citrine preparano la strada a una beva scorrevole e rinfrescante, movimentata da una fitta spuma e sorretta da una decisa sapidità.

ha 12 - **bt** 150.000
Fertilizzanti letame, sovescio
Fitofarmaci rame e zolfo
Diserbo lavorazione meccanica/manuale
Lieviti selezionati industriali
Uve acquisto 5%
Certificazione biologico certificato

CONEGLIANO (TV)

BIANCAVIGNA

SCONTO **-10%**

Via Montenero, 8/c - tel. 0438 788403
www.biancavigna.it - info@biancavigna.it

VITA - Elena ed Enrico Moschetta conducono l'azienda BiancaVigna, una bella realtà incastonata tra i colli di Conegliano, con grande interesse per il rispetto dell'ambiente e la qualità estrema del prodotto. Enrico è enologo e segue la produzione dal grappolo al calice, per avere il controllo assoluto sul risultato finale. La cantina, di recente costruzione, è certificata da CasaClima Wine, a riprova della sostenibilità di tutta la filiera.

VIGNE - La produzione aziendale esalta le diverse zone in cui si trovano i vigneti, vinificandole separatamente e, preferibilmente, con presa di spuma lunga. Il vigneto San Gallo, nel Soligo, scosceso, terrazzato e sassoso, regala profumi tipici e fruttati, mentre le terre a Conegliano, a ridosso della cantina, sono argillose e trasmettono sentori floreali e minerali ai vini.

VINI - Lo stile del Prosecco BiancaVigna è asciutto, con residui zuccherini scarsi, per meglio esaltare le caratteristiche del prodotto, senza mascherarlo con la dolcezza. Ne consegue una gamma di vini eleganti e minerali.

TOP **Con. Vald. Sup. Sui Lieviti Brut Nature 2019** VINO QUOTIDIANO 4.400 bt; 12 € - Fragrante, con profumi di pera e pesca bianca, ha un sorso dissetante e di indiscussa piacevolezza.
Con. Vald. Sup. Extra Brut Rive di Ogliano 2019 16.000 bt; 15 € - Uno spumante di classe, teso e vibrante, con profumi di fiori bianchi e sorso sapido.
Con. Vald. Sup. Extra Dry 2019 121.000 bt; 12 € - Profumi di pesca bianca e fiori di acacia anticipano un sorso elegante e ben bilanciato.
Con. Vald. Sup. Brut Rive di Soligo Extra Brut 2019 6.500 bt; 14 € - Metodo Charmat, incisivo, fine, energico.
Con. Vald. Sup. Brut Biologico 2019 12.000 bt; 14 € - Metodo Charmat, fresco, fruttato, verticale.
Con. Vald. Sup. Brut 2019 98.000 bt; 12 € - Metodo Charmat, croccante, fruttato, elegante.

ha 16 - **bt** 600.000
Fertilizzanti compost, letame in pellet, letame, organo-minerali
Fitofarmaci chimici di sintesi, organici, rame e zolfo
Diserbo lavorazione meccanica/manuale
Lieviti selezione di lieviti indigeni
Uve acquisto 8%
Certificazione parte dei vigneti in conversione bio

CONEGLIANO (TV)

L'ANTICA QUERCIA

SCONTO **-10%**

Frazione Scomigo - Via Cal di Sopra, 8 - tel. 334 9578274
www.anticaquercia.it - info@anticaquercia.it

VITA - Il nome della cantina, nata fra la metà e la fine degli anni Sessanta, è un omaggio alla quercia di oltre 400 anni che si raggiunge dopo aver superato la collina. Sedendosi all'ombra dell'albero, immersi nel silenzio e osservando il vigneto, è emozionante pensare a quanti abbiano trovato ristoro sotto queste fronde. Dal 2001 la cantina è di proprietà dalla famiglia di Claudio Francavilla, che la dirige da sei anni.

VIGNE - I vigneti sono condotti in regime biologico dal 2007, e negli ultimi tre anni si è scelto, per il corpo centrale dell'azienda, di utilizzare tecniche biodinamiche. Le viti, sferzate da una costante brezza, affondano le radici in terreni di origine morenica, ovvero nei sedimenti che ha lasciato il ghiacciaio del Fadalto ritirandosi. Si coltiva glera, ma vi è anche un piccolo appezzamento di cabernet sauvignon, merlot e marzemino.

VINI - Pochi interventi in fase di vinificazione per non interferire con le caratteristiche del terroir e consentire un'espressività non mediata.

Con. Vald. Sup. Extra Dry Ariò 2019 10.000 bt; 15 € - Al naso troviamo note di pesca e agrumi, mentre in bocca la freschezza e la mineralità sono perfettamente bilanciate dal residuo zuccherino.
Ancestrale Colfondo A 2018 glera; 3.000 bt; 19 € - Tipica espressione di questo stile, al naso presenta stuzzicanti note di lievito e agrume, e in bocca è agile e citrino.
Con. Vald. Tranquillo Morene 2019 ○ 3.500 bt; 12 € - Piacevoli note minerali e fruttate aprono la strada a un palato fresco e sapido.
Sù Alto 2018 glera; 10.000 bt; 12 € - Metodo Ancestrale, citrino, fruttato, essenziale.
Colli di Conegliano Rosso Bruscade 2017 ● 2.500 bt; 19 € - Schietto, balsamico, espressivo.

ha 25 - **bt** 80.000
Fertilizzanti compost, letame, preparati biodinamici, sovescio
Fitofarmaci organici, rame e zolfo
Diserbo lavorazione meccanica/manuale
Lieviti selezionati industriali, selezione di lieviti indigeni
Uve 100% di proprietà
Certificazione biologico certificato, in conversione biodinamica

FARRA DI SOLIGO (TV)

MARCHIORI

Via Rialto, 3 - tel. 0438 801333
www.marchioriwines.com - info@marchioriwines.com

VITA - Umberto Marchiori è un vero personaggio delle Rive del Soligo. Noto enologo e uomo di grande cultura, conduce con il papà Giovanni e i fratelli Giuseppe e Sara una piccola azienda, i cui vigneti si arrampicano sulle rive delle colline Patrimonio Unesco. Umberto è innamorato del suo territorio, di cui ha sviscerato storia e tradizioni produttive per portare i propri vini all'eccellenza.

VIGNE - In tutti i vini sono presenti, vinificate singolarmente e poi assemblate, le cinque varietà tipiche della zona Docg: glera, perera, bianchetta, glera lunga e verdiso. Questo perché ognuna di esse apporta qualcosa al vino. L'azienda ha ottenuto la certificazione Biodiversity Friend, per la tutela dell'ambiente nel suo insieme.

VINI - Lo stile aziendale si può riassumere in tre parole: pulizia, autenticità, longevità. Ce ne sarebbe una quarta, però: godimento.

Valdobbiadene Sup. Frizzante Integrale Rifermentato in Bottiglia 2018 8.245 bt; 15 € - Ha profumi di pera, mela e crosta di pane. Il sorso carnoso e ben definito manifesta l'attitudine a evolvere, pur essendo fragrante e soddisfacente anche adesso.
Valdobbiadene Sup. Brut Rocciamadre 2019 24.000 bt; 12 € - Nomen omen. Deriva dalle uve dei vigneti più alti e rocciosi, posti sulle rive in cui affiorano le "crode". I profumi sono di pera e fiori di acacia, il sorso è scintillante, gessoso e pulito.
Valdobbiadene Sup. Rive di Farra di Soligo Rivelazione 2019 7.200 bt; 17 € - La rivelazione è che le vecchie vigne hanno forza e carattere: qui troviamo zero zuccheri residui e tanta freschezza, con sentori di pera e pepe bianco, e sorso sapido e gustoso.
Valdobbiadene Sup. Extra Dry Prologo 2019 7.200 bt; 12 € - Metodo Charmat, succoso, fruttato, cangiante.

ha 12 - **bt** 40.000
Fertilizzanti letame, organo-minerali, sovescio
Fitofarmaci rame e zolfo
Diserbo lavorazione meccanica/manuale
Lieviti selezione di lieviti indigeni
Uve 100% di proprietà
Certificazione nessuna certificazione

FARRA DI SOLIGO (TV)

MONGARDA

Frazione Col San Martino - Via Canal Nuovo, 8 - tel. 0438 989168
348 8575465 - www.mongarda.it - info@mongarda.it

VITA - L'azienda è nata nel 1978 grazie a Bruno Tormena, che ha iniziato a pensare alla sua terra e al vino in maniera nuova. Oggi il figlio Martino contribuisce all'evoluzione di Mongarda, rappresentando quella generazione di vignaioli impegnati nel dare il giusto valore alle colline di Valdobbiadene: «non voglio che il mio vino piaccia a tutti, ma desidero che sia l'espressione autentica di Col San Martino».

VIGNE - I vigneti sono dislocati tra i comuni di Col San Martino e Farra di Soligo, su terreno di matrice calcarea con infiltrazioni silicee. Sono tutti appezzamenti di collina, spesso con forti pendenze e ottima esposizione. Quest'anno è stato realizzato un piccolo impianto a ridosso del bosco, su un bel pianoro, a 400 metri di altitudine.

VINI - Lo stile è teso a rispettare e valorizzare il territorio di origine, con l'utilizzo moderato degli zuccheri e le fermentazioni con i lieviti indigeni. I vini sono verticali, asciutti, con una bella presenza sul palato e continuità gustativa.

TOP **Con. Vald. Sup. Dosaggio Zero 2017** VINO SLOW 1.500 bt; 22 € - Il profilo olfattivo floreale e agrumato fresco, con note di erbe officinali, anticipa un sorso di bella energia e dinamica, persistente e con una bollicina molto fine.
Con. Vald. Sup. Brut 2019 22.000 bt; 12 € - Vino dal tratto aromatico fine. Al palato ha una bollicina cremosa, è fresco, salino e persistente nel sapore.
Col Fondo 2019 glera; 15.000 bt; 11 € - Al naso si presenta floreale e molto delicato. In bocca è asciutto, con una bolla delicata e bella sapidità.
Con. Vald. Sup. Extra Dry 2019 18.000 bt; 12 € - Metodo Charmat, dinamico, fruttato, teso.

ha 7,5 - **bt** 55.000
Fertilizzanti compost, letame in pellet, letame, sovescio
Fitofarmaci rame e zolfo
Diserbo lavorazione meccanica/manuale
Lieviti fermentazione spontanea, selezionati industriali, selezione di lieviti indigeni
Uve acquisto 20%
Certificazione nessuna certificazione

MASER (TV)

MARTIGNAGO

SCONTO **-10%**

Via Cornuda, 72 - tel. 388 6950328 - 0423 1771567
www.martignago.wine - simone@agrsantandrea.it

VITA - Siamo alla terza generazione alla guida dell'azienda: le sorelle Martignago, Francesca e Maria, conducono questa realtà il cui nucleo centrale è l'agriturismo. Simone Morlin, marito di Maria, segue il lavoro in cantina in tutte le sue fasi. Siamo a Maser, luogo di vino e cultura, dove la mano del Palladio ha lasciato opere incantevoli, fra cui la splendida Villa Barbaro.

VIGNE - I nobili veneziani che soggiornavano in Villa avrebbero ben gradito passeggiare nei vigneti, tutti in paese, con una produzione sorprendentemente a maggioranza di uve a bacca nera. I colli Asolani si esprimono qui in tutte le loro sfaccettature: la glera per gli spumanti, i tipici bordolesi, soprattutto il cabernet sauvignon, e qualche pianta di malvasia, bianchetta, incrocio Manzoni e riesling.

VINI - Valorizzazione delle diverse tipologie di uve e quindi del territorio, e costanza di prodotto negli spumanti: sono queste le linee guida di Martignago.

Asolo Prosecco Extra Brut 2019 5.000 bt; 10 € - Esprime le potenzialità del territorio asolano, con una struttura di beva solida, ricca di timbro fruttato.
El Teribie 2018 O moscato, malvasia, incrocio Manzoni, chardonnay, bianchetta trevigiana; 2.300 bt; 7 € - Un vino che è quasi un gioco: raccoglie diverse uve ed esprime mineralità e qualche nota sulfurea.
Bianco Dolce 2018 ● glera; 900 bt da 0,5 l; 17 € - L'ultimo arrivato: vuole portare in un vino dolce le caratteristiche di uno spumante, giocando sulla freschezza.
Col Fondo Dosaggio Zero Bixo 2018 glera; 2.500 bt; 7 € - Metodo Ancestrale, schietto, fruttato, sapido.
Montello Rosso 2017 ● 3.000 bt; 9 € - Fresco, speziato, gastronomico.
Montello Colli Asolani Cabernet 2018 ● 3.000 bt; 6 € - Fresco, fruttato, energico.

ha 8 - **bt** 70.000
Fertilizzanti compost, letame in pellet, letame, organo-minerali, sovescio
Fitofarmaci rame e zolfo
Diserbo lavorazione meccanica/manuale
Lieviti selezionati industriali
Uve acquisto 15%
Certificazione in conversione biologica

MIANE (TV)

GREGOLETTO

Frazione Premaor - Via San Martino, 81/83 - tel. 0438 970463
www.gregoletto.it - info@gregoletto.com

VITA - Il grande vecchio del mondo del Prosecco, Luigi Gregoletto, ha ormai oltrepassato le 90 primavere, ma i figli Antonella, Giovanni e Giuseppe continuano a interpretare i suoi insegnamenti e il suo stile fatto di semplicità e lavoro contadino. Gregoletto è una realtà che fin dal Seicento valorizza questi territori esprimendo vini che sono diventati icone per appassionati e per chi ha la fortuna di conoscerli per la prima volta.

VIGNE - I 18 ettari sono localizzati tutti in media-alta collina: i vigneti, seguiti in particolare da Giuseppe, si trovano in diversi appezzamenti tra Miane, dietro alla cantina, dove troviamo le vecchie viti di verdiso, e Refrontolo e San Pietro di Feletto per chardonnay, incrocio Manzoni, pinot bianco e le uve a bacca nera cabernet sauvignon e franc, merlot e marzemino.

VINI - Una gamma di vini piuttosto ampia, dal magistrale Verdiso sui lieviti, al Prosecco fermo, fino ai rossi e ai bianchi di Conegliano. La cifra stilistica che li unisce è l'aderenza a uno stile tradizionale che non ha mai ceduto a logiche più commerciali.

Verdiso Frizzante Sui Lieviti 2019 20.000 bt; 10 € - Come sempre più che convincente questo vino-simbolo: godibile, da compagnia, sa di fiori ma anche di crosta di pane e non finiresti più di berlo.
Prosecco Frizzante Sui Lieviti 2019 43.500 bt; 10 € - Energico, teso e di gran finezza questo rifermentato in bottiglia, con le sue note tipiche di acacia e i cenni balsamici.
Colli di Conegliano Rosso Gregoletto 2015 ● 2.090 bt; 26 € - Profuma di fragole e di rose questo rosso dal sorso fresco, vibrante e succoso, e arricchito di sapidità.
Con. Vald. Sup. Extra Dry 2019 60.000 bt; 11 € - Metodo Charmat, fine, floreale, delicato.
Con. Vald. Sup. Brut 2019 7.000 bt; 12 € - Metodo Charmat, agile, floreale, armonico.

ha 18 - **bt** 200.000
Fertilizzanti letame in pellet, preparati biodinamici, letame
Fitofarmaci organici, rame e zolfo
Diserbo lavorazione meccanica/manuale
Lieviti selezione di lieviti indigeni
Uve 100% di proprietà
Certificazione nessuna certificazione

NERVESA DELLA BATTAGLIA (TV)

SERAFINI & VIDOTTO

SCONTO **-10%**

Via Luigi Carrer, 8/12 - tel. 0422 773281
www.serafinividotto.it - serafinievidotto@serafinievidotto.com

VITA - «L'agricoltura pulita è imprescindibile se si amano i grandi vini, e ogni giorno è necessario migliorarsi per raggiungere l'eccellenza»: parole di Francesco Serafini, vignaiolo vulcanico, istrionico fino a essere provocatorio, convinto che l'unico futuro che abbiamo sia il rispetto per la natura. Assieme ad Antonello Vidotto, compagno di banco alla scuola enologica, dal 1986 è l'anima di questa azienda che ha fatto la storia del territorio del Montello.

VIGNE - Montello significa Prosecco ma anche molto altro: recantina, vitigno storico della zona, Manzoni bianco, eccellenti tagli bordolesi. La collina carsica, affiorata nella pianura trevigiana accanto ai rilievi di Conegliano Valdobbiadene, garantisce terreni ricchi in minerali, soprattutto ferro, e buone escursioni termiche.

VINI - I vini di Serafini e Vidotto hanno una parola d'ordine: pulizia. Questa è la caratteristica fondamentale dovuta a una materia prima sana, interventi chimici ridotti all'osso e vinificazioni di grande finezza.

Montello e Colli Asolani Manzoni Bianco 2019 ○ 10.000 bt; 11 € - Elegante nei profumi di salvia e pesca bianca, ha sorso fresco e sapido, da cui è difficile separarsi.
Montello e Colli Asolani Rosso Phigaia 2017 ● 80.000 bt; 17 € - Tipico taglio bordolese del Montello, con profumo erbaceo e di frutti rossi fragranti. Al palato è agile e gustoso.
Phigaia El Bianco 2018 ○ sauvignon blanc, pinot bianco; 12.000 bt; 17 € - Profumi balsamici, di rosmarino ed erbe mediterranee aprono la strada a un sorso pulito e avvolgente.
Montello e Colli Asolani Recantina 2019 ● 8.000 bt; 13 € - Fresco, fruttato, varietale.
Pinot Nero 2019 ● 20.000 bt; 14 € - Agile, fruttato, energico.
Asolo Sup. Extra Dry Bollicine di Prosecco 2019 30.000 bt; 13 € - Croccante, fruttato, leggiadro.

ha 20 - **bt** 200.000
Fertilizzanti compost, letame in pellet, sovescio
Fitofarmaci organici, rame e zolfo
Diserbo lavorazione meccanica/manuale
Lieviti fermentazione spontanea, selezione di lieviti indigeni
Uve 100% di proprietà
Certificazione parte dei vigneti in regime bio

NOVENTA DI PIAVE (VE)

TESSÈRE

SCONTO **-10%**

Noventa di Piave - Via Bassette, 51 - tel. 0421 320438
www.tessereonline.it - info@tessereonline.it

VITA - La signora del raboso continua la sua perseverante opera di valorizzazione di questo storico vitigno: i veneziani della Serenissima le sarebbero oltremodo grati che il "vin da vajo", il vino da viaggio, venga preservato. Emanuela Bincoletto, con il supporto di Paola Fogal, non demorde nell'impresa.

VIGNE - I vigneti di questa piccola realtà a Noventa di Piave sono in conduzione biologica e prevedono l'uso di alcune pratiche biodinamiche, in territori che tra alluvioni, guerre e invasioni di outlet commerciali devono difendere la loro bellezza con cure amorevoli. Al raboso si affiancano vigneti di merlot, chardonnay e pinot bianco. In Friuli a Faedis sta prendendo piede un nuovo progetto sul vino.

VINI - L'uva raboso vinificata in tutte le sue possibili varianti, fino al Metodo Classico, è la favola che si narra a chi arriva in questo avamposto del fiume sacro. I lunghi affinamenti avvengono con un uso sapiente di legni e acciaio, per domare la proverbiale acidità del vitigno "rabbioso".

TOP **Piave Malanotte 2010** VINO SLOW ● 1.000 bt; 24 € - Ottima interpretazione per questa versione del Raboso, che grazie alla parte di uve appassite dona fragranze di marasca e viola, note di cacao e caffè, e un sorso vibrante, con un'acidità presente ma svolta, e una progressione gustativa continuamente in evoluzione.
Raboso Rebecca 2012 ● 2.500 bt da 0,5 l; 18 € - Un gioiello di artigianalità del vino passito che non ti aspetti: ha balsamicità e profondità, senza essere mai stucchevole.
Raboso Spezier 2015 ● 10.000 bt; 10 € - La freschezza di una tipica marasca nei profumi e un attacco di bocca morbido sfociano in un sorso forse un po' troppo tannico, ma solo a causa di eccessiva gioventù.

ha 1,5 - **bt** 55.000
Fertilizzanti sovescio
Fitofarmaci rame e zolfo
Diserbo lavorazione meccanica/manuale
Lieviti fermentazione spontanea, selezione di lieviti indigeni
Uve 100% di proprietà
Certificazione biologico certificato

ORMELLE (TV)

ITALO CESCON

SCONTO **-10%**

Roncadelle di Ormelle - Piazza dei Caduti, 3 - tel. 0422 851033
www.cesconitalo.it - cesconitalo@cesconitalo.it

VITA - L'azienda fondata nel 1957 da Italo Cescon nel cuore della Doc Piave, a Fontanelle di Ormelle in provincia di Treviso, oggi è condotta dai figli Gloria, Graziella e Domenico, che continuano con passione a occuparsi di tutta la filiera produttiva. Un tralcetto di vite sul collo della bottiglia contraddistingue la linea classica dei vini Cescon: fu introdotto nei primi tempi, e oggi è marchio aziendale, riconosciuto e riconoscibile, anche della linea biologica.

VIGNE - Le sei tenute si diversificano per caratteristiche morfologiche e clima: quelle nel Veneto orientale sono su terreni argillosi e di medio impasto, tra cui la tenuta gioiello di Fagarè, che conta fino a 8.000 piante per ettaro. Tra le altre tenute citiamo quella sulle colline di Valdobbiadene e quella sui terreni ghiaiosi del vicino Friuli.

VINI - I fratelli Cescon proseguono nel valorizzare i vitigni locali, raboso del Piave e incrocio Manzoni in primis, ma oggi esplorano anche nuove strade, come la macerazione sulle bucce in anfora del pinot grigio, nella nuova linea sperimentale TesiRare.

Raboso del Piave Rabià Ris. 2013 ● 6.000 bt; 43 € - - Conquista per il palato morbido e i sentori speziati: un vino fitto e ricco di frutto.
Madre 2018 ○ incrocio Manzoni; 12.000 bt; 25 € - - Gioca sull'eleganza e i profumi balsamici: è un vino complesso che non rinuncia alla piacevolezza.
Amaranto 72 2015 ● cabernet sauvignon, merlot, cabernet franc, raboso; 5.000 bt; 32 € - - Fine e avvolgente al palato, presenta note terrose ed erbacee.
Pinot Grigio delle Venezie 2019 ○ 250.000 bt; 10 € - - Agile, fruttato, espressivo.
Pinot Grigio Delle Venezia Biancogrigio 2018 ○ 3.000 bt; 16 € - - Articolato, floreale, delicato.
Pinot Grigio Delle Venezie Grigioramato 2018 ○ 7.000 bt; 21 € - - Bianco macerato, integrato, floreale, contrastato.

ha 115 - **bt** 930.000
Fertilizzanti sovescio
Fitofarmaci organici, rame e zolfo
Diserbo lavorazione meccanica/manuale
Lieviti selezione di lieviti indigeni
Uve 100% di proprietà
Certificazione biologico certificato

PORTOGRUARO (VE)

A MI MANERA

SCONTO **-10%**

Frazione Lison - Via Caduti per la Patria, 19 - tel. 336 592660
www.vinicolamimanera.com - info@amimanera.eu

VITA - Innovare senza dimenticare le radici: è questa la filosofia di Carlo Bigai, quarta generazione di viticoltori, alle redini di questa piccola-grande azienda situata nel cuore del Lison Pramaggiore da due anni. Il ragazzo unisce la conoscenza e la convinzione del padre Antonio alla naturale forza dei giovani, e a una costante voglia di migliorarsi. Andate a trovarli, è un'esperienza che difficilmente dimenticherete.

VIGNE - Le vigne si trovano attorno alla cantina, nel territorio di Lison Pramaggiore, su suoli calcarei e argillosi, ricchi di minerali. Le produzioni sono basse perché «la vite è come una persona, se le dai troppo da fare non riesce a fare bene tutto, quindi pochi grappoli, ma sani e a giusta maturazione», dicono i Bigai. L'azienda da tre anni è certificata Biodiversity Friend per l'attenzione a suolo, aria e acqua.

VINI - Lo stile Bigai è di assoluto rispetto dei tempi e dei modi della natura. I vini sono autentici, territoriali ed emozionanti.

Merlot 2018 ● 4.000 bt; 15 € - - Delicate note erbacee si uniscono a cenni di mora e ribes. Il sorso ha richiama il frutto e sfocia in un lungo finale dai ricordi di cacao.
Duodecimo 2018 ● franconia, merlot, refosco, cabernet franc, cabernet sauvignon; 4.000 bt; 17 € - - Bouquet con profumi di vaniglia, frutta rossa fragrante e peperone verde. L'attacco in bocca è morbido e ben sostenuto dal tannino.
Chardonnay 2018 ○ 4.500 bt; 15 € - - Tipico, con naso di mela gialla, miele ed erbe aromatiche. Il sorso, fresco e nervoso, si chiude con ricordi balsamici.
Decimoquarto 2018 ○ chardonnay, malvasia, traminer aromatico, tai bianco; 4.000 bt; 17 € - - Teso, balsamico, espressivo.
Cabernet 2018 ● 4.000 bt; 15 € - - Austero, fruttato, energico.
Tai 2018 ○ 15.000 bt; 12 € - - Succoso, balsamico, autentico.

ha 7 - **bt** 40.000
Fertilizzanti nessun concime
Fitofarmaci rame e zolfo
Diserbo lavorazione meccanica/manuale
Lieviti fermentazione spontanea, selezione di lieviti indigeni
Uve 100% di proprietà
Certificazione nessuna certificazione

SAN POLO DI PIAVE (TV)

CASA BELFI

SCONTO **-10%**

Via Guizza, 28 - tel. 338 4107723
www.casabelfi.blogspot.it - casabelfi@albinoarmani.com

VITA - Il dubbio che Maurizio Donadi possa essere una specie di maestro Jedi è fondato: membri di una classe ristretta di individui sensibili a una forma di energia cosmica, e custodi di ideali di purezza, armonia e rispetto per tutte le forme di vita, i maestri Jedi si comporterebbero come fa Maurizio nei territori vitivinicoli di pianura. Dallo sguardo curioso verso la biodinamica alle anfore, dalle arpe eoliche al continuo spirito di ricerca, tutto tende alla Forza.

VIGNE - Sono 9 ettari di energia vitale i vigneti di Maurizio: i terreni ghiaiosi attorno alla cantina a San Polo di Piave sono perfetti per il raboso, il vitigno tanto amato, e il cabernet sauvignon e franc; poi a Romanziol c'è un vigneto nascosto da boschetti per la glera del Colfondo.

VINI - Il giovane maestro Jedi delle anfore è diventato ormai un esperto sperimentatore, e i vini hanno trovato la forza per esprimersi in tutta la loro facilità di beva, temprati da affinamenti naturali.

Rosso 2018 ● raboso, cabernet franc, cabernet sauvignon; 7.000 bt; 11 € - Che un rosso del Piave abbia una beva così piacevole è raro: fragrante, presenta note di frutti di bosco a dare letizia alla bocca. Un vino semplicemrntr sorprendente.
Naturalmente Frizzante 2019 raboso; 10.000 bt; 12 € - Nelle umide estati lungo il Piave ne berresti all'infinito: la macerazione carbonica abbassa l'acidità del Raboso e il piacere di beva aumenta.
Naturalmente Frizzante 2019 glera; 30.000 bt; 13 € - Profumi di agrumi, soprattutto cedro, e dinamicità salina: scattante al sorso, è materico.
Naturalmente Frizzante Anfora 2019 glera; 1.500 magnum; 26 € - Metodo Ancestrale, ampio, fruttato, complesso.
Bianco 2018 O incrocio Manzoni 6.0.13, chardonnay; 7.000 bt; 11 € - Dinamico, fruttato, sapido.

ha 14 - **bt** 55.000
Fertilizzanti letame
Fitofarmaci organici, rame e zolfo
Diserbo lavorazione meccanica/manuale
Lieviti fermentazione spontanea
Uve 100% di proprietà
Certificazione biologico certificato, in conversione biodinamica

SUSEGANA (TV)

BORGOLUCE

SCONTO **-10%**

Località Musile, 2 - tel. 0438 435287
www.borgoluce.it - info@borgoluce.it

VITA - Prosegue a vele spiegate l'opera di cambiamento in questa azienda: Ludovico Giustiniani, che la guida con fermezza, ci racconta della conversione al biodinamico di 17 ettari, fra cui 4 ettari di vigneti che si aggiungono a quelli già certificati biologici, e poi terreni a seminativo di mais bianco perla, senatore cappelli e farro, i frutteti di melograno e i pascoli.

VIGNE - Un'azienda destinata a diventare sempre più un modello di riferimento: per i vigneti la conversione in biodinamica non riguarda solo quelli di collina a glera e merlot, ma anche diversi impianti in pianura, dove la sfida è sicuramente più impegnativa. L'estensione della superficie, la biodiversità e la vicinanza di altri produttori virtuosi ci regala un territorio decisamente più salubre e accogliente.

VINI - È la glera la protagonista, accompagnata dal pinot grigio, il Manzoni bianco, lo chardonnay e i vitigni internazionali a bacca nera. I vini sono caratterizzati da freschezza, briosità e identità territoriale.

Valdobbiadene Sup. Brut 2019 170.000 bt; 13 € - Lo spumante per eccellenza che ci ha impressionato favorevolmente: materico, ha ottima struttura e finezza.
Valdobbiadene Sup. Rive di Collalto Extra Brut 2019 20.000 bt; 17 € - Soffice e cremoso all'attacco in bocca, chiude teso, senza spigolature.
Valdobbiadene Sup. Rive di Collalto Extra Dry 2019 10.000 bt; 17 € - La finezza delle Rive di Collato si esprime in tutta la sua leggiadria di beva e profumi.
Valdobbiadene Sup. Brut Nature Sui Lieviti 2019 5.000 bt; 16 € - Metodo Ancestrale, articolato, fruttato, gastronomico.
Valdobbiadene Sup. Extra Dry 2019 80.000 bt; 13 € - Metodo Charmat, vivo, floreale, elegante.
Rosé Extra Brut Rosariflesso 2019 chardonnay, pinot nero; 5.000 bt; 14 € - Metodo Charmat, fresco, fruttato, sapido.

ha 9,6 - **bt** 400.000
Fertilizzanti compost, letame, organo-minerali, preparati biodinamici, sovescio
Fitofarmaci chimici di sintesi, rame e zolfo
Diserbo lavorazione meccanica/manuale
Lieviti selezionati industriali e indigeni
Uve 100% di proprietà
Certificazione parte dei vigneti in regime bio

SUSEGANA (TV)

MALIBRÀN

SCONTO -10%

Via Barca II, 63 - tel. 0438 781410
www.malibranvini.it - info@malibranvini.it

VITA - Quando Maurizio Favrel dice che il suo lavoro è portare all'eccellenza la glera nel coneglianese senza inventarsi cose strane c'è da credergli. Stiamo parlando di uno dei migliori spumantisti della zona Conegliano Valdobbiadene, rappresentante di una famiglia originaria di Col San Martino, che si è trasferita a Susegana nel secondo dopoguerra. Attento alla salute del territorio nel suo insieme, Maurizio si sta interessando al programma Biodiversity Friend.

VIGNE - La metà delle vigne si trova a Susegana, nei dintorni della cantina. Il terreno è argilloso e dona basi spumante strutturate, che permettono la lavorazione di prodotti con scarso residuo zuccherino. Da un paio d'anni si è aggiunta una riva a Santa Maria di Feletto, un terreno scosceso e di difficile lavorazione. Nei vigneti di Sarmede si coltiva la boschera, antico vitigno dotato di acidità fissa importante e buona struttura.

VINI - Maurizio dice che lo spumante è un prodotto elegante per natura, e che il suo obiettivo è quello di esaltarlo con equilibrio e finezza aromatica.

TOP **Sottoriva Col Fondo per Tradizione 2019** VINO QUOTIDIANO 22.000 bt; 10 € - Godimento puro: profumo di lime e mela verde e sorso freschissimo, con richiami di mela e mandorla.
Con. Vald. Sup. Brut Cinquegrammi 2019 9.000 bt; 14 € - Elegantissimo, accarezza le papille gustative con un sorso cremoso e un lieve gusto di cedro.
Con. Vald. Sup. Extra Dry Gorio 2019 30.000 bt; 11 € - L'extra dry come dovrebbe essere: equilibrato, fresco e fruttato nella sua amabilità appena accennata.
Boschera 2018 2.000 bt; 13 € - Dinamico, iodato, incisivo.
Con. Vald. Sup. Colfondo Credamora 2018 6.000 bt; 13 € - Metodo Ancestrale, fresco, fruttato, salino.
Rosé 2019 raboso piave, incrocio Manzoni 13.0.25; 6.000 bt; 11 € - Metodo Charmat, agile, fruttato, energico.

ha 14 - **bt** 120.000
Fertilizzanti compost, letame in pellet, letame
Fitofarmaci organici, rame e zolfo
Diserbo lavorazione meccanica/manuale
Lieviti fermentazione spontanea, selezionati industriali
Uve 100% di proprietà
Certificazione parte dei vigneti in regime biologico

VALDOBBIADENE (TV)

BASTIA - MICHELE REBULI

SCONTO -10%

Località Saccol - Strada di Saccol, 30 - tel. 0423 975113 - 349 3584172
www.bastiavaldobbiadene.it - info@bastiavaldobbiadene.it

VITA - Michele Rebuli rappresenta la quarta generazione familiare di vignaioli: praticamente vive in vigna, quasi in simbiosi con i suoi filari, curati fin da piccolo vista la scomparsa prematura del papà, che aveva avviato le prime esperienze di vinificazione. Una cura che ha portato a risultati di eccellenza anche grazie al supporto della moglie Tania Bressan.

VIGNE - I 3 ettari vitati, tutti collinari, si sviluppano armoniosamente sulle colline di Saccol, lungo Le Rive, fino al Cartizze. Sei piccoli appezzamenti, con pendenze importanti, vigneti storici con piante anche di oltre 100 anni. Principalmente glera, ma anche bianchetta e perera, che si sta reintroducendo: un'ottima uva da taglio, anche se delicata.

VINI - La valorizzazione del Prosecco in tutte le sue versioni è la cifra identitaria del lavoro di Michele: dai Metodo Charmat eleganti, anche da unico vigneto di grande equilibrio, passando per il Colfondo fatto già in passato dal papà, fino all'ultimo ri-nato, la versione ferma.

TOP **Valdobbiadene Sup. di Cartizze Dry 2019** VINO SLOW 4.500 bt; 22 € - Un capolavoro questo Cartizze, delizioso, equilibrato nella sua dolcezza: un'espressione autentica di quanto può esprimere di meraviglioso questa terra.
Capo degli Onesti 2018 glera, perera, bianchetta; 23.000 bt; 10 € - Il Capo si dimostra tale, e senza presunzione esprime tutta la sua tipicità: un vino delicato ed energico allo stesso tempo.
Valdobbiadene Sup. Extra Brut Introverso 2019 5.000 bt; 15 € - Piacevole ma deciso, tagliente e soffice allo stesso tempo, un introverso gioioso.
Fii 2019 glera; 7.000 bt; 10 € - Metodo Charmat, schietto, floreale, autentico.
Valdobbiadene Sup. Extra Dry 2019 12.000 bt; 13 € - Metodo Charmat, fine, floreale, armonico.

ha 3,2 - **bt** 50.000
Fertilizzanti compost, letame in pellet, letame
Fitofarmaci chimici di sintesi, organici, rame e zolfo
Diserbo lavorazione meccanica/manuale
Lieviti fermentazione spontanea, selezione di lieviti indigeni
Uve acquisto 15%
Certificazione nessuna certificazione

VALDOBBIADENE (TV)

BORTOLOMIOL

Via Garibaldi, 142 - tel. 0423 974911
www.bortolomiol.com - info@bortolomiol.com

VITA - Quattro sorelle, Maria Elena, Elvira, Luisa e Giuliana Bortolomiol, insieme alla madre Ottavia, conducono questa storica azienda di Valdobbiadene, oggi tutta al femminile, e portano avanti con determinazione la visione innovativa del fondatore. Il padre Giuliano, infatti, l'ha fondata nel 1949 ed è stato tra i primi a credere nel successo della glera e del Prosecco spumante, e a proporlo in particolare anche in versione brut.

VIGNE - La famiglia oggi punta decisamente sulla sostenibilità ambientale e da tempo ha convertito al biologico i vigneti di famiglia, siti nel parco della vecchia filanda acquistata negli anni Ottanta, rispettosamente restaurata e oggi sede della cantina. I conferitori devono invece aderire a un disciplinare interno chiamato Green Mark, che detta le linee guida per una gestione dei vigneti con il minimo impatto ambientale.

VINI - La gamma è tutta giocata sulle diverse versioni degli spumanti a base glera, puntando a far emergere i cru più vocati, quelli delle Rive.

Valdobbiadene Sup. Brut Ius Naturae 2019 ⁘ 16.000 bt; 18 € - ⌷ - Ci ha positivamente colpiti: dai sentori floreali e di albicocca, è cremoso e articolato al palato.
Valdobbiadene Sup. Extra Dry Bandarossa Special Reserve 2019 ⁘ 6.000 bt; 16 € - ⌷ - Da uve selezionate con cura, si distingue per la beva croccante e delicata.
Valdobbiadene Sup. Brut Nature Gran Cuvée del Fondatore 2018 ⁘ 8.136 bt; 22 € - ⌷ - Fiori e salvia in abbondanza caratterizzano questo Prosecco di facile beva e ben delineato.
Valdobbiaden Sup. Brut Audax Zero.3 2019 ⁘ 41.211 bt; 13 € - ⌷ - Metodo Charmat, succoso, minerale, espressivo.
Valdobbiadene Sup. Brut Prior 2019 ⁘ 360.000 bt; 13 € - ⌷ - Metodo Charmat, fresco, fruttato, incisivo.
Valdobbiadene Sup. di Cartizze Dry 2019 ⁘ 40.000 bt; 23 € - ⌷ - Metodo Charmat, croccante, floreale, leggiadro.

ha 5 - **bt** 2.100.000
Fertilizzanti letame
Fitofarmaci rame e zolfo
Diserbo lavorazione meccanica/manuale
Lieviti selezionati industriali
Uve acquisto 5%
Certificazione biologico certificato

PROSECCO COLFONDO

La produzione del vino col fondo, meglio conosciuto in loco come "vin de botilia", è documentata nella zona storica di produzione del Prosecco già alla fine dell'Ottocento. Alla prima mostra dei vini di Valdobbiadene, alla fine degli anni Trenta del Novecento, in una pubblicazione se ne scriveva in questi termini: «...a primavera dopo l'imbottigliamento, continuava la fermentazione, dando carattere spumeggiante al vino». In primavera dunque il vino fermo "amabile", che conteneva un ben percepibile residuo zuccherino, veniva messo in bottiglia e lasciato poi riposare sui propri lieviti, in modo da ottenere per rifermentazione naturale un vino frizzante, asciutto e gustoso. Questo Prosecco era il vino conviviale che ogni vignaiolo produceva per il consumo famigliare e locale e che difficilmente usciva dai confini del territorio trevigiano. Dopo gli anni Cinquanta, l'evoluzione delle tecniche di produzione e del gusto hanno portato a preferire la rifermentazione in grandi recipienti (autoclavi), metodo che ha reso famoso il Prosecco nel mondo. Il livello medio qualitativo si è notevolmente innalzato. Abbiamo assistito ad una maggior presa di coscienza, da parte dei produttori, rispetto alle basi da scegliere e alla tecnica da adottare. Alcune aziende hanno accantonato un piccolo quantitativo di bottiglie ogni anno ed è emersa anche la grande capacità di questo vino di potersi esprimere nel tempo grazie anche al ruolo dei lieviti che rimangono sul fondo. L'ingrediente "tempo" inizia ad avere un ruolo fondamentale.

Biondo Jeo
Castelli di Monfumo (TV)
tel. 0423/560204

Fratelli Collavo
Valdobbiadene (TV)
tel. 333 5824047

Masot
Sarmede (TV)
tel. 340 5435192

Siro Merotto
Col San Martino (TV)
tel. 0438 989156

Ruge
Santo Stefano di Valdobbiadene (TV)
tel. 0423 900224

Terre Boscaratto
Susegana (TV)
tel. 0438 1736690

CA' DEI ZAGO

Frazione San Pietro di Barbozza - Via Roccolo, 6
tel. 0423 975395 - www.cadeizago.it - info@cadeizago.it

VITA - Arrivare dai fratelli Christian e Marika Zanatta è un po' come visitare un domaine in Borgogna, con in più il verde delle colline di Valdobbiadene, il venticello del Cesen che domina il vigneto di casa e l'immancabile soppressa. La semplicità di una cantina fatta di un torchio, essenziale e spoglia, e con giusto quei vasi nuovi in ceramica che Christian mostra con orgoglio.

VIGNE - «La nostra fortuna è stata di aver ricevuto un suolo integro con piante sane di oltre 80 anni, espressione più pura della collina calcarea con i vigneti a Saccol e quelli intorno alla casa», racconta trascinato dal solito fervore Christian. A questi si è poi aggiunto il vigneto Mariarosa, lavorato per conto dell'ormai famosa omonima zia.

VINI - Gli insegnamenti del nonno Giuseppe sono la traccia da seguire nel fare i vini, seguendo le fasi lunari nei travasi e nella vinificazione, e lasciandoli riposare tutto l'inverno.

TOP **Valdobbiadene Sup. Rifermentato in Bottiglia Vigneto Mariarosa 2019** VINO SLOW 4.000 bt; 15 € - «Mariarosa, Mariarosa...» dice la canzoncina e lo diciamo anche noi con un senso di gratitudine sorseggiando questo vino della tradizione così fine, con sostanza e materia dei giorni nostri.
Valdobbiadene Sup. Rifermentato in Bottiglia Ca' dei Zago 2019 34.000 bt; 11 € - È come sorseggiare un gran cru di Borgogna traslato nel mondo del Prosecco. Ci troviamo di fronte a un vino pieno, ricco di sostanza e incisivo. Un Col Fondo che piace sempre.
Valdobbiadene Sup. M. Cl. Dosaggio Zero 3.900 bt; 20 € - Interpretazione interessante della glera svolta in Metodo Classico, in cui i ragazzi credono molto. Ha ancora bisogno di tempo, ma presenta comunque sensazioni di crosta di pane e affumicato che raccontano di un potenziale già molto interessante.

ha 6 - **bt** 45.000
Fertilizzanti compost, letame, sovescio
Fitofarmaci rame e zolfo
Diserbo lavorazione meccanica/manuale
Lieviti fermentazione spontanea
Uve 100% di proprietà
Certificazione nessuna certificazione

VALDOBBIADENE (TV)

CASA COSTE PIANE

Frazione Santo Stefano - Via Coste Piane, 2 - tel. 0423 900219
www.casacostepiane.it - info@casacostepiane.it

VITA - La frase che meglio sintetizza e racconta il pensiero di Loris Follador, superate le 50 vendemmie, è la risposta che dà a chi gli chiede quando ha iniziato a fare Prosecco Col Fondo: «non ho mai smesso». Una risposta che la dice lunga sul tempo dedicato e sul valore che la tradizione della tipologia riveste per lui. A supportarlo ci sono la moglie Sandra Codello e i figli Raffaele e Adelchi, arruolati alla causa.

VIGNE - «I miei insegnanti sono stati i vecchi contadini: avere il vino per la famiglia era la cosa più importante»: è con questa lezione di vita che Loris si prende cura dei 6 ettari di vigneti, suddivisi in diversi appezzamenti nella collina di Santo Stefano, e seguiti secondo protocolli biologici. Per i nuovi impianti si fa riproduzione massale.

VINI - Sono due i vini proposti quest'anno che si esprimono a grandi livelli nonostante la giovane età, a riprova che la capacità nel saper scegliere le cuvée con grande sensibilità fa di Loris una sorta di mago Merlino del Valdobbiadene, la cui formula magica è la cifra identitaria e territoriale dei prodotti realizzati.

TOP **Valdobbiadene Frizzante Naturalmente 2019** VINO QUOTIDIANO 23.000 bt; 11 € - Coniuga perfettamente tutte le dimensioni di questa tipologia: dalla croccantezza alle note balsamiche della menta piperita e degli agrumi, dal palato salino alla beva rustica e decisa.
Brichet Frizzante Naturalmente 2019 glera, verdiso; 4.000 bt; 11 € - Non delude le attese il sur lie da vigneto vocato: più delicato del solito, con le erbe officinali, la pera e gli agrumi che si rincorrono al naso, è un vino di facile beva e gustoso.

ha 6 - **bt** 65.000
Fertilizzanti humus
Fitofarmaci organici, rame e zolfo
Diserbo lavorazione meccanica/manuale
Lieviti fermentazione spontanea, selezione di lieviti indigeni
Uve 100% di proprietà
Certificazione nessuna certificazione

VALDOBBIADENE (TV)

FOLLADOR FRANCESCO

SCONTO **-10%**

Frazione Santo Stefano - Via Vettorazzi e Bisol, 6 - tel. 0423 900579
www.folladorfrancesco.it - francescofollador@yahoo.it

VITA - L'azienda è nata nella zona storica di Valdobbiadene, a Santo Stefano, dove la famiglia di Francesco Follador risulta iscritta nei registri parrocchiali da 13 generazioni. Oggi il figlio Stefano, enologo, conferisce il suo prezioso contributo, avendo la grande sensibilità di unire l'esperienza del padre alla conoscenza scientifica. Il risultato sono vini che coniugano tecnica e anima, e che fanno emergere le qualità di un'area ad alta vocazione.

VIGNE - Le vigne coltivate sono dislocate in 12 appezzamenti. Una parcellizzazione che corrisponde a diversità da gestire poi nelle varie cuvée. Il corpo principale si trova sotto il paese di Santo Stefano, in località Varago, dove si ottengono basi di grande eleganza. C'è poi un vigneto storico di famiglia in località Cartizze, su terreno marnoso che dona grande espressione e forza.

VINI - Francesco, da buon testardo, produce vini molto tipici che non subiscono mai il tecnicismo dell'autoclave. Sono vini diretti, eleganti, ma dotati di quel carattere che si insegue per fare la differenza in colline come quelle di Santo Stefano.

Bianco Frizzante Rifermentato in Bottiglia Testardo 2019 glera, verdiso, perera; 3.500 bt; 9 € - Vino che si presenta fragrante già al naso, con note mentolate e di frutta fresca. Al palato è cremoso, salino, e dotato della beva tipica della tipologia.
Valdobbiadene Sup. Extra Brut 2019 3.500 bt; 13 € - Naso fine, con note agrumate fresche e di pepe bianco. Al palato è asciutto, sapido, in equilibrio con la parte più fresca, e la bollicina è delicata.
Valdobbiadene Sup. Brut 2019 7.000 bt; 11 € - Metodo Charmat, agile, agrumato, espressivo.
Valdobbiadene Sup. Extra Dry 2019 9.000 bt; 11 € - Metodo Charmat, croccante, fruttato, incisivo.

ha 6 - **bt** 40.000
Fertilizzanti compost, letame in pellet, letame, organo-minerali
Fitofarmaci chimici di sintesi, rame e zolfo
Diserbo lavorazione meccanica/manuale
Lieviti selezione di lieviti indigeni
Uve 100% di proprietà
Certificazione nessuna certificazione

VALDOBBIADENE (TV)

SILVANO FOLLADOR

Frazione Santo Stefano - Via Callonga, 11 - tel. 0423 900295
www.silvanofollador.it - info@silvanofollador.it

VITA - Possiamo individuare tre fasi di sviluppo nel lavoro dei fratelli Silvano e Alberta Follador, vignaioli di Valdobbiadene. Il primo periodo parte dal 1999, anno in cui hanno deciso di continuare l'opera dei nonni da cui hanno ereditato i vigneti; la seconda fase è arrivata con la scelta di una viticoltura biologica e biodinamica; la terza fase, quella odierna, è quella della maturità e della ricerca delle sfumature.

VIGNE - La coltivazione della glera in modo rispettoso è il progetto fondamentale. A questa varietà si aggiungono piccole quantità di verdiso, perera e bianchetta, su terreni marnoso-argillosi. I vigneti sono piccoli gioielli e si trovano a Saccol, a San Giovanni, a Vidor in località Soprapiana e a Santo Stefano per il Cartizze.

VINI - Le sfumature nella visione dei Follador sono fondamentali. Come uno scultore lavora di fino per sottolineare uno sguardo nel marmo, così Silvano e Alberta compiono scelte minuziose per raggiungere l'eccellenza. Gli affinamenti precisi sia nelle tecniche sia nei tempi, le fermentazioni spontanee, la selezione nei vigneti: nulla è lasciato al caso.

TOP **Valdobbiadene Sup. Extra Brut 2019** VINO SLOW 10.000 bt; 21 € - La sintesi perfetta di dove può arrivare la finezza di un Prosecco anche in una versione senza zuccheri: delicato, il glicine appena fiorito che lo caratterizza all'olfatto con i profumi di erbette fini, il sorso soffice ed elegante. L'espressione cesellata delle colline di Valdobbiadene.
Valdobbiadene Sup. M. Cl. Extra Brut 2018 5.100 bt; 21 € - La versione Metodo Classico ci racconta come può esprimersi nel tempo questo vitigno: le uve provengono da un unico vigneto a Saccol, e affina per 7 mesi in cemento e poi 10 mesi in bottiglia. Scelte precise per avere struttura ma mantenere caratteristiche di eleganza e freschezza.

ha 3,5 - **bt** 20.000
Fertilizzanti letame in pellet
Fitofarmaci rame e zolfo
Diserbo lavorazione meccanica/manuale
Lieviti fermentazione spontanea, selezionati industriali
Uve 100% di proprietà
Certificazione nessuna certificazione

VALDOBBIADENE (TV)

GARBARA

SCONTO **-10%**

Frazione Santo Stefano - Via Menegazzi, 19 - tel. 349 4005094
www.garbara.it - info@garbara.it

VITA - Azienda di piccole dimensioni, situata interamente sulla collina del Cartizze a Santo Stefano di Valdobbiadene, Garbara è condotta da Mirco Grotto, che dal 2007 ha smesso di produrre vin colfondo per uso familiare e ha deciso di condividere il prodotto dei suoi splendidi vigneti. Dal 2019 a Garbara è possibile anche fare enoturismo e godere della vista delle colline del Prosecco sorseggiando un ottimo calice dalla terrazza panoramica.

VIGNE - Garbara in veneto significa terra aspra e secca. Questa terra aspra e secca si trova nella collina del cru Cartizze, a circa 300 metri di altitudine, e presenta delle pendenze tali da consentire solo la cura manuale del vigneto in tutto il ciclo vegetativo. L'esposizione è a sud-est. Mirco cura le sue vigne rispettando il protocollo viticolo del Consorzio di Tutela.

VINI - Facilità di beva ed eleganza. Qui si rispetta l'uva glera, che nella sua semplicità dà grandi risultati, per vini delicatamente profumati e dalla beva succosa.

TOP **Col Fondo 2019** VINO QUOTIDIANO glera; 4.000 bt; 10 € - Aromi di pera e gesso aprono la strada a un sorso fruttato e citrino, lungo e fresco: ci piacerebbe averne un secchio a disposizione.
Valdobbiadene Sup. di Cartizze Zero 2019 4.000 bt; 23 € - La dimostrazione che vinificare l'uva del terroir di Cartizze senza lasciare residuo zuccherino dà grosse soddisfazioni: è un vino equilibrato e pulito, dal sorso rinfrescante.
Valdobbiadene Sup. di Cartizze Extra Dry 2019 5.000 bt; 23 € - I sentori di pera e agrumi si ritrovano nel sorso, snello e dal finale di mandorla.
Valdobbiadene Sup. Extra Brut 2019 12.000 bt; 14 € - Metodo Charmat, croccante, floreale, teso.
Quintovino 2019 glera, pinot nero, chardonnay; 4.000 bt; 17 € - Metodo Charmat, dinamico, fruttato, elegante.

ha 3,5 - **bt** 29.000
Fertilizzanti letame in pellet, letame
Fitofarmaci chimici di sintesi, rame e zolfo
Diserbo lavorazione meccanica/manuale
Lieviti fermentazione spontanea, selezionati industriali
Uve acquisto 1%
Certificazione nessuna certificazione

VALDOBBIADENE (TV)

LE BERTOLE

Via Europa, 20 - tel. 0423 975332
www.lebertole.it - info@lebertole.it

VITA - L'azienda Le Bertole si trova a Valdobbiadene, nel cuore delle colline del Prosecco. Gianfranco Bortolin continua insieme alla moglie la tradizione agricola di famiglia, controllando la filiera produttiva dalla vigna al bicchiere. Ritiene infatti che solo così possa essere in grado di mettere in bottiglia un prodotto integro e pulito, cercando di intervenire il meno possibile sul ciclo naturale delle proprie vigne.

VIGNE - La zona di Valdobbiadene dona alle uve la capacità di produrre vini eleganti e dai tenui profumi di fiori bianchi. I vigneti di Gianfranco si trovano tutti qui ma sono divisi in appezzamenti diversi, e ognuno di essi dà delle caratteristiche differenti al prodotto finale. Questa particolarità viene valorizzata vinificando separatamente le singole particelle per poi fare gli assemblaggi e cercare l'equilibrio gustativo migliore.

VINI - La glera è come le ciliegie: quando si comincia a mangiarne un acino non si smetterebbe più. Il vino di Le Bertole deve rispecchiare le uve da cui proviene, e invogliare la beva e la convivialità.

Valdobbiadene Sup. Brut 2019 70.000 bt; 12 € - Sprigiona grande freschezza ed eleganza, con un sorso che richiama il frutto ed è pulito e preciso.
Valdobbiadene Sup. Extra Brut Franco 2019 8.000 bt; 15 € - Interessante e gastronomico, ha un palato sostenuto da buona sapidità e ottimo succo.
Valdobbiadene Sup. Dry Supréme 2019 16.000 bt; 15 € - Perfetto il bilanciamento del residuo zuccherino con sapidità e acidità.
Valdobbiadene Sup. Extra Dry 2019 130.000 bt; 12 € - Metodo Charmat, fresco, fruttato, autentico.
Valdobbiadene Sup. Dry 2019 10.000 bt; 12 € - Metodo Charmat, fine, fruttato, delicato.
Valdobbiadene Sup. di Cartizze Dry 2019 10.000 bt; 23 € - Metodo Charmat, setoso, floreale, elegante.

ha 18 - **bt** 300.000
Fertilizzanti letame
Fitofarmaci organici, rame e zolfo
Diserbo lavorazione meccanica/manuale
Lieviti selezione di lieviti indigeni
Uve 100% di proprietà
Certificazione nessuna certificazione

VALDOBBIADENE (TV)

LE COLTURE

SCONTO -10%

Frazione Santo Stefano - Via Follo, 5 - tel. 0423 900192
www.lecolture.com - info@lecolture.it

VITA - Cesare Ruggeri, persona schiva, intrisa di sapienza contadina, è l'atomo che ha innescato il fenomeno Le Colture, una delle maison più rappresentative della denominazione Conegliano Valdobbiadene. Saldamente al comando, ma con la saggezza del padre nobile, egli ha via via lasciato spazio al futuro che avanza, incarnato dai figli Alberto, Silvia e Veronica. I piedi saldamente ancorati al proprio territorio, un occhio al globo and carry on!

VIGNE - Le importanti dimensioni aziendali sono, qui, strettamente collegate a un rapporto filiale con la terra. Le vigne di proprietà garantiscono la stragrande maggioranza della produzione, siglando un legame virtuoso tra entità e sostanza. Esse sono innervate dalle innumerevoli sfaccettature. Le meraviglie di Santo Stefano di Valdobbiadene, Vidor, il Felettano e il Montello gridano a squarciagola di profondità, ampiezza e intensità.

VINI - L'instrinseca espressione della nitidezza, la gentilezza del fiore, la fragranza del frutto e la disarmante beva sono alla base del lavoro pluridecennale che connota la direzione di linea, raffigurata dal cantiniere Cristian Agostinetto e dall'enologo Marzio Pol. Ancora una volta, una funambolica gamma di eccellenze tipologiche ha divorato i nostri occhi, immergendoli in una liquida e canoviana sensualità.

Valdobbiadene Sup. Brut Rive di Santo Stefano Gerardo 2019 6.000 bt; 15 € - Un campione di stile e di facile beva, nel quale emergono le intensità dell'acacia, del giglio e del glicine.
Valdobbiadene Sup. Extra Dry Pianer 2019 120.000 bt; 12 € - Sensuale e fragrante.
Valdobbiadene Sup. di Cartizze Dry 2019 20.000 bt; 23 € - Profuma di mela e pera, e ha un ottimo sorso cremoso.
Valdobbiadene Sup. Brut Fagher 2019 120.000 bt; 13 € - Croccante, minerale, leggiadro.

ha 40 - **bt** 750.000
Fertilizzanti letame, organo-minerali
Fitofarmaci chimici di sintesi, rame e zolfo
Diserbo lavorazione meccanica/manuale
Lieviti selezione di lieviti indigeni
Uve acquisto 10%
Certificazione nessuna certificazione

VALDOBBIADENE (TV)

RUGGERI

SCONTO -10%

Via Pra' Fontana, 4 - tel. 0423 9092
www.ruggeri.it - ruggeri@ruggeri.it

VITA - Nata nel 1950, la cantina Ruggeri festeggia quest'anno il settantesimo anniversario, e nonostante le dimensioni produttive ragguardevoli Paolo Bisol dice che «l'azienda lavora come un grande artigiano». Ancora una volta con le sue parole ci trasmette la bellezza inconfondibile delle erte scoscese di Valdobbiadene, dove si sviluppano i mitici vigneti del Vecchie Viti e del Giustino B., in onore del nonno fondatore, da poco mancato all'età di 100 anni.

VIGNE - Sono 32 gli ettari di proprietà e 110 i conferitori di uva che vengono seguiti passo passo sino al momento della vendemmia. Ora la maggioranza di loro segue anche il protocollo certificato SQNPI qualità sostenibile. Con lo scopo di dare longevità alle vigne, parte dei fornitori ha seguito corsi di potatura per meglio preservare le viti. I due progetti sono legati fra loro, e porteranno certamente i frutti sperati.

VINI - Le sei presse consentono immediatezza e precisione, e le vinificazioni separate delle varie parcelle mantengono viva l'espressione gustativa di ogni singola annata.

Valdobbiadene Sup. Extra Dry Giustino B. 2019 60.000 bt; 22 € - Esemplare, netto negli aromi di mela e pera. Al palato ha ottima cremosità, e chiude fresco e pulito.
Valdobbiadene Sup. Brut Vecchie Viti 2019 6.500 bt; 24 € - Grande sostanza e aromaticità, per un sorso fine e sapido.
Valdobbiadene Sup. Extra Brut Saltèr 10.000 bt; 15 € - Di garbata eleganza grazie ai toni agrumati. Il palato è morbido e dalla chiusura secca.
Valdobbiadene Sup. di Cartizze Dry 60.000 bt; 26 € - Metodo Charmat, dinamico, floreale, leggiadro.
Valdobbiadene Sup. di Cartizze Brut 10.000 bt; 26 € - Metodo Charmat, schietto, fruttato, autentico.
Valdobbiadene Sup. Extra Dry Giall'Oro 500.000 bt; 15 € - Metodo Charmat, agile, fruttato, varietale.

ha 32 - **bt** 1.600.000
Fertilizzanti letame in pellet, letame, organo-minerali
Fitofarmaci chimici di sintesi, organici, rame e zolfo
Diserbo lavorazione meccanica/manuale
Lieviti selezionati industriali
Uve acquisto 95%
Certificazione nessuna certificazione

VAZZOLA (TV)

BONOTTO DELLE TEZZE

Frazione Tezze - Via Duca D'Aosta, 36 - tel. 0438 488323
www.bonottodelletezze.it - info@bonottodelletezze.it

VITA - Dal 1860 a oggi l'azienda e il contesto nel quale si svolge la sua attività sono molto cambiati. Non ci sono più le botteghe di paese nel vialone centrale, e Bonotto delle Tezze è passata da tipica realtà agricola di fine Ottocento a rinomata cantina del territorio, identificata in particolare con il vino raboso, a cui Antonio Bonotto ha dedicato un percorso formativo per spiegarne la storia e l'evoluzione.

VIGNE - Suddivise su più lotti nelle vicinanze della cantina, a cui si aggiunge un lotto a Romanziol di Noventa di Piave dedicato alle uve per la produzione di vini bianchi, le vigne sono condotte con la massima attenzione alla conservazione dell'ambiente e del territorio, usando pratiche sostenibili. Come sottolinea Antonio, l'intervento umano deve essere teso ad aiutare la pianta a dare il meglio di sé, rispettandola nelle sue peculiarità.

VINI - I vini assaggiati, felice espressione delle terre del Piave, si distinguono per la freschezza e la sapidità che conferiscono al sorso una particolare agilità.

Malanotte del Piave 2016 ● 3.700 bt; 32 € - ▦ - Al naso troviamo note di ciliegia matura sotto spirito, spezie dolci e grafite. In bocca è setoso e armonico: un vino molto espressivo.
Raboso del Piave Potestà 2017 ● 10.000 bt; 17 € - ▦ - I profumi fruttati sfociano in un palato fine, succoso, in cui freschezza e sapidità donano facilità di beva.
Manzoni Bianco Novalis 2019 ○ 4.000 bt; 9 € - ▯ - I cenni di frutta matura, erbe aromatiche e camomilla precedono un sorso croccante, che chiude con una nota piacevolmente ammandorlata.
Piave Barabane Carmenère 2017 ● 6.000 bt; 9 € - ▦ - Agile, erbaceo, espressivo.
Ribelle 2019 ● raboso; 6.000 bt; 7 € - ▯ - Agile, fruttato, rustico.
Manzoni Moscato 2019 ⁘ incrocio Manzoni 13.0.25; 3.500 bt; 8 € - ▯ - Fresco, fruttato, essenziale.

ha 48 - **bt** 250.000
Fertilizzanti compost, letame, organo-minerali
Fitofarmaci chimici di sintesi, organici, rame e zolfo
Diserbo chimico, lavorazione meccanica/manuale
Lieviti selezione di lieviti indigeni
Uve 100% di proprietà
Certificazione nessuna certificazione

VAZZOLA (TV)

GIORGIO CECCHETTO

SCONTO **-10%**

Frazione Tezze - Via Piave, 67 - tel. 0438 28598
www.rabosopiave.com - info@rabosopiave.com

VITA - Giorgio Cecchetto e Cristina Garetto conducono l'azienda con grande passione, un sentimento trasmesso anche ai figli Marco e Sara, che li affiancano. Bandiera dell'azienda sono i vitigni storici, a partire dal raboso, vitigno da sempre caro a Giorgio, per arrivare al Manzoni bianco, passando per il carmenère, che fino a pochi anni fa, in questa zona, era erroneamente chiamato cabernet franc.

VIGNE - I vigneti sono dislocati in diverse zone, strettamente connesse al vitigno coltivato. A Tezze, sui suoli sassosi del Piave, cresce il raboso, mentre il Manzoni bianco lo troviamo a Lorenzaga, frazione di Motta di Livenza, lì dove lo portò il professor Manzoni, il quale è sepolto con la moglie nel piccolo cimitero della località. Da otto anni si collabora con Simonit e Sirch, con cui stanno portando a termine il recupero di una vigna di 60 anni.

VINI - L'azienda interpreta il territorio, il vitigno e l'annata producendo vini fedeli a se stessi, a volte praticando scelte coraggiose e controcorrente per non stravolgere il frutto offerto dalla vigna. Il vino deve essere lasciato libero di esprimersi per riportare all'assaggio le caratteristiche del terroir di provenienza.

Manzoni Bianco 2019 ○ 15.000 bt; 8 € - ▯ - Presenta note di frutta tropicale e accenni di idrocarburi, e ha un sorso avvolgente e schietto.
Sante Rosso 2018 ● merlot; 8.800 bt; 17 € - ▦ - Al naso è elegante, con note di mora, viola è spezie dolci, e al palato è armonico.
Piave Malanotte Gelsaia 2016 ● 3.800 bt; 34 € - ▦ - Al naso presenta note di cioccolato e tostatura di caffè. In bocca è setoso, possente e allo stesso tempo agile. Un vino energico.
Raboso Piave 2017 ● 11.500 bt; 15 € - ◍ ▦ - Fine, speziato, espressivo.
Carmenère 2019 ● 30.000 bt; 8 € - ▯ - Schietto, erbaceo, autentico.

ha 73 - **bt** 200.000
Fertilizzanti letame, organo-minerali, sovescio
Fitofarmaci organici, rame e zolfo
Diserbo lavorazione meccanica/manuale
Lieviti fermentazione spontanea
Uve 100% di proprietà
Certificazione nessuna certificazione

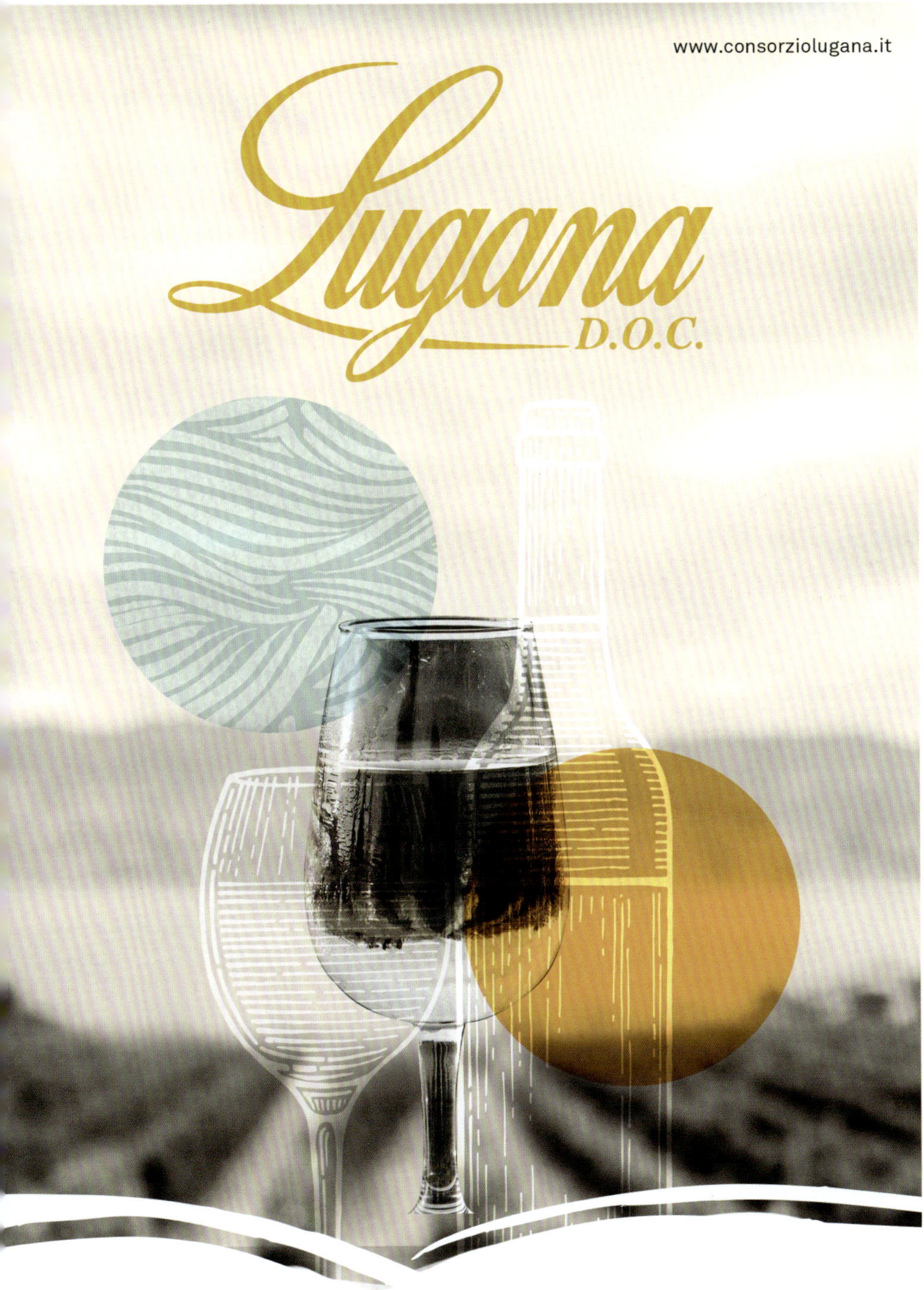
www.consorziolugana.it
Lugana
D.O.C.

VINI COLLI BERICI
VICENZA
#bevidoc
A DOTT DORIA
bar venti 5

VIDOR (TV)

ADAMI

SCONTO -10%

Frazione Colbertaldo - Via Rovede, 27 - tel. 0423 982110
www.adamispumanti.it - welcome@adamispumanti.it

VITA - La famiglia Adami è alla quarta generazione di vignaioli. Sin dagli anni Venti la valorizzazione del singolo vigneto è stata la scelta vincente: in un ambiente legato alla fatica contadina e ricco di tradizioni ha avuto inizio la storia del primo cru, il mitico Riva Vigneto Asciutto, che s'impose da subito come culla del Prosecco di grande qualità. Franco e Armando Adami oggi si avvalgono anche del giovane enologo Fabrizio, figlio del primo.

VIGNE - I 34 appezzamenti vitati, prima chiamati impronte e ora facenti parte del progetto rete d'impresa dei conferitori, sono strutturati per restituire la massima qualità. Franco in vigneto è "l'uomo del monte" della situazione, colui che, assaggiando con costanza le uve, decide il momento giusto per la vendemmia di ogni singola parcella.

VINI - Articolazione aromatica e ricerca di corrispondenza gustativa sono gli obiettivi che si pone lo stile aziendale, una ricerca continua che si concretizza in vinificazioni separate per ogni vigneto.

Valdobbiadene Sup. Brut Bosco di Gica 2019 320.000 bt; 13 € - - Ai netti profumi fruttati segue una bolla calibrata, con una chiusura sapida e fresca.
Valdobbiadene Sup. Extra Brut Rive di Farra di Soligo Col Credas 2019 16.000 bt; 16 € - - Preciso, cremoso e con un finale asciutto invitante.
Valdobbiadene Sup. Dry Rive di Colbertaldo Vigneto Giardino 2019 18.000 bt; 16 € - - Campione d'eleganza fruttata e agrumata. Al palato entra morbido e chiude con grande freschezza e pulizia.
Valdobbiadene Sup. Extra Dry Dei Casel 2019 100.000 bt; 13 € - - Metodo Charmat, agile, fruttato, teso.
Valdobbiadene Sup. di Cartizze Dry 2019 15.000 bt; 23 € - - Metodo Charmat, vivo, floreale, verticale.
Valdobbiadene Sup. Sul Lievito 2018 10.000 bt; 13 € - - Metodo Ancestrale, croccante, fruttato, energico.

ha 20 - **bt** 750.000
Fertilizzanti letame in pellet, letame, organo-minerali, sovescio
Fitofarmaci chimici di sintesi, rame e zolfo
Diserbo lavorazione meccanica/manuale
Lieviti selezionati industriali, selezione di lieviti indigeni
Uve acquisto 60%
Certificazione nessuna certificazione

VIDOR (TV)

NICOS BRUSTOLIN €

SCONTO -10%

Frazione Colbertaldo - Via Calle Lunga, 12/a
tel. 0423 989868 - 348 2524977 - nicosbrustolin@libero.it

VITA - Figura dirompente, and very slow, quella di Nicos Brustolin: vignaiolo, enologo e avvocato di lontane passioni ricompostesi nelle contadine radici. L'aria che si respira è quella del piccolo domaine, nel quale il gesto familiare è l'orologio che scandisce il leopardiano amore per il proprio luogo e il continuo atto del viverlo, proiettando il sogno che qui ogni giorno si compie dal levar dell'alba, sino al riposo della palla di fuoco.

VIGNE - «Bisogna ritornare alla falce (metafora della vita e della morte) abbandonando il decespugliatore»: frase che il greco dice con naturalezza per esemplificare l'estrema ratio delle sue scelte di fondo: il terroir, solo il terroir, nient'altro che il terroir. Le mammelliche colline del Valdobbiadene con le loro iperboli, il richiamo al sudore del "gauliano" grimpeur, sono la fucina nella quale nascono i capolavori della Marca Gioiosa.

VINI - Il respiro metronomico dei movimenti alimenta il progetto. Nasce una sorta di "sfida infernale", in cui il vigneron Nicos, novello Wyatt Earp, impugna la legge dell'ancestralità del cru, il mostruoso Slavina Rossa, teatro della Grande Guerra, trincea austriaca, per trasformarlo nel baluardo attuale dell'immensità del Prosecco. Mettete le vesti di miscredenti San Tommaso e andate là a toccare con mano la verità svelata.

TOP **Valdobbiadene Sup. Frizzante Slavina Rossa 2018** VINO SLOW 708 bt; 24 € - - Figlio di viti centenarie, è l'esaltazione all'ennesima potenza del sur lie, ovvero della rifermentazione spontanea in bottiglia.
Col Fondo 2019 20.000 bt; 10 € - - Ulteriore prova di grande carattere e piacevolezza.
Valdobbiadene Sup. Extra Dry Vigna di Romano 2019 13.000 bt; 12 € - - Innervato da una deliziosa fragranza.

ha 6,5 - **bt** 34.000
Fertilizzanti compost, letame, organo-minerali
Fitofarmaci chimici di sintesi, organici, rame e zolfo
Diserbo lavorazione meccanica/manuale
Lieviti fermentazione spontanea, selezione di lieviti indigeni
Uve 100% di proprietà
Certificazione nessuna certificazione

VIDOR (TV)

COL DEL LUPO

SCONTO **-10%**

Frazione Colbertaldo - Via Rovede, 37 - tel. 347 9004278
www.coldellupo.it - marco@coldellupo.it

VITA - Aldo Adami è il capostipite di una delle famiglie che hanno fatto la storia del Prosecco. Il nipote Marco Rosanda ha ricevuto in eredità, come regalo di laurea in Enologia, la parte più alta del Vigneto Giardino, uno dei cru più belli del territorio. Assieme alla mamma Diana Adami e alla sorella Giulia segue l'azienda, che oltre al vino si dedica all'enoturismo, con la presenza di una fattoria didattica e la possibilità di gustare dei piatti con prodotti del territorio.

VIGNE - Marco lavora solo vigneti di alta collina e con rive scoscese. Aumentano le ore lavorative ma cresce esponenzialmente la qualità delle uve prodotte, creando così la possibilità di nuove strade produttive. Oltre al cocuzzolo del Vigneto Giardino, Marco è entusiasta di un appezzamento situato a Rolle, una terra ben esposta, con un equilibrio fantastico.

VINI - I vini di Col del Lupo sono figli di vigne scoscese e produzioni per ettaro ben al di sotto dei limiti imposti dalla denominazione. Questo permette di creare prodotti più longevi e di osare con la nascita di un Metodo Classico.

Valdobbiadene Sup. Colfondo Notae 2018 7.000 bt; 15 € - Il Colfondo è il Prosecco della tradizione, senza inganno: sentori di erbe aromatiche e di pesca bianca aprono la strada a un sorso sapido e carnoso.
Valdobbiadene Sup. M. Cl. Re Major Dosaggio Zero 2017 547 bt; 20 € - Dopo la tradizione, lo sguardo al futuro. La glera spumantizzata con il Metodo Classico non è comune, e il risultato è decisamente piacevole. Ai sentori tipici del Prosecco di collina, pera e mela, si aggiunge una beva più strutturata ma agile e dinamica, per una bottiglia che finisce troppo velocemente.
Valdobbiadene Sup. Brut 2019 12.000 bt; 15 € - Metodo Charmat, teso, fruttato, elegante.

ha 3,5 - **bt** 25.000
Fertilizzanti letame, preparati biodinamici
Fitofarmaci organici, rame e zolfo
Diserbo lavorazione meccanica/manuale
Lieviti selezionati industriali, selezione di lieviti indigeni
Uve 100% di proprietà
Certificazione in conversione biologica

VIDOR (TV)

FROZZA

Frazione Colbertaldo - Via Martiri, 30 - tel. 0423 987069
www.frozza.it - valdobbiadene@frozza.it

VITA - Rispettato e stimato, Giovanni Frozza porta avanti con orgoglio la storia di famiglia legata al mondo del vino: prima del Novecento erano i bisnonni che coltivavano i vigneti, a cui seguirono i nonni che ebbero quattro figli, fra cui il papà Pietro. Con Giovanni ha avuto inizio la spumantizzazione, che lo ha portato nell'olimpo dei produttori di Valdobbiadene.

VIGNE - Sono 7 gli ettari coltivati a vigneto, alcuni con piante di oltre 50 anni: 4 ettari sono nella zona denominata Col dell'Orso, e nel cru Rive di Colbertaldo, bellissimo, vengono coltivate le uve per i Valdobbiadene. Altri 2 ettari sono nella zona Federa, dove sorge una graziosa casetta per la degustazione, e quelli restanti nell'area del Fol.

VINI - Giovanni non dimenticherà facilmente la vendemmia 2019, con una produzione praticamente debellata da una forte grandinata primaverile, che lo ha costretto a proporre solo un vino utilizzando i grappoli migliori che si sono salvati e a cui ha dovuto aggiungere uve, sempre di qualità, acquisite dagli amici produttori. Quindi nome nuovo ed etichetta diversa per un anno comunque da ricordare. Per fortuna il Col Fondo che affina più tempo ci ha consentito di assaggiare due vini meravigliosi.

Giovannin Bianco Frizzante 2017 glera; 1.000 bt; 34 € - Un vino Col Fondo che alla sua seconda uscita ci ha impressionati: freschezza che dura al tempo, tipicità netta, leggero al sorso e lunghissimo nell'impronta gustativa.
Valdobbiadene Sup. Extra Dry Pochi Calici 2019 40.000 bt; 12 € - Per la prima volta Giovanni Frozza propone un vino fatto non solo con le sue uve, ma la mano del bravo spumantista non trema e ci regala una versione interessante, molto floreale e leggera. Possiamo definirlo un vino solidale.

ha 7 - **bt** 41.000
Fertilizzanti letame, organo-minerali
Fitofarmaci rame e zolfo
Diserbo lavorazione meccanica/manuale
Lieviti selezione di lieviti indigeni
Uve acquisto 10%
Certificazione nessuna certificazione

VIDOR (TV)

MIOTTO

SCONTO **-10%**

Frazione Colbertaldo - Via Scandolera, 34 - tel. 0423 985095
349 1788047 - www.cantinamiotto.it - info@cantinamiotto.it

VITA - Il nucleo familiare con la sua forza identitaria è l'asse attorno al quale gira il moto quotidiano dei Miotto. Una piccola realtà, saldamente ancorata al vissuto dei propri luoghi, nel quale il battito del futuro ha trovato un'accoglienza entusiasmante. Un film che vede scorrere le proprie sequenze con il ritmo del Godard di "Fino all'ultimo respiro". Su, su, su e ancora più in alto, baciando le stelle diventate immensamente vicine.

VIGNE - Si dirama a raggiera, partendo dal comune di Vidor, il reticolato viticolo. Il borgo di Colbertaldo stringe indissolubilmente a sé i viscerali terroir di Federa, Col dell'Orso e Soprapiana, mentre Saccol coccola il Col del Sass. Nel mezzo, fra Valdobbiadene e Conegliano, Premaor e Serre di Campea, sino a Colfosco, strizzando l'occhio alla città del grande Cima. Il fascino di un'ampia diversità di climi.

VINI - Siamo nel secolo dei Lumi e cavalchiamo, ansiosamente, lungo i sentieri della campagna veneziana in direzione dei colli della Marca Gioiosa. Ci aspettano nel loro atelier i Miotto, Walter, Andrea e Gianni, e subito ci par di essere fra i Tiepolo, perché avvolti nelle sete cesellate dell'aurora. I vini sono fra le più alte espressioni di finezza dell'intera denominazione.

Valdobbiadene Sup. Rive di Colbertaldo De Rive Extra Brut 2019 4.000 bt; 15 € - Intensamente floreale, inebriante, ha un bellissimo sorso cremoso.
Valdobbiadene Sup. Brut Federa 2019 20.000 bt; 13 € - Sottilmente aromatico, sinuoso nel profilo olfattivo, ricorda i profumi delle piccole pere di San Pietro e ha un sorso galoppante.
Valdobbiadene Sup. Extra Dry Federa 2019 20.000 bt; 13 € - Netto nei profumi floreali e fruttati, in bocca è assai piacevole e dinamico.

ha 13 - **bt** 100.000
Fertilizzanti letame in pellet, letame, organo-minerali
Fitofarmaci chimici di sintesi, rame e zolfo
Diserbo lavorazione meccanica/manuale
Lieviti selezionati industriali, selezione di lieviti indigeni
Uve 100% di proprietà
Certificazione nessuna certificazione

VIDOR (TV)

SORELLE BRONCA

SCONTO **-10%**

Frazione Colbertaldo - Via Martiri, 20 - tel. 0423 987201
www.sorellebronca.com - info@sorellebronca.com

VITA - In questa azienda, cantina, casa e famiglia sono un tutt'uno: alle spalle c'è una lunga storia esemplare, fatta di persone schiette e autentiche dedite alla viticoltura di qualità. Alle sorelle Antonella ed Ersiliana Bronca si è affiancata la figlia di quest'ultima, Elisa Piazza, enologa. Ma tutto è partito col nonno Martino e passato per papà Livio, per poi proseguire con la presenza fondamentale di Pietro Balcon, marito di Antonella.

VIGNE - Sono 25 gli ettari vitati, tutti in area Patrimonio Unesco, che le sorelle Bronca custodiscono, curano e valorizzano: dalle vigne storiche della Particella 68 a col San Martino, fino a Conegliano, a Rua di Feletto, dove oltre alla glera si producono merlot, marzemino, cabernet franc, cabernet sauvignon e incrocio Manzoni. Più recenti i vigneti a Farrò, con la Particella 232.

VINI - Vigneti diversi per vini diversi: la cifra comune è la valorizzazione dei singoli appezzamenti, con basse rese e selezioni attente.

TOP **Valdobbiadene Sup. Extra Brut Particella 232 2019** VINO SLOW 6.000 bt; 21 € - È pimpante, teso, finissimo al naso, con profumi di camomilla e pera a ricordarci le colline da cui nasce.
Valdobbiadene Sup. Brut Particella 68 2019 15.000 bt; 18 € - La storica particella ha ancora molto da raccontare soprattutto in finezza e cremosità di beva: le vecchie viti si esprimono al meglio.
Ardesco 2016 merlot, cabernet franc, cabernet sauvignon; 5.000 bt; 15 € - Sorso impegnativo ma gratificante, accompagnato da una sensazione balsamica e note di cioccolato.
Colli di Conegliano Bianco Delico 2019 5.000 bt; 17 € - Fine, agrumato, armonico.
Valdobbiadene Sup. Brut 2019 125.000 bt; 14 € - Metodo Charmat, fresco, floreale, energico.
Valdobbiadene Sup. Extra Dry 2019 125.000 bt; 14 € - Metodo Charmat, croccante, fruttato, essenziale.

ha 25 - **bt** 350.000
Fertilizzanti letame, sovescio
Fitofarmaci chimici di sintesi, organici, rame e zolfo
Diserbo lavorazione meccanica/manuale
Lieviti fermentazione spontanea, selezionati industriali, selezione di lieviti indigeni
Uve 100% di proprietà
Certificazione nessuna certificazione

VIDOR (TV)

SPAGNOL - COL DEL SAS

Frazione Colbertaldo - Via Scandolera, 51 - tel. 0423 987177
www.coldelsas.it - info@coldelsas.it

VITA - La produzione esclusiva di vino nella famiglia Spagnol è arrivata negli anni Settanta, dopo aver abbandonato l'allevamento di bovini e la coltivazione dei seminativi. L'azienda attualmente è condotta dai fratelli Stefano, Marco e Alberto, e ovviamente dai genitori, che sono un valido supporto e riferimento. La Col del Sas di oggi è un'azienda ben organizzata e con idee chiare, affermata in Italia e in grado di esportare in 20 paesi nel mondo.

VIGNE - Il grande lavoro intrapreso in vigna è quello della selezione massale partendo da vecchie varietà di glera. Questo porta a ottenere ceppi molto differenti e un vigneto più sano, che richiede minori interventi. Il corpo principale si trova a Farra di Soligo e Solighetto, mentre la parte rimanente è suddivisa tra Collalto, su terreno argilloso, Sacol, con suoli marnosi, e attorno a casa a Colbertaldo di Vidor, dove troviamo un conglomerato calcareo.

VINI - Pulizia e definizione: si riassume così l'idea dei vini degli Spagnol, che non temono di mostrarsi nella loro sottile struttura per evidenziare i suoli da cui provengono.

Valdobbiadene Sup. Quindici16 Dosaggio Zero 4.000 bt; 15 € - Una cuvée di due annate che denota equilibrio e definizione. Dalla bollicina elegante, al naso ha freschezza e note di frutta croccante. In bocca è sapido e persistente.
Valdobbiadene Sup. Brut Rive di Solighetto 2019 30.000 bt; 13 € - Naso elegante, di agrumi freschi. La bollicina è cremosa, per un sorso molto espressivo e dinamico, che rimane sempre teso e in progressione.
Valdobbiadene Sup. Brut Col del Sas 2019 100.000 bt; 12 € - Metodo Charmat, dinamico, agrumato, espressivo.
Valdobbiadene Sup. Extra Dry Col del Sas 2019 140.000 bt; 12 € - Metodo Charmat, armonico, fruttato, armonico.

ha 36,5 - **bt** 400.000
Fertilizzanti compost, letame, minerali, sovescio
Fitofarmaci rame e zolfo
Diserbo lavorazione meccanica/manuale
Lieviti selezionati industriali
Uve acquisto 5%
Certificazione nessuna certificazione

VOLPAGO DEL MONTELLO (TV)

IDA AGNOLETTI

SCONTO **-10%**

Frazione Selva - Via Saccardo, 55 - tel. 333 7166494
agnoletti.vini@gmail.com

VITA - Ida Agnoletti è un punto di riferimento indiscutibile del comprensorio montelliano, e una delle stelle di prima grandezza del firmamento enologico del Veneto. Determinata e battagliera, com'è nelle corde della sua gente, madame Ida è una self-made woman che ha percorso gli anni della rinascita del vino italiano, a partire dagli studi alla scuola enologica di Conegliano, come un'aquila che volando in cielo lo pennella di emozioni.

VIGNE - Se avessimo una rigorosa legge sulle denominazioni funzionerebbe così: l'appellation comunale Volpago del Montello, la frazione Selva il cru, il terroir di Ida Agnoletti premier cru. La cura puntigliosa delle vigne, amate con occhio sicuro, ostinato, incisivo, è la regola. Gli allevamenti sono a sylvoz, doppio capovolto e guyot; concimazioni di natura organica e bye bye irrigazione. Terreni argillosi, di medio impasto, subacidi.

VINI - Vi è una identificazione totale fra vini e persona. Il carattere della vignaiola, or ora descritto, lo ritroviamo ficcante nei suoi liquidi bacchiani.

TOP **Montello Rosso Seneca 2017** VINO SLOW ● 4.000 bt; 17 € - Profondamente caravaggesco. Vecchie vigne di 70 anni e tonneau, la succosità del ribes e della mora, l'orgoglioso tannino. Pazzia non farne scorta.
Incrocio Manzoni 6.0.13 Follia 2018 ○ 2.000 bt; 14 € - Un grandissimo bianco, tratteggiato da una sottile vena aromatica: la florealità in evidenza e la freschezza degli agrumi.
PSL Always Sui Lieviti 2018 glera; 8.000 bt; 8 € - Uno dei migliori prodotti fra il Montello e Asolo, in grado di rivaleggiare con i leoni di Valdobbiadene.
Montello e Colli Asolani Merlot La Ida 2018 ● 8.000 bt; 12 € - Fine, fruttato, avvolgente.
Asolo Prosecco Il Tranquillo 2019 ○ 5.500 bt; 9 € - Succoso, floreale, sottile.

ha 7 - **bt** 50.000
Fertilizzanti letame in pellet, sovescio
Fitofarmaci rame e zolfo
Diserbo lavorazione meccanica/manuale
Lieviti fermentazione spontanea
Uve 100% di proprietà
Certificazione nessuna certificazione

VOLPAGO DEL MONTELLO (TV)

CASE PAOLIN

SCONTO **-10%**

Via Madonna della Mercede, 53 - tel. 0423 871433 - 347 4392184
www.casepaolin.it - info@casepaolin.it

VITA - Impegno, caparbietà, oculatezza e costanza contraddistinguono i tre fratelli Pozzobon: Diego, Adelino e Mirco esprimono una cultura contadina sana e tenace, e i risultati gratificano i nostri palati. Passo dopo passo, sia per gli aspetti di vigna sia per quelli di cantina, Case Paolin si avvia a diventare stella polare del Montello.

VIGNE - Le vigne sono da molto tempo in conduzione biologica, e si trovano sul Montello argilloso e ferroso, con i cru di merlot, carmenère, cabernet sauvignon e franc, e la glera. È partito il progetto sulla recantina, con l'impianto di un nuovo vigneto. Le viti sui terreni ghiaiosi donano vini base dall'acidità importante.

VINI - L'obiettivo è di preservare le caratteristiche aromatiche delle uve, quindi fermentazioni lente, residui zuccherini molto bassi e vini che siano di tradizione ma anche di tecnica. Non c'è fretta da Case Paolin: le bottiglie escono quando sono ritenute pronte, ma il tempo, se possibile, le migliora ulteriormente.

TOP **Montello e Colli Asolani Rosso San Carlo 2016** VINO SLOW ● 6.500 bt; 31 € - Se Case Paolin è stella polare, questo vino è Sirio, la stella più luminosa: di ottima facilità di beva, leggermente erbaceo al naso e molto fine, ha un tannino svolto ma ancora presente, che promette longevità.
Rosso del Milio 2018 ● merlot, carmenère; 16.000 bt; 20 € - Sentori fini di ciliegia e di geranio introducono un sorso gustoso e intrigante, di ottima beva.
Manzoni Bianco Costa degli Angeli 2019 ○ 12.000 bt; 12 € - Una cascata di piacere e di freschezza, con lunga sapidità e finale disteso.
Asolo Col Fondo 2018 15.000 bt; 12 € - Metodo Ancestrale, dinamico, fruttato, delicato.
Asolo Sup. Brut 2019 45.000 bt; 12 € - Citrino, fruttato, elegante.

ha 16 - **bt** 145.000
Fertilizzanti letame, sovescio
Fitofarmaci organici, rame e zolfo
Diserbo lavorazione meccanica/manuale
Lieviti fermentazione spontanea, selezione di lieviti indigeni
Uve 100% di proprietà
Certificazione biologico certificato

IL TORCHIATO DI FREGONA

Ai piedi dell'Altopiano del Cansiglio, a sud-est di Vittorio Veneto, si trovano vigneti che producono un vino che sembrava in via di estinzione: il Colli di Conegliano Torchiato di Fregona Docg, le cui uve vengono torchiate durante il periodo pasquale dopo alcuni mesi di appassimento. Un cugino, per tipologia, dei Vin Santo. Un vino prelibato che ha una lunga e affascinante storia: è Passito le cui origini vanno indietro nel tempo, visto che se ne hanno tracce già nel Seicento. Le uve possono essere coltivate solo nei territori dei comuni di Fregona, Sarmede e Cappella Maggiore, in provincia di Treviso.
A oggi sono rimasti pochissimi produttori a realizzarlo, e c'era il rischio che sparisse a favore di prodotti più noti e commerciabili: così sette vignaioli hanno unito le loro forze e si sono organizzati in cooperativa nella Cantina Produttori di Fregona, costruendo un centro di appassimento a Fregona con l'obiettivo di valorizzare questo vino della tradizione e di diffonderlo a livello nazionale e internazionale. Il Torchiato di Fregona rappresenta un territorio, anche se circoscritto, e la sua storia: viene realizzato con i vitigni glera, boschera e verdiso. I grappoli vengono selezionati e staccati dalle piante, maturi ma non troppo, per conservare un po' di acidità. In seguito vengono appesi uno per uno o stesi su graticci – i gradiss – in ambienti asciutti e ben arieggiati, avendo la cura di rimuovere gli acini rotti o ricoperti da muffe indesiderate. Segue l'appassimento che dura qualche mese, in base alla densità zuccherina che si vuole ottenere. Durante la settimana di Pasqua si procede a separare i grappoli a mano, e questi vengono pigiati con torchi manuali, molto simili a quelli del Seicento. Il mosto ottenuto è affinato in piccole botti di legno per un minimo di 24 mesi, e poi in bottiglia per almeno 5 mesi.
I tre vitigni che lo compongono hanno un ruolo ben preciso: l'uva glera dona tipici aromi fruttati e tenore zuccherino, il verdiso è importante per l'acidità che non lo fa diventare stucchevole, e la varietà boschera ha una buccia spessa, particolarmente adatta all'appassimento e ricca di profumi.

Cantina Produttori Fregona Piera Dolza
Via Castagnola, 50
Fregona (TV)
tel. 335 7258133

Angelo Da Ros
Via Madonna di Val, 14/a
Sarmede (TV)
tel. 0438 959298

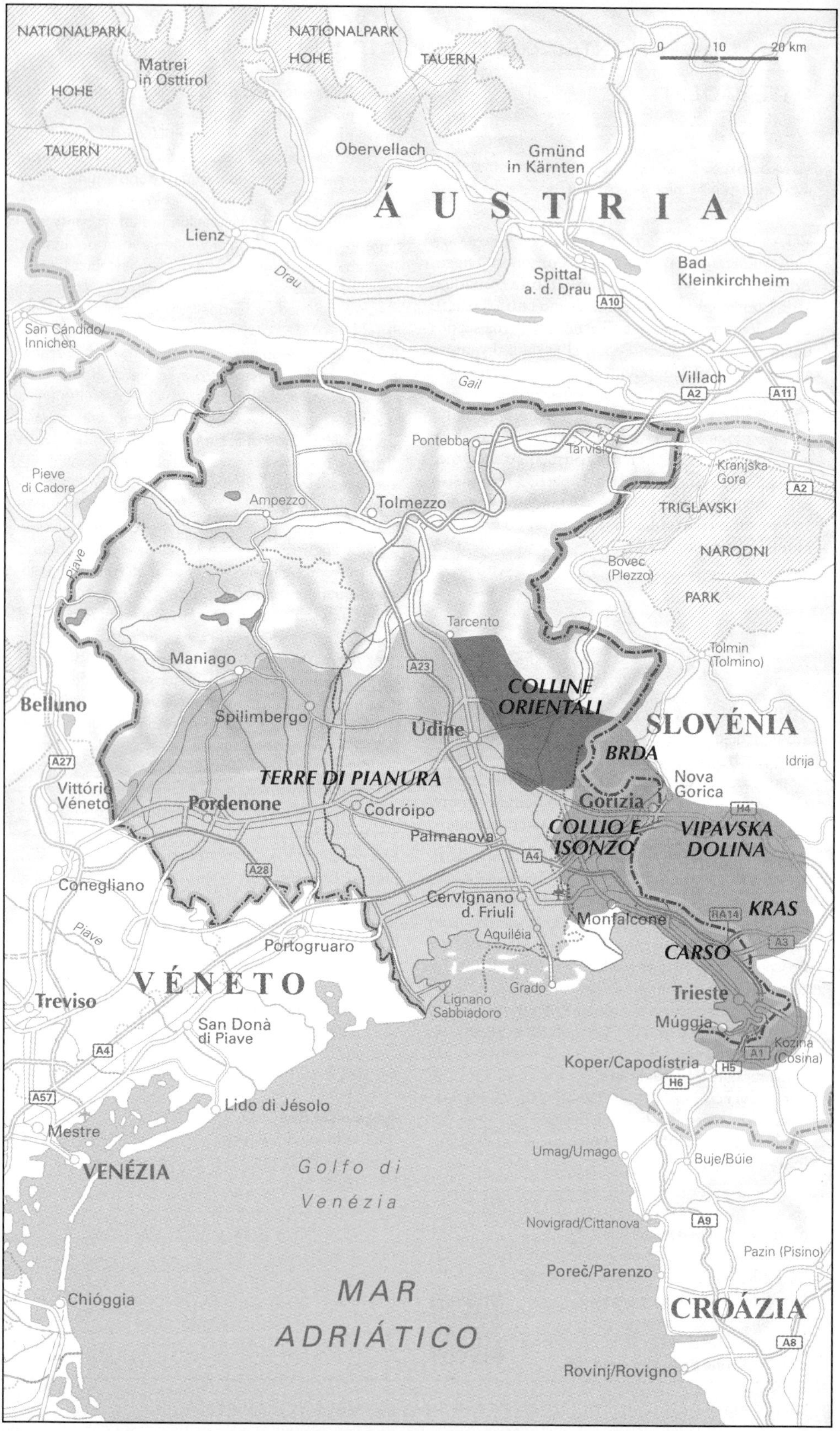

NATIONALPARK
HOHE
TAUERN
NATIONALPARK
HOHE
TAUERN
Matrei in Osttirol
0 10 20 km
Obervellach
Gmünd in Kärnten
ÁUSTRIA
Lienz
Drau
Spittal a. d. Drau
A10
Bad Kleinkirchheim
San Cándido/ Innichen
Gail
Villach
A2
A11
Pontebba
Tarvisio
Kranjska Gora
A2
Pieve di Cadore
Ampezzo
Tolmezzo
TRIGLAVSKI
NARODNI
PARK
Piave
Bovec (Plezzo)
Tarcento
Tolmin (Tolmino)
Maniago
A23
Belluno
COLLINE ORIENTALI
Spilimbergo
Údine
SLOVÉNIA
BRDA
A27
Idrija
TERRE DI PIANURA
Nova Gorica
Vittório Véneto
Pordenone
Codróipo
Gorizia
H4
Palmanova
COLLIO E ISONZO
VIPAVSKA DOLINA
A4
A28
Conegliano
Cervignano d. Friuli
KRAS
RA14
Monfalcone
Piave
Aquiléia
A3
Portogruaro
CARSO
VÉNETO
Grado
Trieste
Treviso
Lignano Sabbiadoro
Múggia
San Donà di Piave
Kozina (Cosina)
A1
A4
Koper/Capodístria
H5
H6
A57
Lido di Jésolo
Mestre
Umag/Umago
VENÉZIA
Golfo di Venézia
Buje/Búie
Novigrad/Cittanova
A9
Pazin (Pisino)
Poreč/Parenzo
MAR ADRIÁTICO
Chióggia
CROÁZIA
A8
Rovinj/Rovigno

FRIULI VENEZIA GIULIA E SLOVENIA

L'annuale fotografia aggiornata della produzione vitivinicola di questa regione non può prescindere da alcune considerazioni che riguardano la crisi sanitaria che ha investito tutto il mondo. Nonostante la recente e profonda trasformazione del tessuto produttivo friulano, generata dalla distesa di glera, atta a diventare Prosecco, che ha invaso le campagne del basso Friuli, il fulcro commerciale della regione è ancorato alla produzione di vini bianchi fermi, che hanno certamente accusato il momento di stasi del mercato nazionale e internazionale. Non tutti i mali vengono per nuocere, verrebbe però da dire, in quanto il rallentamento forzato delle vendite ha portato i produttori friulani a ritardare, causa giacenze consistenti in cantina, l'imbottigliamento delle nuove annate, e questo ha senza dubbio fatto bene ai vini. In passato troppe volte abbiamo ripetuto che bisogna dare il giusto tempo ai bianchi friulani per esprimere tutta la loro qualità: in genere migliorano in bottiglia dopo almeno un paio di anni dalla vendemmia. Queste stesse considerazioni valgono in buona parte anche per i territori e per i produttori di vino della Primorska, ovvero di quella porzione di territorio sloveno confinante con quello italiano e composto da quattro distretti vitivinicoli: Brda, Vipavska Dolina, Kras e Slovenska Istra. Dall'edizione 2017 questi territori fanno parte integrante della nostra guida: li consideriamo la naturale prosecuzione oltreconfine di un unico comprensorio che, anche se geograficamente appare separato da un confine politico che ha valore sulle cartine ma non conta nulla in campo agricolo, risulta storicamente unito dalla piena condivisione dei vitigni coltivati, dalle caratteristiche dei terreni e dalla cultura vitivinicola. Continua, lenta ma inarrestabile, l'affermazione dei cosiddetti "orange wines", che noi preferiamo definire vini bianchi macerati. Si avverte, anno dopo anno, una loro decisa crescita in qualità, segno che la non facile tecnica della macerazione sulle bucce sta maturando positivamente nel DNA di molti vignaioli friulani e sloveni. Il fenomeno riguarda evidentemente una fascia ristretta di mercato, ma è indubbia la supremazia di questi territori, Collio-Brda, Carso-Kras etc., nella produzione di questa tipologia di vini, che si affermano tra i migliori prodotti in Europa. Dalle uve a bacca nera, che solo 15 anni fa in Friuli erano in sostanziale equilibrio con quelle bianche, mentre oggi rappresentano appena il 20% della produzione, troviamo poche etichette di qualità eccellente, a nostro avviso troppo poche per queste zone di indubbia vocazione. Servirebbe forse uno sforzo maggiore, in termini di definizione degli stili interpretativi e delle varietà su cui puntare.

le Bottiglie

le Monete €

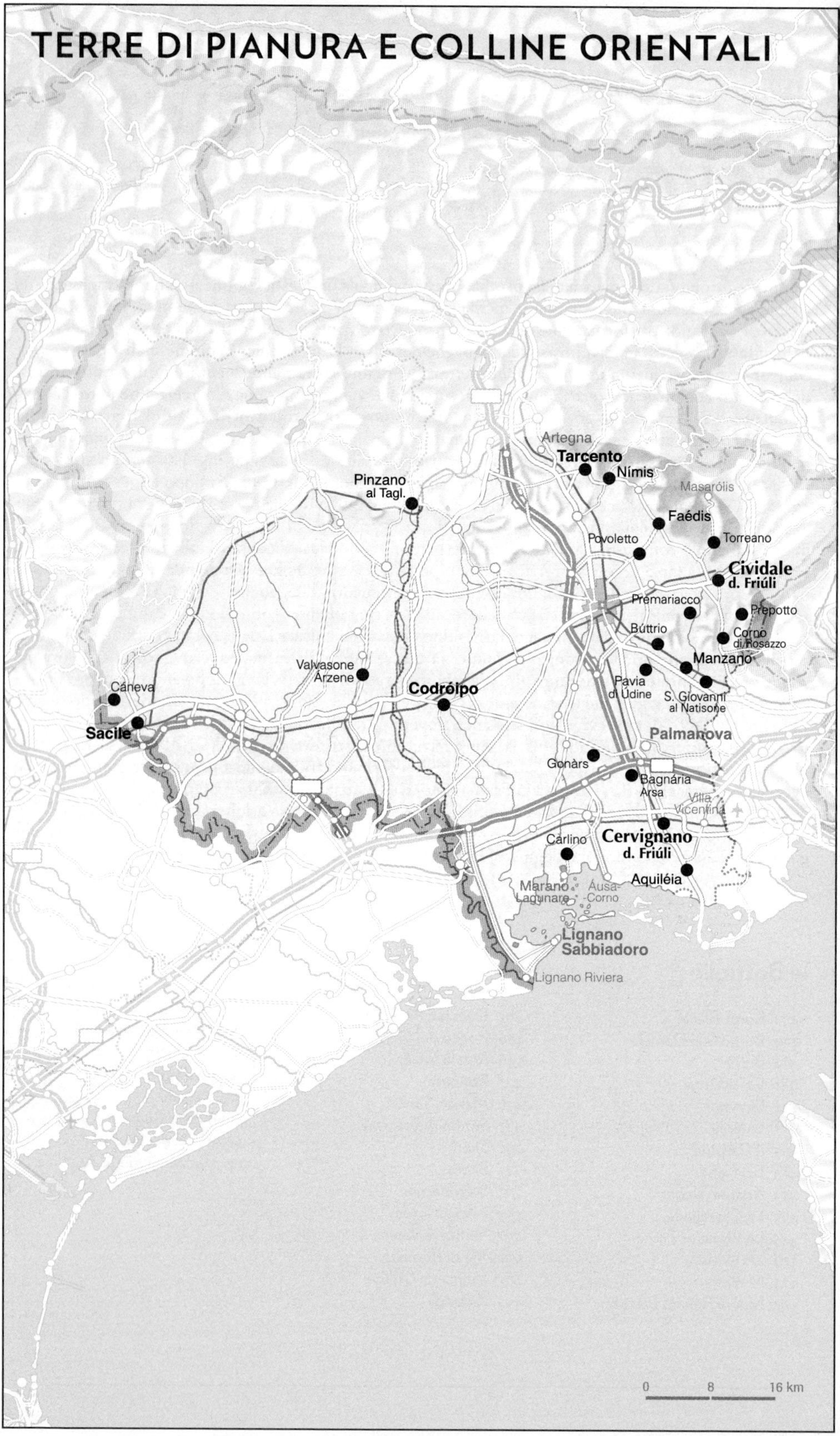
TERRE DI PIANURA E COLLINE ORIENTALI
Artegna
Tarcento
Nímis
Masarólis
Faédis
Torreano
Pinzano
al Tagl.
Povoletto
Cividale
d. Friúli
Premariacco
Prepotto
Búttrio
Corno
di Rosazzo
Manzano
Valvasone
Arzene
Pavia
di Údine
S. Giovanni
al Natisone
Cáneva
Codróipo
Sacile
Palmanova
Gonàrs
Bagnária
Arsa
Villa
Vicentina
Cervignano
d. Friúli
Carlino
Aquiléia
Marano
Lagunare
Áusa-
Corno
Lignano
Sabbiadoro
Lignano Riviera
0
8
16 km

AQUILEIA (UD)

TARLAO VIGNIS IN AQUILEIA €

Località Colombara - Via San Zili, 50 - tel. 0431 91417
www.tarlao.eu - info@tarlao.eu

VITA - La cantina e l'agriturismo sono situati a pochi chilometri da Aquileia, importante centro archeologico. Qui un tempo prima il nonno e poi il padre di Francesco Tarlao hanno gestito una frasca: tipico punto di ristoro e ritrovo estivo dedito al consumo del vino locale e di semplici piatti freddi. Oggi le vigne e il vino sono diventati preponderanti, ma non hanno scalzato l'autenticità e l'atmosfera del contesto agricolo.

VIGNE - I nuovi investimenti viticoli prevedono l'ampliamento del parco vitato a pinot bianco e riesling. Non deve stupire questo progetto a bacca bianca nella pianura di Aquileia: si basa su una presenza storica che Francesco, vice presidente del Consorzio Friuli Aquileia, ritiene un patrimonio da recuperare e da valorizzare.

VINI - La direzione intrapresa ricerca minor struttura a favore di una maggiore verticalità, frutto del lavoro in vigna, vero focus aziendale.

TOP **Aquileia Sauvignon Giona 2019** VINO QUOTIDIANO ○ 3.333 bt; 10 € - Un vino essenziale e verticale, iodato e piacevole nelle sue tipiche durezze, che concorrono a disegnare un carattere erbaceo e schietto.
Aquileia Refosco P.R. Mosaic Ros 2016 ● 2.000 bt; 21 € - L'apertura al naso è articolata e marcata dalle note di affinamento. Il sorso che segue conferma il fascino, impreziosito da note di violetta. È marcato da una riuscita rotondità, complessità e note dolci. Rappresenta con orgoglio questo vitigno, a suo agio nell'areale storico del territorio aquileiese.
Aquileia Malvasia Ninive 2019 ○ 4.000 bt; 10 € - Vino aromatico piacevole e fresco. Le belle sensazioni tattili regalate dal sorso sono accompagnate da aromi fruttati. Il naso accompagna la trama con sbuffi floreali. Il palato è deciso, maturo e compatto.
Aquileia Pinot Bianco Poc Ma Bon 2019 ○ 6.000 bt; 10 € - Nobile, fruttato, sapido.

ha 5,8 - **bt** 27.000
Fertilizzanti letame, organo-minerali, sovescio
Fitofarmaci chimici di sintesi, rame e zolfo
Diserbo lavorazione meccanica/manuale
Lieviti selezionati industriali, selezione di lieviti indigeni
Uve 100% di proprietà
Certificazione nessuna certificazione

BAGNARIA ARSA (UD)

MULINO DELLE TOLLE €

Frazione Sevegliano - Via Julia, 1 - tel. 0432 924723
www.mulinodelletolle.it - info@mulinodelletolle.it

VITA - A metà strada tra Palmanova e Aquileia troviamo Mulino delle Tolle, attività a conduzione familiare gestita dai cugini Giorgio ed Eliseo Bertossi. Si tratta di un'azienda completa dove troviamo un B&B, l'agriturismo, l'allevamento bovino, avicolo e suinicolo che fornisce le carni per la cucina, campi a seminativo e i vigneti. Eliseo si occupa dell'agriturismo mentre Giorgio lo troviamo in cantina.

VIGNE - Sono 20 gli ettari di proprietà tutti situati non lontano dalla cantina. Sono stati differenziati in base al tipo di terreno: le uve bianche sorgono su terreni sciolti, mentre quelle a bacca nera quali merlot, cabernet sauvignon e refosco dal peduncolo rosso vegetano su terreni argillosi. Una nota di merito va fatta per la malvasia, selezionata tra i migliori cloni regionali. La forma di allevamento scelta è a guyot e la vendemmia è meccanizzata.

VINI - I vini di Mulino delle Tolle non potevano che essere genuini come il loro produttore, Giorgio, persona di eccezionale esperienza, al punto che fa da consulente anche per altre realtà vitivinicole regionali. Tipicità e carica aromatica varietale: sono queste le peculiarità di questi vini, frutto di una vinificazione tradizionale, a basse temperature, con leggera macerazione pellicolare. Una curiosità: nel 2020 è stata inaugurata la nuova cantina.

TOP **Friuli Aquileia Pinot Bianco 2019** VINO QUOTIDIANO ○ 2.600 bt; 9 € - Ricco al naso, dove si muove tra note vegetali, floreali e di pesca bianca, ha un sorso delicato, piacevole, equilibrato, di bella sapidità e buona persistenza.
Friuli Aquileia Sauvignon 2019 ○ 6.600 bt; 9 € - Armonico, erbaceo, complesso.
Friuli Aquileia Traminer Aromatico 2019 ○ 2.600 bt; 10 € - Fresco, fruttato, espressivo.
Friuli Aquileia Merlot 2018 ● 6.600 bt; 9 € - Schietto, fruttato, varietale.

ha 20 - **bt** 100.000
Fertilizzanti letame in pellet
Fitofarmaci chimici di sintesi, rame e zolfo
Diserbo chimico, lavorazione meccanica/manuale
Lieviti selezionati industriali
Uve 100% di proprietà
Certificazione nessuna certificazione

BAGNARIA ARSA (UD)

TENUTA BELTRAME

Frazione Privano - Località Antonini, 4 - tel. 0432 923670
www.beltramewine.com - info@tenutabeltrame.it

VITA - A due passi da Palmanova, la città a forma di stella conosciuta in tutto il mondo, troviamo la Tenuta Beltrame. La dimora storica che ospita la sede aziendale risale al Quattrocento, e da alcuni documenti si evince che fu di proprietà dei conti Antonini. Dopo un periodo di abbandono, nel 1991 è stata acquisita e valorizzata dalla famiglia Beltrame. Oggi alla guida troviamo l'enologo Cristian Beltrame e il calciatore Cristian Zapata, aiutati in cantina da Rudi Calligaris.

VIGNE - Sono 40 gli ettari di proprietà, di cui 25 vitati: circondano quasi completamente la cantina. Una scelta aziendale utile a bilanciare i risultati in ogni anno è quella per cui tutte le varietà scelte devo avere almeno cinque cloni diversi. Le vigne sono state piantate tra il 1991 e il 1994, e dotate di drenaggi sottosuperficiali, che aiutano a limitare gli eccessi idrici in questi terreni argillosi. Il sistema di allevamento scelto è il doppio guyot.

VINI - Cristian, con la sua lunga esperienza enologica, riesce a far esprimere personalità e carattere territoriale nei vini, di cui esalta al meglio la complessità aromatica. Per questi motivi l'azienda punta a valorizzare il refosco dal peduncolo rosso, vitigno che cresce benissimo e con una particolare vigoria in questa zona. I vini riposano all'interno di barrique prodotte dal padre di Cristian, che gestisce un'azienda che lavora il legno.

Friuli Merlot Vigna Augusta 2016 ● 3.000 bt; 16 € - Un vino pulito, dai cenni erbacei e dalle varietali note di frutta rossa. In bocca nonostante la densità conserva un bel contrasto acido.
Friuli Pinot Nero 2018 ● 11.000 bt; 11 € - Setoso, speziato, elegante.
Tazzelenghe 2016 ● 3.200 bt; 16 € - Dinamico, speziato, espressivo.
Friuli Refosco P.R. 2017 ● 7.000 bt; 11 € - Fine, fruttato, varietale.

ha 25 - **bt** 80.000
Fertilizzanti sovescio
Fitofarmaci rame e zolfo
Diserbo lavorazione meccanica/manuale
Lieviti selezionati industriali
Uve 100% di proprietà
Certificazione nessuna certificazione

BUTTRIO (UD)

MEROI

Via Stretta, 6/b - tel. 0432 674025
www.meroi.wine - info@meroi.wine

VITA - Paolo Meroi porta avanti da tempo la solida eredità della sua famiglia: da un lato la Trattoria al Parco, nel centro di Buttrio, dove lo si può trovare impegnato nella gestione della grande griglia; dall'altro le amate vigne. Paolo conduce entrambi i mestieri (ristoratore e vignaiolo) con la stessa serietà e con intelligente spirito imprenditoriale. Ad affiancarlo nella gestione diretta di vigneti e cantina è il giovane Mirko Degan, che ha maturato nel tempo un ottimo bagaglio di saperi ed esperienze.

VIGNE - Al tesoro iniziale, lo storico vigneto Dominin piantato dal nonno di Paolo e dedicato al merlot e al refosco, si sono aggiunte negli anni nuove parcelle attigue, vitate con lo stesso materiale genetico originale. In tempi più recenti è arrivato anche il nuovo grande impianto delle Zitelle, poco distante, posizionato su una costa più fresca e per questo particolarmente adatto per le varietà a bacca bianca.

VINI - In cantina vengono da sempre eseguite vinificazioni "alla borgognona", ovvero con sapiente utilizzo dei legni piccoli per tutte le varietà raccolte. Questa scelta aumenta la complessità e lo spessore dei vini, che vanno attesi nei loro giusti tempi di evoluzione.

FCO Friulano 2018 ○ 3.800 bt; 24 € - Si apre con un naso bello e complesso, ricco di note floreali e di pesca matura; la bocca è fresca, tesa e succosa.
FCO Merlot Ros di Buri 2015 ● 4.500 bt; 31 € - Esprime tutta la potenza che il territorio di Buttrio sa imprimere alle uve rosse: in bocca è possente e avvolgente, con tannini grintosi in bella evidenza.
FCO Ribolla Gialla 2018 ○ 1.700 bt; 24 € - Un timbro lattico e vanigliato supporta l'intensa morbidezza del sorso.

ha 20 - **bt** 70.000
Fertilizzanti letame in pellet, letame, organo-minerali
Fitofarmaci chimici di sintesi, rame e zolfo
Diserbo lavorazione meccanica/manuale
Lieviti fermentazione spontanea, selezionati industriali
Uve 100% di proprietà
Certificazione nessuna certificazione

BUTTRIO (UD)

PETRUCCO

Via Morpurgo, 12 - tel. 0432 674387
www.vinipetrucco.it - info@vinipetrucco.it

VITA - Questa interessante realtà oggi non esisterebbe se Paolo Petrucco non ne avesse risollevato le sorti negli anni Settanta, acquistandola quando contava solamente 2 ettari di vigna che stavano per essere spiantati. La passione e la dedizione per la terra ha portato l'azienda ad avere oggi 15 ettari vitati immersi in altri 20 ettari di boschi. Il percorso fatto ha due momenti importanti: il primo imbottigliamento agli inizi degli anni Ottanta, e l'incontro con Flavio Cabas, che ancora oggi conduce sia le vigne sia la cantina, nel 1992.

VIGNE - I boschi della collina fanno da cornice alle vigne terrazzate che affondano le radici su un terreno di marna arenaria che varia molto per composizione, una condizione che facilita la scelta dei vitigni da coltivare. Le vigne più vecchie hanno 100 anni, ed è per questo motivo che Flavio ha iniziato un'opera di rinnovamento di alcune parcelle.

VINI - Freschezza ed equilibrio tra alcolicità e acidità per i vini bianchi, e struttura, longevità e carattere per i vini rossi.

TOP **FCO Friulano 2019** VINO QUOTIDIANO O 7.000 bt; 10 € - Note olfattive piacevoli e rilassanti di camomilla, timo, frutta e fiori si bilanciano in un sorso lungo e caldo sul finale, con una bella spinta acida.
FCO Pignolo Ronco del Balbo 2015 ● 2.000 bt; 28 € - Prevalgono i profumi fruttati: è un vino che ricerca austerità, e in cui le morbidezze si riequilibrano con le durezze. La beva è carnosa ed espansiva.
FCO Refosco P.R. Ronco del Balbo 2017 ● 2.500 bt; 17 € - Al naso troviamo gradevoli note speziate e di frutto maturo. Buona la sapidità, per un sorso lungo e armonico e un finale piacevole.
FCO Sauvignon 2019 O 7.000 bt; 11 € - Fresco, vegetale, autentico.
FCO Malvasia 2019 O 3.000 bt; 11 € - Dinamico, minerale, espressivo.

ha 15 - **bt** 80.000
Fertilizzanti letame in pellet, organo-minerali
Fitofarmaci chimici di sintesi, rame e zolfo
Diserbo chimico, lavorazione meccanica/manuale
Lieviti selezionati industriali, selezione di lieviti indigeni
Uve acquisto 5%
Certificazione nessuna certificazione

BUTTRIO (UD)

FLAVIO PONTONI €

SCONTO -10%

Via Peruzzi, 8 - tel. 0432 674352
www.pontoni.it - flavio@pontoni.it

VITA - Sorge nel cuore delle colline di Buttrio questa storica azienda agricola, che fin dagli inizi del Novecento lavora queste terre in parte dedicate al seminativo e in parte alla viticoltura, grazie ai primi passi mossi in questo settore dal bisnonno di Flavio Pontoni, Domenico. L'azienda è a conduzione strettamente familiare: Flavio si occupa dei vigneti e della cantina, mentre la moglie Mariangela Buzzi si dedica all'accoglienza nel curato B&B adiacente alla cantina.

VIGNE - I vigneti sono divisi in cinque appezzamenti sparsi tra collina e pianura. Sono facilmente distinguibili tra loro in quanto in ognuno è presente una targhetta indicante il nome dell'azienda e quello della vigna, aspetto a cui Flavio tiene molto. Ogni varietà ha un sesto d'impianto volto alla valorizzazione del vitigno. Il friulano che si trova in collina è il più vecchio e risale ai primi anni del dopoguerra.

VINI - I bianchi vengono vinificati in acciaio ed escono sul mercato l'anno successivo alla vendemmia, mentre i rossi effettuano maturazioni differenti, in legno piccolo o grande e in acciaio a seconda del vitigno, uscendo dopo due anni.

TOP **FCO Friulano 2019** VINO QUOTIDIANO O 3.000 bt; 9 € - Caratterizzato da buona complessità e finezza al naso, si distingue per le sue intense note di frutta matura ed erbe aromatiche. La beva è persistente e piacevole, con sensazioni asciuganti che puliscono la bocca.
FCO Sauvignon 2019 O 2.000 bt; 9 € - Bel naso tipico, con note di bosso e salvia. In bocca si ritrovano una bella mineralità e freschezza, per un vino già pronto.
Cabernet Sauvignon 2018 ● 1.000 bt; 9 € - Un vino generoso che si rivela semplice, pulito e corretto, con note fruttate e vegetali di lamponi e funghi.

ha 5 - **bt** 25.000
Fertilizzanti nessun concime
Fitofarmaci chimici di sintesi, rame e zolfo
Diserbo chimico, lavorazione meccanica/manuale
Lieviti selezionati industriali
Uve acquisto 8%
Certificazione nessuna certificazione

CANEVA (PN)

RIVE COL DE FER

SCONTO **-10%**

Via Col de Fer, 14 - tel. 0434 799467
www.rivecoldefer.it - info@rivecoldefer.it

VITA - Alessia Carli, titolare dell'azienda fondata dal padre, ha una verve sincera e un carattere ruspante. Se vi capitasse di recarvi in visita in azienda, siamo sicuri che riuscirà a trasmettervi l'emozione che prova affacciandosi dal suo terrazzo, osservando le vigne e il paesaggio che si palesa immediatamente di fronte agli occhi. In cantina operano in piena sinergia l'enologo Luciano Vettori e il responsabile di cantina Lino Cigana.

VIGNE - I corpi vitati sono posti negli immediati dintorni della cantina. Il contesto è inaspettato, data la vicinanza alla collina, che si eleva di scatto dal paese di Caneva. Le vigne sono alloggiate su declivi molto accentuati e prevalentemente rivolti a sud. Le parcelle aziendali più significative sono quelle dei primi impianti a verdiso risalenti al 1986.

VINI - Le vinificazioni prevedono l'assenza di contatto con le bucce per le uve a bacca bianca, e fermentazioni brevi per le uva a bacca nera. Il carattere e la profondità del sorso sono affidate all'azione arricchente delle fecce fini, sulle quali i vini riposano fino al momento della messa in bottiglia.

Verdiso Frizzante 2019 ⁘ 6.600 bt; 10 € - 🍷 - Questo vino goliardico e gioioso sa essere fonte di ispirazione per momenti di spensieratezza. La beva è disimpegnata, e il sapore richiama il frutto. Il sorso è vibrante, e disegna un vino informale e brioso, da aperitivo. Da quest'anno gli esperimenti hanno portato a imbottigliare anche le prime versioni sui lieviti, in cui il Verdiso si presenta più fruttato e maggiormente intriso di densità e gusto, con uno scarto in fatto di agilità nella beva.

ha 11 - **bt** 35.000
Fertilizzanti minerali, organo-minerali
Fitofarmaci chimici di sintesi, rame e zolfo
Diserbo lavorazione meccanica/manuale
Lieviti selezionati industriali
Uve 100% di proprietà
Certificazione nessuna certificazione

CARLINO (UD)

BORTOLUSSO

Via Oltregorgo, 10 - tel. 0431 67596
www.bortolusso.it - info@bortolusso.it

VITA - Bortolusso si può descrivere in poche parole: buon vino e capacità di accoglienza, quasi fossimo in famiglia. Questo è quello che troviamo da Sergio e Clara Bortolusso, fratelli e vignaioli appassionati che hanno ereditato l'arte dal padre Emiro, fondatore della cantina nel 1970. Una tappa obbligatoria per chi vuole rilassarsi degustando, circondati dalla laguna di Marano Lagunare, magari facendo una passeggiata in mezzo ai vigneti.

VIGNE - I 40 ettari coltivati a vigneto sono frazionati: una parte si trova nella frazione di San Gervasio, vicino all'agriturismo di famiglia, e una parte affonda le radici vicino alla cantina, proprio sulla laguna. Troviamo un ambiente ricco di acqua, terreni alluvionali fertili e drenati, e una buona escursione termica tra giorno e notte. Grazie a questi fattori le viti crescono sane e rigogliose.

VINI - L'azienda mantiene un buon rapporto tra la qualità e il prezzo dei vini. Troviamo prodotti ben equilibrati, tipici e dai profumi molto fini. Si utilizzano vasche di acciaio inox e il vino invecchia in un'ambiente situato sotto il livello del mare, dove vengono monitorati con costanza temperatura e umidità. Si imbottiglia sempre 60 giorni prima dell'immissione sul mercato.

Friulano 2019 O 13.000 bt; 9 € - 🍷 - Un vino dalla bella complessità, piacevole, minerale in bocca, e con un corredo olfattivo fruttato e con note di erbe aromatiche.
Sauvignon 2019 O 13.000 bt; 9 € - 🍷 - Schietto e varietale, con belle note vegetali e agrumate che accompagnano un sorso continuo e fragrante.
Traminer Aromatico 2019 O 6.600 bt; 9 € - 🍷 - Fine, speziato, armonico.
Pinot Grigio 2019 O 13.000 bt; 9 € - 🍷 - Fresco, fruttato, energico.
Malvasia 2019 O 6.600 bt; 9 € - 🍷 - Dinamico, floreale, delicato.

ha 40 - **bt** 150.000
Fertilizzanti letame in pellet, minerali, organo-minerali, sovescio
Fitofarmaci chimici di sintesi, rame e zolfo
Diserbo chimico, lavorazione meccanica/manuale
Lieviti selezionati industriali, selezione di lieviti indigeni
Uve 100% di proprietà
Certificazione nessuna certificazione

CERVIGNANO DEL FRIULI (UD)

VITAS

SCONTO **-10%**

Località Strassoldo - Via San Marco, 5 - tel. 0431 93083
www.vitas.it - info@vitas.it

VITA - È proprio Strassoldo, piccolo e suggestivo borgo medioevale, che fece innamorare Romano Vitas, tanto che nel 1937 decise di acquistare qui una villa seicentesca per dar vita all'azienda. Da ben quattro generazioni i Vitas producono vini di qualità, e oggi alla guida troviamo Roberto coadiuvato dall'enologo e agronomo Andrea Pittana. Vale la pena visitare la villa restaurata qualche anno fa e l'immenso parco adiacente alla dimora storica.

VIGNE - Le vigne, dislocate tutte intorno alla cantina, si estendono per 15 ettari. Ci si arriva percorrendo un viale di magnolie maestose. I filari, vista la vicinanza al mare, trovano qui un habitat ideale per la loro crescita, grazie a terreni argillosi e ben drenati, ricchi di acqua di falda, in alcuni punti a 60 centimetri di profondità. Le piante sono ben esposte alla luce e ventilate da brezze marine. Il sistema di allevamento scelto è quello a guyot.

VINI - Infinite attenzioni tanto in vigna, quanto in cantina: la scelta è stata quella di attuare pratiche enologiche naturali e poco interventiste, per ottenere vini di spiccata personalità e tipicità, che rispecchiano il loro territorio di provenienza, ricco di cultura e storia. L'azienda offre la possibilità di visite guidate e degustazioni in abbinamento a piatti tipici della zona.

Friuli Traminer Aromatico 2019 ○ 15.000 bt; 11 € - - Un vino elegante, floreale, con cenni di agrumi canditi. In bocca trova un ottimo equilibrio grazie a una bella verve acido-sapida.
Friuli Refosco P.R. Romano 2015 ● 3.000 bt; 20 € - - Armonico, speziato, profondo.
Ribolla Gialla 2019 ○ 10.000 bt; 11 € - - Succoso, balsamico, elegante.
Marlet 2018 ○ chardonnay, sauvignon blanc; 2.000 bt; 20 € - - Ampio, speziato, armonico.

ha 15 - **bt** 90.000
Fertilizzanti letame
Fitofarmaci rame e zolfo
Diserbo lavorazione meccanica/manuale
Lieviti selezione di lieviti indigeni
Uve acquisto 5%
Certificazione nessuna certificazione

CIVIDALE DEL FRIULI (UD)

BASTIANICH

Località Gagliano - Via Darnazzacco, 44/2 - tel. 0432 700943
www.bastianich.com - winery@bastianich.com

VITA - Lidia Matticchio Bastianich aveva un'ambizione, quella di ritornare nelle sue terre d'origine per produrre un vino che esprimesse il potenziale del terroir e dimostrasse longevità. Il suo desiderio si è concretizzato nel 1997, quando insieme al figlio Joe Bastianich ha comprato il primo anfiteatro di vigna nel comune di Buttrio. Da allora l'azienda si è ingrandita fino a raggiungere 27 ettari vitati complessivi, tra i quali alcuni appezzamenti in affitto.

VIGNE - Fin dal primo giorno di attività si avvalgono di un bravo agronomo ed enologo, Emilio del Medico, che ha indirizzato la viticoltura verso uno stile tradizionale, con la volontà di ridurre al minimo gli interventi in vigna. In totale gli appezzamenti sono quattro: un corpo a Cividale, dove si trovano anche la sede e la cantina, due a Prepotto, e il corpo storico a Buttrio.Quest'ultimo è un vanto: una vigna antica di friulano di 75 anni.

VINI - La filosofia enologica di casa prevede la ricerca, senza scendere a compromessi, di un'alta qualità, per vini eleganti e riconoscibili.

FCO Pinot Bianco Vini Orsone 2019 ○ 10.000 bt; 15 € - - Ha grande sapidità che contrasta i sentori di frutta candita. Questa vivace alternanza gusto-olfattiva di salato e dolce accompagna la bocca lungo tutto il sorso.
FCO Sauvignon Vini Orsone 2019 ○ 30.000 bt; 15 € - - Entra denotando carattere, e risulta equilibrato e armonico, con un finale lungo, fresco e di classe.
FCO Friulano Vini Orsone 2019 ○ 15.000 bt; 15 € - - È selvatico e ruspante. Un vino rotondo, dalle piacevoli note fruttate e dalla golosa e spiccata sapidità.
Vespa Bianco 2017 ○ chardonnay, sauvignon blanc; 30.000 bt; 34 € - - Fresco, fruttato, compatto.
FCO Friulano Solo Ris. 2017 ○ 4.000 bt; 34 € - - Possente, fruttato, compatto.

ha 27 - **bt** 250.000
Fertilizzanti organo-minerali
Fitofarmaci rame e zolfo
Diserbo lavorazione meccanica/manuale
Lieviti selezionati industriali
Uve acquisto 10%
Certificazione nessuna certificazione

CIVIDALE DEL FRIULI (UD)

FLAIBANI

SCONTO **-10%**

Via Casali Costa, 7 - tel. 0432 730943
www.flaibani.it - info@flaibani.it

VITA - Qui ci si trova come a casa, in famiglia. I Flaibani hanno iniziato a produrre vino nel 1976, quando Pino Flaibani da Milano è tornato nella sua terra d'origine per aiutare nella ricostruzione dopo il terremoto. Ha scoperto quindi la passione per il vino, ha studiato enologia da autodidatta e nel frattempo ha lavorato in vigna. Oggi a prendere le redini dell'azienda troviamo la nuora Bruna Passetti, persona preparata che segue tutte le attività.

VIGNE - Un paesaggio da lasciare di stucco chiunque: i 3 ettari coltivati a vigneto sono ospitati su terrazzamenti ripidi e formano un anfiteatro naturale ben esposto alla luce solare e ai venti. Per rispettare l'ambiente e le piante, in campo vengono utilizzati solo rame e zolfo e preparati biodinamici; la vendemmia viene effettuata manualmente e le uve vengono pigiate alla vecchia maniera, con il torchio.

VINI - I Flaibani sono una rara perla nera all'interno della realtà vitivinicola friulana, in quanto metà della loro produzione annuale è di vino rosso. Sono vini tipici, fini e grintosi, assolutamente da provare. Merita ricordare che i vini bianchi affinano in acciaio, mentre quelli rossi in botti di rovere e successivamente in bottiglia.

FCO Merlot 2015 ● 500 bt; 21 € - Un Merlot di buona persistenza e freschezza, dal tannino cesellato, e dal profilo olfattivo che gioca sulle note di frutta rossa e di peperone.
FCO Pinot Grigio Bio 2018 ○ 2.170 bt; 20 € - Armonico, floreale, espressivo.
FCO Cabernet Franc 2016 ● 900 bt; 21 € - Dinamico, floreale, verticale.
FCO Schioppettino Bio 2018 ● 1.287 bt; 29 € - Fine, fruttato, delicato.

ha 3 - **bt** 10.000
Fertilizzanti preparati biodinamici
Fitofarmaci rame e zolfo
Diserbo lavorazione meccanica/manuale
Lieviti fermentazione spontanea
Uve 100% di proprietà
Certificazione biologico certificato

CIVIDALE DEL FRIULI (UD)

LA SCLUSA

Località Spessa - Via Strada di Sant'Anna, 7/2 - tel. 0432 716259
www.lasclusa.it - info@lasclusa.it

VITA - L'azienda è nata nel 1896: all'epoca la famiglia Zorzettig lavorava questi terreni con grande dedizione e passione, ma solo nel 1971 Gino Zorzettig ha preso in mano questa realtà, che ora è guidata dai tre figli: Germano si occupa della parte commerciale, Maurizio del settore agricolo e Luciano della cantina. Ora è entrata nella compagine aziendale anche la quinta generazione. Importante il progetto partito nel 2005, che intende salvaguardare il patrimonio genetico dei vigneti secolari di friulano.

VIGNE - I vigneti si estendono su 45 ettari e fanno risaltare la bellezza delle colline di Spessa, Rocca Bernarda e Gramogliano di Corno di Rosazzo. La coltivazione principale è di uve a bacca bianca, scelta favorita dai terreni marnosi, tipici dei colli orientali del Friuli. Negli ultimi 25 anni sono state ristrutturate tutte le vigne; c'è stato un infittimento degli impianti, che oggi superano le 4.000 piante per ettaro, e la potatura è svolta a guyot o capuccina monolaterale.

VINI - L'azienda ha come punto focale i vini autoctoni, e intende preservare le loro peculiarità esprimendole appieno in bottiglia.

FCO Rosso del Torrione 2017 ● 2.000 bt; 29 € - Figlio di una selezione di uve di merlot e refosco dal peduncolo rosso, è un vino che esprime bene il territorio, equilibrato e con intriganti sentori balsamici.
FCO Friulano 12 Viti 2019 ○ 2.000 bt; 29 € - Ha profumi che portano indietro nel tempo: è fruttato e ha il tipico finale ammandorlato. Un vino prodotto da 12 filari con 12 diversi biotipi antichi.
FCO Malvasia 2019 ○ 2.600 bt; 12 € - Una new entry in azienda: una nuova sfida vinta. Ha beva avvincente per mineralità e speziatura.
Brut Ribolla Gialla 7.900 bt; 12 € - Metodo Charmat, agile, floreale, essenziale.

ha 45 - **bt** 180.000
Fertilizzanti letame, organo-minerali, sovescio
Fitofarmaci rame e zolfo
Diserbo lavorazione meccanica/manuale
Lieviti selezionati industriali, selezione di lieviti indigeni
Uve acquisto 5%
Certificazione nessuna certificazione

CIVIDALE DEL FRIULI (UD)

MOSCHIONI

Località Gagliano - Via Doria, 30 - tel. 0432 730210
www.michelemoschioni.it - info@moschioni.eu

VITA - Chiacchierando con Michele Moschioni si rimane travolti dalle sue passioni, in primis quella verso una viticoltura fatta di profonda conoscenza della terra e dell'insieme delle condizioni pedoclimatiche che la caratterizzano. Nata all'inizio del Novecento questa azienda familiare fino alla fine dello scorso secolo si dedicava anche all'allevamento di bestiame.

VIGNE - Una scelta estrema per Michele, che in una terra di vini bianchi ha focalizzato la sua attenzione su poche varietà a bacca nera, che coltiva in perfetto equilibrio con la natura ricca e difficile di questo angolo dei colli orientali. Si pratica l'inerbimento totale nel vigneto, i lavori sono manuali, e si usa il letame naturale per la concimazione. Lo sguardo è rivolto verso il futuro, cercando di essere meno impattanti sulla terra che ci ospita.

VINI - Il vino matura lentamente nella cantina, prendendosi il tempo necessario per raggiungere l'equilibrio che gli garantirà longevità, e mantenendo una bella verve di freschezza. Le fermentazioni sono condotte con lieviti indigeni in tini di legno, e per gli affinamenti troviamo sia barrique, sia botti grandi.

FCO Pignolo 2012 ● 6.000 bt; 51 € - Un vino concentrato, in cui la frutta matura cattura il naso come la bocca.
FCO Rosso Reâl 2012 ● 5.500 bt; 31 € - Blend da uve tazzelenghe, merlot e cabernet sauvignon e franc, ha un tannino rotondo e un patrimonio aromatico intenso e complesso, con dei rimandi al cioccolato e al pepe.
FCO Rosso Celtico 2012 ● 11.000 bt; 31 € - Un vino non immediato, prodotto con merlot e cabernet sauvignon in parti uguali: necessita del giusto tempo nel calice per sfoggiare la sua estrema complessità olfattiva, che si muove intorno a sentori di cuoio e prugna secca. Di corpo, è denso nella dinamica gustativa.

ha 12 - **bt** 40.000
Fertilizzanti letame
Fitofarmaci rame e zolfo
Diserbo lavorazione meccanica/manuale
Lieviti selezione di lieviti indigeni
Uve 100% di proprietà
Certificazione biologico certificato

CIVIDALE DEL FRIULI (UD)

PAOLO RODARO

Località Spessa - Via Cormons, 60 - tel. 0432 716066
www.rodaropaolo.it - info@rodaropaolo.it

VITA - La presenza nel Collio della famiglia Rodaro è cosa nota già dal 1846, anno in cui venne fondata l'azienda. Da allora la cura e la passione per il territorio si sono tramandate fino a oggi, e Paolo Rodaro continua la tradizione con consapevolezza e spirito di innovazione. In vigna e in cantina lo aiuta il suo braccio destro da oltre 25 anni, Ljubo Stibili. La parte gestionale è affidata alle competenze della moglie di Paolo, Lara Boldarino.

VIGNE - L'approccio viticolo di Paolo è da sempre rispettoso della natura, e proprio in quest'ottica ha investito molte risorse nell'acquisto di nuovi macchinari per il diserbo meccanico a profondità controllata, così da eliminare i trattamenti di origine sintetica. Inoltre viene da anni applicata la lotta integrata. Quest'anno si è raccolta la prima annata del recente impianto di vigneti resistenti e l'allevamento di maiali di razza mangalica allo stato semi-brado ha dato i suoi primi prodotti.

VINI - La cantina rispecchia in tutto e per tutto lo spirito di Paolo, conservatore e tradizionalista, ma allo stesso tempo sperimentatore. L'idea di procedere alla surmaturazione per lunghi periodi fa sì che l'estrazione del frutto sia molto ricca.

FCO Sauvignon L'Evoluto 2012 ○ 3.000 bt; 31 € - Il legno nobile veste il vino di fine velluto, per un sorso avvolgente e nell'insieme equilibrato. In bocca la spalla acida conferisce dinamicità e una beva appagante.
M. Cl. Brut Nature 2016 pinot nero, chardonnay; 11.000 bt; 21 € - Il terreno di fondo valle conferisce una freschezza acida composta. La beva è pulita e croccante.
FCO Friulano 2019 ○ 25.000 bt; 16 € - Varietale, è possente ma smorzato dalla mineralità che accompagna la beva. Ottimo il finale sapido.
FCO Refosco P.R. Romain 2009 ● 2.000 bt; 38 € - Austero, speziato, rilassato.

ha 64 - **bt** 300.000
Fertilizzanti letame, sovescio
Fitofarmaci nessun prodotto
Diserbo lavorazione meccanica/manuale
Lieviti selezionati industriali
Uve 100% di proprietà
Certificazione nessuna certificazione

CIVIDALE DEL FRIULI (UD)

STROPPOLATINI

Località Gagliano - Strada di Prepotto, 21 - tel. 0432 732623
www.stroppolatini.it - stroppolatiniazagri@hotmail.it

VITA - Due giovani fratelli, Federico e Marianna Stroppolatini, hanno raccolto il testimone dell'azienda di famiglia con entusiasmo e intraprendenza. Questa realtà ha radici che affondano nella seconda metà dell'Ottocento, come testimonia la casa padronale in cima alla collina storica. In etichetta si può vedere un dipinto che rappresenta la casa colonica, omaggio di un noto pittore dell'epoca.I primi imbottigliamenti risalgono invece al 1999.

VIGNE - La passione di Federico per i vigneti è già evidente ascoltando le parole che usa per descriverli. La collina storica vanta piante su piede franco di oltre 150 anni di età, di tocai friulano e merlot. Sulla collina attigua, detta dei Castagni e accorpata all'azienda 40 anni fa, si coltivano i vitigni autoctoni schioppettino e pignolo. Certificati biologici dal 2018, gli Stroppolatini si impegnano in un'agricoltura sostenibile e in equilibrio con l'ambiente circostante.

VINI - Anche nella piccola cantina la mano è delicata, poco interventista. Quest'anno l'unico vino recensito è il Pignolo, figlio dell'antico vitigno autoctono friulano e nativo della zona limitrofa a Cividale, dove sorgono proprio i vigneti della famiglia Stroppolatini. È una pianta di difficile coltivazione e dalla resa molto scarsa.

FCO Pignolo 2013 ● 1.060 bt; 17 € - A contatto con le fecce fini per 36 mesi circa in tonneau di rovere francese di secondo passaggio, lo troviamo inizialmente timido al naso, per aprirsi poi con una complessità aromatica interessante. Ritorni speziati dolci e una frutta rossa matura, fanno da apripista a un sorso in cui il tannino incisivo e completamente svolto regala una beva tesa e piacevole.

ha 6 - **bt** 9.000
Fertilizzanti letame in pellet, sovescio
Fitofarmaci organici, rame e zolfo
Diserbo lavorazione meccanica/manuale
Lieviti selezionati industriali, selezione di lieviti indigeni
Uve 100% di proprietà
Certificazione biologico certificato

CIVIDALE DEL FRIULI (UD)

ZORZETTIG

Località Spessa - Strada Sant'Anna, 37 - tel. 0432 716156
www.zorzettigvini.it - info@zorzettigvini.it

VITA - Tenacia, intraprendenza ed entusiasmo sono solo alcuni degli aspetti che travolgono chiunque incroci Annalisa Zorzettig. Assieme alla figlia Veronica e alla giovanissima nipote Leonie, ha investito in un progetto a lungo termine ai fini della sostenibilità e della salvaguardia dell'ambiente. Si pensi ai primi lotti della cantina, ammodernata e isolata, e alla raccolta delle acque reflue per l'irrigazione.

VIGNE - Approccio analogo anche in vigna. Numerosi sono stati i rimpiazzi, che però sottolineano la passione per questa terra e i suoi frutti e la voglia di aiutarla a esprimersi al meglio. Parallelamente alle viti anche la flora è stata curata, rinfoltendo i boschi che circondano i filari.

VINI - Lo stile aziendale è pensato per dare prodotti declinati in autenticità e franchezza. Nel vino dedicato alla piccola Leonie è racchiusa la volontà di Annalisa di racchiudere in una bottiglia un messaggio per le generazioni future, che parli della generosità della natura.

FCO I Fiori di Leonie Myò 2018 ○ 2.600 bt; 29 € - - I profumi accattivanti che richiamano la frutta matura e il malto anticipano un sorso leggiadro, ampio e dissetante, accompagnato da note iodate. Ne risulta un vino di buona persistenza.
FCO Pinot Grigio 2019 ○ 25.000 bt; 10 € - - Timido all'olfatto, con delicati richiami floreali, presenta anche note balsamiche e agrumate. La progressione al palato è in crescendo, e chiude degnamente con una nota sapida.
FCO Schioppettino Myò 2017 ● 4.000 bt; 31 € - - Lo stile classico di questo vino evoca sensazioni calde e intense che inebriano il naso. In bocca risulta complesso e articolato, con richiami speziati di spiccata delicatezza.

ha 120 - **bt** 800.000
Fertilizzanti letame in pellet, organo-minerali
Fitofarmaci chimici di sintesi, rame e zolfo
Diserbo chimico, lavorazione meccanica/manuale
Lieviti selezionati industriali
Uve 100% di proprietà
Certificazione nessuna certificazione

CODROIPO (UD)

VIGNETI PITTARO

Località Zompicchia - Via Udine, 67 - tel. 0432 904726
www.vignetipittaro.com - info@vignetipittaro.com

VITA - In Friuli dire Pietro Pittaro significa parlare di grandi spumanti Metodo Classico, visto che per primo agli inizi degli anni Ottanta cominciò un percorso nuovo, che lo ha portato a diventare un punto di riferimento in regione e non solo, senza abbandonare la produzione di vini fermi degli esordi. Appassionato di arte e di enologia, in cantina ha creato un museo di cimeli che conta quasi 10.000 oggetti storici legati al mondo del vino. La squadra è consolidata, con Walter Clochiatti in vigna e Stefano Trinco in cantina.

VIGNE - Sassi, sassi e ancora sassi: terreni magri, ghiaiosi e difficili da gestire, sottoposti in certe annate a stress idrico. Questo è l'ambiente di pianura degli 80 ettari che circondano la cantina, mentre gli altri 5 si trovano in zona collinare nei colli orientali. Le vigne con le uve chardonnay della base spumante sono allevate a guyot, mentre quelle dei vini fermi a cortina, che garantisce rese superiori.

VINI - In media gli spumanti rappresentano il 30% della produzione aziendale, e tutte le operazioni di spumantizzazione vengono effettuate nei locali sotterranei della cantina dedicata, particolarmente adatta all'affinamento delle bottiglie di Metodo Classico.

M. Cl. Brut Ribolla Gialla Ronco Vieri 5.000 bt; 22 € - Minimo 15 mesi per la presa di spuma di questo Metodo Classico croccante al naso come in bocca. Delicato il perlage, e azzeccata la scelta di un passaggio in legno per una piccola parte, che dona una certa setosità al sorso.
M. Cl.Brut Talento Etichetta Oro 2013 9.000 bt; 27 € - Una piccola aggiunta di dosaggio dopo 60 mesi sui lieviti, per uno spumante che mette in mostra tutta la sua complessità, al naso come in bocca. Il sorso è fragrante e sapido.

ha 85 - **bt** 250.000
Fertilizzanti letame, minerali, organo-minerali, sovescio
Fitofarmaci chimici di sintesi, organici, rame e zolfo
Diserbo chimico, lavorazione meccanica/manuale
Lieviti selezionati industriali
Uve acquisto 10%
Certificazione nessuna certificazione

CORNO DI ROSAZZO (UD)

VALENTINO BUTUSSI

Via Pra' di Corte, 1 - tel. 0432 759194
www.butussi.it - butussi@butussi.it

VITA - Il vino è protagonista in casa Butussi dal 1910, quando il capostipite Valentino decise di convertire in vigneti i seminativi, assecondando la vocazione dell'area pedecollinare morenica. Da allora la crescita non si è più arrestata, coinvolgendo prima il figli oAngelo, che ha aumentato la superficie aziendale e ha iniziato a imbottigliare con il proprio marchio, e poi oggi con i quattro nipoti Filippo, Tobia, Mattia ed Erika.

VIGNE - I20 ettarivitati sono suddivisi in diverse zone (Godia, Madonna d'Aiuto, Dolegnano, Gramogliano)e hanno composizioni dei terreni differenti, che vanno dalla marna eocenica alla ghiaia. Esperienza e innovazione si coniugano inattenzioni agronomiche ponderate, tra cui la pratica del sovescio e il mantenimento dell'allevamento a cappuccina mono o bilaterale, che consente di limitare la produzione.

VINI - Un lavoro in vigna certificato biologico dal 2013 e l'attitudine sperimentale in cantina danno vini personali ed eleganti, spesso riservando belle sorprese.

FCO Sauvignon Genesis 2018 ○ 1.270 bt; 36 € - Ottenuto attraverso la fermentazione del 15% del mosto in botti di rovere, ha un sorso classico, persistente, beverino e scorrevole.
FCO White Angel 2018 ○ 1.300 bt; 36 € - Da un fondo collinare con esposizione a sud-ovest, con forti escursioni termiche, provengono le uve di chardonnay, ribolla gialla e sauvignon blanc che partecipano alla composizione di questo vino dalla beva fresca, agrumata e avvolgente.
FCO Pinot Grigio Ramato 2019 ○ 11.000 bt; 12 € - Fitto, fruttato, integro.
FCO Refosco P.R. Godje 2016 ● 2.270 bt; 39 € - Agile, speziato, incisivo.
FCO Pignolo 2015 ● 1.300 bt; 27 € - Denso, fruttato, ampio.
FCO Pinot Grigio Ramato Madonna d'Aiuto 2018 ○ 1.290 bt; 43 € - Bianco macerato, fine, floreale, espressivo.

ha 20 - **bt** 110.000
Fertilizzanti letame in pellet, letame, sovescio
Fitofarmaci rame e zolfo
Diserbo lavorazione meccanica/manuale
Lieviti selezione di lieviti indigeni
Uve acquisto 10%
Certificazione biologico certificato

CORNO DI ROSAZZO (UD)

CANUS

SCONTO **-10%**

Località Casali Gallo - Via Gramogliano, 21 - tel. 0432 759427
www.canus.it - info@canus.it

VITA - Nel 2015 Otto Casonato, dirigente d'azienda da una vita, ha acquisito questa proprietà ribattezzandola Canus. Ha quindi creato una cantina con annessa casa padronale, lavorando alacremente per impostare la linea produttiva e di affinamento, affiancato dalla famiglia e da un enologo di grande esperienza come Gianni Bignucolo. La sede aziendale sorge su un colle, e ha una sala degustazione spettacolare affacciata sul vigneto.

VIGNE - Il corpo vitato centrale accompagna il visitatore dall'ingresso sino in cima alla collina, circondando l'edificio aziendale, alle cui spalle si trova una delle parcelle più vecchie, il merlot con oramai più di 60 anni. Il resto del vigneto si trova nella zona di Prepotto, ovviamente con uva schioppettino, la varietà principe della zona. Grande cura viene riservata all'approccio agronomico, con lavorazioni meccaniche del terreno.

VINI - Il vino ricalca in maniera precisa la filosofia aziendale. Affina in una stupenda cantina sotterranea, alcune etichette in tonneau, altre in barrique, mentre la maggior parte dei bianchi riposa in acciaio per avere maggiore espressività varietale.

FCO Pignolo 2012 ● 3.400 bt; 33 € - - Il naso è articolato e ricco, speziato, balsamico e fruttato. Il sorso è lineare e croccante.
FCO Bianco Gramogliano 2018 O 10.000 bt; 22 € - - I sentori di miele e frutta esotica introducono una bocca di buona acidità e morbidezza.
FCO Friulano 2018 O 10.000 bt; 15 € - - Floreale, fruttato, esuberante, profuma di pietra focaia e ha una buona spinta acida e persistenza.
FCO Pinot Grigio 2018 O 10.000 bt; 15 € - - Dinamico, fruttato, energico.
FCO Merlot 2013 ● 2.300 bt; 27 € - - Austero, fruttato, consistente.
FCO Rosso Mezzosecolo 2013 ● 2.300 bt; 33 € - - Austero, speziato, essenziale.

ha 18 - **bt** 60.000
Fertilizzanti letame, sovescio
Fitofarmaci rame e zolfo
Diserbo lavorazione meccanica/manuale
Lieviti selezione di lieviti indigeni
Uve 100% di proprietà
Certificazione nessuna certificazione

CORNO DI ROSAZZO (UD)

EUGENIO COLLAVINI

Via della Ribolla Gialla, 2 - tel. 0432 753222
www.collavini.it - collavini@collavini.it

VITA - Correva l'anno 1896 quando a Rivignano Eugenio Collavini, il fondatore, iniziò a produrre i primi vini. Sotto la guida del nipote Manlio è arrivata la svolta verso la moderna enologia, con una nuova cantina, molta sperimentazione e il marchio con l'amato bassotto che rende indelebili nella memoria le bottiglie di questa realtà. Lo sguardo è puntato verso il mondo, e oggi l'azienda è gestita dall'ultraottuagenario Manlio e dai figli Giovanni e Luigi.

VIGNE - Collocati a ridosso della villa Zucco-Cuccagna, sede aziendale dal 1966 a Corno di Rosazzo, i vigneti di Poggiobello e Turian sono il fiore all'occhiello di questa realtà impegnata sempre più a promuovere pratiche che limitino interventi invasivi in vigna. Un efficace protocollo di fidelizzazione di una rete di conferitori permette il pieno controllo qualitativo delle uve destinate ai moderni impianti produttivi.

VINI - Pigiature soffici e vinificazioni controllate generano vini puliti, calibrati e di agile beva, che garantiscono la costanza qualitativa di questa cantina.

Collio Friulano T Friulano 2019 O 10.000 bt; 13 € - - Ricco, completo e persistente, ha una bella acidità che sorregge il sorso e fa salivare.
FCO Schioppettino Turian 2013 ● 3.800 bt; 26 € - - Da uve appassite in fruttaia per esaltare profumi e corpo, ha un sorso di buona struttura e un finale balsamico.
FCO Ribolla Gialla Turian 2019 O 25.800 bt; 20 € - - La vigna del Clò Turian, la più vecchia dell'azienda, dona questo vino estroverso, intenso, iodato e dissetante.
Collio Bianco Broy 2018 O 12.800 bt; 31 € - - Denso, fruttato, verace.
Collio Sauvignon Blancfumat 2019 O 24.500 bt; 15 € - - Croccante, floreale, delicato.
Friuli Refosco dal Peduncolo Rosso Pucino 2019 ● 7.800 bt; 12 € - - Succoso, fruttato, integro.

ha 140 - **bt** 1.200.000
Fertilizzanti letame, organo-minerali
Fitofarmaci chimici di sintesi, rame e zolfo
Diserbo chimico, lavorazione meccanica/manuale
Lieviti selezionati industriali
Uve acquisto 79%
Certificazione in conversione biodinamica

CORNO DI ROSAZZO (UD)

GIGANTE

Via Rocca Bernarda, 3 - tel. 0432 755835
www.adrianogigante.it - info@adrianogigante.it

VITA - Con la sua esperienza quasi cinquantennale, Adriano Gigante è uno dei portabandiera della viticoltura friulana. Insieme al cugino enologo Ariedo Gigante, si occupa personalmente di tutti gli aspetti dell'azienda, sia in campagna sia in cantina, mentre la moglie Giuliana Veliscech gestisce l'accogliente B&B. Adriano è anche molto attivo a livello istituzionale e attualmente ricopre l'incarico di presidente del Consorzio delle Doc friulane.

VIGNE - Gran parte dei vigneti rientra nella Doc Colli Orientali, con alcuni appezzamenti nella Doc Isonzo. I filari sono quasi totalmente inerbiti. Merita certamente una visita il vigneto storico, annesso alla cantina, di oltre 75 anni. Al culmine di un lungo percorso finalizzato a ridurre l'impatto ambientale della viticoltura, inizia quest'anno il periodo di conversione per ottenere la certificazione biologica.

VINI - I vini aziendali non vanno alla ricerca di virtuosismi, ma puntano alla piacevolezza perché, come dice Adriano, «una bottiglia è buona quando in due la si finisce».

FCO Friulano 2019 O 3.500 bt; 13 € - Si presenta con un naso intenso di frutta gialla. Sul palato si apre con note sapide e fresche, per proseguire con un passo slanciato verso atmosfere più calde e profonde, che virano quasi verso il miele. Piacevole la tipica chiusura mandorlata.
Friuli Malvasia 2019 O 3.000 bt; 15 € - Il naso è accattivante e rimanda a profumi di fiori e fieno. In bocca entra pieno e disteso, quasi croccante, anche se un po' di acidità in più non guasterebbe. Appagante l'equilibrio tra la componente sapida e il finale dolcino.
Friuli Bianco Storico & Friends 2018 O 1.200 bt; 28 € - Croccante, fruttato, contratto.
FCO Schioppettino 2015 ● 4.400 bt; 17 € - Fresco, balsamico, energico.

ha 25 - **bt** 100.000
Fertilizzanti letame, organo-minerali
Fitofarmaci rame e zolfo
Diserbo lavorazione meccanica/manuale
Lieviti selezione di lieviti indigeni
Uve 100% di proprietà
Certificazione in conversione biologica

CORNO DI ROSAZZO (UD)

I CLIVI

Località Gramogliano, 20 - tel. 328 7269979
www.clivi.it - iclivi@gmail.com

VITA - A gennaio 2020 è venuto a mancare uno dei fondatori dell'azienda, Ferdinando Zanusso: fu lui, all'inizio degli anni Novanta, a creare questa realtà. Insieme al figlio Mario ha dato vita a una delle realtà che ha fatto dei vitigni autoctoni bianchi del Friuli il suo marchio di fabbrica. Una perdita importante, che ci spinge a esprimere vicinanza e affetto alla famiglia.

VIGNE - La ponca domina le vigne di proprietà, divise dal confine che separa il Collio dai colli orientali del Friuli. Il friulano, varietà di punta, viene prodotto da viti vecchie di oltre 60 anni allevate a doppio capovolto. L'anno prossimo a Brazzano verrà piantato un nuovo vigneto sempre di friulano, su una collina acquistata quando la famiglia Zanusso si è stabilita su queste terre a metà degli anni Novanta.

VINI - I vini in cantina fermentano grazie ai lieviti indigeni e completano la loro maturazione in acciaio. La mano è classica, precisa, varietale e schiettamente territoriale.

TOP **FCO Bianco Clivi Galea 2018** VINO SLOW O 5.000 bt; 22 € - Affascina con il solito stile fatto di finezza e sorso elegante e dinamico: un vino in cui le sottrazioni di materia giocano un ruolo più importante, in un quadro di garantita gustosità.
Collio Malvasia Vigna 80 Anni 2018 O 6.000 bt; 17 € - Un naso di frutta secca ed erbe aromatiche, unito a una piacevole componente agrumata, precede una beva grintosa, fresca e sapida ma anche calda e morbida, per un sorso ben contrastato. Il finale preciso invoglia a berne ancora.
FCO Merlot Galea 2018 ● 6.000 bt; 22 € - Un mix di frutta, spezie e una nota affumicata. In bocca è terroso e ricco, e trova un sorso morbido, pieno e lineare, che chiude con un finale caldo e asciutto.
FCO Friulano San Lorenzo 2017 O 6.000 bt; 17 € - Agile, floreale, elegante.

ha 12 - **bt** 50.000
Fertilizzanti letame
Fitofarmaci rame e zolfo
Diserbo lavorazione meccanica/manuale
Lieviti fermentazione spontanea
Uve 100% di proprietà
Certificazione biologico certificato

CORNO DI ROSAZZO (UD)

VISINTINI

Via Gramogliano, 27 - tel. 0432 755813
www.vinivisintini.com - info@vinivisintini.com

VITA - Su quello che una volta era il castello della località Gramogliano, nel lontano 1884 la famiglia Visintini ha deciso di costruire ciò che oggi è una stabile realtà vitivinicola, guidata oggi dai tre fratelli Oliviero, Cinzia e Palmira. Sono stati ampliati gli ettari vitati, e alla consolidata produzione biologica si affiancano dal 2007 lavorazioni biodinamiche in vigna e fermentazioni spontanee in cantina.

VIGNE - Visto il ritmo dell'annata, Oliviero ripone ottime aspettative sul suo merlot. Dei 37 ettari coltivati, tutti gestiti dalla famiglia, una piccola percentuale in pianura viene destinata allo sfuso, mentre l'uva di collina finisce nelle bottiglie. La vendemmia manuale permette un'attenta selezione delle uve. I sistemi di allevamento sono differenti a seconda della varietà.

VINI - La linea classica lavora solo in acciaio, mentre le Riserve fanno parte di vigneti selezionati per cui vengono utilizzati tonneau usati, in cui il vino affina per almeno un anno.

FCO Merlot 2018 ● 10.000 bt; 9 € - Una leggera affumicatura fa spazio a note di fragole e lamponi e a delicati cenni vinosi. La dinamica in bocca è tannica ma equilibrata, con un ingresso morbido. Il finale è persistente.
FCO Merlot Torion Ris. 2011 ● 3.300 bt; 13 € - Piacevoli note vegetali fanno spazio a una bocca morbida, articolata ed evoluta, supportata da una decisa freschezza.
FCO Friulano Amphora 2018 ○ 4.570 bt; 15 € - Un agrume marcato misto a note pietrose e minerali sfocia in un sorso fresco, persistente e pieno.
Malvasia 2019 ○ 4.570 bt; 9 € - Citrino, fruttato, docile.
FCO Friulano 2019 ○ 20.100 bt; 9 € - Vibrante, fruttato, armonico.
FCO Pignolo 2010 ● 1.760 bt; 14 € - Solido, fruttato, energico.

ha 37 - **bt** 146.000
Fertilizzanti letame in pellet, preparati biodinamici, sovescio
Fitofarmaci organici, rame e zolfo
Diserbo lavorazione meccanica/manuale
Lieviti fermentazione spontanea, lieviti indigeni
Uve 100% di proprietà
Certificazione biologico certificato, parte dei vigneti in regime biodinamico

FAEDIS (UD)

CA' DEI FAGGI

Via Città di Nave, 10 - tel. 0432 711075
www.cadeifaggi.it - info@cadeifaggi.it

VITA - Dopo 33 anni di lavoro, nei quali è riuscito a fare della sua azienda a Raschiacco di Faedis una delle più rappresentative della zona, Maurizio Perabò nel 2017 ha deciso di passare il testimone ad Anna Cavallaro, già proprietaria di una piccola realtà vinicola nei colli Euganei, pur continuando ad assisterla nel periodo di transizione. Oggi tutta la famiglia di Anna, con il marito Giuseppe Berton e i figli Gianni, Silvia ed Elisa, collabora in azienda, contribuendo attivamente alla sua crescita.

VIGNE - Il lavoro in vigna e in cantina è affidato all'enologo Alessio Venuti, che ormai da più di 10 anni lavora in azienda. I vigneti sono distribuiti in un'ampia fascia dei colli orientali del Friuli, tra Cividale a sud-est e Qualso a nord-ovest, e poggiano su terreni generosi, dove le diverse varietà trovano le migliori condizioni pedoclimatiche per produrre vini di qualità. L'azienda fa parte anche del Consorzio Refosco di Faedis.

VINI - I vini di Ca' dei Faggi esprimono eleganza, finezza e piacevolezza di beva. Il punto vendita è molto attivo e l'accoglienza ben organizzata, tanto che circa il 50% del vino viene venduto direttamente in cantina.

TOP **FCO Refosco di Faedis 2016** VINO SLOW ● 2.000 bt; 20 € - Matura 12 mesi in tonneau questo vino ghiotto, profondo e maturo. Profuma di frutta rossa e non imbriglia la bocca, ma la riempie di gusto, risultando carnoso, inconsueto, con un tocco di vaniglia.
FCO Ribolla Gialla 2019 ○ 6.000 bt; 9 € - Dal grande vitigno autoctono del Friuli, si apre con note delicate di salvia e pesca bianca. Al palato è lineare e citrino, fresco e con una beva piacevolissima nella sua semplicità.
FCO Sauvignon Perabò 2019 ○ 6.000 bt; 9 € - Agile, agrumato, sapido.

ha 20 - **bt** 120.000
Fertilizzanti n.d.
Fitofarmaci chimici di sintesi
Diserbo chimico, lavorazione meccanica/manuale
Lieviti selezionati industriali
Uve 100% di proprietà
Certificazione nessuna certificazione

FAEDIS (UD)

MARCO CECCHINI

Via Case Cos, 39 - tel. 0432 720563 - 340 5944542
www.cecchinimarco.com - info@cecchinimarco.com

VITA - Personaggio autentico e carismatico, Marco Cecchini dal 2004 è alla guida di questa piccola azienda biologica, di cui segue ogni attività da buon vignaiolo indipendente. Dal 2017 ha deciso di cambiare l'etichetta dei suoi vini: il disegno ora è la sua firma stilizzata. In questo modo ha voluto metterci la faccia, sottolineare quanto i vini debbano essere la sua personale interpretazione dei vitigni e del territorio.

VIGNE - I vigneti si trovano in parte nel comune di Togliano, dove i terreni sono di formazione alluvionale, e in parte sulla collina circostante la cantina, dove spiccano marne e arenarie di epoca eocenica. In cima troviamo un antico deposito in pietra del 1867, da cui si possono ammirare i vari appezzamenti, inframezzati da boschi e oliveti. La discreta pendenza richiede lavorazioni quasi esclusivamente manuali.

VINI - Lo stile di Marco si rifà a quello della tradizione vinicola friulana, dove si ricercano principalmente pulizia, equilibrio e corrispondenza dei vini ai singoli vitigni e alle annate di produzione.

FCO Friulano 2018 O 6.000 bt; 14 € - È ottenuto da due diversi vigneti, uno più alto e assolato, e uno più basso esposto a est, nord-est, e quindi più fresco. Le uve vengono vinificate separatamente, e maturano rispettivamente in barrique usate e in acciaio. Si presenta con un naso intrigante di frutta matura, per aprirsi poi in bocca, pulito e deciso, con una bella spinta acida e una beva scorrevole e armonica.
FCO Pinot Bianco 2018 O 2.000 bt; 22 € - Affinato per 12 mesi in barrique, spicca per le sue note morbide e delicate, che si alternano piacevolmente alla sapidità e alla mineralità, rendendo il sorso ricco, pieno e appagante.
Riesling Renano 2018 O 1.000 bt; 22 € - Dinamico, fruttato, leggiadro.

ha 5 - **bt** 25.000
Fertilizzanti letame
Fitofarmaci rame e zolfo
Diserbo lavorazione meccanica/manuale
Lieviti fermentazione spontanea, selezionati industriali
Uve 100% di proprietà
Certificazione biologico certificato

FAEDIS (UD)

RONC DAI LUCHIS €

Via Udine, 260 - tel. 0432 728108
www.roncdailuchis.com - alice.pro@libero.it

VITA - La tradizionale pratica contadina di coltivare la terra non in monocoltura ma diversificando tra mele, olio e vino si è tramandata fino al presente nella famiglia De Luca. Oggi Federico De Luca riversa in vigna e in cantina il know-how che gli scorre nelle vene. Se vi capita di pernottare nel B&B in autunno, non perdete l'occasione di assaggiare l'uva appassita naturalmente in fruttaia.

VIGNE - In un'azienda ultracentenaria come questa i vigneti ospitano una grande varietà di vitigni, trasmessi nel tempo su piante che in alcuni casi superano i 100 anni di età. Passeggiando tra i filari inerbiti si possono osservare, tra gli altri, antichi esemplari di tocai giallo, picolit e del vitigno autoctono refosco di Faedis, prodotto solo nel comune omonimo. L'intervento in vigna è calibrato in funzione dell'annata grazie a un controllo attento delle condizioni climatiche specifiche.

VINI - In cantina la mano di Federico è discreta: la sua voglia di sperimentazione lo porta a maneggiare abilmente diversi contenitori per l'affinamento, in funzione del progetto studiato per ogni bottiglia.

TOP **FCO Friulano 2019** VINO QUOTIDIANO O 4.000 bt; 11 € - La dinamica di bocca di questo vino è piacevole: il sorso è segnato dalle percezioni morbide e calde. Il bagaglio aromatico è complesso e intenso.
FCO Refosco di Faedis Enni De Luca 2016 ● 3.000 bt; 15 € - Etichetta unica per tutti i produttori riuniti nell'omonima associazione, di colore bianco per la versione giovane, di colore nero per la Riserva, che prevede un passaggio in legno. Un vitigno autoctono che i Romani chiamavano racimulus fuscus, più affine al tazzelenghe che al cugino refosco dal peduncolo rosso, sia in termini gustativi che di gestione in campagna. Ha una bella freschezza, un tannino elegante e una beva croccante, con aromi di frutta rossa matura.

ha 11 - **bt** 18.000
Fertilizzanti letame
Fitofarmaci chimici di sintesi, rame e zolfo
Diserbo lavorazione meccanica/manuale
Lieviti selezione di lieviti indigeni
Uve 100% di proprietà
Certificazione nessuna certificazione

GONARS (UD)

DI LENARDO

Frazione Ontagnano - Piazza Battisti, 1 - tel. 0432 928633
www.dilenardo.it - info@dilenardo.it

VITA - Massimo Di Lenardo dirige questa bella azienda nei pressi di Palmanova da oltre 30 anni. La sede è presso la villa settecentesca di proprietà della famiglia dal 1870, ristrutturata con cura negli anni. Una cantina moderna ed energeticamente autosufficiente, con attrezzature all'avanguardia, la rendono in grado di rifornire 25 mercati in tutto il mondo. Dal 2015 è entrato in azienda il figlio Vittorio, che si occupa dell'aspetto commerciale.

VIGNE - Nel 1987, quando Massimo ha preso le redini dell'azienda, ha rimodernato i vigneti, rendendoli più fitti e sostituendo il metodo di allevamento da casarsa a guyot, puntando a un viticoltura di qualità. Nonostante le dimensioni importanti, la vendemmia avviene manualmente, per assicurare una raccolta a più passaggi e con uve ben mature.

VINI - I vini hanno un ottimo rapporto tra la qualità e il prezzo. La vinificazione in acciaio esalta la freschezza del frutto, ma per i cru dell'azienda si utilizzano barrique di rovere.

Thanks 2019 ○ chardonnay, friulano, malvasia, verduzzo, sauvignon blanc; 6.000 bt; 19 € - - Lo Chardonnay fermenta e affina in barrique nuove, mentre le altre varietà vengono lavorate in acciaio. Si ottengono così note evolutive di vaniglia e miele, unite alla freschezza delle erbe aromatiche e a un sorso ricco, rinfrescante, fluido, con un finale equilibrato.
Merlot Just Me 2017 ● 10.000 bt; 19 € - - A un appassimento di circa un mese di parte delle uve seguono una fermentazione in acciaio e l'affinamento in barrique nuove per 18 mesi. I profumi sono intriganti, di pepe nero, vaniglia e tabacco. Al palato troviamo tannini morbidi ed eleganti, armonia e persistenza.
M. Cl. Brut Ribolla Gialla 2018 6.000 bt; 12 € - - Fresco, fruttato, sapido.
Sauvignon 2019 ○ 90.000 bt; 8 € - - Citrino, floreale, elegante.

ha 60 - **bt** 700.000
Fertilizzanti minerali
Fitofarmaci chimici di sintesi
Diserbo lavorazione meccanica/manuale
Lieviti selezionati industriali
Uve acquisto 5%
Certificazione nessuna certificazione

MANZANO (UD)

GIORGIO COLUTTA - BANDUT

SCONTO **-10%**

Via Orsaria, 32 - tel. 0432 740315
www.colutta.it - colutta@colutta.it

VITA - Nel 1939 Antonio Colutta decise di acquistare una casa di campagna a Manzano, con un piccolo vigneto le cui uve venivano imbottigliate dai suoi due figli. Il nipote Giorgio, nel 1998, terminati gli studi in farmacia come da tradizione familiare, ha preso in mano le redini dell'azienda, imprimendole una svolta radicale e trasformandola in un'impresa moderna, ecologica e orientata al mercato internazionale.

VIGNE - Impegnato in una rivoluzione razionale a 360° Giorgio ha rinnovato cantina e barricaia, preservando la vecchia villa padronale; ha iniziato a recuperare le acque piovane per i trattamenti, ha installato una caldaia a cippato e pannelli fotovoltaici per raggiungere l'autonomia energetica e ha rinnovato i vigneti, che oggi ospitano oltre 5.000 ceppi per ettaro. I tre appezzamenti a Buttrio, Oleis e sulle colline di Rosazzo presentano suoli argillosi in pianura, di marna e arenaria in collina.

VINI - Attenzione in vigna e rigore in cantinapermettono di ottenere vini sempre avvolgenti, precisi e puntuali.

FCO Pignolo 2013 ● 660 bt; 43 € - - Da vecchie viti allevate a cappuccina nasce questo vino cupo, fruttato, grintoso, tattile e coerente.
FCO Friulano Abate 2019 ○ 3.300 bt; 26 € - - Dallo storico vigneto che dal 1963 dimora in via Abate Corrado a Corno di Rosazzo nasce un vino fresco, agrumato, marino e scorrevole, con un bel finale dritto.
FCO Sauvignon Abate 2019 ○ 2.000 bt; 26 € - - Piantato nel 1994 sugli stessi suoli marnosi di Corno di Rosazzo, ma esposto a nord-est, dove il sole del mattino preserva le sue caratteristiche aromatiche, il vigneto ci regala un naso fruttato e iodato che procede con un sorso pieno e appagante.
FCO Pinot Grigio 2019 ○ 10.000 bt; 15 € - - Fresco, minerale, essenziale.
FCO Refosco P.R. 2015 ● 10.000 bt; 15 € - - Agile, fruttato, integro.

ha 22 - **bt** 150.000
Fertilizzanti letame, organo-minerali
Fitofarmaci rame e zolfo
Diserbo chimico, lavorazione meccanica/manuale
Lieviti selezionati industriali
Uve 100% di proprietà
Certificazione nessuna certificazione

MANZANO (UD)

LE VIGNE DI ZAMÒ

Località Rosazzo - Via Abate Corrado, 4 - tel. 0432 759693
www.levignedizamo.com - info@levignedizamo.com

VITA - La famiglia Zamò è stata protagonista di un pezzo importante della storia enologica friulana, da quando il compianto Tullio acquistò nel 1978 il primo vigneto a Ipplis. Da allora l'azienda si è sviluppata grazie al lavoro e alla passione dei figli Pierluigi e Silvano: oggi Le Vigne di Zamò è un brand veicolato in tutto il mondo, anche grazie all'ingresso nella proprietà del gruppo Eataly. Le operazioni di cantina sono affidate alle salde ed esperte mani di Alberto Toso.

VIGNE - Il bravissimo agronomo Adriano Qualizza – che conosce a menadito ogni filare dell'azienda, nonché tutte le particolarità del territorio circostante – è soddisfatto degli esiti del recente passaggio al biologico. Questo succede sia negli appezzamenti di Rosazzo, che circondano la cantina, sia nella storica Vigna del Leon, oltre che nelle vecchie parcelle che si trovano tra Ipplis e la Rocca Bernarda.

VINI - Il percorso di ridefinizione stilistica dei vini sta dando frutti incredibili: le modalità di vinificazione, poco invasive, sono ora al servizio delle caratteristiche delle uve di ogni vigneto.

TOP **FCO Friulano Vigne Cinquant'anni 2018** O 6.000 bt; 32 € - Si apre con un naso ricco di frutto e di ricercata complessità; la bocca è solida e grintosa, dotata di un ottimo dinamismo e di un morbido finale.
FCO Chardonnay Ronco delle Acacie 2017 O 2.500 bt; 26 € - Elegante e compassato, ma anche esuberante e gustoso, va aspettato nel tempo per godere della sua virtuosa evoluzione.
FCO Friulano No Name 2018 O 19.000 bt; 23 € - Freschezza e sapidità sono il tratto distintivo, accompagnate da una struttura ricca e ben definita.
FCO Pinot Bianco Tullio Zamò 2017 O 2.400 bt; 26 € - Articolato, complesso, armonico.
FCO Merlot Vigne Cinquant'anni 2016 ● 2.500 bt; 32 € - Avvolgente, fruttato, dettagliato.

ha 4,5 - **bt** 250.000
Fertilizzanti humus, letame
Fitofarmaci rame e zolfo
Diserbo lavorazione meccanica/manuale
Lieviti selezione di lieviti indigeni
Uve 100% di proprietà
Certificazione in conversione biologica

MANZANO (UD)

RONCO DELLE BETULLE

Località Rosazzo - Via Abate Colonna, 24 - tel. 0432 740547
www.roncodellebetulle.it - info@roncodellebetulle.it

VITA - La storia moderna dell'azienda è iniziata alla fine degli anni Ottanta, quando Ivana Adami ne ha assunto la gestione dal padre. Non aveva esperienza nel settore, ma si è lanciata con entusiasmo e, con le consulenze agronomiche ed enologiche di alcuni dei più noti esperti a livello nazionale (e non solo), ha gettato in tempi brevi le basi per una produzione di grande qualità. Adesso la gestione è passata al figlio Simone Secchi.

VIGNE - La maggiore parte delle proprietà si estende sulle pendenze morbide intorno alla casa-cantina, con terreni di marna eocenica ed esposizioni sud, sud-est molto soleggiate. In vigna Simone è poco interventista: «non mi preoccupo per qualche macchia di peronospora o un filo d'erba di più sotto i filari. Meglio queste che un trattamento inutile». Ha ottenuto la certificazione nel 2019, ma operava già da tempo con approccio biologico.

VINI - L'accento è sull'eleganza e la piacevolezza piuttosto che sulla potenza, ma non si rinuncia alla complessità e all'ottima tenuta nel tempo.

FCO Rosazzo 2018 O chardonnay, sauvignon blanc, friulano; 3.000 bt; 41 € - Fresco e articolato al naso, con sentori di fiori bianchi e una sfumatura di noccioline tostate, è ricco in bocca, ma equilibrato e scorrevole, con un finale di frutta matura. Un vino di grande naturalezza.
FCO Cabernet Franc 2017 ● 3.000 bt; 27 € - Aromi delicati ma ben definiti anticipano un sorso succoso, con una bella spinta acida a supporto delle morbidezze, tannini evidenti ma non aggressivi, e un finale persistente.
FCO Pignolo di Rosazzo 2014 ● 1.000 bt; 56 € - Naso fine con piccoli frutti neri e una leggera nota fenolica. In bocca è carnoso e speziato, con una discreta profondità e un allungo armonico. Un vino che riesce a domare la consueta spigolosità del vitigno.

ha 12 - **bt** 50.000
Fertilizzanti letame in pellet, letame, sovescio
Fitofarmaci organici, rame e zolfo
Diserbo lavorazione meccanica/manuale
Lieviti fermentazione spontanea, selezione di lieviti indigeni
Uve 100% di proprietà
Certificazione biologico certificato

MANZANO (UD)

GIUSEPPE TUZZI

Località Rosazzo - Via Monsignor Emanuele Lodi, 7 - tel. 336 600351
www.tuzzi.wine - info@tuzzi.wine

VITA - La famiglia Tuzzi è conosciuta nel manzanese per la sua rinomata ditta di mobili, ma ha sempre mantenuto un legame con la campagna tramite una piccola casa con vigneto a Rosazzo. In passato la gestione della vigna era affidata a un fattore e le uve vendute a produttori della zona, ma nel 2015 si è deciso di prendere in mano tutta la filiera con la creazione di un'azienda agricola, e di produrre vino con il proprio marchio.

VIGNE - La vigna è composta di un corpo unico che si estende per 2,5 ettari sulle terrazze della collina sotto la casa, con ottima esposizione a sud, sud-est. La gestione è rigorosamente biologica, con l'inerbimento, l'uso di letame naturale per la concimazione e zolfo e rame in quantitativi molto bassi per i trattamenti. Le rese non superano i 40 quintali per ettaro, in parte per le potature corte e in parte per l'età delle viti, fra i 60 e gli 80 anni.

VINI - Paolo Tuzzi produce vini bianchi autoctoni di limpido carattere varietale e buona profondità, vinificati in inox e affinati in parte in legno, con lunghe permanenze sulle fecce fini. Con una scelta da applaudire, i bianchi escono a due anni della vendemmia. L'assaggio delle vecchie annate dà prova della loro tenuta nel tempo. Il suo elegante Merlot dimostra tutta la vocazione del cru Rosazzo per la varietà bordolese.

FCO Merlot 2015 ● 1.333 bt; 20 € - - Di ottima freschezza al naso, con le classiche note di frutti rossi, cipria e tabacco, in bocca è grintoso e sapido, con un tannino vivo ma anche una morbidezza avvolgente. Il finale è lungo e succoso.
FCO Friulano 2018 ○ 1.333 bt; 17 € - - Invitante al naso, con aromi floreali e fruttati e note di macchia mediterranea. Il sorso ha una bella progressione: è fresco e scattante, e finisce con piacevoli sensazioni agrumate. Un vino preciso e di ottima fattura.

ha 2 - **bt** 6.000
Fertilizzanti letame
Fitofarmaci rame e zolfo
Diserbo lavorazione meccanica/manuale
Lieviti selezione di lieviti indigeni
Uve 100% di proprietà
Certificazione biologico certificato

NIMIS (UD)

GORI

Via Gio Batta Gori, 14 - tel. 0432 878475
www.goriagricola.it - gori@goriagricola.it

VITA - La cantina Gori sorge sulla cima di una collina da cui è possibile ammirare gli splendidi rilievi che circondano Nimis. Nata nel 2009, l'azienda risponde al desiderio di Piero Gori di investire nel mondo del vino nella sua terra natia. I locali sono stati ultimati nel 2014 e sono collocati sotto l'abitazione del proprietario: costruiti su tre piani, sono un bellissimo esempio di architettura funzionale alla vinificazione.

VIGNE - Nel 2012 è stata fatta la prima vendemmia con sole uve di proprietà, mentre quella del 2019 è stata la prima con la certificazione biologica. I vigneti sono disposti quasi su un blocco unico tra i comuni di Nimis, Reana del Rojale e Tarcento. Al di là di alcuni appezzamenti antecedenti alla nascita dell'azienda, diversi sono stati piantati tra il 2009 e il 2011 con un sesto d'impianto a guyot, volto a ottenere una bassa resa e una qualità superiore.

VINI - I bianchi fanno una macerazione sulle bucce di 4-6 ore per poi essere svinati e fermentati, mentre i rossi fermentano in tini di legno e vengono affinati in tonneau.

FCO Schioppettino TitaG 2016 ● 2.600 bt; 15 € - - Una speziatura morbida ed elegante, contornata da sentori di tabacco, lascia spazio a una beva vivace ed espressiva, di carattere, con le caratteristiche durezze che si rivelano presenti ma non invadenti.
FCO Sauvignon Busseben 2018 ○ 5.000 bt; 11 € - - Fluido e raffinato nella beva, si chiude su note calde e armoniche di frutta gialla. Maturo.
FCO Friulano Bonblanc 2018 ○ 6.000 bt; 11 € - - Note minerali e fragranti rivelano un vino sapido e pulito, dalla beva piacevole e diretta.
Ramandolo Orodinemas 2017 ● verduzzo; 2.400 bt; 21 € - - Fresco, fruttato, autentico.
FCO Chardonnay Giù Giù 2018 ○ 3.800 bt; 11 € - - Agile, fruttato, compatto.

ha 13 - **bt** 50.000
Fertilizzanti letame, sovescio
Fitofarmaci rame e zolfo
Diserbo lavorazione meccanica/manuale
Lieviti selezione di lieviti indigeni
Uve 100% di proprietà
Certificazione parte dei vigneti in regime biologico

NIMIS (UD)

LA RONCAIA

Località Cergneu - Via Verdi, 26 - tel. 0432 790280
www.laroncaia.it - marco@fantinel.com

VITA - La Roncaia di oggi è nata nel 1999, anno in cui il gruppo Fantinel acquisì l'azienda con la volontà di investire in questa realtà, la cui gestione è indipendente e supervisionata da Maurizio Rocco, general manager del gruppo. Ora l'azienda è composta da un team giovane che trova in Gabriele Tami, enologo e responsabile di cantina, un punto di riferimento, mentre Federico Vizzutti è responsabile delle vigne e agronomo di esperienza cresciuto tra questi vigneti.

VIGNE - Le vigne sono divise in tre appezzamenti nelle località di Ramandolo, Nimis e Attimis, su terreni marnosi e calcarei, con forti pendenze a ridosso dei boschi. In queste zone le precipitazioni sono importanti, le vendemmie sono spesso tardive e le surmaturazioni ricercate in modo da esaltare la complessità dei vini. La vendemmia viene effettuata meticolosamente a mano, e su alcune varietà, come il refosco, viene effettuato un parziale appassimento.

VINI - L'azienda lavora per trovare longevità e unicità nei vini: per questo i bianchi escono sul mercato dopo due anni di affinamento in acciaio, mentre i rossi, tutti maturati in barrique, dopo cinque.

FCO Merlot Fusco 2015 ● 10.000 bt; 20 € - Note di ciliegie sotto spirito si fondono con cenni di cioccolato e spezie, per dare vita a un vino fresco e rotondo, con una bella evoluzione sul finale e un piacevole allungo.
FCO Friulano 2017 O 7.000 bt; 16 € - Note tenui di frutta e di crema fanno spazio a una bocca fresca, lineare e slanciata.
Bianco Eclisse 2018 O picolit, sauvignon blanc; 12.000 bt; 20 € - Salvia e melissa, insieme a sentori caramellati e minerali, poggiano su una materia densa, che determina una bocca di bella struttura.
FCO Pinot Grigio 2018 O 10.000 bt; 20 € - Fresco, fruttato, autentico.

ha 25 - **bt** 60.000
Fertilizzanti letame in pellet, organo-minerali
Fitofarmaci rame e zolfo
Diserbo chimico, lavorazione meccanica/manuale
Lieviti fermentazione spontanea
Uve 100% di proprietà
Certificazione nessuna certificazione

PAVIA DI UDINE (UD)

SCARBOLO

SCONTO **-10%**

Frazione Lauzacco - Viale Grado, 4 - tel. 0432 675612
www.scarbolo.com - info@scarbolo.com

VITA - Continuano a girare le ruote stilizzate che formano il logo dell'azienda guidata da Valter Scarbolo, a significare il movimento e i cambiamenti che scandiscono i ritmi della vita e della natura. Da quel 1987 in cui ha piantato la prima vigna, ai primi vini giovani e freschi seguiti da quelli più evoluti della maturità, è arrivato alla soddisfazione di vedere i suoi due figli Mattia, nel marketing, e Lara, enologa, entrare in azienda per continuare insieme a lui un percorso di crescita e rinnovamento.

VIGNE - Siamo nelle Grave, ma il confine con i colli orientali è a pochi chilometri, quindi il terreno ha le caratteristiche di entrambe le zone e permette di ottenere vini poderosi, da lunga evoluzione. Nel 2021 inizieranno i tanto attesi lavori per la ricostruzione della cantina, danneggiata da una tromba d'aria nel 2010.

VINI - Abbandonati alcuni vitigni per concentrarsi su quelli ritenuti più adatti al terroir, il focus è sul Pinot grigio prodotto in quattro differenti versioni.

Friuli Grave XL 2016 O 2.600 bt; 21 € - - La macerazione sulle bucce in acciaio dura circa due settimane, a cui segue l'affinamento in botte grande. Un Pinot grigio color rame intenso, dall'elegante tocco macerativo, che si apre con un attacco dolce al naso, di melagrana e rosa, mentre in bocca è articolato, leggermente tannico e persistente.
Friuli Lara (Sunset Scent) 2017 O 4.000 bt; 16 € - - Fermenta parte in acciaio e parte in tonneau, dove finisce la fermentazione e rimane sulle fecce nobili per circa 2 anni. Agrumato sia al naso sia in bocca, questo Chardonnay rivela note tostate e di grafite. Il sorso è ricco, armonico e strutturato, con propensione all'evoluzione.
Friuli Grave Mattia (Beyond Pinot) 2016 O 2.600 bt; 16 € - - Potente, fruttato, espressivo.

ha 26 - **bt** 170.000
Fertilizzanti letame, organo-minerali
Fitofarmaci chimici di sintesi, rame e zolfo
Diserbo lavorazione meccanica/manuale
Lieviti fermentazione spontanea, selezionati industriali
Uve 100% di proprietà
Certificazione nessuna certificazione

PINZANO AL TAGLIAMENTO (PN)

RONCO MARGHERITA

Via XX Settembre, 106/a - tel. 0432 950845
www.roncomargherita.it - info@roncomargherita.it

VITA - Una storia d'amore a lieto fine, così si può definire la nascita nel 2009 di questa azienda. Alessandro Bellio, enologo esperto, dopo varie esperienze tra Veneto e Friuli ha iniziato un'attività di consulenza conto terzi. Nel 2008 in vigna, in fase di potatura invernale, ha conosciuto Margherita Wieczorek, appassionata di viticoltura; si sono innamorati e di lì a un anno hanno dato vita a una nuova avventura in proprio, arrivando in pochi anni a gestire una superficie cospicua.

VIGNE - Dei 36 ettari vitati, i 28 di proprietà si trovano gran parte nel comune di Maniago, dove si trova la cantina all'interno di un'antica villa affrescata, mentre i terreni in affitto sono perlopiù nel comune di Prepotto. Tranne che su questi ultimi, fin dal 2009 è iniziato un rinnovamento dei vigneti con l'obiettivo di acquisire la certificazione biologica.

VINI - Alessandro, aiutato in cantina da Andrea Braida, nei vini ricerca uno stile leggero e pulito, con criomacerazioni sui vitigni aromatici e accurate fermentazioni in acciaio per tutte le etichette.

FCO Friulano 2019 ○ 6.000 bt; 10 € - - Elegante al naso, con piacevoli note fruttate, in bocca è verticale, dinamico e lungo, con un bel finale sapido.
Tiliae 2017 ○ friulano, ribolla gialla, sciaglin; 5.000 bt; 20 € - - Profuma di fiori di campo, camomilla, mela, e ha un sorso lungo, godibile e appagante.
Cabernet Franc 2017 ● 10.000 bt; 10 € - - Dal naso etereo, profuma di frutti di bosco. In bocca entra timido e finisce lungo, con discreta presenza tannica.
FCO Ribolla Gialla 2019 ○ 10.000 bt; 12 € - - Fresco, agrumato, sapido.
Refosco P.R. 2017 ● 10.000 bt; 12 € - - Ruvido, erbaceo, verace.
Pinot Nero 2017 ● 666 bt; 68 € - - Schietto, fruttato, essenziale.

ha 36 - **bt** 150.000
Fertilizzanti letame in pellet
Fitofarmaci rame e zolfo
Diserbo lavorazione meccanica/manuale
Lieviti selezionati industriali
Uve acquisto 20%
Certificazione parte dei vigneti in biologico certificato, parte in conversione biologica

POVOLETTO (UD)

AQUILA DEL TORRE

SCONTO **-10%**

Frazione Savorgnano del Torre - Via Attimis, 25
tel. 0432 666428 - www.aquiladeltorre.it - info@aquiladeltorre.it

VITA - Aquila del Torre è nata nel 1998, quando la famiglia Ciani ha acquistato i 18 ettari di vigneti che circondano la cantina. Oggi le redini dell'azienda le tiene Michele Ciani, agronomo ed enologo, colui che è stato protagonista prima della conversione in biologico, e oggi del passaggio alle pratiche biodinamiche. In cima a una collina verde, vera e propria oasi di biodiversità, si può trovare rifugio nel B&B aziendale.

VIGNE - Racchiusi negli 80 ettari di collina i vigneti si aprono come ali di aquila, integrandosi perfettamente nel paesaggio collinare. Il fiume Torre alla base della collina e il bosco che si alterna ai filari creano un ambiente ideale per la viticoltura. La gestione di un vigneto così esteso in regime biodinamico prevede l'integrazione della tecnologia, per essere efficaci e puntuali nei trattamenti. Per questo motivo negli ultimi anni gli investimenti aziendali sono focalizzati sulle attrezzature per sfalciare l'erba e ripuntare.

VINI - In cantina si preferiscono fermentazioni spontanee, e per i vini bianchi non si fa contatto con le bucce. Le maturazioni avvengono in contenitori di acciaio e in legni di diverse dimensioni. Il cemento è una novità degli ultimi anni: viene utilizzato per la maturazione del Friulano lasciato a contatto con la feccia fine.

FCO Refosco P.R. 2016 ● 8.000 bt; 20 € - - Le note di pepe appena macinato si integrano in una beva grintosa, di bella tensione gustativa.
FCO Riesling 2016 ○ 5.000 bt; 26 € - - Le note sulfuree ben integrate nel sorso anticipano una beva classica per il vitigno, energica e rinfrescante.
FCO Friulano 2018 ○ 10.000 bt; 19 € - - Interessante l'ingresso in bocca, per un vino persistente e di buona freschezza, di stampo varietale.
FCO Sauvignon Blanc 2018 ○ 10.000 bt; 18 € - - Fresco, floreale, sapido.

ha 18 - **bt** 60.000
Fertilizzanti compost, letame, preparati biodinamici, sovescio
Fitofarmaci organici, rame e zolfo
Diserbo lavorazione meccanica/manuale
Lieviti selezione di lieviti indigeni
Uve 100% di proprietà
Certificazione biologico certificato, in conversione biodinamica

POVOLETTO (UD)

PINAT MARCO

SCONTO **-10%**

Via Tomadini, 27 - tel. 349 8125856
www.marcopinatvini.com - info@marcopinatvini.com

VITA - È un vero e proprio artigiano del vino Marco Pinat, che opera senza ricette preconfezionate. La viticoltura non era l'attività di famiglia, ma con caparbietà Marco dopo la laurea in Enologia ha acquisito tre piccoli appezzamenti a Savorgnano del Torre, fondando la sua azienda nel 2015. Con l'indole tipica del friulano, Marco è di poche parole e lascia che a parlare siano i suoi vini, specchio di un territorio da sempre vocato alla coltivazione della vite. Lo aiuta sua sorella Malvina, occupandosi dell'aspetto commerciale.

VIGNE - Completamente inerbiti i vigneti si trovano a 250 metri di quota, con una pendenza del 30%. Le varietà coltivate sono quelle tipiche di questa zona, gli autoctoni friulano, verduzzo, picolit e refosco. La conduzione è biologica e le vigne hanno un'età che va dai 40 ai 70 anni, a parte il refosco, piantato circa 10 anni fa da barbatelle di una selezione massale di antichi vigneti.

VINI - Per Marco ogni vendemmia è unica e irripetibile, e il vino deve rispecchiare le peculiarità dell'annata. Per i vini bianchi ricerca la complessità e la struttura, terminando la fermentazione in barrique usate, dove sostano per circa 10 mesi.

FCO Friulano Sorelle 2018 ○ 1.000 bt; 20 € - - L'affinamento in legno è ben dosato per questo Friulano tipico ma di grande carattere. Elegante e pulito al naso, in bocca si rivela morbido e fresco, con la caratteristica chiusura di mandorla amara.

FCO Ognicost 2018 ○ 700 bt; 25 € - - Marco esce dalla consuetudine regionale che vede il Verduzzo friulano come un vino dolce, creando un bianco secco. I profumi sono floreali e fruttati, con note di miele, mentre in bocca il gusto fresco, sapido, e la leggera nota tannica creano un piacevole contrasto, che rimane impresso nella memoria.

ha 1,5 - **bt** 3.500
Fertilizzanti nessun concime
Fitofarmaci nessun prodotto
Diserbo lavorazione meccanica/manuale, 931
Lieviti selezionati industriali
Uve 100% di proprietà
Certificazione biologico certificato

POVOLETTO (UD)

MARCO SARA

Frazione Savorgnano del Torre - Via dei Monti, 3 - tel. 0432 666066
www.marcosara.it - info@marcosara.com

VITA - Anche se Marco Sara vorrebbe lasciar parlare solo vinie terroir non possiamo che dedicare sempre grande attenzione a questo vignaiolo appassionato, attento e capace, che dal 2000, assieme alla moglie Sandra Francovich, ha deciso di imbottigliare in proprio scegliendo la strada della viticoltura naturale, praticata dal 2005 e certificata dal 2015, per raccontare questo angolo occidentale, impegnativo e vocato dei colli orientali.

VIGNE - Le varietà autoctone, frutto di selezioni massali, sono ben acclimatate suiterrazzamenti diponca, calcare e argilla che compongono i diversiappezzamenti, inerbiti e circondati da boschi. In questo mosaico di vigneti incastonatitra il Riu Falcon e le pendici del monte della Guardia, le escursionitermiche sono notevoli ele differenze dimicroclima e terreno apportano ai vini sfumature intriganti.

VINI - Da un patrimonio che provienesano dalla terra nulla si disperde in cantina: pied de cuve, sosta del mosto fiore sulle fecce fini, interventi essenziali e poco invasivi. Così i vini di Marco diventan odinamici ed eleganti ambasciatori del territorio.

FCO Picolit Mufis 2017 ● 1.000 bt da 0,5 l; 38 € - - La botrytis cinerea intacca le uve di picolit sottoposte ad appassimento non forzato, regalando un sorso speziato, persistente e rotondo.

FCO Schioppettino 2018 ● 4.000 bt; 19 € - - Le parcelle collinari orientate a sud, sud-ovest donano questo vino esuberante e accattivante al naso, che esprime una schiettezza ampia e compatta lungo tutto il sorso.

Friulano Erba Alta 2017 ○ 2.000 bt; 20 € - - La muffa nobile su parte delle uve rende questo vino carnoso, strutturato e sinuoso, con la sua bella sapidità e freschezza.

FCO Friulano 2019 ○ 7.000 bt; 15 € - - Agile, floreale, essenziale.

FCO Ribolla Gialla 2019 ○ 7.000 bt; 15 € - - Fine, floreale, verticale.

ha 8 - **bt** 29.000
Fertilizzanti letame, sovescio
Fitofarmaci organici, rame e zolfo
Diserbo lavorazione meccanica/manuale
Lieviti selezione di lieviti indigeni
Uve 100% di proprietà
Certificazione biologico certificato

PREMARIACCO (UD)

DORIGO

Via Case Sparse Campo, 1 - tel. 0432 634161
www.dorigowines.com - info@dorigowines.com

VITA - Alessio Dorigo, che dal 2012 guida l'omonima azienda, dal papà Girolamo, pioniere della viticoltura friulana, ha ereditato i vigneti. Pur potendo fare altro ha scelto con entusiasmo di continuare nel solco tracciato, perché questo è il lavoro che gli piace. Secondo lui il vino è un nettare che addolcisce la vita: si può andare anche contro corrente, l'importante è fare vini che diano emozioni.

VIGNE - I vigneti sono divisi tra Cividale, con ceppi autoctoni di più di 50 anni, e Buttrio, dove troviamo il cru Ronc di Juri, in cui prevale la marna, roccia che mette la vite in difficoltà e la spinge a dare il meglio. Uno dei fattori primari che hanno portato i vini Dorigo a essere apprezzati in Italia e nel mondo è la geometria dei vigneti, dove domina l'alta densità di impianto, con quasi 10.000 ceppi per ettaro.

VINI - Per Alessio produrre vino è un percorso alla ricerca dell'eccellenza. Ribolla gialla e friulano sono i due vitigni autoctoni che predilige, il primo allevato in un vigneto ad alta densità, il secondo vinificato sia in acciaio, per enfatizzarne le note aromatiche, sia in barrique, in una versione che ne esprime la personalità e la potenza.

FCO Friulano 2019 O 5.000 bt; 13 € - ▢ - Al naso è intenso, con note agrumate e di frutta gialla. Il sorso è piacevole, con una sapidità ben amalgamata e un finale lunghissimo.
FCO Ribolla Gialla 2019 O 12.000 bt; 13 € - ▢ - Fresco e immediato, si esprime su note sottili e con spiccata acidità. Delicato ma non debole, ha un bel bagaglio aromatico e discreta persistenza..
FCO Chardonnay Ronc di Juri 2018 O 2.000 bt; 26 € - ▦ - Fermenta e affina in barrique. Armonico e delicato, mostra tratti suadenti, tannini dolci e una beva piacevole e lunga.
M. Cl. Blanc de Blancs ⁘ chardonnay; 1.000 bt; 26 € - ▦ - Dinamico, agrumato, avvolgente.

ha 20 - **bt** 110.000
Fertilizzanti letame in pellet, organo-minerali, sovescio
Fitofarmaci rame e zolfo
Diserbo chimico, lavorazione meccanica/manuale
Lieviti selezionati industriali
Uve 100% di proprietà
Certificazione nessuna certificazione

PREMARIACCO (UD)

ERMACORA

Frazione Ipplis - Via Solzaredo, 9 - tel. 0432 716250
www.ermacora.it - info@ermacora.it

VITA - Nel 1970 i fratelli Dario e Luciano Ermacora hanno iniziato a dedicarsi alla viticoltura, con circa 27 ettari di vigneti. Negli ultimi anni l'acquisto di due appezzamenti importanti, Montsclapade nel 2012 e Fantin Nodar nel 2015, hanno portato l'azienda alle dimensioni odierne. Oggi insieme a loro ci sono il loro figli Nicola, nel marketing, e Demis, agronomo: stanno portando saperi nuovi e sano entusiasmo. Fedeli collaboratori sono Marco Chiabai in cantina e Giovanni Bigot in vigna.

VIGNE - I vigneti si alternano ai boschi, garantendo un equilibrio di biodiversità. Sta crescendo piano piano la sensibilità ambientale: si segue il sistema di lotta integrata SQNPI e si effettua il diserbo solo meccanico ormai sull'80% dei filari. La nuova cantina del 2019 è dotata di un impianto fotovoltaico che garantisce autosufficienza energetica.

VINI - Dal 2016 tutte le uve provengono da vigneti di proprietà. Primeggiano le varietà autoctone e i vini monovarietali. In cantina l'obiettivo è quello di non stressare le uve e vinificare il più possibile per parcella, rispettando le peculiarità di ogni vigneto.

FCO Sauvignon 2019 O 35.000 bt; 13 € - ▢ - Il naso richiama le erbe aromatiche, e in bocca entra teso e sapido, avvolgente ed equilibrato.
FCO Pignolo 2014 ● 4.000 bt; 25 € - ▦ - Matura 36 mesi in barrique. All'inizio è chiuso e scuro, quasi timido. Poi si apre e si sentono la prugna matura e la marasca, unite alle spezie. I tannini sono morbidi e setosi, il sorso è pieno e persistente.
FCO Malvasia 2019 O 10.000 bt; 13 € - ▢ - Aromatico e floreale al naso, con cenni iodati, in bocca è sapido, fresco, pulito, con alcol ben dosato e intensa mineralità.
FCO Ribolla Gialla 2019 O 30.000 bt; 13 € - ▢ - Croccante, floreale, espressivo.
FCO Friulano 2019 O 50.000 bt; 13 € - ▢ - Fresco, fruttato, autentico.

ha 69 - **bt** 230.000
Fertilizzanti letame
Fitofarmaci chimici di sintesi, rame e zolfo
Diserbo chimico, lavorazione meccanica/manuale
Lieviti selezionati industriali
Uve 100% di proprietà
Certificazione nessuna certificazione

PREMARIACCO (UD)

LA TUNELLA

Frazione Ipplis - Via del Collio, 14 - tel. 0432 716030
www.latunella.it - info@latunella.it

VITA - Idea vincente quella dei fratelli Massimo e Marco Zorzettig di identificare la loro azienda, fondata dal padre Livio nel 1986, con l'antico toponimo del colle che sorge in prossimità dell'azienda: è nata così nel 2002 La Tunella. L'enologo Luigino Zamparo, presenza fedele dal 1993, parla con orgoglio dei nuovi strumenti di cui si è dotata l'azienda, sempre all'avanguardia in tecnologia e sperimentazione.

VIGNE - I bei vigneti che sorgono nel cuore della Doc Friuli Colli Orientali donano un panorama di estrema bellezza. Con un sesto d'impianto di 5.000 ceppi per ettaro, vegetano su terreni di marne e arenarie. Da quest'anno lo sfalcio è completamente meccanizzato e prossimamente verrà introdotto il sovescio per la concimazione. Per i trattamenti si segue il protocollo della lotta integrata.

VINI - Dall'annata 2019 i vini hanno una nuova etichetta, più moderna ed elegante. La produzione si attesta sul 70% di vini bianchi e il 30% di vini rossi.

FCO Pinot Grigio Ramato Colbajè 2018 ○ 4.000 bt; 21 € - Da uve di un vigneto pregiato degli anni Ottanta, si mostra con una leggera nuance ramata. Profumi di pera e albicocca matura si intersecano con note floreali e cremose. Il palato è ampio e complesso, avvolgente e armonico.
FCO Biancosesto 2018 ○ 25.000 bt; 23 € - Uvaggio di friulano e ribolla gialla, affina in grandi botti di rovere di Slavonia. Si apre con note vanigliate, oltre a sentori floreali e fruttati. Al palato mostra una bella progressione acido-sapida, con un piacevole finale di mandorla.
FCO Sauvignon Colmatìss 2018 ○ 7.000 bt; 21 € - Sentori vegetali nei profumi di menta, peperone e sesamo. In bocca il frutto è croccante, e il passaggio in legno è ben dosato e bilanciato dalla freschezza.
FCO Friulano 2019 ○ 35.000 bt; 15 € - Avvolgente, fruttato, espressivo.

ha 70 - **bt** 400.000
Fertilizzanti letame in pellet, letame
Fitofarmaci chimici di sintesi, rame e zolfo
Diserbo chimico, lavorazione meccanica/manuale
Lieviti selezione di lieviti indigeni
Uve 100% di proprietà
Certificazione nessuna certificazione

PREMARIACCO (UD)

ROCCA BERNARDA

Frazione Ipplis - Via Rocca Bernarda, 27 - tel. 0432 716914
www.sagrivit.it - roccabernarda@sagrivit.it

VITA - Antica realtà vitivinicola friulana, Rocca Bernarda venne edificata nel 1567 dai conti Valvason Maniago. La splendida villa da cui si dominano i colli circostanti è passata a vari proprietari, tra cui Giacomo Perusini, a cui si deve il recupero proprio in questi luoghi delle barbatelle dell'uva picolit. Attualmente appartiene al Sovrano Militare Ordine di Malta e dal 2006 è gestita dalla Sagrivit, che si avvale della direzione dell'agronomo Fabio Morandin, coaudiuvato dall'enologa Marika Polencic.

VIGNE - I vigneti, adagiati in morbidi terrazzamenti suddivisi in ronchi, circondano la villa come un giardino, e rappresentano 38,5 dei 200 ettari totali della proprietà. I nuovi impianti hanno una densitàdi circa 5.500 ceppi per ettaro ed evidenziano la particolare attenzione data all'esposizione alla radiazione solare, con le uve a bacca nera disposte sui versanti meridionali mentre le varietà bianche e aromatiche sono esposte a est e a ovest.

VINI - Un clima ventilato che permette di ottenere uve sane e lo stile di vinificazione che mette in risalto la tipicità varietale donano vini puliti e costanti.

FCO Refosco P.R. 2018 ● 9.900 bt; 14 € - Cresce su terreni di marna-arenaria di origine eocenica: questo tipico rosso friulano di struttura e antiche origini fonde frutta e spezia, in un sorso carnoso e pieno.
FCO Sauvignon 2019 ○ 6.700 bt; 14 € - Vendemmiato in tempi diversi per consentire la raccolta di uve con maturazione precoce e tardiva, ha naso intenso e complesso e un sorso impetuoso, retto da una nota citrica che gli dà slancio.
FCO Cabernet Franc 2018 ● 6.700 bt; 14 € - Croccante, erbaceo, energico.
FCO Merlot Centis 2017 ● 2.900 bt; 32 € - Agile, fruttato, incisivo.
FCO Pinot Grigio 2019 ○ 6.700 bt; 14 € - Fresco, speziato, delicato.

ha 38,5 - **bt** 100.000
Fertilizzanti organo-minerali
Fitofarmaci chimici di sintesi
Diserbo chimico, lavorazione meccanica/manuale
Lieviti selezionati industriali
Uve 100% di proprietà
Certificazione nessuna certificazione

PREMARIACCO (UD)

ROBERTO SCUBLA

Frazione Ipplis - Via Rocca Bernarda, 22 - tel. 0432 716258
www.scubla.com - info@scubla.com

VITA - Non basta la passione coltivata fin da bambino, non è sufficiente sostenere che è stata una scommessa vinta. La storia di Roberto Scubla, che nel 1991 ha abbandonato un lavoro sicuro per iniziare un'avventura nel mondo del vino in questa porzione dei colli orientali del Friuli, è frutto di spirito imprenditoriale e consapevolezza. In questo percorso ha scelto collaboratori validi come l'enologo Gianni Menotti e l'agronomo Alex Martincich.

VIGNE - Negli ultimi anni l'azienda si è ampliata con altri 2 ettari vitati lavorati in affitto, nei quali la fanno da padrone i vitigni a bacca bianca e in particolare la ribolla gialla, che mancava nella gamma della produzione, oltre al nuovo vigneto di malvasia ultimato lo scorso anno. Sugli altri 10 ettari Roberto ha deciso di rinnovarne alcuni, piantando merlot, cabernet sauvignon e l'autoctono refosco dal peduncolo rosso.

VINI - Roberto in cantina si prefigge l'obiettivo di realizzare vini che denotino ricchezza olfattiva e gustativa, lavorando con contenitori di materiali e dimensioni differenti.

FCO Bianco Pomèdes 2018 ○ 2.000 bt; 25 € - - Un vino complesso, che in bocca si distende accompagnato da note agrumate, di frutta tropicale e spezie dolci. Il sorso è scorrevole e profondo.
FCO Verduzzo Friulano Cràtis 2017 ● 1.400 bt; 33 € - - Le note di mandorla tostata e nocciole anticipano una bocca densa e morbida.
FCO Refosco P.R. 2018 ● 2.000 bt; 19 € - - All'olfatto si sentono il frutto e le spezie dolci. Il sorso è di buon corpo, con tannini morbidi e un tocco di amaro sul finale.
FCO Rosso Suro 2017 ● 2.000 bt; 19 € - - Ampio, fruttato, avvolgente.
FCO Friulano 2019 ○ 7.000 bt; 16 € - - Avvolgente, floreale, espressivo.
FCO Pinot Bianco 2019 ○ 6.000 bt; 16 € - - Dinamico, fruttato, elegante.

ha 12 - **bt** 50.000
Fertilizzanti letame, organo-minerali
Fitofarmaci chimici di sintesi, rame e zolfo
Diserbo lavorazione meccanica/manuale
Lieviti selezionati industriali
Uve 100% di proprietà
Certificazione nessuna certificazione

PREPOTTO (UD)

ANTICO BROILO

Via Brolo, 42 - tel. 0432 713082
www.anticobroilo.com - info@anticobroilo.com

VITA - È costante l'impegno di Massimo Durì per valorizzare i propri vini. Una passione condivisa con il padre Giovanni, in particolar modo nei confronti dei vitigni a bacca nera. «Prima che cantiniere il vignaiolo è vigna, è vite, è grappolo»: questa frase di Massimo restituisce una fedele istantanea del suo approccio ideale e produttivo.

VIGNE - Poco più di 5 ettari di vigneto sono disposti attorno alla cantina, e 0,5 ettari si trovano nella sottozona Cialla. Le vigne, mediamente di 30 anni, risentono del clima favorevole dato dalla vicinanza con il torrente Judrio. Vendemmia e potature sono eseguite manualmente, le rese sono ridotte e si pratica l'inerbimento interfila.

VINI - In cantina Massimo è custode del vino: mantiene un profilo poco interventista con l'intento di far emergere sia il vitigno sia il terroir a cui appartiene. L'affinamento in acciaio viene utilizzato per mantenere la freschezza dei vini bianchi, il legno piccolo per smussare gli spigoli dei vini rossi.

FCO Refosco P.R. Ris. 2016 ● 3.000 bt; 43 € - - Fruttato e con note vegetali al naso, risulta fresco e pieno in bocca, ma anche equilibrato e complesso.
FCO Friulano 2019 ○ 1.700 bt; 20 € - - Profumi fruttati e vegetali eleganti introducono un sorso in cui acidità e sapidità si trovano in persistente equilibrio. Classico il finale di mandorla amara.
FCO Merlot 2018 ● 3.000 bt; 24 € - - Equilibrato al naso, con sentori fruttati e terziari regalati dal passaggio in legno piccolo, in bocca è denso e polposo, di buona morbidezza.
FCO Pinot Nero 2018 ● 3.500 bt; 27 € - - Agile, speziato, verticale.
FCO Cabernet Franc 2018 ● 2.600 bt; 24 € - - Dinamico, fruttato, varietale.

ha 6 - **bt** 25.000
Fertilizzanti letame in pellet
Fitofarmaci organici, rame e zolfo
Diserbo lavorazione meccanica/manuale
Lieviti selezione di lieviti indigeni
Uve 100% di proprietà
Certificazione biologico certificato

PREPOTTO (UD)

LE DUE TERRE

Via Roma, 68/b - tel. 0432 713189 - 349 3741452
info@leduetterre.wine

VITA - Se l'azienda è nata a metà degli anni Ottanta come progetto di vita di Flavio Basilicata e Silvana Forte, oggi si sviluppa e continua a germogliare come una pianta fortemente vitale e in salute, grazie all'energia e alla linfa apportata dalla figlia Cora, attiva in cantina come in vigna, dove fa tutto «tranne salire sul trattore»: così ammette mentre ci aggiorna in fatto di campagna, il suo habitat naturale.

VIGNE - Un piccolo compendio di biodiversità, con la collina a forma di panettone dove, ci dice Cora, «non cambia mai niente». Le stupende viti, che contornano la cantina, sono gestite con le medesime attenzioni fin dal loro impianto. Ora ci si concentra nell'introdurre nuovi induttori di resistenza nelle piante e a limitare l'uso di rame.

VINI - La naturalità oltre le apparenze. Potrebbe esser questa la definizione appropriata per Le Due Terre. Le vinificazioni dei bianchi prevedono una breve macerazione sulle bucce, come da tradizione, sebbene risulteranno limpidi agli occhi. I legni, mai di primo pelo, sono presenti e fungono da accompagnamento per tutti i vini. In seguito all'emergenza Covid-19 si è deciso che l'affinamento sarà ulteriormente allungato: per questo non ci sono vini di nuova uscita.

I riassaggi delle etichette recensite in Slow Wine 2020 ci restituiscono, ancora più netta e matura, la loro infinità bontà. Il FCO Bianco Sacrisassi 2017 ha rafforzato la sua vena sapida e la sua beva verticale, ricca ed energica; il FCO Sacrisassi Rosso 2017, perfetto blend di refosco e schioppettino, è ancora più compassato ed espressivo.

ha 5 - **bt** 20.000
Fertilizzanti nessun concime
Fitofarmaci rame e zolfo
Diserbo lavorazione meccanica/manuale
Lieviti fermentazione spontanea
Uve 100% di proprietà
Certificazione nessuna certificazione

PREPOTTO (UD)

MARINIG

SCONTO **-10%**

Via Brolo, 41 - tel. 0432 713012
www.marinig.it - info@marinig.it

VITA - L'azienda, attiva già dal 1808, oggi è condotta e gestita da Valerio Marinig, la cui moglie Michela Zanuttig si dedica attentamente all'accoglienza e alla parte amministrativa. L'attività in vigna e in cantina viene svolta con il prezioso contributo anche del papà di Valerio, Sergio, e dalla mamma Marisa Cotterli. Una realtà familiare, che può fregiarsi di un'equilibrata contaminazione generazionale.

VIGNE - La maggioranza dei 9 ettari vitati si trova intorno alla cantina, con una parte a Craoretto nel comune di Prepotto e quella restante a Spessa di Cividale, nel cuore dei colli orientali del Friuli. Le vigne vegetano su terreni marnosi, calcarei e argillosi, e vengono allevate a guyot. Tutte beneficiano della ventilazione proveniente dal torrente Judrio, che scorre vicinissimo. Valerio pratica la lotta integrata e non utilizza diserbo chimico.

VINI - L'obiettivo di Valerio è quello di produrre vini che siano intriganti, piacevoli alla beva e desiderabili. Le tecniche di vinificazione sono classiche, con l'uso prevalentemente dell'acciaio per mantenere il carattere varietale in evidenza.

FCO Friulano 2019 O 2.500 bt; 10 € - - Un vino che si distingue per i profumi fragranti e di spiccata finezza. Il sorso è scorrevole e persistente, e chiude con la classica sensazione di mandorla amara sul finale.
FCO Sauvignon 2019 O 3.000 bt; 11 € - - Di spiccata espressione varietale, presenta profumi floreali e appena balsamici. Il sorso è fresco e invitante.
FCO Ribolla Gialla 2019 O 1.500 bt; 10 € - - Un vino che gioca sul ritmo acido-sapido, ma che nel complesso risulta morbido. Sul finale chiude leggermente amarognolo.

ha 9 - **bt** 30.000
Fertilizzanti letame in pellet, letame
Fitofarmaci chimici di sintesi, rame e zolfo
Diserbo lavorazione meccanica/manuale
Lieviti selezionati industriali, selezione di lieviti indigeni
Uve 100% di proprietà
Certificazione nessuna certificazione

PREPOTTO (UD)

ORLANDO E DIDONÈ LA CRICCA

Località Craoretto, 2 - tel. 327 5618717
www.vinilacricca.it - info@vinilacricca.it

VITA - Gino Paoli cantava «eravamo quattro amici al bar», un motivetto che ben si adatta alla nascita del rapporto tra Luca Didonè e Giacomo Orlando, rispettivamente agronomo ed enologo dell'azienda agricola, con Luca Comello e Luca Latronico (fondatori del portale The Winefathers e di Vini La Cricca). In seguito Paolo Pinos, appassionato di vini e fondatore del wine club di Lauzacco, si è unito al quartetto. Due etichette diverse, Orlando e Didonè e La Cricca, che traducono lo stesso terroir in modi diversi.

VIGNE - Gli ettari in affitto sono dislocati nella frazione di Craoretto, nel comune di Prepotto, zona di confine tra le due Doc collinari del Collio e dei Colli Orientali, a pochi chilometri dal confine con la Slovenia. Un piccolo appezzamento si trova invece sulla collina di Rosazzo, a una dozzina di chilometri dalla cantina. I filari sono totalmente inerbiti e il vigneto vede una gestione a basso impatto ambientale.

VINI - Orlando e Didonè propone sia vini bianchi sia vini rossi. La Cricca lavora invece solo uve a bacca bianca, proponendo tre etichette in edizione limitata per un totale di 4.100 bottiglie numerate.

TOP **FCO Friulano 2019** VINO QUOTIDIANO ○ 2.000 bt; 12 € - - Concordano in ricchezza sia il naso sia la bocca: piacevole nel frutto, ha una bella vena sapida che spinge il sorso.
FCO Friulano La Cricca 2019 ○ 2.000 bt; 13 € - - Bella esuberanza al naso, con le note agrumate che ritrovi al palato: è teso e chiude molto asciutto.
FCO Pinot Bianco La Cricca 2019 ○ 1.200 bt; 18 € - - Elegante e delicato all'olfatto, molto varietale, ha una dinamica di bocca raffinata e suadente.
FCO Pinot Grigio 2019 ○ 1.200 bt; 13 € - - Integrato, fruttato, espressivo.
Friuli Bianco Buršat La Cricca 2019 ○ 900 bt; 18 € - - Avvolgente, affumicato, contratto.

ha 2,5 - **bt** 8.000
Fertilizzanti letame in pellet, letame
Fitofarmaci rame e zolfo
Diserbo lavorazione meccanica/manuale
Lieviti fermentazione spontanea, selezionati industriali
Uve acquisto 10%
Certificazione nessuna certificazione

PREPOTTO (UD)

PETRUSSA

Via Albana, 49 - tel. 0432 713192
www.petrussa.it - petrussa@petrussa.it

VITA - I fratelli Paolo e Gianni rappresentano la terza generazione della famiglia Petrussa che coltiva questi terreni a Prepotto. Dal 1986 hanno iniziato a stravolgere l'azienda, convertendola a realtà esclusivamente vitivinicola: è incantevole l'estremo rispetto verso il territorio e l'amore che provano per il proprio lavoro. Le corrispettive mogli, Antonella Fabiani e Lorena Tosetto, sono indispensabili nella parte amministrativa e commerciale.

VIGNE - Il grande cambiamento è stato fatto 25 anni fa, quando i due fratelli decisero di infittire la vigna: ora la densità di piante è notevole, con 7.000 viti ettaro. Questa competizione porta a un'elevata concentrazione qualitativa nelle uve. I corpi vitati sono principalmente due: quello storico è ricco di scheletro e con terra di dilavamento collinare, mentre il vigneto in collina è composto da marna rossa, argilla bianca, pietra carsica e pietra piasentina.

VINI - L'obiettivo aziendale è quello di creare un prodotto duraturo che racconti la storia del luogo di origine. La vinificazione è classica, e risponde alla volontà di esprimere il carattere del territorio.

FCO Schioppettino di Prepotto 2017 ● 4.720 bt; 29 € - - Questo vino è una cuvée di quattro vigneti: al naso si esprime con note floreali articolate, mentre in bocca risulta equilibrato e lungo.
Schioppettino di Prepotto S. Elena 2017 ● 880 bt; 44 € - - Indossa una vestito pregiato ed elegante. Viene prodotto esclusivamente con le uve coltivate nel vigneto che gli dona il nome.
FCO Petrussa 2017 ● 1.400 bt; 29 € - - È un Merlot in purezza che deriva da viti storiche di 60 anni, dalle proprietà tanniche e aromatiche complesse. Ci colpisce per la sua energia e per l'accogliente speziatura.

ha 10 - **bt** 45.000
Fertilizzanti letame in pellet
Fitofarmaci chimici di sintesi, rame e zolfo
Diserbo lavorazione meccanica/manuale
Lieviti selezionati industriali, selezione di lieviti indigeni
Uve acquisto 5%
Certificazione nessuna certificazione

PIZZULIN €

Via Brolo, 43 - tel. 0432 713425
www.pizzulin.com - info@pizzulin.com

VITA - Oggi l'azienda può contare sull'esperienza maturata da tre generazioni familiari. Negli anni Novanta Denis Pizzulin e la moglie Elisabetta Lesizza si sono dedicati alla produzione esclusiva di vino, curando i dettagli della nuova cantina con moderne tecnologie, senza però perdere il gusto della tradizione e conservando la storica barricaia per le Riserve e l'antica sala degustazione.

VIGNE - La maestria e l'esperienza del padre di Denis, Giordano, sono la garanzia di un prodotto unico. Gli appezzamenti si estendono in parte in collina e in parte in pianura. I primi, circondati da boschi, hanno due tipologie di sottosuolo, marna rossa e ponca friulana. Prevedono solo coltivazioni di uve a bacca nera, eccetto il vigneto storico di friulano. Le vigne pianeggianti confinano con il torrente Judrio.

VINI - La filosofia dell'azienda è mirata a ottenere un prodotto genuino in vigna, per poi condurre vinificazioni semplici per esaltare il frutto stesso e le caratteristiche varietali.

TOP **FCO Friulano 2019** VINO QUOTIDIANO ○ 4.000 bt; 11 € - Ha una beva equilibrata e progressiva. Il sorso è dinamico e sostenuto da una spiccata mineralità, datai dalla marna rossa su cui nasce.

FCO Schioppettino di Prepotto 2017 ● 4.000 bt; 20 € - Ha un frutto vivo e fresco, e un sorso pieno, goloso e di spiccato carattere.

FCO Pinot Nero Lastris 2018 ● 4.000 bt; 20 € - La nuova etichetta mira a sottolineare l'impronta del territorio nell'espressività di questo vitigno. Il sorso è delicato e il quadro olfattivo molto fine.

FCO Sauvignon Lastris 2018 ○ 2.000 bt; 20 € - Fresco, floreale, salino.

FCO Rarisolchi Bianco 2018 ○ 3.000 bt; 14 € - Armonico, speziato, sottile.

ha 11 - **bt** 35.000
Fertilizzanti letame in pellet
Fitofarmaci chimici di sintesi, rame e zolfo
Diserbo lavorazione meccanica/manuale
Lieviti selezione di lieviti indigeni
Uve 100% di proprietà
Certificazione nessuna certificazione

PREPOTTO (UD)

RONC SORELI

Località Novacuzzo, 46 - tel. 0432 713005
www.roncsoreli.com - info@roncsoreli.com

VITA - Flavio Schiratti ha una grande passione per il vino: nel 2008 ha deciso di tramutarla in lavoro comprando 33 ettari di vigna che poi ha rimodernato e ampliato, arrivando fino a 42. L'amore per il suo lavoro è tangibile: recentemente ha voluto ristrutturare un piccolo frutteto risalente a prima degli anni Sessanta, salvando vecchi alberi e piantando diverse varietà di frutta e olivi. Per ottenere il meglio dalla vigna e dalla cantina si avvale anche di consulenti esterni.

VIGNE - La proprietà conta 25 ettari di vigneto certificato biologico in collina, a cui si aggiungono 17 ettari di vigna in pianura, che seguono un protocollo di lotta integrata. Il terreno della collina, dove il clima è più caldo, con maggiore ventilazione ed escursione termica tra il giorno e la notte, è composto da ponca. In pianura troviamo un terreno ghiaioso, per un appezzamento incorniciato dal torrente Judrio. La varietà del microclima e del suolo conferisce alle uve straordinaria ricchezza.

VINI - L'ambizione di Ronc Soreli è realizzare vini biologici di grande complessità, per prodotti che siano rappresentativi del territorio.

FCO Merlot delle Amarene 2017 ● 2.600 bt; 17 € - Dal sorso intrigante e pieno di spunti, è un vino con una trama complessa, che risulta però snello e godereccio.

FCO Pinot Nero 2018 ● 3.000 bt; 17 € - Al naso è complesso e articolato. In bocca è suadente, e richiama un frutto esplosivo, per un finale misuratamente speziato.

FCO Sauvignon Antico Borgo dei Colli 2019 ○ 15.000 bt; 12 € - Ha un sorso bilanciato e deciso, e stuzzica per la gradevole aromaticità.

FCO Schioppettino Antico Borgo dei Colli 2018 ● 9.000 bt; 12 € - Possente, speziato, rustico.

FCO Pinot Grigio Furlan Faris Il Ramato 2019 ○ 18.000 bt; 12 € - Agile, fruttato, sottile.

ha 42 - **bt** 100.000
Fertilizzanti letame in pellet, letame
Fitofarmaci rame e zolfo
Diserbo lavorazione meccanica/manuale
Lieviti selezione di lieviti indigeni
Uve 100% di proprietà
Certificazione parte dei vigneti in regime biologico

PREPOTTO (UD)

RONCO SEVERO

Via Ronchi, 93 - tel. 0432 713340
www.roncosevero.it - info@roncosevero.it

VITA - Dopo la scuola enologica, terminata nel 1988, Stefano Novello è entrato nella nota azienda dei genitori, dove, mettendo in pratica i protocolli convenzionali dell'epoca, ha iniziato a produrre vini che adesso egli stesso definisce scolastici. Ha capito quasi subito che questa non era la sua strada: ha assorbito e fatto sua la filosofia del non-interventismo, mettendosi in proprio con un'azienda rigorosamente biologica in vigna e minimalista in cantina.

VIGNE - Ronco Severo conta 11 ettari in produzione, più altri 3 da piantare in un prossimo futuro. Il lavoro in vigna è tutto basato sul principio che per esprimere il territorio bisogna prima curare il grande patrimonio che è il suolo, in questo caso una marna friabile, povera di sostanze organiche ma ricca di microelementi minerali.

VINI - La bellissima etichetta ideata da Stefano riassume in un'immagine i rischi che un produttore deve assumersi quando si dedica al vino naturale, ma rappresenta anche il gioco di equilibrio, che gli riesce benissimo, che bisogna fare per realizzare vini di grande spontaneità senza tradire la precisione e la piacevolezza.

TOP **FCO Friulano 2018** VINO SLOW ○ 4.800 bt; 28 € - La solita grande prova d'autore, per un vino che appassiona e seduce, gratifica e conquista per l'intensa preziosità del frutto e per una bocca gustosa, perfettamente asciutta e incisivamente sapida.

Ribolla Gialla 2018 ○ 5.000 bt; 28 € - Il naso delicato richiama il cedro e le erbe selvatiche. La bocca è di buona intensità, con un corpo snello e agile, una bella progressione, molto tesa, e una chiusura agrumata decisamente sapida. Vino fine e di accattivante naturalezza.

FCO Schioppettino di Prepotto 2017 ● 4.800 bt; 31 € - Al naso mostra sentori di piccoli frutti con delle note leggermente balsamiche e di polvere di cacao. La bocca è compatta, con una bella concentrazione di frutta matura e un finale fresco, persistente e delicatamente speziato.

ha 11 - **bt** 32.000
Fertilizzanti letame
Fitofarmaci rame e zolfo
Diserbo lavorazione meccanica/manuale
Lieviti fermentazione spontanea
Uve 100% di proprietà
Certificazione biologico certificato

PREPOTTO (UD)

VIGNA PETRUSSA

SCONTO **-10%**

Via Albana, 47 - tel. 0432 713021
www.vignapetrussa.it - info@vignapetrussa.it

VITA - È in questo antico casale attorniato dai vigneti che Hilde Petrussa ha trascorso la sua infanzia, ed è qui che nel 1995, alle soglie della pensione, ha deciso di tornare per iniziare a produrre i suoi vini. Negli anni ha abbandonato quasi del tutto i vitigni internazionali per dedicarsi ai suoi amati autoctoni: schioppettino, refosco, friulano, ribolla gialla e picolit. Suoi collaboratori sono l'enologo Emilio Del Medico e l'agronomo Carlo Petrussi.

VIGNE - I vigneti si trovano nella valle del torrente Judrio, caratterizzata dalla Bora che soffia costantemente, e dal terreno con stratificazioni di marna e argilla rossa nelle zone più alte, e di formazioni alluvionali ghiaiose vicino alle rive del torrente. In vigna si lavora per diminuire l'impatto ambientale, utilizzando all'occorrenza solo rame e zolfo.

VINI - Lo scopo di Hilde è mantenere la tipicità dei vitigni, con una cura minuziosa in vigna e un atteggiamento poco interventista in cantina. Le uve, raccolte a piena maturazione, danno vini morbidi e rotondi, dotati di una certa struttura.

Refosco P.R. 2017 ● 5.000 bt; 17 € - Le uve vengono vendemmiate tardivamente e appassite in cassetta per 20 giorni, poi il vino affina in tonneau per 12 mesi. Al naso è speziato e vinoso, in bocca si mostra morbido, evoluto, con tannini delicati e una bella dinamica acido-sapida.

Ribolla Gialla 2019 ○ 2.600 bt; 12 € - Vitigno autoctono che si presta a diverse interpretazioni: qui lo ritroviamo nella sua versione più fruttata e con note di fiori bianchi ed erbe aromatiche. In bocca l'ingresso è morbido e delicato, poi si apre con un gusto pieno ed equilibrato.

FCO Schioppettino di Prepotto 2017 ● 4.000 bt; 20 € - Si apre su note fruttate e speziate, e al palato mostra una discreta trama tannica, accompagnata da morbidezza e persistenza.

ha 7,5 - **bt** 40.000
Fertilizzanti letame in pellet
Fitofarmaci rame e zolfo
Diserbo lavorazione meccanica/manuale
Lieviti fermentazione spontanea, selezionati industriali, selezione di lieviti indigeni
Uve 100% di proprietà
Certificazione nessuna certificazione

SACILE (PN)

VISTORTA

Via Vistorta, 82 - tel. 0434 71135
www.vistorta.it - vistorta@vistorta.it

VITA - Quest'azienda ha una storia che si può definire pluricentenaria: sono più di 200 anni che Vistorta coltiva viti e seminativi, dapprima nella storica cantina dell'omonima località, poi dal 1960 appena oltre il confine con il Veneto, a Cordignano. Dal 1980, con l'ingresso di Brandino Brandolini, si è optato per la scelta di iniziare a imbottigliare. Nella storica barchessa ricoperta dalla vite americana, si tengono eventi e degustazioni sotto l'occhio attento di Alec Ongaro, oramai figura storica in questa realtà.

VIGNE - Alec racconta di come questi territori pianeggianti, in zona predolomitica, siano sempre stati dedicati alla viticoltura, con argille rosse e nere a fare spazio a quelle bianche. Tutti i vigneti di cui dispone l'azienda vantano età considerevoli, basti pensare che i più giovani hanno tra i 20 e i 30 anni. Sono allevati con sesti d'impianto a guyot o a cordone speronato, a seconda dell'età e della varietà.

VINI - I bianchi fermentano in vasche di cemento e riposano sulle fecce fini per circa cinque mesi. I rossi svolgono la classica macerazione e fermentazione malolattica nel medesimo recipiente. Scelta vincente quella di effettuare micovinificazioni separate sulla base del vigneto, per poi assemblare successivamente. Vistorta non si stanca mai di sperimentare.

Friuli Friulano 2019 ○ 8.000 bt; 11 € - Al naso si alternano sentori di fieno e cenni terziari, mentre in bocca rivela una beva energica, sapida e tagliente, nel complesso suadente. Una bella espressione del vitigno.
Merlot Vistorta 2013 ● 6.500 bt; 25 € - Ancora giovane al momento dell'assaggio, rivela un naso piacevole in cui emergono note di pepe verde. In bocca è diretto, tannico e con un piacevole spunto sapido.

ha 37 - **bt** 250.000
Fertilizzanti letame in pellet, letame
Fitofarmaci organici, rame e zolfo
Diserbo lavorazione meccanica/manuale
Lieviti selezione di lieviti indigeni
Uve 100% di proprietà
Certificazione biologico certificato

SAN GIOVANNI AL NATISONE (UD)

VIGNAI DA DULINE

Località Villanova del Juro - Via IV Novembre, 136
tel. 0432 758115 - www.vignaidaduline.com - info@vignaidaduline.com

VITA - Lorenzo Mocchiutti e la moglie Federica Magrini costituiscono, con i loro vini e vigneti, un'ottima porta di accesso alla conoscenza del Friuli enologico. Sono inoltre una dimostrazione di come si può essere originali, e fare questo mestiere senza dover per forza di cosa appiattirsi sulle tante mode che ritroviamo nel bicchiere.

VIGNE - Sylvoz, cordone speronato, guyot monolaterale e bilaterale oltre che alberelli a ventaglio: le vigne sono un compendio di biodiversità in termini sia di habitat sia di forme di allevamento. Due i vigneti, perlopiù opposti tra di loro: le terre rosse argilloso-calcaree e ciottolose del vigneto pianeggiante de La Duline, e il flysh nel vigneto collinare di Ronco Pitotti, dal 1997 in gestione a Lorenzo.

VINI - Le etichette sono numerose, in quanto bastano anche solo 16 filari di pinot nero a Lorenzo per farne un vino a parte. Molti vini sono limitati quantitativamente, ma l'impostazione, centrata su un'anima ribelle e anticonformista, impregnata di scienza e coscienza, rende valida ogni bottiglia.

TOP **Friuli Friulano La Duline 2018** VINO SLOW ○ 5.900 bt; 24 € - Sintesi completa dei due biotipi di uve tocai friulano che lo compongono: il biotipo giallo, aromatico e speziato, e il più produttivo e diffuso biotipo verde, che rimanda a sensazioni floreali e vegetali. La spina acido-sapida sostiene un ventaglio di sensazioni e aromi: effluvi balsamici e ricercati rintocchi agrumati. Piacevolissimo il percorso gustativo.
FCO Chardonnay Ronco Pitotti 2018 ○ 2.250 bt; 36 € - Questo vino dà spesso l'impressione di bere un ottimo Champagne, ma senza le bollicine. Questa annata non lo aiuta però a esprimersi fin dalle prime battute ai suoi livelli. Riteniamo che l'invecchiamento possa rivelarlo, come da abitudine, un traduttore di suolo, pregiato interprete dell'annata.

ha 10 - **bt** 28.000
Fertilizzanti nessun concime
Fitofarmaci organici, rame e zolfo
Diserbo lavorazione meccanica/manuale
Lieviti fermentazione spontanea
Uve 100% di proprietà
Certificazione biologico certificato

TARCENTO (UD)

VINI BELLUZZO

Via Tricesimo, 8 - tel. 389 8824698
www.vinibelluzzo.com - info@vinibelluzzo.com

VITA - L'azienda è nata nel 1967 con Graziano Belluzzo. I primi esperimenti in cantina sono però iniziati con Luca, suo figlio, il quale, forte di diverse esperienze come enologo in giro per il mondo, ha deciso di dare vita ai vini Belluzzo nel 2015. Parlando con lui, la prima cosa che emerge è l'estrema attenzione al dettaglio che ripone sia in vigna, consigliato dal padre, sia in cantina, quest'ultima da poco rinnovata con l'aggiunta di alcune barrique nuove.

VIGNE - Ci troviamo nella parte più settentrionale dei colli orientali del Friuli, in cui i terreni hanno una composizione particolare in quanto formatisi a seguito dello scioglimento di antichi ghiacciai. Le precipitazioni sono frequenti e l'escursione termica è spiccata, fattori che permettono una raccolta tardiva delle uve verso l'inizio di ottobre. Le vigne su cui lavora la famiglia Belluzzo hanno radici antiche: sono state piantate da Marco, nonno di Luca.

VINI - L'idea è quella di creare vini fatti per durare, e quindi per dare il loro meglio di sé tra diversi anni.

Bianco Soleva 2018 O friulano; 269 bt; 27 € - - Dedicato alla sorella di Luca, Eva, si rivela delicato, con note vegetali di tè verde, cocco e vaniglia. In bocca è speziato, e gioca su un interessante equilibrio tra semplicità e godibilità.
Rosso Perla Nera 2018 ● refosco dal peduncolo rosso, merlot, cabernet franc; 300 bt; 10 € - - Un naso complesso, che richiama la confettura e le note eteree e speziate, sfocia in una beva sinuosa, giustamente tannica, calda e persistente.
Rosso Origine 2016 ● merlot; 772 bt; 22 € - - Note balsamiche, di frutti rossi e vaniglia precedono una beva fresca e pulita, con un tannino avvolgente e una lunga chiusura.
Aurum 2016 ● verduzzo; 400 bt da 0,5 l; 26 € - - Fresco, fruttato, armonico.

ha 2 - **bt** 3.000
Fertilizzanti letame
Fitofarmaci chimici di sintesi, rame e zolfo
Diserbo lavorazione meccanica/manuale
Lieviti fermentazione spontanea, selezionati industriali
Uve 100% di proprietà
Certificazione nessuna certificazione

TORREANO (UD)

ALBANO GUERRA

Località Montina - Viale Kennedy, 39 - tel. 0432 715077
www.guerraalbano.it - info@guerraalbano.it

VITA - Dario Guerra è un viticoltore estremamente competente, ma anche dall'animo appassionato, una caratteristica che fa la differenza in vigna e in cantina. Parla in modo schietto e consapevole del suo lavoro ed è riuscito a trasmettere questo amore per la terra e il vino anche ai figli, che seppure giovanissimi, sono da tempo in prima linea nelle diverse occupazioni aziendali.

VIGNE - Dario coltiva ben 12 differenti varietà di uve su una decina di ettari di terreno. Siamo in quel di Torreano, in località Montina, nel cuore dei colli orientali, dove il terreno è costituito da rilievi delineati dalla tipica pietra piasentina, una pietra durissima che protegge la pianura adiacente. Le vigne vengono lavorate a mano, come da tradizione.

VINI - Lo stile aziendale è genuino e segue i ritmi della natura ascoltandola giorno per giorno, stagione dopo stagione e vendemmia dopo vendemmia, in modo da poter raccogliere in ogni bottiglia la sua peculiare espressività.

M. Cl. Brut Ribolla Gialla Giuliet 2017 3.000 bt; 15 € - - Dal perlage fine e persistente, presenta note fruttate e di fiori bianchi. In bocca è fresco e scorrevole.
FCO Friulano 2019 O 10.000 bt; 9 € - - Spiccano netti profumi di fiori e frutta, una bella spinta acida e un finale tipicamente ammandorlato.
FCO Malvasia 2019 O 4.000 bt; 12 € - - Sentori di albicocca e cenni di menta aprono la strada a un ingresso in bocca fresco e a un sorso morbido e scorrevole.
FCO Merlot 2018 ● 5.000 bt; 12 € - - Armonico, fruttato, consistente.
FCO Rosso Gritul Ris. 2012 ● 2.600 bt; 17 € - - Ampio, fruttato, armonico.
FCO Pignolo Matteo I° 2010 ● 3.000 bt; 23 € - - Avvolgente, speziato, elegante.

ha 10 - **bt** 70.000
Fertilizzanti compost
Fitofarmaci chimici di sintesi, rame e zolfo
Diserbo lavorazione meccanica/manuale
Lieviti selezionati industriali
Uve 100% di proprietà
Certificazione nessuna certificazione

TORREANO (UD)

JACÙSS

Località Montina - Viale Kennedy, 35/a - tel. 0432 715147
www.jacuss.com - jacuss@jacuss.com

VITA - Con il 2020 è iniziato ufficialmente il passaggio generazionale in azienda: Marta Iacuzzi, iscritta alla facoltà di Viticoltura ed Enologia, per la prima volta ha seguito da sola la vinificazione, ovviamente sotto lo sguardo fiero del papà Sandro e dello zio Andrea, che da sempre gestiscono il proprio lavoro con sensibilità, facendo una viticoltura capace di rispondere alle esigenze umane, ma al tempo stesso rispettosa dell'ambiente.

VIGNE - L'azienda è nata nel 1990, quando è stata abbandonata l'agricoltura mista per concentrarsi sulla coltivazione delle vigne. Ci troviamo a Torreano, in località Montina, nei colli orientali. I vigneti sono frazionati nel raggio di un chilometro dalla cantina. Il terreno è compatto, con presenza della pietra piasentina, una pietra durissima che tende a non assorbire acqua.

VINI - Jacùss punta sulla valorizzazione dei vitigni autoctoni, come il raro tazzelenghe, una varietà a bacca nera il cui nome tradotto dal friulano significa "taglia lingua", a causa della sua tannicità.

Friulano Forment 2018 ○ 2.000 bt; 13 € - Riposa per un anno sui lieviti e poi viene imbottigliato senza filtrazione. Profuma di fiori di campo e ha un sorso lungo, dal tipico finale ammandorlato.
FCO Friulano 2019 ○ 6.000 bt; 12 € - Fruttato e fresco, denota una bella tipicità.
FCO Schiopettino Fuc e Flamis 2018 ● 2.000 bt; 13 € - Fruttato e speziato, è un vino di ottima struttura.
FCO Pinot Bianco 2019 ○ 2.500 bt; 12 € - Fresco, fruttato, essenziale.
FCO Verduzzo Friulano 2017 ● 2.000 bt; 13 € - Schietto, fruttato, espressivo.
FCO Sauvignon 2019 ○ 2.500 bt; 12 € - Fine, fruttato, armonico.

ha 11 - **bt** 50.000
Fertilizzanti nessun concime
Fitofarmaci rame e zolfo
Diserbo lavorazione meccanica/manuale
Lieviti selezionati industriali
Uve 100% di proprietà
Certificazione parte dei vigneti in regime biologico

VALVASONE ARZENE (PN)

BORGO DELLE OCHE

Via Borgo Alpi, 5 - tel. 0434 840640
www.borgodelleoche.it - info@borgodelleoche.it

VITA - Luisa Menini ha iniziato giovanissima, a 18 anni, a coltivare i suoi campi e le sue vigne. Porta avanti da sempre la filosofia di produrre, nelle terre delle Grave, vini naturali che esaltino le caratteristiche del luogo. Dal 2004 è aiutata dal marito ed enologo Nicola Pittini, che si occupa della cantina. Oltre a produrre vini di qualità, viene posta un'accurata attenzione anche all'accoglienza degli ospiti.

VIGNE - Ci troviamo nelle Grave del Friuli, dove il terreno ciottoloso conferisce una particolare mineralità al vino. I 7 ettari di vigneto si trovano tutti vicino alla cantina, e le viti più giovani sono allevate a guyot, mentre le più vecchie a casarsa. Luisa, che regna in campagna, ci tiene a utilizzare il minimo possibile di antiparassitari, per garantire la massima naturalità vegetativa. Anche l'uso delle macchine tra i filari è ponderato.

VINI - La dedizione di Luisa e Nicola per il vino è coinvolgente; i loro prodotti sono lo specchio non mediato del territorio da cui provengono.

Traminer Passito Alba 2018 ● 1.400 bt; 23 € - Il nome è stato scelto in memoria della madre di Luisa: è frutto di una doppia raccolta vendemmiale e di un appassimento di alcuni mesi in cassetta. Invitante, avvolgente, ha un sorso carico e denso, note speziate di vaniglia, e cenni fruttati, di arancia candita e miele.
Malvasia 2018 ○ 2.000 bt; 11 € - Versione schietta e fruttata della varietà, profonda e sapida al sorso.
Pinot Grigio 2019 ○ 3.300 bt; 9 € - Delicato e avvolgente al naso, pienamente fruttato in bocca.
Merlot 2017 ● 5.500 bt; 11 € - Incisivo, erbaceo, energico.
Friulano 2019 ○ 2.000 bt; 11 € - Fresco, balsamico, varietale.
Refosco P.R. 2016 ● 3.300 bt; 11 € - Dinamico, floreale, espressivo

ha 7 - **bt** 40.000
Fertilizzanti compost, letame in pellet
Fitofarmaci rame e zolfo
Diserbo lavorazione meccanica/manuale
Lieviti selezionati industriali
Uve 100% di proprietà
Certificazione nessuna certificazione

COLLIO-BRDA, ISONZO, VIPAVSKA DOLINA E CARSO-KRAS

AJDOVŠČINA (SL)

FERJANČIČ €

Planina, 73 - tel. +386 (0)41 834013 - +386 (0)70 361246
www.ferjancic.si - vina@ferjancic.si

VITA - La cantina di Ajdovščinaè sovrastata da un portale del 1809 che la famiglia Ferjančič considera come anno fondativo della propria attività. È però dai primi anni Novanta che Peter, l'attuale proprietario, ha abbandonato seminativi e produzione di ciliegie per concentrarsi sulla viticoltura. Ai nastri di partenza ora la settima generazione, con l'attiva partecipazione di Domen, che sta terminando gli studi a Lubjana, e dei fratelli Sanja e Aleks.

VIGNE - I vigneti di proprietà sono suddivisi in diverse parcelle. Quelle dall'altitudine più elevata, dove il terreno è marnoso e la Burja soffia costante asciugando i grappoli dall'umidità, ospitano le varietà autoctone pinela, zelen e ribolla, mentre i terreni in pianura sono destinati alle varietà internazionali. Le viti hanno un'età media di 15 anni e sono allevate a guyot, con qualche filare a casarsa.

VINI - Grande bevibilità e freschezza sono diventati nel tempo i tratti comuni di tutti i vini di questa cantina.

TOP **Vipavska Dolina Zelen 2019** VINO QUOTIDIANO ○ 5.000 bt; 12 € - Dai vigneti soleggiati di Majerija sopra il villaggio di Slap, un vino che ha equilibrio e verticalità estreme, e una perfetta progressione sapida e fresca.

Vipavska Dolina Belo Fino 2017 ○ 1.500 bt; 17 € - - Il bicentenario della tenuta ha dato i battesimi a questo bianco agrumato, delicato, ricco e dal carattere spiccato. Blend di chardonnay, sauvignon e zelen.

Vipavska Dolina Pinela 2019 ○ 5.000 bt; 12 € - - Un'antica varietà di pinela che matura in Planina, dal bouquet varietale che ricorda gli agrumi e i fiori secchi, delicata e timida eppure profonda e avvolgente al palato.

Vipavska Dolina Merlot 2016 ● 5.000 bt; 20 € - - Fresco, speziato, teso.

Vipavska Dolina Rosé 2019 merlot, barbera; 4.000 bt; 10 € - - Succoso, agrumato, energico.

Vipavska Dolina Malvazija 2019 ○ 1.000 bt; 12 € - - Integrato, floreale, sapido.

ha 8 - **bt** 30.000
Fertilizzanti compost, letame
Fitofarmaci chimici di sintesi, rame e zolfo
Diserbo lavorazione meccanica/manuale
Lieviti selezione di lieviti indigeni
Uve 100% di proprietà
Certificazione nessuna certificazione

AJDOVŠČINA (SL)

GUERILA

SCONTO -10%

Planina, 111 - tel. +386 (0)51 660265
www.guerila.si - guerila@guerila.si

VITA - Le origini contadine di Zmagoslav Petrič lo hanno richiamato alla terra nel 2005, quando ha fondato l'azienda vitivinicola Guerila. La data di fondazione (25 maggio) è la stessa che per generazioni di jugoslavi ricorda la festa dei giovani. Fin dagli albori Zmagoslav si avvale della collaborazione di Martin Gruzovin per la comunicazione.

VIGNE - Ci troviamo in una realtà certificata biodinamica dal 2014, molto attenta a integrare la produzione vitivinicola con l'ecosistema circostante. I vigneti sono distribuiti in piccoli appezzamenti limitrofi sul versante sud della vallata del Vipava, per un totale di 16 ettari. Qui il vento e il sole non mancano, e il suolo è molto minerale ma povero di sostanze organiche.

VINI - In questi 15 anni lo stile in cantina è passato dalle vinificazioni tradizionali degli albori alle attuali fermentazioni spontanee e macerazioni a contatto con le bucce anche per le varietà bianche. Nessuna filtrazione: le pratiche di cantina seguono i dettami biodinamici, con un uso minimo della solforosa.

TOP **Vipavska Dolina Rebula Selection 2018** VINO SLOW ○ 3.400 bt; 27 € - - Una settimana di macerazione sulle bucce e la maturazione in legno d'acacia regalano un vino dotato di fascino ed equilibrio, con rimandi di mandarino e erbe officinali.

Vipavska Dolina Malvazija 2018 ○ 4.230 bt; 19 € - - Calda e ricca in bocca come al naso, ha una dolcezza da frutto maturo che inebria sia l'olfatto, sia il gusto. La macerazione a contatto con le bucce è breve ma regala una bella armonia al sorso, con rimandi balsamici che sorprendono piacevolmente.

Vipavska Dolina Zelen 2019 ○ 8.930 bt; 19 € - - Difficile riassumere in l'energia di questo vino: pesca matura e spunti balsamici richiamano una beva avvolgente, rilassata e persistente. Ottima l'espressione del varietale.

ha 16 - **bt** 65.000
Fertilizzanti compost, sovescio
Fitofarmaci rame e zolfo
Diserbo lavorazione meccanica/manuale
Lieviti fermentazione spontanea
Uve 100% di proprietà
Certificazione biodinamico certificato, biologico certificato

BRDA (SL)

BORUT BLAŽIČ

Dobrovo v Brdih - Plešivo, 30 - tel. +386 (0)41 516149
www.vina-blazic.si - vina.blazic@siol.net

VITA - L'azienda è nata nel 1890 con il bisnonno Peter Blazič, che acquistò la fattoria e a seconda della posizione dei terreni li destinò alla frutticoltura o alla viticoltura. Dopo la Seconda guerra mondiale, quando si definirono i confini, la famiglia Blazič si trovò con una parte dei terreni in Slovenia e l'altra parte in Italia. Solo negli anni Novanta fu concesso ai produttori sloveni di vinificare le uve coltivate in Italia. Il primo imbottigliamento risale al 1993.

VIGNE - L'azienda si trova nel cuore di Goriška brda, a Medana, più precisamente presso Plešivo, proprio sul confine italo-sloveno. Quì Borut Blazič si prende cura di 9 ettari di vigneti collocati in posizioni eccezionali, la cui età arriva fino ai 50 anni.

VINI - Borut segue diligentemente l'idea di un approccio rispettoso sia nella coltivazione dell'uva, sia nella realizzazione del vino. Questo significa che il lavoro più grande si fa in vigna, dove nasce la maggior parte della qualità che viene poi trasferita in cantina e lavorata con una vinificazione naturale, ovvero con fermentazioni spontanee e un uso limitatissimo di solforosa.

TOP **Brda Rebula Robida 2015** VINO SLOW O 2.300 bt; 27 € - Intensi aromi di frutta matura, erbe aromatiche e fiori secchi introducono un sorso saporito, suadente, dall'acidità moderata, e dotato di una mineralità equilibrata e persistente.
Brda Jakot 2018 O 2.300 bt; 17 € - Il profilo olfattivo si muove su un orizzonte vegetale e agrumato, che in bocca si trasforma in un sorso teso e di buona sapidità.
Brda Malvazija 2018 O 1.900 bt; 19 € - Il naso è intrigante, balsamico, su note di frutta matura, mentre in bocca si dimostra sapido e con una vibrante freschezza acida.
Brda Rebula Selekcija 2016 O 1.300 bt; 29 € - Armonico, fruttato, espressivo.

ha 9 - **bt** 25.000
Fertilizzanti compost, letame in pellet, sovescio
Fitofarmaci organici, rame e zolfo
Diserbo lavorazione meccanica/manuale
Lieviti fermentazione spontanea
Uve 100% di proprietà
Certificazione in conversione biologica

BRDA (SL)

DOBUJE

Snežeče, 16 - tel. +386 (0)41 773721
www.dobuje.com - info@dobuje.com

VITA - La famiglia Bucinel possiede la casa-cantina in cima alla collina che domina i vigneti da oltre 200 anni. Nel 1994 è stato Robi Bucinel, dopo gli studi in agraria, a prendere le redini dell'azienda vinicola e a portarla alla dimensione attuale di 10 ettari, che gli consente di seguire personalmente ogni lavorazione in vigna e in cantina. Il nome dell'azienda Dobuje si deve alla varietà di querce dob che crescevano anticamente in questa zona.

VIGNE - I vigneti si trovano su terrazze a 170-200 metri di altitudine, in uno splendido anfiteatro naturale rivolto a sud-est, molto ventilato. Siamo nel Collio sloveno, dove i terreni sono composti da stratificazioni di marne e arenarie, con lingue di argilla, e sono ricchi di minerali. Negli ultimi anni diversi vigneti sono stati ripiantati in modo da posizionare le singole varietà nelle zone per loro più vocate. Su tutti domina la ribolla gialla, che qui viene coltivata sin dal Trecento.

VINI - Con la vendemmia manuale e una produzione che non supera un chilogrammo di uva per pianta, Robi sceglie uno stile tradizionale per suoi vini, rispettando i ritmi lenti della natura e raccogliendo le uve solo a perfetta maturazione. Fierezza e intransigenza sono le qualità che lo contraddistinguono.

Brda Rebula 2018 O 5.000 bt; 17 € - Alla vinificazione in acciaio seguono una lunga sosta sulle fecce nobili e l'imbottigliamento dopo circa 18 mesi, per ottenere struttura e lunga evoluzione. Al naso è complesso ed elegante, con note di agrumi e albicocca. Il sorso è caldo, con una bella progressione acido-sapido, e lungo.
Brda Malvazija 2018 O 4.000 bt; 17 € - Cresce in un terreno con una vena argillosa che aggiunge struttura. Si esprime con note floreali delicate, e in bocca il tocco di agrume è elegante, godibile. Ha una lunga persistenza.

ha 10 - **bt** 30.000
Fertilizzanti letame in pellet, minerali, organo-minerali
Fitofarmaci chimici di sintesi
Diserbo chimico, lavorazione meccanica/manuale
Lieviti selezionati industriali
Uve 100% di proprietà
Certificazione nessuna certificazione

BRDA (SL)

KABAJ

Šlovrenc, 4 - tel. +386 (0)5 3959560
www.kabaj.si - info@kabaj.si

VITA - Kabaj è una dinamica azienda familiare nata come fattoria mista quando il territorio apparteneva ancora all'ex Jugoslavia. Il vento del cambiamento è partito dalla Francia: Katja Kabaj ha sposato il francese Jean Michel Morel, che nel 1993 ha preso in mano le redini dell'azienda e ha iniziato a produrre vini di qualità destinati all'imbottigliamento. Oggi Jean si occupa di campagna e cantina mentre Katja segue l'agriturismo.

VIGNE - Le uve crescono in 23 appezzamenti su terreni composti da ponca, con alcune piante che superano i 60 anni di età. Pur non avendo nessuna certificazione i vigneti, circondati dal bosco, sono di fatto gestiti nel rispetto della biodiversità. Da anni sono stati abbandonati erbicidi e pesticidi, i filari sono inerbiti e Jean interpreta le occasionali visite dei cinghiali come dimostrazione della sanità dell'ecosistema.

VINI - Ai vini la personalità non manca, proprio come a Jean. Tutta la linea aziendale è caratterizzata da lunghe macerazioni sulle bucce e da un affinamento in barrique di almeno un anno.

Brda Sivi Pinot 2016 ○ 7.000 bt; 21 € - Un bianco macerato di buona struttura e complessità. I profumi vanno dal cocco al rosmarino, mentre in bocca il sorso è morbido e rinfrescante.
Brda Pinot Nero 2015 ● 2.500 bt; 34 € - Al naso è intenso, con sentori vegetali e di sottobosco. All'assaggio risulta elegante e piacevole, con una beva ricca e corposa, quasi masticabile.
Brda Ravan 2015 ○ 8.000 bt; 21 € - Bella interpretazione in versione macerata del Friulano, che gioca sulle tonalità più profonde e delicate, con piacevoli note di pesca. Un vino leggiadro e rilassato.
Brda Rebula 2016 ○ 10.000 bt; 21 € - Bianco macerato, denso, agrumato, avvolgente.
Brda Anfora 2016 ● merlot, cabernet sauvignon; 2.000 bt; 43 € - Fresco, speziato, energico.

ha 12 - **bt** 60.000
Fertilizzanti humus
Fitofarmaci organici, rame e zolfo
Diserbo lavorazione meccanica/manuale
Lieviti selezione di lieviti indigeni
Uve 100% di proprietà
Certificazione nessuna certificazione

BRDA (SL)

KRISTIAN KEBER

SCONTO **-10%**

Medana, 2 - tel. 347 2401972
kristiankeber@hotmail.com

VITA - Kristian Keber attinge dal suo personale vigneto le uve che lavora e vinifica nell'azienda di papà Edi. Se questa sua etichetta è giovane, l'esperienza maturata non è affatto quella di un principiante. Le prime vinificazioni con macerazioni sulle bucce sono un pallino della prima ora, già oggetto di prove ed esperimenti effettuati a causa della curiosità e dell'ammirazione verso i colossi di Oslavia.

VIGNE - L'intera produzione nasce da un unico vigneto ereditato da Kristian in territorio sloveno. Le vecchie varietà hanno visto interventi di riassestamento, in continuità con la loro storia. Stiamo parlando di un vero e proprio laboratorio, dove Kristian ha messo a dimora pratiche biologiche e biodinamiche, ed esperimenti di vinificazione in cui si vedranno i frutti delle prove e dei test in corso su alcune varietà autoctone.

VINI - Tutte le vinificazioni sono sempre avvenute con la buccia, fin dalle prime bottiglie. Ora Kristian ha incluso anche l'utilizzo del raspo, sperimentato prima nelle annate meno promettenti, e da allora diventato una costante, la cui modulazione è una variabile ancora in fase di studio.

TOP **Brda 2017** VINO SLOW ○ rebula, sauvignonasse, malvasia; 2.400 bt; 27 € - Abile interpretazione del vigneto tradotto in vino. Il risultato del progetto è oramai maturo, e vede distendersi un vino armonico, piacevolmente teso e dalla viscosità riuscita. Pregevole il mantello della tessitura gustativa, che risulta finemente tannica, ottimamente ricoperta dalla polpa di un centro bocca fruttato e succoso. Le varietà utilizzate sono ribolla gialla, sauvignonasse e malvasia.

ha 1,7 - **bt** 2.400
Fertilizzanti compost, humus, letame, preparati biodinamici, sovescio
Fitofarmaci rame e zolfo
Diserbo lavorazione meccanica/manuale
Lieviti fermentazione spontanea
Uve 100% di proprietà
Certificazione nessuna certificazione

MAVRIC DANILO WINES

Dobrovo - Plesivo, 35-36 - tel. +386 (0)41 320916

VITA - Con la vendemmia 2019 Danilo Mavric ha potuto spostare la vinificazione e l'affinamento dei vini dagli spazi stretti e poco adeguati della cantina sotto casa a una nuova struttura, semplice ma ampia e funzionale. Il trasloco costituisce un grande passo in avanti per questa piccola azienda familiare di origine mezzadrile, che fa vino a Plessivo da tre generazioni e che, con l'energia e l'entusiasmo di Danilo, adesso sta allargando i propri orizzonti.

VIGNE - Come accade spesso quando le famiglie contadine comprano terreni e vigne poco alla volta, qualora le finanze familiari lo permettano, Danilo si trova a gestire niente meno che 15 appezzamenti fra Collio e Brda. A parte una piccola vigna di friulano e sauvignon blanc nella pianura di Preval, tutti i 6 ettari di proprietà sono in collina, la maggior parte a Plessivo, in posizioni ben esposte sui terreni di marna tipici della zona.

VINI - Ai bianchi monovarietali vinificati in vasca, sinceri e di buon corpo, si aggiungono le selezioni affinate in legno, e un Merlot e un Cabernet Sauvignon terrosi, molto adatti all'invecchiamento.

Goriska Brda Gigi 2018 O friulano, malvasia, ribolla gialla; 600 bt; 26 € - Dal classico uvaggio del Collio Brda, questo è un vino ricco e profondo, con sentori di frutta matura, una progressione in bocca sostenuta da una bella vena sapida e da una chiusura aromatica di notevole complessità. Una piccolissima produzione di un vino davvero goloso.
Goriska Brda Merlot 2017 ● 1.300 bt; 26 € - Naso molto attraente, fresco e articolato, in cui i sentori di piccoli frutti si intrecciano con una nota d'inchiostro. Il palato è teso, con tannini fini, molto ben integrati, e una chiusura sapida e lunga. Un Merlot ancora giovane, con spiccato carattere varietale e un affinamento in legno molto ben gestito.

ha 6 - **bt** 20.000
Fertilizzanti letame
Fitofarmaci rame e zolfo
Diserbo chimico, lavorazione meccanica/manuale
Lieviti selezionati industriali
Uve 100% di proprietà
Certificazione nessuna certificazione

MOVIA

Ceglo, 18 - tel. +386 (0)5 3959510
www.movia.si - movia@siol.net

VITA - Da sempre la famiglia di Aleš Kristančič coltiva vigne nell'area a cavallo del confine tra Italia e Slovenia. L'irrefrenabile dinamismo di Aleš, personaggio carismatico, intraprendente e visionario, ha portato, già più di 25 anni fa, a far conoscere il vino sloveno nel mondo, imponendo un nuovo stile naturale nel fare agricoltura, che è stato esempio per molti.

VIGNE - In campagna Aleš è attento nel coniugare vecchie e sagge abitudini contadine, come quella di affiancare due ceppi per ogni palo, opponendo lo sviluppo del guyot, con le ultime innovazioni dettate dalla ricerca, soprattutto nel campo della biodinamica. Alcuni tra i vigneti sparsi attorno alla cantina, che si possono ammirare con un bel colpo d'occhio dal terrazzo della stessa, vantano più di mezzo secolo di vita, durante il quale non hanno mai conosciuto un diserbante chimico.

VINI - Vini di impeccabile fattura, figli modello di pratiche di cantina poco invasive ma attente alla pulizia e all'espressività dei vini.

TOP **Brda Rebula 2018** VINO SLOW O 6.500 bt; 26 € - Austero e succoso, grande prova di macerazione sulle bucce della Ribolla; il naso è complesso e cangiante, la bocca asciutta e incisivamente sapida.
Brda Sivi Pinot Ambra 2018 O 9.300 bt; 26 € - La macerazione sulle bucce è condotta magistralmente e restituisce un vino pieno e intenso, ma anche dinamico e di ottima scorrevolezza.
Brda Exto Gredič 2018 O 18.000 bt; 24 € - Da uve tocai friulano, è espansivo, gustoso, sapido e asciutto, con grande pienezza di frutto.
Brda Veliko Belo 2012 O 10.000 bt; 38 € - Austero, articolato, profondo.
Puro 2013 chardonnay, rebula; n.d. bt; 26 € - Metodo Ancestrale, fresco, agrumato, rustico.
Puro Rosé 2013 pinot noir, rebula, pinot grigio; n.d. bt; 26 € - Metodo Ancestrale, dinamico, fragrante, complesso.

ha 24 - **bt** 130.000
Fertilizzanti compost, letame, sovescio
Fitofarmaci rame e zolfo
Diserbo lavorazione meccanica/manuale
Lieviti fermentazione spontanea
Uve 100% di proprietà
Certificazione biologico certificato

BRDA (SL)

MULIT

Dobrovo v Brdith - Kozana, 11/a - tel. +386 (0)40 546 977
www.mulit.si - info@mulit.si

VITA - I due giovani fratelli Peter e Tjaš Princic si sentono custodi dei 2 ettari che hanno ereditato. Cercano di preservare nel miglior modo quello che dal 1997, anno della prima vinificazione, è la base dei loro assemblaggi: il suolo. Alla bisogna si avvalgono di papà Bolesav, che si limita alla supervisione, e ai cui consigli non riunciano, data la sua esperienza internazionale come consulente agronomico.

VIGNE - Due sono anche i vitigni dei quali si sono innamorati i fratelli Princic: il syrah e il viogner, con una particolare predilezione per quest'ultimo. Da gennaio 2020 è in corso la trasformazione di un nuovo vigneto che affiancherà i 2 ettari storici affacciati sulla piana del Preval. Il vigneto esistente vedrà anche dei sovrainnesti, per essere riadattato alle varietà alla base dei due blend.

VINI - Gli accorgimenti in vigna sono volti a mitigare i cambiamenti climatici e alla valorizzazione delle caratteristiche del suolo, mantenuto vivo e vitale. Nel tempo la vinificazione è cambiata, e la direzione ricercata è quella della micro-ossigenazione. Dopo l'introduzione delle barrique in cui giunge il mosto fiore, dal 2018 è stato affiancato l'uso delle giare in terracotta, i Pallò di Massimo Carbone di Impruneta.

Brda Belo 2019 ○ 3.000 bt; 25 € - La freschezza e i profumi conferiti dalla quota di vinificazione in acciaio si coniugano piacevolmente con la morbidezza apportata dal legno e dalla terracotta. Settantadue ore di macerazione a freddo: il risultato è un vino di carattere e verticalità. L'attacco è deciso, e la trama del sorso fa trasparire una materia prima di ottima qualità.
Brda Rdeče 2018 ● 2.000 bt; 35 € - Ventuno mesi di affinamento hanno contribuito a dare spessore a questo vino fruttato e di carattere.

ha 2 - **bt** 5.500
Fertilizzanti letame in pellet, organo-minerali
Fitofarmaci chimici di sintesi, rame e zolfo
Diserbo lavorazione meccanica/manuale
Lieviti selezionati industriali, selezione di lieviti indigeni
Uve 100% di proprietà
Certificazione nessuna certificazione

BRDA (SL)

REIA

SCONTO **-10%**

Neblo, 32 - tel. +386 (0)31 632230
www.reia.si - vino@reia.si

VITA - L'azienda della famiglia Reja si trova a Neble (Goriška Brda), nella parte più occidentale della Slovenia, proprio vicino al confine con l'Italia. Oltre alle vigne ci troviamo un vasto frutteto, dove ci si può deliziare con succulenti ciliegie, albicocche, fichi, cachi e pere, tra cui la storica volpina. Marko Reja sposa da tempo un'agricoltura rispettosa, operando secondo i principi della biodinamica.

VIGNE - I 7 ettari di vigneti sono distribuiti sui pendii e i crinali delle colline di Brda, in posizioni soleggiate e arieggiate.Troviamo ceppi di friulano che raggiungono i 45 anni di età, e si punta ovviamente sulla qualità e non sulla quantità, con una selezione minuziosa dei grappoli. La raccolta delle uve è manuale in cassette.

VINI - La fermentazione è spontanea. I vini prima di essere imbottigliati trascorrono due anni in vasche di acciaio, mentre quelli macerati sulle bucce trascorrono tre anni in barrique usate. Infine per tutti c'è l'affinamento in bottiglia, che deve durare almeno sei mesi.

Malvazija 2017 ○ 1.000 bt; 29 € - La malvasia istriana macera sulle bucce e svela profumi intriganti, che spaziano dal miele di tiglio al rosmarino, a cui si aggiungono intriganti cenni di frutta candita. In bocca trova il giusto equilibrio, risultando molto armonico e morbido.
Rebula 2017 ○ 2.000 bt; 15 € - Una Ribolla di impostazione corposa, che però ha un sorso delicato su cui si innestano sbuffi aromatici di pepe bianco e ginepro.
Chardonnay 2017 ○ ; 1.000 bt; 15 € - Al naso emergono nitidamente note di frutta matura gialla e menta. In bocca si sviluppa con una buona struttura e un richiamo speziato a ingentilire il sorso.

ha 7 - **bt** 10.000
Fertilizzanti compost, letame in pellet, letame, preparati biodinamici, sovescio
Fitofarmaci rame e zolfo
Diserbo lavorazione meccanica/manuale
Lieviti fermentazione spontanea
Uve 100% di proprietà
Certificazione biodinamico e biologico certificato

EMERAN REYA

Kozana, 2 - tel. +386 (0)41 403 629
www.reya.si - emeranreya@gmail.com

VITA - L'azienda è stata fondata dal nonno dell'attuale proprietario, nonché suo omonimo, Edvard Reya. Nel 1991 è passata nelle mani del figlio Emeran, che ha deciso di concentrarsi sulla produzione di vini destinati all'imbottigliamento. Il successivo passaggio generazionale è avvenuto nel 2006: da allora il nipote Edvard si occupa con passione e competenza di campagna e cantina, con un approccio coerente e votato alla sostenibilità ambientale.

VIGNE - Siamo in un angolo della Slovenia che offre paesaggi spettacolari, in cui la brezza non smette mai di soffiare. Le uve sono coltivate in due appezzamenti principali, con piante che in alcuni casi arrivano a 90 anni di età. Come dice Edvard, qui non troviamo un «vigneto giardino», ma un sistema complesso in cui tutto, comprese le erbe spontanee, concorre alla produzione di uve di qualità. L'azienda ha ottenuto la certificazione biologica con l'annata 2019.

VINI - In cantina Edvard fa ricorso alla tecnica del pied de cuve, prelevando circa due quintali di uva un paio di giorni prima della vendemmia: parte così la fermentazione, che procede senza il controllo della temperatura.

Brda Chardonnay 2018 O 1.200 bt; 26 € - La leggera macerazione sulle bucce imprime al vino una bella personalità: all'assaggio presenta un sorso ricco e suadente.
Malvazija 2018 O 1.500 bt; 26 € - Interessante interpretazione del vitigno in chiave macerata, con profumi di spezie e kiwi e un sorso morbido e carnoso, sorretto da un'acidità importante.
Brda Rebula 2018 O 1.500 bt; 26 € - Il contatto con le bucce esalta il frutto, che emerge nella sua pienezza e maturità. Al naso si percepiscono note di incenso e tè, mentre in bocca il vino si fa vibrante ed energico.
Brda Pinot Grigio Orange 2019 O 2.000 bt; 20 € - Bianco macerato, fresco, affumicato, cangiante.

ha 10 - **bt** 30.000
Fertilizzanti letame in pellet, letame, organo-minerali, sovescio
Fitofarmaci rame e zolfo
Diserbo lavorazione meccanica/manuale
Lieviti fermentazione spontanea, selezione di lieviti indigeni
Uve 100% di proprietà
Certificazione biologico certificato

BRDA (SL)

MARJAN SIMČIČ

Via Ceglo, 3/b - tel. +386 (0)5 3959200
www.simcic.si - info@simcic.si

VITA - «Il terroir è anche vigna e vignaiolo»: le parole di Marian Simčič esprimono la convinzione che il vino debba sì rappresentare il territorio, ma anche la mano di chi lo produce. Arrivato quest'anno alla sua trentaduesima vendemmia, le terre di cui si occupa vengono lavorate da quasi cinque generazioni dalla stessa famiglia, che stanno per diventare sei con l'ingresso del figlio Leonardo.

VIGNE - Gli ettari lavorati tra Italia e Slovenia sono tutti collocati in prossimità della cantina. Nonostante ciò, le variazioni in termini di esposizioni e morfologia del terreno sono significative tanto quanto l'altitudine e la grande escursione termica. I terreni calcarei si alternano ad argille e marne, e le esposizioni verso nord si alternano alle esposizioni più calde, dedicate alle varietà per cui la maturazione richiede più tempo.

VINI - Le rese in vigna molto basse, anche sotto i 30 quintali per ettaro, permettono a Marjan di condurre piccole microvinificazioni sulla base del singolo appezzamento. Le macerazioni sulle bucce per i bianchi sono un suo marchio di fabbrica.

TOP **Brda Rebula Opoka Medana Jama Cru 2017** O 3.800 bt; 58 € - Note di pera, pesca e frutta candita fanno spazio a una bocca con un bel percorso gustativo, arrotondato dalla macerazione sulle bucce.
Brda Pinot Noir Opoka Breg Cru 2016 ● 3.333 bt; 58 € - Delicato, di un'estrazione succosa e sanguigna, conclude con una sottile ma presente acidità.
Brda Sauvignon Blanc Opoka Jordano Cru 2018 O 3.600 bt; 47 € - Il naso ricco e intrigante si apre con note idrocarburiche e di miele. Entra in bocca tenue, con una freschezza che invoglia al sorso successivo.
Brda Pinot Grigio Cru Selection 2018 O 3.333 bt; 27 € - Bianco macerato, ampio, floreale, avvolgente.
Brda Merlot Opoka Trobno Cru 2015 ● 3.800 bt; 70 € - Astringente, speziato, elegante.

ha 20 - **bt** 100.000
Fertilizzanti compost, humus, organo-minerali, sovescio
Fitofarmaci rame e zolfo
Diserbo lavorazione meccanica/manuale
Lieviti fermentazione spontanea
Uve 100% di proprietà
Certificazione nessuna certificazione

CAPRIVA DEL FRIULI (GO)

CASTELLO DI SPESSA

SCONTO **-10%**

Via Spessa, 1 - tel. 0481 60445
www.castellodispessa.it - infovini@castellodispessa.it

VITA - Da capace imprenditore Loretto Pali aveva già le idee molto chiare negli anni Settanta, quando acquistò la tenuta La Boatina a Cormons e poi nel 1987 allargò gli orizzonti diventando proprietario del Castello di Spessa a Capriva del Friuli, nel Collio goriziano. Da allora ha sempre lavorato per dare una nuova impronta non solo sotto l'aspetto enologico, ma anche sotto quello dell'ospitalità turistico-alberghiera.

VIGNE - I 60 ettari nella pianura di Cormons si trovano nella Doc Isonzo e dimorano su terreni di sabbia e argilla, mentre i 28 di collina ricadono nella Doc Collio e insistono su suoli con la classica ponca. Le viti sono molto basse, in stile Borgogna, e le lavorazioni sono quanto più possibile manuali e attente al rispetto della natura. Le rese medio-basse garantiscono l'ottima qualità delle uve.

VINI - I vini sono riconoscibili e hanno un carattere deciso. A modo loro esprimono la personalità dell'enologo Enrico Paternoster. Quest'anno la palma del migliore se la giocano i due Friulani.

Collio Friulano Rassauer 2019 O 23.000 bt; 18 € - Dall'olfatto intenso, con note di zafferano, ha un sorso pieno, diretto ed energico, e un finale lungo e delicatamente speziato.
Friuli Isonzo Friulano 2019 O 12.000 bt; 11 € - Floreale al naso, è fresco, pulito e complesso in bocca, dove troviamo un sorso strutturato e profondo.
Collio Ribolla Gialla Yellow Hills 2019 O 19.000 bt; 18 € - Agrumato e minerale, al palato denota una bella trama acido-sapida, che dona una beva agile e delicata, dal finale iodato.
Friuli Merlot 2017 ● 6.600 bt; 12 € - Armonico, fruttato, espressivo.
Collio Sauvignon Segré 2019 O 23.300 bt; 18 € - Fine, vegetale, elegante.
Collio Pinot Bianco Santarosa 2019 O 19.000 bt; 18 € - Teso, fruttato, corto.

ha 88 - **bt** 450.000
Fertilizzanti letame in pellet, minerali
Fitofarmaci chimici di sintesi, rame e zolfo
Diserbo lavorazione meccanica/manuale
Lieviti selezionati industriali
Uve 100% di proprietà
Certificazione nessuna certificazione

CAPRIVA DEL FRIULI (GO)

RONCÙS

Via Mazzini, 26 - tel. 0481 809349
www.roncus.it - info@roncus.it

VITA - L'azienda è stata fondata nel 1985 dai cugini Daniele Grion e Marco Perco, che hanno ereditato la passione per la viticoltura dal nonno Giuseppe, colono della curia arcivescovile a capo di un'azienda mista. Sin dalla fondazione, Roncùs ha intrapreso un percorso impegnativo fatto di scelte aziendali controcorrente, come quella di puntare sulle varietà autoctone. Oggi Daniele si occupa dei vigneti e Marco della parte enologica e commerciale.

VIGNE - Come dice Marco, in vigna viene adottata una «gestione ruspante, per far sì che la vite impari ad autoregolarsi, senza essere viziata da eccessivi interventi». In campagna è tutto studiato per evitare concentrazioni eccessive: per questo si evitano le defogliazioni e si raccoglie al momento giusto. Merita una menzione l'ambizioso progetto dell'uvaggio bianco Vecchie Vigne, che ha portato al recupero di vigneti con varietà autoctone di oltre 70 anni.

VINI - In cantina si opera con lo stesso stile per nulla interventista: vengono utilizzate una selezione di lieviti indigeni per le fermentazioni, e botti di legno grande mai sostituite per non segnare troppo gli affinamenti. Sono vini che hanno favolose evoluzioni in bottiglia.

TOP **Collio Bianco Vecchie Vigne 2016** VINO SLOW O 3.000 bt; 33 € - Un capolavoro di stile (verace) e personalità, di beva gradevolissima, completa e complessa; ai sentori di frutta tropicale si associa un tocco di pepe bianco che solletica il palato, asciutto e coerente.
Malvasia Reversus 2018 O 6.000 bt; 17 € - L'espressione varietale è fine e rigorosa, con tocchi iodati che aumentano la complessità; la dinamica gustativa è fluida e setosa, il finale rinfrescante.
Collio Friulano 2018 O 3.000 bt; 21 € - Un vino denso, di sostanza a carnoso, che si apre con richiami speziati e balsamici, per chiudere al palato con intensa sapidità.

ha 16 - **bt** 50.000
Fertilizzanti sovescio
Fitofarmaci rame e zolfo
Diserbo lavorazione meccanica/manuale
Lieviti selezione di lieviti indigeni
Uve 100% di proprietà
Certificazione biologico certificato

CAPRIVA DEL FRIULI (GO)

VILLA RUSSIZ

Via Russiz, 4-6 - tel. 0481 80047
www.villarussiz.it - villarussiz@villarussiz.it

VITA - Giulio Ettore Ritter de Záhony nel 1868 regalò ai novelli sposi Elvine Ritterde Zahonye e Theodor Karl Leopold Anton de la Tour Voivrè il possedimento terriero di Russiz, nel cuore del Collio goriziano. I due grazie a questo dono diedero vita a un progetto senza eguali. Oggi una fondazione gestisce il patrimonio immobiliare e agricolo, investendo i proventi nella casa famiglia, frutto dell'amore verso i bisognosi di Elvine che si respira ancora oggi.

VIGNE - Le grandi potenzialità dei vigneti erano note già ai tempi di Theodor, esperto perito agrario e viticoltore, che introdusse varietà francesi che fecero la fortuna di questa azienda. Oggi l'agronomo Cristiano Aschettino continua il percorso di valorizzazione dei diversi cru aziendali, che poggiano sul terreno ricco di carbonato di calcio chiamato ponca.

VINI - La trasformazione del frutto in vino spetta agli enologi Fabijan Muzic e Giorgio Bertossi. La loro è una mano attenta che padroneggia egregiamente le tecniche e le tecnologie oggi disponibili.

Collio Merlot Graf de la Tour 2015 ● 4.500 bt; 43 € - - Un vino carnoso, etereo, di corpo e struttura. Ha un tannino elegante, per un percorso in bocca armonico. La tostatura del legno si sente ma è ben dosata nella complessità della beva: ha grande personalità e persistenza.
Collio Friulano 2019 O 15.000 bt; 18 € - - Rimane sulle fecce fini per circa sette mesi e questo dona complessità al bouquet aromatico. Intensi rimandi fruttati e floreali introducono un sorso teso e di bella persistenza sul finale.
Collio Sauvignon de la Tour 2019 O 4.500 bt; 36 € - - Di stile francese questa interpretazione del vitigno internazionale che nel cru de la Tour ogni anno regala un vino elegante al naso, con note floreali, e coerente nella bocca di nobile eleganza.

ha 45 - **bt** 220.000
Fertilizzanti letame in pellet, sovescio
Fitofarmaci chimici di sintesi, rame e zolfo
Diserbo lavorazione meccanica/manuale
Lieviti selezionati industriali
Uve 100% di proprietà
Certificazione nessuna certificazione

CORMONS (GO)

MICHELE BLAZIC

Località Zegla, 16 - tel. 0481 61720 - +39 347 5508942
www.blazic.it - vinicollio@blazic.it

VITA - Ci troviamo in località Zegla nel cuore del Collio. L'azienda è nata nel 1923 come tipica realtà agricola, ma dopo le due guerre si è concentrata sulla viticoltura. Il primo imbottigliamento è del 2005 ed è stato opera di Michele Blazic, classe 1984, che insieme a papà Franco e a mamma Cinzia si prende cura in modo rispettoso e genuino delle vigne e del vino, che rispecchia perfettamente il territorio.

VIGNE - Le vigne composte da varietà autoctone e internazionali sono disposte in tre zone: Zegla, dov'è ubicata la cantina, Subida e Capriva. Il terreno di queste colline viene chiamato ponca, un impasto di marna e arenaria stratificatosi nei millenni, quindi ricco di minerali e microelementi da cui la vite riesce a estrarre sostanze che conferiscono al vino un'impronta territoriale elegante e inconfondibile. Michele lavora in biologico da oltre otto anni, ed è in arrivo pure la certificazione.

VINI - La gamma dei vini è ampia e articolata, con prodotti da varietà autoctone e altri da varietà internazionali. A questi si affiancano inoltre le selezioni del Pinot bianco e dello Zegla, due chicche da assaggiare.

Collio Malvasia 2019 O 3.500 bt; 15 € - - Di semplice bontà e di evidente incisività sapida. Al naso è articolato, fruttato e floreale.
Collio Friulano 2019 O 6.000 bt; 15 € - - Profuma di erbe aromatiche, salvia e frutta gialla, e in bocca presenta una buona struttura, con richiami finali di frutta e spezie.
Collio Ribolla Gialla 2019 O 13.000 bt; 15 € - - Dai piacevoli sentori di frutta tropicale, ha un sorso delicato e morbido, su cui si innestano bei cenni floreali.
Collio Sauvignon 2019 O 5.000 bt; 15 € - - Armonico, floreale, sapido.

ha 7 - **bt** 30.000
Fertilizzanti letame, sovescio
Fitofarmaci rame e zolfo
Diserbo lavorazione meccanica/manuale
Lieviti selezione di lieviti indigeni
Uve acquisto 15%
Certificazione in conversione biologica

CORMONS (GO)

FAUSTA BOLZICCO

Via San Giovanni, 60 - tel. 335 258608
aziendabolzicco@libero.it

VITA - L'azienda Fausta Bolzicco è una piccola realtà familiare. In passato la vendita dei vini avveniva principalmente nella frasca, oggi ristoro agrituristico, mentre il resto delle uve prodotte veniva ceduto. Il figlio di Fausta, Michele Tomba, si occupa della cura delle vigne e segue tutti i lavori in cantina con il papà Silvano e l'aiuto dell'enologo Mauro Bressan.

VIGNE - Ci troviamo a Cormons, ai piedi del monte Quarin, tra le zone delle denominazioni Collio e Isonzo, in una terra di confine a due passi dal Collio sloveno. La prima è costituita da marne e arenarie stratificate di origine oceanica chiamate ponca. La seconda è attraversata dal fiume Isonzo, la cui caratteristica è di essere un'area dai suoli molto calcarei.

VINI - Da oltre 50 anni si producono vini autoctoni e internazionali, nel rispetto delle tradizioni e con l'intento di far risaltare le specificità varietali e territoriali.

Collio Friulano 2018 ○ 2.000 bt; 11 € - Naso elegante, dai toni fruttati e di fiori bianchi. In bocca è fresco e morbido, e chiude con il tipico retrogusto di mandorla.
Collio Ribolla Gialla 2019 ○ 1.300 bt; 11 € - Il profumo intenso di mela e fiori bianchi anticipa un sorso fresco e dai rimandi agrumati.
Collio Malvasia Mulin Gnof 2018 ○ 1.000 bt; 11 € - Al naso si apre su cenni floreali e note di mela. In bocca incide con un sapore intenso, segnato da una buona sapidità.
Collio Bianco Vigne da Mont 2018 ○ friulano, ribolla gialla; 600 bt; 12 € - Armonico, fruttato, autentico.
Collio Merlot Molin Gnof 2018 ● 1.300 bt; 12 € - Avvolgente, speziato, armonico.

ha 7,5 - **bt** 10.000
Fertilizzanti organo-minerali
Fitofarmaci chimici di sintesi
Diserbo chimico, lavorazione meccanica/manuale
Lieviti selezionati industriali
Uve 100% di proprietà
Certificazione nessuna certificazione

CORMONS (GO)

BORGO SAN DANIELE

SCONTO -10%

Via San Daniele, 28 - tel. 0481 60552
www.borgosandaniele.it - info@borgosandaniele.it

VITA - Dopo 30 anni di attività all'insegna della coerenza, Borgo San Daniele è un ottimo esempio di azienda friulana che pratica realmente viticoltura sostenibile. I fratelli Alessandra e Mauro Mauri hanno trovato la loro vocazione grazie al nonno, a capo di un'azienda mista. Dopo gli studi in agraria ed enologia, nel 1990 hanno fondato Borgo San Daniele. Oggi Mauro si occupa di campagna e cantina, e Alessandra della parte commerciale e amministrativa.

VIGNE - Da qualche anno è in corso un ambizioso progetto di recupero di vecchi vigneti piantati intorno agli anni Sessanta sulle terrazze del monte Quarin. Anche se la certificazione biologica è un traguardo recente, i filari sono stati gestiti nel rispetto dell'ambiente sin dal primo giorno, con l'obiettivo di «lasciare il terreno migliore di come lo abbiamo trovato, facendo in modo che sia in grado di alimentarsi e proteggersi autonomamente».

VINI - I vini dei fratelli Mauri sono contraddistinti da una certa verticalità e sono pensati per essere longevi.

TOP **Arbis Blanc 2017** VINO SLOW ○ friulano, pinot bianco, chardonnay, sauvignon blanc; 10.000 bt; 24 € - Un vino che rivela il tocco del maestro, con un affinamento molto riuscito. Dal naso evoluto, in bocca presenta un sorso morbido e carnoso ed è molto persistente.
Friuli Isonzo Malvasia Rive Alte 2018 ○ 7.000 bt; 16 € - Dalla notevole mineralità e succosità, in bocca è pulito e lineare, con una punta di piccantezza. Ottima la persistenza.
Friuli Isonzo Pinot Grigio Rive Alte 2018 ○ 13.000 bt; 16 € - Di colore ramato chiaro, seduce con profumi agrumati. Pulito ed equilibrato al palato, ha una beva fresca e agile e un finale salivante.
Friuli Isonzo Friulano Rive Alte 2018 ○ 13.000 bt; 16 € - Agile, etereo, docile.
Friuli Isonzo Arbis Ròs 2015 ● 5.000 bt; 30 € - Austero, fruttato, ampio.

ha 18,8 - **bt** 60.000
Fertilizzanti compost, sovescio
Fitofarmaci organici, rame e zolfo
Diserbo lavorazione meccanica/manuale
Lieviti selezione di lieviti indigeni
Uve 100% di proprietà
Certificazione biologico certificato

CORMONS (GO)

BORGO SAVAIAN

Via Savaian, 36 - tel. 0481 60725
www.borgosavaian.it - stefanobastiani@libero.it

VITA - Sono trascorse diverse vendemmie da quel 2001 in cui Stefano Bastiani, fresco di diploma in agraria, decise di ristabilirsi tra le mura domestiche e imprimere una svolta all'azienda familiare nata nel 1960. Si parli di Collio, congli appezzamenti di Rolat e Montona,o dei piccoli terreni sparsi nella denominazione Friuli Isonzo, la massima attenzione di questa cantina è sempre rivolta alla qualità. Stefano è supportato dalla madre Marinella Misigoi e dalla sorella Rosanna, che gestisce il punto vendita nel centro di Udine.

VIGNE - Il rinnovamento del parco vitato operato in questi anni permette a Stefano di gestire al meglio la conduzione agronomica dei filari, potati principalmente a guyot o con la tradizionale cappuccina, curati e dotati di un impianto interrato di irrigazione a goccia, e la vendemmia, grazie alla meccanizzazione praticata su tutta la superficie dislocata in pianura.

VINI - Con pressature soffici e vinificazioni in acciaio, negli ultimi anni Stefano ha donato ai suoi vini bianchi sempre più coerenza e piacevolezza di beva. L'ottimo rapporto tra la qualità e il prezzo è ormai una costante di questa cantina.

Collio Friulano 2019 O 3.000 bt; 12 € - 🍷 - Da viti di 40 anni allevate a guyot su suoli calcarei arriva questo vino intrigante, intenso nella beva, molto lungo e rotondo.
Collio Pinot Grigio 2019 O 10.000 bt; 12 € - 🍷 - Vista la quantità di bottiglie prodotte è lui il degno portabandiera aziendale. Semplice e franco, con un sorso scorrevole e beverino, rappresenta ormai da diversi anni lo stile pulito di questa cantina.
Friuli Isonzo Malvasia 2019 O 2.000 bt; 11 € - 🍷 - Avvolgente, fruttato, delicato.

ha 23 - **bt** 100.000
Fertilizzanti minerali, organo-minerali
Fitofarmaci chimici di sintesi, rame e zolfo
Diserbo lavorazione meccanica/manuale
Lieviti selezionati industriali
Uve 100% di proprietà
Certificazione nessuna certificazione

CORMONS (GO)

MAURIZIO BUZZINELLI €

Località Pradis, 20 - tel. 0481 60902
www.buzzinelli.it - info@buzzinelli.it

VITA - L'azienda oggi è guidata dalla terza generazione familiare di vignaioli. Fondata negli anni Trenta e poi convertita completamente in realtà vitivinicola, è gestita dai fratelli Maurizio e Sabina Buzzinelli, che rispettivamente si occupano di vigna, cantina e amministrazione. L'impegno di entrambi è orientato alla difesa ambientale e delle risorse, e per questo i trattamenti sono ridotti al minimo.

VIGNE - I vigneti circondano l'azienda incastonata sui colli di Pradis. Attualmente una parte degli impianti è in conversione biologica. Il sistema prediletto per la coltivazione delle diverse varietà di viti è il doppio capovolto, che solo per il friulano si alterna con il guyot. Il terreno sottostante è marnoso, e conferisce struttura e longevità ai vini.

VINI - Lo stile della famiglia Buzzinelli è facilmente riconoscibile. Il vino è sincero, genuino e privo di artifici. Dalla vigna alla bottiglia si viaggia senza particolari macchinazioni: un approccio che permette a Maurizio e Sabina di trasmettere la passione autentica per il loro lavoro e il tesoro naturale che custodiscono.

TOP **Collio Friulano 2019** VINO QUOTIDIANO O 10.000 bt; 12 € - 🍷 - Il terreno marnoso conferisce note balsamiche che lo rendono dinamico al palato. Deciso e pulito il sorso, che chiude con la tipica nota ammandorlata.
Collio Sauvignon 2019 O 7.500 bt; 12 € - 🍷 - L'olfatto rimanda alla frutta esotica e ai fiori bianchi. Il percorso in bocca è verticale e conclude con una sapidità asciutta.
Collio Ribolla Gialla 2019 O 15.000 bt; 12 € - 🍷 - Invitante e dinamico, in bocca progredisce in maniera decisa ed elegante, accompagnato da sentori terziari appaganti.
Collio Malvasia 2019 O 3.300 bt; 12 € - 🍷 - Fresco, fruttato, leggiadro.

ha 35 - **bt** 140.000
Fertilizzanti compost, letame in pellet, organo-minerali
Fitofarmaci chimici di sintesi, rame e zolfo
Diserbo lavorazione meccanica/manuale
Lieviti selezionati industriali
Uve 100% di proprietà
Certificazione in conversione biologica

CORMONS (GO)

COLLE DUGA

Località Zegla, 10 - tel. 0481 61177
www.colleduga.com - info@colleduga.com

VITA - Generazione dopo generazione Colle Duga ha trasmesso attraverso i suoi vini la tipicità territoriale del Collio, anzi di un colle in particolare: il Duga, da cui prende il nome. Fu il nonno Giuseppe a gettare le basi di questa azienda nel 1991, che oggi è gestita con amore e dedizione da Damian Princic con sua moglie Monica Bastiani e i figli Karin e Patrick.

VIGNE - Il terreno su cui poggiano i 10 ettari di vigneto è la classica ponca, a base di marne e arenarie stratificate di origine eocenica. Ci troviamo nella zona più calda di Cormons, a Zegla, dove i filari seguono le linee sinuose del colle e la brezza del mare Adriatico aiuta a mantenere il frutto asciutto e integro. Si usano sovescio e letame naturale per la concimazione del terreno, per una mano poco interventista in vigna.

VINI - In cantina Damian trasforma l'uva raccolta in vini che sono sempre esempio di pulizia e piacevolezza. Non tradisce mai le aspettative, mantenendo sempre una grande coerenza con il varietale. La trasformazione in cantina viene condotta con tecnica esemplare.

TOP **Collio Friulano 2019** O 20.000 bt; 17 € - - Succoso e grintoso, mantiene slancio e freschezza lungo tutto il sorso. A chiudere emerge la classica mandorla amara.
Collio Bianco 2019 O 8.000 bt; 19 € - - I quattro vitigni utilizzati (chardonnay, friulano, malvasia e sauvignon blanc) vengono vinificati in purezza, poi parte del mosto fermenta in piccoli carati francesi e parte in acciaio. La loro fusione regala un blend di territorio, ricco di ritorni floreali al naso e con una bocca di bel calore.
Collio Merlot 2019 ● 17.000 bt; 19 € - - Un bel sorso diretto, con un tannino morbido e spezie dolci sul finale. L'uso del legno è sapiente.
Collio Pinot Grigio 2019 O 6.500 bt; 17 € - - Agile, speziato, sapido.

ha 11 - **bt** 65.000
Fertilizzanti letame in pellet, letame, organo-minerali, sovescio
Fitofarmaci chimici di sintesi, organici, rame e zolfo
Diserbo lavorazione meccanica/manuale
Lieviti fermentazione spontanea, selezionati industriali, selezione di lieviti indigeni
Uve 100% di proprietà
Certificazione nessuna certificazione

CORMONS (GO)

DRIUS

Via Filanda, 100 - tel. 0481 60998
www.driusmauro.it - info@driusmauro.it

VITA - Fino al 1989 quella di Mauro Drius era un'azienda promiscua che produceva un po' di tutto, come si usava nelle campagne cormonesi. Poi i primi imbottigliamenti e l'inizio di un percorso verso la viticoltura di qualità. Dal 2014, già durante gli studi che lo hanno portato alla laurea in Enologia, ha iniziato a occuparsi della cantina il figlio Denis, aggiungendo un suo tocco personale. Anche la figlia Erika collabora in azienda, curando gli aspetti commerciali.

VIGNE - Dal 2018 nei vigneti si utilizza la tecnica del sovescio con semina di graminacee, leguminose e crucifere, che con le loro radici arieggiano il terreno e apportano microorganismi, favorendo la cessione di azoto. Grazie all'utilizzo di modelli previsionali collegati a centraline meteo la gestione fitosanitaria è ottimizzata per ridurre al minimo gli interventi.

VINI - Entrambi (Mauro e Denis) amano produrre vini che esprimano la varietà, e siano puliti, eleganti, con persistenza e buona beva.

Friuli Isonzo Bianco Vignis di Siris 2018 O 2.440 bt; 19 € - - Al naso emergono le spezie dolci, segno di un passaggio in legno, e al palato c'è corrispondenza, con note vanigliate accompagnate da un sorso sapido, lungo e armonico.
Friuli Isonzo Malvasia 2019 O 3.960 bt; 13 € - - Aromatico e speziato nei profumi, in bocca si mostra carnoso e profondo, con una spiccata trama acido-sapida: già pronto e piacevole, è ancora in evoluzione.
Friuli Isonzo Friulano Sensar 2018 O 1.200 bt; 24 € - - Selezione delle migliori uve di un vecchio vigneto, mostra un naso delicato che rimanda a note agrumate e tostate. Al gusto è sapido, rinfrescante, e invoglia alla beva.
Friuli Isonzo Cabernet Sauvignon 2017 ● 3.990 bt; 15 € - - Ruvido, speziato, opulento.

ha 17 - **bt** 55.000
Fertilizzanti letame in pellet, letame, sovescio
Fitofarmaci chimici di sintesi
Diserbo chimico, lavorazione meccanica/manuale
Lieviti selezionati industriali
Uve 100% di proprietà
Certificazione nessuna certificazione

CORMONS (GO)

LIVIO FELLUGA

Frazione Brazzano - Via Risorgimento, 1 - tel. 0481 60203
www.liviofelluga.it - info@liviofelluga.it

VITA - Portabandiera del Friuli Venezia Giulia nel mondo, l'azienda è stata fondata da Livio Felluga nel 1956. Scomparso nel 2016 a 102 anni, Livio è stato tra i primi a intuire il potenziale dei vigneti di collina. Deciso a produrre vino di qualità, ha acquistato i primi terreni sulle colline di Rosazzo. Da quel momento l'espansione non si è mai interrotta. Oggi la gestione è affidata ai figli Maurizio, Elda, Andrea e Filippo, ma la terza generazione si sta già preparando.

VIGNE - La superficie vitata si estende su 155 ettari, a cavallo tra le Doc Collio e Colli Orientali. La cura dei vigneti è affidata a Daniele Cocetta e Stefano Chiocchioli. I filari sono adagiati su terrazzamenti lievi, disegnati seguendo le linee naturali della collina. Viene data molta importanza alle piante più vecchie e alle varietà storiche, riprodotte in collaborazione con i vivaisti di Rauscedo.

VINI - I vini nascono con l'obiettivo di rappresentare il territorio, non a caso riprodotto sulla famosa etichetta con la carta geografica.L'azienda punta in modo particolare sui vini bianchi, contraddistinti da una certa mineralità.

FCO Sauvignon 2019 ○ 120.000 bt; 17 € - Si presenta fresco e verticale, con un naso scolpito e mentolato. In bocca rivela una bella sapidità, con un sorso ricco e armonico, e richiami di frutta tropicale e gesso che invogliano alla beva.
FCO Friulano 2019 ○ 80.000 bt; 17 € - Un vino succoso, con una bella acidità di sottofondo, che si presenta ricco di stimoli per il palato, con sentori floreali e fruttati molto ben integrati.
FCO Ribolla Gialla 2019 ○ 40.000 bt; 17 € - Croccante, floreale, verticale.
FCO Pinot Grigio 2019 ○ 240.000 bt; 17 € - Fresco, fruttato, armonico.
FCO Refosco P.R. 2016 ● 12.000 bt; 18 € - Schietto, fruttato, delicato.

ha 155 - **bt** 800.000
Fertilizzanti letame, sovescio
Fitofarmaci chimici di sintesi, organici, rame e zolfo
Diserbo lavorazione meccanica/manuale
Lieviti n.d.
Uve 100% di proprietà
Certificazione nessuna certificazione

CORMONS (GO)

DAVIDE FERESIN

Località San Quirino, 2/bis - tel. 0481 630032
www.feresin.it - davide@feresin.it

VITA - San Quirino, piccolo borgo storico alle porte di Cormons, noto a pochi per l'omonima chiesa del Duecento di cui ancora oggi si possono ammirare le rovine, è anche il luogo in cui ha avuto inizio la storia vitivinicola della famiglia Feresin, con il bisnonno Leopoldo che nel 1854 ha acquistato i primi terreni. Nel 1994 Davide è subentrato alla guida di questa realtà familiare e, con tenacia e disciplina tipiche dei cormonesi tosti, ha cominciato a vendere le sue prime bottiglie.

VIGNE - La maggior parte del patrimonio vitato è attiguo alla sede aziendale. Siamo nella prima parte della pianura isontina, ai piedi del monte Quarin. Qui la terra è rossa e sassosa, ricca di minerali. Davide cura i suoi vigneti in modo maniacale con rese basse, concimazioni mirate, tecniche di difesa della pianta il meno invasive possibile, tutto per preservare l'equilibrio in vigna. Alcuni vigneti possono vantare quasi 70 anni di età.

VINI - Davide definisce le sue vinificazioni «di vecchio stampo». I vini fermentano e affinano in vasche di vetrocemento per preservare il carattere varietale. Le barrique, invece, vengono utilizzate solo per l'evoluzione dei rossi di maggiore struttura.

Friuli Isonzo Friulano 2018 ○ 2.000 bt; 13 € - Espressivo, mette in mostra le sue tipiche note varietali. Il sorso è avvolgente, piacevole e con un bel tratto rustico. La chiusura è misurata e di buona finezza.
Friuli Isonzo Cabernet Sauvignon 2016 ● 2.000 bt; 13 € - Si apre su classici sentori erbacei e speziati, di chiaro stampo varietale, e in bocca è setoso, armonico e incisivo. Un vino stuzzicante.

ha 13 - **bt** 50.000
Fertilizzanti humus, letame, sovescio
Fitofarmaci chimici di sintesi, organici, rame e zolfo
Diserbo lavorazione meccanica/manuale
Lieviti fermentazione spontanea
Uve 100% di proprietà
Certificazione nessuna certificazione

CORMONS (GO)

SILVANO FERLAT

Via Savaian, 1 - tel. 0481 61367
www.ferlatvini.it - info@ferlatvini.it

VITA - Fondata negli anni Cinquanta come azienda mista, questa realtà ha trovato la sua vocazione vitivinicola negli anni Novanta. La gestione oggi è nelle mani di Moreno Ferlat, tornato dopo una lunga esperienza all'esterno. Moreno è affiancato dal papà Silvano in campagna e dalla socia Federica Tabacchi nella parte commerciale. Si preannunciano grandi novità per il 2021: l'inaugurazione di un B&B e la ristrutturazione della cantina.

VIGNE - I vigneti sono gestiti da anni secondo i dettami dell'agricoltura biologica. In campagna la parola d'ordine è tempestività: anche grazie alla collaborazione del consulente agronomo Giovanni Bigot, i trattamenti sono ridotti perché fatti solo al momento più adatto. La superficie vitata è interamente inerbita con essenze spontanee, che rivelano lo stato di salute del terreno, e vengono utilizzati preparati biodinamici come coadiuvanti naturali.

VINI - L'intera linea è caratterizzata da macerazioni sulle bucce piuttosto lunghe e dall'utilizzo della tecnica del pied de cuve. Da qualche anno Moreno si dedica anche alla produzione del Saint Gin, un gin tutto friulano prodotto con uve a bacca bianca.

Sessanta 2016 ● 600 bt; 36 € - Interessante interpretazione del cabernet franc, si presenta con un naso elegante e delicatamente pepato. Il sorso è vigoroso e stratificato, e il frutto maturo. Ottima la persistenza.
Bianco No Land Vineyards 2018 O chardonnay, ribolla, friulano, sauvignon blanc; 2.000 bt; 12 € - Si fa apprezzare per la bella polpa materica e lo spunto aromatico deciso. Ottima la coerenza tra il naso e la bocca, con note di frutta secca e uva passa. Sul palato sprigiona un piacevole calore e persistenza.
Malvasia Grame 2018 O 1.500 bt; 13 € - - Bianco macerato, solido, intenso, compatto.
Cabernet Franc 2018 ● 2.500 bt; 12 € - - Ruvido, speziato, autentico.

ha 7,5 - **bt** 30.000
Fertilizzanti compost, humus, letame in pellet, preparati biodinamici, organo-minerali
Fitofarmaci rame e zolfo
Diserbo lavorazione meccanica/manuale
Lieviti fermentazione spontanea
Uve 100% di proprietà
Certificazione biologico certificato

CORMONS (GO)

EDI KEBER

SCONTO **-10%**

Località Zegla, 17 - tel. 0481 61184
www.edikeber.it - edi.keber@virgilio.it

VITA - Edi Keber bene o male lo si trova sempre nei dintorni dell'azienda, non solo perchè l'abitazione è attigua alla cantina, ma anche perchè il suo status di pensionato, del quale va giustamente fiero, gli fa prediligere le pubbliche relazioni, attività per le quali è vocato. In vigna e in cantina troviamo quindi prevalentemente il figlio Kristian, mentre la figlia Veronika, fresca di studi, si accinge a dedicarsi promotrice del B&B.

VIGNE - Ci troviamo nel verde del Collio e in particolare a Zegla, cru de facto di tale contesto vitivinicolo. Qui la fanno da padrona gli alberi da frutto e naturalmente la vite, in particolar modo quella a bacca bianca, che trae spinta vitale da suoli che un tempo erano fondali marini e che oggi ritroviamo colline. L'efficace drenaggio, le composizioni dei suoli e le diverse esposizioni determinano diversi tasselli da mosaico per splendidi quadri enoici.

VINI - Il vino è uno solo: il blend tradizionale delle varietà autoctone ribolla gialla, malvasia e tocai friulano. È rilevante il metodo produttivo, anch'esso dotato di radici profonde: la vinificazione avviene dentro dei caratteristici recipienti in cemento, a forma di parallelepipedo, che un tempo tutti utilizzavano prima dell'introduzione dell'acciaio.

TOP **Collio Bianco 2018** VINO SLOW O 50.000 bt; 19 € - - È un vino bandiera del Collio. In questa bottiglia sono incorporati i vitigni del prodotto che riteniamo esser più significativo per il territorio: tocai friulano, ribolla gialla e malvasia istriana. L'interpretazione, che all'assaggio ha mostrato qualche peccato di gioventù e qualche limite dell'annata, sa risolversi e distendersi nel tempo e verso un sorso lieve, gastronomico e caloroso. Rimane un vino buonissimo.

ha 12 - **bt** 50.000
Fertilizzanti compost, letame, preparati biodinamici, sovescio
Fitofarmaci rame e zolfo
Diserbo lavorazione meccanica/manuale
Lieviti fermentazione spontanea
Uve 100% di proprietà
Certificazione biologico certificato

CORMONS (GO)

THOMAS KITZMÜLLER

Località Brazzano - Via XXIV Maggio, 56 - tel. 347 1625306
www.vinikitzmueller.com - info@vinikitzmueller.com

VITA - Brazzano è una piccola frazione del comune di Cormons, molto apprezzata per la produzione di vini bianchi già dall'inizio dell'Ottocento. Qui sorge l'azienda di Thomas Kitzmüller, una realtà di piccole dimensioni, come è consuetudine da queste parti, ma curata nei minimi dettagli sia in vigna sia in cantina. Thomas è intimamente legato alla propria terra e ai vigneti, ed è per questo che si occupa personalmente sia delle pratiche agronomiche sia di quelle enologiche.

VIGNE - Continua il processo di conversione dei vigneti alla certificazione biologica. Il parco vitato si divide in due zone, quella in collina nella parte del Collio, con filari bene esposti al sole e alle brezze, e quella più pianeggiante nella Doc Isonzo. Entrambe sono gestite in modo oculato, con sfalci ragionati, sovesci e usando prodotti organici per abbassare le concentrazioni di rame nel terreno. Thomas dedica le sue cure anche alla coltivazione della rosa dell'Isonzo, una varietà di radicchio tardivo tipico di questi luoghi.

VINI - Le vinificazioni sono il naturale processo finale dell'accurata attenzione posta nel vigneto. Ricerca della tipicità e freschezza del frutto sono le linee guida che vengono seguite in cantina.

Collio Friulano 2019 ○ 6.666 bt; 13 € - Il naso si apre con note di erbe aromatiche, e il sorso è croccante, con un bell'equilibrio sapido e minerale. Calda la chiusura, con un tipico ritorno di mandorla.
Friuli Isonzo Friulano Corte Marie 2019 ○ 10.666 bt; 9 € - Dal complesso bouquet varietale, entra in bocca sapido, e denota persistenza nella sua tipicità, con rimandi freschi di frutta bianca. Il finale è molto lungo e minerale.
Friuli Isonzo Malvasia Juliae 2019 ○ 2.666 bt; 11 € - Vibrante, fruttato, espressivo.

ha 6 - **bt** 30.000
Fertilizzanti letame in pellet, organo-minerali, sovescio
Fitofarmaci rame e zolfo
Diserbo lavorazione meccanica/manuale
Lieviti selezionati industriali
Uve 100% di proprietà
Certificazione in conversione biologica

CORMONS (GO)

KURTIN

SCONTO **-10%**

Località Novali, 9 - tel. 0481 60685 - 348 8672297
www.kurtin.it - info@kurtin.it

VITA - Kurtin, rilanciata di recente dalla nuova proprietà di Ulisse Bellesso, sta investendo a tutto tondo in ogni settore della produzione: acquisizione di nuovi vigneti, reimpianto di vecchie particelle, macchinari per la lavorazione del vigneto e nuovi investimenti in cantina. Isacco Curtarello, responsabile della produzione e del marketing, racconta l'azienda con decisione ed entusiasmo.

VIGNE - La conversione del vigneto in senso sostenibile sta continuando con decisione. I filari dell'azienda occupano il versante nord-est del monte Quarin, con terreni di ponca e qualche parte di terra rossa, e sono inerbiti, con lavorazione del sottofila. Con un età media di 40 anni i vigneti sono curati per ottenere la massima espressione del vino che verrà imbottigliato.

VINI - Dopo una veloce pressatura i mosti vengono messi a fermentare in grandi tini d'acciaio. I bianchi, dopo un successivo affinamento sui lieviti in acciaio, verranno imbottigliati. I vini rossi e l'uvaggio bianco sosteranno in legni piccoli per un periodo più lungo.

Diamante Nero 2017 ● merlot, cabernet franc; 6.000 bt; 14 € - Speziato ed etereo, ha una bocca ampia, morbida e armonica. Il sorso è lungo e dal tannino ben amalgamato.
Collio Rosso 2016 ● 3.000 bt; 15 € - Evoluto nel profilo olfattivo, ha una bella beva, anche grazie al giusto dosaggio dei legni di affinamento.
Collio Ribolla Gialla 2019 ○ 11.000 bt; 13 € - Le note di camomilla anticipano un sorso dotato di diverse sfumature e di buona complessità: leviga il palato e regala freschezza.
Collio Friulano 2019 ○ 6.000 bt; 13 € - Agile, floreale, elegante.
Ribolla Gialla Brut Risposta 110 5.000 bt; 12 € - Metodo Charmat, croccante, fruttato, sottile.
Opera Prima 2017 ○ pinot bianco, chardonnay, ribolla gialla; 4.000 bt; 14 € - Fresco, agrumato, compatto.

ha 11 - **bt** 65.000
Fertilizzanti letame in pellet, organo-minerali
Fitofarmaci chimici di sintesi, rame e zolfo
Diserbo chimico, lavorazione meccanica/manuale
Lieviti selezionati industriali, selezione di lieviti indigeni
Uve 100% di proprietà
Certificazione nessuna certificazione

CORMONS (GO)

ROBERTO PICÈCH

Località Pradis, 11 - tel. 0481 60347
www.picech.com - info@picech.com

VITA - Nel 1920 il nonno di Roberto Picèch, Giuseppe, fondò questa azienda agricola del cuore di Pradis, stupenda località a cavallo tra Cormons e Capriva del Friuli. Il 2020 avrebbe dovuto essere per Roberto e la sua famiglia un anno di festeggiamenti in un tour per l'Italia, ma lo scoppio della pandemia ha ridimensionato tutto. Nonostante ciò il suo entusiasmo rimane immutato. Un meraviglioso B&B completa l'offerta dell'azienda.

VIGNE - La collina di Pradis è la culla dei vigneti di Roberto: dalla sommità, coperta di boscaglia, sino ai margini della cantina, il vigneto viene curato con approccio biologico: una scelta di tanti anni fa oggi ribadita con convinzione. I vitigni tipici del Collio vengono coltivati in maniera impeccabile. Nonostante il clima delle ultime annate sia stato inclemente con il vigneto, con ripetuti episodi di grandine, l'azienda ha sempre cercato di seguire la stessa strada.

VINI - Il rispetto assoluto per la materia prima è un concetto fondante della linea produttiva dell'azienda. Le uve diraspate vanno in macerazione per tempi più o meno lunghi a seconda delle varietà e delle etichette a cui sono destinate. Le fermentazioni spontanee e gli affinamenti in vasche di cemento o in tonneau chiudono il cerchio.

Collio Ruben Ris. 2016 ● 3.600 bt; 43 € - Le note tostate, di frutta secca e sotto spirito, si aggiungono a cenni di cacao ed eterei: questo blend ottenuto da uve merlot e cabernet sauvignon ha tannini vigorosi e una bocca piena.
Collio Friulano Athena 2017 ○ 3.400 bt; 31 € - Suadente nel profilo olfattivo, tra note di agrumi e di fieno, ha un sorso piacevole, corposo ma ingentilito da una bella vena sapida.
Collio Jelka 2015 ○ 4.200 bt; 34 € - Un blend di Ribolla, Friulano e Malvasia che profuma di nocciole tostate e in bocca è persistente, ricco e minerale.

ha 8 - **bt** 30.000
Fertilizzanti letame in pellet, sovescio
Fitofarmaci rame e zolfo
Diserbo lavorazione meccanica/manuale
Lieviti fermentazione spontanea, selezionati industriali, selezione di lieviti indigeni
Uve 100% di proprietà
Certificazione biologico certificato

CORMONS (GO)

DARIO RACCARO

Via San Giovanni, 87 - tel. 0481 61425
www.raccaro.it - info@raccaro.it

VITA - Sono profonde le radici che legano la famiglia Raccaro al territorio. La storia di questa piccola azienda ha avuto inizio nel 1928 a due passi dalla chiesa di Sant'Apollonia. Dario Raccaro è una persona schietta e senza fronzoli, molto sincera e appassionata. Passione che negli anni ha saputo ben trasmettere ai figli Paolo e Luca, che oggi sono energici protagonisti di questa bella realtà del Collio.

VIGNE - La maggior parte del patrimonio vitato è limitrofo alla cantina. Colpisce in particolar modo il cru delle vigne del Rolat, con piante che raggiungono i 50 anni di età, poste alle pendici del monte Quarin, dove su un suolo di ponca le viti trovano riparo dai freddi venti invernali e da est vengono mitigate dalle brezze marine. Paolo, che si occupa dei vigneti, è molto attento a preservarne l'equilibrio, limitando gli interventi allo stretto necessario.

VINI - In cantina il confronto tra Luca e Dario è costante, pur rimanendo ben saldo l'approccio tradizionale nella ricerca della valorizzazione dei singoli vigneti e della loro espressione. I bianchi vengono lavorati in acciaio.

Collio Friulano Vigna del Rolat 2019 ○ 14.666 bt; 22 € - Una viva e vera espressione di un Tocai friulano, intenso ed elegante. L'ingresso in bocca è sapido, articolato, succoso, e accompagna verso un finale stimolato da note di erbe mediterranee. Un vino vibrante, con rimandi minerali in chiusura.
Collio Bianco 2019 ○ 3.733 bt; 22 € - Un blend a base Pinot grigio, con percentuali variabili di Sauvignon blanc e Ribolla gialla, in base all'annata. Gioca sui toni morbidi dell'annata calda: espressivo ed elegante, ha netti richiami di frutta a pasta bianca.

ha 7 - **bt** 30.000
Fertilizzanti organo-minerali, sovescio
Fitofarmaci chimici di sintesi, rame e zolfo
Diserbo lavorazione meccanica/manuale
Lieviti selezionati industriali, selezione di lieviti indigeni
Uve 100% di proprietà
Certificazione nessuna certificazione

CORMONS (GO)

RONCO DEI TASSI

Località Monte, 38 - tel. 0481 60155
www.roncodeitassi.it - info@roncodeitassi.it

VITA - Gli inizi risalgono al 1989, quando Fabio Coser acquistò un podere di 9 ettari, comprensivo di casale, boschi e 4 ettari di vigna sulla collina Fosarin. Negli anni l'azienda è cresciuta e i figli Enrico e Matteo si sono inseriti con estrema diligenza e intraprendenza. L'ultimo progetto è la creazione di due nuove selezioni con affinamento più lungo, per trasmettere il grande potenziale del territorio.

VIGNE - I vigneti colorano le colline di Cormons, zone estremamente ventilate grazie al canale di aria che arriva dalle Alpi e che sfocia sul mare Adriatico. Ciò porta a uve salubri, evita gelate tardive, permette di fare meno interventi fitosanitari e favorisce l'escursione termica giornaliera a beneficio del quadro aromatico dei vini. Il sottosuolo è formato dalla classica ponca, substrato ottimo per la coltivazione della vite.

VINI - I vini sono di stampo classico, realizzati con il giusto apporto tecnico e con l'intento di realizzare prodotti puliti e varietali.

Ribolla Gialla 2019 O 20.000 bt; 15 € - 🛢 - Grazie a un'affinamento in acciaio sulle fecce nobili per sette mesi è equilibrata nell'espressione acida tipica di quest'uva. Ha un sapore franco, varietale, e la beva risulta suadente ed elegante.
Collio Sauvignon 2019 O 20.000 bt; 14 € - 🛢 - Svolge una macerazione prefermentativa di una notte a temperatura controllata. Il naso è pulito, e in bocca risulta ricco e lungo.
Collio Bianco Fosarin 2018 O 13.000 bt; 19 € - 🛢 - È un assemblaggio di pinot bianco, friulano e malvasia, e affina in barrique e tonneau. Il sorso è caratterizzato da note delicate e sul palato si fa ricordare per la sapidità.
Collio Friulano 2019 O 20.000 bt; 14 € - 🛢 - Citrino, fruttato, sapido.
Collio Malvasia 2019 O 15.000 bt; 15 € - 🛢 - Dinamico, fruttato, elegante.

ha 23 - **bt** 130.000
Fertilizzanti letame
Fitofarmaci rame e zolfo
Diserbo lavorazione meccanica/manuale
Lieviti selezionati industriali
Uve 100% di proprietà
Certificazione nessuna certificazione

CORMONS (GO)

RONCO DEL GELSO

Via Isonzo, 117 - tel. 0481 61310
www.roncodelgelso.com - info@roncodelgelso.com

VITA - Negli ultimi 30 anni l'azienda si è specializzata nella vitivinicoltura grazie alla rotta disegnata da Giorgio Badin. Il proprietario dagli anni Novanta ha iniziato ad acquistare i terreni, prima lavorati in affitto. Nel 2002 ha costruito la cantina seguendo criteri tecnici definiti, con due aree separate, la prima adibita alla fermentazione in acciaio e la seconda per l'affinamento in botti grandi di rovere di Slavonia.

VIGNE - Giorgio afferma che «la principale fortuna del produttore è nascere in un territorio e in un clima che donano ricchezza ai vini». L'area isontina in questo è unica: conferisce mineralità, sapidità e aromi balsamici tipici della macchia mediterranea. Gli impianti di coltivazione hanno una fittezza di 5.500 piante per ettaro. Il terreno è argilloso in superficie, con scheletro ghiaioso profondo.

VINI - La volontà di Giorgio è di riportare nel vino le stesse caratteristiche del frutto, per realizzare un prodotto elegante e classico.

TOP **Friuli Isonzo Bianco Latimis 2018** O 12.000 bt; 13 € - 🛢 - È fruttato, fresco e rigenerante. Le uve derivano da uno stesso vigneto piantato con pinot bianco, riesling renano e traminer.
Friuli Isonzo Friulano Toc Bas 2018 O 24.000 bt; 14 € - 🛢 - Una sinfonia di aromi delicati. Quest'espressività trova rispondenza in un sorso di carattere varietale.
Riesling Schulz 2018 O 5.000 bt; 17 € - 🛢 - È classico e complesso, e racconta la storia di Giorgio, che in giovane età andò ad arricchire i suoi studi enologici in Germania.
Friuli Isonzo Merlot Sintesi dei Capitoli 2016 ● 15.000 bt; 19 € - 🛢 - Vivo, speziato, essenziale.
Friuli Isonzo Pinot Grigio Sot Lis Rivis 2018 O 28.000 bt; 16 € - 🛢 - Armonico, floreale, energico.
Friuli Isonzo Chardonnay Siet Vignis 2018 O 18.000 bt; 16 € - 🛢 - Agile, fruttato, sottile.

ha 26 - **bt** 150.000
Fertilizzanti letame in pellet
Fitofarmaci chimici di sintesi, rame e zolfo
Diserbo lavorazione meccanica/manuale
Lieviti selezionati industriali
Uve 100% di proprietà
Certificazione nessuna certificazione

CORMONS (GO)

SIMON DI BRAZZAN

Località Brazzano - Via San Rocco, 17 - tel. 0481 61182
www.simondibrazzan.com - info@simondibrazzan.com

VITA - Quando al mattino ti svegli e prima ancora del caffè controlli quanta rugiada c'è sul tetto della tua auto, capisci quanto tu viva in simbiosi con l'ecosistema che ti circonda. Daniele Drius è un viticoltore che trasmette energia positiva, con le maniche sempre rimboccate e un occhio rivolto al futuro, e che presta attenzione a ogni segnale che gli arriva dall'ambiente esterno.

VIGNE - Gli ultimi 20 anni hanno segnato una rivoluzione nella gestione dei vigneti aziendali, con la conversione al biologico prima e l'utilizzo di pratiche biodinamiche oggi. Da non perdere il vigneto storico dell'azienda, che conta 400 piante ultracentenarie di un antico biotipo di tocai friulano giallo.

VINI - Daniele si avvale della consulenza dell'enologo Natale Favretto da molti anni. Diverse sono le tecniche di vinificazione utilizzate: macerazioni sulle bucce fino a esaurimento degli zuccheri, criomacerazioni, affinamenti in acciaio e in legno grande, a seconda del vino e dell'annata.

TOP **Friuli Friulano Blanc di Simon 2019** VINO SLOW O 14.000 bt; 13 € - Un film in cui il protagonista è il vitigno, sincero e coerente lungo tutto il sorso. Il frutto è maturo e si sente in tutta la sua complessità, la beva è asciutta e fresca. Il finale senza colpi di scena regala un sorriso di gusto, con una mandorla amara come tradizione comanda.
Blanc di Simon Tradition 2016 O friulano; 3.400 bt; 23 € - Sono circa 30 i mesi di affinamento in botte grande prima del riposo in bottiglia. Evolve lentamente nel calice, regalando note di frutta esotica con una beva fresca e gustosa.
Ri-né Blanc 2018 O malvasia, pinot bianco, traminer, sauvignon blanc; 6.600 bt; 13 € - Sempre interessante l'uvaggio aziendale, note floreali in evidenza, bella progressione in bocca.

ha 14 - **bt** 70.000
Fertilizzanti compost, letame, preparati biodinamici, sovescio
Fitofarmaci rame e zolfo
Diserbo lavorazione meccanica/manuale
Lieviti selezione di lieviti indigeni
Uve 100% di proprietà
Certificazione biologico certificato, parte dei vigneti in regime biodinamico

CORMONS (GO)

SUBIDA DI MONTE

Via Subida, 6 - tel. 0481 61011
www.subidadimonte.it - subida@libero.it

VITA - Luigi Antonutti nel 1972 ha fondato l'azienda oggi ereditata dai fratelli Andrea e Cristian, che la gestiscono in maniera decisa. Il primo segue la parte agronomica e il marketing, il secondo la parte enologica. In questa classica realtà della zona di Cormons, Andrea trascina il visitatore con la sua verve, la passione per i vini e l'amore per la propria azienda, facendogli fare un viaggio all'interno della spirito del Collio.

VIGNE - Il vigneto aziendale occupa per intero una piccola conca digradante. Esposto a sud, con un colle che lo protegge dalla fredda Bora che qui spira decisa, affonda le sue radici nella classica ponca. Leggere brezze di mare garantiscono un costante ricambio d'aria. L'età media delle viti si aggira sui 30 anni, e la vicinanza alla cantina di produzione garantisce la rapida trasformazione delle uve.

VINI - La filosofia aziendale cerca di mantenere la riconoscibilità del vitigno. Dopo una brevissima sosta sulle bucce, il mosto dei vini bianchi va a fermentare con successivo affinamento in acciaio. I vini rossi invece fanno una fermentazione in tini di cemento e successivamente affinano in legno. La Malvasia infine fermenta in cemento senza controllo della temperatura.

Collio Pinot Grigio 2019 O 6.416 bt; 13 € - Fruttato, floreale, autentico, ha un sorso pulito e ricco di sapidità minerale, con ricordi di un agrume delicato.
Collio Friulano 2019 O 9.532 bt; 13 € - Una versione di Friulano fresca e scorrevole, con note di macchia mediterranea e mandorla al naso, a cui fa seguito un palato asciutto e sapido.
Collio Sauvignon 2019 O 6.395 bt; 13 € - Fresco, fruttato, sapido.
Collio Malvasia 2019 O 2.565 bt; 15 € - Incisivo, fruttato, elegante.

ha 8 - **bt** 40.000
Fertilizzanti letame in pellet, minerali
Fitofarmaci organici, rame e zolfo
Diserbo lavorazione meccanica/manuale
Lieviti selezione di lieviti indigeni
Uve 100% di proprietà
Certificazione nessuna certificazione

CORMONS (GO)

TENUTA BARONI DEL MESTRI

Salita al Monte Quarin, 22 - tel. 040 313177 - 348 5903070
www.baronidelmestri.it - info@baronidelmestri.it

VITA - Siamo sulla sommità del monte Quarin: è qui che sorge l'azienda dei fratelli Cramer. Massimo e Giampaolo, dopo aver restaurato la tenuta di famiglia acquistata dal padre nel 1971, nel 2014 hanno imbottigliato le prime annate. Sono affiancati nella parte agronomica da Natascia Riggi, e in quella enologica da Gianni Bignucolo.

VIGNE - I 2 ettari di vigneto sono il naturale prolungamento della sede aziendale. Posizionati in collina su un versante esposto a sud-est, dove il sole e le brezze marine creano un microclima ideale per la maturazione delle uve, sono riparati dai venti provenienti da nord. Qui le viti poggiano sulla ponca, circondate da alberi da frutto e da olivi. I filari sono inerbiti e le pratiche agronomiche si riducono alle concimazioni e all'utilizzo di rame e zolfo.

VINI - Le uve, una volta arrivate nella vecchia cantina risalente all'inizio del Seicento, vengono vinificate in vasche di vetrocemento. I vini rossi proseguono la loro parte evolutiva e il loro affinamento in contenitori di legno.

Collio Barone di Schoenberg 2016 ● 600 bt; 21 € - - Da uve merlot in purezza, si apre al naso con un bouquet di frutti rossi e piacevoli sensazioni di spezie, e ha una beva diretta e setosa che rende scorrevole al palato. Il legno è ben dosato.
Rosé Brut Theresia 2018 malvasia istriana, refosco dal peduncolo rosso; 2.000 bt; 15 € - - Questo blend di uve viene realizzato con un Metodo Charmat lungo. Le note di crosta di pane e fieno introducono un sorso ricco e minerale, con richiami di frutti rossi maturi avvolti da un sottile perlage.
Extra Brut Ribolla Gialla 2018 2.000 bt; 15 € - - Metodo Charmat, dinamico, fruttato, essenziale.

ha 2 - **bt** 8.000
Fertilizzanti letame in pellet, organo-minerali
Fitofarmaci chimici di sintesi, rame e zolfo
Diserbo lavorazione meccanica/manuale
Lieviti selezionati industriali
Uve 100% di proprietà
Certificazione nessuna certificazione

CORMONS (GO)

TERRE DEL FAET

Viale Roma, 82 - tel. 347 0103325
www.terredelfaet.it - andreadrius.vino@hotmail.it

VITA - Andrea Drius è un giovane con le idee molto chiare e con una forte determinazione, che unita a un notevole rigore gli permette – alla soglia dei 30 anni – di inserirsi a pieno titolo tra i più promettenti viticoltori del Collio. Ha ereditato la passione per il vino dal nonno Mario, da cui ha preso l'attenzione e la sapienza contadina che oggi ha integrato con gli studi in agraria ed enologia.

VIGNE - Gli ettari vitati sono solo 5: la dimensione giusta che permette ad Andrea di lavorare direttamente ogni singolo appezzamento. In località Faet troviamo i filari con le viti più vecchie, che hanno oltre 60 anni di vita; nella zona di Bosc di Sòt il nuovo vigneto dedicato alla malvasia.

VINI - In cantina Andrea si muove tra vasche di cemento per le fermentazioni e vecchi tonneau di rovere per gli affinamenti: ad ogni vendemmia si ricercano i modi più adatti per assecondare la migliore definizione e il carattere più schietto del vino.

Collio Bianco del Faet 2018 O 2.700 bt; 21 € - - Sapiente e identitario blend delle tre varietà storiche del Collio, friulano in prevalenza, e poi malvasia e ribolla gialla, si apre con un naso molto espressivo, in cui il timbro aromatico delle tre uve si fonde perfettamente. L'incisivo nerbo acido-sapido è ben integrato al palato con la suadente morbidezza del frutto. Vino di sostanza e suadente.
Collio Malvasia 2019 O 6.200 bt; 16 € - - Vino di grande complessità e raffinatezza: esprime fini sentori aromatici e floreali al naso, mentre in bocca esplode con pienezza gustativa e con una sapidità incisiva e persistente.
Collio Friuliano 2019 O 8.000 bt; 16 € - - Asciutto e sapido come dovrebbe essere ogni buon Friulano, è elegante e dinamico nell'incedere al palato.
Collio Pinot Bianco 2019 O 3.400 bt; 16 € - - Agile, fruttato, elegante.

ha 5 - **bt** 25.000
Fertilizzanti letame in pellet, letame, sovescio
Fitofarmaci rame e zolfo
Diserbo lavorazione meccanica/manuale
Lieviti fermentazione spontanea, selezionati industriali
Uve acquisto 10%
Certificazione nessuna certificazione

CORMONS (GO)

FRANCO TOROS

Località Novali, 12 - tel. 0481 61327
www.vinitoros.com - info@vinitoros.com

VITA - Franco Toros dirige con piglio deciso la sua azienda familiare, arrivata ormai alla quinta generazione. L'antico casale con la cantina annessa risale, nella parte più antica, al 1648, ed è nelle mani dei Toros dai primi del Novecento. Oggi con Franco lavorano anche le tre figlie, Eva e Cristina che si occupano di contabilità e marketing, ed Erika, enologa, che accompagna il papà nel lavoro in vigna e in cantina.

VIGNE - Nei vigneti, che si estendono armoniosamente intorno alla cantina, si nota un lavoro minuzioso di potature, il cui scopo è ottenere grappoli sani e nella giusta quantità, punto di partenza per una viticoltura che punta sempre all'eccellenza. Il terreno è costituito dalla classica ponca friulana, una stratificazione di marne e arenarie che dona ai vini struttura e mineralità.

VINI - L'attenzione estrema in vigna prosegue anche in cantina, con la produzione di vini monovarietali che esaltino il più possibile le caratteristiche del vitigno. Franco punta a donare ai suoi prodotti potenza ed espressività, mentre Erika, schiva ma puntigliosa, si assicura che non manchi mai l'eleganza.

TOP **Collio Friulano 2019** O 17.000 bt; 22 € - Realizzato per una piccola parte con un passaggio in legno di cinque mesi, è un Friulano che colpisce al naso per la sua complessità, che spazia dai sentori erbacei di melissa e maggiorana a quelli di frutta matura e agrumi. In bocca si rivela ampio, asciutto, lunghissimo. Un vero fuoriclasse.
Collio Pinot Bianco 2019 O 12.000 bt; 22 € - Frutta matura e note speziate per questo Pinot bianco elegante e longevo, che affina in parte per qualche mese in barrique. Al palato risulta ricco, intenso, con una nota cremosa sostenuta dalla spiccata acidità.
Collio Sauvignon 2019 O 4.000 bt; 22 € - Agile, floreale, espressivo.

ha 12 - **bt** 60.000
Fertilizzanti nessun concime
Fitofarmaci rame e zolfo
Diserbo chimico, lavorazione meccanica/manuale
Lieviti selezionati industriali
Uve 100% di proprietà
Certificazione nessuna certificazione

CORMONS (GO)

FRANCESCO VOSCA

Via Sottomonte, 19 - tel. 0481 62135
www.voscavini.it - info@voscavini.it

VITA - Un'accoppiata vincente quella che troviamo in questa tipica azienda vitivinicola friulana, che come molte è nata come realtà mista e poi si è specializzata nella viticoltura alla fine degli anni Ottanta. Francesco Vosca, poeta per hobby, descrive le sue vigne con tutta la passione di chi le vive nel profondo da molto tempo. Gabriele, suo figlio, collabora con lui a 360 gradi in campagna e in cantina, e mostra già dedizione e consapevolezza del suo ruolo.

VIGNE - I vigneti rientrano in due Doc: nel Collio troviamo 3 ettari suddivisi in due appezzamenti, mentre i rimanenti 7 sono nella Doc Friuli Isonzo. Due terreni diversi: più impervi ma ricchi di sostanze nutritive i primi, più facili da lavorare ma caratterizzati da un terreno ciottoloso povero i secondi. Tutti i vigneti sono inerbiti e gestiti solo con rame e zolfo. Il diserbo è esclusivamente meccanico.

VINI - In cantina la mano è molto delicata: si usano da sempre sia contenitori in acciaio, sia grandi vasche di cemento per la fermentazione e la maturazione del vino. Le vinificazioni vengono condotte in purezza per esaltare il varietale, a volte con lieviti selezionati, a volte con lieviti indigeni per vitigni come la ribolla gialla.

Collio Ribolla Gialla 2019 O 2.000 bt; 16 € - Altro vitigno autoctono, qui si esprime con leggeri sentori floreali e una beva decisa nella sua verticalità. Chiude fresco e con quella mineralità che è caratteristica precipua dei vini del Collio.

Il riassaggio del Collio Friulano 2018, già recensito lo scorso anno, conferma l'espressione ben riuscita del varietale: emergono dapprima le note floreali, che trovano corrispondenza anche in bocca. La beva ha un ritmo sostenuto, con una struttura acida e piacevolmente sapida.

ha 10 - **bt** 60.000
Fertilizzanti letame in pellet, sovescio
Fitofarmaci rame e zolfo
Diserbo lavorazione meccanica/manuale
Lieviti selezione di lieviti indigeni
Uve 100% di proprietà
Certificazione nessuna certificazione

DOLEGNA DEL COLLIO (GO)

JERMANN

Frazione Ruttars - Località Trussio, 11 - tel. 0481 888080
www.jermann.it - info@jermann.it

VITA - L'azienda è nata nel 1881 a Villanova di Farra, ed è oggi guidata dalla quinta generazione familiare. Silvio Jermann è colui che l'ha rivoluzionata all'inizio degli anni Settanta, puntando con decisione sulla viticoltura. Ne è anche l'enologo e responsabile di produzione, affiancato da tempo dal fido agronomo e direttore generale Edi Clementin, punto fermo per l'azienda.

VIGNE - Le vigne sono suddivise tra le zone collinari vicino a Ruttars, nel Collio, e le pianure vicino a Villanova di Farra, nella Doc Isonzo. Nel 2008 sono stati acquistati dei terreni in Slovenia, piantati nel 2014, con l'idea di creare un'azienda indipendente vera e propria. L'universo Jermann non è solo vigneti: insieme ai 170 ettari vitati, infatti, ci sono ulteriori 40 ettari di bosco.

VINI - La vita delle barrique utilizzate si è allungata, ed è quindi aumentata la percentuale di legni più vecchi: i vini hanno meno aromi da affinamento e sono più varietali.

W.. Dreams 2018 O chardonnay; 40.000 bt; 49 € - Il legno si integra molto bene nella trama di questo vino, che ha precisione, morbidezza e persistenza, con un finale asciutto ed elegante, pulito e leggermente ammandorlato.
Sauvignon 2019 O 150.000 bt; 20 € - Un bel naso tipico con delle punte tropicali precede un sorso fresco e citrino lungo tutto il percorso, chiudendo sapido e appena amaro.
Vintage Tunina 2018 O chardonnay, picolit, ribolla gialla, malvasia istriana, sauvignon blanc; 65.000 bt; 49 € - Vino iconico, ha un naso delicato e pulito di frutta matura e rivela un sorso di bella persistenza e con un equilibrio giocato tra acidità e sapidità.
Capo Martino 2018 O friulano, picolit, ribolla gialla, malvasia; 20.000 bt; 56 € - Fresco, floreale, compatto.
Friuli Pinot Grigio 2019 O 170.000 bt; 19 € - Croccante, agrumato, sapido.

ha 170 - **bt** 900.000
Fertilizzanti compost, letame, sovescio
Fitofarmaci rame e zolfo
Diserbo lavorazione meccanica/manuale
Lieviti fermentazione spontanea, selezione di lieviti indigeni
Uve 100% di proprietà
Certificazione nessuna certificazione

DOLEGNA DEL COLLIO (GO)

TENUTA STELLA

Via Sdencina, 1 - tel. 0481 639895
www.tenutastellacollio.it - info@tenutastellacollio.it

VITA - Già nel proprio nome Tenuta Stella racconta una storia di passioni e capacità. Soffieria Stella era il laboratorio specializzato nella produzione di flaconi fondato da Giovanni Stevanato, da cui tutto ha avuto inizio.Sergio Stevanatoha sviluppato l'azienda paterna ma, appassionato di vini del Collio, nel 2010 ha acquistato alcuni vigneti a Dolegna. Li ha affidati alle sapienti mani dell'agronomo Alberto Faggiani e della capace enologa Erika Barbieri, che, puntando all'eccellenza, realizzano vini espressivi ed eleganti.

VIGNE - I vigneti situati nei pressi della cantina si sviluppano in uno spettacolare anfiteatro naturale terrazzato, dove le varietà autoctone affondano le loro radici nei tipici suoli di ponca (strati di marna alternati a strati di arenaria). La conduzione è scrupolosa e prevede anche l'uso di oli essenziali per la protezione dai parassiti.

VINI - Basse rese in vigneto, valorizzazione dei vitigni autoctoni, fermentazioni spontanee in vasche di acciaio a temperatura controllata, e affinamento in bottiglia di almeno due anni, rendono i vini di quest'azienda di anno in anno sempre più precisi e intriganti.

Collio Malvasia 2018 O 5.200 bt; 15 € - Presenta un naso profondo e complesso, e un bel sorso salivante e pieno, retto da una fresca acidità e da un finale sapido, lungo, minerale e invitante.
Collio Ribolla Gialla 2018 O 7.000 bt; 13 € - Il ponderato dosaggio dei legni dona struttura e complessità aromatica a un sorso cupo, cremoso e intenso.
Collio Friulano 2018 O 4.000 bt; 13 € - È un vino elegante, ampio e generoso, con le sue note di uva matura e una beva ricca e iodata.
Sdecina 2017 ● schioppettino, refosco dal peduncolo rosso; 2.500 bt; 15 € - Articolato, speziato, armonico.

ha 11 - **bt** 38.000
Fertilizzanti letame in pellet, organo-minerali
Fitofarmaci rame e zolfo
Diserbo lavorazione meccanica/manuale
Lieviti fermentazione spontanea
Uve acquisto 7%
Certificazione biologico certificato

DOLEGNA DEL COLLIO (GO)

VENICA & VENICA

Località Cerò, 8 - tel. 0481 61264
www.venica.it - venica@venica.it

VITA - La famiglia Venica è una delle identità storiche del Friuli vitivinicolo. Fondata negli anni Trenta, l'azienda ha sempre prestato attenzione alla sostenibilità e alla salvaguardia dell'ambiente: non a caso oggi è una delle poche aziende in Italia a fregiarsi della certificazione V.I.V.A. del Ministero dell'Ambiente.

VIGNE - Tutti i 40 ettari vitati sono vicini alla cantina. Ogni zona è caratterizzata da un vitigno specifico, in base alla tipologia del terreno, all'altitudine e alle condizioni climatiche. In vigneto vengono usati, per la salubrità delle piante, solo prodotti organici, come semine polifunzionali e concimi naturali. Inoltre, per creare maggiore sostenibilità ambientale, l'azienda è virtuosa in tutto il ciclo produttivo, dalla produzione di energia elettrica al riciclo delle materie prime e alla lotta allo spreco dell'acqua.

VINI - La massima attenzione è sempre data all'uva, dalla raccolta alla fase finale del suo processo evolutivo. I vini rispecchiano la tipicità del frutto e del territorio su cui nascono e maturano.

TOP **Collio Pinot Bianco Tàlis 2019** O 10.000 bt; 20 € - Sprigiona un'eleganza olfattiva fatta di fiori bianchi e agrumi. Il sorso è fluido, con un bell'ingresso sapido che accompagna la beva con note fruttate e minerali. Armonico e teso il finale.
Collio Friulano Ronco delle Cime 2019 O 20.000 bt; 24 € - Si esprime con eleganza e armonia, con il bouquet tipico della varietà. La beva è sapida, agile nella sua vena minerale. Il finale di mandorla tostata lo rende molto espressivo e caratteristico.
Collio Sauvignon Ronco delle Mele 2019 O 43.000 bt; 36 € - Teso, fruttato, sapido.
Collio Malvasia Pètris 2019 O 8.000 bt; 20 € - Fine, floreale, profondo.

ha 40 - **bt** 310.000
Fertilizzanti letame in pellet, letame, sovescio
Fitofarmaci organici, rame e zolfo
Diserbo lavorazione meccanica/manuale
Lieviti selezione di lieviti indigeni
Uve 100% di proprietà
Certificazione nessuna certificazione

DUINO AURISINA (TS)

KANTE

Località Prepotto, 1/a - tel. 040 200255
www.kante.it - kante@kante.it

VITA - L'azienda sorge nella capitale dei vini del Carso, Prepotto. Edi Kante fu il primo qui a puntare sulla vinificazione di qualità con imbottigliamento. Da quel momento la ricerca e lo sviluppo non si sono mai fermati: le acquisizioni di nuovi impianti, lo studio e i test sui metodi di allevamento, le spumantizzazioni e la cantina scavata nella roccia carsica dimostrano lo spirito intraprendente di Edi, che non si ferma mai.

VIGNE - Il vigneto aziendale è composto da tantissimi piccoli lotti sparsi attorno a Prepotto. Esposizioni diverse, inerbimento, e terreni variabili caratterizzano le uve prodotte. Un'attenta conduzione della campagna, caratterizza tutto l'approccio agronomico. Acquisendo nuovi appezzamenti Edi può misurarsi con nuove varietà o avere conferme da tipologie classiche che già conosce.

VINI - I vini di Kante sono caratterizzati da una finezza che si ritrova in tutte le etichette aziendali. Nessuna macerazione sulle bucce per i bianchi, lunghe soste in barrique sur lie e consistenti affinamenti in bottiglia sono gli ingredienti di questi prodotti longevi.

Terrano 2015 ● 4.000 bt; 34 € - Un vino di bella presenza, dal frutto deciso e dal sorso verticale e minerale. Il profilo olfattivo è segnato da cenni di frutta scura e una nota sanguigna e ferrosa, per una versione di timbro territoriale.
Vitovska 2017 O 12.000 bt; 38 € - Struttura e piacevolezza di beva chiudono su un finale di nocciola e agrumi. Al naso è delicato e fruttato, per un sorso pieno ma dotato di freschezza e di sapidità marina.
Malvasia 2017 O 8.000 bt; 38 € - Una Malvasia burrosa, fruttata e delicata, dalla dinamica gustativa setosa, fresca e piacevolmente integrata.
Chardonnay 2017 O 8.000 bt; 38 € - Dinamico, agrumato, delicato.
Sauvignon 2017 O 8.000 bt; 38 € - Avvolgente, floreale, varietale.

ha 18 - **bt** 70.000
Fertilizzanti letame, sovescio
Fitofarmaci chimici di sintesi
Diserbo lavorazione meccanica/manuale
Lieviti fermentazione spontanea, selezionati industriali
Uve 100% di proprietà
Certificazione nessuna certificazione

DUINO AURISINA (TS)

LUPINC

Località Prepotto, 11/b - tel. 345 7171274
www.lupinc.it - info@lupinc.it

VITA - Agli esordi dell'attività, ben cinque generazioni fa, il vino veniva venduto in fiaschi dalle dimensioni variabili. Nel 1969 i Lupinc furono tra i primi sul Carso a imbottigliare puntando a un vino di qualità che esprimesse le peculiarità del territorio d'origine. Matej Lupinc gestisce con la moglie l'azienda dal 2006, dove è possibile pernottare nel B&B ricavato dal granaio e dalla stalla dell'edificio dei primi anni del Novecento.

VIGNE - Si sentono il profumo del mare e la brezza che soffia costante tra i vigneti inerbiti, con piante di età media intorno ai 30 anni. La terra è rossa e ciottolosa, come ci si aspetta su questo altopiano proiettato sul mare Adriatico. I 7,5 ettari di vigneto sono gestiti in maniera rispettosa dell'ambiente ed è possibile visitarli attraverso un sentiero attrezzato, che ripercorre la storia della Prima guerra mondiale.

VINI - Possiamo disegnare una linea che unisce tutti i vini aziendali: si chiama sapidità. Sono solo quattro i vitigni coltivati e trasformati, tutti autoctoni: malvasia, vitovska, friulano e terrano.

Carso Malvasia 2018 O 6.000 bt; 16 € - Breve macerazione a contatto con le bucce, con il 50% della massa che affina in botti di rovere per donare morbidezza ed eleganza. La restante parte segue un affinamento sur lie per nove mesi, che regala note fragranti. In bocca è ricco e verticale.
Carso Vitovska 2018 O 6.000 bt; 17 € - Miele al naso, una bella spina acida e sapida in bocca, dove il sorso risulta coerente. Un vino dalla beva disinvolta e dal finale che fa salivare.
Stara Brajda 2018 O vitovska, malvasia istriana, friulano; 2.000 bt; 16 € - Sempre molto piacevole questo bianco dal bel succo, con note floreali di sambuco che solleticano il nostro olfatto. Il legno è ben dosato e la beva è semplice e appagante.

ha 7,5 - **bt** 20.000
Fertilizzanti compost, humus, letame, sovescio
Fitofarmaci organici, rame e zolfo
Diserbo lavorazione meccanica/manuale
Lieviti selezionati industriali, selezione di lieviti indigeni
Uve 100% di proprietà
Certificazione nessuna certificazione

DUINO AURISINA (TS)

SKERK

Località Prepotto, 20 - tel. 040 200156
www.skerk.com - info@skerk.com

VITA - I lavori per la costruzione della nuova cantina scavata nella roccia carsica procedono con calma, mentre Sandi Skerk può dedicarsi a ciò che gli riesce meglio: prendersi cura delle sue vigne e tirarne fuori il meglio per poi metterlo in bottiglia. Arrivato alla sua ventesima vendemmia, Sandi ha ereditato l'azienda dal padre e l'ha rivoluzionata, promuovendo una politica di lavoro volta a una viticoltura attenta e sostenibile.

VIGNE - Il processo che vede impegnato Sandi nell'impostare la totalità dei suoi vigneti con un sesto d'impianto ad alberello, tipico del Carso, è quasi ultimato: gli ultimi vigneti vecchi di terrano sono stati spiantati dopo la vendemmia 2018 e sono stati rimpiazzati da malvasia e vitovska. I filari, collocati a circa 250 metri di altitudine, si trovano per la maggior parte nelle vicinanze della cantina, a eccezione della glera, che vegeta vicino al castello di Miramare.

VINI - Dalla cantina si vede il mare, e il mare si ritrova nei vini: la macerazione sulle bucce e il passaggio in legno grande donano sapidità e carattere, emozionando a ogni sorso. Il nome dell'Ograde è in onore del luogo su cui sorge la cantina.

TOP **Malvasia 2018** VINO SLOW O 6.000 bt; 28 € - I profumi di frutta croccante e albicocche precedono un ingresso in bocca deciso, che chiude pulito e secco.
Vitovska 2018 O 6.000 bt; 28 € - Le note agrumate e di frutta esotica al naso si ritrovano poi in bocca, che sapida e fresca ha una trama potente e incisiva.
Terrano 2018 ● 4.000 bt; 28 € - Piacevoli sentori di more di gelso e caffè fanno spazio a una bocca che ci ha sorpreso per la moderata acidità, inusuale per la varietà.
Ograde 2018 O vitovska, malvasia, pinot grigio, sauvignon; 6.000 bt; 28 € - Bianco macerato, armonico, fruttato, salino.

ha 8 - **bt** 25.000
Fertilizzanti letame, sovescio
Fitofarmaci rame e zolfo
Diserbo lavorazione meccanica/manuale
Lieviti fermentazione spontanea
Uve 100% di proprietà
Certificazione biologico certificato

DUINO AURISINA (TS)

ZIDARICH

Località Prepotto, 23 - tel. 040 201223
www.zidarich.it - info@zidarich.it

VITA - Benjamin Zidarich nel tempo è diventato sinonimo di Carso, terra nella quale si identifica e che sponsorizza a ogni occasione possibile. L'anima di questa azienda e del suo conduttore si apprende e percepisce ancor meglio visitando la cantina, che si sviluppa nel sottosuolo, quasi a voler comunicare la profondità dei vini.

VIGNE - La ridotta disponibilità di suolo coltivabile comporta il bisogno di realizzare i nuovi vigneti rompendo la roccia, sbriciolandola e collocan terra asportata da altre parti. Questa necessità territoriale non è affatto un impedimento: le piante si dimostrano in grado di interagire con il calcare e le sue proprietà.

VINI - Tutti i vini sono macerati sulle bucce. Le fermentazioni spontanee si innescano grazie ai lieviti naturalmente presenti in cantina.

TOP **Vitovska Kamen 2018** VINO SLOW O 2.000 bt; 44 € - È macerato in tini di pietra. Questo vino iconico vede e sente l'anima carsica pietrosa: il sorso è esplosivo, ruvido e ricco di freschezza. La trama tannica è sferzante, il tocco è fenolico e il ritorno in bocca approda su ricordi di nocciole, agrumi e menta.
Terrano 2018 ● 5.000 bt; 24 € - Da provare assolutamente: l'interpretazione di questo verace vitigno tocca in questa bottiglia delle vette incredibili. È vivace, teso e piacevole. Alcune note di ginepro lo caratterizzano e accompagnano il tocco salato.
Malvasia 2018 O 8.000 bt; 29 € - Questo millesimo ci ha sorpreso per l'eleganza olfattiva. È ricco, pulito e propulsivo al sorso come consuetudine, ma si avvale anche di una sapidità esaltante, promossa e sorretta da cenni balsamici, affumicati e agrumati.
Vitovska 2018 O 12.000 bt; 29 € - Incisivo, erbaceo, cangiante.

ha 10 - **bt** 32.000
Fertilizzanti letame
Fitofarmaci rame e zolfo
Diserbo lavorazione meccanica/manuale
Lieviti fermentazione spontanea
Uve 100% di proprietà
Certificazione biologico certificato

FARRA D'ISONZO (GO)

BORGO CONVENTI

Strada della Colombara, 13 - tel. 0481 888004
www.borgoconventi.it - info@borgoconventi.it

VITA - Gianni Vescovo, autentico visionario nel mondo del vino della sua epoca, ha fondato questa realtà nel 1975 a Farra d'Isonzo. Nel 1989 è entrato in azienda Paolo Corso, che tuttora conduce Borgo Conventi. Dal 2019 la proprietà è entrata a far parte di Villa Sandi: il nuovo corso ha infuso una verve positiva, sia dal punto di vista estetico, creando un viale di cipressi all'entrata, sia strutturale, ampliando gli appezzamenti.

VIGNE - I vigneti sono sia nel territorio d'Isonzo sia nel Collio. Il terreno dei primi è di medio impasto, argilloso, ricco di scheletro in profondità, con suolo estremamente drenante. Nel Collio la vigna cresce sopra la ponca, un terreno argilloso alternato a strati permeabili, che cedono nutrimento alla pianta nelle stagioni più secche. Il vigneto nella località di Gradiscutta offre un'esperienza unica, con un'area degustazione in mezzo alla collina.

VINI - Il prodotto finale trasmette la volontà di raccontare attraverso i vini le peculiarità varietali e territoriali.

Schioppettino 2016 ● 1.800 bt; 19 € - Un vino interessante, dalla speziatura raffinata, delicato e persistete: invoglia alla beva.
Collio Sauvignon 2019 O 40.000 bt; 13 € - Di amplia complessità aromatica, proviene da 12 vigneti diversi. Ha una buona struttura, freschezza e sapidità.
Collio Friulano 2019 O 15.000 bt; 13 € - Ha aromi suadenti ed è avvolgente e ricco: è il risultato di un unico vigneto vendemmiato in tre periodi distinti. La prima vendemmia prevede una breve macerazione sulle bucce in pressa, la seconda una criomacerazione, mentre l'ultima nelle buone annate viene ritardata.
Collio Merlot 2016 ● 1.800 bt; 15 € - Succoso, speziato, autentico.
Collio Ribolla Gialla 2019 O 12.000 bt; 13 € - Croccante, floreale, espressivo.

ha 35 - **bt** 300.000
Fertilizzanti letame in pellet, minerali, organo-minerali
Fitofarmaci chimici di sintesi, rame e zolfo
Diserbo lavorazione meccanica/manuale
Lieviti selezione di lieviti indigeni
Uve acquisto 10%
Certificazione nessuna certificazione

GORIZIA

FIEGL

SCONTO -10%

Frazione Oslavia - Località Lenzuolo Bianco, 1 - tel. 0481 547103
www.fieglvini.com - info@fieglvini.com

VITA - Le radici della famiglia Fiegl a Oslavia risalgono a più di due secoli fa, quando Valentino Fiegl decise di lasciare la città di Trieste e dedicarsi all'agricoltura: la prima vigna, denominata Meja, fu acquistata nel lontano 1782. L'azienda, come la conosciamo oggi, è stata fondata nel 1992 dai fratelli Rinaldo, Giuseppe e Alessio Fiegl, affiancati negli ultimi anni dalla nuova generazione composta da Martin, Robert e Matej.

VIGNE - La superficie vitata dell'azienda è distribuita tra Collio e Isonzo, con impianti che hanno una media di 5.000 piante per ettaro. I vigneti sono posti principalmente sulla sommità delle colline e su pendii scoscesi, non nella parte più bassa e pianeggiante; in queste condizioni la vite è meno vigorosa, e produce grappoli più piccoli che maturano lentamente e danno un'uva ricca di zuccheri e sostanze minerali.

VINI - «Eleganza e pulizia», dice Matej: «il nostro obiettivo è produrre vini puliti, senza difetti, grazie a un lavoro minuzioso in vigna e in cantina. Lo scopo è raccogliere uva sana, praticamente perfetta, dando la possibilità a chi lavora in cantina di valorizzarla senza troppe manipolazioni e lasciando che emerga il timbro dell'annata».

Collio Friulano 2019 O 15.000 bt; 15 € - L'uva cresce sulla ponca, terreno composto da marna e arenaria. Il naso etereo è arricchito da note minerali e di erbe aromatiche, e il palato è sapido, avvolgente ed espressivo.
Collio Merlot Leopold 2013 ● 8.000 bt; 21 € - Stessi terreni, ricchi di minerali, che conferiscono particolare struttura e sapidità. Note di frutta rossa matura si intrecciano a cenni di spezie dolci e sottobosco; ottimo l'equilibrio tra il peso alcolico, la ruvidità tannica e la freschezza balsamica.
Collio Sauvignon 2019 O 25.000 bt; 15 € - Vibrante, floreale, varietale.

ha 40 - **bt** 200.000
Fertilizzanti letame, organo-minerali
Fitofarmaci chimici di sintesi, rame e zolfo
Diserbo chimico, lavorazione meccanica/manuale
Lieviti selezionati industriali
Uve 100% di proprietà
Certificazione nessuna certificazione

GORIZIA

GRAVNER

Frazione Oslavia - Località Lenzuolo Bianco, 9 - tel. 0481 30882
www.gravner.it - info@gravner.it

VITA - Il vino di Josko Gravner rappresenta l'essenzialità. Sono diverse le strade che portano ad acquistarne una bottiglia: la via più fertile è la rotta dell'anima del vino; la via più pragmatica è la volontà di ripercorrere la storia della viticoltura italiana. Vignaiolo preso a modello da un'intera generazione di giovani, Josko ha da sempre accanto la moglie Maria Terčič e da qualche anno la figlia Mateja, che ha saputo dare all'azienda nuovi impulsi.

VIGNE - Il lavoro nelle vigne è magistrale. La fatica di mille sperimentazioni e prove empiriche in un dialogo incessante con le piante consegna oggi un modello viticolo esemplare. Il vigneto di Runk a Oslavia e quelli di Hum e Dedro, a ridosso del confine, sono un fulgido esempio di sapiente conduzione agronomica.

VINI - I processi di cantina sono oramai ben definiti e si concentrano oggi su un'unica varietà: la ribolla gialla (il Bianco Breg, frutto dell'assemblaggio delle altre uve aziendali da qualche anno non viene più prodotto). L'uva viene riversata intera nelle grandi anfore di terracotta interrate, dove fermenta e lavora per mesi, a seconda delle stagioni; poi il vino passa nelle grandi botti di legno dove affina con lentezza, per poi giungere in bottiglia. L'uscita in commercio è prevista dopo sette anni dalla vendemmia.

TOP **Ribolla 2012** VINO SLOW O 20.000 bt; 68 € - Possiamo discuterne quanto volete, ma il tratto essenziale e primordiale della Ribolla di Josko è il carattere, unico e inimitabile. Poi ci si può dilungare sulla perfetta rotondità della struttura, sulla piena succosità del frutto, sull'elegante asciuttezza dei tannini, sull'incredibile sapidità finale, ma rimane alla fine un unico ricordo, stampato per sempre nella mente: fierezza e sublime appagamento dei sensi.

ha 15 - **bt** 34.000
Fertilizzanti compost, preparati biodinamici, sovescio
Fitofarmaci rame e zolfo
Diserbo lavorazione meccanica/manuale
Lieviti fermentazione spontanea
Uve 100% di proprietà
Certificazione nessuna certificazione

GORIZIA

LA CASTELLADA

Frazione Oslavia, 1 - tel. 0481 33670
www.lacastellada.it - info@lacastellada.it

VITA - Stefano Bensa conduce con una mano sicura, insieme al fratello Matteo, questa realtà familiare fondata dal nonno Giuseppe negli anni Settanta. L'azienda, che imbottiglia con l'attuale etichetta dal 1986, è stata una delle protagoniste della rinascita della viticoltura a Oslavia e continua a essere un punto di rifermento per questo piccolo grande cru di Gorizia. La Castellada è tra i soci fondatori dell'Associazione Produttori Ribolla di Oslavia.

VIGNE - Le vigne sono disposte a sinistra e a destra della strada che porta da Gorizia fino al paese di San Floriano, il punto più alto del Collio. Gli appezzamenti a destra guardano verso l'interno e il monte Sabotino, mentre dall'altra parte nelle giornate limpide si intravvede il mare. Le diverse esposizioni, una più fresca e l'altra più calda, danno grandi vantaggi, assicurando ai vini equilibrio anche nelle annate con condizioni climatiche più difficili.

VINI - Vini d'ineccepibile coerenza stilistica, contraddistinti dalla profondità dei sentori di frutta matura, dall'armonia e dalla notevole capacità di evoluzione in bottiglia.

TOP **Collio Ribolla Gialla 2015** VINO SLOW O 4.600 bt; 31 € - Un bianco macerato dal colore delicato, netto e preciso al naso, con note mentolate. Lineare, si distende in bocca in un piano sequenza di sensazioni gradevoli e tese.

Collio Bianco della Castellada 2015 O 5.200 bt; 31 € - Al naso troviamo note di miele, frutta gialla e una leggera affumicatura. In bocca entra deciso e si distende con una progressione lunga ed equilibrata. Il finale è caldo e di precisa corrispondenza aromatica.

Collio Friulano 2015 O 4.500 bt; 31 € - Floreale e fruttato, è elegante e intenso nei profumi. Di buon corpo ma equilibrato in bocca, ha sapidità a supporto della morbidezza. Chiude con la tipica nota amara.

ha 10 - **bt** 25.000
Fertilizzanti nessun concime
Fitofarmaci rame e zolfo
Diserbo lavorazione meccanica/manuale
Lieviti selezione di lieviti indigeni
Uve 100% di proprietà
Certificazione biologico certificato

GORIZIA

DAMIJAN PODVERSIC

Via Brigata Pavia, 61 - tel. 0481 78217
www.damijanpodversic.com - damijan@damijanpodversic.com

VITA - «Io sto bene sul Calvario» vi dirà Damijan Podversic, adorabile uomo eretico del vino, coadiuvato in tutto dalla moglie Elena Zavadlav. Come non credergli ora che sul monte Calvario, che ospita i suoi vigneti, ha finalmente a disposizione una cantina tutta sua? Il matrimonio tra la nuova culla dei suoi vini con i terrazzi vitati prospicienti si è realizzato: ora la sua voce è più pacata, ma non sono meno taglienti le sue vivide parole.

VIGNE - La coniugazione tra cantina e vigna ora si è compiuta, ma non mancano nuove sfide. L'uomo innamorato della terra, che ha realizzato il suo sogno di bambino, ora accoglie i figli Tamara e Jakob tra i filari. Sono appena stati ripresi e recuperati 2,5 ettari, nel tempo abbandonati e diventati parte del bosco che circonda il monte Calvario.

VINI - Il contatto tra il mosto e le bucce caratterizza il percorso di tutte le uve. Il tracciante è il frutto, mentre il punto cardinale è la botrite, ricercata nelle annate fresche.

TOP **Ribolla Gialla 2010** O 2.000 bt; 256 € - Questa selezione è espressione dinamica di un terroir e di un'annata fresca. Con il tempo attenua i contrasti dolci e la sua vocazione balsamica.

Ribolla Gialla 2016 O 12.000 bt; 39 € - Il sorso trasmette completezza e appagamento, senza perdere il focus del dinamismo e della centralità del frutto.

Kaplja 2016 O chardonnay, friulano, malvasia; 7.000 bt; 39 € - È un vino di struttura imponente, in grado di personificare e trasmettere l'energia del produttore, ben sostenuto da tannini e acidità.

Prelit 2016 ● merlot, cabernet sauvignon; 4.000 bt; 39 € - Fitto, etereo, consistente.

Malvasia 2016 O 5.500 bt; 39 € - Bianco macerato, succoso, fruttato, avvolgente.

Nekaj 2016 O friulano; 4.000 bt; 39 € - Bianco macerato, viscoso, lattico, increspato.

ha 10 - **bt** 30.000
Fertilizzanti sovescio
Fitofarmaci rame e zolfo
Diserbo lavorazione meccanica/manuale
Lieviti fermentazione spontanea
Uve 100% di proprietà
Certificazione biologico certificato

GORIZIA

PRIMOSIC

Frazione Oslavia - Località Madonnina, 3 - tel. 0481 535153
www.primosic.com - info@primosic.com

VITA - Una lunga onda di cambiamenti, partita due anni fa con la trasformazione in azienda agricola, sta attraversando questa storica realtà familiare di Oslavia. Il processo, già partito con la vendemmia 2019, porterà a una riduzione sensibile della produzione e del numero di etichette, con l'obiettivo, nelle parole di Marko Primosic, di «fare poche cose e farle bene», rendendo l'azienda meno orientata al mercato e più legata al territorio.

VIGNE - Il parco vigneti consiste di tre appezzamenti di proprietà a Oslavia, Villanuova di Farra e Lucinico, e un altro in affitto a San Floriano, tutti all'interno del Doc Collio ma con suoli ed esposizioni diversi. È stata avviata da tempo la conversione biologica, con l'obiettivo di esprimere al massimo le caratteristiche dei vari terroir, quindi diserbo manuale, trattamenti con rame e zolfo e concimazione fatta col sovescio e il letame naturale.

VINI - Il nuovo corso punta molto sull'identificazione con il cru Oslavia, che comporta tassativamente, nel parere di Marco, la macerazione sulle bucce delle uve bianche. Per i vini della selezione Oslavia (Pinot grigio, Friulano e Ribolla) si prevedono la raccolta a piena maturazione fenolica, una macerazione più o meno lunga, una fermentazione spontanea in tini aperti e l'affinamento in legno grande.

Collio Ribolla di Oslavia 2017 O 5.500 bt; 48 € - Ⓤ - Un bianco macerato denso e piacevole, con note di frutta candita e mostarda al naso. Setoso in bocca, ha un tannino fine e ben integrato. Mantiene freschezza grazie a una vena acida succosa. Un'interpretazione raffinata.
Collio Pinot Grigio Skin 2017 O 3.200 bt; 43 € - Ⓤ - Ha un naso intenso di frutti rossi maturi e pepe, con una bella nota tostata di legno. Il sorso è pieno, molto strutturato e persistente. La macerazione sulle bucce è ben dosata.

ha 32 - **bt** 210.000
Fertilizzanti letame, sovescio
Fitofarmaci rame e zolfo
Diserbo lavorazione meccanica/manuale
Lieviti fermentazione spontanea
Uve 100% di proprietà
Certificazione in conversione biologica

GORIZIA

RADIKON

Località Tre Buchi, 4 - tel. 0481 32804
www.radikon.it - info@radikon.it

VITA - Stanko Radikon è stato il primo nel Collio, in tempi moderni, a intuire che eliminando le bucce della ribolla dopo la vinificazione in bianco si perdeva qualcosa dell'anima del vino. Così nel 1995 ha ripreso l'antico sistema di vinificare il bianco come se fosse un rosso, con la lunga macerazione e, insieme a Josko Gravner, ha creato uno stile che ha fatto scuola e che oggi il figlio Saša interpreta con grande fedeltà.

VIGNE - La ribolla gialla è la varietà che meglio rappresenta Oslavia, ma non è facile da coltivare. Se la vigoria non è tenuta sotto controllo dà rese generose e uve di scarsa qualità. Privilegia la marna magra delle parti alte delle coste e richiede esposizioni soleggiate. Per questo i Radikon hanno sempre dedicato al vitigno le posizioni migliori e una cura molto particolare.

VINI - I vini di Radikon sono spesso descritti in maniera un po' riduttiva come estremi. Certamente danno sensazioni intense che derivano dalla macerazione prolungata, la fermentazione spontanea, il lungo affinamento in botte e l'assenza di solforosa aggiunta. Però, a nostro avviso, non è necessario rieducare il proprio palato per apprezzarne la vitalità e la complessità.

Ribolla Gialla 2015 O 4.000 bt; 43 € - Ⓤ - Un bianco macerato ricco e complesso, con delle note evolute che ricordano i vini fortificati, e cenni di fiori secchi e cannella. Intenso in bocca, ha grande persistenza. Ottima annata per un classico di Oslavia.
Merlot 2003 ● 1.000 bt; 94 € - Ⓤ - Il naso si apre con sensazioni che spaziano dai piccoli frutti rossi alla violetta, dalla cenere al cuoio, dalle foglie secche al chinino. La bocca è di straordinaria intensità e persistenza, dal frutto dolce ma allo stesso tempo sapidissima. Un vino da apprezzare a piccoli sorsi per scoprire tutte le sue sfumature.

ha 15 - **bt** 50.000
Fertilizzanti letame, sovescio
Fitofarmaci rame e zolfo
Diserbo lavorazione meccanica/manuale
Lieviti fermentazione spontanea
Uve 100% di proprietà
Certificazione in conversione biologica

GORIZIA

ROMAN RIZZI

Via Monte Calvario, 30 - tel. 0481 391338
www.piedimont.it - info@piedimont.it

VITA - Sono passate 10 annate dalla prima uscita del Metodo Classico studiato, creato e fortemente voluto da Paolo Rizzi e dal giovane figlio Roman. L'annata molto calda del 2006 non era fra le più propizie per il debutto, ma il Pie' di Mont fece subito parlare di sé, facendo intuire le basi solide del progetto di creare un grande vino del Collio con le bollicine. E infatti negli anni è diventato un classico, in tutti i sensi, di questa zona.

VIGNE - Per avviare il loro progetto i Rizzi hanno messo in pratica l'esperienza accumulata nel corso della loro attività di preparazione dei terreni e di impianto di vigne in giro per il Collio e i colli orientali. Hanno scelto una piccola costa fresca con grandi escursioni termiche a Piedemonte, a un tiro di schioppo dal fiume Isonzo, e lì hanno piantato un vigneto modello, con 5.600 viti per ettaro su terrazze strette e inerbite, gestite tutte a mano.

VINI - Con proporzioni stabilite già in vigna, il Pie' de Mont nasce da una cuvée al 60% di Chardonnay, di cui una piccola parte affinata in legno, al 20% di Pinot nero e, per dare freschezza, al 20% di Ribolla. Rimane da 30 a 34 mesi sui lieviti e viene imbottigliato con un residuo zuccherino sui 4 grammi per litro. Nelle annate più favorevoli vengono proposte anche circa 1.000 bottiglie di uno strepitoso Blanc de Blanc Pas Dosé.

M. Cl. Brut Piè di Mont 2016 14.000 bt; 26 € - Le bollicine fini e numerose sono il preludio a un naso fresco e fragrante, che sa di frutta bianca matura con note delicate di crosta di pane. L'impatto in bocca è soffice e cremoso, con una progressione asciutta senza asperità, verso un finale fresco, con un dosaggio molto equilibrato che mantiene vive le sensazioni di frutta matura. Un vino fine ed elegante da un cru davvero unico.

ha 2 - **bt** 14.000
Fertilizzanti organo-minerali
Fitofarmaci rame e zolfo
Diserbo lavorazione meccanica/manuale
Lieviti selezione di lieviti indigeni
Uve 100% di proprietà
Certificazione nessuna certificazione

GRADISCA D'ISONZO (GO)

BLASON €

SCONTO **-10%**

Via Roma, 32 - tel. 0481 92414
www.blasonwines.com - info@blasonwines.com

VITA - Da Blason si può ammirare l'abitazione storica del 1764 censita come «casa in Bruma numero 23». Bruma è il termine storico che dava il nome a questa località, e che nel dialetto locale indica la foschia che sale dalle rive del fiume Isonzo. L'azienda è stata fondata da Augusto Blason nel 1970, ma oggi al timone troviamo il figlio Giovanni, che insieme alla moglie Valentina Vecchi ha ristrutturato l'area di accoglienza, la cantina e tutti i vigneti.

VIGNE - La proprietà si estende sulla piana dell'Isonzo, caratterizzata da un clima mite grazie alla brezza marina. Conta 45 ettari: 18 sono dedicati ai vigneti, gli altri sono coltivati a pioppi ed erba medica. Le piante vengono potate a guyot e il diserbo è meccanico, con inerbimento a filari alterni; i trattamenti sono a basso impatto ambientale. Il sottosuolo è sciolto e calcareo, ferrettizzato e ricco di scheletro: un terreno caldo che conferisce mineralità ai vini.

VINI - L'ambizione di Giovanni è l'esaltazione delle caratteristiche di ogni varietà. Le qualità che valorizzano i suoi prodotti sono la freschezza, il gusto bilanciato e la mineralità tipica del territorio.

TOP **Friuli Isonzo Friulano 2019** VINO QUOTIDIANO ○ 5.000 bt; 11 € - Figlio di un impianto storico di oltre 60 anni, integrato con nuovi cloni riconducibili al sauvignonasse, ha un sorso lineare ed equilibrato, e si presenta avvolgente e ricco.

Friuli Isonzo Bruma Bianco 2017 ○ 1.500 bt; 16 € - È austero e complesso: intrigano le note terziarie speziate, derivanti da fermentazione e affinamento in tonneau.

Cabernet Sauvignon 2019 ● 3.000 bt; 11 € - Setoso, floreale, avvolgente.

ha 18 - **bt** 50.000
Fertilizzanti organo-minerali, sovescio
Fitofarmaci chimici di sintesi
Diserbo lavorazione meccanica/manuale
Lieviti selezionati industriali
Uve 100% di proprietà
Certificazione nessuna certificazione

GRADISCA D'ISONZO (GO)

BORGO TREVISAN

Via Borgo Trevisan, 24 - tel. 0481 93734 - 334 8652804
www.borgotrevisan.it - borgotrevisan.gradisca@gmail.com

VITA - L'azienda è nata agli inizi degli anni Quaranta con nonna Giuseppina e nonno Gaetano che coltivavano viti e cereali e allevavano bovini e suini. Poi il figlio Dario Trevisan e la moglie Patrizia hanno aggiunto anche le coltivazioni di frutta. Infine è arrivato il nipote Matteo, classe 1992, diplomato all'Istituto tecnico agrario di Gradisca, che nel 2013 ha iniziato a imbottigliare per dare giusto prestigio ai propri vini.

VIGNE - I 5 ettari di vigne sono frazionati tra Gradisca d'Isonzo e Romans d'Isonzo, dove i terreni sono poco profondi e a prevalenza di scheletro. Matteo è sempre attento all'innovazione ed esprime una forte passione per il suo territorio, che cura e coltiva in modo meticoloso. Le varietà gestite sono malvasia, friulano, sauvignon blanc, cabernet franc e merlot.

VINI - Dopo una minuziosa selezione delle uve si procede a una vinificazione molto classica, che permette di esprimere in modo non mediato il territorio in bottiglia. I bianchi maturano in acciaio, mentre i rossi vengono affinati in botti di legno.

Friuli Friulano 2019 ○ 1.200 bt; 12 € - - Ha un naso elegante, con sentori balsamici e di fiori d'acacia. In bocca è dinamico, persistente, e chiude con le caratteristiche note di mandorla sul finale.
Friuli Isonzo Malvasia 2019 ○ 1.200 bt; 12 € - - Un profilo olfattivo intenso, di erbe aromatiche e fiori bianchi anticipa il sorso di buona struttura e mineralità.
Friuli Merlot 2018 ● 3.000 bt; 13 € - - Profuma di frutta matura e cioccolato al naso, e il percorso gustativo è morbido e armonioso.
Cabernet Franc 2016 ● 2.500 bt; 13 € - - Ampio, floreale, armonico.

ha 5 - **bt** 20.000
Fertilizzanti minerali, organo-minerali
Fitofarmaci chimici di sintesi
Diserbo chimico, lavorazione meccanica/manuale
Lieviti selezionati industriali
Uve 100% di proprietà
Certificazione nessuna certificazione

IZOLA (SL)

KORENIKA & MOŠKON

Izola - Korte, 115/c - tel. +386 (0)41 607465
www.korenikamoskon.si - infokorenikamoscon@siol.net

VITA - L'azienda fondata nel 1984 da Miran Korenika si trova sulle colline di Izola, e ora è gestita dal figlio Matej. Giovane lungimirante, appena uscito dall'università avrebbe voluto imporre in cantina i metodi appena appresi. Con il tempo ha rivisto le proprie idee, e con il passare delle vendemmie è passato a un approccio prima biologico e dal 2010 biodinamico. La cantina è dotata di una meravigliosa sala degustazione e una parte esterna in cui assaggiare ammirando le saline di Sicciole.

VIGNE - Il vigneto aziendale conta 25 ettari complessivi, divisi in sette parcelle, le due più grandi di 7 ettari ciascuna. Una è in collina, in un corpo unico esposto a sud-est per le uve a bacca nera, e una è ai piedi dei rilievi, con la malvasia protagonista e al suo interno un vigneto di 70 anni. L'inerbimento del vigneto è completo, le lavorazioni sono manuali, e la scelta del sistema di allevamento ricade sul cordone speronato.

VINI - La semplicità è alla base della produzione aziendale, con l'unico intento di preservare la materia prima. Fermentazioni spontanee, macerazioni sulle bucce che cambiano in base all'annata e lunghe soste sui lieviti donano profondità e territorialità ai vini.

TOP **Istra Malvazija 2018** VINO QUOTIDIANO ○ 21.728 bt; 12 € - - Intenso al naso, tra note terziarie ed eteree, ha una bocca ricca e ampia, sostenuta da una bella acidità, e una dinamica lunga e potente. Un vino profondo e strutturato.
Istra Kortinca 2009 ● 3.330 bt; 27 € - - Floreale al naso, preciso nell'espressione varietale con leggere note di pepe bianco,in bocca è disteso e molto tipico.
Istra Malvazija Seleckija 2015 ○ 3.611 bt; 20 € - - I sentori macerativi aprono la strada a una bocca sapida, con personalità e persistenza. Piacevole il finale, asciugato dal tannino.

ha 25 - **bt** 90.000
Fertilizzanti compost, sovescio
Fitofarmaci rame e zolfo
Diserbo lavorazione meccanica/manuale
Lieviti fermentazione spontanea
Uve 100% di proprietà
Certificazione biologico certificato

IZOLA (SL)

STERAS

Šared, 43 - tel. +386 (0)41 788173
www.steras.com - info@steras.com

VITA - Nata nel 1975 nel cuore dell'Istria come azienda mista, oggi è gestita dall'instancabile Tilen Prapotnik. Negli anni Novanta Tilen ha deciso di puntare sulla viticoltura di qualità: da quel momento i terreni destinati alla coltivazione di frutta, verdura e cereali sono stati trasformati quasi totalmente in vigneti, e contestualmente sono iniziati i primi imbottigliamenti.

VIGNE - La vigna è distribuita su 12 parcelle disposte a ellisse intorno alla cantina. Negli ultimi anni sono stati realizzati importanti lavori di ristrutturazione del parco vitato, che col tempo era stato decimato dal mal dell'esca. I nuovi impianti sono stati progettati per avere maggiore densità e inferiore resa per pianta. Nel corso dei lavori sono state reintrodotte svariate varietà istriane, a cui Tilen tiene particolarmente in quanto simboli del territorio.

VINI - Ci sono tre linee aziendali: l'etichetta bianca con vini freschi, l'etichetta marrone con affinamento di almeno un anno in botte, e l'etichetta nera con affinamento di almeno due anni, rese più basse e macerazioni più lunghe.

Pinot Nero 2018 ● 2.000 bt; 17 € - Ⓤ - Un vino progettato per fare le cose in grande, peccato manchi un po' di acidità. Gradevole al naso, è punteggiato da tocchi di sambuco. Il sorso procede con ritmo sostenuto, regalando una buona espressività. Chiude con un bel finale dal frutto dolce.
Cipro 2018 ● 800 bt da 0,5 l; 20 € - Ⓤ - Parente del moscato rosa, questo vitigno originario di Venezia viene vinificato dopo un leggero appassimento in pianta. Prevalgono i sentori di frutti rossi e spezie dolci, in contrasto con le note terrose. I tannini si sentono e il finale è leggermente amarognolo.
Refosk Saurin Hills 2019 ● 4.000 bt; 10 € - ▢ - Potente, speziato, contratto.
Sivi Pinot 2017 ● 600 bt; 17 € - Ⓤ - Stile ossidativo, incisivo, floreale, espressivo.

ha 20 - **bt** 20.000
Fertilizzanti organo-minerali
Fitofarmaci rame e zolfo
Diserbo lavorazione meccanica/manuale
Lieviti fermentazione spontanea, selezionati industriali
Uve 100% di proprietà
Certificazione biologico certificato

IZOLA (SL)

ZARO 1348

Via Polje, 12/a - tel. +386 (0)41 218547
www.vinozaro.com - info@vinozaro.com

VITA - Di origini veneziane, la famiglia Zaro si è insediata a Izola nel 1348. Matej rappresenta la terza generazione che dal dopoguerra a oggi guida l'azienda, trasformatasi da semplice attività agricola a rappresentante del territorio a livello internazionale. Vulcanico e costantemente in movimento, Matej è sempre alla ricerca della qualità: dal vigneto, passando per la cantina e finendo con il wine bar che gestisce con passione in centro città.

VIGNE - La conca di Izola è caratterizzata dall'esposizione verso il mare, e il sole la illumina tutto il giorno. I vigneti aziendali iniziano ai margini della cittadina per giungere in cima alla collina. Nel mezzo olivi e boschi, che donano quell'unicum dato da un grande vigneto integrato nel territorio.

VINI - Come il vigneto disegna una piramide sulla collina così la vinificazione parte dalla base, con vini giovani e freschi, per poi salire su in alto con macerazioni più spinte e lunghe soste in legno sulle fecce fini.

TOP **Folo Bianco 2018** VINO SLOW ○ pinot bianco, pinot grigio, malvasia; 2.500 bt; 31 € - Ⓤ - Macera sulle bucce e denota buona sapidità e tenuta del sorso. Il naso intenso con note di frutta secca e sotto spirito anticipa una bocca piena, con ingresso d'impatto, e tensione acido-sapida. Ottimo il finale.
Malvazija Pivol 2018 ○ 10.000 bt; 31 € - Ⓤ - Piacevole e articolato all'olfatto, ha una bella fluidità in bocca, frutto di una macerazione sulle bucce misurata. Di ottima persistenza aromatica, è deciso, sapido ma anche molto scorrevole.
Refosk Selection 2016 ● 5.000 bt; 26 € - Ⓤ - Speziato e agrumato al naso, in bocca risulta astringente e pieno. Un vino ben fatto, ricco, elegante, slanciato e di ottima dinamica gustativa.

ha 20 - **bt** 75.000
Fertilizzanti letame in pellet, organo-minerali
Fitofarmaci organici, rame e zolfo
Diserbo lavorazione meccanica/manuale
Lieviti fermentazione spontanea
Uve 100% di proprietà
Certificazione biologico certificato

KOPER (SL)

BUTUL

Manžan, 10/d - tel. +386 (0)41 718219
www.butul.net - tatjana.butul@gmail.com

VITA - Situata sulle colline nell'entroterra di Koper, l'azienda Butul è interamente gestita dalla famiglia. Nata da una lunga tradizione contadina, oggi consente di provare i prodotti aziendali seduti nella terrazza che domina la campagna, accompagnati dalle descrizioni di Tatjana, che si occupa della trasformazione delle materie prime, e di Mitja che gestisce la campagna e la vinificazione.

VIGNE - Il parco vitato circonda la sede aziendale: in basso la malvasia fa da padrone, in alto c'è il refosco che riceve i migliori raggi del sole. Siamo a circa 100 metri di altitudine, qui troviamo terra bianca, arenaria simile alla ponca, a formare lo scheletro dei suoli. I vigneti hanno circa 50 anni di età, e vengono condotti nel rispetto completo delle pratiche biologiche e biodinamiche. Fanno parte di questo contesto anche un oliveto, inframmezzato da orti di erbe aromatiche e verdure, insieme ad alberi da frutto.

VINI - Il rispetto per le uve prodotte si riflette nella vinificazione: diraspatura soffice, fermentazioni spontanee, macerazione e sosta sulle bucce più o meno lunghe, a seconda delle annate; lungo affinamento sui lieviti a completare il ciclo.

Malvazija 2018 O 1.300 bt; 31 € - 🍾 - Il profilo olfattivo si porta dietro ricordi iodati e prettamente marini. Il sorso è strutturato, dotato di spiccato carattere e lunga persistenza: ha personalità da vendere e una bella tensione tra frutta matura e spunti salati che restituiscono profondità.
Refošk Boskarin 2016 ● 700 bt; 31 € - 🍾 - Di tenore fresco, ammorbidito dal legno con misura, è godibile e addomesticato senza essere snaturato: si percepiscono sentori di frutti rossi, per un vino di bell'impatto in bocca e sapido.

ha 2 - **bt** 4.500
Fertilizzanti compost, letame in pellet, sovescio
Fitofarmaci rame e zolfo
Diserbo lavorazione meccanica/manuale
Lieviti fermentazione spontanea
Uve 100% di proprietà
Certificazione nessuna certificazione

KOPER (SL)

MONTE MORO

Triban, 7 - tel. +386 (0)41 921086
www.montemoro.eu - wine@montemoro.si

VITA - Dal 2003 Matjaz Babič lavora senza sosta nella sua azienda. L'entusiasmo che emana quando parla delle vigne è contagioso. Basti pensare che lavora in autonomia seguendo l'intera linea produttiva, dalla potatura al confezionamento. Lo spirito instancabile di Matjaz lo accompagna quotidianamente, anche nelle sue numerose sperimentazioni enologiche. In vigna lo aiuta anche il padre Silvano.

VIGNE - Completamente in biologico con pratiche biodinamiche, le vigne di refosco sono coltivate a pergola, il che offre uno spettacolo agli occhi quando si passeggia in una giornata calda e soleggiata, protetti da queste piante magnifiche. L'esposizione è ottimale, sul fianco di due colline antistanti che permettono da una parte di ricevere un'illuminazione sin dalle prime ore del giorno, dall'altro di raccogliere i venti, tipici di questa regione.

VINI - «La natura decide l'andamento e la qualità dei suoi frutti, noi possiamo solo assecondarla e assisterla»: queste parole di Matjaz riflettono l'amore e il rispetto per il territorio e l'ambiente. I frutti raccolti sono poi trattati con estremo riguardo e delicatamente accompagnati nella loro trasformazione in vino.

Slovenska Istra Malvazija Amorus 2013 O 3.000 bt; 43 € - 🍾 - Il naso è immediatamente catturato da spezie dolci seguite da un frutto maturo. L'utilizzo del legno è misurato, e si traduce in un sorso levigato e morbido.
Slovenska Istra Moscato Sweet 2015 O 2.000 bt; 26 € - 🍾 - Note agrumate, fresche e citrine intrigano l'olfatto. In bocca l'aspetto balsamico e minerale sostiene il sorso, rendendolo fresco, beverino e schietto.
Slovenska Istra Refosco 2015 ● 20.000 bt; 22 € - 🍾 - Sincero e agreste, fresco e leggero. La piacevole acidità richiama le note di piccoli frutti rossi.

ha 10 - **bt** 40.000
Fertilizzanti compost, humus, letame in pellet, letame, preparati biodinamici
Fitofarmaci organici, rame e zolfo
Diserbo lavorazione meccanica/manuale
Lieviti fermentazione spontanea
Uve 100% di proprietà
Certificazione biologico certificato

MARIANO DEL FRIULI (GO)

BRANDOLIN

SCONTO -10%

Via Leonardo da Vinci, 42
www.vinibrandolin.com - vinibrandolin@gmail.com

VITA - L'azienda produce vino da 100 anni ed è una piccola realtà inserita in una zona vocata. Alla fine degli anni Novanta Armando Brandolin, con una scelta coraggiosa e in tempi non sospetti, l'ha convertita al biologico certificato. Parlare con Armando del suo vino fa capire l'importanza della sua scelta: lavoratore instancabile, cura praticamente da solo tutto il lavoro in vigneto e in cantina, dimostrando grande passione e determinazione.

VIGNE - Il parco vitato si estende ai margini del paese di Mariano e del vicino centro di Corona. Insiste sui terreni fluviali dell'Isonzo e su fasce di terre rosse derivanti dal vicino territorio carsico. Con piccole acquisizioni mirate Armando sta ampliando il suo vigneto. La ribolla gialla farà parte dei nuovi impianti, mentre altre varietà locali quale friulano e malvasia sono già presenti in larga misura. Alcuni vigneti con più di 100 anni di età concorrono a dare struttura ed eleganza ai vini.

VINI - La cantina di vinificazione, compatta e funzionale, accoglie contenitori in acciaio per i vini bianchi e fermentatori troncoconici in rovere per i rossi. I mosti fermentano spontaneamente e affinano sulle fecce fini. L'azienda produce anche un vino spumante da uve malvasia, coltivate su terra rossa, che donano una spina acida importante.

Friuli Isonzo Malvasia 2018 ○ 4.000 bt; 12 € - 🍷 - Al naso è delicato, minerale, con note di lime e fiori bianchi. In bocca risulta teso e beverino.
Friuli Isonzo Friulano 2018 ○ 3.500 bt; 12 € - 🍷 - Sentori delicati di melograno anticipano un sorso dal frutto dolce, con acidità sostenuta e una bella sapidità.
Friuli Isonzo Cabernet Franc 2018 ● 3.500 bt; 12 € - 🍷 - Vinoso e terroso, presenta note di ribes, mora e amarena sotto spirito. Il palato è ruspante e caratterizzato da una nota speziata sul finale.

ha 6 - **bt** 15.000
Fertilizzanti letame, sovescio
Fitofarmaci rame e zolfo
Diserbo lavorazione meccanica/manuale
Lieviti fermentazione spontanea
Uve 100% di proprietà
Certificazione biologico certificato

MARIANO DEL FRIULI (GO)

TENUTA LUISA

SCONTO -10%

Via Campo Sportivo, 13 - tel. 0481 69680
www.tenutaluisa.it - info@tenutaluisa.it

VITA - È una lunga storia quella della famiglia Luisa, che parte nei primi anni del Novecento con una fattoria di sussistenza e prosegue con Eddi Luisa, che ha iniziato a produrre vino e a venderlo in damigiane nelle osterie della zona. Da lì in poi la crescita è stata lenta ma inarrestabile, e oggi i figli di Eddi, Michele e Davide, rispettivamente enologo e agronomo, hanno raccolto il testimone e portato l'azienda ad alti livelli qualitativi.

VIGNE - Nei vigneti si segue la lotta integrata, cercando di ridurre l'impatto sull'ambiente. Non si usano diserbanti, e due persone sono impiegate continuamente dalla primavera alla vendemmia per lo sfalcio meccanico dell'erba. I terreni, derivanti da sedimenti alluvionali dell'Isonzo, sono ciottolosi e calcarei, con vene argillose che conferiscono grande mineralità ai vini.

VINI - Nei vini bianchi si ricercano l'eleganza e la longevità, senza mai perdere la piacevolezza del sorso. Nei vini rossi prevalgono la struttura e la forte personalità.

Friuli Isonzo Pinot Bianco Luisa 2019 ○ 6.600 bt; 13 € - 🍷 - Le uve provengono da un vigneto del 1960. Profumi delicati e floreali si accompagnano a un sorso teso e verticale, sorretto da una struttura solida. Raffinato ed elegante.
Friuli Isonzo Friulano Luisa 2019 ○ 30.000 bt; 13 € - 🍷 - Una bella interpretazione dell'autoctono per eccellenza. Si apre con un effluvio di erbe aromatiche, e al palato è austero, espressivo, con il caratteristico finale di mandorla amara.
Friuli Isonzo Sauvignon Luisa 2019 ○ 45.000 bt; 13 € - 🍷 - Alle essenze floreali si alternano le tipiche note vegetali di foglia di pomodoro e salvia. In bocca mostra sostanza, un gusto fruttato e fresco, e un finale pulito e invitante.
Friuli Isonzo Chardonnay Luisa 2019 ○ 13.200 bt; 13 € - 🍷 - Fine, fruttato, incisivo.

ha 100 - **bt** 350.000
Fertilizzanti letame in pellet, organo-minerali
Fitofarmaci chimici di sintesi
Diserbo lavorazione meccanica/manuale
Lieviti selezionati industriali
Uve 100% di proprietà
Certificazione nessuna certificazione

MARIANO DEL FRIULI (GO)

VIE DI ROMANS

Località Vie di Romans, 1 - tel. 0481 69600
www.viediromans.it - viediromans@viediromans.it

VITA - L'interazione tra uomo e viticoltura in un contesto ambientale predefinito custodisce la chiave per un lavoro di qualità per Gianfranco Gallo, figura di rilievo nel panorama friulano. L'azienda è nata agli inizi del Novecento, e ha visto le prime bottiglie alla fine degli anni Settanta. L'intero patrimonio di conoscenza del territorio e delle pratiche di vigna ed enologiche di Gianfranco sta passando nelle mani dei due figli Veronica e Tommaso.

VIGNE - I 60 ettari di vigneto che circondano la cantina sono molto ordinati. La distanza tra le piante è di massimo un metro, e la sana competizione che si crea permette uno sviluppo armonico del frutto. Raggiungere la perfetta maturazione del seme è, secondo Gianfranco, l'unico modo per esprimere la qualità del terroir. Diversi sono i cru aziendali di rilievo: Piere, Vieris, Vie di Romans, Ciampagnis e Dessimis.

VINI - I vini sono sempre armonici ed equilibrati, con un potenziale di invecchiamento importante: si possono tranquillamente scordare in cantina.

TOP **Friuli Isonzo Bianco Flors di Uis 2018** ○ 23.200 bt; 25 € - Il frutto è maturo, dolce e avvolgente in bocca. Al naso troviamo un'estrema complessità che denota anche il sorso. Ha un corpo incisivo e suadente.
Friuli Isonzo Chardonnay Ciampagnis 2018 ○ 43.600 bt; 22 € - Esplosivo al naso, tra note di frutta esotica e fiori bianchi, in bocca mantiene una bella freschezza e un'invidiabile progressione.
Friuli Isonzo Pinot Grigio Dessimis 2018 ○ 52.000 bt; 27 € - La tostatura data dall'affinamento regala al sorso dinamicità ed eleganza. Una morbidezza persistente appaga il gusto e invita all'abbinamento col cibo.
Friuli Isonzo Chardonnay Vie di Romans 2018 ○ 35.300 bt; 27 € - Ampio, gustoso, armonico.
Friuli Isonzo Sauvignon Blanc Piere 2018 ○ 61.400 bt; 26 € - Articolato, intenso, elegante.
Friuli Isonzo Sauvignon Blanc Vieris 2018 ○ 35.300 bt; 27 € - Articolato, ampio, armonico.

ha 57 - **bt** 300.000
Fertilizzanti humus, letame in pellet, organo-minerali
Fitofarmaci chimici di sintesi, organici, rame e zolfo
Diserbo lavorazione meccanica/manuale
Lieviti selezionati industriali
Uve 100% di proprietà
Certificazione nessuna certificazione

MORARO (GO)

AMANDUM

SCONTO **-10%**

Via Petrarca, 40 - tel. 329 4934779 - 335 242566
www.amandum.it - info@amandum.it

VITA - La cantina si trova a Moraro, a ridosso di uno dei due corpi vitati che formano la tenuta, il secondo dei quali è nel comune di Cormons. Negli ultimi anni l'azienda guidata da Enrico e Carlo Alberto De Agostinis si è ampliata con altri 2 ettari in affitto, nei quali la fanno da padrone vitigni a bacca bianca e in particolare la ribolla gialla, che mancava nella gamma di produzione, oltre al nuovo vigneto di malvasia ultimato lo scorso anno. Sintomo di un percorso che continua a evolversi con prospettive interessanti.

VIGNE - Le vigne poggiano su terreni prevalentemente ghiaiosi, che durante il giorno assorbono il calore del sole e lo rilasciano di notte, garantendo, assieme alla brezza notturna, condizioni ideali per fornire ottime e salubri maturazioni delle uve. Negli ultimi due anni è iniziato un lavoro di rinnovamento dei vigneti di friulano e merlot ultrasessantenni, utilizzandone le marze per riprodurre il materiale genetico.

VINI - Amandum significa vini puliti, diretti, con facilità di beva,arricchiti da piccole masse affinate in botti legno e barrique.

Pinot Nero 2016 ● 1.200 bt; 22 € - Si presenta già intrigante all'olfatto, e in bocca si ritrova con personalità, sostenuto da una buona spina acida che lo rende lungo e piacevole.
Friuli Isonzo Sauvignon 2018 ○ 3.500 bt; 15 € - Al naso intenso ed evoluto segue un palato in cui acidità e sapidità sono in perfetta armonia con l'elegante mineralità. Piacevoli le note vegetali fresche, ottima la chiusura pulita, tesa e persistente.
Friuli Isonzo Chardonnay 2018 ○ 3.800 bt; 15 € - Incisivo, fruttato, essenziale.
Friuli Isonzo Pinot Bianco 2018 ○ 3.672 bt; 15 € - Fresco, fruttato, rilassato.

ha 13,5 - **bt** 35.000
Fertilizzanti compost, letame in pellet, minerali, sovescio
Fitofarmaci chimici di sintesi, rame e zolfo
Diserbo chimico, lavorazione meccanica/manuale
Lieviti selezione di lieviti indigeni
Uve 100% di proprietà
Certificazione nessuna certificazione

MORARO (GO)

MURVA RENATA PIZZULIN

SCONTO -10%

Via Celso Macor, 1 - tel. 0432 713027
www.murva.it - info@murva.it

VITA - L'azienda, nata nel 2009, è partita da zero iniziando con la piantumazione delle viti e seguendo un progetto enologico ben chiaro e definito fin da subito: sono stati scelti i vitigni, il portainnesto e il sistema di allevamento ideali per i terreni su cui poggiano le radici. Alberto Pelos ha ereditato questa passione dal nonno e grazie all'appoggio della moglie Renata Pizzulin, anno dopo anno ha saputo far crescere le viti in equilibrio con la natura.

VIGNE - I vigneti dislocati in vari appezzamenti hanno terreni simili, ma i microclimi diversi comportano un'attenzione particolare sulle corrette azioni agronomiche da intraprendere. Alberto, che si occupa sia della parte agronomica sia di quella enologica, si definisce maniacale nelle scelte delle tempistiche degli interventi, e pone particolare cura nell'utilizzo di trattamenti senza sostanze chimiche.

VINI - La trasformazione delle uve è caratterizzata dall'assoluta semplicità e dall'assenza di alchimie, proprio per riproporre l'equilibrio ottenuto in vigna e mantenerlo vivo in bottiglia.

TOP **Friuli Isonzo Sauvignon Corvatis 2018** O 2.600 bt; 16 € - Il naso delicato e floreale introduce una bocca sapida e fresca, di bella spinta acida, per un sorso agile e scattante, dal passo deciso, morbido e pulito, che tuttavia chiude un po' corto.
Friuli Isonzo Malvasia Melaris 2018 O 4.200 bt; 16 € - All'olfatto è complesso, floreale, fruttato e con note di salvia, e in bocca è dinamico e ben equilibrato, delicato, non troppo alcolico. Chiude con una piacevole sapidità.
Friuli Isonzo Sauvignon Teolis 2018 O 3.700 bt; 15 € - Deciso l'ingresso in bocca, definito, esuberante, con una certa enfasi iniziale. Avvolgenti richiami di cipria attenuano la nota acida, che compare a fine sorso ma ben integrata.

ha 4,5 - **bt** 18.000
Fertilizzanti letame in pellet, letame
Fitofarmaci organici, rame e zolfo
Diserbo lavorazione meccanica/manuale
Lieviti fermentazione spontanea
Uve 100% di proprietà
Certificazione in conversione biologica

OSP (SL)

KLABJAN

Osp, 80/a - tel. +386 (0)41 735348
uros.klabjan@siol.net

VITA - L'azienda di Uros Klabjan sorge in una piccola valle defilata. Con il ciglione carsico che qui affonda nell'Istria, e il mare a poca distanza che genera una brezza costante, Uros, con l'aiuto del fratello Ales, a ogni vendemmia stupisce e incanta il bevitore che ha la fortuna di provare i suoi vini. La cantina è di altri tempi: si assaggia seduti sulle barrique da cui Uros prende i campioni in affinamento da far provare.

VIGNE - Il vigneto aziendale è frammentato, con due parcelle principali che dal fondovalle salgono, e altri lotti sparsi a quote diverse. La malvasia e il refosco la fanno da padrone sui terreni marnosi, con piccole parcelle ultracentenarie a piede franco che insistono su lingue di sabbia da affioramento. I vigneti sono inerbiti: camminarci in mezzo è un'esperienza unica.

VINI - Già da metà agosto Uros inizia ad assaggiare l'uva, per testare la maturazione e dare al via alla vendemmia al momento giusto. Il resto lo fanno il mosto e il tempo: ogni vino prodotto attende l'istante più adatto per l'imbottigliamento, con pazienza, senza cedere alle logiche di mercato.

Slovenska Istra Malvazija 2019 O 10.000 bt; 22 € - La Malvazija con l'etichetta bianca viene prodotta con le uve dei vigneti più giovani, sapientemente macerate: danno origine a un vino fresco, delicato e piacevole; alla pienezza del frutto si unisce una vena salata e appagante.
Slovenska Istra Malvazija 2018 O 500 bt; 68 € - È la versione con l'etichetta nera, prodotta con le uve delle vigne più vecchie. Classico nelle note olfattive che richiamano sentori macerativi e una piacevole espressività agrumata, è concentrato ma anche slanciato, per una bocca piena, fresca e di piacevole sapidità nel finale.
Slovenska Istra Refosk 2019 ● 5.000 bt; 22 € - Profuma di marasca e pepe, ed è disteso e sapido. L'etichetta bianca identifica il prodotto delle vigne più giovani.

ha 10 - **bt** 30.000
Fertilizzanti compost, sovescio
Fitofarmaci rame e zolfo
Diserbo lavorazione meccanica/manuale
Lieviti fermentazione spontanea
Uve 100% di proprietà
Certificazione biologico certificato

SAGRADO (GO)

CASTELVECCHIO

Località Castelnuovo, 1-2 - tel. 0481 99742
www.castelvecchio.com - info@castelvecchio.com

VITA - Siamo sul Carso goriziano, ai più tristemente noto per le vicende belliche. Ed è proprio qui che negli anni Ottanta un imprenditore lungimirante come Leo Terraneo ha deciso di acquisire la tenuta appartenuta ai principi Hohenlohe Waldenburg, e trasformarla in quello che oggi è Castelvecchio. Una realtà vitivinicola che valorizza al meglio il territorio che la circonda, con una vista dei vigneti che spazia dalla pianura friulana al mare.

VIGNE - Il contributo di persone qualificate come Adriano Zago in vigna e Gianni Menotti in cantina fa sì che i 35 ettari di vigneti possano esprimersi al meglio. Le viti affondano le loro radici nella rossa terra carsica, ricca di minerali. In più le potature ragionate, il sovescio a file alternate, un microclima favorevole e i venti di Bora favoriscono la salubrità delle uve.

VINI - I vini della famiglia Terraneo si contraddistinguono per la tipicità del frutto e per la pulizia nella beva, sempre precisa e rigorosa. I vini bianchi vengono affinati in acciaio, mentre i rossi e le Riserve riposano nelle botti di legno nelle antiche cantine sotterranee.

Carso Refosco P.R. 2017 ● 3.800 bt; 15 € - Si presenta intrigante e giustamente erbaceo. L'ingresso al palato è teso e asciutto, e riempie la bocca con richiami di frutti rossi. Un vino ricco e sapido, di buona beva.
Carso Vitovska 2019 O 10.000 bt; 14 € - Qui la terra rossa del Carso isontino si sente. La sapidità e la mineralità di questo vino sono ben integrate in un sorso elegante, in cui i richiami di erbe mediterranee e agrumi accompagnano una bocca piena e appagata.
Carso Malvasia 2019 O 20.000 bt; 14 € - Fitto, floreale, integro.
Carso Sauvignon 2019 O 8.800 bt; 14 € - Croccante, floreale, espressivo.

ha 35 - **bt** 130.000
Fertilizzanti compost, letame in pellet, organo-minerali, preparati biodinamici, sovescio
Fitofarmaci rame e zolfo
Diserbo lavorazione meccanica/manuale
Lieviti selezionati industriali, selezione di lieviti indigeni
Uve 100% di proprietà
Certificazione biologico certificato, in conversione biodinamica

SAN DORLIGO DELLA VALLE (TS)

RADO KOCJANČIČ

Località Dolga Krona - tel. 348 3063298
www.radokocjancic.eu - posta@radokocjancic.eu

VITA - Dal 1998 Rado Kocjančič si dedica anima e corpo ai suoi cari vigneti e agli oliveti, ereditati dai suoi avi che iniziarono a lavorarli addirittura nel 1866. La sua schiettezza nello spiegare i sacrifici e il lavoro che richiedono i 5 ettari vitati vi lasceranno stupiti. Siamo a Dolina, o Dolga Krona in sloveno, nella parte di Carso che scollina verso la penisola istriana. Qui la terra dona una notevole sapidità e mineralità ai vini.

VIGNE - Le vigne di Rado sono curate con estrema sapienza contadina: tutto è pensato in base alle stagioni. Le vigne vecchie che si affacciano sul mare di Trieste sono esposte a sud-ovest e sono riparate dai forti venti di Bora. Sovesci, preparati biodinamici, marze con le vecchie piante: sono questi gli strumenti che usa Rado per dare forma alla sua idea di agricoltura sostenibile. Tutto qui è fatto per valorizzare il patrimonio di questa terra.

VINI - Le uve, accuratamente selezionate, vengono diraspate e lasciate macerare sulle bucce per almeno un giorno. I vini poi, dopo la fermentazione spontanea, vengono affinati sui propri lieviti in contenitori di legno più o meno grandi, in base alle esigenze delle diverse annate.

TOP **Carso Vitovska 2018** VINO SLOW O 6.000 bt; 16 € - Si apre al naso con note molto espressive di aromi mediterranei, che introducono e accompagnano un sorso ricco e verticale, in cui sapidità spiccata e mineralità sono prova di una macerazione equilibrata e ben condotta. Il sorso chiude invitando a un altro bicchiere.
Carso Malvasia 2018 O 4.000 bt; 16 € - Rispecchia intensamente il varietale. La bocca è fine, fresca e sapida, solida ed equilibrata. Appagante e suadente la chiusura, con richiami di noce moscata e cannella.

ha 5,5 - **bt** 15.000
Fertilizzanti letame, sovescio
Fitofarmaci organici, rame e zolfo
Diserbo lavorazione meccanica/manuale
Lieviti fermentazione spontanea
Uve 100% di proprietà
Certificazione in conversione biologica

SAN DORLIGO DELLA VALLE (TS)

PAROVEL

Località Bagnoli della Rosandra, 642 - tel. 040 227050
346 7590953 - www.parovel.com - info@parovel.com

VITA - Nata verso la fine dell'Ottocento con Pietro Parovel, l'azienda è sempre rimasta a stretta conduzione familiare, e oggi vede nuovi e importanti ingressi nell'organico. La quarta generazione rappresentata da Elena ed Euro Parovel ha guidato questa realtà da inizio anni Novanta, e oggi sta facendo spazio alla quinta, che vede i loro figli impegnarsi in prima linea.

VIGNE - La cantina si trova, insieme ai vigneti, nella val Rosandra, insenatura nata a seguito di uno sprofondamento del Carso. Gli impianti, posizionati tra i 30 e i 120 metri di quota e rivolti a sud, sono esposti alla Bora, il forte vento che soffia da est e arriva al mare. I vitigni a bacca bianca sono posizionati a valle per godere di maggiore escursione termica, mentre quelli a bacca rossa si trovano più in alto, dove l'esposizione al sole è prolungata.

VINI - I vini base escono dopo tre anni e vengono vinificati e affinati in acciaio, mentre le Riserve affinano in legno e successivamente vengono presentate sul mercato dopo lunghi riposi in bottiglia.

Visavì Bianco Barde 2017 ○ malvasia istriana, glera; 9.000 bt; 10 € - - Sentori floreali e di pesca gialla si fondono con note citriche di lime. La bocca è fresca, giocata su sensazioni vegetali, complessa ed equilibrata.
Carso Malvasia Poje Barde 2016 ○ 8.000 bt; 15 € - - Cremose note di pistacchio, bosso e tè fanno spazio a una bocca in cui si ritrova una trama agrumata e succosa.
Imà Barde 2013 ● refosco dal peduncolo rosso; 2.400 bt; 24 € - - Fermentato e poi affinato in botte, regala sentori di frutta, con accenni di spezie a completare il bouquet. In bocca troviamo un vino carico ed espressivo, con un tannino vivo e una chiusura leggermente amarognola.

ha 15 - **bt** 40.000
Fertilizzanti humus, letame, sovescio
Fitofarmaci rame e zolfo
Diserbo lavorazione meccanica/manuale
Lieviti selezionati industriali, selezione di lieviti indigeni
Uve 100% di proprietà
Certificazione nessuna certificazione

SAN DORLIGO DELLA VALLE (TS)

SANCIN

Località Monte d'Oro - Via Montedoro, 173 - tel. 329 2126972
328 5915990 - www.sancin.com - sancin@sancin.com

VITA - Vitjan Sancin iniziò l'attività vitivinicola nel 1990, quando decise di aprire una tradizionale osmiza nel proprio paese natio, Dolina. L'azienda si trova ai piedi della val Rosandra, sul confine fra Carso triestino e Istria, a ridosso del golfo di Trieste. Nel 2000 le redini sono passate al primogenito Devan che, insieme al fratello Alen, ha ammodernato l'azienda infondendo una nuova mentalità produttiva.

VIGNE - I vigneti di proprietà sono suddivisi fra l'altopiano del Montedoro e la piana compresa tra i paesi di Dolina e Bagnoli, tutti sul territorio del comune di San Dorligo della Valle. In questa zona, posta nell'estremo lembo a sud-est del Carso, si mescolano i tratti pedoclimatici carsici con le caratteristiche delle terre istriane. La conseguenza è che nei vini si ritrovano i tratti distintivi di entrambi i territori.

VINI - Le uve bianche glera, malvasia e vitovska vengono vinificate in acciaio con l'intento di ottenere vini eleganti. Per il refosco (e per le altre uve a bacca nera) si privilegia invece l'utilizzo dei legni piccoli, per ricercare morbidezza e complessità.

Malvasia 2018 ○ 9.000 bt; 13 € - - Una versione di spiccata croccantezza, al naso come al palato: è rinfrescante e sapida, incisiva e appagante.
Glera 2018 ○ 7.000 bt; 13 € - - Si apre con intense note di mela gialla, a cui fa seguito una viva freschezza del palato.
Quindicivendemmie 2016 ○ malvasia istriana, glera, chardonnay, vitovska; 12.000 bt; 16 € - - Blend di tutte le uve bianche coltivate, si presenta con un naso pienamente fruttato a cui fa seguito una bocca persistente e ben definita.
Refosco P.R. 2018 ● 7.000 bt; 14 € - - Ampio, speziato, avvolgente.

ha 10 - **bt** 65.000
Fertilizzanti nessun concime
Fitofarmaci chimici di sintesi, rame e zolfo
Diserbo chimico, lavorazione meccanica/manuale
Lieviti selezionati industriali
Uve 100% di proprietà
Certificazione nessuna certificazione

SAN FLORIANO DEL COLLIO (GO)

DRAGA

Località Scedina, 8 - tel. 0481 884182
www.draga-miklus.com - info@draga-miklus.com

VITA - Le vigne acquistate nel 1962 dal nonno Franz, successivamente seguite dal figlio Milan insieme alla moglie Anna Terpin, da qualche anno sono nelle mani del figlio Mitja Miklus, che le gestisce con la passione e la saggezza contadina, trasmesse da chi lo ha preceduto. Mjtia si ritiene fortunato a lavorare questa particolare porzione del Collio goriziano, che offre suolo e microclima ideali per la coltivazione della vite.

VIGNE - I 4 ettari di vigne più datate, dove vengono coltivati i vitigni autoctoni, stanno gradualmente vivendo un lavoro di rinnovamento e si trovano nelle vicinanze della cantina, mentre gli atri 6 ettari sorgono in una zona più bassa con esposizione nord-est. Le vigne dimorano su un terreno composto da marna arenaria, sono totalmente inerbite e tutte le lavorazioni sono condotte manualmente.

VINI - Anche in quest'annata Mitja ha dimostrato che lavorando con attenzione con la macerazione sia la linea Draga, dai vini freschi di pronta beva, sia la linea Miklus, con vini più strutturati e complessi, possono dare grandi risultati.

Jakot Miklus Francesco 2017 O 3.000 bt; 34 € - - Gradevole al naso con le riconoscibili note varietali, è un vino di carattere dallo spiccato tocco macerativo. Carnoso, fuori dallo schema classico, è bilanciato in bocca e ha una piacevole nota finale ammandorlata.

Collio Friulano Draga 2019 O 6.000 bt; 13 € - - In bocca è piacevole, lungo e armonico nell'espressione, fresco. Ancora un po' verde, in prospettiva può dare grandissime soddisfazioni.

Collio Malvasia Miklus 2016 O 3.000 bt; 25 € - - Il naso etereo e biscottato introduce un palato in cui tornano richiami agrumati e di frutta secca. La chiusura in bocca è fresca e iodata.

Collio Sauvignon Draga 2019 O 6.000 bt; 13 € - - Bianco macerato, fresco, floreale, essenziale.

ha 13 - **bt** 50.000
Fertilizzanti letame in pellet, letame
Fitofarmaci rame e zolfo
Diserbo lavorazione meccanica/manuale
Lieviti fermentazione spontanea
Uve 100% di proprietà
Certificazione nessuna certificazione

SAN FLORIANO DEL COLLIO (GO)

GRADIS'CIUTTA

Località Giasbana, 10 - tel. 0481 390237
www.gradisciutta.com - info@gradisciutta.com

VITA - Gradis'ciutta è nata quando Robert Princic, finiti gli studi in enologia a Conegliano nel 1997, ha deciso, all'età di 20 anni, di dare una svolta all'attivit àfamiliare, avviata prima dal nonno e proseguita dal padre con l'acquisto di alcuni terreni a San Floriano, per produrre uva che poi veniva venduta a terzi. Robert è partito da qui per creare un proprio brand e raccontare questa terra e la sua identità.

VIGNE - I terreni, costituiti dalla tipica ponca, ospitan oviti allevate a guyot o cordone speronato, caratterizzate da un'elevata densità che va dalle 5.500 alle 6.600 piante per ettaro. Sono inerbiti, molto curati e suddivisi in diversi appezzamenti, che offrono alle differenti varietà le loro peculiarità di esposizione e altitudine. Sia nei 2,5 ettari attorniati da bosco sul monte Calvario, sia nei 10 ettari che circondano la moderna cantina, il livello di biodiversità è molto alto.

VINI - Attenzione al biologico, certificato dal 2018, rispetto per il territorio, utilizzo di energie rinnovabili e grande passione donano ai vini di Rober tun tratto costante di eleganza, precisione ed equilibrio.

Collio Sauvignon 2017 O 24.000 bt; 14 € - - Dagli storici vigneti a Budignacco, Zavognza, Dragica e Ruttars: un sorso delicato, profondo, lungo e leggiadro.

Collio Chardonnay 2019 O 12.000 bt; 14 € - - Fermentato per l'80% in botti di acciaio a temperature controllate e per il 20% in barrique nuove, viene affinato sur lie e assemblato prima dell'imbottigliamento. Ha un ingresso fresco e carico, e una progressione morbida e balsamica.

Collio Pinot Grigio 2019 O 53.000 bt; 14 € - - Agile, fruttato, avvolgente.

Collio Bràtinis 2017 O 10.000 bt; 16 € - - Setoso, fruttato, profondo.

Collio Ribolla Gialla 2019 O 53.000 bt; 14 € - - Fresco, agrumato, essenziale.

ha 35 - **bt** 200.000
Fertilizzanti sovescio
Fitofarmaci rame e zolfo
Diserbo lavorazione meccanica/manuale
Lieviti selezione di lieviti indigeni
Uve 100% di proprietà
Certificazione biologico certificato

SAN FLORIANO DEL COLLIO (GO)

IL CARPINO

Località Sovenza, 14/a - tel. 0481 884097
www.ilcarpino.com - ilcarpino@ilcarpino.com

VITA - Malgrado l'indirizzo postale porti a San Floriano del Collio, Il Carpino, nello spirito e nella pratica, fa parte a pieno titolo di quel gruppo ristretto di produttori che hanno reso celebre Oslavia. L'azienda è stata fondata da Franco Sosol, insieme al suocero Silvano Cibini, nel 1987. Oggi la gestisce con l'esperienza accumulata in più di 30 anni tra vigna e cantina, con la moglie Anna Cibini e la valida partecipazione dei figli Naika e Manuel.

VIGNE - Buona parte delle vigne, di età media di oltre 30 anni, si trovano sui versanti sotto la cantina, con esposizioni che traggono beneficio da un clima con caratteristiche particolari. Il luogo è soleggiato ma anche rinfrescato dai venti dall'est, che aiutano a mantenere la sanità delle uve e prolungano i tempi della maturazione, a tutto vantaggio dello sviluppo degli aromi e dell'equilibrio fra acidi e zuccheri.

VINI - Franco sfata la credenza comune secondo cui tutti i bianchi macerati sulle bucce sono uguali, con una gamma di vini che esprimono il territorio e le caratteristiche specifiche dei vitigni del Collio.

TOP **Malvasia 2016** VINO SLOW O 3.500 bt; 27 € - Il carattere varietale emerge al naso nelle fragranze di noce moscata. Ha una bella espansione in bocca, con sensazioni di frutta matura e tannini ben integrati.
Vis Uvae 2016 O pinot grigio; 4.000 bt; 27 € - Più cerasuolo nel colore che sui toni arancio, al naso si presenta con aromi di ciliegia e fragola. In bocca la morbidezza è contrastata da una buona schiena acida e un finale asciutto. Un vino immediato e gustoso.
Exordium 2016 O friulano; 4.000 bt; 27 € - La macerazione misurata lascia spazio a piacevoli aromi di erbe mediterranee. Al palato è denso e gustoso, con la carnosità del frutto in rilievo. Il fine bocca è salivante e delicatamente ammandorlato.

ha 17 - **bt** 70.000
Fertilizzanti organo-minerali
Fitofarmaci rame e zolfo
Diserbo lavorazione meccanica/manuale
Lieviti selezione di lieviti indigeni
Uve 100% di proprietà
Certificazione in conversione biologica

SAN FLORIANO DEL COLLIO (GO)

KORSIČ

San Floriano del Collio - Località Giasbana, 11 - tel. 348 9112824
www.korsicwines.it - korsicwines@gmail.com

VITA - L'azienda si trova a Giasbana, nel Collio goriziano, dove la famiglia Korsič abita da tempo immemore, prima impegnata nella mezzadria, poi dal 1969 come proprietaria. Sono partiti con un'agricoltura promiscua, per poi concentrarsi sulla sola vendita dell'uva: il primo imbottigliamento è del 2011. I Korsič si occupano anche di impianti di vigneti, e per 15 anni hanno girato tutta l'Italia, sopratutto la Toscana.

VIGNE - Le vigne si trovano adiacenti alla sede aziendale, dove troviamo Fabjan che si occupa della cantina e della parte commerciale, il fratello Mitja che si prende cura delle vigne, e la sorella Janja che dà una mano ad entrambi. In campo agronomico si segue la lotta integrata, utilizzata su filari che insistono sulla classica ponca friulana, che dona ai vini un tratto unico e territoriale.

VINI - La famiglia Korsič ha a cuore la salvaguardia del territorio e delle sue tradizioni, e lo ha dimostrato anche quando ha deciso di imbottigliare i vini da uve autoctone come Friulano, Malvasia, Ribolla gialla e il blend Collio composto all'80% da Friulano, al 10% da Ribolla gialla e al 10% da Malvasia. Come rosso si produce invece il Merlot.

Collio Friulano 2019 O 4.000 bt; 13 € - Il naso risulta molto affascinante, con suadenti note di glicine, e il sorso è sapido, deciso e spiccatamente persistente.
Collio Bianco 2018 O 2.000 bt; 14 € - Floreale, con bei cenni di frutta matura, ha un profilo olfattivo delicato. In bocca si sviluppa grintoso e trova una chiusura fresca e armonica.
Collio Ribolla Gialla 2019 O 10.000 bt; 13 € - Al naso di indirizzo agrumato segue un palato di buona struttura e molto saporito.
Collio Malvasia 2019 O 2.000 bt; 13 € - Articolato, fruttato, avvolgente.

ha 8 - **bt** 20.000
Fertilizzanti compost, letame, organo-minerali
Fitofarmaci chimici di sintesi, rame e zolfo
Diserbo lavorazione meccanica/manuale
Lieviti selezionati industriali
Uve 100% di proprietà
Certificazione nessuna certificazione

SAN FLORIANO DEL COLLIO (GO)

MUZIC

SCONTO **-10%**

Località Bivio, 4 - tel. 0481 884201
www.cantinamuzic.it - info@cantinamuzic.it

VITA - La storia della famiglia Muzic a San Floriano del Collio ha avuto inizio nel 1927, quando si sono insediati su queste terre come coloni; poi nel corso degli anni hanno acquisito la proprietà dei terreni ancora oggi coltivati. L'azienda è gestita dai giovani fratelli Fabijan ed Elija, eredi di una viticoltura contadina tramandata di generazione in generazione: il primo si occupa delle vinificazioni e della parte commerciale, mentre Elija, insieme al papà Ivan, gestisce il patrimonio vitato.

VIGNE - Massima attenzione tra i filari e buone pratiche contadine sono punti fermi essenziali per la famiglia Muzic, al fine di preservare le viti e il territorio. I piccoli appezzamenti di proprietà si trovano tutti a pochi minuti a piedi dalla cantina, alcuni su declivi con pendenze notevoli. Quello che colpisce è il vecchio vigneto ("stare brajde" in sloveno) con piante di oltre 80 anni di età, che raccoglie le tre principali e storiche varietà del Collio: friulano, malvasia e ribolla gialla.

VINI - Le vinificazioni sono pensate per preservare al meglio il frutto e per valorizzare la tipicità del terroir. Le fermentazioni vengono indotte con l'efficiente e naturale tecnica del pied de cuve: una piccola porzione di uve fatte fermentare spontaneamente, che servono da starter.

Collio Bianco Stare Brajde 2018 ○ 4.000 bt; 16 € - - Si apre con un naso fine e delicato, intriso di note dolci di fiori di acacia e gelsomino; la bocca è piena e ricca di frutto, morbida e avvolgente nel finale.
Collio Friulano Valeris 2019 ○ 12.000 bt; 13 € - - Un Friulano esemplare per drittezza e rigore gustativo, ampio e ben articolato, sapido e disteso nel finale.
Collio Malvasia 2019 ○ 8.000 bt; 14 € - - Avvolgente, fruttato, espressivo.
Collio Sauvignon Pajze 2019 ○ 12.000 bt; 14 € - - Fine, floreale, rilassato.

ha 22 - **bt** 100.000
Fertilizzanti letame in pellet, organo-minerali, sovescio
Fitofarmaci rame e zolfo
Diserbo lavorazione meccanica/manuale
Lieviti selezione di lieviti indigeni
Uve 100% di proprietà
Certificazione nessuna certificazione

SAN FLORIANO DEL COLLIO (GO)

EVANGELOS PARASCHOS

Frazione Bucuie, 13/a - tel. 0481 884154
www.paraschos.it - info@paraschos.it

VITA - Evangelos, Vangelis per gli amici, è entrato nel mondo del vino un po' casualmente. Nato vicino a Salonicco in Grecia, a 20 anni si è trasferito a Trieste per studiare, poi si è sposato e si è stabilito a San Floriano del Collio, dove, negli anni Ottanta, ha comnciato a fare vino per rifornire il ristorante dei suoceri. Da lì sono partiti l'acquisto delle vigne, la costruzione della cantina e la fondazione dell'azienda che è diventata una delle realtà protagoniste del vino naturale in regione.

VIGNE - Le uve dei vari piccoli vigneti di San Floriano del Collio vengono vinificate insieme, mentre quelle del Kai provengono da una singola vigna di friulano piantata a Gradisciutta nel 1936. Le viti vecchie di biotipi autoctoni danno poca produzione, ma i terreni marnosi e l'esposizione a pieno sud garantiscono grappoli di primissima qualità. Come tutte le vigne aziendali, anche se la certificazione ufficiale è arrivata solo nel 2019, è condotta in regime biologico da sempre.

VINI - Evangelos è un creativo: nella vinificazione e nell'affinamento esplora tutte le sfumature del vino naturale, ma è anche molto pragmatico e sa benissimo che la piacevolezza è fondamentale e non ce ne si può allontanare.

KAI 2016 ○ friulano; 3.300 bt; 33 € - - Uve di un'ottima vendemmia raccolte a piena maturazione, sette giorni di macerazione, fermentazione spontanea, zero solfiti aggiunti, zero chiarifiche. Il vino si presenta con un naso d'impressionante freschezza e complessità, in cui le note floreali si intrecciano con gli agrumi e la frutta tropicale. Il tannino è ben integrato in una bocca dinamica, di medio corpo, con una progressione sciolta verso un finale fresco e sapido.
Merlot 2014 ● 3.300 bt; 19 € - - Fine, speziato, varietale.
Not 2018 ○ pinot grigio; 2.000 bt; 33 € - - Avvolgente, fruttato, rustico.

ha 7 - **bt** 26.000
Fertilizzanti letame in pellet, letame
Fitofarmaci rame e zolfo
Diserbo lavorazione meccanica/manuale
Lieviti fermentazione spontanea
Uve 100% di proprietà
Certificazione biologico certificato

SAN FLORIANO DEL COLLIO (GO)

MATIJAŽ TERČIČ

Via Bukuje, 4/a - tel. 0481 884920
www.tercic.com - tercic@tercic.com

VITA - La storia della famiglia Terčič ha avuto inizio a San Floriano del Collio nei primi anni Cinquanta con nonno Alojz. In seguito il padre Zdenko ha compiuto il passaggio da un'agricoltura di sussistenza alla viticoltura specializzata. La vera svolta però è del 1990, anno in cui Matijaž ha preso in mano le redini dell'azienda, dando una svolta decisa alla produzione: oggi Tercic è sinonimo di vini di stampo tradizionale e di elevato livello qualitativo.

VIGNE - Le vigne sono parcellizzate in piccoli appezzamenti, come spesso avviene nel Collio: tra questi spicca un vecchio vigneto di friulano con piante di oltre 50 anni, che prosperano in perfetto equilibrio senza aver bisogno di particolari interventi. Tutte le pratiche agronomiche sono gestite manualmente, sotto il controllo diretto di Matijaž, e tra i filari, interamente inerbiti, vigono massimo rigore e grande attenzione a tutte le necessità delle piante.

VINI - Il controllo dei grappoli alla vendemmia è certosino, perchè Matijaž è fermamente convinto che sia questa l'unica garanzia per avere un vino ricco di personalità.

Bianco Planta 2015 O 2.660 bt; 21 € - Da uve chardonnay vinificate in barrique: il naso è ricco di note fruttate, rese più intense e complesse dalla macerazione pellicolare a freddo; al palato è piacevole, intenso, ricco e avvolgente.
Ribolla Gialla 2018 O 5.000 bt; 17 € - Una Ribolla di buona acidità e ancor più intensa mineralità, persistente e rotonda, con intriganti rimandi di frutta esotica matura.
Pinot Bianco 2018 O 2.600 bt; 18 € - Un vino pieno di polpa fruttata, ricco e intensamente sapido nell'elegante finale.

ha 10 - **bt** 32.000
Fertilizzanti letame in pellet, organo-minerali
Fitofarmaci chimici di sintesi, rame e zolfo
Diserbo chimico, lavorazione meccanica/manuale
Lieviti selezionati industriali
Uve 100% di proprietà
Certificazione nessuna certificazione

SAN FLORIANO DEL COLLIO (GO)

ZUANI

Località Giasbana, 12 - tel. 0481 391432
www.zuanivini.it - info@zuanivini.it

VITA - Zuani è un'azienda familiare che prende il nome dall'antica denominazione della collina che la ospita, ritrovato su una mappa austro-ungarica. Fondata nel 2001 a pochi passi dalla Slovenia da Patrizia Felluga, portabandiera dei vini bianchi friulani nel mondo, oggi è gestita insieme ai figli Antonio e Caterina Zanon. Antonio si occupa prevalentemente della parte commerciale, e Caterina si dedica all'accogliente B&B Zuani Casa.

VIGNE - Siamo in località Giasbana, una delle zone più vocate per la viticoltura, con terreni marnosi, una dolce brezza e notevoli escursioni termiche. La superficie vitata è costituita da un corpo unico e si trova in prossimità di oliveti, frutteti e bosco. Spicca su tutti un vigneto di pinot grigio di oltre 60 anni, da cui sono state recuperate le marze per gli impianti più giovani. Passeggiando tra i filari si trovano terreni inerbiti e pendenze importanti.

VINI - Con l'obiettivo di valorizzare al meglio il cru aziendale e in continuità con la storia della fondatrice Patrizia, la linea aziendale è composta da soli quattro vini, tutti bianchi e tutti vinificati in acciaio, a eccezione del blend bianco in versione Riserva.

TOP **Collio Bianco Zuani Ris. 2017** O 10.000 bt; 25 € - Un vino ben progettato e ben realizzato, affinato in barrique di rovere francese: le durezze vengono sapientemente bilanciate dalle rotondità. Il naso è piacevole e ampio, mentre il sorso è ricco e mette in scena l'alternarsi tra la componente sapida e quella fruttata, sorrette da una buona acidità. Il finale è lungo e scorrevole.
Friuli Pinot Grigio Sodevo 2019 O 15.000 bt; 13 € - Articolato, fruttato, delicato.
Collio Ribolla Gialla Sodevo 2019 O 15.000 bt; 15 € - Fresco, floreale, compatto.

ha 19 - **bt** 105.000
Fertilizzanti letame
Fitofarmaci chimici di sintesi, rame e zolfo
Diserbo lavorazione meccanica/manuale
Lieviti selezionati industriali
Uve 100% di proprietà
Certificazione nessuna certificazione

SAN GIOVANNI AL NATISONE (UD)

LIVON

SCONTO **-10%**

Frazione Dolegnano - Via Montarezza, 33 - tel. 0432 757173
www.livon.it - info@livon.it

VITA - Da generazioni la famiglia Livon produce vino in Friuli Venezia Giulia. Fu lungimirante il progetto intrapreso negli anni Settanta dal nonno Dorino, che cambiò vita dedicandosi alla terra. Con l'ingresso dei figli Valneo e Tonino l'azienda è cresciuta acquisendo un'azienda agricola in pianura, Villa Chiopris, e due aziende fuori regione: Borgo Salcetino in zona Chianti Classico, e Fattoria Colsanto nella denominazione Montefalco. Oggi Matteo e Francesca rappresentano la terza generazione familiare in azienda.

VIGNE - Uno spettacolo mozzafiato il vigneto di Braide Alte, avvinghiato a un terreno composto da marna e argilla, mentre le striature bluastre della terra del Tiare Blu sono ben visibili. Un ettaro di pinot nero è stato messo a dimora a fondo collina, nella zona più fredda e ventilata. I 100 ettari in pianura di Villa Chiopris si trovano nella Doc Grave e circondano la villa omonima.

VINI - Un'offerta molto ampia che spazia tra tre Doc regionali: Collio, Colli Orientali del Friuli e Grave. Vini freschi e affinati in acciaio per Villa Chiopris e per la seconda linea Livon, affinamenti più o meno lunghi in barrique di rovere francese per le linee Cru e Gran Cru.

TOP **Collio Friulano Manditocai 2018** ○ 6.600 bt; 26 € - Complessità e intensità al naso come in bocca, per un vino che rende onore al varietale. Tra le note di camomilla e la pesca bianca matura al naso, c'è una corrispondenza appagante in bocca, con una beva di bella persistenza.

Braide Alte 2018 ○ chardonnay, picolit, moscato giallo, sauvignon blanc; 15.000 bt; 34 € - Trovano una perfetta intesa la parte alcolica e l'anima dura, fresca e sapida. Un perfetto equilibrio, con ritorni agrumati e una bella morbidezza.

Tiareblù 2017 ● merlot, cabernet sauvignon; 5.000 bt; 25 € - Succoso, speziato e e di bella persistenza.

ha 180 - **bt** 850.000
Fertilizzanti letame
Fitofarmaci rame e zolfo
Diserbo lavorazione meccanica/manuale
Lieviti selezionati industriali
Uve 100% di proprietà
Certificazione nessuna certificazione

SAN LORENZO ISONTINO (GO)

LIS NERIS

Via Gavinana, 5 - tel. 0481 80105
www.lisneris.it - lisneris@lisneris.it

VITA - Alvaro Pecorari è oggi al comando di un'azienda dalla storia lunga oltre 140 anni. Profondo conoscitore dei 74 ettari di proprietà, concentrati nella Doc Friuli Isonzo, zona pianeggiante sulle rive dei fiumi Isonzo e Judrio, racconta che le varietà che coltivava suo nonno 40 anni fa sono le stesse di oggi; ciò che è cambiato è il clima più imprevedibile, con punte di calore elevate che hanno spinto ad anticipare da settembre ad agosto le epoche di raccolta.

VIGNE - Rese più generose rispetto alle Doc collinari hanno votato questo comprensorio alla viticoltura fin dall'epoca romana. Il terreno sassoso che accumula calore durante il giorno contraddistingue i vigneti aziendali. Per Alvaro il ruolo del viticoltore è quello di salvaguardare il frutto con un'approccio controllato: il diserbo è meccanico dal 2002 e l'inerbimento ombreggia le radici, che devono affondare in profondità nel terreno per mantenere l'acidità del frutto.

VINI - In cantina vi è molta padronanza della tecnica di vinificazione, destinata a far emergere il terroir prima ancora del varietale. Sono ormai tre vendemmie che non si utilizza solforosa nella fase prefermentativa, per vini brillanti e verticali, che vantano un corpo in equilibrio e un'alta predisposizione all'invecchiamento.

TOP **Friuli Isonzo Sauvignon Picol 2018** ○ 39.800 bt; 24 € - Undici mesi sulle fecce fini per un naso piacevolmente floreale, con delle sfumature gessose. Un bel calore e una spina acida sorreggono il sorso nel finale persistente.

Friuli Isonzo Pinot Grigio Gris 2018 ○ 42.000 bt; 24 € - Elegante al naso come in bocca, ha un sorso rotondo, dotato di una bella densità e una chiusura decisa.

Friuli Isonzo Chardonnay Jurosa 2017 ○ 27.000 bt; 24 € - Solido, cremoso, avvolgente.

Friuli Isonzo Friulano La Vila 2017 ○ 8.200 bt; 24 € - Ampio, fruttato, armonico.

ha 74 - **bt** 400.000
Fertilizzanti humus, organo-minerali
Fitofarmaci rame e zolfo
Diserbo lavorazione meccanica/manuale
Lieviti selezionati industriali
Uve 100% di proprietà
Certificazione nessuna certificazione

SEŽANA (SL)

STEMBERGER

Šepulje, 6 - tel. +386 (0)41 936552
www.stemberger.si - info@stemberger.si

VITA - Sebastijan Stemberger ha seguito la prima vendemmia a 16 anni, dopo la perdita del padre. Da allora si è preso cura dei vigneti di famiglia nei dintorni di Čehovini, a cui si sono aggiunti nel 2009 i circa 3 ettari intorno alla fattoria carsica a Sežana, dove ha ricavato la cantina. Oggi si occupa dei vigneti secondo principi sostenibili e biologici, come dimostra la presenza della vite più antica della regione.

VIGNE - I filari di Sežana si trovano sulla tipica terra rossa carsica, ricca di ferro e calcare, mentre nei terreni verso la valle del Vipacco si aggiunge anche del flysch. Le viti non vengono cimate, ma solo legate, per evitare loro ogni stress, e il terreno viene lavorato a mano con la tecnica del sovescio.

VINI - I vini sono tutti macerati sulle bucce per tempi più o meno lunghi a seconda del vitigno, con note di micro-ossidazione che danno ricchezza e originalità.

TOP **Kras Vitovska 2017** VINO SLOW O 2.500 bt; 27 € - La macerazione è di una settimana, l'affinamento di 18 mesi in tonneau. Mostra una bella dinamica tra naso e bocca, con effluvi di menta, pesca e note agrumate, integrate a un gusto succoso e armonico, di grande persistenza.
Kras Robinia 2015 O 4.000 bt; 18 € - Malvasia e riesling italico vengono macerate una settimana, poi posti in tino verticale di legno per 12 mesi insieme agli acini interi di ribolla gialla. Alterna intensi cenni di fiori di acacia e frutta esotica a note tostate e affumicate. In bocca è pieno, sapido e fresco, balsamico, e molto persistente.
B+ 2015 ● cabernet sauvignon, refosco, franconia, barbera, merlot; 6.000 bt; 27 € - Il naso è intenso e speziato, di frutti rossi, pepe e cannella. Al palato è grintoso e croccante, con tannini setosi che indicano una buona propensione all'evoluzione.

ha 9 - bt 20.000
Fertilizzanti compost, letame, preparati biodinamici, sovescio
Fitofarmaci rame e zolfo
Diserbo lavorazione meccanica/manuale
Lieviti fermentazione spontanea
Uve 100% di proprietà
Certificazione biologico certificato

SGONICO (TS)

MILIČ

SCONTO -10%

Frazione Sagrado, 2 - tel. 040 229383
www.agriturismomilic.it - info@agriturismomilic.it

VITA - Genuinità, passione e tradizione: questi tre aggettivi riassumono lo spirito che contraddistingue questa storica realtà del Carso, che ha radici antichissime. Guidata da papà Andrej Milič insieme alla moglie Bernarda Zavadlel e alle figlie Neza e Lucija, l'azienda non si dedica solo alla vitivinicoltura. L'annesso agriturismo è particolarmente frequentato non solo dai triestini, ma anche dai vicini sloveni e austriaci ai quali viene offerta anche la possibilità di pernottamento.

VIGNE - Dei 50 ettari che compongono l'azienda, 7 sono dedicati alla viticoltura mentre il restante al pascolo di pecore, capre, maiali, mucche e cavalli, e alla coltivazione di ortaggi. I bassi vigneti orientati da est a ovest sono allevati a guyot e suddivisi tra terreni rocciosi per i vitigni a bacca bianca, e terreni rossi calcarei per i vitigni a bacca nera. La conformazione e la disposizione del terreno obbliga a lavorazioni manuali.

VINI - Andrej con l'ausilio dell'enologo Franco Cerniz ricorre a fermentazioni spontanee, diversificando i tempi di macerazione sulle bucce per ogni singolo vitigno, che variano da 48 ore a 24 giorni.

Vitovska Lune 2018 O 2.000 bt; 12 € - Macerazione di oltre 20 giorni sulle bucce e affinamento complessivo di circa due anni in legno: succoso e sapido in bocca, è intenso al naso, con bei ritorni di frutta matura.
Terrano 2018 ● 2.000 bt; 12 € - L'olfatto è inebriato dai sentori di confettura di ciliegie e di frutti di bosco, mentre al sorso la spinta acida molto importante viene subito attenuata dalla morbidezza data dall'affinamento in legno, che pure conserva la fragranza del frutto maturo. Il finale di bocca è rigenerante.

ha 7 - bt 10.000
Fertilizzanti preparati biodinamici, sovescio
Fitofarmaci rame e zolfo
Diserbo lavorazione meccanica/manuale
Lieviti fermentazione spontanea
Uve 100% di proprietà
Certificazione nessuna certificazione

SGONICO (TS)

SKERLJ

Frazione Sales, 44 - tel. 040 229253
www.skerlj.it - info@agriturismoskerlj.com

VITA - Matej Skerlj trae ispirazione per il suo approccio alla vigna e alle vinificazioni dalle generazioni che lo hanno preceduto. Da quanto è diventato padre ha concentrato le sue energie nella sola vitivinicoltura, esprimendosi con continuità e costante crescita qualitativa. Lo aiuta in azienda e nella gestione degli alloggi l'intera famiglia.

VIGNE - I piccolissimi appezzamenti, tutti sparpagliati nella Doc del Carso, derivano prevalentemente da graduali acquisizioni di vigneti in via di abbandono e piccoli nuovi impianti. Le sperimentazioni sono volte a mantenere la vitalità del suolo tramite alcune prove di sovescio, ancora da verificare nel tempo. Le terre rosse restituiscono carattere, mentre la componente rocciosa, onnipresente, svolge il ruolo di contorno e substrato.

VINI - Se l'approccio in vigna è maniacale, quello in cantina è minimale. La cantina essenziale e scavata nella roccia ospita recipienti in legno di diverse dimensioni.

TOP **Malvasia 2017** VINO SLOW O 4.000 bt; 26 € - Una girandola di aromi e profumi. È un vino che può provocare dipendenza, grazie alla sua riconoscibilità fatta di aromi fruttati, essenze mielate e sapidità rocciosa. La bocca è golosa, dinamica e impertinente: una volta provata, questa Malvasia imprime una sorta di tatuaggio mnemonico nel palato.
Vitovska 2017 O 4.000 bt; 26 € - Non è esagerato definirla sfrontata. Se l'incipit è eccessivo in termini di durezze, la beva poi consolida le ragioni e il campo di azione: la bocca è ricchissima e intrisa di innumerevoli sensazioni. Si spazia tra erbe di campo, sentori di alghe e note eteree. Il tutto procede spaziando in un caleidoscopio di sfumature.
Terrano 2017 ● 1.500 bt; 23 € - Scarno, speziato, teso.

ha 3,5 - **bt** 9.000
Fertilizzanti sovescio
Fitofarmaci rame e zolfo
Diserbo lavorazione meccanica/manuale
Lieviti fermentazione spontanea
Uve 100% di proprietà
Certificazione biologico certificato

VIPAVA (SL)

BURJA

Frazione Podnanos - Orehovica, 46 - tel. +386 (0)41 363272
www.burjaestate.com - info@burjaestate.com

VITA - Nel 2008 Primož Lavrenčič, un passato da ricercatore presso l'Università di Lubiana, si è staccato dall'azienda familiare per perseguire, assieme alla moglie Mateja Zidarich, il suo personale progetto di viticoltura: la strada intrapresa non è stata facile, ma sicuramente piena di soddisfazioni e riconoscimenti. Oggi possiamo dire che Burja è un modello per tutti i produttori della Vipavska Dolina.

VIGNE - Il nome dell'azienda è un tributo alla Bora, il vento che nasce sul monte Nanos, che si staglia poco distante.I vigneti, suddivisi in diversi appezzamenti, sono in gran parte raccolti sulle coste collinari che si ergono attorno alla nuova cantina, in una valletta nascosta e incontaminata. A questi si aggiungono altre parcelle di vecchie vigne scelte con cura nelle zone più vocate della Vipavska Dolina.

VINI - I concetti da cui parte Primož per concepire i suoi vini sono complessi e articolati, studiati con cura: questo però non porta a vini difficili da capire, ma anzi a prodotti che fanno della facilità di beva il tratto distintivo.

TOP **Vipavska Dolina Burja Bela 2018** VINO SLOW O 12.000 bt; 26 € - Malvasia, Ribolla e Riesling renano vengono mescolati con sapienza ed efficacia: restituiscono un vino vibrante e scattante, ben sostenuto da un'invidiabile vena acido-sapida che percorre tutto il palato, morbido e ricco di polpa fruttata.
Vipavska Dolina Zelen 2019 O 5.500 bt; 15 € - La caratteristica aromaticità del vitigno viene espressa con misura ed eleganza; il palato è teso, sapido e incisivo.
Vipavska Dolina Reddo 2018 ● 2.500 bt; 39 € - Altro blend molto ben riuscito, in cui il Refosco porta sostanza, lo Schioppettino aggiunge note speziate e il Franconia condisce il tutto con la sua freschezza.
Vipavska Dolina Pinot Noir 2018 ● 5.500 bt; 32 € - Avvolgente, fruttato maturo, severo.

ha 9 - **bt** 25.000
Fertilizzanti compost, letame, preparati biodinamici
Fitofarmaci rame e zolfo
Diserbo lavorazione meccanica/manuale
Lieviti fermentazione spontanea
Uve 100% di proprietà
Certificazione biologico certificato, in conversione biodinamica

VIPAVA (SL)

VINA KRAPEZ

SCONTO -10%

Vrhpolje, 95 - tel. +386 (0)40 219500
www.vinakrapez.si - vina.krapez@gmail.com

VITA - La prima fattoria della famiglia Krapez fu comprata dal nonno di Martin, l'attuale titolare, nel 1928. Come si usava all'epoca praticava un'agricoltura mista, ma c'erano già 2 ettari di vigna, testimonianza di un florido commercio del vino in zona. Martin ha studiato agronomia a Maribor, e al suo rientro ha preso in carico la gestione dell'azienda, che adesso conta 8 ettari di vigneto e una piccola ma funzionale cantina di vinificazione e affinamento.

VIGNE - Il nonno di Martin coltivava le varietà autoctone, zelen (documentata in zona dal 1499), pinela e rebula, e poi riesling italico, tocai e barbera, tutti vitigni ancora presenti in azienda. Zelen e pinela insieme costituiscono solo il 6% del parco dei vitigni bianchi della valle di Vipava, e in passato venivano usati principalmente nei blend, ma la nuova tendenza è di vinificarli in purezza, una scelta che Martin sposa con convinzione.

VINI - La gamma si divide fra monovarietali di buona profondità, affinati sulle fecce fini, e blend bianchi e rossi della linea Lapor, frutto di una rigorosa selezione in vigna e maturati in legno.

TOP **Vipavska Dolina Malvazija 2018** VINO SLOW O 3.000 bt; 14 € - Floreale e leggermente speziato al naso, in bocca ha un impatto deciso, una progressione sicura e un finale sapido che gioca sul contrasto fra sensazioni di frutta e cenni minerali. Un vino sincero e piacevolmente rustico.

Vipavska Dolina Lapor Belo 2018 O 2.500 bt; 14 € - Al naso troviamo aromi di agrumi maturi con delle note fumé. Compatto in bocca, ha una succosa schiena acida ed è sapido nel finale, dove emerge una bella tensione tra dolce e amaro. Un vino di sostanza, con buone prospettive di evoluzione.

Vipavska Dolina Lapor Rdce 2017 ● 3.000 bt; 14 € - Denso, speziato, autentico.

ha 8 - **bt** 20.000
Fertilizzanti compost, organo-minerali, sovescio
Fitofarmaci rame e zolfo
Diserbo lavorazione meccanica/manuale
Lieviti selezione di lieviti indigeni
Uve 100% di proprietà
Certificazione nessuna certificazione

VOLČJA DRAGA (SL)

MLEČNIK

Bukovica, 31 - tel. + 386 (0)5 3955323
www.mlecnik.eu - v.mlecnik@gmail.com

VITA - Valter Mlečnik e il figlio Klemen conducono l'azienda gestendo ogni fase produttiva. La semplicità ricercata nel vino si ritrova piacevolmente anche nei loro caratteri. Rappresentanti di una famiglia da generazioni impegnata in vigna, ricercano le loro origini nel prodotto finale, riconducendosi ai metodi usati in passato.

VIGNE - In vigna non sono utilizzati prodotti di sintesi. Anche i concimi sono banditi, se non un occasionale utilizzo di letame, e per la lotta fitosanitaria si usa solo un fermentato di pane, oltre a rame e zolfo. Il tutto è ritenuto funzionale alla vinificazione senza lieviti aggiunti, considerando inoltre che il vino starà a contatto con le fecce fini per un anno intero. Solamente dopo questo lungo riposo avviene il primo travaso.

VINI - Dal 2015 si è smesso di utilizzare la pressa pneumatica, «non adatta per i vini bianchi macerati sulle bucce» dice Valter. Il torchio utilizzato, rinnovato nel cestello di recente, è quello utilizzato per i rossi fin dal 1890.

Vipavska Dolina Chardonnay 2015 O 3.800 bt; 26 € - Di bella personalià e dalla beva profonda. Il lungo affinamento e la macerazione donano al sorso struttura e ricchezza, senza privare le papille gustative dell'idonea freschezza.

Vipavska Dolina Ana Cuvée 2015 O 3.300 bt; 24 € - Vino dal carattere balsamico e dai pronunciati sentori resinosi. Il sorso è deciso e asciutto, mentre il comparto aromatico, corroborato dalla macerazione sulle bucce, insiste sui caratteri terziari senza tralasciare l'impronta fruttata.

Vipavska Dolina Merlot 2011 ● 2.300 bt; 28 € - Espressione grintosa e carica di verve. Questo vino interpreta bene il classico vitigno internazionale, risultando deciso, terroso e ficcante, grazie a un'impronta che ricorda certi sorsi di un tempo, qui ricercati e volutamente rustici.

ha 7,5 - **bt** 12.000
Fertilizzanti nessun concime
Fitofarmaci rame e zolfo
Diserbo lavorazione meccanica/manuale
Lieviti fermentazione spontanea
Uve 100% di proprietà
Certificazione biologico certificato

LOMBARDIA
VÉNETO
PIEMONTE
LIGÚRIA
EMILIA
TOSCANA
MARCHE
MAR ADRIÁTICO
MAR LÍGURE
Golfo di Génova
0 15 30 km
COLLI PIACENTINI
TERRE DEI LAMBRUSCHI
COLLI BOLOGNESI
ROMAGNA
S. MARINO
Lodi
Pavia
Codogno
Cremona
Mántova
Legnago
Monsélice
Este
Rovigo
Ádria
Chióggia
Porto Tolle
Stradella
Voghera
Piacenza
Fiorenzuola d'Arda
Fidenza
Parma
Réggio n. Emilia
Guastalla
Carpi
Mirándola
Ostiglia
Módena
Sassuolo
Vignola
Cento
Ferrara
Mésola
Codigoro
Comácchio
Argenta
Lugo
Ravenna
BOLOGNA
Ímola
Faenza
Forlì
Cesena
Cérvia
Rímini
Riccione
San Marino
San Leo
Pésaro
Fano
Urbino
Borgo Val di Taro
Pso d. Cisa
1039
Castelnovo ne' Monti
Pavullo n. Frignano
PARCO NAZ. D. APPENNINO TOSCO-EMILIANO
2165
M. Cimone
Abetone
Passo della Futa
903
Giovi
472
GÉNOVA
Rapallo
Chiávari
La Spézia
PARCO NAZ. D. CINQUE TERRE
Sarzana
Carrara
Massa
Viaréggio
Lucca
Pisa
Pontedera
Pistóia
Montecatini Terme
Prato
Empoli
FIRENZE
Pontassieve
Borgo San Lorenzo
PARCO NAZ. FORESTE CASENTINESI, M. FALTERONA E CAMPIGNA
M. Falterona
1654
Bibbiena
Po
Ticino
Oglio
Ádige
Trébbia
Sécchia
Panaro
Reno
Santerno
Arno
A1
A7
A12
A13
A14
A14Dir.
A15
A21
A21Dir.
A22
A31
A11
A11Dir.
A1Var.
RA3
RA8

EMILIA-ROMAGNA

Nelle precedenti edizioni di Slow Wine abbiamo sempre percorso idealmente l'Emilia Romagna, nel tracciare un punto di vista generale sulla produzione vitivinicola di una regione che, come abbiamo ribadito più volte, è molto complessa e suddivisa in numerosi territori diversi tra loro per orografia, varietà coltivate e tipologie di vini prodotte, dall'entroterra più remoto (i confini con la Lombardia) verso le coste dell'Adriatico. Quest'anno proponiamo un percorso inverso: partiamo dal mare per addentrarci nell'entroterra, seguendo la linea disegnata concretamente sul territorio della regione dalla via Emilia, che congiunge Rimini con Piacenza, attraversando quasi tutti i capoluoghi di provincia, e che dal punto di vista vitivinicolo separa nettamente i territori di pianura da quelli di collina. La situazione complessiva della Romagna può essere schematicamente suddivisa tenendo conto delle tre principali varietà coltivate. Non conosce soste la veloce e virtuosa affermazione, sia stilistica sia commerciale, dell'albana, che annotiamo già da qualche anno ma che mai come oggi è così netta e visibile. È più lento, ma continuo e costante, il processo di ridefinizione del sangiovese, che vinificato nella tipologia Superiore offre attualmente tante ottime etichette, oltretutto di prezzo contenuto. Cominciano a vedersi significativi movimenti all'interno dell'altrimenti polverosa e stagnante produzione da trebbiano: la virtuosa valorizzazione di questo vitigno passa spesso per vinificazioni che prevedono un contatto prolungato con le bucce. Quando, sul percorso della via Emilia, si scorgono le prime avvisaglie dei colli bolognesi l'enografia cambia radicalmente: i tre principali vitigni romagnoli si fanno da parte e lasciano spazio alle varietà internazionali e, soprattutto, al pignoletto, da poco rinominato grechetto gentile. Su queste colline si continuano a registrare belle novità, con tante buone etichette prodotte con il metodo tradizionale della rifermentazione in bottiglia, in particolare da parte di parecchi piccoli e giovani vignaioli. Lasciata Bologna entriamo nelle terre dei Lambruschi, declinati al plurale perché presentano una moltitudine di varietà e di interpretazioni. Qui il cuore si riempie sempre più di gioia: sarà l'effetto inebriante delle bollicine che serbano questi vini, oppure molto più concretamente il frutto del lavoro di tanti vignaioli – giovani o di storica esperienza – che propongono bottiglie di grande carattere ed estremamente aderenti al territorio. Chiudiamo il viaggio entrando nel territorio dei colli piacentini, dove da tempo registriamo due grandi potenzialità che purtroppo ancora non trovano adeguata espressione sul mercato: parliamo dei (pochi) grandi vini fermi prodotti con vinificazioni "personali" della malvasia di Candia aromatica – bellissima varietà che trova il suo habitat ideale su queste colline –, e ovviamente della grande tradizione che questo territorio esprime con i vini passiti e con i Vin Santo, due tipologie piuttosto particolari che tuttavia si collocano senza dubbio alcuno tra le migliori espressioni a livello nazionale.

le Bottiglie

le Monete €

EMILIA

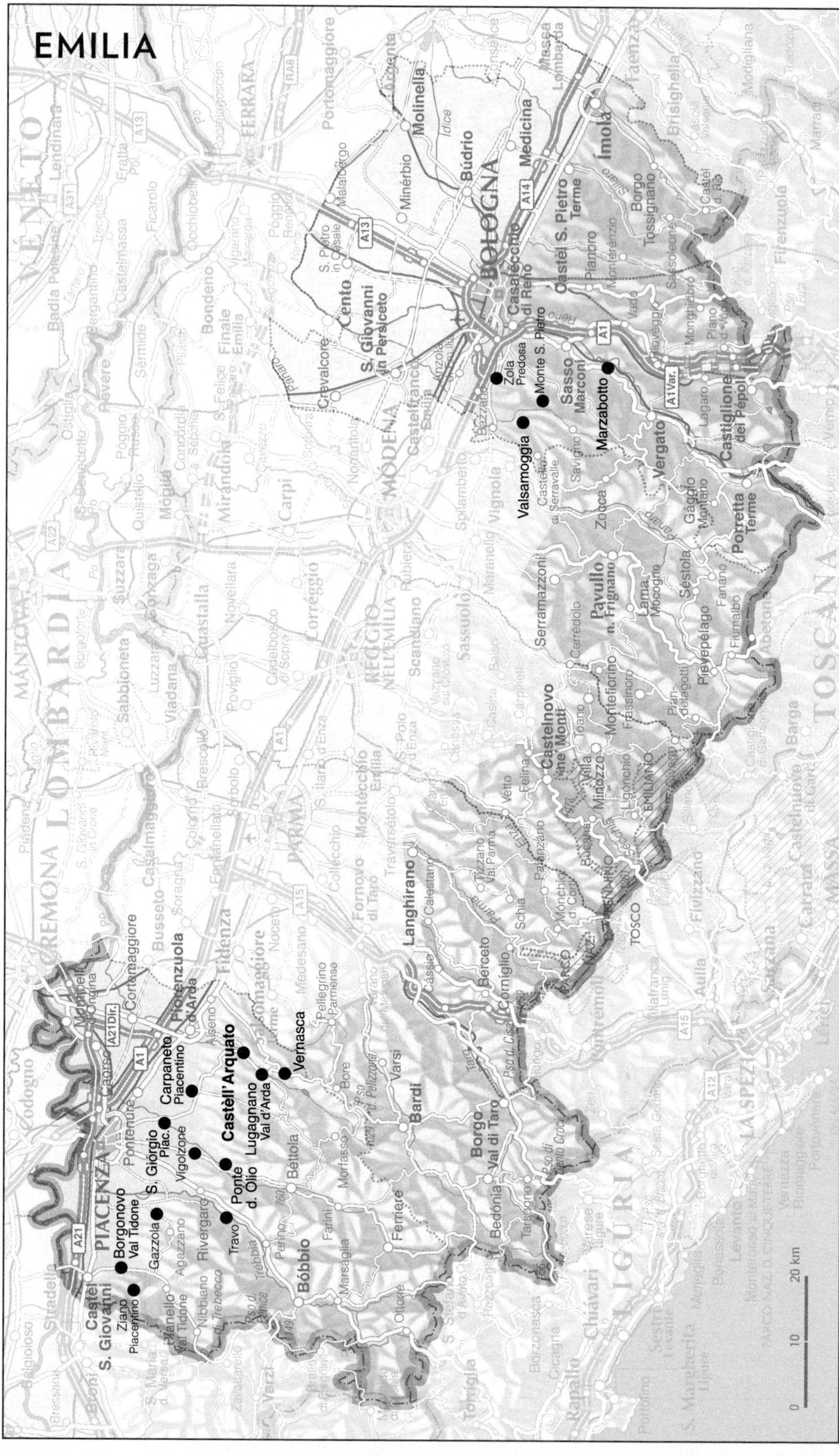

VENETO
LOMBARDIA
LIGURIA
TOSCANA
PIACENZA
PARMA
REGGIO NELL'EMILIA
MODENA
BOLOGNA
FERRARA
CREMONA
MANTOVA
LA SPEZIA
MASSA
Castel S. Giovanni
Ziano Piacentino
Borgonovo Val Tidone
Gazzola
S. Giorgio Piac.
Vigolzone
Travo
Ponte d. Olio
Carpaneto Piacentino
Castell'Arquato
Lugagnano Val d'Arda
Vernasca
Fiorenzuola d'Arda
Fidenza
Bóbbio
Bardi
Borgo Val di Taro
Langhirano
Zola Predosa
Monte S. Pietro
Valsamoggia
Sasso Marconi
Marzabotto
Vergato
Castiglione dei Pepoli
Porretta Terme
Pavullo n. Frignano
Castelnovo ne' Monti
Imola
Faenza
Brisighella
Medicina
Budrio
Molinella
Cento
S. Giovanni in Persiceto
Carpi
Mirandola
Sassuolo
Vignola
Scandiano
Correggio
Guastalla
Busseto
Salsomaggiore
Montecchio Emilia
Fornovo di Taro
0 10 20 km

BORGONOVO VAL TIDONE (PC)

GAETANO SOLENGHI

Località Battibò di Corano, 160 - tel. 345 6680824
www.solenghigaetano.com - info@solenghigaetano.com

VITA - Il giovane Nicola Solenghi porta avanti con piglio sicuro questa piccola realtà situata nel cuore della Valtidone. L'azienda è stata fondata a metà degli anni Ottanta dal padre Gaetano e si è distinta per la produzione di vini fermi da lungo invecchiamento. Oggi Nicola focalizza le sue forze in particolare su due varietà: barbera e malvasia di Candia aromatica, che hanno dimostrato negli anni di integrarsi perfettamente in questo terroir.

VIGNE - Le vigne si stagliano su un leggero declivio che sovrasta la casa-cantina, sono a corpo unico e suddivise in otto parcelle, alcune molto vecchie. L'esposizione è a sud-est, e le piante affondano le radici in suoli con un substrato di marne argillose. Nicola cura e osserva le piante costantemente: lo scopo è preservare e valorizzare la grande biodiversità presente nel cru di Battibò.

VINI - Da Solenghi escono vini potenti, leggermente contratti in gioventù, ma che nel lungo periodo riescono a mostrare una spiccata personalità. Nel 2016 Nicola è ritornato a produrre – in quantità minuscole – anche la Malvasia ferma, accantonata per diversi anni a favore della sola versione passita; purtroppo al momento delle nostre degustazioni l'annata 2019 non era ancora disponibile.

Danza del Sole 2013 ● malvasia di Candia aromatica; 900 bt da 0,5 l; 21 € - - Grande prova per questo passito che richiama alcune ottime interpretazioni del passato: il naso è sfaccettato, richiama la buccia di agrume, l'albicocca candita e le pesche sciroppate; il sorso entra docile ma è ravvivato da uno slancio agrumato, con un gradevole finale amarognolo.
Barbera L'Attesa 2013 ● 2.800 bt; 17 € - - Etichetta di riferimento aziendale, esibisce profumi fruttati e speziati, e la bocca è incisiva, spigolosa ed energica.

ha 2,5 - **bt** 10.000
Fertilizzanti nessun concime
Fitofarmaci rame e zolfo
Diserbo lavorazione meccanica/manuale
Lieviti fermentazione spontanea
Uve 100% di proprietà
Certificazione biologico certificato

CARPANETO PIACENTINO (PC)

MARCO CORDANI

Località Montine Celleri - tel. 0523 850130
www.marcocordani.it - info@marcocordani.it

VITA - La famiglia di Marco Cordani abita da oltre mezzo secolo nel territorio di Montine di Celleri, nel podere acquistato negli anni Venti. Hanno sempre vissuto di un'agricoltura promiscua, ma dal 2001 Marco ha iniziato una nuova avventura, improntata esclusivamente sulla viticoltura. Il suo progetto è sempre stato caratterizzato da un'artigianalità contadina, rispettosa della natura, dei suoi ritmi e dei suoi frutti.

VIGNE - L'areale di Montine è posto sui primi contrafforti della val d'Arda, e offre scorci meravigliosi, in cui le poche vigne si fondono con boschi e seminativi. L'azienda è in conduzione biologica e comprende due appezzamenti, uno acquistato nel 1928, l'altro negli anni Novanta. Le viti di età variabile – alcuni ceppi raggiungono i 50 anni – affondano le proprie radici nelle argille rosse, con una componente più sassosa nella vigna sotto alla cascina.

VINI - Nei suoi vini Marco è sempre alla ricerca della maturità del frutto: i bianchi sono in parte rifermentati e fanno brevi macerazioni sulle bucce, mentre i rossi sono potenti e muscolosi.

C.P. Monterosso Frizzante Labaia 2019 1.800 bt; 8 € - - Versione elegante per questo rifermentato che profuma di erbe aromatiche e frutta matura; alla beva è morbido e gustoso.
Perigeo 2017 ● barbera, bonarda; 1.419 bt; 12 € - - Un vino che evidenzia note confettura di ciliegia e un sorso avvolgente e succoso.
Apogeo 2016 ● barbera, croatina; 1.400 bt; 15 € - - Si esprime su un registro di frutta matura, spezie e note balsamiche. Il sorso è articolato e consistente, dal tannino dolce e con un finale agrumato.
Oracolo 2018 ○ malvasia aromatica di Candia, moscato, ortrugo, sauvignon blanc; 1.200 bt; 12 € - - Bianco macerato, articolato, maturo, avvolgente.
Lallabi 2017 ● barbera; 700 bt; 15 € - - Austero, balsamico, incisivo.

ha 5 - **bt** 12.000
Fertilizzanti compost, sovescio
Fitofarmaci rame e zolfo
Diserbo lavorazione meccanica/manuale
Lieviti fermentazione spontanea
Uve 100% di proprietà
Certificazione biologico certificato

CASTELL'ARQUATO (PC)

CASA BENNA

Località Casa Benna - tel. 0523 803356
www.casabenna.it - info@casabenna.it

VITA - Anno dopo anno Casa Benna si conferma indirizzo sicuro per chi cerca ottimi vini territoriali, di grande solidità gustativa, e pregevole fattura, venduti a un prezzo conveniente. Alla guida di questa piccola realtà, sita sulla statale all'imbocco dell'abitato di Castell'Arquato, sulle prime alture della val D'Arda, troviamo Andrea Molinari, discendente di quel Pietro Molinari che acquistò il podere nel 1916, e il nipote Alessandro Stabile.

VIGNE - Undici gli ettari vitati coltivati dai nostri, posizionati a ridosso della sede aziendale, sul versante della collina esposto a est. Le uve coltivate sono quelle del territorio, con una piccolissima divagazione per il cabernet sauvignon, comunque presente in zona da diversi decenni. La conduzione agronomica è convenzionale, ma pragmatica e rispettosa dell'ambiente, con l'adesione convinta al protocollo della lotta integrata.

VINI - Pulizia, franchezza dei profumi e riconoscibilità territoriale: questo lo stile dei vini di Casa Benna, che da sempre spicca per la produzione dei tradizionali vini rossi rifermentati in autoclave.

Gutturnio Frizzante Il Garitto 2019 15.000 bt; 6 € - Sempre impeccabile per pulizia, definizione del frutto, carbonica avvolgente e sapidità. Un'etichetta su cui puntare a occhi chiusi, venduta a un prezzo irrisorio.
C.P. Bonarda Frizzante 2019 2.800 bt; 6 € - Altra etichetta di grande solidità, spesso preferita al "cugino" Gutturnio per l'esuberanza del frutto croccante e la compostezza del tannino.
C.P. Bonarda 2019 ● 1.000 bt; 6 € - Poche le bottiglie prodotte per questa tipologia che esula dalla tradizione della zona, ma brilla per succosità della materia e gradevolezza degli aromi fruttati e speziati.
C.P. Malvasia Dolce Spumante 2019 2.000 bt; 7 € - Metodo Charmat, allappante, fruttato, rustico.

ha 11 - **bt** 50.000
Fertilizzanti letame in pellet
Fitofarmaci chimici di sintesi, rame e zolfo
Diserbo lavorazione meccanica/manuale
Lieviti fermentazione spontanea, selezionati industriali
Uve acquisto 5%
Certificazione nessuna certificazione

GAZZOLA (PC)

LURETTA

Località Castello di Momeliano - tel. 0523 971070
www.luretta.com - info@luretta.com

VITA - La famiglia Salamini è tra le protagoniste della rinascita del vino piacentino. Luretta fin dalla nascita si è distinta per la produzione esclusiva di vini fermi e di bollicine Metodo Classico. Negli anni è stata aggiunta un'etichetta frizzante (il Gutturnio), ma i vini rossi importanti - sia da vitigni autoctoni, sia da uve internazionali - rimangono il core business dell'azienda.

VIGNE - Tra i numerosi primati, Luretta è stata anche una delle prime aziende piacentine a improntare la propria agricoltura a una gestione biologica. I corpi vitati sono principalmente due, uno in val Nure per la produzione delle etichette più importanti, e uno nell'omonima valle a ridosso della cantina, dove si coltivano principalmente le uve bianche.

VINI - Luretta è nota per i vini rossi strutturati e longevi, tutti affinati in legno, e i vini bianchi varietali e succosi.

TOP **Nevermore 2011** VINO SLOW ● malvasia di Candia aromatica; 1.100 bt da 0,375 l; 72 € - Alla sua prima uscita ci ha sbalordito. Un "non" Vin Santo di stile ossidativo profondo, energico, con le consuete note di fichi e datteri che non cedono alla dolcezza, grazie al finale acido e succoso.
C.P. Barbera Carabas 2017 ● 3.300 bt; 20 € - La miglior versione degli ultimi anni, con l'acidità ben integrata alle note speziate del legno, e una succosità invidiabile.
C.P. Malvasia Boccadirosa 2019 O 10.300 bt; 15 € - Vino che ogni anno si posiziona ai vertici della propria categoria, in questo millesimo ha naso un po' contratto e bocca con le caratteristiche note di frutta.
C.P. Chardonnay Selìn dl'Armari 2018 O 5.000 bt; 25 € - Denso, fruttato, ampio.
M. Cl. Pas Dosé 2015 chardonnay, pinot nero; 3.700 bt; 20 € - Croccante, floreale, compatto.
Gutturnio Sup. Ala del Drago 2016 ● 4.000 bt; 16 € - Possente, speziato, dettagliato.

ha 54 - **bt** 250.000
Fertilizzanti letame in pellet, letame
Fitofarmaci rame e zolfo
Diserbo lavorazione meccanica/manuale
Lieviti fermentazione spontanea, selezionati industriali
Uve 100% di proprietà
Certificazione biologico certificato

LUGAGNANO VAL D'ARDA (PC)

SACCOMANI

Località Diolo Croce - tel. 392 6099772 - 393 3960312
www.saccomanivini.it - mail.saccomani@gmail.com

VITA - La famiglia Saccomani ha sempre vissuto di un'agricoltura promiscua ma, dalla metà degli anni Ottanta, si è specializzata nella viticoltura grazie a Giuseppe. Nel 2014 l'azienda ha ricevuto nuova linfa con l'arrivo di Luca e Claudia, i giovani figli di Giuseppe che oltre a ereditarne la gestione hanno portato un vento nuovo e un'assennata voglia di rinnovamento. Dal 2018 si avvalgono anche della consulenza dell'enologo Gianpiero Gerbi.

VIGNE - Le vigne sono sparse in piccoli appezzamenti nel territorio di Diolo, con esposizioni al sole del mattino. Questa zona è un punto di intersezione tra le argille rosse, su cui cresce la maggior parte delle viti, e le sabbie fossili. Nei vigneti vengono praticati l'inerbimento spontaneo e il sovescio, mentre i tipi di allevamento sono i più svariati, frutto di numerose prove fatte negli anni.

VINI - Lo stile dei vini ha sempre seguito la tradizione, come per i rifermentati. Oggi si punta anche su vini fermi di maggiore complessità.

Rosso dei Baroni 2018 ● barbera, croatina, merlot; 4.000 bt; 12 € - Al naso regala sensazioni floreali e fruttate su sfondo balsamico, mentre il sorso è armonico, con un piacevole finale agrumato.
Gutturnio Frizzante 2019 4.000 bt; 9 € - Profuma di fiori e melograno, è sottile e ha sorso agile, con un finale energico.
Nebula 2013 ● verdea; 350 bt da 0,375 l; 26 € - Di stile ossidativo, evidenzia note di brandy: è un vino stratificato che colpisce in quanto a viscosità e profondità gusto-olfattiva.
Rio Lupo 2019 O malvasia aromatica di Candia, trebbiano, marsanne; 300 bt; 12 € - Agile, esotico, armonico.
C.P. Monterosso Val d'Arda 2019 3.000 bt; 9 € - Fresco, fruttato, gastronomico.
Ortrugo 2019 2.600 bt; 9 € - Agile, agrumato, rilassato.

ha 12 - **bt** 30.000
Fertilizzanti compost, sovescio
Fitofarmaci rame e zolfo
Diserbo lavorazione meccanica/manuale
Lieviti selezione di lieviti indigeni
Uve 100% di proprietà
Certificazione in conversione biologica

MARZABOTTO (BO)

AL DI LÀ DEL FIUME

SCONTO **-10%**

Località Ca di Co' - Via San Martino, 10 - tel. 348 0153838
www.aldiladelfiume.it - danila@aldiladelfiume.it

VITA - L'azienda sorge in un contesto incontaminato all'interno del Parco Storico di Monte del Sole di Marzabotto, e ha una storia tutta particolare. I coniugi Danila Mongardi e Gabriele Monti hanno creato questa realtà che comprende un'azienda vinicola, un agriturismo e un'associazione che intende promuovere agricoltura, cultura, arte, e si occupa di formazione, temi sociali e ambiente. Negli ultimi anni hanno implementato la proprietà anche con un nutrito numero di piante da frutto.

VIGNE - Uno dei credo di questa azienda è l'attenzione all'ambiente, infatti fin dal primo anno di fondazione si è lavorato in stretto regime biologico certificato. Oggi è la biodinamica a impartire la direzione da seguire, non per moda ma per un afflato realmente sentito da Danila e Gabriele, aiutati in questo da un contesto caratterizzato da ottima ventilazione e terreni sconnessi ricchi di argilla e limo, a medio impasto.

VINI - I vini di Al di Là del Fiume seguono costantemente l'annata e il territorio senza compromessi: in cantina a farla da padroni sono il tempo e la pazienza. Non sono di semplice approccio: ricchi di carattere e tipicità, colpiscono per la piacevolezza e la facilità di beva.

TOP **C.B. Barbera Saramat 2019** VINO SLOW ● 6.000 bt; 14 € - Colpisce subito, fin dal colore violaceo. Il naso è armonioso nei profumi di frutta rossa croccante, e al palato ha succosità, progressività e dinamicità. Lungo il finale speziato.
Dagamò 2019 ● barbera; 6.000 bt; 17 € - Ottenuto da una lunga macerazione sulle bucce e da un affinamento in anfora, ha un naso tipico di frutta rossa fresca, e in bocca è intenso, con una spalla acida dritta che sostiene e allunga la beva.

ha 4 - **bt** 18.000
Fertilizzanti preparati biodinamici, sovescio
Fitofarmaci rame e zolfo
Diserbo lavorazione meccanica/manuale
Lieviti fermentazione spontanea
Uve 100% di proprietà
Certificazione biologico certificato, in conversione biodinamica

MARZABOTTO (BO)

TENUTA FOLESANO

Località Panico - Via San Silvestro, 15-17 - tel. 338 8952014 051 6446547 - www.folesano.it - info@folesano.it

VITA - In una piccola frazione nel comune di Marzabotto, sede di una nobile famiglia medievale, nell'abitato di Panico, sorge questa bella realtà dei colli bolognesi gestita dall'energico Andrea Berti, titolare e anima dell'azienda. Formatosi all'Università di Bordeaux, Andrea è partito fin da subito con il suo progetto di fare grandi vini in una zona altamente vocata per la viticoltura.

VIGNE - Il vigneto si sviluppa lungo il profilo discendente del poggio su cui sorge la cantina. Un panorama di rara bellezza naturalistica si affaccia su tutta la vallata sottostante. Le piante verdi e rigogliose insistono su un terreno inerbito e dimostrano il rigore e l'attenzione che Andrea ha per il suo vigneto. Terreni argillosi a elevata matrice calcarea e condizioni microclimatiche ottimali sono la chiave per vini di alta qualità.

VINI - Carattere, piacevolezza, risolutezza. Vini puliti dal frutto netto e croccante, che ricordano gli affioramenti calcarei in cui affondano le radici delle viti. Sebbene ancora giovani perché appena usciti dalla cantina, i due vini assaggiati mostrano energia e spiccata territorialità.

C.B. Barbera Raggi 2017 ● 1.300 bt; 51 € - - Nasce dall'idea di voler omaggiare il nonno Raffaele Raggi, fondatore dell'azienda, con un grande vino in produzione limitata. Il profilo olfattivo è ricco, ampio, complesso, connotato da mille sfaccettature aromatiche. La bocca è succosa, fresca e articolata.

C.B. Rosso Bologna Balanzone 2017 ● 5.000 bt; 20 € - - Mix di Cabernet sauvignon e Merlot, è un omaggio alla celebre maschera bolognese. Il naso, delicatamente speziato, è guidato da un bel frutto maturo che sfocia in un sorso ampio e verticale, dal finale morbido.

ha 4 - **bt** 20.000
Fertilizzanti letame, sovescio
Fitofarmaci rame e zolfo
Diserbo lavorazione meccanica/manuale
Lieviti fermentazione spontanea
Uve 100% di proprietà
Certificazione biologico certificato

MONTE SAN PIETRO (BO)

ISOLA

Località Mongiorgio - Via Bernardi, 3 - tel. 051 6768428 isola1898@interfree.it

VITA - Questa realtà a conduzione familiare è situata in un territorio florido e rigoglioso, che tratteggia un panorama davvero unico, incontaminato. Gianluca Franceschini gestisce con passione e capacità l'azienda, che da oltre un secolo è dedita alla coltivazione della vite. Le sue competenze e l'esperienza maturata sul campo assicurano ai vini il giusto carattere, ben interpretando le storiche tipicità varietali.

VIGNE - Sui terreni a matrice argillosa e limoso-sabbiosa si sviluppano i quasi 12 ettari di vigneto. Suddivisi in vari appezzamenti tra i 200 e i 400 metri di quota, le piante sono tutte allevate a cordone speronato e a guyot. La costante ventilazione tra i filari, elemento fondamentale per la protezione dalle principali patologie della vite, è garantita anche in annate avverse. Prevale il grechetto gentile, una varietà antica diffusa dalla pianura alla collina, quando tutti i campi erano attraversati dalla piantata bolognese.

VINI - Ogni vino, seppur con uno stile diverso, è un'espressione fedele della sua zona di coltivazione: sempre puliti sono dotati di spiccata piacevolezza di beva.

C.B. Pignoletto Spumante Picrì 2019 3.333 bt; 9 € - - Si presenta con note floreali che sottendono un sorso vivace e dal finale morbido.

C.B. Pignoletto Frizzante 2019 30.000 bt; 8 € - - Offre una beva immediata e lineare, definita da vivacità, freschezza e da un finale delicatamente amarognolo.

C.B. Pignoletto Sup. 2019 O 10.000 bt; 9 € - - All'olfatto si presenta con cenni di frutta matura, a sostegno di un sorso fresco e lungo.

C.B. Riesling Le Vaie 2019 O 1.500 bt; 13 € - - Dinamico, floreale, delicato.

ha 11,5 - **bt** 60.000
Fertilizzanti sovescio
Fitofarmaci chimici di sintesi, rame e zolfo
Diserbo lavorazione meccanica/manuale
Lieviti selezionati industriali
Uve acquisto 10%
Certificazione nessuna certificazione

PONTE DELL'OLIO (PC)

BARACCONE

Località Cà Morti, 1 - tel. 0523 877147 - 347 7322730
www.baraccone.it - info@baraccone.it

VITA - Il Baraccone è un luogo incontaminato, in cui i suoni della natura sono musica per le orecchie e armonia per la mente. È questo il contesto in cui Andreana Burgazzi nel 1998 ha creato la sua casa e la sua attività. Nonostante le circostanze della vita non siano state benevole, l'amore per la val Nure, unito alla tenacia e alla determinazione che la contraddistinguono, l'ha portata a migliorare nel suo percorso di vignaiola.

VIGNE - Le vigne sono inserite in un contesto paesaggistico di grande biodiversità, in cui il bosco circonda i filari, mostrando la natura selvaggia di questi luoghi. Due i corpi vitati, che dai 400 metri di quota digradano verso valle: uno si sviluppa intorno alla cantina, l'altro è poco distante. I terreni insistono sulle argille rosse ricche di ossido di ferro. In vigna si praticano anche il sovescio e l'inerbimento tra i filari.

VINI - Lo stile aziendale ricerca la territorialità: da qui nascono in particolare vini rossi ricchi e potenti, frutto di medie o lunghe macerazioni, sempre austeri in gioventù ma che riescono a distendersi negli anni. Il lavoro in cantina è portato avanti anche grazie al contributo dell'enologo Stefano Testa.

Gutturnio Frizzante Ri' More 2019 ⁘ 16.000 bt; 8 € - Si caratterizza sempre per materia e complessità: a profumi di amarena, spezie e terra corrisponde una bocca con carbonica cremosa e un sorso vivo e severo.

Gutturnio Sup. Colombaia 2017 ● 8.500 bt; 11 € - È un nettare di grande piacevolezza: profuma di mirtillo e spezie, e colpisce in quanto a succosità, compattezza e avvolgenza.

C.P. Cabernet Sauvignon T'al Digh Me 2014 ● 1.500 bt; 20 € - In un'annata difficile è nato questo taglio bordolese improntato su toni terziari di fiori appassiti, china e liquirizia. La bocca è severa e contrastata, con un buon allungo finale.

ha 10 - **bt** 40.000
Fertilizzanti letame in pellet, letame, sovescio
Fitofarmaci rame e zolfo
Diserbo lavorazione meccanica/manuale
Lieviti selezionati industriali
Uve 100% di proprietà
Certificazione biologico certificato

PONTE DELL'OLIO (PC)

MARENGONI €

Località Casa Bianca, 1 - tel. 0523 877229
www.vinimarengoni.com - info@vinimarengoni.com

VITA - L'11 novembre del 2020 saranno 100 anni che la famiglia Marengoni si è trasferita alla Casa Bianca, presa in affitto nel 1920 da Silvio Marengoni, bisnonno degli attuali proprietari, i fratelli Lino e Flavio, ancora supportati da papà Silvio. Un traguardo simbolico importante e significativo, che i nostri stanno celebrando con tante novità ed entusiasmo, in un percorso di crescita qualitativo innegabile.

VIGNE - Le maggiori novità riguardano la vigna: negli 11 ettari posti sulle colline sovrastanti la sede aziendale è stato avviato il percorso di conversione al biologico, e a noi piace pensare che possa aver contribuito a questa decisione anche la costante attenzione che Slow Wine dedica al tema della sostenibilità ambientale. Oltre a questo sta proseguendo un fitto programma di estirpi e reimpianti, grazie ai quali assisteremo in futuro all'uscita sul mercato di nuove etichette.

VINI - I vini dei Marengoni quest'anno ci hanno stupito. I bianchi hanno abbandonato le rusticità e gli importanti residui zuccherini che li appesantivano; i rossi ci sono apparsi più snelli e definiti nel frutto: davvero una bellissima sorpresa!

TOP **Gutturnio Sup. Migliorina 2018** VINO QUOTIDIANO ● 5.000 bt; 11 € - Succoso e gastronomico, è al tempo stesso concentrato e agile, con un sorso appagante e territoriale.

C.P. Valnure Frizzante 2019 ⁘ 10.000 bt; 8 € - Sembra un altro vino rispetto al passato: maturità di frutta non esasperata, piacevolezza di beva e grande equilibrio dolce-acido.

Gutturnio Frizzante G842 2019 ⁘ 15.000 bt; 8 € - Anche quest'anno ai vertici della categoria: ha una bocca appagante e carbonica ricca e avvolgente.

Ortrugo Frizzante 2019 ⁘ 10.000 bt; 8 € - Metodo Charmat, fresco, floreale, verticale.

Gutturnio Farosa Ris. 2015 ● 5.000 bt; 18 € - Robusto, speziato, energico.

ha 11 - **bt** 50.000
Fertilizzanti nessun concime
Fitofarmaci rame e zolfo
Diserbo lavorazione meccanica/manuale
Lieviti fermentazione spontanea, selezionati industriali
Uve 100% di proprietà
Certificazione in conversione biologica

SAN GIORGIO PIACENTINO (PC)

CASCINOTTA DI RIZZOLO

SCONTO **-10%**

Località Cascinotta di Rizzolo, 12 - tel. 333 2926405
vittoriobarbieri@hotmail.com

VITA - La Cascinotta di Rizzolo è un'azienda agricola a tutto tondo che continua il suo percorso di crescita grazie al lavoro di Giuseppe Quattrini e Vittorio Barbieri. Il primo imbottigliamento risale al 2003, ma l'attività vitivinicola ha trovato nuova linfa nel 2013 grazie all'arrivo in azienda di Vittorio, profondo conoscitore dei colli piacentini e ispiratore del nuovo Progetto Bobbiese, alla riscoperta di una viticoltura storica di alta collina.

VIGNE - L'azienda conta su tre appezzamenti: a Cà Preda e a Sariano si coltivano le uve tipiche della zona su terreni di argille rosse, mentre nella valle del fiume Bobbio, in località Erbagrassa, a 500 metri di quota, su terreni calcarei troviamo ceppi di varietà antiche salvate dall'oblio grazie a un anziano viticoltore della zona, le cui uve sono oggi vinificate e riproposte in un'etichetta per merito della lungimirante visione di Vittorio.

VINI - La conduzione è biologica dal 2001 e in cantina si utilizzano solo contenitori di cemento e acciaio. Lo stile dei vini è una traduzione semplice e diretta delle uve di partenza: alla base c'è una ricerca di freschezza, sprint e agilità.

Erba Grassa 2019 ● 800 bt; 19 € - 🍷 - Nasce da un territorio atipico per i colli piacentini, ed è un blend con antiche varietà come crova, rossarone e mostarino. Il naso è fine, giocato su fragranti note di anguria e delicati tratti floreali. La bocca è ancora piuttosto nervosa, tesa e vibrante, ma siamo certi che con opportuno affinamento ne guadagnerà in equilibrio e profondità gustativa.
Gutturnio Sup. Dongardo 2014 ● 1.400 bt; 16 € - 🍷 - Buona prova in un'annata difficile: i toni di spezie e frutta matura si fondono a note terziarie, e il sorso è austero, vivo, con un finale succoso che richiama l'arancia.

ha 3,5 - **bt** 8.000
Fertilizzanti nessun concime, sovescio
Fitofarmaci rame e zolfo
Diserbo lavorazione meccanica/manuale
Lieviti selezione di lieviti indigeni
Uve 100% di proprietà
Certificazione biologico certificato

TRAVO (PC)

IL POGGIARELLO

Località Il Poggiarello - tel. 0523 59621 - 0523 957241
www.ilpoggiarellovini.it - info@ilpoggiarellovini.it

VITA - Le famiglie Ferrari e Perini si occupano di vino fin dal lontano 1882. A oggi rappresentano il più importante gruppo produttivo privato piacentino. Dei cinque marchi commerciali che realizzano, Il Poggiarello è il vertice qualitativo, e prende nome dall'omonima località dove dal 1980 coltivano 10 ettari in biologico, per produrre alcune tra le etichette più significative del territorio.

VIGNE - I vigneti del Poggiarello si trovano nella piana di Statto, già famosa alla fine dell'Ottocento per la grande qualità dei suoli, all'epoca di proprietà della famiglia Quadri. I suoli sono ghiaiosi e argillosi, con forte presenza calcarea. I vitigni piantati sono quasi esclusivamente internazionali, a eccezione della malvasia di Candia aromatica.

VINI - Paolo Perini è l'enologo del gruppo, e realizza vini di grande precisione stilistica e chiara riconoscibilità varietale.

Malvasia Beatrice Quadri 2018 ○ 3.500 bt; 16 € - 🍷 - Un'etichetta solida, che ogni anno spicca per sapidità, equilibrio acido-aromatico e compostezza della materia. In commercio un anno dopo la vendemmia, ha capacità di invecchiamento ed è una scelta sicura per capire le potenzialità evolutive del vitigno.
Gutturnio Sup. La Barbona 2017 ● 10.000 bt; 18 € - - Etichetta blasonata che racchiude tutta la capacità enologica dell'azienda: è un vino espressivo, ineccepibile nelle note tostate e nel frutto croccante della croatina, ben bilanciato dall'acidità smussata della barbera.
Sauvignon Il Quadri 2019 ○ 7.000 bt; 12 € - 🍷 - Fresco e varietale, profuma di gelsomino e fiori d'acacia, su un corpo disteso e avvolgente.
Gutturnio Frizzante Lo Spago 2019 30.000 bt; 10 € - 🍷 - Metodo Charmat, vibrante, fruttato, rilassato.
Ortrugo Frizzante Lo Spago 2019 30.000 bt; 10 € - 🍷 - Metodo Charmat, agile, floreale, delicato.

ha 13 - **bt** 300.000
Fertilizzanti letame
Fitofarmaci 13, rame e zolfo
Diserbo lavorazione meccanica/manuale
Lieviti selezione di lieviti indigeni
Uve 100% di proprietà
Certificazione biologico certificato

TRAVO (PC)

TENUTA BORRI

Località Margherita di Pillori - tel. 338 4693571
www.tenutaborri.it - info@tenutaborri.it

VITA - È un vignaiolo vero, Andrea Pradelli, con quelle mani segnate dal duro lavoro nei campi e la faccia scottata dal sole. E poi la sua vena dialettica: come tutte le persone sagge, ha molti dubbi e poche certezze, conditi da qualche nota polemica e pungente. Insomma: andate a trovarlo in cantina, una buona fetta di salame cremonese e un bicchiere vi ripagheranno della strada tortuosa che bisogna fare per raggiungerlo.

VIGNE - Le vigne hanno pendenze notevoli e si trovano lungo i tornanti che si percorrono per raggiungere Santa Margherita di Pillori, nel comune di Travo, in val Perino. Andrea, laurea in Agronomia nel cassetto, è pragmatico e attento: nonostante rifiuti la certificazione biologica pratica un'agricoltura pulita e sostenibile.

VINI - I vini di Andrea lo rispecchiano appieno: sono rustici, genuini, artigianali e diretti. Ma non pensate che siano imprecisi o scorretti, tutt'altro: la pulizia e la freschezza di beva sono condizioni essenziali. Tutti i frizzanti proposti sono rifermentati in bottiglia con lieviti indigeni.

TOP **Masrà 3 Uve 2018** VINO QUOTIDIANO ortrugo, trebbiano, sauvignon blanc; 1.000 bt; 10 € - Il campione dell'anno: tensione gustativa, equilibrio tra acidità e zuccheri residui, beva travolgente. Peccato solo l'esiguità delle bottiglie disponibili.
Campo ai Preti 2017 1.800 bt; 10 € - Negli anni è cresciuta la percentuale di croatina a scapito della barbera. Il vino è di grande espressività olfattiva e succoso.
Don Dante 2016 ● 1.300 bt; 26 € - Un azzardo, un esperimento, una scommessa, chiamatelo come volete. Da uva ervi in purezza, un incrocio clonale tra barbera e croatina realizzato dal professor Fregoni negli anni Settanta, è un vino complesso, austero, strutturato e longevo. Il futuro ci dirà quale potrà essere la sua espressione migliore.

ha 4 - **bt** 15.000
Fertilizzanti nessun concime
Fitofarmaci rame e zolfo
Diserbo lavorazione meccanica/manuale
Lieviti fermentazione spontanea
Uve 100% di proprietà
Certificazione nessuna certificazione

VALSAMOGGIA (BO)

FEDERICO ALDROVANDI

Località Monteveglio - Via Marzatore, 36 - tel. 0516 810296
www.altovanto.it - aldrovandi@altovanto.it

VITA - L'azienda di Federico Aldrovandi si estende sui primi rilievi dei colli bolognesi, a ridosso del rio Marzatore. Una piccola cantina sorge nel bel mezzo delle vigne: qui Federico, da quasi due decenni, coltiva la sua passione per i vitigni bordolesi merlot e cabernet sauvignon. Una passione che lo guida ogni anno in continue sperimentazioni agronomiche, per dare ai suoi vini sempre di più quel carattere territoriale che li distingue.

VIGNE - Un ettaro di vigneto distribuito su tre piccole particelle in tre aree differenti. Un terrazzamento quasi pianeggiante accoglie le viti di merlot che, senza soluzione di continuità, risalgono la morbida collina fino alla base di una ripida parete rocciosa. Il vigneto più in alto contiene pochi vecchi filari di cabernet sauvignon. Un fitto manto erboso preserva il terreno dall'erosione e garantisce alle piante l'umidità necessaria.

VINI - Poche bottiglie dallo stile inconfondibile. L'attento e scrupoloso lavoro in vigna è seguito da un'accurata selezione delle uve. Le fermentazioni spontanee, nessun controllo delle temperature e l'assenza di filtrazioni preservano tutte le caratteristiche del frutto, dando quel carattere tipico e unico a tutti i vini aziendali.

C.B. Merlot Alto Vanto 2018 ● 3.000 bt; 16 € - Un vino complesso, non immediato. Mostra un profilo olfattivo ampio e ricco in cui marcate note floreali accompagnano riferimenti vegetali e speziati. In bocca sembra seguire il profilo dell'annata: è equilibrato e armonico nella sua ricchezza gustativa, a sottendere un finale vegetale con richiami speziati.
C.B. Pignoletto Alto Vanto 2019 ○ 1.000 bt; 13 € - Ricchezza, complessità gusto-olfattiva, persistenza aromatica lunga e decisa: un vino dal sorso succoso e dal finale incisivo.

ha 1 - **bt** 4.000
Fertilizzanti sovescio
Fitofarmaci rame e zolfo
Diserbo lavorazione meccanica/manuale
Lieviti fermentazione spontanea
Uve acquisto 20%
Certificazione nessuna certificazione

VALSAMOGGIA (BO)

CORTE D'AIBO

Località Monteveglio - Via Marzatore, 15 - tel. 051 832583
www.cortedaibo.it - info@cortedaibo.it

VITA - Corte d'Aibo è nata da un progetto di due amici, Antonio Capelli e Mario Pirondini, modenesi di nascita, che hanno deciso di investire nel 1988 in questo territorio al confine tra Modena e Bologna. Oggi è una cooperativa ben avviata e integrata nel tessuto sociale: Antonio segue la burocrazia e la commercializzazione, mentre Mario è il tuttofare della cantina. Gli altri soci si occupano del quotato agriturismo.

VIGNE - L'azienda conta oggi 24 ettari vitati, che circondano tutti gli stabili della cooperativa. Fin dalla fondazione si è scelta la strada del biologico. Col passare del tempo Mario e Antonio si sono accorti di voler fare un passo in più per creare un habitat sempre più salubre e pulito, così 10 anni fa, con la consulenza di Adriano Zago, hanno iniziato ad approfondire la biodinamica, come naturale prosecuzione della loro filosofia.

VINI - Antonio rivela che «Mario negli anni è diventato minimalista, sempre meno interventista: cerca di interpretare con la sua sensibilità l'annata e le uve raccolte». Questo fa sì che i vini proposti abbiano uno stile essenziale e schietto, e siano puliti e rigorosi, valorizzando peculiarità del vitigno e del territorio.

Meriggio 2019 ● merlot, barbera, cabernet sauvignon; 10.000 bt; 11 € - Convince questo blend senza solfiti aggiunti dal fresco profumo floreale: al palato ha progressione e carisma, con facilità di beva sostenuta da un finale sapido.
C.B. Pignoletto Frizzante 2019 20.000 bt; 10 € - Fresco e scattante, ha profumi fruttati di matrice agrumata e con sbuffi floreali. Il sorso è ben sostenuto da un perlage fine.
Rugiada 2019 O grechetto gentile, malvasia; 6.500 bt; 11 € - Senza solfiti aggiunti, si apre sulle note aromatiche per poi virare su accenni vegetali. In bocca trova buona sapidità e un finale amarognolo.

ha 24 - **bt** 210.000
Fertilizzanti letame, preparati biodinamici, sovescio
Fitofarmaci rame e zolfo
Diserbo lavorazione meccanica/manuale
Lieviti fermentazione spontanea, selezionati industriali
Uve acquisto 20%
Certificazione biologico certificato

VALSAMOGGIA (BO)

DALLA TERRA E DAL MESTIERE

Località Monteveglio - Via Cà Bianca, 6
vitevino@yahoo.it

VITA - Gianluca Allegro, ricercatore in ambito viticolo con competenze sia agronomiche, sia enologiche, da una decina d'anni traduce in pratica i suoi studi e la sua esperienza universitaria producendo vino sui colli bolognesi, nello specifico in località Oliveto di Monteveglio, nel comune di Valsamoggia.

VIGNE - Le vigne, situate in un anfiteatro naturale autosufficiente dal punto di vista idrico, risultano sempre in equilibrio sul versante vegetativo, evitando quindi sofferenze nei periodi più siccitosi. Nel vigneto, ora in conversione biologica, Gianluca è riuscito a creare un perfetto habitat naturale tra flora e fauna. L'inerbimento spontaneo viene preferito al sovescio, per non dover poi lavorare il terreno ed evitare quindi l'erosione, dal momento che le vigne presentano forti pendenze.

VINI - Eleganza e pulizia sono i tratti distintivi che da sempre caratterizzano i vini dell'azienda, con nitidezza nei profumi, piacevolezza di beva ed espressività gustativa.

C.B. Pignoletto M. Cl. Brut Nature 2017 1.300 bt; 13 € - Ottenuto da un vigneto di più di 40 anni età, è dotato di buona vigoria e situato su terreno argilloso-calcareo. Dopo un sosta di 24 mesi sui lieviti, il risultato finale è una bollicina estremamente fine e persistente, che si apre su note fruttate, agrumate e di crosta di pane. Al palato risulta armonico, agile e dinamico, con sorso sottile e verticale.
C.B. Bologna Rosso Ris. 2016 ● 1.300 bt; 14 € - Al cabernet sauvignon viene aggiunto il merlese, incrocio tra merlot e sangiovese, argomento della tesi di laurea di Gianluca. Il naso fruttato lascia spazio a sensazioni speziate e balsamiche, e il sorso è fine e ampio, dotato di un finale incisivo, delicato e avvolgente.

ha 1,1 - **bt** 2.600
Fertilizzanti letame in pellet
Fitofarmaci rame e zolfo
Diserbo lavorazione meccanica/manuale
Lieviti selezionati industriali
Uve 100% di proprietà
Certificazione in conversione biologica

VALSAMOGGIA (BO)

ERIOLI

SCONTO **-10%**

Frazione Bazzano - Via Monteveglio, 64 - tel. 051 830103
eriolivini@alice.it

VITA - Anche se quest'anno, a causa dell'emergenza sanitaria, non abbiamo visitato questa azienda, conversare con Giorgio Erioli al telefono ci ha fatto comunque rivivere l'esperienza fatta tante volte. Le vecchie viti, memoria storica di questa zona sul fiume Samoggia, vivono in un ecosistema unico, dove i meccanismi di autodifesa delle piante creano un habitat in perfetto accordo con la natura.

VIGNE - Meno di 3 ettari di vigneto a elevata densità, inframmezzati da alberi e piante fittamente distribuiti. L'interfilare completamente inerbito contiene tante varietà vegetali che garantiscono apporto di nutrienti a un terreno limoso-sabbioso fortemente drenante. In questa azienda, vigne e alberi da frutto seguono le dinamiche competitive del bosco a difesa delle piante stesse.

VINI - Espressivi, territoriali, complessi e articolati, talvolta imprevedibili. Questi vini sono fuori dal comune e non rispettato i normali canoni di degustazione. La pazienza e il tempo sono gli unici elementi necessari per capirli e apprezzarli.

C.B. Rosso Bologna Maiolus 2017 ● 1.500 bt; 17 € - - Da uve negretto, porta impresso nel suo profilo organolettico tutti i segni dell'annata. Colore deciso e olfatto ricco, con note di frutta matura, parlano di un'annata calda e siccitosa. In bocca si distende con freschezza e dinamicità, sottolineando la presenza di frutti di bosco su un finale austero.
Alionza dell'Emilia Malvezza 2017 O 1.500 bt; 13 € - - Un vitigno antico recuperato e una pianta centenaria: il suo carattere e la sua memoria sono custoditi in un vino che si presenta con tonalità dorate e un profilo olfattivo ricco e deciso. Sentori floreali e di frutta matura preannunciano un sorso ampio e sapido, dove note di nocciole tostate sostenute un leggero tannino guidano un finale elegantemente amarognolo.

ha 2,6 - **bt** 10.000
Fertilizzanti preparati biodinamici, sovescio
Fitofarmaci rame e zolfo
Diserbo lavorazione meccanica/manuale
Lieviti fermentazione spontanea
Uve 100% di proprietà
Certificazione nessuna certificazione

VALSAMOGGIA (BO)

FATTORIE VALLONA

SCONTO **-10%**

Località Fagnano - Via Cantagallo, 37 - tel. 051 6703333
www.fattorievallona.it - fattorie.vallona@gmail.com

VITA - Maurizio Vallona, seguendo le orme del nonno, negli anni Ottanta ha iniziato a dedicarsi alla produzione di vino, trasformando gradualmente questa realtà, in principio più dedicata alla frutticoltura. Maurizio è il prototipo dell'agricoltore dedito all'azienda a 360 gradi: si occupa lui in prima persona di tutti i processi. A Fattorie Vallona si coltivano diverse varietà di grani antichi e si produce farina macinata nel vecchio mulino a pietra.

VIGNE - I vigneti insistono su suoli diversi, dai terreni sabbiosi a quelli argillosi, per arrivare a quelli marnosi con evidente presenza di scheletro. Maurizio ha scommesso sulle potenzialità del vitigno autoctono principe dei colli bolognesi, il grechetto gentile, già 30 anni fa, arrivando ora a utilizzarlo per la produzione di molteplici etichette, stilisticamente molto diverse tra loro.

VINI - Rigore, pulizia, finezza ed eleganza sono i tratti distintivi dei vini delle Fattorie Vallona. Secondo Maurizio le moderne tecniche enologiche devono essere al servizio dell'uomo, e vanno usate sapientemente e con misura.

Primedizione Cuvée 19 O 13.000 bt; 12 € - - Assemblaggio ottenuto da diverse annate e con prevalenza di uva grechetto gentile, apre su note aromatiche e fruttate, per un sorso avvolgente, incisivo e dettagliato.
C.B. Pignoletto Sup. 2019 O 20.000 bt; 10 € - - Note fruttate, agrumi in primis, per una bevuta fresca e intrigante, dal finale energico e profondo.
C.B. Bologna Rosso 2019 ● 20.000 bt; 10 € - - Espressione varietale del vitigno cabernet sauvignon, con apertura su note fruttate e vegetali. Il sorso risulta armonico, agile e delicato.
C.B. Pignoletto Vivace 2019 40.000 bt; 8 € - - Fresco, fruttato, delicato.
C.B. Bologna Bianco 2019 O 13.000 bt; 10 € - - Agile, agrumato, sottile.

ha 28 - **bt** 120.000
Fertilizzanti letame in pellet, letame, nessun concime
Fitofarmaci chimici di sintesi, rame e zolfo
Diserbo chimico, lavorazione meccanica/manuale
Lieviti selezionati industriali
Uve 100% di proprietà
Certificazione nessuna certificazione

VALSAMOGGIA (BO)

ALESSANDRO FEDRIZZI €

SCONTO -10%

Località Castello di Serravalle - Via Castello, 2257 - tel. 340 6189349
www.fedrizzivini.com - fedrizzivini@gmail.com

VITA - Questa azienda dei colli bolognesi cresce di anno in anno, seguendo i sogni del suo giovane proprietario: Alessandro Fedrizzi cerca di fare vini sempre più territoriali. Oltre 10 vendemmie all'attivo e la gestione completa del vigneto gli hanno permesso di acquisire le competenze necessarie per contenere le patologie della vite senza l'uso dei prodotti di sintesi.

VIGNE - Con l'acquisizione di altri 3 ettari, l'azienda si attesta su un totale di 14 ettari vitati. La cantina si affaccia su un crinale dove le ultime colline della provincia di Bologna toccano i primi rilievi del Modenese. L'esposizione delle vigne, l'interfilare inerbito, i terreni in forte pendenza e le pratiche di sovescio offrono le condizioni ideali per evitare i ristagni idrici e dare il giusto grado di umidità alle piante.

VINI - Tutti i vini di Alessandro si caratterizzano per la freschezza del sorso e la vivacità. Un carattere distintivo che sottende sempre un frutto fragrante, netto e deciso. Le tre diverse versioni di Pignoletto rivelano la versatilità e la duttilità di questa varietà.

TOP **C.B. Pignoletto Sup. 2019** VINO QUOTIDIANO ○ 4.000 bt; 10 € - Mostra complessità, ampiezza, pulizia e nettezza del frutto. La bocca è vivace e dinamica, con sfumature vegetali che si prolungano nel finale durevole.

C.B. Pignoletto Frizzante 2019 5.000 bt; 10 € - Esprime carattere e slancio fin dal primo sorso. Una bollicina croccante esalta la sapidità e il frutto. Il finale è delicatamente amarognolo.

C.B. Pignoletto Frizzante Rifermentato 2018 8.000 bt; 14 € - Presenta un colore carico e note floreali e vegetali che preludono a un sorso pieno e tattile, con una beva decisa e un finale lungo.

C.B. Rosso Bologna A944 2018 ● 1.000 bt; 10 € - Ampio, fruttato, gastronomico.

ha 14 - **bt** 35.000
Fertilizzanti letame in pellet, organo-minerali, sovescio
Fitofarmaci chimici di sintesi, rame e zolfo
Diserbo lavorazione meccanica/manuale
Lieviti selezionati industriali
Uve 100% di proprietà
Certificazione nessuna certificazione

VALSAMOGGIA (BO)

GRADIZZOLO - OGNIBENE

SCONTO -10%

Località Monteveglio - Via Invernata, 2 - tel. 051 830265
www.gradizzolo.it - vinicolaognibene@libero.it

VITA - Questa azienda artigianale fondata negli anni Trenta è condotta oggi da Antonio Ognibene, vignaiolo autentico, e dai suoi due figli Chiara e Gianluca, che si dedicano rispettivamente al settore commerciale e alla gestione della vigna e della cantina. Marisa Nobili, moglie di Antonio, si occupa del piccolo agriturismo dove è possibile degustare ottimi piatti della tradizione bolognese.

VIGNE - Immerse nell'incontaminato parco dell'abbazia di Monteveglio, le vigne sono allevate su terreni argillosi con importante componente calcarea, seguendo i criteri della viticoltura biodinamica. L'altitudine di circa 250 metri e la presenza di boschi garantiscono ottime escursioni termiche. Nel 2019 è stato acquisito un piccolo vigneto di mezzo ettaro a Castello di Serravalle, con piante di grechetto gentile, trebbiano e barbera.

VINI - Pochi e mirati interventi in cantina e l'impiego di lieviti indigeni garantiscono la realizzazione di vini dallo stile tradizionale, con un timbro territoriale molto definito.

TOP **Bersot 1933 2018** VINO SLOW ○ 5.000 bt; 14 € - Straordinaria interpretazione dell'annata, questo Pignoletto proveniente da una vigna quasi centenaria è definito da intense note di sambuco, erbe aromatiche e liquirizia, e ha un frutto dalla polpa matura e croccante; l'acidità incisiva garantisce freschezza e regala al sorso lunghezza e dinamicità.

Naigarten 2018 ● 6.000 bt; 17 € - Ottenuto dal vitigno autoctono negretto, di cui sopravvivono pochi esemplari, presenta sensazioni nette di frutta rossa matura, ed è pieno e rotondo, con tannini fitti e morbidi: un rosso del territorio semplice e diretto.

Bersot Sui Lieviti 2019 grechetto gentile; 10.000 bt; 12 € - Presenta una bollicina soffice e cremosa e un bouquet intenso di fiori bianchi. In bocca è sapido e consistente.

ha 6,5 - **bt** 25.000
Fertilizzanti compost, preparati biodinamici, sovescio
Fitofarmaci rame e zolfo
Diserbo lavorazione meccanica/manuale
Lieviti fermentazione spontanea
Uve 100% di proprietà
Certificazione nessuna certificazione

VALSAMOGGIA (BO)

LA MANCINA

SCONTO **-10%**

Località Montebudello - Via Motta, 8 - tel. 051 832691
www.lamancina.it - info@lamancina.it

VITA - La Mancina è un'azienda storica dei Colli Bolognesi, oggi condotta in prima persona da Francesca Zanetti. Entrata in azienda giovanissima, nel 1996 aiutando il nonno Franco, poi dal 2000 prendendo le redini in mano, oggi è protagonista di un ritorno al passato, con la riscoperta di vecchie metodologie di lavoro, il riacquisto di torchi, il ritorno in vigna a curare maggiormente e manualmente i grappoli.

VIGNE - I 19 ettari di vigneti di proprietà sorgono sul Montebudello, in uno dei più caratteristici squarci dei Colli Bolognesi, a un'altitudine massima di 250 metri, e sono suddivisi in diversi appezzamenti. Nella parte più alta, su terreno calcareo, il vecchio vigneto Baraldi di grechetto gentile ha raggiunto quasi i 50 anni d'età, mentre nella parte più bassa ci sono i terreni di matrice più argillosa, tra cui vegeta il cabernet sauvignon adiacente alla cantina.

VINI - I vini de La Mancina hanno una chiave di lettura che parla di vivacità e freschezza, con profili olfattivi puliti e netti, una buona dinamicità al palato e a tratti, specie sui frizzanti, grinta ed eleganza.

C.B. Pignoletto Terre di Montebudello 2018 O 40.000 bt; 10 € - - Da una vecchia vigna, presenta profumi fruttati e note vegetali, ed è armonico ed elegante, con un finale leggermente amarognolo.
C.B. Pignoletto Spumante Brut 2018 7.000 bt; 13 € - - Fresco e tagliente, è un Metodo Charmat dalla bollicina cremosa e ben integrata, con profumi che virano sul citrino.
Talea 2013 O grechetto gentile; 3.000 bt; 17 € - - Insolita interpretazione personale del vitigno, dal profumo agrumato ed etereo, al palato ha struttura, freschezza e tanta sapidità, e un finale molto lungo.
C.B. Cabernet Sauvignon Comandante della Guardia 2015 ● 5.000 bt; 19 € - - Austero, speziato, complesso.

ha 19 - **bt** 62.000
Fertilizzanti letame in pellet, minerali
Fitofarmaci chimici di sintesi, rame e zolfo
Diserbo lavorazione meccanica/manuale
Lieviti selezione di lieviti indigeni
Uve 100% di proprietà
Certificazione nessuna certificazione

VALSAMOGGIA (BO)

MASTROSASSO

SCONTO **-10%**

Località Savigno - Via Samoggia, 534/g - tel. 051 6708552
328 2520292 - www.mastrosasso.it - info@mastrosasso.it

VITA - Quando Alessandro Bartolini decise di avviare l'azienda agricola aveva già le idee chiare. Ha piantato i primi vigneti, disponendoli a raggiera attorno a casa sua così da poterli seguire e gestire senza problemi, e sempre lì ha realizzato una piccola cantina. Nel 2001 è uscito con la sua prima annata. Oggi l'azienda è cresciuta tanto e ha aggiunto al progetto iniziale un rinomato ristorante, dove si preparano i piatti della tradizione bolognese.

VIGNE - La distribuzione degli impianti con una geometria ad anfiteatro fa di questa azienda una realtà davvero originale. I filari, tutti ordinati e ben tenuti, sono condotti con pratiche agronomiche virtuose e rispettose dei dettami dell'agricoltura biologica. Lavori meccanici, sovescio e concimazione naturale danno vigoria alle piante, i terreni in pendenza e la buona ventilazione ne garantiscono la salubrità.

VINI - I vini sono tutti connotati da una spiccata territorialità e dallo stile inconfondibile del produttore. Hanno carattere forte e deciso e spiccano per freschezza, complessità e lunghezza. Tutto questo è frutto di un lavoro paziente, che parte dalla cura del grappolo e finisce con un lungo affinamento prima in barrique e poi in bottiglia.

C.B. Cabernet Sauvignon Narcisio 2019 ● 1.500 bt; 20 € - - Si caratterizza per un olfatto ricco e ampio, in cui sono abbondanti i profumi di frutti rossi e i riferimenti vegetali. Il sorso è deciso, ampio e lungo, dotato di buona freschezza e sapidità su un finale speziato ben cesellato.
C.B. Sauvignon Mastro Nicola 2019 O 1.500 bt; 17 € - - Sono le note tropicali e di frutta estiva a contrassegnare il profilo olfattivo. La beva è lineare, ampia, pulita, fresca, con una netta nota sapida che allunga il sorso verso un finale netto e ricco di dettaglio.

ha 3,5 - **bt** 20.000
Fertilizzanti letame
Fitofarmaci rame e zolfo
Diserbo lavorazione meccanica/manuale
Lieviti fermentazione spontanea
Uve 100% di proprietà
Certificazione nessuna certificazione

VALSAMOGGIA (BO)

ORSI - VIGNETO SAN VITO

Località Pragatto - Via Puglie, 12 - tel. 051 964521
www.vignetosanvito.it - info@vignetosanvito.it

VITA - Federico Orsi ha cominciato a occuparsi di vino nel 2005, rilevando questa storica azienda dei colli bolognesi. Oggi non è più solo un vignaiolo appassionato ma un imprenditore agricolo a tutto tondo, con una visione completa: l'azienda infatti produce non solo vino ma anche verdure dell'orto, grani antichi, e carne suina.

VIGNE - Agli ettari vitati che circondano il centro aziendale si alternano le altre coltivazioni, l'allevamento di maiali di Mora romagnola e un paio di ettari dedicati all'orticoltura specializzata, destinata ad alcuni dei migliori ristoranti della zona. La visione biodinamica viene applicata a ogni attività.

VINI - Singolare ed efficace la tecnica del vino perpetuo, prodotto con immissione, dopo ogni prelievo, di vino giovane in vasche di cemento "iniziate" 10 anni fa: in un certo senso il Posca Bianca e il Posca Rossa rappresentano la memoria storica dell'azienda.

TOP **Grotto 2018** VINO SLOW O grechetto gentile; 6.000 bt; 14 € - Piena e originale espressione del territorio e del Pignoletto, è dotato di naturale eleganza e fascino contadino; la leggera macerazione sulle bucce amplia il quadro aromatico, e il finale di bocca è di incredibile sapidità.

Posca Bianca O 10.000 bt; 14 € - Vino perpetuo prodotto con tutte le uve bianche disponibili in azienda, raccolte assieme: intenso e gustoso, gode di un fine tannino che aumenta la complessità gustativa.

Posca Rossa ● barbera, cabernet franc, cabernet sauvignon, negretto, sangiovese; 10.000 bt; 14 € - La versione perpetua con le uve a bacca nera: un vino di incredibile energia e scorrevolezza, asciutto e gustoso. Un vero piacere per la tavola.

C.B. Pignoletto Frizzante Sui Lieviti 2018 33.000 bt; 14 € - Metodo Ancestrale, dinamico, gustoso, incisivo.

ha 15 - **bt** 75.000
Fertilizzanti preparati biodinamici, sovescio
Fitofarmaci rame e zolfo
Diserbo lavorazione meccanica/manuale
Lieviti fermentazione spontanea
Uve acquisto 5%
Certificazione biodinamico certificato, biologico certificato

VALSAMOGGIA (BO)

TENUTA LA RIVA

SCONTO **-10%**

Via Farnè, 430 - tel. 335 6212888
www.tenutalariva.it - tenuta.lariva@gmail.com

VITA - Nel 2013 la famiglia Zini, di origine montanara e campagnola, stanca della vita imprenditoriale di città condotta negli ultimi 50 anni, ha deciso di tornare alle origini. Ha trovato questa piccola azienda con un ettaro di vigneto e in pochi anni li ha implementati fino agli attuali 12. A condurre il tutto è Alberto Zini, rigenerato dalla nuova vita e grande appassionato di rifermentazioni in bottiglia.

VIGNE - La sede aziendale sorge nella parte più alta dei colli bolognesi, in località Castello di Serravalle, a un'altitudine che varia dai 200 ai 350 metri. Le vigne insistono su terreni ghiaiosi con limo in basso, mentre in alto ci sono argilla e sabbia. Nella gestione della vigna senza l'uso di prodotti chimici Alberto si avvale della consulenza agronomica di Fausto Smaia per quanto riguarda la sanità delle piante, mentre per le potature fa riferimento all'enologo Attilio Pagli.

VINI - I vini sono di forte approccio territoriale e gastronomico, con spiccate acidità e corpi consistenti e tendenzialmente articolati. I frizzanti, tutti con rifermentazione in bottiglia, godono di lunghissime soste sui lieviti, dai 24 mesi per i prodotti più semplici fino ai 72 mesi per quelli più complessi.

M. Cl. Farnè VIII 2014 trebbiano di Spagna; 5.300 bt; 24 € - Denota un naso complesso in cui le note di frutta si amalgamano bene con i sentori di lievito; al palato ha una buona acidità e perlage cremoso, con profondità e lunghezza di beva.

C.B. Pignoletto M. Cl. Pinus Laetus 2016 13.000 bt; 17 € - Fresco e gioviale nelle sue note di frutta agrumata, e con un perlage intenso e continuo.

C.B. Barbera Il Gherardo 2016 ● 5.300 bt; 19 € - Appena aperto mostra qualche imprecisione olfattiva, poi si evolve su di un frutto sodo, ed è succoso e progressivo al palato.

ha 12 - **bt** 55.000
Fertilizzanti sovescio
Fitofarmaci rame e zolfo
Diserbo lavorazione meccanica/manuale
Lieviti selezionati industriali
Uve 100% di proprietà
Certificazione in conversione biologica

VERNASCA (PC)

LUSIGNANI

Località Vigoleno - Via Case Orsi, 9 - tel. 0523 895178
www.lusignani.com - m.lusignani@alice.it

VITA - La tradizione e i segreti del Vin Santo di Vigoleno, minuscola enclave della val d'Arda, sono custoditi dal giovane Marco Lusignani, un faro da seguire. Con il padre Emilio continua il costante percorso di crescita avviato dal nonno Alberto negli anni Cinquanta, la cui capacità di intuire alcune tecniche di affinamento sul Vin Santo rendono oggi possibile gustare uno dei nettari di maggiore prestigio dell'enologia italiana.

VIGNE - Due gli appezzamenti vitati: uno esposto a est, che si sviluppa sotto la cantina e digrada verso la valle dello Stirone, in cui le viti affondano le radici in suoli argillosi con venature calcaree e sabbiose; l'altro, a poca distanza, è posto sulla strada che conduce al borgo medioevale di Vigoleno, dove i terreni sono calcarei e sabbiosi. Per incrementare la produzione del Vin Santo sono state piantate nel 2019 e nel 2020 due nuove vigne di santa Maria.

VINI - I vini dei Lusignani, in particolare i bianchi, sono gastronomici e puntano a una conviviale immediatezza, mentre i rossi si fanno più intensi e strutturati. La sontuosità del Vin Santo comprime il resto della produzione, ma è un rischio che si può correre, vista la sua immensa statura.

TOP **C.P. Vin Santo di Vigoleno 2010** ● 1.500 bt da 0,50 l; 65 € - Ennesima grande prova per questo nettare arcaico: si esprime su note di noce, prugne secche e datteri, e il sorso è dolce, opulento, con un profondo finale di tamarindo.
Le Catalane 2019 ○ chardonnay, marsanne; 1.500 bt; 11 € - Un vino diretto, immediato, dalla beva snella, fresca e sapida, con un finale citrico.
Gutturnio Sup. 2018 ● 8.000 bt; 11 € - A un naso maturo risponde una bocca solida e avvolgente.
Ortrugo 2019 4.000 bt; 8 € - Metodo Charmat, citrino, erbaceo, rilassato.

ha 10 - **bt** 40.000
Fertilizzanti sovescio
Fitofarmaci chimici di sintesi, rame e zolfo
Diserbo lavorazione meccanica/manuale
Lieviti fermentazione spontanea, selezionati industriali
Uve 100% di proprietà
Certificazione nessuna certificazione

VIGOLZONE (PC)

BARATTIERI

Località Albarola - Via Dei Tigli, 100 - tel. 0523 875111
www.aziendabarattieri.com - ottobarattieri@libero.it

VITA - Questa azienda simbolo dei colli piacentini vide i natali nel lontano 1796: ai Barattieri va riconosciuto il merito di aver importato dalla Francia, nella prima metà dell'Ottocento, alcune varietà internazionali oggi ben acclimatate, e aver proseguito nella produzione del tradizionale Vin Santo. Oggi la gestione è nelle mani di Massimiliana, Alberico e del giovane Massimiliano, supportati in vigna e in cantina da Davide Bolzoni.

VIGNE - Oltre 20 parcelle compongono i due ampi corpi vitati: uno sito ad Albarola, al di sopra della villa-cantina, l'altro nella vicina frazione di Villò. Da citare i cru Moscatelli e Mercati, dove crescono le uve di malvasia utilizzate per la produzione del prezioso Vin Santo. Nel 2015 è nato il progetto di valorizzazione delle vigne storiche alla Berganzina, da vecchie viti di barbera e sauvignon blanc.

VINI - Lo stile aziendale prevede bianchi freschi e gastronomici affinati in acciaio, e rossi potenti, in parte affinati in legno grande, in parte in cemento.

TOP **C.P. Vin Santo Albarola 2009** ● 800 bt da 0,375 l; 55 € - Vino emblema del territorio, riposa in caratelli con la madre del 1823: al naso emergono note di crema pasticcera, confettura di albicocche e balsamiche, e il sorso è opulento, dolce, con un finale di agrume candito che ravviva la beva.
Gutturnio Sup. 2018 ● 12.500 bt; 9 € - Il frutto scuro e le spezie fanno eco a una bocca tonica e dal finale asciutto.
C.P. Malvasia 2019 5.000 bt; 7 € - Dai tratti floreali e vegetali, ha ingresso morbido ma incede fresco e ha un finale amarognolo.
C.P. Sauvignon 2019 25.000 bt; 9 € - Agile, fruttato, gastronomico.
Sauvignon La Berganzina 2018 ○ 3.000 bt; 13 € - Vibrante, complesso, avvolgente.
Barbera La Berganzina 2018 ● 2.000 bt; 13 € - Vivo, fruttato, ampio.

ha 35 - **bt** 130.000
Fertilizzanti sovescio
Fitofarmaci rame e zolfo
Diserbo lavorazione meccanica/manuale
Lieviti selezionati industriali
Uve 100% di proprietà
Certificazione nessuna certificazione

VIGOLZONE (PC)

LA TOSA

Località La Tosa - tel. 0523 870727
www.latosa.it - info@latosa.it

VITA - I fratelli Stefano e Ferruccio Pizzamiglio hanno fondato La Tosa a metà anni Ottanta. Milanesi di nascita, hanno trovato in queste terre il luogo ideale in cui vivere e sviluppare la loro attività. L'amore per la natura e per la viticoltura li ha spinti ad abbracciare questo progetto, portandoli a un radicale cambio di vita. Negli anni hanno costruito anche un curatissimo agriturismo e un interattivo museo del vino. Prezioso il lavoro in cantina di Alberto Passerini.

VIGNE - Le sei parcelle vitate si sviluppano intorno alla cantina, ognuna mettendo in luce una sua peculiarità. Alcune sono veri e propri cru, come il Ronco e il Morello. Maniacale è la cura dei ceppi, che Stefano considera come propri figli. I terreni insistono sulle argille rosse, ricche di ferro, e da qualche anno è in atto un complesso studio per selezionare e isolare i ceppi di lievito presenti nei loro vigneti.

VINI - Lo stile dei vini si ispira a una rigorosa ricerca della territorialità, e i risultati portano anche a un'oggettiva propensione alla longevità.

TOP **C.P. Malvasia Sorriso di Cielo 2019** VINO SLOW ○ 18.700 bt; 16 € - Vino icona del territorio, mostra un naso complesso su note di miele e fiori, a cui corrisponde un sorso cangiante, con finale vibrante di agrumi.
Gutturnio Sup. Vignamorello 2018 ● 12.000 bt; 19 € - Una delle migliori versioni prodotte negli ultimi anni, sa essere complesso e profondo, potente e incisivo.
Gutturnio Terrafiaba 2019 12.000 bt; 8 € - La quintessenza di un vino frizzante! Leggiadro, vibrante e molto succoso.
C.P. Sauvignon 2019 ○ 11.800 bt; 15 € - Vibrante, agrumato, energico.
Gutturnio Sup. Terre della Tosa 2019 ● 30.000 bt; 10 € - Armonico, speziato, verticale.
L'Ora Felice 2018 ● malvasia di Candia aromatica; 1.700 bt da 0,5 l; 25 € - Articolato, fruttato, docile.

ha 19 - **bt** 110.000
Fertilizzanti letame in pellet
Fitofarmaci rame e zolfo
Diserbo lavorazione meccanica/manuale
Lieviti selezione di lieviti indigeni
Uve 100% di proprietà
Certificazione biologico certificato

VIGOLZONE (PC)

ROMAGNOLI

Località Villò - Via Genova, 20 - tel. 0523 870904
www.cantineromagnoli.it - info@cantineromagnoli.it

VITA - Nei numerosi cambiamenti che hanno attraversato Romagnoli negli ultimi anni vi è una solida certezza: il ruolo di Alessandro Perini, direttore ed enologo. Membro di una famiglia da sempre nel mondo del vino, ha deciso di sposare il progetto Romagnoli con un chiaro obiettivo: riportare l'azienda agli antichi fasti degli anni Settanta, quando divenne il primo produttore di Metodo Classico piacentino.

VIGNE - L'azienda dispone di 80 ettari, dei quali 44 vitati. Grande è la presenza di pinot nero. Nel 2019 è stato completato l'iter di conversione all'agricoltura biologica e tra il 2020 e il 2021 usciranno le prime etichette certificate bio.

VINI - «La mia filosofia è di produrre vini artigianali che rispettino i tempi in vigna, in cantina e in bottiglia. Nel bicchiere ricerco pulizia e verticalità»: queste le parole con cui Alessandro illustra i suoi vini.

TOP **Caravaggio Bianco 2019** VINO SLOW ○ malvasia di Candia aromatica; 8.000 bt; 16 € - La parte di uve appassite dona struttura e allunga il sorso pieno e scorrevole.
Caravaggio Rosso 2018 ● croatina, barbera, merlot; 20.000 bt; 16 € - Etichetta che riteniamo possa tracciare un percorso, con la parte di uve internazionali a sostegno dei vitigni del territorio, in un blend che spicca per succosità e piacevolezza di beva.
M. Cl. Brut Rosé Il Pigro 2017 pinot nero, chardonnay; 6.000 bt; 20 € - Delicatamente floreale, ha bocca sapida e gustosa.
Gutturnio Cicotto Ris. 2018 ● 6.000 bt; 16 € - Austero, speziato, incisivo.
M. Cl. Dosaggio Zero Il Pigro 2016 pinot nero, chardonnay; 8.000 bt; 20 € - Dinamico, fruttato, verticale.
Passito Romagnoli 2018 ● malvasia di Candia aromatica; 5.000 bt da 0,5 l; 13 € - Agile, fruttato, espressivo.

ha 44 - **bt** 250.000
Fertilizzanti sovescio
Fitofarmaci rame e zolfo
Diserbo lavorazione meccanica/manuale
Lieviti selezione di lieviti indigeni
Uve 100% di proprietà
Certificazione biologico certificato

GUALDORA

Località Gualdora - tel. 392 3902160
www.gualdora.it - info@gualdora.it

VITA - Stefano Malerba è il prototipo del vignaiolo caro a noi di Slow Wine. Nella sua minuscola azienda si occupa di tutto, dalla campagna alla cantina, con competenza e spirito contadino. Il suo buen retiro si trova in Valtidone, la più occidentale delle quattro valli piacentine, in un contesto naturale e paesaggistico per larghi tratti incontaminato. In azienda è presente anche un "bed & wine", dov'è possibile soggiornare.

VIGNE - Fin dal suo arrivo a Gualdora, Stefano ha concentrato i suoi sforzi maggiori in vigna, ripiantando e rinvigorendo i vigneti presenti, gestiti da sempre in biologico. Le vigne si trovano nei dintorni della sede aziendale, in un fondovalle ventilato a circa 300 metri di quota. Accanto alle predominanti varietà tradizionali (malvasia di Candia aromatica, barbera e croatina) troviamo anche chardonnay e merlot.

VINI - Lo stile di Stefano privilegia la freschezza del frutto, la riconoscibilità varietale e l'aderenza territoriale, attraverso vinificazioni attente e mai invasive.

TOP **C.P. Malvasia Frizzante Blanca 2019** VINO QUOTIDIANO 3.000 bt; 7 € - L'etichetta più prodotta, la più nota e rappresentativa dello stile di Stefano, anche quest'anno è la più convincente. Frutto misurato e mai oltre le righe, carbonica carezzevole, finale sapido e pulito che caratterizza una delle migliori interpretazioni di questa tipologia dell'intero territorio piacentino.
M. Cl. Brut Dal Tramonto All'Alba 2015 1.000 bt; 14 € - La nuova sboccatura a 42 mesi conferma lo stile importante, ricco e materico di questo insolito spumante, prodotto con sole uve chardonnay.
UY 2018 ● 1.000 bt; 16 € - La nuova etichetta di Stefano, un Merlot in purezza affinato 12 mesi in barrique. Il naso è un concentrato di frutta matura, e la bocca è piena, con chiari rimandi di cioccolato e un finale rotondo.

ha 3 - **bt** 10.000
Fertilizzanti letame in pellet, letame, sovescio
Fitofarmaci rame e zolfo
Diserbo lavorazione meccanica/manuale
Lieviti fermentazione spontanea, selezionati industriali
Uve 100% di proprietà
Certificazione biologico certificato

IL NEGRESE

Località Negrese, 308 - tel. 0523 864804
www.agriturismoilnegrese.it - matteo@agriturismoilnegrese.it

VITA - Non è stato un anno facile per Matteo Braga, con l'emergenza covid-19 che ha condizionato pesantemente l'attività agrituristica e la perdita della cara mamma nella tarda primavera del 2020. Ciònonostante, i suoi sforzi in cantina sono stati ampiamente ripagati con una gamma che mai come quest'anno ci è apparsa centrata e ben eseguita. Non solo grande Malvasia, quindi, ma anche vini rossi succosi e rotondi.

VIGNE - Le vigne di Matteo partono dall'agriturismo e si spingono fin sopra la cima della collina sovrastante la sua minuscola cantina. Siamo a Ziano Piacentino, in val Tidone, il paese dei sette colli nonché comune più vitato d'Italia (in rapporto alla superficie totale). La maggioranza delle vigne è piantata a malvasia, varietà di cui Matteo è un grande conoscitore.

VINI - Dici Il Negrese e immancabilmente pensi alla Malvasia, che da quest'anno Matteo declina in tre tipologie: frizzante, ferma e passita. Due ottime interpretazioni di Gutturnio completano una gamma affidabile e conveniente.

TOP **C.P. Malvasia Passito 2018** ● 6.000 bt da 0,5 l; 20 € - Il portabandiera aziendale lo è anche di questa tipologia a livello regionale. Grandi note di frutta accompagnano una bocca dolce ma snella e di grande vivacità, con chiusura elegante e pulita.
Gutturnio Frizzante 2019 10.000 bt; 9 € - Si conferma anche quest'anno tra i migliori della categoria, piacevolmente fruttato e territoriale, dal sorso generoso e ampio.
C.P. Malvasia Frizzante 2019 1.500 bt; 9 € - Una Malvasia d'altri tempi, rustica, smaccatamente varietale e di grande pienezza gustativa.
Gutturnio Sup. 2019 ● 5.000 bt; 10 € - Solido, vinoso, autentico.
Malvasia 2019 ○ 1.000 bt; 10 € - Incisivo, fruttato, espressivo.

ha 5 - **bt** 25.000
Fertilizzanti nessun concime
Fitofarmaci chimici di sintesi, rame e zolfo
Diserbo lavorazione meccanica/manuale
Lieviti selezionati industriali, selezione di lieviti indigeni
Uve 100% di proprietà
Certificazione nessuna certificazione

ZIANO PIACENTINO (PC)

LUSENTI

Località Casa Piccioni di Vicobarone, 57 - tel. 0523 868479
www.lusentivini.it - info@lusentivini.it

VITA - Lodovica Lusenti è il motore instancabile di questa bella e iconica realtà di Ziano Piacentino: porta avanti con determinazione, spirito innovativo e lungimiranza il lavoro intrapreso dal padre Gaetano negli anni Sessanta. Sempre più significativo è il contributo apportato in azienda dalla giovane figlia Martina Ferri, come prezioso è il lavoro svolto in vigna e in cantina dagli storici collaboratori Masino e Anderson Do Nascimiento.

VIGNE - Da Lusenti il rispetto per l'ecosistema è una condizione imprescindibile. I quattro appezzamenti vitati poggiano su terreni argilloso-calcarei, e sono dislocati nei pressi della cantina. Merita una citazione il cru di Pozzolo Piccolo, dove risiedono ceppi di malvasia ottuagenari, capolavori della natura, il cui materiale genetico viene recuperato con l'antica tecnica della propaggine.

VINI - Lo stile dei vini riporta alla tradizione, con i gastronomici rifermentati in bottiglia a cui si affianca un'importante batteria di vini fermi affinati in botte. Al momento delle nostre degustazioni non erano ancora pronti alcuni vini-simbolo.

Azzì 2017 ortrugo, chardonnay; 3.000 bt; 11 € - Un vino per la tavola: il naso richiama la pasta cruda, l'ananas maturo e ha tratti floreali; in bocca mostra buona avvolgenza ma anche energia e slancio.
Tournesol 2016 barbera, croatina; 3.000 bt; 12 € - Il Gutturnio rifermentato in bottiglia di Lodovica ha profumi con richiami terziari e una bocca contrastata, dal finale agrumato.
C.P. Cabernet Sauvignon Villante 2015 ● 2.500 bt; 15 € - Incantevoli alcune vecchie annate, vedi la 2001. Un vino intenso che profuma di amarena, mentolo e tabacco. La bocca è incisiva, ha un tannino fitto e un buon allungo finale.
M.Cl. Dosage Zéro Rosè 2014 pinot nero; 2.000 bt; 20 € - Citrino, agrumato, sottile.

ha 17 - **bt** 90.000
Fertilizzanti nessun concime, sovescio
Fitofarmaci rame e zolfo
Diserbo lavorazione meccanica/manuale
Lieviti fermentazione spontanea
Uve 100% di proprietà
Certificazione biologico certificato

ZIANO PIACENTINO (PC)

TORRE FORNELLO

Località Fornello, 67 - tel. 0523 861001
www.torrefornello.it - vini@torrefornello.it

VITA - Il vulcanico Enrico Sgorbati è il deus ex machina di questa solida realtà, ospitata nel complesso rurale seicentesco che campeggia sopra Fornello, uno dei sette colli di Ziano Piacentino. Di proprietà della famiglia dal 1982, Enrico l'ha convertita in azienda vitivinicola 10 anni dopo, ed è uscito con le sue prime etichette nel 1998. La sede aziendale dispone di una chiesetta parrocchiale, una villa e scuderie del Seicento utilizzate per eventi e ricevimenti.

VIGNE - Due i corpi vitati aziendali, entrambi nel comune di Ziano, uno a ridosso della sede aziendale e uno poco più a est. Enrico pratica una viticoltura pulita, senza diserbo chimico e con l'esclusivo utilizzo di prodotti naturali per la lotta antiparassitaria, con metà delle vigne certificate biologiche. Eclettico e curioso, ha piantato numerose varietà, dalle classiche del territorio alle internazionali, che interpreta con personalità.

VINI - Nonostante le dimensioni aziendali, Enrico è amante delle micro vinificazioni, e per questo produce moltissime etichette, ma ne vorrebbe fare ancora di più, facendo risaltare in ognuna i tratti distintivi dei vitigni e del terroir.

TOP **Pratobianco 2019** VINO QUOTIDIANO ○ sauvignon blanc, malvasia di Candia aromatica, chardonnay; 6.000 bt; 12 € - Si conferma anche quest'anno tra le etichette più riuscite: ha sapidità, eleganza, frutto e snellezza gustativa, con finale pulito e morbido.
Gutturnio Gerardo Diacono 1028 Ris. 2011 ● 1.500 bt; 18 € - Espressione piena e strutturata del classico uvaggio piacentino, è tenace e persistente in bocca.
Gutturnio Sup. Sinsal 2018 ● 13.000 bt; 14 € - Tra i migliori della categoria grazie al frutto ben integrato al tannino, e alla spezia data dalla parte affinata in legno piccolo.
M. Cl. Brut Rosé Enrico Primo 2015 pinot nero; 2.000 bt; 20 € - Agile, floreale, energico.

ha 60 - **bt** 200.000
Fertilizzanti letame
Fitofarmaci rame e zolfo
Diserbo lavorazione meccanica/manuale
Lieviti selezione di lieviti indigeni
Uve 100% di proprietà
Certificazione biologico certificato

ZIANO PIACENTINO (PC)

DAVIDE VALLA

SCONTO -10%

Via Montecucco, 229/c - tel. 338 2925884
www.vinivalla.it - info@vinivalla.it

VITA - Davide Valla, giovane ed esperto viticoltore della val Tidone, pur avendo maturato in precedenza un'importante esperienza da vignaiolo, ha fondato la sua azienda nel 2007 rilevando quella di famiglia, avviata dal nonno e dal padre. Idee chiare e tanta determinazione lo hanno portato a diventare un riferimento per il suo territorio, che valorizza e promuove con competenza, abnegazione e passione.

VIGNE - Il parco vitato si compone di due parcelle: la prima è affiancata alla piccola cantina, con viti di barbera e croatina che affondano le radici su terreni argillosi; la seconda è nelle immediate vicinanze e insiste su terreni calcarei, dove dominano le varietà bianche ortrugo, verdea e malvasia, con una piccola percentuale di croatina. Prezioso è il lavoro che Davide porta avanti con l'agronomo Andrea Bossi.

VINI - Lo stile aziendale è poco interventista: si valorizzano i prodotti della tradizione come i rifermentati in bottiglia, senza rinunciare a produrre versioni ferme di ottima fattura.

Dieci Lune 2019 ortrugo; 3.500 bt; 9 € - - Un rifermentato in bottiglia di bella personalità, le cui uve provengono in parte da vigne di 60 anni: un vino che mostra il meglio di sé in bocca, dove armonia, croccantezza e sapidità regalano una bevuta energica e gustosa.
Gutturnio Come Una Volta 2018 3.000 bt; 9 € - - Un rifermentato di stile tradizionale: al naso evidenzia note di frutta matura, spezie e rabarbaro, e un sorso ancora spigoloso ma avvolgente, con un finale leggermente amarognolo.
Gutturnio Sup. Merum 2017 ● 3.200 bt; 10 € - - È concentrato nel colore, e al naso richiama profumi di frutta scura, spezie e note balsamiche. Il sorso è consistente, ma mantiene slancio e succosità e ha un finale che richiama la liquirizia.

ha 4,7 - **bt** 12.000
Fertilizzanti letame in pellet, organo-minerali
Fitofarmaci rame e zolfo
Diserbo lavorazione meccanica/manuale
Lieviti selezionati industriali
Uve 100% di proprietà
Certificazione nessuna certificazione

ZOLA PREDOSA (BO)

IL MONTICINO

SCONTO -10%

Via Predosa, 72 - tel. 051 755260
www.ilmonticino.it - ilmonticino@ilmonticino.it

VITA - È un'esperienza ventennale quella della famiglia Morandi sulle colline di Zola Predosa, dove hanno investito sulla viticoltura con la storica consulenza di Giovanni Fraulini. Giacomo Morandi, coadiuvato dal padre Ruggero e dalla madre Sandra Comani, porta ora avanti un'azienda fin da subito attenta alla sostenibilità, ma soprattutto al rilancio della viticoltura sui colli bolognesi, con la volontà di promuovere i vitigni autoctoni della zona: grechetto gentile e barbera.

VIGNE - Le vigne si trovano a ridosso della cantina sulle colline sopra l'abitato di Zola Predosa, con vista sulla pianura Padana. I terreni sono prevalentemente argillosi, con alcuni tratti che presentano inclusioni calcaree. La vendemmia 2020 sancisce la terza annata di conversione all'agricoltura biologica del vigneto.

VINI - Equilibrio, piacevolezza ed espressività sono i tratti distintivi dei vini del Monticino, realtà in cui l'attenzione verso la salubrità del prodotto è sempre stata alta.

Bologna Spumante M. Cl. Bolognino Brut 2.000 bt; 12 € - - A prevalenza di uve chardonnay, profuma di crosta di pane e ha un palato teso e verticale.
C.B. Pignoletto Frizzante Sui Lieviti del Monticino 3.000 bt; 11 € - - Questo Metodo Ancestrale si apre su note agrumate, seguite da un sorso succoso, armonico, autentico ed essenziale, con un finale leggermente amarognolo.
C.B. Barbera Del Monticino Ris. 2016 ● 3.300 bt; 17 € - - Le classiche note fruttate in ingresso lasciano spazio a ricordi speziati, per un sorso setoso e avvolgente, con finale articolato ed espressivo.
C.B. Pignoletto Cl. Del Monticino 2018 O 3.300 bt; 11 € - - Teso, fruttato, leggiadro.
Bologna Rosso Bolognino Ris. 2016 ● 3.300 bt; 15 € - - Possente, speziato, consistente.

ha 6 - **bt** 40.000
Fertilizzanti letame in pellet, organo-minerali
Fitofarmaci organici, rame e zolfo
Diserbo lavorazione meccanica/manuale
Lieviti selezionati industriali
Uve 100% di proprietà
Certificazione in conversione biologica

ZOLA PREDOSA (BO)

LODI CORAZZA

Frazione Ponteronca - Via Risorgimento, 223 - tel. 347 3175269
www.lodicorazza.com - wine@lodicorazza.com

VITA - Questa azienda storica produce vino da quattro generazioni, come dimostrano i documenti di famiglia risalenti al periodo preunitario. Oggi Cesare Corazza e sua sorella Silvia hanno preso il testimone di questa lunga storia familiare mantenendo sempre saldo il principio fondante del loro lavoro: il vino, frutto della tradizione millenaria dell'uomo, è un prodotto della terra plasmato dal tempo, dal luogo e dal nobile lavoro del viticoltore.

VIGNE - Le pratiche agronomiche servono a preservare la biodiversità tra i filari. Anche in questo anno di notevoli difficoltà, in azienda continuano le sperimentazioni. Sono entrati in produzione nuovi impianti di pignoletto con la vecchia tecnica a spacco su portainnesto rupestris du lot, che garantisce una maggiore penetrazione dell'apparato radicale e un miglior grado di flusso linfatico.

VINI - L'intento è di produrre vini che esprimano in pieno le potenzialità territoriali. Dallo storico grechetto gentile, del quale si valuta versatilità e resistenza alle surmaturazioni, alla barbera.

TOP **C. B. Pignoletto Frizzante Vènti 2018** VINO SLOW 3.200 bt; 15 € - Da selezione di uve di una vigna di oltre 20 anni, rifermenta lentamente per più di un anno in autoclave; si apre con un naso complesso e ricco, una bollicina setosa e un sorso lungo.

C. B. Pignoletto Sup. Zigant 2019 O 1.400 bt; 17 € - Frutto di un'annata equilibrata, si presenta al naso con marcate note floreali e di erba officinale. Il sorso è ampio, lungo, fresco, connotato da sapidità e richiami di frutta a polpa bianca che si distendono in un finale speziato.

C. B. Pignoletto Frizzante 2019 O 30.000 bt; 9 € - Rifermenta in autoclave per nove mesi: è più lineare e pronto, con una bolla grintosa e un finale piacevolmente amarognolo.

ha 18 - **bt** 50.000
Fertilizzanti letame in pellet, sovescio
Fitofarmaci chimici di sintesi, organici
Diserbo lavorazione meccanica/manuale
Lieviti fermentazione spontanea, selezionati industriali
Uve 100% di proprietà
Certificazione nessuna certificazione

ZOLA PREDOSA (BO)

MANARESI PODERE BELLA VISTA

€ SCONTO -10%

Località Bella Vista - Via Bertoloni 14/16 - tel. 051 751491
www.manaresi.net - info@manaresi.net

VITA - L'azienda Manaresi è ormai da tempo un punto di riferimento sui colli bolognesi. Fabio Bottonelli e Donatella Agostoni gestiscono con capacità ed entusiasmo questa bella realtà, sita sui primi rilievi, dove la simmetria delle viti si combina a un incantevole paesaggio, di rara bellezza naturalistica. Un affascinante percorso all'interno della cantina guida alla scoperta delle opere dell'artista Paolo Manaresi.

VIGNE - L'azienda è ormai al terzo anno di conversione biologica: si fanno lavori meccanici di sfalcio e la pacciamatura nel sottofila, l'interfilare è ampiamente inerbito, la concimazione è naturale e si usa il sovescio. Quest'anno è stato piantato un nuovo appezzamento a grechetto gentile, frutto di una selezione massale da un vecchio vigneto aziendale.

VINI - Il filo conduttore di tutti i vini assaggiati è la coerenza nel mantenere un carattere distintivo, che li rende riconoscibili. Sono vini dagli aromi dettagliati, anche quando lo spettro olfattivo non è amplissimo. Sapidità e connotazione vegetale vivacizzano e allungano il sorso.

TOP **C.B. Pignoletto Cl. 2018** VINO QUOTIDIANO O 10.000 bt; 12 € - Frutta matura, note di nocciole tostate e sfumature di fiori di campo guidano un sorso fresco, sapido e ampio verso un finale piacevole e dettagliato.

C.B. Pignoletto Frizzante 2019 O 18.000 bt; 10 € - Nella sua apparente immediatezza rivela note olfattive floreali e fruttate che si ritrovano in una bocca fresca e dinamica, con una delicata chiusura amarognola.

C.B. Bologna Rosso Controluce 2017 ● 6.600 bt; 19 € - Cabernet sauvignon in purezza, offre un olfatto dallo spettro ricco e copioso, da cui emergono more, ciliegie e ribes. In bocca è la maturità del frutto a garantire morbidezza, equilibrio ed eleganza, caratteristiche che si arricchiscono nel finale di un tocco speziato.

ha 11 - **bt** 55.000
Fertilizzanti letame in pellet, letame, nessun concime, sovescio
Fitofarmaci organici, rame e zolfo
Diserbo lavorazione meccanica/manuale
Lieviti fermentazione spontanea, selezionati industriali
Uve 100% di proprietà
Certificazione in conversione biologica

ZOLA PREDOSA (BO)

ORO DI DIAMANTI €

SCONTO -10%

Via Valle, 11/a - tel. 349 7884750
www.orodidiamanti.it - info@orodidiamanti.it

VITA - Un'azienda nata da un progetto di vita, quella di Susanna Diamanti: era il 2003 quando, con l'acquisto dei primi terreni, è iniziato tutto, con l'idea di fare agricoltura nel rispetto della natura e dell'equilibrio della terra, per ottenere prodotti genuini e sani. Con la sua laurea in Agraria e l'esperienza maturata direttamente sul campo, Susanna ha subito cominciato a seguire le pratiche dell'agricoltura biodinamica.

VIGNE - Tre ettari di vigneto si distendono su un morbido declivio a circa 220 metri di quota. Il terreno è a dominante matrice calcarea, inerbito e ben lavorato, e conferisce ai vini struttura e grande potenza espressiva. Una zona di singolare bellezza naturalistica circonda i vigneti aziendali, realizzati su un vecchio impianto non più produttivo. Preparati biodinamici, sovescio e lavorazioni meccaniche custodiscono e proteggono il ricco ecosistema locale.

VINI - Piante in perfetto equilibrio vegetativo, rese basse, nessun prodotto di sintesi chimica, e poi fermentazioni spontanee e nessun uso di chiarificanti o coadiuvanti: ne derivano vini ricchi ed espressivi, dal forte timbro identitario.

TOP **Vinessum 2019** VINO QUOTIDIANO 5.000 bt; 10 € - - Una pregevole interpretazione di Grechetto gentile dalla forte territorialità. Una lenta fermentazione alcolica e poi una lunga rifermentazione in bottiglia danno un vino dalle notevoli proprietà tattili e dall'olfatto floreale, con richiami di salvia, rosmarino e zagara. Il sorso, verticale e ampio, chiude con una sfumatura vegetale e una delicata nota speziata.
Vinessum Rosè 2019 grechetto gentile, cabernet sauvignon; 2.000 bt; 10 € - - All'espressività del Vinessum si aggiunge una sfumatura di frutti rossi che arricchisce la beva. Il finale è di piacevole lunghezza.

ha 3 - **bt** 20.000
Fertilizzanti compost, letame, preparati biodinamici, sovescio
Fitofarmaci organici, rame e zolfo
Diserbo lavorazione meccanica/manuale
Lieviti fermentazione spontanea
Uve 100% di proprietà
Certificazione biodinamico certificato

C'È FERMENTO SUI COLLI BOLOGNESI

Da un po' di tempo sulle Colline Bolognesi con piacere stiamo osservando la comparsa, e una crescita sempre più positiva, di nuove imprese vitivinicole, spesso fondate e condotte da giovani vignaioli provenienti da tradizioni e occupazioni lontane dalla terra. Ci dà ancora più soddisfazione il fatto che questi giovani si sono avvicinati al mondo del vino con grande attenzione alle tradizioni e alla storia del territorio nel quale operano; questo vuol dire, in primo luogo, che producono "bollicine" con le varietà locali – la tradizione popolare prevede che ci siano solo vini frizzanti, bianchi o rossi, ad accompagnare la cucina della Grassa Bologna – privilegiando l'ancestrale rifermentazione in bottiglia con i lieviti e rifuggendo dalla più moderna tecnica del Metodo Charmat. Secondariamente, sul fronte dei vini rossi, si orientano verso l'unico vitigno autenticamente autoctono dei colli, ovvero il barbera, con significativi risultati nelle produzioni di vini sia fermi sia frizzanti.
Segnaliamo le realtà più interessanti assaggiate quest'anno:

Ca' del Genio, di Lorenzo Maini
Bologna - tel. 051 6446806
Bianco dell'Osservanza 2019
(blend di uve bianche tradizionali)

La Collina, di Marco Campeggi
Valsamoggia, località Castello di Serravalle (BO)
tel. 339 6205928
Pignoletto Frizzante 2019
(grechetto gentile rifermentato in autoclave)

Vigneto Otto-Logiurato, di Stefano Logiurato
Valsamoggia, località Montebudello (BO)
tel. 051 4596270
Pignoletto Frizzante 2019
(grechetto gentile rifermentato in bottiglia sui lieviti)

Alessandro Zanardi
Casalecchio di Reno (BO)
tel. 347 9103219
C.B. Pignoletto Frizzante Rifermentato 2019
(grechetto gentile rifermentato in bottiglia sui lieviti)

TERRE DEI LAMBRUSCHI

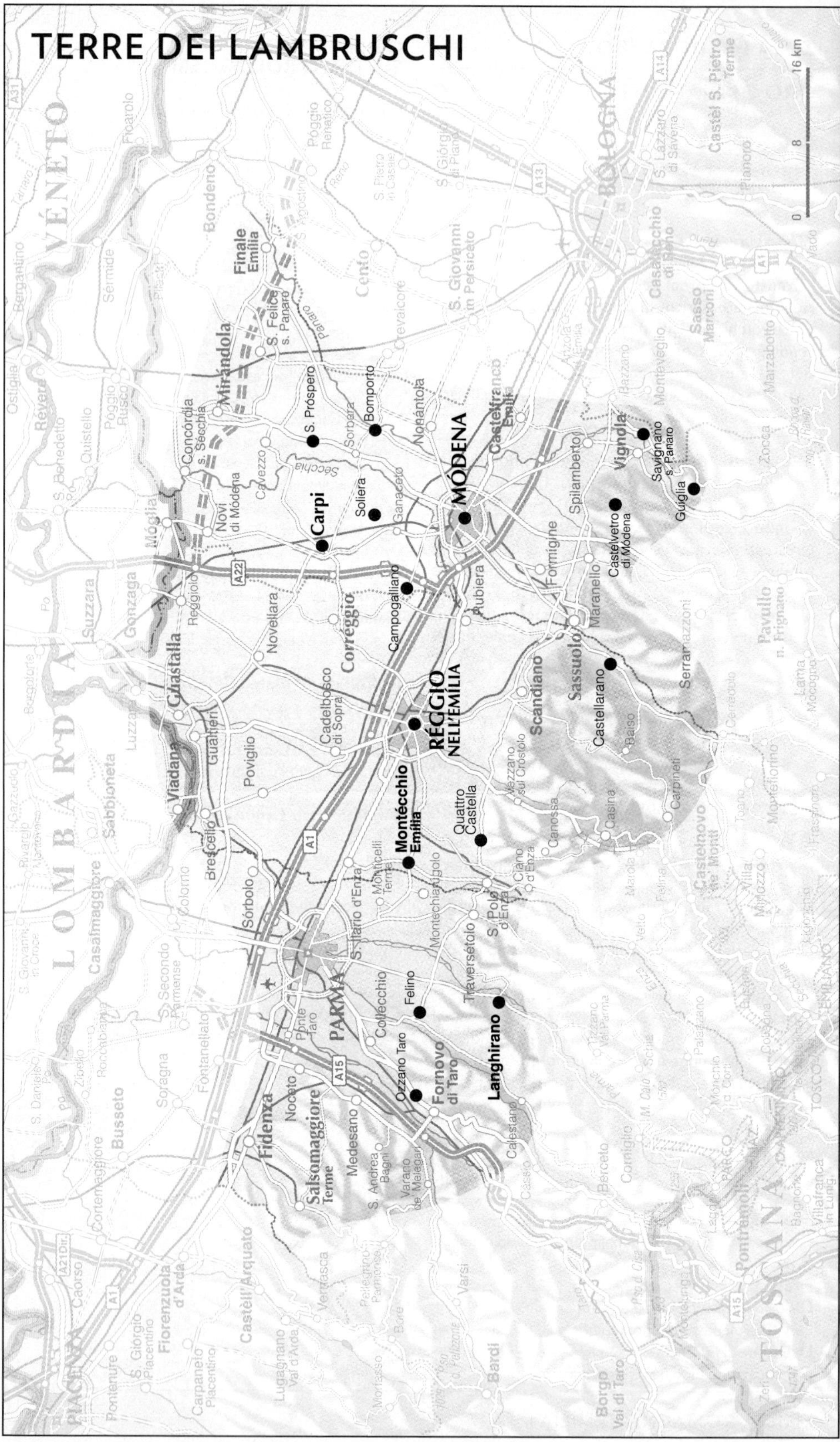

BOMPORTO (MO)

FRANCESCO BELLEI E C.

SCONTO **-10%**

Cristo di Sorbara - Via Nazionale, 130-132 - tel. 059 902009
www.francescobellei.it - amministrazione@francescobellei.it

VITA - La famiglia Cavicchioli dal 2010 porta avanti egregiamente il nome di questa storica azienda di spumanti di qualità, nata nel 1920 per mano del fondatore Francesco Bellei. L'azienda si trova nel cuore della terra modenese vocata ai lambruschi, nella frazione Cristo di Sorbara. Carlo Cavicchioli è il figlio dell'enologo Sandro, e si occupa della direzione commerciale.

VIGNE - Sette ettari per il vigneto in località Cristo, la parcella più importante, che si trova vicino alla cantina e vede vegetare uve lambrusco di Sorbara e salamino allevate a GDC. Gli altri 60 ettari circa sono dislocati tra località San Prospero e Staggia, dove si trovano lo chardonnay, il pinot nero e il pignoletto piantato nel 2010, con forma di allevamento a sylvoz. I vigneti si trovano in pianura e il terreno è un misto di argilla e sabbia, data la vicinanza dei fiumi Secchia e Panaro.

VINI - Lo stile dei vini è indiscutibilmente legato a Metodo Classico di grande eleganza e facilità di beva, e Metodo Ancestrale gustosi e tradizionali.

Lambrusco Ancestrale 2019 3.000 bt; 14 € - - Un Sorbara di grande espressione e tipicità: al naso troviamo cenni di melograno e viola, con note di frutta secca, mentre in bocca è succoso e saporito, con un evidente tratto salino e lunga persistenza.
M. Cl. Brut Rosso 2017 lambrusco di Sorbara; 6.000 bt; 18 € - - Si apre su note di lampone e ribes, iodio e crosta di pane, e al palato risponde fresco, citrino, piccante, con un finale asciutto.
M. Cl. Brut Rosé 2016 pinot nero, chardonnay; 7.000 bt; 32 € - - Al naso sprigiona note di crosta di pane, lievito e frutta essiccata, in bocca è fresco, minerale e asciutto.
Pignoletto Ancestrale 2019 3.500 bt; 14 € - - Agile, floreale, delicato.

ha 80 - **bt** 25.000
Fertilizzanti compost
Fitofarmaci rame e zolfo
Diserbo lavorazione meccanica/manuale
Lieviti selezione di lieviti indigeni
Uve 100% di proprietà
Certificazione biologico certificato

BOMPORTO (MO)

CANTINA DELLA VOLTA

SCONTO **-10%**

Via per Modena, 82 - tel. 059 7473312
www.cantinadellavolta.com - info@cantinadellavolta.com

VITA - Immergersi in questa affermata azienda spumantistica è sempre un grande piacere, che si trasforma in gioia grazie all'accoglienza che Angela Sini e il suo staff sanno offrire, e grazie all'assaggio dei vini. Cristian Bellei sale in cattedra e il Metodo Classico è servito: dalle sapienti interpretazioni di Pinot nero e Chardonnay, alle geniali letture dell'autoctona uva Sorbara, ogni bottiglia è un successo.

VIGNE - Nalle valli del Frignano, a un'altitudine che sfiora i 500 metri, vi è la storica vigna di Riccò di Serramazzoni, condotta in agricoltura biologica: da lì provengono le uve di pinot nero e chardonnay. La varietà lambrusco di Sorbara invece è selezionata fra storici conferitori presenti da sempre nelle terre più vocate fra Sorbara, Soliera e Bomporto.

VINI - Figlio d'arte, sovente capace di dimostrare d'aver imparato molto bene il mestiere, Christian (e non Cristina come erroneamente era apparso in guida la scorsa edizione) interpreta l'annata in maniera davvero convincente.

TOP **Lambrusco di Modena M. Cl. Rosé 2015** 4.200 bt; 24 € - - Incisivo e affilato, si esprime su note di ribes e cenni floreali. Al sorso magistralmente accorpa tensione, frutto e croccantezza, tutto in un filetto di bollicine fini e persistenti. Un fuoriclasse.
Lambrusco di Sorbara Rimosso 2019 5.200 bt; 15 € - - Diretto nei ricchi profumi di fragola e melograno, al sorso è gustoso e suadente, dotato di polpa e cremosa carbonica. Un vino di infinita beva.
M. Cl. Brut Christian Bellei 2015 lambrusco di Sorbara; 21.000 bt; 24 € - - Delicati sentori agrumati si alternano a cenni floreali; al sorso dispone di nerbo e corpo, tutto su una lunga vena acida. La bollicina è fine, e la bocca risulta cremosa e di lunga persistenza. Un Metodo Classico che lascia presagire longevità.

ha 16 - **bt** 130.000
Fertilizzanti letame
Fitofarmaci rame e zolfo
Diserbo lavorazione meccanica/manuale
Lieviti selezionati industriali
Uve acquisto 65%
Certificazione nessuna certificazione

BOMPORTO (MO)

GARUTI

SCONTO -10%

Frazione Sorbara - Via per Solara, 6 - tel. 059 902021
www.garutivini.it - info@garutivini.it

VITA - Vantare un secolo di storia, fedelmente tradotto in 100 vendemmie, è un traguardo di rara importanza, e quest'anno la famiglia Garuti lo ha raggiunto. Dal fondatore Dante a oggi, nel susseguirsi delle generazioni alla conduzione di questa prestigiosa realtà, non si è mai perso di vista l'obiettivo iniziale: produrre vini del territorio trasformando le proprie uve e senza mai scendere a compromessi con la qualità. Da visitare l'affermato agriturismo aziendale.

VIGNE - Vigna e cantina si trovano nella prima periferia a nord di Sorbara, in una zona ad alta vocazione per l'omonima varietà di lambrusco. Grazie all'origine alluvionale di quest'area compresa fra i fiumi Secchia e Panaro, i terreni dispongono di abbondante presenza di sabbia, limo e potassio, garantendo un habitat ideale per ottenere grappoli di grande qualità da questo vitigno.

VINI - I vini di Garuti sono franchi e altamente espressivi, capaci di rispecchiare appieno la tipologia, con punte di eccellenza come nella gamma degustata quest'anno.

Lambrusco di Sorbara Dante 2019 12.000 bt; 8 € - Dedicato al fondatore in occasione della centesima vendemmia, questo vino ci convince per franchezza nei profumi, piacevole equilibrio tra fragranza e sapidità, e garbata morbidezza nel finale.
Lambrusco di Sorbara Rifermentato in Bottiglia 2019 2.500 bt; 9 € - Senza dubbio una piacevolissima sorpresa: netti profumi di piccoli frutti rossi e richiami al melograno introducono un sorso gustoso e croccante, dotato di buona sapidità, bollicina cremosa e chiusura asciutta. Il Sorbara di tutti i giorni!
Lambrusco di Sorbara Valentina 2019 12.000 bt; 11 € - Metodo Charmat, succoso, fruttato, sapido.
Lambrusco di Sorbara Garuti 2019 15.000 bt; 8 € - Metodo Charmat, agile, fruttato, essenziale.

ha 30 - **bt** 120.000
Fertilizzanti minerali, organo-minerali
Fitofarmaci chimici di sintesi, rame e zolfo
Diserbo lavorazione meccanica/manuale
Lieviti selezionati industriali
Uve 100% di proprietà
Certificazione nessuna certificazione

BOMPORTO (MO)

GIANFRANCO PALTRINIERI

SCONTO -10%

Frazione Sorbara - Via Cristo, 49 - tel. 059 902047
www.cantinapaltrinieri.it - info@cantinapaltrinieri.it

VITA - Alberto Paltrinieri e sua moglie Barbara Galassi sono gli eredi di questa storica azienda, punto di riferimento per il Lambrusco di Sorbara. Una realtà a conduzione familiare che vede ancora attiva la signora Piera, madre di Alberto, nella sistemazione finale delle bottiglie, prima della commercializzazione. Attenzione e rispetto: sono le due parole chiave che hanno guidato l'azienda lungo tutta la sua storia e che la guideranno in futuro.

VIGNE - I filari inerbiti insistono su terreni a medio impasto, in cui la componente limoso-sabbiosa è dominante. È questa la forza delle viti nella località del Cristo, una lingua di terra tra i fiumi Secchia e Panaro che risente di un microclima unico, offerto dall'azione dei due fiumi. Gli impianti a GDC conservano il tradizionale rapporto 2:1 tra le varietà di lambrusco di Sorbara e salamino.

VINI - Uno stile unico e inconfondibile, guidato da freschezza, florealità, lunghezza e facilità di beva.

TOP **Lambrusco di Sorbara Radice 2019** VINO SLOW 30.000 bt; 14 € - Un'espressione perfetta delle caratteristiche pedologiche del Cristo. Un rifermentato in bottiglia dall'olfatto floreale e fruttato netto e piacevole. Il sorso è delicatamente sapido e non gli manca una decisa componente tattile, che prolunga la dinamica verso un finale elegante.
Lambrusco di Sorbara Leclisse 2019 20.000 bt; 14 € - Questo Metodo Charmat offre un naso netto e piacevolmente fruttato. Il sorso è scattante, voluminoso, guidato da freschezza e sapidità, con richiami pepati.
Lambrusco di Sorbara Piria 2019 30.000 bt; 9 € - Altro Metodo Charmat, questa volta con un olfatto ampio e netto, che anticipa una beva pronta, immediata e gustosa.
Lambrusco di Modena M. Cl. Grosso 2017 3.000 bt; 27 € - Croccante, fruttato, elegante.

ha 17 - **bt** 180.000
Fertilizzanti letame, organo-minerali, sovescio
Fitofarmaci rame e zolfo
Diserbo lavorazione meccanica/manuale
Lieviti selezione di lieviti indigeni
Uve 100% di proprietà
Certificazione nessuna certificazione

CAMPOGALLIANO (MO)

PODERE IL SALICETO

SCONTO **-10%**

Via Albone, 10 - tel. 349 1459612
www.podereilsaliceto.com - info@podereilsaliceto.com

VITA - Gianluca Isabella e Marcello Righi con lungimiranza e caparbietà in pochi anni sono stati capaci di elevare questa azienda agricola a una piccola icona del comparto vitivinicolo modenese. L'attento lavoro in vigna e le scrupolose vinificazioni sono i pilastri su cui poggia la loro filosofia. Ogni anno sono capaci di proporre vini attuali, affidabili e convincenti, il tutto senza mai perdere di vista la territorialità.

VIGNE - La vigna principale si sviluppa intorno alla cantina, con le suggestive casse d'espansione del fiume Secchia a fare da cornice: qui si coltivano le varietà malbo gentile e lambrusco salamino. A pochi chilometri, precisamente in località Saliceto Buzzalino, vi è la vigna da dove provengono le uve Sorbara e i bianchi. Sono impianti ad alta densità, per favorire le basse rese.

VINI - La batteria di vini è altamente convincente e contraddistinta da curato profilo tecnico e spiccata personalità.

TOP **Lambrusco di Sorbara Falistra 2019** VINO SLOW
10.000 bt; 13 € - Ottenuto da rifermentazione in bottiglia è irresistibile fin da subito per l'invitante tonalità rosa; al naso è diretto, con sentori di piccoli frutti rossi che introducono un sorso vibrante e gustoso, accompagnato da una bollicina cremosa e da giusta salinità nel finale.
M. Cl. Ringadora 2017 lambrusco di Sorbara; 2.000 bt; 20 € - Teso e affilato, deciso fin da subito con sentori di ribes che si intervallano a sottili richiami iodati, al palato è scattante e ben modulato, con carbonica fine e persistente e tanta sapidità.
BiFri 2019 trebbiano modenese, sauvignon blanc; 5.000 bt; 11 € - Metodo Ancestrale, fresco, floreale, leggiadro.
M. Cl. Rosé Malbolle 2017 malbo gentile; 2.000 bt; 17 € - Incisivo, floreale, teso.
Lambrusco di Modena Albone 2019 18.000 bt; 10 € - Metodo Charmat, agile, diretto, armonico.

ha 6 - **bt** 45.000
Fertilizzanti letame
Fitofarmaci chimici di sintesi, organici, rame e zolfo
Diserbo lavorazione meccanica/manuale
Lieviti selezionati industriali
Uve 100% di proprietà
Certificazione nessuna certificazione

CARPI (MO)

BERGIANTI VINO - TERRE VIVE

Frazione Gargallo - Via Paganelle Guerri, 15 - tel. 349 5227337
www.terrevive.net - g.bergianti@gmail.com

VITA - Gianluca Bergianti, laureato in Viticoltura ed Enologia, e sua moglie Simona Zerbinati, laureata in Agricoltura Biologica, si sono conosciuti all'Università di Pisa. Insieme hanno «perforato mezza provincia di Modena alla ricerca di un terreno vocato per il Sorbara», per dare vita, nel 2008, a Terre Vive, un progetto dinamico, solidale e sostenibile, che include, oltre alla produzione di vino, quella di ortaggi, frutti da varietà antiche, more e cereali, l'allevamento di animali e un orto-giardino terapeutico.

VIGNE - I primi anni sono stati fondamentali per rigenerare i terreni attraverso l'agricoltura biodinamica applicata sin dall'inizio. In azienda è presente anche una vigna di 60 anni allevata a semi-Bellussi, che è l'antica forma di allevamento a tendone con un sistema di tiranti e fili. Le uve salamino di Santa Croce rientrano nella Doc, mentre quelle del Sorbara rientrano tra i 17 cru più vocati.

VINI - Un'azienda che si distingue per il suo dinamismo, l'atteggiamento solidale e la qualità del lavoro sui rifermentati naturali. Il nuovo progetto per le etichette è stato affidato a nove artisti della provincia di Modena.

TOP **San Vincent 2019** VINO SLOW lambrusco di Sorbara; 4.500 bt; 17 € - Le note di lampone, nitide e dettagliate, pervadono naso e bocca. Il sorso è supportato da un'acidità incisiva, per un vino dal corpo energico e dal corredo sapido in evidenza.
Perfranco 2019 lambrusco salamino; 7.400 bt; 15 € - Un vino espressivo, dai tipici sentori fruttati e agrumati, che esplode in un caleidoscopio di piacevolezza con un sorso citrino, croccante e di grande vitalità.
Steve 2019 pignoletto; 2.500 bt; 17 € - Si apre su note di frutta gialla e agrumi, per poi continuare in bocca con una spuma cremosa che ci restituisce un vino smilzo, vivace, agile e salino.

ha 10 - **bt** 24.000
Fertilizzanti preparati biodinamici, sovescio
Fitofarmaci rame e zolfo
Diserbo lavorazione meccanica/manuale
Lieviti fermentazione spontanea
Uve 100% di proprietà
Certificazione biodinamico certificato, biologico certificato

CASTELLARANO (RE)

IL FARNETO

Via Covetta, 50 - tel. 0536 1888052
www.agrifarneto.it - info@agrifarneto.it

VITA - Le strade di Marco Bertoni e Tommaso Turci si sono incrociate nel 2018 grazie all'incontro presso l'associazione biodinamica Agricoltura Vivente. Marco ha fondato l'azienda negli anni Novanta e oggi si occupa prevalentemente della vigna, mentre Tommaso, fresco di una laurea in Enologia, contribuisce con il suo sapere poco interventista.

VIGNE - Le vigne di lambrusco hanno circa 50 anni mentre le restanti si aggirano intorno ai 20 anni di età. Marco cerca sempre nuove soluzioni per effettuare operazioni in vigna che impattino di meno sul suolo e sull'ecosistema. Nuovi impianti di uva spergola sono stati piantati lo scorso anno. I suoli sono ricchi di una componente argilloso-gessosa che infonde un tratto spiccatamente minerale nelle uve.

VINI - Un'azienda in piena attività e sviluppo, orgogliosa dei suoi vini spontanei e freschi, privi di eccessive mediazioni enologiche.

M. Cl. Brut Nature 12 Mesi spergola, chardonnay; 2.000 bt; 14 € - Conquista con i suoi profumi di fiori e frutta bianca, e per il suo carattere fresco, raffinato e cremoso.
Frisant Bianco 2019 spergola, sauvignon blanc; 20.000 bt; 8 € - Un Metodo Ancestrale vivace e schietto, che ci consegna al naso profumi di agrumi, mentre al palato esplode di freschezza, mineralità e sapidità.
Spèrgle 2019 O spergola; 6.000 bt; 11 € - Profuma di fiori bianchi e mela acerba, e al palato approda su sapori erbacei come camomilla e verbena, sostenuto da acidità viva.
Frisant Rosso 2019 grasparossa, lambrusco salamino, lambrusco Maestri; 4.000 bt; 8 € - Metodo Ancestrale, vivo, fruttato, rustico.
Mary of Modena 12 Mesi chardonnay, spergola; 1.000 bt; 17 € - Metodo Classico, fresco, fruttato, armonico.
Berzméin 2017 ● marzemino; 6.000 bt; 11 € - Succoso, speziato, espressivo.

ha 12 - **bt** 60.000
Fertilizzanti preparati biodinamici, sovescio
Fitofarmaci organici, rame e zolfo
Diserbo lavorazione meccanica/manuale
Lieviti fermentazione spontanea
Uve 100% di proprietà
Certificazione biologico certificato

CASTELVETRO DI MODENA (MO)

CLETO CHIARLI

SCONTO **-10%**

Via Belvedere, 8 - tel. 059 3163311
www.chiarli.it - italia@chiarli.it

VITA - Immensa è la dedizione che la famiglia Chiarli volge al Lambrusco e al suo territorio, con invidiabile costanza da cinque generazioni. Ne è un chiaro esempio il grande contributo del giovane Tommaso, ultimo arrivato in azienda, ma con lo spirito e la determinazione di un veterano, oggi ammirabile nel suo impegno a fare squadra e comunicare in modo tangibile la reale qualità di un distretto in grande ascesa.

VIGNE - Tre sono i poderi di questa azienda: il primo è Tenuta Sozzigalli, in prossimità di Sorbara, dove si produce l'omonimo Lambrusco da vocate vigne in prossimità del transito del fiume Secchia; lo scenario cambia solo nella forma, e non nella sostanza qualitativa, per quanto riguarda le uve grasparossa, coltivate in due poderi, Tenuta Belvedere a Spilamberto e Tenuta Cialdini a Castelvetro, entrambi in area collinare.

VINI - Le grandi competenze tecniche degli enologi Michele Faccin e Franco De Biasio garantiscono l'alto livello di tutta la gamma.

Lambrusco di Sorbara Vecchia Modena Premium M.H. 2019 60.000 bt; 10 € - Oramai un must questa interpretazione di Sorbara, invitante fin da subito nei nitidi profumi di fragola e ribes: il sorso è fresco, vibrante, con bollicina fine e persistente, sempre supportata da gustosa sapidità.
Lambrusco di Sorbara del Fondatore 2019 12.000 bt; 12 € - Affilato nel profilo olfattivo, incentrato su nitidi sentori di fragoline di bosco e richiami iodati, dispone di beva sapida e dinamica, immancabilmente accompagnata da freschezza e cremosità.
Lambrusco Grasparossa di Castelvetro Vigneto Cialdini 2019 50.000 bt; 10 € - Franco nei sentori di ciliegia marasca, al sorso si presenta ricco e gustoso, corredato di frutto croccante e ben disposto, con una delicata trama tannica e chiusura morbida.

ha 100 - **bt** 900.000
Fertilizzanti organo-minerali
Fitofarmaci organici, rame e zolfo
Diserbo chimico, lavorazione meccanica/manuale
Lieviti selezionati industriali, selezione di lieviti indigeni
Uve 100% di proprietà
Certificazione biologico certificato

CASTELVETRO DI MODENA (MO)

FATTORIA MORETTO €

Via Tiberia, 13/b - tel. 059 790183
www.fattoriamoretto.it - info@fattoriamoretto.it

VITA - Fattoria Moretto è una piccola realtà sulle prime colline di Castelvetro, un incantevole abitato di origine medievale sulla pedemontana dell'Appennino modenese. Nel cuore del territorio del lambrusco grasparossa, conduce secondo pratiche biologiche l'intera produzione. L'eredità aziendale si è estesa ad Alessio Altariva, figlio di Fabio, che dopo aver ottenuto la laurea in Economia oggi è studente di Enologia e Viticoltura.

VIGNE - I vigneti aziendali sono distribuiti su vari appezzamenti, tutti prossimi alla cantina. Una microzonazione ha permesso di capire il potenziale delle singole vigne: una vecchia vigna del 1971 e un reimpianto clonale su piante del 1969 sono i due cru aziendali. I terreni argillosi con affioramenti calcarei e la buona e costante ventilazione garantiscono sanità delle uve e corrette maturazioni.

VINI - Vini dai profumi inebrianti e dalla spuma spessa, che si completano in un sorso fresco, croccante, ampio e lungo. Tutti gli assaggi mostrano la rusticità e la versatilità del Grasparossa, richiamando i diversi vigneti di provenienza.

TOP **Lambrusco Grasparossa di Castelvetro Monovitigno 2019** VINO QUOTIDIANO 12.000 bt; 12 € - Si presenta con un olfatto arricchito da piccoli frutti rossi e note vegetali, che ritornano in un sorso fresco e sapido, connotato da un leggero tannino che asciuga la bocca.
Lambrusco Grasparossa di Castelvetro Canova 2019 9.000 bt; 12 € - Offre un olfatto da cui emergono netti aromi di more e ribes nero. La bocca è lunga e delicatamente tannica.
Lambrusco Grasparossa di Castelvetro Tasso 2019 38.000 bt; 10 € - Il complesso gusto-olfattivo qui è più immediato: le note fruttate anticipano un finale di bocca leggermente vinoso.
Lambrusco Grasparossa di Castelvetro Amabile Semprebon 2019 10.000 bt; 10 € - Metodo Charmat, armonico, fruttato, espressivo.

ha 10 - **bt** 75.000
Fertilizzanti letame in pellet, sovescio
Fitofarmaci rame e zolfo
Diserbo lavorazione meccanica/manuale
Lieviti selezione di lieviti indigeni
Uve 100% di proprietà
Certificazione biologico certificato

CASTELVETRO DI MODENA (MO)

VITTORIO GRAZIANO

Via Ossi, 30 - tel. 059 799162
graziano.vignaiolo@gmail.com

VITA - Vittorio Graziano, oggi un po' rassegnato e con un filo di amarezza, racconta attraverso sottili aneddoti quanto queste meravigliose colline di Castelvetro troppo spesso siano state bistrattate, da una viticoltura da lui definita industriale e incapace di valorizzare appieno questo vocato territorio. Dopo uno straordinario riassaggio di Brutsprintstin 2015, recensito alcune edizioni fa e oggi ancora più buono, è pressoché impossibile contraddire la sua versione dei fatti.

VIGNE - Le vigne di questa minuscola realtà sono paragonabili a un museo a cielo aperto: un patrimonio di biodiversità grazie alla capacità di conservazione di antiche cultivar locali, come i vecchi cloni di trebbiano o lambrusco grasparossa, oppure la rara uva tosca. Non è di secondaria importanza la conduzione agronomica, strettamente legata alla lunga esperienza di viticoltore contadino, nei modi, nei tempi e nelle sagge ambizioni.

VINI - Qui, dove il tempo si è fermato per davvero e i vini sono franchi rappresentanti di uno stile produttivo più unico che raro, della scorsa vendemmia abbiamo assaggiato due ottimi vini.

TOP **Ripa di Sopravento 2019** VINO SLOW trebbiano modenese, trebbiano di Spagna; 4.000 bt; 14 € - Vibrante e incisivo nei sentori di frutti esotici, di agrumi e floreali, al sorso dispone di tanta freschezza quanta sapidità, tutto in armonia con una bollicina cremosa e appagante. Il vino dell'estate!
Lambrusco Fontana dei Boschi 2019 14.000 bt; 15 € - Lento come sempre nel suo percorso fermentativo innescato dai soli lieviti indigeni, è già schietto nei profumi di frutti rossi ed erbe officinali; al sorso è ricco e gustoso, dotato di una sottile trama tannica che accompagna un'ottima materia, e di una delicata carbonica che lascia intuire un Lambrusco autentico, come sempre.

ha 6 - **bt** 35.000
Fertilizzanti sovescio
Fitofarmaci rame e zolfo
Diserbo lavorazione meccanica/manuale
Lieviti fermentazione spontanea
Uve 100% di proprietà
Certificazione nessuna certificazione

CASTELVETRO DI MODENA (MO)

LA PIANA

SCONTO -10%

Via Ossi, 4/b - tel. 059 790303
www.lambruscolapiana.it - agricola.lapiana@virgilio.it

VITA - Questa realtà vitivinicola è stata fondata negli anni Cinquanta da Cesare Gianaroli. Situata sulle prime colline dell'abitato di Castelvetro di Modena, è alla terza generazione di vignaioli. Fin dall'inizio, quando il vino si vendeva in damigiana, l'idea è sempre stata la stessa: valorizzare quel territorio collinare particolarmente vocato alla coltivazione del lambrusco grasparossa.

VIGNE - I vigneti aziendali si distribuiscono su due appezzamenti adiacenti. Le vigne più vecchie che circondano la cantina sono allevate con gli impianti a sylvoz. I nuovi appezzamenti, invece, sono tutti a cordone speronato. Il terreno in morbida pendenza, costituito per lo più da matrici argillose e scheletro ciottoloso, viene irrigato con impianti a goccia nei periodi di stress idrico.

VINI - La batteria di vini ha spiccata personalità, per il buon lavoro fatto in cantina nel preservare l'integrità e il carattere delle uve.

Lambrusco Grasparossa di Castelvetro Lacrime di Bosco 2019 20.000 bt; 8 € - Invitante nei profumi di ciliegia e nelle note mentolate, al sorso è fragrante e snello. Ricco di polpa e dotato di appagante sapidità, il grande equilibrio fra le parti dona sorprendente facilità di beva.
Lambrusco Grasparossa di Castelvetro Punto E A Capo 2019 3.000 bt; 10 € - Un po' timido nei profumi di piccoli frutti rossi, al sorso è fresco e gustoso, con bollicina fine e tannino composto.
Lambrusco Grasparossa di Castelvetro Capriccio di Bacco 2019 3.000 bt; 10 € - Lento a concedersi nel calice, con sentori di ciliegia marasca e note pepate, al sorso è sicuramente dotato di buona freschezza, ricca materia e tannino ancora contratto.
Lambrusco Grasparossa di Castelvetro M. Cl. Brut Nature Intuizione 2016 3.000 bt; 21 € - Incisivo, fruttato, salino.

ha 7 - **bt** 60.000
Fertilizzanti letame, minerali, sovescio
Fitofarmaci rame e zolfo
Diserbo lavorazione meccanica/manuale
Lieviti selezionati industriali
Uve 100% di proprietà
Certificazione biologico certificato

COLLECCHIO PR)

MONTE DELLE VIGNE

SCONTO -10%

Frazione Ozzano Taro - Via Monticello, 22 - tel. 0521 309704
www.montedellevigne.it - mdv@montedellevigne.it

VITA - Dalla riuscita unione fra l'arte di fare il vino di Andrea Ferrari e la lungimiranza imprenditoriale di Paolo Pizzarotti è nata questa prestigiosa realtà, concepita con un sapiente connubio fra efficienza operativa, bassissimo impatto energetico e soluzioni all'avanguardia nel ciclo produttivo, e la bellezza architettonica che si integra totalmente con la natura circostante.

VIGNE - L'importante patrimonio vitato si estende a un'altitudine che varia fra i 250 e i 300 metri, vanta diverse esposizioni, e insiste su suoli in cui si alternano matrici marno-argillose e roccia calcarea. Le varietà presenti sono le autoctone malvasia di Candia, lambrusco Maestri e barbera, e le alloctone sauvignon blanc, cabernet franc e merlot. Il vicino transito del fiume Taro e l'abbondante cornice boschiva hanno buoni influssi su tutto il contesto.

VINI - Batteria di vini ampia e convincente, dal preciso profilo organolettico in tutta la gamma degustata.

Malvasia Selezione 2019 30.000 bt; 12 € - - Fresca e floreale, con delicate note di agrumi e di fiori di lavanda, al sorso è snella, gustosa, con giusta sapidità.
Lambrusco I Calanchi 2019 6.000 bt; 12 € - - Raffinato e diretto nei profumi di frutti rossi come more e mirtilli, al sorso è ricco e gustoso, con buona materia, in armonia con il tannino e la bollicina.
Nabucco 2018 ● barbera, merlot; 19.000 bt; 24 € - - Diretto nel profilo olfattivo, con intriganti sentori di prugna, ciliegia e mora che si alternano a cenni speziati, al sorso è suadente, in totale coerenza coi profumi e con un tannino ancora fitto ma di buona qualità.
Bosco Grande 2019 O sauvignon blanc; 1.500 bt; 25 € - - Fresco, floreale, energico.
Argille 2015 ● barbera; 2.000 bt; 36 € - - Solido, speziato, complesso.

ha 60 - **bt** 400.000
Fertilizzanti sovescio
Fitofarmaci rame e zolfo
Diserbo lavorazione meccanica/manuale
Lieviti fermentazione spontanea, selezionati industriali
Uve 100% di proprietà
Certificazione biologico certificato

FELINO (PR)

CAMILLO DONATI €

Frazione Barbiano - Via Costa, 3/a - tel. 0521 637204
www.camillodonati.it - camillo@camillodonati.it

VITA - Umiltà, attenzione, rispetto e sensibilità sono i valori che distinguono questa rinomata azienda condotta da Camillo Donati con la famiglia. L'insegnamento del padre nel potare le vigne e l'amicizia con il signor Ovidio, classe 1924, hanno segnato la strada per la produzione di vini che conosciamo come rispettosi da sempre del territorio che li ospita, sin dalla fine degli anni Novanta: «il vino naturale non e' una frase fatta, si fa in vigna», dice Camillo.

VIGNE - Le vigne si trovano in collina, perlopiù disposte in un corpo unico prossimo alla cantina, con solo una parte in una vicina località. Le pendenze importanti e la consapevolezza di avere un terreno argilloso con tanto limo che tende ad andare in stress idrico, spingono a intervenire con rispettose azioni di sostegno alla vite. Una grande attenzione all'attività microbiologica, unita alla continua osservazione e all'ascolto delle vigne agevola il lavoro in cantina.

VINI - Vini di territorio che si esprimono in purezza. «L'Emilia è anzitutto facilità di beva»: è questa la chiave di lettura di tutti i vini aziendali.

TOP **Il Mio Ribelle 2019** VINO QUOTIDIANO barbera; 15.000 bt; 12 € - Esplode al naso con sentori di frutta fresca e sensazioni iodate e di erbe aromatiche. In bocca è avvolgente e succoso, con un piacevole finale fruttato.
Il Mio Malvasia 2019 malvasia di Candia aromatica; 23.000 bt; 12 € - Invade il naso con i suoi profumi floreali intensi e le note agrumate, corrisposto al sorso da un palato armonioso, succoso, espressivo e dal finale salino.
Il Mio Lambrusco 2019 15.000 bt; 12 € - Un Lambrusco Maestri dal profilo altamente espressivo: profuma di frutti scuri, erbe aromatiche, polvere di cacao e caffè, e in bocca ha un sorso succoso, profondo, di vivacità progressiva e dalla setosa trama tannica.

ha 18 - **bt** 50.000
Fertilizzanti nessun concime
Fitofarmaci rame e zolfo
Diserbo lavorazione meccanica/manuale
Lieviti fermentazione spontanea
Uve 100% di proprietà
Certificazione biologico certificato

GUIGLIA (MO)

TERRAQUILIA €

SCONTO **-10%**

Via Marano, 583 - tel. 059 931023
www.terraquilia.it - info@terraquilia.it

VITA - Nel ricordo del padre, devoto conoscitore dello straordinario Appennino modenese, il caparbio Romano Mattioli, sempre supportato dal volenteroso staff, di anno in anno ci convince sempre più nell'ambizioso progetto Terraquilia. Fedele al motto riportato in etichetta, «produrre vino ad alta quota», e rigidamente ancorato ai binari della tradizione, ha ridato vigore alla viticoltura in queste suggestive valli, scongiurandone l'abbandono.

VIGNE - Tre sono i poderi: Conca D'Oro, Fratelli Bandiera e La Riva, che si trovano a circa 500 metri di altitudine e sono allevati a guyot unilaterale, con densità media di 3.400 piante per ettaro. Data l'area boschiva circostante, le importanti escursioni termiche e il vicino transito del fiume Panaro, anche quando le estati sono torride qui il microclima favorisce un'alta qualità delle uve.

VINI - Le vinificazioni sono tradizionali, e prevedono ancestrali rifermentazioni in bottiglia, il tutto con bassissime quantità di solforosa aggiunta.

TOP **Il Nativo Ancestrale 2018** VINO QUOTIDIANO trebbiano, grechetto gentile; 5.000 bt; 11 € - Incisivo fin da subito, con note floreali e richiami minerali, al sorso è munito di freschezza e sapidità, che ben sposano una carbonica fine e avvolgente. Un vino dinamico, ben articolato e dotato di piacevolezza.
Terrebianche Col Fondo 2018 grechetto gentile, trebbiano modenese; 4.500 bt; 9 € - Intrigante anche questa versione col fondo, più schietta ma sempre dotata di buona materia, freschezza e sapidità.
Falcorubens 2017 lambrusco grasparossa; 9.000 bt; 10 € - Schietto nei profumi di frutti rossi e nei richiami a delicate spezie, al sorso è ricco e croccante, incentrato su sentori di ciliegia e amarena, e con una gradevole chiusura asciutta.
Lambrusco Falconero Zero 2018 1.200 bt; 13 € - Metodo Ancestrale, allappante, speziato, incisivo.

ha 9 - **bt** 70.000
Fertilizzanti letame in pellet
Fitofarmaci rame e zolfo
Diserbo lavorazione meccanica/manuale
Lieviti fermentazione spontanea
Uve 100% di proprietà
Certificazione biologico certificato

LANGHIRANO (PR)

CROCIZIA €

Frazione Pastorello - Strada per Crocizia, 7 - tel. 329 4249222
www.crocizia.com - marco.rizzardi@crocizia.com

VITA - «È nato tutto per passione, senza alcun progetto disegnato sulla carta»: all'inizio degli anni Duemila Marco Rizzardi ha assecondato il suo desiderio di occuparsi della vigna, acquistata negli anni Novanta dal padre, e produrre vini rifermentati. Al suo fianco a tempo pieno c'è Serena Gualtieri, che collabora in azienda dal 2016. Di rilievo oggi è anche la produzione di sidro di mele e pere da alberi lasciati allo stato semi-selvatico e disposti tra le vigne.

VIGNE - La cantina è a 500 metri di altitudine, dove troviamo la prima vigna piantata negli anni Novanta. Oggi contiamo circa una dozzina di piccoli appezzamenti nel raggio di 15 chilometri, che vengono curati in maniera certosina. Vigne anche molto vecchie, di 60 anni, dove la maggior parte del lavoro è gestito a mano: spesso anche i trattamenti vengono effettuati a spalla. Le vigne più basse sono a 250 metri di altitudine, mentre le più alte arrivano a 600 metri.

VINI - Semplici, schietti e con spiccata personalità gustativa, quindi mai banali: sono i rifermentati di Crocizia, che raccontano l'identità enologica dell'Emilia.

TOP **Znèstra 2019** VINO QUOTIDIANO malvasia di Candia aromatica; 2.000 bt; 9 € - Incisivo nei profumi di cedro e nelle delicate note di lavanda, al sorso è vibrante e gustoso, con un giusto equilibrio fra polpa, freschezza e mineralità: è il vino che berresti sempre.
Bèsiosa 2019 malvasia di Candia aromatica; 1.300 bt; 9 € - Irresistibile nei profumi di agrumi e fiori di pesco, al sorso dispone di frutto croccante e lunga sapidità.
Otòbbor 2019 barbera; 1.200 bt; 9 € - Diretto nei sentori di frutti rossi che introducono un vino ancora giovane, ma con buona polpa e tannino già integrato.
Tres-bien 2019 trebbiano; 1.000 bt; 9 € - Metodo Ancestrale, agile, floreale, armonico.

ha 3 - **bt** 15.000
Fertilizzanti sovescio
Fitofarmaci rame e zolfo
Diserbo lavorazione meccanica/manuale
Lieviti fermentazione spontanea
Uve 100% di proprietà
Certificazione biologico certificato

MODENA

FRANCESCO VEZZELLI

Località San Matteo - Via Canaletto Nord, 878/a - tel. 059 318695
aavezzelli@gmail.com

VITA - Roberto Vezzelli conduce questa affermata azienda nata nel 1958 dalla volontà del nonno Delmo e del padre Francesco. Prima commercianti di vino, negli anni Ottanta hanno deciso di comprare la terra e la cantina e diventare produttori. Roberto confessa di essere molto contrariato per il modo in cui vengono trascurate le infrastrutture in Italia, in riferimento alle continue alluvioni a cui deve porre rimedio, spesso in autonomia.

VIGNE - I testi storici dicevano che i migliori Lambrusco venivano dai terreni golenali, "saldein" in dialetto modenese. Si spiega così la scelta coraggiosa, nel 1993, di acquistare le prime vigne in località Soliera dentro le golene del fiume Serchia. Terre eccezionali dal punto di vista qualitativo, grazie all'elevata presenza di limo e minerali, ma difficoltose nella gestione, soprattutto negli ultimi tempi in cui le alluvioni annuali sono aumentate.

VINI - Si lavora molto con gli affinamenti sulle fecce fini per garantire vini che si distinguano per la loro finezza e sostanza.

Lambrusco di Sorbara Il Selezione 2019 77.500 bt; 9 € - Si apre su sentori fruttati di fragola e ciliegia, e prosegue con un palato minerale, acido e succoso, che mostra un buon equilibrio complessivo.
Lambrusco di Sorbara MoRosa 2019 10.000 bt; 10 € - Le delicate note di piccoli frutti rossi come il ribes e cenni di rosa canina introducono un sorso spumoso, minerale e saporito, di piacevole progressione.
Lambrusco di Sorbara Soldino 2019 18.000 bt; 7 € - Mostra decise note di sottobosco e ciliegia. In bocca è vinoso, più morbido rispetto agli altri Lambruschi, meno acido e asciutto. È il Lambrusco che si beveva a Modena nel passato.

ha 15 - **bt** 130.000
Fertilizzanti letame in pellet, preparati biodinamici, sovescio
Fitofarmaci organici, rame e zolfo
Diserbo lavorazione meccanica/manuale
Lieviti selezione di lieviti indigeni
Uve 100% di proprietà
Certificazione nessuna certificazione

MODENA

VILLA DI CORLO

SCONTO **-10%**

Località Baggiovara - Strada Cavezzo, 200 - tel. 059 510736
www.villadicorlo.com - info@villadicorlo.com

VITA - L'intera denominazione Grasparossa di Castelvetro sta attraversando un periodo di ascesa qualitativa, e anche in questa realtà vi sono grandi cambiamenti, tutti volti al miglioramento: dalla conversione dei vigneti in agricoltura biologica, all'acquisto di alcuni poderi in zone di alta vocazione, fino alla batteria di vini degustata, all'altezza delle aspettative. Da non perdere l'acetaia di balsamico tradizionale situata nei solai dell'antica villa.

VIGNE - Il podere più rappresentativo si trova a pochi chilometri dalla cantina, dove i suoli sono di matrice calcareo-argillosa: da lì provengono le uve grasparossa del vino più importante, il Corleto. Diversi sono gli altri appezzamenti fra l'area collinare e la pianura, e una piccola percentuale di uve viene acquistata in località Sozzigalli per produrre alcune bottiglie di Sorbara.

VINI - Grazie all'attento lavoro dell'enologo Otello Venturelli ogni anno questa piccola cantina propone una batteria di vini concreta e affidabile.

Lambrusco Grasparossa di Castelvetro Corleto 2019 19.000 bt; 8 € - Netti profumi di ciliegia e amarena introducono un sorso fresco e gustoso, che ha una buona polpa, ben integrata a spuma fitta e persistente, e convincente nel finale fruttato.
Lambrusco Grasparossa di Castelvetro 2019 20.000 bt; 7 € - Più snello del fratello maggiore, ma sempre espressivo nel profilo aromatico, è dotato di buona freschezza e fragranza. Gradito il finale asciutto.
Lambrusco Grasparossa di Castelvetro Olimpia 2019 6.500 bt; 8 € - Ai sentori di ciliegia si alternano gradevoli frutti rossi e al sorso vi è fedele corrispondenza, il tutto a garanzia di una beva snella e gustosa, con tannino composto e piacevole in chiusura.
Lambrusco di Sorbara M. Cl. Brut Elettra 2019 3.500 bt; 10 € - Agile, floreale, incisivo.

ha 20,5 - **bt** 100.000
Fertilizzanti nessun concime
Fitofarmaci chimici di sintesi, rame e zolfo
Diserbo lavorazione meccanica/manuale
Lieviti selezionati industriali, selezione di lieviti indigeni
Uve acquisto 10%
Certificazione parte dei vigneti in regime biologico

MONTECCHIO EMILIA (RE)

QUARTICELLO AZIENDA AGRICOLA BIOLOGICA

Via Matilde di Canossa, 1/a - tel. 0522 866220
www.quarticello.it - info@quarticello.it

VITA - Tra il 2001 e il 2006 Roberto Maestri ha preso una laurea in Viticoltura ed Enologia, fatto esperienze in diverse cantine, comprato le vigne e iniziato il suo progetto di produrre vino naturale tra Parma e Reggio Emilia. Dal 2017 ha unito le forze con Marcello Cavatorti, socio e carissimo amico d'infanzia, e la collaboratrice Antinisca Gregori, che si occupa della parte amministrativa e partecipa alla vendemmia.

VIGNE - Siamo al confine tra le province di Reggio Emilia e Parma, sulla sponda reggiana tra l'Appennino e la pianura, vicino al torrente Enza. Le vigne sono a 100 metri di altitudine e si trovano vicino alla cantina, mentre una vigna mista di 50 anni, alberata con acero campestre, sconfina nel territorio parmense. Il terreno franco-sabbioso conferisce ghiaia a bassa profondità che non trattiene l'acqua e non crea problemi di ristagno.

VINI - Vini naturali frizzanti e a rifermentazione in bottiglia sur lie, da mosto da uve spergola. Le fermentazioni sono spontanee.

Malvasia Despina 2019 15.000 bt; 13 € - Invitante nei piacevoli profumi di pesca e fiori bianchi, al sorso dispone di una ricca sapidità, sempre supportata da una buona trama acida che dona straordinaria beva a questa riuscitissima Malvasia.
Cascina Ronchi 2017 spergola; 4.000 bt; 17 € - Un po' timido nell'esprimersi al naso, su note agrumate e delicati sentori di camomilla, al sorso è croccante, con carbonica persistente e un piacevole finale secco.
Ortigara 2016 lambrusco Maestri, lambrusco grasparossa; 2.500 bt; 17 € - Delicati sentori di piccoli frutti rossi introducono un sorso croccante, dotato di frutto gustoso e ben supportato da sapidità e da un tannino fine. Ancora un po' rustico nella bollicina al momento dell'assaggio, è di buona persistenza.

ha 5 - **bt** 45.000
Fertilizzanti compost, letame, sovescio
Fitofarmaci rame e zolfo
Diserbo lavorazione meccanica/manuale
Lieviti fermentazione spontanea
Uve 100% di proprietà
Certificazione biologico certificato

MONTECCHIO EMILIA (RE)

STORCHI

Strada San Polo, 52 - tel. 0522 865957
www.storchivini.it - info@storchivini.it

VITA - Scendendo lungo la suggestiva val d'Enza, laddove la bassa collina si avvicina alla periferia di Montecchio Emilia, si trova questa piccola e giovane realtà. È proprio in queste vocate terre che i fratelli Gianni e Marco Storchi hanno avute le idee chiare fin da subito: fare vini senza mai perdere di vista il territorio con le sue peculiarità e tradizioni, ma soprattutto nel grande rispetto dell'infinito patrimonio che la natura offre quotidianamente attraverso il frutto della vite.

VIGNE - A pochi metri dal corso del fiume Enza, dove i terreni di certa origine alluvionale dispongono di abbondanza di sabbia, argilla e fitta ghiaia in superficie, affonda le radici la vigna. Qui, grazie al grande drenaggio dei suoli, le frequenti escursioni termiche e la costante ventilazione non è stato difficile concretizzare da subito una conduzione biologica e oggi, preservando il grande equilibrio raggiunto, è tutto in conversione biodinamica.

VINI - La gamma dei vini è rigidamente ancorata a uno stile tradizionale: sono schietti, privi di fronzoli e tutti ottenuti da fermentazioni spontanee.

Reggiano Rosso Pozzoferrato 2019 ⁘ 8.000 bt; 12 € - ▯ - Perfettamente coerente con lo stile produttivo, viene realizzato con una lenta rifementazione in bottiglia che ha sempre bisogno di molto tempo. All'olfatto si presenta ancora chiuso, data la giovinezza, e dopo pochi minuti emergono sottili richiami a frutti rossi e rabarbaro. Il profilo gustativo mette in mostra un buon succo, sempre sostenuto dalla freschezza e da una fitta trama tannica. Un Lambrusco d'altri tempi.
Braje 2015 ● merlot, cabernet franc, cabernet sauvignon; 3.500 bt; 20 € - Austero, speziato, avvolgente.
Colli di Scandiano e Canossa Perivana Ris. 2015 ● 3.000 bt; 26 € - Avvolgente, speziato, severo.

ha 3 - **bt** 15.000
Fertilizzanti preparati biodinamici
Fitofarmaci rame e zolfo
Diserbo lavorazione meccanica/manuale
Lieviti fermentazione spontanea
Uve 100% di proprietà
Certificazione biologico certificato, in conversione biodinamica

QUATTRO CASTELLA (RE)

CINQUE CAMPI €

SCONTO -10%

Località Puianello - Via Ferdinando Menozzi, 27 - tel. 349 5518001
www.cinquecampi.it - info@cinquecampi.it

VITA - È sempre affascinante la storia di questa piccola realtà ai piedi dell'Appennino reggiano, basti pensare che qui si produce vino per l'autoconsumo familiare da oltre due secoli, e già allora era chiaro quanto questo terrazzamento pliocenico a un'altitudine di circa 200 metri fosse vocato per l'agricoltura di qualità. Il patron Vanni Nizzoli è stato capace di conservare e valorizzare i vitigni autoctoni in maniera esemplare.

VIGNE - I pochi ettari di vigna sono un patrimonio di biodiversità. Nei decenni sono stati conservati vitigni autoctoni come la spergola, vari cloni di trebbiano per i bianchi o il bargi per i rossi. Grazie a una meticolosa conduzione della vigna, seguendo i rigidi dettami della biodinamica, è stato raggiunto un vero e proprio equilibrio naturale.

VINI - La batteria di vini è sorprendente: sono tutti altamente espressivi e dotati di immensa personalità, grazie a uno stile rigidamente tradizionale, ma con la precisione di un approccio enologico contemporaneo.

TOP **Cinquecampi Rosso 2019** VINO QUOTIDIANO ⁘ lambrusco grasparossa, malbo gentile, marzemino; 10.000 bt; 12 € - Diretto nei profumi di piccoli frutti rossi e di erbe officinali, al sorso è fragrante, gustoso e suadente, con carbonica fine, e piacevolmente secco in chiusura.
Terbianc 2019 ⁘ trebbiano toscano, trebbiano modenese, trebbiano di Spagna; 3.500 bt; 14 € - Ricco nei profumi di frutti gialli e nei richiami esotici, al sorso è dotato di freschezza, salinità, polpa e gustosa mineralità, che ben si integra con una garbata bollicina.
M. Cl. Dosaggio Zero Particella 128 2018 ⁘ spergola; 4.600 bt; 20 € - Diretto nei sentori di fiori bianchi, camomilla e richiami di pompelmo, al sorso è croccante e cremoso, dotato di una giusta sapidità che ben si sposa con una carbonica fine e ben integrata: lo spumante che non ti aspetti!.

ha 5 - **bt** 30.000
Fertilizzanti compost, letame, sovescio
Fitofarmaci organici, rame e zolfo
Diserbo lavorazione meccanica/manuale
Lieviti fermentazione spontanea
Uve 100% di proprietà
Certificazione biologico certificato

DENNY BINI PODERE CIPOLLA €

SCONTO -10%

Località Coviolo - Via Ruozzi, 1-3 - tel. 320 0229600
denny.bini@libero.it

VITA - Formatosi all'istituto agrario con una specializzazione in vitivinicoltura, Denny Bini collabora con un'importante azienda del Reggiano nella gestione della cantina, e dal 2003 ha preso in affitto il terreno del nonno, intraprendendo così il suo percorso di vignaiolo. Negli anni, Podere Cipolla è diventata una delle realtà artigianali più interessanti del territorio.

VIGNE - Circondato da una campagna verde e da corsi d'acqua, il podere ospita diverse varietà autoctone allevate a cordone speronato su terreni argillosi ricchi di limo, con formazione di ghiaia e sabbia nello strato più profondo. La conduzione delle vigne è improntata al rispetto dell'ecosistema e della biodiversità.

VINI - Rifermentazioni in bottiglia come vuole la tradizione e pochi interventi in fase di vinificazione sono elementi indispensabili per ottenere vini che ben rappresentano il territorio e l'annata, e che sanno essere piacevoli e conviviali, incarnando lo spirito emiliano.

TOP **Levante 90 2019** VINO QUOTIDIANO 3.000 bt; 12 € - - Dai vitigni malvasia di Candia aromatica e spergola, questo rifermentato in bottiglia è ricco di intensi aromi varietali e note di cedro. Succoso e fresco, è un esempio genuino e convincente di territorialità.
Ponente 270 2019 lambrusco grasparossa, di Sorbara, lambrusco montericco, salamino, Maestri; 3.000 bt; 11 € - - Si caratterizza per un naso intenso di erbe selvatiche, e in bocca ha una buona progressione gustativa, ricca di struttura.
Rosa dei Venti 2019 lambrusco grasparossa, malbo gentile, lambrusco di Sorbara; 3.000 bt; 12 € - - Presenta un intenso bouquet floreale, e al palato è dinamico grazie alla buona spinta acida.
Libeccio 225 2018 lambrusco grasparossa; 2.000 bt; 12 € - - Metodo Ancestrale, incisivo, fruttato, gastronomico.

ha 3 - **bt** 15.000
Fertilizzanti letame in pellet, letame, preparati biodinamici, sovescio
Fitofarmaci organici, rame e zolfo
Diserbo lavorazione meccanica/manuale
Lieviti fermentazione spontanea
Uve 100% di proprietà
Certificazione in conversione biologica

REGGIO EMILIA

ERMETE MEDICI & FIGLI

SCONTO -10%

Località Gaida - Via Newton, 13/a - tel. 0522 942135
www.medici.it - info@medici.it

VITA - Questa affermata azienda vanta sul territorio reggiano una storia senza eguali, dal fondatore Remigio Medici, al grande contributo delle successive generazioni, fino al consolidato sodalizio col gruppo Cevico. Oggi in questa realtà non si produce solo ottimo vino ma anche cultura: ne è un chiaro esempio il progetto Medici per il territorio, programma di promozione ad ampio raggio su agricoltura, viticoltura, sostenibilità ambientale, arte, ospitalità e turismo.

VIGNE - A pochi chilometri dall'antica via Emilia si trovano le principali tenute di questa azienda: Rampata, caratterizzata da suoli prevalentemente argillosi, da cui provengono le uve di lambrusco salamino, e Gaida e Quercioli, dove la matrice dei terreni è a medio impasto e si producono le varietà ancellotta e lambrusco Marani. È in atto la conversione all'agricoltura biologica, e le rese per ettaro negli anni sono state ridotte del 40%.

VINI - Batteria di vini sempre all'altezza delle aspettative e molto territoriali: oltre ai classici sono in crescita le etichette prodotte dalla varietà Sorbara, come il Metodo Ancestrale Phermento o lo spumante Metodo Classico Carezza.

Reggiano Lambrusco Concerto 2019 150.000 bt; 8 € - - Costanza assoluta per questo vino dai franchi profumi di frutti rossi e dai richiami alle erbe officinali: al sorso è fresco, succoso e suadente, con una delicata trama tannica a completare il tutto.
Reggiano Rosso Assolo 2019 90.000 bt; 7 € - - Conquista fin da subito grazie a invitanti profumi di frutti come mora e mirtillo, e al sorso è morbido e dotato di buona sapidità.
Reggiano Lambrusco I Quercioli 2019 150.000 bt; 7 € - - Profilo olfattivo incentrato su frutti rossi; al sorso è dinamico e gustoso: un vino di piacevole beva.

ha 75 - **bt** 800.000
Fertilizzanti letame in pellet
Fitofarmaci rame e zolfo
Diserbo lavorazione meccanica/manuale
Lieviti selezionati industriali, selezione di lieviti indigeni
Uve 100% di proprietà
Certificazione in conversione biologica

SAN PROSPERO (MO)

ZUCCHI €

Località San Lorenzo - Via Viazza, 64 - tel. 059 908934
www.vinizucchi.it - info@vinizucchi.it

VITA - È suggestiva la serpeggiante strada che porta alla cantina, in queste "terre d'argine", così definite per l'abbondante presenza di fiumi e canali. In queste zone il lambrusco di Sorbara trova il suo migliore habitat, e proprio qui la famiglia Zucchi produce vino da tre generazioni. Oggi al comando c'è Silvia, giovane enologa che ha studiato alla scuola di Conegliano, che con passione e talento contribuisce alla produzione di vini dall'alto profilo qualitativo.

VIGNE - Il parco vitato di questa bellissima realtà si trova fra le zone di maggior vocazione della denominazione, tra San Prospero e località San Lorenzo. Ovviamente affonda le radici in terreni squisitamente ricchi di sabbia, limo e potassio, e grazie alla lunga esperienza di questa famiglia la conduzione è attenta e rispettosa, con interventi ridotti a rame e zolfo e con filari inerbiti, bassissime rese e vendemmia rigorosamente manuale.

VINI - I vini degustati quest'anno sono tutti prodotti col Metodo Charmat, e come sempre sono una certezza: impeccabili nei precisi profili olfattivi e altamente espressivi e appaganti al sorso.

TOP **Lambrusco di Sorbara Rito 2019** VINO QUOTIDIANO
12.000 bt; 11 € - Nitidi profumi di ribes e fragola introducono un vino affilato e vibrante, dotato di gustosa materia e immancabile sapidità lungo tutta la beva. Un Sorbara di riferimento.
Lambrusco di Sorbara Etichetta Bianca 2019
50.000 bt; 9 € - Franco nei sentori fruttati di fragola e lampone, al sorso è succoso e fragrante, dotato di spiccata facilità di beva grazie al preciso equilibrio fra sapidità e morbidezza.
Marascone 2019 lambrusco salamino; 12.000 bt; 8 € - Diretto nei profumi di piccoli frutti rossi e nei richiami vegetali, al sorso è dotato di un frutto croccante e di buona freschezza, con una chiusura morbida e avvolgente.

ha 10 - **bt** 100.000
Fertilizzanti nessun concime
Fitofarmaci rame e zolfo
Diserbo lavorazione meccanica/manuale
Lieviti selezionati industriali
Uve 100% di proprietà
Certificazione nessuna certificazione

SAVIGNANO SUL PANARO (MO)

PODERI FIORINI

Via Puglie, 6 - tel. 059 733151
www.poderifiorini.com - fiorini@poderifiorini.com

VITA - Nei primi anni Novanta Alberto Fiorini e sua sorella Cristina, originari della bassa, hanno acquistato il primo vigneto di lambrusco grasparossa in collina, mentre nel 2010 hanno costruito l'attuale cantina. La consulenza di Maurizio Sangiorgi per la parte agronomica e di Marco Gozzi per quella enologica, insieme all'esperienza pluriennale di Alberto come agronomo e conoscitore del Lambrusco, hanno contribuito a fare di Poderi Fiorini un'azienda dinamica e aperta al cambiamento.

VIGNE - Con il nuovo approccio agronomico si cerca di applicare una filosofia più rispettosa del terreno: si osserva e si ascolta la pianta intervenendo in modo meno impattante, con potature mirate a dare longevità e, soprattutto, qualità alle piante. Le vigne di Sorbara sono in pianura, mentre le altre sono tra i 70 e 250 metri di altitudine. I terreni sono prevalentemente sabbioso-argillosi, calcarei nella zona vicino al Panaro, e ricchi di limo.

VINI - Portare l'identità del singolo vigneto nel bicchiere: l'obiettivo viene perseguito con fermentazioni a basse temperature, uso di lieviti selezionati per i vini fatti in autoclave e di lieviti indigeni per i vini Le Ghiarelle e Vigna del Padre.

Lambrusco di Sorbara Corte degli Attimi 2019
35.000 bt; 9 € - Sentori di ciliegia scura e fragolina di bosco anticipano un sorso fresco, asciutto, spumoso e salino.
Lambrusco Grasparossa di Castelvetro Becco Rosso 2019 70.000 bt; 8 € - Diretto nei nitidi profumi di ciliegia marasca e mirtilli, al sorso è ricco e gustoso, dotato di freschezza, dinamicità e gradita chiusura morbida.
Lambrusco di Sorbara Vigna del Padre 2019
5.000 bt; 11 € - Metodo Ancestrale, succoso, fruttato, gastronomico.
Le Ghiarelle 2017 ● lambrusco grasparossa; 1.900 bt; 15 € - Robusto, speziato, severo.

ha 25 - **bt** 200.000
Fertilizzanti letame, sovescio
Fitofarmaci rame e zolfo
Diserbo lavorazione meccanica/manuale
Lieviti selezionati industriali, selezione di lieviti indigeni
Uve 100% di proprietà
Certificazione biologico certificato

SOLIERA (MO)

VIGNETO SAETTI

Via Santa Maria, 397 - tel. 059 850046
www.vignetosaetti.it - saetti.luciano@vignetosaetti.it

VITA - In questa realtà autentica alle porte di Soliera, nel 2020 si è consolidato il passaggio del testimone: al comando passa la figlia Sara Saetti, che già da anni affianca il papà nel mestiere del viticoltore. Tuttavia, come ci racconta oggi Luciano, «declassato a garzone di lusso», la missione aziendale non cambia, e l'obiettivo sarà quello di sempre: produrre semplicemente vini artigianali.

VIGNE - Qui, dove i terreni sono prevalentemente argillosi e la varietà lambrusco salamino trova la sua massima espressione, dimora la vigna di Luciano. Già notando la siepe che la circonda s'intuisce con quanta cura è condotta: dal 1998 sono stati banditi prodotti chimici di qualsiasi genere, e ogni pratica agronomica è rigorosamente manuale.

VINI - La stoffa si inizia a percepire già prima dell'assaggio, passando dalla dichiarazione di totale assenza di solforosa aggiunta che troverete sotto la capsula, per poi arrivare al metodo: la rifermentazione spontanea in bottiglia, col solo utilizzo di lieviti indigeni e con successiva sboccatura.

Il Cadetto 2019 ⁘ 5.000 bt; 13 € - ▢ - L'interpretazione in rosa del lambrusco salamino parte timida nei profumi, con richiami alla ciliegia e al melograno; al sorso però si riscatta con un ricco frutto croccante, buona freschezza e gradevole sapidità in chiusura. Forse un po' giovane, è già dotato di gustosa beva.
Rosso Viola 2019 ⁘ 20.000 bt; 12 € - ▢ - Questo vino da uve lambrusco salamino si presenta poco disinvolto nei profumi, ma al sorso dispone di ricca materia, freschezza, e tannino fine e maturo, che ben si amalgama alla spuma cremosa e persistente. Il tempo è un'alleato, e riassaggiando le annate precedenti ne abbiamo conferma.
Rosso dell'Emilia 2019 ● lambrusco salamino; 2.000 bt; 12 € - ▢ - Fresco, fruttato, rustico.

ha 2,6 - **bt** 27.000
Fertilizzanti nessun concime
Fitofarmaci rame e zolfo
Diserbo lavorazione meccanica/manuale
Lieviti fermentazione spontanea
Uve 100% di proprietà
Certificazione biologico certificato

I PICCOLI ARTIGIANI NELLE TERRE DEI LAMBRUSCHI

Nelle terre dei Lambruschi – contenute fra l'Appennino Tosco Emiliano e la riva destra del Po – negli ultimi anni è cresciuto il numero di piccolissimi produttori di vini veramente degni di nota. Sono realtà molto particolari, spesso custodi di vecchie vigne o di antiche cultivar, condotte quasi sempre in maniera magistrale; si tratta di "veri artigiani", in genere privi di una cantina "in regola" per la trasformazione delle proprie uve; in altri casi sono persone capaci di produrre solo poche migliaia di bottiglie e rimanere ovviamente esclusi dalle esigenti logiche del mercato. Oltre a fare vini di lodevole interesse qualitativo sono spesso paladini di un patrimonio ampelografico non omologato e a rischio di estinzione; riteniamo pertanto doveroso monitorare ogni anno questo territorio e i tanti suoi attori, segnalando le piccole eccellenze che questi artigiani ci propongono:

Angol' d'Amig di Marco Lanzotti
Vaciglio (MO)
tel. 328 1267339
La Banda 2019
(lambrusco di Sorbara, da Metodo Classico)

Anna Beatrice
Albinea (RE)
tel. 339 2939750
Vulpis in Fabula 2018
(lambrusco Maestri, da rifermentazione in bottiglia)

Cavaliera
Castelvetro di Modena (MO)
tel. 059 799835
Lambrusco Grasparossa di Castelvetro Federico 2017
(grasparossa, da rifermentazione in bottiglia)

Lusvardi
San Martino in Rio (RE)
tel. 335 8149599
Lusvardi Rosé
(lambrusco salamino, da rifermentazione in autoclave)
Sanzafondo 2019
(salamino e grasparossa, da rifermentazione in bottiglia)

Podere Cervarola
Formigine (MO)
tel. 335 8093194
La Rondinina Rosato
(grasparossa, da rifermentazione in bottiglia)

Tenuta Galvana Superiore
Castelvetro di Modena (MO)
tel. 059 790169
Pignoletto Ancestrale 2019
(grechetto gentile, da rifermentazione in bottiglia)

ROMAGNA

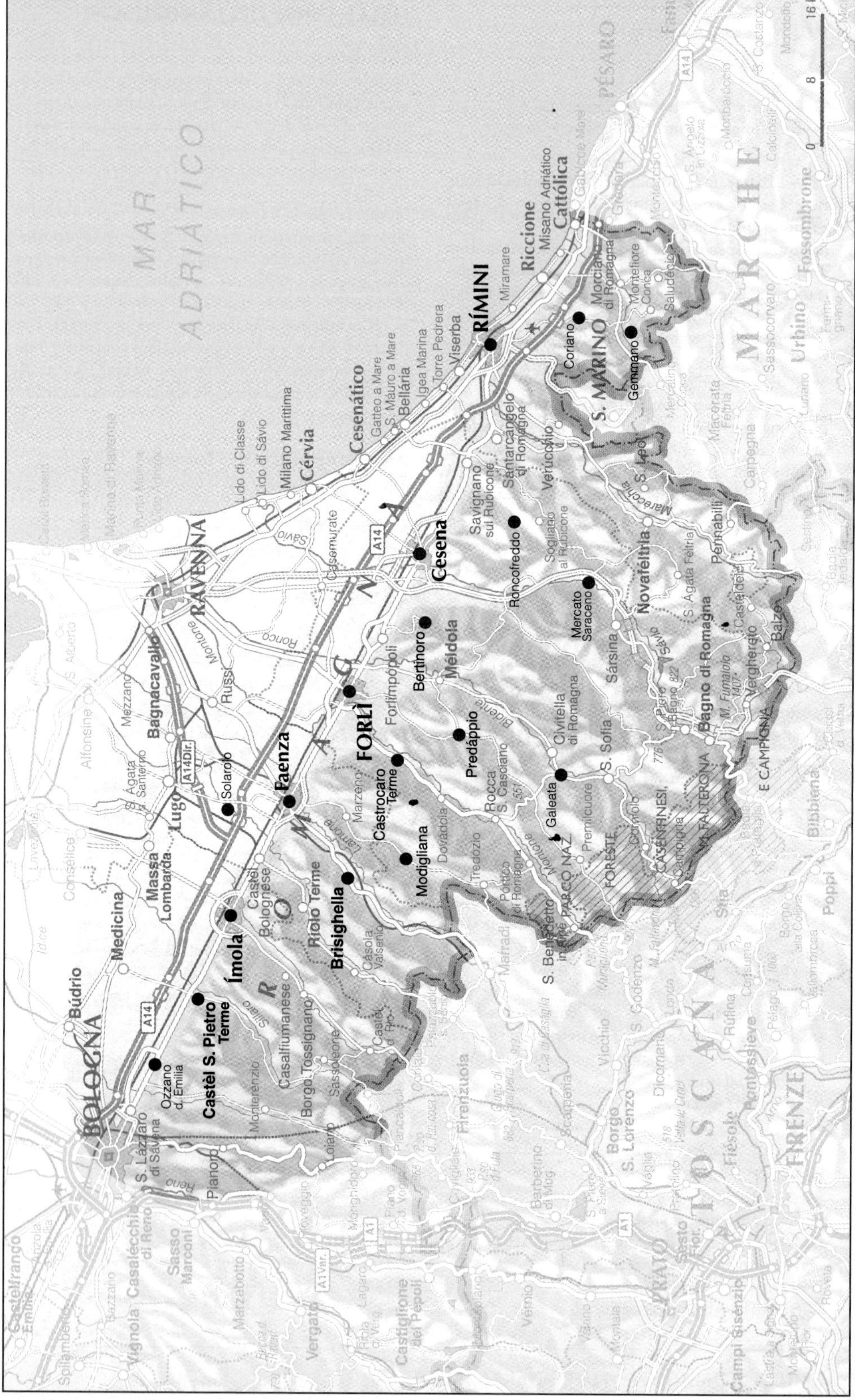

MAR ADRIÁTICO
RAVENNA
FORLÌ
RÍMINI
Cesena
Faenza
Ímola
BOLOGNA
Cervia
Cesenático
Riccione
Cattólica
S. MARINO
Brisighella
Bagnacavallo
Lugo
Medicina
Búdrio
Castèl S. Pietro Terme
Riolo Terme
Castrocaro Terme
Modigliana
Predáppio
Meldola
Bertinoro
Forlimpopoli
Roncofreddo
Mercato Saraceno
Galeata
Civitella di Romagna
S. Sofia
Sàrsina
Novafeltria
Bagno di Romagna
Coriano
Gemmano
Solarolo
Savignano sul Rubicone
Santarcangelo di Romagna
Verucchio
MARCHE
TOSCANA
FIRENZE
PÉSARO
0 8 16 km

RAFFAELLA ALESSANDRA BISSONI

SCONTO **-10%**

Località Casticciano - Via Colecchio, 280 - tel. 0543 460382
www.vinibissoni.com - info@vinibissoni.com

VITA - Quando oltre 30 anni fa Raffaella Alessandra Bissoni ha iniziato l'attività probabilmente non immaginava di essere assorbita in modo così totalizzante, ma anche appagante. La sua sensibilità verso l'ambiente l'ha portata ad approfondire, con continui corsi, i temi inerenti alle pratiche biodinamiche, alla gestione della vigna e al rispetto dell'ecosistema in cui opera. Il vino sano e di qualità si fa in vigna, assecondandola, senza mai forzarla: è questo il suo principio-guida.

VIGNE - I 5 ettari di vigneto si sviluppano in un unico corpo intorno alla cantina, circondati da boschi e oliveti. I terreni scoscesi sono adagiati sullo spungone, un tipo di roccia arenario-calcarea molto porosa che caratterizza la collina di Bertinoro, e che conferisce ai vini frutto, potenza tannica e longevità. L'inerbimento spontaneo praticato da diversi anni si è arricchito di grande biodiversità, con la presenza anche di orchidee selvatiche. A inizio 2020 è stato messo a dimora mezzo ettaro ad albana.

VINI - I vini, come nella migliore tradizione di Bertinoro, sono caldi, ricchi di frutto e tannini, ma mai pesanti, perché sostenuti da una buona acidità che li rende longevi e di grande complessità.

Romagna Sangiovese Bertinoro Vigna Colecchio Ris. 2016 ● 2.400 bt; 31 € - ▦ - Note di frutti rossi, spezie e vaniglia, introducono un palato ampio, con tannino di buona fattura, un po' segnato dai legni di affinamento.
Romagna Albana Passito 2016 ● 2.000 bt; 27 € - ▦ - Ha attacco morbido e di grande potenza, con sentori di datteri, fichi secchi e arancia candita. La bocca è ampia e di buona acidità: una bella espressione della tipologia, complesso.
Romagna Sangiovese Sup. Ris. 2017 ● 7.200 bt; 21 € - ▦ - Succoso, speziato, consistente.
Romagna Sangiovese Sup. Girapoggio 2018 ● 15.000 bt; 12 € - ▦ - Dinamico, fruttato, armonico.

ha 5 - **bt** 30.000
Fertilizzanti letame in pellet
Fitofarmaci organici, rame e zolfo
Diserbo lavorazione meccanica/manuale
Lieviti selezione di lieviti indigeni
Uve 100% di proprietà
Certificazione biologico certificato

GIOVANNA MADONIA

SCONTO **-10%**

Via de' Cappuccini, 130 - tel. 0543 444361
www.giovannamadonia.it - giovanna@giovannamadonia.it

VITA - Giovanna Madonia dal 2017 ha fatto entrare attivamente in azienda la figlia Miranda col compagno Gennaro Cirillo, con quest'ultimo che si occupa delle vigne e della cantina. Le idee dei due giovani portano novità e ricerca su ogni fronte. In campo è in atto la conversione al biologico, mentre in vinificazione si fanno nuove prove ed esperienze, per ottenere ogni anno le migliori espressioni possibili, senza perdere il timbro del territorio.

VIGNE - Le vigne sono distribuite attorno al monte Maggio, su terreni misti di argille e sabbie, sotto i quali corre la vena dello spungone, con ricco scheletro di pietre calcaree. Albana e sangiovese sono le due uve maggioritarie, di cui hanno appena piantato due nuove parcelle. Importante il lavoro sul sangiovese, qui coltivato tutto ad alberello modificato, mentre l'albana è allevata a guyot.

VINI - Da sempre qui si vinifica per parcelle, con fermentazioni spontanee sui rossi. Dal 2018 si provano macerazioni molto lunghe, fino a 130 giorni, e fermentazioni a grappolo intero, specie per i Sangiovese più freschi.

Romagna Albana Secco Neblina 2019 ○ 6.500 bt; 10 € - ▯ - Invitante al naso, con note di fiori e di frutta dolce, sorprende in bocca con un sorso netto, corroborante, con richiami agrumati e un finale salino.
Romagna Sangiovese Bertinoro Ombroso Ris. 2017 ● 7.000 bt; 23 € - ▦ - Un po' contratto al naso, su note balsamiche, si allarga bene nel sorso, con frutto scuro maturo e sentori di radici, un tannino austero e profondità gustativa.
Romagna Sangiovese Sup. Fermavento 2018 ● 19.000 bt; 12 € - ▯ ▦ - Si apre su note di frutti rossi, terrose e speziate, e si distende al sorso con polpa e buon nervo, un tannino setoso e una chiusura sapida.
Tenentino 2019 ● sangiovese, merlot; 21.000 bt; 6 € - ▯ - Agile, fruttato, gastronomico.

ha 14 - **bt** 60.000
Fertilizzanti sovescio
Fitofarmaci rame e zolfo
Diserbo lavorazione meccanica/manuale
Lieviti fermentazione spontanea, selezionati industriali
Uve 100% di proprietà
Certificazione in conversione biologica

BERTINORO (FC)

TENUTA LA VIOLA

SCONTO **-10%**

Via Colombarone, 888 - tel. 0543 445496
www.tenutalaviola.it - info@tenutalaviola.it

VITA - Stefano Gabellini è un ingegnere elettronico prestato alla viticoltura: alla fine degli anni Novanta ha preso in mano le redini dell'azienda di famiglia, supportato e aiutato dall'energica madre Lidia Serra, che si occupa tuttora dell'azienda in prima persona. Con le prime consulenze di Emilio Placci (produttore) e Remigio Bordini (agronomo) Stefano ha iniziato a ridurre la produzione al fine di migliorare la qualità.

VIGNE - Da sempre fautore di una viticoltura sostenibile e rispettosa dei suoi cicli naturali Stefano fin dal 1999 opera in agricoltura biologica, e ha iniziato in questi ultimi anni a utilizzare alcuni preparati biodinamici. L'idea è quella di poter restituire una terra migliore di quella che è stata trovata.

VINI - Facilità di beva, eleganza e piacevolezza sono le parole d'ordine utilizzate da Stefano per descrivere i vini della Tenuta La Viola. Vini che nel corso degli anni sono cambiati molto per raggiungere alcuni obiettivi e evitare l'omologazione con altri produttori, per cercare minore opulenza e concentrazione, alleggerendo quindi l'utilizzo del legno.

TOP **Romagna Sangiovese Sup. Oddone 2019** VINO QUOTIDIANO ● 27.000 bt; 7 € - Frutto in ingresso per un sorso fine e integrato, agile ed essenziale.
Romagna Sangiovese Sup. Colombarone 2018 ● 14.000 bt; 12 € - Apre su note fruttate e speziate, e al palato si presenta setoso, avvolgente, succoso ed espressivo.
Romagna Albana Frangipane 2019 ○ 6.000 bt; 10 € - Note fruttate e floreali sfociano in un palato articolato, dinamico, espressivo e teso.
Romagna Sangiovese Bertinoro P. Honorii Ris. 2016 ● 6.000 bt; 19 € - Incisivo, speziato, armonico.
Bolleggio 2019 pinot nero; 1.850 bt; 13 € - Metodo Ancestrale, agile, fruttato, rustico.

ha 14 - **bt** 50.000
Fertilizzanti letame, preparati biodinamici, sovescio
Fitofarmaci rame e zolfo
Diserbo lavorazione meccanica/manuale
Lieviti fermentazione spontanea
Uve 100% di proprietà
Certificazione biologico certificato, parte dei vigneti in regime biodinamico

BRISIGHELLA (RA)

CA' DI SOPRA

SCONTO **-10%**

Località Marzeno - Via Feligara, 15 - tel. 328 4927073
www.cadisopra.com - info@cadisopra.com

VITA - La squadra resta la stessa: la famiglia, con Giacomo Montanari uomo di vigna e di cantina, il fratello Camillo alla parte commerciale e l'occhio vigile di papà Mario. A Ca' di Sopra si mettono oggi a massimo frutto gli investimenti fatti negli anni recenti, con la creazione della nuova zona di affinamento dei vini, che, come dice Giacomo «consentirà di ottenere vini più distesi e armoniosi, lavorando meglio e con meno solforosa».

VIGNE - I 28 ettari di vigna della proprietà, che si estende per 50 ettari complessivi, nel 2021 avranno terminato il periodo di conversione al biologico. Contenuti nella sottozona Marzeno, i terreni hanno caratteristiche molto differenti fra loro per quote di argilla: maggiori in alto, fino ai 250 metri, minori a valle (più miste di sabbie e calcare). Dalla vendemmia 2019 si è intensificato il lavoro di valorizzazione di ogni singolo cru: tra un paio di anni uscirà la nuova etichetta Sangiovese Vigna del Montale dall'omonima vigna, la più alta della tenuta.

VINI - Lasciarsi condizionare sempre meno dal legno, e dunque lavorare per un maggiore utilizzo del cemento in cantina: lo stile aziendale è sempre più fatto di schiettezza e sostanza.

Romagna Sangiovese Sup. Crepe 2019 ● 20.000 bt; 10 € - Un vino che invoglia alla beva e che convince a ogni uscita: nel prossimo futuro si aggiungerà qualche mese in più di affinamento in bottiglia.
Romagna Sangiovese Sup. Marzeno Ca' di Sopra 2018 ● 3.300 bt; 13 € - Si presenta con un naso finissimo e convincente nel frutto, e in bocca è ampio e piuttosto articolato.
Uait 2019 ○ pinot bianco; 5.000 bt; 9 € - Eliminata la quota di uve chardonnay, emerge una spiccata vena vegetale, fragrante e fresca.
Remel 2017 ● sangiovese, merlot, cabernet sauvignon; 3.200 bt; 15 € - Robusto, fruttato maturo, scuro.

ha 28 - **bt** 36.000
Fertilizzanti sovescio
Fitofarmaci rame e zolfo
Diserbo lavorazione meccanica/manuale
Lieviti fermentazione spontanea
Uve 100% di proprietà
Certificazione in conversione biologica

BRISIGHELLA (RA)

FONDO SAN GIUSEPPE

SCONTO **-10%**

Via Tura - tel. 328 4333271 - 392 9887690
www.fondosangiuseppe.it - info@fondosangiuseppe.it

VITA - Fondo San Giuseppe è l'azienda fondata nel 2008 da Stefano Bariani che, originario della bassa ferrarese, dopo una nobile frequentazione lavorativa a Barbaresco con Angelo Gaja, ha voluto tornare in Romagna per creare la sua azienda. Il fato ha voluto che da Ferrara giungesse a Valpiana, sopra Brisighella, nell'alto Appennino romagnolo circondato da boschi, e qui ha iniziato la sua insolita strada di produttore di matrice bianchista in terra di rossi.

VIGNE - I vini di alta quota sono nel pedigree di Stefano. Proprio per questo ha pensato nell'ultimo anno di prendere in affitto una vigna a Modigliana, la zona più alta della Romagna, dove dal 2019 ha convogliato il suo sangiovese. Da sempre molto attento alla salubrità del territorio e soprattutto delle vigne, ha prima riordinato le piante secondo le sue idee e metodologie, poi ha vinificato la prima annata.

VINI - Stefano ha idee molto chiare e precise sui vini che vuol produrre: puliti, freschi ed eleganti, in cui sia netto il territorio d'appartenenza. In questa direzione sta lavorando con la consulenza di Francesco Bordini.

Romagna Albana Fiorile 2019 ○ 3.800 bt; 20 € - Bella espressione di Albana di altitudine: al naso il frutto è croccante, e il palato è polposo e succoso, dinamico e profondo, dalla forte sapidità.
Colli di Faenza Trebbiano Téra 2019 ○ 3.000 bt; 20 € - Vinificato in acciaio, è schietto e lineare, per un'interpretazione romagnola che spazia dal frutto delicato ai cenni vegetali.
Ciarla 2019 ○ riesling renano; 3.600 bt; 20 € - Un vino che non stanca mai di sorprendere per la sua facilità di beva e per la piacevolezza di fondo.
Romagna Sangiovese Sup. Ca' Bianca 2019 ● 2.500 bt; 19 € - Agile, fruttato, espressivo.

ha 5 - **bt** 25.000
Fertilizzanti sovescio
Fitofarmaci rame e zolfo
Diserbo lavorazione meccanica/manuale
Lieviti fermentazione spontanea
Uve 100% di proprietà
Certificazione biologico certificato

BRISIGHELLA (RA)

LA COLLINA

SCONTO **-10%**

Via Paglia, 19 - tel. 334 3423537
www.poderelacollina.com - ciao@poderelacollina.com

VITA - Continua l'avventura collinare di Mirja Scarpellini e Yvan Ogi, affiancati dall'enologo Francesco Bordini: nel 2016 sono arrivati dalla Svizzera alle colline di Brisighella, su terreni condotti per conto di un'altra proprietà ma con piena libertà d'iniziativa. Suggestivo il luogo, che sulla sommità della vigna più alta ospita anche un antico osservatorio astronomico isolato, con panorama mozzafiato sulla Romagna.

VIGNE - La novità è che dalla vendemmia 2019 vigna e vini sono certificati biologici. «Del resto considerato il luogo dove coltiviamo e produciamo sarebbe illogico non essere biologici» dice Mirja, e la certificazione semplicemente suggella un lavoro già in atto. La collina sulla quale trovano dimora i 5 ettari di viti di sole uve a bacca nera è delimitata a valle dal torrente Paglia, e circondata da una corte di calanchi e bosco, su terreni marnosi e arenacei sottoposti a un bell'intreccio di venti.

VINI - L'idea che alberga in cantina è quella di fare vini leggeri e di immediata lettura, che non significa però banali, anzi.

Sangiovita 2016 ● sangiovese; 6.000 bt; 15 € - Cattura con un naso intenso di frutta rossa matura e una suadente nota balsamica che si ritrova in bocca, dove si aggiunge una piacevole sapidità.
Rio Paglia 2019 ● sangiovese; 3.000 bt; 11 € - Etichetta al suo debutto, convince subito, forte di un bel frutto franco e di una freschezza che conferisce scatto e piacevolezza.
ViaZia 2019 ○ 2.000 bt; 12 € - Da uve sangiovese vinificate in bianco a cui, in questa annata, è stato aggiunto un piccolo saldo di albana, denota una bevuta fresca e piacevole, di incisività sapida.
Cupola 2016 ● merlot, cabernet sauvignon, sangiovese; 10.000 bt; 18 € - Articolato, balsamico, energico.
Carranca 2016 ● merlot; 3.000 bt; 27 € - Ampio, speziato, avvolgente.

ha 5 - **bt** 20.000
Fertilizzanti letame in pellet, sovescio
Fitofarmaci rame e zolfo
Diserbo lavorazione meccanica/manuale
Lieviti selezionati industriali, selezione di lieviti indigeni
Uve 100% di proprietà
Certificazione biologico certificato

BRISIGHELLA (RA)

SAN LORENZO IN CAMPIUME

Frazione Fognano - Via Campiume, 6 - tel. 339 1137070
www.vignedisanlorenzo.it - info@campiume.it

VITA - Volge finalmente verso il compimento la trasformazione aziendale: dopo la vendita dell'agriturismo nel 2018, Filippo Manetti si avvia a concludere i lavori di realizzazione della nuova cantina di proprietà entro il 2020, chiudendo la fase di transizione in cui ha vinificato presso terzi.

VIGNE - Filippo ha mantenuto la proprietà di quasi 2 ettari in località Campiume, ora spiantati e in attesa dei nuovi impianti. Altri 2 ettari sono in affitto sul monte Bicocca, a 350 metri, dove piante di oltre 50 anni crescono su terreni compatti e argillosi, a base marnosa. Da qualche anno ha scelto di coltivare solo uve locali: albana, trebbiano e sangiovese.

VINI - Immuni ai cambiamenti logistici, le idee di Filippo sono salde e immutate: custodia delle vigne in pieno rispetto ecologico. In cantina poco interventismo, ma tanta voglia di mettersi alla prova, con lunghe macerazioni sui rossi e spesso anche sui bianchi. Originale la linea Anam, nata nel 2018, con macerazioni più brevi e sorso votato alla quotidianità.

Oudeis 2016 ● sangiovese; 2.400 bt; 25 € - Tre anni di maturazione in legno grande donano grande eleganza al vino, di nerbo acido saldo e dal tannino fine. Bello il connubio tra note floreali e speziate, con allungo saporito.
Campiume 2017 ● sangiovese; 1.300 bt; 20 € - Intenso e articolato, cangiante nei profumi e di grande impatto in bocca, è succoso, elegante e stratificato.
Anam Rosso ● sangiovese; 2.400 bt; 20 € - Per Filippo un vino "minore" fa comunque almeno un mese di macerazione. Da attendere qualche minuto per lasciare esprimere la parte agrumata, che irrora anche il sorso di freschezza e succo. Verace.
Anam Bianco O trebbiano; 1.300 bt; 20 € - Bianco macerato, pungente, agrumato, energico.

ha 3,6 - **bt** 15.000
Fertilizzanti nessun concime
Fitofarmaci rame e zolfo
Diserbo lavorazione meccanica/manuale
Lieviti fermentazione spontanea
Uve 100% di proprietà
Certificazione nessuna certificazione

CASTEL SAN PIETRO TERME (BO)

FRATTA MINORE

SCONTO **-10%**

Località Gallo Bolognese - Via Scorticheto, 2705
tel. 051 6951807 - www.lafrattaminore.it - info@lafrattaminore.it

VITA - Dopo aver abbandonato il camice Nicola Marrano ha deciso di trasferirsi da Bologna sulle colline di Castel San Pietro Terme, e di scommettere sulla viticoltura per iniziare a produrre vino, investendo sulle varietà autoctone del territorio: albana, grechetto gentile e sangiovese. La voglia di imparare e mettersi in gioco è notevole, tanto da indurlo a seguire corsi di potatura e studiare giorno dopo giorno per migliorare.

VIGNE - I vigneti aziendali si trovano in zona collinare a ovest della città di Castel San Pietro. Il sottosuolo prevalentemente argilloso (in alcuni tratti si tratta di argille rosse ricche di ferro) presenta a livello superficiale alcune inclusioni calcaree e alcune zone sabbiose.

VINI - Nicola è un vignaiolo con le idee chiare e dirette: «mi piace fare quello che dico e dire quello che faccio». Non segue il pensiero comune, e per la sua azienda vuole produrre innanzitutto vini puliti, genuini e dotati di estrema piacevolezza.

TOP **Pignoletto Frizzante Sui Lieviti 2019** VINO QUOTIDIANO 6.000 bt; 9 € - Vino Metodo Ancestrale con note di lievito e agrumate al naso, pompelmo in primis; al palato risulta agile, verticale e incisivo, con finale sapido e avvolgente.
Romagna Sangiovese Sup. Ris. 2016 ● 3.000 bt; 22 € - Il passaggio in legno dona sensazioni fruttate e speziate, con note balsamiche e di liquirizia. Al palato si presenta nobile, possente, dinamico e stratificato.
Pinot Nero 2019 ● 3.000 bt; 9 € - Estremamente tipico e varietale, apre su toni fruttati, per un sorso setoso e avvolgente, dal finale croccante ed essenziale.
M. Cl. Rosé Dama Bianca 2018 grechetto gentile, pinot nero; 4.000 bt; 20 € - Succoso, fruttato, dettagliato.
M. Cl. Brut Dama Bianca 2016 grechetto gentile; 2.000 bt; 22 € - Incisivo, fruttato, avvolgente.

ha 6 - **bt** 50.000
Fertilizzanti letame in pellet, sovescio
Fitofarmaci rame e zolfo
Diserbo lavorazione meccanica/manuale
Lieviti fermentazione spontanea, selezionati industriali
Uve 100% di proprietà
Certificazione biologico certificato

CASTROCARO TERME (FC)

MARTA VALPIANI

SCONTO -10%

Località Bagnolo - Via Bagnolo, 158 - tel. 0543 769598
www.vinimartavalpiani.it - info@vinimartavalpiani.it

VITA - Anni di studio e di investimenti stanno portando l'azienda alla ribalta nel panorama nazionale. Dopo una piacevole scoperta segue sempre una fase di incertezza, dovuta al dubbio di vedere se la bella novità si ripeterà, o se invece purtroppo è stata solo una promessa non mantenuta. Elisa Mazzavillani non solo ha mantenuto le aspettative, ma le ha superate.

VIGNE - I vigneti sulle colline di Castrocaro, seppur vicini tra loro, si diversificano molto a seconda della composizione dei suoli. Sul versante meridionale le vigne di albana e sangiovese beneficiano di terreni ricchi di arenaria, alternata a sabbie gialle e ad affioramenti dello spungone; nelle vigne rivolte a nord, attorno alla cantina, predominano le difficili argille azzurre.

VINI - I vini di Elisa generalmente vengono descritti come campioni di grazia e finezza, sostenuti da una superba acidità. La tecnica qui è esemplarmente a disposizione della naturalità e la crescita qualitativa è evidente, anche nei prodotti di annata calda.

TOP **Sangiovese La Farfalla 2019** VINO QUOTIDIANO ● 6.600 bt; 10 € - - È il Sangiovese delle vigne giovani, in cui la trama acida si sposa a succosità e ampiezza: perfetto per la tavola di tutti i giorni.
Romagna Sangiovese Sup. Marta Valpiani Rosso 2018 ● 11.600 bt; 13 € - - Il frutto fresco, la profondità, l'apparente disinvoltura e una granitica acidità rendono questo 2018 uno dei vini di Elisa più interessanti e più complessi da leggere.
Romagna Sangiovese Castrocaro e Terra del Sole Crete Azzurre 2018 ● 6.600 bt; 16 € - - Le argille e lo spungone danno a questo Sangiovese volume e austerità, l'affinamento in botte e il cemento aggiungono una fragrante e avvolgente speziatura.
Delyus 2019 ○ albana; 3.300 bt; 10 € - - Armonico, fruttato, espressivo.

ha 14 - **bt** 30.000
Fertilizzanti compost, letame, preparati biodinamici, sovescio
Fitofarmaci rame e zolfo
Diserbo lavorazione meccanica/manuale
Lieviti fermentazione spontanea
Uve 100% di proprietà
Certificazione biologico certificato

CESENA

MARIA GALASSI

SCONTO -10%

Frazione Paderno - Via Casetta, 688 - tel. 0547 21177 - 338 7230288
www.galassimaria.it - info@galassimaria.it

VITA - È di certo tra i capostipiti del biologico in Romagna l'azienda di Maria Galassi, ereditata dal padre più di 30 anni fa e condotta da sempre con grande rispetto per le vigne e per la natura circostante, ricca di biodiversità. Da lungo tempo Maria si avvale, in vigna e in cantina, della fondamentale collaborazione di Francesco Bordini.

VIGNE - Le vigne di proprietà formano sostanzialmente un corpo unico, posto al confine cesenate delle colline di Bertinoro, su suoli tendenzialmente magri e di diversa composizione, con sabbie tufacee, marne e argille in prevalenza. I filari sono perfettamente integrati in un microcosmo di boschi e corsi d'acqua, e vengono curati con un approccio agronomico pienamente rispettoso della flora e della fauna locali.

VINI - I vini di Maria si fanno ricordare per la scorrevolezza della beva e per la capacità di evidenziare, generalmente, la maturità del frutto.

Romagna Sangiovese Sup. NatoRe 2015 ● 6.000 bt; 13 € - - Nonostante l'annata fredda e difficile il Sangiovese NatoRe è riuscito a raggiungere un'ottima maturazione: risulta complesso, speziato, con un profilo olfattivo in cui l'affinamento in legno è appena percettibile; in bocca si presenta concentrato e ampio.
Fiaba 2019 ○ chardonnay, rebola; 2.500 bt; 12 € - - È un vino poco appariscente ma di grande impatto gustativo: morbido e incisivo, austero nella fase iniziale, è un perfetto compagno da abbinamento per la tavola.
Romagna Albana Secco La Sgnora 2019 ○ 2.000 bt; 11 € - - Mostra un frutto croccante e fresco; possente in ingresso, continua incisivo in centro bocca e succoso nell'allungo gustativo.

ha 19 - **bt** 40.000
Fertilizzanti letame, organo-minerali
Fitofarmaci rame e zolfo
Diserbo lavorazione meccanica/manuale
Lieviti fermentazione spontanea
Uve 100% di proprietà
Certificazione biologico certificato

CESENA

TENUTA IL PLINO

SCONTO -10%

Frazione San Carlo - Via Montalti, 50 - tel. 337 605729
www.ilplino.it - alessandroramilli@alice.it

VITA - Raggiunti i 40 anni, Alessandro Ramilli nella classica crisi di mezza età ha deciso di cambiare totalmente vita e dedicarsi a quella che fino ad allora era una passione, il vino. Mezzo romagnolo e mezzo toscano, non poteva che indirizzarsi sull'amato sangiovese. Ha acquistato un appezzamento sulle prime colline cesenati e ha iniziato a produrre i primi Sangiovese. Oggi invece il suo motto è: «se i francesi avessero l'albana si dimenticherebbero dello chardonnay».

VIGNE - Le vigne sorgono nella prima collina cesenate, con pendenze importanti e suoli a base di sabbie gialle che garantiscono ai vini un'elevata acidità. Della vecchia vigna di sangiovese di 50 anni d'età oggi, dopo una frana, ne rimangono solo 1,5 ettari. Da anni certificato biologico, si sta avvicinando a forza di prove pratiche positive verso la biodinamica, con l'intento di non spingere le piante ma di garantirne l'equilibrio.

VINI - I vini di Tenuta del Plino non hanno uno stile ben definito: seguono il cuore, l'impulsività e l'annata. Tuttavia tra gli obiettivi di Alessandro c'è quello di valorizzare le acidità importanti, per garantire l'invecchiamento dei vini senza interventi forzati.

Romagna Sangiovese Sup. Torre di Roversano 2018 ● 1.200 bt; 15 € - - Sul versante olfattivo si apre su note balsamiche e fruttate, mentre al palato denota nerbo e carattere scattante.
Romagna Albana Alba di Plino 2018 O 1.600 bt; 16 € - - Tipico nelle note fruttate di albicocca, in bocca risulta polposo e profondo.
Naso di Falco 2016 ● sangiovese, cabernet sauvignon, merlot; 2.500 bt; 21 € - - Si apre subito con sentori fruttati e una leggera speziatura, per poi sfociare in un sorso dalla consistenza tannica ancora un po' verde, ma comunque con una buona freschezza a bilanciare il tutto.

ha 6,5 - **bt** 10.000
Fertilizzanti nessun concime
Fitofarmaci organici, rame e zolfo
Diserbo lavorazione meccanica/manuale
Lieviti fermentazione spontanea
Uve 100% di proprietà
Certificazione biologico certificato

CORIANO (RN)

PODERE VECCIANO

SCONTO -10%

Località Vecciano - Via Vecciano, 23 - tel. 0541 658388
www.poderevecciano.it - poderevecciano@gmail.com

VITA - La storia di Podere Vecciano è fatta di persone, di convinzioni e di collaborazioni. Persone, perché tutto è nato da Enio Bigucci ormai 30 anni fa, e continua con suo figlio Davide insieme alla moglie Catia Casali. Convinzioni, perché il biologico è stato fin da subito una pratica imprescindibile. Collaborazioni, perché Davide ritiene prezioso ogni apporto, e si avvale dell'enologo Francesco Bordini, di suo padre Remigio in ambito agronomico, e del prezioso supporto in cantina di Laura Agostini.

VIGNE - A Coriano, intorno alla cantina, tra olivi e mandorli si trovano i vigneti, 20 ettari con altitudini tra i 100 e i 150 metri, che poggiano su terreni di medio impasto. Le vigne hanno un'età che varia dai 30 anni della rebola ai 12 anni delle più giovani, e trovano il loro equilibrio nel sistema di allevamento a rittochino.

VINI - I vini di Podere Vecciano non rincorrono le mode, sono sinceri e gustosi: il lavoro in vigna e in cantina ha un unico obiettivo, quello di esaltare le peculiarità di ogni vitigno, nella convinzione che solo attraverso una vinificazione semplice ma attenta è possibile ottenere vini varietali e legati al proprio territorio.

Romagna Sangiovese Sup. Montetauro 2019 ● 50.000 bt; 5 € - - Ampio nei sentori fruttati e floreali, è dinamico e persistente al palato, di grande facilità di beva. Una bella espressione di Sangiovese.
Romagna Sangiovese Sup. D'Enio Ris. 2017 ● 4.000 bt; 15 € - - Intenso al naso, è setoso nel tannino e croccante al palato.
Colli di Rimini Rebola Vigna la Ginestra 2019 O 7.300 bt; 11 € - - Si apre su note fruttate e al palato è saporito, fresco e disinvolto.
Romagna Pagadebit Vigna delle Rose 2019 O 9.000 bt; 7 € - - Agile, fruttato, essenziale.
Piandellemarne 2019 O famoso; 5.000 bt; 7 € - - Croccante, floreale, delicato.

ha 20 - **bt** 100.000
Fertilizzanti compost, letame in pellet, letame, preparati biodinamici, sovescio
Fitofarmaci rame e zolfo
Diserbo lavorazione meccanica/manuale
Lieviti selezione di lieviti indigeni
Uve 100% di proprietà
Certificazione biologico certificato, in conversione biodinamica

ANCARANI

SCONTO -10%

Località Santa Lucia - San Biagio Antico, 14 - tel. 0546 642162
www.viniancarani.it - info@viniancarani.it

VITA - Famiglia contadina di vecchia data, gli Ancarani hanno impresso una netta svolta al loro percorso nel 1994, quando Claudio, assieme a quel vulcano di idee e progetti che è la moglie Rita Babini, ha preso in mano le redini dell'azienda. Da allora in poi solo ottime iniziative, compreso il passaggio al biologico nel 2013, con i tempi lenti, l'approccio concreto e la migliore consapevolezza contadina.

VIGNE - Le vigne circondano la cantina sui tipici terreni delle morbide colline di Oriolo, dove le frequenti inserzioni sabbiose (le famose sabbie gialle) si alternano con argille ricche di calcare. Viene condotta una viticoltura tesa a ricercare il naturale equilibrio delle piante, che per questo non subiscono cimature e diradamenti.

VINI - Claudio in cantina fa un lavoro essenziale e poco invasivo, usando prevalentemente le vasche di cemento per produrre vini puliti ed espressivi, traduzione semplice e naturale delle sue uve.

TOP **Perlagioia 2019** VINO QUOTIDIANO O 4.000 bt; 10 € - Da uve albana con piccolo saldo di trebbiano, vinificate sapientemente per onorare il nome del vino: è in effetti una gioia sentire tanta frutta croccante al naso e poi anche al palato, dove il sorso è scattante e teso, e lungamente sapido.
Romagna Albana Sânta Lusa 2017 O 3.500 bt; 19 € - La sostanza è tanta, ben definita e armonica, con sensazioni leggermente mielose che accompagnano un finale perfettamente asciutto.
Centesimino 2019 ● 9.000 bt; 15 € - Riempie naso e bocca con la fragrante succosità delle amarene mature, per un sorso agile e immediato, assai piacevole.
Romagna Sangiovese Sup. Biagio Antico 2018 ● 6.000 bt; 11 € - Schietto, speziato, energico.
Le Signore 2019 O famoso; 5.000 bt; 10 € - Agile, aromatico, espressivo.

ha 12,5 - **bt** 38.000
Fertilizzanti preparati biodinamici
Fitofarmaci rame e zolfo
Diserbo lavorazione meccanica/manuale
Lieviti fermentazione spontanea
Uve 100% di proprietà
Certificazione biologico certificato

CANTINA SAN BIAGIO VECCHIO

SCONTO -10%

Via Salita di Oriolo, 13 - tel. 339 3523168
cantinasanbiagiovecchio@gmail.com

VITA - Dal 2020 Lucia Ziniti è entrata a pieno titolo in azienda col marito Andrea Balducci, con cui condivide le fatiche fin dal principio di questa impresa, datata 2004. I progetti di adeguamento della cantina sono rinviati a causa della situazione eccezionale di quest'anno, ma non mancano le novità, come l'impianto di altri 8.000 metri quadrati di albana.

VIGNE - Le vigne sono state rilevate dal parroco di San Biagio Vecchio, mantenendo i vitigni tipici presenti e ampliandone l'estensione nei terreni adiacenti in località Terbato e Ca' di Fre'. Albana, centesimino e sangiovese sono le varietà principali, coltivate da subito in regime biologico. Le vigne hanno esposizioni diverse e terreni che vanno dalle argille calcaree alle sabbie gialle. Una vicina falda acquifera è provvidenziale nelle annate calde, come i freschi boschi confinanti.

VINI - Ricerca dell'equilibrio naturale in vigna e poche operazioni, essenziali, in cantina, dove si predilige l'uso dell'acciaio. Il risultato sono vini integri, rispettosi del territorio di Oriolo e assolutamente sinceri.

TOP **Romagna Albana Secco SabbiaGialla 2019** VINO SLOW O 6.700 bt; 15 € - Una versione solare e disponibile, con aromi dolci di frutta gialla matura e miele, mentre la bocca è sapida, asciutta e secca, ma al contempo con polpa e sapore, e un velo tannico finissimo.
MonteTarbato 2018 ● centesimino; 3.000 bt; 14 € - Un bel concentrato di sapore, cui fa da preludio un naso stratificato, di erbe aromatiche, radici e frutti rossi. Il sorso è succoso, con tannino croccante e allungo speziato.
Cacciabruco 2019 O malvasia, trebbiano; 7.400 bt; 11 € - Invitante, con profumi floreali freschi e note varietali che si mischiano a sensazioni di agrumi gialli. Il sorso è fresco e dinamico. Archetipo dello stile aziendale, è decisamente espressivo.

ha 11 - **bt** 30.000
Fertilizzanti letame, sovescio
Fitofarmaci rame e zolfo
Diserbo lavorazione meccanica/manuale
Lieviti fermentazione spontanea
Uve 100% di proprietà
Certificazione biologico certificato

FAENZA (RA)

FATTORIA ZERBINA

Frazione Marzeno - Via Vicchio, 11 - tel. 0546 40022
www.zerbina.com - info@zerbina.com

VITA - È dal 1985 che Cristina Geminiani è la mente e il braccio operativo di Fattoria Zerbina, da quando, fresca di laurea in Enologia, la famiglia le chiese di entrare in azienda. A distanza di quasi 30 anni, e nonostante abbia scritto pagine importanti per la Romagna non ha smesso di studiare e sperimentare sui 26 ettari di sangiovese, convertiti fin dal suo arrivo in alberello e nel mappare le vigne sta creando dei singoli cru aziendali tramite il progetto Sequenthia.

VIGNE - È stato fatto un passo importante: dopo anni di prove mirate sono state avviate le pratiche per ottenere la certificazione biologica. Decisione logica nel 2020, ma non facile da prendere in quanto l'ampio parco vitato è a poca distanza dalla pianura, a un'altitudine limitata. Da molti anni ci si avvale della consulenza di Franco Carini, mentre in azienda cresce, vendemmia dopo vendemmia, Edoardo Marchesi.

VINI - Cristina fa le scelte enologiche in prima persona, cercando di accompagnare in modo non invasivo le uve, senza interventi forzati ma prestando ascolto all'esperienza e alla sensibilità maturate.

TOP **Albana Passito Scaccomatto 2016** ● 5.000 bt da 0,5 l; 45 € - 🍷 - Ottenuto da uve botrizzate, vinificato interamente in acciaio e affinato a lungo in bottiglia, presenta note fruttate, agrumate, candite e mielose, e in bocca è succoso, ampio e avvolgente, oltre che di spiccata freschezza.

Romagna Albana Bianco di Ceparano 2019 ○ 20.000 bt; 10 € - 🍷 - Al naso si manifesta con un profilo fruttato netto, mentre in bocca ha dinamismo e profondità, con una forte vena minerale a impreziosire la beva.

Romagna Sangiovese Marzeno Pietramora Ris. 2016 ● 15.000 bt; 28 € - 🍽 - Riserva storica dell'azienda, mette in mostra note speziate e di frutto maturo. Al palato il tannino è robusto e bilanciato dalla vena acida.

ha 30 - **bt** 180.000
Fertilizzanti letame in pellet, sovescio
Fitofarmaci rame e zolfo
Diserbo lavorazione meccanica/manuale
Lieviti selezionati industriali
Uve 100% di proprietà
Certificazione in conversione biologica

FAENZA (RA)

PAOLO FRANCESCONI

SCONTO **-10%**

Località Sarna - Via Tuliero, 154 - tel. 0546 43213
www.francesconipaolo.it - info@francesconipaolo.it

VITA - Paolo Francesconi è l'archetipo del vignaiolo sincero e dai modi garbati. Dalle sue parole traspare sempre un rispetto disarmante nei confronti della natura, e una grande conoscenza dal punto di vista agronomico ed enologico, risultato non solo degli studi giovanili, ma soprattutto dell'esperienza che ha maturato sul campo.

VIGNE - Le vigne poggiano su di un terrazzo fluviale situato a 5 chilometri a sud di Faenza, in località Sarna. I terreni che fungono da cintura tra la collina e la pianura sono di origine alluvionale, composti da argille rosse in superficie (ricche di ferro e manganese) e da calcare più in profondità. Dal 2002 Paolo ha iniziato a utilizzare preparati biodinamici: da subito è risultato evidente un effetto positivo sulla fertilità del terreno.

VINI - I vini di Paolo risultano identitari e sinceri, senza cedere a compromessi o all'omologazione. L'idea è che devono sempre emergere territorio e annata.

TOP **Arcaica 2018** VINO SLOW ○ 3.000 bt; 15 € - 🍷 - Albana che macera sulle bucce per 90 giorni, si apre su note fruttate, poi cenni medicinali e balsamici e un tocco tannico sul palato. Il sorso perfettamente integrato è teso e dinamico, per un finale espressivo e profondo.

Romagna Sangiovese Sup. Limbecca 2017 ● 10.000 bt; 13 € - 🍷 - Apre su note fruttate e ricorda il calore dell'annata, ma al palato si presenta setoso, avvolgente, succoso e autentico.

Rosso 2019 ● sangiovese; 1.300 bt; 10 € - 🍷 - Macerazione brevissima (due giorni) per un vino le cui sensazioni fruttate e floreali si intrecciano a un tannino sussurrato, per un sorso croccante ed essenziale.

Vite in Fiore 2019 ○ albana; 1.300 bt; 14 € - 🍷 - Teso, floreale, energico.

Luna Nuova 2017 ○ trebbiano; 3.000 bt; 12 € - 🍷 - Fresco, fruttato, rustico.

ha 8,4 - **bt** 20.000
Fertilizzanti preparati biodinamici, sovescio
Fitofarmaci rame e zolfo
Diserbo lavorazione meccanica/manuale
Lieviti fermentazione spontanea
Uve 100% di proprietà
Certificazione biodinamico certificato, biologico certificato

FAENZA (RA)

GALLEGATI

Via Lugo, 182 - tel. 0546 621149
www.aziendaagricolagallegati.it - info@aziendaagricolagallegati.it

VITA - Dai primi anni Novanta i fratelli Gallegati guidano la propria azienda dividendosi i ruoli: Antonio si occupa dei campi, mentre Cesare segue la parte enologica. Dal 2020 l'intera produzione verrà vinificata nella cantina aziendale, da poco adeguata proprio per portare all'interno la produzione, fino al 2019 allocata nel polo di Tebano.

VIGNE - I vigneti sono in corpo unico sui monti Coralli, in territorio brisighellese, al confine con Faenza, su terreni argilloso-calcarei che donano sapidità alle uve. Certificati biologici dal 2019, i Gallegati curano vigne mature, tutte oltre i 15 anni di età, con punte di 60 anni per il trebbiano.

VINI - Da sempre rigorosi e attenti, procedono con l'obiettivo virtuoso di ottenere vini eleganti da terreni vocati per natura alla potenza. Pregevoli i progressi fatti sui rossi alleggerendo le macerazioni.

TOP **Romagna Sangiovese Brisighella Corallo Rosso 2018** VINO SLOW ● 3.500 bt; 12 € - Felice versione di Sangiovese fresco e succoso, con tannino croccante e naso centrato su frutti rossi e note floreali. Esempio dello stile raggiunto dalla cantina.
Romagna Albana Secco Corallo Giallo 2019 ○ 2.000 bt; 12 € - Una parte delle uve viene vinificata a contatto con le bucce, donando sostanza e sapore a questo vino, che si mantiene dinamico e scattante al sorso, con tannino lieve e polpa ben integrata. Al naso gioca su note di frutta gialla matura e di erbe aromatiche.
Corallo Nero 2015 ● sangiovese; 2.000 bt; 18 € - L'olfatto è complesso, arricchito di sfumature selvatiche, con cenni di frutto scuro e richiami mediterranei. Il sorso è equilibrato e sapido, con tannino setoso e potenza ben controllata.
Romagna Trebbiano Corallo Argento 2019 ○ 2.000 bt; 12 € - Agile, agrumato, salino.

ha 6,5 - **bt** 15.000
Fertilizzanti nessun concime
Fitofarmaci organici, rame e zolfo
Diserbo lavorazione meccanica/manuale
Lieviti fermentazione spontanea
Uve 100% di proprietà
Certificazione biologico certificato

FORLÌ

STEFANO BERTI

SCONTO -10%

Località Ravaldino in Monte - Via La Scagna, 18 - tel. 335 8440104
www.stefanoberti.it - bertiste@gmail.com

VITA - Dopo avere ottenuto il diploma di perito agrario, Stefano Berti nel 1982 ha iniziato a gestire l'azienda acquistata dal padre nei primi anni Sessanta, sino ad allora vissuta più come una seconda casa che un'attività. A piccoli passi è stata abbandonata la produzione di frutta, dando centralità alla coltivazione del sangiovese già presente da sempre, in piccole quantità. Inizialmente le uve sono state conferite, poi nel 2000 è iniziata la produzione in proprio.

VIGNE - I 6 ettari vitati sono ubicati a Ravaldino in Monte, nella prima collina forlivese, incastonati tra le vallate del Bidente e del Rabbi, su terreni argillo-calcarei. Da anni in vigna non si utilizza chimica di sintesi, ma solo da gennaio 2020 è iniziata la conversione al biologico. La sensibilità verso la terra fa sì che l'uso del rame sia molto contenuto. Inoltre si pratica un inerbimento spontaneo e si lavora molto sull'equilibrio vegetativo della pianta.

VINI - I vini di Stefano esprimono strutture importanti, frutto nitido, e anche in gioventù una piacevole nota speziata, unita a una tannicità evidente che li rende austeri ma anche di grande complessità.

Romagna Sangiovese Predappio Calisto Ris. 2016 ● 3.500 bt; 19 € - Vino di grande impatto, presenta piacevoli note di frutti rossi e spezie, e in bocca risulta articolato e persistente, con una trama tannica ben modulata.
Romagna Sangiovese Predappio Ravaldo 2018 ● 10.000 bt; 12 € - Teso, floreale, ampio.
Romagna Sangiovese Bartimeo 2018 ● 10.000 bt; 10 € - Fresco, fruttato, armonico.
Rossetto 2019 sangiovese; 3.500 bt; 12 € - Metodo Ancestrale, vibrante, floreale, leggiadro.

ha 6 - **bt** 35.000
Fertilizzanti nessun concime
Fitofarmaci rame e zolfo
Diserbo lavorazione meccanica/manuale
Lieviti fermentazione spontanea
Uve 100% di proprietà
Certificazione in conversione biologica

CALONGA

SCONTO -10%

Via Castel Leone, 8 - tel. 0543 753044
www.calonga.it - info@calonga.it

VITA - Valorizzare il territorio attraverso i vitigni autoctoni romagnoli: da sempre è questo il principio su cui si basa la filosofia aziendale. Oggi, sotto la guida di Maurizio Baravelli e dei figli Lorenzo, Matteo e Francesco, si va avanti continuando a raccontare la lunga storia familiare attraverso la passione per il vino e il rispetto della natura.

VIGNE - I 10 ettari vitati si sviluppano sulle prime colline forlivesi, una zona particolare per caratteristiche pedologiche e climatiche: un terreno di origine marina che qui si specializza in un complesso sedimentario costituito principalmente da molasse – un ammassato arenaceo friabile – miste a sabbie gialle e argille grigio-azzurre, con venature gessose. Su questi terreni insistono i vitigni autoctoni sangiovese, albana e pagadebit.

VINI - Vini dal carattere deciso, connotati da complessità aromatica e sapidità. Lo stile aziendale si riconosce subito nel frutto netto, vivacizzato da una vena acida che conferisce verticalità e dinamismo a ogni sorso.

Romagna Sangiovese Sup. Il Bruno 2018 ● 3.500 bt; 12 € - ▯ - L'olfatto floreale e fruttato introduce una beva dinamica e ampia, connotata da un profilo croccante e da un finale netto ma non lunghissimo.
Romagna Sangiovese Sup. Michelangiolo Ris. 2016 ● 10.000 bt; 23 € - ▯ ▦ - Piacevoli note di frutti scuri maturi e un delicato speziato che ricorda le bacche di vaniglia anticipano un sorso ampio e fresco, polposo e con una nota speziata che avvolge il lungo finale.
Romagna Pagadebit 2019 ○ 5.000 bt; 7 € - ▯ - Cenni floreali e di frutta tropicale guidano un sorso fresco e sapido, in cui i richiami ai frutti a polpa bianca si prolungano in un finale di media durata.
M. Cl. Brut Baldan 2016 ⁘ sangiovese, bombino bianco; 6.000 bt; 18 € - ▯ - Croccante, floreale, elegante.

ha 18 - **bt** 50.000
Fertilizzanti minerali
Fitofarmaci chimici di sintesi, rame e zolfo
Diserbo lavorazione meccanica/manuale
Lieviti selezionati industriali
Uve 100% di proprietà
Certificazione nessuna certificazione

FORLÌ

DREI DONÀ - TENUTA LA PALAZZA

SCONTO -10%

Località Massa di Vecchiazzano - Via del Tesoro, 23
tel. 0543 769371 - www.dreidona.it - palazza@dreidona.it

VITA - Tenuta La Palazza è una solida e storica realtà romagnola fondata alla metà degli anni Novanta da Claudio Drei Donà, che abbandonò le occupazioni precedenti per dedicarsi anima e corpo alla nuova impresa vitivinicola, indirizzandola subito verso l'eccellenza. Già prima della recente scomparsa di Claudio, le redini dell'azienda erano passate al figlio Enrico, che la conduce con acume, piglio schietto e giusto occhio manageriale.

VIGNE - I vigneti di proprietà si sviluppano intorno alla cantina, sulla prima fascia di colline rivolte a sud-est alle porte di Forlì, all'incrocio tra le vallate dei fiumi Rabbi e Montone: si incontra una buona mescolanza di terreni – con alternanza di vene di gesso, spungone e sabbie – che beneficiano di una ventilazione costante. Grande spazio al sangiovese ma anche all'amato (da Claudio) cabernet sauvignon.

VINI - I vini di Drei Donà hanno uno stile austero e rigoroso, e a volte sono duri nell'impatto, con grande eleganza e qualche concentrazione di troppo. Da qualche anno si stanno alleggerendo a favore di una maggiore facilità di beva.

Romagna Sangiovese Predappio Notturno 2018 ● 60.000 bt; 12 € - ◎ - Presenta un frutto rosso maturo ma ancora sodo, ed entra al palato con eleganza e molta freschezza. Il finale è abbastanza lungo e leggermente amarognolo.
Magnificat Vigneto Singolo 2016 ● cabernet sauvignon; 8.000 bt; 30 € - ▦ - Dalle tipiche note vegetali, ha un tannino importante che rende il sorso asciutto. È sostenuto da una grande acidità.
Sangiovese di Romagna Sup. Pruno Ris. 2016 ● 18.000 bt; 27 € - ▦ - Riserva storica per la Romagna: al naso il terziario la fa da padrone, e in bocca è molto concentrato ma anche succoso e fresco. La componente tannica è ancora dura e da svolgere nel tempo.

ha 27 - **bt** 130.000
Fertilizzanti letame, sovescio
Fitofarmaci rame e zolfo
Diserbo lavorazione meccanica/manuale
Lieviti fermentazione spontanea
Uve 100% di proprietà
Certificazione biologico certificato

FORLÌ

I SABBIONI

SCONTO **-10%**

Viale Bologna, 286/a - tel. 0543 755711
www.isabbioni.it - info@isabbioni.it

VITA - I Sabbioni nasce da un'idea dell'illuminato imprenditore tessile Dino Zoli, che nel 2013 ha deciso di imbottigliare in prima persona l'uva prodotta dai vigneti che circondano la sua proprietà sulle sabbie gialle di Oriolo, sulla prima collina faentina. L'idea è semplice: solo sangiovese, che difatti è l'unica uva lavorata in azienda. Fin dal primo anno a seguire la parte agronomica e quella enologica è stato il romagnolo Francesco Bordini.

VIGNE - Il nome dell'azienda deriva dal terreno su cui è ubicato il parco vitato, ossia la sabbia, molasse del messiniano che dominano su tutta la proprietà. Nella parte di sabbia pura si privilegia il sangiovese, con caratteristiche che valorizzano il frutto, mentre nella parte in cui è presente uno strato di conchiglie fossili e l'allevamento è ad alberello c'è l'uva sangiovese che dà origine alla Riserva. Nel 2020 è arrivata la certificazione biologica.

VINI - I vini prodotti da I Sabbioni si differenziano per il terreno e le esposizioni delle vigne da cui provengono, e hanno come filo conduttore una forte sottolineatura del frutto, la succosità e il finale sapido.

Romagna Sangiovese I Rifugi Ris. 2016 ● 14.000 bt; 22 € - Riserva elegante sia nei profumi, con le spezie che primeggiano, sia al palato, con un ingresso in bocca intenso e un sorso dinamico e dalla buona profondità. Lungo il finale, in cui si apprezza la componente sapida.
Romagna Sangiovese Sup. I Voli dei Gruccioni 2017 ● 20.000 bt; 14 € - Presenta il tipico sentore floreale, e in bocca ha freschezza e una beva facile ma non banale. Lungo il finale.
Romagna Sangiovese Oriolo 2017 ● 14.000 bt; 25 € - Tipico di Oriolo, presenta una forte componente fruttata che si ritrova sia al naso sia al palato, dove si dipana succoso e fresco.

ha 15 - **bt** 80.000
Fertilizzanti sovescio
Fitofarmaci rame e zolfo
Diserbo lavorazione meccanica/manuale
Lieviti fermentazione spontanea
Uve 100% di proprietà
Certificazione biologico certificato

GALEATA (FC)

TENUTA PERTINELLO

SCONTO **-10%**

Località Pertinello - Strada Arpineto, 2 - tel. 0543 983156
www.tenutapertinello.it - info@tenutapertinello.it

VITA - Ci sono capisaldi che non cambiano e innovazioni che si innestano strada facendo. Nata nel 1999, di proprietà della famiglia Mancini dal 2006, con la consulenza enologica di Fabrizio Moltard e Filippo Leoni in cantina, a Tenuta Pertinello nel corso dell'ultimo anno si è aggiunta la collaborazione del wine writer Francesco Falcone, che con Filippo assaggia, pensa e condivide idee che hanno già portato ad alcune novità tra le etichette.

VIGNE - Il parco vitato si è allargato ancora un po', con un nuovo impianto di 4.000 metri che rimpinguerà i futuri raccolti di riesling e pinot nero, confermando una scelta fatta negli ultimi anni sugli internazionali che qui hanno trovato condizioni ideali in altitudine, esposizione (sud, sud-est), ed escursioni termiche tra giorno e notte.

VINI - La vendemmia 2020 sancisce l'abbandono di lieviti selezionati e solfiti aggiunti in cantina, per calcare al massimo sulla spontaneità: una scelta che ha già disegnato un nuovo e convincente profilo nei vini più giovani.

TOP **Romagna Sangiovese Il Bosco di Pertinello 2019**
VINO QUOTIDIANO ● 10.000 bt; 9 € - Invoglia subito con l'intensità olfattiva dei frutti rossi: in bocca è succoso e dinamico, e invita alla beva.
La Memoria di Pertinello ● 1.000 bt da 0,375 l; 66 € - Prodotto con il metodo perpetuo da botti scolme di Sangiovese di diverse annate, dal 2004 al 2016. L'ingresso al naso è ampio, e unisce frutta candita e note di zabaione che si ripetono coerentemente al sorso. Non appesantisce e appaga.
Rosa di Pertinello 2019 ● sangiovese; 1.000 bt; 22 € - Un vino rosa che mancava alla gamma: ampio nei sentori freschi di susine, scorre piacevolissimo in bocca.
Romagna Sangiovese Il Pertinello 2019 ● 10.000 bt; 15 € - Agile, fruttato, armonico.
Riesling 2019 ○ 2.000 bt; 22 € - Dinamico, agrumato, sapido.

ha 150 - **bt** 70.000
Fertilizzanti letame
Fitofarmaci rame e zolfo
Diserbo lavorazione meccanica/manuale
Lieviti fermentazione spontanea, selezionati industriali
Uve 100% di proprietà
Certificazione biologico certificato

GEMMANO (RN)

TENUTA CARBOGNANO

SCONTO **-10%**

Via Carbognano, 3 - tel. 0541 984507
www.tenutacarbognano.it - info@tenutacarbognano.com

VITA - Tenuta Carbognano si trova nella piccola frazione di Gemmano, immersa nelle colline riminesi, ed è stata fondata nel 2005 da Ornella Petz e Marco Grossi, entrambi appassionati di vino e proprietari di una prestigiosa enoteca della riviera romagnola. Grazie alla loro tenacia e ai suggerimenti dell'agronomo Remigio Bordini e del figlio enologo Francesco, Ornella e Marco sono diventati esperti vignaioli e hanno fatto della loro azienda una delle più interessanti del comprensorio.

VIGNE - I vigneti, situati a 300 metri di quota e completamente inerbiti, confinano da un lato con il fiume Conca e dall'altro con il monte Gardo, sede di una riserva naturale, e beneficiano dei venti che dai monti della Carpegna soffiano verso l'Adriatico. Allevate ad alberello su terreni argillosi con vene di tufo, le piante sono circondate da boschi, campi di grano e oliveti, in uno scenario naturale davvero suggestivo.

VINI - Molta attenzione in vigna con il solo impiego di rame e zolfo e pochi interventi mirati in cantina consentono di dare vita a vini che ben rappresentano il territorio, definiti da uno stile elegante e semplice, dotati di buona capacità di sviluppare interessanti aromi terziari con l'affinamento.

Romagna Sangiovese Sup. Amen Ris. 2017 ● 3.000 bt; 15 € - Ha un frutto pieno e succoso, con tannini arrotondati e setosi, corroborato da elegante acidità. Matura 12 mesi in tonneau.
Virtù 2019 ● 1.600 bt; 7 € - Da uve sangiovese vinificate in acciaio, ha sentori intensi di frutta rossa ed è molto fresco, diretto e di pronta beva. Ricorda il Sangiovese semplice della tradizione.
Romagna Sangiovese Sup. Carbognano 2018 ● 9.000 bt; 10 € - Definito da una trama tannica fitta, è maturo e corposo.

ha 3 - **bt** 17.000
Fertilizzanti nessun concime
Fitofarmaci rame e zolfo
Diserbo lavorazione meccanica/manuale
Lieviti selezione di lieviti indigeni
Uve 100% di proprietà
Certificazione biologico certificato

IMOLA (BO)

CA' DEI QUATTRO ARCHI €

Via Fratelli Assirelli, 7 - tel. 335 8256667
cadeiquattroarchi@tin.it

VITA - Ormai sono 20 anni che la coppia Rita Golinelli e Mauro Mazza conduce quest'azienda familiare sulle prime colline imolesi. Fin da subito hanno deciso di ampliarsi acquisendo un secondo appezzamento a Borgo Tossignano, nella vallata del Santerno all'interno del parco della Vena del Gesso. Mauro si occupa principalmente delle scelte agronomiche, mentre Rita gestisce la cantina.

VIGNE - I due appezzamenti hanno caratteristiche dei terreni diverse: medio impasto a Imola, argilla e calcare a Borgo Tossignano. Fin dall'inizio in regime biologico, le vigne hanno visto evolversi la gestione verso pratiche biodinamiche sempre più convinte. Non per niente Mauro confida di vedere «il biologico come scelta limitata, mentre la biodinamica è un mondo affascinante: lascia al terreno la più completa libertà di esprimersi».

VINI - I vini hanno spesso bisogno di tempo e di ossigeno per potersi rivelare al meglio. Le scelte di assoluto non interventismo fatte da Rita ne hanno allungato sì i tempi di maturazione, ma permettono anche di ottenere vini pieni e ricchi, di forte impatto emotivo e di chiaro indirizzo gastronomico.

TOP **Mezzelune 2018** VINO SLOW ○ 2.500 bt; 13 € - Da uve albana macerate sulle bucce, mostra carattere, è dinamico, progressivo, dalla spiccata freschezza acida e con il tannino classico della varietà ad asciugare la beva, che sfocia in lungo finale minerale.
Unknown 2019 trebbiano romagnolo, biancame; 1.000 bt; 10 € - Rifermentato in bottiglia con il Metodo Ancestrale, presenta un netto sentore di lievito, e in bocca è vivace e corpulento, ma dotato di una facilità di beva disarmante.
Tajavent 2016 ● sangiovese; 4.000 bt; 16 € - È lineare e teso, con un frutto maturo ma sodo, succoso e dal lungo finale.
Undergraund 2019 ● sangiovese; 1.000 bt; 12 € - Stile ossidativo, spigoloso, floreale, incisivo.

ha 6 - **bt** 15.000
Fertilizzanti nessun concime, preparati biodinamici
Fitofarmaci rame e zolfo
Diserbo lavorazione meccanica/manuale
Lieviti fermentazione spontanea
Uve 100% di proprietà
Certificazione biologico certificato

IMOLA (BO)

FATTORIA MONTICINO ROSSO €

SCONTO -10%

Via Montecatone, 10 - tel. 0542 42687
www.fattoriamonticinorosso.it - info@fattoriamonticinorosso.it

VITA - La Fattoria Monticino Rosso è nata negli anni Sessanta sulle colline di Imola per volontà di Antonio Zeoli. Guidata ora dai figli Gianni e Luciano, è ormai un punto di riferimento per la vitivinicoltura romagnola. Anno dopo anno i fratelli investono in nuove tecnologie in cantina, al fine di preservare la qualità dell'uva che viene raccolta, senza dimenticarsi della sostenibilità ambientale. Da qualche anno sono pressoché autosufficienti dal punto di vista energetico grazie all'impianto fotovoltaico.

VIGNE - Attenzione crescente viene data anche alla vigna, tanto da essere arrivati alla sola lavorazione meccanica del terreno per diserbare l'intero vigneto, suddiviso in due corpi aziendali e situato a ovest di Imola, attorno ai 150 metri di quota, vicino alla località Piratello.

VINI - Seguaci del rigore e della pulizia, dal punto di vista stilistico per la produzione dei loro vini i fratelli Zeoli hanno sempre perseguito la valorizzazione delle uve autoctone, tanto da arrivare a produrre cinque etichette di Albana.

TOP **Romagna Albana Passito 2016** ● 4.000 bt da 0,5 l; 20 € - Ottenuto da uve botritizzate si apre su note di frutta candita, miele e albicocca secca. Al palato risulta armonico e incisivo, con una dolcezza sussurrata, per un sorso energico ed espressivo, dal finale piccante.
Romagna Albana Codronchio 2018 ○ 10.000 bt; 15 € - Sempre da uve botritizzate, ma in versione secca, si presenta fruttato con note iodate e bocca avvolgente, dinamica, incisiva e stratificata.
Romagna Albana A 2019 ○ 15.000 bt; 8 € - Note fruttate in apertura, per un palato integrato, agile, sapido ed essenziale.
M. Cl. Blanc de Blancs Pas Dosè 2015 albana; 5.000 bt; 18 € - Dinamico, agrumato, verticale.
Colli d'Imola Cabernet Sauvignon Bacche Nere Ris. 2015 ● 6.000 bt; 18 € - Possente, fruttato, dettagliato.

ha 23 - **bt** 120.000
Fertilizzanti letame
Fitofarmaci chimici di sintesi, rame e zolfo
Diserbo lavorazione meccanica/manuale
Lieviti selezionati industriali
Uve 100% di proprietà
Certificazione nessuna certificazione

IMOLA (BO)

GIOVANNINI €

SCONTO -10%

Via Punta, 82 - tel. 0542 684122
www.vinigiovannini.it - info@vinigiovannini.it

VITA - Esperienza maturata sul campo per la famiglia Giovannini, che produce vino lungo la valle del Santerno, alle porte di Imola, da più di 50 anni. Jacopo, rappresentante della nuova generazione, fa tesoro degli insegnamenti paterni per interpretare fedelmente una viticoltura in cui gli attori principali devono essere tre: vitigno, territorio e annata.

VIGNE - Secondo il pensiero per cui il miglior consulente è colui che vive il territorio, in azienda chi si occupa dei vigneti è la famiglia in prima persona. Nelle vigne, che poggiano su terreni argilloso-limosi tra i 100 e i 200 metri di quota, è stato abbassato notevolmente l'utilizzo del rame, sostituito già da diversi anni, dopo la fase dell'invaiatura, da batteri microzemici.

VINI - I vini di Giovannini sono autentici, espressivi e identitari, segno che Jacopo è riuscito a tradurre nel calice quanto l'annata, le uve e il suo territorio gli hanno fornito. Vini estremamente gastronomici, che trovano perfetto abbinamento con la cucina tradizionale.

TOP **Romagna Albana GioJa 2019** VINO QUOTIDIANO ○ 8.000 bt; 9 € - Vino che nasce dalle argille della valle del Santerno, si apre su note fruttate e floreali, e al palato esprime una leggera nota tannica, per poi mostrarsi avvolgente e vibrante, con finale energico e stratificato.
Oppalà 2018 trebbiano; 5.000 bt; 8 € - Ottenuto tramite il Metodo Ancestrale, si presenta con toni fruttati di agrumi e bollicina cremosa, per un palato dinamico, energico e incisivo.
GGG 2018 ○ 4.000 bt; 12 € - Albana dedicata all'ultimo erede della famiglia, Gian Giacomo Giovannini, è ottenuta dalla macerazione sulle bucce. Apre su note fruttate e vegetali, e il sorso risulta setoso, armonico, teso ed espressivo.
Giocondo 2019 ● cabernet sauvignon; 3.200 bt; 11 € - Avvolgente, fruttato, gastronomico.

ha 15 - **bt** 70.000
Fertilizzanti sovescio
Fitofarmaci rame e zolfo
Diserbo lavorazione meccanica/manuale
Lieviti selezione di lieviti indigeni
Uve 100% di proprietà
Certificazione biologico certificato

IMOLA (BO)

TRE MONTI

SCONTO **-10%**

Località Bergullo - Via Lola, 3 - tel. 0542 657116
www.tremonti.it - tremonti@tremonti.it

VITA - Negli anni Settanta la determinazione di Sergio Navacchia ha portato alla creazione di un'azienda gioiello per i tempi, in una Romagna piuttosto misconosciuta. Poi i figli Vittorio e David (il primo si occupa della produzione, il secondo delle incombenze d'ufficio) hanno saputo valorizzare per bene questo capitale iniziale.

VIGNE - Sulla prima fascia collinare imolese, attorno alla cantina, dove i terreni sono composti da argille chiare, vengono coltivate prevalentemente le uve bianche. Le migliori vigne di sangiovese dimorano invece a Petrignone, un poggio del forlivese caratterizzato da argille scure ricche di sabbia e di ciottoli, investito da continua ventilazione e ottime escursioni termiche.

VINI - A ogni vendemmia Vittorio imbocca strade nuove, con la consapevolezza dell'esperienza e una mai sopita curiosità: dobbiamo dire che ci azzecca sempre.

TOP **Romagna Albana Vitalba 2019** VINO SLOW ○ 6.700 bt; 19 € - La lenta vinificazione in anfora esalta la gustosità e la maturità delle uve, restituendo un vino dalla vivissima vena acido-sapida, che si allarga al palato in modo esemplare.

Romagna Albana Vigna Rocca 2019 ○ 24.000 bt; 9 € - La leggera macerazione sulle bucce gioca allo stesso modo: da intensità e dinamismo al sorso, amplifica il frutto e appaga il palato.

Trebbiano Piuttosto 2019 ○ 5.300 bt; 13 € - Prima prova di macerazione in cemento delle uve di trebbiano, che convince in maniera netta, rendendo giustizia a questa varietà talvolta vituperata: il vino ha stoffa e spessore, gusto e sapidità.

Romagna Sangiovese Sup. Thea Ris. 2017 ● 10.000 bt; 17 € - Ampio, fruttato, consistente.

Romagna Sangiovese Sup. Petrignone Ris. 2017 ● 15.000 bt; 12 € - Agile, fruttato, avvolgente.

ha 4 - **bt** 180.000
Fertilizzanti letame
Fitofarmaci organici, rame e zolfo
Diserbo lavorazione meccanica/manuale
Lieviti fermentazione spontanea, selezionati industriali
Uve 100% di proprietà
Certificazione biologico certificato

MERCATO SARACENO (FC)

TENUTA CASALI

SCONTO **-10%**

Via della Liberazione, 32 - tel. 0547 690334
www.tenutacasali.it - info@tenutacasali.it

VITA - Era il 1978 quando Valerio e Paolo Casali hanno iniziato a gestire i poderi di proprietà del nonno Mario, dando vita a quella che oggi è Tenuta Casali. La loro passione è stata trasferita anche ai figli Silvia, enologa e commerciale, Daniele e Francesco, che gestiscono la vigna. Le nuove generazioni stanno portando energia e progetti innovativi, come "adotta un filare", partito nel 2020.

VIGNE - Le vigne circondano in parte la cantina a Mercato Saraceno, nella valle del Savio, fiume che nell'arco di millenni ha creato naturalmente dei veri e propri terrazzamenti con peculiarità diverse. Nel primo terrazzamento abbiamo arenaria con presenza di ghiaia: qui nasce il Sangiovese La Palazzina. Nel secondo i terreni di medio impasto fanno maturare le uve per il Baruccia. La Riserva Quartosole, con piante del 1990, nasce nel terzo terrazzamento, su argilla bianca.

VINI - Per l'azienda fondamentale è il lavoro in vigna, condotto con grande attenzione al fine di esaltare in bottiglia la tipicità del vitigno; tutti i vini dell'azienda si contraddistinguono per un frutto croccante e per una buona freschezza.

Romagna Sangiovese Sup. Vigna Palazzina 2018 ● 25.000 bt; 10 € - Sentori fruttati e speziati al naso, per un palato succoso, dinamico e persistente.

Romagna Sangiovese San Vicinio Quartosole Ris. 2017 ● 5.000 bt; 22 € - Intenso e ampio nei sentori di frutti rossi, in bocca presenta tannini fini.

Famoso 2019 ○ 8.000 bt; 11 € - Interessante nei sentori floreali, in bocca è fresco e di facile beva.

Romagna Sangiovese Sup. San Vicinio Vigna Baruccia 2017 ● 10.000 bt; 12 € - Fitto, fruttato, contratto.

Romagna Albana Secco Valleripa 2019 ○ 5.000 bt; 12 € - Fresco, fruttato, teso.

Colli di Romagna Centrale Trebbiano Cavaliere Bianco 2019 ○ 8.000 bt; 9 € - Fresco, vegetale, essenziale.

ha 22 - **bt** 100.000
Fertilizzanti sovescio
Fitofarmaci rame e zolfo
Diserbo lavorazione meccanica/manuale
Lieviti fermentazione spontanea, selezione di lieviti indigeni
Uve 100% di proprietà
Certificazione in conversione biologica

MERCATO SARACENO (FC)

TENUTA SANTA LUCIA

Via Giardino, 1400 - tel. 0547 90441
www.santaluciavinery.it - tenuta@santaluciavinery.it

VITA - L'azienda di Paride Benedetti è in continua evoluzione. Oggi conta 23 ettari di vigneto coltivati in biodinamica e una filiera produttiva completamente interna, compresa la parte dedicata alla spumantizzazione. Quello delle bollicine è un progetto intrapreso pionieristicamente in zona, e oggi parte concreta della produzione aziendale.

VIGNE - I vigneti si compongono di tre corpi separati. Il primo nucleo si sviluppa intorno alla cantina, a Mercato Saraceno, su suoli argillosi. Il secondo è a Bertinoro, a 250 metri di quota, su argille chiare e spungone, piantato a sangiovese e albana. Un'altra parte consistente di albana cresce nelle vigne di Roversano, su suoli marnosi posti a oltre 350 metri di altitudine.

VINI - Lo stile aziendale cerca di valorizzare i vitigni autoctoni, puntando su freschezza e pulizia, pur non rinunciando a versioni più strutturate su alcune etichette. Consistente il lavoro sulla spumantizzazione, con una gamma diversificata e ben fatta.

Romagna Albana Albarara 2019 O 6.000 bt; 12 € - - Coniuga profumi floreali e fruttati, con un sorso energico e finemente citrino, incisivo e nitido.
M. Cl. Blanc de Noir Santa Lucia 2016 ⁘ sangiovese; 4.000 bt; 18 € - - Metodo Classico affinato sur lie 36 mesi, è di bella complessità, con fini note fruttate ed evolutive. Il sorso è teso, agrumato, con bolla incisiva e buona persistenza.
Vensamè Ancestrale ⁘ sangiovese; 4.000 bt; 12 € - - Rosa rifermentato in bottiglia di beva spensierata e rinfrescante, è ben articolato, con frutto e note di lieviti.
Famous 2018 O famoso; 6.000 bt; 13 € - - Croccante, aromatico, varietale.
Centuplo 2018 ● centesimino; 3.000 bt; 13 € - - Fresco, fruttato, varietale.
Romagna Sangiovese Sup. Sassignolo Ris. 2016 ● 3.500 bt; 19 € - - Integrato, fruttato, scuro.

ha 23 - bt 100.000
Fertilizzanti preparati biodinamici, sovescio
Fitofarmaci rame e zolfo
Diserbo lavorazione meccanica/manuale
Lieviti fermentazione spontanea
Uve 100% di proprietà
Certificazione biodinamico e biologico certificato

MODIGLIANA (FC)

BALÌA DI ZOLA

Via Casale, 11 - tel. 348 7766171
www.baliadizola.com - info@baliadizola.com

VITA - Claudio Fiore, lasciata l'azienda Castelluccio, sarà ora al fianco della moglie Veruska Eluci a tempo pieno nel portare avanti la "cantina di casa", fondata insieme nel 2004. Ci troviamo immersi in un angolo di alta collina modiglianese, dove la vigna strappa il suo spazio al bosco, e la casa-cantina conserva le tracce di un passato agricolo antico e davvero molto suggestivo.

VIGNE - L'altezza e la considerevole pendenza delle vigne, che si nutrono su terreni impermeabili misti di arenarie e calcare, contribuiscono a limitare l'intervento dell'uomo a pratiche di coltura estremamente rispettose della natura e della biodiversità circostanti. Quindi rispetto massimo, anche se la strada già intrapresa di non voler ricorrere a certificazioni di sorta resta pienamente confermata.

VINI - Non subisce cambiamenti nemmeno la gamma dei vini in produzione, che restano tre: tutti caratterizzati da uno stile che punta sulla potenza e sull'intensità del frutto.

Romagna Sangiovese Sup. Balitore 2019 ● 17.000 bt; 11 € - - Ha un naso fresco di ciliegia e una spolverata piacevole di spezie, a cui fa seguito un percorso gustativo solido e asciutto.
Romagna Sangiovese Modigliana Redinoce Ris. 2017 ● 7.000 bt; 17 € - - Saporito, con un frutto più evidente in bocca che nel profilo olfattivo, si muove dinamico, con un buon tannino agile e disteso.
Romagna Albana Secco Isola 2019 O 6.000 bt; 11 € - - Conferma i buoni standard qualitativi riscontrati negli ultimi anni, con un naso più floreale che fruttato, e un sorso dinamico e di facile beva.

ha 4 - bt 30.000
Fertilizzanti letame
Fitofarmaci organici, rame e zolfo
Diserbo lavorazione meccanica/manuale
Lieviti selezionati industriali
Uve 100% di proprietà
Certificazione nessuna certificazione

MODIGLIANA (FC)

IL TEATRO

SCONTO -10%

Via Monte Trebbio, 17 - tel. 335 1358688
ilteatrodivino@icloud.com

VITA - Luca Monduzzi, vignaiolo dal 2012, ha fatto in poco tempo passi importanti a livello personale, cambiando professione: da odontotecnico a uomo di vigna e cantina. Molte le novità, dalla concentrazione delle vigne nel solo territorio di Modigliana alla creazione del punto ristoro Il Teatrino, dove ogni giorno Luca accoglie un massimo di 10 persone per offrire un menù in abbinamento con i propri vini. L'altra novità è l'avanzamento del progetto di vinificazione in proprio, che dal 2021 sarà effettivo.

VIGNE - Le vigne traggono linfa da suoli di antichissime origini marine di marne e arenaria, in appezzamenti di piccole dimensioni strappati ai boschi a un'altitudine minima di 350 metri. Lasciato dietro di sé l'ettaro in affitto nel brisighellese, Luca concentra ora forze ed energie su Modigliana, dove ha preso in affitto altri 2,5 ettari nella valle Ibola. Ciò gli consentirà un'omogeneità di produzione e di racconto di un territorio peculiare.

VINI - L'idea di Luca è esaltare l'identità di ogni singola vigna in bottiglia, attraverso fermentazioni spontanee e l'utilizzo non standardizzato di acciaio e cemento.

TOP **Romagna Sangiovese Sup. Atto II 2018** VINO SLOW ● 3.200 bt; 13 € - È prodotto con le uve della vigna più bassa, posta comunque a 360 metri di quota; è un Sangiovese di sostanza, che parte con un bellissimo naso di ciliegia e frutti rossi, per poi offrire una bocca balsamica e setosa, sostenuta da un tannino perfettamente integrato.
Romagna Trebbiano I Vespri 2018 ○ 1.200 bt; 14 € - Trebbiano in purezza che vede solo l'acciaio: si apre con un sorso pieno di frutto, sostenuto da un'ottima vena acido-sapida che lo rende scattante e dinamico. Una bevuta davvero convincente.

ha 2,5 - **bt** 5.500
Fertilizzanti minerali, sovescio
Fitofarmaci rame e zolfo
Diserbo lavorazione meccanica/manuale
Lieviti fermentazione spontanea
Uve 100% di proprietà
Certificazione in conversione biologica

MODIGLIANA (FC)

TORRE SAN MARTINO

SCONTO -10%

Località Casone - Via San Martino in Monte - tel. 0689 786330
www.torre1922.it - info@torre1922.it

VITA - Nata alle soglie del 2000, quando Maurizio Costa, innamoratosi di una vecchia vigna del 1922, ha deciso di investire nella sua terra d'origine; dopo i primi anni in cui si sono realizzate bottiglie solo per il consumo familiare Torre San Martino si è lanciata sul mercato. Nel corso dell'ultimo anno si è interrotta la consulenza con Francesco Bordini, sostituito per la parte agronomica da Tommaso Bindi e per quella enologica da Donato Lanati.

VIGNE - Gli ettari vitati sono saliti a 20, e da gennaio 2020 sono seguiti con il contributo esterno di Andrea Paoletti e in prima persona da Tommaso: sorgono sulle fosse arenarie ricche di marne di Modigliana, su pendenze importanti. Lo spazio maggiore lo occupa il sangiovese, a cui è stato dato rinnovato impulso tramite l'avviamento di 5 ettari, a cui è stato affiancato anche un nuovo vigneto di mezzo ettaro di albana.

VINI - I vini presentati in quest'annata sono ancora firmati da Francesco Bordini, e riportano chiaramente alle caratteristiche tipiche dell'alta collina di Modigliana. Sottili, a tratti duri, sono però molto eleganti.

Romagna Sangiovese Modigliana Vigna 1922 2017 ● 1.500 bt; 35 € - Frutto della vigna più vecchia oggi certificata in Romagna, si apre su note di frutto maturo e spezie dolci. La trama tannica è ancora un po' verde, ma troviamo buona freschezza e sapidità.
Romagna Sangiovese Modigliana Gemme 2018 ● 12.000 bt; 16 € - Ancora in divenire al momento dell'assaggio, presenta un naso giocato sul frutto, e in bocca ha una leggera e insolita carbonica.
Flos Arenaria 2017 ● cabernet franc; 2.000 bt; 20 € - Incisivo, fruttato, contratto.

ha 20 - **bt** 50.000
Fertilizzanti letame in pellet
Fitofarmaci rame e zolfo
Diserbo lavorazione meccanica/manuale
Lieviti fermentazione spontanea
Uve 100% di proprietà
Certificazione biologico certificato

MODIGLIANA (FC)

VILLA PAPIANO

SCONTO **-10%**

Via Ibola, 24 - tel. 338 1041271
www.villapapiano.it - info@villapapiano.it

VITA - Il lascito morale, tangibile e di esperienza che Remigio Bordini, agronomo e grande conoscitore del territorio romagnolo, ha trasmesso nel tempo ai suoi quattro figli, si è tradotto, negli ultimi 20 anni, nella crescita imperiosa dell'azienda di famiglia. Francesco, enologo e agronomo, è tra i fratelli la faccia più conosciuta, ma la riuscita del progetto è frutto di un lavoro collettivo.

VIGNE - Boschi rigogliosi e radure invase da fiori selvatici e piante aromatiche: è in questo contesto splendido e incontaminato che si inseriscono i vigneti di Villa Papiano, posti attorno ai 500 metri di quota, che garantiscono clima fresco e ventilato. La conduzione biologica preserva la natura circostante.

VINI - Saperi immensi rivisti e ridiscussi a ogni vendemmia, alla ricerca dell'espressione più pura delle uve raccolte in queste terre: crediamo sia questo il tratto che contraddistingue il lavoro di Francesco nell'azienda di famiglia.

TOP **Romagna Sangiovese Sup. Papesse 2019** VINO QUOTIDIANO ● 15.000 bt; 12 € - Perfetta espressione del Sangiovese d'annata che può nascere in terra romagnola: l'altitudine delle vigne raddoppia la vivissima vena acido-sapida che allunga la gustosità e la freschezza del sorso. Da bere ogni giorno a tavola, con grande soddisfazione.
Terra! 2019 ○ albana; 6.000 bt; 17 € - Le vinificazioni in anfore di terracotta georgiane definiscono sempre più precisamente questo vino, sapidissimo ed energico, che arriva in profondità senza mai perdere l'incedere leggiadro ed elegante.
Romagna Sangiovese Modigliana Probi Ris. 2017 ● 15.000 bt; 17 € - L'annata non è stata delle migliori e al vino mancano un po' quello smalto e quell'energia che avevano contraddistinto qualche millesimo precedente. Non perde però dinamismo e gustosità al palato.

ha 10 - **bt** 50.000
Fertilizzanti letame, preparati biodinamici, sovescio
Fitofarmaci rame e zolfo
Diserbo lavorazione meccanica/manuale
Lieviti fermentazione spontanea
Uve 100% di proprietà
Certificazione biologico certificato

OZZANO DELL'EMILIA (BO)

PALAZZONA DI MAGGIO

SCONTO **-10%**

Via Panzacchi, 16 - tel. 335 397030
www.palazzonadimaggio.it - lapalazzona@gmail.com

VITA - Storia particolare quella di Palazzona di Maggio: negli anni Sessanta Luigi Perdisa ha avviato l'attività con scopi prettamente sperimentali, dovuti all'approccio universitario, quindi coltivando i vitigni internazionali, allora agli albori in questa zona. Oggi è il vulcanico pronipote Federico a condurre l'azienda con dedizione e a prendere le decisioni viticole ed enologiche, mentre il fratello Filippo segue la commercializzazione.

VIGNE - Gli ettari vitati di proprietà sono 15 e sorgono al confine con l'Emilia, con un'alta variabilità di terreni: si passa dalle zone più alte con sabbie gialle e striature rosse ferrose, dove dimorano i vitigni internazionali, mentre in basso sono presenti argille azzurre con presenza di sassi, dove troviamo l'autoctono sangiovese. Oggi è in corso una sentita conversione biologica, per certificare il modo di lavorare da sempre seguito.

VINI - L'idea della Palazzona di Maggio è di proporre vini di territorio, capaci di invecchiare bene, ricchi di profumi e acidità senza pregiudicare la facilità di beva caratteristica dei vini più giovani. Troviamo strutture importanti e maggiori complessità nelle Riserve.

Romagna Sangiovese Le Armi Ris. 2016 ● 5.000 bt; 37 € - Una Riserva di stile classico, che viene prodotta solo negli anni in cui merita: presenta profumi speziati e frutto in confettura, e al palato entra con forte intensità e un tannino ancora in divenire, ma ben sostenuto da una buona acidità. Elegante e persistente, ha un finale in cui si apprezza la netta nota minerale.

Abbiamo riassaggiato il Romagna Sangiovese Sup. Ulziano 2018: un anno in più di affinamento ha reso il tannino setoso e il sorso succoso. Il Colli d'Imola Chardonnay Maleto 2018 mantiene invece una importante sapidità e freschezza, che allunga il sorso sempre appagante.

ha 15,5 - **bt** 50.000
Fertilizzanti nessun concime
Fitofarmaci rame e zolfo
Diserbo lavorazione meccanica/manuale
Lieviti fermentazione spontanea
Uve 100% di proprietà
Certificazione in conversione biologica

PREDAPPIO (FC)

CHIARA CONDELLO

Frazione Fiumana - Via Lucchina - tel. 0543 940860
www.chiaracondello.com - info@chiaracondello.com

VITA - Chiara Condello è tra le produttrici più giovani della regione. Dopo aver eredato la passione per la viticultura dal nonno, nel 2015 ha avviato la sua realtà, ritagliandosi una piccola parte dell'azienda familiare. Messa da parte la laurea in Economia, si è messa a studiare per la seconda laurea, questa volta in Enologia, perché come dice «le cose se si fanno, si fanno bene». Oggi si sta imponendo ai vertici regionali regalandoci vini di assoluto valore.

VIGNE - Solo sangiovese nella sua proprietà, suddiviso in tre appezzamenti differenti per raccogliere le principali differenze dovute ai terreni, alle esposizioni e alle altitudini. La parte con più spungone, tipica roccia tufaceo-arenaria del preddapiese, dona mineralità e sapidità nelle zone più alte, mentre le zone basse calcareo-argillose ed esposte a est, verso il mar Adriatico, danno freschezza. Dalla vigna più giovane arrivano polpa e corpo.

VINI - La caratteristica principe dei vini di Chiara è la ricerca dell'eleganza, da ottenere con complessità di profumi e corpi snelli ma dinamici e profondi, in modo da avere facilità di beva.

Romagna Sangiovese Predappio Le Lucciole Ris. 2017 ● 5.000 bt; 50 € - Una bella interpretazione moderna della Riserva: al naso è elegante e complesso, con gli aromi terziari a farla da padrone, seguiti dal frutto maturo; in bocca è asciutto, progressivo e dal tannino solido, leggermente verde. Un vino di grande carattere.
Romagna Sangiovese Predappio 2017 ● 20.000 bt; 17 € - Si apre immediato su note croccanti di frutta rossa fresca, poi subentra una leggera speziatura a impreziosire il bouquet olfattivo. Il palato è succoso, agile e disinvolto, con una beva invitante.

ha 4,8 - **bt** 25.000
Fertilizzanti letame, sovescio
Fitofarmaci rame e zolfo
Diserbo lavorazione meccanica/manuale
Lieviti fermentazione spontanea
Uve 100% di proprietà
Certificazione biologico certificato

PREDAPPIO (FC)

FATTORIA ALESSANDRO NICOLUCCI

SCONTO -10%

Località Predappio Alta - Via Umberto I, 21 - tel. 0543 922361
www.vininicolucci.com - info@vininicolucci.com

VITA - Sono ormai molti anni che Alessandro Nicolucci e il suo Sangiovese sono diventati un punto di riferimento per il mondo del vino romagnolo. Alessandro, persona pragmatica, ha preso in mano le redini dell'azienda familiare non senza qualche scontro generazionale: da quasi 20 anni sta dando un nuovo impulso qualitativo a questa storica realtà che imbottiglia ed etichetta dal lontano 1885.

VIGNE - Da quest'anno oltre ad aver avviato la conversione biologica Alessandro ha limitato al massimo i passaggi in vigna, e ha abbandonato sia il rame, sia lo zolfo, sostituiti da prodotti organici, batteri e bicarbonato. La vigna che dà origine al Vigna del Generale è proprio sopra una vecchia zolfatara, con piante bassissime e rigogliose che ormai hanno raggiunto i 50 anni di età.

VINI - Impressionante la continuità di Alessandro nel presentare vini di assoluta qualità e bontà. Tutti netti nella riconoscibile territorialità, puliti, eleganti e di carattere.

TOP **Romagna Sangiovese Sup. Predappio di Predappio Vigna del Generale Ris. 2015** ● 1.200 bt; 80 € - Il nome è identico, ma l'etichetta (rossa) è nuova e la lavorazione diversa per questo vino nato per celebrare i 130 anni di storia dell'azienda: è figlio di una super selezione in vigna e di un affinamento più lungo. Offre tanta complessità olfattiva, una fitta ed elegante trama tannica, e un finale lunghissimo.
Romagna Sangiovese Sup. Predappio di Predappio Vigna del Generale Ris. 2017 ● 20.000 bt; 25 € - Verace e cristallino anche in un'annata calda, col frutto sodo e sentori che rimandano alla vena mineraria su cui cresce. Il palato è succoso, fresco e profondo.
Romagna Sangiovese Sup. Tre Rocche 2019 ● 35.000 bt; 10 € - Dal bel frutto pulito e invitante, è ricco di materia e dalla beva leggera, avvolgente e spensierata.

ha 12 - **bt** 80.000
Fertilizzanti letame, organo-minerali
Fitofarmaci organici
Diserbo lavorazione meccanica/manuale
Lieviti fermentazione spontanea, selezionati industriali
Uve 100% di proprietà
Certificazione in conversione biologica

PREDAPPIO (FC)

NOELIA RICCI

SCONTO -10%

Frazione Fiumane - Via Pandolfa, 35 - tel. 0543 940073
www.noeliaricci.it - info@noeliaricci.it

VITA - Marco Cirese gestisce dal 2013 la storica azienda di famiglia, la Tenuta Pandolfa. Negli anni ha costruito una squadra affiatata e con l'idea ben precisa di riportare ad alti livelli qualitativi la produzione aziendale. Obiettivo da raggiungere attraverso un rigoroso lavoro agricolo, con il passaggio alla conduzione biologica, e il cambio di responsabile enologico: oggi la direzione della cantina è nelle mani di Paolo Salvi, grande conoscitore del Sangiovese nonché allievo di Giulio Gambelli.

VIGNE - L'esperienza di Marco in campo viticolo cresce ogni anno: oggi non è più solo un imprenditore agricolo, ma entra di diritto nel più ristretto mondo dei vignaioli. I 9 ettari di vigna dedicati al progetto Noelia Ricci sono lavorati in biologico, e rispondono a un desiderio nato dalla ricerca di radicarsi sempre più nel territorio.

VINI - I vini sono stati, con il loro stile un po' tecnico ma leggero, una rivelazione nella Romagna degli ultimi anni: oggi si liberano di certi schemi artefatti e acquistano maggiore eleganza e modulazione.

TOP **Romagna Sangiovese Predappio Il Sangiovese 2019** VINO QUOTIDIANO ● 32.000 bt; 12 € - Da tutti soprannominato "la vespa" per l'effige in etichetta: ci dà grande fiducia verso la nuova stagione intrapresa da Marco. È un Sangiovese vinoso, di polpa e saporito; l'agilità e la finezza non mancano, ma si ampliano la dinamica e la piacevolezza finale.

Romagna Sangiovese Sup. Godenza 2018 ● 13.000 bt; 20 € - È il Sangiovese con maggiore struttura: più complesso e austero rispetto alla vespa, ma anche meno scattante.

Romagna Trebbiano Brò 2019 ○ 13.000 bt; 13 € - - L'alta collina, la selezione dei migliori grappoli e uno stile che mette in contrasto la sapidità donata dalle arenarie con un frutto agrumato e croccante ne fanno uno dei Trebbiano di riferimento in Romagna.

ha 9 - **bt** 60.000
Fertilizzanti letame in pellet, sovescio
Fitofarmaci rame e zolfo
Diserbo lavorazione meccanica/manuale
Lieviti fermentazione spontanea, selezionati industriali
Uve 100% di proprietà
Certificazione biologico certificato

I "VINI DELL' APPENNINO"

Lo studio e la conseguente zonazione dei territori vitivinicoli della Romagna – e la successiva applicazione che originato le Menzioni Geografiche Aggiuntive – ha portato maggiore consapevolezza del potenziale e della capacità che ogni comprensorio possiede. I vignaioli cercano, ad ogni vendemmia, di far emergere in bottiglia le caratteristiche della propria area di produzione e, ancor di più, di far emergere le differenze con le altre aree della regione. Grazie alle MGA la Romagna ha eliminato il rischio di omologare l'intero comparto vinicolo e soprattutto, attraverso le bottiglie di vino, di raccontare le caratteristiche di biodiversità di ogni singolo territorio.
Questo studio, oltre a far crescere notevolmente la qualità generale dei vini romagnoli, ha smosso gli animi di qualche vignaiolo alla ricerca di nuove sfide. L'attenzione negli ultimi anni si è rivolta a quelle vigne "dimenticate" – situate in luoghi difficili da raggiungere, ad altitudini elevate – dove il lavoro dell'uomo diventa fondamentale per affiancare una Natura aspra e poco generosa.
È nato così un nuovo corso, che potremmo definire dei "vini dell'Appennino": non è più lo studio del terroir a definirli, né la ricerca di accomunare le produzioni in un unico comune denominatore, bensì l'attrazione di pochi vignaioli verso le aree dell'alto entroterra romagnolo. L'associazione di produttori di Modigliana "Stella dell'Appennino" racconta proprio questa Romagna meno appariscente, più sfaccettata e complessa. Tra loro sottolineiamo l'impegno di Francesco Bordini, di Villa Papiano, nel seguire questo arduo percorso; la nascita di Mutiliana, il progetto enologico di Giorgio Melandri che con la sua capacità divulgativa sta raccontando appunto questa Romagna diversa; infine Il Teatro, che raccoglie l'energia passionale di Luca Monduzzi.
Fuori da associazioni e da gruppi c'è Andrea Peradotto, un vignaiolo–enologo che come un archeologodi altri tempi va alla ricerca di vigneti in via di abbandono sparsi per l'Appennino romagnolo: il suo lavoro di custode di un processo agricolo sta producendo effetti molto originali. Vini prodotti da vigne oltre i 400 metri di altezza – e fino ai 700 – sparsi nella valle del Rabbi (tra Rocca San Casciano e San Benedetto in Alpe) e nella Valle del Montone, tra Tredozio e Modigliana.

Pian di Stintino, di Andrea Peradotto
Tredozio (FC)
tel. 0546 943539
Ridaccio 2019
(sangiovese)

RIMINI

SAN VALENTINO

SCONTO -10%

Frazione San Martino in Venti - Via Tomasetta, 13 - tel. 335 370477
www.vinisanvalentino.com - info@vinisanvalentino.com

VITA - Sono già passati 30 anni dalla fondazione dell'azienda, da quando cioè la famiglia Mascarin, affiancata dal 2015 anche dalla famiglia Aureli, ha acquistato i primi terreni. Oggi è Roberto Mascarin a occuparsi con dedizione della vigna, da instancabile vignaiolo qual è. In cantina ci si avvale della consulenza dell'enologo Luca D'Attoma.

VIGNE - Prima di tutto rispetto per la vigna e per il territorio: da qui la decisione di puntare su una viticoltura attenta anche attraverso la certificazione in biologico del lavoro svolto, ottenuta già nel 2010. I 17 ettari di vigna allevati a guyot e di età media di 15 anni poggiano su terreni argilloso-calcarei con esposizioni sud, sud-est, nelle colline ampie di Covignano, in frazione San Martino ai Venti, a 150 metri di altitudine.

VINI - San Valentino sta presentando ogni anno vini di bella qualità, ricchi, dal frutto maturo, sostenuti da una buona freschezza e con l'eleganza a fare da minimo comune denominatore.

Colli di Rimini Rebola Vivi 2018 ○ 4.500 bt; 23 € - Una bella espressione di Rebola: al palato è succoso, dinamico e di facile beva; piacevoli le note fruttate all'olfatto.
Romagna Sangiovese Sup. Scabi 2019 ● 80.000 bt; 12 € - Si apre subito sulle note fruttate e floreali, e al palato è agile e di buona persistenza.
Sangiovese Sup. Conte di Covignano Ris. 2017 ● 10.000 bt; 19 € - Profuma di frutta matura e spezie, e al sorso è profondo e dinamico.
Vivian 2017 ● cabernet franc, syrah; 8.000 bt; 19 € - Armonico, erbaceo, profondo.
Colli di Rimini Rebola Scabi 2019 ○ 20.000 bt; 12 € - Fresco, fruttato, delicato.

ha 17 - **bt** 150.000
Fertilizzanti compost, sovescio
Fitofarmaci rame e zolfo
Diserbo lavorazione meccanica/manuale
Lieviti fermentazione spontanea
Uve 100% di proprietà
Certificazione biologico certificato

RONCOFREDDO (FC)

VILLA VENTI

SCONTO -10%

Frazione Villa Venti - Via Doccia, 1442 - tel. 0541 949532
www.villaventi.it - info@villaventi.it

VITA - Villa Venti è l'emblema del territorio vinicolo cesenate, la realizzazione di un sogno in continua evoluzione, la vittoria della natura. Da ormai 15 anni Mauro Giardini e Davide Castellucci, assieme al fidato amico enologo Francesco Bordini, raccontano la Romagna attraverso vini prodotti in agricoltura biologica: oggi compiono i primi passi nel mondo della biodinamica.

VIGNE - Il corpo aziendale è una cartolina da cui vedi il mare, poi ti volti e scorgi quell'Appennino incastrato tra la storia di Longiano e la dolce lentezza di Roncofreddo. Siamo in una valle stretta che incanala le brezze marine, in cui il sole e il caldo bisogna saperli gestire. Le micro-parcellizzazioni, gli studi e le prove con i preparati biodinamici: ogni scelta è rivolta a comprendere sempre di più le proprie vigne.

VINI - Se negli anni i vini di Mauro e Davide possono essere sembrati rustici o addirittura non costanti nel percorso produttivo, oggi precisione e l'affidabilità sono costanti e danno vini sinceri.

TOP **Romagna Sangiovese Longiano Sup. Primo Segno 2018** VINO SLOW ● 20.000 bt; 13 € - Un Sangiovese verace e al tempo stesso fine, che inaugura un nuova stagione per questo che è il vino portabandiera dell'azienda. Preciso, senza eccessi e sbavature, è un perfetto descrittore del territorio di Longiano e dell'impegno profuso nel lavoro da Mauro e Davide.
Serenaro 2019 ○ famoso; 3.000 bt; 11 € - Le tonalità più sfacciate e fruttate di questa varietà aromatica vengono frenate con rigore: ne esce un vino succoso (grazie anche alla leggera macerazione sulle bucce) e con un'acidità salda. Le note agrumate si alternano a sensazioni floreali più mature.
A 2019 ● centesimino; 3.000 bt; 20 € - Questa vendemmia ci regala un frutto ampio e intenso; molto più pronto rispetto ad altre annate, è delicato e morbido in chiusura.

ha 7 - **bt** 30.000
Fertilizzanti preparati biodinamici, sovescio
Fitofarmaci rame e zolfo
Diserbo lavorazione meccanica/manuale
Lieviti fermentazione spontanea
Uve 100% di proprietà
Certificazione biologico certificato

SOLAROLO (RA)

VIGNE DEI BOSCHI

Via Baldassarra, 14 - tel. 338 9949367
www.vignedeiboschi.it - vignedeiboschi@alice.it

VITA - Paolo Babini, fin dagli inizi del suo progetto vitivinicolo affiancato dalla moglie Katia Alpi, si è affermato negli ultimi 15 anni come uno dei portavoce dei vini naturali in Romagna. Attento e curioso (assaggia molto di quanto viene prodotto nel mondo), sta raggiungendo negli ultimi tempi una solida e personale maturità enologica.

VIGNE - Il nucleo principale delle vigne è a Brisighella, a quasi 400 metri di altitudine: un contesto pressoché unico e incontaminato, da cui provengono uve decisamente espressive. A ciò si aggiungono i vigneti della pianura di Solarolo, vicino a casa: qui è stato riportato a nuova vita (più naturale) un vecchio impianto di trebbiano che sta dando molte soddisfazioni.

VINI - È doppio il lavoro a cui Paolo – non interventista per natura in cantina, dove il vino fa il suo corso senza troppe manipolazioni – si dedica: da un lato la più precisa messa a fuoco del carattere di ogni singola etichetta, dall'altro la sperimentazione di vinificazioni estrose, per capire fin dove si può arrivare con le uve a disposizione.

TOP **MonteRè 2016** VINO SLOW O albana; 1.800 bt; 19 € - Il timbro ossidativo, assai ben controllato, arricchisce questo vino di complessità e gusto: una versione personale e avanguardistica di Albana, che convince per profondità, energia e sapidità.
Borgo Casale 2016 O sauvignon blanc; 1.800 bt; 19 € - Attraverso un sapiente uso del legno si ricercano le nobili sfaccettature del vitigno, e non solo la (a volte) banale espressione aromatica; al palato sazia con agilità di beva.
Borgo Stignani 2016 ● malbo gentile, sangiovese; 2.500 bt; 12 € - Succoso, ampio, ben definito, con una stratificazione gustativa che lascia assolutamente soddisfatti.
Vino Giallo 2018 O albana, trebbiano; 800 bt; 15 € - Bianco macerato, schietto, intenso, espressivo.

ha 5,5 - **bt** 12.000
Fertilizzanti preparati biodinamici
Fitofarmaci rame e zolfo
Diserbo lavorazione meccanica/manuale
Lieviti fermentazione spontanea
Uve 100% di proprietà
Certificazione biologico certificato

BURSÔN E RAMBËLA L'ALTRO VOLTO DELLA ROMAGNA

Bursôn e rambëlà, due vitigni autoctoni romagnoli fino a pochi anni fa quasi completamente sconosciuti. Due storie affascinanti che raccontano come, dall'oblio, questi vitigni siano oggi diventati il mezzo per la riscoperta di un'antica tradizione vitivinicola e il traino per l'economia locale. Un piccolo areale di poco più di 200 ettari tra le province di Ravenna e Forlì-Cesena è attualmente dedicato alla loro coltivazione. Terreni misti, talvolta magri, e un microclima mitigato dal vicino Adriatico sono capaci di dare vini dalla struttura possente e dall'aromaticità spiccata. Il bursôn, registrato come uva Longanesi, è un vitigno vigoroso, rustico, robusto e molto resistente, specie alle gelate primaverili tipiche della pianura romagnola. Queste sue peculiarità si ritrovano inalterate nel vino. Di un colore rosso vivo tipico della marasca fino a tonalità più cupe, che ricordano la china, il bursôn dimostra di essere un vitigno versatile e multiforme in grado di esprimersi sia come vino giovane sia da meditazione. Il Bursôn Etichetta Blu esibisce un carattere vivace e dinamico: il ridotto passaggio in legno e la pratica della macerazione carbonica, talvolta applicata, preservano intatte tutte le caratteristiche del frutto esaltando freschezza e vitalità a ogni sorso. Nel Bursôn Etichetta Nera, invece, sono gli aromi terziari a dominare: vino corposo, austero, morbido con un finale sempre gradevole ed elegante. Il rambëla, espressione dialettale dell'uva famoso, si propone tra i bianchi di Romagna con uno spettro aromatico complesso che richiama i caratteri varietali del moscato. La pianta vigorosa dà vini strutturati e dal colore carico. Dal sorso ampio e vivace, il Rambëla è tradizionalmente prodotto come bianco secco e passito. Recenti iniziative dei produttori locali hanno, però, prodotto il primo Rambëla Metodo Charmat: da tre a sei mesi di autoclave, per esaltare ancora di più il profilo aromatico del vitigno con la fragranza di un perlage fine e di lunga persistenza.

Alcuni tra i produttori più rappresentativi di Bursôn e Rambëla:

Longanesi Daniele
Via Boncellino, 114 – Bagnacavallo (RA)
tel. 0545 60289

Tenuta Uccellina
Via 4 Novembre, 13 – Russi (RA)
tel. 0544 580144

Celti Centurioni
Via Crocetta, 10 – Bagnacavallo (RA)
tel. 0545 937382

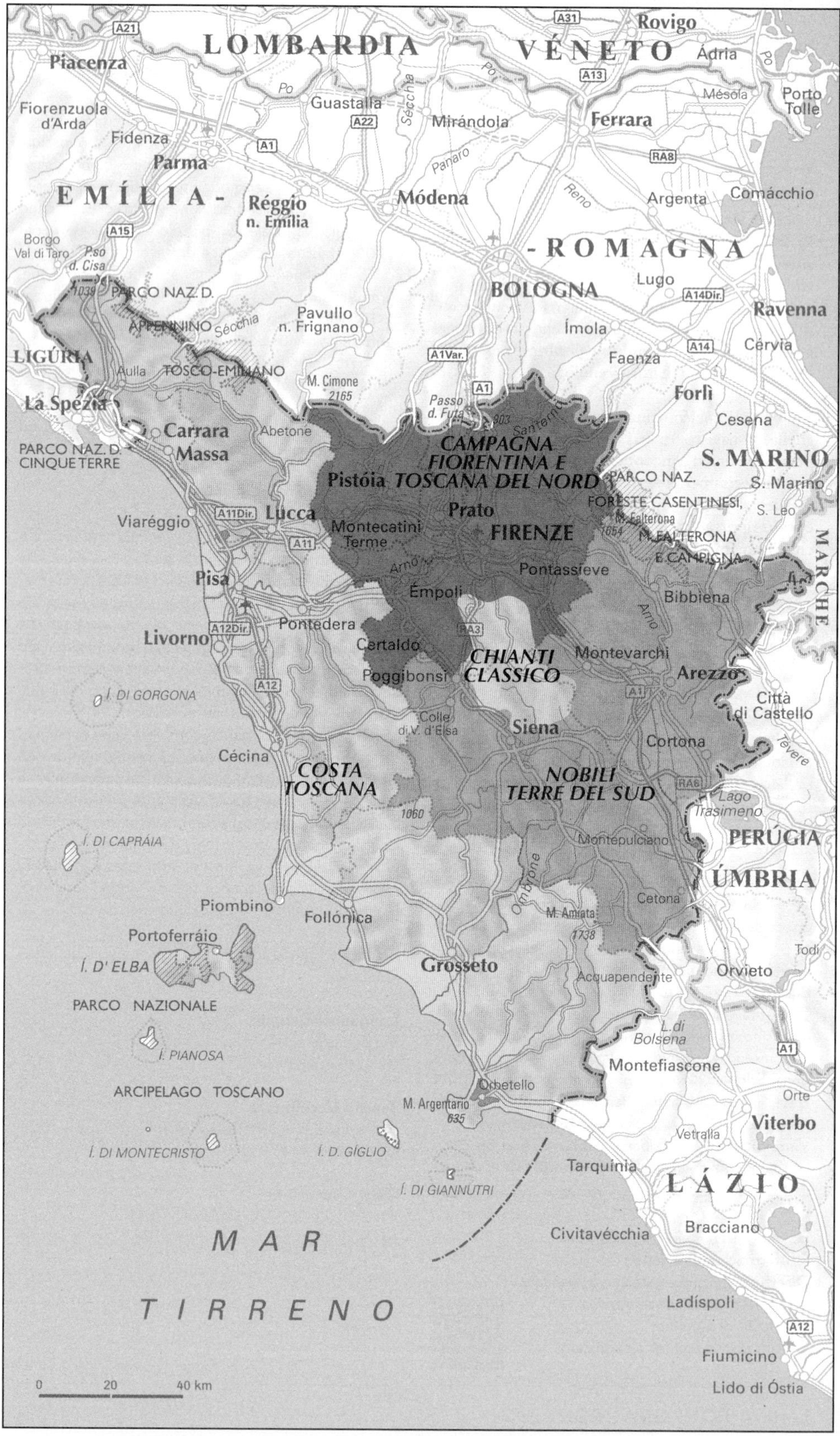
LOMBARDIA
VÉNETO
EMÍLIA-
-ROMAGNA
LIGÚRIA
S. MARINO
MARCHE
ÚMBRIA
LÁZIO
Rovigo
Ádria
Piacenza
Guastalla
Mésola
Porto Tolle
Fiorenzuola d'Arda
Mirándola
Ferrara
Fidenza
Parma
Réggio n. Emília
Módena
Argenta
Comácchio
Borgo Val di Taro
P.so d. Cisa
BOLOGNA
Lugo
Ravenna
PARCO NAZ. D. APPENNINO TOSCO-EMILIANO
Pavullo n. Frignano
Ímola
Cérvia
Faenza
Aulla
M. Cimone 2165
Forlì
La Spézia
Passo d. Futa 903
Cesena
Carrara
Massa
Abetone
PARCO NAZ. D. CINQUE TERRE
CAMPAGNA FIORENTINA E TOSCANA DEL NORD
Pistóia
Prato
PARCO NAZ. FORESTE CASENTINESI, M. FALTERONA E CAMPIGNA
S. Marino
S. Leo
M. Falterona 1654
Viaréggio
Lucca
Montecatini Terme
FIRENZE
Pisa
Pontassieve
Émpoli
Bibbiena
Livorno
Pontedera
Certaldo
CHIANTI CLASSICO
Montevarchi
Poggibonsi
Arezzo
Í. DI GORGONA
Colle di V. d'Elsa
Siena
Città di Castello
Cortona
Cécina
COSTA TOSCANA
NOBILI TERRE DEL SUD
Lago Trasimeno
1060
PERÚGIA
Í. DI CAPRÁIA
Montepulciano
Ombrone
Piombino
Follónica
Cetona
M. Amiata 1738
Portoferráio
Í. D' ELBA
Grosseto
Todi
Orvieto
Acquapendente
PARCO NAZIONALE
L. di Bolsena
Í. PIANOSA
Montefiascone
ARCIPELAGO TOSCANO
Orbetello
Orte
M. Argentario 635
Viterbo
Vetralla
Í. DI MONTECRISTO
Í. D. GÍGLIO
Tarquínia
Í. DI GIANNUTRI
Civitavécchia
Bracciano
MAR
TIRRENO
Ladíspoli
Fiumicino
Lido di Óstia
0 20 40 km
A21
A31
A13
A22
A1
RA8
A15
A14Dir.
A14
A1Var.
A11Dir.
A11
A12Dir.
RA3
A12
RA6
Po
Sécchia
Panaro
Reno
Santerno
Arno
Tevere

TOSCANA

La viticoltura toscana ha reagito al funesto anno 2020 nell'unico modo possibile: curando la vigna. Nei terribili e immobili mesi del lockdown la grande maggioranza dei vignaioli ci ha raccontato come lavorare nei campi fosse un privilegio. L'assenza di fiere, di viaggi commerciali e degli impegni promozionali ha consentito in modo forzoso di concentrare tutti gli sforzi nella cura della vite. Il contatto con le piante, e la possibilità di sentire sulla pelle l'arrivo della primavera, vedendo con i propri occhi la rinascita vegetale, hanno stabilito, crediamo, un nuovo patto d'alleanza con la viticoltura, che sebbene abbia subito ingenti danni economici e commerciali, ha dimostrato ancora una volta come la vicinanza con la natura sia un valore inestimabile del mestiere agricolo. In Toscana abbiamo registrato il consueto elevato standard qualitativo. La spina dorsale del sangiovese, da Carmignano alla Rufina, dal Chianti Classico a Montalcino, dall'Orcia al Montecucco, dimostra sempre più la mano felice dei produttori che, si rivelano ottimi interpreti della finezza di questo vitigno. Scoprirete nelle prossime pagine i nostri preferiti. Ma una delle soddisfazioni più grandi, quest'anno, è stato l'assaggio della difficile vendemmia 2017 a Bolgheri. Ci ha stupito la qualità diffusa di questa denominazione con vini di straordinaria armonia. Tuttavia, il viaggio nella Toscana del vino emoziona anche nei territori meno conosciuti e celebrati: i vini di Lucca, Pisa, quelli maremmani o appenninici si rivelano ogni anno sempre più interessanti e divertenti. È un piacere scoprirli per voi e sottoporli alla vostra curiosità.

le Bottiglie

le Monete €

COSTA TOSCANA

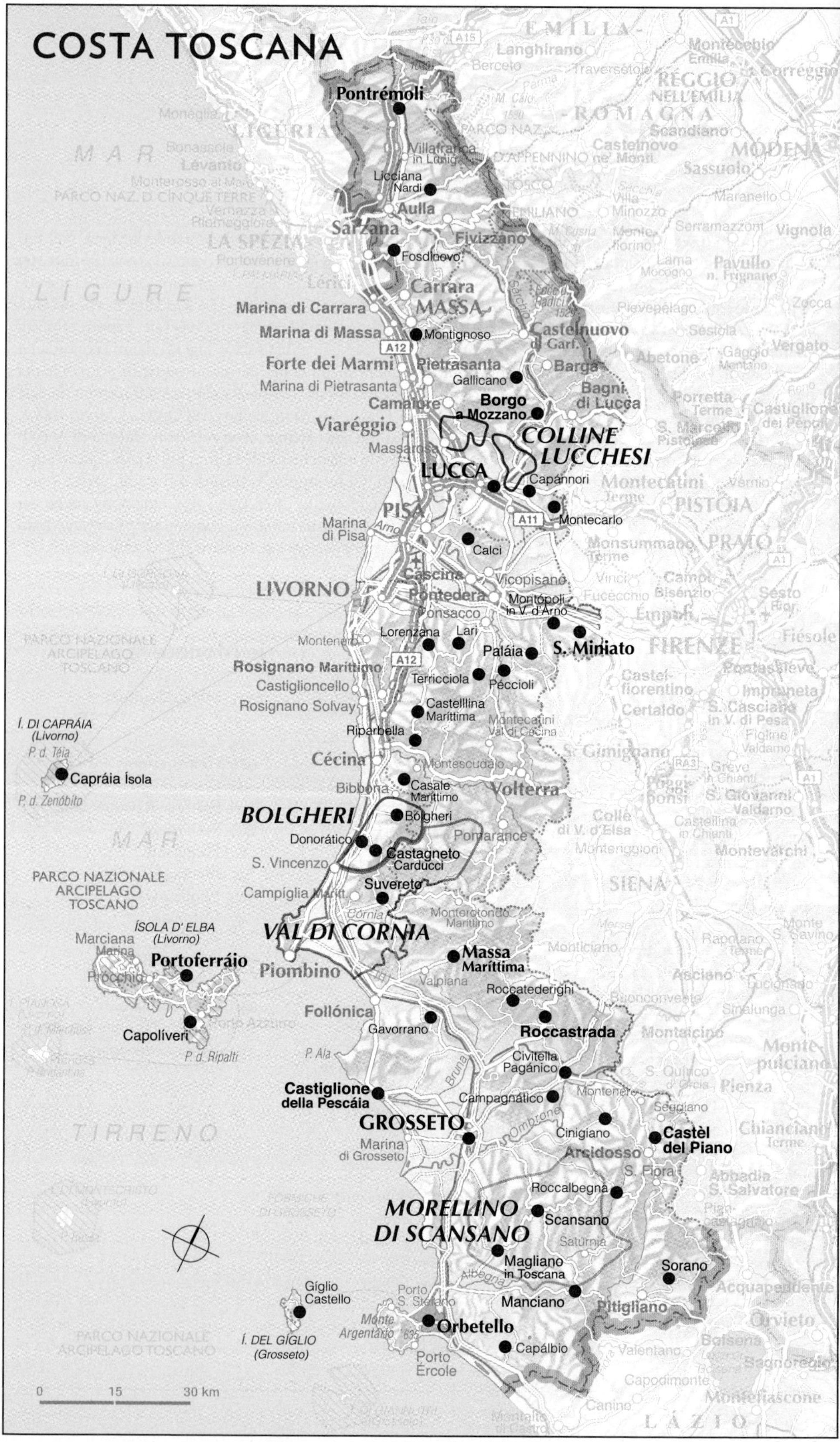

BOLGHERI (LI)

CAMPO ALLA SUGHERA

SCONTO **-10%**

Località Caccia al Piano, 280 - tel. 0565 766936
www.campoallasughera.com - info@campoallasughera.com

VITA - Cambio di direzione a Campo alla Sughera: lascia la direttrice Elisabeth Finkbeiner e prende il suo posto Tommaso Alessandri. L'azienda è nata a fine anni Novanta grazie alla passione per i vini italiani della famiglia tedesca Knauff, leader mondiale nella produzione di pannelli di gesso per l'edilizia, che ha uno stabilimento produttivo a pochi chilometri da Bolgheri.

VIGNE - Le vigne sono situate a cavallo della famosa strada Bolgherese e costeggiano il bordo del Fosso di Bolgheri. Insistono su terreni di chiara matrice alluvionale, con sabbia, argilla e limo. Il consulente francese Stefan Derenoncourt, dal 2017 in azienda, ha lavorato molto sulla gestione della vigna e sullo studio delle sue potenzialità, individuando singole parcelle in base alle loro peculiari caratteristiche.

VINI - Lo stile dei vini è di chiara impostazione moderna: hanno concentrazione e compattezza, ma senza forzature.

Bolgheri Sup. Arnione 2017 ● 20.000 bt; 44 € - 🛢 - Fermenta in acciaio e affina 18 mesi in barrique e tonneau, di cui circa il 40% è legno nuovo. Ha un tratto aromatico maturo, ma ben disegnato, con note speziate integrate. Al palato è ampio, di buona progressione, e dal tannino vivo e ben risolto.
Campo alla Sughera 2015 ● 3.000 bt; 77 € - 🛢 - Questo blend ottenuto con il 50% di uve petit verdot e il 50% di cabernet franc viene prodotto solo nelle migliori annate. Affina 24 mesi in barrique nuove al 70% ed è denso, dotato di un'imponente struttura. Non manca di una buona armonia complessiva, e ha tannini dolci e incisivi.
Bolgheri Rosso Adeo 2018 ● 60.000 bt; 22 € - 🛢 - Affina 12 mesi in barrique al 15% nuove. Si distingue per la spiccata aromaticità fruttata, ed è ampio e opulento, con tannini fitti e finale docile.
Arioso 2019 ○ vermentino; 14.000 bt; 15 € - ▢ - Agile, floreale, sapido.

ha 16,5 - **bt** 100.000
Fertilizzanti letame in pellet, sovescio
Fitofarmaci chimici di sintesi, rame e zolfo
Diserbo lavorazione meccanica/manuale
Lieviti selezione di lieviti indigeni
Uve 100% di proprietà
Certificazione nessuna certificazione

BOLGHERI (LI)

CASTELLO DI BOLGHERI

Via Lauretta, 7/b - tel. 0565 762110
www.castellodibolgheri.eu - info@castellodibolgheri.eu

VITA - Castello di Bolgheri è nato nel 2005 per volere della famiglia Zileri Dal Verme, nella persona di Federico Zileri, che fin da subito si è fatto affiancare da Alessandro Dondi, che arrivava da una piccola azienda di Montalcino. La cantina si trova all'interno del palazzo di proprietà della famiglia Zileri, nel centro storico di Bolgheri: un edificio costruito nel 1796 e disposto su due livelli.

VIGNE - Le vigne sono dislocate nel territorio bolgherese, con maggior presenza lungo il viale dei famosi cipressi, nella zona nord. Qui, leggermente in pendenza, godono delle brezze marine e dei venti che assicurano la sanità dei grappoli. I terreni sono sassosi, con argilla e limo; la presenza di sabbia è più concentrata nella zona pianeggiante. L'età dei vigneti è di circa 20 anni, e fin da subito sono stati messi a dimora solo vitigni bordolesi, allevati per la maggior parte a cordone speronato.

VINI - Da sempre Castello di Bolgheri produce due vini testimoni del territorio, di carattere e longevi; come ci racconta Alessandro, devono avere piacevolezza di beva, non essere costruiti, ma sinceri ed eleganti. Da qualche anno la scelta dei legni è cambiata: rispetto alle barrique si preferiscono i tonneau e botti da 35 ettolitri.

Bolgheri Sup. Castello di Bolgheri 2017 ● 30.000 bt; 64 € - 🛢 🛢 - Al naso è subito articolato, e in bocca ha tannini setosi, di ottima qualità e ben integrati, acidità articolata, eleganza e tensione. Il finale è lungo e succoso. Una delle migliori versioni degli ultimi anni.
Bolgheri Rosso Varvàra 2018 ● 80.000 bt; 22 € - 🛢 - Ricco di sentori fruttati, uniti ad accenni vegetali ed evidenti note dolci, ha tannini morbidi e distesi. Piacevole al palato, ha una spinta acida correttamente integrata. Il finale è caldo e lungo.

ha 60 - **bt** 100.000
Fertilizzanti sovescio
Fitofarmaci chimici di sintesi, rame e zolfo
Diserbo lavorazione meccanica/manuale
Lieviti fermentazione spontanea, selezione di lieviti indigeni
Uve 100% di proprietà
Certificazione nessuna certificazione

BOLGHERI (LI)

GIOVANNI CHIAPPINI

Località Le Preselle - Podere Felciaino, 189/c - tel. 0565 765201
www.giovannichiappini.it - info@giovannichiappini.it

VITA - La famiglia Chiappini è arrivata a Bolgheri negli anni Cinquanta dalle Marche, acquistando i primi ettari di terreno dai Della Gherardesca, grazie alla riforma agraria del dopoguerra. Allora Giovanni Chiappini era un bambino, ma nel corso degli anni ha saputo ingrandire un po' alla volta la proprietà, fino all'attuale conformazione. Questa rimane tuttavia un'azienda familiare, che vede adesso impegnate nella conduzione anche le figlie Martina e Lisa.

VIGNE - Da tempo i Chiappini si avvalgono dei consigli e della consulenza di Emiliano Falsini, anche se il vero artefice dei lavori in vigna era e rimane Giovanni. Da moltissimi anni l'approccio agronomico è biologico perché, come dice Martina, «non solo fa bene all'ambiente, ma anche alla salute di tutti coloro che faticano in vigna».

VINI - I vini rispecchiano lo stile moderno di Bolgheri. Negli anni hanno sempre più acquisito finezza e definizione, accompagnate da una crescente facilità di beva.

Lienà Cabernet Franc 2017 ● 1.600 bt; 68 € - Insieme al fratello ottenuto da sole uve merlot, affina 20 mesi in una selezione delle migliori barrique (nuove al 60%). È ampio e integrato, dal tratto gustativo incisivo e con un profilo olfattivo elegante.
Lienà Merlot 2017 ● 1.000 bt; 68 € - Denso e avvolgente, ha un tannino fitto, ma nel contempo è dotato di slancio e dinamicità.
Bolgheri Sup. Guado de' Gemoli 2017 ● 5.000 bt; 51 € - Venti mesi di barrique al 50% nuove gli donano eleganti note balsamiche e speziate. Ha potenza e materia ricca, anche se l'eccessiva gioventù al momento dell'assaggio lo irrigidiva leggermente nel finale.
Bolgheri Rosso Felciaino 2018 ● 20.000 bt; 21 € - Ampio, fruttato, consistente.
Bolgheri Vermentino Le Grottine 2019 ○ 8.000 bt; 14 € - Fresco, fruttato, autentico.

ha 15 - **bt** 75.000
Fertilizzanti organo-minerali, sovescio
Fitofarmaci rame e zolfo
Diserbo lavorazione meccanica/manuale
Lieviti fermentazione spontanea
Uve 100% di proprietà
Certificazione biologico certificato

BOLGHERI (LI)

LE MACCHIOLE

Via Bolgherese, 189/a - tel. 0565 766092
www.lemacchiole.it - info@lemacchiole.it

VITA - Fu Eugenio Campolmi, nella seconda metà degli anni Ottanta, a fondare l'azienda. Nato e cresciuto in questi luoghi, ne era profondamente innamorato, e fu il primo bolgherese a cimentarsi con la produzione vitivinicola. Purtroppo una terribile malattia, nel 2002, lo ha strappato ai suoi sogni e progetti, portati avanti con piglio imprenditoriale e sensibilità dalla moglie Cinzia Merli, affiancata adesso dai due figli Elia e Mattia.

VIGNE - Da allora molto lavoro è stato fatto, specialmente sul fronte agronomico, nella conduzione delle vigne e nella salvaguardia della biodiversità del terreno. Dal 2003 non si usano più prodotti chimici, anche se la richiesta di certificazione biologica risale solo allo scorso anno. La parcellizzazione delle vigne permette di selezionare con precisione le migliori uve.

VINI - I vini esprimono al meglio quanto il particolare microclima bolgherese sa offrire: estrema pulizia olfattiva e ricchezza di dettaglio ne caratterizzano lo stile, esaltandone l'eleganza.

TOP **Messorio 2017** ● merlot; 11.000 bt; 188 € - Affinato per 18 mesi in barrique nuove, ha struttura poderosa e avvolgente, ma non manca di ritmo e profondità. Il tannino è presente ma anche ben cesellato.
Paleo 2017 ● cabernet franc; 24.000 bt; 85 € - Fermentato in cemento, come il Messorio affina 18 mesi in barrique nuove. Si caratterizza per la sua eleganza: agile e armonioso, ha tannini ben integrati e un finale fruttato.
Scrio 2017 ● syrah; 2.900 bt; 120 € - Affina 13 mesi, parte in tonneau e parte in gres porcellanato per meglio preservare l'aromaticità del vitigno. Profuma di frutta matura, e in bocca è denso e perde leggermente slancio nel finale, frenato da un tannino ancora da smussare al momento dell'assaggio.
Bolgheri Rosso 2018 ● 146.000 bt; 22 € - Armonico, fruttato, consistente.

ha 27 - **bt** 190.000
Fertilizzanti letame in pellet, sovescio
Fitofarmaci rame e zolfo
Diserbo lavorazione meccanica/manuale
Lieviti fermentazione spontanea, selezionati industriali
Uve 100% di proprietà
Certificazione in conversione biologica

BOLGHERI (LI)

ORNELLAIA E MASSETO

Località Ornellaia, 191 - tel. 0565 71811
www.ornellaia.it - info@ornellaia.it

VITA - Ornellaia e Masseto rappresentano due icone del vino italiano nel mondo. Nate nello stesso alveo, oggi rappresentano due eccellenze distinte del medesimo territorio: Bolgheri. Il percorso di separazione, originato in vigna, è stato fortemente voluto dalla famiglia Frescobaldi, proprietaria delle aziende, per permettere a tali stelle di brillare di luce propria.

VIGNE - Il comportamento del merlot, destinato al Masseto, sulle celebri argille blu è la causa originaria della scissione sancita dalla costruzione della nuova cantina lo scorso anno. Ornellaia invece conta su suoli variegati, che vanno da matrici di sabbia e argilla a composizioni ricche di scheletro calcareo.

VINI - Sotto la direzione di Axel Heinz, Olga Fusari per Ornellaia, ed Eleonora Marconi per Masseto coordinano le cantine. Fermentazioni in cemento e scelta dei legni portano a vini ricchi di materia, la cui finezza è affidata alla fibra tannica e alla prospettiva evolutiva.

TOP **Masseto 2017** ● merlot; n.d. bt; n.d. € - Le criticità della vendemmia 2017 non hanno inciso sull'affermazione qualitativa del Masseto, che si presenta al palato nella sua classica opulenza, con progressione potente sorretta da tannini fini e aromi di frutta matura.
Bolgheri Sup. Ornellaia 2017 ● 150.000 bt; n.d. € - Ingresso al palato avvolgente con note di frutta in confettura; la progressione è ricca di calore e tannino.
Bolgheri Rosso Le Serre Nuove dell'Ornellaia 2018 ● 250.000 bt; n.d. € - Bella versione del secondo vino di Ornellaia, con espressione soave e intensa di frutto scuro e cenni di tostature, che anticipano un palato sempre giocato sulla densità e con ottima dinamica.
Le Volte dell'Ornellaia 2018 ● merlot, cabernet sauvignon, sangiovese; 750.000 bt; n.d. € - Avvolgente, fruttato, rilassato.

ha 115 - **bt** 1.250.000
Fertilizzanti compost, letame in pellet, organo-minerali, sovescio
Fitofarmaci chimici di sintesi, rame e zolfo
Diserbo lavorazione meccanica/manuale
Lieviti selezionati industriali, selezione di lieviti indigeni
Uve 100% di proprietà
Certificazione parte dei vigneti in regime biologico

BOLGHERI (LI)

TENUTA SAN GUIDO

Località Capanne, 27 - tel. 0565 762003
www.sassicaia.com - info@sassicaia.com

VITA - All'inizio furono le idee agricole di Mario Incisa della Rocchetta a portare a Bolgheri una conoscenza diffusa di pratiche rispettose della terra. Poi è stato il Sassicaia, nato da quelle terre, a tracciare una nuova strada di eccellenza per il vino italiano, ispirato a modelli internazionali di riferimento. Oggi Tenuta San Guido è un simbolo italiano di qualità conosciuto in tutto il mondo.

VIGNE - La vera eccellenza dei vini qui prodotti risiede in un paesaggio unico, nel quale la viticoltura non ha oppresso la biodiversità vegetale e, di conseguenza, l'equilibrio pedoclimatico ideale per la maturazione delle uve. Le lavorazioni dei suoli seguono i precetti di buon senso agricolo che Mario appuntò nel suo libro "La terra è viva".

VINI - Il Sassicaia ha tracciato, come detto, una vera e propria rotta stilistica per i vini del territorio bolgherese. Rimane però inarrivabile nella sua capacità di coniugare il carattere bordolese degli aromi con la finezza tannica propria del luogo di origine.

TOP **Bolgheri Sassicaia 2017** ● 235.000 bt; 171 € - Da una vendemmia difficile, esprime con decisione un carattere quasi ossuto nell'estrazione tannica, che viene però integrato da un centro bocca materico e ricco di frutto; ottima la decisa chiusura, fatta di avvolgenza e freschezza acida.
Guidalberto 2018 ● cabernet sauvignon, merlot; 315.000 bt; 36 € - Il tratto aromatico è legato a note vegetali con rimandi balsamici. La bocca è opulenta, con materia mai priva di dinamica e in grado di donare stavolta aromi fruttati che rendono il quadro complesso e appagante.
Le Difese 2018 ● cabernet sauvignon, sangiovese; 350.000 bt; 17 € - Agile, fruttato, integro.

ha 125 - **bt** 900.000
Fertilizzanti letame, sovescio
Fitofarmaci organici, rame e zolfo
Diserbo lavorazione meccanica/manuale
Lieviti fermentazione spontanea
Uve acquisto 25%
Certificazione nessuna certificazione

BORGO A MOZZANO (LU)

MACEA

Località Macea - tel. 0583 88128 - 339 4777149
www.macea.it - info@macea.it

VITA - Macea è una micro realtà viticola della media valle del Serchio, in provincia di Lucca. Nonostante questa marginalità, la piccola azienda si è ritagliata un ruolo di primo piano nel mondo del vino, merito di un lavoro caratterizzato da una sorta di incontro tra etnobotanica e creatività, attraverso il quale i fratelli Antonio e Cipriano Barsanti ci raccontano, a ogni vendemmia, la bellezza dell'intreccio tra vita e viticoltura.

VIGNE - Il cuore vitato dell'azienda è l'erta collina di pinot nero, vitigno azzeccato dato il particolare clima di questa parte della lucchesia, piuttosto fresco e luminoso. Per il resto Antonio ha piantato molte varietà locali, ognuna frutto di un incessante, folklorico, picaresco, comico, drammatico, ubriaco, intenso e irresistibile incontro con le plurime dimensioni della viticoltura.

VINI - Difficile parlare di un univoco stile aziendale, tale è l'anarchia decisionale che anima i due fratelli. Ogni vendemmia è una storia a parte da raccontare, così come le quotidiane vicende personali influiscono sui tempi del lavoro in cantina. Da questo punto di vista il vino prodotto a Macea racconta, in senso letterale, la vita dei produttori, da cui è inscindibile. Poi ci sono annate come la 2019, in cui le grandinate hanno compromesso gran parte della produzione e di conseguenza abbiamo avuto la possibilità di assaggiare un solo vino.

TOP **Pinot Nero 2018** VINO SLOW ● 3.000 bt; 20 € - La vinificazione a grappolo intero sembra poter donare al vino un'ulteriore dimensione gustativa, che riconosci nell'attacco gusto-olfattivo varietale che vira in una sua esuberanza tattile, con il tannino capace di fissare aromi freschi ed erbacei molto gradevoli e tipici di questa zona; il finale di calore e succo è molto piacevole.

ha 2 - **bt** 4.000
Fertilizzanti letame, preparati biodinamici
Fitofarmaci rame e zolfo
Diserbo lavorazione meccanica/manuale
Lieviti fermentazione spontanea
Uve 100% di proprietà
Certificazione biologico certificato

CALCI (PI)

FATTORIA SAN VITO

SCONTO **-10%**

Via Caprili, 5 - tel. 349 5972722
www.fattoriasanvito.it - info@fattoriasanvito.it

VITA - Calci è uno splendido comune della provincia di Pisa. La geografia è caratterizzata da un'ampia vallata che sale verso il monte Pisano, barriera naturale tra Pisa e Lucca. La Fattoria San Vito occupa una parte marginale, ma essenziale, del paesaggio. Grazie al lavoro di Matteo Piccioli ha riportato in vita l'enologia professionale di questi luoghi, conosciuti più che altro per l'olio extravergine, inaugurando, speriamo, una futura tradizione.

VIGNE - Le vigne sorgono intorno alla cantina su territorio pianeggiante; i filari sono stati da sempre coltivati rispettando la natura. Con Matteo tale predisposizione è stata razionalizzata attraverso il percorso di certificazione biologica, e un'idea di vino naturale frutto della qualità delle uve di partenza. La vigna nuova è ai piedi della spettacolare Certosa di Calci, edificio costruito nel 1366.

VINI - L'anelito naturale è percepibile in ogni aspetto del lavoro aziendale. In cantina si lavora in sottrazione enologica e con poca solforosa.

Santopietro 2018 ● cabernet sauvignon, merlot; 1.000 bt; 12 € - Ampiezza della materia e una certa rusticità caratterizzano il sorso, che rimane pieno e articolato, per un complesso di aromi vegetali e una decisa chiusura tannica.
Cartusia 2018 ● sangiovese; 1.000 bt; 12 € - L'impressione è di un vino maturo con note di buona ossidazione quali rosa passita e spezie terrose; la bocca evidenzia vitalità ed esuberanza tannica.
Gelseta 2018 O trebbiano; 500 bt; 12 € - Lunga macerazione sulle bucce per un vino quasi orgoglioso della sua vena ossidativa, con note di orzo tostato, fieno e cenni balsamici; la bocca è reattiva, sapida e dal finale rigido.
Nicosia 2018 O trebbiano, vermentino, malvasia; 1.000 bt; 12 € - Bianco macerato, potente, speziato, amaro.

ha 4,5 - **bt** 4.600
Fertilizzanti sovescio
Fitofarmaci rame e zolfo
Diserbo lavorazione meccanica/manuale
Lieviti fermentazione spontanea
Uve 100% di proprietà
Certificazione biologico certificato

CAMPAGNATICO (GR)

AGRICOLA DEL NUDO

Località Granaione, 90 - tel. 335 1304989
www.nudo.bio - info@nudo.bio

VITA - Roland Krebser è un affermato enologo, da tempo in Maremma e responsabile della cantina La Selva. Stefano Bambagioni è un autoctono che ha sempre avuto la passione per il vino e, in generale, per la convivialità. L'amicizia di questa "strana coppia" ha dato inizio nel 2013 a questa azienda maremmana biologica, che a pensarci bene porta i connotati principali dei suoi fondatori: precisione esecutiva e autenticità dei vini prodotti.

VIGNE - La proprietà vitata si divide in due principali appezzamenti diversi per suoli e altitudine. Il primo vigneto di proprietà è quello situato intorno all'agriturismo, con suoli di buona componente argillosa e con presenza di galestro nella parte alta della vigna. Il resto delle parcelle è in località Poggio ai Grilli. Qui i suoli sono più sciolti, con presenza insistita di scheletro. L'approccio biologico è facilitato dalle ottime condizioni mircoclimatiche.

VINI - La produzione enologica rispecchia il terroir di appartenenza con vini mediterranei e caldi, espressivi e densi; tutti caratterizzati dall'ottima facilità di beva.

Maremma Toscana Rosso Nudo 2018 ● 12.000 bt; 12 € - Ingresso molto agile, con buona incisività dovuta a un'estrazione gentile della materia, che permette un ottimo intreccio tra parte alcolica, carica di frutto, e componente polifenolica.
Maremma Toscana Oltremodo 2018 ● 3.000 bt; 16 € - Buona concentrazione con frutto dolce in primo piano e una leggera speziatura del legno; la bocca è calda e progressiva, con tannino in evidenza.
Maremma Toscana Vermentino Nudo 2019 ○ 6.000 bt; 12 € - Impatto agile, con percorso gustativo caldo ma sostenuto da un'ottima sapidità, che sorregge il sorso fino alla fine, là dove avvertiamo piacevoli richiami di frutta.

ha 4 - **bt** 15.000
Fertilizzanti sovescio
Fitofarmaci rame e zolfo
Diserbo lavorazione meccanica/manuale
Lieviti fermentazione spontanea
Uve acquisto 20%
Certificazione biologico certificato

CAPALBIO (GR)

IL CERCHIO

SCONTO **-10%**

Via Valmarina, 24 - tel. 0564 898856
www.ilcerchiobio.it - ilcerchio@ilcerchiobio.it

VITA - Beniamino Podestà guida questa piccola e virtuosa azienda nello splendido comprensorio di Capalbio. Il Cerchio è nata nel 1988 a seguito dell'acquisto del podere da parte della famiglia Podestà-Vicenzi. Di origine lombarda e desiderosi di vivere in un ambiente a contatto stretto con la natura, i genitori di Beniamino elessero Capalbio come luogo di insediamento. La decisione di intraprendere il mestiere di agricoltori biologici fu la naturale conseguenza di questa scelta.

VIGNE - Il contesto vitato è davvero spettacolare, con la luce marina a rendere la vigna, circondata da basse colline piene di olivi, quasi traslucida e irreale. Le viti sorgono in un corpo unico di circa 5 ettari. I suoli sono argillosi, con buona presenza di sabbia. I vitigni presenti sono sangiovese, alicante, vermentino e ansonica. In futuro ci saranno anche ciliegiolo e pugnitello.

VINI - Complice un'annata davvero difficile sotto molti aspetti, l'azienda ha sottoposto alla nostra attenzione soltanto i vini bianchi.

Costa dell'Argentario Ansonica 2019 ○ 10.000 bt; 9 € - Un vitigno giustamente rivalutato negli ultimi anni: si esprime nella versione aziendale con ordinati e precisi aromi floreali, che si intrecciano a cenni vegetali di macchia mediterranea; la progressione gustativa, semplice e schietta, è rinfrancata da una scodata sapida che innerva e sorregge il sorso.
L'Altro 2019 ○ vermentino, ansonica; 1.500 bt; 14 € - Ha contrasto acido e bella trama salina, che danno le coordinate a un sorso agile e recante aromi di frutta bianca in gelatina e balsamici. Una punta di calore alcolico ritorna a incidere sull'eredità gustativa.

ha 5 - **bt** 17.000
Fertilizzanti letame in pellet, sovescio
Fitofarmaci rame e zolfo
Diserbo lavorazione meccanica/manuale
Lieviti selezionati industriali
Uve 100% di proprietà
Certificazione biologico certificato

CAPANNORI (LU)

COLLE DI BORDOCHEO

Località Segromigno Monte - Via Piaggiori Basso, 123 - tel. 349 5881998
www.colledibordocheo.com - info@colledibordocheo.it

VITA - Colle di Bordocheo è una bella realtà produttiva nata negli anni Sessanta dalla volontà della famiglia Chelini, industriali lucchesi, di continuare la radicata tradizione agricola locale, allora in via di estinzione. Oggi è Barbara Chelini a portare avanti l'azienda. Insieme al vino molta importanza riveste la produzione di olio di oliva extravergine, che qui trova uno dei suoi migliori terroir.

VIGNE - Vigne e olivi si succedono senza soluzione di continuità nel risalire la collina che, dalla cantina, conduce dolcemente verso i boschi del massiccio delle Pizzorne. Non c'è bisogno di particolari competenze tecniche per capire l'estrema vocazione di queste esposizioni, assolate e ventilate, che garantisco ottime maturazioni e salubrità dei grappoli.

VINI - I vini hanno un'appagante dimensione territoriale soprattutto nelle tipologie a denominazione. Per i vini più importanti risulta fondamentale il dosaggio di dolcezza del legno di affinamento che, nelle ultime vendemmie, appare sempre più integrato.

Colline Lucchesi Bordocheo Rosso 2018 ● 8.000 bt; 10 € - Ingresso molto scorrevole e leggero, con espressione fruttata diretta, semplice e piacevole; un'ottima fibra acida contrastata dal tannino robusto, donando armonia complessiva a un liquido di piena soddisfazione.
Colline Lucchesi Bordocheo Bianco 2019 ○ 3.000 bt; 9 € - Vino dagli aromi netti, definiti e semplici, che ricordano frutta a polpa bianca; la bocca è coerente, con succo e giusta sapidità a tracciare un percorso gustativo molto gradevole.
Sestilia 2019 sangiovese, canaiolo; 2.000 bt; 11 € - Agile, floreale, delicato.
Colline Lucchesi Picchio Rosso 2017 ● 4.000 bt; 16 € - Denso, speziato, avvolgente.
Bianco dell'Oca 2018 ○ chardonnay, vermentino, sauvignon blanc; 3.000 bt; 14 € - Viscoso, speziato, opulento.

ha 9,5 - **bt** 30.000
Fertilizzanti letame in pellet, sovescio
Fitofarmaci rame e zolfo
Diserbo lavorazione meccanica/manuale
Lieviti fermentazione spontanea, selezione di lieviti indigeni
Uve 100% di proprietà
Certificazione biologico certificato

CAPANNORI (LU)

FATTORIA COLLEVERDE

Località Castello - Frazione Matraia - tel. 0583 402310
www.colleverde.it - info@colleverde.it

VITA - La Fattoria Colleverde è una delle aziende più importanti delle colline lucchesi. Incastonato in un paesaggio meraviglioso costellato da vigne e olivi, il centro aziendale domina la piana di Lucca. Fin dal 1999 l'azienda pratica viticoltura biologica, e dal 2004 si è passati alla biodinamica. Da qualche anno Colleverde fa parte della rete Luccabiodinamica, un'associazione che mette al centro del proprio lavoro la vita del suolo.

VIGNE - La proprietà vitata si estende per 7 ettari. Le vigne occupano versanti molto vocati e dalle Pizzorne, massiccio boscoso che raggiunge i 1.000 metri, scendono dolcemente verso valle passando dai 250 metri dei filari più alti agli 80 di quelli prossimi alla pianura.

VINI - I vini esibiscono una bella appartenenza territoriale; non mancano prodotti ambiziosi in cui le estrazioni importanti restituiscono concentrazione.

Terre di Matraja Rosso 2019 ● sangiovese, canaiolo, ciliegiolo; 16.000 bt; 12 € - Schietto e diretto, esibisce un succo progressivo e trascinante, con aromi precisi di frutta rossa. Il finale è ruvido, per un vino semplice ma risolto.
Terre di Matraja Bianco 2019 ○ trebbiano, grechetto, malvasia, chardonnay; 5.000 bt; 12 € - Ha succo viscoso e denso, con aromi di frutta a polpa gialla; nonostante non esprima complessità, la traccia sapida permette al sorso una gradevole compiutezza.
Sinòpia 2017 ● cabernet franc; 800 bt; 97 € - Potente e ampio, con progressione alcolica e materica decisa e avvolgente; la fitta componente tannica sostiene tale abbondanza, donando solidità e complessità.
Brania delle Ghiandaie 2017 ● sangiovese, syrah; 2.500 bt; 23 € - Possente, speziato, opulento.
Nero della Spinosa 2017 ● syrah; 1.500 bt; 28 € - Austero, fruttato, stratificato.

ha 7 - **bt** 30.000
Fertilizzanti preparati biodinamici, sovescio
Fitofarmaci rame e zolfo
Diserbo lavorazione meccanica/manuale
Lieviti fermentazione spontanea
Uve 100% di proprietà
Certificazione biologico certificato

CAPANNORI (LU)

MALGIACCA

Località Gragnano - Via della Chiesa, 45/a - tel. 347 9507310
www.malgiacca.com - info@malgiacca.com

VITA - I protagonisti di questa realtà lucchese sono Lisandro Carmazzi, Luigi Fenoglio, Saverio Petrilli, Brunella Ponzo e Sarah Richards, i quali, stretti da una decennale amicizia, hanno deciso di unire forze e sensibilità al fine di riportare in vita vigne vecchie e semi-abbandonate del territorio a est della denominazione. La viticoltura praticata segue i dettami della biodinamica, di cui Saverio, enologo della vicina Tenuta di Valgiano, è uno dei massimi esperti nazionali.

VIGNE - Il mosaico degli appezzamenti vitati coincide con scorci di un paesaggio bello e perduto. Si tratta di vigne incastonate in un susseguirsi di quinte campestri varie e ricche di biodiversità, che i vignaioli ravvivano con sagge pratiche agronomiche. La cura di viti miste in vigne antiche rende il lavoro agricolo una sorta di custodia botanica di elementi vegetali, che chissà quale remoto contadino ha portato da queste parti.

VINI - Data la base ampelografica di partenza i vini non possono che essere molto rilassati, succosi e vivi di parti fenoliche nel pieno rispetto del luogo di origine.

Tingolli 2018 O trebbiano, malvasia, vermentino, verdea, viognier; 700 bt; 24 € - 🛢 - Profondo, floreale, presenta vive sensazioni tattili che donano complessità a una dinamica molto saporita.
Rosso Malgiacca 2018 O sangiovese, canaiolo, montepulciano, barbera, ciliegiolo, syrah, merlot, malvasia nera; 4.800 bt; 18 € - 🛢 - Da uve sangiovese in prevalenza, ha progressione leggiadra e succosa, con tannini integrati molto bene al corpo del vino, che risulta armonico.
Bianco Malgiacca 2019 O trebbiano, malvasia, vermentino, grechetto; 2.500 bt; 13 € - ⛉ - Tratto gustativo denso e scorrevole, con sapidità opportuna a sorreggere una gradevole schiettezza rustica di fondo.

ha 8 - bt 6.000
Fertilizzanti preparati biodinamici, sovescio
Fitofarmaci rame e zolfo
Diserbo lavorazione meccanica/manuale
Lieviti fermentazione spontanea
Uve 100% di proprietà
Certificazione nessuna certificazione

CAPANNORI (LU)

TENUTA DI VALGIANO

Frazione Valgiano - Via di Valgiano, 7 - tel. 0583 402271
www.valgiano.it - info@valgiano.it

VITA - A distanza di 20 anni dalla rivoluzione biodinamica operata dalla Tenuta di Valgiano, appare oggi chiara l'importanza storica di questa azienda delle colline lucchesi, che ha aperto la strada verso un rinnovato approccio alla viticoltura, nel quale l'enologia più attenta si alimenta di una pratica agronomica tesa alla vitalità del suolo. I proprietari Moreno Petrini e Laura Collobiano, insieme all'enologo Saverio Petrilli, sono gli artefici di un lavoro fondamentale per la cultura moderna del vino italiano.

VIGNE - Il cuore delle vigne aziendali occupa il lato destro del corso orografico del torrente Sana, che, copioso, scende dall'altopiano delle Pizzorne, esteso massiccio montuoso molto importante per il microclima vegetativo. I suoli sono ciottolosi e ricchi di argilla. Le vigne sono circondate da un paesaggio ricco di biodiversità (boschi, olivi, pascoli), che l'azienda mantiene e valorizza con orgoglio.

VINI - Quest'anno Valgiano si è presentata all'appuntamento delle nostre degustazioni con un solo vino; sia il Colline Lucchesi Tenuta di Valgiano, sia il Colline Lucchesi Palistorti Rosso non erano ancora ritenuti pronti. L'obiettivo enologico aziendale, da sempre, è quello di centrare la difficile armonia tra la naturalezza espressiva e la finezza del tratto materico.

Palistorti di Valgiano Bianco 2019 O trebbiano, vermentino, malvasia bianca, grechetto; 7.000 bt; 20 € - ⛉ - Il tratto gustativo è aperto su una piacevole ossidazione controllata, che esibisce note floreali e balsamiche; il succo è piacevole e ricco di sapidità, con una sicura dinamica che ne alleggerisce il percorso complessivo; una lieve sensazione tannica contribuisce alla persistenza gustativa del vino.

ha 15 - bt 60.000
Fertilizzanti preparati biodinamici, sovescio
Fitofarmaci rame e zolfo
Diserbo lavorazione meccanica/manuale
Lieviti fermentazione spontanea
Uve 100% di proprietà
Certificazione biodinamico certificato, biologico certificato

CAPANNORI (LU)

TENUTA LENZINI

Frazione Gragnano - Via della Chiesa, 44 - tel. 0583 974037
www.tenutalenzini.it - tenuta@tenutalenzini.it

VITA - L'ascesa qualitativa dei vini della Tenuta Lenzini è una piacevole certezza degli ultimi anni di assaggio e ricognizioni nel territorio lucchese. Tale crescita coincide con quella professionale dei proprietari Benedetta Tronci e Michele Guarino, che hanno prima focalizzato il loro lavoro sul recupero della vita dei suoli, e poi calibrato l'enologia, al servizio della naturalezza espressiva dei vini.

VIGNE - La vigna si estende come un anfiteatro attorno alla cantina. L'impostazione dei vitigni, frutto della consulenza enologica assunta dal nonno di Benedetta a fine anni Novanta, è stata saggiamente conservata, e oggi l'azienda può contare su viti vecchie e suoli pieni di vita, grazie a una pratica agronomica attenta che segue i dettami della viticoltura biodinamica.

VINI - Dicevamo di una sempre maggiore naturalezza espressiva dei vini: tale carattere si concretizza in succosità trascinante della materia, frutto di una sempre più consapevole sottrazione di sovrastrutture enologiche.

TOP **Colline Lucchesi Casa e Chiesa 2018** VINO SLOW ● 20.000 bt; 14 € - Vino che distilla un succo fragrante e puro con aromi di frutta rossa; il tannino è perfettamente integrato nella materia, che si rivela di ottima progressione, con finale pulito e gustoso.
Vermignon 2019 ○ vermentino, sauvignon blanc; 3.000 bt; 17 € - Vino di ottima leggerezza, schietto e incisivo, con trama sapida che allunga il sorso.
Poggio de' Paoli 2017 ● cabernet sauvignon, cabernet franc, syrah; 5.000 bt; 19 € - L'ingresso ampio e viscoso evidenzia una certa opulenza, per fortuna dal centro bocca il vino comincia a donare succo e una spinta fresca che armonizza il tutto.
Buscè 2019 ● alicante bouschet; 2.000 bt; 14 € - Fresco, fruttato, energico.
La Syrah 2017 ● 2.000 bt; 26 € - Potente, speziato, opulento.

ha 13,5 - **bt** 45.000
Fertilizzanti preparati biodinamici, sovescio
Fitofarmaci rame e zolfo
Diserbo lavorazione meccanica/manuale
Lieviti fermentazione spontanea
Uve 100% di proprietà
Certificazione biologico certificato

CAPOLIVERI (LI)

TENUTA DELLE RIPALTE

Località Ripalte - tel. 0565 94211
www.fattoriadelleripalte.it - info@fattoriadelleripalte.it

VITA - Siamo in uno degli angoli più selvaggi e meglio conservati di tutta l'isola d'Elba, di fronte il mare dell'arcipelago con sullo sfondo la sottile sagoma dell'isola di Pianosa. È qui che circa 20 anni fa è approdato Pier Mario Meletti Cavallari, originario della Lombardia e trasferitosi in Toscana alla fine degli anni Settanta, ricco dell'esperienza fatta fra le vigne di Bolgheri.

VIGNE - Mario cercava un luogo in cui poter realizzare il suo sogno di produrre «il miglior vino passito al mondo», come lui stesso definisce l'Aleatico, e nello stesso tempo sperimentare su questa meravigliosa isola un mix di vitigni mediterranei tra cui grenache e carignano. Un sogno realizzato all'interno della suggestiva cantina affacciata sul mare.

VINI - L'obiettivo è quello di realizzare vini di spiccata impronta mediterranea. Nessun rosso presentato quest'anno, dobbiamo accontentarci dell'Aleatico e dei vini bianchi e rosa.

Aleatico dell'Elba Alea Ludendo 2016 ● 4.000 bt da 0,375 l; 31 € - Da uve appassite per circa una settimana al sole nasce uno dei pochi vini passiti che si possa abbinare con dolci a base di cioccolato. Fermenta e affina solo in acciaio: mette in mostra intriganti profumi di ciliegia macerata nello zucchero e rosa appassita, e in bocca è dolce, avvolgente, ben contrastato da una fresca acidità, di estrema profondità.
Bianco delle Ripalte 2019 ○ vermentino, petit manseng; 18.500 bt; 15 € - Piacevole espressione di frutto maturo, anche tropicale, è ben sagomato e armonico, fresco e dotato di una delicata dolcezza finale.
Rosato delle Ripalte 2019 ● aleatico; 11.000 bt; 15 € - Agile, fruttato, delicato.
Brut Rosato delle Ripalte aleatico; 10.000 bt; 16 € - Metodo Charmat, croccante, fruttato, delicato.

ha 16,5 - **bt** 70.000
Fertilizzanti letame in pellet, sovescio
Fitofarmaci chimici di sintesi, rame e zolfo
Diserbo lavorazione meccanica/manuale
Lieviti selezionati industriali
Uve 100% di proprietà
Certificazione nessuna certificazione

CAPRAIA ISOLA (LI)

LA PIANA

Via Regina Margherita, 4 - tel. 392 0592988
www.lapianacapraia.it - info@lapianacapraia.it

VITA - La Piana è l'unica azienda viticola della piccola e spettacolare isola di Capraia nell'Arcipelago toscano. Da circa 20 anni la famiglia Bollani è stata coinvolta in questo ostinato progetto di recupero agricolo iniziato dal compianto Stefano Teofili a fine anni Novanta. Oggi che l'azienda può contare su una maggiore quantità di ettari vitati e, addirittura, su una cantina sull'isola, possiamo affermare che il futuro è appena cominciato.

VIGNE - La vigna originaria si trova in un antico cratere vulcanico in località Santo Stefano. Qui furono piantate, nell'intenzione originaria, piante di aleatico per il vino passito. L'evoluzione dell'azienda ha portato alla creazione di un altro vigneto terrazzato, a picco sul mare, in località Portovecchio. Su queste balze sono state messe a dimora vigne di ansonica, ciliegiolo e vermentino. Da sempre l'azienda pratica una viticoltura biologica, attenta al rispetto di un paesaggio meraviglioso.

VINI - La possibilità di vinificare nei locali, adibiti a cantina, dell'ex colonia penale ha portato a un'originalità enologica prima impossibile.

Palmazio 2019 ○ 2.000 bt; 13 € - Profondo, mediterraneo nell'espressione aromatica di fiori gialli e menta, ha buona sapidità e allungo: davvero una bella interpretazione di Vermentino.
Marum 2019 ○ ansonica; 1.500 bt; 14 € - Prima annata, finalmente, per un vino che mancava: ha un sorso sapido, denso e piacevole, che si unisce ad aromi di macchia mediterranea.
Cristino 2019 ● aleatico; 6.000 bt da 0,375 l; 26 € - Gli aromi sono avvincenti con menta, liquirizia, radice, tabacco e frutti rossi; la progressione in bocca è dolce e opulenta, con finale zuccherino.
Rosa della Piana 2019 ● aleatico; 2.000 bt; 14 € - Fresco, floreale, docile.

ha 8 - **bt** 50.000
Fertilizzanti sovescio
Fitofarmaci rame e zolfo
Diserbo lavorazione meccanica/manuale
Lieviti selezionati industriali
Uve 100% di proprietà
Certificazione biologico certificato

CASALE MARITTIMO (PI)

PAGANI DE MARCHI

Località La Nocera - Via della Camminata, 2 - tel. 0586 653016
www.paganidemarchi.com - info@paganidemarchi.com

VITA - Pagani De Marchi è una delle colonne portanti dell'enologia della costa toscana. L'azienda infatti è stata una delle prime realtà viticole specializzate a credere in questo territorio che, alla fine degli anni Novanta, ha visto letteralmente esplodere gli investimenti in vigna. La sensibilità e il rispetto di questi luoghi sono oggi visibili nei risultati di un eccellente approccio biologico, e nella valorizzazione delle tracce etrusche presenti in azienda.

VIGNE - Le vigne sono collocate nel comune di Casale Marittimo, in un territorio molto vocato per l'agricoltura grazie a suoli ricchi di argilla e arenaria. Certo il calore degli ultimi anni ha messo a dura prova questi versanti così esposti alla luce e al sole. Si cerca quindi, attraverso la gestione biologica delle piante, di lasciare più foglia in modo da garantire corrette maturazioni dei grappoli, evitando bruciature.

VINI - Tante le etichette aziendali che possiamo tranquillamente iscrivere nel canone dei vini di territorio.
Montescudaio Rosso Montaleo 2018 ● 14.000 bt; 9 € - Punto di riferimento della denominazione, è un vino succoso, immediato e di ottima progressione, dal finale appagante.
Principe Guerriero 2017 ● sangiovese; 3.000 bt; 22 € - Interpretazione soddisfacente di un'annata difficile: verte sulla densità del frutto e una progressione della materia nel complesso di ottima finezza; peccato per la chiusura brusca e rigida.
Casalvecchio Anfora 2017 ● cabernet sauvignon; 500 bt; 43 € - La vinificazione in terracotta sembra donare concretezza al frutto e slancio al sorso; il percorso è piacevole ma la chiusura incerta.
Olmata 2017 ● merlot, sangiovese, cabernet sauvignon; 12.000 bt; 17 € - Robusto, fruttato, compatto.
Vermentino Blumea 2019 ○ 5.000 bt; 12 € - Agile, fruttato, delicato.

ha 6 - **bt** 38.000
Fertilizzanti letame in pellet, sovescio
Fitofarmaci rame e zolfo
Diserbo lavorazione meccanica/manuale
Lieviti fermentazione spontanea
Uve 100% di proprietà
Certificazione biologico certificato

CA' MARCANDA

Località Santa Teresa, 272 - tel. 0173 635158
www.camarcanda.com - info@camarcanda.com

VITA - Abbiamo avuto il piacere di parlare di Ca' Marcanda con Giovanni Gaja, che ci ha permesso di scoprire qualcosa di più sulla realtà bolgherese della sua famiglia. Suo padre Angelo, infatti, dopo aver investito a Montalcino, nel 1996 ha deciso di puntare ancora sulla Toscana, in quella che all'epoca era una zona in via di sviluppo dal punto di vista vitivinicolo, iwntuendone le enormi potenzialità qualitative e commerciali.

VIGNE - La parte agronomica dell'azienda è seguita da un pool di esperti selezionati per garantire l'integrità delle vigne e dei suoli. Troviamo un botanico, ma anche un entomologo, il tutto per la definitiva eliminazione dell'uso di prodotti di sintesi. I suoli sono prevalentemente di due tipi: nei terreni più scuri prevalgono argille e sabbie, in quelli più chiari abbiamo una prevalenza di calcare e limo, con uno strato di scheletro.

VINI - I vini sono sempre più definiti su sfumature eleganti e fresche. Pur rimanendo fedeli al taglio bolgherese, negli anni la ricerca della finezza ha portato anche sulla costa Toscana lo stile Gaja.

TOP **Bolgheri Rosso Camarcanda 2017** ● 15.000 bt; 120 € - Fine ed elegante, dal carattere mediterraneo, è un vino complesso, con il legno di affinamento ben integrato che gli dona toni balsamici, di eucalipto e spezie dolci. In bocca è persistente e fresco, con tannini ben ricoperti. Un sorso dal ritmo marcato e di piacevole profondità.

Bolgheri Rosso Magari 2018 ● 90.000 bt; 56 € - È un vino più immediato, setoso e rotondo in bocca rispetto al precedente. Godibile e avvolgente, risulta anche fresco e succoso.

ha 120 - **bt** 450.000
Fertilizzanti compost, sovescio
Fitofarmaci rame e zolfo
Diserbo lavorazione meccanica/manuale
Lieviti fermentazione spontanea, selezionati industriali
Uve 100% di proprietà
Certificazione nessuna certificazione

FORNACELLE

SCONTO -10%

Strada Comunale 18 delle Fornacelle, 232/a - tel. 0565 775575
www.fornacelle.it - info@fornacelle.it

VITA - Stefano Billi insieme alla moglie Silvia Menicagli rappresenta la quarta generazione che porta avanti l'azienda di famiglia, quella che si è concentrata maggiormente sulla viticoltura. A metà anni Novanta, dopo che i vini di Bolgheri hanno iniziato a farsi conoscere nel mondo, hanno piantato varietà come merlot, cabernet franc e vermentino, che si affiancano alle piante di sangiovese che già esistevano all'interno della proprietà.

VIGNE - L'azienda si compone di 15 ettari totali, di cui 9 sono dedicati al vigneto. Parlando con Silvia della variabilità delle ultime annate, ci ha spiegato come tutti i vigneti stiano invecchiando e acquisendo un loro personale equilibrio in risposta alle avversità di ogni millesimo: «accudire la vigna affinché l'uva arrivi sana in cantina» è quello che dice riguardo all'obiettivo dei pochi ma ben mirati interventi che vengono fatti.

VINI - Freschezza, struttura e potenziale d'invecchiamento sono le parole d'ordine di tutti i vini di Fornacelle.

Foglio 38 2016 ● cabernet franc; 5.000 bt; 42 € - Esprime note balsamiche, fresche e minerali. Ha un attacco succoso, per poi distendersi su una piacevole morbidezza e finire su note tostate che esaltano la complessità.

Erminia 2016 ● merlot; 5.000 bt; 42 € - Profumi profondi di frutta matura anticipano una bocca succosa, con un corpo pieno ma molto elegante e persistente.

Bolgheri Sup. Guardiaboschi 2017 ● 5.000 bt; 30 € - Al naso è caldo e maturo; in bocca difetta di freschezza progressiva e ha una trama tannica marcata.

Bolgheri Bianco Zizzolo 2019 ○ 12.000 bt; 12 € - Fresco, fruttato, sapido.

Bolgheri Rosso Zizzolo 2018 ● 25.000 bt; 14 € - Agile, speziato, gastronomico.

Fornacelle 2018 ○ sémillion; 5.000 bt; 14 € - Avvolgente, floreale, ampio.

ha 9 - **bt** 70.000
Fertilizzanti organo-minerali, sovescio
Fitofarmaci rame e zolfo
Diserbo lavorazione meccanica/manuale
Lieviti fermentazione spontanea
Uve 100% di proprietà
Certificazione nessuna certificazione

CASTAGNETO CARDUCCI (LI)

GRATTAMACCO

Località Lungagnano, 129 - tel. 0565 765069 - 347 2997649
www.collemassari.it - grattamacco@collemassari.it

VITA - Abbiamo fatto una piacevole chiacchierata con Luca Marrone, il responsabile enologo che affianca ormai da anni Maurizio Castelli nella gestione dei vigneti e in cantina. Grattamacco ha sempre mantenuto una filosofia poco interventista, fin dalla sua nascita con il vecchio proprietario, Pier Mario Meletti Cavallari. Con l'arrivo di Claudio Tipa nel 2001, poco è cambiato dal punto di vista gestionale.

VIGNE - Posizionata sulle colline che sovrastano la costa in una delle zone più vocate a Bolgheri, Grattamacco ha nella sua etimologia il suo punto di forza. Secondo la storia locale il macco infatti era il ferro che estraevano gli Etruschi nei pressi dei vigneti nella tenuta. Negli ultimi periodi sono state effettuate acquisizioni in zona Casavecchia.

VINI - I vini si portano dietro un lato internazionale, con una propensione alla dolcezza dei tannini e alla perfezione stilistica. Poi c'è un lato più selvaggio, mediterraneo, che lega indissolubilmente queste etichette alla costa toscana.

Bolgheri Sup. Grattamacco 2017 ● 50.000 bt; 65 € - 🛢 - Come i più grandi, dimostra la sua classe anche in annate molto difficili come la siccitosa 2017. Le uve provengono dai vigneti storici vicino alla cantina. Ha un'ottima progressione, ed è fresco e verticale, succoso e bilanciato.
Bolgheri Sup. L'Alberello 2017 ● 8.000 bt; 48 € - 🛢 - Porta con sé l'anima mediterranea della costa tirrenica. Al naso è un'esplosione di piante aromatiche, in bocca un miracolo di equilibrio tra potenza ed eleganza, con un finale succoso e appagante.
Bolgheri Rosso 2018 ● 35.000 bt; 19 € - 🛢 - Un vino che stupisce per la sua freschezza e per la ricchezza di frutto mai sopra righe. Succoso e profondo, riesce a mantenere un'incredibile facilità di beva.
Vermentino 2018 ○ 8.000 bt; 32 € - 🛢 - Dinamico, fruttato, salino.

ha 25 - **bt** 150.000
Fertilizzanti letame, sovescio
Fitofarmaci organici, rame e zolfo
Diserbo lavorazione meccanica/manuale
Lieviti fermentazione spontanea
Uve 100% di proprietà
Certificazione biologico certificato

CASTAGNETO CARDUCCI (LI)

I LUOGHI

SCONTO **-10%**

Località Campo al Capriolo, 201 - tel. 0565 777379
www.iluoghi.it - info@iluoghi.it

VITA - Stefano Granata e Paola De Fusco sono due giovani vignaioli che hanno iniziato il loro percorso nel 2000, partendo dalla comune passione per la vigna e il vino. Prima di allora si dilettavano a gestire un piccolo vigneto di un ettaro circa destinato alla produzione a uso familiare. Poi è arrivata la decisione di fare sul serio, con idee chiare.

VIGNE - I vigneti sono distribuiti su due appezzamenti distinti nella piana tra Castagneto Carducci e il mare. Una vigna piantata in un territorio vocato come questo può dare solo vini di un certo carattere e spessore. La posizione è ottimale sia per l'esposizione, sia per le brezze marine, e i terreni sono prevalentemente sabbiosi.

VINI - A Stefano e Paola non piace usare il termine vinificazione naturale, ma il loro obiettivo è portare in cantina uve corrispondenti all'annata e produrre vini testimoni del territorio, che riescono a parlare di ogni singola parcella in modo non mediato.

TOP **Bolgheri Sup. Campo al Fico 2017** VINO SLOW ● 1.500 bt; 49 € - 🛢 - Note balsamiche e di spezie dolci al naso, per un tannino robusto ma non invadente, acidità incisiva, e finale lungo e caldo in bocca. Si dimostra profondo e sfaccettato, avvolgente e dinamico.
Bolgheri Sup. Podere Ritorti 2017 ● 7.000 bt; 24 € - 🛢 - Conferma le sue caratteristiche con profumi agrumati e accenni vegetali; il tannino è fine, e il sorso denota ottima trama e succo in centro bocca. Ha progressione decisa.
Bolgheri Rosso I Luoghi 2018 ● 3.200 bt; 19 € - Il frutto rosso con accenni vegetali introduce un sorso gustoso, piacevole, correttamente tannico, con una bella acidità che lo sostiene e amplifica il gusto. Il finale è lungo e succoso. Una bella sorpresa.
Franco 2016 ● cabernet franc; 600 bt; 34 € - 🛢 - Setoso, fruttato, dettagliato.

ha 4,3 - **bt** 14.000
Fertilizzanti compost, sovescio
Fitofarmaci rame e zolfo
Diserbo lavorazione meccanica/manuale
Lieviti fermentazione spontanea
Uve 100% di proprietà
Certificazione biologico certificato

CASTAGNETO CARDUCCI (LI)

LA CIPRIANA

SCONTO **-10%**

Località Campastrello, 176/b - tel. 0565 775568
www.lacipriana.com - info@lacipriana.it

VITA - Laura Fabiani, attuale proprietaria di La Cipriana, racconta di come l'azienda sia nata nel 1975 grazie a suo nonno Otello, di origine toscana ma residente a Bergamo, e come l'uscita della prima annata sia del 1978. Oggi Laura prosegue nel percorso intrapreso, grazie all'aiuto del padre Carlo e dello zio Luigi. È evidente l'evoluzione tecnica e stilistica dovuta alla crescita di tutto il territorio bolgherese.

VIGNE - I vigneti sono dislocati in tre unità vicine alla cantina. Quattro ettari si trovano in località Campastrello a 2 chilometri da Castagneto Carducci. Sei sono invece in località Scopaio, su terreni argillosi a ridosso della via bolgherese. Gli altri 2 ettari di recente acquisto si trovano in località la Badia e presentano un terreno limoso. Queste diversità diventano fondamentali nel raggiungimento della complessità dei vini prodotti.

VINI - L'obiettivo dei vini di La Cipriana è quello di ottenere eleganza e longevità, senza tralasciare però immediatezza e godibilità.

Bolgheri Rosso Vigna Scopaio 339 2018 ● 5.000 bt; 21 € - In questo Cabernet sauvignon in purezza i sentori balsamici e di amarena introducono una bocca saporita, con un attacco dolce e un buon corpo, che chiude con un tannino giovane ma ben estratto.
Bolgheri Sup. San Martino 2017 ● 3.000 bt; 36 € - Regala profumi di cioccolata e liquirizia, e al palato è nervoso, ha tensione sapida, e un tannino ancora da integrare nella struttura decisa.
Bolgheri Rosso Cipriana 2018 ● 15.000 bt; 13 € - Succoso, speziato, gastronomico.
Bolgheri Vermentino Paguro 2019 ○ 6.000 bt; 13 € - Avvolgente, floreale, ampio.

ha 10 - **bt** 35.000
Fertilizzanti organo-minerali, sovescio
Fitofarmaci rame e zolfo
Diserbo lavorazione meccanica/manuale
Lieviti fermentazione spontanea
Uve 100% di proprietà
Certificazione nessuna certificazione

CASTAGNETO CARDUCCI (LI)

FABIO MOTTA

Località Vigna Al Cavaliere, 61 - tel. 346 1403750
www.mottafabio.it - info@mottafabio.it

VITA - Fabio Motta ha creato la sua azienda nel 2009 dopo una lunga esperienza nella cantina di Michele Satta. Il percorso individuale di questo vignaiolo ha contribuito a vivacizzare il panorama produttivo bolgherese, amplificando i contenuti qualitativi dei vini realizzati attraverso un'attenzione inedita, almeno fino al recente passato, al legame tra enologia e viticoltura svolta.

VIGNE - Tale attenzione si concretizza nella volontà di preservare la vitalità dei suoli, al fine di agevolare l'equilibrio della pianta e la complessità del frutto. Da vero vignaiolo Fabio si occupa in prima persona dell'intero lavoro agronomico, che verte sull'uso particolare dei sovesci e sull'utilizzo dei preparati biodinamici.

VINI - In virtù del lavoro agronomico svolto si cerca, nella pratica enologica, di preservare la complessità del frutto. Ciò ha condotto a vini in discontinuità con il più comune stile bolgherese e centrati sulla facilità di beva.

Bolgheri Rosso Pievi 2018 ● 26.000 bt; 17 € - Il vino ha un nucleo fruttato limpido e succoso, capace di attraversare il palato in modo leggero e appagante, donando aromi di frutta rossa matura e cenni terrosi.
Lo Scudiere 2018 ● 3.000 bt; 22 € - Si riconosce l'intenzione di produrre un Sangiovese dal tratto materico lieve e di finezza tannica. La fermentazione avviene con parte di uve non diraspate; l'ingresso di bella spinta acida ha un'andatura verticale e austera; rimane troppo affilato sul finale, dove emergono cenni vegetali.
Bolgheri Rosso Sup. Le Gonnare 2017 ● 6.000 bt; 34 € - L'attacco al palato è ampio e viscoso, con progressione gustativa materica e sostenuta da ottima fibra acida; il finale svela un tannino robusto.
Bolgheri Bianco Nova 2019 ○ 6.000 bt; 13 € - Agile, floreale, rilassato.

ha 7 - **bt** 41.000
Fertilizzanti letame in pellet, preparati biodinamici, sovescio
Fitofarmaci rame e zolfo
Diserbo lavorazione meccanica/manuale
Lieviti fermentazione spontanea
Uve 100% di proprietà
Certificazione biologico certificato

CASTAGNETO CARDUCCI (LI)

PODERE SAPAIO

SCONTO **-10%**

Località Lo Scopaio, 212 - tel. 0565 765187
www.sapaio.it - info@sapaio.it

VITA - Podere Sapaio nasce dall'ambizione di Massimo Piccin, imprenditore veneto che nel 1999 ha comprato dei terreni a Castagneto Carducci e vi ha piantato cabernet sauvignon, cabernet franc, merlot e petit verdot. Oggi è una realtà affermata, e da qualche anno Massimo insegue un nuovo piccolo sogno chiamato "La collina dei conigli": ha deciso infatti di coltivare ansonica in una vigna di circa un ettaro a picco sul mare, sull'isola del Giglio.

VIGNE - Sono 16 gli ettari dei vigneti di Podere Sapaio che si trovano in località La Badia, vicino al mare, mentre gli altri 9 ettari sono dislocati più a nord, verso Bibbona. Le vigne oggi hanno quasi 20 anni e la qualità e la concentrazione del frutto proveniente da piante più mature permette di lavorare in cantina con estrazioni più gentili, esaltando finezza e qualità territoriali.

VINI - Sapaio cerca ogni anno di esprimere i canoni dello stile bolgherese coniugando pronta beva e longevità.

Sapaio 2017 ● cabernet sauvignon, cabernet franc, petit verdot; 15.000 bt; 63 € - - Esprime bene e in modo territorale l'annata. Al naso è avvolgente, con un frutto maturo in primo piano, ma con lievi sfumature speziate e balsamiche che lo aiutano a innalzarsi verso una dimensione di maggiore eleganza. Al palato è ampio, manca leggermente di spinta acida e verticale, ma l'importante struttura tannica gli dona profondità e dinamismo.
Bolgheri Rosso Volpolo 2018 ● 80.000 bt; 24 € - - I profumi si alternano tra sentori fruttati e vegetali, e leggere note di grafite, che lo rendono intrigante e articolato. La bocca ha un attacco fresco e snello, per poi allargarsi facendo così percepire dei tannini di ottima estrazione, che lo portano verso una chiusura decisa ma elegante.

ha 25 - **bt** 95.000
Fertilizzanti sovescio
Fitofarmaci rame e zolfo
Diserbo lavorazione meccanica/manuale
Lieviti fermentazione spontanea
Uve 100% di proprietà
Certificazione biologico certificato

CASTAGNETO CARDUCCI (LI)

POGGIO AL TESORO

SCONTO **-10%**

Località Donoratico - Via del Fosso, 33 - tel. 0565 773051
www.poggioaltesoro.it - info@poggioaltesoro.it

VITA - L'azienda è di proprietà della famiglia Allegrini dal 2001 e deve molto al suo fondatore Walter Allegrini, che ha creduto fin da subito in un territorio fortemente vocato per la viticoltura di qualità. Lo studio approfondito dei suoli ha caratterizzato la gestione delle varietà piantate, cercando di esaltare unicità e identità territoriale. Oggi Poggio al Tesoro rappresenta uno dei punti di riferimento del panorama bolgherese.

VIGNE - I vigneti sono situati in quattro aree diverse con caratteristiche pedoclimatiche molto differenti tra loro: dal vigneto le Sondraie, più prossimo al mare, con terreni di matrice argillo-so-sabbiosa, fino alle pendici delle colline a ridosso di Castagneto Carducci, dove i suoli si fanno più drenanti, grazie allo scheletro e a una tessitura tendenzialmente sabbiosa. Nei vecchi impianti lungo la via bolgherese troviamo cabernet sauvignon e cabernet franc.

VINI - Tecnica, precisione e uno stile moderno definiscono i vini di Poggio al Tesoro, senza mai perdere di territorialità.

Bolgheri Sup. Sondraia 2017 ● 70.000 bt; 52 € - - Denso al palato e ricco nelle sfumature speziate e balsamiche, ha bisogno di tempo per acquistare dinamicità nel sorso.
Bolgheri Sup. Dedicato a Walter 2016 ● 10.000 bt; 110 € - - Abbina concentrazione e freschezza, per una bocca materica, di grande prospettiva.
Bolgheri Vermentino Solosole Pagus Camilla 2017 ○ 6.000 bt; 40 € - - Bianco di personalità: croccante al naso, con frutta matura in evoluzione, ha bocca succosa e avvolgente, e finale agrumato e sapido.
Bolgheri Rosso il Seggio 2017 ● 80.000 bt; 20 € - - Fitto, balsamico, profondo.
Mediterra 2018 ● syrah, merlot, cabernet sauvignon; 100.000 bt; 14 € - - Croccante, fruttato, gastronomico.
Bolgheri Vermentino Solosole 2019 ○ 130.000 bt; 17 € - - Fresco, fruttato, essenziale.

ha 70 - **bt** 500.000
Fertilizzanti sovescio
Fitofarmaci rame e zolfo
Diserbo lavorazione meccanica/manuale
Lieviti selezionati industriali
Uve 100% di proprietà
Certificazione nessuna certificazione

CASTAGNETO CARDUCCI (LI)

MICHELE SATTA

Località Vigna al Cavaliere, 61 - tel. 0565 773041
www.michelesatta.com - info@michelesatta.com

VITA - Michele Satta è uno dei padri fondatori della denominazione Bolgheri. Gran parte delle sue intuizioni hanno contribuito al prestigio odierno del territorio. Anche le idee, un tempo meno commerciali, come quella di puntare su vitigni come sangiovese e syrah, oggi si sono rivelate azzeccate. L'ingresso in azienda del figlio Giacomo ha amplificato i contenuti del lavoro svolto.

VIGNE - Giacomo ha compiuto la formazione agronomica a Milano; una volta finiti gli studi la sua passione per il vino lo ha portato a conoscere molti vignaioli, francesi e italiani, che lo hanno convinto della fondamentale relazione tra qualità del vino e salubrità dell'organismo agricolo. Per questo oggi i vigneti aziendali, che contano sulle classiche matrici bolgheresi, sono oggetto di una cura agronomica focalizzata a preservarne la vitalità.

VINI - Negli ultimi anni i vini esibiscono un'inedita prodigalità di dettagli. Merito di una rinnovata energia produttiva, attenta alle diverse peculiarità espresse dai vigneti.

Bolgheri Sup. Marianova 2017 ● 3.500 bt; 167 € - Con l'annata 2017 il vino realizzato dalla nuova generazione Satta ci appare finalmente compiuto: l'ingresso è fine e leggiadro, in grado di depositare un succo ricco di frutto al centro del palato, con un'eredità fruttata e una persistenza tannica molto piacevole.
Cavaliere 2017 ● sangiovese; 6.000 bt; 43 € - Molto convincente l'interpretazione del Sangiovese in purezza nel 2017; giocato sulla fragranza del frutto, rivela un andamento dinamico, con un tannino leggermente sovraestratto ma dalla freschezza succosa e corroborante.
Bolgheri Sup. Piastraia 2017 ● 33.000 bt; 34 € - Denso, fruttato maturo, avvolgente.
Giovin Re 2018 O viognier; 5.000 bt; 34 € - Fitto, balsamico, avvolgente.

ha 25 - bt 160.000
Fertilizzanti letame in pellet, preparati biodinamici, sovescio
Fitofarmaci rame e zolfo
Diserbo lavorazione meccanica/manuale
Lieviti fermentazione spontanea
Uve 100% di proprietà
Certificazione biologico certificato

CASTAGNETO CARDUCCI (LI)

TENUTA GUADO AL TASSO

Località Migliarini, 141 - tel. 0565 1828060
www.antinori.it - info@guadoaltasso.com

VITA - Questa azienda dalle dimensioni imponenti, che da sola rappresenta oltre il 25% della superficie vitata della Doc di Bolgheri, fa parte delle numerose proprietà della storica famiglia toscana degli Antinori. È una realtà in continua evoluzione, dove gli investimenti non si fermano mai: da poco inaugurata la nuova e spaziosa cantina del Bruciato, è adesso in ristrutturazione quella del Guado al Tasso, con inaugurazione prevista nel 2021.

VIGNE - I lavori di rinnovamento non si fermano agli immobili, ci ha detto il direttore Marco Ferrarese: nei prossimi anni è previsto il rifacimento di circa 100 ettari di vigna sui 320 totali. Migliore parcellizzazione, nuovi studi sui portainnesti, scelta più accurata dei terreni, una minore densità di impianto e un sistema a un cordone speronato leggermente più distante dal suolo dovranno portare maggiore qualità.

VINI - I vini aziendali si caratterizzano per una marcata pulizia olfattiva e per la loro struttura e potenza, mantenendo nel contempo una piacevole facilità di beva.

Bolgheri Sup. Guado al Tasso 2017 ● 120.000 bt; 94 € - Dalle uve dei migliori vigneti nelle zone più vocate, matura 18 mesi in legno nuovo. Ha potenza, è avvolgente, e presenta un impianto tannico robusto e un finale armonico.
Bolgheri Rosso Cont'Ugo 2018 ● 80.000 bt; 35 € - Risente del calore dell'annata: ha profumi maturi di confettura e frutta secca, e un impianto gustativo possente, con tannino solido e finale fruttato.
Bolgheri Rosso Il Bruciato 2018 ● 800.000 bt; 21 € - Si apre al naso con una fine speziatura, e in bocca ha un tannino docile, per un sorso che chiude morbido e fruttato.
Bolgheri Vermentino 2019 O 350.000 bt; 14 € - Croccante, floreale, armonico.
Bolgheri Rosato Scalabrone 2019 ● 180.000 bt; 13 € - Articolato, fruttato, consistente.

ha 320 - bt 1.800.000
Fertilizzanti letame in pellet, minerali, organo-minerali, sovescio
Fitofarmaci chimici di sintesi, rame e zolfo
Diserbo chimico, lavorazione meccanica/manuale
Lieviti selezionati industriali
Uve 100% di proprietà
Certificazione nessuna certificazione

CASTEL DEL PIANO (GR)

PETEGLIA

Frazione Montenero d'Orcia - tel. 0564 954108
www.peteglia.com - info@peteglia.com

VITA - Peteglia è una delle realtà più interessanti nel bel comprensorio del Montecucco. L'azienda è stata fondata nel 1989 da Sergio Innocenti con un'attività agricola diffusa su cereali, allevamento, olivo e vite. I figli, Marco ed Emanuele, in piena continuità con l'opera paterna, hanno focalizzato il lavoro sulla viticoltura, mantenendo però le tante anime aziendali e garantendo la complessità del sistema agricolo.

VIGNE - L'organismo integrato di attività agricole permette un virtuoso ciclo chiuso. Il letame per i suoli è prodotto dalle chianine aziendali, e l'interazione fra le piante permette una ricchezza di biodiversità utile alla salubrità delle anime vegetali. I suoli sono variegati: molto interessanti sono quelli posti in altitudine, di colorazione rossa, ricchi di sasso e originati dal monte Amiata, che maturano uve molto sapide.

VINI - I vini hanno bella naturalezza espressiva e palesano, cosa che ci piace molto, l'andamento vendemmiale.

Montecucco Sangiovese Mezzodì 2018 ● 10.000 bt; 12 € - La sapidità suggerita dalle matrici geologiche si ritrova nel percorso gustativo di questo Sangiovese con materia ampia e calda, ben allungata nel sapore, che contiene una certa deriva alcolica e di frutto scuro in confettura.
Montecucco Vermentino 2019 ○ 10.000 bt; 10 € - Immediato, di bella consistenza calorosa e scattante: sono queste le caratteristiche di questo vino che esprime delicati sentori fruttati ed erbacei.
Toscana Rosato 2019 ● sangiovese; 3.500 bt; 9 € - Ingresso al palato glicerico, con una viscosità in cui gradiamo la filigrana salina; poco contrastato, non allunga sul finale, pur gradevole nelle sue componenti floreali.

ha 7 - **bt** 30.500
Fertilizzanti letame
Fitofarmaci rame e zolfo
Diserbo lavorazione meccanica/manuale
Lieviti fermentazione spontanea
Uve 100% di proprietà
Certificazione biologico certificato

CASTEL DEL PIANO (GR)

POGGIO LEONE

Località Coniella - Frazione Montenero d'Orcia - tel. 328 2186156
www.poggioleone.it - info@poggioleone.it

VITA - Da quattro generazioni proprietà della famiglia, Poggio Leone era la classica azienda agricola a tutto tondo, con olivi, seminativo, allevamento e produzione di vino poco più che per uso familiare. Nei primi anni Duemila Dario Mascelloni, dopo importanti esperienze in alcune cantine di Montalcino, ha deciso di gestirla direttamente, specializzandosi nel settore vitivinicolo e in quello olivicolo.

VIGNE - Sono stati realizzati nuovi impianti nel 2003 e nel 2008, a maggioranza sangiovese, in due appezzamenti: uno è a due chilometri dal borgo di Montenero D'Orcia, l'altro vicino al paese di Cinigiano, in piena Doc Montecuccco. L'altitudine media è di 250 metri, e i terreni di origine vulcanica sono ricchi di scheletro e tufo, con percentuali di argilla e limo. La conduzione agronomica prevede l'uso di prodotti chimici solo nelle annate difficili.

VINI - Dario, vista la sua lunga esperienza, non si avvale dell'aiuto di nessun tecnico esterno. Sempre alla ricerca della massima pulizia olfattiva e dell'integrità del frutto, i suoi vini sono lo specchio del territorio. Da non trascurare il prezzo, molto più che onesto.

Montecucco Rosso 2018 ● 5.000 bt; 9 € - Una piccola percentuale fa un passaggio di circa sei mesi in legno piccolo. Netto nei profumi di ciliegia e rosa, è ricco di tensione acido-sapida e mantiene un buon ritmo, non mancando di allungo.
Montecucco Sangiovese 2017 ● 2.000 bt; 12 € - Da una selezione dei migliori grappoli delle vigne più vecchie, affina 12 mesi in tonneau e barrique, in minima parte nuovi. I profumi si esprimono su toni cupi, ma nitidi e sfaccettati, con cenni ferrosi ed ematici. Al palato è teso e nervoso ma ricco di polpa, e non manca di carattere e personalità. Il tannino è ben integrato.

ha 4,5 - **bt** 15.000
Fertilizzanti sovescio
Fitofarmaci chimici di sintesi, rame e zolfo
Diserbo lavorazione meccanica/manuale
Lieviti selezione di lieviti indigeni
Uve 100% di proprietà
Certificazione nessuna certificazione

CASTELLINA MARITTIMA (PI)

FATTORIA KAPPA

Località Le Badie - Via Roma, 118 - tel. 334 6619711
a.dimaio74@virgilio.it

VITA - Andrea Di Maio è un giovane enologo e produttore di vino. La fattoria Kappa nasce dalla sua intenzione di rinnovare per dinamismo e carattere la viticoltura della costa toscana, sovente legata al concetto immobile di proprietà. Attraverso una rete capillare di contatti e tanta passione, fin dal 2005 Andrea ha movimentato non poco, con cambi di vigna e addirittura cantina, il suo bacino produttivo, dimostrando che un'altra viticoltura è possibile.

VIGNE - Potremmo dire che Kappa ha trovato casa, per ora. Infatti da qualche anno l'azienda può contare su una splendida vigna in affitto a Riparbella, di circa 7 ettari, in località Mocajo. Si tratta di un versante molto vocato a circa 350 metri di altitudine, con suolo di argilla e calcare. Il resto della vigna si trova vicino alla cantina, a Castellina Marittima, su suoli profondi con presenza di sasso. La conduzione agronomica è da sempre in biodinamica.

VINI - La capacità di lavorare con tanti vitigni in piccole quantità e senza regole fisse definisce un'enologia fuori dagli schemi, alla base di vini caratteriali e originali.

TOP **Etabeta 2019** VINO QUOTIDIANO ○ vermentino; 4.000 bt; 10 € - - L'attacco in bocca è agile, con un filo di volatile che dona leggerezza al sorso; la dinamica è sapida, ricca di sapore e succo, con tipici aromi di pepe bianco.
Lambda 2017 ● sangiovese, merlot, cabernet sauvignon, syrah; 10.000 bt; 12 € - - Ingresso al palato ampio e viscoso, con calore alcolico. La progressione è tesa, sorretta da succo e naturalezza espressiva, per un finale robusto di tannino e ricco di sapore.
Essenza 2016 ● cabernet franc; 1.000 bt; 31 € - - Il vino ha profondità e compattezza, con progressione affidata alla densità, quasi cremosa, della materia; i toni olfattivi sono maturi e la chiusura sul tannino fa emergere qualche contrasto di troppo.

ha 12 - **bt** 40.000
Fertilizzanti compost, preparati biodinamici, sovescio
Fitofarmaci rame e zolfo
Diserbo lavorazione meccanica/manuale
Lieviti fermentazione spontanea
Uve 100% di proprietà
Certificazione in conversione biodinamica

CASTIGLIONE DELLA PESCAIA (GR)

CACCIAGRANDE

SCONTO **-10%**

Frazione Tirli - Località Ampio - tel. 0564 944168
www.cacciagrande.com - info@cacciagrande.com

VITA - Bruno Tucci nel 1997 ha dato vita al progetto di Cacciagrande, come costola dell'azienda agricola paterna, con la volontà di imbottigliare vino di qualità. Il nome ci riporta indietro nella storia, quando la zona era riserva di caccia di un'importante famiglia latifondista. Lo sviluppo in questi anni è avvenuto a piccoli passi, ma in modo costante e attuale.

VIGNE - I terreni di Cacciagrande sono situati a 10 chilometri dal mare, in una vallata contornata di colline ricche di macchia mediterranea, con tessitura del suolo sabbioso-limosa, ricca di scheletro di pietra arenaria. Le pratiche agronomiche sono studiate per garantire sostanza organica ai suoli. Le tecniche di allevamento sono il cordone speronato per le uve a bacca nera, il guyot per le uve bianche.

VINI - Nei nuovi locali di vinificazione è spiccata l'attenzione nel prevenire i processi ossidativi dei vini: l'approccio tecnico e moderno porta a vini puliti, di facile beva, nei quali si valorizzano le espressioni aromatiche.

Castiglione 2018 ● petit verdot, syrah; 15.000 bt; 21 € - - Di grande impatto aromatico, presenta note fruttate, terrose e balsamiche. In bocca è potente, stratificato e avvolgente, ma mantiene un eccellente equilibrio rivelando un tannino nobile.
Maremma Toscana Rosso 2019 ● 30.000 bt; 9 € - - Snello e fresco, pur con buona struttura, denota un'accattivante dinamica di bocca e un finale piacevolmente amarognolo. Un vino gastronomico.
Cortigliano 2019 ● petit verdot, syrah, sangiovese; 15.000 bt; 11 € - - Ha ottima dinamica in bocca: è sapido e con un tannino solido. Il ventaglio olfattivo è prevalentemente speziato e fruttato.
Maremma Toscana Viognier 2019 ○ 15.000 bt; 10 € - - Teso, agrumato, varietale.
Maremma Toscana Vermentino 2019 ○ 19.000 bt; 9 € - - Agile, fruttato, sapido.

ha 20 - **bt** 100.000
Fertilizzanti letame, organo-minerali
Fitofarmaci chimici di sintesi, rame e zolfo
Diserbo chimico, lavorazione meccanica/manuale
Lieviti selezionati industriali
Uve 100% di proprietà
Certificazione nessuna certificazione

CINIGIANO (GR)

CAMPI NUOVI

Località Campinuovi - Strada Provinciale Cinigianese, km 16,8
tel. 349 8588147 - www.campinuovi.com - info@campinuovi.com

VITA - Da ormai 20 anni Daniele Rosellini e sua moglie Nadia Riguccini producono vino con passione sulle colline nei dintorni di Cinigiano. Dopo gli studi di enologia, Daniele si è dedicato per anni a collaborazioni con varie aziende e con personaggi molto rilevanti nel mondo del vino, come Giulio Gambelli. Campi Nuovi è un'ambizione che si realizza per entrambi, un luogo in cui poter esprimere appieno le proprie idee.

VIGNE - La zona di Cinigiano venne scelta in prospettiva con lo sviluppo della Doc Montecucco e per l'estrema vocazione dei terreni per il sangiovese. A oggi gli ettari vitati sono 9, per un'età media degli impianti di 16 anni. Ci troviamo a un'altitudine di circa 400 metri, sulle pendici del monte Amiata. Le composizioni dei terreni sono varie: si passa dalle arenarie alle marne argillose, fino ai suoli con vene calcaree e ferrose.

VINI - Fin dall'inizio si è puntato sulla massima naturalezza dei trattamenti in vigna scegliendo il biologico, e negli ultimi anni si è sperimentato con i preparati biodinamici. I vini rispecchiano questa filosofia, risultando molto succosi e minerali, oltre che ricchi di carattere.

TOP **Montecucco Sangiovese 2016** VINO SLOW ● 9.000 bt; 19 € - Intenso e fine, con sentori di humus e sottobosco, come si confà a un Sangiovese di razza cristallina. Ha carattere maremmano, ed è leggiadro, sottile ma consistente, e di un equilibrio incredibile.
Montecucco Rosso 2018 ● 9.000 bt; 14 € - Qui l'apporto dei vitigni internazionali non marca molto, permettendogli di rimanere un vino profondamente legato al territorio e godibile.
Ansonica 2018 ○ 3.000 bt; 14 € - Ampio, fruttato, salino.

ha 8,5 - **bt** 40.000
Fertilizzanti preparati biodinamici
Fitofarmaci nessun prodotto
Diserbo lavorazione meccanica/manuale
Lieviti fermentazione spontanea
Uve 100% di proprietà
Certificazione biodinamico certificato

CINIGIANO (GR)

COLLEMASSARI

Località Poggio del Sasso - tel. 0564 990496
www.collemassari.it - info@poggiodisotto.it

VITA - Claudio Tipa nasce come imprenditore agricolo con l'acquisizione nel 1998 del castello che dà il nome alla tenuta. Quello fu anche l'anno di nascita della Doc Montecucco, e l'inizio di un percorso che, affiancato dalla sorella Maria Iris, lo ha portato all'acquisizione della vicina tenuta di Montecucco nel 2008. Nel giro di pochi anni ha portato questa piccola zona a essere apprezzata e riconosciuta in ambito internazionale.

VIGNE - Maurizio Castelli segue fin dall'inizio le pratiche enologiche con un occhio alle vigne, gettando le basi per un'agricoltura sostenibile e integrata al territorio, da sempre un pallino di Claudio. I vigneti spaziano dai pendii assolati e ventilati di Poggio del Sasso fino alle vigne più vecchie presso la tenuta Montecucco, dove nasce la selezione Poggio Lombrone.

VINI - Vini di confine quelli prodotti da Collemassari: benché si respira già l'aria di Montalcino, godono dell'influenza dalla parte maremmana, con il mare e il monte Amiata che regolano il respiro sui vigneti.

TOP **Montecucco Rosso Rigoleto 2018** VINO QUOTIDIANO ● 100.000 bt; 12 € - Sempre una garanzia di grandissima piacevolezza, grazie al suo frutto fresco e croccante.
Montecucco Rosso Colle Massari Ris 2017 ● 150.000 bt; 15 € - Ha carattere internazionale ma anche molto territoriale: raffinato, morbido, denota potenza ma anche equilibrio. Un vino ricercato e sapido.
Montecucco Sangiovese Poggio Lombrone Ris. 2016 ● 2.000 bt; 34 € - Elegante, austero nel bicchiere, salvo poi aprirsi e rivelarsi in tutta la sua finezza. La bocca è piena, calda, succosa, e dal finale sapido anche se ancora segnato dal tannino.
Montecucco Vermentino Melacce 2019 ○ 25.000 bt; 10 € - Croccante, floreale, sapido.
Montecucco Vermentino Irisse 2018 ○ 12.000 bt; 17 € - Solido, fruttato, consistente.

ha 110 - **bt** 400.000
Fertilizzanti letame, sovescio
Fitofarmaci organici
Diserbo lavorazione meccanica/manuale
Lieviti fermentazione spontanea
Uve 100% di proprietà
Certificazione biologico certificato

CINIGIANO (GR)

SALUSTRI

Frazione Poggi del Sasso - Località La Cava, 5 - tel. 0564 990529
www.salustri.it - info@salustri.it

VITA - Leonardo Salustri è un personaggio unico, un vignaiolo che ha dedicato la sua vita alla cura dei filari, di cui conosce ogni singola pianta. L'azienda è nata negli anni Cinquanta, quando era una piccola realtà con colture miste, come nella tradizione maremmana. È stato proprio Leonardo, negli anni Ottanta, a trasformarla e a destinarla completamente alla coltivazione della vite e degli olivi.

VIGNE - Mai pago dei risultati raggiunti, Leonardo è uno sperimentatore, sempre alla ricerca del miglior equilibrio vegetativo per le sue piante. Non a caso ha condotto degli studi con l'Università di Pisa per migliorare i cloni del sangiovese da sempre presente in zona. Siamo nel cuore della denominazione Montecucco, e le vigne si dividono in varie parcelle.

VINI - Insieme a Leonardo c'è il figlio Marco, che si occupa perlopiù dei lavori di cantina. I vini sono quanto di più autentico possa esprimere questa parte di Maremma: unici e sinceri.

Montecucco Sangiovese Terre d'Alviero 2016 ● 5.500 bt; 60 € - Le uve provengono da un singolo vigneto di oltre 80 anni di età. Realizzato solo nelle grandi annate, ha un bel frutto maturo con rimandi alla confettura di ciliegie. In bocca è compatto, denso, di materia importante, ma non manca di definizione e articolazione.
Inès 2018 ○ 4.000 magum; 65 € - Prodotto solo nelle annate migliori e da un unico clone di vermentino, esce solo in formato magnum e il 10% della sua massa passa in legno piccolo. Floreale e agrumato, è di brillante freschezza, ben ritmato e dal finale salino.
Narà 2019 ○ vermentino; 25.000 bt; 12 € - Profuma di fiori e agrumi e ha una bocca fresca e snella, sostenuta da una bella base sapida e fruttata.
Rosè di Chiara 2019 ● ciliegiolo, mammolo; 10.000 bt; 17 € - Fresco, fruttato, integro.

ha 25 - bt 100.000
Fertilizzanti letame, sovescio
Fitofarmaci rame e zolfo
Diserbo lavorazione meccanica/manuale
Lieviti fermentazione spontanea
Uve 100% di proprietà
Certificazione biologico certificato

CINIGIANO (GR)

VEGNI E MEDAGLINI €

SCONTO -10%

Località Porrona - Podere Addobbo - tel. 0564 993371
www.vegnimedaglini.it - info@vegnimedaglini.it

VITA - Il nonno dei fratelli Vegni (Egidio, Graziano e Sandra, che conducono l'azienda con il cognato Marcello Medaglini), mezzadro della fattoria Porrona, negli anni Cinquanta acquisì il primo podere grazie alla riforma agraria. Allora il lavoro sulla terra era particolarmente duro e richiedeva enormi sacrifici, ma nonostante ciò la famiglia riuscì a comprare un altro podere negli anni Ottanta, fino ad arrivare agli attuali 120 ettari.

VIGNE - Qui, come da tradizione maremmana, oltre all'uva si coltivano cereali, foraggio e olivi, e si alleva qualche bovino da carne. La gestione è tutta familiare, e ogni novità viene valutata con ponderazione che definiremmo contadina. Gli impianti delle nuove vigne sono iniziati a fine anni Novanta, per poi proseguire dal 2004 al 2007, e sono tutti vicini alla cantina, su terreni misti di argilla, tufo e scheletro.

VINI - I vini sono semplici ma autentici, impeccabili, croccanti e schietti, dai prezzi più che onesti. In cantina troviamo perlopiù acciaio e legni grandi.

TOP **Montecucco Rosso Il Cerro dei Locchi 2018**
VINO QUOTIDIANO ● 6.500 bt; 8 € - Al naso spicca un bel frutto integro, accompagnato da una lieve speziatura, e il sorso è scorrevole e incisivo, di buona articolazione. In chiusura ritorna il frutto, ma emerge anche un tannino ancora in via di definizione.
Montecucco Sangiovese L'Addobbo Ris. 2016 ● 4.100 bt; 19 € - Su toni olfattivi maturi, con speziatura in evidenza, è ampio e avvolgente e si allunga in bocca con decisione. Al momento dell'assaggio risultava un po' rigido nel finale, dove il tannino si faceva ancora sentire nella sua esuberante gioventù.
Montecucco Vermentino I Fontini 2019 ○ 5.300 bt; 8 € - Agile, floreale, delicato.
Lo Scricciolo 2019 ● sangiovese, ciliegiolo, canaiolo; 2.700 bt; 6 € - Fresco, fruttato, sottile.

ha 7,5 - bt 30.000
Fertilizzanti sovescio
Fitofarmaci chimici di sintesi, rame e zolfo
Diserbo lavorazione meccanica/manuale
Lieviti fermentazione spontanea, selezionati industriali
Uve 100% di proprietà
Certificazione nessuna certificazione

CIVITELLA PAGANICO (GR)

TENUTA L'IMPOSTINO

Località Impostino - tel. 333 6501683 - 335 8239990
www.tenutaimpostino.it - info@tenutaimpostino.it

VITA - Continua l'ascesa qualitativa di questa azienda posta in un luogo bellissimo della denominazione Montecucco, sovrastato da un luminoso cielo tirrenico e circondato da boschi. Patrizia Chiari, imprenditrice lombarda, è riuscita a progettare una realtà molto ben organizzata, puntando sulla vita dei suoli, sulla precisione enologica e, non ultimo, sulla ricezione turistica.

VIGNE - Le vigne, come ama ripetere l'enologo Giacomo Tonini, sono il cuore pulsante dell'azienda. Su di esse si è concentrato il lavoro principale dei tecnici in collaborazione con il programma agronomico Biopass. Dalla divisione parcellare dei 21 ettari a disposizione si sono ottenuti sei appezzamenti. Ognuno di essi viene coltivato seguendo variabili quali microbiologia e tipologia dei suoli.

VINI - L'azienda produce molte etichette, ma la qualità è davvero diffusa su tutte le referenze, con attenzione alla precisione enologica.

TOP **Montecucco Rosso Ciarlone 2016** VINO QUOTIDIANO ● 30.000 bt; 10 € - Leggero nell'attacco, con articolazione gustativa basata sulla dinamica e sulla facilità del sorso fruttato: se questi sono gli obiettivi possiamo dire che sono stati centrati.

Montecucco Rosso Impostino Ris. 2015 ● 40.000 bt; 14 € - La materia ha ampiezza e viscosità ben sostenute dal tessuto tannico, che consente uno sviluppo gustativo calorico ma ben controllato; il finale è succoso e fruttato.

Montecucco Sangiovese Viandante Ris. 2015 ● 10.000 bt; 22 € - Piuttosto estratto, esibisce un buon controllo del volume materico complessivo, grazie alla finezza del tannino e a una vena sapida che sorregge l'architettura fruttata e opulenta.

Lupo Bianco 2015 ● sangiovese, merlot; 7.000 bt; 32 € - Robusto, fruttato, opulento.

Maremma Toscana Ottava Rima 2016 ● 30.000 bt; 9 € - Fresco, fruttato, incisivo.

ha 21 - **bt** 125.000
Fertilizzanti letame, sovescio
Fitofarmaci rame e zolfo
Diserbo lavorazione meccanica/manuale
Lieviti selezionati industriali
Uve 100% di proprietà
Certificazione biologico certificato

DONORATICO (LI)

TENUTA ARGENTIERA

SCONTO **-10%**

Strada Statale Aurelia, 412/a - tel. 0565 773176
www.argentiera.eu - info@argentiera.eu

VITA - Dai bastioni della moderna cantina, ispirata ai forti che sono disseminati lungo la costa maremmana e che servivano a difenderla dai saraceni, lo sguardo spazia dalla pineta al mare, fino alle isole dell'arcipelago toscano. L'azienda, nata su iniziativa dei fratelli Fratini a fine anni Novanta, è oggi di proprietà dell'industriale austriaco Stanislaus Turnauer.

VIGNE - Abbiamo parlato con il nuovo direttore Leonardo Raspini, agronomo di comprovata esperienza, che ci ha illustrato le nuove strategie aziendali, che si concentrano sul massimo rispetto dei terreni, delle viti e dell'uva che queste forniscono. Le vigne si sviluppano ai piedi della cantina, vicinissime alla costa.

VINI - I vini di Argentiera sono di stile internazionale ma rigorosi. La gestione del parco legni si sta facendo sempre più oculata: sta diminuendo l'uso di barrique nuove, a favore di tonneau e barrique usate.

TOP **Bolgheri Sup. Argentiera 2017** ● 80.000 bt; 68 € - Bella prestazione per il primo vino aziendale, in una delle sue migliori annate. Fruttato e finemente speziato, denota una potenza estrattiva ben calibrata, buona armonia e profondità, e attraversa il palato lasciandolo appagato. Un vino ottenuto dalle migliori uve aziendali provenienti dalla zona Argentiera, a 200 metri di altitudine, con esposizione ovest, sud-ovest.

Bolgheri Rosso Villa Donoratico 2018 ● 120.000 bt; 26 € - Affina 12 mesi in barrique, in parte nuove e in parte usate: è ampio, dal frutto maturo, sfaccettato, e in bocca, pur mettendo in mostra una struttura importante, riesce a distendersi con eleganza, grazie a un tannino presente e docile. Un vino ancora giovane al momento dell'assaggio, ma dalle interessanti prospettive.

Bolgheri Rosso Poggio ai Ginepri 2018 ● 220.000 bt; 18 € - Armonico, fruttato, espressivo.

ha 80 - **bt** 450.000
Fertilizzanti compost, organo-minerali, sovescio
Fitofarmaci chimici di sintesi, rame e zolfo
Diserbo lavorazione meccanica/manuale
Lieviti selezionati industriali
Uve 100% di proprietà
Certificazione nessuna certificazione

PODERE LAVANDARO

SCONTO **-10%**

Via Castiglione, 1 - tel. 0187 68633
www.poderelavandaro.it - info@poderelavandaro.it

VITA - L'azienda è condotta da Marco Taddei, che, proseguendo nel solco tracciato dal padre, l'ha fatta diventare la sua attività principale. Dal 1990 Marco coltiva i vigneti ereditati apportando migliorie e incrementando notevolmente la produzione. La moglie Rosanna Bini si occupa della parte commerciale nel punto vendita e degustazioni di Fosdinovo. Da due anni, dopo studi enologici e un diploma da sommelier, anche il figlio Francesco collabora attivamente.

VIGNE - I vigneti sono suddivisi in piccoli lotti differenti tra loro per tipologia di terreno, da quelli argillosi ma ricchi di minerali, a quelli con pietra arenaria mista a sasso e sabbia. L'altitudine varia dai 200 ai 480 metri, e troviamo zone accarezzate dalle brezze marine e con escursioni termiche che assicurano la freschezza e l'aromaticità dei vini.

VINI - La filosofia di Podere Lavandaro è quella di produrre vini che siano fedeli testimoni del territorio, facilmente riconoscibili per il loro stile e carattere, migliorando costantemente sul piano tecnico.

Colli di Luni Vermentino 2019 ○ 18.000 bt; 17 € - - L'uva cresce su terreni sassosi, sabbiosi e ricchi di scheletro di arenaria. Nel bicchiere troviamo un quadro olfattivo piacevole e un sorso caratteriale e gustoso fin dal primo approccio: è armonico e dotato di una buona acidità che sostiene il corpo.
Rosato 2019 ◍ vermentino nero; 1.000 bt; 16 € - - Da terreni sassosi misti a sabbia posti a 250 metri di quota, è delicatamente fruttato al naso e morbido in bocca, con acidità contenuta e bilanciata con la materia. Un vino semplice, leggiadro e accattivante.
Vermentino Nero 2019 ● 3.000 bt; 17 € - - Armonico, fruttato, rilassato.
Vignanera 2018 ● canaiolo, merlot; 2.000 bt; 24 € - - Articolato, speziato, docile.

ha 4,5 - **bt** 22.000
Fertilizzanti minerali
Fitofarmaci chimici di sintesi, rame e zolfo
Diserbo lavorazione meccanica/manuale
Lieviti fermentazione spontanea, selezione di lieviti indigeni
Uve 100% di proprietà
Certificazione nessuna certificazione

TERENZUOLA

SCONTO **-10%**

Via Vercalda, 14 - tel. 0187 670387
www.terenzuola.it - info@terenzuola.it

VITA - Ivan Guliani, proprietario dell'azienda, nei primi anni Novanta ha iniziato a fare le prime esperienze a Terenzuola, podere comprato dal nonno negli anni Trenta, di fronte al golfo dei Poeti. È cominciato così il recupero di una viticoltura storica ed eroica, in un territorio tra le Doc Candia e Colli di Luni, che lo vede in prima linea nella riunificazione storica e geografica di queste zone, con l'uso di molte varietà autoctone.

VIGNE - Terenzuola è forse l'azienda più alta della costa toscana, con delle particelle che arrivano fino a 440 metri di quota, vicino a Lerici e Porto Venere. Coltiva vigne con alte densità di impianto, che raggiungono anche le 12.000 piante per ettaro. Oggi, grazie alla grande passione di Ivan, ogni nuovo impianto è costituito da una meticolosa selezione massale fatta in anni di attente ricerche ampelografiche.

VINI - Vinificazioni separate per ogni parcella, cercando sempre una corrispondenza tra territorio e vitigno.

Colli di Luni Vermentino Sup. Fosso di Corsano 2019 ○ 40.000 bt; 17 € - - Note di macchia mediterranea e spunti minerali si uniscono a un frutto ben espresso. La bocca è sapida e ha una buona progressione.
Vigne Basse Vermentino Nero 2018 ● 42.000 bt; 13 € - - Sentori di frutta matura, ingentiliti da note speziate e fumè, introducono una bocca avvolgente e saporita.
Permano Vermentino 2018 ○ 2.400 bt; 24 € - - Naso complesso e intrigante, palato con freschezza e salinità che lo rendono materico e lungo.
Colli di Luni Vermentino Vigne Basse 2019 ○ 70.000 bt; 12 € - - Denso, fruttato, salino.
Merla della Miniera 2017 ● canaiolo nero, vermentino nero; 18.000 bt; 18 € - - Avvolgente, fruttato, leggiadro.
Cinqueterre Bianco 2019 ○ vermentino, bosco, albarola; 4.000 bt; 24 € - - Agile, floreale, ampio.

ha 24 - **bt** 180.000
Fertilizzanti letame, organo-minerali, sovescio
Fitofarmaci rame e zolfo
Diserbo lavorazione meccanica/manuale
Lieviti selezione di lieviti indigeni
Uve 100% di proprietà
Certificazione in conversione biologica

GALLICANO (LU)

PODERE CONCORI

Frazione Fiattone - Località Concori, 1 - tel. 0583 766374
339 6323092 - www.podereconcori.com - info@podereconcori.com

VITA - Gabriele Da Prato si è ormai affermato tra i migliori vignaioli italiani. Di certo la sua impresa è stata davvero ammirevole, dato che le sue vigne sono in un'area geografica che, prima di lui, non compariva in alcuna mappa viticola nazionale: la Garfagnana. Grazie a smisurata passione e una sana dose di cocciutaggine, il vignaiolo garfagnino ha tracciato i confini di un nuovo terroir d'eccellenza, esaltato attraverso la biodinamica.

VIGNE - Gli appezzamenti sono intorno al nucleo aziendale. La Vigna Piezza, singola vigna di syrah, conta su pendenze vertiginose che garantiscono una splendida illuminazione, fondamentale per la qualità delle uve a queste latitudini. In questi ultimi anni Gabriele ha maturato l'idea di affiancare alla viticoltura altre pratiche agricole.

VINI - La conoscenza di questo territorio passa anche dal gusto dei vini che nascono qui. La capacità di Gabriele è stata quella di assecondare, senza forzature, l'originalità espressiva della sua geografia, contribuendo alla crescita dei viticoltori artigiani nel nostro paese.

TOP **Melograno 2018** VINO SLOW ● syrah; 5.000 bt; 22 € - Il vino esprime densità e concentrazione; la materia ha frutto aperto e balsamico molto originale, la progressione è incisiva, stratificata e ricca di dettagli, che compongono un insieme complesso, espressivo e armonico.
Vigna Piezza 2018 ● syrah; 2.500 bt; 29 € - Nell'ingresso di spessore si intrecciano dolcezza del legno e spezia varietale; la progressione è incisiva, ricca di sapore e ampia, con un finale piuttosto austero e rigido.
Flos-Còncori 2019 ● syrah; 2.000 bt; 17 € - Luminoso rubino carico, molto bello alla vista, per un palato in cui la volatile decisa libera aromi leggiadri e floreali con forza sapida e densità coinvolgenti.
Pinot Noir 2018 ● 2.800 bt; 31 € - Fitto, varietale, contrastato.

ha 4 - **bt** 16.000
Fertilizzanti compost, preparati biodinamici, sovescio
Fitofarmaci rame e zolfo
Diserbo lavorazione meccanica/manuale
Lieviti fermentazione spontanea
Uve 100% di proprietà
Certificazione biodinamico certificato

GAVORRANO (GR)

PODERE SAN CRISTOFORO

SCONTO **-10%**

Frazione Bagno - Via Forni - tel. 335 8212413
www.poderesancristoforo.it - info@poderesancristoforo.it

VITA - L'azienda è nata del 2000, quando Lorenzo Zonin ha trovato in Maremma un podere del 1901 con terreni praticamente vergini, su cui impostare la sua idea di viticoltura biologica e biodinamica. Anche la nuova cantina è stata costruita cercando l'impatto minimo sul territorio circostante. È Lorenzo stesso, enologo, a occuparsi di tutto, coadiuvato da Niccolò Matteucci in cantina e Davide Elisei per la parte agronomica.

VIGNE - Grande attenzione è posta nella gestione del suolo, e in questa direzione va anche lo studio che l'azienda sta portando avanti sul microbiota del terreno e sui lieviti indigeni presenti in vigna e in cantina. I suoli sono ricchi di argilla, con una ricca presenza di minerali, grazie alle colline Metallifere che sorgono alle spalle dei vigneti.

VINI - Lo stile aziendale è volto alla ricerca di vini agili e leggeri, che si avvantaggiano della sapidità data dal terreno.

Ameri 2018 ● sangiovese; 2.090 bt; 34 € - Governo all'uso toscano, con parte delle uve lasciate in pianta ad appassire con la tecnica del taglio del tralcio: ha naso ampio, con frutta matura in evidenza, e ingresso in bocca potente, con tannini setosi e un percorso molto avvolgente.
Maremma Toscana Carandelle 2018 ● 14.100 bt; 18 € - La componente olfattiva è precisa e varietale, quella tannica è fine, e accompagna sensazioni di bocca ben dettagliate.
Maremma Toscana Luminoso 2019 O 6.500 bt; 14 € - Leggero e delicato al naso, si rivela in bocca incisivo ed energico, con una buona morbidezza a fare da contrappunto.
San Cristoforo 2018 ● petit verdot; 7.200 bt; 32 € - Succoso, fruttato, armonico.
Maremma Toscana Pink 2019 ● 3.340 bt; 15 € - Agile, fruttato, sapido.

ha 17 - **bt** 70.000
Fertilizzanti compost, preparati biodinamici, sovescio
Fitofarmaci rame e zolfo
Diserbo lavorazione meccanica/manuale
Lieviti selezione di lieviti indigeni
Uve 100% di proprietà
Certificazione in conversione biodinamica

GIGLIO CASTELLO (GR)

ALTURA

Località Mulinaccio - tel. 0564 806041
altura@arcobalena.net

VITA - Francesco Carfagna è un vignaiolo unico e irripetibile. Il suo lavoro sull'isola del Giglio, nell'arcipelago toscano, rappresenta un modello di riferimento assoluto per coerenza e dedizione alla vigna, riportata alla produttività in un luogo, tanto bello quanto impervio, come le balze a picco sul mare vicino a Punta di Capelrosso, in uno dei panorami più incredibili dove sia dato vedere l'eterno binomio uomo-pianta.

VIGNE - Francesco ha inaugurato attraverso l'esperienza solitaria un nuovo tipo di viticoltura, da lui stesso definita una sorta di "botanica dell'uva". Ogni grappolo viene seguito con attenzione e gratitudine perché, solo qui, il frutto della pianta è talmente prezioso da non essere escluso dalla vinificazione. Il recupero di ogni singolo muretto o addirittura di un viottolo che possa alleviare la fatica sono conquiste che assumono valore inestimabile solo se vissuti.

VINI - L'enologia nella piccola cantina sotto casa è quanto di più semplice si possa immaginare. Lo stile minimale ha prodotto fin troppi emuli (artigiani e commerciali) sull'isola, che sta vivendo una rinascita viticola grazie all'esempio di Francesco.

Ansonaco 2018 ○ ansonica; 5.000 bt; 34 € - - Vinificazione con le bucce per un colore profondo, quasi di rame imbrunito; profumi di iodio e grano, per un palato in cui la volatile rende leggiadra una materia corposa, tannica e salina.
Rossetto di Sangiovese 2019 3.000 bt; 26 € - - Il vino è agile, con aromi di frutta increspati da una verace rusticità; il finale è affidato a una sensibile acidità che allunga il sorso robusto.
Rosso Saverio 2017 ● sangiovese, grenache, malvasia nera, moscato; 1.300 bt; 41 € - - Scuro e terroso, con cenni aromatici, ha bocca densa, tannica, vigorosa e rustica.

ha 3 - **bt** 9.300
Fertilizzanti preparati biodinamici
Fitofarmaci rame e zolfo
Diserbo lavorazione meccanica/manuale
Lieviti fermentazione spontanea
Uve acquisto 20%
Certificazione nessuna certificazione

GROSSETO

FRANK & SERAFICO

Frazione Alberese - Via Spergolaia - tel. 0564 418491
www.frankeserafico.com - info@frankeserafico.com

VITA - Oggi è soltanto Pierpaolo Pratesi a condurre questa importante azienda nel contesto maremmano fondata insieme a Fabrizio Testa. Frank & Serafico esula da un mero investimento viticolo: contando su un birrificio agricolo e un agri-ristoro si costituisce come attività complessa a ciclo chiuso, dove le materie prime sono coltivate in loco fornendo un modello imprenditoriale contemporaneo, sostenibile e davvero affascinante.

VIGNE - Le vigne passano in rassegna molti terroir maremmani e sono frutto di una costante ricerca da parte del vignaiolo, al fine di trovare le migliori giaciture possibili. Le uve a bacca bianca provengono da Alberese e Capalbio, su suoli fini e sabbiosi, le varietà a bacca nera si trovano tra Manciano e Campagnatico, e presentano suoli argillosi e calcarei. L'azienda ha 30 ettari in affitto, lavorati in proprio; la totalità delle vigne è condotta in biologico.

VINI - I vini rispecchiano bene la zona di origine, declinata sempre da una sincera facilità di beva, senza rinunciare alle concentrazioni che la Maremma sa dare.

Maremma Toscana Sangiovese 2018 ● 2.000 bt; 20 € - - Vino di bella energia complessiva, con espressione matura sul frutto alcolico, e una progressione ampia in cui il tannino riesce a innervare il sorso di bella solidità e presenza.
Frank 2018 ● cabernet franc, cabernet sauvignon, merlot, sangiovese; 6.500 bt; 15 € - - Ingresso ampio con buona spinta materica, che avvolge con grassezza e una certa potenza dinamica; il sorso è saporito di frutta matura, con cenni vegetali. La chiusura tannica è molto decisa.
Montalzato 2019 ● sangiovese, cabernet franc, merlot; 8.000 bt; 12 € - - Buona integrità con frutto in primo piano e una bocca incisiva, con acidità a supporto di una materia concentrata ma ben estratta e precisa.

ha 37 - **bt** 60.000
Fertilizzanti letame in pellet
Fitofarmaci organici, rame e zolfo
Diserbo lavorazione meccanica/manuale
Lieviti selezionati industriali
Uve 100% di proprietà
Certificazione in conversione biologica

LARI (PI)

PODERE ANIMA MUNDI

Usigliano di Lari - Via della Montanina, 22 - tel. 345 2776227
www.podereanimamundi.com - info@podereanimamundi.it

VITA - Marta Sierota è una vignaiola di origine polacca che lavora sulle colline pisane. In questi primi anni di attività ha dimostrato talento e determinazione nell'intenzione di valorizzare le vigne vecchie del suo territorio, e affermare l'idea di un vino il più possibile identitario, privo di sovrastrutture enologiche. Ciò ha permesso alla sua azienda di ritagliarsi un ruolo significativo sia nel territorio in cui opera, sia nel mondo del vino naturale.

VIGNE - La ricerca di vigne vecchie è una delle caratteristiche del lavoro di Marta, in piena controtendenza al diffuso modello agronomico di razionalizzazione degli impianti che ha modellato il paesaggio circostante. La vignaiola, di scuola francese, ha così adottato vigne in via di estinzione e di conseguenza cominciato a lavorare con tipologie autoctone – foglia tonda, pugnitello, canaiolo – che qui nessuno ormai prendeva più in considerazione.

VINI - Per Marta il vino è divertimento, forse per questo la declinazione enologica di tale intenzione è concretizzata da vini leggiadri e ricchi di sapore.

TOP **Face to Face 2019** VINO QUOTIDIANO ● sangiovese; 2.500 bt; 12 € - L'ingresso sottile con freschezza acida in primo piano veicola aromi fruttati con cenni vegetali; il complesso è armonico e agile, con finale tannico in cui torna la sensazione verde.
Gavagai 2019 ● canaiolo; 4.000 bt; 14,5 € - Vinificato in parte a grappolo intero, il vino ha percorso molto leggero e succoso con frutto in primo piano, bella incisività e un apporto tannico discreto e integrato.
2Venti 2017 ● pugnitello; 1.500 bt; 29 € - Materia compatta, densa, con frutto in primo piano; si distende con opulenza e naturalezza attraverso un sorso energico, che insieme al piacere porta qualche tratto rustico.
Kiss&Fly 2019 ○ 1.800 bt; 16 € - Incisivo, speziato, espressivo.

ha 8 - **bt** 7.000
Fertilizzanti letame, preparati biodinamici, sovescio
Fitofarmaci rame e zolfo
Diserbo lavorazione meccanica/manuale
Lieviti fermentazione spontanea
Uve 100% di proprietà
Certificazione biologico certificato, in conversione biodinamica

LICCIANA NARDI (MS)

CASTELDELPIANO

Località Piano, 10 - tel. 0187 475533
www.casteldelpianolunigiana.it - info@casteldelpianolunigiana.it

VITA - Casteldelpiano produce vini da un piccolo fazzoletto di terra in Lunigiana. Qui, a Licciana Nardi, Andrea Ghigliazza e Sabina Ruffaldi hanno, negli anni, costruito una pregevole realtà agricola e agrituristica. La viticoltura, praticata da Andrea in prima persona, consiste in un riuscito e attento confronto tra vitigni internazionali, come pinot nero e chardonnay, e varietà autoctone, quali pollera, durella, canaiolo e vermentino nero.

VIGNE - Le vigne si sviluppano sul falsopiano scavato dal torrente Taverone, che corre impetuoso dall'Appennino verso il Mare. I suoli derivano dal secolare deposito fluviale e ospitano vigne ad alta densità di impianto, coltivate senza chimica e con uno spirito diremmo quasi botanico, più che agronomico. Le importanti escursioni termiche fissano importanti corredi aromatici nei grappoli.

VINI - Si scherza con Andrea e Sabina sul numero elevato di tipologie prodotte. «Per forza, e non sapete quanto Andrea si limiti nell'assemblaggio di tutte le vinificazioni che prova», dice Sabina. Meno male che sono solo 2,5 ettari di vigna, pensiamo noi: chissà cosa succederebbe se ne avesse il doppio!

TOP **Pepe Nero 2019** VINO SLOW ● vermentino nero; 6.000 bt; 14 € - Il vino e il suo nome giocano sulla speziatura didattica come elemento olfattivo principale; il palato leggiadro e succoso è armonico in virtù della buona integrazione tannica, che fissa in bocca i gustosi aromi.
Melampo 2017 ● pinot nero; 2.000 bt; 22 € - Ben estratto, ampio, con un buon contrasto acido, risulta armonico nel complesso gustativo, che evidenzia il calore dell'annata attraverso un tessuto aromatico meno definito del solito.
Clarè 2019 ● canaiolo; 2.000 bt; 11 € - Schietto, floreale, leggiadro.
Lunalies 2019 vermentino nero, canaiolo; 3.000 bt; 12 € - Metodo Ancestrale, incisivo, fruttato, delicato.

ha 2,5 - **bt** 12.000
Fertilizzanti compost
Fitofarmaci rame e zolfo
Diserbo lavorazione meccanica/manuale
Lieviti fermentazione spontanea
Uve 100% di proprietà
Certificazione biologico certificato

LORENZANA (PI)

FATTORIA UCCELLIERA

Crespina - Via Roncione, 9 - tel. 050 662747
www.uccelliera.com - info@uccelliera.com

VITA - Fra le prime aziende del comprensorio a credere nelle potenzialità produttive delle sue vigne, Fattoria Uccelliera è arrivata oggi alla terza generazione. Nata negli anni Sessanta dalla passione di Antonio Bulleri, passata di mano nei primi anni Novanta al figlio Ezio e a sua moglie Tiziana Sani, oggi vede l'ingresso delle due giovani figlie Benedetta e Matilde, ancora studentesse.

VIGNE - Il parco vitato è molto variegato, sia nelle esposizioni e nella composizione dei terreni, sia nell'età delle vigne, che vanno dai 50 anni delle più vecchie ai pochi anni dei nuovi impianti. Entra quest'anno in produzione per la prima volta la nuova vigna di merlot in località Acciaiolo, di circa 2 ettari.

VINI - Le prime produzioni hanno preso a riferimento lo stile internazionale, privilegiando dolcezza del frutto e concentrazione. Poi con il passare del tempo è prevalsa una maggiore ricerca dell'equilibrio.

Chianti Ris. 2016 ● 4.300 bt; 13 € - Sfaccettato, nitido, dai classici richiami floreali e di frutto rosso, in bocca è ricco di materia ben equilibrata, avvolgente e dinamico, con un tannino ben integrato che dona freschezza ed energia. Un vino dettagliato e verace.
Syrah 7dieci 2016 ● 2.700 bt; 15 € - Si presenta dal carattere maturo, ben strutturato e ampio, e ha buona dinamicità e consistenza, oltre a un tannino fitto ma delicato.
Ficaia 2019 ○ pinot bianco, viognier; 3.400 bt; 10 € - Floreale, fresco e dinamico, ha un finale sapido e delicato.
Castellaccio 2016 ● sangiovese, cabernet sauvignon; 3.800 bt; 19 € - Austero, speziato, compatto.
La Prima Volta 2019 sangiovese, petit verdot; 1.000 bt; 12 € - Agile, floreale, rilassato.
Lupinaio 2019 ○ sauvignon blanc; 1.500 bt; 12 € - Fresco, floreale, delicato.

ha 15 - **bt** 90.000
Fertilizzanti letame in pellet
Fitofarmaci chimici di sintesi, rame e zolfo
Diserbo lavorazione meccanica/manuale
Lieviti selezione di lieviti indigeni
Uve 100% di proprietà
Certificazione nessuna certificazione

LUCCA

CALAFATA

Località Maulina - Via della Chiesa XX, 82 - tel. 366 7298099
www.calafata.it - commerciale@calafata.it

VITA - La cooperativa Calafata è una delle realtà più belle conosciute in questi anni. Vero e proprio progetto sociale teso al recupero di soggetti svantaggiati, con questi ultimi ha organizzato un lavoro agricolo molto complesso, che vede nella viticoltura uno degli ambiti di sviluppo più interessanti. Valori come solidarietà e sostenibilità sono i principi cardine di un operato che siamo orgogliosi di testimoniare.

VIGNE - Negli ultimi anni le vigne si sono estese, dato anche il sacrosanto crescente interesse commerciale per i vini prodotti, e oggi contano su due aree principali, Maulina e Mulerna. Entrambe a ovest del fiume Serchio, si sviluppano su suoli argilloso-calcarei. La Maulina specialmente presenta un vigneto storico di importanza fondamentale per il territorio, che i ragazzi della cooperativa hanno salvato e valorizzato.

VINI - Calafata realizza vini artigianali ottenuti da viticoltura biodinamica ed enologia non ingombrante.

TOP **Gronda 2018** VINO SLOW ○ vermentino, moscato, malvasia; 1.700 bt; 17 € - Bella versione di questo bianco molto tipico, con sottile vena aromatica e palato agile, succoso e in grado di restare a lungo nel ricordo grazie a un'energia sapida fuori dal comune.
Colline Lucchesi Majulina 2017 ● 4.500 bt; 17 € - Il sorso esprime sicura tipicità per l'aromaticità floreale e la splendida leggiadria; la versione 2017 carica la chiusura di un tannino fin troppo rigido, frenandone il sapore.
Scapigliato 2019 ● aleatico, moscato d'Amburgo, ciliegiolo; 8.500 bt; 14 € - Vino da merenda, come recita l'etichetta: appare scarnificato, essenziale e aromatico; i profumi sono deliziosi nelle note di piccolo frutto rosso e fiori, con progressione materica sbarazzina e finale vegetale e asciutto.
Iarsera 2017 ● sangiovese; 4.500 bt; 15 € - Astringente, fruttato, profondo.

ha 9 - **bt** 27.000
Fertilizzanti nessun concime, preparati biodinamici, sovescio
Fitofarmaci rame e zolfo
Diserbo lavorazione meccanica/manuale
Lieviti fermentazione spontanea
Uve 100% di proprietà
Certificazione biologico certificato, parte dei vigneti in regime biodinamico

FABBRICA DI SAN MARTINO

Frazione San Martino in Vignale - tel. 0583 394284
www.fabbricadisanmartino.it - info@fabbricadisanmartino.it

VITA - Beppe Ferrua è interprete di una viticoltura sapiente, basata su osservazione e tempismo delle scelte agronomiche. Queste antiche doti, proprie di ogni vignaiolo, sono amplificate dalla pratica biodinamica, che ha aggiunto alla dimensione agricola della Fabbrica di San Martino preziosi valori ulteriori, quali la complessità del sistema, grazie alla presenza di animali come mucche e asini, e la diversità microbiologica, in virtù della vitalità dei suoli.

VIGNE - Gli olivi, il bosco e gli animali che pascolano sui campi erbosi sono elementi essenziali del lavoro agricolo svolto dall'azienda. Ogni sintomo vitale è posto in relazione con il resto del paesaggio che circonda i vigneti, in un sistema ideale nel quale la mano dell'uomo conserva il preesistente, soprattutto le preziose vigne vecchie, e ne garantisce la durevolezza grazie a interventi privi di chimica di sintesi, a tutela della salute delle persone, degli animali e delle piante.

VINI - Troviamo i vini aziendali ricchi di energia. Con questo termine intendiamo la capacità di unire una certa vena ossidativa a una progressione succosa quasi corroborante e piena di vitalità.

TOP **Fabbrica di San Martino Bianco 2018** VINO SLOW O malvasia, trebbiano, vermentino; 4.000 bt; 22 € - Versione splendida per questo vino con aromi gessosi di pietra scaldata, mela matura e curry, per un palato succoso, cedevole, che regala dissetanti sensazioni di acqua di fonte leggermente salata.
Colline Lucchesi Arcipressi Rosso 2018 ● 3.000 bt; 15 € - Vino umorale in cui la materia densa, quasi scura, e aperta verso un frutto molto maturo, viene sollevata da una leggerezza acida e sapida che diluisce il sorso e lo rende gioioso.
Colline Lucchesi Fabbrica di San Martino Rosso 2016 ● 4.000 bt; 20 € - Austero, evoluto, decadente.

ha 2,2 - bt 15.000
Fertilizzanti compost, preparati biodinamici, sovescio
Fitofarmaci rame e zolfo
Diserbo lavorazione meccanica/manuale
Lieviti fermentazione spontanea
Uve 100% di proprietà
Certificazione biodinamico certificato

LUCCA

FATTORIA SARDI

Località Monte San Quirico - Via della Maulina, 747 - tel. 0583 341230
www.fattoriasardi.com - info@sardigiustiniani.com

VITA - Nel vivace movimento biodinamico lucchese, la Fattoria Sardi riveste un ruolo di primo piano. Non solo in virtù delle competenze sulla materia enologica dei proprietari Matteo Giustiniani e Mina Samouti, ma anche per la continua dedizione applicata allo studio della vitalità dei suoli, alla divulgazione della viticoltura sostenibile e alla seria intenzione di creare una cultura agricola estesa.

VIGNE - Le vigne si estendono nella parte ovest del fiume Serchio, ideale spartiacque della piccola denominazione Colline Lucchesi, salendo da un'area pressoché di pianura, con suoli di deposito fluviale con ciottolo e sabbia, verso la media collina, con matrici più profonde e argillose.

VINI - Lo stile dei vini è eclettico e traccia, in qualche modo, il percorso storico aziendale. Si passa dalla composta classicità dei vini a denominazione a caratteri enologici meno conformi, con vini senza solfiti o rifermentati.

Colline Lucchesi Sebastiano 2018 ● 5.500 bt; 26 € - Ingresso voluminoso con aromi di frutta che integrano bene la speziatura del legno; la progressione è stratificata e succosa, con la buona freschezza acida a sostenere la materia.
Fattoria Sardi Rosé 2019 ● sangiovese, vermentino, trebbiano; 80.000 bt; 14 € - Complesso aromatico delicato, con note floreali in primo piano e dolcezza di frutto in sottofondo; l'ingresso al palato è viscoso, ma sostenuto da una traccia sapida che allunga il sorso e disseta.
Colline Lucchesi Sardi Vermentino 2019 O 10.000 bt; 15 € - La materia è semplice e fragrante, e il centro bocca ha carattere pieno e salino, con un finale fruttato.
Pet-Nat 2019 trebbiano; 2.000 bt; 14 € - Metodo Ancestrale, croccante, floreale, leggiadro.
Fattoria Sardi Rosato Le Cicale 2019 ● sangiovese, vermentino; 5.000 bt; 22 € - Avvolgente, speziato, consistente.

ha 18 - bt 100.000
Fertilizzanti compost, preparati biodinamici, sovescio
Fitofarmaci rame e zolfo
Diserbo lavorazione meccanica/manuale
Lieviti fermentazione spontanea
Uve 100% di proprietà
Certificazione biologico certificato

IL CALAMAIO

SCONTO **-10%**

Via delle Gavine, 1707 - tel. 348 8503670
www.ilcalamaiovini.it - info@ilcalamaiovini.it

VITA - Il Calamaio è una micro realtà quasi celata in una delle numerose pieghe del territorio lucchese. Grazie alla bravura del suo conduttore, Samuele Bianchi, i vini realizzati si sono presto affermati all'attenzione di molti appassionati e addetti ai lavori, noi compresi. Quest'anno Samuele ha deciso di lasciare il suo lavoro di ingegnere per abbracciare totalmente quello di vignaiolo. A lui va il nostro più sincero augurio di buona fortuna.

VIGNE - E davvero ci vuole un po' di fortuna per portare avanti, in perfetta solitudine, 2 ettari di vigna. L'intuizione di Samuele è stata quella di mantenere le vecchie varietà (mischiate nella stessa parcella come usava un tempo e in stato di semi abbandono) e riportarle in produzione. Il resto delle vigne si divide tra sangiovese, chardonnay e petit manseng. Fin dagli esordi la conduzione è biologica.

VINI - Sono tre i vini prodotti da uve piuttosto diverse. Assecondando il carattere dei vitigni Samuele cerca di ottenere vini caratteriali, senza inutili accanimenti enologici.

Antenato 2018 ● bersaglina, buonamico, colorino, mazzese, sangiovese, aleatico; 1.300 bt; 14 € - ▢ - Nel sorso leggero e verace di questo vino troviamo una limpida energia territoriale, con cenni aromatici e floreali, grazie a una materia dinamica e chiosata da un tannino robusto e integrato.
Poiana 2017 ● sangiovese; 2.000 bt; 13 € - ◍ - L'attacco al palato è profondo e concentrato, con una materia ben estratta e verace; la non facile vendemmia 2017 condiziona però il tannino, che qui chiude in modo brusco la progressione.
Soffio 2019 O chardonnay, petit manseng; 1.400 bt; 14 € - ▢ - Profondo e progressivo, regala aromi balsamici e di fiori gialli; il percorso gustativo si affida più alla corposità sapida che allo scatto acido, con un finale quasi cremoso coinvolgente.

ha 2 - **bt** 5.500
Fertilizzanti letame, sovescio
Fitofarmaci rame e zolfo
Diserbo lavorazione meccanica/manuale
Lieviti fermentazione spontanea
Uve 100% di proprietà
Certificazione biologico certificato

LUCCA

PIEVE SANTO STEFANO

Via Pieve Santo Stefano, 5427 - tel. 345 4006596 - 348 2935841
www.pievedisantostefano.com - info@pievedisantostefano.com

VITA - Dal punto di vista paesaggistico Pieve Santo Stefano è una delle località più belle delle colline lucchesi. Boschi, oliveti e vigneti offrono scorci meravigliosi, che godono di una luce costiera commovente in certe stagioni. Luogo di bellezza e luogo di agricoltura vocata. Lo sa bene Francesca Bogazzi, che ha eletto questi versanti come casa del suo progetto di vita e viticolo.

VIGNE - Si sta portando avanti la conversione al biologico, frutto di una scelta ragionata, non per moda, al fine di approfondire lo stretto contatto tra agricoltore e pianta. I suoli sono argillosi e la tessitura calcarea consente un ottimo drenaggio. Pare strano, in era di riscaldamento globale, ma la Lucchesia presenta copiose piogge e la qualità del suolo è un elemento fondamentale per una buona viticoltura.

VINI - In cantina ci si affida all'esperienza di Lorenzo Landi per produrre vini capaci di unire al carattere del territorio, che, ricordiamo, conosce la presenza di vitigni francesi ormai da due secoli, la pienezza del tratto gustativo.

Lippo 2017 ● merlot, cabernet franc; 5.000 bt; 17 € - ▤ - Figlio di un'annata non semplice, riesce a esprimere un tratto gustativo pieno e compiuto, con una bella morbidezza della materia che regala aromi di frutta balsamica e speziata, arricchiti da spezia dolce e un fondo vegetale; la progressione, di una certa potenza, viene contrastata dal tannino austero e rigido, che tende a frenare la succosità del sorso.
Colline Lucchesi Villa Sardini 2018 ● 28.000 bt; 12 € - ▢ - Ben rappresentativo del territorio, ha sorso succoso, leggero, che dispensa sensazioni aromatiche di frutta in gelatina e cenni floreali; la chiusura evidenzia un tannino appuntito, tratto invero territoriale, e una certa dolcezza estranea all'espressività.

ha 10 - **bt** 40.000
Fertilizzanti letame
Fitofarmaci rame e zolfo
Diserbo lavorazione meccanica/manuale
Lieviti fermentazione spontanea, selezionati industriali
Uve 100% di proprietà
Certificazione in conversione biologica

LUCCA

VALLE DEL SOLE

Località Cappella - Via della Cappella Alta, 864 - tel. 338 1198401
www.valledelsole.eu - info@valledelsole.eu

VITA - Valle del Sole è una piccola azienda a conduzione familiare delle colline lucchesi. La sua nascita, agli inizi degli anni Novanta, si deve alla passione per la viticoltura di Renato Borselli. Oggi la stessa passione accompagna il lavoro del figlio Marco, protagonista della svolta biodinamica e di una costante ascesa qualitativa dei vini, che hanno unito all'eleganza del passato il carattere della veracità.

VIGNE - Le vigne sono collocate a La Cappella, bella località a due passi dalla confluenza tra il fiume Serchio e il suo affluente Freddana. Si tratta di una zona molto particolare, dato il notevole contrasto termico tra giorno e notte. Marco lavora in prima persona le vigne, forte dell'esperienza a fianco del padre. La sua attenzione nel tempo si è rivolta sempre più alla salubrità del vigneto e quindi alla vita dei suoli.

VINI - La cantina è oggetto di una sorta di pellegrinaggio, tra affezionati clienti e ristoratori, in fila per qualche litro dell'ottimo sfuso. Marco sta producendo davvero vini molto interessanti per identità, finezza e disposizione alla beva.

TOP **Libente 2018** VINO SLOW ● merlot, sangiovese; 4.000 bt; 14 € - Ingresso al palato leggero con materia che si allarga bene sul centro bocca, deponendo sulla lingua un succo fruttato docile e vibrante; il tannino è integrato bene e il filo di rusticità finale corrobora il sorso.
H'ama 2018 ○ 2.000 bt; 24 € - Alla sua terza annata, il Trebbiano in purezza dell'azienda è davvero notevole: una leggera riduzione poi rivela un palato di purezza cristallina e facilità di beva.
Linchetto 2019 ● aleatico, ciliegiolo, colorino, sangiovese; 6.000 bt; 11 € - Immediato e beverino, ha una bella trama tannica che ne fissa il sapore e invita alla bevuta.
Ebrius 2017 ● sangiovese; 3.000 bt; 24 € - Ampio, balsamico, consistente.

ha 8 - **bt** 25.000
Fertilizzanti preparati biodinamici, sovescio
Fitofarmaci rame e zolfo
Diserbo lavorazione meccanica/manuale
Lieviti fermentazione spontanea
Uve 100% di proprietà
Certificazione in conversione biologica

MAGLIANO IN TOSCANA (GR)

COL DI BACCHE

SCONTO **-10%**

Strada di Cupi Montiano - tel. 0564 589538
www.coldibacche.com - info@coldibacche.com

VITA - Alberto Carnasciali negli anni Novanta conduceva un'avviata impresa edile specializzata in restauri conservativi. È approdato per caso in Maremma cercando una casa per le vacanze non lontana dal mare, ed è rimasto colpito dal fascino della vita di campagna. Prima ancora di costruire l'abitazione, nel 1998, ha piantato le vigne e ha edificato la cantina. Lo aiuta da sempre la moglie Franca Buzzecoli, e da qualche anno il figlio Cosimo.

VIGNE - Il corpo aziendale occupa il versante sud-ovest di una collina. Al culmine, a circa 250 metri di quota, si trova la cantina, e a scendere verso il basso troviamo gran parte dei vigneti. Il panorama è bellissimo, con la vista che spazia fino al mare e una luminosità intensa per gran parte del giorno. Mitiga il caldo estivo la brezza di maestrale che viene dal mare Tirreno.

VINI - I vini hanno uno stile rigoroso, alla continua ricerca di equilibrio, estrema pulizia dei profumi, ed espressività ricca di dettagli.

Poggio alle Viole 2016 ● 3.000 bt; 31 € - Frutto della selezione delle migliori uve di sangiovese, prodotto solamente nelle annate migliori, affina 15 mesi in botte grande. Dai toni austeri, cupo e terroso, ha potenza e avvolgenza, ma non manca di freschezza, tensione e dinamismo.
Cupinero 2016 ● merlot; 7.000 bt; 26 € - Affina per 12 mesi in barrique, al 50% nuove: ha profumi balsamici e speziati, e in bocca si allarga deciso, con tratto dinamico e profondo e un tannino possente ma fine.
Morellino di Scansano 2019 ● 20.000 bt; 13 € - Fresco e beverino, per niente banale, incarna la piacevolezza del Sangiovese di Maremma nelle sue migliori annate.
Campo Amarene 2017 ● sangiovese, merlot, cabernet sauvignon, syrah; 8.000 bt; 15 € - Ampio, speziato, scuro.
Vermentino 2019 ○ 12.000 bt; 11 € - Fresco, fruttato, varietale.

ha 14 - **bt** 80.000
Fertilizzanti letame, organo-minerali
Fitofarmaci chimici di sintesi, rame e zolfo
Diserbo lavorazione meccanica/manuale
Lieviti selezionati industriali
Uve 100% di proprietà
Certificazione nessuna certificazione

MAGLIANO IN TOSCANA (GR)

FATTORIA DI MAGLIANO

SCONTO -10%

Località Sterpeti, 10 - tel. 0564 593040
www.fattoriadimagliano.it - info@fattoriadimagliano.it

VITA - Agostino Lenci, imprenditore calzaturiero, ha deciso di vendere l'attività nel 1996 e di dare seguito alla passione per il vino. Dopo aver incontrato Giacomo Tachis, nel 1997 ha seguito il suo consiglio di fare viticoltura vicino al mare. Ha comprato quindi un terreno incolto in Maremma e ha creato Fattoria di Magliano. Oggi il figlio Nicola lo affianca nella gestione aziendale: insieme si avvalgono della consulenza enologica di Graziana Grassini.

VIGNE - Le vigne si trovano a 20 chilometri dalla costa dell'Argentario, tra i 150 e i 350 metri di altitudine, con una ventilazione costante che aiuta a ridurre i ristagni di umidità. Inizialmente i vigneti sono stati gestiti in modo convenzionale, ma nelle ultime annate il focus si è spostato sull'agricoltura biologica. Questa ha portato a una maggiore attenzione e consapevolezza agronomica.

VINI - I vini di Fattoria di Magliano hanno una grande struttura ma anche un obiettivo costante: esprimere equilibrio e freschezza.

Maremma Toscana Altizi 2018 ● 6.500 bt; 25 € - Note vegetali con sfumature balsamiche donano profondità a questo Cabernet franc. La bocca è dinamica e fresca, e chiude decisa ma elegante.
Maremma Toscana Poggio Bestiale 2016 ● 38.000 bt; 25 € - Sentori maturi e speziati si fondono con una bocca materica e piena, ma anche sapida e vivace.
Morellino di Scansano Heba 2018 ● 110.000 bt; 11 € - Profumi delicati e floreali anticipano un sorso succoso, dotato di un tannino croccante che amplifica e vivacizza la struttura.
Maremma Toscana Illario 2019 ● 12.500 bt; 10 € - Agile, floreale, increspato.
Maremma Toscana Ansonica Brissaia 2019 O 4.500 bt; 12 € - Avvolgente, fruttato, energico.
Maremma Toscana Vermentino Pagliatura 2019 O 33.000 bt; 13 € - Ampio, fruttato, rilassato.

ha 52 - **bt** 280.000
Fertilizzanti letame, sovescio
Fitofarmaci rame e zolfo
Diserbo lavorazione meccanica/manuale
Lieviti selezionati industriali, selezione di lieviti indigeni
Uve 100% di proprietà
Certificazione biologico certificato

MAGLIANO IN TOSCANA (GR)

LA SELVA

SCONTO -10%

Zona Poderone, 10/a - tel. 0564 593077
www.laselva.wine - cantina@laselva-bio.it

VITA - La Selva ha compiuto 40 anni. È infatti dal 1980 che in questa parte di Maremma, così vicina al mare, la famiglia Egger ha iniziato il percorso di agricoltura biologica in chiaro anticipo sui tempi. Oggi l'azienda è un esempio di organismo a ciclo chiuso, che declina la propria attività agricola in tantissimi settori, svolgendo un ruolo di primo piano nella promozione della sostenibilità in tutta la filiera commerciale.

VIGNE - La superficie coltivata raggiunge circa 750 ettari, di cui un terzo è destinato ai cereali. Il sistema agricolo complesso è alla base di una salubrità diffusa degli animali e delle piante, il tutto rispettando le normative del biologico. La vigna occupa circa 30 ettari in zone molto vocate e non distanti tra loro, come Magliano, su suoli argillosi, e Cupi, con matrici ricche di sabbia.

VINI - La produzione di vini è composita. Lo stile è tradizionale e non mancano vinificazioni originali, come quella del Sangiovese in bianco.

TOP **Rosato 2019** VINO QUOTIDIANO ● 6.000 bt; 9 € - Proprio il Sangiovese vinificato in bianco assieme a un salasso di Ciliegiolo compongono questo vino dal tratto gustativo innervato di sapidità, che sostiene un sorso pieno e disteso, con aromi fruttati.
Maremma Vermentino 2019 O 25.000 bt; 10 € - Vino di ottima schiettezza e immediata godibilità, regala sensazioni fruttate dolci e una punta di eccesso di calore che non stufa.
Maremma Ciliegiolo 2017 ● 7.000 bt; 17 € - L'espressione aromatica è affidata a un frutto rosso leggermente ammaccato dal legno. Il sorso è pieno, ampio, e il tannino robusto non ingombra.
Morellino di Scansano 2019 ● 30.000 bt; 10 € - Agile, fruttato, delicato.
Maremma Privo 2019 ● 25.000 bt; 12 € - Denso, terroso, cupo.

ha 30 - **bt** 200.000
Fertilizzanti compost, letame, sovescio
Fitofarmaci rame e zolfo
Diserbo lavorazione meccanica/manuale
Lieviti fermentazione spontanea
Uve 100% di proprietà
Certificazione biologico certificato

MAGLIANO IN TOSCANA (GR)

PODERE 414

SCONTO **-10%**

Strada Provinciale 79 Poggio Alla Mozza, km 14 - tel. 0564 507818
www.podere414.it - info@podere414.it

VITA - Nel 1998 Simone Castelli e il padre Maurizio hanno scommesso sul potenziale di questa zona, all'epoca ancora selvaggia. Da allora è iniziato un percorso di crescita graduale e costante, che ha portato Podere 414 a essere una delle più interessanti realtà enoiche della Maremma. L'assoluta qualità della produzione è figlia di un'approfondita conoscenza del terroir: tutta la manodopera è interna e formata in azienda.

VIGNE - Le vigne, allevate principalmente a doppio guyot, sono in conduzione biologica sin dalla nascita dell'attività. La densità d'impianto è molto alta e garantisce il giusto livello di competizione radicale tra le piante, innalzando la qualità del prodotto finale. I terreni sono fortemente eterogenei anche all'interno della singola parcella, ma hanno come caratteristica comune una grana sabbiosa e la scarsa presenza di argilla.

VINI - L'utilizzo di lieviti autoctoni e le delicate pratiche di cantina rispettano l'uva, dando origine a vini decisamente autentici e rappresentativi del territorio.

Morellino di Scansano 414 2018 ● 80.000 bt; 16 € - Biglietto da visita dell'azienda, si apre con note di frutta rossa e spezie, completate da un sottile boisé. Un tannino decisamente fine ci accompagna in una beva dinamica e armonica.
Trebbiano 2018 O 4.000 bt; 16 € - Il suo giallo dorato di buona intensità ci preannuncia un vino di decisa carica estrattiva: il profilo olfattivo è complesso e stratificato, e il sorso è materico, equilibrato e piacevolmente sapido.
Flower Power 2019 ● sangiovese; 30.000 bt; 9 € - Concepito come "vino da piscina", centra in pieno il suo obiettivo: floreale, fresco, beverino ma mai banale, è perfetto in abbinamento a leggeri piatti estivi.
Badilante 2018 ● sangiovese; 50.000 bt; 10 € - Croccante, fruttato, essenziale.

ha 18 - **bt** 160.000
Fertilizzanti letame in pellet
Fitofarmaci rame e zolfo
Diserbo lavorazione meccanica/manuale
Lieviti fermentazione spontanea, selezionati industriali
Uve 100% di proprietà
Certificazione biologico certificato

MAGLIANO IN TOSCANA (GR)

TERRE DELL'ETRURIA IL PODERONE €

Località Il Poderone Ca' De' Frati - tel. 0564 592365
www.terretruria.it - poderone@terretruria.it

VITA - Terre dell'Etruria è un importante gruppo cooperativo, il più grande in Toscana, che conta su 3.500 aziende associate. La parte enologica più interessante si declina con l'azienda Il Poderone a Magliano in Toscana. Qui si conferiscono le uve di circa 75 agricoltori perlopiù collocati nell'areale del Morellino di Scansano. L'attenta gestione agronomica consente di ottenere vini di appagante continuità qualitativa.

VIGNE - Le vigne più vocate, di età media intorno ai 20 anni, sono quelle collinari, che godono di ottima ventilazione e suoli profondi prettamente argillosi. L'aumento delle temperature ha portato i tecnici della cooperativa a suggerire ai conduttori gestioni attente delle pareti fogliari, per garantire adeguate maturazioni fenoliche ed evitare la cottura del frutto.

VINI - La tipicità dei vini prodotti è una delle migliori caratteristiche dei vini aziendali, che contano su una cantina moderna e funzionale. La consulenza enologica è affidata a Emiliano Falsini.

TOP **Maremma Toscana Ciliegiolo Briglia 2019** VINO QUOTIDIANO ● 7.000 bt; 10 € - Fragrante ed espressivo all'attacco al palato, mantiene un gradevole andamento per tutto il percorso gustativo, con succosità fruttata davvero piacevole e chiusura tannica integrata.
Morellino di Scansano Giogo 2019 ● 7.000 bt; 10 € - Ingresso schietto e beverino, con progressione agile, che regala profumi vegetali e di frutta rossa; il tannino rimane rigido frenando il finale.
Maremma Toscana Sbocciato 2019 ● 1.500 bt; 9 € - Prima edizione per questo rosa da uve ciliegiolo pressate a grappolo intero. Regala sensazioni delicate, floreali e balsamiche, per un palato semplice, franco e sapido.
Brumoso 2019 vermentino; 3.000 bt; 9 € - Metodo Ancestrale, croccante, fruttato, verace.

ha 100 - **bt** 250.000
Fertilizzanti letame, sovescio
Fitofarmaci rame e zolfo
Diserbo lavorazione meccanica/manuale
Lieviti fermentazione spontanea, selezionati industriali
Uve 100% di proprietà
Certificazione parte dei vigneti in regime biologico

MANCIANO (GR)

ANTONIO CAMILLO

SCONTO -10%

Località Pianetti di Montemerano - tel. 339 1525224
info@antoniocamillo.com

VITA - Antonio è un personaggio di altri tempi che ha segnato con il suo lavoro la storia enologica della Maremma. Flemmatico e sempre con il sorriso pronto, non si arrende di fronte a nessuna difficoltà, e quando gli chiedi come abbia fatto a delineare la sua interpretazione magistrale del vino maremmano, risponde tranquillo che tutto è stato semplice, perché gli è bastato ripercorrere la strada della tradizione.

VIGNE - Uno dei suoi punti di forza è stata l'intuizione di andare a ricercare, nel vasto territorio della Maremma grossetana, piccole vigne di vitigni autoctoni vecchie di decenni e ubicate sui terreni più vocati. Famoso per i suoi Ciliegioli, non pago, è adesso alla ricerca di piccole vigne di tinto di Spagna (grenache) e carignano.

VINI - I vini si distinguono per naturalezza e trasparenza espressiva, sono armoniosi, e hanno una fresca facilità di beva.

TOP **Ciliegiolo 2019** VINO QUOTIDIANO ● 25.000 bt; 12 € - Aggraziato, fine nei toni fruttati e floreali, entra in bocca docile e scorrevole, e ha un piacevole contrasto sapido che allunga il sorso e ne fa apprezzare la disarmante facilità di beva.
Ciliegiolo Vallerana Alta 2018 ● 4.000 bt; 26 € - Da un unico vigneto di oltre 40 anni, presenta profumi nitidi, sfaccettati ed eleganti, che sfociano in un palato snello ma profondo. Tannino fitto e ben integrato.
Morellino di Scansano 2019 ● 15.000 bt; 12 € - Reticente nei profumi, si apre all'assaggio con piacevole contrasto, con un sorso reattivo e dal finale verace.
Vermentino 2019 ○ 20.000 bt; 11 € - Ampio, fruttato, autentico.
Procanico 2018 ○ 4.000 bt; 15 € - Bianco macerato, incisivo, fruttato, compatto.
Tutti i Giorni Rosso 2019 ● sangiovese, ciliegiolo, alicante, grenache; 15.000 bt da 1 l; 9 € - Schietto, fruttato, essenziale.

ha 18 - **bt** 95.000
Fertilizzanti letame in pellet, sovescio
Fitofarmaci rame e zolfo
Diserbo lavorazione meccanica/manuale
Lieviti fermentazione spontanea
Uve acquisto 30%
Certificazione nessuna certificazione

MANCIANO (GR)

I CAVALLINI

SCONTO -10%

Località Cavallini, 7 - tel. 0564 609008
www.icavallini.it - vino@icavallini.it

VITA - I Cavallini sono un'azienda storica in Maremma, che si estende per 350 ettari di vigne, oliveti, seminativo e pascoli, e che alleva mucche da latte e gestisce dimore di charme. Anche se ai Cavallini si è sempre fatto vino, è dal 2008 che è iniziata l'attività nella forma attuale, seguita dai fratelli Nicola e Roberto Pirozzi, con la consulenza di Gabriele Cesolini.

VIGNE - L'azienda da quest'anno ha ricevuto la certificazione biologica, e la sinergia con l'allevamento delle mucche da latte permette la concimazione della vigna col letame. Le vigne sono poste sulla sommità dei colli che guardano al mare, e sono quindi molto ventilate, il che riduce al minimo la necessità di trattamenti. Nel 2019 è stato messo a dimora un nuovo impianto di ciliegiolo e di alicante, quest'ultimo allevato ad alberello sul modello sardo.

VINI - La scelta aziendale è quella di produrre solo vini da singolo vitigno, che esprimano il territorio attraverso la freschezza e la fragranza del frutto.

TOP **Morellino di Scansano 2019** VINO QUOTIDIANO ● 10.000 bt; 12 € - L'olfatto è segnato dai frutti scuri, e il sorso presenta tannini fitti ad accompagnare una progressione succosa e golosa.
Maremma Toscana Ciliegiolo 2018 ● 2.500 bt; 15 € - Naso varietale e ben definito, per un vino beverino e gustoso, con tutte le parti ben in equilibrio tra di loro.
Maremma Toscana Alicante 2018 ● 2.500 bt; 16 € - La dimensione olfattiva è in equilibrio tra le note fruttate e quelle speziate; l'ingresso in bocca è docile, la componente alcolica ben integrata.
Maremma Toscana Diaccio 2019 ○ 8.000 bt; 11 € - Vibrante, floreale, incisivo.
Ninì 2018 ○ vermentino; 2.500 bt; 15 € - Avvolgente, speziato, armonico.
Maremma Toscana Pause 2017 ● 1.000 bt; 27 € - Fitto, fruttato, ampio.

ha 11 - **bt** 30.000
Fertilizzanti letame, sovescio
Fitofarmaci rame e zolfo
Diserbo lavorazione meccanica/manuale
Lieviti fermentazione spontanea
Uve 100% di proprietà
Certificazione biologico certificato

MASSA MARITTIMA (GR)

MORISFARMS

SCONTO -10%

Località Cura Nuova - Fattoria Poggetti, 45 - tel. 0566 919135
www.morisfarms.it - morisfarms@morisfarms.it

VITA - Trecento anni di storia alle spalle: così tanti ne sono passati da quando la famiglia Moris, di origini spagnole, sbarcò in questo lembo di Maremma allora ancor più selvaggio di adesso. Da sempre produttori di vino, hanno dato una svolta qualitativa a fine anni Ottanta, grazie all'intuizione e alla dedizione di Adolfo Parentini, grande saggio del vino maremmano: fu lui a tracciare il solco dell'innovazione, pur mantenendo salde le radici familiari. Oggi dirigono l'azienda suo figlio Giulio e il cugino Ranieri Moris.

VIGNE - Il sostanzioso corpo vitato è diviso fra il nucleo di Poggio alla Mozza (zona Morellino di Scansano) e il nucleo di Massa Marittima (zona Monteregio), più o meno equivalenti per estensione.

VINI - I vini riflettono un'impostazione moderna, sempre alla ricerca della massima pulizia olfattiva e della morbidezza del frutto, mai pesanti o dalle estrazioni forzate, con il Sangiovese sempre padrone di casa.

Morellino di Scansano 2019 ● 100.000 bt; 10 € - Bell'esempio di Morellino giovane, ha beva limpida e scorrevole, semplice ma non banale, e lascia il palato appagato.
Avvoltore 2016 ● sangiovese, cabernet sauvignon, syrah; 30.000 bt; 34 € - Ancora segnato dal passaggio in legno con note di spezie dolci e balsamiche, è più dinamico in bocca dove ritrova avvolgenza e consistenza.
Morellino di Scansano Ris. 2017 ● 6.000 bt; 20 € - Ha toni cupi ed evoluti, con accenni vegetali. Non manca di materia estrattiva, anche se stenta a distendersi.
Maremma Toscana Mandriolo 2019 ● 30.000 bt; 7 € - Schietto, fruttato, rilassato.
Vermentino 2019 ○ 30.000 bt; 10 € - Agile, floreale, essenziale.
Maremma Toscana Rosamundi 2019 ● 1.000 bt; 8 € - Fresco, fruttato, sottile.

ha 75 - **bt** 330.000
Fertilizzanti organo-minerali, sovescio
Fitofarmaci chimici di sintesi, rame e zolfo
Diserbo chimico, lavorazione meccanica/manuale
Lieviti fermentazione spontanea, selezionati industriali
Uve 100% di proprietà
Certificazione nessuna certificazione

MASSA MARITTIMA (GR)

PODERE RIPARBELLA

SCONTO -10%

Località Sopra Pian di Mucini - tel. 0566 915557
www.riparbella.com - riparbella@riparbella.com

VITA - Podere Riparbella è la realizzazione del desiderio di due coniugi svizzeri, Christian Prohaska e sua moglie Veronica Malzacher, di fuggire dalla routine della città e trasferirsi in un paese mediterraneo a fare agricoltura e accoglienza turistica. Dopo molte ricerche, nel lontano 1993 sono approdati a Massa Marittima, in una zona incontaminata e in completo abbandono, ma segnata da una bellezza estrema.

VIGNE - Dopo anni di duro lavoro possono ritenersi soddisfatti: gestiscono un accogliente agriturismo, producono uno dei migliori oli della Maremma nei loro 14 ettari di oliveti, e Christian ha acquisito esperienza come viticoltore nei suoi 4,5 ettari di vigna, piantati in parte nel 1997 e in parte nel 2004, su terreni ricchi di minerali (non a caso Massa Marittima è terra di miniere) e con altitudini importanti, che vanno fino ai 400 metri.

VINI - I vini rispecchiano in pieno il carattere del produttore: sono schietti, sinceri, a volte anche rudi, ma sempre nel massimo rispetto dei ritmi e dei tempi della natura. Tutti sono contraddistinti da una sottile vena minerale che dona grazia al finale di bocca.

Merlot 2016 ● 1.700 bt; 15 € - Affina 20 mesi in tonneau usati: si apre al naso rilassato, e in bocca è ampio e avvolgente, ingentilito da fresca acidità, e si distende ricco di sapidità.
Cabernet Franc 2017 ● 900 bt; 22 € - Da unica vigna a 370 metri di quota, è pulito e limpido, con sfumature di confettura e frutto nero. In bocca è ben delineato, varietale, dalla trama tannica docile, ha succo e buona profondità.
Sangiovese Tre 2015 ● 3.000 bt; 13 € - Maturo, austero e terroso, al sorso si rivela nervoso e teso. Stenta ad aprirsi, ma poi si allunga deciso e pieno, anche se rimane leggermente ruvido nel finale.

ha 4,5 - **bt** 12.000
Fertilizzanti compost, sovescio
Fitofarmaci rame e zolfo
Diserbo lavorazione meccanica/manuale
Lieviti fermentazione spontanea, selezione di lieviti indigeni
Uve 100% di proprietà
Certificazione biologico certificato

MONTECARLO (LU)

ENZO CARMIGNANI

Località Cercatoia - Via Cercatoia Alta, 14 - tel. 0583 22463
www.fattoriacarmignani.com - info@fattoriacarmignani.com

VITA - Il vino a Montecarlo conta su un'importante tradizione: la Doc al Bianco arrivò nello stesso anno della costituzione delle denominazioni d'origine, il 1969. La famiglia Carmignani è una delle protagoniste di questo prestigio storico, dato che le sue tracce viticole risalgono addirittura al 1386. Oggi troviamo Elena alla guida dell'azienda, che annovera alcune delle migliori giaciture di questo piccolo ma glorioso territorio.

VIGNE - Vale la pena ricordare i nomi di queste giaciture. Si parla della zona di Cercatoia Alta, cuore storico della produzione enologica locale, con suoli di argilla con molti ciottoli, e della più recente Verruca, con matrici franco-argillose. La gestione dei vigneti è affidata all'esperienza di Mauro Carignani, marito di Elena.

VINI - Preziosa la consulenza dell'enologo Massimo Motroni. I vini sono frutto del territorio, ben interpretato nel solco dell'ortodossia enologica, con qualche incursione in declinazioni più internazionali e concentrate.

Montecarlo Bianco 2019 O 13.000 bt; 10 € - ▢ - Vino tra i più affidabili per rapporto tra la qualità e il prezzo di tutta le denominazione. Di espressione aromatica fruttata e delicata, ha materia rigida ma leggiadra, con tratto alcolico controllato.
Tentazione 2019 O chardonnay, pinot bianco; 10.000 bt; 14 € - ▢ - Ingresso denso, con materia che si articola bene rivelando aromi di frutta matura e spezie, per un complesso di impatto strutturato e dal finale poco contrastato.
Urano 2019 O sauvignon blanc; 13.000 bt; 19 € - ▢ - Bella versione, in cui aromi vegetali si integrano bene a cenni di frutto, per un palato succoso e dettagliato.
Theorema 2017 ● cabernet sauvignon, merlot, syrah, sangiovese; 10.000 bt; 24 € - ◎ - Astringente, speziato, compatto.
Intrigo 2018 O chardonnay; 10.000 bt; 20 € - ◎ - Avvolgente, speziato, opulento.

ha 14 - **bt** 74.000
Fertilizzanti letame in pellet, organo-minerali, sovescio
Fitofarmaci chimici di sintesi, rame e zolfo
Diserbo chimico, lavorazione meccanica/manuale
Lieviti selezionati industriali
Uve 100% di proprietà
Certificazione nessuna certificazione

MONTECARLO (LU)

FATTORIA DI MONTECHIARI

SCONTO **-10%**

Via di Montechiari, 27 - tel. 0583 22189 - 345 8385158
www.montechiari.it - info@montechiari.com

VITA - Quella di Montechiari è una storia antica. Qui, nel Medioevo, sorse una fortezza di frontiera che nei secoli successivi fu dogana; edifici che separavano, prima, e univano, poi, i destini di Lucca e Firenze. I passaggi di popoli e merci depositarono qui una radicata cultura viticola, che la famiglia Panattoni ha recuperato fin dal 1978, dando ulteriore lustro al terroir di Montecarlo.

VIGNE - La presenza dei vitigni alloctoni è radicata a Montecarlo fin dalla metà dell'Ottocento, quando il viticoltore Giulio Magnani portò dalla Francia varietà transalpine da provare nella sua azienda. Montechiari ha continuato in questa opera individuando nelle sue colline una sorta di zonazione per pinot nero, chardonnay e cabernet sauvignon.

VINI - Il modello francese di riferimento si percepisce nel tratto gustativo concentrato ma dinamico, che riguarda l'intera serie di vini prodotti.

Montechiari Cabernet 2017 ● 5.000 bt; 51 € - ▦ - Il vino esibisce una fitta trama gustativa, in cui la densità della materia si intreccia a una fine estrazione tannica; la progressione è ampia e regala aromi di frutta matura e note terrose, per un profilo ricco di calore alcolico.
Montechiari Merlot 2017 ● 4.000 bt; 34 € - ▦ - L'impatto gustativo è largo: in bocca incede compatto e incisivo, e chiude con un rigore tannico carico di aromi vegetali, di aromi lattici e di tendenza dolce, in contrasto netto con la prima parte del sorso.
Oro di Montechiari 2018 O chardonnay, sauvignon blanc; 8.000 bt; 24 € - ▦ - Interpretazione molto bella di uno stile internazionale di bianco, con aromi di frutta a polpa gialla e vaniglia in primo piano, per un complesso gustativo opulento e armonico grazie al bel contrasto dato dalla freschezza acida.
M. Cl. Brut Donna Catherine 2016 ⁘ pinot nero; 8.000 bt; 27 € - ▦ - Fine, speziato, consistente.

ha 10 - **bt** 40.000
Fertilizzanti humus, letame in pellet, letame, organo-minerali
Fitofarmaci rame e zolfo
Diserbo lavorazione meccanica/manuale
Lieviti fermentazione spontanea, selezionati industriali
Uve 100% di proprietà
Certificazione biologico certificato

MONTECARLO (LU)

PODERE SGRETOLI €

SCONTO **-10%**

Via Micheloni, 43 - tel. 0583 276093
www.poderesgretoli.wix.com - losgretoli@yahoo.it

VITA - Nel contesto di una denominazione storica e statica, dal punto di vista del dinamismo produttivo, come quella del Montecarlo Doc, il Podere Sgretoli è una delle realtà che meglio interpreta la viticoltura contemporanea. Merito del giovane proprietario Riccardo Nacchi, che ha gestito bene il passaggio generazionale dell'azienda muovendosi nel duplice solco dei vini artigianali e della viticoltura sostenibile.

VIGNE - Riccardo gestisce i suoi 5,5 ettari in prima persona seguendo i dettami della viticoltura biologica, anche se ha non ha mai richiesto alcuna certificazione. Le vigne si trovano in località San Giuseppe, con suoli argillosi e ricchi di scheletro. Il paesaggio, incorniciato dal profilo dello splendido borgo di Montecarlo, fatto di boschi e campi, garantisce biodiversità e sana contaminazione ecologica.

VINI - Anche nella parte produttiva Riccardo ha saputo adattarsi agli andamenti variabili del proprio mercato. Lo sfuso di qualità serve per la liquidità necessaria ai costi vivi, dei quali l'imbottigliamento dei vini a denominazione fa parte.

TOP **Montecarlo Bianco 2019** VINO QUOTIDIANO ○ 4.000 bt; 10 € - Sottile nella prima parte del palato, con buona vena acida a supporto e con aromi fruttati ed erbacei in piacevole intreccio, rimane vitreo nel suo percorso, e ciò impedisce una piena distensione.
Eclissi 2018 ● syrah, merlot; 1.500 bt; 16 € - Versione molto riuscita che esprime dolcezza di frutto fin dall'ingresso al palato con percorso gustativo ampio, profondo, mai stucchevole, e dal tannino ben risolto.
Montecarlo Rosso 2018 ● 5.000 bt; 9 € - Ingresso verace con tannino subito in primo piano fin dall'attacco, poi sostenuto da adeguata materia e freschezza acida; risulta fragrante, pulito e rigido, ma appagante.

ha 3,5 - **bt** 10.500
Fertilizzanti letame, sovescio
Fitofarmaci rame e zolfo
Diserbo lavorazione meccanica/manuale
Lieviti fermentazione spontanea, selezionati industriali
Uve 100% di proprietà
Certificazione nessuna certificazione

MONTIGNOSO (MS)

MONTEPEPE

SCONTO **-10%**

Via Sforza, 76 - tel. 0585 1980363 - 329 4147426
www.montepepe.com - info@montepepe.com

VITA - La storia di questa azienda è iniziata nel 2000, quando la famiglia Poggi ha acquistato la collina Montepepe: un'unica proprietà non frazionata, che nel 1830 era stata comprata da Carlo Ludovico di Borbone per farci il suo vigneto personale, chiamando l'enologo francese Alexander De Geres, a cui dobbiamo i muretti a secco ancora oggi esistenti. Alberto Poggi dirige Montepepe aiutato da Riccardo Arrighi in cantina. Da sempre ci si avvale della consulenza di Federico Curtaz.

VIGNE - I vigneti si trovano sulla collina terrazzata, e insistono su terreni con successione metamorfica di quarziti, metarenarie, filladi, marmi, calcesiti e dolomie, con esposizioni sud, sud-est, a 100 metri di quota. Il clima e le tecniche adottate per la coltivazione restituiscono vini di carattere, esemplari testimoni del territorio.

VINI - Nel corso degli anni non ci sono stati cambiamenti sostanziali, ma sono state affinate quelle che erano le metodologie già consolidate, lavorando soprattutto per portare in cantina una materia prima perfetta e interpretarla con classicità.

TOP **Degeres 2017** ○ vermentino, viognier; 2.130 bt; 38 € - Fermenta e affina in tonneau. Al naso è ampio, con sentori di frutta e spezie dolci che gli donano un carattere unico. In centro bocca emerge l'alcolicità, ma l'acidità sostiene bene tutto il sorso.
Montepepe Bianco 2018 ○ vermentino, viogner; 6.000 bt; 21 € - Regala subito sentori fruttati, e in bocca è avvolgente e accarezza il palato con dinamismo e incisività. È un vino complesso che conferma la sua struttura e piacevolezza anche dopo averlo deglutito.
Albérico 2018 ○ 6.000 bt; 14 € - È pura testimonianza del Vermentino massese: ha sentori fruttati e una struttura ben sostenuta dalla freschezza e dalla sapidità di fondo. Il finale è succoso e lungo.

ha 6 - **bt** 25.000
Fertilizzanti organo-minerali, sovescio
Fitofarmaci rame e zolfo
Diserbo lavorazione meccanica/manuale
Lieviti selezione di lieviti indigeni
Uve 100% di proprietà
Certificazione nessuna certificazione

MONTOPOLI IN VAL D'ARNO (PI)

FATTORIA VARRAMISTA

SCONTO **-10%**

Località Varramista - Via Ricavo - tel. 0571 44711
www.varramista.it - info@varramista.it

VITA - La storia di Varramista ha avuto inizio nel Cinquecento, quando la famiglia Capponi edificò la magnifica villa rinascimentale di cui rimase proprietaria fino agli anni Cinquanta del Novecento, quando Enrico Piaggio vi si trasferì. È stato però Alberto Agnelli a far fare il salto di qualità all'azienda, cambiando approccio agronomico, piantando vitigni internazionali e avvalendosi di collaboratori come Federico Staderini, che fa ancora parte dell'affiatato team di cantina.

VIGNE - Il passo più importante è stato fatto nel 2008, quando si è deciso di non utilizzare più fitosanitari di sintesi e concimi chimici, e di sposare principi di agricoltura biologica e biodinamica. Principi inizialmente sperimentati su pochi ettari e oggi allargati a tutte le vigne, in quanto dimostratisi funzionali alla qualità delle uve da portare in cantina. Per quanto riguarda la biodinamica l'azienda si avvale della collaborazione di Matthieu Bouchet.

VINI - Lo stile aziendale, votato all'utilizzo in affinamento del rovere francese, intende puntare sull'eleganza e sulla longevità dei vini.

Varramista 2015 ● syrah; 1.300 bt; 50 € - I sentori terziari dovuti ai tanti mesi di invecchiamento in barrique di rovere francese si sentono distintamente, ma ben si amalgamano con le note speziate, di liquirizia e di prugna secca; al palato entra avvolgente, ritornano le spezie, ed è dotato di freschezza e di tannini ben controllati. Ne emerge un vino complesso, da far aspettare ancora un po' in bottiglia.
Sterpato 2017 ● sangiovese, cabernet sauvignon, merlot; 6.600 bt; 11 € - I sentori di ciliegia matura si coniugano alle note terziarie che ricordano la tostatura. Il legno si sente ma appare ben integrato, e all'assaggio risulta caldo, ma ben bilanciato dalla freschezza e dai tannini fini.

ha 13 - **bt** 35.000
Fertilizzanti letame, sovescio
Fitofarmaci rame e zolfo
Diserbo lavorazione meccanica/manuale
Lieviti fermentazione spontanea
Uve 100% di proprietà
Certificazione in conversione biologica

ORBETELLO (GR)

SANTA LUCIA

SCONTO **-10%**

Località Fonteblanda - Strada Statale Aurelia, 264 - tel. 0564 885474
392 9506975 - www.azsantalucia.com - cantinasantalucia@gmail.com

VITA - Presente sul territorio maremmano fin dagli inizi del Novecento, la famiglia Scotto ha iniziato a produrre vini di qualità a metà anni Settanta. All'epoca fu Luciano Scotto a intravedere le reali potenzialità dei terreni di famiglia: passò così dalla vendita dello sfuso all'imbottigliamento in pochi anni. Oggi a continuare quella tradizione ci sono i figli Lorenzo, che si occupa della produzione, e Luca, che gestisce la parte commerciale.

VIGNE - Le proprietà vitate della famiglia Scotto sono divise in tre parti. La zona intorno alla cantina presenta terreni ricchi di scheletro, con vigne di circa 10 anni. Nei pressi della vecchia sede, poco più a sud, si trovano i vecchi vigneti con terreni misti di argille e sabbia. La vera gemma sono i terrazzamenti sul monte Argentario, dove troviamo l'ansonica inserita nel suo habitat naturale.

VINI - I vini sono molto legati alla zona d'origine, ricchi nel frutto e dal tannino setoso per i rossi. Affilati e molto salini i bianchi, tra cui spicca la produzione di Ansonica.

Losco 2018 ● sangiovese, merlot; 14.000 bt; 8 € - Vino succoso, genuino e dal carattere schietto. Perfetto compagno per bevute quotidiane.
Maremma Toscana Ansonica Santa Lucia 2019 ○ 15.000 bt; 9 € - Fa della semplicità il suo punto di forza. Il sorso è saporito, elegante e lungo, con una piacevole scia salina a chiudere.
Presidio 2016 ● merlot, cabernet sauvignon, sangiovese; 1.800 bt; 26 € - Di stampo internazionale ma ben equilibrato e dal carattere maremmano.
Maremma Toscana Vermentino Brigante 2019 ○ 35.000 bt; 9 € - Agile, floreale, varietale.
Ansonica Costa dell'Argentario Eroica 2017 ○ 650 bt; 26 € - Ampio, fruttato, avvolgente.
Capalbio Vin Santo Graticcio 2016 ● 2.400 bt da 0,375 l; 20 € - Stile ossidativo, ampio, fruttato, incisivo.

ha 40 - **bt** 160.000
Fertilizzanti organo-minerali
Fitofarmaci rame e zolfo
Diserbo lavorazione meccanica/manuale
Lieviti selezione di lieviti indigeni
Uve 100% di proprietà
Certificazione nessuna certificazione

PALAIA (PI)

USIGLIAN DEL VESCOVO

SCONTO **-10%**

Località Usigliano - Via Usigliano, 26 - tel. 0587 622138
www.usigliandelvescovo.it - info@usigliandelvescovo.it

VITA - Usiglian del Vescovo affonda le sue radici in un passato davvero remoto. Le prime testimonianze scritte risalgono al 1083, quando il vescovo di Lucca, signore del luogo, decise di ampliare i vigneti. Oggi l'azienda è di proprietà della Final, che fa capo a Luisa Angelini. Il direttore è Francesco Lomi, che in azienda si occupa un po' di tutto, mentre Federico Ricci è il consulente enologo.

VIGNE - I terreni sono molto sabbiosi e ricchi di fossili marini del Pliocene. Nel corso degli anni l'azienda ha sviluppato pratiche che aiutano a salvaguardare un terreno delicato e soggetto a erosioni. Ne è esempio il prato stabile sui vigneti, che permette di trattenere l'acqua e aumenta la sostanza organica disponibile. La presenza di sabbia determina anche una vegetazione atipica per le colline, con essenze solitamente più frequenti nelle dune marine.

VINI - Con interventi limitati in cantina, viene perseguito l'obiettivo di assecondare le peculiarità territoriali, che portano ad avere vini equilibrati e freschi.

Chianti Sup. 2017 ● 12.000 bt; 15 € - Ci è piaciuto molto. Ha note di frutta matura e la bocca mostra buon ritmo e integrità, appagandoci con sostanza, concentrazione e tannino fitto.
Ginestraio 2019 O chardonnay, viognier; 5.000 bt; 12 € - Si percepiscono note erbacee e fruttate, per un vino armonico, che si mostra vibrante grazie anche alla sensazione sapida.
Sangiosè 2019 ● sangiovese; 4.000 bt; 10 € - È sottile, dotato di un sorso veramente croccante, il tutto accompagnato da delicate note fruttate.
Grullaio 2018 ● cabernet sauvignon, merlot; 4.000 bt; 9 € - Dinamico, erbaceo, verace.
Terre di Pisa Rosso Barbiglione 2017 ● 8.000 bt; 26 € - Avvolgente, speziato, opulento.

ha 22 - **bt** 115.000
Fertilizzanti letame in pellet, sovescio
Fitofarmaci rame e zolfo
Diserbo lavorazione meccanica/manuale
Lieviti selezionati industriali
Uve 100% di proprietà
Certificazione biologico certificato

PECCIOLI (PI)

TENUTA DI GHIZZANO

SCONTO **-10%**

Località Ghizzano - Via della Chiesa, 4 - tel. 0587 630096
www.tenutadighizzano.com - info@tenutadighizzano.com

VITA - La storia della Tenuta di Ghizzano è legata fin dalla metà del Trecento a quella della famiglia Venerosi Pesciolini, di chiare origini nobili, e ormai riferimento dell'areale produttivo vitivinicolo pisano. L'azienda è costituita non solo da vigneti, ma anche da olivi e seminativo, che cingono l'antico borgo medievale. Ginevra Venerosi Pesciolini porta avanti con dedizione quanto incominciato dal padre, occupandosi della parte produttiva e commerciale.

VIGNE - I vigneti sono gestiti secondo i dettami dell'agricoltura biodinamica, cercando di esaltare l'armonia che si crea tra suolo e pianta per la produzione di uve equilibrate e che siano espressione di annata e territorio. La matrice del suolo è essenzialmente argilloso-sabbiosa, con depositi fossili che caratterizzano alcune parcelle e con quote altimetriche che vanno dai 100 ai 250 metri. L'impianto più vecchio risale al 1995.

VINI - Tutte le pratiche di cantina sono atte a preservare il frutto e a esaltare la materia prima. L'uso attento dei legni e la sperimentazione di nuovi materiali, come il cocciopesto mirano, a ottenere vini espressivi e godibili.

TOP **Nambrot 2017** ● merlot, cabernet franc, petit verdot; 8.000 bt; 41 € - Profumi balsamici e speziati, centro bocca denso e trama tannica fitta. Un vino che ha bisogno di tempo per esprimere tutte le proprie potenzialità.
Ghizzano Rosso 2018 ● sangiovese, merlot; 40.000 bt; 14 € - Ha un sorso agile e sapido, dal tannino presente e con rimandi di frutta scura sul finale.
Ghizzano Bianco 2019 O vermentino, trebbiano; 12.000 bt; 15 € - È fresco e dalla piacevole beva, con sentori di frutta gialla matura ed erbe di campo, e cenni di frutta secca dovuti a una parziale macerazione sulle bucce.

ha 18 - **bt** 80.000
Fertilizzanti compost, sovescio
Fitofarmaci rame e zolfo
Diserbo lavorazione meccanica/manuale
Lieviti fermentazione spontanea
Uve 100% di proprietà
Certificazione biodinamico certificato, biologico certificato

PONTREMOLI (MS)

BELMESSERI

Frazione Vignola - Via Case Sparse, 4 - tel. 335 7752116
www.cantinebelmesseri.it - cantinebelmesseri@gmail.com

VITA - Giuseppe Balestra ha acquistato questo splendido borgo con mulino ad acqua circa 20 anni fa. L'idea era quella di crearvi una sorta di rifugio dalla frenesia della quotidianità, ma presto si è rivelato un punto di partenza per una scelta di vita più elaborata. Collaborano con Giuseppe i due figli Edoardo e Carlo Alberto, che pur avendo altre attività dedicano tempo ed energia all'azienda. Alessio Macchia segue la parte agronomica e quella enologica.

VIGNE - Le vigne sono posizionate intorno alla cantina, tra boschi incontaminati e un fiume che assicura umidità ed escursioni termiche. I terreni franco sabbiosi sono ricchi di argilla con presenza di ciottoli. I risultati ottenuti sono il frutto di un percorso fatto con prove e confronti. Giuseppe ha scelto di realizzare vini che raccontino il territorio, e coltiva perlopiù vitigni autoctoni, con qualche internazionale qua e là.

VINI - Le vinificazioni per singola parcella e l'utilizzo di solo acciaio donano vini molto profumati e di pronta beva: è questo il filo conduttore di Belmesseri. Quest'anno sono solo due le etichette recensite: gli altri vini non erano ancora pronti al momento dell'assaggio.

Lagrà 2018 O vermentino, albarola, durella; 1.800 bt; 21 € - Da un'accurata selezione di vitigni autoctoni lunigianesi, fa una veloce macerazione a contatto con le bucce e affina sulle fecce nobili. È gustoso, ha un buon impatto acido e succoso in centro bocca, e chiude leggermente alcolico, invitando al sorso successivo.

Tafuri 2017 ● merlot, syrah, pollera, cabernet sauvignon; 3.600 bt; 12 € - Dopo la fermentazione matura in botti di rovere per sei mesi: ha sentori fruttati, è fresco, succoso, e possiede un tannino ben bilanciato.

ha 3,5 - **bt** 18.000
Fertilizzanti letame in pellet, sovescio
Fitofarmaci chimici di sintesi, rame e zolfo
Diserbo lavorazione meccanica/manuale
Lieviti fermentazione spontanea, selezione di lieviti indigeni
Uve 100% di proprietà
Certificazione nessuna certificazione

PORTOFERRAIO (LI)

ACQUABONA

Località Acquabona, 1 - tel. 0565 933013
www.acquabonaelba.it - info@acquabonaelba.it

VITA - Siamo a pochi chilometri da Portoferraio, lungo la strada che va verso Porto Azzurro: è qui che tre amici, i milanesi Marcello Fioretti e Ugo Lucchini e il maremmano Lorenzo Capitani, nei primi anni Novanta, hanno deciso di iniziare a produrre vino, in controtendenza all'allora dominante trend del costante abbandono dell'agricoltura isolana.

VIGNE - Le vigne, nella maggior parte con vitigni autoctoni, hanno oramai raggiunto la completa maturità. Di queste, 14,5 ettari sono intorno alla sede aziendale, con vitigni a bacca bianca. Gli altri 2,5 ettari, a bacca nera, sono distanti alcuni chilometri, in località Lacona, su terreni terrazzati che si alzano a 150 metri sul livello del mare, argillosi ma ricchi di scheletro.

VINI - I vini di Acquabona hanno tutti il comune denominatore della pulizia olfattiva e della perfetta esecuzione tecnica, senza mancare di personalità e carattere.

TOP **Elba Aleatico 2016** VINO SLOW ● 4.800 bt da 0,375 l; 27 € - Esprime intriganti profumi di ciliegia macerata, ben fusa con speziatura dolce, cacao e zucchero a velo. Denso, pieno, ha una dolcezza ben bilanciata dall'acidità.

Voltraio 2015 ● syrah, merlot; 2.000 bt; 22 € - Affina 30 mesi in tonneau usati, e profuma di frutti rossi con accenni terziari e di macchia mediterranea. In bocca è scorrevole, affilato, dal piacevole contrasto sapido.

Elba Rosso Ris. 2017 ● 2.600 bt; 21 € - Austero, mette in evidenza la speziatura del legno di affinamento. Teso all'assaggio, non manca di frutto, nonostante il tannino freni il finale.

Elba Ansonica 2019 O 7.000 bt; 12 € - Articolato, fruttato, autentico.

Elba Vermentino 2019 O 8.000 bt; 12 € - Agile, floreale, delicato.

Elba Rosato 2019 ● 7.000 bt; 9 € - Fresco, fruttato, delicato.

ha 17 - **bt** 90.000
Fertilizzanti organo-minerali
Fitofarmaci chimici di sintesi, rame e zolfo
Diserbo lavorazione meccanica/manuale
Lieviti fermentazione spontanea, selezionati industriali
Uve 100% di proprietà
Certificazione nessuna certificazione

CAIAROSSA

Via per Montescudaio, 59 - tel. 0586 699016
www.caiarossa.com - info@caiarossa.it

VITA - Riparbella si è affermata, in questi ultimi anni, come uno dei migliori terroir della costa toscana per vini di qualità. Caiarossa, proprietà della famiglia Albada Jelgersma, ha contribuito in modo massiccio a tale risultato, iniziando nei primi anni Duemila uno studio sui suoli senza precedenti, che oggi costituisce preziosa "letteratura geologica" di riferimento per il prestigio enologico di questo territorio a due passi dal mare.

VIGNE - La vigna originaria è quella intorno alla cantina, piantata a fine anni Novanta. Data l'eterogeneità dei suoli (calcareo in basso, macigno e sabbia ferrosa in alto) si decise di piantare molte varietà; all'epoca fu una scelta poco compresa, oggi seguita da molti. L'ampliamento della proprietà vitata è avvenuto intorno al 2012, su 15 ettari di suolo argilloso in località Nicolino. Da sempre l'azienda è in viticoltura biodinamica.

VINI - I vini di Caiarossa hanno un carattere molto spiccato. Fondamentale, ai fini dell'armonia, è la relazione con il legno in fase di affinamento.

TOP **Pergolaia 2016** VINO SLOW ● merlot, sangiovese, cabernet franc; 51.000 bt; 17 € - Il fitto dialogo con il legno porta questo vino a uno splendido percorso gustativo, con energia succosa, densità e chiusura su aromi speziati.
Caiarossa 2017 ● alicante, merlot, petit verdot, sangiovese, syrah, cabernet franc, cabernet sauvignon; 57.000 bt; 51 € - Compatto e cremoso, questa versione sembra meno in sintonia con l'affinamento in barrique; emerge una nota di spezia monocorde e un tannino che serra la chiusura su note amare.
Aria di Caiarossa 2016 ● cabernet franc, merlot, syrah, alicante, cabernet sauvignon; 45.000 bt; 31 € - L'impatto è dolce di frutto, con note balsamiche molto piacevoli, e bocca progressiva, piena e di sufficiente scorrevolezza, nonostante l'opulenza che ne frena il tratto.

ha 31 - **bt** 155.000
Fertilizzanti compost, letame, preparati biodinamici, sovescio
Fitofarmaci rame e zolfo
Diserbo lavorazione meccanica/manuale
Lieviti fermentazione spontanea
Uve 100% di proprietà
Certificazione biodinamico certificato, biologico certificato

RIPARBELLA (PI)

LA REGOLA

Località San Martino - Strada Provinciale 68, km 6,4 - tel. 0586 698145
0588 81363 - www.laregola.com - info@laregola.com

VITA - La Regola ha una storia familiare, oggi giunta alla quarta generazione con Luca e Flavio Nuti. Nel 1990, laurea in Agraria alle spalle, Luca ha iniziato a fare sul serio. Un anno dopo Flavio ha concluso gli studi in giurisprudenza ed è entrato in azienda: oggi è l'amministratore e si occupa del marketing. Dal 2019 collabora anche il figlio di Flavio, Valentino, neolaureato in Enologia. L'enologo è Luca Rettondini.

VIGNE - I vigneti sono suddivisi in vari lotti che si differenziano per altitudine e conformazione: nelle zone pianeggianti troviamo terreni ricchi di sabbie plioceniche e fossili, mentre nelle zone più alte c'è argilla mista a scheletro, con stratificazione di rocce e minerali ricchi di ferro. L'esposizione solare dei filari a sud, sud-est favorisce una maturazione ottimale delle uve.

VINI - Luca e Flavio amano definirsi «artigiani del vino, produttori di vini veri, sinceri, che parlino del territorio». L'idea è di lavorare bene in vigna per portare ottime uve in cantina.

Steccaia 2019 ○ vermentino, sauvignon blanc; 9.000 bt; 13 € - Al naso profuma di frutta bianca matura, e in bocca ha succo e sapore, e una spinta acida che accompagna il sorso, materico, fino alla fine.
La Regola 2017 ● cabernet franc; 3.000 bt; 55 € - Da terreni sassosi a 150-200 metri di quota, ha sentori fruttati e speziati ed è succoso e fresco, con tannini cesellati e integrati, e un finale incisivo.
Le Prode 2019 ○ vermentino; 20.000 bt; 13 € - L'olfatto gioca sul frutto, e il sorso è molto materico, succoso, con acidità contenuta ma dinamismo verticale. Un vino sincero.
Rosegola 2019 ● merlot, syrah; 2.500 bt; 16 € - Articolato, fruttato, incisivo.
Montescudaio Rosso Le Prode 2018 ● 25.000 bt; 12 € - Ampio, fruttato, rustico.

ha 23,5 - **bt** 100.000
Fertilizzanti letame, sovescio
Fitofarmaci rame e zolfo
Diserbo lavorazione meccanica/manuale
Lieviti selezione di lieviti indigeni
Uve 100% di proprietà
Certificazione biologico certificato

ROCCALBEGNA (GR)

VILLA PATRIZIA

Frazione Cana - Località Villa Patrizia - tel. 0564 982028
328 6214456 - www.villa-patrizia.com - info@villa-patrizia.com

VITA - L'affermazione perentoria nel mondo del vino toscano di caratteristiche realtà familiari nasce sovente dall'intuizione agricola di alcuni precursori. Così è stato per Villa Patrizia, la cui fortuna si deve a Romeo Bruni, che capì, prima di molti, le potenzialità viticole della Maremma già alla fine degli anni Sessanta. Oggi è il nipote, Alessio Casamatta, a portare avanti l'azienda con competenza e passione.

VIGNE - La posizione dell'azienda e dei vigneti è peculiare e interessante. Siamo infatti nello stretto margine geografico in cui due grandi denominazione si incontrano: Morellino di Scansano e Montecucco. Villa Patrizia possiede appezzamenti in entrambe le denominazioni. Le vigne per il Montecucco sono intorno alla cantina, a 400 metri su suoli di scisto, mentre più in basso su matrici argillose sorgono le vigne per il Morellino.

VINI - Fino a pochi anni fa il focus dello stile era ricchezza e concentrazione, mentre adesso Alessio costruisce vini più definiti e dettagliati, alla ricerca del carattere autentico e della facilità di beva.

TOP **Montecucco Rosso Leremo 2018** VINO QUOTIDIANO ● 5.000 bt; 10 € - Dal carattere cupo, riesce ad aprirsi nell'assaggio, in cui emerge il frutto ben definito. Si distende con precisione e tannino ben integrato.
4-20 2016 ● merlot; 600 bt; 32 € - - Intenso, è fruttato e con una speziatura fine ben integrata. Il palato è ricco di tensione e di polpa, dinamico e profondo, dettagliato ed espressivo.
Alteta 2019 O sauvignon blanc; 2.000 bt; 15 € - - Da un vigneto del 2006 su suoli calcarei nasce questo vino fresco e varietale, schietto e sincero, equilibrato e intenso.
Sciamareti 2019 O malvasia, procanico; 10.000 bt; 11 € - - Incisivo, fruttato, compatto.
Helios 2019 ● sangiovese; 4.000 bt; 11 € - - Croccante, fruttato, espressivo.

ha 14 - **bt** 60.000
Fertilizzanti letame, organo-minerali, preparati biodinamici, sovescio
Fitofarmaci rame e zolfo
Diserbo lavorazione meccanica/manuale
Lieviti fermentazione spontanea
Uve 100% di proprietà
Certificazione biologico certificato

ROCCASTRADA (GR)

VALDONICA

SCONTO -10%

Frazione Sassofortino - Via Dogana, 1 - tel. 0564 567251
www.valdonica.com - office@valdonica.com

VITA - Nel 2009 Martin Kerres ha incrociato la sua strada con Valdonica, ai tempi poco più che boschi e pascoli, e se n'è innamorato: ha deciso di cambiare vita, lasciando la sua Austria e la carriera da dirigente medico, e si è trasferito a Sassofortino. Sono nate così l'azienda e la struttura ricettiva. A dirigere la parte vitivinicola di Vladonica dal 2017 è arrivato Nicola Lazzeri.

VIGNE - Nel 2009 i terreni di Valdonica erano tutti incolti, e la scelta è stata quella di puntare, per gli impianti, sui vitigni locali: negli anni, a sangiovese, vermentino e ciliegiolo si sono aggiunti vermentino nero, massareta e colorino. Siamo tra i vigneti più alti della Maremma, fino a 500 metri di quota, e le escursioni termiche sono sicuramente importanti in relazione a questo territorio, anche se il clima è mitigato dai venti che dal Tirreno arrivano fin quassù.

VINI - La costante dei vini di Valdonica è la precisione stilistica, che dona godibilità alla beva, unita a una significativa presenza di frutto.

Ballarino 2018 O 3.500 bt; 17 € - - Macerazione sulle bucce e invecchiamento parte in acciaio e parte in tonneau per un Vermentino caratterizzato da note di frutta matura e spezie, di bocca ampia e avvolgente.
Baciolo 2016 ● sangiovese; 2.000 bt; 32 € - - Intensa la parte olfattiva sulle note di frutta matura. Il tannino è fitto, e la bocca è opulenta. Un vino di buon potenziale evolutivo.
Maremma Toscana Ciliegiolo 2017 ● 1.300 bt; 43 € - - La dimensione olfattiva gioca su note di ciliegia matura, e la bocca è avvolgente e dettagliata.
Maremma Toscana Mersino 2019 O 7.000 bt; 9 € - - Citrino, floreale, rilassato.
Maremma Toscana Arnaio 2018 ● 6.700 bt; 12 € - - Armonico, fruttato, docile.
Maremma Toscana Saragio 2017 ● 3.500 bt; 21 € - - Fitto, fruttato, gastronomico.

ha 15 - **bt** 50.000
Fertilizzanti letame in pellet, sovescio
Fitofarmaci organici, rame e zolfo
Diserbo lavorazione meccanica/manuale
Lieviti fermentazione spontanea
Uve 100% di proprietà
Certificazione biologico certificato

ROCCATEDERIGHI (GR)

AMPELEIA

SCONTO -10%

Località Meleta - tel. 0564 567155
www.ampeleia.it - info@ampeleia.it

VITA - La storia di Ampeleia ha avuto inizio nel 2002 da un progetto in alta Maremma della famiglia Foradori Podini, in un territorio dove c'era poca viticoltura ma molta biodiversità. Dopo 18 anni troviamo una realtà gestita da un gruppo di giovani diretti da Marco Tait, enologo e responsabile aziendale, con una forte identità territoriale grazie ai vini e alla produzione di farine, olio, frutta e prodotti da allevamento animale.

VIGNE - Roccatederighi fa parte della Maremma interna e collinare, con un clima fresco, continentale ma con tutte le vigne che sentono il respiro del mare. Il carignano e l'alicante erano già presenti dal 2002. Fino al 2009 è stata fatta una viticoltura convenzionale, per poi abbracciare totalmente la biodinamica.

VINI - Uno stile poco interventista permette di ottenere vini senza forzature, lasciando al frutto lo spazio per esprimere tutto il suo potenziale: sono vini immediati e freschi, ma mai banali.

TOP **Ampeleia 2017** VINO SLOW ● cabernet franc; 20.000 bt; 29 € - L'olfatto maturo introduce un palato denso, compatto, con un equilibrio invidiabile tra freschezza e struttura.
Kepos 2018 ● carignano, mourvedre, alicante nero, alicante bouschet; 16.000 bt; 17 € - Profumi floreali anticipano una bocca rotonda, carnosa e incisiva.
Carignano 2018 ● 4.000 bt; 21 € - I profumi di frutta scura e spezie sfociano in un sorso fresco e salino, dal finale di buona persistenza.
Unlitro 2019 ● alicante, carignano, mourvedre; 160.000 bt da 1 l; 11 € - Succoso, fruttato, leggiadro.
Rosato di Ampeleia 2019 ● alicante, carignano; 5.000 bt; 15 € - Croccante, floreale, teso.
Bianco di Ampeleia 2019 O trebbiano, malvasia bianca, ansonica; 10.000 bt; 17 € - Bianco macerato, croccante, speziato, contratto.

ha 35 - **bt** 300.000
Fertilizzanti preparati biodinamici, sovescio
Fitofarmaci rame e zolfo
Diserbo lavorazione meccanica/manuale
Lieviti fermentazione spontanea
Uve 100% di proprietà
Certificazione biodinamico certificato, biologico certificato

SAN MINIATO (PI)

AGRISOLE

Località La Serra - Via Serra, 64 - tel. 0571 409825
www.agri-sole.it - info@agri-sole.it

VITA - La famiglia Caputo è ormai una presenza importante nel comprensorio enologico di San Miniato. Il lavoro principale che vede coinvolti in prima istanza i fratelli Fabio e Federico è quello di valorizzare il territorio attraverso la coltivazione di vitigni tradizionali, che la passata enologia aveva dimenticato. L'attaccamento a questo paesaggio è testimoniato anche dalla pratica biologica, condotta con passione e dedizione.

VIGNE - Dal punto di vista geologico San Miniato è un luogo davvero particolare e affascinante. Ci troviamo matrici argillose chiare, con presenza di tufo. La parte più interessante, anche a occhi non esperti, è rappresentata dalla presenza di fossili marini come conchiglie di varie dimensioni che affiorano dalla terra: sono testimonianza dell'antico mare qui presente, e forniscono la presenza calcarea necessaria per la qualità enologica.

VINI - I vini sono diretti e senza fronzoli, e descrivono bene il luogo di origine e la competenza esecutiva dell'azienda.

TOP **Chianti San Miniatello 2018** VINO QUOTIDIANO ● 6.000 bt; 10 € - Schietto e incisivo, ha profumi di frutta matura ben definiti e di una certa profondità. Il tannino è risolto e incornicia un vino semplice e molto piacevole.
Colorino 2016 ● 1.500 bt; 20 € - Interessante interpretazione di un vitigno della tradizione con sentori profondi, floreali e terrosi, per una bocca progressiva e compatta che chiude su un robusto tannino.
Malvasia Nera 2016 ● 1.200 bt; 20 € - Ha impatto gustativo ricco, con bella progressione mantenuta da una notevole forza acida; il tannino è appuntito ma gradevole, e fissa a lungo il sapore.
Mafefa Bianco 2019 O malvasia, grechetto, vermentino; 12.000 bt; 10 € - Denso, fruttato, autentico.

ha 7 - **bt** 40.000
Fertilizzanti compost, letame, sovescio
Fitofarmaci rame e zolfo
Diserbo lavorazione meccanica/manuale
Lieviti fermentazione spontanea
Uve 100% di proprietà
Certificazione in conversione biologica

SAN MINIATO (PI)

PIETRO BECONCINI

Via Montorzo, 13/a - tel. 0571 464785
www.pietrobeconcini.com - info@pietrobeconcini.com

VITA - Seguendo le orme del padre Pietro, è Leonardo Beconcini, assieme a sua moglie Eva Bellagamba, a portare avanti la tradizione di famiglia, centrata sulla valorizzazione delle potenzialità del territorio di San Miniato. Dal 2019 la consulenza enologica è di Maurizio Saettini. La scoperta nelle vigne di uve tempranillo ha fatto di Leonardo il pioniere e l'ambasciatore di questo vitigno in Toscana.

VIGNE - I terreni aziendali sono molto compatti e difficili da lavorare, come in tutto il territorio di San Miniato. L'idea di Leonardo è quella di valorizzare le vecchie piante trovate in vigna, a partire dal tempranillo (con viti prefillossera), fino ai vecchi cloni di sangiovese e da pochi anni di trebbiano rosa, varietà ormai quasi in disuso in Toscana.

VINI - I vini prodotti da Leonardo si contraddistinguono per una linea comune di maturità di frutto e morbidezza, contrastata da tannini sempre ben presenti.

Chianti Antiche Vie 2019 ● 36.000 bt; 8 € - - Freschezza, scorrevolezza e facilità di beva, per un vino dai tannini leggeri e dagli aromi piacevolmente fruttati. Da tutti i giorni.
Chianti Pietro Beconcini Ris. 2017 ● 13.000 bt; 15 € - - Al naso troviamo note di frutta dolce e liquirizia, in bocca emerge un tannino austero ma di buona qualità, che ha bisogno di tempo per distendersi.
Ixe 2018 ● 23.000 bt; 13 € - - L'interpretazione del Tempranillo giovane a casa Beconcini: frutta ed erbe aromatiche danno freschezza all'olfatto, e in bocca entra morbido, poi incalzato da acidità e tannini ad allungare il sorso.
Reciso 2017 ● sangiovese; 7.000 bt; 23 € - - Austero, fruttato maturo, compatto.
Terre di Pisa Maurleo 2019 ● 15.000 bt; 11 € - - Armonico, fruttato, gastronomico.
Vea 2019 O trebbiano; 3.000 bt; 15 € - - Bianco macerato, articolato, floreale, incisivo.

ha 14 - **bt** 100.000
Fertilizzanti letame, sovescio
Fitofarmaci rame e zolfo
Diserbo lavorazione meccanica/manuale
Lieviti fermentazione spontanea
Uve 100% di proprietà
Certificazione biologico certificato

SAN MINIATO (PI)

COSIMO MARIA MASINI

SCONTO **-10%**

Via Poggio al Pino, 16 - tel. 0571 465032
www.cosimomariamasini.it - hospitality@cosimomariamasini.it

VITA - L'azienda si trova in una tenuta già dei Bonaparte, mentre fu Cosimo Ridolfi, agronomo e accademico dei Georgofili, a costruire nell'Ottocento le cantine ancora oggi utilizzate. Dopo vari passaggi di proprietà, nel 2000 la tenuta è stata acquistata dalla famiglia Masini. Nel 2013 è entrato in società e ne ha assunto la direzione aziendale Francesco De Filippis, agronomo con la passione per la biodinamica.

VIGNE - La scelta di Francesco è quella di sovrainnestare i vecchi impianti con vitigni internazionali, messi a dimora nel 2000 con la nuova acquisizione, con le varietà autoctone. Nel 2016 questa è stata la prima azienda a vinificare in purezza il sanforte, una varietà autoctona rara presente nelle vigne aziendali.

VINI - «Penso che la facilità di beva e la persistenza debbano essere un faro per i vini naturali», dice Francesco: caratteristiche che si ritrovano nei vini assaggiati.

Sanforte 2018 ● 1.000 bt; 38 € - - Dall'omonimo vitigno, la parte olfattiva è ricca di frutti e spezie dolci, e al palato l'ingresso è ampio; i tannini setosi sono accompagnati da una bella freschezza, per un vino di buona persistenza.
Cosimo 2016 ● sangiovese, sanforte; 2.500 bt; 29 € - - Bella maturità di frutti scuri e accenni floreali al naso; in bocca ha un bell'equilibrio tra morbidezza, alcol e tannini.
Daphné 2019 O 2.500 bt; 20 € - - I cinque giorni di macerazione sulle bucce per trebbiano e malvasia ci restituiscono un vino dalle intense note floreali e fruttate, articolato ed espressivo al palato.
Sincero 2019 ● cabernet franc, cabernet sauvignon, sangiovese; 20.000 bt; 11 € - - Armonico, fruttato, rilassato.
Matilde 2019 ● sanforte, sangiovese; 6.000 bt; 11 € - - Succoso, fruttato, gastronomico.
Annick 2019 O sauvignon blanc, vermentino; 10.000 bt; 13 € - - Dinamico, fruttato, sapido.

ha 15 - **bt** 70.000
Fertilizzanti compost, preparati biodinamici, sovescio
Fitofarmaci rame e zolfo
Diserbo lavorazione meccanica/manuale
Lieviti fermentazione spontanea
Uve 100% di proprietà
Certificazione biodinamico certificato, biologico certificato

SCANSANO (GR)

CANTINA VIGNAIOLI DEL MORELLINO DI SCANSANO

Località Saragiolo - Strada Comunale del Saragiolo
tel. 0564 507288
www.cantinadelmorellino.it - info@cantinadelmorellino.it

VITA - Nel mondo del vino raccontato da giornalisti, blogger e sommelier le realtà cooperative occupano, purtroppo, uno spazio davvero marginale. Eppure, in tanti casi, il lavoro svolto da queste strutture è un grande esempio di coesione sociale e investimenti diretti nella parte più reale dell'agricoltura praticata dal basso. La Cantina Vignaioli del Morellino di Scansano ne è un esempio lampante.

VIGNE - Ormai da tempo la cantina segue i soci che, vigna dopo vigna, occupano la notevole estensione di 600 ettari. Si tratta di coltivatori diretti che trovano nel conferimento delle uve un'importante fonte di reddito, soprattutto in una denominazione così importante. Anche l'impegno volto alla sostenibilità compare tra le note di merito di questo sistema cooperativo.

VINI - I tanti vini prodotti rappresentano per il consumatore un ottimo punto di riferimento per la conoscenza del territorio.

Morellino di Scansano Sicomoro Ris. 2017 ● 12.000 bt; 22 € - Ha tratto gustativo maturo e molto aperto sul frutto, con finale tannico piuttosto ben risolto.
Scantianum 2019 ● sangiovese, alicante, merlot, ciliegiolo; 90.000 bt; 7 € - Vino di buona immediatezza gustativa che evidenzia frutto rosso in gelatina e palato scorrevole.
Bianco di Pitigliano Rasenno 2019 O 20.000 bt; 7 € - Vino schietto, molto semplice, da bere senza pensieri e godendosi i delicati profumi fruttati.
Morellino di Scansano Roggiano Ris. 2017 ● 30.000 bt; 18 € - Robusto, fruttato, contratto.
Vigna Fiorini Vendemmia Tardiva 2019 O vermentino; 20.000 bt; 12 € - Avvolgente, fruttato, molle.

ha 700 - **bt** 3.500.000
Fertilizzanti letame in pellet, organo-minerali, sovescio
Fitofarmaci chimici di sintesi, organici, rame e zolfo
Diserbo lavorazione meccanica/manuale
Lieviti selezionati industriali
Uve 100% di proprietà
Certificazione nessuna certificazione

SCANSANO (GR)

ROCCAPESTA

Località Macereto, 9 - tel. 0564 599252
www.roccapesta.com - info@roccapesta.it

VITA - Quando agli inizi degli anni Duemila si è recato in Maremma a cercare una casa di campagna per le vacanze, Alberto Tanzini era un affermato consulente finanziario a Milano. Adiacente alla casa c'era una piccola vigna di ormai 30 anni: all'inizio Alberto fu spinto dalla curiosità e dalla voglia di misurarsi con un nuovo lavoro, ma poi si è convinto a trasferirsi e a diventare produttore a tempo pieno.

VIGNE - Nel tempo è cresciuto il numero degli ettari coltivati, con nuovi impianti nel 2004 e nel 2005, e alcuni piccoli e selezionati affitti, fino ad arrivare ai 24 ettari in produzione di oggi, compreso un nuovo vigneto che sarà vendemmiato per la prima volta nel 2020 ed è adiacente alla moderna cantina, su terreni ricchi di argilla e scheletro e rivolto a est.

VINI - I vini di Alberto sono ricchi di dettagli aromatici e hanno un'impalcatura tannica docile, che si accompagna a un sorso sempre contrastato e sapido.

TOP **Morellino di Scansano Ribeo 2019** VINO QUOTIDIANO ● 30.000 bt; 12 € - Il classico Morellino che non ci stancheremmo mai di bere, leggiadro ed elegante, con naso floreale, soave, e un palato dal piacevole contrasto, ben sostenuto da un frutto integro e dal tannino dolcissimo.
Morellino di Scansano Calestaia Ris. 2016 ● 3.500 bt; 36 € - Ottenuto con uve provenienti dal vecchio vigneto del 1974, ha una bella naturalezza espressiva, è aggraziato, con piacevoli note agrumate e ferrose. Il palato è teso, ha carattere e armonia.
Morellino di Scansano Roccapesta 2018 ● 30.000 bt; 17 € - Dalla fisionomia elegante, ha toni iodati e floreali, mentre in bocca è ben ritmato e dotato freschezza e una bella sapidità di fondo.
Maremma Toscana Masca 2018 ● petit verdot, syrah, sangiovese; 18.000 bt; 8 € - Articolato, fruttato, avvolgente.
Pugnitello 2018 ● 1.500 bt; 36 € - Potente, speziato, profondo.

ha 24 - **bt** 100.000
Fertilizzanti nessun concime
Fitofarmaci chimici di sintesi, organici
Diserbo lavorazione meccanica/manuale
Lieviti fermentazione spontanea
Uve 100% di proprietà
Certificazione nessuna certificazione

SCANSANO (GR)

TERENZI

SCONTO -10%

Località Montedonico - tel. 0564 599601
www.terenzi.eu - info@terenzi.eu

VITA - Nata nel 2001, in pochi anni Terenzi si è affermata come una delle realtà enologiche più conosciute e rappresentative del territorio maremmano. Qui le parole d'ordine sono cura e attenzione: sotto lo sguardo vigile dei fratelli Francesca, Federico e Balbino Terenzi tutte le operazioni avvengono nel pieno rispetto dell'ambiente e delle caratteristiche del terroir.

VIGNE - I 60 ettari vitati sono suddivisi in cinque macroaree, eterogenee tra loro sia per caratteristiche pedoclimatiche sia per composizione del suolo. Si va dai terreni sabbiosi e con tanto scheletro del vigneto Crognoleta, fino al basso pH e alla forte concentrazione di magnesio e potassio riscontrabile nel suolo del vigneto Madre Chiesa, perfetto per regalare al cru aziendale acidità e profumi.

VINI - L'intera produzione è caratterizzata da pulizia e precisione, oltre che da una spiccata personalità.

TOP **Morellino di Scansano 2019** VINO QUOTIDIANO ● 200.000 bt; 10 € - Da sempre fra i migliori della sua categoria, al naso è intenso e preciso. La croccante acidità e il tannino morbido regalano un sorso autentico e rilassato.
Morellino di Scansano Madrechiesa Ris. 2016 ● 10.000 bt; 25 € - Ribes, viola e spezie si fondono con una sottile balsamicità, in un profilo aromatico complesso ed elegante. In bocca è incisivo, di buona struttura e splendida progressione.
Morellino di Scansano Purosangue Ris. 2017 ● 40.000 bt; 14 € - Molto varietale e balsamico, al palato è avvolgente e di ottimo equilibrio, con un'acidità succosa che ne allunga la beva.
Maremma Toscana Viognier Montedonico 2019 ○ 6.000 bt; 14 € - Vibrante, fruttato, armonico.
Maremma Toscana Vermentino Balbinus 2018 ○ 2.000 bt; 16 € - Articolato, fruttato, espressivo.
Maremma Toscana Vermentino Balbino 2019 ○ 25.000 bt; 10 € - Dinamico, floreale, dettagliato.

ha 60 - **bt** 400.000
Fertilizzanti letame in pellet, organo-minerali, sovescio
Fitofarmaci chimici di sintesi, organici
Diserbo lavorazione meccanica/manuale
Lieviti selezionati industriali
Uve 100% di proprietà
Certificazione nessuna certificazione

SORANO (GR)

SASSOTONDO

Frazione Sovana - Località Pian dei Conati, 52 - tel. 0564 614218
www.sassotondo.it - info@sassotondo.it

VITA - Sassotondo è una delle aziende più belle che sia dato di visitare. Nel cuore più selvaggio della Maremma, Edoardo Ventimiglia e Carla Benini sono riusciti a integrare con sensibilità e rispetto un progetto imprenditoriale viticolo che oggi, attraverso le pratiche biologiche e biodinamiche, hanno trasformato in uno splendido organismo agricolo vivente.

VIGNE - La sensibilità e il rispetto, dicevamo, sono state forse le doti essenziali circa 20 anni fa quando, in fase di impianto, Edoardo e Carla decisero di valorizzare una vigna quasi centenaria di ciliegiolo, allora spiantato da gran parte delle aziende. Le vigne vecchie e i suoli migliori continuano a muovere le scelte aziendali.

VINI - A distanza di anni possiamo dire che i vini si muovono a loro agio sul crinale tra veracità e originalità, evidenziando una splendida qualità complessiva.

TOP **San Lorenzo 2017** VINO SLOW ● ciliegiolo; 3.000 bt; 38 € - Ingresso di grande ampiezza che rivela una tessitura succosa e progressiva; il frutto maturo e un certo calore alcolico non frenano l'energia gustativa, che si fissa su un tannino ben integrato.
Maremma Toscana Poggio Pinzo 2018 ● 1.200 bt; 34 € - Il vino risulta quasi essenziale nella sua espressione gustativa, che fa apprezzare la verace grana tannica e la tensione acida. Rigido sul finale.
Bianco di Pitigliano Sup. Vigna Isolina 2019 ○ 6.000 bt; 17 € - Cenni macerativi di fiori e balsamici fa seguire un sorso di bella purezza espressiva, succoso e dissetante.
Maremma Toscana Ciliegiolo 2019 ● 20.000 bt; 14 € - Dinamico, fruttato, dettagliato.
Tufobianco 2019 ○ trebbiano, greco, sauvignon blanc; 20.000 bt; 10 € - Avvolgente, erbaceo, autentico.
Tuforosso 2019 ● sangiovese, merlot, teroldego; 20.000 bt; 10 € - Dinamico, fruttato, contrastato.

ha 12 - **bt** 60.000
Fertilizzanti preparati biodinamici, sovescio
Fitofarmaci rame e zolfo
Diserbo lavorazione meccanica/manuale
Lieviti fermentazione spontanea
Uve 100% di proprietà
Certificazione biologico certificato

BULICHELLA

Località Bulichella, 131 - tel. 0565 829892
www.bulichella.it - info@bulichella.it

VITA - Acquistata da Hideyuki Miyakawa nel 1983 in comproprietà, negli anni Novanta l'azienda è definitivamente passata nelle sue mani. A lungo si è affidato a figure locali per la produzione e la gestione di Bulichella, ma dopo la sua scomparsa la figlia Shizuko ne è diventata direttrice. La parte enologica è affidata alla consulenza di Luca D'Attoma.

VIGNE - Certificata biologica fin dalla nascita, l'azienda continua a seguire una conduzione rispettosa dell'ambiente circostante. I vigneti sorgono tutti intorno alla cantina, con densità medie di circa 5.000 ceppi per ettaro, su terreni di media collina e suoli di medio impasto e ricchi di argille. Da sempre il sovescio rende i suoli tra i filari ricchi di biodiversità e rigogliosi.

VINI - Il cambio della gestione enologica ha comportato una variazione dello stile, che pian piano si sta definendo sempre di più su un modello mediterraneo.

Val di Cornia Suvereto Coldipietrerosse 2017 ● 6.000 bt; 44 € - Vino che profuma di china e denota densità estrattiva, tra toni di frutta rossa e spezie. Molto ampio e potente in bocca.
Hyde 2017 ● syrah; 2.500 bt; 48 € - Vino estrattivo, dal naso imponente di spezie e frutta sotto spirito. In bocca è denso, pieno e succoso, con richiami alla macchia mediterranea.
Val di Cornia Suvereto Montecristo 2017 ● 2.000 bt; 85 € - Naso pieno e dal profilo internazionale. In bocca è ancora segnato dal tannino, ma risulta morbido e piacevolmente balsamico.
Tuscanio Bianco 2019 O vermentino; 12.000 bt; 15 € - Citrino, fruttato, sapido.
Sol Sera 2019 syrah; 3.500 bt; 17 € - Croccante, minerale, gastronomico.

ha 15 - **bt** 75.000
Fertilizzanti letame in pellet, letame, sovescio
Fitofarmaci rame e zolfo
Diserbo lavorazione meccanica/manuale
Lieviti selezionati industriali, selezione di lieviti indigeni
Uve 100% di proprietà
Certificazione biologico certificato

SUVERETO (LI)

GUALDO DEL RE

SCONTO -10%

Località Notri, 77 - tel. 0565 829888
www.gualdodelre.it - info@gualdodelre.it

VITA - Gualdo del Re è stata una delle prime aziende della val di Cornia a puntare sul miglioramento qualitativo dei suoi vini piantando, nei lontani anni Ottanta, le prime vigne a cabernet sauvignon e merlot. A condurla troviamo Nico Rossi e sua moglie Teresa Cabella, con il contributo oramai essenziale dei figli Valentina e Federico.

VIGNE - Negli anni sono stati fatti importanti investimenti per dare un'offerta turistica a tutto tondo: ci sono appartamenti in casolari di campagna completamente ristrutturati e un ristorante di fianco alla cantina. È in programma il rifacimento dei vigneti di 40 anni, ritenuti obsoleti.

VINI - I vini hanno uno stile internazionale, anche se si sta sempre più privilegiando la facilità di beva a scapito della potenza estrattiva.

Cabraia 2017 ● cabernet franc, cabernet sauvignon; 12.700 bt; 65 € - Frutto scuro maturo e speziatura ben integrata per un vino dal sorso avvolgente e ampio.
Quintore 2017 ● 3.000 bt; 137 € - Si presenta ricco e concentrato nei profumi, dove prevale ancora il contributo del legno. Al palato è denso, largo e potente, ma non manca di contrasto acido.
Val di Cornia Suvereto Merlot l'Rennero 2017 ● 3.000 bt; 60 € - Profuma di confettura di more, con cenni balsamici. Ha forza e concentrazione, non manca di dinamicità e definizione dei particolari, anche se stenta a distendersi nel finale per un tannino ancora irruento.
Val di Cornia Suvereto Sangiovese Gualdo del Re 2017 ● 6.600 bt; 31 € - Incisivo, speziato, contrastato.
Valentina 2019 O vermentino; 16.000 bt; 14 € - Fresco, fruttato, delicato.
Shiny 2019 aleatico; 5.000 bt; 13 € - Tecnico, fruttato, varietale.

ha 25 - **bt** 100.000
Fertilizzanti letame in pellet, sovescio
Fitofarmaci rame e zolfo
Diserbo lavorazione meccanica/manuale
Lieviti selezionati industriali
Uve 100% di proprietà
Certificazione biologico certificato

SUVERETO (LI)

I MANDORLI

Località Belvedere - Piazza San Tommaso, 14 - tel. 349 7841402
331 2983870 - www.vignaimandorli.it - info@vignaimandorli.it

VITA - Maddalena Pasquetti è l'anima di questa azienda di Suvereto che sta portando avanti, con sempre maggiore consapevolezza, un progetto di viticoltura naturale. Nonostante lo storico braccio destro di Maddalena, Andrea Bargiacchi, abbia lasciato l'azienda quest'anno, continua imperterrita un percorso agronomico teso alla complessità delle relazioni tra vigneto e vita circostante, che possa condurre a vini salubri e territoriali.

VIGNE - Le vigne si trovano intorno alla cantina in località Belvedere. Siamo in un'area molto particolare della denominazione, posta a 300 metri di altitudine e con suoli che alternano a ferro e manganese, tipici dell'areale, matrici più continentali come galestro e scisti. Fin dagli scassi, avvenuti circa 12 anni fa, tali suoli sono coltivati con metodi biodinamici, così come le vigne che contano su varietà quali sangiovese, cabernet sauvignon e franc e vermentino.

VINI - Fermentazioni spontanee senza controllo delle temperature e bassa solforosa portano a vini originali, densi e aperti su ossidazioni controllate.

TOP **Cabernet Franc 2018** VINO SLOW ● 2.000 bt; 39 € - Materia che avvolge il palato con progressione ampia, a tratti opulenta, sempre sostenuta da freschezza e sapidità, in grado di donare armonia e aromi di macchia mediterranea e originali cenni vegetali.
I Mandorli 2019 ○ vermentino; 1.000 bt; 18 € - Esprime un lieve carattere da flor con cenni di curry e fiori secchi di camomilla; il palato è salino, agile e dissetante.
Aleato 2019 ● sangiovese, aleatico; 700 bt; 18 € - Espressivo nella sua agile discesa alla gola, con un filo di volatile che sostiene un sorso leggero, compiuto e dal tannino robusto, che regala aromi fruttati.

ha 6 - **bt** 18.000
Fertilizzanti preparati biodinamici, sovescio
Fitofarmaci rame e zolfo
Diserbo lavorazione meccanica/manuale
Lieviti fermentazione spontanea
Uve 100% di proprietà
Certificazione biodinamico certificato

SUVERETO (LI)

LA FRALLUCA

Località Barbiconi, 153 - tel. 0565 829076
www.lafralluca.com - info@lafralluca.com

VITA - Dopo aver lavorato per molto tempo nel settore tessile, Luca Recine e Francesca Bellini hanno deciso di seguire la loro passione e hanno iniziato a cercare una proprietà adatta alle loro esigenze, in cui cominciare a produrre il vino che più gli piaceva. Dopo un lungo peregrinare hanno trovato il luogo giusto poco fuori il borgo di Suvereto. Così dagli inizi del 2000 producono vini di personalità sulla costa toscana.

VIGNE - L'ubicazione delle vigne, così come della cantina, è abbastanza atipica. Una volta arrivati in azienda ci si trova come in un altro ambiente, quasi continentale più che costiero. Il verde lussureggiante della macchia mediterranea fa da contrasto ai terreni molto chiari di origine calcarea che caratterizzano l'intera proprietà. Anche il galestro è presente nei vigneti, specialmente quelli con varietà a bacca nera.

VINI - Il compromesso tra altitudine e composizione dei suoli dona ai vini un'ottima complessità ed eleganza. I bianchi dimostrano anno dopo anno sempre più personalità e definizione.

Val di Cornia Vermentino Filemone 2019 ○ 7.000 bt; 14 € - Un Vermentino che sfrutta un'annata molto favorevole, fresca ed equilibrata. Il naso è esplosivo sulle note di frutta e fiori, e in bocca rimane teso, succoso, minerale e dal finale appagante, su una scia agrumata.
Bauci 2018 ○ viognier; 3.000 bt; 14 € - Vibrante, dal bellissimo ventaglio floreale, si schiude in bocca con un'incredibile sensazione sapida e di pietra bagnata. È potente ma al tempo stesso molto tagliente e fresco.
Pitis 2016 ● syrah; 4.000 bt; 26 € - Ampio, speziato, avvolgente.
Cabernet Franc 2016 ● 3.000 bt; 27 € - Potente, fruttato, opulento.
Val Di Cornia Suvereto Ciparisso 2016 ● 5.000 bt; 22 € - Croccante, fruttato, varietale.

ha 10 - **bt** 50.000
Fertilizzanti letame, sovescio
Fitofarmaci rame e zolfo
Diserbo lavorazione meccanica/manuale
Lieviti selezione di lieviti indigeni
Uve 100% di proprietà
Certificazione in conversione biologica

SUVERETO (LI)

MACCHION DEI LUPI

SCONTO **-10%**

Località Acquari, 192 - tel. 347 3240899
www.macchiondeilupi.it - macchiondeilupi@gmail.com

VITA - Una serie di eventi anche fortuiti e imprevedibili ha consentito a Carlo Parenti di diventare uno dei più vulcanici, innovativi, estrosi produttori di vino di tutta la costa toscana. Da dipendente di una grande banca a piccolo produttore nel comune di Suvereto, passando per un'innata passione e un Master in Viticoltura all'università di Milano, il passaggio (certamente non scontato) è stato breve.

VIGNE - La sua continua voglia di migliorare, di provare strade nuove e non battute, gli ha permesso di produrre vini innovativi e originali. Nato rossista con il primo approccio con i classici vitigni internazionali, pian piano si è trasformato in bianchista, donandoci versioni originali da vitigni autoctoni toscani. Da subito con un occhio alla sostenibilità ambientale, abbracciando con convinzione la visione biodinamica.

VINI - Naturalezza estrema, armonia e innovazione, ricerca del massimo equilibrio: sono questi i cardini su cui ruota lo stile dei vini.

TOP **Odyssea 2018** VINO SLOW O ansonica; 4.000 bt; 15 € - Da una vigna in località Bagnarello, lungo il fiume Cornia, fa alcuni giorni di macerazione sulle bucce e affina in tonneau e cemento. Sfaccettato nei profumi, con richiami alla nocciola e al fieno, ha sostanza ricca e armoniosa, tannino dolce e finale salino.
18 Vino Temporaneo 2018 O 800 bt; 18 € - Solo uve trebbiano da una vigna di 50 anni, fa cinque mesi di macerazione sulle bucce in anfora. Naturalezza e piacevolezza espressiva lo caratterizzano: scorre ricco di sapore e con limpida freschezza.
Psychè 2018 ● cabernet sauvignon, sangiovese; 6.000 bt; 14 € - Maturo, scuro, terroso, ha bella polpa fruttata, ed è avvolgente e saldo nel percorso gustativo, leggermente rigido nel finale per il tannino ancora da integrare.

ha 4 - **bt** 22.000
Fertilizzanti preparati biodinamici, sovescio
Fitofarmaci rame e zolfo
Diserbo lavorazione meccanica/manuale
Lieviti fermentazione spontanea
Uve 100% di proprietà
Certificazione biodinamico certificato

SUVERETO (LI)

PETRA

Località San Lorenzo Alto, 131 - tel. 0565 845308
www.petrawine.it - info@petrawine.it

VITA - Nata nel 1997, Petra è una delle due aziende toscane di Vittorio Moretti. Da subito affidata alla figlia Francesca, negli anni ha cambiato molto lo stile dei vini, fino ad approdare alla conduzione biologica dei vigneti. Il territorio è quello delle colline Metallifere nei pressi di Suvereto, dove è impossibile non notare la stupenda cantina disegnata dall'architetto Botta.

VIGNE - Da qualche anno l'approccio nelle vigne segue i dettami del biologico anche grazie alla collaborazione con Ruggero Mazzilli. Si è data particolare attenzione poi alle potature, con la collaborazione di Marco Simonit. Le aree vitate principali sono tre: il nucleo più esteso è quello intorno alla cantina, e non lontano troviamo altri vigneti nei pressi di Riotorto; in una posizione più alta sorgono gli impianti di Montebamboli.

VINI - Come anticipato i vini hanno avuto un'evoluzione verso una territorialità e una facilità di beva più centrate. Tutta la gamma risente del territorio e ne carpisce la tipica mineralità.

Petra 2017 ● cabernet sauvignon, merlot; 20.000 bt; 46 € - Un vino che negli anni ha saputo trasformarsi risultando sempre più elegante. In questa versione dimostra una bocca piena, calda, con frutti scuri e note del legno in evidenza. In bocca è gustosa, di buona sapidità, e leggermente rigida nel finale.
Hebo 2018 ● cabernet sauvignon, merlot, sangiovese; 150.000 bt; 14 € - Un'esplosione di balsamicità e frutti rossi. In bocca è pieno ma con la giusta vena acida che lo rende molto gastronomico.
Potenti 2017 ● cabernet sauvignon; 9.000 bt; 26 € - Ricco di struttura ed estrazione, riesce a non risultare pesante. Lo ingentiliscono un buon contrasto acido e una discreta gestione del legno.
Quercegobbe 2017 ● merlot; 25.000 bt; 26 € - Ampio, speziato, avvolgente.

ha 105 - **bt** 450.000
Fertilizzanti letame, organo-minerali
Fitofarmaci organici, rame e zolfo
Diserbo lavorazione meccanica/manuale
Lieviti selezione di lieviti indigeni
Uve 100% di proprietà
Certificazione biologico certificato

SUVERETO (LI)

RUSSO

SCONTO -10%

Località Podere La Metocchina - Via Forni, 71 - tel. 0565 845105
www.vinirusso.it - info@vinirusso.it

VITA - Michele Russo è una persona di poche parole, taciturno ma concreto, grande lavoratore innamorato dellla sua terra. Ha alimentato la sua passione crescendo con la famiglia in questo angolo di campagna vicino a Suvereto. Nonostante ormai la produzione sia prevalentemente orientata sulla viticoltura, non ha mai abbandonato del tutto le altre produzioni condivise da ragazzo con il padre: l'olio e i bovini da carne.

VIGNE - Anzi, nell'ultimo anno ha piantato ancora olivi fino ad arrivare a una superficie di 5 ettari, perché come dice «l'olio è un gran prodotto, qui viene bene e i miei clienti lo apprezzano». Le vigne incominciano ad avere l'età giusta per produrre al meglio, divise fra vitigni autoctoni e internazionali, di cui Michele è maestro nel produrre blend dal grande appeal. I terreni in leggero declivio guardano il mare dell'Elba e sono ricchi di minerali ferrosi.

VINI - I vini rispecchiano la sua personalità: sono schietti, diretti, senza fronzoli, di grande pulizia olfattiva, dal prezzo più che onesto.

Sassobucato 2017 ● cabernet sauvignon, merlot, petit verdot, cabernet franc; 18.000 bt; 20 € - - Da una selezione delle migliori uve aziendali nasce questo vino affinato 12 mesi in barrique di primo e secondo passaggio. Profumi intensi di fiori e spezie, con accenni vegetali, anticipano un sorso maturo, ricco di materia, con buona densità di frutto e apprezzabile profondità, coniugata a un tannino docile e dolce.
Ceppitaio 2018 ● cabernet sauvignon, merlot, colorino, ciliegiolo, sangiovese; 50.000 bt; 8 € - - Campione di facilità di beva, è piacevole e accattivante. Si apre su toni maturi, cupi e terrosi, e la bocca è piena e ben contrastata da fresca sapidità.
L'Isoletta 2019 O vermentino, viogner; 13.000 bt; 8 € - - Agile, fruttato, delicato.

ha 18 - **bt** 90.000
Fertilizzanti letame
Fitofarmaci rame e zolfo
Diserbo lavorazione meccanica/manuale
Lieviti selezionati industriali
Uve 100% di proprietà
Certificazione nessuna certificazione

TERRICCIOLA (PI)

BADIA DI MORRONA

SCONTO -10%

Via del Chianti, 6 - tel. 0587 658505
www.badiadimorrona.it - clienti@badiadimorrona.it

VITA - Una suggestiva badia dell'XI secolo domina il colle e dà il nome all'azienda di proprietà (dal 1939) della famiglia Gaslini. Badia di Morrona è oggi guidata da Filippo Gaslini Alberti che, con determinazione, l'ha resa un punto di riferimento per i vini della Valdera e della provincia pisana, combinando il rispetto per la tradizione familiare alla ricerca della miglior qualità.

VIGNE - Le altitudini delle varie parcelle variano dai 150 ai 300 metri e il lavoro in vigna è condotto con grande rispetto, attraverso la lotta integrata e il sovescio a filari alterni. Nel 2001 è stata ripiantata la maggior parte delle viti, oggi entrate quindi nel culmine della loro produttività. La forma di allevamento prevalente è il cordone speronato.

VINI - Piacevolezza e facilità di beva, certo, tuttavia l'impegno è focalizzato soprattutto su riconoscibilità, autenticità e valorizzazione del territorio.

Vignalta 2017 ● sangiovese; 7.000 bt; 24 € - - Note di ciliegia sotto spirito introducono questo elegante vino dal sorso slanciato, che colpisce per facilità di beva e integrazione.
Chianti I Sodi del Paretaio Ris. 2017 ● 7.000 bt; 13 € - - Presenta piacevoli sentori di mora al naso, mentre in bocca c'è un tannino di buona presenza che lo definisce e gli dona tipicità.
N'Antia 2017 ● cabernet sauvignon, cabernet franc, merlot; 8.000 bt; 24 € - - Sprigiona sentori fruttati e speziati. L'assaggio, dinamico, svela una trama tannica che asciuga leggermente, ma anche con uno spunto fresco che sostiene la beva.
Chianti I Sodi del Paretaio 2019 ● 250.000 bt; 8 € - - Croccante, fruttato, gastronomico.
Felciaio 2019 O vermentino; 60.000 bt; 6 € - - Teso, floreale, varietale.
Vivaja 2019 ● sangiovese; 10.000 bt; 8 € - - Fresco, fruttato, rilassato.

ha 110 - **bt** 360.000
Fertilizzanti letame in pellet, sovescio
Fitofarmaci rame e zolfo
Diserbo lavorazione meccanica/manuale
Lieviti selezione di lieviti indigeni
Uve 100% di proprietà
Certificazione nessuna certificazione

FATTORIA DI FIBBIANO

SCONTO -10%

Via di Fibbiano, 2 - tel. 0587 635677
www.fattoria-fibbiano.it - info@fattoria-fibbiano.it

VITA - I Cantoni sono agricoltori da generazioni: nella loro terra di origine, la Lombardia, coltivavano ortaggi. Da sempre appassionati e amanti del buon vino, sul finire degli anni Novanta hanno deciso di trasferirsi in Toscana. Adesso la conduzione è in mano ai fratelli Nicola e Matteo, con il padre Giuseppe a dispensare consigli.

VIGNE - Negli ultimi anni è stato fatto un impegnativo lavoro di riqualificazione dei vecchi vitigni autoctoni. Da un vigneto di oltre 100 anni, per selezione massale sono state estratte due delle più antiche varietà della provincia di Pisa: il sanforte o sangiovese forte, a bacca nera, che non ha parentele con il sangiovese, e la colombana bianca, che veniva utilizzata per produrre il Vinsanto.

VINI - «Non amo i vini aromatici, docili e costruiti, mi piacciono i vini autentici, veri, anche spigolosi ma dalla piacevole freschezza», dice Nicola.

Terre di Pisa Ceppatella 2015 ● 6.500 bt; 60 € - Bell'esempio di Sangiovese delle colline pisane, ha veste elegante, ed è sfaccettato, con piacevoli rimandi agrumati. Pienezza di frutto, bel contrasto acido e tannino fitto ne tratteggiano l'aspetto gustativo.
Sanforte 2016 ● sangiovese; 6.500 bt; 29 € - Accenni ferrosi e terrosi, e un piacevole equilibrio, con acidità presente ma ben integrata. Scorre deciso e lungo, aiutato da una trama tannica fine e compatta.
Ciliegiolo 2018 ● 13.000 bt; 15 € - Ha uno stile austero e composto. Maturo e pieno, è leggermente frenato da un tannino esuberante.
L'Aspetto 2015 ● sangiovese, canaiolo; 20.000 bt; 26 € - Fresco, floreale, consistente.
Sofia 2019 ● sangiovese; 20.000 bt; 10 € - Magro, fruttato, delicato.
Fonte delle Donne 2019 O colombana bianca, vermentino; 40.000 bt; 10 € - Croccante, floreale, delicato.

ha 20 - **bt** 140.000
Fertilizzanti letame, sovescio
Fitofarmaci rame e zolfo
Diserbo lavorazione meccanica/manuale
Lieviti fermentazione spontanea
Uve 100% di proprietà
Certificazione biologico certificato

TERRICCIOLA (PI)

PODERNOVO TENUTE LUNELLI

Via Podernuovo, 13 - tel. 0587 655173
www.tenutelunelli.it - podernovo@tenutelunelli.it

VITA - La tenuta fa parte delle proprietà della famiglia Lunelli, che oltre alla sede storica in Trentino vanta insediamenti produttivi anche in Umbria. Acquisita a inizio del terzo millennio, ha visto continui investimenti miranti alla produzione vinicola di alta qualità, privilegiando il vitigno principe di questi luoghi, il sangiovese, ma in abbinamento ai classici vitigni di origine francese. Il tutto seguito dall'occhio sapiente di Corrado Dal Piaz, trentino di origine, ma fin da ragazzo trapiantato in Toscana.

VIGNE - All'inizio le vigne, poi la moderna cantina, infine il magistrale restauro dei casali e l'apertura del ristorante per offrire la più completa ospitalità ai turisti provenienti da tutto il mondo. Le vigne sono equamente distribuite sui pendii che circondano la sede aziendale. Massimo rispetto per l'ambiente e completa autonomia energetica, grazie al nuovo impianto fotovoltaico.

VINI - La produzione è di impostazione moderna: privilegia la pulizia olfattiva e la freschezza di beva, ma non manca di offrire un carattere originale e legato al territorio.

Teuto 2017 ● sangiovese, merlot, cabernet sauvignon; 18.000 bt; 17 € - Nonostante l'annata poco felice, è un bell'esempio di blend fra sangiovese e vitigni internazionali. Ricco nei profumi, ben fusi fra le note speziate e il richiamo alla terra bagnata, è stratificato, energico, ben calibrato e armonico, sorretto dal tannino vivo e materico.
Solenida 2015 ● sangiovese; 4.500 bt; 60 € - Maturo e austero, con note di affinamento in legno ancora da integrare, ha un sorso segnato da un tannino fitto ma consistente. Ha potenza e buona profondità, e non manca il contrasto acido che lo allunga.
Auritea 2017 ● cabernet franc; 6.000 bt; 60 € - Spigoloso, speziato, severo.

ha 25 - **bt** 150.000
Fertilizzanti letame, sovescio
Fitofarmaci rame e zolfo
Diserbo lavorazione meccanica/manuale
Lieviti selezionati industriali
Uve 100% di proprietà
Certificazione biologico certificato

CAMPAGNA FIORENTINA E TOSCANA DEL NORD

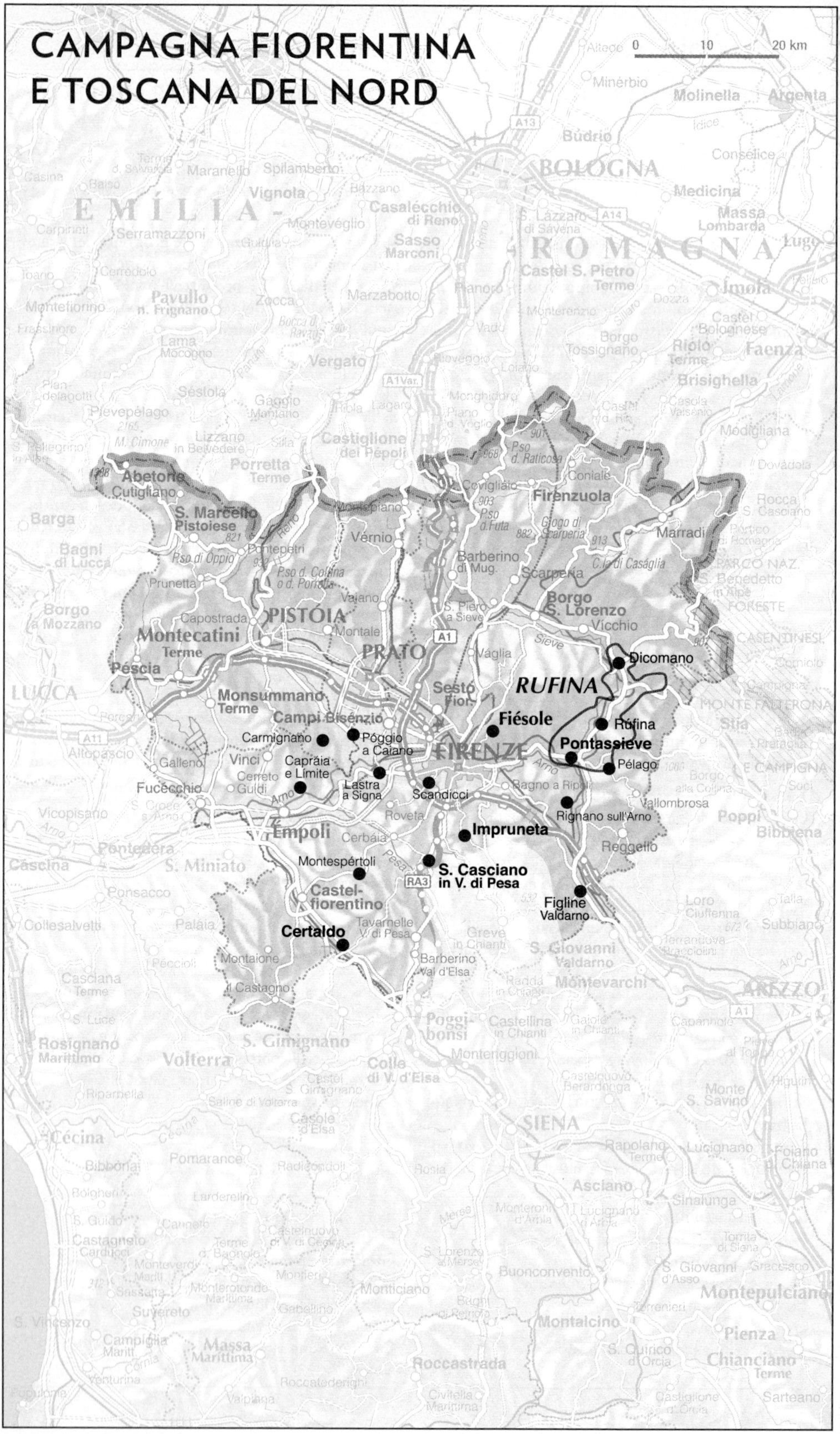

CAPRAIA E LIMITE (FI)

FATTORIA CASTELLINA

Via Palandri, 27 - tel. 0571 57631
www.fattoriacastellina.com - info@fattoriacastellina.com

VITA - Fattoria Castellina è una bella realtà di proprietà della famiglia Montomoli. L'azienda occupa l'area meridionale del Montalbano all'interno dell'antico Barco Reale, celebre riserva di caccia della dinastia medicea. Dal 2004 la conduzione agronomica è virata verso l'approccio biodinamico, coinvolgendo in prima persona i proprietari e il direttore aziendale Ivan Chirico, in un percorso sempre più sensibile alla vita del suolo.

VIGNE - La svolta biodinamica è stata facilitata da un contesto paesaggistico ideale, nel quale vigne e olivi si succedono a boschi di querce, garantendo una spiccata biodiversità di partenza. Da questa "base" si è iniziato a lavorare dei suoli con sovesci particolari, soprattutto di senape e lupinella, al fine di vitalizzare le matrici sabbiose con fitta presenza di scheletro. Le lavorazioni sono attente a non compattare la struttura dei terreni.

VINI - L'approccio agronomico guida anche le scelte enologiche, portando in bottiglia vini espressivi, non troppo tecnici e di sicura vitalità.

TOP **Chianti Montalbano 2018** VINO QUOTIDIANO ● 15.000 bt; 9 € - Un vino scorrevole e incisivo, con una leggera volatile che rende il sorso leggiadro e rustico, ma di bella energia fruttata.
Ipogeo 2018 ● sangiovese, syrah, merlot, cabernet sauvignon, petit verdot; 15.000 bt; 8 € - - Molto aperto sul frutto, il vino ha percorso denso e materico che esalta la fragrwanza delle sensazioni tattili, ma concede qualcosa sulla finezza.
Solare 2018 O vermentino; 1.800 bt; 12 € - - La materia è concentrata e di progressione ampia, con sapidità e vena acida a dare complessità a un sorso che regala aromi erbacei e balsamici.
Daino Bianco 2016 ● merlot; 1.000 bt; 23 € - - Denso, speziato, cupo.

ha 10 - **bt** 40.000
Fertilizzanti preparati biodinamici, sovescio
Fitofarmaci rame e zolfo
Diserbo lavorazione meccanica/manuale
Lieviti fermentazione spontanea
Uve 100% di proprietà
Certificazione biologico certificato

CAPRAIA E LIMITE (FI)

TENUTA CANTAGALLO E LE FARNETE

SCONTO -10%

Via Valicarda, 35 - tel. 0571 910078 - 335 6101742
www.tenutacantagallo.it - info@tenutacantagallo.it

VITA - Enrico Pierazzuoli è attualmente titolare delle due aziende di famiglia, Le Farnete e Cantagallo, acquistate rispettivamente nel 1999 e nel 1971. Enrico è una persona schietta, diretta e con un attaccamento al territorio molto forte, e i suoi vini lo rappresentano appieno. La scelta del biologico è una logica conseguenza del percorso iniziato dal padre Gariboldo negli anni Settanta.

VIGNE - Le aziende si trovano in due areali differenti: Le Farnete nel carmignanese, dove prevalgono suoli argillosi e freschi, e la Tenuta Cantagallo nel comune di Capraia e Limite, con terreni ricchi in galestro e tufo e dove prevale l'esposizione a sud. Le quote altimetriche vanno dai 200 ai 500 metri. La gestione agronomica è attenta a non modificare i delicati equilibri che si sono raggiunti negli anni, con concimazioni mirate e senza interventi invasivi.

VINI - Due tenute, due anime ben distinte, ma con un unico comune denominatore, l'esaltazione del territorio.

Carmignano Le Farnete Ris. 2017 ● 13.000 bt; 23 € - - Colpisce per materia ed eleganza, è caldo e ha una chiusura minerale e avvolgente. Il naso gioca tra spezie dolci ed erbe mediterranee.
Chianti Montalbano Il Fondatore Ris. 2017 ● 2.000 bt; 31 € - - Viene prodotto dalle vigne più vecchie. La bocca è incredibilmente equilibrata, abbina estratto a succosità, e ha un finale disteso.
Gioveto Cantagallo 2017 ● sangiovese, merlot, syrah; 6.000 bt; 18 € - - Dal taglio più internazionale, presenta note di spezie e sottobosco, e un tannino fitto e vibrante.
Carmignano Le Farnete 2018 ● 30.000 bt; 12 € - - Avvolgente, speziato, autentico.
Chianti Montalbano Cantagallo Ris. 2017 ● 7.000 bt; 13 € - - Integrato, floreale, contrastato.
Chianti Montalbano Cantagallo 2019 ● 80.000 bt; 7 € - - Agile, fruttato, sottile.

ha 33 - **bt** 200.000
Fertilizzanti sovescio
Fitofarmaci rame e zolfo
Diserbo lavorazione meccanica/manuale
Lieviti fermentazione spontanea, selezionati industriali
Uve 100% di proprietà
Certificazione biologico certificato

CARMIGNANO (PO)

FATTORIA AMBRA

SCONTO **-10%**

Via Lombarda, 85 - tel. 055 8719049
www.fattoriaambra.it - fattoria.ambra@alice.it

VITA - Giuseppe Rigoli conduce fin dal 1983 l'azienda di famiglia: con passione ed entusiasmo segue tutta la gestione tecnica, cercando di valorizzare un territorio di nobili origini enologiche come quello carmignanese. Da buon amante dei grandi vini borgognoni, cerca di esaltare il terroir, preservando la materia senza snaturare le uve, ma accompagnandole durante le fasi di vinificazione e affinamento.

VIGNE - I 22 ettari di vigneto sono dislocati in quattro areali differenti e sono gestiti come veri e propri cru, cercando di esaltarne le peculiarità: il Montalbiolo, posto a 200 metri di quota, è ricco in galestro e tufo, l'Elzana, poco più in basso, presenta argilla e scheletro, il Santa Cristina in Pilli ha un suolo composto principalmente da alberese e il Montefortini arenarie più sciolte.

VINI - I cru aziendali sono un vero e proprio fiore all'occhiello di questa azienda, che in cantina cerca di valorizzare le loro specificità.

TOP **Carmignano Elzana Ris. 2016** VINO SLOW ● 4.600 bt; 22 € - Ricchezza, complessità olfattiva e profondità si esaltano nel bicchiere. La bocca è energica e il finale leggermente asciugante.
Carmignano Montalbiolo Ris. 2016 ● 4.600 bt; 22 € - È potente e caldo, ed esprime un'eccellente qualità della materia. Ha un incedere lento al sorso, con un finale materico e avvolgente.
Carmignano Santa Cristina in Pilli 2017 ● 15.000 bt; 13 € - È minerale, generoso nelle note di frutta rossa, con sfumature speziate ben integrate. Il finale di bocca è teso e pieno.
Barco Reale di Carmignano 2019 ● 30.000 bt; 9 € - Astringente, fruttato, cangiante.
Barco Reale di Carmignano Vin Ruspo 2019 ● 6.000 bt; 9 € - Schietto, balsamico, rilassato.
Trebbiano di Toscana 2019 ○ 6.000 bt; 8 € - Citrino, agrumato, essenziale.

ha 22 - **bt** 80.000
Fertilizzanti letame in pellet, sovescio
Fitofarmaci rame e zolfo
Diserbo lavorazione meccanica/manuale
Lieviti fermentazione spontanea, selezionati industriali
Uve 100% di proprietà
Certificazione biologico certificato

CARMIGNANO (PO)

FATTORIA DI BACCHERETO TERRE A MANO

Via Fontemorana, 179 - tel. 338 8739577
terreamano@gmail.com

VITA - Fattoria di Bacchereto è ormai un punto di riferimento per il mondo del vino naturale. Il lavoro di Rossella Bencini Tesi è stato quello di riportare in vita i suoli della proprietà ereditata dal padre. Questa azione primigenia, svolta grazie alla viticoltura biodinamica, ha generato un ciclo virtuoso di conseguenze che si concretizzano in vigne salubri in relazione con la terra, e vini complessi e splendidi rappresentanti della denominazione Carmignano.

VIGNE - Marco Vannucci si occupa della gestione delle vigne e della cantina. In azienda dal 2008, ha svolto un attento lavoro di zonazione interna dei vigneti isolandone le diverse qualità. Si lavorano suoli ricchi di calcare con alberese, galestro e buona presenza di argilla. Oggi le vigne Pian dei Cocchi, il Vignone e la Santuaria sono altrettanti cru che vengono distinti nelle lavorazioni in cantina.

VINI - Vini molto espressivi, materici e longevi, ottenuti attraverso il minimo intervento possibile e con l'obiettivo di trasmettere nel bicchiere le caratteristiche del frutto di partenza.

TOP **Carmignano Terre a Mano 2016** VINO SLOW ● 18.000 bt; 31 € - Progressione imponente, ricca di frutto e calore alcolico, ma di straordinaria naturalezza espressiva, per una fisionomia cangiante capace di camminare sul filo teso tra rusticità e finezza tecnica.
Sassocarlo 2018 ○ trebbiano, malvasia; 3.000 bt; 40 € - Uno dei bianchi più significativi prodotti in Toscana: risulta stratificato e dinamico, con un centro bocca viscoso, di tendenza dolce, che incide il palato attraverso sapidità ed eredità tannica, che in questa vendemmia frena leggermente il sorso.

ha 8 - **bt** 20.000
Fertilizzanti preparati biodinamici, sovescio
Fitofarmaci rame e zolfo
Diserbo lavorazione meccanica/manuale
Lieviti fermentazione spontanea
Uve 100% di proprietà
Certificazione biodinamico certificato, biologico certificato

CARMIGNANO (PO)

TENUTA DI ARTIMINO

SCONTO -10%

Viale Papa Giovanni XXIII, 1 - tel. 055 8751424
www.artimino.it - fattoria@artimino.com

VITA - La villa dei Cento Camini, cuore pulsante dell'azienda, fu fatta edificare da Ferdinando I de' Medici nel 1596. Dagli anni Ottanta appartiene alla famiglia Olmo, che ha da subito prestato nuova attenzione alla produzione vinicola con notevoli investimenti e un rinnovamento dello staff tecnico. A raccogliere l'eredità familiare sono oggi Annabella Pascale e Francesco Spotorno Olmo.

VIGNE - Qui viene praticata un'agricoltura ragionata che si adatta alle caratteristiche dei terreni. Gli impianti interessano due province, pertanto la composizione dei suoli risulta estremamente variegata. Inoltre le diverse esposizioni permettono di assecondare le caratteristiche delle nuove barbatelle messe a dimora.

VINI - La gestione attuale punta su vini ben definiti, di chiara impronta territoriale, e dinamici e concreti come Annabella.

Carmignano Vigna Grumarello Ris. 2015 ● 10.000 bt; 26 € - Naso profondo e concentrato di frutti rossi maturi e fiori appassiti, bocca che svela l'armonia, il volume, un fitto tannino e la freschezza di un vino che attende la sfida del tempo.
Vin Santo Occhio di Pernice 2013 ● 2.000 bt da 0,375 l; 31 € - Introdotto da sentori di frutta candita, frutta secca e miele, al sorso si rivela avvolgente, con un corpo e un'acidità che ben bilanciano la sua dolcezza.
Carmignano Poggilarca 2017 ● 15.000 bt; 17 € - I sentori floreali, di frutta rossa e terziari accompagnano l'assaggio. Un vino di buona struttura, rotondo, piacevole e armonico, che fa dell'equilibrio il suo tratto più distintivo.
Chianti Montalbano 2018 ● 13.000 bt; 8 € - Succoso, floreale, gastronomico.
Barco Reale di Carmignano Rosato Vin Ruspo 2019 ● 13.000 bt; 12 € - Schietto, fruttato, verticale.

ha 70 - **bt** 400.000
Fertilizzanti letame in pellet, organo-minerali, sovescio
Fitofarmaci rame e zolfo
Diserbo lavorazione meccanica/manuale
Lieviti selezionati industriali, selezione di lieviti indigeni
Uve 100% di proprietà
Certificazione nessuna certificazione

CARMIGNANO (PO)

TENUTA DI CAPEZZANA

Via Capezzana, 100 - tel. 055 8706005
www.capezzana.it - capezzana@capezzana.it

VITA - La famiglia Contini Bonaccossi conduce Capezzana da ormai un secolo custodendo un paesaggio agricolo senza paragoni, la cui importanza storica è testimoniata sia da un'architettura splendidamente evocativa della Toscana, sia da vini risalenti agli anni Trenta del Novecento che, incredibile, dimostrano una vitalità evidente e capace di esaltare il territorio di origine.

VIGNE - Il compianto Vittorio Contini, autore della svolta al biologico dell'azienda, definì il lavoro agricolo aziendale come "rispetto integrato" sostituendo la parola "lotta". La natura, così pensava, è troppo forte per pensare di contrastarla. Su questa filosofia l'azienda sta continuando l'opera di Vittorio coltivando suoli variegati per formazione geologica (sabbia, argilla, galestro, alberese) e versanti con diverse esposizioni.

VINI - Vini rispettosi del territorio che rappresentano al meglio la gloriosa denominazione di appartenenza.

TOP **Vin Santo di Carmignano Ris. 2012** VINO SLOW ● 5.000 bt da 0,375 l; 44 € - Tra i migliori vini passiti italiani, questa versione esprime una densità materica notevole, che incide il palato di aromi complessi di albicocca passita, zenzero e tartufo; l'armonia è garantita da una spina acida che sostiene il sorso.
Carmignano Villa di Capezzana 2017 ● 80.000 bt; 22 € - L'attacco è glicerico, caldo, con progressione ampia che evidenzia una certa maturità del frutto; chiude con decisione in virtù di un tannino fitto.
Carmignano Villa di Capezzana Trefiano Ris. 2016 ● 12.000 bt; 38 € - Molto concentrato, con ampiezza gustativa connotata dal sorso alcolico, il tannino è fine e la trama salina riesce a sostenere la potente progressione.
Ugo Contini Bonacossi 2015 ● sangiovese; 5.000 bt; 46 € - Austero, fruttato, consistente.
Trebbiano di Capezzana 2018 ○ 9.000 bt; 22 € - Avvolgente, fruttato, profondo.

ha 78 - **bt** 400.000
Fertilizzanti letame in pellet, sovescio
Fitofarmaci rame e zolfo
Diserbo lavorazione meccanica/manuale
Lieviti fermentazione spontanea
Uve 100% di proprietà
Certificazione biologico certificato

CERTALDO (FI)

FATTORIA DI FIANO UGO BING €

Località Fiano - Via Firenze, 11 - tel. 0571 669048
www.ugobing.it - info@fattoriadifiano.it

VITA - La Fattoria di Fiano è situata su una collina che divide la val d'Elsa dalla val di Pesa. Il borgo apparteneva ai nobili fiorentini Alfani, e oggi è Ugo Bing a gestire l'azienda che la sua famiglia ha acquistato nel 1940. Ugo ha studiato con perseveranza e competenza il comportamento dei suoli a disposizione, acquisendo una profonda conoscenza di questo terroir, oggi condivisa con il figlio Francesco.

VIGNE - La proprietà si estende per oltre 65 ettari. I vigneti ne occupano circa 22 e sono distribuiti in due zone principali: Poggio a Monti, a 330 metri di altitudine ed esposto a sud, e Novoli, più a nord-est nella valle del Virginolo. I suoli sono argillosi di medio impasto nei pressi di Fiano; a Novoli tale formazione si arricchisce di scheletro. In generale si tratta di terreni afferenti a tre tipologie; il tufo (origine pliocenica), il mattaione (argilla compatta) e i ciottoli.

VINI - I vini aderiscono in modo filologico al territorio dei colli fiorentini, in virtù di una generale e piacevole disposizione alla leggerezza gustativa.

TOP **Chianti Colli Fiorentini 2017** VINO QUOTIDIANO ● 7.500 bt; 10 € - Delicato e floreale, ha affascinante cedevolezza gustativa, espressa da un sorso leggero e saporito, non complesso ma appagante.
Chianti Colli Fiorentini Ris. 2017 ● 3.000 bt; 17 € - Il tratto gustativo è piacevole e articolato su note floreali e di speziatura dolce; il vino percorre il palato con passo misurato, materico e di buona integrazione tannica.
Chianti Ris. 2017 ● 3.500 bt; 12 € - L'ingresso delicato e soffuso, con progressione incisiva sorretta da una buona acidità, sfocia in una chiusura tannica piuttosto rigida.
Fianesco 2015 ● syrah, abrostine; 3.000 bt; 27 € - Potente, speziato, compatto.

ha 22 - **bt** 25.000
Fertilizzanti compost, letame in pellet, sovescio
Fitofarmaci chimici di sintesi, rame e zolfo
Diserbo lavorazione meccanica/manuale
Lieviti fermentazione spontanea, selezione di lieviti indigeni
Uve 100% di proprietà
Certificazione nessuna certificazione

DICOMANO (FI)

FATTORIA IL LAGO

SCONTO -10%

Località Citerna - Frazione Campagna, 18 - tel. 055 838047
www.fattoriaillago.com - info@fattoriaillago.com

VITA - La proprietà fu acquistata nel 1962 dal nonno di Filippo e Francesco Spagnoli, che la guidano oggi, ma in azienda sono state rinvenute testimonianze che certificano la produzione del vino fin dal Settecento. Nel 2000 i due fratelli hanno deciso di concentrarsi sul progetto vino, il primo occupandosi della gestione vitivinicola, il secondo della parte ricettiva. Sin dai primi anni collaborano con l'enologo Fabrizio Moltard.

VIGNE - Filippo spiega che negli ultimi anni hanno deciso di intraprendere un percorso che li porti a un'agricoltura biologica non per moda o logiche di mercato, ma per un profondo sentire maturato nel tempo. Tra le uve troviamo sangiovese, ciliegiolo, trebbiano e malvasia, ma anche pinot nero, syrah e pinot Bianco per gli alloctoni. Le vigne, di età compresa tra i 15 e i 45 anni, giacciono su terreni argilloso-limosi.

VINI - In cantina l'approccio è tradizionalista, con lavorazioni che portano a preservare la riconoscibilità dei singoli vitigni, per vini che hanno come costante una vena acida importante.

TOP **Chianti Rufina 2018** VINO QUOTIDIANO ● 20.000 bt; 12 € - Ci è piaciuto veramente molto: è dinamico, vibrante, con un ottimo attacco in bocca, una rinfrescante acidità e un tannino agile e di qualità. Limpide le note fruttate e floreali.
Vin Santo del Chianti Rufina 2002 ● 200 bt da 0,5 l; 50 € - Il naso ampio e sfaccettato, in cui la naturale e lenta ossidazione porta i suoi benefici, introduce un vino di estrema eleganza dal gusto lunghissimo, dotato di una freschezza che lo rende incredibilmente energico.
Syrah 2017 ● 2.000 bt; 20 € - Fruttato e speziato, all'assaggio è incisivo, dal tannino fitto e con una spiccata freschezza che sostiene la concentrazione di gusto in centro bocca e la potenza alcolica.
Pinot Nero 2017 ● 2.000 bt; 25 € - Setoso, terroso, elegante.

ha 15 - **bt** 36.000
Fertilizzanti sovescio
Fitofarmaci rame e zolfo
Diserbo lavorazione meccanica/manuale
Lieviti selezionati industriali
Uve 100% di proprietà
Certificazione in conversione biologica

DICOMANO (FI)

FRASCOLE

SCONTO **-10%**

Località Frascole, 27/a - tel. 055 8386340 - 339 3050554
www.frascole.it - frascole@frascole.it

VITA - Frascole è nata nel 1992 quando Enrico Lippi ed Elisa Santoni si sono sposati e vi si sono trasferiti, facendo partire il loro progetto di vita intrecciato al vino. L'azienda, a conduzione prettamente familiare, negli anni è cresciuta, sia con piccole vigne inerpicate in questa zona pedemontana, sia in consapevolezza e conoscenza del territorio. Il figlio Cosimo comincia ad affacciarsi con più costanza nella vita aziendale.

VIGNE - Nonostante le ormai frequenti stagioni calde e siccitose, Frascole riesce a difendersi grazie alla buona altitudine e alla vicinanza della catena montuosa del Falterona, che dona correnti di aria fredda che accentuano le escursioni termiche tra giorno e notte. Le lavorazioni in vigna sono manuali, con interventi mirati a gestire l'esuberanza delle piante che deriva dall'eccezionale luminosità del luogo.

VINI - Qui il territorio porta naturalmente ad avere vini di grande beva, ai quali Enrico cerca di lasciare però una giusta struttura, così da poter sfidare il tempo sfruttando la costante presenza di freschezza. L'aderenza territoriale di tutti vini è ogni anno sorprendente.

TOP **Chianti Rufina 2018** VINO QUOTIDIANO ● 28.000 bt; 11 € - Il naso è ben delineato su sentori fruttati e floreali. In bocca è succoso, dinamico, con sapore e freschezza che si rincorrono chiedendoci di godere di un nuovo bicchiere. Il timbro territoriale è inequivocabile.
Chianti Rufina Ris. 2017 ● 7.000 bt; 25 € - Ha importante potenza espressiva, succosità e un tannino integro e presente. La lunghezza della scia saporosa è notevole.
Pinot Nero 2017 ● 3.000 bt; 25 € - Ha eleganti sentori fruttati e terrosi, e poi è vivo in bocca, con tannino fitto e di qualità. La freschezza lo rende ben articolato e corroborante.
Limine 2016 ● merlot; 3.000 bt; 23 € - Solido, erbaceo, avvolgente.

ha 15 - **bt** 55.000
Fertilizzanti letame, sovescio
Fitofarmaci organici, rame e zolfo
Diserbo lavorazione meccanica/manuale
Lieviti fermentazione spontanea
Uve 100% di proprietà
Certificazione biologico certificato

FIESOLE (FI)

FATTORIA DI POGGIOPIANO-GALARDI

SCONTO **-10%**

Località Girone - Via dei Bassi, 13 - tel. 0556 593020
www.poggiopiano.it - info@poggiopiano.it

VITA - La famiglia Galardi ha valorizzato la produzione viticola di Fiesole, collina meravigliosa alle porte di Firenze dove vite e olivo sono una presenza secolare. La svolta aziendale è avvenuta nel 1985, quando Mauro Galardi ha deciso di cambiare la sua vita e prendere in mano la fattoria ereditata dal padre. Oggi la figlia Martina, con studi di enologia e prestigiose esperienze all'estero, ha affiancato il padre garantendo una sicura continuità all'azienda.

VIGNE - Valorizzare il territorio di Fiesole attraverso l'agricoltura è già di per sé meritorio; farlo con attenzione alla vita del suolo e all'ambiente circostante aggiunge valore al lavoro svolto. I Galardi hanno ricostruito gli antichi muretti a secco donando una rinnovata bellezza a questi luoghi. I suoli sono molto vocati grazie alla presenza di calcare sotto forma di galestro, e di alberese con argilla.

VINI - Oltre a consolidare una sicura produzione territoriale, l'azienda non cessa di sperimentare anche attraverso l'uso della terracotta in vinificazione, introdotta ormai qualche anno fa.

Poggio Galardi in Anfora 2016 ● merlot, cabernet sauvignon; 3.000 bt; 15 € - La vinificazione in terracotta esalta le note primarie e la tattilità più immediata del vino; esprime quindi un tessuto tannico evidente ma al contempo la dinamica gustativa piena di energia accompagna il sorso fino in fondo, donando aromi di frutta e fiori che ricordano la mora di gelso.
Chianti Ris. 2016 ● 3.000 bt; 14 € - Ingresso al palato ampio e progressivo, con espressione fruttata decisa e ben definita. Il percorso gustativo è intessuto di ottima freschezza acida, che genera succo saporito di spezie in grado di avvolgere il tannino robusto.

ha 5,4 - **bt** 55.000
Fertilizzanti letame
Fitofarmaci rame e zolfo
Diserbo lavorazione meccanica/manuale
Lieviti selezionati industriali
Uve 100% di proprietà
Certificazione biologico certificato

FIESOLE (FI)

POGGIO LA NOCE

SCONTO -10%

Via Paiatici, 29 - tel. 055 6549113 - 335477666
www.poggiolanoce.com - info@poggiolanoce.com

VITA - Sono ormai 20 anni che i coniugi Claire Beliard ed Enzo Schiano si prendono cura di questo angolo di paradiso sulle colline fiesolane. «Siamo nati garagisti», racconta Claire: dal mezzo ettaro della prima vendemmia nel 2004, è stato intrapreso un percorso di sperimentazione alla ricerca delle migliori espressioni di questo terroir. Oggi gli ettari vitati sono 3, curati dalla mano attenta del manager dell'azienda Roberto Corti.

VIGNE - I suoli, composti da galestro e alberese, forniscono un buon drenaggio e garantiscono ai vini struttura e finezza. Si lavora il terreno a filari alterni, con sovesci e inerbimenti. Le vigne, certificate biologiche sin dal 2006, sono allevate a guyot, e la raccolta è rigorosamente manuale. Dalla vendemmia 2020 è entrato in produzione il nuovo vigneto le Civette, piantato nel 2018 con sangiovese, canaiolo e colorino.

VINI - La nuova cantina ha permesso un maggiore utilizzo della botte grande, esaltando i caratteri varietali.

Gigetto 2017 ● sangiovese, canaiolo; 4.000 bt; 20 € - Nonostante l'annata difficile, in bocca si presenta agile e armonico, di facile beva. Una piacevole punta ematica si accompagna a un bel frutto maturo, aumentandone la complessità.
Paonazzo 2015 ● sangiovese, colorino; 900 bt; 55 € - Un rubino intenso e un timbro decisamente più speziato ci anticipano un sorso ampio e dettagliato, di grande eleganza e persistenza.
Gigino 2018 ● sangiovese; 4.000 bt; 25 € - Erbe aromatiche e un bel floreale introducono una beva succosa e rilassata.
Pet'Golò 2019 sagiovese, teroldego; 1.500 bt; 20 € - Metodo Ancestrale, vibrante, floreale, incisivo.
Gigiò 2016 ● sangiovese, colorino; 2.000 bt; 35 € - Solido, speziato, armonico.
Pinko Pallino 2019 teroldego, sangiovese; 2.000 bt; 15 € - Vivo, floreale, delicato.

ha 3 - **bt** 15.000
Fertilizzanti letame in pellet, preparati biodinamici, sovescio
Fitofarmaci rame e zolfo
Diserbo lavorazione meccanica/manuale
Lieviti fermentazione spontanea
Uve 100% di proprietà
Certificazione biologico certificato

FIGLINE VALDARNO (FI)

CASANUOVA - THILO BESANÇON €

SCONTO -10%

Via San Martino Altoreggi, 5 - tel. 055 9500027 - 329 5437877
www.casanuova.info - agricola@casanuova-toscana.it

VITA - La famiglia Besançon ha legato la sua storia alle colline di Figline Valdarno, dove ha acquistato Casanuova all'inizio degli anni Ottanta, cominciando a produrre vino nel 1988. Thilo Besançon, con studi da agronomo tropicalista, dopo alcuni anni di esperienze in giro per il mondo nel comparto vitivinicolo ma non solo, è rientrato a casa nel 2013 e ha preso in mano la parte agricola di Casanuova, da sempre affiancata a quella ricettiva.

VIGNE - Siamo ai margini geografici e morfologici di incontro tra i terreni tipici del Valdarno, di matrice lacustre, e il macigno del Chianti, dove troviamo un mix eterogeneo sabbioso-argilloso. Già dai suoi inizi Casanuova ha seguito la via del biologico, convinta che sia il miglior modo di produrre in maniera sostenibile. L'azienda si avvale in vigna e in cantina della preziosa collaborazione di Vincenzo Tommasi.

VINI - Thilo ritiene fondamentale effettuare microvinificazioni su più lotti, così da comprendere al meglio il potenziale delle diverse vigne e dei rispettivi cloni. Predilige approcci più manuali e diretti possibili, da cui risultano vini espressivi e mai banali.

TOP **Altoreggi 2017** VINO QUOTIDIANO ● sangiovese; 4.000 bt; 12 € - È di impatto immediato, con una succosa concentrazione di gusto nel centro bocca, accompagnata da un tannino di pregevole fattura e da un sorso lungo e armonioso. Al naso troviamo note fruttate di ciliege e interessanti spunti di erbe aromatiche.
Senzamare 2019 O vermentino; 1.900 bt; 12 € - Ha struttura, freschezza e una spiccata mineralità, con rimandi alle alghe marine oltre a piacevoli sensazioni olfattive di frutta.
Guardabuoi 2019 sangiovese, merlot; 2.000 bt; 8 € - Di buona muscolarità, all'olfatto si presenta con note fruttate di fragoline di bosco, e in bocca ha una buona trama acida.

ha 3,5 - **bt** 8.000
Fertilizzanti compost, letame, sovescio
Fitofarmaci rame e zolfo
Diserbo lavorazione meccanica/manuale
Lieviti fermentazione spontanea,
Uve 100% di proprietà
Certificazione biologico certificato

IMPRUNETA (FI)

LA QUERCE

SCONTO **-10%**

Via Imprunetana per Tavarnuzze, 41 - tel. 055 2011380
www.laquerce.com - info@laquerce.com

VITA - Marco Ferretti si occupa di La Querce da 35 anni: ha iniziato facendo la gavetta e ha raggiunto il ruolo di direttore nella fattoria che circonda la villa padronale acquistata negli anni Settanta da Gino Marchi. Ora il figlio di Gino, Massimo, porta avanti il progetto del padre di produrre del buon vino seguendo le metodologie più semplici e sane possibili, con l'aiuto di Marco e con la collaborazione esterna dell'enologo Valentino Ciarla.

VIGNE - Nel 2019 è arrivata la certificazione biologica, che non era mai stata richiesta in precedenza ma sempre messa in pratica. La filosofia è quella di produrre buona uva e usare meno artifici possibili in cantina, valorizzando il prodotto base con soli lieviti indigeni. I terreni sono di origine argillosa, con alta percentuale di ferro che contribuisce a dare al vino una bella mineralità.

VINI - Dalla mano di Marco nascono vini freschi e fruttati, di piacevole beva, che esprimono bene il territorio.

La Querce 2016 ● sangiovese, colorino; 3.000 bt; 21 € - Si sente l'impronta dei legni di affinamento: ha un naso fruttato intenso, speziato e con sentori di cioccolato, e manifesta in bocca il proprio carattere elegante e la struttura.
M - La Querce 2015 ● merlot; 588 bt; 43 € - Prodotto solo nelle annate migliori, profuma di frutta, pepe e liquirizia. I tannini vellutati lo rendono morbido e piacevole.
Chianti Colli Fiorentini Sorrettole 2018 ● 13.000 bt; 8 € - Fruttato leggero, vinoso, equilibrato, è un vino incisivo, gastronomico e vera espressione del territorio.
Chianti Colli Fiorentini La Torretta Ris. 2017 ● 4.000 bt; 14 € - Ampio, fruttato, armonico.
Belrosso 2019 ● canaiolo; 3.000 bt; 10 € - Fresco, fruttato, delicato.
Rosa di Maggio 2019 ● sangiovese; 1.300 bt; 8 € - Agile, minerale, delicato.

ha 8 - **bt** 25.000
Fertilizzanti letame in pellet, sovescio
Fitofarmaci organici, rame e zolfo
Diserbo lavorazione meccanica/manuale
Lieviti fermentazione spontanea
Uve 100% di proprietà
Certificazione biologico certificato

LASTRA A SIGNA (FI)

PIANDACCOLI

Località Malmantile - Via di Piandaccoli, 7 - tel. 055 0750005
www.piandaccoli.it - info@piandaccoli.it

VITA - L'intuizione di Giampaolo Bruni di valorizzare i vitigni autoctoni della Toscana rinascimentale sta diventando un interessante modello di riferimento per gran parte del comparto produttivo regionale. Nel 2004 l'imprenditore toscano ha deciso di indirizzare la viticoltura praticata da sempre nella sua azienda verso i vitigni più usati nella regione prima della fillossera. Oggi ciò che sembrava potersi ascrivere all'ambito della sperimentazione è diventato realtà.

VIGNE - Il termine "accoli" è una voce dialettale che indica "ripidi avvallamenti del suolo". La presenza di burroni scoscesi, profondi almeno 80 metri, condiziona il microclima dei terreni aziendali. I suoli sono alluvionali e con presenza di ciottoli. Su queste matrici sono stati piantati, come dicevamo, varietà più che tradizionali, come pugnitello, foglia tonda, mammolo e barsaglina oltre a vitigni "innovativi" come sangiovese e colorino.

VINI - Dopo tali premesse non ci resta che definire la viticoltura e l'enologia praticate dall'azienda come tradizionali. La consulenza enologica è affidata ad Attilio Pagli.

Foglia Tonda del Rinascimento 2017 ● 3.400 bt; 38 € - Ha un'espressione fruttata densa, con progressione succosa e dal tannino vivo, che chiude leggermente amaro.
Barsaglina del Rinascimento 2017 ● 2.800 bt; 38 € - La struttura imponente incede quasi opulenta e alcolica. Il frutto emerge sul finale, che chiude sulla severità del tannino.
Chianti Cosmus Ris. 2017 ● 35.000 bt; 9 € - Frutto integro in primo piano, per un sorso di buona incisività con il sostegno di una schietta parte acida; il tannino è serrato e stimola un acceso contrasto con l'esuberante parte alcolica.
Pugnitello del Rinascimento 2017 ● 2.800 bt; 36 € - Potente, speziato, cupo.

ha 20 - **bt** 120.000
Fertilizzanti letame, sovescio
Fitofarmaci rame e zolfo
Diserbo lavorazione meccanica/manuale
Lieviti selezione di lieviti indigeni
Uve 100% di proprietà
Certificazione in conversione biologica

MONTESPERTOLI (FI)

CONTE GUICCIARDINI

SCONTO **-10%**

Frazione Poppiano - Via di Fezzana, 45-49 - tel. 055 82315
www.conteguicciardini.it - info@conteguicciardini.it

VITA - Il Castello di Poppiano è la sede storica dei vini di Ferdinando Guicciardini, che negli anni ha acquisito Massi di Mandorlaia in Maremma, costruita di sana pianta alla fine degli anni Novanta, e Belvedere Campoli nel Chianti Classico nel 2015. L'azienda è di tipo familiare, e vede impegnati Ferdinando e il figlio Bernardo, con l'aiuto del responsabile commerciale Gabriele Farolfi e dell'enologo Giorgio Marone.

VIGNE - Sono oltre 200 gli ettari vitati suddivisi fra le tre tenute. Le vigne sono in continua evoluzione, specialmente ora che sono alla seconda tornata di reimpianti basati su una scelta più ampia di cloni, che meglio si adattano alle condizioni dei differenti suoli. I filari vengono allevati a guyot e si fa un mirato diradamento dei germogli per una crescente ricerca della qualità.

VINI - L'equilibrio e il bilanciamento dei vini viene raggiunto usando metodi di estrazione innovativi e a basso consumo energetico.

Tricorno 2017 ● cabernet sauvignon, merlot, sangiovese; 6.000 bt; 31 € - Sentori di vaniglia e note balsamiche anticipano un sorso dai tannini morbidi e setosi, di buon corpo e dal finale lungo.
La Historia di Italia 2017 ● merlot; 25.000 bt; 26 € - Vino fruttato e dalla piacevole persistenza aromatica balsamica, esprime una notevole struttura e bei tannini setosi.
Chianti Cl. Belvedere Campoli Ris. 2016 ● 6.000 bt; 26 € - Note di frutta rossa per un vino dinamico, fresco, succoso, con uno spessore tannico cesellato e un finale lungo.
Syrah 2018 ● 15.000 bt; 17 € - Dinamico, speziato, armonico.
Morellino di Scansano Carbonile 2019 ● 50.000 bt; 9 € - Dinamico, vinoso, delicato.
Scorfano Rosso 2019 ● sangiovese, alicante; 12.000 bt; 11 € - Fresco, fruttato, gastronomico.

ha 213 - **bt** 450.000
Fertilizzanti organo-minerali, sovescio
Fitofarmaci chimici di sintesi, rame e zolfo
Diserbo chimico, lavorazione meccanica/manuale
Lieviti selezionati industriali
Uve 100% di proprietà
Certificazione nessuna certificazione

MONTESPERTOLI (FI)

FATTORIA POGGIO CAPPONI

SCONTO **-10%**

Via Montelupo, 184 - tel. 0571 671914
www.poggiocapponi.it - info@poggiocapponi.it

VITA - La Fattoria Poggio Capponi è fra le più interessanti realtà del territorio di Montespertoli, ed è immersa in un panorama molto coreografico. Nel 1935 è stata acquisita dalla famiglia francese Rousseau e oggi è gestita da Gioconda Rousseau Colzi, rappresentante della quarta generazione familiare. Il factotum aziendale è Fabio Corti, che coordina vigna e cantina aiutato dall'agronomo Alessandro Arretini e dall'enologo Fabio Signorini

VIGNE - Dalla villa cinquecentesca, nel cui ventre ci sono le cantine storiche che meritano una visita e sono tutt'ora utilizzate, si domina il parco vitato che la circonda in un corpo unico a 360 gradi. La maggior parte delle vigne riportano ancora i nomi dei coloni che le gestivano, come la trentenne vigna Anselmi, le cui uve sono la base qualitativa del Chianti.

VINI - Lo stile aziendale ricerca vini territoriali, ricchi di sapore e capaci di soddisfare sia il gusto tradizionale, sia quello contemporaneo.

Chianti Poggio Capponi 2019 ● 60.000 bt; 7 € - L'olfatto è giovanile e intenso nelle note floreali, fruttate e terrose. Il sorso è garbato e disteso, dal profilo snello e succoso.
Tinorso 2017 ● merlot, syrah; 5.500 bt; 20 € - Un connubio di aromi di frutti rossi maturi e spezie: in bocca è coerente, pieno, ampio, appena alcolico e rinfrescato da una discreta spalla acida.
Binto 2019 ○ vermentino, chardonnay, trebbiano; 30.000 bt; 8 € - Di bella fattura, profuma di fiori e agrumi. Il sorso è tonico, di slancio minerale e fresco.
Sovente 2019 ○ chardonnay; 5.500 bt; 12 € - Armonico, fruttato, espressivo.
Chianti Montespertoli Petriccio Ris. 2017 ● 6.000 bt; 12 € - Ampio, speziato, dolciastro.
Chianti Poggio Capponi Ris. 2017 ● 8.500 bt; 10 € - Robusto, fruttato, increspato.

ha 34,7 - **bt** 125.000
Fertilizzanti minerali, sovescio
Fitofarmaci chimici di sintesi, rame e zolfo
Diserbo lavorazione meccanica/manuale
Lieviti selezionati industriali
Uve 100% di proprietà
Certificazione nessuna certificazione

PELAGO (FI)

VILLA TRAVIGNOLI

SCONTO **-10%**

Via Travignoli, 78 - tel. 055 8361098
www.travignoli.com - info@travignoli.com

VITA - È da oltre 200 anni che la famiglia Busi si occupa di questa splendida villa, la cui storia agricola risale addirittura al 1473. Oggi, sotto la dinamica guida del giovane Clemente Busi, l'azienda ha intrapreso un percorso di ulteriore incremento qualitativo, attraverso le moderne pratiche agronomiche e il reimpianto di alcuni vigneti ormai obsoleti. Autentica chicca per enoappassionati, la splendida cantina risale ai primi anni del XVI secolo.

VIGNE - Le viti crescono su terreni ricchi di calcare marnoso, ad altitudini variabili tra i 250 e i 420 metri. L'esposizione a sud, sud-ovest permette il raggiungimento del perfetto grado di maturazione fenolica, mentre la vicinanza dell'Appenino garantisce una buona ventilazione, necessaria per mantenere l'uva sana, e una considerevole escursione termica, che esalta gli aromi.

VINI - Continua il percorso di migrazione verso la botte grande, per esaltare al meglio il carattere variatale delle uve.

Villa Travignoli Rosé 2019 ● sangiovese, merlot; 27.000 bt; 8 € - - Buccia di cipolla ramata di buona brillantezza per questo Rosa dal sorso vivace, corroborato da una decisa sapidità. Al naso la rosa canina si accompagna a piccoli frutti rossi e a una piacevole punta vegetale.
Chianti Rufina 2018 ● 250.000 bt; 9 € - - Rustico e sincero, ha bisogno di qualche minuto nel bicchiere per evolversi su un bel frutto maturo e su sentori di sottobosco e viola. In bocca ha struttura, acidità importante e tannino.
Chianti Rufina Tegolaia Ris. 2017 ● 30.000 bt; 18 € - - Spettro olfattivo di ottima complessità, tra note fruttate e una bella speziatura. Al palato, nonostante l'annata complicata, è ampio e articolato, con un caratteristico finale di arancia amara.
Gavignano 2019 O chardonnay, sauvignon; 15.000 bt; 8 € - - Agile, floreale, delicato.

ha 70 - **bt** 350.000
Fertilizzanti letame in pellet, organo-minerali
Fitofarmaci chimici di sintesi, rame e zolfo
Diserbo chimico, lavorazione meccanica/manuale
Lieviti fermentazione spontanea, selezionati industriali
Uve 100% di proprietà
Certificazione nessuna certificazione

POGGIO A CAIANO (PO)

PIAGGIA

Località Poggetto - Via Cegoli, 47 - tel. 055 8705401
348 8060960 - www.piaggia.com - info@piaggia.com

VITA - Piaggia è nata a metà degli anni Settanta grazie alla passione per la viticoltura di Mauro Vannucci, imprenditore allora in tutt'altro settore. Quella che doveva essere una sorta di attività riposante è diventata negli anni una delle più importanti aziende del comprensorio di Carmignano. Oggi è guidata dalla figlia Silvia, che con la stessa passione del padre porta avanti una realtà ormai affermata a livello internazionale.

VIGNE - La ferma convinzione di Mauro che il vino eccellente parta dalla vigna è una delle ragioni della perentoria affermazione qualitativa dei suoi vini. La svolta aziendale si è verificata negli anni Novanta, quando si è deciso di accelerare il percorso imprenditoriale piantando 15 ettari, solo in zone vocate. Si tratta di suoli galestrosi, ben drenanti, a un'altitudine media di 200 metri.

VINI - Il percorso enologico odierno vede una minore estrazione della materia, con vini dotati di maggiore finezza e grazia.

Carmignano Piaggia Ris. 2017 ● 30.000 bt; 36 € - - Ingresso deciso e armonico, in cui emergono gradevoli aromi fruttati ben integrati nella spezia del legno; si distende bene mantenendo continuità e finezza fino alla decisa chiusura tannica.
Carmignano Il Sasso 2018 ● 40.000 bt; 24 € - - Il vino sa unire la struttura imponente, alcolica e densa, con una bella finezza dinamica, grazie all'ottima estrazione tannica in connubio alla spina acida, che lo rende incisivo.
Poggio dei Colli 2017 ● cabernet franc; 10.000 bt; 51 € - - Strutturato e ampio, ha un bel centro bocca succoso, che emana profumi vegetali ben armonizzati con le note di frutta rossa; il percorso è fine, l'alcol ben integrato, il tannino un po' scoperto.

ha 18 - **bt** 100.000
Fertilizzanti letame in pellet, sovescio
Fitofarmaci rame e zolfo
Diserbo nessun diserbo
Lieviti selezione di lieviti indigeni
Uve 100% di proprietà
Certificazione nessuna certificazione

PONTASSIEVE (FI)

FATTORIA LAVACCHIO

SCONTO -10%

Via di Montefiesole, 55 - tel. 0558 317472
www.fattorialavacchio.com - info@fattorialavacchio.com

VITA - Vero e proprio mantra dell'ecosistema Lavacchio è il totale rispetto per la natura e per i suoi equilibri. Sin dal 1978, anno in cui la famiglia Lottero ha acquistato l'azienda, tutta la produzione agricola avviene in regime rigorosamente biologico, perseguendo quello che Faye, che oggi la gestisce insieme al marito Dimitri Sidorenko, definisce «un rapporto di collaborazione e armonia con l'ambiente». Fondamentale il contributo di esperienza del fattore Alfredo Massetti.

VIGNE - Le vigne sono in conversione biodinamica dal 2019. Poste a un'altitudine media di 420 metri, godono di una costante ventilazione, che preserva la sanità delle uve. Le forme di allevamento scelte sono il cordone speronato e il guyot, mentre le raccolte sono rigorosamente manuali. Il terreno è in prevalenza argilloso-calcareo, con una buona presenza di alberese.

VINI - Azienda pionieristica nel mondo della vinificazione senza solfiti aggiunti, Fattoria Lavacchio produce vini spontanei e genuini.

Chianti Rufina Ludiè 2015 ● 2.000 bt; 58 € - Le vigne piantate nel lontano 1963 e una resa estremamente ridotta ci regalano un vino dallo spettro aromatico ricchissimo, con un sorso nobile ed equilibrato e dal grande potenziale evolutivo.
Chianti Rufina Cedro 2018 ● 40.000 bt; 10 € - Viola, ribes e una piacevole punta speziata accompagnano una beva dinamica ed espressiva, estremamente varietale.
Chianti Puro 2018 ● 60.000 bt; 10 € - Succoso, fruttato, espressivo.
Chianti Puro Ris. 2016 ● 6.500 bt; 16 € - Possente, fruttato, dettagliato.
Puro Pét-Nat 2019 trebbiano; 5.000 bt; 10 € - Metodo Ancestrale, citrino, floreale, essenziale.

Ottimo il riassaggio del Chianti Rufina Cedro Ris. 2016: acidità da vendere e un bel tannino fitto ci accompagnano verso un finale piacevolmente ematico e persistente.

ha 25,5 - **bt** 130.000
Fertilizzanti letame, preparati biodinamici, sovescio
Fitofarmaci rame e zolfo
Diserbo lavorazione meccanica/manuale
Lieviti selezione di lieviti indigeni
Uve 100% di proprietà
Certificazione biologico certificato, in conversione biodinamica

PONTASSIEVE (FI)

I VERONI

Frazione I Veroni - Via Tifariti, 5 - tel. 055 8368886
www.iveroni.it - info@iveroni.it

VITA - La famiglia Mariani sta portando avanti, ormai da anni, un'attenta opera di valorizzazione dei territori aziendali e di riscoperta di antiche varietà, riprodotte con cura nella collezione ampelografica. Tutto ciò, unito a uno stile di vinificazione più rispettoso, contribuisce a fare de I Veroni una delle aziende di riferimento della denominazione.

VIGNE - Le vigne sono piantate su un'intera collina e degradano dalla bellissima vigna di Quona presso l'antica Pieve di San Martino verso la cantina, occupando terreni di matrice calcarea, con inserti di galestro viola che contribuiscono a conferire snellezza ed eleganza ai vini. La conduzione agronomica ormai da anni segue i dettami dell'agricoltura biologica.

VINI - Lo stile è sempre stato tradizionale, ma negli anni ha visto alleggerire la struttura dei vini per arrivare a privilegiare la cura del dettaglio aromatico e l'eleganza.

Chianti Rufina Vigneto Quona Ris. 2017 ● 22.000 bt; 22 € - Prodotto dal vigneto storico, si presenta floreale e agrumato al naso, per poi sfoderare una trama tannica perfetta e un equilibrio acido-sapido che allunga il finale.
Vin Santo del Chianti Rufina Occhio di Pernice 2010 ● 2.500 bt da 0,375 l; 31 € - Sontuoso nei profumi floreali e balsamici, in bocca entra imperioso, con un'equilibrio tra dolcezza e acidità che accentua il finale persistente.
Alba di Paola 2019 O canaiolo bianco, sangiovese, trebbiano, malvasia del Chianti; 2.500 bt; 9 € - Ottenuto con i vitigni recuperati dai vigneti più vecchi, si esprime elegante e floreale all'olfatto, per poi distendersi in bocca leggero e rinfrescante.
Chianti Rufina Vigneto I Domi 2018 ● 40.000 bt; 12 € - Armonico, fruttato, sapido.
Amelia Rosè 2019 ● sangiovese; 5.000 bt; 9 € - Agile, fruttato, espressivo.

ha 21 - **bt** 100.000
Fertilizzanti sovescio
Fitofarmaci rame e zolfo
Diserbo lavorazione meccanica/manuale
Lieviti fermentazione spontanea
Uve 100% di proprietà
Certificazione biologico certificato

PONTASSIEVE (FI)

MARCHESI GONDI - TENUTA BOSSI

SCONTO -10%

Via dello Stracchino, 32 - tel. 055 8317830
www.gondi.com - tenutabossi@gondi.com

VITA - Impossibile passeggiare per gli splendidi giardini della Tenuta Bossi senza sentirsi parte di un viaggio attraverso i secoli. La storia della famiglia Gondi ha inizio addirittura all'epoca di Carlo Magno, ma è dal 1592 che si fonde a quella della tenuta, dando origine a un lungo sodalizio. Gerardo, insieme al fratello Lapo e al padre Bernardo, sono oggi i custodi di questa incredibile tradizione vitivinicola.

VIGNE - Le vigne si distribuiscono su vari appezzamenti, vinificati separatamente per valorizzarne le peculiarità. La matrice comune dei terreni è una buona presenza di galestro e di sedimenti calcarei, che unita alla forte pendenza, a un clima fresco e alle escursioni termiche tra giorno e notte dà origine a vini dalla spiccata acidità e dall'ottimo potenziale evolutivo.

VINI - Lo stile aziendale è suddiviso tra le anime e il gusto dei due fratelli: Lapo predilige vini freschi, eleganti e di pronta beva, mentre Gerardo ricerca grande corpo e potenza. La consulenza enologica è affidata a Fabrizio Moltard.

Chianti Rufina Villa Bossi Ris. 2016 ● 7.500 bt; 20 € - Di buona struttura e grande eleganza olfattiva, si presenta con sentori fruttati e floreali, esaltati da una piacevole balsamicità. In bocca è ampio e carnoso, con un tannino solido, dal grande potenziale evolutivo.
Ser Amerigo 2015 ● merlot, sangiovese, colorino; 5.000 bt; 20 € - Naso articolato e ottimo equilibrio caratterizzano questo particolare blend, che ci regala sottili note vegetali e una beva di decisa personalità.
Mazzaferrata 2015 ● cabernet sauvignon; 5.000 bt; 20 € - Potente e strutturato, mantiene comunque un carattere spiccatamente rufinese, evidenziato da un colore rubino decisamente brillante e un'acidità succosa. Curioso il finale, con una piacevole punta di arancia amara.

ha 19 - **bt** 60.000
Fertilizzanti minerali, organo-minerali, sovescio
Fitofarmaci chimici di sintesi, rame e zolfo
Diserbo lavorazione meccanica/manuale
Lieviti selezione di lieviti indigeni
Uve 100% di proprietà
Certificazione nessuna certificazione

RIGNANO SULL'ARNO (FI)

TORRE A CONA

SCONTO -10%

Via Torre a Cona, 49 - tel. 055 699000 - 335 7852595
www.torreacona.com - info@torreacona.com

VITA - La famiglia Rossi di Montelera si prende cura della splendida villa settecentesca ormai da tre generazioni. L'originaria funzione di azienda agricola a tutto tondo è stata negli anni arricchita da una produzione vitivinicola di assoluta qualità, e da un ecosistema ricettivo completo e articolato. Il consulente agronomico è Federico Curtaz, mentre Beppe Caviola cura la parte enologica. La commercializzazione e il marketing sono invece affidate a Chiara Bellacci.

VIGNE - Le vigne si sviluppano su quattro aree principali, accomunate dal clima fresco e da una forte escursione termica. Nella parte alta, ricca di scheletro di alberese, trovano un habitat ideale il sangiovese e il colorino, mentre nei fondovalle, dove il terreno è più sabbioso, si esprimono al meglio merlot, malvasia e trebbiano. Le temperature medie più alte degli ultimi anni hanno permesso di ottenere uve sane e dal perfetto grado di maturazione.

VINI - Per l'azienda il legno in affinamento deve essere un'integrazione leggera, mai invadente; i vini sono puliti, eleganti e freschi.

Chianti Colli Fiorentini 2018 ● 60.000 bt; 12 € - Estremamente preciso, si apre con note di rosa passita e cenni minerali. In bocca entra fresco, snello, con un piacevolissimo e composto allungo finale.
Chianti Colli Fiorentini Badia a Corte Ris. 2017 ● 13.000 bt; 25 € - Un bel frutto maturo e un'elegante nota boisé accompagnano un sorso di grande equilibrio e buona profondità. Il tannino solido ci fa scommettere su un roseo futuro.
Terre di Cino 2016 ● sangiovese; 3.000 bt; 21 € - Dalla dimensione aromatica complessa e articolata, è vibrante ed energico, e chiude con una punta di arancia amara.
Casamaggio 2018 ● colorino; 3.000 bt; 27 € - Ampio, floreale, autentico.
Il Merlot 2017 ● 3.000 bt; 19 € - Incisivo, varietale, elegante.

ha 20 - **bt** 90.000
Fertilizzanti letame in pellet, letame, organo-minerali
Fitofarmaci chimici di sintesi, rame e zolfo
Diserbo lavorazione meccanica/manuale
Lieviti selezionati industriali, selezione di lieviti indigeni
Uve 100% di proprietà
Certificazione nessuna certificazione

RUFINA (FI)

COLOGNOLE

SCONTO **-10%**

Via del Palagio, 15 - tel. 055 8319870
www.colognole.it - info@colognole.it

VITA - Tra le più antiche della denominazione, l'azienda Colognole è curata dalle sapienti mani della famiglia Spalletti Trivelli sin dalla fine dell'Ottocento. A braccetto con la produzione enologica troviamo un'offerta ricettiva estremamente completa e articolata, che permette di conoscere e apprezzare al meglio le caratteristiche di questo fantastico terroir. L'agronomo è Massimo Achilli, mentre la gestione enologica è affidata ad Andrea Giovannini.

VIGNE - Da anni è stato intrapreso un percorso di vinificazione separata per ogni singola vigna: un impegno gravoso, ma necessario per calibrare al meglio le pratiche agronomiche ed esaltare le caratteristiche di ogni appezzamento. I terreni variano da un buon saldo argilloso del fondovalle a un macigno prevalente nelle zone più alte.

VINI - Lo stile aziendale è volto a sfruttare al massimo il terroir della Rufina, ottenendo vini dal forte carattere identitario.

Chianti Rufina del Don Ris. 2016 ● 7.500 bt; 24 € - Di ottima complessità olfattiva, si muove tra note di frutta sotto spirito, spezie e una sottile balsamicità. L'ingresso in bocca è deciso, per un sorso sapido, carnoso e di buona persistenza.
4 Chiacchiere a Oltrepoggio 2018 O chardonnay; 1.600 bt; 19 € - I forti riflessi dorati ci preannunciano struttura e potenza, accompagnati da una spiccata acidità. Al naso tanta frutta tropicale si accompagna a un piacevole boisé.
Chianti Rufina Colognole 2017 ● 32.000 bt; 12 € - Di buona acidità e beva rilassata, non sembra aver risentito dell'annata calda.
Le Lastre 2018 ● sangiovese, merlot, syrah; 3.800 bt; 18 € - Solido, speziato, stratificato.
Sarà 2018 ● syrah; 1.600 bt; 30 € - Articolato, speziato, varietale.
Sinopie 2019 O chardonnay; 5.000 bt; 9 € - Dinamico, floreale, essenziale.

ha 27 - **bt** 100.000
Fertilizzanti letame in pellet, sovescio
Fitofarmaci organici, rame e zolfo
Diserbo lavorazione meccanica/manuale
Lieviti selezionati industriali, selezione di lieviti indigeni
Uve 100% di proprietà
Certificazione nessuna certificazione

RUFINA (FI)

FATTORIA SELVAPIANA

Località Selvapiana, 43 - tel. 055 8369848
www.selvapiana.it - info@selvapiana.it

VITA - Posta nel cuore della Rufina, la Fattoria Selvapiana è un'azienda di importanza storica per il mondo del vino italiano. Oggi Federico Giuntini, insieme al figlio Nicolò, gestisce l'azienda resa celebre dal fondatore Francesco Giuntini a partire dagli anni Settanta. L'azienda può contare su una profondità di annate, con bottiglie degli anni Sessanta di incredibile vitalità, utile per capire il valore enologico di questi luoghi.

VIGNE - La Rufina è un'area di grande vocazione. Posta ai piedi dell'Appennino, gode di temperature medie abbastanza basse, fondamentali in questo momento storico per uve di qualità. L'azienda sfrutta diverse posizioni. La parte più estesa delle vigne si trova intorno alla cantina su suoli calcarei. Molto belle le giaciture di Pomino ed Erchi.

VINI - Vini di puro respiro chiantigiano e sollevati nella materia da leggerezza acida, in virtù del territorio di origine.

TOP **Chianti Rufina Vigneto Erchi 2017** VINO SLOW ● 3.500 bt; 43 € - Bella la sensazione aromatica matura che ricorda la mora di gelso, con riflessi balsamici; la bocca è viscosa e di fitta trama tannica, la progressione è sostenuta da un'ottima freschezza acida.
Chianti Rufina 2018 ● 130.000 bt; 12 € - Il consueto capolavoro di leggerezza, giusta tensione e precisione estrattiva, a incorniciare il simbolo alcolico di un intero comprensorio.
Chianti Rufina Vigneto Bucerchiale Ris. 2017 ● 36.000 bt; 26 € - Versione matura, data l'annata, del vino-simbolo aziendale; il frutto è maturo, il palato armonico e teso, tra un tannino spigoloso e la tipica vena acida.
Pomino Villa Petrognano 2017 ● 6.500 bt; 14 € - Fitto, fruttato, compatto.
Fornace 2016 ● merlot, cabernet sauvignon, cabernet franc; 3.000 bt; 21 € - Avvolgente, speziato, consistente.

ha 60 - **bt** 200.000
Fertilizzanti letame in pellet, sovescio
Fitofarmaci rame e zolfo
Diserbo lavorazione meccanica/manuale
Lieviti fermentazione spontanea
Uve 100% di proprietà
Certificazione biologico certificato

RUFINA (FI)

PODERE IL BALZO

Via del Poggiolo, 12 - tel. 347 1891311
www.ilbalzo.it - podereilbalzo@alice.it

VITA - Il bosco è un elemento vivo, naturale e primordiale con il quale Paolo Ponticelli vive e che ha imparato a conoscere e curare ormai da quasi 15 anni. Il lavoro di boscaiolo ha influenzato quello di vignaiolo in termini di ascolto delle esigenze vegetali e di estrema attenzione negli interventi a modificare gli equilibri della natura. Sarà per questa compenetrazione che i vini de Il Balzo risultano freschi e vitali come una passeggiata in mezzo ad alberi secolari.

VIGNE - La vigna si estende per circa 7 ettari ed è suddivisa in tre appezzamenti, su suoli galestrosi e ideali per la viticoltura. Il primo vigneto fu piantato da Paolo nel 1999. La proprietà si estende su 30 ettari complessivi di cui 3 ettari di oliveto e il resto a pascolo, seminativo e naturalmente bosco. La complessità delle relazione tra gli ambienti favorisce un'agricoltura poco interventista, che Paolo ha tradotto in certificazione biologica fin dal 2006.

VINI - Le competenze di Federico Giuntini sono state fondamentali all'inizio per inquadrare uno stile di vino territoriale e di estrema godibilità. Oggi, con la consulenza esperta dell'enologo Franco Bernabei, Paolo ha infuso sempre più personalità nella produzione aziendale.

Chianti Rufina Podere il Balzo 2017 ● 10.000 bt; 9 € - L'ingresso al palato è molto fine, con un attacco subitaneo di freschezza acida che innerva il sorso succoso; la progressione è leggera, con aromi fruttati e via via sempre più balsamici, fino alla chiosa gustativa che si adagia su un tannino fitto, robusto ma ben integrato al complesso gustativo.

ha 7 - **bt** 15.000
Fertilizzanti letame in pellet, organo-minerali
Fitofarmaci rame e zolfo
Diserbo lavorazione meccanica/manuale
Lieviti fermentazione spontanea
Uve 100% di proprietà
Certificazione biologico certificato

SAN CASCIANO IN VAL DI PESA (FI)

CASTELVECCHIO

SCONTO -10%

Frazione San Pancrazio - Via Certaldese, 30 - tel. 055 8248032
www.castelvecchio.it - info@castelvecchio.it

VITA - La storia di Castelvecchio è profonda e ricca di cambiamenti: già castello medievale, appartenuto alla famiglia Cavalcanti, è divenuto in seguito villa dopo la battaglia di Monteaperti. Oggi è una fattoria gestita dal 1960 dalla famiglia Rocchi, e attualmente guidata dai fratelli Filippo, che ne cura la parte agronomica, e Stefania, che segue quella amministrativa. Collabora con loro l'enologo Luca D'Attoma.

VIGNE - All'apice del colle di Castelvecchio si trovano la cantina e i vigneti, disposti ai due lati. A sud troviamo le varietà a bacca nera, mentre a nord, in un terreno ciottoloso, con arenaria e misto a sabbia vegetano trebbiano e malvasia, con la vigna Lombardi che contiene viti di canaiolo di oltre 40 anni per la produzione del Numero 8. Filippo pone molta attenzione al lavoro manuale in vigna.

VINI - L'impegno aziendale è volto alla produzione di vini che si contraddistinguano per tipicità e freschezza.

TOP **Chianti Santa Caterina 2018** ● 35.000 bt; 8 € - Piacevole, disteso e territoriale con note floreali definite e una progressione succosa molto schietta e appagante.
Chianti Colli Fiorentini Vigna La Quercia Ris. 2017 ● 6.000 bt; 17 € - Si apre con note di frutta matura, tabacco e sentori balsamici, mentre all'assaggio mostra un tannino evoluto, ben integrato, che conferisce piacevole equilibrio al sorso.
Numero 8 2017 ● canaiolo; 4.000 bt; 17 € - Questa varietà spesso relegata a ruoli secondari, qui si afferma per piacevolezza e nobiltà.
Il Brecciolino 2017 ● merlot, petit verdot, sangiovese; 5.000 bt; 25 € - Denso, speziato, cupo.
Chianti Colli Fiorentini Castelvecchio 2018 ● 20.000 bt; 10 € - Croccante, speziato, espressivo.
San Lorenzo 2019 O trebbiano; 8.000 bt; 8 € - Vibrante, floreale, gastronomico.

ha 24 - **bt** 100.000
Fertilizzanti sovescio
Fitofarmaci organici, rame e zolfo
Diserbo lavorazione meccanica/manuale
Lieviti selezione di lieviti indigeni
Uve 100% di proprietà
Certificazione biologico certificato

SAN CASCIANO IN VAL DI PESA (FI)

CORZANO E PATERNO

Frazione San Pancrazio - Via San Vito di Sopra, 9 - tel. 055 8248179
www.corzanoepaterno.it - info@corzanoepaterno.it

VITA - Continuità generazionale, amore per la terra e gioia della pratica agricola sono gli ingredienti unici del lavoro e della vita di Corzano e Paterno. La viticoltura, la produzione di formaggi e quella di olio extravergine di oliva sono le pratiche quotidiane che coinvolgono le famiglie Goldschmidt e Gelpke in una custodia attiva di un luogo molto bello, valorizzato attraverso un'agricoltura intrisa di sensibilità.

VIGNE - In una visita di qualche anno fa Aljoscha Goldschmidt ci mostrò un sasso preso in vigna. Liscio e sferico, in questo ciottolo, memoria fluviale di un tempo, secondo lui risiede l'identità chiantigiana dei vini aziendali. Si tratta di inserti silicei che punteggiano vigne di matrice argillose e calcaree esposte a sud-ovest. Il compost aziendale è ottenuto dai residui delle potature e dal letame delle pecore.

VINI - In cantina si cerca di esaltare le caratteristiche del luogo di origine attraverso un'enologia attenta a evitare imprecisioni espressive.

TOP **Passito di Corzano 2005** VINO SLOW ● trebbiano; 2.000 bt da 0,375 l; 38 € - Unisce concentrazione e dolcezza da lento appassimento, e spinta sapida donata dalla qualità complessa della materia prima: l'unione sprigiona aromi di tabacco, albicocca secca e zenzero.
I Tre Borri 2017 ● sangiovese; 8.000 bt; 34 € - La sviluppo gustativo è affidato alla densità del sorso, che esprime calore alcolico e dolcezza di fondo; la trama sapida sorregge il percorso, che chiude con ruvidezza tannica.
Corzanello Bianco 2019 ○ chardonnay, petit manseng, trebbiano, malvasia, sauvignon blanc; 27.000 bt; 12 € - Ingresso verticale con intensità alcolica e aromi fruttati ben definiti; belle la pulizia espressiva e la chiusura appagante, nonostante una certa rigidità di fondo.
Chianti Terre di Corzano 2018 ● 30.000 bt; 14 € - Agile, fruttato, incisivo.

ha 22 - **bt** 95.000
Fertilizzanti letame, sovescio
Fitofarmaci rame e zolfo
Diserbo lavorazione meccanica/manuale
Lieviti selezione di lieviti indigeni
Uve 100% di proprietà
Certificazione biologico certificato

SAN CASCIANO IN VAL DI PESA (FI)

MARCHESI ANTINORI

Località Bargino - Via Cassia per Siena, 133 - tel. 055 23595
www.antinori.it - antinori@antinori.it

VITA - Riassumere 26 generazioni in poche righe è davvero compito arduo. Dal 1385 la famiglia Antinori si occupa di vino, e rappresenta perciò un simbolo del nostro paese a livello internazionale. Dobbiamo sottolineare che il vino italiano deve molto a realtà come queste che, con il loro prestigio e la loro forza, anche commerciale, hanno fatto conoscere la nostra viticoltura in tutto il mondo, fin nei piccoli dettagli.

VIGNE - I possedimenti in Chianti Classico sono stati divisi giustamente in Badia a Passignano, Tenuta Tignanello e Marchesi Antinori in Chianti Classico. Tignanello grazie ai suoli calcarei ricchi di alberese dona vini di struttura, longevi e di finezza estrema. I suoli più profondi e ricchi di argilla originano i vini a denominazione, territoriali e precisi.

VINI - Senso di appartenenza ed eleganza sono il filo rosso che unisce la copiosa produzione sparsa per il territorio chiantigiano.

Tignanello 2017 ● cabernet franc, cabernet sauvignon, sangiovese; 350.000 bt; 77 € - Imponente nell'impatto gustativo, con una materia ben ritmata tra calore alcolico e tannino; la progressione è ampia, e regala note di frutta matura e spezie dolci.
Solaia 2017 ● cabernet sauvignon, sangiovese, cabernet franc; 65.000 bt; 265 € - Concentrato, ha una bella precisione enologica con espressione pulita di frutta, terrosità e vaniglia; la bocca calda chiude con un tannino robusto.
Chianti Cl. Badia a Passignano Gran Selezione 2017 ● 125.000 bt; 34 € - Esprime concentrazione dinamica molto ben estratta, nonostante l'alcol in evidenza; la bocca è lusingata da note dolci e fruttate, che chiudono su un tannino scoperto.
Chianti Cl. Pèppoli 2018 ● 700.000 bt; 17 € - Schietto, fruttato, docile.
Chianti Cl. Marchese Antinori Ris. 2017 ● 330.000 bt; 32 € - Avvolgente, speziato, opulento.

ha 1.069 - **bt** 2.959.400
Fertilizzanti letame in pellet, organo-minerali, sovescio
Fitofarmaci chimici di sintesi, rame e zolfo
Diserbo lavorazione meccanica/manuale
Lieviti
Uve 100% di proprietà
Certificazione nessuna certificazione

SCANDICCI (FI)

FATTORIA SAN MICHELE A TORRI

Via di San Michele, 36 - tel. 055 769111
www.fattoriasanmichele.it - info@fattoriasanmichele.it

VITA - Proprietà estesa su 500 ettari nel territorio di San Casciano Val di Pesa, San Michele a Torri è stata fondata a metà degli anni Ottanta dall'imprenditore Paolo Nocentini. L'attività agricola passa in rassegna plurime produzioni, dal vino all'olio, dalla pasta fresca alla carne e ai salumi da cinta senese, tutti ottenuti da agricoltura a ciclo chiuso e soprattutto biologica, al fine di preservare la vitalità e la bellezza di un paesaggio da cartolina.

VIGNE - La vigna occupa circa 55 ettari in un territorio che per una parte sconfina nel Chianti Classico. Oltre la vigna, la proprietà comprende 40 ettari di oliveto e seminativi a perdita d'occhio, bosco e allevamento di maiali. Su tale superficie praticare agricoltura biologica implica due condizioni fondamentali: vocazione e organizzazione. La vocazione è testimoniata dalla bontà della produzione, per il resto ci pensa il bravo direttore Leonardo Francalanci.

VINI - L'azienda punta a ricostituire una filiera corta di distribuzione e consumo consapevole, contando sull'assoluta genuinità della sua produzione.

Chianti Cl. La Gabbiola 2018 ● 40.000 bt; 9 € - Ha una buona tensione gustativa affidata a una trama sapida e acida che avvolge il tannino e dona semplici aromi fruttati.
Chianti Colli Fiorentini San Michele a Torri 2018 ● 150.000 bt; 8 € - Equilibrato e leggero, il vino esibisce una delicata espressione floreale; molto semplice e immediato, scopre sul finale una certa rigidità tannica.
Chianti Cl. La Gabbiola Ris. 2016 ● 10.000 bt; 24 € - Ingresso al palato denso, con cenni aromatici speziati da legno; la bocca è ampia, succosa, con buona persistenza aromatica.
Campotrovo 2019 ○ chardonnay, petit manseng, pinot bianco; 8.000 bt; 9 € - Fresco, fruttato, rilassato.

ha 65 - **bt** 300.000
Fertilizzanti letame, sovescio
Fitofarmaci rame e zolfo
Diserbo lavorazione meccanica/manuale
Lieviti fermentazione spontanea, selezionati industriali, selezione di lieviti indigeni
Uve 100% di proprietà
Certificazione biologico certificato

SCANDICCI (FI)

PAOLO E LORENZO MARCHIONNI A VIGLIANO

Località Vigliano - Via Carcheri, 309 - tel. 055 8727040
338 2469191 - www.vigliano.com - info@vigliano.com

VITA - L'azienda si trova sulle prime colline intorno a Firenze da quando Mauro Marchionni, medico, ha deciso di trasferirsi in campagna per staccare dalla vita frenetica della città. Negli anni Novanta i figli Lorenzo e Paolo hanno raccolto il testimone della passione paterna, e l'hanno trasformata in un'azienda agricola in senso stretto.

VIGNE - La scelta è stata quella di convertire in sangiovese, attraverso gli innesti, le viti di varietà internazionali presenti originariamente in azienda. I terreni sono prevalentemente costituiti da sabbia fine e limo, e ricchi di scheletro, che permette un ottimo drenaggio.

VINI - Uve mature e macerazioni più lunghe, ossidative e ben condotte sono la base di partenza per le vinificazioni a Vigliano. «I vini devono avere energia», dice Paolo, energia che per lui si declina attraverso la «delicatezza» data dall'equilibrio tra tannino e freschezza: il risultato sono vini sottili, eleganti e dinamici.

TOP **Rosso Vigliano 2018** VINO SLOW ● 13.700 bt; 13 € - Varietale al naso, tra le note fruttate e floreali del Sangiovese, e piacevole in bocca, con freschezza e sapidità che, unite a tannini fini, richiamano un sorso dopo l'altro.
L'Erta Poggio della Bruna 2018 ● sangiovese; 6.000 bt; 24 € - Profonda la dimensione olfattiva tra note fruttate e speziate. Al palato l'attacco è ampio, poi i tannini setosi accompagnano il vino in un percorso stratificato che si apre su un finale di bella persistenza.
Bianco Vigliano 2019 ○ chardonnay, trebbiano; 3.500 bt; 13 € - Al naso le note floreali accompagnano quelle di frutta gialla, e al palato è vibrante ed espressivo, con un finale sapido.
Rosato Vigliano 2019 ● sangiovese; 3.500 bt; 13 € - Agile, fruttato, gastronomico.

ha 7 - **bt** 28.000
Fertilizzanti letame in pellet, sovescio
Fitofarmaci rame e zolfo
Diserbo lavorazione meccanica/manuale
Lieviti fermentazione spontanea
Uve 100% di proprietà
Certificazione biologico certificato

CHIANTI CLASSICO

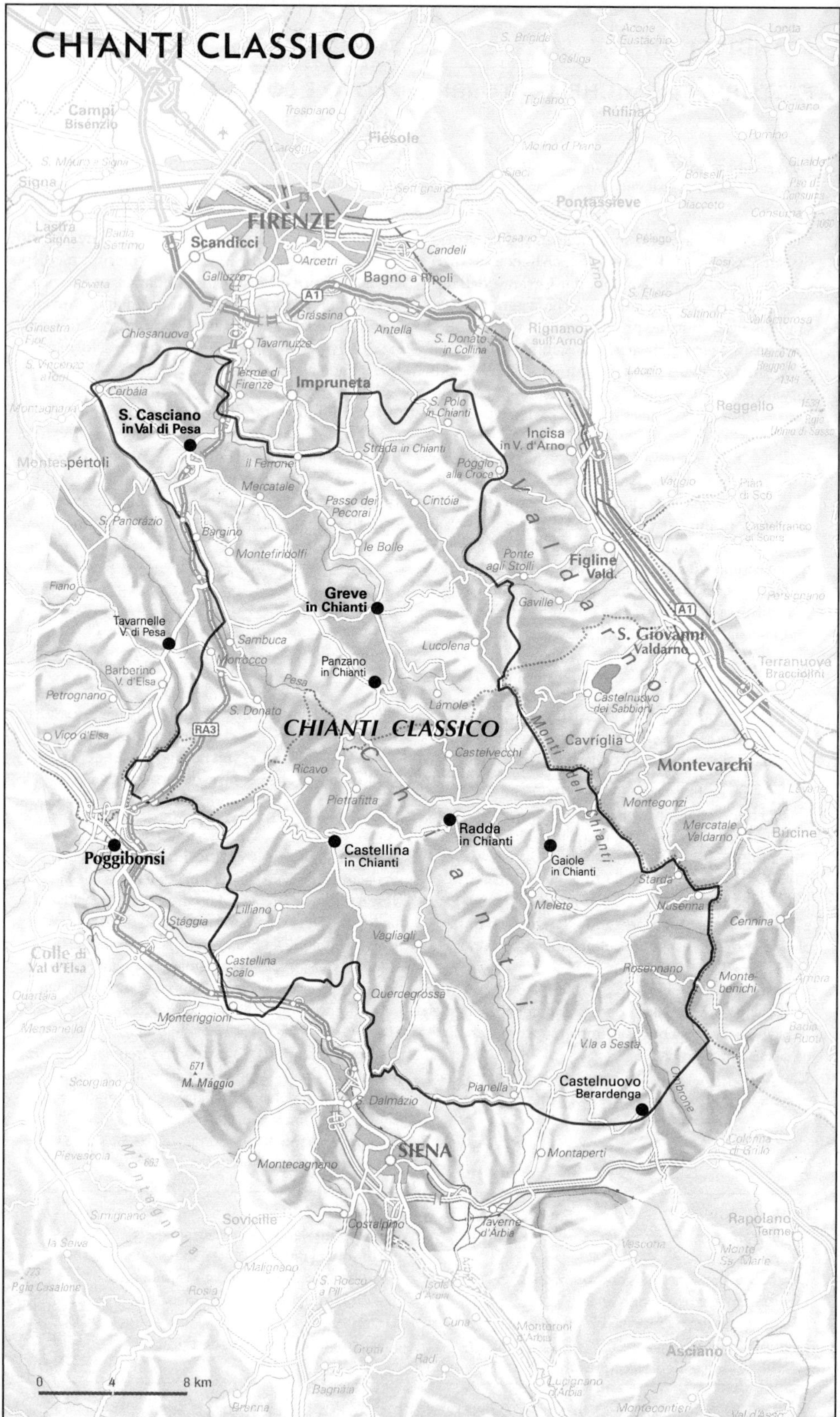

CANTINA RIPOLI

SCONTO -10%

Località Monsanto - Via Ripoli, 1 - tel. 333 6196984
f.sarri@cantinaripoli.it

VITA - Vin de garage: sarebbe questa la definizione francese dei vini prodotti da Francesco Sarri. Dal 2014 Francesco ha iniziato a vinificare piccole partite di uva, ma è dal millesimo 2016 che la sua ambizione ha preso forma, con il primo vino con la sua firma. Dalla cantina più povera del mondo, come lui stesso la definisce, escono vini veri, schietti e diretti, proprio a sua immagine e somiglianza.

VIGNE - I vigneti sono dislocati su due areali ben distinti: il primo e più esteso si trova a Radda in Chianti, mentre il secondo è poco distante dalla cantina. Una parte delle uve viene acquistata, ma viene comunque seguita durante il percorso di maturazione di modo che la raccolta avvenga nel momento ottimale. Dall'assemblaggio di queste partite nasce l'unico vino prodotto.

VINI - Nelle parole di Francesco riecheggia con sempre più insistenza la parola "essenziale". L'essenzialità di un territorio che mai vuole essere stravolta, la purezza di una varietà come il sangiovese, che si esalta nei micro-areali chiantigiani, la personalità dei suoi vini, vivi, vibranti, essenziali, appunto. Francesco li definisce "unplugged", a sottolineare la sostanza e l'anima anziché l'amplificazione di sottofondo.

Chianti Cl. 2018 ● 7.000 bt; 17 € - Incredibilmente legato all'esaltazione del varietale, con note di frutti rossi e violetta, ha una bocca fresca, composta e avvolgente, e un finale minerale e succoso. Gentile nella beva, appagante al naso, è un vino gastronomico e godibile sorso dopo sorso. La strada è tracciata, non resta altro che attendere le prossime annate: siamo sicuri che sentiremo ancora parlare di questo vin de garage chiantigiano.

ha 1,6 - **bt** 7.000
Fertilizzanti letame
Fitofarmaci rame e zolfo
Diserbo lavorazione meccanica/manuale,
Lieviti
Uve acquisto 20%
Certificazione nessuna certificazione

BARBERINO TAVARNELLE (FI)

CASTELLO DI MONSANTO

SCONTO -10%

Via Monsanto, 8 - tel. 055 8059000
www.castellodimonsanto.it - monsanto@castellodimonsanto.it

VITA - Era il 1961 quando Fabrizio Bianchi si innamorò del terroir di Monsanto, e intraprese un'avventura fatta di innovazione e lungimiranza. Perle di rara bellezza, le cantine del castello conservano uno dei più grandi archivi enologici esistenti. Oggi la figlia Laura si occupa dell'azienda col prezioso aiuto del responsabile commerciale Francesco Guazzugli Marini e dell'enologo Andrea Giovannini.

VIGNE - I 72 ettari vitati si sviluppano su un corpo unico intorno al castello settecentesco, facilitando le operazioni in vigna. I terreni sono ricchi di galestro, che agevola la giusta profondità radicale e dona ai vini finezza e longevità. Il Maestrale, che sovente arriva dalle coste tirreniche, garantisce sanità delle uve ed escursioni termiche sostenute, permettendo lunghe maturazioni e sviluppo di profumi di rara eleganza.

VINI - L'innovazione e la ricerca dell'assoluta qualità sono i marchi di fabbrica della famiglia Bianchi, poco incline a piegarsi alle mode del mercato e orgogliosa della riconoscibilità dei propri prodotti.

Chianti Cl. Il Poggio Ris. 2015 ● 18.000 bt; 55 € - - Emozionante la progressione aromatica nel bicchiere, con note di viola passita e di amarena che si evolvono in spezie dolci e balsamicità. Al sorso è avvolgente, con tannino setoso e una croccante acidità.
Chianti Cl. 2018 ● 50.000 bt; 15 € - - Di ottima carica aromatica ed estrema pulizia, in bocca è articolato e dinamico, con un tannino fine e una buona persistenza.
Fabrizio Bianchi Sangioveto 2016 ● sangiovese; 7.000 bt; 52 € - - Vinificato in purezza sin dal 1974 e venduto nell'iconica bottiglia borgognotta, è un vino fine ed elegante. Al palato si presenta vibrante e armonico, di grande personalità.
Chianti Cl. Ris. 2017 ● 200.000 bt; 26 € - - Articolato, speziato, elegante.

ha 72 - **bt** 450.000
Fertilizzanti minerali, organo-minerali, sovescio
Fitofarmaci organici, rame e zolfo
Diserbo lavorazione meccanica/manuale
Lieviti fermentazione spontanea
Uve 100% di proprietà
Certificazione nessuna certificazione

ISOLE E OLENA

SCONTO **-10%**

Località Isole, 1 - tel. 055 8072763
office@isoleolena.it

VITA - Paolo De Marchi, piemontese di origine, rappresenta un compendio vivente di storia del Chianti, dalla fine della mezzadria ai giorni nostri. Trasferitosi con la famiglia nella tenuta acquistata nel 1956, ha attraversato, non come spettatore ma come attore protagonista, tutte le fasi storiche dall'abbandono delle terre alla nascita della Doc e ai successivi reimpianti finanziati dalla Comunità Europea negli anni Settanta, fino alla rinascita qualitativa a partire dalla fine del decennio successivo.

VIGNE - La cosa che piace, nel disquisire con Paolo della sua azienda e dei vini, è il fatto che ci si trova sempre e comunque a parlare di vigna: la cantina e la vinificazione sono argomenti quasi secondari e comunque molto meno importanti e interessanti. È proprio partendo dall'uva e da un lungo e meticoloso studio sui vigneti che Paolo ha costruito la base qualitativa dell'azienda.

VINI - Sapidità, eleganza, espressività territoriale e precisione: questo, in estrema sintesi, è lo stile dei vini di Isole e Olena.

TOP **Cepparello 2017** ● sangiovese; 39.000 bt; 75 € - - Interpreta l'annata con maestria. Il calore è ben stemperato nella polpa fruttata succosa e ricca; una vena balsamica e floreale alleggerisce il profilo aromatico. Lento nel distendersi, ma profondo.
Chianti Cl. 2017 ● 98.000 bt; 22 € - - Ha buona freschezza ad accompagnare il frutto dolce e maturo. Bello il tratto sapido al palato, dove il tannino è affilato e non privo di qualche asperità.
Syrah Collezione Privata 2017 ● 4.500 bt; 55 € - - Toni speziati e fumé per un sorso avvolgente, dal calore misurato e di buona naturalezza espressiva.
Vin Santo del Chianti Cl. 2009 ● trebbiano, malvasia; 8.000 bt da 0,375 l; 39 € - - Incisivo, articolato, complesso.
Cabernet Collezione Privata 2016 ● 9.000 bt; 75 € - - Denso, speziato, compatto.

ha 56 - **bt** 220.000
Fertilizzanti compost, minerali
Fitofarmaci chimici di sintesi, organici, rame e zolfo
Diserbo lavorazione meccanica/manuale
Lieviti fermentazione spontanea, selezionati industriali
Uve 100% di proprietà
Certificazione nessuna certificazione

PODERE ERICA

Località Olena - Strada Provinciale Castellina in Chianti, 6
tel. 328 9567883 - www.podereerica.com - giordano-m@hotmail.it

VITA - Podere Erica è una piccola realtà vitata di proprietà americana posta in località Olena. Pur essendo un investimento straniero, questa recente azienda si è distinta per la capacità di costituirsi come complesso agricolo stratificato su più attività, quali l'apicoltura, l'allevamento di maiali e asini, e l'olivicoltura, evidenziando la seria intenzione di radicarsi nella geografia e nella cultura storico-agricola del Chianti Classico.

VIGNE - L'azienda conta su 2 ettari di vigna divisa in due parcelle. Il primo vigneto, di circa un ettaro, fu piantato nel 2011, il secondo è del 2018 e diviso in tre piccoli appezzamenti. I suoli variano molto. Si va da matrici argillose e calcaree a suoli più sciolti, ricchi in galestro e limosi. La modesta estensione della vigna così come la fitta presenza di bosco consentono un'ottimale gestione in biodinamica.

VINI - I vini, pur fuori dalla denominazione, esprimono un cristallino timbro territoriale. L'inizio del percorso produttivo porta a una continua sperimentazione, molto interessante da seguire.

TOP **Il Picchio 2016** VINO SLOW ● sangiovese; 2.700 bt; 21 € - - Al palato esibisce ottima dolcezza di frutta, in una materia viscosa e slanciata; tale dinamica rivela sul finale una felice trama sapida e tannica che allunga il sorso e il sapore.
La Ghiandaia 2017 ● sangiovese, canaiolo; 1.900 bt; 14 € - - La dimensione dinamica è affidata alla bella vena di freschezza acida che innerva il liquido di sapori agrumati e floreali; la chiusura tannica è netta e tende ad asciugare il finale.
Le Rondini 2019 ○ trebbiano, malvasia; 500 bt; 15 € - - Espressione aromatica floreale, con un piacevole e controllato spunto ossidativo; il sapore è sapido, ampio e incisivo.
Il Cardellino 2019 ● sangiovese; 500 bt; 14 € - - Agile, floreale, sapido.

ha 2 - **bt** 5.000
Fertilizzanti humus, preparati biodinamici, sovescio
Fitofarmaci rame e zolfo
Diserbo lavorazione meccanica/manuale
Lieviti fermentazione spontanea
Uve 100% di proprietà
Certificazione biologico certificato

PSR
Programma di Sviluppo Rurale
Regione Toscana
Unione Europea
REPUBBLICA ITALIANA
Regione Toscana
Misura 3 - "Regimi di qualità dei prodotti agricoli e alimentari" Sottomisura 3.2 - "Attività di informazione e promozione" - Beneficiario: ChiantiClassico DO
CHIANTI CLASSICO.
UNICO COME LA SUA TERRA.
ZOWART
Tra le nostre colline il bello e il buono si incontrano da sempre, grazie al sapiente lavoro dei nostri produttori e alle qualità uniche della nostra terra.
D.O.P.
CHIANTI CLASSICO
DAL 1716
Ogni bottiglia di vino e olio Chianti Classico è espressione di questa unicità. Lo garantisce il Gallo Nero.
OLIODOPCHIANTICLASSICO.COM
CHIANTICLASSICO.COM

BARBERINO TAVARNELLE (FI)

POGGIO AL SOLE

SCONTO -10%

Località Badia a Passignano - Strada Rignana, 2 - tel. 055 8071850
www.poggioalsole.com - info@poggioalsole.com

VITA - L'obiettivo di Johannes Davaz è stato fin da subito quello di comprendere il territorio, la storia e la cultura di questo angolo di Chianti. Ha deciso di trasferirsi a Poggio al Sole nel 1990 e con passione, intraprendenza e l'esperienza maturata nella gestione dell'azienda di famiglia in Svizzera, ha dato un'impronta personale e al contempo territoriale ai propri vini. L'ingresso in azienda del figlio Valentino ha donato nuovo slancio a questa dinamica realtà familiare.

VIGNE - Gli splendidi vigneti che circondano la cantina sono incorniciati da un bosco fitto di querce e lecci. Gli ultimi impianti di sangiovese arrivano a quota 500 metri, alla ricerca di una maggiore freschezza e fragranza del frutto. I terreni hanno una buona presenza di argilla e sono ricchi in scheletro, mentre il sistema di allevamento adottato è quello dell'alberello modificato.

VINI - Lo stile è poco interventista, e l'attenzione nel preservare la materia prima è la parola d'ordine in cantina.

Chianti Cl. Gran Selezione Casasilia 2017 ● 4.000 bt; 34 € - Da una selezione delle migliori uve, ha un naso composto, con note di fiori secchi in evidenza, e un sorso ampio, ricco e dalla matrice salina.
Chianti Cl. 2018 ● 38.000 bt; 15 € - Ha un naso integro e speziato, e la bocca è concentrata, con richiami tostati sul finale.
Seraselva 2016 ● merlot, cabernet sauvignon; 8.000 bt; 34 € - La ricerca di un taglio più internazionale porta ad avere una bocca densa, fitta, privilegiando la fibra alla beva. Naso e chiusura aromatica sono coerenti: richiamano spezie e accenni terziari.
Canaiolo 2019 ● 2.000 bt; 15 € - Setoso, fruttato, espressivo.
Sangiovese Bianco 2019 ○ 2.000 bt; 10 € - Articolato, fruttato, salino.
Primavera 2019 ● sangiovese; 12.000 bt; 10 € - Schietto, floreale, cangiante.

ha 24 - **bt** 100.000
Fertilizzanti nessun concime
Fitofarmaci rame e zolfo
Diserbo lavorazione meccanica/manuale
Lieviti fermentazione spontanea, selezionati industriali
Uve 100% di proprietà
Certificazione biologico certificato

CASTELLINA IN CHIANTI (SI)

BUONDONNO

SCONTO -10%

Località La Piazza, 37 - tel. 0577 733662
www.buondonno.com - buondonno@chianticlassico.com

VITA - Nel 1988, dopo la laurea in Agronomia, Gabriele Buondonno e sua moglie Valeria Sodano hanno acquistato nel comune di Castellina in Chianti questa azienda dall'antica tradizione agricola, appartenuta in passato anche alla famiglia Buonarroti. In netto anticipo sui tempi, marito e moglie hanno deciso da subito di praticare agricoltura biologica, «l'unico modo per rispettare l'ambiente senza alterarne gli equilibri». All'attività vinicola si aggiunge quella ricettiva.

VIGNE - Visitando le vigne è possibile apprezzare come l'azienda abbia preservato la biodiversità. Olivi, seminativi e boschi circondano gli edifici della proprietà. I terreni sono ricchi di scheletro e argilla calcarea, e conferiscono carattere ai vini. Da menzionare una storica parcella di viti maritate a supporto vivo del 1936.

VINI - Sin dagli esordi quello della famiglia Buondonno è un lavoro volto a conferire autenticità, schiettezza e rappresentatività del territorio ai propri vini.

Chianti Cl. Ris. 2017 ● 7.000 bt; 24 € - Vino di carattere, materico e di corpo, è sostenuto da una buona trama tannica. Rispecchia un lavoro di valorizzazione del territorio con una freschezza nient'affatto scontata in un'annata molto calda.
Chianti Cl. 2018 ● 28.000 bt; 15 € - Frutta matura e sentori terziari accompagnano l'assaggio, elegante e aggraziato.
Lemme Lemme 2018 ● sangiovese, canaiolo, malvasia, colorino; 1.000 bt; 32 € - Vinificato in tini di ceramica svela equilibrio, volume e croccantezza. Il fitto tannino mostra il cammino evolutivo di un vino che desta curiosità.
Bianco alla Marta 2018 ○ trebbiano, malvasia; 1.300 bt; 22 € - Bianco macerato, fine, complesso, stratificato.
Cabernet Franc 2018 ● 400 bt; 29 € - Solido, fruttato, espressivo.
Rosso 2018 ● sangiovese; 2.000 bt; 11 € - Spigoloso, fruttato, verace.

ha 12 - **bt** 50.000
Fertilizzanti letame in pellet, sovescio
Fitofarmaci rame e zolfo
Diserbo lavorazione meccanica/manuale
Lieviti fermentazione spontanea
Uve 100% di proprietà
Certificazione biologico certificato

CASTELLINA IN CHIANTI (SI)

CASINA DI CORNIA

Località Cornia, 113 - tel. 0577 743052
www.casinadicornia.it - info@casinadicornia.com

VITA - La famiglia Luginbühl solca il mare del vino con mano ferma e idee chiare ormai da diversi anni, combattendo diverse battaglie, sia per la sopravvivenza delle piccole aziende vitivinicole, sia per lo sviluppo di un'agricoltura più sostenibile. Oggi è la seconda generazione, con Anselmo e Julien, che porta avanti la quasi totalità delle attività aziendali.

VIGNE - Le vigne si distendono sui primi contrafforti collinari che si incontrano salendo per Castellina in Chianti, e occupano circa 8 ettari di terreno, dove l'argilla predomina sullo scheletro e conferisce ai vini più struttura che finezza. In vigna ormai da anni si è abolito l'uso del rame, e tutte le operazioni colturali sono svolte possibilmente a mano, per preservare e migliorare l'equilibrio naturale dei terreni.

VINI - Nell'estate 2020 era praticamente pronta la nuova cantina, destinata a migliorare la logistica aziendale senza intaccare lo stile di vinificazione, fatto di fermentazioni spontanee in cemento, e macerazioni brevi per i vini più semplici e più lunghe per il Chianti Classico e il Chianti Classico Riserva. Se ne ricavano vini complessi e strutturati, vera espressione di questo angolo chiantigiano.

Chianti Cl. Vigna La Casina Ris. 2015 ● 5.000 bt; 26 € - Ⓛ - Il profilo olfattivo si presenta molto ricco e articolato, innervato di suadenti profumi fruttati e minerali che disegnano un quadro di spiccata finezza. L'incontro col palato mette in mostra un vino che si distende in bocca ampio ed equilibrato, con tannini fitti e risolti e un'ottima chiusura acido-sapida che dona verve e dinamismo gustativo.

ha 8 - **bt** 30.000
Fertilizzanti letame, sovescio
Fitofarmaci organici, rame e zolfo
Diserbo lavorazione meccanica/manuale
Lieviti fermentazione spontanea
Uve 100% di proprietà
Certificazione biologico certificato

CASTELLINA IN CHIANTI (SI)

DOMINI CASTELLARE DI CASTELLINA

SCONTO **-10%**

Località Castellare - Strada Provinciale 130 di Castagnoli, 14-15
tel. 0577 742903 - www.castellare.it - info@castellare.it

VITA - L'innata passione per il vino ha portato l'editore Paolo Panerai a creare negli anni una delle realtà più solide del panorama viticolo nazionale, partendo con il Chianti Classico negli anni Settanta e aggiungendo in seguito la Maremma con Rocca di Frassinello e la Sicilia con Feudi del Pisciotto e Gurra di Mare, ormai tutte aziende avviate.

VIGNE - Le parcelle situate in Chianti portano i nomi dei vecchi poderi e sono divenute ormai famose grazie ai vini che le rappresentano. Colpiscono in modo particolare la vigna dei Sodi, presso la vecchia chiesa di San Niccolò, monumentale con le sue viti ultracinquantenni, e la vigna del Poggiale, con un bellissimo terreno con galestro e pietraforte in evidenza.

VINI - Molto tradizionale, lo stile dei vini delle diverse proprietà ha come filo conduttore l'uso delle tecniche enologiche al fine di ottenere prodotti che rispecchino il territorio di origine.

Sodi di San Niccolò 2016 ● sangiovese, malvasia nera; 30.000 bt; 73 € - Ⓛ - Vino-simbolo dell'azienda, si apre con sentori floreali e agrumati, per distendersi al palato con un perfetto equilibrio tra tannini, acidità e succo.
Chianti Cl. Il Poggiale Ris. 2017 ● 15.000 bt; 34 € - Ⓛ - Selezione storica della famosa vigna del Poggiale, si presenta fruttato ed ematico al naso, con una bocca suadente ma incisiva, con frutto e sale in evidenza.
Maremma Rocca di Frassinello 2018 ● 30.000 bt; 43 € - ▦ - Dai poderi maremmani, mette in mostra struttura e persistenza, con note balsamiche e fruttate e un palato concentrato ma comunque scorrevole.
Chianti Cl. 2018 ● 150.000 bt; 17 € - ⌂ Ⓛ - Agile, fruttato, energico.
Maremma Le Sughere 2018 ● 130.000 bt; 19 € - ▦ - Avvolgente, fruttato maturo, opulento.

ha 157 - **bt** 1.000.000
Fertilizzanti letame in pellet, sovescio
Fitofarmaci rame e zolfo
Diserbo lavorazione meccanica/manuale
Lieviti selezionati industriali, selezione di lieviti indigeni
Uve 100% di proprietà
Certificazione nessuna certificazione

CASTELLINA IN CHIANTI (SI)

GAGLIOLE

SCONTO -10%

Località Gagliole, 42 - tel. 0577 740369
www.gagliole.com - info@gagliole.com

VITA - Dall'inizio degli anni Novanta l'azienda è di proprietà della famiglia Bär-Bettschart. Da aprile 2019 è attiva la nuova cantina a Panzano in Chianti, interamente autosufficiente dal punto di vista energetico grazie ai pannelli solari e agli impianti geotermici. A Cesare Panti è affidata la gestione della tenuta, mentre l'enologo e agronomo è Giulio Carmassi.

VIGNE - Agli 8 ettari di vigna sugli storici terrazzamenti di Castellina si sono aggiunti negli anni i 12 ettari intorno alla nuova cantina di Panzano, e recentemente 3 nuovi ettari in zona Cappella dei Pesci a Badia a Passignano. A Castellina prevale la matrice di galestro, mentre a Panzano, con vigneti che raggiungono i 500 metri di quota, argilla e alberese. Dal 2011, per il Pecchia, si usa la tecnica della vinificazione integrale in barrique.

VINI - Eleganza e armonia sono le note comuni dei vini di Gagliole che quest'anno si sono rivelati di alto livello in tutte le etichette presentate in degustazione.

Pecchia 2016 ● sangiovese; 2.000 bt; 110 € - - Al naso note di frutta matura, balsamiche e di tabacco fresco; in bocca, dopo un ingresso incisivo, il sorso atterra su tannini setosi, per un percorso suadente e dettagliato.
Chianti Cl. Rubiolo 2018 ● 55.000 bt; 13 € - - Note olfattive varietali di susina e violetta introducono un palato leggiadro, succoso e di facile beva.
Gagliole 2017 ● sangiovese, cabernet sauvignon; 5.500 bt; 34 € - - Profuma di frutta matura e spezie dolci, e al palato si rivela armonico e stratificato, sorretto da una morbidezza che fa da contrappunto al fitto tannino.
Valletta 2017 ● merlot, sangiovese; 12.000 bt; 25 € - - Avvolgente, fruttato, ampio.
Il Bianco 2018 ○ procanico, chardonnay, malvasia; 3.000 bt; 20 € - - Articolato, speziato, compatto.

ha 2,3 - **bt** 90.000
Fertilizzanti organo-minerali, sovescio
Fitofarmaci rame e zolfo
Diserbo lavorazione meccanica/manuale
Lieviti selezionati industriali
Uve 100% di proprietà
Certificazione biologico certificato

CASTELLINA IN CHIANTI (SI)

ROCCA DELLE MACÌE

Località Le Macie, 45 - tel. 0577 7321
www.roccadellemacie.com - info@roccadellemacie.com

VITA - Rocca delle Macìe è una della aziende storiche del Chianti Classico. La sua nascita è avvenuta a metà degli anni Settanta, grazie alla passione di Italo Zingarelli per questo territorio. Oggi la continuità è garantita dal figlio Sergio e da tutta la sua famiglia, che ha operato importanti investimenti sia nella ricezione turistica, sia nella ristorazione, non ultima la recente apertura dell'Osteria Passo dopo Passo con lo chef stellato Maurizio Bardotti.

VIGNE - L'Osteria menzionata si trova a Fizzano, tenuta di 61 ettari acquistata nel 1984 che ha ottime esposizioni. Prima di Fizzano erano state acquistate le Macìe, cuore dell'azienda con 93 ettari, e Sant'Alfonso, 125 ettari, entrambe nel 1973. In quest'ultima i suoli sono argillosi, mentre per Macìe e Fizzano si parla di matrici ricche di scheletro. L'azienda è presente anche in Maremma con le tenute Campomaccione e Casamaria.

VINI - Da qualche anno i vini hanno acquisito una maggiore facilità di beva, assumendo, di conseguenza, una piacevole identità.

Chianti Cl. Famiglia Zingarelli Ris. 2017 ● 350.000 bt; 21 € - - Ingresso ampio e sostenuto da discreto slancio succoso, con cenni fruttati e vegetali: chiusura sul tannino robusto.
Chianti Cl. Gran Selezione Sergio Zingarelli 2016 ● 6.500 bt; 55 € - - Prodotto con uve sangiovese provenienti esclusivamente dalla tenuta Le Macìe, risulta ampio, avvolgente, con spezie dolci e frutto evoluto.
Chianti Cl. Ser Gioveto Ris. 2016 ● 6.500 bt; 22 € - - Ingresso denso e alcolico, con sviluppo della materia fruttata e balsamica di buona verticalità; nel complesso di tendenza dolce ma armonico.
Chianti Cl. Famiglia Zingarelli 2018 ● 950.000 bt; 8 € - - Schietto, fruttato, docile.
Chianti Cl. Tenuta Sant'Alfonso 2018 ● 50.000 bt; 21 € - - Agile, fruttato, espressivo.

ha 207 - **bt** 1.700.000
Fertilizzanti compost, letame in pellet, letame, sovescio
Fitofarmaci chimici di sintesi, rame e zolfo
Diserbo lavorazione meccanica/manuale
Lieviti selezionati industriali, selezione di lieviti indigeni
Uve 100% di proprietà
Certificazione nessuna certificazione

CASTELLINA IN CHIANTI (SI)

SETRIOLO

SCONTO -10%

Località Setriolo, 61 - tel. 338 5496589
www.setriolo.com - info@setriolo.com

VITA - Susanna Soderi è una vignaiola di temperamento: nel 1990 è rientrata a Firenze dal Venezuela su invito del babbo Gianfranco, che nel frattempo, nel 1989, aveva realizzato il sogno della sua vita acquistando la fattoria di Setriolo a Castellina in Chianti. Alla scomparsa del padre nel 2003 Susanna si è rimboccata le maniche: non sapeva nulla di vitivinicoltura, ma ha imparato accudendo il vigneto rifatto dal padre e piantando 1,5 ettari ad alberello a parete.

VIGNE - Susanna si considera una vignaiola forgiatasi con l'esperienza: nel condurre la vigna si è affidata ai consigli dell'amico agronomo Massimo Currò, mentre in cantina si è rivolta all'amico cantiniere Fabio Sarti e alla brava enologa Gioia Cresti. Seguendo l'esempio paterno la conduzione agronomica è attenta e poco invasiva: dal 2016 l'azienda è certificata biologica. Tre ettari di vigneto sono a sangiovese e mezzo ettaro a merlot.

VINI - Nelle bottiglie ci sono tante mani: oltre a quelle di Susanna, quelle della mamma Luciana De Zordo, quelle del marito Salvatore Enrichetti, quelle di Fabio e dell'operaio Akik Krasniqi. I vini sono tradizionali, con un tocco di moderna eleganza e di facile beva.

Chianti Cl. Ris. 2016 ● 2.600 bt; 28 € - Di bella personalità, ha profumi leggermente boisé, ben armonizzati con un frutto elegante e fresco. L'ingresso al palato è deciso, poi si distende con bella profondità.
Chianti Cl. 2017 ● 5.300 bt; 15 € - Buon connubio aromatico fra l'amarena e i cenni speziati; in bocca è pieno, di bel nerbo, con un finale screziato dal tannino.
Memores 2015 ● merlot, sangiovese; 1.300 bt; 20 € - Il naso è d'impostazione moderna: concentrato, con frutti di bosco e cenni speziati. La bocca ha generosa profondità e compattezza, ma anche una certa austerità tannica finale.

ha 3,5 - **bt** 15.000
Fertilizzanti letame in pellet, sovescio
Fitofarmaci rame e zolfo
Diserbo lavorazione meccanica/manuale
Lieviti fermentazione spontanea, selezionati industriali
Uve 100% di proprietà
Certificazione biologico certificato

CASTELLINA IN CHIANTI (SI)

TENUTA DI BIBBIANO

Località Bibbiano, 76 - tel. 0577 743065
www.bibbiano.it - info@bibbiano.it

VITA - Educato al vino da maestri del Sangiovese del calibro di Giulio Gambelli, Tommaso Marrocchesi Marzi ha dato forma alla sua azienda seguendo la rotta sicura dell'appartenenza territoriale. Grazie a questo tipo di filologia enologica oggi la Tenuta di Bibbiano si pone nel variegato panorama del Chianti Classico come azienda di riferimento per vini di carattere che esprimono al meglio, senza indugi, il luogo di origine e il vitigno che la cultura agricola ha eletto come autoctono.

VIGNE - Siamo a Castellina, nel versante che guarda Monteriggioni e la val d'Elsa. A circa 300 metri di altitudine troviamo matrici geologiche di origine pliocenica che originano suoli sciolti e facili da lavorare. Tale uniformità è stata spezzata dall'orientamento delle vigne, che grazie a esposizioni diverse generano differenze notevoli di comportamento, riassunte dai due cru: vigna del Capannino, a sud-ovest, e Montornello, a nord-est.

VINI - L'arrivo dell'enologo Maurizio Castelli, qualche hanno fa, ha saldato ancora di più il rapporto tra Sangiovese aziendale e luogo di origine.

Chianti Cl. 2018 ● 60.000 bt; 19 € - Scattante e piacevole, dona succo corroborante e tensione ricca di materia; ottimo il finale sul tannino appuntito e schietto.
Chianti Cl. Ris. 2017 ● 30.000 bt; 27 € - L'impatto è caldo, con sentori di frutta scura e matura; la bocca rivela una materia armonica di sviluppo ampio e concentrato, la chiusura sulla rigidità del tannino evidenzia l'austerità del vino.
Chianti Cl. Gran Selezione Vigna del Capannino 2016 ● 8.000 bt; 27 € - La dimensione tattile è affidata a un tessuto tannico ben integrato alla materia estratta. Ne risulta un vino compatto, austero, che insiste su profonde e monocordi note speziate.

ha 27 - **bt** 125.000
Fertilizzanti letame in pellet, sovescio
Fitofarmaci rame e zolfo
Diserbo lavorazione meccanica/manuale
Lieviti fermentazione spontanea
Uve 100% di proprietà
Certificazione biologico certificato

CASTELLINA IN CHIANTI (SI)

TENUTA DI LILLIANO

Località Lilliano, 8 - tel. 0577 743070
www.lilliano.it - info@lilliano.it

VITA - La tenuta di Lilliano è un'azienda di territorio, ossia con produzioni a chiare connotazioni di tipicità e pregio, che da sempre si muove in perfetta sinergia tra cultura, storia, ambiente e architettura, come dimostrano le case coloniche squisitamente ristrutturate. Il vino potrebbe essere un semplice pretesto per vivere questa atmosfera magica, ma i vigneti, le due cantine e le bottiglie prodotte raccontano la centralità di questa faccia della medaglia.

VIGNE - La produzione è impostata prevalentemente sul sangiovese e concentrata su tre vigneti, Le Piagge, Casina Sopra Strada e Vigna Catena, con esposizioni da sud-est a sud-ovest. I terreni sono perlopiù ad alberese, ricchi in scheletro, calcarei e tendenzialmente argillosi. Il supporto tecnico per la produzione dei vini è garantito dall'agronomo Stefano Porcinai e dall'enologo Lorenzo Landi.

VINI - Il vino viene realizzato mantenendo la massima naturalità del prodotto, rispettando i tempi di maturazione e affinamento, senza forzature o pratiche enologiche invasive.

Chianti Cl. Ris. 2017 ● 11.000 bt; 27 € - Al naso affascina con richiami floreali e di confettura. L'acidità è viva ma composta; i tannini morbidi escono alla distanza, senza ostacolare la piacevolezza gustativa. Il finale riporta note balsamiche in quantità.
Chianti Cl. Gran Selezione 2017 ● 5.000 bt; 30 € - Numerosi cenni terziari fanno da cornice a note fruttate. In bocca c'è spessore, per un vino succoso e rotondo. I tannini, ben svolti, sostengono e completano il sorso.
Chianti Cl. 2018 ● 120.000 bt; 15 € - L'olfatto punta all'eleganza. È un vino di corpo: il tocco caldo e le morbidezze stemperano quei momenti inclini a sviluppare tannini e vena acidula, armonizzando il gusto fino alla chiusura.

ha 39 - **bt** 160.000
Fertilizzanti organo-minerali, sovescio
Fitofarmaci organici, rame e zolfo
Diserbo lavorazione meccanica/manuale
Lieviti selezione di lieviti indigeni
Uve 100% di proprietà
Certificazione in conversione biologica

CASTELLINA IN CHIANTI (SI)

VILLA POMONA

SCONTO **-10%**

Località Pomona, 39 - Strada Regionale 222 Chiantigiana
tel. 348 8223737 - www.fattoriapomona.it - villapomona@virgilio.it

VITA - Villa Pomona racchiude tutte le bellezze della Toscana: il paesaggio, l'architettura rurale, la terra e i vini, il cui stile è frutto dei propositi di Monica Raspi. Prima veterinaria e ora vignaiola, oltre a omaggiare con i suoi prodotti la storia della famiglia, intimamente legata al borgo di Pomona, Monica contribuisce a fare di quest'area una delle migliori zone viticole italiane.

VIGNE - Qui si produce vino biologico dal 2012 su una superficie agricola di circa 6 ettari, con abbondante presenza di calcare nel suolo. Pomona è anche il nome di uno dei tre vigneti aziendali, a cui si aggiungono Sant'Ilario e Vigna del Termine, tutti posti nelle vicinanze della fattoria, a circa 350 metri di quota, e curiosamente attraversati al loro interno da tre confini comunali.

VINI - A Pomona la produzione dei vini, e non solo, è concepita in termini sostenibili, adottando da sempre strategie rivolte alla tutela ambientale.

Chianti Cl. 2017 ● 16.000 bt; 15 € - Ha personalità. Al naso è complesso e rivela articolazione olfattiva. L'assaggio è gradevole, e diventa ampio in centro bocca, dove si fanno più intensi gli aromi, tra note minerali, tocchi tannici e acidità rivestita. È lungo e appagante.
Cabernet Sauvignon 2018 ● 1.000 bt; 13 € - Le classiche note varietali qui non sono estreme: sentiamo cenni fruttati, di pepe, mentolo e macchia mediterranea. Il sorso è schietto e caratteriale.
Pomonica 2019 ○ 500 bt; 13 € - Emerge rispetto ai soliti Trebbiano banalizzati dalle rese. I profumi richiamano frutta esotica, agrumi e fiori di campo. Sapido, fresco, si fa suadente nella struttura e nel gusto.
Piero Rosso 2018 ● sangiovese; 2.000 bt; 10 € - Fine, fruttato, espressivo.

ha 6 - **bt** 27.000
Fertilizzanti sovescio
Fitofarmaci rame e zolfo
Diserbo lavorazione meccanica/manuale
Lieviti selezione di lieviti indigeni
Uve 100% di proprietà
Certificazione biologico certificato

CASTELNUOVO BERARDENGA (SI)

FATTORIA DELL'AIOLA

Località Vagliagli - Strada Provinciale 102 - tel. 0577 322615
www.aiolawines.com - info@aiolawines.com

VITA - Al confine tra i territori di Castelnuovo Berardenga e Radda in Chianti, in località Vagliagli, la Fattoria dell'Aiola si trova nei pressi dell'antico avamposto fortificato risalente al periodo dei conflitti tra le repubbliche di Siena e Firenze. La produzione vinicola ha avuto inizio nel 1934, quando il futuro presidente del Senato Giovanni Malagodi acquistò la tenuta. Dal 2012 un cambio di proprietà l'ha vista passare a un gruppo di imprenditori russi.

VIGNE - La parte agronomica è nelle mani di Paolo Barzagli, mentre Paolo Salvi è l'enologo e in cantina c'è Nicola Vangelisti. Le vigne, suddivise in 14 parcelle poste a varie altitudini, circondano la cantina, e i suoli sono variegati, attraversati da strati di arenarie con inserti di galestro e alberese. In corso il progressivo reimpianto dei vigneti, perlopiù a sangiovese.

VINI - La produzione è di stile tradizionale: si cercano vini in grado di raccontare fedelmente il territorio. Le cantine costruite nel 1968 sono in fase di ristrutturazione.

Chianti Cl. Ris. 2016 ● 11.000 bt; 16 € - Di grande struttura, con note speziate in evidenza figlie dell'affinamento per 24 mesi in botte, è un vino ancora austero, con evidenti margini di evoluzione.
Chianti Cl. Gran Selezione Cancello Rosso 2016 ● 2.600 bt; 26 € - Deriva dal vigneto omonimo di oltre 25 anni di età, e viene affinato in tonneau e barrique per 30 mesi. Si presenta ancora rigido, con una bella vena minerale e un finale in crescendo.
Chianti Cl. 2017 ● 25.000 bt; 9 € - Caldo, fruttato, balsamico, ha tensione e grinta, anche se è un po' asciugato dal tannino nel finale.
Brut Rosé Aiola sangiovese; 2.900 bt; 10 € - Metodo Charmat, fresco, floreale, delicato.
Rosato dell'Aiola 2019 sangiovese; 4.000 bt; 7 € - Succoso, fruttato, essenziale.

ha 26 - **bt** 120.000
Fertilizzanti letame in pellet, sovescio
Fitofarmaci rame e zolfo
Diserbo lavorazione meccanica/manuale
Lieviti fermentazione spontanea
Uve 100% di proprietà
Certificazione nessuna certificazione

CASTELNUOVO BERARDENGA (SI)

FÈLSINA

SCONTO **-10%**

Via del Chianti, 101 - tel. 0577 1523789 - 388 8047352
www.felsina.it - info@felsina.it

VITA - Giovanni Poggiali, terza generazione della famiglia che negli anni Sessanta acquistò questa fattoria al confine meridionale del Chianti, continua l'opera del nonno Domenico, del padre Giuseppe e dello zio Giuseppe Mazzocolin, nel fare di Fèlsina un punto di riferimento del territorio.

VIGNE - Félsina è terra di confine e trae linfa vitale dalle differenze tra gli ultimi contrafforti del massiccio del Chianti, che si fondono con le sabbie e le argille delle crete senesi, e con i terreni alluvionali dell'Ombrone ai suoi confini orientali. Emblematico di questo incontro tra territori è il Fontalloro, un Sangiovese in purezza da due vigne limitrofe ma differenti: un equilibrio tra galestro e sabbie tufacee.

VINI - Lo stile dei vini è territoriale ma con un timbro comune, che si tratti della zona di Pagliarese, della Berardenga o dei colli senesi.

Fontalloro 2017 ● sangiovese; 30.000 bt; 50 € - L'olfatto è intrigante, con un bel connubio fra il floreale, le spezie e qualche risvolto erbaceo. In bocca è diretto, dotato di una certa succosità e di buona articolazione gustativa.
Chianti Cl. Berardenga Ris. 2017 ● 70.000 bt; 26 € - Piacevole all'olfatto, si apre con note fruttate e lievemente balsamiche e un accenno di erba sfalciata; la bocca è asciutta, sapida e dal finale austero.
Chianti Cl. Rancia Ris. 2017 ● 46.000 bt; 43 € - Complesso al naso, con profumi agrumati e di frutti rossi e note di erbe aromatiche e balsamiche, in bocca è vibrante e dal finale sapido, con tannini giovani e irruenti.
Chianti Cl. Berardenga 2018 ● 280.000 bt; 18 € - Incisivo, fruttato, stratificato.
Chianti Cl. Pagliarese Ris. 2017 ● 10.000 bt; 22 € - Denso, speziato, increspato.
Maestro Raro 2017 ● cabernet sauvignon; 6.500 bt; 43 € - Articolato, fruttato, espressivo.

ha 72 - **bt** 537.000
Fertilizzanti preparati biodinamici, sovescio
Fitofarmaci rame e zolfo
Diserbo lavorazione meccanica/manuale
Lieviti selezione di lieviti indigeni
Uve 100% di proprietà
Certificazione biologico certificato

CASTELNUOVO BERARDENGA (SI)

LOSI - QUERCIAVALLE

Località Pontignanello, 6 - tel. 0577 356842
www.agricolalosi.it - info@agricolalosi.it

VITA - I Losi vantano una storia pluridecennale. Il capostipite Tranquillo iniziò a realizzare il suo sogno di mezzadro comprando il primo ettaro di vigna, e come in un puzzle ha continuato a investire in vigneti, dando forma all'attuale struttura aziendale. Poi la proprietà è passata nelle mani dei figli Paolo e Pietro, ma oggi è la terza generazione che gestisce il tutto, rappresentata dai figli di Pietro, Valeria e Riccardo.

VIGNE - L'80% dei vigneti è situato in una vallata che si chiama proprio Querciavalle. L'esposizione ottimale permette una maturazione completa delle uve, allevate tutte a cordone speronato. Un vigneto storico è quello chiamato del Milione di Lire, la cifra che pagò il nonno per l'acquisto. L'azienda dispone di un patrimonio genetico unico, con piante che vanno dai 2 ai 70 anni di età.

VINI - Valeria cita un motto che definisce i pregi che deve avere un vino di Querciavalle: ottima capacità di evoluzione e territorialità.

Chianti Cl. Ris. 2016 ● 14.000 bt; 20 € - Di indiscutibile valore e bontà, ha una sincera timbrica varietale e terrosa al naso, in bocca uno sviluppo nervoso e saporito, con ritmo incalzante e insieme armonico.
Chianti Cl. 2017 ● 28.000 bt; 12 € - All'olfatto non è molto delineato e presenta profumi eterei e di frutta sotto spirito; al palato trova equilibrio e buona reattività, e chiude con tannini screziati.
Vin Santo del Chianti Cl. 2007 ● 2.000 bt da 0,5 l; 34 € - Classico naso di frutta secca e cenni eterei. Il sapore dolce è ben contrastato da una seducente tensione.
Cavalier Tranquillo 2019 ● sangiovese, canaiolo, trebbiano, malvasia; 20.000 bt; 8 € - Schietto, fruttato, gastronomico.
Querciavalle 2019 ● sangiovese; 4.000 bt; 8 € - Armonico, fruttato, leggiadro.
La Capanna 2017 ● 14.000 bt; 9 € - Austero, speziato, increspato.

ha 22 - **bt** 150.000
Fertilizzanti compost, organo-minerali
Fitofarmaci rame e zolfo
Diserbo lavorazione meccanica/manuale
Lieviti fermentazione spontanea
Uve 100% di proprietà
Certificazione nessuna certificazione

CASTELNUOVO BERARDENGA (SI)

OLIVIERA

SCONTO -10%

Frazione Vagliagli - Strada Provinciale 102, 36 - tel. 349 8950188
www.oliviera.it - info@oliviera.it

VITA - Fin da quando Sandro Bandini ha assunto il timone nel 1998, l'azienda ha puntato su una gamma di vini specchio del territorio. Sandro è un giovane vignaiolo autodidatta, un vero e proprio factotum aziendale che lavora con passione sia di vigna sia di cantina. Gli unici aiuti arrivano dall'agronomo Lorenzo Imbimbo e dall'enologo Luano Bensi.

VIGNE - L'azienda dispone di 8 ettari vitati a sangiovese e altri vitigni autoctoni; i pochi filari di varietà internazionali saranno eliminati o reinnestati. Sono distribuiti fra i 350 e i 450 metri d'altitudine ed esposti a sud, sud-ovest, su terreni di medio impasto tendente all'argilloso, ricchi di scheletro e pieni di sassi e di galestro, caratteristica frequente nei suoli di Castelnuovo Berardenga. Nel 2018 sono stati piantati 2 ettari di malvasia nera e canaiolo.

VINI - Sandro ha un'idea chiara di cosa devono avere i suoi vini: un'espressività tradizionale, varietale e territoriale.

TOP **Chianti Cl. 2018** VINO QUOTIDIANO ● 30.000 bt; 8 € - Profuma di frutti rossi e agrumi al naso, mentre il sorso presenta una freschezza quasi dissetante, che dona scorrevolezza alla dinamica gustativa e lunghissima piacevolezza.
Chianti Cl. Settantanove Ris. 2017 ● 5.000 bt; 18 € - La cifra indica l'anno di nascita di Sandro. Ha un fraseggio aromatico classico, elegante, varietale e speziato. Il sorso è di sorprendente reattività, sottile e tonico, con tannini levigatissimi e un'insieme armonioso. Il finale è lungo e piacevole.
Chianti Cl. Campo di Mansueto 2018 ● 6.000 bt; 12 € - L'olfatto è integro e dal frutto fragrante, con risvolti floreali. Ha sapore garbato e succoso, dinamicità, contrasto ed equilibrio, ed è di incisiva facilità di beva.

ha 8 - **bt** 40.000
Fertilizzanti minerali, organo-minerali
Fitofarmaci rame e zolfo
Diserbo lavorazione meccanica/manuale
Lieviti fermentazione spontanea, selezionati industriali
Uve 100% di proprietà
Certificazione nessuna certificazione

VILLA A SESTA

SCONTO -10%

Località Villa a Sesta - Piazza del Popolo, 1 - tel. 0577 359014
www.villasesta.com - info@villasesta.com

VITA - L'azienda Villa a Sesta, di proprietà della famiglia Tattoni, si trova appena fuori dall'omonimo borgo. Qui ci sono le cantine di vinificazione e invecchiamento, come pure il frantoio aziendale, che fino a pochi anni fa funzionava ancora a pietra. Parte della proprietà si trova nel comune di Bucine. Il responsabile della produzione ed enologo interno è Roberto Ciani, coadiuvato in cantina dal consulente Alessandro Dondi.

VIGNE - Le vigne sono piantate su terreni con altitudine variabile dai 300 ai 400 metri di quota, e hanno composizione molto diversa: si passa dalle classiche argille rosse della zona di Castelnuovo, con presenza preponderante di galestro o di alberese, a zone di arenaria nella parte aretina della proprietà. Diradamenti e sovesci sono guidati dall'annata e dall'osservazione dello stato di salute delle piante, e puntano a limitare la vigoria.

VINI - Lo stile di vinificazione di Villa a Sesta è tradizionale, e ricerca principalmente pulizia e piacevolezza gusto-olfattiva.

Chianti Cl. Gran Selezione Sorleone 2016 ● 13.000 bt; 25 € - Vino intenso nei profumi di ciliegia matura, spezie e cioccolato, ha una bocca succosa e fresca, e tannini finissimi ad asciugare un sorso lungo e minerale, dal caratteristico finale sapido.
Chianti Cl. Ris. 2016 ● 13.000 bt; 15 € - Profuma di rose e spezie dolci, e mette in mostra una leggera tostatura al naso. Il sorso è succoso e lievemente sapido, con tannini setosi e una discreta persistenza.
VAS 2016 ● merlot; 7.000 bt; 16 € - Balsamico, con cenni di frutti di bosco macerati e note di caffè e cacao, presenta un palato avvolgente di frutto e liquirizia, con leggeri sentori erbacei e un finale lievemente ammandorlato.
Chianti Sup. Ripaltella 2016 ● 13.000 bt; 8 € - Succoso, fruttato, sottile.

ha 50 - **bt** 80.000
Fertilizzanti organo-minerali, sovescio
Fitofarmaci chimici di sintesi, rame e zolfo
Diserbo chimico, lavorazione meccanica/manuale
Lieviti fermentazione spontanea
Uve 100% di proprietà
Certificazione nessuna certificazione

CASTELNUOVO BERARDENGA (SI)

VILLA DI GEGGIANO

SCONTO -10%

Località Pianella - Via di Geggiano, 1 - tel. 0577 356879
www.villadigeggiano.com - info@villadigeggiano.com

VITA - L'azienda familiare ha sede nella splendida villa di Geggiano, che risale al XIII secolo ed è monumento nazionale dal 1975. Attualmente viene gestita con grande passione dai fratelli Andrea e Alessandro Boscu Bianchi Bandinelli. Il loro impegno è mirato alla produzione di vini estremamente territoriali e naturali.

VIGNE - I vigneti situati intorno alla villa sono esposti principalmente a sud-est, a un'altitudine compresa tra i 300 e i 350 metri, su terreni misti piuttosto pietrosi. La preziosa consulenza agronomica è affidata a Ruggero Mazzilli e tutte le vigne sono condotte in maniera sostenibile, intervenendo il meno possibile e solo laddove necessario.

VINI - A Geggiano il biologico non è l'obiettivo, ma lo strumento per produrre vini di qualità. La consulenza enologica è affidata alle mani esperte di Paolo Vagaggini.

Chianti Cl. 2017 ● 15.000 bt; 16 € - Frutta dolce con note di viola e vaniglia per questo vino che consideriamo espressione autentica dell'azienda. Nonostante l'annata molto calda, in bocca il sorso è fresco e piacevole, con progressione verticale e tannino saporito e affilato, che tende ad asciugare un po' in chiusura.
Chianti Cl. Ris. 2015 ● 6.000 bt; 25 € - Viene prodotto solo nelle annate considerate migliori, con la selezione delle uve delle viti più vecchie. Al naso il bouquet è complesso e sfaccettato: vira dal frutto scuro al terroso e allo speziato. In bocca è pieno e polposo, con un ottimo equilibrio tra acidità e sapidità.
Bandinello 2019 ● sangiovese, ciliegiolo, syrah; 13.000 bt; 12 € - Fruttato, fresco, ha energia e tensione. Ancora è un po' giovane e scomposto: da attendere.

ha 7 - **bt** 35.000
Fertilizzanti sovescio
Fitofarmaci rame e zolfo
Diserbo lavorazione meccanica/manuale
Lieviti fermentazione spontanea
Uve 100% di proprietà
Certificazione biologico certificato

GAIOLE IN CHIANTI (SI)

MAURIZIO ALONGI

Località la Casetta, 30 - tel. 338 9878937
www.maurizioalongi.it - ma@maurizioalongi.it

VITA - Anno dopo anno questa piccola realtà vitivinicola, creata da Maurizio Alongi in località Barbischio, a tre chilometri in linea d'aria da Gaiole in Chianti, inizia ad assumere una fisionomia più compiuta. Una mano concreta arriva dal figlio Leonardo, diplomato in agraria: impregnato di passione paterna, si sta trasformando in convinto vignaiolo. Un'ulteriore svolta viene dall'acquisto all'inizio del 2020 di un casale poco distante dal vigneto, che sarà sede aziendale e piccola cantina, per garantire un giusto tempo di affinamento al vino.

VIGNE - Piantato nel 1973, Il vigneto consta di due grosse parcelle ed è a circa 450 metri di quota. Si trova nel macigno del Chianti, una formazione geologica costituita in parte da arenarie che disgregandosi si trasformano in sabbie, e completamente circondato dal bosco. Una situazione di biodiversità ideale per seguire il regime biologico che, infatti, è in atto dal 2016.

VINI - Si seguono i canoni classici e tradizionali per la vinificazione, ma il punto di forza è l'affinamento in bottiglia più lungo possibile prima della commercializzazione.

TOP **Chianti Cl. Vigna Barbischio Ris. 2017** VINO SLOW ● 4.000 bt; 25 € - - Prova di carattere e maturità stilistica in un'annata non facile come la 2017. Al naso evidenzia profumi di frutto maturo, note floreali e cenni garbatamente speziati. Al palato entra con misurata pienezza e freschezza, e denota un allungo deciso, progressivo e pieno di sapore. Chiude con un finale convincente anche se dal tannino appeno increspato.

ha 1,3 - **bt** 4.000
Fertilizzanti letame in pellet
Fitofarmaci rame e zolfo
Diserbo lavorazione meccanica/manuale
Lieviti selezione di lieviti indigeni
Uve 100% di proprietà
Certificazione biologico certificato

GAIOLE IN CHIANTI (SI)

BADIA A COLTIBUONO

Località Badia a Coltibuono - tel. 0577 746110
www.coltibuono.com - badia@coltibuono.com

VITA - Possiamo riassumere la storia e la cultura enoica di Badia a Coltibuono con due certezze: rispetto per l'ambiente e qualità costante. L'affinamento tecnico-culturale che dal 1985 è maturato in azienda è merito dei fratelli Roberto ed Elisabetta Stucchi Prinetti. Oggi rappresentano una realtà all'avanguardia, che sa coniugare qualità e quantità, nel rispetto della certificazione biologica, del bio-distretto del Chianti e del protocollo Delinat.

VIGNE - I vigneti, situati principalmente in località Monti, sono lasciati inerbiti e da anni viene praticata la pacciamatura. Si guarda sempre più a un'agricoltura rigenerativa, che possa portare meno lavoro in vigna e più resistenza alle viti. Nel 2019 è stato piantato un nuovo vigneto di 2,5 ettari, terrazzato con la tecnica delle colmate. In azienda viene prodotta una linea commerciale denominata Cultus Boni, prodotta con uve selezionate.

VINI - Il vitigno principe è il sangiovese, accompagnato dagli altri autoctoni toscani colorino, canaiolo, fogliatonda e mammolo. Abbiamo assaggiato, e ci piace segnalarlo, anche tre vini della linea commerciale.

Chianti Cl. 2018 ● 170.000 bt; 15 € - - Fruttato, vegetale e speziato; verticale in bocca, è croccante, con tannino fitto, persistente e con una beva invitante.
Colmaia 2019 ● 30.000 bt; 11 € - - Dai vigneti di sangiovese più giovani, è schietto, fruttato e rustico, di grande scorrevolezza.
Chianti Cl. RS 2018 ● 100.000 bt; 13 € - - Terroso, maturo, ben delineato, ha buon sapore e un finale caldo e alcolico, ma pulito.
Chianti Cl. Cetamura 2018 ● 200.000 bt; 10 € - - Fine, fruttato, verace.

Il riassaggio del Chianti Classico Riserva 2010 ci fa apprezzare l'evoluzione di questa annata: complesso, maturo, speziato e minerale, in bocca è ampio, succoso, elegante e persistente.

ha 65 - **bt** 250.000
Fertilizzanti compost, sovescio
Fitofarmaci rame e zolfo
Diserbo lavorazione meccanica/manuale,
Lieviti fermentazione spontanea
Uve 100% di proprietà
Certificazione biologico certificato

GAIOLE IN CHIANTI (SI)

BARONE RICASOLI

Località Madonna a Brolio - Castello di Brolio - tel. 0577 7301
www.ricasoli.it - barone@ricasoli.it

VITA - Il Castello di Brolio, di proprietà della famiglia Ricasoli dal 1141, è un crocevia di storia. Da qui passa anche quella del vino: il barone di ferro Bettino Ricasoli, a metà Ottocento, inventò la "ricetta" del Chianti. Francesco Ricasoli è oggi il detentore di tale eredità, e con lui questo luogo è tornato a essere protagonista di un percorso enologico coerente con il glorioso passato che lo precede.

VIGNE - L'imponente mappature e zonazione dei 240 ettari vitati a disposizione ha portato a individuare ben 19 tipologie di suolo. Le viti crescono su cinque matrici principali: formazione del monte Morello, macigno del Chianti, scaglia (galestro), depositi fluviali e antiche terrazze fluviali. Notevole anche l'impegno per la sostenibilità.

VINI - Le sfumature dei suoli individuate sono esaltate dall'azienda attraverso etichette da singola origine geologica.

Chianti Cl. Gran Selezione Colledilà 2017 ● 27.000 bt; 50 € - - Da formazione del monte Morello a prevalenza alberese proviene questo vino di estrema densità, con progressione ampia e ricca di frutto, e un tannino morbido.
Chianti Cl. Gran Selezione Roncicone 2017 ● 6.000 bt; 50 € - - Le uve provengono da suoli di origine pliocenica: troviamo un vino incisivo, di materia salina, con note di frutta rossa matura e leggera eredità del legno, buona profondità e decisa chiusura tannica.
Chianti Cl. Gran Selezione Ceni Primo 2017 ● 6.000 bt; 50 € - - Da suoli limosi e ricchi di argilla si origina un vino ricco e stratificato nel comparto aromatico, con flori, spezie dolci e fini note agrumate; la bocca è ampia, progressiva e ricca di calore.
Chianti Cl. Brolio 2018 ● 460.000 bt; 14 € - - Fitto, floreale, contrastato.
Chianti Cl. Brolio Ris. 2017 ● 54.000 bt; 22 € - - Avvolgente, speziato, consistente.

ha 240 - **bt** 2.500.000
Fertilizzanti compost, letame in pellet, sovescio
Fitofarmaci chimici di sintesi, rame e zolfo
Diserbo lavorazione meccanica/manuale
Lieviti selezionati industriali, selezione di lieviti indigeni
Uve acquisto 10%
Certificazione nessuna certificazione

GAIOLE IN CHIANTI (SI)

CAPANNELLE

Località Capannelle, 13 - tel. 0577 74511
www.capannelle.it - info@capannelle.com

VITA - Capannelle vanta una storia molto particolare. Fondata dall'imprenditore romano Raffaele Rossetti agli inizi degli anni Settanta, nel 1997 è passata all'uomo d'affari americano James Sherwood, scomparso nel maggio 2020. L'opera di James è stata quella di ampliare l'azienda, prima consolidando la qualità dei vini, e poi costruendo uno splendido wine resort, per offrire un connubio tra vino e turismo che ha pochi paragoni nel territorio.

VIGNE - Siamo a Gaiole in Chianti, in uno degli scenari più evocativi per la viticoltura. Gli iniziali 3,5 ettari piantati negli anni Settanta intorno alla cantina furono implementati a fine anni Novanta con le vigne Trebbio, 7 ettari, e Vertine, 3 ettari. I suoli sono ricchi di galestro e ospitano per la maggior parte sangiovese, poi malvasia nera e una quota importante di chardonnay, vitigno nel quale James credeva molto.

VINI - L'esperienza dell'enologo Simone Monciatti, presente qui dal 1984, consegna vini territoriali, con qualche piacevole incursione nel carattere internazionale dello Chardonnay.

Chianti Cl. Capannelle Ris. 2016 ● 30.000 bt; 43 € - - Un vino di bel respiro territoriale, con distensione succosa e incisiva; il tannino robusto lo inquadra in una certa rusticità che appaga e convince.
Solare 2014 ● sangiovese, malvasia nera; 18.000 bt; 70 € - - Attacco fruttato, con spezia dolce in evidenza; la materia è scorrevole, con una bella spinta acida e un succo che riporta il frutto in primo piano.
Chardonnay 2017 ○ 8.000 bt; 56 € - - Inizia con una sottile traccia agrumata, che diventa più ampia e sostenuta da note speziate via via che la dimensione gustativa si amplifica di materia.
50&50 2016 ● sangiovese, merlot; 25.000 bt; 140 € - - Denso, speziato, opulento.
Rosato 2019 ● sangiovese; 5.000 bt; 34 € - - Agile, floreale, sapido.

ha 16 - **bt** 80.000
Fertilizzanti letame in pellet, organo-minerali
Fitofarmaci chimici di sintesi, rame e zolfo
Diserbo lavorazione meccanica/manuale
Lieviti selezionati industriali
Uve 100% di proprietà
Certificazione nessuna certificazione

CASTELLO DI AMA

Località Ama - tel. 0577 746031
www.castellodiama.com - info@castellodiama.com

VITA - Castello di Ama occupa un piccolo borgo amministrato dal comune di Gaiole in Chianti. La storia di questo luogo vanta radici antiche: la sua tradizione enologica risale agli inizi degli anni Settanta, con gli investimenti delle famiglie Carini, Cavanna, Sebasti e Tradico. Dal 1993 Lorenza Sebasti, insieme a Marco Pallanti, già presente in azienda, ha preso in mano la proprietà.

VIGNE - I nomi dei vigneti, presi dalla tradizionale toponomastica del luogo, fanno tremare le vene e i polsi tanto la fama dei vini ottenuti da essi è radicata negli appassionati. Bellavista, Casuccia, L'Apparita, San Lorenzo, Montebuoni sono i più preziosi tasselli di un mosaico di 75 ettari, che passa in rassegna i classici suoli della denominazione, di predominante tessitura calcarea.

VINI - La produzione enologica vanta una continuità qualitativa impressionante; il carattere territoriale emerge in tutte le bottiglie.

TOP **L'Apparita 2017** ● merlot; 7.500 bt; 191 € - 🛢 - Versione sontuosa per eleganza e struttura; l'attacco è succoso, denso, con una progressione verticale, un frutto preciso e tanta freschezza a sorreggere il tannino fine, fitto e gustoso.
Chianti Cl. Ama 2018 ● 105.000 bt; 20 € - 🛢 - La dimensione tattile è affidata a un tannino fitto e ben integrato alla parte acida; la dinamica è ricca di sapore, contrasto e aromi fruttati.
Haiku 2017 ● sangiovese, cabernet franc, merlot; 8.000 bt; 48 € - 🛢 - Un vino di buona avvolgenza alcolica, con una progressione stratificata in cui emergono sapori di frutta rossa matura e vaniglia. Il finale chiude sul rigore tannico.
Al Poggio 2019 ○ chardonnay; 10.000 bt; 24 € - 🛢 - Denso, speziato, avvolgente.
Purple Rose 2019 ● sangiovese; 8.000 bt; 17 € - 🛢 - Denso, floreale, sapido.

ha 75 - **bt** 350.000
Fertilizzanti compost, letame in pellet
Fitofarmaci rame e zolfo
Diserbo lavorazione meccanica/manuale
Lieviti selezione di lieviti indigeni
Uve 100% di proprietà
Certificazione nessuna certificazione

GAIOLE IN CHIANTI (SI)

CASTELLO DI CACCHIANO

SCONTO -10%

Frazione Monti in Chianti - Località Cacchiano - tel. 0577 747018
www.castellodicacchiano.it - info@castellodicacchiano.it

VITA - L'attività vinicola di questa storica azienda ha radici secolari: già nel XII secolo nei terreni del castello di Cacchiano si produceva uva. Poi nel XIX secolo è appartenuta al barone Bettino Ricasoli, fautore della formula vincente del vino Chianti. Nel 1974 è iniziata la produzione di vino in proprio da parte della famiglia Ricasoli-Firidolfi, e dal 1998 è guidata con impegno e passione da Giovanni.

VIGNE - Il castello di Cacchiano si trova nella zona sud-est del Chianti Classico, più esattamente nell'altopiano di Monti in Chianti. L'edificio storico, che è sede dell'azienda e della cantina, domina dall'alto tutti i vigneti che si trovano accorpati a un'altitudine di 400 metri. Nelle vigne troviamo varietà tradizionali, con prevalenza di sangiovese, ma anche merlot, per il quale sono state scelte zone con condizioni ideali per il suo sviluppo.

VINI - I vini hanno un comune denominatore, la territorialità. La volontà è quella di mantenere inalterata la materia prima e le vinificazioni avvengono in maniera tradizionale, con il corretto supporto della tecnologia enologica di oggi. In questo ci si avvale del supporto di Stefano Chioccioli.

Chianti Cl. 2015 ● 17.500 bt; 17 € - 🛢 - Regala profumi di frutta matura e una lieve speziatura. In bocca è morbido e avvolgente, con una struttura tannica ben costruita e un finale persistente.
Chianti Cl. Ris. 2015 ● 9.900 bt; 25 € - 🛢 🛢 - Si presenta con grande complessità olfattiva, con sfumature ematiche e fruttate. In bocca è profondo ed energico, con una decisa progressione tannica che lo rende intrigante pur asciugando il finale. Da attendere.
Rosso 2018 ● sangiovese, merlot; 11.000 bt; 11 € - 🛢 🛢 - Profilo chiantigiano, aperto e intrigante. Il palato è snello, beverino, fresco e saporito, ben disteso e convincente.

ha 23 - **bt** 100.000
Fertilizzanti letame, sovescio
Fitofarmaci chimici di sintesi, rame e zolfo
Diserbo lavorazione meccanica/manuale,
Lieviti fermentazione spontanea
Uve 100% di proprietà
Certificazione nessuna certificazione

FIETRI

SCONTO -10%

Località Fietri - tel. 0577 734048
www.fietri.com - info@fietri.com

VITA - Fietri è una splendida tenuta che prende il nome dal borgo omonimo, una frazione di Gaiole in Chianti. Giacomo Di Capua l'acquistò nel 1939. A lungo ha prevalso la coltura dell'olivo, e le uve sono state conferite alla cantina del Chianti geografico fino al 2000. Dal 2001 il nipote Guido ha impresso una svolta, piantando nuovi vigneti nel 2004 e nel 2008 e riammodernando la cantina.

VIGNE - Gli 8 ettari di vigna sono costituiti da 15 appezzamenti che formano un disegno a esse. Sono interamente circondati da 240 ettari di bosco, un ambiente felice per la conduzione biologica, effettuata da sempre, come sottolinea Valter Morieri, agronomo aziendale dal 2009. Sei ettari sono iscritti a Chianti Classico, un ettaro è diviso a metà fra alicante e ciliegiolo, e l'ultimo ettaro è dedicato alle uve a bacca bianca e diviso a metà fra chardonnay e viognier.

VINI - I vini che escono da Fietri hanno carattere austero ma anche piacevolezza, longevità e doti evidenti di identità territoriale.

Chianti Cl. 2018 ● 5.500 bt; 15 € - Ha un bel profilo aromatico con sottolineature floreali, fruttate e di sottobosco. Al gusto è fresco, grintoso, slanciato, con chiusura di stimolante piacevolezza.
Dedicato a Benedetta 2018 ● sangiovese; 2.500 bt; 20 € - Note di frutta e fiori accompagnano un palato succoso, reattivo e con un allungo di carattere chiantigiano.
+ di 1 Luna 2016 ● ciliegiolo; 500 bt da 0,375 l; 23 € - Al naso ha espressività da Vin Santo, con note di noci, funghi e iodate; in bocca è dolce ma garbato, ha discreta tensione e una chiusura dalla vena acida e sapida.
Hic et Nunc 2019 O chardonnay, viogner; 2.000 bt; 12 € - Fresco, fruttato, energico.
Rosato di Sangiovese 2019 1.000 bt; 10 € - Incisivo, fruttato, varietale.

ha 8 - **bt** 15.000
Fertilizzanti letame in pellet, sovescio
Fitofarmaci rame e zolfo
Diserbo lavorazione meccanica/manuale
Lieviti fermentazione spontanea, selezione di lieviti indigeni
Uve 100% di proprietà
Certificazione biologico certificato

LE MICCINE

Località Le Miccine, 44 - tel. 0577 749526
www.lemiccine.com - mail@lemiccine.com

VITA - Le Miccine occupa una posizione piuttosto particolare del bellissimo territorio del Chianti Classico. Posta tra Gaiole e Radda in Chianti la sua giacitura sembra coincidere con una depressione del suolo. In realtà ci troviamo a 500 metri di altitudine, in una conca naturale circondata da boschi. Paula Cook, canadese di origini italiane, ha scelto questo luogo per realizzare vini di sicura trasparenza territoriale e bel timbro acido.

VIGNE - Paula gestisce le vigne con sensibilità agronomica notevole considerata la sua giovane età. I suoli sono di galestro, alberese e inserti affioranti di argilla e sabbia; sono lasciati inerbiti tutto l'anno nell'ottica di conservare umidità a terra, favorire la presenza di insetti competitori degli organismi patogeni, e infine toccare il meno possibile il terreno. Le viti sono allevate a candelabro per un migliore equilibrio vegetativo della pianta.

VINI - A Paula piace lavorare su piccole quantità di vino in modo da gestire al meglio vinificazione e assemblaggi, per un'enologia creativa che si giova di molto materiale a disposizione.

TOP **Chianti Cl. Le Miccine Ris. 2017** VINO SLOW ● 5.000 bt; 24 € - Essenziale espressione territoriale che affida la sua progressione a una bella spina acida, che veicola sapori agrumati e giusta densità al centro bocca; bella la misura tannica.
Chianti Cl. Le Miccine 2018 ● 8.000 bt; 15 € - Il nucleo dolce del liquido rivela un'anima acida che contrasta bene il sorso alcolico, fissato sul palato da un tannino poderoso.
Chianti Cl. Gran Selezione 2016 ● 2.000 bt; 68 € - Bella interpretazione di questa tipologia, giocata sulla sottrazione della materia: consegna un vino ampio, acido e tannico, che ha aromi speziati e di frutta nera in confettura.

ha 7 - **bt** 30.000
Fertilizzanti nessun concime
Fitofarmaci rame e zolfo
Diserbo lavorazione meccanica/manuale
Lieviti fermentazione spontanea
Uve 100% di proprietà
Certificazione biologico certificato

GAIOLE IN CHIANTI (SI)

PODERE IL PALAZZINO

SCONTO -10%

Località Monti in Chianti - tel. 0577 747008
www.podereilpalazzino.it - palazzino@podereilpalazzino.it

VITA - Emozionante il racconto della nascita dell'azienda da parte di Edoardo Sderci: l'origine della proprietà deriva da un lascito ereditario di monsignore Fortunato Sderci. Inizialmente dai filari maritati a piante arboree produceva vino per autoconsumo, ma una parte delle uve veniva venduta alla cantina del Chianti Geografico. Nel 1973 il padre Alessandro e il fratello Andrea diedero una svolta decisiva all'azienda, e piantarono i primi ettari.

VIGNE - Il patrimoni viticolo attuale è di 18 ettari, ma solo 7 ettari sono di proprietà, il resto è in affitto. La forma di allevamento prevalente è il cordone speronato bilaterale, però c'è un 20% di vigne nuove a guyot. Il parco vitato si distribuisce fra i 330 e i 400 metri di altitudine, con una zona di produzione importante limitrofa alla sede aziendale che ha più scheletro ed è più sassosa, e un'altra più ricca di argille e tufo sulla collina di fronte. La consulenza agronomica è affidata a Ruggero Mazzilli.

VINI - Le caratteristica principali dei vini sono equilibrio, struttura, persistenza e freschezza, in un'insieme in grado di far risaltare la territorialità.

Chianti Cl. Gran Selezione Grosso Sanese 2015 ● 10.000 bt; 34 € - Profumi seducenti, con sfumature floreali e di frutto maturo, aprono a un palato levigato, dinamico, disteso e raffinato, con finale persistente.
Chianti Cl. Argenina 2016 ● 25.000 bt; 16 € - Il naso austero sprigiona con calma note terrose e di frutto maturo. Al gusto è compatto, grintoso, di buon carattere.
Bertinga 2016 ● cabernet sauvignon, merlot; 3.000 bt; 19 € - Tenui note vegetali si legano a cenni di frutto scuro e pepe. Al sorso ha concentrazione, discreta dinamicità e una buona integrazione tannica.

ha 18 - **bt** 80.000
Fertilizzanti sovescio
Fitofarmaci organici, rame e zolfo
Diserbo lavorazione meccanica/manuale
Lieviti fermentazione spontanea
Uve 100% di proprietà
Certificazione biologico certificato

GAIOLE IN CHIANTI (SI)

RIECINE

SCONTO -10%

Località Riecine - tel. 0577 749098
www.riecine.it - info@riecine.it

VITA - Riecine sta per compiere i suoi primi 50 anni di vita: fu fondata nel 1971 dalla coppia italo-inglese John Dunkley e Palmina Abbagnano, che acquistarono la tenuta e iniziarono a vinificare nei locali della villa padronale. Nel tempo si sono succedute varie proprietà e conduzioni, fino a quella attuale, dal 2011 con la famiglia russa di Lana Frank. Alessandro Campatelli è il direttore ed enologo.

VIGNE - I punti di svolta sono stati la realizzazione della cantina nel 1998, l'approdo al biologico nel 2006, e nel 2012, in corrispondenza dell'ampliamento della cantina, l'inizio della vinificazione in cemento e il passaggio dalle barrique ai tonneau. I terreni vitati sono calcareo-argillosi nella zona sud verso Gaiole in Chianti, più scistosi e ricchi di ferro nella zona che scende verso il bosco.

VINI - Carattere, pulizia, fedeltà al territorio di origine: sono questi i tratti distintivi che troviamo nei vini di Riecine.

TOP **Riecine 2016** ● sangiovese; 2.000 bt; 65 € - Dal profilo chiantigiano, con note terrose, floreali e di prugna, ha dolcezza di frutto e sapidità in bocca, per una dinamica rilassata, profonda e verticale.
Chianti Cl. 2018 ● 42.000 bt; 21 € - Ha impronta schietta e naturale, con note terrose ad accompagnare il frutto rosso. È snello, fresco e saporito, con piacevoli ritorni aromatici nel finale persistente.
Chianti Cl. Ris. 2017 ● 4.000 bt; 43 € - Ombroso e caratteriale, ha polpa di frutto scuro gustosa e appagante; la buona spina acida smorza il calore dell'annata e la veemenza del tannino.
La Gioia 2016 ● sangiovese; 8.000 bt; 64 € - Ampio, fruttato, consistente.
Tresette 2017 ● merlot; 2.700 bt; 85 € - Solido, speziato, avvolgente.
Palmina Rosé 2019 ● sangiovese; 9.000 bt; 17 € - Agile, floreale, dolciastro.

ha 22 - **bt** 85.000
Fertilizzanti letame in pellet, sovescio
Fitofarmaci rame e zolfo
Diserbo lavorazione meccanica/manuale
Lieviti fermentazione spontanea
Uve 100% di proprietà
Certificazione biologico certificato

GAIOLE IN CHIANTI (SI)

ROCCA DI CASTAGNOLI

SCONTO **-10%**

Località Castagnoli - tel. 0577 731004
www.roccadicastagnoli.com - info@roccadicastagnoli.com

VITA - La produzione di vino di Rocca di Castagnoli risale al 1730, ma è dal 1981, con l'acquisto da parte della famiglia Calì, che ha avuto inizio la storia moderna dell'azienda, con il restauro della rocca medioevale e del borgo. Nel 2003 si è unito al progetto Rolando Bernacchini, che insieme alla proprietà ha riorganizzato la parte agronomica e di vinificazione. È del 2006 l'acquisto in Maremma di Poggio Maestrino, con la creazione di una nuova linea di vini.

VIGNE - Le vigne, attorno al corpo aziendale su terreni ricchi di galestro e alberese con buon drenaggio, e a Castellina, con argilla e galestro, sono condotte in modo da rispettare le necessità delle piante di contrastare i mutamenti climatici, e da trasferire in cantina uve sane e perfettamente mature.

VINI - I vini di Rocca di Castagnoli puntano a rispettare la territorialità e a esaltare l'abbinamento gastronomico con i piatti della tradizione.

Buriano 2016 ● cabernet sauvignon; 10.000 bt; 37 € - Ha naso cangiante, che spazia dai frutti di bosco alle note di spezie dolci e cioccolato; il sorso è avvolgente e snello allo stesso tempo, con tannini di classe.
Chianti Cl. Gran Selezione Stielle 2016 ● 12.000 bt; 37 € - Intenso e complesso all'olfatto, ha sorso agile, succoso, persistente e vellutato.
Chianti Cl. Capraia Ris. 2017 ● 12.000 bt; 25 € - Molto territoriale, con un bel profilo olfattivo floreale e ricco di note agrumate, trova persistenza e sapidità in un sorso coerente e agile.
Chianti Cl. Poggio a' Frati Ris. 2017 ● 30.000 bt; 24 € - Succoso, speziato, elegante.
Chianti. Cl. Capraia 2018 ● 50.000 bt; 16 € - Fresco, floreale, sapido.
Chianti Cl. Rocca di Castagnoli 2018 ● 150.000 bt; 16 € - Agile, fruttato, essenziale.

ha 90 - **bt** 350.000
Fertilizzanti letame in pellet
Fitofarmaci rame e zolfo
Diserbo lavorazione meccanica/manuale
Lieviti fermentazione spontanea
Uve 100% di proprietà
Certificazione biologico certificato

GAIOLE IN CHIANTI (SI)

SAN GIUSTO A RENTENNANO

Località San Giusto a Rentennano - tel. 0577 747121
www.fattoriasangiusto.it - info@fattoriasangiusto.it

VITA - «Nonostante le tante vendemmie fatte, ogni anno ci sono sorprese e l'esperienza non basta mai»: Luca Martini di Cigala, che insieme ai fratelli Elisabetta e Francesco conduce l'azienda di famiglia, trasmette così le difficoltà che un viticoltore affronta per interpretare ogni annata. La ricerca della qualità e l'esecuzione di una viticoltura biologica e sostenibile richiedono un'attenta gestione dei vigneti e una cura materna delle uve.

VIGNE - Le vigne sono divise in vari appezzamenti. Da diversi anni si procede con i reimpianti delle vigne più vecchie, e vengono utilizzate principalmente due forme di allevamento, a guyot nei terreni più ricchi, e ad alberello in quelli più poveri. In cantina sono stati reintrodotti i tini di legno per la fermentazione alcolica. La vendemmia manuale viene effettuata selezionando ogni singolo grappolo.

VINI - I vini denotano una struttura tannica importante e un'acidità sostenuta. Le Riserve hanno bisogno di diversi anni per potersi esprimere al meglio.

Chianti Cl. 2018 ● 51.700 bt; 18 € - Ci piace per immediatezza e sostanza: è fruttato, succoso, con un tannino fitto e una buona facilità di beva.
Chianti Cl. Le Baroncole Ris. 2017 ● 13.700 bt; 28 € - Speziato, fruttato, leggermente balsamico, è possente, caldo, con un tannino ruvido e giovane. In bocca non manca di succo e acidità.
Percarlo 2016 ● sangiovese; 18.200 bt; 63 € - È fruttato, speziato e balsamico. Il sorso è spigoloso, severo, con un tannino robusto e buona acidità. Molto giovane, ha bisogno di tempo per distendersi.
Fuori Misura 2019 ● sangiovese, merlot, canaiolo; 8.000 bt; 13 € - Croccante, fruttato, verticale.
Vin San Giusto 2012 ● malvasia, trebbiano; 2.300 bt da 0,375 l; 50 € - Viscoso, fruttato, espressivo.

ha 30 - **bt** 90.000
Fertilizzanti compost, letame
Fitofarmaci rame e zolfo
Diserbo lavorazione meccanica/manuale,
Lieviti fermentazione spontanea
Uve 100% di proprietà
Certificazione biologico certificato

GREVE IN CHIANTI (FI)

CASTELLINUZZA E PIUCA

SCONTO -10%

Via Petriolo, 21/a - tel. 055 8549033
www.castellinuzzaepiuca.it - info@castellinuzzaepiuca.it

VITA - Una storia di famiglia, una storia di attaccamento alla tradizione e a un territorio tra i più vocati dell'intero areale del Chianti Classico. È qui che la famiglia Coccia ha deciso di investire risorse ed energie per portare avanti un progetto che non prevede solamente vigneti, ma anche olivi e l'allevamento di bovini di razza chianina: un sistema a ciclo chiuso un tempo diffuso nel territorio chiantigiano, ma ormai quasi scomparso.

VIGNE - I suoli sono di matrice argilloso-sabbiosa e il paesaggio è tipicamente lamolese, con terrazzamenti fatti con muretti a secco obbligati dai pendii impervi. Qui per fare viticoltura occorrono dedizione, sudore e passione, e la qualità delle uve è garantita dal clima ventilato e dalle escursioni termiche tra giorno e notte. I due appezzamenti, Castellinuzza e Piuca, sono posti ad altitudini differenti e garantiscono espressioni diverse di un territorio straordinario.

VINI - Il rispetto della materia prima e l'utilizzo delle vasche in cemento esaltano la fragranza del frutto e la delicatezza delle note floreali. Vini territoriali, gastronomici e al contempo fini e avvolgenti.

Chianti Cl. 2018 ● 6.000 bt; 12 € - Si presenta con tannini fini, quasi setosi, e una bocca fresca e dal sorso leggiadro. La sottile sapidità rende vivo ed energico il finale.
Chianti Cl. Gran Selezione Vigna Piuca 2017 ● 1.500 bt; 31 € - Il passaggio in botte grande e tonneau esausti accompagna l'affinamento, anticipato da 12 mesi di maturazione in cemento. La bocca si fa così più ampia, con un tannino presente e un finale asciugante. Al naso emergono note di frutta matura, con accenni di spezie dolci e leggermente balsamici; il finale di bocca è caldo e succoso.

ha 2,5 - **bt** 10.000
Fertilizzanti letame
Fitofarmaci rame e zolfo
Diserbo lavorazione meccanica/manuale
Lieviti fermentazione spontanea
Uve 100% di proprietà
Certificazione biologico certificato

GREVE IN CHIANTI (FI)

CASTELLO VICCHIOMAGGIO

SCONTO -10%

Via Vicchiomaggio, 4 - tel. 055 854079
www.vicchiomaggio.it - info@vicchiomaggio.it

VITA - Il Castello di Vicchiomaggio, originariamente longobardo e ristrutturato nel Rinascimento, è stato acquistato da Federico Matta nel 1964. Oggi il figlio John se ne occupa con tutta la famiglia: la moglie Paola pensa all'agriturismo e al ristorante con i quattro figli Federica, Delfina, Victoria e Sebastian impegnati anche in altre varie occupazioni aziendali, dalle vigne alla cantina, dal marketing all'accoglienza.

VIGNE - L'attenzione in vigna è altissima: John racconta che sia lui, sia suo figlio Sebastian, vi passano ogni giorno molte ore per valutare lo stato delle viti e la loro evoluzione. La gestione del verde è molto curata. La densità dei nuovi impianti a guyot è stata aumentata e portata a 5.500 ceppi per ettaro, scegliendo cloni di sangiovese a bassa resa con il grappolo spargolo e il chicco piccolo, per evitare marciume e possibili malattie.

VINI - È cambiata la scelta dei legni da utilizzare specialmente per i cru, diminuendone la capienza per avere una maggiore fedeltà aromatica.

Chianti Cl. Agostino Petri Ris. 2017 ● 50.000 bt; 26 € - Fruttato e di carattere, è un vino molto rappresentativo dell'azienda e del territorio, dotato di un piacevole finale lungo.
FSM (Federico Secondo Matta) 2017 ● merlot; 2.500 bt; 210 € - Fruttato, setoso, caldo, avvolgente con note di mora, è lungo e ben equilibrato.
Ripa delle More 2017 ● sangiovese, cabernet sauvignon, merlot; 15.000 bt; 38 € - Di buona aromaticità, ha un palato incisivo e innervato della giusta acidità.
Chianti Cl. Guado Alto 2018 ● 12.000 bt; 19 € - Dinamico, fruttato, autentico.
Chianti Cl. Vicchiomaggio Ris. 2017 ● 6.000 bt; 27 € - Astringente, fruttato, energico.
Amphiarao 2018 ● cabernet sauvignon, petit verdot, sangiovese; 3.000 bt; 39 € - Fresco, fruttato, armonico.

ha 34 - **bt** 400.000
Fertilizzanti letame in pellet, organo-minerali, sovescio
Fitofarmaci chimici di sintesi, rame e zolfo
Diserbo lavorazione meccanica/manuale
Lieviti selezione di lieviti indigeni
Uve 100% di proprietà
Certificazione nessuna certificazione

GREVE IN CHIANTI (FI)

I FABBRI

SCONTO **-10%**

Località Lamole - Via Casole, 18 - tel. 339 4122622
www.ifabbrichianticlassico.it - info@ifabbrichianticlassico.it

VITA - Resilienza è il termine usato da Susanna Fabbri per raccontarci la situazione odierna dell'azienda: nata nel 2000, di recente ha conosciuto un riassetto per divisione ereditaria. Rimane immutato il team di lavoro: il fedele Gentjam Nelaj sostituisce l'esperto fattore Marcello Lotti, ed è aiutato dal cugino Abrit Hederaj. In vigna la consulenza è di Ruggero Mazzilli, e in cantina dell'enologo Marco Chellini.

VIGNE - I 5 ettari acquisiti nell'ultimo periodo, si trovano alla stessa altitudine di quelli di precedente proprietà. Sono stati risistemati in parte a terrazzamenti e allevati a guyot. Ma il fattore magico per ottenere ottime uve, sostiene Susanna, è il terroir di Lamole, che è un connubio di ventilazione, suoli vocati ed esposizioni ottimali.

VINI - L'obiettivo è quello di non prevaricare l'espressione del terroir, con una vinificazione tradizionale che esalti lo schietto marchio aromatico floreale e la peculiare leggiadria gustativa.

TOP **Chianti Cl. Lamole 2018** VINO SLOW ● 18.000 bt; 17 € - Ci ha emozionato e riportato indietro nel tempo. Presenta profumi floreali e terrosi con un fondo minerale e fruttato. In bocca è espressivo, spigliato, intrigante e contrastato, dal finale lungo, fresco e sapido.
Chianti Cl. Olinto 2018 ● 4.000 bt; 17 € - Di bella compiutezza stilistica. Il naso è marcato da cenni fruttati e floreali. Ha un palato lineare, con un'armonia d'insieme esemplare e una salda struttura. La chiusura è di convincente persistenza.
Chianti Cl. Terre di Lamole 2017 ● 5.000 bt; 20 € - Olfattivamente ha sfumature di frutto maturo, mentre al palato trova pienezza avvolgente, gusto strutturato e saporito e una chiusura con qualche screziatura tannica.
Bianco Casole 2019 O trebbiano, malvasia, san Colombano; 800 bt; 13 € - Fresco, fruttato, verace.

ha 7 - **bt** 35.000
Fertilizzanti sovescio
Fitofarmaci rame e zolfo
Diserbo lavorazione meccanica/manuale
Lieviti fermentazione spontanea
Uve 100% di proprietà
Certificazione biologico certificato

GREVE IN CHIANTI (FI)

MONTEFIORALLE

SCONTO **-10%**

Via Montefioralle, 45 - tel. 392 8425595
www.montefioralle.wine - info@montefioralle.wine

VITA - Collocate esattamente sotto il borgo di Montefioralle, le vigne erano dal Cinquecento in uso alla parrocchia locale. Renato Sieni nel 1964 le ha prese in gestione in cambio di due damigiane di vino; suo figlio Fernando le ha poi acquistate nel 1995 e ha dato inizio all'attività di azienda vinicola vera e propria. Oggi la tradizione familiare continua, e a Fernando e alla moglie Manila Senatori si sono affiancati nella gestione i figli Alessia e Lorenzo.

VIGNE - Le vigne terrazzate guardano lo splendido borgo, e quest'anno è entrato in produzione un nuovo impianto da un ettaro. Partecipando a diversi progetti sperimentali, si sta procedendo all'analisi dei suoli rispetto all'utilizzo di diverse piante per il sovescio e all'impianto di centraline meteo, in modo da poter ridurre sempre più i trattamenti in vigna.

VINI - La sfida è di equilibrare la trama tannica fitta che danno suolo e clima in questa zona, con freschezza e facilità di beva, per vini di buona longevità ma piacevoli fin da subito.

Chianti Cl. Ris. 2016 ● 2.900 bt; 28 € - La 2016 è stata un'ottima annata a Montefioralle, e la Riserva ne è la conferma. Il naso intenso di frutta matura e spezie dolci introduce un palato con tannini fitti e articolato, con freschezza ben presente a sostenere la componente alcolica.
Chianti Cl. 2017 ● 3.800 bt; 15 € - Si apre su toni di frutta scura e note balsamiche, i tannini sono ruvidi, e acidità e sapidità donano facilità di beva.
Monteficalle 2017 ● cabernet sauvignon, merlot; 1.200 bt; 34 € - Da vigne di 30 anni, al naso esprime note speziate e mature. L'ingresso in bocca è ampio, poi il sorso si distende su tannini setosi e diventa incisivo e succoso.
Vin Santo del Chianti Cl. 2016 ● 800 bt da 0,5 l; 30 € - Ampio, fruttato, avvolgente.

ha 4 - **bt** 12.000
Fertilizzanti nessun concime
Fitofarmaci rame e zolfo
Diserbo lavorazione meccanica/manuale
Lieviti selezione di lieviti indigeni
Uve 100% di proprietà
Certificazione biologico certificato

GREVE IN CHIANTI (FI)

OTTOMANI €

Via di Pancole, 119 - tel. 340 7105484
www.ottomanivino.com - agricolaottomani@gmail.com

VITA - Ottomani appartiene al movimento più entusiasmante e attuale del vino italiano, caratterizzato da valorizzazione di vigne vecchie in territori marginali, sensibilità ecologica e immensa gioia per il lavoro scelto. Grazie a queste caratteristiche l'azienda, nata a Impruneta ma finalmente radicata con la nuova cantina a Greve in Chianti, si è affermata tra le voci più originali, sincere e, per certi versi, perturbanti dell'intero comprensorio chiantigiano.

VIGNE - La ricerca delle vigne, a inizio attività, ha qualcosa di struggente e, fin nel midollo, italiano: i vecchi del paese che cedono i campi ormai troppo faticosi, convinti dall'entusiasmo di ragazzi che porteranno di nuovo vitalità e bella confusione in campagna. Inizia così un lavoro di mantenimento di piante e cloni di uva in via di estinzione, che unisce l'avvincente parte narrativa allo specifico, utile e tecnico lavoro ampelografico.

VINI - La chiave critica è posta dall'assaggio di vini poco conformi ai protocolli enologici, vuoi per i cloni desueti, vuoi per mancanza di rigidità esecutiva e bassa solforosa aggiunta, nella convinzione di poter incidere sul gusto naturale contemporaneo.

TOP **Chianti Sup. 2018** VINO QUOTIDIANO ● 12.000 bt; 11 € - Il sorso è verace, tannico e inizialmente increspato; poi, con l'ossigeno, trova una bella dimensione dinamica di appagante bevibilità che rimanda ad aromi di frutta fresca.
Chianti Cl. 2018 ● 6.300 bt; 16 € - L'espressione gustativa è molto aperta sul frutto, con leggere note ossidative; il sorso è incisivo, autentico e corroborante, per un finale di bella integrazione tannica.
Ottomani 2019 ○ malvasia, trebbiano; 7.000 bt; 11 € - A noi piace particolarmente questa sensazione di pienezza gustativa che depone un sapore floreale, denso e fitto di sapidità.
Rosato 2019 ○ sangiovese, canaiuolo; 3.000 bt; 12 € - Fine, floreale, verace.

ha 12 - **bt** 40.000
Fertilizzanti letame, preparati biodinamici, sovescio
Fitofarmaci rame e zolfo
Diserbo lavorazione meccanica/manuale
Lieviti fermentazione spontanea
Uve 100% di proprietà
Certificazione biologico certificato

GREVE IN CHIANTI (FI)

PODERE CAMPRIANO

SCONTO -10%

Viale Rosa Libri, 36/a - tel. 055 853688
www.poderecampriano.it - campriano@libero.it

VITA - Podere Campriano di Elena Lapini e Luca Polga non rappresenta più la realtà campagnola in cui il nonno e il babbo producevano vino per gli amici. Da un bel numero di anni la solida coppia di vignaioli ottiene vini convincenti per fedeltà territoriale e schiettezza espressiva. Dal 2008 Luca sta cimentadosi nella gestione dell'apparato fogliare grazie ai consigli agronomici di Luigi Pellegrini. In cantina si avvale dell'esperienza dell'enologo Marco Chellini.

VIGNE - Luca conosce a menadito i 3 ettari vitati, e l'esperienza acquisita in tutti questi anni gli ha permesso di coniugare rigore stilistico e rispetto per l'ambiente. Circa 2 ettari sono situati nei dintorni della sede aziendale. Una vigna di un ettaro e poco più, recuperata strappandola al bosco, è a Montefioralle: qui nasce il Millenovecentottanta, che con l'annata 2017 sarà una nuova Riserva di Chianti Classico.

VINI - I vini derivano da singola vigna e da sole uve sangiovese, che devono essere riconoscibili sia per le caratteristiche organolettiche, sia per la capacità di raccontare il terroir di provenienza.

Chianti Cl. Le Balze di Montefioralle Ris. 2016 ● 4.500 bt; 23 € - Lo spettro aromatico seducente richiama la timbrica varietale del Sangiovese floreale e terroso. Al gusto ha un succo vibrante, progressione incisiva e ritmata, equilibrio, e un finale trascinante e persistente.
80 - Millenovecentoottanta 2016 ● 1.200 bt; 26 € - Bel Sangiovese di razza. Il 2016 ha un naso variegato con sentori floreali, fruttati e terrosi, e in bocca sorprende per il dinamismo, la freschezza, la setosità tannica e la trascinante piacevolezza di beva.

ha 3 - **bt** 14.000
Fertilizzanti letame in pellet, preparati biodinamici, sovescio
Fitofarmaci organici, rame e zolfo
Diserbo lavorazione meccanica/manuale
Lieviti fermentazione spontanea, selezione di lieviti indigeni
Uve 100% di proprietà
Certificazione biologico certificato

GREVE IN CHIANTI (FI)

PODERE POGGIO SCALETTE

Via di Barbiano, 7 - tel. 055 8546108
www.poggioscalette.it - info@poggioscalette.it

VITA - La collina di Ruffoli è da sempre considerata vocata alla produzione di ottimi vini, ed è da qui che la famiglia Fiore ha deciso di partire per produrre grandi rossi in terra toscana. Oggi è Jurij a gestire l'azienda, portando avanti uno stile fatto di interpretazione territoriale e precisione enologica che ha pochi eguali in tutta la denominazione.

VIGNE - Le vigne sono piantate in una delle sottozone più interessanti del Chianti Classico. Qui le altitudini sono elevate e i terreni asciutti. I vini guadagnano in finezza senza perdere profondità e struttura. Commovente la vigna del Carbonaione, vero e proprio museo vivente con viti di sangiovese piantate nel 1918. Da qualche anno Jurij ha intrapreso un'altra attività vitivinicola a Lamole, insieme alla figlia Sara.

VINI - Gli studi compiuti a Beaune hanno sicuramente influenzato il modo in cui Jurij concepisce la vinificazione del Sangiovese, sia a Ruffoli sia a Lamole.

Il Carbonaione 2017 ● sangiovese; 30.000 bt; 43 € - ▦ - Nasce da viti centenarie e rivela il suo inconfondibile legame con il territorio. Floreale e speziato al naso, si concede lungo e articolato in bocca, dimostrando struttura e raffinatezza e un'interminabile chiusura sapida.
Capogatto 2017 ● cabernet franc, cabernet sauvignon, merlot, petit verdot; 2.000 bt; 43 € - ▦ - Classico taglio bordolese raffinato ed equilibrato, presenta sentori fruttati e speziati. In bocca i tannini serrati allungano il sorso di un vino che darà soddisfazioni tra qualche anno.
Piantonaia 2017 ● merlot; 1.000 bt; 94 € - ▦ - Naso superbo, con note fruttate e aromatiche intense. In bocca entra setoso, per poi concedersi al centro bocca succoso e dinamico, e chiudere lunghissimo e salato.
Chianti Cl. 2018 ● 30.000 bt; 15 € - ⍓ - Agile, fruttato, salino.

ha 15 - **bt** 65.000
Fertilizzanti letame in pellet, sovescio
Fitofarmaci rame e zolfo
Diserbo lavorazione meccanica/manuale
Lieviti selezionati industriali, selezione di lieviti indigeni
Uve 100% di proprietà
Certificazione nessuna certificazione

GREVE IN CHIANTI (FI)

QUERCIABELLA

Via di Barbiano, 17 - tel. 055 85927777
www.querciabella.com - contact@querciabella.com

VITA - Querciabella è una delle realtà più all'avanguardia nel comprensorio del Chianti Classico: fin dagli anni Settanta ha intrapreso un percorso produttivo basato sulla sostenibilità. Con l'attuale proprietario Sebastiano Cossia Castiglioni tale indirizzo si è arricchito di specificità agronomiche ed etiche, adottando pratiche biodinamiche e utilizzando nei vari processi prodotti esclusivamente di origine vegetale.

VIGNE - I vigneti occupano alcune delle migliori giaciture della parte alta del chiantigiano, come la collina di Ruffoli, tra Greve e Lamole, Radda e Gaiole. La propensione è di cercare luoghi in quota, incontaminati e fitti di boschi. La presenza di questi ultimi risulta fondamentale, sia per l'importante aggiunta di biodiversità, sia per avere una barriera naturale contro i trattamenti convenzionali.

VINI - La collocazione delle vigne origina vini ricchi di dettagli aromatici e supportati da freschezza acida.

Camartina 2016 ● cabernet sauvignon, sangiovese; 10.000 bt; 102 € - Ⓞ ▦ - Ingresso molto bello, con densità ampia e saporita di frutto scuro. La dinamica, senza fretta, incide il palato di gusto stratificato, dove emergono ulteriori dettagli aromatici di sambuco e liquirizia.
Chianti Cl. Ris. 2017 ● 13.000 bt; 38 € - Ⓞ ▦ - L'impatto è voluminoso, con il sostegno della freschezza acida, tipica dell'azienda, che conduce bene il sorso; il complesso aromatico è maturo, per un insieme calorico e avvolgente.
Batar 2018 ○ chardonnay, pinot bianco; 14.000 bt; 77 € - ▦ - L'opulenza della tessitura gustativa incede sorniona al palato, per poi scoprire una vibrante calibratura sapida che permette di apprezzare gli aromi di frutta e spezie dolci.
Chianti Cl. 2018 ● 65.000 bt; 26 € - Ⓞ ▦ - Fitto, fruttato, compatto.
Palafreno 2016 ● merlot; 3.000 bt; 120 € - Ⓞ ▦ - Incisivo, vegetale, profondo.

ha 103 - **bt** 270.000
Fertilizzanti preparati biodinamici, sovescio
Fitofarmaci rame e zolfo
Diserbo lavorazione meccanica/manuale
Lieviti fermentazione spontanea
Uve 100% di proprietà
Certificazione biologico certificato

GREVE IN CHIANTI (FI)

VIGNAMAGGIO

Via Petriolo, 5 - tel. 055 854661
www.vignamaggio.com - prodotti@vignamaggio.com

VITA - L'acquisto nel 2014 da parte dell'architetto Patrice Taravella ha dato un nuovo impulso e nuova energia a Villa Vignamaggio. Molti sono i progetti che la proprietà e il suo team stanno portando avanti, dall'accoglienza alla ristorazione, fino ovviamente alla produzione di vino e olio. Vignamaggio rappresenta oggi una solida realtà chiantigiana, con una storia importante alle spalle, ma con lo sguardo proiettato verso il futuro.

VIGNE - I vigneti sono disposti sui due versanti del fiume Greve, con esposizioni contrapposte sud-ovest e nord-est. Oltre ai microclimi differenti anche le matrici dei suoli differiscono: da un lato prevalgono arenaria e roccie scistose, dall'altra argilla e galestro, con quote altimetriche che non superano i 350 metri. L'idea è quella di arrivare a costruire un'azienda a ciclo chiuso, puntando su allevamento, seminativi, frutteti e oliveti.

VINI - Ogni varietà matura separatamente in legno grande o barrique per poi essere assemblata alla fine dell'affinamento.

Chianti Cl. Gran Selezione Monna Lisa 2016 ● 15.000 bt; 32 € - Ha un frutto integro e delicato. L'attacco di bocca è fresco, la distensione risulta più contratta, mentre è piacevolmente sapido il finale.
Cabernet Franc di Vignamaggio 2016 ● cabernet franc; 15.000 bt; 65 € - Un vino succulento, che abbina un tannino fitto e denso a una tensione acido-sapida che beneficia anche di richiami speziati in chiusura.
Sangiovese di Vitigliano 2016 ● 3.000 bt; 65 € - Denota concentrazione sia al naso sia in bocca. Una sensazione rinfrescante ne allunga la beva.
Merlot di Santa Maria 2016 ● 4.000 bt; 65 € - Avvolgente, fruttato, ampio.
Chianti Cl. Gherardino Ris. 2016 ● 40.000 bt; 21 € - Agile, floreale, teso.
Chianti Cl. Terre di Prenzano 2017 ● 130.000 bt; 15 € - Schietto, fruttato, sottile.

ha 72 - **bt** 250.000
Fertilizzanti compost, sovescio
Fitofarmaci rame e zolfo
Diserbo lavorazione meccanica/manuale
Lieviti fermentazione spontanea
Uve 100% di proprietà
Certificazione biologico certificato

GREVE IN CHIANTI (FI)

VILLA CALCINAIA

Via Citille, 84 - tel. 055 853715
www.conticapponi.it - commerciale@villacalcinaia.it

VITA - L'azienda Villa Calcinaia, proprietà Capponi da mezzo millennio, occupa l'accesso nord del Chianti Classico, in una posizione spettacolare tra Firenze e il fiume Greve. L'attuale gestione di Sebastiano Capponi ha incentivato la mappatura dei vigneti, l'uso degli antichi cloni aziendali e la pratica biologica, di fatto affermando questa realtà, un monumento di 500 anni, tra le realtà più innovative del Chianti Classico.

VIGNE - I vigneti occupano il corso mancino del Greve. I suoli si diversificano sensibilmente a seconda dell'altitudine, anche se la connotazione comune è quella di una presenza notevole di calcio, da cui deriva il toponimo Calcinaia. In basso abbiamo suoli sabbiosi con presenza di argilla, a metà collina compare il galestro, e a quota 300 metri abbiamo alberese: un compendio di attitudine alla viticoltura che l'azienda pratica in regime biologico.

VINI - Le diverse sfumatura geologiche sono state oggetto di grande lavoro per Sebastiano, la cui ispirazione borgognona instrada verso vini dal trasparente carattere parcellare.

Chianti Cl. Gran Selezione Vigna Bastignano 2017 ● 2.500 bt; 48 € - Le terrazze della vigna Bastignano donano grande profondità a questo vino ampio e incisivo, il cui percorso alcolico è sorretto da sapidità e tannino in evidenza.
Chianti Cl. 2017 ● 30.000 bt; 17 € - Floreale e delicato, ha un ingresso sottile, sorretto da una traccia sapida e da buona freschezza acida, per un complesso misurato, incisivo e ben contrastato del tannino.
M. Cl. Mauvais Chapon Rosato 2016 sangiovese; 2.000 bt; 32 € - Croccante, speziato, dettagliato.
Occhiorosso 2018 ● 2.000 bt; 26 € - Fitto, speziato, autentico.

ha 27 - **bt** 100.000
Fertilizzanti compost, letame
Fitofarmaci rame e zolfo
Diserbo lavorazione meccanica/manuale
Lieviti fermentazione spontanea
Uve 100% di proprietà
Certificazione biologico certificato

PANZANO IN CHIANTI (FI)

CASTELLO DEI RAMPOLLA

Via Case Sparse, 22 - tel. 055 852533
www.castellodeirampolla.it - info@castellodeirampolla.it

VITA - Castello dei Rampolla è riuscita a mettere in pratica un paradosso meraviglioso; affermare il territorio attraverso vini da vitigni alloctoni. Ciò è stato possibile grazie a un lavoro centrato, fin dagli anni Settanta, sulla vita del suolo come agente principale per esprimere il terroir. L'originalità e la sperimentazione fanno parte della storia di questa azienda, che ancora oggi stupisce per un'enologia inconsueta e avanguardista.

VIGNE - Da oltre 20 anni le lavorazioni seguono le pratiche biodinamiche. Riorganizzata la vita del suolo si è passati al mantenimento della sostanza organica attraverso l'inerbimento spontaneo e l'uso di macchine leggere, in parte elettriche, per evitare il compattamento delle superfici.

VINI - Le sperimentazioni in anfora, come l'esclusione in certe vinificazioni dell'aggiunta di solforosa, hanno destabilizzato il rassicurante panorama enologico di qualche anno addietro.

Sammarco 2017 ● cabernet sauvignon, sangiovese, merlot; 19.000 bt; 50 € - Vino di estrema profondità, che fatica nella definizione dei dettagli aromatici, ma è compensato da un sorso energico, tannico e complesso.
Sangiovese di S.Lucia 2019 ● 4.300 bt; 31 € - Molto aperto sulla maturità del frutto, contiene bene l'ossidazione attraverso la vitalità del tannino e dell'apporto acido, che consegnano un sorso appagante.
Chianti Cl. 2018 ● 42.000 bt; 23 € - L'ingresso è ampio, non privo di dinamica, ed esibisce il calore della zona di produzione e cenni vegetali fin troppo evidenziati da un tannino crudo.
Trebianco di S.Lucia 2019 ○ trebbiano, traminer, chardonnay, sauvignon blanc; 2.700 bt; 20 € - Bianco macerato, fitto, fruttato maturo, consistente.
D'Alceo 2016 ● cabernet sauvignon, petit verdot; 11.000 bt; 85 € - Austero, fruttato, consistente.

ha 32 - **bt** 80.000
Fertilizzanti preparati biodinamici
Fitofarmaci rame e zolfo
Diserbo lavorazione meccanica/manuale
Lieviti fermentazione spontanea
Uve 100% di proprietà
Certificazione nessuna certificazione

PANZANO IN CHIANTI (FI)

FATTORIA DI RIGNANA

SCONTO -10%

Via di Rignana, 15 - tel. 055 852065
www.rignana.it - info@rignana.it

VITA - In epoca medioevale antica dimora vescovile, oggi Rignana vive una seconda vita grazie alla passione della famiglia Gericke. Negli anni Cosimo ha saputo interpretare il territorio con sensibilità e rispetto credendo sin da subito alla valorizzazione dei cloni aziendali di sangiovese e canaiolo, e alla certificazione biologica.

VIGNE - Le vigne si dispongono ad anfiteatro davanti alla cantina e formano un mosaico di terreni, esposizioni e altitudini differenti. Fondamentale al fine di consegnare uve identitarie che rispecchino il territorio di partenza è la scelta di lavorare in regime biologico e di approfondire quotidianamente le tecniche che consentono il miglioramento della qualità del prodotto ottenuto.

VINI - In cantina lo stile minimalista delle lavorazioni porta a vini giocati più sulle sfumature dei dettagli aromatici e gustativi che sulla struttura, oltre che sempre dotati di facilità di beva e sapidità.

Chianti Cl. Ris. 2016 ● 6.486 bt; 19 € - Si propone sempre su ottimi livelli questo rosso dotato di profumi fruttati e floreali e di una beva profonda ed elegante. I tannini sono magistralmente estratti e l'acidità allunga il sorso in un finale salato.
Chianti Cl. Gran Selezione Villa di Rignana 2016 ● 5.000 bt; 31 € - Punta tutto sull'eleganza sin dai profumi, con arancia e viola in evidenza. In bocca è dinamico, teso e minerale, con una spinta acido-sapida che aumenta il volume e allunga sensibilmente la parabola evolutiva.
Riccio 2016 ● cabernet franc; 3.900 bt; 20 € - Avvolgente, vegetale, energico.
Rosato 2019 ● sangiovese; 6.600 bt; 9 € - Agile, floreale, gastronomico.
Bianco 2019 ○ sangiovese; 2.600 bt; 9 € - Tecnico, floreale, teso.

ha 16 - **bt** 40.000
Fertilizzanti letame in pellet, sovescio
Fitofarmaci rame e zolfo
Diserbo lavorazione meccanica/manuale
Lieviti selezione di lieviti indigeni
Uve 100% di proprietà
Certificazione biologico certificato

PANZANO IN CHIANTI (FI)

FONTODI

Via San Leolino, 89 - tel. 055 852005
www.fontodi.com - fontodi@fontodi.com

VITA - Fontodi ha avuto un ruolo di primo piano nell'idea di sostenibilità applicata alla viticoltura. Grazie all'impegno della famiglia Manetti gli obiettivi ecologici minimi, quali l'eliminazione del diserbo chimico e la cura della vita dei suoli, sono diventati patrimonio condiviso a Panzano. Oggi con l'attuale presidenza del Consorzio Chianti Classico di Giovanni Manetti, alla guida dell'azienda, ci auguriamo che questi valori siano diffusi in tutto il comprensorio.

VIGNE - L'azienda si estende per un totale di 170 ettari, di cui 80 vitati. La gestione biologica riguarda l'intera superficie. La maggior parte delle vigne si trova nella conca d'oro di Panzano, dove il suolo di galestro, la luminosità e le escursioni termiche assicurano grandi uve. Da qualche anno l'azienda ha in gestione alcuni vigneti a Lamole.

VINI - Strutture imponenti, un filo di dolcezza e longevità sono le caratteristiche suggerite dal territorio e interpretate bene dall'azienda.

Chianti Cl. Filetta di Lamole 2017 ● 10.000 bt; 22 € - - Ha sorso leggiadro e tipiche (per Lamole) note floreali; la facile dinamica si amplifica di volume nel centro bocca, con strati di materia speziata che chiudono sul tannino robusto.
Chianti Cl. Gran Selezione Vigna del Sorbo 2017 ● 20.000 bt; 51 € - - Compatto e scuro, il vino esprime potenza e concentrazione, con progressione avvolgente, calda di alcol, tannini fitti e aromi di frutta matura, tabacco e spezie dolci.
Chianti Cl. Fontodi 2017 ● 170.000 bt; 22 € - - Espressione territoriale, con frutto maturo e caldo in primo piano, per un palato denso e incisivo, con tannino vivo e calore alcolico sul finale.
Flaccianello della Pieve 2017 ● sangiovese; 40.000 bt; 68 € - - Solido, speziato, scuro.
Vin Santo del Chianti Cl. 2010 ● 3.000 bt da 0,375 l; 48 € - - Denso, fruttato, complesso.

ha 80 - **bt** 300.000
Fertilizzanti compost, letame
Fitofarmaci rame e zolfo
Diserbo lavorazione meccanica/manuale
Lieviti fermentazione spontanea
Uve 100% di proprietà
Certificazione biologico certificato

PANZANO IN CHIANTI (FI)

IL PALAGIO DI PANZANO

SCONTO **-10%**

Località Il Palagio - Via Case Sparse, 38 - tel. 338 3997004
www.palagiodipanzano.com - info@palagiodipanzano.com

VITA - In un territorio dove le realtà produttive passano sempre più spesso in mano a investitori stranieri, scrivere di Monia Piccini e Franco Guarducci, chiantigiani veraci, fa sempre piacere. Qui negli anni hanno creato una delle realtà più complesse e affascinanti di tutto il territorio e forse dell'intera denominazione.

VIGNE - Le vigne si trovano in una splendida posizione e sono curate da Franco con dedizione e maestria: è stato tra i primi a Panzano a praticare l'agricoltura biologica. Da subito si è puntato sul sangiovese in purezza, cercando di selezionare i migliori cloni da adattare ai numerosi e variegati terreni aziendali. Molto bella la vigna delle Bambole, piantata su galestro, con preziosi affioramenti di pietraforte.

VINI - Lo stile, poco interventista, punta a vinificazioni separate per ogni vigna, per cogliere le caratteristiche di ogni singola parcella e procedere successivamente a un periodo di affinamento più preciso e caratterizzato in base al vino.

Chianti Cl. Gran Selezione Le Bambole 2015 ● 2.000 bt; 51 € - - Proveniente dalla vocata vigna delle Bambole unisce la grande persistenza aromatica di stampo floreale a una struttura gustativa raffinata e avvolgente, chiudendo con una piacevolissima nota salata.
Chianti Cl. Ris. 2016 ● 5.000 bt; 22 € - - Ha note olfattive complesse di fiori e spezie: in bocca presenta un attacco delicato, per poi distendersi su un finale di estrazione tannica perfetta.
Chianti Cl. 2017 ● 15.000 bt; 14 € - - Fiori e frutto per questo ambasciatore del territorio di Panzano. In bocca il succo e l'acidità donano al vino facilità di beva ma anche lunghezza gustativa.

ha 6 - **bt** 25.000
Fertilizzanti compost, sovescio
Fitofarmaci rame e zolfo
Diserbo lavorazione meccanica/manuale
Lieviti selezione di lieviti indigeni
Uve 100% di proprietà
Certificazione biologico certificato

PANZANO IN CHIANTI (FI)

LE CINCIOLE

Via Case Sparse, 83 - tel. 055 852636
www.lecinciole.it - info@lecinciole.it

VITA - Luca Orsini e Valeria Viganò hanno iniziato il loro percorso di vignaioli agli inizi degli anni Novanta, e la loro scelta è stata quella di operare fin da subito nel rispetto del territorio di cui si sentono custodi. Oltre a questo il loro impegno ecologico si è rivolto all'esterno: sono riusciti a stabilire con i produttori di Panzano e i vignaioli della Fivi una rete importante per la diffusione della coscienza biologica e del consumo sostenibile.

VIGNE - Il rispetto della terra, istanza che muove tutto il lavoro di Luca e Valeria, si traduce in pratiche virtuose come l'eliminazione delle molecole di sintesi, e l'attenzione prioritaria alla vitalità del suolo e all'equilibrio più naturale possibile delle piante. Per praticare questo lavoro in sottrazione è importante osservare con continuità la relazione tra pianta e ambiente circostante.

VINI - Il Sangiovese viene declinato in molti modi, sia con estrazioni più o meno lunghe, sia con diversi affinamenti; la costante è la naturalezza espressiva, per vini di estrema godibilità.

TOP **Petresco 2016** ● sangiovese; 5.000 bt; 34 € - Vino da singola vigna, esprime bella profondità, e un sorso compatto, avvolgente e innervato di acidità, che dona succo e sapore fruttato.
Chianti Cl. 2017 ● 25.000 bt; 15 € - Sorso leggiadro, fitto di tannini e freschezza acida, non scontata data l'annata in oggetto; gli aromi floreali e la vena alcolica completano un sorso espressivo ed energico.
Chianti Cl. A Luigi Ris. 2015 ● 5.000 bt; 26 € - L'ingresso al palato è ampio, con viscosità di ottimo slancio; il centro bocca rivela una certa evoluzione aromatica, confermata da note terrose e un frutto maturo; il tannino chiude severo.
Cincio Rosso 2018 ● sangiovese, cabernet sauvignon, syrah, merlot; 5.000 bt; 10 € - Schietto, fruttato, sottile.

ha 12 - **bt** 50.000
Fertilizzanti compost
Fitofarmaci rame e zolfo
Diserbo lavorazione meccanica/manuale
Lieviti fermentazione spontanea
Uve 100% di proprietà
Certificazione biologico certificato

PANZANO IN CHIANTI (FI)

MONTE BERNARDI

Via Chiantigiana, km 33 V-VI - tel. 055 852400
www.montebernardi.com - mb@montebernardi.com

VITA - Michael Schmelzer ha idee precise di viticoltura ed enologia. Per lui la vitalità del suolo è la condizione principale per la qualità delle uve, che devono trasmettere le matrici sulle quali le piante affondano le radici. Di conseguenza l'enologia deve rispettare la qualità della materia prima senza artificio. Nell'applicazione di questi semplici (in apparenza) principi, Michael è oggi uno dei migliori interpreti del Chianti Classico.

VIGNE - L'azienda ha vigne nel celebre comprensorio di Panzano, del quale occupa una parte piuttosto particolare al limite sud. Sfruttando due crinali, uno di galestro rivolto verso San Donato, l'altro di pietraforte che guarda la località Lucarelli, è possibile avere una materia prima di diverse caratteristiche. L'acquisto della vigna Sala, nella parte alta di Panzano a 550 metri di altitudine, ha arricchito il panorama viticolo aziendale.

VINI - In cantina si usano molto cemento e legni di varie dimensioni, per cercare di interpretare al meglio le mutevoli caratteristiche del sangiovese portato a maturazione.

TOP **Chianti Cl. Monte Bernardi Ris. 2017** VINO SLOW ● 7.500 bt; 19 € - Ingresso subito verticale e dinamico, con materia che dona sapori agrumati e floreali e lunghezza, attraverso un liquido essenziale e salino.
Chianti Cl. Retromarcia 2018 ● 55.000 bt; 14 € - Materia di media concentrazione, con spinta acida a sottolineare la facilità del sorso, che evidenza frutti rossi e sentori balsamici; la fine volatile ne alleggerisce il peso estrattivo, ed è ottima la trama tannica.
Chianti Cl. Sangiò 2019 ● sangiovese; 35.000 bt; 13 € - Prima annata per questo vino denso e incisivo, con frutto scuro, tannino ben integrato e vitalità acida.
Rosé 2019 ● sangiovese, canaiolo, colorino, malvasia nera; 1.200 bt; 12 € - Fresco, floreale, salino.

ha 25 - **bt** 120.000
Fertilizzanti letame in pellet, preparati biodinamici, sovescio
Fitofarmaci organici, rame e zolfo
Diserbo lavorazione meccanica/manuale
Lieviti fermentazione spontanea
Uve 100% di proprietà
Certificazione biologico certificato, in conversione biodinamica

PANZANO IN CHIANTI (FI)

VALLONE DI CECIONE

Località Cecione - Via Case Sparse, 7 - tel. 055 8549112
338 9750931 - www.ilvallonedicecione.it - vallonececione@gmail.com

VITA - Vallone di Cecione è un piccola realtà familiare nel cuore del Chianti Classico. Francesco Anichini ha raccolto l'eredità del padre Giuliano, ancora attivo tra i filari, che riscattò il podere dopo anni di mezzadria. Sacrifici inimmaginabili oggi, ma che Francesco conosce bene dato l'enorme rispetto e cura che ha per questo luogo. A lui l'onore del primo imbottigliamento nel 2004, e l'onere di proseguire una splendida storia chiantigiana.

VIGNE - La cura di Giuliano per questo podere è una delle ragioni della sua bellezza. Si tratta di 4 ettari di vigna gestita da sempre in biologico, prima delle certificazioni, che Francesco ha portato in biodinamica per esaltare ancora di più la fertilità dei suoli, che qui sono argillosi e ricchi di alberese e roccia madre affiorante. Altrettanti ettari sono dedicati all'olivicoltura, altra grande passione della famiglia Anichini.

VINI - Francesco esalta le varietà autoctone tradizionali attraverso vini materici e profondi, con tannini fitti e saporiti che aiutano a sostenere il sorso.

Chianti Cl. 2018 ● 10.000 bt; 19 € - Ⓓ - Molto aperto sul frutto in leggera ossidazione, la bocca si rivela energica e vitale, con succo copioso ben sorretto dalla fine grana tannica, che rivela un finale composto e gustoso.
Canaiolo 2018 ● 4.000 bt; 17 € - Ⓓ - Erroneamente recensito lo scorso anno, si presenta terroso, con cenni vegetali; il palato è denso e scorrevole, con un'ottima trama tannica.
Malvasia Nera 2019 ● 1.000 bt; 17 € - Ⓓ - Profonda espressione fruttata per un sorso dinamico e di buona leggerezza: una bevuta non complessa ma appagante.
Campo dell'Orzo 2017 ● sangiovese; 2.500 bt; 22 € - Ⓓ - Avvolgente, agrumato, contrastato.

ha 4 - **bt** 30.000
Fertilizzanti preparati biodinamici, sovescio
Fitofarmaci rame e zolfo
Diserbo nessun diserbo
Lieviti fermentazione spontanea
Uve 100% di proprietà
Certificazione biologico certificato

PANZANO IN CHIANTI (FI)

VECCHIE TERRE DI MONTEFILI

Via San Cresci, 45 - tel. 055 853739
www.vecchieterredimontefili.com - info@vecchieterredimontefili.com

VITA - I tre soci Nicola Marzovilla, Frank Bynum e Tom Peck hanno acquistato l'azienda nel 2015. Da allora è iniziato il nuovo corso di una realtà storica molto importante per il comprensorio chiantigiano, fondata negli anni Settanta dalla famiglia Acuti. I nuovi proprietari hanno con intelligenza dato continuità al passato, esaltando il patrimonio vitato a disposizione e proseguendo l'approccio biologico iniziato dalla precedente gestione.

VIGNE - L'anima dell'azienda è la giovane enologa Serena Gusmeri, che ha impostato un lavoro parcellare sui vigneti esaltando le caratteristiche delle viti più vecchie. Inoltre ha amplificato il senso del lavoro biologico svolto, con un'attenzione sempre più precisa all'analisi degli individui vegetali spontanei, al fine di ricreare un ambiente di crescita per la vigna il più naturale possibile, e preservare l'ecosistema e la qualità delle uve.

VINI - Anche in cantina si è garantita continuità con il passato, affidando gli affinamenti del Sangiovese a botti grandi, nell'ottica di ottenere vini territoriale e longevi.

Chianti Cl. Vecchie Terre di Montefili 2017 ● 25.000 bt; 22 € - Ⓓ - Ottima espressione floreale e balsamica, per un palato teso e ampio, che incede su una certa dolcezza ben contrastata dal tannino fitto.
Chianti Cl. Gran Selezione Vigna Vecchia 2016 ● 2.430 bt; 48 € - Ⓓ - Incede su note tostate piuttosto scure, e la bocca è strutturata, progressiva, con materia consistente e stratificata che dispensa succo e calore.
Anfiteatro 2016 ● sangiovese; 3.350 bt; 85 € - Ⓓ - Erroneamente recensito nella scorsa edizione, il vino evidenzia una bella purezza di frutto, con materia ampia e incisiva che chiude sul tannino robusto.
Chianti Cl. Gran Selezione 2016 ● 5.300 bt; 35 € - Ⓓ - Solido, fruttato, profondo.

ha 12 - **bt** 40.000
Fertilizzanti sovescio
Fitofarmaci rame e zolfo
Diserbo lavorazione meccanica/manuale
Lieviti selezione di lieviti indigeni
Uve 100% di proprietà
Certificazione biologico certificato

POGGIBONSI (SI)

CINCIANO

SCONTO -10%

Località Cinciano, 2 - tel. 0577 936588
www.cinciano.it - info@cinciano.it

VITA - Cinciano è un borgo da favola situato nel piccolo lembo del Chianti Classico rientrante nel comune di Poggibonsi. Agli inizi degli anni Ottanta è stato acquisito e ristrutturato dalla famiglia genovese Garrè. Oltre a essere un centro vacanze con annesso ristorante di livello eccellente, diretto con perizia da Giovanna Beraldo, sta imponendosi come realtà vitivinicola di rilievo.

VIGNE - Andrea Biagini, già cantiniere aziendale, ha assunto anche la gestione del patrimonio viticolo, che si è arricchito ulteriormente di nuovi appezzamenti. I vigneti allevati a cordone speronato e a guyot sono distribuiti dai 200 metri del fondovalle, dove scorre il torrente Drove, fino ai 400 metri, con la maggioranza a mezza costa ed esposti a sud.

VINI - L'obiettivo dell'azienda è quella di produrre vini che abbiano il pregio dell'unicità unito a una grande longevità.

Chianti Cl. Camponi Ris. 2017 ● 3.000 bt; 35 € - Vino dall'olfatto emblematico di frutto rosso maturo, con cenni terrosi e speziati, ha palato vitale, fresco, con tannini fini e spunti sapidi.
Chianti Cl. Ris. 2017 ● 6.000 bt; 27 € - Fine nei profumi di ciliegia, erbe aromatiche e spezie, in bocca ha succosità e densità, e uno slancio tratteggiato da un tessuto tannico saporito, che segna il lungo finale.
Chianti Cl. 2018 ● 80.000 bt; 17 € - Invitanti aromi di amarena, speziati e sottobosco. Al palato è succoso dinamico, saporito con un finale apprezzabile appena asciutto.
Chianti Cl. Gran Selezione 2016 ● 6.000 bt; 36 € - Incisivo, fruttato maturo, energico.
Pietra Forte 2015 ● cabernet sauvignon, merlot, sangiovese; 3.000 bt; 43 € - Potente, speziato, ampio.
Gotifredo Rosato 2019 ● sangiovese; 6.000 bt; 13 € - Fresco, fruttato, espressivo.

ha 24 - **bt** 110.000
Fertilizzanti letame in pellet, minerali, organo-minerali, sovescio
Fitofarmaci chimici di sintesi, organici, rame e zolfo
Diserbo lavorazione meccanica/manuale
Lieviti fermentazione spontanea, selezionati industriali
Uve 100% di proprietà
Certificazione nessuna certificazione

POGGIBONSI (SI)

FATTORIA ORMANNI

SCONTO -10%

Località Ormanni - tel. 0577 937212
www.ormanni.com - info@ormanni.com

VITA - La Fattoria Ormanni è una bellezza senza tempo: gestita dalla famiglia Brini dal 1819, si distingue per la lunga tradizione vitivinicola, basata su elementi e valori di eredità storica e culturale, con tecniche che si sono adeguate e affinate nel tempo. Il segreto del successo di questa azienda sta proprio nella continua attenzione alle tradizioni e alle uve locali, ma con uno sguardo al futuro di rigoroso approccio biologico.

VIGNE - La produzione dei vini ha raggiunto livelli di eccellenza prediligendo le varietà affermate e autoctone della zona, quali sangiovese, canaiolo, trebbiano e malvasia. I vini di Ormanni conservano e valorizzano l'espressività delle uve, nel pieno rispetto delle regole biologiche. Sono vini toscani autentici che racchiudono gesti antichi e filosofie produttive sostenibili.

VINI - Tutti i vini effettuano la prima fermentazione in contenitori di acciaio, e in seguito vengono stoccati nel vetrocemento, per poi essere invecchiati in botti grandi o barrique, in base alla tipologia.

Chianti Cl. Borro del Diavolo Ris. 2016 ● 16.000 bt; 20 € - All'olfatto si sente con decisione la nota balsamica, e poi sentori di frutta scura e spezie dolci. In bocca è avvolgente e profondo. Il gusto, teso tra freschezza acida e rifinita trama tannica, rimane in buona armonia con le componenti morbide. Il lungo finale ne accresce il fascino.
Chianti Cl. 2017 ● 50.000 bt; 13 € - I profumi sono di marasca e viola. Gustoso, fresco e rotondo, ha componenti strutturali che giocano sull'equilibrio, senza mai perdere di finezza.
Canaiolo 2019 ● 2.300 bt; 11 € - Un vino floreale e leggermente minerale. È morbido e presenta la chiusura amarognola tipica della varietà: non disturba, anzi, ne aumenta la versatilità. Ideale a tutto pasto.

ha 68 - **bt** 115.000
Fertilizzanti sovescio
Fitofarmaci rame e zolfo
Diserbo lavorazione meccanica/manuale
Lieviti fermentazione spontanea
Uve 100% di proprietà
Certificazione biologico certificato

POGGIBONSI (SI)

MELINI

Località Gaggiano - tel. 0577 998511
www.cantinemelini.it - melini@giv.it

VITA - All'interno della pagina Internet di Melini, azienda che fa parte del Gruppo Italiano Vini, si possono vedere tutte le fattorie e tenute di proprietà che producono uve e vini. Fin da subito s'intuisce la crescita dei volumi aziendali, ma se guardiamo oltre gli aridi numeri dei bilanci vedremo una serie di azioni svolte bene, che vanno dalla comunicazione alla distribuzione, fino alla crescita qualitativa dei vini.

VIGNE - Sant'Andrea in Percussina, Castellina in Chianti, San Lorenzo a Poggibonsi, Terrarosa tra Castellina e Panzano in Chianti e La Selvanella a Radda in Chianti. Il parco vitato è molto esteso e inevitabilmente frammentato, ma fornisce all'azienda la possibilità di lavorare sui migliori terreni dell'areale, il che non è poco.

VINI - La cantina di Melini è nata negli anni Settanta, pensata intorno al concetto di vinificazione per gravità, e oggi si scopre attualissima in tema di sostenibilità ambientale e funzionalità produttiva. L'enologo Alessandro Zanette interpreta ad alti livelli la filosofia della qualità del Chianti Classico.

Chianti Cl. Vigneto La Selvanella Ris. 2016 ● 45.000 bt; 21 € - Al naso è fruttato con note di terriccio e spezie dolci. Al palato ha materia carezzevole, buon contrasto acido-tannico, e un finale flessuoso e persistente.
Vin Santo del Chianti Cl. Occhio di Pernice 2001 ● 5.000 bt da 0,5 l; 20 € - Profumatissimo, ricorda i datteri, gli agrumi canditi e la cannella. In bocca è denso e lungo, equilibrato, con la spalla acida che attenua la dolcezza.
Chianti Cl. Granaio 2018 ● 150.000 bt; 12 € - È ben definito, gradevole e bilanciato.
Chianti Cl. Solatio del Tani 2017 ● 45.000 bt; 13 € - Dinamico, fruttato, elegante.
Chianti San Lorenzo 2019 ● 300.000 bt; 7 € - Agile, fruttato, essenziale.

ha 163 - **bt** 1.075.000
Fertilizzanti letame in pellet, organo-minerali, sovescio
Fitofarmaci chimici di sintesi, organici, rame e zolfo
Diserbo lavorazione meccanica/manuale
Lieviti selezione di lieviti indigeni
Uve 100% di proprietà
Certificazione nessuna certificazione

RADDA IN CHIANTI (SI)

BORGO LA STELLA

SCONTO **-10%**

Località Borgo La Stella, 60 - tel. 0577 740699
www.borgolastella.com - oscargeyer@gmail.com

VITA - Oscar Geyer, imprenditore tedesco da sempre grande appassionato di vino, ha acquistato Borgo La Stella nel 2008. L'azienda si trova in posizione privilegiata interamente nel comune di Radda in Chianti, a circa 600 metri di altitudine, non troppo distante dal confine con i territori di Castellina in Chianti e Castelnuovo Berardenga. Roberto Rosi gestisce la parte agronomica, mentre in cantina fino dall'inizio ci si avvale della collaborazione di Maurizio Alongi.

VIGNE - I 5 ettari di vigneto circondati dai boschi sono per la maggior parte esposti a sud: si tratta di impianti giovani (il primo impianto ad alberello è del 2006), inseriti in circa 150 terrazze che degradano dolcemente verso il basso. I terreni, con ottima ventilazione, sono argillosi e calcarei, con inserti di galestro e alberese. Si pratica una viticoltura sostenibile cercando di esprimere al meglio il connubio tra il sangiovese e il territorio.

VINI - Per la vinificazione e l'affinamento ci si avvale del supporto della Barone Ricasoli presso il Castello di Brolio, e si prediligono tonneau, dei quali solo un terzo è nuovo.

Chianti Cl. 2017 ● 4.500 bt; 16 € - È vivo, croccante e autentico: giocato sull'eleganza, riesce a interpretare con grande piglio l'annata calda.
Chianti Cl. Gran Selezione 2017 ● 2.500 bt; 35 € - Naso di spezie e piccoli frutti rossi, per un vino incisivo e teso al palato, con un finale lungo e ricco di dettagli.
Chianti Cl. 2018 ● 2.500 bt; 16 € - Succoso, floreale, incisivo.
Chirone 2017 ● sangiovese, cabernet sauvignon, merlot; 2.400 bt; 22 € - Denso, speziato, contrastato.
Chirone 2016 ● sangiovese, cabernet sauvignon, merlot; 6.000 bt; 22 € - Articolato, fruttato, avvolgente.

ha 5 - **bt** 25.000
Fertilizzanti letame in pellet, organo-minerali
Fitofarmaci chimici di sintesi, rame e zolfo
Diserbo lavorazione meccanica/manuale
Lieviti selezione di lieviti indigeni
Uve 100% di proprietà
Certificazione nessuna certificazione

BRANCAIA

SCONTO **-10%**

Località Poppi, 42/b - tel. 0577 742007
www.brancaia.it - brancaia@brancaia.it

VITA - Azienda storica del comprensorio chiantigiano, Brancaia è formata dai due nuclei originali di Radda e Castellina, a cui da alcuni anni si è aggiunta l'azienda in provincia di Grosseto chiamata Brancaia in Maremma. La volontà della famiglia Widmer è quella di valorizzare tutti i territori ed estrarne l'essenza attraverso il vino.

VIGNE - Molto diverse le matrici geologiche che caratterizzano le tre tenute. Si spazia dall'alberese con pietraforte di Castellina al galestro di Radda, per finire con l'argilla e il tufo di Rispescia. L'attenzione che da sempre la proprietà ha rivolto alle pratiche di agricoltura sostenibile si è concretizzata con la certificazione biologica, ottenuta nel 2019.

VINI - Precisione enologica e rispetto dell'uva sono le coordinate aziendali intorno a cui si muovono vinificazioni e affinamenti.

Chianti Cl. Ris. 2017 ● 25.000 bt; 26 € - Materico all'olfatto, con frutta e spezie, al sorso si distende compatto, con tannini ben estratti e cenni di tostatura.
Blu 2017 ● sangiovese, merlot, cabernet sauvignon; 15.000 bt; 56 € - L'intenso volume aromatico di frutta e spezie bilancia una bocca avvolgente, ma con una lunghezza gustativa e ottima componente acida.
Ilatraia 2017 ● petit verdot, cabernet sauvignon, cabernet franc; 30.000 bt; 43 € - Ricco di aromi vegetali e speziati, ha nella dinamica gustativa il punto di forza: esibisce tannini ben estratti, acidità e un finale succoso che aumenta la facilità di beva.
Chianti Cl. 2018 ● 30.000 bt; 17 € - Armonico, fruttato, sottile.
Tre 2018 ● sangiovese, merlot, cabernet sauvignon; 270.000 bt; 15 € - Solido, fruttato, energico.
Maremma Toscana 2018 ● 20.000 bt; 17 € - Avvolgente, speziato, varietale.

ha 70 - **bt** 500.000
Fertilizzanti letame in pellet
Fitofarmaci rame e zolfo
Diserbo lavorazione meccanica/manuale
Lieviti fermentazione spontanea, selezione di lieviti indigeni
Uve acquisto 10%
Certificazione biologico certificato

RADDA IN CHIANTI (SI)

CAPARSA

Via Case Sparse Caparsa, 47 - tel. 0577 738174
www.caparsa.it - caparsa@caparsa.it

VITA - Paolo Cianferoni è un grande interprete della viticoltura chiantigiana. I confini della sua esperienza viticola coincidono con quelli della vita stessa, e offrono uno spaccato reale del lavoro diretto a contatto con la vigna, senza deleghe e rispettoso della terra. In questa relazione intima tra uomo e pianta noi osservatori esterni troviamo il paradigma della viticoltura ideale, generatrice di vini autentici che dovrebbero essere compresi con il cuore, prima che con il palato.

VIGNE - L'esposizione a nord delle vigne, piantate dal padre di Paolo a metà degli anni Sessanta, è oggi invidiabile dato il cambiamento climatico. La vigna Caparsino offre una matrice geologica interessante, con alberese e scaglie di galestro viola. La vigna Doccio a Matteo, posta più in alto, presenta ancora alberese con inserti argillosi. Si tratta di versanti molto vocati per il sangiovese, che Paolo lavora da sempre in biologico e con grande rispetto.

VINI - Territorio è la parola d'ordine di Cianferoni. Ne conseguono vini viscerali, che esibiscono bene le potenzialità di Radda in Chianti, in una declinazione essenziale, secondo le direttrici della freschezza acida e della fittezza tannica.

TOP **Chianti Cl. Caparsino Ris. 2017** VINO SLOW ● 12.000 bt; 32 € - Materico e di spessore, ha ingresso molto denso, connotato dalla dolcezza del frutto; la progressione però contrasta bene, donando armonia complessiva e rivestendo di succo il tannino.
Chianti Cl. Caparsa 2017 ● 10.000 bt; 21 € - Molto aperto sul frutto maturo, ha un passo deciso al palato, dove evidenzia robusta grana tannica e una forza acida corroborante. Il sorso si rivela in esubero alcolico ma è appagante.
Rosso di Caparsa 2019 ● sangiovese; 6.000 bt; 10 € - Fitto, fruttato, verace.

ha 12 - **bt** 40.000
Fertilizzanti letame
Fitofarmaci rame e zolfo
Diserbo lavorazione meccanica/manuale
Lieviti fermentazione spontanea
Uve 100% di proprietà
Certificazione biologico certificato

RADDA IN CHIANTI (SI)

CASTELLO DI MONTERINALDI

SCONTO -10%

Località Case Sparse Pesanella - Frazione Lucarelli - tel. 0577 733533
www.monterinaldi.it - mail@monterinaldi.it

VITA - Fin dagli inizi negli anni Sessanta è stata la voglia di sperimentare in vigna a guidare lo sviluppo del Castello di Monterinaldi, mentre la vinificazione è rimasta nel tempo essenzialmente tradizionale, anche se l'enologo aziendale, Mauro Bennati, è sempre alla ricerca di nuove soluzioni che permettano di esprimere al meglio il carattere dei vini prodotti.

VIGNE - In vigna il punto di svolta è stato l'abbracciare l'agricoltura biologica e contrastare i cambiamenti climatici, rinunciando alle cimature e riducendo il carico d'uva. Il proprietario, Daniele Ciampi, dice con orgoglio che oltre alla sua squadra interna può contare su una collaborazione diffusa, formata dal gruppo dei vignaioli di Radda e da tutti i lavoratori delle varie aziende, che creano una rete di consulenza spontanea e condivisa.

VINI - In cantina si fa tanta sperimentazione su recipienti complementari a quelli classici, con l'obiettivo di far risaltare le caratteristiche territoriali del vino.

Chianti Cl. 2017 ● 50.000 bt; 13 € - Molto varietale, con profumi di ciliegia e viola in evidenza insieme a cenni di erbe aromatiche, ha una beva agile, fresca e leggermente speziata, con tannini ancora da domare.
Aire 2019 sangiovese; 4.000 bt; 15 € - Nuovo vino, in commercio da quest'anno, è uno spumante prodotto con Metodo Charmat, ma con sosta sulle fecce fini per almeno cinque mesi. Questo processo dona non solo una piacevolezza al sorso, ma anche note lievemente tostate che accompagnano il frutto croccante e una spuma persistente.
Rosato di Toscana 2019 5.000 bt; 8 € - Fresco, floreale, delicato.
Purple 2018 ● sangiovese, merlot; 8.000 bt; 9 € - Succoso, fruttato, essenziale.
Gotto di Gottifredo 2017 ● sangiovese; 7.000 bt; 8 € - Fresco, fruttato, rilassato.

ha 50 - **bt** 80.000
Fertilizzanti sovescio
Fitofarmaci rame e zolfo
Diserbo lavorazione meccanica/manuale
Lieviti fermentazione spontanea
Uve 100% di proprietà
Certificazione biologico certificato

RADDA IN CHIANTI (SI)

CASTELLO DI RADDA AGRICOLE GUSSALLI BERETTA

SCONTO -10%

Località Il Becco - tel. 0577 738992
www.castellodiradda.it - info@castellodiradda.com

VITA - La nascita dell'azienda è del 2003, con le prime uscite di Chianti Classico e Riserva l'anno successivo: tutto si colloca nell'ambito di un progetto di ampio respiro della famiglia Gusalli Beretta, noti industriali delle armi, in numerosi siti di diverse aree vitivinicole d'Italia. La nuova cantina, interrata per minore impatto ambientale e risparmio energetico, ha visto la luce nel 2008. Il direttore è Stefano Peruzzi, l'enologo Marco Mascarello.

VIGNE - Già da parecchi anni si sono abbandonate le pratiche agronomiche che prevedevano l'utilizzo di prodotti di sintesi, e la vendemmia del 2020 sarà la prima a certificazione biologica. Le vigne sono prevalentemente su terreni galestrosi e ricchi di alberese; solo alcune parcelle nella zona di Volpaia sono composte principalmente di arenaria. Presto nascerà un vigneto a girapoggio nel comune di Gaiole.

VINI - Lo stile del Castello di Radda vuole coniugare eleganza e morbidezza a una connotazione territoriale ben definita. Importante peculiarità aziendale è quella di avere un locale deputato alla fermentazione malolattica, per controllare al meglio eventuali problemi di brettanomyces.

Chianti Cl. 2018 ● 54.000 bt; 16 € - Ha colore brillante, di tonalità quasi purpurea, e al naso profuma innanzitutto di pepe e frutto, poi di fiori e aromi di corteccia e foglie secche. La bocca è piena, fresca e leggermente tostata, con una sapidità finale ben dosata.
Rosato 2019 sangiovese; 8.000 bt; 10 € - Realizzato con una vinificazione in bianco, è un rosa leggermente mosso, delicato al naso, con un floreale fresco e sentori di pesca bianca. La bocca risulta piena, fresca e dotata di buona sapidità finale a prolungare il sorso.

ha 36 - **bt** 150.000
Fertilizzanti letame in pellet, letame
Fitofarmaci rame e zolfo
Diserbo lavorazione meccanica/manuale
Lieviti fermentazione spontanea, selezionati industriali
Uve 100% di proprietà
Certificazione in conversione biologica

RADDA IN CHIANTI (SI)

FATTORIA DI MONTEMAGGIO

Località Montemaggio - tel. 0577 738323
www.montemaggio.com - info@montemaggio.com

VITA - L'azienda, dal 2008, è di proprietà dell'imprenditrice russa Valeria Zavadnikova, che ha saputo organizzarla senza strappi con il passato e garantendo, attraverso la produzione enologica, una bella coerenza con il territorio. Merito anche di Ilaria Anichini, direttrice di Montemaggio, che ha portato la sua esperienza agronomica al servizio di un progetto misurato, armonico e in piena sintonia con il meraviglioso paesaggio circostante.

VIGNE - L'altitudine è una delle peculiarità di Montemaggio: siamo a 600 metri, in mezzo ai boschi che sovrastano Radda in Chianti. I suoli sono di galestro e alberese, con importanti inserti di sabbia, cosa strana da pensare soprattutto in questa specifica zona, ma la geologia non mente. La conduzione biologica, attenta e appassionata, ha garantito biodiversità in vigna, un altro elemento importante per avere un corretto equilibrio ambientale, che è uno degli obiettivi aziendali.

VINI - I vini di Montemaggio vengono affinati a lungo in cantina, nella convinzione che il Sangiovese qui trovi il suo equilibrio migliore soprattutto nel lungo periodo.

Chianti Cl. Ris. 2014 ● 7.000 bt; 22 € - Vino rarefatto e floreale, con uno sviluppo cadenzato della materia affidato alla polpa fruttata, e note evolutive di terra e tabacco; il tannino robusto frena il sorso.
Chianti Cl. Gran Selezione 2014 ● 1.000 bt; 34 € - Note terziarie di sottobosco e cuoio per un palato vibrante, di bella articolazione, con succo a sostengo di una decisa chiusura tannica.
Rosé 2019 sangiovese; 1.200 bt; 14 € - Sapido e armonico, con note floreali in primo piano, ha un passo agile che incide al palato con sapore e freschezza acida.

ha 8 - **bt** 30.000
Fertilizzanti letame in pellet, sovescio
Fitofarmaci rame e zolfo
Diserbo lavorazione meccanica/manuale
Lieviti fermentazione spontanea
Uve 100% di proprietà
Certificazione biologico certificato

RADDA IN CHIANTI (SI)

ISTINE

SCONTO **-10%**

Via Roma, 11 - tel. 0577 733684
www.istine.it - info@istine.it

VITA - Angela Fronti, con la sua simpatia e dinamicità, guida con estrema competenza dalla metà degli anni Duemila la parte enologica dell'azienda di famiglia. Il nonno Bruno e il padre Fabio hanno sempre prodotto vino sfuso, ma è con l'arrivo della giovane enologa che il progetto Istine ha preso forma. Il 2009 ha visto nascere la prima etichetta di Chianti Classico: solo 3.000 bottiglie, ma un punto di partenza per il nuovo corso.

VIGNE - Le vigne sono sparse tra il confine con Castellina, accanto all'abitato di Radda, e a Gaiole, nei pressi del borgo di Vertine. Terreni ed esposizioni diverse hanno dato origine al progetto dei cru aziendali: solo uve di sangiovese e vinificazioni simili per i tre vini risultanti, un modo elegante e d'impatto per far emergere il carattere dei diversi territori e delle varie annate.

VINI - I vini rispecchiano il carattere di Radda: vigne in altura, conduzione biologica e pochi interventi in cantina donano caratteristiche territoriali e una fresca speziatura di fondo.

TOP **Chianti Cl. Vigna Cavarchione 2018** VINO SLOW ● 4.000 bt; 26 € - Intenso e complesso al naso, balsamico e speziato, ha beva agile, tesa e vibrante, che invoglia a bere ancora.
Chianti Cl. Le Vigne Ris. 2017 ● 4.000 bt; 31 € - Sintesi dei tre territori, ha speziatura di pregio e complessità olfattiva, con una trama tannica finissima ad accompagnare un sorso pieno e succoso.
Chianti Cl. Vigna Istine 2018 ● 3.000 bt; 26 € - Molto espressivo e profondo all'olfatto, nella sua veste balsamica e minerale, al sorso è pieno e succoso.
Chianti Cl. Vigna Casanova 2018 ● 2.600 bt; 26 € - Fitto, fruttato, dettagliato.
Chianti Cl. 2018 ● 40.000 bt; 15 € - Succoso, speziato, teso.
Rosato 2019 sangiovese; 11.000 bt; 10 € - Fresco, fruttato, espressivo.

ha 23 - **bt** 60.000
Fertilizzanti letame in pellet, letame, sovescio
Fitofarmaci rame e zolfo
Diserbo lavorazione meccanica/manuale
Lieviti fermentazione spontanea, selezione di lieviti indigeni
Uve 100% di proprietà
Certificazione biologico certificato

RADDA IN CHIANTI (SI)

L'ERTA DI RADDA

SCONTO **-10%**

Località Case Sparse il Corno, 25 - tel. 328 4040500
www.ertadiradda.it - info@ertadiradda.it

VITA - L'Erta di Radda è nata nel 2006 dal progetto di Diego Finocchi, vignaiolo di prima generazione, che a 24 anni di età, fresco di studi enologici, ha acquistato i primi 3 ettari di vigna per produrre il suo vino. Oggi gli ettari sono 5, e dalle 3.000 bottiglie del 2009, primo anno di commercializzazione, si è passati alle attuali 20.000. Nonostante ciò Diego continua a gestire da solo questa sua creatura, dividendosi tra vigna, cantina e attività commerciale.

VIGNE - Le vigne aziendali sono situate su scoscesi pendii ricchi di alberese e galestro, che conferiscono ai vini una caratteristica nota sapida. Dal 2013 sono coltivate in regime biologico, con impiego di prodotti a base di alghe e canapa, e rendendo basica l'acqua per l'irrorazione di rame e zolfo, al fine di ridurre la quantità utilizzata di questi metalli pesanti.

VINI - Lo stile di produzione è estremamente rispettoso del luogo, del terreno e delle peculiarità della zona, per assecondare quello che ogni annata è in grado di esprimere, senza forzature.

Chianti Cl. Ris. 2017 ● 2.000 bt; 22 € - Intenso ed elegante al naso, con note balsamiche e di frutti scuri, ha anche sentori di liquirizia e pepe nero. Al sorso è succoso e lineare, con tannini sottili e una mineralità sapida a prolungare l'esperienza gustativa.
Chianti Cl. 2018 ● 12.000 bt; 14 € - Naso lieve e floreale, che pian piano si apre a un frutto croccante e a note di sottobosco; la beva è tesa e vibrante, solo parzialmente asciugata da tannini mai invadenti.
Bianco dell'Erta di Radda 2019 ○ malvasia, trebbiano toscano; 2.600 bt; 10 € - Un vino dalla delicata trama olfattiva, agrumato e dal piacevole aroma floreale, che al sorso si presenta con una coerente freschezza citrina, accompagnata da un'interessante sapidità.

ha 5,2 - **bt** 20.000
Fertilizzanti letame in pellet
Fitofarmaci rame e zolfo
Diserbo lavorazione meccanica/manuale
Lieviti fermentazione spontanea
Uve 100% di proprietà
Certificazione biologico certificato

RADDA IN CHIANTI (SI)

MONTERAPONI

SCONTO **-10%**

Località Monteraponi - tel. 0577 738208
www.monteraponi.it - mail@monteraponi.it

VITA - Michele Braganti è al timone dell'azienda di famiglia da quando nel 2003, con risolutezza e coraggio, e consapevole del valore e della potenzialità dei terreni di Monteraponi, ha iniziato a vinificare tutta la produzione. Vignaiolo caparbio, oggi continua a perseguire la sua idea di viticoltura fatta di rigore, passione e ricerca di un'espressività territoriale.

VIGNE - Esposta a sud-est su terreni ricchi di alberese, la vigna del Baron'Ugo, con i suoi 560 metri di altitudine, sovrasta le altre vigne che degradano su di una valle aperta e circondata da olivi e boschi fin sotto il borgo medievale, dove si trova anche la cantina. Un vero e proprio monopole aziendale.

VINI - Attento ed essenziale il lavoro di Michele in cantina, dove per le vinificazioni si utilizzano tini di cemento, e per gli affinamenti la scelta cade esclusivamente su botti grandi.

TOP **Chianti Cl. Campitello Ris. 2017** ● 5.000 bt; 43 € - Ha un profilo olfattivo articolato e complesso, con intriganti sfumature terrose e di erbe aromatiche. In bocca è equilibrato, ricco e appagante, e dotato di un tannino dolce e setoso. Questa Riserva nasce dalle uve della vigna più vecchia, denominata appunto Campitello.
Chianti Cl. 2018 ● 40.000 bt; 24 € - Si presenta fresco e immediato, con piacevoli sentori di frutta rossa e spezie. In bocca convince per autenticità e spiccata facilità di beva.
Baron'Ugo 2016 ● sangiovese, canaiolo nero, colorino; 6.000 bt; 50 € - Alla sua decima annata, si conferma come vino dalla grande eleganza e naturalezza espressiva. Figlio autentico del territorio, sorprende per finezza e scorrevolezza di beva.

ha 12 - **bt** 60.000
Fertilizzanti letame, sovescio
Fitofarmaci rame e zolfo
Diserbo lavorazione meccanica/manuale
Lieviti fermentazione spontanea
Uve 100% di proprietà
Certificazione biologico certificato

RADDA IN CHIANTI (SI)

MONTEVERTINE

Località Montevertine - tel. 0577 738009
www.montevertine.it - info@montevertine.it

VITA - Montevertine rientra nel novero delle aziende italiane più prestigiose, i cui vini si sono affermati tra gli appassionati di tutto il mondo come punto di riferimento enologico assoluto. I motivi di tale successo sono plurimi e vanno ricercati nella storia dell'azienda della famiglia Manetti, che oltre a credere in un territorio meraviglioso, ha sempre dimostrato una coerenza produttiva mai incline alle mode.

VIGNE - La conduzione biologica delle vigne è portata avanti con semplicità ed esperienza; si lascia tutto inerbito e si concima usando compost prodotto in azienda. I suoli sono di galestro, alberese e ciottoli alluvionali. Sono matrici ideali per il sangiovese e altre uve tradizionali come colorino e canaiolo. Sarà per questo che in tutta la gloriosa storia aziendale, con naturale consapevolezza, non sono stati mai piantati altri vitigni.

VINI - La vendemmia 2017 ha messo alla prova l'espressione stilistica dei vini, da sempre esempio di finezza e ricchezza di dettagli aromatici. Grazie però alle vigne più vecchie e alla loro capacità di adattarsi a un'annata balorda, l'obiettivo si può dire centrato.

TOP **Le Pergole Torte 2017** ● sangiovese; 26.000 bt; 102 € - Caldo, avvolgente, con tannino molto fitto, è contrastato bene dalla freschezza acida che rivela aromi di frutta e dona armonia.
Montevertine 2017 ● sangiovese, canaiolo, colorino; 28.000 bt; 43 € - Il vino ha percorso gustativo succoso, caldo e avvolgente. Si increspa sul tannino, che rimanda a sentori speziati e di frutta. La chiusura è risolta da una splendida spinta sapida.
Pian del Ciampolo 2018 ● sangiovese, canaiolo, colorino; 16.000 bt; 19 € - Vino delizioso, che percorre il palato con agilità e decisione, dispensando succo e aromi di piccoli frutti rossi: una gioia berlo.

ha 18 - **bt** 80.000
Fertilizzanti compost, letame, sovescio
Fitofarmaci rame e zolfo
Diserbo lavorazione meccanica/manuale
Lieviti selezione di lieviti indigeni
Uve 100% di proprietà
Certificazione nessuna certificazione

RADDA IN CHIANTI (SI)

POGGERINO

Località Poggerino, 6 - tel. 0577 738958
www.poggerino.com - info@poggerino.com

VITA - Piero Lanza conduce con la sorella Benedetta, fin dal 1988, questa azienda familiare, anche se la prima bottiglia, prodotta dagli originari 5 ettari vitati, è uscita nel 1981 per opera dei genitori. Tra i progetti della famiglia Lanza c'è una nuova sala degustazione in cui far assaggiare i vini in abbinamento ai piatti della tradizione, per esaltare la vocazione gastronomica del Sangiovese.

VIGNE - Le vigne sono in una zona molto vocata, a nord-est di Radda, sopra i 400 metri di altitudine, su terreno ricco di galestro, una roccia scistosa che conferisce buona mineralità ai vini. Il microclima, con notevoli differenze di temperatura tra giorno e notte, porta a una maturazione lenta delle uve, con sviluppo di aromi e acidità, non grande struttura, ma intensità e tannini dolci, per vini facili da bere ma allo stesso tempo complessi.

VINI - Lo stile dei vini di Poggerino è estremamente territoriale: tanto lavoro in vigna, niente cimature e nessuna vendemmia verde, per evitare che si abbiano un'accelerazione della maturazione e un aumento dei tannini. A settembre si fa un solo diradamento prelevando i grappoli che andranno a produrre la base dello spumante aziendale.

TOP **Chianti Cl. Bugialla Ris. 2017** VINO SLOW ● 7.000 bt; 32 € - Di primo acchito sentiamo aromi di spezie dolci, erbe aromatiche e fiori di campo. Poi si apre su un frutto integro e una delicata balsamicità. Ha un sorso lungo e ben disteso, in cui prevale un frutto maturo e succoso, con tannini finissimi ad asciugare il lungo finale.
Chianti Cl. 2018 ● 43.000 bt; 20 € - Frutto e note di erbe aromatiche accompagnano un naso floreale. Il sorso è pieno, morbido, ma sorretto da un'ottima spalla acida che accompagna un finale piacevolmente sapido.

ha 12,5 - **bt** 60.000
Fertilizzanti letame in pellet, letame, sovescio
Fitofarmaci rame e zolfo
Diserbo lavorazione meccanica/manuale
Lieviti fermentazione spontanea
Uve 100% di proprietà
Certificazione biologico certificato

RADDA IN CHIANTI (SI)

TENUTA DI CARLEONE

Strada Comunale di Selvole, km 313,93 - tel. 0577 735613
www.carleone.it - office@carleone.it

VITA - Dopo essere cresciuto professionalmente a Riecine, storica azienda di Gaiole in Chianti, Sean O'Callaghan è approdato a Radda in Chianti in questa recente realtà fondata dall'imprenditore austriaco Karl Egger nel 2012. In poco tempo il talento ormai riconosciuto dell'enologo anglo-chiantigiano ha consentito a Tenuta di Carleone di plasmare vini di ottima fattura che hanno attirato l'attenzione di appassionati e addetti ai lavori.

VIGNE - Anche la composizione del mosaico vitato ha incontrato i desideri di Sean. La sua passione infatti è quella di cercare vigne di sangiovese sparse per il territorio immaginando la diversità espressiva delle conseguenti vinificazioni. Così gli appezzamenti di Castelnuovo, su tufo, quelli di Radda su alberese e quelli di Selvole su argilla, sono una specie di luna park vegetale dove l'enologo adora divertirsi.

VINI - Sean dice di essere stato il primo a introdurre in Italia la vinificazione in tini di plastica da 10 quintali. Piccole e plurime fermentazioni che consentono di gestire al meglio i dettagli enologici cercati dall'azienda.

TOP **Il Guercio 2018** ● sangiovese; 5.000 bt; 49 € - Essenziale e leggiadro, riesce a incidere il palato di un succo appena acido e ricco di aromi agrumati, con tessitura gustativa di finezza assoluta.

Chianti Cl. 2017 ● 18.500 bt; 21 € - Un filo di volatile svanisce quasi subito per lasciare il campo gustativo a un vino floreale, scarnificato e molto saporito, grazie alla delicatezza sapida della materia.

Uno 2017 ● sangiovese; 7.000 bt; 63 € - Vino di ottima profondità e naturalezza espressiva, incede al gusto molto bene esibendo calore alcolico, frutto maturo e un finale rigido sul tannino.

Meticcio 2018 ● cabernet franc, merlot; 5.000 bt; 15 € - Agile, fruttato, incisivo.

ha 16 - **bt** 40.500
Fertilizzanti compost, sovescio
Fitofarmaci rame e zolfo
Diserbo lavorazione meccanica/manuale
Lieviti fermentazione spontanea
Uve 100% di proprietà
Certificazione biologico certificato

RADDA IN CHIANTI (SI)

VAL DELLE CORTI

SCONTO **-10%**

Località La Croce - Case Sparse Val delle Corti, 141
tel. 0577 735628 - www.valdellecorti.it - info@valdellecorti.it

VITA - Roberto Bianchi nel 1999 ha ereditato dal padre questa piccola azienda. Convinto che l'unica strada possibile fosse quella di un'agricoltura sostenibile e rispettosa, immediatamente ha introdotto pratiche biologiche e biodinamiche, con sperimentazioni continue per ridurre al minimo l'impatto sull'ambiente. Per tutti i lavori in vigna e in cantina è coadiuvato dal suo braccio destro Simone Mazzei e dall'agronomo Leonardo Imbimbo.

VIGNE - I vigneti sono tutti disposti attorno alla cantina, ed esposti a est, nord-est. I terreni sono quelli tipici del raddese: hanno suoli poveri e calcarei, con importante presenza di scheletro, e richiedono molto lavoro. Dal suo arrivo Roberto ha iniziato una profonda trasformazione, sostituendo il cordone speronato con il guyot, che garantisce maggiore equilibrio alle piante, lasciando solo la vigna storica del 1974 con il tradizionale archetto chiantigiano.

VINI - La cantina è una nursery, come la definisce Roberto: solo pochissimi interventi senza uso di additivi, fermentazioni spontanee e affinamenti in legno grande, per uno stile di impronta tradizionale. I vini sono di buona struttura e caratterizzati dalla freschezza e dalla finezza del terroir.

TOP **Chianti Cl. 2017** VINO SLOW ● 20.000 bt; 20 € - Bella interpretazione di una annata piuttosto calda e siccitosa: si presenta con profumi di frutto maturo, aromi di caffè, e delicate note polverose e balsamiche. Al palato risulta dinamico, e ha struttura tannica fine e ben sostenuta da freschezza e sapidità. È un vino gastronomico.

Rosé Scuro 2019 ● sangiovese; 4.000 bt; 10 € - Ottenuto con la pratica del salasso, stupisce per la componente aromatica molto accattivante: fruttato e floreale, ha belle note di sottobosco. In bocca si conferma fresco, succoso ed essenziale.

ha 8 - **bt** 40.000
Fertilizzanti letame in pellet, sovescio
Fitofarmaci organici
Diserbo lavorazione meccanica/manuale
Lieviti fermentazione spontanea
Uve acquisto 15%
Certificazione biologico certificato

RADDA IN CHIANTI (SI)

VOLPAIA

Località Volpaia - Via Pier Capponi - tel. 0577 738066
www.volpaia.it - info@volpaia.com

VITA - Volpaia è uno dei borghi più suggestivi del Chianti Classico. La famiglia Mascheroni Stianti ha saputo valorizzare tale bellezza architettonica e paesaggistica grazie all'impegno profuso su più fronti, tra i quali spicca la produzione enologica quale vero e proprio fiore all'occhiello aziendale. Alla proprietà chiantigiana si è affiancata da qualche anno la tenuta Prelius sulle colline maremmane dominanti Castiglione della Pescaia.

VIGNE - Le vigne di Radda in Chianti scendono dalla sommità del borgo fino all'altezza della splendida pieve romanica di Santa Maria Novella, in posizioni magnifiche. I suoli sono tipicamente raddesi, con arenaria e galestro. In Maremma la matrice geologica è ricca di sabbia con buona presenza di arenaria. Qui la luce costiera gioca un ruolo fondamentale per la maturazione delle uve.

VINI - Vini densi di materia, mai in debito di slancio gustativo. Il rapporto con il legno di affinamento, talvolta troppo incisivo, è il punto cruciale dell'armonia espressiva.

Chianti Cl. 2018 ● 120.000 bt; 14 € - Bilanciato e di ottima progressione, esprime un contrasto acido in grado di donare succo e aromi fruttati che sostengono l'ottimo tannino.
Chianti Cl. Gran Selezione Coltassala 2017 ● 12.000 bt; 43 € - La materia sconta un affinamento teso alla concentrazione del liquido, con il percorso che si affida più alla potenza che al dettaglio.
Chianti Cl. Gran Selezione Il Puro 2016 ● 1.600 bt; 80 € - Ottenuto da selezione clonale di sangiovese autoctono di Volpaia nella vigna Casanova, esprime profondi cenni fruttati; la bocca è densa di materia, opulenta e speziata.
Chianti Cl. Ris. 2017 ● 60.000 bt; 29 € - Possente, balsamico, opulento.
Balifico 2017 ● sangiovese, cabernet sauvignon; 12.000 bt; 43 € - Austero, fruttato maturo, compatto.

ha 45 - **bt** 220.000
Fertilizzanti organo-minerali, sovescio
Fitofarmaci rame e zolfo
Diserbo lavorazione meccanica/manuale
Lieviti fermentazione spontanea
Uve 100% di proprietà
Certificazione biologico certificato

SAN CASCIANO IN VAL DI PESA (FI)

FATTORIA POGGIOPIANO

SCONTO **-10%**

Via Pisignano, 28 - tel. 055 8229629
www.fattoriapoggiopiano.it - fattoriapoggiopiano@virgilio.it

VITA - Giovanni Bartoli, nipote del proprietario Stefano Bartoli, oggi gestisce la fattoria di famiglia acquistata nel 1993. Quello che era un rudere è stato completamente rinnovato, anche nella parte della cantina, salvando solo le vasche in cemento. Da lì l'attività si è evoluta valorizzando i vitigni autoctoni. Gianluca Grassi si occupa della parte agronomica, e Valentino Ciarla di quella enologica.

VIGNE - Nelle vigne di Poggiopiano esistono solo sangiovese, colorino del Valdarno e poco canaiolo, allevati i più vecchi a cordone speronato, e i nuovi a guyot. I terreni in tutta la zona sono poveri di materia organica, sabbiosi e limosi, con una presenza molto importante di sassi che moltiplica l'irradiazione solare per riflesso e produce uva ad alto contenuto di zuccheri e quindi dall'elevato potenziale alcolico.

VINI - I vini di Poggiopiano sono tradizionali: la vinificazione avviene nei tini di cemento, che apportano una migliore ossigenazione alle masse. Per il Chianti Classico si cerca la facilità di beva, mentre sugli altri vini l'obiettivo è trovare eleganza, potenza e struttura.

Chianti Cl. Poggiopiano 2018 ● 40.000 bt; 15 € - Espressione del territorio, con caratteristiche note di frutta a bacca rossa e leggera balsamicità. Di carattere deciso e dal tannino equilibrato, si esprime molto bene nel palato.
Rosso di Sera 2018 ● sangiovese, colorino; 8.000 bt; 38 € - Sentori di frutta matura e lievi note balsamiche anticipano il piacevole ingresso in bocca, per un sorso denso e rotondo.
Taffetà 2016 ● colorino; 2.000 bt; 68 € - Le note speziate caratteristiche dal vitigno fanno da preludio a una bocca di piacevole persistenza e dai tannini equilibrati e setosi.

ha 9 - **bt** 60.000
Fertilizzanti organo-minerali
Fitofarmaci chimici di sintesi, rame e zolfo
Diserbo lavorazione meccanica/manuale
Lieviti selezionati industriali
Uve 100% di proprietà
Certificazione nessuna certificazione

IL BORGHETTO

SCONTO **-10%**

Frazione Montefiridolfi - Via Collina, 21-23 - tel. 055 8244442
335 5310814 - agricola@borghetto.org

VITA - Sulle colline di Montefiridolfi Antonio Cavallini ha iniziato a produrre vino nel 2003. L'anno successivo Tim Manning lo ha affiancato nella conduzione enologica, portando nel Chianti la sua esperienza col Pinot nero in Oregon, e adattando lo stile di vinificazione al Sangiovese. Le scelte aziendali sull'utilizzo di bottiglie e chiusure diverse da quelle tradizionali hanno portato all'esclusione dalla denominazione Chianti Classico.

VIGNE - Le vigne aziendali sono adagiate su due anfiteatri naturali che danno significative differenze di esposizione al sole e alle correnti per le singole parcelle. Queste differenze e i cloni di sangiovese utilizzati fanno variare di molto i tempi di vendemmia delle uve: da qui l'idea di procedere a microvinificazioni separate in bins da mille litri. Ispirandosi al Pinot nero e alla Borgogna, si vinifica a seconda dei vini con presenza totale o parziale dei raspi.

VINI - Lo stile aziendale conduce verso vini snelli ed eleganti, che fanno della freschezza e della facilità di beva i propri specifici punti di forza.

TOP **Montigiano 2018** VINO SLOW ● sangiovese; 6.500 bt; 17 € - All'olfatto la frutta si dispiega suadente e con spiccata eleganza, mentre il percorso gustativo è segnato da tannini leggiadri, che donano tensione a una trama innervata di succo, che si allunga con ritmo e continuità. Ne risulta un vino piacevole e di buona persistenza.
Rosie 2019 ● sangiovese, canaiolo; 460 bt; 13 € - Il profilo aromatico si caratterizza per i classici profumi di piccoli frutti rossi. In bocca troviamo una leggera presenza tannica, che concorre a delineare la struttura e il carattere di questo ottimo vino rosa.

ha 4 - **bt** 14.000
Fertilizzanti sovescio
Fitofarmaci rame e zolfo
Diserbo lavorazione meccanica/manuale
Lieviti fermentazione spontanea
Uve 100% di proprietà
Certificazione biologico certificato

SAN CASCIANO IN VAL DI PESA (FI)

MONTESECONDO

Località Cerbaia Val di Pesa - Via per Cerbaia, 18 - tel. 339 8027720
www.montesecondo.com - silvio@montesecondo.com

VITA - Silvio Messana è un vignaiolo ispirato che ha imparato a conoscere le proprie vigne mettendole in relazione con il paesaggio circostante attraverso la viticoltura biodinamica. Il frutto di queste connessioni complesse, tra pianta e pianta, tra pianta e suolo, tra pianta e uomo, sono uve di forte carattere territoriale. Sarà il vignaiolo con la sua sensibilità a trasformare il frutto in vino rispettando l'origine. In questo Silvio sta dimostrando un talento unico.

VIGNE - Vi sono principalmente due differenti anime vitate in azienda. La prima a Cerbaia, a 150 metri di quota, presenta suoli argillosi con inserti di sabbia e galestro. La seconda è più alta, a circa 450 metri, in zona Mercatale Val di Pesa, con maggiore contributo di calcare e dall'ottima capacità drenante. Dalla prima si ottengono vini densi e rilassati, dalla seconda vini più tesi e nervosi.

VINI - I vini esibiscono purezza espressiva e fragranza; sono complessi e appaganti. La qualità è da anni in crescita grazie alla sempre maggiore confidenza con i vari materiali usati per gli affinamenti.

TOP **Sangiovese Tin 2017** VINO SLOW ● 5.000 bt; 38 € - Agile e incisivo, è ricco di dettagli aromatici che ricordano i fiori di campo, le erbette alpestri e i lamponi, veicolati da un filo di volatile che rende il sorso leggiadro e dissetante.
Chianti Cl. 2018 ● 18.000 bt; 23 € - Ingresso ampio, disteso e consistente: la bocca si sviluppa con pregevole tensione acida, che contrasta il tannino e dona persistenza fruttata.
Montesecondo 2019 ● sangiovese; 27.000 bt; 18 € - Schietto e verticale, è molto espressivo negli aromi di frutta rossa, con un tannino affilato e gradevole, per un complesso semplice e immediato.
Tin Trebbiano 2019 ○ 7.000 bt; 27 € - Vibrante, floreale, compatto.

ha 17,5 - **bt** 70.000
Fertilizzanti compost, preparati biodinamici, sovescio
Fitofarmaci rame e zolfo
Diserbo nessun diserbo
Lieviti fermentazione spontanea
Uve 100% di proprietà
Certificazione biodinamico certificato, biologico certificato

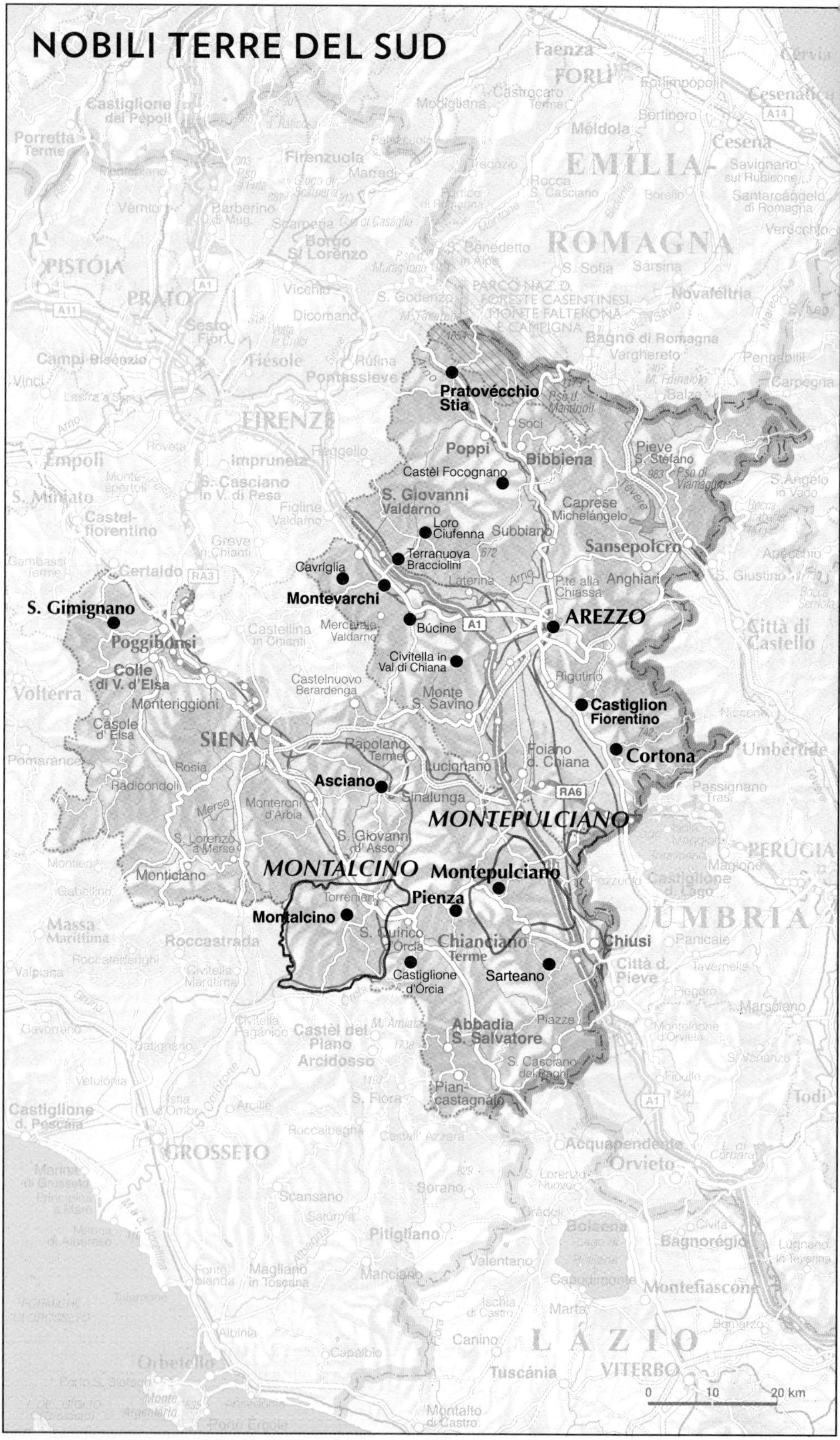
NOBILI TERRE DEL SUD
Pratovécchio
Stia
Poppi
Bibbiena
Castèl Focognano
S. Giovanni
Valdarno
Loro
Ciufenna
Terranuova
Bracciolini
Cavríglia
Montevarchi
S. Gimignano
Búcine
AREZZO
Civitella in
Val di Chiana
Castiglion
Fiorentino
Cortona
Asciano
MONTEPULCIANO
MONTALCINO
Montepulciano
Pienza
Montalcino
Castiglione
d'Órcia
Sarteano
Abbadia
S. Salvatore
0
10
20 km

AREZZO

BUCCIA NERA

SCONTO **-10%**

Località Campriano, 9 - tel. 0575 361613
www.buccianera.it - info@buccianera.it

VITA - Buccia Nera è un'azienda molto dinamica e in continua evoluzione. Guidata dalle sorelle Anastasia, Alessia e Roberta Mancini è suddivisa in poderi, anche molto distanti tra loro, che vengono scelti e utilizzati, in base alle caratteristiche di suolo ed esposizione, per produrre l'ampia gamma di vini. Le attività di vigna e cantina sono seguite dall'enologo Sandro Nalli. Recentemente è stata aggiunta la certificazione Vegan Attitude.

VIGNE - Considerando che sono iniziati i reimpianti delle parcelle più in difficoltà, l'età dei vigneti varia dai 55 anni dei più vecchi alle poche primavere delle viti più giovani. Ogni appezzamento è lavorato in base alle caratteristiche del suolo, facendo molta attenzione al drenaggio dei terreni. Viene praticato l'inerbimento spontaneo, e il sovescio a filari alterni. La raccolta, tutta manuale, dura diverse settimane: si aspetta l'ottimale grado di maturazione di ogni vigna.

VINI - La naturalità dei vini di Buccia Nera li rende decisi e d'impatto, con tannini vivi nei rossi. Meritano particolare attenzione anche per il rapporto tra la qualità e il prezzo.

Chianti Podere della Filandra 2018 ● 26.000 bt; 12 € - 🥛 - Al naso è fine, fruttato, con sentori di amarena e mora, e in bocca è verticale, con un tannino giovane e una buona facilità di beva.
Chianti Guarniente 2018 ● 45.000 bt; 12 € - 🥛 - Fruttato e floreale, con sentori di frutti di bosco e ciliegia, presenta un tannino leggermente astringente e un piacevole finale di bocca.
Donna Patrizia 2019 ○ trebbiano, malvasia, grechetto; 6.600 bt; 13 € - 🥛 - È fruttato e floreale, e intenso in bocca, sostenuto da una buona acidità che gli dona piacevolezza.
Syrah 2018 ● 13.000 bt; 13 € - 🥛 - Ruvido, fruttato, integro.
Chardonnay 2019 ○ 13.000 bt; 13 € - 🥛 - Dinamico, fruttato, essenziale.

ha 50 - **bt** 250.000
Fertilizzanti compost, sovescio
Fitofarmaci organici, rame e zolfo
Diserbo lavorazione meccanica/manuale,
Lieviti fermentazione spontanea
Uve 100% di proprietà
Certificazione biologico certificato

AREZZO

PODERE DI POMAIO

SCONTO **-10%**

Località Pomaio, 19 - tel. 0575 371400
www.pomaio.it - info@pomaio.it

VITA - Protetto dall'Alpe di Poti, il podere di Pomaio è diventato un punto di riferimento per la viticoltura eco-sostenibile della provincia di Arezzo. Di proprietà della famiglia Rossi dal 1991, l'azienda è oggi condotta dai fratelli Iacopo e Marco, che ne seguono rispettivamente la parte agronomica ed enologica, e il marketing. La costante ricerca di nuove tecniche porta l'azienda a continue migliorie, che l'avvicinano sempre più alla biodinamica.

VIGNE - I piccoli appezzamenti vitati sono circostanti la cantina e allevati principalmente a guyot. I vitigni coltivati sono il sangiovese e il merlot. Nel 2020 è partito un nuovo progetto di un micro vigneto terrazzato di 1.500 piante di sangiovese allevate ad alberello, che verrà coltivato secondo i dettami della biodinamica. L'attenzione ai dettagli ha portato all'utilizzo di tappi in bambù interamente riciclabili su tutti i vini di pronta beva.

VINI - La pulizia nei profumi e nei sapori rende i vini di Pomaio molto piacevoli. I fattori comuni che ritroviamo in tutti i prodotti sono il tannino fine e una leggera sapidità, caratteristiche donate dai suoli.

Clante 2017 ● merlot; 1.500 bt; 45 € - 🥛 🛢 - È succoso, speziato, con sentori di mora e marasca, e in bocca ha una leggera sapidità che aiuta a mantenere una buona facilità di beva, nonostante una struttura importante.
Rosantico 2019 ● sangiovese; 3.500 bt; 19 € - 🥛 - È intrigante, fruttato e floreale, con sentori di albicocca e rosa. In bocca conquista per verticalità e persistenza: un rosa gastronomico.
Pomaio Origini 2018 ● sangiovese; 5.000 bt; 19 € - 🥛 - Piacevole, con sentori di lampone e ciliegia, leggermente minerale, ha un tannino fine e una buona acidità che invitano alla bevuta.
Chianti Pomaio 2018 ● 5.000 bt; 15 € - 🥛 - Setoso, fruttato, rilassato.

ha 3,2 - **bt** 18.000
Fertilizzanti letame in pellet, organo-minerali
Fitofarmaci organici, rame e zolfo
Diserbo lavorazione meccanica/manuale,
Lieviti fermentazione spontanea
Uve 100% di proprietà
Certificazione biologico certificato

ASCIANO (SI)

PODERE ALBERESE €

Località Casabianca - tel. 0577 705089
www.poderealberese.it - info@poderealberese.it

VITA - Vignaioli appassionati, Lucia Bozzano e Fabio Romegialli hanno trovato, in questo lembo del Chianti senese, il luogo d'elezione del loro lavoro. Nato da un investimento della famiglia di Lucia a metà degli anni Novanta, il percorso enologico di Podere Alberese si sviluppa proprio in virtù di un forte legame con il territorio, che Lucia e Fabio interpretano attraverso una viticoltura biologica tesa alla conservazione del patrimonio delle vigne vecchie.

VIGNE - Il recupero di viti di oltre quarant'anni è stato uno dei lavori più onerosi che Lucia e Fabio hanno affrontato. Garantire la continuità delle piante trovate in condizioni di semi-abbandono è però stato fondamentale per esprimere il carattere più essenziale del territorio di riferimento. I suoli sono, come il nome dell'azienda suggerisce, di alberese con presenza di galestro e arenarie: ottime condizioni per produrre vini di carattere.

VINI - L'esperienza enologica di Lucia e Fabio porta a vini di grande finezza, giocati sulla sottrazione e mai sull'accanimento enologico.

TOP **Chianti Podere Alberese Ris. 2016** VINO SLOW ● 5.000 bt; 17 € - Interpretazione magistrale per rarefazione della parte materica, che si distende leggiadra, incisiva, quasi decadente nella componente floreale, ma viva di tessitura sapida.

Chianti A Vento e Sole 2017 ● 12.000 bt; 12 € - Schietto e agile, ha espressive note fruttate, con un percorso di buona dinamica dal quale emergono calore e una certa ruvidezza tannica.

Aprilante 2019 O trebbiano; 2.000 bt; 10 € - Esprime una certa semplicità e fragrante sviluppo, in virtù di una buona traccia sapida che sostiene un sorso semplice, diretto e dissetante.

ha 8,5 - **bt** 20.000
Fertilizzanti letame in pellet, letame, sovescio
Fitofarmaci rame e zolfo
Diserbo lavorazione meccanica/manuale
Lieviti fermentazione spontanea, selezione di lieviti indigeni
Uve 100% di proprietà
Certificazione biologico certificato

BUCINE (AR)

MIGLIARINA E MONTOZZI €

SCONTO **-10%**

Località Migliarina, 84 - tel. 055 9789029
www.migliarina.it - info@migliarina.it

VITA - La tenuta di Migliarina e Montozzi è frutto dell'unione di due distinte aziende agricole avvenuto nel 1940, e da allora gestite in maniera unitaria. Si sviluppa tra il comune di Bucine, dove è situata la fattoria di Migliarina, e il comune di Pergine, dove sorge il castello di Montozzi, storica residenza della famiglia dal XVII secolo. L'attuale generazione alla guida dall'inizio degli anni Duemila vede la conduzione di Carlo e Antonio Bartolini Baldelli.

VIGNE - La certificazione biologica è del 2013, e le vigne, perlopiù coltivate a sangiovese, sono poste tra i 260 e i 290 metri di altitudine. La parcella più vecchia risale agli anni Sessanta. Le tipologie di terreno sono molteplici: si alternano galestro, sabbie, argille e arenarie da disfacimento. Uno splendido affresco di campagna toscana, nel quale trova rifugio una ricca fauna selvatica.

VINI - Risale al 2003 la collaborazione enologica con Giuseppe Rigoli. I vini mirano a evidenziare il territorio di provenienza, con legni di affinamento che non prevaricano ma aggiungono complessità.

TOP **Chianti Sup. Villa Migliarina 2018** VINO QUOTIDIANO ● 40.000 bt; 9 € - Rimandi di piccoli frutti rossi al naso, e un sorso molto succoso e fresco. Affina in cemento per 10 mesi e si conferma un vino di spiccata vocazione gastronomica.

Valdarno di Sopra Sangiovese Castello di Montozzi Ris. 2017 ● 5.000 bt; 19 € - Svolge la fermentazione in cemento ed è più introverso al naso, con note floreali in evidenza. In bocca è fitto, articolato ed espressivo.

Cavasonno 2017 ● sangiovese, cabernet sauvignon, merlot; 6.000 bt; 12 € - Frutto rosso dolce, terra e spezie si innestano su una bocca ben impostata: è moderno ma di buona autenticità.

Castello di Montozzi 2016 ● cabernet sauvignon; 600 bt; 26 € - Austero, balsamico, complesso.

ha 25 - **bt** 60.000
Fertilizzanti organo-minerali, sovescio
Fitofarmaci rame e zolfo
Diserbo lavorazione meccanica/manuale
Lieviti fermentazione spontanea
Uve 100% di proprietà
Certificazione biologico certificato

PETROLO

SCONTO -10%

Frazione Mercatale Valdarno - Località Petrolo, 30
tel. 055 9911322 - www.petrolo.it - petrolo@petrolo.it

VITA - La storia moderna di Petrolo è iniziata nel 1947, quando fu acquistata da Gastone Bazzocchi che poi, con la collaborazione esterna dell'amico Giulio Gambelli, ha dato vita al progetto che col tempo è divenuto un riferimento per la zona. Oggi l'azienda è guidata dal nipote Luca Sanjust, che è anche presidente del Consorzio Valdarno di Sopra. Nella gestione è supportato dal fattore Carlo Nesterini e dall'enologo Simone Cuccoli.

VIGNE - Le vigne sono adagiate alle pendici sud-est dei monti che separano Valdarno e Chianti. I terreni sono piuttosto omogenei e ricchi di galestro, con altitudini che variano tra i 250 e i 500 metri di una piccola vigna posta su un terrazzamento alla base della torre di Galatrona, dedicata al cabernet sauvignon. I vitigni coltivati sono principalmente sangiovese, poi merlot e in piccola parte trebbiano e, appunto, cabernet sauvignon.

VINI - La produzione è tutta di alta gamma. Un territorio che si fa sentire, vinificazioni in cemento e affinamenti in legno o in anfora danno dei vini che hanno corpo, eleganza e longevità.

TOP **Valdarno di Sopra Bòggina A 2018** ● 5.100 bt; 43 € - Totalmente vinificato e affinato in anfora. Complesso al naso, è fragrante ed espressivo, con note fruttate e minerali che accompagnano un palato stratificato e profondo.
Galatrona 2017 ● merlot; 20.000 bt; 94 € - Una bella interpretazione dell'annata. Ricco di aromi, è maturo e speziato, con un sorso lunghissimo, elegante e complesso.
Bòggina B 2018 ○ trebbiano; 3.200 bt; 43 € - Dai profumi intensi, è balsamico, salmastro e fruttato; ha gusto rotondo, con una freschezza molto lunga e sapida.
Valdarno di Sopra Bòggina C 2018 ● 5.000 bt; 43 € - Articolato, intenso, profondo.
Valdarno di Sopra Torrione 2018 ● 50.000 bt; 23 € - Avvolgente, complesso, verticale.

ha 31 - **bt** 85.000
Fertilizzanti nessun concime
Fitofarmaci rame e zolfo
Diserbo lavorazione meccanica/manuale
Lieviti fermentazione spontanea
Uve 100% di proprietà
Certificazione biologico certificato

BUCINE (AR)

PODERE IL CARNASCIALE

Località Mercatale Valdarno - tel. 055 9911142
www.caberlot.eu - contact@caberlot.eu

VITA - Una visione nata nel 1972 quando il compianto Wolf Rogosky insieme alla moglie Bettina Schnabel ha deciso di acquistare un podere in Toscana, Il Carnasciale appunto. Con il desiderio di creare un loro personale vino, nel 1985 hanno piantato il primo piccolo vigneto ad alberello, in prossimità della casa. Oggi l'azienda è condotta dal figlio Moritz, coadiuvato nella gestione dall'enologo Marco Maffei. Da poco è presente in azienda Carla-Elle, figlia di Moritz.

VIGNE - Il vitigno principe dell'azienda è il caberlot. Volendo fare qualcosa di speciale, quando è nata la prima vigna, i coniugi decisero di non utilizzare i già troppo inflazionati vitigni toscani. Dopo varie ricerche e assaggi scoprirono questa varietà unica. I vigneti dell'azienda sono distanti tra loro e formano dei piccoli clos. In azienda è presente anche del sangiovese, in produzione da pochi anni.

VINI - Il Sangiovese fa solo acciaio, mentre per il caberlot si procede con vinificazioni separate in legno piccolo. Le successive selezioni durante l'affinamento portano alla creazione di due vini, il Caberlot e il Carnasciale.

TOP **Caberlot 2017** ● 3.280 magnum; 260 € - È complesso, balsamico, speziato e fruttato. In bocca è ampio, pieno, succoso, caldo e molto persistente, con tannino fine e una bella freschezza.
Carnasciale 2018 ● 6.000 bt; 55 € - Intrigante al naso, tra cenni balsamici, erbacei e speziati, in bocca è ampio, con tannino fitto e buona acidità. Molto persistente, chiude con una bocca piacevolmente fruttata.
Ottantadue 2018 ● sangiovese; 8.000 bt; 28 € - Presenta note fruttate, minerali e floreali, e al palato è succoso, verticale e persistente, con un tannino setoso, e una freschezza che aiuta a rendere appagante il finale.

ha 5,5 - **bt** 20.000
Fertilizzanti letame, sovescio
Fitofarmaci rame e zolfo
Diserbo lavorazione meccanica/manuale
Lieviti fermentazione spontanea
Uve 100% di proprietà
Certificazione in conversione biologica

CASTEL FOCOGNANO (AR)

ORNINA

SCONTO **-10%**

Strada di Ornina, 121 - tel. 338 2381000
www.ornina.it - orninawine@gmail.com

VITA - Marco Biagioli nel 2008 ha preso in mano le redini dell'azienda familiare, con le idee ben chiare e la voglia di sperimentare, prima il biologico e poi le pratiche biodinamiche, alle quali si era appassionato durante gli studi di Enologia. Sua moglie Greta Tizzanini apporta un valido aiuto occupandosi dell'amministrazione e della comunicazione. Nel 2016 è stata inaugurata la nuova cantina.

VIGNE - I vigneti sono sette, divisi in tre corpi tutti attorno alla cantina. I terreni con pendenze variabili sono ricchi di sasso: anche a breve distanza alternano argilla e calcare a sabbia e limo. Sono coltivate circa 20 varietà: di particolare interesse è la "collezione" di vecchi vitigni autoctoni in un vigneto sperimentale di circa un ettaro. Nella parte bassa, dove i terreni si fanno pianeggianti, una vigna è dedicata alle varietà aromatiche.

VINI - La produzione è frutto di una continua ricerca per portare in bottiglia vini aderenti al territorio, più naturali possibile, riducendo l'uso dei solfiti e cercando di mantenere pulizia olfattiva, freschezza e complessità.

Ornina 2016 ● sangiovese, canaiolo; 3.000 bt; 19 € - - Esprime in pieno il terroir: all'olfatto porta belle note fruttate, contornate da mineralità e speziatura; al palato è fresco e ben integrato.
Trigono 2015 ● sangiovese, canaiolo, ciliegiolo; 900 bt; 38 € - - Prodotto solo nelle annate favorevoli, è ricco, speziato, minerale, con note di liquirizia, rabarbaro e frutti rossi. Il sorso è ampio, con struttura fine e verticale.
Vallechiusa Bianco 2018 ○ malvasia, trebbiano; 3.500 bt; 12 € - - Vinificato con una breve macerazione sulle bucce di tre giorni, profuma di frutta esotica ed erbe aromatiche, con belle note salmastre; la bocca, morbida e ben sostenuta, dona freschezza e sapidità.

ha 6,1 - **bt** 18.000
Fertilizzanti sovescio
Fitofarmaci rame e zolfo
Diserbo lavorazione meccanica/manuale
Lieviti fermentazione spontanea
Uve 100% di proprietà
Certificazione biologico certificato

CASTIGLION FIORENTINO (AR)

CARLO TANGANELLI

SCONTO **-10%**

Località Santa Lucia, 126 - tel. 347 5820047
tanga@aruba.it

VITA - La famiglia Tanganelli è attiva in agricoltura fin dagli anni Cinquanta del secolo scorso. Se prima le uve venivano conferite alle cantine sociali, da 20 anni a questa parte, grazie al tenace lavoro di Marco Tanganelli, si coltivano le uve della tradizione del versante cortonese della Valdichiana, cercando di evidenziare le caratteristiche del territorio. In vigna è consolidata la collaborazione con Ruggero Mazzilli.

VIGNE - Una grandinata nel 2019 ha colpito il Vigneto Mammi, un suggestivo impianto ad alberello posto a 600 metri di altitudine. «La scienza e lo studio non sono mai troppi», secondo Marco, per fronteggiare le problematiche connesse con il cambiamento climatico. Un approccio naturale di nome e di fatto, testimoniato dall'adesione a VinNatur. In vigna si utilizzano dei corroboranti per stimolare le difese immunitarie delle piante, cercando di contenere il più possibile l'uso del rame.

VINI - Arrivare con un'ottima qualità di uve in cantina è la base ritenuta essenziale per produrre vini schietti e sinceri. Ridurre l'utilizzo di solforosa e garantire una spiccata facilità di beva sono i capisaldi del credo di Marco.

Anatrino 2018 ○ trebbiano, san Colombano; 10.000 bt; 12 € - - Frutto di 10 giorni di macerazione sulle bucce, ha sentori di miele e fiori bianchi all'olfatto, e in bocca è agile, succoso e dalla spiccata sapidità.
Cibreo 2017 ● sangiovese, malvasia nera; 15.000 bt; 9 € - - Offre la consueta prova convincente: in virtù dell'annata calda è fitto e integrato, con piacevoli sentori di frutta matura. Rimane un compagno ideale per la tavola.
Hera 2016 ● merlot, sangiovese; 5.000 bt; 12 € - - Integrato, speziato, ampio.

ha 8 - **bt** 36.500
Fertilizzanti compost, sovescio
Fitofarmaci rame e zolfo
Diserbo lavorazione meccanica/manuale
Lieviti fermentazione spontanea
Uve 100% di proprietà
Certificazione nessuna certificazione

CASTIGLIONE D'ORCIA (SI)

POGGIO GRANDE

Strada Comunale Ripa d'Orcia - tel. 0577 897390 - 338 8677637
www.aziendapoggiogrande.it - info@aziendapoggiogrande.it

VITA - Luca Zamperini e sua figlia Giulitta rappresentano molto bene la gioia totalizzante della viticoltura. A inizio degli anni Duemila, quasi per gioco, Luca volle aggiungere la vigna all'azienda agricola di famiglia. Da allora possiamo dire che non si è più allontanato dai suoi filari. Lo stesso è successo a Giulitta che, da responsabile dell'accoglienza e delle degustazioni, ha voluto ripercorrere la strada paterna e "sporcarsi le mani" in vigna, forse per non lasciarla mai.

VIGNE - Lo spettacolo del paesaggio che si gode dalla sede aziendale vale da solo il viaggio in val d'Orcia. Le vigne si trovano a diverse altitudini: si parte da terrazze vicine alla cantina a 500 metri di quota, per scendere ai 300 metri. I suoli sono calcarei nella parte più alta, mentre in quella più bassa la matrice diventa più argillosa e tufacea. La conduzione agronomica è certificata biologica.

VINI - I vini di impostazione moderna si stanno progressivamente alleggerendo di certi toni speziati, per trasmettere meglio l'essenza del luogo di origine.

Orcia Sangiovese Sesterzo 2016 ● 12.000 bt; 20 € - - L'ingresso è denso e progressivo, e di buona stratificazione aromatica, con frutta matura e balsamicità a supporto; la progressione è complessa e il finale compiuto.
Orcia Scorbutico 2017 ● 7.000 bt; 14 € - - Ha buona tensione che veicola un sorso pieno, ampio e concentrato nei toni speziati del legno; il finale evidenzia calore alcolico e tannino austero.
Piano 2018 ● sangiovese; 6.000 bt; 10 € - - Fragrante, succoso e immediato, è l'ideale punto di partenza per comprendere il potenziale enologico di questa zona.
Orcia Sangiovese Di Testa Mia Ris. 2015 ● 1.200 bt; 30 € - - Denso, speziato, cupo.
Tagete 2019 ○ marsanne, roussane; 2.500 bt; 15 € - - Potente, speziato, profondo.

ha 6 - **bt** 24.000
Fertilizzanti sovescio
Fitofarmaci rame e zolfo
Diserbo lavorazione meccanica/manuale
Lieviti fermentazione spontanea
Uve 100% di proprietà
Certificazione biologico certificato

CAVRIGLIA (AR)

TENUTA SAN JACOPO

SCONTO **-10%**

Località Castiglioncelli, 151 - tel. 055 966003
www.tenutasanjacopo.it - info@tenutasanjacopo.it

VITA - Tenuta San Jacopo è nata a fine Settecento come azienda soprattutto olivicola, e la famiglia Cattaneo l'ha rileva agli inizi degli anni Duemila rivalorizzando l'intero patrimonio viticolo, tanto da farne un punto di forza e di partenza per le proprie produzioni. Alla guida dell'azienda ora troviamo Costantino Cattaneo.

VIGNE - Siamo nel Valdarno Aretino, sul versante est dei monti del Chianti, nei luoghi dove un tempo c'era un lago pliocenico che ha lasciato terreni sabbioso-argillosi e limosi. I terreni sono inerbiti per limitare la vigoria delle vigne, mentre i sovesci si alternano alle concimazioni. Ultimamente lo sforzo agronomico è volto alla riduzione dell'uso del rame, aumentando le attenzioni in vigna e grazie all'ausilio di induttori di resistenza.

VINI - La visione aziendale è chiara: in cantina si ricercano vini puliti ed espressivi, con attenzione crescente alla valorizzazione delle uve a bacca bianca, in un territorio da sempre più abituato a quelle a bacca nera.

Quarto di Luna 2019 ○ chardonnay; 8.000 bt; 14 € - - Incisivo, dotato di viva freschezza, è verticale e salino. Piacevoli le note fruttate ed erbacee.
Chianti Poggio ai Grilli Ris. 2017 ● 13.000 bt; 18 € - - Note di frutta matura lasciano spazio a una bocca in cui densità e slancio sono in ottimo equilibrio, grazie a una ben presente spina acida e un tannino di sostanza.
Valdarno di Sopra Orma del Diavolo 2017 ● 10.000 bt; 22 € - - Gioca sulle rotondità mostrandosi avvolgente, dinamico e rinvigorito da un tannino ben presente.
Valdarno di Sopra Vigna del Mulinaccio 2017 ● 2.600 bt; 18 € - - Avvolgente, erbaceo, stratificato.
Erboli 2018 ○ trebbiano; 700 bt; 20 € - - Viscoso, speziato, consistente.
Boncitto 2019 ◌ chardonnay, sangiovese, pinot nero; 9.000 bt; 12 € - - Metodo Charmat, agile, fruttato, docile.

ha 35 - **bt** 90.000
Fertilizzanti letame in pellet, organo-minerali, sovescio
Fitofarmaci rame e zolfo
Diserbo lavorazione meccanica/manuale
Lieviti fermentazione spontanea, selezionati industriali
Uve 100% di proprietà
Certificazione biologico certificato

CIVITELLA IN VAL DI CHIANA (AR)

SAN FERDINANDO €

Località Ciggiano - Via del Gargaiolo, 33 - tel. 0575 440355
www.sanferdinando.eu - info@sanferdinando.eu

VITA - L'azienda è stata acquistata nel 1998 dalla famiglia Grifoni, dando vita al progetto di recupero di antichi casolari, il ripristino di vigneti già esistenti e l'impianto di nuovi appezzamenti. Nel 2009 è stata inaugurata una nuova e funzionale cantina. La gestione del settore vitivinicolo è affidata alla sapienza e maestria di Simone Zucchetti, con l'obiettivo di qualificare il territorio e puntare sui vitigni autoctoni, comprese le varietà meno conosciute.

VIGNE - I vigneti sono dedicati interamente alle varietà autoctone, con sistemi di allevamento che nel corso degli anni si stanno spostando sul guyot. Il cordone speronato rimane comunque sul sangiovese. Le lavorazioni sono mirate a ridurre l'impatto ambientale, favorendo così maggiore equilibrio e benessere alle piante, anche con l'utilizzo di sostanze naturali per abbassare la quantità di rame.

VINI - In cantina le operazioni sono tradizionali, senza esasperazioni tecnologiche. In bottiglia viene portato il territorio, con vini freschi e di facile beva. Le selezioni di pugnitello o sangiovese sono vinificate in tini troncoconici aperti e presentano maggiore struttura, profondità ed eleganza.

TOP **Ciliegiolo 2019** VINO QUOTIDIANO ● 10.500 bt; 12 € - Vino espressivo: piacevoli note di ciliegia e sbuffi minerali accompagnano un sorso disteso e succoso.
Chianti Podere Gamba 2018 ● 12.000 bt; 12 € - Al naso evidenzia frutti di bosco e spezie; ha un'ottima dinamica gustativa.
Pugnitello 2016 ● 3.000 bt; 17 € - Ha complessità: è speziato e balsamico, con note mature di piccoli frutti, ed è avvolgente al palato, con una tessitura fine e verticale.
Chianti Il Gargaiolo 2017 ● 6.500 bt; 9 € - Agile, fruttato, gastronomico.
Vermentino 2019 ○ 8.000 bt; 13 € - Vibrante, floreale, sapido.
Ciliegiolo 2019 ● 3.000 bt; 9 € - Fresco, fruttato, essenziale.

ha 10 - **bt** 45.000
Fertilizzanti letame, sovescio
Fitofarmaci rame e zolfo
Diserbo lavorazione meccanica/manuale
Lieviti fermentazione spontanea
Uve 100% di proprietà
Certificazione in conversione biologica

CORTONA (AR)

STEFANO AMERIGHI

Località Poggiobello di Farneta - tel. 0575 648340 - 335 6095187
www.stefanoamerighi.it - info@stefanoamerighi.it

VITA - Un vignaiolo in continua evoluzione, Stefano Amerighi cerca nuovi stimoli e idee dal confronto con altri colleghi, guardando sempre più alla valorizzazione e al rispetto del territorio. Resta sempre viva la sua voglia di sperimentare, dai nuovi vigneti di syrah a 850 metri di altitudine nella montagna sopra Cortona, fino al progetto legato all'uva pecorino ad Arquata del Tronto, rallentato a causa del terremoto del 2016.

VIGNE - A distanza di anni il regime biodinamico sta dando i suoi frutti. Le viti sono ben formate e producono uve che danno grande complessità al vino. Si prediligono potature molto corte, per limitare il numero dei grappoli ed evitare la vendemmia verde. Si interviene solo prima della raccolta con un diradamento sanitario. In cantina è stato ridotto l'uso del legno a favore della ceramica e delle anfore.

VINI - Eleganza, complessità, gradevolezza e pulizia nei profumi e nei sapori sono i fattori comuni che troviamo nei vini di Stefano.

TOP **Syrah Apice 2016** VINO SLOW ● 2.700 bt; 39 € - Si presenta complesso, balsamico, speziato, erbaceo, fruttato, e in bocca è ampio e verticale, con un buon bilanciamento tra potenza e sostanza, un tannino fitto e una buona freschezza, che lo rende piacevolmente succoso.
Cortona Syrah 2017 ● 22.000 bt; 25 € - Dedicato al padre Alfiero per il lavoro svolto in questa difficile annata, al naso è scuro, speziato, fruttato, erbaceo e balsamico; in bocca è avvolgente, succoso e persistente, con tannino fine e una buona acidità che facilita la scorrevolezza.
Cortona Syrah Julie e Giulià 2018 ● 4.800 bt; 16 € - Nasce dalle uve sui terreni più sabbiosi e si distingue per le note floreali e fruttate, con un tannino fine e persistente. Ha una buona beva e lascia un piacevole retrogusto fruttato.

ha 10,2 - **bt** 35.000
Fertilizzanti preparati biodinamici, sovescio
Fitofarmaci nessun prodotto
Diserbo lavorazione meccanica/manuale
Lieviti fermentazione spontanea
Uve 100% di proprietà
Certificazione biodinamico certificato, biologico certificato

CORTONA (AR)

FABRIZIO DIONISIO

Località Il Castagno - Case Sparse Ossaia, 87 - tel. 335 8116663
www.fabriziodionisio.it - info@fabriziodionisio.it

VITA - Fabrizio Dionisio all'inizio della sua avventura enologica, stimolato da una passione irrefrenabile, si era posto l'obiettivo di realizzare un buon syrah nel podere alle porte di Cortona. Dopo i primi anni e visti gli ottimi risultati raggiunti con Il Castagno, ha preso coraggio e con l'aiuto della moglie Alessandra De Cinti ha ampliato la gamma. La voglia di novità li porta sempre a continue sperimentazioni su questo versatile vitigno.

VIGNE - Le attività di vigna e cantina sono seguite da Alessandro Lanterna, supportato dal catalano Oriol Parès Marcè. I vigneti sono suddivisi in due zone distanti e distinte per composizione dei terreni, e vengono gestiti con criteri e tempi diversi. In cantina troviamo contenitori in legno e cemento di varie misure, e si provano varie combinazioni di affinamento, per trovare il giusto bilanciamento in ogni annata. Si sperimentano anche le anfore.

VINI - Tutti i vini sono curati con le medesime attenzioni e godono di uguale importanza. Si differenziano tra loro per momento della raccolta, tecnica di vinificazione e affinamento.

Cortona Syrah Cuculaia 2016 ● 2.000 bt; 45 € - Si apprezza per la complessità, con note balsamiche, speziate e fruttate. In bocca è ampio, lungo, con un tannino leggermente astringente, buona freschezza e persistenza.
Cortona Syrah Il Castagno 2017 ● 8.000 bt; 25 € - Fruttato e speziato al naso, in bocca è potente e succoso, con un tannino fitto e una bella acidità. È profondo e persistente.
Rosa del Castagno 2019 syrah; 9.000 bt; 13 € - È floreale, fruttato, erbaceo, e in bocca è fresco, sapido, croccante, con un retrogusto agrumato che invita al sorso successivo.
Cortona Syrah Castagnino 2019 ● 15.000 bt; 13 € - Dinamico, fruttato, verticale.

ha 15 - **bt** 40.000
Fertilizzanti letame in pellet, letame, sovescio
Fitofarmaci rame e zolfo
Diserbo lavorazione meccanica/manuale
Lieviti fermentazione spontanea
Uve 100% di proprietà
Certificazione in conversione biologica

CORTONA (AR)

TENIMENTI D'ALESSANDRO

SCONTO -10%

Via di Manzano, 15 - tel. 0575 618667
www.tenimentidalessandro.it - info@tenimentidalessandro.it

VITA - Nel 2015 Giuseppe Calabresi ha acquistato dalla famiglia d'Alessandro questa azienda, che rappresenta la storia dei vini di Cortona, con la volontà di produrre vini freschi e raffinati, potendo contare sulle competenze enologiche del figlio Filippo. Nel 2016 l'azienda ha ottenuto la certificazione biologica e nel 2018 ha deciso di uscire dalla Doc Cortona.

VIGNE - Le vigne si trovano nelle immediate vicinanze della sede aziendale, su terreni sabbiosi e argillosi, a un'altitudine media di 300 metri. Le viti prosperano in equilibrio con le altre piante e con le erbe spontanee che nascono tra i filari. Per garantire l'integrità del frutto e la freschezza, le vendemmie sono tendenzialmente anticipate rispetto alla media.

VINI - In cantina Filippo opera per produrre vini di facile beva, mantenendo però grande complessità e carattere.

TOP **Migliara 2016** ● syrah; 2.000 bt; 50 € - Prodotto solo nelle annate migliori con uve della vigna Migliara, ha eleganti sentori di frutta rossa matura e una fine speziatura, con note di liquirizia. In bocca il sorso è morbido, con un finale dolce e avvolgente.
Bosco 2016 ● syrah; 10.000 bt; 30 € - Bouquet complesso, con note di frutta rossa matura, caffè e cacao amaro. In bocca è ricco e avvolgente, sapido, con trama tannica ben in evidenza e ancora contratta per eccesso di gioventù.
Fontarca 2018 ○ viognier; 3.500 bt; 27 € - Dall'omonima vigna piantata nel 1988, ha un profilo olfattivo intenso e aromatico, con note di rosmarino, erbe mediche e capperi. In bocca ha freschezza e ottima sapidità, e un finale persistente.
Rosato 2019 syrah; 6.000 bt; 12 € - Fresco, fruttato, leggiadro.
Rosso 2018 ● syrah; 40.000 bt; 12 € - Croccante, fruttato, consistente.

ha 30 - **bt** 100.000
Fertilizzanti letame in pellet
Fitofarmaci rame e zolfo
Diserbo lavorazione meccanica/manuale
Lieviti selezione di lieviti indigeni
Uve 100% di proprietà
Certificazione biologico certificato

CORTONA (AR)

TENUTA MONTECCHIESI DAL CERO

SCONTO -10%

Località Case Sparse Montecchio, 403 - tel. 045 7460110
www.dalcerofamily.it - info@dalcerofamily.it

VITA - La famiglia Dal Cero ha intrecciato la sua storia al mondo del vino prima nelle terre natie in Veneto, e dal 1980 anche a Cortona, dove da subito sono state piantate vigne di syrah. Negli anni l'azienda si è ingrandita sia in termini di ettari sia con l'aggiunta di ulteriori varietà. A condurre l'azienda troviamo Nico, Davide e Francesca Dal Cero, ognuno dei quali segue diversi aspetti dell'attività.

VIGNE - La maggior parte delle vigne si trova intorno alla sede aziendale, allevate prevalentemente a guyot su terreni argillosi. Le uve migliori del syrah nascono invece a 2 chilometri di distanza, nel vigneto Klanis, caratterizzato dalla parziale presenza di pietre e galestro e allevato ad alberello. Sono tante le attenzioni agronomiche, tutte tese all'ottenimento di uve qualitativamente ottime.

VINI - Su tutti i vini aziendali si percepiscono eleganza, facilità di beva e ricerca della singola e originale espressione delle uve utilizzate.

Versý in Rose 2018 syrah, vermentino; 8.000 bt; 26 € - All'olfatto troviamo frutta, fiori e cenni erbacei. La bocca è tesa e sapida, e la vena acida rende il quadro agile e gustoso.
Vermentino Chardonnay 2019 O n.d. bt; 10 € - Vivo e croccante, con accenni sapidi, al naso è erbaceo e agrumato.
M. Cl. Brut Rosé Camelý syrah, vermentino; 4.000 bt; 21 € - Riposa 24 mesi sui lieviti e ha bollicine di gradevole finezza. Al naso emergono note di piccoli frutti, e in bocca si distingue per verticalità e rinfrescante acidità.
Cortona Syrah Selverello 2017 ● n.d. bt; 14 € - Schietto, erbaceo, compatto.
Miralý 2019 vermentino, syrah, sangiovese; 25.000 bt; 13 € - Agile, floreale, cangiante.

Ottimo il riassaggio del Cortona Syrah Klanis 2015: è avvolgente e dotato di un tannino nobile.

ha 45 - **bt** 300.000
Fertilizzanti compost, letame, preparati biodinamici, sovescio
Fitofarmaci rame e zolfo
Diserbo lavorazione meccanica/manuale
Lieviti fermentazione spontanea, selezionati industriali
Uve 100% di proprietà
Certificazione nessuna certificazione

LORO CIUFFENNA (AR)

IL BORRO

SCONTO -10%

San Giustino Valdarno - Località Borro, 1 - tel. 055 9772921
www.ilborrowines.it - vino@ilborro.it

VITA - La tenuta Il Borro, che si estende per 1.100 ettari tra le pendici del Pratomagno e la valle del fiume Arno, è stata acquistata nel 1993 dalla famiglia Ferragamo. La trasformazione in resort di alto livello è stata accompagnata dalla volontà di ridare vita e impulso in maniera sostenibile a tutte le attività agricole presenti in fattoria. Il timone dell'azienda vitivinicola è nelle mani del giovane Salvatore Ferragamo.

VIGNE - Con il contributo dell'attuale consulente enologico e agronomico, Stefano Chioccioli, nel 2015 è stato completato il percorso di conversione al biologico. Gli appezzamenti vitati rispettano i diversi terroir presenti, con impianti di sangiovese nei terreni più alti, rocciosi e asciutti, nei pressi della montagna; i vitigni internazionali come cabernet sauvignon e syrah trovano dimora in quelli più sabbiosi.

VINI - I vini negli ultimi anni hanno avuto un'innegabile crescita qualitativa, con progressiva svolta verso canoni di facilità di beva, naturalezza e aderenza territoriale, pur mantenendo un'impostazione molto tecnica e precisa.

TOP **Valdarno di Sopra Petruna in Anfora 2018** ● 5.000 bt; 48 € - Bella espressione di Sangiovese, snello, delicato, e cremoso. Il percorso gustativo è disteso, ben condotto dall'acidità, con tannino dolce e ben integrato. Il finale è lungo e coerente.
M. Cl. Bolle di Borro 2014 sangiovese; 3.000 bt; 60 € - Stoffa, personalità e riconoscilbilità del vitgno caratterizzano questo notevole Metodo Classico rosa che sosta 60 mesi sui lieviti, mai in difetto di freschezza e profondità.
Alessandro dal Borro 2016 ● 2.500 magnum; 188 € - Dalle migliori uve di syrah aziendali, è complesso, ricco, balsamico e pepato, con spessore e lunghezza consistenti.
Valdarno di Sopra Vigna Polissena 2017 ● 20.000 bt; 32 € - Succoso, speziato, compatto.

ha 90 - **bt** 200.000
Fertilizzanti compost, sovescio
Fitofarmaci rame e zolfo
Diserbo lavorazione meccanica/manuale
Lieviti selezionati industriali, selezione di lieviti indigeni
Uve 100% di proprietà
Certificazione biologico certificato

LORO CIUFFENNA (AR)

PODERE LA MADIA

Via Setteponti Ponente, 66/b - tel. 338 5855488 - 339 1225755
www.poderelamadia.com - info@poderelamadia.com

VITA - Il recupero delle vecchie vigne nelle terrazze lungo la Setteponti, poco lontano da Loro Ciuffenna, in frazione Malva, è un prezioso esempio di lungimiranza e difesa del territorio. «A Carlo. Una visione, una passione» recitano le nuove etichette: è l'omaggio della moglie Lucia Madiai e del figlio Giacomo Crocchini al fondatore, marito e padre, scomparso a giugno 2018.

VIGNE - Il suolo è di medio impasto, frammisto di sabbia, argilla e pietrisco. Le vecchie piante di sangiovese e pinot nero rappresentano un piccolo tesoro, da preservare e valorizzare. L'utilizzo dell'olio di arancio dolce è finalizzato a ridurre sempre più l'impiego del rame. Il sovescio seguito dallo sfalcio, nonché la presenza tra i filari di un disinfettante naturale come la senape, aiutano a mantenere un ottimo equilibrio naturale in vigna.

VINI - Vini sinceri, senza compromessi, in grado di rappresentare al meglio il connubio tra i diversi vitigni e i terreni. Le difficoltà climatiche della stagione 2017 non hanno permesso di produrre il Pinot nero. Dalla vendemmia 2018 il legno per l'affinamento sarà in parte affiancato dalle vasche in cemento.

TOP **Cafaggio 2018** VINO QUOTIDIANO O malvasia bianca lunga; 450 bt; 12 € - Affinato in botti di acacia, presenta sentori di miele ed erbe officinali al naso, ed è armonico in bocca, dove chiude con grande compostezza ed eleganza: un vino molto intrigante.

Valdarno di Sopra Bagnolo 2016 ● 2.500 bt; 15 € - Affinato per due anni in tonneau usati e per altri due anni in bottiglia, è caratterizzato da invitanti aromi di piccoli frutti rossi e di sottobosco, ed è corroborato da un'importante acidità al palato, dove trova una beva accattivante che invita a berne ancora.

ha 3 - **bt** 6.000
Fertilizzanti sovescio
Fitofarmaci rame e zolfo
Diserbo lavorazione meccanica/manuale
Lieviti fermentazione spontanea
Uve 100% di proprietà
Certificazione biologico certificato

MONTALCINO (SI)

BARICCI

Località Colombaio di Montosoli, 13 - tel. 0577 848109
www.baricci.it - info@baricci.it

VITA - Da Nello Baricci, storico vignaiolo ilcinese, ai suoi nipoti Federico e Francesco Buffi, che insieme ai genitori Pietro Buffi e Graziella Baricci proseguono lungo il solco tracciato dal nonno, facendo viticoltura eco-sostenibile: è una storia importante, che ha avuto inizio nel 1955 in località Montosoli, a nord di Montalcino, e che prosegue oggi sempre con la stessa filosofia di vita, legata al lavoro nei campi.

VIGNE - I vigneti sono divisi in sei appezzamenti di età diverse, tutti nella collina di Montosoli. Tra i filari si cerca di prevenire le malattie utilizzando prodotti naturali, sia per stimolare la resistenza delle viti, sia per allontanare gli insetti nocivi e favorire la biodiversità. In azienda è presente una capannina metereologica, che aiuta a definire la tempistica per i trattamenti, con l'obiettivo di ridurne la quantità.

VINI - La posizione dell'azienda e l'esposizione dei vigneti portano alla realizzazione di vini tendenzialmente freschi ed eleganti. Durante la fermentazione si cerca di estrarre più colore possibile dalle bucce, e di dare più sostanza e stabilità ai vini. La Riserva di Brunello 2014 non è stata prodotta. In azienda viene prodotto anche un Igt che viene venduto principalmente sfuso.

TOP **Rosso di Montalcino 2018** VINO SLOW ● 16.000 bt; 19 € - Ha profumi vivaci, ed è fruttato e floreale, con note minerali. In bocca è croccante e agile, abbastanza persistente, con un buon tannino e una bella freschezza, che gli dona una grande facilità di beva.

Brunello di Montalcino 2015 ● 14.000 bt; 42 € - Si presenta con decise note minerali, speziate e fruttate, e in bocca è deciso, verticale e ampio, con un tannino fine, per un sorso succoso e suadente, che conquista per gradevolezza e persistenza.

ha 6 - **bt** 30.000
Fertilizzanti letame in pellet, sovescio
Fitofarmaci rame e zolfo
Diserbo lavorazione meccanica/manuale
Lieviti fermentazione spontanea
Uve 100% di proprietà
Certificazione nessuna certificazione

BERTANI DOMAINS TENUTE TOSCANE

Località Val di Cava - tel. 0577 804101
www.bertanidomains.com - bertani@bertani.net

VITA - La costellazione Bertani Domains occupa in Toscana alcuni territori di estrema vocazione e fama. A Montepulciano con Trerose, in Chianti Classico con la tenuta San Leonino a Castellina in Chianti e, infine, forse la più importante, a Montalcino con la tenuta Val di Suga. La famiglia Angelini, proprietaria del brand, ha realizzato qui una zonazione interna individuando tre vigneti di grande prestigio e diversi tra loro.

VIGNE - A Montalcino si è voluto esaltare i diversi versanti a disposizione. La spettacolare vigna Spuntali a sud-ovest della denominazione, su suolo argilloso e calcareo, è aperta verso la luce marina; la vigna del Lago a nord-ovest insiste su suolo argilloso; infine Poggio al Granchio nei pressi dell'Abbazia di Sant'Antimo ha suoli galestrosi e molto vocati al sangiovese.

VINI - I vini delle varie tenute rispettano bene i rispettivi territori di origine, con punte di eccellenza come i cru di Montalcino.

Brunello di Montalcino Poggio al Granchio 2015 ● 8.000 bt; 50 € - - La componente massiccia di galestro ha infuso in questo vino una bella spina acida, in grado di contrastare la potenza alcolica per un complesso ricco di dettagli aromatici.
Vino Nobile di Montepulciano Vigna Santa Caterina 2017 ● 60.000 bt; 21 € - - Risulta di ottima definizione aromatica, con frutta rossa in primo piano e dolcezza di spezia; la buona incisività sapida sostiene un corpo pieno e tannico.
Brunello di Montalcino Vigna Spuntali 2015 ● 9.500 bt; 68 € - - Dalla vigna più esposta all'influenza mediterranea proviene un vino opulento e dal soffuso vigore alcolico, che avvolge il palato e mantiene ottima progressione.
Brunello di Montalcino Vigna del Lago 2015 ● 10.000 bt; 51 € - - Robusto, speziato, severo.
Rosso di Montalcino 2018 ● 60.000 bt; 16 € - - Fresco, fruttato, integro.

ha 210 - **bt** 1.000.000
Fertilizzanti organo-minerali, sovescio
Fitofarmaci chimici di sintesi, rame e zolfo
Diserbo chimico, lavorazione meccanica/manuale
Lieviti selezionati industriali
Uve 100% di proprietà
Certificazione nessuna certificazione

MONTALCINO (SI)

BIONDI SANTI TENUTA IL GREPPO

Località Villa Greppo, 183 - tel. 0577 848087
www.biondisanti.it - biondisanti@biondisanti.it

VITA - Biondi Santi è una delle aziende più importanti per l'intero comparto enologico italiano. La scomparsa del grande Franco Biondi Santi, nel 2013, ha fatto temere che una delle colonne portanti della tradizione del Brunello potesse vacillare. Per fortuna l'ingresso del gruppo francese EPI della famiglia Descours ha garantito continuità con il passato e una solida progettualità per i tempi a venire.

VIGNE - Le vigne sono collocate in alcune delle migliori giaciture della denominazione, da Scannacuoia, culla del Brunello, alla vigna intorno al Greppo. Ciò non stupisce dato che la dinastia Biondi Santi ha sempre operato sul territorio con sensibilità agronomica e di osservazione. L'attuale proprietà ha confermato tale lavoro attraverso analisi dei suoli e delle maturazioni, dando spessore tecnologico contemporaneo a competenze antiche.

VINI - Nella secolare storia della cantina vi è un filo rosso che lega la produzione enologica: quello della tradizione. Ricordiamo benissimo come, negli anni dei vini concentrati poco conformi alla finezza del Sangiovese, Franco non mutò di un centimetro la sua posizione nonostante le sirene del mercato fossero avverse. Oggi questa coerenza, mantenuta dalla nuova proprietà, rappresenta un punto di riferimento per la denominazione e per un mercato finalmente più consapevole.

TOP **Brunello di Montalcino Dedicato a Franco Ris. 2012** ● n.d. bt; 450 € - - L'ultima vendemmia di Franco Biondi Santi è celebrata nell'etichetta di una bottiglia di cui sarebbe stato sicuramente orgoglioso; il frutto rosso alcolico e maturo anticipa note di tabacco, e lievi cenni ossidativi annunciano una bocca sontuosa, dove un tannino stratificato e fine si amalgama alla vibrante freschezza acida, per un complesso fine e indimenticabile.

ha 25 - **bt** n.d.
Fertilizzanti organo-minerali, sovescio
Fitofarmaci rame e zolfo
Diserbo lavorazione meccanica/manuale
Lieviti fermentazione spontanea
Uve 100% di proprietà
Certificazione nessuna certificazione

GIANNI BRUNELLI LE CHIUSE DI SOTTO

SCONTO -10%

Località Podernovone - tel. 0577 849337
www.giannibrunelli.it - laura.brunelli@giannibrunelli.it

VITA - Era il 1987 quando Gianni Brunelli comprò il podere di Le Chiuse di Sotto, dove lavorava il padre; successivamente, negli anni Novanta, è stato acquistato anche Podernovone, dove sono state piantate le vigne che vediamo ancora oggi. Attualmente l'azienda è gestita da Maria Laura Vacca Brunelli, che definisce questa bella realtà come artigianale, e viene assistita per le pratiche agronomiche e di cantina da Adriano Brunelli e da un affiatato team interno.

VIGNE - I vigneti si trovano in due zone distanti tra loro: se la vigna storica di Le Chiuse di Sotto marca l'acidità dell'uva, in quanto situata nella zona nord-est di Montalcino, le quattro parcelle vicine alla cantina a Podernovone, situate a 500 metri di altitudine, sono caratterizzate da un microclima particolare e terreni completamente disomogenei. Ne risultano vini fortemente influenzati dai terroir, che obbligano a vinificazioni e invecchiamenti separati.

VINI - La ricerca del compromesso e dell'equilibrio tra le varie componenti del vino, l'interpretazione dell'annata e la riconoscibilità del territorio sono le linee guida dell'azienda.

Brunello di Montalcino 2015 ● 15.000 bt; 45 € - Questo è il primo Brunello vinificato nella nuova cantina e colpisce per la notevole complessità olfattiva, marcata da sentori floreali. Il sorso è fragrante, succoso, fresco e ben integrato, con tannini vellutati e un finale lungo e incisivo.
Rosso di Montalcino 2018 ● 12.000 bt; 23 € - Figlio di un'annata difficile, è da aspettare ancora un po'. Ha naso fruttato con qualche nota vegetale, e al palato offre tanta sapidità e tannini fini che donano facilità di beva.
Amor Costante 2016 ● merlot, sangiovese; 2.000 bt; 28 € - Risulta potente ma elegante all'olfatto, e in bocca è salato, fresco e dotato di un finale piuttosto persistente.

ha 6,5 - **bt** 25.000
Fertilizzanti letame in pellet, letame
Fitofarmaci rame e zolfo
Diserbo lavorazione meccanica/manuale
Lieviti selezionati industriali
Uve 100% di proprietà
Certificazione nessuna certificazione

MONTALCINO (SI)

CAMIGLIANO

SCONTO -10%

Località Camigliano - Via d'Ingresso, 2 - tel. 0577 816061
www.camigliano.it - info@camigliano.it

VITA - La famiglia Ghezzi, proprietaria di Camigliano, si è legata a Montalcino e all'attività vinicola negli anni Cinquanta e oggi guida una delle realtà vitivinicole più estese della zona. Il percorso aziendale descrive una continua e progressiva crescita grazie alla bontà del lavoro svolto, nel rispetto dei luoghi e per la cura della cantina e dei vigneti. Non meno importanti gli investimenti ben guidati e fatti con criterio.

VIGNE - I vigneti, posizionati a circa 300 metri di quota sul versante orientale di Montalcino che guarda la Maremma, trovano qui le migliori condizioni per sviluppare la parte polifenolica delle uve, per la buona esposizione, per la ventilazione marina che avvolge i grappoli e per la vicinanza ai fondovalle dei fiumi Ombrone e Orcia, che mitigano le temperature e apportano umidità.

VINI - Pur in assenza del Brunello Gualto 2014, non prodotto per le avverse condizioni climatiche, rimangono alte le prestazioni dei vini presentati quest'anno.

Brunello di Montalcino Paesaggio Inatteso 2015 ● 7.000 bt; 48 € - I profumi sono di macchia mediterranea, confettura e tabacco. Ampio il centro bocca, dove si fondono potenza ed equilibrio; i tannini setosi completano la ricchezza gustativa.
Brunello di Montalcino 2015 ● 150.000 bt; 38 € - L'olfatto è dominato dalle note balsamiche. Corposo, ha un tannino audace arginato dalla morbidezza complessiva.
Rosso di Montalcino 2018 ● 80.000 bt; 13 € - Sobrio al gusto, per nulla aggressivo.
Gamal 2019 ○ vermentino; 5.000 bt; 11 € - Fine, fruttato, elegante.
Gamal Rosa 2019 ● sangiovese, syrah; 3.000 bt; 9 € - Dinamico, fruttato, espressivo.
Poderuccio 2018 ● merlot, cabernet sauvignon, sangiovese; 30.000 bt; 9 € - Agile, fruttato, gastronomico.

ha 92 - **bt** 380.000
Fertilizzanti letame in pellet, letame
Fitofarmaci rame e zolfo
Diserbo lavorazione meccanica/manuale
Lieviti selezione di lieviti indigeni
Uve 100% di proprietà
Certificazione biologico certificato

MONTALCINO (SI)

CANALICCHIO DI SOPRA

Località Casaccia, 73 - tel. 0577 848316
www.canalicchiodisopra.com - info@canalicchiodisopra.com

VITA - La famiglia Ripaccioli è radicata nel territorio ilcinese da molto tempo. Fu Primo Pacenti, tra i fondatori del Consorzio, a intuire questi versanti come culla di grandi vini rossi da invecchiamento nel 1962. Il genero, Pier Luigi Ripaccioli, lo affiancò una ventina di anni più tardi nel faticoso lavoro viticolo. Oggi è la terza generazione, con Simonetta, Francesco e Marco, a continuare nel solco tracciato della qualità e dell'appartenenza.

VIGNE - I vigneti aziendali sono collocati nell'areale settentrionale della denominazione. Si tratta di due aree molto vocate come quella di Canalicchio, da cui il nome dell'azienda, e quella di Montosoli, collina ormai assunta a vero e proprio cru della denominazione. Suoli diversi che l'azienda esalta attraverso una parcellizzazione interna a ogni appezzamento e vinificazioni separate.

VINI - I vini rispettano le peculiarità del territorio di origine, che esaltano la lunghezza gustativa attraverso spiccate acidità.

Rosso di Montalcino 2018 ● 28.000 bt; 19 € - - Si conferma come vino centrato e armonico, splendido testimone del luogo di origine; complesso e grintoso, ha un sorso slanciato avvolto in profumi di sottobosco e frutti scuri, per un complesso molto godibile.
Brunello di Montalcino 2015 ● 15.000 bt; 45 € - - Il vino attacca con densità glicerica e spessa progressione. Tale stratificazione materica veicola aromi speziati, balsamici e di frutta scura, con un finale risolto anche se alcolico.
Brunello di Montalcino La Casaccia 2015 ● 1.500 bt; 137 € - - Voluminoso e progressivo, il vino ha una progressione potente e non priva di dettagli aromatici come frutta, china e cenni balsamici; il finale è caldo e tannico.

ha 19 - **bt** 70.000
Fertilizzanti letame, organo-minerali, sovescio
Fitofarmaci rame e zolfo
Diserbo lavorazione meccanica/manuale
Lieviti selezione di lieviti indigeni
Uve 100% di proprietà
Certificazione nessuna certificazione

MONTALCINO (SI)

CAPANNA

Località Capanna, 333 - tel. 0577 848298
www.capannamontalcino.com - info@capannamontalcino.com

VITA - L'azienda Capanna è di proprietà della famiglia Cencioni da ben quattro generazioni. Amedeo Cencioni, enologo, gestisce vigna e cantina, e rappresenta la generazione entrante: a lui il compito di coniugare storia e nuove tecnologie, tradizione e probo fermento culturale con le diverse necessità aziendali. I vini assaggiati quest'anno superano facilmente la prova della continuità qualitativa.

VIGNE - Nei vigneti posizionati sul versante nord di Montalcino oltre sangiovese, padrone di casa, trova spazio un'altra varietà nobile della zona, il moscato, da cui si ottiene il Moscadello, il vino più antico di Montalcino. Tra le novità introdotte in vigna si evidenzia la defogliazione precoce, mentre in cantina la pratica per l'estrazione differita degli antociani, effettuata prima dei rimontaggi, è volta a ridurre le ossidazioni nei vini.

VINI - In cantina la fermentazione alcolica e quella malolattica del Rosso e del Brunello di Montalcino avvengono in tini tronco-conici di rovere di Slavonia.

Brunello di Montalcino 2015 ● 39.000 bt; 40 € - - Di grande valore: ha carattere e finezza. Il quadro olfattivo è caratterizzato da frutta scura, note balsamiche, spezie, tabacco e caffè. In bocca si apre in progressione, sempre più pieno, e mostra struttura e ricchezza aromatica in pregevole equilibrio.
Rosso di Montalcino 2018 ● 30.000 bt; 16 € - - Ben fatto, soprattutto pregevole nella trama tannica ricoperta di succo.
Moscadello di Montalcino V.T. 2016 ● 990 bt da 0,5 l; 20 € - - Un vino di antichissimo pregio, avvolgente e stratificato.
Sant'Antimo Rosso 2016 ● 4.600 bt; 25 € - - Ampio, fruttato, espressivo.
Rosso del Cerro 2018 ● sangiovese; 5.000 bt; 9 € - - Agile, fruttato, gastronomico.
Moscadello di Montalcino 2018 ○ 9.400 bt; 9 € - - Succoso, fruttato, varietale.

ha 23 - **bt** 89.000
Fertilizzanti letame in pellet, sovescio
Fitofarmaci rame e zolfo
Diserbo lavorazione meccanica/manuale
Lieviti selezione di lieviti indigeni
Uve 100% di proprietà
Certificazione nessuna certificazione

MONTALCINO (SI)

CAPRILI

SCONTO **-10%**

Località Podere Caprili, 268 - tel. 0577 848566
www.caprili.it - info@caprili.it

VITA - La storia della famiglia Bartolomei come proprietaria di Caprili ha avuto inizio nel 1965, quando Alfio e il padre Alberto decisero di acquistare il podere dai Castelli-Martinozzi e di piantare la prima vigna. Oggi questa dinamica realtà è gestita dai figli Paola, Paolo ed Emanuele, e dal nipote Giacomo, a cui si aggiunge il prezioso supporto, ricco di consigli, di Alfio.

VIGNE - Ben areati, i vigneti che si trovano intorno alla cantina nella parte sud-ovest di Montalcino sono rivolti verso la costa tirrenica. I terreni sono di matrice mista e le altitudini variano dai 220 ai 340 metri di quota. L'azienda possiede anche altre vigne a Cinigiano, in provincia di Grosseto, dove si allevano in prevalenza vermentino e altre uve a bacca nera.

VINI - In cantina i vini seguono il loro percorso in modo naturale e gli interventi sono ridotti al minimo, in modo da preservarne la schietta identità territoriale.

Brunello di Montalcino 2015 ● 40.000 bt; 40 € - - Si presenta con profumi sfaccettati e intriganti che virano dal fruttato al balsamico, e con spiccati sentori di grafite. In bocca è intenso ed equilibrato, e si dipana mettendo sul piatto una decisa sferzata acida. Il sorso è di buona persistenza.
Rosso di Montalcino 2018 ● 35.000 bt; 15 € - - Esuberante e immediato, all'olfatto si apre con piacevoli note fruttate e floreali. In bocca è già pronto e godibile nonostante la giovane età al momento dell'assaggio.
Moscadello di Montalcino 2019 ○ 4.000 bt; 9 € - - Varietale e lineare al naso, in bocca è fresco, dolce e piacevole.
Settimia 2019 ○ vermentino; 5.300 bt; 8 € - - Fresco, floreale, espressivo.

ha 19 - **bt** 110.000
Fertilizzanti letame, organo-minerali, sovescio
Fitofarmaci chimici di sintesi, rame e zolfo
Diserbo lavorazione meccanica/manuale
Lieviti fermentazione spontanea
Uve 100% di proprietà
Certificazione nessuna certificazione

MONTALCINO (SI)

CASTELLO TRICERCHI

SCONTO **-10%**

Località Altesi - tel. 347 2501884 - 0577 1912361
www.castellotricerchi.com - info@castellotricerchi.com

VITA - Il castello, completato nel 1441, è il centro tangibile di una storia che ha attraversato e incrociato, per secoli, le vicende della Toscana. La produzione viticola è iniziata negli anni Novanta del Novecento, ma inizialmente le uve venivano cedute a un'azienda imbottigliatrice. Dal 2013 il giovane Tommaso Squarcia, appassionato di vino, con lo zio Emanuele ha deciso di dare una svolta alla produzione.

VIGNE - Il lavoro di riqualificazione è giustamente iniziato da una rinnovata gestione dei vigneti, che situati vicino al castello formano un piccolo anfiteatro naturale, con sul fondo un laghetto. Il terreno è ricco di argilla calcarea e sabbie: siamo sul versante nord di Montalcino. La rinuncia alla chimica e il passaggio dal sistema a cordone speronato a quello a guyot sono state le prime importanti decisioni prese.

VINI - Lo stile dei vini è rigoroso, a volte austero, nel convinto rispetto del sangiovese grosso. Il percorso intrapreso è sfociato, quest'anno, in una batteria di prim'ordine.

Brunello di Montalcino 2015 ● 22.000 bt; 38 € - - Trenta mesi di affinamento in botti grandi restituiscono profumi netti che rimandano all'alloro e alla lavanda. Il sorso è vibrante, ricco di articolazione, ampio, dal tannino ben calibrato e dal finale segnato da freschezza e sapidità.
Brunello di Montalcino A.D. 1441 2015 ● 2.000 bt; 68 € - - Selezione delle uve dei due migliori vigneti aziendali, viene prodotto solo nelle annate giuste: austero, ha note speziate, di china e terrose. In bocca è compatto, pieno, e si allunga deciso pur tradendo un debito di integrazione: peccato di gioventù.
Rosso di Montalcino 2018 ● 25.000 bt; 16 € - - Elegante al naso su toni floreali e di frutti di bosco, attraversa il palato con leggerezza e agilità, grazie anche a un tannino docile e levigato.

ha 13 - **bt** 65.000
Fertilizzanti nessun concime
Fitofarmaci rame e zolfo
Diserbo lavorazione meccanica/manuale
Lieviti selezione di lieviti indigeni
Uve 100% di proprietà
Certificazione nessuna certificazione

MONTALCINO (SI)

COL D'ORCIA

SCONTO -10%

Frazione Sant'Angelo in Colle - Via Giuncheti - tel. 0577 80891
www.coldorcia.it - info@coldorcia.it

VITA - L'azienda di Francesco Marone Cinzano è una delle più estese del comprensorio di Montalcino. Tali dimensioni vitate sono percepibili a occhio nudo nella strada che da Sant'Angelo in Colle scende verso il fiume Orcia. Sarà possibile, magari in primavera, apprezzare il lavoro rispettoso dei suoli che l'azienda ha messo a punto fornendo, data anche la copiosa quantità di terra a disposizione, un esempio biologico per tutta la denominazione.

VIGNE - La svolta biologica non concerne solo la viticoltura, ma è allargata a tutte le attività aziendali. Qui l'agricoltura è intesa ormai in modo complesso: alla vite e all'olivo si sono aggiunte coltivazione di cereali e apicoltura. Tali pratiche virtuose si sono sommate a una ricerca sui migliori cloni di sangiovese.

VINI - L'immensa cantina ospita principalmente botti grandi; da ciò si può intuire il carattere prettamente tradizionale dei vini aziendali.

TOP **Brunello di Montalcino Poggio al Vento Ris. 2013** ● 17.000 bt; 82 € - Il solito capolavoro che intreccia forza, decisione e la finezza di una progressione succosa, quasi rilassata, che veicola sensazioni di spezia e arancia, per una lunga permanenza al palato.
Brunello di Montalcino 2015 ● 190.000 bt; 34 € - Ingresso caldo di alcol e composto, buona progressione fruttata con tannino equilibrato e giusta acidità di contrasto: un vino piuttosto tecnico e ben eseguito.
Rosso di Montalcino 2018 ● 54.000 bt; 12 € - La dimensione dinamica è affidata a un succo leggero che emana aromi di frutta rossa matura; la materia si articola bene evidenziando un'architettura complessiva semplice ma godibile.
Spezieri 2018 ● sangiovese, ciliegiolo; 60.000 bt; 6 € - Fresco, fruttato, sottile.
Sant'Antimo Nearco 2016 ● 25.000 bt; 18 € - Potente, speziato, compatto.

ha 140 - **bt** 700.000
Fertilizzanti compost, sovescio
Fitofarmaci rame e zolfo
Diserbo lavorazione meccanica/manuale
Lieviti selezione di lieviti indigeni
Uve 100% di proprietà
Certificazione biologico certificato

MONTALCINO (SI)

COL DI LAMO

Località Podere Grosseto, 28 - tel. 0577 834433
www.coldilamo.it - info@coldilamo.com

VITA - Dopo aver messo nel cassetto una laurea in Giurisprudenza Giovanna Neri ha deciso di dare continuità alla passione viticola del padre, che acquistò svariati ettari a Montalcino. Così, agli inizi degli anni Duemila, è nata Col di Lamo, azienda nella quale si percepisce, nella grazia dell'architettura, nella gioia della creatività e nella serena responsabilità del fare vino, un'aria di rassicurante genere femminile.

VIGNE - Le vigne si distendono nel crinale appena dietro la cantina. Siamo in località Torrenieri, est della denominazione, su suoli di argilla scura che è bene lavorare per non incorrere nei compattamenti tipici di queste formazioni geologiche. Secondo la produttrice l'unica via possibile per l'azienda è stata una viticoltura biologica attenta alla salubrità dei suoli e dell'ambiente. Su 80 ettari di proprietà, 7,5 sono dedicati alla realizzazione del Brunello.

VINI - Il carattere della produzione enologica è rispettoso del luogo di origine, con vini di densità e calore non privi nelle annate più fresche di verticalità e dettaglio.
Rosso di Montalcino 2017 ● 5.000 bt; 15 € - Traduce bene la vocazione del luogo di origine con spessore gustativo notevole, quasi grasso, aromi definiti di frutta e intreccio sapido che armonizza l'espressione complessiva.
Brunello di Montalcino 2015 ● 15.000 bt; 42 € - Il vino ha espressione floreale, con sbuffi alcolici che danno cenni di mora di gelso; la bocca è coerente, con sensazioni calde, materia viscosa e chiusura severa su un tannino scoperto.
Lamo 2017 ● cabernet sauvignon, sangiovese; 2.500 bt; 26 € - L'ingresso ampio presenta una buona integrazione tra calore e verticale acida, per un sorso incisivo e dal finale di una certa dolcezza speziata, con poco contrasto.

ha 7,5 - **bt** 27.000
Fertilizzanti letame in pellet, sovescio
Fitofarmaci rame e zolfo
Diserbo lavorazione meccanica/manuale
Lieviti selezione di lieviti indigeni
Uve 100% di proprietà
Certificazione biologico certificato

MONTALCINO (SI)

COLLEMATTONI €

Frazione Sant'Angelo in Colle - Località Collemattoni, 100
tel. 0577 844127 - www.collemattoni.it - collemattoni@collemattoni.it

VITA - Marcello Bucci è uno dei vignaioli più talentuosi del comprensorio di Montalcino. Nato in queste colline, gestisce l'azienda dal lontano 1983. Proprio in virtù di tale confidenza geografica e relazionale con il territorio, la sua è una viticoltura misurata e fluida, che racconta di gesti quotidiani praticati con massima spontaneità e in piena sintonia con il paesaggio del quale ha sempre fatto parte. Naturale che da lui provengano vini di cristallina appartenenza.

VIGNE - La confidenza con il comprensorio di Montalcino è evidente se, a volo d'uccello, consideriamo i vigneti a disposizione di Marcello. Si tratta di porzioni abbastanza nascoste nell'areale meridionale della denominazione, tra Castelnuovo dell'Abate e Sesta, senza dimenticare i vigneti intorno all'azienda a Sant'Angelo in Colle. Tale mosaico di vigneti permette di avere, secondo la vendemmia, diverse sfumature nelle uve portate a maturazione.

VINI - I vini prodotti sono figli della parte sud di Montalcino, che l'azienda interpreta in modo filologico; tale fedeltà li arricchisce di una splendida naturalezza espressiva.

TOP **Brunello di Montalcino 2015** VINO SLOW ● 22.000 bt; 34 € - Il vino esprime d'acchito forza alcolica evidente, e si apprezzano aromi di kirsch e tabacco; tale carattere ossidativo è sostenuto, nella progressione, da una straordinaria vitalità, innervata di energia sapida che allunga il sorso e appaga il palato.
Rosso di Montalcino 2018 ● 20.000 bt; 14 € - Vino fragrante e incisivo, che affida la sua progressione a un intreccio succoso e alcolico molto piacevole, e presenta una chiusura tannica bilanciata e saporita.
Adone 2018 ● canaiolo, merlot, sangiovese; 20.000 bt; 9 € - Schietto, fruttato, verace.

ha 11 - **bt** 65.000
Fertilizzanti letame in pellet, sovescio
Fitofarmaci rame e zolfo
Diserbo lavorazione meccanica/manuale
Lieviti fermentazione spontanea
Uve acquisto 8%
Certificazione biologico certificato

MONTALCINO (SI)

CORTE DEI VENTI

SCONTO **-10%**

Località Piancornello, 35 - tel. 0577 844035 - 347 3653718
www.lacortedeiventi.it - info@cortedeiventi.com

VITA - Clara Monaci è il classico esempio di vignaiola forgiata in casa secondo tradizione familiare. Tenendo bene a mente l'allegria della vendemmie fatte dal nonno e poi dalla mamma Silvana Pieri, nel 2010 ha dato seguito a un'innata passione e ha iniziato a fare vino, imponendosi all'attenzione di appassionati e critica in appena un decennio. Un risultato raggiunto grazie all'aiuto agronomico ed enologico di Gabriele Gadenz, e in cantina di Daniele Giorgi, che ha sostituito Andrea Brocco.

VIGNE - Il fiume Orcia rappresenta il confine dei suoi vigneti, situati a un'altitudine variabile tra i 50 e i 200 metri, in un areale in cui si incanala il vento. La maggior parte delle viti è allevata a cordone speronato, ma nei terreni sabbiosi vicini al fiume si è scelto il guyot e compaiono piccole quote di vitigni internazionali. Clara segue un approccio rispettoso della natura, e cura le sue vigne come se fossero figli.

VINI - Nei vini si cerca di trasmettere uno schietto messaggio contadino, privilegiando freschezza, classicità, longevità e territorialità.

Brunello di Montalcino 2015 ● 13.000 bt; 44 € - Naso classico, profumato di frutto rosso e terroso; al palato è succoso, dotato di grinta nervosa e articolata, con un finale fruttato che promette lunga durata.
Rosso di Montalcino 2018 ● 7.000 bt; 20 € - Intrigante, con un insistente aroma vanigliato che si amalgama al frutto, dà il meglio di sé in bocca dove è rotondo, deciso, dalla struttura impettita. Asciuga un po' il finale.
Le Terre Rosse 2018 ● sangiovese, merlot, cabernet sauvignon, syrah; 6.000 bt; 8 € - Estroverso e giovanile, ha un sapore immediato e generoso, con un tannino garbato.
Sant'Antimo Poggio dei Lecci 2018 ● 2.500 bt; 13 € - Possente, fruttato, espressivo.

ha 5 - **bt** 29.000
Fertilizzanti letame in pellet, sovescio
Fitofarmaci rame e zolfo
Diserbo lavorazione meccanica/manuale
Lieviti fermentazione spontanea
Uve 100% di proprietà
Certificazione nessuna certificazione

CORTE PAVONE

SCONTO -10%

Località Corte Pavone - tel. 0577 848110
www.loacker.bio - cortepavone.lo@cker.it

VITA - Era il 1996 quando Rainer Loacker, forte della sua lunga esperienza di produttore altoatesino, sbarcava in Toscana per cimentarsi con la viticoltura di questa regione. All'inizio ha acquistato terreni nella Docg più prestigiosa, quella di Montalcino, e in seguito, nel 1999, ha comprato una tenuta in Maremma, al confine del Parco Naturale dell'Uccellina, fra la vecchia Aurelia e il mare. Adesso a dirigere le due aziende c'è suo figlio Hayo.

VIGNE - Grande attenzione ai territori e rispetto assoluto dei ritmi naturali fanno sì che fin da subito si sia abbracciata la filosofia biodinamica. Lo studio continuo delle peculiarità delle singole vigne ha portato, nel tempo, a un progetto che prevede per i vini di Montalcino la produzione di sette cru provenienti da singole parcelle individuate per l'alta qualità delle uve.

VINI - Abbiamo assaggiato due di questi cru. I vini esprimono naturalità e rilassatezza: sono genuini interpreti dei differenti terreni, senza forzature o estrazioni fuori misura.

Brunello di Montalcino Fiore di Meliloto 2015 ● 1.900 bt; 67 € - La versione che più ci ha convinti. Scuro e maturo nei profumi, con accenni balsamici e di confettura, ha spessore e ricca materia, ed è ben sostenuto dalla freschezza e dalla robusta struttura tannica.
Brunello di Montalcino 2015 ● 19.000 bt; 50 € - Dai toni terrosi, è austero ed esprime potenza e dolcezza avvolgente. Ben ritmato e dal profilo territoriale.
Brunello di Montalcino Fiore Del Vento 2015 ● 3.500 bt; 67 € - Qualche cenno vegetale in un ventaglio ampio e sfaccettato. La bocca è scorrevole, di piacevole profondità e ben bilanciata dall'acidità.
Maremma Toscana Syrah Lodolaia 2017 ● 6.300 bt; 22 € - Ampio, speziato, compatto.
Morellino di Scansano Poggio Marcone 2018 ● 1.800 bt; 17 € - Vivo, fruttato, gastronomico.

ha 41 - **bt** 200.000
Fertilizzanti compost, preparati biodinamici
Fitofarmaci rame e zolfo
Diserbo lavorazione meccanica/manuale
Lieviti selezione di lieviti indigeni
Uve 100% di proprietà
Certificazione biologico certificato

MONTALCINO (SI)

CORTONESI - LA MANNELLA

Località La Mannella - tel. 0577 847126 - 349 4651606
www.cortonesimontalcino.it - info@cortonesimontalcino.it

VITA - Il podere La Mannella della famiglia Cortonesi è sul versante nord di Montalcino. I figli di Marco Cortonesi, Tommaso e Giulio, rispettosi dei saperi e dei valori ereditati, ne hanno fatto il centro della propria vita e un progetto di realizzazione personale. Tuttavia, per abitudine, i clienti chiamano ancora il padre, figura di rilievo dell'azienda, sempre indispensabile nelle sue mansioni.

VIGNE - I due pregiati vigneti di proprietà che danno origine ai vini dell'azienda sono esposti a sud, sud-est e differiscono per zona e composizione del suolo, con argilla e arenaria a La Mannella, e con suolo a galestro presso i Poggiarelli. Con l'acquisizione di un vigneto situato a poca distanza dal podere, l'azienda si amplia dal 2020 di circa altri 3 ettari, tutti già vitati a sangiovese.

VINI - I vini riposano in botti di rovere di Slavonia da 30 ettolitri o in tonneau di rovere francese, e sono classici e precisi.

Brunello di Montalcino I Poggiarelli 2015 ● 4.000 bt; 75 € - Comunica appieno il suo valore. Frutto di un piccolo vigneto, è capace di grandi prestazioni, anche se, al momento, altitudine e galestro richiedono un adeguato affinamento. Il naso ricco si concede un po' alla volta, liberando aromi fruttati e floreali; al gusto è pieno e armonico, con un tocco dolce e persistenza.
Brunello di Montalcino La Mannella 2015 ● 25.000 bt; 38 € - È elegante e ben definito; frutta matura, rose e spezie dolci al naso, in bocca è succoso, fresco e di buon equilibrio, curato in ogni dettaglio.
Rosso di Montalcino 2018 ● 15.000 bt; 15 € - All'olfatto è pulito e fragrante nel fruttato di amarena; in bocca è reattivo e saporito, di buon equilibrio e di discreto carattere.
Lèonus 2019 ● sangiovese; 15.000 bt; 10 € - Agile, fruttato, gastronomico.

ha 13 - **bt** 50.000
Fertilizzanti compost, preparati biodinamici, sovescio
Fitofarmaci rame e zolfo
Diserbo lavorazione meccanica/manuale
Lieviti selezione di lieviti indigeni
Uve 100% di proprietà
Certificazione nessuna certificazione

MONTALCINO (SI)

COSTANTI

Località Colle al Matrichese - tel. 0577 848195
www.costanti.it - info@costanti.it

VITA - La famiglia Costanti è dal 1555 stabilmente a Montalcino e più precisamente in località Colle al Matrichese. Si è cominciato a fare vino fin dall'Ottocento, a partire dall'antenato Tito, e ora le redini aziendali sono in mano ad Andrea Costanti, che lascia trasparire un grande attaccamento al territorio. L'azienda vitivinicola è affiancata da un'attività ricettiva.

VIGNE - La maggior parte dei vigneti è situata intorno alla sede aziendale, dove le piante trovano terreni galestrosi con zone più ricche di sassi e scaglie, e altre con una piccola parte sabbiosa. L'area è caratterizzata da escursioni termiche notevoli e spiccata ventilazione. Le vigne presentano diverse esposizioni, e se ciò in passato non era visto come un punto di forza, oggi permette di affrontare con fiducia anche le annate che spesso sono climaticamente estreme.

VINI - Andrea parte dal presupposto di avere la fortuna di far parte di un territorio irriproducibile e di coltivare un vitigno, il sangiovese, unico e che bisogna saper leggere. I vini hanno tutti un importante tenore acido, che li rende affilati, vitali e potenzialmente longevi.

Rosso di Montalcino 2018 ● 12.000 bt; 25 € - Si esprime in maniera molto armonica: al naso è floreale e terroso, mentre i bocca mette in mostra una vena acida che porta a spasso il palato, rendendo la bevuta incisiva in tutta la sua lunghezza. Davvero ottimo.
Brunello di Montalcino 2015 ● 32.000 bt; 70 € - Ampio al naso, con note fruttate, speziate e di timbro ematico, risulta poi lungo e austero in bocca, dotato di grande freschezza e di impronta tannica che gli permetteranno una positiva evoluzione nel tempo.

ha 10 - bt 55.000
Fertilizzanti sovescio
Fitofarmaci rame e zolfo
Diserbo lavorazione meccanica/manuale
Lieviti selezionati industriali
Uve 100% di proprietà
Certificazione nessuna certificazione

MONTALCINO (SI)

FATTOI

SCONTO **-10%**

Località Santa Restituta - Podere Capanna, 101 - tel. 0577 848613
www.fattoi.it - info@fattoi.it

VITA - I Fattoi producono vino da tre generazioni con immutata passione. Tutta l'attività è seguita esclusivamente dai familiari, in un rapporto stretto che il tempo non ha modificato negli schemi. L'azienda ha saputo affermarsi nel mondo del vino senza eccessivi stravolgimenti in vigna e in cantina, valorizzando il prezioso bagaglio del nonno fondatore Ofelio Fattoi, ancora attivo tra i vigneti.

VIGNE - I vigneti sono posizionati sul versante occidentale, quello caldo e soleggiato, che da Montalcino scende verso la Maremma, in un'area geografica particolarmente favorevole alla viticoltura. Il suolo che sostiene le viti di uva sangiovese è composto soprattutto da galestro ed è sabbioso e ben drenante, ricco di minerali che, combinati al sole, alle brezze marine e alla buona esposizione ai venti, creano un luogo unico per la viticoltura.

VINI - I vini dell'azienda fermentano inizialmente in acciaio macerando sulle bucce per 20 giorni. L'invecchiamento avviene in botti grandi e in tonneau per il Brunello, e in vasche di cemento e in legno per il Rosso.

Brunello di Montalcino 2015 ● 32.000 bt; 32 € - Al naso è ampio, con cenni di frutta matura e spezie, e invitanti note balsamiche. In bocca è ricco e morbido al tempo stesso. Pulito e persistente, si apprezza per la freschezza e la buona fattura dei tannini, che ben amalgamati con la struttura non perdono mai la loro piacevolezza.
Rosso di Montalcino 2018 ● 15.000 bt; 15 € - Risulta ben fatto e corretto nell'insieme. È pregevole al naso e in bocca, e il quadro dei profumi è complesso e ben definito. Morbido all'assaggio, si fa ricco e succoso nell'allungo, mantenendosi sempre integro e armonico.
Toscana Rosso 2018 ● 6.000 bt; 9 € - Agile, fruttato, incisivo.

ha 11 - bt 60.000
Fertilizzanti letame, organo-minerali
Fitofarmaci rame e zolfo
Diserbo lavorazione meccanica/manuale
Lieviti fermentazione spontanea
Uve 100% di proprietà
Certificazione nessuna certificazione

MONTALCINO (SI)

FATTORIA DEI BARBI

Località Podernovi, 170 - tel. 0577 841111
www.fattoriadeibarbi.it - info@fattoriadeibarbi.it

VITA - La Fattoria dei Barbi, già antica residenza della famiglia Colombini, è situata sul versante meridionale di Montalcino. Stefano Cinelli Colombini, il proprietario, ha saputo mantenere e valorizzare la lunga esperienza vitivinicola di famiglia, che dall'Ottocento è legata al Sangiovese. A testimonianza di questo glorioso passato è stato realizzato il Museo della comunità di Montalcino e del Brunello, proprio all'interno dell'azienda.

VIGNE - Qui si vinificano esclusivamente le uve prodotte nei vigneti di proprietà, e nei vini si ritrovano chiaramente i pregi e le tipicità del sangiovese. Il lavoro in cantina è improntato alla continua sperimentazione e alla capillare ricerca sull'ammodernamento delle tecniche di vinificazione in base alle evoluzioni dei mercati.

VINI - L'azienda è custode della tradizione e dell'innovazione enologica di Montalcino: per esempio è stata la prima ad adottare la concimazione organica e tra le prime a usare la refrigerazione per fermentare a freddo i vini rossi.

Brunello di Montalcino Vigna del Fiore 2015 ● 7.000 bt; 60 € - L'olfatto, elegante e pulito, si focalizza su note balsamiche, di confettura e spezie. In bocca mostra corpo e struttura; l'importante trama tannica e la vena sapida promettono longevità. È caldo, avvolgente e ricco di aromi terziari. Sul finale ritornano evidenti le note balsamiche e aromatiche.
Brunello di Montalcino 2015 ● 180.000 bt; 32 € - Profumi di marasche, alloro e spezie introducono un sorso morbido e corposo; tannini vivi e acidità animano il percorso senza "ferire". Note di liquirizia ne allungano il ricordo.
Rosso di Montalcino 2018 ● 60.000 bt; 13 € - Un vino che risulta fruttato, fresco e di complessiva armonia.

ha 74 - **bt** 700.000
Fertilizzanti letame in pellet, letame, minerali
Fitofarmaci chimici di sintesi, rame e zolfo
Diserbo lavorazione meccanica/manuale
Lieviti selezione di lieviti indigeni
Uve 100% di proprietà
Certificazione nessuna certificazione

MONTALCINO (SI)

FONTERENZA

Frazione Sant'Angelo in Colle - Località Fonterenza, 99 - tel. 338 4620489
347 3157605 - www.fonterenza.it - francescapadovani@hotmail.com

VITA - Avevamo descritto il percorso produttivo di Margherita e Francesca Padovani come trasgressivo rispetto al territorio di riferimento. Eppure proprio grazie ai confronti con altri mondi enologici, meno istituzionalizzati, pare che le gemelle abbiano raggiunto una continuità qualitativa entusiasmante proprio nei vini della denominazione di riferimento. Vini espressivi, originali e provenienti da viticoltura sensibile.

VIGNE - Il vigneto occupa una zona molto vocata come quella di Podernuovi, a est della denominazione. Qui i filari, estesi per 4,5 ettari, poggiano su suoli complessi che vanno da arenarie a galestro, da parti limose a quarziti. Il lavoro biodinamico caratterizza la viticoltura aziendale, che esalta le differenze geologiche e quindi le uve attraverso interventi peculiari su porzioni di vigna.

VINI - Lo stile afferisce al mondo del vino naturale. Poco interventismo per lasciare vini liberi di esprimere il carattere primigenio delle uve di origine.

TOP **Rosso di Montalcino Alberello 2018** VINO SLOW ● 4.000 bt; 32 € - Dagli alberelli piantati nel 2005 su suolo galestroso e quarzo, esprime energia succosa incorniciata da freschezza acida e un tannino fitto che, insieme ad aromi delicati, rendono la bevuta deliziosa e complessa.
Brunello di Montalcino 2015 ● 6.000 bt; 60 € - Esprime tratto scuro e materico con note terrose e caloriche; un bel nucleo vinoso appaga il sorso, anche se la distensione rimane compressa.
Rosso di Montalcino 2017 ● 5.500 bt; 22 € - Di materia calda, si dipana in un sorso viscoso, ben disteso e senza contrasto acido, ma puntellato da un tannino solido che fissa aromi terrosi e terziari.
Pettirosso 2019 ● sangiovese, canaiolo; 6.000 bt; 14 € - Agile, fruttato, incisivo.
Rosa di Fonterenza 2019 ● sangiovese; 3.500 bt; 14 € - Schietto, floreale, salino.

ha 4,2 - **bt** 25.000
Fertilizzanti compost, preparati biodinamici, sovescio
Fitofarmaci rame e zolfo
Diserbo lavorazione meccanica/manuale
Lieviti fermentazione spontanea
Uve acquisto 20%
Certificazione biologico certificato

FORNACINA €

Podere Fornacina, 153 - tel. 0577 848464
www.cantinafornacina.it - info@cantinafornacina.it

VITA - Fornacina è una piccola realtà a conduzione familiare fondata da Ruggero Biliorsi nel 1981. Da allora l'azienda si è ritagliata un ruolo di primo piano nel comprensorio ilcinese, grazie alla continuità qualitativa del lavoro svolto, sia in vigna, sia in cantina, al fine di produrre vini profondamente legati al territorio d'appartenenza. Oggi i figli di Ruggero, Simone e Mauro, conducono l'azienda, che fin dal 2004 ha scelto di operare in biologico.

VIGNE - La proprietà vitata si estende per circa 5 ettari. Si tratta di due corpi che, come accade spesso a Montalcino, occupano zone differenti per suolo ed esposizione, in modo da sfruttare tutte le varianti possibili date dalla medesima uva: il sangiovese. Le vigne intorno casa (3 ettari) presentano matrici argillose; 2 ettari sono invece piantati nel comprensorio meridionale della denominazione a Castelnuovo dell'Abate, su galestro.

VINI - I vini prodotti che, come detto, seguono la tradizione, hanno negli ultimi anni esibito maggiore complessità, forse dovuta all'età del vigneto, che ha ormai passato i 30 anni.

TOP **Rosso di Montalcino 2018** VINO SLOW ● 7.500 bt; 14 € - - Il vino esprime una bella articolazione, giocata sulla dinamica verticale del sorso, leggero e incisivo, contrastata dalla densità glicerica, che evoca aromi di cuoio e frutta, per un complesso armonico e molto appagante.

Brunello di Montalcino 2015 ● 11.500 bt; 34 € - - Esprime aromi terziari di sottobosco con cenni balsamici ben integrati; la bocca ha tensione che ben sorregge il liquido, dotato di notevole viscosità alcolica e dimensione ampia. La chiusura è segnata da un tannino robusto e saporito.

ha 5 - **bt** 20.000
Fertilizzanti sovescio
Fitofarmaci rame e zolfo
Diserbo lavorazione meccanica/manuale
Lieviti fermentazione spontanea
Uve 100% di proprietà
Certificazione biologico certificato

MONTALCINO (SI)

FULIGNI

Via Soccorso Saloni, 33 - tel. 0577 848710
www.fuligni.it - info@fuligni.it

VITA - La famiglia Fuligni negli anni Venti si trasferì dalla Maremma e da sempre si è distinta per tenacia, ambizione e passione per la viticoltura, divenendo nel tempo un punto di riferimento per l'intera zona. L'azienda è collocata nella parte orientale della denominazione, e la sua monumentale cantina storica è ancora in funzione. Tra vigna e cantina prezioso è l'apporto di Roberto Guerrini e Daniele Zeffirini.

VIGNE - L'intera proprietà conta più di 100 ettari, suddivisi in due nuclei, ma solo quelli più vocati, e con la miglior esposizione, sono stati destinati alla viticoltura. La parte più vecchia, in località Cottimali, occupa un suolo ricco di scheletro e galestro, a un'altitudine di circa 400 metri. La vigna più giovane, invece, si trova a circa 300 metri e ha trovato dimora su un suolo con maggior presenza di argilla tufacea.

VINI - Fuligni è un nome che ha scritto pagine importanti della storia enologica ilcinese, e resta sinonimo della migliore tradizione. Nelle annate in cui il livello qualitativo delle uve raccolte non sembra adeguato a mantenere l'alto standard raggiunto l'azienda preferisce evitare la produzione: è il caso del Brunello Riserva 2014.

Brunello di Montalcino 2015 ● 30.000 bt; 65 € - - È il risultato di uve attentamente selezionate, provenienti da impianti con basse rese per ettaro. Al naso si palesa tipicamente fruttato e floreale, mentre l'assaggio denota un tannino giovane ma preciso e di buona trama, con la freschezza e una buona sapidità che ne garantiscono ed esaltano la longevità. Un vino serbevole, da attendere ma che può già offrire un buon equilibrio.

ha 13,5 - **bt** 50.000
Fertilizzanti letame in pellet, organo-minerali, sovescio
Fitofarmaci rame e zolfo
Diserbo lavorazione meccanica/manuale
Lieviti selezione di lieviti indigeni
Uve 100% di proprietà
Certificazione nessuna certificazione

MONTALCINO (SI)

IL COLLE

Località Il Colle, 102/b - tel. 0577 848295
ilcolledicarli@libero.it

VITA - L'azienda è stata fondata nel 1972 da Alberto Carli, che ha piantato i primi 3 ettari di vigna poco lontano dalla cantina, all'inizio della strada per Torrenieri, a circa 500 metri di altitudine. A questi hanno fatto seguito tra il 1998 e il 1999 altri 5 ettari in località Castelnuovo dell'Abate. La produzione viene portata avanti con grande passione, nel rispetto degli insegnamenti di Giulio Gambelli, dalla figlia Caterina, che in cantina è supportata da Francesca Arquint.

VIGNE - Tra i vigneti nei pressi della cantina spicca il Bosco, unico impianto in grado di resistere alla gelata del 1985, con esposizione a nord, nord-est e forte presenza di scheletro. Dal 2019 ci si avvale della consulenza di Maurizio Castelli, e nello stesso anno è stata completata la conversione biologica. I vigneti posti sotto al castello della Velona comprendono Pozzi e Ciliegio, più argillosi, e Ponte, caratterizzato da un'importante componente rocciosa e con esposizione a sud-est.

VINI - Di stile classico, i vini privilegiano l'eleganza e la facilità di beva alla ricerca della struttura, e sono affinati in legno grande. La nuova tinaia completata nel 2018 permette di pensare concretamente a una futura selezione.

Brunello di Montalcino 2015 ● 17.000 bt; 42 € - - Raccoglie le migliori uve dei vari vigneti aziendali ed è in una versione da ricordare. In bocca è un vino di grandissimo lignaggio, che conquista da subito per la sua compostezza ed eleganza; affinato per 54 mesi in botte grande, dimostra già un notevole equilibrio: è profondo, scattante e sapido, e promette una grande tenuta nel tempo.
Rosso di Montalcino 2017 ● 6.600 bt; 23 € - - Una magistrale interpretazione di una vendemmia calda, con la grande facilità di beva che invita subito a un nuovo sorso.

ha 8 - **bt** 20.000
Fertilizzanti organo-minerali
Fitofarmaci rame e zolfo
Diserbo lavorazione meccanica/manuale
Lieviti fermentazione spontanea
Uve 100% di proprietà
Certificazione biologico certificato

MONTALCINO (SI)

IL MARRONETO

Località Madonna delle Grazie, 307 - tel. 0577 849382
www.ilmarroneto.it - info@ilmarroneto.it

VITA - Il Marroneto, che prende il nome da un vecchio essiccatoio per castagne, è nata nel 1974 e ha realizzato la prima bottiglia di Brunello nel 1980. L'azienda che vediamo oggi si è formata intorno ad Alessandro Mori, che sovraintende a tutte le decisioni prese e che si avvale di un team interno molto giovane, di cui fa parte dal 2020 anche il figlio Jacopo, e al quale vuol trasmettere tutta la sua esperienza acquisita in ben 46 millesimi.

VIGNE - Quando Alessandro Mori parla delle sue vigne si può percepire tutto il rispetto che ripone nel sangiovese. Le vigne vengono allevate in maniera tradizionale, a cordone speronato doppio e con accapannatura delle cime. Il terreno non viene lavorato dal 1988, e perlopiù viene lasciato inerbito. Dal 2020 è entrata a far parte del parco vitato una nuova vigna, sempre nel versante nord di Montalcino, che verrà utilizzata per il Rosso.

VINI - I vini sono l'espressione coerente della tradizione e del rispetto per la natura e il territorio. Si utilizzano legni di grandi dimensioni.

Brunello di Montalcino Madonna delle Grazie 2015 ● 7.000 bt; 137 € - - Ha un bouquet che esprime eleganza e classicità, con note floreali che si amalgamano a sentori di terra. Al palato è lieve e succoso. Ne risulta un vino dinamico, dotato di energia e grinta nervosa.
Brunello di Montalcino 2015 ● 23.500 bt; 49 € - - Si apre al naso floreale, con note che ricordano le erbe campestri, e al sorso è saporito e dotato di succosità docile. Il tannino, leggermente ruvido al momento dell'assaggio, ci consiglia di aspettare ancora un po'.
Rosso di Montalcino Ignaccio 2017 ● 7.500 bt; 26 € - - All'olfatto appare molto varietale, con in evidenza note di terra, e all'assaggio ha dimensione e gusto da Sangiovese vero, con un finale di bocca leggermente tannico.

ha 7,2 - **bt** 37.000
Fertilizzanti letame
Fitofarmaci rame e zolfo
Diserbo lavorazione meccanica/manuale
Lieviti fermentazione spontanea
Uve 100% di proprietà
Certificazione nessuna certificazione

IL PARADISO DI MANFREDI

Via Canalicchio, 305 - tel. 0577 848478
www.ilparadisodimanfredi.com - info@ilparadisodimanfredi.com

VITA - Piccola realtà posta alle porte di Montalcino, il Paradiso di Manfredi rappresenta un punto di riferimento per questo territorio. Qui, infatti, è possibile riconoscere il carattere primigenio del sangiovese, oggetto di infinite cure che trasmettono l'amore per questo lavoro e la gratitudine per poterlo svolgere in un luogo così bello. Berlo è un privilegio che permette di conoscere l'aspetto più naturale, energico e saporito del Brunello.

VIGNE - La gestione della vigna ha connotati unici rispetto al resto del territorio; si tratta di un'opera quasi botanica, che considera ogni pianta come un individuo in relazione con gli altri. L'estrema sensibilità della famiglia Guerrini, impegnata in questo lavoro-vita, permette di catalogare ogni comportamento vegetale in una sorta di memoria di vigna che servirà per intervenire pianta per pianta. Le terrazze vitate, esposte a nord-est, sono su suoli pliocenici ricchi di conchiglie fossili.

VINI - In cantina non esiste un concetto di correttezza enologica, normalmente intesa per cercare di intervenire sulle uve così da focalizzare l'univocità di uno stile. Al contrario si vuole esaltare le differenze di ogni singola vendemmia cercando di curare le uve senza deviare la loro espressione.

TOP **Brunello di Montalcino 2014** VINO SLOW ● 6.000 bt; 77 € - Ⓓ - Ha sorso verticale molto slanciato, con in primo piano la filigrana sapida che fissa un sapore organico, quasi ematico e poi di sottobosco; il finale evidenzia qualità tannica e finezza complessiva.
Rosso di Montalcino 2018 ● 2.500 bt; 31 € - Ⓓ - Percorso gustativo di bella energia acida, con materia succosa incisiva e sapida che dispensa note terrose in lieve ossidazione; i fitti tannini donano una splendida architettura gustativa.

ha 2,4 - **bt** 10.000
Fertilizzanti sovescio
Fitofarmaci rame e zolfo
Diserbo lavorazione meccanica/manuale
Lieviti fermentazione spontanea
Uve 100% di proprietà
Certificazione nessuna certificazione

MONTALCINO (SI)

LA CERBAIOLA - SALVIONI

Piazza Cavour, 19 - tel. 0577 848499
www.aziendasalvioni.com - info@aziendasalvioni.com

VITA - Quando Giulio Salvioni e la moglie Mirella Civitelli fecero uscire la prima annata di Brunello, la 1985, da subito ci si accorse che questa azienda avrebbe conquistato, nel panorama enologico di Montalcino e non solo, l'attenzione degli appassionati più esigenti. Oggi stanno lasciando sempre più spazio ai figli: Alessia, più impegnata nella parte amministrativa e commerciale, e David, che si occupa principalmente della parte agronomica.

VIGNE - Le vigne si trovano in località La Cerbaiola, a 440 metri di quota su terreni sassosi e ricchi di galestro, su una specie di altopiano in cima alla collina ben esposto a sud-est, con microclima e luminosità ottimali per una perfetta maturazione delle uve. Un nuovo vigneto di 1,5 ettari circa, adiacente agli attuali, andrà progressivamente a sostituirne un'altro ormai da estirpare.

VINI - L'unica novità recente in cantina è l'introduzione del controllo della temperatura nel processo di vinificazione. Un processo lineare e legato alla tradizione, con lunghe macerazioni post-fermentative e affinamenti in botti grandi. I vini di La Cerbaiola hanno spessore e struttura consistente, ma risultano sempre eleganti e austeri, ricchi di sapore e profondi.

TOP **Brunello di Montalcino 2015** ● 15.000 bt; 85 € - Ⓓ - Terroso e austero, molto classico, ha una bella definizione di frutto, croccante e agrumato. Fine e discreto, si distende con misura, nobilitato da un tannino imponente ma dolce e saporito. Il finale è lungo, preciso e persistente.
Rosso di Montalcino 2018 ● 10.000 bt; 34 € - Ⓓ - Si apre su note floreali e terrose, intriganti, che accompagnano il frutto maturo. Tenue, sapido, rilassato al palato, è ben condotto da un nerbo acido consistente e con tannino misurato, che stringe con gentilezza in chiusura.

ha 4 - **bt** 15.000
Fertilizzanti sovescio
Fitofarmaci chimici di sintesi
Diserbo lavorazione meccanica/manuale
Lieviti fermentazione spontanea
Uve 100% di proprietà
Certificazione nessuna certificazione

MONTALCINO (SI)

LA FORTUNA

SCONTO **-10%**

Località La Fortuna, 83 - tel. 0577 848308 - 347 9849180
www.tenutalafortuna.it - info@tenutalafortuna.it

VITA - I Zannoni sono legati a queste terre da oltre 100 anni. Il loro è un racconto che parte dalla mezzadria e in cui caparbietà, dedizione e passione hanno accompagnato sei generazioni, permettendo a ciascuna di contribuire alla crescita di questa realtà ormai consolidata. Oggi alla guida c'è Gioberto Zannoni, aiutato da tutta la famiglia.

VIGNE - L'azienda si sviluppa ai piedi del colle di Montalcino, a circa 300 metri di quota, e il corpo principale dei vigneti si apre ad anfiteatro attorno alla casa colonica, con esposizione a nord-est. Poi si sono aggiunti altri 5 ettari a Castelnuovo dell'Abate, con esposizioni diverse per ottenere vini bilanciati grazie a uve maturate in contesti diversi.

VINI - Tempo fa Gioberto, parlando del Giobi, ci disse che «è un Brunello che molti hanno iniziato a notare grazie alla struttura derivante dalla drastica quasi esagerata selezione dei grappoli», ma la stessa attenzione e cura sono riscontrabili in ogni etichetta. Ed è questa elegante autenticità il filo sottile che lega tutto.

Brunello di Montalcino 2015 ● 33.000 bt; 33 € - - Mostra con pazienza una ricca e complessa successione aromatica, e anche l'assaggio si rivela stratificato: mostra un ritmo trascinante e una trama tannica fitta e saporita. È longevo ma già godibile nell'immediato.
Rosso di Montalcino 2018 ● 13.333 bt; 13 € - - Caratterizzato da sentori di frutti rossi e da una speziatura garbata, all'assaggio evidenzia un succo vivace, morbido e accattivante, sorretto da una buona acidità e sapidità. Il finale è lunghissimo.
Brunello di Montalcino Giobi 2015 ● 2.000 bt; 85 € - - Aromi fruttati, di cacao e balsamici precedono un sorso convincente, che si rivela ricco, ampio e lungo. Un vino nobile e avvolgente, dalla struttura importante.

ha 18 - **bt** 90.000
Fertilizzanti letame in pellet, organo-minerali, sovescio
Fitofarmaci rame e zolfo
Diserbo lavorazione meccanica/manuale
Lieviti fermentazione spontanea
Uve 100% di proprietà
Certificazione nessuna certificazione

MONTALCINO (SI)

LA MAGIA

SCONTO **-10%**

Podere La Magia, 53 - tel. 0577 835667
www.fattorialamagia.it - info@fattorialamagia.it

VITA - Fabian Schwarz, di origini altoatesine, è il titolare dell'azienda di famiglia acquistata nel 1979 dal nonno e dal padre Harald, allora giovanissimo, che l'hanno condotta negli anni in cui le realtà che coltivavano l'uva e imbottigliavano erano poche. Fabian è subentrato nel 2005, dopo studi ed esperienze nel settore in Italia e all'estero, affiancando prima il papà e il consulente esterno, per poi continuare da solo dal 2012.

VIGNE - I vigneti sono situati nella zona sud-est di Montalcino di fronte all'abbazia di Sant'Antimo e al monte Amiata, e sin dall'inizio sono stati concepiti per una coltivazione di tipo biologico non certificata ma riconosciuta senza problemi nel momento in cui è stata fatta la richiesta. Gli ultimi reimpianti di sangiovese sono ad alberello perché la vite ha uno sviluppo tridimensionale piuttosto che bidimensionale, come avviene nel filare.

VINI - «La mia idea», dice Fabian, «è quella di far sì che da questo vigneto esca sempre il meglio». In cantina un misto tra l'uso di acciaio, dell'anfora in terracotta, di tonneau e di botti grandi produce vini opulenti, eleganti e piacevoli.

Brunello di Montalcino 2015 ● 40.000 bt; 41 € - - Questo Brunello ha senz'altro il suo carattere: ottenuto da viti di oltre 40 anni e con un invecchiamento di 36 mesi in tonneau di rovere francese, per un terzo nuovi e per due terzi usati, è un vino articolato, con sentori di frutta a bacca rossa, e una grande freschezza che innerva un sorso fine, avvolgente e dinamico.
Rosso di Montalcino 2018 ● 26.000 bt; 16 € - - Molto attinente al territorio con sentori di frutta rossa risulta al palato teso ma delicato con una piacevole beva.

ha 17 - **bt** 80.000
Fertilizzanti letame in pellet, letame, sovescio
Fitofarmaci organici, rame e zolfo
Diserbo lavorazione meccanica/manuale
Lieviti selezione di lieviti indigeni, selezionati industriali
Uve 100% di proprietà
Certificazione biologico certificato

MONTALCINO (SI)

LE CHIUSE

SCONTO -10%

Località Pullera, 228 - tel. 0577 846064
www.lechiuse.com - info@lechiuse.com

VITA - La storia aziendale è fortemente legata a quella dei Biondi Santi. Le terre in cui Tancredi Biondi Santi produceva la Riserva di Brunello sono state ereditate dalla figlia Fiorella, non interessata al vino, che ha continuato ad affittarle al fratello Franco. Nel 1992, dopo la morte di Fiorella, la figlia Simonetta Valiani con il marito Niccolò Magnelli ha deciso invece di dare il via all'attività vitivinicola dell'azienda. Oggi è sempre più in prima linea il figlio Lorenzo.

VIGNE - L'esposizione a nord e l'altitudine intorno ai 300 metri danno freschezza e spessore; i suoli a matrice argillosa, ricca di pietra scistica e minerali, conferiscono profondità e sapidità. Una gestione agronomica oculata, con attenzione sempre maggiore alla tutela della vitalità del terreno, è associata a un approccio sobrio e poco interventista in cantina.

VINI - I vini sono tradizionali, austeri, pensati per lunghi invecchiamenti. A volte reticenti in fase giovanile e negli assaggi in batteria, sono profondi e affascinanti dopo qualche anno. Va letta in quest'ottica la recente scelta di far uscire le Riserve a 10 anni dalla vendemmia.

TOP **Brunello di Montalcino Diecianni Ris. 2010** ● 4.000 bt; 145 € - Classico e austero, su note di terra, alloro e tabacco, è denso ma anche snello ed elegante. Ha gran sapore, tannino ben risolto, e un finale molto persistente.

Brunello di Montalcino 2015 ● 15.000 bt; 65 € - Dal frutto maturo e caldo, velato da una speziatura dolce, sa di fiori ed erbe aromatiche. Un tannino importante segna la dinamica gustativa, dotata di freschezza, sapidità, e tensione; il finale è lungo.

Rosso di Montalcino 2018 ● 13.000 bt; 18 € - Ha un profilo umorale e terroso, su note di erbe aromatiche e agrumate. La polpa fruttata fresca e docile dona un sorso di indubbia piacevolezza.

ha 8 - bt 32.000
Fertilizzanti preparati biodinamici
Fitofarmaci organici, rame e zolfo
Diserbo lavorazione meccanica/manuale
Lieviti fermentazione spontanea
Uve 100% di proprietà
Certificazione biologico certificato

MONTALCINO (SI)

LE RAGNAIE

Località Le Ragnaie - tel. 0577 848639
www.leragnaie.com - info@leragnaie.com

VITA - Le Ragnaie è nata nel 1990 ed è stata acquisita nel 2002 dalla famiglia di Riccardo Campinoti, giovane appassionato di vino che ha coronato il sogno di avere una sua azienda a Montalcino. La conduzione familiare vede Riccardo in prima linea, e un team abbastanza giovane, con Augustin Sabatè che cura tutta la parte amministrativa, commerciale e di ospitalità. Ottavino Temperini, in vigna e in cantina, è la memoria storica dell'azienda.

VIGNE - I vigneti si trovano in vari quadranti dell'areale di Montalcino, su terreni di diversa matrice geologica e con quote che vanno dai 200 metri agli oltre 600 di Le Ragnaie. A sud, nei pressi di Castenuovo dell'Abate, si trovano Fornace e La Cava a sud-ovest Pietroso. Di recente acquisizione il vigneto in zona nord a Montosoli.

VINI - Classici, fedeli interpreti dei territori di provenienza, i vini denotano una mano leggera, che predilige eleganza e ricchezza di sfumature.

TOP **Brunello di Montalcino 2015** ● 30.000 bt; 55 € - In una batteria di livello qualitativo impressionante, ci ha conquistato questa versione. Terroso, austero, classico, è ricco, ma anche snello e disteso, con un finale lungo e saporito.

Brunello di Montalcino Casanovina Montosoli 2015 ● 3.300 bt; 120 € - Nuova selezione, da vocatissimo cru. Verace, di carattere, è fresco e maturo allo stesso tempo, di grande spessore, sapido, disteso e persistente.

Brunello di Montalcino Vigna Vecchia 2015 ● 4.000 bt; 120 € - Vino di grande naturalezza espressiva ed eleganza: tenue, discreto, è verticale e cangiante.

Brunello di Montalcino Fornace 2015 ● 4.000 bt; 120 € - Robusto, fruttato, energico.

Rosso di Montalcino 2017 ● 18.000 bt; 21 € - Schietto, floreale, incisivo.

Troncone 2017 ● sangiovese; 30.000 bt; 15 € - Agile, fruttato, sottile.

ha 20 - bt 90.000
Fertilizzanti humus, letame, sovescio
Fitofarmaci rame e zolfo
Diserbo lavorazione meccanica/manuale
Lieviti fermentazione spontanea
Uve 100% di proprietà
Certificazione biologico certificato

MONTALCINO (SI)

LISINI

Frazione Sant'Angelo in Colle - tel. 0577 844040
www.lisini.com - azienda@lisini.com

VITA - Lisini occupa uno degli areali più vocati della denominazione, vale a dire gli incontaminati declivi che da Sant'Angelo in Colle guardano il monte Amiata. In tale contesto l'azienda ha saputo esaltare il carattere di appartenenza del Brunello, che ha qui un profilo caldo e setoso. Oggi a continuare la storia dell'azienda, che ha avuto in Elina Lisini, tra i fondatori del Consorzio, una figura centrale, troviamo i suoi nipoti Ludovica, Carlo e Lorenzo.

VIGNE - Uno degli elementi più importanti per la qualità del sangiovese, unico vitigno piantato dall'azienda, è l'altitudine. La quota media di 350 metri assicura ottime esposizioni, resistenza naturale alle patologie e ciclo vegetativo bilanciato. Il resto è garantito da matrici geologiche molto favorevoli e cangianti: si va da suoli argillosi a composizioni ricche di sasso, tali da infondere complessità alle uve raccolte.

VINI - I vini sono di bel respiro mediterraneo, elaborati seguendo i canoni della tradizione ilcinese ma attenti a non eccedere in estrazioni polifenoliche, al fine di evitare eccessive rigidità.

Brunello di Montalcino 2015 ● 20.000 bt; 40 € - Ⓛ - L'impatto è caldo, con note di ciliegia sotto spirito e aromi terrosi e balsamici; la bocca è coerente a tali sensazioni, con densità alcolica in primo piano seguita da una buona traccia sapida, per un complesso soave anche se forse poco contrastato.
Rosso di Montalcino 2018 ● 16.000 bt; 20 € - Ⓛ - La tessitura gustativa è giocata sulla freschezza acida, che reca un palato leggero dal quale emergono note verdi di radice e frutta. Il finale scopre la fitta e severa trama tannica.
San Biagio 2018 ● sangiovese grosso; 10.000 bt; 12 € - ▯ - Agile, fruttato, essenziale.

ha 24 - **bt** 70.000
Fertilizzanti letame in pellet
Fitofarmaci chimici di sintesi, rame e zolfo
Diserbo lavorazione meccanica/manuale
Lieviti selezionati industriali
Uve 100% di proprietà
Certificazione nessuna certificazione

MONTALCINO (SI)

MASTROJANNI

SCONTO -10%

Frazione Castelnuovo dell'Abate - Poderi Loreto e San Pio
tel. 0577 835681 - www.mastrojanni.com - info@mastrojanni.com

VITA - Mastrojanni appartiene al gruppo Illy dal 2008. Tale gestione è subentrata a una realtà fondata nel 1975 e quindi nel novero delle aziende storiche del comprensorio. La continuità con il remoto passato è rappresentata da Andrea Machetti, dal 1992 competente direttore dell'azienda. In virtù di esperienza e conoscenza del territorio Andrea ha saputo affinare la vocazione di questo paesaggio attraverso l'esaltazione delle singole giaciture.

VIGNE - Contando su un'estensione di circa 40 ettari di vigna nell'areale di Castelnuovo dell'Abate, l'azienda ha portato avanti un'indagine capillare suoi suoli, in modo da esaltarne le caratteristiche nelle uve. A sud-est troviamo vigne su argilla, tufo e arenarie; a sud-ovest le matrici sono di ciottoli calcarei di origine fluviale.

VINI - La consulenza enologica è affidata a Maurizio Castelli, sensibile interprete del Sangiovese di Montalcino con vini di grande eleganza e finezza.

TOP **Brunello di Montalcino Vigna Schiena d'Asino 2015** ● 4.000 bt; 115 € - Ⓛ - Ha ingresso deciso con tannino e freschezza acida in evidenza; il percorso è espressivo, stratificato e incisivo, con note di terra bagnata e frutto scuro, e una chiusura molto succosa.
Brunello di Montalcino Vigna Loreto 2015 ● 7.000 bt; 72 € - Ⓛ - Avvolgente, con viscosità alcolica in primo piano, presenta una progressione potente sorretta da un'ottima trama sapida, che sostiene un finale ancora alcolico, con aromi di spezia dolce.
Brunello di Montalcino 2015 ● 42.000 bt; 46 € - Ⓛ - Rilassato, con incedere molto succoso e con note di frutta a polpa chiara, si apprezza per la delicata trama sapida, che rende il sorso articolato.
Rosso di Montalcino 2018 ● 40.000 bt; 20 € - Ⓛ - Fitto, fruttato, ampio.
San Pio 2017 ● cabernet sauvignon, sangiovese; 14.000 bt; 23 € - ▦ - Solido, speziato, consistente.

ha 39,7 - **bt** 110.000
Fertilizzanti compost, letame in pellet, sovescio
Fitofarmaci organici, rame e zolfo
Diserbo lavorazione meccanica/manuale
Lieviti selezionati industriali
Uve 100% di proprietà
Certificazione nessuna certificazione

MONTALCINO (SI)

MOCALI

SCONTO -10%

Località Mocali, 273 - tel. 0577 849485
www.mocali.eu - azmocali@tiscali.it

VITA - I Ciacci sono un'esemplare famiglia di vignaioli competenti, seri e legati al territorio. Dino Ciacci comprò Mocali nel 1956, ed è stato una figura di primo piano nella fondazione del Consorzio del Brunello di Montalcino. Nel tempo la gestione è passata nelle mani di Tiziano, un vignaiolo d'esperienza cresciuto alla scuola del nonno, che a metà anni Ottanta ha dato un'impronta moderna all'azienda. Alla commercializzazione e all'accoglienza pensano la moglie Alessandra Mililotti e la figlia Pamela.

VIGNE - Tiziano è il classico agronomo-enologo autodidatta: in vigna segue sempre il suo istinto. Da ormai 40 anni utilizza meno chimica possibile nei suoi vigneti, situati su terreni galestrosi, esposti a sud-ovest e accarezzati dalla brezza marina. Negli ultimi impianti si è saliti a 6.500 ceppi per ettaro, per sfruttare la maggiore competizione fra le piante.

VINI - Tiziano con i vini targati Mocali (classici) e quelli a marchio Poggio Nardone (più moderni) cerca di esprimere la sua idea di Brunello, con prodotti armonici e dotati di riconoscibilità territoriale.

Brunello di Montalcino Vigna delle Raunate 2015 ● 6.000 bt; 45 € - Naso stratificato, con note fruttate e floreali; in bocca ha pienezza e si allarga con dolcezza. Non è profondissimo.
Brunello di Montalcino 2015 ● 50.000 bt; 38 € - L'olfatto è orientato sul frutto dolce. Il sapore è tonico e strutturato, per un finale screziato dal legno.
Brunello di Montalcino Poggio Nardone 2015 ● 10.000 bt; 43 € - Il naso è speziato e fruttato, il sorso risulta potente ma poco fluido.
Rivus 2018 ● sangiovese, canaiolo; 20.000 bt; 9 € - Agile, fruttato, gastronomico.
Rosso di Montalcino 2018 ● 35.000 bt; 18 € - Incisivo, fruttato, energico.
I Piaggioni 2018 ● sangiovese; 20.000 bt; 13 € - Schietto, fruttato, espressivo.

ha 14 - **bt** 150.000
Fertilizzanti letame in pellet, sovescio
Fitofarmaci rame e zolfo
Diserbo lavorazione meccanica/manuale
Lieviti fermentazione spontanea
Uve 100% di proprietà
Certificazione biologico certificato

MONTALCINO (SI)

ELIA PALAZZESI - COLLELCETO

Località La Pisana, 45 - tel. 0577 816606 - 349 6657974
www.eliapalazzesi.it - info@eliapalazzesi.it

VITA - Raccontare la famiglia Palazzesi equivale a parlare della storia agricola di Montalcino. Famiglia contadina radicata qui da sempre, i Palazzesi piantarono la vigna agli inizi degli anni Ottanta, per esigenze personali. Poi, proprio come questo territorio ha affermato nel mondo la sua gloria enologica, Elia Palazzesi, quarta generazione in azienda, ha indirizzato la coltivazione di sangiovese grosso verso l'orgoglio dell'imbottigliamento e l'eccellenza del vino.

VIGNE - La proprietà si estende fino al fiume Ombrone a ovest della denominazione. Tali coordinate geografiche suggeriscono un'influenza maremmana sulla viticoltura, che l'azienda porta avanti in biologico. Le vigne protette dai boschi a nord ed esposte alla luce della costa devono essere seguite con attenzione soprattutto nelle fasi di diradamento dei grappoli e nelle misurate sfogliature, operazioni eseguite personalmente da Elia.

VINI - Il compito enologico che si pone l'azienda è assecondare la naturale espressione delle uve in combinazione alla loro giacitura e, naturalmente, alle caratteristiche della vendemmia.

Brunello di Montalcino 2015 ● 6.500 bt; 34 € - Il vino ha carattere mediterraneo nel calore della materia espresso nell'arco del percorso gustativo; dotato di bella sapidità, risulta armonico nonostante la concentrazione della polpa fruttata.
Rosso di Montalcino 2018 ● 12.000 bt; 14 € - Entra al palato ampio, vellutato e con progressione densa; la bocca è calda e ben contrastata dal tannino, per un sorso che reca note aromatiche ereditate dal legno di affinamento.
Lo Spepo 2019 ● sangiovese; 15.000 bt; 8 € - Incisivo, fruttato, gastronomico.

ha 8 - **bt** 45.000
Fertilizzanti letame, sovescio
Fitofarmaci rame e zolfo
Diserbo lavorazione meccanica/manuale
Lieviti fermentazione spontanea
Uve 100% di proprietà
Certificazione biologico certificato

MONTALCINO (SI)

PASSO DEL LUME SPENTO

Località Lume Spento - tel. 0577 848582
www.lumespento.it - info@lumespento.it

VITA - Nata come fattoria con animali e con produzione di solo vino sfuso, nel 2001 Passo del Lume Spento ha iniziato a imbottigliare. L'azienda a conduzione familiare è guidata da Claudio Pecci e dalla moglie Miriana Pellegrini con i figli Gabriele e Daniele. I primi tre si occupano delle attività in vigna e cantina, mentre l'ultimo segue la parte amministrativa. Importante l'apporto dell'enologo Federico Becarelli e dell'agronomo Luano Bensi.

VIGNE - La proprietà si trova in una delle zone più elevate e ventilate del territorio ilcinese, con 4 ettari vitati disposti intorno al corpo aziendale principale, su terreni di matrice galestrosa, e i restanti 2 a pochi chilometri di distanza su suoli di maggior scheletro. Le uve ottenute da questi ultimi appezzamenti sono più spesso usate per ottenere il Brunello di Montalcino. La particolare e frequente ventilazione crea un microclima molto salubre per le vigne.

VINI - Lo stile di vinificazione è classico, e viene condotto con modalità poco interventiste, caratterizzate da macerazioni che oscillano tra i 15 e i 20 giorni di durata, e che restituiscono vini schietti e gustosi.

Brunello di Montalcino 2015 ● 4.800 bt; 41 € - Ⓛ - All'olfatto prevalgono le note fruttate e terrose, mentre all'assaggio dimostra una grande incisività, con estrema concentrazione del sapore. Il tutto continuamente ravvivato dalla corroborante freschezza, per una scia saporosa molto lunga. Davvero ben riuscito.
Poggio Civitella 2018 ● sangiovese; 4.000 bt; 11 € - ▢ - Vino immediato, gustoso e piacevolmente rustico, oltre che dotato di buona sapidità e di un ottimo sviluppo in particolare nel centro bocca.

ha 6 - **bt** 8.000
Fertilizzanti letame, organo-minerali, sovescio
Fitofarmaci organici, rame e zolfo
Diserbo lavorazione meccanica/manuale
Lieviti selezionati industriali
Uve 100% di proprietà
Certificazione nessuna certificazione

MONTALCINO (SI)

PIAN DELL'ORINO

Località Piandellorino, 189 - tel. 0577 849301
www.piandellorino.com - info@piandellorino.it

VITA - Jan Erbach e Caroline Pobitzer sono riusciti a sfatare un radicato luogo comune: quello che i vini naturali non debbano avere una corretta forma enologica. Attraverso un lavoro capillare sulla salubrità del suolo e sulle relazione tra vigna e paesaggio, mettendo in pratica un'enologia attenta ma non prevaricante, l'azienda ha affermato vini ricchi di carattere, non tecnici, e aderenti filologicamente a questa denominazione ai vertici dell'enologia mondiale.

VIGNE - La gestione biodinamica della viticoltura è condotta da Jan con rigore e passione. Il lavoro principale negli anni è stato quello di isolare le matrici geologiche di ogni parcella vitata, e indirizzare un lavoro capillare su suoli e piante, focalizzato su due obiettivi principali: conservare una bassa temperatura del vigneto lavorando sulla vegetazione, e arrivare a una maturazione delle uve garante della freschezza acida.

VINI - La qualità delle uve indirizza il lavoro enologico verso l'assenza di solforosa aggiunta in vinificazione e una libertà espressiva giocata sul fine equilibrio tra acidità volatile e polpa.

TOP **Brunello di Montalcino Vigneti del Versante 2015** ● 8.000 bt; 106 € - Ⓛ - Leggiadro e incisivo, ha una freschezza acida che dona succo, e aromi di agrumi e fiori che si inseriscono in un complesso di finezza tannica eccezionale.
Rosso di Montalcino 2017 ● 4.000 bt; 53 € - Ⓛ - Agile e di struttura, il vino ha una progressione splendida, che unisce levità del sorso e integrazione di componenti complesse come tannini e acidità. Un campione di equilibrio.
Rosso di Montalcino 2016 ● 8.000 bt; 56 € - Ⓛ - L'ingresso ampio e materico caratterizza una struttura piuttosto compatta; la progressione è affidata all'integrazione acida, che sorregge una trama tannica robusta e saporita.

ha 6 - **bt** 25.000
Fertilizzanti humus, preparati biodinamici, sovescio
Fitofarmaci rame e zolfo
Diserbo lavorazione meccanica/manuale
Lieviti fermentazione spontanea
Uve 100% di proprietà
Certificazione biodinamico certificato

MONTALCINO (SI)

PIAN DELLE QUERCI

Località Pian delle Querci - tel. 0577 834174 - 333 9940016
www.piandellequerci.it - info@piandellequerci.it

VITA - Bella realtà familiare quella di Pian delle Querci, che ha saputo inserirsi nel prestigioso mondo di Montalcino grazie a vini territoriali e autentici. La famiglia Pinti, da generazioni presente sul territorio, ha sempre dedicato il suo lavoro alla terra. La specializzazione nella viticoltura risale agli inizi degli anni Duemila. Oggi a gestire l'azienda è Angelo Pinti, che la porta avanti con il fondamentale aiuto della moglie Angelina Ndreca.

VIGNE - I vecchi seminativi nella parte settentrionale della denominazione sono oggi vigne, che si estendono per circa 8,5 ettari su suoli argillosi con presenza di sasso, e che necessitano una buona lavorazione onde evitare compattamenti che porterebbero le viti, condotte a cordone speronato, a soffrire. Oltre all'esperienza agricola della famiglia Pinti, risulta fondamentale la competenza pratica di Martin Ndreca, fratello di Angelina.

VINI - La semplicità espressiva dei vini aziendali è un dato qualitativo da sottolineare, perché inquadra un lavoro agronomico prima, ed enologico poi, che noi apprezziamo molto ed è centrato sul rispetto del frutto di partenza.

Brunello di Montalcino 2015 ● 38.000 bt; 22 € - Ha tratto gustativo avvolgente e viscoso, con progressione con alcol in evidenza, ma ben sostenuta da una certa schiettezza; gli aromi terrosi, con un filo di legno, esprimono una certa evoluzione che ritroviamo al palato.
Rosso di Montalcino 2018 ● 7.000 bt; 10 € - Il tratto gustativo evoca aromi di frutta matura in confettura e note terrose che evidenziano un cenno di ossidazione; la materia ha sapidità e un finale robusto sul tannino.

ha 8,5 - **bt** 55.000
Fertilizzanti letame
Fitofarmaci rame e zolfo
Diserbo lavorazione meccanica/manuale
Lieviti fermentazione spontanea
Uve 100% di proprietà
Certificazione nessuna certificazione

MONTALCINO (SI)

PIANCORNELLO

Frazione Castelnuovo dell'Abate - Località Piancornello
tel. 349 5997260 - www.piancornello.it - info@piancornello.it

VITA - Piancornello si trova nell'estremo lembo meridionale della denominazione, il cui confine naturale è l'alveo del fiume Orcia. Oltre a definire un paesaggio spettacolare che vale la visita, il corso d'acqua reca al microclima aziendale una fondamentale termoregolazione per la corretta maturazione delle uve. I coniugi Claudio Monaci e Silvia Batozzi conducono l'azienda in prima persona, praticando agricoltura biologica nel pieno rispetto del territorio.

VIGNE - Il fiume Orcia non solo regola il clima, ma il suo corso secolare ha modellato i suoli aziendali formati da strati di sedimenti ora argillosi, ora ricchi di limo e ciottoli bianchi e rotondi. La zona d'elezione della vigna è definita come cru Sesta. Claudio e Silvia sono molto impegnati nella tutela di questo areale attraverso la costituzione di un distretto bio di Montalcino, con pratiche ovviamente biologiche ma anche biodinamiche.

VINI - La zona origina vini ricchi di materia e alcolici, che l'azienda riesce a declinare, anche attraverso le botti grandi, in prodotti di carattere ed eleganza.

Brunello di Montalcino 2015 ● 15.000 bt; 34 € - Ha toni caldi, terrosi e terziari, che virano con l'ossigeno verso più composte note fruttate; la progressione è calda, fruttata e ricca di densità, con chiusura tannica piuttosto decisa.
Rosso di Montalcino 2018 ● 14.000 bt; 17 € - L'ingresso agile e l'ottima dinamica incidono il palato di sapori fruttati dolci con cenni balsamici; la viscosità verticale risulta ben contrastata da una fine trama tannica, che puntella la copiosa parte glicerica.

ha 13 - **bt** 40.000
Fertilizzanti letame in pellet, organo-minerali, preparati biodinamici, sovescio
Fitofarmaci rame e zolfo
Diserbo lavorazione meccanica/manuale
Lieviti fermentazione spontanea
Uve 100% di proprietà
Certificazione biologico certificato

MONTALCINO (SI)

AGOSTINA PIERI

Frazione Sant'Angelo Scalo - Località Piancornello - tel. 0577 844163
www.pieriagostina.it - info@pieriagostina.it

VITA - Agostina Pieri, la titolare dell'omonima azienda, fa vino a Piancornello dal 1994, e oggi, dopo tanti anni, pare che lo spirito, la dimensione familiare dell'azienda e la voglia di sperimentare non siano minimamente cambiati. Oggi è coadiuvata dai due figli: Jacopo segue tutto il settore agronomico, e Francesco si occupa della cantina e del reparto commerciale.

VIGNE - Gli 11 ettari di vigneto sono esposti a sud, sulla parte di Piancornello affacciata sulla Maremma e sul fiume Orcia. L'esposizione e le annate sempre più calde hanno costretto a lavorare in vigna in maniera certosina, piantando cloni di sangiovese che sviluppano acidità maggiore e analizzando il terreno, in maniera da poter suddividere ogni parcella a seconda delle proprie caratteristiche e vinificare e affinare separatamente ognuna di esse.

VINI - Lo stile, segnato dall'utilizzo esclusivo di botti in rovere francese, è alla continua ricerca della pulizia aromatica e gustativa.

TOP **Brunello di Montalcino 2015** VINO SLOW ● 25.000 bt; 34 € - Si presenta fruttato, terroso e floreale al naso. In bocca è succoso, con un tannino perfettamente integrato e una bella spalla acida che, insieme alla sensazione sapida, compone un vino dal sorso facile e gustoso. Il finale piuttosto persistente testimonia quanto questo Brunello sia ben fatto.

Rosso di Montalcino 2018 ● 18.000 bt; 16 € - Naso dal profilo floreale, fruttato e speziato. In bocca è succoso e si percepisce la frutta, ed è dotato di bella freschezza e discreta piacevolezza.

Sant'Antimo 2018 ● 10.000 bt; 10 € - All'olfatto esce fruttato, speziato e con sentori terrosi; al sorso risulta ancora fruttato, ferroso, e dotato di un tannino leggermente astringente.

ha 11 - **bt** 60.000
Fertilizzanti letame, organo-minerali, sovescio
Fitofarmaci chimici di sintesi, rame e zolfo
Diserbo lavorazione meccanica/manuale
Lieviti selezionati industriali
Uve 100% di proprietà
Certificazione nessuna certificazione

MONTALCINO (SI)

PIETROSO

SCONTO **-10%**

Località Podere Pietroso, 257 - tel. 0577 848573
www.pietroso.it - info@pietroso.it

VITA - Fu il nonno Domenico Berni, da tutti conosciuto come Delfo, che nel 1974, dopo tanti anni di lavoro come fattore in alcune aziende ilcinesi, acquistò il primo terreno in località Pietroso: una piccola vigna e un po' di olivi tra cui trascorrere le sue giornate da pensionato. Già nel 1978 iniziò a imbottigliare il suo primo vino, e nel 1992 il giovane nipote Gianni Pignattai ha iniziato ad aiutarlo nei lavori in campo.

VIGNE - Adesso è Gianni il titolare dell'azienda, aiutato dalla moglie Cecilia Brandini e dal figlio Andrea. La superficie vitata dall'iniziale ettaro è pian piano aumentata, grazie a oculate acquisizioni nelle zone più vocate del territorio di Montalcino. Dalla scorsa vendemmia è entrato in produzione il nuovo vigneto in località Montosoli, piantato nel 2017, poco più di un ettaro in uno dei più apprezzati cru della denominazione.

VINI - I vini di Pietroso sono rigorosi e si distinguono per la loro spiccata personalità. Pur nella ricerca di una sempre migliore scorrevolezza seguono il solco della tradizione.

TOP **Brunello di Montalcino 2015** ● 17.000 bt; 50 € - Affina 6 mesi in tonneau e 30 in botte grande. Si apre su toni austeri e terrosi, poi emergono piacevoli accenni floreali e ferrosi, di grafite e di scorza di china. L'attacco in bocca è deciso e avvolgente: durante il percorso gustativo sviluppa spessore e volume, è ben ritmato e regala un finale profondo e disteso.

Rosso di Montalcino 2018 ● 17.000 bt; 20 € - Ciliegia netta in primo piano, accenni floreali a contorno, fine e fragrante, ha una bocca sottile, ben sagomata, armonica e slanciata. Il sorso è scorrevole e rinfrescante, accompagnato da tannini levigati e ricoperti di succo.

ha 6,5 - **bt** 35.000
Fertilizzanti nessun concime
Fitofarmaci chimici di sintesi, rame e zolfo
Diserbo lavorazione meccanica/manuale
Lieviti selezione di lieviti indigeni
Uve 100% di proprietà
Certificazione nessuna certificazione

MONTALCINO (SI)

PODERE LE RIPI

Località Le Ripi - tel. 339 2308122
www.podereleripi.com - info@podereleripi.it

VITA - Francesco Illy ha acquistato nel 1997 il Podere le Ripi, situato vicino a Castelnuovo dell'Abate nel versante meridionale di Montalcino, a circa 250 metri di altitudine. Nel 2012 l'arrivo in cantina di Sebastian Nasello ha segnato una rivoluzione nell'approccio produttivo: con il supporto di una squadra giovanissima ha orientato l'azienda alla biodinamica. L'accoglienza in cantina è ritenuto un punto fondamentale per mostrare agli appassionati i propri gioielli, dalla cantina aurea al vigneto Bonsai.

VIGNE - Il lavoro sui terreni vicini alla cantina, perlopiù argilloso-calcarei, ha consentito di individuare un nuovo cru da destinare alla produzione di Brunello di Montalcino, Amore e Magia. Non vengono effettuate cimature e defogliazione, per un approccio a basso impatto, cucito su misura sull'annata. Un potenziale tutto da scoprire quello del Podere Galampio, dove i terreni sono ricchi di galestro e tufo.

VINI - Poco interventista lo stile aziendale, con lunghe macerazioni seguite da affinamenti in botti grandi. Recente l'acquisto di tini troncoconici da 22 ettolitri.

Brunello di Montalcino Amore e Magia 2015 ● 12.000 bt; 90 € - - Un grande esordio: speziato all'olfatto, nobile, incisivo in bocca, chiude in modo energico su toni minerali. Un vino di grande aderenza al territorio.
Bonsai 2017 ● sangiovese; 500 bt; 205 € - - È affinato in tonneau, ed è avvolgente, energico, denso e incisivo al palato, con un lungo finale cangiante.
Canna Torta 2019 O trebbiano, malvasia; 5.000 bt; 30 € - - Ricavato da una breve vinificazione in anfora, è floreale, succoso e gastronomico.
Rosso di Montalcino Sogni e Follia 2016 ● 24.000 bt; 33 € - - Succoso, fruttato, dettagliato.
Amore e Follia 2018 ● syrah, sangiovese; 8.000 bt; 28 € - - Vivo, speziato, stratificato.

ha 33 - **bt** 70.000
Fertilizzanti compost, letame, sovescio
Fitofarmaci rame e zolfo
Diserbo lavorazione meccanica/manuale
Lieviti fermentazione spontanea
Uve 100% di proprietà
Certificazione biodinamico certificato

MONTALCINO (SI)

PODERE SALICUTTI

Località Podere Salicutti, 174 - tel. 0577 847003
www.poderesalicutti.it - salicutti@poderesalicutti.it

VITA - Il Podere Salicutti fu acquistato da Francesco Leanza agli inizi degli anni Novanta. L'opera del fondatore è stata fondamentale per lo sviluppo di una coscienza ecologica diffusa nel territorio di Montalcino e di una pratica quotidiana dedicata alla vita del suolo. Nel 2019 l'azienda è passata alla famiglia Eichbauer, che prosegue nel solco tracciato dal fondatore.

VIGNE - I vigneti si trovano intorno al centro aziendale a circa 300 metri di quota, protetti da una folta presenza boschiva. Il nuovo corso ha dato sensibile impulso all'esaltazione delle singole parcelle, oggi origine di altrettanti cru. I suoli sono generalmente argillosi e calcarei, e le tre principali vigne, Piaggione, Sorgente e Teatro, differiscono per esposizione ed epoca di vendemmia, donando alle uve sfumature diverse.

VINI - I vini si caratterizzano per naturalezza espressiva e tensione acida; caratteri evidenziati ancora di più dal primo imbottigliamento delle singole vigne.

Brunello di Montalcino Sorgente 2015 ● 2.500 bt; 77 € - - Esprime bella energia con una materia verticale sorretta da freschezza acida corroborante; la parte alcolica è sotto controllo grazie al fitto tannino, che diventa rigido in chiusura.
Brunello di Montalcino Teatro 2015 ● 2.000 bt; 196 € - - Caldo e concentrato, ha una densità notevole che evidenzia il calore del frutto, la speziatura del legno e la terrosità del sottobosco; ne risulta un percorso opulento e alcolico, arginato da un'ottima finezza tannica.
Brunello di Montalcino Piaggione 2015 ● 6.600 bt; 56 € - - Molto aperto sul frutto, esprime un cenno ossidativo che dona larghezza al tratto gustativo, subito contrastato da una trama sapida capace di tenere il vino nell'ambito dell'equilibrio.
Rosso di Montalcino 2017 ● 4.000 bt; 48 € - - Incisivo, fruttato, avvolgente.

ha 4 - **bt** 20.000
Fertilizzanti preparati biodinamici, sovescio
Fitofarmaci rame e zolfo
Diserbo lavorazione meccanica/manuale
Lieviti selezione di lieviti indigeni
Uve 100% di proprietà
Certificazione biologico certificato, in conversione biodinamica

MONTALCINO (SI)

PODERE SAN GIACOMO

Strada Vicinale dei Collodi - tel. 0577 8460500
www.poderesangiacomo.it - info@poderesangiacomo.it

VITA - Al Podere San Giacomo si respirano autenticità e passione per il territorio, espresse attraverso una viticoltura svolta in prima persona. Graziella Pieri e suo marito Claudio Nardi hanno comprato il podere nel 1998, con 4 ettari di vigneto nella zona nord-est di Montalcino. Oggi sono aiutati dalla figlia Elena, soprattutto per quel che riguarda il marketing e gli adempimenti cartacei; alla vigna ci pensano loro, e guai a chi la tocca.

VIGNE - A parte le battute, ciò che è saltato agli occhi nelle visite passate è la dedizione con la quale Graziella si adopera nella cura dei filari. «Per me è come guardare il mare», disse una volta a un nostro collaboratore. Il mare qui c'era millenni fa e ha lasciato un deposito argilloso e calcareo che dona struttura alle uve. Un ettaro ulteriore è stato piantato a Castelnuovo dell'Abate su matrici più sassose. La gestione agronomica prevede il minor numero possibile di trattamenti.

VINI - L'impronta artigianale è evidente in vini diretti, schietti, che rispecchiano in modo fedele e senza fronzoli la qualità della vendemmia.

Brunello di Montalcino 2015 ● 6.000 bt; 43 € - - Il vino ha tessuto gustativo molto caldo e concentrato: tali caratteri, tipici per la vendemmia, sono contrastati da una sufficiente cornice tannica, che puntella il sapore su tratti terziari di tabacco, note balsamiche e cenni terrosi.

Rosso di Montalcino 2017 ● 3.000 bt; 15 € - - Il percorso gustativo è concentrato e compresso, con note verdi di oliva e sbuffi balsamici; la progressione è stratificata su una materia calda, che trova deciso contrasto nell'attrito tannico che frena il sorso.

ha 4 - bt 10.000
Fertilizzanti organo-minerali
Fitofarmaci rame e zolfo
Diserbo lavorazione meccanica/manuale
Lieviti selezione di lieviti indigeni
Uve 100% di proprietà
Certificazione nessuna certificazione

MONTALCINO (SI)

PODERE SANTE MARIE COLLEONI

Località Santa Maria, 298 - tel. 0577 847081 - 349 1235835
www.colleonimarino.it - info@colleonimarino.it

VITA - Il Podere Sante Marie si trova nel versante settentrionale di Montalcino, non lontano dalle mura della città a circa 480 metri di altitudine. Marino Colleoni vi si è trasferito nel 1993, ma è solo in seguito al rinvenimento casuale di un piccolo terreno con vecchie viti, ricoperte dal bosco, che ha avuto inizio l'avventura vitivinicola. Del 2000 la prima vendemmia: da allora l'esperienza maturata e la conoscenza acquisita sul luogo e sulla microbiologia dei terreni hanno condotto all'individuazione dei cru.

VIGNE - Le vigne, in media di oltre 20 anni, sono su terrazzamenti e godono della vicinanza del bosco. Quando è necessario viene aperto il suolo tra i filari, ma l'approccio è comunque poco interventista. L'archetto toscano rappresenta ormai i quattro quinti della superficie vitata. Attualmente è in corso una sperimentazione finalizzata alla realizzazione di un vino "brado", da viti non cimate e con la vinificazione a raspo intero.

VINI - L'approccio è di stile tradizionale, con utilizzo di botti grandi con doga spessa. Le macerazioni si sono molto accorciate rispetto agli inizi, con l'intento di garantire maggiore freschezza e facilità di beva. Un attento studio delle varie parcelle con le loro evidenti peculiarità, ha condotto alla scelta di vinificare separatamente due cru: Santa Maria e Poggio Sant'Arna.

TOP **Brunello di Montalcino Santa Maria 2015** VINO SLOW ● 3.300 bt; 65 € - - Esprime naturalezza espressiva in ogni goccia: presenta una materia calda, dinamica, ricca di dettagli aromatici e dal sorso irresistibile, chiosato da un tannino appuntito e ricco di sapore aggiuntivo.

ha 3 - bt 10.000
Fertilizzanti nessun concime
Fitofarmaci rame
Diserbo lavorazione meccanica/manuale
Lieviti fermentazione spontanea
Uve acquisto 30%
Certificazione biologico certificato

MONTALCINO (SI)

POGGIO DI SOTTO TENUTA SAN GIORGIO

SCONTO -10%

Frazione Castelnuovo dell'Abate - Località Poggio di Sotto
tel. 0577 835502 - www.collemassari.it - info@poggiodisotto.it

VITA - Fin dalla sua fondazione Poggio di Sotto è entrata nel cuore di tutti gli appassionati per identità e carattere dei vini. Collemassari acquisì l'azienda nel 2011 mantenendo intatta l'eccellenza della produzione enologica, e facendola diventare il nucleo qualitativo e distinto di una successiva espansione, culminata nel 2016 con l'acquisto della tenuta San Giorgio, sempre nell'areale di Castelnuovo dell'Abate.

VIGNE - L'azienda ha studiato le diverse composizioni geologiche (si va da vigne con minerali ferrosi ad altre più ricche in argilla e sabbia), per individuare, nei 46 ettari vitati, i 16 destinati a Poggio di Sotto. La lavorazione biologica comprende l'intero parco vitato, che conta su alcune delle migliori esposizioni di tutto l'areale della denominazione.

VINI - I vini esprimono carattere tradizionale, più essenziale e complesso in Poggio di Sotto, giocato sul frutto esuberante in Tenuta San Giorgio.

TOP **Brunello di Montalcino Poggio di Sotto 2015** ● 4.000 bt; 145 € - Esprime una dimensione gustativa piena, appena in discontinuità con la sua gloriosa storia; la densità materica è però sollevata da una spina acida opportuna, che rende il vino armonico e a lungo saporito con aromi agrumati e terrosi.

Rosso di Montalcino Poggio di Sotto 2017 ● 18.000 bt; 56 € - Il vino ha materia essenziale che incide il palato attraverso tratto salino e succo acido; tale architettura trova nella maturità del frutto e nel tannino scoperto un contrasto piuttosto estremo e caratterizzante.

Brunello di Montalcino Ugolforte Tenuta San Giorgio 2015 ● 15.000 bt; 41 € - Delicato e dal frutto preciso, ha tratto gustativo ben estratto, che dona piacevolezza e compiutezza tattile al sorso.

Rosso di Montalcino Ciampoleto Tenuta San Giorgio 2018 ● 35.000 bt; 16 € - Austero, speziato, avvolgente.

ha 46 - **bt** 90.000
Fertilizzanti letame in pellet, sovescio
Fitofarmaci rame e zolfo
Diserbo lavorazione meccanica/manuale
Lieviti fermentazione spontanea, selezione di lieviti indigeni
Uve 100% di proprietà
Certificazione parte dei vigneti in regime biologico

MONTALCINO (SI)

QUERCE BETTINA

Località Casina di Mocali, 275 - tel. 335 5895551
www.quercebettina.it - info@quercebettina.it

VITA - Piccola azienda a conduzione familiare collocata nel versante sud-ovest della denominazione. Roberto Moretti e Sandra Barenghi hanno acquistato il podere agli inizi degli anni Novanta. Con tanta fatica e altrettanta passione hanno iniziato la coltivazione degli olivi e della vite. Solo nel 2005 si è conclusa la costruzione della cantina, per un percorso complessivo che ci consegna un altro piccolo gioiello, da tutelare e promuovere, nella denominazione ilcinese.

VIGNE - La parte sud-ovest di Montalcino assicura facili maturazioni zuccherine che la brezza marina, qui quasi costante, aiuta nello sviluppo e nella sanità. La maturazione dei tannini comporta invece uno strenuo lavoro da parte dei vignaioli, sempre più attenti alla gestione fogliare dei vigneti, che sono allevati a cordone speronato e che giacciono su suoli molto vocati, composti da argilla, galestro e, fondamentale per il sangiovese, calcare.

VINI - I vini sono realizzati senza forzature enologiche, nella convinzione che il carattere artigianale della lavorazione, eseguita con estrema cura e passione, possa esprimere al meglio l'andamento vendemmiale.

Brunello di Montalcino Querce Bettina 2015 ● 25.000 bt; 43 € - Ha un tratto gustativo denso e avvolgente, segnato dalla speziatura del legno; la bocca progredisce con una certa agilità, nonostante un tannino molto robusto e il rimando a note tendenzialmente dolci.

Rosso di Montalcino 2017 ● 9.000 bt; 20 € - L'ingresso evidenzia materia concentrata, compatta e non troppo definita; avvertiamo note di cioccolato e sbuffi balsamici, per una progressione decisa e dal tannino ben estratto.

ha 2,5 - **bt** 15.000
Fertilizzanti sovescio
Fitofarmaci rame e zolfo
Diserbo lavorazione meccanica/manuale
Lieviti fermentazione spontanea, selezionati industriali
Uve 100% di proprietà
Certificazione in conversione biologica

RIDOLFI

SCONTO -10%

Località Mercatali, 1 - tel. 0577 1698333 - 347 6931942
www.ridolfimontalcino.it - info@ridolfimontalcino.it

VITA - La passione per il vino e la Toscana sono stati gli stimoli che hanno spinto Giuseppe Valter Peretti a investire a fine 2011 nell'acquisto di Ridolfi. Per il rilancio aziendale Valter ha avuto un felice guizzo imprenditoriale: convertire la sua squadra di esperti in una grande famiglia ridolfiana. Ne fanno parte Gianni Maccari, direttore e winemaker, Arber Shabani al commerciale, i giovani Luca Tognazzi e Jessy Marconi in vigna e cantina, e Alessia Segoni all'amministrazione.

VIGNE - La sede aziendale è situata a nord-est della collina di Montalcino, non distante dalla vicina strada del Brunello. I vigneti sono in parte in posizione collinare, con viti più vecchie, e i restanti sono stati rifatti nel 2013 e sorgono in posizione pianeggiante.

VINI - La posizione a nord-est, lo sforzo di assecondare l'annata, l'utilizzo di botti grandi e non ultima l'esperienza di Gianni Maccari sono ingredienti unici che permettono di ottenere vini eleganti, di facile beva, che rispecchiano i canoni della tradizione.

TOP **Rosso di Montalcino 2018** VINO SLOW ● 15.000 bt; 20 € - Piccolo capolavoro di bontà. Il naso ha una felice timbrica varietale, molto classica. Sorprende per la freschezza e la naturalezza nello sviluppo gustativo lungo, snello, vibrante e dal finale persistente.

Brunello di Montalcino 2015 ● 60.000 bt; 50 € - Di notevole qualità e carattere. Ha un fascinoso bouquet varietale, con florealità e soffi terrosi. In bocca un succo leggiadro si dipana con tratto tannico elegante e setoso, di lunga e incisiva persistenza.

Fiero 2017 ● merlot, sangiovese; 6.000 bt; 26 € - Di bella fattura. Profuma di gelso e frutti di bosco, con cenni speziati. In bocca ha sviluppo coordinato, fruttato, con tannini saporiti. Il finale è semplice e piacevole.

ha 21 - **bt** 70.000
Fertilizzanti organo-minerali, sovescio
Fitofarmaci rame e zolfo
Diserbo lavorazione meccanica/manuale
Lieviti selezione di lieviti indigeni
Uve 100% di proprietà
Certificazione in conversione biologica

MONTALCINO (SI)

SAN CARLO

Frazione Tavernelle - Località San Carlo - tel. 349 7739268
www.sancarlomontalcino.it - info@sancarlomontalcino.it

VITA - In un comprensorio così prestigioso come quello di Montalcino, la piccola azienda San Carlo è un sorta di gioiello nascosto. Insieme al padre Giancarlo, Gemma Marcucci porta avanti l'attività iniziata dal nonno Fulvio, che purtroppo ci ha lasciati nel 2020 all'età di 95 anni. Fu proprio Fulvio a fondare l'azienda nel 1965: di mestiere elettricista, credette, tra i pochi, nel futuro agricolo della denominazione, ed evidentemente ci aveva visto lungo.

VIGNE - Il legame con questa terra è testimoniato da un lavoro agricolo senza deroghe svolto in prima persona da Gemma e dal padre, che ha ereditato la sapienza di Fulvio, e portato avanti con rispetto e passione. La posizione è davvero invidiabile: siamo a sud-ovest del comprensorio, su suoli sciolti e ricchi di calcare. I 3 ettari di vigna sono circondati da bosco a garantire escursione termica e una salubre biodiversità.

VINI - Essere piccoli aiuta a volte: per esempio a conservare uno storico di bottiglie molto importante che probabilmente rendeva orgoglioso Fulvio, che imbottigliò per la prima volta nel 1974. Nel 2021 uscirà la prima Riserva targata 2015: non vediamo l'ora di poterla assaggiare.

Brunello di Montalcino 2015 ● 6.000 bt; 29 € - Esprime una verace progressione gustativa in virtù di un tannino esuberante, rustico, che dona importante corredo tattile a una materia succosa, calda e di bella progressione, che ci piace definire corroborante.

Rosso di Montalcino 2017 ● 4.000 bt; 15 € - Il sorso è agile, succoso, di bella schiettezza e incisività. Il frutto maturo è in primo piano, e una vena di freschezza acida sostiene il calore alcolico e la sensibile fittezza tannica.

ha 3 - **bt** 10.000
Fertilizzanti sovescio
Fitofarmaci rame e zolfo
Diserbo lavorazione meccanica/manuale
Lieviti fermentazione spontanea
Uve 100% di proprietà
Certificazione nessuna certificazione

SAN POLINO

Località San Polino - tel. 0577 835775 - 327 4279324
www.sanpolino.it - vino@sanpolino.it

VITA - San Polino è una realtà molto originale nel vasto panorama enologico di Montalcino. La produzione di vino infatti non è il fine ultimo aziendale. Qui vige un principio olistico, che muove il lavoro di Luigi Fabbro e della compagna Katia Nussbaum. La vite è in connessione con il suolo e il paesaggio circostante, in una specie di micro universo che è contesto di una vita agricola vissuta anche per i suoi valori spirituali.

VIGNE - Per favorire le relazioni umane e vegetali è necessario intervenire con rispetto massimo del vivente. Da sempre si pratica una viticoltura sensibile, che si muove agilmente tra alcuni principi di agricoltura biodinamica e osservazioni proprie della permacoltura. Il resto, parlando di scienza agronomica, lo rendono possibile vigneti molto vocati nel comprensorio sud-est della denominazione e una piccola porzione a Castelnuovo dell'Abate.

VINI - I vini hanno espressioni molto rilassate, aperte, che esulano dal concetto di correttezza enologica per assumere caratteri viscerali, saporiti e profondi.

Brunello di Montalcino Helichrysum 2015 ● 6.000 bt; 51 € - La tessitura del vino esprime un forte contrasto tra la ruvidezza tannica e il calore alcolico; una specie di testacoda che potrebbe risultare pericoloso per l'armonia, ma che rivela al gusto una naturalezza espressiva convincente.
Brunello di Montalcino 2015 ● 10.000 bt; 41 € - Impatto ampio e progressione viscosa, ben sostenuta dalla spiccata sapidità, rendono il vino incisivo e verticale; gli aromi sono molto evoluti, quasi terziari, e spinti da una sensibile acidità volatile.
Rosso di Montalcino 2018 ● 7.000 bt; 22 € - Compatto e stratificato il sorso, dove avvertiamo sensazioni speziate profonde e dolci con cenni terrosi; la progressione è sostenuta ma risente di un'eccessiva estrazione.

ha 4 - **bt** 25.000
Fertilizzanti compost, preparati biodinamici, sovescio
Fitofarmaci organici, rame e zolfo
Diserbo lavorazione meccanica/manuale
Lieviti fermentazione spontanea
Uve 100% di proprietà
Certificazione biodinamico certificato, biologico certificato

SANLORENZO

Podere Sanlorenzo, 280 - tel. 339 6070930
www.poderesanlorenzo.net - info@poderesanlorenzo.net

VITA - Sanlorenzo, nel versante sud-ovest di Montalcino, fu fondata negli anni Cinquanta dal nonno dell'attuale proprietario, Luciano Ciolfi, e all'epoca si occupava soprattutto di allevamento e seminativi. La produzione di vino è diventata l'attività principale a fine anni Novanta sotto la spinta di Luciano, con il primo imbottigliamento nel 2005. In azienda ci sono anche la sorella Luciana, che segue la parte commerciale, e il padre Paolo in vigna.

VIGNE - Le vigne sono nei pressi della sede aziendale, a 500 metri di quota in una zona aperta e ben ventilata, su terreni che, da studio geologico, risultano essere strutturati in faglie sovrapposte di galestro, argilla e pietra calcarea, che si ripetono e affiorano in modo diverso da zona a zona. Il passaggio al biologico nel 2012 ha rappresentato per Luciano una svolta in termini qualitativi.

VINI - Pulizia e aderenza a territorio, vitigno e annata sono ciò che Luciano esprime nei suoi vini, con pochi interventi in cantina, macerazioni brevi e affinamento in legni grandi per il Brunello e barrique usate per il Rosso.

Brunello di Montalcino Bramante 2015 ● 14.000 bt; 43 € - Il naso con note terrose e frutto maturo è accompagnato dalla speziatura dolce. Strutturata e potente la bocca, ricca e sapida, con un tannino esuberante che frena un po' la dinamica.
Rosso di Montalcino 2018 ● 5.000 bt; 19 € - Il profilo aromatico è fresco e preciso su frutti rossi e fiori; in bocca il calore alcolico accentua la dolcezza della polpa fruttata e del tannino. Il finale è leggermente contratto, ma pulito e coerente.
Rosato 2019 ● sangiovese; 900 bt; 17 € - Fermentato e affinato in barrique usate e clayver di ceramica, ha struttura, avvolgenza, e sapidità consistente. Un adeguato sottofondo di freschezza acida favorisce la facilità di beva.

ha 5 - **bt** 18.000
Fertilizzanti compost, letame, preparati biodinamici, sovescio
Fitofarmaci organici, rame e zolfo
Diserbo lavorazione meccanica/manuale
Lieviti fermentazione spontanea, selezione di lieviti indigeni
Uve 100% di proprietà
Certificazione biologico certificato

MONTALCINO (SI)

SASSODISOLE

Località Podere Sasso di Sole, 85 - tel. 0577 834303
www.sassodisole.it - info@sassodisole.it

VITA - Sassodisole è una realtà famigliare la cui proprietà si estende sia nel comprensorio di Montalcino, sia in quello molto vicino dell'Orcia. La famiglia Terzuoli vanta una tradizione agricola radicata nel XVII secolo; è nel secondo dopoguerra però che si è razionalizzata la vocazione viticola con l'acquisto del podere. Oggi è la terza generazione, con Roberto Terzuoli, a gestire una realtà sempre più complessa e dedicata interamente al sangiovese.

VIGNE - La scelta di coltivare solo sangiovese fu una lungimirante decisione del padre di Roberto, Bruno. Il podere a Montalcino è caratterizzato da suoli di origine pliocenica in cui la componente franco-argillosa si arricchisce di conchiglie fossili che donano un prezioso scheletro calcareo. Si cerca di lavorare il meno possibile il suolo per non interrompere le relazioni vitali tra gli elementi.

VINI - Produrre nei comprensori di Montalcino e dell'Orcia nel pieno rispetto del territorio consente di apprezzare le sfumature del Sangiovese in territori così vicini e diversi.

TOP **Orcia Sangiovese 2018** VINO SLOW ● 22.000 bt; 19 € - [glass] - Succoso e leggiadro, con note di frutto in gelatina espresse in modo netto e monocorde, ha una bocca ben costruita, agile, con incisività alcolica e chiusura balsamica.
Brunello di Montalcino 2015 ● 13.000 bt; 46 € - [glass] - Impatto gustativo caldo e concentrato: emergono aromi di frutta a polpa chiara e cenni di frutta sotto spirito; la bocca è compiuta e sostenuta da un'opportuna verticale acida.
Brunello di Montalcino Bruno 2015 ● 3.000 bt; 61 € - [glass] - Ha ingresso verticale con un'ottima freschezza a supporto di una materia complessa ma tesa e diretta, che lascia campo ad aromi di frutta e a note balsamiche. Chiude con un tannino fitto e rigido
Rosso di Montalcino 2018 ● 8.000 bt; 24 € - [glass] - Articolato, fruttato, consistente.

ha 10 - **bt** 50.000
Fertilizzanti organo-minerali
Fitofarmaci rame e zolfo
Diserbo lavorazione meccanica/manuale
Lieviti fermentazione spontanea
Uve 100% di proprietà
Certificazione biologico certificato

MONTALCINO (SI)

SESTI - CASTELLO DI ARGIANO

Frazione Sant'Angelo in Colle - tel. 0577 843921
www.sestiwine.com - elisa@sesti.net

VITA - La ristrutturazione di un piccolo borgo nei pressi del castello di avvistamento è stata la prima avventura di Giuseppe Maria Sesti a Montalcino. La gelata del 1985 con la conseguente perdita della quasi totalità degli oliveti aziendali ha impresso la svolta verso la viticoltura. Nel 1990 i primi impianti sono stati messi a dimora. Dal 2000 Giuseppe Maria è affiancato dalla figlia Elisa. Prezioso e storico il rapporto di collaborazione con Giuliano Bernazzi.

VIGNE - I suoli originano da antiche sedimentazioni oceaniche, ne è testimonianza il frequente ritrovamento di conchiglie fossili. Il calendario lunare orienta le scelte agronomiche così come quelle enologiche. Le vigne sono circondate da veri e propri polmoni di macchia, e godono del benefico influsso delle brezze marine (il mare dista appena 30 chilometri). A partire dalla vendemmia 2019 sono entrati in produzione anche i 3 ettari piantati nel 2016.

VINI - Utilizzo di botti medio-grandi e fermentazioni spontanee, con l'obiettivo di dare «voce al sangiovese». Un'evidente vena minerale che deriva dal terreno ed esalta la complessità è il tratto comune nell'intera gamma.

Brunello di Montalcino 2015 ● 18.800 bt; 57 € - [glass] - Un vino territoriale che affascina al naso con note speziate e sentori di rosa appassita; è articolato e assai incisivo al palato, buonissimo già ora ma destinato a un'ulteriore crescita negli anni a venire.
Rosso di Montalcino 2018 ● 13.000 bt; 22 € - [glass] - Presenta profumi di piccoli frutti rossi in evidenza all'olfatto, e una piacevole freschezza al palato. Lascia intravedere tutta la classe dell'annata.
Rosato 2019 ● sangiovese; 5.300 bt; 13 € - [glass] - Agile, di grande sapidità e freschezza al palato, ha una spiccata vocazione gastronomica.
Sauvignon 2019 ○ 3.200 bt; 15 € - [glass] - Dinamico, floreale, salino.

ha 13 - **bt** 62.000
Fertilizzanti organo-minerali, sovescio
Fitofarmaci rame e zolfo
Diserbo lavorazione meccanica/manuale
Lieviti fermentazione spontanea
Uve 100% di proprietà
Certificazione nessuna certificazione

MONTALCINO (SI)

TALENTI

SCONTO **-10%**

Frazione Sant'Angelo in Colle - Località Pian di Conte, 98
tel. 0577 844064 - www.talentimontalcino.it - info@talentimontalcino.it

VITA - Riccardo Talenti ha raccolto il testimone della guida aziendale dopo la morte nel 1999 del nonno Pierluigi, personaggio di spicco nella storia vitivinicola di Montalcino, molto stimato per competenza e carisma. Da giovane inesperto, si è fatto le ossa con umiltà e determinazione, riuscendo in pochi anni a collocare la sua azienda fra i nomi più affidabili del panorama ilcinese.

VIGNE - Nella zona di Montecucco troviamo i vigneti (7 ettari) dai quali vengono prodotti gli Igt; i restanti 15 ettari di sangiovese a Montalcino sono suddivisi in cinque appezzamenti tra Sant'Angelo in Colle e Castelnuovo dell'Abate, con terreni e microclimi molto diversi, e differenze temporali di maturazione. Le particolarità di ogni vigneto vengono assecondate da pratiche diverse in termini di inerbimento e gestione della chioma.

VINI - L'impostazione tecnica di cantina, precisa e pulita, non va mai a discapito della ricerca di eleganza e classicità.

Brunello di Montalcino 2015 ● 32.000 bt; 43 € - Profilo aromatico sul frutto maturo, netto e ben accompagnato da freschezza balsamica e floreale. Ha tensione, slancio, verticalità, con acidità e sapore a sorreggere la dinamica gustativa. Lungo e pulito il finale.
Brunello di Montalcino Piero 2015 ● 3.500 bt; 102 € - Nuova selezione che nel nome rende omaggio al nonno di Riccardo: ha carattere e naturalezza espressiva, grazie a un frutto scuro e dolce, al tannino saporito e affilato, e al finale preciso e coerente.
Rosso di Montalcino 2018 ● 25.000 bt; 17 € - Un po' contratto al momento dell'assaggio, ha maturità e calore ad accompagnare un tannino imponente ma integrato. La qualità della materia fa immaginare un'evoluzione virtuosa.
Rispollo 2017 ● merlot, cabernet sauvignon, petit verdot; 15.000 bt; 10 € - Succoso, speziato, rilassato.

ha 22 - **bt** 100.000
Fertilizzanti letame in pellet, minerali, sovescio
Fitofarmaci chimici di sintesi, rame e zolfo
Diserbo lavorazione meccanica/manuale
Lieviti selezione di lieviti indigeni
Uve 100% di proprietà
Certificazione nessuna certificazione

MONTALCINO (SI)

TENUTA DI SESTA

Frazione Castelnuovo dell'Abate - Località Sesta - tel. 0577 835612
www.tenutadisesta.it - tenutadisesta@tenutadisesta.it

VITA - Dalla prima annata di Brunello nel 1966 l'azienda ha avuto una naturale evoluzione, dettata dai cambiamenti climatici e da mercati sempre più esigenti. Oggi Andrea e Francesca Ciacci la dirigono sotto la supervisione del padre Giovanni. Consapevoli dello stile che desiderano dare ai vini, si sono impegnati in diversi mutamenti, a partire dai metodi di lavoro. In questi ultimi anni stanno arrivando i frutti desiderati.

VIGNE - L'azienda si trova nella parte sud di Montalcino e i cambiamenti maggiori si sono resi necessari nella parte agronomica, seguita da Francesca. È stata acquisita la consapevolezza che il lavoro nei vigneti vincola il risultato finale, ed è per questo che viene fatta particolare attenzione alla salvaguardia del grappolo, agendo sulla chioma della pianta e sulla vigoria della vite, andando a controllarla per gestire al meglio le maturazioni.

VINI - Lo stile dei vini di Tenuta di Sesta si riconosce per una buona freschezza e una misurata concentrazione. Non abbiamo assaggiato le Riserve 2014 perché non sono state prodotte.

Brunello di Montalcino 2015 ● 45.000 bt; 32 € - Si presenta speziato, fruttato e minerale, e in bocca è succoso, verticale, con un tannino fine e buona freschezza. Persistente e caldo, ha un finale leggermente amarognolo.
Rosso di Montalcino 2018 ● 30.000 bt; 14 € - Con note fruttate e minerali presenta un naso schietto e intrigante, e in bocca è caldo, con tannino fitto, dinamico ed espressivo. Nel complesso risulta di facile beva.
Poggio D'Arna 2017 ● merlot, sangiovese, cabernet franc; 15.000 bt; 12 € - Speziato e fruttato, caldo, avvolgente e setoso, è un vino rustico, con una buona acidità che agevola la bevuta.
Camponovo 2018 ● sangiovese, colorino; 15.000 bt; 9 € - Agile, fruttato, essenziale.

ha 30 - **bt** 130.000
Fertilizzanti letame in pellet, sovescio
Fitofarmaci rame e zolfo
Diserbo lavorazione meccanica/manuale
Lieviti selezione di lieviti indigeni
Uve 100% di proprietà
Certificazione nessuna certificazione

TENUTA IL POGGIONE

Frazione Sant'Angelo in Colle - tel. 0577 844029
www.tenutailpoggione.it - info@ilpoggione.it

VITA - Fondata dalla famiglia Franceschi alla fine dell'Ottocento, Tenuta il Poggione occupa un intero versante della collina di Castelnuovo dell'Abate, per un'estensione complessiva di 530 ettari. L'ottima direzione di Fabrizio Bindocci, figura chiave per tutta la denominazione, ha permesso una gestione perfettamente integrata nel territorio, consentendo un lavoro agricolo complesso con benefici conseguenti per l'ambiente e le persone che ci lavorano.

VIGNE - Le vigne, piantate tra i 200 e i 400 metri di altitudine, sono collocate in un contesto paesaggistico davvero notevole, il cui spazio immenso ospita pluralità di attività agricole e biodiversità. Nel rispetto di quest'ultima l'azienda riduce allo stretto necessario gli interventi fitosanitari. Le vigne occupano esclusivamente giaciture vocate, con suoli ricchi di calcare e con esposizioni ideali per ventilazione e qualità di luce.

VINI - In cantina troviamo il figlio di Fabrizio, Alessandro, giovane enologo dal piglio direttivo in piena continuità familiare.

Brunello di Montalcino 2015 ● 120.000 bt; 27 € - - Ha un tratto materico caldo, con percorso gustativo ben disteso e concentrato, dal quale emergono note terrose, cenni vegetali, un filo di ossidazione e tannini serrati.
Rosso di Montalcino 2018 ● 230.000 bt; 12 € - - La trama è piuttosto semplice e gioca sulle delicatezza fruttata del sorso, che si rivela agile ma senza incisività.
Sbrancato 2019 ● sangiovese; 130.000 bt; 8 € - - Buona dimensione dinamica e spiccata sapidità rendono il sorso gastronomico e appagante.
M. Cl. Marchesa Clementina 2015 sangiovese; 4.500 bt; 26 € - - Fine, floreale, avvolgente.
Poggione Bianco 2019 O vermentino, chardonnay; 15.000 bt; 8 € - - Agile, fruttato, delicato.

ha 140 - bt 600.000
Fertilizzanti letame in pellet, sovescio
Fitofarmaci chimici di sintesi, rame e zolfo
Diserbo lavorazione meccanica/manuale
Lieviti selezione di lieviti indigeni
Uve 100% di proprietà
Certificazione nessuna certificazione

TENUTA LE POTAZZINE

Località Le Prata, 262 - tel. 0577 846168
www.lepotazzine.com - tenuta@lepotazzine.it

VITA - Azienda familiare totalmente al femminile quella di Gigliola Giannetti e delle figlie Viola e Sofia Gorelli, le "potazzine", appunto, ovvero le cinciallegre, vezzeggiativo usato affettuosamente dalla madre di Gigliola per le due nipoti, e scelto nel 1993 per la nascente azienda. Gigliola e le figlie si occupano di tutti gli aspetti produttivi, avvalendosi della consulenza agronomica di Ruggero Mazzilli e di quella enologica di Paolo Salvi.

VIGNE - La maggior parte delle vigne è situata nei pressi della sede aziendale, a oltre 500 metri di quota, con alcune parcelle vicino a Sant'Angelo in Colle, a 400 metri. Altitudine, escursioni termiche e ventilazione favoriscono un approccio totalmente manuale e sostenibile, e un'equilibrata gestione dell'innalzamento delle temperature dovuto ai cambiamenti climatici. In quest'ottica quasi tutte le vigne sono state riconvertite da cordone speronato a guyot.

VINI - Tradizionale lo stile aziendale, che prevede lunghe macerazioni e affinamento in botti grandi, per vini di grande pulizia e precisione.

Brunello di Montalcino 2015 ● 18.000 bt; 72 € - - Ha profilo olfattivo classico e netto su ciliegia matura, terra e fiori. La struttura è salda ma snella, il tannino affilato e saporito; la dinamica gustativa è verticale e chiude con un finale pulito e lungo.
Rosso di Montalcino 2018 ● 11.000 bt; 26 € - - La maturità del frutto è accompagnata da note terrose e di erbe aromatiche. In bocca ricchezza e spessore sono declinati con leggiadria, ma una leggera contrattura tannica nel finale ne sottolinea la gioventù.
Parus 2018 ● sangiovese; 6.000 bt; 15 € - - Una florealità intrigante è il biglietto da visita di questo vino apparentemente piccolo, che però svela sotto la piacevolezza e la facilità di beva una notevole coerenza territoriale e una discreta profondità.

ha 5 - bt 30.000
Fertilizzanti letame
Fitofarmaci rame e zolfo
Diserbo lavorazione meccanica/manuale
Lieviti fermentazione spontanea
Uve 100% di proprietà
Certificazione biologico certificato

MONTALCINO (SI)

TENUTE SILVIO NARDI

Località Casale del Bosco - tel. 0577 808332 - 0577 808269
www.tenutenardi.com - italia@tenutanardi.com

VITA - Innamorato dello struggente paesaggio di Montalcino, Silvio Nardi comprò la proprietà nel lontano 1950. L'epoca enologica della denominazione era ancora agli albori anche se i vini di Montalcino avevano già riscosso consensi internazionali. Da uomo d'affari e profondo conoscitore di agricoltura, Silvio decise di investire nelle vigne, di fatto gettando le basi di quella che oggi è una delle aziende più importanti della denominazione, guidata dalla figlia Emilia.

VIGNE - La gestione degli 84 ettari vitati non è affatto facile. Per fortuna l'azienda oltre che su una perfetta organizzazione agronomica conta su versanti molto vocati, dove la pressione degli agenti patogeni è relativamente bassa. Le vigne intorno alla cantina a Casale del Bosco poggiano su suoli piuttosto fertili; a est presso la Tenuta Manachiara vi sono tre ulteriori parcelle che variano da matrici sabbiose a componenti più sassose con argilla.

VINI - L'azienda punta molto su cloni antichi di sangiovese per esprimere nei vini, affinati in botte grande, carattere e originalità.

Brunello di Montalcino Vigneto Manachiara 2015 ● 10.000 bt; 51 € - - Materia distesa al palato, con note di frutta a polpa bianca e cenni dolci di tabacco e vaniglia; la progressione è ampia e soave, con un contrasto acceso tra tannino e contributo alcolico.
Brunello di Montalcino Vigneto Poggio Doria 2015 ● 3.500 bt; 77 € - - Si distende con progressione potente, ricca di calore, ma innervata di una bella freschezza acida che dona un opportuno contrappunto alla densità del liquido, nel quale avvertiamo complesse sensazioni speziate.
Brunello di Montalcino 2015 ● 150.000 bt; 34 € - - Si distingue per una piacevole sensazione di semplicità gustativa, grazie a un sorso scorrevole che rivela poi una trama tannica appuntita e un'esuberante alcolicità.

ha 84 - **bt** 250.000
Fertilizzanti letame in pellet, minerali
Fitofarmaci chimici di sintesi, rame e zolfo
Diserbo lavorazione meccanica/manuale
Lieviti selezionati industriali
Uve 100% di proprietà
Certificazione nessuna certificazione

MONTALCINO (SI)

TERRE NERE

SCONTO -10%

Frazione Castelnuovo dell'Abate - Località Casato - tel. 349 0971713
www.terreneremontalcino.it - info@terreneremontalcino.it

VITA - Per diversi anni direttore di banca a Montalcino, una volta in pensione, Pasquale Vallone ha dato sfogo alla sua grande passione per la viticoltura. Avuta l'occasione, nel 1997, di acquistare dei terreni in una zona molto vocata, ha iniziato così il suo percorso di viticoltore, oggi supportato dai figli: Francesca segue gli aspetti commerciali e di produzione, Federico lo affianca in vigna.

VIGNE - I vigneti sono a sud-est di Montalcino, sotto il castello della Velona, in mezzo ai boschi e vicino al fiume Orcia, con un microclima particolare che risente dell'influsso sia del vicino Monte Amiata, sia dell'apertura verso il mare. L'impostazione agronomica biologica è stata fortemente voluta, dopo il suo ingresso in azienda nel 2010, da Francesca, che oggi ne sottolinea con orgoglio gli effetti positivi sulla qualità delle uve e dei vini.

VINI - Provenienti da zona abbastanza calda, i vini di Terre Nere hanno sempre un quid di spontaneità e di naturalezza che ne accentua le caratteristiche di sapidità, distensione e scorrevolezza.

Brunello di Montalcino 2015 ● 18.000 bt; 43 € - - Ha un'impronta naturale, con note di frutto rosso, terra e ferro, fiori e rosmarino. Il sorso è leggiadro e disteso, la dinamica gustativa è ben articolata, caratterizzata da buona freschezza e un tannino integrato.
Rosso di Montalcino 2018 ● 30.000 bt; 18 € - - Ha un profilo caratterizzato da un frutto maturo, dolce e nitido. L'ingresso in bocca è morbido, largo e avvolgente, con avvertibile calore alcolico che accentua la rotondità del tannino, senza compromettere la facilità di beva.
Picci Picci 2019 sangiovese; 2.000 bt; 13 € - - Centrato e giocato sulla piacevolezza del succo, con facilità di beva accentuata dalla freschezza sapida che accompagna il sorso.

ha 10 - **bt** 50.000
Fertilizzanti letame, sovescio
Fitofarmaci rame e zolfo
Diserbo lavorazione meccanica/manuale
Lieviti fermentazione spontanea
Uve 100% di proprietà
Certificazione biologico certificato

MONTALCINO (SI)

TIEZZI

SCONTO -10%

Località Soccorso - tel. 0577 848187
www.tiezzivini.com - info@tiezzivini.com

VITA - Il Podere Soccorso, da dove arrivavano gli storici vini del professor Riccardo Paccagnini a fine Ottocento, è situato lungo le mura di Montalcino, giusto qualche metro sotto il santuario della Madonna del Soccorso. La Vigna Soccorso, piantata ad alberello nel 1999 a circa 500 metri di altitudine, ha un'esposizione a sud-ovest ed è una sorta di giardino a gradoni lungo il fianco della collina.

VIGNE - I vigneti, di età media al di sopra dei 25 anni, si trovano in tre corpi distinti: 2 ettari circa sono nei pressi della cantina con suolo perlopiù sabbioso e limoso; i restanti 4 ettari sono più in basso nelle località Cerrino e Cigaleta, su terreni con galestro, sabbia, argilla e tufo. Enzo Tiezzi e la figlia Monica stanno valutando l'idea di ricavare un nuovo cru da una parcella del Cerrino, una selezione massale con 45 anni di età che ogni anno regala uve di grande qualità.

VINI - Minimi interventi in cantina: l'idea è quella di produrre vini in maniera tradizionale, rispettando le peculiarità delle annate. La fermentazione avviene in tini troncoconici, le macerazioni sono lunghe, l'affinamento in botti grandi.

TOP **Brunello di Montalcino Vigna Soccorso 2015** VINO SLOW ● 8.000 bt; 45 € - Ⓓ - Ha classe cristallina ed evidenzia le caratteristiche della grande annata. Le note floreali e speziate al naso sono seguite da un palato articolato e teso, che chiude con una lunga scia sapida, in perfetta armonia gustativa.

Brunello di Montalcino Poggio Cerrino 2015 ● 6.600 bt; 38 € - Ⓓ - Si presenta ampio e balsamico all'olfatto, e contrastato ed energico in bocca. Chiude con un finale stratificato e appagante.

Rosso di Montalcino Poggio Cerrino 2018 ● 9.500 bt; 19 € - Ⓓ - Fruttato dolce e floreale, ha un tannino affilato e saporito, acidità guizzante, e un finale lungo e pulito. Gastronomico.

ha 6 - **bt** 30.000
Fertilizzanti nessun concime
Fitofarmaci rame e zolfo
Diserbo lavorazione meccanica/manuale
Lieviti fermentazione spontanea
Uve 100% di proprietà
Certificazione in conversione biologica

MONTALCINO (SI)

UCCELLIERA

SCONTO -10%

Frazione Castelnuovo dell'Abate - Podere Uccelliera, 45 - tel. 0577 835729
www.uccelliera-montalcino.it - anco@uccelliera-montalcino.it

VITA - L'azienda agricola Uccelliera domina il paesaggio sulla val d'Orcia da Castelnuovo dell'Abate verso la Maremma e il mare. In questa cornice il proprietario Andrea Cortonesi crea i suoi vini dal 1991, dopo anni di collaborazioni in diverse aziende vinicole di Montalcino. Pian piano alla cultura del vino si sono aggiunte conoscenza, abilità e competenza, che oggi contraddistinguono l'azienda e i suoi prodotti.

VIGNE - I vini delle due linee commerciali provengono da vigneti diversi e differiscono per la composizione del suolo e l'altitudine. La linea Uccelliera è una selezione di tre vigneti posizionati tra i 200 e 300 metri di quota, con terra argillosa, ricca di calcare e minerali. La linea Voliero è la selezione di un singolo vigneto posizionato a 350 metri di quota su suolo rossastro, argilloso e sabbioso.

VINI - Le cantine sono ricavate negli interrati della casa padronale e consentono di affinare il vino a temperatura naturale e costante.

Brunello di Montalcino Uccelliera 2015 ● 27.000 bt; 65 € - Ⓓ - I profumi intrecciano note fruttate e floreali con cenni speziati. Il sorso, pieno, mette in luce il suo vigore, rivelando una struttura bilanciata, spunti sapidi e tanta freschezza.

Brunello di Montalcino Voliero 2015 ● 7.800 bt; 58 € - Ⓓ - È fruttato e balsamico. La struttura è sorretta da una spiccata freschezza e da tannini energici. L'impronta di macchia mediterranea amplifica il gusto nel finale.

Rosso di Montalcino Uccelliera 2018 ● 27.000 bt; 22 € - Ⓓ - Il naso è fruttato con sfumature vegetali, ma il vino funziona meglio in bocca, dove il sorso ha sostanza e piacevolezza fruttata.

Rapace 2017 ● sangiovese, merlot, cabernet sauvignon; 9.500 bt; 31 € - Ⓓ - Denso, fruttato, verace.

Rosso di Montalcino Voliero 2018 ● 5.200 bt; 20 € - Ⓓ - Dinamico, fruttato, energico.

ha 8 - **bt** 60.000
Fertilizzanti letame in pellet, letame, organo-minerali
Fitofarmaci chimici di sintesi, rame e zolfo
Diserbo lavorazione meccanica/manuale
Lieviti fermentazione spontanea
Uve 100% di proprietà
Certificazione nessuna certificazione

MONTALCINO (SI)

VENTOLAIO

SCONTO -10%

Località Ventolaio, 51 - tel. 0577 835779
www.ventolaio.it - info@ventolaio.it

VITA - Il Podere Ventolaio, di proprietà della famiglia Fanti, si contraddistingue per le continue migliorie qualitative sui vini. Le novità di quest'anno danno vita a una nuova fase aziendale: l'adozione di vasche in cemento, l'acquisto di un nuovo vigneto e l'arrivo della certificazione biologica, giunta a ottobre 2019, rappresentano una tappa prestigiosa e di forte slancio etico, che testimonia come qui si guardi sempre avanti.

VIGNE - Le uve di sangiovese impiegate per la produzione dei vini provengono dai vigneti di proprietà posti a circa 500 metri di quota, su pendii collinari che garantiscono le migliori condizioni di insolazione e luminosità. L'altitudine e l'esposizione creano un microclima unico, anche per la costante presenza dei venti, che rimangono freschi anche nei periodi più caldi.

VINI - Nei vini presentati quest'anno si nota un accumulo di antociani e sostanze fenoliche in grado di tonificare quella ricorrente sferzata acida che richiedeva tempo per essere digerita.

Brunello di Montalcino 2015 ● 38.000 bt; 35 € - Presenta nitide note di more, ribes e mentolo. Pieno, caldo ed equilibrato, rimane fresco e balsamico al gusto. Ben definito anche nel finale di bocca.
Brunello di Montalcino Colle del Fante 2015 ● 600 bt; 35 € - Porta i segni della gioventù. Al naso è intenso, con richiami di frutta scura e spezie. In bocca inizialmente è morbido, poi si fa largo una struttura di tutto rispetto che corre sul filo dell'equilibrio.
Rosso di Montalcino 2018 ● 15.000 bt; 15 € - Particolarmente elegante, ha un bagaglio olfattivo di frutti rossi maturi, viola e spezie dolci. Freschezza e piacevoli tannini si integrano in un equilibrio perfetto al palato, con tanta profondità gusto-olfattiva.

ha 15,5 - **bt** 54.000
Fertilizzanti sovescio
Fitofarmaci rame e zolfo
Diserbo lavorazione meccanica/manuale
Lieviti selezione di lieviti indigeni
Uve 100% di proprietà
Certificazione biologico certificato

MONTEPULCIANO (SI)

AVIGNONESI

Frazione Valiano - Via Colonica, 1 - tel. 0578 724304
www.avignonesi.it - info@avignonesi.it

VITA - L'azienda acquisita nel 2009 dall'imprenditrice belga Virginie Severys è impegnata in un progetto di agricoltura naturale su larga scala senza precedenti, non solo a Montepulciano. Grazie a una perfetta organizzazione, a tanti investimenti e ferma convinzione nella scelta ecologica fatta, la fisionomia odierna di Avignonesi rappresenta un punto di riferimento internazionale per la viticoltura biodinamica.

VIGNE - Gli ettari vitati gestiti in biodinamica sono 170. Tale estensione comporta una sforzo organizzativo continuo e grande professionalità a tutti i livelli. Lo sforzo iniziale di zonazione interna, oltre a definire le caratteristiche geologiche di ogni singolo appezzamento, è servito a individuare il comportamento di ogni giacitura per organizzare il lavoro agronomico diretto dal bravo e competente Alessio Gorini.

VINI - Gli enologi Ashleigh Seymour e Matteo Giustiniani hanno saputo esaltare la complessa struttura vitata aziendale in vini di carattere e personalità.

TOP **Nobile di Montepulciano Ventisei 2016** ● 6.600 bt; 15 € - Ha espressione leggiadra e ricca di dettagli aromatici, per un percorso incisivo, stratificato e sapido.
Nobile di Montepulciano Oceano 2017 ● 4.000 bt; 38 € - Il vino proviene da suoli argillosi; da tali matrici provengono gli aromi intensi e precisi di frutta, per un palato ampio, setoso e progressivo.
Nobile di Montepulciano Banditella 2017 ● 4.000 bt; 38 € - Esprime una bella freschezza acida che contrasta l'esuberanza alcolica e la robusta grana tannica, per un complesso armonico e fruttato.
Rosso di Montepulciano 2018 ● 120.000 bt; 11 € - Fitto, fruttato, consistente.
Da-Di 2019 ● sangiovese; 13.000 bt; 15 € - Vivo, fruttato, contrastato.
Grifi 2017 ● cabernet sauvignon, sangiovese; 15.000 bt; 38 € - Potente, speziato, consistente.

ha 171,5 - **bt** 650.000
Fertilizzanti compost, letame, preparati biodinamici, sovescio
Fitofarmaci organici, rame e zolfo
Diserbo lavorazione meccanica/manuale
Lieviti fermentazione spontanea, selezione di lieviti indigeni
Uve 100% di proprietà
Certificazione biodinamico e biologico certificato

MONTEPULCIANO (SI)

BINDELLA

SCONTO **-10%**

Frazione Acquaviva - Via delle Tre Berte, 10/a - tel. 0578 767777
www.bindella.it - info@bindella.it

VITA - È stato un autentico colpo di fulmine quello che è scoccato nel 1983 tra Rudi Bindella, membro di una famiglia che si occupava di enogastronomia da generazioni, e il podere di Vallocaia di Sotto. Sotto la sapiente guida di Giovanni Capuano, responsabile aziendale, è stato intrapreso un processo di crescita continua e costante.

VIGNE - Il 2020 è il primo anno di produzione per i nuovi vigneti nella zona delle Casalte, 9 ettari acquistati l'anno precedente. Autentica ricchezza aziendale, l'eterogeneità dei terreni permette di cucire il giusto abito addosso a ogni vitigno. A Vallocaia i terreni sono sciolti, sabbiosi e poco calcarei. Nella zona di Sanguineto, invece, c'è un importante saldo argilloso. Fossolupaio è una sintesi di queste due anime, mentre le Casalte spicca per l'altitudine media maggiore.

VINI - Nella spendida cantina, costruita nel 2015, tutto è stato realizzato con la massima cura e con le più moderne tecniche enologiche, garantendo un perfetto controllo sull'intero percorso di trasformazione.

Nobile di Montepulciano Vallocaia Ris. 2016 ● 10.000 bt; 34 € - Di grande carattere e territorialità, si apre con sentori fruttati di lampone e amarena, e si evolve con un'elegante nota speziata. Il tannino nobile e la marcata acidità garantiscono il futuro di un vino già molto godibile.

Rosso di Montepulciano Fossolupaio 2018 ● 40.000 bt; 11 € - Ottimo l'impatto aromatico: al naso danza tra note di fragolina di bosco e viola. In bocca è decisamente fresco, beverino e succoso, animato da una bella sapidità.

Nobile di Montepulciano I Quadri 2017 ● 13.000 bt; 28 € - Nonostante l'annata difficile, è energico ed espressivo, e di buona persistenza.

Nobile di Montepulciano Bindella 2017 ● 60.000 bt; 18 € - Schietto, fruttato, autentico.

ha 54 - **bt** 180.000
Fertilizzanti letame in pellet, sovescio
Fitofarmaci rame e zolfo
Diserbo lavorazione meccanica/manuale
Lieviti selezionati industriali
Uve 100% di proprietà
Certificazione nessuna certificazione

MONTEPULCIANO (SI)

BOSCARELLI

Frazione Cervognano - Via di Montenero, 28 - tel. 0578 767608
www.poderiboscarelli.com - info@poderiboscarelli.com

VITA - Luca e Niccolò De Ferrari rappresentano la terza generazione in questa azienda, nata nel 1962 dalla passione di Egidio Corradi per l'agricoltura e i paesaggi della sua terra di origine. Oggi Boscarelli è una delle aziende di riferimento del comprensorio poliziano grazie a una continuità qualitativa eccellente e, soprattutto, per una produzione enologica da sempre caratterizzata da vini di autentica impronta territoriale.

VIGNE - Le vigne si trovano a Cervognano, in un'areale da sempre considerato vocato alla produzione di Nobile. I suoli sono argillosi, con buona presenza di calcare; alcune parcelle sono particolarmente ricche di scheletro. Le diverse composizioni del suolo danno origine sia a uve dalle caratteristiche composite, sia a maturazioni differenziate. Il lavoro agronomico è teso a esaltare queste sfumature di carattere per avere complessità nei vini prodotti.

VINI - La storica consulenza dell'enologo "sangiovesista" Maurizio Castelli assicura il respiro territoriale dei vini aziendali.

TOP **Nobile di Montepulciano Sotto Casa Ris. 2015** ● 3.000 bt; 46 € - Profondo e materico, ha progressione ampia, con cenni balsamici e un ottimo contrasto, offerto dalla finezza tannica e dalla vitalità acida che contribuiscono alla complessa armonia.

Nobile di Montepulciano Ris. 2016 ● 10.000 bt; 34 € - Ha una bella concentrazione viscosa, con materia ben allungata nel sorso dalla progressione sapida che, insieme al tannino, reca complessità e sapore.

Nobile di Montepulciano Il Nocio 2016 ● 5.000 bt; 85 € - Vino-icona dell'azienda, ha struttura possente, ben sostenuta dalla progressione e mai in debito di succo. Dispensa precisi aromi di frutta e spezie.

Rosso di Montepulciano Prugnolo 2019 ● 30.000 bt; 12 € - Incisivo, fruttato, dettagliato.

ha 21 - **bt** 100.000
Fertilizzanti letame in pellet, letame, sovescio
Fitofarmaci rame e zolfo
Diserbo lavorazione meccanica/manuale
Lieviti selezione di lieviti indigeni
Uve 100% di proprietà
Certificazione nessuna certificazione

CONTUCCI €

SCONTO -10%

Via del Teatro, 1 - tel. 0578 757006
www.contucci.it - info@contucci.it

VITA - Tappa obbligata di ogni visita a Montepulciano, le magnifiche cantine Contucci, a oltre 700 anni dalla loro costruzione, sono le uniche che ospitano ancora oggi l'intero processo produttivo, che si svolge sotto l'occhio attento dello storico cantiniere Adamo Pallecchi. La famiglia, inserita di diritto tra i padri putativi della denominazione, porta avanti con passione e competenza l'attività dal Settecento, rispettando al meglio tradizione e territorialità.

VIGNE - L'azienda prosegue l'avvicinamento verso il regime biologico, limitando allo stretto necessario gli interventi in vigna. I 22 ettari vitati si distribuiscono su tre macroaree poste tra i 280 e i 450 metri di altitudine, con terreni ricchi di sabbia e argilla pliocenica. Le varietà scelte sono tutte autoctone e allevate a cordone speronato: la resa contenuta permette di portare in cantina uve di assoluta qualità.

VINI - Contucci porta tre secoli di competenze enologiche in bottiglia, realizzando vini territoriali, di forte personalità e mai banali. Quest'anno manca all'appello tutta la serie dei Nobile di Montepulciano, non ancora pronti al momento dei nostri assaggi.

TOP **Rosso di Montepulciano 2019** VINO QUOTIDIANO ● 20.000 bt; 11 € - - Il naso è di buona intensità e finezza, con note di mammola e ribes rosso accompagnate da un'elegante punta di balsamicità. In bocca si presenta agile e sottile, con una bella sapidità che completa il sorso. Il finale è piacevolmente ematico.
Vin Santo di Montepulciano 2007 ● 1.000 bt da 0,375 l; 35 € - - Almeno 10 anni in caratello e una produzione limitata per questa autentica perla enologica. Al naso si presenta sontuoso, svariando tra l'aromaticità della Malvasia e i sentori terziari di nocciola e dattero. Al palato è profondo e dettagliato, con una componente zuccherina ben presente ma mai in eccesso.

ha 22,5 - bt 100.000
Fertilizzanti compost, sovescio
Fitofarmaci chimici di sintesi, rame e zolfo
Diserbo lavorazione meccanica/manuale
Lieviti selezionati industriali
Uve 100% di proprietà
Certificazione nessuna certificazione

MONTEPULCIANO (SI)

DEI

SCONTO -10%

Via di Martiena, 35 - tel. 0578 716878
www.cantinedei.com - info@cantinedei.com

VITA - Caterina Dei guida ormai da 20 anni questa bella realtà di Montepulciano acquistata dalla sua famiglia nel 1964. Ha saputo amplificare il valore della viticoltura aziendale grazie a una sensibilità artistica fuori dal comune, integrando il lavoro agricolo in un contesto paesaggistico evocativo di classicità e bellezza. Oggi l'azienda rappresenta un crocevia ideale per apprezzare all'unisono vino e cultura.

VIGNE - L'azienda ha acquisito negli anni alcuni dei migliori versanti vitati della denominazione. Bossona, Martiena, Le Piagge, Ciarliana e Cervognano sono località vocate dalle composizioni geologiche diverse, che vanno da matrici sabbiose a parti ricche di calcare. La preparazione dei suoli, attraverso sovesci mirati alle singole esigenze delle giaciture, è un aspetto agronomico centrale.

VINI - I vini esprimono il carattere più profondo della denominazione attraverso la ricca estrazione di materia da uve di qualità.

Nobile di Montepulciano 2017 ● 120.000 bt; 22 € - - Ha un'espressione integra che armonizza la concentrazione glicerica del sorso, di alcolicità evidente, con una bella spina dorsale acida, che dona succo e compiutezza.
Nobile di Montepulciano Madonna della Querce 2016 ● 4.000 bt; 60 € - - Ingresso voluminoso e caldo, con progressione potente e stratificata che esprime frutta molto matura e dolcezza, per un finale austero e compatto.
Rosso di Montepulciano 2019 ● 120.000 bt; 11 € - - Il sorso è leggiadro e innervato di sapore, con una buona definizione del frutto e una chiusura rigida a causa del tannino.
Sancta Catharina 2015 ● sangiovese, cabernet sauvignon, merlot, petit verdot; 5.000 bt; 42 € - - Potente, speziato, scuro.
Martiena 2019 O grechetto, malvasia gialla, chardonnay, sauvignon blanc; 10.000 bt; 10 € - - Schietto, fruttato, docile.

ha 60 - bt 250.000
Fertilizzanti letame, preparati biodinamici, sovescio
Fitofarmaci rame e zolfo
Diserbo lavorazione meccanica/manuale
Lieviti fermentazione spontanea, selezione di lieviti indigeni
Uve 100% di proprietà
Certificazione in conversione biologica

FATTORIA DELLA TALOSA

SCONTO **-10%**

Via Talosa, 8 - tel. 0578 758277
www.talosa.it - info@talosa.it

VITA - Questa storica azienda del comprensorio di Montepulciano fu una delle prime a imbottigliare i propri vini, fin dagli anni Settanta. Proprietà della famiglia Jacorossi da diversi decenni, oggi è seguita da Edoardo Mottini Jacorossi, rappresentante dell'ultima generazione, aiutato in questo da uno staff giovane e appassionato con a capo l'enologo Michele Merola e il responsabile vendite e marketing Cristian Pepi.

VIGNE - I vigneti sono in località Pietrose, piantati in un corpo unico in un piccolo anfiteatro naturale, esposto a sud, alla cui sommità troviamo la moderna cantina. Le altitudini vanno dai 400 metri delle vigne più vicine alla cantina, ai 300 metri della parte più bassa. Da non perdere, se siete a Montepulciano, la visita alla cantina storica nel centro del borgo, scavata nel tufo su gallerie risalenti all'epoca etrusca.

VINI - La grandissima attenzione riservata ai vigneti, divisi in parcelle in base all'età (la più vecchia risale al 1968) e ai differenti suoli, permette di fare vini classici, fedeli figli della denominazione.

Nobile di Montepulciano Alboreto 2017 ● 40.000 bt; 17 € - Ben definito al naso, con note mature ma integre, ha polpa avvolgente con fresca sapidità di fondo.
Nobile di Montepulciano Ris. 2016 ● 20.000 bt; 26 € - Dopo 12 mesi di tonneau usati e 24 mesi di botte grande si presenta su toni cupi, ma sa aprirsi con una trama gustativa intensa, ricca di sapore e innervata da un tannino abbondante ma scorrevole.
Nobile di Montepulciano Filai Lunghi 2017 ● 6.000 bt; 39 € - Si presenta con tratti aromatici balsamici e speziati, ed è denso e compatto, energico e articolato. Ha ancora bisogno di tempo per assorbire appieno il passaggio in legno, in parte nuovo.
Rosso di Montepulciano 2019 ● 25.000 bt; 10 € - Armonico, fruttato, docile.

ha 33 - **bt** 100.000
Fertilizzanti letame in pellet
Fitofarmaci chimici di sintesi, rame e zolfo
Diserbo lavorazione meccanica/manuale
Lieviti selezionati industriali
Uve 100% di proprietà
Certificazione nessuna certificazione

MONTEPULCIANO (SI)

GRACCIANO DELLA SETA

SCONTO **-10%**

Via Umbria, 59-61 - tel. 0578 708340
www.graccianodellaseta.com - info@graccianodellaseta.com

VITA - Gracciano della Seta vanta profonde radici storiche. Di proprietà della famiglia Svetoni nell'Ottocento, è oggi condotta dalla famiglia Della Seta. Oltre al valore architettonico ereditato l'azienda ha una tradizione enologica prestigiosa: a fine Ottocento un vino qui prodotto venne segnalato alla fiera internazionale di Torino. La direzione aziendale, fin dal 1995, è affidata al bravo Beppe Rigoli.

VIGNE - Originariamente la proprietà era estesa su 400 ettari, con 22 poderi impegnati nella classiche attività agricole toscane; oggi l'azienda è specializzata in viticoltura, con 20 ettari di vigneto su 70 ettari di proprietà, suddiviso in quattro appezzamenti che insistono su suoli piuttosto omogenei, costituiti da argilla e limo. Un fattore qualitativo importante è l'età delle piante, che, mediamente, raggiunge i 40 anni.

VINI - Vini di grande classicità, mai opulenti, che pure nelle annate calde conservano una gratificante e sottile grazia, in virtù della grande misura nell'estrazione della materia.

Nobile di Montepulciano 2017 ● 50.000 bt; 15 € - Ha ingresso gentile, che esibisce un calore ben contenuto da succo essenziale, dalla sapidità e da un finale tannico piuttosto ruvido ma integrato.
Nobile di Montepulciano Ris. 2016 ● 10.000 bt; 24 € - Per i canoni dell'azienda risulta un vino concentrato e ampio, con distensione compatta e una speziatura da legno ancora da integrare.
Rosso di Montepulciano 2018 ● 30.000 bt; 10 € - Schietto, agile e incisivo, ha materia scarnificata che deposita delicati aromi floreali e una traccia sapida molto piacevole.

ha 20 - **bt** 95.000
Fertilizzanti organo-minerali
Fitofarmaci rame e zolfo
Diserbo lavorazione meccanica/manuale
Lieviti fermentazione spontanea, selezionati industriali
Uve 100% di proprietà
Certificazione biologico certificato

MONTEPULCIANO (SI)

IL CONVENTINO

Via della Ciarliana, 25/b - tel. 0578 715371
www.ilconventino.it - info@ilconventino.it

VITA - La famiglia Brini ha acquistato l'azienda fondata negli anni Settanta da Alfio Carpini nel 2003. In forte anticipo rispetto ai tempi, la decisione è stata quella di indirizzare la viticoltura verso il biologico. L'amore per questo paesaggio infatti ha condotto i nuovi proprietari a una scelta di sostenibilità ecologica fuori da ogni interesse di marketing. Oggi Alberto Brini, figlio di uno dei fondatori, conduce questa bella realtà con la medesima passione di chi la creò.

VIGNE - Oltre al biologico, un'altra scelta appare agli occhi dei contemporanei in forte anticipo sui tempi: quella di piantare vitigni della tradizione toscana, a quel tempo piuttosto vituperati. Le vigne si trovano in zone molte vocate i cui nomi risuonano spesso nelle parole degli appassionati: Ciarliana, Martiena, Sanguineto, Salarco e Poggiolino, tra gli altri.

VINI - I vini vengono prodotti nel rispetto della tradizione, attraverso vinificazioni attente alla conservazione del frutto e a non eccedere nella concentrazione. Complice un comprensibile ritardo nell'imbottigliamento, quest'anno alle nostre degustazioni l'azienda ha presentato un solo vino.

Nobile di Montepulciano Ris. 2016 ● 15.000 bt; 27 € - In bocca si presenta con un ingresso caldo e ampio, in cui le note alcoliche evidenti si intrecciano a complessi e articolati sentori balsamici e terrosi, di buona ossidazione; successivamente il vino prosegue il suo percorso arricchendosi di sensazioni tattili piuttosto rustiche ma piacevoli, che lasciano al palato una bella eredità aromatica, in grado di lasciare il segno e farsi ricordare a lungo.

ha 23 - **bt** 110.000
Fertilizzanti letame
Fitofarmaci rame e zolfo
Diserbo lavorazione meccanica/manuale
Lieviti fermentazione spontanea
Uve 100% di proprietà
Certificazione biologico certificato

MONTEPULCIANO (SI)

LE BÈRNE

Frazione Cervognano - Via Poggio Golo, 7 - tel. 0578 767328
www.leberne.it - leberne@libero.it

VITA - Azienda storica del comprensorio, Le Bèrne è condotta con grande passione da Andrea Natalini, terza generazione di una famiglia dedicata alla terra e radicata a Montepulciano. Il padre di Andrea, Giuliano, ama raccontare come lui continui a dormire nel letto dove è nato. Questo aneddoto ci aiuta a capire quanto la viticoltura aziendale sia intimamente connessa a una vita quotidiana vissuta in stretta relazione con le più profonde pieghe di questo magnifico territorio.

VIGNE - Siamo a Cervognano, nella parte sud della denominazione. I suoli passano in rassegna le tipiche matrici poliziane con presenza estesa di argilla, eredità pliocenica, e sono piuttosto profondi e ricchi di limo. La grande esperienza dei Natalini e la loro capacità di osservazione li porta a un tipo di viticoltura rispettosa dell'ambiente. Dalla vigna vecchia, piantata nel 1969, si ottiene il Nobile Riserva.

VINI - I vini rappresentano bene l'area di origine: sono di importante concentrazione e calore, ma mai in debito di una certa distensione.

Nobile di Montepulciano 2017 ● 25.000 bt; 17 € - - Vino di impatto gustativo caldo e potente, che regala aromi centrati di frutta rossa con cenni di vaniglia; il palato si sviluppa caldo e progressivo, con chiusura austera.
Nobile di Montepulciano Ris. 2016 ● 4.200 bt; 28 € - - Ha una grande concentrazione di materia: attacca il palato con spessore alcolico e potenza progressiva; tale estrazione incide sulla parte tannica, che correda il sorso in modo compatto e austero.
Rosso di Montepulciano 2019 ● 20.000 bt; 10 € - - Esprime profumi floreali che seguono un sorso succoso, leggiadro e piuttosto caldo.
Bianco 2019 O pulcinculo, viognier, malvasia; 3.000 bt; 8 € - - Fine, fruttato, delicato.

ha 12 - **bt** 55.000
Fertilizzanti letame in pellet, letame, sovescio
Fitofarmaci chimici di sintesi, rame e zolfo
Diserbo lavorazione meccanica/manuale
Lieviti fermentazione spontanea
Uve 100% di proprietà
Certificazione nessuna certificazione

MONTEPULCIANO (SI)

LE BERTILLE

Via delle Colombelle, 7 - tel. 0578 758330 - 339 7769444
www.lebertille.com - info@lebertille.com

VITA - Le Bertille è di proprietà della famiglia romana Roberti dal 1970. Quella che doveva essere una residenza di campagna nell'adorata Toscana si è trasformata nel tempo in un impegno totalizzante e coinvolgente. La passione che ha guidato le scelte del fondatore Francesco Saverio, scomparso di recente, è stata trasmessa intatta alla figlia Olimpia, che ha lasciato la professione di avvocato per dedicarsi totalmente alla conduzione di questa realtà.

VIGNE - L'azienda conta su due poderi posti in zone diverse dell'areale di Montepulciano. Il podere Le Bertille è a sud-ovest della denominazione, su suoli di origine pliocenica con sabbia affiorante. Il podere Casella si trova invece in località Canneto, su suoli di origine sempre pliocenica, ma con buona presenza di argilla. Si tratta di zone ben esposte e ventilate, caratteristiche che permettono un limitato ricorso ai trattamenti, compatibilmente con l'andamento stagionale.

VINI - Vini territoriali e lenti ad aprirsi; per questo l'azienda ritiene fondamentale l'affinamento in bottiglia in cantina.

Nobile di Montepulciano Ris. 2016 ● 4.000 bt; 22 € - L'attacco ampio e avvolgente è ben condotto da una vena sapida e da una buona acidità; il tannino è robusto, e gli aromi sono fruttati molto tipici.
Nobile di Montepulciano 2017 ● 25.000 bt; 15 € - L'ingresso è molto rilassato e glicerico, con una vena alcolica evidente; la progressione ha lunghezza e dinamica, ma nel finale rimane una sensazione arida dettata dal tannino.
Rosso di Montepulciano 2017 ● 20.000 bt; 9 € - Il gusto si compone di materia scattante piuttosto succosa e di una parte volatile che regala aromi floreali; il finale è deciso, rustico e autentico.

ha 13,5 - **bt** 60.000
Fertilizzanti compost, letame, sovescio
Fitofarmaci chimici di sintesi, rame e zolfo
Diserbo lavorazione meccanica/manuale
Lieviti selezione di lieviti indigeni
Uve 100% di proprietà
Certificazione nessuna certificazione

MONTEPULCIANO (SI)

PALAZZO VECCHIO

Località Valiano - Via Terra Rossa, 5 - tel. 0578 724170
www.vinonobile.it - info@vinonobile.it

VITA - La famiglia Sbernadori acquistò Palazzo Vecchio negli anni Cinquanta del Novecento. Si tratta di un luogo storico molto importante, dove sorse la dogana tra lo Stato pontificio e il Granducato toscano. Oggi alla guida dell'azienda troviamo i fratelli Luca e Maria Luisa: il primo si occupa della promozione, la seconda dell'accoglienza e della direzione generale. Entrambi però amano mettere piede in vigna, come del resto il padre Marco, appassionato agricoltore.

VIGNE - Le vigne sono disposte a raggiera intorno al centro aziendale secondo la classica forma a rittochino. Occupano l'areale di Valiano, a sud della denominazione, su suoli ricavati dall'antica bonifica settecentesca. Ne risultano matrici argillose con presenza di limo e tufo, sulle quali l'azienda ha piantato vitigni della tradizione toscana come prugnolo gentile (vitigno principe della denominazione), mammolo e canaiolo.

VINI - I vini hanno respiro classico composto dall'esclusivo utilizzo di vitigni tradizionali e dagli affinamenti in botti grandi.

Rosso di Montepulciano Dogana 2018 ● 15.000 bt; 13 € - Il gusto compatto risulta di buona stratificazione e verte sulla densità del sorso e sulla profondità del frutto.
Nobile di Montepulciano Maestro 2017 ● 15.000 bt; 18 € - Ha un tratto alcolico evidente, con sentori caldi di frutta che emergono da una materia densa e poco generosa di dettagli.
Nobile di Montepulciano Ris. 2016 ● 4.000 bt; 25 € - I cenni di radice e le note balsamiche sono condotte da una materia di buona distensione e armonia, con un tannino fitto ed esuberante che contrasta la parte glicerica.

ha 26 - **bt** 48.000
Fertilizzanti letame in pellet
Fitofarmaci rame e zolfo
Diserbo lavorazione meccanica/manuale
Lieviti fermentazione spontanea
Uve 100% di proprietà
Certificazione nessuna certificazione

PODERE IL MACCHIONE

SCONTO -10%

Via Provinciale, 18 - tel. 347 4157687 - 0578 758595
www.poderellmacchione.it - podereilmacchione@live.it

VITA - I fratelli Simone e Leonardo Abram sono arrivati a Montepulciano per un progetto di vita e per rinnovare una tradizione familiare: il nonno materno coltivava viti in Trentino. Nel 2006 hanno acquistato questa azienda, situata a nord della denominazione in località Le Caggiole e già attiva dal 1974. Con le idee ben chiare e una particolare attenzione a tutto quello che li circondava, sono divenuti un modello di rispetto e sostenibilità.

VIGNE - I 6 ettari di vigne si sviluppano intorno alla cantina, posta sulla sommità di un poggio. I terreni sono abbastanza omogenei: di origine pliocenica, sono franco-argillosi con presenza di fossili. Le esposizioni e le altitudini variabili garantiscono comunque peculiarità diversificate per i frutti. Fin da subito è stato sostituito il cordone speronato con il doppio guyot, per poter ridurre al minimo gli interventi e garantire maggiore equilibrio alle piante.

VINI - In cantina non esistono protocolli fissi: la tendenza è quella di accompagnare il vino con interventi ridotti al minimo. La vinificazione è in cemento e l'affinamento in legno grande e ancora cemento. I vini sono prodotti in stile tradizionale, hanno struttura importante data dal terroir, ma conservano un'ottima beva.

TOP **Nobile di Montepulciano 2016** VINO SLOW ● 12.900 bt; 23 € - Dopo 30 mesi di affinamento in legno grande e altri quattro in cemento, il vino si presenta ricco al naso: è fruttato, con note polverose di macchia mediterranea e sentori floreali e balsamici; il sorso è ampio e armonico, si distende in profondità con struttura tannica di ottima qualità.

Rosso di Montepulciano 2018 ● 4.666 bt; 14 € - Ha bella presenza olfattiva: note balsamiche e terrose fanno da contorno a un bel fruttato croccante; in bocca è ampio, dinamico e caratterizzato da freschezza e ottima beva.

ha 6 - **bt** 20.000
Fertilizzanti organo-minerali, sovescio
Fitofarmaci rame e zolfo
Diserbo lavorazione meccanica/manuale
Lieviti fermentazione spontanea, selezione di lieviti indigeni
Uve 100% di proprietà
Certificazione nessuna certificazione

MONTEPULCIANO (SI)

PODERI SANGUINETO I E II

Frazione Acquaviva - Via Sanguineto, 2-4 - tel. 0578 767782
www.sanguineto.com - sanguineto@tin.it

VITA - Dora Forsoni ha rughe scolpite dal tempo; le mani sono indurite dal lavoro agricolo, gli occhi azzurri, espressivi, profondi, e i gesti dotati di forza viscerale. Questi dettagli racchiusi in un corpo esile e nervoso spiegano Sanguineto e i suoi vini, capaci di esprimere l'aspro vivere del passato e presente lavoro contadino, la delicatezza coriacea dei grandi terroir, e il talento vero, inimitabile, di Dora, che è cresciuta succhiando la linfa della vite.

VIGNE - La gestione dei 6 ettari vitati è basata sulla percezione attiva che Dora ha maturato in anni di lavoro a contatto con le piante. I trattamenti a base di rame e zolfo non seguono altro calendario se non la capacità della vignaiola di sentire il tempo. Il suolo è di origine pliocenica e con sfumature rosse da ossidazioni minerali, e le vigne non vengono mai cimate, per permettere la corretta distribuzione della linfa.

VINI - Le vinificazioni seguite da Dora insieme a Patrizia Brogi, altra anima dell'azienda, sono quanto di più facile si possa immaginare. Si pigia l'uva che fermenta in acciaio, si svina e si mette in botte grande senza interventi. Semplice? Certo, basta partire da uve di quel calibro.

TOP **Nobile di Montepulciano 2017** VINO SLOW ● 15.000 bt; 21 € - Ha un tratto gustativo agile, incisivo e floreale, con il succo dispensato durante un percorso che si conclude con un tannino vivo e saporito.

Rosso di Montepulciano 2018 ● 20.000 bt; 13 € - Il vino esprime una gioiosa grazia verticale, grazie all'armonico intreccio tra polpa viscosa e trama sapida, che lo rendono irresistibile e compiuto.

ha 6 - **bt** 38.000
Fertilizzanti nessun concime
Fitofarmaci rame e zolfo
Diserbo lavorazione meccanica/manuale
Lieviti fermentazione spontanea
Uve 100% di proprietà
Certificazione nessuna certificazione

POLIZIANO

Via Fontago, 1 - tel. 0578 738171
www.carlettipoliziano.com - info@carlettipoliziano.com

VITA - Poliziano è una delle aziende protagoniste della denominazione Montepulciano, e forse quella che, più di altre, ha proiettato il Nobile verso la modernità. Federico Carletti conduce questa proprietà con grande competenza agronomica, conscio che soltanto un lavoro agricolo dettagliato e preciso può portare a grandi vini, figli del territorio. Per questo la storia contemporanea di questa realtà è sempre più caratterizzata dal lavoro in vigna.

VIGNE - La prima cosa che Federico fece nel 1980 quando subentrò al padre nella gestione aziendale fu quella di lavorare uve solo di proprietà, di fatto portando l'azienda verso l'assoluta qualità. I 136 ettari a Montepulciano (altri ettari si aggiungono a Cortona e in Maremma per un totale di 170) sono lavorati manualmente da un team di esperti viticoltori. Il tempo passato in vigna ha condotto a selezionare due ormai celebri cru: Asinone e Caggiole.

VINI - Lo stile enologico aziendale è definito da vini di estrema concentrazione e potenza gustativa, che nel tempo hanno perso qualche dolcezza di troppo per acquisire dinamica e personalità.

Nobile di Montepulciano Asinone 2017 ● 25.000 bt; 48 € - L'impatto gustativo è speziato e profondo, con una buona progressione fruttata affidata a un sorso potente, stratificato e compatto; il finale è tannico, ma rivestito di succo dolce e calore alcolico.
Nobile di Montepulciano 2017 ● 170.000 bt; 22 € - La materia è opulenta, con una vena alcolica sensibile ed espressa da aromi di frutta rossa sotto spirito; in bocca ha progressione e qualità tannica, ma il sorso risulta essere un po' ingombrante.

ha 170 - **bt** 800.000
Fertilizzanti letame in pellet, letame, sovescio
Fitofarmaci rame e zolfo
Diserbo lavorazione meccanica/manuale
Lieviti selezione di lieviti indigeni
Uve 100% di proprietà
Certificazione in conversione biologica

SALCHETO

SCONTO **-10%**

Via di Villa Bianca, 15 - tel. 0578 799031
www.salcheto.it - info@salcheto.it

VITA - Dal 1997 Michele Manelli è alla guida di Salcheto, dove ha portato un forte impulso innovativo per dare corpo alle proprie idee. Etica e sostenibilità certificate sono divenute cardini essenziali per la gestione aziendale. La cantina ha soluzioni tecnologiche che la rendono autosufficiente da un punto di vista energetico, senza stravolgere il paesaggio e garantendo rispetto per il territorio e per il vino prodotto.

VIGNE - La gestione agronomica in vigna è di ispirazione biodinamica. Il lavoro è il meno impattante possibile e mirato al miglioramento dell'equilibrio e del benessere fisiologico delle piante. Il corpo vitato principale si trova nei pressi della cantina, il resto è distribuito su tre tenute sparse nella provincia senese, con situazioni pedoclimatiche differenziate.

VINI - La gamma è molto ampia e lo stile aziendale è ben riassunto nelle definizioni di Michele: «tradizione modernista» per i vini della Docg, dove la tecnologia supporta la tradizione, e «innovazione neo-naturalista» per la linea Obvius, dove c'è solo uva non mediata, senza solfiti aggiunti o filtraggi.

Nobile di Montepulciano 2017 ● 160.000 bt; 17 € - Fruttato e minerale, è un vino gastronomico, ampio e succoso.
Nobile di Montepulciano Salco 2016 ● 8.000 bt; 39 € - Ha notevole ricchezza aromatica, con cenni balsamici e speziati; è avvolgente, fitto e profondo.
Obvius Bianco 2019 ○ trebbiano, vermentino; 9.000 bt; 15 € - Ha frutto maturo e note minerali, è fresco e salmastro.
Nobile di Montepulciano Salco Vecchie Viti 2017 ● 3.000 bt; 60 € - Fitto, balsamico, stratificato.
Nobile di Montepulciano Ris. 2016 ● 14.000 bt; 25 € - Avvolgente, complesso, armonico.
Obvius Rosso 2019 ● sangiovese; 12.000 bt; 15 € - Agile, fruttato, leggiadro.

ha 60 - **bt** 400.000
Fertilizzanti compost, sovescio
Fitofarmaci organici, rame e zolfo
Diserbo lavorazione meccanica/manuale
Lieviti fermentazione spontanea
Uve acquisto 10%
Certificazione biologico certificato

MONTEPULCIANO (SI)

VALDIPIATTA

Via della Ciarliana, 25/a - tel. 0578 757930
www.valdipiatta.it - info@valdipiatta.it

VITA - Miriam Caporali conduce questa storica azienda di Montepulciano fondata alla fine degli anni Ottanta dal padre Giulio, umanista e vignaiolo scomparso due anni fa. Presente in azienda fin dal 2002, Miriam ha saputo raccogliere con competenza l'eredità paterna attraverso formazione tecnica, con prestigiosi studi enologici a Bordeaux, e sensibilità agronomica, che ha condotto al passaggio all'agricoltura biologica, ormai certificata.

VIGNE - L'attenzione verso la vita del suolo ha portato l'azienda a valorizzare sempre più il lavoro sull'attitudine delle singole vigne, che rappresentano un patrimonio molto importante dato che raggiungono anche i 60 anni di età. I suoli sono quelli tipici della denominazione, con limo e nelle zone più vocate buona presenza di argilla.

VINI - I vini sono prodotti nel solco della tradizione, con estrazioni gentili e affinamenti tesi a sottolineare più il volume fruttato che il sapore speziato del rovere.

Nobile di Montepulciano Vigna d'Alfiero 2017 ● 4.000 bt; 36 € - Ha tratti espressivi tipici di un'annata calda, con vena alcolica in primo piano su una materia comunque dinamica, che reca al palato aromi di frutta e note balsamiche; il finale è austero e tannico.
Nobile di Montepulciano 2017 ● 30.000 bt; 22 € - Ampio e progressivo, ha una materia che scorre bene, con un certo dinamismo, evidenziando toni di spezia in combinazione a frutta matura; il finale è contrastato, con qualche accenno dolce.
Rosso di Montepulciano 2018 ● 10.000 bt; 11 € - Denota un'espressione floreale molto delicata, con cenni di frutta in gelatina; il palato è agile, succoso, con un bel contrasto acido, per un sorso appagante e semplice.
Pinot Nero 2018 ● 1.200 bt; 20 € - Fitto, speziato, varietale.

ha 19 - bt 90.000
Fertilizzanti compost, letame, sovescio
Fitofarmaci rame e zolfo
Diserbo lavorazione meccanica/manuale
Lieviti selezione di lieviti indigeni
Uve 100% di proprietà
Certificazione biologico certificato

MONTEVARCHI (AR)

MANNUCCI DROANDI €

SCONTO **-10%**

Frazione Caposelvi - Via Rossinello e Campolucci, 79
tel. 055 9707276 - www.mannuccidroandi.it - info@mannuccidroandi.com

VITA - Mannucci Droandi è situata sulle colline del Valdarno in località Caposelvi, a circa 300 metri di altitudine. I primi imbottigliamenti sono del 1971, e alla fine degli anni Novanta è stata abbandonata del tutto la vendita del vino sfuso. Da ormai 20 anni Roberto Giulio Droandi ha intrapreso con convinzione la strada del biologico. Maria Grazia Mammuccini gestisce la coltivazione dell'olivo e dei grani antichi, a completamento dell'attività aziendale.

VIGNE - I vigneti sono posizionati in parte vicino alla cantina, dove troviamo terreni sciolti, di medio impasto, tra i quali spicca una preziosa parcella di sangiovese di 50 anni, e in parte nel territorio di Gaiole, vicino al borgo di Starda, dove prevale il macigno del Chianti. Con la consulenza agronomica di Fabrizio Feci si cerca di ridurre al minimo l'utilizzo del rame. Continua il lavoro sulla gralima, vitigno a bacca nera recuperato in un vecchio vivaio di Montevarchi.

VINI - Rispetto della tradizione e studio delle caratteristiche dei suoli si traducono in vini molto territoriali.

TOP **Campigliole 2019** VINO QUOTIDIANO ○ trebbiano, malvasia del Chianti; 2.000 bt; 8 € - Una piacevole conferma, con sentori floreali e di miele al naso. La breve sosta sulle bucce esalta al meglio la sapidità e mette in risalto la spiccata vocazione gastronomica.
Foglia Tonda 2016 ● 2.000 bt; 18 € - Emblematico per i risultati raggiunti dall'azienda sui vitigni autoctoni recuperati, è un vino perfettamente integrato, croccante e di grande eleganza.
Chianti Colli Aretini 2018 ● 25.000 bt; 8 € - Come sempre un vino accattivante al palato e centratissimo.
Chianti Cl. Ceppeto 2017 ● 10.000 bt; 13 € - Ampio, floreale, integro.
Barsaglina 2016 ● 1.000 bt; 18 € - Articolato, speziato, complesso.
Chianti Cl. Ceppeto Ris. 2016 ● 1.500 bt; 16 € - Potente, balsamico, scuro.

ha 20 - bt 60.000
Fertilizzanti compost, letame in pellet
Fitofarmaci rame e zolfo
Diserbo lavorazione meccanica/manuale
Lieviti fermentazione spontanea
Uve 100% di proprietà
Certificazione biologico certificato

PIENZA (SI)

MARCO CAPITONI €

Podere Sedime, 63 - tel. 338 8981597
www.capitoni.eu - info@capitoni.eu

VITA - Quella di Marco Capitoni è una bella storia agricola, tipicamente toscana. Di solide radici contadine, Marco circa 20 anni fa ha deciso di raccogliere il mestiere ereditato dal padre e trasformare l'azienda specializzandola in viticoltura, scelta culminata nel primo imbottigliamento che risale al 2001. La storia familiare continua perché oggi, accanto a Marco, troviamo il figlio Angelo, anche lui con il DNA da agricoltore.

VIGNE - L'azienda è immersa in un paesaggio meraviglioso dominato in lontananza dall'antica città di Pienza. Le vigne si trovano circondate da boschi e seminativi, in un contesto di vita vegetale ricca di biodiversità. I filari poggiano su suoli di origine pliocenica, ricchi di fossili calcarei e argilla. La vigna vecchia di circa un ettaro è stata piantata nel 1974, il resto nel 1999. All'anno scorso risale un nuovo mezzo ettaro di sangiovese.

VINI - L'obiettivo enologico è quello di realizzare vini complessi e territoriali; a tale scopo il rapporto tra liquido e legno di affinamento risulta fondamentale per avere anche armonia gustativa.

TOP **Orcia Sangiovese Troccolone 2019** VINO QUOTIDIANO ● 4.000 bt; 9 € - Vino centrato, succoso, ben definito nella sua levità fruttata e nell'incisività sapida; il finale è fragrante di tannino e risulta esaltato dall'affinamento in terracotta.

Orcia Frasi Sangiovese Ris. 2016 ● 4.500 bt; 18 € - Ingresso di buona integrità con succo progressivo che ben argina la parte glicerica con trama tannica e bella spinta; l'alcol tende a bruciare nel finale comunque armonico.

Orcia Capitoni Rosso Ris. 2016 ● 10.000 bt; 13 € - Trama olfattiva di ottima intensità con frutta in confettura e cenni vegetali, la bocca è rispondente con sbuffi di alcol, trama viscosa e finale tannico.

ha 5,5 - **bt** 18.000
Fertilizzanti letame in pellet, sovescio
Fitofarmaci rame e zolfo
Diserbo lavorazione meccanica/manuale
Lieviti fermentazione spontanea
Uve 100% di proprietà
Certificazione in conversione biologica

PRATOVECCHIO STIA (AR)

PODERE DELLA CIVETTAJA

Località Civettaja - Via Sala Civettaja, 1 - tel. 339 7098418
www.poderedellacivettaja.it - schegge@inwind.it

VITA - Complice fu la Borgogna! È così che, dopo un viaggio nel 1993, Vincenzo Tommasi si è innamorato del Pinot nero e della sapienza di quella terra nel riuscire a farlo esprimere al meglio. Così nel 2006 ha piantato il suo piccolo clos nella valle del Casentino, e nel 2019 ha deciso di preservare il capitale umano e culturale di Civettaja facendo entrare in società Lucia Stefani e Alessio Puccini, che già lavoravano al suo fianco in azienda.

VIGNE - I 3 ettari di vigneto ad alta densità, con 9.000 piante per ettaro, sono divisi in sei piccoli appezzamenti. In vigna si lavora per la maggior parte a mano, andando a curare ogni tralcio, e ci si avvale di pochi collaboratori fidati, che lavorano con l'azienda da tempo e conoscono i vigneti e le attenzioni che Vincenzo esige. A inizio 2020 sono partiti i lavori di ampliamento della cantina, che termineranno entro l'estate 2021.

VINI - Ogni appezzamento è vinificato separatamente. Le masse vengono poi assemblate in cemento, dove completano l'affinamento. Così nasce il Pinot nero di Civettaja. Il rispetto per l'ambiente e la conduzione biologica fanno risaltare nel vino le caratteristiche dei terreni argillosi e calcarei su cui crescono le viti. Terroir e attente lavorazioni in cantina, dove si rispetta al massimo il frutto delle vigne, fanno nascere un vino elegante ed estremamente piacevole.

TOP **Pinot Nero 2017** VINO SLOW ● 7.400 bt; 33 € - Rispecchia le caratteristiche dell'annata che, tra grandine e caldo eccessivo, ha ridotto sensibilmente la produzione. Lo troviamo balsamico, minerale e ricco di frutto, speziato, molto complesso. All'assaggio in bocca è ampio, pulito e succoso, sempre fine e ammaliante, con una bella acidità che lo sostiene e lascia il palato profumato e molto gradevole.

ha 3,2 - **bt** 7.500
Fertilizzanti sovescio
Fitofarmaci rame e zolfo
Diserbo lavorazione meccanica/manuale
Lieviti fermentazione spontanea
Uve 100% di proprietà
Certificazione biologico certificato

CAPPELLASANTANDREA

SCONTO **-10%**

Località Casale, 26 - tel. 347 1946103
www.cappellasantandrea.it - info@cappellasantandrea.it

VITA - Francesco Galgani e Flavia Del Seta conducono questa bella azienda nel cuore di San Gimignano. Francesco ha iniziato un percorso da autodidatta nella vigna circa 15 anni fa, attirato dalla bellezza pratica e creativa del mestiere del viticoltore. Sotto la guida dell'agronomo Ruggero Mazzilli, dell'enologo Paolo Salvi e con tanta passione e sensibilità, possiamo affermare che oggi Francesco è uno dei migliori interpreti della denominazione.

VIGNE - Una delle prime cose apprese è stata l'importanza della complessità agronomica scaturita dalla vita del suolo, dal paesaggio misto e dalle vigne vecchie. Da questi tre fattori è partito il lavoro di Francesco, che negli anni lo ha portato verso una viticoltura biologica con attenzione alla fertilità della terra, e a una dedizione quasi archeologica per la cura delle piante più vecchie.

VINI - In cantina si è raggiunta una rassicurante continuità qualitativa, con vini caratteriali e autentici.

TOP **Vernaccia di San Gimignano Prima Luce Ris. 2017** VINO SLOW ○ 2.000 bt; 23 € - - Il sapore evoca note marine e di roccia arsa, con un'ossidazione della parte aromatica molto affascinante; il palato è intriso di sapidità che sostiene la densità del sorso.
Vernaccia di San Gimignano Clara Stella 2019 ○ 20.000 bt; 10 € - - Vino scorrevole ed essenziale, con aromi tenui ma di energia sapida trascinante, che completa il sorso autentico.
Vernaccia di San Gimignano Rialto 2018 ○ 3.500 bt; 16 € - - Da piante di circa 50 anni proviene questo vino, che ha un nucleo di densità complessa e pura, e che ricorda l'acqua di fonte per un sorso complesso, profondo e armonico.
Le Maritate 2018 ● ciliegiolo, colorino, sangiovese, vernaccia; 500 bt; 25 € - - Incisivo, floreale, autentico.
Chianti Colli Senesi Arciduca 2017 ● 7.000 bt; 10 € - - Fitto, floreale, dettagliato.

ha 7,5 - **bt** 40.000
Fertilizzanti compost, organo-minerali, sovescio
Fitofarmaci rame e zolfo
Diserbo lavorazione meccanica/manuale
Lieviti fermentazione spontanea, selezione di lieviti indigeni
Uve 100% di proprietà
Certificazione biologico certificato

SAN GIMIGNANO (SI)

CASA ALLE VACCHE

Via Lucignano, 73/a - tel. 0577 955103
www.casaallevacche.it - info@casaallevacche.it

VITA - I fratelli Fernando e Lorenzo Ciappi conducono questa azienda, fondata negli anni Cinquanta, con grande competenza agricola. È con loro che, negli anni Novanta, è avvenuta la svolta verso la specializzazione viticola, sancita dal primo imbottigliamento della Vernaccia, fino a quel momento venduta sfusa. L'azienda si trova a Pancole, splendida collina ormai individuata come uno dei cru della denominazione.

VIGNE - Le vigne si trovano tutte proprio nell'areale di Pancole; le diverse varietà sono state piantate secondo la natura geologica offerta da questa zona. L'uva vernaccia poggia sui classici suoli della denominazione, con sabbie plioceniche ricche di fossili calcarei; per le varietà a bacca rossa si sono preferiti suoli più profondi e argillosi, ricchi di sostanza organica. Dal cordone speronato si sta passando al guyot, allo scopo di preservare più a lungo la vita delle piante.

VINI - Vini di buona appartenenza territoriale, con qualche incursione nella sperimentazione enologica, come un originale Sangiovese bianco.

Vernaccia San Gimignano I Macchioni 2019 ○ 15.000 bt; 10 € - - Esprime aromi di frutta a polpa gialla, e ha un palato compiuto, con finale semplice e di buona pulizia.
Vernaccia San Gimignano Crocus Ris. 2017 ○ 4.500 bt; 15 € - - La buona progressione gustativa si affida a un sorso viscoso, con cenni aromatici di vaniglia e tabacco; il finale evidenzia l'eccesso alcolico.
Vernaccia San Gimignano 2019 ○ 45.000 bt; 8 € - - Ben eseguita tecnicamente, con frutto a polpa bianca ben definito e una traccia gustativa sapida, che allunga il sorso.
Sangiovese B. 2019 ○ 1.500 bt; 9 € - - Tecnico, fruttato, incisivo.
Chianti Colli Senesi Cinabro Ris. 2016 ● 12.000 bt; 15 € - - Ruvido, fruttato, avvolgente.

ha 25 - **bt** 120.000
Fertilizzanti compost, letame, sovescio
Fitofarmaci rame e zolfo
Diserbo lavorazione meccanica/manuale
Lieviti selezionati industriali, selezione di lieviti indigeni
Uve 100% di proprietà
Certificazione nessuna certificazione

CESANI

€

SCONTO **-10%**

Località Pancole, 82/d - tel. 0577 955084
www.cesani.it - info@cesani.it

VITA - Letizia Cesani racconta di come la conduzione dell'azienda sia a livello familiare da sempre, ma anche di come sia cambiata dagli anni Cinquanta, quando il nonno proveniente dalle Marche acquistò un piccolo appezzamento di terra a Pancole. Oggi è ancora il papà Vincenzo a occuparsi delle pratiche agricole coadiuvato dalle due figlie: Letizia si occupa di tutto quello che succede in cantina, e Maria Luisa gestisce l'accoglienza e l'agriturismo.

VIGNE - Il monitoraggio, la conoscenza del terreno e l'interpretazione del particolare areale di Pancole sono i segreti per la conduzione delle vigne, che avviene in maniera chirurgica, con inerbimenti mirati e concimazioni che possono anche variare sullo stesso filare. Altro punto importante è la conservazione delle vigne vecchie, che riescono a produrre uva molto equilibrata.

VINI - Mantenere l'autenticità, e fare vini espressivi che raccontino il territorio: sono questi gli obiettivi primari in cantina.

TOP **Vernaccia di San Gimignano 2019** VINO QUOTIDIANO ○ 40.000 bt; 9 € - Ha naso fruttato e al sorso è dinamico e saporito. Si percepisce nel finale la tipica nota ammandorlata.
Vernaccia di San Gimignano Sanice Ris. 2017 ○ 10.000 bt; 15 € - Appare floreale e fruttato maturo all'olfatto, con note minerali e balsamiche; al palato è pieno, saporito, morbido e dotato di freschezza e di un lungo finale.
Vernaccia di San Gimignano Clamys 2018 ○ 8.500 bt; 11 € - Proveniente da un singolo vigneto di 40 anni offre al naso sentori floreali e minerali. In bocca è vibrante e sviluppa molta sapidità marina.
Chianti Colli Senesi 2019 ● 30.000 bt; 9 € - Armonico, fruttato, gastronomico.
Serisè 2016 ● ciliegiolo; 5.000 bt; 14 € - Fresco, fruttato, varietale.
Cellori 2013 ● merlot; 4.000 bt; 20 € - Avvolgente, fruttato, terroso, compatto.

ha 26 - **bt** 120.000
Fertilizzanti compost, sovescio
Fitofarmaci rame e zolfo
Diserbo lavorazione meccanica/manuale
Lieviti fermentazione spontanea, selezionati industriali
Uve 100% di proprietà
Certificazione biologico certificato

SAN GIMIGNANO (SI)

FATTORIA SAN DONATO

SCONTO **-10%**

Località San Donato, 6 - tel. 0577 941616
www.sandonato.it - info@sandonato.it

VITA - La famiglia di Umberto Fenzi negli anni Trenta ha acquistato la fattoria di San Donato, un antico borgo medievale, ancor prima popolato da etruschi e romani. Oggi Umberto, insieme alle figlie e alla moglie Federica Manzieri, dirige questa bella realtà avvalendosi dell'importante collaborazione dell'agronomo Andrea Lopresti, dell'enologo Paolo Salvi, che da sempre si occupa dei loro vini, e di un affiatato team interno.

VIGNE - Le vigne, che giacciono su terreni pliocenici composti soprattutto da sabbie e con presenza di molti fossili, si trovano nella zona sud di San Gimignano, a un'altitudine intorno ai 400 metri e vicinissime a un vasto bosco. Questa particolare posizione crea un microclima favorevole, grazie soprattutto alla continua ventilazione. I vigneti, tutti allevati a guyot, sono a conduzione biologica dal 2007.

VINI - L'idea fondante è quella di fare vini da portare in tavola, ma comunque dotati di buona longevità in bottiglia.

Vernaccia di San Gimignano Benedetta Ris. 2017 ○ 3.000 bt; 15 € - Affinato in botte grande, si apre al naso con sentori di miele e cera d'api. Al sorso risulta caldo, ma l'acidità e il cenno tannico finale danno forma a un vino ben integrato.
Vernaccia di San Gimignano 2019 ○ 30.000 bt; 8 € - Floreale, con note che ricordano la terra bagnata e la mandorla, al palato è dotato di buona acidità e di sapidità salina.
Vernaccia di San Gimignano Angelica 2018 ○ 1.500 bt; 12 € - Fermenta in barrique e offre al naso note minerali e di menta; in bocca è saporito e sviluppa una buona persistenza.
Chianti Colli Senesi Fiamma 2016 ● 3.000 bt; 14 € - Possente, fruttato, opulento.
Chianti Colli Senesi Fede Ris. 2016 ● 4.000 bt; 15 € - Avvolgente, speziato, severo.
Vermentino 2019 ○ 3.000 bt; 9 € - Fresco, floreale, rilassato.

ha 18 - **bt** 80.000
Fertilizzanti compost, sovescio
Fitofarmaci rame e zolfo
Diserbo lavorazione meccanica/manuale
Lieviti fermentazione spontanea, selezionati industriali
Uve 100% di proprietà
Certificazione biologico certificato

SAN GIMIGNANO (SI)

FONTALEONI €

SCONTO -10%

Località Santa Maria, 39/a - tel. 0577 950193
www.fontaleoni.com - az.fontaleoni@libero.it

VITA - Fontaleoni è un'azienda a conduzione interamente familiare, in cui i giovani fratelli Troiani si occupano di tutto. Matteo, agronomo, pensa alla vigna e alla cantina, coadiuvato da Paolo Caciornia, con il quale la famiglia collabora da più di 20 anni. Simona è invece addetta al marketing e alle relazioni con l'estero, mentre Giorgia pensa all'accoglienza e alla gestione delle degustazioni, solitamente realizzate in abbinamento a piatti tipici locali.

VIGNE - I vigneti sono collocati perlopiù a nord di San Gimignano, vicino alla cantina, in località Santa Maria. Altri appezzamenti sorgono però a est, a Le Fonti. Grazie all'origine vulcanica e marina e alla presenza di argilla in profondità, i terreni sono molto disomogenei e risentono di microclimi e temperature molto variabili. Ne risultano uve fortemente influenzate dall'andamento climatico annuale.

VINI - Se i vini di annata sono sviluppati pensando alla piacevolezza e alla facilità di beva, le Riserve hanno capacità di affinamento in bottiglia notevoli.

TOP **Vernaccia di San Gimignano 2019** VINO QUOTIDIANO ○ 40.000 bt; 8 € - Affinato in solo acciaio, esce fruttato al naso, con note che ricordano la buccia del limone. Al palato risulta teso, con una buona acidità citrina e discreta sapidità. Si percepisce un finale amarognolo che ricorda la mandorla.
Vernaccia di San Gimignano Ris. 2017 ○ 3.000 bt; 17 € - Invecchiato per due anni in botte grande, si presenta floreale, con in evidenza note minerali e terrose, mentre al sorso appare integrato, morbido ma comunque dotato di sapidità e freschezza. Il finale è piuttosto persistente.

Chianti Colli Senesi 2019 ● 30.000 bt; 8 € - All'olfatto si notano gli aromi fruttati tipici, con in evidenza la ciliegia. Al sorso appare ben equilibrato e succoso: è un vino piacevole e molto facile da bere.

ha 28 - **bt** 90.000
Fertilizzanti organo-minerali, sovescio
Fitofarmaci organici, rame e zolfo
Diserbo lavorazione meccanica/manuale
Lieviti selezionati industriali
Uve 100% di proprietà
Certificazione in conversione biologica

SAN GIMIGNANO (SI)

FRATELLI VAGNONI

SCONTO -10%

Località Pancole, 82 - tel. 0577 955077
www.fratellivagnoni.com - info@fratellivagnoni.com

VITA - Negli anni Cinquanta la famiglia Vagnoni, proveniente dalle Marche, si stabilì a Pancole e si mise subito a fare vino imbottigliando la prima Vernaccia e il Chianti nel 1965. Attualmente lavorano in azienda sette persone, tutte della famiglia e con mansioni specifiche, che spaziano dalle pratiche agronomiche ed enologiche, all'accoglienza per le degustazioni e per la vendita diretta o alla gestione dell'agriturismo.

VIGNE - L'azienda, certificata biologica dal 2011, si estende su 42 ettari, dei quali 16,5 vitati, che sono caratterizzati da terreni con un'importante componente sabbiosa e da forti pendenze, e quindi soggetti a erosione durante le piogge. Per questo si procede a inerbimenti mirati, con piante e fiori dalle radici che si propagano abbondantemente sotto terra. Oltre alla vernaccia e al sangiovese trovano posto anche altri vitigni autoctoni e alcuni internazionali.

VINI - In cantina si cerca di ottenere il massimo dalle uve, facendo attenzione a trovare il giusto equilibrio tra freschezza e longevità.

Vernaccia di San Gimignano 2019 ○ 40.000 bt; 6 € - All'olfatto è fruttata, ma si percepiscono anche il limone e lievi sentori erbacei. In bocca risulta tesa, dotata di una buona sapidità e di una vibrante spalla acida.
Chianti Colli Senesi Capanneto Ris. 2017 ● 5.000 bt; 10 € - I frutti di bosco e gli aromi terziari dati dall'affinamento in barrique lasciano il passo a un palato succoso e fresco.
Chianti Colli Senesi 2018 ● 30.000 bt; 7 € - Armonico, fruttato, gastronomico.
San Gimignano Rosato Pancolino 2019 4.000 bt; 7 € - Fresco, fruttato, gastronomico.

ha 16,5 - **bt** 100.000
Fertilizzanti letame in pellet, organo-minerali
Fitofarmaci rame e zolfo
Diserbo lavorazione meccanica/manuale
Lieviti selezionati industriali
Uve 100% di proprietà
Certificazione biologico certificato

IL COLOMBAIO DI SANTA CHIARA

Località San Donato, 1 - tel. 0577 942004
www.colombaiosantachiara.it - info@colombaiosantachiara.it

VITA - L'affermazione perentoria per qualità e costanza dei vini della famiglia Logi ha avuto ripercussioni positive in tutto il comprensorio di San Gimignano. I fratelli Alessio, Giampiero e Stefano hanno saputo raccogliere gli insegnamenti del padre Mario per tradurli in viticoltura sostenibile, che origina uve di qualità e un'enologia attenta ad arricchire le matrici sapide delle uve di freschezza acida, per vini originali e contemporanei.

VIGNE - La proprietà vitata si estende per circa 21 ettari; i suoli sono eterogenei e a seconda della loro natura ospitano diverse tipologie di vite. L'uva vernaccia poggia su suoli di origine pliocenica, con sabbia affiorante e presenza di fossili calcarei. Vi sono anche composizioni argillose, calcaree e vulcaniche, che prevalentemente accolgono uve a bacca rossa.

VINI - La qualità è estesa su tutta la produzione, in cui la Vernaccia si distingue per la capacità davvero unica in questo territorio di esaltare la freschezza acida.

TOP **Vernaccia di San Gimignano Selvabianca 2019** VINO SLOW O 40.000 bt; 13 € - Ha fitta tessitura sapida che sostiene un vino di purezza cristallina, che evoca note di frutta a polpa bianca; il finale è succoso grazie a una bella vena acida.
Vernaccia di San Gimignano Campo della Pieve 2018 O 7.000 bt; 20 € - Esprime frutto bianco in gelatina con un senso roccioso gratificante; al palato esibisce incisività, freschezza e persistenza.
Vernaccia di San Gimignano l'Albereta Ris. 2017 O 7.000 bt; 25 € - Lo sviluppo gustativo è affidato a un sorso potente e caldo, che avvolge il palato di sensazioni cremose; difetta un po' di contrasto.
Chianti Colli Senesi Il Priore Ris. 2016 ● 4.000 bt; 20 € - Potente, speziato, consistente.
Chianti Colli Senesi Campale 2018 ● 13.000 bt; 11 € - Fitto, fruttato, integro.

ha 21 - **bt** 95.000
Fertilizzanti compost, letame, sovescio
Fitofarmaci rame e zolfo
Diserbo lavorazione meccanica/manuale
Lieviti fermentazione spontanea, selezione di lieviti indigeni
Uve 100% di proprietà
Certificazione biologico certificato

SAN GIMIGNANO (SI)

IL PALAGIONE

SCONTO **-10%**

Frazione Castel San Gimignano - Località Palagione - tel. 0577 953134
www.ilpalagione.com - info@ilpalagione.com

VITA - Il Palagione nasce a fine anni Novanta grazie alla caparbietà e alla passione di Giorgio Comotti. Oggi è una bella realtà a conduzione familiare: Giorgio la dirige insieme a sua moglie Monica Rota, che si occupa dell'accoglienza, e ai due figli, Gregorio, che sta per diventare enologo e già si occupa della cantina, e Gabrio, che è agronomo e si cura delle vigne.

VIGNE - I vigneti sono a conduzione biologica oramai dal 2007, e ultimamente, per produrre vini sempre più legati al territorio, sono stati compiuti importanti studi sulle varie parcelle, per arrivare a una chiara zonazione. I corpi vitati sono due: Palagione, adiacente alla sede aziendale e caratterizzato da sabbia e ghiaie, e Montagnana, più vicino alla città di San Gimignano, dove il terreno è maggiormente argilloso e ricchissimo di fossili.

VINI - Avvalendosi della tecnologia del freddo e di macerazioni medio-lunghe si cerca di preservare freschezza e aromi.

Vernaccia di San Gimignano Lyra 2017 O 2.200 bt; 13 € - Si apre al naso agrumato, con note di macchia mediterranea; il sorso risulta fragrante, saporito e dotato di freschezza e sapidità.
Vernaccia di San Gimignano Lei 2017 O 590 bt; 22 € - Vino macerato sulle bucce che sviluppa sentori di arancia candita e note minerali. La bocca è opulenta ma sapida, e si percepisce anche un leggero finale tannico.
Vernaccia di San Gimignano Ori Ris. 2018 O 4.200 bt; 14 € - Al naso è speziata e minerale, in bocca è nervosa, morbida, sapida, e ha un finale discretamente lungo.
Vernaccia di San Gimignano Hydra 2019 O 20.000 bt; 10 € - Fresco, fruttato, rilassato.
Chianti Colli Senesi Caelum 2018 ● 20.000 bt; 9 € - Armonico, fruttato, gastronomico.
Chianti Colli Senesi Draco Ris. 2017 ● 6.000 bt; 14 € - Avvolgente, speziato, ampio.

ha 16,5 - **bt** 60.000
Fertilizzanti sovescio
Fitofarmaci rame e zolfo
Diserbo lavorazione meccanica/manuale
Lieviti fermentazione spontanea
Uve 100% di proprietà
Certificazione biologico certificato

SAN GIMIGNANO (SI)

LA LASTRA

SCONTO **-10%**

Frazione Santa Lucia - Via della Befana, 5 - tel. 335 6760536
www.lalastra.it - staff@lalastra.it

VITA - Quella di Nadia Betti e Renato Spano più che un'azienda è un progetto messo in piedi tempo fa da professionisti del vino, che non smette di mutare e di evolversi anno dopo anno. La Lastra è gestita a tutti i livelli da un team di agronomi ed enologi che hanno deciso di mettere in bottiglia i profumi della Toscana, e che hanno fatto della sperimentazione, dello studio agronomico ed enologico e del rispetto del territorio uno stile di vita.

VIGNE - La filosofia nella conduzione dei vigneti si fonda sulla difesa della biodiversità e sulla variabilità pedologica, microclimatica e biologica, intendendo questi fattori non come limitanti, ma come punti di forza da scoprire, studiare e valorizzare. Sono quindi sempre alla ricerca di terreni e vigne particolari, e infatti da quest'anno hanno aggiunto il vigneto di Canneta che, assicurano, stupirà per l'apporto di freschezza e aromaticità.

VINI - I vini sono estremamente puliti, ricchi di dettaglio aromatico, e caratterizzati da una facilità di beva non comune.

Vernaccia di San Gimignano 2019 O 26.000 bt; 13 € - All'aroma fruttato di albicocca si aggiungono note iodate e terrose; al sorso risulta teso, salato e dotato di una bella acidità citrina che invoglia la beva.
Vernaccia di San Gimignano Ris. 2018 O 8.000 bt; 19 € - Parte del vino viene invecchiato in acciaio e parte in legni piccoli, sviluppando così sentori che rimandano ai fiori gialli e al miele. Al palato è cremoso e saporito, ed esprime una discreta acidità.
Canaiolo 2018 ● canaiolo; 1.000 bt; 16 € - Appare fruttato al naso, con in evidenza note speziate, e si distende poi in bocca saporito e succoso. È un vino estremamente varietale e molto piacevole nella sua semplicità.
Rovaio 2017 ● merlot, sangiovese, cabernet sauvignon; 2.600 bt; 25 € - Articolato, fruttato, dettagliato.

ha 16,8 - **bt** 70.000
Fertilizzanti sovescio
Fitofarmaci rame e zolfo
Diserbo lavorazione meccanica/manuale
Lieviti selezionati industriali
Uve 100% di proprietà
Certificazione biologico certificato

SAN GIMIGNANO (SI)

MONTENIDOLI

Località Montenidoli - tel. 0577 941565
www.montenidoli.com - montenidoli@valdelsa.net

VITA - Torna sempre in mente una splendida affermazione di Elisabetta Fagiuoli, «la verità è figlia del tempo», a sottolineare che nel podere Montenidoli, abbandonato del 1965, c'era terra per fare un'ottima viticoltura. Infatti nel 1971 dai pochi filari non ingoiati dal bosco ha realizzato il primo vino rosso, e col tempo ha affermato la verità della vocazione di questo terroir.

VIGNE - Elisabetta sostiene che un bravo vignaiolo deve osservare e ascoltare la vite e la terra tutt'intorno. Ha piantato i suoi vigneti di vernaccia a Montenidoli osservando dove la terra era chiara e ricca di sedimenti marini di epoca quaternaria. Nel 1984 ha prodotto il primo vino da uve vernaccia, convincendosi che la Toscana può anche essere terra di vini bianchi.

VINI - La coerenza interpretativa che Elisabetta ottiene da questo vitigno autoctono, producendo quattro vini con sfumature diverse, conferma un profondo senso di appartenenza al proprio territorio.

TOP **Vernaccia di San Gimignano Carato 2017** VINO SLOW O 3.500 bt; 27 € - Bello il fraseggio aromatico giocato fra note mielate e dosate spezie dolci. Ha concentrazione, dinamica e sapidità. Il finale è lungo.
Vernaccia di San Gimignano Fiore 2019 O 18.000 bt; 18 € - Giovane, articolato e delicato nei profumi di fiori e frutta, al palato è dolce, sapido, con buona reattività e un finale rinfrescante e persistente.
Montenidoli 2018 ● 9.000 bt; 20 € - Sangiovese chiaro e limpido, dal frutto ciliegioso, in bocca è preciso, ha ritmo longilineo e polpa tannica.
Vernaccia di San Gimignano Tradizionale 2019 O 20.000 bt; 15 € - Agile, floreale, energico.
Il Templare 2015 O vernaccia; 2.000 bt; 20 € - Avvolgente, floreale, espressivo.
Chianti Colli Senesi Il Garrulo 2018 ● 16.000 bt; 12 € - Schietto, fruttato, autentico.

ha 27 - **bt** 90.000
Fertilizzanti letame, sovescio
Fitofarmaci rame e zolfo
Diserbo lavorazione meccanica/manuale
Lieviti fermentazione spontanea
Uve 100% di proprietà
Certificazione biologico certificato

SAN GIMIGNANO (SI)

PANIZZI

SCONTO **-10%**

Località Santa Margherita, 34 - tel. 0577 941576
www.panizzi.it - panizzi@panizzi.it

VITA - L'agronomo ed enologo Walter Sovran racconta che la prima bottiglia di Panizzi andò in commercio nel 1989, dopo che, quasi per gioco, Gianni Panizzi aveva cominciato a fare vino a Santa Margherita dopo l'acquisto del podere 10 anni prima. Oggi è Simone Niccolai a dirigere questa magnifica realtà sangimignanese che conta ben 15 dipendenti legati al territorio, che sono l'anima e il motore dell'azienda.

VIGNE - Il vasto parco vitato si estende su tre aree ben definite, con terreni differenti e distanti tra loro. L'approccio al vigneto è stato da subito vocato all'idea di produrre uva di alta qualità, e il passaggio al biologico sembra abbia dato risultati importanti sotto questo profilo, anche per quanto riguarda la resistenza delle viti alle malattie. Ora il team dell'azienda sta ragionando su come migliorare la fertilità nel modo meno invasivo possibile.

VINI - Lo stile aziendale ricerca una spiccata pulizia olfattiva, per vini che devono essere in grado di durare a lungo nel tempo.

Vernaccia di San Gimignano Vigna Santa Margherita 2018 O 16.000 bt; 15 € - Da un singolo vigneto, offre al naso aromi marini e iodati. La bocca è ampia, avvolgente e succosa, e il finale racconta il territorio con freschezza e sapidità.
Vernaccia di San Gimignano 2019 O 70.000 bt; 11 € - Esprime un corredo aromatico brillante, con note di frutta tropicale, e al sorso risulta teso e agrumato, dotato di buona freschezza.
Vernaccia di San Gimignano Ris. 2016 O 8.000 bt; 22 € - Si percepiscono subito le note minerali e il mallo di noce. Al palato ha discreto volume ed è dotato di acidità quasi citrina e di molta persistenza.
Pinot Nero 2018 ● 6.000 bt; 13 € - Armonico, fruttato, essenziale.

ha 50 - bt 180.000
Fertilizzanti letame in pellet, sovescio
Fitofarmaci rame e zolfo
Diserbo lavorazione meccanica/manuale
Lieviti selezionati industriali
Uve 100% di proprietà
Certificazione biologico certificato

SAN GIMIGNANO (SI)

RAMPA DI FUGNANO

SCONTO **-10%**

Località Fugnano, 55 - tel. 0577 941655
www.rampadifugnano.it - info@rampadifugnano.it

VITA - Affascinati da San Gimignano i coniugi Gisela Traxler e Herbert Ehrenbold nel 1990 hanno deciso di acquistare una casa nell'area, e l'attenzione è caduta su Rampa di Fugnano, il cui corpo centrale sorge sulla fondamenta di un monastero dell'XI secolo. Avrebbe dovuto essere semplicemente un luogo da cui godere della vista della città e delle vigne intorno, ma il destino aveva riservato per loro un cambiamento ancora più profondo: diventare viticoltori.

VIGNE - Le viti vengono allevate secondo i principi della biodinamica appresi da François Bouchet, preservando al massimo la vitalità del terreno. L'approccio è quindi estremamente rispettoso della natura, pur senza aver mai ambito a conseguire alcuna certificazione. I terreni sono sabbiosi e argillosi, mentre il microclima fresco consente una vendemmia ritardata rispetto alle zone circostanti.

VINI - «Ogni uva ha una sua tipicità, perché alterarla?»: questa frase accende di passione Gisela e riassume l'intera filosofia aziendale, compresa la scelta di lasciar esprimere ogni varietà in purezza.

Vernaccia di San Gimignano Alata 2019 O 23.000 bt; 10 € - Espressione di Vernaccia identitaria e rappresentativa del territorio di origine. Dall'analisi olfattiva emergono sentori di fiori bianchi e frutta esotica, mentre all'assaggio una buona spalla acida lo rende invitante e sospinge un corpo agile. Classico il finale con una leggera nota amarognola. Versatile.
Vi Ogni È 2019 O viognier; 3.000 bt; 12 € - Nasce da una piccola parcella che molti suggerirono ai proprietari di destinare alla coltivazione di altri vitigni internazionali. Un viaggio in Francia fece però loro scoprire le qualità del viognier. Affinato brevemente in barrique vecchie, che donano un maggiore spessore olfattivo senza risultare invasive, è un vino dotato di un sorso dinamico e armonico.

ha 8 - bt 30.000
Fertilizzanti letame in pellet
Fitofarmaci rame e zolfo
Diserbo lavorazione meccanica/manuale
Lieviti fermentazione spontanea
Uve 100% di proprietà
Certificazione nessuna certificazione

SAN GIMIGNANO (SI)

SAN BENEDETTO

Località San Benedetto, 4/a - tel. 338 6958705
www.agrisanbedetto.com - info@agrisanbenedetto.com

VITA - Mezzadri operanti in questo territorio fin dal 1826, negli anni Sessanta i Giannelli hanno deciso di acquistare un piccolo podere, dimostrandosi subito abili viticoltori. Nel tempo sono poi state acquisite altre parcelle a Remignoli e Strada. A guidare l'azienda sono oggi i fratelli Marco e Andrea, aiutati dalla preziosa collaborazione dell'agronoma Nadia Betti e di Luciano Bandini per la parte enologica.

VIGNE - Il vigneto è suddiviso in tre corpi diversi per un totale di 27 ettari, metà dei quali attorno alla cantina, a ridosso della quale troviamo la vecchia vigna: incantevole oltre che un vero glossario della viticoltura locale, grazie alla presenza dei principali vitigni autoctoni, spesso di età considerevole. Poggia su di un suolo a base di argilla e mattaione, mentre le altre parcelle si distinguono per presenza fossile e ricchezza di scheletro.

VINI - Ogni etichetta racconta il legame indissolubile tra la famiglia Giannelli e le sue terre, con la voglia di valorizzarle e l'ambizione di migliorarsi facendo leva sull'esperienza di ogni generazione.

TOP **Vernaccia di San Gimignano 2019** VINO QUOTIDIANO ○ 10.000 bt; 9 € - Sprigiona al naso note fruttate e floreali. L'assaggio è verticale, sapido, con acidità quasi agrumata e il tipico finale amarognolo.

Vernaccia di San Gimignano Ris. 2017 ○ 2.000 bt; 15 € - Sentori fruttati e leggermente vanigliati, per un sorso segnato dall'affinamento in legno: è pieno, rotondo e dal finale lungo. Un vino da aspettare e di potenzialità.

Chianti Ris. 2016 ● 6.000 bt; 16 € - Complesso all'olfatto, grazie a intensi aromi fruttati, speziati e balsamici, all'assaggio si mostra robusto e contrastato.

Rosato 2019 ciliegiolo; 2.000 bt; 9 € - Vibrante, fruttato, gastronomico.

Vermentino 2019 ○ 10.000 bt; 9 € - Fresco, fruttato, sapido.

ha 27 - **bt** 50.000
Fertilizzanti letame in pellet, letame
Fitofarmaci rame e zolfo
Diserbo lavorazione meccanica/manuale
Lieviti selezione di lieviti indigeni
Uve 100% di proprietà
Certificazione nessuna certificazione

SAN GIMIGNANO (SI)

SAN QUIRICO

Località Pancole, 35 - tel. 0577 955007 - 347 1783377
www.aziendasanquirico.it - info@aziendasanquirico.it

VITA - San Quirico è un'azienda storica di San Gimignano. La famiglia Vecchione opera in questo territorio dal 1860. Oggi troviamo alla guida di questa realtà Isabella Vecchione, che ha ereditato dal padre Andrea, uno dei migliori interpreti di questa denominazione scomparso poco tempo fa, la passione per la viticoltura. La gestione agronomica è affidata a Fernando Sovali, marito di Isabella, che continua il lavoro biologico iniziato nel 2004.

VIGNE - La certificazione biologica anche sulla vinificazione è arrivata nel 2012. Da sempre l'attenzione all'ambiente muove i passi dell'azienda, che conta vigne a Pancole, con suoli argillosi e profondi nella parti più alte, e matrici di sabbia e calcare in quelle più basse, sulle quali è piantata vernaccia. Grande attenzione è posta alla salvaguardia della vita delle piante, che raggiungono anche i 40 anni di età.

VINI - Ci piace lo stile enologico aziendale centrato sull'essenzialità salina dei vini giovani, e sulla garbata ossidazione in quelli più vecchi.

Vernaccia di San Gimignano 2019 ○ 20.000 bt; 9 € - Incisivo e profumato, il vino ha una materia austera che scorre bene, innervando il palato di sensazioni sapide e materia compatta.

Vernaccia di San Gimignano Isabella Ris. 2017 ○ 8.000 bt; 13 € - Verte sull'evoluzione aromatica, con profumi di curry e note terrose; l'evidente trama salina regge un palato ampio, cedevole e complesso.

Chianti Colli Senesi 2018 ● 20.000 bt; 8 € - Incisivo, fruttato, increspato.

San Gimignano Rosso Il Botticello 2017 ● 2.000 bt; 12 € - Avvolgente, speziato, consistente.

ha 15 - **bt** 55.000
Fertilizzanti letame in pellet, sovescio
Fitofarmaci rame e zolfo
Diserbo lavorazione meccanica/manuale
Lieviti selezionati industriali
Uve 100% di proprietà
Certificazione biologico certificato

SAN GIMIGNANO (SI)

TENUTA LE CALCINAIE

SCONTO -10%

Località Santa Lucia, 36 - tel. 0577 943007
www.tenutalecalcinaie.com - info@tenutalecalcinaie.com

VITA - Una passione sfrenata per le piante fin da bambino ha segnato il destino di Simone Santini, che è diventato agronomo. Dopo gli studi ha piantato il primo ettaro di vigna aiutato dai suoi genitori, vinificando nel 1993 il primo rosso. Nel 1995 è nata la prima Vernaccia, che piacque tanto a un importatore che ne garantì la commercializzazione. Ha preso forma così Tenuta Le Calcinaie.

VIGNE - Simone coltiva in biologico dal 1996, e nel tempo ha notato come l'equilibrio vegetativo delle piante sia influenzato positivamente dalla microflora del suolo. Nei vigneti il 60% è coltivato a vernaccia, il 40% a sangiovese. Cinque ettari sono intorno al centro aziendale, su terreni più argillosi, il resto è esposto a sud su terreni più sabbiosi.

VINI - Simone ha le idee chiare su cosa devono trasmettere i suoi vini: la Vernaccia un sapore intenso, fresco e sapido, i rossi equilibrio acido-tannico e persistenza.

Vernaccia di San Gimignano 2019 ○ 40.000 bt; 10 € - - Da manuale: ha profumi intensi di frutto e fiori bianchi, e al palato è saporito e profondo.

Vernaccia di San Gimignano Vigna ai Sassi Ris. 2017 ○ 7.000 bt; 14 € - - Un olfatto avvolgente di frutta gialla con cenni agrumati apre a una bocca che ha pienezza, sapidità, rotondità e finale incisivo.

Ingredienti: Uva 2019 ● sangiovese; 4.000 bt; 11 € - - Vino particolare, privo di solforosa aggiunta. Il naso spinge sull'intensità fruttata, mentre al gusto è immediato, lineare e scorrevole.

Chianti Colli Senesi 2019 ● 13.000 bt; 9 € - - Succoso, fruttato, gastronomico.

Chianti Colli Senesi Santa Maria Ris. 2015 ● 3.000 bt; 19 € - - Robusto, fruttato, profondo.

Teodoro 2016 ● sangiovese, cabernet sauvignon, merlot; 2.600 bt; 19 € - - Ampio, speziato, stratificato.

ha 12 - **bt** 80.000
Fertilizzanti letame, sovescio
Fitofarmaci rame e zolfo
Diserbo lavorazione meccanica/manuale
Lieviti fermentazione spontanea
Uve 100% di proprietà
Certificazione biologico certificato

SAN GIMIGNANO (SI)

ALESSANDRO TOFANARI

SCONTO -10%

Via di Montauto, 18 - tel. 348 9041344
www.lacastellaccia.it - info@lacastellaccia.it

VITA - Era il 1999 quando Alessandro Tofanari insieme alla moglie Simona Orsini acquistò l'azienda e fin da subito investì le proprie energie per la ristrutturazione e l'impianto dei vigneti. La prima annata imbottigliata risale al 2004, e da allora osservazione, intuito e istinto hanno guidato Alessandro, anno dopo anno, in un percorso di comprensione e consapevolezza di quello che le viti possono esprimere a seconda del millesimo.

VIGNE - La filosofia è quella di ridurre al minimo gli interventi in campo, accompagnando solamente le viti durante il loro sviluppo, senza mai forzarle. I suoli vengono considerati un patrimonio da salvaguardare: le erbe spontanee vengono portate a seme e sfalciate solamente a fine estate, le concimazioni sono assenti, ed è la pianta che deve trovare l'armonia con ciò che la circonda. Solo così, dice Alessandro, si riescono ad avere uve equilibrate e che rappresentano fedelmente l'annata.

VINI - La filosofia in cantina riflette esattamente quello che viene fatto in vigna, senza soluzione di continuità. Gli interventi sono minimi, meticolosi nella loro essenzialità. «La Vernaccia ha bisogno di tempo per esprimere le proprie potenzialità ed è per questo che Astrea esce dopo almeno 24 mesi di affinamento», racconta Alessandro.

Vernaccia di San Gimignano Astrea 2017 ○ 3.000 bt; 12 € - - È un vero e proprio cru aziendale. L'assaggio rimarca la personalità del produttore: è un vino diretto e schietto, senza compromessi. Il colore giallo paglierino con riflessi dorati anticipa le note di evoluzione al naso, con sentori di frutta secca ed erbe. La maturazione sulle fecce fini dona ampiezza al palato, e accompagna un centro bocca fresco e sapido. Stupisce il retrogusto dai sentori di macchia mediterranea.

ha 2 - **bt** 10.000
Fertilizzanti nessun concime
Fitofarmaci rame e zolfo
Diserbo lavorazione meccanica/manuale
Lieviti fermentazione spontanea
Uve 100% di proprietà
Certificazione biologico certificato

SARTEANO (SI)

VINI FRANCHETTI

Via Val d'Orcia, 15 - tel. 0578 267110
www.vinifranchetti.com - info@vinifranchetti.com

VITA - Vini Franchetti nasce dall'unione delle aziende Tenuta di Trinoro, celebre realtà fondata da Andrea Franchetti a Sarteano, e Sancaba, creata dal cugino Carlo Franchetti nel 2012, specializzata nella coltivazione di pinot nero a San Casciano dei Bagni. Del gruppo fa parte anche Passopisciaro, realtà posta sulle pendici dell'Etna, un territorio che Andrea ha contribuito a far conoscere.

VIGNE - Dopo anni di esperienze in campo, a Trinoro si sono individuate le migliori espressioni dei vitigni internazionali piantati su suoli argillosi e ricchi di ghiaia, che hanno generato i cru aziendali. A Sancaba il pinot nero è stato piantato a 650 metri di quota, su suoli ricchi di argilla calcarea e pietra scistosa: matrici estreme ma adatte alla vita del vitigno borgognone, qui circondato da boschi secolari.

VINI - Vini di struttura e potenza, che corrono sul crinale impervio che unisce i versanti dell'eleganza e della concentrazione.

Campo di Tenaglia 2018 ● cabernet franc; 1.900 bt; 77 € - Ha profondità di succo e uno spessore gustativo che rivela una progressione stratificata, densa, con un tannino ben integrato e aromi fruttati ben estratti.
Tenuta di Trinoro 2017 ● cabernet franc, merlot; 7.000 bt; 231 € - L'attacco è potente e caldo, con una materia concentrata che esibisce note di frutta in confettura; ha però notevole incisività e sapore.
Campo di Camagi 2018 ● cabernet franc; 1.700 bt; 77 € - Esprime austerità e compostezza, poi si amplifica di frutto e note vegetali che portano il sorso a compimento, in un finale succoso e tannico.
Campo di Magnacosta 2018 ● cabernet franc; 2.100 bt; 77 € - Denso, speziato, consistente.
Sancaba 2018 ● pinot nero; 6.200 bt; 56 € - Fitto, speziato, incisivo.
Bianco di Trinoro 2018 O sémillion; 2.100 bt; 50 € - Teso, fruttato, contrastato.

ha 25 - **bt** 95.000
Fertilizzanti letame
Fitofarmaci rame e zolfo
Diserbo lavorazione meccanica/manuale
Lieviti selezionati industriali, selezione di lieviti indigeni
Uve 100% di proprietà
Certificazione nessuna certificazione

TERRANUOVA BRACCIOLINI (AR)

PATERNA €

Località Paterna - Via Setteponti Levante, 3300 - tel. 055 977052
www.paterna.it - paterna@paterna.it

VITA - Paterna è nata nel 1978 come un progetto che unisce comunità, ritorno alla terra e incubazione di idee. Durante gli anni l'attività agricola si è rafforzata con produzioni di vino, olio, frutta e grano. L'azienda, attualmente composta da Marco Noferi, Tamara Scarpellini e Claudia Panichi, collabora da sempre con realtà ed enti del territorio al fine di creare progetti con finalità sociale, oltre che legati ai prodotti della terra e ai temi ambientali.

VIGNE - «Mettere insieme scienza ed esperienza, rimanendo comunque padroni della propria storia, anche a costo di sbagliare»: queste parole sono alla base del lavoro a Paterna. Negli ultimi anni si è fatto sempre più largo un approccio volto alla conoscenza profonda dei terreni, delle loro necessità, forti sì di una lunga esperienza sul campo, ma anche aperti a studi e ricerche che permettano di affrontare i risvolti sempre più tangibili dei cambiamenti climatici.

VINI - Claudia spiega come alla fine siano il vitigno e il territorio a guidare l'azienda nella realizzazione dei vini, da quelli più freschi e di facile beva a quelli longevi e sfaccettati. Tutti sono uniti da un importante tratto sapido e grande pulizia.

TOP **Chianti Colli Aretini 2018** VINO QUOTIDIANO ● 20.000 bt; 8 € - È un vino franco che rappresenta appieno il territorio. Ha tutto per farsi amare, dalla grande dinamica di bocca sorretta dall'ottima freschezza, ai piacevoli sentori fruttati, al tannino che non stanca mai.
Vignanova 2016 ● colorino, sangiovese; 1.500 bt; 17 € - Emergono le note derivanti dall'affinamento in legno: il vino è materico, mostra notevole corpo e buona trama tannica che gli permetteranno di evolvere nel tempo.
Terraio 2019 O trebbiano, malvasia, orpicchio; 4.000 bt; 8 € - Risulta sottile e teso, con essenziali e limpide note sapide e fruttate.

ha 8 - **bt** 30.000
Fertilizzanti preparati biodinamici, sovescio
Fitofarmaci rame e zolfo
Diserbo lavorazione meccanica/manuale
Lieviti fermentazione spontanea
Uve 100% di proprietà
Certificazione biologico certificato

EMÍLIA-ROMAGNA
S. MARINO
PARCO NAZ.
FORESTE CASENTINESI,
M. FALTERONA
E CAMPIGNA
Rímini
Riccione
A14
S. Marino
S. Leo
MAR
ADRIÁTICO
Pésaro
Fano
Urbino
Senigállia
ANCONA
Arno
Bibbiena
MARCHE
Falconara
Maríttima
A14
Jesi
Arezzo
Città
di Castello
Gúbbio
Fabriano
TOSCANA
Tevere
Umbértide
Macerata
Cortona
Gualdo Tadino
A1
Tolentino
RA6
Petrignano
d. Lago
Lago
Trasimeno
Colle
Umberto
Magione
PERÚGIA
Assisi
Castiglione
d. Lago
Montepulciano
Torgiano
PARCO NAZ. D.
Panicale
Spello
Cannara
Vissо
MONTI SIBILLINI
Cetona
Città d. Pieve
Bevagna
Foligno
Marsciano
Montegabbione
Gualdo
Cattáneo
Montefalco
M. Vettore
2476
Monte Castello
di Vibio
Nórcia
Giano
d. Umbria
Ficulle
Todi
PARCO NAZ.
Acquapendente
Orvieto
Spoleto
DEL GRAN SASSO
Baschi
Montecastrilli
E MONTI
Bolsena
S. Gémini
L. di
Bolsena
Lugnano
in Teverina
Arrone
D. LAGA
Amelia
Terni
A1
Montefiascone
Giove
Narni
Stroncone
Terminillo
2216
ABRUZZO
Tuscania
Orte
Rieti
Viterbo
L'ÁQUILA
A24
Vetralla
Tarquínia
LÁZIO
L. di
Bracciano
Civitavécchia
A25
Bracciano
A1Dir.
MAR
TIRRENO
Ladispoli
CITTÀ DEL
VATICANO
Tívoli
A24
0
15
30 km
A90
ROMA
A1
Palestrina
A12
A1Dir.

UMBRIA

L'Umbria si conferma come uno dei laboratori enologi più vivaci e interessanti del nostro paese. Ormai distante da un periodo non molto avvincente, dominato dall'ipertecnicismo enologico, la piccola regione al centro dell'Italia si è resa protagonista di una progressiva acquisizione di identità che non pare arrestarsi. Il dinamismo attuale è dovuto principalmente a due fattori: il primo è di ordine anagrafico. Ci troviamo di fronte a una nuova generazione di giovani vignaioli, protagonisti di un lavoro agricolo non delegato. Il secondo è principalmente geografico. La viticoltura contemporanea ha amplificato il proprio bacino di lavoro, estendendosi oltre le due principali denominazioni di riferimento, vale a dire Montefalco e Orvieto. Questo movimento ha portato alla ribalta principalmente vitigni della tradizione, come sangiovese, ciliegiolo e grechetto, vinificati con grande competenza e senza sovrastrutture. Si sono originate, da questo intreccio generazionale e geografico, inedite declinazioni vinose che hanno rigenerato l'enologia regionale. Le prove sono in bottiglia. A partire dal Sagrantino di Montefalco, il rosso umbro per eccellenza. Lontano anni luce da certe versioni caricaturali del passato, ci pare che le interpretazioni contemporanee siano pienamente aderenti al territorio, con tannini robusti ma in definitiva estratti dall'uva e non dalle botti di legno. Ci permettiamo un consiglio ai produttori e agli organismi che tutelano e promuovono la denominazione: puntare anche sul Rosso di Montefalco, un vino sottovalutato ma in grado di dare, già nell'immediato, grande appagamento gustativo, attraverso leggerezza, intensità di frutto e succosità, caratteri in definitiva diversi dal Sagrantino. Anche per la denominazione Orvieto registriamo uno scenario confortante: vini sempre più identitari e di carattere, a partire dai nostri punti di riferimento del territorio che potrete leggere nelle pagine seguenti. Intorno a queste monumentali denominazioni, come dicevamo, vi sono, nelle pieghe bellissime del territorio regionale, vini avvincenti, alternativi, e a volte giocosi, che ci sono piaciuti e che speriamo possano farvi divertire e appassionare.

le Bottiglie

le Monete €

AMELIA (TR)

ZANCHI

SCONTO **-10%**

Via Ortana, 122 - tel. 0744 970011
www.cantinezanchi.it - info@cantinezanchi.it

VITA - La storia degli Zanchi ha avuto inizio nel 1970, quando è stata acquistata l'azienda, un'antica proprietà dei Farrattini di Amelia. La conduzione è familiare: tutti i componenti nei loro diversi ruoli apportano un contributo fondamentale per il buon andamento delle operazioni. Una famiglia allargata che include anche il cantiniere Francesco Maurizi, storico e prezioso collaboratore.

VIGNE - I 35 ettari di vigneto circondano la cantina crescendo su terreni principalmente argillosi e sabbiosi, ricchi di resti fossili, su dolci pendii esposti a sud-est. Molte lavorazioni sono ancora manuali: gli impianti non sono stati stravolti per cedere il passo alla meccanizzazione, e sono rimasti quelli di un tempo. La tecnologia è comunque benvenuta, poiché è finalizzata a ridurre al massimo gli interventi impattanti.

VINI - I vini prodotti sono molteplici, di facile beva o più complessi, ma tutti da vitigni autoctoni: uno stile che vuole evidenziare l'integrità del frutto e il rispetto della tradizione.

Amelia Ciliegiolo Carmìno 2019 ● 14.000 bt; 8 € - ⌂ - Fresco, vellutato ed elegante, di facile beva ma non scontato: al naso è giovanile e vibrante, con piacevoli note di frutta fresca.
Amelia Rosso Sciurio Ris. 2012 ● 4.000 bt; 20 € - ⌂ ⌂ - Ha complessità: si spazia dalla frutta matura alle spezie e ai sentori di sottobosco. In bocca troviamo una trama tannica fine e ben integrata.
Vignavecchia 2015 O trebbiano; 4.000 bt; 24 € - ⌂ - All'olfatto percepiamo tenui note floreali ed erbacee. La bocca è piena di sapore, fresca e minerale, di buon corpo.
Arvore 2019 O grechetto; 7.000 bt; 8 € - ⌂ - Agile, fruttato, leggiadro.
Majolo 2015 O malvasia; 3.000 bt; 22 € - ⌂ - Potente, balsamico, avvolgente.
Lu 2017 ● aleatico; 3.000 bt da 0,5 bt; 11 € - ⌂ - Denso, fruttato, avvolgente.

ha 35 - **bt** 60.000
Fertilizzanti sovescio
Fitofarmaci rame e zolfo
Diserbo lavorazione meccanica/manuale
Lieviti fermentazione spontanea, selezione di lieviti indigeni
Uve 100% di proprietà
Certificazione biologico certificato

ARRONE (TR)

ANNESANTI

SCONTO **-10%**

Vocabolo del Nasciolo, 5 - tel. 347 3151926
www.annesanti.it - annesanti@hotmail.it

VITA - «I vini rispecchiano la mia anima»: questa frase riassume lo spirito di Francesco Annesanti, quello con cui si approccia al lavoro di vignaiolo ma anche alla quotidianità. Giovane produttore della Valnerina con profonde radici familiari che lo legano a queste terre, conduce un'azienda di 20 ettari che include olivi e seminativi, come da tradizione contadina di un tempo.

VIGNE - L'eredità storica di cui Francesco è più orgoglioso è la parte di vigneto piantata dal nonno 50 anni orsono. In vigna gli interventi sono minimi: dopo la conversione in biologico dell'azienda ci si sta approcciando alla biodinamica, per sperimentare tecniche volte al rispetto della natura e dei suoi cicli. I vigneti, esposti a sud-est, sono circondati da un bosco che dona biodiversità.

VINI - L'obiettivo è portare uve integre in cantina e vinificarle con attenzione, con l'ausilio di acciaio, damigiane e anfore di terracotta. I vini risultano puliti e restituiscono un'espressività varietale non mediata.

Colle Fregiara 2018 O trebbiano spoletino; 1.300 bt; 22 € - ⌂ - Sentori floreali e stratificati anticipano un sorso avvolgente e di ampia progressione, minerale, fresco e integro.
Fonte Farro 2019 O grechetto; 2.500 bt; 12 € - ⌂ - La tipicità del vitigno è ben interpretata: i profumi sono fruttati, e l'ingresso in bocca è docile e setoso, per un sorso sapido, citrino e armonico.
Suppriscola 2019 ● barbera; 3.000 bt; 15 € - ⌂ - Le note fruttate lasciano subito spazio all'energica e vibrante serbevolezza: un vino espressivo e gastronomico.
Acqua della Serpa 2018 O grechetto, trebbiano, malvasia, pecorino; 1.300 bt; 22 € - ⌂ - Bianco macerato, dinamico, fruttato, leggiadro.
Il Raspato 2019 ⁘ sangiovese, aleatico; 3.000 bt; 13 € - ⌂ - Metodo Ancestrale, agile, floreale, incisivo.

ha 5,5 - **bt** 20.000
Fertilizzanti letame, sovescio
Fitofarmaci rame e zolfo
Diserbo lavorazione meccanica/manuale
Lieviti fermentazione spontanea
Uve 100% di proprietà
Certificazione in conversione biologica

BEVAGNA (PG)

ADANTI

SCONTO **-10%**

Località Arquata - Via Belvedere, 2 - tel. 0742 360295
www.cantineadanti.com - info@cantineadanti.com

VITA - Negli anni Sessanta Domenico Adanti ha acquistato la proprietà con lo scopo ben preciso di fare vino imbottigliato di qualità, scegliendo un territorio storicamente vocato. Ha puntato subito sul sagrantino e sul grechetto, le varietà tipiche della zona. Adanti è diventato un po' alla volta un nome centrale nel panorama umbro. Oggi sono le figlie Donatella e Daniela a portare avanti l'azienda.

VIGNE - I terreni si sviluppano tra le dolci colline umbre di Arquata, Campoletame e Colcimino. I lotti ubicati nella prima altura beneficiano di terreni argilloso-calcarei, mentre quelli nella seconda beneficiano di una maggiore presenza di sabbia. Salendo a 360 metri di quota arriviamo a Colcimino, dove le piante insistono su suoli più sciolti.

VINI - Carattere, potenza, territorialità, ma anche facilità di beva: è questa la cifra stilistica di Adanti, figlia di vinificazioni molto rispettose della materia prima.

TOP **Montefalco Sagrantino Il Domenico 2010** VINO SLOW ● 2.340 bt; 32 € - Il sorso presenta un frutto fragrante, sostenuto da una buona componente alcolica. Il tannino vellutato avvolge il palato, l'acidità è integrata, e la beva è succosa.

Montefalco Rosso Ris. 2015 ● 10.000 bt; 18 € - Frutta e note balsamiche anticipano un sorso con una progressione ampia e articolata, agile e profonda.

Montefalco Sagrantino Passito 2011 ● 5.000 bt da 0,5 l; 26 € - Un percorso dettagliato e varietale: l'alcol è ben integrato con il tannino, e in bocca lascia il segno un appagante timbro di cioccolato.

Montefalco Grechetto 2019 O 15.000 bt; 10 € - Ampio, floreale, energico.

Amanter 2019 sangiovese; 2.600 bt; 9 € - Croccante, fruttato, avvolgente.

Arquata 2019 O chardonnay, grechetto, malvasia; 12.000 bt; 8 € - Integrato, floreale, rilassato.

ha 30 - **bt** 150.000
Fertilizzanti compost, letame, organo-minerali, sovescio
Fitofarmaci organici, rame e zolfo
Diserbo lavorazione meccanica/manuale
Lieviti fermentazione spontanea, selezionati industriali
Uve 100% di proprietà
Certificazione in conversione biologica

BEVAGNA (PG)

FATTORIA COLLEALLODOLE

SCONTO **-10%**

Via Colleallodole, 3 - tel. 0742 361897
www.fattoriacolleallodole.it - info@fattoriacolleallodole.com

VITA - Franscesco Antano, raccolta l'eredità del padre Milziade, continua a produrre vini strettamente legati all'identità del territorio e a curare personalmente le sue vigne, prediligendo il duro lavoro in campagna. La storia della cantina, iniziata alla fine degli anni Sessanta, fa della Fattoria Colleallodole una delle realtà più radicate della recente e ritrovata storia del Sagrantino.

VIGNE - L'esposizione, la qualità del terreno, le pratiche agronomiche sostenibili e la cura in vigna contribuiscono a conferire caratteristiche di qualità alle uve. La ventilazione costante, dovuta alla particolare posizione dei vigneti, aiuta a limitare i trattamenti. L'attenzione posta a tutte le fasi della produzione contribuisce a caratterizzare uve e vini con una forte connotazione territoriale, fatta di tipicità.

VINI - Lo stile ruvido e tradizionale racconta la scelta di lasciare che siano il tempo e l'evoluzione della materia a plasmare e a dare espressività ai vini, limitando al minimo gli interventi.

Montefalco Sagrantino Colleallodole 2016 ● 1.300 bt; 68 € - Ha bisogno di tempo nel bicchiere per articolare tutta la potenza del frutto; chiuso e scontroso, si apre lentamente, svelando il legame con il territorio ed essendone espressione fedele.

Montefalco Rosso Ris. 2017 ● 2.700 bt; 27 € - Un vino di carattere, pieno e morbido, con una piacevole spalla acida.

Montefalco Sagrantino 2016 ● 9.000 bt; 31 € - Caldo e avvolgente, con tannini in equilibrio, presenta sentori terziari di pellame e polvere di caffè, che sfociano in un sorso pieno e lungo.

Montefalco Sagrantino Passito 2016 ● 2.700 bt da 0,375 l; 43 € - Avvolgente, fruttato, autentico.

Montefalco Rosso 2017 ● 21.000 bt; 14 € - Articolato, fruttato, espressivo.

Grechetto 2019 O 3.000 bt; 9 € - Fresco, floreale, essenziale.

ha 33 - **bt** 70.000
Fertilizzanti letame, sovescio
Fitofarmaci rame e zolfo
Diserbo lavorazione meccanica/manuale
Lieviti fermentazione spontanea
Uve 100% di proprietà
Certificazione nessuna certificazione

BEVAGNA (PG)

TENUTA BELLAFONTE

SCONTO -10%

Via Colle Nottolo, 2 - tel. 0742 710019
www.tenutabellafonte.it - info@tenutabellafonte.it

VITA - Peter Heilbron è l'anima pulsante di questa azienda: in pochi anni ha sviluppato il suo progetto, nato alla fine degli anni Novanta dalla sua passione per l'Umbria e per il vitigno sagrantino, dal quale ha saputo estrarre il meglio. Il tutto senza snaturarne le caratteristiche, e trovando il giusto equilibrio tra struttura, carattere, eleganza e facilità di beva. Non a caso Tenuta Bellafonte oggi è tra le realtà di punta della regione.

VIGNE - La cantina, completamente interrata, è costruita con gabbie di metallo piene di sassi, che consentono una naturale climatizzazione. Peter è molto attento alla sostenibilità ambientale, e l'ha dotata di panelli fotovoltaici e di una caldaia a biomassa. Le vigne adiacenti godono di una buona esposizione e di una ventilazione ottimale: si trovano su terreni argillosi con affioramenti di marne.

VINI - Lo stile aziendale è oramai ben definito: eleganza e facilità di beva vanno a braccetto con complessità e longevità, anche grazie a un uso misurato del legno grande in affinamento.

TOP **Montefalco Rosso Pomontino 2018** VINO SLOW ● 13.000 bt; 13 € - Gioca in equilibro tra i due vitigni principali per questa tipologia, il sangiovese e il sagrantino, qui in perfetta sintonia tra succosità e freschezza, che si intrecciano in un sorso lungo e piacevole.

Trebbiano Spoletino Arnèto 2018 ○ 9.000 bt; 15 € - Vino ottenuto dalle migliori uve di trebbiano spoletino, riposa sui lieviti per circa sette mesi: si apre su note floreali e agrumate, e al palato è fresco e progressivo, polposo e persistente.

Trebbiano Spoletino Sperella 2019 ○ 9.000 bt; 11 € - Una versione più fresca e articolata intorno alla piacevolezza del sorso, con un quadro olfattivo floreale e di erbe mediterranee, un palato fresco e disteso, e un finale persistente e sapido.

ha 14 - **bt** 45.000
Fertilizzanti nessun concime
Fitofarmaci rame e zolfo
Diserbo lavorazione meccanica/manuale
Lieviti fermentazione spontanea
Uve 100% di proprietà
Certificazione nessuna certificazione

BEVAGNA (PG)

TENUTA CASTELBUONO

SCONTO -10%

Località Cantalupo - Vocabolo Castellaccio, 9 - tel. 0742 361670
www.tenutelunelli.it - carapace@tenutelunelli.it

VITA - La famiglia Lunelli, proprietaria della tenuta dal 2001, ha voluto realizzare il Carapace, opera d'arte architettonica, guizzo dell'ingegno dell'uomo in armonia con la natura; ideato dal grande artista Arnaldo Pomodoro, è ormai il simbolo dell'azienda, oltre ad esserne la sede e il fulcro. Una squadra di giovani, organizzati dal più "vecchio" (42 anni!) agronomo ed enologo Luca Capaldini, sa guidare saldamente il tutto.

VIGNE - I filari, di vitigni qui solo a bacca nera, sono esposti per lo più verso sud, su leggeri pendii con terreno limoso-argilloso mediamente a 400 metri di quota, e vengono gestiti a cordone speronato. La proprietà ha deciso il passaggio al biologico contemporaneamente in tutte le sue aziende, dal Trentino alla Toscana all'Umbria. L'adesione a Biodiversity Friend ha portato in vigna arnie di api e nidi per insetti pronubi.

VINI - Si tende a valorizzare la ricchezza delle uve coltivate, aspettandone la completa maturazione e modellandone l'espressione verso la potenza e l'eleganza, con macerazioni medio-lunghe e fermentazioni anche in tini tronco-conici e anfore.

Montefalco Rosso Ziggurat 2018 ● 98.000 bt; 15 € - Succoso, moderatamente austero, si apre su note speziate, di sottobosco e di frutti rossi. Articolato, dinamico e ben equilibrato, ha quel quid che conquista il palato, e lascia un ricordo incisivo e profondo.

Montefalco Sagrantino Carapace 2016 ● 35.500 bt; 29 € - Ampio nei profumi di frutti neri e rossi, spezie e sottobosco, è avvolgente al palato, fine e compatto, con trama tannica morbida e strutturata, fino alla chiusura persistente e articolata.

Montefalco Rosso Lampante Ris. 2017 ● 8.500 bt; 23 € - Si presenta con note speziate e fruttate, e in bocca è compatto, robusto, giustamente tannico, e lascia sul palato una sensazione balsamica.

ha 37 - **bt** 142.000
Fertilizzanti letame, sovescio
Fitofarmaci rame e zolfo
Diserbo lavorazione meccanica/manuale
Lieviti selezionati industriali
Uve 100% di proprietà
Certificazione biologico certificato

BEVAGNA (PG)

VILLA MONGALLI

SCONTO -10%

Località Cappuccini - Via della Cima, 52 - tel. 335 5280509
348 5184134 - www.villamongalli.it - cantina.villamongalli@gmail.com

VITA - Questa residenza storica che sorge tra i comuni di Bevagna e Montefalco è diventata azienda agricola nel 1999, quando è passata in proprietà alla famiglia Menghini. Si è iniziato con la coltivazione del vitigno re della zona e di quegli anni, il sagrantino, per poi estendere la produzione ad altre uve. La collaborazione con l'enologo Emiliano Falsini spinge a porsi sempre nuovi obiettivi, per una gamma che cerca l'espressività territoriale.

VIGNE - Aiutato dalla quota di circa 350 metri, dall'esposizione tutta a sud-ovest e dalla composizione argillosa del terreno, Pierpaolo Menghini è in prima linea nel curare le vigne, che si distendono tutto intorno alla cantina. Si selezionano solo i grappoli migliori, per giungere con pazienza al momento della raccolta.

VINI - Lunghe macerazioni e lunghi affinamenti: l'attesa è tutto se si vogliono realizzare vini eleganti e capaci di invecchiare alla grande. È questa la strada scelta.

Montefalco Rosso Le Grazie 2015 ● 40.000 bt; 13 € - Le uve crescono su terreni sassosi e argillosi, e si uniscono in un blend che parla la lingua del territorio. Si inseguono sentori fruttati e vegetali, e in bocca troviamo incisività e un tannino finemente cesellato.
Trebbiano Spoletino Calicanto 2019 ○ 12.000 bt; 13 € - Floreale, con delicate punte agrumate, in bocca è agile, con una buona sapidità e una decisa spalla acida. Un vino coerente e sincero.
Colcimino 2017 ● 1.500 bt; 24 € - Questo Syrah ripassato sulle bucce del Trebbiano spoletino presenta aromi profondi di frutta: è penetrante, avvolgente e consistente, e riempie il palato con un tannino setoso.
Montefalco Sagrantino Pozzo del Curato 2014 ● 15.000 bt; 24 € - Ruvido, speziato, cangiante.
Montefalco Sagrantino Della Cima 2013 ● 3.500 bt; 32 € - Austero, fruttato, essenziale.

ha 18 - **bt** 80.000
Fertilizzanti sovescio
Fitofarmaci rame e zolfo
Diserbo lavorazione meccanica/manuale
Lieviti fermentazione spontanea
Uve 100% di proprietà
Certificazione nessuna certificazione

CANNARA (PG)

DI FILIPPO €

SCONTO -10%

Vocabolo Conversino, 153 - tel. 0742 731242
www.vinidifilippo.com - info@vinidifilippo.com

VITA - Oggi Emma e Roberto Di Filippo conducono con passione, e rispettando la terra, l'azienda di famiglia fondata a metà anni Settanta. La conversione al biologico è stata fatta già nei primi anni Novanta, e ha come obbiettivo la ricerca del miglior equilibrio possibile tra la natura e l'uomo, oggi perseguito anche applicando pratiche biodinamiche.

VIGNE - I vigneti, adiacenti alla cantina, si estendono su dolci colline che volgono lo sguardo ad Assisi e Spello. I terreni sono a circa 250 metri di quota, e la loro consistenza è perlopiù argillosa e calcarea. Qui si coltivano i tradizionali vitigni autoctoni. A integrare il progetto di viticoltura a basso impatto ambientale troviamo l'uso delle oche per la pulizia dei vigneti e dei cavalli da lavoro.

VINI - Grande qualità, territorialità, e attenzione ai prezzi: sono questi gli ingredienti dei vini Di Filippo, che si giovano di un approccio enologico attento ma poco interventista.

TOP **Montefalco Rosso 2018** VINO QUOTIDIANO ● 30.000 bt; 10 € - Un classico, dagli ampi sentori freschi di frutti rossi, che anticipano una beva setosa e che avvolge il palato. Un vino gastronomico.
Montefalco Sagrantino Etnico 2015 ● 10.000 bt; 22 € - Si offre con note fruttate e speziate. In bocca l'ingresso è austero, poi il sorso si fa vibrante e sostenuto e chiude con una persistenza avvolgente.
Villa Conversino Bianco 2019 ○ trebbiano, grechetto; 25.000 bt; 7 € - Sentori floreali e di frutta bianca introducono un sorso agile e fresco, varietale e dettagliato.
Malafemmena Bianco 2019 grechetto; 1.300 bt; 12 € - Metodo Ancestrale, citrino, floreale, teso.
Montefalco Sagrantino Passito 2015 ● 1.000 bt da 0,375 l; 32 € - Armonico, fruttato, contrastato.
Villa Conversino Rosso 2019 ● sangiovese; 30.000 bt; 7 € - Schietto, vinoso, verace.

ha 30 - **bt** 200.000
Fertilizzanti compost, preparati biodinamici, sovescio
Fitofarmaci organici, rame e zolfo
Diserbo lavorazione meccanica/manuale
Lieviti fermentazione spontanea
Uve 100% di proprietà
Certificazione biologico certificato

DUCA DELLA CORGNA

SCONTO -10%

Via Roma, 236 - tel. 075 9652493
www.ducadellacorgna.it - info@ducadellacorgna.it

VITA - Questa realtà cooperativa al passo con i tempi nel corso dei suoi 70 anni di attività ha effettuato importanti investimenti sia in cantina, sia in vigna, puntando con convinzione sulla qualità del lavoro svolto quotidianamente sul campo dai tanti soci conferitori, con interventi mirati e l'ausilio delle più avanzate tecnologie disponibili.

VIGNE - I vigneti sono distribuiti su terreni di origine sedimentaria, a un'altitudine che varia dai 250 ai 350 metri, sulle dolci colline del lago Trasimeno, nei territori di Castiglione del Lago e di altri sei comuni confinanti. Le lavorazioni nei vigneti sono mirate a ottenere il meglio dai due vitigni di riferimento, il gamay del Trasimeno e il grechetto.

VINI - I numeri sono importanti, e per gestirli ottimamente si fa ricorso al meglio che può offrire la tecnologia enologica odierna.

Trasimeno Gamay Divina Villa 2019 ● 40.000 bt; 11 € - Un vino fresco, espressivo ed elegante, con un persistente finale di richiami fruttati.
Ascanio 2019 ○ grechetto; 40.000 bt; 7 € - Ritroviamo nella freschezza del sorso l'altro vitigno di riferimento per la cantina: succoso e floreale, mette in mostra una leggera sapidità nel finale.
Martavello 2019 gamay del Trasimeno; 13.000 bt; 6 € - Croccante, con chiare note floreali, si apre piacevolmente all'assaggio evidenziando bei rimandi fruttati.
Trasimeno Gamay Divina Villa Ris. 2017 ● 10.000 bt; 16 € - Avvolgente, speziato, complesso.
Colli del Trasimeno Baccio del Rosso 2019 ● 40.000 bt; 7 € - Armonico, fruttato, espressivo.
Colli del Trasimeno Nuricante 2019 ○ 30.000 bt; 10 € - Articolato, floreale, dettagliato.

ha 300 - **bt** 450.000
Fertilizzanti letame, organo-minerali, sovescio
Fitofarmaci chimici di sintesi, rame e zolfo
Diserbo chimico, lavorazione meccanica/manuale
Lieviti selezionati industriali
Uve 100% di proprietà
Certificazione nessuna certificazione

CASTIGLIONE DEL LAGO (PG)

MADREVITE

SCONTO -10%

Frazione Vaiano - Via Cimbano, 36 - tel. 075 9527220
www.madrevite.com - info@madrevite.com

VITA - Nicola Chiucchiurlotto, oggi titolare orgogliosamente al timone dell'azienda nata nel 2003, si giova della consulenza dell'agronomo Stefano Dini e dell'enologo Emiliano Falsini, e con loro è impegnato nella valorizzazione del gamay del Trasimeno, piantato dal 2009 con un proprio clone. Importante l'energia profusa nello sviluppo di tutto il territorio.

VIGNE - In località Vaiano, sulle graziose colline tra il vasto lago Trasimeno e il piccolo lago di Chiusi, si distendono i filari delle vigne. I terreni sono composti di argille grasse e fertili, e si trovano a una quota intorno ai 300 metri, con diverse esposizioni, buone escursioni termiche e mite ventilazione. Il sistema a cordone speronato sta lasciando sempre più spazio al guyot.

VINI - La sperimentazione qui è di casa, come si può vedere con le vinificazioni condotte in parte con i raspi. La ricetta è molto semplice: uve sane per vini contemporanei, di facile beva e in grado di lasciare il segno.

Colli del Trasimeno C'Osa 2018 ● 1.300 bt; 29 € - Ampio nei profumi fruttati, floreali e speziati, al palato è armonioso, con spessore e tannino fine, e chiude caldo e profondo.
Opra 2019 ● gamay del Trasimeno; 4.000 bt; 13 € - Fragranze floreali, di frutti rossi e vinose anticipano un sorso di grande scorrevolezza: è un vino di facile beva pur nella sua discreta sostanza.
Il Reminore 2019 ○ trebbiano spoletino; 10.000 bt; 12 € - Ricco al naso, di corpo e fresco in bocca, sviluppa un sorso composito in cui trovano equilibrio alcol e acidità. Il finale è persistente.
La Bisbetica 2019 gamay del Trasimeno; 2.500 bt; 10 € - Fresco, floreale, sapido.
Futura 2019 trebbiano spoletino; 3.500 bt; 12 € - Metodo Ancestrale, agile, fruttato, delicato.

ha 11 - **bt** 35.000
Fertilizzanti letame, sovescio
Fitofarmaci organici, rame e zolfo
Diserbo lavorazione meccanica/manuale
Lieviti fermentazione spontanea, selezione di lieviti indigeni
Uve 100% di proprietà
Certificazione in conversione biologica

CASTIGLIONE DEL LAGO (PG)

PODERE MARELLA

SCONTO -10%

Località Ferretto, 32 - tel. 0759 659028
www.poderemarella.it - podere.marella@gmail.com

VITA - Grazie alla lungimiranza di Fiammetta Inga, che nel 1974 ha acquistato Podere Marella lavorando la terra anche in prima persona fino al 2012, e che lo ha gestito quasi da subito in modo sostenibile, oggi possiamo godere dei frutti raccolti dal figlio Cosimo Bisiach, attuale proprietario, che si avvale dell'aiuto degli enologi e agronomi Jean Natoli e Guido Beltrami. Pregevole il lavoro di Ionella Ungureanu in cantina nell'accoglienza.

VIGNE - La passione per la terra, tramandata di madre in figlio, ha portato Cosimo a cercare l'estrema qualità dei vini a partire dalla vigna, piantata dagli anni Settanta al 2005 su terreni argillosi, a volte fino a lambire le sponde del lago Trasimeno. Le viti sono inserite nei 50 ettari di cui è costituita la proprietà, tra seminativi e secolari boschi di querce, che fanno da sfondo alla graziosa strada che conduce alla cantina.

VINI - Mani leggere che tendono a rispettare l'uva, accompagnata verso vini sinceri e garbati, anche nelle versioni con più corpo e spessore.

Godot Sangiovese 2016 ● 1.100 bt; 22 € - Austero, ampio, si apre su note speziate e di frutti rossi ed è floreale. Entra succoso, e nel suo incedere accarezza deciso e dinamico la bocca, lasciando a lungo il segno.
Vermentino Fiammetta 2019 O 900 bt; 11 € - Primaverile nei suoi profumi floreali e fruttati, ha un sorso fresco, ben distribuito sul palato, di buon corpo e dal finale persistente.
Marella Rosato 2019 ● sangiovese, gamay del Trasimeno, merlot; 2.800 bt; 8 € - Un rosa delicato già dal colore tenue di buccia di cipolla, con naso fruttato e floreale. Accarezza sicuro il palato con equilibrio e gusto.
Godot Grechetto 2019 O 1.700 bt; 15 € - Integrato, fruttato, essenziale.
Marella Bianco 2019 O grechetto, vermentino; 3.200 bt; 7 € - Fresco, fruttato, delicato.

ha 9 - bt 30.000
Fertilizzanti organo-minerali
Fitofarmaci rame e zolfo
Diserbo lavorazione meccanica/manuale
Lieviti selezionati industriali
Uve 100% di proprietà
Certificazione biologico certificato

CITTÀ DELLA PIEVE (PG)

FONTESECCA

SCONTO -10%

Località Fontesecca - tel. 349 6180516
www.fontesecca.it - info@fontesecca.it

VITA - Nata nel 2004, l'azienda è situata nell'omonima località ai piedi di Città della Pieve. La conduzione è familiare: Paolo Bolla e la moglie Stefania Fontani hanno trovato qui il luogo ideale in cui produrre vini in sintonia con il meraviglioso ambiente che li circonda. Oltre al vigneto sono presenti un oliveto e una struttura per l'ospitalità agrituristica.

VIGNE - I vigneti sono sotto la cantina, in un anfiteatro naturale che volge verso la Valdichiana. I terreni, esposti a sud-ovest, sono sabbiosi e argillosi, molto ricchi di fossili marini, a memoria del mare che occupava questa zona milioni di anni fa. Quest'aspetto contribuisce all'apporto di sapidità e mineralità alle uve.

VINI - Al fine di valorizzarli appieno le diverse varietà vengono vinificate separatamente, poi in base alle annate e alle scelte fatte escono in purezza o in assemblaggio. Lo scopo è produrre vini freschi e varietali.

TOP **Ciliegiolo 2019** VINO SLOW ● 3.300 bt; 14 € - Bella espressione varietale in cui ritroviamo l'estrazione minerale del terreno. Si apre con fini note di frutta a cui segue un palato succoso ed essenziale, dal lungo finale salino che richiama il sorso.
Bianco 29 2019 O grechetto; 2.000 bt; 11 € - Di differente composizione ma con il medesimo stile e percorso gustativo, si offre con delicati sentori floreali, per proseguire con un'agile alternanza di freschezza e mineralità, e chiudere con un'incisiva nota agrumata. Un vino verticale.
Elso 2019 O grechetto, procanico; 1.700 bt; 14 € - Un classico aziendale. Sapido e gessoso, si apre su note riduttive salvo poi vibrare in un percorso di gradita naturalezza.
Rosso 25 2018 ● sangiovese, ciliegiolo; 1.350 bt; 11 € - Setoso, vinoso, armonico.
Rosato 2019 ● ciliegiolo; 1.400 bt; 14 € - Croccante, fruttato, integro.

ha 6,5 - bt 15.000
Fertilizzanti compost, organo-minerali, sovescio
Fitofarmaci organici, rame e zolfo
Diserbo lavorazione meccanica/manuale
Lieviti fermentazione spontanea,
Uve 100% di proprietà
Certificazione biodinamico certificato

FICULLE (TR)

CASTELLO DELLA SALA

Località Sala - tel. 0763 86051
www.antinori.it - antinori@antinori.it

VITA - Sono più di 26 le generazioni della famiglia Antinori che producono vini di qualità conosciuti e apprezzati in ogni luogo del mondo. Non avendo a disposizione vigne in cui coltivare uve a bacca bianca, negli anni Quaranta questa dinastia del vino volse lo sguardo verso l'Umbria e in particolare verso Orvieto, e qui, nel Castello della Sala, iniziò a produrre grandi bianchi, che ora affiancano senza sfigurare i rossi più blasonati.

VIGNE - Dei 500 ettari della proprietà, ben 140 sono quelli vitati, con appezzamenti che si trovano tra i 200 e i 500 metri di quota su suoli argillosi e ricchi di fossili di origine sedimentaria e vulcanica. L'ottima esposizione delle vigne e le escursioni termiche aiutano le uve a raggiungere il giusto grado di maturità. La nuova cantina posta a distanza dal Castello è concepita secondo gli standard più moderni.

VINI - L'attenzione maniacale anche ai più piccoli particolari permette a tutti i vini prodotti in azienda di avere classe abbinata alla grande qualità. La gamma è di alto livello e di impostazione moderna.

Cervaro della Sala 2018 O chardonnay, grechetto; 130.000 bt; 46 € - Da sempre uno dei bianchi più importanti d'Italia, al naso mette in mostra un contributo fine del legno usato in affinamento. Il percorso gustativo è verticale e persistente.

Orvieto Cl. Sup. San Giovanni della Sala 2019 O 80.000 bt; 15 € - Al naso emergono sentori floreali e fruttati di melone e albicocca, e la bocca è ampia, fresca e netta, di gradevole persistenza.

Conte della Vipera 2019 O sauvignon blanc, semillon; 60.000 bt; 22 € - Un vino dritto senza compromessi, complesso e armonioso, con la morbidezza del Semillon che si esalta nel lungo finale.

Bramito 2019 O chardonnay; 250.000 bt; 17 € - Armonico, fruttato, avvolgente.

ha 170 - **bt** 900.000
Fertilizzanti letame in pellet, organo-minerali, sovescio
Fitofarmaci chimici di sintesi, rame e zolfo
Diserbo chimico,
lavorazione meccanica/manuale
Lieviti selezione di lieviti indigeni
Uve 100% di proprietà
Certificazione nessuna certificazione

GIANO DELL'UMBRIA (PG)

OMERO MORETTI

SCONTO -10%

Via San Sabino, 19 - tel. 0742 90426 - 347 4817558
www.morettiomero.it - info@morettiomero.it

VITA - La storia della famiglia Moretti è quella di un'autentica realtà di agricoltori, che ha avuto inizio con il padre di Omero, Giuseppe, uno dei primi imbottigliatori della zona. Giusy, la figlia di Omero, oggi ricopre un ruolo fondamentale all'interno dell'azienda. Con lo sguardo sempre rivolto verso l'innovazione cura i rapporti con l'estero e si dedica al suo tanto agognato Metodo Classico. Fin dal 1992 qui si è scelto di praticare agricoltura biologica.

VIGNE - I 13 ettari di vigneti si trovano tutti all'interno del comune di Giano, tra i 400 e 450 metri di altitudine. Le vigne crescono su terreni scoscesi, dalla trama argillosa, e godono del tipico clima della zona. Alcune uve a bacca nera sono esposte a nord-est, altre a sud-ovest, mentre quelle a bacca bianca guardano il meridione. Motivo di orgoglio per la famiglia Moretti, il cru Vignalunga restituisce una celebre espressione di Sagrantino di Montefalco.

VINI - La filosofia aziendale punta sulla salubrità dei processi di vinificazione, al fine di ottenre vini schietti, freschi e di facile beva.

TOP **Montefalco Sagrantino 2015** VINO SLOW ● 10.500 bt; 25 € - Si apre con note balsamiche e in bocca trova un'impronta tannica austera. Ci stupisce con l'ingresso incisivo, sorretto da un'energica acidità.

Nessuno 2019 O grechetto, malvasia; 5.300 bt; 10 € - Il Grechetto viene assemblato con il 25% di Malvasia, dando vita a un bianco dal carattere incisivo. Profuma di fiori e frutti e al palato risulta succoso, animato da una sapida freschezza.

Terre di Giano 2019 ● ciliegiolo, sangiovese; 13.300 bt; 10 € - Integrato, fruttato, rilassato.

Montefalco Bianco 2019 O 3.400 bt; 12 € - Croccante, fruttato, armonico.

Sui Lieviti 2019 trebbiano, grechetto, malvasia di Candia, moscato; 1.600 bt; 13 € - Metodo Ancestrale, schietto, fruttato, rilassato.

ha 13 - **bt** 70.000
Fertilizzanti letame in pellet, letame, sovescio
Fitofarmaci rame e zolfo
Diserbo lavorazione meccanica/manuale
Lieviti fermentazione spontanea,
selezione di lieviti indigeni
Uve 100% di proprietà
Certificazione biologico certificato

LE CRETE

SCONTO -10%

Località Piscicoli - tel. 328 7011808
www.cantinalecrete.it - az.agr.lecrete@virgilio.it

VITA - Nel 2017 Giuliano Castellani ha deciso di avviare una nuova linea, oltre a quella storica con i classici animali in etichetta, che da sempre contraddistingue l'azienda. I due nuovi vini Sophya Sole, bianco e rosso, cercano la concentrazione e sono frutto di un percorso in controtendenza. L'enologo è Paolo Peira, che asseconda la famiglia Castellani nella volontà di distinguersi e di sperimentare nuove strade.

VIGNE - Dallo scorso anno la scelta di inerbire la vigna in alcuni filari si è dimostrata fondamentale per resistere al dilavamento delle acque piovane, su terreni ricchi di sabbia e limo prevalentemente sciolti. Anche le potature stanno cambiando, con una scelta a favore del guyot.

VINI - Temperatura controllata, fermentazioni lunghe anche per i bianchi e filtrazioni poco invasive per la linea base. Ricerca della struttura per i due nuovi vini, il Sophya Sole Bianco e il Sophya Sole Rosso.

Petranera 2017 ● sangiovese, montepulciano, barbera; 15.000 bt; 10 € - Più intenso rispetto alla versione della scorsa annata. Ha frutto maturo e sentori di sottobosco, ben guidati in bocca da una notevole progressione.
Sophya Sole Rosso 2017 ● 2.640 bt; 35 € - Spicca per la sua concentrazione. La rotondità dovuta al tenore alcolico e la lunga persistenza sono frutto in questa prima annata dell'appassimento naturale sulla pianta.
Cima del Giglio 2019 ○ malvasia, sauvignon blanc; 7.000 bt; 9 € - I profumi fruttati si accompagnano a sentori di ginestra e macchia mediterranea. L'ingresso in bocca è morbido e il finale sapido.
Sophya Sole Bianco 2019 ○ 1.000 bt; 25 € - Avvolgente, fruttato, dolciastro.
Extra Dry Le Crete 2019 sangiovese; 5.400 bt; 9 € - Metodo Charmat, fresco, floreale, delicato.

ha 6,5 - **bt** 50.000
Fertilizzanti organo-minerali, sovescio
Fitofarmaci rame e zolfo
Diserbo lavorazione meccanica/manuale
Lieviti selezionati industriali
Uve 100% di proprietà
Certificazione nessuna certificazione

GIOVE (TR)

SANDONNA

SCONTO -10%

Località Selve - Via della Stella Polare - tel. 0744 992274
339 8518569 - www.cantinasandonna.it - sandonna@gmail.com

VITA - Dopo aver inaugurato una sala degustazioni, Alessandro Paciacconi e la sua famiglia ora stanno ampliando la vigna, allargando il corpo intorno alla cantina, per mettere in pratica un accurato lavoro di selezione clonale sul grechetto. Vincenzo Tommasi, l'enologo, è più un consulente con il quale condividere opinioni e, solo in casi d'emergenza, trovare soluzioni che non alterino l'identità dei terreni della piana delle Selve di Giove.

VIGNE - Le tecniche per gestire la vigna sono sempre le stesse, e a supervisionare i lavori c'è papà Franco, che difficilmente farebbe entrare qualcun altro tra i filari. La potatura a guyot per regolare la produzione, le sfogliature periodiche e il diradamento sono i capisaldi dell'approccio agronomico.

VINI - Lo stile che si vuole perseguire ricerca facilità di beva e autenticità espressiva nei vini prodotti. Le fermentazioni sono rigorosamente spontanee, e gli unici controlli severi in cantina sono quelli sulle temperature e sulla pulizia.

Grechetto 2019 ○ 4.500 bt; 9 € - Fruttato, con sentori agrumati, in bocca è caldo e scorrevole, con un'ottima dinamica gustativa sostenuta da spiccata sapidità. Il finale è piacevolmente mandorlato.
Ciliegiolo di Narni 2019 ● 4.500 bt; 9 € - La succosità del sorso è indubbiamente la dote principale di questo vino. In bocca si adagia in tutta la sua ampiezza espressiva, per chiudere pulito e invitare di nuovo alla beva.
Selve di Giove 2017 ● merlot; 2.500 bt; 13 € - Un vino potente per natura, che trova giovamento nei 12 mesi di affinamento in botte grande, che contengono il calore senza mascherare un tannino fine.
Gocciola Rosato 2019 montepulciano; 500 bt; 9 € - Agile, fruttato, armonico.

ha 7,5 - **bt** 16.000
Fertilizzanti sovescio
Fitofarmaci rame e zolfo
Diserbo lavorazione meccanica/manuale
Lieviti fermentazione spontanea
Uve 100% di proprietà
Certificazione in conversione biologica

LUGNANO IN TEVERINA (TR)

TRENTAQUERCE

SCONTO -10%

Vocabolo Cerreto, 144 - tel. 339 7653710
www.trentaquerce.it - info@trentaquerce.it

VITA - Mariabarbara Conti è anima e corpo di questa piccola cantina situata in un territorio non troppo noto al mondo del vino: è la proprietaria, l'agronoma e l'enologa. Nel 2004, dopo aver fatto esperienza in altre cantine, all'età di 30 anni (da qui il nome della cantina) ha acquistato un terreno con un casale abbandonato in una zona a sud del borgo di Lugnano in Teverina. Oggi il casale è un bell'agriturismo, e intorno ci sono 3 ettari di vigneto, tutti a merlot.

VIGNE - Il vigneto, circondato da boschi di querce, è costituito da un unico corpo adiacente la cantina, a un'altitudine di 350 metri circa, con esposizione a sud-ovest. Le viti allevate a guyot poggiano su terreni argillosi ricchi di fossili e conchiglie. Mariabarbara dice che per lei è molto importante che il vino sia facilmente metabolizzato da chi lo beve, e su questa convinzione basa il suo rifiuto della chimica sia in vigna, sia in cantina.

VINI - La cantina Trenta Querce produce due vini, un Metodo Classico e un rosso fermo. Quest'ultimo, il 30 Merlot, ha sempre puntato sulla freschezza e sulla facilità di beva, ma nonostante ciò Mariabarbara ha creduto opportuno concedergli un anno di bottiglia in più, così da poter esprimere al meglio il suo potenziale. Per questo motivo dovremo attendere il prossimo anno per poter assaggiare il millesimo 2019.

30 Merlot M. Cl. Extra Brut 2018 1.300 bt; 15 € - Questo metodo classico prodotto in un territorio non tipico con un un vitigno inusuale per la spumantizzazione, rimane per 18 mesi sui lieviti, si apre con intensi profumi di crosta di pane e piccoli frutti rossi, ha una effervescenza fine ed elegante che persiste nel bicchiere per tutto l'assaggio. Ha succo integro, una perfetta pulizia. La sapidità e freschezza lasciano una bocca pulita che invita a riassaggiarlo.

ha 3 - **bt** 7.500
Fertilizzanti letame in pellet, sovescio
Fitofarmaci rame e zolfo
Diserbo lavorazione meccanica/manuale
Lieviti selezionati industriali
Uve 100% di proprietà
Certificazione nessuna certificazione

MAGIONE (PG)

CASTELLO DI MAGIONE

SCONTO -10%

Via Cavalieri di Malta, 31 - tel. 075 843547
www.sagrivit.it - castellodimagione@sagrivit.it

VITA - La storica cantina di proprietà del Sovrano Militare Ordine di Malta si trova proprio in mezzo alle vigne nelle colline ai piedi di Magione. A dirigere i lavori nei terreni e in cantina troviamo Fabrizio Leoni, che si avvale dell'aiuto esterno dell'enologo Maurilio Chioccia, ottenendo buoni risultati con un'attenta progettualità del lavoro prima in vigna e successivamente in cantina.

VIGNE - I vigneti godono tutti di un'ottima esposizione e hanno un'età media intorno ai 30 anni. Quelli più vecchi risalgono ai primi anni Settanta del secolo scorso. Posti a un'altitudine che varia dai 250 ai 350 metri, presentano un terreno prevalentemente argilloso e sabbioso, con buona presenza di scheletro.

VINI - Il contatto diretto con il lago Trasimeno crea un particolare microclima, che influenza i tempi del lavoro in vigna e caratterizza lo stile fresco e piacevole di tutti i vini prodotti.

Grechetto 2019 ○ 40.000 bt; 8 € - Piacevolezza e delicati sentori erbacei donano agilità al sorso, che ha una nota sapida finale. Solo lavorazioni in acciaio per questo vino fresco e dinamico.
Morcinaia 2017 ● merlot, sangiovese, cabernet sauvignon; 6.600 bt; 20 € - Un vino con piacevoli sentori di frutti rossi, sorretto da una buona struttura e armonico al palato, con una trama tannica fitta che dona equilibrio al sorso. Dopo un breve passaggio in barrique, matura in acciaio, per poi affinare in bottiglia circa un anno.
Sangiovese 2019 ● 30.000 bt; 8 € - Al palato è armonico e di buona struttura, con un finale agile e incisivo. Una piacevole scoperta che unisce la freschezza del sorso all'eleganza.
Belfiore Rosato 2019 ● gamay del Trasimeno; 6.600 bt; 8 € - Dinamico, speziato, espressivo.

ha 43 - **bt** 200.000
Fertilizzanti organo-minerali
Fitofarmaci chimici di sintesi, rame e zolfo
Diserbo lavorazione meccanica/manuale
Lieviti selezione di lieviti indigeni
Uve 100% di proprietà
Certificazione nessuna certificazione

CANTINA CENCI €

SCONTO -10%

Frazione San Biagio della Valle - Vocabolo Anticello, 72 - tel. 380 5198980
www.cantinacenci.it - info@cantinacenci.it

VITA - Questa azienda, passata attraverso le mani del nonno Mario e del padre Telemaco, oggi è condotta da Giovanni Cenci: un agronomo eclettico e professionale, in continuo movimento, sperimentatore di metodi innovativi, sempre in funzione di un miglioramento della qualità produttiva e del rispetto ambientale. Un esempio è l'installazione di una stazione meteo, con i dati resi accessibili agli agricoltori locali in pieno spirito di condivisione dei saperi.

VIGNE - Questi terreni, già coltivati sin dal XVII secolo dai monaci olivetani, esperti selezionatori di terre vocate per la vite e l'olivo, sono caratterizzati dalla presenza di travertino affiorante a circa 40 centimetri dal suolo, aspetto peculiare per un significativo apporto minerale alle uve prodotte. La parte dei vigneti è in un corpo unico sottostante la cantina.

VINI - In cantina gli interventi sono minimi: l'intento è di ottenere vini freschi ed eleganti, valorizzando le caratteristiche varietali dei vitigni coltivati.

TOP **Piantata 2018** VINO SLOW ● sangiovese; 2.600 bt; 18 € - Si presenta con fini sentori di frutta e spezie, e in bocca ritroviamo il territorio ricco di calcare, con un sorso austero e agile, dal finale incisivo.
Anticello 2019 ○ grechetto di Todi; 6.600 bt; 11 € - I delicati sentori fruttati varietali anticipano un sorso snello e salino, per un percorso gustativo dettagliato.
M. Cl. Pas Dosè Trebbiano 2016 1.285 bt; 31 € - Tecnica e artigianalità si abbracciano in questo spumante da uve trebbiano dorato: 28 mesi sui lieviti, sboccato a mano, presenta un fine perlage e sentori delicati; la bocca è dinamica e avvolgente.
Sanbiagio 2018 ● merlot, sangiovese, petit verdot; 5.300 bt; 12 € - Setoso, speziato, armonico.
Alago Stellato 2019 ○ pinot grigio; 4.000 bt; 12 € - Succoso, idrocarburico, varietale.

ha 6 - **bt** 30.000
Fertilizzanti letame, sovescio
Fitofarmaci organici, rame e zolfo
Diserbo lavorazione meccanica/manuale
Lieviti fermentazione spontanea,
Uve 100% di proprietà
Certificazione biologico certificato

MARSCIANO (PG)

LA SPINA

SCONTO -10%

Località Spina - Via Emilio Alessandrini, 1 - tel. 075 8738120
www.cantinalaspina.it - cantinalaspina@tiscali.it

VITA - Il legame con il territorio di Moreno Peccia è profondo: ha fatto della vigna paterna, da cui si produceva solo sfuso, il punto di partenza di una delle cantine tra le più attive della zona, ed è tra i promotori dei Vignaioli Resistenti Umbria. Segue personalmente tutte le fasi in vigna e in cantina, valorizzando i vitigni avuti in dote, quelli che erano in uso un tempo e che venivano curati con passione contadina.

VIGNE - I vigneti sono situati vicino all'antico borgo di Spina nei pressi della cantina, e sono suddivisi in due corpi distinti, entrambi caratterizzati da dolci pendenze. Siamo intorno ai 300 metri di altitudine, e i filari sono coltivati principalmente con uve a bacca nera gestite a guyot. Questi terreni sono ricchi di argilla, di calcare e di scheletro, che favoriscono un apporto minerale che caratterizza i vini.

VINI - Le uve vengono vinificate tradizionalmente in piccole vasche di acciaio. Successivamente, per le varietà che lo necessitano, è previsto un affinamento in legno grande o piccolo.

A Fortiori 2017 ● nebbiolo; 850 bt; 19 € - Prodotto sin dal 1992, si distingue per i sentori speziati, a cui segue un frutto maturo elegantemente bilanciato in bocca da un'avvolgente freschezza e da una lunga persistenza gustativa.
Cimaàlta 2018 ● montepulciano, merlot; 3.000 bt; 9 € - Dall'omonimo vigneto, tra i più vecchi dell'azienda, si apre con ampi e austeri sentori di frutta rossa. Al palato troviamo un sorso robusto e avvolgente, armonico, che sfocia in un persistente finale gustativo. Vino gastronomico.
RossoSpina 2017 ● montepulciano, nebbiolo; 3.800 bt; 15 € - Austero, speziato, dettagliato
Merlato 2018 ● merlot; 2.000 bt; 10 € - Incisivo, fruttato, rustico.
Filare Maiore 2018 ○ trebbiano spoletino; 2.000 bt; 10 € - Succoso, fruttato, leggiadro.

ha 2,2 - **bt** 16.000
Fertilizzanti letame in pellet, sovescio
Fitofarmaci organici, rame e zolfo
Diserbo lavorazione meccanica/manuale
Lieviti selezionati industriali
Uve 100% di proprietà
Certificazione nessuna certificazione

MONTE CASTELLO DI VIBIO (PG)

IACOPO PAOLUCCI

SCONTO -10%

Località Doglio - tel. 334 1734041
www.iacopopaolucci.com - info@iacopopaolucci.com

VITA - L'azienda di Iacopo Paolucci ha nella gioventù la sua caratteristica principale: è nata solo nel 2016, e Iacopo è il proprietario tuttofare. Dopo gli studi in agraria ed enologia, ha avuto diverse esperienze lavorative in altre realtà del territorio, formandosi così le proprie idee e convinzioni. Con le competenze acquisite ora porta avanti con determinazione il proprio progetto.

VIGNE - Gli appezzamenti sono dislocati intorno alla cantina, a un'altitudine di oltre 500 metri: qui l'escursione termica e la ventilazione sono ideali per la coltura della vite. Il terreno è prevalentemente di matrice argillosa, con una ricca presenza di ciottoli. Le viti sono allevate a guyot su pendii di media inclinazione, e hanno un'esposizione a nord-est. La conduzione responsabile in vigna è garantita dal rispetto del disciplinare biologico.

VINI - Quest'anno assaggiamo solo due vini. In cantina la ricerca è incentrata sull'identità: attraverso tecniche moderne di vinificazione si cerca di rispettare le caratteristiche del vitigno e del territorio, senza affinamenti che stravolgano l'espressività naturale delle uve.

Ponziano della Piana 2019 O trebbiano spoletino; 3.000 bt; 12 € - 🍷 - Al naso rivela intense note di frutta matura, pesca soprattutto. In bocca ha succo, è articolato e di ottima integrità gustativa. La freschezza e la sapidità donano equilibrio e il sorso è agevole. Le caratteristiche varietali del vitigno emergono con naturalezza.

Grechetto di Todi Iacopone 2019 O 8.000 bt; 12 € - 🍷 - I riflessi dorati catturano subito l'attenzione e ci preannunciano la ricchezza di questo vino, che rivela sentori di frutta matura. La struttura è alleggerita dalla freschezza, e la chiusura è sapida e persistente.

ha 4,5 - **bt** 20.000
Fertilizzanti letame in pellet, letame, sovescio
Fitofarmaci rame e zolfo
Diserbo lavorazione meccanica/manuale
Lieviti selezione di lieviti indigeni
Uve 100% di proprietà
Certificazione biologico certificato

MONTECASTRILLI (TR)

FATTORIA LE POGGETTE

SCONTO -10%

Vocabolo Poggette, 141 - tel. 0744 940338 - 333 6165315
www.fattorialepoggette.it - fattorialepoggette@libero.it

VITA - La vita di Franco Santucci è da sempre dedicata alla campagna, e quando su incarico della famiglia Lanzetta ha iniziato a occuparsi di Fattoria Le Poggette, ha alzato il livello qualitativo dei vini prodotti in questa realtà incantata. A Franco non piacciono le scorciatoie tecnologiche: segue ancora i ritmi dettati dal tempo, che gli indicano cosa serve in quel preciso momento alla sua adorata uva.

VIGNE - L'azienda conta su circa 18 ettari (dei 450 totali) dedicati alla vigna. Ci troviamo a metà strada tra i comuni di Montecastrilli e Sangemini, su terreni sabbioso-argilloso-calcarei che danno struttura e freschezza ai vini, con il concorso del microclima collinare. Dalla fine degli anni Settanta l'impianto di vigneti di sangiovese ha spostato la produzione verso i vini rossi di struttura.

VINI - Da anni ormai l'impostazione produttiva si è spostata verso i vini rossi di alto livello, come dicevamo, creati per affrontare un mercato di qualità che si è fatto sempre più competitivo. Nonostante ciò a noi i bianchi e il rosa di Franco piacciono ancora molto. I vini dell'azienda raccontano, senza pudore, le storie antiche che questo territorio custodisce gelosamente.

Torre Maggiore 2016 ● montepulciano; 15.000 bt; 12 € - 🍾 - Il profilo olfattivo lascia senza fiato, e anticipa un sorso in cui il tannino arriva subito sul palato e passa lasciando il segno.

Rosalydda 2019 ● canaiolo; 12.000 bt; 7 € - 🍷 - Cristallino nei profumi di fiori appena colti, in bocca è rotondo e ricco di polpa rossa: un vino da lasciare ancora in bottiglia.

Grechetto 2019 O 12.000 bt; 7 € - 🍷 - Il Grechetto come te lo aspetti, ben bilanciato e con un ottimo equilibrio gustativo, dalle grandi potenzialità di abbinamento gastronomico.

ha 20 - **bt** 100.000
Fertilizzanti letame
Fitofarmaci rame e zolfo
Diserbo lavorazione meccanica/manuale
Lieviti selezione di lieviti indigeni
Uve 100% di proprietà
Certificazione in conversione biologica

ANTONELLI SAN MARCO

SCONTO -10%

Località San Marco, 60 - tel. 0742 379158
www.antonellisanmarco.it - info@antonellisanmarco.it

VITA - Questa azienda storica del panorama vitivinicolo di Montefalco ha saputo rinnovarsi ed evolvere negli anni, nel rispetto della tradizione e con una forte connotazione ambientale. Nei pressi del centro aziendale sono in corso importanti lavori di ampliamento, che consentiranno di aggiungere ulteriori spazi a servizio della cantina.

VIGNE - Le vigne situate in zona San Marco, al centro dell'area di produzione del Sagrantino su di un bel crinale, godono di un'ottima esposizione, con escursioni termiche importanti dovute alla presenza di valli profonde. I terreni, argillosi e di medio impasto, conferiscono eleganza ai vini, con punte di eccellenza.

VINI - In cantina si sta sperimentando l'uso di anfore in terracotta e vasche in cemento. Lo stile leggiadro ed elegante di casa si riflette su tutta la produzione.

TOP **Anteprima Tonda 2018** VINO SLOW O trebbiano spoletino; 6.600 bt; 20 € - Buono l'impatto olfattivo, in cui il floreale si fonde con lievi toni di erbe aromatiche e mentolo. Il sorso caldo e persistente si sviluppa intorno a una gradevole spalla acida.

Montefalco Rosso Ris. 2016 ● 16.000 bt; 20 € - La frutta rossa matura esalta il piacevole e perfetto equilibrio fra il corpo e la trama tannica, per un sorso lungo e persistente.

Montefalco Sagrantino Chiusa di Pannone 2015 ● 6.600 bt; 38 € - Di grande impatto, con sentori di frutta sotto spirito e confettura, presenta tannini ancora evidenti, struttura e un'acidità che dona slancio.

Montefalco Sagrantino 2015 ● 60.000 bt; 26 € - Articolato, agrumato, profondo.

Trebium 2019 O trebbiano spoletino; 31.000 bt; 12 € - Ampio, speziato, avvolgente.

Colli Martani Grechetto 2019 O 40.000 bt; 8 € - Fresco, floreale, varietale.

ha 52 - bt 350.000
Fertilizzanti compost, letame in pellet, sovescio
Fitofarmaci rame e zolfo
Diserbo lavorazione meccanica/manuale
Lieviti fermentazione spontanea, selezionati industriali
Uve 100% di proprietà
Certificazione biologico certificato

MONTEFALCO (PG)

PAOLO BEA

Località Cerrete, 8 - tel. 0742 378128
www.paolobea.com - info@paolobea.com

VITA - La filosofia vinicola di Giampiero Bea è molto semplice e si riassume in una frase: «il vino lo fa la natura», motivo per cui, a suo avviso, va assecondata e non forzata. I suoi vini raccontano proprio questo approccio. Giampiero ha bandito dalla vigna i prodotti chimici di sintesi, i diserbanti, le lavorazioni invasive del terreno, e dalla cantina tutti gli additivi enologici, il controllo delle temperature e le stabilizzazioni forzate.

VIGNE - I vigneti sono dislocati in più appezzamenti differenti tra di loro per altitudine, composizione dei terreni ed esposizioni, e tale variabilità caratterizza i vini, divisi in cru ben distinti. La gestione dei terreni e delle viti è il più naturale possibile: eventuali carenze nutritive sono gestite con sovesci, atti a riequilibrare il sistema vitale della pianta.

VINI - Saper aspettare: è necessario rispettare i tempi del vino, della sua evoluzione. Tempi che cambiano di anno in anno.

TOP **Montefalco Sagrantino Pagliaro 2011** ● 12.621 bt; 72 € - Un vino di grande complessità, sia olfattiva, sia gustativa: al palato si presenta possente conservando però grande facilità di beva, anche grazie al tannino che ben si armonizza con la struttura.

Arboreus 2015 O trebbiano spoletino; 11.970 bt; 46 € - Le uve provengono da piante maritate, retaggio di una tradizione antica, e macerano a lungo sulle bucce: è ricco di materia, profondo, con note minerali e sapide. Il sorso è ben sostenuto dalla freschezza, che ne esalta la progressione.

Montefalco Sagrantino Cerrete 2010 ● 6.333 bt; 111 € - Il naso è ampio, complesso e fine, e il palato si distende tra materia, tannini e freschezza, in un contesto gustativo ampio e persistente.

Montefalco Sagrantino Passito 2010 ● 2.907 bt da 0,375 l; 82 € - Avvolgente, fruttato, autentico.

ha 15 - bt 60.000
Fertilizzanti letame, sovescio
Fitofarmaci organici, rame e zolfo
Diserbo lavorazione meccanica/manuale
Lieviti fermentazione spontanea
Uve 100% di proprietà
Certificazione biologico certificato

BOCALE

SCONTO -10%

Località Madonna della Stella - Via Fratta Alzatura - tel. 0742 399233
www.bocale.it - info@bocale.it

VITA - Da quando Valentino Valentini ha preso in mano le redini dell'azienda di famiglia, attiva da oltre un secolo sul territorio, ha iniziato un percorso di decisa innovazione, che si è tradotto in vini di carattere, espressivi e schietti. Nello sviluppo del suo progetto si avvale della collaborazione dell'agronomo Stefano Dini e dell'enologo Emiliano Falsini.

VIGNE - I vigneti costituiscono un corpo unico nelle vicinanze della cantina, e si sviluppano su terreni argillosi, su colline dalle lievi pendenze. La conduzione agronomica è in conversione biologica, anche se è da molto tempo che Valentino osserva un rigoroso protocollo ecosostenibile. Molta attenzione viene dedicata ai due vitigni autoctoni per eccellenza, il sagrantino e il trebbiano spoletino. La cantina è dotata di pannelli fotovoltaici che la rendono energicamente indipendente.

VINI - L'invecchiamento del Sagrantino avviene in grandi botti di rovere francese, e i vini non subiscono microfiltrazioni o stabilizzazioni termiche. Ne risultano vini identitari e sinceri.

Montefalco Sagrantino Ennio 2015 ● 900 bt; 38 € - ⊕ - Figlio di una selezione delle uve provenienti dai vigneti più alti, è un vino di carattere, complesso e polposo, con note di frutti di bosco e di spezie dolci, e un palato ben sostenuto dall'acidità.
Trebbiano Spoletino 2019 O 5.500 bt; 11 € - ▯ - Ci colpisce per il suo profilo aromatico molto ampio e invitante. In bocca è disteso e articolato, fresco e progressivo, con un finale sapido, di bella persistenza.
Montefalco Sagrantino 2016 ● 13.500 bt; 26 € - ⊕ - Avvolgente, fruttato, espressivo.
Montefalco Rosso 2017 ● 17.300 bt; 12 € - ⊕ - Armonico, fruttato, verticale.
Montefalco Sagrantino Passito 2011 ● 600 bt da 0,375 l; 20 € - ▦ - Armonico, fruttato, autentico.

ha 5,5 - **bt** 38.000
Fertilizzanti letame, sovescio
Fitofarmaci rame e zolfo
Diserbo lavorazione meccanica/manuale
Lieviti fermentazione spontanea
Uve 100% di proprietà
Certificazione in conversione biologica

MONTEFALCO (PG)

CANTINA COLLE CIOCCO

SCONTO -10%

Via Benozzo Gozzoli, 1/5 - tel. 0742 379859 - 335 5716932
www.colleciocco.it - info@colleciocco.it

VITA - L'azienda agricola prende il nome dal colle su cui sorge. Fu la volontà di Settimio Spacchetti a far nascere alle porte di Montefalco, nel lontano 1935, questa cantina. Oggi a Colle Ciocco sono i figli Lamberto ed Eliseo a portare avanti la tradizione di famiglia, con una produzione di qualità legata alle materie prime di un territorio unico, che le caratterizza per forza espressiva e unicità.

VIGNE - I vigneti, di cui 8 ettari con uve a bacca nera e 4 ettari con uva a bacca bianca, sono divisi in diversi appezzamenti e si sviluppano a 400 metri di altitudine, su terreni di base sabbiosi e argillosi. Una ventina di anni fa sono stati rinnovati gli impianti più vecchi, e oggi il sistema di allevamento è in prevalenza a guyot.

VINI - Vini della tradizione, nei quali si coglie l'espressione diretta di un territorio in cui Sagrantino e Trebbiano spoletino si manifestano con gradevolezza e carattere in tutte le loro sfumature.

TOP **Montefalco Sagrantino 2015** ● 7.000 bt; 21 € - ▯ ▦ - Una fitta fibra tannica caratterizza questo vino autentico, che ha avuto un contatto più breve con il legno. Infatti, dopo un passaggio di soli 18 mesi in barrique, viene lasciato in acciaio per un altro anno, per poi terminare l'affinamento in bottiglia.
Montefalco Rosso 2016 ● 15.000 bt; 10 € - ▦ - Croccante ed equilibrato, ha leggeri sentori di liquirizia che donano piacevolezza al sorso.
Tempestivo 2019 O trebbiano spoletino; 7.000 bt; 10 € - ▯ - Solo l'acciaio accompagna questo vino nel suo percorso di affinamento e di ricerca dell'equilibrio. Dai profumi floreali, ha un sorso leggermente sapido e verticale.
Clarignano 2019 O grechetto, trebbiano spoletino; 7.000 bt; 9 € - ▯ - Agile, floreale, armonico.
Brixio 2019 ● sangiovese, sagrantino; 2.000 bt; 9 € - ▯ - Fresco, fruttato, consistente.

ha 12 - **bt** 55.000
Fertilizzanti organo-minerali
Fitofarmaci rame e zolfo
Diserbo lavorazione meccanica/manuale
Lieviti selezionati industriali
Uve 100% di proprietà
Certificazione nessuna certificazione

MONTEFALCO (PG)

ARNALDO CAPRAI

SCONTO **-10%**

Località Torre - tel. 0742 378802
www.arnaldocaprai.it - info@arnaldocaprai.it

VITA - Marco Caprai ha sempre creduto nel vitigno sagrantino, già dagli anni Ottanta, quando era praticamente sconosciuto. Nel tempo è riuscito a farne crescere l'immagine, smorzando i suoi tannini e la sua possente struttura: gli dobbiamo molto se il Sagrantino è diventato un vino conosciuto a livello mondiale. Oggi la sua azienda è la più importante della zona per numero di bottiglie prodotte, e mantiene un elevato standard qualitativo.

VIGNE - I 130 ettari vitati sono curati come un giardino e circondano la cantina, su dolci pendenze con terreni in prevalenza argillosi con presenza di limo. I vitigni a bacca nera sono nelle parti più alte e ventilate, con impianto a cordone speronato. Marco, sempre molto attento a tutte le novità per ridurre al minimo l'impatto ambientale, ha realizzato una mappatura dei terreni per fare trattamenti più efficaci.

VINI - Lo stile aziendale è molto riconoscibile, e punta a realizzare vini moderni, perlopiù affinati in legni piccoli, in cui si trovino in equilibrio la spinta all'espressività territoriale e l'agilità di beva.

Montefalco Sagrantino Valdimaggio 2016 ● 6.500 bt; 48 € - - Affina 24 mesi in barrique di rovere francese: profuma di frutti rossi, erbe aromatiche e spezie dolci, tratti che ritroviamo al palato, fresco e disteso, con un tannino armonico e setoso.
Montefalco Sagrantino Collepiano 2016 ● 80.000 bt; 43 € - - Dalle caratteristiche più speziate e dal sorso più compatto, questo Sagrantino si articola in una bella progressione gustativa, con tannini fini e avvolgenti e un finale piacevole e persistente.
Montefalco Rosso Vigna Flaminia Maremmana 2018 ● 10.000 bt; 20 € - - Armonico, speziato, complesso.
Grecante 2019 ○ grechetto; 80.000 bt; 17 € - - Fresco, floreale, verticale.

ha 130 - **bt** 900.000
Fertilizzanti compost, letame in pellet, sovescio
Fitofarmaci chimici di sintesi, rame e zolfo
Diserbo lavorazione meccanica/manuale
Lieviti selezionati industriali
Uve 100% di proprietà
Certificazione nessuna certificazione

MONTEFALCO (PG)

COCCO ILARIA

SCONTO **-10%**

Località Poggette, 6/c - tel. 347 1916207
www.coccomontefalco.it - info@coccomontefalco.it

VITA - La storia di Ilaria Cocco e del suo rapporto con la vitivinicoltura inizia da quando era piccola: diventare una produttrice era un'ambizione che custodiva nel cuore da molto tempo. I nonni, originari di Montefalco, hanno sempre fatto vino e olio. Dopo diversi anni, fatti di scelte lavorative diverse, oggi l'azienda è alla quarta vendemmia di imbottigliamento. Affiancata dal papà, Ilaria vive questa esperienza come un percorso di crescita continuo.

VIGNE - Sagrantino, sangiovese e merlot sono utilizzati per il blend del Montefalco Rosso, e sono coltivati a 300 metri di quota con un'esposizione a est, sud-est. Le altre vigne di sagrantino vegetano invece a un'altitudine di 350 metri e godono di una piena esposizione a sud. I terreni sono abbastanza sciolti, ricchi di ghiaie e conglomerati fluvio-lacustri.

VINI - L'idea di Ilaria è ritrovare nel calice freschezza e aromaticità, conservando struttura e predisposizione alla longevità.

Montefalco Sagrantino Phonsano 2015 ● 2.200 bt; 22 € - - Dopo 16 mesi di botte grande, un periodo in acciaio e un anno di affinamento in bottiglia, arriva al naso un frutto intenso accompagnato da note speziate, per un sorso dalla struttura tannica setosa e avvolgente e dal percorso appagante.
Montefalco Rosso Camorata 2016 ● 7.000 bt; 10 € - - Blend di uve sangiovese, merlot e sagrantino, profuma di frutti fragranti e note balsamiche, e ha un tannino in perfetto equilibrio, per un sorso dinamico e fresco, molto fine in ingresso.
Montefalco Sagrantino Passito Fontiola 2016 ● 900 bt da 0,5 l; 26 € - - Il vino della tradizione, delle feste e dei ricordi d'infanzia, un vino varietale che inebria il palato e il naso con la sua consistenza fatta di frutti maturi, e con una spalla acida che facilita il sorso possente e incisivo.

ha 3,5 - **bt** 10.000
Fertilizzanti organo-minerali
Fitofarmaci chimici di sintesi, rame e zolfo
Diserbo chimico, lavorazione meccanica/manuale
Lieviti fermentazione spontanea, selezionati industriali
Uve 100% di proprietà
Certificazione nessuna certificazione

COLLE DEL SARACENO

SCONTO **-10%**

Località Pietrauta - Via Todi, 37/c - tel. 0742 379500 - 349 6640575
www.cantinabotti.com - info@cantinabotti.com

VITA - La storia della famiglia Botti ha origini antiche, risalenti agli inizi del Novecento. L'azienda si trova a pochi chilometri da Montefalco, da sempre la terra più vocata per la coltivazione del sagrantino. È Francesco Botti a prendersi cura di questa realtà, seguendo scrupolosamente tutta la produzione.

VIGNE - I vigneti si estendono per 10 ettari lungo un suggestivo crinale che guarda Assisi e Spoleto, a 400 metri di quota. La trama dei suoli è leggera, composta da ciottoli di sabbia e banchi di argilla. Le vigne, allevate per la maggior parte a cordone speronato alto, godono di un'esposizione strategica a sud, che garantisce giusta ventilazione e importanti escursioni termiche, elementi fondamentali per la qualità organolettica delle uve.

VINI - La famiglia Botti da decenni si concentra soprattutto sulla produzione di Sagrantino, cercando di custodirne le tradizioni di vinificazione. Nel tempo Francesco ha deciso di mettersi alla prova anche con altri vitigni come il sangiovese, il merlot e il grechetto. Da sempre il suo obiettivo è quello di valorizzare la territorialità nei suoi vini.

Montefalco Sagrantino Passito 2016 ● 5.000 bt da 0,375 l; 22 € - Grazie all'esposizione della vigna, costantemente soleggiata e ventilata, le uve giungono a maturazione ricche di zuccheri. Vengono poi lasciate ad appassire su graticci per mesi, come vuole la tradizione. Un lavoro minuzioso che dà vita al gioiello della famiglia Botti: l'impatto è balsamico e speziato, e il tannino è in evidenza ma ben integrato. Al palato risulta setoso e scorrevole.
Montefalco Sagrantino 2016 ● 9.000 bt; 22 € - Austero, vegetale, verace.
Rosso Galdino 2019 ● sagrantino, sangiovese, merlot, cabernet sauvignon; 11.000 bt; 9 € - Astringente, fruttato, gastronomico.

ha 10 - **bt** 30.000
Fertilizzanti sovescio
Fitofarmaci rame e zolfo
Diserbo lavorazione meccanica/manuale
Lieviti fermentazione spontanea
Uve 100% di proprietà
Certificazione nessuna certificazione

FONGOLI

SCONTO **-10%**

Località San Marco, 67 - tel. 0742 378930
www.fongoli.com - info@fongoli.com

VITA - La famiglia Fongoli racconta il territorio umbro attraverso i suoi vini: nata a inizio Novecento per opera di Decio Fongoli, oggi è gestita dal figlio Angelo insieme alla moglie Letizia Ferracchiato, che rappresentano la quarta generazione al timone. Il loro è stato sempre un approccio attento al rispetto dell'ambiente, ed è degli ultimi anni la conversione al mondo del naturale, con l'adesione all'associazione VinNatur.

VIGNE - Ci troviamo nel cuore verde dell'Umbria, tra le splendide colline montefalchesi. La proprietà dell'azienda vanta 35 ettari di superficie tra vigneti, oliveti, boschi, e una tartufaia naturale. Le vigne contornano la cantina formando un corpo unico. Qui le lavorazioni sono ridotte al minimo: inerbimento del terreno con varietà naturali per aumentare la biodiversità, sovesci e concimazioni con stallatico.

VINI - In cantina si lavora con metodi biodinamici, valorizzando la naturalezza espressiva delle uve. Alcuni rossi fermentano in acciaio o in anfora, e invecchiano in botti grandi di legno. Per i bianchi si esce dagli schemi, sperimentando con le ossidazioni.

Montefalco Rosso 2016 ● 5.000 bt; 12 € - Nasce su terreni di medio impasto argilloso, esposti a sud-est e sud-ovest. Ha un timbro speziato e un sorso deciso. Il tannino è in evidenza ma in armonia con una piacevole freschezza acida, di bella progressione.
Rosae 2019 sagrantino; 2.000 bt da 1 l; 11 € - Dal colore rosa scuro offre profumi di piccoli frutti rossi. Al gusto è delicato, articolato da una buona freschezza acida. Chiude con una piacevole persistenza.
Biancofongoli 2019 O trebbiano spoletino; 13.000 bt; 11 € - Bianco macerato, integrato, erbaceo, leggiadro.
Trebbiano Spoletino Laetitia Bollarum 2019 trebbiano spoletino; 6.000 bt; 14 € - Metodo Ancestrale, agile, floreale, delicato.

ha 23 - **bt** 65.000
Fertilizzanti preparati biodinamici, sovescio
Fitofarmaci organici
Diserbo lavorazione meccanica/manuale
Lieviti fermentazione spontanea
Uve 100% di proprietà
Certificazione biologico certificato

FRATELLI PARDI

SCONTO -10%

Via Giovanni Pascoli, 7/9 - tel. 0742 379023
www.cantinapardi.it - info@cantinapardi.it

VITA - I fratelli Alberto e Gianluca Pardi sono i protagonisti di una storia di famiglia che affonda le radici fino ai bisnonni, che fin dal 1919 producevano vino venduto perlopiù in zona, ma anche fino alla capitale e in Vaticano. La madre Clorinda Lucchetta Afra si occupa dell'accoglienza nello stabile ristrutturato che ospita la cantina. Prezioso il contributo di Giovanni Dubini nella realizzazione dei vini, e dell'agronomo Tiziano Maschio.

VIGNE - Uno dei cinque appezzamenti che compongono il vigneto sfiora le mura di Montefalco. Gli altri si trovano in diverse località tra i 200 e i 350 metri di quota, su terreni prevalentemente argillosi, a tratti con un po' di scheletro, e sono esposti tra est e sud con discreta ventilazione. I vitigni a bacca nera sono generalmente gestiti a cordone speronato, quelli a bacca bianca a guyot.

VINI - I vini sono giocati su freschezza e facilità di beva, anche per i rossi, per cui sono previsti macerazioni brevi e l'utilizzo di botte grande.

TOP **Spoleto Trebbiano Spoletino 2019** VINO QUOTIDIANO ○ 5.000 bt; 10 € - Versione essenziale del vitigno che apprezziamo per fragranza, slancio e succosità, oltre al prezzo naturalmente.
Spoleto 2018 ○ trebbiano spoletino; 2.500 bt; 17 € - Fruttato, croccante, floreale, entra fresco in bocca e procede con buona polpa, per poi chiudere in equilibrio tra note calde e acidità.
Montefalco Sagrantino Sacrantino 2016 ● 1.200 bt; 34 € - Profuma di frutta, spezie e fiori. Al palato troviamo una struttura misurata, per un sorso avvolgente che ti fa salire tra le nuvole e, grazie all'acidità e alla fine trama tannica, ti riporta a terra, appagato.
Montefalco Sagrantino 2016 ● 12.000 bt; 22 € - Articolato, fruttato, consistente.
Montefalco Rosso 2018 ● 28.000 bt; 10 € - Fitto, fruttato, compatto.

ha 13 - **bt** 55.000
Fertilizzanti minerali, organo-minerali
Fitofarmaci rame e zolfo
Diserbo lavorazione meccanica/manuale
Lieviti selezionati industriali
Uve 100% di proprietà
Certificazione nessuna certificazione

MONTEFALCO (PG)

PERTICAIA

SCONTO -10%

Località Casale - tel. 0742 379014
www.perticaia.it - info@perticaia.it

VITA - Il passaggio di consegne fra la precedente gestione e i nuovi proprietari (la famiglia Becca) non ha stravolto lo stile aziendale, che rimane chiaramente diretto a realizzare vini in cui la qualità viene esaltata da un tocco leggero nell'utilizzo del legno e da una vinificazione priva di estremismi enologici. Un gruppo di giovani e appassionati collaboratori contribuisce a rendere la cantina una realtà dinamica e in crescita.

VIGNE - La produzione poggia su 26 ettari di vigneti, per la maggior parte a ridosso del centro aziendale. L'obiettivo è di arrivare gradualmente a 50 ettari, con un notevole incremento. La sostenibilità delle scelte agronomiche è confermata dal percorso che l'azienda ha intrapreso per la conversione al biologico, un ulteriore passo in avanti.

VINI - Lo stile vitale e fresco dell'azienda si riflette sui vini, di facile beva ed eleganti, precisi e piacevoli.

Motefalco Rosso Ris. 2016 ● 7.500 bt; 17 € - Sentori di more e ribes, con leggere note speziate e di scorza di agrume, aprono la strada a una trama tannica in equilibrio, con una struttura importante sostenuta da un'acidità che conferisce scorrevolezza.
Trebbiano Spoletino 2019 ○ 20.000 bt; 11 € - Un bianco di notevole impatto: l'ingresso morbido è esaltato da un'evidente spalla acida, e il finale è gradevolmente amaro. Al naso si avverte un sentore di mela con un leggero tocco balsamico.
Umbria Rosato 2019 sagrantino; 20.000 bt; 9 € - Un vino che offre una buona vivacità e freschezza, che mitigano un ingresso morbido. Percettibile la trama tannica. All'olfatto presenta sentori di fragole e frutta rossa.
Del Posto 2018 ○ trebbiano spoletino; 3.000 bt; 17 € - Armonico, minerale, sapido.
Montefalco Rosso 2016 ● 40.000 bt; 12 € - Agile, speziato, essenziale.

ha 26 - **bt** 150.000
Fertilizzanti letame in pellet
Fitofarmaci rame e zolfo
Diserbo lavorazione meccanica/manuale
Lieviti fermentazione spontanea, selezionati industriali
Uve 100% di proprietà
Certificazione in conversione biologica

RAÌNA €

Frazione Turri Case Sparse, 42 - tel. 347 6014856
www.raina.it - info@vini-raina.it

VITA - Francesco Mariani, giovane produttore umbro dalle idee molto chiare, ha una visione dei suoi vini ben definita: «non sono vini da degustare, ma da bere». Un punto di vista che ci trova in accordo e che possiamo confermare. Dal 2012 Francesco ha abbracciato le pratiche dell'agricoltura biodinamica, perché, secondo lui, il vignaiolo deve custodire la terra che lo ospita.

VIGNE - Il vigneto è stato piantato tra il 2002 e il 2010 su terreni in prevalenza argillosi e ricchi di scheletro, sulle colline che circondano la cantina, ad altitudini di circa 300 metri. Un altro pezzo del parco vitato si sviluppa però nella parte più bassa, a circa 200 metri di quota: lì troviamo il trebbiano spoletino e altre varietà.

VINI - Una gamma di vini che merita approfondimento, espressione naturale di un territorio vocato e di una filosofia del bere da condividere.

TOP **Rosso della Gobba 2018** VINO QUOTIDIANO ● sangiovese, sagrantino, montepulciano; 13.000 bt; 10 € - Al naso emerge un frutto intenso e ben definito. In bocca si distende grazie alla spalla acida, che ne esalta la tensione.
Montefalco Sagrantino Campo di Raìna 2016 ● 1.200 bt; 27 € - Affina 24 mesi in botti grandi, 12 mesi in acciaio e 12 in bottiglia. Al naso troviamo frutti rossi e spezie, e il palato è polposo, ben sostenuto dall'acidità che ne esalta la profondità. La trama tannica avvolgente si tuffa in un finale succoso.
La Peschiera di Pacino Bianco 2018 ○ trebbiano toscano; 6.600 bt; 10 € - Macera sulle bucce per tre giorni in vasche di acciaio, acquisendo complessità: le note fruttate e floreali aprono la strada a un palato di carattere, con una bella materia, fresco, progressivo e con un finale gustoso.
Trebbiano Spoletino 2019 ○ 13.000 bt; 13 € - Bianco macerato, articolato, fruttato, ampio.

ha 10 - **bt** 50.000
Fertilizzanti sovescio
Fitofarmaci organici, preparati biodinamici, rame e zolfo
Diserbo lavorazione meccanica/manuale
Lieviti fermentazione spontanea
Uve 100% di proprietà
Certificazione biodinamico certificato

MONTEFALCO (PG)

ROMANELLI

SCONTO **-10%**

Frazione Colle San Clemente, 129/a - tel. 0742 371245
www.romanelli.se - info@romanelli.se

VITA - Amedeo Romanelli ha deciso di acquistare il podere nel 1978, e da lì ha iniziato a scrivere la storia produttiva della famiglia. Inizialmente era un'azienda agricola, poi, con la seconda generazione, quella di Costantino, si è sviluppata di più la parte dell'olivicoltura. È con l'arrivo del figlio Devis, nel 2003, che si è ricominciato a piantare i vigneti, e la prima annata vinificata è arrivata nel 2007.

VIGNE - Siamo a Colle San Lorenzo, a una quota compresa tra i 300 e i 350 metri. La composizione dei terreni è per la maggior parte argillosa e calcarea. Si pratica la lotta integrata per mantenere l'equilibrio, seguendo un progetto, Romanelli Natura, che è inziato nel 2008 e che sostiene l'ecosistema ambientale rinunciando alle sostanze chimiche.

VINI - L'obiettivo è dare un'identità al vino sin dal primo sorso, un'individualità che valorizzi sia lo stile produttivo, sia il territorio di provenienza.

TOP **Montefalco Rosso Molinetta Ris. 2016** ● 2.000 bt; 29 € - Un bicchiere che non stanca: il frutto è fragrante, fresco e avvolgente, la complessità degli aromi si distende elegante e intensa, in un contesto complessivo agile ed equilibrato.
Le Tese 2018 ○ 3.500 bt; 21 € - Trebbiano spoletino da viti maritate, è fresco e aromatico, con fiori e frutti che volteggiano possenti e sinuosi per rendere onore a questo vitigno, qui in un'espressione coinvolgente e dinamica.
Grechetto 2019 ○ 8.000 bt; 12 € - Fruttato e minerale, con una buona complessità olfattiva, ha una bocca ampia e succosa. La considerevole struttura è sostenuta da una buona spalla acida.
Montefalco Sagrantino Medeo 2016 ● 1.000 bt; 69 € - Solido, fruttato, complesso.
Montefalco Sagrantino 2016 ● 7.000 bt; 35 € - Setoso, fruttato, armonico.

ha 8 - **bt** 40.000
Fertilizzanti nessun concime
Fitofarmaci rame e zolfo
Diserbo lavorazione meccanica/manuale
Lieviti selezionati industriali, selezione di lieviti indigeni
Uve 100% di proprietà
Certificazione biologico certificato

MONTEFALCO (PG)

SCACCIADIAVOLI

SCONTO **-10%**

Località Cantinone, 31 - tel. 0742 371210 - 339 4636766
www.scacciadiavoli.it - info@scacciadiavoli.it

VITA - La cantina Scacciadiavoli è stata fondata da Ugo Boncompagni Ludovisi, che da Roma è arrivato a Montefalco, in una zona che riteneva essere ad alta vocazione vitivinicola. Era il 1884, e Amilcare Pambuffetti, che vi lavorava come operaio, ne è diventato proprietario nel 1954. Oggi i cugini Liù e Jacopo Pambuffetti, che guidano l'azienda, usufruiscono ancora dei sistemi di movimento del vino, di controllo della temperatura e di igienizzazione dell'epoca.

VIGNE - I terreni si trovano a 400 metri di quota. La composizione è per la maggior parte argillosa, con presenza di sabbia per i vigneti esposti a nord, dove troviamo le uve a biacca bianca e il sagrantino utilizzato per gli spumanti. Nelle terre esposte a sud, la struttura del suolo è più sassosa: qui si coltivano prevalentemente uve a bacca nera. A filari alternati si pratica il sovescio.

VINI - La produzione si spinge verso vini sempre più bilanciati e più eleganti, senza estrazioni esagerate, in modo da renderli più freschi e di facile beva.

TOP **Montefalco Sagrantino Passito 2016** ● 8.000 bt da 0,375 l; 28 € - Splendida interpretazione di un vino tradizionale e raro; note di cioccolato con richiami terrosi e balsamici, la bocca è tesa in armonia tra dolcezza avvolgente e tensione tannica.
Montefalco Sagrantino 2015 ● 35.000 bt; 23 € - Un profilo olfattivo complesso, con note di frutta matura, accarezza le narici per poi sfociare in bocca sullo stesso registro e trovare una buona freschezza acida. Il tannino è di buona qualità e bene in evidenza.
Montefalco Grechetto 2019 ○ 25.000 bt; 9 € - Piacevole espressione dell'uva grechetto: floreale e aromatico, si sviluppa in un sorso piacevole e disinvolto, con un percorso sottile che sfiora il palato.
Montefalco Rosso 2017 ● 100.000 bt; 12 € - Fresco, fruttato, scomposto.

ha 39 - **bt** 250.000
Fertilizzanti letame in pellet, sovescio
Fitofarmaci rame e zolfo
Diserbo lavorazione meccanica/manuale
Lieviti selezionati industriali
Uve 100% di proprietà
Certificazione nessuna certificazione

MONTEFALCO (PG)

TABARRINI

SCONTO **-10%**

Frazione Turrita - tel. 0742 379351
www.tabarrini.com - info@tabarrini.com

VITA - Giampaolo Tabarrini è l'anima vitale di questa cantina. Mai sazio di conoscenza e di voglia di migliorarsi, si pone obiettivi ambiziosi e sempre nuovi, senza fermarsi davanti al successo dei suoi vini. La nuova cantina è oramai completata: a seguire è prevista la conclusione dei lavori della parte ricettiva e di degustazione.

VIGNE - Le vigne sono dislocate in più appezzamenti, e presentano terreni dalle composizioni molto diverse tra loro, così come le altitudini e le esposizioni che ritroviamo nei diversi cru di sagrantino. Dalla cantina si vede una parte del parco vitato, che si distende verso il fondo valle, dove troviamo anche il nuovo impianto di trebbiano spoletino. Sono però i vecchi impianti di questo vitigno a suscitare entusiasmo e incredulità: vigne ultracentenarie maritate all'acero.

VINI - Ogni vino di Giampaolo è il racconto di un lascito familiare che non vuole dimenticare, e di una cultura contadina di cui va fiero.

TOP **Montefalco Sagrantino Campo alla Cerqua 2016** VINO SLOW ● 1.700 bt; 41 € - Di grande potenza gustativa, rimane tuttavia elegante e piacevole, fresco, capace di distendersi in progressione con un tannino fine e avvolgente.
Adarmando 2018 ○ trebbiano spoletino; 10.000 bt; 17 € - Da vigna maritata, è una testimonianza del passato. Si presenta con un'ampia gamma aromatica, ricco di materia, vibrante al palato. Chiude in crescendo grazie a un'acidità ben equilibrata.
Montefalco Sagrantino Colle Grimaldesco 2016 ● 6.700 bt; 29 € - Un vino che si caratterizza per tipicità: la potenza tannica e la finezza gustativa trovano qui un equilibrio pressoché perfetto.
Il Padrone delle Vigne Bianco 2019 ○ trebbiano spoletino; 3.500 bt; 9 € - Avvolgente, minerale, profondo.
Montefalco Sagrantino Colle alle Macchie 2016 ● 1.700 bt; 41 € - Potente, balsamico, complesso.

ha 16 - **bt** 70.000
Fertilizzanti sovescio
Fitofarmaci rame e zolfo
Diserbo lavorazione meccanica/manuale
Lieviti fermentazione spontanea
Uve 100% di proprietà
Certificazione nessuna certificazione

MONTEFALCO (PG)

VALDANGIUS

SCONTO -10%

Località San Marco - Via Case Sparse, 84 - tel. 333 4953595
www.cantinavaldangius.it - valdangius@gmail.com

VITA - Oltre un secolo di storia, quattro le generazioni che hanno lavorato questa terra, dal seminativo all'allevamento di bestiame, dall'olivo alla vite, per approdare nel 2012 al primo imbottigliamento. Valdangius è quella che si dice un'azienda a conduzione familiare in cui tutti fanno quasi tutto: Giuseppe Antonelli e Maria Giovanna Rapastella sono i genitori di Sandra e Danilo, quest'ultimo vero fulcro di questa dinamica realtà di Montefalco.

VIGNE - La palese biodiversità data dall'alternanza di seminativi e siepi, piccoli boschi, oliveti e vigneti, dipinge l'ameno paesaggio sulle colline in località San Marco, dove, nei pressi della cantina, si sviluppano i filari vitati. Ci troviamo a un'altitudine intorno ai 350 metri, su terreni argillosi dove, per scelta aziendale, la gestione delle piante a guyot sta prevalendo sul cordone speronato.

VINI - Fermentazioni spontanee per vini di carattere e che, al di là della struttura più o meno pronunciata, vogliono conservare facilità di beva.

Montefalco Sagrantino Passito Angelina 2016 ● 836 bt da 0,5 l; 29 € - Frutta matura al naso, more e ribes nero, mirtilli e prugna. Il sorso è morbido, succoso, innervato della giusta carica tannica e con l'acidità a bilanciare il palato.

Montefalco Sagrantino Fortunato 2016 ● 2.488 bt; 25 € - Ampio nei profumi di frutti neri e rossi, e nei cenni floreali e speziati, al palato è austero e consistente, con un tannino ben modulato e molto presente, e un finale lungo e gradevole.

Montefalco Rosso Pippinello 2017 ● 3.800 bt; 12 € - Fruttato e floreale, in bocca è scorrevole, con buon corpo e freschezza. Chiude su note fruttate.

Campo de Pico 2019 O trebbiano spoletino; 4.000 bt; 12 € - Articolato, floreale, leggiadro.

Filium 2018 O trebbiano spoletino; 542 bt; 22 € - Solido, fruttato, incisivo.

ha 5 - bt 15.000
Fertilizzanti letame, sovescio
Fitofarmaci chimici di sintesi, rame e zolfo
Diserbo lavorazione meccanica/manuale
Lieviti fermentazione spontanea
Uve 100% di proprietà
Certificazione nessuna certificazione

MONTEGABBIONE (TR)

CASTELLO DI MONTEGIOVE €

SCONTO -10%

Frazione Montegiove - Via Beata Angelina, 1 - tel. 0763 837473
www.castellomontegiove.com - info@castellomontegiove.com

VITA - Al Castello di Montegiove i cambiamenti sono sempre numerosi. Dopo aver inserito la figura di un perito agrario per la gestione dei vigneti, l'ultima arrivata, l'enologa portoghese Teresa Gaspar, dall'aprile 2019 segue tutte le fasi di cantina. Si allarga il gruppo dei professionisti che da tutto il mondo portano conoscenza a un'azienda moderna che vuole crescere e che, come dice il titolare Lorenzo Misciatelli, deve saper parlare tutte le lingue.

VIGNE - La posizione dei vigneti nella parte più alta del territorio orvietano, ricca di boschi, con oltre 800 ettari di proprietà e una riserva di caccia, un clima più fresco e una buona ventilazione, consente una gestione poco interventista del parco vitato. Completano l'azienda l'oliveto, 200 ettari di seminativo, un allevamento di chianina e l'agriturismo.

VINI - Lo stile dei vini perseguito negli anni precedenti sta trovando un equilibrio maggiormente rispettoso delle caratteristiche peculiari ed espressive del vitigno.

TOP **Orvieto Cl. Bi.An.Co. 2019** VINO QUOTIDIANO O 2.800 bt; 8 € - Il deciso spettro aromatico punta su sentori fruttati e profumi di macchia mediterranea. Il calore in bocca è bilanciato da una piacevole nota sapida, che delinea un Orvieto di grande identità.

Orvietano Rosso Gatto Gatto 2018 ● 12.000 bt; 9 € - Fruttato, asciutto in bocca, quasi scheletrico, fa della dinamica il suo forte. Solo la metà della massa affina in botti piccole per circa otto mesi.

Orvietano Rosso Mi.Mo.So. 2013 ● 4.000 bt; 11 € - Succoso, fruttato, energico.

Orvieto Rosso Elicius 2013 ● 4.000 bt; 20 € - Astringente, intenso, profondo.

Rosato Ro.Sa.To 2019 ● sangiovese, montepulciano, canaiolo nero; 4.000 bt; 8 € - Denso, fruttato, opulento.

ha 13 - bt 30.000
Fertilizzanti letame, organo-minerali, sovescio
Fitofarmaci chimici di sintesi, rame e zolfo
Diserbo chimico, lavorazione meccanica/manuale
Lieviti selezionati industriali
Uve acquisto 90%
Certificazione nessuna certificazione

ORVIETO (TR)

AJOLA

Frazione Sugano, 26 - tel. 335 7271484
jacopobattista@yahoo.it

VITA - All'inizio del 2011 Jacopo Battista ha deciso di acquistare un vecchio vigneto abbandonato in una zona a metà strada tra Toscana, Umbria e Lazio. Le sue competenze di agronomo erano la sola arte che possedeva e nel tempo ha affinato tecniche spesso sperimentali. Oggi possiamo dire che la piccola azienda Orvietana è una realtà con la quale anche le cantine più conosciute della zona devono confrontarsi.

VIGNE - Le vigne si trovano a circa 500 metri di quota. La collina su cui si trovano si chiama Ajola, da qui il nome dell'azienda: questo rilievo risente della ventilazione costante e degli influssi umidi del vicino lago di Bolsena. Il terreno di origine vulcanica con ricca componente sabbioso-argillosa fa il resto, per vini dal gusto sincero e lontano dagli standard industriali.

VINI - L'impronta artigianale dei vini di Jacopo la si può apprezzare in tutti i vini che escono dalla cantina. Negli anni il lavoro fatto ha permesso il raggiungimento di un livello che ormai rimane costante nel tempo.

Bianco Macerato 2019 ○ procanico; 1.000 bt; 15 € - Un vino che si lascia bere fino in fondo, grazie a un sorso di carattere e scorrevole: il piacere di aprire una bottiglia che regala emozioni.
Rosso Bandiera 2018 ● sangiovese; 1.000 bt; 14 € - Il tannino di questo ottimo vino spinge a chiedere cibo e poi ancora un sorso. Il finale è sapido e asciutto.
Rosso Castagno 2019 ● grechetto rosso; 600 bt; 14 € - Vino da aprire tutti i giorni: in bocca è fresco e ricco di sfumature. È figlio di un'ottima annata.
Bianco 2019 ○ procanico, grechetto; 1.000 bt; 14 € - Armonico, floreale, autentico.

ha 5 - **bt** 8.000
Fertilizzanti preparati biodinamici, sovescio
Fitofarmaci rame e zolfo
Diserbo lavorazione meccanica/manuale
Lieviti fermentazione spontanea
Uve 100% di proprietà
Certificazione biologico certificato

ORVIETO (TR)

CASTELLO DI CORBARA

SCONTO -10%

Località Corbara, 7 - tel. 0763 304035
www.castellodicorbara.it - info@castellodicorbara.it

VITA - Quella del Castello di Corbara è una delle aziende che tra le prime nell'Orvietano ha puntato sul binomio vino e turismo, grazie alla disponibilità di casali sparsi tra i vigneti. L'agronoma Francesca Bernicchi, che cura prima di tutto la parte tecnica, ha messo a punto il servizio di accoglienza. In cantina, da quest'anno, è affiancata dall'enologo Massimo Bartolini.

VIGNE - Continua il rinnovamento dei vigneti, del sangiovese in particolare ma anche di vecchie parcelle per l'Orvieto. Dopo un'iniziale predilezione per i rossi, oggi si punta molto anche sui bianchi autoctoni. L'eterogeneità dei suoli, la presenza del lago di Corbara e le diverse quote altimetriche, con oltre 200 metri di dislivello, consentono una produzione molto diversificata.

VINI - L'utilizzo della tecnologia aiuta a mantenere il massimo della qualità delle uve esaltando le peculiarità dei singoli vitigni. Da segnalare il buon livello di crescita dei bianchi, anche nella linea di ingresso.

Orvieto Cl. Sup. 2019 ○ 30.000 bt; 8 € - Ha sentori di frutta matura e un sorso appagante, segnato da una sapidità che allunga il finale.
Grechetto 2019 ○ 24.000 bt; 8 € - I piacevoli sentori di frutta esotica e di gelsomino sono sostenuti da una vibrante spinta acida.
Lago di Corbara Cabernet Sauvignon 2018 ● 6.000 bt; 17 € - Note floreali con sfumature vegetali anticipano una beva scorrevole. Un vino gastronomico.
Orzalume 2019 ○ grechetto, sauvignon blanc; 6.000 bt; 13 € - Croccante, fruttato, consistente.
Lago di Corbara De Coronis 2018 ● 6.000 bt; 21 € - Avvolgente, fruttato, consistente.
Lago di Corbara Calistri Ris. 2018 ● 3.000 bt; 25 € - Astringente, agrumato, teso.

ha 100 - **bt** 250.000
Fertilizzanti nessun concime
Fitofarmaci chimici di sintesi, rame e zolfo
Diserbo lavorazione meccanica/manuale
Lieviti selezionati industriali
Uve 100% di proprietà
Certificazione nessuna certificazione

ORVIETO (TR)

DECUGNANO DEI BARBI

SCONTO -10%

Località Fossatello, 50 - tel. 0763 308255
www.decugnano.it - info@decugnano.it

VITA - La storia della produzione di vino a Decugnano è antichissima: le prime notizie sono addirittura di oltre 800 anni fa. Risale al 1973 invece il legame di questo bellissimo luogo con la famiglia Barbi, anno in cui Claudio, ai tempi imbottigliatore a Brescia, ha acquistato questa azienda per produrre vino di qualità. Oggi alla guida della cantina c'è il figlio Enzo, giovane e competente, aiutato da una valida squadra.

VIGNE - Negli ultimi anni l'attenzione e il rispetto per la terra sono cresciuti sempre di più, cercando di limitare l'uso della chimica tra i filari. È stata avviata una sperimentazione interna per la conduzione biodinamica di un appezzamento di 4 ettari di chardonnay, vermentino e syrah. I vigneti sono a un'altitudine di circa 350 metri e crescono su un caratteristico terreno argilloso-sabbioso, ricco di sedimenti marini.

VINI - Vi è una grande attenzione per la qualità dei vini prodotti. L'anno di affinamento in bottiglia anche per i bianchi fa sì che possano rivelare le loro peculiarità già al momento dell'uscita, e li rende riconoscibili e capaci di esprimere al meglio il territorio.

TOP **Orvieto Cl. Sup. Il Bianco 2018** O 20.000 bt; 17 € - Ricco di frutta, sostenuto da una buona freschezza non esasperata, rimane morbido ed espressivo. Ha persistenza e mineralità.

Il Rosso 2017 ● syrah, montepulciano, cabernet sauvignon; 18.000 bt; 22 € - Profuma di frutti rossi e spezie. Avvolgente, con una freschezza che dona dinamicità, denota un tannino ben integrato.

M. Cl. Brut 2015 chardonnay, pinot nero; 8.000 bt; 22 € - Dall'effervescenza elegante, profuma di crosta di pane e frutta matura. In bocca è fresco e minerale.

Orvieto Cl. Villa Barbi 2018 O 30.000 bt; 13 € - Agile, fruttato, rilassato.

Maris 2016 O chardonnay; 2.000 bt; 17 € - Armonico, speziato, sapido.

ha 32 - **bt** 110.000
Fertilizzanti letame in pellet, sovescio
Fitofarmaci chimici di sintesi, rame e zolfo
Diserbo lavorazione meccanica/manuale
Lieviti selezionati industriali
Uve 100% di proprietà
Certificazione nessuna certificazione

ORVIETO (TR)

LAPONE

SCONTO -10%

Strada del Lapone, 8 - tel. 331 2058368 - 347 5472898
www.cantinalapone.com - cantinalapone@gmail.com

VITA - Nei primi anni Duemila i coniugi Piero Cantarelli e Ramona Bonaccini hanno iniziato la loro avventura nel complicato mondo del vino. Inizialmente le loro uve entravano nel grande calderone delle cooperative locali, ma dal 2011 hanno pensato di gestire, insieme all'enologo Vincenzo Mercurio, l'intero processo produttivo, con risultati che ormai rendono i vini dell'azienda tra i migliori dell'Orvietano.

VIGNE - L'area in cui si trovano i 20 ettari di vigna è una delle più interessanti dal punto di vista delle caratteristiche del terreno per la zona di Orvieto. Il Podere Caiano è il centro della tenuta, e qui il suolo è di origine vulcanico-argillosa. La notevole escursione termica tra giorno e notte tipica di questa zona conferisce ai vini la giusta freschezza e ricchezza di aromi. Gli impianti, gli ultimi del 2011, sono tutti a guyot.

VINI - I vini della cantina Lapone sono una piacevole scoperta che con il passare del tempo conferma l'impegno e la crescita costante della qualità dei prodotti. Troviamo bottiglie pronte da stappare e facili da abbinare, ma anche vini che meritano di riposare in cantina per essere apprezzati tra qualche anno.

Orvieto Cl. L'Escluso 2019 O 5.500 bt; 17 € - Macedonia di frutta estiva con cenni minerali al naso. Il palato è pieno e complesso, per un blend che qui trova davvero grande equilibrio.

Rosso 2019 ● cabernet sauvignon, merlot; 5.000 bt; 12 € - Pronto da bere, in bocca è semplice e facile da abbinare: potete aprirlo subito.

Chardonnay 2019 O 7.000 bt; 12 € - Un vino fresco, cremoso nelle note di vaniglia in bocca, che stupisce per equilibrio e persistenza.

Ramato 2019 ● pinot grigio; 4.000 bt; 12 € - Dinamico, fruttato, armonico.

ha 20 - **bt** 25.000
Fertilizzanti organo-minerali
Fitofarmaci rame e zolfo
Diserbo lavorazione meccanica/manuale
Lieviti selezione di lieviti indigeni
Uve 100% di proprietà
Certificazione in conversione biologica

MADONNA DEL LATTE

Località Sugano, 11 - tel. 335 6490956
www.madonnadellatte.it - info@madonnadellatte.it

VITA - La proprietà è stata acquistata nel 2000 con l'intento di farvi nascere un'azienda vitivinicola, quando c'erano solo un terreno promettente e un casale abbandonato. I primi vigneti sono stati piantati nel 2004, puntando all'inizio principalmente su vitigni internazionali. Oggi il casale è stato restaurato ed è diventato una moderna cantina, alla cui guida c'è Leon Zwecker, figlio della proprietaria Manuela Zardo. La consulenza enologica è di Paolo Peira.

VIGNE - L'azienda è situata in una delle colline che separano Orvieto dal lago di Bolsena. I 5 ettari di vigneto sono collocati accanto alla cantina e crescono su terreni di origine vulcanica, ricchi di sabbie tufacee, a una quota di circa 450 metri. Qui le preziose escursioni termiche sono sempre abbastanza elevate. Negli ultimi anni sono state reinnestate le viti di cabernet sauvignon con pinot nero e varietà bianche dell'Orvieto.

VINI - Lo stile è incentrato su vini di impronta moderna, puliti e precisi. Leon cerca nei suoi vini freschezza, eleganza e profumi, aiutato anche dall'altitudine dei vigneti.

Pinot Nero 2018 ● 1.500 bt; 25 € - Al naso si rivela subito con frutti rossi, spezie e una nota floreale. Dall'innata eleganza e freschezza, ha un tannino presente ma non eccessivo, ed è di buona persistenza.
Orvieto Cl. Sup. 2019 ○ 3.000 bt; 14 € - Di colore giallo paglierino tenue, con profumi di frutta fresca, è agile e sottile, e dotato di buona acidità.
Sucano 2015 ● cabernet franc, cabernet sauvignon; 3.000 bt; 26 € - Un vino complesso ed energico, di notevole struttura. Speziato, con note fruttate e di cacao, in sottofondo presenta toni vegetali. Il tannino è solido.
Brut Rosario 2019 cabernet franc, cabernet sauvignon; 3.000 bt; 14 € - Metodo Charmat, agile, floreale, leggiadro.

ha 5 - **bt** 20.000
Fertilizzanti nessun concime
Fitofarmaci rame e zolfo
Diserbo lavorazione meccanica/manuale
Lieviti selezionati industriali
Uve 100% di proprietà
Certificazione biologico certificato

ENRICO NERI

SCONTO -10%

Località Bardano, 28 - tel. 0763 316196
www.neri-vini.it - info@neri-vini.it

VITA - Nel 1951 nonno Americo ha avviato l'attività, e papà Pierluigi, agronomo, l'ha poi fatta diventare un'azienda che conferiva tutte le uve alle cooperative locali. Enrico Neri ha portato a termine la sua prima vinificazione nel 2006, e oggi produce anche uno spumante che è diventato il simbolo della nuova vita dell'Orvieto. Lavora con lui l'enologa Aurora Di Sclafani.

VIGNE - I terreni della collina di Bardano sono famosi per essere in forte pendenza e molto eterogenei. Negli anni la gestione della vigna è cambiata in modo da limitare al minimo gli interventi in cantina. Le potature sono state portate quasi tutte a guyot, tra i filari si pianta il favino per il sovescio e si raccoglie a mano.

VINI - Leggere chiarifiche e attenzione alle temperature contraddistinguono uno stile di vinificazione che punta sulla facilità di beva di tutti i vini.

TOP **Orvieto Cl. Sup. Ca' Viti 2019** VINO QUOTIDIANO ○ 20.000 bt; 12 € - Pienezza e calore giovano di una tensione salina che riporta l'equilibrio in bocca. Il finale è persistente e segnato da piacevoli sentori di mandorla.
Poggio Forno 2018 ● grechetto, souvignon blanc, malvasia, drupeggio, trebbiano; 3.000 bt da 0,5 l; 29 € - Nonostante la consistenza della materia, lo contraddistingue una dinamica gustativa di grande armonia; si muove in bocca con grazia e senza eccessi, lasciandola asciutta e pulita.
M. Cl. Barrage 2016 grechetto; 5.000 bt; 22 € - Un Metodo Classico che affina sui lieviti 32 mesi in antiche grotte tufacee: è secco, gustoso e appagante.
Bianco dei Neri 2019 ○ chardonnay, sauvignon blanc; 8.000 bt; 11 € - Avvolgente, fruttato, profondo.
Vardano 2019 ○ grechetto; 4.000 bt; 17 € - Pungente, fruttato, stratificato.
Rosso dei Neri 2019 ● merlot, montepulciano; 10.000 bt; 12 € - Astringente, fruttato, gastronomico.

ha 52 - **bt** 60.000
Fertilizzanti letame in pellet, organo-minerali, sovescio
Fitofarmaci chimici di sintesi, rame e zolfo
Diserbo lavorazione meccanica/manuale
Lieviti fermentazione spontanea, selezionati industriali
Uve 100% di proprietà
Certificazione nessuna certificazione

PALAZZONE

SCONTO -10%

Località Rocca Ripesena, 68 - tel. 0763 344921
www.palazzone.com - info@palazzone.com

VITA - L'annata 2019, come racconta Giovanni Dubini, è figlia di un'estate complicata, con una forte riduzione della produzione, anche se il vino ha retto bene. Segno, a detta sua, di un'attenzione sempre maggiore del figlio Pietro, che interpreta il lavoro in cantina in modo professionale. Nei progetti dell'azienda, che ha fatto tesoro di questa esperienza, non c'è l'idea di crescere in quantità, ma di puntare sempre di più sulla qualità e sui servizi di accoglienza.

VIGNE - Palazzone vuole valorizzare contemporaneamente l'azienda e il territorio a cui appartiene. Le vigne, che si sviluppano intorno alla cantina, godono di esposizioni fresche e insistono su terreni di spiccata variabilità geologica.

VINI - In questa visione dei Dubini, padre e figlio, lo stile da seguire diventa un problema secondario: la vera ricerca è l'autenticità. Il livello di tutti i vini è molto alto, soprattutto sui bianchi.

TOP **Grechetto 2019** VINO SLOW ○ 5.000 bt; 13 € - Tenue al naso ma di decisa progressione in bocca, dove ci sono tensione acida e sapidità.
Orvieto Cl. Sup. Terre Vineate 2019 ○ grechetto, procanico, verdello; 30.000 bt; 12 € - Alle note di frutta esotica mischia sentori di macchia mediterranea. In bocca entra morbido, si muove denso, e finisce mandorlato.
Musco 2017 ○ procanico, verdello, malvasia; 1.567 bt; 34 € - Un vino speciale, frutto di una sola particella di nove filari, che fermenta un anno in botte di castagno. Ai sentori di paglia e fiori di camomilla affianca profumi di muschio e terra. In bocca è scorrevole, con un finale agrumato.
Orvieto Cl. Sup. Muffa Nobile 2017 ● procanico, grechetto, sauvignon blanc; 3.500 bt da 0,375 l; 26 € - Ampio, fruttato, armonico.
Armaleo 2017 ● cabernet sauvignon, cabernet franc; 2.500 bt; 26 € - Ruvido, fruttato, verticale.

ha 24 - **bt** 140.000
Fertilizzanti letame, organo-minerali
Fitofarmaci rame e zolfo
Diserbo lavorazione meccanica/manuale
Lieviti selezionati industriali
Uve 100% di proprietà
Certificazione nessuna certificazione

TENUTA LE VELETTE

Frazione Canale di Orvieto - Località Le Velette, 23 - tel. 0763 29090
www.levelette.it - info@levelette.it

VITA - La storia che lega la famiglia Bottai alla Tenuta le Velette è molto lunga: da ben sette generazioni sono alla guida dell'azienda e hanno vissuto in prima linea la storia degli ultimi 150 anni dell'agricoltura umbra e in particolare di Orvieto. L'arrivo della nuova generazione in cantina ha portato nuove energie e nuovi punti di vista, avviando la sperimentazione di approcci ancora più rispettosi della terra.

VIGNE - I vigneti crescono su terreni tufacei di origine vulcanica, a un'altitudine di circa 300 metri. In vigna è in atto un'evoluzione: si sperimentano metodologie di coltivazione e di intervento sempre più specifiche e meno invasive. L'ingresso in azienda dell'agronomo Matteo Mancini, che propone un'agricoltura organica e rigenerativa attraverso l'uso di microelementi di origine vulcanica e sovesci, sta portando a un riequilibrio dei terreni.

VINI - Lo stesso Corrado Bottai descrive bene lo stile dei suoi vini quando ci dice che sono fatti per essere bevuti in convivialità, con disinvolta attenzione.

Orvieto Cl. Berganorio 2019 ○ 85.000 bt; 8 € - Intense note di frutta fresca innervano un corpo agile e snello. Ha sapidità e verticalità che lasciano una bocca pulita e pronta per un nuovo sorso.
Orvieto Cl. Sup. Lunato 2019 ○ 15.000 bt; 10 € - Immediati sentori fruttati anticipano una bocca che ha dinamicità e un gusto pulito ed equilibrato. Una leggera nota amara chiude il sorso.
Rosso di Spicca 2018 ● sangiovese, canaiolo, merlot; 70.000 bt; 8 € - Frutta matura e spezie con cenni di liquirizia al naso. Il sorso ha un tannino ben integrato, con richiami agrumati che lasciano una piacevole sensazione di freschezza.
Accordo 2016 ● sangiovese; 9.000 bt; 13 € - Articolato, speziato, avvolgente.
Traluce 2019 ○ sauvignon blanc; 11.000 bt; 13 € - Teso, agrumato, varietale.

ha 100 - **bt** 250.000
Fertilizzanti sovescio
Fitofarmaci rame e zolfo
Diserbo lavorazione meccanica/manuale
Lieviti selezionati industriali
Uve 100% di proprietà
Certificazione nessuna certificazione

PERUGIA

MARCO MERLI

SCONTO **-10%**

Casa del Diavolo - Strada dei Bracceschi, 3/c - tel. 338 1029511
cantinamarcomerli@gmail.com

VITA - Marco Merli è un personaggio vulcanico che sfrutta il magma della sua curiosa passione, ancora ribollente dopo ben 16 vendemmie, per continuare a sperimentare, a cercare quell'idea in più (in vigna come in cantina) che caratterizzi i suoi vini. Agronomo ed enologo per necessità, è supportato dal padre Enzo, sempre presente in tutti i lavori.

VIGNE - Procede la messa a dimora delle vigne nel nuovo terreno collinare nei pressi dell'edificio che, dopo la ristrutturazione, ospiterà la nuova cantina. I cinque appezzamenti attualmente in produzione, uno letteralmente strappato all'incuria, sono coltivati a cordone speronato e guyot su terreni collinari argilloso-calcarei, in diverse località della zona.

VINI - In cantina Marco ha un approccio naturale: interviene poco, sperimenta con qualche macerazione carbonica, e usa pochissima solforosa. La sua genialità si risolve spesso in vini imprevedibili.

TOP **000162020 2019** VINO QUOTIDIANO ● sangiovese, merlot, ciliegiolo, cabernet sauvignon; 2.600 bt; 10 € - Fresco, fruttato, floreale, ha un sorso garbato e spensierato.
Tristo 2018 O procanico; 2.600 bt; 20 € - Si apre su sensazioni fruttate, agrumate e floreali. La progressione in bocca è decisa e dinamica, e chiude su un finale pulito e di gradevole persistenza.
Brucisco 2018 O grechetto, malvasia, procanico; 2.300 bt; 15 € - Ha sentori fruttati che ricordano la mela cotogna; è energico, con un'evidente nota tannica e finale durevole.
Zero di Babo 2019 sangiovese, ciliegiolo; 2.300 bt; 11 € - Croccante, fruttato, teso.
Mosco 2019 O moscato giallo, procanico; 1.200 bt; 15 € - Incisivo, aromatico, avvolgente.
000162020 2019 O verdello, grechetto, San Colombano, procanico, malvasia; 2.600 bt; 10 € - Schietto, fruttato, autentico.

ha 8 - **bt** 16.000
Fertilizzanti letame, sovescio
Fitofarmaci organici, rame e zolfo
Diserbo lavorazione meccanica/manuale
Lieviti fermentazione spontanea, selezione di lieviti indigeni
Uve 100% di proprietà
Certificazione nessuna certificazione

SANGEMINI (TR)

LEONARDO BUSSOLETTI

SCONTO **-10%**

Località Pianello - tel. 0744 715687
www.leonardobussoletti.it - info@leonardobussoletti.it

VITA - In molti, negli anni, hanno provato a fare il salto mortale che porta un valido venditore a diventare un produttore di vini di qualità, e Leonardo Bussoletti è uno di quelli al quale questo salto mortale è riuscito. La sua scelta, datata 2018, è certamente legata alla passione che da sempre coltiva per il territorio e in particolare per il Ciliegiolo, vino che oggi, anche e forse soprattutto grazie a lui, è sempre più in fase di crescita.

VIGNE - La nuova cantina di San Gemini raccoglie dal 2018 le uve che provengono dalle diverse vigne dislocate tra Narni, Alviano, San Gemini e Penna in Teverina. Il fiore all'occhiello è il vigneto denominato Colle Ozio, posto a circa 300 metri di quota e circondato da boschi, ricco di argilla e calcare.

VINI - Leonardo ama interpretare il territorio declinandolo secondo la sua esperienza. Tutti i vini portano la sua firma ed è impossibile non imparare a riconoscerli e ad amarli. Aprire una sua bottiglia è come ascoltarlo parlare: non ci si stanca mai.

Colle Ozio 2019 O 10.000 bt; 12 € - Di colore giallo paglierino, è un Grechetto non addomesticato, una splendida interpretazione del vitigno.
Brecciaro 2018 ● ciliegiolo di Narni; 10.000 bt; 15 € - Personale e riuscita interpretazione del Ciliegiolo, che qui sprigiona sentori di fiori e frutta rossa. In bocca è rotondo e lungo.
Rosso 05035 2019 ● ciliegiolo di Narni; 20.000 bt; 10 € - Si riconosce già al naso, grazie ai cenni affumicati e minerali. Il sorso è immediato e scorrevole.
Bianco 05035 2019 O trebbiano spoletino, grechetto; 20.000 bt; 10 € - Vibrante, floreale, elegante.

ha 9 - **bt** 60.000
Fertilizzanti nessun concime, sovescio
Fitofarmaci rame e zolfo
Diserbo lavorazione meccanica/manuale
Lieviti selezione di lieviti indigeni
Uve 100% di proprietà
Certificazione biologico certificato

CANTINA NINNI

SCONTO **-10%**

Frazione Terraia, 60/a - tel. 335 5450523
www.cantinaninnispoleto.com - info@cantinaninnispoleto.com

VITA - Ci troviamo in un piccolo promontorio nel comune di Spoleto. La storia della cantina Ninni è recente, e vede come unico protagonista Gianluca Piernera, che ha deciso di lasciare il suo lavoro da elettricista per dedicarsi esclusivamente al vino. Nel 2006 ha trovato il terreno giusto per costruire la propria abitazione, contornata da vigne verdi e rigogliose. Dopo anni di sperimentazioni, nel 2012 ha messo in commercio le sue due prime bottiglie: Diavolocciu e Misluli. Da lì è arrivato uno straordinario successo.

VIGNE - Osservando i vigneti si percepisce da subito l'amore con cui Gianluca se ne prende cura, aiutato dai preziosi consigli dell'agronomo Andrea Sisti. I terreni si trovano all'interno della Doc del Trebbiano spoletino e dei monti Martani, a 350 metri di altitudine. Composti da argilla e marna, sono ricchi di minerali e inerbiti in modo naturale. La vigna viene trattata da sempre con i prodotti naturali consentiti dall'agricoltura biologica.

VINI - Vini sinceri, intriganti: ogni bottiglia ha un'anima! Ogni anno si sperimentano nuove tecniche di vinificazione, ma tutti i vini sono comunque caratterizzati da fermentazioni spontanee e vengono lasciati riposare in modo naturale.

L'Edoardo 2019 ⁘ trebbiano spoletino; 1.850 bt; 17 € - Un vino vivo, un Metodo Ancestrale che si presenta con note floreali e ha una spuma delicata e un'acidità incisiva, che accompagna a lungo il sorso, leggiadro e di qualità.
Sanbastiano 2017 ● sangiovese; 2.000 bt; 14 € - Pur essendo un vitigno adatto a lunghi invecchiamenti, qui è in versione fresca e di pronta beva. Richiama sentori di sottobosco, e al palato è dinamico e dal carattere selvatico. Chiude con una buona persistenza.
Longa 2019 O malvasia bianca; 600 bt; 20 € - - Integrato, floreale, dettagliato.

ha 3 - bt 10.000
Fertilizzanti sovescio
Fitofarmaci organici, rame e zolfo
Diserbo lavorazione meccanica/manuale
Lieviti fermentazione spontanea, selezione di lieviti indigeni
Uve 100% di proprietà
Certificazione biologico certificato

SPOLETO (PG)

COLLECAPRETTA

SCONTO **-10%**

Località Terzo La Pieve, 70 - tel. 0743 268529
www.collecapretta.it - info@collecapretta.it

VITA - La coltivazione dell'uva è sempre esistita a Collecapretta. Tuttavia è con Vittorio Mattioli e Anna Gasperini che ha avuto inizio un progetto davvero incentrato sulla produzione di vino, che dal 2010 vede protagonista anche la figlia Annalisa. Oggi tutti e tre portano avanti questo disegno lavorando a tempo pieno in vigna e in cantina: la sapienza agricola acquisita con il tempo passa così di generazione in generazione.

VIGNE - Un rapporto puro, semplice e funzionale quello che fin da subito si è stabilito tra la famiglia Mattioli e la natura. Le prime viti messe a frutto risalgo a 75 anni fa e sono state collocate in collina tra i 400 e i 500 metri, sul colle Martano. Qui ci sono una buona ventilazione e un terreno argilloso nutrito solo con i compost ottenuti dagli animali allevati in azienda.

VINI - Si cercano nel vino la freschezza e la mineralità date da queste terre, elementi che portano a una facilità di beva e a una godibilità maggiori.

TOP **Trebbiano Spoletino Vigna Vecchia 2019** VINO SLOW
O 3.248 bt; 17 € - - Da una selezione di viti di oltre 40 anni e una fermentazione spontanea di 10 giorni in vetrocemento, questo vino si apre su note fruttate e floreali, e ha un palato in cui la glicerina e l' alcool danzano all'unisono. Il sorso però è fresco e accogliente.
La Selezione Le Cese 2016 ● 639 bt; 28 € - - Da un'attenta raccolta delle migliori uve di sangiovese dell'annata, si apre al naso fruttato e profondo, e sfocia in un sorso lungo, speziato, fresco, che avvolge il palato appagando i sensi.
Terra dei Preti 2019 O trebbiano spoletino; 2.865 bt; 20 € - - Bianco macerato, austero, fruttato, consistente.
Il Galantuomo 2017 ● barbera; 663 bt; 15 € - - Articolato, fruttato, armonico.

ha 6 - bt 18.000
Fertilizzanti letame, sovescio
Fitofarmaci rame e zolfo
Diserbo lavorazione meccanica/manuale
Lieviti fermentazione spontanea
Uve 100% di proprietà
Certificazione biologico certificato

STRONCONE (TR)

LA PALAZZOLA

SCONTO **-10%**

Vocabolo Vascigliano, 45 - tel. 0744 609091
www.lapalazzola.it - info@lapalazzola.it

VITA - Quando si parla dell'azienda La Palazzola si parla di Stefano Grilli, carismatico vignaiolo che insieme all'amico Vincenzo Cotarella ha dato vita a una realtà enologica dinamica e vivace, che fonda le proprie radici su una filosofia che fa della sperimentazione e dell'attenzione all'ambiente i suoi capisaldi.

VIGNE - L'azienda sorge in una zona collinare nel comune di Stroncone, dove i terreni sono di natura argillosa e di medio impasto, e i vigneti sono allevati a cordone speronato e ad alberello, lasciati liberi di esprimere le proprie potenzialità senza uso di erbicidi o di lavorazioni al suolo. I trattamenti sono esclusivamente naturali, a base di decotti e macerati. Tra le viti si possono incontrare le decine di oche che sono libere di girare in vigna.

VINI - Il 2020 è stato difficile per questo motivo non riusciremo a trovare tutti i vini che di solito Stefano ogni anno ci regala. La gamma dell'azienda è da sempre caratterizzata da un'ottima acidità e da un buon tenore alcolico, che danno profumi e tenuta nel tempo.

TOP **Amelia Vin Santo Occhio di Pernice 2013** ● 5.500 bt da 0,375 l; 27 € - Vino di grande fascino decadente; complesso al naso per note di tabacco, frutta passita, sottobosco e cenni balsamici, la bocca è concentrata ma sorretta da una splendida acidità che rende il sorso e il ricordo aromatico interminabili.
M. Cl. Brut Riesling 2016 12.000 bt; 24 € - Di colore dorato, ha un perlage cremoso e profuma di frutta, con l'albicocca candita in primo piano. In bocca si distingue per la spiccata sapidità.
M. Cl. Brut Gran Cuvée Collezione 2016 pinot nero, chardonnay; 15.000 bt; 24 € - Limpido, dal perlage impetuoso, al naso profuma di zabaione e pane tostato, e in bocca è intenso e lunghissimo.
Merlot 2013 ● 5.000 bt; 26 € - Austero, speziato, ampio.

ha 29 - **bt** 150.000
Fertilizzanti nessun concime
Fitofarmaci organici
Diserbo lavorazione meccanica/manuale
Lieviti fermentazione spontanea, selezione di lieviti indigeni
Uve 100% di proprietà
Certificazione biologico certificato

TODI (PG)

CANTINA ROCCAFIORE

SCONTO **-10%**

Località Collina - Frazione Chioano - tel. 075 8942746
www.roccafiorewines.com - info@roccafiorewines.com

VITA - Nata nei primi anni Duemila da un'idea di Leonardo Baccarelli, la cantina vede oggi il figlio Luca portare avanti, con immutata passione, un progetto consapevole di agricoltura sostenibile, attraverso la ricerca di un continuo equilibrio tra le moderne tecniche innovative di produzione e la natura. Un percorso che parte dalla lavorazione dei terreni e dei loro frutti in vigna, fino ad arrivare all'imbottigliamento dei vini.

VIGNE - Terreni molto fertili con un'ottima esposizione accolgono le vigne, poste in un unico corpo vicino alla cantina e coltivate con il sistema di allevamento a guyot, in micro terrazzamenti sulle dolci colline a un'altitudine di 350 metri.

VINI - La ricerca di un'agricoltura naturale e sostenibile trova la sua migliore espressione nei vini ottenuti dai vitigni autoctoni, quali il grechetto di Todi e il sangiovese.

TOP **FiorFiore 2018** ○ grechetto di Todi; 17.500 bt; 17 € - Un vino avvolgente, dal frutto evidente e sostenuto da una buona acidità. Nasce da un unico vigneto: dopo la fermentazione in acciaio con lieviti indigeni affina un anno in botte grande.
Il Roccafiore 2017 ● sangiovese; 17.500 bt; 14 € - Austero ed elegante, ha profumi di frutti rossi che si aprono concedendo spazio al succo, per poi tornare incisivi nel finale.
Rosso Melograno 2018 ● sangiovese; 30.000 bt; 9 € - Il naso leggermente speziato e il sorso armonico donano piacevolezza. Un invito alla beva.
Bianco Fiordaliso 2019 ○ grechetto di Todi; 38.000 bt; 9 € - Agile, floreale, espressivo.
Rosato 2019 sangiovese; 12.000 bt; 9 € - Dinamico, fruttato, delicato.
Collina d'Oro 2019 ● moscato; 7.000 bt da 0,375 l; 24 € - Avvolgente, floreale, armonico.

ha 16 - **bt** 122.000
Fertilizzanti sovescio
Fitofarmaci rame e zolfo
Diserbo lavorazione meccanica/manuale
Lieviti fermentazione spontanea, selezionati industriali
Uve 100% di proprietà
Certificazione nessuna certificazione

TODI (PG)

PEPPUCCI

SCONTO -10%

Località Montorsolo, 3/b - Frazione Petroro - tel. 075 8947439
www.cantinapeppucci.com - ospitalita@cantinapeppucci.com

VITA - La cantina è posta su un crinale che domina e si affaccia sull'incantevole abbazia di Sant'Antimo, fondata dai monaci benedettini che valorizzarono la vocazione agricola delle terre circostanti. La famiglia Peppucci negli anni Ottanta ha comprato e restaurato l'antico monastero, che conserva una chiesa, esempio apprezzabile di architettura medievale umbra, per poi dedicarsi alla produzione di vini di qualità. L'azienda è oggi affidata al figlio Filippo.

VIGNE - La trama dei filari degradanti verso valle a rittochino, circondati da boschi che aiutano a mantenere un favorevole microclima, rende bene l'idea di come l'intervento umano possa trasformare il paesaggio arricchendolo. La cura dei vigneti, la scelta delle varietà, il sistema di allevamento e le soluzioni agronomiche adottate consapevolmente, ci restituiscono un'idea della filosofia con cui i proprietari si sono approcciati a questa nuova attività.

VINI - Vini di carattere e mai banali, che restituiscono ciò che il territorio riesce a esprimere al meglio, sia con i vitigni autoctoni, fra tutti il grechetto di Todi, sia con varietà internazionali, come cabernet sauvignon e franc, e merlot.

Grechetto di Todi Montorsolo 2019 ○ 8.000 bt; 8 € - Un bianco di personalità, con fragranze floreali e un ingresso morbido e caldo, sostenuto da una buona acidità che lo ravviva e da un finale gradevolmente amarognolo.
Todi Rosso Petroro 4 2019 ● 7.300 bt; 8 € - Un rosso del territorio a base di uve sangiovese e merlot, in cui la frutta matura evolve in leggere note speziate e vegetali. I tannini sono equilibrati, per un sorso robusto che tuttavia non eccede nel corpo.
Giovanni 2013 ● cabernet franc, cabernet sauvignon; 2.700 bt; 15 € - Solido, speziato, incisivo.

ha 12,5 - **bt** 65.000
Fertilizzanti letame
Fitofarmaci chimici di sintesi, rame e zolfo
Diserbo lavorazione meccanica/manuale
Lieviti fermentazione spontanea, selezionati industriali
Uve 100% di proprietà
Certificazione nessuna certificazione

TORGIANO (PG)

FATTORIA MANI DI LUNA

Via Roma, 50 - tel. 333 7286363 - 333 7579956
www.fattoriamanidiluna.com - info@fattoriamanidiluna.com

VITA - L'azienda, nata nel 2012 dalla comune passione di tre amici vogliosi di praticare un'agricoltura sostenibile, conta su circa 35 ettari complessivi situati nel comune di Torgiano. La spiccata vocazione di queste terre è da sempre dedicata alla frutticoltura: oltre ai vigneti sono presenti olivi e ciliegi di grande qualità. Ora con il lavoro di Rocco Trauzzola, Alessandro De Filippis e Simone Lazzarin tutto è stato convertito alla naturalità, con conduzione biologica e biodinamica.

VIGNE - I vigneti sono divisi in tre corpi, con variazioni altimetriche e di età d'impianto. Differiscono anche per composizione e struttura del terreno, passando da zone di sabbia arenaria più o meno fertili e ricche di particelle di gesso, quarzo e altri minerali, a zone più argillose e ricche di calcare. L'allevamento è a guyot, palmetta, alberello o cordone speronato, adattato al singolo contesto.

VINI - Le vinificazioni seguono l'idea di una rispettosa valorizzazione delle specificità varietali: le lavorazioni sono spiccatamente artigianali.

Checcarello 2018 ● sangiovese, barbera; 2.600 bt; 15 € - Lento ad aprirsi, racconta comunque bene il territorio. Il sorso è avvolgente, solido e dinamico, ed è sostenuto da un'articolata freschezza.
Baratto 2019 ○ malvasia, grechetto, procanico, riesling; 4.000 bt; 13 € - In evidenza troviamo note floreali e di frutta matura, e al palato è vivo e ampio. Chiude con un finale succoso.
Rosè Osè 2019 sangiovese, malvasia bianca lunga; 2.000 bt; 13 € - Articolato, fruttato, incisivo.
Glu Glu 2019 procanico; 2.000 bt; 17 € - Metodo Ancestrale, citrino, agrumato, cangiante.
Ametistas 2018 ○ grechetto; 2.300 bt; 19 € - Bianco macerato, armonico, fruttato, teso.

ha 8 - **bt** 18.000
Fertilizzanti compost, preparati biodinamici, sovescio
Fitofarmaci organici, rame e zolfo
Diserbo lavorazione meccanica/manuale
Lieviti fermentazione spontanea
Uve 100% di proprietà
Certificazione biodinamico certificato, biologico certificato

TORGIANO (PG)

LUNGAROTTI

Viale Giorgio Lungarotti, 2 - tel. 075 988661
www.lungarotti.it - lungarotti@lungarotti.it

VITA - La storia del vino in Umbria è indissolubilmente legata alla famiglia Lungarotti, prima con Giorgio, che negli anni Sessanta ebbe la felice intuizione di produrre vino di qualità in una zona certamente vocata, ma mai pienamente compresa e sfruttata, e ora con le figlie Chiara e Teresa, che continuano la tradizione allargando gli orizzonti, producendo vino anche a Montefalco, nella nuova realtà di famiglia.

VIGNE - Le vigne di Torgiano, circa 230 ettari, hanno sensibilmente modificato il paesaggio agrario, come si può facilmente vedere percorrendo la strada provinciale che conduce all'antico borgo in cui ha sede la cantina. L'attenzione a un corretto uso delle risorse e all'approccio sostenibile alle pratiche agricole ha portato Lungarotti a diversificare l'offerta nei 20 ettari di Montefalco, condotti in regime biologico.

VINI - La caratteristica dei vini è di aver conservato nel tempo un profondo legame con il territorio e la capacità di raggiungere una buona qualità anche sui grandi numeri, con punte di eccellenza notevoli.

Torgiano Rosso Vigna Monticchio Ris. 2016 ● 35.000 bt; 43 € - Vino simbolo della cantina e dell'enologia umbra. Si apre con leggere note di vaniglia e tostate, con la frutta sotto spirito e il balsamico che conferiscono profondità. Al palato è caldo, con tannini evidenti, e conserva una buona spalla acida che ne esalta la scorrevolezza.

Montefalco Rosso 2017 ● 20.000 bt; 15 € - Tecnico, fruttato maturo, opulento.

Rosso di Torgiano Rubesco 2018 ● 460.000 bt; 11 € - Agile, fruttato, varietale.

Torre di Giano 2019 O trebbiano, vermentino, grechetto; 300.000 bt; 9 € - Fresco, floreale, sottile.

ha 250 - **bt** 2.500.000
Fertilizzanti letame in pellet, letame, sovescio
Fitofarmaci chimici di sintesi, rame e zolfo
Diserbo lavorazione meccanica/manuale
Lieviti selezionati industriali
Uve 100% di proprietà
Certificazione nessuna certificazione

TORGIANO (PG)

TERRE MARGARITELLI

SCONTO **-10%**

Località Miralduolo - tel. 075 7824668 - 345 4726424
www.terremargaritelli.com - info@terremargaritelli.com

VITA - Questa realtà è nata una ventina di anni fa come ramo aziendale della famiglia Margaritelli nel territorio di Torgiano, un'area da sempre espressione di qualità. L'azienda, oggi interamente biologica, ha puntato fin da subito al più completo rispetto dell'ambiente e alla sostenibilità di ogni lavorazione effettuata, sia nei terreni, sia in cantina, quest'ultima ricavata all'interno di un vecchio casale ristrutturato.

VIGNE - Le vigne si sviluppano su 52 ettari in un unico corpo, su terreni prevalentemente argillosi, e sono adagiate sulle colline di Miralduolo, intorno ai 250 metri di altitudine. Un'ottima esposizione a sud-est permette alle piante di godere dei benefici di un clima caldo e sempre ventilato.

VINI - Ci troviamo in una terra in cui le uve a bacca nera si esprimono in vini di carattere e, allo stesso tempo, piacevolmente freschi e dinamici. Tutte caratteristiche che ritroviamo nell'ampia varietà di etichette firmate Terre Margaritelli.

TOP **Bianco di Torgiano Costellato 2019** VINO QUOTIDIANO O 14.000 bt; 11 € - Fragranza e integrità olfattiva, con leggere note di liquirizia, sfociano in un sorso piacevole. Risulta lineare e incisivo.

Torgiano Rosso Freccia degli Scacchi Ris. 2017 ● 10.000 bt; 30 € - Un vino equilibrato e di carattere, in cui i delicati profumi fruttati iniziali lasciano spazio alla morbidezza armonica del palato, per poi riprendere in progressione per un finale avvolgente.

Rosso di Torgiano Mirantico 2018 ● 14.000 bt; 11 € - Un vino ampio e armonico, con evidenti note speziate figlie dell'affinamento.

Thadea 2019 sangiovese; 6.000 bt; 13 € - Metodo Charmat, agile, fruttato, delicato.

Lab 2019 ● tannat; 1.800 bt; 11 € - Croccante, floreale, avvolgente.

ha 52 - **bt** 100.000
Fertilizzanti letame in pellet, sovescio
Fitofarmaci organici, rame e zolfo
Diserbo lavorazione meccanica/manuale
Lieviti selezione di lieviti indigeni
Uve 100% di proprietà
Certificazione biologico certificato

0 15 30 km
MAR ADRIÁTICO
Ravenna
EMÍLIA-ROMAGNA
Cérvia
Cesena
A14
Rímini
S. MARINO
Riccione
S. Marino
S. Leo
Pésaro
Fano
Urbino
Senigállia
Falconara Maríttima
MARCHE DEL NORD
ANCONA
M. Conero 572
Jesi
Città di Castello
Loreto
Recanati
Fabriano
Gúbbio
Civitanova Marche
Macerata
Tévere
S. Severino Marche
Tolentino
Fermo
RA6
Lago Trasimeno
PERÚGIA
Camerino
COLLINE MACERATESI E PICENO
Assisi
PARCO NAZ. D. MONTI SIBILLINI
A14
Visso
S. Benedetto d. Tronto
Foligno
Áscoli Piceno
ÚMBRIA
M. Vettore 2476
RA11
Nórcia
Giulianova
PARCO NAZ. DEL GRAN SASSO E MONTI D. LAGA
Todi
Orvieto
Spoleto
Téramo
Roseto d. Abruzzi
A1
Amélia
A24
Montefiascone
Terni
Gran Sasso d'Itália 2912
Terminillo 2216
Orte
Rieti
Viterbo
L'ÁQUILA
Vetralla
A25
ABRUZZO
LÁZIO
L. di Bracciano
A24

MARCHE

Nonostante le difficoltà dei primi mesi del 2020 abbiano rallentato i processi produttivi e causato tanta indecisione nelle politiche aziendali, il quadro qualitativo non ne ha risentito e Slow Wine 2021 restituisce l'immagine di una regione in salute sotto l'aspetto vinicolo. Facendo un quadro sintetico delle annate assaggiate, la 2019 è parsa molto interessante in ogni comparto. Soprattutto sul versante dei bianchi è emersa una bella agilità, supportata da strutture adeguate e da sapidità molto incisive e succose, in grado di sopperire alle acidità che in qualche tipologia non sono proprio evidenti. La 2018, che aveva già dato segnali di prontezza, ha confermato le valutazioni dello scorso anno, e sia nelle selezioni sia nelle riserve sono presenti profili aromatici e strutturali rotondi e godibili, con vini più larghi che verticali, con l'alcol che non risulta sempre in equilibrio. Ciò, a oggi, lascia qualche dubbio in merito alla longevità del millesimo, ma sarà il tempo a dare un responso. Belle sorprese invece dalla 2017, che soprattutto sul Verdicchio ha confermato la struttura e i muscoli già evidenziati dagli assaggi degli anni precedenti, evidenziando un'articolazione acido-sapida in grado di amalgamarsi al volume e dare equilibrio e profondità. Venendo ai rossi, in quasi tutta la regione si avvertono segnali di maggiore uniformità aromatica e strutturale, con le sovra-estrazioni tanniche e le concentrazioni che stanno lasciando il posto all'equilibrio e a una migliore beva. Sul Conero questo processo di svolta è più lento che in altri comparti. Con la 2017, soprattutto nel Piceno, si è dimostrato in modo chiaro che è possibile tenere a bada il calore del millesimo puntando sull'equilibrio tra le varie componenti. Nulla di nuovo in merito alla 2016, già elevata ad annata eccellente, i cui assaggi sia dei bianchi sia dei rossi hanno confermato le aspettative. Un capitolo a parte merita il crescente numero di etichette prodotte senza l'aggiunta di solfiti. Il miglioramento della qualità è evidente e in molte bottiglie abbiamo riscontrato un'interessante espressività, con i calici che restituiscono fedelmente i caratteri aromatici e strutturali dell'uva di provenienza, mostrando integrità e compostezza. In sintesi non denotano difetti, a dimostrazione che laddove si applicano, sia in campo sia in cantina, le conoscenze tecniche e la giusta dose di attenzione, ne risultano vini varietali e godibili, privi di carenze, di ossidazioni e dell'omologazione che può essere frutto di un eccessivo lassismo nelle pratiche di cantina.

le Bottiglie

le Monete €

MARCHE DEL NORD

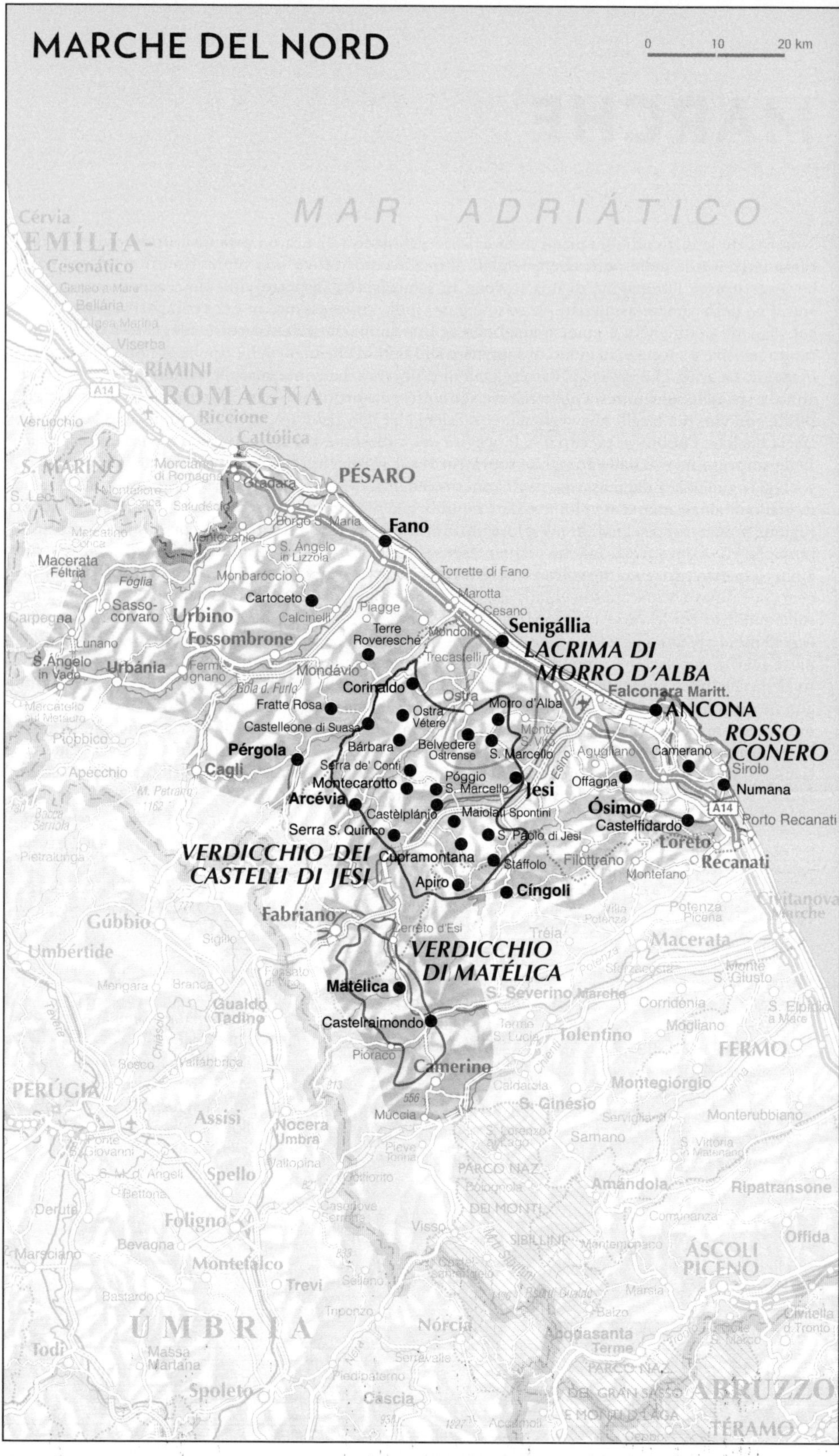

LA CALCINARA

Frazione Candia - Via Calcinara, 102/a - tel. 328 5552643
www.lacalcinara.it - info@lacalcinara.it

VITA - Quando due fratelli laureati in Viticoltura ed Enologia e figli d'arte decidono di unire le loro forze e le loro idee, non può che uscirne qualcosa di esplosivo. È nata così l'azienda di Eleonora e Paolo Berluti, che hanno deciso di costruire un proprio progetto, diverso da quello di famiglia, che sempre più sta virando verso la sostenibilità agronomica e l'artigianalità produttiva, con sensibilità e originalità.

VIGNE - Alcuni anni fa regnava la prudenza, si ipotizzava il biologico, si sognava la biodinamica, ma i piedi erano saldi su tecniche agronomiche che, seppur mai troppo impattanti, sulla carta garantivano sicurezza produttiva. Oggi i Berluti hanno virato in maniera convinta verso la sostenibilità, per dare ancor più risalto al terroir del Conero. Le loro competenze agronomiche sono state il faro portante dell'inversione di tendenza.

VINI - È iniziato il nuovo corso: l'obiettivo è esaltare il terroir del Conero, con strutture meno carnose e opulente, minore estrazione tannica, e maggiore finezza varietale.

Mun 2019 ● montepulciano; 7.000 bt; 11 € - 🍷 - Versione esemplare per la dolcezza del frutto e l'ampia florealità, la morbidezza e l'avvolgenza del sorso, nonostante l'esuberante alcolicità che però non si avverte affatto. Il finale ha una bella complessità.
Rosso Conero Il Cacciatore di Sogni 2018 ● 22.000 bt; 11 € - 🍷 - La croccantezza del frutto è l'asse portante di un impianto gustativo pimpante, in cui risalta un tannino molto fitto e piacevole, che impreziosisce il finale.
Conero Folle Ris. 2016 ● 3.500 bt; 24 € - 🍷 - La virata è iniziata: meno contratto che in passato, gode di maggiore frutto e agilità, con il finale ancora un po' asciutto ma non granitico come in alcune delle precedenti versioni.

ha 11,5 - **bt** 45.000
Fertilizzanti letame in pellet, preparati biodinamici, sovescio
Fitofarmaci rame e zolfo
Diserbo lavorazione meccanica/manuale
Lieviti fermentazione spontanea
Uve 100% di proprietà
Certificazione biologico certificato

MARCHETTI

Frazione Candia - Via Pontelungo, 166 - tel. 071 897386
www.marchettiwines.it - info@marchettiwines.it

VITA - Maurizio Marchetti conduce una tra le aziende più antiche non solo del Conero, ma anche delle Marche, con origini che risalgono addirittura agli inizi del Novecento. Tempi lontani, che tuttavia Maurizio non tradisce, proseguendo l'attività ereditata dal padre Mario, vero decano della denominazione. Mezzi e tecnologia di oggi non hanno infatti modificato gli intenti e la voglia di mostrare la faccia del Montepulciano, in modo meno austero ma sempre varietale.

VIGNE - Ci si addentra sulle colline di Candia dove un mix di vigne ormai in piena maturità, oggetto di reimpianti negli anni Novanta, si dividono i suoli ricchi di argille con parti più sciolte di sabbia e calcare. La conversione al biologico è la più grande novità dell'ultimo periodo, un cambio di rotta dopo anni di gestione convenzionale anche se oculata, in origine dettata soprattutto da esigenze di garanzia produttiva.

VINI - Mancano all'appello i vini di punta, ma le altre etichette mostrano l'anima più vera dei vitigni di origine, garantendo anche un'ottima beva.

Verdicchio dei Castelli di Jesi Cl. Marchetti 2009 ○ 22.000 bt; 6 € - 🍷 - Vivace, agile, con piacevoli ricordi floreali e di finocchietto, al gusto si mostra succoso e molto sapido, assicurando una bella progressione.
Rosso Conero Due Amici 2018 ● 7.000 bt; 8 € - 🍷 - Questo Montepulciano con saldo di Sangiovese e Syrah ha frutto carnoso e palato morbido, ma un po' increspato dal tannino.
Verdicchio dei Castelli di Jesi Cl. Sup. Tenuta del Cavaliere 2019 ○ 9.000 bt; 9 € - 🍷 - La viva aromaticità fruttata e tropicale anticipa un sorso rotondo e accomodante, impreziosito dal piacevole finale salino.
Filari Sparsi 2009 ● merlot, montepulciano; 3.000 bt; 6 € - 🍷 - Fresco, fruttato, salino.

ha 20 - **bt** 60.000
Fertilizzanti letame in pellet, organo-minerali
Fitofarmaci organici, rame e zolfo
Diserbo lavorazione meccanica/manuale
Lieviti selezione di lieviti indigeni
Uve 100% di proprietà
Certificazione in conversione biologica

ANCONA

MORODER

SCONTO -10%

Frazione Montacuto, 121 - tel. 071 898232
www.moroder.wine - mail@moroder.wine

VITA - L'azienda è un esempio di cambio generazionale ben riuscito. Dopo anni è stato Alessandro Moroder a dare impulso alla realtà vinicola attuale;, oggi i figli Marco e Mattia hanno preso in mano questa realtà portando idee brillanti e dinamismo in un marchio storico del comparto. Il filo conduttore di questi avvicendamenti è sempre il montepulciano, vitigno su cui si puntò a fine anni Sessanta e in cui ancora oggi si crede fermamente.

VIGNE - Sembra di entrare in un'atmosfera surreale solcando i crinali delle colline di Montacuto, dove l'azienda vanta la maggior parte del parco vitato. Vigne che declinano alle pendici del Conero e a due passi dall'Adriatico, in cui i suoli marnoso-calcarei e il microclima ventilato influenzano in modo indelebile le uve e i vini. L'aver creduto al biologico sin dal 2011 è sicuramente un valore aggiunto.

VINI - Nel processo di rinnovamento iniziato alcuni anni fa con l'enologo Marco Gozzi, si punta più al frutto e all'eleganza, piuttosto che all'opulenza del decennio precedente.

Rosso Conero Zero 2019 ● 6.000 bt; 10 € - - Senza solfiti aggiunti, sta guadagnando metri di anno in anno mostrando integrità e finezza aromatica, vivacità e scorrevolezza gustativa, con il tannino carezzevole.
Conero Moroder Ris. 2016 ● 13.000 bt; 17 € - - L'ampio spettro aromatico imperniato sui piccoli frutti rossi ha solo qualche cenno di dolcezza speziata. Il sorso è materico ma agile, con il tannino robusto che incide nel finale.
Rosso Conero Moroder 2017 ● 35.000 bt; 12 € - - L'apertura gustativa, in barba all'annata calda, è fresca e scorrevole, ma il tannino è un po' graffiante e contrae lo sviluppo del sorso.
Rosa 2019 ● alicante, syrah; 6.500 bt; 8 € - - Croccante, fruttato, essenziale.

ha 38 - **bt** 150.000
Fertilizzanti letame in pellet, sovescio
Fitofarmaci rame e zolfo
Diserbo lavorazione meccanica/manuale
Lieviti selezionati industriali, selezione di lieviti indigeni
Uve 100% di proprietà
Certificazione biologico certificato

APIRO (MC)

FATTORIA NANNÌ €

Contrada Arsicci - tel. 340 6225930
www.fattoriananni.it - info@fattoriananni.it

VITA - Passione e un pizzico di sana follia sono le basi del progetto di Roberto Cantori, che dopo varie esperienze enologiche ha deciso di creare una propria azienda in contrada Arsicci di Apiro. Dal 2016 ha fatto tanti passi: accanto alla vigna originaria sono sorte altre piccole parcelle e con la vendemmia 2019 è nata la cantina, funzionale e con a fianco una struttura per l'ospitalità. La prudenza e l'umiltà sono le basi della continua crescita.

VIGNE - Un piccolo declivio a sud-ovest sotto al monte San Vicino, una vigna di 52 anni e piccole parcelle di freschi reimpianti sono la dote in proprietà di Roberto, ai quali, dal 2019, si è aggiunta una vigna del 1972 in affitto. Ambiente incontaminato, freddo e altura favoriscono il lavoro in biologico, a cui si accompagna l'intenzione di ridurre il rame grazie a prodotti a base di alghe. L'inerbimento spontaneo e il sovescio aumentano la sostanza organica nel terreno.

VINI - Ampiezza aromatica e pulizia sono le doti dei vini di Roberto, lavorati solo in acciaio per far risaltare le peculiarità di questo terroir montano.

TOP **Verdicchio dei Castelli di Jesi Cl. Sup. Arsicci 2019** VINO QUOTIDIANO ○ 10.000 bt; 10 € - - Ampio e sfaccettato, più centrato sulla frutta fresca e sull'anice, denota maggiore prontezza del fratello maggiore e ne imita il sorso fresco e pimpante, succoso e sapidissimo. Una bella bevuta a un prezzo abbordabile.
Verdicchio dei Castelli di Jesi Cl. Sup. Origini 2019 ○ 15.000 bt; 15 € - - L'olfatto è raggiante e scattante, con le note di agrumi, frutta fresca ed erbe che anticipano la finezza del sorso, convincente per tensione, sviluppo e sapidità. La struttura è adeguata a sostenere cotanta brillantezza gustativa.

ha 8,5 - **bt** 25.000
Fertilizzanti letame in pellet, letame, sovescio
Fitofarmaci organici, rame e zolfo
Diserbo lavorazione meccanica/manuale
Lieviti fermentazione spontanea, selezionati industriali
Uve 100% di proprietà
Certificazione biologico certificato

APIRO (MC)

ANDREA FELICI

Contrada Sant'Isidoro, 28 - tel. 335 1338961
www.andreafelici.it - leo@andreafelici.it

VITA - Come guidato da una saggezza antica, Leo Felici continua a non sbagliare un colpo. Caratterizzate da un'energia imprenditoriale fuori dal comune, le sue scelte sembrano sempre indovinate e lungimiranti. Tra le novità in casa Felici spiccano l'investimento nel miglioramento del patrimonio vitato, e la recente cantina di stoccaggio nella casa paterna, in frazione Sant'Isidoro. Leo è infatti convinto che la maturazione in bottiglia sia la prerogativa di un grande Verdicchio.

VIGNE - Il cuore batte nella contrada San Francesco, dove, intorno a un lago di vena creato dal nonno negli anni Sessanta, autentica oasi di biodiversità in cui Leo ha riportato anche le api, si trovano i 7 ettari di proprietà: dal vigneto del Cantico (1962) alla vigna del 2019, curata quotidianamente dal padre Andrea, passando per il gioiello della "biblioteca", lascito di Leo per la piccola figlia Matilde, dove dal 2013 dimora una selezione massale dei cloni del Cantico.

VINI - Preservare l'acidità è la missione di Leo, che cerca l'equilibrio per far risaltare i caratteri e le sfaccettature che il terroir di Apiro infonde in modo naturale nei vini.

TOP **Castelli di Jesi Verdicchio Ris. Cl. Vigna Il Cantico della Figura 2017** O 6.000 bt; 51 € - Nelle annate calde questo vino dà il meglio di sé in termini di ampiezza, solarità e verve aromatica. L'equilibrio è impeccabile, il finale salato e lungo invoglia già la beva e assicura un'evoluzione impressionante. Un altro capolavoro!

Verdicchio dei Castelli di Jesi Cl. Sup. Andrea Felici 2019 O 68.000 bt; 14 € - Ampio, articolato e sontuoso nel profilo aromatico, ha grinta e scorre assicurando tensione, polpa e un finale salino che lascia un lungo ricordo. Già molto elegante, regalerà ancora tante emozioni.

ha 12 - **bt** 74.000
Fertilizzanti letame, sovescio
Fitofarmaci rame e zolfo
Diserbo lavorazione meccanica/manuale
Lieviti selezione di lieviti indigeni
Uve 100% di proprietà
Certificazione biologico certificato

ARCEVIA (AN)

BROCCANERA

Va Montale, 190/c - tel. 0731 075144 - 339 8194859
www.broccanera.it - info@broccanera.it

VITA - Se solo le mura di questa cantina potessero parlare, racconterebbero la passione che Giorgio Santini ha per il vino. Dopo averlo corteggiato da giovane e assaggiato nella lunga carriera ristorativa, ha voluto cimentarsi con idee chiare, dando sfogo ai sentimenti, realizzando un progetto serio e dinamico, in cui al primo posto ci sono valori irrinunciabili: il Verdicchio e la sostenibilità agronomica.

VIGNE - Calpestare i filari del declivio in contrada Montale dà subito l'idea delle caratteristiche di questo angolo quasi marginale del comprensorio: sono terre di argilla, sabbia e arenaria, situate in zona fortemente ventilata e fredda, e gestite con un approccio biologico convinto.

VINI - Profilo affilato, apparente austerità, poi l'aria, come per magia, apre i vini che si rivelano varietali e intriganti, soprattutto se gli si lascia un po' di tempo.

Verdicchio dei Castelli di Jesi Cantàro 2017 O 3.000 bt; 16 € - L'apertura sulla frutta potrebbe ingannare, ma il sorso è affilato, c'è tanto sale, e una bella presa al centro del palato che disegna un profilo gustativo di razza. Un vino da attendere.

Verdicchio dei Castelli di Jesi Suprino 2018 O 6.000 bt; 13 € - Fiori bianchi e anice anticipano un impianto gustativo fresco e spigliato, succoso e polposo, in cui risalta il piacevole finale sapido.

Canà 2018 O verdicchio; 700 bt; 31 € - Di intrigante aromaticità, con frutta macerata ed erbette, ha palato teso e sapidissimo, con una leggera asciuttezza data dal profilo tannico, che però non è invadente.

Verdicchio dei Castelli di Jesi M. Cl. Extra Brut Broccanera 2014 3.000 bt; 26 € - Teso, floreale, gastronomico.

Scosso 2019 verdicchio; 1.800 bt; 13 € - Metodo Ancestrale, agile, fruttato, leggiadro.

ha 5,5 - **bt** 26.000
Fertilizzanti letame in pellet, sovescio
Fitofarmaci rame e zolfo
Diserbo lavorazione meccanica/manuale
Lieviti fermentazione spontanea
Uve 100% di proprietà
Certificazione biologico certificato

BARBARA (AN)

SANTA BARBARA

Borgo Mazzini, 35 - tel. 071 9674249
www.vinisantabarbara.it - info@vinisantabarbara.it

VITA - La storia di Stefano Antonucci è stata raccontata in lungo e in largo: il suo fiuto produttivo e commerciale è incredibile. Quando pensa a un progetto si butta anima e corpo in ciò a cui ambisce, immagina il vino, studia il packaging e poi stimola i collaboratori finché il risultato non lo soddisfa. Questo è lo spirito che gli ha permesso di fare strada.

VIGNE - L'ampia produzione obbliga l'azienda ad avere, oltre ai 40 ettari tra proprietà e affitto, alcuni conferitori di fiducia. Tra le uve "made in Santa Barbara" spiccano quelle del vigneto in contrada Coste, dove merlot, syrah e cabernet del 1997 vegetano su terreni sciolti nella parte alta e più ciottolosi in basso. Qui la gestione è rigorosa e il diradamento importante.

VINI - La definizione aromatica e stilistica è caratteristica propria dei vini di Stefano, che tuttavia, in svariate etichette, non mancano di trovare ampia rispondenza varietale.

Castelli di Jesi Verdicchio Ris. Cl. Tardivo Ma Non Tardo 2018 O 13.000 bt; 38 € - - Equilibrio e verve sono i caratteri distintivi che rendono intrigante il sorso, insieme a un'ampiezza aromatica molto viva, che declina il vitigno in modo fedele.
Arnaldo 2015 O verdicchio; 1.430 bt; 26 € - - Fermentato a contatto con le bucce, è un macerato ampio e nitido, dal palato scorrevole e articolato, con la sapidità e la lieve tannicità che ravvivano la massa robusta.
Verdicchio dei Castelli di Jesi Cl. Le Vaglie 2019 O 200.000 bt; 13 € - - Il classico che non passa mai di moda: dall'aromaticità dolce al naso, al gusto è misurato e composto, anche se manca l'appeal delle annate migliori.
Pathos 2017 ● merlot, syrah, cabernet sauvignon; 8.000 bt; 38 € - - Robusto, speziato, consistente.
Verdicchio dei Castelli di Jesi Cl. Sup. Stefano Antonucci 2018 O 40.000 bt; 20 € - - Fresco, fruttato, rilassato.

ha 40 - **bt** 900.000
Fertilizzanti organo-minerali
Fitofarmaci chimici di sintesi, rame e zolfo
Diserbo chimico, lavorazione meccanica/manuale
Lieviti selezionati industriali, selezione di lieviti indigeni
Uve acquisto 45%
Certificazione nessuna certificazione

BELVEDERE OSTRENSE (AN)

MA.RI.CA.

Via Acquasanta, 7 - tel. 0731 290091
www.cantinamarica.it - info@cantinamarica.it

VITA - La storia di questa realtà è comune a molte aziende agricole che diversificano la produzione. Tutto ha avuto inizio nei primi anni Settanta, come azienda orientata alla zootecnia e alla produzione cerealicola, con presenza di frutta e poca vigna. Dopo un ventennio, anche su impulso dei giovani fratelli Gianmario, Martina e Monica Moriconi, si è dato più spazio al versante vinicolo. Inizialmente la produzione si è rivolta allo sfuso, poi con prudenza si è iniziato a imbottigliare mantenendo però la vendita in dame a livelli consistenti.

VIGNE - I 18 ettari vitati si sviluppano intorno alla cantina, giacenti su morbide colline assolate che obbligano a una grande attenzione per evitare la surmaturazione delle uve. L'approccio è convenzionale, ma si pratica il diserbo meccanico e il sovescio per cercare di non impattare troppo sul suolo. L'autonomia energetica è un'ulteriore dimostrazione della sensibilità ambientale che si sta perseguendo.

VINI - Ci sono valida esecuzione tecnica, linearità varietale e facilità di beva nelle etichette dei fratelli Moriconi, per vini ideali da consumare a tavola.

Verdicchio dei Castelli di Jesi Cl. Tregaso 2019 O 8.000 bt; 6 € - - Un bel profilo olfattivo floreale, intercalato da note di anice, apre le porte a un sorso di buona sostanza, fresco e vivace. La chiusura è nitida, sapida e per nulla banale.
Lacrima di Morro d'Alba Sup. Castello di Ramosceto 2018 O 5.000 bt; 11 € - - La viva aromaticità varietale si esprime con intensità floreale, e il palato risulta fresco e scorrevole. Il tannino è efficace nell'assicurare la voglia di un secondo sorso.

ha 18 - **bt** 35.000
Fertilizzanti compost, organo-minerali, sovescio
Fitofarmaci chimici di sintesi, rame e zolfo
Diserbo lavorazione meccanica/manuale
Lieviti selezionati industriali
Uve 100% di proprietà
Certificazione nessuna certificazione

CAMERANO (AN)

SILVANO STROLOGO

Via Osimana, 89 - tel. 071 731104
www.vinisilvanostrologo.it - s.strologo@vinorossoconero.com

VITA - Verso la fine degli anni Novanta Silvano Strologo ha preso in mano l'azienda di famiglia. Sacrifici e passione sono i valori che ne hanno contraddistinto il cammino e che hanno fatto crescere le bottiglie prodotte, realizzare una cantina funzionale e la struttura ricettiva. Tanti piccoli passi oculati, senza dimenticare l'ispirazione del papà Giulio: puntare sul Montepulciano.

VIGNE - Silvano è un grande lavoratore, un vignaiolo integerrimo e puntiglioso, capace di curare i filari in ogni minimo particolare, e quindi garantirsi ogni anno uve splendide e in perfetta sanità. Per fare ciò, se da un lato utilizza ancora metodi convenzionali, da qualche anno ha scelto interventi sempre meno impattanti, tra cui l'abbandono totale del diserbo chimico.

VINI - La struttura non abbandona mai né i rossi, né i bianchi: entrambi riverberano il calore che abbraccia le colline di Camerano e i suoli ricchi di argilla. È in corso tuttavia la ricerca di una maggiore rilassatezza aromatica e di corpo.

Rosso Conero Julius 2018 ● 50.000 bt; 8 € - Ⓛ - All'olfatto ricco di frutta matura si contrappone il palato molto scorrevole, con il tannino affusolato che non pressa il finale. Manca solo un po' di ampiezza per risaltare a dovere.
M. Cl. Pas Dosé DalNero ⁘ montepulciano; 3.000 bt; 17 € - 🗍 - La nuova frontiera del Montepulciano in casa Strologo, si esprime con freschezza aromatica e sentori agrumati, che trovano un palato corrispondente per succosità, spuma sottile e fitta, e finale sapido.
Fior d'Acasia 2018 ○ incrocio Bruni; 8.000 bt; 7 € - 🗍 - Spettro aromatico varietale, con tanta frutta, agrumi e cenni vegetali, a cui fa seguito il sorso morbido e avvolgente, un po' troppo caldo nel finale.
Rosa Rosae 2019 ● montepulciano; 4.000 bt; 7 € - 🗍 - Vivo, fruttato, essenziale.

ha 14 - bt 75.000
Fertilizzanti letame in pellet, organo-minerali
Fitofarmaci chimici di sintesi, rame e zolfo
Diserbo lavorazione meccanica/manuale
Lieviti selezione di lieviti indigeni
Uve 100% di proprietà
Certificazione nessuna certificazione

CARTOCETO (PU)

ROBERTO LUCARELLI

Località Ripalta - Via Piana, 20 - tel. 0721 893019
www.laripe.com - info@laripe.com

VITA - L'areale di Cartoceto, dove ha sede la cantina, mantiene un aspetto poco antropizzato e per certi versi quasi selvaggio, e qui Roberto da oltre 30 anni gestisce la storica azienda di famiglia. La passione e l'impegno profuso lo hanno portato a raggiungere gli attuali 50 ettari vitati, aumentando le bottiglie ma mantenendo anche una buona produzione di sfuso.

VIGNE - Dal 2020 anche la vigna sita sul promontorio del San Bartolo, in una conca affascinante circondata da boschi a due passi dal mare, è in regime biologico. Qui oltre ai vitigni locali sono presenti oltre 2 ettari di pinot nero, varietà diffusa in zona e su cui Roberto crede molto. Alcuni ettari di biancame sono situati sulle colline più alte in direzione di Urbino. Il corpo storico si sviluppa intorno alla cantina e ospita soprattutto sangiovese.

VINI - Corpo misurato e ampiezza aromatica per i bianchi, mentre sul sangiovese sembra esserci un miglioramento della struttura, della coesione speziata e della scorrevolezza.

Colli Pesaresi Focara Pinot Nero 2018 ● 4.200 bt; 16 € - Ⓛ - Il frutto è polposo e croccante. Mostra una bella complessità al palato, dove la sostanza è ben interpretata e accompagnata nel finale da un tannino deciso, che non chiude troppo.
Colli Pesaresi Sangiovese Goccione 2017 ● 7.000 bt; 16 € - 🛢 - Frutta rossa e spezie concorrono efficacemente a disegnare il profilo olfattivo, e il sorso è ricco ma disteso, con un buon equilibrio e un tannino vivo che infonde carattere.
Bianchello del Metauro La Ripe 2009 ○ 60.000 bt; 8 € - 🗍 - Sempre affidabile per la nitidezza aromatica e l'ampiezza, e per il palato morbido e fragrante.
Colli Pesaresi Sangiovese Insieme Ris. 2016 ● 3.800 bt; 26 € - 🛢 - Fitto, fruttato maturo, consistente.

ha 50 - bt 250.000
Fertilizzanti nessun concime
Fitofarmaci organici, rame e zolfo
Diserbo lavorazione meccanica/manuale
Lieviti selezione di lieviti indigeni
Uve 100% di proprietà
Certificazione biologico certificato

CASTELFIDARDO (AN)

GIOACCHINO GAROFOLI

SCONTO **-10%**

Località Villa Muson - Via Carlo Marx, 123 - tel. 071 7820162
www.garofolivini.it - venditeitalia@garofolivini.it

VITA - Questa azienda, sempre appartenuta e condotta dai Garofoli, è nata nel 1901. Stiamo parlando di una famiglia che ha segnato in modo inequivocabile la crescita e le evoluzioni del Verdiccio e del Rosso Conero, forte della professionalità di Carlo Garofoli, molto attivo nella ricerca e nello sviluppo dei vini sin dagli anni Settanta, affiancato dal fratello Gianfranco al commerciale, i cui figli Gianluca e Caterina rappresentano la quarta generazione in azienda.

VIGNE - Carlo segue in prima persona anche la gestione agronomica dei poderi di Montecarotto e Sirolo, dove verdicchio e montepulciano crescono in habitat ideali, capaci di forgiare il carattere delle uve. Troviamo solarità e struttura nei bianchi, grazie ai suoli a componente argillosa e sabbiosa, e robustezza e finezza tannica nel montepulciano, che cresce su terre molto bianche.

VINI - Oltre al profilo varietale, i vini mostrano una timbrica stilistica inconfondibile, che racchiude sempre frutto e finezza.

TOP **Verdicchio dei Castelli di Jesi Cl. Sup. Podium 2018** O 146.000 bt; 18 € - Versione sempre raffinata nel bagaglio aromatico molto fresco e nell'approccio gustativo, in cui si rivela dritto, dinamico e sapido. Necessita solo di affinare in bottiglia per amplificare la solita complessità.

Castelli di Jesi Verdicchio Ris. Cl. La Selezione Gioacchino Garofoli 2010 O 1.000 bt; 34 € - Sfida il tempo mostrando aromi per nulla evoluti e un sorso agile e perfetto per robustezza, finezza, distensione sapida.

Verdicchio dei Castelli di Jesi Cl. Sup. Macrina 2019 O 100.000 bt; 10 € - Uno stile più complesso che fresco, in cui risaltano la sostanza sapida, la morbidezza e l'aromaticità, centrata sul frutto maturo ravvivato dagli agrumi.

Castelli di Jesi Verdicchio Ris. Cl. Serra Fiorese 2016 O 6.200 bt; 20 € - Dinamico, speziato, sapido.

ha 50 - **bt** 1.400.000
Fertilizzanti letame in pellet, organo-minerali, sovescio
Fitofarmaci chimici di sintesi, rame e zolfo
Diserbo lavorazione meccanica/manuale
Lieviti selezionati industriali
Uve acquisto 60%
Certificazione nessuna certificazione

CASTELLEONE DI SUASA (AN)

ROBERTO VENTURI

SCONTO **-10%**

Contrada Case Nuove, 1/a - tel. 071 966635
www.viniventuri.it - roberto@viniventuri.it

VITA - È dagli anni Sessanta che la famiglia Venturi si dedica al vino. In principio il nonno commercializzava lo sfuso, poi il papà agli inizi degli anni Novanta iniziò a imbottigliare, e quindi Roberto nel 2008 ha lasciato l'impiego da metalmeccanico per dedicarsi all'impresa di famiglia. Appresi i primi rudimenti viticoli, ha perseguito le proprie idee con caparbietà, a piccoli passi e con una crescita costante.

VIGNE - A Montecarotto in contrada Busche si trova l'appezzamento di punta di verdicchio, all'ultimo anno di conversione al biologico, al quale si sono aggiunti 2 ettari non ancora produttivi a Castelleone di Suasa. Per il resto troviamo parcelle dislocate nei pressi della cantina, tra cui una di moscato, una di montepulciano di oltre 40 anni di età, e la balsamina, un clone di aleatico da marze attinte dal papà Filiberto in vigneti molto vecchi.

VINI - Nei vini di Roberto c'è sempre tanta materia, declinata però senza appesantimenti, con piglio varietale e una bella uniformità gustativa.

Verdicchio dei Castelli di Jesi Cl. Sup. Qudì 2008 O 7.000 bt; 14 € - Ancora una versione convincente per ricchezza del sorso, tonicità e dinamismo, con il finale sapido che impreziosisce e promuove l'allungo.

Balsamino 2008 ● aleatico; 8.000 bt; 10 € - Bilanciatissimo nei ricordi aromatici varietali, risulta scorrevole e di facile beva, con il palato che si dimostra completo e complesso.

Castelli di Jesi Verdicchio Ris. Cl. Qudì 2017 O 5.000 bt; 24 € - Il millesimo caldo favorisce la dimensione glicerica del centro bocca, che prova a riscattarsi con uno sviluppo succoso e sapido. L'olfatto è sfaccettato e ampio.

Verdicchio dei Castelli di Jesi San Martino 2019 O 15.000 bt; 8 € - Fresco, floreale, essenziale.

Desiderio 2019 O moscato; 5.500 bt; 11 € - Succoso, aromatico, rilassato.

ha 10 - **bt** 65.000
Fertilizzanti letame in pellet
Fitofarmaci rame e zolfo
Diserbo lavorazione meccanica/manuale
Lieviti selezione di lieviti indigeni
Uve 100% di proprietà
Certificazione in conversione biologica

CASTELPLANIO (AN)

FAZI BATTAGLIA

Via Roma, 117 - tel. 0731 81591
www.fazibattaglia.it - info@fazibattaglia.it

VITA - Nel 1949 nasce a Cupramontana e nel 1952 si sposta a Castelplanio, nella sede attuale: questa realtà storica del comparto ha dettato i tempi e i ritmi, anche comunicativi e mediatici, del vino dei Castelli. L'ampia galleria fotografica in azienda mostra il percorso condotto nel panorama del verdicchio e come l'anfora, la particolare bottiglia creata nei primi anni Cinquanta, si sia evoluta pur mantenendo vivo ancora oggi il progetto originario.

VIGNE - Calpestare i filari di San Sisto, in origine un piccolo borgo con casa e chiesa in cui viveva una famiglia, è affascinante. Un corpo di oltre 30 ettari a 300 metri di quota, circondato dal bosco e situato in una zona molto aperta. Le varie esposizioni e la morfologia del suolo permettono di avere zone più ricche di sali minerali e appezzamenti che favoriscono maturazioni più avanzate, grazie alla costante ventilazione.

VINI - Precisione stilistica, nitore aromatico, conduzione equilibrata: sono i canoni dei vini che Lorenzo Landi interpreta nel rispetto della varietà.

Verdicchio dei Castelli di Jesi Cl. Sup. Massaccio 2018 O 30.000 bt; 15 € - Anice, fiori e note vegetali anticipano l'espressività gustativa sotto il profilo varietale. Il sorso è morbido e avvolgente, c'è brio sapido in chiusura, anche se manca un pizzico di profondità.
Verdicchio dei Castelli di Jesi Cl. Sup. 2019 O 25.000 bt; 10 € - Ampio e fresco, rivela piacevoli note floreali e si mostra succoso, tonico e fragrante, e per questo invoglia la beva. La chiusura salina è un plus apprezzabile.
Verdicchio dei Castelli di Jesi Cl. Titulus 2019 O 350.000 bt; 8 € - Fresco e fruttato, ha sorso delicato e gradevole, piacevolmente saporito.

ha 130 - **bt** 500.000
Fertilizzanti humus, letame in pellet, organo-minerali, sovescio
Fitofarmaci chimici di sintesi, rame e zolfo
Diserbo chimico, lavorazione meccanica/manuale
Lieviti selezionati industriali, selezione di lieviti indigeni
Uve 100% di proprietà
Certificazione nessuna certificazione

CASTELPLANIO (AN)

TENUTA DELL'UGOLINO €

SCONTO -10%

Località Macin - Via Copparoni, 32 - tel. 0731 812569
www.tenutaugolino.it - cantina@tenutaugolino.it

VITA - Poche curve dopo aver lasciato la strada statale, ci si trova immersi in un piccolo eden e si scorge la cantina circondata da olivi e bosco. Facile comprendere perché Costantino Petrini l'abbia scelta dopo una vita trascorsa in giro per il mondo, e suo figlio Andrea abbia poi deciso di convertirla in azienda vitivinicola. Al suo fianco, da qualche anno, c'è il socio Matteo Foroni, attivo nel commerciale, in vigna e in cantina.

VIGNE - Ai 4 ettari iniziali si sono affiancate altre vigne di verdicchio a Cupramontana e Montecarotto, oltre a un podere a Castelplanio. Il vigneto adiacente alla cantina affonda le radici su un suolo di medio impasto, con dosi maggiori di argilla nella parte più alta, dedicata al cru aziendale Vigneto del Balluccio, e più ricco di scheletro, sabbia e silice nella fascia inferiore. La vendemmia 2020 è la prima certificata biologica.

VINI - L'acciaio è il contenitore preferito da Andrea e Matteo, che ambiscono a far risaltare la freschezza e l'aromaticità fruttata, garantendo sempre una grandissima bevibilità.

TOP **Verdicchio dei Castelli di Jesi Cl. Sup. Vigneto del Balluccio 2018** VINO SLOW O 10.000 bt; 13 € - Ricco di frutta e di note agrumate che ne rinfrescano il tratto, colpisce per l'approccio al palato, ricco e succoso, agile e sapidissimo. Una bella struttura declinata con verve e dinamismo.
Verdicchio dei Castelli di Jesi Cl. Le Piaole 2019 O 50.000 bt; 9 € - Si lascia bere con facilità, e nell'approccio gustativo sottile e bilanciato rivela una piacevole complessità, grazie allo sviluppo sapido che segna il finale.
Brut Maltempo verdicchio; 5.000 bt; 13 € - Un Metodo Charmat delicato, levigato al palato, che tuttavia, nonostante la bolla, manca di un po' di brio.

ha 12 - **bt** 65.000
Fertilizzanti letame in pellet
Fitofarmaci rame e zolfo
Diserbo lavorazione meccanica/manuale
Lieviti selezionati industriali, selezione di lieviti indigeni
Uve 100% di proprietà
Certificazione in conversione biologica

CASTELRAIMONDO (MC)

COLLESTEFANO €

Frazione Rustano - Località Colle Stefano, 3 - tel. 0737 640439
347 3668345 - www.collestefano.com - info@collestefano.com

VITA - Ogni volta che si chiacchiera con Fabio Marchionni dalle sue parole traspare un mix di emozione, naturalezza e timore. Sì timore, perché Fabio si mette sempre in discussione, pensa, studia, osserva ogni cosa e ragiona su come poter cambiare. «In fondo io raccolgo le uve in un mese, non faccio cernite o passaggi di selezione, assemblo tutto e nasce il Collestefano»: in questa frase ci sono la semplicità e la spontaneità con cui opera.

VIGNE - Praticare agricoltura biologica a Rustano di Castelraimondo non è difficile: l'ambiente è sano e ricco di biodiversità, i suoli presentano argilla, calcare e scaglia, c'è la montagna alle spalle e le escursioni termiche sono importanti. Ma ciò non basta a Fabio, lui vuole una terra sempre più viva e fertile, cerca il massimo equilibrio e il minore impatto possibile, anche sotto l'aspetto meccanico. È in quest'ottica che si colloca il diserbo "spontaneo", fatto piantando fragoline di bosco sottofila, una sorta di pacciamatura viva.

VINI - Acciaio, acidità, frutto: è l'insieme che rende intriganti i vini, nati per raccontare questo angolo della valle, il profilo più fresco del vitigno e il sapore che esprime su queste terre.

TOP **Verdicchio di Matelica Collestefano 2019** VINO QUOTIDIANO O 105.000 bt; 11 € - Di questa interpretazione colpisce la succosità acida che disegna un profilo gustativo brioso e scattante, incentrato sulla verticalità e sul finale sapidissimo. Il frutto e i sentori varietali completano il quadro di finezza. Da scordare in cantina.

Rosa di Elena 2019 sangiovese, cabernet sauvignon, merlot, barbera; 6.000 bt; 9 € - Un petalo di rosa nel colore e negli aromi, con la ciliegia a rafforzare la componente fruttata. Il palato ha sostanza, ma è agile e garantisce una beva intrigante.

ha 16 - **bt** 130.000
Fertilizzanti letame in pellet, letame, sovescio
Fitofarmaci rame e zolfo
Diserbo lavorazione meccanica/manuale
Lieviti selezionati industriali
Uve acquisto 20%
Certificazione biologico certificato

CINGOLI (MC)

COLÒGNOLA - TENUTA MUSONE

Località Cològnola - tel. 0733 616438
www.tenutamusone.it - cantinacolognola@tenutamusone.it

VITA - Colognola è il nome dalla frazione di Cingoli dove è ubicata l'azienda. Fondata nel 1997 e rilevata nel 2010 dall'imprenditore jesino Walter Darini, nell'ottica dell'ampliamento della sua azienda agricola Tenuta Musone, è un progetto ben concepito e ben realizzato, con una cantina moderna e funzionale e i giovani in prima linea. La figlia Serena e il marito Matteo Bordoni si occupano della gestione, e il bravo Gabriele Villani dirige la cantina.

VIGNE - Su di un ventilato colle, a circa 400 metri di quota, dimorano i 33 ettari vitati in gran parte a verdicchio, con saldo di montepulciano. Sono due crinali magnifici: su quello con vista verso Cingoli ed esposto a sud allignano vigne di 40 e 20 anni, mentre rivolti verso Staffolo sul versante nord vegetano i filari di 16 e 10 anni. I terreni molto calcarei e friabili, uniti alle forti escursioni termiche, incidono sulla qualità delle uve.

VINI - Strutture sempre ponderate, e tanta rispondenza varietale declinata con nitore aromatico: sono le idee di Gabriele Villani che traspaiono nei vini.

TOP **Verdicchio dei Castelli di Jesi Cl. Sup. Ghiffa 2018** VINO QUOTIDIANO O 25.000 bt; 12 € - La freschezza aromatica è un bel viatico di finezza a cui segue il sorso composto e vitale, articolato e sfaccettato, infiltrato di materia sapida che lo rende progressivo. Un vino robusto ed elegante.

Verdicchio dei Castelli di Jesi M. Cl. Extra Brut Darini 2014 4.000 bt; 24 € - La spuma fine e cremosa rende setoso il palato, bilanciato, avvolgente e sapido.

Verdicchio dei Castelli di Jesi Cl. Sup. Incauto 2019 O 25.000 bt; 13 € - Il vino biologico di famiglia denota freschezza e salinità fuse in un corpo di media struttura, nel cui finale riverbera uno sbuffo alcolico.

Verdicchio dei Castelli di Jesi Cl. Sup. Via Condotto 2019 O 70.000 bt; 8 € - Fresco, fruttato, sapido.

ha 33 - **bt** 180.000
Fertilizzanti letame in pellet, letame, organo-minerali, sovescio
Fitofarmaci rame e zolfo
Diserbo lavorazione meccanica/manuale
Lieviti selezionati industriali
Uve 100% di proprietà
Certificazione biologico certificato

CINGOLI (MC)

TENUTA DI TAVIGNANO

Località Tavignano, 10 - tel. 0733 617303
www.tenutaditavignano.it - info@tenutaditavignano.it

VITA - Dal punto di vista paesaggistico Tenuta di Tavignano è una delle realtà più belle delle colline del verdicchio: il casolare padronale sul punto più alto del colle, la cantina in parte interrata e i vigneti intorno restituiscono un colpo d'occhio magnifico. Nel giro di pochi anni l'azienda di Stefano Aymerich è diventata anche un punto di riferimento per l'intero comparto. La nipote Ondine De La Feld sta dando nuovi stimoli, affiancata dalle competenze tecniche di Giulio Piazzini.

VIGNE - A 320 metri di quota, sui terreni calcareo-argillosi dei versanti di un poggio che degrada verso il fiume Musone, alligna il corpo più grande di verdicchio, con piante anche di oltre 30 anni d'età. Dal lato opposto invece troviamo i rossi e 3 ettari del bianco locale piantato di recente. La cura da sempre avuta nella gestione agronomica non poteva che sfociare nel biologico.

VINI - Eleganza e rispondenza varietale sono gli aspetti che risaltano nei vini, dotati sempre di nerbo acido e sapidità, che li rendono pimpanti e longevi.

Verdicchio dei Castelli di Jesi Cl. Sup. Misco 2019 ○ 25.000 bt; 16 € - L'acidità è il filo rosso che tiene in tensione una massa succosa e ricca, rendendola tonica e dinamica. Nel finale molto sapido, gli aromi varietali riverberano con il solito nitore. È solo l'inizio di un lungo cammino che porterà la consueta eleganza.
Verdicchio dei Castelli di Jesi Cl. Sup. Villa Torre ○ **2019** 50.000 bt; 11 € - Per pochi euro si gode di florealità e sentori di anice, in un contesto gustativo saporito e disteso.
Rosso Piceno Cervidoni 2018 ● 30.000 bt; 11 € - La struttura è rilassata e godibile, grazie alla buona dose di acidità e al finale ruvido ma gustoso.
Il Pestifero 2018 verdicchio, sangiovese, malvasia; 10.000 bt; 11 € - Metodo Ancestrale, agile, floreale, leggiadro.

ha 31 - **bt** 150.000
Fertilizzanti letame in pellet, sovescio
Fitofarmaci rame e zolfo
Diserbo lavorazione meccanica/manuale
Lieviti selezionati industriali, selezione di lieviti indigeni
Uve 100% di proprietà
Certificazione biologico certificato

CORINALDO (AN)

FEDERICO MENCARONI

Via Olmigrandi, 72 - tel. 071 7975625 - 339 1646742
www.mencaroni.eu - info@mencaroni.eu

VITA - Studi accademici, professione di ricerca con l'Università e possibilità di carriera non hanno distolto Federico Mencaroni dall'amore per la terra natia e per l'azienda di famiglia, che 10 anni fa ha riorganizzato con un progetto ambizioso e ben strutturato, passando dallo sfuso, che tuttavia sopravvive, al Metodo Classico come filo conduttore della produzione.

VIGNE - Sono poco più di 6 gli ettari vitati nei pressi della cantina e nell'areale, con piante in piena maturità e altre vecchie. Unico sfizio fuori casa è una piccolo podere di poco meno di un ettaro a San Costanzo, fronte mare, con viti di pinot bianco che Federico sta studiando per verificarne le caratteristiche clonali. La conversione al biologico è l'ultimo tassello che ha impreziosito il progetto.

VINI - La bollicina è interpretata con grande personalità, studiando ogni sfumatura che possa dare ai vini finezza e renderli intriganti.

Verdicchio dei Castelli di Jesi M. Cl. Brut Contatto 2015 3.000 bt; 24 € - L'olfatto è variegato, fine e nitido. Colpiscono la struttura, il bel volume offerto dalla bolla, e il finale asciutto e sapidissimo.
Urbano 2018 ● montepulciano, cabernet sauvignon, merlot; 3.000 bt; 12 € - La fragranza aromatica invita alla beva, avvalorata dal palato succoso e agile, a cui il tannino infonde dinamismo e assicura la giusta asciuttezza.
M. Cl. Campo di Cuori 2016 verdicchio, chardonnay, pinot bianco; 1.700 bt; 27 € - L'approcio aromatico fresco, tra frutta e folate di menta, apre a un sorso in cui spiccano la spuma soffice, la sostanza e il finale salino.
Verdicchio dei Castelli di Jesi M. Cl. Brut Nature Apollonia 2015 1.000 bt; 26 € - Avvolgente, fruttato, gastronomico.
Verdicchio dei Castelli di Jesi Isola 2018 ○ 6.000 bt; 12 € - Incisivo, floreale, salino.

ha 6,5 - **bt** 40.000
Fertilizzanti letame in pellet
Fitofarmaci rame e zolfo
Diserbo lavorazione meccanica/manuale
Lieviti selezionati industriali
Uve 100% di proprietà
Certificazione in conversione biologica

CUPRAMONTANA (AN)

CA' LIPTRA

Via San Michele, 21 - tel. 349 1321442
www.caliptra.it - info@caliptra.it

VITA - Il progetto, nato quasi per caso da un sodalizio di tre tecnici, è diventato una seria realtà cuprense. Nelle menti di Agostino Pisani, Roberto Alfieri e Giovanni Loberto pian piano è maturata l'idea di unificare tanti piccoli poderi per valorizzare il cru di San Michele, dando voce a ogni singolo versante di questa valle magica. Un'idea che permette di carpire le sfumature di questo angolo dei Castelli.

VIGNE - Scendendo da via Valle fino ai poderi più scoscesi di San Michele si solcano terre di argilla e sabbia, e versanti più calcarei e gessosi, in cui affondano le radici filari molto vecchi che i nostri stanno valorizzando e riportando a piena produzione. Un patrimonio genetico che poteva scomparire ma che ora respira linfa vitale, grazie a una viticoltura rispettosa dell'ambiente e per nulla invasiva.

VINI - Tempo e aria sono i consiglieri di questi vini, che nelle prime fasi di bottiglia sono recalcitranti; poi si distendono e rivelano l'anima del vitigno e del luogo da cui provengono.

Arancio 2019 O malvasia, trebbiano, sangiovese; 4.000 bt; 14 € - La macerazione sulle bucce rende il naso intrigante e il sorso succoso, morbido, con una piacevole verve tannica che fusa alla sapidità lo fa risultare accattivante. Ha un piccolissimo saldo di sangiovese.
Caliptra 2019 O trebbiano; 4.000 bt; 12 € - Dopo qualche increspatura riduttiva, il naso si apre su un bel frutto maturo con il palato vivace, l'acidità lo rende vibrante e ne amplifica la beva. Stile ossidativo, vibrante, fruttato.
Castelli di Jesi Verdicchio Ris. Cl. 21 S. Michele 2018 O 2.666 bt; 14 € - Affinato in legni molto vecchi, è molto chiuso al naso. La fase gustativa è migliore: risaltano la struttura, l'acidità integrata, e la conduzione distesa.

ha 8,6 - **bt** 20.000
Fertilizzanti sovescio
Fitofarmaci rame e zolfo
Diserbo lavorazione meccanica/manuale
Lieviti fermentazione spontanea
Uve 100% di proprietà
Certificazione in conversione biologica, parte dei vigneti in regime biologico

CUPRAMONTANA (AN)

CHERUBINI

Via Roma, 93 - tel. 0731 780105
www.cantinecherubini.it - info@cantinecherubini.it

VITA - Staresti ad ascoltare Simone Cherubini per ore: si percepisce la passione per il suo lavoro e quanto senta sulle spalle la responsabilità di gestire l'azienda fondata dal nonno Manlio nei primi anni Sessanta. Vignaiolo instancabile, vuole essere sicuro che ogni passaggio sia seguito al meglio. Nella gestione dell'azienda si avvale dell'aiuto della sorella Cristina, che segue la parte amministrativa e il B&B, e del padre Orlando, mano preziosa in vigna.

VIGNE - Nel corso degli anni la famiglia Cherubini ha acquistato piccoli appezzamenti a Cupramontana, nella bella conca di Manciano e Carpaneto, non distanti da dove si trovano i 3 ettari che rappresentano il nucleo originario. L'artigianalità del lavoro è tale che Simone addirittura lega i tralci dei 21 ettari con i vimini dei propri salici. In aggiunta non diserba chimicamente.

VINI - Acciaio e cemento sono i contenitori preferiti in cantina, così da ottenere vini di grande fragranza, freschezza e nitore aromatico.

Verdicchio dei Castelli di Jesi Cl. Sup. Fonte Cherubini 2019 O 2.900 bt; 11 € - Rivela olfatto espressivo e cangiante, con la frutta in bella mostra e il sorso agile e fresco, che non lesina consistenza e sapidità. Manca solo un po' di allungo nel finale, frenato dall'alcol.
Verdicchio dei Castelli di Jesi Cl. Perla 2019 O 1.600 bt; 7 € - Rivela la freschezza aromatica e gustativa con piacevoli sentori agrumati e di frutta, ma manca di dinamismo al palato.
Anastasia 2019 ● montepulciano; 900 bt; 10 € - Ha un bell'olfatto di piccoli frutti neri, e il sorso è tonico nonostante la densità, con il finale leggermente amarognolo.
Colle Giuviale 2019 ● cabernet sauvignon; 540 bt; 11 € - Croccante, fruttato, rilassato.

ha 20 - **bt** 6.740
Fertilizzanti letame, minerali, organo-minerali
Fitofarmaci chimici di sintesi, rame e zolfo
Diserbo lavorazione meccanica/manuale
Lieviti fermentazione spontanea, selezionati industriali
Uve 100% di proprietà
Certificazione nessuna certificazione

COLLE JANO

Via Rovejano, 15 - tel. 349 1965659
www.collejano.com - info@collejano.com

VITA - Ascoltare con quanta umiltà Filippo Resente si è approcciato alla viticoltura è stato emozionante. Desiderare la campagna dopo esperienze lavorative all'estero in tutt'altro settore è stato un atto di liberazione e di concretezza. Approdare su queste colline, rimettersi in gioco, imparare e sbagliare, rischiare e cercare con caparbietà di concretizzare le proprie idee non ha prezzo. Questo è Colle Jano.

VIGNE - Abbandonare la strada che conduce a Cupramontana, addentrarsi nella campagna e trovare questa piccola oasi è sempre una sorpresa. Dall'esiguo podere iniziale, mezzo ettaro di circa 50 anni di età, sono stati attinti e replicati i cloni che hanno dato vita all'appezzamento attiguo, a cui si è aggiunta un'altra vigna vecchia nelle vicinanze. La cura con cui si gestiscono i filari, cercando nel biologico il modo per migliorarne la vitalità, dà il senso della passione con cui sta crescendo il progetto.

VINI - Nonostante si vinifichi in una realtà limitrofa, la nitidezza con cui questo vino si esprime e ricalca il profilo varietale del vitigno dà il senso della qualità delle uve e della loro felice interpretazione.

Verdicchio dei Castelli di Jesi Cl. Sup. Jano 2019 ○ 5.000 bt; 15 € - Dopo l'exploit dello scorso anno, fa piacere trovare una bella conferma. Il profilo varietale è nitido e declinato con finezza, e il sorso è robusto e potente, ma allo stesso tempo ben controllato e percorso da una sapidità ficcante e incisiva, che disegna il profilo del finale. Manca solo un filo di acidità che avrebbe reso questo vino ancora più brillante.

ha 3,1 - **bt** 5.000
Fertilizzanti compost, letame in pellet, sovescio
Fitofarmaci rame e zolfo
Diserbo lavorazione meccanica/manuale
Lieviti fermentazione spontanea
Uve 100% di proprietà
Certificazione in conversione biologica

CUPRAMONTANA (AN)

COLONNARA

Via Mandriole, 2 - tel. 0731 780273
www.colonnara.it - info@colonnara.it

VITA - Questa storica cooperativa di Cupramontana dal 1959 raccoglie un gruppo di piccoli viticoltori e custodi del territorio. Sin dalle origini Colonnara ha creduto nel verdicchio, forgiandone alcune delle più belle interpretazioni dell'areale, e investendo da fine anni Ottanta anche nella spumantistica, con lo storico enologo Carlo Pigini (coadiuvato dal braccio destro Pierluigi Gagliardini), oggi sostituito da Agostino Pisani.

VIGNE - Il parco vitato è sparso tra Cupramontana e i paesi limitrofi, con piccoli poderi con esposizioni diverse e suoli di medio impasto, più ricchi di argilla a Cupramontana e di calcare verso Apiro. I soci sono guidati nella gestione della vigna e nelle scelte vendemmiali in funzione dell'etichetta a cui saranno destinate le uve. Il ricambio generazionale sta avvicinando l'obiettivo del biologico.

VINI - Il rigore nella vinificazione dell'uva verdicchio è l'asse portante della produzione, espressa con tecniche differenti per esaltarne ogni sfumatura.

TOP **Verdicchio dei Castelli di Jesi Cl. Sup. Cuprese 2018** VINO QUOTIDIANO ○ 15.000 bt; 11 € - Un vino intrigante e sfaccettato, con un impianto acido-sapido esemplare, che tiene diritto l'asse gustativo e dona profondità. C'è da scommettere sulla sua longevità.

Castelli di Jesi Verdicchio Ris. Cl. Tufico 2016 ○ 5.300 bt; 18 € - Uve raccolte tardivamente donano una dolcezza aromatica che prelude a un sorso morbido, succoso e sapidissimo, a cui manca solo un pizzico di dinamismo per risaltare ancora di più.

Verdicchio dei Castelli di Jesi M. Cl. Brut Ubaldo Rosi Ris. 2014 4.600 bt; 35 € - Dotato di una bolla sottile e cremosa e di una bocca sapida e articolata, alterna profumi di frutta e note mentolate che ne rinfrescano il tratto.

Tornamagno 2015 ● montepulciano, sangiovese; 5.500 bt; 17 € - Fitto, fruttato, complesso.

ha 160 - **bt** 1.200.000
Fertilizzanti letame, organo-minerali, sovescio
Fitofarmaci chimici di sintesi, rame e zolfo
Diserbo lavorazione meccanica/manuale
Lieviti selezionati industriali
Uve acquisto 5%
Certificazione parte dei vigneti in regime biologico

CUPRAMONTANA (AN)

LA MARCA DI SAN MICHELE

SCONTO **-10%**

Via Torre, 13 - tel. 0731 781183
www.lamarcadisanmichele.com - info@lamarcadisanmichele.com

VITA - Nonostante Alessandro Bonci e Daniela Quaresima producano vino da poco meno di 15 anni, l'azienda si è già ricavata un ruolo chiaro nel comparto dei Castelli di Jesi. Le loro idee di sostenibilità, insieme all'impronta produttiva spontanea e poco interventista, non hanno offuscato il profilo varietale dei vini, e anzi in ogni bottiglia, di pari passo con l'aumentare dell'esperienza, ritroviamo sempre maggiore identità e aderenza territoriali.

VIGNE - San Michele a Cupramonata è forse il primo vero cru universalmente riconosciuto come un terroir unico tra le colline del Verdicchio. I suoli sin dall'inizio della loro gestione sono stati lavorati in regime biologico, e nel 2017 l'avvicinamento alla biodinamica è stato un passaggio spontaneo e quasi scontato. La fertilità dei suoli e l'eliminazione di ogni possibile compattamento sono punti fermi imprescindibili, che stanno dando evidenti frutti riscontrabili in un nuovo equilibrio delle piante.

VINI - C'è sempre tanto sapore di Verdicchio nelle bottiglie di Alessandro e Daniela, che crescono di anno in anno per spessore varietale e compostezza.

Verdicchio dei Castelli di Jesi Cl. Sup. Capovolto 2019 O 15.000 bt; 15 € - Il profilo olfattivo è segnato da una spiccata finezza aromatica, imperniata su toni vegetali e di anice, floreali e fruttati. In bocca troviamo un sorso scattante e succoso, fresco e sapidissimo, di ottima tensione gustativa. Rispetto al solito, manca tuttavia un pizzico di presa al centro del palato e di grinta nella chiusura finale.

ha 6 - bt 30.000
Fertilizzanti preparati biodinamici, sovescio
Fitofarmaci rame e zolfo
Diserbo lavorazione meccanica/manuale
Lieviti fermentazione spontanea
Uve 100% di proprietà
Certificazione biologico certificato

CUPRAMONTANA (AN)

SPARAPANI - FRATI BIANCHI

Via Barchio, 12 - tel. 0731 781216
www.fratibianchi.it - info@fratibianchi.it

VITA - La famiglia Sparapani è sicuramente il paradigma dell'operosità e dell'impegno che si confà alla migliore tradizione contadina marchigiana. Francesca, Paolo e Pino, i figli di Settimio, fondatore dell'azienda, proseguono con entusiasmo l'attività, senza dar nulla per scontato e raggiunto. Curiosi verso le nuove sperimentazioni, a piccoli passi e con oculatezza lavorano rispettando la saggezza contadina che hanno ereditato.

VIGNE - Avere i vigneti ad altitudini ed esposizioni diverse è sicuramente un punto di forza. Si va dal versante ovest di Cupramontana alle colline di Castellaro di Serra San Quirico, primo avamposto verso l'Appennino, dove il clima più fresco consente maturazioni più lente ed equilibrate. Dal 2020 il diserbo è quasi ovunque meccanico: solo in aree marginali e impervie si ricorre alla chimica. Tre ettari sono già stati convertiti al biologico, mentre sul resto ancora si procede in regime convenzionale.

VINI - Sia nel vino di ingresso, sia nelle selezioni e nelle riserve regna sempre l'anima più vera del Verdicchio, declinato con stili e affinamenti diversi, ma rimanendo fedeli al riconoscibilissimo timbro di famiglia.

TOP **Verdicchio dei Castelli di Jesi Cl. Sup. Il Priore 2018** O 20.000 bt; 15 € - È lento a emergere nel calice, ma con l'aria esplodono la ricchezza fruttata e i sentori di anice. Il sorso è ampio e robusto, ma infiltrato di freschezza e di tanta sapidità che lo proiettano in un orizzonte di evoluzione di grandi prospettive.

Verdicchio dei Castelli di Jesi Cl. Salerna 2019 O 8.000 bt; 10 € - La freschezza aromatica è il suo punto di forza, e colpisce per nitore e ampiezza, mentre il sorso è levigato e avvolgente, e rivela una discreta tensione.

ha 25 - bt 60.000
Fertilizzanti organo-minerali
Fitofarmaci chimici di sintesi, rame e zolfo
Diserbo lavorazione meccanica/manuale
Lieviti selezionati industriali
Uve 100% di proprietà
Certificazione parte dei vigneti in regime biologico

CUPRAMONTANA (AN)

VALLEROSA BONCI

Via Torre, 15 - tel. 0731 789129
www.vallerosa-bonci.com - info@vallerosa-bonci.com

VITA - Se parliamo di San Michele nel comparto dei Castelli di Jesi viene naturale legare il nome di Giuseppe Bonci a quello di una delle etichette storiche del Verdicchio di Cupra. Giuseppe dai primi anni Cinquanta ha gestito quest'azienda con passione e a lui vanno riconosciuti i meriti per aver sempre creduto nel Verdicchio, senza scendere mai a compromessi e interpretando il vitigno con approcci diversi.

VIGNE - Scendere nella valle del cru San Michele è sempre affascinante. Versante caldo e assolato, il mare che strizza l'occhio ai filari, marne argillose e sprazzi di calcare e sabbia come fondo: è questo l'habitat dei 4 ettari annessi all'azienda nel 1991. L'altro cru di proprietà è Pietrone, un dedalo di vari corpi che si distende sul versante opposto in zona più fresca, e le cui uve regalano espressioni più briose e vibranti.

VINI - C'è sempre tanto Verdicchio nei calici di Bonci, con il cemento come mezzo di affinamento perché come ha sempre sostenuto Giuseppe «deve risaltare il vitigno».

Verdicchio dei Castelli di Jesi Cl. Sup. San Michele 2017 ○ 12.000 bt; 17 € - - Pur in annata calda, si esprime con un bel panorama aromatico, per nulla pesante, con il gusto equilibrato ed efficace nella tessitura e nell'allungo.
Castelli di Jesi Verdicchio Ris. Cl. Pietrone 2015 ○ 2.000 bt; 31 € - - C'è tanta frutta matura e tropicale, con il sorso che si rivela un po' statico e caldo e manca del solito brio acido-sapido.
Verdicchio dei Castelli di Jesi Cl. Sup. Vale 2019 ○ 4.000 bt; 15 € - - Al palato c'è maggiore verve e distensione rispetto al naso, dove risalta un tripudio di frutta matura, poco appropriata per un vino fresco d'annata.

ha 13 - **bt** 80.000
Fertilizzanti minerali, organo-minerali, sovescio
Fitofarmaci chimici di sintesi, rame e zolfo
Diserbo chimico
Lieviti selezionati industriali
Uve 100% di proprietà
Certificazione nessuna certificazione

FANO (PU)

CRESPAIA

SCONTO **-10%**

Località Prelato, 8 - tel. 0721 862383
www.crespaia.it - info@crespaia.it

VITA - Questa giovane realtà nata sulla collina del Prelato nei pressi dell'Eremo di monte Giove, a soli tre chilometri dal mare Adriatico, è opera dell'imprenditore Rossano Sgammini, che nel 2011 ha acquistato i primi ettari di vigneto con annessa la vecchia cantina. Gli anni a seguire sono stati un continuo fermento creativo, tra nuovi impianti, acquisto di altri appezzamenti, e rinnovo completo dei locali produttivi.

VIGNE - Rossano ha creduto al biologico e già nel 2013, anno del primo impianto di biancame in luogo di vecchie viti di sangiovese, ha iniziato la conversione, oggi completata su tutta la filiera. A eccezione di due piccoli appezzamenti di montepulciano e chardonnay, tutti i vigneti sono stati rinnovati in favore del biancame, con l'ultimo risalente alla primavera 2020, per un'estensione di 8 ettari circa. Il progetto sembra procedere spedito e senza incertezze.

VINI - La fragranza aromatica e la scorrevolezza strutturale, sia nei bianchi sia nei rossi, sono il faro che da sempre orienta la produzione, vocata a una beva spigliata e mai banale.

Bianchello del Metauro Sup. Chiaraluce 2018 ○ 6.500 bt; 11 € - - Un cesto di frutta fresca è la carta d'identità aromatica a cui segue il sorso spigliato e morbido. Nonostante la sapidità, manca un po' di spessore e incisività nel finale.
Bianchello del Metauro 2019 ○ 14.000 bt; 9 € - - Approccio fresco e fruttato, per un palato succoso e tonico, segnato da una viva acidità.
Colli Pesaresi Sangiovese Nerognolo 2017 ● 3.500 bt; 11 € - - Un vino fragrante all'insegna della frutta fresca, che scorre con brio anche se in chiusura il mix tannino-alcol lo increspa e ne riduce la compostezza.
Brut 2019 ✲ chardonnay, pecorino; 4.000 bt; 11 € - - Metodo Charmat, succoso, floreale, essenziale.

ha 10 - **bt** 40.000
Fertilizzanti letame in pellet, sovescio
Fitofarmaci rame e zolfo
Diserbo lavorazione meccanica/manuale
Lieviti fermentazione spontanea, selezionati industriali
Uve 100% di proprietà
Certificazione biologico certificato

FANO (PU)

DI SANTE

Via Leda Antinori, 28 - tel. 0721 885627 - 331 6665898
www.disantevini.it - info@disantevini.it

VITA - Dal nonno oste e dal padre contadino nel dopo lavoro Tommaso Di Sante ha ereditato la passione per la terra e per la vigna, che lo ha condotto, tra i primi della zona, a sposare l'agricoltura biologica a inizio anni Duemila. Oltre ai vigneti di proprietà si prende cura di alcune vigne vicine che rischiavano l'abbandono. Nella primavera del 2020 ha visto la luce l'ultimo progetto: l'aceto da uve biancame.

VIGNE - Sono 30 gli ettari intorno alla cantina, tutti su suoli di tufo e arenaria, disposti in vari versanti, con i vitigni autoctoni (biancame, sangiovese, montepulciano) che occupano gran parte della superficie e a cui si aggiungono piccole quote di aleatico, chardonnay e sauvignon. A queste si uniranno nel 2020 due ettari di un nuovo impianto da selezione massale di biancame.

VINI - Facilità di beva è la parola d'ordine, dalla quale Tommaso non ama discostarsi. Anche nei rossi, la struttura è sempre ponderata per tenere fede a questo principio.

Bianchello del Metauro Sup. Giglio 2019 ○ 15.000 bt; 9 € - 🍷 - Come sempre il vino più in forma: intense note fruttate e di agrume anticipano un sorso succoso, sapido e composto, con la morbidezza bilanciata dal piacevole finale salino.

Gemma 2019 ○ sauvignon, chardonnay; 7.000 bt; 8 € - 🍷 - La freschezza aromatica e gustativa è il punto di forza, con la verve che al palato favorisce la beva e impreziosisce la chiusura.

Colli Pesaresi Sangiovese Timoteo Ris. 2017 ● 15.000 bt; 9 € - 🍷 - Preferiamo la distensione aromatica del sorso e la migliore dinamica che esprime rispetto all'olfatto, dove incide ancora la quota speziata. Purtroppo l'alcol ne velocizza la chiusura.

Illa 2019 ◐ sangiovese, montepulciano, aleatico; 6.000 bt; 8 € - 🍷 - Agile, fruttato, sapido.

ha 30 - **bt** 100.000
Fertilizzanti letame in pellet, organo-minerali
Fitofarmaci organici, rame e zolfo
Diserbo lavorazione meccanica/manuale
Lieviti selezionati industriali
Uve 100% di proprietà
Certificazione biologico certificato

FANO (PU)

CLAUDIO MORELLI

Viale Romagna, 47/b - tel. 0721 823352
www.claudiomorelli.it - info@claudiomorelli.it

VITA - «A metà degli anni Settanta si facevano ancora vini dozzinali in boccioni», ci raccontava Claudio Morelli alcuni anni fa, e fu così che quando, completati gli studi agrari, entrò in azienda, decise di spostare l'asse produttivo verso la bottiglia, non acquistando più né uve né vino come in precedenza. Una strada che ha percorso con bravura, e i risultati odierni gliene danno atto.

VIGNE - Gli scorci di Vigna delle Terrazze sono sicuramente tra i più suggestivi: scarpate e gradoni sono l'habitat di piante di sangiovese e biancame molto vecchie, allevate con impalcati alti a doppio capovolto sul filo. Pochi filari, lunghi anche 300 metri, si intervallano a olivi e bosco, in un contesto molto ventilato e vicino al mare. Insieme agli altri corpi vitati situati nell'entroterra, Claudio può contare su un'ampia variabilità qualitativa da tradurre nelle differenti etichette.

VINI - C'è sempre molta precisione espressiva nei vini, e anche laddove le strutture sono più ricche e robuste, non manca mai la capacità di far risaltare la varietà.

Bianchello del Metauro La Vigna delle Terrazze 2019 ○ 18.000 bt; 10 € - 🍷 - Tenue e delicato, si apre lentamente con un bagaglio aromatico molto fresco, che poggia su di un sorso morbido e composto, piacevolmente salino.

Bianchello del Metauro San Cesaro 2019 ○ 30.000 bt; 8 € - 🍷 - Semplice, è dotato di acidità e grazia gustativa: non impegna il palato, anzi assicura una beva piacevole e rinfrescante.

Bianchello del Metauro Borgo Torre 2019 ○ 13.000 bt; 11 € - 🍷 - Mostra maggiore ricchezza fruttata dei fratelli, e anche in bocca risulta più pieno e rotondo. Nonostante il finale sapido manca però un po' di allungo, auspicabile vista la struttura.

Colli Pesaresi Sangiovese La Vigna delle Terrazze 2018 ● 17.000 bt; 10 € - 🍷 - Croccante, fruttato, varietale.

ha 18 - **bt** 85.000
Fertilizzanti nessun concime
Fitofarmaci rame e zolfo
Diserbo lavorazione meccanica/manuale
Lieviti selezionati industriali
Uve acquisto 5%
Certificazione in conversione biologica

FRATTE ROSA (PU)

TERRACRUDA

Via Delle Serre, 28 - tel. 0721 777412
www.terracruda.it - info@terracruda.it

VITA - Luca Avenanti è un giovane molto appassionato che ha scelto la strada della viticoltura. Figlio di imprenditori del settore del mobile, ha deciso di abbracciare il progetto vinicolo che il papà ha realizzato 15 anni fa. La sua formazione è frutto di sacrifici, impegno e studio sul campo al fianco del consulente Giancarlo Soverchia. Alcuni anni fa la cantina interrata è stata completata unitamente a un bell'agriturismo.

VIGNE - I tre corpi vitati sorgono nei pressi della cantina e sono coltivati a biancame, sangiovese e aleatico, uve contemplate dalle Doc riconosciute nel territorio di Fratte Rosa. Negli ultimi anni è variato il modo di gestire le vigne, cercando maggior equilibrio, e agendo con minor rigore nelle fasi di scacchiatura e diradamento. Dalla vendemmia 2020 i vigneti sono certificati in biologico.

VINI - Tante etichette, forse troppe, per interpretare le uve locali con stili e affinamenti diversi, anche se molte volte pagano la semplicità e l'immediatezza.

Pergola Rosso Vettina 2018 ● 10.000 bt; 10 € - ▯ - C'è distensione aromatica, con profumi di frutta e fiori, propri dell'uva. In bocca troviamo sostanza, tensione e un tannino setoso che si fondono con grazia, garantendo un bell'allungo.
Colli Pesaresi Sangiovese Orcio 2018 ● 15.000 bt; 8 € - ▯ - È molto intrigante l'approccio gustativo fragrante e succoso, con il tannino integrato e levigato, che nel finale dona slancio a richiami aromatici floreali e di confettura.
Bianchello del Metauro Boccalino 2019 O 35.000 bt; 7 € - ▯ - Dopo l'apertura leggermente vegetale vira su toni di frutta bianca. Il sorso è semplice ma tonico e vivo, nitido e saporito.
Bianchello del Metauro Sup. Campodarchi 2016 O 6.000 bt; 10 € - ▯ - Avvolgente, fruttato, compatto.

ha 21 - **bt** 130.000
Fertilizzanti letame, sovescio
Fitofarmaci rame e zolfo
Diserbo lavorazione meccanica/manuale
Lieviti selezionati industriali
Uve 100% di proprietà
Certificazione biologico certificato

JESI (AN)

BRUNORI

Viale della Vittoria, 103 - tel. 0731 207213
www.brunori.it - info@brunori.it

VITA - Carlo Brunori è cresciuto tra i filari e la cantina, seguendo incuriosito suo nonno Mario e aiutandolo nella vendemmia come fosse un gioco. Raccogliere il testimone dal padre Giorgio, che ancora non smette di dargli consigli, è stata l'ovvia conseguenza. Da questa eredità deriva lo stile aziendale, saldamente ancorato ai metodi di lavoro da sempre praticati. A fine 2020 è prevista una nuova sala d'accoglienza con uno scorcio bellissimo sulle vigne.

VIGNE - I vigneti, che popolano la dolce collina intorno alla cantina, sono stati piantati in epoche diverse, selezionando un clone massale proprio, dal grappolo serrato e compatto, che Carlo predilige non temendo l'umidità grazie alla ventilazione di cui gode la zona. I filari giacciono su terreni ricchi di argilla e minerali, con qualche falda sabbiosa. La gestione agronomica è ora in fase di conversione al biologico.

VINI - In cantina solo vasche di cemento, per esprimere struttura, sapidità e beva sempre intrigante: sono le carte vincenti del Verdicchio di Brunori.

Castelli di Jesi Verdicchio Ris. Cl. San Nicolò 2018 O 1.800 bt; 13 € - ▯ - Impiega qualche minuto a esprimersi, poi esplode con tanto sapore nel sorso robusto ma agile e succoso, con la sapidità che ne allunga il tratto e lascia presagire un'evoluzione esemplare. Complesso e sfaccettato, si dimostra un Verdicchio di razza.
Verdicchio dei Castelli di Jesi Cl. Sup. San Nicolò 2019 O 14.000 bt; 10 € - ▯ - Agrumi, fiori, frutta e anice disegnano una curva aromatica intrigante, con il palato che sprizza energia e vitalità, non rinunciando a una piacevole morbidezza, ravvivata dalla salinità. Un sorso tira l'altro.
Verdicchio dei Castelli di Jesi Cl. Le Gemme 2019 O 23.000 bt; 8 € - ▯ - Acidità vibrante per un palato succoso ma leggermente sfuggente nel finale.

ha 7 - **bt** 50.000
Fertilizzanti organo-minerali, sovescio
Fitofarmaci rame e zolfo
Diserbo lavorazione meccanica/manuale
Lieviti fermentazione spontanea
Uve acquisto 15%
Certificazione in conversione biologica

JESI (AN)

MONTECAPPONE

SCONTO -10%

Via Colle Olivo, 2 - tel. 0731 205761
www.montecappone.com - info@montecappone.com

VITA - Quasi non si avverte più l'accento originario romano nelle parole di Gianluca Mirizzi, ormai a tutti gli effetti jesino d'adozione. Da molti anni infatti gestisce l'azienda di famiglia alle porte di Jesi, profondendo energie e investimenti, e diversificando la gamma, non solo riferita al vino, ma anche all'olio, altro prodotto in cui si è cimentato con successo. La collaborazione con Lorenzo Landi è stata la svolta che ha dato a questi vini brillantezza e carattere.

VIGNE - Anche dal punto di vista agronomico sono cambiate tante cose nel corso degli anni. Il verdicchio è divenuto la prima donna di famiglia, e su di esso si sono sviluppati i lavori di ricerca in campo, per preservarne i caratteri varietali puntando, attraverso la tecnologia, alla precisione negli interventi e ad attività sempre più meccaniche, riducendo l'impatto ambientale.

VINI - Manca l'etichetta di punta Utopia, ma gli altri Verdicchio rappresentano bene lo stile cristallino, tonico e vivo che Gianluca persegue da anni.

Verdicchio dei Castelli di Jesi Cl. Sup. Federico II A.D. 1194 2018 O 20.000 bt; 16 € - Un anno di affinamento in più ha permesso a questo vino di acquisire finezza e incisività. Lo spettro aromatico è ampio e fresco, con ricordi varietali di fiori e anice, ma il sorso risulta ancora più convincente, se possibile: è teso, salino, profondo e dinamico.
Verdicchio dei Castelli di Jesi Cl. Sup. Muntobé 2019 O 30.000 bt; 11 € - L'olfatto lineare e leggermente rigido nelle note agrumate, con l'ossigenazione si distende con maggiore efficacia. Il palato è delicato, asciutto, tonico e pimpante, e mostra una piacevole salinità.

ha 45 - **bt** 180.000
Fertilizzanti letame, organo-minerali
Fitofarmaci chimici di sintesi, rame e zolfo
Diserbo lavorazione meccanica/manuale
Lieviti fermentazione spontanea, selezionati industriali
Uve 100% di proprietà
Certificazione nessuna certificazione

MAIOLATI SPONTINI (AN)

MANCINI

Frazione Moie - Via Santa Lucia, 7 - tel. 0731 702975
www.manciniwines.it - mancini@manciniwines.it

VITA - Questa realtà di chiaro stampo familiare, fondata da Benito Mancini nei primi anni Sessanta e oggi condotta dai figli Emanuela, Massimo e Sergio, ha saputo crescere gradualmente senza strafare. Quando Benito la creò con altri soci aveva idee più orientate alla mera commercializzazione del vino, poi ebbe la meglio la voglia di possedere vigneti e vinificare uve proprie, e da lì ci si avvicinò pian piano alla bottiglia.

VIGNE - I 20 ettari vitati allignano su un costone che domina la cantina, esposti a nord-est a cavallo fra i comuni di Maiolati e Castelbellino. Per il verdicchio la vinificazione delle uve provenienti dalle zone più alte, una sorta di cru aziendale, avviene separatamente dalle altre, per evidenziarne la diversità e la qualità. Sono presenti anche poche file di montepulciano, cabernet sauvignon e lacrima.

VINI - Cresce lentamente ma in modo costante la qualità dei vini, tutti da uve verdicchio ma ottenuti con tecniche e affinamenti differenti, e senza voli pindarici.

Castelli di Jesi Verdicchio Ris. Cl. 2017 O 2.000 bt; 18 € - Olfatto ricco di frutta, con una bella complessità, e sorso spigliato, scorrevole e molto disteso. Nonostante la struttura si mostra reattivo e sapido.
Verdicchio dei Castelli di Jesi Cl. Sup. Talliano 2019 O 10.000 bt; 11 € - Profilo molto fresco con approccio gustativo robusto, salino e ben modulato. Mancano solo un pizzico di dettaglio e profondità aromatica che lo avrebbero elevato a ben altri ranghi.
Verdicchio dei Castelli di Jesi Cl. Santa Lucia 2019 O 13.000 bt; 8 € - La notevole intensità olfattiva trova altrettanta pienezza al palato, dove viaggia su regimi di morbidezza e manca un po' di freschezza.

ha 20 - **bt** 140.000
Fertilizzanti organo-minerali
Fitofarmaci organici, rame e zolfo
Diserbo lavorazione meccanica/manuale
Lieviti selezione di lieviti indigeni
Uve 100% di proprietà
Certificazione nessuna certificazione

MAIOLATI SPONTINI (AN)

PIEVALTA

Frazione Moie - Via Monteschiavo, 18 - tel. 0731 705199
www.pievalta.it - pievalta@baronepizzini.it

VITA - Quando nel 2005 è iniziata la conversione alla biodinamica di Pievalta, si era nel momento clou dei vini pettinati e della barrique. Alessandro Fenino e Silvia Loschi volevano invece puntare sull'artigianalità, sulla sperimentazione per cercare altre strade all'omologazione che sembrava imperante. Togliere anziché aggiungere, cercare il minor impatto possibile in vigna e in cantina, usare basse dosi di solforosa e ottenere vini comprensibili e fruibili a tutti: questi i valori irrinunciabili.

VIGNE - Nel 2019 è terminato il nuovo impianto di circa 6 ettari sul versante cuprense della collina di Follonica. Un terroir unico, con argille, tufo, marna calcarea e sabbia che si alternano sotto le radici delle barbatelle attinte dalla vigna del Pozzo di Maiolati. Un versante caldo con cui Alessandro dovrà cimentarsi.

VINI - Declinare il Verdicchio con facce diverse e garantire personalità, sapore e rispondenza varietale con qualsiasi contenitore, è sintomo di grande maturità.

TOP **Castelli di Jesi Verdicchio Ris. Cl. San Paolo 2017** VINO SLOW O 14.000 bt; 18 € - Si muove con agilità, fondendo il tessuto acido-sapido con la struttura robusta, lasciando esprimere vividi sentori varietali, che spaziano dal fieno all'anice e alla frutta bianca. Il millesimo caldo non scalfisce la consueta solidità.

TOP **Verdicchio dei Castelli di Jesi Cl. Sup. Tre Ripe 2019** O VINO QUOTIDIANO 56.000 bt; 10 € - Nel sorso ricco e saporito, anche se non freschissimo, risalta la classicità varietale del vitigno; esprime il meglio di sé dopo qualche minuto di ossigenazione.

Campo del Noce 2017 ● montepulciano; 14.000 bt; 10 € - Un'ottima versione, risaltano la succosità del palato, il tannino graffiante che ravviva la beva e la croccantezza dei frutti rossi.

M. Cl. Dosaggio Zero Perlugo verdicchio; 20.000 bt; 15 € - Fresco, floreale, verace.

ha 34 - **bt** 110.000
Fertilizzanti compost, preparati biodinamici, sovescio
Fitofarmaci rame e zolfo
Diserbo lavorazione meccanica/manuale
Lieviti fermentazione spontanea
Uve acquisto 20%
Certificazione biodinamico certificato, biologico certificato

MAIOLATI SPONTINI (AN)

TENUTE PIERALISI MONTESCHIAVO

Località Monteschiavo - Via Vivaio - tel. 0731 700385
www.monteschiavo.it - info@monteschiavo.it

VITA - La famiglia Pieralisi, impegnata nel settore industriale, possiede questa azienda vitivinicola e olivicola dal 1995. Organizzazione di mezzi e ampie progettualità ne hanno contraddistinto il cammino, con una gamma sempre ampia e punte di eccellenza che ne hanno scandito la crescita. Da alcuni anni ha cambiato ancora pelle, fondendo la linea Monteschiavo con il nuovo progetto Tenute Pieralisi, puntando sempre sui vitigni autoctoni.

VIGNE - Oltre 100 ettari vitati sono una dote di prim'ordine, che abbraccia alcune delle colline più vocate dei Castelli. Il Podere Tassanare è sicuramente uno dei migliori terroir che la zona possa vantare: i vigneti, situati all'interno dell'omonima riserva, si trovano in un habitat eccellente, un mix perfetto tra natura e fauna selvaggia. La recente conversione al biologico non poteva che essere un'evoluzione naturale.

VINI - C'è precisione stilistica e vitalità aromatica nei vini, che seppur lavorati con tecniche e affinamenti diversi, incarnano sempre in modo adeguato l'identità dei vitigni d'origine.

Verdicchio dei Castelli di Jesi Cl. Nativo 2018 O 6.000 bt; 12 € - C'è dolcezza fruttata nel bagaglio aromatico, avvalorata dall'impianto gustativo morbido e glicerico, ravvivato dalla tessitura acida e dal finale saporito.

Verdicchio dei Castelli di Jesi M. Cl. 1622 2015 3.000 bt; 21 € - Bolla fine, sapidità e ampiezza gustativa, con profumi di fiori bianchi, anice e miele: sono i tratti distintivi di questa bollicina di chiaro respiro varietale.

Verdicchio dei Castelli di Jesi Cl. Sup. Coste del Molino 2019 O 100.000 bt; 10 € - Risalta la consueta verve gustativa, con il palato sostanzioso e la freschezza che tiene in tensione il sorso e amplifica l'espressività aromatica.

ha 103 - **bt** 950.000
Fertilizzanti letame in pellet, sovescio
Fitofarmaci rame e zolfo
Diserbo lavorazione meccanica/manuale
Lieviti fermentazione spontanea, selezionati industriali, selezione di lieviti indigeni
Uve 100% di proprietà
Certificazione biologico certificato

MATELICA (MC)

BISCI

Via Fogliano, 120 - tel. 0737 787490
www.bisci.it - info@bisci.it

VITA - Questa realtà è uno dei capisaldi del comparto matelicese, tra le prime aziende ad aver creduto in questo terroir unico sin dai primi anni Ottanta. Mauro Bisci sta rinvigorendo il marchio di famiglia, con investimenti strutturali e migliorandone la visibilità, sotto l'occhio vigile e con il rigore tecnico voluto da Aroldo Bellelli, figura storica dell'azienda.

VIGNE - Consolidare e innovare è il leit-motiv di questi ultimi anni. Rafforzare i vigneti storici, che affondano le radici nel crinale assolato e molto aperto che circonda la cantina, è stato il primo obiettivo di Aroldo, a cui è seguito il migliorando dell'assetto agronomico, con rinnovi e rimpianti con cloni aziendali, al fine di non disperdere il patrimonio genetico maturato in oltre 30 anni di attività.

VINI - Esecuzione stilistica impeccabile per far risaltare, pur con stili differenti, le sfaccettature del terroir camertino. Il cemento è il contenitore preferito per dare equilibrio agli affinamenti.

TOP **Verdicchio di Matelica Senex Ris. 2015** VINO SLOW O 4.000 bt; 34 € - Finissimo e complesso, alterna aromi di frutta, anice e agrumi, che anticipano il palato, in cui risaltano pienezza, sapidità ed equilibrio. La robustezza del sorso è espressa con agilità ed eleganza. La longevità è già nel suo DNA.

TOP **Verdicchio di Matelica Bisci 2019** VINO QUOTIDIANO O 68.700 bt; 11 € - Un bell'esempio di finezza varietale declinata con leggiadrìa, in un contesto gustativo raffinato per tensione, sapidità ed equilibrio. Una beva quotidiana economica e articolata.

Villa Castiglioni 2016 ● sangiovese; 6.666 bt; 14 € - All'attacco morbido al gusto, segue una conduzione tonica e viva, con il tannino che tuttavia serra un po' troppo il finale.

ha 20 - bt 100.000
Fertilizzanti letame
Fitofarmaci organici, rame e zolfo
Diserbo lavorazione meccanica/manuale
Lieviti fermentazione spontanea, selezionati industriali
Uve 100% di proprietà
Certificazione biologico certificato

MATELICA (MC)

BORGO PAGLIANETTO

Località Pagliano, 393 - tel. 0737 85465
www.borgopaglianetto.it - info@borgopaglianetto.it

VITA - Una compagine sociale ampia, con persone e professionisti di diversa estrazione, è il cuore di questo progetto, a cui gli stessi, in alcuni casi, hanno conferito le proprie terre. Se il piano inizialmente poteva sembrare avere mere finalità di investimento, con gli anni ha acquisito una dimensione agricola più oculata, avvalorata dalla scelta di non lavorare per un mercato che punta al prezzo, ma per vini dalla chiara fisionomia territoriale.

VIGNE - La forza di quest'azienda sono i corpi dislocati nei vari versanti del territorio di Matelica: Pian del Belgio, Pajano, Ajalunga. I suoli argillosi e calcarei, le esposizioni fresche e calde, le vigne di età variabile (da oltre 30 anni fino agli impianti recenti), permettono di interpretare le peculiarità della valle con etichette differenti. Poi c'è il biologico, a cui si è arrivati pian piano per migliorare la qualità delle uve.

VINI - Nel calice c'è sempre il Verdicchio di Matelica, con le sue peculiarità e le sfumature acido-saline evidenziate dai diversi stili di lavorazione.

TOP **Verdicchio di Matelica Vertis 2018** VINO SLOW O 13.000 bt; 19 € - Ampio e accattivante per le note di frutta, anice e fiori bianchi, cresce al sorso mostrando la giusta morbidezza e un piglio acido-salino che disegna un profilo convincente e profondo.

Verdicchio di Matelica Terra Vignata 2019 O 40.000 bt; 9 € - La grande impronta acida rende il sorso scattante e agile (anche se a tratti è un pò ispida), con il finale sapidissimo che dà certezze al futuro. La rispondenza varietale è un valore evidente di questa etichetta.

Verdicchio di Matelica Petrara 2019 O 30.000 bt; 12 € - Sguardo ammiccante, approccio scattante, poi la morbidezza che coccola il palato, e tanta frutta fresca al naso.

Verdicchio di Matelica Ergon 2018 O 6.600 bt; 13 € - Vivo, fruttato maturo, incerto.

ha 29 - bt 100.000
Fertilizzanti letame, sovescio
Fitofarmaci rame e zolfo
Diserbo lavorazione meccanica/manuale
Lieviti fermentazione spontanea, selezione di lieviti indigeni
Uve 100% di proprietà
Certificazione biologico certificato

MATELICA (MC)

CANTINE BELISARIO

Via Aristide Merloni, 12 - tel. 0737 787247
www.belisario.it - belisario@belisario.it

VITA - Dal 1971 Belisario è un punto di riferimento nella produzione del Verdicchio di Matelica: una cooperativa virtuosa, che da anni segue direttamente la gestione delle vigne dei 180 soci, con un terzo circa dei 300 ettari di vigneti che è in proprietà aziendale e in affitto. La gamma abbraccia diverse etichette del bianco della valle, interpretate con sapienza dall'ormai fidato enologo Roberto Potentini.

VIGNE - In un contesto unico per le Marche, la valle camertina è parallela all'Adriatico e pertanto chiusa dalla catena del San Vicino e dall'Appennino; le vigne giacciono in diversi versanti e affondano le radici su suoli differenti, che ne segnano il carattere. Le pratiche agricole sono un mix di protocolli convenzionali e a basso impatto, a eccezione di un vigneto di circa 20 ettari in località Serralta, gestito in biologico.

VINI - C'è sempre rispondenza varietale in ogni etichetta, dalle più economiche al Riserva: alla Belisario tutto deve avere il sapore del Verdicchio.

TOP **Verdicchio di Matelica Cambrugiano Ris. 2017** O 80.000 bt; 17 € - Il 10% della massa affina in barrique ed esalta un bouquet già elegante. In annata calda, colpisce la leggiadria del sorso, vivace e pimpante, e l'incisività del finale sapido, che promette un bel futuro.

TOP **Verdicchio di Matelica Del Cerro 2019** VINO QUOTIDIANO O 120.000 bt; 10 € - Fresco e accattivante, ha dinamismo invidiabile, persistenza di classe superiore e aromaticità varietale. Che altro aggiungere?

Verdicchio di Matelica Animo Logico 2019 O 4.700 bt; 17 € - L'assenza di solfiti aggiunti e il basso livello di quelli auto-prodotti, qui dimostrano come l'approccio naturale non escluda vinificazioni sapienti e senza difetti: è intrigante, tonico, varietale e non ossidato!

Verdicchio di Matelica Meridia 2017 O 15.000 bt; 16 € - Succoso, fruttato, sapido.

ha 300 - **bt** 1.000.000
Fertilizzanti letame in pellet, letame, organo-minerali, sovescio
Fitofarmaci chimici di sintesi, rame e zolfo
Diserbo chimico, lavorazione meccanica/manuale
Lieviti fermentazione spontanea, selezionati industriali
Uve 100% di proprietà
Certificazione parte dei vigneti in regime biologico

MATELICA (MC)

CAVALIERI

Via Raffaello, 1 - tel. 340 2747331
www.cantinacavalieri.it - info@cantinacavalieri.it

VITA - Gentilezza, modestia e spirito artigianale sono i valori di Gabriele Benedetti, vignaiolo di terza generazione. Le origini aziendali risalgono ai primi anni del secolo scorso, ma le bottiglie sono uscite per la prima volta nel 1980 con il padre di Gabriele, Eugenio "Gegè". Gabriele gli è subentrato nei primi anni Duemila e prosegue nel solco tracciato dal babbo, con fermentazioni spontanee, la giusta dose di tecnica, e imbottigliando solo ciò che a suo avviso racconta fedelmente il territorio.

VIGNE - Camminando tra i filari rimane impressa la monumentale vigna di 3 ettari sita in contrada Fornacione, dove, su terreno argilloso, dal 1962 allignano delle vere e proprie sculture vitate, viti di verdicchio contorte e auto-replicatesi con propaggine spontanea. Sul versante opposto, in contrada Cavalieri, i terreni sciolti accolgono altri 5 ettari: verdicchio da selezione massale del Fornacione e parcelle marginali di pinot nero e sangiovese.

VINI - Materia, tensione, veracità sono valori ben espressi in questi vini, che in bottiglia evolvono sempre benissimo.

Verdicchio di Matelica Gegè 2018 O 10.000 bt; 13 € - La freschezza quasi irruenta del sorso promette longevità a un tessuto gustativo sostenuto, ricco di frutta e anice, pimpante e sapidissimo. Colpiscono l'agilità e l'incisività del finale. Tenere in cantina, please!

Verdicchio di Matelica Fornacione 2018 O 7.000 bt; 13 € - Aromi di frutta dolce e di anice fanno da contraltare al sorso molto vivo, già ben impostato e di promettente evoluzione per la sapidità che rilascia nel finale.

Pinot Nero Cavalieri 2018 ● 600 bt; 20 € - La bella tessitura gustativa, scorrevole, a tratti ruvida nel profilo tannico, è sempre in equilibrio grazie alla freschezza. Cresce ossigenandosi e si rivela dinamico, setoso e varietale.

ha 8 - **bt** 30.000
Fertilizzanti letame in pellet, sovescio
Fitofarmaci rame e zolfo
Diserbo lavorazione meccanica/manuale
Lieviti fermentazione spontanea, selezionati industriali
Uve 100% di proprietà
Certificazione biologico certificato

MATELICA (MC)

TENUTA COLPAOLA

SCONTO **-10%**

Località Braccano, 37 - tel. 0737 768300
www.colpaola.it - info@colpaola.it

VITA - Francesco Porcarelli non è nato vignaiolo, visto che opera nel mondo della meccanica, ma nonostante ciò ha creato, con la moglie Stefania Peppoloni, questa piccola azienda, simbolo della comune passione. Nulla di sfarzoso o eccentrico, bensì una tenuta meravigliosa in uno dei punti più alti di Matelica. Ogni cosa è stata pensata con raziocinio, come anche la cantina di prossima costruzione. Per ora la lavorazione avviene presso un'altra azienda locale.

VIGNE - Lassù dove osano solo falchi, cinghiali e caprioli, al cospetto del monte San Vicino, dove l'aria è fredda e tagliente, circondati da boschi e vegetazione selvatica giacciono i 10 ettari vitati, parte della tenuta di 15 ettari. I terreni molto argillosi e calcarei, con scoglio e pietra viva, sono la base della crescita del verdicchio e dei pochi filari di merlot. La gestione è biologica e non potrebbe essere altrimenti, vista la meraviglia ambientale che si sviluppa tutto intorno.

VINI - Nitore e ampiezza aromatica e verticalità acido-salina sono i caratteri che distinguono i vini, lavorati in acciaio proprio per esaltare il terroir di provenienza senza sovrastrutture.

TOP **Verdicchio di Matelica 2019** VINO QUOTIDIANO ○ 38.100 bt; 11 € - L'impianto aromatico è incentrato sugli agrumi e sul frutto fresco, ma il meglio di sé lo dà, senza ombra di dubbio il palato, nervoso quanto basta ad assicurare beva scorrevole e vivacità. Ci troviamo di fronte a un vino sostanzioso, eclettico e molto sapido.

Brut Cavea 2019 verdicchio; 3.500 bt; 13 € - Fresco e di media complessità, questo Metodo Charmat non mostra un ampio sviluppo aromatico.

ha 10 - **bt** 45.000
Fertilizzanti nessun concime
Fitofarmaci rame e zolfo
Diserbo lavorazione meccanica/manuale
Lieviti selezionati industriali
Uve 100% di proprietà
Certificazione biologico certificato

MONTECAROTTO (AN)

COL DI CORTE

Via San Pietro, 19/a - tel. 0731 89435
www.coldicorte.it - info@coldicorte.it

VITA - Roma-Montecarotto sola andata. È stato questo il viaggio di Giacomo Claudio Rossi, che insieme agli amici Paolo Marcellini e Carlo Giudice ha scelto di approdare su queste terre per dare concretezza a un progetto viticolo. Per Giacomo è stato un vero cambio di vita, e diventare vignaiolo a tempo pieno è stato faticoso ed emozionante. Di sicuro, quando oggi osserva la vigna, non può certo rimpiangere il giorno in cui decise di fare questo passo.

VIGNE - Dopo aver prodotto il docu-film Resistenza naturale di Jonathan Nossiter e aver conosciuto Nicolas Joly e Stefano Bellotti, per Giacomo il passo verso il biologico e la biodinamica è stato scontato. La sua mano operativa è Claudio Caldaroni, enologo-agronomo che gestisce il declivio vitato immerso tra terre incolte, con sovesci mirati, decotti e riutilizzo di sottoprodotti e materie aziendali.

VINI - Claudio utilizza i saperi e la giusta dose di intraprendenza per lavorare con spirito artigianale, dando ai vini l'espressività e il nitore aromatico che meritano.

Verdicchio dei Castelli di Jesi Cl. Sup. Vigneto di Tobia 2018 ○ 9.800 bt; 14 € - Ampio e sfaccettato sui toni varietali, mostra un profilo gustativo robusto e glicerico, senza lesinare verve e sapidità, che rendono il sorso accattivante. Unico neo, una leggera scodata alcolica che limita un pizzico il finale.

Sant'Ansovino 2018 ○ verdicchio; 1.970 bt; 25 € - La macerazione in varie fasi della vinificazione e l'assenza di solforosa aggiunta si traducono in un olfatto intrigante e fruttato, e un palato spigliato e agile, sapido e caldo.

Lancestrale montepulciano; 4.000 bt; 15 € - Un rifermentato in bottiglia rosa che sa di ciliegia e fragoline: è tonico, brioso e accattivante.

Esino Rosso 2017 ● montepulciano; 6.600 bt; 12 € - Robusto, fruttato, increspato.

ha 12 - **bt** 50.000
Fertilizzanti compost, letame, preparati biodinamici, sovescio
Fitofarmaci organici, rame e zolfo
Diserbo lavorazione meccanica/manuale
Lieviti fermentazione spontanea
Uve 100% di proprietà
Certificazione biologico certificato, in conversione biodinamica

MONTECAROTTO (AN)

FATTORIA SAN LORENZO

Via San Lorenzo, 6 - tel. 0731 89656
www.fattoriasanlorenzo.com - info@fattoriasanlorenzo.com

VITA - Nonno agricoltore e bottaio, babbo potatore e innestatore, l'istrionico Natalino Crognaletti, dopo alcuni anni in fabbrica, nel 1995 è tornato tra le vigne di casa, ed è subentrato al padre Gino per dare sfogo alle sue idee sul vino. Natalino lascia fermentare in modo spontaneo i suoi mosti, unisce fecce fini e le lascia a lungo nei vini, non filtra, al massimo decanta. È il suo spirito libero, e il vino ne è la più chiara espressione.

VIGNE - Le pratiche contadine applicate con saggezza e con le conoscenze attuali, il rispetto ambientale nella gestione delle vigne, con rame e zolfo affiancati a oli essenziali e prodotti biodinamici: sono questi i metodi di Natalino. Il vigneto delle Oche è dirimpettaio alla cantina, e da ultracinquantenne produce uve con grande parsimonia ed equilibrio, affiancato dalla vigoria di un nuovo impianto di due anni.

VINI - Vini morbidi, talvolta potenti ma sempre ricchi di sapore, scorrevoli e capaci di appagare davanti a un piatto. Astenersi bevitori eno-fighetti!

TOP **Campo delle Oche Integrale 2015** VINO SLOW O 1.000 magnum; 60 € - Le uve verdicchio e il saldo di altre varietà presenti in vigna (come si faceva un tempo) rimangono 48 mesi a contatto con le bucce e i lieviti. Avvolgente, scorrevole, pieno di tensione e per nulla appesantito, è ampio e salato.

TOP **Di Gino 2019** VINO QUOTIDIANO O verdicchio; 15.000 bt; 8 € - Un vino per tutti i giorni, ricco di frutta, molto saporito, morbido e gustoso.

Campo delle Oche 2017 O verdicchio; 10.000 bt; 19 € - Tanta frutta matura lascia presagire un sorso ricco e rotondo, in cui c'è materia ben estratta e ben calibrata, che rilascia energia, sapore e sapidità.

Il San Lorenzo 2006 ● syrah; 700 bt; 63 € - Robusto, fruttato, consistente.

Le Oche 2018 O verdicchio; 20.000 bt; 12 € - Avvolgente, fruttato, integro.

ha 24 - **bt** 80.000
Fertilizzanti compost, letame, preparati biodinamici, sovescio
Fitofarmaci organici, rame e zolfo
Diserbo lavorazione meccanica/manuale
Lieviti fermentazione spontanea
Uve 100% di proprietà
Certificazione biologico certificato, parte dei vigneti in regime biodinamico

MONTECAROTTO (AN)

MONCARO

Via Piandole, 7/a - tel. 0731 89245
www.moncaro.com - terrecortesi@moncaro.com

VITA - Passano gli anni, le vicissitudini nel mondo del vino corrono veloci, come anche le problematiche commerciali del settore, ma questa realtà cooperativa è riuscita sempre a realizzare i suoi progetti, forte delle tre cantine situate in altrettanti luoghi simbolo della viticoltura regionale. Un faro importante per i soci che confidano in Moncaro per non abbandonare l'attività viticola e garantirsi reddito.

VIGNE - Conero, Castelli di Jesi, Piceno: sono i terroir in cui questa realtà è impegnata. Un mix di condizioni climatiche e geomorfologiche in cui operare con attività agronomiche diversificate e sempre attente a ogni novità che la ricerca in campo può fornire. Il biologico è praticato su parte dei vigneti, e questo è un altro segnale del dinamismo che accompagna il lavoro.

VINI - L'ampia gamma riesce sempre a interpretare il profilo varietale delle uve e le richieste del mercato, utilizzando le tecnologie e i metodi di vinificazione che la scienza mette a disposizione.

Castelli di Jesi Verdicchio Ris. Cl. Vigna Novali 2016 O 14.000 bt; 16 € - Ampio e sfaccettato con sentori di frutta matura, candita e agrumi, mostra avvolgenza e distensione, anche se nel finale riverbera una quota alcolica che ne riduce un po' la personalità.

Verdicchio dei Castelli di Jesi Cl. Sup. Verde Cà Ruptae 2019 O 90.000 bt; 12 € - Versione sempre scattante, fresca e dinamica, con ricordi di erbe aromatiche, fiori e tanta frutta. Il sorso è godibile.

Verdicchio dei Castelli di Jesi Passito Tordiruta 2016 ● 2.000 bt da 0,5 l; 30 € - L'ampia dolcezza aromatica, con frutta secca e miele, fa da sfondo al palato morbido, avvolgente e zuccheroso, che tuttavia mostra una discreta dinamicità e scorre.

Conero Vigneti del Parco Ris. 2012 ● 9.000 bt; 19 € - Fitto, fruttato maturo, consistente.

ha 1.200 - **bt** 7.500.000
Fertilizzanti compost, letame letame, organo-minerali, sovescio
Fitofarmaci chimici di sintesi, rame e zolfo
Diserbo chimico, lavorazione meccanica/manuale
Lieviti selezionati industriali, selezione di lieviti indigeni
Uve 100% di proprietà
Certificazione parte dei vigneti in regime biologico

MORRO D'ALBA (AN)

LUCCHETTI

Via Santa Maria del Fiore, 17 - tel. 0731 63314
www.mariolucchetti.it - info@mariolucchetti.it

VITA - Paolo Lucchetti, giovane vignaiolo preparato e con le idee chiare, rappresenta la terza generazione dell'azienda agricola avviata dal nonno Armando nel 1976 e portata avanti dal padre Mario, colui che ha puntato maggiormente sulla viticoltura scommettendo sul vitigno locale lacrima. È stato Paolo a dare l'input alla conversione al biologico, decisione di cui oggi va fiero.

VIGNE - Dopo una lunga osservazione dei vigneti e delle caratteristiche dei terreni, Paolo ha deciso di prendere la strada del biologico puntando sui sovesci e sulle concimazioni con letame per arricchirli. Di recente ha acquisito altri 6 ettari in affitto nell'areale, su terreni ricchi di argille e poveri di materiale organico, dove sta attuando le stesse tecniche e sta sistemando potature e gestione dell'apparato vegetativo.

VINI - Nei vini di Paolo risalta sempre l'anima fedele del vitigno, e soprattutto sui bianchi è evidente il sensibile miglioramento dell'equilibrio e della fragranza di beva.

Lacrima di Morro d'Alba Fiore 2019 ● 90.000 bt; 8 € - Rivela lentamente l'anima varietale del vitigno e assicura un sorso fresco e succoso, con un tannino vivace e giovanile che dà slancio al finale fruttato.
Verdicchio dei Castelli di Jesi Cl. Sup. Vigna Vittoria 2019 ○ 4.000 bt; 11 € - Colpisce il palato scattante e la dinamica del tessuto gustativo fresco e pimpante. Piacevole l'ampiezza aromatica tra fiori bianchi, frutta e fini rimandi alle erbe aromatiche.
Verdicchio dei Castelli di Jesi Cl. Birbacciò 2019 ○ 40.000 bt; 7 € - Versione più spigliata e vivace del fratello maggiore, assicura una beva invitante, in cui risalta la tensione acido-sapida.
Lacrima di Morro d'Alba Sup. Guardengo 2018 ● 20.000 bt; 12 € - Robusto, fruttato, varietale.

ha 36 - **bt** 155.000
Fertilizzanti compost, letame, sovescio
Fitofarmaci rame e zolfo
Diserbo lavorazione meccanica/manuale
Lieviti fermentazione spontanea, selezione di lieviti indigeni
Uve 100% di proprietà
Certificazione biologico certificato

MORRO D'ALBA (AN)

STEFANO MANCINELLI

Via Roma, 62 - tel. 0731 63021
www.mancinellivini.it - info@mancinellivini.it

VITA - Mancinelli sta al Lacrima come il Lacrima sta a Mancinelli. Un connubio indissolubile, un amore nato nel 1978, ma sbocciato definitivamente nel 1985 con la nascita della denominazione di origine per la quale proprio i Mancinelli si sono spesi con convinzione. Investire così tanto su un vitigno al tempo considerato minore ha permesso oggi di avere consapevolezza delle potenzialità che riesce a garantire, per le peculiarità aromatiche e non da meno per la longevità.

VIGNE - Sessanta ettari circa di superficie di cui 25 vitati a lacrima e verdicchio sono la dote importante distesa tra le colline di Morro d'Alba e i comuni dell'areale. Stefano in questi anni ha investito molto in ricerca, anche clonale, e ha sviluppato una conduzione agronomica ordinata e ragionata, senza estremismi o ideologie.

VINI - C'è sempre l'anima più verace del vitigno in ogni bottiglia di Stefano, e le vasche in acciaio ne esaltano i profili varietali.

Lacrima di Morro d'Alba Sup. 2018 ● 15.000 bt; 15 € - L'annata offre un vino elegante e meno concentrato rispetto a certe versioni precedenti, con il sorso composto, dotato del giusto volume, e il tannino che ravviva il finale. L'olfatto è un bel gioco tra note floreali, frutto e pepe proprio del vitigno.
Lacrima di Morro d'Alba 2018 ● 80.000 bt; 11 € - È lento a concedersi, ma poi si apre con un ampio spettro aromatico varietale. In bocca si distende bene e con uniformità, con il tannino leggermente increspato che ne riduce l'allungo.
Verdicchio dei Castelli di Jesi Cl. Sup. 2019 ○ 15.000 bt; 10 € - Sostanza e calore alcolico al gusto non lo privano della capacità di scorrere con efficacia grazie all'acidità e alla sapidità. L'olfatto si muove su toni fruttati e di anice.

ha 25 - **bt** 130.000
Fertilizzanti organo-minerali, sovescio
Fitofarmaci chimici di sintesi, rame e zolfo
Diserbo lavorazione meccanica/manuale
Lieviti selezionati industriali
Uve 100% di proprietà
Certificazione nessuna certificazione

MORRO D'ALBA (AN)

MAROTTI CAMPI €

SCONTO **-10%**

Via Sant'Amico, 14 - tel. 0731 618027
www.marotticampi.it - wine@marotticampi.net

VITA - Sebbene l'azienda esista da metà dell'Ottocento è con l'avvento di Lorenzo Marotti che è arrivato il vero input verso la bottiglia. Dopo una gioventù tra Roma e Milano, Lorenzo è tornato in famiglia, e sfruttando le conoscenze del nonno e del padre si è dedicato anima e corpo a seguire in prima persona le fasi enologiche e commerciali.

VIGNE - Lorenzo è un uomo pratico, e con autocritica si è sfilato dalla gestione agronomica, lasciandola a Ivano Belardinelli, rappresentante della quarta generazione in azienda, che ormai conosce le vigne come le sue tasche. Da qualche anno il diserbo è meccanico, e le nuove vigne di lacrima sono piantate con questo obiettivo, prevedendo un maggior distanziamento per favorire le maturazioni fenoliche attraverso grappoli meno affastellati.

VINI - Qui la precisione stilistica e quella aromatica sono elementi indiscutibili, che danno ulteriore valore alla rispondenza varietale di ogni etichetta.

TOP **Lacrima di Morro d'Alba Sup. Orgiolo 2018** VINO SLOW ● 26.000 bt; 13 € - - Equilibrio e carattere contraddistinguono il sorso, che nonostante la struttura sostenuta risulta succoso e reattivo. Le note pepate integrate nel frutto assicurano una bella finezza varietale.

Castelli di Jesi Verdicchio Ris. Cl. Salmariano 2017 ○ 23.000 bt; 13 € - - Un riferimento di coerenza stilistica, con il palato composto e innervato di freschezza e salinità, che supporta il finale largo. I legni regalano complessità e manca solo un pizzico di incisività.

Verdicchio dei Castelli di Jesi Cl. Sup. Volo d'Autunno 2019 ○ 2.600 bt; 20 € - - Macerato sulle bucce, alla prima uscita convince per il palato teso, sapido e piacevolmente asciugante, con l'olfatto composto e ricco di fiori secchi e frutta.

Verdicchio dei Castelli di Jesi Cl. Sup. Luzano 2019 ○ 60.000 bt; 8 € - - Fresco, floreale, varietale.

ha 65 - bt 260.000
Fertilizzanti organo-minerali, sovescio
Fitofarmaci chimici di sintesi, rame e zolfo
Diserbo lavorazione meccanica/manuale
Lieviti selezionati industriali
Uve 100% di proprietà
Certificazione nessuna certificazione

MORRO D'ALBA (AN)

VICARI €

Via Pozzo Buono, 3 - tel. 0731 63164
www.vicarivini.it - info@vicarivini.it

VITA - Grinta ed energia sono i valori che Vico Vicari sfoggia ogni giorno tra i filari e in cantina. Doti che ha ereditato dal babbo Nazzareno, ex professore, che nel 1990 ha abbracciato la campagna con orgoglio. Solarità e savoir faire sono le virtù della sorella Valentina, che gestisce gli aspetti commerciali. Nazzareno, nonostante l'indole brontolona, non può che essere fiero di come lo stanno sostituendo.

VIGNE - L'immagine agronomica attuale è molto diversa da quella di 10 anni fa. I Vicari hanno sempre creduto che la gestione convenzionale e la concentrazione legata alla maturità delle uve fossero valori obbligati per la calda vallata del Pozzo Buono. Oggi invece il diserbo meccanico ha preso il sopravvento, si anticipano le vendemmie, si sperimenta per ridurre il rame e addirittura si pensa al biologico.

VINI - Anche lo stile è in continua metamorfosi: il lavoro in sottrazione sta facendo migliorare la beva e la finezza, soprattutto nei vini di punta.

TOP **Lacrima di Morro d'Alba Da Sempre 2019** VINO QUOTIDIANO ● 60.000 bt; 10 € - - Gradevole e aggraziato, offre un olfatto fresco e floreale. Il palato è pimpante: risaltano il dinamismo e la tensione del finale. Un ottimo calice quotidiano.

Verdicchio dei Castelli di Jesi Cl. Sup. L'Insolito 2018 ○ 8.000 bt; 15 € - - Ampia rispondenza varietale per un Verdicchio di razza, capace di coniugare struttura, aromi e sapidità in perfetto equilibrio.

Castelli di Jesi Verdicchio Ris. Cl. Oltretempo 2016 ○ 2.680 bt; 28 € - - Nonostante gli aromi più maturi e il profilo gustativo largo e avvolgente, il sorso è sapido e progressivo, anche se l'alcol sottrae un po' di finezza.

Lacrima Passito Amaranto 2018 ● 2.000 bt da 0,5 l; 21 € - - Ampio, fruttato, avvolgente.

Verdicchio dei Castelli di Jesi Cl. Capofila 2019 ○ 32.000 bt; 9 € - - Fresco, floreale, delicato.

ha 28 - bt 145.000
Fertilizzanti organo-minerali
Fitofarmaci chimici di sintesi, rame e zolfo
Diserbo lavorazione meccanica/manuale
Lieviti selezionati industriali
Uve 100% di proprietà
Certificazione nessuna certificazione

MORRO D'ALBA (AN)

TENUTA DI FRÀ

Via Marciano, 10/b - tel. 339 7229846
www.tenutadifra.com - info@tenutadifra.com

VITA - L'amore per le Marche e per le terre morresi hanno spinto l'altoatesina Franziska Waldner prima a scendere di latitudine e creare una propria attività ricettiva a Monte San Vito, e poi nel 2018 a rilevare vigne e cantina di un'azienda fondata circa 10 anni prima. Pragmatismo, decisione e chiarezza di idee sono le doti che hanno permesso a Franziska di partire immediatamente con il piede giusto.

VIGNE - «Non transigo, questa realtà deve lavorare in biologico, perché non voglio creare impatto sulla terra»: furono queste le parole con cui Franziska ci accolse in occasione della visita nel 2019. Una convinzione espressa con decisione, che avvalora ancora di più il suo progetto vitivinicolo. Su queste basi ha quindi chiesto al suo braccio operativo, Gianluca Bartolucci, già fondatore della precedente azienda, di intraprendere la conversione al biologico.

VINI - L'impianto di refrigerazione e l'apporto tecnologico sono la base del lavoro di cantina, con lo scopo di evidenziare il massimo della fragranza aromatica sviluppata durante la vinificazione, con l'acciaio come mezzo principale per la maturazione dei vini.

Verdicchio dei Castelli di Jesi Cl. Primo Ballo 2019 ○ 5.500 bt; 14 € - Fresco, ampio e sfaccettato sotto il profilo aromatico, in bocca risulta tonico, succoso e pimpante, oltre che dotato di una chiusura sapida che dona una buona profondità. Apprezzabile l'agilità nel bicchiere, che rende il sorso molto scorrevole.
Ros Anna 2019 lacrima; 6.000 bt; 15 € - Un rosa di stile provenzale con aromi dolci e delicati, e un sorso fresco e saporito, anche se leggermente corto e non troppo dinamico, nonostante la sapidità.

ha 10 - **bt** 27.000
Fertilizzanti letame in pellet
Fitofarmaci organici
Diserbo lavorazione meccanica/manuale
Lieviti selezionati industriali
Uve 100% di proprietà
Certificazione in conversione biologica

NUMANA (AN)

FATTORIA LE TERRAZZE

Via Musone, 4 - tel. 071 7390352
www.fattorialeterrazze.it - info@fattorialeterrazze.it

VITA - Fattoria Le Terrazze appartiene alla storia del comparto del Conero e quindi del Montepulciano. Eleganza e sobrietà hanno sempre distinto lo stile di Antonio Terni, e ciò risalta già nell'immagine della villa padronale e nella cantina, priva di sfarzi e virtuosismi scenici. Raggiunto l'apice negli anni Novanta, i coniugi hanno sempre mostrato l'anima più felice del vitigno, con stili e strutture al passo con i tempi.

VIGNE - Il mare sullo sfondo, l'andamento sinuoso delle colline che circondano la villa e i terreni di medio impasto con macchie di sabbia e calcare sono l'habitat del montepulciano e dei filari di uve internazionali. Si aggiunge la meticolosità del lavoro in vigna, con una gestione precisa delle viti, che nei momenti di massima rigogliosità allietano lo sguardo.

VINI - Macerazioni brevi e minore estrazione, con l'intento di non appesantire il vino e avvalersi solo di tannini buoni. È la linea dettata da Antonio a Federico Curtaz.

Conero Sassi Neri Ris. 2016 ● 15.000 bt; 23 € - Il pot-pourri di piccoli frutti rossi infonde eleganza già all'olfatto, infastidito solo da qualche sbuffo vegetale. Il sorso è più leggero del solito, c'è minore concentrazione e il finale è ravvivato dal tannino deciso e fitto.
Chaos 2016 ● montepulciano, merlot, syrah; 3.500 bt; 21 € - Sfaccettato e ampio nei sentori di frutta, spezie e cenni mentolati, gode di una conduzione gustativa composta e persiste con piacevoli sfumature rinfrescanti.
Rosso Conero Le Terrazze 2017 ● 45.000 bt; 11 € - Tonico e pimpante, ha succo, compattezza del sorso e qualche ruvidità che ne frena le ambizioni.
Pink Fluid 2019 montepulciano, syrah; 3.500 bt; 8 € - Fresco, floreale, docile.

ha 16 - **bt** 90.000
Fertilizzanti minerali, sovescio
Fitofarmaci chimici di sintesi, rame e zolfo
Diserbo lavorazione meccanica/manuale
Lieviti fermentazione spontanea, selezionati industriali
Uve 100% di proprietà
Certificazione nessuna certificazione

OFFAGNA (AN)

VIGNA DELLA CAVA

SCONTO **-10%**

Via Montegallo - tel. 347 1573981
vignadellacava@gmail.com

VITA - Ettore Janni dopo alcuni anni di lavoro sul Conero e una collaborazione con Mattia Vezzola si è innamorato del rosa. Dopo un'esperienza negli Usa ha quindi scelto di tornare in terra marchigiana per realizzare un progetto tutto suo. È nata così questa piccola realtà, in cui tutto è stato concepito per il vino rosa. Così facendo anche il montepulciano assume un'altra dimensione e diventa il vitigno principe per dare forma alle sue idee.

VIGNE - Il montepulciano nasce da una vigna di fine anni Sessanta, con piante molto vecchie rigenerate e impostate per dare maggiore freschezza alle uve. Il nuovo impianto dove sorge la nuova cantina invece è un bel costone ripido, esposto a nord, dove alligna un corpo recente di 1,5 ettari, con verdicchio e incrocio Manzoni. Terre molto sabbiose, gestite in biologico sin dall'inizio, con l'intento di abbassare l'uso del rame con prodotti a base vegetale.

VINI - La freschezza, la fragranza e la beva sono valori indiscutibili per Ettore, che declina i suoi vini seguendo questi canoni. I risultati confermano tale impostazione.

Flò 2019 ● montepuciano; 4.500 bt; 13 € - 🗍 - Un rosa in pieno stile provenzale, che si apre su ampi e accoglienti sentori floreali, di agrumi e di pesca. Colpisce ancor di più il palato morbido, succoso e di bellissima sapidità. Un vino aggraziato e convincente.
Rosso Conero Corniolo 2019 ● 2.000 bt; 12 € - 🗍 - Una versione molto fruttata e croccante del Montepulciano. Tonico e pimpante, si distingue per la preziosa succosità del sorso e il tannino graffiante che stimola il finale donandogli carattere.

ha 4,6 - **bt** 6.500
Fertilizzanti letame in pellet
Fitofarmaci organici, rame e zolfo
Diserbo lavorazione meccanica/manuale
Lieviti fermentazione spontanea, selezionati industriali
Uve 100% di proprietà
Certificazione biologico certificato

OSIMO (AN)

UMANI RONCHI

SCONTO **-10%**

Via Adriatica, 12 - tel. 071 7108019
www.umanironchi.it - wine@umanironchi.it

VITA - Management professionale e lungimirante, collaboratori motivati e costantemente stimolati, cura dell'immagine e del packaging con l'aggiornamento delle etichette al passo con i tempi: sono questi alcuni dei valori che hanno reso Umani Ronchi una realtà solida e affermata. Poi c'è la qualità dei vini, impeccabili e in continua evoluzione.

VIGNE - Convertire al biologico oltre 200 ettari vitati tra il comparto del Conero e quello dei Castelli di Jesi è stato un passo molto importante per una realtà di queste dimensioni, che denota sicurezza e maturità. Anni di sperimentazione e la sana prudenza sono stati bravi consiglieri di Michele Bernetti & C., i quali hanno dimostrato che grandi superfici e sostenibilità possono coesistere, senza creare sussulti.

VINI - Modernità e profilo varietale, un connubio che in questa realtà da diversi anni è il faro della produzione.

TOP **Verdicchio dei Castelli di Jesi Cl. Sup. Vecchie Vigne 2018** ○ 17.000 bt; 20 € - Complessità aromatica invidiabile, struttura e finezza vanno a braccetto e disegnano un palato coeso, declinato con agilità e tensione sapida. C'è tanto del Verdicchio verace!
Castelli di Jesi Verdicchio Ris. Cl. Plenio 2017 ○ 13.000 bt; 20 € - Ampio e sfaccettato, ha sorso robusto e dinamico, sapido e profondo. L'uso dei legni è impeccabile e valorizza il quadro olfattivo già elegante.
Verdicchio dei Castelli di Jesi Cl. Sup. Casal di Serra 2019 ○ 160.000 bt; 12 € - Versione brillante e raffinata, garbata nel peso del palato, efficace nel profilo acido-salino, ampia sotto l'aspetto aromatico.
Pelago 2016 ● montepulciano, cabernet sauvignon, merlot; 12.000 bt; 30 € - Setoso, speziato, armonico.
Rosso Conero San Lorenzo 2018 ● 100.000 bt; 12 € - Fitto, fruttato, varietale.
Conero Cumaro Ris. 2016 ● 57.000 bt; 23 € - Fine, fruttato, autentico.

ha 240 - **bt** 2.900.000
Fertilizzanti humus, letame in pellet, sovescio
Fitofarmaci organici, rame e zolfo
Diserbo lavorazione meccanica/manuale
Lieviti selezionati industriali, selezione di lieviti indigeni
Uve acquisto 20%
Certificazione parte dei vigneti in regime biologico

OSTRA VETERE (AN)

F.LLI BUCCI

SCONTO **-10%**

Località Pongelli - Via Cona, 30 - tel. 071 964179 - 02 6570558
www.villabucci.com - bucciwines@villabucci.com

VITA - Ampelio Bucci ha prima disegnato uno stile unico e non replicabile, e poi vi ha forgiato sopra il marchio Bucci, che racconta una bella storia del comparto dei Castelli. Un esempio di virtuosa lungimiranza vitivinicola e comunicativa, senza cavalcare mai le mode del momento, interpretando il lavoro con una semplicità quasi disarmante, nel rispetto del vitigno in modo apparentemente semplice e lineare.

VIGNE - A parte la meravigliosa vigna di San Fortunato, un poggio con piante di oltre 50 anni, il segreto di Bucci non sono i cru ma il blend di vari corpi vitati situati sulle colline fra Serra de Conti e Montecarotto. Vigneti di diversa età ed esposizione, con suoli differenti, in cui le piante crescono con l'approccio biologico che da sempre è il faro che illumina il lavoro.

VINI - Eleganza, setosità, scorrevolezza sono i caratteri che Bucci offre ogni anno, e la maturazione in vecchissime botti, anche ottantenni, non intacca mai l'anima varietale del vitigno.

TOP **Castelli di Jesi Verdicchio Ris. Cl. Villa Bucci 2017** VINO SLOW ○ 22.000 bt; 44 € - L'apparente semplicità olfattiva può lasciare disarmati, e invece è la chiave della sua finezza. Si apre lentamente su toni varietali e rivela un'anima ampia e profonda, con la complessità scandita dall'acidità e dalla sapidità succosa.

Verdicchio dei Castelli di Jesi Cl. Sup. Bucci 2019 ○ 70.000 bt; 16 € - In questa etichetta c'è sempre il cuore del vitigno, fatto di polpa, aromaticità di anice e frutta, struttura robusta e conduzione gustativa salina, e per questo convincente.

Rosso Piceno Pongelli 2018 ● 9.000 bt; 14 € - Versione più leggera del solito, con la freschezza fruttata che anticipa il palato succoso, accomodante, e il tannino giovanile che dà una piacevole sensazione graffiante.

ha 31 - **bt** 140.000
Fertilizzanti letame in pellet, sovescio
Fitofarmaci rame e zolfo
Diserbo lavorazione meccanica/manuale
Lieviti selezione di lieviti indigeni
Uve 100% di proprietà
Certificazione biologico certificato

PERGOLA (PU)

FATTORIA VILLA LIGI

Via Zoccolanti, 25/a - tel. 0721 734351
www.villaligi.it - info@villaligi.it

VITA - Vernaccia di Pergola: è questa la missione di Francesco Tonelli prima e di suo figlio Stefano oggi. Alle loro mani si deve la rinascita di questo vitigno, un clone di aleatico che in loco è approdato in epoca remota, si è sviluppato, è cambiato, e oggi sta dando risultati interessanti. Investire sulle terre della medio-alta valle del Metauro non è certamente facile, ma i Tonelli da oltre 30 anni hanno riportato in auge la viticoltura nell'areale.

VIGNE - Salire sulla collina di Grifoleto, dove un vigneto del 1963 racconta l'origine della vernaccia locale, regala un bel colpo d'occhio, ma il podere di Montalfojo, 37 ettari di cui 20 vitati, è il simbolo dell'ex proprietà Brancadoro e Crivelli. La conversione al biologico, dopo tanti anni di dubbi, è stata la carta vincente di Stefano, e sentirlo convinto del passo fatto è motivo di grande soddisfazione.

VINI - C'è tanta rispondenza varietale nei vini di questa realtà, declinati sempre con uno stile sobrio ed efficace.

Pergola Aleatico Vernaculum 2019 ● 8.000 bt; 8 € - Fragranza, florealità e croccantezza gustativa sono le carte che rendono accattivante l'olfatto e il sorso, dotati rispettivamente di complessità e distensione.

Bianchello del Metauro Albaspino 2019 ○ 6.600 bt; 8 € - L'apertura vegetale e l'ampia aromaticità non lo privano di finezza. A esaltarlo ci pensano la beva, la struttura e la piacevole scia salina.

Skiants 2018 ● aleatico; 1.730 bt; 13 € - Pigiatura a piedi, fermentazione a tino aperto e macerazione con grappoli interi danno vita a un vino intrigante, gustoso e ampio, solo leggermente irrigidito dal tannino.

Pergola M. Cl. Brut Rosé Emma Rossi 2015 1.100 bt; 24 € - Agile, fruttato, delicato.

ha 31 - **bt** 50.000
Fertilizzanti letame in pellet, letame, sovescio
Fitofarmaci organici, rame e zolfo
Diserbo lavorazione meccanica/manuale
Lieviti fermentazione spontanea, selezionati industriali
Uve acquisto 5%
Certificazione biologico certificato

POGGIO SAN MARCELLO (AN)

SARTARELLI

Via Coste del Molino, 24 - tel. 0731 89732
www.sartarelli.it - info@sartarelli.it

VITA - Questa storica azienda del comparto dei Castelli di Jesi, nata nei primi anni Settanta e sempre gestita dalla famiglia Sartarelli Chiacchiarini, è cresciuta a piccoli passi, consolidando la propria produzione in bottiglia iniziata di fatto a metà del decennio successivo. Il recente ampliamento ha visto la creazione di una nuova struttura con sala degustazione, magazzino e un museo dedicato al vitigno locale.

VIGNE - "Zero" è il nuovo messaggio che la famiglia vuol trasmettere, un percorso iniziato nel 2013 in un vigneto pilota e oggi esteso all'intera superficie. Zero è una strategia di lotta integrata basata su induttori di resistenza di origine naturale, irrorati dopo i fitofarmaci in fioritura, che stimolano l'autodifesa, Zero il residuo chimico sulle uve garantito e certificato da RINA AGROQ.

VINI - Con l'acciaio si cerca di esaltare in modo fedele il profilo aromatico dell'uva, lasciando che siano la diversa maturità dei frutti e la sosta nei serbatoi a delineare le differenti caratteristiche delle etichette.

Verdicchio dei Castelli di Jesi Cl. Sartarelli 2019 ○ 200.000 bt; 9 € - Il profilo olfattivo è piacevolmente floreale, ed è supportato dall'ottima freschezza del palato, che è sostanzioso e di bella progressione sapida, e che lascia un bel ricordo di sé.
Verdicchio dei Castelli di Jesi Cl. Sup. Tralivio 2018 ○ 90.000 bt; 15 € - All'olfatto risaltano la dolcezza della frutta bianca e i sentori di fiori, mentre il sorso è scorrevole e morbido, con il finale che non esprime la meritata ampiezza.

ha 55 - bt 300.000
Fertilizzanti letame in pellet, sovescio
Fitofarmaci chimici di sintesi, organici
Diserbo chimico, lavorazione meccanica/manuale
Lieviti selezionati industriali, selezione di lieviti indigeni
Uve 100% di proprietà
Certificazione nessuna certificazione

SAN MARCELLO (AN)

FILODIVINO

SCONTO -10%

Via Serra, 46 - tel. 0731 026139 - 346 066255
www.filodivino.it - winesales@filodivino.it

VITA - La sommità di una collina accoglie una struttura affascinante e ben integrata, un mix di legno, acciaio e vetro con annesso relais e ristorante. Potrebbe sembrare l'ennesima cattedrale tra le vigne, invece è un bel progetto di una società oggi formata da Gian Mario Bongini e Alberto e Paola Gandolfi (fratello e sorella), che nel 2014 ha scelto di puntare sul vino e sull'ospitalità nelle Marche. Un piano oculato, ancora più apprezzabile perché legato a una piccola Doc come quella del Lacrima.

VIGNE - La dote iniziale sono stati 7 ettari di oltre 40 anni, con impalcati molto alti in stile anni Settanta, su terreni fortemente argillosi e a tratti cretosi. Il lavoro agronomico meticoloso ha permesso di rinvigorire e riportare in produzione i vecchi filari, abbracciando anche il biologico. La superficie è poi cresciuta con nuovi impianti, raggiungendo l'attuale dimensione.

VINI - C'è rispondenza varietale in tutti i vini, che si esprimono sempre con garbo, senza svolazzi e aromaticità ingombranti.

Castelli di Jesi Verdicchio Ris. Cl. Dino 2017 ○ 2.786 bt; 23 € - Al naso un po' imbrigliato, tra note di frutta matura e crosta di pane, è preferibile al sorso, dove, nonostante la robustezza e l'alcol, trova contrasto in una spiccata sapidità.
Verdicchio dei Castelli di Jesi Cl. Sup. Matto 2019 ○ 10.000 bt; 12 € - Sostanza gustativa e salinità sono il viatico di un sorso tonico e dinamico, in cui spaziano aromi di fiori gialli e refoli vegetali. Manca un pizzico di profondità.
Lacrima di Morro d'Alba Diana 2018 ● 17.000 bt; 11 € - La freschezza è il leitmotiv di questo vino: risaltano il frutto croccante, l'acidità vibrante e la conduzione scorrevole, in cui il tannino diventa un valore prezioso.
Coccio 2018 ○ verdicchio; 1.600 bt; 28 € - Bianco macerato, schietto, fruttato maturo, avvolgente.

ha 19,5 - bt 60.000
Fertilizzanti letame in pellet, sovescio
Fitofarmaci rame e zolfo
Diserbo lavorazione meccanica/manuale
Lieviti fermentazione spontanea, selezionati industriali
Uve 100% di proprietà
Certificazione biologico certificato

SAN PAOLO DI JESI (AN)

VIGNAMATO

Via Battinebbia, 4 - tel. 0731 779197
www.vignamato.com - info@vignamato.com

VITA - Il nome dell'azienda deriva da "la vigna di Amato", quell'Amato Ceci che acquistò i primi terreni agli inizi degli anni Cinquanta sulle colline di San Paolo di Jesi. Con determinazione e serietà ora è il nipote Andrea Ceci a condurre l'azienda, supportato dai genitori Maurizio e Serenella Merli, e dai fratelli Alessandra e Francesco. Andrea non segue soltanto la vigna ma si occupa anche della cantina, supportato dell'enologo Pierluigi Lorenzetti.

VIGNE - Dalla cantina si possono ammirare le vigne del corpo principale, 15 ettari circa coltivati su terreni di medio impasto, con piante di 35 anni: le uve migliori vengono impiegate per la produzione dei vini di punta. Altri 12 ettari si trovano a Maiolati, a 420 metri di quota, su terreni calcarei. Con l'avvento di Andrea è emersa anche la volontà di migliorare la sostenibilità, puntando alla conversione al biologico, iniziata da due anni.

VINI - Da qualche anno si bada più alla finezza e alla compostezza aromatica, al fine di garantire una migliore beva, e l'uso dei legni è ridotto al minimo.

Castelli di Jesi Verdicchio Ris. Cl. Ambrosia 2017 O 7.000 bt; 17 € - Si rivela accattivante e fine, con il bagaglio aromatico varietale ampio e freschissimo. Il sorso coniuga tensione e struttura senza rivelarsi pesante, con la chiusura sapida e profonda.
Verdicchio dei Castelli di Jesi Cl. Sup. Versiano 2019 O 18.000 bt; 11 € - Intenso e verticale nei sentori di fiori e frutta bianca, ha un impianto gustativo fresco e teso, con un bello spessore che accompagna il finale sapidissimo.
Campalliano 2018 ● montepulciano, sangiovese; 6.000 bt; 15 € - È ricco di frutta rossa, ha struttura e polpa, e un finale leggermente alcolico, che però non offusca la beva.
Versus 2019 O incrocio Bruni; 10.000 bt; 11 € - Fresco, fruttato, docile.

ha 26 - **bt** 150.000
Fertilizzanti letame in pellet, sovescio
Fitofarmaci rame e zolfo
Diserbo lavorazione meccanica/manuale
Lieviti selezionati industriali
Uve 100% di proprietà
Certificazione in conversione biologica

SENIGALLIA (AN)

TOMASSETTI

Strada della Marina Cesano,16 - tel. 329 4909660
www.tomassetti.bio - tomassetti.bio@gmail.com

VITA - Fondere la laurea in agraria di Matteo Tomassetti con quella in economia del fratello Andrea è apparentemente una miscela esplosiva, che invece, in questo caso, ha permesso di dar vita a un'azienda familiare ricca di stimoli e motivazioni. Senza ambizioni modaiole, ma sicuri della strada da intraprendere, i fratelli hanno scelto di produrre vini originali, secondo idee di naturalità agronomica ed enologica.

VIGNE - Poco meno di 2 ettari di proprietà e quasi 5 in affitto costituiscono la dote vitata a disposizione dei fratelli. Viti molto vecchie, difficili da gestire e corpi in piena maturità si dividono le zolle delle prime colline dell'entroterra senigalliese. La gestione prevede l'arieggiamento del terreno, interventi organici e, con l'avvento di Matteo, anche l'uso di preparati biodinamici, con l'intento di ridurre sensibilmente le dosi di rame.

VINI - Artigianalità e spirito libero contraddistinguono questi vini, pensati con spontaneità e come tali interpretati, senza troppa tecnologia.

Renudo 2019 ● 4.000 bt; 9 € - Sangiovese molto fruttato e croccante, spicca per la vitalità del palato e la compostezza del finale, tra tannino fine e sapidità. Un calice tira l'altro!
Mietitore 2019 O trebbiano; 4.000 bt; 9 € - L'attacco che ricorda i cereali non deve distogliere i sensi da una massa fruttata che esce alla distanza e dal sorso tonico, con la salinità che lo accompagna e lo rende schietto.
Vino Rosso ● sangiovese, cabernet, merlot, montepuciano; 6.000 magnum; 9 € - Per tutti i giorni, al posto dello sfuso in dama, assicura tanta frutta, scorrevolezza, tensione e un tannino modesto.
Cercanome 2018 O verdicchio; 1.800 bt; 14 € - Avvolgente, fruttato maturo, consistente.
Vino Bianco O verdicchio, trebbiano, sangiovese; 3.000 magnum; 9 € - Fresco, fruttato, rilassato.

ha 6,3 - **bt** 23.000
Fertilizzanti preparati biodinamici, sovescio
Fitofarmaci organici, rame e zolfo
Diserbo lavorazione meccanica/manuale
Lieviti fermentazione spontanea
Uve 100% di proprietà
Certificazione biologico certificato

SENIGALLIA (AN)

VIGNA DEGLI ESTENSI

SCONTO -10%

Località Roncitelli - Strada della Martuccia, 213/a - tel. 071 9727319
www.vignadegliestensi.it - info@vignadegliestensi.it

VITA - Non sempre è prevedibile dove può portare la passione: ad esempio può capitare che conduca un geologo ferrarese, dopo un approccio con un corso da sommelier, a laurearsi in Enologia all'età di 45 anni e cambiare vita, approdando sulle colline di Senigallia per diventare vignaiolo. È la storia di Stefano Bondanelli, che dopo aver acquistato il terreno ha piantato il vigneto e ha costruito una piccola cantina, dotata di un buon apparato tecnologico.

VIGNE - Sicuramente il costone davanti alla cantina non era il posto ideale in cui piantare la prima vigna: il terreno è argilloso, la pendenza mozzafiato, e tanta è la difficoltà di lavorazione. Nulla però è impossibile se c'è la passione, e difatti oggi su quelle zolle ci sono 2,5 ettari di lacrima, montepulciano e sangiovese. Il verdicchio invece si trova a Monte Roberto e a Castelleone di Suasa, dove il vigneto a breve festeggerà i 50 anni di età.

VINI - Intensità aromatica e buona scorrevolezza sono le basi dei vini di Stefano, a cui la tecnica di lavorazione infonde un quadro olfattivo sempre molto cangiante e articolato.

TOP **Lacrima di Morro d'Alba Piramo 2018** VINO QUOTIDIANO ● 2.500 bt; 9 € - 🍷 - Croccante, varietale e disteso, ha tessitura scorrevole e morbida, impreziosita dalla fittezza tannica.

Castelli di Jesi Verdicchio Ris. Cl. Logos 2016 O 2.500 bt; 13 € - 🍷 - Alla bella ampiezza olfattiva, molto varietale, corrisponde il sorso robusto dal finale salino, che prova a tenere testa a sbuffi alcolici che ne frenano un po' lo slancio.

Lacrima di Morro d'Alba Sup. Ius Lacrimae 2017 ● 1.500 bt; 13 € - 🛢 - Le spezie si alternano al frutto, mentre nel palato snello risalta il tannino, ancora un pizzico rugoso al momento dell'assaggio.

Verdicchio dei Casteli di Jesi Cl. Sup. Soteria 2018 O 3.000 bt; 9 € - 🍷 - Articolato, fruttato, compatto.

ha 6 - **bt** 23.000
Fertilizzanti organo-minerali
Fitofarmaci rame e zolfo
Diserbo lavorazione meccanica/manuale
Lieviti selezionati industriali
Uve 100% di proprietà
Certificazione in conversione biologica

SERRA DE' CONTI (AN)

CASALFARNETO

SCONTO -10%

Via Farneto, 12 - tel. 0731 889001
www.casalfarneto.it - info@casalfarneto.it

VITA - Paolo Togni, uscito dall'omonimo gruppo del beverage, conduce questa vivace azienda acquistata dopo che quattro amici, tra cui Danilo Solustri, attuale direttore tecnico, l'avevano avviata nel 1995. Sempre attenti agli sviluppi e agli ammodernamenti, nel settembre 2020 è finalmente finito il progetto di recupero del vecchio casale Rita, in cui trovano spazio accoglienti sale degustazione e meeting, e una cantina d'invecchiamento per le annate storiche.

VIGNE - Il corpo vitato nel corso del 2020 è stato incrementato di 4 ettari in affitto, che si aggiungono ai 35 di proprietà e ad altri 4 sempre in affitto. Questi nuovi vigneti a verdicchio sono gestiti in regime biologico certificato, e da qui nascerà la nuova etichetta Diego. Sempre attiva la collaborazione con l'agronomo Mario Ghergo.

VINI - Tanto Verdicchio in casa Togni, declinato con stili e lavorazioni differenti, per esaltarne le sfumature e rispondere alle esigenze dei mercati.

Verdicchio dei Castelli di Jesi Cl. Sup. Grancasale 2018 O 10.000 bt; 13 € - 🍷 🛢 - L'ampiezza e le sfaccettature aromatiche invitano al sorso, che denota un bell'equilibrio tra corpo, sapidità e freschezza. Nonostante il volume, assicura beva, dinamismo e allungo.

Cimaio 2017 O verdicchio; 8.000 bt; 28 € - 🍷 - La dolcezza soffusa e voluta non altera l'impianto gustativo tonico e molto equilibrato, in cui risalta la sapidità. Agrumi, albicocca e zafferano costituiscono il fine quadro olfattivo.

Castelli di Jesi Verdicchio Ris. Cl. Crisio 2017 O 9.800 bt; 18 € - 🍷 🛢 - Meno incisivo e dinamico del solito, alterna frutta matura e lievi nuance boisè, ma al palato pecca un po' di profondità, con il finale caldo che ne adombra il profilo.

Verdicchio dei Castelli di Jesi Cl. Sup. Fontevecchia 2019 O 45.000 bt; 9 € - 🍷 - Succoso, fruttato, espressivo.

ha 43 - **bt** 800.000
Fertilizzanti letame in pellet, organo-minerali, sovescio
Fitofarmaci chimici di sintesi, rame e zolfo
Diserbo chimico, lavorazione meccanica/manuale
Lieviti selezionati industriali
Uve acquisto 30%
Certificazione nessuna certificazione, parte dei vigneti in regime biologico

SERRA DE' CONTI (AN)

FATTORIA SERRA SAN MARTINO

Via San Martino, 1 - tel. 0731 878025
www.serrasanmartino.com - info@serrasanmartino.eu

VITA - Kirsten e Thomas Weydemann hanno dimostrato che un cambio di vita radicale è possibile se mosso da passione e svolto con serenità e coerenza progettuale. Fu così che da architetti di Amburgo con la matita in mano, si sono risvegliati viticoltori a Staffolo, con zappa e forbici. Parlare con loro infonde serenità: lasciano trapelare quel senso di appagamento che li rende felici e soddisfatti. Un esempio di vita indiscutibilmente apprezzabile.

VIGNE - Se cotanta passione traspare fin dalla loro pelle, non poteva essere altrimenti anche dal punto di vista agronomico. L'amore per i rossi li ha portati a piantare, controcorrente, merlot, syrah, montepulciano e sagrantino nella terra del re verdicchio. Questa scelta di vita non poteva che sfociare in un'agricoltura sana, libera dalla chimica e vicina alla biodinamica. Le vigne sono curate come giardini di casa, e anche tra i filari regna felicità.

VINI - Da queste parti si preferiscono rossi di corpo, ricchi di materia, anche se gradualmente i legni e le sovrastrutture sembrano più domati.

Il Paonazzo 2015 ● syrah; 2.000 bt; 19 € - Mix di note vegetali e frutti rossi, colpisce per la succosità del sorso nonostante la struttura robusta, e per la compostezza del palato, in cui regna un tannino molto fitto.

Roccuccio 2016 ● montepulciano, merlot, syrah; 7.000 bt; 12 € - Non c'è troppo peso al centro del palato e ne beneficia la beva, che denota succo e tonicità, lesinando solo un po' in ampiezza.

Costa dei Zoppi 2015 ● merlot; 2.000 bt; 15 € - Profilo più denso dei fratelli: frutto maturo e spezia anticipano un palato molto morbido e dal tannino fittissimo e un po' troppo asciugante.

ha 3 - **bt** 16.000
Fertilizzanti compost, letame, preparati biodinamici, sovescio
Fitofarmaci organici, rame e zolfo
Diserbo lavorazione meccanica/manuale
Lieviti fermentazione spontanea
Uve 100% di proprietà
Certificazione biodinamico certificato, biologico certificato

SERRA DE' CONTI (AN)

PODERI MATTIOLI

Via Farneto, 17/a - tel. 071 075335
www.poderimattioli.it - info@poderimattioli.it

VITA - Un progetto giovane, nato in sordina, approdato al biologico dopo attente valutazioni e decollato definitivamente con una qualità impeccabile, all'insegna del rispetto varietale delle uve. In origine Armando Mattioli vinificava per le famiglie del parentato. Oggi Giacomo e Giordano, suoi nipoti, dopo una pausa di una generazione, hanno ripreso l'attività con saperi rinnovati e la giusta dose di tecnica, per far risaltare il terroir di contrada Farneto di Serra.

VIGNE - Serra de' Conti è l'habitat delle vigne, che crescono su terre con argille più o meno profonde e consistenti banchi di sabbia e arenaria, con diverse esposizioni. Bellissimo il vigneto "a spina": concepito con l'amico agronomo Luigi Piersanti, risalta per l'intelligente sfruttamento di ogni pendenza, dando ai filari un andamento movimentato che permette di cogliere appieno i raggi solari.

VINI - Aromaticità eleganti e soffuse e strutture ponderate e in linea con le annate sono le basi dei vini, che convincono sempre per la rispondenza territoriale e l'equilibrio.

TOP **Verdicchio dei Castelli di Jesi Cl. Sup. Ylice 2018** VINO SLOW ○ 30.000 bt; 12 € - La prontezza dell'annata non poteva che regalare un vino raffinato, capace di fondere il palato ricco di sostanza, tensione e profondità, con l'aromaticità incisiva e solare, propria dei Verdicchio di queste terre.

M. Cl. Dosaggio Zero 2015 verdicchio, chardonnay; 3.000 bt; 26 € - Dinamico e verticale, fonde l'aromaticità ampia e fine con il sorso asciutto, dritto e teso, in chiaro stile pas dosè. Un Metodo Classico che fa salivare e invita alla beva, regalando folate di intrigante complessità.

ha 6,5 - **bt** 40.000
Fertilizzanti sovescio
Fitofarmaci organici, rame e zolfo
Diserbo lavorazione meccanica/manuale
Lieviti selezionati industriali
Uve 100% di proprietà
Certificazione biologico certificato

SERRA SAN QUIRICO (AN)

ACCADIA

Via Ammorto, 19 - tel. 0731 85172
www.accadiavini.it - info@accadiavini.it

VITA - Angelo Accadia è un vignaiolo silenzioso, poco avvezzo a popolarità e protagonismi, e si dedica con passione alla sua vigna e al terreno circostante. Questo gli ha permesso di creare un ambiente sostenibile in zona pedemontana, una piccola enclave familiare in cui Angelo opera e vive. Da qualche anno la figlia Evelyn è entrata a pieno regime nell'attività e sta rinfrescando questo marchio con idee nuove e ricerca di una maggiore visibilità.

VIGNE - I corpi vitati crescono intramezzati da boschi, vegetazione spontanea e fauna, un sistema ricco di biodiversità che Angelo cerca di preservare. «Ciò che non dà fastidio alla vigna deve rimanere, perché mantiene vivo l'ambiente» ci raccontava in passato passeggiando tra i filari: nessun diserbo chimico, inerbimento spontaneo e concimazione con pollina propria, al bisogno. I terreni di medio impasto con zone argillose e placche di sabbia risultano soffici e ricchi di vita.

VINI - Freschezza gustativa, precisione aromatica e struttura sono i cardini di questi vini, capaci di evolvere molto bene in bottiglia.

TOP **Verdicchio dei Castelli di Jesi Cl. Sup. Conscio 2018** VINO SLOW O 7.000 bt; 16 € - Il terroir pre-montano è palpabile e riverbera nel profilo aromatico varietale e molto nitido, e nel palato tonico e infiltrato di viva acidità, che accompagna il sorso e si lega al finale salino. Davanti ad un pitto dà anche il meglio di sè.
Evelyn 2018 O verdicchio; 5.000 bt; 17 € - La macerazione a contatto con le bucce dona ricchezza aromatica e una lieve tannicità, che rafforza il profilo acido-sapido e lo rende accattivante.
Verdicchio dei Castelli di Jesi Cl. Consono 2019 O 20.000 bt; 12 € - Intenso e ricco al palato, mostra un buon equilibrio grazie alla salinità che infonde tensione.

ha 9 - **bt** 45.000
Fertilizzanti letame
Fitofarmaci organici, rame e zolfo
Diserbo lavorazione meccanica/manuale
Lieviti fermentazione spontanea, selezione di lieviti indigeni
Uve 100% di proprietà
Certificazione in conversione biologica

STAFFOLO (AN)

LUCA CIMARELLI

SCONTO **-10%**

Via San Francesco, 1/a - tel. 339 1328627 - 335 8397372
www.lucacimarelli.it - info@lucacimarelli.it

VITA - Luca Cimarelli conduce l'attività avviata negli anni Cinquanta dal nonno Costantino, affiancato in vigna e in cantina dal nipote Tommaso Acquilanti, e dalla sorella Laura nel disbrigo della burocrazia. Le prime bottiglie risalgono al 1993, ma è verso i primi anni Duemila che è stato fatto il vero salto di qualità. Poi c'è stata una fase di appannamento, e con l'avvento dell'enologo Giuseppe Morelli ha preso il via il nuovo corso.

VIGNE - I 10 ettari vitati sono dislocati in due corpi a circa 400 metri di quota. Nei pressi dell'azienda, impianti di verdicchio di età compresa tra 10 e 30 anni crescono rivolti a sud su terreni di medio impasto, mentre a Coste, su suoli di calcare e argilla, alloggiano il bianco dei Castelli, montepulciano e sangiovese. Metodi convenzionali e irrigazione di soccorso sono le pratiche per garantire il raccolto anche nelle stagioni meno clementi.

VINI - C'è molta linearità nei vini di Luca, che grazie all'affinamento sulle fecce fini incarnano perfettamente il profilo del robusto Verdicchio staffolano.

Verdicchio dei Casteli di Jesi Cl. Sup. Fra Moriale 25 Vendemmie 2017 O 1.000 bt; 17 € - Intrigante il tessuto aromatico varietale, a cui segue un palato energico e robusto, ma anche sapido e schietto. Scorre e chiude piacevolmente amarognolo.
Verdicchio dei Casteli di Jesi Cl. Sup. Fra Moriale 2018 O 10.000 bt; 13 € - L'anice ricorda che siamo di fronte a un verdicchio di razza, che ha sostanza, pulizia aromatica, robustezza e tanta sapidità. Benvenuti a Staffolo!
Verdicchio dei Castelli di Jesi Cl. Generazioni 2019 O 10.000 bt; 5 € - Frutta bianca e freschezza sono caratteristiche che garantiscono una beva piacevole, anche se non troppo complessa.
Verdicchio dei Casteli di Jesi Cl. Sup. Cimarelli 2019 O 30.000 bt; 8 € - Fresco, fruttato, essenziale.

ha 10 - **bt** 60.000
Fertilizzanti organo-minerali, sovescio
Fitofarmaci chimici di sintesi, rame e zolfo
Diserbo lavorazione meccanica/manuale
Lieviti fermentazione spontanea, selezionati industriali
Uve 100% di proprietà
Certificazione nessuna certificazione

STAFFOLO (AN)

FATTORIA CORONCINO

Contrada Coroncino, 7 - Strada Provinciale, 35 km 5,5 - tel. 0731 779494
www.coroncino.it - info@coroncino.it

VITA - «Ndo rivo metto n'segno», la frase che si legge sulle etichette, è forse l'ultimo rimasuglio di romanità di Lucio Canestrari, ormai staffolano a tutti gli effetti. È affiancato dal figlio Valerio, altrettanto rigoroso nei principi e nelle idee. I due si definiscono "trovatori di vino", perché ogni volta che girano in cantina trovano sempre vini nuovi, grazie all'approccio spontaneo con cui li producono, che si traduce in costante capacità evolutiva.

VIGNE - Solcare i filari di Lucio è sempre un piacere, in particolare le irte pendenze della vigna a Spescia di Cupramontana, dove su terreni ripidi e marnosi vegetano i vigneti più vecchi, oltre a un nuovo impianto e un corpo in affitto. Gli altri appezzamenti sono a San Paolo e nei pressi della cantina. La gestione è da sempre sostenibile, anche se la conversione al biologico è stata intrapresa solo nel 2018.

VINI - C'è sempre tanta polpa e abbondante struttura nei vini di Lucio e Valerio, ma altrettanto sapore di verdicchio.

Verdicchio dei Castelli di Jesi Cl. Sup. Gaiospino 2017 O 11.350 bt; 22 € - - La parte che affina in tonneau ha accresciuto la complessità del prodotto finale senza prevaricare il frutto. C'è tanta potenza, ma ben domata da una lunga scia salina.
Verdicchio dei Castelli di Jesi Cl. Sup. Il Coroncino 2018 O 24.715 bt; 15 € - - La morbidezza del sorso è l'asse attorno al quale si muovono gli aromi dolci, supportati da un'evidente sapidità che prova a tenere a bada la spinta alcolica.
Verdicchio dei Castelli di Jesi Cl. Sup. Il Bacco 2018 O 18.860 bt; 11 € - - Per tutti i giorni c'è questo vino ricco e avvolgente, con note di frutta matura e lieviti che ne rafforzano lo spessore.
Verdicchio dei Castelli di Jesi Cl. Sup Gaiospino Fumè 2016 O 3.396 bt; 34 € - - Avvolgente, speziato, compatto.

ha 13 - **bt** 60.000
Fertilizzanti letame, nessun concime, preparati biodinamici
Fitofarmaci organici, rame e zolfo
Diserbo lavorazione meccanica/manuale
Lieviti fermentazione spontanea
Uve 100% di proprietà
Certificazione in conversione biologica

STAFFOLO (AN)

ESTHER HAUSER

Via Coroncino, 1/a - tel. 0731 770209 - 329 3563526
www.estherhauser.it - esther.hauser@libero.it

VITA - L'azienda di Esther Hauser è un piccolo nido: tutto è stato disegnato in funzione della forza delle sue braccia. Esther pota, lavora la terra, fa i trattamenti, raccoglie, vinifica in completa autonomia e per lei questa è normale routine quotidiana, in cui si muove con sicurezza e dinamismo. Un vulcano che ormai da oltre 25 anni lavora i filari a Staffolo, e solo l'accento, misto al dialetto locale, fa ricordare le sue origini svizzere.

VIGNE - Un ettaro, per lo più a montepulciano e poche file di sangiovese e cabernet. Esther commise quasi un'eresia quando nei lontani primi anni Novanta, decise di puntare sui rossi in terra di verdicchio. La gestione agronomica è andata migliorando nel tempo, a piccoli passi, perché con una superficie così piccola non poteva rischiare di non raccogliere, quindi la recente conversione al biologico rappresenta un grande successo per lei.

VINI - Strutture importanti e densità aromatica e tannica contraddistinguono da sempre questi vini, con i legni, sempre molto usati, che negli ultimi anni impattano però meno sul risultato finale.

Ceppo 2017 ● montepulciano, sangiovese, cabernet sauvignon; 2.000 bt; 16 € - - C'è tanta frutta dolce e polposa, nient'affatto pesante, che invita a un palato scorrevole, pur sempre strutturato, con la massa tannica robusta che non inchioda la beva e anzi la rende dinamica.
Cupo 2017 ● montepulciano; 1.800 bt; 26 € - - L'olfatto denota maturità aromatica, in linea con l'annata calda, come anche il palato morbido e glicerico, con il finale che serra un po' troppo.

ha 1 - **bt** 3.800
Fertilizzanti sovescio
Fitofarmaci rame e zolfo
Diserbo lavorazione meccanica/manuale
Lieviti selezionati industriali
Uve 100% di proprietà
Certificazione in conversione biologica

STAFFOLO (AN)

LA STAFFA

Via Castellaretta, 19 - tel. 0731 779810 - 338 1551329
www.vinilastaffa.it - info@vinilastaffa.it

VITA - Da golden boy del vino marchigiano a riferimento del comparto jesino: Riccardo Baldi è diventato un vignaiolo maturo che incarna alla perfezione lo spirito faustiano dell'uomo moderno che aspira al costante miglioramento. Dopo molti anni di crescita repentina in termini di vigne e bottiglie, attraversa un periodo molto fecondo di consolidamento verso un'identità più compiuta, consapevole che c'è ancora tanto da imparare.

VIGNE - «Il faro è sempre il territorio». Riccardo lo dice con la consapevolezza che il segreto dei suoi vini risiede nella vitalità della terra e nell'età delle piante. Per questo motivo non utilizza uve da vigne più giovani di 10 anni. Per salvare il patrimonio vitato dal mal dell'esca prosegue con successo la pratica della dendrochirurgia negli impianti del Rincrocca e del Selva di Sotto, prossimi ai 50 anni.

VINI - In ogni calice risaltano i caratteri dei suoli, l'età delle vigne e il versante assolato che le irradia: il terroir di Castellaretta.

TOP **Castelli di Jesi Verdicchio Ris. Cl. Rincrocca 2017** VINO SLOW O 5.500 bt; 22 € - Grazie alla struttura più rilassata del solito, e senza lesinare in sostanza, mostra un profilo gustativo agile ed elegante, in cui incide una quota sapida che dà spessore a questo favoloso Verdicchio.
TOP **Verdicchio dei Castelli di Jesi Cl. Sup. La Staffa 2019** VINO QUOTIDIANO O 30.000 bt; 10 € - Aromi cangianti e coesi, palato di invidiabile acidità, conduzione tonica e pimpante. L'equilibrio e l'eleganza sono indiscutibili.
Castelli di Jesi Verdicchio Ris. Cl. Selva di Sotto 2017 O 2.000 bt; 60 € - I mosti ossidati donano un olfatto ampio e dolce, a cui si contrappone il sorso innervato di tensione acido-sapida, che dà equilibrio e slancia la struttura robusta.
Mai Sentito 2019 verdicchio, trebbiano; 10.000 bt; 10 € - Metodo Ancestrale, schietto, fruttato, autentico.

ha 10 - **bt** 50.000
Fertilizzanti letame in pellet, preparati biodinamici, sovescio
Fitofarmaci rame e zolfo
Diserbo lavorazione meccanica/manuale
Lieviti fermentazione spontanea
Uve 100% di proprietà
Certificazione biologico certificato

TERRE ROVERESCHE (PU)

FIORINI

Località Barchi - Via Giardino Campioli, 5 - tel. 0721 97151
www.fioriniwines.it - info@fioriniwines.it

VITA - Carla Fiorini è una donna sagace che da anni conduce l'azienda familiare, radicata sui colli del fiume Metauro da quasi un secolo. Nel tempo ha saputo consolidare le idee del nonno prima e del padre poi, puntando, senza scendere a compromessi, su vini espressivi e territoriali. Da qualche anno si confronta con l'agronomo Luca Mercadante e con l'enologo Emiliano Falsini, che hanno dato un'impronta più moderna.

VIGNE - Prosegue, seppur a ritmi più blandi, il progetto di Carla che prevede il rinnovo di un ettaro ogni anno dei corpi vitati, sempre puntando sui vitigni autoctoni. Per l'ultimo ettaro piantato a biancame si è partiti da un vecchio impianto secolare, da cui sono state prelevate le gemme per coltivare le nuove piante. Da questa selezione si continuerà ad allevare le marze per i successivi rinnovi.

VINI - I vini risultano sempre identitari e mostrano una bella espressività varietale, e di recente qualche etichetta è stata alleggerita nell'apporto speziato e nella struttura, e resa più attuale.

TOP **Bianchello del Metauro Sup. Tenuta Campioli 2019** VINO QUOTIDIANO O 80.000 bt; 9 € - Questa versione brillante e fresca nello spettro aromatico è incisiva, succosa e ben modulata al palato, con il finale salino che valorizza la struttura e garantisce un'ottima beva.
Bianchello del Metauro Sup. Andy 2018 O 6.600 bt; 14 € - L'apporto boisè dei legni è più convincente che in passato. Il gusto è ampio e profondo, ha succo e tanta sapidità.
Roy 2018 ● canaiolo; 3.000 bt; 17 € - Il frutto fresco e croccante rende la fase aromatica spigliata e anticipa un sorso tonico e pimpante, disteso e fine, con il tannino molto composto.
Colli Pesaresi Rosso Bartis 2017 ● 8.000 bt; 14 € - Croccante, fruttato, espressivo.

ha 50 - **bt** 200.000
Fertilizzanti letame, sovescio
Fitofarmaci rame e zolfo
Diserbo lavorazione meccanica/manuale
Lieviti fermentazione spontanea, selezionati industriali
Uve 100% di proprietà
Certificazione biologico certificato

COLLINE MACERATESI E PICENO

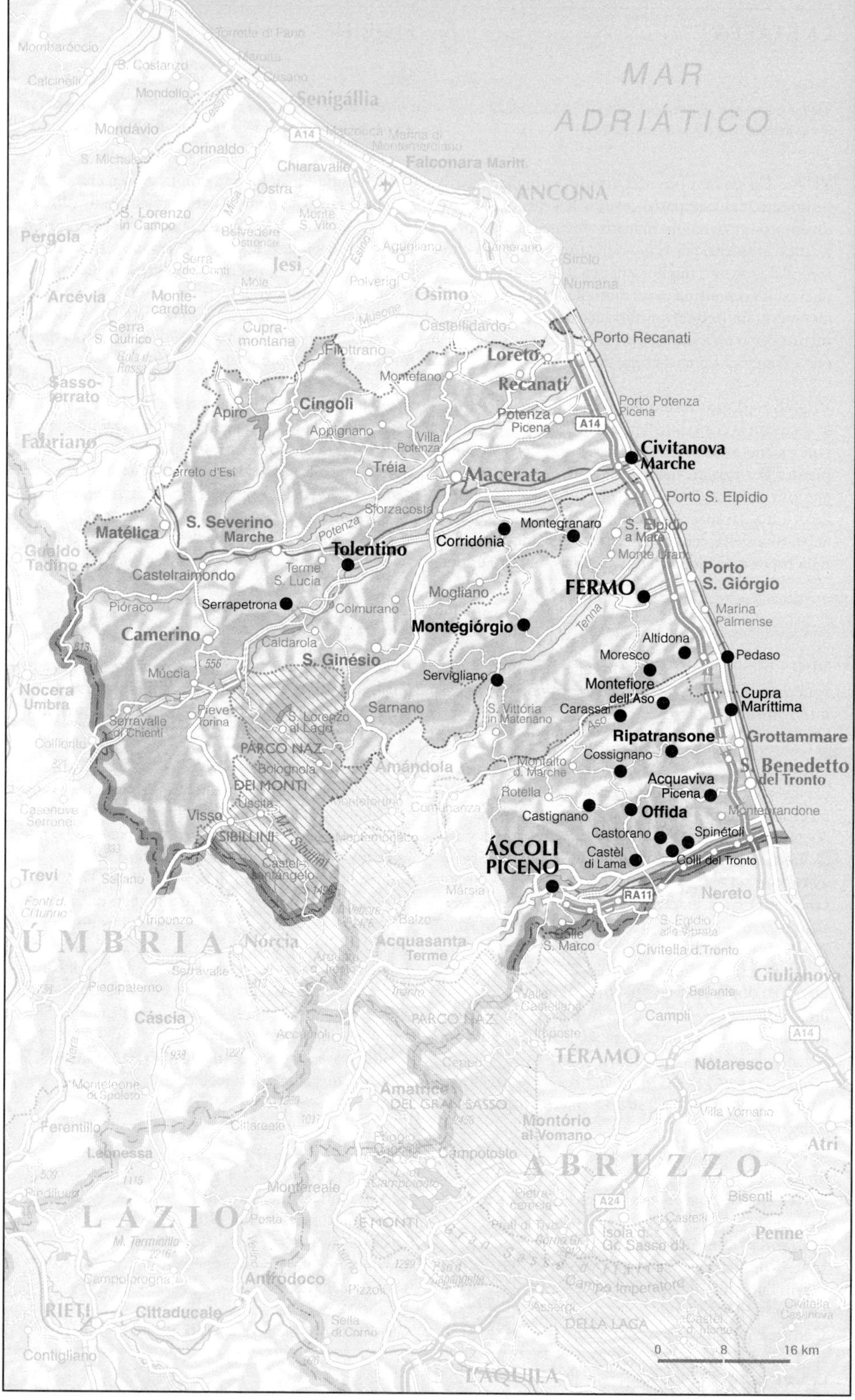

ACQUAVIVA PICENA (AP)

CHERRI D'ACQUAVIVA

Via Fontemercato, 9 - tel. 0735 764416
www.vinicherri.it - info@vinicherri.it

VITA - L'azienda di Paolo Cherri si colloca nel più tradizionale panorama vitivinicolo piceno: origini datate, attività iniziata con la produzione di sfuso, vicissitudini familiari che ne hanno cambiato le dinamiche, generazioni successive che hanno ampliato la produzione orientandola alla bottiglia. Così ha fatto Paolo, senza puntare su attività sceniche e sfarzose: si è concentrato sui vini del territorio con uno stile vocato alla sobrietà.

VIGNE - Acquaviva Picena è uno dei comuni più importanti del comparto e San Francesco è tra le contrade più calde, in cui regnano suoli esposti a sud, ricchi di argilla e sabbia in superficie. In questo contesto allignano le principali varietà rosse, per le quali Paolo ha svolto un attento lavoro di analisi della composizione dei suoli, al fine di garantire a ogni vitigno la migliore allocazione.

VINI - C'è sempre polpa e fragranza nei bianchi, mai esili, mentre nei rossi si sta gradualmente virando verso un frutto più croccante e una minore estrazione.

Offida Pecorino Altissimo 2019 ○ 25.000 bt; 13 € - 🝖 - Il nitore e la delicatezza aromatica sono evidenti e lasciano spazio a un palato succoso e sottile, con la morbidezza in bella vista, a cui manca solo un pizzico di slancio nel finale.
Offida Passerina Radiosa 2019 ○ 25.000 bt; 11 € - 🝖 - C'è diffusa freschezza sia al naso sia in bocca, dove l'acidità scandisce i ritmi di un sorso morbido e lineare.
Offida Rosso Tumbulus 2015 ● 4.000 bt; 19 € - ▦ - L'ingresso robusto non impedisce di trovare scorrevolezza e uniformità al palato. Peccato solo per il tannino che irrigidisce un po' il finale.
Falerio 2019 ○ 15.000 bt; 8 € - 🝖 - Fresco, fruttato, rilassato.

ha 33 - **bt** 150.000
Fertilizzanti letame, organo-minerali, sovescio
Fitofarmaci chimici di sintesi, rame e zolfo
Diserbo chimico, lavorazione meccanica/manuale
Lieviti selezionati industriali
Uve 100% di proprietà
Certificazione nessuna certificazione

ALTIDONA (FM)

LE SENATE

Contrada Barbolano, 14 - tel. 348 7807017
www.lesenate.it - info@lesenate.it

VITA - Quando anni fa incontrammo per la prima volta Giulio Visi pensammo di non avere davanti un vignaiolo ma un appassionato che vedeva nelle vigne un desiderio di libertà, di espressione personale e di sfida. Oggi parlando con lui si percepisce che la sua vita è cambiata: si sente ed è un vignaiolo a tempo pieno, e nella nuova e concreta realtà quotidiana si muove con agilità e precisione.

VIGNE - Il solo pensiero che su un pianoro dirimpettaio al mare, accarezzato dalla brezza e dai raggi solari, si potessero piantare vitigni bordolesi un tempo avrebbe suscitato tanta diffidenza. Oggi tutto ciò è realtà: Giulio ha svolto un lavoro meticoloso per distribuire merlot, cabernet sauvignon e cabernet franc nei versanti più appropriati, sfruttando al meglio l'esposizione e la diversità dei suoli di cacinello (carbonato di calcio) e argilla, e puntando sul biologico con convinzione.

VINI - La ricerca della massima espressività del frutto e l'uso meticoloso e oculato dei legni stanno permettendo ai vini di esprimere il loro profilo varietale in modo univoco, senza mai risultare appesantiti.

Blu Velluto Spento 2016 ● cabernet franc; 2.000 bt; 20 € - ▦ - È il gioiello di famiglia: l'ampiezza aromatica introduce sorso uniforme, tonico e polposo, con la trama tannica pennellata che gli dà spessore e profondità.
Barbula 2018 ● merlot, cabernet sauvignon; 6.000 bt; 11 € - 🝖 ▦ - Levigato, morbido e avvolgente, ha un tannino leggermente ruvido che increspa il finale e lo priva della meritata distensione, ma un po' di tempo in bottiglia saprà dare la giusta spallata.
Sciuccapanza 2019 ● merlot; 2.000 bt; 11 € - 🝖 - Stile provenzale morbido e succoso, vivo e fragrante, anche se un po' troppo tenue all'olfatto.

ha 7 - **bt** 16.000
Fertilizzanti letame in pellet
Fitofarmaci rame e zolfo
Diserbo lavorazione meccanica/manuale
Lieviti selezionati industriali
Uve 100% di proprietà
Certificazione in conversione biologica

PANTALEONE

Via Colonnata Alta, 118 - tel. 0736 262591
www.pantaleonewine.com - info@pantaleonewine.com

VITA - Arrivare in cantina non è facile, ma vale la pena fare il viaggio perché qui si respirano la semplicità dei gesti nel lavoro quotidiano, la felicità e la soddisfazione di Francesca e Federica Pantaloni per un progetto nato nel 2005, quasi per caso, e cresciuto velocemente. Le bottiglie di Pantaleone condensano sostenibilità ed espressività territoriale e varietale delle uve: il modo migliore per portare nel calice le peculiarità di questo angolo montano di Ascoli.

VIGNE - Il monte dell'Ascensione sorveglia la valle con i vitigni che si alternano sulle ripide pendenze di Colonnata Alta, spezzando il dominio dei boschi e del verde, che profuma di biodiversità. «Il nostro scopo è dare sostanza al terreno, renderlo fertile e in equilibrio per il futuro», ci ha detto Giuseppe Infriccioli, marito di Francesca. Un approccio che riassume la loro idea di viticoltura.

VINI - Biologico e pulito sono i principi cardine che scandiscono il lavoro di Giuseppe in cantina: i vini trasmettono eleganza e finezza, nel rispetto della sostenibilità con cui sono prodotti.

TOP **Falerio Pecorino Onirocep 2019** VINO SLOW ○ 18.500 bt; 14 € - Aromi ampi e ben scanditi, sorso disteso e succoso, acidità e sapidità, sono gli elementi che disegnano una curva perfetta e lo rendono progressivo e profondo. Un vino d'altura fine ed elegante.

La Ribalta 2016 ● 880 bt; 85 € - Da uva grenache, emoziona per il frutto e il fascino speziato, per la tensione gustativa che rende agile e scorrevole la struttura e per la trama tannica perfetta.

Atto I 2018 ● sangiovese; 6.700 bt; 12 € - L'acciaio rende il profilo fruttato, intrigante, fresco e il sorso agile e spigliato. La freschezza e il tannino giovanile ravvivano la materia polposa.

Pivuan 2019 ● montepulciano; 6.000 bt; 10 € - Avvolgente, fruttato, varietale.

ha 19 - **bt** 60.000
Fertilizzanti sovescio
Fitofarmaci rame e zolfo
Diserbo lavorazione meccanica/manuale
Lieviti selezionati industriali
Uve 100% di proprietà
Certificazione biologico certificato

ASCOLI PICENO

VELENOSI

Via dei Biancospini, 11 - tel. 0736 341218
www.velenosivini.com - news@velenosivini.com

VITA - Nel 1984 è nata una piccola realtà, con pochi vigneti, poche bottiglie e tanti debiti. Nel 2020 troviamo un'azienda di grandi dimensioni, oggi guidata da Angela Velenosi, con proprietà nel Piceno e nel Teramano, un'ampia produzione in ogni fascia di prezzo, e con numeri in aumento. Una crescita costante, frutto di progettualità e idee concrete, e di un'ampia visione dei mercati.

VIGNE - I molti ettari di proprietà e in affitto sono la base di numeri importanti, a cui concorrono anche conferitori abituali. Ascoli, Castel di Lama, Castorano sono le tenute storiche a cui, di recente, se n'è aggiunta una in affitto tra Acquaviva Picena e Monteprandone. Ormai il biologico ha un valore importante e ha cambiato la gestione dei vigneti. Una chimera molti anni fa, una realtà oggi.

VINI - L'esecuzione stilistica impeccabile è alla base di ogni vino, modulato a seconda dei mercati a cui è rivolto, senza perdere di vista il vitigno che ne è alla base.

Offida Pecorino Réve 2018 ○ 15.000 bt; 20 € - Una versione impeccabile, tra le migliori di sempre per solarità aromatica, integrazione frutto-toni boisè, agilità e scorrevolezza. Un vino composto, dinamico e moderno.

Rosso Piceno Sup. Roggio del Filare 2017 ● 45.000 bt; 33 € - La densità dei piccoli frutti neri trova sostegno nel palato agile e ritmato, in cui morbidezza e spessore tannico disegnano un bell'equilibrio.

Montepulciano d'Abruzzo Colline Teramane Verso Sera 2018 ● 6.000 bt; 43 € - Robusto e materico all'olfatto e al gusto, si distende con buona freschezza e una struttura pennellata, con la massa tannica coesa e ben estratta.

Offida Rosso Ludi 2017 ● 3.000 bt; 34 € - Fitto, fruttato, consistente.

Offida Pecorino Villa Angela 2019 ○ 65.000 bt; 13 € - Fresco, fruttato, armonico.

ha 192 - **bt** 2.500.000
Fertilizzanti letame
Fitofarmaci rame e zolfo
Diserbo lavorazione meccanica/manuale
Lieviti selezionati industriali
Uve acquisto 20%
Certificazione biologico certificato

EMANUELE DIANETTI

Contrada Vallerosa, 25 - tel. 338 3928439
www.dianettivini.it - info@dianettivini.it

VITA - «La crescita dimensionale non è mai stato il mio orizzonte, semmai ambisco a una crescita di autorevolezza»: sono queste le parole che riassumono lo spirito di Emanuele Dianetti, un "dilettante di lusso" dell'enologia marchigiana, che continua a dividere i suoi giorni tra la professione bancaria e quella di winemaker nella cantina della casa materna. Mamma Giuliana, «la vera vignaiola dell'azienda», fornisce un sostegno operativo insostituibile.

VIGNE - Un podere di mezzo ettaro appena piantato a pecorino (dalla selezione massale della vigna più vecchia) ha completato il parco vitato di famiglia, sistemato nella media collina della contrada Vallerosa di Carassai, su suolo calcareo con argille in profondità, clima fresco e ventoso, escursioni termiche rilevanti. Un contesto ambientale molto favorevole, in tempi di cambiamento climatico, cucito su misura per il pecorino.

VINI - Ogni tassello è al posto giusto in questi vini varietali e raffinati nella tessitura aromatica e gustativa.

TOP **Michelangelo 2016** ● grenache; 650 bt; 85 € - - È agile e dinamico, ha equilibrio esemplare, ricchezza e capacità di scorrere, avvolge il palato con una trama tannica perfetta. L'eleganza danza tra la frutta e una spezia finissima e lo caratterizza.

Offida Pecorino Vignagiulia 2019 ○ 6.000 bt; 15 € - - Equilibrio, distensione, allungo acido-sapido, aromi cangianti e raffinati. Non manca nulla in questa versione.

Offida Rosso Vignagiulia 2017 ● 2.500 bt; 31 € - - Qualche cenno di tabacco non lo priva di finezza e anzi dona complessità al frutto. Il sorso è tanto robusto quanto agile e fine, con un tannino perfetto.

Offida Pecorino Luciano - Campo Villarosa 2018 ○ 833 bt; 48 € - ; - Incisivo, raffinato, armonico.

Piceno 2018 ● 5.000 bt; 13 € - - Setoso, fruttato, avvolgente.

ha 4 - **bt** 20.000
Fertilizzanti letame in pellet
Fitofarmaci rame e zolfo
Diserbo lavorazione meccanica/manuale
Lieviti selezionati industriali
Uve 100% di proprietà
Certificazione nessuna certificazione

CARASSAI (AP)

LE CANÀ

Contrada Molino Vecchio, 4 - tel. 0734 930054 - 333 2127474
www.lecana.it - info@lecana.it

VITA - Luca, Paola e Alessandra Polini sono il volto di questa realtà che con prudenza e sagacia ha continuato a percorre il sentiero tracciato dalla famiglia. Tutto procede a piccoli passi: bottiglie ponderate alle capacità commerciali, cantina moderna in fase di espansione, e di recente anche l'agriturismo. Una bella immagine della grinta e dell'umiltà con cui questi giovani vignaioli lavorano con la voglia di far bene.

VIGNE - Il biologico è la strada con cui sin dagli inizi sono stati gestiti i 25 ettari vitati. Le vigne della val d'Aso davanti la cantina, su terreni di medio impasto, guardano a nord-est e beneficiano di frescura, mentre i filari della val Menocchia, sul versante opposto, accolgono il sole e affondano le radici su suoli più sabbiosi. Il sovescio di favino ad anni alterni e la lotta fitosanitaria con rame e zolfo sono le basi del lavoro in campo.

VINI - Vini essenziali, senza voli pindarici e aromaticità ammalianti, che esprimono sobrietà e fragranza: sono queste le basi della produzione.

Offida Pecorino Tornavento 2019 ○ 6.000 bt; 9 € - - L'olfatto è fresco e sfaccettato e il sorso succoso, vivo e di grande tonicità: è questa la carta d'identità di un vino accattivante, che si distende coniugando struttura e profondità e risultando piacevolissimo, da bere tutti i giorni.

Rosso Piceno Superiore Davore 2015 ● 10.000 bt; 14 € - - Scuro e compatto al naso, eppure agile e dinamico al palato: solo il tannino risulta un po' serrante e riduce la profondità del sorso.

Rosso Piceno Infernaccio 2019 ● 10.000 bt; 9 € - - Attacca morbido e levigato, con aromi dolci di frutta, e si lascia bere con facilità.

Offida Pecorino Retemura 2019 ○ 4.000 bt; 11 € - - Agile, aromatico, delicato.

ha 25 - **bt** 40.000
Fertilizzanti letame, sovescio
Fitofarmaci rame e zolfo
Diserbo lavorazione meccanica/manuale
Lieviti selezionati industriali
Uve 100% di proprietà
Certificazione biologico certificato

CASTEL DI LAMA (AP)

DE ANGELIS

SCONTO -10%

Contrada San Francesco, 10 - tel. 0736 87429
www.tenutadeangelis.it - info@tenutadeangelis.it

VITA - Le origini dell'azienda sono legate alla produzione di vino sfuso con l'acquisto delle uve e la loro vinificazione. Inizialmente situata a Cossignano, nel 1985 si è trasferita a Castel di Lama. Quinto Fausti ne ha tracciato le linee produttive e commerciali durante il boom del vino italiano, ma oggi il cambio di passo è in mano ai figli Alighiero, sempre più addentro alle dinamiche produttive e commerciali, ed Elisa, dedita alla parte amministrativa.

VIGNE - I primi impianti risalgono a circa 50 anni fa ed erano divisi tra Offida (trebbiano e passerina) e Castel di Lama (sangiovese e montepulciano). Oggi l'azienda vanta circa 50 ettari vitati, di cui 10 attorno alla cantina e circa 40 a Offida, su un costone assolato di fronte ai calanchi e alla chiesa di Santa Maria della Rocca, con suoli generosi, gestiti con inerbimento.

VINI - Troviamo stili e affinamenti diversi per declinare le uve locali, con i rossi che pian piano stanno abbandonando le strutture dense e mostrano profili aromatici speziati più rilassati, con maggiore centralità del frutto.

Rosso Piceno Sup. Oro 2017 ● 12.000 bt; 15 € - L'apporto speziato finissimo impreziosisce la materia fruttata e infonde al sorso complessità e spessore. La struttura è fresca e succosa, e il tannino ben modulato dà profondità al finale.
Offida Rosso Anghelos 2017 ● 10.000 bt; 17 € - Il sorso è agile e spigliato, con un tannino dalla trama fittissima e uniforme, che dà spinta alla complessità del palato.
Offida Pecorino Oro Bianco 2018 O 6.000 bt; 17 € - La new entry ha una beva robusta ma per nulla pesante, con la tensione sapida del finale a renderla intrigante. Al naso c'è tanta frutta, arricchita da folate boisè.
Rosso Piceno Sup. 2018 ● 110.000 bt; 9 € - Ruvido, fruttato, consistente.

ha 50 - **bt** 550.000
Fertilizzanti nessun concime
Fitofarmaci rame e zolfo
Diserbo lavorazione meccanica/manuale
Lieviti selezionati industriali
Uve 100% di proprietà
Certificazione biologico certificato

CASTIGNANO (AP)

TENUTA SPINELLI €

Contrada Lago, 2 - tel. 0736 821488 - 334 9135914
www.tenutaspinelli.com - info@tenutaspinelli.it

VITA - Non si può certo dire che Simone Spinelli sia uno che si accontenti. Anche quando sembra essere arrivato all'obiettivo, ama rilanciare ancora con nuovi progetti. Questo è il senso della recente vigna in altura, in una zona di bellezza selvaggia ma rischiosa dal punto di vista climatico e agronomico. Si aggiunge il piano di certificazione di zero residui chimici, che parte con la vendemmia 2020 ed è svolto in collaborazione con l'agronomo Luca Severini.

VIGNE - A Castel di Croce nel comune di Rotella, a 800 metri di quota, la vigna piantata nel 2016 sarà affiancata quest'anno da un altro ettaro, metà pecorino e metà pinot nero. Un ambiente ostile e freddo, dove le uve arrivano a maturazione molto tardi, ideale per ottenere una base spumante ricca di acidità e profumi. Tutto il resto dei vigneti si trova nel territorio di Castignano, con il pezzo forte nell'enclave di Montemisio.

VINI - I bianchi di Simone si contraddistinguono sempre per le aromaticità vive e intense, e per le strutture talvolta voluminose, anche se non manca mai il piglio acido-sapido che le mantiene pimpanti.

TOP **Offida Pecorino Artemisia 2019** VINO QUOTIDIANO O 37.000 bt; 12 € - L'olfatto freschissimo e ampio, ricco di materia fruttata intrigante, fa da preludio a un attacco gustativo di volume e sostanza, per un sorso che si rivela teso, sapido, disteso e articolato.
Pinot Nero di Simone Spinelli 2017 ● 1.000 bt; 31 € - L'annata calda non ha scalfito la finezza e la complessità aromatica. Il sorso scorre composto e vivo, e il finale è molto bilanciato e ricorda bene il profilo varietale.
Eden 2019 O passerina; 20.000 bt; 9 € - La freschezza è il filo conduttore: segna l'impianto gustativo in modo deciso e riequilibra la dolcezza aromatica del frutto.

ha 14 - **bt** 62.000
Fertilizzanti organo-minerali, preparati biodinamici
Fitofarmaci chimici di sintesi, rame e zolfo
Diserbo lavorazione meccanica/manuale
Lieviti selezionati industriali
Uve 100% di proprietà
Certificazione nessuna certificazione

CASTORANO (AP)

MARIA LETIZIA ALLEVI

SCONTO **-10%**

Contrada Pescolla, 28 - tel. 349 4063412 - 348 8004754
www.vinimida.it - info@vinimida.it

VITA - L'umiltà e la capacità di imparare rapidamente dai propri errori sono le doti salienti degli autodidatti di successo, e così è stato per Roberto Corradetti nella produzione del vino. Con l'idea di «fare meno danni possibili», pur continuando a svolgere a tempo pieno la professione di autista di autobus, in quasi 20 anni ha portato i suoi vini a eccellenti livelli di qualità e affidabilità, come del resto l'olio e il grano per la sua linea di pasta.

VIGNE - Il progetto che negli ultimi anni appassiona sempre più Roberto è la realizzazione del Metodo Classico a dosaggio zero. L'acidità perfetta per questo vino proviene dalla giovane vigna di un ettaro di pecorino piantata a nord su un ripido pendio del costone ovest di Castorano. Nelle vigne a sud, nei pressi della cantina, crescono le uve dei rossi, grenache compreso. Di recente si è aggiunto mezzo ettaro di passerina in affitto.

VINI - Negli ultimi anni Roberto sta scaricando e levigando le strutture, aumentando la beva e la finezza in tutte le etichette, sui rossi usando i legni in modo impeccabile.

TOP **Offida Pecorino Mida 2019** VINO SLOW ○ 5.050 bt; 13 € - La bella tessitura gustativa è il viatico di un sorso vivo e sapido, complesso e succoso, introdotto da aromi cangianti di frutta, agrumi ed erbe aromatiche.
Arsi 2017 ● grenache; 500 bt; 85 € - Ha un affascinante spettro olfattivo con il sorso levigato e morbido, non appesantito dai legni, in cui si sviluppano tensione e tannino raffinato.
Offida Rosso Mida 2017 ● 5.100 bt; 17 € - La croccantezza del frutto e le tenue folate vegetali anticipano un sorso di bel volume e struttura, in cui tuttavia spicca una trama tannica robusta che lo irrigidisce.
M. Cl. Dosaggio Zero 2017 montepulciano, grenache; 700 bt; 17 € - Agile, fruttato, gastronomico.

ha 5 - **bt** 18.000
Fertilizzanti preparati biodinamici, sovescio
Fitofarmaci rame e zolfo
Diserbo lavorazione meccanica/manuale
Lieviti fermentazione spontanea
Uve 100% di proprietà
Certificazione biologico certificato

CASTORANO (AP)

CAMELI IRENE

SCONTO **-10%**

Contrada Gaico, 19 - tel. 347 330813
www.vinorossomarche.it - info@vinorossomarche.it

VITA - I fratelli Giovanni e Claudio Allevi alla fine degli anni Novanta hanno deciso, con la complicità di Irene Cameli, moglie del secondo, di dare un senso al piccolo appezzamento di famiglia, le cui uve fino ad allora venivano vendute alla cantina sociale. Qualche anno di sperimentazione contestualmente ai lavori di ampliamento e ammodernamento della cantina, e nel 2002 hanno visto la luce le prime etichette.

VIGNE - Nei pressi della cantina allignano passerina, pecorino e grenache, piantato nel 2015 e alla sua prima uscita. A borgo Miriam di Offida, su un terreno di proprietà esposto a sud, vegetano sangiovese, montepulciano e alcuni filari di petit verdot, mentre in contrada Pescolla c'è mezzo ettaro in affitto di montepulciano di oltre 20 anni di età. Le piccole parcelle sono ora condotte in regime biologico.

VINI - Le strutture robuste sono proprie di queste terre e questa bella realtà non se ne sottrae, anche se nei rossi sta migliorando la scorrevolezza e la definizione aromatica.

Ozio 2017 ● montepulciano; 3.000 bt; 14 € - Frutto e spezia sono ben integrati e vanno a braccetto anche al palato, dove c'è tensione e un tannino deciso e fitto, che dona vigore al finale, molto persistente.
Rosso Piceno Sup. Pajà 2018 ● 3.000 bt; 10 € - Risalta la succosità del frutto e del sorso, in cui si fondono lo spessore e il dinamismo, con il tannino molto presente ma ben integrato.
Red 2017 ● grenache; 300 bt; 67 € - Convince al gusto, dove risulta succoso e fresco, con la bella tessitura tannica che asciuga ma non contrae troppo la beva. Manca un po' di ampiezza aromatica.
Chiaroro 2016 ○ pecorino, trebbiano; 700 bt; 13 € - Stile ossidativo, schietto, fruttato, sapido.

ha 3 - **bt** 25.000
Fertilizzanti sovescio
Fitofarmaci rame e zolfo
Diserbo lavorazione meccanica/manuale
Lieviti fermentazione spontanea
Uve 100% di proprietà
Certificazione biologico certificato

CASTORANO (AP)

CLARA MARCELLI

SCONTO -10%

Contrada Pescolla - tel. 392 4367714
www.claramarcelli.it - info@claramarcelli.it

VITA - Sulle colline che hanno ispirato l'opera del pittore e disegnatore Tullio Pericoli, in contrada Pescolla, troviamo il podere della famiglia Colletta. Emanuele e Daniele alla fine degli anni Novanta hanno raccolto il testimone dei genitori, e oggi con sacrificio e continua ricerca gestiscono i 10 ettari vitati nel più rigoroso rispetto ambientale, utilizzando fonti di energia rinnovabile.

VIGNE - Fin dalle origini il fondo è condotto seguendo i criteri dell'agricoltura biologica. Il vigneto, situato intorno alla moderna cantina, insiste su suoli calcareo-argillosi misti a sabbia, con presenza di fossili marini. La fertilità del terreno è garantita praticando il sovescio e all'occorrenza con letame, mentre per limitare l'uso del rame è in corso l'uso di prodotti organici.

VINI - C'è sempre tanta materia nei vini di Emanuele e Daniele, ma le strutture importanti sono tenute a bada da sapidità sempre molto pronunciate.

K'Un 2017 ● montepulciano; 6.500 bt; 20 € - Note di frutta e di fieno aprono le danze per poi lasciare spazio a un palato solido e robusto, sostenuto da una buona acidità e da un tannino deciso.
Piceno Sup. 2017 ● 6.500 bt; 14 € - Mix coeso di frutta e spezie, in bocca entra fresco e trova quell'agilità dinamica che serve a contrastare la struttura robusta insieme al tannino ben risolto. Manca solo un pizzico d'ampiezza per chiudere il cerchio.
Ruggine 2014 ● grenache; 500 bt; 68 € - Si fa preferire nell'approccio gustativo fragrante e polposo, che mostra una bella dinamica. La componente olfattiva invece denota striature vegetali che offuscano un po' il frutto.
Offida Pecorino Irata 2018 ○ 6.500 bt; 13 € - Avvolgente, fruttato maturo, consistente.

ha 10 - **bt** 40.000
Fertilizzanti letame in pellet, letame, sovescio
Fitofarmaci organici, rame e zolfo
Diserbo lavorazione meccanica/manuale
Lieviti fermentazione spontanea
Uve 100% di proprietà
Certificazione biologico certificato

CASTORANO (AP)

VALTER MATTONI

SCONTO -10%

Via Pescolla, 1 - tel. 347 3319401
www.valtermattoni.it - info@valtermattoni.it

VITA - Per Valter produrre vino più che una scelta è stata una necessità, quella di fare i conti con un'atavica passione per il mosto fermentato. Il dinamismo e l'energia che ha profuso gli sono valse il soprannome di "la roccia" e, da 20 anni, lo portano a sostenere sia il lavoro da artigiano edile, sia quello da vignaiolo. La recente realizzazione della cantina e l'incremento dei vigneti testimoniano quanto creda in questo progetto.

VIGNE - Le piccole parcelle che vanno a comporre i quasi 3 ettari che Valter ha avuto in dote dalla famiglia, con vigne che hanno superato il mezzo secolo di età, sono tutte situate nei pressi della cantina, in contrada Pescolla. Mezzo ettaro di pecorino esposto a nord, appena messo a dimora, andrà ad ampliare la gamma delle uve bianche, che vanta solo un trebbiano, ormai insolito per queste zone.

VINI - I vini di Valter non sono per amanti del bere esile e profumato: nelle sue bottiglie regnano la struttura, lo spessore e gli aromi decisi.

TOP **Arshura 2017** VINO SLOW ● 4.500 bt; 24 € - Ancora una versione spigliata e intrigante per la definizione aromatica, con frutta scura e lievi strascichi vegetali, e per la struttura robusta ma docile nello sviluppo, impreziosita da una massa tannica finissima.
Trebbien 2018 ○ trebbiano; 2.000 bt; 20 € - L'ossigenazione amplifica il frutto e le nuance speziate, che trovano nel sorso succoso e voluminoso la base per risaltare. L'alcol si fa sentire ma non comprime la beva, grazie a una bella scodata sapida.
Marche Rosso 2016 ● grenache; 350 bt; 68 € - La bella e fine complessità aromatica di piccoli frutti rossi del vitigno sfocia nell'impianto gustativo morbido e succoso, in cui risalta il tannino fitto che tiene a bada l'alcol.
Cose Cose 2019 ● sangiovese; 2.000 bt; 13 € - Denso, frutto maturo, severo.

ha 8,5 - **bt** 8.500
Fertilizzanti letame
Fitofarmaci rame e zolfo
Diserbo lavorazione meccanica/manuale
Lieviti fermentazione spontanea
Uve 100% di proprietà
Certificazione nessuna certificazione

CIVITANOVA MARCHE (MC)

BOCCADIGABBIA

Fontespina - Contrada Castelletta, 56 - tel. 0733 70728
www.boccadigabbia.com - info@boccadigabbia.com

VITA - Tracciare il percorso di quest'azienda dagli anni Settanta, quando venne fondata dal papà di Elvidio Alessandri, fino a oggi, significa ripercorrere un tratto importante dell'enologia marchigiana: la produzione di sfuso, le prime bottiglie per migliorare la redditività, la passione e l'incremento delle etichette, la fama per l'Akronte divenuto un cult negli anni Novanta. Oggi ci sono nuovi stimoli con Emiliano Falsini in cabina di regia. L'impronta di Elvidio però è sempre la stessa.

VIGNE - Se le vigne di contrada Fontespina, a pochi chilometri dal mare, sono la dote internazionale che rievoca la presenza di queste uve all'epoca in cui il possedimento apparteneva all'amministrazione bonapartesca, nella Tenuta La Floriana a Macerata regna il vitigno autoctono. L'acquisizione nel 2019 della Certificazione di Produzione Integrata attesta che la gestione è attenta a garantire un basso impatto delle lavorazioni.

VINI - Grande struttura nei rossi, freschezza e viva aromaticità nei bianchi: è questo il profilo della produzione di Elvidio.

Tenuta la Floriana 2015 ● montepulciano; 2.600 bt; 31 € - L'approccio vegetale all'olfatto non deve distogliere l'attenzione dalla densità fruttata e dal palato morbido e avvolgente, in cui risalta una massa tannica robusta.

Colli Maceratesi Ribona Le Grane 2018 ○ 6.600 bt; 13 € - A un bel tessuto aromatico molto fresco, con striature vegetali, si contrappone il palato, morbido e succoso, in cui risalta una cifra alcolica lievemente sopra le righe.

Akronte 2015 ● cabernet sauvignon; 3.300 bt; 68 - L'impatto speziato dato dall'affinamento in legno è ancora evidente, e offusca la pur ricca trama fruttata. Il palato è potente, e il finale mostra un tannino energico e asciugante.

Roseo 2019 ● pinot nero; 6.000 bt; 9 € - Fresco, fruttato, sottile.

ha 22 - **bt** 100.000
Fertilizzanti letame in pellet, organo-minerali, sovescio
Fitofarmaci chimici di sintesi, organici, rame e zolfo
Diserbo lavorazione meccanica/manuale
Lieviti fermentazione spontanea, lieviti selezionati industriali, selezione di lieviti indigeni
Uve 100% di proprietà
Certificazione nessuna certificazione

CIVITANOVA MARCHE (MC)

FONTEZOPPA

Contrada San Domenico, 38 - tel. 0733 790504
www.cantinefontezoppa.com - info@cantinefontezoppa.com

VITA - La grinta, la passione e l'intraprendenza che il direttore dell'azienda Mosè Ambrosi sta profondendo nella promozione per la crescita di questo progetto è esemplare. La visibilità e l'appeal commerciale sono la leva con cui sostenere l'ampiezza della gamma, la rotazione delle etichette e la crescente voglia di puntare sugli autoctoni.

VIGNE - Non ci sono solo la comunicazione e il marketing nel vocabolario di Fontezoppa, ma anche la concretezza e la sostenibilità agronomica. I diversi terroir, da quello montano di Serrapetrona a quello marino delle colline di Civitanova, da alcuni anni sono gestiti in biologico, con le uve locali, vernaccia nera e ribona, veri e propri protagonisti della produzione.

VINI - Non ci sono limiti: si passa dalle bolle ai bianchi fruttati, ai rossi robusti e corposi. A ogni uva la propria interpretazione, per rispondere alle esigenze del mercato in ogni fascia di prezzo e tipologia.

Serrapetrona Morò 2017 ● 1.600 bt; 65 € - Nonostante la densità della struttura, l'olfatto e il sorso sono reattivi e non stancanti, con il tannino vivo che dà dinamismo e allunga il tratto gustativo.

Serrapetrona Pepato 2017 ● 40.000 bt; 15 € - Versione meno robusta e dalla fisionomia più docile del fratello, scorre con efficacia anche se c'è una striatura vegetale, anche del tannino, che ne riduce la finezza.

Colli Maceratesi Ribona Altabella 2019 ○ 8.000 bt; 19 € - Da quest'anno un 10% della massa affina in anfora. È una versione meno ampia del solito: il naso impiega del tempo ad aprirsi su toni floreali, fruttati e di anice, mentre il sorso, sempre schietto e varietale, denota morbidezza e un filo di calore alcolico che frena un po' la spinta.

Colli Maceratesi M. Cl. Ribona 2016 ○ 4.200 bt; 27 € - Vibrante, floreale, incisivo.

ha 40 - **bt** 300.000
Fertilizzanti letame in pellet
Fitofarmaci rame e zolfo
Diserbo lavorazione meccanica/manuale
Lieviti fermentazione spontanea, selezionati industriali
Uve 100% di proprietà
Certificazione biologico certificato

COLLI DEL TRONTO (AP)

VIGNETI VALLORANI

SCONTO -10%

Contrada La Rocca, 28 - tel. 347 7305485
www.vignetivallorani.com - info@vignetivallorani.com

VITA - In casa Vallorani il vino si fa dai primi anni del Novecento, ma ora l'azienda ha una struttura professionale migliore, grazie all'impegno dei fratelli Rocco e Stefano Vallorani, giovani ma con consolidate esperienze enologiche e agronomiche. Idee chiare sin da subito, vini solo territoriali, lieviti indigeni, lunghi affinamenti: sono concetti vincenti, e i risultati lo dimostrano.

VIGNE - «Non si fa nulla se non ciò che si è sempre fatto, ma con la cura tecnica e i saperi che gli studi ci hanno fornito», racconta Rocco. È ciò che avviene anche in vigna, dove la gestione, oltre che essere biologica dal 2005, punta a interventi poco invasivi. Si concima con letame e sovescio, lasciando che le vecchie piante si trovino a proprio agio nel produrre ciò che l'età e la stagione permettono, senza forzature.

VINI - Frutto e sapore sono ben evidenti nei vini dei Vallorani, che tendono sempre a crescere in bottiglia, dove assumono caratteri di finezza ed equilibrio intriganti.

TOP **Piceno Sup. Polisia 2016** VINO SLOW ● 7.000 bt; 13 € - L'assenza di legno in affinamento, non lo priva della complessità, anzi risaltano una piacevole nota floreale e il frutto, fusi con il sorso agile, reso più pimpante dal tannino vivo e incisivo. Una versione fine e gustosa, dimostra che non servono eccessi per risaltare.

Piceno Sup. Konè 2016 ● 1.000 bt; 20 € - Il sorso ha una bella freschezza acida che lo rende tonico e fragrante. La finezza tannica dona profondità e amplifica il richiamo aromatico di piccoli frutti rossi e spezie. Un rosso elegante e robusto.

Lefric 2018 O trebbiano, malvasia; 2.000 bt; 15 € - Macerato sulle bucce e affinato per metà in anfora, offre una bella dolcezza aromatica e dinamismo al gusto, dove spicca il finale molto sapido.

Falerio Avora 2019 O 7.000 bt; 12 € - Fresco, fruttato, salino.

ha 7 - **bt** 27.000
Fertilizzanti letame, organo-minerali, sovescio
Fitofarmaci rame e zolfo
Diserbo lavorazione meccanica/manuale
Lieviti fermentazione spontanea
Uve 100% di proprietà
Certificazione biologico certificato

CORRIDONIA (MC)

CANTINA SANT'ISIDORO

Frazione Colbuccar - Contrada Colle Sant'Isidoro, 50 - tel. 0733 770765
www.cantinasantisidoro.it - info@cantinasantisidoro.it

VITA - La settecentesca Villa Sant'Isidoro sorge sull'omonimo colle orientato verso il mare Adriatico, a circa 300 metri di quota. Quando la famiglia Foresi l'acquistò, a metà degli anni Novanta, necessitava di importanti interventi di restauro. Francesco, di professione ingegnere, ha lavorato subito al progetto di sistemazione della residenza, realizzando il parco vitato con l'obiettivo di farne il giardino della tenuta. Nel 2012 ha completato l'opera edificando la cantina.

VIGNE - I vigneti sono stati piantati tra il 2005 e il 2009 privilegiando i vitigni autoctoni, tra i quali il maceratino, su cui l'azienda punta in maniera decisa, e il pecorino. Solo un piccolo spazio di mezzo ettaro a nord è stato riservato al pinot nero. Nell'intento di ridurre l'impatto ambientale è in corso l'utilizzo di estratti naturali atti a rafforzare l'autodifesa delle viti.

VINI - Sobrietà strutturale e limpidezza aromatica sono i caratteri che identificano i vini, vocati più al pasto quotidiano che a effimere ambizioni stilistiche.

Colli Maceratesi Ribona Paucis 2018 O 3.300 bt; 10 € - Anticipa la futura tipologia Superiore mostrando grinta aromatica, con un apporto dei legni misurato. La compostezza gustativa e il bel sapore in chiusura si uniscono alla scodata sapida. La migliore versione finora prodotta.

Colli Maceratesi Ribona Pausula 2019 O 5.300 bt; 8 € - Versione d'annata vocata alla breva fresca, disimpegnata ma non banale, con nitore aromatico e vivacità che invogliano alla beva. L'agilità del sorso è un pregio.

Colli Maceratesi M. Cl. Ribona 2016 1.300 bt; 15 € - L'olfatto è delicato con ricordi mielati e di fiori, la bocca di discreta avvolgenza, con una bolla un po' pungente.

Pinotto 2018 O pinot nero; 1.400 bt; 10 € - Fresco, fruttato, delicato.

ha 14 - **bt** 20.000
Fertilizzanti organo-minerali, sovescio
Fitofarmaci chimici di sintesi, organici, rame e zolfo
Diserbo lavorazione meccanica/manuale
Lieviti fermentazione spontanea, selezionati industriali
Uve 100% di proprietà
Certificazione nessuna certificazione

COSSIGNANO (AP)

FIORANO €

Contrada Fiorano, 19 - tel. 0735 98247
www.agrifiorano.it - info@agrifiorano.it

VITA - Una spiccata e consapevole sensibilità ambientale hanno condotto Paolo Beretta e sua moglie Paola Massi a costruire in 20 anni un piccolo eden che ruota attorno al progetto vinicolo. Oggi non c'è più bisogno di crescere di dimensioni, e pertanto il lavoro si concentra sulla bellezza e sui dettagli, come il nuovo magazzino per i vini imbottigliati.

VIGNE - I vigneti si trovano all'interno dello scenografico teatro naturale di contrada Fiorano, di speciale bellezza perché coltivato in biologico anche dai proprietari confinanti. Una nutrita pattuglia di 1.200 ulivi sorveglia le vigne, che hanno al centro un prezioso laghetto costruito di recente da Paolo, strategico per i trattamenti e l'irrigazione di soccorso. Fa eccezione l'affitto di mezzo ettaro di syrah nella contrada Gallo.

VINI - Le fermentazioni spontanee e l'uso di differenti contenitori di affinamento sono i mezzi per ottenere vini di chiara impronta strutturale, in cui risalta sempre il frutto.

TOP **I Paoli 2019** VINO QUOTIDIANO ● sangiovese; 10.000 bt; 8 € - La fragranza e la croccantezza aromatica, fuse al sorso fresco e succoso, sono i punti di forza che garantiscono una beva gustosa e piacevolmente complessa.

Gallo Otto 2017 ● montepulciano, syrah; 1.500 bt; 50 € - La materia fruttata è nitida e gustosa, il palato scorrevole e morbido, il finale caldo ma ben bilanciato dalla sapidità e dal tannino. Risultato: una beva articolata e intrigante.

Offida Pecorino Donna Orgilla 2019 ○ 14.000 bt; 12 € - Subito introverso, si allarga su aromi di frutta acerba per poi distendersi con freschezza e tonicità, anche se manca un po' di allungo.

Piceno Sup. Terre di Giobbe 2017 ● 10.000 bt; 12 € - Solido, fruttato, avvolgente.

Ser Balduzio 2015 ● montepulciano; 3.500 bt; 22 € - Fitto, speziato, consistente.

ha 8.5 - **bt** 45.000
Fertilizzanti sovescio
Fitofarmaci rame e zolfo
Diserbo lavorazione meccanica/manuale
Lieviti fermentazione spontanea
Uve 100% di proprietà
Certificazione biologico certificato

CUPRA MARITTIMA (AP)

OASI DEGLI ANGELI

Contrada Sant'Egidio, 50 - tel. 0735 778569
www.kurni.it - info@kurni.it

VITA - Pensare a un progetto coerente e sostenibile a lungo termine non è sempre un'idea facile da realizzare. Marco Casolanetti ed Eleonora Rossi lo hanno fatto nel 1997. A quel tempo osare nella concentrazione della struttura e sul frutto denso era cosa facile, ma mantenere vivi questi principi per oltre 20 anni, nonostante l'evolversi degli stili, è ciò che rende davvero coerente il loro percorso.

VIGNE - Sostenibile è l'aggettivo appropriato al tipo di lavoro impostato in vigna. In tempi in cui i metodi convenzionali imperavano, Marco ed Eleonora hanno scelto una viticoltura naturale, fatta semplicemente di prodotti organici, rinunciando anche a zolfo e rame. Contemporaneamente hanno deciso di realizzare impianti fitti e concentrati senza eguali. Far produrre poco a tante piante e perseguire questa idea negli anni è stata un'altra conferma di coerenza.

VINI - I vini di Marco possono piacere o non piacere, sta di fatto che hanno personalità, sono accattivanti e denotano uno stile personale riconoscibile.

TOP **Kurni 2018** ● montepulciano; 7.000 bt; n.d. € - La dolcezza che si avverte in ingresso, ancora meno evidente che in passato, è parte di una massa gustativa invidiabile per avvolgenza, densità, tensione e dinamismo. Colpisce il tannino molto fitto e per nulla serrante, che ravviva il sorso e lo rende equilibrato.

Kupra 2017 ● grenache; 500 bt; n.d. € - La finezza dell'olfatto è semplicemente disarmante: frutta, folate agrumate e vegetali sono addolcite dai legni in modo coeso e perfetto. La tessitura gustativa è agile e sfaccettata. Unico neo, al momento dell'assaggio, la massa tannica, che dona profondità ma chiude un po' troppo e limita la progressione. Ne riparleremo tra qualche tempo.

ha 16 - **bt** 7.500
Fertilizzanti nessun concime
Fitofarmaci organici
Diserbo lavorazione meccanica/manuale
Lieviti fermentazione spontanea
Uve 100% di proprietà
Certificazione nessuna certificazione

FERMO

LE VIGNE DI FRANCA

SCONTO -10%

Contrada Santa Petronilla, 69 - tel. 335 6512938
www.levignedifranca.it - info@levignedifranca.it

VITA - Il completamento della nuova cantina è la ciliegina sulla torta di Claudio Paulich, che dopo molti anni di attività manageriale in giro per il mondo nel 2000 ha scelto di crearsi il "buen retiro" in una piccola valle riservata alle porte di Fermo. Qui è nato il vigneto, e qui ha deciso di diventare un vignaiolo. Nel 2010 hanno visto la luce le prime bottiglie.

VIGNE - Il piccolo orto vitato, come lo amiamo definire, è gestito manualmente e con interventi rapidi, favoriti dalla ridotta superficie. Nella gestione agronomica Claudio è molto coscienzioso, pur ricorrendo all'aiuto di qualche sistemico nelle annate peggiori; evita comunque il diserbo chimico e i concimi minerali: preferisce l'inerbimento e il letame per aumentare la fertilità del suolo.

VINI - C'è sempre una bella struttura nei rossi di Claudio, che non soffrono mai di opulenza e sovraestrazioni, semmai hanno sempre un pizzico di ruvidità tannica sopra le righe, dettata dalla gioventù al momento dell'uscita.

Crismon 2017 ● montepulciano; 2.000 bt; 15 € - 🛢 - Si apre lentamente, e ossigenandosi svela il profilo fruttato, speziato e con striature vegetali, che poggiano su di un sorso succoso e teso, con una materia tannica molto decisa e fitta.
Rubrum 2017 ● montepulciano, merlot; 10.000 bt; 10 € - 🛢 - L'olfatto è denso e ricco di frutta, il palato è morbido e levigato, anche se l'acidità garantisce scorrevolezza. Il tannino asciugava ancora un po' troppo al momento dell'assaggio: ha bisogno di affinarsi in bottiglia.
Lumes 2019 O pinot nero; 1.200 bt; 9 € - 🗍 - I vitigni che compongono il blend regalano aromi molto freschi, ma fin troppo delicati. Si fa preferire il palato, dotato di acidità vibrante e succo.

ha 7 - bt 20.000
Fertilizzanti letame in pellet
Fitofarmaci chimici di sintesi, rame e zolfo
Diserbo lavorazione meccanica/manuale
Lieviti selezionati industriali
Uve 100% di proprietà
Certificazione nessuna certificazione

MONTEFIORE DELL'ASO (AP)

GIACOMO CENTANNI

Via Aso, 159 - tel. 0734 938530
www.vinicentanni.it - info@vinicentanni.it

VITA - È dedicato al suo primogenito Cristian il nuovo progetto intrapreso dalla vendemmia 2019 da Giacomo Centenni, dinamico condottiero dell'azienda di famiglia: due nuovi vini, un bianco e un rosso che fermentano spontaneamente e senza solfiti aggiunti. «È nata una scommessa», afferma Giacomo, che proietta l'azienda oltre il biologico, il cui regime certifica le uve già dal 2010.

VIGNE - Mario, il padre di Giacomo, è il custode dei 30 ettari di proprietà situati nei pressi della cantina, sui due versanti della ventosa vallata del fiume Aso. Il nuovo Bianco no solfiti nasce dalla vigna di pecorino di 20 anni, la più vecchia in dotazione, con le uve vinificate con un saldo di pinot grigio per dare supporto aromatico. Conoscendo la caparbietà di Giacomo, sarà un bel percorso.

VINI - Uva biologica, tecnica enologica e saperi: è il mix giusto per portare in ogni bottiglia aromi vivaci e intriganti, e profili gustativi sempre pimpanti.

Primodelia 2017 ● 2.000 bt; 34 € - 🗍 🛢 - Blend di uve non dichiarate, mostra tanta frutta al naso, e un sorso accomodante e avvolgente, dalla tessitura gustativa composta e appagante, con un profilo tannico finissimo.
Offida Pecorino 2019 O 20.000 bt; 11 € - 🗍 - C'è tanta verve nel palato succoso, tonico e dinamico. All'olfatto spiccano aromi cangianti e ben definiti di agrumi, fiori bianchi ed erbe aromatiche.
Purorosso 2019 ● sangiovese, merlot, cabernet sauvignon; 3.000 bt; 15 € - 🗍 🛢 - Senza solfiti aggiunti, come il Purobianco, ha un olfatto denso e intrigante di piccoli frutti rossi, integro e non ossidato. Il sorso è pennellato, morbido e avvolgente con il finale che non stringe.
Purobianco 2019 O pecorino, pinot grigio; 3.000 bt; 17 € 🗍 - Schietto, fruttato, gastronomico.
Offida Passerina 2019 O 20.000 bt; 9 € - 🗍 - Fresco, intenso, leggiadro.

ha 40 - bt 150.000
Fertilizzanti letame
Fitofarmaci rame e zolfo
Diserbo lavorazione meccanica/manuale
Lieviti fermentazione spontanea, selezionati industriali
Uve acquisto 30%
Certificazione biologico certificato

MONTEGIORGIO (FM)

OFFICINA DEL SOLE

Via Montemilone, 1 - tel. 0734277334
www.officinadelsole.it - info@officinadelsole.it

VITA - Questo giovane e ambizioso progetto della famiglia Beleggia non ha ancora compiuto 10 anni e sta già prendendo una fisionomia compiuta, diviso com'è tra la cantina, il frantoio, il ristorante e il resort. L'artefice sul campo è Davide Di Chiara, giovane enologo locale che ormai opera in totale autonomia agronomica e tecnica. La ben attrezzata cantina comprende anche autoclavi per la spumantizzazione.

VIGNE - Una spettacolare corona naturale composta da 2.500 olivi di sette cultivar diverse (da cui si produce un olio buonissimo con il sistema denocciolato) circonda i 15 ettari di vigneto. Una cavea ben ventilata, da cui si possono ammirare sia la catena dei Sibillini sia il mare Adriatico. Si coltivano vitigni autoctoni (tra cui 2,5 ettari di pecorino) e internazionali.

VINI - Esaltazione del frutto e struttura bilanciata sono le parole d'ordine su cui Davide non transige, e anche l'uso dei legni è legato all'osservazione di tali principi.

TOP **Falerio Pecorino Franco 2019** O 13.500 bt; 13 € - Definizione aromatica esemplare per eleganza e nitore, palato in perfetto equilibrio, capace di bilanciare polpa e struttura con acidità ficcante e sapidità, assicurando dinamismo e allungo. Un capolavoro!

Falerio Pecorino Franco Franco 2018 O 2.700 bt; 25 € - Le note speziate soffuse complessano il frutto fresco e si distendono ancor meglio nella fase gustativa, in cui il palato, pennellato e tonico, è protagonista di una conduzione succosa e avvolgente.

Rosso Frutto 2019 ● syrah, lacrima; 8.000 bt; 10 € - -Nomen omen: un vino che denota eleganza, facilità di beva e freschezza, a cui il tannino assicura complessità.

Leiè 2019 O sauvignon, passerina; 6.700 bt; 10 € - Fresco, fruttato, varietale.

ha 14 - **bt** 75.000
Fertilizzanti letame, minerali, organo-minerali, sovescio
Fitofarmaci chimici di sintesi, rame e zolfo
Diserbo lavorazione meccanica/manuale
Lieviti selezionati industriali
Uve 100% di proprietà
Certificazione nessuna certificazione

MONTEGRANARO (FM)

TENUTE RIO MAGGIO

SCONTO -10%

Contrada Vallone, 41 - tel. 0734 889587
www.riomaggiovini.it - info@riomaggio.it

VITA - Simone Santucci gestisce questa realtà da molti anni, dopo aver preso le redini dal papà Graziano, che l'aveva fondata. Da sempre il basso profilo contraddistingue lo stile di casa, senza mai puntare su vini scenici e aromaticità ammalianti, bensì cercando la concretezza varietale dei vitigni locali. Ne è esempio la costanza nel produrre il Falerio Telusiano in modo tradizionale, senza cedere all'apporto delle varietà internazionali.

VIGNE - Il vigneto di fronte alla cantina, giunto a circa 45 anni di età, dimostra come l'attività agronomica svolta sinora sia stata efficace, e permetta a questi filari di regalare ancora trebbiano e verdicchio di ottima qualità. C'è anche un vigneto di sangiovese, montepulciano e pecorino del 1984. I filari sono nutriti con sovescio, e il diserbo è stato ormai abbandonato. La figlia Alessia ed Ettore Janni si occupano della parte agronomica ed enologica.

VINI - Da qualche anno i rossi godono di maggiore rilassatezza aromatica e minore concentrazione, e ciò a favore della beva. I bianchi hanno profili molto fruttati e non lesinano sostanza.

Rosso Piceno Granarijs 2016 ● 4.000 bt; 20 € - - Un bel frutto polposo e maturo si integra con il palato ricco e scorrevole, reso vigoroso dall'apporto tannico.

Falerio Pecorino Colle Monteverde 2019 O 6.000 bt; 12 € - - Un sorso fresco e scattante, la cui componente morbida è equilibrata dalla viva sapidità. Fiori di campo e frutta gialla si fondono con efficacia.

Telusiano 2019 O trebbiano, pecorino, verdicchio; 9.000 bt; 12 € - - La sostanza è declinata con reattività nonostante il vigore alcolico. L'olfatto è intenso, con note di fieno e frutta bianca.

Rosso Piceno Vallone 2017 ● 13.000 bt; 12 € - - Solido, fruttato matura, consistente.

ha 10 - **bt** 80.000
Fertilizzanti nessun concime, sovescio
Fitofarmaci chimici di sintesi, rame e zolfo
Diserbo lavorazione meccanica/manuale
Lieviti fermentazione spontanea, selezionati industriali
Uve acquisto 10%
Certificazione nessuna certificazione

MORESCO (FM)

CASTRUM MORISCI

Via Molino, 18 - tel. 340 0820708
www.castrummorisci.it - cantina@castrummorisci.it

VITA - David Pettinari e Luca Renzi sono gli artefici di questo progetto vinicolo avviato nel 2016. Accomunati da un legame indiretto di parentela, hanno deciso di dare un senso alla comune passione per il vino, sfruttando come base di partenza l'esperienza produttiva della famiglia e di Agostino, papà di David. Due giovani appassionati e perfezionisti, motivati, con idee chiare e la volontà di distinguere la loro produzione.

VIGNE - Moresco è un luogo un po' periferico rispetto al comparto vinicolo Piceno, tuttavia ci si trova in un versante molto aperto e soleggiato della valle dell'Aso, in cui la costante ventilazione aiuta la gestione sanitaria. Sono poco più di 6 gli ettari vitati, con diverse varietà che allignano su suoli fertili, che nella parte alta sono ricchi di ciottoli e man mano che le pendenze aumentano diventano più compatti e argillosi. Dal 2019 l'azienda è biologica.

VINI - Bisogna dar merito a questi ragazzi di aver rischiato con la sfida delle vinificazioni in anfora per dare originalità ai loro vini: i risultati iniziano a farsi sentire.

Collefrenato 2018 ● merlot, cabernet sauvignon, montepulciano; 1.150 bt; 20 € - Si apre lentamente unendo note mentolate e il frutto, a cui seguono un sorso morbido e avvolgente; dalla buona dinamica nonostante il tannino un po' aspro.

Padreterno 2019 ○ moscato, vermentino, malvasia; 2.000 bt; 17 € - Blend di viva aromaticità ma non stancante, che gode di un sorso pieno e di una bella tensione, ed è sapido e asciutto. La piacevole nota amara smorza il finale di frutta dolce.

Testamozza 2019 ● sangiovese; 2.000 bt; 17 € - Nel sorso troviamo coesione tra la struttura modesta e la scorrevolezza, con piacevoli ritorni aromatici di frutto e fieno.

326 2019 ● sangiovese; 1.800 bt; 10 € - Agile, floreale, avvolgente.

ha 6.2 - **bt** 21.000
Fertilizzanti letame, sovescio
Fitofarmaci rame e zolfo
Diserbo lavorazione meccanica/manuale
Lieviti fermentazione spontanea, lieviti selezionati industriali
Uve 100% di proprietà
Certificazione biologico certificato

OFFIDA (AP)

AURORA

Località Santa Maria in Carro - Via Ciafone, 98
tel. 0736 810007 - www.viniaurora.it - enrico@viniaurora.it

VITA - Quarant'anni fa l'idea di cinque amici e poi soci fu rivoluzionaria: mutualità, approccio conviviale, e il biologico, allora poco comune e guardato con diffidenza. Concetti che non sono cambiati nel tempo. La nascita di Aurora fu un segnale importante per l'intero comparto. La viticoltura nel Piceno era agli albori, e pochissime erano le aziende che già imbottigliavano: questa realtà portò scompiglio nel modo di pensare la viticoltura dell'epoca.

VIGNE - Calpestare le zolle della contrada Ciafone, oltre a offrire una vista mozzafiato sul comparto Piceno, regala sensazioni di libertà e serenità. L'approccio agronomico spontaneo e ogni attività condivisa pensando al benessere delle piante sono linfa ed energia, che permettono di capire che si può fare viticoltura senza forzare modi e tempi, facendo sentire le vigne libere come lo spirito di chi le lavora.

VINI - Spontaneità e artigianalità sono le basi di vini di chiara espressività territoriale, che hanno materie ed energia da vendere.

TOP **Rosso Piceno Sup. 2018** VINO SLOW ● 6.700 bt; 12 € - Un po' sornione, ossigenandosi regala ampiezza fruttata, innestata su di un palato concentrato ma succoso e scorrevole, impreziosito dalla trama tannica viva. Un vino efficace e gastronomico, che migliora sempre in bottiglia.

Offida Pecorino Fiobbo 2018 ○ 12.000 bt; 12 € - La ricchezza fruttata qui risulta rinfrescata da cenni vegetali, e trova basi solide al palato, dove volume e tensione si equivalgono e approfittano di una lunga scia salina.

Rosso Piceno 2019 ● .000 bt; 8 € - Un mix di fragranza e dolcezza fruttata fuse in un sorso composto e piacevolmente incisivo.

Falerio 2019 ○ 13.300 bt; 8 € - Fresco, fruttato maturo, essenziale.

ha 10.5 - **bt** 50.000
Fertilizzanti letame in pellet, preparati biodinamici, sovescio
Fitofarmaci rame e zolfo
Diserbo lavorazione meccanica/manuale
Lieviti fermentazione spontanea
Uve acquisto 10%
Certificazione biologico certificato

OFFIDA (AP)

LA VALLE DEL SOLE

SCONTO **-10%**

Contrada San Lazzaro, 46 - tel. 0736 889658
www.lavalledelsoleoffida.com - valledelsoleoffida@gmail.com

VITA - Mitezza e riservatezza sono le basi che hanno permesso a Silvano Di Nicolò e alle figlie Valeria e Alessia di fare passi da gigante puntando su vini di chiara espressività locale e varietale. Questa realtà offidana dimostra come una piccola cantina familiare, in origine vocata allo sfuso, possa crescere grazie alla passione e al lavoro meticoloso, badando alla concretezza.

VIGNE - Solcare i filari della frazione San Lazzaro significa calpestare una terra molto viva, ricca di erbe e biodiversità utili a garantire un sovescio naturale, che dà equilibrio al terreno. Nei tre poderi le diverse esposizioni che guardano il mare e il monte dell'Ascensione, insieme ai suoli di argille e sabbia, garantiscono uve con caratteri differenti. Il biologico in questo contesto è la strada naturale.

VINI - In questi vini c'è polpa, anima e struttura declinate con sobrietà: non spiccano mai per fascino bensì per sostanza varietale.

Rosso Piceno Sup. 2017 ● 9.000 bt; 12 € - La fragranza e l'acidità succosa del tessuto gustativo sono la chiave per assicurare beva e scorrevolezza a una massa di bel volume, in cui il tannino fitto garantisce profondità e allungo.
Offida Pecorino 2019 ○ 10.000 bt; 12 € - Gli aromi molto dolci di frutta matura, a tratti tropicale, trovano un impianto gustativo opposto, freschissimo, agile e innervato di viva salinità.
Passerina 2019 ○ 13.000 bt; 10 € - L'olfatto è semplice e ben declinato sui toni fruttati, e anticipa un sorso giocato su scorrevolezza e freschezza, che sa garantire una piacevole beva grazie al finale molto saporito e incisivo.

ha 11 - **bt** 35.000
Fertilizzanti humus
Fitofarmaci rame e zolfo
Diserbo lavorazione meccanica/manuale
Lieviti selezionati industriali
Uve 100% di proprietà
Certificazione biologico certificato

OFFIDA (AP)

PODERI SAN LAZZARO

Contrada San Lazzaro, 88 - tel. 335 8252640
www.poderisanlazzaro.it - info@poderisanlazzaro.it

VITA - Questa azienda familiare conserva un approccio artigianale, per vini che sono espressione del territorio e lontani dal gusto omologato. Sono i canoni della filosofia produttiva di Paolo Capriotti e di sua moglie Elisetta Carosi, che dal 2008 gestiscono questa bella realtà picena. Paolo è l'anima dell'azienda: ha fatto passi da gigante con la sagacia e l'accortezza contadina trasmesse dal padre Lorenzo, ancora attivo in vigna.

VIGNE - La contrada San Lazzaro e i crinali limitrofi sono l'habitat dei 9 ettari vitati a disposizione, e seppur ci troviamo a due passi dal Ciafone, catino caldo e assolato dell'offidano, in queste zone si incanala una ventilazione costante grazie alla direttrice monti Sibillini-mare, che riesce a mitigare il calore e a giovare alla crescita delle viti. In questo contesto il biologico è sicuramente più facile da attuare.

VINI - C'è molto territorio Piceno nei vini di Paolo, che ne incarnano l'anima più robusta e fruttata, ma nonostante ciò garantiscono bevute di piacere, soprattutto a tavola.

Offida Pecorino Pistillo 2019 1.000 bt; 12 € - Il sorso disteso e tonico allevia la morbidezza e il calore del centro bocca, ravvivato anche dalla sapidità, che ne allunga il tratto.
Marche Rosso 2017 ● grenache; 500 bt; 50 € - Il vitigno si esprime con tanta frutta matura fusa a un palato morbido, con il tannino fitto che serra il finale. Con il tempo potrà integrarsi al meglio.
Offida Rosso Grifola 2015 ● 5.000 bt; 21 € - L'olfatto denso ricorda la frutta polposa, e il palato è carnoso e potente, dalla massa tannica viva e molto uniforme che compensa il finale.
Polesio 2018 ● sangiovese; 15.000 bt; 10 € - Setoso, fruttato, avvolgente.
Piceno Sup. Podere 72 2017 ● 20.000 bt; 14 € - Fitto, speziato, varietale.

ha 9 - **bt** 60.000
Fertilizzanti letame in pellet
Fitofarmaci rame e zolfo
Diserbo lavorazione meccanica/manuale
Lieviti fermentazione spontanea, selezionati industriali
Uve 100% di proprietà
Certificazione biologico certificato

OFFIDA (AP)

SAN FILIPPO €

SCONTO -10%

Contrada Ciafone, 17/a - tel. 0736 889828
www.vinisanfilippo.it - info@vinisanfilippo.it

VITA - La produzione di bottiglie nel corso degli anni è sicuramente cresciuta in numero e qualità, ma la forza di questa azienda è equamente distribuita con la produzione di sfuso e la vendita di bag in box. Un'attività importante, che viene perseguita con la stessa dedizione dell'imbottigliato, al fine di permettere a ogni fascia sociale di apprezzare la qualità del lavoro svolto.

VIGNE - Gli ettari vitati sono pressoché equamente divisi tra proprietà e affitto. Superfici importanti da curare, peraltro da molti anni in biologico, con una potenza operativa vigorosa, gestita da Lino Stracci. La tempestività, ci raccontava il fratello Fabrizio, è fondamentale, ed è facilitata dall'autonomia di ogni attività. I sovesci sono praticati con cura a seconda della spinta delle piante, come anche l'utilizzo di rame, soprattutto nelle prime fasi vegetative.

VINI - I vini raccontano il sole del Ciafone e il frutto delle uve locali, e sono interpretati puntando alla beva e all'economicità, così da permetterne un'ampia fruibilità.

TOP **Offida Rosso Lupo del Ciafone 2016** VINO SLOW ● 4.000 bt; 15 € - Le iniziali increspature non devono indurre in errore. Lo slancio olfattivo è molto fruttato e la fierezza del sorso, fresco, integro e dal tannino vivace ma composto, si fa apprezzare. Un montepulciano maschio ma ben articolato.

VìMunn 2019 ● montepulciano; 2.000 bt; 11 € - Senza solfiti aggiunti, di anno in anno spicca per l'integrità dei profumi e l'equilibrio della struttura, che offre polpa, conduzione lineare e un bel tannino giovane che rinfresca il finale.

Offida Pecorino 2019 O 18.000 bt; 11 € - C'è sempre una viva aromaticità in questo vino, a cui l'annata ha impresso acidità e profonda sapidità.

Offida Passerina 2019 O 20.000 bt; 9 € - Fresco, fruttato, essenziale.

ha 58 - **bt** 100.000
Fertilizzanti letame, sovescio
Fitofarmaci rame e zolfo
Diserbo lavorazione meccanica/manuale
Lieviti selezionati industriali, selezione di lieviti indigeni
Uve 100% di proprietà
Certificazione biologico certificato

PEDASO (FM)

TERRA FAGETO

SCONTO -10%

Via Valdaso, 52 - tel. 0734 931784
www.terrafageto.it - info@terrafageto.it

VITA - Michele e Angelo Di Ruscio ogni anno che passa prendono sempre più possesso dell'azienda avviata dal padre Claudio, il quale fa sentire ancora la sua presenza ma ormai lascia loro l'onere delle scelte. I risultati si iniziano a vedere nei vini più coraggiosi e consoni a un patrimonio vitato di eccellente livello. È stata inoltre ultimata una cantina a temperatura e umidità controllate, utile per l'affinamento delle bottiglie.

VIGNE - Dalla vigna di pecorino sul monte Serrone, vero e proprio cru a picco sul mare, esce la prima edizione di Salsedine (il 20% fermenta e matura in barrique usate e il resto in acciaio). Il patrimonio genetico viene dalla selezione massale dei cloni della vigna di oltre 50 anni, che il nonno piantò in contrada Elisena a Campofilone, sul versante sud del fiume Aso. Da 0,7 ettari di grenache di oltre 30 anni è attesa la prossima etichetta.

VINI - La sobrietà nei rossi e la verve aromatica nei bianchi identificano la produzione, con le nuove proposte su cui però sono necessarie limature.

Rosso Piceno Colle del Buffo 2019 ● 18.000 bt; 12 € - Freschissimo e baldanzoso per le note di frutta fresca, ha sorso composto e piglio tonico, con il tannino giovane, gustoso per la sua vivacità.

Rosso Piceno Rusus 2017 ● 7.000 bt; 19 € - Spicca la morbidezza gustativa, con l'alcol che infonde dolcezza e un tannino che riequilibra e porta tutto in ordine.

Offida Pecorino Fenésia 2019 O 35.000 bt; 15 € - Le note agrumate rinfrescano il tessuto fruttato dolce, che al palato trova un discreto dinamismo e un piacevole sapore salino in chiusura.

Offida Pecorino Salsedine 2018 O 1.980 bt; 24 € - Avvolgente, aromatico, sapido.

500 2017 O pecorino; 1.200 bt; 22 € - Potente, fruttato, avvolgente.

ha 35 - **bt** 160.000
Fertilizzanti letame, organo-minerali, sovescio
Fitofarmaci organici, rame e zolfo
Diserbo lavorazione meccanica/manuale
Lieviti selezionati industriali
Uve 100% di proprietà
Certificazione biologico certificato

RIPATRANSONE (AP)

LA CANTINA DEI COLLI RIPANI

Contrada Tosciano, 28 - tel. 0735 9505
www.colliripani.it - info@colliripani.it

VITA - Questa storica cooperativa picena è nata dalla volontà di molti contadini che vendevano alle cantine private e che di fronte a richieste sempre più pressanti hanno deciso di creare una propria struttura a cui conferire le uve: correva l'anno 1969. Risalgono, invece, al 1975 la costruzione della cantina e al 1977 le prime produzioni. Oggi più che mai è un faro del territorio: con merito ha saputo ampliare il raggio d'azione permettendo ai soci redditi non solo viticoli.

VIGNE - Dai 1.100 ettari vitati di una decina d'anni fa, si è scesi a circa 700, termometro degli espianti dovuti all'abbandono delle campagne. La cooperativa però ha saputo rilanciare favorendo l'attività dei giovani, promuovendo incentivi per facilitare la conversione biologica, assistendo i vignaioli nelle pratiche viticole e cercando di ridurre l'impatto sui suoli. Ciò ha permesso al territorio di non perdere gran parte del tessuto vitato e reddituale.

VINI - In ogni fascia di prezzo i vini mostrano rispondenza varietale e talvolta, laddove si riscontra la maggiore semplicità, trovano risalto la beva e la fragranza.

Offida Pecorino Mercantino 2019 ○ 30.000 bt; 10 € - Il lavoro in riduzione conferisce verticalità e pulizia aromatica, che però non trovano adeguato supporto al palato, dove c'è morbidezza ma anche carenza di dinamismo.
Offida Rosso Leo Ripano 2015 ● 10.000 bt; 15 € - Il naso ruota sul mix frutto-spezia dolce, il sorso è succoso, tonico e scorrevole, anche se il tannino e l'alcol oscurano un po' il finale.
Rosso Piceno Sup. Castellano 2017 ● 30.000 bt; 10 € - Il frutto sotto spirito in evidenza apre la strada a un palato ricco di sostanza, con il tannino un po' fasciante.
Il Vicolo 2019 ● sangiovese; 5.000 bt; 14 € - Agile, fruttato, delicato.

ha 700 - **bt** 1.500.000
Fertilizzanti letame, organo-minerali, sovescio
Fitofarmaci chimici di sintesi, organici, rame e zolfo
Diserbo lavorazione meccanica/manuale
Lieviti selezionati industriali
Uve 100% di proprietà
Certificazione parte dei vigneti in regime biologico

RIPATRANSONE (AP)

LE CANIETTE

SCONTO **-10%**

Contrada Canali, 23 - tel. 0735 9200
www.lecaniette.it - info@lecaniette.it

VITA - I Vagnoni rappresentano lo spaccato classico della viticoltura picena: tradizione di famiglia, vigneti di proprietà, autonomia produttiva. Il resto lo fa la qualità del lavoro, che ha portato a vini impeccabili. Giovanni è un'anima irrequieta e non riesce a fare a meno di mettersi in gioco per dare impulso a una storia agricola familiare consolidata. La prima etichetta risale al 1990.

VIGNE - Il parco vitato viene rinnovato di continuo senza mai ricorrere all'espianto. Il corpo più grande (12,5 ettari) si trova tra le argille e i calanchi di contrada Piaggiole, dove nel 2019 è stato aggiunto mezzo ettaro del biotipo locale di grenache. Tra i filari di contrada Canale spicca la vigna Gaia (pecorino) di oltre 20 anni, da dove si attingono le selezioni massali per i rinnovi.

VINI - Le opulenze e le sovrastrutture di circa 10 anni fa hanno lasciato il posto a scorrevolezza, frutto fresco e uso dei legni molto misurato.

Piceno Sup. Morellone 2016 ● 27.000 bt; 19 € - L'impianto aromatico è disteso, nonostante un pizzico di speziatura ancora evidente, ha finezza e articolazione, supporta un sorso morbido, succoso e invitante, con una trama tannica sottile.
Piceno Rosso Bello 2018 ● 35.000 bt; 10 € - Il bere low cost a cui non rinunciare: frutto, tannino e struttura misurati e coesi, per una beva spigliata e caratteriale.
Offida Pecorino Io Sono Gaia Non Sono Lucrezia 2018 ○ 5.500 bt; 20 € - L'uso dei legni sempre più centrato garantisce profondità e avvolgenza al palato, che è pimpante e ben modulato. Complesso e già godibile.
Offida Pecorino Veronica 2019 ○ 17.000 bt; 13 € - Articolato, fruttato, complesso.
Piceno Nero di Vite 2012 ● 4.000 bt; 39 € - Solido, fruttato, compatto.
Cinabro 2016 ● grenache; 1.000 bt; 85 € - Fine, fruttato, incisivo.

ha 16 - **bt** 128.000
Fertilizzanti letame in pellet
Fitofarmaci organici, rame e zolfo
Diserbo lavorazione meccanica/manuale
Lieviti selezionati industriali
Uve 100% di proprietà
Certificazione biologico certificato

RIPATRANSONE (AP)

TENUTA COCCI GRIFONI

SCONTO -10%

Località San Savino - Contrada Messieri, 12 - tel. 0735 90143 - 329 2817735
www.tenutacoccigrifoni.it - maurizio@tenutacoccigrifoni.it

VITA - Da questa azienda storica e capostipite della produzione di vini nel Piceno grazie a Guido Cocci Grifoni, decano dei vignaioli del territorio che ha lasciato il testimone alla moglie Diana Marchetti e alle figlie Marilena e Paola, sono nate le prime bottiglie delle denominazioni locali: il Rosso Piceno Superiore nel 1970, il Falerio qualche anno dopo, e nel 1990 il primo Pecorino, frutto del lavoro di recupero voluto da Guido.

VIGNE - Vigna Messeri è proprio davanti alla cantina: 3 ettari giacciono su un costone ripido e caldo, esposto a sud, regno del montepulciano. Sui due colli paralleli poco distanti si trovano la Tenuta San Basso, con il pecorino e la sua "vigna madre", e a seguire la Tenuta Tarà, dove vegetano passerina e sangiovese. Qui i colli sono dolci e assolati, con sprazzi di bosco.

VINI - Lo stile è sobrio e pacato, non c'è spazio per svolazzi aromatici particolari. Per Paola il Pecorino non ha aromi varietali intensi, e bisogna preservarne l'identità senza forzature.

Offida Pecorino Guido Cocci Grifoni 2015 ○ 3.400 bt; 25 € - Sfida il tempo con aromi ricchi e articolati, e con il sorso robusto e innervato di sapidità, che lo rende profondo. Ha dinamismo e lascia una lunga scia di sapore.
Offida Pecorino Colle Vecchio 2018 ○ 25.000 bt; 13 € - La struttura ricca ma priva di eccessi è tonica e sapida, con una piacevole dimensione aromatica che ricorda la frutta secca e i fiori di campo. Ancora giovane al momento dell'assaggio, pecca di allungo ma il tempo in bottiglia gli farà bene.
San Basso 2019 ○ passerina; 50.000 bt; 9 € - Al palato morbido e avvolgente, manca solo un guizzo di freschezza per risaltare di più. Frutto bianco e note vegetali segnano la parte aromatica.
Brut Tarà 2019 passerina; 20.000 bt; 13 € - Metodo Charmat, agile, floreale, varietale.

ha 47 - **bt** 550.000
Fertilizzanti organo-minerali, preparati biodinamici, sovescio
Fitofarmaci chimici di sintesi, rame e zolfo
Diserbo lavorazione meccanica/manuale
Lieviti selezionati industriali, selezione di lieviti indigeni
Uve 100% di proprietà
Certificazione nessuna certificazione

RIPATRANSONE (AP)

TENUTA SANTORI - MONTEBOVE €

Contrada Montebove, 14 - tel. 346 9559465
www.tenutasantori.it - info@tenutasantori.it

VITA - Marco Santori, classe 1984, ha nel cassetto una formazione da enologo e significative esperienze in California e a Bordeaux, ma forse sono le origini contadine di famiglia ad avergli insegnato che nella viticoltura si impara anno per anno. Il suo pallino è ottenere Montepulciano di spiccata eleganza, e con l'uscita del millesimo 2017 pare abbia trovato la giusta misura nella gestione dei legni e delle macerazioni.

VIGNE - Il mosaico dei vigneti di cui dispone Marco sulla valle del Tesino, all'ombra dell'oscuro monte dell'Ascensione, è l'emblema della varietà come principio base del lavoro agricolo: su entrambe le sponde del fiume ha tutte le esposizioni, con vitigni sia bianchi, sia rossi e piante che arrivano fino a 30 anni di età. L'ultimo progetto è un impianto di 2,5 ettari di pecorino.

VINI - Strutture misurate, profilo affilato per i bianchi, polpa e scorrevolezza per i rossi. Per Marco la strada è tracciata ed è senza ritorno!

TOP **Offida Pecorino 2019** VINO QUOTIDIANO ○ 20.000 bt; 12 € - L'olfatto spigliato e raffinato coniuga anice, frutta e agrumi. Il sorso accarezza il palato, ricco di tensione e vigore acido che rinfresca una struttura di grande personalità. L'allungo sapido è un plus da sottolineare.
Offida Rosso 2017 ● 3.500 bt; 21 € - Nessun cenno speziato da legno contamina una materia fruttata esemplare per polpa e densità, che accompagna il sorso levigato e succoso, in cui incide lo spessore tannico, adeguato a garantire tensione e profondità.
Rosso Piceno Sup. 2017 ● 10.000 bt; 12 € - La dolcezza aromatica di frutto non stanca e prelude a un palato morbido e avvolgente, concentrato quanto basta per dare equilibrio a una massa tannica fitta e uniforme.
Offida Passerina 2019 ○ 15.000 bt; 11 € - Fresco, floreale, leggiadro.

ha 16 - **bt** 50.000
Fertilizzanti organo-minerali
Fitofarmaci rame e zolfo
Diserbo lavorazione meccanica/manuale
Lieviti selezionati industriali
Uve 100% di proprietà
Certificazione biologico certificato

SERRAPETRONA (MC)

PODERE SUL LAGO

SCONTO -10%

Frazione Borgiano - Via Castello, 20 - tel. 333 3017380
www.poderesullago.it - info@poderesullago.it

VITA - Sandrino Quadraroli, Adelaide Severini e il piccolo Ruggero: una famiglia accoccolata sui crinali di frazione Borgiano che dal lago di Caccamo salgono verso Serrapetrona. Sandrino è un "viveur del vino": da tempo appassionato e competente ristoratore, alcuni anni fa ha iniziato a cimentarsi con la propria vigna. Il terremoto del 2016 ha portato alla chiusura della loro trattoria, e quindi la cantina e la vigna sono diventate prioritarie. Serietà nel lavoro e dedizione, sono i valori di questa promettente realtà.

VIGNE - Vernaccia nera è la parola d'ordine a Serrapetrona, e i nostri hanno scelto la versione secca e ferma per far risaltare i caratteri che le terre bianche e di arenaria donano alle uve. La vigna è un balcone sul lago di Caccamo, che sviluppa un microclima unico e mitiga il freddo che scende dai monti circostanti. Gli impianti fitti di vernaccia si alternano a filari di pinot nero, uno sfizio che Sandrino si sta concedendo con risultati apprezzabili.

VINI - Nessuna opulenza, tanta espressività varietale e l'uso adeguato dei legni in mix con l'acciaio: sono queste le carte vincenti che sfoggia con sicurezza Sandrino.

Cercis 2016 ● vernaccia nera, merlot; 1.800 bt; 12 € - - Blend riuscitissimo, capace di coniugare la pepatura della vernaccia e il frutto del merlot con una tessitura gustativa scorrevole, morbida, uniforme e accattivante nel profilo tannico.
Vigna Adelaide 2018 ● pinot nero; 1.000 bt; 26 € - - Si distende nel calice rivelando una bella tessitura varietale, e mostrandosi tonico e pimpante al centro del palato, con il tannino che dà progressione alla chiusura.
Serrapetrona Torcular 2017 ● 6.000 bt; 14 € - - Frutto e pepe varietale sono coesi, con qualche striatura vegetale che ne rinfresca il tratto. La conduzione è valida, il tannino vivo e integrato.

ha 4,2 - **bt** 12.000
Fertilizzanti letame in pellet, sovescio
Fitofarmaci rame e zolfo
Diserbo lavorazione meccanica/manuale
Lieviti selezionati industriali
Uve 100% di proprietà
Certificazione in conversione biodinamica

SERRAPETRONA (MC)

ALBERTO QUACQUARINI

Via Colli, 12 - tel. 0733 908180
www.quacquarini.it - info@quacquarini.it

VITA - Luca, Mauro e Monica Quacquarini hanno proseguito il percorso di valorizzazione della vernaccia nera, antica varietà autoctona da sempre coltivata a Serrapetrona, tracciato dal padre Alberto. Il profondo legame che unisce la storica azienda al territorio ha contribuito a salvaguardare il vitigno, coltivato nella piccola enclave del preappennino maceratese, preservandolo dall'estinzione. Questo valore fondante è ancora oggi alla base dell'impegno quotidiano della famiglia.

VIGNE - I 35 ettari vitati, quasi la metà dell'intero patrimonio esistente del vitigno autoctono, sono sparsi in diversi versanti del piccolo borgo, arroccati su pendii a 500 metri di quota e gestiti in biologico, nel rispetto dell'ecosistema e della natura incontaminata che li circonda. Le viti, potate a guyot doppio, come da tradizione, crescono su terreni argilloso-calcarei-pietrosi, traendo beneficio dalle forti escursioni termiche.

VINI - Il vitigno vernaccia nera, che sia lavorato con il Metodo Charmat, o in versione ferma e secca, in acciaio o anche in legno con una parte di appassimento, presenta sempre il proprio profilo varietale in modo nitido e inconfondibile.

Serrapetrona 2018 ● 18.000 bt; 11 € - - Versione molto fresca e croccante: è fruttato e naturalmente pepato; al palato la struttura è agile e il tannino è accennato, finissimo e piacevolmente intrigante.
Vernaccia di Serrapetrona Secco 40.000 bt; 15 € - - Sempre affidabile, con frutto e pepe ben integrati, ha un sorso vivo e piacevolmente asciutto.
Vernaccia di Serrapetrona Dolce 80.000 bt; 14 € - - La componente dolce non è affatto stucchevole: il vino assicura una conduzione piacevole, ricca di frutta.

ha 35 - **bt** 150.000
Fertilizzanti letame in pellet, sovescio
Fitofarmaci rame e zolfo
Diserbo lavorazione meccanica/manuale
Lieviti selezione di lieviti indigeni
Uve 100% di proprietà
Certificazione biologico certificato

SERVIGLIANO (FM)

FATTORIA DEZI

Contrada Fontemaggio, 14 - tel. 0734 710090
www.fattoriadezi.com - info@fattoriadezi.com

VITA - Davide e Stefano Dezi fanno parte della generazione di vignaioli che alla fine degli anni Ottanta seppe imprimere un salto qualitativo al territorio. Subentrati nella gestione dell'azienda di famiglia, sotto l'occhio vigile del papà Romolo e dello zio Remo, hanno imposto le proprie idee per realizzare prodotti che potessero varcare i confini locali. Fittezza degli impianti, diradamenti, maturazioni oculate e attento uso dei legni hanno dato i loro frutti.

VIGNE - Gran parte del corpo vitato si sviluppa sul costone sotto la cantina, dalla cui terrazza si ammira il variegato paesaggio agrario della valle dell'Ete. Su suoli di argilla mista a sabbia fa bella mostra il montepulciano di 50 anni, mentre gli altri impianti, eccetto un recente ettaro di grenache, hanno un'età media di 20 anni. A Davide è affidata la cura agronomica per garantire il miglior raccolto possibile.

VINI - Tocca a Stefano valorizzare le uve in cantina. La dolcezza del frutto risalta sempre nei vini dei Dezi, con strutture robuste, ma sempre modulate e adeguate al profilo delle varie tipologie.

Regina del Bosco 2017 ● montepulciano; 6.000 bt; 38 € - La densità del frutto non è fine a se stessa ma parte di una materia ben estratta, potente ma scorrevole, con il tannino che la valorizza. Il palato è disteso e profondo, in barba all'annata calda.
Dezio 2018 ● montepulciano, sangiovese; 18.000 bt; 17 € - Concentrato ma spigliato, ha sorso succoso e polposo, una trama agile e uniforme, con un bel contributo tannico a supporto.
Falerio Pecorino P. 2018 ○ 6.500 bt; 17 € - Fresco e agrumato, reattivo e pimpante, mostra equilibrio e tensione sapida che invoglia la beva.
Solagne 2018 ○ verdicchio; 6.500 bt; 17 € - Schietto, fruttato, teso.
Solo 2017 ● sangiovese; 6.000 bt; 38 € - Denso, speziato, complesso.

ha 15 - **bt** 45.000
Fertilizzanti letame, sovescio
Fitofarmaci organici, rame e zolfo
Diserbo lavorazione meccanica/manuale
Lieviti selezione di lieviti indigeni
Uve 100% di proprietà
Certificazione nessuna certificazione

SPINETOLI (AP)

CAMPO DI MAGGIO

SCONTO **-10%**

Via Formale, 24 - tel. 349 3110296
www.cantinacampodimaggio.it - info@cantinacampodimaggio.it

VITA - A distanza di 20 anni l'azzardo di abbandonare l'attività lattiero-casearia per dedicarsi alla viticoltura si è rivelato vincente per la famiglia Guaiani-Corradetti. Marco, commercialista di professione, con tenace passione e l'indispensabile supporto della famiglia ha costruito un'azienda in grado di fare vini bianchi di spiccata personalità, valorizzando uve che su queste colline sembrano aver trovato il loro habitat naturale.

VIGNE - Il vigneto situato intorno alla cantina è il regno indiscusso di Enzo, papà di Marco. Su terreni di medio impasto con sabbia, limo e argilla, ben irraggiati e molto freschi per la presenza di acque di falda, albergano impianti di passerina, pecorino e chardonnay. Le lavorazioni sono manuali grazie alle ridotte dimensioni della superficie vitata, e l'inerbimento permanente favorisce l'equilibrio vegetativo. Per i rossi ci sono 2 ettari di sangiovese e montepulciano a Offida.

VINI - Facilità di beva e fragranza aromatica sono il filo conduttore dei vini, e per ottenere ciò, salvo che per un rosso, si preferisce l'acciaio come contenitore di vinificazione e affinamento.

Offida Pecorino Cardofonte 2019 ○ 3.500 bt; 11 € - Verticale e incisivo, con sentori vegetali e di frutta fresca, ha un profilo gustativo in cui spiccano la viva acidità e la sapidità, che rafforzano il nitore aromatico.
Rosso Piceno Masciù 2019 ● 2.000 bt; 8 € - Il breve passaggio in legno piccolo di un terzo della massa dà a questo rosso d'annata una bella tessitura gustativa, avvolgente e morbida, con il tannino deciso ma non prevaricante.
Offida Passerina Capanne 2019 ○ 4.500 bt; 9 € - Fresco, vegetale, essenziale.

ha 4 - **bt** 12.000
Fertilizzanti nessun concime
Fitofarmaci rame e zolfo
Diserbo lavorazione meccanica/manuale
Lieviti selezionati industriali
Uve acquisto 15%
Certificazione biologico certificato

SPINETOLI (AP)

SALADINI PILASTRI €

Via Saladini, 5 - tel. 0736 899534
www.saladinipilastri.it - info@saladinipilastri.it

VITA - Questa storica realtà picena dimostra come le grandi superfici non siano ostative né alla qualità né al biologico. Saladino Saladini Pilastri gestisce l'azienda con zelo e grande attenzione, e non potrebbe essere altrimenti viste le dimensioni. Al suo fianco il fidato Pasqualino Gabrielli, enologo e braccio destro nelle attività vitivinicole.

VIGNE - Molti ettari vitati collocati nel bel mezzo del paesaggio rurale, con coltivazioni agrarie e viticole che si dividono le zolle in armonia: a Monteprandone vegetano circa 80 ettari, equamente divisi tra impianti giovani e in piena maturità e filari degli anni Settanta. Vigne in equilibrio, i cui suoli sono gestiti con concimazioni organiche a rotazione e rottura del cotico, pratica ritenuta fondamentale per ossigenare la terra.

VINI - Vini gastronomici è la giusta definizione per la produzione di Saladini, con le etichette certamente non pensate per i concorsi, quanto più per dare appagamento di fronte a un piatto.

TOP **Rosso Piceno Sup. Vigna Monteprandone 2018** VINO SLOW ● 15.000 bt; 24 € - Il potpourri di piccoli frutti rossi e neri trova adeguato supporto al palato, dove la massa è composta, scorrevole e regala piacere e complessità. Un rosso dalla beva preziosa.

Rosso Piceno Piediprato 2018 ● 40.000 bt; 14 € - Il lieve attacco speziato non distoglie l'attenzione dal frutto succoso e dal sorso docile e levigato, con il tannino che mostra una piacevole gioventù che impreziosisce il sorso.

Rosso Piceno Sup. Montetinello 2018 ● 15.000 bt; 15 € - C'è tanta densità aromatica che trova migliore definizione al gusto, che risulta scorrevole, fresco e di buona modulazione tannica. Manca solo un pizzico di allungo.

Offida Pecorino 2019 O 40.000 bt; 12 € - Fresco, fruttato, avvolgente.

ha 140 - **bt** 1.000.000
Fertilizzanti letame in pellet, letame, sovescio
Fitofarmaci rame e zolfo
Diserbo lavorazione meccanica/manuale
Lieviti fermentazione spontanea, selezionati industriali
Uve 100% di proprietà
Certificazione biologico certificato

TOLENTINO (MC)

IL POLLENZA

Via Casone, 4 - tel. 0733 961989
www.ilpollenza.it - lacantina@ilpollenza.it

VITA - Il progetto di Aldo Maria Brachetti Peretti di realizzare un'azienda vinicola sulle terre natie di Tolentino ha visto la luce nel 2000. In luoghi vergini per la viticoltura, è nata una struttura in stile château, con giardini e vigneti tutto intorno. Il Pollenza non è solo un progetto sfarzoso, ma anche una realtà con capacità tecniche, saperi e professionisti di prim'ordine, che ha dato un forte sprone al territorio.

VIGNE - Ottanta ettari vitati circondano la villa e si arrampicano sulle colline prospicienti. In origine c'erano solo vitigni bordolesi, poi gradualmente si è scelto di avvicinarsi agli autoctoni, che stanno guadagnando spazio. L'azienda investe risorse e professionalità per praticare una viticoltura minuziosa e selettiva, con l'intento di ridurre il più possibile l'impatto ambientale delle lavorazioni.

VINI - C'è finezza, esecuzione stilistica impeccabile e rispondenza varietale in ogni etichetta, con l'uso dei legni, ove presenti, sempre ben calibrato.

Cosmino 2017 ● cabernet franc; 20.000 bt; 20 € - Da anni è sempre centrato e molto nitido nel frutto e nei ricordi vegetali. Il sorso è composto, succoso ed equilibrato, con il tannino giovanile che ravviva il finale.

Porpora 2017 ● montepulciano, merlot; 200.000 bt; 12 € - Equilibrato per la freschezza e la sapidità, che insieme al tannino fine e uniforme tengono in tensione il palato morbido e ricco di frutta dolce.

Colli Maceratesi Bianco Angera 2019 O 8.000 bt; 14 € - La maggiore aromaticità rispetto al passato non intacca la freschezza del gusto: saporito e tonico, invoglia la beva.

Didi 2019 ● pinot nero, syrah, montepulcano; 8.000 bt; 11 € - Fresco, floreale, delicato.

Brianello 2019 O sauvignon; 30.000 bt; 12 € - Fresco, fruttato, varietale.

ha 80 - **bt** 300.000
Fertilizzanti letame in pellet, sovescio
Fitofarmaci chimici di sintesi, rame e zolfo
Diserbo chimico, lavorazione meccanica/manuale
Lieviti fermentazione spontanea, selezionati industriali
Uve 100% di proprietà
Certificazione nessuna certificazione

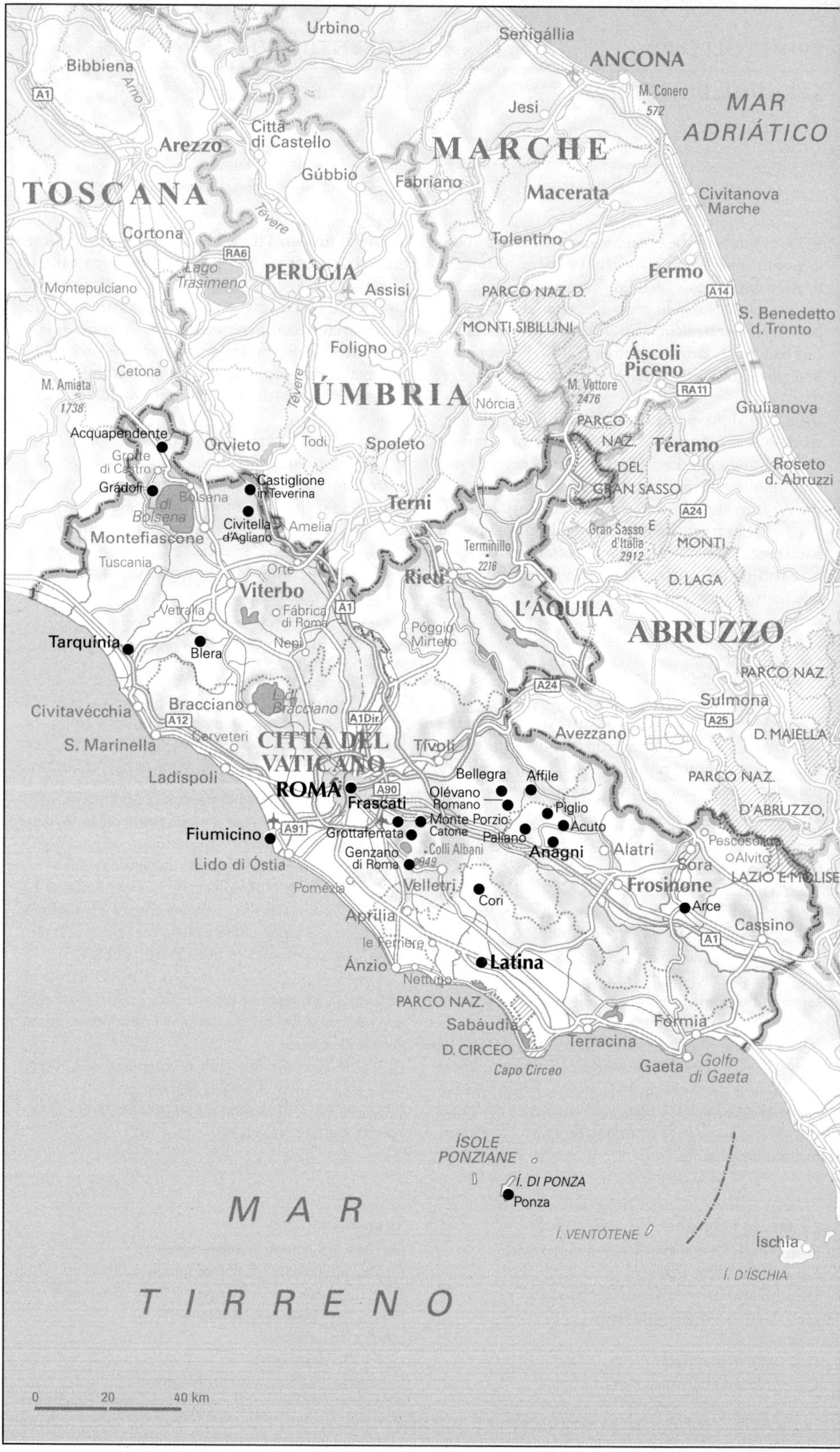
Urbino
Senigállia
ANCONA
Bibbiena
Arno
A1
M. Conero
572
MAR
ADRIÁTICO
Jesi
Città di Castello
Arezzo
MARCHE
Gúbbio
Fabriano
TOSCANA
Macerata
Civitanova Marche
Tevere
Cortona
Tolentino
RA6
Lago Trasimeno
PERÚGIA
Fermo
Montepulciano
Assisi
PARCO NAZ. D.
A14
MONTI SIBILLINI
S. Benedetto d. Tronto
Foligno
Áscoli Piceno
Cetona
M. Amiata
1738
ÚMBRIA
M. Vettore
2476
RA11
Nórcia
Giulianova
Acquapendente
PARCO
NAZ.
Téramo
Grotte di Castro
Orvieto
Todi
Spoleto
DEL
Roseto d. Abruzzi
Grádoli
Castiglione in Teverina
GRAN SASSO
Bolsena
L. di Bolsena
Terni
A24
Civitella d'Agliano
Amelia
Gran Sasso E d'Italia
2912
MONTI
Montefiascone
Terminillo
2216
Tuscania
Orte
D. LAGA
Rieti
Viterbo
A1
L'AQUILA
Vetralla
Fábrica di Roma
ABRUZZO
Póggio Mirteto
Tarquínia
Blera
Nepi
PARCO NAZ.
A24
Sulmona
Civitavécchia
Bracciano
L. di Bracciano
A1Dir.
A25
A12
Cerveteri
Avezzano
D. MAIELLA
S. Marinella
CITTÀ DEL VATICANO
Tívoli
Ladíspoli
Bellegra
Affile
PARCO NAZ.
ROMA
A90
Olévano Romano
Frascati
Piglio
D'ABRUZZO,
Monte Porzio Catone
Acuto
Fiumicino
A91
Grottaferrata
Paliano
Pescosolido
Genzano di Roma
Colli Albani
Anagni
Alatri
Alvito
Lido di Óstia
949
Sora
LAZIO E MOLISE
Pomezia
Velletri
Frosinone
Cori
Arce
Aprília
Cassino
le Ferriere
A1
Ánzio
Latina
Nettuno
PARCO NAZ.
Formia
Sabáudia
Terracina
D. CIRCEO
Gaeta
Golfo di Gaeta
Capo Circeo
ÍSOLE PONZIANE
Í. DI PONZA
Ponza
MAR
Í. VENTÓTENE
Íschia
Í. D'ÍSCHIA
TIRRENO
0
20
40 km

LAZIO

Un anno di sfide, un anno che ricorderemo in ogni caso: se per Slow Wine ha rappresentato un giro di boa dopo la decima edizione, non possiamo ignorare la portata che l'evento pandemico ha avuto a livello mondiale e, nel nostro piccolo, nel lavoro per la guida. In questo siamo stati pronti, accettando la sfida per non fare mancare la nostra voce, il nostro punto di vista sul mondo del vino italiano. E dobbiamo dire che anche il Lazio si è fatto trovare pronto, stabilizzando un trend che lo scorso anno aveva visto il consolidamento di alcuni cardini. Un fattore appare subito chiaro: il Lazio è sempre più una regione a vocazione artigianale. Ci sono sicuramente in guida aziende più strutturate, importanti per dimensioni, e la cosa non può che farci piacere, soprattutto quando la buona agricoltura viene condivisa anche da queste realtà, ma è evidente come il mondo degli artigiani stia condizionando in maniera virtuosa il panorama regionale. Naturali, biologici, biodinamici o semplicemente da agricoltura ragionata: molte piccole aziende stanno consolidando sempre più la loro qualità, innalzando di conseguenza le nostre aspettative. Proprio per questo ci sentiamo di esortare tutti i produttori che non abbiamo potuto testare in questa edizione o che non sono riusciti a vedere la propria azienda nel novero della ristretta cerchia laziale: vogliamo di più. Un approccio agricolo ecosostenibile e una vinificazione rispettosa della materia prima sono ottime basi, ma non sono sufficienti per avere la nostra attenzione incondizionata: ci vogliono precisione, carattere, bravura esecutiva. Cosa che hanno ormai capito molti produttori della macroarea del cesanese, una certezza nelle nostre degustazioni. Olevano, in particolare, si sta distinguendo per la capacità di creare attorno a un gruppo di aziende ormai consolidato una propria identità territoriale: quel giusto mix di naturalità espressiva e savoir-faire. Cosa che avviene in minor misura nel Piglio, dove probabilmente si avverte un lavoro di insieme meno organico, pur essendo l'unica Docg a tinte rosse del Lazio: una delle cause potrebbe derivare da una maggiore eterogeneità di stili e territori, in termini di terreni e altitudini, ma dal nostro punto di vista questo può e deve diventare un punto di forza per il futuro. Pretendiamo certamente di più da Frascati: pur avendo consolidato una buona rappresentanza in termini numerici tra le nostre pagine, non ha a oggi ancora compiuto quel salto di qualità che tutti noi ci aspettiamo. Se il criterio selettivo espresso precedentemente è vero, è altrettanto vero che la correttezza enologica non è più sufficiente, soprattutto quando questa tende a livellare i vini, non fornendo quella dimensione distintiva caratteriale che fa intravvedere pensiero e consapevolezza. Frascati per storia, tradizione e vocazione dovrebbe essere un vino da far sobbalzare dalla sedia, e che dovrebbe sedere ai tavoli importanti senza alcun timore reverenziale. A maggior ragione se intorno a questo fulcro convincono sempre di più le originali interpretazioni di Malvasia puntinata, spartito principale della Docg, che riescono a coinvolgerci maggiormente a livello emozionale. Se nella fascia centrale del Lazio c'è ancora qualche incertezza, la situazione nel nord e nell'estremo sud di sicuro non è brillante: nell'area della Tuscia viterbese tutto sommato le vette qualitative ci sono, e tanto il Grechetto quanto l'Aleatico riescono a dare continuità di presenza in guida e nelle nostre finali. Altrettanto non si può dire dell'area pontina e del sud frusinate: si respira tanta voglia di sperimentare, su vitigni autoctoni e non, ma bisogna consolidare le fondamenta e capire le reali potenzialità e vocazioni, prima di poter costruire una massa critica tale per iniziare a parlare di distretto o territorio.

le Bottiglie

825 **Marco Carpineti**
820 **Casale della Ioria**
831 **Damiano Ciolli**
833 **La Visciola**

le Monete €

827 **De Sanctis**
830 **Donato Giangirolami**

ACQUAPENDENTE (VT)

PODERE ORTO

SCONTO **-10%**

Trevinano - Strada Provinciale 51 - tel. 0763 476091
www.podereorto.com - mail@podereorto.com

VITA - Coraggio, naturalità, volontà di costruire una diversa quotidianità vita-lavoro, definita da ritmi meno frenetici fuori dai grandi centri urbani: sono questi i cardini del percorso iniziato nel 2007 e proseguito con coerenza da Giuliano Salesi e Simona De Vecchis, soci-coniugi bravi a costruire da zero un progetto solido e di qualità. Il primo si dedica alla parte agricolo-enologica, la seconda gestisce amministrazione e commerciale.

VIGNE - Il recupero delle marze da vecchi vigneti è il simbolo del lavoro di Giuliano: l'obiettivo è arricchire la biodiversità, il patrimonio genetico e la forza adattiva delle piante, anziché depauperarle con le selezioni clonali. Ha puntato sulle varietà tipiche: sangiovese, ciliegiolo e procanico, coltivate in filari che esprimono vitalità, stimolata da interventi basati sull'osservazione, l'esperienza e l'utilizzo di tecniche agricole attinte dal nobile patrimonio della biodinamica.

VINI - La fiducia riposta nelle possibilità offerte dalla fermentazione spontanea restituisce franchezza e originalità ai vini. In cantina si fa ampio uso dell'acciaio e della vetroresina per accentuare la freschezza e le caratteristiche territoriali.

Rosso 2018 ● sangiovese; 2.500 bt; 30 € - Avvolge e si esprime con classe: frutti rossi, mirto, note marine e vagamente fumé, con l'acidità che non si scinde mai ma resta al servizio del sorso, slanciandolo notevolmente.

Amai 2018 ● sangiovese, procanico; 3.000 bt; 22 € - L'intuizione dell'Amai, dettata dall'infausta vendemmia 2017, viene replicata con il 2018 ma con un blend differente. Il naso è ricco, suadente, fresco di piccoli frutti rossi e fiori viola; la beva è scintillante, caratterizzata da equilibrio, corpo giusto e flessuosa acidità.

ha 3,5 - **bt** 10.000
Fertilizzanti preparati biodinamici, sovescio
Fitofarmaci rame e zolfo
Diserbo lavorazione meccanica/manuale
Lieviti fermentazione spontanea
Uve 100% di proprietà
Certificazione biologico certificato

ACUTO (FR)

CASALE DELLA IORIA

SCONTO **-10%**

Località Agnani - Strada Provinciale 118 Anagni-Paliano, km 4,2
tel. 0775 56031 - www.casaledellaioria.com - info@casaledellaioria.com

VITA - Probabilmente l'azienda che ha creduto per prima e con più convinzione nelle potenzialità del cesanese quando ancora veniva usato per produzioni di bassa qualità. Dal 1921 si tramanda l'orgoglio di voler valorizzare un vitigno, un territorio e le sue sfaccettature. Oggi Paolo Perinelli, con il supporto dei figli, rilancia la sfida abbracciando l'agricoltura biologica e credendo ancora di più nelle potenzialità dei vitigni autoctoni.

VIGNE - Le vigne sono distribuite tra Acuto, Paliano e Anagni, intorno ai 400 metri di altitudine, su terreni di varia natura: si passa da quelli di origine vulcanica a quelli di matrice prettamente calcareo-argillosa. Una complessità di situazioni pedoclimatiche che, associate alla buona agricoltura e al poco interventismo in cantina, lasciano esprimere tutte le sfaccettature di cesanese, passerina e olivella.

VINI - L'obiettivo è quello di portare in bottiglia i caratteri dei singoli vini, soprattutto le sfumature donate dai terreni differenti a disposizione nelle vigne.

TOP **Cesanese del Piglio Sup. Tenuta della Ioria 2018** VINO QUOTIDIANO ● 35.000 bt; 12 € - Forza, identità e slancio: frutto scuro intenso, con la prugna in evidenza; seguono poi cenni speziati e silvestri a completare un quadro a tinte forti, slanciate al sorso da una convincente acidità e un tannino potente, mai frenato.

Cesanese del Piglio Sup. Torre del Piano Ris. 2018 ● 4.600 bt; 20 € - Potenza non ne manca di sicuro: è un mix di frutto scuro, cuoio e legno, ma sempre con grande contegno e classicità. La bocca è importante e ricca, un marchio di fabbrica che si rinnova interpretando l'annata.

Colle Bianco 2019 O passerina; 10.000 bt; 8 € - Agile, floreale, delicato.

Cesanese del Piglio Campo Novo 2019 ● 15.000 bt; 9 € - Croccante, fruttato, gastronomico.

ha 38 - **bt** 80.000
Fertilizzanti sovescio
Fitofarmaci rame e zolfo
Diserbo lavorazione meccanica/manuale
Lieviti selezione di lieviti indigeni
Uve 100% di proprietà
Certificazione biologico certificato

AFFILE (RM)

RAIMONDO

Località Colle Fraggiano - tel. 348 8926448
www.viniraimondo.it - eleonoraperez@hotmail.it

VITA - Un'azienda che per la Doc Affile significa rinascita: grazie a un manipolo di bottiglie di Cesanese Colle Fraggiano 2003 (oggi Terrae Vulpis) la denominazione non cadde nell'oblio e fu possibile per questo territorio rivendicare il proprio storico rosso. Il presente vede Eleonora Perez, nipote di nonno Raimondo a cui l'azienda è dedicata, intenta a porre in maniera ancora più marcata l'accento su quello che è un Cesanese diverso e fuori dagli schemi.

VIGNE - Il contesto montano attorno, i 4 ettari tutti a cesanese d'Affile inerpicati su ripidi pendii, l'inerbimento permanente che diviene nutrimento e al tempo stesso necessità per preservare dal dilavamento il terreno sabbioso su cui poggiano le viti: bastano questi elementi per descrivere, già alla vista, ciò che il calice racconterà. Ciliegina sulla torta: le vecchie piante maritate che hanno contribuito alla salvezza della Doc, un museo naturale.

VINI - Tanto acciaio in cantina per preservare l'eleganza e lo spirito montano dell'uva cesanese di Affile. Le fermentazioni sono a temperatura controllata, le estrazioni misurate per non eccedere nel tannino.

Cybelle 2019 cesanese di Affile; 3.200 bt; 13 € - - Un refolo salmastro e speziato accoglie l'olfatto, con tratteggi verdi e cenni floreali. Al gusto emergono la sapidità e l'eleganza dei terreni sabbiosi, pur in una struttura per nulla banale, che allunga la persistenza su note di pompelmo.
Cesanese di Affile Nemora 2018 4.200 bt; 13 € - - Nel segno dell'eleganza, con un olfatto delicato che passa da una speziatura finissima al fruttato di mora e mirtillo rosso, accompagnato da una florealità fresca e avvincente. La bocca mantiene le premesse del naso, muovendosi saporita e setosa nel tannino, fruttata e floreale nel finale perfettamente rispondente.

ha 4 - **bt** 9.000
Fertilizzanti letame in pellet
Fitofarmaci chimici di sintesi
Diserbo lavorazione meccanica/manuale
Lieviti selezionati industriali
Uve 100% di proprietà
Certificazione nessuna certificazione

ANAGNI (FR)

COLETTI CONTI

SCONTO **-10%**

Via Vittorio Emanuele, 116 - tel. 0775 728610 - 389 9009900
www.coletticonti.it - coletticonti@gmail.com

VITA - Una famiglia che vanta un passato di rilievo nella storia italiana, e un'azienda che ha percorso una sua strada che, per certi versi, è divenuta ostinata e contraria nel momento in cui i vini sono apparsi fuori moda ad alcuni. Anton Maria Coletti Conti l'ha plasmata a sua immagine e somiglianza, infondendo un carattere ben preciso ai vini e non rinunciando mai a sperimentare, potendo contare sul variegato spartito del cesanese.

VIGNE - Se c'è un luogo in cui Anton Maria ama stare è proprio la vigna, ed è facile capire il perché: gli appezzamenti sono tutti perfettamente esposti, in situazioni pedoclimatiche favorevoli per il cesanese, su terreni di matrice vulcanica. Il rapporto simbiotico che ha instaurato lo ha portato a voler studiare e approfondire le sfumature clonali e le sfaccettature del vitigno, un lavoro incessante e appassionato.

VINI - Vini con ricchezza di frutto, potenza estrattiva e struttura importante. Ma non solo: carattere, solarità e quella classe necessaria per non passare inosservati.

Cesanese del Piglio Sup. Romanico 2018 5.500 bt; 25 € - - Quasi insolito, figlio dell'annata fredda e capricciosa. Affascinante, quasi inaspettato nel suo frutto che diventa chiaro e ben lontano dalle confetture, con la bocca che non smentisce l'impressione, restando sul filo di un'inconsueta, quanto piacevole, sapida leggiadria.
Cesanese del Piglio Sup. Hernicus 2018 25.000 bt; 14 € - - Il millesimo si conferma foriero di vini leggiadri: il frutto di mora e amarena appare insospettabilmente maturo e per nulla intaccato da note verdi. La bocca cede qualcosa in struttura, ma guadagna in slancio e freschezza, degne di un buon compagno della tavola.
Cosmato 2018 cabernet franc, cabernet sauvignon, merlot, cesanese di Affile; 5.000 bt; 25 € - - Avvolgente, fruttato, opulento.

ha 16 - **bt** 45.000
Fertilizzanti nessun concime
Fitofarmaci rame e zolfo
Diserbo lavorazione meccanica/manuale
Lieviti selezionati industriali
Uve 100% di proprietà
Certificazione nessuna certificazione

ANAGNI (FR)

MARCELLA GIULIANI

SCONTO -10%

Località Vico - Via Anticolana - tel. 391 3481031
www.marcellagiuliani.com - info@marcellagiuliani.com

VITA - Una cantina tradizionale può innovarsi conservando la sua identità sotto una nuova guida? Monica Marcucci è riuscita a farlo, e ha ormai trovato il giusto solco da seguire, aiutata con sapienza dal bravo enologo Paolo Peira. Solo tre etichette su cui concentrare l'impegno, ma tanto territorio da raccontare, con spirito solare e saggia intraprendenza, riservando grande attenzione all'ambiente.

VIGNE - I dolci andamenti collinari intorno ad Anagni sono spettacolari e si mantengono ancora ben legati a un'intensa macchia verde. Le vigne hanno età diverse e vengono tutte seguite con la medesima cura agricola e il costante aggiornamento degli impianti, per puntare alle migliori uve possibili in ogni annata. La ricchezza naturale dei terreni e le giuste esposizioni sono la vera base da cui partire.

VINI - Niente estremismi, piuttosto modernità di interpretazione delle uve di cesanese e passerina, per dar vita a vini espressivi, piacevoli, sinceri e non ingessati, pensati per dare il piacere di gustare il territorio e comprenderne al meglio i tratti salienti.

Cesanese del Piglio Sup. Dives 2017 ● 1.000 bt; 17 € - Ridotta la maturazione in legno piccolo a 12 mesi, risulta slanciato e particolarmente penetrante nei profumi di pepe nero, mora e rosa selvatica; nobile e intenso all'attacco in bocca, mostra corpo elegante, un'ampia espressione armonica, e tannini ben cesellati, chiudendo con fine freschezza.
Passerina del Frusinate 2019 ○ 7.000 bt; 8 € - Dinamico, floreale, elegante.
Cesanese del Piglio 2019 ● 7.000 bt; 10 € - Incisivo, fruttato, profondo.

ha 10,5 - **bt** 15.000
Fertilizzanti sovescio
Fitofarmaci rame e zolfo
Diserbo lavorazione meccanica/manuale
Lieviti fermentazione spontanea
Uve 100% di proprietà
Certificazione biologico certificato

ARCE (FR)

PALAZZO TRONCONI

SCONTO -10%

Località Tramonti - tel. 0776 539678
www.palazzotronconi.com - info@palazzotronconi.com

VITA - Le motivazioni che spingono a produrre vino sono molteplici: necessità, eredità, passione, dovere, investimento. Per Marco Marrocco è stato il corso da sommelier a innescare il desiderio di realizzare vini che potessero raccontare il territorio in modo unico e non convenzionale. Agricoltura sostenibile e pratiche biodinamiche fanno da contorno a un timbro gustativo unico.

VIGNE - Fondamentale alla realizzazione dell'audace progetto vinicolo è stato il contributo tecnico-scientifico dell'amico arcese Gaetano Ciolfi, ricercatore impegnato nel recupero di uve locali: lecinaro e ulivello (nere), e pampanaro, capolongo, maturano (bianche), da sempre utilizzate ma sconosciute al registro fino al 2009. Successivamente malvasia puntinata, moscato di Terracina e syrah hanno arricchito il patrimonio ampelografico.

VINI - L'incontro con alcuni produttori biodinamici ha influenzato la filosofia di Marco. In vigna l'obiettivo è preservare il microbioma del terreno attraverso la biodinamica, in cantina le conoscenze enologiche acquisite si traducono in fermentazioni spontanee in cemento, e uso di lieviti indigeni mediante pied de cuve.

Gizziello 2018 lecinaro; 13.500 bt; 22 € - Vino realizzato in onore di Gioacchino Conti, è rifermentato in bottiglia senza sboccatura: dopo 15 mesi si apprezzano la schiuma, la finezza olfattiva, la beva, e l'aroma di ribes.
Fatia 2018 ○ malvasia puntinata; 3.000 bt; 24 € - In dialetto vuol dire fatica: affina in cemento senza travasi per un'anno, e ricorda la lavanda e l'acqua di rose, per un sorso rotondo e dal finale agrumato.
Fregellae 2018 ○ maturano, capolongo, pampanaro; 4.000 bt; 25 € - Bianco macerato, articolato, floreale, avvolgente.
Mocevò 2018 ● lecinaro, olivella nera; 14.000 bt; 28 € - Austero, speziato, incisivo.

ha 14,2 - **bt** 23.000
Fertilizzanti compost, letame, preparati biodinamici, sovescio
Fitofarmaci rame e zolfo
Diserbo lavorazione meccanica/manuale
Lieviti fermentazione spontanea
Uve 100% di proprietà
Certificazione biodinamico certificato

BELLEGRA (RM)

RICCARDI REALE VITICOLTORI

SCONTO **-10%**

Contrada Maniella - Via Vitellia - tel. 347 9245226 - 335 8063632
www.cantinericcardireale.it - info@cantinericcardireale.it

VITA - L'azienda è nata nel marzo 2010 sui terreni della famiglia di Piero Riccardi, regista televisivo e autore di libri sull'ambiente. Insieme a sua moglie Lorella Reale, filosofa e scrittrice, ha fatto la prima vendemmia nel 2013. Alle consulenze uniscono da sempre studi e sperimentazioni dirette, manifestando il loro profondo impegno nella salvaguardia della biodiversità e nell'evidenziare la particolare espressività dei loro vini.

VIGNE - La vigna di Olevano Romano comprende due appezzamenti di cesanese di Affile, caratterizzati dal coesistere di differenti tipologie di terreno, uno di natura vulcanica e l'altro composto da arenarie. I vigneti accolgono, inoltre, viti di malvasia puntinata, oltre che, a Bellegra, numerose varietà sperimentali, tra cui la recuperata rosciola, una varietà locale. Sono circa 6.000 i ceppi per ettaro, allevati a guyot.

VINI - In cantina gli interventi sono ridotti al minimo per salvaguardare la spontaneità e la naturale espressione dei vitigni e del territorio.

Olevano Romano Calitro 2017 ● 2.000 bt; 22 € - Ⓓ - Da terre con arenarie, denota un'alcolicità spiccata che beneficia della succosa acidità. Consistente e austero, presenta piacevoli sentori finali che ricordano la china.

Emotiq 2019 ○ 3.000 bt; 15 € - Ⓓ - La macerazione sulle bucce valorizza l'aroma varietale spiccato della malvasia e della piccola percentuale di moscato. Il sorso è incisivo e verace.

Olevano Romano Colle Pazzo 2018 ● 7.000 bt; 15 € - Ⓐ - Incisivo, fruttato, consistente.

Tucuca 2019 ● cesanese; 2.000 bt; 14 € - Ⓓ - Armonico, minerale, espressivo.

Ratafià 2017 ● cesanese; 500 bt da 0,375 l; 12 € - Ⓓ - Armonico, fruttato, verace.

ha 5 - **bt** 22.000
Fertilizzanti compost, preparati biodinamici, sovescio
Fitofarmaci organici, rame e zolfo
Diserbo lavorazione meccanica/manuale
Lieviti fermentazione spontanea
Uve 100% di proprietà
Certificazione biologico certificato, parte dei vigneti in regime biodinamico

BLERA (VT)

SAN GIOVENALE

SCONTO **-10%**

Località La Macchia - tel. 06 6877877
www.sangiovenale.it - info@sangiovenale.it

VITA - Emanuele Pangrazi quando descrive San Giovenale si emoziona. La ritiene, e indubbiamente lo è, un gioiello vinicolo incastonato in un Lazio nascosto, e perciò ancora inesplorato: la terra dei papi, vocata all'extravergine, sa donare notevoli risultati anche in questo campo. Emanuele è un'imprenditore, ma quando il calendario agricolo lo impone, felicemente fugge dalla routine e insieme al padre Meraldo monitora vigna e processi di maturazione in cantina, per realizzare vini che camminano a testa alta, fuori dal coro.

VIGNE - I colori e i profumi che si respirano sono quelli della macchia mediterranea. Ambiente aspro, primitivo, con una vegetazione essenziale ma irruente. Le brezze marine e il suolo argilloso ricco di scheletro determinano un microclima unico, dove dimorano filari di grenache, syrah, carignano, malvasia nera, cabernet franc, roussanne e marsanne. Vitigni inconsueti che, però, qui hanno trovato l'habitat ideale.

VINI - Non parliamo solo di agricoltura biologica, ma di un approccio più estremo, con rese bassissime: addirittura due grappoli per pianta. In cantina troviamo legno piccolo.

Habemus Etichetta Bianca 2018 ● carignan, grenache, syrah, tempranillo; 8.000 bt; 45 € - Ⓑ - Di colore rosso rubino, presenta densità cromatica notevole e corredo olfattivo ricco, dinamico: dal mirtillo all'amarena, per virare sulla rosa e il pepe nero con eleganza e carattere. L'utilizzo dei legni è calibrato, e il sorso è morbido e incisivo.

Habemus Etichetta Rossa 2017 ● cabernet franc; 1.000 bt; 80 € - Ⓑ - È austero, l'affinamento più lungo non sovrasta la piacevole freschezza erbacea del peperone verde, anzi la combina ai frutti rossi e alle note tostate del legno. La trama tannica setosa non frena la polposità del frutto, ma la esalta.

ha 15 - **bt** 9.000
Fertilizzanti organo-minerali, preparati biodinamici
Fitofarmaci organici
Diserbo lavorazione meccanica/manuale
Lieviti fermentazione spontanea, selezione di lieviti indigeni
Uve 100% di proprietà
Certificazione biologico certificato

CASTIGLIONE IN TEVERINA (VT)

TENUTA LA PAZZAGLIA

SCONTO -10%

Strada Bagnoregio, 4 - tel. 0761 947114 - 348 6610038
www.tenutalapazzaglia.it - info@tenutalapazzaglia.it

VITA - Un affare di famiglia in quel di Castiglione in Teverina: sono i tre fratelli Verdecchia a dividersi i compiti di una cantina nata nel 1990, e che negli anni ha rappresentato sempre più un punto di riferimento nell'interpretazione del bianco della Tuscia. Pierfrancesco è l'uomo della vigna, Maria Teresa cura la cantina, e Laura porta al pubblico il frutto del loro lavoro, che ha negli autoctoni il fondamento imprescindibile.

VIGNE - Le vigne si dividono quasi equamente tra uve a bacca bianca e uve a bacca nera, ma è soprattutto il grechetto a prendersi la scena, entrando in tutti i blend dei vini bianchi e giocando da perfetto solista. La variabilità dei suoli, distribuiti intorno ai 300 metri di quota, crea una moltitudine di situazioni pedoclimatiche diverse, passando dalle argille calcaree, in continuità coi calanchi presenti in zona, fino ai terreni vulcanici e tufacei.

VINI - Tanto acciaio in cantina, con una cura maniacale nella gestione delle temperature e nei tempi di permanenza sulle fecce fini, per far emergere territorialità e eleganza.

Miadimia 2019 O grechetto, malvasia, trebbiano, verdello; 12.000 bt; 9 € - 🍷 - Dominano gli agrumi, dal limone al mandarino, accompagnati da un floreale che ricorda la margherita. Il sorso è bilanciato e gioca sul dettaglio e non sulla potenza, scorrendo lineare e progressivo.
Poggio Triale 2018 O grechetto; 6.600 bt; 15 € - 🍷 - La frutta a polpa gialla e i cenni mielosi, come delicato esordio olfattivo, lasciano col tempo il passo agli agrumi, fino ad abbracciare toni salmastri; il tutto si riverbera nella bocca che si espande saporita, elegante, denotando grande stoffa.
109 2019 O grechetto; 8.000 bt; 12 € - 🍷 - Teso, fruttato, incisivo.
Palagio 2018 ● sangiovese, ciliegiolo, syrah; 8.000 bt; 8 € - 🍷 - Agile, fruttato, rilassato.

ha 10 - **bt** 50.000
Fertilizzanti sovescio
Fitofarmaci rame e zolfo
Diserbo lavorazione meccanica/manuale
Lieviti selezionati industriali
Uve 100% di proprietà
Certificazione nessuna certificazione

CIVITELLA D'AGLIANO (VT)

SERGIO MOTTURA

SCONTO -10%

Località Poggio della Costa, 1 - tel. 0761 914533
www.sergiomottura.com - vini@sergiomottura.it

VITA - Civitella d'Agliano è un piccolo centro tra i calanchi teverini che guardano all'Umbria, e i Mottura ne rappresentano ormai un pezzo importante di storia. Sergio è il riferimento patriarcale, con la sua esperienza e la costante aura di rigore nobilmente contadino, Giuseppe è ormai da anni impegnato in azienda, e ora è il turno del giovane Sebastiano: sta a lui trasmettere nuova linfa e visione.

VIGNE - È la patria del grechetto, e le vigne, gestite in biologico da sempre, curate con saggezza e sinergia ambientale, hanno vigoria e carattere. Altre varietà tradizionali come procanico e montepulciano sono integrate da merlot e chardonnay: quest'ultimo è dedicato esclusivamente al Metodo Classico. La composizione dei terreni fa il resto, conferendo importanti contributi a una materia di gran livello.

VINI - Pulizia e sincerità espressiva, nobiltà e complessità da affinare nel tempo, stile personale e ricerca costante: tanti aspetti di una produzione che gravita nel mondo enologico di alto livello.

M. Cl. Brut Sergio Mottura 2011 ⁂ chardonnay; 3.000 bt; 33 € - 🍷 - Nove anni di bottiglia forgiano uno spumante incisivo e vibrante, che riporta ai lieviti con classe ed energia. Dettagliato il lungo finale.
Orvieto Tragugnano 2019 O 10.000 bt; 15 € - 🍷 - Profumi precisi di mandorla e fiori, per un sorso pronto e sapido, che prende spazio e si complessa crescendo.
Poggio della Costa 2019 O grechetto; 30.000 bt; 17 € - 🍷 - Agile nei toni olfattivi, in bocca fa emergere l'egregia impronta varietale, e nel fresco finale rivela un bel ritorno fruttato.
Civitella Rosato 2019 ● montepulciano; 3.000 bt; 15 € - 🍷 - Armonico, fruttato, espressivo.
Civitella Rosso 2019 ● merlot, montepulciano; 6.000 bt; 15 € - 🍷 - Schietto, speziato, docile.
Orvieto Secco 2019 O 15.000 bt; 15 € - 🍷 - Fresco, fruttato, avvolgente.

ha 37 - **bt** 92.000
Fertilizzanti nessun concime
Fitofarmaci rame e zolfo
Diserbo lavorazione meccanica/manuale
Lieviti selezionati industriali
Uve 100% di proprietà
Certificazione biologico certificato

CORI (LT)

MARCO CARPINETI

SCONTO -10%

Strada Provinciale 3 Velletri-Anzio - tel. 06 9679860
www.marcocarpineti.com - info@marcocarpineti.com

VITA - La viticoltura laziale deve volgere uno sguardo riconoscente a Marco Carpineti: ha contribuito a elevare la cultura del vino con un'azione costante nel rispetto della natura, delle varietà locali, dei passaggi colturali più autentici. Sempre con la voglia di sperimentare, sviluppare nuove esperienze e aprire nuove frontiere. Oggi intorno a lui è attiva tutta la famiglia, unita nello stesso spirito contadino un po' visionario.

VIGNE - I vigneti variano per posizione, esposizione e suoli. Sono frutto di una crescita ponderata e sostenibile, del desiderio di ricerca nella storia viticola locale, e dell'amore per la propria terra. Diverse lavorazioni si legano alla biodinamica e ad antichi sistemi agricoli, ma tutto è frutto di grande sensibilità e anelito di armonia tra uomo e natura.

VINI - I vini sono lo specchio di uve che trasmettono equilibri naturalmente estratti e personalità sincere. Troviamo grande eleganza e generosità, unite a un preciso senso del dinamismo.

TOP **M. Cl. Pas Dosé Kius 2013** VINO SLOW nero buono di Cori; 4.000 bt; 32 € - È impeccabile e intenso, con fine perlage a rivelare note di lieviti maturi e in equilibrio con i sentori di fiori gialli e nespola croccante.
Capolemole Bianco 2019 bellone; 90.000 bt; 10 € - Sorprende l'evidente armonia e la morbida espansione al palato, dotto di lunghezza sapida.
Nzù 2017 bellone; 6.500 bt; 30 € - L'anfora e il tempo forgiano un carattere evoluto, ma integro e di fragrante tensione; vivo e persistente, tiene il timbro varietale.
Moro 2018 greco moro; 17.000 bt; 16 € - Dinamico, floreale, energico.
Capolemole Rosso 2017 nero buono di Cori, montepulciano, cesanese; 60.000 bt; 13 € - Avvolgente, speziato, dettagliato.
M. Cl. Extra Brut Kius 2016 nero buono di Cori; 8.000 bt; 26 € - Fresco, fruttato, armonico.

ha 55 - **bt** 320.000
Fertilizzanti compost, letame in pellet, letame, preparati biodinamici, sovescio
Fitofarmaci organici, rame e zolfo
Diserbo lavorazione meccanica/manuale
Lieviti fermentazione spontanea, selezionati industriali
Uve 100% di proprietà
Certificazione biologico certificato

CORI (LT)

CINCINNATO

SCONTO -10%

Via Cori-Cisterna, km 2 - tel. 06 9679860
www.cincinnato.it - info@cincinnato.it

VITA - Questa cooperativa nata nel secondo dopoguerra, nel tempo è riuscita a creare un circuito virtuoso intorno a Cori e al suo vino, consentendo alle rigogliose campagne di non venire abbandonate, e investendo nei vitigni autoctoni (a dispetto delle mode del momento). Cincinnato è l'esempio di come la cooperazione possa funzionare e crescere attraverso l'investimento sul territorio e la sua valorizzazione.

VIGNE - Con una potenzialità di 500 ettari, di cui 100 in conduzione biologica, l'azienda potrebbe avere numeri ben più alti. Invece il Progetto Qualità intrapreso ha scoraggiato la produzione massiva, andando a premiare i soci in base ai parametri qualitativi delle uve. I sistemi di allevamento più utilizzati sono il guyot per i bianchi e il cordone speronato per le uve a bacca nera, ma non mancano esempi virtuosi di utilizzo del tendone.

VINI - Si cerca soprattutto la facilità di beva, esaltando l'espressione varietale degli autoctoni. Nei rossi ogni anno è più contenuto l'apporto del legno.

Enyo 2018 bellone; 5.000 bt; 12 € - Ricco e possente: l'olfatto è opulento, agrumato, con cenni di miele, frutto della prolungata sosta in acciaio. Grassezza che trova slancio nella bocca, in cui il gioco acido-sapido allunga il sorso.
Castore 2019 bellone; 400.000 bt; 6 € - Richiama le tipiche note agrumate del vitigno, accompagnate da un côté campestre che dona solarità. Sensazione che si riscopre al sorso, che ha succo e allungo finale.
Puntinata 2019 malvasia puntinata; 10.000 bt; 7 € - Agile, fruttato, avvolgente.
Ercole 2017 nero buono; 50.000 bt; 10 € - Potente, fruttato, gastronomico.

Al riassaggio, il Metodo Classico Cincinnato 2015 da uve bellone in purezza, frutto di una sboccatura recente, si conferma centrato e di ottima tecnica esecutiva, affascinante nei toni evolutivi.

ha 300 - **bt** 1.000.000
Fertilizzanti letame in pellet, organo-minerali, sovescio
Fitofarmaci chimici di sintesi, rame e zolfo
Diserbo lavorazione meccanica/manuale
Lieviti selezionati industriali, selezione di lieviti indigeni
Uve 100% di proprietà
Certificazione in conversione biodinamica, parte dei vigneti in regime biologico

FIUMICINO (RM)

CASTELLO DI TORRE IN PIETRA

SCONTO -10%

Località Torrimpietra - Via di Torrimpietra, 247 - tel. 06 61697070
www.castelloditorreinpietra.it - cantina@castelloditorreinpietra.it

VITA - Nello storico Castello che ospita la cantina la viticoltura non è un fatto recente: nel XVI secolo è documentata la presenza di vigneti, e allora le cantine, scavate nel tufo, erano utilizzate per lo stoccaggio dei vini. È nel 1926, sotto la guida del senatore Luigi Albertini, che ha avuto inizio l'opera di ristrutturazione aziendale, che ha visto il suo ultimo passaggio di rinnovamento nel 1999, grazie all'impulso di Filippo Antonelli, già produttore a Montefalco.

VIGNE - I 52 ettari di vigneto sono distribuiti su due gruppi geologici ben distinti: una parte giace su terreni di tipo sedimentario ricchi di detriti marini, situati nelle zone più pianeggianti, mentre nella zona collinare l'incidenza del suolo vulcanico è predominante. L'azienda dal 2000 è biologica certificata, facilitata dal clima mediterraneo di cui può godere.

VINI - L'enologo Antonino De Gennaro Aquino cerca la facilità di beva, assecondando lo slancio mediterraneo donato dal territorio e miscelando vitigni autoctoni e internazionali nella vasta gamma di vini.

Vermentino 2019 ○ 13.000 bt; 8 € - Immediatezza fruttata e floreale, con qualche tocco erbaceo e mentolato molto piacevole: un Vermentino che interpreta al meglio il suo ruolo di vino di costa, e che riesce al sorso a infondere il proprio carattere salino.

Macchia Sacra 2018 ○ fiano; 8.000 bt; 10 € - Un'interpretazione originale del vitigno campano, che in qualche modo trova più punti di contatto con le versioni cilentane: grasso, opulento, mieloso, decisamente sui toni gialli della frutta e dei fiori, ma non privo di sapidità e struttura a contorno.

Terre di Breccia 2018 ● sangiovese, cesanese, montepulciano; 4.000 bt; 10 € - Schietto, fruttato, sottile.

Elephas Bianco 2019 ○ trebbiano, vermentino, fiano; 25.000 bt; 6 € - Fresco, fruttato, sottile.

ha 52 - **bt** 240.000
Fertilizzanti compost, letame in pellet, letame
Fitofarmaci organici, rame e zolfo
Diserbo lavorazione meccanica/manuale
Lieviti selezionati industriali
Uve 100% di proprietà
Certificazione biologico certificato

FRASCATI (RM)

CASALE MARCHESE

SCONTO -10%

Via di Vermicino, 68 - tel. 06 9408932
www.casalemarchese.it - info@casalemarchese.it

VITA - Nel cuore dei Castelli Romani la famiglia Carletti è proprietaria da secoli di questa bella e antica dimora, già citata nel catasto pontificio. A gestire l'azienda sono i due fratelli Alessandro e Ferdinando: l'uno si occupa della parte commerciale, l'altro si dedica alla produzione. La costruzione è destinata in parte a ospitare la storica cantina settecentesca, in cui è possibile anche svolgere degustazioni, e in parte a sala per eventi e ricevimenti.

VIGNE - Dalla terrazza del casale è possibile ammirare uno splendido panorama e godere di uno sguardo d'insieme sui vigneti, che si estendono su 35 ettari. Le vigne hanno un'esposizione sud-est, su terreni di origine vulcanica. Allevate a cordone speronato, sono in prevalenza destinate alla produzione di vini bianchi.

VINI - La qualità ben coniugata all'immediatezza è la cifra stilistica dell'azienda. Vini di pronta beva, realizzati con particolare attenzione sia alla tradizione, come nel caso dei Frascati Superiore, sia ai gusti del mercato estero, come ad esempio con il Clemens. Le varietà tradizionali e internazionali vengono curate dalla vigna alla cantina da Ferdinando Carletti, agronomo, e Paolo Peira, enologo.

Frascati Sup. 2019 ○ 120.000 bt; 8 € - È piacevole e beverino, floreale e fruttato, gastronomico, fresco e sapido. Un Frascati ideale per la tavola.

Rosso Eminenza 2019 ● cabernet sauvignon, merlot, montepulciano, cesanese; 15.000 bt; 10 € - È piacevole e beverino, molto immediato, agile e scattante, dai tannini risolti e ben integrati.

Clemens 2019 ○ chardonnay, malvasia del Lazio; 6.000 bt; 10 € - Fresco, fruttato, contratto.

Cannellino di Frascati 2019 ○ 3.000 bt; 8 € - Schietto, fruttato, delicato.

Frascati Sup. Quarto Marchese 2019 ○ 4.000 bt; 10 € - Dinamico, fruttato, incerto.

ha 35 - **bt** 150.000
Fertilizzanti organo-minerali
Fitofarmaci rame e zolfo
Diserbo lavorazione meccanica/manuale
Lieviti selezionati industriali
Uve 100% di proprietà
Certificazione nessuna certificazione

FRASCATI (RM)

DE SANCTIS €

SCONTO **-10%**

Via Pietraporzia, 50 - tel. 340 3962771
www.frascati-wine.com - desanctisluigi@yahoo.it

VITA - La storia dei De Sanctis racconta di un'antica e continuativa presenza nel mondo del Frascati, sin dal 1816. È con Luigi che l'azienda familiare ha compiuto una svolta con l'abbandono dei sistemi iperproduttivi del passato, per cercare la via della qualità. A questo cambiamento si è presto affiancato quello di praticare una viticoltura più sana, ed è dal 2012 che l'azienda è biologica certificata: un'impresa di famiglia, un esempio virtuoso per il territorio.

VIGNE - La vigna è il regno di Luigi De Sanctis e il contesto è di quelli affascinanti: si trova, infatti, nel bacino dell'antico lago Regillo, formatosi all'interno di uno dei crateri del vulcano Albano, prosciugato nel 1614 per far posto all'agricoltura. Il terreno vulcanico, la ventilazione costante e le decise escursioni termiche giornaliere creano una combinazione ideale per praticare l'agricoltura biologica e far esplodere i profumi della malvasia.

VINI - Francesco, figlio di Luigi, lascia esprimere i caratteri dei vitigni, ma con il giusto e corretto uso della tecnologia.

TOP **Frascati Sup. Abelos 2019** VINO QUOTIDIANO ○ 15.000 bt; 11 € - 🍷 - Ricco e stratificato l'olfatto di fiori bianchi e frutta a polpa gialla, con tipici sentori di nocciola e mandorla fresca. Al sorso è sapido, e ribadisce il senso di ricchezza, impreziosendola con una traccia minerale e vulcanica avvincente, lunga e gustosa.
Frascati Sup. 496 2019 ○ 36.000 bt; 11 € - 🍷 - Una grande freschezza floreale ed erbacea accoglie l'olfatto, poi emergono le note che ricordano la pesca. In bocca torna prepotente la frutta, accompagnata dal sale che allunga la persistenza.
Cannellino di Frascati Sup. Diciassette Undici 2019 ● 1.500 bt da 0,375 l; 20 € - 🍷 - Succoso, fruttato, elegante.
Onde 2019 ● cabernet franc; 3.600 bt; 20 € - 🍷 - Possente, fruttato, avvolgente.

ha 17 - **bt** 60.000
Fertilizzanti sovescio
Fitofarmaci rame e zolfo
Diserbo lavorazione meccanica/manuale
Lieviti selezione di lieviti indigeni
Uve 100% di proprietà
Certificazione biodinamico certificato

FRASCATI (RM)

L'OLIVELLA

SCONTO **-10%**

Via Colle Pisano, 5 - tel. 06 9425656
www.olivella.it - info@olivella.it

VITA - Dal 1986 una delle aziende del Frascati che più ha caratterizzato con le proprie scelte una via alternativa allo stereotipo del vino dei Castelli. Umberto Notarnicola e Bruno Violo hanno tracciato una strada oggi percorsa con entusiasmo dai figli: il rispetto per i vitigni autoctoni e tradizionali dell'area dei Castelli, rivisti in chiave moderna, ma senza snaturarne le caratteristiche.

VIGNE - Quando si pensa all'areale del Frascati non si può non associarlo immediatamente ai terreni vulcanici ricchi di sali minerali: su questa preziosa risorsa affondano le radici le vigne dell'azienda. In particolare, la parte del leone la fanno i vitigni bianchi autoctoni, malvasia puntinata in primis, che vanno a comporre il blend del Frascati, vero riferimento dell'azienda.

VINI - La lavorazione a freddo delle uve e dei mosti nelle prime fasi sono indispensabili per estrarre tutta la carica fruttata e minerale conferita dal terreno.

Frascati Sup. Racemo 2019 ○ 28.000 bt; 14 € - 🍷 - È il cavallo di battaglia dell'azienda, e lo dimostra con fierezza e carattere fruttato, tra l'albicocca e la pesca, a cui si aggiungono fiori campestri e una nota di mineralità. La bocca dimostra quanto è importante la malvasia per infondere quel carattere dolce-sapido che si sposa bene alla tavola.
Quaranta/Sessanta 2019 ● cesanese comune, syrah; 8.000 bt; 15 € - 🍷 - Un rosso gioviale, un piacevole incontro tra due vitigni all'apparenza distanti ma che creano insieme un connubio di grande piacevolezza e immediatezza fruttata all'olfatto, arricchito da una sfiziosa mineralità; non da meno il sorso, dinamico e slanciato.
Bombino 2019 ○ 4.000 bt; 10 € - 🍷 - Fine, floreale, avvolgente.
Pivot 2015 ● cesanese comune, merlot, cabernet, sangiovese; 4.000 bt; 24 € - 🍷 - Ruvido, floreale, energico.

ha 12 - **bt** 70.000
Fertilizzanti organo-minerali, sovescio
Fitofarmaci rame e zolfo
Diserbo lavorazione meccanica/manuale
Lieviti selezione di lieviti indigeni
Uve 100% di proprietà
Certificazione biologico certificato

FRASCATI (RM)

MERUMALIA

SCONTO -10%

Vicolo Prataporci, 8 - tel. 06 9426324 - 340 2998994
www.merumalia.it - info@merumalia.it

VITA - Luigi Fusco ci ha purtroppo lasciati a inizio aprile 2020. Insieme alla moglie Maria Teresa Pazienza aveva creato l'azienda a lungo immaginata, fino a farne una protagonista del Frascati, riuscendo a darle un'anima di accoglienza tutta particolare, con spazi e panorami suggestivi. La figlia Giulia è ora il fulcro di questa realtà familiare, improntata all'agricoltura biologica e dotata di autonomia energetica sostenibile.

VIGNE - Le vigne si trovano nella conca dell'antico lago Regillo, una bolla vulcanica forgiata dai secoli, con terreni ricchi e sani. Il sistema di allevamento più diffuso è il guyot, ma è la costanza nei passaggi colturali, insieme alle ottime esposizioni, a porre basi solide per una materia che trasmette carattere e tipicità varietale.

VINI - Merumalia vuole identificarsi nell'espressione piena del territorio, ma con accento più dinamico e moderno. Esordio per i due vini dedicati da Luigi ai nipoti.

Frascati Sup. Primo Ris. 2018 O 2.000 bt; 24 € - - Al naso è ampio, con ricche note di pesca bianca e sambuco; incisivo e avvolgente, nell'assaggio risulta armonico, vibrante e persistente.
Frascati Sup. Primo 2019 O 4.000 bt; 19 € - - Mela bianca e timo danno vivacità ai profumi, nitidi e pronti; in bocca risulta autentico e sa dare profondità al finale asciutto e generoso.
Roma Vetus 2019 ● 2.500 bt; 17 € - - Un bel sentore di ciliegia carnosa avvolge l'olfatto e torna in bocca, con tono maturo e rotondo, setoso in chiusura.
Giova 2019 O greco; 1.000 bt; 15 € - - Articolato, fruttato, varietale.
Fiano 2019 O 2.000 bt; 15 € - - Vivo, fruttato, integro.
Livia 2019 ● syrah; 1.000 bt; 15 € - - Articolato, speziato, essenziale.

ha 8,7 - **bt** 22.000
Fertilizzanti letame in pellet, organo-minerali, sovescio
Fitofarmaci organici, rame e zolfo
Diserbo lavorazione meccanica/manuale
Lieviti selezionati industriali
Uve 100% di proprietà
Certificazione biologico certificato

GENZANO DI ROMA (RM)

LE ROSE

SCONTO -10%

Via Ponte Tre Armi, 25 - tel. 06 93709671
www.aziendaagricolalerose.com - info@aziendaagricolalerose.com

VITA - Aldo Piccarreta ci tiene a sottolinearlo: non ha un passato di vignaiolo da generazioni, e quello per il vino e la viticoltura è un amore sbocciato soltanto dal 2003. Eppure la passione che ha messo nella sua azienda, la scelta convinta di abbracciare una viticoltura sostenibile sin da subito e la voglia di avere al suo fianco la propria famiglia ad aiutarlo nella gestione di ogni aspetto, lo rendono un esempio da seguire per molti.

VIGNE - Le vigne, distribuite tra i comuni di Genzano e Velletri, si estendono per circa 9 ettari su terreni prevalentemente vulcanici; il microclima, fortemente condizionato dal mare, è l'ideale per l'agricoltura biologica. I vitigni bianchi sono il punto di forza e, al tempo stesso, di maggiore curiosità: oltre ai tradizionalissimi malvasia puntinata, bombino e grechetto, trovano spazio il verdicchio, il fiano e l'internazionale petit manseng.

VINI - La parola d'ordine è pulizia. Il mix di cemento, acciaio e legno grande, anche per i bianchi, è voluto per cercare struttura, longevità e carattere.

TOP **Artemisia 2019** VINO SLOW O malvasia puntinata; 10.000 bt; 15 € - - Ha i connotati del bianco mediterraneo, rilassato e continuo nel sapore. Il frutto è pieno, coerentemente con il vitigno e la sua aromaticità. Il sorso è progressivo e sostanzioso, e spinge sulla sapidità.
Tre Armi Bianco 2019 O verdicchio, malvasia puntinata; 16.000 bt; 13 € - - Originale mix che dona un olfatto speziato e ricco, con sottolineature che vanno dalla pesca alla frutta secca, mandorla e nocciola su tutte. La bocca è coerente, con richiami fruttati e piacevole schiettezza sapida.
Colle dei Marmi 2019 O fiano; 5.000 bt; 23 € - - Potente, fruttato, elegante.
La Faiola Bianco 2019 O bombino, grechetto, verdicchio; 5.000 bt; 21 € - - Agile, fruttato, energico.

ha 9 - **bt** 70.000
Fertilizzanti sovescio
Fitofarmaci organici, rame e zolfo
Diserbo lavorazione meccanica/manuale
Lieviti selezionati industriali
Uve 100% di proprietà
Certificazione biodinamico certificato

GRADOLI (VT)

GEORGEA MARINI

SCONTO **-10%**

Via Flaviano Buzi, 3 - tel. 392 8749561 - 320 7950055
aziendamarinigeorgea@libero.it

VITA - Viticoltori per vocazione e convinzione, Georgea Marini e Alessandro Sborchia sono una coppia carica di energia e piena di prospettive. La storia aziendale è recente, ma si è già creata una ben connotata personalità produttiva, spingendo su scelte chiare e progressivamente affinate, attraverso la rigorosa attenzione in ogni passaggio. Dimensione ancora limitata nei numeri, ma molto interessante nel carattere saggiamente radicale che sa esprimere.

VIGNE - Gradoli è sinonimo di aleatico, e se storicamente il territorio ha generato e mantenuto questo connubio, pur tra alti e bassi, lo ha potuto fare contando su profondi sentimenti di appartenenza. Le vigne presentano anche altri vitigni storici locali, sono ben esposte e ricevono cure attente, con la giusta misura necessaria a uno sviluppo armonico in ogni fase.

VINI - Fermentazioni spontanee di antichi vitigni, attendendo i tempi necessari a far emergere le reali sensazioni varietali e lasciandole maturare in naturale equilibrio. Uno stile che ha istintiva forza espressiva e dona grande articolazione.

TOP **Zero8 Aleatico 2016** VINO QUOTIDIANO ● 600 bt; 12 € - 🛢 - Robusto e pronto, si evolve ampio nella ciliegia matura, nella rosa e poi nel pepe; il sorso sapido ha armonia, complessità e lungo respiro, con sottili note salmastre e un tannino cesellato.

Zero8 Bianco 2017 ○ procanico; 900 bt; 12 € - 🛢 - Fresco e avvolgente, ha impatto floreale e tono maturo di albicocca; in bocca la presa asciutta si avvantaggia di una buona vena acida. Equilibrata la chiusura.

Zero8 Rosso 2016 ● grechetto rosso; 1.200 bt; 12 € - 🛢 - Agile, fruttato, delicato.

Zero8 Passito 2016 ● aleatico; 600 bt da 0,5 l; 17 € - 🛢 - Fitto, fruttato, profondo.

ha 2 - **bt** 4.200
Fertilizzanti compost, letame in pellet, letame
Fitofarmaci rame e zolfo
Diserbo lavorazione meccanica/manuale
Lieviti fermentazione spontanea
Uve 100% di proprietà
Certificazione nessuna certificazione

GROTTAFERRATA (RM)

GABRIELE MAGNO

SCONTO **-10%**

Via di Valle Marciana, 24 - tel. 333 4838867 - 335 5706931
www.gabrielemagno.it - info@gabrielemagno.it

VITA - Usare il proprio nome per l'azienda agricola è un segno della volontà di metterci la faccia. Gabriele Magno, dopo un percorso che ancora oggi lo coinvolge in tutt'altro settore lavorativo, è affiancato da Luigi Fragiotta, ha voluto riprendere quella che era una significativa e tradizionale produzione di famiglia: la viticoltura. La collina su cui sorge la cantina è in uno dei luoghi più belli dei Castelli Romani, ed è dominata da una splendida torretta.

VIGNE - I terreni sono profondamente caratterizzati dalle antiche colate laviche del vulcano Albano. Il vigneto è composto da malvasia, trebbiano toscano e cesanese, e le viti, esposte a sud, sud-est, hanno un'età media di 50 anni. Il lavoro di vigna e cantina viene seguito dall'enologo-agronomo Lorenzo Costantini, affiancato dal giovane Matteo Porcu. Magnifica vigna La Torretta: è la più importante, quella dedicata alla produzione dell'omonima Riserva.

VINI - Si cerca di rispettare carattere e peculiarità di ogni vitigno, preservando quella mineralità vulcanica che tanto caratterizza il Frascati, e che trova nell'uva malvasia una vera e propria spugna che assorbe il terroir. Tra gli obiettivi futuri c'è quello di condurre filtrazioni sempre meno invadenti.

Frascati Sup. Vigneto La Torretta Ris. 2018 ○ 1.350 bt; 26 € - 🛢 - È il vino di punta e di maggiore personalità della produzione: vengono utilizzati filari di 60 anni di età, una parte della massa fermenta in barrique di primo passaggio e poi viene riassemblata per maturare in acciaio per sette mesi. Si caratterizza per gli aromi agrumati, la vena minerale-vulcanica, e la buona densità glicerica.

Cesanese 2018 ● 2.000 bt; 21 € - 🛢 - Agile, fruttato, sottile.

Frascati Sup. 2018 ○ 9.000 bt; 15 € - 🛢 - Debole, minerale, docile.

ha 5 - **bt** 13.500
Fertilizzanti letame, sovescio
Fitofarmaci rame e zolfo
Diserbo lavorazione meccanica/manuale
Lieviti selezionati industriali
Uve 100% di proprietà
Certificazione in conversione biologica

LATINA

DONATO GIANGIROLAMI €

SCONTO **-10%**

Località Borgo Montello - Via del Cavaliere, 1414 - tel. 0773 458626
335 8394890 - www.donatogiangirolami.it - info@donatogiangirolami.it

VITA - Nel nome dell'azienda un uomo solo al comando, a sostenerlo nella sua conduzione un'intera famiglia: Donato Giangirolami ha dalla sua il prezioso contributo delle figlie, in quella che è un'avventura iniziata grazie a papà Dante nel 1956, e passata attraverso scelte importanti come quella del biologico nel 1993. Oggi rappresenta una realtà consolidata, in grado di coniugare la buona agricoltura con un'elevata qualità dei vini.

VIGNE - La specializzazione dei vigneti, convertiti a spalliera, dimostra come nulla sia lasciato al caso: se i vitigni internazionali a bacca nera sono dislocati in località le Ferriere, su terreni sciolti ricchi di argille e sabbie, le uve autoctone per i bianchi e i rossi sono invece a Doganella di Ninfa (nei pressi della sala degustazione), dove l'influsso dei monti Lepini rende più fresco e favorevole il clima.

VINI - Preservare carattere varietale e freschezza attraverso l'uso della tecnologia, senza che questa risulti invasiva: è questo l'obiettivo dell'azienda.

TOP **Cardito 2019** VINO QUOTIDIANO O malvasia puntinata; 26.000 bt; 10 € - - Fresco, con una dolcezza fruttata coinvolgente che vira verso una florealità campestre, ha sorso di sostanza corroborato da una decisa sapidità. Coniuga piacevolezza e rigore, in raro e piacevole equilibrio.

Propizio 2019 O grechetto; 40.000 bt; 10 € - - Ha olfatto slanciato su note di agrumi e fiori, e trova al contempo piacevoli pennellate verdi che richiamano l'aloe. È gustoso al sorso, con una spiccata sapidità che arricchisce la beva, rinfrescata da una succosa acidità.

Regius 2019 O viognier, sauvignon blanc, chardonnay; 20.000 bt; 9 € - - Succoso, fruttato, armonico.

Il Metodo Classico Brut Nynphe 2016 da uve grechetto, già recensito lo scorso anno, si conferma convincente: la carbonica è ben integrata, il sorso pieno e fruttato.

ha 39 - **bt** 113.000
Fertilizzanti humus, organo-minerali, sovescio
Fitofarmaci organici, rame e zolfo
Diserbo lavorazione meccanica/manuale
Lieviti selezionati industriali
Uve 100% di proprietà
Certificazione biologico certificato

MONTEPORZIO CATONE (RM)

FONTANA CANDIDA

SCONTO **-10%**

Via Fontana Candida, 11 - tel. 06 9401881
www.fontanacandida.it - fontanacandida@giv.it

VITA - Un marchio che dal 1958 è sinonimo di Frascati nel mondo, per volumi prodotti e capillarità di presenza sul mercato nazionale e internazionale. Oggi Fontana Candida investe e rilancia, grazie all'impulso e alle idee di Mauro Merz, direttore-enologo trentino con grande esperienza nel territorio. Propulsione che si traduce in pochi concetti cardine: rispetto della tradizione, esaltazione dei vitigni autoctoni e ricerca della massima espressività territoriale.

VIGNE - Gli ettari vitati a disposizione sono ovviamente molti e variamente dislocati nel territorio, come è naturale che sia per un'azienda di queste dimensioni: ai 30 di proprietà se ne aggiungono ben 191 in affitto. Il parco vigne è seguito con scrupolosità dall'agronomo Paolo Savo Sardaro attraverso un capillare sistema di controllo, atto a monitorare costantemente la sanità delle piante e delle uve e, di conseguenza, a decidere se intervenire con i trattamenti o meno.

VINI - Tecnica e pulizia al servizio della tipicità: Mauro Merz asseconda ed esalta i caratteri dei vitigni autoctoni, malvasia puntinata in primis.

Frascati Sup. Luna Mater Ris. 2019 O 11.000 bt; 16 € - - Un frutto nitido e accogliente pervade l'olfatto con l'albicocca e la pesca. Questa estrema dolcezza fruttata trova contrasto nella bocca che, anzi, si dimostra rigorosa, quasi essenziale, nella sua estrema sapidità e lunghezza.

Frascati Sup. Vigneto Santa Teresa 2019 O 63.000 bt; 9 € - - Olfatto trattenuto sulle sensazioni primarie dei lieviti, con cenni di frutta tropicale e agrumi. Svela al contrario maggiore disposizione al sorso, con uno slancio sapido convinto e convincente, e buona lunghezza, con un finale netto e pulito.

ha 221 - **bt** 2.000.000
Fertilizzanti organo-minerali
Fitofarmaci chimici di sintesi, rame e zolfo
Diserbo chimico, lavorazione meccanica/manuale
Lieviti selezionati industriali
Uve 100% di proprietà
Certificazione nessuna certificazione

OLEVANO ROMANO (RM)

MARCO ANTONELLI

SCONTO -10%

Via di Villa Marina - tel. 349 4256574
www.marcoantonelli.info - contatto@marcoantonelli.info

VITA - Marco Antonelli e la ripartenza dalla campagna. Una vita, quella della sua famiglia, dedicata all'agricoltura e alla vite nella piccola azienda di Olevano Romano. Dal 2007 il ritorno alle origini di Marco e l'abbandono della carriera informatica per ripercorrere i passi tracciati dai genitori, cercando di rivivere quelle tradizioni e quelle sensazioni: attraverso il cesanese e le sue peculiarità, riviste e attualizzate.

VIGNE - I circa 3 ettari a disposizione sono frutto di un'azione quasi filantropica di recupero dei vecchi vigneti, di una vocazione verso la preservazione del patrimonio ampelografico tradizionale. L'acme di questo lavoro risiede nella vigna di Morra Rossa: un vero e proprio cru di vecchissime piante che Marco definisce anarchico, per la promiscuità di uve bianche e nere.

VINI - Facilità di beva senza perdere in tipicità: è il credo a cui si ispira l'azienda, attraverso un giusto equilibrio tra acciaio e legno e un ottimo lavoro sulle estrazioni.

TOP **Olevano Romano Sup. Il Fresco 2019** VINO QUOTIDIANO ● 2.600 bt; 11 € - Nomen omen: nasce dalle vigne più fresche, comunica facilità di beva sin dal colore quasi rosa. Ha olfatto di fiori e frutti rossi, melograno in primis, e un corpo snello e slanciato, che ne suggeriscono una temperatura di servizio quasi da bianco. Fresco, appunto.

Olevano Romano Sup. Tyto 2017 ● 2.000 bt; 15 € - Ricco e rispondente all'annata calda, ha olfatto invitante su note fruttate di prugna, amarena e mora. Il sorso è pieno, appena increspato nel tannino, con ritorni fruttati rispondenti arricchiti da spezie e mineralità rocciosa.

Olevano Romano Sup. Ris. Kósmos 2017 ● 1.000 bt; 22 € - Robusto, speziato, contrastato.

Nuvole 2019 O trebbiano, malvasia, ottonese; 2.000 bt; 12 € - Schietto, cerealicolo, rustico.

ha 3 - **bt** 10.000
Fertilizzanti letame in pellet, letame, sovescio
Fitofarmaci rame e zolfo
Diserbo lavorazione meccanica/manuale
Lieviti selezione di lieviti indigeni
Uve 100% di proprietà
Certificazione in conversione biologica

OLEVANO ROMANO (RM)

DAMIANO CIOLLI

Via del Corso - tel. 06 9563334
www.damianociolli.it - info@damianociolli.it

VITA - Se oggi Olevano Romano esprime dei Cesanese di livello qualitativo sempre più convincente, gran parte del merito è di vignaioli come Damiano Ciolli e Letizia Rocchi. La storia è partita nel 2001 e li ha visti sperimentare, rischiare e, alla fine, riuscire a creare uno stile riconoscibile ma non invadente e, anzi, con un arricchimento dell'espressione varietale e territoriale dell'uva cesanese. Una via possibile per un vitigno sempre più protagonista.

VIGNE - Il bel borgo di Olevano Romano è il suggestivo sfondo dei vigneti dell'azienda, posti a un'altitudine compresa tra i 300 e i 450 metri. Il contesto pedemontano, il clima con forti escursioni termiche, l'approccio poco interventista e le terre rosse di matrice vulcanica creano il giusto mix che consente di plasmare il cesanese sulla via dell'eleganza. Incantevole la vigna del Cirsium, composta da vecchie viti della metà degli anni Cinquanta.

VINI - Il non interventismo in vigna si riflette specularmente in cantina: fermentazioni spontanee, uso dei legni ragionato e tanto cemento.

TOP **Olevano Romano Sup. Silene 2018** VINO SLOW ● 20.000 bt; 14 € - La fragolina di bosco ammaliante e la saturante florealità sono i prodromi dell'annata fresca, che svela il lato montano di questo vino. La bocca ne è la conferma nella sua cristallina purezza, quasi a richiamare suggestioni rodaneggianti, pur mantenendo la barra a dritta nel segno del carattere varietale.

Olevano Romano Cirsium Ris. 2016 ● 3.500 bt; 24 € - Introverso all'inizio, quasi monastico nell'essere restio a concedere spazio ai profumi: il fruttato di prugna e mora e la speziatura di goudron e tabacco si ritrovano anche nella consueta bocca esplosiva che ripercorre le fasi olfattive, schiarendole in un finale fruttato di anguria, sottilmente screziato da toni erbacei.

ha 6 - **bt** 24.000
Fertilizzanti sovescio
Fitofarmaci rame e zolfo
Diserbo lavorazione meccanica/manuale
Lieviti fermentazione spontanea
Uve 100% di proprietà
Certificazione nessuna certificazione

OLEVANO ROMANO (RM)

PROIETTI

SCONTO -10%

Via Maremmana Superiore, km 2,8 - tel. 06 9563376
www.aziendaagricolaproietti.it - info@aziendaagricolaproietti.it

VITA - Famiglia di viticoltori, i Proietti di Olevano, con il bisnonno che iniziò l'attività negli anni Trenta. Intorno al 1980 il padre di Fernando, l'attuale guida dell'azienda, fu uno dei primi in zona a imbottigliare con etichetta propria. Oggi l'azienda viene condotta con mano salda, con competenze agronomiche e di vinificazione: con la linea di Tenuta al Campo, Proietti è ormai un riferimento nel Lazio.

VIGNE - Negli anni la parte agronomica è quella che più si è evoluta, con tecniche colturali man mano affinate: diradamento e selezione dei grappoli, cimatura verde, ritorno al sovescio, utilizzo di fitofarmaci meno invadenti. Di fronte alla cantina sorgono le vigne di cesanese e dei bianchi, ottonese e malvasia. Sul monte Scalambra troviamo le vigne vecchie di cesanese e in piccola parte sangiovese.

VINI - I Cesanese da vigne vecchie del monte Scalambra stanno man mano tendendo a un profilo più elegante. Sorprendenti, per una mano rossista, i bianchi e lo spumante Metodo Classico: confermano il trend percepito nei rossi, con una puntuale ricerca di freschezza e complessità aromatica.

Cesanese di Olevano Romano Sup. 2018 ● 30.000 bt; 15 € - Prodotto con vigneti vecchi di più di 50 anni sul monte Scalambra, è ben equilibrato, con tannini domati e avvolti dalle morbidezze.

Malvasia Puntinata 2019 O 6.000 bt; 11 € - Caratteristica la nota fruttata tipica della Malvasia, equilibrata molto bene da una buona freschezza, che gli conferisce ottimo slancio.

Cesanese di Olevano Romano 2018 ● 10.000 bt; 10 € - Caratterizzato da un fruttato intenso, sosta 7-8 mesi in vasca di cemento e poi affina in bottiglia: il sorso è slanciato.

M. Cl. Brut 2012 malvasia puntinata, cesanese; 800 bt; 30 € - Articolato, fruttato, armonico.

ha 15 - **bt** 70.000
Fertilizzanti letame in pellet, sovescio
Fitofarmaci rame e zolfo
Diserbo lavorazione meccanica/manuale
Lieviti selezionati industriali
Uve 100% di proprietà
Certificazione nessuna certificazione

PALIANO (FR)

ALBERTO GIACOBBE

SCONTO -10%

Contrada Colle San Giovenale - tel. 0775 579198
www.vinigiacobbe.it - info@vinigiacobbe.it

VITA - L'azienda produce vino dal 1939 ma fino a poco più di 10 anni fa conferiva le uve alla cantina sociale di Olevano. Col passare degli anni è aumentata la quantità e la qualità dell'imbottigliato, grazie alla gestione di Alberto Giacobbe che l'ha rilevata nel 2008. La crescita è evidente, e si avvantaggia anche del contributo dell'agronomo Ruggero Mazzilli, che sta gestendo la conversione in biologico, e dell'enologa Letizia Rocchi, in azienda dal 2020.

VIGNE - Le vigne sono distribuite tra Paliano, Piglio e Olevano, al confine fra le provincie di Roma e di Frosinone. I sistemi di allevamento sono misti e particolari: il passerina, da piante di oltre 40 anni di età, è a tendone ma dalle rese basse, protetto nelle stagioni calde, mentre il cesanese del vigneto del Lepanto, di 60 anni di età, è ad alberello detto "a ventaglio". Il cordone speronato e il guyot sono utilizzati per gli altri cesanese.

VINI - L'azienda sta correndo veloce da quando Alberto è al timone: freschezza e naturalità nei bianchi, ed eleganza nei rossi. La scelta della giovane enologa, rappresentante di spicco del nuovo volto del Cesanese di Olevano, va in questa direzione.

Duchessa 2019 O 10.000 bt; 10 € - Un Passerina di ottima fattura, molto fresco e con sentori floreali delicati, che gli danno grande slancio.

Cesanese del Piglio Sup. Lepanto Ris. 2017 ● cesanese; 2.000 bt; 15 € - Affinato 12 mesi in tonneau, è un vino complesso, con sentori fruttati e speziati, di buona maturazione fenolica anche in un'annata difficile.

Cesanese di Olevano Romano Sup. Giacobbe 2019 ● 15.000 bt; 11 € - Vino molto giovane, fruttato, di buona succosità, da attendere per i tannini che necessitano di integrarsi un po'.

Maddalena 2018 O passerina; 2.500 bt; 11 € - Incisivo, fruttato, sapido.

ha 13 - **bt** 40.000
Fertilizzanti sovescio
Fitofarmaci rame e zolfo
Diserbo lavorazione meccanica/manuale
Lieviti selezione di lieviti indigeni
Uve 100% di proprietà
Certificazione in conversione biologica

LA VISCIOLA

Via Carcassano - tel. 0775 501950
macciocca.piero@libero.it

VITA - La Visciola è una delle aziende che più hanno influito nel riconoscimento qualitativo di Cesanese e Passerina. Piero Macciocca, viticoltore allegro e dall'irresistibile franchezza, con il fondamentale supporto della moglie Rosa Alessandri e delle figlie Elisa e Cecilia, ha sempre creduto nelle possibilità di questi territori. Il tempo sta dando ragione a un progetto che cresce costantemente in credibilità e consapevolezza.

VIGNE - I terreni sono misti, vulcanici e argillosi, l'età delle vigne è oltre i 50 anni e l'altitudine media supera i 400 metri. Per valorizzare appieno la territorialità, si sono da sempre utilizzate pratiche sostenibili, rispettando gli andamenti stagionali. I quattro cesanese Priore provengono da altrettanti cru, e Piero sta pensando di farli affinare per almeno 2 anni in bottiglia prima della vendita.

VINI - In Francia li chiamerebbero vin de garage: gli spazi sono angusti ma ciò che non manca è la voglia di dar voce ai singoli cru, malgrado la praticità suggerirebbe un lavoro più semplice. Il resto lo fanno uno stile molto personale, fermentazioni spontanee e un'ottima gestione dei legni.

TOP **Cesanese del Piglio Priore Ju Quarto 2018** VINO SLOW ● 1.000 bt; 24 € - Verticale e agile, profuma di rosa, frutti di bosco, e spezie dolci e balsamiche.

Cesanese del Piglio Ju Lattaro 2017 ● 1.000 bt; 26 € - Esprime austerità, forza, assertività, ampiezza olfattiva: spezie dolci, marzapane, visciola, liquirizia, tostature e suggestioni terrose. In bocca spiccano la mineralità e l'acidità succosa.

Cesanese del Piglio Vicinale 2018 ● 2.000 bt; 17 € - Schietto, fruttato, verace.

Donna Rosa 2018 O passerina; 2.500 bt; 18 € - Bianco macerato, incisivo, asciutto, complesso.

Cesanese del Piglio Priore Vignali 2018 ● 1.300 bt; 24 € - Avvolgente, fruttato, espressivo.

ha 3 - **bt** 10.000
Fertilizzanti preparati biodinamici, sovescio
Fitofarmaci rame e zolfo
Diserbo lavorazione meccanica/manuale
Lieviti fermentazione spontanea
Uve 100% di proprietà
Certificazione biologico certificato

PIGLIO (FR)

PILEUM

SCONTO -10%

Via Casalotto - tel. 366 3129910
www.pileum.it - info@pileum.it

VITA - Pileum è nata nel 2003 per mano di un gruppo di amici, ma è solo nel 2012 che ha iniziato la vinificazione in proprio. L'azienda oggi, oltre ad avere una struttura con un'accoglienza organizzata ed efficace, vede Alessandra Borgia occuparsi della parte commerciale e Flavio Carella della parte agronomica e di vinificazione: entrambi sono i figli di soci fondatori. Dal 2013 l'agronomo ed enologo è Gabriele Graia.

VIGNE - Con le ultime acquisizioni sono 15 gli ettari di vigneto di proprietà: tante piccole parcelle di grandezza media inferiore all'ettaro, come è tipico di molte realtà in zona. L'azienda è certificata biologica, strada intrapresa da tempo con convinzione. Guyot e cordone speronato, soprattutto per i vigneti più giovani, sono le forme di allevamento più diffuse per cesanese e passerina, ma anche fiano, greco e grechetto.

VINI - La nuova generazione sta apportando freschezza e dinamicità nelle idee e nei vini: i primi a beneficiarne sono i rossi che, pur nella loro robustezza e complessità, acquisiscono maggior leggerezza. I bianchi hanno buona succosità e slancio.

Cesanese del Piglio Sup. Bolla di Urbano Ris. 2018 ● 9.000 bt; 36 € - Complessità e struttura, per un vino prodotto da uve di vigneti dedicati.

Cesanese del Piglio Sup. Massitium 2018 ● 13.000 bt; 20 € - È fruttato e floreale, di buona persistenza.

Valle Bianca 2019 O passerina, malvasia del Lazio; 10.000 bt; 11 € - Un vino dalle intriganti note balsamiche e di buona freschezza gustativa.

Caterina 2019 ● cesanese di Affile; 2.500 bt; 11 € - Agile, floreale, delicato.

Le Fattora 2018 O passerina; 1.200 bt; 15 € - Armonico, fruttato, avvolgente.

Stupisce il riassaggio del Cesanese del Piglio Pilarocca Ris. 2016: prodotto da una vigna dedicata, ha struttura importante e ottima complessità; tannini ben risolti e bilanciati dalla morbidezza.

ha 15 - **bt** 50.000
Fertilizzanti compost, sovescio
Fitofarmaci rame e zolfo
Diserbo lavorazione meccanica/manuale
Lieviti selezionati industriali
Uve 100% di proprietà
Certificazione biologico certificato

PONZA (LT)

ANTICHE CANTINE MIGLIACCIO

Via Pizzicato, 9 - tel. 339 2822252 - 320 7079269
www.antichecantinemigliaccio.it - lucianasabino@libero.it

VITA - Da Ischia a Ponza: un viaggio enologico compiuto da Pietro Migliaccio nel 1734, anno in cui Carlo di Borbone, dopo aver conquistato l'isola, divise i terreni tra alcuni coloni partenopei. Assegnò la zona di Fieno a Migliaccio, il quale vi piantò i tipici vitigni ischitani. Oggi Emanuele Vittorio, discendente della famiglia, insieme alla moglie Luciana Sabino continua la difficile opera di valorizzazione di un luogo tanto impervio quanto magnifico.

VIGNE - In questa parte dell'isola la viticoltura, usando un termine abusato, non può che essere definita eroica: un susseguirsi di terrazzamenti raggiungibili soltanto tramite una mulattiera che si snoda attraverso i filari, molti a piede franco, con biancolella, forastera, guarnaccia, aglianico e piedirosso. L'impossibilità di poter usare un'imbarcazione e il territorio impervio, danno la misura della fatica e della passione necessaria per vinificare queste splendide uve.

VINI - Anche da bendati si riuscirebbe a capire che siamo di fronte a vini di mare. Lo stile di vinificazione, che privilegia l'acciaio, sottolinea questa caratteristica.

Fieno di Ponza Bianco 2019 O biancolella, forastera; 3.000 bt; 22 € - 🍷 - Un autentico sorso di acqua marina, tanto è potente e trascinante la sensazione salmastra avvertita in bocca. Non c'è solo sale, c'è tanta macchia mediterranea che torna all'olfatto, inizialmente timido ma in grado di progredire su note agrumate.

Biancolella 2019 O 3.000 bt; 26 € - 🍷 - Fieno e fiori gialli, un olfatto quasi campestre, solare, estivo, che si interseca con sensazioni fruttate di albicocca e agrumi. L'afflato salmastro di sottofondo diventa prepotente al sorso, che si allunga chiudendo poi su sensazioni calde e accoglienti.

Fieno di Ponza Rosato 2019 ● aglianico, piedirosso; 1.000 bt; 22 € - 🍷 - Croccante, floreale, salino.

ha 3 - **bt** 10.000
Fertilizzanti letame, sovescio
Fitofarmaci rame e zolfo
Diserbo lavorazione meccanica/manuale
Lieviti selezionati industriali
Uve 100% di proprietà
Certificazione nessuna certificazione

ROMA

MARCO COLICCHIO

Via Gerocarne, 100 - tel. 346 9443764
colicchiomarco@gmail.com

VITA - Marco Colicchio è un giovane vignaiolo determinato e con le idee chiare. Ha un forte legame con la terra e la vita di campagna, ereditato dal padre Giuseppe e sistematizzato con gli studi a Viterbo. Non ama le definizioni e nemmeno gli stereotipi, ma è difficile non ricondurlo ai vignaioli naturali: con la sua piccola azienda è riuscito in pochi anni a diventarne un riferimento, con vini sempre schietti e piacevoli, e molto apprezzati all'estero.

VIGNE - I vigneti sorgono su un terreno di origine vulcanica lievemente collinare. Sono situati a Pavona, nella zona dei Castelli Romani. Le vigne si estendono per 1,5 ettari: sono state acquisite nel 2000 e ripiantate totalmente. I filari si trovano a circa 200 metri di quota e sono allevati a cordone speronato. Per il lavoro in vigna si ricorre esclusivamente a tecniche agricole naturali e tradizionali, assecondando con buonsenso i ritmi della natura.

VINI - I vini rispecchiano la sua personalità. Sono vini naturali realizzati con fermentazioni spontanee e macerazioni sulle bucce anche per i bianchi. Il tratto fruttato è sempre in primo piano.

Delica Cinquanta Filari 2019 O falanghina, grechetto, malvasia puntinata; 2.400 bt; 13 € - 🍷 - Si presenta luminoso alla vista e con netti profumi floreali e fruttati all'olfatto. Il percorso gustativo è agile e verace, complessivamente molto piacevole.

Delica Bianco 2019 O malvasia puntinata; 2.600 bt; 13 € - 🍷 - Vino piacevole, dinamico e gastronomico, dai profumi fruttati e vinosi: invita continuamente al riassaggio.

Rosso II 2019 ● sangiovese, syrah; 700 bt; 17 € - 🍷 - Agile, vinoso, rustico.

ha 1,5 - **bt** 5.700
Fertilizzanti letame
Fitofarmaci rame e zolfo
Diserbo lavorazione meccanica/manuale
Lieviti fermentazione spontanea
Uve 100% di proprietà
Certificazione nessuna certificazione

ROMA

TENUTA DI FIORANO

Via di Fioranello, 19 - tel. 06 79340093
www.tenutadifiorano.it - info@tenutadifiorano.it

VITA - La Tenuta di Fiorano e i suoi vini sono stati resi celebri da Luigi Veronelli. L'azienda, situata sull'Appia Antica nei pressi di Ciampino, è di proprietà di Jacopoalessandro Boncompagni Ludovisi, ed è grazie a lui che è riuscita a rinverdire i fasti di un tempo. Le numerose piante rare ed esotiche testimoniano la passione per la botanica, consolidata tradizione di famiglia, e fanno da cornice a eventi artistici e culturali.

VIGNE - La tenuta si estende su 200 ettari, di cui 12 vitati. I vigneti insistono su terreni vulcanici di pozzolana bianca. Le vigne sono allevate a guyot per grechetto e viogner, e a cordone speronato per cabernet sauvignon e merlot. A seguire il lavoro, dalla vigna alla cantina, c'è Lorenzo Costantini. L'azienda opera in biologico e c'è molta attenzione alla biodiversità: nella tenuta trovano spazio animali al pascolo, bosco e diverse colture.

VINI - C'è un'attenzione maniacale al rispetto delle tradizioni familiari che risalgono ad Alberico Boncompagni Ludovisi. La vinificazione si svolge nella cantina storica, e dopo i vini vengono spostati per gravità e messi a riposare in botti di rovere di Slavonia, a circa 20 metri sottoterra.

Fioranello Bianco 2019 ○ grechetto, viognier; 10.000 bt; 15 € - - Dal naso piacevolmente floreale e fruttato, si mostra dinamico, vibrante e fresco al palato, con bella progressione.

Fioranello Rosso 2018 ● cabernet sauvignon; 10.000 bt; 17 € - - Si apre su note fruttate e speziate, ed è fine e avvolgente al palato. Molto estratto, è appena un po' rigido.

Fiorano Bianco 2018 ○ grechetto, viogner; 10.000 bt; 27 € - - Floreale e speziato, con richiami di nocciola tostata, in bocca è denso e fresco, con un finale rilassato.

Fiorano Rosso 2015 ● cabernet sauvignon, merlot; 10.000 bt; 50 € - - Fitto, tostato, cupo.

ha 12 - **bt** 40.000
Fertilizzanti sovescio
Fitofarmaci rame e zolfo
Diserbo lavorazione meccanica/manuale
Lieviti selezione di lieviti indigeni
Uve 100% di proprietà
Certificazione biologico certificato

TARQUINIA (VT)

MUSCARI TOMAJOLI

SCONTO **-10%**

Località Bandita San Pantaleo - Strada Bandita del Casalnuovo - tel. 328 8990631 - www.muscaritomajoli.it - vinimuscaritomajoli@gmail.com

VITA - Sergio Muscari Tomajoli rilevò dal suocero Giuseppe Fattori una porzione catastale dismessa per riqualificarla e convertirla a vigneto. Con l'agronomo ed enologo Gabriele Gadenz ha scelto le uve più idonee: un clone corso di vermentino (ci troviamo alla stessa latitudine), e il montepulciano, mentre per il petit verdot l'ispirazione è stata Bolgheri. Oggi la conduzione spetta al figlio Marco, formatosi sul campo insieme all'amico Pietro Mosci.

VIGNE - Siamo a 150 metri di quota, in piena Etruria laziale, a 7 chilometri dal mare. L'area, rispetto al fondovalle più coltivato, beneficia dell'umidità fornita dal bosco della Roccaccia e della ventilazione costiera che aiuta a mantenere sane le uve. Su terreno vergine argilloso-calcareo, in lieve pendenza per evitare ristagni, dimorano le piante. Per combattere le avversità estive si attua l'inerbimento permanente.

VINI - «Non vogliamo appartenere a categorie precostituite»: il desiderio di Marco è rompere gli schemi e seguire la propria strada, fatta di basse rese, lavorazioni manuali e criomacerazione.

Nethun 2019 ○ vermentino; 3.021 bt; 20 € - - La dedica è a Nethuns, dio etrusco del mare. Floreale ed erbaceo allo tempo stesso, in bocca è secco e schietto, ed evidenzia la componente marina che gli dona corpo e struttura. Sul finale tornano sentori di frutta tropicale.

Velca 2019 ● 3.677 bt; 19 € - - In onore alla figura di Velia Spurinna, è il risultato della vinificazione in bianco del montepulciano: ha una trama rosea brillante per effetto del solo sgrondo delle bucce, ricche di antociani. Tre mesi di bâtonnage offrono personalità al vino, con aromi fruttati e floreali.

Il riassaggio del Pantaleone 2018 da uve petit verdot, conferma l'impressione di un vino equilibrato in cui le componenti speziate e fruttate sono ben espresse.

ha 2 - **bt** 9.000
Fertilizzanti nessun concime
Fitofarmaci rame e zolfo
Diserbo lavorazione meccanica/manuale
Lieviti selezionati industriali
Uve 100% di proprietà
Certificazione nessuna certificazione

0 15 30 km
MAR ADRIÁTICO
MARCHE
Loreto
Recanati
Macerata
Civitanova Marche
Tolentino
Fermo
PARCO NAZ. D. MONTI SIBILLINI
Visso
M. Vettore 2476
San Benedetto d. Tronto
Áscoli Piceno
UMBRIA
Colonnella
Controguerra
Torano Nuovo
Tortoreto
Sant'Omero
Giulianova
Campli
Teramo
Canzano
Roseto d. Abruzzi
Pineto
Notaresco
Atri
Silvi Marina
Castilenti
Città Sant'Ángelo
Collecorvino
Spoltore
Pescara
Penne
Francavilla al Mare
Loreto Aprutino
Pianella
Nocciano
Tollo
Ortona
Cese
PARCO NAZ. DEL GR. SASSO E MONTI D. LAGA
Gran Sasso d'Italia 2912
Cúgnoli
Chieti
Crecchio
L'ÁQUILA
Ofena
Alanno
Ari
Pietranico
Manoppello Scalo
Frisa
Rocca San Giovanni
Bolognano
San Martino s. Marrucina
Lanciano
Pópoli
PARCO
Torino di Sangro
Vittorito
ABRUZZO
Vasto
Atessa
Prezza
2793 M. gna d. Maiella
Bomba
Sulmona
NAZ. D. MAIELLA
Térmoli
Campomarino
Montenero di Bisáccia
Avezzano
San Felice del Molise
San Martino in Pensilis
PARCO NAZ. D'ABRUZZO,
Larino
Ururi
M.ti della Meta 2247
San Biase
Pescolanciano
Alatri
Sora
MOLISE
LÁZIO E MOLISE
PÚGLIA
Frosinone
Isérnia
Ripalimosani
CAMPOBASSO
Cassino
LÁZIO
PARCO NAZ.
Sabáudia
D. CIRCEO
Capo Circeo
Fórmia
Terracina
Gaeta
G. di Gaeta
Benevento
Cápua
Caserta
Santa Maria Cápua Vétere
CAMPÁNIA
ÍSOLE PONZIANE
MAR TIRRENO
Í. DI PONZA
NÁPOLI
PARCO NAZ. D. VESÚVIO
1281 Vesúvio
Avellino
Torre d. Greco
Í. VENTÓTENE
Castellammare di Stábia
Cava de' Tirreni
Salerno
Éboli
Íschia
Í. D'ÍSCHIA
Sorrento
Amalfi
Battipáglia
G. di Salerno
Í. DI CAPRI
A14
RA11
A24
RA12
A25
A1
RA9
A16
RA2
A56
A30
A3
A2

ABRUZZO E MOLISE

Il mondo vitivinicolo abruzzese poggia da lungo tempo essenzialmente su tre vini: Trebbiano, Cerasuolo e Montepulciano. Non vogliamo assolutamente trascurare le tante ottime bottiglie di Pecorino, che è stato riscoperto da qualche lustro e in pochi anni si è guadagnato un'ambita fetta di mercato, ma la tradizione più radicata è indubbiamente rappresentata da questa triade. Guardiamola da un po' più vicino. Lo stile che in passato abbiamo definito postmoderno, che si richiama più alla tradizione di alcuni decenni fa che alla modernità tecnica che molti vini hanno cominciato a esprimere dagli anni Novanta, ci ha restituito Montepulciano d'Abruzzo freschi e scalpitanti, un po' rustici e con tannini volutamente decisi, prodotti spesso senza utilizzo di legni di affinamento. Ebbene questo stile prende sempre più piede nel panorama regionale, e noi senza troppi giri di parole ne apprezziamo l'impostazione. Cresce, con simile dinamica, il numero di ottimi campioni di Trebbiano d'Abruzzo vinificati con la tecnica della macerazione sulle bucce, più o meno prolungata, ma che si fa sentire nel determinare il profilo gusto-olfattivo dei vini. Non ci rimane quindi che prendere atto di come questo vitigno stia dimostrando di avere buona predisposizione per questo genere di procedimento. Abbiamo registrato, infine, una fastidiosa dicotomia durante gli assaggi dei Cerasuolo d'Abruzzo: se da un lato abbiamo goduto parecchio nel trovare vini tradizionali sempre più buoni (piuttosto intensi nel colore, gustosi, ricchi di frutto e con tannini leggeri ma ben presenti), dall'altra ci siamo imbarazzati parecchio di fronte a vini che tendono un po' a scimmiottare i rosa di altri territori (sottili, scarichi di colore, morbidi), per correre dietro a non meglio definiti mercati internazionali.In Molise la riscossa della tintilia, che annotiamo già da qualche tempo, ci convince sempre di più: registriamo, anno dopo anno, un numero sempre crescente di vignaioli che si impegnano con acume e lungimiranza nel valorizzare, anche commercialmente, questa varietà. A livello generale segnaliamo che in entrambe le regioni le cantine private di medie o grandi dimensioni mostrano una certa staticità progettuale, ancorata a stili di produzione consolidatisi nel tempo che talvolta sembrano segnare commercialmente il passo: sono produttori con una buona e solida storia alle spalle, ma poco inclini a sperimentare e rinnovarsi. Per contro rileviamo come non conosca soste la nascita di piccole aziende artigianali, che indirizzano subito la loro produzione verso vini più naturali: un segnale di brillante vitalità, che ci fa piacere annotare e conoscere.

le Bottiglie

le Monete €

ALANNO (PE)

PODERE CASTORANI

Contrada Oratorio - Via Castorani, 5 - tel. 346 6355635
www.castorani.it - info@castorani.it

VITA - L'azienda, nata nel 1999 per volere dell'ex pilota automobilistico Jarno Trulli e realizzata nei luoghi della sua infanzia, negli ultimi anni ha raggiunto una dimensione strutturale e un'identità produttiva invidiabili. Piace e colpisce il mirabile equilibrio tra modernità e tradizione che si respira in questi luoghi, a partire dall'antico casino di caccia della fine del Settecento che guarda da presso il bellissimo centro aziendale.

VIGNE - I vigneti, disposti a circa 300 metri di altitudine su dolci versanti collinari, contrafforti dei massicci appenninici della Majella e del Morrone, circondano il centro aziendale e poggiano su terreni omogenei e argillosi, calcarei e variamente ciottolosi. Al vigneto storico di oltre 40 anni di età, da cui si ricavano i cru aziendali, se ne sono aggiunti in successione altri, già in piena fase produttiva.

VINI - Nelle attrezzature di cantina, così come nello stile dei vini, ritroviamo un'impronta tradizionale che non ha paura delle tecnologie moderne.

Cerasuolo d'Abruzzo Podere Castorani 2019 ● 3.000 bt; 17 € - Di complessa aromaticità fruttata e floreale, è sapido, succoso e pieno, con un centratissimo finale di bocca asciutto e salino.

Trebbiano d'Abruzzo Podere Castorani 2018 ○ 15.000 bt; 17 € - Eleganti sentori di fieno e agrumi anticipano un sorso sapido e corposo, con note di mandorla verde e accenni burrosi e vanigliati.

Montepulciano d'Abruzzo Cadetto 2018 ● 150.000 bt; 8 € - Vibrante, di bella acidità e dai tannini vivi che non intralciano le beva, è fruttato, agile e dinamico.

Abruzzo Pecorino Amorino 2019 ○ 50.000 bt; 13 € - Fine, fruttato, salino.

Montepulciano d'Abruzzo Lupaia 2017 ● 150.000 bt; 10 € - Robusto, speziato, energico.

Lupaia 2009 ○ trebbiano abruzzese; 2.000 bt; 10 € - Armonico, fruttato, verticale.

ha 70 - **bt** 600.000
Fertilizzanti compost
Fitofarmaci rame e zolfo
Diserbo lavorazione meccanica/manuale
Lieviti fermentazione spontanea, selezione di lieviti indigeni
Uve 100% di proprietà
Certificazione biologico certificato

ARI (CH)

TENUTA I FAURI €

SCONTO -10%

Via Foro, 18 - tel. 0871 332627
www.tenutaifauri.it - info@tenutaifauri.it

VITA - Questa azienda di stampo familiare è stata fatta crescere e prosperare da Domenico Di Camillo, e ora arriva all'eccellenza grazie ai figli Valentina, suo l'impegno nel marketing e nella comunicazione, e Luigi, bravo enologo di ampie vedute. Negli anni siamo stati testimoni di una crescita qualitativa dei vini che è andata di pari passo con l'accresciuta consapevolezza di Valentina e Luigi dei propri mezzi e delle potenzialità del territorio.

VIGNE - I vigneti sono divisi in più corpi, poco distanti uno dall'altro, che visti in successione partono dalla media collina interna di Ari, dove è presente la principale struttura di vinificazione, e proseguono sui versanti collinari di Villamagna, Bucchianico, Miglianico e Chieti, per arrivare infine ai dolci rilievi prossimi all'Adriatico di Francavilla al Mare. Le varie condizioni pedoclimatiche permettono proficue selezioni vendemmiali.

VINI - Vini che, anno dopo anno, diventano sempre più schietti e autentici grazie al bel lavoro effettuato, con mano leggera, da Luigi.

TOP **Abruzzo Pecorino 2019** VINO QUOTIDIANO ○ 25.000 bt; 11 € - Tanta, tanta frutta e un sorso succoso e pieno che scorre fresco e sapido, deliziando e dissetando.

Montepulciano d'Abruzzo Ottobre Rosso 2018 ● 30.000 bt; 12 € - Si presenta con un'elegante veste aromatica fatta di spezie e liquirizia, e il sorso è agile, fresco e con tannini ben dosati. Chiude con un bel ricordo fruttato.

Cerasuolo d'Abruzzo Baldovino 2019 ● 15.000 bt; 7 € - Profondo sul frutto, con accenni di spezie e fiori, è di buon corpo e sapido. Si lascia bere con sorprendente facilità.

Trebbiano d'Abruzzo Baldovino 2019 ○ 15.000 bt; 8 € - Agile, fruttato, avvolgente.

Montepulciano d'Abruzzo Baldovino 2018 ● 30.000 bt; 7 € - Setoso, fruttato, gastronomico.

Passerina 2019 ○ 15.000 bt; 10 € - Fresco, fruttato, delicato.

ha 30 - **bt** 150.000
Fertilizzanti compost, organo-minerali
Fitofarmaci organici, rame e zolfo
Diserbo lavorazione meccanica/manuale
Lieviti fermentazione spontanea, selezione di lieviti indigeni
Uve 100% di proprietà
Certificazione in conversione biologica

AUSONIA

SCONTO **-10%**

Contrada Nocella - tel. 085 9071026 - 340 2329860
www.ausoniawines.com - info@ausoniavini.it

VITA - Rimaniamo sempre affascinati nell'ascoltare Simone Binelli mentre ci parla di biodinamica e della sua vocazione per la vigna. La parola terroir è spesso usata in maniera impropria nel mondo vitivinicolo, ma ben si addice ai vini di Ausonia. Simone gestisce sia le operazioni agronomiche sia quelle in cantina, mentre la moglie Francesca Lodi si occupa delle incombenze amministrative.

VIGNE - Siamo nel Parco Regionale dei Calanchi di Atri, a 300 metri di quota. Simone è un maestro nella gestione dell'equilibrio vegetativo e produttivo delle piante. Qui terreni poco fertili e ricchi di argilla bianca vengono gestiti con inerbimento spontaneo. I 12 ettari di vigna, disposti in un corpo unico intorno alla cantina, sono allevati a spalliera e potati a guyot e a cordone speronato. Le rese per ettaro sono basse, per favorire la qualità delle uve.

VINI - Vini eleganti e di impatto quelli prodotti da Simone, che in cantina è sempre pronto a nuove sfide e sperimentazioni.

TOP **Abruzzo Pecorino Machaon 2018** VINO SLOW O 6.500 bt; 13 € - Stupisce per facilità di beva, eleganza ed equilibrio gustativo; profumato di pompelmo ed erbe aromatiche, regge bene al palato, fresco, sapido e profondo.

Montepulciano d'Abruzzo Colline Teramane Apollo Anfora 2018 ● 1.000 bt; 22 € - È un vino con tannini setosi, caratterizzato da note fruttate, ematiche e di sottobosco. Chiude piacevolmente fresco e succoso.

Cerasuolo d'Abruzzo Apollo 2019 ● 4.150 bt; 12 € - Magnifica interpretazione della tipologia. Ammalianti sentori di amarena affiancano una beva scorrevole, sapida e acida.

Trebbiano d'Abruzzo Apollo 2018 O 6.500 bt; 12 € - Ampio, floreale, autentico.

Montepulciano d'Abruzzo Colline Teramane Nostradamus Ris. 2015 ● 3.000 bt; 21 € - Austero, speziato, dettagliato.

ha 12 - **bt** 44.000
Fertilizzanti compost, preparati biodinamici, sovescio
Fitofarmaci rame e zolfo
Diserbo lavorazione meccanica/manuale
Lieviti fermentazione spontanea
Uve 100% di proprietà
Certificazione biodinamico certificato, biologico certificato

ATRI (TE)

CENTORAME

SCONTO **-10%**

Frazione Casoli - Via delle Fornaci, 15 - tel. 085 8709115
www.centorame.it - info@centorame.it

VITA - Centorame, gestita sapientemente da Lamberto Vannucci, è nata nel 1987 per mano di papà Mariano. Attualmente, oltre ai vigneti, troviamo oliveti e un ciliegeto destinato alla produzione di succhi di frutta. La prima vinificazione dai risultati incoraggianti è avvenuta nel 2002 nel seminterrato di casa, poi è arrivata la decisione di fare sul serio con la costruzione della cantina nel 2003.

VIGNE - La gestione dei campi è affidata a papà Mariano. Siamo a 200 metri di altitudine, dove vitigni autoctoni insistono su terreni calancosi, duri, e spesso soggetti a erosione. Le vigne più vecchie nei pressi della cantina sono allevate con la pergola abruzzese, mentre gli impianti più giovani sono allevati a spalliera e potati a guyot. Le rese sono basse e le uve selezionate con cura.

VINI - Le dimensioni della cantina sono ben proporzionate ai volumi prodotti. I vini sono affidabili e territoriali, e c'è un'interessante linea di prodotti senza solfiti aggiunti.

TOP **Trebbiano d'Abruzzo Liberamente 2019** VINO QUOTIDIANO O 3.000 bt; 10 € - Contraddistinto da profumi floreali, balsamici e di macchia mediterranea, in bocca è teso, burroso, e procede dritto verso un finale sapido e fruttato.

Montepulciano d'Abruzzo San Michele 2018 ● 45.000 bt; 10 € - L'olfatto fresco e speziato è ben integrato con un sorso fine e scorrevole.

Trebbiano d'Abruzzo San Michele 2019 O 8.000 bt; 10 € - Tipici sentori di frutta gialla al naso introducono un palato pieno e sorretto da puntuale e opportuna acidità.

Trebbiano d'Abruzzo Castellum Vetus 2018 O 6.000 bt; 15 € - Robusto, fruttato, salino.

Montepulciano d'Abruzzo Castellum Vetus 2016 ● 8.000 bt; 18 € - Austero, speziato, autentico.

M. Cl. Brut Anna 2015 ● pecorino; 3.000 bt; 22 € - Ampio, floreale, cangiante.

ha 13 - **bt** 110.000
Fertilizzanti sovescio
Fitofarmaci rame e zolfo
Diserbo lavorazione meccanica/manuale
Lieviti fermentazione spontanea, selezionati industriali
Uve 100% di proprietà
Certificazione nessuna certificazione

ATRI (TE)

CIRELLI

SCONTO **-10%**

Contrada Via Colle San Giovanni, 1 - tel. 085 8700106
www.agricolacirelli.com - hospitality@agricolacirelli.com

VITA - L'ingresso di Francesco Cirelli nel mondo del vino abruzzese nel 2003 è di quelli che non si dimenticano: nel giro di poco tempo i suoi vini hanno raggiunto una notorietà meritata e per molti versi inaspettata. C'era soddisfazione per la repentina attenzione ma anche una certa apprensione per il fatto di avere tanti progetti ancora in cantiere. Oggi, a distanza di quasi due decenni, l'azienda poggia su solide fondamenta.

VIGNE - L'azienda (frutticola, cerealicola e vitivinicola) può contare su 23 ettari di terreno, di cui solo 6 vitati, e si trova in un contesto paesaggistico suggestivo all'interno del Parco Regionale dei Calanchi di Atri. Gli impianti vitati, prossimi al centro aziendale, poggiano su versanti collinari in leggera pendenza, a circa 250 metri di altitudine, e sono allevati a filari su suoli tenaci, argillosi e calcarei.

VINI - Francesco ha deciso di lasciare affinare per un altro anno i vini della classica linea in anfora, e di uscire con tre nuovi vini che sono il risultato di un blend di tre annate diverse - tutte vinificate in anfore di terracotta - assemblate in diverse proporzioni.

TOP **Amphora Rosso 15+16+17** VINO SLOW ● montepulciano; 3.000 bt; 43 € - Figlio autentico del territorio, ha personalità da vendere, con tutte le caratteristiche del vitigno in bella evidenza: è vegetale, speziato, fruttato, strutturato, tannico e ancora tanto fresco.

Amphora Bianco 15+16+17 O trebbiano; 3.000 bt; 43 € - Ha tanta complessità e materia da lasciare stupefatti; il palato è caldo, sapido e avvolgente, con intense note minerali, di erbe aromatiche e di frutta gialla matura.

Amphora Rosato 15+16+17 ● montepulciano; 3.000 bt; 43 € - Ha complessità aromatica e un sorso prolungato e dall'invidiabile equilibrio gustativo; è secco e con una piccola percezione tannica nel finale di bocca.

ha 6 - **bt** 30.000
Fertilizzanti organo-minerali, preparati biodinamici, sovescio
Fitofarmaci rame e zolfo
Diserbo lavorazione meccanica/manuale
Lieviti fermentazione spontanea
Uve 100% di proprietà
Certificazione biologico certificato

BOLOGNANO (PE)

CICCIO ZACCAGNINI

Contrada Pozzo - tel. 085 8880195
www.cantinazaccagnini.it - info@cantinazaccagnini.it

VITA - Il vino è arte e Marcello Zaccagnini lo aveva intuito decenni fa, quando avviò le prime collaborazioni con artisti che interpretavano con le loro opere le emozioni che questo liquido è in grado di dare. Vigne e cantina sono divenute nel tempo una galleria d'arte, giusto complemento a una produzione ampia e di livello internazionale. Una realtà aziendale che guarda al futuro e al mondo senza dimenticare l'origine di tutto: quel tralcetto di vite indiscusso simbolo d'Abruzzo.

VIGNE - L'azienda, tra proprietà e affitto, gestisce un importante numero di ettari vitati, circa 500 e in parte visibili dal centro aziendale, adottando moderni sistemi di monitoraggio e controllo della vegetazione, tramite sensori e sistemi informativi utili per ottimizzare risorse idriche e concimazioni. Ubicati su terreni collinari di moderata pendenza, i vigneti poggiano su terreni di medio impasto, ventilati e asciutti.

VINI - L'ampia gamma di tipologie prodotte è in grado di soddisfare qualsiasi palato e dà conferma, se ce ne fosse ancora bisogno, dell'abilità dell'enologo Concezio Marulli, da tantissimi anni in azienda.

Cerasuolo d'Abruzzo Tralcetto 2019 ● 200.000 bt; 8 € - Delicate note erbacee e un croccante frutto acidulo trovano in bocca un bell'equilibrio gustativo, per un sorso leggero e dissetante. Espressivo.

Montepulciano d'Abruzzo Tralcetto 2018 ● 3.000.000 bt; 8 € - Fruttato, giustamente tannico e rustico, nel complesso è un vino schietto e versatile, da tutti i giorni.

Montepulciano d'Abruzzo Chronicon 2017 ● 200.000 bt; 12 € - Armonico, speziato, autentico.

Il riassaggio del Montepulciano d'Abruzzo San Clemente Ris. 2016, gia recensito lo scorso anno, ci conferma l'imponente struttura del vino, che ha tannini decisi e lungo finale profondo e speziato.

ha 500 - **bt** 6.000.000
Fertilizzanti compost, sovescio
Fitofarmaci chimici di sintesi, rame e zolfo
Diserbo lavorazione meccanica/manuale
Lieviti selezionati industriali
Uve 100% di proprietà
Certificazione nessuna certificazione

CAMPOMARINO (CB)

BORGO DI COLLOREDO - TENUTE DI GIULIO

SCONTO -10%

Via Colloredo, 15 - tel. 0875 57453
www.borgodicolloredo.com - info@borgodicolloredo.com

VITA - L'azienda è nata nei primi anni Sessanta per mano di Silvio Di Giulio, che si è trasferito da Tollo a Nuova Cliternia, piccola frazione di Campomarino. Qui ha acquistato una proprietà di 40 ettari. Oggi i figli Enrico e Pasquale gestiscono questa solida realtà, puntando su tecniche enologiche all'avanguardia e su un'agricoltura di precisione. Enrico, in collaborazione con il consulente Mario Ercolino, si occupa della cantina. Pasquale segue le operazioni agronomiche.

VIGNE - Siamo in prossimità della costa adriatica, e gli 80 ettari di vigna sono tutti allevati a spalliera e potati a guyot o a cordone speronato, a seconda del vitigno. I terreni, ricchi di argilla, sono ubicati a 100 metri di altitudine. Il clima mite, la brezza marina, e una gestione agronomica razionale dei campi favoriscono una produzione sana e di qualità. Frutteti e oliveti completano il quadro agricolo. Segnaliamo uno splendido B&B immerso nei vigneti.

VINI - Lo stile aziendale, grazie alla mano attenta di Enrico, strizza l'occhio da sempre alla pulizia, all'equilibrio e alla facilità di beva.

Aglianico 2016 ● 7.000 bt; 16 € - Buona complessità olfattiva con spezie e frutti scuri che si alternano a note erbacee. Buona la persistenza, per un sorso dai tannini integrati.

Molise Falanghina 2019 O 25.000 bt; 11 € - - Piacevole ed equilibrato, con sensazioni fruttate ed erbacee, è sorretto da una buona freschezza e dal finale agrumato.

Molise Tintilia 2015 ● 6.500 bt; 26 € - - Il sorso è equilibrato, ha tannini morbidi e buona freschezza. Al naso prevale la speziatura.

Biferno Bianco Gironia 2019 O 25.000 bt; 15 € - - Ampio, fruttato, consistente.

Greco 2019 O 10.000 bt; 13 € - - Fresco, fruttato, salino.

Biferno Rosato Gironia 2019 ● 6.000 bt; 15 € - - Fresco, fruttato, dolciastro.

ha 80 - **bt** 200.000
Fertilizzanti organo-minerali
Fitofarmaci rame e zolfo
Diserbo chimico, lavorazione meccanica/manuale
Lieviti selezionati industriali
Uve 100% di proprietà
Certificazione nessuna certificazione

CAMPOMARINO (CB)

DI MAJO NORANTE

SCONTO -10%

Contrada Ramitello - Via Vino Ramitello, 4 - tel. 0875 57208
www.dimajonorante.it - vini@dimajonorante.it

VITA - Le prime testimonianze di vinificazione di questa storica azienda molisana risalgono all'Ottocento. Oggi Alessio Di Majo Norante ne è il condottiero, e si avvale della consulenza enologica di Riccardo Cotarella e dell'aiuto del giovane Francesco Rizzo per la gestione dei campi. Qui si punta su un'agricoltura razionale: la certificazione biologica risale al 1996. La gamma dei vini è molto ampia, con una forte attitudine verso i mercati esteri.

VIGNE - I 115 ettari di vigna si estendono dal comune di Campomarino, a pochi passi dalla costa adriatica, fino ai comuni limitrofi, andando verso le zone interne. Altri 40 ettari di seminativo completano il quadro. Siamo su terreni ricchi di calcare e argilla rossa, ubicati a 100 metri di altitudine. Viene praticato l'inerbimento spontaneo per favorire la biodiversità in vigna.

VINI - In cantina l'uso della tecnologia è sempre rispettoso della territorialità e dell'andamento climatico della stagione.

Biferno Rosso Ramitello 2016 ● 100.000 bt; 13 € - - Caratterizzato al naso da note speziate e fruttate. In bocca è delicato, dalla beva fresca. Nel finale troviamo note saline.

Molise Rosso Don Luigi Ris. 2016 ● 30.000 bt; 31 € - - Profumato di pepe, frutti rossi e fiori secchi, al palato è pieno, succoso, e con tannini vivaci. Il sorso avanza in progressione gustativa, per poi chiudere lungo e speziato.

Molise Falanghina 2019 O 20.000 bt; 10 € - - Al naso piacevoli note di camomilla si alternano a sentori di pesca sciroppata. Il sorso è teso e veloce, e chiude appena salino.

Tintilia del Molise 2018 ● 30.000 bt; 14 € - - Agile, speziato, autentico.

Molise Aglianico Contado Ris. 2016 ● 80.000 bt; 13 € - - Allappante, fruttato, consistente.

Molise Greco 2019 O 15.000 bt; 10 € - - Fine, floreale, delicato.

ha 115 - **bt** 800.000
Fertilizzanti letame, organo-minerali, sovescio
Fitofarmaci rame e zolfo
Diserbo lavorazione meccanica/manuale
Lieviti selezionati industriali, selezione di lieviti indigeni
Uve 100% di proprietà
Certificazione biologico certificato

CANZANO (TE)

TENUTA CERULLI SPINOZZI €

SCONTO -10%

Strada Statale 150, km 17,6 - tel. 0861 57360 - 346 6979100
www.cerullispinozzi.it - info@cerullispinozzi.it

VITA - Le origini di questa storica azienda agricola risalgono al Settecento, ma è molto più recente la realizzazione della cantina, nata nel 2003 su progetto dei fratelli Francesco e Vincenzo Cerulli Irelli. La proprietà, attualmente gestita da Enrico, figlio di Vincenzo, grazie a sapienti lavori di ristrutturazione e costruzioni ex novo si è dotata di un funzionale centro aziendale con sala degustazione, punto vendita e una bellissima struttura ricettiva.

VIGNE - I vigneti sono divisi in due corpi: il principale domina il centro aziendale, l'altro si trova nel vicino comune di Mosciano Sant'Angelo. Il territorio è quello tipico delle valli alluvionali prossime all'Adriatico, con terreni tendenzialmente sciolti, con buona presenza di sabbia e ciottoli di varie dimensioni. Gli impianti sono allevati a pergola abruzzese e a filare.

VINI - Vini dotati di indubbia personalità e identità territoriale, frutto di un'attenta e competente lettura del territorio.

TOP **Montepulciano d'Abruzzo Colline Teramane Gruè 2018** VINO QUOTIDIANO ● 7.000 bt; 9 € - Si apre su un ventaglio di sensazioni olfattive di frutta rossa e spezie; in bocca è succoso, armonico e di opportuna tannicità.

Trebbiano d'Abruzzo Torre Migliori 2018 O 2.000 bt; 11 € - Corposo, sapido e profondo, intriga per l'ampio spettro aromatico, elegante e intenso, di frutto giallo maturo, erbaceo e burroso.

Cerasuolo d'Abruzzo Sup. Cortalto 2019 7.000 bt; 10 € - Articolato, fruttato, incisivo.

Montepulciano d'Abruzzo Colline Teramane Cortalto 2017 ● 7.000 bt; 10 € - Austero, fruttato, essenziale.

Trebbiano d'Abruzzo Gruè 2019 O 7.000 bt; 5 € - Agile, fruttato, delicato.

Segnaliamo il riassaggio del Pecorino Cortalto 2018, già recensito lo scorso anno: un vino verticale e diretto, percorso da una vena acidula rinfrescante e agrumata.

ha 35 - **bt** 150.000
Fertilizzanti letame, minerali, organo-minerali, sovescio
Fitofarmaci chimici di sintesi, organici, rame e zolfo
Diserbo lavorazione meccanica/manuale
Lieviti selezionati industriali
Uve 100% di proprietà
Certificazione nessuna certificazione

CASTILENTI (TE)

SAN LORENZO

Contrada Plavignano, 2 - tel. 0861 999325
www.sanlorenzovini.com - info@sanlorenzovini.com

VITA - Da due storiche famiglie di viticoltori, i Barbone e i Galasso, nel 1998 è nato San Lorenzo, raro ed encomiabile esempio di azienda vitivinicola e agrituristica di considerevoli dimensioni e a gestione familiare. A condurla, con giusto equilibrio, i fratelli Gianluca e Fabrizio Galasso, supportati dallo zio materno Gianfranco Barbone per gli aspetti agronomici e dall'enologo Riccardo Brighigna per quelli enologici.

VIGNE - La cantina giace ai piedi di un fronte collinare che sale dolcemente fino a raggiungere i 300 metri di quota; qui sono dislocati i due terzi dei vigneti, dai più recenti, oggetto di ristrutturazione nel 2000 e allevati a spalliera, ai più datati, di oltre 60 anni, condotti a tendone. I terreni sono sabbiosi e leggeri alle quote inferiori, argillosi e calcarei più in alto. Gli altri impianti si trovano nei comuni limitrofi.

VINI - Sfruttando la notevole disponibilità di uve provenienti da terreni e microclimi diversi, l'azienda produce una gamma di vini stilisticamente diversi, alcuni con impronta marcatamente territoriale, altri con un taglio più internazionale.

Casabianca Bianco 2019 O passerina, pecorino; 48.000 bt; 11 € - Un blend tra due uve autoctone perfettamente riuscito, che regala una beva succosa, dissetante e ricca di frutta esotica.

Abruzzo Pecorino 2019 O 62.000 bt; 11 € - La componente aromatica è di tutto rispetto, e la bocca è equilibrata, scorrevole e verticale.

Montepulciano d'Abruzzo Colline Teramane Antares 2018 ● 82.000 bt; 11 € - Strutturato, tannico e speziato; poi arriva il frutto che domina un finale di giusta intensità.

Montepulciano d'Abruzzo Colline Teramane Oinos 2016 ● 28.000 bt; 20 € - Austero, speziato, consistente.

Montepulciano d'Abruzzo Colline Teramane Escol Ris. 2015 ● 17.200 bt; 29 € - Solido, speziato, compatto.

ha 150 - **bt** 850.000
Fertilizzanti letame in pellet, letame, nessun concime, sovescio
Fitofarmaci organici, rame e zolfo
Diserbo lavorazione meccanica/manuale
Lieviti fermentazione spontanea, selezionati industriali
Uve 100% di proprietà
Certificazione in conversione biologica

CESE DI PRETURO (AQ)

CASTELSIMONI

SCONTO **-10%**

Via di Collettara - tel. 347 2461700
www.castelsimoni.it - vinidimontagna@castelsimoni.it

VITA - Non ci si aspetterebbe di trovare vigneti nel cuore dell'Appennino aquilano, dove la montagna rende tutto più difficile. Eppure Manuela Castellani e Paolo Simoni hanno creduto che, complici i cambiamenti climatici, si potesse provare a coltivare le vigne anche a quote ritenute un tempo proibitive. La scommessa è vinta, e la voglia di dissodare nuovi terreni e piantare altre viti, sfruttando la buona posizione ad anfiteatro della zona, è tanta.

VIGNE - Il vigneto, in un corpo unico, è stato letteralmente strappato al bosco, non senza difficoltà: pendenze elevate, rocce affioranti, massi erratici nonché rischi di gelate tardive sono tutte situazioni estreme, per cui ogni risultato, mai scontato, è una vera conquista. Originale, e legata alle condizioni climatiche, anche la scelta dei vitigni piantati, tutti orientati verso i classici internazionali tipici dei climi freddi.

VINI - Pochi interventi in vigna come in cantina. Nei vini, Paolo cerca di preservare la tipicità ottenuta nei grappoli attraverso fermentazioni spontanee e lunghe soste sui lieviti.

Diamante Nero 2018 ● pinot nero; 2.012 bt; 15 € - Si conferma un vino centrato, con tannini fini, un frutto succoso e speziato, facilità di beva e una giusta profondità, con finale intrigante che richiama le erbe aromatiche.
Lupa Bianca 2017 O riesling renano; 1.472 bt; 15 € - Da uve macerate a freddo e fermentazione spontanea, si apre con note floreali delicate e fini che invitano al sorso; la leggera nota acidula e citrina, supportata da una buona vena alcolica e da discreta mineralità, conduce a un finale schietto e pulito.
Altair 2018 O traminer aromatico; 4.648 bt; 12 € - Bianco macerato, possente, complesso, avvolgente.

ha 2 - **bt** 10.000
Fertilizzanti nessun concime
Fitofarmaci rame e zolfo
Diserbo lavorazione meccanica/manuale
Lieviti fermentazione spontanea
Uve 100% di proprietà
Certificazione nessuna certificazione

CHIETI

RABOTTINI

SCONTO **-10%**

Via Vracone, 29 - tel. 346 0974822 - 345 6720317
info@rabottinivini.it

VITA - Carlo Massimo Rabottini è uno degli agronomi più stimati della regione. Con la moglie Isabella Iezzi circa 10 anni fa ha deciso di dare nuova identità all'azienda di famiglia, indirizzandola verso laproduzione di vini e di olio extravergine di oliva di qualità. Se a questo si aggiunge la loro capacità di accogliere in maniera gioviale e informale, si spiega il continuo via vai di appassionati in cantina.

VIGNE - Il vigneto principale di 3,5 ettari è a 280 metri di altitudine sulla collina alle spalle della cantina. Coltivato a pergola abruzzese, ha 42 anni di età ed è circondato dal bosco. Sul crinale sud c'è l'altro appezzamento di 1,5 ettari in affitto. In entrambi i casi si tratta di terreni argilloso-calcarei sui quali si pratica da oltre 30 anni l'inerbimento spontaneo.

VINI - I vini hanno una sicura personalità e regalano spesso emozioni facendosi attendere. Questo spiega perché dopo la fermentazione spontanea e la maturazione in acciaio l'uscita è talvolta ritardata in relazione all'annata.

TOP **Trebbiano d'Abruzzo Per Iniziare 2019** VINO SLOW O 4.000 bt; 15 € - Ben definito al naso, con impronte di salvia ed erbe di campo, ha un gusto sapido e grintoso che, come in molte versioni precedenti assaggiate di recente, assicura longevità.
Cerasuolo d'Abruzzo Per Iniziare 2019 ● 1.800 bt; 17 € - Rispetta i canoni della tipicità con il suo colore intenso e brillante, ed è schietto nei sentori di ciliegia, prugna e liquirizia.
Montepulciano d'Abruzzo A Salire 2017 ● 5.500 bt; 20 € - Vibrante, speziato, profondo.
Montepulciano d'Abruzzo A Salire 2016 ● 6.500 bt; 22 € - Vivo, fruttato, elegante.
Per Concludere ● montepulciano; 1.500 bt da 0,375 l; 27 € - Articolato, fruttato, ampio.

ha 5 - **bt** 18.000
Fertilizzanti letame, sovescio
Fitofarmaci organici, rame e zolfo
Diserbo lavorazione meccanica/manuale
Lieviti fermentazione spontanea
Uve 100% di proprietà
Certificazione biologico certificato

COSTANTINI €

Località Fonte Canale - Via Migliori, 20 - tel. 085 9699169
www.costantinivini.it - info@costantinivini.it

VITA - È stato Antonio Costantini a sistemare i poderi di famiglia e acquisirne di nuovi dando la fisionomia attuale all'azienda, dotata di una cantina moderna che negli anni Novanta ha cominciato a farsi notare con le proprie etichette. Le solide radici agricole hanno contribuito non poco alla riuscita del progetto aziendale dei fratelli Costantini, Domenico e Giacomo, che dopo la scomparsa del padre Antonio ne hanno saggiamente raccolto il testimone.

VIGNE - La proprietà storica insiste nell'areale di Città Sant'Angelo, dove è ubicata una parte dei vigneti, mentre il grosso degli impianti si estende nei vicini territori comunali di Moscufo e Spoltore, sempre nel Pescarese, e in quelli posti più a nord nel comprensorio di Tortoreto, questa volta nel Teramano. Tutti si trovano comunque tra la costa e le prime colline interne, allevati a filare e a tendone, e con predominanza di varietà autoctone.

VINI - L'eterogeneità pedoclimatica dei vigneti permette un'ampia possibilità di selezionare particelle e uve, consentendo all'azienda di produrre una gamma di vini autentici, varietali e dall'invidiabile rapporto tra la qualità e il prezzo.

TOP **Fogliosei Rosso 2019** VINO QUOTIDIANO ● montepulciano; 2.400 bt; 5 € - Fruttato, fragrante, intenso, con accenni erbacei e chinati, è docile ed equilibrato, e conserva freschezza fino a un compiuto finale, sapido e asciutto.
Abruzzo Pecorino 2019 ○ 9.500 bt; 10 € - Floreale e agrumato, è tenue ma invitante, e al sorso ha volume e freschezza. Un vino spensierato.
Cerasuolo d'Abruzzo 2019 ● 8.000 bt; 6 € - Note erbacee e fruttate anticipano una bocca vivace ed equilibrata, con bella acidità e sapidità. Rinfrescante.
Abruzzo Passerina Febe 2019 ○ 5.000 bt; 6 € - Vivo, floreale, sottile.
Montepulciano d'Abruzzo Antò Ris. 2015 ● 3.400 bt; 32 € - Austero, speziato, severo.

ha 45 - **bt** 400.000
Fertilizzanti letame, organo-minerali
Fitofarmaci organici, rame e zolfo
Diserbo lavorazione meccanica/manuale
Lieviti selezione di lieviti indigeni
Uve 100% di proprietà
Certificazione nessuna certificazione

CITTÀ SANT'ANGELO (PE)

D'ALESIO

SCONTO -10%

Strada Gaglierano, 73 - tel. 085 96713
www.dalesiovini.it - info@dalesiovini.it

VITA - Dalla moderna cantina si vede a pochissima distanza la casa di famiglia in cui nacquero i primi vini di Alessio D'Alesio circa un secolo fa. La scelta di dar vita a una vera e propria attività produttiva la si deve invece a Mario, docente di Agraria, padre di Lanfranco e nonno di Giovanni, che oggi guidano l'azienda. L'amore per la propria terra e la fiducia in una vitivinicoltura consapevole e di qualità hanno posto le basi dell'attuale produzione.

VIGNE - Arriverà a 18,5 ettari, con i nuovi impianti di montepulciano, la consistenza dei vigneti di proprietà, dedicati soprattutto alle uve bianche, in cui i D'Alesio credono molto. Trebbiano, pecorino, passerina, cococciola e montonico hanno progressivamente trovato spazio in questi anni, in un paesaggio di colline, fra calanchi e oliveti, che ha il proprio fulcro nel centro aziendale, con cantina e ambienti di accoglienza.

VINI - L'evoluzione nella definizione stilistica degli ultimi anni è evidente e ha portato a una maggiore personalità nell'espressione varietale, notata in particolar modo sui bianchi, scegliendo inoltre di destinare particolare pazienza e attenzione alle etichette di maggior pregio.

Abruzzo Pecorino Sup. D'Alesio 2017 ○ 8.000 bt; 14 € - Erbaceo, agrumato, minerale, presenta una spiccata sapidità; pieno al sorso, è caldo e avvolgente, profondo e persistente.
Montepulciano d'Abruzzo Tenuta del Professore Ris. 2015 ● 4.000 bt; 38 € - Complesso, maturo nel frutto, speziato, è severo, fitto e profondo, con un elegante finale.
Montepulciano d'Abruzzo Sciarr Pergola Est 2018 ● 15.000 bt; 7 € - Elegante, di corpo medio e dai tannini ben modulati, ha spiccate note erbacee e fruttate.
Donna Delia ● cococciola, pecorino, montonico, trebbiano; 8.00 0bt da 0,5 l; 14 € - Succoso, fruttato, avvolgente.

ha 15 - **bt** 90.000
Fertilizzanti letame, preparati biodinamici, sovescio
Fitofarmaci rame e zolfo
Diserbo lavorazione meccanica/manuale
Lieviti fermentazione spontanea, selezione di lieviti indigeni
Uve 100% di proprietà
Certificazione biologico certificato

CONTESA

SCONTO **-10%**

Contrada Capparrone Collecorvino - tel. 085 8205078 - 349 2639404
www.contesa.it - info@contesa.it

VITA - La cantina, di nuova concezione, è ben integrata nel tessuto paesaggistico ed è stata costruita una ventina di anni fa su un poggio fra le colline di Collecorvino. È il centro di un'azienda che suggella il legame di Rocco Pasetti con il vino abruzzese, dalle radici familiari alla lunga esperienza enologica, fino alla personale visione produttiva, che alle conoscenze tradizionali unisce quelle tecnologiche. Un percorso condiviso con il figlio Franco, da anni al suo fianco.

VIGNE - Crescono gli ettari vitati così come i progetti della famiglia Pasetti: a oggi sono 45 e insistono per la maggior parte intorno alla cantina di Caparrone, distesi su terreni di medio impasto a più di 400 metri di altitudine. Ulteriori vigneti sono a Catignano, altro comune del Pescarese. Si coltivano montepulciano, trebbiano e pecorino.

VINI - Con la nuova linea dedicata alla memoria di John Fante, si conferma la volontà di elevare la possibilità espressiva dei vitigni tradizionali, già ben interpretati in senso varietale nelle altre etichette aziendali.

TOP **Abruzzo Pecorino 2019** VINO QUOTIDIANO O 16.000 bt; 10 € - Floreale, minerale, con eleganti note di erbe aromatiche, dichiara complessità e profondità: è fresco, sapido, bilanciato, dal finale appagante.
Montepulciano d'Abruzzo Chiedi Alla Polvere Ris. 2016 ● 6.000 bt; 15 € - Dettagliato, fruttato e speziato, denota un invidiabile equilibrio, con tannini perfettamente integrati; ha sorso nobile e succoso, persistente e profondo.
Abruzzo Pecorino Sup. Aspetta Primavera 2019 O 6.000 bt; 16 € - Al naso percepiamo note di frutta fresca e candita che introducono una beva agile, elegante ed equilibrata, con tanta sapidità e freschezza.
Cerasuolo d'Abruzzo 2019 ● 16.000 bt; 10 € - Vibrante, fruttato, verticale.

ha 45 - **bt** 250.000
Fertilizzanti letame, sovescio
Fitofarmaci rame e zolfo
Diserbo lavorazione meccanica/manuale
Lieviti fermentazione spontanea, selezione di lieviti indigeni
Uve 100% di proprietà
Certificazione parte dei vigneti in regime biologico

COLLECORVINO (PE)

TENUTA DEL PRIORE - COL DEL MONDO

SCONTO **-10%**

Contrada Campotino - Via Masseria Flaiani, 1 - tel. 085 8207162
www.tenutadelpriore.it - info@priore.it

VITA - Ricordi del passato e prospettive contemporanee convivono nell'anima di questa azienda che rappresenta la fusione fra la Tenuta del Priore, avviata dalla famiglia Mazzocchetti negli anni Settanta nella campagna di Collecorvino, e Col del Mondo, realtà costituita in anni più recenti da Fabrizio Mazzocchetti, enologo già impegnato fuori regione e tornato a occuparsi delle proprietà familiari con Antonio e Stefano Mazzocchetti.

VIGNE - Considerata nel suo complesso, l'estensione vitata ammonta a circa 60 ettari che insistono principalmente intorno al moderno centro aziendale di Collecorvino, fra le colline del Pescarese a circa 300 metri di altitudine, anche se non mancano alcuni appezzamenti in altri areali. I vigneti allevati a filare, con sistema a guyot e cordone speronato, su terreni argilloso-calcarei ricchi di scheletro, ospitano le varietà autoctone montepulciano, trebbiano, pecorino e passerina.

VINI - Le scelte degli ultimi tempi hanno orientato la produzione su una viticoltura di crescente qualità, con una maggiore incisività varietale dei vini, sempre dal carattere equilibrato e affidabili.

Pecorino Campotino 2019 O 10.000 bt; 7 € - Fruttato, erbaceo, complesso e voluminoso, è vibrante, energico, di spiccata sapidità e di aggraziata persistenza. Si fa bere con estrema piacevolezza.
Abruzzo Bianco Sunnae 2019 O 10.000 bt; 9 € - Delicato e fruttato, è sottile, calibrato su un'incisiva sapidità che accompagna verso un finale piacevole ed equilibrato. Da uve trebbiano, passerina e pecorino.
Montepulciano d'Abruzzo Campotino 2019 ● 50.000 bt; 7 € - Fresco e vinoso, ha una bocca di buona potenza, con tannini robusti e tanta sapidità.
Cerasuolo d'Abruzzo Col del Mondo 2019 ● 5.000 bt; 9 € - Agile, fruttato, sapido.

ha 60 - **bt** 150.000
Fertilizzanti sovescio
Fitofarmaci organici, rame e zolfo
Diserbo lavorazione meccanica/manuale
Lieviti selezionati industriali
Uve 100% di proprietà
Certificazione nessuna certificazione

COLONNELLA (TE)

FRANCESCO MASSETTI

SCONTO **-10%**

Contrada Giardino - tel. 329 7266209
www.vinimassetti.it - francesco.massetti.88@gmail.com

VITA - Questa è una di quelle storie che amiamo raccontare: Francesco Massetti nel 2012, da giovane neolaureato in Agraria trova occupazione in un'azienda vitivinicola. Dopo un anno di lavoro capisce che quella è la sua strada, ma comprende anche che la vuole percorrere in modo autonomo. Senza perdere tempo, nel 2013 acquista dei terreni dove sono presenti vecchie viti da cui preleva le marze per mettere su il suo vigneto, posto a dimora nel 2014.

VIGNE - La zona, è di quelle particolarmente vocate e non è un caso che, a dispetto della bassa densità di abitanti, ci siano tante cantine dedite a produzioni di qualità. I vigneti, frutto di un'attenta selezione massale di vecchi cloni di montepulciano e trebbiano, sono allevati a filare (cordone speronato), e disposti in un unico corpo su un versante collinare a circa 120 metri di quota, con esposizione sud-est, su terreni argillosi ricchi di fossili calcarei.

VINI - Francesco segue in solitaria i vigneti e ha un approccio alla vinificazione di assoluto rispetto per la qualità delle uve che porta in cantina. E allora: fermentazioni spontanee, nessun controllo di temperatura e nessun intervento tecnologico invasivo.

Mezzo Pieno 2019 ○ 3.600 bt; 21 € - - Personalità da vendere, tanta materia e bell'equilibrio gustativo per un Trebbiano perfettamente interpretato, sapido e fresco, ricco di fiori e frutta bianca.
C'è Rosato 2019 ● montepulciano; 1.600 bt; 21 € - - Floreale e speziato, ha una bocca piacevolmente austera, secca e ben bilanciata, con tanta sapidità. Suadente ed elegante il profondo il finale.
Montepulciano d'Abruzzo Quarantacinque 2018 ● 4.300 bt; 32 € - - Tannico e strutturato, è ancora troppo condizionato dall'affinamento in legno, con note di spezie dolci predominanti sul frutto. Da vedere in prospettiva.

ha 5,5 - **bt** 9.500
Fertilizzanti letame
Fitofarmaci rame e zolfo
Diserbo lavorazione meccanica/manuale
Lieviti fermentazione spontanea
Uve 100% di proprietà
Certificazione biologico certificato

CONTROGUERRA (TE)

BOSSANOVA

SCONTO **-10%**

Contrada Pignotto, 87 - tel. 346 9504581
www.vinibossanova.com - info@vinibossanova.com

VITA - Andrea Quaglia e Natalino Colantonio, nonostante abitino nello stesso paese, hanno poche occasioni per incontrarsi; il lavoro - Andrea fa il musicista, Natalino il responsabile commerciale di un'azienda di arredi di lusso - li rende nomadi. Eppure c'è qualcosa che cova sotto la cenere e li unisce: il desiderio di fermarsi e di continuare il lavoro sulla loro terra, coltivare la vite e fare il vino. Alla fine quell'incontro c'è stato.

VIGNE - I vigneti di famiglia, di oltre 40 anni di età, sono stati curati per una vita dal nonno di Andrea, peraltro ancora attivo e instancabile tra i filari a dare una mano. Gli impianti sono disposti su di un versante collinare, a poche decine di metri dal centro aziendale, allevati a filare e potati a cordone speronato. I terreni hanno una diversa composizione, argillosi e calcarei nella parte più bassa della collina, argillosi e ricchi di ferro sulla sommità.

VINI - I vini prodotti da Andrea e Natalino hanno personalità da vendere: fermentano spontaneamente in vasche di cemento vetrificato e sono lasciati liberi di esprimere tutto il loro potenziale.

Montepulciano d'Abruzzo Colline Teramane Il Bossa 2018 ● 650 bt; 40 € - - Figlio legittimo della propria terra, affascina per il suo essere austero, fruttato e terroso; di struttura e di nobili tannini, ha potenza, profondità gustativa e potenziale di ulteriore crescita affinando in bottiglia.
Cerasuolo d'Abruzzo 2018 ● 1.300 bt; 21 € - - Cerasuolo che non lascia indifferenti: secco e strutturato, è salino e di bella complessità aromatica, tra fiori secchi e frutta rossa candita.
Trebbiano d'Abruzzo 2018 ○ 1.300 bt; 21 € - - Intriganti note erbacee con richiami di frutto dolce, aprono a un palato di buon corpo ed equilibrio, con una persistente aromaticità e una gradevole nota salina.

ha 4 - **bt** 15.000
Fertilizzanti preparati biodinamici, sovescio
Fitofarmaci rame e zolfo
Diserbo lavorazione meccanica/manuale
Lieviti fermentazione spontanea
Uve 100% di proprietà
Certificazione in conversione biodinamica, in conversione biologica

DE ANGELIS CORVI

SCONTO **-10%**

Contrada Pignotto - tel. 335 5392332
www.deangeliscorvi.it - Info@deangeliscorvi.it

VITA - È stata la ricerca di un equilibrio fra ritmo della natura e lavoro dell'uomo a definire la cifra dei vini di Corrado de Angelis Corvi, che ha messo al centro della propria visione produttiva, garbata e territoriale, una serie di punti fermi a cui ispirarsi, come il recupero di vecchi vigneti, le scrupolose cure agronomiche che vanno oltre il biologico, la fedeltà ai tradizionali vitigni autoctoni e i meticolosi metodi artigianali di vinificazione.

VIGNE - La proprietà vitata si estende intorno al centro aziendale, un vecchio casale completamente recuperato dove è ospitata la cantina, accanto a un familiare ambiente di accoglienza e vendita che rinnova l'impegno vitivinicolo della famiglia fra le Marche e l'Abruzzo. Montepulciano e trebbiano compongono il patrimonio varietale, per un totale di 9 ettari che si sviluppano armoniosamente tra le colline Teramane di Controguerra.

VINI - La responsabile riflessione agronomica del produttore, in linea con i principi della viticoltura biodinamica, segna profondamente lo stile dei vini, ottenuti con un sostenibile intervento in cantina, e accettando di buon grado le peculiarità caratteriali di varietà e di zona.

TOP **Cerasuolo d'Abruzzo Sup. Biologico Fonte Raviliano 2019** VINO QUOTIDIANO ● 7.000 bt; 12 € - Dettagliato e prestante, è fruttato, succoso, consistente, ma soprattutto conserva freschezza ed equilibrio. Il sorso è incisivo e dal finale disteso.

Trebbiano d'Abruzzo Sup. Biologico Fonte Raviliano 2019 O 7.000 bt; 12 € - Floreale e fruttato, generoso nei profumi, è avvolgente, equilibrato, persistente. Si chiude su un finale sobrio ma elegante, di accattivante tipicità.

ha 9 - **bt** 30.000
Fertilizzanti preparati biodinamici, sovescio
Fitofarmaci rame e zolfo
Diserbo lavorazione meccanica/manuale
Lieviti fermentazione spontanea
Uve 100% di proprietà
Certificazione biodinamico certificato, biologico certificato

ILLUMINATI

SCONTO **-10%**

Contrada San Biagio, 18 - tel. 0861 808008 - 348 9006037
www.illuminativini.it - info@illuminativini.it

VITA - Siamo alla quarta generazione degli Illuminati: i figli Lorenzo, Stefano e Anna sono ormai subentrati al papà Dino, che continua però a dispensare consigli. Nonostante le dimensioni l'azienda conserva appieno le caratteristiche di una realtà a conduzione familiare. Prezioso il supporto dell'agronomo Valerio Barbieri e di Claudio Cappellacci, enologo e responsabile di cantina.

VIGNE - I 130 ettari vitati si trovano nei comuni di Controguerra, Corropoli e Torano Nuovo, nel cuore delle bellissime colline teramane. I terreni sono di medio impasto con presenza di argilla, sabbia e limo. Per metà sono allevati a spalliera, con potatura a guyot e a cordone speronato, l'altra metà è allevata con la tradizionale pergola abruzzese, tornata in gran spolvero a causa dell'evidente cambiamento climatico. I suoli collinari sono di medio impasto e posti a 300 metri di quota.

VINI - I vini sono precisi e dalla forte identità territoriale, oltretutto proposti a prezzi davvero convenienti.

TOP **Montepulciano d'Abruzzo Riparosso 2019** VINO QUOTIDIANO ● 500.000 bt; 8 € - Il sorso è davvero piacevole, con frutti scuri e spezie in evidenza, tannini ben integrati e un finale appagante. E poi il prezzo, fenomenale!

Controguerra Rosso Lumen Ris. 2015 ● 13.000 bt; 30 € - Il boisé iniziale viene subito assorbito dall'imponenza della struttura: nel tempo darà soddisfazione, ne siamo sicuri.

Controguerra Pecorino 2019 O 40.000 bt; 8 € - Dinamico e scattante, con sentori agrumati e vegetali, presenta un finale piacevole e ammandorlato.

Montepulciano d'Abruzzo Colline Teramane Zanna Ris. 2015 ● 50.000 bt; 24 € - Fine, fruttato, complesso.

Controguerra Passerina 2019 O 15.000 bt; 8 € - Fresco, floreale, espressivo.

Cerasuolo d'Abruzzo Campirosa 2019 ● 50.000 bt; 8 € - Fresco, fruttato, essenziale.

ha 130 - **bt** 1.150.000
Fertilizzanti letame, sovescio
Fitofarmaci rame e zolfo
Diserbo lavorazione meccanica/manuale
Lieviti selezionati industriali
Uve 100% di proprietà
Certificazione nessuna certificazione

CONTROGUERRA (TE)

MAURIZI

SCONTO **-10%**

Via San Giovanni, 28 - tel. 338 5805314
giuliomaurizi61@gmail.com

VITA - Giulio Maurizi non è un novellino: pur essendo ancora giovane, ha sulle spalle 37 vendemmie passate da dipendente presso due aziende vitivinicole della zona. Nel 2015, di pari passo con il conseguimento del diploma di enotecnico da parte del figlio Morgan, lasciata l'attività da dipendente ha deciso di avviare un'azienda sua.

VIGNE - I vigneti sono frazionati in tanti piccoli appezzamenti che variano dai 2.000 ai 7.000 metri quadrati, tutti compresi nel territorio del comune di Controguerra. Sono allevati a spalliera su terreni argillosi, in media collina, eccezion fatta per un appezzamento di poco inferiore a un ettaro che si trova a quote inferiori, in posizione quasi pianeggiante, ai margini di una vallata e con terreni più sciolti e calcarei.

VINI - Giulio e Morgan in cantina non fanno sconti: lavorano nel rispetto della tradizione, con fermentazioni spontanee in vasche in cemento, per tirare fuori il massimo della tipicità dalle loro uve.

TOP **Trebbiano d'Abruzzo 2018** VINO QUOTIDIANO O 2.600 bt; 12 € - Il naso dai delicati sentori fruttati e di erbe aromatiche che si fanno via via più intensi, anticipa una bocca piena, fresca e succosa, tanto complessa quanto facile da interpretare. Una piacevolissima scoperta.

Controguerra Passerina 2018 O 1.200 bt; 14 € - Vino di grande complessità aromatica, con suadenti sensazioni resinose, di frutta gialla e di erbe aromatiche; mostra pienezza e profondità gustativa. Secco e sapido il finale di bocca.

Montepulciano d'Abruzzo 2018 ● 5.300 bt; 15 € - Si apre su sottili cenni balsamici e speziati che anticipano un frutto ricco e persistente, che poggia su un corpo di media struttura, con tannini fitti e maturi.

Cerasuolo d'Abruzzo 2018 ● 3.300 bt; 14 € - Avvolgente, fruttato, salino.

ha 5 - **bt** 12.500
Fertilizzanti organo-minerali
Fitofarmaci chimici di sintesi, rame e zolfo
Diserbo lavorazione meccanica/manuale
Lieviti fermentazione spontanea, selezione di lieviti indigeni
Uve 100% di proprietà
Certificazione nessuna certificazione

CONTROGUERRA (TE)

MONTI

Contrada Pignotto, 54 - tel. 0861 89042 - 347 8501828
www.vinimonti.it - info@vinimonti.it

VITA - Ha passato il mezzo secolo di storia questa consolidata realtà delle colline teramane, fondata nel 1969 da Antonio ed Elio Monti, produttori lungimiranti la cui eredità è stata raccolta da Emilia, figlia di Elio, impegnata in prima persona nella conduzione aziendale. La sua è una visione di sintesi fra il rispetto dell'impostazione tradizionale della generazione che l'ha preceduta, e le possibilità offerte dalle moderne tecniche di vinificazione.

VIGNE - La contrada Pignotto di Controguerra è un chiaro riferimento territoriale per la famiglia Monti. Su un poggio se ne stanno casa e cantina, dall'impostazione essenziale e funzionale tanto cara ai produttori di una volta. Tutto intorno sono ospitati i vigneti a spalliera, presenti anche in altri appezzamenti poco distanti dal centro aziendale, in cui si alternano autoctoni quali montepulciano, trebbiano, pecorino, e vitigni internazionali come cabernet sauvignon e merlot.

VINI - L'impostazione produttiva conservata in questi anni, classica e in linea con la tradizione di zona, sta indagando solo di recente nuove prospettive stilistiche, in fase di ulteriore definizione.

Cerasuolo d'Abruzzo Femina 2019 ● 2.700 bt; 9 € - Fruttato, con una buona articolazione olfattiva, è corposo, succoso, integrato, verace e dal discreto finale.

Montepulciano d'Abruzzo Colline Teramane Voluptas 2016 ● 13.000 bt; 10 € - Maturo di confettura di piccola frutta rossa, speziato, robusto nei tannini, è incisivo e di misurata eleganza.

Montepulciano d'Abruzzo MKP 2019 ● 2.700 bt; 20 € - Vino di giovanile esuberanza e fruttata freschezza, con trama tannica sostenuta.

Controguerra Bianco Raggio di Luna 2019 O 1.500 bt; 9 € - Agile, fruttato, rilassato.

ha 10 - **bt** 70.000
Fertilizzanti organo-minerali
Fitofarmaci chimici di sintesi, rame e zolfo
Diserbo chimico, lavorazione meccanica/manuale
Lieviti fermentazione spontanea, selezione di lieviti indigeni
Uve 100% di proprietà
Certificazione nessuna certificazione

CONTROGUERRA (TE)

CAMILLO MONTORI

SCONTO -10%

Via Piane Tronto, 80 - tel. 0861 809900
www.montorivini.it - info@montorivini.it

VITA - Camillo Montori ha il garbo e la risolutezza di quei produttori legati alle radici familiari e territoriali da un senso di responsabilità che è alla base di molte pagine della storia vitivinicola di questa regione. Affiancato dalle figlie Laura e Beatrice, cura con dedizione paterna l'azienda di Controguerra, porzione dell'antico feudo di Monte Aureo, che ha fondato negli anni Sessanta.

VIGNE - Nel corso di mezzo secolo e più di attività viticola, la proprietà ha visto avvicendarsi vecchi e nuovi impianti in agro di Controguerra, nella vallata del Tronto, una delle zone più vocate delle colline teramane. Sono 55 a oggi gli ettari vitati, disposti sul versante collinare che scende verso valle, dove è ubicata la cantina. I terreni variano per composizione: più argillosi e calcarei in quota, più leggeri e ciottolosi nel fondovalle.

VINI - La costanza stilistica riscontrata nei vini conferma la volontà del produttore di non discostarsi da uno stile classico, personale e di successo, consolidatosi negli anni.

Cerasuolo d'Abruzzo Fonte Cupa 2019 15.000 bt; 11 € - Concentrato sul frutto, richiama note erbacee, ha buona struttura ed è fresco, sapido e con un piacevole accenno amarognolo sul finale.

Montepulciano d'Abruzzo Colline Teramane Camillo Montori 2015 ● 6.000 bt; 11 € - - Fruttato, con accenni balsamici, di medio corpo e con tannini ben dosati, si prolunga in un finale di bocca schietto, quasi severo e risoluto.

Passerina Fonte Cupa 2019 O 6.000 bt; 11 € - - Fresco e fragrante con il frutto bianco in bella evidenza, nel complesso denota una beva spensierata e dissetante.

Pecorino Camillo Montori 2019 O 6.000 bt; 9 € - - Fresco, fruttato, salino.

Montepulciano d'Abruzzo Colline Teramane Fonte Cupa Ris. 2013 ● 3.000 bt; 25 € - - Austero, speziato, gastronomico.

ha 52 - **bt** 500.000
Fertilizzanti letame in pellet, organo-minerali
Fitofarmaci chimici di sintesi, organici
Diserbo lavorazione meccanica/manuale
Lieviti selezionati industriali
Uve 100% di proprietà
Certificazione nessuna certificazione

CONTROGUERRA (TE)

PODERE SAN BIAGIO

SCONTO -10%

Contrada San Biagio, 13 - tel. 370 3100282
www.fiorepoderesanbiagio.it - info@fiorepoderesanbiagio.it

VITA - Il giovane Jacopo Fiore fa sul serio: lo scorso anno incontrandolo siamo stati testimoni della sua volontà di dedicarsi a tempo pieno, lui giramondo incallito, all'azienda di famiglia. A distanza di 12 mesi lo ritroviamo sempre più coinvolto e con le idee ben chiare su quello che sarà il futuro produttivo di un'azienda nata cerealicola, e divenuta poi con il padre Pietro multifunzionale (vitivinicola, cerealicola, olivicola e agrituristica).

VIGNE - Siamo tra i territori più vocati della provincia di Teramo e dell'intero Abruzzo; da queste parti nello spazio di pochi chilometri sono attive decine di interessanti realtà produttive. I vigneti, divisi in più appezzamenti, sono allevati a spalliera e dimorano su suoli pianeggianti o in leggero declivio, di medio impasto, a volte marcatamente argillosi, a circa 300 metri di quota. Il Gran Sasso non è lontano e si fa sentire in termini di escursioni termiche.

VINI - Poco o per nulla interventista in cantina, rispettoso della cultura e del saper fare contadino, Jacopo produce vini orgogliosamente agricoli.

Pecorino Migrante 2019 O 4.000 bt; 14 € - - Eccelle per intensità olfattiva e ampiezza aromatica, che trovano conferma in un palato ricco e avvolgente, reso ancora più intrigante da una percettibile sensazione tannica.

Cafone 2018 ● montepulciano; 4.000 bt; 14 € - - Schietto e diretto, succoso e fragrante di frutta rossa e spezie, è supportato da un'opportuna e ben dosata componente acida e tannica.

Capra 2019 O trebbiano d'Abruzzo; 1.700 bt; 20 € - - A un corredo aromatico di frutta matura ed erbe essiccate fa seguito una bocca sostenuta da buona freschezza e sapidità, con tannini ancora giovani. Di sicura e positiva evoluzione.

Briscola e Tressette 2019 montepulciano; 4.000 bt; 12 € - - Dinamico, fruttato, espressivo.

ha 5 - **bt** 20.000
Fertilizzanti compost, preparati biodinamici, sovescio
Fitofarmaci rame e zolfo
Diserbo lavorazione meccanica/manuale
Lieviti fermentazione spontanea
Uve 100% di proprietà
Certificazione biologico certificato

CONTROGUERRA (TE)

TENUTA TORRETTA

SCONTO -10%

Via Torretta, 13 - tel. 0861 89304
www.tenutatorretta.com - tenutatorretta@alice.it

VITA - Una bellissima realtà che merita di essere maggiormente conosciuta quella della famiglia Cori, condotta dal capostipite Vittorio con i figli Massimiliano, Biagio e Cinzia. Sono persone discrete e umili, innamorate della propria terra, che cercano di preservare e valorizzare attuando una gestione, in vigna e in cantina, attenta e sostenibile, e impegnandosi con commovente dedizione a far crescere la piccola comunità della Doc Controguerra.

VIGNE - Il potenziale viticolo è composto da vigneti di oltre 40 anni di età, fatta eccezione per un impianto di un paio di ettari messo su nel 2016; sono tutti allevati a filare e potati a cordone speronato e guyot. Inerbimento spontaneo permanente e letamazioni frequenti sono un toccasana per questi terreni argillosi e asciutti, che senza un adeguato apporto di sostanza organica andrebbero celermente soggetti a siccità, erosione e degrado biologico.

VINI - In casa Cori vige una sola regola: in cantina arrivano solo uve sane e al giusto grado di maturazione. Non c'è da stupirsi quindi, nelle annate calde, di trovare nei bianchi e nel Cerasuolo tanta complessità e potenza alcolica. Quest'anno, purtroppo, mancano all'appello le nuove annate del Montepulciano San Felice e del Montepulciano Colle Forca, ancora in affinamento.

Trebbiano d'Abruzzo San Felice 2019 O 1.300 bt; 15 € - 🍷 - Colpisce per complessità gustativa e olfattiva; freschezza e sapidità non fanno mancare adeguato sostegno a un corpo pieno e succoso di frutta matura, a cui si sovrappongono delicate note erbacee.

Controguerra Pecorino Matermea 2019 O 1.300 bt; 19 € - 🍷 - Tanta materia e complessità, con le tipiche componenti aromatiche del vitigno in evidenza (erbe aromatiche, miele e frutta dolce); il sorso è avvolgente e caldo, sorretto da una persistente e benefica sapidità.

ha 13 - **bt** 25.000
Fertilizzanti letame, sovescio
Fitofarmaci organici, rame e zolfo
Diserbo lavorazione meccanica/manuale
Lieviti fermentazione spontanea
Uve 100% di proprietà
Certificazione biologico certificato

CUGNOLI (PE)

CINGILIA €

SCONTO -10%

Località Piano Carpineto, 34 - tel. 380 3474887
vinicingilia@libero.it

VITA - Cresce con una strategia mirata il progetto del giovane enologo Fabio Di Donato. L'abbandono del torchio per una pressa pneumatica e i nuovi vigneti messi a dimora ne sono testimonianza diretta. Fabio gestisce da solo sia le lavorazioni agronomiche sia le operazioni di cantina. L'azienda, da sempre destinata alla vendita di olio e vino sfuso, ha iniziato a imbottigliare nel 2013. Condivisibile e vincente il cambio di indirizzo produttivo.

VIGNE - Solo vitigni autoctoni, allevati a pergola abruzzese, nei 4 ettari di proprietà. Siamo nel versante sud-orientale del massiccio del Gran Sasso, a 400 metri di altitudine; qui su terreni tenaci, costituiti da ghiaia, sabbia e argilla, Fabio riesce a ottenere uve di indubbia qualità grazie al favorevole microclima.

VINI - Dal 2018, l'azienda ha abbandonato i dettami dell'enologia convenzionale per lasciare maggiore libertà espressiva ai vini, attuando fermentazioni spontanee ed eliminando le filtrazioni.

TOP **Pecorino 2019** VINO QUOTIDIANO O 2.000 bt; 10 € - 🍷 - Olfatto intrigante, marcato dalle iniziali e inusuali note floreali seguite da più consone note agrumate; in bocca è scorrevole, salino e fruttato.

Rosato 2019 ● montepulciano d'Abruzzo; 2.000 bt; 10 € - 🍷 - Intensi profumi di frutti rossi e sottobosco introducono un sorso teso, avvolgente e di adeguata struttura. Accenni salini nel bel finale di bocca.

Montepulciano d'Abruzzo 2018 ● 6.500 bt; 10 € - 🍷 - Croccante nel frutto rosso, ha note erbacee, adeguata tannicità, e sapidità e freschezza.

Cococciola 2019 O 2.500 bt; 10 € - 🍷 - Fresco, floreale, sapido.

Colle Berdo Vigne Vecchie Bianco 2019 O trebbiano d'Abruzzo; 800 bt; 20 € - 🍷 - Dinamico, floreale, autentico.

Passerina 2019 O 1.500 bt; 10 € - 🍷 - Croccante, floreale, cangiante.

ha 4 - **bt** 20.000
Fertilizzanti letame in pellet, nessun concime
Fitofarmaci rame e zolfo
Diserbo lavorazione meccanica/manuale
Lieviti fermentazione spontanea
Uve 100% di proprietà
Certificazione nessuna certificazione

CUGNOLI (PE)

TIBERIO

Contrada La Vota, 3 - tel. 085 8576744
www.tiberio.it - info@tiberio.it

VITA - C'è stato, nel recente passato, un fenomeno per certi versi curioso, che ha visto spostarsi tanti agricoltori dalla provincia di Chieti nel comprensorio di Pescara per acquistare poderi e trasformarli in efficienti aziende vitivinicole. Ed è esattamente quello che ha fatto Riccardo Tiberio circa 20 anni fa. Nel 2008 i figli Cristiana e Antonio hanno preso le redini dell'azienda, portandola gradualmente ai vertici della vitivinicoltura abruzzese.

VIGNE - Dall'acquisto dell'azienda nel 2000, gli ettari sono cresciuti nel tempo, ma il vecchio vigneto preesistente allevato a tendone, con preziosi cloni di montepulciano e trebbiano d'Abruzzo, è ancora lì e, oltre a continuare a produrre ottime uve, è stato prezioso anche come serbatoio di materiale propagativo. Dalle sue talee, infatti, proviene la maggior parte delle barbatelle che sono state utilizzate negli impianti successivamente realizzati.

VINI - Da diversi anni ormai i vini di Cristiana e Antonio Tiberio hanno raggiunto quello che in un ecosistema naturale viene definito climax: in altre parole un equilibrio dinamico.

TOP **Trebbiano d'Abruzzo 2019** O 20.000 bt; 15 € - Di buona struttura e sostenuto da opportuna freschezza e sapidità, ha nitidi sentori minerali, di mandorla verde e frutta bianca.
Montepulciano d'Abruzzo 2018 ● 30.000 bt; 15 € - Varietale e di elegante complessità olfattiva, tra frutta rossa acidula, accenni erbacei e spezie, scorre piacevole al palato, con una percezione tannica adeguata, e richiami di frutta rossa e spezie.
Cerasuolo d'Abruzzo 2019 20.000 bt; 15 € - Il frutto rosso è protagonista, poi la giusta sapidità e freschezza dona una beva intrigante e leggiadra, per nulla appesantita dal corpo pieno e da una leggera vena tannica.

ha 30 - **bt** 80.000
Fertilizzanti nessun concime
Fitofarmaci rame e zolfo
Diserbo lavorazione meccanica/manuale
Lieviti fermentazione spontanea
Uve 100% di proprietà
Certificazione nessuna certificazione

FRANCAVILLA AL MARE (CH)

PASETTI

SCONTO **-10%**

Contrada Petravo - Via San Paolo, 21 - tel. 085 61875 - 335 7058264
www.pasettivini.it - info@pasettivini.it

VITA - La sfida del tempo e il passare delle generazioni non hanno certo impedito a Domenico Pasetti, che condivide la gestione aziendale con l'intera famiglia, di proseguire caparbiamente l'avventura enologica tra i monti abruzzesi e di lanciarsi in sempre nuove avventure. La viticoltura all'ombra del Gran Sasso e i vigneti rappresentativi delle varietà abruzzesi generano vini dall'impronta inconfondibile e tipicamente territoriali.

VIGNE - Gli ambienti diversi e i terreni scoscesi, a volte con roccia affiorante, come a Pescosansonesco, profondi e ciottolosi come a Capestrano, hanno condizionato la scelta dei diversi vitigni in modo da sfruttarne appieno le attitudini. Così, nel Pescarese si ottengono rossi strutturati e importanti, mentre nell'Aquilano profumati ed eleganti bianchi da uve autoctone. Il panorama varietale vanta anche l'antico e raro moscatello di Castiglione a Casauria.

VINI - In cantina si lavora cercando un giusto compromesso tra le tecniche tradizionali e le moderne tecnologie, al fine di ottenere vini territoriali e stilisticamente impeccabili.

Montepulciano d'Abruzzo Harimann 2010 ● 4.000 bt; 34 € - Impenetrabile e compatto, vocato al lungo invecchiamento, è fruttato e speziato, con tannini docili a fronte di una grande densità alcolica.
Testarossa Bianco 2018 O chardonnay; 8.000 bt; 19 € - Vino di carattere, di grande espressività aromatica (frutta esotica e spezie dolci), è percorso da una piacevole vena minerale e sorretto da una considerevole spalla acida.
Montepulciano d'Abruzzo Testarossa 2015 ● 80.000 bt; 19 € - Vino-simbolo aziendale, evidenzia una ricchezza di sentori dalla frutta matura, alle spezie e alle note balsamiche. Tannini setosi cedono il passo a un lungo finale.
Abruzzo Pecorino Sup. Colle Civetta 2018 O 8.000 bt; 13 € - Fresco, fruttato, espressivo.

ha 60 - **bt** 600.000
Fertilizzanti compost, letame, minerali, organo-minerali, sovescio
Fitofarmaci chimici di sintesi, rame e zolfo
Diserbo lavorazione meccanica/manuale
Lieviti selezionati industriali
Uve 100% di proprietà
Certificazione nessuna certificazione

GIULIANOVA (TE)

FARAONE

SCONTO **-10%**

Via Nazionale per Teramo, 290 - tel. 085 8071804 - 347 5123846
www.faraonevini.it - info@faraonevini.it

VITA - La perdita improvvisa del papà Giovanni nel 2019, faro luminoso della vitivinicoltura teramana, ha costretto Federico Faraone ad accelerare il naturale processo di transizione tra una generazione e l'altra, prendendo in mano le redini dell'azienda di famiglia, realtà di grande prestigio e storia. Studi enologici alle spalle, gestisce vigna e cantina con piccole ma sostanziali innovazioni.

VIGNE - Dieci ettari vitati nel comprensorio collinare di Mosciano Sant'Angelo costituiscono il patrimonio viticolo aziendale dove, oltre ai classici vitigni autoctoni, trovano spazio anche falanghina e sangiovese. La cantina, adiacente la casa padronale, si trova nel comune di Giulianova e dispone di una serie di locali freschi e umidi ideali per la produzione di un Metodo Classico da uve bianche autoctone, il primo a essere stato prodotto in Abruzzo.

VINI - In questi primi anni di gestione in solitaria, Federico ha reso i vini dell'azienda più immediati e leggibili rispetto a quelli del papà Giovanni, che trovavano la loro grandezza negli anni.

Trebbiano d'Abruzzo Santa Maria dell'Arco 2015 ○ 1.600 bt; 20 € - Intenso, persistente, sapido e polposo di frutta matura, è sostenuto da una delicata acidità e da una salina mineralità di fondo.
Trebbiano d'Abruzzo Le Vigne 2019 ○ 8.000 bt; 10 € - Centrato al naso, con intense note floreali e agrumate, ha un sorso fresco, sapido e scorrevole, di fine equilibrio.
Montepulciano d'Abruzzo Santa Maria dell'Arco 2012 ● 4.000 bt; 24 € - Svela in progressione note di frutta matura, cuoio e spezie; è complesso, equilibrato e di considerevole tannicità.
Colli Aprutini Pecorino 2019 ○ 6.500 bt; 12 € - Armonico, agrumato, espressivo.
Montepulciano d'Abruzzo Le Vigne 2016 ● 6.500 bt; 12 € - Articolato, fruttato, espressivo.

ha 10 - **bt** 50.000
Fertilizzanti nessun concime
Fitofarmaci rame e zolfo
Diserbo lavorazione meccanica/manuale
Lieviti selezione di lieviti indigeni
Uve 100% di proprietà
Certificazione nessuna certificazione

LORETO APRUTINO (PE)

CHIARA CIAVOLICH

SCONTO **-10%**

Contrada Salmacina, 11 - tel. 085 8289002
www.ciavolich.com - agricola@ciavolich.com

VITA - Le sfide della vita e una tradizione di famiglia importante, legata in maniera affascinante alla storia d'Abruzzo, hanno agito da forte impulso su Chiara Ciavolich, che, con piglio tutto femminile, conduce un'azienda vivace e saldamente ancorata alle origini. Con un'idea ben precisa di organizzazione aziendale, Chiara sa perfettamente destreggiarsi tra il rispetto delle tradizioni, la modernità tecnologica e le complesse dinamiche del mercato.

VIGNE - I vigneti, posti in collina tra i 200 e i 300 metri di altitudine, tutti nel pescarese, sono distinti in tre corpi. Se il nucleo storico resta a Miglianico, a Loreto Aprutino, su terreni di medio impasto, sono collocati gli impianti più antichi a pergola abruzzese. Qui è operativa la nuova cantina e l'annesso agriturismo. Il terzo nucleo vitato di 7 ettari è situato a Pianella, in zona più asciutta e ventilata.

VINI - Chiara, con la collaborazione degli enologi Romano D'Amario e Guerino Pescara, produce un'articolata gamma di vini di stampo prettamente territoriale.

Trebbiano d'Abruzzo Fosso Cancelli 2018 ○ 2.300 bt; 29 € - Bouquet intenso, fine e delicato, di frutta gialla ed erbe aromatiche. Il sorso è profondo, persistente e sostenuto da freschezza e vivace mineralità.
Montepulciano d'Abruzzo 2018 ● 6.000 bt; 12 € - Di perfetta attinenza al vitigno con note speziate, erbacee e fruttate; invidiabile la beva, scorrevole, con tannini perfettamente dosati.
Pecorino Aries 2019 ○ 18.000 bt; 14 € - Vino agile e leggiadro che gioca sulle note erbacee a cui seguono quelle classiche varietali agrumate. Ben bilanciato e vibrante, ha ottima beva e scorrevolezza.
Cerasuolo d'Abruzzo Fosso Cancelli 2019 ● 1.300 bt; 29 € - Avvolgente, fruttato, incisivo.
Passerina 2019 ○ 6.000 bt; 12 € - Agile, fruttato, delicato.

ha 35 - **bt** 200.000
Fertilizzanti organo-minerali
Fitofarmaci chimici di sintesi, rame e zolfo
Diserbo lavorazione meccanica/manuale
Lieviti selezionati industriali, selezione di lieviti indigeni
Uve 100% di proprietà
Certificazione nessuna certificazione

DE FERMO

SCONTO -10%

Contrada Cordano, 27 - tel. 085 8289136
www.defermo.it - info@defermo.it

VITA - Le antiche radici di questa azienda storica affondano a fine Settecento. Ma sono bastati appena dieci anni di rinnovato vigore e giusto piglio imprenditoriale per farla diventare una solida realtà, non solo vitivinicola ma anche cerealicola e olivicola, grazie al concreto lavoro delle sorelle De Fermo, Eloisa e Lucrezia, e di Stefano Papetti, marito della prima. Un lavoro tanto più apprezzabile perché svolto senza coup de théâtre o proclami altisonanti.

VIGNE - I vigneti, che coprono il 10% della superficie totale, sono antistanti il magnifico centro aziendale, tornato agli antichi splendori grazie ad accurati restauri. Insistono su due versanti collinari contigui che raggiungono, alla sommità, circa 300 metri di quota. I terreni sono argillosi e calcarei, con buona presenza di ciottoli; la forma di allevamento adottata è a spalliera con potatura a cordone speronato e guyot.

VINI - In cantina sono bandite tutte le pratiche enologiche che tendono a uniformare le produzioni mascherandone la tipicità.

TOP **Rosso Concrete 2019** VINO SLOW ● montepulciano; 15.000 bt; 14 € - Succoso di frutto, ha sorso invitante e armonico, con tannini vivi, e cresce sorso dopo sorso regalando un finale profondo e ricco di spezie.

Montepulciano d'Abruzzo Prologo 2017 ● 7.000 bt; 31 € - Un Montepulciano d'Abruzzo esemplare: elegante, con tannini fitti e ben calibrati, è equilibrato e di straordinaria complessità gustolfattiva, tra spezie e confettura di frutta rossa.

Cerasuolo d'Abruzzo Sup. Le Cince 2019 8.000 bt; 20 € - Fresco, sapido, impreziosito da un delicato frutto acidulo, ha corpo e beva accattivante.

Pecorino Don Carlino 2019 O 6.000 bt; 20 € - Incisivo, fruttato, complesso.

Chardonnay Launegild 2018 O 3.000 bt; 23 € - Succoso, fruttato, armonico.

ha 16,5 - **bt** 55.000
Fertilizzanti sovescio
Fitofarmaci organici, rame e zolfo
Diserbo lavorazione meccanica/manuale
Lieviti fermentazione spontanea
Uve 100% di proprietà
Certificazione biodinamico certificato, biologico certificato

LORETO APRUTINO (PE)

TORRE DEI BEATI

Contrada Poggioragone, 56 - tel. 333 3832344
www.torredeibeati.it - info@torredeibeati.it

VITA - Adriana Galasso e Fausto Albanesi hanno vinto la scommessa fatta oltre 20 anni fa con orgoglio e soddisfazione. Insieme hanno creato un'azienda modello, con l'apporto creativo dei figli che disegnano e ispirano le loro etichette. Alla base c'è la ferma volontà di esprimere l'essenza delle uve che coltivano e del territorio che li circonda.

VIGNE - I vigneti sono in parte nei pressi della cantina, in contrada Poggioragone su suoli prevalentemente argillosi, e in parte nella vicina contrada Scannella, su suoli più sciolti per la presenza di sabbia. L'altitudine è compresa tra i 250 e i 320 metri. Le pratiche agronomiche si adattano al metodo di allevamento, alle caratteristiche del vitigno e alla composizione del terreno, per dare naturale equilibrio alla vigna e avere uve eccellenti.

VINI - Adriana e Fausto ricercano nei loro vini complessità, struttura e longevità, sia nei rossi, sia soprattutto nei bianchi, veri must aziendali.

TOP **Trebbiano d'Abruzzo Bianchi Grilli 2018** VINO SLOW O 5.000 bt; 15 € - La freschezza e le sensazioni nette di erbe aromatiche, fiori e frutta si alternano e donano un sorso piacevolissimo, con finale ammandorlato.

Abruzzo Pecorino Bianchi Grilli 2018 O 3.000 bt; 16 € - Esplodono le schiette sensazioni di erbe medicinali, spezie e idrocarburi, sorrette da splendida freschezza e mineralità. Si può far di meglio?

Montepulciano d'Abruzzo 2018 ● 40.000 bt; 11 € - Sorso armonico ed equilibrato, che fa della piacevolezza la sua peculiarità.

Abruzzo Pecorino Giocheremo con i Fiori 2019 O 25.000 bt; 12 € - Fresco, erbaceo, espressivo.

Cerasuolo d'Abruzzo Rosa-ae 2019 25.000 bt; 10 € - Fresco, floreale, gastronomico.

Montepulciano d'Abruzzo Mazzamurello 2017 ● 5.000 bt; 27 € - Potente, fruttato, incisivo.

ha 20 - **bt** 100.000
Fertilizzanti letame in pellet, sovescio
Fitofarmaci rame e zolfo
Diserbo lavorazione meccanica/manuale
Lieviti fermentazione spontanea, selezionati industriali
Uve 100% di proprietà
Certificazione biologico certificato

LORETO APRUTINO (PE)

VALENTINI

Via del Baio, 2 - tel. 085 8291138

VITA - Edoardo Valentini ha lasciato una grande eredità culturale al figlio Francesco Paolo, da questi trasmessa a sua volta a Gabriele, ormai coinvolto a pieno titolo nelle attività (i cui inizi risalgono alla metà del Seicento). Il rispetto della madre terra nella sua interazione con l'uomo, l'annotazione quotidiana dei quaderni di campagna e la gestione dei cambiamenti climatici, insieme all'approccio artigianale alla produzione, fanno di questa azienda una realtà iconica del vino italiano.

VIGNE - Nei terreni prevalentemente argilloso-calcarei di Colle Cavaliere, Campo Sacro, Castelluccio e Colle Mantello insistono i vigneti di trebbiano e montepulciano coltivati a pergola abruzzese, dai quali, a seconda dei caratteri dell'annata, si selezionano le uve potenzialmente destinate all'imbottigliamento.

VINI - Il tempo è considerato un valore inestimabile, il fattore più importante che guida il lavoro paziente, metodico e poco interventista in cantina. E svela pian piano il frutto delle vendemmie.

TOP **Montepulciano d'Abruzzo 2015** VINO SLOW ● 12.000 bt; 178 € - Il nuovo stile del Montepulciano d'Abruzzo, perseguito nelle ultime annate, si esprime stavolta in un piccolo capolavoro, capace di interpretare la ricchezza del millesimo combinando armonicamente l'ampiezza gusto-olfattiva con una rara eleganza.

Trebbiano d'Abruzzo 2016 O 40.000 bt; 70 € - Il suo inconfondibile e mirabile equilibrio porterà nel tempo alla piena evoluzione espressiva delle sensazioni di mela, di agrume maturo e di erba tagliata, ora discrete e trascinate da una sapidità profonda.

Cerasuolo d'Abruzzo 2019 ● 5.000 bt; 50 € - Regala come di consueto grande soddisfazione con la sua austera espressione fruttata e a tratti floreale. La bocca è fresca e persistente nel suo incedere.

ha 65 - **bt** 50.000
Fertilizzanti letame in pellet, minerali, sovescio
Fitofarmaci organici, rame e zolfo
Diserbo lavorazione meccanica/manuale
Lieviti fermentazione spontanea
Uve 100% di proprietà
Certificazione nessuna certificazione

MANOPPELLO SCALO (PE)

TENUTA ARABONA

SCONTO **-10%**

Via dei Vigneti, 4 - tel. 085 8561902
www.tenutaarabona.it - info@tenutaarabona.it

VITA - Autentici e sempre gentili i coniugi Domenico Radica e Antonietta De Acetis: i loro vini ne sono l'emblema. L'azienda, fondata nel 1969, è nota in Abruzzo per essere stata fra le prime a ricevere la certificazione biologica, nel 1991. Il nome della cantina prende spunto dall'abbazia di Santa Maria Arabona, fondata nel 1209 e sita a Manoppello. Altro vanto di questa splendida famiglia è la produzione di olio di qualità ricavato da oliveti secolari.

VIGNE - Domenico è un agrotecnico di vecchio stampo; ci affascina la sua dedizione al lavoro nei campi. I 20 ettari di vigneti, a corpo unico, sono ubicati su una collina che parte da 160 metri di altitudine, per arrivare in sommità a 250 metri. Qui, su terreni fertili, alluvionali e ricchi di scheletro, trovano dimora sia vitigni autoctoni sia internazionali. Le vigne sono gestite con inerbimento controllato tra i filari.

VINI - In cantina Domenico si avvale della consulenza dell'esperto enologo Romano D'Amario. Qui si bada al sodo e non alle apparenze, con l'obiettivo di fare vini schietti e diretti, che possano essere alla portata di tutti.

Montepulciano d'Abruzzo Mia Natura 2019 ● 5.000 bt; 10 € - Varietale, caratterizzato da note fruttate, ematiche e di sottobosco, entra in bocca fresco e ampio, e il sorso risulta scorrevole e delicato.

Pecorino Mia Natura 2019 O 5.000 bt; 10 € - Si apre su leggeri sentori balsamici e agrumati; al palato appare inizialmente contratto per poi distendersi e risultare espressivo e di buona profondità.

Cerasuolo d'Abruzzo Manus Plere 2019 ● 6.500 bt; 7 € - Di beva agile e immediata, con tanto succo fresco e acidulo, di frutta rossa, fruttato, sottile.

Passerina Mia Natura 2019 O 5.000 bt; 10 € - Agile, floreale, docile.

Montepulciano d'Abruzzo Terra Cruda 2012 ● 10.000 bt; 16 € - Fitto, speziato, contrastato.

ha 21 - **bt** 125.000
Fertilizzanti compost, humus, letame
Fitofarmaci organici, rame e zolfo
Diserbo lavorazione meccanica/manuale
Lieviti selezionati industriali, selezione di lieviti indigeni
Uve 100% di proprietà
Certificazione biologico certificato

MONTENERO DI BISACCIA (CB)

CANTINA SAN ZENONE €

SCONTO -10%

Contrada Piane dei Pastini - tel. 347 7998397
www.cantinasanzenone.it - info@cantinasanzenone.it

VITA - Grazie al grande lavoro dell'enologo Mauro Confalonieri, il percorso di crescita di questa cantina sociale è sempre più evidente. Oggi circa il 40% dei 120 soci ha intrapreso con decisione la strada verso la viticoltura biologica. L'azienda è nata nel 1975 concentrandosi sulla vendita di vino sfuso: i primi imbottigliamenti risalgono al 2012. Oggi la cantina svolge un ruolo centrale, in termini sociali ed economici, nella piccola regione molisana.

VIGNE - I 300 ettari di vigna sono dislocati intorno al comune di Montenero di Bisaccia. Quelli esposti verso la costa adriatica insistono su terreni sabbioso-limosi, mentre i vigneti siti nella parte interna trovano dimora su suoli calcarei. Tra le varietà coltivate troviamo vitigni internazionali, e poi montepulciano, trebbiano e falanghina. Particolare attenzione viene prestata alla coltivazione della tintilia, l'unica varietà autoctona del Molise.

VINI - Molto ampia la gamma dei prodotti, che risultano tecnicamente impeccabili e territoriali. L'obiettivo è fare vini freschi e diretti. In cantina gli spazi sono ben equilibrati per gestire le grosse masse. Ottimo il rapporto tra la qualità e il prezzo.

TOP **Il Viandante 2018** VINO QUOTIDIANO ● montepulciano; 5.000 bt; 6 € - Al naso si presenta fruttato, floreale ed erbaceo. In bocca è teso, e con tannini morbidi. Il finale è fresco e succoso.

Il Viandante 2019 O falanghina, trebbiano; 5.000 bt; 6 € - Piacevoli note di camomilla e frutta gialla esaltano l'olfatto. Il sorso è pieno e fresco, e chiude lungo con accenni sapidi.

Tintilia del Molise 2017 ● 5.500 bt; 15 € - Vino tipico e autentico, dal naso fruttato e speziato. Il palato è fine ed essenziale, caratterizzato da un buon equilibrio gustativo.

ha 300 - **bt** 160.000
Fertilizzanti letame in pellet, letame
Fitofarmaci rame e zolfo
Diserbo lavorazione meccanica/manuale
Lieviti fermentazione spontanea, selezionati industriali
Uve 100% di proprietà
Certificazione biologico certificato

NOCCIANO (PE)

NESTORE BOSCO

Contrada Casali, 147 - tel. 085 847345
www.nestorebosco.com - amministrazione@nestorebosco.com

VITA - È un legame senza soluzione di continuità quello della famiglia Bosco con la produzione vitivinicola di questa regione, iniziato alla fine dell'Ottocento sulle colline di Castellamare Adriatico, l'attuale Pescara, grazie all'intraprendenza di Giovanni Bosco. Si deve però a Nestore e a suo figlio Giovanni l'incremento dell'attività, con le nuove acquisizioni di Nocciano e l'ammodernamento dell'azienda, guidata oggi dai fratelli Stefania e Nestore Bosco.

VIGNE - I vigneti, allevati a spalliera e a pergola abruzzese, si estendono per un'ottantina di ettari fra Nocciano e Civitaquana, territori comunali del Pescarese tra i 300 e i 500 metri di altitudine. A Nocciano è ospitata la cantina, capiente e funzionale, costruita negli anni Ottanta per lavorare con le più moderne e accorte tecnologie le proprie uve di montepulciano, trebbiano, pecorino e chardonnay, ma anche di altre varietà a bacca nera e bianca.

VINI - La linea storica conferma la volontà di non discostarsi da uno stile decisamente classico nelle interpretazioni in purezza dei vitigni autoctoni, concedendosi in altre etichette divagazioni più rilassate in blend.

Pecorino Linea Storica 2019 O 13.000 bt; 10 € - Floreale, tenue e lineare nei profumi, è rilassato e verticale. Al sorso ha buona sapidità e un gradevole finale, per un percorso fresco e accattivante.

Trebbiano d'Abruzzo Sup. Linea Storica 2019 O 6.000 bt; 10 € - Fruttato, erbaceo, delicato, in bocca è agile e salino, dinamico, connotato da una piacevole freschezza.

Rosa di Bosco Rosato 2019 ● montepulciano; 20.000 bt; 13 € - Fresco, fruttato, essenziale.

Montepulciano d'Abruzzo R Ris. 2017 ● 50.000 bt; 13 € - Ruvido, speziato, severo.

ha 65 - **bt** 600.000
Fertilizzanti minerali
Fitofarmaci rame e zolfo
Diserbo lavorazione meccanica/manuale
Lieviti selezione di lieviti indigeni
Uve 100% di proprietà
Certificazione parte dei vigneti in regime biologico

NOCCIANO (PE)

CHIUSA GRANDE

SCONTO **-10%**

Contrada Casali - tel. 085 847460
www.chiusagrande.com - info@chiusagrande.com

VITA - È un'esperienza totalizzante e coinvolgente quella che interpreta l'eclettico Franco D'Eusanio nella sua azienda. Si resta affascinati e coinvolti, con tutti i sensi, dalla traduzione in vino di questa vinosofia che si esprime in molteplici versioni, ma mantiene un filo logico comune: il vino come manifestazione del proprio essere e del vivere la natura in maniera etica e consapevole.

VIGNE - I vigneti rispecchiano il desiderio di esplorare le potenzialità del territorio e la capacità umana di interpretarli. Sono dislocati su cinque comuni, tutti ricadenti nella provincia di Pescara e compresi tra i 200 e i 350 metri di quota: terreni di varia natura e composizione per altrettanti microclimi. Per tutti sono previste una gestione integrale biologica e un'attenta e talvolta sperimentale gestione delle forme di allevamento.

VINI - La gamma dei vini ampia e articolata è ottenuta nel rispetto della qualità delle uve e con vinificazioni tradizionali, senza uso di tecniche invasive di cantina.

Cerasuolo d'Abruzzo Natura 2019 ● 5.000 bt; 13 € - ▢ - Ha un delicato ingresso fruttato e una decisa verve acida; facilità di beva e croccantezza sfociano in un finale asciutto e piacevolmente ammandorlato.

In Petra Bianco 2018 O 3.500 bt; 25 € - ▢ - Fermenta e affina in vasche di pietra, ed è ampio, intenso nel frutto, di fine acidità e con un finale che alterna la dolcezza del miele alle essenze mediterranee.

Montepulciano d'Abruzzo Natura 2019 ● 6.500 bt; 13 € - ▢ - Al naso percepiamo un frutto maturo e in rapida successione spezie e cuoio. Buona la trama tannica, per una bocca di soddisfacente complessità.

Integro Bianco Frizzante 2019 ⁘ 6.000 bt; 13 € - ▢ - Metodo Ancestrale, schietto, fruttato, leggiadro.

Integro Rosè Frizzante 2019 ⁘ 3.000 bt; 13 € - ▢ - Metodo Ancestrale, agile, fragrante, essenziale.

ha 70 - **bt** 350.000
Fertilizzanti letame
Fitofarmaci rame e zolfo
Diserbo lavorazione meccanica/manuale
Lieviti fermentazione spontanea, selezionati industriali, selezione di lieviti indigeni
Uve acquisto 20%
Certificazione biologico certificato

NOTARESCO (TE)

NICODEMI

SCONTO **-10%**

Contrada Veniglio - tel. 085 895493
www.nicodemi.com - info@nicodemi.com

VITA - L'azienda è stata fondata nel 1970 da Bruno Nicodemi e dal 2000 è gestita dai figli Elena e Alessandro. Chi segue da tempo le loro vicende sa dell'impegno profuso dalla famiglia Nicodemi per far crescere e affermare la Docg delle Colline Teramane, così come sono note le capacità imprenditoriali, e la voglia di sperimentare e di mettersi sempre in gioco che li contraddistinguono. Una dinamicità che sta dando risultati lusinghieri.

VIGNE - Il centro aziendale, recentemente ampliato, è circondato da vigneti e oliveti che convergono in una conca, dove è presente un laghetto, paesaggisticamente bello e funzionale. Gli impianti insistono su terreni di medio impasto a quote variabili dai 200 ai 300 metri, e sono allevati a tendone quelli meno giovani, realizzati da Bruno oltre 40 anni fa (alcuni sono stati modificati e ricordano più una pergola), a spalliera i più recenti.

VINI - Le particolari condizioni pedoclimatiche della zona danno ai vini un'impronta territoriale molto forte, che in cantina si cerca sempre di preservare.

TOP **Trebbiano d'Abruzzo Sup. Notàri 2018** O 4.000 bt; 13 € - ▢ - Succoso, equilibrato e dotato di notevole ampiezza gustativa, ha tanta sapidità nel finale secco e profondo sul frutto.

Montepulciano d'Abruzzo Colline Teramane Notàri 2018 ● 20.000 bt; 16 € - ▢ ▦ - Strutturato e perfettamente equilibrato tra spezie dolci e un bel frutto fresco, ha tannini robusti e di nuovo tanto frutto nel finale di bocca.

Cerasuolo d'Abruzzo Le Murate 2019 ● 13.000 bt; 9 € - ▢ - La beva è invidiabile: succosa, sapida e rinfrescata da un bel frutto acidulo. Chiude pulendo il palato con tanta sapidità.

Trebbiano d'Abruzzo Cocciopesto 2018 O 1.200 bt; 17 € - ▢ - Croccante, fruttato, verticale.

Montepulciano d'Abruzzo Colline Teramane Neromoro Ris. 2016 ● 6.000 bt; 27 € - ▦ - Austero, fruttato, complesso.

ha 30 - **bt** 200.000
Fertilizzanti organo-minerali, sovescio
Fitofarmaci rame e zolfo
Diserbo lavorazione meccanica/manuale
Lieviti fermentazione spontanea, selezionati industriali
Uve 100% di proprietà
Certificazione biologico certificato

OFENA (AQ)

CATALDI MADONNA

SCONTO -10%

Località Madonna del Piano - tel. 0862 954252
www.cataldimadonna.com - info@cataldimadonna.com

VITA - In un annuario viticolo datato 1932 si legge che la provincia dell'Aquila era, a quei tempi, la più vitata d'Abruzzo, un primato che negli anni Sessanta fu perso perché le vigne scesero letteralmente verso il mare. In tale contesto Antonio Cataldi Madonna, in controtendenza, rilanciò ampliando il parco vigneti e producendo uve che, dagli anni Novanta, grazie al lavoro del nipote Luigi, si sono trasformate ricercate bottiglie.

VIGNE - I vigneti storici, il recentissimo impianto di pecorino e la cantina sono immersi in un paesaggio unico e suggestivo, una conca pianeggiante a circa 400 metri di quota, circondata dalle alte vette appenniniche del Parco Nazionale del Gran Sasso e dei monti della Laga. Gli altri impianti, messi a dimora nel 2004, si trovano rispettivamente a Campo Galliano e Picolle, a poca distanza dal centro aziendale.

VINI - Che l'azienda produca vini eleganti, freschi e longevi non è una novità; la vera novità riguarda la giovane enologa Giulia, la figlia di Luigi, sempre più a suo agio nel gestire vigne e cantina sotto l'occhio attento di papà e dell'esperto enologo Lorenzo Landi.

TOP **Cerasuolo d'Abruzzo Piè delle Vigne 2018** VINO SLOW 3.000 bt; 26 € - Profondo sul frutto rosso, poi con accenni di spezie ed erbe aromatiche, ha bocca piena, sapida e succosa; asciutto e velatamente tannico il finale. Difficile fare meglio di così.

Montepulciano d'Abruzzo Malandrino 2018 ● 90.000 bt; 13 € - Tanta frutta rossa ma anche quei lievi sentori erbacei e di bosco umido tipici del vitigno: è elegante, tannico e persistente.

Montepulciano d'Abruzzo Tonì 2017 ● 3.000 bt; 38 € - Note erbacee, tannini robusti, spezie e frutto dolce nel finale: è figlio di un'annata contrastata, crescerà nel tempo.

Trebbiano d'Abruzzo Malandrino 2019 ○ 30.000 bt; 9 € - Agile, fruttato, verticale.

ha 30 - **bt** 230.000
Fertilizzanti letame
Fitofarmaci rame e zolfo
Diserbo lavorazione meccanica/manuale
Lieviti fermentazione spontanea, selezione di lieviti indigeni
Uve 100% di proprietà
Certificazione biologico certificato

OFENA (AQ)

INALTO

SCONTO -10%

Via del Giardino, 7 - tel. 0862 956618
aziendaagricolainaltosrl@pec.it

VITA - Lo scorso anno introducendo in guida questa nuova azienda ne evidenziavamo le enormi potenzialità; ebbene, a pochi mesi di distanza tali potenzialità cominciano a trasformarsi in realtà e ad avere contorni ben precisi. Inalto è nata nel 2016 per mano di Adolfo De Cecco, che ha acquistato una preesistente e storica azienda vitivinicola in una delle zone abruzzesi più vocate, impegnandosi da subito nell'ampliamento del centro aziendale.

VIGNE - La piana di Ofena, conosciuta da tutti come forno d'Abruzzo per il caldo intenso che può manifestarsi in estate, gode altresì di notevoli escursioni termiche tra giorno e notte, che la rendono molto vocata per la viticoltura. Non va taciuto il frequente rischio di gelate tardive primaverili, per discesa di aria fredda dalle vicine montagne. I vigneti, allevati a filare, insistono su terreni argilloso-calcarei.

VINI - Dopo alcuni anni di sperimentazioni e repentini e inevitabili cambi di rotta, i vini cominciano a manifestare connotazioni territoriali ben precise.

TOP **Cerasuolo d'Abruzzo Inalto 2019** 4.800 bt; 24 € - Ottima interpretazione della tipologia, che non si lascia incantare dalle mode del momento: colorato, succoso, fresco, appena sapido e di buon corpo, tutto concentrato sul frutto rosso (ciliegia). Equilibrato e gustoso.

Pecorino Inalto 2018 ○ 3.000 bt; 20 € - Complessità aromatica (note minerali, erbe aromatiche, frutta fresca e candita), profondità gustativa e mirabile equilibrio; le sensazioni di freschezza e sapidità e la nitida fragranza del frutto rendono agile la beva. Un vino di grande fascino.

Montepulciano d'Abruzzo Inalto 2018 ● 7.000 bt; 24 € - Olfattivamente in evoluzione, con le spezie dolci e le note vanigliate ancora dominanti, in bocca regala freschezza, sapidità e tannini ben integrati.

ha 10,5 - **bt** 32.000
Fertilizzanti letame in pellet
Fitofarmaci rame e zolfo
Diserbo lavorazione meccanica/manuale
Lieviti fermentazione spontanea
Uve 100% di proprietà
Certificazione nessuna certificazione

ORTONA (CH)

AGRIVERDE

SCONTO -10%

Frazione Villa Caldari - Via Stortini, 32/a - tel. 085 9032101
www.agriverde.it - cantina@agriverde.it

VITA - La produzione vitivinicola della famiglia Di Carlo affonda le radici nel lontano 1830. Giannicola Di Carlo ha avuto il merito di continuare e avere la felice intuizione di combinare le moderne tecnologie con gli sforzi nei campi, attraverso una gestione rispettosa della natura. Lo affiancano i figli Federico e Daniele, l'enologo Riccardo Brighigna e il responsabile di cantina Francesco Panaccio.

VIGNE - Giannicola segue con scrupolo e precisione l'aspetto agronomico. Il vitigno principale è il montepulciano, seguito da trebbiano, pecorino, cococciola, passerina e alcune varietà internazionali. I terreni di medio impasto sono distribuiti nei comuni di Ortona, Crecchio, Villamagna e Frisa, su dolci colline vicino al mare Adriatico e dominate a ovest dal massiccio della Majella: condizioni che garantiscono buone escursioni termiche e ottima ventilazione.

VINI - I vini rappresentano il giusto compromesso tra perfezione stilistica e riconoscibilità territoriale, nel rispetto della tradizione.

Montepulciano d'Abruzzo Solarea 2015 ● 25.200 bt; 18 € - Alla buona complessità fruttata e speziata, fa seguito un sorso dai tannini integrati e non troppo segnato dai legni di affinamento.

Trebbiano d'Abruzzo Solarea 2018 ○ 6.000 bt; 16 € - Il sorso è pieno e profondo, e si sviluppa su note fruttate e vegetali e sorretto da buona freschezza e mineralità.

Cerasuolo d'Abruzzo Solarea 2019 ● 16.000 bt; 11 € - Croccante, fruttato, complesso.

Cerasuolo d'Abruzzo Riseis 2019 ● 25.000 bt; 11 € - Dinamico, fruttato, gastronomico.

Montepulciano d'Abruzzo Plateo 2015 ● 12.000 bt; 34 € - Ampio, speziato, scomposto.

Abbiamo riassaggiato il Montepulciano d'Abruzzo Riseis 2017, già recensito lo scorso anno: al sorso si percepiscono la croccantezza del frutto e l'integrazione tannica.

ha 65 - **bt** 1.000.000
Fertilizzanti compost, sovescio
Fitofarmaci rame e zolfo
Diserbo lavorazione meccanica/manuale
Lieviti selezione di lieviti indigeni
Uve 100% di proprietà
Certificazione biologico certificato

ORTONA (CH)

CODICE CITRA

Contrada Cucullo - tel. 085 9031342
www.citra.it - citra@citra.it

VITA - Negli anni Sessanta del secolo scorso in Abruzzo si sono sviluppate numerose cooperative vitivinicole, che hanno trovato condizioni ideali soprattutto nella provincia di Chieti, uno dei comprensori più vitati d'Italia. Appare quindi del tutto comprensibile e funzionale a tale sistema la creazione, datata 1973, di Citra, una cooperitava di secondo livello che affina, imbottiglia e commercializza la produzione di ben nove cooperative sociali.

VIGNE - I vigneti coprono l'intero territorio della provincia di Chieti, con condizioni pedoclimatiche diverse. La maggior parte delle viti si trova in media collina a quote comprese tra i 200 e i 350 metri, su terreni di medio impasto con tendenza all'argilloso. La forma di allevamento di gran lunga più diffusa è la pergola abruzzese, seguita dalle forme verticali a controspalliera.

VINI - Da alcuni anni a coordinare lo staff degli enologi aziendali è arrivato Riccardo Cotarella, che, tra le altre cose, ha dato avvio a un interessante progetto di zonazione per il montepulciano d'Abruzzo.

Montepulciano d'Abruzzo Bisanzio 2019 ● 80.000 bt; 5 € - Di buona tipicità, con accenni erbacei, di sottobosco e arancia rossa, è sapido, speziato e con tannini ben dosati.

Montepulciano d'Abruzzo Chichibio 2019 ● 20.000 bt; 7 € - Elegantemente sbilanciato sul frutto rosso all'olfatto, è robusto e tannico al palato.

Cerasuolo d'Abruzzo Sup. Ferzo 2019 ● 5.000 bt; 11 € - Ampio lo spettro olfattivo, fruttato e balsamico. Il sorso è asciutto, armonico e percorso da una rinfrescante vena acidula.

Pecorino Chichibio 2019 ○ 24.000 bt; 7 € - Agile, fruttato, incisivo.

Abruzzo Cococciola Sup. Ferzo 2019 ○ 10.000 bt; 11 € - Articolato, fruttato, armonico.

Montepulciano d'Abruzzo Teate Ferzo Ris. 2016 ● 13.000 bt; 13 € - Fitto, fruttato, complesso.

ha 6.000 - **bt** 24.000.000
Fertilizzanti humus, letame, organo-minerali, sovescio
Fitofarmaci chimici di sintesi, organici, rame e zolfo
Diserbo lavorazione meccanica/manuale
Lieviti selezionati industriali
Uve 100% di proprietà
Certificazione parte dei vigneti in regime biologico

PENNE (PE)

TENUTA DE MELIS €

SCONTO -10%

Contrada San Pellegrino, 91 - tel. 0858 289270
www.tenutademelis.com - info@tenutademelis.com

VITA - Uno spiccato senso civico, cordialità e ospitalità sono i valori che contraddistinguono la famiglia De Melis. Carmine De Melis ha fondato l'azienda nel 1999, indirizzandola da subito alla vendita di uve e vino sfuso. Nel 2017 la figlia Valeria ha iniziato i primi imbottigliamenti, mentre il fratello Stefano affianca il padre nella gestione agronomica. Un lavoro di squadra che ha dato origine a vini freschi e schietti, molto apprezzati sul territorio.

VIGNE - I 14 ettari di vigna, di sole varietà autoctone, sono distribuiti nei comuni limitrofi di Rosciano, Loreto Aprutino e Penne, e insistono su versanti collinari la cui altitudine varia dai 250 ai 400 metri; le condizioni climatiche sono influenzate dalla vicinanza del massiccio del Gran Sasso. I terreni sono di medio impasto, ricchi di scheletro, e le vigne vengono allevate parte a guyot e parte a pergola abruzzese.

VINI - In cantina Valeria è sempre più convinta del percorso intrapreso: le fermentazioni avvengono tutte in acciaio, le filtrazioni sono molto leggere, con le sole Riserve che affinano in botti piccole. Purtroppo le note vicende legate al Covid-19 hanno ritardato la realizzazione della nuova cantina, che verrà completata nel 2021. Segnaliamo anche la produzione di vino cotto, interessante prodotto di antica tradizione.

TOP **Cerasuolo d'Abruzzo Bardasce 2019** VINO QUOTIDIANO ● 4.000 bt; 7 € - Il sorso succoso, teso e sapido, segnato dalle note di frutta rossa, evolve bene con un bel crescendo gustativo. Dissetante e gastronomico.

Trebbiano d'Abruzzo Bardasce 2019 ○ 2.000 bt; 7 € - Dal naso fresco e floreale, al gusto appare cremoso, agile e delicato. Una tipica vena sapida accompagna piacevolmente la beva.

Montepulciano d'Abruzzo Bardasce 2019 ● 6.000 bt; 7 € - Agile, fruttato, docile.

ha 14 - **bt** 20.000
Fertilizzanti letame
Fitofarmaci rame e zolfo
Diserbo lavorazione meccanica/manuale
Lieviti fermentazione spontanea, selezionati industriali
Uve 100% di proprietà
Certificazione nessuna certificazione

PIANELLA (PE)

COLLE FLORIDO

Contrada Colle Florido, 6/a - tel. 328 8755031
www.collefloride.it - info@collefloride.it

VITA - Andrea Ugolotti e Daniela Trolio avevano entrambi un futuro disegnato dalle rispettive esperienze in Italia e all'estero: lui emiliano e sommelier in grandi ristoranti, lei architetto di origini abruzzesi. Poi la decisione di metter su azienda e famiglia, facendo crescere entrambe in un ambiente ameno e bucolico qual è quello dell'entroterra pescarese.

VIGNE - Meno di una manciata di ettari, tra affitto e proprietà, che Andrea gestisce praticamente da solo, con idee chiare (sui vini naturali, sul perché ha deciso di star fuori dalle Doc) e instancabile passione, ma con l'umiltà di chi sa di dover sempre imparare dall'esperienza quotidiana nel rispetto della natura. Con pochi, essenziali interventi, tanto in vigna quanto nella minuscola cantina-garage.

VINI - Tre vini (ma arriverà presto un altro bianco) dallo stile austero, asciutto, frutto di fermentazioni spontanee e puntuali figli dell'annata, come dimostrano gli assaggi di questi anni.

TOP **Il Postino 2019** VINO SLOW ○ trebbiano d'Abruzzo; 3.000 bt; 20 € - Complesso e di buon corpo, si apre su note erbacee e di frutta bianca; al palato rivela una gradevolissima vena fresca e balsamica. Il finale di bocca è salino e di giusta intensità.

LaLèna 2019 ● montepulciano; 2.000 bt; 20 € - Ottenuto da una veloce pressatura delle uve ha l'impostazione del buon Cerasuolo abruzzese, sempre più raro da trovare: colore ciliegia e frutto che prima rinfresca e poi avvolge a lungo il palato, lasciando il finale ammandorlato.

Erba Salata 2018 ● montepulciano; 5.000 bt; 20 € - Avvolgente, fruttato, autentico.

ha 3,5 - **bt** 10.000
Fertilizzanti letame, sovescio
Fitofarmaci rame e zolfo
Diserbo lavorazione meccanica/manuale
Lieviti fermentazione spontanea
Uve 100% di proprietà
Certificazione biologico certificato

PIANELLA (PE)

MARINA PALUSCI

Contrada Fonte Gallo, 2 - tel. 339 2285185
info@olivetopependone.com

VITA - Questa azienda agricola a conduzione familiare è giunta alla quarta generazione e ha saputo mantenere, negli anni, il giusto spirito e la sana attitudine alla vita in campagna. L'azienda per anni ha allevato animali e prodotto olio; nel 2008 infine ha preso il via l'esperienza enologica. Una bella realtà gestita da Massimiliano D'Addario con l'indispensabile supporto dei genitori Marina Palusci ed Emanuele D'Addario.

VIGNE - I vigneti, i più datati hanno oltre 50 anni, sono condotti a pergola abruzzese e a cordone speronato, e sono divisi tra più corpi ubicati nei comuni di Pianella e Moscufo, in provincia di Pescara. Sono dislocati in zone collinari di lieve o media pendenza, a circa 250 metri di altitudine, a qualche decina di chilometri dal litorale adriatico. I suoli sono tenaci, piuttosto uniformi e ricchi di argille e di calcare.

VINI - I vini vengono realizzati nella maniera meno interventista possibile, lasciando ai mosti non solfitati e alle fermentazioni spontanee libertà di esprimersi.

Montepulciano d'Abruzzo Plenus 2017 ● 13.300 bt; 16 € - Nasce da una selezione di uve delle vigne più vecchie e svolge la fermentazione malolattica in bottiglia; succoso e corposo, ha tannini setosi, opportuna acidità e un corredo aromatico variegato, fatto di frutta rossa, spezie e sottobosco.

Pecorino Senzaniente 2019 O 6.600 bt; 12 € - Lasciato riposare nel bicchiere, l'iniziale ritrosia olfattiva viene meno lasciando spazio a piacevoli e intense note di frutta e di talco; al palato regge bene, denotando freschezza e sapidità che rendono gradevole il finale di bocca, agrumato e di giusta intensità.

Cerasuolo d'Abruzzo Senzaniente 2019 ● 6.600 bt; 12 € - Sapido e di buon corpo, si fa apprezzare per il bel frutto rosso e la rinfrescante verve acida.

ha 10 - **bt** 50.000
Fertilizzanti letame, sovescio
Fitofarmaci organici
Diserbo nessun diserbo
Lieviti fermentazione spontanea
Uve 100% di proprietà
Certificazione biologico certificato

PIANELLA (PE)

RABASCO

SCONTO -10%

Contrada San Desiderio, 23/a - tel. 320 3019628
www.agricolarabasco.it - info@agricolarabasco.it

VITA - Azienda più unica che rara quella messa su nel 2005 da Iole Rabasco e dalla madre Giulia Palese. Per farsi un'idea di come Iole concepisca il vino, non bisogna far altro che dare un'occhiata alla sua cantina: qualche cisterna in acciaio, un torchio idraulico, vecchie botti e tante damigiane da 54 litri di capacità, dove affina parte della produzione. Naturalmente tutte le operazioni effettuate in cantina prevedono una spiccata manualità.

VIGNE - Tre gli appezzamenti vitati: il primo, di solo montepulciano, è adiacente il centro aziendale, è allevato a filare e trae nutrimento e sostegno da un terreno in leggera pendenza, di medio impasto, posto a circa 300 metri di quota; gli altri due impianti si trovano nel confinante comune di Loreto Aprutino, all'incirca alle stesse altitudini e pendenze del primo, su terreni più tenaci, argillosi e calcarei, gestiti con la classica pergola abruzzese.

VINI - Vini artigianali che si rifanno orgogliosamente alla secolare tradizione contadina, pensati e rivisti con intelligenza e anche con un po' di sana e invidiabile incoscienza.

Rosso Cancelli ● 12.000 bt; 11 € - Dai terreni argillosi di Loreto Aprutino, un Montepulciano dal carattere prorompente, fresco, tannico, erbaceo, e generoso nel frutto rosso acidulo.

Bianco Cancelli O trebbiano d'Abruzzo; 3.300 bt; 11 € - Intrigante all'olfatto, con note balsamiche, minerali e fruttate, è verticale e dinamico al sorso, e asciutto e salino nel persistente finale.

Rosso Della Contrada ● montepulciano; 1.250 bt; 22 € - Un vino in bell'equilibrio a dispetto di una leggera volatile che non disturba, con tanta frutta rossa dolce, sentori vegetali e speziati; in bocca è complesso e profondo, con tannini ben dosati.

ha 9,5 - **bt** 30.000
Fertilizzanti preparati biodinamici, sovescio
Fitofarmaci rame e zolfo
Diserbo lavorazione meccanica/manuale
Lieviti fermentazione spontanea
Uve 100% di proprietà
Certificazione biologico certificato

PIETRANICO (PE)

CAPRERA

Via Vasca - tel. 328 1913589
www.agricolacaprera.it - info@agricolacaprera.it

VITA - Raccoglie sempre più consensi il progetto agricolo di Luca Virgilio e Alfonso Morelli. Nel 2021 verrà completata la nuova cantina, e i giovani impianti di pecorino entreranno in produzione. L'azienda è un'oasi di biodiversità: vigneti, oliveti, boschi, alberi da frutto e campi di grano Saragolla destinati alla produzione di pasta artigianale. Luca, seguendo i principi della biodinamica, ha una cura maniacale per ogni singolo aspetto agronomico.

VIGNE - Le vigne sono dislocate su due appezzamenti: il primo è in località Caprera, dove viene coltivato il montepulciano, ed è caratterizzato da terreni ricchi di calcare e marna azzurra; il secondo è nel Feudo, dove terreni tenaci e argillosi si prestano a essere dimora di trebbiano e pecorino. Siamo a 400 metri di quota, in un versante del monte La Queglia. Luca dedica molto tempo allo studio dell'ecosistema vigneto per far crescere la qualità delle sue uve.

VINI - Qui si fanno vini agricoli e artigianali, e non per moda, ma per scelta etica. Il rispetto per la natura e per i suoi cicli biologici e il ritorno a una vita agreste sono il credo di Luca e Alfonso. Fermentazioni con lieviti indigeni, nessuna chiarifica o filtrazione per salvaguardare la qualità delle uve.

TOP **Trebbiano d'Abruzzo Fortuna 2019** VINO SLOW ○ 6.200 bt; 13 € - Nasce da terreni calancosi. Dall'olfatto intenso, caratterizzato da note fruttate, floreali, e minerali, ha un sorso che si presenta energico e denso, dotato di notevole progressione. Il finale lascia spazio a ritorni di frutta gialla e tratti salini.

Cerasuolo d'Abruzzo Le Vasche 2019 ● 3.000 bt; 13 € - Si apre deciso su profumi di frutti rossi, sottobosco e spezie. L'ingresso in bocca è docile, ma nel complesso il sorso risulta compatto e sorretto da una verve acida.

ha 4 - **bt** 15.000
Fertilizzanti letame, preparati biodinamici, sovescio
Fitofarmaci rame e zolfo
Diserbo lavorazione meccanica/manuale
Lieviti fermentazione spontanea
Uve 100% di proprietà
Certificazione biologico certificato

PINETO (TE)

BARBA

SCONTO **-10%**

Località Scerne di Pineto - tel. 085 9461020 - 335 5292073
www.fratellibarba.it - cantina@fratellibarba.it

VITA - L'azienda, per dimensioni e importanza, si pone ai vertici regionali, e mostra sempre di essere al passo coi tempi e le tendenze enologiche moderne, senza dimenticare la propria storia. Non a caso la famiglia Barba sa ben mediare tra l'innovazione tecnica in campo e in cantina e la tradizione vitivinicola del luogo. Massima la fiducia concessa agli enologi Alessandro Pelliccioni e Stefano Chioccioli.

VIGNE - Retaggio del grande latifondo teramano, l'azienda conta numerosi vigneti di grandi dimensioni dislocati in corpi unici tra Roseto degli Abruzzi, Atri e Pineto, tutti nel teramano. Giacciono su terreni di media collina e con buona esposizione, con positivi influssi marini. Le forme di allevamento differenziate tra uve a bacca bianca e uve a bacca nera autoctone portano a una perfetta maturazione.

VINI - Vini ben eseguiti che rincorrono la perfezione stilistica, con uso intelligente delle tecnologie di cantina.

Montepulciano d'Abruzzo Colle Morino 2019 ● 250.000 bt; 7 € - Fresco, succoso, evidenzia i caratteri tipici del vitigno; ricco di frutta rossa croccante, è equilibrato, scorrevole e tannico.

Trebbiano d'Abruzzo di Mare 2019 ○ 4.000 bt; 15 € - Salino e profumato di erbe aromatiche e frutta acerba, è sorretto da prorompente acidità; accenni minerali irrompono nel finale lungo e persistente.

Montepulciano d'Abruzzo Vignafranca 2017 ● 40.000 bt; 12 € - Varietale, con confettura di frutti rossi e tannini morbidi, ha un sorso rotondo e avvolgente, e un finale speziato.

Pecorino Colle Morino 2019 ○ 20.000 bt; 6 € - Armonico, fruttato, avvolgente.

Montepulciano d'Abruzzo Colline Teramane Yang 2018 ● 13.000 bt; 9 € - Articolato, speziato, espressivo.

Montepulciano d'Abruzzo I Vasari 2017 ● 30.000 bt; 20 € - Austero, fruttato, profondo.

ha 68 - **bt** 350.000
Fertilizzanti letame, minerali
Fitofarmaci chimici di sintesi, rame e zolfo
Diserbo lavorazione meccanica/manuale
Lieviti fermentazione spontanea, selezionati industriali
Uve 100% di proprietà
Certificazione nessuna certificazione

POPOLI (PE)

VALLE REALE

Località San Calisto - tel. 085 9871039
www.vallereale.it - info@vallereale.it

VITA - Leonardo Pizzolo è arrivato 20 anni fa in Abruzzo per una sfida forse più personale che imprenditoriale. L'obiettivo era produrre grandi vini in questa terra, cosa che gli è riuscita subito grazie a un'impostazione moderna. Ma la sua vera strada l'ha costruita nel tempo, approfondendo e scoprendo le potenzialità di un territorio immerso tra due parchi nazionali e uno regionale, e privilegiando le zone più aspre a ridosso delle montagne.

VIGNE - Ai vigneti intorno alla cantina (Popoli e San Calisto, ora in ristrutturazione, e Sant'Eusanio) si sono affiancati quelli sulla piana di Ofena (Convento di Capestrano), dal 2020 tutti certificati biodinamici. Sono allevati a filare o a pergola, per adeguarli alle caratteristiche ambientali e pedoclimatiche: la presenza di fauna selvatica, gli inverni freddi e nevosi, la forte insolazione estiva.

VINI - La scelta di fermentazioni spontanee e di vinificazioni poco invasive ha fatto il resto, esaltando la mineralità dei bianchi e, più di recente, l'eleganza dei rossi.

TOP **Montepulciano d'Abruzzo Vigneto Sant'Eusanio 2018** VINO SLOW ● 8.600 bt; 36 € - Un vino sontuoso e coinvolgente già al primo assaggio per ricchezza del frutto e profondità della trama tannica, ma da considerare in prospettiva.
Montepulciano d'Abruzzo Vigneto di Popoli 2015 ● 27.500 bt; 44 € - Gioca sul velluto, con finezza olfattiva, freschezza e persistenza gustativa ben delineate, in una delle migliori annate da rosso per l'azienda.
Trebbiano d'Abruzzo Vigneto di Popoli 2018 O 6.850 bt; 43 € - Si conferma tra i più buoni bianchi regionali: ottenuto da uve provenienti da un vigneto di quasi 70 anni, è agrumato, con sfumature vegetali al naso, e in bocca è sapido.
Cerasuolo d'Abruzzo Vigneto Sant'Eusanio Giorno 2019 ● 1.460 bt; 39 € - Agile, fruttato, delicato.

ha 38 - **bt** 197.000
Fertilizzanti letame, preparati biodinamici, sovescio
Fitofarmaci rame e zolfo
Diserbo lavorazione meccanica/manuale
Lieviti fermentazione spontanea, selezione di lieviti indigeni
Uve 100% di proprietà
Certificazione biodinamico e biologico certificato

PREZZA (AQ)

PRAESIDIUM

Via Nazzareno Giovannucci, 24 - tel. 0864 45103
www.vinipraesidium.it - info@vinipraesidium.it

VITA - «Il mio enologo è la vigna», dice Ottaviano Pasquale. Qui si producono vini artigianali, frutto dell'interazione tra uomo e natura, con una filosofia di vita e aziendale che si basa su tradizioni consolidate e sul lavoro contadino. Troppo spesso nel mondo del vino si seguono protocolli che standardizzano il prodotto: da Praesidium, grazie a un'agricoltura razionale fatta di rese basse, si ottengono invece vini identitari, armonici, dall'acidità marcata e longevi.

VIGNE - Il paesaggio è fiabesco: siamo a 400 metri di quota con i 6 ettari di vigna circondati da tre massicci montuosi: il Gran Sasso, la Majella e il Sirente. Per la famiglia Pasquale, che ha un rapporto viscerale con la terra, il biologico è solo un prerequisito. I vigneti, allevati a cordone speronato, si trovano su terreni ricchi di argilla rossa e ciottoli silicio-calcarei. Da una vigna di 60 anni viene prodotto il cru di Montepulciano A Marianna.

VINI - Enzo, il papà di Ottaviano, vinifica da 50 anni, ma il primo imbottigliamento risale al 1988. In cantina si lavora come se il tempo si fosse fermato: fermentazioni spontanee, nessuna filtrazione, e lunghi affinamenti in botti di rovere.

TOP **Lucì 2018** VINO SLOW O 3.496 bt; 28 € - È un Trebbiano autentico e dotato di ampiezza gustativa. I sentori erbacei, balsamici e agrumati affiancano un sorso croccante e citrino, di grande incisività. Il finale è minerale e succoso.
Cerasuolo d'Abruzzo Sup. 2019 ● 9.990 bt; 17 € - Profumi di frutta dolce e spezie, e ha tanta materia, freschezza e una persistente vena salina.

Grandi soddisfazioni dal riassaggio del Montepulciano d'Abruzzo Ris. 2015, già recensito lo scorso anno, che mantiene eccellente complessità olfattiva, per un sorso salino e avvolgente, di continua progressione gustativa.

ha 7 - **bt** 30.000
Fertilizzanti letame, sovescio
Fitofarmaci rame e zolfo
Diserbo lavorazione meccanica/manuale
Lieviti fermentazione spontanea
Uve 100% di proprietà
Certificazione biologico certificato

RIPALIMOSANI (CB)

AGRICOLAVINICA

SCONTO -10%

Contrada Costa Bianca, 4 - tel. 0874 1866935 - 328 5976039
www.vinica.it - info@vinica.it

VITA - Quando nel 2016 presentammo per la prima volta l'azienda fummo facili profeti nel sostenere che avrebbe fatto parlare di sé. Oggi siamo felici di averci visto giusto e aver apprezzato fin da subito il lavoro di Rodolfo Gianserra. L'azienda dispone di una proprietà di 220 ettari in cui vigneti, oliveti, seminativi, frutteti, e boschi convivono in piena sintonia. Rodolfo crede nell'agricoltura sostenibile e nella valorizzazione dei lenti ritmi della natura, senza forzature.

VIGNE - Si può definire viticoltura di montagna, dal momento che i vigneti si trovano tra i 600 e i 750 metri di altitudine, immersi in un'isola di biodiversità. In basso troviamo la tintilia, l'aglianico, il trebbiano, il sangiovese e la garganega, più in alto il sauvignon blanc e il riesling. I terreni, prevalentemente argillosi, sono gestiti con inerbimento spontaneo e sfalcio. Dai vigneti si erge un'albero di sorbo, che è diventato l'immagine sulle etichette.

VINI - Poco interventista l'approccio in cantina, a salvaguardia del lavoro minuzioso svolto in vigna. I vini sono veri, netti, dalla forte personalità e soprattutto rispettosi del territorio.

TOP **Sangiovese del Molise Lame del Sorbo 2018** VINO QUOTIDIANO ● 852 bt; 12 € - Austero ed equilibrato, con frutti scuri e rossi in evidenza, ha tannini vellutati e un sorso sorretto da buona freschezza.

Sauvignon Lame del Sorbo 2018 ○ 7.000 bt; 9 € - Scalpita nel bicchiere con un sorso ampio e profondo, e al naso con note agrumate e minerali che si alternano senza sosta.

Tintilia del Molise Lame del Sorbo Ris. 2015 ● 1.750 bt; 18 € - All'inizio timido, viene fuori alla distanza con un sorso fresco ed equilibrato, richiamando cenni di spezie e frutti scuri.

Tintilia del Molise Beat 2019 ● 7.500 bt; 11 € - Fresco, fruttato, essenziale.

ha 30 - **bt** 50.000
Fertilizzanti nessun concime
Fitofarmaci rame e zolfo
Diserbo lavorazione meccanica/manuale
Lieviti fermentazione spontanea
Uve 100% di proprietà
Certificazione biologico certificato

ROCCA SAN GIOVANNI (CH)

CANTINA FRENTANA

SCONTO -10%

Via Perazza, 32 - tel. 0872 60152
www.cantinafrentana.it - info@cantinafrentana.it

VITA - Non smetteremo mai di elogiare questa cooperativa che ha saputo, negli anni, svincolarsi dal circolo vizioso delle produzioni vendute in cisterna, per puntare con determinazione sulla qualità, superando quest'anno il milione di bottiglie vendute. Merito di uno staff di consolidata bravura: dal presidente Carlo Romanelli all'enologo Gianni Pasquale, dal direttore commerciale Felice Di Biase ai tecnici agronomi Maurizio Piucci e Maurizio Gily.

VIGNE - I vigneti dei circa 400 soci sono ubicati su dolci colline, non distanti dal litorale adriatico, tutti ricadenti nella provincia di Chieti; tra le varietà autoctone coltivate, diffusa la presenza della cococciola, interessante uva a bacca bianca originaria di questo territorio. L'utilizzo di sei stazioni meteo e l'invito a non fare uso di diserbanti danno un'idea dell'impegno per una gestione agronomica più attenta e sostenibile.

VINI - La tecnologia in cantina, usata con intelligenza e moderazione, non fa perdere ai vini tipicità e schiettezza.

Montepulciano d'Abruzzo Torre Vinaria 2018 ● 25.000 bt; 9 € - Elegante, di buona persistenza e con tannini ben dosati, scorre al palato lasciando un ricordo di spezie e di un succoso frutto rosso maturo.

Abruzzo Cococciola Costa del Mulino 2019 ○ 30.000 bt; 6 € - Gioca bene tutte le sue carte puntando deciso sulla freschezza agrumata e l'invidiabile beva.

Montepulciano d'Abruzzo Biologico 2017 ● 25.000 bt; 8 € - Di evidente tipicità, con le caratteristiche note di sottobosco, spezie e frutti rossi: tanta sostanza e pochi fronzoli.

Abruzzo Pecorino Costa del Mulino 2019 ○ 65.000 bt; 6 € - Fresco, fruttato, elegante.

Abruzzo Pecorino Donna Greta 2019 ○ 5.000 bt; 11 € - Ampio, fruttato, incisivo.

Montepulciano d'Abruzzo Panarda Ris. 2017 ● 8.000 bt; 11 € - Austero, fruttato, teso.

ha 800 - **bt** 1.200.000
Fertilizzanti letame, organo-minerali, sovescio
Fitofarmaci chimici di sintesi, organici, rame e zolfo
Diserbo lavorazione meccanica/manuale
Lieviti selezionati industriali, selezione di lieviti indigeni
Uve 100% di proprietà
Certificazione parte dei vigneti in regime biologico

ROSETO DEGLI ABRUZZI (TE)

ORLANDI CONTUCCI PONNO

Località Piana degli Ulivi, 1 - tel. 085 8944049
www.orlandicontucciponno.it - info@orlandocontucci.com

VITA - Le radici di questa storica realtà del Teramano, porzione dell'originaria proprietà dell'antica famiglia Ponno, sono legate al connubio fra cultura francofila e conoscenza territoriale del fondatore, il diplomatico Corrado Orlandi Contucci, la cui eredità produttiva è stata raccolta e incrementata dalla figlia Marina, tuttora alla guida dell'azienda. Da qualche anno questa realtà fa parte del gruppo Agricole Gussalli Beretta, della nota famiglia di industriali delle armi.

VIGNE - Fra gli anni Sessanta e Novanta il patrimonio varietale ha alternato scelte internazionali a vitigni autoctoni, componendo sulle colline di Roseto degli Abruzzi, intorno a un complesso rurale recuperato con gusto, un'estensione vitata di una trentina di ettari, allevata a spalliera e pergola abruzzese, in cui a sauvignon blanc, cabernet sauvignon e merlot, per citarne alcuni, si sono affiancati montepulciano, trebbiano e pecorino.

VINI - La possibilità di scelta fra internazionali e autoctoni dà sempre luogo a vinificazioni in purezza, che negli ultimi tempi premiano specialmente le interpretazioni più schiette e immediate da vitigni locali, ordinate ma espressive.

Trebbiano d'Abruzzo Adrio 2019 ○ 15.000 bt; 7 € - Fruttato e minerale, denota complessità e buona profondità; è fresco, sapido, integro, con un finale lungo e gustoso.

Montepulciano d'Abruzzo Rubiolo 2019 ● 20.000 bt; 7 € - Sostenuto da un'intrigante rusticità, è fruttato, erbaceo, tonico e incisivo: una coerente interpretazione varietale.

Trebbiano d'Abruzzo Sup. Podere Colle della Corte 2019 ○ 6.600 bt; 9 € - Dinamico, fruttato, sapido.

Montepulciano d'Abruzzo Colline Teramane La Regia Specula 2017 ● 20.000 bt; 12 € - Solido, speziato, incisivo.

ha 31 - **bt** 185.000
Fertilizzanti compost, letame in pellet, organo-minerali
Fitofarmaci rame e zolfo
Diserbo lavorazione meccanica/manuale
Lieviti selezionati industriali
Uve 100% di proprietà
Certificazione nessuna certificazione

SAN FELICE DEL MOLISE (CB)

CLAUDIO CIPRESSI SOCIETÀ AGRICOLA

SCONTO -10%

Contrada Montagna, 11/b - tel. 335 1244859
www.claudiocipressi.it - info@claudiocipressi.it

VITA - La tintilia e il Molise devono ringraziare il lavoro del caparbio Claudio Cipressi, che ha recuperato le migliori piante da tanti piccoli produttori della zona, costruendo una sorta di biblioteca ampelografica della varietà. La qualità dei vini cresce anno dopo anno e ha raggiunto livelli di assoluto valore. Con Claudio, che cura la parte agronomica, collaborano il bravo enologo Vincenzo Mercurio e l'attento responsabile di cantina Luca Vecchio.

VIGNE - Il territorio di San Felice del Molise è al tempo stesso duro e bellissimo. Secondo Claudio è favoloso per l'agricoltura, con la biodiversità garantita dai tanti boschi che si alternano regolarmente alle vigne e ai campi coltivati. I suoli sono un misto di argilla e calcare e si trovano a 450 metri di quota. La vicinanza dell'Adriatico porta le correnti che garantiscono una buona escursione termica.

VINI - Lo stile di Claudio ricerca la qualità estrema e la perfezione stilistica attraverso basse rese e vinificazioni in acciaio che rispettano le varietà.

TOP **Tintilia del Molise Macchiarossa 2016** VINO SLOW ● 20.000 bt; 23 € - Si conferma su alti livelli il campione di casa, con spezie e frutti scuri al naso, confermati da un sorso dal finale lungo e appagante.

Settevigne Falanghina 2019 ○ 7.000 bt; 16 € - Fiori, frutta ed erbe aromatiche si susseguono senza sosta. In bocca è fresco, e chiude agrumato.

Tintilia del Molise Rosato Collequinto 2019 3.000 bt; 23 € - Il sorso è pieno e fresco, accompagnato da note di frutta ed erbe mediterranee. Buono il rapporto tra la qualità e il prezzo.

Molise Trebbiano Le Scoste 2018 ○ 3.000 bt; 95 € - Bianco macerato, robusto, fruttato, espressivo.

Voira Falanghina 2019 ○ 2.000 bt; 169 € - Fresco, floreale, varietale.

Molise Rosso Decimo 2018 ● 2.000 bt; 19 € - Schietto, fruttato, corto.

ha 15 - **bt** 45.000
Fertilizzanti sovescio
Fitofarmaci rame e zolfo
Diserbo lavorazione meccanica/manuale
Lieviti selezionati industriali
Uve 100% di proprietà
Certificazione biologico certificato

SAN MARTINO SULLA MARRUCINA (CH)

MASCIARELLI

Via Gamberale, 1 - tel. 0871 85241
www.masciarelli.it - info@masciarelli.it

VITA - Quando nel 1981 Gianni Masciarelli esordì nel mondo del vino aveva due priorità: creare un'azienda modello, radicata sul territorio e con un'impostazione manageriale che, a quei tempi, non aveva eguali in Abruzzo, e portare alla ribalta internazionale il Montepulciano. Propositi portati a compimento prima della sua prematura scomparsa, e ora divenuti ragione di vita e lavoro della moglie Marina Cvetic e della figlia Miriam.

VIGNE - La lungimiranza del pensiero di Gianni la ritroviamo anche nel modo in cui scelse le zone dove piantare le viti: non si accontentò di creare un vigneto cru, quello del famoso Villa Gemma a San Martino della Marrucina, ma scelse con cura i territori migliori all'interno delle quattro province abruzzesi, dotandoli, in successione, anche di autonomi impianti di vinificazione. Il cospicuo numero di ettari vitati è diviso in circa 60 appezzamenti.

VINI - L'azienda sfrutta, con intelligenza, le notevoli potenzialità offerte dai diversi terroir, producendo rinomati e prestigiosi cru ed eccellenti vini da consumo quotidiano.

Montepulciano d'Abruzzo Gianni Masciarelli 2018 ● 150.000 bt; 10 € - Elegante e incisivo, con i tipici sentori di confettura di amarene e spezie, trova perfetta corrispondenza in bocca, con il frutto ancora protagonista.

Cerasuolo d'Abruzzo Sup. Villa Gemma 2019 60.000 bt; 13 € - Beva agile ma di soddisfacente pienezza, con un integro e succoso frutto rosso, accenni erbacei e tanta sapidità.

Montepulciano d'Abruzzo Villa Gemma Ris. 2015 ● 10.000 bt; 54 € - Come al solito un vino da guardare in prospettiva: ricchissimo di materia, ha tannini imponenti e una buona spalla acida. Evolverà magnificamente in bottiglia.

Cerasuolo d'Abruzzo Gianni Masciarelli 2019 18.000 bt; 8 € - Croccante, fruttato, essenziale.

ha 300 - **bt** 2.500.000
Fertilizzanti humus, letame in pellet, sovescio
Fitofarmaci chimici di sintesi, rame e zolfo
Diserbo lavorazione meccanica/manuale
Lieviti selezionati industriali
Uve 100% di proprietà
Certificazione nessuna certificazione

SANT'OMERO (TE)

DE ANTONIIS

SCONTO -10%

Via Metella Nuova, 56 - tel. 0861 887087
www.deantoniisadele.it - info@deantoniisadele.it

VITA - Dalla cantina e da casa si vedono alcuni filari di vigna risalire la collina: è un'immagine cara ai coniugi Adele De Antoniis e Giuseppe Mattei, che vivono e lavorano in questo angolo del Teramano, nel comune di Sant'Omero, dove hanno tirato su una piccola e curata azienda, vendemmia dopo vendemmia. L'impegno artigianale che scandisce la quotidianità fonda anche i presupposti di una visione vitivinicola appassionata e responsabile.

VIGNE - Pochi ettari vitati, 6 per l'esattezza, sono stati piantati negli anni 2000, anzitutto intorno al centro aziendale, ma anche in altri territori comunali vicini, a Bellante e a Campli. Il sistema di allevamento è a filare, le varietà scelte sono solo quelle autoctone, tradizionali come nel caso di montepulciano e trebbiano, o riscoperte, come pecorino e passerina. Le cure agronomiche manuali e scrupolose sono i presupposti della conduzione in vigna.

VINI - Il lavoro certosino tra vigna e cantina continua a segnare la strada di questi vini, interpreti della tradizione produttiva territoriale con una dichiarata attenzione alla libera espressione della tipicità varietale.

Cerasuolo d'Abruzzo Sassello 2019 2.000 bt; 14 € - Fruttato e succoso, è teso e scorrevole, con una lieve nota amarognola che sigilla una chiusa molto misurata.

Passerina Delina 2019 O 2.000 bt; 14 € - Delicato ma generoso negli aromi floreali, è fresco, tonico e sapido, e si distingue per equilibrio e piacevolezza.

Colline Teramane Himerio 2016 ● 2.500 bt; 26 € - Articolato, fruttato, espressivo.

Trebbiano d'Abruzzo Sup. Le Coste 2019 O 2.000 bt; 14 € - Agile, floreale, armonico.

ha 6 - **bt** 12.000
Fertilizzanti nessun concime
Fitofarmaci rame e zolfo
Diserbo lavorazione meccanica/manuale
Lieviti selezione di lieviti indigeni
Uve 100% di proprietà
Certificazione nessuna certificazione

SANT'OMERO (TE)

VALORI €

SCONTO -10%

Via Torquato al Salinello, 8 - tel. 0871 85241
www.vinivalori.it - info@vinivalori.it

VITA - Luigi Valori non è un personaggio mediatico: non lo troverete mai a gigioneggiare su siti e blog di tendenza, anche se nel suo passato di calciatore professionista è stato spesso sotto la luce dei riflettori. Eppure la sua storia di vita e lavoro è di quelle che vanno raccontate e prese a esempio per dedizione, competenza e profondo rispetto per la terra, l'ambiente e il nobile lavoro nei campi. Andate a trovarlo, possibilmente quando piove.

VIGNE - Luigi ha un rapporto quasi simbiotico con le sue vigne, che gestisce con intelligenza e con la giusta capacità di osservazione, sempre pronto a cogliere segnali e risposte vegetative che poi cerca di decifrare e tradurre in efficaci rimedi agronomici. I vigneti si trovano parte in prossimità della cantina e parte nel vicino comune di Controguerra, e sono allevati a filari. I terreni sono magri e sabbiosi.

VINI - I vini rispecchiano le qualità umane di Luigi: sono puliti, diretti e di facile approccio. Qui non si fa ricorso a inutili forzature di cantina.

TOP **Montepulciano d'Abruzzo Chiamami Quando Piove 2017** VINO QUOTIDIANO ● 90.000 bt; 9 € - Un anno in più di affinamento (non è stato presentato nella scorsa edizione della guida) lo ha reso perfetto: speziato, fruttato e appena erbaceo, è austero, con tannini fitti e ben dosati, la giusta freschezza e tanta profondità.

Montepulciano d'Abruzzo Colline Teramane Vigna Sant'Angelo 2015 ● 3.000 bt; 24 € - Dal vigneto Sant'Angelo, con piante di oltre 50 anni, è un Montepulciano strutturato e territoriale, armonico e di bella progressione.

Cerasuolo d'Abruzzo Chiamami Quando Piove 2019 6.500 bt; 9 € - Elegante e delicato, senza mancare di incisività: è floreale e fruttato, sapido e fresco.

Abruzzo Pecorino Chiamami Quando Piove 2019 ○ 18.000 bt; 10 € - Agile, fruttato, sottile.

ha 14 - **bt** 125.000
Fertilizzanti letame in pellet, sovescio
Fitofarmaci organici, rame e zolfo
Diserbo lavorazione meccanica/manuale
Lieviti fermentazione spontanea, selezionati industriali
Uve 100% di proprietà
Certificazione biologico certificato

SILVI MARINA (TE)

PETTINELLA

Contrada San Silvestro, 16 - tel. 338 8279506
giuliano.pettinella@libero.it

VITA - Giuliano Pettinella, avvocato con la passione per la viticoltura, ha deciso di fondare la sua azienda agricola nel 2010. Spinto da un forte legame con il suo paese d'origine, Tocco da Casauria, ha piantato qui 2 ettari di vigna. Il seminterrato di un vecchio casolare di papà Giovanni oggi è una splendida cantina scavata nel travertino. Siamo nella val Pescara, nel Parco Nazionale della Majella, zona da sempre vocata alla produzione di vini di qualità.

VIGNE - Giuliano, con il solo ausilio della moglie Francesca D'Adda, gestisce autonomamente tutte le operazioni agronomiche. Le vigne sono dislocate in due comuni: a Tocco da Casauria, su terreni tenaci, a 350 metri di altitudine trova dimora il montepulciano, allevato ad alberello e costeggiato da un oliveto secolare. L'altra vigna, di mezzo ettaro e allevata a pergola abruzzese, insiste su terreni argillosi a Silvi Marina, sulla collina litoranea.

VINI - In cantina ci si avvale della consulenza di un grande professionista e conoscitore del territorio e del vino abruzzesi: il professore Leonardo Seghetti. Pied de cuve per le fermentazioni, lunghi affinamenti in vecchie barrique esauste e nessuna filtrazione sono il credo enologico di questa valida azienda.

TOP **Tauma 2019** VINO SLOW montepulciano; 2.500 bt; 21 € - È un vino dalla forte impronta territoriale. Di impatto esplosivo sul frutto rosso, china e note minerali, al sorso risulta di buon corpo, austero e sapido, con un giocoso ritorno del frutto nel finale di bocca.

Montepulciano d'Abruzzo 2019 ● 2.500 bt; 32 € - Magnifica interpretazione del vitigno, con note di frutti rossi che si alternano a sentori di cioccolato e sottobosco. La bocca è vivace e piacevolmente tannica, e chiude tesa e lunga.

ha 2,5 - **bt** 5.000
Fertilizzanti letame, sovescio
Fitofarmaci rame e zolfo
Diserbo lavorazione meccanica/manuale
Lieviti selezione di lieviti indigeni
Uve 100% di proprietà
Certificazione in conversione biologica

SPOLTORE (PE)

FATTORIA LA VALENTINA

Via Torretta, 52 - tel. 085 4478158
www.lavalentina.it - lavalentina@fattorialavalentina.it

VITA - Persona affabile e riservata, Sabatino di Properzio ha dalla sua un'altra importante qualità: la coerenza. Se proviamo a ripercorrere gli ormai 31 anni di vita dell'azienda di famiglia, gestita insieme ai fratelli Andrea e Roberto, e il suo percorso come imprenditore vitivinicolo, è facile scorgere la linearità e validità del progetto iniziale, e la capacità di crescere e perfezionarsi facendo tesoro delle esperienze fatte sul campo.

VIGNE - Da visitare il bel centro aziendale, di impostazione moderna ma perfettamente integrato nel contesto paesaggistico, e con una magnifica vista su parte dei vigneti di proprietà, il tutto a poca distanza dalla vivace città di Pescara. Gli altri impianti sono dislocati nella collina più interna, nei comprensori di Scafa e San Valentino, sempre nel pescarese, a quote superiori, dai 250 ai 350 metri.

VINI - I vini sono impeccabilmente eseguiti, senza eccessivo interventismo in cantina; le favorevoli condizioni pedoclimatiche danno vita a rossi strutturati e longevi.

TOP **Montepulciano d'Abruzzo 2018** VINO QUOTIDIANO ● 200.000 bt; 9 € - Piacevolmente fruttato, con leggere venature erbacee e speziate, è croccante, succoso e con tannini vivi. Perfettamente bilanciato e persistente.
Montepulciano d'Abruzzo Binomio Ris. 2016 ● 13.000 bt; 30 € - Da una collaborazione con l'azienda veneta Inama, un cru pensato per lunghi affinamenti in bottiglia, dal complesso timbro olfattivo e con una bocca succosa e vivace sul frutto.
Pecorino 2019 O 70.000 bt; 9 € - Un vino, al solito, di straordinaria beva: fresco, sapido e per nulla scontato, con accenni balsamici e di erbe aromatiche e tanta mineralità.
Cerasuolo d'Abruzzo Sup. Spelt 2019 ● 8.000 bt; 13 € - Articolato, fruttato, avvolgente.
Montepulciano d'Abruzzo Spelt Ris. 2017 ● 65.000 bt; 18 € - Solido, fruttato, complesso.

ha 40 - **bt** 370.000
Fertilizzanti nessun concime, organo-minerali, sovescio
Fitofarmaci organici, rame e zolfo
Diserbo lavorazione meccanica/manuale
Lieviti selezionati industriali, selezione di lieviti indigeni
Uve 100% di proprietà
Certificazione biologico certificato

TOLLO (CH)

CANTINA TOLLO

Viale Garibaldi, 68 - tel. 0871 96251
www.cantinatollo.it - a.difabio@cantinatollo.it

VITA - Questa storica cantina cooperativa con 61 vendemmie alle spalle ha avuto il grande merito di affrancare, nel tempo, buona parte del tanto vino prodotto nella provincia di Chieti dal giogo della vendita in cisterna. Il considerevole numero di bottiglie prodotte e il migliaio di soci conferenti sono la dimostrazione dell'entità dell'indotto economico generato: un toccasana per il comprensorio agricolo di Tollo.

VIGNE - Circa un terzo degli ettari vitati ricadono nel comune di Tollo, ubicati nella fascia collinare prossima all'Adriatico a quote variabili tra i 150 e i 300 metri di altitudine. La maggior parte degli altri impianti si trova nei distretti vicini, sempre in provincia di Chieti. La forma di allevamento predominante è la pergola abruzzese. Tra le varietà dominano il montepulciano e il trebbiano; in crescita anche gli ettari destinati al pecorino.

VINI - L'ampia produzione permette alla cantina di diversificare le tipologie a seconda che si tratti di grande distribuzione o del circuito Ho.re.ca. Interessante la linea Bio, dai decisi connotati territoriali.

Montepulciano d'Abruzzo Bio 2019 ● 10.000 bt; 8 € - Ha spiccate note giovanili, tanta frutta rossa, tannini robusti e vivace acidità. Scalpitante.
Cerasuolo d'Abruzzo Bio 2019 ● 10.000 bt; 8 € - Floreale e fruttato, di buon corpo e sapidità, è lineare e diretto, e si lascia bere con estrema facilità e piacevolezza.
Abruzzo Pecorino 2019 O 2.000 bt; 21 € - Alle iniziali note minerali si sovrappongono delicati aromi fruttati: è disteso, equilibrato, e con un finale secco e pulito.
Trebbiano d'Abruzzo Bio 2019 O 10.000 bt; 8 € - Agile, fruttato, rilassato.**Montepulciano d'Abruzzo Mò Ris. 2016** ● 130.000 bt; 13 € - Fitto, fruttato, consistente.
Pecorino Peco 2019 O 75.000 bt; 13 € - Croccante, fruttato, leggiadro.

ha 2.700 - **bt** 13.000.000
Fertilizzanti compost, humus, letame in pellet, letame, minerali, preparati biodinamici, sovescio
Fitofarmaci chimici di sintesi, organici, rame e zolfo
Diserbo lavorazione meccanica/manuale
Lieviti fermentazione spontanea, selezionati industriali
Uve 100% di proprietà
Certificazione parte dei vigneti in regime biologico

TOLLO (CH)

FEUDO ANTICO

Via Crocevecchia, 101 - tel. 0871 969128
www.feudoantico.it - info@feudoantico.it

VITA - Tempo di bilanci per il progetto Feudo Antico, nato all'indomani del riconoscimento della Doc Tullum nel 2009, proprio per dar lustro a questa piccola denominazione che comprende il solo comune di Tollo e che è ora alle prese con l'ancora più complicata sfida data dal conseguimento della Docg nel luglio del 2019. Inalterato lo staff tecnico, con l'agronomo Antonio Sitti, l'enologo Riccardo Brighigna e il direttore commerciale Andrea Di Fabio.

VIGNE - I vigneti sono ubicati in media collina a circa 150 metri di quota su terreni di medio impasto, tutti nel comune di Tollo a eccezione del vigneto Casadonna, a Castel di Sangro, a 900 metri di quota; la zona, storicamente votata alla viticoltura, gode di un microclima ideale, modulato dalla vicinanza del massiccio della Majella, responsabile delle benefiche escursioni termiche, e dal mare Adriatico con le sue rinfrescanti brezze marine.

VINI - Feudo Antico produce vini stilisticamente impeccabili pur mantenendo un saldo legame con il territorio, evitando ad esempio di smorzare la tipica irruenza tannica e olfattiva del Montepulciano.

Pecorino Casadonna 2019 ○ 1.500 bt; 46 € - Dal vigneto Casadonna un Pecorino floreale e agrumato, che scorre bene al palato supportato da una una notevole verve acida. Il tempo è dalla sua parte.
Montepulciano d'Abruzzo Organic 2018 ● 100.000 bt; 10 € - Armonico, ha tannini setosi e buona corrispondenza gusto-olfattiva tra fiori, spezie e frutti rossi.
Tullum Pecorino 2019 ○ 13.000 bt; 15 € - A un naso tenue e fruttato si sovrappone una bocca dinamica, sapida e fresca.
Tullum Passerina 2019 ○ 10.000 bt; 15 € - Croccante, fruttato, leggiadro.
Tullum Rosso Biologico 2018 ● 13.000 bt; 15 € - Solido, speziato, contrastato.
Tullum Rosso 2016 ● 13.000 bt; 15 € - Armonico, speziato, essenziale.

ha 20 - **bt** 100.000
Fertilizzanti compost, humus, letame in pellet, letame, minerali, organo-minerali, sovescio
Fitofarmaci chimici di sintesi, organici, rame e zolfo
Diserbo lavorazione meccanica/manuale
Lieviti fermentazione spontanea, selezionati industriali
Uve 100% di proprietà
Certificazione parte dei vigneti in regime biologico

TORANO NUOVO (TE)

EMIDIO PEPE

Via Chiesi, 10 - tel. 0861 856493
www.emidiopepe.com - info@emidiopepe.com

VITA - Emidio Pepe è un vignaiolo autentico, con più di 50 vendemmie alle spalle e un modo unico e inimitabile di concepire il vino. Quando imperava la convinzione che non ci potesse essere un grande vino senza tecnologia e l'enologo di grido, Emidio, a cui veniva spesso detto che i suoi vini erano difficili perché diversi da un anno all'altro, non andava mai via senza proferire comunque una parola buona per clienti e colleghi.

VIGNE - A eccezione del pecorino, ottenuto da un vigneto più giovane allevato a filare, tutti gli altri impianti, di età compresa tra i 30 e i 40 anni sono condotti a tendone. Alcuni sono prossimi al centro aziendale dove, oltre alla cantina, troviamo il bellissimo e frequentato agriturismo; altri sono ubicati, in corpi separati, a pochi chilometri di distanza. I terreni dal medio impasto virano verso l'argilloso, con presenza più o meno rilevante di calcare.

VINI - In cantina Emidio è affiancato dalla figlia Sofia, in un naturale passaggio generazionale. Qui tutto ha un carattere di unicità, dalle diraspature manuali alle fermentazioni spontanee e ai lunghi affinamenti in bottiglia.

TOP **Cerasuolo d'Abruzzo 2019** VINO SLOW 6.000 bt; 40 € - Di grande fascino, complessità e finezza aromatica, ha una beva strepitosa. Al palato mostra tutto il suo carattere e la sua eleganza risultando sapido, fresco e di struttura misurata.
Pecorino 2018 ○ 5.000 bt; 60 € - Si fa apprezzare per un palato caldo, profondo, sapido e di lieve tannicità; imponente tra note di erbe aromatiche, frutta gialla e minerali.
Trebbiano d'Abruzzo 2018 ○ 35.000 bt; 50 € - Mostra la solita incisività e dinamicità gustativa, con tanta sapidità e con le note varietali, erbacee, di fiori e di frutta, perfettamente bilanciate.
Montepulciano d'Abruzzo 2018 ● 45.000 bt; 40 € - Fitto, fruttato, autentico.

ha 13 - **bt** 80.000
Fertilizzanti preparati biodinamici, sovescio
Fitofarmaci nessun prodotto
Diserbo lavorazione meccanica/manuale
Lieviti fermentazione spontanea
Uve 100% di proprietà
Certificazione biodinamico certificato, biologico certificato

TORANO NUOVO (TE)

STRAPPELLI

Contrada Torri, 16 - tel. 0861 887402
www.cantinastrappelli.it - info@cantinastrappelli.it

VITA - Azienda poco toccata dai circoli mediatici ma vera e autentica come il suo titolare, Guido Strappelli, vignaiolo di poche parole e di tanta sostanza. È in perenne movimento tra le sue vigne, che gestisce impeccabilmente da quasi 30 anni in conduzione biologica, e la cantina, dove si fa aiutare dal bravo enologo Riccardo Brighigna. Negli anni, nei ritagli di tempo, è riuscito anche a realizzare una magnifica sala di degustazione.

VIGNE - I vigneti, in zona pianeggiante, si trovano a qualche chilometro di distanza dal centro aziendale, alla sommità di un pianoro a circa 300 metri di altitudine, sulla fascia collinare che separa il Gran Sasso e i monti della Laga dal mare Adriatico. Siamo al cospetto di vigne disetanee, comunque vecchie, allevate a guyot e a cordone speronato, che poggiano su terreni ben drenanti, di medio impasto e con buona presenza di sabbia e ciottoli.

VINI - Vini interessanti e di spiccata personalità, prodotti a partire da uve marcatamente caratterizzate dal peculiare terroir su cui crescono le viti. Freschi e minerali i bianchi, eleganti e dalla possente trama tannica i rossi.

Controguerra Pecorino Soprano 2019 O 3.300 bt; 12 € - Vigoroso e di bel temperamento, succoso e salino, ha un timbro aromatico ricco e stratificato, tra note agrumate, minerali e di erbe aromatiche.
Montepulciano d'Abruzzo Colline Teramane Colle Trà 2016 ● 3.300 bt; 20 € - - Un Montepulciano ancora in fase evolutiva al momento dell'assaggio, con tannini possenti e tanta struttura, dominato dalle spezie dolci e con il frutto rosso maturo che comincia a farsi strada.
Cerasuolo d'Abruzzo 2019 ● 6.600 bt; 10 € - Tanta sapidità e freschezza, il frutto rosso e le tipiche note erbacee: un compendio delle caratteristiche essenziali del Cerasuolo d'Abruzzo.

ha 10 - **bt** 65.000
Fertilizzanti letame in pellet, sovescio
Fitofarmaci rame e zolfo
Diserbo lavorazione meccanica/manuale
Lieviti fermentazione spontanea, selezione di lieviti indigeni
Uve 100% di proprietà
Certificazione biologico certificato

TORTORETO (TE)

TENUTA TERRAVIVA

SCONTO **-10%**

Via del Lago, 19 - tel. 0861 786056
www.tenutaterraviva.it - info@tenutaterraviva.it

VITA - Pensata e realizzata nel 2006 da Pietro Topi e Pina Marano come progetto di rilancio della preesistente azienda di famiglia, Tenuta Terraviva è oggi una consolidata realtà produttiva, partita con le idee chiare fin da principio: sostenibilità ambientale, uve autoctone, vini territoriali e straordinario rapporto tra la qualità e il prezzo sono state le direttive su cui si è mossa l'azienda nei suoi primi 15 anni di vita.

VIGNE - I vigneti sono concentrati in una stretta vallata, costantemente battuta dalle brezze marine, che scende, con pendenze da lievi a moderate, in direzione dell'Adriatico; mare e vigne risultano perfettamente visibili dal soprastante centro aziendale. Gli impianti di diverse età sono condotti a spalliera, con l'eccezione di un vecchio cru di trebbiano allevato a tendone. I terreni sono magri, argillosi e calcarei.

VINI - In cantina si preserva quello che di buono si è fatto in vigna, con interventi ridotti all'essenziale.

TOP **Trebbiano d'Abruzzo Sup. Mario's 46 2018** VINO SLOW O 6.000 bt; 15 € - - Da un vigneto di trebbiano di 46 anni, un vino di straripante aromaticità, con nitide note di fieno e frutta, complessità ed equilibrio gustativo; il tutto armonicamente supportato da una corroborante vena acida e sapida.
Montepulciano d'Abruzzo MPH 2017 ● 600 bt; 23 € - Vino tanto elegante quanto complesso, è perfettamente bilanciato in tutte le sue componenti gusto-olfattive, risultando tannico, profondo, fruttato e speziato.
Cerasuolo d'Abruzzo Giusi 2019 ● 13.000 bt; 10 € - Inizialmente restio al naso, si apre, presto e bene, sul frutto rosso fragrante, mostrando al sorso incisività, freschezza e tanta sapidità.
Abruzzo Pecorino Ekwo 2019 O 6.500 bt; 12 € - Ampio, fruttato, energico.
Abruzzo Passerina 12.1 2019 O 2.500 bt; 11 € - Schietto, floreale, leggiadro.

ha 22 - **bt** 80.000
Fertilizzanti preparati biodinamici, sovescio
Fitofarmaci rame e zolfo
Diserbo lavorazione meccanica/manuale
Lieviti fermentazione spontanea
Uve 100% di proprietà
Certificazione biologico certificato

URURI (CB)

CANTINE SALVATORE

SCONTO **-10%**

Contrade Vigne - tel. 0874 830656 - 347 7103501
www.cantinesalvatore.it - info@cantinesalvatore.it

VITA - Pasquale Salvatore è un convinto sostenitore delle potenzialità del territorio del basso Molise. Ha fondato la sua azienda agricola nel 1998 sui terreni di famiglia, e ne gestisce la parte agronomica, con la sorella Fausta che si occupa della parte amministrativa e Carmine De Iure a fare il consulente enologico. La cantina, di recente ultimazione, è all'avanguardia da un punto di vista tecnologico.

VIGNE - Le vigne sono distribuite tra i territori di Ururi e Rotello, nell'entroterra molisano. L'altitudine di circa 300 metri e la vicinanza al mare Adriatico consentono una buona escursione termica giornaliera e un'ottima ventilazione. I terreni sono sassosi e molto fertili, e vengono gestiti con inerbimento spontaneo e senza concimazioni. I sistemi di allevamento sono il cordone speronato per montepulciano, aglianico e falanghina, e guyot per la tintilia.

VINI - I vini di Pasquale rispecchiano appieno la sua personalità umile, schietta e sincera. Sono frutto di un attento lavoro in vigna, ben definiti, equilibrati e freschi.

TOP **Tintilia del Molise Rutilia 2017** VINO QUOTIDIANO ● 12.000 bt; 12 € - Centrato e dal tratto riconoscibile, è speziato e in bocca ha buona intensità e freschezza.
Molise Rosso Biberius 2017 ● 20.000 bt; 9 € - Il sorso richiama cenni di frutti rossi ed è intrigante e sorretto da una buona freschezza. Il finale è persistente.
Molise Rosso Don Donà 2015 ● 8.000 bt; 14 € - Sensazioni nette di frutta e spezie aprono a un sorso con tannini presenti e croccanti, che invita al riassaggio.
Ti.A.Mo. 2016 ● aglianico, montepulciano, tintilia; 8.000 bt; 13 € - Incisivo, fruttato, espressivo.
Falanghina del Molise Nysias 2019 ○ 12.000 bt; 11 € - Fresco, floreale, sapido.
Nysias falanghina; 3.000 bt; 12 € - Metodo Charmat, citrino, fruttato, corto.

ha 20 - **bt** 80.000
Fertilizzanti letame in pellet, sovescio
Fitofarmaci rame e zolfo
Diserbo lavorazione meccanica/manuale
Lieviti selezionati industriali, selezione di lieviti indigeni
Uve 100% di proprietà
Certificazione biologico certificato

VASTO (CH)

FONTEFICO

SCONTO **-10%**

Via Defenza, 38 - tel. 328 3660760 - 328 4113619
www.fontefico.it - ea@fontefico.it

VITA - I fratelli Emanuele e Nicola Altieri continuano con entusiasmo l'attività creata da papà Alessandro, che è come sempre presente in vigna a dare il suo prezioso contributo. I risultati entusiasmanti degli assaggi confermano la bontà del lavoro svolto. Alla bella cantina si affianca l'agriturismo, immerso in un magnifico giardino con frutteti di fichi e susine destinati alla produzione di confetture.

VIGNE - I vigneti, allevati a pergola abruzzese e cordone speronato, sono divisi in due corpi. Il primo circonda la cantina con suoli argillosi e calcarei, sui quali vengono coltivati montepulciano, trebbiano e pecorino. Nel secondo, nel vicino comprensorio di San Salvo, posto su un ripido pendio ricco di scheletro, si coltiva l'aglianico. Siamo a pochi chilometri dalla costa e la brezza marina contribuisce a mantenere asciutte e sane le vigne.

VINI - I vini di Fontefico hanno subito, negli anni, una positiva evoluzione e non lasciano indifferenti: sono riconoscibili e varietali.

TOP **Trebbiano d'Abruzzo Sup. Portarispetto 2019** VINO SLOW ○ 2.000 bt; 17 € - Austero, con frutta ed erbe mediterranee in evidenza, ha un sorso croccante, di splendida freschezza, dal finale agrumato e lunghissimo.
Montepulciano d'Abruzzo Cocca Di Casa 2017 ● 13.000 bt; 14 € - Nel calice si alternano frutti scuri, spezie ed erbe. I tannini integri e la freschezza rendono il sorso fragrante e piacevolissimo.
Montepulciano d'Abruzzo Titinge Ris. 2015 ● 3.000 bt; 28 € - Viene fuori alla distanza con note di spezie ed erbe mediterranee che si ritrovano nel piacevole sorso.
Cerasuolo d'Abruzzo Sup. Fossimatto 2019 ● 7.000 bt; 14 € - Fresco, fruttato, profondo.
Abruzzo Pecorino Sup. La Canaglia 2019 ○ 10.000 bt; 14 € - Articolato, fruttato, complesso.
Costetoste 2015 ● aglianico; 3.000 bt; 28 € - Avvolgente, speziato, integro.

ha 15 - **bt** 45.000
Fertilizzanti nessun concime
Fitofarmaci rame e zolfo
Diserbo n.d.
Lieviti fermentazione spontanea
Uve 100% di proprietà
Certificazione biologico certificato

DI CATO MARIAPAOLA

Via Colle della Fonte, 14 - tel. 349 2481784
vinicoladicato@alice.it

VITA - «Una splendida famiglia di contadini, dedita al lavoro in vigna»: si definiscono così Francesco Di Cato e la figlia Mariapaola. Dalle prime vinificazioni artigianali nel 2009, nel seminterrato di casa, all'inaugurazione, a fine 2020, della nuova cantina, il percorso fatto è quello di un progetto solido e in crescente evoluzione. Siamo nel verde della valle Peligna, ai piedi del massiccio della Majella, un territorio da sempre vocato alla viticoltura.

VIGNE - Mariapaola e papà Francesco svolgono autonomamente sia le operazioni agronomiche, sia quelle di cantina. I vigneti, circondati da meleti, sono allevati a guyot e gestiti con oculatezza, adottando pratiche (inerbimento spontaneo interfila, lotta biologica) a basso impatto ambientale. Si trovano a 400 metri di quota su terreni sassosi, ricchi di argilla bianca, e sono ben ventilati.

VINI - In cantina gli interventi sono ridotti al minimo: fermentazioni spontanee, pressature con piccoli torchi, niente additivi o filtrazioni. È così che Maria Paola ottiene vini autentici e territoriali.

TOP **Anima Errante 2019** VINO SLOW ● 3.000 bt; 18 € - Da terreni argillosi, un Montepulciano fine e strutturato, dagli elegantissimi profumi di frutti rossi che si alternano a delicate note speziate. Il sorso è ricco di complessità gustativa, e lascia spazio a un finale teso e incisivo.

Eughenos Raggio di luna 2019 ● montepulciano; 2.000 bt; 15 € - Nasce da terreni più sciolti e ricchi di scheletro, e si presenta con profumi intensi, fruttati e vegetali. Il sorso è ampio, autentico e animato da una rinfrescante vena sapida.

Eughenos Raggio di sole 2019 O malvasia; 1.000 bt; 18 € - Caratterizzato da un'olfatto balsamico, di frutta gialla e minerale, in bocca risulta denso e articolato, e chiude in progressione, con la tipica impronta varietale del vitigno.

ha 2 - **bt** 6.000
Fertilizzanti compost, letame in pellet, sovescio
Fitofarmaci rame e zolfo
Diserbo lavorazione meccanica/manuale
Lieviti fermentazione spontanea
Uve 100% di proprietà
Certificazione biologico certificato

VITTORITO (AQ)

LUDOVICO

SCONTO **-10%**

Via Piano Santa Maria, 165 - tel. 329 7862571 - 338 9095539
www.vinosuffonte.it - vinosuffonte@gmail.com

VITA - Enzo Ludovico e la figlia Lorenza gestiscono la piccola azienda di famiglia con la forza e l'entusiasmo di chi sa di fare un mestiere stupendo. I due lavorano in simbiosi sia in vigna sia in cantina, riducendo al minimo indispensabile gli interventi. Lo scopo è quello di produrre vini artigianali e di territorio. Siamo nella Valle Peligna, dove le catene montuose della Majella e del Morrone offrono un colpo d'occhio meraviglioso.

VIGNE - Un solo ettaro di montepulciano, sito in località Suffonte, nel bellissimo comune di Vittorito. La vigna è allevata a guyot, potata in modo da ottenere rese basse per aumentare la qualità delle uve, e gestita con l'inerbimento spontaneo tra i filari. Siamo a 350 metri di quota, in una vallata fortemente ventilata e caratterizzata da decise escursioni termiche. Qui i terreni sono ricchi di sabbia e sassi. Un oliveto di 200 piante completa l'azienda.

VINI - Qui gli strascichi del terremoto aquilano del 2009 sono ancora molto visibili. In cantina le antiche tradizioni non sono state spodestate dall'avvento della tecnologia. Fermentazioni spontanee in ampi recipienti aperti, follature a mano, due torchi per la pressatura delle uve: è questo il modo che ha la famiglia Ludovico di intendere e interpretare il vino.

TOP **Cerasuolo d'Abruzzo Suffonte 2019** VINO SLOW ● 4.000 bt; 16 € - Cresce su terreni ricchi di argilla bianca. L'impatto olfattivo, immediato e suadente, trova collocazione tra piccoli frutti rossi e spezie; segue un sorso croccante, succoso e avvolgente. Chiude vibrante e con piacevolissimi ritorni fruttati.

Montepulciano d'Abruzzo Terre dei Peligni Suffonte 2019 ● 4.000 bt; 16 € - All'olfatto si presenta fresco, fruttato e balsamico. Il palato è intrigante, setoso e dalla beva agile. Il finale è lungo con dei tratti salini.

ha 1 - **bt** 8.000
Fertilizzanti sovescio
Fitofarmaci rame e zolfo
Diserbo lavorazione meccanica/manuale
Lieviti fermentazione spontanea
Uve 100% di proprietà
Certificazione nessuna certificazione

MAR ADRIÁTICO
ABRUZZO
Chieti
A14
Lanciano
Vasto
ÍSOLE TRÉMITI
PARCO NAZ. D. MAIELLA
2793 la Maiella
Sulmona
A25
Bomba
Térmoli
PARCO NAZ. D'ABRUZZO, LAZIO E MOLISE
MOLISE
PARCO NAZ. D. GARGANO
A14
San Giovanni Rotondo
1055
San Severo
Manfredónia
2247 M.ti della Meta
Isérnia
Pescolanciano
CAMPOBASSO
Lucera
Fóggia
LÁZIO
Cassino
PÚGLIA
Gallúccio
A1
San Lorenzello
Guárdia Sanframondi
Casalduni
Cerignola
Castelvénere
Sessa Aurunca
Teano
Líberi
Castel Campagnano
Ponte
A16
Bellona
Torrecuso
G. di Gaeta
Cellole
Vitulázio
Frasso Telesino
Paupisi
Benevento
Falciano del Mássico
Cápua
Caiazzo
RA9
Sant'Ágata de' Goti
Santa Maria Cápua Vétere
Caserta
IRPINIA
Melfi
Lusciano
PARCO NAZ. D. VESUVIO
Sant'Ángelo d. Lombardi
Nola
A16
Avellino
Quarto
Sant'Anastasia
Terzigno
A30
BASILICATA
Pozzuoli
A56
Vesuvio 1281
RA2
Boscotrecase
Monte di Prócida
NÁPOLI
Pompei
San Cipriano Picentino
Bácoli
Trecase
A3
A2
POTENZA
Tramonti
Montecorvino Rovella
Íschia
Castellammare di Stábia
Í. D'ÍSCHIA
Maiori
Salerno
Éboli
A2
RA5
Sorrento
Vietri sul Mare
Battipáglia
PARCO NAZ. DELL'APPENNINO LUCANO-VAL D'AGRI-LAGONEGRESE
Furore
Amalfi
Sant'Ángelo a Fasanella
Í. DI CAPRI
Golfo di Salerno
PARCO NAZ. D. CILENTO VALLO DI DIANO E ALBURNI
Giungano
Sala Consilina
Prignano Cilento
Agrópoli
Torchiara
A2
Castellabate
Vallo d. Lucania
Futani
Céntola
Sapri
Palinuro
Capo Palinuro
Camerota
Golfo di Policastro
MAR TIRRENO
0 15 30 km

CAMPANIA

La contrazione nei consumi di vino, dovuta principalmente alla crisi della ristorazione e al calo delle presenze turistiche soprattutto nelle località della costa, è stato un duro colpo, ma la Campania è ripartita con slancio facendo leva su uno dei suoi punti di forza: un patrimonio ampelografico straordinariamente ricco e variegato. Peccato perché oltretutto il millesimo 2019 è stato tra i più regolari degli ultimi 15 anni: inverno mite e poco piovoso, e una primavera decisamente più fredda, soprattutto nella prima parte, con temperature rigide che hanno rallentato il germogliamento, e abbondanti precipitazioni piovose nei mesi di aprile e maggio che hanno ritardato la fioritura di circa 10-15 giorni, con un'allegagione piuttosto irregolare. L'estate, che ha visto l'alternarsi di periodi torridi a giornate più fresche, è stata praticamente priva di piogge, mentre in autunno sono state registrate temperature al di sopra delle medie stagionali, ma con significative escursioni termiche che hanno favorito la graduale maturazione delle uve fino alla raccolta, in qualche caso posticipata di poco più di una settimana. Segno negativo in quantità, con un meno 6% rispetto al millesimo precedente (dato comunque inferiore alla media nazionale, dove il calo produttivo stimato è del 16%), ma positivo per qualità. Questa, in sintesi, la vendemmia 2019 in Campania, dove sono sempre i bianchi a fare la parte del leone, con 153.000 ettolitri di vino prodotti, a fronte di 99.000 ettolitri di rossi (di cui soltanto il 13% a denominazione). Ottime prove per Fiano di Avellino e, soprattutto, Greco di Tufo: vini un po' meno verticali e finanche meno esuberanti, ma di contro più pieni e complessi in rapporto a quelli del millesimo precedente. Bene anche, sul versante rossista delle Docg, sia i Taurasi, al netto di un'eccessiva frammentazione delle annate presentate, sia gli Aglianico del Taburno della vendemmia 2015: le giornate assolate e asciutte di fine ottobre e inizio novembre hanno permesso di raccogliere uve perfettamente sane e mature. C'è sempre maggiore fermento nel casertano: i nuovi ingressi in guida di quest'anno vogliono rimarcare questa interessante tendenza, sempre nella direzione della valorizzazione delle varietà autoctone (pallagrello bianco e nero, asprinio e casavecchia) che è comune anche al Cilento, dove sono sempre meno diffuse le varietà internazionali e vanno anzi riscoprendosi biotipi locali quali aglianicone e santa Sofia. Non fa più notizia il crescente favore per le declinazioni di Falanghina, sia nel Sannio sia nei Campi Flegrei, e pure in Irpinia; né ci si può stupire del sempre maggiore successo che riscuotono i "rossi dal peso leggero" ottenuti da uve autoctone quali tintore in costiera amalfitana, barbera del Sannio, camaiola nel beneventano e piedirosso nel napoletano, compresa Ischia, dove si sono fatti apprezzare pure i bianchi da uve biancolella e forastera.

le Bottiglie

888 Agnanum - Raffaele Moccia
920 Cantine dell'Angelo
891 Contrada Salandra
901 Nanni Copè
897 Fontanavecchia
895 I Cacciagalli
874 La Sibilla
883 Maffini
918 Guido Marsella
910 Pietracupa
908 Rocca del Principe
914 Luigi Tecce
900 Tenuta San Francesco
921 Torricino
916 Villa Raiano

le Monete €

899 Giuseppe Apicella
879 Capolino Perlingieri

AGROPOLI (SA)

TEMPA DI ZOÈ

Via San Pietro - tel. 0974 1935796
www.tempadizoe.it - info@tempadizoe.it

VITA - L'azienda ha storia breve, ma il suo animatore, Bruno De Conciliis, ha alle spalle un rapporto lungo e articolato con il territorio cilentano e con la sua vitivinicoltura. Questa nuova avventura, che conduce insieme a Francesco Domini, è giunta alla quarta vendemmia e il progetto di ricerca, mirato a valorizzare l'espressione del territorio, si va definendo in maniera sempre più precisa: poche etichette, aventi ognuna una fisionomia ben precisa e, tra esse, l'oramai storico Zero, aglianico in purezza prodotto dal 1997 dalla D'Orta-De Conciliis.

VIGNE - Nel percorso di crescita graduale messo in atto dall'azienda, ai corpi preesistenti di Agropoli e Torchiara si aggiunge una nuova vigna di fiano ad Aquara, a 700 metri di quota. Il fondamento della filosofia di Bruno è che il vino è il prodotto dell'uva e non del vinificatore: perciò massima attenzione alla vigna, alle piante, ai grappoli. La biodinamica, che sta conquistando sempre più un ruolo da protagonista, è il frutto di una scelta pragmatica, non filosofica.

VINI - I vini aziendali nascono dalla complementarietà delle vigne di Agropoli, più alte e maggiormente influenzate dalle brezze marine, e quelle di Torchiara, più basse di quota, esposte a nord, su suoli argillosi: le prime apportano maggiore finezza, le seconde potenza.

Asterìas 2019 ○ fiano; 11.000 bt; 17 € - Rappresenta appieno l'idea di vino del produttore: sentori agrumati e marini, grande salinità, sorso fresco ed energico, pensato per accompagnarsi bene con il cibo.

Diciotto 2018 ● aglianico; 12.000 bt; 17 € - Si presenta speziato e carnoso, dinamico, con tannini evoluti che donano grande piacevolezza al sorso.

ha 10 - **bt** 35.000
Fertilizzanti compost, letame in pellet, preparati biodinamici, sovescio
Fitofarmaci rame e zolfo
Diserbo lavorazione meccanica/manuale
Lieviti selezionati industriali
Uve acquisto 15%
Certificazione in conversione biologica

BACOLI (NA)

LA SIBILLA

Via Ottaviano Augusto, 19 - tel. 081 8688778
www.sibillavini.com - info@sibillavini.it

VITA - Il passaggio generazionale è ormai concluso e l'azienda è saldamente nelle mani dei giovani fratelli Di Meo, quinta generazione di viticoltori: Vincenzo si occupa della cantina con sempre maggiore padronanza, affiancato da Mattia, mentre Salvatore gestisce l'attività in vigna, insieme con il papà Luigi. Mamma Restituta Di Somma si dedica all'ospitalità, con i piatti della cultura contadina dei Campi Flegrei, preparati con i prodotti dell'orto.

VIGNE - Le vigne, tutte a piede franco, sono in parte nei pressi della cantina, in parte nelle vicinanze della Villa Romana e dell'Oasi del Wwf. L'età media dei vigneti è di circa 35 anni, ma le piante di piedirosso della Vigna Madre hanno addirittura 90 anni. Piedirosso, appunto, e falanghina sono la varietà più allevate, ma sono state recuperate dall'oblio anche altre uve minori: marsigliese e olivella, coda di volpe e verdeca.

VINI - L'esperienza maturata in questi anni ha portato Vincenzo a uno stile più essenziale, che valorizza l'anima più autentica delle uve del territorio, esaltandone verticalità e sapidità.

TOP **Campi Flegrei Piedirosso Vigna Madre 2018** VINO SLOW ● 2.400 bt; 19 € - Dalla uve della particella storica. Ampio al naso, con sentori di rosa appassita, ribes e terra bagnata, cenere e incenso, ha un sorso verticale, intenso ed elegante.

Campi Flegrei Falanghina Cruna Delago 2018 ○ 4.000 bt; 19 € - Profuma di agrumi, cera d'api, e ha un'intensa nota di grafite. Si arricchisce dell'affinamento di tre mesi sulle fecce fini, che dona spessore e carnosità a un sorso salato.

Campi Flegrei Falanghina 2019 ○ 40.000 bt; 10 € - Tanto semplice quanto efficace e godibile, dai profumi di agrumi e dai ricordi di macchia mediterranea, e dalla beva fresca, salata e gustosa.

Campi Flegrei Piedirosso 2019 ● 15.000 bt; 12 € - Agile, floreale, gastronomico.

ha 7,5 - **bt** 70.000
Fertilizzanti nessun concime
Fitofarmaci rame e zolfo
Diserbo lavorazione meccanica/manuale
Lieviti selezione di lieviti indigeni
Uve 100% di proprietà
Certificazione nessuna certificazione

BOSCOTRECASE (NA)

CANTINE MATRONE

SCONTO -10%

Via Tenente Luigi Rossi, 16 - tel. 0813 418002 - 339 2841451
www.cantinematrone.it - info@cantinematrone.it

VITA - Andrea Matrone è enologo, ma è convinto che «bisogna liberarsi dalle etichette e dalle sovrastrutture di uno sterile studio enologico per leggere il vitigno e il territorio». Dipinge ispirandosi a Basquiat e suona musica blues. Ha viaggiato per il mondo, ma alla fine ha scelto la sua terra: così nel 2014, supportato dal cugino Francesco, ha fondato l'azienda a partire dagli storici possedimenti di famiglia.

VIGNE - Tre i vigneti: nella vigna Bosco del Monaco, a 30 metri di altitudine, il suolo è limoso-sabbioso; nella vigna Panoramica, che domina il golfo di Napoli, c'è un nuovo ettaro di caprettone a piede franco, di cui una parte ad alberello; identica la forma di allevamento per il piedirosso piantato nella vigna Montagna, che è praticamente in mezzo al bosco. Andrea si sta prodigando per recuperare alcune antiche varietà, come cascaveglia e cancello.

VINI - Attento lavoro in vigna e interventi minimi in cantina: nessuna filtrazione né chiarifica, fermentazioni spontanee e macerazioni ora più brevi rispetto al recente passato. Andrea sta studiando la cascaveglia, con cui ha fatto una microvinificazione.

TOP **Spasso 2019** VINO QUOTIDIANO ● 600 bt; 10 € - 🍷 - Da uve cancello, colonna e cascaveglia diraspate a mano, poi pigiate con i piedi e sottoposte a breve macerazione, ha un naso irriverente e un sorso agile, che invoglia a finire la bottiglia.
Lacryma Christi Rosso Territorio de' Matroni 2018 ● 4.000 bt; 15 € - 🍷 - Bel bicchiere scorrevole e articolato. Profuma di viola, con ritorni fruttati e buona mineralità. Il tannino è preciso e integrato, per un sorso lungo, sapido e appagante.
Lacryma Christi Bianco Territorio de' Matroni 2018 O 4.500 bt; 15 € - 🍷 - Intenso e dinamico, richiama il terroir vulcanico e profuma di erbe aromatiche e albicocca. Il palato è avvolgente e molto sapido.

I bianchi aziendali invecchiano davvero bene: il Lacryma Christi 2015 che abbiamo riprovato era in ottima forma.

ha 4,5 - **bt** 9.500
Fertilizzanti letame, organo-minerali
Fitofarmaci rame e zolfo
Diserbo lavorazione meccanica/manuale
Lieviti fermentazione spontanea
Uve 100% di proprietà
Certificazione in conversione biologica

BOSCOTRECASE (NA)

SORRENTINO

SCONTO -10%

Via Fruscio, 2 - tel. 081 8584963
www.sorrentinovini.com - info@sorrentinovini.com

VITA - Una lunga tradizione familiare, innovata da sperimentazioni costanti, ha reso quest'azienda una delle realtà più attive e vivaci di tutto il territorio vesuviano. Benny, Maria Paola e Giuseppe, figli di Paolo Sorrentino, rappresentano la terza generazione della famiglia e sinergicamente si occupano con successo dello sviluppo dell'intera filiera produttiva, commerciale e turistica.

VIGNE - Nel cuore del Parco Nazionale del Vesuvio l'azienda conta 35 ettari vitati in un corpo unico, a un'altitudine che varia dai 200 ai 600 metri. I terreni vulcanici, a matrice sabbiosa, ricchi di lapilli ed estremamente stratificati, consentono la viticoltura a piede franco. La conduzione è totalmente biologica dal 2004, con un occhio vigile alla tutela del patrimonio ambientale.

VINI - Nel bicchiere emergono tipicità e identità territoriale. Benny è alla continua ricerca di innovazioni e sperimentazioni, e conferma anche quest'anno di avere grande manico con i vitigni autoctoni del Vesuvio.

Vesuvio Caprettone Benita '31 2019 O 5.000 bt; 10 € - 🍷 - Conferma le aspettative degli anni precedenti: la ginestra, le note agrumate e la piacevolezza del sorso lo rendono un vino intrigante.
Vesuvio Piedirosso 7 Moggi Bio 2018 ● 14.000 bt; 10 € - 🍷 - Rispecchia in pieno l'anima più schietta del piedirosso coltivato sul vulcano: floreale e minerale, ha un sorso leggiadro ed essenziale, dal piacevole finale salino.
Lacryma Christi del Vesuvio Rosato Bio 2019 ● 15.000 bt; 10 € - 🍷 - Vino dal profilo olfattivo ampio, dove spiccano note di fragolina di bosco e fiori e sottili rimandi minerali. Il sorso è pieno e appagante, saporito.
Lacryma Christi del Vesuvio Rosso BIO 2018 ● 15.000 bt; 15 € - 🍷 - Dinamico, fruttato, espressivo.
Lacryma Christi Bianco Vigna Lapillo 2018 O 1.500 bt; 17 € - 🍷 - Ampio, agrumato, armonico.

ha 35 - **bt** 230.000
Fertilizzanti compost
Fitofarmaci rame e zolfo
Diserbo lavorazione meccanica/manuale
Lieviti selezione di lieviti indigeni
Uve 100% di proprietà
Certificazione biologico certificato

CASALDUNI (BN)

FOSSO DEGLI ANGELI

SCONTO **-10%**

Contrada Acquaro - tel. 349 2662936 - 329 3279263
www.fossodegliangeli.it - info@fossodegliangeli.it

VITA - È un'altra bella storia di ritorno alla terra, quella delle sorelle Dina e Marenza Pengue, che nel 2009 hanno realizzato la loro prima vinificazione, trasformando la storica attività di vendita delle uve di papà Domenico. Pasquale Giordano, marito di Dina, si occupa della parte agronomica, ma qui non ci sono solo vigne: sono 32 gli ettari complessivi, contando anche oliveto e pascolo. La piccola ma funzionale cantina è stata attrezzata nella vecchia stalla di fianco alle masserie.

VIGNE - «Rafforziamo la pianta affinchè possa difendersi da sola»: ecco spiegata in poche parole la filosofia dell'azienda. I vigneti insistono su suoli profondamente diversi: si passa dai terreni tufaceo-argillosi di Castelvenere a quelli più sciolti e ricchi di Guardia Sanframondi, fino al flysh di Casalduni. Attorno alla cantina ci sono le viti di fiano che papà Domenico, tra i primi nel Sannio, piantò nel 1978.

VINI - Il ricorso limitato alla tecnologia, le fermentazioni spontanee e, soprattutto, la prolungata maturazione sulle fecce fini sono i passaggi produttivi imprescindibili, per vini che hanno grandi potenzialità evolutive, commercializzati non prima che siano trascorsi 18 mesi dalla vendemmia.

Sannio Fiano Chiusa 2018 ○ 2.000 bt; 15 € - 🥛 - Al naso troviamo profumi di frutta gialla e macchia mediterranea. Il sorso è intenso e verticale, succoso ed elegante.
Sannio Greco Morgia 2018 ○ 1.900 bt; 15 € - 🥛 - Profuma di erbe aromatiche, di frutta e fiori bianchi, con cenni minerali. Il palato è fresco e persistente, dal finale agrumato corroborante.
Falanghina del Sannio Cese 2018 ○ 2.000 bt; 15 € - 🥛 - Nonostante il 15% di alcol, mostra un'indole fresca e polposa. Complesso, ha sviluppo avvolgente e finale saporito.
Sannio Aglianico Rajete 2017 ● 2.000 bt; 18 € - 🥛 🛢 - Ampio, fruttato, energico.

ha 7 - **bt** 10.000
Fertilizzanti organo-minerali, sovescio
Fitofarmaci rame e zolfo
Diserbo lavorazione meccanica/manuale
Lieviti fermentazione spontanea, selezione di lieviti indigeni
Uve 100% di proprietà
Certificazione biologico certificato

CASALDUNI (BN)

TERRA DI BRIGANTI

SCONTO **-10%**

Contrada Tacceto, 6 - tel. 0824 856388 - 347 1257684
www.terradibriganti.it - info@terradibriganti.it

VITA - A partire da una solida tradizione familiare, Romeo e Toni De Cicco hanno fondato questa azienda nel 2003. Oltre alle olive e ai cereali coltivati nelle terre dove i briganti lottarono contro i piemontesi all'indomani della proclamazione del Regno d'Italia, c'è la vigna, passione che i due fratelli hanno ereditato dal papà Carmine. Il rispetto per l'ambiente è un'esigenza inderogabile.

VIGNE - Solo uve autoctone, da piante con un'età compresa tra i 18 e i 27 anni. I vigneti, condotti in biodinamico dal 2012, sono quasi tutti a Casalduni, a 350 metri di altitudine, su suoli argilloso-calcarei; un ettaro di aglianico si trova invece a Torrecuso, sulla riva opposta del fiume Calore. I trattamenti sono ridotti al minimo, a costo di sacrificare piccole quantità di uva, ma la costante ventilazione gioca a favore di scelte a basso impatto ambientale.

VINI - «In vino veritas? Non solo. In vino libera immaginazione», recita il motto aziendale. Dunque troveremo vini non omologati, ma precisi e territoriali: le fermentazioni sono spontanee, e non si praticano chiarifiche.

TOP **Falanghina del Sannio 2019** VINO QUOTIDIANO ○ 12.000 bt; 10 € - 🥛 - Varietale, si fa notare per il suo sviluppo dinamico. Ai toni agrumati segue un sorso scattante, verticale e sapido.
Sannio Sciascinoso 2018 ● 3.500 bt; 12 € - 🥛 - Beva gustosa e scorrevole per un rosso da servire, come da tradizione locale, anche fresco. Profuma di viola e di frutta croccante, il tannino è ben integrato.
Fiano Nato Nudo 2019 ○ 4.000 bt; 13 € - 🥛 - Nudo perché senza solfiti: un vino dalla personalità audace, minerale e fruttato, freschissimo al palato.
Coda di Volpe 2019 ○ 2.500 bt; 13 € - 🥛 - Bianco macerato, vivo, articolato, armonico.
Sannio Aglianico Martummè Ris. 2017 ● 2.000 bt; 25 € - 🛢 - Ampio, speziato, autentico.

ha 8 - **bt** 38.000
Fertilizzanti compost, sovescio
Fitofarmaci rame e zolfo
Diserbo lavorazione meccanica/manuale
Lieviti fermentazione spontanea
Uve 100% di proprietà
Certificazione biodinamico certificato

CASTEL CAMPAGNANO (CE)

DAVIDE CAMPAGNANO

SCONTO **-10%**

Via Castagneto, 16 - tel. 388 1415011
www.davidecampagnano.it - info@davidecampagnano.it

VITA - Ventisettenne agronomo, Davide Campagnano ha fondato la sua azienda nel 2017, ma già il nonno Raffaele aveva fama di produttore di un ottimo vino sfuso. Il legame con il territorio è ben raccontato dalla stilizzazione dei filari nel logo, in cui compaiono anche le iniziali di famiglia: la C di Campagnano (ma anche del paese), la S di Santoro (il cognome della madre), la D di Davide. Il debutto nel 2018: il futuro è tutto da scrivere!

VIGNE - Pallagrello bianco e nero, cui si è aggiunta una piccola superficie di fiano. Non stupisca nemmeno la presenza di barbera del Sannio, di cui una parte allevata a tendone nella vecchia vigna piantata da papà Ferdinando: dopotutto dall'altra parte del Volturno c'è la piana di Telese. Ci sono poi alcune viti del pressoché sconosciuto pizzutello: i risultati ottenuti dalla microvinificazione hanno spinto Davide a imbottigliarne una piccola quantità.

VINI - Vini semplici e schietti, talvolta rustici, che hanno bisogno dell'aria per distendersi, con un buon rapporto tra la qualità e il prezzo.

Mariuolo 2019 ● barbera; 4.000 bt; 13 € - - Tipicamente floreale e fruttato, ha un tannino un po' esuberante, ma il sorso è fresco e sapido, decisamente gastronomico.

Rasprilli 2019 ○ pallagrello bianco; 4.000 bt; 13 € - - L'affinamento sulle fecce fini ha dato maggiore spessore gustativo rispetto al millesimo 2018; il naso è più definito, tra le note di albicocca e una lieve speziatura. I rasp sono i raspi nel dialetto locale, mentre i rill sono i vinaccioli.

Rampino 2019 ● pallagrello nero; 4.000 bt; 13 € - - Il rampino è la zappa in ferro a due denti che serviva per scavare la terra e strappare le radici e le erbe infestanti. L'anima floreale è sempre in evidenza, il tannino è vigoroso, ma più maturo del millesimo di esordio: ne risulta un vino di maggiore piacevolezza.

ha 5 - **bt** 12.000
Fertilizzanti nessun concime
Fitofarmaci rame e zolfo
Diserbo lavorazione meccanica/manuale
Lieviti selezionati industriali
Uve 100% di proprietà
Certificazione biologico certificato

CASTEL CAMPAGNANO (CE)

CANTINA DI LISANDRO

SCONTO **-10%**

Frazione Squille - Strada Provinciale 325, 37 - tel. 0823 867228
www.cantinadilisandro.it - info@cantinadilisandro.it

VITA - Le sei botti ricevute in dote nel 1907 permisero ad Alessandro Fusco, detto Don Lisandro, di aprire una vineria nella frazione Casolla di Caserta. Le ritroviamo oggi nel logo dell'azienda fondata nel 2006 dalla pronipote Rosanna Fusco e dal marito Almerigo Bosco, che hanno piantato 10 ettari di vigna nelle colline caiatine. L'Osteria intitolata all'antenato, aperta nel capoluogo, rappresenta la chiusura del cerchio di un bel progetto di vita e di vino.

VIGNE - Pallagrello bianco, pallagrello nero e casavecchia sono i vitigni presenti tra i filari di proprietà, dislocati in due aree diverse e a circa 300 metri di altitudine, su suoli di matrice assai varia. La parte meno estesa, ma con le viti più vecchie, si trova ai lati della cantina; quella più grande, invece, è nella frazione San Giovanni e Paolo di Caiazzo, in una zona percorsa dal vento che dal mare raggiunge il monte Alifano, risalendo a ritroso la valle del Volturno.

VINI - Vini lineari e dalla forte identità territoriale, per i quali non si smette di sperimentare, anche sui materiali (anfora, acciaio, botte grande). Un lavoro di pregio è fatto sull'uva casavecchia, «più in direzione dell'eleganza che non della potenza», dice Amerigo.

Cimmarino 2018 ● casavecchia; 18.000 bt; 14 € - - Una bella interpretazione del vitigno, prodotta soltanto nelle annate migliori. Si apre sulle classiche note fruttate e si arricchisce di echi terrosi e speziati. Al palato è agile e saporito, dal tannino fine; il sorso è strutturato, ma fresco e sapido in chiusura.

Lancella 2019 ○ pallagrello bianco; 35.000 bt; 9 € - - Il nome è quello della brocca che veniva utilizzata per servire il vino appena spillato dalle botti. Il profilo olfattivo piuttosto semplice, tra note di frutta e fiori bianchi, anticipa una bocca precisa, essenziale e scorrevole.

ha 14 - **bt** 80.000
Fertilizzanti sovescio
Fitofarmaci rame e zolfo
Diserbo lavorazione meccanica/manuale
Lieviti selezione di lieviti indigeni
Uve 100% di proprietà
Certificazione biologico certificato

CASTELLABATE (SA)

IL COLLE DEL CORSICANO

Località San Marco - Contrada Franco - tel. 339 8471226
www.ilcolledelcorsicano.it - info@ilcolledelcorsicano.it

VITA - Alferio Romito è un giovane animato da una fervente passione per la vigna, il vino e la sua terra. Rappresentante della quarta generazione di vignaioli, ha messo a dimora le sue prime viti all'età di 15 anni; nel 2015, dopo gli studi in enologia e le prime esperienze di cantina, con tenacia e determinazione ha realizzato quella che è sempre stata la sua ambizione, sin da bambino: produrre vino con le sue uve.

VIGNE - Il vigneto storico, esteso per circa un ettaro, si trova nei pressi della cantina, in località San Marco: sono coltivati aglianico e primitivo. La vigna di fiano, invece, misura quasi 2 ettari ed è in un luogo da togliere il fiato: sul promontorio di Punta Licosa, protesa verso il mare, che si apre a perdita d'occhio. Sono vigne bellissime, tutte esposte a ovest, in uno stato vegetativo e fitosanitario ineccepibile, curate in ogni minimo particolare.

VINI - Vini semplici e precisi, soprattutto piacevolissimi da bere, che raccontano fedelmente un territorio fantastico come il Cilento.

Cilento Fiano Licosa 2019 O 6.000 bt; 15 € - Il naso è sottile e profuma di fiori bianchi, poi arrivano sensazioni marine. Il sorso è caldo, ma c'è un ottimo equilibrio gustativo: merito di sapidità e allungo verticale. Elegante e di ottima persistenza gustativa.

Furano 2019 aglianico; 1.200 bt; 145 € - Profumi schietti di ciliegia, acidità vibrante e pienezza di gusto: ha grinta e carattere, e ben rappresenta la filosofia aziendale.

Patrinus 2019 ● aglianico, primitivo; 3.000 bt; 15 € - La piccola quota di uve primitivo dà una netta impronta balsamica e di piccoli frutti rossi in confettura. Un vino moderno e di semplice lettura, con acidità sostenuta e tannino ben lavorato, appena amarognolo in chiusura.

ha 3 - **bt** 10.000
Fertilizzanti letame, sovescio
Fitofarmaci rame e zolfo
Diserbo lavorazione meccanica/manuale
Lieviti selezionati industriali
Uve 100% di proprietà
Certificazione biologico certificato

CASTELLABATE (SA)

SAN GIOVANNI

Località Punto Tresino - Parco Nazionale del Cilento - tel. 0974 965136
www.agricolasangiovanni.it - info@agricolasangiovanni.it

VITA - «Dal 1993 stiamo costruendo un sogno: vivere in simbiosi con la natura incontaminata di Punta Tresino, allevare con amore i prodotti antichi del Cilento, proteggere con passione questa terra»: è questo il manifesto di Ida Budetta e Mario Corrado. Una scelta di vita prima ancora che di vino, la loro: non è stato semplice, ma la bellezza di questo luogo selvaggio li ripaga di tutti i sacrifici fatti in oltre 25 anni.

VIGNE - È stata ultimata la conversione al biologico, una scelta di grande rispetto per l'ambiente circostante. Piedirosso e fiano furono i primi vitigni piantati dal papà di Mario, che dopo aver acquistato la proprietà si dedicò alla ristrutturazione delle vecchie vigne abbandonate; poi arrivarono anche trebbiano, greco e aglianico. La superficie è distribuita in due corpi: una parte è circondata dal bosco, l'altra è a picco sull'area marina protetta.

VINI - Maturazione in legno soltanto per il Maroccia, in acciaio per tutti gli altri vini, sotto la regia enologica di Michele D'Argenio.

Tresinus 2019 O fiano; 2.000 bt; 17 € - È più sapido, affilato e minerale del Paestum: una fotografia a colori del paradiso di Punta Tresino.

Ficonera 2017 ● 800 bt; 28 € - I grappoli delle vecchie vigne di piedirosso che lambiscono il mare sono vinificati a parte soltanto in annate particolari. Il frutto è dolce e carnoso, poi ci sono aromi di macchia mediterranea. Appena un po' contratto al momento del nostro assaggio, ha però un sorso ricco e ben articolato.

Maroccia 2015 ● aglianico; 3.000 bt; 26 € - Se il mare non fosse così vicino, sembrerebbe quasi un rosso montano con tutti quei profumi di frutta scura, radici e sottobosco. Poi però esplode in bocca la sapidità: ci sono succo e un discreto allungo.

Paestum 2019 O fiano, greco, trebbiano; 3.000 bt; 13 € - Fresco, fruttato, espressivo.

ha 4 - **bt** 20.000
Fertilizzanti organo-minerali
Fitofarmaci rame e zolfo
Diserbo lavorazione meccanica/manuale
Lieviti selezionati industriali
Uve 100% di proprietà
Certificazione biologico certificato

CAPOLINO PERLINGIERI €

SCONTO -10%

Via Marraioli, 58 - tel. 0824 971541 - 335 8367123
www.capolinoperlingieri.com - info@capolinoperlingieri.com

VITA - Sono lontani gli anni trascorsi a Milano nella finanza: oggi Alexia Capolino Perlingieri ci accoglie in vigna mentre lavora spalla a spalla con i suoi collaboratori. L'azienda che ha fondato nel 2007 rappresenta l'ideale prosecuzione dell'attività che la madre Teresa Volla aveva portato avanti fino al 1987. La cantina si trova nel Casino Brizio, storica proprietà della bisnonna, le cui due alte torri si stagliano sulla valle telesina.

VIGNE - I vigneti sono tutti nel territorio di Solopaca. La novità è una nuova vigna di aglianico su una superficie di 1,2 ettari in località Cesine, a 300 metri di quota, dove troviamo anche fiano e greco; falanghina e sciascinoso, invece, sono in località Pozzillo, a 150 metri di altitudine, su terreni più sciolti. Per la prevenzione degli attacchi fungini, l'uso di rame è limitato grazie all'apporto di zeolite.

VINI - «Non faccio niente per nascondere l'annata»: è questa l'idea di Alexia. I suoi vini sono precisi, disinvolti ed estremamente facili da bere.

TOP **Preta 2019** VINO QUOTIDIANO ○ falanghina; 10.000 bt; 11 € - Sentori di frutta bianca si alternano a ritorni minerali, per un'interpretazione che esalta succo, acidità e sapidità. La beva è dritta e rigenerante.

Nembo 2019 ○ fiano; 2.000 bt; 13 € - È giocato su piacevoli note di fiori bianchi e un lieve sentore di mandorla, ha freschezza e buona mineralità. Un bel bicchiere, appagante e godibile.

Brizio 2019 ● aglianico; 4.000 bt; 10 € - Reinventare l'aglianico con uno stile moderno e più immediato si può. Al naso regala sensazioni floreali di viola e piccoli frutti rossi. Il tannino è ben calibrato, e il sorso è accattivante e abbastanza scorrevole.

Sannio Aglianico Talento 2012 ● 2.000 bt; 20 € - Armonico, complesso, avvolgente.

Vignarosa 2019 ● aglianico; 2.000 bt; 9 € - Agile, fruttato, essenziale.

ha 12 - **bt** 30.000
Fertilizzanti sovescio
Fitofarmaci rame e zolfo
Diserbo lavorazione meccanica/manuale
Lieviti selezionati industriali, selezione di lieviti indigeni
Uve 100% di proprietà
Certificazione biologico certificato

CASTELVENERE (BN)

FATTORIA CIABRELLI

SCONTO -10%

Via Italia, 3 - tel. 0824 940565
www.ciabrelli.it - fattoria@ciabrelli.it

VITA - Tonino Ciabrelli ne è convinto da tempo: conoscere il territorio da cui proviene il vino è fondamentale. Non a caso è stato un pioniere dell'enoturismo, e dopo aver raccolto, a fine anni Settanta, il testimone dal compianto papà Raffaele, nel 1993 ha pensato di affiancare alla produzione vitivinicola l'attività agrituristica, aprendo le porte della sua cantina appena fuori il paese. È pronto il passaggio del testimone al figlio Raffaele, presto enologo.

VIGNE - I vigneti sono situati tutti a Castelvenere, distribuiti tra le località Petrara, San Salvatore e Cesine, su terreni principalmente argillosi. Oltre ad aglianico e coda di volpe, troviamo barbera del Sannio (camaiola) e falanghina; infine l'agostinella, un'uva a bacca bianca salvata dall'oblio grazie al tenace impegno di un manipolo di produttori, da cui Tonino vorrebbe realizzare un vino dolce, secondo un'antica usanza locale.

VINI - I vini sono schietti e rustici, lineari e senza troppi orpelli, ma sempre molto efficaci a tavola, in accompagnamento ai piatti della tradizione.

TOP **Falanghina del Sannio Alexia 2019** VINO QUOTIDIANO ○ 9.000 bt; 9 € - In assoluto l'assaggio più soddisfacente della batteria, oltre che tra le migliori interpretazioni della tipologia. Ha toni di frutta a pasta bianca e un'impronta minerale che accompagna tutto il sorso, fresco e dissetante, di giusta semplicità.

Sannio Coda di Volpe Jenn'emois 2019 ○ 6.000 bt; 9 € - Ritroviamo buona freschezza anche in quest'etichetta, che si apre subito su sentori fruttati e floreali, poi di erbe aromatiche. La beva è agile ed essenziale.

Sannio Rosato Renè 2019 ● aglianico, barbera; 1.500 bt; 13 € - Raffaele si è messo alla prova in cantina aggiungendo il rosa che mancava da qualche tempo nella gamma: un vino dal frutto croccante e goloso, beverino e spensierato.

Abbiamo riassaggiato il Sannio Barbera Rapha'el 2017, già recensito nella scorsa edizione della guida: un rosso di grande vocazione gastronomica.

ha 5 - **bt** 30.000
Fertilizzanti sovescio
Fitofarmaci rame e zolfo
Diserbo lavorazione meccanica/manuale
Lieviti selezionati industriali
Uve 100% di proprietà
Certificazione nessuna certificazione

I PENTRI

Via Nazionale Sannitica - tel. 0824 940644
www.agribioipentri.com - ipentri@gmail.com

VITA - In omaggio alla storia dei Pentri, l'antica popolazione italica che abitava queste terre, a partire dalla vendemmia 2002 Lia Falato e Dionisio Meola hanno iniziato a imbottigliare in proprio, come naturale prosecuzione del conferimento delle uve e della vendita di sfuso. Il futuro dell'azienda è il figlio Alessandro: lo troverete sempre nei vigneti, ma quando è periodo chiedetegli dei funghi, un'altra sua passione.

VIGNE - L'uliveto divide in due la proprietà: da una parte aglianico, dall'altra falanghina (che è allevata anche a Raiete in agro di Guardia Sanframondi). Due anche i siti del piedirosso: un ettaro a Santo Stefano di Vitulano, di cui una piccola superficie a pergola; 2,5 ettari a Guardia Sanframondi in località Calvese. La difesa fitosanitaria è affidata a rame e zolfo (esclusivamente di cava); la certificazione biologica è del 2019.

VINI - Vini materici e autentici: i rossi fermentano con i lieviti presenti naturalmente sulle bucce, i bianchi con un pied de cuve.

L'Amore Delle Api 2017 ○ fiano; 2.600 bt; 16 € - 🍷 - Opulento e ampio al naso: profumi di melone e pesca gialla, fiori di zagara, miele di castagno e zafferano, note boisé e di sottobosco introducono un sorso denso e di buona freschezza, amarognolo sul finale.
Kerres 2014 ● 6.000 bt; 18 € - 🍷 - Chi lo ha detto che il piedirosso non possa dare vini più cupi e strutturati senza alchimie? Provare per credere questo rosso integro e verace.
Flora 2018 ○ falanghina; 3.000 bt; 14 € - 🍷 - Ci ha abituato a parabole evolutive incredibili: profuma di albicocca e arancia amara, ginestra e salvia, ed è complesso e articolato.
Pietra della Volpe 2013 ● aglianico; 3.000 bt; 19 € - 🍾 - Possente, speziato, cangiante.
Aglianico 2017 ● 8.000 bt; 10 € - 🍷 - Spigoloso, fruttato, rustico.

ha 8,5 - **bt** 35.000
Fertilizzanti nessun concime
Fitofarmaci rame e zolfo
Diserbo lavorazione meccanica/manuale
Lieviti fermentazione spontanea
Uve 100% di proprietà
Certificazione biologico certificato

CASTELVENERE (BN)

VITIVINICOLA ANNA BOSCO

SCONTO -10%

Via San Tommaso, 34 - tel. 0824 940483
vitivinicolaannabosco@gmail.com

VITA - Il progressivo di iscrizione all'albo degli imbottigliatori è testimonianza di una storia lunga oltre 45 anni: il numero 14 identifica una delle cantine più antiche della regione, la terza nel Sannio, la prima a Castelvenere, il comune più vitato della Campania. L'azienda, fondata nel 1974 da Salvatore Venditti appena fuori dal paese in direzione di Telese Terme, è oggi gestita dai figli Mario e Filippo, detto Pippo.

VIGNE - L'esigua superficie vitata è distribuita in due corpi, sempre in contrada San Tommaso: un ettaro di barbera del Sannio tutto intorno alla casa-cantina; mezzo ettaro di falanghina e grieco di Castelvenere a non più di 500 metri dal centro aziendale, alle falde del monte Parito. Nessuna concimazione, nessun diserbo chimico, lavorazioni manuali: è questa la direzione del lavoro in campagna.

VINI - Fermentazioni spontanee e affinamenti in acciaio e vetro: ne derivano vini semplici e lineari, rustici nella migliore accezione del termine.

Armonico 2017 ● barbera; 3.000 bt; 10 € - 🍷 - Floreale e fruttato, ha sorso semplice e verace, goloso, gastronomico. Bonus: che faccia caldo o meno, si può tranquillamente servire con qualche grado in meno di temperatura.
Don Bosco 2017 ● barbera; 2.000 bt; 12 € - 🍷 - Prodotto solo nelle annate eccezionali, come appunto la calda vendemmia 2017, vinificando una piccola quantità di uve leggermente appassite. Il risultato è sorprendente: un rosso da merenda, autenticamente contadino, verace, ruspante.
Parito's 2018 ○ falanghina; 2.000 bt; 8 € - 🍷 - Manca forse un po' di definizione, specie al naso, ma ha beva succosa e discreta progressione.

ha 1,5 - **bt** 10.000
Fertilizzanti nessun concime
Fitofarmaci rame e zolfo
Diserbo lavorazione meccanica/manuale
Lieviti fermentazione spontanea
Uve 100% di proprietà
Certificazione nessuna certificazione

CENTOLA (SA)

ALBAMARINA

SCONTO **-10%**

Località Badia - tel. 349 5066001
www.fattorialbamarina.com - fattorialbamarina@gmail.com

VITA - Mario Notaroberto è un personaggio di forte emotività. Partito molti anni fa dal Cilento più profondo, vi ha fatto ritorno non appena la sua fiorente attività di ristorazione in Lussemburgo glielo ha consentito. E lo ha fatto per coronare un'ambizione e coltivare una passione: diventare produttore di vini che rappresentassero pienamente il territorio cilentano.

VIGNE - Le vigne sono site in località Forio di Centola, a circa 250 metri di altitudine, a poca distanza dal mare in linea d'aria. Sono piantate su terreni in prevalenza argillosi e ricchi di scheletro, in un'area calda ma interessata costantemente dalle brezze marine che, attraverso la valle del fiume Lambro, raggiungono la collina interna, mitigando il clima e contribuendo alla sanità delle uve. Interessante il lavoro di recupero delle varietà locali aglianicone e santa Sofia.

VINI - Vini precisi e stilisticamente ben definiti, capaci di raccontare con dovizia di particolari una zona affascinante come il Cilento.

TOP **Cilento Fiano Valmezzana 2019** VINO QUOTIDIANO ○ 13.000 bt; 12 € - È il vino di punta, con note di erbe mediterranee, rocciose e un'affumicatura sullo sfondo; l'acidità è importante e la mineralità è sostenuta, per un bianco verticale.
Palimiento 2017 ○ fiano; 350 bt; 26 € - Valorizza i caratteri del vitigno senza che il legno li opprima; la speziatura, la salinità e l'acidità viva sono i suoi punti di forza.
Cilento Aglianico Agriddi 2015 ● 6.500 bt; 20 € - Regala sentori di amarena e balsamici; l'acidità è vibrante e i tannini maturi.
Futos 2017 ● aglianico; 7.000 bt; 10 € - Croccante, fruttato, rustico.
Mariciné 2019 ● aglianico; 5.000 bt; 10 € - Croccante, fruttato, incisivo.
Primula 2019 ○ fiano; 4.000 bt; 10 € - Magro, agrumato, delicato.

ha 10 - **bt** 40.000
Fertilizzanti letame in pellet, letame, sovescio
Fitofarmaci chimici di sintesi, rame e zolfo
Diserbo lavorazione meccanica/manuale
Lieviti selezionati industriali
Uve 100% di proprietà
Certificazione nessuna certificazione

FALCIANO DEL MASSICO (CE)

GENNARO PAPA

SCONTO **-10%**

Piazza Limata, 2 - tel. 0823 931267
www.gennaropapa.it - cantinapapa@libero.it

VITA - Nel 1988 Gennaro Papa ha iniziato un lungo e meticoloso lavoro di recupero di vigne centenarie nel cuore dell'ager Falernus. La svolta, però, è arrivata con il figlio Antonio, che a metà degli anni Novanta ha puntato con decisione sul vitigno primitivo, a tutt'oggi protagonista indiscusso della viticoltura aziendale. La consulenza enologica è affidata a Maurilio Chioccia.

VIGNE - Nel versante sud-est del monte Massico regna il primitivo, ma in azienda sono allevate anche altre varietà a bacca rossa, come barbera e piedirosso. I vigneti sono tutti a Falciano del Massico, ad altitudini tra i 100 e i 200 metri; i terreni sono di diversa matrice: limoso-sabbiosi e con forte presenza di scheletro in località Campantuono, argillosi con importante componente pietrosa nelle località Pietrasbirri, Cofanari e Santa Maria Boccadoro.

VINI - Vini eleganti e di buona beva, pur se strutturati e di grande alcolicità: questa è la sfida di Antonio, che dallo scorso anno produce anche un bianco da uve falanghina e moscato.

Falerno del Massico Primitivo Campantuono 2017 ● 3.450 bt; 28 € - Dalle uve del vigneto storico a piede franco situato nella località omonima. Apertura sulle note di frutta e spezie; sorso caldo e saporito, caratterizzato da un tannino robusto e da una buona dinamica gustativa.
Falerno del Massico Primitivo Conclave 2018 ● primitivo; 12.000 bt; 17 € - Profilo olfattivo più scuro, con prevalenti sentori terrosi, speziati e di frutta sotto spirito. Il tannino è fine, la beva conserva comunque una discreta agilità, in rapporto a potenza e struttura nient'affatto trascurabili.
Opimiano 2018 ● 5.500 bt; 10 € - Il primitivo dà struttura e personalità, la barbera il frutto, il piedirosso la leggerezza floreale. Ne risulta un vino dinamico, lineare e gastronomico.

ha 6 - **bt** 29.000
Fertilizzanti organo-minerali
Fitofarmaci rame e zolfo
Diserbo lavorazione meccanica/manuale
Lieviti selezione di lieviti indigeni
Uve 100% di proprietà
Certificazione nessuna certificazione

FRASSO TELESINO (BN)

CAUTIERO

SCONTO **-10%**

Contrada Arbusti - tel. 338 7640641
www.cautiero.it - info@cautiero.it

VITA - Fulvio Cautiero rappresenta la prima generazione in famiglia di vignaioli e vinificatori. Ha ereditato dai nonni il fondo di Frasso Telesino, alle pendici del Taburno, affacciato sulla valle del Volturno in una zona ricca di boschi, oliveti e frutteti. Ha trovato le sue vigne, però, in totale abbandono, e allora ha deciso di ripartire da zero, ricostruendo tutto ex novo. Nel 2010 ha completato anche la cantina.

VIGNE - Ripiantate da Fulvio nel 2002, puntando sui vitigni autoctoni campani, le vigne sono collocate a circa 300 metri di quota con esposizione a sud-ovest. La posizione al centro di una vallata, con soleggiamento dall'alba al tramonto, determina temperature estive spesso torride, mitigate però da venti frequenti, che contribuiscono alla sanità delle uve e consentono di limitare ulteriormente l'uso del rame nell'ambito della scelta del biologico fatta fin dalla prima ora.

VINI - I vini di Fulvio non lasciano mai indifferenti, dotati come sono di personalità e carattere non consueti.

TOP **Falanghina del Sannio Fois 2019** VINO QUOTIDIANO O 7.000 bt; 10 € - Si apre con note floreali e di frutta bianca, e rivela bella mineralità e ottima persistenza, con un finale netto e pulito.
Erba Bianca 2018 O fiano; 1.300 bt; 13 € - Profuma di erbe mediterranee, fiori bianchi e olive; in bocca è sostenuto da buona acidità e mostra una leggera tannicità finale.
Vita Nuova 2019 aglianico; 1.400 bt; 10 € - La dedica è per il figlioletto Matteo. Presenta sentori di rosa e ciliegia al naso, mentre al palato è succoso, con ritorni di frutta, e di buon equilibrio complessivo.
Sannio Aglianico Fois Rosso 2017 ● 4.000 bt; 11 € - Robusto, fruttato, teso.
Comm'era 2019 O falanghina, greco, fiano; 1.000 bt; 13 € - Bianco macerato, vivo, fruttato, irrisolto.

ha 4 - **bt** 20.000
Fertilizzanti sovescio
Fitofarmaci rame e zolfo
Diserbo lavorazione meccanica/manuale
Lieviti selezione di lieviti indigeni
Uve 100% di proprietà
Certificazione biologico certificato

FURORE (SA)

MARISA CUOMO

Via Lama, 14 - tel. 089 830348
www.marisacuomo.com - info@marisacuomo.com

VITA - La bella azienda di Furore, pioniera del fare vino in Costa d'Amalfi, ha compiuto 40 anni e ad affiancare Andrea Ferraioli e Marisa Cuomo ci sono oggi i figli Dorotea e Raffaele. In un paesaggio dalla bellezza struggente, le vigne si affacciano a strapiombo sul mare, aggrappate alle rocce e trattenute dai muretti a secco: vera e propria viticoltura eroica, con l'impossibilità di utilizzare qualsiasi meccanizzazione.

VIGNE - Alla famiglia di Andrea appartenevano i 3 ettari da cui tutto è partito. Oggi l'azienda conta più di 30 ettari, articolati in piccolissimi appezzamenti vitati, di cui 14 condotti direttamente e la restante parte gestita da 62 micro aziende della zona. Su solidi pali di castagno, scorticati a mano, si poggiano le viti di piedirosso, tintore, aglianico, pepella, ginestra, biancolella e falanghina.

VINI - I vini sono sempre privi di sbavature, grazie alla consulenza enologica di Luigi Moio e alla precisione di Andrea.

Costa d'Amalfi Fiorduva 2018 O 19.000 bt; 56 € - Ottima interpretazione per questo vino iconico, che si apre al naso con note di agrumi, fiori di acacia ed erbe mediterranee. Il sorso è pieno e materico, sostenuto da una vivace sapidità.
Costa d'Amalfi Ravello Rosso Ris. 2016 ● 7.500 bt; 40 € - Un rosso di grande armonia, che sa di more, arancia rossa ed erbe mediterranee, dal sorso carnoso e salino.
Costa d'Amalfi Furore Rosso Ris. 2016 ● 9.000 bt; 45 € - Presenta note di rabarbaro, cera d'api e cenere, e soffusi richiami balsamici. Al palato è intenso e verticale, di buon allungo sapido.
Costa d'Amalfi Furore Bianco 2019 O 42.000 bt; 17 € - Agile, agrumato, sapido.
Costa d'Amalfi Furore Rosso 2019 ● 24.000 bt; 17 € - Dinamico, floreale, incisivo.
Costa d'Amalfi Ravello Bianco 2019 O 12.000 bt; 17 € - Armonico, floreale, espressivo.

ha 14 - **bt** 200.000
Fertilizzanti sovescio
Fitofarmaci rame e zolfo
Diserbo lavorazione meccanica/manuale
Lieviti selezione di lieviti indigeni
Uve acquisto 55%
Certificazione nessuna certificazione

GIUNGANO (SA)

MAFFINI

SCONTO -10%

Via Serri, 34/d - tel. 0828 1997568
www.luigimaffini.it - info@luigimaffini.it

VITA - Dici Cilento e pensi subito a Luigi Maffini. Lui e sua moglie Raffaella Gallo hanno da qualche anno coronato il sogno di una vita: vivere in mezzo alle vigne, in simbiosi con le piante adagiate lungo i ripidi pendii della collina. È solo così, dopotutto, che si può davvero interpretare l'annata! La nuova cantina guarda i vigneti dall'alto, e dalla terrazza si ammira un panorama mozzafiato.

VIGNE - La scelta del biologico, maturata ormai una decina di anni fa, è stata una diretta conseguenza della scelta di vita di Luigi e Raffaella. Le vigne sono distribuite tutto intorno alla cantina, a 350 metri di quota, sul tipico flysch cilentano; l'unica eccezione sono quelle piantate a Castellabate dal papà di Luigi negli anni Settanta, da cui peraltro furono prelevate le marze per i nuovi impianti di Giungano.

VINI - Vini precisi e di grande eleganza, frutto di singoli imbottigliamenti, che non tradiscono mai e raccontano bene le dolci e aspre colline cilentane.

TOP **Cilento Aglianico Siopé 2016** ● 3.500 bt; 70 € - Le uve sono quelle di una particella di 1,3 ettari piantata nel 2006. Profuma di fiori e agrumi, con note più speziate e terrose. Misurato e composto, ha tannino fine e soprattutto tanta freschezza. Durerà a lungo.
Cilento Fiano Kratos 2019 ○ 60.000 bt; 16 € - Agrumi ed erbette al naso; sorso ricco ma tonico e salino. Un gran bel bere.
Cilento Fiano Pietraincatenata 2018 ○ 13.000 bt; 26 € - Sempre più giusta la misura tra legno e frutto per questo bianco che nasce e cresce in barrique. Frutta disidratata, fiori di campo, frutta secca e mentuccia al naso; poi al palato esplodono sensazioni di freschezza e sapidità, unite a una lieve affumicatura.
Cilento Aglianico Cenito 2018 ● 3.200 bt; 32 € - Ampio, speziato, espressivo.
Denazzano 2019 aglianico; 5.000 bt; 12 € - Fresco, floreale, espressivo.

ha 17 - **bt** 110.000
Fertilizzanti letame in pellet, sovescio
Fitofarmaci rame e zolfo
Diserbo lavorazione meccanica/manuale
Lieviti selezionati industriali
Uve 100% di proprietà
Certificazione biologico certificato

GUARDIA SANFRAMONDI (BN)

AIA DEI COLOMBI

SCONTO -10%

Contrada Sapenzie - tel. 0824 817139
www.aiadeicolombi.it - info@aiadeicolombi.it

VITA - Dopo anni di conferimento delle uve alla Guardiense, cooperativa che il papà Michele aveva contribuito a fondare, nel 2002 i fratelli Pascale hanno dato vita al loro progetto. Gaetano si occupa degli aspetti tecnici e agronomici, mentre Marcello cura i vigneti e i 2 ettari di oliveto, con il prezioso aiuto della moglie Maria Pengue. La cantina, realizzata di fianco alla casa, si trova nella parte bassa del territorio comunale.

VIGNE - A parte 1,5 ettari di fiano a poca distanza dalla cantina, in località Galano, le varietà più presenti sono aglianico e falanghina. Spettacolare la vista del vigneto in località Colle dell'Aia, l'ultimo a essere abbandonato dai raggi del sole: da qui provengono i grappoli per le etichette più importanti dell'azienda. Le rese sono bassissime e si lavora con tecniche tradizionali, secondo i protocolli della lotta integrata.

VINI - Vini essenziali, di forte identità territoriale e dall'eccellente rapporto tra la qualità e il prezzo, prodotti nel rispetto dell'ambiente circostante.

Falanghina del Sannio Guardia Sanframondi Vignasuprema 2018 ○ 7.000 bt; 9 € - Il lungo affinamento sulle fecce fini con bâtonnage restituisce cenni floreali e fruttati al naso; il sorso è sapido e dall'acidità vibrante, decisamente varietale.
Sannio Aglianico Guardia Sanframondi Colle dell'Aia Ris. 2016 ● 2.600 bt; 14 € - Profilo olfattivo di interessante complessità, tra note fruttate, floreali e speziate. Al palato è fresco, saporito e profondo; il tannino è robusto, ma ben lavorato.
Falanghina del Sannio Guardia Sanframondi 2019 ○ 28.000 bt; 8 € - Integrato, fruttato, espressivo.
Sannio Fiano Guardia Sanframondi 2019 ○ 3.900 bt; 8 € - Fresco, floreale, avvolgente.
Sannio Aglianico Guardia Sanframondi 2017 ● 10.000 bt; 9 € - Fine, speziato, autentico.

ha 12 - **bt** 60.000
Fertilizzanti nessun concime
Fitofarmaci rame e zolfo
Diserbo lavorazione meccanica/manuale
Lieviti selezionati industriali
Uve 100% di proprietà
Certificazione nessuna certificazione

GUARDIA SANFRAMONDI (BN)

CORTE NORMANNA

SCONTO -10%

Località Sapenzie, 20 - tel. 0824 817004
www.cortenormanna.it - info@cortenormanna.it

VITA - Quando nel 1984 Alfredo e Gaetano Falluto decisero di uscire dalla Guardiense, il padre Muzio, che anni prima era stato tra i fondatori della cooperativa nata nel borgo di origine normanna, non la prese benissimo e reagì stizzito. Diversi anni dopo, era il 1997, i due fratelli iniziarono a commercializzare le prime bottiglie. Adesso c'è al lavoro anche la terza generazione, con Francesco ed Erika, figli di Alfredo, e Tania, figlia di Gaetano.

VIGNE - I filari sono adagiati lungo le colline che degradano verso il fiume Calore, tra i monti del Taburno e quelli del Matese. Si lavora secondo il protocollo della lotta integrata, con l'obiettivo di minimizzare comunque gli interventi in campagna. Le vigne, che insistono su terreni argilloso-calcarei, sono inerbite: l'erba che cresce spontaneamente, trinciata e interrata in primavera, diventa sostanza organica per le piante.

VINI - Vini semplici e puntuali, proposti a prezzi decisamente vantaggiosi per il consumatore. Gli investimenti fatti per la spumantizzazione della falanghina, in particolare, stanno dando ottimi risultati.

TOP **Falanghina del Sannio Extra Dry** VINO QUOTIDIANO 11.000 bt; 8 € - La base spumante è targata 2019. Un Metodo Charmat davvero gradevole, dal sorso leggero e fresco, di ottima sapidità.
Falanghina del Sannio Brut 11.000 bt; 8 € - Anche in questo caso si tratta di un Metodo Charmat lungo: al naso prevalgono note erbacee e floreali; al palato è verticale, sapido, persistente.
Falanghina del Sannio Guardia Sanframondi 2019 ○ 25.000 bt; 8 € - Varietale, ben giocato sui toni fruttati e floreali. Gustoso e ritmato, ha una beva snella ma efficace, che ripulisce bene il palato.
Sannio Aglianico Tre Pietre Ris. 2015 ● 7.000 bt; 17 € - Fitto, speziato, incisivo.
Sannio Greco 2019 ○ 5.000 bt; 9 € - Fresco, fruttato, varietale.

ha 18 - **bt** 100.000
Fertilizzanti nessun concime
Fitofarmaci rame e zolfo
Diserbo lavorazione meccanica/manuale
Lieviti selezionati industriali
Uve 100% di proprietà
Certificazione nessuna certificazione

GUARDIA SANFRAMONDI (BN)

GIOVANNI IANNUCCI

SCONTO -10%

Via Sorgenza, 87 - tel. 333 4041049
www.giovanniiannucci.com - info@giovanniiannucci.com

VITA - Classe 1985, Giovanni Iannucci ben rappresenta quella nuova generazione di produttori che stanno puntando sul Sannio, con un lavoro minuzioso in campagna e un approccio al vino più naturale. Giovanni ha ripreso in mano i vigneti di famiglia dopo aver compreso che quella era la sua strada, a scapito del percorso universitario intrapreso da qualche anno. Nel 2012 le prime bottiglie: siamo sicuri che questo talentuoso garagiste farà ancora tanta strada!

VIGNE - I vigneti, circa 3 ettari suddivisi in piccoli appezzamenti, sono a conduzione biologica. A Castelvenere siamo sui 150 metri di altitudine, mentre a Guardia Sanframondi si sfiorano i 400 metri. Quasi tutto è allevato a guyot, fatta eccezione per una piccola superficie vitata a barbera del Sannio (camaiola) e trebbiano, in località Fragneto a Castelvenere, con piante di circa 40 anni disposte a tendone.

VINI - Fermentazioni spontanee, limitato uso di solforosa, nessuna chiarifica né filtrazioni: ecco l'idea di vino di Giovanni.

TOP **Campo di Mandrie 2018** VINO SLOW ○ falanghina; 4.000 bt; 15 € - Sempre più buono questo bianco, che già ci aveva impressionato durante la visita dello scorso anno. Il 60% delle uve macera sulle bucce per cinque giorni, il 40% della massa affina in tonneau, il tutto resta poi in bottiglia per un anno. Fruttato e minerale, ha un sorso avvolgente e dal notevole allungo acido-sapido.
Costa delle Viole 2019 ● 4.000 bt; 15 € - Da uve barbera del Sannio, affina in cemento e parte in acciaio. Il naso ha sentori tipicamente floreali, la beva è agile, succosa e appagante.
Riecu 2019 ○ 2.000 bt; 12 € - Qui il trebbiano è di casa, anche se i contadini lo confondevano con il greco ("riecu", appunto). Profuma di piccoli fiori bianchi e frutta, per un sorso denso, ma con discreta freschezza.

ha 3 - **bt** 10.000
Fertilizzanti compost, sovescio
Fitofarmaci rame e zolfo
Diserbo lavorazione meccanica/manuale
Lieviti fermentazione spontanea
Uve 100% di proprietà
Certificazione biologico certificato

GUARDIA SANFRAMONDI (BN)

TERRE STREGATE

Contrada Santa Lucia - Strada Statale, 87 - tel. 0824 817857
www.terrestregate.it - info@terrestregate.it

VITA - Il nuovo progetto grafico ha dato una bella rinfrescata all'immagine dei vini dell'azienda, fondata nel 2004 da Armando Iacobucci e da sua moglie Maria Pacelli. Quindici anni dopo la scelta di dedicarsi alla vinificazione e all'imbottigliamento, ci sono oggi i due figli a tenere le redini di questa giovane realtà produttiva alle porte del paese: Filomena si occupa del marketing e del commerciale, Carlo segue invece sia la vigna sia la cantina.

VIGNE - I terreni sono fondamentalmente argillo-so-calcarei e ricchi di scheletro, e sono distribuiti in varie località nel territorio dei comuni di Guardia Sanframondi e Castelvenere: se nel primo a prevalere è l'aglianico, nel secondo troviamo perlopiù le varietà a bacca bianca tipiche della zona, e cioè falanghina, fiano e greco. Il lavoro in campagna è finalizzato al contenimento delle rese, che sono sempre più basse man mano che si sale di quota.

VINI - Vini lineari e di discreta affidabilità, con preferenza per i rossi più semplici e meno marcati dal legno, e per i bianchi lavorati soltanto in acciaio (sebbene manchino talvolta di dinamismo).

Sannio Aglianico Manent 2017 ● 24.000 bt; 12 € - - Un vino moderno e piuttosto semplice, che si propone con note fruttate e floreali, e una leggera speziatura sullo sfondo. Buoni riscontri anche al palato, dove il sorso è pieno, ma discretamente scorrevole, con acidità e sapidità a diluire un tannino fitto, comunque ben calibrato.
Falanghina del Sannio Svelato 2019 O 60.000 bt; 12 € - - Fresco, fruttato, contrastato.
Sannio Fiano Genius Loci 2019 O 12.000 bt; 12 € - - Integrato, floreale, sapido.
Attimo 2019 ● aglianico; 4.000 bt; 10 € - - Agile, floreale, dolciastro.

ha 25 - **bt** 130.000
Fertilizzanti organo-minerali
Fitofarmaci chimici di sintesi, rame e zolfo
Diserbo lavorazione meccanica/manuale
Lieviti selezionati industriali
Uve acquisto 20%
Certificazione parte dei vigneti in regime biologico

ISCHIA (NA)

CANTINE ANTONIO MAZZELLA

SCONTO **-10%**

Frazione Campagnano - Via Serbatoio, 2 - tel. 081 901541
www.ischiavini.it - ischiavini@ischiavini.it

VITA - Ai piedi del monte Vezzi, in frazione Campagnano, sulla splendida Isola d'Ischia, dal 1940 sono attive le Cantine Antonio Mazzella. Nicola Mazzella rappresenta la terza generazione di famiglia alla guida: a piccoli passi, con lungimiranza e determinazione, ha dato a questa realtà uno slancio tecnico. Insieme alla sorella Vera gestisce quella che oggi è una delle più solide realtà isolane.

VIGNE - Piccoli terrazzamenti a picco sul mare, a 150 metri di altitudine e con pendenze anche del 50%: forastera e biancolella vengono allevate ancora ad alberello su pergola di castagno. Le uve delle vigne più estreme vengono pigiate in loco e il mosto trasportato con piccole barche al porto di San Pancrazio e poi in cantina. Sono 5 i nuovi ettari che, grazie all'infaticabile impegno di Nicola, stanno diventando vigneto.

VINI - Impronta moderna, per vini puliti e realizzati con le uve autoctone della tradizione: sono questi i capisaldi produttivi dei vini di Nicola. La gamma è ampia ma omogenea.

Ischia Bianco Sup. Villa Campagnano 2019 O 4.500 bt; 22 € - - Forastera e biancolella: il 30% fermenta in rovere francese piegato a vapore. Convincente ed elegante, al naso profuma di agrumi, miele, e cenni iodati. La bocca è articolata e salina.
Ischia Biancolella Vigna del Lume 2019 O biancolella; 10.000 bt; 25 € - - Le uve vengono raccolte nell'ultima settimana di settembre con 15 giorni di surmaturazione. L'olfatto è tipicamente erbaceo e minerale, il sorso è appagante e succoso.
Ischia Forastera 2019 O 13.000 bt; 11 € - - Regala belle soddisfazioni, con toni di macchia mediterranea e una beva verticale e sapida.
Ischia Biancolella 2019 O 55.000 bt; 11 € - - Agile, marino, teso.
Ischia Per' 'e Palummo 2019 ● 15.000 bt; 11 € - - Armonico, floreale, espressivo.

ha 6 - **bt** 140.000
Fertilizzanti letame
Fitofarmaci rame e zolfo
Diserbo lavorazione meccanica/manuale
Lieviti selezione di lieviti indigeni
Uve acquisto 25%
Certificazione parte dei vigneti in regime biologico

ISCHIA (NA)

CENATIEMPO

SCONTO **-10%**

Via Baldassarre Cossa, 84 - tel. 081 981107
www.vinicenatiempo.it - info@vinicenatiempo.it

VITA - Pasquale Cenatiempo è un uomo schivo e determinato che trova la sua dimensione più pura nel lavoro meticoloso in vigna e di minimo impatto in cantina. Custodisce, con la moglie Federica Predoni, la tradizione familiare: il papà Francesco imbottigliava lo sfuso in una piccola cantina al porto d'Ischia. Bella la storica struttura a Serrara Fontana, che veglia su antichi palmenti.

VIGNE - I fazzoletti di terra vanno dai 50 ai 450 metri di altitudine, per 6 ettari suddivisi in 16 piccole vigne. Ai piedi del monte Epomeo i terreni sono più rocciosi, argillosi e con presenza di lapilli. A Barano troviamo terreni maggiormente sabbiosi. La forastera, che dall'Ottocento trova nell'isola il suo territorio di elezione, viene da un unico appezzamento, con piante di circa 50 anni.

VINI - Vini fortemente identitari, varietali e rispettosi di annata e territorio. Così Pasquale, con l'enologo Angelo Valentino, propone una gamma pienamente isolana ed emozionante.

Ischia Kalimera 2018 O 12.000 bt; 18 € - Da uve biancolella della sola vigna Kalimera, dove si lavora con pratiche biodinamiche, è intenso, minerale e con sentori di erbe mediterranee. Il sorso è lungo e sapido.
Ischia Forastera 2019 O 4.500 bt; 15 € - Da suoli aridi, racconta molto bene l'isola: è un bel vino agile, dal naso di erbe aromatiche e floreale, e dal sorso fresco e salino.
Ischia Biancolella 2019 O 20.000 bt; 11 € - Classico uvaggio di biancolella e altre varietà tradizionali: presenta una bella mineralità e profumi erbacei e di frutta turgida. Il palato è intenso e sapido.
Ischia Rosato 2019 ● 2.000 bt; 10 € - Agile, minerale, espressivo.
Mavros 2018 ● piedirosso, guarnaccia, aglianico; 6.000 bt; 15 € - Succoso, avvolgente, armonico.
Ischia Per' 'e Palumm' 2019 ● 12.000 bt; 10 € - Croccante, minerale, sapido.

ha 6 - **bt** 98.000
Fertilizzanti nessun concime
Fitofarmaci rame e zolfo
Diserbo lavorazione meccanica/manuale
Lieviti selezione di lieviti indigeni
Uve acquisto 20%
Certificazione nessuna certificazione

LIBERI (CE)

SCLAVIA

SCONTO **-10%**

Località Marianello - Via Case Sparse - tel. 335 7406773
335 6654770 - www.sclavia.com - info@sclavia.com

VITA - Nel 2003 il medico Andrea Granito ha acquistato alcuni terreni a Liberi, nei Monti Trebulani, e vi ha piantato pallagrello e casavecchia. Insieme a lui c'è l'amico Lello Ferrara, avvocato con il quale condivide una lunga tradizione familiare di impegno nella viticoltura. L'azienda vinicola vera e propria, però, è nata ufficialmente nel 2012, con il completamento dei lavori della cantina: oggi al timone c'è Lucia, la figlia di Lello.

VIGNE - Le vigne, protette dal monte Cardillo, insistono su terreni limoso-argillosi a circa 550 metri di quota. A parte circa 1.500 viti di fiano, protagoniste sono le varietà autoctone dell'alto Casertano, con netta prevalenza del pallagrello bianco. Le favorevoli condizioni pedoclimatiche consentono una lenta maturazione dei grappoli: «in genere raccogliamo il pallagrello bianco a fine settembre, il pallagrello nero invece è più pigro», dice Lucia.

VINI - L'obiettivo enologico è preservare sapidità e verticalità dei vini che si producono in questo territorio: la consulenza è affidata al toscano Maurizio Alongi.

Calù 2019 O 3.500 bt; 9 € - Pallagrello bianco con un saldo del 15% di uve fiano, deve il nome alle iniziali di Carmen e Lucia, figlie rispettivamente dei due fondatori Andrea e Lello. Presenta profumi fruttati e floreali, con eleganti sbuffi minerali; la beva è agile e dinamica, sapida, precisa e appagante.
Sciròcco 2019 ● casavecchia; 1.600 bt; 9 € - La dedica è per il contadino Scirocco Prisco, al quale è attribuito il leggendario rinvenimento del ceppo di una vecchia vite nei pressi di un rudere romano, che fu poi battezzata casavecchia. A dispetto di una macerazione sulle bucce durata appena 20 minuti, il colore è tipicamente intenso. Si apre con sentori floreali e di piccoli frutti rossi; il sorso è armonico e croccante.

ha 14 - **bt** 50.000
Fertilizzanti organo-minerali
Fitofarmaci rame e zolfo
Diserbo lavorazione meccanica/manuale
Lieviti selezione di lieviti indigeni
Uve 100% di proprietà
Certificazione biologico certificato

LUSCIANO (CE)

I BORBONI

SCONTO -10%

Via Enrico De Nicola, 7 - tel. 081 8141386
www.iborboni.it - info@iborboni.it

VITA - Quando tutti tagliavano le alberate di asprinio Nicola Numeroso ha scelto di credere nelle potenzialità di quest'uva. Negli anni Novanta, il figlio Carlo e l'omonimo cugino hanno trasformato la casa del Cinquecento in cantina: sono stupende le grotte di tufo grigio a 14 metri di profondità. Oggi è il nipote Nicola, classe 1995, a occuparsi dell'azienda.

VIGNE - Siamo nella roccaforte dell'asprinio, su terreni sabbioso-vulcanici: qui si sviluppano 2 ettari di viti maritate, abbracciate a pioppi e olmi, fino a 15 metri di altezza. I raccoglitori specializzati lavorano sospesi su alte scale costruite su misura, ma sono ormai pochi: per questo sin dagli anni Settanta il nonno Nicola ha sperimentato sistemi di allevamento alternativi. Le piante hanno tra i 50 e i 60 anni di età.

VINI - I vini sono identitari e precisi, e raccontano l'impegno di una famiglia che ha lottato per preservare l'asprinio, avendone compreso l'essenza più pura.

Asprinio di Aversa Vite Maritata 2019 O 7.800 bt; 13 € - Tipico, appagante e rigenerante nei toni agrumati, minerali e di frutta croccante, in bocca è citrino, sapido e gastronomico.
Asprinio di Aversa Santa Patena 2018 O 2.650 bt; 25 € - L'Asprinio sa invecchiare, e questo cru, intuizione del compianto Carlo, lo dimostra. Elegante e complesso, regala sentori di frutta a polpa bianca ed erbette. In bocca è avvolgente e salino.
Brut Asprinio 20.000 bt; 16 € - Metodo Charmat lungo, è il vino simbolo di casa: nonno Nicola lo produsse per la prima volta nel 1983. Al naso avvertiamo cenni di crosta di pane e di fiori bianchi. Il sorso è fine, preciso e pulito.
Asprinio Frizzante 2019 4.200 bt; 13 € - Metodo Charmat, vivo, varietale, gastronomico.
Ebro 2013 ● asprinio; 600 bt da 0,5 l; 35 € - Articolato, avvolgente, sapido.

ha 23 - **bt** 80.000
Fertilizzanti nessun concime
Fitofarmaci rame e zolfo
Diserbo lavorazione meccanica/manuale
Lieviti selezionati industriali
Uve 100% di proprietà
Certificazione nessuna certificazione

MONTE DI PROCIDA (NA)

CANTINE DEL MARE

SCONTO -10%

Via Cappella IV, Traversa 5 - tel. 081 5233040
www.cantinedelmare.it - info@cantinedelmare.it

VITA - Dopo un decennio trascorso ad attraversare l'oceano sulle navi, Gennaro Schiano è tornato alla terra natia e ha raccolto l'eredità contadina dei suoi avi, assieme alla moglie Alessandra Carannante. Nella bella azienda di Monte di Procida, le vigne offrono scorci indimenticabili, ma non si fa solo vino: frutta, legumi e ortaggi, olio e il pomodoro cannellino flegreo.

VIGNE - Otto ettari di vigne, adagiate su terrazzamenti che rendono impossibile la meccanizzazione; viti con un'età media di 80 anni, che affondano le radici in un terreno vulcanico, composto da tufo giallo e trachite, tra Monte di Procida, Bacoli e Cigliano. Vigna Miseno (un ettaro), vigna Anfiteatro (1,5 ettari) e vigna Cigliano (2 ettari), sono dedicate alla falanghina; vigna Romana (un ettaro) e vigna del Rudere al piedirosso.

VINI - Autentici e sinceri, figli di un territorio tanto affascinante quanto complicato, i vini di Cantine del Mare anno dopo anno convincono sempre di più.

TOP **Campi Flegrei Falanghina 2018** VINO QUOTIDIANO O 25.000 bt; 11 € - Si concede un po' più di tempo in bottiglia questa Falanghina, che profuma di fiori di ginestra, agrumi e macchia mediterranea e ha un sorso fresco e dinamico, dal piacevole allungo salino.
Campi Flegrei Falanghina Sorbo Bianco 2018 O 2.000 bt; 19 € - Si connota di richiami floreali e agrumati, con un sottofondo di cenere ed erbe officinali e un sorso pieno, appagante e salino. Un bianco che dimostra di aver trovato la quadratura nell'uso del legno, ben calibrato.
Campi Flegrei Piedirosso Terrazze Romane 2019 ● 8.000 bt; 14 € - Interpretazione schietta della varietà, che si apre al naso sulle note di geranio e ribes maturo, con richiami di corteccia; il sorso è succoso e intenso.
Campi Flegrei Piedirosso Terra del Padre 2018 ● 1.200 bt; 26 € - Incisivo, speziato, verace.

ha 8 - **bt** 40.000
Fertilizzanti sovescio
Fitofarmaci rame e zolfo
Diserbo lavorazione meccanica/manuale
Lieviti selezionati industriali
Uve 100% di proprietà
Certificazione nessuna certificazione

MONTECORVINO ROVELLA (SA)

CASA DI BAAL

SCONTO **-10%**

Frazione Macchia - Via Tiziano, 14 - tel. 089 981143
www.casadibaal.it - info@casadibaal.it

VITA - Agricoltori da sempre, nel 2006 i coniugi Annibale Salerno e Anna Maria Corrado hanno concentrato le loro energie sulla vitivinicoltura, realizzando la cantina e puntando da subito sui vitigni forti, aglianico e fiano. A loro il merito di essere riusciti a rivitalizzare una tradizione antica, ma in buona parte offuscata, un'opera che stanno continuando oggi le figlie Francesca e Laura.

VIGNE - Col prezioso supporto tecnico del consulente Gennaro Reale l'azienda, biologica certificata fin dalle origini, prosegue su un percorso virtuoso di buona agronomia: inerbimento delle vigne con sfalcio e pacciamatura verde, lavorazione minima del suolo, sovescio a basso contenuto di azoto, tutela della biodiversità, impiego limitato di zolfo e rame, introduzione di preparati biodinamici.

VINI - Vini con un marchio di fabbrica inconfondibile: ricchezza di carattere e accentuata territorialità.

M. Cl. Oro di Baal fiano; 3.000 bt; 22 € - È un Pas Dosé che mediamente riposa sur lie per 18-20 mesi. Un profilo olfattivo decisamente varietale e l'importante mineralità sono i suoi punti di forza.
Fiano di Baal 2018 ○ 5.000 bt; 15 € - Al naso è preciso, sottile ed elegante; il sorso è nervoso e di buona struttura, con buono slancio acido-sapido.
Aglianico di Baal 2017 ● 4.000 bt; 17 € - Macerazione sulle bucce per 15 giorni e affinamento per 24 mesi, parte in botti da 10 ettolitri e parte in tonneau, restituiscono un vino con un bel frutto, un'acidità succosa e tannini evoluti.
La Mossa Frizzante 2019 fiano, moscato; 6.000 bt; 15 € - Metodo Ancestrale, agile, fruttato, espressivo.
Il Tocco di Baal Frizzante 2019 aglianico; 3.000 bt; 15 € - Metodo Ancestrale, schietto, floreale, essenziale.

ha 5 - **bt** 28.000
Fertilizzanti sovescio
Fitofarmaci rame e zolfo
Diserbo lavorazione meccanica/manuale
Lieviti fermentazione spontanea, selezione di lieviti indigeni
Uve 100% di proprietà
Certificazione biologico certificato

NAPOLI

AGNANUM - RAFFAELE MOCCIA

Via Vicinale Abbandonata agli Astroni, 3 - tel. 0812 303507
338 5315272 - www.agnanum.it - info@agnanum.it

VITA - La dedizione di Raffaele Moccia per la terra ha pochi eguali. I giorni dell'anno in cui non si inerpica sui ripidi terrazzamenti per raggiungere le vigne che circondano il cratere degli Astroni si possono contare sulle dita di una mano. Tutto il lavoro viene fatto con la forza delle braccia, perché la matrice sabbiosa dei terreni e la pendenza rendono impossibile qualsiasi meccanizzazione. Un vignaiolo vero.

VIGNE - Continua il lavoro di recupero delle vigne del territorio, che altrimenti verrebbero abbandonate. I circa 10 ettari di piedirosso e falanghina, piantati a piede franco, affondano le radici nei terreni vulcanici, a matrice sabbiosa. Spettacolare la Vigna delle Volpi, a ridosso del muro costruito nel XV secolo che circonda il cratere. Venti pecore sono libere di passeggiare sotto i filari e aiutano a tenere pulita la vigna.

VINI - Rese bassissime e un lavoro certosino in vigna contribuiscono a restituire vini schietti e di grande personalità territoriale.

TOP **Campi Flegrei Piedirosso Vigna delle Volpi 2017** VINO SLOW ● 600 bt; 27 € - Il passaggio in legno ben calibrato esalta le note di sottobosco e cenere, ma mantiene integro il frutto e i tipici richiami floreali, che si ritrovano al sorso: succoso, carnoso, pieno e salino. Un gran bel bere!
Campi Flegrei Piedirosso Per' 'e Palummo 2019 ● 4.000 bt; 15 € - I richiami di geranio e foglia di pomodoro connotano il profilo olfattivo, che si arricchisce di una delicata affumicatura. Di grande coerenza il sorso, fresco e saporito.
Campi Flegrei Falanghina 2019 ○ 7.000 bt; 14 € - Fiori di ginestra, erbe mediterranee e cera d'api, e una bella progressione gustativa per questa Falanghina, che è sempre una garanzia.
Campi Flegrei Falanghina Vigna del Pino 2017 ○ 600 bt; 22 € - Ampio, floreale, espressivo.

ha 11 - **bt** 25.000
Fertilizzanti letame, sovescio
Fitofarmaci rame e zolfo
Diserbo lavorazione meccanica/manuale
Lieviti selezione di lieviti indigeni
Uve 100% di proprietà
Certificazione nessuna certificazione

NAPOLI

CANTINE ASTRONI

SCONTO **-10%**

Via Sartania, 48 - tel. 081 5884182
www.cantineastroni.com - info@cantineastroni.com

VITA - Gerardo Vernazzaro coltiva da sempre il rapporto viscerale che lo lega al territorio di origine, che traspone nei suoi vini. Lo affiancano la moglie Emanuela Russo e la cugina Cristina Varchetta. Le vigne metropolitane, che riescono a ritagliare sempre più spazio verde tra il cratere degli Astroni, Oasi WWF, e il popoloso quartiere di Fuorigrotta-Agnano, sono vere e proprie oasi di biodiversità.

VIGNE - Le vigne di piedirosso sono piantate sulla collina dei Camaldoli, su terreni a matrice sabbiosa ricchi di cenere vulcanica. La falanghina che dà vita a Colle Imperatrice predilige i suoli tufaceo-calcarei che costeggiano il cratere degli Astroni, mentre le uve dei cru Vigna Astroni e Tenuta Jossa sono coltivate su due appezzamenti unitari.

VINI - Continuano le sperimentazioni di Gerardo in vigna e in cantina: l'obiettivo è esaltare gli aspetti più territoriali dei propri vini.

TOP **Campi Flegrei Bianco Tenuta Jossa 2018** VINO SLOW
○ 1.300 bt; 23 € - Falanghina per il 90% e un piccolo saldo di fiano per questo nuovo vino. Profuma di fiori di ginestra e macchia mediterranea, con sbuffi di cenere che si ritrovano al sorso, teso, diretto e salino.
Campi Flegrei Falanghina Vigna Astroni 2018 ○ 4.000 bt; 18 € - Un'interpretazione particolarmente riuscita in cui le note di scorza di agrumi si alternano a quelle salmastre e affumicate. Verticale, carnoso e salino.
Campi Flegrei Piedirosso Tenuta Camaldoli 2017 ● 2.000 bt; 25 € - Ha bisogno di qualche minuto nel bicchiere per distendersi, ma poi si lascia apprezzare in tutta la sua eleganza sanguigna, corroborata da richiami di incenso e terra bagnata.
Campi Flegrei Piedirosso Colle Rotondella 2019 ● 8.000 bt; 12 € - Vibrante, floreale, leggiadro.
Campi Flegrei Falanghina Colle Imperatrice 2019 ○ 18.000 bt; 10 € - Incisivo, agrumato, salino.

ha 25 - **bt** 200.000
Fertilizzanti sovescio
Fitofarmaci rame e zolfo
Diserbo lavorazione meccanica/manuale
Lieviti selezione di lieviti indigeni
Uve acquisto 30%
Certificazione biologico certificato

PAUPISI (BN)

TORRE DEL PAGUS

SCONTO **-10%**

Via Cirasiello, 3 - tel. 0824 886084
www.torredelpagus.it - info@torredelpagus.it

VITA - Giovanni Rapuano è figlio e nipote di vignaioli. Da conferitore di uve, nel 2001 ha iniziato a vinificare in proprio, assistito dal giovane figlio Luigi. Dopo la scomparsa precoce di quest'ultimo, avvenuta nel 2007, ci sono la figlia Giusy e il marito Raimondo Marcarelli alla guida dell'azienda. Chissà che un altro Luigi, il loro piccolo figlio, non possa proseguire la tradizione familiare!

VIGNE - La gestione dei vigneti, su suolo argilloso-pietroso e ricco di scheletro, è attenta a ogni dettaglio: nessuna irrigazione, concimazione con letame pellettato, vendemmie a più riprese per i soli frutti maturi. Ciò avviene a maggior ragione per le vigne di aglianico, ospitate nei luoghi più impervi: quella in contrada Maiardi, che è circondata dal bosco; oppure l'appezzamento di Vitulano, da cui arrivano le uve per l'Impeto.

VINI - Vini in tutto e per tutto figli di un territorio particolarissimo: semplici e gastronomici quelli da uve falanghina e barbera del Sannio; più potenti, terrosi e di lunga gittata i rossi da aglianico.

Falanghina del Sannio Taburno Macére 2019 ○ 12.000 bt; 10 € - Tipico e puntuale nel ventaglio olfattivo, ha un sorso caratterizzato da grande spinta acida e bella progressione. Nel retrogusto, lungo e coerente, si riaffacciano note dolci di frutta.
Aglianico del Taburno 2014 ● 5.000 bt; 17 € - Apre su note di frutta matura, seguite da cenni tostati. La bocca è ben salda, energica, avvolgente.
Via Nova 2019 ● 1.000 bt; 9 € - La piccola vigna di fronte alla cantina è un caso più unico che raro di presenza di barbera del Sannio (camaiola) nel comprensorio del Taburno. Il vino profuma di fiori e piccoli frutti rossi, e ha un sorso piacevolmente morbido, agile e gastronomico.
Aglianico del Taburno Rosato Cirasiello 2019 ● 2.000 bt; 17 € - Teso, floreale, incisivo.

ha 14 - **bt** 50.000
Fertilizzanti sovescio
Fitofarmaci rame e zolfo
Diserbo lavorazione meccanica/manuale
Lieviti selezionati industriali, selezione di lieviti indigeni
Uve 100% di proprietà
Certificazione biologico certificato

POMPEI (NA)

BOSCO DE' MEDICI

SCONTO -10%

Via Antonio Segni, 43 - tel. 081 8564040
www.boscodemedici.com - info@boscodemedici.com

VITA - Nel cuore della città distrutta dall'eruzione, a pochi passi dai celebri scavi, Bosco De' Medici è una delle ultimissime realtà nate alle falde del vulcano. Due famiglie in società, Palomba e Monaco, hanno deciso di cominciare a vinificare in proprio nel 2014 le uve fino ad allora conferite, creando così la propria cantina, collegata a un progetto più ampio di ospitalità e ristorazione di qualità.

VIGNE - Gli ettari vitati sono 8, piantati a piedirosso e caprettone, e insistono per la gran parte nel territorio del Parco Nazionale del Vesuvio, tra Terzigno e Boscoreale. La Rotonda è la vigna più estesa: ricopre circa 5 ettari, piantati su terreni a matrice vulcanico-sabbiosa, con molte viti a piede franco, allevate a tendone. Vicino alla cantina è coltivato un vigneto sperimentale in biodinamica, adiacente ad alcuni resti di antiche tombe.

VINI - Le macerazioni pellicolari caratterizzano lo stile aziendale. Ne risultano vini carnosi, ma allo stesso tempo dinamici e vibranti.

Pompeii Rosso 2019 ● 8.000 bt; 18 € - Un Piedirosso vinificato a contatto con le bucce per 10 giorni e con un breve passaggio in tonneau che non interferisce con l'integrità del frutto. Ha una spiccata nota floreale, che si ritrova al sorso armonico e salino.
Pompeii Bianco 2019 ○ 5.000 bt; 25 € - Affina in anfora per sei mesi questo caprettone in purezza, prodotto dalle uve della vigna La Rotonda. Un vino dai profumi di pesca bianca, fiori e cenere, con un sorso intenso e fresco.
Lacryma Christi del Vesuvio Bianco Lavaflava 2019 ○ 5.500 bt; 16 € - Le note di cedro ed erbe officinali segnano il profilo olfattivo. L'ingresso in bocca, appena dolce, viene bilanciato da una discreta freschezza e un finale salino.
Lacryma Christi del Vesuvio Rosso Lavarubra 2019 ● 5.500 bt; 16 € - Armonico, floreale, gastronomico.

ha 8 - **bt** 25.000
Fertilizzanti letame in pellet
Fitofarmaci rame e zolfo
Diserbo lavorazione meccanica/manuale
Lieviti selezionati industriali, selezione di lieviti indigeni
Uve 100% di proprietà
Certificazione in conversione biologica

PONTE (BN)

NIFO SARRAPOCHIELLO

SCONTO -10%

Via Piana, 62 - tel. 0824 876450
www.nifo.eu - info@nifo.eu

VITA - Lorenzo Nifo Sarrapochiello ha voluto scommettere su se stesso e sulla sua terra, e nel 1998 ha deciso di applicare le conoscenze maturate come agronomo ai vigneti di famiglia, dando l'avvio a un progetto innovativo e sostenibile. Oggi in azienda troviamo anche il cugino (omonimo), al quale sono affidati gli aspetti più prettamente commerciali dell'attività.

VIGNE - I vigneti sono condotti da sempre in regime di agricoltura biologica e l'uso di estratti vegetali consente di limitare il rame per la difesa fitosanitaria. Le spalliere, che in agro di Ponte non superano i 200 metri di altitudine, con potature a guyot per i bianchi e cordone speronato per l'aglianico, guardano tutte a sud. L'impasto del terreno, più ricco e pietroso man mano che si sale di quota, è arricchito dai detriti fluviali del vicino Calore.

VINI - I vini sono precisi e territoriali, di grande pulizia gusto-olfattiva, con i rossi da uve aglianico quest'anno in grande spolvero.

Aglianico del Taburno D'Erasmo Ris. 2014 ● 6.500 bt; 22 € - Bellissimo intreccio, al naso, di spezie e sottobosco, erbe aromatiche, arancia, mirto e fiori secchi. Al palato è sorretto da una consistente vena acida, e i tannini sono dolci e setosi.
Aglianico del Taburno Rosato Marosa 2019 ● 8.000 bt; 10 € - Fragrante, profuma di ciliegie e rosa canina, con una sottile affumicatura. In bocca è pieno, ma conserva slancio.
Aglianico del Taburno 2016 ● 25.000 bt; 10 € - Complesso, offre sentori di prugna, viola e tabacco. Il sorso è di discreto equilibrio, anche grazie a un tannino ben calibrato.
Falanghina del Sannio Taburno 2019 ○ 35.000 bt; 9 € - Succoso, fruttato, energico.
Sannio Fiano 2019 ○ 7.000 bt; 9 € - Avvolgente, fragrante, incisivo.
Sannio Greco 2019 ○ 8.000 bt; 9 € - Dinamico, minerale, teso.

ha 20 - **bt** 100.000
Fertilizzanti organo-minerali, sovescio
Fitofarmaci rame e zolfo
Diserbo lavorazione meccanica/manuale
Lieviti selezionati industriali, selezione di lieviti indigeni
Uve 100% di proprietà
Certificazione biologico certificato

POZZUOLI (NA)

CONTRADA SALANDRA

SCONTO **-10%**

Località Monterusciello - Via Tre Piccioni, 40 - tel. 081 5265258
contradasalandra@gmail.com

VITA - Nel 2000 Giuseppe Fortunato e Sandra Castaldo diedero vita all'attività di apicoltura biologica nei Campi Flegrei, sui terreni tra la collina di Monteruscello e lo Scalandrone, e poco dopo vi affiancarono la produzione di vino. Oggi Contrada Salandra è una delle realtà vitivinicole più affascinanti della regione, un luogo dove i tempi sono dettati dalla natura e la salvaguardia dell'ecosistema rappresenta la priorità.

VIGNE - Tutto è iniziato con il recupero di pochi ettari di vigneto familiare in località Licola e Monteruscello, con cui Giuseppe e Sandra hanno cominciato la produzione. Oggi gli ettari vitati sono quasi 5, coltivati a falanghina e piedirosso e piantati a piede franco su suoli vulcanico-sabbiosi. Un ettaro è contiguo alla cantina di via Tre Piccioni, e la parte restante si articola in piccoli appezzamenti nel territorio di Pozzuoli.

VINI - La filosofia produttiva è strettamente legata alle ampie potenzialità del territorio flegreo, e si fonda sull'impegno costante di superarne le criticità e salvaguardarne la biodiversità. Falanghina e piedirosso si esprimono in bottiglia senza forzature e lasciano la cantina solo quando sono veramente pronti.

TOP **Campi Flegrei Piedirosso 2017** VINO SLOW ● 7.000 bt; 14 € - Fiori di campo, foglie di pomodoro, richiami di cenere e una marcata nota iodata caratterizzano questo rosso delizioso, dal sorso succoso e salino, naturalmente elegante. Un Piedirosso che esprime senza artifici l'anima più profonda del territorio di origine.
Campi Flegrei Falanghina 2018 ○ 12.000 bt; 13 € - Profuma di cera d'api, agrumi e fiori di ginestra, con delicati richiami di macchia mediterranea e cenere di sottofondo. Intenso e pieno, il sorso si esprime con grande dinamismo e un deciso accento salino in chiusura.

ha 4,7 - **bt** 19.000
Fertilizzanti nessun concime
Fitofarmaci rame e zolfo
Diserbo lavorazione meccanica/manuale
Lieviti selezione di lieviti indigeni
Uve 100% di proprietà
Certificazione nessuna certificazione

PRIGNANO CILENTO (SA)

VITICOLTORI DE CONCILIIS

SCONTO **-10%**

Località Querce, 1 - tel. 0974 831090
www.viticoltorideconciliis.it - info@viticoltorideconciliis.it

VITA - Quasi 30 anni di storia, ma l'impronta aziendale resta la stessa: valorizzazione dei due vitigni del territorio, aglianico e fiano, e rinnovamento stilistico dei vini, conservando il forte legame con la terra di origine, il Cilento. Dal 2019 un cambiamento importante: la conduzione aziendale è passata saldamente nelle mani di Paola De Conciliis, con il prezioso supporto del consulente Sebastiano Fortunato, che qui ha mosso i primi passi.

VIGNE - La scelta forte continua a essere quella della "settentrionalizzazione" della viticoltura: vigne più alte, con esposizioni tendenzialmente a nord-est per contrastare il carattere troppo caldo e siccitoso di certe zone. Nelle vigne, da sempre condotte in biologico, Paola sta introducendo gradualmente l'uso dei preparati biodinamici e dei fermentati.

VINI - Minimo intervento in cantina, per mantenere viva la spinta originaria, senza mai adagiarsi su canoni preconfezionati.

Cilento Fiano Donnaluna 2019 ○ 90.000 bt; 14 € - Vinificato in acciaio con blando controllo della temperatura, si rivela subito con note minerali, di gesso e di roccia; al palato è molto sapido e piacevolmente acido, con buona persistenza e una nota amarognola finale.
Perella 2016 ○ fiano; 1.000 bt; 27 € - Fa tre o quattro giorni di macerazione sulle bucce a freddo e affina sei mesi in tonneau di secondo e terzo passaggio. Il naso profuma di frutta matura e miele; al palato acidità e mineralità sono percepibili ma nient'affatto invadenti; la leggera nota tannica sostiene l'assaggio.
Bacioilcielo Bianco 2019 ○ fiano, moscato; 70.000 bt; 10 € - Agile, minerale, incisivo.
Bacioilcielo Rosso 2018 ● aglianico, primitivo; 60.000 bt; 10 € - Dinamico, fruttato, espressivo.

ha 18 - **bt** 250.000
Fertilizzanti sovescio
Fitofarmaci rame e zolfo
Diserbo lavorazione meccanica/manuale
Lieviti fermentazione spontanea, selezione di lieviti indigeni
Uve acquisto 20%
Certificazione biologico certificato

QUARTO (NA)

SALVATORE MARTUSCIELLO

SCONTO -10%

Via Spinelli, 4 - tel. 348 3809880
www.salvatoremartusciello.it - info@salvatoremartusciello.it

VITA - Il progetto vitivinicolo di Salvatore Martusciello e della moglie Gilda Guida si basa sull'esperienza maturata attraverso la storia familiare e personale nel mondo del vino. La gamma si è ormai consolidata, con una produzione coerente con la più antica tradizione campana: troviamo dall'Asprinio di Aversa alla Falanghina e al Piedirosso dei Campi Flegrei, fino al Lettere e al Gragnano della penisola sorrentina.

VIGNE - I 2 ettari di proprietà sono nei Campi Flegrei, dove falanghina e piedirosso sono coltivati a piede franco su terreni di matrice vulcanico-sabbiosa. Nelle altre zone l'azienda si appoggia a conferitori di fiducia. La tradizionale alberata aversana con la vite maritata ai pioppi è alla base della produzione dell'Asprinio di Aversa. Altre uve arrivano dalla penisola sorrentina, dove vengono coltivate su scoscesi terrazzamenti.

VINI - Il motto aziendale è "vini di persistenza", e lo stile produttivo ne è conferma: si cerca sì la piacevolezza, ma anche l'incisività gustativa.

Asprinio d'Aversa Brut Trentapioli 2019 ⁘ 13.000 bt; 13 € - ▢ - Un Metodo Charmat in cui i piacevoli sentori agrumati, che caratterizzano le note olfattive e si ritrovano al sorso, si associano a una vibrante acidità.
Campi Flegrei Falanghina Settevulcani 2019 ○ 13.000 bt; 12 € - ▢ - Frutta a polpa bianca e note floreali caratterizzano il naso, ma è in bocca che sorprende per freschezza salina e persistenza gustativa.
Penisola Sorrentina Gragnano Ottouve 2019 ⁘ 36.000 bt; 12 € - ▢ - Gli intensi richiami di frutti di bosco rappresentano il tratto distintivo di questo vino frizzante dalla beva deliziosa. Un vero vino della gioia.
Penisola Sorrentina Lettere 2019 ● 4.000 bt; 12 € - ▢ - Croccante, fruttato, leggiadro.
Campi Flegrei Piedirosso Settevulcani 2019 ● 13.000 bt; 12 € - ▢ - Vibrante, floreale, gastronomico.

ha 2 - **bt** 79.000
Fertilizzanti sovescio
Fitofarmaci rame e zolfo
Diserbo lavorazione meccanica/manuale
Lieviti selezione di lieviti indigeni
Uve acquisto 70%
Certificazione nessuna certificazione

SAN CIPRIANO PICENTINO (SA)

MONTEVETRANO

Località Nido - Via Nido - tel. 089 882285
www.montevetrano.it - info@montevetrano.it

VITA - Un percorso iniziato alla fine degli anni Ottanta, con la decisione di prendere in mano le sorti dei terreni di proprietà dei nonni, sui colli di Salerno, e cominciare a fare vino, percorso condiviso fin dagli esordi con il celebre enologo Riccardo Cotarella. È questo il viaggio fatto da Silvia Imparato, stimata fotografa, folgorata dalla passione per il vino, tanto da diventare produttrice. La seguono in questa avventura la figlia Gaia e Patrizia Marziale.

VIGNE - La tenuta si articola su 26 ettari, di cui circa 5 vitati, nel Parco Regionale dei Monti Picentini. Si coltivano cabernet sauvignon, merlot e aglianico, con impianti risalenti agli anni Ottanta. I vigneti si trovano a San Cipriano Picentino, in un'antica proprietà dei Borboni a 100 metri di altitudine, sul crinale di una collina immersa in un quadro naturale fatto di querce, castagni, noccioli, agrumi e olivi.

VINI - È chiara l'impostazione bordolese: prevalenza di cabernet sauvignon e merlot, poi un tocco di aglianico. Nel tempo, tuttavia, la presenza del vitigno autoctono nel blend è diventata sempre più significativa: da un iniziale 10%, oggi rappresenta il 30%. Completano la gamma i due Core: il rosso da uve aglianico in purezza, il bianco da fiano e greco.

Montevetrano 2018 ● cabernet sauvignon, merlot, aglianico; 20.000 bt; 52 € - ▤ - Si apre al naso su note di frutti di bosco maturi, che lentamente cedono il posto a richiami di petali di rosa, accenni di tabacco, erbe officinali e spezie dolci. Il sorso è energico, ancora un po' scontroso, ma di grande stoffa e materia. Troverà maggiore equilibrio e completezza con qualche anno in più di bottiglia.

ha 5,5 - **bt** 84.000
Fertilizzanti letame, sovescio
Fitofarmaci rame e zolfo
Diserbo lavorazione meccanica/manuale
Lieviti selezionati industriali
Uve acquisto 60%
Certificazione nessuna certificazione

SANT'AGATA DE' GOTI (BN)

MUSTILLI

SCONTO **-10%**

Via Caudina, 10 - tel. 0823 718142
www.mustilli.com - info@mustilli.com

VITA - Anna Chiara e Paola Mustilli hanno raccolto il testimone del papà Leonardo, primo a riscoprire e vinificare la Falanghina in purezza sul finire degli anni Settanta. Immancabile una visita alle antiche cantine scavate nella roccia tufacea, che occupano una superficie di oltre 300 metri quadrati e raggiungono una profondità di 15 metri.

VIGNE - Il parco vitato è stato ridimensionato perché ci si potesse focalizzare sulla produzione dei cru aziendali. Le vigne sono adagiate sui pendii di Sant'Agata del Goti, e le varietà coltivate appartengono alla tradizione del territorio: falanghina in primis, seguita da piedirosso, aglianico e greco. Dal vigneto Pozzillo, su suoli calcareo-argillosi, si ricavano la falanghina per Vigna Segreta e il piedirosso per Artus; le altre uve provengono invece dai vigneti Presta e Cesco.

VINI - Vini identitari, autentici, di grande personalità. Contemporanei, seppur fedeli a una tradizione tanto prestigiosa quanto ingombrante.

TOP **Falanghina del Sannio Sant'Agata dei Goti Vigna Segreta 2018** VINO SLOW ○ 6.000 bt; 19 € - Un'interpretazione particolarmente riuscita, in cui le note di mela e agrumi si fondono a quelle di erbe aromatiche e ai richiami di pietra bagnata, con un sorso pieno, carnoso, appagante.
Sannio Piedirosso 2019 ● 20.000 bt; 12 € - Grande integrità di frutto e un delicato profilo floreale caratterizzano questo Piedirosso sottile, essenziale e succoso.
Sannio Sant'Agata dei Goti Piedirosso Artus 2018 ● 6.000 bt; 18 € - Il particolare affinamento rende il vino più materico e polposo, ma non ne compromette dinamismo e slancio.
Falanghina del Sannio 2019 ○ 50.000 bt; 12 € - Armonico, fruttato, leggiadro.
Sannio Aglianico 2018 ● 13.000 bt; 12 € - Agile, fruttato, gastronomico.
Regina Sofia Sui Lieviti 2019 2.000 bt; 13 € - Metodo Ancestrale, fresco, floreale, leggiadro.

ha 15 - **bt** 100.000
Fertilizzanti sovescio
Fitofarmaci rame e zolfo
Diserbo lavorazione meccanica/manuale
Lieviti selezione di lieviti indigeni
Uve acquisto 10%
Certificazione nessuna certificazione

SANT'ANASTASIA (NA)

CANTINE OLIVELLA

SCONTO **-10%**

Via Zazzera, 28 - tel. 081 5311388
www.cantineolivella.com - info@cantineolivella.com

VITA - Procede spedito l'ambizioso progetto vitivinicolo di Domenico Ceriello, Ciro Giordano e Andrea Cozzolino, che ha ormai superato i 15 anni di attività. Tutto è iniziato con il recupero di alcune vecchie vigne abbandonate, e oggi l'azienda si può senza dubbio annoverare tra le più rappresentative della zona, con 12 ettari vitati che si estendono sul declivio del monte Somma, un gigantesco anfiteatro naturale che custodisce il Gran Cono del Vesuvio.

VIGNE - In vigna si coltivano i tradizionali vitigni autoctoni dell'area vesuviana: catalanesca, caprettone, piedirosso e una piccola percentuale di sciascinoso e guarnaccia, utilizzata per il rosa. I vigneti sono tutti a piede franco e vengono condotti con tecniche di lotta integrata: i forti declivi dei ciglioni vincolano a pratiche manuali.

VINI - La cantina è affidata alle mani sapienti dell'enologo Fortunato Sebastiano, fautore di vini precisi e territoriali.

Vesuvio Bianco Emblema 2019 ○ 8.000 bt; 11 € - Un Caprettone in purezza in cui i richiami di fiori di ginestra si alternano alle note di cedro ed erbe mediterranee, con un sorso fresco, iodato e salino.
Katà 2019 ○ catalenesca; 35.000 bt; 12 € - Note di agrumi, camomilla e cera d'api, con un netto sentore minerale di fondo. Il sorso è fresco, scattante e succoso, con una piacevole chiusura sapida.
Ereo 2019 2.000 bt; 17 € - Nuovo nato in casa Olivella, profuma di lampone e rabarbaro, con delicati accenti di pepe bianco e ginepro, e ha un sorso pieno e saporito, di grande carattere.
Catalanesca Summa 2018 ○ 2.500 bt; 23 € - Avvolgente, agrumato, stratificato.
Lacryma Christi del Vesuvio Rosso Lacrimanero 2019 ● 13.000 bt; 11 € - Dinamico, fruttato, varietale.
Lacryma Christi del Vesuvio Bianco Lacrimabianca 2019 ○ 9.500 bt; 11 € - Fresco, fruttato, espressivo.

ha 12 - **bt** 85.000
Fertilizzanti sovescio
Fitofarmaci rame e zolfo
Diserbo lavorazione meccanica/manuale
Lieviti selezione di lieviti indigeni
Uve 100% di proprietà
Certificazione in conversione biologica

SESSA AURUNCA (CE)

ENOZ

Frazione di Tuoro - Strada Comunale Sessa-Tuoro
tel. 338 1761446 - www.enozwine.it - info@enozwine.it

VITA - Roberto Zeno (Enoz è l'anagramma del cognome) ha scelto l'Ager Falernus, alle pendici del vulcano spento di Roccamonfina, per realizzare il suo sogno di vignaiolo-contadino, custode degli equilibri naturali. Ha scelto di differenziare la produzione tra olive, frutta, castagne, cereali, legumi e allevamenti autoctoni di api su una superficie complessiva di circa 22 ettari. Gennaro Reale firma la consulenza enologica.

VIGNE - A eccezione di un ettaro a San Carlo, i vigneti sono tutti intorno alla cantina, su suoli di origine vulcanica: si coltivano, in particolare, primitivo e fiano. C'è tanta attenzione alla sostenibilità, come dimostra anche il sistema di recupero delle acque piovane, che vengono riutilizzate per i trattamenti. Sin dal 2018 il lavoro in campagna è condotto secondo i crismi della biodinamica.

VINI - Vinificazioni in anfora, non vengono praticate chiarifiche, stabilizzazioni né filtrazioni: i vini che ne derivano sono espressioni concrete e immediate del territorio.

Il Chaos 2018 ● primitivo; 2.500 bt; 20 € - Macerazione sulle bucce per 15 giorni, fermentazione senza controllo della temperatura, affinamento per 9 mesi in anfora e 3 mesi in bottiglia. Un vino dal peso specifico sorprendentemente leggero, che si muove tra le note di frutti di bosco e i richiami di erbe officinali con un sorso agile e deciso..
La Monade 2019 ○ fiano; 1.500 bt; 18 € - Sulle bucce per 8 giorni, affina in anfora per 9 mesi. Profuma di agrumi ed erbe mediterranee, ha delicati ricordi di humus e corteccia che fanno da preludio a un sorso carnoso, polposo e saporito.

ha 4 - **bt** 4.000
Fertilizzanti letame, sovescio
Fitofarmaci rame e zolfo
Diserbo lavorazione meccanica/manuale
Lieviti fermentazione spontanea
Uve 100% di proprietà
Certificazione biodinamico certificato, biologico certificato

SESSA AURUNCA (CE)

GALARDI

Frazione San Carlo - Strada Provinciale Sessa Mignano - tel. 0823 708900
www.galardi.net - info@terradilavoro.it

VITA - Maria Luisa Murena, Arturo Celentano e Dora e Francesco Catello hanno avuto il merito di aver seguito l'ambiziosa intuizione di fare un grande vino da uve autoctone nell'alto Casertano. Erano gli anni Novanta quando Terra di Lavoro prese forma, grazie alla consulenza (prima in Italia) di Riccardo Cotarella. Oggi l'azienda continua nel solco di quelli che sono stati gli inizi, rinfrescata dal giovane apporto delle cugine Allegra Selvaggi e Silvana Catello.

VIGNE - I vigneti, che si estendono complessivamente su 10 ettari, si trovano nell'areale di Sessa Aurunca, alle pendici del vulcano spento di Roccamonfina. I terreni a matrice vulcanica, piantati ad aglianico e piedirosso, degradano dolcemente verso il mare del golfo di Gaeta. Il contesto è bellissimo, e sia i vigneti sia gli oliveti sono circondati da boschi di castagni.

VINI - Terra di Lavoro ha contribuito a scrivere la storia del vino nel Sud Italia, fondendo lo spessore dell'aglianico e l'espressività territoriale del piedirosso: dà il meglio di sé con qualche anno di bottiglia, a differenza del fratello minore, Terra di Rosso, più immediato e godibile sin da subito.

Terra di Lavoro 2018 ● 25.000 bt; 48 € - Da uve aglianico (80%) e piedirosso (20%) nasce questo rosso in cui le note di petali di rosa si fondono ai richiami di amarena e mora matura, con un intenso sottofondo di terra bagnata, erbe officinali e tabacco, e un sorso pieno e robusto, con i tannini in evidenza.
Terra di Rosso 2018 ● piedirosso; 3.000 bt; 30 € - Le uve provengono da un ettaro di vigneto di circa 25 anni, a 400 metri di quota. L'affinamento in barrique nuove delinea un profilo con una delicata speziatura, senza compromettere l'integrità del frutto e dei richiami floreali. Il sorso è carnoso, dai tannini setosi e integrati.

ha 10 - **bt** 32.000
Fertilizzanti sovescio
Fitofarmaci rame e zolfo
Diserbo lavorazione meccanica/manuale
Lieviti selezionati industriali
Uve 100% di proprietà
Certificazione biologico certificato

SESSA AURUNCA (CE)

MASSERIA FELICIA

SCONTO -10%

Frazione Carano - Strada Provinciale 104 - tel. 0823 935095
info@masseriafelicia.it

VITA - Alessandro Brini è nato e cresciuto in questa piccola frazione e, dopo aver lavorato come agente di commercio, ci è ritornato per fondare l'azienda, nel 1995. Maria Felicia, che lavorava in un'agenzia di pubblicità, ha abbracciato il sogno del papà nel 2004, che è anche l'anno in cui ha dato alla luce la figlia Alice. Intorno alla casa-cantina ci sono l'oliveto e una piccola fattoria: caprette, galline, e il gallo Gino. L'enologo è Vincenzo Mercurio.

VIGNE - I vigneti sono intorno alla cantina, a circa 250 metri di quota, protetti dal monte Massico e asciugati dai venti che soffiano dal mare. I terreni hanno composizione variabile: sabbia sciolta, tufo grigio campano, pietra lavica. Le varietà allevate sono aglianico e falanghina, con i primi impianti che risalgono al 1995; c'è poi un piccolo appezzamento con viti secolari a piede franco di piedirosso.

VINI - Le uve dei diversi appezzamenti vengono vinificate separatamente: l'aglianico, in particolare, fermenta parte in acciaio e parte in tini troncoconici di castagno, senza controllo della temperatura.

Falerno del Massico Bianco Anthologia 2019 ○ 3.000 bt; 15 € - Il 5% della massa fa una leggera macerazione sulle bucce, viene vinificato separatamente e assemblato prima dell'imbottigliamento; il resto delle uve fermenta normalmente, in parte dopo 12 ore di criomacerazione. Il profilo olfattivo è floreale, fruttato e minerale; il sorso è ritmato e sapido, assai gastronomico.

Falerno del Massico Rosso Ariapetrina 2016 ● 3.500 bt; 18 € - Quelle del vigneto che lambisce il monte Massico sono le uve che arrivano a maturazione più tardi. Maria Felicia ama definire il vino che se ne ricava lo scugnizzo di casa, e il perché è presto detto: la tannicità dell'aglianico (che concorre all'80% sulla massa) pesa di più in questo blend col piedirosso.

ha 5 - **bt** 20.000
Fertilizzanti nessun concime
Fitofarmaci rame e zolfo
Diserbo lavorazione meccanica/manuale
Lieviti selezione di lieviti indigeni
Uve 100% di proprietà
Certificazione biologico certificato

TEANO (CE)

I CACCIAGALLI

SCONTO -10%

Località Borgonuovo-Cipriani - Via Provinciale, 91 - tel. 0823 875216
www.icacciagalli.it - info@icacciagalli.it

VITA - Grazie all'audacia e all'impegno dell'agronoma Diana Iannaccone e di suo marito Mario Basco, le masserie di famiglia risalenti al Settecento sono state ristrutturate e i vigneti tutt'intorno riconvertiti. La nuova cantina, costruita in bioarchitettura, sorge sul retro dell'agriturismo, dove sono coltivati anche grano, nocciole, ceci di Teano e fagioli pezzella.

VIGNE - I vigneti sono nell'area del Parco Regionale Roccamonfina e insistono su terreni vulcanici, con buona presenza di sostanza organica: sciolti, sabbiosi e calcarei intorno alla cantina; più argillosi, invece, in località Aorivola a Caianello, dove c'è la falanghina. La superficie vitata a fiano è oggi raddoppiata (4 ettari); si coltivano poi aglianico, pallagrello nero e piedirosso, tutte varietà storicamente presenti nell'alto Casertano.

VINI - Lieviti indigeni, minimo uso di solforosa, nessuna chiarifica né filtrazione, cemento per la vinificazione (per i bianchi) e anfore per gli affinamenti: l'obiettivo è avere vini nudi ed espressivi.

TOP **Phos 2018** VINO SLOW ● aglianico; 3.800 bt; 30 € - Autentico e contrastato, ha slancio e grande energia, tanto più degno di nota perché figlio di un'annata decisamente complicata per la varietà, che ha reso necessaria una rigorosa selezione dei grappoli.
Zagreo 2018 ○ fiano; 19.000 bt; 22 € - Più agile e succoso rispetto al millesimo precedente, sa di frutta matura e fiori gialli, con una sottile nota fumé e ricordi di genziana in chiusura.
Aorivola 2019 ○ falanghina; 15.000 bt; 16 € - La fermentazione spontanea e la macerazione sulle bucce per 12 ore in tini di cemento restituiscono un vino energico e incisivo, decisamente gastronomico.
Sphaeranera 2018 ● pallagrello nero; 3.800 bt; 26 € - Teso, floreale, verace.
Pellerosa 2018 aglianico; 4.000 bt; 22 € - Vibrante, fruttato, verticale.

ha 10 - **bt** 45.000
Fertilizzanti preparati biodinamici, sovescio
Fitofarmaci rame e zolfo
Diserbo lavorazione meccanica/manuale
Lieviti fermentazione spontanea
Uve 100% di proprietà
Certificazione biodinamico certificato

TERZIGNO (NA)

VILLA DORA

SCONTO **-10%**

Strada Provinciale Zabatta, 252 - tel. 081 5295016
www.cantinevilladora.it - info@cantinevilladora.it

VITA - La discendenza familiare continua egregiamente la tradizione vitivinicola seguendo il solco tracciato da Vincenzo Ambrosio, faro della bella azienda di Terzigno. La produzione, seguita da Giovanna Ambrosio e dal figlio Vincenzo Orabona, ormai forti di una consolidata esperienza, è orientata al minor impatto ambientale possibile ed è certificata biologica. La consulenza enologica è affidata a Fabio Mecca.

VIGNE - Le vigne, tutte a piede franco e coltivate in regime biologico certificato, hanno dai 40 ai 70 anni di età e sono in gran parte allevate ancora con l'antico sistema della pergola vesuviana. Il territorio vulcanico offre le condizioni ideali per la coltivazione di piedirosso, caprettone, falanghina e aglianico, ma anche per gli olivi, da cui l'azienda produce un ottimo olio.

VINI - La produzione è orientata al potenziale evolutivo dei vini nel tempo, attraverso il minimo intervento possibile in cantina e un lavoro certosino in vigna.

Lacryma Christi Bianco Vigna del Vulcano 2018 ○ 12.000 bt; 34 € - - Le caratteristiche del terreno vulcanico si ritrovano nel succoso mix acido e sapido che caratterizza il sorso, e nella marcata speziatura che accompagna sin da subito l'esordio fruttato e floreale, per poi proseguire nel lungo finale.
Lacryma Christi del Vesuvio Forgiato 2018 ● 5.000 bt; 43 € - - Un rosso dal bouquet ricco e articolato, che si distingue per la delicata affumicatura di sottofondo e per il sorso pieno ed energico. Buono da bere subito, ma anche da conservare per apprezzarne l'evoluzione futura.
Lacryma Christi del Vesuvio Gelsonero 2018 ● 10.000 bt; 24 € - - Setoso, speziato, armonico.
Lacryma Christi del Vesuvio Bianco 2019 ○ 10.000 bt; 19 € - - Vibrante, fruttato, gastronomico.
Lacryma Christi del Vesuvio Rosso 2018 ● 10.000 bt; 19 € - - Agile, fruttato, incisivo.

ha 13 - **bt** 47.000
Fertilizzanti sovescio
Fitofarmaci rame e zolfo
Diserbo lavorazione meccanica/manuale
Lieviti selezione di lieviti indigeni
Uve 100% di proprietà
Certificazione biologico certificato

TORCHIARA (SA)

CASEBIANCHE

SCONTO **-10%**

Contrada Case Bianche, 8 - tel. 0974 843244
www.casebianche.eu - info@casebianche.eu

VITA - Era la fine degli anni Novanta quando Betty Iuorio e Pasquale Mitrano hanno iniziato a puntare sui vini frizzanti rifermentati in bottiglia con Metodo Ancestrale, seguiti in questa intuizione, al tempo avanguardistica, dall'enologo Sebastiano Fortunato. Da allora la bella azienda di Torchiara porta avanti la propria idea produttiva con convinzione, determinazione e grande rigore.

VIGNE - L'azienda agricola conta circa 14 ettari, di cui poco più di 5 vitati, piantati in prevalenza a fiano e aglianico, circondati dalla natura selvaggia del Parco Nazionale del Cilento, Vallo di Diano e Alburni. I suoli sono composti da una stratificazione di marne, argilla e arenarie: il flysch cilentano.

VINI - Ancora dubbi sui fermentati? Ok, boomer, assaggia questi! Precisi, immediati e dalla beva compulsiva, sono interpretazioni create con coerenza e cognizione di causa.

La Matta 2019 fiano; 8.000 bt; 17 € - - Rifermentazione con una parte dello stesso mosto del vino base, senza aggiunta di zuccheri, lieviti e solforosa al momento dell'imbottigliamento. È fresco, agrumato e dissetante.
Il Fric 2019 8.000 bt; 16 € - - Da uve aglianico pressate intere e non diraspate, vinificate con Metodo Ancestrale. Profuma di lampone, scorza d'arancia e fiori freschi, e il sorso è goloso e vivace.
Cumalè 2019 ○ fiano; 8.000 bt; 15 € - - Ha profilo mediterraneo, con note di cedro e rosmarino, e un sorso pieno, di notevole allungo sapido.
Iscadoro 2018 ○ fiano, malvasia, trebbiano; 3.000 bt; 15 € - - Armonico, agrumato, espressivo.

In attesa dei rossi, che quest'anno si concedono un po' più di tempo prima di essere imbottigliati, e di Paskà 2019, che al momento delle degustazioni era in rifermentazione, abbiamo riassaggiato Paskà 2018: un vero rosso contadino sur lie, dal carattere rustico irresistibile.

ha 5,5 - **bt** 38.000
Fertilizzanti sovescio
Fitofarmaci rame e zolfo
Diserbo lavorazione meccanica/manuale
Lieviti fermentazione spontanea, selezione di lieviti indigeni
Uve 100% di proprietà
Certificazione biologico certificato

TORRECUSO (BN)

CANTINE TORA

SCONTO **-10%**

Località Tora II - tel. 0824 872406
info@cantinetora.it

VITA - È un lavoro di squadra quello dei fratelli Rillo, con Francesco addetto alla promozione e alla commercializzazione, e Giampiero che invece si occupa delle vigne e della cantina, sotto l'occhio vigile di papà Vincenzo e dell'enologo irpino Angelo Antonio Valentino. Tenacia e dedizione hanno prodotto una crescita qualitativa costante, a partire dalla prima vendemmia del 2005. Per celebrare i 18 anni di attività è stato inaugurato un nuovo progetto grafico.

VIGNE - Vera e propria enclave d'eccellenza, il versante nord-est del massiccio del Taburno accoglie i filari di vite, collocati fino a 500 metri di quota. Le particolari condizioni pedoclimatiche, l'argilla compatta e ricca di sostanze organiche, favoriscono un'ottimale maturazione delle uve. Si lavora con pratiche agronomiche accorte, cercando di ridurre al minimo l'impatto ambientale.

VINI - Stile decisamente poco interventista, soprattutto sull'Aglianico, governato con lieviti indigeni e senza filtrazioni. Si scommette sulla longevità della Falanghina, con varianti ambiziose in gamma.

Aglianico del Taburno 2016 ● 11.000 bt; 12 € - Varietale, profuma di viola e prugna matura. La bocca è tesa, innervata di sale, con tannino fitto e ben integrato.
Falanghina del Sannio Taburno Kissos 2016 ○ 5.000 bt; 20 € - Da uve surmature, ha sentori di frutta candita e scorze di agrumi. Il sorso è ricco e appagante, sostenuto da un'importante vena acida, e da una lunga e intensa persistenza.
Falanghina del Sannio Taburno 2019 ○ 13.000 bt; 10 € - Ottima interpretazione del vitigno: profumi schietti, sorso agile, coerente e sapido.
Cent'ore 2018 ○ falanghina; 4.000 bt; 14 € - Incisivo, fruttato, ampio.
Costa San Rocco 2018 ● aglianico; 4.000 bt; 10 € - Setoso, fruttato, gastronomico.

Abbiamo riprovato la Falanghina Cambioluna 2014, ottenuta dalla vinificazione in barrique di uve surmature: un bianco avvolgente, opulento e balsamico.

ha 11 - **bt** 95.000
Fertilizzanti sovescio
Fitofarmaci rame e zolfo
Diserbo lavorazione meccanica/manuale
Lieviti selezionati industriali, selezione di lieviti indigeni
Uve acquisto 30%
Certificazione nessuna certificazione

TORRECUSO (BN)

FONTANAVECCHIA

SCONTO **-10%**

Via Fontanavecchia - tel. 0824 876275
www.fontanavecchia.info - info@fontanavecchia.info

VITA - Erede di una famiglia di viticoltori da generazioni, come dimostrano alcuni documenti di epoca borbonica, nel 1990 Orazio Rillo ha iniziato a imbottigliare il vino che prima veniva venduto sfuso. È stato poi il figlio Libero, oggi coadiuvato dal fratello Giuseppe, a prendere in mano le redini dell'azienda. Quasi ultimata nell'estate 2020 la foresteria per gli ospiti con affaccio sulle vigne, proprio sopra la sala degustazione.

VIGNE - Le varietà tipiche del Sannio – aglianico e falanghina – sono anche quelle più coltivate in azienda. Intorno alla cantina c'è la maggior parte dei vigneti; a Foglianise ci sono invece 2 ettari da dove arrivano i grappoli di falanghina per le due etichette più ambiziose: Libero e Facetus. Il sistema di allevamento è a guyot; si privilegia l'uso di concimi organici per migliorare l'equilibrio e la vitalità del terreno.

VINI - Vini precisi e identitari, di quelli che non ti tradiscono, con l'ulteriore pregio di un vantaggioso rapporto tra la qualità e il prezzo.

TOP **Aglianico del Taburno Vigna Cataratte Ris. 2015**
VINO SLOW ● 6.700 bt; 23 € - Ampio al naso: prugna e arancia sanguinella, cacao, pepe nero. Al palato è elegante e misurato, leggermente affumicato in chiusura.
Aglianico del Taburno 2015 ● 33.000 bt; 10 € - Il tannino è fitto, ma non ostacola la progressione gustativa: merito, soprattutto, dell'ottima vena acido-sapida. Paradigmatico.
Falanghina del Sannio Taburno 2019 ○ 75.000 bt; 9 € - Varietale, dalla beva succosa e corroborante, di discreta persistenza finale.
Aglianico del Taburno Rosato 2019 ● 7.000 bt; 10 € - Croccante, floreale, sapido.
Sannio Piedirosso 2019 ● 6.500 bt; 10 € - Succoso, floreale, gastronomico.

La Falanghina 2001 non smette di sorprenderci, anno dopo anno, con un sorso di grande pienezza e straordinariamente tonico.

ha 20 - **bt** 180.000
Fertilizzanti organo-minerali
Fitofarmaci rame e zolfo
Diserbo lavorazione meccanica/manuale
Lieviti selezionati industriali
Uve acquisto 20%
Certificazione nessuna certificazione

TORRECUSO (BN)

TORRE A ORIENTE

SCONTO **-10%**

Contrada Mercuri, 19 - tel. 0824 874274 - 0824 874376
www.torreaoriente.com - info@torreaoriente.com

VITA - La famiglia Iannella ha una storia centenaria di viticoltura alle spalle, ma l'azienda vera e propria è nata soltanto nel 2005 grazie all'intuizione di Patrizia Iannella, dopo gli studi di agronomia. Nel 2013 l'attività vitivinicola si è unita a quella del marito Giorgio Gentilcore, produttore di olio, cereali e legumi: da non perdere l'olio da cultivar ortice, ma anche i fagioli dall'occhio, la cicerchia nana e il cece biondo del Fortore.

VIGNE - I vigneti, dislocati nel territorio di Torrecuso su terreni argillosi e ricchi di scheletro, sono allevati principalmente a guyot. L'aglianico prevale in località Pezzapagliara, mentre a contrada Mercuri, dove è ubicata la cantina, la superficie vitata è per la maggior parte a falanghina. L'agricoltura è a basso impatto ambientale; l'esperienza di Mario, papà di Patrizia e autentico vignaiolo, è preziosa.

VINI - Acidità, sapidità e mineralità sono i tratti salienti delle vinificazioni a base falanghina; morbidezza, tannicità e calore caratterizzano invece i rossi, tutti da uve aglianico.

Falanghina del Sannio 20+1+1 2011 ○ 750 bt; 16 € - - Raccolta ritardata delle uve, maturazione sulle fecce fini con frequenti bâtonnage, solo acciaio e tanta bottiglia. Il bouquet dei profumi è ampio, con note di frutta matura e fiori, sensazioni minerali e balsamiche. Il sorso è ricco, ma ben contrastato da acidità e sapidità.
Falanghina del Sannio Taburno Siriana 2019 ○ 10.000 bt; 10 € - - Fresco, floreale, varietale.
Rosinella 2019 ● aglianico; 3.000 bt; 10 € - - Agile, fruttato, dolciastro.

Aspettando i rossi da aglianico, abbiamo ricavato ottime sensazioni dal riassaggio del Biancuzita 2016: un'altra conferma delle grandi potenzialità evolutive della Falanghina.

ha 10 - **bt** 40.000
Fertilizzanti compost, organo-minerali, sovescio
Fitofarmaci rame e zolfo
Diserbo lavorazione meccanica/manuale
Lieviti selezione di lieviti indigeni
Uve 100% di proprietà
Certificazione nessuna certificazione

TORRECUSO (BN)

TORRE VARANO

SCONTO **-10%**

Contrada Torreuono, 2 - tel. 0824 876372
www.torrevarano.it - info@torrevarano.it

VITA - Nicola D'Occhio rappresenta la terza generazione di una famiglia da tempo dedita alla viticoltura: prima c'è stato il nonno e poi il compianto papà Carmine. Al rientro nel Sannio dopo l'anno di leva nella Guardia di Finanza, Nicola si è trovato di fronte a un bivio: nel 2003 il calo dei prezzi delle uve lo ha spinto a vinificare la materia prima che in precedenza conferiva alla Cantina del Taburno. Oggi lo affiancano la moglie Antonina Pica e il figlio Carmine.

VIGNE - L'aglianico prevale nei vigneti che si estendono nel territorio di Torrecuso, tra le contrade Rivolta e Torreuono, su suoli argilloso-tufacei. Le uve a bacca bianca arrivano invece dal vicino borgo di Ponte, sulla riva opposta del fiume Calore: i terreni, che qui hanno una maggiore componente calcarea, ben si prestano alla coltivazione di varietà come coda di volpe, fiano, greco e soprattutto falanghina.

VINI - L'enologo è Sergio Romano, che firma vini schietti e senza fronzoli, di forte impronta territoriale, tutti con un ottimo rapporto tra la qualità e il prezzo.

Aglianico del Taburno L'Eroe 2015 ● 6.000 bt; 10 € - - Ampio ed elegante al naso, con note di amarena e violetta, al palato denota un buon equilibrio: l'ingresso è morbido, e lo sviluppo gustativo è caratterizzato da un tannino importante ma levigato, e da una vivace acidità.
Aglianico del Taburno 2016 ● 25.000 bt; 8 € - - Profuma di piccoli frutti rossi, fiori e spezie; il tannino è ancora esuberante, ma c'è un sorso di grande freschezza.
Sannio Taburno Greco 2019 ○ 10.000 bt; 6 € - - Si avvertono nitidamente profumi di mandorla e una piacevole traccia agrumata, per una beva sapida e scattante.
Falanghina del Sannio Taburno 2019 ○ 25.000 bt; 6 € - - Fresco, fruttato, energico.
Sannio Fiano 2019 ○ 8.000 bt; 6 € - - Agile, fruttato, incisivo.

ha 13 - **bt** 170.000
Fertilizzanti letame in pellet, sovescio
Fitofarmaci chimici di sintesi, rame e zolfo
Diserbo lavorazione meccanica/manuale
Lieviti selezione di lieviti indigeni
Uve acquisto 20%
Certificazione nessuna certificazione

GIUSEPPE APICELLA €

SCONTO -10%

Frazione Capitignano - Via Castello Santa Maria, 1 - tel. 089 856209
www.giuseppeapicella.it - info@giuseppeapicella.it

VITA - Per gli Apicella fare vino fa parte della storia di famiglia. Fino al 2005 è stata l'unica azienda a imbottigliare nel territorio di Tramonti, ma la tradizione vitivinicola risale a metà Ottocento. Prisco Apicella, laureato in Enologia a Torino, rappresenta la quarta generazione di vignaioli in quel Parco dei Monti Lattari, i cui boschi degradano verso il mare di Maiori. Lo aiuta la moglie Marianna Senatore.

VIGNE - Gli 8 ettari vitati sono suddivisi in micro appezzamenti tra i 450 e i 550 metri di altitudine nel borgo di Capitignano. L'orgoglio degli Apicella è la Scippata, spettacolare vigna bicentenaria di tintore prefillossera coltivato a pergola: un unico vigneto che ruba ("scippa") spazio alla roccia.

VINI - Anno dopo anno i vini convincono sempre di più per autenticità, costanza e identità produttiva.

TOP **Piedirosso 2019** VINO QUOTIDIANO ● 4.000 bt; 9 € - Un vino tanto essenziale quanto centrato, in cui i profumi di petali di rosa, foglia di pomodoro e frutti rossi incontrano un sorso succoso, leggiadro e saporito. Delizioso.
Costa d'Amalfi Tramonti Rosso 2017 ● 11.000 bt; 13 € - La delicata nota pepata si fa spazio tra i rimandi di frutti di bosco, rabarbaro e corteccia, e si ritrova al sorso: intenso, pieno, dinamico e salino.
Costa d'Amalfi A' Scippata Ris. 2016 ● 2.700 bt; 30 € - Ha bisogno di qualche minuto nel calice per far emergere il frutto, che si nasconde tra le note di erbe officinali, terra bagnata e tabacco. Il sorso è possente e stratificato, con i tannini ben presenti.
Costa d'Amalfi Tramonti Rosato 2019 ● 4.000 bt; 12 € - Armonico, floreale, cangiante.
Costa d'Amalfi Tramonti Bianco 2019 O 20.000 bt; 12 € - Agile, fruttato, espressivo.
Costa d'Amalfi Tramonti Bianco Colle Santa Marina 2019 O 4.000 bt; 15 € - Avvolgente, agrumato, armonico.

ha 8 - **bt** 70.000
Fertilizzanti organo-minerali
Fitofarmaci rame e zolfo
Diserbo lavorazione meccanica/manuale
Lieviti selezione di lieviti indigeni
Uve acquisto 10%
Certificazione nessuna certificazione

TRAMONTI (SA)

MONTE DI GRAZIA

Località Chiunzi - tel. 347 2603524
www.montedigrazia.it - info@montedigrazia.it

VITA - Alfonso Arpino è semplicemente "il dottore": lo chiamano tutti così, in paese. Nel 1996, insieme alla moglie Anna Santelia, ha acquistato un vigneto, un castagneto, un bosco ceduo e un vecchio rudere, poi ristrutturato, che oggi ospita la cantina. Il resto è storia recente, con l'ingresso in azienda dei due figli Olivia e Fortunato, determinati a perpetuare la tradizione familiare iniziata alle pendici del monte di Grazia, da cui appunto prende il nome l'azienda.

VIGNE - La superficie vitata è distribuita su diversi appezzamenti in varie zone del territorio di Tramonti. L'attenzione è ovviamente rivolta ai vitigni autoctoni: biancatenera, ginestra e pepella per i bianchi, tintore e moscio per i rossi, con ceppi ultracentenari a piede franco, che ancora si riproducono per propaggine, veri e propri monumenti a cielo aperto.

VINI - Vini di montagna che guardano al mare: sorsi verticali, minerali, acidi e slanciati, nei bianchi come nei rossi.

Spurtiglione 2018 O 700 bt; 22 € - Da uve biancatenera, ginestra e pepella. Lungi dall'omologare, la macerazione sulle bucce qui esalta la territorialità di questo bianco piacevolmente rustico, integro e verticale, di buona polpa.
Monte di Grazia Bianco 2018 O 1.800 bt; 20 € - L'uvaggio è lo stesso dello Spurtiglione, ma qui non c'è contatto con le bucce. Ne viene fuori un bianco più sottile, acidulo, a cui manca forse giusto un po' di presa al palato. Il sorso, però, è molto evocativo: dissetante, ricorda quasi una spremuta di limone sfusato d'Amalfi.
Monte di Grazia Rosso 2015 ● 4.000 bt; 20 € - Da ceppi ultrasecolari di tintore, con un saldo di moscio (10%), altra varietà autoctona. C'è tanta volatile, ma anche tanto succo. Spiccatamente floreale, è uno di quei rossi dal peso leggero fatti per trovare posto sulla tavola.

ha 3,2 - **bt** 11.000
Fertilizzanti letame in pellet, sovescio
Fitofarmaci rame e zolfo
Diserbo lavorazione meccanica/manuale
Lieviti fermentazione spontanea, selezione di lieviti indigeni
Uve 100% di proprietà
Certificazione biologico certificato

TRAMONTI (SA)

REALE

Frazione Borgo di Gete - Via Cardamone, 75 - tel. 089 856144
www.aziendaagricolareale.it - aziendaagricolareale@libero.it

VITA - Il borgo di Gete, una delle 13 borgate di Tramonti che presidiano dall'alto la Costiera Amalfitana, ospita la piccola azienda di Gaetano e Gigino Reale. La produzione continua nel solco tracciato negli anni passati: poche bottiglie frutto della vinificazione delle uve di proprietà. Parte della produzione è destinata all'osteria condotta dai due fratelli, dove è possibile gustare i piatti della tradizione elaborati con i prodotti dell'orto.

VIGNE - I piccoli fazzoletti di vigna, dislocati nel borgo di Gete, ricoprono un'area complessiva di 3 ettari e sono coltivati su stretti terrazzamenti con le varietà autoctone biancolella, biancazita, piedirosso e tintore (quest'ultimo da viti centenarie che hanno resistito alla fillossera grazie ai suoli vulcanici in cui affonda le radici). La conduzione biologica dei vigneti è favorita dalle forti escursioni termiche e dalle correnti ventose provenienti dai monti Lattari.

VINI - I vitigni autoctoni della zona vengono vinificati con maestria per dar vita a vini autentici e territoriali.

Costa d'Amalfi Tramonti Getis 2019 5.000 bt; 19 € - Una delle migliori interpretazioni della tipologia. Un blend di Piedirosso e Tintore con note di glicine e lampone, delicati accenni di mirto e bacche di ginepro, e un sorso tonico e saporito.
Borgo di Gete 2016 ● tintore; 1.400 bt; 43 € - Al naso si susseguono rimandi di frutti di bosco, amarena e fiori appassiti, con sbuffi di sottobosco e pepati. Al sorso ha grande materia e struttura, senza risultare cedevole in termini di dinamismo.
Costa d'Amalfi Tramonti Aliseo 2019 O 5.000 bt; 19 € - Profuma di pesca bianca, scorza di limone ed erbe mediterranee, e ha un sorso intenso, scorrevole e appagante.
Costa d'Amalfi Tramonti Cardamone 2018 ● 6.000 bt; 19 € - Ampio, floreale, gastronomico.

ha 3 - **bt** 15.000
Fertilizzanti sovescio
Fitofarmaci rame e zolfo
Diserbo lavorazione meccanica/manuale
Lieviti selezione di lieviti indigeni
Uve 100% di proprietà
Certificazione biologico certificato

TRAMONTI (SA)

TENUTA SAN FRANCESCO

SCONTO **-10%**

Via Solficiano, 18 - tel. 089 876748 - 089 856190
www.vinitenutasanfrancesco.com - aziendasanfrancesco@libero.it

VITA - La grinta e la caparbietà di Gaetano Bove fanno sì che l'azienda continui ad andare avanti come un treno anche nei momenti più difficili, dimostrando la stessa solidità dei tronchi di tintore prefillossera che, enormi e contorti, si diramano in tendoni di rami lunghi oltre 10 metri. In cantina si è accolti con sorriso e grazia da Raffaella Bove.

VIGNE - I 12 ettari vitati sono su terrazzamenti, tra querce e castagni che cingono le vigne di aglianico, piedirosso, falanghina, biancolella, pepella e ginestra, così come le viti di 200 e più anni di tintore prefillossera piantate a piede franco. Le forti pendenze rendono difficili le lavorazioni meccaniche, tant'è che in vigna si fa quasi tutto esclusivamente a mano.

VINI - Vini espressivi e di grande personalità, che ogni anno convincono per costanza e precisione e risultano sorprendentemente longevi.

TOP **È Iss Prefilloxera 2016** VINO SLOW ● tintore; 4.000 bt; 34 € - Una grande interpretazione del vitigno, che gioca in complessità e stratificazione gustativa, e si dipana tra le note di rabarbaro, rosa appassita e marasca, che pian piano cedono il passo a richiami di sottobosco e di incenso.
Costa d'Amalfi Per Eva 2018 O 7.000 bt; 24 € - Grande stoffa ed energia salina caratterizzano questo bianco, dai profumi di biancospino, scorza di limone ed erbe mediterranee. Una conferma.
Costa d'Amalfi Tramonti Rosso 2018 ● 18.000 bt; 14 € - Profuma di fiori di campo, ribes ed erbe officinali e ha un sorso succoso, carnoso e salino.
Costa d'Amalfi Tramonti Rosato Ed 2019 6.500 bt; 16 € - Armonico, floreale, leggiadro.
Costa d'Amalfi Tramonti Bianco 2019 O 22.000 bt; 14 € - Fresco, agrumato, espressivo.
M. Cl. Brut Alta Costa biancazita, pepella; 3.000 bt; 22 € - Incisivo, agrumato, salino.

ha 12 - **bt** 65.000
Fertilizzanti letame in pellet, sovescio
Fitofarmaci rame e zolfo
Diserbo lavorazione meccanica/manuale
Lieviti selezione di lieviti indigeni
Uve 100% di proprietà
Certificazione nessuna certificazione

TRECASE (NA)

CASA SETARO

Via Bosco del Monaco, 34 - tel. 081 8628956
www.casasetaro.it - info@casasetaro.it

VITA - Seguendo la passione e i valori tramandatigli dal padre Vincenzo, Massimo Setaro continua con grande afflato a dedicarsi all'azienda di famiglia. L'attenzione è rivolta principalmente verso progetti innovativi: un modo di fare vino attento a salvaguardare la memoria del territorio, valorizzandone le varietà autoctone. L'accoglienza in cantina è curata dalla moglie Maria Rosaria De Rosa.

VIGNE - Situata a un'altitudine compresa tra i 200 e i 350 metri, la vigna si estende su 14 ettari di suolo vulcanico che consente alle viti di svilupparsi a piede franco; troviamo prevalentemente caprettone e piedirosso, seguiti da falanghina e aglianico. Le buone pratiche di coltivazione in pieno regime biologico e sostenibile, adottate da tempo, permettono di ridurre l'impatto ambientale.

VINI - Vini territoriali e autentici, che anno dopo anno correggono il tiro in quanto a precisione stilistica. I rossi, di buona struttura, saranno sicuramente migliorati dall'affinamento in bottiglia.

Lacryma Christi Bianco Munazei 2019 ○ caprettone; 13.000 bt; 12 € - Agrumato ed erbaceo, presenta note di macchia mediterranea che caratterizzano anche il sorso: gustoso, fresco e lungo, con un bel finale salino.
Vesuvio Piedirosso Fuocoallegro 2019 ● 7.000 bt; 16 € - Profuma di frutti rossi e fiori di geranio, con delicati tocchi che rimandano alla cenere. In bocca è fresco, incisivo e salino.
Lacryma Christi Rosato Munazei 2019 13.000 bt; 12 € - Profuma di scorza d'arancia e ribes e ha un palato fresco, intenso e pieno, dal grande allungo sapido.
M. Cl. Brut Caprettone 2017 5.000 bt; 21 € - Ampio, varietale, teso.
Lacryma Christi Rosso Munazei 2019 ● 13.000 bt; 13 € - Armonico, floreale, verticale.
Lacryma Christi Rosso Don Vincenzo 2015 ● 5.000 bt; 26 € - Robusto, speziato, espressivo.

ha 14 - **bt** 75.000
Fertilizzanti compost, sovescio
Fitofarmaci rame e zolfo
Diserbo lavorazione meccanica/manuale
Lieviti selezionati industriali
Uve 100% di proprietà
Certificazione biologico certificato

VITULAZIO (CE)

NANNI COPÈ

SCONTO **-10%**

Via Tufo, 3 - tel. 348 7478459
www.nannicope.it - ga@ascioneassociati.it

VITA - Come già anticipato nella scorsa edizione della guida, Giovanni Ascione ha deciso di smettere e di mettere fine alla storia produttiva di Nanni Copè. Dopo 12 straordinarie vendemmie e rossi di grandissima fattura, realizzati a partire da uve pallagrello nero, aglianico e casavecchia, Giovanni è pronto per seguire altri progetti: nel frattempo si congeda con un bianco, il Polveri della Scarrupata 2018.

VIGNE - Attorno alle viti ultracentenarie di asprinio e a qualche pianta di pallagrello bianco, allevate a spalliera alta casertana, in località Scarrupata, a Pontelatone, Giovanni ha piantato il fiano. Una vigna di circa un ettaro, su un altopiano tufaceo, con una tessitura sabbiosa finissima. L'approccio è sempre lo stesso: una gestione quasi ossessiva, che ha portato Giovanni a conoscere ogni singola pianta.

VINI - Eleganza, precisione, bilanciamento perfetto tra legno e frutto, grande carattere e indiscutibile aderenza territoriale: ecco la quadratura del cerchio di Nanni Copè.

TOP **Polveri della Scarrupata 2018** ○ 6.500 bt; 34 € - Un vino di grande personalità e armonia gustativa, con il magistrale utilizzo del legno a esaltare le caratteristiche del fiano e dell'asprinio. I richiami agrumati e la vena iodata si ritrovano al sorso, dinamico, affilato e senza sbavature. Siamo sicuri che ci soprenderà e ci sorprenderemo ancora a lungo!

Abbiamo riassaggiato Sabbie di Sopra il Bosco R12 2012, a cui un anno in più di bottiglia ha evidentemente giovato nel rendere ancora più raffinata la texture gustativa. Il frutto, che risulta ancora bene in evidenza, si eleva su un fondo affumicato, che esalta delicate sfumature balsamiche e accenni di incenso.

ha 1 - **bt** 2.500
Fertilizzanti sovescio
Fitofarmaci rame e zolfo
Diserbo lavorazione meccanica/manuale
Lieviti selezione di lieviti indigeni
Uve 100% di proprietà
Certificazione biologico certificato

IRPINIA

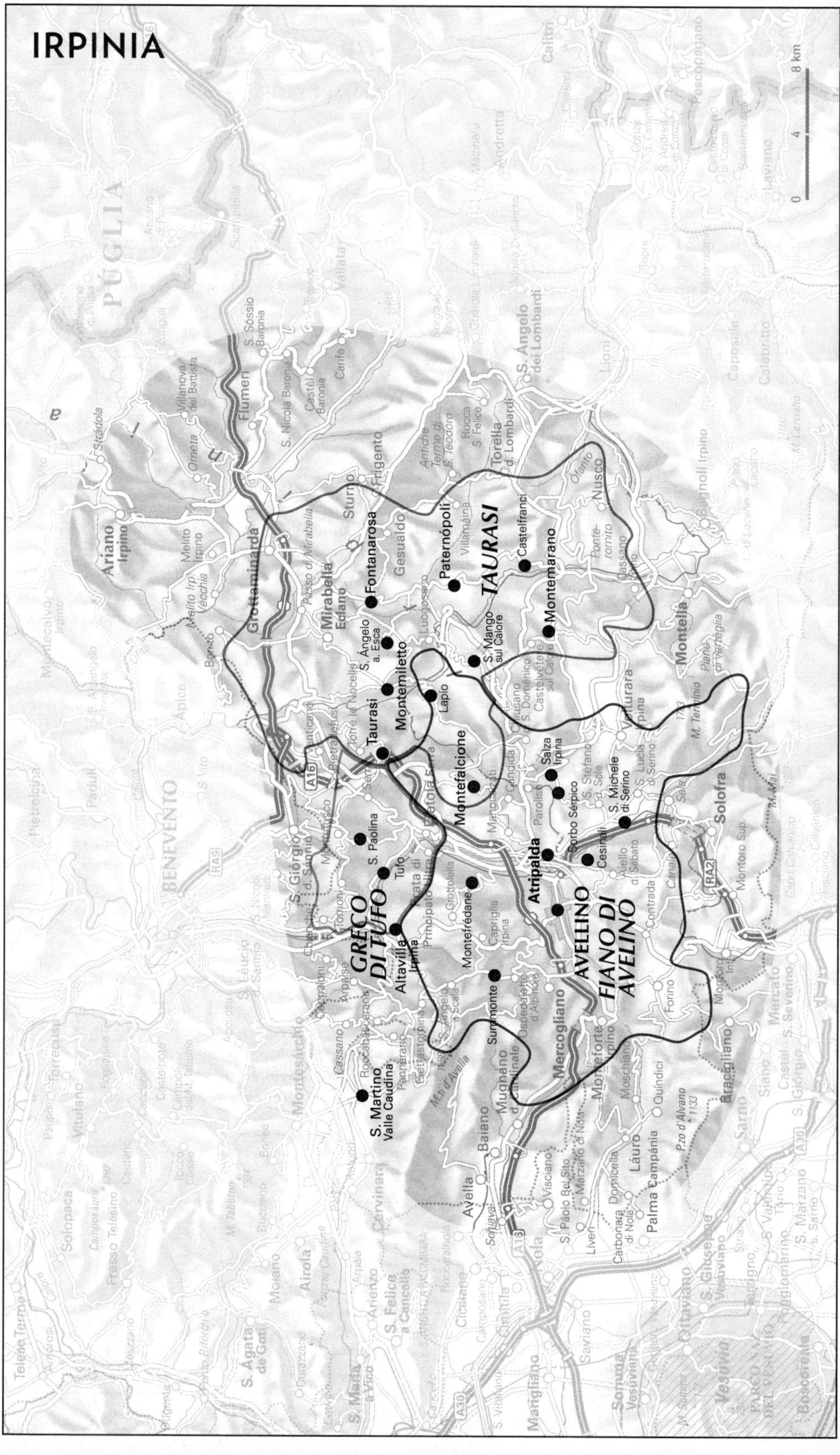

GRECO DI TUFO
TAURASI
FIANO DI AVELLINO
AVELLINO
Atripalda
Tufo
Taurasi
Montemiletto
Lapio
Montefalcione
Paternopoli
Fontanarosa
Mirabella Eclano
Castelfranci
Montemarano
S. Mango sul Calore
S. Angelo a. Esca
S. Paolina
Altavilla Irpina
Montefredane
Summonte
Salza Irpina
Sorbo Serpico
Cesinali
S. Michele di Serino
S. Martino Valle Caudina
Mercogliano
Solofra
Montella
BENEVENTO
PUGLIA
Ariano Irpino
Grottaminarda
0
4
8 km

ALTAVILLA IRPINA (AV)

PETILIA

Contrada Pincera - Località Campofiorito - tel. 0825 998235
www.aziendaagricolapetilia.it - teresa.petilia@gmail.com

VITA - È dal 1999 che i fratelli Bruno vinificano direttamente le proprie uve. Teresa, donna determinata e di grande cuore, si occupa prevalentemente di marketing e amministrazione; l'estroso Roberto, invece, ha imparato a vinificare da autodidatta e non smette di cercare nuove strade in cantina. Il lavoro di questi anni è stato duro, ma il sogno di Teresa e Roberto è diventato realtà.

VIGNE - La superficie maggiore è vitata a greco, presente intorno alla cantina e poi ancora a Chianche: in quest'ultimo comune, nella frazione Chianchetelle, troviamo il vigneto Quattro Venti (è un crocevia di correnti d'aria, ecco spiegato il perché del nome), da cui provengono i grappoli per l'omonimo cru di Greco di Tufo. Sono allevati anche aglianico e falanghina, con tenimenti sempre a Chianche, poi a Torre Le Nocelle e nella vicina Arpaise.

VINI - Vini varietali, estremamente puliti e di buona definizione aromatica. I bianchi, in particolare, sostano a lungo sulle fecce fini.

Greco di Tufo 2019 ○ 60.000 bt; 13 € - Un'interpretazione sempre molto centrata e affidabile. Profumi citrini, di agrumi e mela verde, anticipano un sorso teso, fresco, comunque non in debito di polpa. Il finale è salino e piacevolmente agrumato.
Fiano 2018 ○ 3.000 bt; 21 € - Fermentazione spontanea, in piccola parte a contatto con le bucce, senza controllo della temperatura; poi prolungato affinamento sulle fecce fini. Note di fiori bianchi ed erbette aromatiche, sorso sapido, ben ritmato, che ripulisce efficacemente il palato.
Taurasi 450 V 2015 ● 3.300 bt; 30 € - Il lato fruttato, soprattutto di piccoli frutti rossi, emerge con maggiore decisione; al palato i tannini sono risolti, e la beva è piuttosto dinamica.
Irpinia Aglianico Le Sepaie 2018 ● 12.000 bt; 11 € - Fresco, fruttato, armonico.

ha 20 - **bt** 80.000
Fertilizzanti nessun concime
Fitofarmaci rame e zolfo
Diserbo lavorazione meccanica/manuale
Lieviti selezione di lieviti indigeni, selezionati industriali
Uve acquisto 10%
Certificazione in conversione biologica

ATRIPALDA (AV)

MASTROBERARDINO

Via Manfredi, 75-81 - tel. 0825 614111
www.mastroberardino.com - pr@mastroberardino.com

VITA - In quella che fu scelta da Angelo Mastroberardino come sede principale nel centro di Atripalda, 10 generazioni si sono susseguite alla guida dell'azienda dall'anno della sua fondazione, il 1878. Il timone da ormai 15 anni è nelle mani di Piero Mastroberardino, che sta portando avanti, attraverso nuove sperimentazioni e progetti di recupero delle varietà autoctone, una missione ben precisa: esportare nel mondo l'eccellenza dei vini campani.

VIGNE - L'azienda conta complessivamente 250 ettari vitati, distribuiti tra le principali aree di produzione campane: il Sannio, il Cilento, il Vesuvio e Pompei. La tenuta di Mirabella Eclano, la proprietà aziendale più grande, si estende per ben 65 ettari, su terreni calcarei a circa 400 metri di altitudine, ed è dedicata all'aglianico.

VINI - La produzione si caratterizza per precisione e costanza. Il progetto Stilema rievoca lo stile di vinificazione dell'azienda tra gli anni e Cinquanta-Ottanta.

Taurasi Radici Ris. 2014 ● 3.000 bt; 35 € - Vino iconico dell'azienda, si apre su note di amarena e sottobosco, con soffusi accenni affumicati e un sorso dinamico e scattante, dai tannini ben levigati.
Greco di Tufo Stilema 2017 ○ 3.000 bt; 35 € - Il lungo affinamento in acciaio e per il 10% in barrique conferisce grande pienezza gustativa a questo bianco dal profilo agrumato e lievemente fumé.
Taurasi Stilema 2015 ● 3.000 bt; 65 € - Le migliori uve delle vigne di Pietradefusi, Montemarano e Paternopoli vengono selezionate per dar vita a questo Taurasi in cui le note di prugna e marasca si fondono a richiami di fiori appassiti e delicati tocchi di tabacco e pepe. Un vino austero e complesso, ma allo stesso tempo verticale e dinamico.
Fiano di Avellino More Maiorum 2016 ○ 3.000 bt; 19 € - Ampio, agrumato, complesso.

ha 250 - **bt** 1.800.000
Fertilizzanti organo-minerali
Fitofarmaci chimici di sintesi, rame e zolfo
Diserbo lavorazione meccanica/manuale
Lieviti selezionati industriali
Uve acquisto 30%
Certificazione nessuna certificazione

AVELLINO

TENUTA SARNO 1860

Contrada Serroni, 4/bis - tel. 339 7265669
www.tenutasarno1860.it - info@tenutasarno1860.it

VITA - Il 2020 ha visto un cambio nella compagine sociale, con l'ingresso di Renato Abate, marito di Maura Sarno, che già si occupava della parte commerciale. Primo imbottigliamento nel 2008, Tenuta Sarno 1860 è una piccola ma già affermata realtà nel panorama vitivinicolo irpino. Maura è il volto di questa realtà: donna molto determinata, conduce l'azienda fondata dal padre con grande piglio, occupandosi anche del marketing e delle relazioni esterne.

VIGNE - Il parco vitato si trova interamente a Candida e ricopre un'estensione complessiva di 10 ettari, di cui 5 di proprietà e altri 5 in affitto. Le vigne, coltivate esclusivamente a fiano, affondano le radici in suoli a matrice argilloso-calcarea con residui vulcanici, a un'altitudine media di 600 metri. La potatura è a guyot e le concimazioni praticate sono esclusivamente organiche. L'esposizione è quella ottimale: sud, sud-est.

VINI - La produzione aziendale ha una forte impronta territoriale: a Candida il fiano si esprime con equilibrio e armonia.

Fiano di Avellino 2018 O 20.000 bt; 17 € - - I profumi di mughetto e glicine si susseguono alle note agrumate. Grande pienezza gustativa e intensità caratterizzano il sorso, che si arricchisce di una bella nota sapida.
Pas Dosé Spumante 2016 fiano; 20.000 bt; 17 € - - Prodotto dalle uve della vigna più alta dell'azienda, a circa 600 metri di quota, con esposizione a nord. È un Metodo Charmat lungo, che prevede una lavorazione di 12 mesi in autoclave e 12 mesi di affinamento in bottiglia. Un Pas Dosé dai richiami di cedro e pietra bagnata, con un sorso appagante e fresco, e una bollicina fine e di buona persistenza.

ha 10 - **bt** 30.000
Fertilizzanti compost, letame in pellet
Fitofarmaci rame e zolfo
Diserbo lavorazione meccanica/manuale
Lieviti selezione di lieviti indigeni, selezionati industriali
Uve 100% di proprietà
Certificazione nessuna certificazione

CASTELFRANCI (AV)

BOCCELLA

SCONTO **-10%**

Via Sant'Eustachio - tel. 0827 72574
www.boccellavini.it - info@boccellavini.it

VITA - Giovanni e Raffaele Boccella hanno sposato le sorelle Lucia e Angela Gregorio, e sono tutto casa e cantina: quest'ultima è stata costruita davanti all'abitazione, lì dove c'era la vecchia dimora paterna, distrutta dal terremoto del 1980. Fu proprio il papà Giuseppe, di ritorno dal Venezuela dopo anni di lavoro, ad acquistare i vigneti; poi, nel 2005, la scelta dei due fratelli di vinificare le proprie uve.

VIGNE - Fatta eccezione per una trentina di filari di fiano, per il resto troviamo solo aglianico. Il contesto è davvero particolare: siamo a 600 metri di quota, su terreni argillosi ricchi di residui di origine vulcanica, e il vento che arriva dal Terminio soffia costantemente. Il no alla chimica è categorico sia in cantina sia in vigna.

VINI - Fermentazioni spontanee e ridotto uso di solforosa, nessuna chiarifica, né stabilizzazione a freddo: da queste convinzioni nascono vini solidi e autenticamente contadini.

Irpinia Campi Taurasini Rasott 2017 ● 10.000 bt; 17 € - - La vigna da cui arrivano le uve è quella "rasott", da sotto, la più vicina alla cantina; dopo la fermentazione il 30% della massa matura in tonneau per quattro-cinque mesi. Spazia dalle note di prugna a quelle di mirto, poi pepe nero e goudron. Il meglio però arriva al palato, dove il sorso è succoso, verace ed espressivo.
Taurasi Sant'Eustachio 2015 ● 2.500 bt; 30 € - - Agrumato e terroso, più scuro e austero del Rasott, vira verso una leggera nota chinata; il tannino è robusto e necessita di tempo, la beva è incisiva e gastronomica.
Casefatte 2018 O fiano; 2.000 bt; 12 € - - La raccolta è stata anticipata – si fa per dire – alla prima decade di ottobre. C'è forse un filo di alcol in eccesso, ma si distende a contatto con l'aria; è sapido, dinamico e gradevolmente tannico in chiusura.

ha 4,5 - **bt** 15.000
Fertilizzanti letame in pellet, sovescio
Fitofarmaci rame e zolfo
Diserbo lavorazione meccanica/manuale
Lieviti fermentazione spontanea
Uve 100% di proprietà
Certificazione biologico certificato

CASTELFRANCI (AV)

COLLI DI CASTELFRANCI

SCONTO -10%

Contrada Braudiano, 60 - tel. 0827 72392
www.collidicastelfranci.com - cantina@collidicastelfranci.com

VITA - Quando, nel 2002, il papà Gerardo e lo zio Luciano Gregorio decisero di vinificare in proprio le uve che prima conferivano ad altre aziende, Sabino Colucci era soltanto un bambino. Oggi invece è lui, enologo appena trentenne, a condurre le operazioni tra vigna e cantina. Lo affiancano gli altri giovani di casa: la sorella Iolanda e il cugino Mario, figlio di Luciano. Tre ragazzi convinti delle enormi potenzialità di questo territorio vitivinicolo.

VIGNE - Intorno alla sede aziendale sono stati piantati i due ettari di aglianico di cui vi avevamo detto nella scorsa edizione della guida. La novità di quest'anno, invece, è la messa a dimora di alcune viti di cabernet sauvignon in un appezzamento di appena 1500 metri quadrati a Torella dei Lombardi. Sabino è molto determinato e non si nasconde: «il mio sogno è produrre poche bottiglie di un rosso internazionale, con l'aglianico sempre protagonista».

VINI - Dal 2016 le uve destinate alla produzione del Taurasi fermentano in botte grande: una precisa scelta stilistica, con l'obiettivo di ricercare maggior eleganza e piacevolezza gustativa nei grandi rossi da aglianico.

Taurasi Alta Valle 2013 ● 14.000 bt; 22 € - Il tannino è robusto, ma il sorso è incisivo e decisamente appagante. Compatto e stratificato, nel finale regala sensazioni di mirto, cenere e arancia sanguinella.
Irpinia Campi Taurasini Vadantico 2015 ● 35.000 bt; 13 € - Dal vigneto di contrada Boschetto, è fruttato e balsamico, pulito e scorrevole, gastronomico.
Irpinia Falanghina Iris 2019 ○ 4.000 bt; 13 € - Una convincente interpretazione dell'uva a bacca bianca più diffusa in Campania, allevata in un areale di storica vocazione per l'aglianico: fruttato ed erbaceo, è corroborante per freschezza.
Irpinia Rosato Rosié 2019 ● 4.000 bt; 13 € - Agile, floreale, sapido.

ha 23 - **bt** 150.000
Fertilizzanti letame in pellet, letame, sovescio
Fitofarmaci rame e zolfo
Diserbo lavorazione meccanica/manuale
Lieviti selezionati industriali
Uve acquisto 20%
Certificazione nessuna certificazione

CASTELFRANCI (AV)

PERILLO

Contrada Valle, 19 - tel. 347 1640170
www.cantinaperillo.it - cantinaperillo@libero.it

VITA - Michele Perillo si è sempre preso cura delle vigne piantate dal nonno, ma è soltanto dal 1999, lasciato il lavoro alla Ferrero, che ha iniziato a farlo a tempo pieno, vinificando direttamente le uve che prima conferiva. Nessun rimpianto: «non ce la facevo più a fare sempre le stesse cose», dice. Oggi può contare sul prezioso aiuto dei figli Felice (ormai prossimo alla laurea in Enologia) e Nicola (studente di Scienze Agrarie).

VIGNE - A parte un ettaro a Montemarano, i vigneti sono tutti a Castelfranci e insistono su suoli argilloso-calcarei, più tufacei in contrada Valle: c'è grande variabilità nel raggio di pochi metri, ed è per questo che le lavorazioni sono calibrate sulle diverse microzone. È in programma, su poco meno di mezzo ettaro in contrada Baiano, la messa a dimora di altre viti di aglianico clone coda di cavallo, così chiamato per la forma allungata del grappolo.

VINI - Pressature soffici per tutti i vini, e per il Taurasi si stanno progressivamente abbandonando le barrique in favore delle botti grandi.

Taurasi 2010 ● 6.000 bt; 40 € - Sa di prugna e arancia sanguinella, è speziato e balsamico. Dal tannino fitto, con un sorso compatto e avvolgente, ha una bella scia sapida in chiusura.
Taurasi 15 Anni Ris. 2005 ● 1.300 bt; 85 € - Dalle vigne più vecchie. Complesso al naso, regala sensazioni di cacao amaro, radici e sottobosco, e poi ancora di melograno e mallo di noce. Il sorso è incisivo e vibrante, di solida tannicità.
Irpinia Coda di Volpe 2017 ○ 1.120 bt; 25 € - Forse più pronto anche per via dell'annata calda, la novità è la fermentazione in barrique per una piccola parte della massa. Fruttato e floreale, ha un sorso dettagliato, profondo e di grande naturalezza espressiva.

ha 6 - **bt** 18.000
Fertilizzanti nessun concime
Fitofarmaci rame e zolfo
Diserbo lavorazione meccanica/manuale
Lieviti selezionati industriali
Uve 100% di proprietà
Certificazione nessuna certificazione

CESINALI (AV)

CANTINA DEL BARONE

Via Nocelleto, 21 - tel. 320 6981706
www.cantinadelbarone.it - luigisar@gmail.com

VITA - Nel 1998 Antonio Sarno ha iniziato a imbottigliare in proprio i vini ottenuti dalle uve che prima conferiva; è poi stato il figlio Luigi, 10 anni più tardi e dopo la laurea in Enologia, a imprimere una svolta decisiva all'azienda di famiglia, concentrandosi solo sul fiano. Oltre alla vigna ci sono anche 4 ettari di noccioleti, orto, alberi da frutto e animali, risorse destinate al fabbisogno familiare e agli ospiti del Wine & Bed 928.

VIGNE - La strada che conduce alla cantina taglia in due la collinetta un tempo appartenuta a un barone napoletano: la parte più estesa misura circa 2 ettari e le viti sono disposte trasversalmente; sul lato opposto c'è la particella 928, ripiantata nel 2001 con un nuovo sesto e un diverso orientamento dei filari, per favorire una migliore esposizione dei grappoli. Dal 2009 le uve dei due appezzamenti vengono vinificate separatamente.

VINI - Pressatura soffice senza diraspatura, fermentazioni spontanee, lungo affinamento sulle fecce fini e aggiunta minima di solforosa in fase di imbottigliamento: è questa l'idea di vino del giovane Luigi, il "fianologo".

Particella 928 2019 O fiano; 4.000 bt; 19 € - - L'incipit è di timbro vegetale e cerealicolo, soltanto dopo si affacciano profumi più rassicuranti di fiori bianchi e nocciola. Il sorso pieno è ben supportato dall'acidità e da una mineralità rocciosa, affumicata. Gustoso e appagante, promette grandi cose per gli anni a venire.
Paone 2019 O fiano; 8.000 bt; 15 € - - Più lineare e decisamente più immediato, regala sensazioni agrumate e balsamiche. Al palato è affusolato, incisivo, di buona progressione gustativa, con leggere note fumé sul finale.

ha 2,5 - **bt** 12.000
Fertilizzanti sovescio
Fitofarmaci rame e zolfo
Diserbo lavorazione meccanica/manuale
Lieviti fermentazione spontanea
Uve 100% di proprietà
Certificazione nessuna certificazione

CESINALI (AV)

I FAVATI

Piazza di Donato, 41 - tel. 0825 666898
www.cantineifavati.it - info@cantineifavati.it

VITA - Una lunga tradizione familiare iniziata nel primo Novecento, proseguita di generazione in generazione fino al grande salto: nel 1996 Rosanna Petrozziello ha lasciato il lavoro in banca per dedicarsi alle vigne di famiglia insieme al marito Giancarlo Favati. Quell'anno è stata realizzata la cantina, oggi completata dal B&B Villa Carolina. A supportarli c'è l'enologo Vincenzo Mercurio.

VIGNE - Il parco vitato si estende attualmente su 20 ettari, quasi tutti di proprietà e qualcuno in affitto. I vitigni a bacca bianca sono coltivati nel comune di Atripalda, poco distanti dalla cantina, in una conca naturale a 400 metri di altitudine; per l'aglianico, invece, bisogna spostarsi a Torre Le Nocelle e San Mango sul Calore, dove i terreni sono argilloso-calcarei.

VINI - Vini di grande qualità e costanza produttiva, ricchi di personalità, ma allo stesso tempo di grande aderenza territoriale.

Fiano di Avellino Pietramara 2019 O 50.000 bt; 16 € - - I richiami agrumati si susseguono alle note di fichi secchi e agli accenni di nocciola, che si ritrovano al sorso, pieno, materico e di grande armonia gustativa.
Greco di Tufo Terrantica 2019 O 20.000 bt; 16 € - - Profuma di cedro e zenzero e si arricchisce di note di erbe officinali di sottofondo. Il sorso è verticale, dinamico, con un piacevole allungo salino.
Taurasi Terzotratto 2015 ● 10.000 bt; 35 € - - Robusto e muscoloso (complice l'annata), dalla trama tannica ben definita e con un bouquet che spazia dall'amarena al tabacco, dal sottobosco alla liquirizia.
Campi Taurasini Cretarossa 2017 ● 30.000 bt; 16 € - - Armonico, speziato, ampio.
Cabrì 12.000 bt; 16 € - - Metodo Charmat, agile, agrumato, espressivo.

ha 20 - **bt** 120.000
Fertilizzanti sovescio
Fitofarmaci rame e zolfo
Diserbo nessun diserbo
Lieviti selezione di lieviti indigeni
Uve acquisto 15%
Certificazione nessuna certificazione

FONTANAROSA (AV)

DI PRISCO

SCONTO **-10%**

Contrada Rotole, 27 - tel. 0825 475738
www.cantinadiprisco.com - cantinadiprisco@libero.it

VITA - Pasqualino Di Prisco è figlio di agricoltori. Vignaiolo tanto pragmatico quanto riservato, preferisce stare lontano dai riflettori: molto più facile trovarlo a lavorare nei vigneti o in cantina. La cantina, appunto: un tempo era la stalla, la famiglia Di Prisco ha prodotto latte sino al 1994. C'è sempre maggiore sintonia con l'arianese Sebastiano Fortunato, al quale dallo scorso anno è stata affidata la consulenza enologica.

VIGNE - Siamo nel cuore della Docg Taurasi e perciò è l'aglianico il protagonista: i vigneti sono distribuiti tra i comuni di Fontanarosa e Mirabella Eclano, tra i 400 e i 500 metri di quota, su suoli argilloso-calcarei. Più sabbiosi, invece, i terreni nelle immediate vicinanze della cantina, dove troviamo coda di volpe e fiano. Con le uve di quest'ultima varietà, in particolare, si ottiene il Vigna Rotole, prodotto per la prima volta nel 2014.

VINI - Pasqualino sa bene che non bisogna avere fretta, e quindi spinge per lunghi affinamenti: in acciaio per i bianchi, in botti grandi di rovere per i rossi.

Taurasi 2015 ● 8.000 bt; 28 € - 🍾 - Al momento del nostro assaggio i tannini scalpitavano e il sorso doveva ancora distendersi, ma ci è parso del tutto normale. Complesso al naso, con note fruttate, agrumate e speziate, poi sentori più eterei, terrosi e balsamici, ha un sorso gustoso, con una spina dorsale acido-sapida che assicura incisività.
Greco di Tufo Pietrarosa 2018 ○ 10.000 bt; 18 € - 🍷 - Ci aveva colpito l'assaggio da vasca durante i lavori della scorsa edizione della guida, e lo ritroviamo ora in grande forma: tonico, dissetante, con allungo notevole. Un bianco d'altura: Montefusco è a 650 metri di quota.
Irpinia Fiano Vigna Rotole 2018 ○ 6.000 bt; 18 € - 🍷 - Un bianco sfaccettato al naso, dal sorso pieno, sapido e ammandorlato.

ha 12 - **bt** 60.000
Fertilizzanti sovescio
Fitofarmaci rame e zolfo
Diserbo lavorazione meccanica/manuale
Lieviti selezionati industriali
Uve 100% di proprietà
Certificazione nessuna certificazione

LAPIO (AV)

COLLI DI LAPIO

SCONTO **-10%**

Contrada Arianello, 47 - tel. 0825 982184
www.collidilapio.it - info@collidilapio.it

VITA - La storia è simile a quella di molte altre piccole aziende irpine, nate per reagire alla tremenda crisi dei primi anni Novanta. Le grandi cantine imponevano prezzi delle uve sempre più bassi, e Pasquale Romano non ebbe altra scelta che comprare i primi serbatoi e mettersi a vinificare il frutto del proprio lavoro. Era il 1994, con lui c'erano la figlia Clelia e suo marito Angelo Cieri, che subito lasciò l'officina presso cui lavorava. Li affiancano oggi i due figli Carmela e Federico.

VIGNE - I vigneti di fiano sono allevati a guyot e si trovano per la maggior parte a contrada Arianiello, il sito più alto (circa 600 metri di quota) e meglio esposto dell'areale di Lapio, dove il clima è secco e ventilato. La restante superficie vitata è a contrada Scarpone, dove troviamo anche l'aglianico, coltivato a cordone speronato: Lapio è infatti uno dei due comuni (l'altro è Montefalcione) dove si sovrappongono le Docg Taurasi e Fiano di Avellino.

VINI - Vinificazioni lineari, con pressature soffici e rispettose della materia prima; più lungo l'affinamento sulle fecce fini per il Fiano di Avellino Clelia, di prossima uscita: una selezione dei migliori grappoli delle vigne più alte di Arianiello.

Fiano di Avellino 2019 ○ 70.000 bt; 15 € - 🍷 - Le note floreali, sempre in bella evidenza, sono la costante olfattiva di questo bianco, ma non solo: glicine e ginestra, poi la pesca gialla e la mela. Insomma, è un vino complesso, con importanti doti di struttura e rinfrancante acidità. La chiusura è precisa, particolarmente lunga.
Greco di Tufo Alexandros 2019 ○ 5.000 bt; 15 € - 🍷 - Dalla vigna di un conferitore storico di Santa Paolina. Le classiche sensazioni agrumate, tipiche dell'areale, sono il preludio ai sentori floreali e sulfurei. Al palato esibisce un'acidità sferzante e una bella struttura. Tonico, incisivo, persistente.

ha 12 - **bt** 80.000
Fertilizzanti sovescio
Fitofarmaci rame e zolfo
Diserbo lavorazione meccanica/manuale
Lieviti selezionati industriali
Uve acquisto 10%
Certificazione nessuna certificazione

LAPIO (AV)

FILADORO

SCONTO **-10%**

Contrada Cerreto, 19 - tel. 0825 982536
www.filadoro.it - info@filadoro.it

VITA - Filadoro è nata nel 2008 per volontà dei fratelli Vittorio e Walter Lepore e del cognato Giancarlo Ioanna (da pochi mesi uscito dalla compagine societaria), ma da sempre qui si coltivano le vigne e si vendono uva e vino sfuso. Già all'opera, sia in campagna sia in cantina, la seconda generazione: ci si concentra nel miglioramento della qualità e si punta ad aumentare le vendite, specie sui mercati emergenti.

VIGNE - La superficie complessiva è leggermente diminuita, anche se c'è stato un ulteriore, significativo apporto di terreni vitati da parte di Pietrantonio, il figlio di Vittorio. Restano dunque i 2 ettari di contrada Arianiello e i 2 ettari di contrada Toppole, vitati a fiano, a cui si aggiungono 3 ettari in località Brancali, metà a fiano e metà ad aglianico. La composizione del terreno è di medio impasto.

VINI - Arricchimenti sulle fecce fini per i bianchi e per il fiano in particolare, lunghe macerazioni sulle bucce per i rossi da aglianico.

Fiano di Avellino 2019 ○ 3.400 bt; 12 € - Predomina la frutta gialla matura, con note di pesca e albicocca, a cui segue una lieve florealità. Il sorso dona soddisfazione, è fresco e sapido come si conviene.
Fiano di Avellino Santàri 2018 ○ 3.200 bt; 26 € - Si tratta di una vendemmia tardiva che esce dopo due anni e solo nelle annate particolarmente performanti (la prima uscita nel 2012). Il naso è molto aromatico, di fiori e frutta candita; il sorso è opulento, comunque teso e verticale. Chiusura molto lunga.
Taurasi 2016 ● 2.700 bt; 27 € - Si conferma a buoni livelli anche quest'anno. Piacevoli sentori di frutta rossa matura, caffè e cenere, anticipano un sorso potente ma abbastanza equilibrato, di lunga persistenza.
Irpinia Aglianico 2017 ● 4.200 bt; 11 € - Fresco, fruttato, consistente.

ha 7 - **bt** 40.000
Fertilizzanti organo-minerali
Fitofarmaci rame e zolfo
Diserbo lavorazione meccanica/manuale
Lieviti selezionati industriali
Uve acquisto 10%
Certificazione nessuna certificazione

LAPIO (AV)

ROCCA DEL PRINCIPE

Contrada Arianiello, 9 - tel. 0825 982435
www.roccadelprincipe.it - roccadelprincipe@libero.it

VITA - Aurelia Fabrizio ed Ercole Zarrella, che nel 2004 hanno fondato l'azienda dopo diversi anni di conferimento delle uve a terzi, possono stare tranquilli: la terza generazione, tutta al femminile e rappresentata da Mariarita, Martina e Simona, dimostra di sapersi destreggiare con abilità e competenza tra la vigna, la cantina e la parte commerciale. Simona, in particolare, è al comando delle operazioni di cantina sin dalla vendemmia 2018.

VIGNE - L'unico ettaro vitato ad aglianico è in contrada Campore, su terreni argilloso-calcarei, mentre le vigne di fiano sono distribuite in cinque diversi appezzamenti nel territorio di Lapio. Non solo ad Arianiello, sede della cantina: il vigneto di contrada Tognano fu piantato nel 1990 da Ercole e dal papà con le marze di una pianta ultracentenaria; dalla vigna di contrada Neviera, invece, si ottengono i grappoli per una piccola sperimentazione di fiano in legno.

VINI - Pressature soffici, lungo affinamento sulle fecce fini e in bottiglia prima della commercializzazione: è questa la filosofia produttiva.

TOP **Fiano di Avellino Tognano 2017** VINO SLOW ○ 3.000 bt; 21 € - Un vino intenso, verticale, energico, che si conferma ai vertici della tipologia. Si esprime sulle note di agrumi, salvia e fiori di acacia, e tratteggia accenni iodati e di pietra focaia, con un sorso che si caratterizza per pienezza e progressione.
Fiano di Avellino 2018 ○ 35.000 bt; 15 € - Profumi agrumati e floreali, con delicati richiami di nocciola e accenni minerali. Un bianco apparentemente più esile rispetto al Tognano, ma che dimostra grande stoffa e completezza.
Taurasi Aurelia 2016 ● 2.000 bt; 26 € - Intenso, sanguigno e carnoso, si caratterizza per la maturità e l'integrità del frutto, e per il tannino cesellato.
Irpinia Aglianico 2018 ● 3.000 bt; 14 € - Dinamico, succoso, gastronomico.

ha 7 - **bt** 45.000
Fertilizzanti organo-minerali, sovescio
Fitofarmaci rame e zolfo
Diserbo lavorazione meccanica/manuale
Lieviti selezione di lieviti indigeni
Uve 100% di proprietà
Certificazione nessuna certificazione

LAPIO (AV)

TENUTA SCUOTTO

SCONTO **-10%**

Via Campomarino, 2-3 - tel. 0818 530334
www.tenutascuotto.it - info@tenutascuotto.it

VITA - Il sogno di Eduardo Scuotto, affermato imprenditore napoletano, ha preso forma lontano dalla città partenopea. L'azienda che ha fondato nel 2009 è riuscita in poco tempo ad affermarsi sia in Italia, sia all'estero, e il merito è anche dei suoi due figli: Adolfo macina chilometri e segue il marketing e il commerciale; Debora, invece, si occupa dell'amministrazione e dell'accoglienza in cantina. Bella la vista sui vigneti dalla terrazza panoramica.

VIGNE - Il contenimento delle rese è fondamentale per ottenere frutti di grande qualità. Le vigne di fiano si trovano tutto intorno alla cantina, alle pendici del monte Tuoro, in una zona che beneficia delle forti escursioni termiche tra il giorno e la notte, e della costante ventilazione. Le uve di aglianico arrivano da un appezzamento di circa 2,5 ettari a Paternopoli; a Santa Paolina ci sono invece 2 ettari coltivati a greco.

VINI - Pressature soffici, per preservare integrità e corredo aromatico delle uve, vinificazioni a temperature controllate (in acciaio o in legno, a seconda dei vini) e moderato uso di solfiti.

Oi Nì 2016 O 9.000 bt; 24 € - Ⓛ - Il padre che tiene per mano il figlio, in etichetta, è metafora della cura dei grappoli di fiano e del vino che se ne ricava. Le uve sono raccolte in vendemmia tardiva e fermentate a lungo in botti alsaziane, a temperatura controllata. Aromatico, floreale e speziato, regala nitidi sentori di vaniglia e frutta candita; il corpo e la struttura sono importanti, così pure la freschezza, che sostiene la beva.
Fiano di Avellino 2019 O 10.000 bt; 14 € - ▯ - Profuma di fiori e frutta gialla matura; il sorso è ricco, ma è ravvivato da una buona acidità. La persistenza è gradevole.
Greco di Tufo 2019 O 9.000 bt; 14 € - ▯ - Fresco, fruttato, incisivo.
Taurasi 2015 ● 3.500 bt; 24 € - Ⓛ ▤ - Austero, fruttato, complesso.

ha 9 - **bt** 60.000
Fertilizzanti nessuna concimazione
Fitofarmaci rame e zolfo
Diserbo lavorazione meccanica/manuale
Lieviti selezione di lieviti indigeni
Uve acquisto 10%
Certificazione nessuna certificazione

MONTEFALCIONE (AV)

SERTURA

SCONTO **-10%**

Contrada Stazione, 16/a - tel. 388 8992450
www.sertura.it - info@sertura.it

VITA - Dopo anni di consulenze agronomiche, desideroso di un progetto tutto suo, nel 2008 Giancarlo Barbieri ha piantato 2 ettari di greco a Prata di Principato Ultra e Santa Paolina, arrivando a commercializzare le prime bottiglie nel 2013. La cantina, realizzata proprio al centro del fondo di Montefalcione dove è allevato il fiano, è finalmente realtà: si apre così una nuova fase per questa giovane azienda, che vede oggi impegnati anche Alessio e Marco, figli di Giancarlo.

VIGNE - Il percorso di conversione al biologico testimonia una forte sensibilità ambientale. I vigneti, distribuiti su quattro comuni, sono ad altitudini variabili: si va dai 380 metri di quota di Santa Paolina e di contrada Vallimai a Prata di Principato Ultra (nell'areale del greco di Tufo), ai 500 metri di località Marmore a Montefalcione (dove è allevato il fiano), oppure di contrada Macchia della Corte a Torre le Nocelle (da dove arrivano i grappoli di aglianico).

VINI - Vini precisi, lineari ed essenziali, quelli di Sertura. La capacità di preservarne la territorialità passa anche da scelte colturali finalizzate a minimizzare gli interventi, e dal rispetto dei tempi di affinamento prima della messa in commercio.

Greco di Tufo 2018 O 12.000 bt; 13 € - ▯ - I profumi sono intensi e di discreta complessità, e spaziano dagli agrumi alle note erbacee. Al palato si avverte una certa struttura e il tono alcolico è ben presente, ma il sorso è comunque sapido, grintoso e scorrevole, di esuberante acidità.
Fiano di Avellino 2018 O 8.500 bt; 13 € - ▯ - Varietale, profuma di fiori e frutta a polpa bianca. Ricco e avvolgente al palato, ha una beva agile, gustosa e rinfrescante, di grande energia.

ha 7 - **bt** 30.000
Fertilizzanti sovescio
Fitofarmaci rame e zolfo
Diserbo lavorazione meccanica/manuale
Lieviti selezionati industriali
Uve 100% di proprietà
Certificazione in conversione biologica

MONTEFREDANE (AV)

CANTINA DRYAS

Via Toppole, 10 - tel. 347 2392634
www.cantinadryas.it - info@cantinadryas.it

VITA - Questa giovane e dinamica realtà irpina è stata creata nel 2011 da Stefano Loffredo insieme alla moglie Rossella Scotti. Dryas, dal greco δρυς, quercia, è il nome scelto per l'azienda, ispirato dalla maestosa quercia secolare che domina il vigneto, sopravvissuta ad anni d'incuria e amata così tanto da scegliere di sacrificare 80 viti di fiano per non intaccare il suo spazio vitale.

VIGNE - Ci troviamo a Montefredane, uno dei territori di elezione del fiano, ed è proprio a questo vitigno che è dedicata l'intera produzione. I 2 ettari vitati godono di un microclima ottimale, influenzato dalla presenza di boschi e sorgenti che circondano l'antico borgo. Stefano e Rossella seguono personalmente i lavori in vigna e in cantina.

VINI - Poche migliaia di bottiglie, tutte a base di fiano, declinato anche in due versioni spumantizzate. In cantina si lavora con tecniche all'avanguardia, ma nel solco della tradizione e nel rispetto della storia del territorio.

Griseo 2019 O fiano; 3.500 bt; 12 € - - Profuma di fiori di ginestra e cera d'api e tratteggia delicati ricordi di miele, poi conquista per il sorso, di grande progressione gustativa, armonico ed espressivo.
M. Cl. Brut Dryas 2015 fiano; 2.000 bt; 24 € - - Riposa 24 mesi sui lieviti e 2 mesi in bottiglia prima di uscire dalla cantina. Si apre con un'intensa nota iodata, evolve nel calice con rimandi di agrumi canditi, nocciola tostata e timo, e prosegue al sorso con grinta e allungo salino.
Brut Dryas 2018 fiano; 2.500 bt; 14 € - - Un Metodo Charmat che profuma di zagara, mela verde e zenzero, e dal sorso fresco, immediato ed estremamente piacevole.

ha 2 - **bt** 8.000
Fertilizzanti sovescio
Fitofarmaci chimici di sintesi, organici
Diserbo nessun diserbo
Lieviti selezionati industriali
Uve 100% di proprietà
Certificazione nessuna certificazione

MONTEFREDANE (AV)

PIETRACUPA

Contrada Vadiaperti, 17 - tel. 0825 607418
pietracupa@email.it

VITA - Sabino Loffredo continua a produrre vini inafferrabili. Sperimenta, assaggia e trova la quadra seguendo l'istinto e guidato dall'esperienza. Pensi di aver assaggiato la sua interpretazione migliore? È pronto a stupirti e a lasciarti a bocca aperta. Giungi alla conclusione che sia un produttore decisamente bianchista? Sabino sfodera un rosso che rimette tutto in discussione. Dal 1999 si va avanti così, in quel di Montefredane.

VIGNE - Le vigne di fiano sono attorno alla cantina, su terreni argilloso-cretosi ricchi di pomici vulcaniche, mentre quelle di greco si trovano tra Santa Paolina e Prata di Principato Ultra, aree storicamente vocate per questa varietà. L'aglianico, invece, è di casa a Torre Le Nocelle: in un areale spesso ingiustamente sottovalutato, Sabino produce un Taurasi di grande finezza.

VINI - Precisione, esperienza e capacità di osservazione, unite a grandi intuizioni, caratterizzano la cifra produttiva di questo istrionico vignaiolo.

TOP **Cupo 2018** O fiano; 4.000 bt; 30 € - - Prodotto solo nelle annate ritenute straordinarie, è un vino grintoso, vibrante, stratificato, sontuosamente essenziale. Un Fiano cangiante e sfaccettato, che trova nella matrice minerale-agrumata la sua più nobile espressione gustativa.
Taurasi 2015 ● 4.000 bt; 30 € - - Austera compostezza e piglio deciso connotano questo rosso dai sentori terrosi e con una sorprendente integrità di frutto. Un'interpretazione particolarmente ispirata, capace di coniugare potenza a finezza ed eleganza.
Falanghina 2019 O 3.000 bt; 14 € - - Profuma di fiori bianchi e scorza di limone, con delicati accenni di pietra bagnata. Il sorso è verticale, vivace e salino.

Si fanno attendere Fiano e Greco 2019, che si concedono un po' più di tempo in bottiglia.

ha 9 - **bt** 40.000
Fertilizzanti sovescio
Fitofarmaci rame e zolfo
Diserbo lavorazione meccanica/manuale
Lieviti selezionati industriali
Uve 100% di proprietà
Certificazione nessuna certificazione

MONTEFREDANE (AV)

VENTITRÉFILARI

Via Piante, 43 - tel. 334 9331944
www.ventitrefilari.com - info@ventitrefilari.com

VITA - Ventitré filari di fiano ricevuti in eredità dal nonno, classe 1923: è questa curiosa coincidenza numerica ad aver ispirato Rosa e Alfonso Puorro, che nel 2014 hanno deciso di vinificare direttamente le uve del vigneto piantato dall'avo 25 anni prima. Rosa si occupa principalmente del marketing e della commercializzazione, il fratello Alfonso degli aspetti contabili; il papà Costantino sovrintende al lavoro in campagna, che comunque impegna tutta la famiglia.

VIGNE - Protagonista è il fiano, e non poteva essere altrimenti. Al vigneto da cui è partito tutto, poco meno di un ettaro in contrada Alimata, se ne è aggiunto un altro nella vicina contrada Monticello dell'Orto, che ha una superficie di 1,5 ettari: in quest'ultimo saliamo leggermente di quota, arrivando a sfiorare i 500 metri, e troviamo un terreno più argilloso. L'idea è di produrre un secondo cru con le uve di quest'ultima vigna.

VINI - Vinificazione a temperatura controllata e lungo affinamento sulle fecce fini con bâtonnage, solo in acciaio, poi un anno di bottiglia prima della commercializzazione.

Fiano di Avellino Numero Primo 2018 O 4.000 bt; 20 € - - In matematica il 23 è un numero primo: ecco spiegato il perché del nome. Complesso ed elegante, presenta note floreali e fruttate, accenni di idrocarburi e una sottile affumicatura. Il sorso è verticale e sapido; manca forse solo un po' di polpa, almeno così era al momento del nostro assaggio. Ma non c'è che dire, è un bianco di carattere, che racconta molto bene il territorio di Montefredane.

ha 2,5 - **bt** 4.000
Fertilizzanti nessun concime
Fitofarmaci rame e zolfo
Diserbo lavorazione meccanica/manuale
Lieviti selezionati industriali
Uve 100% di proprietà
Certificazione nessuna certificazione

MONTEFREDANE (AV)

VILLA DIAMANTE

SCONTO **10%**

Via Toppole, 16 - tel. 347 6791469
villadiamante1996@gmail.com

VITA - L'eredità di Antoine Gaita, vignaiolo dalle intuizioni geniali e grande solista del Fiano di Avellino, è stata raccolta non senza fatica dalla moglie Diamante Renna e dalla figlia Serena. Difficile eguagliarne il talento, ma la nuova gestione al femminile sta lavorando alacremente nella direzione tracciata dal compianto Antoine: il progetto di Diamante e Serena, anche grazie alla sinergia con l'enologo Vincenzo Mercurio, acquisisce solidità anno dopo anno.

VIGNE - La superficie vitata a fiano è distribuita in due corpi distinti, ma di pari estensione, sempre a Montefredane: poco distante dalla cantina, in località Toppole, c'è la celebre Vigna della Congregazione, su terreno di matrice argillosa; la vigna da cui si ottiene il Clos d'Haut, invece, è in contrada San Martino, a un'altitudine di 550 metri, e su terreno vulcanico, praticamente delimitata da un muro nella parte alta.

VINI - Lo stile aziendale continua nel solco tracciato da Antoine, soprattutto per quanto riguarda l'affinamento dei vini in bottiglia. I due cru aziendali di Fiano di Avellino, dopo qualche anno di rodaggio, sembrano aver trovato la quadratura interpretativa.

Fiano di Avellino Vigna della Congregazione 2018 O 6.600 bt; 26 € - - La lunga sosta sulle fecce fini conferisce a questo Fiano pienezza gustativa e grande carattere. Il profilo olfattivo si caratterizza per un marcato timbro affumicato, che spazia dalle note di pietra focaia e grafite ai richiami torbati. Scorza di agrumi e accenni di fiori appassiti fanno da sottofondo e si ritrovano al sorso, di grande verticalità e allungo salino.

Abbiamo riassaggiato il Fiano di Avellino Clos d'Haut 2018, a cui qualche mese di più in bottiglia ha giovato in termini di equilibrio e completezza.

ha 4 - **bt** 11.000
Fertilizzanti sovescio
Fitofarmaci rame e zolfo
Diserbo lavorazione meccanica/manuale
Lieviti selezionati industriali
Uve 100% di proprietà
Certificazione nessuna certificazione

MONTEMARANO (AV)

BOCCELLA ROSA

SCONTO **-10%**

Contrada Terrone, 28 - tel. 349 4292696
www.aziendaagricolaboccellarosa.it - info@aziendaagricolaboccellarosa.it

VITA - I fratelli Luigi e Soccorso Molettieri sono la terza generazione di una famiglia da sempre dedita all'agricoltura. L'avvio dell'azienda risale però al 1968, quando i genitori, Rosa Boccella e Antonio Molettieri, presero a occuparsi dell'ettaro di vigna precedentemente acquistato dal papà di quest'ultimo, Luigi. Nel 2002 la svolta, con l'acquisto di altri appezzamenti e la riconversione dei vigneti, fino alle prime etichette nella vendemmia 2015.

VIGNE - Si coltiva quasi esclusivamente aglianico, a eccezione di una piccola superficie in località Castagneto, circa 3.000 metri vitati a coda di volpe, peraltro non ancora in produzione. I vigneti sono a Montemarano, a 600 metri di quota, su suoli argilloso-calcarei; c'è poi una vigna di 1,5 ettari in contrada Baiano a Castelfranci, piantata nel 2012. Lì il terreno è più pietroso, e l'idea è di produrre una seconda etichetta di Taurasi.

VINI - Vini in tutto e per tutto figli di Montemarano, con un plus in termini di eleganza e ricchezza aromatica.

Taurasi 2015 ● 6.000 bt; 30 € - Ⓓ - Fermentazione con macerazione di 25 giorni in tini troncoconici, tre anni in botte grande e poi bottiglia. Ampio e articolato al naso, con sentori di prugna e viola, balsamico e speziato; il sorso è sanguigno, succoso e allungato, dal tannino calibrato: un debutto coi fiocchi!
Irpinia Aglianico Trespadini 2016 ● 4.000 bt; 16 € - Ⓓ - Le macerazioni sono meno lunghe rispetto al Taurasi, e la fermentazione avviene in acciaio; poi 16 mesi di affinamento in botte grande prima dell'imbottigliamento. Agrumato e floreale, presenta una decisa speziatura; la beva è grintosa e saporita, con un ottimo allungo acido-sapido.
Irpinia Rosato 2019 ● 1.330 bt; 14 € - ▯ - Fedele alla varietà per intensità e struttura, ha sorso rilassato e meno impegnativo, di spiccata vocazione gastronomica.

ha 10 - **bt** 25.000
Fertilizzanti letame in pellet, sovescio
Fitofarmaci rame e zolfo
Diserbo lavorazione meccanica/manuale
Lieviti fermentazione spontanea, selezionati industriali
Uve 100% di proprietà
Certificazione biologico certificato

MONTEMARANO (AV)

IL CANCELLIERE

SCONTO **-10%**

Contrada Iampenne, 45 - tel. 349 6525339
www.ilcancelliere.it - info@ilcancelliere.it

VITA - Quando nel 2004 Nadia ed Enrico Romano decisero di ritornare alla terra, venne naturale utilizzare il soprannome "il Cancelliere" che il papà Soccorso aveva ereditato dal nonno. Si fa tutto in famiglia, oggi come allora: Soccorso e la moglie Pasqualina Nigro curano le vigne; Rita Pizza, moglie di Enrico, lavora perlopiù in cantina, sotto la guida di Antonio Di Gruttola; Claudio Panetta, marito di Nadia, si occupa invece del marketing e della comunicazione.

VIGNE - Sin dall'inizio si è scelto di assecondare la vocazione viticola del luogo, coltivando esclusivamente aglianico nelle contrade Iampenne e Chianzano del comune di Montemarano. Le condizioni sono ideali: altitudini tra i 450 e i 650 metri, suoli argilloso-calcarei, forti escursioni termiche tra il giorno e la notte. Il resto lo fanno le scelte responsabili di lavoro in vigna: niente chimica e lavorazioni manuali, rispettose del suolo e delle piante.

VINI - Fermentazioni spontanee, nessun controllo di temperatura, nessuna chiarifica o stabilizzazione, uso della solforosa solo in casi eccezionali: «il vino va semplicemente accompagnato», ama ripetere Soccorso.

Taurasi Nero Né 2015 ● 4.000 bt; 27 € - Ⓓ - Profuma di autunno e fiori secchi, di rabarbaro; c'è poi una nota più vivace di arancia sanguinella, con la volatile che amplifica il tutto. Il tannino necessita ancora di un po' di tempo, ma c'è tanto succo e una beva comunque slanciata nonostante il 14,5% di alcol.
Irpinia Aglianico Gioviano 2017 ● 7.500 bt; 14 € - Ⓓ - Speziato e balsamico, con una bella traccia agrumata sullo sfondo. Il tannino graffia, però sale e freschezza fanno il loro egregiamente. Si distende, poi, e chiude lungo.
Vendemmia 2019 ● aglianico; 10.000 bt; 10 € - ▯ - Un rosso rustico e schietto, contadino, nella migliore accezione del termine. Gastronomico.

ha 9 - **bt** 30.000
Fertilizzanti nessun concime
Fitofarmaci rame e zolfo
Diserbo lavorazione meccanica/manuale
Lieviti fermentazione spontanea
Uve 100% di proprietà
Certificazione biologico certificato

MONTEMARANO (AV)

SALVATORE MOLETTIERI

Contrada Musanni - Strada Statale Ofantina 400, km 15,5 - tel. 347 7740206
www.salvatoremolettieri.com - info@salvatoremolettieri.com

VITA - Il nome dei Molettieri è legato alla viticoltura da almeno quattro generazioni, ma fu Salvatore a prendere la strada dell'imbottigliamento nel 1983, quando ancora non c'era la Docg del Taurasi. Si trattò di una scelta quasi obbligata: bisognava reagire all'inesorabile calo dei prezzi di vendita delle uve. I quattro figli sono tutti impegnati in azienda: Giovanni è l'enologo, mentre Giuseppe, Luigi e Paolo si occupano dei vigneti.

VIGNE - Le vigne di aglianico sono distribuite tra le contrade Iampenne, Chianzano e Cortecorbo, sempre a Montemarano. La celebre vigna Cinque Querce, in particolare, che insiste su un terreno argilloso con significativa presenza di pietrisco grigio-rossastro di origine vulcanica, è quella con la superficie più estesa. Il fiano arriva da Lapio, mentre il greco è allevato a Montefusco, in un vigneto esposto a nord.

VINI - Rossi muscolari e ricchi di estratto, ben supportati da acidità e sapidità, che maturano oggi sia in barrique sia in botti grandi di rovere.

TOP **Taurasi Vigna Cinque Querce 2013** ● 16.000 bt; 40 € - Ampio al naso, con note di prugna e arancia sanguinella, viola, cenere e pepe nero, entra al palato severo: il tannino è robusto ma ben lavorato, e il sorso è innervato di sapidità.
Taurasi Renonno 2014 ● 2.500 bt; 31 € - Profumi di frutta e fiori connotati introducono un sorso complessivamente meno pieno, di buona armonia.
Taurasi Vigna Cinque Querce Ris. 2012 ● 2.600 bt; 50 € - Note balsamiche, ematiche e chinate ben in vista, a rimorchio sale e frutto. Autenticamente montemaranese, è un rosso imponente per struttura e trama tannica, con una lunga strada davanti.
Greco di Tufo 2018 ○ 3.500 bt; 16 € - Vibrante, agrumato, incisivo.
Irpinia Aglianico Cinque Querce 2016 ● 22.000 bt; 17 € - Fitto, fruttato, varietale.

ha 13 - **bt** 85.000
Fertilizzanti sovescio
Fitofarmaci rame e zolfo
Diserbo lavorazione meccanica/manuale
Lieviti selezionati industriali
Uve acquisto 5%
Certificazione nessuna certificazione

MONTEMILETTO (AV)

TENUTA DEL MERIGGIO

SCONTO **-10%**

Contrada Serra, 81/a - tel. 0825 962282
www.tenutadelmeriggio.it - info@tenutadelmeriggio.it

VITA - Imprenditore nella sanità regionale, nel 2010 Bruno Pizza ha deciso di riprendere il filo delle sue origini (i nonni erano contadini) e di investire in Irpinia. Iniziano ora a essere sempre più coinvolti nella vita dell'azienda i due figli: Emilia, laureanda in Agraria, e Saverio, che invece ha terminato il percorso universitario in Economia. L'enologo è il navigato Carmine Valentino.

VIGNE - Il parco vigne è distribuito in tutte e tre le Docg dell'Irpinia. A Candida ci sono i 4 ettari di fiano; nei 10 ettari tra Montemiletto e Paternopoli è coltivato l'aglianico; dai 6 ettari di Tufo e Santa Paolina arrivano i grappoli di greco. Non si dimentichi poi la coda di volpe, varietà autoctona, per così dire, minore. Coda di volpe, fiano e aglianico sono allevati a guyot, il greco a doppio o triplo guyot, con almeno due tralci a frutto.

VINI - Lunghe macerazioni e affinamento in legno per i rossi; i bianchi sono lavorati esclusivamente in acciaio, con permanenza sulle fecce fini ancora maggiore per i due cru che fanno il loro debutto quest'anno.

Greco di Tufo Colle dei Lauri 2018 ○ 6.000 bt; 15 € - Dalle uve del vigneto di contrada Laure, nella frazione San Paolo di Tufo, su terreno argilloso con presenza di scheletro, nasce questo vino che offre gradevoli sensazioni agrumate: è strutturato, e decisamente sapido e verticale.
Fiano di Avellino Colle delle Ginestre 2018 ○ 6.000 bt; 15 € - Affinamento sulle fecce fini in acciaio per circa 12 mesi, con le uve che provengono dai tenimenti di Candida. Ampio e profumato al naso, dove si riconoscono note di ginestra, frutta a polpa gialla ed erbe aromatiche, ha una beva precisa, fresca e appagante; il finale è persistente.
Irpinia Campi Taurasini 2017 ● aglianico; 12.000 bt; 13 € - Fresco, fruttato, varietale.

ha 22 - **bt** 105.000
Fertilizzanti sovescio
Fitofarmaci rame e zolfo
Diserbo lavorazione meccanica/manuale
Lieviti selezionati industriali
Uve 100% di proprietà
Certificazione nessuna certificazione

PATERNOPOLI (AV)

FONZONE

SCONTO **-10%**

Località Scorzagalline - tel. 0827 1730100
www.fonzone.it - info@fonzone.it

VITA - Il professor Lorenzo Fonzone, chirurgo della mano, ha passato il testimone aziendale ai figli Davide e Gabriele, che se ne occupano ormai a tempo pieno insieme alle mogli Ria Stamellutti e Silvia Campagnuolo. Il marketing è invece affidato al cugino di Ria, Amedeo De Palma. La cantina è un capolavoro di architettura: è quasi del tutto ipogea.

VIGNE - Le vigne si trovano pressoché tutte a Paternopoli, uno degli areali di maggiore elezione per l'aglianico, e precisamente in contrada Scorzagalline. L'area vitata ricopre un poggio alla cui sommità si trova la casa padronale; l'esposizione è sud, sud-ovest e nord, nord-est, l'altitudine è intorno ai 450 metri. Il terreno è di medio impasto a matrice argillosa a monte, più limosa a valle.

VINI - Vinificazioni con lieviti indigeni a temperature controllate; prime sperimentazioni in anfora per i rossi da aglianico.

Taurasi Scorzagalline Ris. 2013 ● 3.300 bt; 45 € - Presenta intensi richiami di ciliegia sotto spirito e more mature, con un sottofondo di fiori secchi, erbe officinali e liquirizia. Il sorso è pieno, ma ben sorretto da acidità e sapidità, e la chiusura è lunga.
Irpinia Aglianico 2016 ● 12.000 bt; 15 € - Sentori di susine e gelsi rossi introducono una bocca piuttosto scorrevole, a cui non manca struttura.
Irpinia Fiano Sequoia 2018 ○ 2.800 bt; 26 € - Realizzato con una vendemmia tardiva delle uve raccolte nella parte più bassa del colle, dove si trova l'azienda, talvolta parzialmente botritizzate, e fermentate in legno. Al naso predominano profumi di glicine e ginestra, e il palato è opulento ma fresco.
Fiano di Avellino 2019 ○ 20.000 bt; 17 € - Armonico, floreale, complesso.
Greco di Tufo 2019 ○ 15.000 bt; 17 € - Fresco, fruttato, energico.

ha 24 - **bt** 60.000
Fertilizzanti letame
Fitofarmaci rame e zolfo
Diserbo lavorazione meccanica/manuale
Lieviti selezione di lieviti indigeni
Uve acquisto 20%
Certificazione nessuna certificazione

PATERNOPOLI (AV)

LUIGI TECCE

Via Trinità, 6 - tel. 0827 71375
ltecce@libero.it

VITA - Luigi Tecce è un uomo schivo che non ama stare sotto i riflettori. Il suo modo di pensare il vino è tutto fuorché ripetitiva applicazione di rigidi protocolli enologici. Non è questione di talento o di chissà quale sensibilità: si tratta, molto più semplicemente, di osservare attentamente la natura, per interpretare al meglio l'annata. «Non che le teste siano bacate, è che non vengono più usate», dice Luigi.

VIGNE - Aglianico, aglianico e ancora aglianico. A chi gli chiede la differenza tra le sue due etichette di Taurasi, Luigi risponderà sempre così: «Poliphemo è figlio di una vecchia vigna disordinata, e lui è appunto scapigliato allo stesso modo; Puro Sangue, invece, viene da una moderna e razionale spalliera, si vede che è un attimino più sistemato. Mi pareva brutto non vinificare distintamente due frutti così diversi».

VINI - Luigi è molto più a suo agio con le annate fresche e piovose, in cui riesce a tirare fuori vini sbalorditivi per personalità, ma non ha sbagliato nemmeno nella calda vendemmia 2015.

TOP **Taurasi Puro Sangue Ris. 2015** VINO SLOW ● 6.500 bt; 45 € - Balsamico e sanguigno, la progressione è pazzesca, come pure le prospettive di vita. Eppure Luigi non si sbilancia: «quanto campa sto vino? E che ne so io, campamm' pur nuje e vedimm'».
Irpinia Rosato La Cyclope 2018 ● 2.500 bt; 40 € - Un vino rosa di carattere, già dal colore (benché le uve siano state pressate in modo soffice). Che dire? L'Aglianico si sente eccome: acidità martellante, sorso sapido e saporito. Un vino memorabile.
Taurasi Poliphemo Ris. 2015 ● 6.500 bt; 50 € - Incipit puramente tecciano: si apre poi su toni floreali, speziati ed ematici. Sorso carnoso, cangiante, di lunga persistenza.

Palpitante il riassaggio del Satyricon 2010: con gli occhi chiusi avremmo detto di essere in Alto Piemonte.

ha 5,5 - **bt** 25.000
Fertilizzanti sovescio
Fitofarmaci rame e zolfo
Diserbo lavorazione meccanica/manuale
Lieviti fermentazione spontanea
Uve 100% di proprietà
Certificazione nessuna certificazione

SALZA IRPINA (AV)

DI MEO

SCONTO -10%

Contrada Coccovoni, 1 - tel. 0825 981419
www.dimeo.it - info@dimeo.it

VITA - All'inizio degli anni Ottanta, i fratelli Erminia (scomparsa nel 2012), Generoso e Roberto Di Meo rilevarono l'azienda agricola fondata dai genitori Vittorio e Alessandrina. Nella tenuta, che dista appena 15 chilometri dal capoluogo, si possono ammirare un esemplare di vite prefillossera allevata a tennecchia avellinese e una vasca di raccolta d'acqua sorgiva risalente al XVIII secolo, oltre che il coevo casino di caccia edificato dai principi Caracciolo.

VIGNE - I 20 ettari vitati a fiano, su una collina a oltre 500 metri di altitudine, sono stati oggetto di una scrupolosa microzonazione. Il vigneto Colle dei Cerri, nei pressi dell'aia, è appunto delimitato dagli alberi e guarda verso Salza Irpina, al contrario delle vigne Alessandra ed Erminia, che invece affacciano su Parolise e San Potito Ultra. Il greco arriva da Montefusco e Santa Paolina, l'aglianico è allevato tra Paternopoli e Montemarano.

VINI - Interpretazioni solide e puntuali delle varietà irpine, con punte di eccellenza nei bianchi della linea Tempo.

Taurasi Vigna Olmo Ris. 2013 ● 35.000 bt; 32 € - - È ottenuto alle uve dell'omonima vigna di Montemarano, a oltre 870 metri di quota, vinificate con macerazione sulle bucce per circa un mese. Il tannino è solido, ma ben calibrato; il sorso è sanguigno, speziato, balsamico.
Fiano di Avellino 2019 ○ 75.000 bt; 15 € - - Elegante, è molto caratteristico nelle sensazioni di frutta e fiori bianchi. Funziona bene al palato, dove è scorrevole ma non sfuggente, con un sorso fresco e di discreta sapidità.
Greco di Tufo 2019 ○ 70.000 bt; 15 € - - Citrino, fruttato, incisivo.
Falanghina 2019 ○ 80.000 bt; 12 € - - Fresco, fruttato, varietale.

Indimenticabile il riassaggio, durante la nostra visita, del millesimo 2000 (e quindi antecedente al riconoscimento della Docg) dedicata alla compianta sorella Erminia.

ha 30 - **bt** 360.000
Fertilizzanti sovescio
Fitofarmaci rame e zolfo
Diserbo lavorazione meccanica/manuale
Lieviti selezionati industriali
Uve acquisto 30%
Certificazione nessuna certificazione

SAN MANGO SUL CALORE (AV)

ANTICO CASTELLO

SCONTO -10%

Contrada Poppano, 11/bis - tel. 328 1076491
www.anticocastello.com - info@anticocastello.com

VITA - Chiara e Francesco Romano hanno scelto di restare in Irpinia, e nel 2009 sono subentrati nella conduzione dell'azienda agricola fondata tre anni prima da papà Franco e mamma Fiorenza Prizio. Una decisione non facile, dettata dall'amore per la propria terra, alla quale sentivano di dover restituire qualcosa e offrire un'occasione di riscatto dopo il terremoto del 1980. Non solo vino: da non perdere il distillato e la confettura di fichi rossi.

VIGNE - I vigneti, compresi quelli di falanghina, fiano e greco, sono tutti a San Mango sul Calore, su terreni molto ricchi di potassio, e vengono lavorati secondo i protocolli della lotta integrata. È ormai in piena produzione la vigna limitrofa alla cantina, dove nel 2013 è stato piantato il biotipo locale di aglianico "coda di cavallo", che ha acini piccoli, grappolo spargolo e di forma allungata: chissà che non possa esserci qualche novità in futuro!

VINI - Vini di carattere, strutturati e minerali, figli di un territorio vocato per l'aglianico, ma che sta dando ottimi risultati anche per le uve a bacca bianca.

Taurasi 2015 ● 10.000 bt; 26 € - - Al momento del nostro assaggio il tannino era ancora un po' esuberante: sarà il tempo a rivelare un sorso saporito, sapido e incisivo come si conviene.
Irpinia Aglianico Magis 2017 ● 14.000 bt; 14 € - - Si conferma etichetta solida e affidabile, anche in relazione a un rapporto tra la qualità e il prezzo decisamente conveniente. La beva è scorrevole, la soddisfazione a tavola è garantita.
Irpinia Falanghina Demetra 2019 ○ 8.500 bt; 14 € - - A nostro avviso il più convincente dei bianchi presentati: agile, varietale, ha buon grip al palato.
Irpinia Greco Ermes 2019 ○ 7.000 bt; 14 € - - Schietto, fruttato, gastronomico.
Irpinia Fiano Orfeo 2019 ○ 8.000 bt; 14 € - - Fresco, floreale, delicato.

ha 10 - **bt** 48.000
Fertilizzanti sovescio
Fitofarmaci chimici di sintesi, rame e zolfo
Diserbo lavorazione meccanica/manuale
Lieviti selezionati industriali
Uve 100% di proprietà
Certificazione nessuna certificazione

SAN MARTINO VALLE CAUDINA (AV)

VALLISASSOLI

Via Tufara Scautieri, 47 - tel. 333 9942832
www.vallisassoli.it - info@vallisassoli.it

VITA - Paolo Clemente è un giovane tanto riservato quanto determinato: il suo progetto prende il nome dalla collocazione geografica della sua vigna, situata sulla collina dove sembra si accamparono i Sassoni. C'è tanta umiltà, ma anche voglia di fare le cose per bene e non lasciare nulla al caso: le prime annate licenziate testimoniano la bontà del lavoro sin qui svolto, facendo tesoro degli insegnamenti di amici vignaioli, e sotto la guida di Maurizio De Simone.

VIGNE - La vigna piantata una trentina d'anni fa dal papà di Paolo, affacciata sui monti del Partenio e immersa nelle vegetazione, misura un ettaro ed è allevata a pergola avellinese: vi troviamo insieme piante di greco, fiano e coda di volpe. C'è poi un altro ettaro, non ancora in produzione, a Sant'Agata dei Goti, su di un altopiano a 530 metri di quota, lì dove c'era una cava: il terreno è decisamente più pietroso, perciò sono state messe a dimora barbatelle di aglianico.

VINI - Fermentazione spontanea, lunghissimo affinamento sulle fecce fini in acciaio e poi in bottiglia. Nei legni piccoli attualmente presenti in cantina sostano alcuni interessanti esperimenti.

33/33/33 2015 ○ 2.066 bt; 26 € - Un unico vino, il cui nome sta a indicare l'eguale percentuale delle uve greco, coda di volpe e fiano. L'ingresso al palato è denso, ma subito arrivano sale e freschezza a dare slancio al sorso, che è ricco, materico, decisamente più a fuoco del 2013 (prima annata mai prodotta) e con una nota quasi torbata sullo sfondo. Si lascia ricordare a lungo, non c'è che dire.

Abbiamo assaggiato tutti i vini sin qui prodotti (mancano il 2014, causa grandinata, e il 2016, per via di una gelata) e sanche lo sfuso «per uso personale»: siamo sicuri che anche in futuro ci sarà da divertirsi!

ha 2 - **bt** 2.000
Fertilizzanti preparati biodinamici, sovescio
Fitofarmaci rame e zolfo
Diserbo lavorazione meccanica/manuale
Lieviti fermentazione spontanea
Uve 100% di proprietà
Certificazione biodinamico certificato, biologico certificato

SAN MICHELE DI SERINO (AV)

VILLA RAIANO

SCONTO **-10%**

Località Cerreto - Via Bosco Satrano, 1 - tel. 0825 595550
www.villaraiano.com - info@villaraiano.com

VITA - La bella azienda di San Michele di Serino, fondata nel 1996 e rinnovata nel 2009 dalla famiglia Basso, continua la propria ascesa nel panorama vitivinicolo campano. La cantina, perfettamente inserita nel contesto paesaggistico, sorge nei vecchi opifici dell'oleificio di famiglia ed è stata ampliata di recente con una nuova bottaia. La consulenza enologica è affidata a Sebastiano Fortunato, che anno dopo anno dimostra di saperci fare.

VIGNE - I 27 ettari di vigna sono dislocati in alcuni dei comuni più vocati per la viticoltura: greco a Tufo, Altavilla Irpina e Chianche; aglianico a Castelfranci e Chianche; fiano a Candida, Lapio, e Montefredane. Contigua alla cantina, invece, c'è la vigna da cui nasce il Fiano di Avellino Bosco Satrano, al secondo anno di produzione, che dà già grandi soddisfazioni.

VINI - Vini tecnicamente ineccepibili, ma allo stesso tempo di grande identità territoriale. Per i bianchi, in particolare, il segreto sta nella prolungata permanenza sulle fecce fini con bâtonnage.

TOP **Fiano di Avellino Alimata 2018** ○ 3.300 bt; 21 € - Grande armonia e aderenza territoriale caratterizzano questo Fiano, slanciato e carnoso. Difficile scegliere tra i tre cru, ma ci sembra che questo vino spicchi per completezza gustativa.
Fiano di Avellino Bosco Satrano 2018 ○ 3.300 bt; 21 € - Più verticale, sottile e minerale, dai richiami di pietra bagnata e scorza di agrumi, ha un lungo finale salino.
Fiano di Avellino Ventidue 2018 ○ 3.300 bt; 21 € - È connotato da sentori di fiori di acacia e agrumi, e ha un sorso preciso e dettagliato.
Greco di Tufo Ponte dei Santi 2018 ○ 3.300 bt; 21 € - Ampio, agrumato, incisivo.
Irpinia Campi Taurasini Costa Baiano 2016 ● 9.000 bt; 17 € - Succoso, fruttato, dettagliato.
Taurasi 2015 ● 13.000 bt; 25 € - Incisivo, balsamico, verticale.

ha 27 - **bt** 300.000
Fertilizzanti sovescio
Fitofarmaci rame e zolfo
Diserbo lavorazione meccanica/manuale
Lieviti selezionati industriali, selezione di lieviti indigeni
Uve acquisto 30%
Certificazione biologico certificato

SANTA PAOLINA (AV)

CANTINA BAMBINUTO

Via Cerro, 25 - tel. 0825 964634
www.cantinabambinuto.com - info@cantinabambinuto.com

VITA - Accantonata la laurea in Giurisprudenza, Marilena Aufiero ha deciso di tornare alle origini e portare avanti la piccola azienda di famiglia. L'annata 2004 segna il cambio di marcia dal conferimento alla vinificazione in proprio. La produzione è incentrata sul Greco di Tufo, che nell'areale di Santa Paolina, dove sorge la cantina, trova il suo territorio di elezione. A sostegno del lavoro di Marilena c'è il bravo enologo Vincenzo Mercurio.

VIGNE - I circa 7 ettari vitati di proprietà, piantati a greco, falanghina e aglianico, sono collocati a Santa Paolina (1,5 in località Picoli e 2,5 in località Paoloni) e a Montemiletto (2 in contrada Toppole), a circa 550 metri di altitudine. Dalle vigne nella località omonima, su terreni argilloso-calcarei e ricchi di azoto e potassio, nasce il Greco di Tufo Picoli, fiore all'occhiello della produzione aziendale.

VINI - Le tecniche tradizionali di vinificazione, tramandate in famiglia di generazione in generazione, esaltano le caratteristiche naturali dei vitigni e rispettano le condizioni ambientali.

Greco di Tufo Picoli 2018 ○ 4.000 bt; 19 € - Un'ottima interpretazione di Greco, che convince per l'inequivocabile profilo varietale. Le note di agrumi e zenzero si fondono ai richiami di pietra bagnata e grafite, e fanno da preludio a un sorso intenso, verticale e carnoso, dal deciso accento salino.
Greco di Tufo 2019 ○ 9.000 bt; 16 € - Ha un profilo olfattivo ben definito sulle note agrumate e minerali, con un sorso dalla freschezza quasi citrina, tagliente e sapido.

ha 7 - **bt** 25.000
Fertilizzanti sovescio
Fitofarmaci rame e zolfo
Diserbo nessun diserbo
Lieviti selezione di lieviti indigeni
Uve 100% di proprietà
Certificazione nessuna certificazione

SANT'ANGELO ALL'ESCA (AV)

TENUTA CAVALIER PEPE

SCONTO **-10%**

Via Santa Vara - tel. 0827 73766
www.tenutacavalierpepe.it - info@tenutacavalierpepe.it

VITA - Appena diciannovenne, Angelo Pepe lasciò Luogosano per trasferirsi in Belgio. Alcuni anni dopo fondò la tenuta che oggi porta il suo nome, ristrutturando i vecchi vigneti di famiglia (la sua era numerosissima, con ben 9 fratelli) e piantandone altri. Dal 2005 è la figlia maggiore Milena ad aver preso le redini dell'azienda: forte delle esperienze maturate in alcuni dei più importanti distretti viticoli d'oltralpe, si è concentrata sin da subito sull'accoglienza.

VIGNE - L'aglianico è protagonista indiscusso, anche se si è puntato molto in questi anni sulla coda di volpe, uva a bacca bianca tipica del comprensorio taurasino. Oltre ai vigneti intorno alla cantina, l'azienda possiede appezzamenti vitati nei siti di maggiore vocazione tra i comuni di Taurasi, Luogosano e, appunto, Sant'Angelo all'Esca. I terreni sono perlopiù argilloso-calcarei, ma sono evidenti gli affioramenti vulcanici.

VINI - Le lavorazioni sono semplici e gli interventi in cantina sono ridotti al minimo. L'obiettivo è di avere vini che siano espressione puntuale di un territorio, che nulla ha da invidiare a zone più blasonate.

Taurasi Loggia del Cavaliere Ris. 2014 ● 3.000 bt; 40 € - Ottima interpretazione del vitigno. Il profilo olfattivo è incentrato su note speziate, agrumate e di prugna; al palato è varietale e austero, con un'ottima progressione acido-sapida.
Irpinia Campi Taurasini Santo Stefano 2015 ● 15.000 bt; 17 € - Dalle uve coltivate intorno alla tenuta, ha un tannino fitto e alcol integrato, e beva incisiva e gastronomica.
Irpinia Coda di Volpe Bianco di Bellona 2019 ○ 25.000 bt; 10 € - C'è una discreta freschezza a supportare un sorso pieno e di buona eleganza, fruttato ed erbaceo.
Irpinia Rosato 3V 2019 ● 5.000 bt; 11 € - Agile, fruttato, sottile.

ha 60 - **bt** 420.000
Fertilizzanti organo-minerali, sovescio
Fitofarmaci chimici di sintesi, rame e zolfo
Diserbo lavorazione meccanica/manuale
Lieviti selezionati industriali
Uve acquisto 20%
Certificazione nessuna certificazione

SORBO SERPICO (AV)

FEUDI DI SAN GREGORIO

SCONTO -10%

Località Cerza Grossa - tel. 0825 986611
www.feudi.it - info@feudi.it

VITA - C'è Antonio Capaldo alla guida dell'azienda fondata nel 1986 dalle famiglie Capaldo ed Ercolino, affiancato, sin dal 2009, dall'agronomo friulano Pierpaolo Sirch. Stiamo parlando di una grande realtà, ormai consolidata anche in altre zone d'Italia, ma il cui cuore rimane ben saldo nel territorio irpino. Dopo il restyling è ripartito il ristorante Marennà, con la novità del teatro del vino allestito nella sala Balthazar.

VIGNE - Gli sforzi degli ultimi dieci anni, con una complessa attività di studio e di selezione clonale, hanno valorizzato il parco vitato. Le uve degli oltre 600 appezzamenti lavorati direttamente o indirettamente sono oggi vinificate separatamente: «abbiamo moltiplicato i piccoli vinificatori, che accolgono i grappoli di uno, al massimo due vigneti. Soltanto dopo avviene l'assemblaggio», ci è stato raccontato.

VINI - Fare vini semplici e di facile beva, senza sfoggio di muscoli, per mettere in risalto mineralità e acidità quasi "nordiche": è questa la filosofia produttiva di casa.

TOP **Greco di Tufo Cutizzi 2019** ○ 60.000 bt; 14 € - Dalla vigna omonima a Tufo, nei pressi delle vecchie miniere, nasce questo vino verticale e succoso, con grip e allungo acido-sapido.

Fiano di Avellino Pietracalda 2019 ○ 50.000 bt; 14 € - Profumato di zagara e frutta candita, ha un sorso ricco ma ben bilanciato da una sorprendente freschezza.

Taurasi Piano di Montevergine Ris. 2015 ● 12.000 bt; 29 € - Complesso, regala sensazioni olfattive di cenere, more e gelsi rossi. I tannini sono robusti ma ben lavorati; l'acidità assicura un discreto equilibrio.

Campanaro 2019 ○ fiano, greco; 20.000 bt; 19 € - Fresco, fruttato, armonico.

Pàtrimo 2017 ● merlot; 8.000 bt; 61 € - Avvolgente, fruttato, opulento.

Taurasi 2016 ● 60.000 bt; 19 € - Austero, speziato, complesso.

ha 300 - **bt** 3.500.000
Fertilizzanti sovescio
Fitofarmaci chimici di sintesi, rame e zolfo
Diserbo lavorazione meccanica/manuale
Lieviti selezionati industriali
Uve 100% di proprietà
Certificazione nessuna certificazione

SUMMONTE (AV)

GUIDO MARSELLA

Via Marroni, 1 - tel. 0825 691005
www.guidomarsella.com - cantine@guidomarsella.com

VITA - Guido Marsella non veniva da una famiglia di viticoltori, ma ebbe una geniale intuizione: allungare la maturazione dei vini sulle fecce fini e la loro permanenza in bottiglia prima di commercializzarli. Certo non fu semplice: «nel 1999 bussai alla porta di tanti ristoratori della costa per vendere il mio Fiano di Avellino del 1997. Molti mi accusarono di voler piazzare vino vecchio, invenduto. Stavo quasi per mollare». Per fortuna non è andata così.

VIGNE - I vigneti, circa 12 ettari a corpo unico, allevati a guyot, si trovano in località Campo di Maio, non distanti dalla cantina, a circa 600 metri di altitudine. Siamo nel Parco regionale del Partenio, sotto il santuario di Montevergine, in un contesto ambientale particolarmente suggestivo: la natura argilloso-calcarea dei terreni, la costante ventilazione e le forti escursioni termiche tra il giorno e la notte influenzano positivamente la viticoltura.

VINI - Guido non ha alcun dubbio: «il segreto è non avere fretta». Il suo Fiano di Avellino gioca sui tempi lunghi ed esce oggi dopo almeno due anni in cantina.

TOP **Fiano di Avellino 2017** VINO SLOW ○ 50.000 bt; 26 € - Guido ha interpretato alla perfezione un millesimo sicuramente non semplice, con un alternarsi di sole e pioggia nei giorni immediatamente precedenti la vendemmia. All'olfatto si svela una sottile traccia agrumata, accompagnata da note di frutta matura, sentori balsamici e affumicati; il sorso è ricco, avvolgente, ma al tempo stesso vibrante. Il finale, decisamente persistente, regala sensazioni idrocarburiche e di frutta secca.

ha 12 - **bt** 50.000
Fertilizzanti sovescio
Fitofarmaci rame e zolfo
Diserbo lavorazione meccanica/manuale
Lieviti selezionati industriali
Uve 100% di proprietà
Certificazione nessuna certificazione

SUMMONTE (AV)

CIRO PICARIELLO

SCONTO **-10%**

Via Marroni, 18/a - tel. 347 8885625
www.ciropicariello.it - ciropicariello65@gmail.com

VITA - Un percorso da vignaiolo iniziato negli anni Novanta per passione e curiosità, poi la svolta nel 2004 con la creazione della propria cantina: è questa la storia di Ciro Picariello. Al suo fianco la moglie Rita Guerriero e i figli Bruno, laureato in Viticoltura ed Enologia, ed Emma, che si occupa del marketing aziendale. La nuova cantina sorgerà in località Campo di Maio, a poca distanza dall'attuale centro aziendale.

VIGNE - Tutto è partito da poco più di un ettaro di vigna, ereditato dalla moglie Rita. Oggi gli ettari vitati sono 12, per la maggior parte a Summonte, su suoli prevalentemente argillosi: 4 in contrada Marroni, compresa la celebre particella 906 di fianco alla casa, e 2 a Campo di Maio; altri 3, invece, si trovano a Montefredane. Il greco viene coltivato in una vigna in conduzione ad Altavilla Irpina, l'aglianico arriva da Montemarano.

VINI - Le uve di ogni appezzamento vengono vinificate separatamente, poi assemblate. La sperimentazione di Ciro e del figlio Bruno procede mettendo a punto l'affinamento sulle fecce fini, ma anche la creazione delle basi spumante.

TOP **Fiano di Avellino 2019** VINO SLOW ○ 30.000 bt; 17 € - Costante riferimento per la denominazione, è un vino dotato di grande personalità e forte aderenza territoriale, blend del mosto fiore ottenuto dalle uve di Summonte e Montefredane in pari percentuale. Profuma di scorza di agrumi e fiori di campo, con soffusi richiami di cera d'api di sottofondo, e delicati accenni iodati. Il sorso, di affilata freschezza, vibra elegantemente tra le note agrumate e una mineralità affumicata ancora solo tratteggiata, e si conclude con un allungo salino.

ha 12 - **bt** 50.000
Fertilizzanti sovescio
Fitofarmaci rame e zolfo
Diserbo lavorazione meccanica/manuale
Lieviti selezionati industriali
Uve acquisto 15%
Certificazione nessuna certificazione

TAURASI (AV)

CANTINE FRATELLI ADDIMANDA

SCONTO **-10%**

Contrada Piana, 50 - tel. 347 1836610 - 349 3110855
www.cantineaddimandataurasi.it - info@cantineaddimandataurasi.it

VITA - Per Olga, Francesco e Gianluigi Addimanda la viticoltura è sempre stata una questione di famiglia: fu il nonno materno, Luigi Fratestefano, ad acquistare il fondo con annesso vigneto alle porte del paese al ritorno dall'America, ove era emigrato per lavoro. Dopo anni di conferimento alle altre cantine del territorio, il lento ma inesorabile calo del prezzo di vendita ha spinto i tre fratelli al grande passo: vinificare direttamente le proprie uve.

VIGNE - Nella "starseta" dietro alla cantina le vecchie viti di aglianico convivono con piante e alberi da frutto. Ci sono anche alcuni ceppi secolari di roviello bianco (grecomusc'), vitigno che era stato progressivamente abbandonato, forse a causa della scarsa resa. Da questi esemplari sono state prelevate le marze per i nuovi impianti dell'azienda, che oggi dispone di oltre 2,5 ettari con questa varietà, una superficie considerevole in rapporto agli ettari censiti nella provincia.

VINI - «Vogliamo conservare le nostre tradizioni», dice Gianluigi. E così: lunghe macerazioni e affinamento in legno per l'aglianico, vinificazione di uve leggermente surmature per il roviello bianco.

Taurasi Starse 2015 ● 2.000 bt; 36 € - Ampio, con sentori di prugna, cenere e arancia sanguinella; avvolgente e balsamico al palato, con un tannino robusto, ma ben disteso da acidità e sapidità.
Irpinia Campi Taurasini 2016 ● 3.300 bt; 18 € - La macerazione sulle bucce è più breve rispetto al Taurasi. Fruttato e speziato, ha sorso incisivo e verace, ed è tipico e assai gastronomico.
Aciniell 2018 ○ 2.000 bt; 17 € - L'acino piccolo, aciniell, appunto, nel dialetto locale, è una delle peculiarità del roviello bianco. Il profilo olfattivo è fruttato e floreale, leggermente affumicato; l'ingresso al palato è caldo e voluminoso, ma la freschezza comunque assicura un discreto slancio.

ha 7,5 - **bt** 10.000
Fertilizzanti letame in pellet, sovescio
Fitofarmaci rame e zolfo
Diserbo lavorazione meccanica/manuale
Lieviti selezionati industriali
Uve 100% di proprietà
Certificazione nessuna certificazione

TUFO (AV)

CANTINE DELL'ANGELO

SCONTO -10%

Via Santa Lucia, 32 - tel. 0825 998073
www.cantinedellangelo.com - info@cantinedellangelo.com

VITA - Angelo Muto è un vignaiolo vero: difficile non trovarlo in campagna insieme al papà Antonio. I suoi occhi brillano mentre parla del suo paese: «non potrei mai pensare di fare vino lontano da qui», confessa. Terza generazione di una famiglia di viticoltori, insieme alla moglie Franca Troisi nel 2006 ha scelto di vinificare le uve che prima conferiva: ad accompagnarlo, sin dagli esordi, l'enologo Luigi Sarno.

VIGNE - Torrefavale domina dall'alto il borgo di Tufo: circa un ettaro, di cui una piccola parte a raggiera avellinese, in una zona impervia. I suoli sono argillosi e gessosi, e la presenza di zolfo, pur significativa, è inferiore a quella delle vigne al di sopra delle vecchie miniere, in località Campanaro. A San Marco troviamo, invece, 3.000 metri di coda di volpe: secondo i nonni di Angelo lì veniva bene, perciò sono state recuperate alcune piante.

VINI - «Il Greco di Tufo deve avere acidità, tannino e colore; il mio anche decise note sulfuree», dice Angelo. La vinificazione, essenziale, contempla un lungo affinamento sulle fecce fini.

TOP **Greco di Tufo Miniere 2018** VINO SLOW ○ 15.000 bt; 21 € - Sa di agrumi e piccoli frutti rossi, con un sorso di vibrante acidità e con inconfondibili note sulfuree, che raccontano alla perfezione il territorio di cui è figlio. Da manuale!
Greco di Tufo Torrefavale 2018 ○ 4.000 bt; 26 € - Più "buccioso" e materico, ha un elegante corredo aromatico, con rimandi terrosi al naso. La beva è sapida e allungata.
Irpinia Coda di Volpe Del Nonno 2018 ○ 3.000 bt; 21 € - Da un'uva tuttora ammessa nel disciplinare del Greco di Tufo, storicamente utilizzata per smorzare le esuberanti acidità del greco (poi spiantata perché meno remunerativa). Ha profumi erbacei e di frutta a polpa bianca, e una beva senza fronzoli, dal sorso spesso ma di discreta freschezza.

ha 6,5 - **bt** 22.000
Fertilizzanti sovescio
Fitofarmaci rame e zolfo
Diserbo lavorazione meccanica/manuale
Lieviti fermentazione spontanea
Uve 100% di proprietà
Certificazione nessuna certificazione

TUFO (AV)

CANTINE DI MARZO

SCONTO -10%

Via Gaetano di Marzo, 2 - tel. 0825 998022
www.cantinedimarzo.it - info@cantinedimarzo.it

VITA - Nel 1648, un anno dopo essersi rifugiato a Tufo a causa della peste, Scipione di Marzo iniziò la costruzione del palazzo sovrastante le cantine: è da allora che parte la storia di una delle aziende vinicole più antiche del Sud Italia. Erede della famiglia, Ferrante di Somma ha guidato negli ultimi anni una complessa ristrutturazione aziendale, che ha portato, tra l'altro, all'affidamento della consulenza enologica a Vincenzo Mercurio.

VIGNE - Protagonista è ovviamente il vitigno greco, allevato su suoli argilloso-calcarei e ricchi di zolfo. In contrada Santa Lucia troviamo sia la vigna Ortale, sia la vigna Serrone: la prima è esposta a sud, sud-ovest, la seconda arriva quasi a 5 ettari, con esposizione sud, sud-est. La vigna Laure è, invece, in contrada San Paolo, a un'altitudine sensibilmente inferiore.

VINI - I tre cru vengono commercializzati dopo almeno un anno di permanenza in vetro, in ossequio alla personale convinzione di Ferrante: «per domare il greco ci vuole tanta bottiglia».

TOP **Greco di Tufo 2019** VINO QUOTIDIANO ○ 20.000 bt; 12 € - Profuma di agrumi e fiori bianchi, e impressiona per definizione del sorso, che è slanciato e succoso, minerale e persistente.
Greco di Tufo Ortale 2018 ○ 5.000 bt; 18 € - Fruttato e minerale all'olfatto, sapido ed elegante al palato.
M. Cl. Extra Brut 1930 greco; 1.500 bt; 16 € - La dedica è per il papà di Ferrante, Filippo di Somma, scomparso a ottobre 2019. Riposa 9 mesi sulle fecce fini e 18 mesi sui lieviti: fresco e verticale, ha buona cremosità.
Greco di Tufo Colle Serrone 2018 ○ 5.000 bt; 18 € - Avvolgente, fruttato, complesso.
Greco di Tufo Laure 2018 ○ 5.000 bt; 18 € - Incisivo, minerale, verticale.
Taurasi 2016 ● 2.000 bt; 20 € - Ampio, speziato, contrastato.

ha 21 - **bt** 100.000
Fertilizzanti organo-minerali, sovescio
Fitofarmaci rame e zolfo
Diserbo lavorazione meccanica/manuale
Lieviti selezionati industriali
Uve acquisto 10%
Certificazione nessuna certificazione

BENITO FERRARA

SCONTO **-10%**

Frazione San Paolo, 14/a - tel. 0825 998194
www.benitoferrara.it - info@benitoferrara.it

VITA - Sin dalla fine dell'Ottocento la famiglia Ferrara è dedita alla viticoltura, ma è stato Benito nel 1991 a intraprendere la via dell'imbottigliamento. Al timone ci sono oggi la figlia Gabriella e suo marito Sergio Ambrosino, anche se la quinta generazione già scalpita. «È per loro che non ci siamo fermati», ci ha detto Gabriella: è Lucia a occuparsi delle incombenze amministrative, mentre Antonio segue il papà nella cura dei vigneti e nel lavoro in cantina.

VIGNE - La vigna Cicogna è esposta a sud-est e si estende per circa 3 ettari nella frazione San Paolo, a 400 metri di quota. Benito riconobbe che le uve provenienti da questo fondo (così chiamato perché molti aironi vi si rifugiarono dopo l'alluvione del fiume Sabato del 1961) avevano una marcia in più, e così nel 1993 iniziò a vinificarle separatamente. Il resto della superficie vitata a greco è invece distribuito tra le località San Marco e Santo Stefano, sempre a Tufo.

VINI - Eleganza e ricchezza al sorso, ma senza rinunciare ad acidità e sapidità: è così che si può affrontare il tempo.

Greco di Tufo Vigna Cicogna 2019 O 21.000 bt; 21 € - 🍷 - Al naso si avvertono nitidi sentori agrumati e di pietra focaia. Al palato è pieno, secco e armonico, con un finale ammandorlato. Gli manca soltanto un po' di slancio, ma rimane una certezza.
Fiano di Avellino Sequenzha 2019 O 4.000 bt; 17 € - 🍷 - Di colore giallo oro, presenta note aromatiche di fiori bianchi, agrumi e frutta tropicale. Lunga ed elegante la persistenza gusto-olfattiva, con ricordi di nocciola tostata in chiusura.
Greco di Tufo Terra d'Uva 2019 O 30.000 bt; 17 € - 🍷 - Denso, minerale, elegante.
Irpinia Aglianico Vigna Quattro Confini 2018 ● 6.000 bt; 12 € - 🍽 - Ampio, fruttato, sapido.
Taurasi Vigna Quattro Confini 2016 ● 3.000 bt; 30 € - 🍽 - Avvolgente, tipico, complesso.

ha 19,5 - **bt** 70.000
Fertilizzanti nessun concime
Fitofarmaci rame e zolfo
Diserbo lavorazione meccanica/manuale
Lieviti selezionati industriali
Uve acquisto 5%
Certificazione nessuna certificazione

TORRICINO

SCONTO **-10%**

Località Torricino, 5 - tel. 0825 998119
www.torricino.it - info@torricino.it

VITA - Nella piccola cantina appena fuori il paese, lungo la statale che scorre quasi parallelamente al fiume Sabato, Stefano Di Marzo custodisce una botticella: il nonno Federico, mediatore di uve, non tornava a casa senza la sua provvigione (la "varrecchia", come è nota nel dialetto locale). Nel 2002, subito dopo la laurea in Enologia, Stefano ha preso in mano le redini dell'azienda, raccogliendo il testimone dal papà Vitantonio.

VIGNE - Il greco è ovviamente protagonista, con vigneti allevati a guyot e dislocati in alcune tra le zone più vocate di Tufo: Maurisi, Ripa ai Corvi, Serrone, Torricino e Vignale. È da quest'ultima località, a 300 metri di quota e su suoli calcareo-argillosi ricchi di zolfo, proprio sopra le vecchie miniere, che arrivano le uve destinate alla produzione del Raone. Il fiano è coltivato nella vicina Pratola Serra, l'aglianico invece arriva da Paternopoli.

VINI - I vini assecondano il carattere dell'annata e ricercano eleganza, pulizia olfattiva e freschezza acida.

TOP **Fiano di Avellino Serrapiano 2018** VINO SLOW
O 2.000 bt; 18 € - 🍷 - Un'intepretazione da manuale: eleganti note fruttate e floreali sono il preludio a sensazioni minerali, quasi rocciose. Il sorso è pieno, profondo e di lunga persistenza.
Greco di Tufo Raone 2018 O 3.000 bt; 18 € - 🍷 - Come per il Serrapiano, le uve fermentano con lieviti indigeni. Profuma di agrumi, ha densità e slancio al palato. Il sorso è caldo e strutturato, ma di prorompente acidità e innervato dal sale.
Taurasi Cevotiempo 2016 ● 3.000 bt; 24 € - 🍽 - Ci vuole tempo per prendere le misure con una varietà ostica come l'aglianico. Stefano lo sa bene, e anno dopo anno licenzia bottiglie sempre più interessanti. Ampio, fruttato e speziato, ha tannino robusto ma anche discreta armonia.
Greco di Tufo 2019 O 20.000 bt; 14 € - 🍷 - Fresco, fruttato, varietale.

ha 8 - **bt** 50.000
Fertilizzanti letame in pellet, organo-minerali
Fitofarmaci rame e zolfo
Diserbo lavorazione meccanica/manuale
Lieviti fermentazione spontanea, selezionati industriali
Uve 100% di proprietà
Certificazione nessuna certificazione

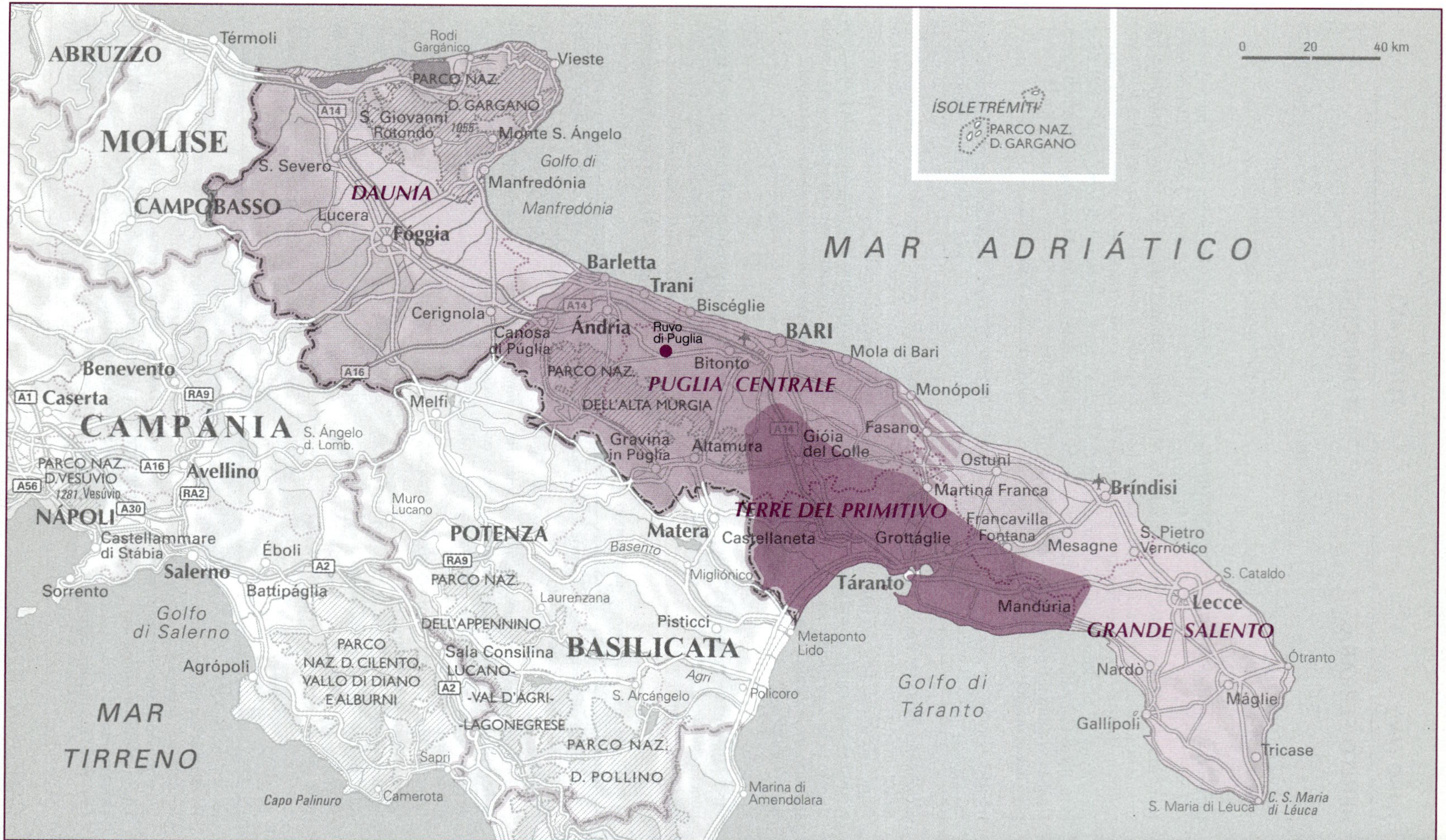
MAR ADRIÁTICO
0 20 40 km
ÍSOLE TRÉMITI
PARCO NAZ.
D. GARGANO
ABRUZZO
Térmoli
Rodi Gargánico
Vieste
PARCO NAZ.
D. GARGANO
S. Giovanni Rotondo
1055
Monte S. Ángelo
Golfo di Manfredónia
Manfredónia
MOLISE
S. Severo
DAUNIA
CAMPOBASSO
Lucera
Fóggia
Barletta
Trani
Biscéglie
Cerignola
Canosa di Puglia
Ándria
Ruvo di Puglia
BARI
Bitonto
Mola di Bari
PARCO NAZ.
DELL'ALTA MURGIA
PUGLIA CENTRALE
Monópoli
Benevento
Caserta
Melfi
CAMPÁNIA
S. Ángelo d. Lomb.
Gravina in Puglia
Altamura
Gióia del Colle
Fasano
Ostuni
PARCO NAZ.
D.VESÚVIO
1281 Vesúvio
Avellino
NÁPOLI
Brindisi
Martina Franca
Muro Lucano
TERRE DEL PRIMITIVO
Francavilla Fontana
Castellammare di Stábia
POTENZA
Matera
Castellaneta
Grottáglie
Mesagne
S. Pietro Vernótico
Éboli
Basento
Salerno
Sorrento
Battipáglia
PARCO NAZ.
Migliónico
Táranto
S. Cataldo
Laurenzana
Lecce
Mandúria
Golfo di Salerno
DELL'APPENNINO
Pisticci
GRANDE SALENTO
Metaponto Lido
PARCO
NAZ. D. CILENTO,
VALLO DI DIANO
E ALBURNI
Sala Consilina
LUCANO-
-VAL D'AGRI-
-LAGONEGRESE
BASILICATA
Agri
Agrópoli
S. Arcángelo
Policoro
Golfo di Táranto
Nardò
Ótranto
Máglie
MAR TIRRENO
Gallípoli
PARCO NAZ.
D. POLLINO
Sapri
Tricase
Capo Palinuro
Camerota
Marina di Amendolara
S. Maria di Léuca
C. S. Maria di Léuca
A14
A16
A1
RA9
A56
A30
RA2
A2

PUGLIA

La situazione di emergenza in cui siamo stati catapultati negli ultimi mesi ha influenzato non poco il racconto in questa edizione della guida, soprattutto per la scelta commerciale da parte di molte aziende di rimandare l'uscita di alcune referenze, decidendo quindi di prolungare gli affinamenti in bottiglia, soprattutto per i rossi più importanti, in attesa che la situazione del mercato torni alla normalità. Nonostante questo, il quadro che ne viene fuori conferma che la Puglia è una regione in piena maturità e ricca di stimoli. La viticoltura ha raggiunto livelli di sostenibilità degni di nota e le aziende che si convertono al biologico o che hanno già la certificazione sono in continuo aumento. Il danno subito nell'olivicoltura a causa della xylella ha messo in allarme molte aziende – sono tante le realtà vitivinicole che producono anche olive da olio o da mensa –, che hanno così sviluppato una sensibilità maggiore verso pratiche colturali sostenibili, nella convinzione che questo sia l'unico modo per salvaguardare la produzione e garantire la sopravvivenza di un'economia intera. Nel quadro generale, tra video-chiacchierate e assaggi dei campioni inviati, sottolineiamo l'ottima impressione che ci hanno lasciato i vini di Daunia e Puglia centrale: una prova complessiva molto interessante, che testimonia la grande crescita della zona. I produttori confermano di aver intrapreso la giusta strada lavorando l'uva di Troia senza le sovrastrutture di un tempo, e facendo emergere quella freschezza che alleggerisce il sorso, portando il Nero di Troia a livelli qualitativi che nulla hanno da invidiare ai cugini del sud della Puglia, Primitivo e Negroamaro. Nelle Terre del Primitivo le notizie interessanti riguardano il Primitivo di Gioia: sembra aver ritrovato quella freschezza che lo ha sempre caratterizzato rispetto alla struttura e alla possanza del Primitivo di Manduria, che da par suo continua a stupire anche in annate calde come le ultime, grazie alla fragranza ritrovata in molte etichette. Dal Grande Salento tante conferme e poche novità: quella più rilevante sembra essere che questo lembo di terra ha smesso di dover dimostrare le proprie potenzialità anno dopo anno, come se fosse sempre sotto esame, grazie all'ulteriore grande prova dei rosa da uve negroamaro, nonostante vengano da un'annata non ottimale come la 2019, e l'ottima impressione dei Negroamaro più immediati o dei vini da uve ottavianello e susumaniello, che non hanno fatto rimpiangere l'assenza di molte delle etichette più blasonate.

le Bottiglie

932 Agricole Alberto Longo
927 Antica Enotria
965 Attanasio
948 Alessandro Bonsegna
955 Michele Calò & Figli
926 Ognissole
Tenuta di Cefalicchio
928 Cantine Carpentiere
954 Castel di Salve
925 Giancarlo Ceci
936 d'Araprì
965 Felline
969 Gianfranco Fino
943 Garofano Vigneti e Cantine
966 Morella
944 Palamà
961 Pietraventosa
926 Rivera
939 Rosa del Golfo
946 Cosimo Taurino
946 Vallone

le Monete €

959 Amastuola
927 Michele Biancardi
942 Cupertinum
Cooperativa di Copertino
949 Greco
933 Paolo Petrilli
950 Torre Ospina
970 Vinicola Savese

DAUNIA E PUGLIA CENTRALE

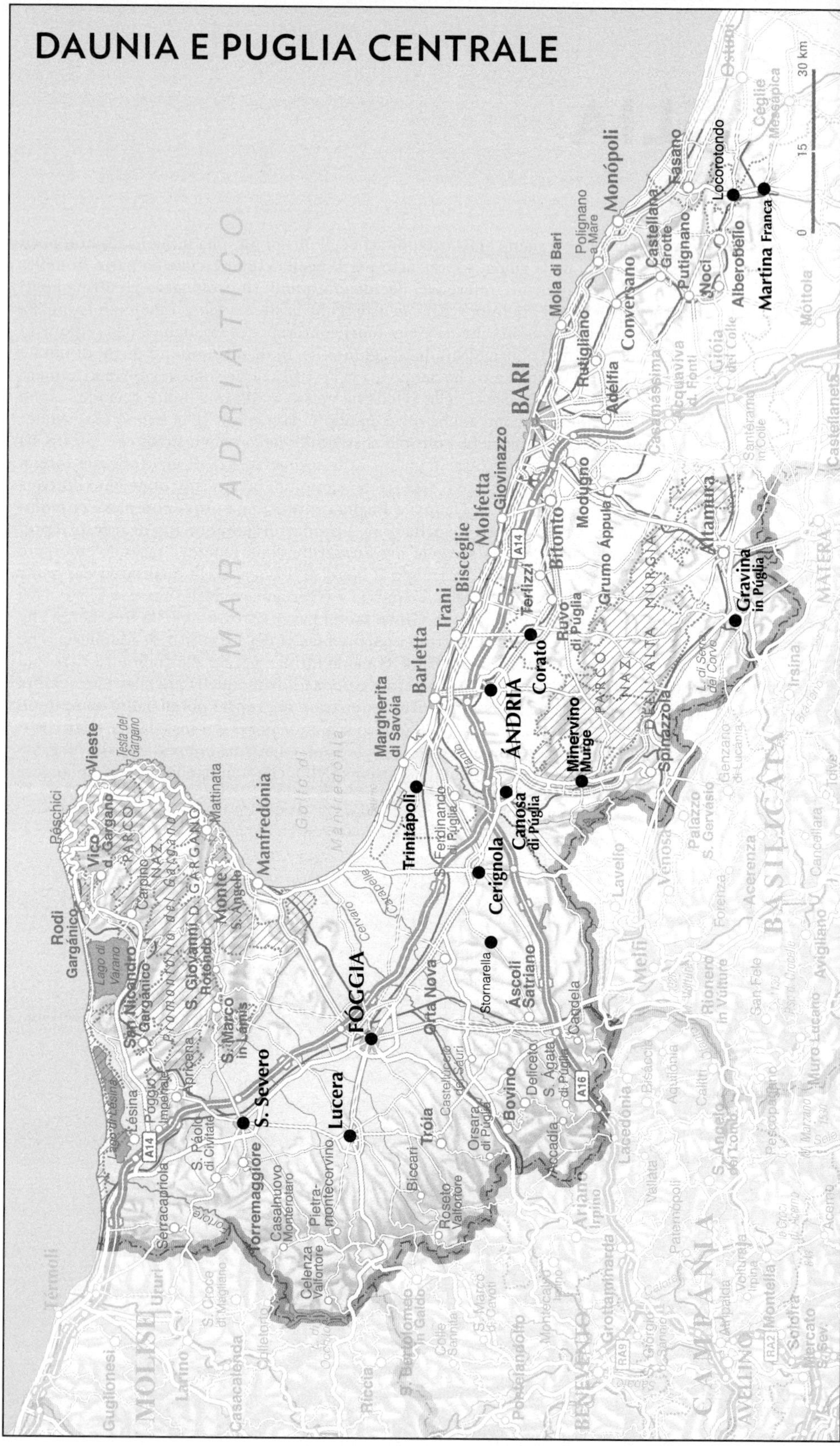

ANDRIA

GIANCARLO CECI

SCONTO **-10%**

Contrada Sant'Agostino - tel. 0883 565220
www.giancarloceci.com - info@agrinatura.net

VITA - Giancarlo Ceci è cresciuto nell'azienda agricola di famiglia che vanta ben 200 anni di storia, a metà strada tra Castel del Monte e il mare. I 70 ettari di bosco della tenuta sono stati il suo parco giochi da bambino, e qui ha sviluppato un profondo e viscerale attaccamento alla terra. Il suo percorso si è poi completato con gli studi in agraria, in particolare in zootecnia. È sempre stato un fautore dell'agricoltura estensiva, e recentemente ha reintrodotto in azienda l'allevamento di animali.

VIGNE - L'azienda nei 350 ettari di proprietà produce in biodinamica, oltre al vino, ortaggi, olio extravergine di oliva e conserve. Le viti sono allevate a cordone speronato bilaterale su terreni calcarei ricchi di scheletro. Il vigneto è seguito da Giancarlo, mentre in cantina c'è Michele Paolicelli. Lorenzo Landi è il consulente enologo esterno.

VINI - Lo stile aziendale è caratterizzato da una costante ricerca di equilibrio in vigna, in modo da esprimere nei vini la schietta identità del territorio.

TOP **Castel del Monte Rosso Parco Grande 2019** VINO QUOTIDIANO ● 200.000 bt; 11 € - Ha freschezza da vendere e profuma di spezie e frutti rossi. Il sorso è scorrevole e appagante.
Castel del Monte Nero di Troia Parco Marano 2017 ● 20.000 bt; 19 € - Grande materia prima, che si esprime su toni floreali e speziati. Il sorso è armonico, con tannini finissimi, e il finale di buona fattura.
Castel del Monte Bombino Bianco Panascio 2019 O 30.000 bt; 11 € - Delicato sia al naso sia in bocca, si muove su toni minerali e di erbe aromatiche, ed è molto sapido.
Castel del Monte Rosato Almagia 2019 4.000 bt; 14 € - Agile, speziato, sapido.
Almagia 2019 O moscato, bombino bianco; 7.000 bt; 14 € - Avvolgente, floreale, espressivo.
Castel del Monte Bombino Nero Parchitello 2019 20.000 bt; 14 € - Fine, fruttato, delicato.

ha 70 - **bt** 350.000
Fertilizzanti preparati biodinamici, sovescio
Fitofarmaci rame e zolfo
Diserbo lavorazione meccanica/manuale
Lieviti fermentazione spontanea, selezionati industriali
Uve 100% di proprietà
Certificazione biodinamico e biologico certificato

ANDRIA

CONTE SPAGNOLETTI ZEULI

SCONTO **-10%**

Contrada San Domenico - S.P. 231, km 21 - tel. 0883 569511
www.contespagnolettizeuli.it - c.szo@contespagnolettizeuli.it

VITA - Onofrio Spagnoletti Zeuli è al timone di questa storica e secolare azienda da tanti anni, ma da sempre la guida con il piglio del contadino profondamente innamorato del suo territorio, seguendo tutte le fasi di produzione sia del vino, sia dell'olio extravergine di oliva. In cantina il consulente enologo Leonardo Pinto segue le operazioni con Francesco Pastore. L'azienda è molto impegnata sul versante della sostenibilità.

VIGNE - Il patrimonio viticolo è diviso in due tenute non molto distanti l'una dall'altra, Zagaria e San Domenico. Sono situate ad altitudini che vanno dai 150 ai 250 metri, e i suoli sono di origine calcareo-tufacea, di medio impasto. L'allevamento è a spalliera con potatura a guyot. Nella tenuta Zagaria da non perdere la visita della cantina ipogeo del Settecento.

VINI - Lo stile aziendale ricerca nei vini facilità di beva e armonia, ma il carattere e la personalità sono di serie.

Castel del Monte Nero di Troia Vigna Grande 2017 ● 25.000 bt; 9 € - Materia prima guizzante, che gioca sul fruttato e il balsamico; i tannini molto fitti danno austerità, ma il risultato complessivo è armonico.
Castel del Monte Nero di Troia 23 Settembre Ris. 2016 ● 30.000 bt; 18 € - Si apre austero, con un frutto ben integrato nei sentori dati dal legno di affinamento; il sorso è armonico e di grande struttura, con tannini finissimi.
Castel del Monte Bombino Nero Colombaio 2019 25.000 bt; 13 € - Molto godibile e fresco, con un profilo olfattivo fruttato fresco e di erbe aromatiche. In bocca è vibrante e dotato di bella sapidità.
Castel del Monte Nero di Troia Il Rinzacco Ris. 2017 ● 15.000 bt; 14 € - Succoso, speziato, compatto.
Pagliaia 2019 O bombino bianco; 20.000 bt; 9 € - Agile, floreale, sapido.
Jody 2019 O fiano; 30.000 bt; 9 € - Succoso, fruttato, sapido.

ha 120 - **bt** 600.000
Fertilizzanti letame, organo-minerali
Fitofarmaci rame e zolfo
Diserbo lavorazione meccanica/manuale
Lieviti selezionati industriali
Uve 100% di proprietà
Certificazione nessuna certificazione

ANDRIA

RIVERA

SCONTO **-10%**

Strada Provinciale 231, km 60,5 - tel. 0883 569510
www.rivera.it - info@rivera.it

VITA - Questa azienda nata sul finire degli anni Quaranta ha fatto la storia del vino in Puglia, con una costante spinta innovatrice: la prima bottiglia con etichetta è del 1950. Carlo De Corato, 82 anni, segue ancora la parte agronomica affiancato dal figlio Marco, che si occupa anche dell'amministrazione. L'altro figlio, Sebastiano, segue la gestione generale, con un focus su commerciale e marketing. In cantina c'è Angelo Mauriello, con la consulenza di Marco Bernabei.

VIGNE - Gli ultimi tendoni sono stati spiantati quest'anno e ora tutto il vigneto è a spalliera, allevato a cordone speronato o a guyot. Due i corpi distinti, uno vicino alla cantina a 200 metri di altitudine con terreno calcareo-tufacei di sedimentazione marina, l'altro a pochi chilometri di distanza, a 350 metri di altitudine, sulla Murgia, con suoli calcareo-rocciosi, dove vengono allevati perlopiù vitigni a bacca bianca.

VINI - Lo stile aziendale ricerca vini con personalità e carattere, precisi, puliti, e di spiccata freschezza acida.

TOP **Castel del Monte Nero di Troia Violante 2018** VINO QUOTIDIANO ● 25.000 bt; 8 € - Si conferma di ottimo livello anche quest'anno, con eccellente materia prima, godibile e succosa.

Castel del Monte Nero di Troia Puer Apuliae 2015 ● 6.500 bt; 25 € - Si esprime con un bel frutto compatto e sentori del legno di affinamento perfettamente integrati. Il sorso, nonostante la buona struttura, scivola come seta.

Castel del Monte Bombino Bianco Marese 2019 ○ 40.000 bt; 6 € - Aderente al vitigno, è floreale, con spiccate acidità e sapidità.

Castel del Monte Rosso Il Falcone Ris. 2015 ● 170.000 bt; 15 € - Austero, speziato, complesso.

Scariazzo 2019 ○ fiano; 17.000 bt; 9 € - Fresco, fruttato, sapido.

Castel del Monte Bombino Nero Pungirosa 2019 ● 75.000 bt; 7 € - Fresco, fruttato, delicato.

ha 75 - **bt** 1.100.000
Fertilizzanti letame
Fitofarmaci chimici di sintesi, rame e zolfo
Diserbo lavorazione meccanica/manuale
Lieviti selezionati industriali
Uve acquisto 15%
Certificazione nessuna certificazione

CANOSA DI PUGLIA (BT)

OGNISSOLE - TENUTA DI CEFALICCHIO

Contrada Cefalicchio - Strada Provinciale 143, km 2
tel. 0972 771033 - www.ognissole.it - info@ognissole.it

VITA - Azienda nata nel 1992 per opera della famiglia Rossi e certificata biodinamica dal 2002, nel 2015 è passata in mano alla famiglia Capaldo di Feudi San Gregorio; quest'ultima nel 2019 ne ha affidato la gestione alla ligure Viviana Malafarina, che contemporaneamente continua l'ottimo lavoro portato avanti con la cantina Basilisco nel Vulture. Viviana, che cura ogni aspetto della produzione, dopo aver preso le misure ed essersi innamorata del territorio ha maturato idee chiare su come esprimere al massimo le potenzialità delle sue uve.

VIGNE - I vigneti sono nell'agro di Canosa di Puglia a 300 metri di altitudine, dove il terreno è calcareo, tufaceo e sedimentario marino. Unica eccezione 1,5 ettari di primitivo nella zona di Gioia del Colle, a 400 metri di altitudine su un terreno calcareo misto. Dei vigneti si occupano Antonio Scaringella, storico fattore, e Pierpaolo Sirch, agronomo. Consulente per la biodinamica è Gaetano Morella.

VINI - Lo stile aziendale predilige la massima espressione identitaria di ogni vitigno: i vini devono avere carattere e freschezza.

TOP **Castel del Monte Nero di Troia Romanico 2017** VINO SLOW ● 13.000 bt; 18 € - Una ventata di freschezza con sentori floreali, balsamici e leggermente speziati. I tannini sono in grande quantità, e con qualche anno di bottiglia potranno essere domati. Il finale è di grande fattura.

Castel del Monte Rosso Brecciato 2017 ● 30.000 bt; 13 € - Il sorso pieno e soddisfacente, con una bella speziatura dolce, ha una buona vena acida che dona equilibrio alla struttura. Molto godibile.

Castel del Monte Bianco Pietraia 2019 ○ 13.000 bt; 14 € - Minerale e fresco, ha un palato armonico e sapido.

Jalal 2019 ○ moscato bianco; 5.500 bt; 18 € - Vibrante, floreale, sapido.

Castel del Monte Rosato Pontelama 2019 ● 6.500 bt; 14 € - Schietto, speziato, delicato.

ha 27 - **bt** 70.000
Fertilizzanti compost, letame, preparati biodinamici, sovescio
Fitofarmaci rame e zolfo
Diserbo lavorazione meccanica/manuale
Lieviti fermentazione spontanea
Uve 100% di proprietà
Certificazione biodinamico certificato, biologico certificato

CERIGNOLA (FG)

ANTICA ENOTRIA

SCONTO **-10%**

Masseria Contessa Staffa - tel. 0885 418462
www.anticaenotria.it - info@anticaenotria.it

VITA - Antica Enotria è entrata di diritto tra le migliori realtà enologiche pugliesi, grazie al grande lavoro e alla scrupolosità che Luigi Di Tuccio ha dimostrato fin da quando ha raccolto il testimone lasciatogli dal padre Raffaele. Anno dopo anno, Luigi ha saputo migliorare costantemente. Contribuiscono ai lavori Giuseppe Bonavita e il consulente enologo Aldo Aiello.

VIGNE - I 20 ettari vitati si articolano in vari appezzamenti attorno alla masseria di Contessa della Staffa, edificio agricolo nobiliare del Settecento ridotto a un rudere, recuperato e riportato a nuova vita da papà Raffaele. I vigneti insistono su terreni ricchi di sedimenti alluvionali e calcarei.

VINI - Difficile trovare un'etichetta che non meriti attenzione in tutta la gamma dei vini. Precisione, freschezza e spiccata identità sono la cifra stilistica che contraddistingue l'azienda.

TOP **Il Sale della Terra 2016** VINO SLOW ● uva di Troia; 3.000 bt; 20 € - - Dal frutto croccante, balsamico e speziato, è lungo e cesellato, con un tannino addomesticato dal lungo affinamento. Un vino che dimostra il grande potenziale del vitigno dal quale proviene: superlativo!
TOP **Nero di Troia 2017** VINO QUOTIDIANO ● 4.000 bt; 12 € - - Ha un tannino presente ma ben integrato. Un altro modo di interpretare l'uva di Troia, con meno complessità ma immutata piacevolezza nel sorso.
Contessa Staffa 2019 montepulciano, uva di Troia; 4.000 bt; 9 € - - Altra ottima prova per questo vino rosa che bilancia perfettamente la struttura con la freschezza e la dinamicità di una vinificazione condotta magistralmente.
Falanghina 2019 ○ 4.000 bt; 10 € - - Dinamico, floreale, salino.
Fiano 2019 ○ 4.000 bt; 10 € - - Fresco, floreale, sapido.

ha 20 - **bt** 90.000
Fertilizzanti compost, letame in pellet, sovescio
Fitofarmaci organici, rame e zolfo
Diserbo lavorazione meccanica/manuale
Lieviti selezione di lieviti indigeni
Uve 100% di proprietà
Certificazione biologico certificato

CERIGNOLA (FG)

MICHELE BIANCARDI €

SCONTO **-10%**

Contrada Viro, 14 - Strada Provinciale 68, km 3,2 - tel. 339 4912659
www.michelebiancardi.it - info@michelebiancardi.it

VITA - La famiglia Biancardi si dedica all'agricoltura da generazioni, ma è stato con l'arrivo in azienda di Michele che è iniziata l'avventura vitivinicola, con l'obiettivo di raggiungere anche in questo comparto l'eccellenza dimostrata nelle altre colture da papà Carmine. Michele si avvale oltre ai consigli di papà anche della consulenza dell'enologo Michelangelo Perrone.

VIGNE - Questa azienda agricola a tutto tondo, con produzione di qualità anche di frutta e olive da mensa, destina 9 dei quasi 200 ettari totali alla viticoltura. Le vigne sono state messe a dimora dopo lo scasso del terreno, vista la natura carsica della zona.

VINI - I vini di Biancardi sono contraddistinti dal timbro minerale e iodato, dovuto alle caratteristiche del terreno su cui vengono coltivati i vigneti.

TOP **L'Insolito 2019** VINO QUOTIDIANO ○ minutolo; 10.000 bt; 11 € - - La buona prova del secondo bianco prodotto dall'azienda dimostra la vocazione alla produzione di questa tipologia. Si apre con le note aromatiche del vitigno, in bocca risulta fresco e armonico, e finisce con una piacevole nota agrumata.
Solo Fiano 2019 ○ 12.000 bt; 10 € - - Si conferma uno dei bianchi più espressivi della regione, bilanciato tra spalla acida e note iodate, con un sorso pieno e di lunga persistenza.
Mille Ceppi 2017 ● uva di Troia; 4.500 bt; 20 € - - Per domare l'irruenza del tannino del vitigno e conferire morbidezza al vino viene svolta una leggera surmaturazione delle uve, poi il lungo affinamento tra acciaio e contenitori in terracotta gli dona equilibrio e persistenza.
Rosalia 2019 uva di Troia; 10.000 bt; 9 € - - Fresco, fruttato, gastronomico.
Anima di Nero 2017 ● uva di Troia; 10.000 bt; 12 € - - Ampio, fruttato, armonico.

ha 9 - **bt** 60.000
Fertilizzanti sovescio
Fitofarmaci rame e zolfo
Diserbo lavorazione meccanica/manuale
Lieviti fermentazione spontanea, selezionati industriali
Uve 100% di proprietà
Certificazione biologico certificato

CORATO (BA)

CANTINE CARPENTIERE

SCONTO -10%

Strada Esterna Bagnoli - tel. 080 9697725
www.cantinecarpentiere.it - info@cantinecarpentiere.it

VITA - Nel 1997 i fratelli Enzo e Luigi Carpentiere, spinti da un forte amore per il loro territorio, hanno deciso di creare la loro azienda vitivinicola in una vecchia proprietà materna a pochi passi da Castel del Monte, una fattoria con uno splendido jazzo di un ettaro che fino a un secolo fa era dedicata alla pastorizia. Nel 2005 c'è stata la prima vinificazione.

VIGNE - Nei giorni di tramontana, dal vigneto a pochi passi dalla cantina, nel Parco dell'Alta Murgia, si gode di una splendida vista: da una parte Castel del Monte e dall'altra il mare. I vigneti sono situati a 450 metri di altitudine su terreni calcarei drenanti e ricchi di scheletro. Sono seguiti dai due fratelli con la collaborazione di Valentina Ciccimarra, che opera anche in cantina.

VINI - Lo stile aziendale ricerca la massima espressione identitaria dei vitigni di Castel del Monte, che danno freschezza e austerità.

TOP **Castel del Monte Nero di Troia Armentario Ris. 2014** VINO SLOW ● 6.000 bt; 21 € - Una materia prima eccellente, che si esprime su note evolute e balsamiche, con un tannino finissimo e cesellato. Di grande fattura.
Castel del Monte Nero di Troia Pietra dei Lupi 2016 ● 30.000 bt; 11 € - Grande armonia, con una interpretazione un po' più calda del solito. Un bel frutto maturo che si integra bene con tannini levigati e acidità molto gradevole.
Come d'Incanto ○ uva di Troia; 20.000 bt; 11 € - Avvolgente, con note di frutta matura e sentori minerali, in bocca ha grande armonia e un finale molto soddisfacente. Essendo un vino da tavola non viene riportata l'annata in etichetta, ma è un vino della vendemmia 2019.
Castel del Monte Colle dei Grillai 2017 ● 6.000 bt; 9 € - Schietto, fruttato, integro.
Castel del Monte Bombino Nero Primaluce 2019 ● 6.000 bt; 11 € - Fresco, floreale, gastronomico.

ha 19 - **bt** 90.000
Fertilizzanti compost
Fitofarmaci rame e zolfo
Diserbo lavorazione meccanica/manuale
Lieviti selezione di lieviti indigeni
Uve 100% di proprietà
Certificazione nessuna certificazione

CORATO (BA)

SANTA LUCIA

SCONTO -10%

Strada San Vittore, 1 - tel. 080 8721168 - 081 7642888
www.vinisantalucia.com - info@vinisantalucia.com

VITA - Roberto Perrone Capano è l'ultimo di una lunga discendenza a prendersi cura dell'antica azienda di famiglia, nata nel 1628. La mappa dei vigneti risale al 1849. È coadiuvato in azienda da Antonio Zitoli, uomo d'altri tempi che parla poco ma agisce molto. Antonio opera sia in vigneto sia in cantina. Completano la squadra l'agronomo Alfredo Tocchini ed Emilia Tartaglione, l'enologa.

VIGNE - L'azienda è formata da una villa e una cantina, edificate nel 1822, circondate quasi esclusivamente da vigneto. Solo il Riserva Le More viene prodotto in un vigneto a pochi chilometri di distanza, chiamato Castigliola. Siamo nella parte settentrionale della Murgia barese, a 250 metri di altitudine, su terreni quasi pianeggianti. La composizione dei suoli è perlopiù calcarea, l'allevamento è a guyot singolo, ad alta intensità di impianto.

VINI - Lo stile aziendale predilige vini predisposti a lungo invecchiamento, dal forte carattere e personalità, che ricercano armonia tra il frutto e l'austerità.

Castel del Monte Rosso 0.618 Ris. 2012 ● 500 bt; 39 € - Campione di austerità, nonostante i cinque anni di bottiglia ha tannini serrati e monolitici. Pian piano si apre a sentori balsamici e speziati. È teso e compatto, e chiude con un bel finale pulito.
Gazza Ladra 2019 ○ fiano; 4.000 bt; 12 € - Complesso, ampio, con belle note minerali e di erbe di campo. Sapido e succoso, chiude con un finale molto soddisfacente.
Castel del Monte Nero di Troia Il Melograno 2017 ● 25.000 bt; 15 € - Si apre al naso con un leggero boisè e un bel fruttato fresco. Il sorso è caratterizzato da tannini fitti e incisivi.
Castel del Monte Bombino Nero Fior di Ribes 2019 ● 2.000 bt; 14 € - Croccante, fruttato, sapido.

ha 14 - **bt** 45.000
Fertilizzanti letame in pellet, sovescio
Fitofarmaci rame e zolfo
Diserbo lavorazione meccanica/manuale
Lieviti selezionati industriali
Uve 100% di proprietà
Certificazione biologico certificato

CORATO (BA)

TORREVENTO

Strada Provinciale 234, km 10,6 - tel. 080 8980923
www.torrevento.it - accoglienza@torrevento.it

VITA - Una storia che inizia a fine anni Quaranta con l'acquisto di un ex monastero benedettino e di 57 ettari di vigneto nella Murgia barese, a pochi chilometri da Castel del Monte. Nel frattempo gli ettari vitati sono diventati 500 e l'azienda è ora una moderna e funzionale attività di produzione e commercializzazione vinicola che non ha perso identità. Francesco Liantonio anima il progetto con il cugino Gianrocco e Alessandra Tedone.

VIGNE - Il grande patrimonio viticolo si divide in una metà di proprietà, a conduzione biologica, e il resto in affitto in regime convenzionale. Il vigneto è composto prevalentemente da vitigni autoctoni e insiste su suoli calcareo-argillosi di medio impasto. L'allevamento è a cordone speronato o a guyot. Nel team tecnico l'enologo Leonardo Palumbo e l'agronomo Domenico Di Gennaro.

VINI - Lo stile aziendale ricerca vini di grande armonia e equilibrio, dotati di slancio e di buona freschezza.

Castel del Monte Rosso Bolonero 2019 ● 300.000 bt; 9 € - - Bel naso compatto di spezie ed erbe aromatiche. Il sorso offre una bella polpa, con tannini levigati e piacevole acidità.
Castel del Monte Nero di Troia Ottagono Ris. 2015 ● 240.000 bt; 20 € - - Grande materia prima che si esprime con precisione e suadenza. In bocca è fresco, con tannini fitti e maturi.
Torre del Falco Nero di Troia 2019 ● uva di Troia; 240.000 bt; 9 € - - Buona armonia e piacevolezza, con sentori di fruttato fresco e grande freschezza.
Bacca Rara 2019 O bombino bianco, chardonnay; 40.000 bt; 14 € - - Croccante, fruttato, sapido.
Castel del Monte Bombino Nero Veritas 2019 ● 40.000 bt; 10 € - - Fresco, fruttato, armonico.
Kebir 2018 ● nero di Troia, cabernet sauvignon; 60.000 bt; 15 € - - Austero, fruttato, avvolgente.

ha 500 - **bt** 3.500.000
Fertilizzanti compost
Fitofarmaci rame e zolfo
Diserbo lavorazione meccanica/manuale
Lieviti selezionati industriali
Uve 100% di proprietà
Certificazione parte dei vigneti in regime biologico

FOGGIA

BORGO TURRITO

SCONTO **-10%**

Frazione Borgo Incoronata - Via Borgo Incoronata 775/a
tel. 0881 810141 - www.borgoturrito.it - info@borgoturrito.it

VITA - Il progetto di Luca Scapola è ormai una realtà solida e affermata, portata avanti con sicurezza e determinazione, pur tra mille difficoltà. Da oltre 10 anni ha preso le redini dell'azienda di famiglia dopo gli studi da enotecnico, e fin da subito ha puntato a migliorare i metodi di coltivazione in vigna e la tecnica di produzione in cantina, dove si avvale della preziosa collaborazione di Ciro Barrasso.

VIGNE - I 15 ettari di vigneto sono divisi tra Borgo Incoronata, in una vasta area naturale che si estende tra il torrente Cervaro e il Parco Regionale di Bosco Incoronata, e l'agro di Ortanova. I terreni sono prevalentemente pianeggianti, con suoli argillosi e poveri di scheletro. I vecchi impianti a tendone sono stati ampliati con i nuovi vigneti a spalliera per le uve a bacca nera e a guyot per le uve a bacca bianca.

VINI - Luca non manca di sperimentare nuovi percorsi per i suoi vini e per l'uva di Troia in particolare, nel rispetto delle caratteristiche varietali e senza dimenticare la sua passione per la vinificazione in rosa.

Lingue di Terra 2015 ● uva di Troia; 1.458 bt; 43 € - - Interpretazione del vitigno con lunghi affinamenti che donano ampie e complesse note di erbe e spezie, sorrette da un'ottima materia prima.
Troquè 2018 ● uva di Troia; 8.000 bt; 15 € - - Dal naso stratificato di frutta matura, spezie e sensazioni balsamiche, ha un sorso fresco, persistente ed equilibrato.
Calarosa 2019 ● uva di Troia; 35.000 bt; 9 € - - Croccante il sorso, con frutta in evidenza e bella mineralità, e un finale di tendenza dolce.
Terra Cretosa Nero di Troia 2018 ● 15.000 bt; 9 € - - Agile, fruttato, delicato.
Terra Cretosa Falanghina 2019 O 12.000 bt; 9 € - - Fresco, fruttato, corto.
Terra Cretosa Rosato 2019 ● aleatico; 2.000 bt; 10 € - - Fresco, fruttato, dolciastro.

ha 15 - **bt** 80.000
Fertilizzanti letame, sovescio
Fitofarmaci chimici di sintesi, rame e zolfo
Diserbo lavorazione meccanica/manuale
Lieviti selezionati industriali
Uve 100% di proprietà
Certificazione nessuna certificazione

GRAVINA IN PUGLIA (BA)

BOTROMAGNO VIGNETI & CANTINE

SCONTO **-10%**

Via Archimede, 24 - tel. 080 3265865 - 338 1485037
www.botromagno.it - info@botromagno.it

VITA - Dopo aver rilevato la Cantina Sociale di Gravina nel 1991, grazie all'intraprendenza e lungimiranza della famiglia D'Agostino, l'attività di questa rilevante realtà enologica pugliese ha avuto inizio. Oggi i fratelli Alberto e Beniamino D'Agostino continuano a produrre vini nel bellissimo territorio dell'alta Murgia, perseguendo con impegno e passione il percorso di valorizzazione dei vitigni autoctoni.

VIGNE - I vigneti di proprietà sono situati in una delle zone più antiche e suggestive del comprensorio di Gravina, una bellissima cittadina situata sull'orlo di un solco carsico. I terreni sono molto differenti l'uno dall'altro: di terra nera, ciottolosi e calcareo-tufacei. Ogni vitigno ha il suo habitat che contraddistingue e valorizza ciascuna tipologia di vino. Non mancano escursioni termiche e ventilazione.

VINI - In una terra unica, storicamente vocata per la viticoltura, vengono prodotti vini eleganti, sia bianchi, come da predominante vocazione aziendale, sia rossi. Vi è un perfetto connubio tra qualità e tutela del territorio.

Gravina 2019 O greco, malvasia; 60.000 bt; 12 € - - È tra i bianchi più antichi d'Italia e deve alla famiglia D'Agostino la valorizzazione e l'esclusiva produzione. A base di uve greco e malvasia, è fragrante e si apre con ampie note fruttate. Al palato è piacevolmente fresco e persistente.
Puglia Rosso 2018 ● nero di Troia; 15.000 bt; 10 € - - Setoso, speziato, avvolgente.
5 Uve Bianche 2019 O greco, fiano, chardonnay, malvasia, verdeca; 20.000 bt; 9 € - - Dinamico, fruttato, dettagliato.
Pier Delle Vigne 2016 ● aglianico, montepulciano; 10.000 bt; 21 € - - Ampio, speziato, armonico.
Effe Greco Mascolino 2019 O 1.400 bt; 12 € - - Succoso, minerale, energico.
Murgia Bianco B.D. 2019 O fiano; 1.400 bt; 14 € - - Teso, minerale, espressivo.

ha 50 - **bt** 250.000
Fertilizzanti letame, sovescio
Fitofarmaci rame e zolfo
Diserbo lavorazione meccanica/manuale
Lieviti selezionati industriali, selezione di lieviti indigeni
Uve 100% di proprietà
Certificazione biologico certificato

GRAVINA IN PUGLIA (BA)

COLLI DELLA MURGIA

SCONTO **-10%**

Contrada Zingariello - tel. 080 3261271
www.collidellamurgia.it - info@collidellamurgia.it

VITA - Colli della Murgia è frutto di un progetto messo in opera sin dall'inizio degli anni Novanta dal volitivo, intraprendente e professionale Franco Ventricelli, proprietario dell'azienda. Grazie alla squadra affiatata di cui fanno parte il responsabile commerciale e narratore Saverio Pepe e l'enologa Anna Cicirelli, e condotta magistralmente da Franco, l'azienda continua a sperimentare e a farsi apprezzare anche all'estero. Il regime biologico è certificato sin dal 1996.

VIGNE - Siamo su una collina in un parco naturale di una delle zone più belle della Murgia barese. I vigneti sono dislocati nel Bosco Difesa Grande su terre rosse ricche di scheletro, a 500 metri di quota. L'Appennino lucano è vicino e garantisce una fresca ventilazione. Sono coltivati prevalentemente vitigni a bacca bianca, e le viti godono di spiccate escursioni termiche.

VINI - Non disdegnando i rossi da uve autoctone, che vengono prodotti da terreni di matrice vulcanica, l'azienda è a vocazione bianchista. I vini esprimono finezza, equilibrio e autenticità.

Le Dritte 2019 O greco; 3.000 bt; 14 € - - Un vino senza aggiunta di solfiti che esprime freschezza, in un sorso ampio di frutta matura e di agrumi, animato da un evidente tratto minerale. Il finale è lungo e suadente.
Erbaceo 2019 O greco, minutolo; 40.000 bt; 12 € - - È sempre una conferma per un vino che nel 2020 ha compiuto 30 anni. È intenso al naso, con sentori erbacei e floreali che richiamano alla mente proprio la Murgia.
Tufjano 2019 O minutolo; 15.000 bt; 14 € - - Succoso, fruttato, salino.
Symbol 2016 ● primitivo; 5.000 bt; 26 € - - Denso, speziato, incisivo.
Doline 2017 ● nero di Troia; 6.000 bt; 10 € - - Robusto, fruttato, severo.

ha 25 - **bt** 250.000
Fertilizzanti organo-minerali, sovescio
Fitofarmaci organici, rame e zolfo
Diserbo lavorazione meccanica/manuale
Lieviti selezionati industriali
Uve 100% di proprietà
Certificazione biologico certificato

LOCOROTONDO (BA)

CARDONE

SCONTO **-10%**

Via Martiri della Libertà, 32 - tel. 080 4312561
www.cardonevini.com - info@cardonevini.com

VITA - La storia di Cardone ha avuto inizio negli anni Settanta, quando Giuseppe Cardone e suo figlio Franco hanno acquistato uno stabilimento vinicolo alla periferia di Locorotondo e hanno dato vita a un'azienda di stampo familiare, oggi alla terza generazione, con Marianna direttore commerciale e suo fratello Vito responsabile della produzione. Per produrre vini a vocazione sia territoriale sia internazionale ci si avvale della collaborazione di Francesco Palmisano e Leonardo Palumbo.

VIGNE - Ci troviamo in piena valle d'Itria, in provincia di Bari, terra a forte vocazione bianchista, nell'area della storica Doc Locorotondo, a 350 metri di altitudine. I terreni sono carsici, argillosi, ricchi di scheletro, con ampie escursioni termiche notturne che bilanciano il clima caldo e arido del periodo estivo. Inoltre beneficiano di ventilazione favorevole, in un paesaggio caratterizzato dalla presenza dei tipici muretti a secco.

VINI - Negli ultimi anni si è investito in tecnologie legate alla pressatura in sottovuoto, tecnica che soprattutto per la lavorazione dei bianchi permette una maggiore estrazione qualitativa e un notevole risparmio energetico.

Castillo Susumaniello 2019 ● 20.000 bt; 15 € - 🍷 - Un rosa croccante, fresco, fruttato, di estrema piacevolezza gustativa.
Locorotondo Castillo 2019 ○ 20.000 bt; 14 € - 🍷 - Freschezza e sapidità caratterizzano questa etichetta storica, che ha un profilo fruttato che richiama la mela verde e i fiori bianchi, e un classico finale ammandorlato.
Verdeca 2019 ○ 100.000 bt; 10 € - 🍷 - Fine, floreale, autentico.
Castillo Fiano 2019 ○ 20.000 bt; 15 € - 🍷 - Fresco, fruttato, essenziale.
Primaio 2019 ● primitivo; 30.000 bt; 14 € - 🍷 - Fine, floreale, espressivo.
Carmerum 2019 ● primitivo; 20.000 bt; 22 € - 🍷 - Austero, speziato, autentico.

ha 11 - **bt** 300.000
Fertilizzanti organo-minerali
Fitofarmaci rame e zolfo
Diserbo lavorazione meccanica/manuale
Lieviti selezionati industriali
Uve acquisto 60%
Certificazione nessuna certificazione

LUCERA (FG)

AGRICOLA PAGLIONE

SCONTO **-10%**

Contrada Perazzelle - Strada Prov.le 116, km 9,8 - tel. 366 9907771
www.agricolapaglione.com - info@agricolapaglione.it

VITA - L'azienda è di proprietà della famiglia Faccilongo, e oggi vede ben tre generazioni impegnate nei lavori: il giovane titolare Nicola Faccilongo segue principalmente la cantina, papà Beniamino continua a essere il vero motore dell'azienda, e nonno Nicola nonostante i suoi 90 anni dispensa ancora preziosissimi consigli in vigna. Luciana Apicella, moglie di Nicola, si occupa della comunicazione.

VIGNE - I vigneti di proprietà, piantati dal nonno Nicola, si dividono tra due appezzamenti, uno in contrada Perazzelle, l'altro in contrada Mezzanagrande. Da segnalare l'ottima produzione di pomodori e olive, lavorati e trasformati nella stessa sede della cantina.

VINI - Vini autentici, per certi versi antichi, che rappresentano al meglio la tradizione del territorio di Lucera, e che prediligono la piacevolezza e la scorrevolezza del sorso.

TOP **Cacc'e Mmitte di Lucera Caporale 2017** VINO SLOW ● 5.976 bt; 13 € - 🍷 - Un vino dalla forte personalità, giocato sull'intreccio delle componenti aromatiche dei vitigni da cui viene prodotto. Ha un profilo articolato, con note floreali, di frutta matura, di spezie ed erbe aromatiche. Ha buon corpo pur risultando croccante e di facile beva.
Mania 2019 ● uva di Troia, sangiovese, montepulciano, bombino bianco; 2.354 bt; 14 € - 🍷 - Profuma di piccoli frutti rossi e ha un bel timbro minerale. In bocca è croccante e ben bilanciato tra acidità e sapidità, con un tannino accennato. Pur non rientrando nella Doc, è forse l'espressione più tipica dei Cacc'e Mmitte di una volta.
L'Eclettico 2019 ○ bombino bianco, malvasia; 2.088 bt; 17 € - 🍷 - Bianco macerato, dinamico, floreale, autentico.
Componimento N.3 2015 ● montepulciano, sangiovese, uva di Troia; 1.320 bt; 21 € - 🛢 - Ampio, speziato, stratificato.

ha 5,8 - **bt** 22.000
Fertilizzanti compost, sovescio
Fitofarmaci rame e zolfo
Diserbo lavorazione meccanica/manuale
Lieviti fermentazione spontanea
Uve 100% di proprietà
Certificazione biologico certificato

LUCERA (FG)

AGRICOLE ALBERTO LONGO

SCONTO **-10%**

Contrada Padulecchia - tel. 0881 539057
www.albertolongo.it - info@albertolongo.it

VITA - Alberto Longo è un manager di successo, un self-made man che è stato capace, negli ultimi tempi, di dedicarsi interamente all'azienda agricola con un ritorno alle origini che lo rende orgoglioso. Lo staff tecnico è ormai consolidato, con Alessio Petruccelli responsabile di cantina e Antonio Quaranta tra i vigneti. I consulenti esterni sono l'enologa Graziana Grassini e gli agronomi Enzo Corazzina e Francesco Grifoni.

VIGNE - Le vigne sono distribuite nei due corpi aziendali: la Fattoria Cavalli, dove è ubicata la cantina, con suoli a prevalenza calcarea, e la Masseria Celentano, dove sorge l'accogliente relais agriturismo, con terreni più sabbiosi. Ambedue le zone godono di buona ventilazione, grazie alla vicinanza al mare e alle vicine alture del Gargano, e considerevole è l'escursione termica, che restituisce vini molto profumati.

VINI - La filosofia aziendale si riconosce in vini di impostazione moderna, alla ricerca dell'equilibrio e dell'eleganza, nel rispetto del territorio di provenienza.

TOP **Cacc'e Mmitte di Lucera 2017** ● 25.000 bt; 13 € - Ottima performance con sentori netti di frutta e spezie, sorso fresco e persistente che invita il riassaggio, tannini vellutati.
Le Cruste 2017 ● uva di Troia; 9.000 bt; 19 € - Sorso austero e integro con frutta matura in evidenza e sottofondo di carrubo, piacevole ed equilibrato.
Le Fossette 2019 ○ falanghina; 14.000 bt; 14 € - Gioca sulle note di frutti gialli e nocciola tostata, il sorso è tagliente e sapido con finale agrumato.
M. Cl. Nature 2014 falanghina; 4.500 bt; 33 € - Citrino, fruttato, leggiadro.
M. Cl. Nature Rosé 2014 uva di Troia; 3.500 bt; 33 € - Scarno, erbaceo, gastronomico.
Donnadele 2019 negroamaro; 12.000 bt; 11 € - Fresco, fruttato, diluito.

ha 35 - **bt** 90.000
Fertilizzanti letame in pellet, letame
Fitofarmaci rame e zolfo
Diserbo lavorazione meccanica/manuale
Lieviti selezionati industriali
Uve 100% di proprietà
Certificazione biologico certificato

LUCERA (FG)

CANTINA LA MARCHESA

SCONTO **-10%**

Strada Provinciale 8 per Castelnuovo, km 1 - tel. 337 838702
www.vinilamarchesa.it - cantinalamarchesa@gmail.com

VITA - Sergio Lucio Grasso è un vignaiolo-contadino vulcanico con una forte passione per il suo lavoro e per le sue vigne. La moglie Marika Maggi è il suo opposto, pacata e determinata, responsabile commerciale e del marketing. Il "team famiglia" è ormai rodato e funziona perfettamente: i due coniugi sono molto soddisfatti per il lungo percorso e i risultati conseguiti e il mercato sta premiando gli oltre 20 anni di sforzi intrapresi. Consulente esterno l'enologo Giuseppe Petruzzelli.

VIGNE - Le vigne circondano la cantina, hanno un'età media di oltre 20 anni e sono nel pieno della maturazione. Sono adagiate sui falsopiani che caratterizzano tutto il comprensorio di Lucera, a circa 100 metri di altitudine. I terreni sono un misto di sabbia, argilla e calcare. La forma di allevamento è la spalliera pugliese, a metà tra l'alberello tradizionale e il cordone classico. Le densità d'impianto sono equilibrate.

VINI - La filosofia aziendale dei vini prodotti è ormai consolidata da anni, sinonimo di costanza qualitativa e idee precise, alla ricerca dell'equilibrio e della riconoscibilità dei vitigni.

TOP **Il Melograno 2019** VINO QUOTIDIANO uva di Troia; 30.000 bt; 9 € - Prova da manuale di estrema piacevolezza e facilità di beva, teso e sapido con buona profondità finale.
Il Nerone della Marchesa 2016 ● uva di Troia; 3.000 bt; 20 € - Magistrale interpretazione del vitigno con sensazioni fruttate e balsamiche, profondo, fresco, teso e lunghissimo.
Il Quadrello 2019 ○ bombino bianco; 10.000 bt; 9 € - Canonico, con buona freschezza e bella mineralità su note floreali eleganti.
Cacc'e Mmitte di Lucera 2018 ● 6.600 bt; 13 € - Diluito, fruttato, leggiadro.
Il Capriccio della Marchesa 2018 ○ fiano; 6.000 bt; 17 € - Fresco, tostato, opulento.

ha 15 - **bt** 60.000
Fertilizzanti minerali, organo-minerali
Fitofarmaci chimici di sintesi
Diserbo lavorazione meccanica/manuale
Lieviti selezionati industriali
Uve 100% di proprietà
Certificazione nessuna certificazione

LUCERA (FG)

MASSERIA NEL SOLE

Contrada Zaccara - Via per Palmori, km 9 - tel. 0881 529621
www.masserianelsole.it - info@masserianelsole.it

VITA - Masseria nel Sole è una realtà familiare di recente fondazione ma già con le idee chiare. Bruno Pitta è responsabile di cantina, e i suoi tre figli Valeria, Giuseppina e Giovanni si occupano di diversi aspetti, mentre la terza generazione, con Bruno "junior", fa da collante aziendale. La parte agronomica ed enologica è seguita con sicurezza dal capace Cristiano Chiloiro.

VIGNE - Le vigne si sviluppano nei pressi della cantina, a 130 metri di altitudine, su terreni pianeggianti ricchi di calcare e argilla. Tra le varietà coltivate troviamo uva di Troia, montepulciano, bombino bianco, falanghina e anche syrah, utilizzato con sapienza in alcuni felici assemblaggi. L'azienda è autonoma per le esigenze energetiche grazie all'impianto fotovoltaico.

VINI - Lo stile aziendale ricerca la definizione stilistica per vini moderni ed eleganti, senza trascurare il legame con il territorio di Lucera.

Dedicato 2019 O bombino bianco, falanghina; 2.500 bt; 10 € - 🍷 - Elegante e armonico, ha un sorso teso, lungo e piacevole, sorretto da buona freschezza e mineralità.
M. Cl. Pas Dosé Masseria nel Sole 2014 ⁂ bombino bianco, falanghina; 5.000 bt; 22 € - 🍷 - Al perlage finissimo si unisce un sorso voluminoso, giocato sulle note erbacee e dalla buona persistenza.
Cacc'e Mmitte di Lucera Gigolò 2019 ● 4.000 bt; 15 € - 🍷 - La buona materia prima è alla ricerca, causa gioventù, dell'equilibrio necessario per valorizzare appieno le note speziate e di frutti neri.
Madame 2019 ● montepulciano; 3.500 bt; 10 € - 🍷 - Fresco, erbaceo, sapido.
Ameno 2019 O falanghina; 4.000 bt; 11 € - 🍷 - Citrino, fruttato, rustico.
M. Cl. Brut Sibell 2016 ⁂ bombino bianco, falanghina; 5.000 bt; 20 € - 🍷 - Fresco, erbaceo, corto.

ha 4,6 - **bt** 20.000
Fertilizzanti nessun concime
Fitofarmaci rame e zolfo
Diserbo lavorazione meccanica/manuale
Lieviti selezionati industriali
Uve 100% di proprietà
Certificazione biologico certificato

LUCERA (FG)

PAOLO PETRILLI €

SCONTO -10%

Contrada Motta della Regina - tel. 0881 523980
www.lamotticella.com - lamotticella@libero.it

VITA - «La mia idea di agricoltura è sempre tesa alla conservazione della sapienza antica, unita all'applicazione delle conoscenze tecnologiche che portano reali miglioramenti», dice Paolo. Lo staff aziendale è ormai consolidato. Andrea Boaretti è l'enologo, Giuseppe Sirena il formidabile responsabile di cantina, e Antonio Sirena lavora nei campi seguendo le indicazioni dell'agronomo Filippo Giannone, che ha dato l'impostazione alla vigna.

VIGNE - Imparando dagli errori è stata realizzata una micro-zonazione all'interno degli 11 ettari in produzione. Le vigne sono allevate a cordone speronato su suoli prevalentemente calcarei e in leggera pendenza sul poggio della tenuta Motticella, a 200 metri di altitudine. Le varietà coltivate sono autoctone o di lungo radicamento nel territorio. Buona l'escursione termica, grazie alla ventilazione che deriva dall'influenza del mare e del vicino promontorio del Gargano.

VINI - Paolo, con l'aiuto determinante di Andrea, nei suoi vini ha sempre ricercato la semplicità, la freschezza e la precisione.

TOP **Cacc'e Mmitte di Lucera Motta del Lupo 2019** VINO QUOTIDIANO ● 25.000 bt; 8 € - 🍷 - Erbe mediterranee, spezie e frutti neri si passano senza sosta il testimone delle sensazioni gusto-olfattive. I tannini sono vellutati, e accompagnano un sorso di ottima persistenza. Il rapporto tra la qualità e il prezzo è straordinario. Una certezza.
Motta del Lupo Nero di Troia 2019 ● 15.000 bt; 8 € - 🍷 - Sensazioni erbacee e speziate caratterizzano un sorso molto piacevole. I tannini si gioveranno della sicura evoluzione in bottiglia.
Motta del Lupo Nero di Troia Rosè 2019 ● 2.000 bt; 8 € - 🍷 - Dopo una fase iniziale di timidezza, esplode al gusto con sorso fruttato e croccante, sorretto da una buona freschezza e da un'ottima sapidità.

ha 11 - **bt** 42.000
Fertilizzanti nessun concime
Fitofarmaci rame e zolfo
Diserbo lavorazione meccanica/manuale
Lieviti fermentazione spontanea
Uve 100% di proprietà
Certificazione biologico certificato

MARTINA FRANCA (TA)

I PÀSTINI

SCONTO **-10%**

Strada Cupa-Rampone Zona A - tel. 080 4313309
www.ipastini.it - info@ipastini.it

VITA - Il pastinum in latino era la zappa, da qui il nome scelto per l'azienda a evidenziare la vocazione agricola della famiglia Carparelli. Questa realtà lavora solo uve di proprietà, provenienti da 15 ettari in cui sono presenti esclusivamente vitigni autoctoni. Gianni Carparelli si occupa della parte produttiva e dei rapporti con i clienti, sua moglie Lucia Semeraro della parte commerciale, il padre Donato di contabilità e amministrazione.

VIGNE - Le varietà autoctone sono da sempre presenti sul territorio e non richiedono importanti interventi di cura né di manutenzione, perché si sono spontaneamente adattate alle condizioni pedoclimatiche della valle. Viene praticata l'antica pratica del sovescio con varie specie leguminose.

VINI - Tutte le attività di cura delle piante e potatura sono manuali, come pure manuale è la raccolta dei grappoli maturi. Rigida la selezione, che anticipa una lavorazione in assenza totale di ossigeno. Le fermentazioni avvengono solo a temperatura controllata.

TOP **Locorotondo Antico 2019** VINO QUOTIDIANO ○ 12.000 bt; 7 € - Fine e delicato, di buona sapidità, con piacevoli sentori di macchia mediterranea: è schietto al naso e in bocca.
Rampone 2019 ○ minutolo; 15.000 bt; 12 € - Un punto di forza della cantina, espressione purissima del territorio: preciso all'olfatto, con fiori bianchi e frutta matura che si ritrovano anche al palato, in equilibrio tra freschezza e sapidità.
Faraone 2019 ○ verdeca; 15.000 bt; 9 € - Fine, floreale, espressivo.
Cupa 2019 ○ bianco di Alessano; 8.000 bt; 9 € - Fine, fruttato, delicato.
Verso Sud 2018 ● susumaniello; 15.000 bt; 11 € - Setoso, fruttato, autentico.
Le Rotaie 2019 ● susumaniello; 15.000 bt; 9 € - Fine, fruttato, armonico.

ha 15 - **bt** 100.000
Fertilizzanti letame, organo-minerali, sovescio
Fitofarmaci organici, rame e zolfo
Diserbo lavorazione meccanica/manuale
Lieviti fermentazione spontanea, selezionati industriali
Uve 100% di proprietà
Certificazione biologico certificato

MINERVINO MURGE (BA)

TORMARESCA

Località Tofano - Contrada Torre d'Isola - tel. 0883 692631
www.tormaresca.it - tormaresca@tormaresca.it

VITA - La storia inizia nel 1998 e ha come protagonisti il marchese Piero Antinori e Renzo Cotarella, che cercavano un'azienda in Puglia, e Peppino Palumbo e Vito Farella, a quell'epoca in società con Gancia nella conduzione dei vigneti di Minervino Murge. L'accordo fu subito trovato: affidata alle sapienti mani di Peppino e Vito, l'azienda conserva la sua identità pugliese.

VIGNE - I vigneti delle due zone sono molto diversi: a Minervino Murge a 300 metri di altitudine troviamo i terreni con buona giacitura, calcareo-rocciosi e condotti in regime biologico, mentre a San Pietro Vernotico, dove c'è Masseria Maime, una tenuta di 500 ettari acquisita nel 1999, i terreni costeggiano il mare e subiscono l'influenza delle brezze marine, sono pianeggianti e sabbiosi, e gestiti in regime convenzionale.

VINI - Una grande azienda che lavora cercando la migliore conduzione agronomica, con un occhio attento al mercato. I vini si caratterizzano per immediatezza di beva e freschezza.

Castel del Monte Aglianico Bocca di Lupo 2017 ● 12.000 bt; 43 € - Grande freschezza e complessità, con note di erbe aromatiche e spezie. In bocca è compatto, con tannini setosi e con un finale di grande fattura.
Castel del Monte Rosso Trentangeli 2017 ● 60.000 bt; 13 € - Complesso, con note speziate e di frutta matura, ha un sorso agile, con tannini finissimi e una bella polpa.
Castel del Monte Bianco Pietrabianca 2019 ○ 100.000 bt; 18 € - Ampio e seducente, presenta una spiccata freschezza.
Masseria Maìme 2017 ● negroamaro; 50.000 bt; 25 € - Ampio, fruttato, espressivo.
Torcicoda 2018 ● primitivo; 200.000 bt; 17 € - Articolato, speziato, avvolgente.
Calafuria 2019 ● negroamaro; 400.000 bt; 11 € - Croccante, fruttato, gastronomico.

ha 380 - **bt** 3.200.000
Fertilizzanti letame in pellet, minerali, sovescio
Fitofarmaci rame e zolfo
Diserbo lavorazione meccanica/manuale
Lieviti selezionati industriali
Uve 100% di proprietà
Certificazione parte dei vigneti in regime biologico

SAN SEVERO (FG)

ARIANO TERRA & FAMIGLIA

SCONTO **-10%**

Strada Provinciale per Torremaggiore, km 1,8 - tel. 0882 392139
www.cantinariano.it - info@cantinariano.it

VITA - Formazione ideale per la squadra-famiglia Ariano: ciascun membro ha un ruolo ben definito e focalizzato sui propri obiettivi. Il fondatore Attilio pur avendo ormai ceduto la gestione dell'azienda agricola alle figlie Federica e Manuela, continua in parte a seguire le vigne, mentre Federica, insieme ad Aldo e Michele Avello, cura l'aspetto tecnico-produttivo. Manuela invece dimostra maggiore propensione nel seguire la commercializzazione e il marketing, con l'aiuto di Omar Leonardi.

VIGNE - Da oltre 20 anni si persegue un'agricoltura sostenibile attraverso la certificazione biologica e la completa autonomia energetica. L'azienda è situata nell'agro di San Severo, territorio vocato per la viticoltura di qualità, a pochi chilometri dal promontorio del Gargano e dal mare Adriatico. I suoli franco-argillosi e le rese assai contenute donano ai vini una naturale sapidità, comune a tutte le etichette.

VINI - I vini di Ariano cercano una spiccata facilità di beva e vengono proposti con un ottimo rapporto tra la qualità e il prezzo, nel rispetto dell'identità territoriale.

Etichetta Bianca 2018 ● uva di Troia; 7.000 bt; 12 € - - Esordio convincente per il nuovo vino: ci piace per la sua schiettezza e l'equilibrio. Profuma di spezie e frutti rossi ed è persistente.
Sogno di Volpe Rosato 2019 ● uva di Troia; 5.500 bt; 11 € - - È una garanzia anno dopo anno: croccante, intenso, fresco e minerale, ha note di frutti rossi in evidenza.
Sogno di Volpe Bianco 2019 ○ bombino bianco; 5.500 bt; 11 € - - Dalla componente aromatica floreale tipica, ha un bel sorso sorretto da freschezza e sapidità.
Etichetta Nera 2018 ● uva di Troia; 2.200 bt; 24 € - - Fitto, tostato, contrastato.
Primitivo 2019 ● 7.000 bt; 12 € - - Fresco, fruttato, consistente.
Falanghina 2019 ○ 6.500 bt; 11 € - - Citrino, fruttato, contratto.

ha 15 - **bt** 70.000
Fertilizzanti letame
Fitofarmaci rame e zolfo
Diserbo lavorazione meccanica/manuale
Lieviti selezionati industriali
Uve 100% di proprietà
Certificazione biologico certificato

SAN SEVERO: UN VITIGNO, UN TERRITORIO, UN METODO

Sul finire degli anni Settanta tre giovani amici, accomunati dalla passione per la musica e per il jazz, hanno avuto un'intuizione: produrre un Metodo Classico a San Severo. I tre amici sono Girolamo D'amico, Louis Rapini e Ulrico Priore, fondatori dell'azienda d'Araprì. I fattori determinanti per la realizzazione del loro sogno sono stati tre: il primo è il terroir di San Severo; il secondo, aver puntato su un vitigno autoctono, il bombino bianco; il terzo, l'idea di utilizzare una caratteristica urbanistica del centro storico di San Severo, le Fosse Granarie, per l'affinamento.
Il territorio di San Severo è da sempre vocato per la produzione vitivinicola di qualità, soprattutto per i vitigni a bacca bianca, prova ne è la Doc creata nel 1968. Il bombino bianco, fino a quel momento assemblato per donare freschezza, si è scoperto avere le caratteristiche ampelografiche ideali per la spumantizzazione, grazie a una notevole acidità e al quadro fenologico che ben si adatta al clima del Tavoliere. Le Fosse Granarie, che in passato venivano usate per stipare il grano prodotto nella piana del Tavoliere, sono state riutilizzate con intelligenza per creare cunicoli, lunghi anche centinaia di metri, dove sistemare le pupitres e adagiare le bottiglie per il processo di spumantizzazione. Ci sono tutte le condizioni per creare un distretto spumantistico di qualità che possa avere una forte vocazione eno-turistica, perché vi assicuriamo che camminare sotto la sede stradale in un labirinto che si dipana tra palazzi diversi, per centinaia di metri, è uno spettacolo per la vista e per l'anima.
Altri hanno seguito la strada tracciata da d'Araprì: segnaliamo i protagonisti principali, mentre altri ancora in erba stanno crescendo.

Cantina Pisan-Battèl
Corso Vittorio Emanuele II, 25
San Severo (FG)
tel. 0882 605935
M. Cl. Brut
M. Cl. Pas Dosé

Cantine Re Dauno, di Angelina Radatti
Via Fratelli Cairoli, 23
San Severo (FG)
tel. 328 3862516 - 320 8419710
M. Cl. Brut Bianco Daunius
M. Cl. Pas Dosé Daunius

Cantine 7 Campanili
Via Sant'Onofrio, 28
San Severo (FG)
tel. 324 7736445 - 339 8981847
M. Cl. Brut Libiam
M. Cl. Pas Dosé Libiam

D'ALFONSO DEL SORDO

SCONTO -10%

Contrada Sant'Antonino - Strada Statale 89, km 5 - tel. 0882 221444
www.dalfonsodelsordo.it - info@dalfonsodelsordo.it

VITA - Gianfelice D'Alfonso del Sordo conduce da quasi 30 anni l'azienda di famiglia con sicurezza. Il percorso, siamo sicuri, è quello giusto, grazie anche al prezioso lavoro dell'enologo Cristiano Chiloiro, che ha saputo calarsi con grande professionalità nella realtà del territorio dauno, collaborando in modo positivo e attento alla valorizzazione dei vitigni tipici di questo lembo di Puglia. I vini hanno acquisito una notevole maturità, insieme a identità e precisione stilistica.

VIGNE - Con la vendemmia 2020 l'azienda potrà fregiarsi della certificazione biologica per tutta la produzione. I vigneti sono distribuiti in tre corpi (Coppanetta, Cotinone e Cappuccini), ubicati tra San Severo e Apricena. L'età degli impianti, che poggiano su terreni semi pianeggianti di medio impasto e ricchi di argilla e calcare, varia dai 10 anni di quelli più recenti fino agli oltre 40 di alcune parcelle di uva di Troia allevate a tendone.

VINI - La barra di navigazione è ben dritta e orientata su vini moderni, freschi ed eleganti, che preservino le caratteristiche uniche del territorio di provenienza.

Casteldrione 2018 ● uva di Troia; 30.000 bt; 9 € - Da bere a secchiate, con frutti neri in evidenza, tannini ben svolti e un prezzo da urlo. Monolitico.
Guado San Leo 2017 ● uva di Troia; 10.000 bt; 18 € - Il sorso è pieno e sorretto dalla buona struttura, che vira su sensazioni di frutta matura. Ottima la persistenza.
Cortecampana 2019 O falanghina; 6.000 bt; 9 € - Si conferma tra i principali bianchi della Daunia: profuma di erbe mediterranee, ed è fresco, sapido e persistente.
Catapanus 2019 O bombino bianco; 25.000 bt; 9 € - Agile, fruttato, sapido.
Dammisole 2019 O moscato; 6.000 bt; 9 € - Ampio, fruttato, sapido.
Dammirose 2019 ● uva di Troia; 8.000 bt; 9 € - Fresco, fruttato, incisivo.

ha 35 - **bt** 250.000
Fertilizzanti sovescio
Fitofarmaci rame e zolfo
Diserbo lavorazione meccanica/manuale
Lieviti selezionati industriali
Uve 100% di proprietà
Certificazione in conversione biologica

D'ARAPRÌ

SCONTO -10%

Via Zannotti, 30 - tel. 0882 227643
www.darapri.it - info@darapri.it

VITA - I giri di orologio e il susseguirsi delle stagioni cominciano a essere davvero tanti da quando i tre amici, appassionati di jazz, provavano le prime spumantizzazioni del bombino bianco e del montepulciano, che dovevano rappresentare la parte principale in tutte le cuvée. Ora Girolamo D'Amico, Louis Rapini e Ulrico Priore guardano avanti e indicano la via ai rispettivi figli Anna, Daniele e Antonio, che continueranno il loro lavoro.

VIGNE - All'interno della cantina, nel centro storico di San Severo, continuano le acquisizioni di nuovi tunnel sotterranei che coprono oggi una superficie di oltre 1.300 metri quadri. Le vigne, tutte nell'agro di San Severo, sono allevate prevalentemente a pergola pugliese, metodo che permette di proteggere meglio i grappoli dall'eccessivo calore che ha caratterizzato gli ultimi tempi.

VINI - I vini di d'Araprì si esprimono con coerenza gusto-olfattiva e uniscono la cura artigianale alla perizia tecnica, ormai a livelli eccelsi.

TOP **M. Cl. Gran Cuvée XXI Secolo 2014** VINO SLOW bombino bianco, montepulciano, pinot nero; 8.000 bt; 32 € - I 60 mesi sui lieviti donano una complessità da manuale. Le note di frutta in guscio tostata, erbe mediterranee e crosta di pane danno il la a un sorso voluminoso.
M. Cl. Brut Riserva Nobile 2016 bombino bianco; 8.000 bt; 27 € - Prima fermentazione in tonneau e 36 mesi di affinamento in bottiglia: le note tostate ed erbacee di radice di liquirizia anticipano una bocca dal finale ampio e persistente.
M. Cl. Brut Rosé montepulciano, pinot nero; 25.000 bt; 23 € - Un sorso giocato sulla piacevolezza delle note erbacee.
M. Cl. Brut bombino bianco, pinot nero; 25.000 bt; 21 € - Fresco, erbaceo, salino.
M. Cl. Pas Dosé bombino bianco, pinot nero; 30.000 bt; 21 € - Fresco, minerale, contratto.

ha 22 - **bt** 105.000
Fertilizzanti letame, organo-minerali
Fitofarmaci organici, rame e zolfo
Diserbo lavorazione meccanica/manuale
Lieviti selezionati industriali
Uve acquisto 20%
Certificazione nessuna certificazione

STORNARELLA (FG)

CASA PRIMIS

SCONTO **-10%**

Via Orta Nova, km 0,5 - tel. 0885 433333
www.casaprimis.com - info@casaprimis.com

VITA - Gianni Mauriello (tecnico di cantina) e Nicola Selano (agronomo e responsabile in vigna) sono i proprietari e le anime dell'azienda, giovani, intraprendenti e con le idee chiarissime. I due si avvalgono della preziosa collaborazione dell'enologo Angelo Mauriello. La certificazione biologica e la completa autonomia energetica danno un plus ambientale che non guasta.

VIGNE - I vigneti sono distribuiti tra l'agro di Stornarella, dove è ubicata la cantina di recente ultimazione, su terreni pianeggianti, e nel territorio di Ascoli Satriano, in media collina a 420 metri di altitudine. I suoli sono prevalentemente argilloso-calcarei, con presenza di sedimenti calcarei, le tipiche cruste. Gli impianti sono a cordone speronato.

VINI - Lo stile aziendale privilegia la facilità di beva e il rispetto delle caratteristiche varietali, sia nelle versioni più semplici sia in quelle più ambiziose, con vini centrati e proposti a prezzi davvero convenienti.

TOP **Crusta 2016** VINO SLOW ● uva di Troia; 8.000 bt; 14 € - Interpretazione austera e integra del vitigno: piacevole il sorso accompagnato da note fruttate, speziate e balsamiche, e con tannini vellutati e un finale sfaccettato.
Nero di Troia 2018 ● 22.000 bt; 8 € - Un'interpretazione diversa che però fa il paio con il fratello maggiore. Il sorso è giocato sulla piacevolezza di beva, per un vino dallo straordinario rapporto tra la qualità e il prezzo.
Ciliegiolo 2019 ● 7.000 bt; 8 € - Vitigno di altre latitudini, qui in un'interpretazione autentica ma soprattutto piacevolissima e spensierata.
Fiano 2019 ○ 8.000 bt; 8 € - Articolato, floreale, profondo.
Monrose 2019 ● uva di Troia; 20.000 bt; 8 € - Fresco, fruttato, diluito.
Bombino Bianco 2019 ○ 15.000 bt; 8 € - Fresco, fruttato, corto.

ha 26 - **bt** 130.000
Fertilizzanti letame, sovescio
Fitofarmaci rame e zolfo
Diserbo lavorazione meccanica/manuale
Lieviti selezione di lieviti indigeni
Uve 100% di proprietà
Certificazione biologico certificato

TRINITAPOLI (BT)

BIOCANTINA GIANNATTASIO

SCONTO **-10%**

Via della Transumanza - Strada Statale 544, km 43,3
tel. 0883 952275 - www.biocantina.com - info@biocantina.it

VITA - A partire da vecchi vigneti di eredità familiare ora integrati e condotti con attenzione e zelo, anche attraverso conoscenze acquisite nel tempo, i fratelli Giannattasio, Giuseppe in campo e in cantina, Maria Elena nell'ambito commerciale, e Maria Grazia in amministrazione, hanno costruito questa solida realtà. I tre si avvalgono dell'apporto dell'enologo Marco Esti.

VIGNE - I nuovi e vecchi impianti nel territorio tra Cerignola e Trinitapoli, zona vocata della Doc Rosso di Cerignola, ospitano vigne che, attraverso la gestione delle rese, delle pratiche colturali e la ricerca della qualità, esprimono al meglio il carattere varietale e territoriale delle uve.

VINI - Dalla prima vinificazione avvenuta nel 2013 si cerca di produrre vini che siano la naturale conseguenza di ciò che danno la vigna, l'ambiente e il lavoro dell'uomo, riducendo al minimo gli interventi, usando lieviti indigeni, e realizzando prodotti diretti e decisi.

Nero di Troia 2017 ● 4.000 bt; 15 € - Profondo, con un tannino presente ma integrato e un sorso lungo, consistente, ricco di fibra e corpo.
Puglia Rosso 2018 ● montepulciano, nero di Troia; 5.000 bt; 14 € - Schietto, diretto, succoso, dotato di un tannino agile che si integra con una significativa freschezza. Il sorso è completo, affabile e generoso.
Funambolo 2019 ○ uva di Troia; 5.000 bt; 15 € - Ha grande freschezza e una trama olfattiva brillante, su toni citrini. Il sorso è corroborante, tonico, sapido e avvolgente.
Nero di Troia Rosato 2019 ● 5.000 bt; 15 € - Schietto, fruttato, energico.
M. Cl. Brut Rampollo 2015 bombino bianco; 4.000 bt; 23 € - Dinamico, floreale, teso.
Bombino Bianco 2019 ○ 5.000 bt; 14 € - Fresco, fruttato, essenziale.

ha 20 - **bt** 30.000
Fertilizzanti letame
Fitofarmaci rame e zolfo
Diserbo lavorazione meccanica/manuale
Lieviti selezione di lieviti indigeni
Uve 100% di proprietà
Certificazione biologico certificato

GRANDE SALENTO

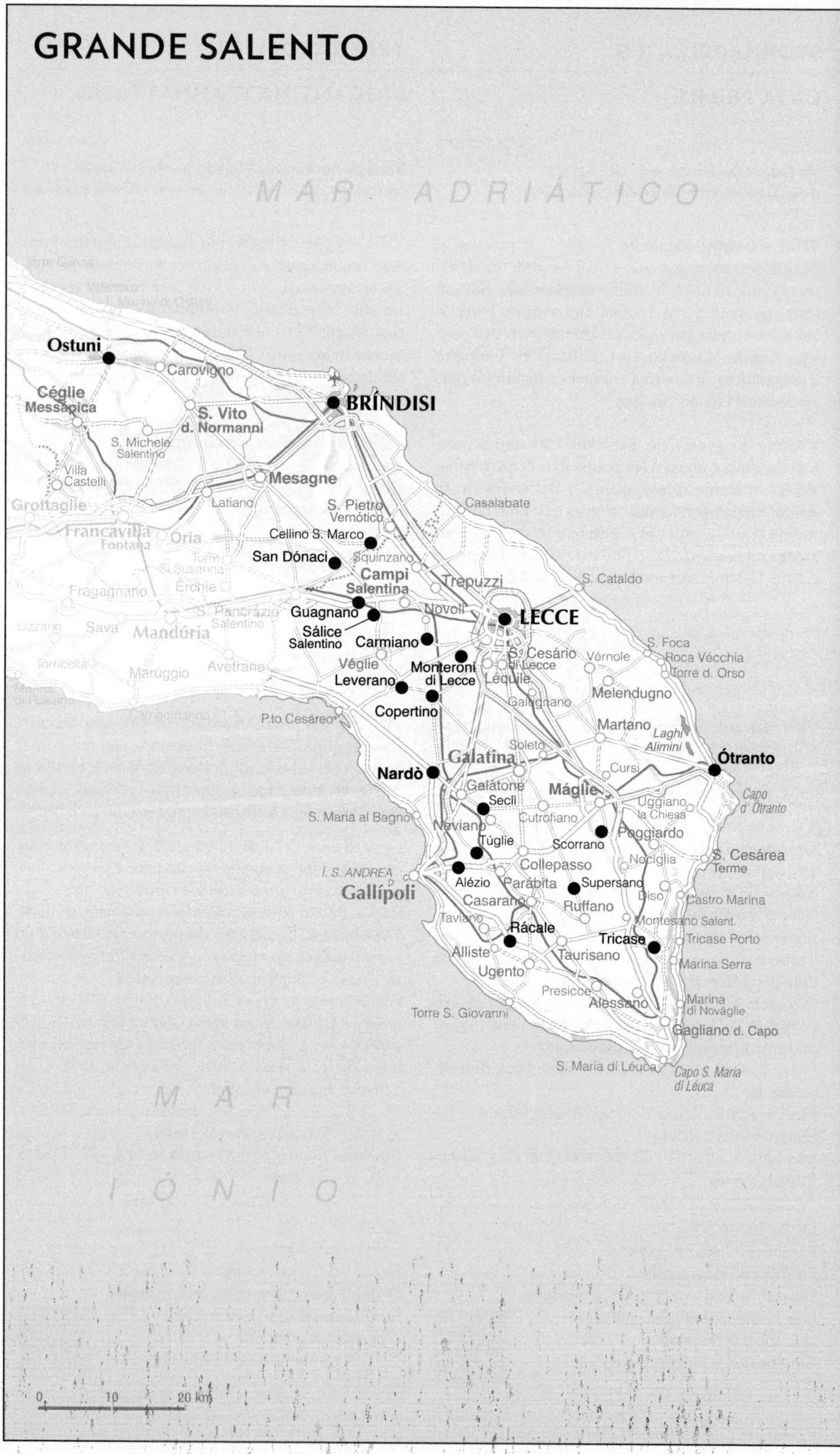

ALEZIO (LE)

ROSA DEL GOLFO

SCONTO **-10%**

Via Garibaldi, 18 - tel. 0833 281045
www.rosadelgolfo.com - calo@rosadelgolfo.com

VITA - Simbolo di rosa salentino nel mondo, la Rosa del Golfo nasce grazie all'impegno e alla passione di Mino Calò, scomparso purtroppo prematuramente. Oggi è gestita dai suoi giovani figli Damiano e Pamela, che continuano con entusiasmo e ottimi risultati la grande opera del padre. L'enologo è Angelo Solci.

VIGNE - Dei 40 ettari di vigneto, 20 sono di proprietà e 20 in affitto, ma coltivati in proprio o di proprietà di storici conferitori. Quasi tutti i vitigni a bacca nera crescono sulle terre rosse dell'entroterra gallipolino, mentre la verdeca è coltivata a Crispiano, in provincia di Taranto. Degno di nota un vigneto ad alberello di 80 anni da cui provengono le uve selezionate per il Quarantale.

VINI - Le tecniche di vinificazione utilizzate rispettano pienamente le caratteristiche di ogni singolo vitigno.

TOP **Rosa del Golfo 2019** VINO QUOTIDIANO negroamaro; 120.000 bt; 11 € - Grande prova anche quest'anno per questo vino che è uno dei simboli dei Rosati salentini. Balsamicità e note di melagrana al naso, sorso sapido e fresco, chiude con una intrigante nota amara che allunga il sorso.
Quarantale 2017 ● negroamaro; 7.000 bt; 26 € - Il naso si mostra ampio e stratificato: ritornano le note mentolate e di tabacco del vitigno. In bocca è succoso, avvolgente ed elegante.
Mazzì 2018 negroamaro, malvasia nera; 8.000 bt; 15 € - L'olfatto presenta note più evolute ma sempre tipiche: la balsamicità da mirto integra la speziatura ben dosata data dal legno. Al sorso è complesso e articolato.
Portulano 2017 ● negroamaro; 20.000 bt; 12 € - Armonico, fruttato, autentico.
Bolina 2019 O verdeca; 40.000 bt; 9 € - Fresco, fruttato, sapido.
M. Cl. Brut Rosé Rosa del Golfo negroamaro; 10.000 bt; 21 € - Croccante, floreale, espressivo.

ha 40 - **bt** 300.000
Fertilizzanti letame, sovescio
Fitofarmaci rame e zolfo
Diserbo lavorazione meccanica/manuale
Lieviti selezione di lieviti indigeni
Uve acquisto 50%
Certificazione nessuna certificazione

BRINDISI

SERGIO BOTRUGNO

SCONTO **-10%**

Via Arcione, 1-7 - tel. 320 0797738 - 0831 555587
www.vinisalento.it - sergiobotrugno@virgilio.it

VITA - La famiglia Botrugno è da generazioni impegnata nel mondo del vino. Oggi è ancora ben salda la leadership di Sergio, figura fondamentale nel mondo enologico della provincia di Brindisi, ma soprattutto nella sua azienda, che conduce con il fratello Antonio. Si sta tuttavia affacciando la nuova generazione, con Andrea, Alessandro e Marco, i tre figli di Sergio, che iniziano ad affrontare e a comprendere i problemi e le responsabilità che li attendono.

VIGNE - I 35 ettari di vigneto sono l'habitat naturale di Sergio, che trascorrerebbe volentieri tutto il suo tempo in campagna, cosa non sempre possibile. Oggi si avvale dell'aiuto di suo figlio Marco nella conduzione dei vigneti, ricorrendo ad arature col cavallo pur di non alterare la struttura del terreno. Si coltivano i tipici vitigni dell'area brindisina.

VINI - Vini schietti, diretti, territoriali, ottimi compagni della cucina pugliese in tutte le sue espressioni. Vini da bere con piacere ogni giorno, grazie anche a una politica dei prezzi molto conveniente. L'azienda, inoltre, da sempre realizza etichette da vitigni autoctoni riportandone in auge anche alcuni che rischiavano di scomparire come l'ottavianello, il susumaniello e le malvasie.

Rosso 2017 ● ottavianello; 8.000 bt; 9 € - Fresco, sottile e floreale, è un rosso che può essere ottimo compagno anche della cucina di mare.
Pinea 2019 O malvasia bianca; 6.000 bt; 7 € - Fine, fruttato, elegante.

Segnaliamo il riassaggio di due vini già recensiti l'anno scorso: ben strutturato ed espressivo il Susu's 2018, da uve susumaniello, agile e avvolgente il Malvasia Nera 2018.

ha 35 - **bt** 80.000
Fertilizzanti sovescio
Fitofarmaci rame e zolfo
Diserbo lavorazione meccanica/manuale
Lieviti selezionati industriali
Uve 100% di proprietà
Certificazione nessuna certificazione

MASCIULLO

SCONTO **-10%**

Contrada Masciullo - Strada Comunale, 50 - tel. 327 9766135
www.masciullo.it - masseriamasciullo@gmail.com

VITA - L'azienda si trova in una bellissima masseria del Seicento, acquistata dalla famiglia Zullo nel 1996. La prima vinificazione nella piccola ma funzionalissima cantina risale al 2015. La gestione è affidata ai fratelli Fabio, Mariarita e Alessandro. A prendersi cura delle vigne e dei frutteti è papà Luciano.

VIGNE - La proprietà comprende in totale 100 ettari tra vigneti, oliveti, frutteti e ortaggi, tutti gestiti secondo i principi dell'agricoltura biologica. I vigneti ricoprono una superficie di 45 ettari coltivati perlopiù con vitigni autoctoni e allevati a spalliera, con potature a cordone speronato e guyot. I terreni sono ricchi di argilla e limo, con una buona percentuale di scheletro.

VINI - La famiglia Zullo vinifica solo la parte delle uve che ritiene eccellente, il resto viene conferito a produttori della zona. Tutti i vini sono caratterizzati da grande personalità e autenticità.

Negroamaro 2018 ● 3.330 bt; 14 € - 🍷 - Al naso mostra le tipiche note balsamiche del vitigno, al sorso è snello, agile, leggermente sapido, ma ben stratificato e di buona persistenza.
Naturae 2018 ● negroamaro; 1.000 bt; 15 € - 🍷 - Altra interpretazione di questo vitigno, che in questo caso viene vinificato senza aggiunta di solfiti. I sentori sono di frutta più matura, in bocca mostra una buona evoluzione.
Susumaniello 2018 ● 2.000 bt; 13 € - 🍷 - Buona interpretazione di questo tradizionale vitigno, con sentori floreali e speziati; in bocca è succoso, equilibrato e fresco
Chardonnay 2018 O 3.000 bt; 14 € - 🍷 - Fresco, teso, fruttato.
Negroamaro Rosato 2019 ● 2.000 bt; 12 € - 🍷 - Vivo, fruttato, varietale.
Primitivo 2018 ● 2.000 bt; 13 € - 🍷 - Vibrante, fruttato, autentico.

ha 45 - **bt** 15.000
Fertilizzanti compost, sovescio
Fitofarmaci rame e zolfo
Diserbo lavorazione meccanica/manuale
Lieviti fermentazione spontanea, selezione di lieviti indigeni
Uve 100% di proprietà
Certificazione biologico certificato

BRINDISI

TENUTE RUBINO

SCONTO **-10%**

Via Fermi, 50 - tel. 0831 571955
www.tenuterubino.com - info@tenuterubino.it

VITA - Luigi Rubino, dinamico e brillante titolare di questa affermata realtà salentina, continua il lavoro di rivalutazione e affermazione della Doc Brindisi per attribuire in modo più deciso ai suoi vini un'identità territoriale. Lo affianca nella gestione amministrativa la moglie Romina Leopardi, che si dedica anche alla comunicazione, mentre i lavori in cantina sono affidati alla bravura dell'enologo Luca Petrelli.

VIGNE - Il parco vigneti ha raggiunto i 290 ettari, gran parte dei quali beneficiano della vicinanza del mare a pochi chilometri dalla città di Brindisi. L'azienda ha puntato moltissimo sulle potenzialità del susumaniello, vitigno che proprio nell'areale brindisino riesce a dare risultati di eccellenza.

VINI - Grande attenzione in vigna e scrupolosa selezione in cantina, per vini che interpretano in modo attento e senza grandi stravolgimenti le peculiarità varietali: sono puliti, di facile beva, tipici.

Brindisi Saturnino Rosé 2019 ● 40.000 bt; 11 € - 🍷 - Convince ad ogni uscita questo rosa da uve negroamaro con un buon bilanciamento tra sapidità e spalla acida, e un tannino lieve che aiuta ad asciugare il sorso.
Giancòla 2019 O malvasia bianca; 12.000 bt; 12 € - 🍷 - Si fa ricordare per le note iodate e marine questo bianco davvero ben eseguito e dalle buone capacità evolutive. Il sorso è vibrante e persistente.
Brindisi Oltremè 2018 ● 80.000 bt; 12 € - 🍷 - Pur essendo dello stesso millesimo recensito nella scorsa guida è un vino diverso, che ha ottenuto il riconoscimento della Doc ed è stato lasciato affinare un anno in più. Ha maggiore morbidezza e complessità, senza cedere in scorrevolezza.
Torre Testa 2019 ● susumaniello; 12.000 bt; 15 € - 🍷 - Fresco, fruttato, sapido.
Punta Aquila 2018 ● primitivo; 100.000 bt; 11 € - 🍷 - Fine, speziato, varietale.

ha 290 - **bt** 1.200.000
Fertilizzanti letame in pellet, minerali, organo-minerali
Fitofarmaci chimici di sintesi, rame e zolfo
Diserbo lavorazione meccanica/manuale
Lieviti selezionati industriali
Uve 100% di proprietà
Certificazione nessuna certificazione

CARMIANO (LE)

GIOVANNI PETRELLI

SCONTO **-10%**

Via Villa Convento, 33 - tel. 0832 603051
www.cantinapetrelli.com - info@cantinapetrelli.com

VITA - La storia di questa bella realtà familiare affonda le radici negli anni Settanta. Nel 1984, grazie a Paolo Petrelli, ha inizio l'attività di vinificazione vera e propria nell'attuale cantina adiacente alla casa. Oggi l'azienda è gestita da Giovanni Petrelli, agronomo, che è affiancato dalla giovane e dinamica figlia Chiara, da poco laureatasi in Viticoltura ed Enologia.

VIGNE - I 17 ettari di vigneto, gestiti con cura e dedizione da Giovanni, sono localizzati nel territorio dei comuni di Carmiano, Novoli e Campi Salentina. I vitigni sono gli autoctoni salentini e le vigne sono allevate prevalentemente ad alberello e a spalliera, con cordone speronato e guyot.

VINI - I vini sono tutti accomunati da uno stile molto tradizionale e rispettoso del vitigno. Per l'affinamento vengono utilizzati acciaio e legno grande.

Verdeca I Vini della Chiusa 2019 ○ 6.000 bt; 5 € - - Il naso è espressione del vitigno: spazia dai sentori delicati dei fiori di campo alle note agrumate e di frutta gialla succosa. La struttura è leggera, e invita a bere grazie alla marcata sapidità. Chiude con un piacevole finale di mandorla, leggermente amarognolo.
Cavarletta 2019 ● negroamaro; 12.000 bt; 7 € - - Si apre con note fruttate di fragola e lampone che si alternano a quelle balsamiche e della macchia mediterranea. In bocca mostra buon equilibrio tra morbidezza e freschezza.
Luna Saracena 2019 ○ fiano; 6.000 bt; 7 € - - Al naso i sentori terrosi si alternano a quelli più accomodanti e aromatici della frutta a polpa bianca. L'ingresso in bocca è fresco e fluido, per un sorso che chiude con una buona piacevolezza di beva.
P 2019 ● primitivo; 25.000 bt; 7 € - - Incisivo, fruttato, gastronomico.

ha 17 - **bt** 80.000
Fertilizzanti organo-minerali
Fitofarmaci chimici di sintesi
Diserbo lavorazione meccanica/manuale
Lieviti selezionati industriali
Uve 100% di proprietà
Certificazione nessuna certificazione

CARMIANO (LE)

VAGLIO MASSA

SCONTO **-10%**

Strada Provinciale Carmiano-Salice - tel. 349 0958009
www.vagliomassa.it - marketing@vagliomassa.it

VITA - I terreni di proprietà della famiglia Vaglio Massa si estendono per 25 ettari fino a Novoli. L'azienda unisce il lavoro secondo i canoni tradizionali con le moderne tecnologie e conoscenze, in uno scambio di saperi dal padre Giuseppe ai figli Vera e Bartolo, coordinati amministrativamente dalla pirotecnica Sonia De Simoni, moglie di quest'ultimo.

VIGNE - I suoli calcarei di medio impasto che si estendono a partire da Carmiano ospitano vigne e oliveti secolari condotti secondo i dettami dell'agricoltura biologica. Qui si esprimono in maniera identitaria vitigni come il negroamaro, il moscato e il fiano.

VINI - L'uso oculato del legno di affinamento di varie dimensioni, il riposo sulle fecce fini e l'assemblaggio attento rispettando i tempi e le caratteristiche varietali e territoriali, determinano la realizzazione di vini freschi, vigorosi, sapidi, identitari, sempre dotati di carattere e distinzione.

Sputafele 2017 ● negroamaro; 6.000 bt; 17 € - - Il legno grande ben gestito dona buon equilibrio. Al naso presenta note di arancia sanguinella e spezie, il sorso è bilanciato tra acidità e tannicità, con un finale erbaceo piacevole.
I Fratelli Negroamaro 2018 ● 7.500 bt; 11 € - - Dinamico, pieno, coinvolgente, si presenta con toni di viola, carruba e china, che virano verso sensazioni sinuose e avvolgenti di cacao e caffè che pervadono il palato.
Espira 2019 ○ fiano; 5.000 bt; 14 € - - Ampio, fruttato, stratificato.
Brinarosa 2019 ● negroamaro; 3.000 bt; 11 € - - Croccante, erbaceo, verticale.
30 Mogge 2019 ○ moscato; 3.000 bt; 11 € - - Succoso, aromatico, ampio.

ha 25 - **bt** 35.000
Fertilizzanti sovescio
Fitofarmaci rame e zolfo
Diserbo lavorazione meccanica/manuale
Lieviti selezionati industriali
Uve 100% di proprietà
Certificazione biologico certificato

CELLINO SAN MARCO (BR)

MASSERIA LI VELI

SCONTO -10%

Strada Provinciale Cellino Campi, km 1 - tel. 0831 618259
www.liveli.it - info@liveli.it

VITA - L'azienda è nata nel 2007 quando la famiglia Falvo, dopo una lunga esperienza in Toscana, ha deciso di investire in Puglia acquistando un'affascinante masseria appartenuta a De Viti De Marco, importante politico e intellettuale pugliese. Da oltre un decennio è condotta dai fratelli Alfredo ed Edoardo. L'enologo è Riccardo Cotarella.

VIGNE - I vigneti circondano interamente la masseria, offrendo uno spettacolo unico. Dei 36 ettari, 8 sono coltivati ad alberello. Una parte è piantata a settonce, disposizione che permette la ventilazione e l'irradiamento da tutte le direzioni. Le varietà coltivate sono quelle autoctone.

VINI - Le linee stilistiche dell'azienda sono due: la prima propone vini di grande carattere, struttura e longevità, affinati in legno; la seconda comprende vini in cui prevalgono l'eleganza e la freschezza.

Salice Salentino Pezzo Morgana Ris. 2017 ● 10.000 bt; 18 € - Vino ampio e di grande struttura, in cui si alternano sentori di tabacco, macchia mediterranea e confettura. Il palato è possente, speziato e complesso. Necessita ancora di qualche anno per esprimersi al meglio.
Susumaniello Askos 2019 ● 50.000 bt; 17 € - - Al naso, pervaso da note speziate e balsamiche, segue una bocca articolata, avvolgente e persistente.
Susumaniello Askos Rosato 2019 ● 25.000 bt; 15 € - - Si apre con delicate fragranze di fiori e agrumi, seguite da un sorso fresco e gradevole.
Aleatico Passito 2010 ● 600 bt da 0,375 l; 65 € - - Ampio, speziato, armonico.
Verdeca Askos 2019 ○ 50.000 bt; 17 € - - Articolato, fruttato, dettagliato.
Primitivo Askos 2018 ● 30.000 bt; 18 € - - Possente, speziato, consistente.

ha 36 - **bt** 500.000
Fertilizzanti nessun concime
Fitofarmaci rame e zolfo
Diserbo lavorazione meccanica/manuale
Lieviti selezionati industriali
Uve acquisto 20%
Certificazione nessuna certificazione

COPERTINO (LE)

CUPERTINUM - COOPERATIVA DI COPERTINO €

SCONTO -10%

Via Martiri del Risorgimento, 6 - tel. 0832 947031
www.cupertinum.it - cantinacopertino@libero.it

VITA - Questa importante cantina sociale è stata fondata a Copertino nel 1935. Oggi conta circa 300 soci conferitori e svolge un ruolo fondamentale per l'economia del luogo, evitando, tra l'altro, l'ulteriore abbandono di terreni agricoli. È guidata con entusiasmo ed energia dal presidente e agronomo Francesco Trono, coadiuvato dall'enologo Giuseppe Pizzicante Leuzzi.

VIGNE - I vigneti dei conferitori si estendono su circa 300 ettari e le varietà coltivate sono soprattutto autoctone, mentre il sistema di allevamento è a spalliera e ad alberello. Inoltre la Cupertinum ha circa 10 ettari ad alberello che gestisce direttamente tramite l'assunzione di giovani braccianti, destinati alla produzione di nuove etichette di Negroamaro e Primitivo.

VINI - Tipicità, longevità e facilità di beva sono gli elementi che la cooperativa cerca di far trovare nei propri vini, sempre dai prezzi molto contenuti, mai a discapito della qualità.

TOP **Spinello dei Falconi 2019** VINO QUOTIDIANO ● negroamaro; 25.000 bt; 8 € - - Un Rosato che si muove pienamente nel solco della tradizione: l'ingresso è gradevolmente fruttato e dolce, ma poi lascia spazio a una grande freschezza e a una spiccata sapidità.
Copertino Rosso 2014 ● negroamaro; 50.000 bt; 8 € - - Vino che si presenta con evidenti sensazioni di frutta e tabacco, e che in bocca è teso e asciutto
Copertino Rosso Settantacinque Ris. 2010 ● 50.000 bt; 10 € - - Affinato lungamente in vasche di vetrocemento e in acciaio si apre con note balsamiche e leggermente evolute di frutta, seguite da un palato avvolto da morbidi tannini.
Copertino Rosso Ris. 2011 ● negroamaro, montepulciano, malvasia nera; 500.000 bt; 9 € - - Denso, fruttato, autentico.

ha 309 - **bt** 900.000
Fertilizzanti organo-minerali
Fitofarmaci chimici di sintesi, rame e zolfo
Diserbo chimico, lavorazione meccanica/manuale
Lieviti selezionati industriali
Uve 100% di proprietà
Certificazione nessuna certificazione

COPERTINO (LE)

GAROFANO VIGNETI E CANTINE

SCONTO -10%

Località Tenuta Monaci - tel. 0832 947512 - 351 9447311
www.vinigarofano.it - info@vinigarofano.it

VITA - Renata e Stefano Garofano continuano a portare avanti con coerenza e rinnovata energia il progetto ideato dal papà Severino, compianto enologo che ha legato il suo nome e il suo lavoro all'affermazione del negroamaro, portandolo a diventare uno dei vitigni più importanti e apprezzati del meridione d'Italia. Stefano si occupa dei lavori in vigna e in cantina, coadiuvato dal fidato Antonio Protezione, mentre Renata segue la parte amministrativa e commerciale.

VIGNE - L'azienda punta da sempre ad affermare la tipicità del territorio di Copertino, una delle Doc più conosciute e rinomate del Salento, e le peculiarità che conferisce al negroamaro. Particolare il terreno attorno alla cantina, dove insiste una buona percentuale dei vigneti di proprietà, caratterizzato da una crosta calcarea subito al di sotto del sottile strato di terra rossa, che conferisce ai vini prodotti spiccata mineralità ed eleganza.

VINI - I vini rispecchiano la tipicità dei vitigni e del territorio su cui vengono allevati, con mineralità, freschezza ed eleganza riscontrabili non solo nel bianco, nel rosa e nei rossi più giovani, ma soprattutto nei rossi da lungo affinamento.

TOP **Girofle 2019** VINO QUOTIDIANO ● 50.000 bt; 10 € - Una vera garanzia questo vino, che rappresenta fieramente la tipologia dei rosa salentini da negroamaro. Ha mineralità e freschezza, con note di piccoli frutti rossi e di macchia mediterranea che si allungano nel finale sapido e leggermente tannico.

Simpotica 2016 ● negroamaro, montepulciano; 20.000 bt; 18 € - Speziato, fruttato e balsamico, è un vino austero ma dal sorso scorrevole e armonico. Il lungo affinamento conferisce morbidezza al tannino e profondità aromatica.

Bianca dei Censi 2019 O greco, trebbiano; 10.000 bt; 9 € - Armonico, fruttato, espressivo.

ha 35 - **bt** 160.000
Fertilizzanti sovescio
Fitofarmaci rame e zolfo
Diserbo lavorazione meccanica/manuale
Lieviti selezionati industriali
Uve 100% di proprietà
Certificazione nessuna certificazione

COPERTINO (LE)

MARULLI

SCONTO -10%

Via Grottella, 155 - tel. 0832 932821
www.vinimarulli.com - info@vinimarulli.com

VITA - Vito e Francesca Marulli sono la terza generazione che porta avanti questa azienda. Nata nel 1975, fino agli anni Novanta vendeva vino sfuso, e poi nei Duemila i due fratelli hanno rivoluzionato tutto ponendo una maggiore attenzione alla vigna e alla produzione del vino in bottiglia. L'enologo Marco Mascellani fornisce la consulenza tecnico-enologica.

VIGNE - Sono 20 gli ettari di proprietà, di cui 7 sono allevati con il metodo dell'alberello pugliese e gli altri con il guyot o il cordone speronato. Negli ultimi 10 anni l'azienda ha smesso di utilizzare il diserbo chimico. La produzione in vigna è parsimoniosa per favorire una maggiore qualità delle uve.

VINI - I vini vogliono rappresentare il territorio. Sono asciutti, dalla tannicità decisa, di corpo, ma con una beva dinamica. Ampio l'uso di acciaio e cemento, moderato l'impiego del legno.

Copertino Malassiso Ris. 2016 ● 2.500 bt; 32 € - Un vino profondo che ben rappresenta lo stile di questa azienda. Si percepisce la surmaturazione delle uve, che dona morbidezza e rende il tannino ben integrato.

Capuccini 2017 ● primitivo; 5.000 bt; 12 € - L'autenticità di questo vino si presenta già al primo sorso, con i profumi tipici del vitigno: dinamico, è piacevole e beverino.

Copertino Rosato Tenuta Paraida 2019 ● 10.000 bt; 11 € - Il vigneto da cui nasce ha circa 30 anni ed è allevato ad alberello. È un vino armonico, con un fondo erbaceo: perfetta espressione del Negroamaro.

Copertino Rosso Tenuta Paraida 2017 ● 8.000 bt; 11 € - Armonico, fruttato, espressivo.

Tinente 2018 ● negroamaro; 6.000 bt; 7 € - Integrato, balsamico, autentico.

Tinente 2019 O verdeca; 6.000 bt; 7 € - Fresco, minerale, incisivo.

ha 20 - **bt** 70.000
Fertilizzanti letame in pellet, letame
Fitofarmaci chimici di sintesi, rame e zolfo
Diserbo lavorazione meccanica/manuale
Lieviti selezionati industriali
Uve 100% di proprietà
Certificazione nessuna certificazione

CUTROFIANO (LE)

L'ASTORE MASSERIA

SCONTO -10%

Località L'Astore - Via Di Vittorio, 1 - tel. 0836 542020 - 393 2290830
www.lastoremasseria.it - info@lastoremasseria.it

VITA - Un luogo quasi magico, dove i progetti di un papà sono stati realizzati dal figlio. Un'antica ed elegante masseria immersa nel verde di una magnifica pineta. Un antico frantoio ipogeo molto grande, trasformato nei locali di affinamento e stoccaggio dei prodotti aziendali. Tutto ciò si è realizzato per mano di Paolo Benegiamo, un dentista prestato all'attività di vignaiolo, che caparbiamente ha saputo creare e consolidare questa bella realtà salentina.

VIGNE - I vigneti aziendali hanno seguito l'evoluzione della proprietà, passando dai vitigni internazionali alle storiche varietà di questa parte del Salento: il negroamaro, il primitivo, le malvasie (sia nera sia bianca) e il susumaniello, condotti su terreni misti e argillosi, con potature a guyot. Nei 20 ettari, tutti di proprietà, spicca un vigneto ultrasettantenne di alberelli di negroamaro su terra rossa.

VINI - L'azienda ha mosso i primi passi guardando ai mercati internazionali e alle mode del momento. Poi la svolta convintamente biologica, con un occhio attento al fenomeno dei vini naturali, ma soprattutto ai vini più rappresentativi della tradizione salentina.

Alberelli di Negroamaro 2016 ● 3.500 bt; 26 € - Un vino di grande stoffa, dai tannini setosi che sostengono un sorso che risulta avvolgente, vibrante e complesso.
Filimei 2018 ● negroamaro; 15.000 bt; 10 € - Stesso vitigno e sensazioni simili, per un vino che è il fratello minore solo per la sua più spiccata facilità di beva e il costo contenuto.
Massaro Rosa 2019 negroamaro; 10.000 bt; 10 € - Agile, fruttato, leggiadro.
L'Astore Rosso 2017 ● susumaniello; 5.000 bt; 18 € - Austero, speziato, consistente.
Jema 2018 ● primitivo; 15.000 bt; 11 € - Avvolgente, fruttato, dolciastro.
Krita 2019 O malvasia bianca; 10.000 bt; 10 € - Agile, floreale, corto.

ha 20 - **bt** 80.000
Fertilizzanti letame in pellet, letame
Fitofarmaci organici, rame e zolfo
Diserbo lavorazione meccanica/manuale
Lieviti fermentazione spontanea, selezione di lieviti indigeni
Uve 100% di proprietà
Certificazione biologico certificato

CUTROFIANO (LE)

PALAMÀ

SCONTO -10%

Via Armando Diaz, 6 - tel. 0836 542865
www.vinicolapalama.com - info@vinicolapalama.com

VITA - Questa azienda tipicamente familiare è nata negli anni Trenta con il nonno Arcangelo Palamà, a cui è dedicato uno dei vini più importanti, per poi crescere con Cosimo (Ninì), suo figlio, ancora ben presente e attivo in cantina con piglio da papà severo, ma fiero di come suo figlio Michele stia prendendo le redini dell'attività, dandole un indirizzo più moderno e dinamico.

VIGNE - I 12 ettari di proprietà si aggiungono ai 20 appartenenti ai conferitori, con i quali c'è un rapporto di stima e fiducia reciproca consolidato negli anni, instauratosi in alcuni casi fin dai tempi dei nonni. Su tutti vigila attento Michele, sempre alla ricerca di qualche vecchio vigneto ad alberello destinato all'espianto e da recuperare.

VINI - L'azienda propone vini legati alla tradizione salentina, schietti, puliti, veraci, con qualche concessione alla modernità nella linea che Michele ha dedicato a Ninì.

TOP **Metiusco Rosato 2019** negroamaro; 30.000 bt; 13 € - Un rosa perfettamente inserito nella grande tradizione salentina: intensamente fruttato, fresco, ampio, è croccante e gastronomico.
Metiusco Rosso 2019 ● negroamaro, malvasia, primitivo; 25.000 bt; 13 € - Ottima prova per un vino che unisce i principali vitigni salentini e dà l'idea di un atleta durante l'allenamento: solido e scattante, in piena evoluzione.
Metiusco Bianco 2019 O malvasia, verdeca; 15.000 bt; 13 € - Articolato, floreale, delicato.
Ninì Palamà Bianco 2019 O verdeca; 10.000 bt; 8 € - Dinamico, speziato, compatto.
Patrunale Collezione Privata 2016 ● primitivo; 5.000 bt; 27 € - Avvolgente, speziato, consistente.
Metiusco Aleatico 2019 ● 10.000 bt da 0,5 l; 15 € - Armonico, fruttato, avvolgente.

ha 12 - **bt** 200.000
Fertilizzanti letame in pellet, letame, organo-minerali, sovescio
Fitofarmaci chimici di sintesi, rame e zolfo
Diserbo lavorazione meccanica/manuale
Lieviti fermentazione spontanea, selezione di lieviti indigeni
Uve acquisto 60%
Certificazione parte dei vigneti in regime biologico

GUAGNANO (LE)

CANTELE

SCONTO **-10%**

Strada Provinciale 365, km 1 - tel. 0832 705010
www.cantele.it - cantele@cantele.it

VITA - I quattro cugini Cantele, Gianni e Paolo figli di Augusto, e Umberto e Luisa figli di Domenico, sono alla guida di un'azienda familiare giunta alla sua terza generazione. Si tratta di un raro caso di emigrazione al contrario, dal profondo nord del Veneto fino a Lecce, dove il capostipite, Giovanni Battista, insieme alla moglie Teresa Manara si trasferì per seguire la sua attività di commerciante di vino.

VIGNE - Cinquanta ettari di proprietà costituiscono il cuore dei vigneti aziendali, quelli dove nascono i vini migliori e le nuove sperimentazioni. A questi si aggiungono poi 120 ettari di conferitori fidelizzati. Su tutti veglia l'occhio attento dell'agronomo Cataldo Ferrari, amico d'infanzia di Gianni, ma soprattutto molto bravo a dare un tocco sostenibile a una conduzione convenzionale attenta e misurata.

VINI - L'azienda ha solide basi nella tradizione familiare e una guida giovane e dinamica, capace di prestare grande attenzione ai mercati, ai quali propone vini sempre molto precisi e aderenti al territorio, ben curati nelle scelte grafiche e del packaging.

Negroamaro Teresa Manara 2017 ● 52.000 bt; 15 € - Tannini molto fini per un vino ampio e articolato, con un'alternanza di toni fruttati e di spezie dolci che gli dona buona complessità.
Salice Salentino Ris. 2017 ● 220.000 bt; 9 € - Un piccolo prezzo per un gran bel vino: setoso, avvolgente e articolato, è fruttato e ha un piacevole sorso succoso.
Susumaniello Rohesia 2018 ● 13.500 bt; 10 € - Ampio, fruttato, integro.
Malvasia Bianca Rohesia 2019 ○ 26.000 bt; 9 € - Articolato, floreale, complesso.
Amativo 2017 ● primitivo, negroamaro; 30.000 bt; 17 € - Dinamico, fruttato, teso.
Rohesia 2019 ● negroamaro; 40.000 bt; 12 € - Avvolgente, agrumato, sapido.

ha 170 - **bt** 1.500.000
Fertilizzanti letame, organo-minerali
Fitofarmaci chimici di sintesi, rame e zolfo
Diserbo lavorazione meccanica/manuale
Lieviti selezionati industriali, selezione di lieviti indigeni
Uve acquisto 70%
Certificazione nessuna certificazione

GUAGNANO (LE)

FEUDI DI GUAGNANO

SCONTO **-10%**

Via Cellino, 3 - tel. 0832 705422 - 328 9861330
www.feudiguagnano.it - contact@feudiguagnano.it

VITA - Nata nel 2002, questa azienda è un esempio virtuoso di recupero di piccoli appezzamenti di vigneto che altrimenti sarebbero andati persi. Gianvito Rizzo, Franco Maldarelli e Carlo Maci, tre amici con percorsi di vita diversi, hanno unito le loro forze per prendersi cura dei vigneti delle rispettive famiglie e dei loro amici.

VIGNE - Gli ettari di vigneto, in parte di proprietà e in parte in affitto, sono 30 e sono suddivisi in piccoli appezzamenti distribuiti nelle zone più vocate della Doc Salice Salentino. La conversione biologica iniziata nel 2016 si è conclusa nel 2019. La vendemmia è rigorosamente manuale per preservare al massimo l'integrità delle uve.

VINI - I vini, molto tipici, sono forte espressione del territorio salentino. Sono tutti caratterizzati da un'ottima capacità di beva.

Nero di Velluto 2015 ● negroamaro; 10.000 bt; 20 € - Al naso presenta note balsamiche e di pepe nero. Al sorso la trama tannica dona verticalità ed è in equilibrio con la morbidezza conferita dal legno di affinamento. Un vino tipico e ben fatto.
Salice Salentino Cupone Ris. 2017 ● 15.000 bt; 11 € - Caratterizzato dai sentori caratteristici del vitigno, in cui alla macchia mediterranea si alternano tabacco, inchiostro e cioccolato, in bocca è integro, pieno e di buona fluidità.
Vigne Salve Negroamaro Bio 2019 ● 7.000 bt; 8 € - Da vigneti salvati dal pericolo di progetti di impianti fotovoltaici, è un vino autentico, con note balsamiche e un sorso in perfetta armonia.
Salice Salentino Rosarò 2019 ● 15.000 bt; 9 € - Agile, fruttato, espressivo.
Diecianni Verdeca 2019 ○ 15.000 bt; 7 € - Fresco, fruttato, incisivo.

ha 30 - **bt** 250.000
Fertilizzanti letame in pellet, sovescio
Fitofarmaci rame e zolfo
Diserbo lavorazione meccanica/manuale
Lieviti selezionati industriali
Uve 100% di proprietà
Certificazione biologico certificato

GUAGNANO (LE)

COSIMO TAURINO

Strada Provinciale 365, km 1,4 - tel. 0832 706490
www.taurinovini.it - info@taurinovini.it

VITA - L'azienda è stata fondata nel 1970 da Cosimo Taurino, che, coadiuvato dall'enologo Severino Garofano, è riuscito a far diventare l'attività di famiglia una tra le più rappresentative del territorio, e ha contribuito alla conoscenza e alla diffusione del Negroamaro nel mondo. Oggi questa realtà è condotta dalla moglie Rita, affiancata dalla figlia Rossana e da suo marito Antonio Bello. L'enologo è Massimo Tripaldi.

VIGNE - Dei 90 ettari di vigneti circa 80 sono coltivati a negroamaro. Nei restanti 10 crescono primitivo, malvasia nera e piccole particelle di vitigni internazionali come chardonnay e riesling. Le contrade più vocate, dove si trovano gli storici alberelli di 80 anni, danno il nome ai vini più rappresentativi come il Patriglione e il Notarpanaro.

VINI - Le caratteristiche stilistiche dei vini dell'azienda ruotano intorno alla longevità e alla grande struttura. I vini, a seconda della tipologia, quasi sempre affrontano lunghi affinamenti in acciaio, legno e bottiglia.

TOP **Patriglione 2015** ● negroamaro; 35.000 bt; 50 € - Vino complesso, ampio, stratificato, è un continuo susseguirsi di diversi sentori: confettura, spezie, piccoli frutti, macchia mediterranea. Al palato è setoso, avvolgente e profondo.
Notarpanaro 2015 ● negroamaro; 400.000 bt; 13 € - Altro vino simbolo dell'azienda imbottigliato per la prima volta nel 1970, è elegante, ampio, e si apre con note di frutta matura e speziate, seguite da un palato dolce e persistente.
7° Ceppo 2019 ● primitivo; 12.000 bt; 12 € - Affinato solo in acciaio, esprime tutte le caratteristiche del vitigno: inizialmente fruttato e balsamico, in bocca è teso e lineare.
Scaloti 2019 ● negroamaro; 12.000 bt; 8 € - Dinamico, fruttato, varietale.

ha 90 - **bt** 900.000
Fertilizzanti letame in pellet
Fitofarmaci rame e zolfo
Diserbo lavorazione meccanica/manuale
Lieviti selezionati industriali
Uve 100% di proprietà
Certificazione nessuna certificazione

LECCE

VALLONE

Via XXV Luglio, 7 - tel. 0832 308041
www.agricolevallone.it - info@agvallone.it

VITA - Questa storica azienda fortemente legata al territorio negli anni ha contribuito a rendere solida la viticoltura salentina. Oggi è gestita da Francesco Vallone, che è affiancato dall'instancabile direttore commerciale Giuseppe Malazzini. L'enologo è Graziana Grassini, mentre le vigne sono affidate alla gestione dell'agronomo Angelo Bagorda.

VIGNE - I vigneti sono suddivisi in tre corpi aziendali: a Brindisi, dove ha sede la cantina, intorno al castello di Serranova, a ridosso della zona di Torre Guaceto, e a San Pancrazio salentino, in contrada Caragnuli, dove cresce un monumentale vigneto allevato ad alberello.

VINI - Lo stile di tutti i vini rispecchia il fascino e la tradizione dell'azienda, e ruota intorno alla pulizia e a una marcata finezza.

TOP **Susumaniello 2018** VINO QUOTIDIANO ● 36.000 bt; 10 € - Agile, disinvolto e di piacevolissima beva, trasmette subito il fruttato succoso del vitigno e la raffinata sapidità data dal territorio da cui provengono le uve.
Salice Salentino Vereto Ris. 2017 ● 36.000 bt; 10 € - Il naso, balsamico ma accomodante, lascia spazio al primo sorso che si traduce in croccantezza e freschezza. Una sincera espressione del vitigno e del territorio di provenienza.
Ostuni Ottavianello 2018 ● 12.000 bt; 10 € - Caratterizzato da un grande equilibrio aromatico tra la nota fruttata e quella speziata tipica del vitigno, riesce a mantenere la finezza caratteristica di tutti i vini aziendali.
Tenuta Serranova Fiano 2019 ○ 24.000 bt; 12 € - Vibrante, floreale, elegante.
Brindisi Rosato Vigna Flaminio 2019 ● 18.000 bt; 8 € - Agile, fruttato, armonico.
Tenuta Serranova Susumaniello Rosato 2019 ● 24.000 bt; 12 € - Croccante, fruttato, varietale.

ha 170 - **bt** 490.000
Fertilizzanti compost, letame, sovescio
Fitofarmaci rame e zolfo
Diserbo lavorazione meccanica/manuale
Lieviti selezionati industriali
Uve 100% di proprietà
Certificazione parte dei vigneti in regime biologico

LEVERANO (LE)

CONTI ZECCA

SCONTO **-10%**

Via Cesarea - tel. 0832 925613
www.contizecca.it - info@contizecca.it

VITA - Questa storica azienda salentina è oggi gestita dai fratelli Alcibiade, Mario, Luciano e Francesco Zecca, ai quali, da qualche anno, si è affiancato il giovane Clemente. L'enologo è l'affidabile Antonio Romano, coadiuvato da Daniele Calabrisu, responsabile delle attività di cantina. L'agronomo è Luigi Pagani. La comunicazione è affidata a Greta Persano, mentre il direttore è Valentino Caputo.

VIGNE - Le tenute aziendali sono quattro: Donna Marzia, Santo Stefano e Saraceno a Leverano, e Cantalupi a Salice Salentino. Circa un terzo dei 300 ettari di proprietà segue i principi dell'agricoltura biologica, la parte restante è in conversione. I vitigni coltivati sono sia gli autoctoni salentini sia alcuni internazionali.

VINI - «Lo stile dei vini è incentrato sul rispetto dei vitigni e del territorio», dice Clemente: e gli assaggi lo confermano.

Leverano Liranu Ris. 2017 ● 20.000 bt; 14 € - Al naso esprime note balsamiche, tabacco e terra rossa. La morbidezza del primo sorso è compensata da una buona croccantezza: chiude con una piacevole nota amara.
Rifugio 2018 ● primitivo; 30.000 bt; 13 € - Di grande piacevolezza e dinamicità, si apre con sentori di prugna secca e frutti rossi e mantiene fino alla chiusura di bocca una marcata austerità.
Salice Salentino Cantalupi Ris. 2017 ● 30.000 bt; 12 € - Si apre subito sulle classiche note di macchia mediterranea e inchiostro, a cui segue un sorso caratterizzato dalla presenza di tannini ben dosati.
Mendola 2019 ○ fiano; 10.000 bt; 10 € - Armonico, fruttato, sapido.
Venus 2019 ● negroamaro, malvasia nera di Lecce, primitivo; 8.000 bt; 11 € - Dinamico, fruttato, varietale.
Luna 2019 ○ malvasia bianca, chardonnay; 15.000 bt; 15 € - Ampio, fruttato, energico.

ha 320 - **bt** 2.800.000
Fertilizzanti letame, organo-minerali, sovescio
Fitofarmaci rame e zolfo
Diserbo lavorazione meccanica/manuale
Lieviti selezione di lieviti indigeni
Uve 100% di proprietà
Certificazione in conversione biologica

LEVERANO (LE)

VECCHIA TORRE

Via Marche, 1 - tel. 0832 925053
www.cantinavecchiatorre.it - info@cantinavecchiatorre.it

VITA - La cooperativa Vecchia Torre è nata a Leverano nel 1959, già con un numero cospicuo di conferitori, ma oggi sono diventati più di 1.200. L'anima di questa realtà è l'enologo Enio Cagnazzo, che da più di 20 vendemmie ricopre un ruolo fondamentale mettendo a disposizione di tutti i soci le proprie conoscenze ed esperienze.

VIGNE - Essendo una cantina sociale di così grandi dimensioni, i vigneti non possono che ricadere in un discreto numero di comuni. Tra i principali segnaliamo Leverano, Copertino e Salice Salentino. Le varietà coltivate sono quelle autoctone del territorio, alle quali si aggiungono il syrah e il montepulciano.

VINI - Grazie all'attenta supervisione di Ennio e alle più moderne tecniche di vinificazione vengono selezionate le migliori uve, portando alla produzione di vini che ben rappresentano il territorio.

Leverano Rosato 2019 ● 120.000 bt; 5 € - Un vino dinamico, fruttato ed essenziale. Si abbina perfettamente ai piatti della cucina salentina.
Leverano Ris. 2014 ● negroamaro, malvasia nera; 95.000 bt; 8 € - Il tannino di questo vino è presente e ben in evidenza, ma non intacca la sua delicatezza, espressa nelle note balsamiche tipiche date dalle uve di negroamaro e malvasia nera.
Vermentino 2019 ○ 150.000 bt; 5 € - Un vino varietale: il sorso è agile e composto, e il naso si presenta con schiette note fruttate.
Negroamaro Rosato 2019 ● 100.000 bt; 5 € - Dinamico, fruttato, espressivo.
Primitivo di Manduria Auro 2017 ● 25.000 bt; 8 € - Fine, balsamico, varietale.
Syrah-Primitivo 2018 ● 150.000 bt; 6 € - Austero, fruttato, armonico.

ha 1.500 - **bt** 3.500.000
Fertilizzanti humus
Fitofarmaci chimici di sintesi
Diserbo lavorazione meccanica/manuale
Lieviti selezionati industriali
Uve acquisto 2%
Certificazione nessuna certificazione

MONTERONI DI LECCE (LE)

APOLLONIO

SCONTO -10%

Via San Pietro in Lama, 7 - tel. 0832 327182
www.apolloniovini.it - info@apolloniovini.it

VITA - I due fratelli Marcello e Massimiliano Apollonio tagliano il traguardo dei 150 anni, documentati, di attività della famiglia nella produzione e commercializzazione di vino, e 150 è il numero che ritroviamo in molte etichette prodotte quest'anno. Marcello si occupa della parte amministrativa e commerciale, mentre Massimiliano è l'enologo. Collabora con loro l'agronomo Elio Rizzo.

VIGNE - Gran parte dei vigneti non sono di proprietà, e la buona qualità del prodotto viene garantita dal rapporto di fiducia con i singoli conferitori, che vengono seguiti da vicino. Nei vigneti di proprietà si è deciso di tornare ai vitigni tradizionali del Salento, sostituendo gli internazionali per molti anni onnipresenti.

VINI - In cantina si usano contenitori di legno di differente composizione e formato, per un approccio moderno e che vuole incontrare i gusti di una clientela ampia.

Copertino Divoto Ris. 2011 ● 15.000 bt; 45 € - Frutto dell'integrazione di due nobili vitigni, il negroamaro e il montepulciano: è austero, fruttato, avvolgente e insieme dinamico, succoso e complesso.
18 Fanali 2017 ● negroamaro; 5.000 bt; 21 € - Non la migliore prova per questo rosa che presenta note agrumate in un contesto gusto-olfattivo sostanzialmente ossidato. Resta comunque una guida per quanti vogliano produrre questa tipologia con affinamenti in legno.
Il 150 Negroamaro 2019 ● 10.000 bt; 14 € - Fitto, fruttato, sottile.
Il 150 Fiano 2019 ○ 10.000 bt; 13 € - Dinamico, fruttato, contratto.
Il 150 Verdeca 2019 ○ 10.000 bt; 13 € - Ampio, floreale, sapido.
Il 150 Susumaniello 2019 ● 10.000 bt; 13 € - Fine, speziato, teso.

ha 120 - **bt** 1.500.000
Fertilizzanti compost
Fitofarmaci organici, rame e zolfo
Diserbo chimico, lavorazione meccanica/manuale
Lieviti selezione di lieviti indigeni
Uve acquisto 80%
Certificazione nessuna certificazione

NARDÒ (LE)

ALESSANDRO BONSEGNA

SCONTO -10%

Via Volta, 17 - tel. 0833 561483
www.vinibonsegna.it - vinibonsegna@vinibonsegna.it

VITA - Nata nel 1964 per volere di Primo Michele Bonsegna, dal 1991 viene guidata dal figlio Alessandro, che l'ha portata a diventare una delle più apprezzate realtà salentine. È il classico esempio di azienda a conduzione familiare: la moglie Eva De Razza si occupa dell'amministrazione, i figli Luisa e Francesco rispettivamente della comunicazione e del commerciale, la sorella Lucianna della vendita in cantina.

VIGNE - I vigneti sono dislocati nelle zone più vocate del comprensorio di Nardò, alcune a ridosso del meraviglioso Parco Naturale di Porto Selvaggio. Alessandro si dedica da sempre in prima persona a tutte le fasi della produzione, dalla vigna alla cantina.

VINI - La passione e la forte conoscenza del territorio consentono di produrre vini di ottima qualità che rispecchiano in maniera impeccabile la tipicità del territorio in cui nascono.

TOP **Nardò Rosso Danze della Contessa 2019** VINO QUOTIDIANO ● 10.000 bt; 8 € - Un vino che presenta la tipicità del territorio salentino, con una dinamica gustativa agile e succosa. Il tannino è ben integrato e croccante.
Primo 2017 ● negroamaro, primitivo; 6.500 bt; 15 € - Austero, che elegantemente riporta ai profumi e ai frutti del Mediterraneo. La sua profondità ci fa immaginare proprio Primo Bonsegna, a cui è dedicato.
Nardò Rosato Narthos 2019 ● 5.000 bt; 10 € - Narthos è la nuova linea dell'azienda. È agile al sorso, con profumi fruttati, tipici del Salento più vero. È autentico e incisivo.
Nardò Rosato Danze della Contessa 2019 ● 15.000 bt; 7 € - Armonico, fruttato, autentico.
Primitivo Baia di Uluzzo 2017 ● 20.000 bt; 8 € - Integrato, fruttato, varietale.
Narthos 2019 ○ moscatello selvatico; 4.000 bt; 14 € - Succoso, floreale, verticale.

ha 25 - **bt** 200.000
Fertilizzanti letame in pellet, sovescio
Fitofarmaci rame e zolfo
Diserbo lavorazione meccanica/manuale
Lieviti selezionati industriali
Uve acquisto 10%
Certificazione nessuna certificazione

NARDÒ (LE)

SCHOLA SARMENTI

SCONTO -10%

Via Generale Cantore, 37 - tel. 0833 567247
www.scholasarmenti.it - info@scholasarmenti.it

VITA - Schola Sarmenti è figlia di un investimento importante, avviato una ventina di anni fa con il recupero di uno stabilimento vinicolo riportato a nuova vita dalle famiglie Marra e Calabrese, che lo gestiscono tuttora. Lorenzo, Ivan e Rosangela Marra si occupano dei settori amministrativo e commerciale, Alessandro Calabrese, marito di Rosangela, cura la gestione della cantina e delle terre con la collaborazione dell'enologo Benedetto Lorusso e di Silvia Spedicato, l'agronomo.

VIGNE - I vigneti sono in parte di proprietà e in parte in affitto, per un totale di 62 ettari produttivi. Nel corso degli anni sono stati effettuati nuovi impianti, mantenendo sempre una grande attenzione verso il recupero di piccoli appezzamenti di alberelli abbandonati e spesso destinati all'espianto.

VINI - L'azienda produce una vasta gamma di vini, tutti molto precisi e curati, anche nella veste grafica e nella tipologia delle bottiglie, e pensati per affrontare i mercati di tutto il mondo. Curiosa la storia legata all'etichetta, che a prima vista può sembrare una croce, ma in realtà è la stilizzazione dell'alberello pugliese, con il suo tronco e le tre branche laterali.

Fiano 2019 ○ 18.000 bt; 11 € - Un buon bianco da bere sulle rive del mare del Salento: è teso, fresco e dal profilo olfattivo floreale.
Nardò Rosso Nerìo Ris. 2016 ● 27.000 bt; 15 € - Floreale ed elegante al naso, fitto e strutturato al palato.
Diciotto 2017 ● primitivo; 6.800 bt; 62 € - Avvolgente, fruttato, opulento.
Nàuna 2017 ● negroamaro, primitivo; 20.000 bt; 22 € - Incisivo, fruttato, amaro.
Nardò Rosato Opra 2019 22.000 bt; 15 € - Agile, fruttato, corto.
Antièri 2018 ● susumaniello; 22.000 bt; 18 € - Fresco, speziato, delicato.

ha 62 - **bt** 650.000
Fertilizzanti letame in pellet, organo-minerali
Fitofarmaci rame e zolfo
Diserbo lavorazione meccanica/manuale
Lieviti selezione di lieviti indigeni
Uve 100% di proprietà
Certificazione parte dei vigneti in regime biologico

OSTUNI (BR)

GRECO €

SCONTO -10%

Via Sidney Sonnino, 49-50 - tel. 340 6339960
agricolagreco@libero.it

VITA - La tradizione familiare di produzione di vino destinato a una piccola rete di vendita locale, di cui esistono tracce che risalgono perlomeno al nonno di Oronzo Greco, una quindicina di anni fa è stata riattivata da Oronzo stesso con l'aiuto del papà Francesco e della sorella Antonia. È stata così salvaguardata una piccola e interessante denominazione che rischiava di scomparire, la Doc Ostuni. Oggi l'enologo è Angelo Pinto.

VIGNE - Si coltiva un solo ettaro di terreno profondo e ben drenato, sito nella parte bassa fra due collinette, con da una parte la casa di campagna della famiglia, con un trullo che domina il paesaggio e la piccola cantina sottostante, e dall'altra parte un grazioso boschetto. Recenti lavori di impianto consentiranno a breve di aumentare, sia pur di poco, la superficie vitata, condotta personalmente da Oronzo e da suo papà con cura e passione.

VINI - L'azienda produce vini convenzionali in prevalenza destinati al mercato pugliese, con buoni riscontri sul mercato nazionale. Sono prodotti comunque moderni per piacevolezza, facilità di beva e di abbinamento, in particolare alla tipica cucina pugliese. L'Ottavianello in versione rosso quest'anno non viene recensito: sarà imbottigliato dopo Natale e attenderemo la prossima edizione della guida per assaggiarlo.

TOP **Ostuni Bianco Signora Nina 2019** VINO QUOTIDIANO ○ 2.000 bt; 10 € - Da uve francavidda e impigno, è un vino armonico, agile, con tocchi floreali che si affacciano sul prevalente fruttato tipico dei due vitigni. Il sorso è sottile e autentico, veramente molto piacevole.
Alma 2019 ottavianello; 1.000 bt; 10 € - Un Rosato ampio e dinamico, dal tono fruttato, che all'assaggio risulta succoso e gastronomico.

ha 1 - **bt** 6.000
Fertilizzanti sovescio
Fitofarmaci rame e zolfo
Diserbo lavorazione meccanica/manuale
Lieviti selezionati industriali
Uve 100% di proprietà
Certificazione nessuna certificazione

OTRANTO (LE)

TENUTA CORALLO WINERY

SCONTO -10%

Baia dei Turchi - Strada Provinciale 366, km 28,700
tel. 0836 666876 - www.tenutacorallo.it - info@tenutacorallo.it

VITA - Fresca e giovane realtà della costa otrantina, l'azienda nasce da un'idea di Enzo Marti, imprenditore edile e turistico, e della moglie Gabriella Maniglio, in prima linea per le pubbliche relazioni. L'enologo, Giuseppe Pizzolante Leuzzi, è affiancato dal cantiniere Michele Mariano. La gestione delle vigne è affidata all'agronomo Gabriella Puzzovio.

VIGNE - I vigneti, in un unico corpo a ridosso della cantina e della costa, si trovano a pochi metri dalla baia dei Turchi e dai laghi Alimini. Grazie alla vicinanza del mare, le viti godono della brezza e della salinità presente nel terreno, che dona a tutti i vini una caratteristica unica. I vitigni coltivati sono negroamaro, primitivo, malvasia nera, aleatico e fiano.

VINI - La vinificazone segue tecniche moderne e all'avanguardia. I vini, prodotti nella piccola ma attrezzatissima cantina, nascono e maturano in contenitori di acciaio e in barrique.

Matrìa 2019 ● negroamaro; 10.000 bt; 11 € - L'olfatto è quello tipico della macchia mediterranea. Al sorso è fresco e vibrante, e mostra una marcata sapidità data dai terreni a ridosso del mare su cui crescono i vigneti aziendali.
Mesena 2018 ● negroamaro; 20.000 bt; 14 € - Le note di frutti rossi e di tabacco sono in equilibrio con quelle speziate del legno. Anche in questo caso la sapidità è ben presente e conferisce lunghezza al sorso.
Chora 2019 O fiano; 9.000 bt; 11 € - Al naso prevalgono i sentori agrumati, di pesca e di frutta croccante. In bocca è agile, quasi salato, fresco e di piacevolissima beva.
Milìa 2019 ● aleatico; 1.000 bt da 0,5 l; 15 € - Avvolgente, fruttato, consistente.
Zoì 2018 ● negroamaro, primitivo; 8.000 bt; 12 € - Solido, fruttato, armonico.

ha 8 - **bt** 70.000
Fertilizzanti letame in pellet, organo-minerali, sovescio
Fitofarmaci organici, rame e zolfo
Diserbo lavorazione meccanica/manuale
Lieviti selezionati industriali
Uve 100% di proprietà
Certificazione in conversione biologica

RACALE (LE)

TORRE OSPINA €

SCONTO -10%

Via Ferrara, 5 - tel. 320 8633983
www.torreospina.com - info@torreospina.com

VITA - Questa piccola ma dinamica azienda è nata nel 2010, quando il giovanissimo Quintino Manco ha ereditato dal nonno i vigneti da cui, fino ad allora, veniva prodotta l'uva da vendere a una vicina cantina sociale. La consulenza tecnica è affidata all'enologo Giuseppe Pizzolante Leuzzi.

VIGNE - I 10 ettari di vigneto, coltivati con le varietà autoctone negroamaro, primitivo, malvasia nera e verdeca, sono allevati a spalliera e ad alberello e sono dislocati nel basso Salento, tra i comuni di Racale, Alliste e Melissano. Le lavorazioni meccaniche sono ridotte al minimo indispensabile e durante la vendemmia viene effettuata un'attenta selezione dei grappoli.

VINI - I vini di Quintino sono sinceri e tutti caratterizzati da grande facilità di beva. Colpisce sempre l'ottimo rapporto tra la qualità e il prezzo.

TOP **Tenuta Vignali 2018** VINO QUOTIDIANO ● negroamaro; 4.500 bt; 6 € - Ottimo e accessibile a tutti. Balsamico e fruttato, al sorso è croccante, verticale e armonico, dotato di grande sapidità che invita a una beva compulsiva.
Tenuta Vigne 2019 ● negroamaro; 4.500 bt; 6 € - Naso tipico di macchia mediterranea ed erbette, in bocca è fresco, teso e ben presente.
Otanari 2018 ● negroamaro; 3.500 bt; 11 € - Le uve sono vinificate dopo un parziale appassimento e provengono dalla vigna più vecchia, allevata ad alberello. Succoso, fluido e dal tannino incisivo ma che non asciuga, esprime molto bene le caratteristiche del vitigno.
Tenuta Vora 2018 ● primitivo; 4.000 bt; 6 € - Teso, fruttato, verticale.
Tenuta Coloni 2019 O bianco di Alessano, verdeca; 3.000 bt; 6 € - Dinamico, fruttato, gastronomico.
Primo Passo 2019 ● negroamaro; 1.000 bt da 0,5 l; 21 € - Avvolgente, balsamico, complesso.

ha 10 - **bt** 30.000
Fertilizzanti organo-minerali
Fitofarmaci rame e zolfo
Diserbo lavorazione meccanica/manuale
Lieviti selezionati industriali
Uve 100% di proprietà
Certificazione nessuna certificazione

SALICE SALENTINO (LE)

CASTELLO MONACI

Contrada Via Case Sparse - tel. 0831 665700
www.castellomonaci.it - castello.monaci@giv.it

VITA - L'attuale assetto societario risale al 2001, quando la famiglia Seracca Guerrieri, proprietaria della struttura e dei vigneti, ha inaugurato la collaborazione con il Gruppo Italiano Vini. I lavori in cantina sono seguiti dall'enologo Leonardo Sergio, la gestione agronomica è affidata a Vitantonio Seracca Guerrieri, mentre il figlio Luigi segue il comparto commerciale.

VIGNE - I vigneti sono suddivisi in tre località: l'appezzamento più esteso si trova a Salice Salentino, proprio intorno alla cantina, il secondo in agro di Trepuzzi, il terzo a Brindisi, dove cresce su un terreno sabbioso piuttosto vicino al mare. I vitigni sono prevalentemente gli autoctoni salentini. Quasi tutta la gestione è biologica, il resto è in conversione.

VINI - La grande varietà di etichette permette di trovare vini molto territoriali accanto a vini tendenti a un gusto più internazionale.

Maru 2019 ● negroamaro; 100.000 bt; 10 € - Al naso si presenta con le classiche note fruttate e balsamiche, seguite da delicati cenni speziati dati dal breve affinamento in legno piccolo. Il sorso è piacevole, accattivante, seguito da una gradevole e persistente nota fresca.
Salice Salentino Aiace Ris. 2017 ● 23.000 bt; 16 € - Proveniente da un vigneto allevato col tradizionale sistema ad alberello, è un continuo susseguirsi di spezie, frutti rossi e sottobosco. Ha un sorso pieno, complesso e articolato.
Piluna 2019 ● primitivo; 45.000 bt; 10 € - Si apre con le classiche note fruttate del vitigno seguite da note di vaniglia. Sentori che ritroviamo al gusto, insieme a una sensazione calda e avvolgente, e a un leggero residuo zuccherino.
Kreos 2019 ● negroamaro; 100.000 bt; 10 € - Corto, fruttato, docile.
Acante 2019 O fiano; 35.000 bt; 10 € - Agile, fruttato, incerto.

ha 210 - **bt** 2.300.000
Fertilizzanti organo-minerali, sovescio
Fitofarmaci rame e zolfo
Diserbo lavorazione meccanica/manuale
Lieviti selezionati industriali
Uve 100% di proprietà
Certificazione parte dei vigneti in regime biologico

SALICE SALENTINO (LE)

LEONE DE CASTRIS

Via Senatore de Castris, 26 - tel. 0832 731112
www.leonedescastris.com - info@leonedecastris.com

VITA - Fortemente legata alla tradizione enologica salentina, la Leone de Castris ha avuto un ruolo chiave nella storia dei vini rosa italiani: è qui che nel 1943 venne imbottigliato il primo vino di questa tipologia. Oggi a gestire l'azienda è Piernicola Leone de Castris. Le attività di cantina sono affidate all'enologo Matteo Esposito, con la supervisione di Riccardo Cotarella.

VIGNE - Ai quasi 300 ettari di vitigni autoctoni e internazionali coltivati nelle province di Lecce, Brindisi e Taranto, si è aggiunta una cospicua parcella di primitivo che cresce nella tenuta di famiglia a Gioia del Colle, che veniva utilizzata in passato come residenza estiva.

VINI - Le tecniche di vinificazione utilizzate sono molteplici e vengono adattate alla produzione di ogni singolo prodotto. Circa il 35% della produzione aziendale è dedicata ai vini rosa.

Five Roses 2019 ● negroamaro, malvasia nera di Lecce; 160.000 bt; 12 € - Vino iconico, primo rosa italiano a essere imbottigliato nel 1943, è caratterizzato da sentori delicati di piccoli frutti rossi fragranti. In bocca è fresco e verticale.
Salice Salentino Donna Lisa Ris. 2017 ● 40.000 bt; 31 € - Al naso è complesso e articolato, in bocca la morbidezza è compensata dalla trama tannica e dalla sapidità. La persistenza è notevole.
Five Roses Anniversario 2019 ● negroamaro, malvasia nera di Lecce; 150.000 bt; 14 € - Grazie alla maggiore presenza di malvasia nera, ruota intorno alle componenti più morbide e accomodanti e a sentori fruttati più incisivi.
Il Lemos 2019 ● susumaniello; 10.000 bt; 11 € - Fitto, fruttato, integro.
Salice Salentino M. Cl. Five Roses 2017 15.000 bt; 19 € - Citrino, floreale, teso.

ha 300 - **bt** 2.500.000
Fertilizzanti letame in pellet, organo-minerali, sovescio
Fitofarmaci chimici di sintesi, rame e zolfo
Diserbo lavorazione meccanica/manuale
Lieviti selezionati industriali, selezione di lieviti indigeni
Uve 100% di proprietà
Certificazione nessuna certificazione

SAN DONACI (BR)

FRANCESCO CANDIDO

SCONTO -10%

Via Armando Diaz, 46 - tel. 0831 635674
www.candidowines.it - candido@candidowines.it

VITA - Questa rappresentativa azienda salentina ha appena superato i 90 anni di età, una finestra temporale durante la quale ha contribuito a scrivere la storia della viticoltura pugliese. Oggi è gestita con garbo e competenza da Alessandro Candido. L'enologo è Leonardo Pinto, l'agronomo Emanuele De Milito. Valentina Attanasio si occupa della comunicazione.

VIGNE - I 126 ettari di vigneto si estendono tra le province di Brindisi e Lecce, prevalentemente nelle campagne di San Donaci e Guagnano, uno dei territori più vocati dell'intera regione. I terreni hanno composizione diversa e i vitigni coltivati sono perlopiù gli autoctoni.

VINI - La vinificazione è calibrata, al fine di ottenere vini moderni ma capaci di conservare la voglia di tradizione che si respira in azienda.

TOP **Salice Salentino Rosato Le Pozzelle 2019** VINO QUOTIDIANO 34.000 bt; 9 € - Intensi profumi di macchia mediterranea e di frutta croccante per una bocca sapida e disinvolta, con bella acidità che invita a bere ancora.
Salice Salentino La Carta Ris. 2017 ● 510.000 bt; 9 € - Al naso si alternano le note balsamiche, fruttate e di tabacco tipiche del Negroamaro. Il sorso è pieno, e il tannino, ben presente ma che non asciuga, conferisce verticalità.
Salice Salentino Immensum Ris. 2017 ● 28.000 bt; 14 € - Più complesso e impegnativo, si presenta con sentori evoluti di frutta matura. Il sorso è avvolgente, ricco, ma caratterizzato da grande freschezza e agilità.
Piccoli Passi 2019 negroamaro; 6.800 bt; 10 € - Articolato, fruttato, espressivo.
Luminosia 2019 ○ chardonnay; 12.700 bt; 11 € - Fresco, fruttato, energico.
Salice Salentino Tenuta Marini 2019 ○ 8.500 bt; 10 € - Teso, floreale, armonico.

ha 126 - **bt** 970.000
Fertilizzanti organo-minerali
Fitofarmaci rame e zolfo
Diserbo lavorazione meccanica/manuale
Lieviti selezionati industriali
Uve 100% di proprietà
Certificazione biologico certificato

SAN DONACI (BR)

NATALINO DEL PRETE

SCONTO -10%

Via Mesagne, 72 - tel. 349 0615355 - 346 2119899
del_prete_natalino@tiscali.it

VITA - Siamo sicuri di non far torto ad alcuno se individuiamo in Natalino Del Prete la figura di riferimento per la viticoltura salentina per quel che riguarda la produzione di vini naturali: un vignaiolo che ha dedicato la sua vita alla cura delle vigne, e che per primo ha creduto che l'unico modo sostenibile per fare viticoltura fosse rispettando il suolo e la vite. La figlia Mina ha portato in azienda nuovi stimoli.

VIGNE - Quest'anno si è sentita particolarmente la mancanza della solita passeggiata tra i vigneti in compagnia di Natalino, momento di arricchimento impagabile. Le amorevoli attenzioni che vengono riservate alla vigna rappresentano l'essenza stessa di questa azienda: qui si fa una viticoltura biologica certificata, tenacemente perseguita anche quando le problematiche legate ad annate difficili possono portare alla perdita di parte del raccolto.

VINI - Le pratiche enologiche sono ridotte all'essenziale: fermentazioni spontanee, totale assenza di coadiuvanti chimici, affinamento in cemento e tanto lavoro tra svinature e travasi, per vini che risultano rustici e a volte con qualche imperfezione, ma che guadagnano in tipicità e spiccata personalità.

TOP **Il Prodigo 2019** VINO QUOTIDIANO 3.500 bt; 10 € - Ottimo esordio per questo rosa da uve negroamaro, tipico e vibrante nelle note di macchia mediterranea che accompagnano la bevuta e si distendono nel finale, lasciando la bocca asciutta.
Vino Quotidiano 2019 ● negroamaro, malvasia nera; 8.000 bt da 1 l; 10 € - Anche questa nuova etichetta impressiona positivamente al primo assaggio. Armonico, incisivo e verticale, è un vino semplice ma tutt'altro che banale, proposto nella bottiglia da un litro.
Nataly 2019 ● primitivo; 5.000 bt; 10 € - Vibrante, fruttato, varietale.
Anne 2019 ● negroamaro; 5.000 bt; 10 € - Schietto, fruttato, autentico.

ha 15 - **bt** 25.000
Fertilizzanti compost, sovescio
Fitofarmaci rame e zolfo
Diserbo lavorazione meccanica/manuale
Lieviti fermentazione spontanea
Uve 100% di proprietà
Certificazione biologico certificato

SCORRANO (LE)

DUCA CARLO GUARINI

SCONTO **-10%**

Largo Frisari, 1 - tel. 0836 460288 - 333 1701622
www.ducacarloguarini.it - info@ducacarloguarini.it

VITA - Questa azienda agraria, di proprietà della famiglia Guarini, è situata nel cuore del Salento e ha origini molto antiche, che risalgono all'XI secolo. La direzione enologica è affidata a Giuseppe Pizzicante Leuzzi, e i vigneti sono seguiti dall'agronomo Roberto Guarini. Inoltre vengono prodotti, sempre in regime biologico, olio extravergine di oliva, salse e conserve.

VIGNE - I vigneti dell'azienda si trovano a Torre San Gennaro in agro di Torchiarolo, in provincia di Brindisi, e godono della brezza proveniente dal mare Adriatico. Le varietà sono quelle classiche del territorio: negroamaro, primitivo e malvasia nera. Si coltivano anche ortaggi e olive.

VINI - L'azienda produce vini che esprimono le caratteristiche varietali dei vitigni, con approccio tecnico ma non invadente. Da segnalare la curiosità del Negroamaro vinificato in bianco.

Campo di Mare 2019 negroamaro; 15.000 bt; 10 € - - Tipico Rosato del Salento, in cui i delicati sentori fruttati e iodati sono sorretti da una notevole spalla fresca e sapida.
Piutri 2017 ● negroamaro; 40.000 bt; 13 € - - La freschezza del vitigno viene ammorbidita da un breve passaggio in legno piccolo, che restituisce note speziate e dolci.
Malìa 2017 ● malvasia nera; 20.000 bt; 13 € - - Ancora una volta una felice espressione della Malvasia nera di questa cantina, con note fruttate in bella evidenza, e una bocca morbida e accattivante.
Vigne Vecchie 2017 ● primitivo; 40.000 bt; 13 € - - Denso, fruttato, integro.
Taersia 2019 O negroamaro; 30.000 bt; 12 € - - Fresco, fruttato, corto.
Piccole Bolle Bianco ⁘ negroamaro; 24.000 bt; 10 € - - Metodo Charmat, corto, fruttato, rilassato.

ha 70 - **bt** 350.000
Fertilizzanti sovescio
Fitofarmaci organici, rame e zolfo
Diserbo lavorazione meccanica/manuale
Lieviti selezione di lieviti indigeni
Uve 100% di proprietà
Certificazione biologico certificato

SECLÌ (LE)

ROMALDO GRECO

SCONTO **-10%**

Via Santa Maria, 14 - tel. 0836 554895 - 392 0436276
www.romaldogreco.it - info@romaldogreco.it

VITA - L'azienda è nata nel 1973, prima come conferitrice di uve, poi come produttrice di una propria linea di vini. Una realtà rigorosamente a conduzione familiare: Romaldo Greco si occupa della direzione dei lavori in vigna e i due figli Antongiulio e Gloria si occupano della parte amministrativa e commerciale. In questo sono aiutati da Alessandra Zappi e Francesca Colopi.

VIGNE - Il continuo miglioramento della gestione della vigna e delle uve in cantina è anche merito della consulenza esterna dell'agronomo Stefano Dini e dell'enologo Goffredo Agostini. La voglia di sperimentazione è una caratteristica fondamentale di questa realtà, che ha tra i suoi obiettivi la cura e il rispetto della vigna ma anche del lavoratore.

VINI - Il credo aziendale è l'esaltazione delle caratteristiche e delle qualità delle uve, per avere vini che rappresentino il territorio. Si prediligono freschezza e dimensione gastronomica.

Versus 2016 ● negroamaro; 3.000 bt; 22 € - - Un vino fine, con un tannino ottimamente integrato. L'olfatto richiama i piccoli frutti rossi che caratterizzano la varietà: non possiamo fare altro che definirlo autentico.
Era 2016 ● primitivo; 3.000 bt; 20 € - - I nove mesi di legno piccolo si fanno sentire ed esaltano la balsamicità di questo Primitivo.
Primus 2017 ● primitivo; 6.000 bt; 10 € - - Ben equilibrato nelle sue varie componenti, ha un leggero fondo minerale che esalta la sua caratteristica acidità, donando scorrevolezza al sorso.
Duodecim 2019 negroamaro; 6.000 bt; 10 € - - Armonico, fruttato, espressivo.
Shahar 2019 O chardonnay; 6.000 bt; 10 € - - Fresco, floreale, gastronomico.
Puro 2019 malvasia nera; 4.000 bt; 8 € - - Croccante, fruttato, delicato.

ha 16 - **bt** 60.000
Fertilizzanti letame in pellet, minerali, organo-minerali
Fitofarmaci rame e zolfo
Diserbo lavorazione meccanica/manuale
Lieviti selezionati industriali
Uve 100% di proprietà
Certificazione nessuna certificazione

SUPERSANO (LE)

CANTINA SUPERSANUM

SCONTO **-10%**

Via Cesare Battisti, 177 - tel. 347 6813680 - 392 0202995
www.cantinasupersanum.com - cantinasupersanum@gmail.com

VITA - La voglia di ridare vita a piccoli appezzamenti di vigneti quasi del tutto abbandonati ha fatto sì che nel 2014 a Supersano nascesse questa interessante realtà. Paolo, Gabriele e Sara Nutricato, pur venendo da una famiglia che si è sempre occupata di viticoltura, sono partiti da zero e ora si dividono i compiti tra vigna, cantina e commerciale, con una capacità e una determinazione veramente encomiabili vista la loro giovane età.

VIGNE - Fino a qualche anno fa, prima che nel Salento prendesse piede la perversa pratica dell'espianto, il territorio di Supersano aveva una notevole estensione vitata: ora gli ettari vitati sono pochissimi. I fratelli Nutricato hanno riportato in vita piccoli appezzamenti, acquistandone alcuni e prendendone in affitto altri, e coltivandoli con lavorazioni manuali e senza alcun trattamento chimico.

VINI - I vini sono frutto della filosofia applicata in vigna, che comporta: preservare la biodiversità dei vigneti (con i più vecchi che vedono coesistere anche 7-8 varietà diverse), compiere un grande lavoro sulla pianta ed evitare i trattamenti chimici, Si ottiene così un'enologia essenziale, per vini territoriali e di spiccata personalità.

Sinergico Rosso 2017 ● negroamaro, primitivo, montepulciano, malvasia nera, ciliegiolo, sangiovese; 2.000 bt; 11 € - 🍷 - Ha frutto croccante e tannino asciutto. La presenza di vari vitigni gli dona grande personalità.
Sinergico Rosato 2019 ● negroamaro, primitivo, malvasia nera, montepulciano, ciliegiolo, sangiovese; 700 bt; 11 € - 🍷 - Un rosa carico nel colore e dal sorso scorrevole e asciutto, marcato dalle note di macchia mediterranea.
Malvanera 2017 ● malvasia nera; 500 bt; 20 € - 🍷 - Succoso, fruttato, espressivo.
Sinergico Bianco 2019 O trebbiano, malvasia bianca, bombino, verdeca; 600 bt; 11 € - 🍷 - Bianco macerato, dinamico, floreale, espressivo.

ha 4 - **bt** 8.000
Fertilizzanti compost, sovescio
Fitofarmaci organici, rame e zolfo
Diserbo lavorazione meccanica/manuale
Lieviti fermentazione spontanea
Uve 100% di proprietà
Certificazione biologico certificato

TRICASE (LE)

CASTEL DI SALVE

SCONTO **-10%**

Frazione Depressa di Tricase - Via Salvemini, 32
tel. 0833 771041 - www.casteldisalve.com - info@casteldisalve.com

VITA - Castel di Salve è un piccola e vivace azienda situata nel sud del Salento. È stata fondata alla fine dell'Ottocento dalla famiglia Winspeare, ed è attualmente condotta magistralmente da Francesco Winspeare. L'enologo è Andrea Boaretti, mentre la gestione delle vigne è affidata all'agronomo Filippo Giannone.

VIGNE - Dei 32 ettari di vigneti 18 sono di proprietà, mentre i restanti sono in affitto ma condotti in proprio. Gli appezzamenti sono dislocati in diverse località del Salento: Supersano, Cutrofiano, Galatone, Manduria. Le varietà coltivate sono soprattutto negroamaro, primitivo e malvasia nera, e le viti sono allevate sia ad alberello sia a spalliera.

VINI - Tradizione, territorio, tipicità dei vitigni sono gli elementi essenziali che questa azienda ci offre attraverso i suoi vini.

TOP **Armécolo 2018** VINO QUOTIDIANO ● negroamaro, malvasia nera; 15.000 bt; 11 € - 🍷 - Ampio e complesso, caratterizzato da piacevoli sentori di macchia mediterranea e da un buon equilibrio gusto olfattivo, ci trasporta con sorso teso e profondo nelle tipicità dei due vitigni.
Santimedici Rosso 2018 ● negroamaro; 25.000 bt; 8 € - 🍷 - Dai profumi intensi e fruttati, ha un sorso gradevole e asciutto, sostenuto da una bella edc efficace freschezza che invita a un continuo riassaggio.
Priante 2017 ● negroamaro, montepulciano; 4.000 bt; 13 € - 🛢 - È un vino dal respiro complesso, con sensazioni di vaniglia e tostatura: in bocca è morbido e avvolgente.
Cento Su Cento 2016 ● primitivo; 15.000 bt; 22 € - 🛢 - Possente, speziato, opulento.
Santimedici Rosato 2019 ● negroamaro; 15.000 bt; 8 € - 🍷 - Agile, fruttato, sottile.
Santimedici Verdeca 2019 O 25.000 bt; 8 € - 🍷 - Magro, fruttato, rilassato.

ha 32 - **bt** 170.000
Fertilizzanti letame in pellet, letame, sovescio
Fitofarmaci n.d., organici, rame e zolfo
Diserbo lavorazione meccanica/manuale
Lieviti selezione di lieviti indigeni
Uve 100% di proprietà
Certificazione nessuna certificazione

TUGLIE (LE)

MICHELE CALÒ & FIGLI

SCONTO -10%

Via Masseria Vecchia, 1 - tel. 0833 596242
www.michelecalo.it - info@michelecalo.it

VITA - Fondata negli anni Cinquanta da Michele Calò, questa storica realtà familiare dell'entroterra ionico è oggi gestita dai suoi due figli Giovanni e Fernando. L'enologo è Beppe Bassi, mentre la conduzione delle vigne è affidata all'agronomo Giuseppe Pisanello.

VIGNE - I vigneti, per lo più in affitto ma lavorati in proprio, crescono nell'entroterra del golfo di Gallipoli e riescono a beneficiare della brezza proveniente dal mar Ionio. I vitigni coltivati sono per lo più gli autoctoni come negroamaro, malvasia nera e primitivo, e crescono sulle terre rosse di Tuglie Sannicola e Alezio.

VINI - Per alcuni vini vengono ancora utilizzate le tradizionali vasche in cemento. Grande attenzione viene data alla produzione dei rosa, ottenuti con il tradizionale metodo dell'alzata di cappello.

TOP **Mjere Rosso Selezione Limitata 2015** VINO SLOW ● negroamaro; 4.800 bt; 21 € - Al naso presenta le note balsamiche e di inchiostro tipiche del vitigno. Al sorso colpiscono il tannino fragrante e la freschezza, che lo rendono verticale, austero e stratificato.

Mjere Rosato 2019 malvasia nera, negroamaro; 35.000 bt; 12 € - I sentori di eucalipto, la salinità e la freschezza lo rendono un perfetto esempio di rosa salentino.

Mjere Rosato Selezione Limitata 2016 negroamaro; 3.200 bt; 19 € - Questo vino è la conferma di ciò che pensiamo da tempo: se la partenza è quella giusta, i Rosati salentini hanno le caratteristiche per poter essere bevuti con qualche anno in più sulle spalle. Fresco, fragrante e complesso.

Cerasa 2019 negroamaro; 15.000 bt; 17 € - Ampio, fruttato, gastronomico.

Mjere Bianco 2019 O verdeca, chardonnay; 28.000 bt; 10 € - Teso, floreale, sapido.

ha 40 - **bt** 130.000
Fertilizzanti compost, minerali, organo-minerali, sovescio
Fitofarmaci chimici di sintesi, rame e zolfo
Diserbo lavorazione meccanica/manuale
Lieviti selezionati industriali
Uve 100% di proprietà
Certificazione nessuna certificazione

SALENTO AL NATURALE

Se l'approccio a una viticoltura sostenibile sia oggi diventato più un'esigenza commerciale (contenimento dei costi dei trattamenti convenzionali e ricaduta positiva di marketing) che una scelta filosofica resta ancora una questione aperta e non sarà mai facile da chiarire. Nel corso degli anni le aziende che raccontiamo in queste pagine hanno spostato la loro attenzione sulle buone pratiche in vigna e molte si sono convertite al regime biologico o biodinamico. Esistono però delle realtà che non hanno mai avuto alcun dubbio in merito, certe che l'unico approccio etico alla viticoltura e al vino consistesse nelle pratiche naturali.

Se 20 anni fa **Natalino Del Prete**, pioniere di queste pratiche e convinto sostenitore della vinificazione spontanea, era percepito come un integralista fuori dagli schemi per la scelta di fare il vino "così come gli veniva", oggi altre realtà hanno preso il suo esempio come modello produttivo.

I fratelli Nutricato dell'azienda **Supersanum** (www.cantinasupersanum.com), ad esempio, sono stati influenzati proprio da ciò che Natalino Del Prete stava facendo a San Donaci, e forti dei suoi consigli e dei suoi stimoli si sono buttati a capofitto nella loro piccola ma virtuosa avventura. Insieme a loro ci sono altre realtà che in tempi o modi diversi hanno scelto la via del naturale.

È il caso di **Francesco Marra** (www.francescomarra.it), ex socio di Castel di Salve, che da pochi anni ha scelto di produrre in proprio con regime biologico certificato, conducendo fermentazioni spontanee e facendo un grande lavoro durante tutte le fasi di vinificazione e affinamento, con risultati davvero eccellenti.

In quel di Francavilla Fontana, nel brindisino, esiste una realtà molto particolare, la Comune di **Urupia** (www.urupia.wordpress.com), nata più di 25 anni fa: tra le varie attività di auto sostentamento ha anche un'interessante produzione di vino, frutto del lavoro molto scrupoloso nei vigneti coltivati senza prodotti chimici.

A Felline, nel sud del Salento, Marta Cesi porta avanti da anni il suo progetto di **Dei Agre** (www.deiagre.it), attraverso una viticoltura che mira a rigenerare la vitalità del suolo, con l'uso di alcuni metodi agronomici naturali e fermentazioni spontanee.

E per finire citiamo i fratelli Carlo e Roberto Guarini, che da poco hanno avviato il progetto di **Castello Frisari** (www.castellofrisari.it) portandosi dietro il know-how dell'azienda di famiglia, tra le prime ad aver creduto fermamente nel biologico, in quel di Scorrano.

TERRE DEL PRIMITIVO

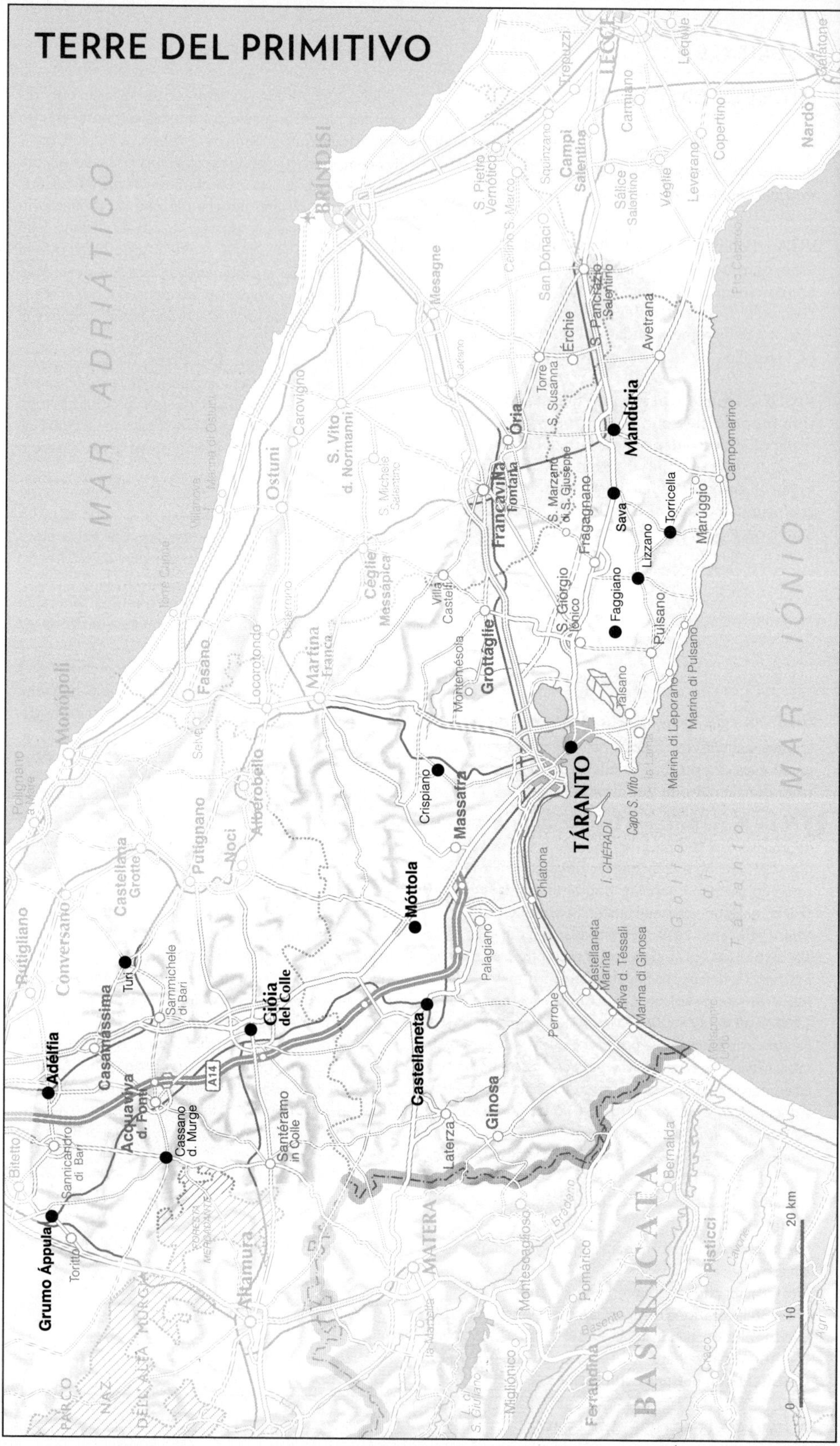

ADELFIA (BA)

DONATO ANGIULI

SCONTO **-10%**

Via Principe Umberto, 27 - tel. 080 4597130
www.angiulidonato.com - info@angiulidonato.com

VITA - La storia di famiglia degli Angiuli ha origine nel 1880. L'azienda, sita in Adelfia nel cuore dell'area di produzione della Doc Gioia del Colle, oggi è guidata da Donato Angiuli con la collaborazione dei figli Vito e Giuseppe. Come vitivinicoltori sono alfieri di una filosofia immutata, basata sul rispetto del territorio e sulla coltivazione dei vitigni autoctoni, che ben si sposano con la natura del terreno e con il microclima.

VIGNE - La famiglia Angiuli si prende cura direttamente dei propri terreni, dislocati su tre diverse aree per complessivi 32 ettari. Negli ultimi anni hanno incrementato le superfici vitate ad alberello, riconvertendo i vecchi vigneti a tendone, e continuando a innestare manualmente su viti selvatiche un clone antico di primitivo di Gioia del Colle che custodiscono e si tramandano da generazioni.

VINI - Si sperimentano nuove tecniche di vinificazione per bianchi e rosa, con fermentazioni lunghe a basse temperature e criomacerazione, che permettono di esaltare la tipicità del vitigno, mentre per i rossi il mosto rimane sulle bucce per circa 30 giorni, in modo da ottenere vini morbidi e di pronta beva.

Moscato Secco Maccone 2019 O 6.000 bt; 15 € - - Il naso è ricco di frutta esotica, con note mielate e di cedro; il palato risulta sapido e fresco, con un netto richiamo alla macchia mediterranea.
Gioia del Colle Primitivo Adelphos 2017 ● 10.000 bt; 14 € - - Fruttato e speziato, ha un sorso pieno e succoso.
Primitivo Maccone 2018 ● 10.000 bt; 17 € - - Austero, erbaceo, verace.
Nero di Troia Angiuli 2018 ● 15.000 bt; 7 € - - Fine, fruttato, delicato.
Negroamaro Bianco Maccone 2019 O 12.000 bt; 15 € - - Fine, floreale, essenziale.
Ru' Bianco Maccone Brut 2017 maruggio; 6.000 bt; 20 € - Metodo Ancestrale, fine, fruttato, espressivo.

ha 32 - **bt** 200.000
Fertilizzanti nessun concime
Fitofarmaci chimici di sintesi, rame e zolfo
Diserbo lavorazione meccanica/manuale
Lieviti fermentazione spontanea, selezionati industriali, selezione di lieviti indigeni
Uve acquisto 30%
Certificazione nessuna certificazione

ADELFIA (BA)

CANTINE IMPERATORE

SCONTO **-10%**

Via Marconi, 36 - tel. 080 4594041
www.cantineimperatore.com - commerciale@cantineimperatore.com

VITA - Vincenzo Latorre e Sonia Imperatore hanno continuato la tradizione di famiglia, proponendo però un'approccio aggiornato. Lui è stato letteralmente folgorato sulla via del vino, tanto da appendere al chiodo gli studi giurisprudenziali e dedicarsi completamente all'enologia, con estro e inventiva non comuni. In azienda si usano tecniche di vinificazione antiche condotte però con tecnologie moderne, avvalendosi della collaborazione di Giovanni e Tommaso Pinto.

VIGNE - Gli 11 ettari di proprietà ricadono nell'ampia area della Doc Gioia del Colle, nel territorio di Adelfia: in definitiva ancora nella Murgia, ma più vicini all'Adriatico. La parte del leone la fa il primitivo, coltivato ad alberello come da consolidata tradizione. Presenti anche bombino, fiano e pampanuto, allevati a guyot e usati per i vini bianchi e gli spumanti.

VINI - Si producono nove vini da nove vigne diverse, in pratica tanti piccoli cru, prediligendo l'alberello per il primitivo. Nel caso della Riserva le viti hanno addirittura 65 anni di età.

Sonya 2019 ● primitivo; 5.000 bt; 10 € - - Invecchiato 12 mesi in una grotta carsica utilizzando sapientemente barrique e tonneau, risulta floreale, fresco e sapido, con le giuste note balsamiche.
Gioia del Colle Primitivo Il Sogno 2018 ● 5.000 bt; 21 € - - Più austero e avvolgente, ampio e articolato, si apre su note balsamiche, fruttate e speziate, confermando in bocca solidità, avvolgenza e croccantezza. Di notevole potenziale evolutivo.
Schietto 2019 ● primitivo; 5.000 bt; 9 € - - Fine, fruttato, essenziale.
VIII Decumano 2019 ● primitivo; 5.000 bt; 21 € - - Setoso, fruttato, dettagliato.
Veritas 2019 O fiano; 5.000 bt; 10 € - - Bianco macerato, fine, floreale, delicato.
Passito 2018 ● 5.000 bt da 0,5 l; 21 € - - Avvolgente, fruttato, varietale.

ha 11 - **bt** 40.000
Fertilizzanti compost, sovescio
Fitofarmaci rame e zolfo
Diserbo lavorazione meccanica/manuale
Lieviti selezione di lieviti indigeni
Uve 100% di proprietà
Certificazione biologico certificato

CASSANO MURGE (BA)

CANTINE TRE PINI

SCONTO -10%

Via Vecchia per Altamura - S.P. 79, km 16 - tel. 080 764911
www.cantinetrepini.com - info@cantinetrepini.com

VITA - A partire dal 2011 Rocco Plantamura, che si occupa della parte agronomica, e sua moglie Giovanna Perta, impegnata nell'amministrazione e nell'accoglienza, hanno concretizzato il desiderio di promuovere le proprie uve autoctone, tramite la ristrutturazione di un locale di proprietà da adibire a cantina per la produzione di vini, avendo già esperienza in fatto di produzione di olio e ortaggi e nella conduzione di un avviato agriturismo.

VIGNE - Immersi nel Parco Nazionale dell'Alta Murgia, in una zona ideale per fare viticoltura di qualità e agricoltura biologica, i 10 ettari vitati insistono in una zona collinare a 450 metri di altitudine, spesso ventilata, con un terreno roccioso ben drenato. Gli impianti sono a spalliera per il primitivo e a tendone per la malvasia. I processi produttivi sono interamente alimentati da energia solare.

VINI - Si cerca di favorire un'agricoltura il più possibile sostenibile, proponendo vini strutturati e longevi, caratterizzati anche da freschezza e mineralità.

TOP **Crae 2018** VINO QUOTIDIANO ● primitivo; 15.000 bt; 9 € - Vino giovane e vibrante: ha note di frutto croccante e una lieve speziatura, per una beva dinamica e scorrevole.
Gioia del Colle Primitivo Ris. 2017 ● 8.000 bt; 24 € - Coltivato sui terreni più alti e rocciosi, si presenta austero, avvolgente, succoso, fruttato, piacevolmente balsamico, con una nota dolce che non dispiace.
Donna Johanna 2019 ○ malvasia bianca; 16.000 bt; 9 € - Spicca per freschezza e sapidità, con un naso ricco di frutta esotica e di macchia mediterranea.
Ventifile 2019 ● bombino nero; 6.000 bt; 10 € - Fine, fruttato, autentico.
Gioia del Colle Primitivo Piscina delle Monache 2018 ● 15.000 bt; 15 € - Austero, fruttato, ampio.
Trullo di Carnevale 2018 ● primitivo; 10.000 bt; 12 € - Fine, fruttato, integro.

ha 10 - **bt** 70.000
Fertilizzanti letame in pellet, letame, sovescio
Fitofarmaci rame e zolfo
Diserbo lavorazione meccanica/manuale
Lieviti selezionati industriali, selezione di lieviti indigeni
Uve 100% di proprietà
Certificazione biologico certificato

CASTELLANETA (TA)

L'ARCHETIPO

SCONTO -10%

Contrada Tafuri - Strada Provinciale 21, km 7 - tel. 327 7976565
www.larchetipo.it - info@larchetipo.it

VITA - Una storia di famiglia che narra di amore per la terra e di una scelta di vita legata alla sostenibilità. Valentino Di Benedetto in prima fila, e con lui la moglie Anna Maria Passarelli, i figli Carlo Nazareno, Domenico, Andrea e Maria Clelia, quotidianamente lavorano in azienda mettendoci cuore e professionalità, rispettando e valorizzando ogni singolo centimetro di terra secondo la biodinamica e i principi sinergici.

VIGNE - I 30 ettari vitati sono allevati a controspalliera libera, e vengono lavorati sempre in maniera naturale e rispettosa. La terra è incredibilmente soffice, ricca di nutrimenti grazie all'humus naturale, e gli interventi in campo non sono mai invasivi. Da questa terra le radici assorbono sostanze nutrienti e danno vigore alla vite, rendendo davvero caratteristico l'intero paesaggio intorno alla cantina.

VINI - Una filosofia poco interventista, unita a un'approfondita conoscenza della vinificazione, crea vini di spiccata personalità, che si lasciano apprezzare per dinamica gustativa, pulizia e facilità di beva.

Primitivo 2015 ● 20.000 bt; 17 € - Un vino fresco e vivo, dall'identità verace. Fruttato, balsamico e con note di tabacco, in bocca trova una bella spinta salina, che restituisce un finale beverino e saporito.
Fiano 2018 ○ 13.000 bt; 12 € - Il sorso croccante, con buona sapidità, è anticipato da aromi fruttati esotici, floreali e agrumati. Il finale è ampio, avvolgente e persistente.
Greco 2018 ○ 13.000 bt; 12 € - Fruttato e floreale, è un vino teso e sapido. Nel finale di lunga persistenza chiude con richiami minerali.
Mistico 2015 ● primitivo; 3.000 bt; 19 € - Ampio, fruttato, complesso.
Marasco 2017 maresco; 13.000 bt; 14 € - Metodo Ancestrale, fresco, fruttato, incisivo.

ha 30 - **bt** 100.000
Fertilizzanti letame
Fitofarmaci rame e zolfo
Diserbo lavorazione meccanica/manuale
Lieviti selezione di lieviti indigeni
Uve 100% di proprietà
Certificazione biologico certificato

CRISPIANO (TA)

AMASTUOLA €

SCONTO -10%

Località Amastuola - Strada Provinciale 42 - tel. 099 9908025
348 7614202 - www.amastuola.it - info@amastuola.it

VITA - Giuseppe Montanaro ha restituito a masseria Amastuola l'antico splendore che già nel XV secolo ne faceva il più importante centro agricolo del territorio delle Cento Masserie. Oggi le attività amministrative sono curate dal figlio Filippo, con Giuseppe Sportelli che si occupa della parte commerciale. Le operazioni di cantina sono affidate all'enologo Teo D'Apolito.

VIGNE - Sono 109 gli ettari di vigneto, coltivati con varietà prevalentemente autoctone. I filari sono disposti a onde parallele e intervallati da olivi secolari su un pianoro a 200 metri di quota con vista mozzafiato sul golfo di Taranto, ben ventilato e attiguo alle gravine Leucaspide e Triglie. I terreni sono molto minerali e ricchi di silicati.

VINI - Vini molto territoriali che rispettano l'identità varietale: sanno esprimere carattere senza eccessi di struttura, lasciando che frutto, acidità e sapidità diano risalto al sorso rendendolo dinamico.

TOP **Primitivo 2018** VINO QUOTIDIANO ● 75.000 bt; 10 € - - È la versione più semplice dei tre rossi da uva primitivo ma primeggia tra i nostri assaggi per la sua pregevole fattura: ha giusta intensità, è di notevole equilibrio e presenta un tannino fine e un aroma speziato.
Lamarossa 2017 ● primitivo; 45.000 bt; 16 € - - Il passaggio di 12 mesi in legno rilascia piacevoli note balsamiche mai invasive. Lungo il finale sapido.
Centosassi 2017 ● primitivo; 30.000 bt; 30 € - - Fruttato, strutturato, in grande equilibrio, non far percepire l'elevata gradazione alcolica.
Ondarosa 2019 ● aglianico; 12.000 bt; 8 € - - Dinamico, floreale, rilassato.
Salento Bianco 2019 O malvasia bianca, minutolo; 25.000 bt; 8 € - - Agile, fruttato, essenziale.
Onda del Tempo 2017 ● aglianico, cabernet, merlot, primitivo; 25.000 bt; 12 € - - Solido, speziato, cangiante.

ha 109 - **bt** 300.000
Fertilizzanti compost, sovescio
Fitofarmaci rame e zolfo
Diserbo lavorazione meccanica/manuale
Lieviti selezione di lieviti indigeni
Uve 100% di proprietà
Certificazione biologico certificato

CRISPIANO (TA)

LAMA DI ROSE

Via Niccolò Paganini, 4 - tel. 099 611149 - 327 7155978
www.lamadirose.it - lamadirose@gmail.com

VITA - Da diversi decenni l'azienda della famiglia Tagliente produce uve, e agli inizi di questo secolo ha deciso di vinificare in proprio tutta la produzione, lasciando a Domenico il lavoro di cantina e a Gianpiero gli aspetti contabili e commerciali. Alle capaci mani di Nicola Bello è stata affidata la consulenza enologica. Nei prossimi anni la cantina, ora ubicata nella periferia est del centro urbano, verrà spostata nella masseria di proprietà, attigua ai vigneti.

VIGNE - I 24 ettari di vigneti, immersi nel territorio delle Cento Masserie ad altitudini che variano dai 220 ai 250 metri, vengono condotti avvalendosi dell'esperienza dello zio Mario. Il corpo principale, allevato perlopiù a spalliera, è ubicato in contrada Madonna delle Rose e alligna su un terreno di medio impasto. I restanti 2 ettari, in contrada Pezze, vengono coltivati a merlot e si distendono su terreni di origine argillosa.

VINI - Il carattere dei vini è dato dal connubio inconfondibile dell'azienda col territorio: hanno facilità di beva, freschezza e un rapporto tra la qualità e il prezzo che ha pochi eguali.

Fucaraz 2017 ● primitivo; 15.000 bt; 9 € - - Da vigneti esposti a sud, si presenta intenso ed equilibrato, dotato di tannino fine e aromi speziati. Un vino di facile beva, e disponibile all'abbinamento, grazie a una struttura che, non tradendo le caratteristiche dell'uva di origine, è molto ben misurata.
Verdeca 2019 O 3.000 bt; 7 € - - Si caratterizza per i sentori agrumati di forte intensità, e in bocca è morbido e grasso, ma gode anche di una buona acidità e di un finale piacevolmente amarognolo.

ha 24 - **bt** 35.000
Fertilizzanti letame, sovescio
Fitofarmaci rame e zolfo
Diserbo lavorazione meccanica/manuale
Lieviti selezionati industriali
Uve 100% di proprietà
Certificazione nessuna certificazione

FAGGIANO (TA)

CANTINA NISTRI

SCONTO **-10%**

Via Vittorio Emanuele, 16 - tel. 099 5912226 - 328 0158981
www.cantinanistri.it - info@cantinanistri.it

VITA - Donatella, Egidio e Margherita Nistri, rappresentanti della quarta generazione familiare di viticoltori, proseguono il lavoro di papà Gianni in uno dei due palmenti di proprietà nel centro di Faggiano. La famiglia è coadiuvata nelle pratiche agronomiche da Cosimo Fumarola e nelle attività di cantina dall'enologo Piero Artuso.

VIGNE - Su terreni di medio impasto profondi e argillosi, a pochi chilometri dal mare, sono piantati i vigneti dei Nistri. In agro di Lizzano, in contrada Fica, nella parcella denominata Elsa (da qui il nome di due etichette) insistono ceppi di primitivo che 50 anni fa presero il posto di un ficheto. Gli altri vigneti sono coltivati in contrada Marchesa a Faggiano.

VINI - La produzione è ispirata all'immediatezza e alla facilità di beva, ed è espressione di un'impronta tradizionalista che bene si amalgama con alcune tecniche moderne e con i caratteri più tipici del territorio.

Elsa 2018 ● 3.000 bt; 13 € - 🥛 - Primitivo dolce naturale, abboccato e con frutto maturo, esprime una leggerissima e piacevole sensazione di dolcezza che si evidenzia maggiormente nel finale del sorso, reso snello dalla buona acidità.
Margò 2019 ● negroamaro; 3.000 bt; 10 € - 🥛 - Un vino dal profilo olfattivo di stampo fruttato, che in bocca si sviluppa con buona freschezza e sapidità, e ben si presta ad accompagnare tutto il pasto.
Mezzetto 2019 ● negroamaro; 4.000 bt; 11 € - 🥛 - Una bella espressione del vitigno: si apre con piacevoli e ben definiti ricordi di frutta e di macchia mediterranea, e al palato è caratterizzato da una bella freschezza, che dona dinamismo alla bevuta, e da un frutto giovane che ritorna a ingentilire il finale.

ha 8 - **bt** 20.000
Fertilizzanti letame in pellet, letame, sovescio
Fitofarmaci rame e zolfo
Diserbo lavorazione meccanica/manuale
Lieviti selezione di lieviti indigeni
Uve 100% di proprietà
Certificazione parte dei vigneti in regime biologico

GIOIA DEL COLLE (BA)

FATALONE PASQUALE PETRERA

SCONTO **-10%**

Contrada Spinomarino, 291 - tel. 080 3448037
www.fatalone.it - info@fatalone.it

VITA - L'azienda ha visto succedersi cinque generazioni di produttori, e oggi è guidata da Pasquale Petrera, pioniere nel 1987 nell'imbottigliamento del Primitivo in purezza. La ricerca continua nella valorizzazione di questo vitigno e del greco, all'interno di un territorio vocato come quello di Gioia del Colle, oggi è condotta con l'aiuto degli agronomi Gianni Masi e Vincenzo Stea e dell'enologo Benedetto Lorusso.

VIGNE - Nella zona collinare della Murgia, su terreni rocciosi e ricchi di minerali e sedimenti, si sviluppano i vigneti aziendali, che beneficiano dell'ambiente pedoclimatico favorevole. In campo si riutilizzano gli scarti di lavorazione, si pratica l'inerbimento e vengono ridotti al minimo l'emissione di anidride carbonica e l'uso del rame.

VINI - Fermentazioni spontanee, assenza di filtrazioni, uso minimo di solforosa, utilizzo dei racemi nella produzione di alcune etichette come il rosa: tutto manifesta il desiderio di produrre, con un impatto ambientale vicino allo zero, vini autentici ed espressivi.

Gioia del Colle Primitivo Fatalone Ris. 2017 ● 18.000 bt; 18 € - 🥛 🛢 - Da terreni argillosi, ferrosi e con sedimenti marini nasce questo vino possente, rinfrescato da una notevole acidità e dai toni erbacei che rendono il sorso vigoroso, tonico, rotondo e duraturo.
Teres 2019 ● 12.000 bt; 11 € - 🥛 - A partire dai racemi di primitivo, con un contatto con le bucce di un giorno, si origina un vino di carattere, succoso, fresco, con una lunga e piacevole persistenza, resa tale anche dall'alcol integrato. Rappresenta bene il territorio e il vitigno.
Gioia Del Colle Primitivo Fatalone 2018 ● 24.000 bt; 13 € - 🥛 - Fitto, fruttato, avvolgente.
Spinomarino 2019 O greco; 6.000 bt; 11 € - 🥛 - Agile, floreale, delicato.

ha 8 - **bt** 60.000
Fertilizzanti letame, sovescio
Fitofarmaci rame e zolfo
Diserbo lavorazione meccanica/manuale
Lieviti fermentazione spontanea, selezione di lieviti indigeni
Uve 100% di proprietà
Certificazione biologico certificato

PIETRAVENTOSA

SCONTO **-10%**

Contrada Parco Largo - Strada Vicinale Latta - tel. 335 5730274
www.pietraventosa.it - info@pietraventosa.it

VITA - A 15 anni dalla fondazione dell'azienda la titolare tuttofare Marianna Annio e il marito e responsabile di cantina Raffaele Leo continuano a prodigarsi per la valorizzazione della produzione enoica del territorio di Gioia del Colle. La partecipazione a fiere nazionali e internazionali veicola la conoscenza di questa realtà anche oltre regione. I coniugi sono supportati dall'agronomo Francesco Mastrangelo e dall'enologo Oronzo Alò.

VIGNE - Nel corso del 2020 altri 2 ettari vitati si sono aggiunti ai 5 ettari del vigneto aziendale, che vede la predominanza di primitivo. Varietà autoctone vengono allevate su suolo calcareo e argilloso a 380 metri di quota, dove non manca mai il vento; si usano impianti a cordone speronato e a spalliera, ma resiste ancora una piccola e storica vigna ad alberello. Il ciclo produttivo è completamente ecosostenibile.

VINI - Lo stile dei vini è volto alla valorizzazione delle varietà autoctone. Stilisticamente corretti, si prestano a una beva sempre piacevole.

TOP **EstRosa 2019** VINO SLOW ● primitivo, aglianico; 6.000 bt; 13 € - Il colore non tradisce il territorio. Al naso è fresco, non solo perché rimanda a frutti di bosco appena colti, ma anche per i sentori minerali e marittimi. È piacevolmente sapido, con un finale lungo.

Gioia del Colle Primitivo Pietraventosa Ris. 2015 ● 2.000 bt; 27 € - Viene prodotto dalla vigna ad alberelli di quasi 70 anni. È un vino complesso e strutturato, che si apre con note fruttate che lasciano poi spazio a un'avvolgente speziatura.

Allegoria 2018 ● primitivo; 1.500 bt; 12 € - Mette in mostra l'autentica capacità espressiva del vitigno: è pieno ed equilibrato.

Apriti Cielo 2019 O malvasia di Candia; 1.500 bt; 16 € - Fresco, minerale, incisivo.

Ossimoro 2017 ● primitivo, aglianico; 1.500 bt; 14 € - Agile, morbido, espressivo.

ha 7,4 - **bt** 30.000
Fertilizzanti sovescio
Fitofarmaci rame e zolfo
Diserbo lavorazione meccanica/manuale
Lieviti selezione di lieviti indigeni
Uve 100% di proprietà
Certificazione biologico certificato

PLANTAMURA

SCONTO **-10%**

Via Vittorio Bodini, 9/a - tel. 080 3430044 - 347 4711027
www.viniplantamura.it - info@viniplantamura.it

VITA - Mariangela Plantamura con grinta e passione ha preso in mano l'azienda storica di famiglia facendo nascere una nuova realtà, in cui sono le donne a muovere gli ingranaggi. Accanto a lei, infatti, le figlie Chiara e Alessia Maggialetti si occupano rispettivamente della produzione e dell'accoglienza nella cantina da poco ristrutturata. Essenziale il supporto dell'agronomo e marito di Mariangela, Vincenzo.

VIGNE - I vigneti hanno varie età, e sono dislocati in diverse zone dell'areale di Gioia del Colle, una zona carsica con terreni ricchi di minerali. Qui il primitivo, coltivato in regime biologico con impianti a spalliera e ad alberello, è il re incontrastato. L'attenzione che viene posta ai lavori in campo è minuziosa, conferendo così ancor più autenticità alle produzioni.

VINI - Il Primitivo trova diverse espressioni, mantenendo le sue caratteristiche peculiari ma dimostrando anche il grande lavoro compiuto dalla famiglia nelle vigne e in cantina.

TOP **Gioia del Colle Primitivo Ris. 2017** VINO SLOW ● 8.000 bt; 17 € - Un vino austero, con un tannino fine e un corpo avvolgente. Sapido, fresco, al naso si esprime con sensazioni fruttate intense. Chiude con spiccata armonia.

Gioia del Colle Primitivo Etichetta Nera 2018 ● 12.000 bt; 13 € - Sorso caldo e ampio, con note fruttate e balsamiche. Bella la sapidità che si accompagna a una grande freschezza, per un finale lungo ed espressivo delle terre calcaree di Gioia del Colle.

Gioia del Colle Primitivo Etichetta Rossa 2018 ● 15.000 bt; 12 € - Ottima armonia per questo sorso denso e fresco. I bei sentori fruttati di ciliegie anticipano una bocca dal finale morbido e di identità verace.

ha 10 - **bt** 45.000
Fertilizzanti organo-minerali
Fitofarmaci rame e zolfo
Diserbo lavorazione meccanica/manuale
Lieviti selezionati industriali
Uve 100% di proprietà
Certificazione biologico certificato

GIOIA DEL COLLE (BA)

POLVANERA

SCONTO **-10%**

Strada Vicinale Lamie Marchesana, 601 - tel. 080 758900
www.cantinepolvanera.com - info@cantinepolvanera.it

VITA - Polvanera è una delle realtà più importanti nelle terre del Primitivo di Gioia del Colle, un vino valorizzato anche da Filippo Cassano, enologo e animatore di questa realtà vitivinicola. La cantina, scavata nella roccia, merita una visita insieme all'adiacente masseria ottocentesca, utilizzata per degustare vini e piatti tipici. Filippo è coadiuvato dalla figlia Alessia. Gregorio Cassano segue la parte agronomica e Benedetto Lasorsa quella enologica.

VIGNE - In un suggestivo paesaggio in cui i confini sono delineati dai muretti a secco, a un'altitudine che arriva fino a 400 metri, su terra rossa e roccia calcarea, sono dislocati i vigneti che beneficiano di notevoli escursioni termiche. Per scelta aziendale si predilige la coltivazione dei vitigni autoctoni. Gli impianti più vecchi sono ad alberello, quelli più giovani a cordone speronato.

VINI - Lo stile dei vini resta fedele all'autentica peculiarità dei vitigni utilizzati. Le botti sono bandite e le fasi di maturazione e affinamento sono effettuate in serbatoi di acciaio e in bottiglia.

Gioia del Colle Primitivo 14 2017 ● 80.000 bt; 13 € - - Un vino molto ben riuscito: si apre con avvolgenti profumi di frutti rossi maturi, seguiti da note balsamiche. È equilibrato e la freschezza non fa percepire il grado alcolico. Al sorso è setoso e lungo.
Gioia del Colle Primitivo 17 2017 ● 20.000 bt; 26 € - - È il vino più austero della cantina, intenso e ricco al naso, minerale e stratificato al palato.
Gioia del Colle Primitivo 16 2017 ● 20.000 bt; 25 € - - Incisivo, fruttato, armonico.
Rosato 2019 primitivo, aleatico, aglianico; 80.000 bt; 10 € - - Agile, floreale, sapido.
Minutolo 2019 ○ 70.000 bt; 12 € - - Fresco, floreale, varietale.
Bianco d'Alessano 2019 ○ 13.000 bt; 11 € - - Vibrante, fruttato, armonico.

ha 210 - **bt** 900.000
Fertilizzanti letame in pellet, sovescio
Fitofarmaci rame e zolfo
Diserbo lavorazione meccanica/manuale
Lieviti selezione di lieviti indigeni
Uve 100% di proprietà
Certificazione biologico certificato

GIOIA DEL COLLE (BA)

TENUTA PATRUNO PERNIOLA

SCONTO **-10%**

Via Vicinale Marzagaglia, 2603 - tel. 338 3940830
www.tenutapatrunoperniola.it - info@tenutapatrunoperniola.it

VITA - Paolo Patruno è l'anima di questa realtà vitivinicola, e gestisce la tenuta ottocentesca. Nel 2005 sua madre Isabella Perniola per dare continuità alla tradizione di famiglia ha dato inizio a quella che è l'attuale azienda. Con impegno ha recuperato la masseria, sede di un agriturismo immerso nella natura, e ha rivalutato il vigneto, ampliandolo. Paolo segue minuziosamente ogni lavorazione.

VIGNE - In un'oasi agricola di 34 ettari, di cui 3,6 vitati, la vigna si esprime in tutta la sua naturalità. La buona posizione ed esposizione del vigneto, a 370 metri di quota, la ventilazione costante e le grandi escursioni termiche permettono di ridurre al minimo l'intervento dell'uomo, azzerando i trattamenti chimici. I terreni sono un misto di roccia e di terre rosse, e vengono salvaguardati con molta attenzione.

VINI - Lo stile è incentrato sulla valorizzazione dei vitigni autoctoni, con estrazioni misurate, senza eccessi. La supervisione di Paolo garantisce genuinità e autenticità.

Lenos 2018 ● primitivo; 4.000 bt; 12 € - - Affina a lungo in acciaio e pochi mesi in piccole botti di rovere francese. Il risultato denota un buon equilibrio tra le note date dal legno e il frutto. Al sorso è setoso, viscoso, vibrante, espressivo, e ha una chiusura appena amarognola che accompagna un bel richiamo di frutti rossi.
Gioia del Colle Primitivo 1821 Ris. 2013 ● 3.000 bt; 29 € - - È schietta espressione del carattere varietale del vitigno: si apre con note fruttate e sfocia in un sorso avvolgente, succoso e ampio.
Ghirigori 2019 primitivo; 400 bt; 11 € - - Croccante, fruttato maturo, integro.
Striale 2019 ○ verdeca; 600 bt; 11 € - - Vibrante, balsamico, sapido.

ha 3,6 - **bt** 15.000
Fertilizzanti letame, preparati biodinamici, sovescio
Fitofarmaci rame e zolfo
Diserbo lavorazione meccanica/manuale
Lieviti selezionati industriali
Uve acquisto 10%
Certificazione biologico certificato

GRUMO APPULA (BA)

CANNITO

SCONTO **-10%**

Contrada Parco Bizzarro - tel. 080 8807848
www.agricolacannito.it - info@agricolacannito.it

VITA - La storia di questa azienda ha avuto inizio nel 2007, quando Francesco Cannito ha iniziato a imbottigliare i propri vini dopo un accurato lavoro di studio su varietà e vigneti. L'evoluzione si è avuta con un ampliamento del team, che ha visto entrare in gioco anche la figlia Marika, amministratrice, e il figlio Graziano, che aiuta nei lavori in campo e in cantina. Oltre al vino Cannito produce anche olio extravergine di oliva di cultivar locali, e ciliegie.

VIGNE - Ci troviamo di fronte a un'ampia azienda di 70 ettari immersa nella Murgia carsica, caratterizzata da un terreno calcareo tipico, poco profondo. Di questi, 18 ettari sono vitati in regime biologico con uve di primitivo, minutolo, negroamaro e montepulciano. L'esposizione delle vigne, situate tra i 200 e i 400 metri di altitudine, permette di godere di una buona escursione termica.

VINI - Lo stile dei vini è sobrio e classico: un fil rouge che esprime in maniera ottimale la filosofia aziendale.

Gioia del Colle Primitivo Drùmon Ris. 2016 ● 5.000 bt; 26 € - Il naso è fruttato e speziato. Al palato è di buona acidità, con un sorso caldo e alcolico ma equilibrato, anche se è evidente il passaggio in legno. Il finale è di notevole peso estrattivo.
Gioia del Colle Primitivo Drùmon 2017 ● 20.000 bt; 12 € - Si apre con buona acidità e chiude con il tannino morbido tipico del Primitivo. Fruttato, presenta note di ciliegia sotto spirito. Di piacevole beva.
Gioia del Colle Primitivo Rosato Drùmon R 2019 ● 15.000 bt; 11 € - Fresco, fruttato, essenziale.
Gioia del Colle Primitivo Drùmon S 2016 ● 10.000 bt; 21 € - Dinamico, fruttato, verticale.
Drùmon F 2019 O minutolo; 15.000 bt; 11 € - Agile, floreale, avvolgente.

ha 18 - **bt** 100.000
Fertilizzanti compost
Fitofarmaci rame e zolfo
Diserbo lavorazione meccanica/manuale
Lieviti selezione di lieviti indigeni
Uve 100% di proprietà
Certificazione biologico certificato

LIZZANO (TA)

TENUTA MACCHIAROLA

SCONTO **-10%**

Strada Provinciale 124 - tel. 320 6479768
infomacchiarola@gmail.com

VITA - Nelle campagne di Lizzano, immersa nel verde dei vigneti, troviamo l'azienda di Nico Mangione, farmacista di professione e vignaiolo per vocazione. Dal 2007 porta avanti il suo tenace progetto dedicato alla produzione di vini naturali, prodotti nel rispetto della terra e senza l'uso di chimica in nessuna fase di lavorazione.

VIGNE - L'ecosistema è rispettato con attenzione, e i terreni sono lavorati solo con pratiche naturali, senza uso di concimi. Nei 9 ettari di vigneto si coltivano uve autoctone del territorio, e la vinificazione viene condotta esclusivamente con fermentazioni spontanee.

VINI - Una storia raccontata in ogni bottiglia, sempre in maniera incisiva e identitaria, ma anche mutevole, come mutevoli sono le stagioni e il clima.

Sole Rosa 2019 ● primitivo; 1.000 bt; 14 € - Un vino dal sorso croccante e dal quadro complessivo armonico. Al naso è delicatamente fruttato e floreale. La bocca presenta un finale ricco di sensazioni retrolfattive, che riportano subito al vitigno e alla sua schietta autenticità.
Verdeca 2019 O 3.000 bt; 15 € - Vino articolato, che nasce da una macerazione sulle bucce, e che si presenta con ampie sensazioni floreali. Il sorso è energico e particolarmente espressivo.
Bizona 2019 ● primitivo; 6.000 bt; 13 € - Croccante, fruttato, autentico.
Tippi 2019 ● primitivo; 2.000 bt; 11 € - Agile, fruttato, espressivo.

Mancano quest'anno all'assaggio alcuni rossi lasciati ulteriormente ad affinare. Nel riassaggio del Negroamaro Don Franco 2017 e del Primitivo Unodinoi 2017 da segnalare come la sosta in bottiglia abbia smussato alcune spigolosità, rendendoli più armonici.

ha 9 - **bt** 15.000
Fertilizzanti nessun concime
Fitofarmaci rame e zolfo
Diserbo lavorazione meccanica/manuale
Lieviti fermentazione spontanea
Uve 100% di proprietà
Certificazione biologico certificato

LIZZANO (TA)

TENUTE EMÉRA

SCONTO **-10%**

Contrada Porvica - tel. 0832 704398
www.claudioquarta.it - info@tenuteemera.it

VITA - A Lizzano Claudio Quarta ha sviluppato questa realtà partendo dall'eredità del territorio, da raccontare e far rivivere con studio, competenza, dedizione e passione. Con l'ausilio e la vitalità della figlia Alessandra, si mettono in cantiere progetti e collaborazioni di ampio respiro, tesi a valorizzare il luogo e la sua spiccata biodiversità.

VIGNE - I vigneti si estendono per 55 ettari e sono condotti a cordone speronato e ad alberello. Insistono su suoli minerali e ricchi di fossili di origine marina, con varietà sia autoctone sia internazionali. Il lavoro di ricerca è continuo, e diverse sono le collaborazioni scientifiche, come quella con l'Università di Milano per recuperare un patrimonio ampelografico in via di estinzione.

VINI - Vini eleganti, autentici, identitari e sempre in fermento, figli di microvinificazioni e sperimentazioni continue. In quest'ottica emerge il progetto di vinificare il Negroamaro nelle tre versioni bianco, rosa e rosso.

Primitivo di Manduria Oro di Eméra 2017 ● 30.000 bt; 23 € - - Da vigneti su suoli calcarei a pochi passi dal mare, è un vino potente, autentico, dotato di notevole sapidità e freschezza nonostante la struttura importante.
Moros 2017 ● 6.600 bt; 29 € - - Da alberelli di negroamaro e pochissimi ceppi di malvasia nera coltivati in un vecchio vigneto di quasi un ettaro, nasce questo vino consistente, dal sorso voluminoso e avvolgente.
Bianco di Negroamaro 2019 ○ 3.300 bt; 11 € - - Il Negroamaro in bianco si dimostra duttile: di notevole acidità, ha un sorso dinamico e lungo e un naso fine, floreale ed erbaceo.
Rose 2019 ◍ negroamaro; 13.000 bt; 10,5 € - - Incisivo, floreale, teso.
Anima di Negroamaro 2017 ● 45.000 bt; 11,5 € - - Integrato, fruttato, armonico.
Amure 2019 ○ fiano, Manzoni bianco; 9.000 bt; 10,5 € - - Agile, fruttato, essenziale.

ha 55 - **bt** 400.000
Fertilizzanti letame, sovescio
Fitofarmaci chimici di sintesi, organici, rame e zolfo
Diserbo lavorazione meccanica/manuale
Lieviti selezionati industriali
Uve 100% di proprietà
Certificazione parte dei vigneti in regime biologico

MANDURIA (TA)

ANTICO PALMENTO

SCONTO **-10%**

Via Nicola Fabrizi, 20/a - tel. 328 7237601
info@anticopalmentogarofano.com

VITA - In un antico e suggestivo palmento ristrutturato nel cuore di Manduria, città dalla grande e storica vocazione vitivinicola, è nata l'azienda di Bruno Garofano. Una storia di famiglia, che si è costruita attraverso il lavoro in cantina di Bruno e di sua figlia Mariangela, entrambi enologi, e di quello del figlio Gabriele nelle vigne.

VIGNE - Nei 4 ettari vitati si coltiva soprattutto primitivo, vitigno rappresentativo del territorio, con vigne giovani e vecchi alberelli che hanno superato i 50 anni di vita. Accanto troviamo anche filari di fiano, moscato e traminer, comunque in minore quantità. Tutti i terreni sono curati con attenzione e dedizione dal giovane e appassionato Gabriele.

VINI - Vini identitari, che non fanno concessioni alle mode del momento, ma uniscono molto bene l'approccio tradizionale a uno sguardo contemporaneo.

Primitivo di Manduria Acini Spargoli Ris. 2015 ● 3.000 bt; 31 € - - Il profilo olfattivo si muove su toni fruttati e speziati, in un contesto fatto di dettaglio ed espressività. In bocca troviamo un sorso dal tannino setoso, dal corpo ampio, e dalla progressione incisiva.
Rose del Sud 2019 ◍ primitivo; 4.000 bt; 15 € - - Armonico, vibrante, è un vino vivo ed energico, che si presenta con un ventaglio di sentori floreali e di piccoli frutti rossi di estrema piacevolezza. In bocca prosegue con un sorso espressivo e particolarmente incisivo, che lascia il segno e chiama un altro bicchiere. Un rosa molto riuscito.
Sorsi d'Estate 2019 ○ traminer, moscato, fiano; 3.000 bt; 13 € - - Ampio, fruttato, stratificato.

ha 4 - **bt** 18.000
Fertilizzanti organo-minerali, sovescio
Fitofarmaci chimici di sintesi, rame e zolfo
Diserbo lavorazione meccanica/manuale
Lieviti fermentazione spontanea, selezionati industriali
Uve 100% di proprietà
Certificazione nessuna certificazione

ATTANASIO

SCONTO -10%

Via per Oria, 13 - tel. 099 9737121 - 334 9787909
www.primitivo-attanasio.com - info@primitivo-attanasio.com

VITA - Attanasio è una piccola realtà del territorio di Manduria, guidata dalla quarta generazione familiare di vignaioli. Attualmente è Alessandro Attanasio a portare avanti l'azienda fondata dai genitori 20 anni fa, salvaguardando i valori e la tradizione di famiglia. È lui a occuparsi in prima persona sia delle lavorazioni in vigna, sia della parte amministrativa. Il primo imbottigliamento risale al 2000. A coordinare i lavori in cantina è l'enologo Vincenzo Baldari.

VIGNE - Sono circa 6 gli ettari di proprietà, di cui circa la metà coltivati ad alberello, con età che varia dai 40 ai 90 anni. I vigneti, suddivisi in piccoli appezzamenti, sono sparsi nel territorio di Manduria. Le caratteristiche morfologiche dei terreni variano dalla terra rossa alla terra nera. La raccolta viene svolta con grande attenzione nella selezione dei grappoli, manualmente e in cassette.

VINI - Vinificazioni che avvengono con grande cura, e prevedono l'utilizzo di ceppi di lieviti selezionati nelle vigne di proprietà. L'affinamento in barrique conferisce longevità e morbidezza ai vini.

TOP **Primitivo di Manduria Ventesima Vendemmia Ris. 2014** ● 2.000 bt; 32 € - Di grande complessità olfattiva, presenta note fruttate, floreali e balsamiche. Il sorso è avvolgente e fine: l'affinamento di 36 mesi conferisce morbidezza pur essendo un vino dall'importante alcolicità.
Primitivo di Manduria Dolce Naturale 2015 ● 2.000 bt; 27 € - Tradizione e unicità per un vino morbido, caldo e mai stucchevole.
Primitivo Rosato 2019 ● 5.000 bt; 15 € - Integrato, fruttato, autentico.
Primitivo di Manduria 2014 ● 4.000 bt; 27 € - Fitto, fruttato, complesso.

ha 6 - **bt** 18.000
Fertilizzanti sovescio
Fitofarmaci rame e zolfo
Diserbo lavorazione meccanica/manuale
Lieviti selezionati industriali, selezione di lieviti indigeni
Uve 100% di proprietà
Certificazione nessuna certificazione

MANDURIA (TA)

FELLINE

SCONTO -10%

Strada Comunale Santo Stasi Primo, 42 - tel. 099 9711660
www.agricolafelline.it - info@agricolafelline.it

VITA - L'azienda è nata nel 1992 con l'obiettivo di abbandonare la vendita di vino sfuso e orientarsi sulla qualità in bottiglia, dedicando gran parte delle attenzioni al lavoro svolto in vigna. Gregory Perrucci ha contribuito in prima persona alla promozione e alla valorizzazione del Primitivo di Manduria e dei vitigni autoctoni. Salvatore Mero si occupa egregiamente della gestione dei vigneti. Ci piace ricordare il contributo dato negli anni da Cosimo Spina, esperto enologo scomparso di recente.

VIGNE - I vigneti, tutti di proprietà, sono ubicati in diverse zone nel cuore della Doc del Primitivo di Manduria. Le diverse caratteristiche morfologiche dei terreni, dalla terra rossa dell'entroterra a quelle sabbiose vicine al mare, permettono di ottenere vini differenti. Una piccola parte delle viti si trova a Torre Guaceto, dove ha avuto inizio la riscoperta del susumaniello.

VINI - Il lungo lavoro iniziato in vigna con una vera e propria zonazione del primitivo sfocia in uno stile di vinificazione che punta proprio a esaltare le differenze tra le diverse zone di produzione delle uve.

TOP **Primitivo Sinfarosa Zinfandel 2018** ● primitivo; 26.000 bt; 17 € - È un vino strutturato, complesso, con sentori fruttati, speziati e note balsamiche. Al palato è caldo, austero e di lunga persistenza.
Primitivo di Manduria Felline 2019 ● 60.000 bt; 12 € - Rappresenta il legame con il territorio: alle note fruttate e balsamiche segue un sorso caldo e morbido, di buona persistenza.
Cicala Rosé 2019 ● negroamaro; 12.500 bt; 8 € - Fresco, fruttato, sapido.
Verdeca 2019 ○ 7.000 bt; 8 € - Fresco, fruttato, rilassato.
Malvasia Nera 2019 ● 7.000 bt; 8 € - Armonico, fruttato, ampio.
Alberello 2019 ● primitivo, negroamaro; 90.000 bt; 8 € - Dinamico, fruttato, armonico.

ha 100 - **bt** 1.000.000
Fertilizzanti compost, letame in pellet, sovescio
Fitofarmaci organici, rame e zolfo
Diserbo lavorazione meccanica/manuale
Lieviti fermentazione spontanea, selezione di lieviti indigeni
Uve 100% di proprietà
Certificazione biologico certificato

MANDURIA (TA)

MORELLA

Via per Uggiano, 147 - tel. 099 9791482
www.morellavini.it - info@morellavini.it

VITA - Lisa Gilbee e Gaetano Morella formano una coppia con la vocazione per la produzione del vino e sensibile al tema del rispetto della terra, un'attitudine che dimostrano con la scelta di vivere al centro dei loro appezzamenti, acquistati nel tempo con sacrifici e perseveranza, e con lo scopo dichiarato di ampliare la loro azienda.

VIGNE - Troviamo un parco vitato formato da parcelle diverse, recuperate nel tempo, con impianti ad alberello che affondano le radici nei terreni rossi. Vigne di bassa resa, ricche di sostanza, con gli impianti più giovani che seguono il sistema a cordone speronato, e quelli vecchi che formano affascinanti cespugli disegnati dal tempo.

VINI - Il carattere dei vini è inconfondibile: è legato a filo doppio con la tradizione del territorio, per vinificazioni classiche e rispettose dell'espressività varietale.

TOP **Old Vines 2017** VINO SLOW ● primitivo; 4.000 bt; 39 € - Gli alberelli vecchi, monumenti alla viticoltura, danno vita a un vino armonico e articolato, dal tannino setoso. Note fruttate di ciliegia e spezie, e di fico secco, carruba e salmastre, introducono un palato ampio, possente e autentico.
La Signora 2017 ● primitivo; 2.500 bt; 39 € - Ricco di spunti, ha tannino fine, corpo vibrante e grande armonia. Note di frutti rossi ampie e avvolgenti, ricordi di tabacco e macchia mediterranea anticipano un sorso integro, austero e incisivo nel finale.
Mezzarosa 2019 ● primitivo, negroamaro; 4.000 bt; 13 € - Croccante, fresco, dal finale morbido e succoso. L'olfatto è floreale, con cenni di piccoli frutti rossi. Il sorso è avvolgente, piacevole, verace.
Negroamaro Primitivo 2018 ● 4.000 bt; 17 € - Austero, fruttato, consistente.

ha 20 - **bt** 33.000
Fertilizzanti preparati biodinamici, sovescio
Fitofarmaci organici, rame e zolfo
Diserbo lavorazione meccanica/manuale
Lieviti selezionati industriali
Uve 100% di proprietà
Certificazione biodinamico certificato, biologico certificato

MANDURIA (TA)

PRODUTTORI DI MANDURIA

SCONTO **-10%**

Via Fabio Massimo, 19 - tel. 099 9735332
www.produttoridimanduria.com - rec@cpvini.com

VITA - Fondata nel 1932, questa cooperativa storica e rappresentativa del territorio manduriano riunisce circa 400 soci viticoltori. Ricavato nelle antiche cisterne ipogee all'interno della cantina, il Museo della Civiltà del Vino Primitivo documenta il forte legame con la tradizione territoriale. Da quest'anno il nuovo presidente è Antonio Resta, mentre la gestione enologica è sempre affidata a Leonardo Pinto.

VIGNE - I 900 ettari coltivati dai soci sono suddivisi in piccoli appezzamenti collocati in diverse zone del territorio, con caratteristiche morfologiche differenti. Il primitivo è il vitigno più presente, e la forma di allevamento prevalente è il cordone speronato, anche se alcuni vigneti più vecchi sono allevati ad alberello. I tecnici aziendali seguono in prima persona tutti i soci in vigna.

VINI - Lo stile di vinificazione è cambiato nel corso degli anni grazie all'innovazione tecnologica: uso della temperatura controllata, utilizzo dell'acciaio e affinamenti in legno, sia grande sia piccolo. L'obiettivo è quello di ottenere vini freschi, equilibrati e varietali.

Primitivo di Manduria Elegia 2017 ● 80.000 bt; 16 € - Ha profumi intesi e complessi, con note fruttate, speziate e balsamiche. In bocca è caldo, morbido e dalla lunga persistenza.
Primitivo di Manduria Lirica 2018 ● 230.000 bt; 10 € - Vino simbolo dell'azienda, viene affinato per sei mesi in botte grande: le note fruttate con leggeri cenni di tostatura introducono un sorso equilibrato e avvolgente.
Primitivo di Manduria Dolce Naturale Madrigale 2017 ● 44.000 bt; 12 € - Integrato, fruttato, varietale.
Alice 2019 O verdeca; 50.000 bt; 8 € - Vibrante, floreale, essenziale.
Zin 2019 O fiano, minutolo; 80.000 bt; 8 € - Croccante, fruttato, armonico.
Aka 2019 ● primitivo; 130.000 bt; 8 € - Fresco, fruttato, essenziale.

ha 900 - **bt** 1.300.000
Fertilizzanti organo-minerali
Fitofarmaci chimici di sintesi, rame e zolfo
Diserbo chimico, lavorazione meccanica/manuale
Lieviti selezionati industriali
Uve 100% di proprietà
Certificazione nessuna certificazione

MANDURIA (TA)

VIGNE MONACHE

SCONTO **-10%**

Vicinale La Creta, 2 - tel. 339 6271412
www.vignemonache.it - vignemonache@libero.it

VITA - Da diverse generazioni la famiglia Nigro si occupa della produzione di uva. L'anno della svolta e di crescita aziendale è stato il 2010, con il primo imbottigliamento. Salvatore si occupa in prima persona dei lavori in vigna, con i consigli del padre Giuseppe. La moglie Rita Biasco cura la parte amministrativa, dedicandosi anche ai vigneti nei periodi più impegnativi. Da un paio di anni iniziano a dare il loro contributo anche le due figlie: Alessia e Desirèe.

VIGNE - Gli 8 ettari vitati, tutti di proprietà, sono ubicati nel territorio di Manduria in contrada Monache-Paduli, con terreni di medio impasto. Vitigno principe è il primitivo, con un sistema di allevamento a cordone speronato. Solo una piccola particella è coltivata a verdeca. Meritevole di attenzione è un appezzamento di circa 4.000 ceppi di primitivo allevato ad alberello, con piante dalle rese bassissime che hanno quasi un secolo di vita.

VINI - Lo stile aziendale punta alla tradizione e al rispetto delle caratteristiche varietali. L'obiettivo è quello di avere in ogni vino il giusto equilibrio tra freschezza, facilità di beva e longevità.

Primitivo di Manduria Swing 2018 ● 2.000 bt; 15 € - - Di grande intensità olfattiva, tra note fruttate e speziate, ha una bocca avvolgente ed equilibrata.
Primitivo 2018 ● 3.000 bt; 13 € - - Un vino che rispecchia tutta la tipicità del territorio e le caratteristiche del vitigno: ha sentori fruttati e un sorso piacevole e ben equilibrato.
Anima Bianca 2019 O verdeca; 3.000 bt; 9 € - - Fresco, fruttato, sapido.
Anima Rosa 2019 primitivo; 4.000 bt; 12 € - - Fresco, fruttato, rilassato.
Ser Vite 2019 ● primitivo; 4.000 bt; 11 € - - Setoso, speziato, armonico.
Cottabo 2019 ● negroamaro; 1.500 bt; 8 € - - Austero, fruttato, autentico.

ha 8 - **bt** 40.000
Fertilizzanti organo-minerali
Fitofarmaci rame e zolfo
Diserbo lavorazione meccanica/manuale
Lieviti selezionati industriali
Uve 100% di proprietà
Certificazione nessuna certificazione

MOTTOLA (TA)

MASSERIA LUDOVICO

Località San Basilio - Strada Statale 100, km 56 - tel. 327 1412897
www.masserialudovico.it - info@masserialudovico.it

VITA - Le antiche stalle della masseria ospitano la cantina dell'azienda, che dal 2003 alla produzione di mandorle, olive e cereali ha aggiunto l'attività di vinificazione delle uve di proprietà. Giangiuseppe Ludovico è affiancato dal figlio Marco, che dopo gli studi di enologia a Udine ha fatto diverse esperienze in giro per il mondo, e ora si occupa della conduzione enologica dell'azienda, realizzando anche una «linea personale libera da preconcetti e pregiudizi».

VIGNE - Sono 25 gli ettari di vigneto sugli 80 complessivi dell'azienda, ubicati in una zona ventilata tra i 200 e i 300 metri di altitudine. Le vigne, in prevalenza di primitivo su terreni argillosi, e verdeca e altre varietà a bacca bianca su terreni calcarei, che garantiscono una maggiore freschezza dei vini, si trovano a nord di Mottola, immerse nella macchia mediterranea.

VINI - Piacevolezza gustativa e freschezza sono la cifra distintiva dei vini di Marco, espressione di territorialità con piglio moderno ed elegante. Spiccano la facilità di beva e l'immediatezza.

Verdeca Marco Ludovico 2019 O 1.204 bt; 10 € - - Esprime un bel frutto a polpa bianca, e un sorso di buona acidità, sapido, con note minerali e un finale asciutto.
Amforéas Marco Ludovico 2019 O trebbiano; 400 bt; 20 € - - Un bianco macerato dall'intenso profumo di agrumi e pesche. In bocca è sapido e ammaliante, con uno spiccato richiamo agrumato.
Rosato Masseria Ludovico 2019 aglianico; 6.000 bt; 7 € - - Ha sentori di frutta fresca ed erbe di campo, ed è succoso e godibile in bocca.
Verdeca Masseria Ludovico 2019 O 2.000 bt; 8 € - - Agile, floreale, varietale.
Fiano Masseria Ludovico 2019 O minutolo; 3.000 bt; 8 € - - Vibrante, fruttato, essenziale.

ha 25 - **bt** 50.000
Fertilizzanti letame, sovescio
Fitofarmaci rame e zolfo
Diserbo lavorazione meccanica/manuale
Lieviti fermentazione spontanea, selezionati industriali, selezione di lieviti indigeni
Uve 100% di proprietà
Certificazione nessuna certificazione

MOTTOLA (TA)

PANTUN

SCONTO **-10%**

Contrada Pantoni, 6 - tel. 346 7474210
www.cantinapantun.it - info@cantinapantun.it

VITA - La viticoltura è una scelta di vita per Mimmo Caragnano e Jutta Benneker. Nel 2000, in una terra selvaggia, hanno iniziato a piantare alberi di ogni tipo insieme a olivi e viti. Da allora conducono l'azienda e, vivendo per la terra e nella terra, producono vini naturali, nel rispetto degli equilibri dell'ambiente e con molta attenzione per tutta la fase produttiva.

VIGNE - Siamo nella bassa Murgia tarantina, a 360 metri di quota, tra le colline di Mottola. L'azienda si affaccia a sud sul mar Ionio e a nord sulla Murgia barese, in una zona caratterizzata da forti escursioni termiche. Le viti si confondono tra oliveti, orti, fragni e cespugli di lentisco. Sono allevate ad alberello pugliese, su terreni di natura argillosa, con basse rese per pianta. Gli impianti più recenti sono a spalliera.

VINI - Lo stile è improntato al rispetto del naturale percorso dell'uva; non si fanno chiarifiche né interventi manipolatori, e la fermentazione è spontanea. Il vino viene travasato a luna calante nelle giornate più fresche. La naturalità del processo produttivo richiede una buona ossigenazione nel bicchiere prima di assaggiare i vini.

Pantun 2017 ● 10.000 bt; 20 € - ▦ - Vino che esprime perfettamente lo stile aziendale e il territorio. Dopo qualche mese in acciaio, viene affinato 14 mesi in barrique di secondo passaggio. Finezza e robustezza qui trovano un perfetto connubio. Una bella spalla acida e la sapidità gli donano una grande facilità di beva; strutturato ed elegante, è un archetipo del Primitivo tradizionale.
Contavino 2017 ● primitivo, montepulciano, sangiovese; 600 bt; 18 € - ▦ - Croccante, fruttato maturo, avvolgente.
Pantun 2019 ● primitivo; 3.500 bt; 18 € - ▯ - Agile, minerale, espressivo.

ha 3 - **bt** 23.000
Fertilizzanti nessun concime, sovescio
Fitofarmaci rame e zolfo
Diserbo lavorazione meccanica/manuale
Lieviti fermentazione spontanea
Uve 100% di proprietà
Certificazione biologico certificato

MOTTOLA (TA)

PETRACAVALLO

SCONTO **-10%**

Contrada San Francesco, 162 - tel. 349 8941598
www.petracavallo.wine - info@petracavallo.wine

VITA - Vignaioli da tre generazioni, i D'Onghia hanno iniziato a imbottigliare nel 2015, quando Vito, memore degli insegnamenti del nonno, s'è messo in testa di produrre un vino il più possibile artigianale. Quasi una scommessa con papà Peppino, che vanta molti anni di esperienza in vigna e aveva una visione diversa del percorso aziendale. A Melinda Altamura è affidata la parte commerciale.

VIGNE - Ai piedi della collina di Mottola, intorno a masseria San Francesco, già Petra Cavallo, i D'Onghia coltivano vigne a spalliera, da sempre in regime biologico ma con certificazione solo dal 2010. Le viti hanno un'età media che va dai 15 ai 20 anni, e insistono su suoli prevalentemente calcareo-argillosi a circa 200 metri di altitudine.

VINI - Un approccio molto lineare in cantina: la pressatura è eseguita con un torchio a mano, le fermentazioni sono spontanee, e tutto viene svolto senza fronzoli tecnologici, come da logica conseguenza dei lavori manuali eseguiti in vigna. La conformazione dei terreni dona vini semplici, agili e freschi.

Vino Bianco 2019 ○ minutolo; 4.000 bt; 13 € - ▯ - Nel profilo olfattivo spiccano sensazioni agrumate e di erbe aromatiche, che poi al palato lasciano spazio a una dinamica gustativa sapida e pulita.
Negroamaro 2019 ● 3.500 bt; 13 € - ▯ - Un vino gradevole e delicato al naso, dove si presenta non troppo incentrato sul frutto. La bocca si avvantaggia con una discreta sapidità che dona profondità al sorso.
Bianco d'Alessano 2019 ○ 3.000 bt; 13 € - ▯ - Bianco macerato, corto, fruttato, sottile.

ha 3 - **bt** 15.000
Fertilizzanti compost, sovescio
Fitofarmaci organici, rame e zolfo
Diserbo lavorazione meccanica/manuale
Lieviti fermentazione spontanea, selezione di lieviti indigeni
Uve 100% di proprietà
Certificazione biologico certificato

RUVO DI PUGLIA (BA)

MAZZONE

SCONTO **-10%**

Strada Provinciale 22 Ruvo-Palombaio, 460/a - tel. 340 0683993
www.aziendamazzone.it - info@aziendamazzone.it

VITA - Francesco Mazzone e sua moglie, Luciana Di Terlizzi, rappresentano l'anima di questa azienda. Francesco, enotecnico con laurea in Viticoltura ed Enologia, dal 2004, anno in cui ha iniziato l'imbottigliamento, conduce questa realtà le cui origini risalgono al 1970, epoca in cui suo padre ricevette in eredità alcuni appezzamenti di terra. La moglie Luciana si occupa della parte commerciale e accoglie i visitatori con simpatia e professionalità.

VIGNE - In un'area molto vasta i vigneti aziendali si estendono per 5 ettari. Siamo a quota 250 metri, su terreni calcarei. Viene utilizzato il secolare allevamento a pergola, scelto per garantire alla pianta una buona esposizione. Vi è anche un buon equilibrio produttivo, sempre oggetto di attenzione da parte di Francesco, che, con una diversa potatura, provvede a ridurre il numero di gemme per una buona resa qualitativa.

VINI - Il rispetto dell'identità territoriale è il filo conduttore di tutta la produzione. Le uve vengono scelte manualmente e vengono utilizzate solo quelle ritenute migliori.

Dandy 2019 ● uva di Troia; 5.000 bt; 10 € - ▢ - Un vino di buona struttura che si apre con note di frutti rossi. Una pressatura soffice e una macerazione breve gli conferiscono un bel colore rosa carico che non tradisce le origini. Al palato è croccante e persistente.
Immensus 2019 O malvasia bianca; 10.000 bt; 9 € - ▢ - Un bianco fresco e floreale, delicato nei profumi e fragrante al gusto.
M. Cl. Pas Dosé Lucy ⁂ bombino bianco, greco; 4.000 bt; 17 € - ▢ - Vibrante, agrumato, salino.
Terre Bianche 2019 O bombino bianco; 5.000 bt; 9 € - ▢ - Fresco, fruttato, varietale.
Surliè 2017 O malvasia bianca; 5.000 bt; 15 € - ◍ - Avvolgente, fruttato, rilassato.
Trousse 2019 O minutolo; 5.000 bt; 10 € - ▢ - Fresco, minerale, essenziale.

ha 5 - **bt** 50.000
Fertilizzanti sovescio
Fitofarmaci rame e zolfo
Diserbo lavorazione meccanica/manuale
Lieviti selezione di lieviti indigeni
Uve 100% di proprietà
Certificazione biologico certificato

SAVA (TA)

GIANFRANCO FINO

SCONTO **-10%**

Via Piave, 12 - tel. 099 7773970
www.gianfrancofino.it - info@gianfrancofino.it

VITA - Da grande appassionato di vino Gianfranco Fino, affiancato dalla moglie Simona Natale, ha iniziato la sua avventura nel 2004, con l'obiettivo principale di ricercare e acquistare antichi alberelli su appezzamenti particolarmente vocati per la produzione di primitivo. I loro vini sono sinonimo di qualità e territorialità, e nel corso degli anni si sono meritati apprezzamenti e riconoscimenti da consumatori e critica.

VIGNE - I 23 ettari vitati, tutti di proprietà, sono suddivisi in piccoli appezzamenti dislocati nel territorio compreso tra Manduria e Sava. Un grande appezzamento di circa 8 ettari circonda la nuova cantina in fase di ultimazione. L'età dei vigneti spazia dai 50 ai 90 anni, e la forma prevalente di allevamento è l'alberello pugliese.

VINI - Lo stile di vinificazione punta a ottenere vini dotati di grande complessità ed eleganza. Gli affinamenti vengono svolti in legni piccoli di varia provenienza e tostatura, di primo o secondo passaggio, e il prodotto finale nasce dal sapiente assemblaggio delle singole barrique.

TOP **Es 2018** VINO SLOW ● primitivo; 15.000 bt; 49 € - ▤ - Selezione scrupolosa delle uve provenienti da singoli appezzamenti di vecchi vigneti allevati ad alberello, che vengono vinificate singolarmente e successivamente assemblate. È un vino ricco, elegante, di animo territoriale. Al naso è fruttato, con note speziate e sentori tostati conferiti dall'affinamento in legno. In bocca è caldo, avvolgente: un vino strutturato ma di invidiabile equilibrio.
Se 2018 ● primitivo; 24.000 bt; 41 € - ▤ - Le uve provengono da vigneti più giovani e la maturazione avviene in barrique. Un vino caratterizzato da sentori fruttati e leggermente speziati, dal palato morbido e innervato di una piacevole freschezza.

ha 23 - **bt** 30.000
Fertilizzanti preparati biodinamici, sovescio
Fitofarmaci rame e zolfo
Diserbo lavorazione meccanica/manuale
Lieviti selezionati industriali
Uve 100% di proprietà
Certificazione nessuna certificazione

SAVA (TA)

VINICOLA SAVESE €

SCONTO -10%

Strada Statale 7 Ter, km 27,790 - tel. 099 9726232
www.vinipichierri.com - vinicolasavese@vinipichierri.com

VITA - L'artefice di questa storica realtà vitivinicola è Gaetano Pichierri, che nell'immediato dopoguerra avviò l'attività produttiva in un vecchio palmento ipogeo di Sava, tramandando e affidando ai figli il compito di continuare la tradizione di famiglia. Sono stati proprio loro, Vittorio, Roberto e Aldo, ad avviare il primo imbottigliamento negli anni Settanta. Ancora oggi le decisioni agronomiche e aziendali sono condivise da tutti.

VIGNE - Sono 22 gli ettari di proprietà, collocati in diverse zone del territorio. I terreni argilloso-calcarei e le terre rosse ospitano i vigneti con forme di allevamento a spalliera e ad alberello pugliese, in cui l'età media è di 50 anni. Parte delle uve vinificate proviene da piccoli e selezionati conferitori della zona. Le pratiche agronomiche, per la maggior parte manuali, sono seguite da Massimiliano Pichierri.

VINI - Lo stile di vinificazione è prevalentemente tradizionale, con pratiche enologiche che mirano a conservare le caratteristiche organolettiche tipiche dei vitigni del territorio. Nel rispetto della tradizione, la famiglia Pichierri non ha mai abbandonato l'utilizzo dei capasoni, giare di terracotta in cui alcuni vini svolgono l'affinamento.

TOP **Novantino 2019** VINO QUOTIDIANO ● primitivo; 6.500 bt; 9 € - I vigneti di origine sono coltivati ad alberello basso. La maturazione, della durata di pochi mesi, avviene in vasi interrati vetrificati e in silos di acciaio. Dalle classiche note fruttate e floreali, al palato è morbido e armonico.

Terrarossa 2018 ● primitivo; 6.500 bt; 15 € - Rappresenta il vino della tradizione, e matura in contenitori interrati vetrificati. Di grande intensità olfattiva, in bocca è morbido e avvolgente.

Gocce di Giada 2019 ● primitivo; 5.400 bt; 11 € - Fresco, floreale, armonico.

ha 22 - **bt** 120.000
Fertilizzanti letame in pellet
Fitofarmaci rame e zolfo
Diserbo lavorazione meccanica/manuale
Lieviti fermentazione spontanea
Uve acquisto 60%
Certificazione nessuna certificazione

TARANTO

VETRÈRE

SCONTO -10%

Strada Provinciale Monteiasi-Montemesola, km 16
tel. 340 2977870 - 339 4231880 - www.vetrere.it - info@vetrere.it

VITA - Enrico Bruni ha ereditato una storica azienda novecentesca, e nel 2002 le sue figlie Annamaria e Francesca Bruni hanno avviato l'attività vitivinicola. Oggi sono operative anche Fanny ed Enrica Trinchera, figlie della prima, per la parte amministrativa e di comunicazione, e Martina Andriani, figlia della seconda, per la parte enologica.

VIGNE - I vigneti sono tra Taranto e Grottaglie, in una zona di confine vocata, dove i vitigni autoctoni tra cui il minutolo, la malvasia nera, il primitivo e il negroamaro, allevati a spalliera in terreni calcarei, possono esprimere il meglio delle loro caratteristiche gustative.

VINI - Nell'edificio di pietra calcarea in cui riposano i vini, il fabbisogno energetico è soddisfatto autonomamente tramite pannelli solari e l'uso degli scarti di lavorazione. Qui si producono etichette autentiche, rispettose del territorio e del loro corredo genetico, valorizzando ogni singola varietà.

TOP **Taranta 2019** VINO QUOTIDIANO ● negroamaro, malvasia nera; 12.000 bt; 12 € - Il colore presagisce un rosa territoriale, dotato di briosa freschezza, sostenuto da un calore e un corpo che rende il sorso vigoroso, intenso e incisivo.

Cré 2019 ○ minutolo; 9.000 bt; 13 € - Naso delicato, elegante con profumi distinti, esuberanti e sublimi che fa da apripista ad un sorso dinamico, vivace, persistente, consistente e decisamente fresco

Livruni 2019 ● primitivo; 10.000 bt; 10 € - Agile, snello, voluttuoso. Note floreali e di frutta rossa anticipano un sorso complesso e voluminoso, comunque aggraziato e fresco.

VT 2019 ○ minutolo; 4.000 bt; 20 € - Avvolgente, floreale, complesso.

Lago della Pergola 2018 ● negroamaro; 4.000 bt; 20 € - Denso, speziato, consistente.

ha 42 - **bt** 250.000
Fertilizzanti compost
Fitofarmaci rame e zolfo
Diserbo lavorazione meccanica/manuale
Lieviti selezione di lieviti indigeni
Uve 100% di proprietà
Certificazione in conversione biologica

TORRICELLA (TA)

ANTICA MASSERIA JORCHE

SCONTO -10%

Contrada Jorche - tel. 099 9573232
www.jorche.it - jorchewines@jorche.it

VITA - La famiglia Gianfreda possiede il più grande palmento di Torricella dagli inizi del Novecento, e nel tempo, e con il susseguirsi delle generazioni, ha acquisito i capasoni ancora usati nella vinificazione. Oggi Emanuela e Dalila Gianfreda conducono la parte enologica e commerciale dell'azienda con un piede saldo nel passato e l'occhio vigile rivolto alle sfide future.

VIGNE - Lo scopo è valorizzare i vitigni autoctoni. Le vigne presentano sia un patrimonio storico di alberelli, sia vigneti giovani a spalliera, dove sono coltivati oltre al primitivo e al negroamaro, il bianco d'Alessano e il minutolo. Le tecnologie sono utilizzate a sostegno di un approccio sostenibile.

VINI - Sia per il Primitivo, il cuore pulsante della produzione vinicola, sia per gli altri vitigni coltivati, l'idea è di fare vini eleganti, equilibrati e moderni.

Primitivo di Manduria Ris. 2016 ● 20.000 bt; 21 € - Ottenuto con una parte di uve appassite su pianta, riposa anche negli antichi capasoni. È un vino intenso, corroborato e tonificato da un'importante freschezza, che si esibisce con note di frutta sotto spirito e in confettura, e cenni di cioccolato e di tostatura.
Primitivo di Manduria 2016 ● 20.000 bt; 16 € - Da vigne di 40 anni che insistono su un terreno ricco di ferro, fertile e generoso, manifesta un corpo ampio e compatto, per un sorso pieno, energico, morbido, dai richiami fruttati e speziati.
Soltema 2017 ● primitivo; 60.000 bt; 10 € - Si esprime con notevole freschezza e dinamicità, con note di ciliegia matura e un sorso vellutato e aggraziato.
Caleido 2016 ● negroamaro; 15.000 bt; 9 € - Incisivo, floreale, compatto.
Naghiro 2019 O fiano; 3.000 bt; 8 € - Agile, fruttato, energico.

ha 40 - **bt** 133.000
Fertilizzanti organo-minerali
Fitofarmaci chimici di sintesi, rame e zolfo
Diserbo lavorazione meccanica/manuale
Lieviti selezione di lieviti indigeni
Uve 100% di proprietà
Certificazione nessuna certificazione

TURI (BA)

GIULIANI

SCONTO -10%

Via Gioia Canale, 18 - tel. 080 8915335
www.vitivinicolagiuliani.com - info@vitivinicolagiuliani.com

VITA - Questa storica azienda della famiglia Giuliani, attiva da circa 80 anni a Turi, attualmente è guidata da Vito Donato, agronomo che porta con orgoglio il nome del nonno fondatore. Rappresenta un punto di riferimento per serietà e qualità nella valorizzazione del territorio, soprattutto con riferimento al suo vitigno principe, il primitivo. Collaborano fattivamente l'enologo Luca Petrelli e il responsabile di cantina Donato Salvatore.

VIGNE - Tra proprietà e affitto ormai sono 50 gli ettari da lavorare nei comuni di Gioia del Colle, Putignano, Sammichele e Turi, nella contrada Sotto il Canale. Troviamo terreni a medio impasto, ricchi di scheletro calcareo, pietrosi e argillosi, con buona permeabilità e irrigazione di soccorso. Si alleva a cordone speronato e raccogliendo a mano.

VINI - Per il Primitivo della Doc Gioia del Colle si cerca una struttura robusta ma in buon equilibrio, senza forzature, evidenziando il profilo varietale e accentuandone la scorrevolezza. I bianchi e i rosa sono di facile beva.

TOP **Gioia del Colle Primitivo Lavarossa 2017** VINO QUOTIDIANO ● 60.000 bt; 10 € - Ben rappresenta la sua identità territoriale e varietale, con la croccantezza del frutto e la piacevolezza del sorso, che chiude su note balsamiche e speziate.
Gioia del Colle Primitivo Baronaggio Ris. 2017 ● 10.000 bt; 24 € - Centrato su note olfattive di piccoli frutti rossi, maturi e sotto spirito, è pieno e ampio, ma con una buona vena acida e discreta sapidità.
Petrizza 2017 ● primitivo; 30.000 bt; 8 € - Molto più snello, franco e diretto, è vinoso, versatile, fruttato e floreale.
Topparello 2019 ● primitivo; 10.000 bt; 8 € - Fine, floreale, delicato.
Tre Lamie 2019 ● susumaniello; 5.000 bt; 17 € - Fitto, fruttato, contrastato.
Chiancaia 2019 O fiano; 10.000 bt; 8 € - Fine, fruttato, essenziale.

ha 50 - **bt** 200.000
Fertilizzanti letame in pellet
Fitofarmaci rame e zolfo
Diserbo lavorazione meccanica/manuale
Lieviti fermentazione spontanea
Uve acquisto 30%
Certificazione biologico certificato

PARCO NAZ.
D. GARGANO
S. Severo
Golfo di
Manfredónia
Manfredónia
MAR
ADRIÁTICO
Lucera
Fóggia
A14
Barletta
Trani
Biscéglie
Cerignola
Ándria
Canosa
di Púglia
BARI
Bitonto
A16
PARCO NAZ.
DELL'ALTA MÚRGIA
PÚGLIA
Melfi
Rapolla
Venosa
Barile
Ginestra
Rionero
in Vúlture
Maschito
Ripacandida
Gravina
in Púglia
Altamura
Gioia
del Colle
A14
Muro Lucano
Matera
Castellaneta
Tricárico
POTENZA
Basento
RA5
Migliónico
PARCO NAZ.
DELL'APPENNINO
LUCANO
VAL D'AGRI
LAGONEGRESE
Laurenzana
Stigliano
Pisticci
Metaponto
Lido
Sala Consilina
Viggiano
Montalbano
Jónico
CAMPÁNIA
Agri
PARCO NAZ. D. CILENTO
VALLO DI DIANO
E ALBURNI
Vallo
d. Lucánia
A2
S. Arcángelo
Policoro
Chiaromonte
San Giorgio
Lucano
MAR
IÓNIO
Lagonegro
Palinuro
Camerota
Sapri
PARCO NAZ.
Capo
Palinuro
Golfo
di Policastro
Marina di
Amendolara
Golfo di
Corigliano
Castrovíllari
Scalea
D. POLLINO
Síbari
MAR
TIRRENO
CALÁBRIA
Corigliano-
-Rossano
Marina
di Belvedere
0
10
20 km
Longobucco
A2
PARCO NAZ.
DELLA SILA

BASILICATA

I trascorsi della Basilicata quale serbatoio di approvvigionamenti a basso costo per il resto d'Italia e in parte anche per la Francia sembrano ormai passato remoto: le scelte tese al raggiungimento della qualità tolgono sempre più spazio a quelle quantitative, con un costante aumento della percentuale di vini a denominazione. Vocazione decisamente rossista (il rosso copre l'80% della produzione) per questa piccola regione, fieramente rappresentata dall'Aglianico del Vulture, che dimostra di aver trovato finalmente la quadratura di uno stile produttivo in cui il vino si concede senza troppe sovrastrutture. Le pesanti sensazioni legnose e le imponenti concentrazioni materiche sono quasi del tutto scomparse, per lasciare spazio a maggiore freschezza, agilità di beva ed eleganza. L'annata 2017, cui fanno riferimento gran parte dei rossi presentati, è stata tra le più scarse del dopoguerra, con un calo produttivo di circa il 25%, cui però fa da contraltare una qualità delle uve eccezionale. L'andamento climatico è stato bizzarro, con un inverno asciutto e mite, e un precoce germogliamento che ha favorito danni da gelate tardive, ma anche siccità persistente ed episodi localizzati di grandinate. Al contrario la vendemmia 2018 è stata particolarmente generosa, con un aumento del 15-20% rispetto al millesimo precedente, nonostante i danni provocati dalle sporadiche bombe d'acqua verificatesi in alcuni comprensori molto limitati. Segno meno anche nel 2019, con un calo di produzione pari al 10% rispetto all'anno precedentte a causa del caldo torrido estivo, compensato però, anche in questo caso, da un'ottima qualità delle uve. Ottime le interpretazioni di Aglianico nelle versioni in rosa, mentre i bianchi restano una carta non giocata, ancora troppo soggiogati al mito dei vitigni internazionali, salvo che nel materano, dove sono storicamente presenti. Manca una seria valorizzazione degli autoctoni a bacca bianca del sud, tanto più che i suoli vulcanici, le notevoli escursioni termiche e le significative altitudini rappresentano condizioni potenzialmente ottimali per la coltivazione e la buona riuscita dei vini. Grande merito, quindi, a chi sta investendo su vitigni quali la malvasia bianca di Basilicata e il moscato. Tirando le somme, si può dire a gran voce che la Basilicata è una regione su cui poter scommettere senza esitazioni, con enormi potenzialità ancora non del tutto espresse, ma che risultano tangibili nei traguardi raggiunti da chi fa vino con consapevolezza e attenzione per il territorio.

le Bottiglie

BARILE (PZ)

BASILISCO

SCONTO -10%

Via delle Cantine, 22 - tel. 0972 771033
www.basiliscovini.it - info@basiliscovini.it

VITA - Sono trascorsi 10 anni dall'inizio dell'impegno nel Vulture dei Feudi di San Gregorio, il cui primo passo fu il rilancio delle grotte naturali nello Shesh, lo storico Parco delle Cantine dove tuttora avvengono vinificazione delle uve e maturazione dei vini. Viviana Malafarina, l'anima dell'azienda, ha fortemente voluto il nuovo progetto grafico per valorizzare ulteriormente il lavoro di zonazione realizzato insieme con Pier Paolo Sirch.

VIGNE - In un parco vigneti ampio e diversificato sono stati individuati alcuni siti di pregio, da cui arrivano le uve per i cru: lo Storico e il Fiordimarna rispettivamente dalle viti prefillosseriche a piede franco allevate a capanno e da quelle che crescono sulla marna gialla in contrada Le Querce; il Cruà da una vigna su suolo lavico e calcareo in contrada Piano di Croce; il Fontanelle da un giovane vigneto con piante di non oltre 20 anni in contrada Gelosia.

VINI - Vini fortemente identitari, capaci di raccontare il Vulture per quello che è: un distretto viticolo straordinario, con potenzialità solo in parte espresse.

TOP **Aglianico del Vulture Sup. Cruà 2016** ● 2.000 bt; 25 € - 🛢 - Verticale ed elegante, è un campione della sua categoria. Floreale e speziato, ha sorso succoso e saporito, avvolgente, stratificato. Buonissimo!

Aglianico del Vulture Sup. Fiordimarna 2015 ● 2.000 bt; 25 € - 🛢 - La scelta di posticiparne l'uscita sul mercato potrebbe essere dipesa da un tannino particolarmente robusto, che ancora segnava la dinamica gustativa al momento del nostro assaggio. Ciò nondimeno il sorso è vivo, di bella lunghezza: è solo questione di tempo.

Aglianico del Vulture Sup. Fontanelle 2016 ● 2.000 bt; 25 € - 🛢 - I tannini si fanno sentire, anche qui; il sorso è energico e verace, vibrante e contrastato.

Sophia 2019 ○ fiano; 7.000 bt; 13 € - ⊔ - Dinamico, floreale, essenziale.

ha 28 - **bt** 55.000
Fertilizzanti letame in pellet, sovescio
Fitofarmaci rame e zolfo
Diserbo lavorazione meccanica/manuale
Lieviti selezionati industriali
Uve 100% di proprietà
Certificazione biologico certificato

BARILE (PZ)

ELENA FUCCI

SCONTO -10%

Contrada Solagna del Titolo - tel. 320 4879945
www.elenafuccivini.com - info@elenafuccivini.com

VITA - Fu nonno Generoso ad acquistare i terreni in contrada Solagna del Titolo negli anni Sessanta, ma è stata poi Elena Fucci a fondare l'azienda nel 2000. Quello che un tempo era il vecchio ricovero dei mezzi e delle attrezzature del nonno, classe 1926, è oggi una parte della cantina costruita in bioarchitettura con materiali di recupero, sistemi di isolamento termico e ventilazione naturale: l'obiettivo è ridurre al minimo i consumi energetici.

VIGNE - Un anfiteatro di vigne: è questa la sensazione che si ha guardando i 6 ettari vitati tutti ad aglianico intorno alla cantina. Le operazioni in campagna sono manuali e si lavora in inerbimento. Dalle viti più vecchie provengono le uve utilizzate per l'etichetta dell'anniversario, che abbiamo apprezzato nella scorsa edizione della guida, e per la novità di quest'anno: un Titolo in anfora.

VINI - «Un vino moderno, ma non modernista», che vuole esaltare verticalità e finezza dell'aglianico: questo è il Titolo di Elena.

TOP **Aglianico del Vulture Titolo 2018** VINO SLOW ● 28.000 bt; 32 € - 🛢 - È stata una bellissima annata: acqua abbondante in primavera e forti sbalzi termici a inizio maggio, un'estate equilibrata fino alla vendemmia (iniziata il 24 ottobre). Tocco fine, leggiadro, con elegantissime note fruttate e di spezie dolci, tannino cesellato, sorso vivo e preciso: un gran bel bere!

Aglianico del Vulture Titolo by Amphora 2017 ● 933 bt; 60 € - 🏺 - Dai grappoli delle viti più vecchie (oltre 75 anni di età) nei pressi della cantina. Vinificazione e maturazione per 18 mesi in una speciale anfora di terracotta da 700 litri, un regalo di Andrea Manzani alla moglie Elena. «Mineralità e speziatura si esaltano», dice la retroetichetta: anche tannino e sapidità ne risultano amplificate, con sensazioni di grafite, liquirizia, frutta scura e sottobosco.

ha 7 - **bt** 29.000
Fertilizzanti sovescio
Fitofarmaci rame e zolfo
Diserbo lavorazione meccanica/manuale
Lieviti selezionati industriali
Uve 100% di proprietà
Certificazione in conversione biologica

BARILE (PZ)

IL PASSO

SCONTO **-10%**

Via Vecchia Nazionale, 17 - tel. 347 5242706
www.cantinailpasso.com - cantinailpasso@gmail.com

VITA - L'inizio dell'attività agricola risale all'Ottocento, poi una decina di anni fa la famiglia Grimolizzi ha deciso di investire anche nel vino. L'acquisto del vigneto dietro all'oliveto, verso la collina, e poi quello della grotta di vinificazione a Barile, rappresentano i capisaldi del progetto imprenditoriale che i coniugi Grimolizzi, coadiuvati dall'enologo Fabio Mecca, stanno portando avanti con tenacia e passione.

VIGNE - Alberi in Piano è il nome della contrada dove sorge la masseria, in agro di Rapolla, a ridosso della via Appia. Sono 4 gli ettari a corpo unico di aglianico, con un'età di 35 anni, allevati a cordone speronato; il vigneto è stato acquistato nel 2012 e accorpato alla preesistente azienda agricola, già da molto tempo impegnata nella coltivazione di olive, cereali e grano.

VINI - Un'unica vigna e un'unica etichetta, ottenuta da una vinificazione classica funzionale a evidenziare struttura, longevità ed eleganza.

Aglianico del Vulture Alberi in Piano 2017 ● 8.000 bt; 23 € - - Macerazione sulle bucce per 15 giorni, malolattica in tonneau e maturazione per 18 mesi. Ne risulta un vino tipicamente profumato di amarene, etereo e balsamico, che ha tannini importanti, ma anche un'ottima acidità a rinfrancare il sorso. Persistente, ha un finale tutto giocato sui sentori di fiori secchi, lievemente asprigno. C'è tanta materia, e il tempo aiuterà a riequilibrare il tutto.

Abbiamo riprovato il 2013, che è la prima annata di Aglianico del Vulture prodotta, ma soprattutto il 2015: sanguigno, ha un profilo olfattivo quasi autunnale, ed è intenso, gustoso e saporito al palato.

ha 4 - **bt** 8.000
Fertilizzanti letame in pellet
Fitofarmaci rame e zolfo
Diserbo lavorazione meccanica/manuale
Lieviti selezionati industriali
Uve 100% di proprietà
Certificazione nessuna certificazione

BARILE (PZ)

MASTRODOMENICO

SCONTO **-10%**

Via Nazionale per Rapolla, 87 - tel. 338 7155243
www.vignemastrodomenico.com - info@vignemastrodomenico.com

VITA - Agronomo pugliese, Donato Mastrodomenico ha sposato una barilese. «Solo un pazzo poteva piantare aglianico sui terreni che mia moglie aveva ereditato: i contadini del posto dicevano che lì non cresceva niente, ma si sbagliavano», racconta Donato. Nel 2005, con l'aiuto dei figli Emanuela e Giuseppe, è arrivata la scelta di imbottigliare nella grotta naturale che si trova nello Shesh. È in programma la ristrutturazione di un'altra cantina, a pochi metri di distanza.

VIGNE - L'aglianico è l'unica varietà coltivata. I vigneti – un corpo unico in agro di Rapolla, nella contrada Acquarossa, località Piano della Mezzana – insistono su terreni ferrosi e pietrosi: allevati a guyot, sono stati piantati negli anni Novanta. Le lavorazioni sono manuali e c'è un impianto di irrigazione di soccorso: Donato ritiene questa pratica necessaria, alla luce dei cambiamenti climatici in atto.

VINI - Eleganza e integrità del frutto: è questa la direzione enologica percorsa dai Mastrodomenico sotto la guida di Cristoforo Pastore.

Aglianico del Vulture Première Likos Etichetta Blu 2017 ● 2.000 bt; 35 € - - Una selezione delle uve migliori, vinificate con macerazione sulle bucce di 15 giorni. Frutta, fiori e spezie, in rapida successione, poi sentori balsamici e di cenere, anticipano un sorso intenso, con buona progressione gustativa e finale sapido, appena amarognolo.
Mos 2017 ● aglianico; 5.500 bt; 18 € - - Più semplice e lineare, ma non meno interessante. Ha un tannino fitto, e un sorso pieno e morbido, ben supportato da acidità e sapidità.
Fonte del Ceraso 2019 ● aglianico; 4.000 bt; 15 € - - Fresco, floreale, gastronomico.

Abbiamo riprovato l'Aglianico del Vulture Likos 2009, perfettamente integro, a cui manca forse soltanto il guizzo finale. Niente male anche la versione 2015, da conservare ancora a lungo.

ha 8 - **bt** 20.000
Fertilizzanti nessun concime
Fitofarmaci rame e zolfo
Diserbo lavorazione meccanica/manuale
Lieviti selezionati industriali
Uve 100% di proprietà
Certificazione biologico certificato

BARILE (PZ)

PATERNOSTER

SCONTO -10%

Contrada Valle del Titolo - tel. 0972 770224
www.paternostervini.it - info@paternostervini.it

VITA - L'azienda fondata da Anselmo Paternoster nel 1925 e forgiata dal figlio Pino è oggi di proprietà del gruppo Tommasi. Non ci sono stati però stravolgimenti né di filosofia produttiva né della compagine a cui è affidata la direzione operativa, con Vito Paternoster e l'enologo Fabio Mecca, rispettivamente terza e quarta generazione di famiglia. Dalle vetrate della cantina alle porte del paese si gode la vista delle vigne della tenuta Villa Rotondo.

VIGNE - Il parco vitato è tutto in agro di Barile, distribuito tra le località Gelosia, Macarico e Piano di Carro. L'aglianico è il vitigno più allevato, ma ci sono anche superfici a moscato, fiano e falanghina. Le altitudini sono comprese tra i 450 e i 650 metri, e i suoli sono vulcanici con consistenti inserti tufacei: buona ventilazione e notevoli escursioni termiche tra il giorno e la notte sono fattori decisivi per l'ottimale maturazione delle uve.

VINI - Classicità: vini identitari, ottenuti con medie e lunghe macerazioni, e chiarifiche attente, di pulizia e senza uso di additivi.

Aglianico del Vulture Rotondo 2017 ● 5.000 bt; 29 € - ▦ - Il naso, non ancora pienamente espressivo, sprigiona sensazioni fruttate, speziate e balsamiche; al palato è complesso e discretamente lungo, ha vibrante freschezza e tannini solidi, ma ben integrati.
Aglianico del Vulture Synthesi 2018 ● 60.000 bt; 13 € - ◎▦ - Il tannino deve ancora sciogliersi del tutto, i sentori sono quelli classici di ciliegia, frutta secca ed erbe aromatiche. Di piacevole armonia gustativa.
Aglianico del Vulture Giuv 2017 ● 8.000 bt; 11 € - ▦ - Dinamico, fruttato, armonico.
Vulcanico 2019 ○ falanghina; 18.000 bt; 13 € - ▢ - Fresco, fruttato, delicato.

Abbiamo riassaggiato l'Aglianico del Vulture Calibro 2011, ultima vendemmia di Pino Paternoster: potete tranquillamente dimenticarlo in cantina.

ha 20 - **bt** 120.000
Fertilizzanti sovescio
Fitofarmaci rame e zolfo
Diserbo lavorazione meccanica/manuale
Lieviti selezionati industriali
Uve 100% di proprietà
Certificazione biologico certificato

CHIAROMONTE (PZ)

600 GROTTE

SCONTO -10%

Contrada San Pasquale - tel. 347 6662825
www.600grotte.it - info@600grotte.it

VITA - Chiaromonte domina dall'alto la vallata del fiume Sinni: siamo nel territorio del Parco Nazionale del Pollino. Sul versante nord della collina, a partire dal Quattrocento, sono state scavate qualcosa come 600 cantine: alcune di queste sono oggi adibite a sala degustazione dell'azienda di Giuseppe Crescente, Vincenzo De Santo e Luigi Lauria, tre amici che hanno investito nel rilancio del vitigno tipico del luogo, il guarnaccino nero, supportati dall'enologo pugliese Michelangelo Perrone.

VIGNE - Dei 7 ettari complessivi, all'incirca la metà sono vitati a guarnaccino nero, che ha trovato il suo habitat naturale sul fianco sud della collina, su terreni franco-sabbiosi e argillosi, a un'altitudine compresa tra i 250 e i 500 metri. Il resto, invece, è rappresentato da un campo sperimentale di diversi vitigni internazionali a bacca bianca e nera. In mezzo ai vigneti è stata costruita la moderna cantina.

VINI - Si ricercano le tecniche più funzionali per far esprimere al meglio il guarnaccino nero: macerazioni sulle bucce più o meno lunghe, affinamento sulle fecce fini in acciaio con bâtonnage, maturazione in barrique e tonneau solo per il Recepit EL.

Recepit EL 2017 ● guarnaccino; 3.000 bt; 20 € - ▦ - È stato l'unico vino in degustazione quest'anno, non essendo ancora in bottiglia né il Recepit Rosso, né il Recepit Rosato, che tanto ci era piaciuto lo scorso anno. Al naso regala note di piccoli frutti rossi ed erbette; al palato è fresco e vibrante, con aromi che ricordano il timo e la mentuccia. Presenta tannini setosi e una buona dinamica gustativa.

ha 7,5 - **bt** 15.000
Fertilizzanti organo-minerali, sovescio
Fitofarmaci rame e zolfo
Diserbo lavorazione meccanica/manuale
Lieviti selezionati industriali, selezione di lieviti indigeni
Uve 100% di proprietà
Certificazione biologico certificato

GINESTRA (PZ)

MICHELE LALUCE

SCONTO **-10%**

Strada Provinciale 10 Ginestra-Venosa - tel. 0972 646145 - 327 1761980
www.vinilaluce.com - vinilaluce@libero.it

VITA - Erede di una famiglia da sempre impegnata nella produzione di olive, grano e cereali, nel 2006 Michele Laluce ha iniziato la ristrutturazione dei vecchi vigneti piantati dal papà. Poche parole e tanto lavoro, com'è nella sua natura, hanno fatto da preludio all'esordio con la propria produzione. Oggi sono già all'opera le sue figlie Caterina, Donatella, Michela e Maddalena (che è l'enologa): insomma, il futuro è a tinte rosa!

VIGNE - La superficie vitata è tutta intorno alla cantina, in contrada Serra del Tesoro, a 450 metri di quota, a valle dell'abitato di Ginestra. I suoli tendenzialmente calcareo-argillosi conferiscono caratteristiche peculiari all'aglianico, a cui è riservata la maggior parte della superficie vitata aziendale. C'è poi un piccolo appezzamento, non più di mezzo ettaro, di moscato e malvasia bianca di Basilicata.

VINI - Si gioca sui tempi lunghi: non solo per le vinificazioni a contatto con le bucce, ma anche per le maturazioni in legno. I rossi da aglianico vengono commercializzati solo quando sono ritenuti effettivamente pronti.

Aglianico del Vulture Sup. Le Drude 2014 ● 3.500 bt; 25 € - L'annata è stata piuttosto complicata, ma il risultato nel calice è comunque positivo: frutta matura, fiori, sentori balsamici e di tabacco. Il profilo è un po' decadente e non c'è grandissima concentrazione: il tannino è solido, il sorso è fresco e abbastanza articolato, incisivo e di buona espressività.
Morbino 2018 ○ 4.000 bt; 12 € - Da uve moscato e malvasia bianca di Basilicata in pari percentuale. Aromatico, fruttato ed erbaceo, al palato è appena un po' più leggerino di quanto non sembri al naso. Il finale è secco, appena tannico, per un sorso rustico, verace e gastronomico.

ha 6,5 - **bt** 40.000
Fertilizzanti sovescio
Fitofarmaci rame e zolfo
Diserbo lavorazione meccanica/manuale
Lieviti selezione di lieviti indigeni
Uve 100% di proprietà
Certificazione biologico certificato

MASCHITO (PZ)

MUSTO CARMELITANO

SCONTO **-10%**

Via Pietro Nenni, 23 - tel. 0972 33312
www.mustocarmelitano.it - info@mustocarmelitano.it

VITA - A Maschito, paese di origine arbëreshë, c'è una grande tradizione di viticoltura, ed è davvero difficile trovare qualcuno che non abbia mai vendemmiato. I due fratelli Elisabetta e Luigi Musto Carmelitano, terza generazione di vignaioli, hanno preso le redini dell'azienda agricola di famiglia nel 2005: due anni più tardi il primo imbottigliamento dei vini, che prima venivano venduti sfusi.

VIGNE - I vigneti si trovano in zone diverse di Maschito: ai 2 ettari di Serra del Prete, alle porte dell'abitato, e all'appezzamento di poco meno di un ettaro a Pian del Moro, ereditato dal nonno, dove troviamo alcune viti centenarie allevate ad alberello, si è aggiunta di recente una nuova vigna di aglianico a Cerentino. Il moscato è stato invece piantato in contrada Vernavà.

VINI - Fermentazioni spontanee, con limitata aggiunta di solforosa, nessuna chiarifica o stabilizzazione, per ottenere vini di carattere, freschi ed eleganti.

TOP **Aglianico del Vulture Etichetta Bianca 2017** VINO SLOW ● 600 bt; 30 € - Dalle uve migliori delle vigne più vecchie. Appena timido all'esordio, sa di ciliegia e arancia, fiori secchi e rabarbaro; il sorso è balsamico, autentico e stratificato. Buonissimo!
Aglianico del Vulture Pian del Moro 2016 ● 4.000 bt; 18 € - Ampio al naso, ha un tannino dolce e un frutto perfettamente integrato, di rinfrancante acidità.
Aglianico del Vulture Serra del Prete 2017 ● 8.000 bt; 15 € - Profuma di ciliegia e viola, pepe nero, mirto e melograno; ha un tannino fitto e una bocca sanguigna, succosa e vibrante.
Maschitano Rosso 2017 ● aglianico; 8.000 bt; 11 € - Incisivo, balsamico, gastronomico.
Maschitano Rosato 2019 ● aglianico; 1.200 bt; 12 € - Vibrante, floreale, espressivo.
Maschitano Bianco 2019 ○ moscato; 1.000 bt; 12 € - Agile, fruttato, leggiadro.

ha 5,5 - **bt** 30.000
Fertilizzanti sovescio
Fitofarmaci rame e zolfo
Diserbo lavorazione meccanica/manuale
Lieviti fermentazione spontanea
Uve 100% di proprietà
Certificazione biologico certificato

MATERA

TENUTA PARCO DEI MONACI

Contrada Parco dei Monaci - tel. 0835 259546 - 0835 314044
www.tenutaparcodeimonaci.it - info@tenutaparcodeimonaci.it

VITA - L'azienda è nata nel 2007 su iniziativa dell'ingegnere Matteo Trabacca e di sua moglie Rosa Padula, che hanno dato corpo all'ambizione dei rispettivi genitori, viticoltori visionari. Prendendo origine da un'antica proprietà monastica e poi nobiliare il fondo, a pochi chilometri dalla città dei sassi, occupa parte del territorio del Parco della Murgia Materana, un banco di tufo calcareo coperto da terreni di accumulo marino.

VIGNE - Il vitigno prevalente è il primitivo, allevato a cordone speronato, ma sono storicamente presenti anche merlot e cabernet sauvignon. Alla fine del XIII secolo Carlo II d'Angiò inviò suoi emissari a perlustrare il regno, alla ricerca di aree in cui insediare la viticoltura tra le zone così individuate c'erano anche i greti argillosi della Murgia Materana, che tanto rassomigliavano ai terreni del bordolese.

VINI - I vini aziendali rispecchiano la natura volitiva e decisa dei due vignaioli che li firmano: hanno struttura, materia, ma anche eleganza.

Matera Rosato Rosapersempre 2019 ● 2.500 bt; 12 € - 🛢 - Un vino rosa da uve primitivo di carattere, che affina 8 mesi in acciaio a temperatura controllata. Ha profumi di amarena e piccoli frutti rossi, e sorso pieno, con una salinità che stuzzica e invoglia alla beva.
Matera Primitivo Monacello 2018 ● 12.000 bt; 17 € - 🛢 - Impertinente come lo «spirito del bimbo non battezzato che tormenta il sonno di grandi e piccini», come riporta il sito aziendale, questo vino presenta note fruttate e catramose, tannini evoluti e una bella freschezza.
Matera Moro Spaccasassi 2017 ● 5.000 bt; 25 € - 🛢 - Offre sentori di frutta rossa e cenni carnosi, oltre alle note vegetali tipiche del cabernet sauvignon, qui in uvaggio con merlot e primitivo. In bocca è denso e avvolgente.

ha 5 - **bt** 20.000
Fertilizzanti letame in pellet
Fitofarmaci rame e zolfo
Diserbo lavorazione meccanica/manuale
Lieviti selezionati industriali
Uve 100% di proprietà
Certificazione biologico certificato

MELFI (PZ)

CARBONE

SCONTO **-10%**

Via Nitti, 48 - tel. 328 2814344
www.carbonevini.it - info@carbonevini.it

VITA - Quindici anni sono un bel traguardo per l'azienda di Sara e Luca Carbone, che nel 2005 hanno deciso di continuare professionalmente l'attività di imbottigliamento che i genitori avevano portato avanti nel tempo libero, fino al momento in cui preferirono limitarsi alla sola vendita delle uve. Suggestiva la grotta dove maturano i vini: scavata sotto un vecchio palazzo nobiliare, nel centro storico di Melfi, merita assolutamente una visita.

VIGNE - In località Braide, attorno alla cantina, ci sono quasi 4 ettari di aglianico; il vigneto più vecchio, che fu piantato da papà Vittorio all'inizio degli anni Settanta e si estende per 4,5 ettari (compreso poco meno di un ettaro a fiano), si trova invece in località Piani dell'Incoronata. È Luca ad occuparsene. L'altitudine è intorno ai 600 metri, i terreni sono di medio impasto, comunque di matrice vulcanica, e più argillosi a contrada Braide.

VINI - I rossi fermentano in acciaio e maturano in tonneau: l'uso dei legni è ponderato, funzionale alla produzione di vini intimamente territoriali.

Aglianico del Vulture 400 Some 2016 ● 7.000 bt; 16 € - 🛢 - Tipicamente balsamico e fruttato, è un rosso di buon succo e che regala soddisfazione, con un tannino ben lavorato e un sorso dai rimandi speziati, che beneficia di acidità e sapidità.
Aglianico del Vulture Stupor Mundi 2016 ● 7.000 bt; 23 € - 🛢 - Dai grappoli dei vigneti più vecchi, ha un tannino fitto e necessita ancora di un po' di tempo, anche se al palato trova già un buon equilibrio gustativo: il sorso è avvolgente e materico, e il naso regala sensazioni fruttate, speziate e balsamiche. La beva è tutto fuorché compassata.
Fiano 2019 O 5.000 bt; 12 € - 🛢 - Dinamico, fruttato, armonico.
Rosa Carbone 2019 ● aglianico; 5.000 bt; 12 € - 🛢 - Fresco, fruttato, gastronomico.

ha 8 - **bt** 30.000
Fertilizzanti letame in pellet
Fitofarmaci rame e zolfo
Diserbo lavorazione meccanica/manuale
Lieviti selezionati industriali
Uve 100% di proprietà
Certificazione biologico certificato

RAPOLLA (PZ)

CAMERLENGO

SCONTO -10%

Via dei Tigli - tel. 348 7781396 - 335 251885
www.camerlengodoc.com - info@camerlengodoc.it

VITA - Nel 1998 Antonio Cascarano, abbandonata la carriera di architetto, ha ripreso in mano l'attività del nonno Giovanni Falaguerra, un latifondista che produceva olio e vino. Dopo un meticoloso lavoro di ripristino dei vigneti e la riscoperta di uve tradizionali, ha debuttato nel 2001 con il solo Camerlengo. Bella la cantina scavata nella roccia, al cui esterno campeggia un'antica maschera apotropaica, simbolo aziendale.

VIGNE - A Piano di Croce ci sono piante di aglianico che hanno tra i 30 e i 35 anni di età; le uve per il Camerlengo provengono da una sottozona più marcatamente vulcanica, un piccolo quadrato di circa 3.000 piante. In località Toppo D'Avuzzo, a 400 metri di quota, si coltivano cinguli, malvasia e santa Sofia; in località Rendine, infine, c'è la nuova vigna che Antonio ha intitolato alla moglie Ginetta Di Lucchio.

VINI - «I vini che produco sono vulcanici come me, vanno da zero a mille»: così ci ha detto l'eclettico Antonio, uno che va dritto per la sua strada. Fermentazioni spontanee, nessuna aggiunta di solfiti, né filtrazioni.

TOP **Antelio 2018** VINO SLOW ● aglianico; 12.000 bt; 22 € - Ⓘ - Esprime tutte le caratteristiche del vitigno e del territorio in cui cresce. Minerale, con note di piccoli frutti rossi e fiori secchi, ha tanto succo e una beva decisa e intensa.

Camerlengo 2017 ● aglianico; 2.100 bt; 30 € - Ⓘ - Più maturo, il bouquet dei profumi va dall'amarena alla viola, con gradevoli e ben integrati spunti speziati. Il tannino è robusto e al momento dell'assaggio comprimeva ancora un po' il sorso. È solo questione di tempo.

Juiell 2019 ● 3.100 bt; 23 € - ▢ - Una versione in rosa di aglianico di grande naturalezza espressiva. Un vino fresco e serbevole, di dimensione gastronomica.

Accamilla 2019 ○ 3.500 bt; 27 € - Ⓘ - Bianco macerato, articolato, mielato, sapido.

ha 4 - **bt** 15.000
Fertilizzanti nessun concime
Fitofarmaci rame e zolfo
Diserbo lavorazione meccanica/manuale
Lieviti fermentazione spontanea
Uve 100% di proprietà
Certificazione biologico certificato

RIONERO IN VULTURE (PZ)

CANTINE DEL NOTAIO

SCONTO -10%

Via Roma, 159 - tel. 0972 723689 - 0972 724900
www.cantinedelnotaio.it - info@cantinedelnotaio.it

VITA - Gerardo Giuratrabocchetti ha ereditato nome e passione per la vigna dal nonno paterno, ma per molti anni, dopo la laurea, si è occupato di ricerca genetica. Calpestare la vigna un tempo appartenuta al nonno finì per sembrargli quasi un tradimento; così, abbandonata la carriera universitaria, il 5 ottobre 1998, nel giorno del suo quarantesimo compleanno, ha fondato l'azienda che ha intitolato a suo papà Consalvo, il notaio.

VIGNE - Le vigne di aglianico sono dislocate in diverse località (Barile, Ginestra, Maschito, Rionero e Ripacandida): in quelle più vecchie molte sono le piante, anche centenarie, replicate per propaggine. I suoli sono di origine vulcanica, con importanti strati tufacei in profondità che permettono di immagazzinare le risorse idriche.

VINI - "Vini nati in terre vulcaniche", come recita il motto aziendale, strutturati ed eleganti, con macerazioni più o meno prolungate e un accorto uso del legno.

TOP **Aglianico del Vulture Sup. La Firma 2015** ● 20.000 bt; 32 € - ▤ - Macera sulle bucce 20 giorni e profuma di piccoli frutti rossi e di cenere, con eleganti note speziate e balsamiche. L'accento tannico è vigoroso, ma non mancano acidità e sapidità.

Aglianico del Vulture Il Repertorio 2018 ● 60.000 bt; 19 € - ▤ - Il contatto con le bucce è qui meno prolungato. Il profilo olfattivo è incentrato sulla frutta rossa e sulle spezie; più semplice e scorrevole al palato, dove il tannino è misurato.

L'Autentica 2018 ○ 6.000 bt da 0,5 l; 29 € - ▤ - Da uve moscato (70%) e malvasia (30%), ha sentori di miele, canditi e frutta secca; il sorso è avvolgente e morbido, ravvivato da un'ottima sapidità.

Il Rogito 2019 ● aglianico; 35.000 bt; 15 € - ▤ - Fresco, fruttato, gastronomico.

M. Cl. Brut Rosé La Stipula 2016 ⁘ aglianico; 6.000 bt; 19 € - ▢ - Incisivo, fruttato, verticale.

ha 40 - **bt** 450.000
Fertilizzanti compost, sovescio
Fitofarmaci rame e zolfo
Diserbo lavorazione meccanica/manuale
Lieviti selezionati industriali
Uve acquisto 20%
Certificazione nessuna certificazione

RIONERO IN VULTURE (PZ)

MARTINO

SCONTO -10%

Via Luigi La Vista, 2/a - tel. 0972 721422
www.martinovini.com - info@martinovini.com

VITA - Carolin Martino rappresenta la terza generazione di una famiglia da sempre legata al vino. Tornata nel Vulture da circa una decina di anni, dopo gli studi universitari a Roma, è al timone dell'azienda che fu fondata dal nonno negli anni Quaranta. Il passaggio generazionale è dunque ultimato, ma non manca di supportarla ancora il padre Armando; la parte enologica è stata affidata al giovane Gerardo Briola.

VIGNE - I vigneti di proprietà si trovano tra i comuni di Rionero, Forenza, Ginestra, Maschito e Ripacandida, ma sono gestite direttamente anche le vigne in affitto sparse in altri comuni della zona. Se i minerali e i complessi vitaminici dei suoli delle zone più prossime al monte Vulture conferiscono maggiore sapidità alle uve e ai vini che vi si ottengono, man mano che ci si allontana dal vulcano i terreni sono tufacei e calcarei, e i vini più verticali e meno strutturati.

VINI - Vini di impronta tradizionale, alcuni dei quali molto strutturati e adatti a un lungo invecchiamento.

Aglianico del Vulture Sup. 2014 ● 1.500 bt; 40 € - ▦ - Sentori balsamici e di spezie dolci del legno fanno purtroppo passare in secondo piano la bella traccia agrumata, che resta confinata sullo sfondo. Al palato funziona discretamente bene: il tannino è robusto, ma c'è una bella spinta acido-sapida a dare sollievo alla beva.

Aglianico del Vulture Bel Poggio 2015 ● 20.000 bt; 12 € - ▦ - Dalle uve della contrada omonima in agro di Ripacandida. Un rosso semplice, ben fatto, forse a tratti piacione, ma tipico e con profumi di buona tipicità e la parte balsamica ben in evidenza. Peccato per la solforosa che sembrava davvero in eccesso!

Aglianico del Vulture Pretoriano 2015 ● 15.000 bt; 20 € - ▢ - Robusto, fruttato, increspato.

ha 50 - **bt** 300.000
Fertilizzanti organo-minerali, sovescio
Fitofarmaci chimici di sintesi, organici, rame e zolfo
Diserbo lavorazione meccanica/manuale
Lieviti selezionati industriali
Uve acquisto 50%
Certificazione nessuna certificazione

RIONERO IN VULTURE (PZ)

RIPANERO

SCONTO -10%

Via Maria Luigia Tancredi, 6 - tel. 0972 720052 - 338 8020172
www.ripanero.it - soc.agricola.ripanero@gmail.com

VITA - Lo scorso anno ha fatto il suo ingresso in guida questa giovane realtà fondata da Mario Di Nitto, Maurizio Placido e Davide Zucale. Continuano a piacerci i loro vini, così come la filosofia che c'è dietro, anche grazie al lavoro dell'enologo Sebastiano Fortunato. La cantina è nel centro di Rionero in Vulture, dove sono conservate anche le anfore per l'affinamento di una delle due etichette di Aglianico del Vulture.

VIGNE - I tre soci hanno messo insieme le rispettive proprietà situate tra i comuni di Barile e Ripacandida. Erano tutti terreni per la maggior parte non coltivati, che ora, soprattutto grazie all'opera intrapresa da Davide, giovane ma esperto agricoltore, sono ritornati a produrre uve. Per ultimo sono stati piantati un ettaro di aglianico e circa mezzo ettaro di malvasia bianca di Basilicata.

VINI - Il motto è zero chimica in vigna come in cantina, dove le vinificazioni sono di stile tradizionale e moderne al tempo stesso, come dimostra, tra l'altro, l'affinamento in anfora per il Logos.

Aglianico del Vulture Logos 2017 ● 4.000 bt; 18 € - ⚱ - Armonico, complesso, è prodotto dalle vigne più vecchie, in contrada Croce di Musio a Ripacandida. Ha tannini fitti, è fresco, fruttato, speziato. Promette grandi cose per il futuro.

Aglianico del Vulture Physis 2017 ● 4.500 bt; 20 € - ◎ - Viene dalle uve del vigneto più giovane, esposto a est, a 560 metri di quota in contrada San Savino a Ripacandida. Le note balsamiche e di frutta matura al naso anticipano un sorso fresco e di buona piacevolezza, dai tannini fini.

Aglianico del Vulture Sanzavino 2016 ● 6.000 bt; 10 € - ▢ - Un'interpretazione più semplice e moderna: ci sono tanto frutto e una discreta armonia gustativa.

Chronos 2019 ○ malvasia bianca di Basilicata; 600 bt; 20 € - ▢ - Bianco macerato, fresco, fruttato, varietale.

ha 4 - **bt** 15.000
Fertilizzanti letame
Fitofarmaci rame e zolfo
Diserbo lavorazione meccanica/manuale
Lieviti fermentazione spontanea, selezione di lieviti indigeni
Uve 100% di proprietà
Certificazione biologico certificato

RIONERO IN VULTURE (PZ)

TERRA DEI RE

SCONTO -10%

Via Monticchio Strada Statale 167, km 2,7 - tel. 0972 725116
www.terradeire.com - terradeire@terradeire.com

VITA - Tagliato il traguardo dei 20 anni di attività, Paride Leone e Claudio Rabasco continuano a lavorare con la stessa passione di sempre: c'è grande voglia di fare, e di fare bene, anche dedicandosi a iniziative culturali e di valorizzazione del territorio. L'obiettivo del nuovo corso aziendale, inaugurato due anni fa con l'arrivo dell'enologo Riccardo Cotarella, è di valorizzare tutte le vigne aziendali.

VIGNE - I vigneti insistono su terreni vulcanici e si trovano nelle zone di maggior pregio dei comuni della zona alta del Vulture. Nei pressi della cantina troviamo il pinot nero: fu Giuseppe, il fratello di Paride scomparso nell'ottobre del 2013, a decidere di piantarlo. Oggi vi si ottengono le due etichette Vulcano 800 (un Metodo Classico rosa e un rosso complesso) dalla prima e seconda raccolta, e il Calata delle Brecce presentato in degustazione quest'anno, dalla terza raccolta.

VINI - Vini precisi e affidabili, in linea con un'idea di austera classicità ed eleganza, specie per i top di gamma.

Aglianico del Vulture Sup. Divinus 2015 ● 6.500 bt; 35 € - Rubino carico impenetrabile, al naso sprigiona note di fiori di campo, ciliegia e nocciole. Fresco, con ritorni fruttati e di erbe aromatiche, ha tannini fini.
Aglianico del Vulture Nocte 2016 ● 11.000 bt; 27 € - Profuma di frutti rossi, frutta secca e liquirizia; al palato è ampio e pieno, comunque fresco, dal tannino ancora un po' increspato.
Calata delle Brecce 2017 ● pinot nero; 2.400 bt; 35 € - Frutta cotta, frutta secca e rabarbaro: sono questi gli spunti olfattivi. L'ingresso al palato è morbido, ma l'acidità e il tannino incisivo rendono la beva più dinamica.
Lerà Bianco 2019 O malvasia bianca di Basilicata; 13.000 bt; 12 € - Agile, fruttato, armonico.
Lerà Rosato 2019 ● aglianico; 10.000 bt; 12 € - Fresco, floreale, delicato.

ha 21 - **bt** 70.000
Fertilizzanti sovescio
Fitofarmaci rame e zolfo
Diserbo lavorazione meccanica/manuale
Lieviti selezionati industriali
Uve 100% di proprietà
Certificazione nessuna certificazione

RIPACANDIDA (PZ)

EUBEA

SCONTO -10%

Strada Provinciale 8 - tel. 328 4312789
www.agricolaeubea.com - eugeniasasso11@gmail.com

VITA - Una passione di famiglia: da Francesco Sasso (padre), mediatore e vinificatore dal 1922, a Francesco Sasso (figlio), "il professore", che nel 1983 ha piantato i primi vigneti di aglianico, a Eugenia (figlia di quest'ultimo), che nel 1997 ha scelto la conduzione biologica. La cantina, lungo la vecchia provinciale che da Rionero conduce a Ripacandida, è un ampliamento di quella preesistente inglobata nel casale del Settecento, comprato nel 2004 e interamente ristrutturato.

VIGNE - A tutto aglianico, con un'unica eccezione. A monte della cantina ci sono circa 3,5 ettari, ma la superficie maggiore è quella di Barile, distribuita tra le contrade Gorizza (1,5 ettari) e Pian di Carro (9,5), dove appunto troviamo un ettaro di syrah, un unicum per il Vulture. Ci sono poi quasi 6 ettari di recente acquisizione a Venosa, in località Piano Regio. Le rese sono bassissime, non superano i 50 quintali per ettaro.

VINI - «L'aglianico può dare tanto: basta rispettarlo», dice il professore, che non smette di sperimentare: dopo il Metodo Classico Pas Dosé del millesimo 2012, nel 2019 ha realizzato un vino da fine pasto: una prova, almeno per ora.

Aglianico del Vulture Roinos 2018 ● 7.000 bt; 35 € - Macerazione per 30 giorni con follature, affinamento in botti da 18 ettolitri. Le uve sono quelle delle viti più vecchie dei tenimenti di Barile: ne risulta un rosso strutturato e dal tannino robusto, ma ben calibrato, che profuma di ciliegia, scorza di arancia e cenere, e ha ottime prospettive.
Aglianico del Vulture Covo dei Briganti 2018 ● 20.000 bt; 22 € - Di più facile approccio, ma ugualmente territoriale. La beva è appagante e verticale, appena più snella.
Le More 2018 ● syrah; 4.000 bt; 10 € - Fruttato e speziato, ha un sorso intenso, non particolarmente complesso. Un vino gastronomico.

ha 20 - **bt** 40.000
Fertilizzanti nessun concime
Fitofarmaci rame e zolfo
Diserbo lavorazione meccanica/manuale
Lieviti selezionati industriali
Uve 100% di proprietà
Certificazione biologico certificato

SAN GIORGIO LUCANO (MT)

TENUTA MARINO

SCONTO **-10%**

Contrada Piano delle Rose - tel. 0835 815978
www.tenutamarino.it - info@tenutamarino.it

VITA - È iniziata nel 2000 l'avventura nella vitivinicoltura, quando il capofamiglia Francesco Marino ha deciso di diversificare l'attività dell'azienda agricola, estesa su 300 ettari di frutteti, seminativi e pascoli, e con un allevamento di bovini da carne. La riconversione a vigneto di ben 26 ettari ha dato sostanza a un'entusiastica passione, di cui sono soprattutto i figli, Antonio e Paolo a farsi portatori.

VIGNE - I terreni vitati, a ridosso della diga del monte Cotugno, hanno giacitura in pendio, con esposizioni nord e sud. L'altitudine di circa 500 metri e la vicinanza del bacino d'acqua determinano condizioni climatiche davvero particolari, con escursioni termiche molto accentuate tra il giorno e la notte. La scelta dei vitigni si è orientata prevalentemente su quelli dominanti nella zona, aglianico e primitivo; la restante parte è destinata a greco, merlot, cabernet sauvignon e syrah.

VINI - Vini generosi da una terra aspra, con i rossi, in particolare, che ricercano più l'eleganza che non la potenza, e un bianco da uve greco che dimostra come il vitigno sia ben acclimatato anche nel materano.

Matera Greco Terra Aspra 2018 ○ 10.000 bt; 12 € - Profumi floreali e di arancia amara per un bianco di struttura, che ha un sorso pieno e carnoso, ma al tempo stesso teso. Buona la persistenza gustativa.
Merlot Terra Aspra 2012 ● 10.000 bt; 12 € - Al momento del nostro assaggio i profumi non erano ancora del tutto definiti. Decisamente meglio al palato, con una beva acida e dinamica, tannini fini e un interessante finale amarognolo.
Aglianico Terra Aspra 2013 ● 25.000 bt; 14 € - Fitto, ematico, irrisolto.

ha 26 - **bt** 100.000
Fertilizzanti compost, humus, letame, sovescio
Fitofarmaci rame e zolfo
Diserbo lavorazione meccanica/manuale
Lieviti selezionati industriali
Uve 100% di proprietà
Certificazione biologico certificato

VENOSA (PZ)

GRIFALCO

Località Piani di Camera - tel. 0972 31002
www.grifalcovini.com - grifalcowine@gmail.com

VITA - Il nome aziendale dice molto della storia dei Piccin, che nel 2004 hanno lasciato Montepulciano e il Sangiovese per cimentarsi con l'Aglianico del Vulture: il grifo, simbolo del borgo toscano, è unito al falco, tanto caro a Federico II. Supportati dalla madre Cecilia Naldoni, Andrea e Lorenzo hanno raccolto il testimone del papà Fabrizio Piccin e stanno proseguendo il suo lavoro: Andrea si occupa del commerciale, Lorenzo segue la parte agronomica ed enologica.

VIGNE - La maggior parte dei vigneti, tutti dedicati all'aglianico, si trova intorno alla cantina, in località Piani di Camera, su suoli caratterizzati da rilievi collinari sabbiosi e conglomeratici della fossa bradanica; gli altri sono a Maschito, distribuiti tra le contrade Caggiano e Casano, e a Ginestra. In contrada San Martino a Forenza c'è invece una piccola vigna a piede franco: i terreni sono ricchi di ossidi di ferro e manganese.

VINI - Le diverse declinazioni proposte riescono a cogliere le numerose sfaccettature dell'aglianico, e a esaltare i tratti peculiari dei diversi areali.

TOP **Aglianico del Vulture Gricos 2018** VINO SLOW ● 40.000 bt; 15 € - Un'interpretazione particolarmente riuscita per integrità del frutto e freschezza. Le note di amarena vengono esaltate dai richiami speziati, e sottendono un sorso leggiadro e dinamico.
Aglianico del Vulture Sup. DaMaschito 2016 ● 6.000 bt; 32 € - Una soffusa nota di ciliegia si affaccia tra gli intensi ricordi di erbe officinali e pietra focaia, e si ritrova poi al sorso: pieno e deciso, di grande materia, sostenuto da freschezza e tannini dolci.
Aglianico del Vulture Sup. DaGinestra 2016 ● 6.000 bt; 32 € - Profuma di rosa appassita e rabarbaro; freschezza e verticalità ne connotano la beva.
Aglianico del Vulture Grifalco 2018 ● 20.000 bt; 19 € - Armonico, affumicato, incisivo.

ha 16 - **bt** 70.000
Fertilizzanti organo-minerali, sovescio
Fitofarmaci rame e zolfo
Diserbo lavorazione meccanica/manuale
Lieviti fermentazione spontanea
Uve 100% di proprietà
Certificazione biologico certificato

VENOSA (PZ)

MADONNA DELLE GRAZIE

SCONTO -10%

Via Appia, 78 - tel. 0972 35704
www.cantinemadonnadellegrazie.com - info@cantinemadonnadellegrazie.it

VITA - La famiglia Latorraca ha iniziato l'attività con il conferimento delle uve a terzi; soltanto nel 2003 è stato avviato l'imbottigliamento, dapprima nel garage sotto casa, poi nella moderna cantina costruita alle porte della città. Giuseppe sta sempre in mezzo ai vigneti: è da lui che i figli Michele e Paolo, rispettivamente agronomo ed enologo, hanno ereditato la passione per il vino e la tenacia con cui portano avanti una lunga tradizione familiare.

VIGNE - Eccezion fatta per un appezzamento di mezzo ettaro, sempre a Venosa e dove è stato piantato riesling, il protagonista è l'aglianico. Le viti più vecchie, innestate recuperando gemme da piante secolari di proprietà o di contadini del luogo, insistono su terreni di medio impasto con uno strato superficiale franco-argilloso e limoso, e più sotto il tufo vulcanico. Un'altro vigneto di aglianico è invece in località Iatta a Maschito.

VINI - I vini ricercano eleganza, piacevolezza e facilità di beva, sono caratteriali e hanno ottime potenzialità di invecchiamento, con un prezzo decisamente conveniente.

TOP **Aglianico del Vulture Liscone 2015** VINO QUOTIDIANO ● 12.000 bt; 11 € - Dalle uve del vigneto più esteso, sprigiona sensazioni fruttate, balsamiche e tostate. I tannini sono in armonia con il sorso lungo e succoso.
Aglianico del Vulture Bauccio 2015 ● 5.000 bt; 18 € - Sentori di sottobosco, muschio e funghi si fondono alle tipiche note di ciliegia. Il sorso è armonico: tannini setosi, ottime freschezza e sapidità. A dimenticarlo qualche anno in cantina non si sbaglia di certo.
Sagaris 2019 aglianico; 3.000 bt; 8 € - Ha un colore rosa pallido, un naso profumato di frutta e spezie, e una bocca fresca, sapida e armoniosa. Il finale è leggermente fumé.
Leuconoe 2019 O aglianico; 8.000 bt; 8 € - Fresco, fruttato, espressivo.

ha 8,5 - **bt** 40.000
Fertilizzanti sovescio
Fitofarmaci rame e zolfo
Diserbo lavorazione meccanica/manuale
Lieviti fermentazione spontanea
Uve 100% di proprietà
Certificazione biologico certificato

VENOSA (PZ)

TERRE DEGLI SVEVI

SCONTO -10%

Località Pian di Camera - tel. 0972 31263
www.gruppoitalianovini.com - terredeglisvevi@giv.it

VITA - Sin dall'insediamento del Gruppo Italiano Vini, avvenuto ormai oltre 20 anni fa, il direttore generale è il venosino Paolo Montrone, profondo e appassionato conoscitore dell'aglianico. Come spesso avviene, squadra che vince non si cambia: gli agronomi sono Pietro Bertè e Giandomenico Longo, l'enologo è il trentino Christian Schinzi.

VIGNE - Un immenso patrimonio vitato, oltre 125 ettari distribuiti in due diverse zone. La superficie più estesa è quella tutta intorno alla cantina, a sud di Venosa, in località Pian di Camera, a 420 metri di quota: troviamo per lo più aglianico, ma anche traminer aromatico e Müller Thurgau. In località Serpara a Maschito, invece, ci sono circa 7 ettari di aglianico, di cui la metà da vecchie vigne: vi si ottengono i grappoli per l'omonimo cru, il vino simbolo dell'azienda.

VINI - Vinificazioni tradizionali, per i rossi, con prolungate macerazioni sulle bucce, e affinamenti via via più lunghi in legni di diversa grandezza: è questa l'idea di Aglianico del Vulture.

Aglianico del Vulture Sup. Serpara 2016 ● 25.000 bt; 32 € - Al naso offre sentori di ciliegia, spezie ed erbe aromatiche. Il sorso è fresco e sapido, con tannini eleganti e ben integrati.
Aglianico del Vulture Re Manfredi 2017 ● 80.000 bt; 22 € - Profuma di piccoli frutti rossi e mandorla amara; al palato è morbido, di buona freschezza e con tannini levigati.
Aglianico del Vulture Taglio del Tralcio 2018 ● 55.000 bt; 18 € - Ha profumi piuttosto tipici di viola mammola e ciliegia, con sentori erbacei. La beva è abbastanza slanciata, in equilibrio tra le note dolci e l'amarognolo finale.
Re Manfredi Rosato 2019 aglianico; 50.000 bt; 16 € - Fresco, floreale, elegante.
Re Manfredi Bianco 2019 O traminer aromatico, Müller Thurgau; 175.000 bt; 16 € - Agile, fruttato, rilassato.

ha 125 - **bt** 385.000
Fertilizzanti sovescio
Fitofarmaci rame e zolfo
Diserbo chimico, lavorazione meccanica/manuale
Lieviti selezionati industriali
Uve 100% di proprietà
Certificazione nessuna certificazione

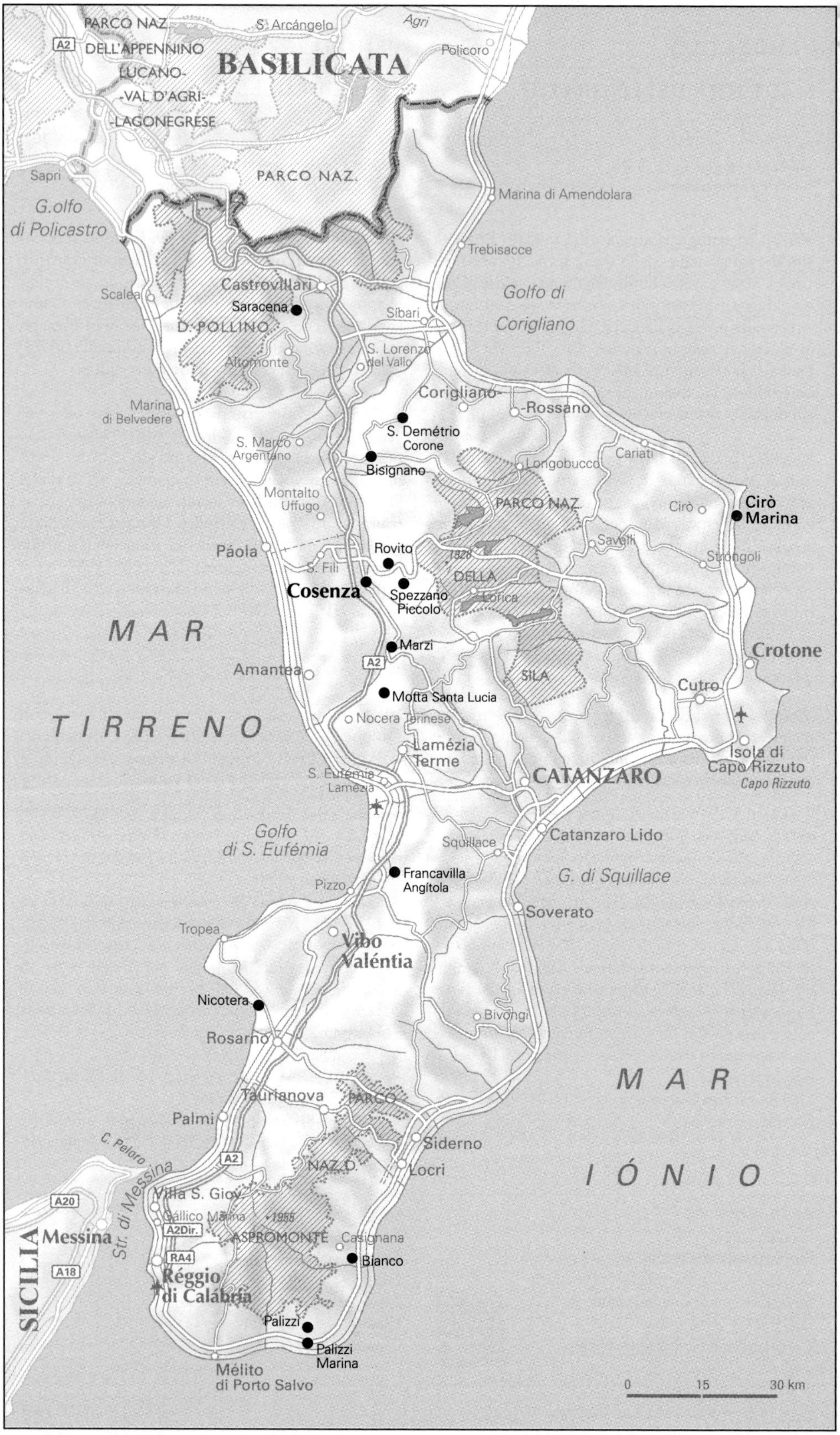
PARCO NAZ.
DELL'APPENNINO
LUCANO-
-VAL D'AGRI-
-LAGONEGRESE
BASILICATA
S. Arcángelo
Agri
Policoro
A2
Sapri
PARCO NAZ.
G.olfo
di Policastro
Marina di Amendolara
Trebisacce
Castrovillari
Scalea
Saracena
D. POLLINO
Síbari
Golfo di
Corigliano
S. Lorenzo
del Vallo
Altomonte
Marina
di Belvedere
Corigliano-
-Rossano
S. Demétrio
Corone
S. Marco
Argentano
Bisignano
Longobucco
Cariati
PARCO NAZ.
Montalto
Uffugo
Cirò
Cirò
Marina
Páola
Rovito
1928
Savelli
Strongoli
S. Fili
Cosenza
Spezzano
Piccolo
DELLA
Lorica
M A R
Marzi
A2
Crotone
Amantea
SILA
Cutro
Motta Santa Lucia
T I R R E N O
Nocera Terinese
Lamézia
Terme
Isola di
Capo Rizzuto
Capo Rizzuto
S. Eufémia
Lamézia
CATANZARO
Catanzaro Lido
Golfo
di S. Eufémia
Squillace
Francavilla
Angítola
G. di Squillace
Pizzo
Soverato
Tropea
Vibo
Valéntia
Nicotera
Bivongi
Rosarno
M A R
Taurianova
PARCO
Palmi
C. Peloro
Siderno
A2
NAZ. D.
Locri
Str. di Messina
I Ó N I O
Villa S. Giov.
A20
Gállico Marina
1955
A2Dir.
Messina
ASPROMONTE
Casignana
RA4
A18
Bianco
Réggio
di Calábria
SICILIA
Palizzi
Palizzi
Marina
Mélito
di Porto Salvo
0
15
30 km

CALABRIA

Ce lo ricorderemo questo 2020, ce lo ricorderemo tutti. Un anno che avrebbe dovuto cambiarci in meglio, che avrebbe dovuto vedere la nascita di un'umanità più umana. Erano auspici da lockdown, di quando cantavamo l'inno dai balconi, di quando ci commuovevamo davanti alle immagini degli ospedali, di fronte alle cifre puntuali del bollettino delle 18:00. Tuttavia, tolti gli auspici e i buoni propositi, è rimasto soltanto un anno che vorremmo dimenticare presto. Al Sud ve la caverete meglio, ci dicevano. Perché miracolosamente avevamo meno contagiati, e poi eravamo ritenuti "più resilienti", di una resilienza acquisita in secoli di ristrettezze e di sacrifici. Ma è un termine abusato, che ha perso parte del suo significato originario e più nobile. Un modo per scrollarsi di dosso responsabilità a tutti i livelli: «tanto sono resilienti, loro». Tanto siamo abituati. È stato un anno più difficile del solito. Un anno in cui alle fatiche della vigna si sono aggiunte quelle dovute al distanziamento sociale e all'isolamento. Tanti produttori calabresi hanno preferito non imbottigliare. Troppe incertezze nel periodo topico della stagione vitivinicola: eravamo a fine aprile e non si sapeva ancora se e quando avrebbero riaperto i ristoranti, se e quando si sarebbero potute organizzare degustazioni ed eventi, se e quando si sarebbe potuto riprendere la vita normale, quella a cui eravamo abituati. Qualcuno ha messo sul mercato soltanto bianchi e rosa, qualcun altro, lo dicevamo, ha deciso di saltare a pie' pari l'intera annata. Tanti si sono organizzati con i gruppi di acquisto solidali, altri con le vendite a prezzi di cantina: un modo per rientrare delle spese, un modo per sentirsi ancora vivi. Quando la morsa del Covid-19 si è un po' allentata, quando si è ritornati a uno stato di quasi normalità, i vignaioli si sono dovuti rimboccare le maniche per recuperare il tempo perduto, nelle vigne e in cantina. Molti non erano pronti e il poco tempo a disposizione non li ha aiutati. Li comprendiamo e a loro va tutto il nostro affetto. La crisi sanitaria, economica e sociale ha coinvolto anche i collaboratori di Slow Wine Calabria. Al "riapriamo tutto" anche noi siamo stati presi in contropiede. Anche noi impegnati – nelle rispettive attività professionali – a recuperare il lavoro perduto nei fatidici tre mesi. Siamo convinti della comprensione e dell'affetto dei vignaioli calabresi e di voi lettori. Potevamo tentare di inserire in guida aziende che avevano chiesto di poter inviare i loro campioni, ma siccome non abbiamo mai visitato le loro vigne e le loro cantine, siccome non abbiamo mai avuto modo di conoscerli personalmente e di sentire le loro storie, non potevamo procedere "alla cieca", non ci siamo abituati. Abbiamo quindi pensato che fosse meglio una Calabria ridotta. Una sorta di bassa resa. Abbiamo preferito così, che rimanesse come una traccia di quest'anno fatidico che ha segnato l'umanità tutta. Ce la faremo, c'era scritto sugli striscioni appesi su tutti i balconi. Sì, ce la faremo. Ce la faranno i vignaioli, ce la faranno i ristoratori, ce la faranno gli imprenditori tutti. Ce la farà l'uomo, se avrà imparato la lezione. Intanto noi godiamoci questa Calabria a bassa resa, che comunque ci ha regalato degli ottimi vini. Vini che sanno di territorio, di fatica, di consapevolezza, di resistenza contadina. Brindiamo con loro alla fine dell'isolamento sociale, usandoli come auspicio per un futuro migliore. Allora sì, se le cose miglioreranno il prossimo anno ritorneremo tutti in forma smagliante. Voi continuate pure a chiamarla resilienza, noi la chiamiamo tenacia.

le Bottiglie

le Monete €

BIANCO (RC)

CANTINE LUCÀ

SCONTO -10%

Contrada Annunziata - Via Marchese, 34 - tel. 347 1455075
www.cantineluca.it - info@cantineluca.it

VITA - La Doc Greco di Bianco non si può slegare dal nome di Santino Lucà, un vignaiolo fiero e rispettoso del territorio, tanto da promuovere la coltivazione di soli vitigni autoctoni. È una tradizione di famiglia, rinnovatasi ormai fino alla terza generazione, quella portata avanti da Santino con l'aiuto di suo fratello Giuseppe in questa parte della costa ionica, nella Locride, dove la valorizzazione delle uve si concretizza nella produzione di sontuosi vini passiti.

VIGNE - I suoli di argilla bianca ospitano 15 ettari di vigneto in cui dimorano il greco bianco, il mantonico, piantato più recentemente, e il guardavalle. Non mancano le varietà a bacca nera gaglioppo e nerello calabrese. Gli impianti a spalliera con esposizione a nord-est sono rivolti verso il mar Ionio. I terreni vengono trattati il meno possibile e si lascia ampio spazio di espressività alla natura.

VINI - La massima espressione del territorio si ritrova nella produzione del Greco di Bianco passito e nel Mantonico passito. Essendo uno dei produttori che hanno deciso di saltare quest'annata, ci siamo limitati, ed è stato un bel limitarsi, a riassaggiare i vini recensiti nella scorsa edizione della guida, che hanno avuto un'ottima evoluzione.

Abbiamo riassaggiato i vini, già recensiti l'anno scorso. Nel Greco di Bianco 2018 l'appassimento delle uve è fatto sui graticci per periodi diversi a seconda dell'annata. Tra i sentori spiccano nettamente quelli di zagara, albicocca, fichi secchi, datteri; equilibrata la bocca, piacevolmente persistente. Il Mantonico 2018 si conferma appieno: evoluto nei sentori speziati aromatici, ha una freschezza che non stanca mai la bevuta. Il Marasà 2017 Bianco è fresco, floreale è sapido, il Marasà 2017 Rosso è fruttato e incisivo.

ha 15 - **bt** 24.000
Fertilizzanti organo-minerali
Fitofarmaci rame e zolfo
Diserbo nessun diserbo
Lieviti fermentazione spontanea
Uve 100% di proprietà
Certificazione nessuna certificazione

BISIGNANO (CS)

SERRACAVALLO

SCONTO -10%

Contrada Serracavallo - tel. 0984 21144
www.viniserracavallo.com - demetriostancati@virgilio.it

VITA - Demetrio Stancati, medico prestato alla vigna, crede da sempre nelle potenzialità dei vitigni autoctoni del territorio, e lo ha dimostrato sperimentando varie soluzioni e lavorando per un'importante crescita del patrimonio aziendale, fin dal 1995. Oggi raccoglie risultati di tale approccio, frutto della pazienza, dell'amore, della caparbietà nel lavorare la terra.

VIGNE - L'azienda agricola si estende per 55 ettari, di cui 30 di vigneto tra vitigni internazionali e autoctoni, questi ultimi oggetto di un'attenta selezione clonale. Spiccano il magliocco dolce e il pecorello, accanto a cabernet sauvignon e chardonnay. Per andare a vedere i meravigliosi vigneti basterà recarsi tra le dolci colline di Bisignano, un balcone meraviglioso sulla valle del Crati.

VINI - Le sperimentazioni sono all'ordine del giorno e vengono trasformate solo uve proprie. La filosofia aziendale prevede di usare blend tra vitigni autoctoni e internazionali nei vini base, mentre salendo d'importanza nella gamma la percentuale di vitigni internazionali diminuisce fino a sparire totalmente.

Vigna Savuco 2015 ● magliocco dolce; 4.000 bt; 41 € - - Denso, caldo, deciso, balsamico: spiccano i profumi terziari in questo vino. Articolato all'olfatto, è strutturato e incisivo in bocca.

Terre di Cosenza Terraccia Ris. 2016 ● 1.000 bt; 19 € - - Vino tra i più noti dell'azienda, ha un tannino elegante e morbido, e una freschezza inaspettata. Sul versante olfattivo troviamo una complessità invidiabile.

Sette Chiese 2019 ● magliocco dolce, cabernet sauvignon; 40.000 bt; 9 € - - Fine, fruttato, delicato.

Terre di Cosenza Quattro Lustri 2019 ● 20.000 bt; 12 € - - Succoso, fruttato, ampio.

Terre di Cosenza Don Filì 2019 ● 3.000 bt; 12 € - -Fresco, floreale, docile.

ha 30 - **bt** 100.000
Fertilizzanti letame, sovescio
Fitofarmaci rame e zolfo
Diserbo lavorazione meccanica/manuale
Lieviti selezione di lieviti indigeni
Uve 100% di proprietà
Certificazione biologico certificato

CIRÒ MARINA (KR)

'A VITA

SCONTO -10%

Strada Statale 106, km 279,8 - tel. 329 0732473
www.avitavini.it - avita.info@gmail.com

VITA - L'azienda di Francesco De Franco è un inno alla terra, ai suoi prodotti e ai suoi cicli naturali fin dal nome, che richiama la vite nel dialetto locale. Con il suo ritorno in Calabria e il debutto con il suo Cirò Rosso una dozzina di anni fa, Francesco ci ha messo poco a diventare il pioniere della Cirò Revolution. L'idea era ed è quella di ritornare alla tradizione, a quello che era il Cirò dei propri antenati.

VIGNE - La proprietà comprende quattro appezzamenti per un totale di 8 ettari, affacciati sulle rive dello Ionio e condotti in regime biologico per preservare la fertilità e la biodiversità del suolo. Un approccio senza compromessi, garanzia della grande qualità dei grappoli portati in cantina.

VINI - Negli anni in cui a Cirò si tentava di seguire una strada già battuta, usando vitigni internazionali e dimenticando che la strada più semplice è anche quella più identitaria, Francesco ha riportato in auge proprio l'autoctono. Quindi vinificazioni in purezza e approccio poco interventista sono diventati il "segreto" per vini dalla forte e riconoscibile identità territoriale.

TOP **Cirò Rosso Cl. Sup. Ris. 2016** VINO SLOW ● 3.500 bt; 34 € - Prodotto con le uve provenienti dalla vigna più vecchia, è l'espressione più profonda dell'azienda. Il tannino è scolpito e ben definito, e la spiccata freschezza ravviva energicamente il sorso.

Rosato 2019 ● gaglioppo; 5.000 bt; 9 € - Una fotografia delle vigne che si affacciano sullo Ionio. I profumi sono intensi, e richiamano la macchia mediterranea e la salsedine. Al palato si percepisce uno slancio nitido, fatto di sapidità e freschezza.

Cirò Rosso Cl. Sup. 2017 ● 10.000 bt; 26 € - Fresco, fruttato, autentico.

Leukò 2019 O greco bianco, gaglioppo; 4.000 bt; 19 € - Bianco macerato, incisivo, fruttato, verace.

ha 8 - **bt** 20.000
Fertilizzanti sovescio
Fitofarmaci rame e zolfo
Diserbo lavorazione meccanica/manuale
Lieviti fermentazione spontanea, selezione di lieviti indigeni
Uve 100% di proprietà
Certificazione biologico certificato

CIRÒ MARINA (KR)

SERGIO ARCURI

SCONTO -10%

Via Roma Vico III, 3 - tel. 0962 31723
www.viniciròsergioarcuri.it - info@viniciròsergioarcuri.it

VITA - L'azienda è nata nel lontano 1880 con il bisnonno Peppe Arcuri, ma è solo nel 2009 che, dopo alcuni lavori di ammodernamento della cantina a quel punto gestita dal padre, Sergio ha imbottigliato i suoi primi vini. Da lì è stato tutto un continuo crescere: oggi l'azienda è una delle realtà protagoniste della rivoluzione del Cirò, firma preziosa e inconfondibile di vini di senso mediterraneo e buonissimi.

VIGNE - Il vitigno principe della cantina è ovviamente il gaglioppo, varietà autoctona coltivata su circa 4 ettari con i sistemi ad alberello e a cordone speronato. La scelta dell'agricoltura biologica è convinta e inscindibile dal percorso fatto, al cui centro ci sono il territorio, la sua valorizzazione, e il rispetto degli equilibri naturali. Il clima secco e ventilato permette una maturazione ottimale delle uve.

VINI - Vendemmia manuale, fermentazioni spontanee, affinamento nei vecchi palmenti: la cura artigianale messa in campo in ogni passaggio della filiera produttiva determina vini schietti, autentici, non mediati.

TOP **Cirò Rosso Cl. Sup. Aris 2017** VINO SLOW ● 7.000 bt; 23 € - Chiaro esempio delle potenzialità di questo vino: elegante, sussurrato al naso, profondo, territoriale e gustoso al palato.

Cirò Rosso Cl. Sup. Più Vite Ris. 2015 ● 3.200 bt; 38 € - Presenta una struttura importante e un carattere gustativo austero e profondo. Forti sfumature di liquirizia e macchia mediterranea lasciano spazio a sentori marini e alle note fresche tipiche del vitigno.

Marinetto 2019 ● gaglioppo; 8.900 bt; 17 € - Nel calice sprigiona tutti i sentori dello Ionio. Ha un bel finale sapido e profumi iodati che si innervano su una spiccata acidità. Estremamente riconoscibile, questo vino rientra tra i rosa più identitari della regione.

ha 4 - **bt** 2.200
Fertilizzanti sovescio
Fitofarmaci rame e zolfo
Diserbo lavorazione meccanica/manuale
Lieviti fermentazione spontanea, selezione di lieviti indigeni
Uve 100% di proprietà
Certificazione biologico certificato

CIRÒ MARINA (KR)

CATALDO CALABRETTA €

SCONTO -10%

Via Mandorleto, 47 - tel. 0962 31986
www.cataldocalabretta.it - info@cataldocalabretta.it

VITA - La famiglia Calabretta produce vino da ben quattro generazioni. Cataldo, dopo la laurea in Viticoltura ed Enologia e qualche esperienza in diverse cantine italiane, è rientrato in Calabria per dare nuova vita all'azienda di famiglia. Il suo lavoro ha contribuito, negli ultimi anni, a valorizzare il territorio e a ridare al Cirò la sua identità.

VIGNE - Sono 13 gli ettari distribuiti nelle zone collinari di Cirò e coltivati secondo i dettami dell'agricoltura biologica. Le viti sono scalzate con l'aratro, dissodate manualmente, e la terra è concimata con il favino da sovescio. Il sistema di allevamento è ad alberello per gaglioppo e greco bianco, a cordone speronato per l'alicante, e a guyot per ansonica e malvasia.

VINI - La filosofia aziendale è tutta racchiusa nell'arciglione, l'antico strumento da potatura riprodotto nel logo: è l'autentica rappresentazione del concetto di terroir e del ruolo del viticoltore. Ciò che si fa in cantina è conseguenza del lavoro quotidiano in vigna.

TOP **Cirò Rosé 2019** VINO QUOTIDIANO 5.000 bt; 12 € - - Al naso sono immediate le note di frutti rossi, che fanno spazio sul finale agli agrumi. In bocca troviamo grande freschezza e mineralità. Un ottimo ritratto territoriale, con una buona personalità.

Rosato Alicante 2019 3.000 bt; 12 € - - Si distingue per i profumi di agrumi e le note iodate, a cui segue, sul finale, la frutta secca. Elegante, ha un sorso di buon equilibrio.

Ansonica 2019 ○ 6.000 bt; 14 € - - Prodotto da uve ansonica in purezza mette in mostra chiari e immediati profumi di frutta estiva e tropicale, come la pesca e l'ananas. Buone note iodate e minerali trovano coerenza nel sorso sapido, che non manca anche di freschezza.

Cirò Rosso Cl. Sup. 2016 ● 3.000 bt; 26 € - - Schietto, fruttato, complesso.

ha 13 - **bt** 34.000
Fertilizzanti sovescio
Fitofarmaci rame e zolfo
Diserbo lavorazione meccanica/manuale
Lieviti fermentazione spontanea, selezione di lieviti indigeni
Uve 100% di proprietà
Certificazione biologico certificato

CIRÒ MARINA (KR)

COTE DI FRANZE €

SCONTO -10%

Località Piana di Franze - tel. 392 6911606 - 348 5614031
www.cotedifranze.it - info@cotedifranze.it

VITA - L'azienda, a gestione familiare, è stata fondata nel 2010 dai fratelli Francesco e Vincenzo Scilanga, ma ha alle spalle una lunga storia vitivinicola, che risale addirittura a inizio Settecento. Francesco e Vincenzo, riprendendo in mano i terreni di famiglia e valorizzandoli, hanno dato nuova vita a questa tradizione. La cantina sorge sulla piana di Franze, da cui prende il nome.

VIGNE - Le vigne si estendono interamente attorno alla cantina: 9 ettari di terreno, in prevalenza argilloso e sabbioso, che sono dedicati alla coltivazione biologica certificata dei due principali vitigni autoctoni di Cirò, il gaglioppo e il greco bianco. Il suolo conferisce ai vini struttura e aromaticità. Due ettari sono ad alberello antico e interamente destinati al gaglioppo.

VINI - «Abbiamo cura del suolo perché è la nostra risorsa, abbiamo cura del paesaggio perché ci viviamo»: è questa la loro filosofia. I vini seguono la loro naturale vocazione varietale. Quest'anno non abbiamo avuto modo di provare il Cirò Rosso Cl. Sup. 2017, perché non ancora pronto al momento degli assaggi.

TOP **Cirò Bianco 2019** VINO QUOTIDIANO ○ 5.000 bt; 10 € - - Grazie a complessi profumi floreali questo bianco conquista fin dall'inizio. La bocca ha slancio e succo, acidità e grande naturalità di beva.

Cirò Rosato 2019 5.000 bt; 10 € - - Esprime in modo autentico il territorio con i suoi profumi di ciliegia, prugna e sottobosco. Ben strutturato, ha un finale caldo e persistente. Questa annata si presenta leggermente più scarica nel colore e più secca e acida in bocca rispetto alla precedente.

Kom'è 2019 ○ 3.200 bt; 15 € - - È il vino della memoria: le uve di greco bianco vengono fatte macerare a contatto con le bucce per due giorni, così come faceva il padre. Si ottiene così un vino dal colore dorato e dal persistente profumo di zagara, che spicca per freschezza e agilità gustativa.

ha 9 - **bt** 20.000
Fertilizzanti nessun concime
Fitofarmaci rame e zolfo
Diserbo lavorazione meccanica/manuale
Lieviti fermentazione spontanea
Uve 100% di proprietà
Certificazione biologico certificato

CIRÒ MARINA (KR)

LIBRANDI

SCONTO **-10%**

Contrada San Gennaro - Strada Statale, 106 - tel. 0962 31518
www.librandi.it - librandi@librandi.it

VITA - Se c'è una realtà che ha fatto la storia del vino calabrese e cirotano, e che nel presente continua ad avere un peso specifico impareggiato, quella è senza dubbio alcuno Librandi. Nata nel centro del paese come piccola cantina che produceva vino sfuso, oggi rappresenta la più grande azienda vitivinicola del territorio. Insomma, ai Librandi va riconosciuto il merito di aver fatto conoscere il vino calabrese nel mondo.

VIGNE - Son ben sei le tenute condotte: Rosaneti, Arcidiaconato, Ponta, Pittaffo, San Biase e Brisi, per un totale di 232 ettari vitati. Rosaneti è la più grande, e ospita anche quello che è un vero e proprio archivio viticolo, con oltre 200 varietà regionali. Arcidiaconato è invece la prima proprietà acquisita fuori dalla denominazione del Cirò. Il vigneto storico cirotano è invece quello di Ponta Duca Sanfelice.

VINI - Vini eleganti e di piacevole beva, che uniscono precisione tecnica e territorialità, non lasciando spazio a sorprese.

Cirò Rosso Cl. Duca San Felice Ris. 2017 ● 90.000 bt; 12 € - 🍷 - Una delle migliori annate di sempre: ha un tannino fine e maturo che prolunga il sorso, e un'acidità che sferza il palato e dona tensione.
Magno Megonio 2017 ● magliocco; 35.000 bt; 15 € - ▦ - Frutto del lavoro nei vigneti collinari di argilla compatta, questo vino presenta un'anima più rude e schietta. Il passaggio in barrique di 12 mesi si percepisce, ma non è invadente.
Cirò Rosato 2019 ◍ 100.000 bt; 8 € - 🍷 - Presenta un colore più scarico rispetto alle annate precedenti, e un corpo più snello. Al naso prevalgono le note di viola e amarena. Al palato spicca la freschezza del Gaglioppo in purezza.
Cirò Rosso Cl. 2019 ● 100.000 bt; 8 € - 🍷 - Schietto, varietale, elegante.
Cirò Bianco Cl. 2019 ○ 100.000 bt; 8 € - 🍷 - Fresco, fruttato, espressivo.

ha 232 - **bt** 2.200.000
Fertilizzanti sovescio
Fitofarmaci rame e zolfo
Diserbo lavorazione meccanica/manuale
Lieviti selezione di lieviti indigeni
Uve 100% di proprietà
Certificazione biologico certificato

CIRÒ MARINA (KR)

TENUTA DEL CONTE

Via Tirone, 131 - tel. 0962 36239
www.tenutadelconte.it - info@tenutadelconte.it

VITA - Tenuta del Conte è nata alla fine degli anni Novanta per opera di Francesco Parrilla. Nel 2010 la figlia Mariangela, la più piccola della famiglia ma la più tenace, ha iniziato a guardare con interesse alla nouvelle vague dell'enologia cirotana e ha iniziato a produrre, insieme ai fratelli, vini territoriali e schietti. Dovreste vedere i suoi occhi colmi di passione mentre racconta la storia della cantina: valgono più di mille brochure.

VIGNE - I 15 ettari di vigneto si estendono nel cuore di Cirò, tra distese pianeggianti e dolci colline: ospitano gaglioppo e greco bianco piantanti oltre mezzo secolo fa, e nessun vitigno internazionale. Rispetta la tradizione la famiglia Parrilla, e sono tradizionali anche le pratiche di lavorazione, senza tuttavia tralasciare quanto di meglio possa offrire l'innovazione tecnologica.

VINI - I Parrilla producono vini che sanno di territorio, di terra e di lavoro. Al centro c'è la vigna, e la cantina è il luogo in cui le uve vengono accompagnate con discrezione verso la bottiglia.

Cirò Rosso Cl. Sup. 2017 ● 8.000 bt; 17 € - 🍷 - Dalla trama tannica evidente, è un vino corposo e deciso, un Gaglioppo senza sofismi. Ottimo in chiave gastronomica.
Cirò Rosso Cl. Sup. Dalla Terra Ris. 2015 ● 3.000 bt; 27 € - 🍷 - Alle caratteristiche del vino precedente si aggiungono i sentori speziati e una persistenza notevole. Anche qui non possiamo che sottolineare la facile adattabilità alla tavola.
Cirò Bianco DiversaMente 2017 ○ 6.000 bt; 15 € - 🍷 - Schietto, fruttato, espressivo.
Cirò Bianco 2019 ○ 6.000 bt; 14 € - 🍷 - Fresco, floreale, essenziale.
Cirò Rosato 2019 ◍ 5.000 bt; 14 € - 🍷 - Agile, fruttato, armonico.

ha 15 - **bt** 27.000
Fertilizzanti sovescio
Fitofarmaci rame e zolfo
Diserbo lavorazione meccanica/manuale
Lieviti selezione di lieviti indigeni
Uve 100% di proprietà
Certificazione biologico certificato

COSENZA

TERRE DEL GUFO

Contrada Albo San Martino, 22/a - tel. 0984 780364 - 335 7725614
www.terredelgufo.it - info@terredelgufo.it

VITA - Giuseppe Muzzillo produceva vino soprattutto per la sua famiglia. Con l'entrata in scena del figlio Eugenio, che ha ereditato dal padre l'amore per la terra, l'azienda si è però rinnovata. Ha così ripiantato i vigneti a ridosso della valle del Savuto, zona vocata per la viticoltura e che merita una visita per apprezzarne le bellezze.

VIGNE - Le viti sono allevate a cordone speronato e ad alberello tradizionale. Il terreno è inerbito e le lavorazioni meccaniche sono limitate alla trinciatura. Le pendenze importanti e le posizioni difficili richiedono un lavoro di estrema cura, tutto manuale, condotto con la chiara intenzione di far emergere la qualità e il potenziale della materia prima.

VINI - Massimo rispetto per il terroir, che prevede il minor intervento possibile in cantina per non alterare le qualità organolettiche delle uve.

Kaulos 2018 ● magliocco, nerello calabrese; 12.000 bt; 15 € - Esposte a condizioni climatiche estreme, le uve vanno in precoce appassimento e sono vendemmiate tardivamente La disidratazione induce la concentrazione di zuccheri e acidi, che regala una vivacità e una freschezza insospettabili per un vino di queste latitudini. È corposo ma dinamico.
Terre di Cosenza Portapiana 2018 ● 7.000 bt; 15 € - Allo storico rione di Portapiana, che divide il centro urbano di Cosenza dalla sua zona rurale, è dedicato questo vino che esprime tutte le potenzialità enologiche del territorio. Prodotto con le uve della vigna prospiciente la cantina, il Portapiana è un cru a base di uve autoctone di antichissima coltivazione. Minerale, sapido, con note speziate e d'incenso, ha una trama tannica sempre evidente.
Terre di Cosenza Chiaroscuro 2018 ◍ 3.000 bt; 15 € - Fresco, fruttato, essenziale.

ha 5 - **bt** 25.000
Fertilizzanti letame, organo-minerali, sovescio
Fitofarmaci rame e zolfo
Diserbo lavorazione meccanica/manuale
Lieviti selezione di lieviti indigeni
Uve 100% di proprietà
Certificazione nessuna certificazione

FRANCAVILLA ANGITOLA (VV)

CANTINE BENVENUTO

SCONTO **-10%**

Contrada Ziopà - tel. 331 7292517 - 347 9774898
www.cantinebenvenuto.it - info@cantinebenvenuto.it

VITA - Rispetto della tradizione e uso di tecniche di vinificazione avanzate costituiscono la scacchiera su cui gioca Giovanni Benvenuto. A Francavilla Angitola, lungo quella che da poco è stata riconosciuta come la via dello Zibibbo, troviamo la sua cantina. A Giovanni va il merito di aver ridato prestigio alla coltivazione di un vitigno autoctono ormai abbandonato.

VIGNE - A 350 metri di quota, su bellissimi terrazzamenti granitici naturali, situati lungo le coste del versante tirrenico e battuti dalla brezza marina, si sviluppano i vigneti a cordone speronato di zibibbo, greco nero, magliocco, malvasia e nerello calabrese.

VINI - Il desiderio di inseguire la perfezione si coniuga a una forte espressività delle etichette, godibili e beverine.

[TOP] **Orange 2019** [VINO SLOW] O zibibbo; 4.500 bt; 20 € - Ai 40 giorni di macerazione sulle bucce segue un procedimento che rievoca quello dei vini ossidativi, con il serbatoio lasciato scolmo: ne risulta un vino carico di sentori floreali, in cui emergono le caratteristiche dell'uva di partenza e il sorso è caldo e persistente.
Benvenuto 2019 O zibibbo; 8.000 bt; 18 € - Dalle uve della contrada Falco. È agrumato al naso e coerente in bocca, presenta un pizzico di esuberanza alcolica.
Alchimia 2019 ● zibibbo; 1.000 bt da 0,5 l; 25 € - Le uve surmature appassiscono sui graticci. Macera sulle bucce di qualche giorno, a temperatura controllata. Vino dal sorso delicato, ha buona acidità e un residuo zuccherino ben contrastato.
Mare 2019 O zibibbo, malvasia; 10.000 bt; 13 € - Corto, floreale, delicato.
Celeste 2019 ◍ nerello calabrese; 6.000 bt; 15 € - Fresco, fruttato, incerto.

ha 5 - **bt** 32.000
Fertilizzanti sovescio
Fitofarmaci rame e zolfo
Diserbo nessun diserbo
Lieviti fermentazione spontanea
Uve 100% di proprietà
Certificazione biologico certificato

MARZI (CS)

ANTICHE VIGNE

Contrada Vallelonga - tel. 320 8194246
www.antichevigne.com - amministrazione@antichevigne.com

VITA - È nella valle del Savuto che Antonio Pironti ha piantato la sua prima vigna alla fine degli anni Ottanta. Gianfranco, suo figlio, allora era bambino e correva tra i filari, ma il suo futuro era già segnato. Appena conclusi gli studi, infatti, ha preso in mano la vigna nella quale faceva scorribande. Una decisione saggia, come saggia è stata la scelta di continuare nel segno della tradizione e della valorizzazione del territorio e dei vitigni autoctoni.

VIGNE - La valle del Savuto è un territorio di rara bellezza. Qui Gianfranco coltiva le sue cinque vigne dislocate tra i 500 e gli 800 metri di quota nei comuni di Marzi, Carpanzano e Altilia. Le forme di allevamento variano dal cordone speronato all'alberello. Ovviamente troviamo soltanto i vitigni autoctoni greco, arvino, pecorello, mantonico e malvasia, che possono godere della notevole escursione termica della zona.

VINI - Uno stile aziendale volto a valorizzare la Doc del Savuto in Italia e oltre i confini nazionali. Poche parole, molto lavoro nelle vigne, un lavoro duro. I vini sono frutto di sudore e sacrifici, e danno un bel po' di soddisfazioni.

Savuto Cl. 2018 ● 23.000 bt; 9 € - I profumi di frutti rossi e una leggera nota speziata introducono una bocca dai tannini generosi e ben accompagnati da una discreta acidità. Un rosso schietto e senza fronzoli.
Terra di Ginestre 2019 ○ mantonico, pecorello di Rogliano, greco bianco; 12.000 bt; 9 € - Nomen omen per questo bianco floreale con evidenti note di ginestra e macchia mediterranea. La discreta spalla acida è accompagnata da una buona dose di sapidità e mineralità.
Savuto Gida 2019 12.000 bt; 9 € - Dinamico, floreale, autentico.

ha 14 - **bt** 85.000
Fertilizzanti sovescio
Fitofarmaci rame e zolfo
Diserbo lavorazione meccanica/manuale
Lieviti selezione di lieviti indigeni
Uve 100% di proprietà
Certificazione nessuna certificazione

MOTTA SANTA LUCIA (CZ)

LE MOIRE

SCONTO **-10%**

Via Carlo Maria Tallarigo, 12 - tel. 338 5739758
www.lemoire.it - info@lemoire.it

VITA - Visitare la cantina di Paolo Chirillo è come fare un viaggio nella Calabria più dura, quella in cui coltivare la vigna era quasi un'attività dimenticata. Con grande caparbietà Paolo si è lanciato in questa avventura, dimostrando che la valle del Savuto può tornare a giocare un ruolo importante nella viticoltura calabrese.

VIGNE - I vigneti si sviluppano intorno ai 400 metri di quota, su terrazze che degradano verso il fiume Savuto. Il vento che risale dal Tirreno salvaguarda la salute delle viti, e gli sbalzi termici intensificano gli aromi. L'esposizione prevalente al sole della sera favorisce una maturazione lenta e tardiva, che attenua le asprezze tipiche di certi vini del sud.

VINI - Densità di impianto fitta, portainnesti a scarsa vigoria, spalliere basse, gestione manuale dei lavori: tutto ciò permette a ciascuna vite di limitare la produzione a pochi grappoli dolci, sani e profumati. Quest'anno Paolo non ha imbottigliato in tempo per i nostri assaggi e ci siamo dovuti limitare a risentire i vini presentati nelle scorse edizioni della guida, che hanno guadagnato in articolazione e prontezza.

Il riassaggio dell'Annibale 2016 è stato entusiasmante: un rosso dal frutto maturo a cui si sono aggiunti gli aromi terziari dell'evoluzione, cuoio su tutti. La discreta trama tannica e la persistenza al palato ne fanno un vino gastronomico. Anche il Mute 2016 si è comportato bene. Un vino fruttato, morbido, caldo e persistente. Da bere anche da solo. Toda joia, toda beleza. Il Zaleuco 2017 è ampio, floreale e delicato, il Shemale 2018 è agile, fruttato e armonico.

ha 7 - **bt** 30.000
Fertilizzanti organo-minerali, sovescio
Fitofarmaci rame e zolfo
Diserbo lavorazione meccanica/manuale
Lieviti selezione di lieviti indigeni
Uve 100% di proprietà
Certificazione nessuna certificazione

NICOTERA (VV)

CASA COMERCI

Contrada Comerci, 6 - tel. 0963 1976077
www.casacomerci.it - info@casacomerci.it

VITA - La passione per il vino Domenico Silipo l'ha ereditata dalla nonna Rosina. Il vivo desiderio di perpetuare la tradizione di famiglia lo ha portato a far nascere la cantina, circondata dalle vigne, a Nicotera, vicino a quella che era la casa di famiglia. A supportare il lavoro del proprietario c'è Rosa Comerci, che instancabilmente gestisce e organizza il lavoro in cantina.

VIGNE - Due sono le zone vitate che costituiscono la proprietà. La vigna Badìa, con suolo limoso-sabbioso, si estende per poco meno di 2 ettari intorno alla casa ed è coltivata come vuole la tradizione, esclusivamente a magliocco canino. La vigna Sant'Andrea, in cui dimora anche il greco bianco, si trova su una collina rivolta verso il Tirreno.

VINI - L'enologo Emiliano Falsini interpreta il territorio per l'azienda con un'impronta di spiccata precisione tecnica.

'A Batia 2017 ● 1.860 bt; 27 € - Nuova interpretazione dell'uva magliocco canino, che esce per la prima volta in commercio con l'annata 2017. Una macerazione di 50 giorni a cappello sommerso restituisce un vino denso, dal colore impenetrabile e dai chiari richiami balsamici.
Jancu! 2019 O greco bianco; 1.300 bt; 19 € - Una macerazione a cappello sommerso per 70 giorni conferisce a questo vino un colore ambrato. In bocca è molto intenso e avvolgente.
Libìci 2018 O magliocco canino; 20.000 bt; 18 € - Il vino più rappresentativo dell'azienda: profuma di amarena e in bocca ha incisività tannica e persistenza.
Granàtu 2019 ● magliocco canino; 15.000 bt; 13 € - Tecnico, floreale, dolciastro.
Rèfulu 2019 O greco bianco; 15.000 bt; 12 € - Fine, floreale, corto.
Fantasia 2019 greco bianco; 4.000 bt; 13 € - Metodo Ancestrale, fine, floreale, sapido.

ha 15 - **bt** 45.000
Fertilizzanti organo-minerali, sovescio
Fitofarmaci rame e zolfo
Diserbo lavorazione meccanica/manuale
Lieviti selezione di lieviti indigeni
Uve 100% di proprietà
Certificazione biologico certificato

PALIZZI (RC)

ALTOMONTE

SCONTO **-10%**

Via Ternità - tel. 338 4965032
aziendaagricolaaltomonte@yahoo.it

VITA - Nino Altomonte è il simpaticissimo vignaiolo dell'antico borgo di Palizzi che lavora nel rispetto del territorio, coltivando esclusivamente vitigni autoctoni. In cantina accoglie i suoi visitatori insieme alla moglie Sandra Labate, che puntualmente si presenta con le tradizionali melanzane ripiene e le polpette. Ma oltre all'accoglienza c'è molto di più: un'azienda che custodisce le tradizioni viticole del territorio facendo ottimi vini.

VIGNE - I 6 ettari vitati, coltivati ad alberello e a cordone speronato si trovano, come ama raccontare Nino, nel punto più a sud dell'Europa continentale, lungo le pendici dell'Aspromonte. Il panorama a ridosso del mar Ionio è semplicemente mozzafiato.

VINI - Le vinificazioni hanno un obiettivo molto chiaro: valorizzare l'espressività territoriale dei vini. Missione compiuta.

La Tacca Del Lupo 2019 ● nerello calabrese, nerello mascalese; 9.000 bt; 12 € - Si apre con un olfatto piacevolmente fruttato; in bocca troviamo una struttura di tutto rispetto, e una trama tannica incisiva e ben risolta.
Melfio 2018 ● nerello calabrese, nerello mascalese; 3.000 bt; 15 € - La territorialità dei vini è garantita anche nella scelta dei loro nomi: qui si fa riferimento all'omonima località. Suadente il profumo di frutti rossi maturi; il passaggio in legno lo rende più morbido, pur conservando una buona freschezza. Accattivante la speziatura e la nota balsamica che tornano in chiusura.
Rumbè 2019 ● nerello mascalese, nerello calabrese; 3.000 bt; 12 € - Il nuovo nato della gamma, anch'esso con un nome che richiama la geografia del territorio, al naso rievoca i frutti rossi; setoso in bocca, è un po' in difetto di quella sapidità che gli conferirebbe maggiore carattere.
Suggianzi 2019 O inzolia, malvasia; 2.000 bt; 10 € - Vivo, floreale, autentico.

ha 6 - **bt** 20.000
Fertilizzanti sovescio
Fitofarmaci rame e zolfo
Diserbo lavorazione meccanica/manuale
Lieviti fermentazione spontanea
Uve 100% di proprietà
Certificazione biologico certificato

PALIZZI MARINA (RC)

TERRE GRECANICHE

SCONTO -10%

Via Ferraro, 14 - tel. 0965 769703
www.terregrecaniche.it - info@terregrecaniche.it

VITA - A caratterizzare la filosofia di questa cooperativa agricola non è solo la voglia di valorizzare il territorio di questa parte di Calabria: i cinque soci fondatori portano avanti soprattutto un'idea di comunità che rimetta al centro i rapporti umani, riprendendo quelle che sono le migliori tradizioni e mirando, soprattutto, a rispettare l'ambiente, con uno sguardo rivolto agli antichi fasti greci.

VIGNE - Le vigne sono coltivate sulla sommità del promontorio di Capo Spartivento e si affacciano sullo Ionio, godendo così della brezza marina. Nel 2018 i nuovi terrazzamenti hanno permesso l'impianto di greco bianco, mantonico e pecorello, andando così ad ampliare la produzione, che comprendeva già la coltura del nerello calabrese, del nerello mascalese, dell'alicante e del syrah.

VINI - L'enologo Antonio Zaffina è l'alchimista che segue la vinificazione per la cooperativa, cercando di interpretare al meglio il territorio.

Aranghìa 2018 ● alicante, nerello mascalese, nerello calabrese; 10.000 bt; 17 € - ▢ - Rievoca il nome della fiumara che scorre nei pressi dei vigneti. Dal colore rubino intenso, presenta un profilo olfattivo caratterizzato da note di frutti rossi maturi e spezie, e un sorso caldo e avvolgente.
Heraklion 2017 ● alicante, nerello mascalese, nerello calabrese; 2.000 bt; 17 € - ▦ - Rappresenta l'orgoglio della cooperativa: è molto più morbido in bocca del precedente, di cui si potrebbe definire la forma più evoluta grazie al passaggio in legno.
Calanchi 2019 O guardavalle, chardonnay; 3.000 bt; 14 € - ▢ - Fine, floreale, corto.
Damusa 2019 ● nerello calabrese; 2.000 bt; 14 € - ▢ - Fresco, fruttato, docile.

ha 10 - **bt** 20.000
Fertilizzanti organo-minerali, sovescio
Fitofarmaci rame e zolfo
Diserbo lavorazione meccanica/manuale
Lieviti selezione di lieviti indigeni
Uve 100% di proprietà
Certificazione biologico certificato

ROVITO (CS)

TENUTA DEL TRAVALE

SCONTO -10%

Via Travale, 13 - tel. 393 7150240
www.tenutadeltravale.it - info@tenutadeltravale.it

VITA - Agli inizi degli anni Novanta, Raffaella Ciardullo e Nicola Piluso hanno deciso di rilevare un fondo abbandonato a Rovito, a soli 9 chilometri da Cosenza e in un territorio notoriamente vocato, per trasformarlo in una tenuta vitivinicola. La filosofia di vita dei coniugi Piluso la si ritrova in quella aziendale: molta attenzione per il territorio e per le vigne si trasformano in vini di qualità che sanno di terra calabrese.

VIGNE - L'antico vigneto terrazzato di 2 ettari rilevato agli inizi è diventato man mano improduttivo ed è stato ripiantato poco più di 10 anni fa, con viti di nerello mascalese e nerello cappuccio. Ci troviamo a Travale di Rovito, a 500 metri di quota, dove le piante godono delle escursioni termiche dovute alla vicinanza delle montagne silane. La coltivazione e la raccolta sono manuali, con una resa contenuta.

VINI - Lo stile dei vini è classico e molto rilassato, con l'utilizzo (non esclusivo) di botti di castagno, che dona speziatura.

Eleuteria 2017 ● nerello mascalese; 5.000 bt; 43 € - ▦ - Ha carattere affascinante e decadente, grazie a un'espressione olfattiva terrosa, speziata e che potremmo definire quasi ematica; la bocca è articolata, dotata di un ottimo spessore e soprattutto di una dinamica stratificata, che chiude esprimendo un tannino di spiccata finezza.
Esmén 2018 ● nerello mascalese, nerello cappuccio; 5.000 bt; 30 € - ▦ - L'ingresso al palato è di buona tensione gustativa, e l'allungo vellutato sostiene un sorso in cui ritornano chiaramente cenni di mora di gelso e note affumicate; la chiusura è affidata a un tannino robusto che allunga in modo sostenuto il sapore.

ha 2 - **bt** 5.000
Fertilizzanti sovescio
Fitofarmaci rame e zolfo
Diserbo lavorazione meccanica/manuale
Lieviti selezione di lieviti indigeni
Uve 100% di proprietà
Certificazione nessuna certificazione

SAN DEMETRIO CORONE (CS)

PODERI MARINI

SCONTO **-10%**

Località Sant'Agata - tel. 0984 947224 - 368 3525028
www.poderimarini.it - poderimarini@gmail.com

VITA - Poderi Marini può vantare, con una punta di giustificato orgoglio, una tradizione agricola familiare lunga ben tre secoli. È con questa esperienza, a cui nel tempo si è affiancata una forte visione moderna e dinamica, oggi assolutamente necessaria, che colleziona risultati di ottimo livello, producendo vini di anno in anno sempre più convincenti.

VIGNE - Le vigne si collocano sulle colline, a circa 450 metri di quota, su terreni a prevalenza argillosa. Accanto sorgono ben 130 ettari di oliveti e 35 ettari di agrumeti, destinati alla produzione di eccellenti clementine di Calabria. Il sistema di allevamento adottato in tutti i vigneti è il cordone speronato, la densità degli impianti è di 5.200 piante per ettaro, con produzioni mai superiori ai 60 quintali d'uva per ettaro.

VINI - Nel vigneto e in cantina si è scelto di lavorare in biologico e con tecnologie d'avanguardia, per produzioni di qualità nel profondo rispetto della tradizione e dell'ambiente. Coerentemente con l'orientamento aziendale, si cerca di adottare le tecniche col più basso impatto sul frutto, dalla vendemmia, rigorosamente in cassetta, alla spremitura e a tutte le successive fasi di produzione del vino. La consulenza enologica è in capo a Gianfranco Cordero.

Koronè Rosso 2019 ● sangiovese, aglianico, merlot, cabernet sauvignon; 20.000 bt; 12 € - - Vino fresco e fruttato, dall'olfatto intenso, mette in mostra un tannino piacevole, che contribuisce a rendere armonico il complesso gustativo.
Koronè Bianco 2019 O chardonnay, malvasia, sauvignon blanc; 12.000 bt; 10 € - - Fresco, floreale, delicato.
Koronè Rosato 2019 ● aglianico, sangiovese; 8.000 bt; 12 € - - Incisivo, fruttato, consistente.

ha 7 - **bt** 40.000
Fertilizzanti sovescio
Fitofarmaci rame e zolfo
Diserbo lavorazione meccanica/manuale
Lieviti selezione di lieviti indigeni
Uve 100% di proprietà
Certificazione biodinamico certificato

SARACENA (CS)

MASSERIA FALVO 1727

SCONTO **-10%**

Località Garga - Strada Provinciale Piana - tel. 0981 38127
www.masseriafalvo.it - info@masseriafalvo.it

VITA - Questa che stiamo raccontando è una storia iniziata circa 300 anni fa, nella terra sospesa tra le falde del Pollino e il mare di Sibari. La Masseria Falvo, edificata proprio nel 1727 come riportato nel nome dell'azienda, oggi è capitanata da Piergiorgio ed Ermanno Falvo, che portano sulle proprie spalle il peso di un passato così importante, condiviso d'altronde con un territorio, quello di Saracena, di antichissima tradizione enologica.

VIGNE - Sono 26 gli ettari di vigneto alle falde del Pollino. I vigneti sono tre: Scarpone nel Pollino è coltivato a magliocco, Costa Cappello è il regno ghiaioso e siccitoso perfetto per l'aromaticità della malvasia bianca, Garga presenta un terreno argilloso che fa esprimere al meglio la freschezza e la sapidità di moscatello e guarnaccia.

VINI - L'amore atavico per la terra e la passione per il proprio lavoro spinge i Falvo a lavorare in biologico. In cantina si avvalgono dell'aiuto enologico di una donna del vino molto talentuosa: Graziana Grassini, una personalità influente nel panorama vitivinicolo italiano.

Graneta 2015 ● 25.000 bt; 22 € - - L'affinamento per 24 mesi in acciaio e 6 in tonneau rende questo Magliocco un vino fine ed elegante, di ottima struttura e complesso al naso e in bocca. Lungo il finale, con uno strascico balsamico.
Ejà 2013 O guarnaccia, riesling, traminer; 2.000 bt; 32 € - - Vino di forte personalità, che riposa a lungo (36 mesi) in acciaio e altrettanti in bottiglia. Denota una grandissima longevità.
Donna Filomena 2018 O guarnaccia, malvasia; 6.000 bt; 10 € - - Incisivo, fruttato, armonico.
Cirès 2019 O magliocco dolce; 6.000 bt; 10 € - - Fine, fruttato, espressivo.

ha 26 - **bt** 80.000
Fertilizzanti sovescio
Fitofarmaci rame e zolfo
Diserbo lavorazione meccanica/manuale
Lieviti selezione di lieviti indigeni
Uve 100% di proprietà
Certificazione biologico certificato

SARACENA (CS)

LUIGI VIOLA

SCONTO **-10%**

Via Roma, 18 - tel. 0981 34722
www.cantineviola.it - info@cantineviola.it

VITA - Dapprima è stato Luigi Viola, maestro elementare in pensione che, dopo aver insegnato per oltre 35 anni, decise di dedicarsi a tempo pieno al recupero, alla valorizzazione e alla diffusione del Moscato Passito di Saracena, un nettare che correva il rischio di estinzione. Con il tempo a lui si sono uniti i tre figli Roberto, Alessandro e Claudio, ai quali ha saputo trasmettere la passione e l'amore per questa terra.

VIGNE - Saracena è situata su una collina rocciosa ai piedi dei monti di Orsomarso. Qui, a 350 metri di quota, sorgono le vigne dei Viola, coltivate a magliocco dolce, moscatello di Saracena, guarnaccia bianca, malvasia, mantonico e adduroca. I vigneti ricevono le correnti miti provenienti dal mar Ionio, mentre a nord sono riparati dai venti freddi dalla catena del Pollino. Le escursioni termiche favoriscono la concentrazione dei profumi che ritroviamo nel bicchiere.

VINI - Col tempo la famiglia Viola sta tentando di ampliare la gamma dei prodotti, continuando a puntare sui vitigni autoctoni.

Moscato Passito al Governo di Saracena 2019 ● 4.000 bt da 0,5 l; 38 € - - Un vino delizioso, che prevede la vinificazione separata dell'uva moscato. Il mosto ottenuto vinificando le uve malvasia e guarnaccia viene concentrato per aumentare il tenore zuccherino, mentre l'aroma particolare proviene dal moscatello. Gli acini del moscatello e dell'adduroca disidratati vengono selezionati, schiacciati e quindi aggiunti al mosto concentrato. L'olfatto è intenso, molto persistente, con profumi di frutta esotica, fichi, datteri e albicocca. Il sorso è ricco e suadente.
Rosso Viola 2016 ● magliocco; 9.000 bt; 23 € - - Robusto, speziato, avvolgente.

ha 5 - **bt** 20.000
Fertilizzanti letame, sovescio
Fitofarmaci rame e zolfo
Diserbo lavorazione meccanica/manuale
Lieviti selezione di lieviti indigeni
Uve 100% di proprietà
Certificazione biologico certificato

SPEZZANO PICCOLO (CS)

SPIRITI EBBRI

SCONTO **-10%**

Via Roma, 96 - tel. 0984 408992 - 320 7498573
www.spiritiebbri.it - spiritiebbri@gmail.com

VITA - È a Spezzano Piccolo, un paese sulle pendici della Sila, che Pierpaolo Greco, Michele Scrivano e Damiano Mele, tre amici appassionati di vino, hanno deciso di costruire la loro piccolissima azienda vitivinicola partendo dai primi esperimenti fatti in un garage, in stile Steve Jobs. Rispettosi dei vitigni autoctoni e della tradizione enologica del territorio, amano definirsi «vigneron con le mani sporche di terra».

VIGNE - La vigna principale si trova a Lappano. Qui si coltivano il magliocco dolce, quello canino, il gaglioppo e il greco nero. Su un terreno sabbioso, povero e arido in estate, la vite è allevata ad alberello con una densità di 5.000 piante per ettaro e una resa massima di 35 quintali per ettaro. Nell'attesa che le altre vigne piantate diventino produttive, ulteriori uve vengono selezionate da conferitori locali.

VINI - In cantina la vinificazione avviene con lieviti indigeni e senza uso di additivi, a parte un po' di solfiti. Il controllo della temperatura si fa solo quando necessario.

Appianum 2018 ● gaglioppo, greco nero, magliocco canino, magliocco dolce; 1.300 bt; 31 € - - Questo blend di vitigni autoctoni affina in barrique per quasi un anno. È un vino strutturato, ampio, complesso e, al contempo, sorprendentemente fresco.
Neostòs Bianco 2019 ○ pecorello; 4.000 bt; 20 € - - È il vino che ha fatto conoscere l'azienda al grande pubblico, anche oltre i confini regionali, quello che va a ruba appena imbottigliato. Fa una macerazione sulle bucce e ha un naso floreale, fruttato e balsamico; al palato è pieno, avvolgente e con una buona spalla acida.
Neostòs Rosso 2018 ● merlot, greco nero, guarnaccia; 5.000 bt; 25 € - - Avvolgente, fruttato, autentico.
Appianum 2019 ● magliocco dolce, gaglioppo, greco nero; 1.100 bt; 19 € - - Agile, floreale, corto.

ha 9 - **bt** 22.000
Fertilizzanti letame, sovescio
Fitofarmaci rame e zolfo
Diserbo nessun diserbo
Lieviti selezione di lieviti indigeni
Uve acquisto 20%
Certificazione in conversione biologica

MAR TIRRENO
MAR MEDITERRÁNEO
MAR IÓNIO
CALÁBRIA
Vibo Valentia
Tropea
Palmi
PARCO NAZ. D. ASPROMONTE
1955
Réggio di Calábria
Mélito di Porto Salvo
Str. di Messina
C. Peloro
Í. STROMBOLI
Í. PANAREA
Í. SALINA
Í. FILICUDI
Í. ALICUDI
Í. LÍPARI
Lípari
Í. VULCANO
ÍSOLE EÓLIE O LÍPARI
Í. DI ÚSTICA
PALERMO
Monreale
Bagheria
Términi Imerese
Cefalù
S. Ágata Militello
Capo d'Orlando
Patti
Milazzo
Messina
Barcellona-Pozzo di Gotto
Taormina
Giardini-Naxos
Randazzo
VAL DEMONE
M. Etna 3323
Giarre
Acireale
Adrano
Simeto
Paternò
Catánia
Golfo di Catánia
Nicosia
Castelbuono
S. Vito lo Capo
Castellammare d. Golfo
Érice
Trápani
Álcamo
Corleone
VAL DI MAZARA
Partanna
Chiusa Sclafani
Bélice
Castelvetrano
Marsala
Capo Boeo
Mazara d. Vallo
Menfi
Sciacca
Plátani
Agrigento
Porto Empédocle
Favara
Caltanissetta
Canicattì
Enna
Piazza Armerina
Lentini
Caltagirone
Augusta
Siracusa
VAL DI NOTO
Ravanusa
Niscemi
Licata
Gela
Golfo di Gela
Cómiso
Vittória
Ragusa
Noto
Avola
Golfo di Noto
Módica
Scicli
Pozzallo
Pachino
C. Passero
Í. MARÉTTIMO
ÍSOLE ÉGADI
Í. FAVIGNANA
Í. DI PANTELLERIA
Pantelleria
ISOLE PELAGIE
I. DI LINOSA
I. DI LAMPIONE
I. DI LAMPEDUSA
Lampedusa
A2
A2Dir.
RA4
A19
A20
A18
RA15
A29
A29Dir.
A29Dir./A
0
20
40 km

SICILIA

Sicilia vuol dire quasi 100.000 ettari di vigna: è la quarta regione per produzione in ettolitri, conta almeno cinque territori ben distinti ricchi di storia e varietà, 23 Doc, una Dogc e sette Igt, è la prima regione per ettari coltivati in biologico, e vanta un patrimonio ampelografico importante e ben definito. Sicilia, però, vuol dire anche un valore medio dei vigneti da terzultimi in Italia (a fianco di Sardegna e Basilicata), e che peraltro negli ultimi cinque anni non ha conosciuto variazioni: vuol dire un valore della produzione del vino che negli ultimi 10 anni ha avuto una crescita annua inferiore al 2% (anche qui una delle ultime regioni nella classifica nazionale), e ciò la dice lunga su quanto vale ciò che si produce. Sicilia vuol dire l'estrema fatica dei nostri viticoltori costretti non di rado a sopportare il fardello dei prezzi non adeguati delle uve conferite alle cantine sociali, con il conseguente e frequente abbandono della coltivazione della vite. Nonostante tutto e tutti però la Sicilia c'è, in un anno complicato, pieno di incertezze, con inevitabili ritardi nell'imbottigliamento delle nuove annate, e con vini ovviamente in corso di integrazione, travagliati e introversi. I vini assaggiati hanno interessato per tre quarti il millesimo 2019, con prevalenza di bianchi, e il 2018, mentre il restante quarto riguardava la vendemmia 2017 con qualche puntata nella 2016. Annate abbastanza diverse e piene di sfumature. Dopo un 2018 che sarà ricordato come uno dei più piovosi di sempre, il 2019 è stato meno problematico, con la diminuzione della produzione causata in particolare dai forti venti e dalle piogge verificatisi durante la fase della fioritura. I vini hanno testimoniato e dimostrato come l'estrema articolazione varietale, territoriale e climatica – il cui cambiamento ogni anno che passa è più evidente e dovrebbe indurre un momento di riflessione collettiva cui noi da alcuni anni invitiamo – e l'attento lavoro di gestione dei nostri produttori abbiano permesso di far fronte alle particolari condizioni ambientali registrate nei millesimi in degustazione. Soprattutto hanno dimostrato il loro valore intrinseco le vigne storicamente più vocate e alcune varietà autoctone, che una volta di più hanno affermato la necessità di essere ulteriormente valorizzate. Fatte le dovute premesse ed escluse le eccezioni, in generale sono andati bene i Catarratto, profondi, carichi e verticali; luci e ombre per i Grillo, meno performanti: non sono riusciti a mantenere integra la loro ricchezza di origine. In generale, i Nero d'Avola 2018, tranne alcuni limitati casi, si sono portati dietro le ferite di un millesimo umido e con difficoltà di maturazione. Frappato e Cerasuolo in penombra: con una virata verso uno stile che privilegia l'ispessimento del vino, forse a discapito di drittezza, fragranza e immediatezza nei Frappato, mentre si osserva una riduzione della dinamica gustativa nei Cerasuolo. L'Etna si è presentato con vendemmie diverse: i 2018 meglio riusciti sono quelli non di contrada, e i 2017 quelli di contrada. I bianchi etnei si esibiscono a nostro giudizio con maggiore continuità rispetto alla variabilità dei millesimi, forse perché più circoscritti e meno onnipresenti nelle varie zone rispetto ai rossi, che si rivelano più muscolosi e meno scorrevoli. In progressiva crescita i vini delle isole: sapidi e pieni di carattere. I Marsala, i cosiddetti pre-british e i passiti hanno messo in bella mostra un profondo legame tra il benefico lavorio del tempo, l'impronta della varietà e il carattere del territorio: sebbene siano considerati marginali, in realtà in degustazione sono risultati esaltanti. Infine si è dimostrata di gran livello la batteria degli Chardonnay, pensati e realizzati per la maggior parte in sottrazione, profondi e con una beva strepitosa.

le Bottiglie

le Monete €

VAL DI MAZARA

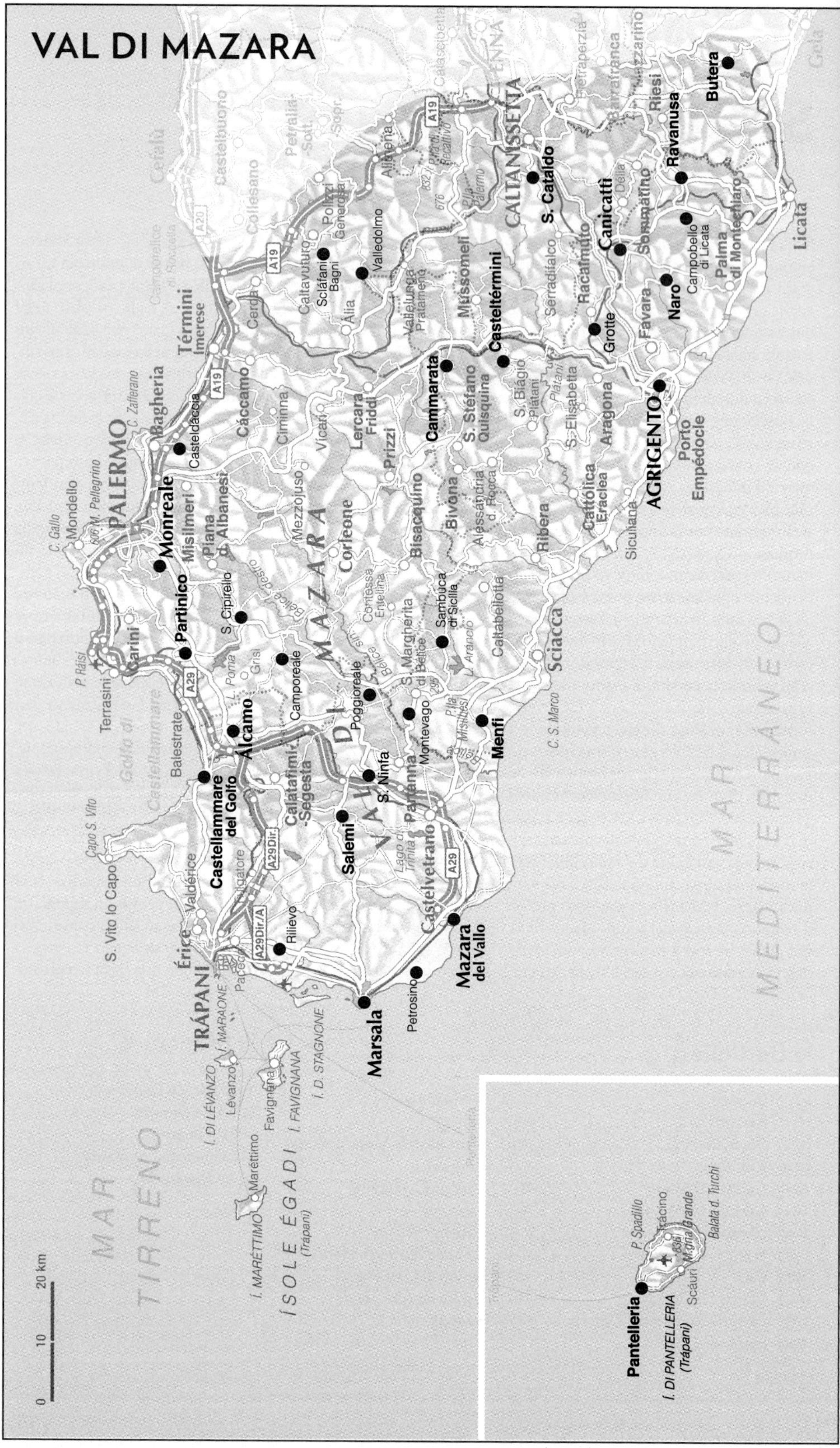

AGRIGENTO

TENUTE CUFFARO

Contrada Fauma - tel. 331 5770805
www.tenutecuffaro.it - info@tenutecuffaro.it

VITA - Questa azienda si è affacciata al mercato vinicolo siciliano da pochissimi anni, e oggi è in forte crescita. Tenute Cuffaro è nata per iniziativa di Filippo Cuffaro e oggi è guidata dal figlio Rosario, con l'aiuto di tutta la famiglia. Le uve vengono coltivate tra le contrade Fauma e Fauma-Busacchio, rispettivamente nel territorio di Agrigento e in quello di Porto Empedocle.

VIGNE - Su un altopiano a 300 metri di quota riparato dalle colline si estendono le fertili terre di Tenute Cuffaro: 12 ettari coltivati da una famiglia che con la stessa passione di ieri, oggi guarda in avanti con convinzione. Belle le vecchie piante di inzolia e catarratto e, tra le uve a bacca nera, quelle del nero d'Avola.

VINI - Le caratteristiche peculiari del clima, del suolo e soprattutto il lavoro paziente delle mani esperte che guidano ogni fase, dalla coltivazione alla vinificazione, trovano riscontro nei vini dell'azienda, classici e lineari.

Sicilia Inzolia Euphrasia 2019 ○ 8.000 bt; 11 € - 🍷 - Un vino di grande rispondenza varietale, che profuma di fiori, frutta esotica, e mandorla. In bocca è coerente, e innervato da una bella freschezza acida.
Sicilia Nero d'Avola Lilianne 2019 ● 5.000 bt; 12 € - 🍷 - L'impronta varietale qui è molto evidente, e si può percepire distintamente già nella schiettezza dei profumi. Il sorso è succoso e dinamico.
Sicilia Nero d'Avola 'Saru 2018 ● 20.000 bt; 12 € - 🍷 - Al naso troviamo la classica nota di geranio, molto ben cesellata, e in bocca, complice l'affinamento solo in acciaio e l'estrazione misurata, un corpo snello e una beva facile e scorrevole.
Sicilia Giuvanni 2019 ○ catarratto bianco lucido; 8.000 bt; 11 € - 🍷 - Fine, floreale, essenziale.

ha 13 - **bt** 100.000
Fertilizzanti sovescio
Fitofarmaci rame e zolfo
Diserbo lavorazione meccanica/manuale
Lieviti selezionati industriali
Uve 100% di proprietà
Certificazione in conversione biologica

ALCAMO (TP)

SERGIO DRAGO

Via San Leonardo, 6 - tel. 331 8875322
sergiodrago78@gmail.com

VITA - Sergio Drago è uno dei giovani promettenti che stanno rinnovando il panorama enologico dell'isola: lo è in termini anagrafici, ma soprattutto per il cambio di filosofia, che prevede un intervento minimo in vigna e in cantina. Con una laurea in Enologia conseguita nel 2010, ha iniziato a produrre vino quasi per divertimento. I risultati l'hanno incoraggiato ad alzare il tiro, e a trasformare la produzione garagista in un'azienda vera e propria.

VIGNE - Dopo aver fatto esperienza anche con un blend, la decisione di dedicarsi ai vitigni autoctoni in purezza ha portato Sergio a concentrarsi sulle due varietà tipiche della zona, cioè il catarratto e il nero d'Avola. Per il bianco, il vigneto è una spalliera di circa 2 ettari in agro di Monreale. Le uve per il rosso al momento vengono acquistate presso un produttore di fiducia, che viene attentamente seguito in tutte le fasi della coltivazione.

VINI - Attento a svolgere in vigna tutte le attività propedeutiche ad avere uve sane, Sergio tende a usare la cantina semplicemente come un luogo di transito, in cui il mosto fermenta e trova la sua forma alcolica e piacevole. Da quest'anno uno dei rossi guadagna struttura con il passaggio in legno.

TOP **Catarratto 2019** VINO QUOTIDIANO ○ 3.300 bt; 12 € - 🍷 - Per la prima volta non filtrato, esprime in maniera fedele il vitigno di provenienza con note fruttate intense, un leggero fumé, e cenni floreali. Il finale è lungo e tipicamente ammandorlato.
Rosa 2019 ● nero d'Avola; 2.000 bt; 13 € - 🍷 - Molto fruttato al naso, in bocca è fresco, molto lineare, e si arricchisce di un lato floreale che lo rende molto piacevole, nonostante una nota amarognola finale.
Rosso di Botte 2019 ● nero d'Avola; 2.000 bt; 16 € - 🍷 🛢 - Vivo, fruttato, verace.
Rosso 2019 ● nero d'Avola; 2.000 bt; 15 € - 🍷 - Croccante, fruttato, varietale.

ha 2 - **bt** 10.000
Fertilizzanti sovescio
Fitofarmaci rame e zolfo
Diserbo lavorazione meccanica/manuale
Lieviti selezione di lieviti indigeni
Uve acquisto 40%
Certificazione nessuna certificazione

ALCAMO (TP)

ELIOS

Viale Europa, 280 - tel. 333 4095994 - 333 4853322
www.eliosfood.it - info@eliosfood.it

VITA - L'azienda è nata nel 2015, quando due amici, Guido Grillo e Nicola Adamo, hanno deciso di valorizzare le aziende agricole di famiglia, puntando sul loro riscatto e sulla necessità di dare voce alla loro creatività e ai propri gusti in materia di vino naturale. Aperti al confronto, con tenacia, continuano a crescere con una gestione sempre più salda e dalle idee chiare.

VIGNE - Elios punta sui vitigni autoctoni. I terreni, condotti in regime biologico, sono nei comuni di Alcamo, Camporeale e Monreale, tra i 280 e i 450 metri di quota. In contrada Valdibella giacciono il grillo e il nero d'Avola, mentre in Contrada Fico trova spazio anche lo zibibbo. Il catarratto e il nerello mascalese provengono da Virzì, dove troviamo una formazione di dagale con argilla, sabbia e limo. Miele e olio completano la produzione.

VINI - Lo stile dei vini è perfettamente sintetizzato nelle etichette che riportano la dicitura "modus bibendi": il rispetto della varietà e la piacevolezza della beva sono le qualità principali per far sì che il vino apra alla convivialità.

TOP **Bianco 2019** VINO SLOW O grillo; 6.000 bt; 25 € - Ha un nitido corredo varietale in cui spiccano la buccia di limone, i fiori di pesco e la pera. La bocca è piena e dinamica. Un Grillo davvero territoriale.

Glou Glou 2019 ● nerello mascalese; 6.000 bt; 15 € - Al secondo anno di produzione, mantiene uno stile che punta sulla fragranza del frutto. Il sorso è agile, sorretto da un corredo acido che nel raccontare la materia apre a una beva strepitosa.

Katamacerato 2019 O catarratto; 3.000 bt; 22 € - I cenni agrumati completano una cornice olfattiva che rimanda a profumi di mare. In bocca sfodera una materia di nuovo agrumata e rustica, che rispecchia la varietà di origine.

Rosso 2018 ● nero d'Avola; 6.000 bt; 17 € - Articolato, varietale, rilassato.

ha 22 - **bt** 27.000
Fertilizzanti sovescio
Fitofarmaci rame e zolfo
Diserbo lavorazione meccanica/manuale
Lieviti fermentazione spontanea
Uve 100% di proprietà
Certificazione biologico certificato

ALCAMO (TP)

LONGARICO

Via Pietro Scaglione, 4 - tel. 393 2280171
longarico@libero.it

VITA - Longarico è l'antico nome di Alcamo: anche se la storia dell'azienda è recente, le sue radici affondano in un'amicizia di antica data. Luigi Stalteri e Alessandro Viola si sono ritrovati e hanno dato vita a un progetto condiviso, con l'intenzione di valorizzare il territorio producendo uve e vini che facciano a meno della chimica. Luigi è il commerciale, mentre Alessandro vinifica. La vigna è curata da entrambi.

VIGNE - Suddivisi in due impianti, sono soltanto 3 gli ettari che costituiscono il patrimonio viticolo dell'azienda. Il vigneto più importante è una gioia anche per gli occhi, trovandosi a oltre 600 metri, in posizione panoramica sull'intero golfo di Castellammare. È un terreno difficile, pietroso, argilloso, che viene coltivato manualmente con una dedizione che viene ripagata da un'elevata qualità delle uve.

VINI - L'obiettivo, perfettamente centrato, è quello di realizzare vini con il minimo intervento in cantina, seppure puliti, freschi e territoriali.

Nostrale 2019 O catarratto; 8.000 bt; 13 € - Fresco, agrumato, ricco di note fruttate e floreali caratteristiche del vitigno, è già pronto a dare il meglio di sé, con un palato scattante e profondo.

Catartico 2019 O catarratto; 3.000 bt; 25 € - Fratello macerato sulle bucce del Nostrale, a partire dai tannini ha una complessità maggiore, che rende consigliabile l'attesa di almeno un paio d'anni per poterne trarre tutta la potenza espressiva che serba, che è davvero notevole.

Insolito 2019 ● syrah, nerello mascalese; 5.000 bt; 16 € - Interessante blend che evidenzia sentori speziati ed erbacei su una base fruttata. Non è privo di eleganza pur mostrando un carattere deciso.

ha 3 - **bt** 12.000
Fertilizzanti sovescio
Fitofarmaci rame e zolfo
Diserbo lavorazione meccanica/manuale
Lieviti fermentazione spontanea
Uve 100% di proprietà
Certificazione nessuna certificazione

ALCAMO (TP)

ALDO VIOLA

Via per Camporeale, 18/c - tel. 339 6969889
info@viniviola.it

VITA - Il progetto di Aldo Viola, classe 1969, dopo diverse esperienze e sperimentazioni ha cambiato rotta nel 2010, quando ha deciso di utilizzare il bagaglio culturale di enologo per realizzare vini non convenzionali, ripartendo dalla vigna e bandendo la chimica. Da allora ogni traguardo è stato per lui una nuova partenza, e così facendo di strada ne ha fatta tanta.

VIGNE - Nel trapanese, alla vigna di Guarini da cui si gode della vista sul mare, dove su stratificazioni di marne calcaree troviamo syrah, nerello mascalese, perricone e grecanico, è stata aggiunta quella di contrada Bigurdo, in agro alcamese. Qui il catarratto giace su un terreno sabbioso e in parte argilloso, con inserti rossi ferrosi e pietroso-calcarei.

VINI - Autenticità e identità, mix di territorio e interpretazione personale, per vini che devono avere un'anima fatta di eleganza e longevità.

TOP **Coccinella 2019** VINO SLOW ● syrah; 6.000 bt; 14 € - - Bella la timbrica varietale, con fresche note speziate e un frutto croccante. La bocca è profonda e ficcante, ben distesa, e il corredo tannico ben espresso.
Krimiso 2019 ○ catarratto; 6.000 bt; 22 € - - L'olfatto agrumato e salmastro svela un vino integro e monolitico, che in bocca si presenta con un carattere profondo e salino e una beva godibile.
Saignèe 2019 ● nerello mascalese, syrah, perricone; 6.000 bt; 18 € - - Vinoso, floreale e mentolato, ha un sorso lineare con una dinamica che valorizza il succo e lo rende particolarmente gastronomico.
Moretto 2019 ● nerello mascalese, perricone, syrah; 6.000 bt; 15 € - - Avvolgente, fruttato, dettagliato.
Brutto 2019 ⁘ catarratto; 6.000 bt; 13 € - - Metodo Ancestrale, citrino, fruttato, sapido.
Biancoviola 2019 ○ grillo, catarratto; 9.000 bt; 15 € - - Fresco, fruttato, cangiante.

ha 9 - **bt** 40.000
Fertilizzanti organo-minerali, preparati biodinamici
Fitofarmaci rame e zolfo
Diserbo lavorazione meccanica/manuale
Lieviti fermentazione spontanea
Uve 100% di proprietà
Certificazione biologico certificato

ALCAMO (TP)

ALESSANDRO VIOLA

Via per Camporeale, 18/c - tel. 339 5046839
alessandroviola76@gmail.com

VITA - Nel 2010 Alessandro Viola ha deciso di mettere a frutto l'esperienza familiare nella coltivazione, dedicandosi a produzione e imbottigliamento del vino, prima in garage, poi affinando capacità e tecnica con la collaborazione presso numerose cantine. Il cerchio si è chiuso con il ritorno alle origini e la produzione di vini manipolati il meno possibile, fedeli espressioni del territorio. La parte amministrativa è curata dalla compagna, Lucia Rita Giulivo.

VIGNE - Le colline del trapanese sono il territorio d'origine delle uve, in particolare i versanti nord, est e sud del monte Bonifato, che sovrasta Alcamo. Il vigneto esposto a nord si trova a 700 metri di altitudine e ha rilievo anche paesaggistico. In agro di Calatafimi-Segesta, in contrada Pietrarinosa, rientra nella disponibilità aziendale un appezzamento più argilloso, a 250 metri di quota.

VINI - Lo stile di vinificazione è semplice e rifugge dalle correzioni di cantina, consegnando alla bottiglia un'evoluzione pressoché spontanea della produzione della vigna. Il risultato non manca di eleganza, soprattutto per i bianchi.

Note di Bianco 2019 ○ grillo; 20.000 bt; 12 € - - Intenso, con note agrumate e di fiori di zagara, in bocca è fresco e sapido. Chiude con richiami di erbe aromatiche che lo rendono molto dinamico.
Le Mie Origini 2019 ○ catarratto; 3.500 bt; 22 € - - Lineare, intenso e varietale. Note di mandorla si alternano a quelle fruttate e floreali, per un'espressione del vitigno che migliorerà ancora con l'affinamento in cantina.
M. Cl. Blanc de Blancs Pas Dosé ⁘ catarratto; 5.000 bt; 20 € - - Incisivo, fruttato, varietale.
Sinfonia di Rosso 2019 ● nerello mascalese; 4.000 bt; 20 € - - Potente, fruttato, energico.

ha 9 - **bt** 50.000
Fertilizzanti sovescio
Fitofarmaci rame e zolfo
Diserbo lavorazione meccanica/manuale
Lieviti fermentazione spontanea
Uve 100% di proprietà
Certificazione biologico certificato

BUTERA (CL)

FIORE

Contrada Ficuzza - tel. 333 9995239
fiorewine@gmail.com

VITA - Siamo a Butera, in contrada Ficuzza. Alla guida dell'azienda ci sono Vincenzo Fiore e Manila Persoglia, due vignaioli sembra proprio che amano creare emozioni tra vigna e cantina. La loro è una storia da raccontare, e lo sa bene l'enologo trentino Walter Webber, che ormai li segue da anni. Tra le cose da citare, bello il progetto della musica in vigna, un'esperienza enologica sensoriale e toccante.

VIGNE - I vigneti di questa azienda beneficiano di una posizione ottimale, visto che sono posti a 300 metri di quota nell'entroterra nisseno. Si stanno effettuando anche un po' di esperimenti visto che sono stati piantati vitigni non proprio autoctoni da queste parti come il ciliegiolo, il nerello cappuccio e il frappato. Tutte varietà che affiancano i più canonici catarratto, inzolia e nero d'Avola.

VINI - Ottimo il rapporto tra la qualità e il prezzo per i vini di questa piccola azienda siciliana: rispecchiano la forza e il carattere di chi lavora la vigna, e il sapore della terra d'origine. L'acciaio è il contenitore scelto per vinificazioni e affinamenti.

Ballerina Bianco 2019 O catarratto, inzolia; 5.000 bt; 10 € - - Il profilo olfattivo è articolato, tra cenni floreali, di camomilla e agrumati, e il sorso è vibrante, grazie a una dorsale acido-sapida che dona slancio.
Ciliegiolo 2019 ● 1.000 bt; 12 € - - Una bella novità: i profumi fruttati fanno da preludio a una sorso ben bilanciato nelle sue varie componenti, e dotato di succo.

Abbiamo riassaggiato il Ballerina Rosso 2017, un Nero d'Avola che nasce in una delle zone dell'isola più vocate per questo nobile vitigno. Bello nel colore, ha profumi floreali e fruttati, e un sorso succoso e gastronomico, con tannini cesellati.

ha 9 - **bt** 11.000
Fertilizzanti sovescio
Fitofarmaci rame e zolfo
Diserbo lavorazione meccanica/manuale
Lieviti fermentazione spontanea, selezionati industriali
Uve 100% di proprietà
Certificazione biologico certificato

CAMMARATA (AG)

FEUDO MONTONI

SCONTO **-10%**

Contrada Montoni Vecchi - tel. 091 513106
www.feudomontoni.it - info@feudomontoni.it

VITA - Feudo Montoni è una delle poche aziende che possono vantare secoli di storia, avendo sede in un baglio che porta con orgoglio il 1469 come anno di fondazione. In un luogo che irradia pace ed energia Fabio Sireci, affiancato da quella che lui definisce «la gente di Montoni», è l'instancabile e appassionato motore di una cantina che fa dei metodi naturali la chiave per esprimere al meglio le potenzialità del territorio.

VIGNE - Siamo nel centro della Sicilia, dove confluiscono le linee di confine delle province di Agrigento, Palermo e Caltanissetta. I circa 35 ettari di vigneti sono piantati su terreni prevalentemente sabbiosi, a quote elevate che sfiorano i 700 metri, inframmezzati da coltivazioni di cereali e aree di macchia mediterranea. L'impianto da cui proviene il Vrucara è una prova della dedizione di Fabio verso la sua terra.

VINI - La bellezza del posto e il carattere di Fabio quasi esigono un approccio rispettoso della natura, dei suoi cicli e dei suoi tempi. I vini sono minerali, con carattere e finezza d'espressione territoriale. Nel bicchiere si percepisce il rispetto dei luoghi e delle persone.

Sicilia Catarratto Masso 2019 O 30.000 bt; 15 € - - Espressione fine ma intensa e varietale di vitigno e altitudine.
Sicilia Grillo Timpa 2019 O 30.000 bt; 14 € - - Potente, varietale, arricchito da erbe aromatiche, ha notevole sapidità e buona lunghezza.
Sicilia Vrucara 2016 ● nero d'Avola; 4.500 bt; 29 € - - Caldo, fruttato e ricco di terziari e di note di fiore di cappero. Un Nero d'Avola giovane ma di grandissima stoffa.
Sicilia Perricone Core 2018 ● 18.000 bt; 19 € - - Potente, fruttato, espressivo.
Sicilia Nero d'Avola Lagnùsa 2018 ● 90.000 bt; 17 € - - Croccante, fruttato, elegante.
Sicilia Nerello Mascalese Rose di Adele 2019 ● 22.000 bt; 15 € - - Fresco, fruttato, armonico.

ha 35 - **bt** 215.000
Fertilizzanti letame, sovescio
Fitofarmaci rame e zolfo
Diserbo lavorazione meccanica/manuale
Lieviti selezione di lieviti indigeni
Uve 100% di proprietà
Certificazione biologico certificato

CAMPOBELLO DI LICATA (AG)

BAGLIO DEL CRISTO DI CAMPOBELLO

SCONTO **-10%**

Località Favarotta - Strada Statale 123, km 19,2 - tel. 0922 877709
www.cristodicampobello.it - mail@cristodicampobello.it

VITA - L'azienda della famiglia Bonetta ha compiuto 20 anni: oggi è diventata un punto di riferimento per il territorio siciliano grazie anche alla collaborazione con l'enologo Riccardo Cotarella, che sin dall'inizio ha creduto nel progetto di Angelo e dei suoi figli. Oggi questa realtà è guidata con polso fermo da Carmelo.

VIGNE - I suoli sono perlopiù bianchi, con un misto di calcare e gesso molto caratteristico. Sono ben 30 gli ettari di vigna in collina, situati tra i 230 e i 270 metri di altitudine e a circa 8 chilometri dalla costa. Grillo, inzolia e nero d'Avola sono le uve tradizionali coltivate, al cui fianco si sono ritagliate spazio chardonnay e syrah tra le varietà internazionali.

VINI - Ogni vino è una parte di racconto dell'azienda: nascono da una terra unica, capace di caratterizzare in senso fortemente territoriale ciò che troviamo nel bicchiere. L'approccio a vinificazioni e affinamenti è moderno, mirato a ottenere vini potenti e precisi.

Sicilia Grillo Lalùci 2019 O 36.942 bt; 14 € - - Dal profilo fruttato e floreale, in bocca si distingue per la bella sapidità.
Sicilia Nero d'Avola Lu Patri 2018 ● 17.671 bt; 34 € - - Note balsamiche, di cioccolato, liquirizia e amarene sotto spirito sfociano in un sorso caldo, intenso e di corpo, dai tannini ben modulati.
Sicilia Adenzia Bianco 2019 O grillo, inzolia; 43.456 bt; 18 € - - Le note di frutta esotica si uniscono alla sapidità e al finale di bocca che vira sulla mandorla amara.
Sicilia C'D'C Rosato 2019 ● nero d'Avola; 12.837 bt; 13 € - - Articolato, floreale, delicato.
C'D'C Bianco 2019 O chardonnay, catarratto, grillo, inzolia; 93.330 bt; 13 € - - Agile, floreale, ampio.
Sicilia Syrah Lusirà 2018 ● 13.832 bt; 34 € - - Denso, speziato, consistente.

ha 30 - **bt** 300.000
Fertilizzanti letame in pellet, letame, sovescio
Fitofarmaci rame e zolfo
Diserbo lavorazione meccanica/manuale
Lieviti selezionati industriali
Uve 100% di proprietà
Certificazione nessuna certificazione

CAMPOREALE (PA)

CASE ALTE

Contrada Macellarotto - Via Pisciotta, 27 - tel. 329 7130750
www.casealte.it - info@casealte.it

VITA - Nella più classica tradizione contadina la "roba" di verghiana memoria si tramandava di padre in figlio. È quello che è successo a Calogero Vaccaro, ed è quello che vuole il figlio Giuseppe, classe 1998, in azienda ormai da alcuni anni. Glielo leggi negli occhi e nel rispetto che hanno l'uno dell'altro, continuamente intenti a discutere e ragionare, anche animatamente, sulla conduzione della vigna, alla quale dedicano tempo ed energie.

VIGNE - Siamo a Camporeale, un piccolo centro a forte vocazione viticola. La vigna è in contrada Macellaroto, a quote comprese tra i 350 e i 450 metri di altitudine, e giace su un terreno a prevalente composizione argillosa nella parte bassa, e sabbiosa in quota. Qui troviamo i filari di catarratto, grillo, nero d'Avola e syrah.

VINI - La consulenza enologica è di Benedetto Alessandro. I vini sono gagliardi e longilinei, giovani e vivaci, e puntano sulla struttura acida e fragrante del frutto, nel rispetto della varietà e del territorio.

Sicilia Catarratto 12 Filari 2019 O 5.000 bt; 16 € - - I profumi agrumati, di mandorla e di sambuco, anticipano un sorso centrato sulla struttura acida del frutto, per una bocca che risulta succosa, scattante, verticale e citrina.
Sicilia Grillo 4 Filari 2019 O 5.500 bt; 16 € - - Ha naso ricco di note fruttate che ricordano la pera e la pesca. In bocca è tagliente e ossuto, con le componenti agrumate che governano il sorso rendendolo piacevole.
Sicilia Nero d'Avola 16 Filari 2018 ● 4.000 bt; 17 € - - Ha note ben definite di gelso e menta, fuse con cenni di origano e viola. Il sorso è fresco e grintoso, modulato da un tannino ben incardinato nel succo.

Ha sorso fresco e scattante il Syrah Contrada Macellarotto 2017, un riassaggio che dimostra come il vitigno si esprima bene nel territorio camporalese.

ha 10 - **bt** 20.000
Fertilizzanti sovescio
Fitofarmaci rame e zolfo
Diserbo lavorazione meccanica/manuale
Lieviti selezionati industriali
Uve 100% di proprietà
Certificazione biologico certificato

CAMPOREALE (PA)

PORTA DEL VENTO

Contrada Valdibella - tel. 335 6692875
www.portadelvento.it - info@portadelvento.it

VITA - Quella di Marco Sferlazzo è una storia vitivinicola iniziata quasi per caso. Da garagista a produttore affermato il passo non è stato facile: impegnativa la conduzione della vigna, e ancor di più il percorso per dare forma compiuta alle sue idee. La sua tenacia e l'energia che riesce a trarre dalla terra di Camporeale gli hanno consentito di affrontare la sfida con la sicurezza di chi è convinto della direzione presa.

VIGNE - La vigna, in prevalenza a catarratto e perricone, è coltivata a spalliera e in parte ad alberello in un corpo unico, a 600 metri di quota. La struttura dei terreni, con una vecchia formazione di arenaria che costituisce la cima di un esteso sistema collinare, è calcarea, con presenza di fossili marini e quarzite. Elevata l'escursione termica e importante la circolazione del vento, che riduce i rischi di peronospora.

VINI - Vini spontanei che puntano a valorizzare lo speciale contesto geologico e varietale dal quale provengono, cercando finezza e profondità. Divertente la linea Voria.

TOP **Porta del Vento 2019** VINO SLOW ○ catarratto; 20.000 bt; 15 € - - Il naso agrumato e iodato apre la strada a un sorso slanciato e succoso, per una beva davvero appagante.

Ishac 2019 ● nero d'Avola; 4.000 bt; 12 € - - Il frutto vivace richiama la mora e la ciliegia, l'acciuga e l'origano. In bocca è scorrevole, succoso e di bella fattura, dotato com'è di una gustosa trama tannica che innerva il palato.

Perricone Maquè 2017 ● 10.000 bt; 14 € - - Esuberante al naso, è sfaccettato in bocca, dove trova energia e succo, e un'intensità che arricchisce la piacevolezza del tutto.

Trebbì 2018 ○ trebbiano; 1.200 bt; 13 € - - Austero, fruttato, consistente.

Saharay 2017 ○ catarratto; 3.300 bt; 15 € - - Denso, iodato, sapido.

Luna Calante 2019 ○ catarratto; 4.000 bt; 27 € - - Vivo, fruttato, contrastato.

ha 20 - **bt** 60.000
Fertilizzanti letame, sovescio
Fitofarmaci rame e zolfo
Diserbo lavorazione meccanica/manuale
Lieviti fermentazione spontanea
Uve 100% di proprietà
Certificazione biodinamico certificato, biologico certificato

CAMPOREALE (PA)

TENUTA RAPITALÀ

Contrada Rapitalà - tel. 0924 37233
www.gruppoitalianovini.com - cantinarapitala@giv.it

VITA - Questa azienda storica ha sede nel cuore del territorio della Doc Alcamo. Frutto della passione per la vigna di Hugues Bernard de la Gatinais e della moglie Gigi Guarrasi, è nata negli anni Settanta, quando i due decisero di ricostruire la cantina distrutta dal devastante terremoto della valle del Belice. Oggi l'azienda è nel gruppo GIV, ed è il figlio Laurent a continuare nel solco tracciato dal padre.

VIGNE - Un bellissimo colpo d'occhio, una rete di filari che dal fondo valle arrivano in cima a un esteso sistema collinare a 600 metri di quota, che accoglie una bellissima vigna di catarratto del 1998. Nella parte bassa le viti giacciono su terreni a tessitura franco-argillosa, mentre in quella alta troviamo struttura sabbiosa e di arenaria. Silvio Centonze guida la parte enologica, Ignazio Arena quella agronomica.

VINI - Obiettivo aziendale: coniugare numeri e qualità con vini complessi, longevi e di facile beva. Privilegiamo le etichette della linea Tenuta Rapitalà.

TOP **Grand Cru 2018** ○ chardonnay; 40.000 bt; 34 € - - Stratificato al naso, in bocca è ricco, profondo, succoso e di ottima beva. Negli anni lo stile si è alleggerito, con legno meno prepotente e una beva più allungata e godibile.

Alcamo Cl. Vigna Casalj 2019 ○ 14.000 bt; 15 € - - Da una vigna di alta quota, ha una timbrica olfattiva varietale e sussurrata. Il sorso è succoso, ricamato dalle componenti agrumate.

Sicilia Nero d'Avola Campo Reale 2019 ● 212.000 bt; 12 € - - Il naso è varietale, con evidenza di cappero e gelso; il sorso è slanciato e di piacevole progressione gustativa.

Alcamo V.T. Cielo D'Alcamo 2019 ● catarratto, sauvignon blanc; 2.000 bt da 0,5 l; 24 € - - Incisivo, fruttato, complesso.

Sicilia Grillo Viviri 2019 ○ 60.000 bt; 12 € - - Articolato, fruttato, varietale.

Sicilia Syrah Nadir 2018 ● 20.000 bt; 16 € - - Succoso, speziato, ampio.

ha 163 - **bt** 2.200.000
Fertilizzanti letame in pellet, sovescio
Fitofarmaci rame e zolfo
Diserbo lavorazione meccanica/manuale
Lieviti selezionati industriali
Uve acquisto 40%
Certificazione biologico certificato

CAMPOREALE (PA)

VALDIBELLA €

SCONTO -10%

Via Belvedere, 91 - tel. 0924 582021
www.valdibella.com - info@valdibella.com

VITA - L'azienda Valdibella è nata poco più di 20 anni fa a Camporeale, un paesino con una forte vocazione agricola. L'obiettivo principale era quello di puntare su un'agricoltura sostenibile, valorizzando al meglio le colture tipiche del territorio. In seguito il progetto si è sviluppato mirando all'ecologia e alla massima cura dei prodotti. Valdibella è una realtà in cui la cooperazione è l'ingrediente fondamentale.

VIGNE - L'approccio multicolturale prevede che la vigna sia affiancata da grani antichi, legumi, melograno e mandorle. Il parco vitato è diversificato, accudito e condotto nel rispetto della biodiversità e del protocollo interno dai soci, attori principali di una squadra affiatata. Continua la ricerca e la condivisione di progetti concreti per la riduzione dell'impatto delle pratiche agricole.

VINI - L'enologo responsabile è Antonino Vilardi. Essenziali, autentici, senza fronzoli, i vini intendono preservare le qualità delle uve e valorizzare le differenze varietali e territoriali.

TOP **Sicilia Nero d'Avola Kerasos 2018** VINO QUOTIDIANO ● 30.000 bt; 7 € - Annata non facile ma realizzazione da manuale: succo, acidità e profondità, per un sorso carnoso e di grande piacevolezza.
Sicilia Acamante 2016 ● 7.000 bt; 9 € - Esplosivo nella connotazione varietale con note erbacee e terrose, questo Perricone ha succo e un tannino ben modulato.
Sicilia Catarratto Isolano 2019 O 6.000 bt; 8 € - Ha un puntuale corredo varietale di pompelmo rosa, cedro e sambuco. Il sorso è aggraziato, profondo e di personalità. Un vino da attendere.
Sicilia Grillo Ariddu 2019 O 20.000 bt; 7 € - Agile, fruttato, verace.
Sicilia Catarratto Munir 2019 O 30.000 bt; 6 € - Croccante, varietale, incisivo.
Sicilia Nero d'Avola Respiro 2019 ● 16.000 bt; 8 € - Succoso, fruttato, espressivo.

ha 60 - **bt** 130.000
Fertilizzanti sovescio
Fitofarmaci rame e zolfo
Diserbo lavorazione meccanica/manuale
Lieviti fermentazione spontanea
Uve 100% di proprietà
Certificazione biologico certificato

CANICATTÌ (AG)

CVA CANICATTÌ

Contrada Aquilata - tel. 0922 829371
www.cvacanicatti.it - info@cvacanicatti.it

VITA - Questa cooperativa sociale lavora bene e contribuisce alla crescita sana del territorio in cui è inserita. I 300 soci conferitori sono guidati dal presidente Giovanni Greco, con l'aiuto del direttore commerciale Salvatore Messina. I lavori in cantina sono affidati alla giovane enologa Lorena Molito, sotto la consulenza vigile di Tonino Guzzo.

VIGNE - I 900 ettari di vigneti a cui può attingere la cooperativa si sviluppano in 12 comuni tra le province di Agrigento, Caltanissetta e Palermo. Il nero d'Avola è il vitigno più rappresentativo, ma non mancano le altre uve autoctone come il grillo e il catarratto. Presenti anche alcuni vitigni internazionali.

VINI - La vasta gamma di vini rappresenta al meglio il territorio in cui opera CVA: sono tante le etichette proposte, che esprimono il lavoro e la passione di tutti i soci.

TOP **Arcifà 2019** VINO QUOTIDIANO O catarratto; 20.000 bt; 10 € - Ha i classici profumi agrumati e di fiore di sambuco, per un sorso dinamico e pieno, con una dorsale acida ben modulata.
Sicilia Grillo Aquilae Bio 2019 O 60.000 bt; 9 € - Un Grillo semplice, ideale per tutti i giorni. I profumi floreali, fruttati e agrumati si incontrano in un sorso sapido e di spiccata trama minerale.
Sicilia Nero d'Avola Aynat 2016 ● 6.500 bt; 27 € - Al naso si offre con note di mora e sbuffi balsamici ed erbacei. Il sorso è pieno e ricco di materia, ben bilanciato da un substrato di fresca acidità.
Menamàra 2018 ● nero d'Avola; 40.000 bt; 9 € - Articolato, fruttato, avvolgente.
Sicilia Nero d'Avola Centuno 2017 ● 40.000 bt; 10 € - Ampio, fruttato, consistente.

ha 900 - **bt** 950.000
Fertilizzanti letame in pellet, organo-minerali, sovescio
Fitofarmaci chimici di sintesi, organici, rame e zolfo
Diserbo chimico, lavorazione meccanica/manuale
Lieviti selezionati industriali
Uve 100% di proprietà
Certificazione parte dei vigneti in regime biologico

CASTELDACCIA (PA)

DUCA DI SALAPARUTA

Via Nazionale Strada Statale, 113 - tel. 091 945201
www.duca.it - info@duca.it

VITA - La storica azienda di Casteldaccia, una delle più grandi e iconiche di Sicilia, dopo avere rinnovato in toto la parte dedicata all'enoturismo ha cambiato anche il packaging, rendendolo sempre più gradevole e in linea con i tempi, in particolare sulla linea Calanica.

VIGNE - Le diverse realtà territoriali dell'azienda sono vocate per la coltivazione dei differenti vitigni che tra Salemi e Marsala, nel comprensorio tra Riesi e Butera, e sull'Etna trovano la loro ambientazione migliore.

VINI - Lo stile aziendale è classico: la finalità è di ottenere freschezza nei vini da uve a bacca bianca, e piacevolezza e longevità per i rossi.

Calanìca Frappato 2019 ● 28.000 bt; 9 € - - Connotato dalla classica fragranza tipica del vitigno, si apre su belle note di ciliegia matura e floreali. La bocca ripresenta le medesime note fruttate, che lo rendono di buona beva e piacevole.
Sciaranèra Pinot Nero 2018 ● 10.000 bt; 14 € - - Giocato sull'eleganza e la sottigliezza, presenta sentori di piccoli frutti rossi e di spezie dolci. La beva, appena nervosa, ha una buona ritmica e distensione.
Calanìca Sentiero del Vento 2019 O vermentino; 15.000 bt; 11 € - - Interessante prima uscita per questo vino proveniente dalla Tenuta Suor Marchesa. L'apertura al naso sa di macchia mediterranea con qualche sbuffo minerale. Fresco, sapido e dinamico all'assaggio, ha buona progressione gustativa.
Lavico 2017 ● nerello mascalese; 34.000 bt; 14 € - - Armonico, fruttato, essenziale.
Nawari 2017 ● pinot nero; 3.000 bt; 39 € - - Articolato, floreale, armonico.

ha 183 - **bt** 1.500.000
Fertilizzanti letame in pellet, letame, organo-minerali
Fitofarmaci chimici di sintesi, rame e zolfo
Diserbo lavorazione meccanica/manuale
Lieviti fermentazione spontanea
Uve acquisto 40%
Certificazione nessuna certificazione

CASTELLAMMARE DEL GOLFO (TP)

DI LEGAMI €

Via Segesta, 206 - tel. 338 1749679
www.cantinedilegami.it - info@dilegami.com

VITA - La campagna ondulata che si estende fra Fulgatore e Marsala accoglie i vigneti e lo stabilimento, di recente ampliato e ristrutturato per consentire l'accoglienza di gruppi. L'azienda è stata fondata nel 1960 dal padre dell'attuale conduttore, Giuseppe Di Legami, che ne ha preso le redini nel 2007. La produzione è curata dall'attentissimo Sebastiano Polinas, persona che unisce una grande competenza a un lato umano che non ha prezzo.

VIGNE - Sono circa 40 gli ettari vitati di pertinenza dell'azienda, pressoché tutti collinari e ad altitudini che oscillano fra i 200 e i 350 metri. Da contrada Zafaràna provengono il nero d'Avola, il syrah e l'inzolia, da Berlinghieri lo chardonnay, il grillo e il perricone. La coltivazione dev'essere particolarmente attenta a causa dei picchi di temperatura della zona, fra le più calde dell'intera provincia.

VINI - La filosofia aziendale privilegia la pulizia d'espressione dei vini, tutti monovarietali, riferibili al territorio e in cui è sempre riscontrabile la tipicità.

TOP **Perricone Berlinghieri 2018** VINO QUOTIDIANO ● 7.000 bt; 11 € - - Fruttato e floreale, irruente ma con un'inaspettata morbidezza, ha notevole carattere ed è di bella rispondenza varietale.
Inzolia Zafaràna 2019 O 8.000 bt; 9 € - - Intenso ed elegante, con frutta bianca e una ricca componente floreale, al palato si presenta vibrante e dinamico, con sapidità importante.
Sicilia Grillo Berlinghieri 2019 O 14.000 bt; 10 € - - Verde, intensamente varietale, presenta note agrumate per una bella espressione olfattiva, molto integrata. In bocca è slanciato, fresco e sapido.
Sicilia Nero d'Avola Zafaràna 2018 ● 4.000 bt; 10 € - - Vibrante, fruttato, sapido.
Chardonnay Berlinghieri 2019 O 4.000 bt; 11 € - - Articolato, burroso, sapido.

ha 40 - **bt** 45.000
Fertilizzanti sovescio
Fitofarmaci organici, rame e zolfo
Diserbo lavorazione meccanica/manuale
Lieviti selezionati industriali
Uve 100% di proprietà
Certificazione biologico certificato

CASTELTERMINI (AG)

LUNA SICANA

Contrada Piana Buffa - tel. 348 3743611
www.lunasicana.it - info@lunasicana.it

VITA - Luna Sicana è nata nel 2008 e già dal 2012 è certificata biologica, grazie al lavoro instancabile della veneta Costanza Trevisan, oggi con radici ben salde in Sicilia e alla guida dell'azienda. La cantina è immersa nello splendido scenario naturale dei monti sicani, ed è circondata da piante di pistacchi e olivi. Vincenzo Puccio in vigna e in cantina collabora con Costanza sotto l'occhio vigile del consulente enologo Tonino Guzzo.

VIGNE - La vallata in cui sorge la sede aziendale è attraversata dal fiume Platani, che nel corso degli anni ha lasciato sia terreno limoso e sabbioso, sia una terreno caratterizzato dalla presenza di numerose pietre di fiume. Tra i vitigni a bacca bianca troviamo catarratto, grillo e fiano, mentre tra le uve a bacca nera fanno capolino nero d'Avola e perricone.

VINI - Le condizioni pedoclimatiche ottimali permettono ai vigneti di Luna Sicana di esprimere bene le loro potenzialità nei profumi e nei sapori. I bianchi sono supportati da una buona freschezza, e i rossi rispecchiano la natura stessa della valle dei Platani.

Sicilia Nero d'Avola A' Zita Cu Zitu 2018 ● 2.000 bt; 14 € - Dai classici profumi di geranio, ha cenni di vaniglia derivanti dall'affinamento in legno piccolo, e sbuffi balsamici. In bocca ha un tannino cesellato e una certa freschezza che dona dinamismo al sorso.
Sicilia Grillo 2019 O 5.200 bt; 133 € - I toni fruttati e floreali anticipano un sorso morbido e persistente.
Luna y Sol 2019 nero d'Avola; 5.000 bt; 13 € - Al naso emergono note fruttate ed erbacee, che si amalgamano in un palato fresco e sapido. Un Metodo Charmat di buona beva.
Catarillo 2019 catarratto, grillo; 6.000 bt; 13 € - Metodo Charmat, dinamico, floreale, elegante.
Sicilia Fiano 2019 O 2.700 bt; 13 € - Fresco, floreale, delicato.

ha 26 - **bt** 21.000
Fertilizzanti sovescio
Fitofarmaci rame e zolfo
Diserbo lavorazione meccanica/manuale
Lieviti fermentazione spontanea, selezione di lieviti indigeni
Uve 100% di proprietà
Certificazione biologico certificato

GROTTE (AG)

MORGANTE

Contrada Racalmare - tel. 0922 945579
www.morgantevini.it - info@morgantevini.it

VITA - Il progetto di Antonio Morgante e dei suoi figli Carmelo e Giovanni ha un grande obiettivo: la valorizzazione del vitigno principe siciliano, il nero d'Avola. Siamo a Grotte, in un territorio in cui queste uve offrono una delle più belle espressioni di tutta l'isola. La consulenza enologica è di Riccardo Cotarella.

VIGNE - Troviamo solo vigne di nero d'Avola nel parco vitato sulle colline di Grotte, immerse in un paesaggio con altimetrie variabili dai 350 ai 550 metri. Le viti allevate a spalliera hanno mediamente più di 20 anni di età.

VINI - Qui possiamo apprezzare tutte le possibili varianti del Nero d'Avola. Oltre alla vinificazione classica, viene anche proposto in bianco e in rosa, dando dimostrazione di versatilità e ricchezza aromatica e gustativa. In cantina troviamo perlopiù acciaio e legni piccoli.

Sicilia Nero d'Avola 2018 ● 227.000 bt; 9 € - Presenta all'olfatto profumi terziari, poi frutta rossa, melograno, spezie, e cenni balsamici e di gelso. Una versione davvero molto riuscita, che nel suo percorso gustativo si distingue soprattutto per la spiccata persistenza.
Sicilia Nero d'Avola Rosé 2019 13.000 bt; 9 € - Il quadro olfattivo è caratterizzato da note di amarena sotto spirito, gerani, spezie e menta. Il sorso è fresco, di vibrante sapidità, e dai richiami finali agrumati molto piacevoli.
Sicilia Nero d'Avola Don Antonio 2017 ● 30.000 bt; 25 € - Affinato in legni piccoli, mette in mostra profumi di vaniglia, cenni balsamici e speziati, e sbuffi fruttati. In bocca presenta una grande struttura, tannini arrotondati e un'invidiabile persistenza.
Bianco di Morgante 2019 O nero d'Avola; 40.000 bt; 9 € - Agile, floreale, delicato.

ha 72 - **bt** 310.000
Fertilizzanti letame in pellet, sovescio
Fitofarmaci rame e zolfo
Diserbo lavorazione meccanica/manuale
Lieviti selezionati industriali
Uve 100% di proprietà
Certificazione nessuna certificazione

MARSALA (TP)

BARRACO

Contrada Bausa - tel. 389 7955357
www.vinibarraco.it - info@vinibarraco.it

VITA - La vivacità di Nino Barraco attrae presso la sua cantina numerosi appassionati, incantati anche dal panorama mozzafiato sulle Egadi e sullo Stagnone di Marsala. Con lui, adesso, oltre alla moglie Angela Galfano c'è anche Ornella Romano, che si occupa di enoturismo e comunicazione. Siccome le novità non mancano, sono in corso lavori per la realizzazione di una barricaia.

VIGNE - Le vigne sono sparse tra Marsala, Mazara del Vallo, Castelvetrano, Campobello e Petrosino, ma perlopiù sono accomunate dalla presenza di suoli calcarei e sabbiosi. Indispensabile la saggia sapienza contadina di papà Vincenzo, senza il quale, afferma Nino, tutto questo non ci sarebbe.

VINI - Ormai in possesso di una sua cifra stilistica, il grande amore di Nino per il proprio territorio si esprime con il continuo lavoro sul Grillo. E se rammentiamo che il Grillo nasce per migliorare il Marsala, ecco che il cerchio si chiude.

TOP **Catarratto 2019** VINO SLOW O 5.300 bt; 23 € - Un bianco luminoso, carico di energia e succo, con un palato allungato e godibilissimo. Sale, fiori, agrumi e tanta beva, incisivo.
Altogrado O grillo; 800 bt da 0,5 l; 63 € - Un vino che colpisce e affascina. Si potrebbero usare mille descrittori e si rischierebbe di dimenticarne alcuni: basti sapere che è un Marsala pre-british dritto, di grande sapidità e personalità.
Sicilia Grillo 2018 O 7.000 bt; 23 € - Sentori sulfurei e iodati rincorrono le note agrumate e floreali. La bocca, sapida, ha uno svolgimento quasi impetuoso, che si distende nel lungo finale.
Altomare 2018 O grillo; 3.200 bt; 75 € - Croccante, iodato, complesso.
Nero d'Avola 2017 ● 3.700 bt; 20 € - Avvolgente, salmastro, espressivo.
Zibibbo 2018 O 5.500 bt; 20 € - Verde, erbaceo, varietale.

ha 18 - **bt** 40.000
Fertilizzanti sovescio
Fitofarmaci rame e zolfo
Diserbo lavorazione meccanica/manuale
Lieviti fermentazione spontanea
Uve 100% di proprietà
Certificazione biologico certificato

MARSALA (TP)

MARCO DE BARTOLI

Contrada Fornara Samperi, 292 - tel. 0923 962093
www.marcodebartoli.com - info@marcodebartoli.com

VITA - I fratelli De Bartoli, Gipi e Sebio, rimangono fedeli alla traccia lasciata dal papà Marco, e cercano di implementarne il valore. Prova ne è la batteria di vini che abbiamo avuto il privilegio di assaggiare: grande personalità, aderenza al territorio e perfetta interpretazione di varietà e tipologie.

VIGNE - I vigneti di Marsala ricadono, quasi per intero, nella conca di Samperi, che giace sotto il livello del mare: qui i suoli calcarei e tufacei donano grande acidità e sapidità. A Pantelleria invece l'azienda può contare sul costone digradante di Bukkuram, esposto a ovest, che beneficia del sole pomeridiano con vantaggi per le viti.

VINI - Rispetto della vigna e del territorio: è quasi un mantra, percepibile in ogni passo di questa azienda che ha riscritto la storia del vino siciliano.

TOP **Passito di Pantelleria Bukkuram Padre della Vigna 2014** VINO SLOW ● 8.000 bt da 0,5 l; 65 € - Un vino monumentale. Uva passa, albicocca, pasta di mandorla, scorza d'arancia candita e macchia mediterranea si inseguono continuamente. La bocca è sinuosa, e si allunga all'infinito.
Marsala Sup. Semisecco Oro Ris. 2004 O 11.000 bt da 0,5 l; 55 € - Odora di frutta secca, mallo di noce, miele di castagno e un ricordo dei profumi incontrati a Samperi. La bocca è sapida, succosa e ha grande dinamica gustativa. Un vino di rara potenza ed eleganza.
Sicilia Grillo Grappoli del Grillo 2018 O 13.000 bt; 23 € - Elegante e territoriale, esprime note agrumate di cedro, richiami marini e macchia mediterranea. Il bel bilanciamento gustativo dona scorrevolezza, per un finale lungo e pulito.
Sicilia Grillo Vignaverde 2019 O 16.000 bt; 14 € - Dinamico, agrumato, energico.
Integer 2018 O zibibbo; 3.000 bt; 14 € - Croccante, erbaceo, incisivo.

ha 20 - **bt** 120.000
Fertilizzanti sovescio
Fitofarmaci rame e zolfo
Diserbo lavorazione meccanica/manuale
Lieviti fermentazione spontanea
Uve 100% di proprietà
Certificazione biologico certificato

MARSALA (TP)

DONNAFUGATA

Via Sebastiano Lipari, 18 - tel. 0923 724200
www.donnafugata.it - info@donnafugata.it

VITA - In questi ultimi 40 anni Donnafugata è stata sempre all'avanguardia nel panorama vinicolo siciliano. Oggi ben cinque realtà aziendali le consentono di offrire una gamma di vini che soddisfa una clientela ampia e ormai affezionata. Dopo la scomparsa di Giacomo Rallo la gestiscono con grande professionalità i fratelli José e Antonio.

VIGNE - Contessa Entellina, Pantelleria, Acate e Randazzo sono, accanto alla storica sede di Marsala, i poli dell'attività aziendale. Ci piace ricordare la bellezza del vigneto di Muegen a Pantelleria: il respiro della natura è disturbato esclusivamente dal sibilare del vento.

VINI - Lo stile deve fare i conti con un ventaglio molto articolato di etichette e numeri importanti: ricerca eleganza, facilità di beva e longevità.

Passito di Pantelleria Ben Ryé 2017 ● 80.000 bt; 54 € - 🍷 - Un vino circolare: dall'uva passa all'uva passa attraversando sentori di albicocca disidratata, scorza d'arancia candita e uno sbuffo d'incenso. Ha una ricchezza zuccherina che viene trascinata dalla viva acidità.
Cerasuolo di Vittoria Floramundi 2018 ● 49.000 bt; 16 € - 🍷 - Al naso melograno, ciliegie, ribes e viola; in bocca una bella nota sapida. Il succo mitiga i tannini vivaci in gioventù.
Etna Rosso Contrada Montelaguardia Fragore 2017 ● 19.000 bt; 57 € - 🍷🍽 - Ha piccoli frutti rossi, un sentore di sottobosco e un leggero sbuffo balsamico. In bocca chiude lungo e disteso, su note fruttate.
Sicilia Rosa 2019 ● 16.000 bt; 24 € - 🍷 - Agile, fruttato, elegante.
Sicilia Nero d'Avola Sherazade 2019 ● 217.000 bt; 12 € - 🍷 - Dinamico, fruttato, autentico.
Sicilia Lucido Prio 2019 O 60.000 bt; 12 € - 🍷 - Armonico, floreale, gastronomico.

ha 410 - **bt** 2.700.000
Fertilizzanti letame, sovescio
Fitofarmaci chimici di sintesi, rame e zolfo
Diserbo lavorazione meccanica/manuale
Lieviti selezionati industriali
Uve acquisto 20%
Certificazione nessuna certificazione

PRE-BRITISH OR ELSE?

Negli ultimi anni abbiamo assistito a una sorta di rinascimento del vino di Marsala, soprattutto nella sua versione non fortificata, ossia senza aggiunta di alcol. Per ragioni di comodità e, con buona probabilità, per dare maggiore appeal al vino, è stata definita come la versione pre-british del Marsala.

A nostro avviso, si tratta di un evidente falso storico almeno sotto due punti di vista. Il primo è dato dalla mancanza di conoscenza diretta di quello che era il vino di Marsala quando i commercianti inglesi, alla fine del XVIII secolo, vi sbarcarono, e dunque dall'impossibilità di avere oggi un metro di paragone documentato. Il secondo è dato dall'odierno uso prevalente, se non esclusivo, del grillo, vitigno probabilmente nato dall'incrocio di zibibbo e catarratto per mano del noto ampelografo riberese Antonio Mendola alla fine del XIX secolo.

Sgomberato il campo da equivoci semantici, come spesso accade qualcuno più lungimirante, visionario o solamente più bravo degli altri ha la consapevolezza delle enormi potenzialità di un vino fatto secondo quelle che erano le tradizioni locali: botti scolme, ossidazione, metodo solera e soprattutto tempo. Così, più di 40 anni fa, Marco De Bartoli, in supremo sberleffo ai produttori del vino Marsala, ha tirato fuori dal cilindro un vino non fortificato e prodotto secondo tradizioni secolari adottate da tutte le famiglie che, nell'agro marsalese e non solo, possedevano una vigna. Non potendolo definire Marsala lo ha chiamato Vecchio Samperi. Inutile aggiungere che questo vino, fin dalla sua nascita, ha rappresentato una pietra miliare di tutta l'enologia siciliana.

Oggi, dopo vari e vani tentativi di introdurre una modifica del disciplinare di produzione del Marsala prevedendo anche una versione non fortificata, la visione di De Bartoli ha trovato nuovi epigoni in una serie di giovani produttori che hanno seguito la sua strada, imponendosi come innovatori di una vecchia tradizione, per fortuna mai del tutto abbandonata. Noi speriamo che ciò possa essere l'inizio della rinascita per il vino di Marsala, che malgrado tutto rimane, seppur misconosciuto, uno dei vini iconici del Paese.

MARSALA (TP)

FABIO FERRACANE

Contrada Bosco, 744 - tel. 340 2437177
www.fabioferracane.it - info@fabioferracane.it

VITA - Dopo anni densi di esperienze in giro per il mondo, passati tra Sicilia Orientale, Nord Italia, Armenia, Australia e Nuova Zelanda, nel 2010 Fabio Ferracane, conscio delle potenzialità della sua terra, è tornato a Marsala deciso ad aprire una sua attività, trovando sponda e sostegno nel padre che, forte di una tradizione familiare, lo ha assecondato. Il prossimo passo, speriamo a breve, sarà quello della realizzazione di una cantina.

VIGNE - Le vigne sono sparse nel territorio marsalese, dalla zona che fronteggia lo Stagnone alle prime colline che portano verso Salemi. Nero d'Avola, merlot e grillo sono nella parte costiera, ricca di sostanze nutritive, il catarratto sui rilievi collinari, per sfruttare le escursioni termiche. Così facendo vengono valorizzate le peculiarità dei diversi terroir. La filosofia in vigna prevede il sovescio.

VINI - L'approccio naturale connota la produzione aziendale, secondo uno stile che è in continuo divenire.

Camaleonte 2019 ● catarratto, grillo, merlot, nero d'Avola; 400 bt; 20 € - 🍷 - Ampie e gradevoli note floreali portano a un sorso succoso e ricco. Un vino di grande impatto gastronomico.
Macerato 2018 O catarratto; 2.100 bt; 32 € - 🍷 - Bel naso iodato, con cenni di alghe e ostriche. Sapido e scattante al sorso, si allunga in una chiusura piacevolmente amarognola.
Guancianera Avulisi 2018 ● nero d'Avola; 3.300 bt; 22 € - 🍷 - Note di cappero e nuance di mentuccia precedono un sorso compatto e al tempo stesso scorrevole.
Magico Ariddu 2019 O grillo; 5.300 bt; 20 € - 🍷 - Dinamico, agrumato, espressivo.
Guanciabianca 2019 O catarratto; 3.300 bt; 20 € - 🍷 - Agile, erbaceo, sapido.
Elisir V.T. ● catarratto; 450 bt da 0,5 l; 43 € - 🍷 - Avvolgente, erbaceo, complesso.

ha 4,9 - **bt** 17.000
Fertilizzanti sovescio
Fitofarmaci rame e zolfo
Diserbo lavorazione meccanica/manuale
Lieviti fermentazione spontanea
Uve 100% di proprietà
Certificazione in conversione biologica

MARSALA (TP)

FLORIO

Via Florio, 1 - tel. 0923 781111
www.duca.it - visitaflorio@duca.it

VITA - La storia di casa Florio continua ad affascinare intere generazioni, curiose di conoscere l'ascesa e la caduta di questa realtà che fu paragonata a una casa reale. E di questa curiosità beneficia, seppure ancora in maniera non del tutto adeguata, il Marsala e il mondo dei vini ossidativi. Particolare sviluppo ha avuto l'enoturismo: del resto una visita alle cantine vale il viaggio a Marsala. La sala Garibaldi e l'imponente cantina con il suolo in battuto di tufo regalano emozioni uniche.

VIGNE - Come da tradizione risalente agli inglesi che inventarono il Marsala, almeno quello che oggi è conosciuto, l'azienda non dispone di vigneti di proprietà. Usufruisce, invece, di un vasto numero di agricoltori fidelizzati che da anni, sotto la supervisione agronomica di personale dell'azienda, curano e conducono le viti.

VINI - Lo stile dell'azienda è chiaramente rivolto alla realizzazione di vini ossidativi. Non potrebbe essere altrimenti, visto che stiamo parlando della storia del Marsala.

Marsala Sup. Semisecco Ambra Donna Franca Ris. O 4.000 bt da 0,5 l; 38 € - 🍷 - L'apertura è affascinante, connotata da note di frutta sciroppata, gentili speziature e frutta secca, per chiudere con un evidente rimando ai legni nobili nei quali matura. In bocca è vellutato e sinuoso, con richiami di miele. Si distende e allunga grazie alla sua spiccata sapidità.
Marsala Sup. Dolce Oltrecento 2017 O 40.000 bt da 0,5 l; 14 € - 🍷 - Un bel ritorno al Marsala dolce questo dell'Oltrecento. Il naso è caratterizzato da richiami al miele bruciato, alla carruba, alle nocciole e alla frutta secca. La dolcezza del vino viene contrastata da una leggera nota amarognola e dalla naturale acidità, che lo rendono scorrevole.

Abbiamo riassaggiato anche il Marsala Vergine Baglio Florio 2002: austero, fruttato, sapido.

ha 0 - **bt** 3.500.000
Fertilizzanti letame
Fitofarmaci chimici di sintesi, rame e zolfo
Diserbo lavorazione meccanica/manuale
Lieviti n.d.
Uve acquisto 85%, acquisto vino
Certificazione nessuna certificazione

MARSALA (TP)

HERITAGE

Via Mazara, 10 - tel. 0923 999133
www.heritagewines.it - info@heritagewines.it

VITA - Francesco Intorcia prosegue con coraggio e ostinazione nel suo lavoro, volto a dare nuova dignità e visibilità al mondo del Marsala. L'azienda di famiglia possiede, infatti, un magazzino molto fornito di annate ormai molto vecchie, che confidiamo Francesco voglia mettere in circolazione nel prossimo futuro. Complice in queste attività è il fidato amico Salvatore Martinico, enologo con importanti esperienze alle spalle.

VIGNE - I vigneti aziendali hanno la fortuna di essere concentrati in un'unica contrada del vasto comprensorio marsalese, Casale. L'ubicazione delle viti, situate su di un vasto altopiano collinare sul versante sud del territorio marsalese, proprio di fronte al mare, consente alle vigne di beneficiare dei freschi influssi delle brezze marine e delle escursioni termiche, che anche nei periodi di maggiore calura sono di un certo rilievo.

VINI - Inevitabilmente lo stile aziendale strizza l'occhio all'ossidativo e all'utilizzo dei legni grandi, almeno per i vini di più ampia struttura.

Sicilia Grillo Vignemie 2019 ○ 5.000 bt; 11 € - Si apre sulle classiche note agrumate cui fanno seguito leggeri sentori floreali. Dotato di bella sapidità, ha una buona dinamica gustativa.
Sicilia Nero d'Avola Laltravigna 2018 ● 5.000 bt; 11 € - Si apre con il varietale tipicamente salmastro di oliva e di fiore di cappero, cui seguono sentori di gelso nero e di prugna, e uno sbuffo balsamico. Buono il succo per un sorso di estrema piacevolezza.
Sicilia Grillo Vigne di Maestranza 2019 ○ 2.500 bt; 17 € - Profumi di sorbo e di legno di castagno in apertura cedono il passo a note agrumate. In bocca è salato e dotato di un discreto allungo.
Vino Bianco Pre British Metodo Perpetuo Tradizionale ○ grillo; 3.000 bt; 22 € - Incisivo, agrumato, sapido.

ha 8 - **bt** 41.000
Fertilizzanti letame in pellet, letame
Fitofarmaci rame e zolfo
Diserbo lavorazione meccanica/manuale
Lieviti fermentazione spontanea, selezionati industriali, selezione di lieviti indigeni
Uve 100% di proprietà
Certificazione in conversione biologica

MARSALA (TP)

VITE AD OVEST

Contrada Amabilina, 519 - tel. 328 8045773 - 334 1890139
www.viteadovest.com - viteadovest@gmail.com

VITA - Prosegue la bella avventura enologica di Vincenzo Angileri, enologo con l'hobby del rugby e lo scoutismo nel cuore. La piccola cantina si sta arricchendo e ampliando, tanto da favorire nuove sperimentazioni e interessanti divagazioni, con le quali Vincenzo si cimenta per ottenere nuovi vini da immettere sul mercato.

VIGNE - I vigneti sono sparsi nel territorio tra i comuni di Marsala e Mazara del Vallo. Le altimetrie sono variabili (arrivano fino ai 1.200 metri), così come le composizioni dei suoli. Si passa da terreni sedimentari, spesso soggetti al ristagno di acque, a terreni pleistocenici, dunque particolarmente ricchi. E siccome diversità è ricchezza, tutto va a beneficio dei vini.

VINI - La cifra stilistica di Vincenzo si muove tra il mondo dei vini naturali e l'universo ossidativo: avere solide radici marsalesi significherà pur qualcosa! Infatti, come da lunga tradizione locale, qui si considera l'ossidazione un potenziale valore aggiunto.

Rina 2017 ○ catarratto; 2.600 bt; 28 € - Questa tradizionale interpretazione del vitigno punta sull'impatto e sulla matericità. Il naso è marino, con cenni di mentuccia ed erbe selvatiche, e la bocca risulta salata e dinamica. Un vino di potenziale longevità.
N73 Perpetuo ○ grillo, catarratto; 900 bt da 0,5 l; 41 € - Fresco, sapido, pulito. Il sorso non è solo appagante: invita continuamente al ritorno. Il finale è molto lungo.
Mukè 2019 ● cabernet sauvignon; 9.300 bt; 17 € - Il naso è connotato da forti sentori di fragole ed esprime giocosità. Dinamico e piacevole, si allunga nel finale con una beva estremamente appagante.
Vurgo CG 2019 ○ catarratto, grillo; 8.000 bt; 17 € - Schietto, agrumato, sapido.
Ghammi 2019 ● nero d'Avola; 3.300 bt; 17 € - Ampio, varietale, autentico.

ha 7 - **bt** 41.000
Fertilizzanti sovescio
Fitofarmaci rame e zolfo
Diserbo lavorazione meccanica/manuale
Lieviti fermentazione spontanea
Uve 100% di proprietà
Certificazione biologico certificato

MAZARA DEL VALLO (TP)

TENUTA GORGHI TONDI

SCONTO **-10%**

Contrada San Nicola - tel. 0923 719741
www.gorghitondi.com - marketing@gorghitondi.it

VITA - Circondata dai laghi di origine carsica della Riserva Naturale Gorghi Tondi, da cui attinge il nome, l'azienda affonda le sue antiche radici nel legame con il territorio, e in un'epoca in cui si producevano uve per il Marsala. Il progetto di realizzare vini di qualità è nato nel 2000, da un'intuizione del padre di Annamaria e Clara Sala, Michele, purtroppo scomparso prematuramente.

VIGNE - È perfettamente mimetizzata con l'ambiente circostante la vigna vicino ai laghi, e sono molto belli i filari che dalla cantina si protendono verso il mare. Il terreno di matrice argillosa è cangiante e ricco di frazioni calcaree e tufacee, caratteristiche che conferiscono ai vini un'impronta sapida unica. Protagonista il grillo, che viene vinificato in vari modi: dalla bolla al passito. L'agronomo è Salvatore Lamia.

VINI - L'enologo Tonino Guzzo è affiancato da Michele Scavone: consapevoli che il vino si fa in vigna, realizzano una gamma aderente al territorio, con prodotti minerali e longevi.

TOP **Sicilia Catarratto Midor 2019** VINO SLOW ○ 13.000 bt; 13 € - Ha un carattere agrumato intenso e chiari richiami ai profumi varietali. Il sorso è verticale, sapido e lungo.
Sicilia Frappato Dumè 2019 ● 10.000 bt; 13 € - Ha una cornice olfattiva delicata e sinuosa. La bocca è succosissima e di grande beva.
Sicilia Zibibbo Rajàh 2019 ○ 12.000 bt; 21 € - È suadente con le note di erba limoncina e arancia. Denso e di personalità, ha bocca ben modulata e appagante, puntellata dalla sapidità.
Sicilia Nero d'Avola Ramisella 2019 ● 6.000 bt; 13 € - Croccante, fruttato, espressivo.
Sicilia Grillo Coste a Preola 2019 ○ 56.000 bt; 9 € - Succoso, fruttato, varietale.
Brut Palmarès grillo; 26.000 bt; 15 € - Metodo Charmat, avvolgente, fruttato, sapido.

ha 115 - **bt** 800.000
Fertilizzanti sovescio
Fitofarmaci rame e zolfo
Diserbo lavorazione meccanica/manuale
Lieviti selezionati industriali
Uve 100% di proprietà
Certificazione biologico certificato

MENFI (AG)

CANTINE BARBERA

SCONTO **-10%**

Contrada Torrenova - Strada Provinciale 79 Menfi-Porto Palo
tel. 0925 570442 - www.cantinebarbera.it - info@cantinebarbera.it

VITA - Anima, mente e braccia dell'azienda si riuniscono in Marilena Barbera, vignaiola dal grande cuore contadino e di spiccate capacità comunicative. Sole, mare e vento disegnano i contorni di questo splendido angolo di Sicilia, in cui ogni vino trova splendide espressioni territoriali, quando viene accompagnato con intelligenza. Questo è ciò che fa Marilena, a cui si affianca la mamma Nina Palmeri.

VIGNE - Le vigne si sviluppano perlopiù in prossimità della foce del fiume Belice, a ridosso del mare, e sembrano assorbire il sale dall'aria e dal terreno, trasformandolo in vibrante sapidità. Inzolia, grillo e zibibbo le varietà a bacca bianca tradizionali, nero d'Avola, perricone e il recente frappato quelle a bacca nera. Unica eccezione internazionale i filari coltivati ad alicante.

VINI - Testimone e custode del territorio, Marilena ne preserva l'integrità, assorbendone la forza. I suoi vini la rappresentano per vivacità, freschezza e naturalezza espressiva.

TOP **Menfi Ciàtu 2017** VINO SLOW ● 4.000 bt; 21 € - Da uve alicante, è fruttato e speziato, con qualche cenno balsamico a ingentilire il tutto. Al palato risulta rotondo e molto piacevole.
Menfi Nero d'Avola Lu Còri 2019 ● 17.000 bt; 15 € - Il profilo olfattivo floreale, fruttato, e speziato apre le danze a un sorso dai tannini cesellati e succoso.
Menfi Inzolia Ti Vitti 2019 ○ 14.000 bt; 10 € - Fiori bianchi, agrumi e pesca bianca descrivono il versante olfattivo. Il sorso è morbido, persistente, minerale. Un vino fresco ed equilibrato, di pronta beva.
Ammàno 2019 ○ zibibbo; 1.930 bt; 26 € - Bianco macerato, fresco, fruttato, sapido.
Menfi La Bambina 2019 nero d'Avola; 7.000 bt; 10 € - Croccante, fruttato, elegante.
Fuorizona 2019 ● frappato; 1.947 bt; 15 € - Dinamico, floreale, varietale.

ha 14 - **bt** 60.000
Fertilizzanti letame in pellet, sovescio
Fitofarmaci rame e zolfo
Diserbo lavorazione meccanica/manuale
Lieviti fermentazione spontanea
Uve 100% di proprietà
Certificazione biologico certificato

MENFI (AG)

CANTINE SETTESOLI

Strada Statale 115 - tel. 0925 77111
www.mandrarossa.it - info@mandrarossa.it

VITA - Associare Menfi alle cantine Settesoli è un automatismo scusabile, visti gli oltre 2.000 soci che contribuiscono alla produzione. Nata più di 60 anni fa, Settesoli è diventata un importante volano per l'economia locale, facendo anche da richiamo turistico. Il coordinamento in vigna è di Filippo Buttafuoco, l'enologo è Domenico De Gregorio, con consulenza di Alberto Antonini. Roberta Urso è la persona che gestisce le pubbliche relazioni.

VIGNE - La produzione avviene su una sterminata estensione di 6.000 ettari, che comprendono praticamente ogni tipo di suolo e collocazione geografica. Dopo un impegnativo lavoro di mappatura svolto da Pedro Parra, il territorio è gradualmente ripiantato in funzione della vocazione alla specifica cultivar. Al vertice della gamma ci sono i Vini di Contrada, che da quest'anno accolgono due nuove etichette nate sui declivi vulcanici dell'Etna.

VINI - Encomiabile esempio di cooperazione, è riuscita a promuovere un territorio valorizzandone in cantina tutti gli aspetti peculiari.

Sicilia Mandrarossa Storie Ritrovate Bertolino Soprano 2018 ○ grillo; 12.000 bt; 18 € - Giovanile ed erbaceo al naso, è fresco, morbido, articolato e sapido.
Mandrarossa Santannella 2019 ○ fiano, chenin blanc; 16.000 bt; 15 € - Fruttato, ha bella intensità, per un sorso morbido e salino.
Sicilia Mandrarossa Costadune Grecanico Dorato 2019 ○ 30.000 bt; 10 € - Fresco, fruttato, espressivo.
Sicilia Mandrarossa Merlot Rupenera 2019 ● 50.000 bt; 10 € - Avvolgente, fruttato, complesso.
Etna Rosso Mandrarossa Storie Ritrovate Sentiero delle Gerle 2016 ● 11.800 bt; 16 € - Possente, speziato, espressivo.

Ottimo anche il riassaggio Sicilia Mandrarossa Storie Ritrovate Terre del Sommacco 2016: fresco, intensamente fruttato, è giovane ma già pronto.

ha 6.000 - **bt** 24.000.000
Fertilizzanti compost, humus, letame in pellet, letame, minerali, sovescio
Fitofarmaci chimici di sintesi, organici, rame e zolfo
Diserbo chimico, lavorazione meccanica/manuale
Lieviti selezionati industriali
Uve 100% di proprietà
Certificazione parte dei vigneti in regime biologico

MENFI (AG)

PLANETA

Contrada Dispensa - tel. 0925 80009
www.planeta.it - planeta@planeta.it

VITA - Planeta è nata a metà degli anni Ottanta: l'intuizione principale fu quella di investire cambiando l'impostazione dei vigneti, e dedicando un'arco temporale prolungato alla sperimentazione in vigna. Man mano l'azienda si è estesa verso la Sicilia orientale, diventando una realtà sempre aperta alla ricerca, allo scambio e all'integrazione con il territorio. Alessio, Francesca e Santi Planeta oggi continuano a portare avanti un lavoro da manuale su ogni terroir.

VIGNE - Il parco vitato si sviluppa su cinque diversi territori: dalla storica tenuta di Sambuca, a Capo Milazzo, passando per l'Etna, Vittoria e Noto. Territori estremamente diversi ma accomunati dallo stesso approccio: salvaguardia del paesaggio, dei terreni e della vigna, difesa della biodiversità, accurata selezione delle uve.

VINI - I vini Planeta portano con sé un messaggio semplice e lineare, fatto di equilibrio tra territorio e varietà, tra freschezza e profondità.

TOP **Sicilia Nocera 2018** ● 13.000 bt; 14 € - Ha note di ruggine, è ematico, con la trama olfattiva che chiude con sfumature mentolate. Il sorso è succoso, dinamico e pieno di materia: un dettagliato racconto della varietà.
Cerasuolo di Vittoria 2018 ● 85.000 bt; 11 € - Melograno, oliva nera e origano, frutto delicato e lieve balsamico. Il sorso è ampio e gustoso.
Sicilia Menfi Chardonnay 2018 ○ 200.000 bt; 24 € - Ha un esteso corredo agrumato, ben innestato nella cornice olfattiva legata al passaggio in legno. In bocca ha energia e freschezza, con le componenti sapide che rendono piacevole la beva.
Sicilia Nero d'Avola Plumbago 2018 ● 140.000 bt; 11 € - Succoso, balsamico, armonico.
Etna Rosso 2019 ● 53.000 bt; 16 € - Avvolgente, varietale, stratificato.
Passito di Noto 2019 ● 22.000 bt; 24 € - Croccante, fruttato, espressivo.

ha 395 - **bt** 2.450.000
Fertilizzanti letame, organo-minerali, sovescio
Fitofarmaci rame e zolfo
Diserbo lavorazione meccanica/manuale
Lieviti fermentazione spontanea, selezionati industriali
Uve 100% di proprietà
Certificazione nessuna certificazione

MONREALE (PA)

FEUDO DISISA

SCONTO **-10%**

Frazione Grisì - Contrada Disisa - Strada Provinciale 30, km 6
tel. 091 6127109 - www.feudodisisa.it - info@vinidisisa.it

VITA - Un'azienda ricca di storia e di radicamento territoriale, Feudo Disisa è stata fondata dal nonno di Mario Di Lorenzo, che rappresenta quindi la terza generazione al comando. In principio la produzione si basava sul vino sfuso, mentre oggi è alta l'asticella della qualità: investendo sui vitigni autoctoni e rimanendo al passo con i tempi, questa realtà è la testimonianza della rinascita della Doc Monreale.

VIGNE - Dalla tenuta si osserva uno stupendo panorama su un anfiteatro di vigneti, olivi, mandorle e pascoli, a quote tra i 300 e i 400 metri, su terreni di struttura argillosa con frazioni dal calcareo al sabbioso. Siamo a Grisì, un piccolo paesino della provincia di Palermo. Qui la vigna ha un ruolo chiave e viene mantenuta con rispetto e impegno.

VINI - La consulenza enologica è affidata a Tonino Guzzo. Solo una piccola frazione delle uve viene imbottigliato. Il messaggio dei vini Disisa è chiaro: territorio, varietà, e cura dei dettagli per dare vini longevi.

TOP **Sicilia Chardonnay 2018** O 6.000 bt; 17 € - La trama olfattiva fitta e articolata sfocia in un sorso grintoso, nel quale i sapori agrumati sono il filo rosso per un vino pieno di energia e complessità.

Monreale Catarratto Lu Bancu 2019 O 10.000 bt; 13 € - Ha una cornice olfattiva minerale con richiami di agrumi, cui segue una bocca slanciata, succosa e verticale, in grado di riassumere vitigno e luogo.

Sicilia Grillo 2019 O 40.000 bt; 11 € - Offre note agrumate, di pera e di pesca; in bocca è dinamico, e ha una delicata spina acida che lo rende particolarmente godibile.

Chara 2019 O catarratto, inzolia; 40.000 bt; 10 € - Succoso, fruttato, dettagliato.

Nero d'Avola 2018 ● 40.000 bt; 10 € - Fine, fruttato, varietale.

Sicilia Syrah Adhara 2018 ● 20.000 bt; 11 € - Schietto, speziato, docile.

ha 150 - **bt** 200.000
Fertilizzanti letame in pellet, letame, sovescio
Fitofarmaci rame e zolfo
Diserbo lavorazione meccanica/manuale
Lieviti selezionati industriali
Uve 100% di proprietà
Certificazione biologico certificato

MONTEVAGO (AG)

LA CHIUSA

SCONTO **-10%**

Montevago - Contrada La Chiusa Beviero - tel. 347 8782011
www.lachiusavini.it - info@lachiusavini.it

VITA - Il motore dell'azienda è Stefano Ientile, architetto di città con cuore e braccia da vero vignaiolo. Amante della natura e degli animali, anno dopo anno i suoi vini si stanno ritagliando uno spazio importante nella scena dei naturali siciliani. Le vigne crescono nel cuore della valle del Belìce, a ridosso di Montevago vecchia, accanto alle acque termali della città e in un territorio incontaminato.

VIGNE - Tufo, calcarenite e argilla caratterizzano il profilo geologico dei suoli su cui si sviluppano le vigne dell'azienda, che si trovano a circa 400 metri di altitudine. Tra le uve a bacca bianca è il catarratto il vitigno più rappresentativo dell'azienda, ma troviamo anche grillo e grecanico, mentre syrah, nerello mascalese e perricone compongono il quadro di quelli a bacca nera.

VINI - Stefano coltiva e vinifica senza l'aiuto di sostanze chimiche, assecondando in cantina l'essenza del frutto, ed esaltandone le naturali inclinazioni. Acciaio e legno piccolo garantiscono una gestione moderna degli affinamenti, a cui si aggiunge l'interesse per maturazioni più spinte e appassimenti.

TOP **Pietra Gialla Diciotto 2019** VINO QUOTIDIANO O catarratto; 2.000 bt; 10 € - Il naso si apre su profumi erbacei e di fiori bianchi, per poi virare su note di melone e cedro leggero. Il sorso è leggiadro, di facile beva e sapido.

Nico 2019 O grecanico; 2.300 bt; 14 € - Il naso dai sentori agrumati, di mandorla e di nocciola tostata è il preludio a un sorso che mette in mostra tannini eleganti e rifiniti.

Una Luna 2019 O catarratto; 650 bt; 17 € - Accogliente già dal colore, è fruttato, con cenni tropicali ed erbacei, ed è fresco ma anche dotato di discreta morbidezza.

qb 2019 catarratto; 1.000 bt; 18 € - Metodo Ancestrale, incisivo, agrumato, armonico.

Tafù 2016 ● syrah; 2.000 bt; 15 € - Solido, speziato, ampio.

ha 5 - **bt** 9.000
Fertilizzanti sovescio
Fitofarmaci rame e zolfo
Diserbo lavorazione meccanica/manuale
Lieviti selezione di lieviti indigeni
Uve 100% di proprietà
Certificazione biodinamico certificato

NARO (AG)

BONSIGNORE

Strada Statale, km 410 - tel. 335 7660491
www.bagliobonsignore.com - info@bagliobonsignore.it

VITA - Questa azienda giovanissima è stata fondata nel 2016 da Luigi Bonsignore e dalla moglie Debora Greco. Tanti i progetti in corso, per un vero e proprio sogno che si sta realizzando a metà strada tra Canicattì e Naro: Bonsignore è una cantina che guarda al futuro con radici ben salde nell'identità di questa terra. I lavori in vigna sono coordinati dall'agronomo Onofrio Oliva, l'enologo è Tonino Guzzo.

VIGNE - I vini dell'azienda nascono dagli impianti di nero d'Avola, syrah e grillo tra i centri di Naro e Canicattì. Tra le vigne troviamo anche l'antico cuburro sicano, una tomba arcaica costruita in pietra, raffigurata anche nelle etichette dei vini di Bonsignore.

VINI - La gamma prevede tre vini che ricadono nella Doc Sicilia ed esprimono con sincerità l'approccio viticolo ed enologico di casa: sono identitari, equilibrati e con una lunga vita davanti.

Sicilia Nero d'Avola Io 2019 ● 12.500 bt; 19 € - 🥛 - L'affinamento in acciaio restituisce un Nero d'Avola varietale e schietto, senza inutili sovrastrutture: profuma di geranio e mentuccia ed è succoso, sapido e dal tannino ben calibrato.
Sicilia Grillo Oi 2019 O 7.500 bt; 19 € - 🥛 - Un vino che esprime appieno le qualità di questo nobile vitigno siciliano. Al naso mette in mostra un articolato profilo floreale, mentre al palato è fresco e minerale, dotato di una buona sapidità.
Sicilia Cubburo 2017 ● nero d'Avola, syrah; 10.000 bt; 20 € - 🛢 - Dopo circa 20 giorni di macerazione sulle bucce e 12 mesi in barrique di rovere prende vita questa etichetta, che vuole essere il vino di punta aziendale. Elegante al naso, è supportato da una buona spalla acida che alleggerisce la potenza del sorso.

ha 13 - **bt** 40.000
Fertilizzanti letame in pellet, sovescio
Fitofarmaci rame e zolfo
Diserbo lavorazione meccanica/manuale
Lieviti selezionati industriali
Uve 100% di proprietà
Certificazione biologico certificato

PANTELLERIA (TP)

FERRANDES

Contrada Tracino Kamma - Via del Fante, 8 - tel. 0923 915475 - 328 9008813
www.ferrandes.com - dsferrandes@gmail.com

VITA - Salvatore Ferrandes è un po' il simbolo della viticultura più verace di Pantelleria e, per certi versi, ne è sia il continuatore sia l'antesignano. A lui, infatti, è dovuta la riscoperta del passito come grande vino dotato di una sua nobiltà d'animo, e non più come semplice (e bistrattato) vino del contadino. Il suo carattere schivo, per certi versi aristocratico, serve in realtà a mascherare la grande timidezza. Oggi, accanto a lui, il figlio Adrian inizia a muoversi con crescente sicurezza.

VIGNE - La piana di Mueggen, nella quale, arroccato su un costone che domina piana di Ghirlanda, sorge il seicentesco dammuso cantina di Salvatore, è un po' il suo regno. Luogo solitario, che si raggiunge per stradine impervie e sconnesse, rispecchia il vignaiolo Ferrandes: solo qui, lontano dai rumori e dai turisti che in estate affollano l'isola, raggiunge il suo equilibrio e decide se l'uva è adatta a divenire passito.

VINI - Vinificare un passito è impegno non da poco a causa delle incognite che spesso le mutevoli condizioni climatiche pongono. Grazie alla sua esperienza ormai cinquantennale e con la sensibilità acquisita, Salvatore riesce se non a evitare, almeno a ridurre i margini di rischio, e a regalarci anno dopo anno dei veri monumenti, vini che testimoniano la ricchezza enologica del Paese.

TOP **Passito di Pantelleria 2014** VINO SLOW ● 4.000 bt da 0,375 l; 34 € - 🥛 - Il consueto piccolo miracolo di circolarità: dall'uva passa all'uva passa, facendo un viaggio attraverso note di pasta di mandorla, scorza d'arancia disidratata, erbette mediterranee e note d'incenso. Il tutto sostenuto da una vena acida che spinge la beva in allungo infinito. Altro giro, altro vino, altro regalo!

ha 3 - **bt** 5.000
Fertilizzanti letame in pellet
Fitofarmaci rame e zolfo
Diserbo lavorazione meccanica/manuale
Lieviti fermentazione spontanea
Uve 100% di proprietà
Certificazione biologico certificato

MINARDI

Contrada Karuscia - tel. 0923 911160
www.viniminardi.it - info@viniminardi.it

VITA - Di anno in anno la mano di Francesca Minardi si va facendo sempre più sicura. Il fermento delle attività aziendali ha comportato un incremento dell'enoturismo, anche grazie all'organizzazione di serate tematiche che malgrado il particolare momento storico, Francesca ha fortemente voluto, anche in questa fase, utilizzando il vasto salone degustazione e gli ampi spazi esterni. Sono solamente due i vini recensiti, a causa del lockdown che ha ritardato tutte le attività.

VIGNE - Secondo una classica impostazione risalente all'Ottocento, l'opificio ricade proprio al centro delle aree vitate, tutte ubicate nella contrada Karuscia, nella parte nord-orientale dell'isola. I venti provenienti dal mare corroborano le vigne portando umidità. Queste sono allocate nella classica conca pantesca, che dona sollievo dalla calura estiva e protegge dai venti invernali.

VINI - Lo stile aziendale ha abbandonato il classico sentiero tracciato dai produttori panteschi, secondo cui un vino doveva essere necessariamente grasso, per virare verso l'alleggerimento, senza però alcun detrimento per la materia.

Passito di Pantelleria Karuscia 2016 ● zibibbo; 2.000 bt da 0,5 l; 24 € - Il naso è molto varietale, su cenni di uva passa che virano poi verso sentori ammandorlati, di scorze d'arancia, di incenso e di erbe mediterranee. L'acidità, importante, contrasta il residuo zuccherino e accompagna la beva in un finale disteso e godibile.
Pantelleria Bianco Leukòs 2019 O 10.000 bt; 13 € - Al naso esplodono le caratteristiche tipiche del vitigno zibibbo, ben risolte tra sbuffi mentolati e di erbe di campo. Croccante in bocca, ha una notevole spalla acida che rende scorrevole e godibile il sorso. Classico il finale amarognolo.

ha 5 - **bt** 25.000
Fertilizzanti letame in pellet, letame
Fitofarmaci rame e zolfo
Diserbo lavorazione meccanica/manuale
Lieviti fermentazione spontanea, selezionati industriali
Uve 100% di proprietà
Certificazione nessuna certificazione

PANTELLERIA (TP)

SOLIDEA

Contrada Kaddiuggia - tel. 0923 913016 - 392 0483517
www.solideavini.com - info@solideavini.it

VITA - La gioventù e l'entusiasmo apportati da Fabio hanno avuto un effetto benefico sui genitori Giacomo D'Ancona e Solidea Innocente: si riverbera nel rinnovato impegno con il quale tutti si stanno adoperando nelle attività. Un impegno che prevede anche l'apertura all'enoturismo, con un consolidato numero di appassionati che frequentano le degustazioni condotte dalla dinamica collaboratrice Patrizia Magnino. Insomma, un bel fermento che promette ulteriori novità per il futuro.

VIGNE - I principali vigneti aziendali si trovano a Kaddiuggia e a Zighidì, con caratteristiche pedologiche diverse, come diverse sono le esposizioni e le altitudini. Molto bello il vigneto di Zighidì, con forti pendenze che hanno obbligato al ritorno ai terrazzamenti. La sabbia vulcanica necessita di una conca più profonda per proteggere la vigna dal fenomeno del mitragliamento causato dai venti invernali.

VINI - La cifra stilistica aziendale è ormai riconoscibile: troviamo freschezza e croccantezza nell'Ilios, grande godibilità nel passito.

Passito di Pantelleria 2017 O 6.000 bt da 0,5 l; 26 € - L'attacco olfattivo è classico, giostrato sulle note di uva passa, pasta di mandorla e albicocca disidratata, con l'immancabile sentore di incenso. La bocca, quasi masticabile, si dipana sinuosa e avvolgente, spinta dalla buona acidità, che ben supporta il residuo zuccherino importante.
Ilios 2019 O zibibbo; 7.000 bt; 12 € - All'olfatto presenta le tipiche note verdi e croccanti della buccia dello zibibbo, che precedono sentori di mentuccia ed erbe mediterranee. Ha buona sapidità e acidità, che gli consentono un importante allungo nel finale; quest'ultimo come di consueto, ha un'impronta amarognola che rinfresca e invoglia a un nuovo sorso.

ha 5 - **bt** 15.000
Fertilizzanti letame in pellet, letame, organo-minerali
Fitofarmaci rame e zolfo
Diserbo lavorazione meccanica/manuale
Lieviti fermentazione spontanea
Uve 100% di proprietà
Certificazione nessuna certificazione

PANTELLERIA (TP)

TANCA NICA

Contrada Kaffefi - Via San Vito, 50/2 - tel. 347 3302499
caffefi@yahoo.it

VITA - Francesco Ferreri e Nicoletta Pecorelli costituiscono l'anima giovane dell'enologia e della produzione vitivinicola pantesca. Dietro le loro facce pulite e da bravi ragazzi si nascondono una determinazione e un coraggio smisurati. Quest'anno è stato fatto uno studio attraverso la vinificazione parcellare di tre singoli appezzamenti coltivati a zibibbo, con l'intento di dimostrare le diverse qualità organolettiche in ragione di esposizione, altimetria e caratteristiche del suolo.

VIGNE - È stato un anno di svolta: i terreni non vengono più fresati e si utilizzano sempre di più lo sfalcio delle erbe spontanee e il sovescio, soprattutto dalla fine di maggio per consentire alle erbe di proteggere i vigneti dalle sciroccate e dal maestrale che in primavera soffiano spesso impetuosi. Le erbe utilizzate, quasi a riprodurre quelle che spontaneamente crescono sull'isola, sono perlopiù appartenenti alla famiglia delle leguminacee.

VINI - Less is more! La filosofia produttiva di Francesco prevede il minimo intervento in cantina ed è indirizzata alla naturalità.

Soki Soki 2019 O zibibbo; 2.000 bt; 43 € - □ - Il richiamo al varietale è evidente e molto intenso al naso. Succoso, scorrevole e croccante, ha il tipico finale leggermente amarognolo e una spiccata freschezza che invoglia alla beva.
Nivuro Nostrale 2019 ● pignatello; 400 bt; 43 € - □ - Goloso e al tempo stesso grintoso, presenta sentori di prugna e di gelsi, con qualche sfumatura di fragola. Il bel grip in bocca gli dona buona scorrevolezza.
Firri Firri 2019 ● catarratto, pignatello, inzolia; 600 bt; 43 € - □ - All'olfatto percepiamo profumi di macchia mediterranea e note mentolate e agrumate. Al palato la buona materia sostiene un tannino vivace che non ostacola la beva.
Kaffefi 2019 O catarratto; 600 bt; 43 € - □ - Schietto, iodato, sapido.

ha 2 - **bt** 4.000
Fertilizzanti sovescio
Fitofarmaci organici, rame e zolfo
Diserbo lavorazione meccanica/manuale
Lieviti fermentazione spontanea
Uve 100% di proprietà
Certificazione nessuna certificazione

PARTINICO (PA)

AUGUSTALI

Strada Statale 113, km 318,7 - tel. 335 8716104
www.augustali.it - fattoriaugustali@gmail.com

VITA - Augustali è il centro di gravità permanente di Vincenzo Bambina e della moglie Finella Ammoscato. Dopo diverse importanti esperienze lavorative hanno deciso di dare vita al loro progetto, basato su due direttrici: valorizzare i prodotti della terra e rispettarla, attraverso un approccio culturale che parta dalla diffusione del sapere ai più piccoli. È così che sono nate la fattoria didattica e la cantina.

VIGNE - Ci troviamo in contrada Bosco Falconeria, tra i comuni di Alcamo e Partinico, un territorio nella Doc Alcamo storicamente vocato per la produzione di uva. Qui, su terreni in prevalenza sabbiosi, con maggiore presenza di sostanze ferrose nella parte che guarda a sud, troviamo catarratto e vermentino. Per il grillo, il nero d'Avola e il syrah Vincenzo attinge dai terreni di famiglia in agro di Camporeale.

VINI - Uno stile essenziale ma non banale, con una ricerca non esasperata della perfezione tecnica, per puntare su espressività varietale e maturità delle uve.

Il Suolo 2019 O catarratto; 5.000 bt; 9 € - □ - Ha naso agrumato a cui seguono inflessioni minerali. La bocca è verticale e succosa.
Sicilia Grillo Il Mare 2019 O 5.000 bt; 9 € - □ - La timbrica olfattiva ricorda le erbe aromatiche, il cedro e la mandorla. In bocca ha buona spinta e succo, con una chiusura agrumata.
Sicilia Nero d'Avola La Vigna 2018 ● 5.000 bt; 9 € - □ - Caratterizzato da un frutto scuro croccante, e sbuffi mentolati, ha un sorso fresco e spontaneo, di non trascurabile piacevolezza.
Il Clima 2019 ● syrah; 5.000 bt; 9 € - □ - Agile, speziato, contrastato.

Il riassaggio del Catarratto 2018 ha dato prova della bella dinamica evolutiva: il vino ha acquisito una bocca decisamente sapida, con rimandi marini e agrumati di qualità.

ha 11 - **bt** 20.000
Fertilizzanti letame, organo-minerali
Fitofarmaci rame e zolfo
Diserbo lavorazione meccanica/manuale
Lieviti selezionati industriali
Uve 100% di proprietà
Certificazione biologico certificato

PARTINICO (PA)

BOSCO FALCONERIA €

Contrada Bosco Falconeria - tel. 328 7596576
www.boscofalconeria.it - info@boscofalconeria.it

VITA - Bosco Falconeria è un'azienda nata negli anni Trenta grazie al nonno di Natalia Simeti, che ne ha preso le redini da ormai più di 10 anni. Un progetto interessante che continua da tre generazioni, e ruota intorno alla famiglia, con un approccio sperimentale in vigna e con l'obiettivo di andare oltre il biologico.

VIGNE - I vigneti si sviluppano in prossimità della sede aziendale e sono dislocati sui due fianchi di una vallata a 250 metri di altitudine. Il catarratto e il nero d'Avola giacciono su terreni con particolari pendenze, di matrice argillosa e ricchi di frazioni rosse ferrose e sabbiose; beneficiano dell'influsso dei venti provenienti dai quadranti settentrionali, carichi di umidità per la vicinanza al mare. In corso un progetto per la salvaguardia della fertilità del suolo.

VINI - Valorizzazione delle tradizioni locali e rispetto delle origini: dunque, vini essenziali e profondi, espressione del luogo e della varietà.

TOP **Catarratto 2018** VINO QUOTIDIANO O 4.600 bt; 10 € - Si offre al naso con tutta la nobile rusticità del vitigno di origine, con note di mandorla, buccia di cedro e fiori di sambuco. Deciso e pieno, ha un sorso iodato e sinuoso, pieno di personalità.
Alcamo Rosato 2019 1.770 bt; 11 € - Aperto e amichevole, profuma di amarena e fragola, con rimandi al melograno e alla menta. In bocca non manca di spessore, è succoso e con ricordi erbacei. Perfetto per le bevute estive.
Alcamo Nero d'Avola 2018 ● 4.100 bt; 11 € - Note di gelso nero, menta e origano definiscono un didascalico corredo varietale. La bocca è coerente e distesa, dalla beva piacevole e gratificante.
Falco Peregrino 2018 O catarratto; 1.800 bt; 12 € - Bianco macerato, incisivo, varietale, sapido.

ha 6 - **bt** 13.000
Fertilizzanti sovescio
Fitofarmaci rame e zolfo
Diserbo lavorazione meccanica/manuale
Lieviti fermentazione spontanea
Uve 100% di proprietà
Certificazione biologico certificato

PETROSINO (TP)

DOS TIERRAS

Contrada Badalucco - Via Chiano - tel. 347 3695615
www.vinibadalucco.it - commerciale@vinibadalucco.it

VITA - Pierpaolo Badalucco e Beatriz De La Iglesia Garcìa uniscono Sicilia e Spagna, costruendo una famiglia ma nel contempo anche un'idea di viticoltura naturale. Sui vocatissimi terreni familiari in agro di Marsala fanno convivere vitigni autoctoni e varietà spagnole, che trovano armonia senza ricorrere a sotterfugi da laboratorio. Nella cura manuale della vigna c'è la base di un lavoro fatto con passione e amore.

VIGNE - I vigneti aziendali, estesi per circa 7 ettari, insistono su suoli fortemente eterogenei. Le varietà bianche sono allevate sui terreni sabbiosi di contrada Triglia, famosa per essere l'origine delle migliori uve grillo di tutto il marsalese. Suoli con maggiore componente argillosa ospitano invece le varietà a bacca nera.

VINI - Passione per l'uso del legno e per lo stile ossidativo caratterizzano tutta l'attività di Pierpaolo. I risultati sono notevoli e, soprattutto nei vini definiti pre-british, mostrano le potenzialità e l'equilibrio dinamico di un approccio che è recupero di cultura ancestrale.

Griddu Verde 2019 O grillo; 5.000 bt; 19 € - Macerato sulle bucce, intenso e con abbondanza di note fruttate. Molto fresco, sapido, in bocca si sente la fragranza del mosto d'origine.
1 Litro di Pierpaolo e Beatriz 2019 O grillo; 3.000 bt da 1 l; 15 € - Potente e complesso, anche se di facile beva. Agrumato, fresco, ossidato ma al tempo stesso vibrante.
Temprano 2019 ● tempranillo; 6.000 bt; 14 € - Succoso, fruttato, espressivo.

Il riassaggio del Pipa 3/4 2° conferma la splendida interpretazione dello stile ossidativo per questo Grillo in purezza pre-british. Ha potenza espressiva davvero notevole, associata a equilibrio e piacevolezza.

ha 7 - **bt** 19.000
Fertilizzanti sovescio
Fitofarmaci rame e zolfo
Diserbo lavorazione meccanica/manuale
Lieviti fermentazione spontanea
Uve 100% di proprietà
Certificazione nessuna certificazione

POGGIOREALE (TP)

SALVATORE TAMBURELLO

Via Borsellino, 22 - tel. 339 8605865
www.salvatoretamburello.it - comunica@salvatoretamburello.it

VITA - Come succede a molti bancari Salvatore Tamburello sentiva da tempo che era venuto il momento di dare spazio alle proprie passioni. Così nel 2006 ha deciso di dare vita al suo progetto, con lo scopo di valorizzare la vigna di famiglia, di proprietà da oltre cinque generazioni e lavorata solo per la vendita delle uve. Il primo imbottigliamento è del 2014.

VIGNE - Le uve provengono da tre diverse contrade poco distanti l'una dall'altra in agro di Poggioreale, a circa 200 metri di altitudine: Sparacia, Cautalì e Dagala-Belladonna-Sant'Anna. I terreni sono ricchi di sostanze nutritive, e caratterizzati dalla prevalenza di frazioni calcaree in quota, e argilloso-limose a valle. La vinificazione delle uve raccolte a mano avviene in una vicina struttura, con la consulenza di Vincenzo Leone.

VINI - L'azienda punta a ridurre al minimo gli interventi per preservare la qualità varietale delle uve e ottenere vini fragranti, che rispettino l'annata.

Sicilia Grillo 204 2019 ○ 3.800 bt; 12 € - ⌷ - Al naso rimanda a note di gesso e ai classici profumi varietali. Fondato su un substrato sapido, il vino ha una buona tenuta complessiva, che riesce a esprimere un sorso succoso e dinamico.
Sicilia Catarratto 797N 2019 ○ 4.000 bt; 15 € - ⌷ - Profuma di frutta croccante ed è preciso, con rimandi al cedro e all'acetosella. La bocca è ricca di materia e dotata di un'adeguata spina acida, con chiusura mandorlata.
Sicilia Grillo 204N 2019 ○ 1.500 bt; 15 € - ⌷ - Note agrumate e sbuffi di gelsomino aprono la strada a un sorso di buona tensione sapida, che richiama all'assaggio.
Sicilia Nero d'Avola 306 2017 ● 4.300 bt; 12 € - ⌷ - Diluito, fruttato, sapido.
Sicilia Nero d'Avola 306N 2017 ● 1.100 bt; 15 € - ⌷ - Agile, fruttato, incerto.

ha 12 - **bt** 15.000
Fertilizzanti sovescio
Fitofarmaci rame e zolfo
Diserbo lavorazione meccanica/manuale
Lieviti fermentazione spontanea, selezionati industriali
Uve 100% di proprietà
Certificazione biologico certificato

RAVANUSA (AG)

BAGLIESI

SCONTO **-10%**

Via Saffi, 138 - tel. 0922 874177
www.bagliesi.it - bagliesi.vinibio@libero.it

VITA - Ci troviamo a Naro, dove la famiglia Bagliesi è arrivata alla quarta generazione di vignaioli. Troviamo poche bottiglie e tante etichette, che di recente hanno subito un bel restyling e hanno attinto nuova linfa dal lavoro del consulente enologo Tonino Guzzo. Le redini dell'azienda sono in mano a papà Vito, che si avvale della collaborazione della moglie Margherita Matina, dei figli Rossella e Tommaso, e del genero Eugenio Sciabarrasi.

VIGNE - Le vigne dell'azienda crescono su terreni calcareo-argillosi a 360 metri di altitudine: vi troviamo grillo e catarratto sul versante delle uve a bacca bianca, nero d'Avola e un paio di varietà internazionali tra quelle a bacca nera. Il sistema di allevamento, cordone speronato o guyot, varia in base al vitigno.

VINI - La gamma dei vini è ampia e articolata, e annovera monovitigni così come blend. L'intento è quello di realizzare vini schietti e di beva, con qualche rosso più importante a impreziosire il tutto.

TOP **Sicilia Grillo 2019** VINO QUOTIDIANO ○ 9.300 bt; 12 € - ⌷ - Profuma di fiori bianchi e porta in dote cenni minerali, vegetali e agrumati. In bocca è percorso da un'evidente scia sapida che dona persistenza al sorso.
Sicilia Nero d'Avola Kammut 2018 ● 6.480 bt; 13 € - ⌷ - Si percepiscono cenni di cuoio, tabacco, cioccolato, spezie e frutta rossa. Al palato è morbido, equilibrato e persistente.
Maior Rosso 2017 ● nero d'Avola, cabernet sauvignon, merlot; 3.280 bt; 19 € - ⌷ - Un blend cesellato: è speziato, morbido, ben risolto nella trama tannica e avvolgente.
vb59 2018 ○ catarratto; 1.500 bt; 16 € - ⌷ - Dinamico, floreale, integro.
Sicilia Nero d'Avola Sciapò 2019 ● 4.200 bt; 10 € - ⌷ - Fine, floreale, sapido.
Scialuso 2018 ● cabernet sauvignon, merlot, petit verdot; 6.500 bt; 11 € - ⌷ - Integrato, floreale, docile.

ha 25 - **bt** 85.000
Fertilizzanti letame, sovescio
Fitofarmaci rame e zolfo
Diserbo lavorazione meccanica/manuale
Lieviti selezionati industriali
Uve 100% di proprietà
Certificazione biologico certificato

RILIEVO (TP)

FONDO ANTICO

SCONTO -10%

Via Fiorame, 54/a - tel. 0923 864339
www.fondoantico.it - info@fondoantico.it

VITA - Nel 1995 l'attuale proprietario Giuseppe Polizzotti ha deciso di imprimere una netta svolta all'azienda, che produceva uve già dal 1920. Ha iniziato quindi a produrre bottiglie con l'obiettivo di realizzare qualità elevata in modo sostenibile. Risultato raggiunto grazie alla sensibilità di Lorenza Scianna, enologa la cui preparazione sconfina nelle migliori tecniche di conduzione viticola. La parte commerciale estera è curata da Gianluca Saladino.

VIGNE - I vigneti di proprietà dell'azienda coprono una superficie di circa 80 ettari in quella contrada Portelli che, in zona, è appunto nota come Fondo Antico. Si tratta di colline basse, la cui altitudine non supera i 250 metri, costituite da terreni calcarei su cui sono piantate perlopiù cultivar autoctone. La coltivazione è attenta a minimizzare l'utilizzo di prodotti chimici.

VINI - Nel corso degli anni si è lavorato per sottrazione, togliendo ai vini quei caratteri che in qualche modo disturbavano la pura espressione del connubio vitigno-territorio. Lorenza ha aggiustato il tiro, trovando ultimamente un equilibrio e una corrispondente maturità d'espressione che rappresentano l'eccellente base di una qualità in costante crescita.

Sicilia Grillo Parlante 2019 ○ 70.000 bt; 11 € - 🍷 - Ha raggiunto un eccellente equilibrio espressivo, ed è fresco e sapido.
Bello Mio 2019 ○ zibibbo; 13.000 bt; 11 € - 🍷 - Varietale, fresco e agrumato, ha uno sviluppo molto armonico.
Per Te 2018 ● perricone; 6.000 bt; 11 € - 🍷 - Freschezza e tannini ben modulati contribuiscono a un sorso dinamico, facile ma di carattere: un'ottima prova.
Sicilia Chardonnay Lumière 2019 ○ 6.000 bt; 10 € - 🍷 🛢 - Succoso, burroso, ampio.
Sicilia Nero d'Avola Nené 2018 ● 20.000 bt; 10 € - 🍷 - Croccante, fruttato, sapido.

---

ha 80 - **bt** 350.000
Fertilizzanti sovescio
Fitofarmaci chimici di sintesi, rame e zolfo
Diserbo lavorazione meccanica/manuale
Lieviti selezionati industriali
Uve 100% di proprietà
Certificazione nessuna certificazione

SALEMI (TP)

MUSITA

Contrada Passo Calcara, 552 - tel. 0924 68576
www.musita.it - info@musita.it

VITA - L'azienda trova nella generazione di trentenni al comando la linfa vitale per potenziare un progetto familiare di lungo corso, inaugurato da Ignazio Ardagna al termine dell'Ottocento. La cantina, appena fuori Salemi e radicalmente ristrutturata, è ora capace di accogliere anche i gruppi. Vito Amato si occupa della parte amministrativa, coadiuvato negli altri campi da un team giovane che si è arricchito negli ultimi anni.

VIGNE - Circa 80 ettari di proprietà costituiscono il patrimonio viticolo aziendale, a cui si aggiungono 120 ettari in conduzione, con assoluta attenzione alla qualità delle uve. Sono privilegiate le varietà autoctone come il catarratto, che sta dando vini sempre più interessanti. Il nero d'Avola, da sempre un pilastro nella gamma della cantina, è coltivato in un bel vigneto giovane, a pochi metri dallo stabilimento di produzione.

VINI - La cantina è in notevole crescita, grazie a un approccio dinamico che non dimentica la propria vocazione territoriale, e tende a esprimere le tipicità in maniera lineare, con vini di facile beva e puliti.

Sicilia Catarratto Regieterre 2019 ○ 20.000 bt; 9 € - 🍷 - Dal naso agrumato maturo, con una nota floreale ben integrata, è di piacevole tipicità gustativa: un caposaldo della gamma aziendale.
Sicilia Syrah Regieterre 2018 ● 27.000 bt; 10 € - 🍷 🛢 - Intenso nei profumi di frutti rossi maturi, è caldo e ricco di note balsamiche. In bocca ha tannini equilibrati e una buona sapidità.
Sicilia Nero d'Avola Regieterre 2018 ● 36.000 bt; 10 € - 🍷 - Tipica espressione del vitigno, è intenso e maturo, ma con apprezzabile freschezza e tannini ben espressi, non invadenti.
Sicilia Kàrima Grillo 2019 ○ 60.000 bt; 7 € - 🍷 - Fresco, agrumato, salino.
Aisha Catarratto 2019 ○ 50.000 bt; 9 € - 🍷 - Fresco, agrumato, sapido.

---

ha 200 - **bt** 400.000
Fertilizzanti sovescio
Fitofarmaci chimici di sintesi, rame e zolfo
Diserbo lavorazione meccanica/manuale
Lieviti selezionati industriali
Uve acquisto 35%
Certificazione biologico certificato

SAMBUCA DI SICILIA (AG)

DI GIOVANNA

SCONTO **-10%**

Contrada San Giacomo - Corso Umberto I, 137 - tel. 0925 1955675
www.di-giovanna.com - info@di-giovanna.com

VITA - Pensare globale, agire locale. Cuore e radici siciliane e una mamma tedesca: Klaus e Günther Di Giovanna guidano l'azienda di famiglia con l'aiuto di Melissa Sack, moglie di quest'ultimo, che cura la commercializzazione, e dell'enologo Gianfranco Zito. I vini seguono tutti lo stesso canovaccio stilistico, ma l'immagine ha subito un profondo restilyng, con nuove etichette per raccontare il lato enologico dello splendido scenario naturale delle falde del monte Genuardo.

VIGNE - I vigneti dell'azienda si sviluppano in un territorio incontaminato che va dai 350 metri di altitudine di Sambuca di Sicilia fino ad arrivare agli oltre 800 metri di quota di Contessa Entellina. Grillo, catarratto e chardonnay sono le uve a bacca bianca coltivate dai Di Giovanna, nero d'Avola, nerello mascalese e syrah quelle a bacca nera.

VINI - Vini biologici dal 1996, equilibrati, che esprimono bene il carattere del territorio e hanno un buon rapporto tra la qualità e il prezzo.

Sicilia Grillo Vurrìa 2019 O 6.000 bt; 18 € - 🥛 - È il Grillo "più alto" della Sicilia, considerata la quota a cui vengono coltivate le uve. Ha buona struttura, spiccata freschezza, e piacevoli profumi di limone e ananas.

Sicilia Nero d'Avola Vurrìa 2018 ● 20.000 bt; 18 € - 🛢 - Profuma di frutta rossa matura, cioccolato e spezie, e in bocca ha densità succosa e un discreto slancio acido.

Vurrìa 2019 ● nerello mascalese; 15.000 bt; 13 € - 🥛 - Appena tre ore di macerazione sulle bucce restituiscono un rosa dai colori provenzali. È un vino che si esprime al naso con profumi di melograno, fragole, timo e rosmarino, e che scorre in bocca con grande agilità.

Gerbino Bianco 2019 O chardonnay, grillo, viogner; 30.000 bt; 10 € - 🥛 - Agile, floreale, verticale.

Camurria Orange 2019 O grillo; 6.200 bt; 24 € - 🥛 - Bianco macerato, integrato, fruttato, profondo.

ha 65 - **bt** 155.000
Fertilizzanti letame in pellet
Fitofarmaci rame e zolfo
Diserbo lavorazione meccanica/manuale
Lieviti selezionati industriali
Uve 100% di proprietà
Certificazione biologico certificato

SAN CATALDO (CL)

TENUTE LOMBARDO €

Contrada Cusatino - Strada Statale 122 San Cataldo-Serradifalco, km 50
tel. 0934 571840 - www.tenutelombardo.it - info@tenutelombardo.it

VITA - I fratelli Lombardo, Gianfranco, Salvatore e Roberto, sono in primissima linea nel condurre i lavori in vigna, in cantina e nel settore commerciale. Dopo la costruzione della nuova cantina l'azienda ha ristrutturato un vecchio edificio medievale, oggi utilizzato per le degustazioni e per corsi di aggiornamento legati al vino: un dinamismo che ben si confà alla realtà iconica di questa zona della Sicilia.

VIGNE - Siamo in un territorio estremamente vocato per il nero d'Avola, ma in cui si esprime bene anche lo storico catarratto. Parte delle vigne si trovano a 600 metri di altitudine, sulle colline di San Cataldo e Serradifalco. Tra la altre varietà coltivate segnaliamo anche il grillo, il moscato bianco, e qua e là qualche internazionale.

VINI - Le vigne che si sviluppano su terreni di altura nel cuore della Sicilia restituiscono vini che sono freschi, profumati, intensi e persistenti, grazie a vinificazioni sempre molto rispettose della materia.

TOP **Sicilia Catarratto Bianco d'Altura 2019** VINO QUOTIDIANO
O 20.000 bt; 12 € - 🥛 - Un vino agrumato, fresco, sapido, ricco di richiami di erbe aromatiche e di macchia mediterranea, a cui non manca una certa polposa morbidezza. Molto identitario e territoriale.

Sicilia Nero d'Avola Nero d'Altura 2018 ● 20.000 bt; 15 € - 🛢 - Fruttato e pepato, conserva freschezza e una trama tannica morbida ed equilibrata.

Sicilia Fiore di Nero 2019 ● nero d'Avola; 10.000 bt; 12 € - 🥛 - Di nuovo un Nero d'Avola, questa volta affinato solo in acciaio: ne viene fuori un vino più fragrante e schietto.

Eimì 2016 ● nero d'Avola; 5.000 bt; 27 € - 🛢 - Nobile, fruttato, incisivo.

Unanime Bianco 2019 O grillo, catarratto, moscato bianco; 30.000 bt; 9 € - 🥛 - Magro, floreale, leggiadro.

Unanime Rosso 2018 ● nero d'Avola, cabernet sauvignon, syrah; 30.000 bt; 10 € - 🥛 - Schietto, fruttato, essenziale.

ha 30 - **bt** 120.000
Fertilizzanti organo-minerali, sovescio
Fitofarmaci organici, rame e zolfo
Diserbo lavorazione meccanica/manuale
Lieviti selezionati industriali
Uve 100% di proprietà
Certificazione nessuna certificazione

SAN CIPIRELLO (PA)

CENTOPASSI

SCONTO -10%

Contrada Don Tomasi - tel. 091 8577655
www.centopassisicilia.it - info@centopassisicilia.it

VITA - Centopassi è l'evocativo marchio che, nell'ambito della cooperativa Libera Terra, identifica vini qualitativamente curati e porta avanti un messaggio di liberazione dalla subcultura criminale. I terreni confiscati alle mafie, difficili da gestire perché sparsi sui territori di numerosi comuni, danno origine alle uve. Vito Rappa cura la divisione vino, con la collaborazione degli enologi Maurizio Alongi e Giovanni Ascione.

VIGNE - La punta di diamante dei vigneti aziendali è certamente l'impianto di Portella della Ginestra, in un luogo fortemente simbolico per la storia non soltanto locale. Lì sono coltivate tre varietà nere particolarmente vocate alla produzione in altura. Ma altre cultivar come catarratto, grillo e nero d'Avola provengono dai tanti vigneti, soprattutto del palermitano, che insistono su suoli dalle caratteristiche molto differenti.

VINI - Non c'è solo etica, in Centopassi, anche se questa è alla base della produzione di vini che sono voce del territorio, che ne esprimono peculiarità e potenzialità, e chiudono un circolo virtuoso che dimostra ai siciliani che si può uscire a testa alta da certe logiche.

TOP **Cimento di Perricone 2018** VINO QUOTIDIANO ● 3.000 bt; 12 € - Ha un succo prodigioso, con naso ricco di sfumature che vanno dal frutto al cappero. La bocca ha il tannino giusto, rivestito di frutto sapido.
Sicilia Catarratto Terre Rosse di Giabbascio 2019 O 3.300 bt; 12 € - Ottima espressione varietale, con nota ammandorlata e freschezza in dinamica alternanza.
Sicilia Grillo Rocce di Pietra Longa 2019 O 3.300 bt; 12 € - Agrumato e fresco, presenta note di foglia di pomodoro ad aggiungere tipicità a un'ottima annata.
Pietre a Purtedda da Ginestra 2017 ● nerello mascalese, nocera; 2.000 bt; 22 € - Incisivo, speziato, ampio.
Sicilia Nero d'Avola Argille di Tagghia Via 2019 ● 6.500 bt; 12 € - Armonico, fruttato, varietale.

ha 65 - **bt** 450.000
Fertilizzanti sovescio
Fitofarmaci organici, rame e zolfo
Diserbo lavorazione meccanica/manuale
Lieviti selezionati industriali
Uve 100% di proprietà
Certificazione biologico certificato

SANTA NINFA (TP)

FUNARO €

Contrada Scavi - tel. 091 6851589
www.funaro.it - info@funaro.it

VITA - Funaro è una realtà nata nel 2003 grazie ai fratelli Giacomo, Tiziana e Clemente Funaro. L'obiettivo era quello di custodire l'azienda agricola dei nonni, valorizzando le varietà autoctone e le uve aziendali. Spinti dall'amore per il progetto iniziale e per la natura, i tre fratelli continuano a portare avanti il progetto in rigoroso regime biologico, con meticolosa cura dei vigneti e delle uve.

VIGNE - Il vigneto è suddiviso in due zone vicine alla cantina. La parte principale si trova nella piana di fronte di contrada Fontana Bianca, nel Comune di Salemi. Qui i suoli sono argillosi, con frazioni di gesso, e trovano dimora inzolia, chardonnay, perricone e syrah. La restante parte, in contrada Scavi nel comune di Santa Ninfa, accoglie i filari di nero d'Avola e zibibbo. Alessandro Fucarino è responsabile per la parte agricola, Rosario Aiello per quella enologica.

VINI - I vini di Funaro puntano sulla genuinità, ricercando l'aderenza territoriale e varietale, la piacevolezza e un'acidità bilanciata dalla materia.

TOP **Fontana dei Grilli 2018** VINO QUOTIDIANO ● perricone; 6.000 bt; 12 € - Al naso si offre con note terrose e di radici ben definite, su uno sfondo mentolato. In bocca la matrice tannica della varietà è contrastata dal frutto, il sorso risulta dinamico e succoso.
Pinzeri 2019 O grillo; 25.000 bt; 11 € - Mandorla e salvia ne caratterizzano l'olfatto, che poggia su uno sfondo agrumato. La bocca è ben definita, sapida e appagante.
Inzolia 2019 O 15.000 bt; 9 € - Note gessose e di pera anticipano un sorso facile ma profondo.
Mondura 2019 O catarratto; 10.000 bt; 11 € - Citrino, fruttato, contrastato.
Verdelicia 2019 O chardonnay; 12.000 bt; 11 € - Fitto, fruttato, teso.
M. Cl. Extra Brut 2015 chardonnay; 700 bt; 26 € - Avvolgente, varietale, profondo.

ha 50 - **bt** 250.000
Fertilizzanti letame, sovescio
Fitofarmaci rame e zolfo
Diserbo lavorazione meccanica/manuale
Lieviti selezionati industriali
Uve 100% di proprietà
Certificazione biologico certificato

SCLAFANI BAGNI (PA)

TASCA D'ALMERITA

Contrada Regaleali - tel. 091 6459711
www.tascadalmerita.it - info@tascadalmerita.it

VITA - Tasca d'Almerita è un'azienda posta al centro della storia agricola siciliana, che appartiene alla famiglia Tasca dai primi dell'Ottocento. Da sempre aperta alle innovazioni e alle sperimentazioni, oggi ha in Alberto Tasca il motore operativo ed è condotta con grande attenzione. Con il suo lavoro sui dettagli, Tasca continua a puntare sul territorio, portando avanti il progetto SOStain in cinque territori diversi.

VIGNE - Gran parte della vigna, situata a quote tra i 400 e 900 metri, si trova nella storica tenuta di Regaleali, le «colline benedette», come ama chiamarle Alberto. Il resto è a Camporeale, a Salina e sull'Etna, con l'obiettivo di valorizzare le varietà locali. Per tutti gli appezzamenti stessa cura e stesso filo conduttore: le pratiche colturali sono virtuose.

VINI - Dallo scorso anno osserviamo un exploit generale dei vini provenienti dalla tenuta etnea, che ha sfornato etichette di altissimo valore. Il resto della batteria è sempre molto valido, ma forse le ultime due annate non semplicissime a Regaleali hanno lasciato qualche piccolo strascico.

TOP **Etna Rosso Contrada Pianodario 2017** ● 5.000 bt; 38 € - Un vino pieno di succo e di profonda personalità territoriale, che riesce a fondere frutto e tannino con una beva strepitosa.

Sicilia Chardonnay C'eragià 2018 ○ 5.000 bt; 27 € - È pieno di materia e ha un sorso ampio e sapido, arricchito da un'incisiva spina acida.

Sicilia Grillo Mozia 2019 ○ 45.000 bt; 20 € - Ha nette note salmastre e sbuffi salati. Il sorso dinamico e pieno di richiami agrumati ha un coerente finale amarognolo.

Sicilia Perricone Guarnaccio 2018 ● 50.000 bt; 12 € - Fitto, speziato, scuro.

Sicilia Catarratto Antisa 2019 ○ 42.000 bt; 12 € - Croccante, fruttato, varietale.

Sallier de la Tour Sicilia Nero d'Avola 2018 ● 75.000 bt; 8 € - Agile, speziato, sottile.

ha 455 - **bt** 2.434.000
Fertilizzanti organo-minerali, sovescio
Fitofarmaci organici, rame e zolfo
Diserbo lavorazione meccanica/manuale
Lieviti selezione di lieviti indigeni, selezionati industriali
Uve acquisto 10%
Certificazione nessuna certificazione

VALLEDOLMO (PA)

CASTELLUCCI MIANO

Via Sicilia, 1 - tel. 0921 542385
www.castelluccimiano.it - info@castelluccimiano.it

VITA - Castellucci Miano è una realtà vitivinicola che ha iniziato a prendere vita a partire dal 2005, con un progetto ambizioso: passare da una cantina destinata a produrre vini per distillazione, a una che facesse vini di qualità. L'idea era, e continua ad essere, quella di puntare sulle piccole parcelle di vigna condotte con sapienza dai piccoli viticoltori di Valledolmo, e sui vitigni autoctoni come catarratto e perricone.

VIGNE - Un indiscusso patrimonio di vigneti, in un territorio difficile ma generoso, in mezzo a una natura ricca di biodiversità. Con la consulenza enologica e agronomica di Tonino Guzzo, anno dopo anno Castellucci Miano ha portato avanti un progetto di zonazione e acquisito una conoscenza dettagliata delle disparate piccole parcelle, che concorrono a comporre i vini.

VINI - Uno stile chiaro, che punta sulla qualità senza compromessi. Vini profondi, territoriali e ricchi di materia, oltretutto con provate potenzialità di invecchiamento.

TOP **Valledolmo Contea di Sclafani Sicilia Shiarà 2018** VINO SLOW ○ 13.000 bt; 30 € - Un Catarratto semplicemente superlativo, emblema di qualità e massima espressione del territorio.

Valledolmo Contea di Sclafani Sicilia Miano 2019 ○ catarratto; 50.000 bt; 12 € - Ha un carattere agrumato con evidenti rimandi varietali al fiore di sambuco e alla buccia di cedro. Il sorso è tagliente e articolato, profondo e di grande beva.

Sicilia PerricOne 2018 ● perricone; 13.000 bt; 16 € - Si presenta con sentori di origano e radici terrose, poi menta e una sottile linea salmastra che ricorda l'acciuga. Cangiante e dinamico, ha un sorso teso e asciutto.

Sicilia Nero d'Avola 2018 ● 13.000 bt; 11 € - Ampio, salmastro, avvolgente.

Miano Brut catarratto; 10.000 bt; 18 € - Metodo Charmat, agile, fruttato, essenziale.

ha 100 - **bt** 120.000
Fertilizzanti letame, sovescio
Fitofarmaci rame e zolfo
Diserbo lavorazione meccanica/manuale
Lieviti selezionati industriali
Uve 100% di proprietà
Certificazione parte dei vigneti in regime biologico

VAL DÈMONE

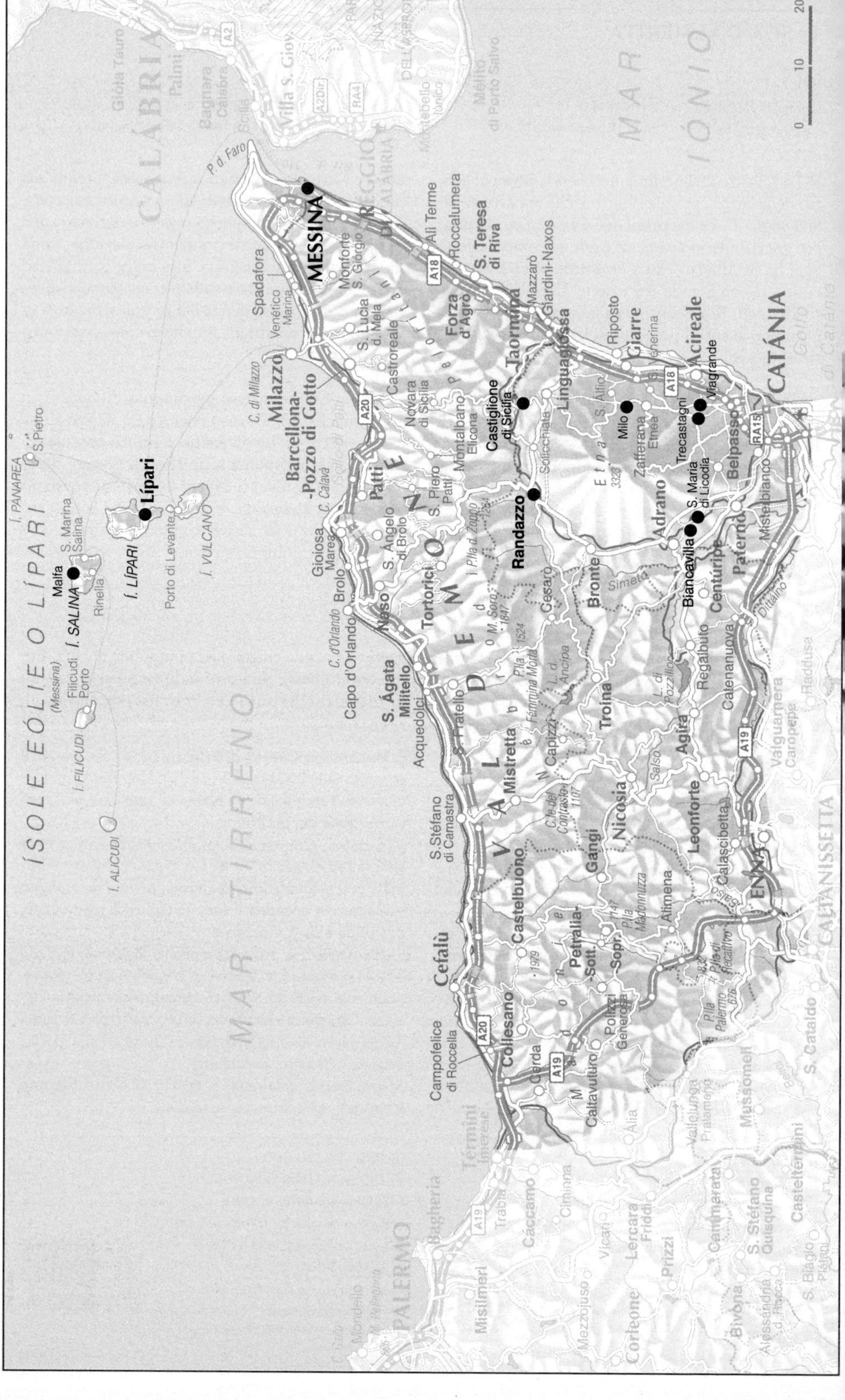

ÍSOLE EÓLIE O LÍPARI
(Messina)
MAR TIRRENO
MAR IÓNIO
CALÀBRIA
REGGIO DI CALÀBRIA
PARCO NAZIONALE DELL'ASPROMONTE
0 10 20 km
MESSINA
Milazzo
Barcellona-Pozzo di Gotto
Castiglione di Sicilia
Randazzo
Milo
Trecastagni
Viagrande
S. Maria di Licodia
Biancavilla
Lípari
Malfa
Í. SALINA
Í. LÍPARI
Í. VULCANO
Í. FILICUDI
Í. ALICUDI
Í. PANAREA
S. Marina Salina
Rinella
Porto di Levante
Filicudi Porto
S. Pietro
Taormina
Linguaglossa
Giarre
Acireale
CATÁNIA
Golfo di Catania
Adrano
Bronte
Paternò
Belpasso
Centùripe
Cesarò
Troina
Nicosia
Leonforte
Agira
Regalbuto
Catenanuova
ENNA
CALTANISSETTA
Gangi
Mistretta
Tortorici
Patti
Naso
Brolo
Capo d'Orlando
S. Ágata Militello
Acquedolci
S. Stéfano di Camastra
Castelbuono
Cefalù
Collesano
Cerda
Caltavuturo
Petralia Sott.
Petralia Sopr.
Polizzi Generosa
Campofelice di Roccella
Términi Imerese
Bagheria
PALERMO
Forza d'Agrò
S. Teresa di Riva
Giardini-Naxos
Mazzarò
Riposto
Zafferana Etnea
Etna 3323
Francavilla di Sicilia
Novara di Sicilia
Montalbano Elicona
Castroreale
S. Lucia d. Mela
Monforte S. Giorgio
Spadafora
Venètico Marina
Alì Terme
Roccalumera
Gioiosa Marea
S. Angelo di Brolo
S. Piero Patti
Capizzi
S. Fratello
M. Soro 1847
Ptta Fèmmina Morta
L. di Ancipa
L. di Pozzillo
Calascibetta
Alimena
Ptta Madonnuzza
Mistero Bianco
Valguarnera Caropepe
Raddusa
S. Cataldo
Mussomeli
Vallelunga Pratameno
Alia
Caccamo
Trabia
Ciminna
Vicari
Lercara Friddi
Prizzi
Mezzojuso
Corleone
Cammarata
S. Stéfano Quisquina
Casteltermini
Bivona
Alessandria d. Rocca
S. Biagio Platani
Misilmeri
Mondello
Simeto
Salso
Dittaino
N e b r o d i
M a d o n i e
P e l o r i t a n i
VAL DÈMONE
A18
A20
A19
RA15
A2
RA4

BIANCAVILLA (CT)

MASSERIA SETTEPORTE

Contrada Setteporte - Piazza Trento, 2 - tel. 335 5338152
masseriasetteporte@email.it

VITA - Ci troviamo nel territorio di Biancavilla, nel versante sud-occidentale del vulcano, in una zona vitivinicola molto antica ma rivalutata soltanto da pochi anni. Qui troviamo Masseria Setteporte: da generazioni di proprietà della famiglia Portale, oggi ha trovato continuità con Piero, uno degli ultimi discendenti. Negli anni Piero ha promosso l'integrità territoriale del suo versante, creando vini dal carattere sempre più definito.

VIGNE - I vigneti si trovano nella contrada denominata Spadatrappo-Stella, su un'antichissima colata lavica, dai terreni molto sciolti e drenanti. L'altitudine elevata e l'esposizione costante ai raggi del sole regalano uve di notevole sanità, e permettono di minimizzare gli interventi in vigna. Si è mantenuto il sistema a spalliera per la gran parte del vigneto. Nella zona più alta invece troviamo una vigna vecchia di alberelli di carricante.

VINI - I vini di Piero hanno un'impostazione semplice ma efficace: sono nitidi e fragranti, con una grande piacevolezza gustativa, soprattutto nei rossi. La consulenza in cantina è a carico dell'enologo Giulio Castorina. Quest'anno non abbiamo assaggiato l'Etna Rosso Nerello Mascalese 2017 perché era ancora in affinamento, per cui recensiamo solo due etichette.

Etna Bianco N'ettaro 2019 ○ 6.000 bt; 20 € - - Caratterizzato da sottili profumi di fiori bianchi e di agrumi, con una nota erbacea sottesa, ha un sorso salino, quasi marino, accompagnato da un'adeguata acidità.
Etna Rosso 2017 ● 25.000 bt; 17 € - - Al primo impatto gioca su note calde come la confettura di amarena e di prugna, e lievi cenni di humus. La bocca sorprende per slancio e scorrevolezza, offrendo polpa e allo stesso tempo freschezza.

ha 12 - **bt** 40.000
Fertilizzanti organo-minerali
Fitofarmaci rame e zolfo
Diserbo lavorazione meccanica/manuale
Lieviti fermentazione spontanea
Uve 100% di proprietà
Certificazione biologico certificato

CASTIGLIONE DI SICILIA (CT)

IRENE BADALÀ

Contrada Santo Spirito - Frazione Passopisciaro - tel. 393 1068378
www.irenebadala.it - irenebadala@gmail.com

VITA - La proprietà di Irene Badalà appartiene alla sua famiglia dalla fine del Settecento, un'eredità tramandata da donna a donna che è passata nelle sue mani nel 2003. Irene e il marito Matteo Pappalardo formano una coppia di dinamici vignaioli concentrati sul loro progetto, che ha visto l'uscita del primo vino nel 2011. Un'azienda che cresce a piccoli passi ma con tanta grinta e una tenacia invidiabile.

VIGNE - Il vigneto si estende in un unico corpo in contrada Santo Spirito nel territorio di Passopisciaro, degradando dolcemente dai 750 ai 600 metri di quota, su ceneri laviche ricche di minerali. La varietà protagonista è il nerello mascalese, anche se Irene ha voluto dedicare una zona unicamente al carricante, piantando nuove viti da una selezione massale. La conduzione è la più verde possibile e segue con attenzione i mutamenti ambientali e le esigenze delle piante.

VINI - «Il vino si produce in vigna» è un mantra diffusissimo, e calza a pennello anche su Irene e Matteo, che propongono vini di costante qualità, con molta personalità e aderenza territoriale.

TOP **Etna Rosso 2018** VINO SLOW ● 2.356 bt; 26 € - - Un naso ampio e accattivante, di spezie dolci e frutti a bacca rossa, riserva spazio anche a qualche sbuffo di erbe aromatiche. Segue un palato succoso e dinamico, con tannini fitti che allungano il sorso.
Etna Bianco 2019 ○ 1.080 bt; 26 € - - Sottile e diretto, ha belle note agrumate e saline. La bocca è molto fresca e si muove con armonia, lasciando una lunga scia sapida.
Etna Rosato Santo Spirito 2019 ◉ 3.500 bt; 26 € - - Etereo e delicato, richiama i profumi delle fragoline di bosco. In bocca è scorrevole e rinfrescato dall'acidità.

ha 3 - **bt** 6.936
Fertilizzanti nessun concime
Fitofarmaci rame e zolfo
Diserbo lavorazione meccanica/manuale
Lieviti selezionati industriali
Uve 100% di proprietà
Certificazione nessuna certificazione

PIETRO CACIORGNA

Località Rovittello - tel. 348 7903804
www.tenutepietrocaciorgna.com - info@tenutepietrocaciorgna.com

VITA - L'inizio dell'avventura sull'Etna di Paolo Caciorgna, enotecnico toscano, ha avuto inizio nel 2006, quando Marc de Grazia gli ha fatto scoprire la bellezza dei suoi vigneti e soprattutto le variegate espressioni del nerello mascalese. È stato amore a prima vista, e con l'acquisto di alcuni appezzamenti, Paolo ha dato vita a questa realtà, che in poco tempo si è imposta all'attenzione di tutti per gli ottimi risultati.

VIGNE - Il primo appezzamento acquistato si trova in contrada Marchesa, nei pressi di Passopisciaro, nel comune di Castiglione. Siamo a circa 700 metri di quota, sul versante nord dell'Etna. A seguire sono stati acquistati un vigneto in località Bocca d'Orzo a Randazzo, e un altro in contrada Santo Spirito, sempre a Castiglione. Vengono prevalentemente coltivati ceppi (anche centenari) di nerello mascalese, la cui vinificazione avviene in una cantina a Rovittello.

VINI - Rispetto della natura, esaltazione del territorio, eleganza varietale: sono questi gli ingredienti scelti per raccontare nel calice i vini che nascono sul vulcano.

Etna Bianco Guardo il Vento 2019 O 3.000 bt; 14 € - Eleganti profumi di macchia mediterranea, agrumati, floreali e minerali fanno da preludio a una bocca in cui si alternano acidità e salinità, che innervano di tensione e verticalità il sorso succoso.

Etna Rosso Ciauria 2019 ● 15.000 bt; 11 € - Il sorso è vivace, grazie ai tannini giovani e alla fresca acidità, e completa un naso fruttato e speziato. Buono il finale per persistenza e piacevolezza.

Etna Rosso Guardo Il Vento 2017 ● 7.000 bt; 16 € - Si apre con un bel ventaglio di profumi fruttati, iodati ed erbacei. In bocca è piacevole la rotondità dei tannini dolci, sorretti da una fresca spalla acida. Nel finale risulta godibile il ritorno fruttato.

ha 3 - **bt** 30.000
Fertilizzanti letame, sovescio
Fitofarmaci rame e zolfo
Diserbo lavorazione meccanica/manuale
Lieviti selezione di lieviti indigeni
Uve 100% di proprietà
Certificazione in conversione biologica

CASTIGLIONE DI SICILIA (CT)

CALCAGNO

SCONTO -10%

Frazione Passopisciaro - Via Regina Margherita, 153 - tel. 338 7772780
www.vinicalcagno.it - info@vinicalcagno.it

VITA - Quella dei Calcagno è una lunga storia di viticoltori giunta alla quinta generazione, di cui Giusy è l'esponente più attiva. Un'azienda familiare che ha fatto dell'unione e della costanza qualitativa il suo punto di forza, e in cui la vigna è vissuta quotidianamente dai fratelli Gianni e Franco. Oggi l'azienda sta vivendo una nuova fase, che vuole scrivere il futuro conservando il meglio del passato.

VIGNE - Come coltivare la vigna Gianni lo ha imparato da suo padre, e questo insegnamento continua a essere tramandato alle nuove generazioni. I vigneti, bordati dai muretti a secco, rievocano le antiche e faticose pratiche di spietratura. A Feudo di Mezzo si trova l'appezzamento più antico, mentre ad Arcuria quello più giovane, entrambi coltivati con piante di nerello mascalese, nerello cappuccio e diverse varietà a bacca bianca tipiche del territorio.

VINI - L'impronta artigianale guida questi vini verso una forma autentica e di spiccata aderenza al terroir e alla varietà di origine.

TOP **Etna Rosso Arcuria 2018** VINO SLOW ● 4.500 bt; 29 € - Sottile, fine ed elegante al naso, quasi austero, sfodera all'assaggio un succo pieno e ricco di materia. I tannini accompagnano il sorso e rendono la bocca slanciata.

Etna Rosso Feudo di Mezzo 2018 ● 4.500 bt; 29 € - Il naso è espressivo, con note di spezie dolci e ciliegia sotto spirito. La bocca è generosa ma leggiadra, più fresca rispetto all'annata precedente, con un tannino morbido e avvolgente.

Etna Bianco Ginestra 2019 O 6.000 bt; 24 € - Dai profumi nitidi e verticali, si apre con note di fiori bianchi e un fruttato tenue. Ancora molto giovane al momento dell'assaggio, ha un'acidità quasi citrica, incisiva e rinfrescante.

Etna Rosato Romice delle Sciare 2019 ● 4.000 bt; 24 € - Fresco, floreale, leggiadro.

ha 5 - **bt** 25.000
Fertilizzanti letame
Fitofarmaci rame e zolfo
Diserbo lavorazione meccanica/manuale
Lieviti selezione di lieviti indigeni
Uve acquisto 20%
Certificazione nessuna certificazione

CASTIGLIONE DI SICILIA (CT)

CANTINE VALENTI

Frazione Passopisciaro - Via Roma, 42 - tel. 0942 983016
www.cantinevalenti.it - vinicolavalenti@alice.it

VITA - Grazie alle sue innate doti imprenditoriali Giovanni Valenti, affermato professionista e da più di 15 anni produttore di vino, ha portato la sua azienda a occupare un posto di rilievo nel panorama vitivinicolo dell'Etna. Un forte legame con il territorio e le sue tradizioni risalta fin dalle etichette dei vini, che riportano il nome di personaggi o eventi legati alla vita locale.

VIGNE - Siamo di fronte a un'azienda dinamica, in continua espansione, che trova risposta alle proprie esigenze in una grande cantina ottenuta dal restauro di una vecchia distilleria di Passopisciaro, attrezzata con moderni impianti e dotata di un'accogliente sala degustazione. I vigneti si trovano sul versante nord dell'Etna, nelle contrade Corvo, Pietramarina, Cottanera, Arcuria, Bonanno e Guardiola, e vengono coltivati col tradizionale sistema ad alberello.

VINI - Acciaio e legno piccolo sono i contenitori utilizzati per gli affinamenti. L'intenzione è quella di restituire vini legati al territorio, in cui vengano esaltati i caratteri varietali dell'uva senza rinunciare a precisione e modernità.

Etna Bianco Enrico IV 2019 ○ 40.000 bt; 12 € - Vivace in bocca per freschezza e sapidità, ha profumi agrumati di pompelmo e fini sentori floreali.
Etna Rosso Norma 2016 ● 60.000 bt; 12 € - Si apre al naso con un articolato ventaglio di profumi, in cui prevalgono il frutto, le note speziate e lievi cenni di vaniglia. In bocca presenta un sorso pieno e succoso, che denota equilibrio e morbidezza tannica. Il finale è persistente.
Etna Rosato Poesia 2019 20.000 bt; 12 € - Scorrevole in bocca, quasi fragrante per freschezza, è dotato anche di rotondità. Al naso risaltano i profumi fruttati di fragoline di bosco e i sentori floreali.

ha 28 - bt 150.000
Fertilizzanti letame
Fitofarmaci rame e zolfo
Diserbo lavorazione meccanica/manuale
Lieviti selezione di lieviti indigeni
Uve 100% di proprietà
Certificazione nessuna certificazione

CASTIGLIONE DI SICILIA (CT)

FRANK CORNELISSEN

Frazione Passopisciaro - Via Canonico Zumbo, 1 - tel. 0942 986315
www.frankcornelissen.it - info@frankcornelissen.it

VITA - Frank Cornelissen non si definisce un tecnico del vino ma un romantico intellettuale della terra che ha fatto tutto da sé. Approdato sull'Etna dal Belgio nel 2000, è rimasto folgorato dal versante settentrionale del vulcano in tutte le sue sfaccettature. In un periodo in cui la viticultura etnea era trascurata, ha saputo cogliere le difficoltà come una sfida, dando inizio alla sua vulcanica (è il caso di dirlo) avventura.

VIGNE - I 22 ettari di vigneti, cresciuti anno dopo anno, sono dislocati nelle contrade più rappresentative del versante settentrionale, in zone molto diverse per le caratteristiche dei suoli e per l'altitudine. La cura del vigneto è orientata ad assecondare i segnali che la natura stessa restituisce. Sono molte le varietà presenti: oltre a quelle più tradizionali ci sono grenache, grecanico e coda di volpe.

VINI - La sua interpretazione del territorio etneo è stata singolare, spesso dibattuta, ma oggi, dopo varie fasi di trasformazione stilistica, ci sembra di vedere una dimensione più precisa nella sua visione enologica. Frank ha deciso di ritardare di un anno l'uscita dei cru, una scelta aziendale che intendeva intraprendere da tempo, per questo motivo ci sono in assaggio solo due etichette.

TOP **Susucaru Rosato 2019** VINO SLOW malvasia, moscatello, nerello mascalese, coda di volpe; 35.000 bt; 23 € - Nasce come blend di uve a bacca nera e a bacca bianca. Fresco e incisivo, spicca per il frutto croccante, le note agrumate e qualche sbuffo minerale, e per la beva goduriosa.
Munjebel Bianco 2018 ○ grecanico, catarratto, minnella; 11.000 bt; 44 € - Corredato da richiami di frutta a polpa gialla, bucce di agrumi e sottilmente minerali, invade la bocca con una struttura di spiccata potenza. Il sorso chiude con un finale sapido e asciutto.

ha 22 - bt 100.000
Fertilizzanti nessun concime
Fitofarmaci rame e zolfo
Diserbo lavorazione meccanica/manuale
Lieviti fermentazione spontanea
Uve acquisto 10%
Certificazione biologico certificato

CASTIGLIONE DI SICILIA (CT)

EDOMÉ

Frazione Passopisciaro - Contrada Feudo di Mezzo - tel. 328 6336277
www.cantinedome.com - info@cantinedome.com

VITA - Quella di Nini Cianci, medico catanese, è un'azienda fortemente legata al territorio e alla volontà di restituirne un'espressione personale: ne è testimonianza il nome stesso Edomé, che in dialetto siciliano vuol dire "è il mio". Nella conduzione aziendale Nini, anche per i suoi altri impegni di lavoro, si avvale dell'aiuto della figlia Paola, che si occupa della parte amministrativa. Edomé è diventata un punto di riferimento nel panorama vitivinicolo etneo.

VIGNE - La parte più grande del vigneto si trova in contrada Feudo di Mezzo a Passopisciaro, sul versante nord dell'Etna, dove vengono allevati col sistema ad alberello il nerello mascalese e il nerello cappuccio. Caratteristica la posizione delle piante, che si trovano all'interno di un conetto vulcanico. Un altro appezzamento si trova a Milo, a circa 700 metri di quota: si affaccia sul mare e ospita il carricante.

VINI - Nei vini aziendali risalta il carattere territoriale, valorizzato attraverso l'uso di pratiche di cantina rispettose che oggi si avvalgono delle innovazioni tecnologiche più moderne.

Etna Rosso Feudo di Mezzo Aitna Vigna Nica 2017 ● 5.000 bt; 16 € - Vivace nel suo sviluppo gustativo, mette in mostra dei tannini vividi, non spigolosi, e una spalla acida ben presente. Il naso presenta sentori di ciliegia e di sottobosco.
Etna Rosso Feudo di Mezzo Aitna 2016 ● 5.000 bt; 20 € - Ampio nel ventaglio di profumi di frutta sotto spirito, marasca e di spezie dolci da affinamento, in bocca è rotondo e pieno, dal piacevole ritorno fruttato in chiusura.
Etna Bianco Aitna 2019 O 5.000 bt; 19 € - Mostra tutta la sua giovinezza: ai profumi agrumati, di melone bianco e di ginestra associa una beva tesa di viva freschezza acida.
Etna Rosato Aitna 2019 ● 1.000 bt; 14 € - Agile, fruttato, armonico.

ha 4 - bt 15.000
Fertilizzanti nessun concime
Fitofarmaci rame e zolfo
Diserbo lavorazione meccanica/manuale
Lieviti selezione di lieviti indigeni
Uve 100% di proprietà
Certificazione nessuna certificazione

CASTIGLIONE DI SICILIA (CT)

GRACI

Frazione Passopisciaro - Contrada Arcuria - tel. 348 7016773
www.graci.eu - info@graci.eu

VITA - Il grande amore per il vino ha portato Alberto Graci ad abbandonare le sue iniziali occupazioni per dare vita a una propria realtà vitivinicola. Con la sorella Elena ha iniziato quindi un percorso che li ha spinti a sviluppare quella che oggi è una delle aziende di riferimento nel panorama etneo. Graci si distingue per dinamismo e innovazione, sempre con rispetto per il territorio e la natura.

VIGNE - L'azienda ha sede in contrada Arcuria a Passopisciaro, sul versante nord dell'Etna, a circa 600 metri di quota. Un lavoro di restauro ha permesso il recupero di una grande e antica cantina, che è diventata il centro nevralgico aziendale. Altri vigneti si trovano nelle contrade di Feudo di Mezzo, Moganazzi, Santo Spirito e Barbabecchi.

VINI - La selezione accurata delle uve permette di raccogliere a piena maturità. In cantina il lavoro è meticoloso, alla ricerca di finezza e vini unici, che siano specchio del millesimo.

Etna Bianco Arcurìa 2018 O 5.100 bt; 38 € - Tipico nell'espressione varietale, si apre con sentori minerali che poi cedono il passo a cenni di mango e ananas, e rivela un sorso avvolgente e piacevole per la sua freschezza e per il finale lievemente salino.
Etna Rosso Arcurìa 2018 ● 4.000 bt; 43 € - Ampio e articolato nel ventaglio di profumi di sottobosco, fruttati e iodati. In bocca è succoso, dalla trama tannica rotonda e sostenuta da una fresca acidità.
Etna Rosso Feudo di Mezzo 2018 ● 2.900 bt; 38 € - Elegante nei profumi di frutti di bosco, speziati e balsamici, in bocca è intrigante per armonia ed equilibrio, grazie a una trama tannica ben articolata e suadente.
Etna Bianco 2019 O 30.000 bt; 23 € - Citrino, floreale, espressivo.
Etna Rosso 2018 ● 35.000 bt; 23 € - Armonico, speziato, varietale.

ha 30 - bt 90.000
Fertilizzanti letame
Fitofarmaci rame e zolfo
Diserbo lavorazione meccanica/manuale
Lieviti selezione di lieviti indigeni
Uve 100% di proprietà
Certificazione biologico certificato

CASTIGLIONE DI SICILIA (CT)

I CUSTODI DELLE VIGNE DELL'ETNA

Contrada Moganazzi - tel. 393 1898430
www.icustodi.it - info@icustodi.it

VITA - Affascinato dall'Etna, Mario Paoluzi, giovane imprenditore romano con la passione per il vino, nel 2007 ha deciso di creare un'azienda sul vulcano. È stato l'incontro con l'enologo Salvo Foti a facilitare l'inizio dell'attività, che ha preso piede in seguito all'acquisto di un vigneto in precedenza proprietà dal cantante dei Simply Red, Mick Hucknall.

VIGNE - I vigneti si trovano a Castiglione di Sicilia, perlopiù in contrada Moganazzi, dove ha sede la cantina. Alle sapienti mani delle maestranze de I Vigneri sono affidati i terrazzamenti su cui vengono coltivati ceppi di nerello mascalese, nerello cappuccio e carricante. Altri appezzamenti si trovano in contrada Calderara e a Feudo di Mezzo, e con la prossima annata è prevista la produzione di un bianco da un vigneto di Milo.

VINI - L'approccio alle vinificazioni e agli affinamenti è curioso ma anche fondato sul rispetto intransigente della materia prima, per vini espressivi e veraci.

TOP **Etna Bianco Ante 2018** VINO SLOW ○ 10.000 bt; 25 € - Articolato nel ventaglio dei profumi, si apre con note minerali e fruttate. In bocca si susseguono salinità e freschezza, per un sorso piacevole e invitante.
Etna Rosso Pistus 2018 ● 32.000 bt; 17 € - Profumi di piccoli frutti di bosco, note speziate e cenni minerali accompagnano una beva succosa e piacevole, dove spiccano una trama tannica rotonda e tanta freschezza.
Etna Rosso Aetneus 2014 ● 5.000 bt; 27 € - Elegante e articolato il ventaglio dei profumi. In bocca troviamo una bella freschezza, che sorregge un tannino levigato e suadente. Nel finale persistente ritornano le note aromatiche apprezzate al naso.
Etna Rosato Alnus 2019 ● 3.000 bt; 18 € - Agile, succoso, armonico.
Etna Rosso Saeculare Ris. 2013 ● 3.000 bt; 43 € - Ampio, fruttato, avvolgente.

ha 11 - **bt** 50.000
Fertilizzanti letame, sovescio
Fitofarmaci rame e zolfo
Diserbo lavorazione meccanica/manuale
Lieviti fermentazione spontanea
Uve 100% di proprietà
Certificazione biologico certificato

CASTIGLIONE DI SICILIA (CT)

PASSOPISCIARO

Frazione Passopisciaro - Contrada Guardiola - tel. 0578 267110
www.passopisciaro.com - info@passopisciaro.com

VITA - Andrea Franchetti è un uomo eclettico ed è stato uno dei primi a credere nel versante nord dell'Etna e a promuovere il concetto di contrada. Importatore di vini negli Stati Uniti e già produttore di vino in Toscana, nel 2000 ha recuperato una tenuta in abbandono a pochi passi dalla frazione di Passopisciaro, dando vita a una realtà esemplare, che ha dato un'impronta di stile a tutto il panorama vitivinicolo etneo.

VIGNE - I sesti di impianto molto stretti e la presenza di varietà alloctone come lo chardonnay, il petit verdot e il cesanese d'Affile sono le peculiarità dell'azienda. Il nerello mascalese la fa comunque da padrone nelle sue svariate espressioni territoriali, provenienti dalle diverse altitudini e dai differenti suoli delle contrade di Porcaria, Chiappe Macine, Sciara Nuova, Rampante e Guardiola.

VINI - Uno stile molto sottile, contraddistinto da freschezza, acidità e tannini nitidi e di carattere, è ciò che ha reso i vini di Passopisciaro un'icona di riferimento.

TOP **Etna Rosso Passorosso 2018** ● 35.000 bt; 26 € - Il simbolo aziendale: naso classico ed etereo, con note sottili di frutti rossi e mentuccia; la beva è scorrevole ed equilibrata, con tannini ben calibrati.
Contrada S 2018 ● nerello mascalese; 2.165 bt; 51 € - Note balsamiche e richiami di macchia mediterranea fanno da preludio a un sorso ricco di succo e sapidità. La chiusura è morbida ed equilibrata.
Contrada G 2018 ● nerello mascalese; 3.860 bt; 51 € - Dalla contrada più alta, è sottile e raffinato. All'inizio austero, si articola poi su note fruttate e di sottobosco. Il sorso è pieno, con un tannino incisivo e una freschezza ben presente.
Contrada PC 2018 ○ chardonnay; 2.660 bt; 51 € - Articolato, fruttato, espressivo.
Contrada R 2018 ● nerello mascalese; 2.240 bt; 51 € - Austero, floreale, incisivo.

ha 26 - **bt** 100.000
Fertilizzanti letame
Fitofarmaci rame e zolfo
Diserbo lavorazione meccanica/manuale
Lieviti selezione di lieviti indigeni
Uve 100% di proprietà
Certificazione nessuna certificazione

CASTIGLIONE DI SICILIA (CT)

PIETRADOLCE

Frazione Solicchiata - Contrada Rampante - tel. 344 0640839
www.pietradolce.it - info@pietradolce.it

VITA - Affermati imprenditori nel settore florovivaistico, Michele e Mario Faro nel 2005 hanno dato vita a Pietradolce in quel di Solicchiata, nel comune di Castiglione di Sicilia. Uniti dalla passione per il vino e attratti dalla bellezza dell'Etna, forti della loro esperienza imprenditoriale, sono riusciti a sviluppare e ingrandire l'azienda, che per i brillanti risultati raggiunti può essere indicata come un modello da seguire.

VIGNE - È ben visibile dalla strada la bella e moderna cantina a basso impatto ambientale, che si erge tra i vigneti di contrada Rampante. Altri vigneti si trovano in contrada Santo Spirito e Zottorinotto, dove il nerello mascalese occupa l'estensione maggiore. Il carricante proviene invece da un appezzamento di Milo.

VINI - All'interno della cantina sorgono i locali per la vinificazione con annessa barricaia e una confortevole e panoramica sala degustazione. Pietradolce realizza vini in grado di descrivere il territorio vulcanico con precisione.

Etna Rosso Rampante 2018 ● 5.000 bt; 36 € - Ⓛ - Si caratterizza per un profilo fruttato di mirtillo e marasca, e in bocca è teso, con tannini vividi e un'evidente spalla acida.
Etna Rosso Santo Spirito 2018 ● 5.000 bt; 36 € - Ⓛ - Piacevole in bocca per freschezza e trama tannica rotonda e suadente, ha delicati profumi di frutti di bosco, spezie dolci e iodati. Bello il finale fruttato.
Pietradolce Sant'Andrea 2017 ○ 2.000 bt; 130 € - ▦ - Una bella e convincente espressione di Carricante: lasciato a macerare sulle bucce per circa 10 mesi si arricchisce di lievi note mielate, di pietra focaia, fruttate e floreali. La bocca è ravvivata da una bella freschezza, con una vena sapida e un finale di piacevole persistenza aromatica.
Etna Bianco Pietradolce 2019 ○ 10.000 bt; 17 € - ▢ - Fresco, fruttato, elegante.

ha 20 - **bt** 80.000
Fertilizzanti letame
Fitofarmaci rame e zolfo
Diserbo lavorazione meccanica/manuale
Lieviti selezione di lieviti indigeni
Uve 100% di proprietà
Certificazione in conversione biologica

CASTIGLIONE DI SICILIA (CT)

GIROLAMO RUSSO

Frazione Passopisciaro - Via Regina Margherita, 78 - tel. 328 3840247
www.girolamorusso.it - info@girolamorusso.it

VITA - L'azienda è dedicata a Girolamo Russo, che con grande intuito vide in anticipo il potenziale dell'Etna. Nel 2003, quando Giuseppe l'ha ereditata dal padre, nonostante fosse neofita si è reso conto di non poter vanificare gli sforzi fatti fino ad allora. Così si è avvicinato rispettosamente al mondo del vino, ritornando alla terra tanto amata dal padre, spinto da una scelta emotiva, giocata fino in fondo come si fa nelle partite più importanti.

VIGNE - I vigneti si trovano nelle contrade più vocate del versate nord: Caldarera Sottana, San Lorenzo, Feudo e Feudo di Mezzo. Sono appezzamenti di diversi ettari, incrementati nel tempo da nuovi vigneti, che hanno preso il posto di vecchi noccioleti e sono in buona parte piantati a carricante.

VINI - I vini di Giuseppe sono sanguigni e materici, e incarnano perfettamente l'identità del territorio da cui provengono.

TOP **Etna Rosso San Lorenzo 2018** VINO SLOW ● 4.500 bt; 51 € - ▦ - Il più tradizionale e classico di tutti i vini di Giuseppe, ha un sorso fresco e avvolgente, con una sottesa struttura acida che sostiene un frutto pieno e di grande qualità.
Etna Rosso Calderara Sottana 2018 ● 1.300 bt; 51 € - ▦ - Finezza e complessità, frutto croccante ed erbe aromatiche in un mix di grande impatto e piacevolezza. Buonissima la beva, ricca e piena di materia: il sorso procede con ritmo e chiude col giusto sapore rinfrescante.
Etna Rosso 'A Rina 2018 ● 38.000 bt; 23 € - Ⓛ - Terroso e mentolato, cela un frutto croccante dietro le quinte. Il succo rimanda ai frutti rossi e scorre dinamico, per chiudere con un tannino docile ma comunque incisivo.
Etna Bianco Nerina 2019 ○ 10.000 bt; 31 € - ▢ - Citrino, floreale, essenziale.
Etna Rosso Feudo di Mezzo 2018 ● 2.200 bt; 51 € - ▦ - Incisivo, speziato, compatto.

ha 20 - **bt** 75.000
Fertilizzanti letame, sovescio
Fitofarmaci rame e zolfo
Diserbo lavorazione meccanica/manuale
Lieviti fermentazione spontanea
Uve acquisto 5%
Certificazione parte dei vigneti in regime biologico

CASTIGLIONE DI SICILIA (CT)

STATELLA

Frazione Passopisciaro - tel. 347 5038974
info@famigliastatella.com

VITA - Dal sogno di produrre un suo vino nella terra di origine a guidare una realtà ormai consolidata, rappresentata dalla propria azienda sull'Etna: questo è il percorso di Calogero Statella, giovane enologo che, forte dell'esperienza maturata in una cantina locale e spinto dal viscerale amore per il territorio che lo accomuna alla moglie Rita D'Errigo, ha dato vita all'azienda che porta il suo nome, Statella.

VIGNE - I poco più di 2 ettari di vigneto sono situati una parte a Solicchiata in contrada Pettinociarelle, nel comune di Castiglione di Sicilia, e un'altra, di circa mezzo ettaro, a Randazzo, in contrada Pignatuni. Sono due zone altamente vocate, dove il nerello mascalese è il vitigno più coltivato ed è facile trovare ceppi centenari anche prefillossera.

VINI - Estrema pulizia in cantina, per vinificazioni in rosso tradizionali, con una durata della macerazione di circa dieci giorni. La maturazione avviene in tonneau di rovere francese di secondo e terzo passaggio.

Etna Rosso Pettinociarelle 2018 ● 5.000 bt; 34 € - 🛢 - Profumi di sottobosco e di ciliegia e sentori iodati e speziati anticipano una bocca dalla piacevole sensazione di morbidezza, e dotata di tannini avvolti dalla freschezza acida.
Etna Rosso Pignatuni 2018 ● 900 bt; 85 € - 🛢 - Un Nerello mascalese da ceppi prefillossera elegante per i profumi articolati di marasca, frutta sotto spirito e spezie dolci. Il sorso è pieno, succoso, con una bella persistenza fruttata.
Etna Bianco 2019 ○ 1.500 bt; 31 € - 🗑 - Una nuova interpretazione che a differenza delle precedenti etichette nasce da uve bianche provenienti da zone vocate. In evidenza troviamo profumi di ginestra e note agrumate, mentre la bocca si distingue per la freschezza vivace e per la delicata nota salina.

ha 2 - **bt** 5.000
Fertilizzanti nessun concime
Fitofarmaci rame e zolfo
Diserbo lavorazione meccanica/manuale
Lieviti selezione di lieviti indigeni
Uve 100% di proprietà
Certificazione nessuna certificazione

CASTIGLIONE DI SICILIA (CT)

TENUTA DI FESSINA

Contrada Rovittello - Strada Statale 120, 22 - tel. 0942 395300
www.tenutadifessina.com - fessina@tenutadifessina.com

VITA - La storia vuole che la produttrice toscana Silvia Maestrelli, in una degustazione alla cieca di Nebbioli e Nerelli, si sia innamorata della varietà dell'Etna. Approdata qui nel 2000, è rimasta colpita da un vigneto di Rovittello, perfettamente conservato grazie al suo anziano proprietario Ignazio Musmeci, e lo ha acquistato. Oggi questo vigneto rivive gli sfarzi di un tempo grazie al progetto Fessina, che dedica al proprietario originale una linea di vini.

VIGNE - Il vigneto principale di 7 ettari si trova in una conca protetta da due colate laviche, una del 1911 e l'altra del 1809, che letteralmente lo cingono quasi a proteggerlo. Al centro c'è una sorta di giacitura alluvionale piroclastica che è colata durante il 1911, dal terreno composto da pomice e cipria. In conduzione con contratti decennali ci sono anche vigneti a Biancavilla e a Milo.

VINI - Vini non muscolosi ma leggiadri, dall'animo elegante, molto verticali e dalle acidità pronunciate: è questo lo stile di Fessina. Dal 2020 la consulenza enologica è passata a Benedetto Alessandro.

Etna Bianco Musmeci Contrada Caselle 2017 ○ 1.000 bt; 77 € - 🗑 - Sottile e verticale, richiama le erbe di campo miste a note salmastre e gessose. Il sorso è armonico e si allunga con una scia sapida.
Etna Bianco A'Puddara 2018 ○ 10.000 bt; 35 € - 🛢 - Intenso, ampio e fruttato, con una nota fumé, invade la bocca con un sorso avvolgente e dinamico, e una lunga chiusura citrica.
Etna Rosso Erse Contrada Moscamento 1911† 2017 ● 3.300 bt; 23 € - 🛢 - Una calzante interpretazione di Etna Rosso, per colore, profumi e struttura, con un tannino dolce e ben integrato che accompagna il succo.
Etna Rosso Erse 2018 ● 22.000 bt; 17 € - 🗑 - Agile, fruttato, varietale.
Etna Bianco Erse 2019 ○ 10.000 bt; 20 € - 🗑 - Citrino, floreale, essenziale.

ha 7 - **bt** 60.000
Fertilizzanti nessun concime
Fitofarmaci rame e zolfo
Diserbo lavorazione meccanica/manuale
Lieviti selezionati industriali
Uve acquisto 20%
Certificazione in conversione biologica

CASTIGLIONE DI SICILIA (CT)

TORNATORE

Località Verzella - Via Pietramarina, 8 - tel. 0957 131576 - 347 3764036
www.tornatorewine.com - info@tornatorewine.com

VITA - Dopo i brillanti risultati raggiunti in campo lavorativo, Francesco Tornatore ha deciso di riprendere l'attività viticola della sua famiglia, con l'obiettivo di creare un'azienda moderna e al passo con i tempi. Con l'acquisizione di nuovi appezzamenti e la costruzione di una cantina funzionale, questa realtà è diventata oggi un valido punto di riferimento per l'intero comparto regionale.

VIGNE - Il centro pulsante dell'azienda si trova in contrada Verzella nel comune di Castiglione di Sicilia, dove ha sede una moderna cantina con annessa sala di degustazione. In contrada Pietrarizzo si trova uno dei vigneti più estesi della Doc Etna, di circa 46 ettari. Altre coltivazioni sono in contrada Trimarchisa e Crasà. Il sistema di allevamento più utilizzato è quello a spalliera, ma non mancano i terrazzamenti con la tipica disposizione ad alberello.

VINI - Seguendo le direttive dell'enologo Vincenzo Bambina, le uve vengono trattate con le più moderne tecnologie, cercando di esaltare il carattere varietale e territoriale del vino.

Etna Bianco Pietrarizzo 2018 ○ 19.000 bt; 24 € - - Risaltano i profumi di fiori di campo e i sentori agrumati di pompelmo ed erbe aromatiche. La bocca viene invasa da una fresca acidità, seguita da una nota sapida che si accentua sul finale.
Etna Rosso Trimarchisa 2017 ● 19.000 bt; 51 € - - Profuma di ciliegia e spezie dolci, con cenni vanigliati derivanti dall'affinamento. Alla beva risalta l'equilibrio tra la componente tannica, morbida e quasi vellutata, e quella acido-alcolica, per un finale di buona persistenza.
Etna Rosso 2018 ● 80.000 bt; 17 € - - Vibrante in bocca, ha tannini ben articolati. Al naso emergono profumi fruttati che richiamano il mirtillo.
Etna Bianco 2019 ○ 60.000 bt; 17 € - - Citrino, fruttato, teso.

ha 65 - **bt** 230.000
Fertilizzanti letame in pellet, organo-minerali, sovescio
Fitofarmaci chimici di sintesi, rame e zolfo
Diserbo lavorazione meccanica/manuale
Lieviti selezione di lieviti indigeni
Uve 100% di proprietà
Certificazione nessuna certificazione

CASTIGLIONE DI SICILIA (CT)

VIGNETI VECCHIO

SCONTO **-10%**

Frazione Solicchiata - Via Nazionale, 267 - tel. 320 8175910
rosa.laguzza@yahoo.it

VITA - È un'impresa vissuta come riscatto sociale (da mezzadro a produttore) quella di Carmelo Vecchio, che con la moglie Rosa La Guzza ha creato una piccola cantina. Grazie al nonno di Carmelo che, negli anni Settanta, riscattò il grande feudo in cui aveva lavorato per tutta la vita, oggi Rosa e Carmelo possiedono una parte di questa proprietà e continuano a valorizzare quelle sciare ricche di vita e di biodiversità.

VIGNE - A Verzella, in contrada Malpasso, si trova questa grande distesa di vigne nascosta tra le sciare, non visibile se non dall'interno. Mirabile è il lavoro di spietratura, che nel passato ha reso queste sciare coltivabili, arricchendole con vigne e alberi da frutto, come si era soliti fare un tempo per il sostentamento famigliare.

VINI - L'esperienza vitivinicola di Carmelo maturata per 18 anni in un'importante cantina etnea e l'energia di Rosa che lo sostiene sin dal primo momento, sono gli ingredienti principali che ritroviamo nei loro vini, da cui emergono il profilo varietale e la rispondenza territoriale, grazie a vinificazioni rispettose della materia prima.

Etna Rosso Crasà 2018 ● 2.600 bt; 27 € - - Un vino generoso snellito dall'annata: offre un profilo olfattivo fruttato nidito e croccante, con cenni di erbe aromatiche e spezie. In bocca procede con un succo avvolgente, polposo e vibrante, e denota lunghezza.
Etna Rosso Sciare Vive 2018 ● 4.750 bt; 16 € - - Ottenuto in prevalenza da nerello mascalese e per una piccola percentuale da uve a bacca bianca, è più scalpitante del vino precedente in quanto a tensione gustativa. Ha un naso variegato, che regala cenni di frutti rossi, pepe e resina. Un tannino ancora giovane al momento dell'assaggio rende il sorso asciugante.

ha 2 - **bt** 12.000
Fertilizzanti nessun concime
Fitofarmaci rame e zolfo
Diserbo lavorazione meccanica/manuale
Lieviti fermentazione spontanea
Uve acquisto 20%
Certificazione nessuna certificazione

LIPARI (ME)

PUNTA ARIA

Isola di Vulcano - Contrada Gelso - tel. 347 8782656
www.puntaaria.it - info@puntaaria.it

VITA - Punta Aria è un'azienda biologica nata nel 2004 grazie al padre di Mauro Pollastri, Francangelo: sedotto dalla bellezza del territorio, ha piantato la prima vigna sull'isola di Vulcano. Dal 2011 Mauro ha preso in mano le redini di questa realtà, e nel 2014 ha costruito la cantina, iniziando a vinificare in proprio e sviluppando una filosofia produttiva incentrata sulla ricerca di un prodotto genuino, in cui la mano dell'uomo e la chimica intervengano il meno possibile.

VIGNE - Le vigne sono in un unico appezzamento di 4,5 ettari coltivato a malvasia delle Lipari e una piccola parte a corinto nero. Il suolo è vulcanico, composto da cenere lavica, soffice e povero di elementi nutritivi. La vigna si trova in contrada Gelso, e va da una quota di 130 metri fino al livello del mare. Si tratta di un'antica colata lavica che si staglia sul mare da tre lati. A completare il progetto ci sono la produzione di capperi, la presenza di frutteti e oliveti, il lido e l'agriturismo.

VINI - Rispetto della varietà e del territorio, selezione per parcella per esaltare le caratteristiche della vigna, e una vinificazione più naturale possibile: sono questi i presupposti su cui Mauro punta per ottenere vini sapidi e freschi, dotati di quei profumi che rappresentano l'essenza delle Eolie. La consulenza enologica è di Angelo Divittini.

Malvasia Francangelo 2019 O 3.600 bt; 13 € - Ha una decisa e ben definita impronta varietale, fatta di note di erba limoncina, cedro e gelsomino, con richiami agrumati. Il sorso è come un tour dell'isola di Vulcano: denota incisività e intensità di sapori, con tanta freschezza e un finale in cui i richiami aromatici sono ricchi e molto articolati, dalle erbe aromatiche, alla macchia mediterranea, alla pesca.

Il riassaggio della Malvasia delle Lipari Passito 2015 ha messo in evidenza che il vino ha acquisito maggiore complessità nel sorso e un accentuato contrasto tra la parte morbida e quella fresca.

ha 4,5 - **bt** 8.000
Fertilizzanti sovescio
Fitofarmaci rame e zolfo
Diserbo lavorazione meccanica/manuale
Lieviti selezionati industriali
Uve 100% di proprietà
Certificazione biologico certificato

LIPARI (ME)

TENUTA DI CASTELLARO

Via Caolino - tel. 090 9587713
www.tenutadicastellaro.it - info@tenutadicastellaro.it

VITA - Un progetto aziendale nato dallo stupore di Massimo Lentsch di fronte alla piana di Castellaro, nell'isola di Lipari, dove nel 2008 è nata l'omonima azienda agricola, e nel 2013 la cantina. Con la centralità del vino e la rivisitazione della tradizione in chiave tecnologica, Tenuta di Castellaro continua a portare avanti il suo piano aziendale con orgoglio.

VIGNE - I vigneti, su suoli vulcanici di pomice, ossidiana e caolinte, sono molto eterogenei, ubicati in due zone dell'isola: la piana di Castellaro, con terrazzamenti che arrivano fino a circa 350 metri di altitudine, e la vigna Cappero, a soli 80 metri di quota. Qui i filari di malvasia arrivano quasi a toccare l'acqua. Selezione massale dai vigneti più antichi dell'arcipelago eoliano, conduzione ad alberello e sesto di impianto ad alta densità le linee guida aziendali.

VINI - Nei vini di Castellaro troviamo crescita costante della qualità, eleganza, facilità di beva, sapidità e freschezza, oltre a una matrice territoriale comune che racconta l'annata.

TOP **Bianco Pomice 2019** VINO SLOW O malvasia delle Lipari, carricante; 10.000 bt; 24 € - Al naso presenta note di salsedine e nocciola. La bocca è succosa e piena di materia agrumata, per un sorso di grandissima piacevolezza.

Ypsilon 2018 ● corinto nero, nero d'Avola, alicante; 12.000 bt; 20 € - Profuma di macchia mediterranea e frutta croccante e verace. In bocca ha grinta e un substrato acido ben modulato.

Bianco Porticello 2019 O carricante, moscato bianco; 6.800 bt; 20 € - Iodato, agrumato e floreale, ha un sorso ricco che dipana in modo risoluto i varietali, delineando un palato progressivo e quasi salato.

Nero Ossidiana 2017 ● corinto nero, nero d'Avola; 8.000 bt; 27 € - Fitto, fruttato, sapido.

Corinto 2018 ● 2.000 bt; 38 € - Denso, speziato, consistente.

ha 16 - **bt** 55.000
Fertilizzanti nessun concime
Fitofarmaci rame e zolfo
Diserbo lavorazione meccanica/manuale
Lieviti fermentazione spontanea
Uve 100% di proprietà
Certificazione biologico certificato

MALFA (ME)

ANTONINO CARAVAGLIO

Via Provinciale, 33 - tel. 339 8115953
www.caravaglio.it - caravagliovini@virgilio.it

VITA - Sul solco di una lunga tradizione agricola di famiglia, negli anni Novanta Antonino Caravaglio, dopo aver terminato gli studi in agraria, si è rifugiato nella sua terra, Salina, per portare avanti l'azienda. Ha quindi deciso di puntare sui vitigni autoctoni, conciliando le antiche tecniche agricole con quelle moderne. Col suo approccio contadino, oggi è un punto di riferimento per le altre realtà eoliane.

VIGNE - Come è tipico alle Eolie, le proprietà sono formate da tanti piccoli lotti, collezionati con la cura di chi ha la passione per gli "occhi di terra", come vengono chiamati i micro appezzamenti incastonati nei vulcani. Sono 15 gli ettari vitati divisi in una quarantina di parcelle, distribuite soprattutto a Salina e (circa 3 ettari) a Lipari. Un ricercato puzzle di vigne, ricco di biodiversità.

VINI - I vini di Caravaglio puntano all'identità e alla territorialità, e sono caratterizzati da una decisa trama sapida.

TOP **Infatata 2019** VINO QUOTIDIANO O malvasia di Lipari; 9.000 bt; 12 € - Ha un naso ricamato dalle componenti minerali ed erbacee. Il sorso ha inflessioni marine e agrumate, è grintoso e appaga il palato.
Malvasia delle Lipari Passito 2019 ● 4.000 bt da 0,5 l; 26 € - Al delicato corredo aromatico fa da contraltare un sorso vivace e marino, ben modulato tra morbidezza e freschezza.
Palmento di Salina 2019 ● nerello mascalese, corinto nero; 2.500 bt; 18 € - Centrato sulle note di amarena e origano, ha una bocca di gran succo e denota versatilità gastronomica.
Chianu Cruci 2019 O malvasia di Lipari, catarratto; 22.000 bt; 12 € - Croccante, fruttato, autentico.
Occhio di Terra 2019 O malvasia di Lipari; 6.500 bt; 12 € - Bianco macerato, avvolgente, fruttato, salino.
Rosso di Salina 2019 ● corinto nero, nero d'Avola; 9.000 bt; 12 € - Articolato, floreale, sapido.

ha 12 - **bt** 55.000
Fertilizzanti letame, sovescio
Fitofarmaci rame e zolfo
Diserbo lavorazione meccanica/manuale
Lieviti fermentazione spontanea
Uve acquisto 10%
Certificazione biologico certificato

MALFA (ME)

VIRGONA

SCONTO **-10%**

Via Bandiera, 2 - tel. 338 7455912
www.malvasiadellelipari.it - info@malvasiadellelipari.it

VITA - L'azienda oggi è il coronamento di un lungo percorso avviato da Enrico Virgona negli anni Sessanta: oggi, con i suoi 72 anni carichi di sapere contadino, lo troviamo ancora in vigna. Insieme alla figlia Daniela e suo marito Calogero Marino, nel 2003 ha deciso di iniziare a imbottigliare il vino. Questa realtà si pone l'obiettivo di offrire un prodotto di qualità, genuino e naturale.

VIGNE - La parte principale della vigna, con gli impianti più vecchi che risalgono agli anni Settanta, è formata da tante piccole parcelle. Siamo a Malfa, a 300 metri di quota, su terreni di origine vulcanica dove si coltivano, con sistema a spalliera, le varietà tradizionali dell'isola.

VINI - La consulenza enologica è di Vincenzo Leone. Lo stile dei vini punta alla tradizione con l'intento di valorizzare i saperi locali, i dettagli varietali, la sapidità e la longevità.

TOP **Bianco Don Carmelo 2019** VINO QUOTIDIANO O malvasia delle Lipari, inzolia, catarratto; 2.000 bt; 12 € - In bocca è una lama: verticale e succoso, ha continui rimandi agli agrumi croccanti e carnosi, puntellati da spunti sapidi e dissetanti.
Bianco 2019 O malvasia di Lipari, inzolia; 6.000 bt; 9 € - Al naso ha note di agrumi e fiori di arancio, di acqua di mare e pomice. Succoso e citrino, si sviluppa in verticale grazie a una scia sapida che chiude sul frutto corroborante.
Malvasia delle Lipari Passito 2013 ● 5.000 bt da 0,5 l; 26 € - L'olfatto è ricco di uva passa, incenso, pasta di mandorla e arancia candita. In bocca ha grinta, grazie a una sinuosa struttura acida che contrasta la densità della materia.
Rosso 2017 ● nerello mascalese, nerello cappuccio, corinto nero; 2.000 bt; 10 € - Succoso, fruttato, verace.
Extra Dry Ruffiano malvasia di Lipari; 3.000 bt; 15 € - Metodo Charmat, agile, fruttato, varietale.

ha 5,5 - **bt** 20.000
Fertilizzanti n.d.
Fitofarmaci rame e zolfo
Diserbo lavorazione meccanica/manuale
Lieviti selezionati industriali
Uve 100% di proprietà
Certificazione nessuna certificazione

MESSINA

BONAVITA

Contrada Corso - Faro Superiore - tel. 347 1754683 - 347 4728934
www.bonavitafaro.it - bonavitafaro@gmail.com

VITA - L'amore per la campagna di Giovanni Scarfone ha radici profonde: trasmesso dal padre Carmelo, si è concretizzato attraverso gli studi di agronomia e i primi passi fatti in un fazzoletto di vigna per produrre vino nel garage di casa. Dopo tanti anni di gavetta, Giovanni e la sua compagna Sanny Occhino hanno adesso una piccola e funzionale cantina, e conducono con impegno quotidiano la loro realtà, contribuendo in prima linea alla rinascita della denominazione Faro.

VIGNE - I 2 ettari acquistati nel 2007 in contrada Mangiavacche costituiscono il nucleo vitato più importante. A questi si aggiunge un vigneto più piccolo e più vecchio, con piante di oltre 70 anni, in contrada Bonavita. La struttura ad anfiteatro con terrazzamenti naturali è lambita continuamente dalle brezze marine provenienti dallo stretto di Messina, creando una condizione climatica ottimale. Le varietà coltivate sono nerello mascalese, nerello cappuccio e nocera.

VINI - I vini Bonavita sono contraddistinti da uno stile unico, che interpreta bene il territorio della Doc Faro. L'approccio è artigianale e naturale, sia in vigna, sia in cantina.

Faro 2017 VINO SLOW ● 9.000 bt; 29 € - In quest'annata mette in mostra un naso ampio, con spunti di macchia mediterranea e profumi di amarena. Il sorso è pieno e appagante, e alterna sensazioni di polpa generosa a leggerezza dinamica e freschezza. La chiusura è salina, rafforzata da tannini agili.

Rosato Bonavita 2019 nerello cappuccio, nerello mascalese, nocera; 4.000 bt; 17 € - Un rosa che lascia il segno per scia sapida e succo, e che si presenta con un corredo olfattivo ricco e variegato, che spazia dall'agrumato a sensazioni marine, con sottofondo di frutti rossi. Un vino che invita alla beva e che, grazie allo stile autentico, potrà essere preso come esempio in futuro per lo stile dei vini rosa siciliani.

ha 3 - **bt** 13.000
Fertilizzanti nessun concime
Fitofarmaci rame e zolfo
Diserbo lavorazione meccanica/manuale
Lieviti fermentazione spontanea
Uve 100% di proprietà
Certificazione biologico certificato

MESSINA

PALARI

Località Santo Stefano Briga - Contrada Barna - tel. 090 630194
www.palari.it - info@palari.it

VITA - La sopravvivenza della Doc Faro si deve anche alla passione dell'architetto Turi Geraci, proprietario e cuore pulsante dell'azienda Palari. Fine conoscitore e appassionato di vino, ha tratto lo spunto per salvare dall'oblio la piccola Doc da un incontro col grande e compianto Luigi Veronelli. Da lì, grazie a un certosino lavoro di recupero, ha ben presto raggiunto alti livelli qualitativi.

VIGNE - L'azienda ha sede a Santo Stefano Briga in provincia di Messina, dove da un antico casolare si gode un panorama mozzafiato sullo stretto. In una collina adiacente sorgono i 7 ettari del vigneto, disposti su ripidi terrazzamenti dove vengono allevate le varietà nerello mascalese, nerello cappuccio e nocera, oltre ad altri vitigni autoctoni locali. Sottolineiamo il caratteristico microclima, che viene influenzato dalle correnti dello stretto e apporta grandi benefici alla vite.

VINI - Obiettivo dell'azienda è una viticoltura di qualità che prevede una rigorosa selezione delle uve, che vengono vinificate secondo i canoni tradizionali e affinate utilizzando botti piccole. Purtroppo quest'anno non abbiamo potuto assaggiare e recensire il Faro Palari 2016, vino di punta dell'azienda.

Rosso del Soprano 2017 ● nerello mascalese, nerello cappuccio, nocera; 13.500 bt; 20 € - Fratello minore del più rinomato Faro Palari, si caratterizza al naso per profumi delicati di frutti di bosco, cuoio e tabacco. Agile e vivace in bocca, ha una trama tannica ben delineata e una spiccata freschezza, che sfocia in un finale dal buon ritorno fruttato.

ha 7 - **bt** 30.000
Fertilizzanti letame
Fitofarmaci rame e zolfo
Diserbo lavorazione meccanica/manuale
Lieviti selezione di lieviti indigeni
Uve 100% di proprietà
Certificazione nessuna certificazione

MILO (CT)

I VIGNERI

SCONTO **-10%**

Via Abate, 3 - tel. 0933 982942
www.ivigneri.it - info@ivigneri.it

VITA - Pietra miliare della nuova viticoltura etnea, Salvo Foti porta avanti una filosofia di vita e di lavoro che affonda le radici nella riscoperta e nella valorizzazione delle antiche pratiche della tradizione contadina, arricchite dal sapere scientifico. Ha fondato così l'associazione I Vigneri, con lo scopo di accomunare maestranze dedite a una viticoltura rispettosa.

VIGNE - Osservare l'ordinata architettura di un vigneto, con la tipica palizzata in legno di castagno che sostiene un impianto ad alberello, e i terrazzamenti trattenuti da muretti in pietra lavica, è uno spettacolo di rara bellezza, unico nel suo genere. Questo è il vigneto di Caselle a Milo, dove viene allevato il carricante e dove hanno sede una moderna e funzionale cantina e un antico palmento ristrutturato, che viene utilizzato durante la vendemmia.

VINI - "Vini umani" figli della terra, della tradizione e del lavoro dell'uomo. Salvo Foti riporta in auge la vinificazione nel palmento etneo, caratterizzata da una lieve e piacevole nota ossidativa.

TOP **Etna Bianco Sup. Aurora 2019** VINO SLOW O 5.000 bt; 27 € - Abbiamo apprezzato l'eleganza dei profumi di macchia mediterranea e pompelmo. In bocca troviamo una scia di invitante freschezza, e una chiusura caratterizzata da una lieve vena sapida.
I Vigneri 2019 ● nerello mascalese, nerello cappuccio; 7.000 bt; 27 € - Presenta i tipici connotati di un vino della tradizione etnea, ricco nei profumi di more e frutti di bosco, e piacevole alla beva per freschezza ed equilibrio.
Vinudilice 2019 minnella, grecanico, alicante; 1.500 bt; 44 € - È un rosa che nasce da un uvaggio in vigna, dai tenui sentori di fragoline di bosco e melograno. In bocca è dissetante, dal sorso piacevole con un bel ritorno fruttato.

ha 5 - **bt** 26.000
Fertilizzanti letame
Fitofarmaci rame e zolfo
Diserbo lavorazione meccanica/manuale
Lieviti selezione di lieviti indigeni
Uve 100% di proprietà
Certificazione nessuna certificazione

RANDAZZO (CT)

ALICE BONACCORSI

Contrada Croce Monaci - tel. 347 6558189
www.valcerasa.com - rosario.pappalardo@tiscali.it

VITA - Alice Bonaccorsi è stata una delle prime donne ad addentrarsi nel mondo del vino etneo, quando il versante nord era ancora una zona quasi inesplorata. Affiancata dal marito Rosario Pappalardo, nel 1997 ha prodotto il suo primo vino, con le uve provenienti da un piccolo vigneto ereditato dal padre. Nel 2000 ha investito in altri vigneti e ha costruito la cantina vicino a Randazzo, ponendo le basi di un'azienda familiare che fa della spontaneità la sua cifra.

VIGNE - I vigneti si distribuiscono in un unico corpo in contrada Crucimonaci, ricca di muretti a secco e di neck, i cosiddetti colli lavici. Oggi la superficie vitata ha raggiunto i 17 ettari, con le ultime acquisizioni in contrada Calderara Sottana. La coltivazione della vigna è in biologico da sempre: ciò ha favorito nel corso degli anni la creazione di un ambiente che si sostiene da solo, in perfetto equilibrio.

VINI - Lo stile in cantina è poco interventista e le fermentazioni sono spontanee. Gli affinamenti sono piuttosto lunghi e non assecondano le logiche commerciali. I vini di Alice hanno personalità e rifuggono il tecnicamente perfetto, giocando sull'emozionalità.

Etna Rosso Crucimonaci 2015 ● 2.000 bt; 32 € - Si apre con note di spezie dolci e una lieve balsamicità, seguite da un sorso grintoso, ancora giovanile al momento dell'assaggio, con tannini compatti e ben amalgamati.
Rosso Relativo 2019 nerello mascalese; 3.000 bt; 20 € - Il contatto prolungato con le bucce ha donato un colore granato intenso. Il naso è espressivo e vira verso note vegetali, la bocca è rinfrescata da un sorso succoso e una chiusura lievemente asciugante.
Etna Bianco Valcerasa 2018 O 6.500 bt; 22 € - Al naso è molto varietale e scorre in bocca con una certa agilità, supportata da una discreta struttura e un finale sapido.

ha 10 - **bt** 30.000
Fertilizzanti letame, sovescio
Fitofarmaci rame e zolfo
Diserbo lavorazione meccanica/manuale
Lieviti fermentazione spontanea
Uve acquisto 10%
Certificazione biologico certificato

RANDAZZO (CT)

CALABRETTA

SCONTO **-10%**

Via Bonaventura, 178/a - tel. 328 4565050
www.calabretta.net - info@calabretta.net

VITA - L'azienda Calabretta ha vissuto nel tempo varie (ri)fondazioni: la prima risale al primo Novecento, per mano dei bisnonni di Massimiliamo Calabretta, l'attuale proprietario, che producevano vino e lo esportavano; la seconda fu quella del nonno Salvatore nel 1946; la terza è opera di Massimiliano stesso, che ha avuto il merito di ampliare la visione aziendale puntando sul vino di qualità.

VIGNE - A Randazzo, in contrada Calderara Sottana, ci sono gli appezzamenti più piccoli. Il corpo aziendale più ampio è in contrada Taccione. Altre vigne sono in contrada Feudo di Mezzo e a Passopisciaro. Accanto alle principali varietà autocone possiamo trovare la rara minnella nera e il grillo. In contrada Zocconero, inoltre, fuori dalla Doc, c'è un vigneto di pinot nero che si è ben adattato in questa zona, pur essendo lontano dal suo habitat originario.

VINI - Massimiliano non ha un enologo di riferimento: tutte le scelte in cantina passano da lui, con un approccio molto personale, orientato alla tradizione.

Nerello Mascalese Sara 2018 ● 1.000 bt; 24 € - Ricco di sfumature, si apre con note di spezie dolci accompagnate da balsamicità e liquirizia. La bocca è buonissima, succosa, e scorre con grinta e senza eccessi.
Nerello Mascalese Vigne Vecchie 2011 ● 15.000 bt; 26 € - È austero e profondo, con cenni di humus e sottobosco e una lieve speziatura. Segue un palato sorprendentemente giovane, con tannino levigato e rinfrescante sapidità.
Rosato 2019 ● nerello mascalese; 6.000 bt; 15 € - Rievoca il tradizionale "pista e mutta", con un colore carico come pochi ancora sull'Etna. Fine e articolato, ha un sorso invitante e agile, con una piacevole nota astringente sul finale.
Carricante 2019 ○ 6.000 bt; 20 € - Ampio, floreale, essenziale.

ha 13 - **bt** 65.000
Fertilizzanti letame
Fitofarmaci rame e zolfo
Diserbo lavorazione meccanica/manuale
Lieviti fermentazione spontanea
Uve acquisto 15%
Certificazione parte dei vigneti in regime biologico

RANDAZZO (CT)

FATTORIE ROMEO DEL CASTELLO

Contrada Allegracore - Strada Provinciale, 89 - tel. 333 2498903
www.romeodelcastello.it - info@romeodelcastello.it

VITA - Quest'azienda ha radici che affondano nel passato, come testimonia l'antica masseria del Settecento con la corte interna e l'imponente palmento, che ha mantenuto la struttura originaria. La conduzione è in mano a due donne tenaci, Chiara Vigo e la mamma Rossana Romeo del Castello, determinate nel portare avanti un'idea enologica saldamente legata alla tradizione, sfidando molte tendenze attuali.

VIGNE - La proprietà si trova in contrada Allegracore e racchiude al suo interno, oltre alla parte vitata, olivi, noccioli e peri. Inoltre, vi è anche un piccolo bosco dove sono stati tracciati nuovi percorsi per raggiungere il vigneto situato nella parte più bassa. A marzo del 2020 sono state piantate 900 viti ad alberello di nerello mascalese, da selezione massale, ad avvalorare la propensione di Chiara per i rossi.

VINI - Uno stile semplice e raffinato contraddistingue i vini di Chiara, che esprimono fedelmente le diverse annate, esaltando il terroir.

TOP **Etna Rosso Allegracore 2018** VINO SLOW ● 7.300 bt; 24 € - Per la sua integrità e schiettezza è uno dei nostri preferiti. Quest'anno incarna una veste più sottile ed eterea, pur supportata da un frutto vivido, che lo rende molto piacevole e beverino.
Etna Rosato Vigorosa 2019 ● 7.300 bt; 21 € - Il colore carico testimonia il legame che lo lega alla tradizione. Delicatezza e croccantezza, insieme a una fresca acidità, sono le caratteriste ideali per questa tipologia.
Etna Rosso Vigo 2016 ● 3.700 bt; 30 € - Proviene da una selezione accurata delle uve delle piante più vecchie, ed è prodotto solo nelle annate ritenute più opportune. Il naso mostra un'evidente speziatura dolce. La bocca è sinuosa, dotata di adeguata freschezza, e appare molto giovanile nonostante il lungo affinamento.

ha 13 - **bt** 14.500
Fertilizzanti nessun concime
Fitofarmaci rame e zolfo
Diserbo lavorazione meccanica/manuale
Lieviti selezione di lieviti indigeni
Uve 100% di proprietà
Certificazione parte dei vigneti in regime biologico

RANDAZZO (CT)

TENUTA DELLE TERRE NERE

Contrada Calderara - tel. 095 924002
www.tenutaterrenere.com - info@tenutaterrenere.com

VITA - Dopo una vita passata a girare il mondo per arricchire le proprie conoscenze sul mondo del vino, Marc de Grazia ha trovato approdo sull'Etna. Con la nascita dell'azienda Terre Nere ha dato sfogo al suo bagaglio culturale, innescando un processo di rinnovamento della vitivinicoltura che ha fatto dell'Etna uno dei fenomeni più apprezzati nel mondo dell'enologia internazionale.

VIGNE - Marc ha valorizzato il concetto di contrada per differenziare le espressioni del nerello mascalese, vitigno principe delle contrade Guardiola, Santo Spirito, Calderara e Feudo di Mezzo, dove si trovano i vigneti dell'azienda. Siamo nella fascia collinare che da Randazzo arriva alla frazione di Solicchiata, sul versante nord dell'Etna.

VINI - Come una barca senza rotta non va da nessuna parte, così un grande vino ha bisogno di un progetto. Le etichette di Marc spiccano per territorialità, slancio aromatico, e capacità di raccontare la viticoltura sul vulcano.

TOP **Etna Bianco Sup. 2018** VINO SLOW ○ 3.500 bt; 60 € - Agrumato, quasi salino e con un'invitante acidità, profuma di macchia mediterranea e pompelmo, per un sorso dalla dinamica verticale.
Etna Rosso Guardiola 2018 ● 3.500 bt; 68 € - Eleganza e spiccata personalità contraddistinguono questo vino dal sorso succoso e pieno di frutto, e dalla trama tannica morbida e rotonda, che si appoggia su una viva spalla acida. Al naso troviamo netti profumi fruttati, di erbe aromatiche e minerali.
Etna Rosso Feudo di Mezzo 2018 ● 7.500 bt; 68 € - Profumi articolati di sottobosco e amarena si accompagnano a sentori di cioccolato e cuoio. In bocca si apprezza la dolcezza dei tannini, morbidi e ben amalgamati.
Etna Bianco 2019 ○ 65.000 bt; 31 € - Fine, fruttato, avvolgente.

ha 40 - **bt** 300.000
Fertilizzanti letame
Fitofarmaci rame e zolfo
Diserbo lavorazione meccanica/manuale
Lieviti selezione di lieviti indigeni
Uve 100% di proprietà
Certificazione biologico certificato

SANTA MARIA DI LICODIA (CT)

FALCONE

Contrada Cavaliere - tel. 349 3036652
www.aziendafalcone.it - info@aziendafalcone.it

VITA - «Dietro un bicchiere di vino c'è sempre una storia», dice Alberto Falcone parlando del suo percorso. Alberto è stato catapultato nel mondo del vino quasi per caso, quando si oppose alla vendita di un vigneto di famiglia. Nel 2011 ha quindi fondato l'azienda, una piccola realtà cresciuta grazie al suo costante impegno. Affiancato negli ultimi anni dalle figlie Francesca e Velia, è sempre alla continua ricerca di miglioramenti.

VIGNE - I 4 ettari di vigneto, di cui 3 ettari di nerello mascalese e un ettaro di carricante, si trovano sul versante sud-ovest dell'Etna a Santa Maria di Licodia, a 900 metri di altitudine. Un versante baciato dal sole per la quasi totalità della giornata, con fortissime escursioni termiche tra il giorno e la notte. La cura della vigna è affidata all'amico agronomo Giovanni Marletta, che segue l'azienda sin dal primo anno.

VINI - Lo stile aziendale rispecchia molto la personalità di Alberto e si orienta verso vini puliti ed essenziali, che spesso non affinano in legno e sono specchio dell'annata. Dal 2019 la consulenza enologica è affidata al giovane Giulio Castorina.

Etna Rosso Aitho 2017 ● 2.700 bt; 14 € - L'annata ha regalato energia a questo vino, che presenta un frutto croccante e una lieve nota speziata. In un secondo momento regala anche cenni floreali. All'assaggio è agile nonostante la ricchezza della sua materia. I tannini sono misurati ma ancora giovani.
Etna Bianco Aitho 2019 ○ 1.500 bt; 15 € - Corredato da bei profumi di frutta a polpa gialla, macchia mediterranea e minerali, ha un profilo verticale notevole. In bocca intreccia acidità vibrante e salinità avvolgente. Un po' di permanenza in bottiglia renderà tutto più equilibrato.
Etna Rosato Aitho 2019 ● 1.500 bt; 14 € - Fresco, floreale, armonico.

ha 4 - **bt** 5.500
Fertilizzanti letame
Fitofarmaci rame e zolfo
Diserbo lavorazione meccanica/manuale
Lieviti selezionati industriali
Uve 100% di proprietà
Certificazione in conversione biologica

TRECASTAGNI (CT)

CANTINE NICOSIA

Via Luigi Capuana, 65 - tel. 0957 806767
www.cantinenicosia.it - info@cantinenicosia.it

VITA - Questa azienda ricca di storia affonda le radici indietro nel tempo e oggi è giunta alla quinta generazione, con Carmelo Nicosia e i figli Francesco e Graziano. Custodi delle antiche tradizioni, i Nicosia hanno un approccio laico alla tecnologia, cosa che gli ha permesso di dare vita a una realtà dinamica, in continua espansione e molto apprezzata.

VIGNE - Siamo a Trecastagni, sul versante sud dell'Etna. L'azienda si distingue per la moderna cantina, che ospita un attrezzato laboratorio ed è gestita dall'enologo Maria Carella. I vigneti sorgono a poca distanza nelle contrade di Montegorna e San Nicolò, a circa 700 metri di altitudine. Sono in atto progetti di espansione attraverso l'acquisizione di nuovi vigneti.

VINI - Valorizzazione dei vitigni autoctoni rispettando l'ambiente, vinificazioni attente e gestite con spiccata cura tecnica: sono questi gli ingredienti di casa per ottenere vini di alto livello qualitativo.

Etna Bianco Contrada San Nicolò 2019 O 6.000 bt; 17 € - Interessanti profumi agrumati e sentori floreali di ginestra accompagnano una beva fresca e vivace, in cui spiccano intriganti note saline.
Etna Bianco Fondo Filara 2019 O 12.000 bt; 17 € - Prevale all'olfatto un profumo fruttato che ricorda la mela e la pesca, con tenui sentori floreali. In bocca è vibrante grazie alla spalla acida che si alterna alle sensazioni sapide.
Etna Rosso Vulká 2018 ● 50.000 bt; 15 € - Sorprende per l'ampio ventaglio di profumi di piccoli frutti di bosco e marasca, speziati, minerali e iodati. In bocca è piacevole per la rotondità della trama tannica, la freschezza e la buona persistenza fruttata.
Etna Bianco Vulkà 2019 O 35.000 bt; 15 € - Citrino, fruttato, elegante.

ha 55 - **bt** 270.000
Fertilizzanti letame, sovescio
Fitofarmaci rame e zolfo
Diserbo lavorazione meccanica/manuale
Lieviti selezione di lieviti indigeni
Uve 100% di proprietà
Certificazione biologico certificato

TRECASTAGNI (CT)

EUDES

Contrada Monte Gorna - Via delle Acacie, 13 - tel. 348 9506533
www.eudes.it - giovannimessina@eudes.it

VITA - Quella di Giovanni Messina, proprietario e giovane vigneron di Eudes, è una scommessa vinta. Al posto del vecchio appezzamento abbandonato e ricoperto di rovi acquistato dal padre Salvatore, oggi possiamo trovare un bel vigneto, frutto della tenacia e del certosino lavoro di recupero dei terrazzamenti. Un'impresa quasi titanica quella di Giovanni, spronato e coadiuvato dalla moglie Laura Torrisi.

VIGNE - Il vigneto si trova a Trecastagni in contrada Monte Gorna, sul versante sud-est dell'Etna. Nei tipici terrazzamenti situati a circa 700 metri di quota viene allevato in prevalenza il carricante, mentre in un vigneto attiguo quasi centenario ci sono ceppi di nerello mascalese. Sono in via di ultimazione i lavori di ripristino di un vecchio palmento.

VINI - Dal 2017 è iniziata la collaborazione con l'enologo Angelo Di Grazia, la cui filosofia di lavoro si sposa appieno con le idee di Giovanni. L'obiettivo è la valorizzazione dei vitigni autoctoni etnei e, soprattutto, la produzione di vini capaci di esprimere fedelmente il territorio di origine.

Etna Bianco di Monte 2019 O 5.000 bt; 44 € - In evidenza all'olfatto troviamo profumi di ginestra e di melone. Il sorso è citrino e di slancio sapido: assicura già una piacevole beva nonostante la giovane età.
Eudes Milleottocentoquaranta 2018 ● nerello mascalese, nerello cappuccio; 1.300 bt; 51 € - Intensi profumi fruttati e sentori di humus e di erbe aromatiche anticipano un sorso che regala piacevolezza, grazie a una trama tannica articolata e suadente, sostenuta da una bella spalla acida. Il finale conquista per il ritorno fruttato.

ha 4 - **bt** 7.000
Fertilizzanti letame
Fitofarmaci rame e zolfo
Diserbo lavorazione meccanica/manuale
Lieviti selezione di lieviti indigeni
Uve 100% di proprietà
Certificazione in conversione biologica

TRECASTAGNI (CT)

TENUTA MONTE GORNA

SCONTO **-10%**

Contrada Monte Gorna - tel. 338 9823870
www.tenutamontegorna.it - info@tenutamontegorna.it

VITA - Il filo conduttore di questa azienda, come succede in molte realtà schiettamente agricole, è l'amore per la terra che si è tramandato immutato fino a oggi. Sono infatti i figli di Rosario Licciardello e Santina Cipolla a portare avanti la conduzione della tenuta: Sebastiano, Arianna e Stefania rappresentano la terza generazione al lavoro. Con grande entusiasmo hanno intrapreso questa avventura per consolidare ulteriormente quanto fatto dai loro predecessori.

VIGNE - Siamo a Trecastagni, sul versante sud-orientale dell'Etna, a circa 760 metri di altitudine in contrada Carpene. Circondato da una fitta vegetazione boschiva e da due conetti vulcanici spenti, il vigneto si estende per circa 5 ettari su un terreno sabbioso ricco di scheletro, disposto sui tipici terrazzamenti. Vengono allevati il nerello mascalese, il nerello cappuccio e il carricante.

VINI - L'approccio in cantina è fondato sulla valorizzazione varietale dei vini, per cui si cercano pulizia olfattiva, linearità di beva e tipicità territoriale. L'uso dell'acciaio delinea uno slancio rispettoso dell'espressività delle uve.

Etna Bianco Iancu di Carpene 2019 ○ 4.500 bt; 16 € - - Si caratterizza per i suoi profumi di macchia mediterranea e il profilo fruttato che ricorda il melone bianco. In bocca emerge una fresca acidità, che si alterna con una nota salina e a sfocia in un finale persistente, in cui ritornano le sensazioni fruttate a chiudere con piacevolezza.
Etna Rosso Rosso di Carpene 2017 ● 9.000 bt; 16 € - - Piacevole alla beva grazie ai suoi tannini dolci e morbidi, sorretti da una fresca acidità. Al naso si evidenzia un orizzonte fruttato, con cenni di ciliegia, di fragoline di bosco e di spezie dolci.

ha 5 - **bt** 20.000
Fertilizzanti nessun concime
Fitofarmaci rame e zolfo
Diserbo lavorazione meccanica/manuale
Lieviti selezione di lieviti indigeni
Uve 100% di proprietà
Certificazione biologico certificato

VIAGRANDE (CT)

BENANTI

Via Garibaldi, 361 - tel. 095 7890928
www.vinicolabenanti.it - info@benanti.it

VITA - L'azienda Benanti è nata formalmente nel 1988, anche se la famiglia coltivava e produceva vino in forma amatoriale sin dal secolo precedente. Le prime annate portavano il nome di Tenute di Castiglione, luogo originario di produzione, ma nel 1994 questa realtà ha preso il nome attuale. L'azienda è guidata dai fratelli Antonio e Salvino Benanti che, in una staffetta generazionale col papà Giuseppe, hanno scelto di dare continuità alla filosofia produttiva e allo stile, unico e distinguibile.

VIGNE - L'azienda è stata la prima ad acquisire vigneti in diverse zone, e oggi ha ben 30 ettari dislocati nei quattro versanti del vulcano. A Santa Maria di Licodia, nel versante sud-occidentale, e nella parte bassa di Monte Serra, a sud-est, prevale il filare, mentre nel resto del parco vitato il sistema di allevamento è quello ad alberello.

VINI - I vini sono poco appariscenti, forse timidi in partenza, ma mostrano nel tempo la loro stoffa. L'approccio è classico, volto a realizzare vini precisi e territoriali.

TOP **Etna Bianco Sup. Pietramarina 2016** ○ 9.000 bt; 85 € - - Incarna perfettamente l'uva carricante, con evidenti note iodate e fumè. In bocca l'alternarsi di salinità e di freschezza regala un sorso lungo e appagante.
Etna Bianco Sup. Contrada Rinazzo 2018 ○ 2.000 bt; 41 € - - Verticale e raffinato, con richiami di macchia mediterranea e sbuffi minerali, ha un sorso dinamico, con un'incisiva scia sapida.
Etna Rosso Contrada Dafara Galluzzo 2018 ● 2.000 bt; 34 € - - Complesso e balsamico, offre spunti di frutti rossi e liquirizia. Segue un palato succoso e compatto, con tannini dolci ben amalgamati.
Etna Bianco 2019 ○ 40.000 bt; 19 € - - Agile, floreale, verticale.
Etna Rosso 2018 ● 70.000 bt; 17 € - - Dinamico, fruttato, espressivo.
Etna Bianco Contrada Cavaliere 2018 ○ 5.300 bt; 38 € - - Armonico, floreale, ampio.

ha 28 - **bt** 170.000
Fertilizzanti organo-minerali
Fitofarmaci rame e zolfo
Diserbo lavorazione meccanica/manuale
Lieviti selezione di lieviti indigeni
Uve acquisto 30%
Certificazione parte dei vigneti in regime biologico

VIAGRANDE (CT)

TERRA COSTANTINO

Via Garibaldi, 417 - tel. 095 434288
www.terracostantino.it - info@terracostantino.com

VITA - Dino Costantino ha sempre curato il suo vigneto come se fosse il giardino di casa, e ha trasmesso la stessa passione al figlio Fabio, che ha dato una svolta alla proprietà di famiglia mettendo in bottiglia il frutto di anni di lavoro. La cantina, perfettamente integrata nel territorio, si sviluppa in profondità mostrando al suo interno le millenarie e suggestive stratificazioni laviche.

VIGNE - L'azienda è in regime biologico da sempre. Tecniche naturali come il sovescio garantiscono materia verde al vigneto, che si estende in un unico corpo per circa 10 ettari, nella zona di Viagrande, storicamente vocata alla coltivazione dei bianchi. U Chianu du Jancu ne è la prova, una vigna di vecchi alberelli di carricante, catarratto e un po' di minnella. La vicinanza del mare favorisce inoltre una notevole ventilazione quotidiana.

VINI - Lo stile è orientato verso vini precisi e puliti, cercando di sfruttare per quanto possibile una tecnologia non invasiva. Il tutto avviene sotto la supervisione dell'enologo Luca D'Attoma.

TOP **Etna Bianco Contrada Blandano 2016** VINO SLOW
○ 3.393 bt; 32 € - Dalla vigna del Chianu du Jancu, è ricco di sfumature, con frutta matura, miele e nota fumè in evidenza. Presente anche la nota iodata, che imprime un tratto unico. La bocca procede con agilità e con una salinità persistente.

Etna Bianco De Aetna 2018 ○ 15.987 bt; 19 € - Erroneamente recensito lo scorso anno, è pungente e verticale, con note erbacee e gessose. In bocca è equilibrato.

Etna Rosso De Aetna 2018 ● 22.234 bt; 17 € - Regala un naso ampio, floreale e speziato. In bocca ha un certo dinamismo, frenato dal tannino ancora un po' scalpitante al momento dell'assaggio.

Etna Rosso Contrada Blandano 2016 ● 3.393 bt; 32 € - Setoso, speziato, profondo.

Etna Rosato De Aetna 2019 ● 7.890 bt; 17 € - Fresco, floreale, sapido.

ha 10 - **bt** 54.000
Fertilizzanti sovescio
Fitofarmaci rame e zolfo
Diserbo lavorazione meccanica/manuale
Lieviti selezione di lieviti indigeni
Uve 100% di proprietà
Certificazione biologico certificato

L'ETNA DA SCOPRIRE

Il panorama vitivinicolo dell'Etna è molto articolato. Una poliedricità che viene assicurata non solo da aziende affermate, ma anche da tanti piccoli produttori che stanno gradualmente prendendo coscienza di far parte di un mondo in continua evoluzione, nel quale portare il contributo delle loro esperienze fatte di quotidiana fatica.

Sono realtà ancora poco conosciute, ma capaci di raccontare una sfaccettatura del vulcano in cui prevalgono le antiche tradizioni tramandate di padre in figlio, dove ancora oggi il palmento etneo rappresenta il punto di incontro tra il passato e il presente. Queste piccole realtà racchiudono nella propria storia una precisa filosofia di vita e di lavoro. Tra queste aziende ne citiamo alcune che già seguiamo con vivo interesse da qualche anno.

Tra le più tradizionali ricordiamo **Camarda Vini**, che insiste sul versante nord del vulcano dagli anni Sessanta, precisamente a Passopisciaro, dove Graziella Camarda promuove uno stile ancestrale che fa tesoro delle antiche pratiche di un tempo, prediligendo in vigna una conduzione più verde possibile e in cantina le fermentazioni spontanee. In contrada Calderara l'azienda agricola **Filippo Grasso** dei fratelli Maria Rita e Filippo Grasso, che custodiscono la tradizione di famiglia, produce vini di spiccata impronta territoriale. Tra le realtà emergenti ci piace segnalare **Monteleone**, nata nel 2017 grazie a Giulia Monteleone e al marito enologo Benedetto Alessandro, i quali hanno puntato sull'Etna Rosso investendo in contrada Cuba, vicino al fiume Alcantara, e in contrada Pontale Palino, recuperando un vigneto a piede franco di nerello mascalese. Passando sul versante est segnaliamo **Tenute di Nuna** di Maria Novella Trantino e del marito Fabio Percolla, che in contrada Felce Rossa nel comune di Sant'Alfio producono da pochi anni un Etna Bianco da sole uve carricante che interpreta abilmente la grande personalità di questa varietà.

VAL DI NOTO

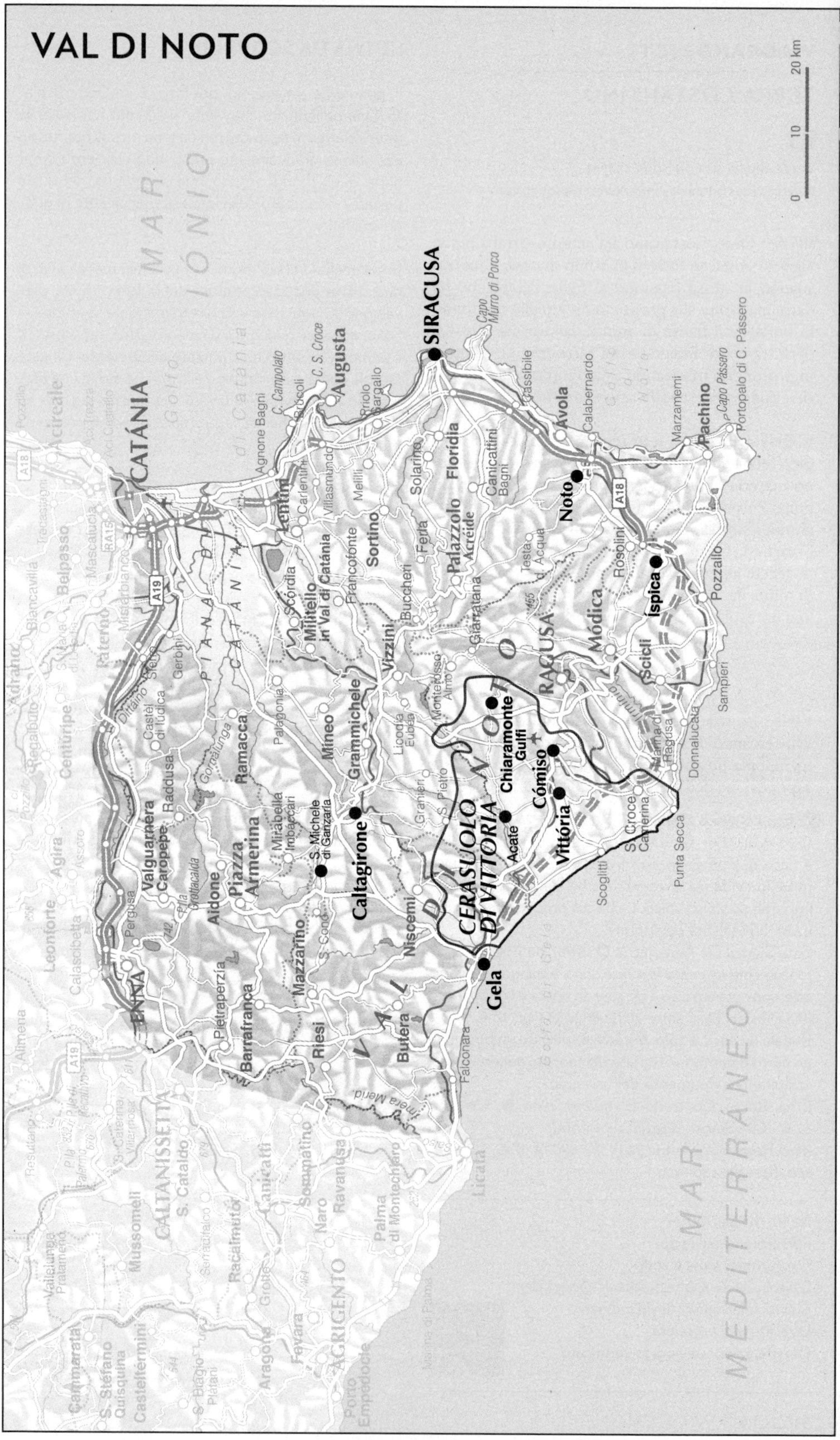

CERASUOLO DI VITTORIA
VAL DI NOTO
CATÁNIA
SIRACUSA
Augusta
Lentini
Carlentini
Sortino
Floridia
Palazzolo Acrèide
Noto
Avola
Pachino
Ìspica
Rosolini
Módica
RAGUSA
Scicli
Chiaramonte Gulfi
Cómiso
Vittória
Acate
Gela
Niscemi
Caltagirone
Grammichele
Mineo
Vizzini
Militello in Val di Catánia
Scordia
S. Michele di Ganzaria
Piazza Armerina
Aidone
Ramacca
Mazzarino
Riesi
Butera
Barrafranca
Valguarnera Caropepe
ENNA
CALTANISSETTA
AGRIGENTO
Licata
Acireale
Paternò
Adrano
MAR IÓNIO
MAR MEDITERRÁNEO
Golfo di Catania
Golfo di Noto
Golfo di Gela
PIANA DI CATANIA
Capo Pássero
Capo Murro di Porco
0
10
20 km

ACATE (RG)

HORUS

Contrada Porrazzitto - tel. 0932 1838739
www.cantinahorus.com - info@cantinahorus.com

VITA - Ritornato in Italia dopo studi ed esperienze lavorative anche all'estero, Rosario Giudice gestisce quest'azienda vitivinicola, avvalendosi soprattutto della collaborazione e dell'esperienza nel settore dell'enologo Giuseppe Romano. La moderna cantina è rivestita in sughero (che è un isolante termico naturale) e dotata di pannelli solari.

VIGNE - Le vigne fanno parte di una proprietà della famiglia Giudice: circa 100 ettari situati nell'agro di Acate, che includono anche oliveti e mandorleti, con 25 ettari di vigneti in contrada Porrazzino, dove c'è la cantina, e altri 5 in contrada Mortilla. Vengono allevate varietà autoctone quali nero d'Avola, frappato, moscato, grillo e inzolia, oltre a un po' di syrah.

VINI - Verosimilmente connessa alle problematiche commerciali causate dall'emergenza sanitaria del 2020 è la riduzione di nuove annate imbottigliate, limitate a tre etichette della linea Sole e Terra.

Vittoria Frappato Sole e Terra 2019 ● 6.500 bt; 12 € - - È quello che ci è piaciuto di più: si offre all'olfatto con sentori evidenti di piccoli frutti rossi, di erbe spontanee e spezie, e in bocca conferma le aspettative grazie a un sorso succoso e di leggera dolcezza, col frutto ancora in evidenza.
Sicilia Grillo Sole e Terra 2019 ○ 3.200 bt; 11 € - - A connotarlo sono le note agrumate, che tornano in bocca, dove la freschezza acida accompagna la beva.
Sicilia Bianco Sole e Terra 2019 ○ grillo, inzolia; 5.700 bt; 9 € - - Ha profumi floreali e di frutta bianca, mentre al palato emergono la componente minerale e una spiccata acidità.

ha 30 - **bt** 50.000
Fertilizzanti organo-minerali, sovescio
Fitofarmaci rame e zolfo
Diserbo lavorazione meccanica/manuale
Lieviti selezionati industriali
Uve 100% di proprietà
Certificazione biologico certificato

ACATE (RG)

VALLE DELL'ACATE

SCONTO **-10%**

Contrada Bidini - tel. 0932 874166
www.valledellacate.it - info@valledellacate.it

VITA - È dalla fine dell'Ottocento che la famiglia Jacono si dedica alla viticoltura, sin da quando Vittoria esportava vino verso i mercati francesi e del nord Italia. Dopo sei generazioni, oggi, con Gaetana Jacono, l'azienda è una delle migliori realtà vitivinicole del sud-est siciliano. La cantina ospita un grande antico palmento, la dispensa e i vecchi torchi Dal Negro, che da soli valgono la visita.

VIGNE - Si privilegia la coltivazione di vitigni autoctoni, anche se troviamo pure chardonnay, syrah e petit verdot, tutti allevati a controspalliera. I terreni che circondano la cantina sono caratterizzati da una notevole varietà. È forte l'impegno per la sostenibilità di tutte le pratiche agricole ed enologiche, come si evince anche dalla partecipazione a progetti del Ministero dell'Ambiente volti a misurare la performance della filiera vite-vino.

VINI - In cantina ci si avvale dell'assistenza degli enologi Carlo Casavecchia e Giuseppe Romano. Con il progetto "7 terre per 7 vini" l'azienda è stata forse la prima in queste contrade ad associare ogni singolo vino al terreno considerato più idoneo. Ogni etichetta racconta quindi una vigna e il suo suolo.

Vittoria Frappato 2019 ● 80.000 bt; 14 € - - Ancora una volta mettiamo al primo posto il vitigno più rappresentativo del territorio. L'annata 2019 dimostra le potenzialità di questo vino, dotato di aroma fragante di more e lamponi, e di un sorso fresco e avvolgente.
Cerasuolo di Vittoria Cl. 2018 ● 70.000 bt; 17 € - - Ai frutti rossi si associano le spezie, figlie dei 12 mesi di affinamento in barrique e tonneau. La beva è dinamica, nonostante l'emergere dei tannini sul finale.
Tanè 2014 ● nero d'Avola; 6.000 bt; 35 € - - Solido, speziato, complesso.
Sicilia Bianco Zagra 2019 ○ grillo; 25.000 bt; 12 € - - Armonico, agrumato, espressivo.

ha 80 - **bt** 350.000
Fertilizzanti sovescio
Fitofarmaci rame e zolfo
Diserbo lavorazione meccanica/manuale
Lieviti selezionati industriali
Uve 100% di proprietà
Certificazione biologico certificato

CALTAGIRONE (CT)

GIANFRANCO DAINO

SCONTO **-10%**

Contrada Vaccarizzo Santo Pietro - tel. 0933 58226 - 335 5243345
www.vinidaino.it - info@vinidaino.it

VITA - Gianfranco Daino è diventato viticoltore nel 2006, con l'entusiasmo del neofita ma consapevole che in questa impresa doveva essere accompagnato da personale specializzato. Si è quindi rivolto ai Vigneri dell'enologo Salvo Foti, che nella cura delle viti e in ogni fase produttiva lavorano con sensibilità ambientale e rispetto per il territorio: proprio quello che Gianfranco aveva in mente quando ha deciso di sottrarre tempo alla sua attività professionale.

VIGNE - Il vigneto si trova all'interno della Riserva Naturale del Bosco di Santo Pietro, che dista 20 chilometri da Caltagirone. Un territorio caratterizzato da secolari querce da sughero (suber in latino), da cui deriva il nome dell'etichetta più importante. I vitigni coltivati sono il nero d'Avola e il frappato, sempre presenti in questo areale, con l'aggiunta dell'alicante, tutti gestiti con il sistema tradizionale dell'alberello.

VINI - Ricerca della massima espressività territoriale e interventi ridotti al minimo: si muove su questo spartito la mano stilistica. Quindi interpretazione tradizionale dei vitigni autoctoni (l'alicante è ormai presente in Sicilia da diversi secoli) e fermentazioni spontanee. L'affinamento in botti piccole è mirato a conservare e consolidare i caratteri tipici delle varietà vinificate. Il rosa Cistus non era ancora pronto al momento dei nostri assaggi.

Suber 2018 ● alicante, frappato, nero d'Avola; 7.500 bt; 31 € - Vino di punta dell'azienda, racchiude i caratteri distintivi dei tre vitigni. Affinato per 12 mesi in barrique e per 6 mesi in bottiglia, rivela intensi profumi fruttati in buon equilibrio con le spezie e i cenni floreali. Al palato troviamo un succo che ben si integra con i tannini fini, progredendo armonico e persistente. Il tempo non potrà che esaltarne ulteriormente le caratteristiche.

ha 2,5 - **bt** 10.000
Fertilizzanti letame
Fitofarmaci rame e zolfo
Diserbo lavorazione meccanica/manuale
Lieviti fermentazione spontanea
Uve 100% di proprietà
Certificazione biologico certificato

CALTAGIRONE (CT)

JUDEKA

Contrada San Mauro Sotto - Strada Provinciale 39, km 3,8
tel. 0933 1895310 - www.judeka.com - info@judeka.com

VITA - Cesare e Valentina Nicodemo sono dei giovani professionisti che nel 2007 hanno deciso di diventare imprenditori agricoli partecipando ad alcuni bandi della Regione Sicilia. Già nel 2013 era pronta la cantina adiacente ai vigneti piantati sui terreni acquistati. «Il confronto con altri imprenditori vinicoli ci ha consentito di arricchire le nostre conoscenze, ma rimane determinante l'apporto degli enologi Giuseppe Bennardo e Nicola Centonze», dicono i fratelli Nicodemo.

VIGNE - La moderna ed ecosostenibile cantina si trova fra le colline di San Mauro, in agro di Caltagirone, circondata da olivi secolari e alberi da frutta. Si utilizza l'energia solare e sono stati realizzati due laghetti di fitodepurazione che consentono di depurare le acque reflue agricole. Non poteva mancare la certificazione biologica, con le viti allevate a guyot su suoli di impasto misto di sabbia e argilla.

VINI - I vini assaggiati appartengono alla linea Terroir Prestige, da uve di proprietà. Lo stile è rispettoso della specificità dei vitigni, per la gran parte autoctoni, con qualche declinazione volta ad attirare i consumatori più giovani.

Cerasuolo di Vittoria 2019 ● 50.000 bt; 13 € - Un vino che mette in mostra intriganti profumi floreali, seguiti da un percorso gustativo di schiettezza fruttata e di ammaliante spinta sapida. Il Cerasuolo è proprio così.
Vittoria Frappato 2019 ● 50.000 bt; 13 € - Agile, fruttato, autentico.
FraBianco 2019 O frappato; 90.000 bt; 12 € - Croccante, floreale, cangiante.
Frarosa 2019 ● frappato; 20.000 bt; 12 € - Fresco, fruttato, sapido.

ha 45 - **bt** 380.000
Fertilizzanti letame in pellet, sovescio
Fitofarmaci rame e zolfo
Diserbo lavorazione meccanica/manuale
Lieviti selezionati industriali
Uve acquisto 30%
Certificazione biologico certificato

CALTAGIRONE (CT)

TENUTA VALLE DELLE FERLE

SCONTO -10%

Contrada Valle delle Ferle - S.P. Caltagirone-Niscemi, km 8
tel. 328 8359712 - www.valledelleferle.it - info@valledelleferle.it

VITA - Non è inconsueto in Sicilia che dei giovani professionisti decidano di dedicarsi alla vitivinicoltura mettendo in atto quello che fino a poco tempo prima avevano solo immaginato. Così gli ingegneri Claudia Sciacca e Andrea Annino hanno rilevato un antico palmento con 10 ettari vitati e, certamente aiutati dalla loro professione, hanno ristrutturato il vecchio casale vicino che è stato convertito in una moderna e accogliente cantina.

VIGNE - I vigneti hanno poco meno di 50 anni e si trovano nei pressi di Caltagirone, entro i confini della Docg Cerasuolo di Vittoria. Si coltivano soltanto nero d'Avola e frappato, col sistema del cordone speronato, su terreni in cui prevalgono la sabbia e l'argilla. Claudia e Andrea fanno ricorso ad Andrea Marletta e a Giuseppe Romano per le pratiche agronomiche e per quelle enologiche.

VINI - Sin dalla prima bottiglia sono sempre state seguite le pratiche biologiche, ma la certificazione è stata ottenuta solo nel 2020. Coesistono tecniche moderne e rispetto della tradizione. Tutti i vini sono affinati in vasche di acciaio.

Vittoria Nero d'Avola 2017 ● 2.500 bt; 21 € - La vinificazione in acciaio mantiene integri i sentori di frutta rossa con qualche accenno vegetale. In bocca ritroviamo il frutto, affiancato da una nota acida garanzia di lunga vita.
Cerasuolo di Vittoria 2017 ● 6.000 bt; 22 € - Lavorati insieme già alla fermentazione, ritroviamo i piccoli frutti rossi dell'uva frappato, e la dolcezza e lo speziato del nero d'Avola: insieme trovano una bella progressione e una chiusura giustamente tannica.
Frappato 2017 ● 2.500 bt; 21 € - Croccante, fruttato, autentico.
Rosato 2019 ● frappato, nero d'Avola; 800 bt; 20 € - Agile, fruttato, dettagliato.

ha 10 - **bt** 12.000
Fertilizzanti nessun concime
Fitofarmaci rame e zolfo
Diserbo lavorazione meccanica/manuale
Lieviti selezionati industriali
Uve 100% di proprietà
Certificazione in conversione biologica

CHIARAMONTE GULFI (RG)

GULFI

SCONTO -10%

Contrada Patrìa - tel. 0932 921654
www.gulfi.it - info@gulfi.it

VITA - Vito Catania ha iniziato questa sua impresa vitivinicola nel 1996, partendo dalla terra delle sue origini a Chiaramonte Gulfi, per spingersi, con la significativa collaborazione di Salvo Foti, nel pachinese, terra di nero d'Avola, e infine sul versante nord dell'Etna. Dopo la sua prematura scomparsa la proprietà è passata ai figli.

VIGNE - Da Matteo Catania abbiamo conferma che la filosofia aziendale continua a privilegiare l'intento di migliorare e tramandare, puntando sui vitigni autoctoni, l'allevamento ad alberello, la rinuncia all'irrigazione e le pratiche agricole biologiche.

VINI - L'intervento in cantina dell'enologo Salvo Foti è garanzia di vinificazioni non invasive, con ottimi risultati.

TOP **Carjcanti 2017** VINO SLOW ○ 8.200 bt; 23 € - Il carricante ha trovato nell'agro di Chiaramonte Gulfi la sua seconda patria: qui quest'uva riesce a esprimere vini di grande personalità. Troviamo freschezza e complessità del frutto, per un vino che promette longevità.
Cerasuolo di Vittoria Cl. 2017 ● 3.250 bt; 44 € - La Valcanziria riesce a esprimere il meglio del Cerasuolo di Vittoria anche nella versione classica. In bocca è succoso e scorrevole.
NeroMaccarj 2017 ● 6.400 bt; 34 € - Il nostro preferito dei quattro cru di nero d'Avola. Una notevole espressione aromatica di frutta scura, erbe aromatiche e note salmastre converge in un sorso fresco e persistente.
Pinò 2015 ● pinot nero; 3.000 bt; 73 € - Setoso, fruttato, armonico.
NeroBufaleffj 2017 ● nero d'Avola; 6.400 bt; 45 € - Austero, fruttato, complesso.
NeroSanlorè 2017 ● nero d'Avola; 6.400 bt; 45 € - Avvolgente, fruttato, sapido.

ha 60 - **bt** 200.000
Fertilizzanti letame in pellet, sovescio
Fitofarmaci rame e zolfo
Diserbo lavorazione meccanica/manuale
Lieviti fermentazione spontanea, selezionati industriali
Uve 100% di proprietà
Certificazione biologico certificato

CHIARAMONTE GULFI (RG)

POGGIO DI BORTOLONE

SCONTO **-10%**

Frazione Roccazzo - Via Bortolone, 19 - tel. 349 3424507
www.poggiodibortolone.it - info@poggiodibortolone.it

VITA - Ormai da diversi anni Pierluigi Cosenza ha ricevuto il passaggio di testimone dal padre Ignazio, e conduce con dedizione questa realtà vinicola e agricola dalle secolari radici familiari. A simboleggiare la continuità storica sono il palmento ottocentesco, l'antica macina per la molitura delle olive e altri reperti conservati con cura nella sede aziendale, situata nella frazione di Roccazzo, in agro di Chiaramonte Gulfi.

VIGNE - Gli studi da agronomo di Pierluigi si sono arricchiti negli anni di quotidiana pratica sul campo. In questo caso parliamo di una sessantina di ettari, di cui 15 dedicati alla viticoltura. Nelle vigne sono presenti filari di syrah, cabernet sauvignon e petit verdot, ma la quota più considerevole continua a essere quella delle viti di nero d'Avola e frappato. E non potrebbe essere altrimenti, considerate le scelte produttive.

VINI - Come per numerose altre aziende, il lockdown ha comportato per Poggio di Bortolone valutazioni gestionali conseguenziali. Ed è stata certo sofferta la decisione di non imbottigliare i due Cerasuolo, i vini di punta sempre recensiti e spesso premiati dalla nostra guida, anche per il favorevole rapporto fra la qualità e il prezzo. Ridotta ma comunque valida l'offerta delle nuove annate.

Rosachiara 2019 ● frappato, nero d'Avola; 4.000 bt; 11 € - 🛢 - È una piacevole conferma questo rosa di bella beva e dai sentori fruttati di fragola, vinoso e di buona corrispondenza aromatica.
Cerasuolo di Vittoria Cl. Para Para 2017 ● 5.000 bt; 20 € - 🛢🛢 - Robusto, speziato, consistente.
Addamanera 2019 ● cabernet sauvignon, syrah; 15.000 bt; 11 € - 🛢 - Fresco, fruttato, verace.
Pigi 2018 ● syrah, cabernet sauvignon; 5.000 bt; 23 € - 🛢🛢 - Setoso, fruttato, delicato.

ha 15 - **bt** 70.000
Fertilizzanti letame, sovescio
Fitofarmaci rame e zolfo
Diserbo lavorazione meccanica/manuale
Lieviti selezionati industriali
Uve 100% di proprietà
Certificazione nessuna certificazione

COMISO (RG)

AVIDE

Contrada Mastrella, 346 - Strada Provinciale 7, km 0 - tel. 0932 967456
www.avide.it - avide@avide.it

VITA - L'agronomo ed enologo Marco Calcaterra conduce quest'azienda le cui radici familiari affondano nel 1882, quando il quadrisavolo Francesco Di Stefano acquistò un primo terreno per coltivare uva. Notaio come lui, il discendente Giovanni Demostene una quarantina di anni fa ha fondato l'attuale Avide, ampliando l'attività agricola, mettendo le basi della cantina e passando all'imbottigliamento.

VIGNE - I vigneti sono in alcune contrade di Vittoria e della vicina Acate, dove, accanto ai vitigni autoctoni che rappresentano la percentuale maggiore, sono allevate alcune varietà internazionali. In campagna sin dal 2006 Marco ha introdotto pratiche di lotta integrata, proseguendo la strada della sostenibilità ambientale e coltivando da qualche anno esclusivamente in biologico.

VINI - La riconoscibilità dei vini di Avide e il loro retroterra familiare s'inseriscono di buon grado nella storia vinicola di quest'angolo di Sicilia.

3 Carati 2016 ● 6.800 bt; 16 € - 🛢 - Buona performance di questo Nero d'Avola: ampio, solido, con piacevoli note di frutta rossa matura, ha palato fresco e integrato. Il nome del vino trae spunto dalle tre botticelle (tre caratelli) che furono le basi della prima annata.
Cerasuolo di Vittoria Cl. Etichetta Nera 2017 ● 24.000 bt; 13 € - 🛢 - Vino di buona stoffa e sostanza, con note fruttate e minerali che accompagnano il sorso.
1607 Frappato 2019 ● 13.000 bt; 13 € - 🛢 - Omaggia l'anno di fondazione di Vittoria: esprime i sentori varietali più tipici del vitigno, rivelando al gusto giusta acidità e una nota sapida.
Riflessi di Sole 2018 O inzolia; 5.800 bt; 20 € - 🛢 - Articolato, fruttato, delicato.
Sigillo 2015 ● nero d'Avola, cabernet sauvignon; 4.500 bt; 31 € - 🛢 - Solido, fruttato, espressivo.
M. Cl. Brut Nutaru 2016 ⁘ 2.000 bt; 46 € - 🛢 - Agile, fruttato, essenziale.

ha 43 - **bt** 130.000
Fertilizzanti letame, sovescio
Fitofarmaci rame e zolfo
Diserbo lavorazione meccanica/manuale
Lieviti selezionati industriali
Uve 100% di proprietà
Certificazione biologico certificato

GELA (CL)

CASA GRAZIA

SCONTO -10%

Strada Provinciale 51 Gela-Scoglitti, km 3 - tel. 0933 919465
www.casadigrazia.com - info@casadigrazia.com

VITA - La nuova cantina dell'azienda guidata da Maria Grazia Di Francesco si trova all'interno della Riserva naturale orientata Biviere di Gela, nella vecchia tenuta dei salesiani. Con la vendemmia 2020 inizia il percorso di conversione al biologico, giusto riconoscimento della filosofia aziendale. L'agronomo è Salvatore Cucuzza, mentre i lavori in cantina sono seguiti dall'enologo Tonino Guzzo.

VIGNE - I vigneti di Casa di Grazia si trovano all'interno del territorio della Docg del Cerasuolo di Vittoria, accanto all'unico lago salato della Sicilia. L'azienda alleva, oltre al frappato e al nero d'Avola, anche syrah e cabernet sauvignon, per rimanere tra le uve a bacca nera. Grillo e moscato rappresentano invece il versante delle uve a bacca bianca.

VINI - Etichette e bottiglie dallo stile inconfondibile, per vini che evidenziano le più interessanti caratteristiche del territorio e dei vitigni coltivati. I vini sono eleganti, classici e carichi di vivacità.

Sicilia Moscato Adoré 2019 ○ 13.000 bt; 21 € - Il naso reca evidente l'impronta varietale, e poi si sviluppa in un sorso che scorre con facilità, richiamando sensazioni retrolfattive di fiori di zagara e agrumi.
Cerasuolo di Vittoria1607 Victorya 2018 ● 6.500 bt; 23 € - Ottenuto da uve frappato e nero d'Avola in parti uguali, presenta belle note di prugna ed erbe aromatiche, che sfociano in un sorso succoso e morbido.
Sicilia Frappato Laetitya 2019 ● 7.000 bt; 21 € - Fragrante e di buona materia, al palato è consistente e con un finale amarognolo.
Euphorya 2019 frappato; 6.500 bt; 25 € - Metodo Charmat, agile, floreale, varietale.
Sicilia Gradiva 2017 ● nero d'Avola; 6.500 bt; 25 € - Astringente, fruttato, consistente.

ha 50 - **bt** 60.000
Fertilizzanti letame in pellet
Fitofarmaci rame e zolfo
Diserbo lavorazione meccanica/manuale
Lieviti selezionati industriali
Uve 100% di proprietà
Certificazione in conversione biologica

ISPICA (RG)

CURTO

SCONTO -10%

Strada Statale Ispica-Rosolini, km 358 - tel. 0932 950161
www.curto.it - info@curto.it

VITA - L'azienda Curto affonda le origini nella più antica delle tradizioni vinicole della Sicilia orientale. Da sempre dedita alla coltivazione di agrumi, mandorle e olive, da oltre 20 anni si è concentrata maggiormente sulla vitivinicoltura, con Francesca Curto che ha raccolto gli insegnamenti del padre Giambattista. È lei a seguire tutti i lavori di cantina, con l'assistenza dell'enologo Vito Giovinco.

VIGNE - Le vigne, coltivate su terreni calcarei frammisti alla sabbia o all'argilla, sono allevate a spalliera, con l'eccezione di quelle più vecchie (di oltre 50 anni) che continuano con il sistema dell'alberello pachinese. Il territorio è quello di riferimento del nero d'Avola e del moscato: Rosolini, Ispica e Pachino. La cantina è inserita nel contesto di un'antica villa del Settecento, e nei dintorni ci sono numerose necropoli.

VINI - L'azienda si è sempre distinta per il buon rapporto tra la qualità e il prezzo dei vini. Il nero d'Avola continua a essere il vitigno più valorizzato, declinato sia nelle sue espressioni più schiette e dirette, sia in quelle mediate dall'affinamento in barrique. Al momento degli assaggi non erano ancora pronti i vini che negli anni abbiamo più apprezzato: l'Eloro e l'Eloro Fontanelle.

Poiano 2019 ○ inzolia; 6.000 bt; 9 € - Un vino schietto, dal profilo olfattivo floreale e con sentori di mela verde, che si riflette in una piacevolezza gustativa arricchita da una bella sapidità.
Eloro Nero d'Avola Eos 2019 ● 6.000 bt; 9 € - Fresco, fruttato, sottile.
Ikano 2017 ● merlot, nero d'Avola; 15.000 bt; 15 € - Fine, fruttato, gastronomico.

ha 20 - **bt** 70.000
Fertilizzanti sovescio
Fitofarmaci rame e zolfo
Diserbo lavorazione meccanica/manuale
Lieviti selezionati industriali
Uve 100% di proprietà
Certificazione nessuna certificazione

ISPICA (RG)

RIOFAVARA

SCONTO -10%

Contrada Favara - tel. 0932 705130 - 334 9186482
www.riofavara.it - info@riofavara.it

VITA - Questa azienda a conduzione familiare vanta più di un secolo di storia. Oggi la conduce Massimo Padova, che si occupa un po' di tutto, assistito dall'agronomo Lucio Brancadoro e in cantina da Graziana Grassini. Massimo ha messo in commercio la prima etichetta nel 1994, e nel 2020 ha avuto la soddisfazione di vedere la figlia Clementina, forte dei suoi studi in economia aziendale, iniziare a seguire le attività di marketing.

VIGNE - Soltanto vitigni autoctoni nelle sei contrade di proprietà situate nel val di Noto, allevati a controspalliera e alberello. I terreni, accomunati da suoli calcarei, sono lavorati da sempre con l'obiettivo di preservare la loro naturale fertilità.

VINI - In cantina abbiamo assistito a un graduale accantonamento dei lieviti selezionati. Diverse le declinazioni di nero d'Avola che hanno sempre caratterizzato l'azienda, i cui terreni si trovano nel cuore della Doc Eloro. Ultimamente l'attenzione di Massimo è orientata alla sfida di valorizzare tre vitigni a bacca bianca finora negletti e introdurre delle bollicine di Moscato di Noto.

Eloro Spaccaforno 2016 ● 10.000 bt; 14 € - Affina 6 mesi in tonneau di secondo e terzo passaggio e poi 10 mesi in bottiglia: è un vino fruttato, con sentori di fiori secchi, una bella morbidezza, tannini setosi e una straordinaria facilità di beva.
Nsajar 2019 ○ 2.000 bt; 20 € - È un blend di tre vitigni autoctoni siciliani (cutrera, recunu e rucignola) dei quali si erano perse le tracce. Massimo li mette alla prova (nsajar in dialetto siciliano vuol dire provare) e ne viene fuori un vino che convince per la sua spiccata sapidità, che veicola una nota agrumata verso un finale citrino.
Eloro Sciavè 2016 ● 3.000 bt; 20 € - Avvolgente, fruttato, autentico.

ha 16 - **bt** 40.000
Fertilizzanti letame, sovescio
Fitofarmaci rame e zolfo
Diserbo lavorazione meccanica/manuale
Lieviti selezione di lieviti indigeni
Uve 100% di proprietà
Certificazione biologico certificato

NOTO (SR)

IL MORTELLITO

Contrada Maccari - tel. 346 4770455
www.ilmortellito.it - info@ilmortellito.it

VITA - Dario Serrentino appartiene a quella categoria di giovani che, dopo varie esperienze lavorative (nel suo caso conseguenti agli studi di sociologia) ritornano nel territorio di origine. Spinto dal desiderio di instaurare un rapporto forte con la natura, all'inizio si è fatto bastare i 2 ettari di terreno in contrada Mortellito, dove vivevano i bisnonni. Poi ci ha preso gusto, e con gradualità ha portato l'estensione aziendale a 23 ettari.

VIGNE - Le vigne si trovano nelle contrade della Val di Noto più vocate per la produzione vinicola: Bufalefi, Maccari e Cozzo Tronzo. Nei 14 ettari vitati sono allevati col sistema ad alberello nero d'Avola, frappato, moscato, grillo e piccole quantità di catarratto. Dario si occupa anche della cantina, con occasionali consulenze tecniche. I rimanenti terreni sono occupati da mandorleti e oliveti.

VINI - Dario vuole che i suoi vini rappresentino quello che l'impegno suo e dei suoi familiari dà alla vigna. Il processo di trasformazione in cantina si affida a fermentazioni spontanee senza controllo delle temperature, quel tanto che basta di anidride solforosa per una migliore conservazione, e affinamenti esclusivamente in acciaio.

Calaniuru 2019 ● 18.000 bt; 12 € - Questo blend di Frappato e Nero d'Avola vede una presenza predominante del primo, contrariamente a ciò che prevede il disciplinare del Cerasuolo di Vittoria. Ne viene fuori un vino personale, dal frutto fragrante, agile, con un bel succo che invoglia alla beva.
Viarìa 2019 ○ 4.000 bt; 12 € - Moscato vinificato secco, è dominato al naso dai profumi tipici del vitigno. In bocca il gusto asciutto è spiazzante, ed è accompagnato da una gradevole acidità e un finale di mandorla lievemente amarognolo, armonico.
Calaiancu 2019 ○ catarratto, grillo; 14.000 bt; 12 € - Incisivo, floreale, espressivo.

ha 14 - **bt** 36.000
Fertilizzanti letame, sovescio
Fitofarmaci rame e zolfo
Diserbo lavorazione meccanica/manuale
Lieviti fermentazione spontanea
Uve 100% di proprietà
Certificazione biologico certificato

NOTO (SR)

MARABINO

Contrada Buonivini - tel. 335 5284101
www.marabino.it - info@marabino.it

VITA - Pierpaolo Messina rappresenta al meglio quelle aziende vitivinicole che non hanno una lunga storia alle spalle, ma sono riuscite in pochi anni ad affermarsi diventando un punto di riferimento nella Sicilia del vino. L'impegno di Pierpaolo va dalla coltivazione alla vendita, con l'ausilio dell'agronomo Luca Gentile.

VIGNE - La moderna cantina e i vigneti si trovano in contrada Buonivini nell'agro netino. Le viti sono allevate ad alberello pachinese e a controspalliera, su suoli di medio impasto calcareo-argilloso. Sono presenti molteplici varietà di alberi da frutta e oliveti.

VINI - In un territorio in cui il nero d'Avola la fa da padrone, Pierpaolo ha individuato ben 7 cru: ogni "lenza" di terra intorno alla cantina produce il suo vino, realizzato utilizzando lieviti indigeni e con una minima aggiunta di solfiti.

Rosso di Contrada Parrino 2017 ● 6.000 bt; 18 € - □ - Al naso è intensamente fruttato con spunti selvatici. Il sorso è elegante, con l'attacco dolce del frutto accompagnato da sapidità e tannini austeri. Un Nero d'Avola come pochi.
Rosso di Contrada 2018 ● 50.000 bt; 13 € - □ - Questo Nero d'Avola di ingresso è figlio di quattro diversi vigneti. Ci ricorda quello che veniva chiamato vino di Pachino per la succosità del frutto, la freschezza e la persistenza.
Rosso di Contrada Don Pasquale 2019 ● nero d'Avola; 1.500 bt; 19 € - □ - Da un piccolo vigneto di mezzo ettaro si ricava questo vino senza solfiti aggiunti, schietto e succoso.
Rosso di Contrada Lenza Lunga 2018 ● nero d'Avola; 3.000 bt; 17 € - □ - Fitto, marino, autentico.
Moscato della Torre 2019 ● moscato bianco; 3.000 bt da 0,5 l; 25 € - □ - Integrato, fruttato, varietale.
Fondo alla Palma 2016 ○ moscato bianco; 2.000 bt; 25 € - ▦ - Fine, floreale, stratificato.

ha 27 - **bt** 100.000
Fertilizzanti organo-minerali
Fitofarmaci rame e zolfo
Diserbo lavorazione meccanica/manuale
Lieviti fermentazione spontanea
Uve 100% di proprietà
Certificazione biologico certificato

NOTO (SR)

SALVATORE MARINO

Contrada Buonivini - Strada Provinciale 26 Pachino-Rosolini
tel. 339 7771491 - www.agricolamarino.it - info@agricolamarino.it

VITA - Dopo avere lavorato per importanti aziende del siracusano come enologo, nel 2017 Salvatore Marino ha deciso di mettersi in proprio. La storia familiare racconta di cinque generazioni legate alla viticoltura, in quel territorio di Pachino dove la produzione del vino ha sempre avuto un ruolo molto importante. Salvatore ha iniziato con due etichette: il Nero d'Avola, che caratterizza quelle contrade, e il Catarratto, dalla varietà autoctona storicamente coltivata in loco, ma oggi poco presente.

VIGNE - Le viti di nero d'Avola, catarratto e syrah sono allevate in una contrada molto rinomata, non a caso chiamata Buonivini, e caratterizzata da terreni calcarei con inserti di argilla. Il sistema usato è il tradizionale alberello pachinese, con concimazioni e fertilizzanti naturali certificati biologici. Nei terreni non ancora vitati Salvatore semina il russello, un grano duro antico tipico del sud-est siciliano.

VINI - Lo stile aziendale intende rispettare le tradizioni del territorio di Pachino, dove la coltivazione dell'uva e la produzione del vino risalgono a epoche antichissime. Fermentazione spontanea, minimo ricorso ai solfiti e affinamento in acciaio sono i capisaldi attuali.

Turi Rosato 2019 ● syrah; 2.000 bt; 12 € - □ - Fresco, fruttato, ha un sorso appagante sospinto da una buona acidità: sono queste le prime impressioni che si ricevono, e che richiamano quei vini immediati dell'areale pachinese, chiamati "pistammutta", dai tannini poco consistenti e meno colorati del solito.
Turi Bianco 2019 ○ catarratto; 11.000 bt; 10 € - □ - Schietto, fruttato, incisivo.
Eloro Pachino Turi Rosso 2019 ● 10.000 bt; 10 € - □ - Succoso, fruttato, autentico.

ha 5 - **bt** 23.000
Fertilizzanti letame, sovescio
Fitofarmaci rame e zolfo
Diserbo lavorazione meccanica/manuale
Lieviti fermentazione spontanea
Uve 100% di proprietà
Certificazione nessuna certificazione

SAN MICHELE DI GANZARIA (CT)

LAMORESCA

Contrada Gigliotto - Strada Statale 65 - tel. 339 3092528
www.agrimoresca.it - info@agrimoresca.it

VITA - Il nome dell'azienda si deve al primo terreno acquistato 20 anni fa da Filippo Rizzo: un piccolo oliveto con piante antiche di varietà moresca. In seguito gli ettari sono diventati una decina, metà dei quali coltivati a vigneto. Nel frattempo lui ha cessato l'attività (durata 13 anni) di ristoratore nelle Fiandre, dedicandosi con passione, studio, e lavoro (di testa e di braccia) alla nuova vita di vignaiolo e olivicoltore.

VIGNE - Nella storia di Filippo c'è stato un momento, nel 2005, in cui aveva comprato una vigna nella zona di Pachino con l'intenzione di produrre vino per il suo ristorante, che ancora gestiva in Belgio. Capitolo chiuso: l'attuale proprietà si sviluppa su una collina, in un tratto quasi di confine tra le province di Catania, Enna e Caltanissetta. Terreni terrazzati dove sono allevati filari di nero d'Avola, frappato, nerello mascalese, vermentino e grenache.

VINI - Il rispetto della natura in vigna è accompagnato da metodologie coerenti in cantina: fermentazioni spontanee in tini aperti senza controllo della temperatura, con lunghe macerazioni sulle bucce per i vini rossi, e di pochi giorni per il bianco. Gli affinamenti avvengono in vasche: è limitato l'uso di botti piccole.

Nero Capitano 2019 ● frappato; 12.000 bt; 13 € - Netti profumi di ciliegia ed erbette spontanee precedono un sorso di piacevole corrispondenza aromatica e bella beva.
Lamoresca Rosso 2019 ● frappato, nero d'Avola, grenache; 6.000 bt; 16 € - Il naso esprime le consuete note di frutta e di erbe aromatiche; in bocca è fresco e succoso, con chiusura tannica e fruttata.
Lamoresca Bianco 2019 ○ vermentino; 3.500 bt; 16 € - Più equilibrato che in passato, associa note fruttate, aromatiche e vinose, rivelando adeguata acidità, il tutto a beneficio di un sorso duraturo.

ha 5 - **bt** 21.500
Fertilizzanti sovescio
Fitofarmaci rame e zolfo
Diserbo lavorazione meccanica/manuale
Lieviti fermentazione spontanea
Uve 100% di proprietà
Certificazione biologico certificato

SIRACUSA

CANTINE GULINO

SCONTO **-10%**

Contrada Fanusa - Via Impellizzeri, 29 - tel. 0931 721218
www.cantinegulino.it - info@cantinegulino.it

VITA - Venticinque anni fa il medico Sebastiano Gulino con alcuni parenti ha dato vita a questa cantina, che sorge nell'entroterra costiero a pochi chilometri dal centro di Siracusa, riprendendo consuetudini familiari di antica data. Nella sede aziendale, che conserva un piccolo palmento vecchio di qualche secolo, a occuparsi dell'accoglienza è Luca Pitino, mentre Simona Conti cura l'amministrazione. Consulente esterno è l'enologo Nino Di Marco.

VIGNE - Nei vigneti di contrada Fanusa, piantati accanto alla cantina su terreni di natura prevalentemente calcareo-sabbiosa, sono allevate uve di moscato, nero d'Avola e syrah, destinate alla realizzazione dei vini da dessert e dei rossi. L'albanello, l'inzolia, il fiano, lo chardonnay e un altro po' di moscato sono coltivati nel resto delle vigne di proprietà, situate in contrada Burgio (fra Noto e Pachino), su suoli calcarei con inserto roccioso.

VINI - Pochi interventi in cantina e, in generale, brevi periodi di affinamento caratterizzano la filosofia produttiva dell'azienda.

Siracusa Passito Jaraya 2019 ● 2.200 bt da 0,5 l; 26 € - Da uve di moscato bianco fatte appassire su graticci di canne, al naso offre classici sentori di confettura di albicocca e altra frutta matura, e in bocca esprime in modo apprezzabile una dolcezza equilibrata dalla giusta acidità.
Pretiosa 2019 ○ albanello; 6.500 bt; 17 € - Si apre su note minerali, inizialmente sulfuree, per poi virare su profumi vegetali. Al palato l'impatto è leggermente dolce, mescolato a percezioni agrumate; discreta la persistenza aromatica.
Fanus 2018 ● nero d'Avola, syrah; 13.500 bt; 10 € - Setoso, fruttato, sottile.
Eileos 2019 ○ moscato bianco; 6.600 bt; 14 € - Dinamico, fruttato, sapido.
Drus 2017 ● nero d'Avola; 5.500 bt; 17 € - Succoso, fruttato, molle.

ha 15 - **bt** 85.000
Fertilizzanti sovescio
Fitofarmaci rame e zolfo
Diserbo lavorazione meccanica/manuale
Lieviti selezionati industriali
Uve 100% di proprietà
Certificazione nessuna certificazione

SIRACUSA

PUPILLO

SCONTO -10%

Contrada Targia - tel. 0931 494029
www.cantinepupillo.it - info@cantinepupillo.it

VITA - Contrada Targia nella memoria dei siracusani più vecchi era un tempo rinomata per i peperoni che vi si coltivavano. Oggi la fisionomia della zona, tutt'altro che bucolica, riserva la sorpresa (per chi non la conosce) dell'azienda agricola della famiglia Pupillo, con la sua cantina immersa in un'oasi di verde ben curato e impreziosita da vestigia storiche, peraltro divenuta ambita location per feste di matrimonio.

VIGNE - Carmela Pupillo, con la collaborazione fra gli altri del fratello Sebastiano e dell'agronomo Antonio Mandolfo, tiene le redini dell'attività. I vigneti sono dislocati nella zona di bassa collina dell'Epipoli e a ridosso della sede aziendale. Qui si trovano in particolare i filari di moscato bianco, vitigno legato a Siracusa dal mito e da un vino che 30 anni fa Nino, papà di Carmela e Sebastiano, salvò dall'oblio.

VINI - Cultivar siciliane, eccetto il cabernet sauvignon, per una gamma di vini monovarietali semplici ma non banali. Negli anni le novità hanno riguardato innanzitutto le etichette di Moscato, che vedono alternarsi passiti, demi sec, uno spumante e vini da pasto. L'ultima annata registra l'esordio del Damarete, ottenuto da una più lunga maturazione rispetto al veterano Cyane.

Cyane 2019 ○ 10.000 bt; 13 € - 🍷 - Consolidata e gradevole versione di Moscato secco dai coerenti aromi varietali, che trovano puntuale corrispondenza al palato, ben sostenuto dall'acidità.
Sicilia Rosso Re Federico 2018 ● 10.000 bt; 13 € - 🍷 - Nero d'Avola con naso fruttato e bocca giustamente tannica e di buona freschezza.
Damarete 2019 ○ moscato bianco; 5.000 bt; 20 € - 🍷 - Agile, fruttato, varietale.
Sicilia Bianco Targetta 2019 ○ catarratto; 5.000 bt; 12 € - 🍷 - Dinamico, floreale, contratto.
Baronessa di Canseria 2018 ● cabernet sauvignon; 5.000 bt; 12 € - 🍷 - Fresco, fruttato, gastronomico.

ha 22 - **bt** 48.000
Fertilizzanti sovescio
Fitofarmaci rame e zolfo
Diserbo lavorazione meccanica/manuale
Lieviti selezionati industriali
Uve 100% di proprietà
Certificazione nessuna certificazione

VITTORIA (RG)

COS

Strada Provinciale 3 Acate-Chiaramonte, km 14,3 - tel. 0932 876145
www.cosvittoria.it - pr@cosvittoria.it

VITA - Cos è indubbiamente una delle realtà più rappresentative del comprensorio della Docg Cerasuolo di Vittoria. L'azienda è condotta dai due architetti Titta Cilia e Giusto Occhipinti, che continuano a seguire in tutte le fasi produttive i cicli naturali.

VIGNE - I vigneti sono in territorio di Vittoria nelle contrade Bastonaca e Fontane. Si allevano con il sistema guyot uve autoctone, con due intrusi: merlot e cabernet. I terreni sono prevalentemente calcarei, misti a sabbia e argilla. La moderna cantina coesiste con la locanda situata in un'antica dimora circondata dai vigneti.

VINI - Crescono i numeri, ma l'azienda continua a offrire la migliore espressione dei due vini che caratterizzano il territorio, Frappato e Cerasuolo di Vittoria.

TOP **Frappato 2019** VINO SLOW ● 32.000 bt; 17 € - 🍷 - Un naso fruttato introduce la bocca, di bella progressione, con sapidità e acidità invitanti, per una straordinaria facilità di beva.
Cerasuolo di Vittoria Cl. 2017 ● 60.000 bt; 20 € - 🍷 - Conquista per i profumi di frutta rossa e macchia mediterranea. Il sorso è succoso, con un'acidità che tiene bene il confronto con i tannini donati dell'affinamento.
Contrada 2017 ● nero d'Avola; 3.300 bt; 43 € - 🍷 - L'affinamento nel legno non occulta i cenni di frutti rossi, che sfuma nelle note di erbe aromatiche. In bocca c'è equilibrio tra fragranza del frutto e tannini delicati.
Cerasuolo di Vittoria Cl. Delle Fontane 2015 ● 4.000 bt; 27 € - 🍷 - Austero, fruttato, complesso.
Ramì 2019 ○ inzolia, grecanico; 9.000 bt; 18 € - 🍷 - Vibrante, fruttato, espressivo.
Nero di Lupo 2019 ● nero d'Avola; 24.000 bt; 17 € - 🍷 - Armonico, fruttato, dettagliato.

ha 40 - **bt** 176.000
Fertilizzanti nessun concime
Fitofarmaci rame e zolfo
Diserbo lavorazione meccanica/manuale
Lieviti fermentazione spontanea
Uve acquisto 10%
Certificazione biologico certificato

VITTORIA (RG)

MANENTI

Contrada Bastonaca - Via Villa Gori, 33 - tel. 0932 938006
www.vinimanenti.it - info@vinimanenti.it

VITA - L'ingegnere aeronautico Guglielmo Manenti rientra a buon diritto nel gruppone di coloro che si sono reinventati vignaioli per dare sostanza a quella che inizialmente era solo una passione. Il richiamo della tradizione familiare è l'ulteriore spinta che lo ha portato nel 2006 a effettuare la prima vendemmia, sin da allora con l'assistenza dell'enologo Salvo Foti. La condivisione della filosofia produttiva lo ha fatto aderire al consorzio dei Vigneri, che riunisce produttori dell'Etna e di altre zone siciliane.

VIGNE - Si coltivano i due vitigni che contraddistinguono la contrada Bastonaca, crocevia fra Vittoria, Acate e Comiso, terra d'elezione della Docg Cerasuolo di Vittoria. Su terreni calcareo-argillosi, non irrigui, si allevano in biologico, col sistema tradizionale dell'alberello e sesti di impianto stretti, nero d'Avola e frappato. Guglielmo sta ristrutturando la centenaria cantina con annessa sala di accoglienza.

VINI - La cura della vigna con amorevole rispetto della terra e delle tradizioni locali trova pedissequo riscontro in cantina, da dove escono vini puliti e che esprimono in modo nitido le peculiari tipicità del territorio.

TOP **Frappato 2018** VINO SLOW ● 4.000 bt; 18 € - Ancora una volta ai vertici nelle degustazioni di questa varietà: presenta un nettare ricco per la freschezza dell'amarena e un succo polposo, che richiama l'uva con un finale di gradevole acidità. Una magnifica scorrevolezza gustativa.

Cerasuolo di Vittoria Cl. 2018 ● 5.500 bt; 18 € - Brilla per i profumi di frutta rossa matura e la complessità gustativa della polpa, frammista a garbati tannini e percettibile sapidità.

Nero d'Avola 2017 ● 1.000 bt; 18 € - Setoso, fruttato, autentico.

ha 4,5 - **bt** 10.500
Fertilizzanti letame
Fitofarmaci rame e zolfo
Diserbo lavorazione meccanica/manuale
Lieviti selezionati industriali
Uve 100% di proprietà
Certificazione biologico certificato

VITTORIA (RG)

ARIANNA OCCHIPINTI

SCONTO -10%

Contrada Bombolieri - Strada Provinciale 68 Vittoria-Pedalino, km 3,3
tel. 333 6360316 - www.agricolaocchipinti.it - info@agricolaocchipinti.it

VITA - Nello stemma di Vittoria c'è un'aquila fra i cui artigli compaiono (dall'Ottocento) dei grappoli d'uva, a simboleggiare la vocazione vinicola della città. E il territorio, con le sue diverse caratteristiche fisiche, e le cultivar principali che vi sono allevate (il frappato di Vittoria e il nero d'Avola), sono al centro della narrazione permanente che Arianna Occhipinti fa della sua filosofia produttiva e di vita.

VIGNE - Studio e conoscenza dei suoli, e rispetto sincero per la biodiversità, sono imprescindibili nel progetto aziendale che vuole l'identificazione fra i vini prodotti e i vigneti di proprietà: i secondi distribuiti in varie località, congiunte dall'evocativa strada provinciale 68. Da evidenziare come la realizzazione di cru da uve frappato con lunghi affinamenti in legno fino a pochi anni fa sarebbe stata considerata fantascienza.

VINI - Bombolieri è la contrada dove ci sono la cantina e la vigna da cui nasce proprio questo cru di frappato, nelle nostre degustazioni il più convincente dell'annata.

TOP **BB 2017** VINO SLOW ● frappato; 2.700 bt; 44 € - Ai consueti sentori fruttati associa sensazioni di fiori secchi, dolcezza vivacizzata da buona acidità, e un bel retrogusto col frutto in evidenza.

PT 2017 ● frappato; 2.700 bt; 44 € - Il cru della vigna di Pettineo si apre coi tipici profumi varietali, proseguendo ampio ed espressivo in bocca, dove emerge una piacevole vena sapida.

Il Frappato 2018 ● 30.000 bt; 26 € - Netta la nota di amarena che precede il palato, di buona corrispondenza aromatica e con tannini misurati.

SP 68 Rosso 2019 ● nero d'Avola, frappato; 70.000 bt; 15 € - Succoso, fruttato, rustico.

Siccagno 2017 ● nero d'Avola; 14.000 bt; 25 € - Solido, fruttato, sapido.

Cerasuolo di Vittoria Cl. Grotte Alte 2015 ● 4.000 bt; 44 € - Solido, fruttato, severo.

ha 31 - **bt** 150.000
Fertilizzanti preparati biodinamici, sovescio
Fitofarmaci rame e zolfo
Diserbo lavorazione meccanica/manuale
Lieviti fermentazione spontanea
Uve 100% di proprietà
Certificazione biologico certificato

VITTORIA (RG)

SANTA TRESA

SCONTO **-10%**

Contrada Santa Tresa - tel. 0932 1846555
www.santatresa.com - info@santatresa.it

VITA - Quello prodotto nel 1950 nella contrada Santa Tresa, assieme a quello che venne realizzato a Bastonaca, è stato storicamente il primo Cerasuolo di Vittoria a essere etichettato come tale. A rimarcarlo sono i proprietari dell'attuale azienda, che della contrada porta il nome: i fratelli Stefano e Marina Girelli, imprenditori trentini appassionati della Sicilia e con precedenti esperienze nel settore vinicolo, che nel 2001 hanno acquistato la tenuta e realizzato la cantina.

VIGNE - I vigneti, in buona parte di nero d'Avola e frappato, sono spalmati su terre rosse ricche di minerali, con substrati di roccia calcarea e argilla. Tutta la tenuta è condotta in biologico mediante pratiche colturali e sistemi improntati, fra l'altro, alla riduzione dell'emissione di anidride carbonica e alla gestione oculata dell'acqua.

VINI - In cantina la linea seguita è quella di evitare il più possibile forzature tecniche e proteggere l'integrità del frutto.

Cerasuolo di Vittoria 2018 ● 45.000 bt; 13 € - - Ottenuto da 60% di uve di nero d'Avola (in parte fatte appassire sulla pianta) e il resto di frappato, propone netti sentori di ciliegia, e poi un palato fresco, succoso e di giusta acidità.
Sicilia Nero d'Avola Insieme 2019 ● 2.500 bt; 12 € - - Il nome si riferisce alla collaborazione con una cantina del Sudafrica che già realizzava vini senza solfiti aggiunti, peculiarità produttiva di questo Nero d'Avola dai profumi di frutti rossi e vegetali, dalla buona corrispondenza aromatica e dalla piacevole beva.
Rina Russa 2019 ● frappato; 40.000 bt; 12 € - - Fresco, fruttato, rilassato.
Rosa di Santa Tresa 2019 ● nero d'Avola, frappato; 20.000 bt; 12 € - - Denso, fruttato, gastronomico.
Rina Ianca 2019 O grillo, viognier; 50.000 bt; 12 € - - Agile, floreale, essenziale.

ha 39 - **bt** 350.000
Fertilizzanti sovescio
Fitofarmaci rame e zolfo
Diserbo lavorazione meccanica/manuale
Lieviti selezione di lieviti indigeni
Uve 100% di proprietà
Certificazione biologico certificato

VITTORIA (RG)

TENUTA BASTONACA

SCONTO **-10%**

Contrada Bastonaca - tel. 0932 686480 - 348 6674177
www.tenutabastonaca.it - info@tenutabastonaca.it

VITA - A Bastonaca, una delle più note e vocate contrade vitivinicole del territorio di Vittoria, è ubicata anche la cantina dell'omonima azienda, avviata pochi anni fa da Giovanni Calcaterra e dalla moglie Silvana Raniolo, entrambi reduci da precedenti esperienze nel mondo del vino. Sin dall'inizio della nuova attività ad affiancarli per gli aspetti tecnici è l'agronomo ed enologo Carlo Ferrini.

VIGNE - L'azienda per i propri vini coltiva a Bastonaca, su terre rosse, sabbiose e di origine calcarea, uve di nero d'Avola, frappato, grillo, ma anche di tannat e grenache: tutte allevate ad alberello, con approccio biologico, analogamente ai 5 ettari di oliveto inseriti nello stesso contesto. A completare il quadro proprietario è il piccolo appezzamento con vigneti di nerello mascalese, nerello cappuccio e carricante situati a Solicchiata, nel versante nord dell'Etna.

VINI - Silvana e Giovanni uniscono alla loro idea di territorio una dichiarata curiosità e apertura alle novità, come dimostrano alcune scelte colturali e produttive, accompagnate da una sincera attenzione al rispetto per l'ambiente.

Cerasuolo di Vittoria Cl. 2018 ● 15.000 bt; 15 € - - Ancora una volta si distingue tra i vini aziendali per piacevolezza ed equilibrio. Si presenta con sentori fruttati evidenti, e in bocca rispetta le aspettative grazie alla succosità e alla buona intensità aromatica.
Sicilia Nero d'Avola 2019 ● 10.000 bt; 12 € - - Preceduto da profumi di frutta rossa con note di confettura, al palato è schietto e duraturo, connotato nel finale dal gradito ritorno del fruttato.
Etna Rosso 2017 ● 3.800 bt; 24 € - - Succoso, fruttato, verace.
Sud 2018 ● nero d'Avola, tannat, grenache; 1.600 bt; 30 € - - Solido, fruttato, essenziale.
Grillo 2019 O 8.000 bt; 12 € - - Citrino, floreale, varietale.

ha 17 - **bt** 50.000
Fertilizzanti sovescio
Fitofarmaci rame e zolfo
Diserbo lavorazione meccanica/manuale
Lieviti selezionati industriali
Uve 100% di proprietà
Certificazione biologico certificato

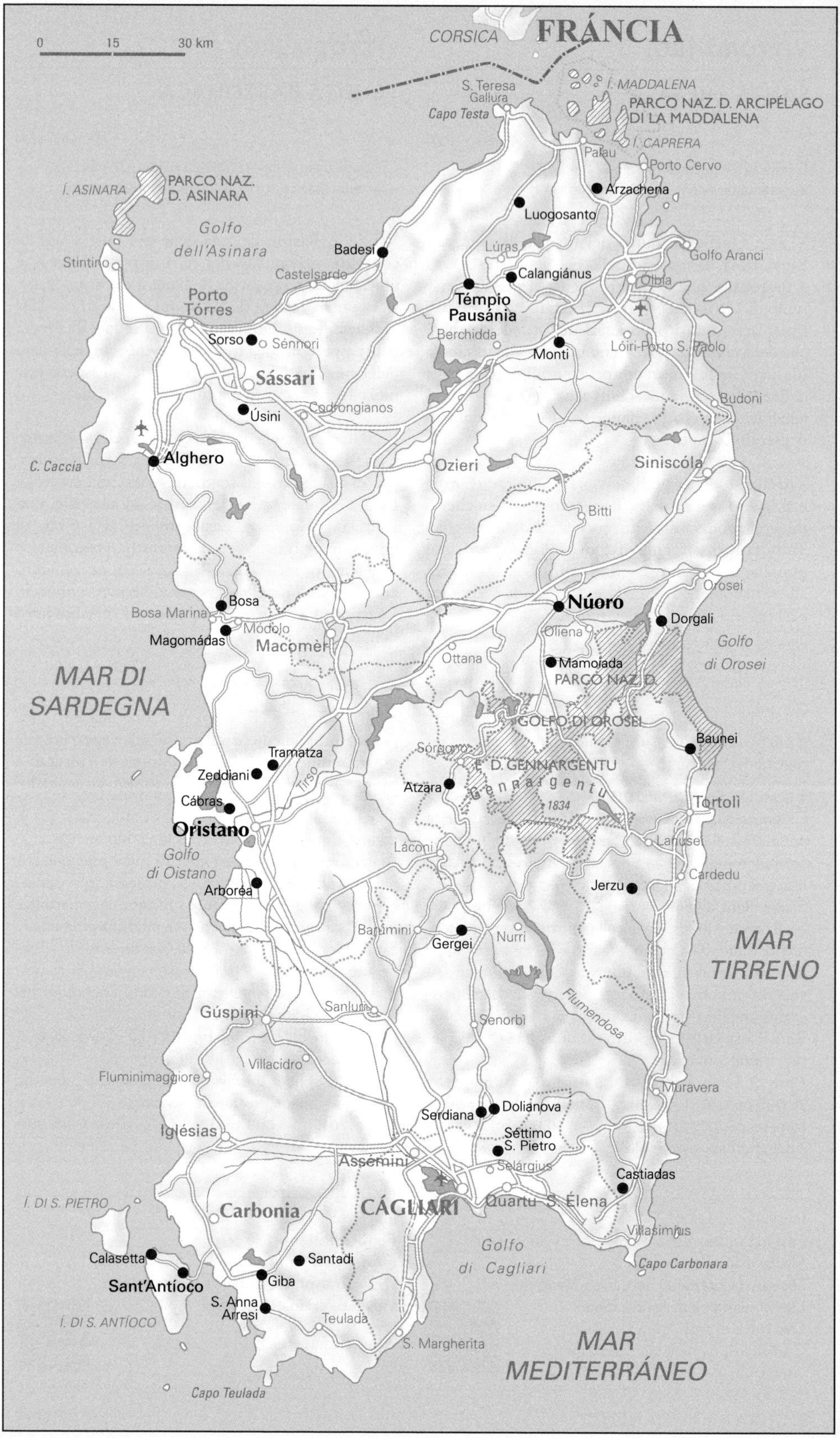
0 15 30 km
CORSICA
FRÁNCIA
S. Teresa Gallura
Capo Testa
Í. MADDALENA
PARCO NAZ. D. ARCIPÉLAGO DI LA MADDALENA
Í. CAPRERA
Palau
Porto Cervo
Arzachena
Luogosanto
Í. ASINARA
PARCO NAZ. D. ASINARA
Golfo dell'Asinara
Stintino
Badesí
Castelsardo
Lúras
Calangiánus
Golfo Aranci
Olbia
Témpio Pausània
Porto Tórres
Sorso
Sénnori
Berchidda
Monti
Lóiri-Porto S. Paolo
Sássari
Úsini
Codrongianos
Budoni
Alghero
C. Caccia
Ozieri
Siniscóla
Bitti
Orosei
Bosa
Bosa Marina
Módolo
Magomádas
Macomèr
Núoro
Dorgali
Oliena
Ottana
Mamoiada
Golfo di Orosei
MAR DI SARDEGNA
PARCO NAZ. D. GOLFO DI OROSEI E D. GENNARGENTU
Sórgono
Baunei
Tramatza
Zeddiani
Tirso
Atzara
Gennargentu
1834
Cábras
Tortolì
Oristano
Láconi
Lanusei
Golfo di Oistano
Arboréa
Cardedu
Jerzu
Barumini
Gergei
Nurri
MAR TIRRENO
Flumendosa
Gúspini
Sanluri
Senorbì
Villacidro
Fluminimaggiore
Muravera
Serdiana
Dolianova
Iglésias
Séttimo S. Pietro
Assémini
Selárgius
Castiadas
Í. DI S. PIETRO
Carbonia
CÁGLIARI
Quartu S. Élena
Villasimius
Golfo di Cagliari
Capo Carbonara
Calasetta
Santadi
Sant'Antíoco
Giba
S. Anna Arresi
Í. DI S. ANTÍOCO
Teulada
S. Margherita
MAR MEDITERRÁNEO
Capo Teulada

SARDEGNA

Luci e ombre per il nostro bilancio degli ultimi 10 anni di Sardegna del vino. Partiamo dalle ombre, così poi concludiamo con le note liete. Nel corso dell'estate 2019, complice la ventilata riforma dell'Igt Nuragus con l'inserimento in etichetta della varietà utilizzata, si è aperto un fronte di forte polemica, che a nostro parere porta finalmente alla luce diversi nodi non risolti. In Sardegna ci sembra infatti, citando le parole di un produttore che così si è espresso sui social, si beva più il vitigno che il territorio. Ogni denominazione riporta il nome della varietà associato a quello geografico. Un limite enorme, che ormai la gran parte delle zone italiane di qualità sta cercando di superare. Sull'isola questo limite è ancora più macroscopico a causa di due denominazioni, Cannonau di Sardegna e Vermentino di Sardegna, che coprono l'intero territorio regionale. Sono anni che sulle pagine di questa guida critichiamo aspramente questa impostazione, perché se si assaggiano le etichette appartenenti a queste due Doc ci si accorgerà con grande facilità che esiste una variabilità tale (sul rosso più che sul bianco), che non può che confondere il bevitore e l'appassionato. Una regione a trazione turistica dovrebbe essere ancora più attenta a questo aspetto, perché potrebbe invogliare a conoscere i luoghi vocati della produzione mettendo in etichetta Mamoiada, Serdiana, Santadi, Gallura (e basta), Alghero... Non siamo mai stati a favore di un eccessivo spezzettamento delle Doc, ma allo stesso tempo ci opponiamo alle denominazioni minestrone. Un'altra cosa che non aiuta la Sardegna del vino, come già detto per la Liguria, è il turismo marinaresco, purtroppo poco interessato, nella maggior parte dei casi, all'enogastronomia. Certo, per le casse aziendali è una risorsa decisiva, visto che si vende quasi tutto in casa, ma il rischio oggettivo è che poi le aziende stesse non si aprano verso l'esterno e manchi il confronto con altre regioni e altre nazioni. Ma veniamo alle luci. Proprio la polemica appena citata sull'Igt ci fa ben sperare: finalmente ci sono molti produttori che vorrebbero superare un'organizzazione delle denominazioni antiquata e poco moderna. C'è un generale risveglio delle cantine di vertice in questo senso: sempre più spesso prendono a esempio colleghi non sardi, facendo così partire un meccanismo virtuoso di emulazione e crescita conseguente del settore. Dal punto di vista del numero di cantine nuove registriamo un aumento consistente di ingressi in guida, a testimonianza di una vivacità importante e di grandi cambiamenti all'orizzonte. Cambiamenti positivi anche nella gestione agricola, con realtà sempre più attente all'ambiente e una valanga di nuove certificazioni biologiche. Stesso discorso anche per la volontà da parte di molti di andare verso espressioni sempre più veraci dei vini proposti, con un lavoro in cantina meno pesante e omologante. Insomma, come vedete le luci superano le ombre, ma la Sardegna ha bisogno di capitani coraggiosi che la conducano verso un futuro luminoso: ci sentiamo di dire che questa terra così bella e ricca di biodiversità lo merita pienamente.

le Bottiglie

ALGHERO (SS)

SELLA & MOSCA

SCONTO **-10%**

Località I Piani - tel. 079 997700
www.sellaemosca.com - welcome@sellaemosca.com

VITA - Storica azienda nata a fine Ottocento, Sella & Mosca ha fatto conoscere i vini sardi in Italia e nel mondo. A inizio 2017 è passata dalle mani di Campari alla famiglia Moretti, da alcuni decenni nel mondo del vino italiano con importanti realtà produttive in diverse regioni. Se prima l'impostazione commerciale era orientata alla grande distribuzione, ora si sta riposizionando il marchio nella ristorazione e nelle enoteche.

VIGNE - Tale cambiamento ha comportato un lavoro impegnativo in campo agronomico, non solo nel passaggio dal convenzionale al biologico, ma anche nel progetto di una migliore parcellizzazione dell'enorme corpo vitato di oltre 500 ettari, che si sviluppa intorno alla sede vicino ad Alghero.

VINI - I vini, nonostante i grandi numeri, ben rappresentano la specificità di questa parte della costa occidentale sarda.

Carignano del Sulcis Terre Rare Ris. 2016 ● 30.000 bt; 15 € - Ha profumi austeri di terra e macchia mediterranea e un carattere autentico, armonico e complesso, con un ritmo gustativo ben calibrato e un tannino fine.
Vermentino di Gallura Sup. Monteoro 2019 ○ 80.000 bt; 15 € - Dai profumi intensi e sfaccettati, con toni fruttati e minerali, non manca di struttura e allungo sapido.
Alghero Cabernet Marchese di Villamarina 2016 ● 30.000 bt; 39 € - Affina 18 mesi in barrique nuove e 12 mesi in cemento prima di uscire sul mercato. Dai profumi speziati intensi, al palato è compatto e avvolgente, succoso, con un tannino fitto.
Alghero Torbato Catore 2018 ○ 13.000 bt; 23 € - Articolato, fruttato, consistente.
Vermentino di Sardegna Ambat 2018 ○ 13.000 bt; 23 € - Incisivo, floreale, espressivo.
Vermentino di Sardegna Cala Reale 2019 ○ 200.000 bt; 12 € - Agile, fruttato, docile.

ha 550 - **bt** 5.500.000
Fertilizzanti letame, sovescio
Fitofarmaci rame e zolfo
Diserbo lavorazione meccanica/manuale
Lieviti fermentazione spontanea, selezionati industriali
Uve acquisto 5%
Certificazione biologico certificato

ARBOREA (OR)

QUARTOMORO DI SARDEGNA

Via Dino Poli, 33 - tel. 346 7643522
www.quartomoro.it - quartomorodisardegna@gmail.com

VITA - Quartomoro è il nome che Piero Cella e sua moglie Luciana Baso hanno voluto dare alla loro avventura nel complesso mondo enologico della Sardegna. Piero è un enologo che collabora da molti anni con diverse aziende isolane e conosce bene le potenzialità dei vari territori.

VIGNE - Con tanta dedizione Piero è riuscito a scovare vecchi vigneti negli angoli più remoti della sua terra, all'inizio comprando le uve, oggigiorno acquistando appezzamenti vitati o prendendone in carico la conduzione diretta. Il lavoro agronomico è attento alla salvaguardia dei terreni.

VINI - In cantina la mano leggera valorizza il lato territoriale dei vini. Due le linee produttive, Memoria di Vite, da vigne vecchie e con fermentazioni con lieviti indigeni, e Orriu, da piante giovani e lieviti selezionati.

TOP **Sulle Bucce 2019** VINO SLOW ○ vernaccia; 3.500 bt da 0,5 l; 12 € - Moderna interpretazione del vitigno: la breve permanenza sulle bucce dona complessità olfattiva e ricchezza gustativa, per una versione della Vernaccia slanciata, dalle sfumature saline e dal tipico finale amarognolo.
BVL 2018 ● bovale; 5.000 bt; 18 € - Dalle vigne di oltre 50 anni a Marrubiu nasce questo vino floreale, con piacevoli note agrumate, che in bocca scorre delicato e succoso.
Cannonau di Sardegna Orriu 2018 ● 15.000 bt; 11 € - Da vigne in Ogliastra e Campidano, ha profumi sottili e delicati di spezie. Avvolge il palato ed è scorrevole e sapido.
Sardegna Semidano SMD 2018 ○ 1.500 bt; 18 € - Ampio, fruttato, stratificato.
Vermentino di Sardegna Veòr 2019 ○ 3.000 bt; 11 € - Articolato, fruttato, espressivo.
M. Cl. Brut Q vermentino; 6.000 bt; 20 € - Incisivo, floreale, elegante.

ha 7,5 - **bt** 50.000
Fertilizzanti compost
Fitofarmaci rame e zolfo
Diserbo lavorazione meccanica/manuale
Lieviti fermentazione spontanea, selezionati industriali
Uve 100% di proprietà
Certificazione nessuna certificazione

ARZACHENA (SS)

CAPICHERA

Strada Statale Arzachena-Sant'Antonio, km 4 - tel. 0789 80612
www.capichera.it - info@capichera.it

VITA - Quando si pensa a Capichera la mente va ai pionieri del Vermentino di Gallura: sono stati i primi a farlo conoscere nel mondo. Un dato di fatto che non è solo una vecchia storia, perché la continua ricerca offre nuove possibilità di espressione a questo vitigno. I fratelli Ragnedda conducono l'azienda dagli inizi degli anni Ottanta, continuando a produrre qualità con costanza.

VIGNE - Le vigne si trovano fra Arzachena e Palau, circondate da massicci di granito, che ne definiscono il suolo e che donano all'uva grande mineralità, potenza e finezza allo stesso tempo. La vicinanza con il mare porta quel vento del nord che serve soprattutto durante il periodo di maturazione del frutto.

VINI - Lo stile dei vini di Capichera potrebbe essere così descritto: rigoroso, ricercato, affascinante (per la diversità negli assaggi ogni anno), mai scontato e identitario.

TOP **Capichera 2018** ○ vermentino; 45.000 bt; 39 € - - Offre al naso cenni di pietra focaia e frutta, a cui segue una nota balsamica. Ottima l'entrata in bocca, con una spiccata acidità che spinge sul finale, rendendo il sorso profondo.
Vermentino di Gallura Vign'Angena 2019 ○ 60.000 bt; 29 € - - Lo spettro olfattivo ricorda il territorio: erbe aromatiche e macchia mediterranea, lentisco ed elicriso, frutta e note iodate. La bocca è ampia e prolungata, sapida e profonda, granitica.
VT 2017 ○ vermentino; 25.000 bt; 58 € - - Ogni anno si distingue per il sapiente uso del legno, che integra e valorizza. Floreale, erbaceo e minerale, ha un sorso che entra rotondo e finisce quasi tagliente.
Tambè 2019 ◍ carignano, syrah; 12.000 bt; 18 € - - Agile, fruttato, essenziale.
Assajé 2017 ● carignano, cannonau, syrah; 20.000 bt; 39 € - - Fitto, speziato, armonico.

ha 50 - **bt** 300.000
Fertilizzanti letame in pellet, letame, organo-minerali, sovescio
Fitofarmaci chimici di sintesi, rame e zolfo
Diserbo lavorazione meccanica/manuale
Lieviti fermentazione spontanea, selezionati industriali, selezione di lieviti indigeni
Uve 100% di proprietà
Certificazione nessuna certificazione

ARZACHENA (SS)

SURRAU

Strada Provinciale Arzachena-Porto Cervo, km 0,5 - tel. 078 982933
www.vignesurrau.it - info@surrau.it

VITA - Nata nel 2004, l'azienda è diventata in pochi anni un punto di riferimento in Costa Smeralda, sia per la qualità dei vini, sia per l'accoglienza impeccabile. La sala degustazione si affaccia sui vigneti, mostrando una Gallura poderosa con i suoi graniti, la macchia mediterranea e il vento che arriva dal mare. I fratelli Demuro hanno costruito una cantina di design senza dimenticarsi della funzionalità.

VIGNE - I vitigni coltivati sono perlopiù gli autoctoni come il vermentino e il cannonau, che si esaltano sui terreni da disfacimento granitico. Dal 2020 sono 54 gli ettari in produzione, 10 in più rispetto allo scorso anno. Si fa molta ricerca in vigna per arrivare a una futura conversione al biologico, al fine di essere più sostenibili. L'agronomo è Fabio Isoni.

VINI - Mario Siddi, con la supervisione di Beppe Caviola, lavora per valorizzare le uve, con uno stile moderno e rispettoso dell'espressività varietale.

Vermentino di Gallura Sup. Sciala 2019 ○ 90.000 bt; 24 € - - Annata importante in Gallura: ha un ampio spettro aromatico, floreale e agrumato, e un sorso granitico che avvolge il palato, con un finale tagliente e profondo.
Vermentino di Gallura Sup. Sciala V.T. 2018 ○ 15.000 bt; 36 € - - La speziatura iniziale si integra ai sentori di agrumi e fiori. In bocca entra morbido, e mostra grande freschezza e sapidità finale.
Vermentino di Gallura Branu 2019 ○ 140.000 bt; 14 € - - Quest'anno riesce a stupirci, con profumi intensi agrumati e balsamici. La bocca è gustosa e persistente, salina e prolungata.
Cannonau di Sardegna Sincaru 2018 ● 25.000 bt; 22 € - - Agile, fruttato, armonico.
Surrau 2018 ● cannonau, carignano, bovale; 25.000 bt; 20 € - - Articolato, fruttato, autentico.
Vermentino di Gallura Passito Sole di Surrau 2018 ● 4.000 bt da 0,375 l; 26 € - - Fresco, floreale, avvolgente.

ha 54 - **bt** 423.000
Fertilizzanti letame, organo-minerali, sovescio
Fitofarmaci chimici di sintesi, rame e zolfo
Diserbo lavorazione meccanica/manuale
Lieviti fermentazione spontanea, selezionati industriali, selezione di lieviti indigeni
Uve 100% di proprietà
Certificazione nessuna certificazione

ATZARA (NU)

FRADILES

SCONTO -10%

Via Sandro Pertini, 2 - tel. 333 1761683
www.fradiles.it - info@fradiles.it

VITA - Paolo Savoldo, con l'aiuto dello zio Ignazio Manca, coltiva la lunga tradizione familiare e crede fortemente nella Doc Mandrolisai e nella sua promozione. Il territorio di Atzara è l'unico in Sardegna riconosciuto come Paesaggio Rurale Storico d'Italia, anche grazie ai vecchi vigneti presenti nella zona.

VIGNE - Nella superficie vitata di questa azienda i vitigni che compongono la Doc hanno un ruolo da protagonisti: parliamo di muristellu, cannonau e monica. Gli alberelli hanno un'età media di 80 anni, alcuni superano il secolo. Prosegue anche il notevole lavoro di recupero di varietà autoctone quasi scomparse, come l'aniga de Santu Antiogu e il girò.

VINI - I vini hanno uno spiccato carattere tradizionale e vogliono comunicare il Mandrolisai. Paolo cerca di limitare gli interventi in cantina per far parlare il territorio, e il frutto del suo lavoro è una batteria di rossi di carattere, affiancata da un bianco e un rosato molto tipici e di ottima beva.

Mandrolisai Sup. Istentu 2016 ● 1.000 bt; 30 € - Dal sorso pieno e ricco, si apre su note fruttate e speziate, che in bocca si fondono con la freschezza e la sapidità, che slanciano la beva. Un vino elegante di grande struttura.
Mandrolisai Fradìles 2018 ● 5.000 bt; 12 € - Fresco, con un tannino presente ma ben integrato, ha intense note di piccoli frutti rossi e di sottobosco. Un'ottima espressione del territorio, di beva agile e appagante.
Bagadìu 2018 ● muristellu; 2.500 bt; 15 € - Intrigante ed elegante, al naso è complesso e in bocca un po' rustico: acquisterà morbidezza con l'affinamento.
Funtanafrisca 2019 ○ nuragus, vernaccia; 1.800 bt; 11 € - Croccante, fruttato, verace.
Mandrolisai Sup. Antiogu 2016 ● 2.500 bt; 18 € - Avvolgente, speziato, complesso.

ha 14 - **bt** 20.000
Fertilizzanti letame, organo-minerali, sovescio
Fitofarmaci rame e zolfo
Diserbo lavorazione meccanica/manuale
Lieviti selezionati industriali
Uve 100% di proprietà
Certificazione nessuna certificazione

BADESI (SS)

CANTINA LI DUNI

SCONTO -10%

Località Li Parisi - tel. 079 9144480 - 388 4263825
www.cantinaliduni.it - info@cantinaliduni.com

VITA - Qui a Badesi si produce da sempre, e alcuni amici che si divertivano a fare vino per uso familiare hanno deciso di diventare soci. Questo è quello che hanno fatto nel 2003 i quattro soci di Li Duni. Nel 2020 è stata inaugurata la nuova cantina, che servirà a implementare l'accoglienza. La direzione commerciale è affidata al giovane ed entusiasta Francesco Addis.

VIGNE - È difficile descrivere con poche parole la bellezza di queste vigne, composte da terreni sabbiosi con substrato roccioso, e porzione ricca di sostanza organica. La coltivazione è ad alberello, perlopiù a piede franco, sia per le uve a bacca nera, sia per quelle a bacca bianca. La nuova cantina è circondata dalle vigne più giovani che risalgono al 2015, le altre variano di età, alcune sono vecchie di 60 anni. Il soffio del Maestrale aiuta a rinfrescare la zona, favorendo corrette maturazioni.

VINI - Lo stile è classico e rispettoso delle varietà autoctone sarde: si preferisce l'acciaio alle lunghe soste nei legni. Il coordinamento della cantina è affidato a Dino Addis.

Vermentino di Gallura Sup. Renabianca 2019 ○ 10.600 bt; 14 € - Ottima la delicata parte fruttata, a cui si aggiungono note di fiori, macchia mediterranea e cenni iodati. Il sorso è asciutto e verticale, sapido, con un finale profondo.
Vermentino di Gallura Nou 2019 ○ 5.300 bt; 11 € - Leggeri sentori di frutta tropicale, menta ed elicriso danno il la a un sorso piacevole e rotondo, con ottima acidità e un finale sapido.
Vermentino di Sardegna Extra Dry Li Junchi 2019 5.000 bt; 14 € - Un Metodo Charmat gradevole e varietale.
Vermentino di Gallura Sup. Amabile Nozzinà 2019 ○ 6.650 bt; 20 € - Dinamico, floreale, essenziale.
Tajanu 2016 ● cannonau, bovale, pascale, monica, caricagiola; 4.000 bt; 15 € - Fresco, fruttato, autentico.

ha 20 - **bt** 40.000
Fertilizzanti letame in pellet, sovescio
Fitofarmaci chimici di sintesi, rame e zolfo
Diserbo lavorazione meccanica/manuale
Lieviti selezionati industriali
Uve 100% di proprietà
Certificazione nessuna certificazione

BADESI (SS)

CANTINA LI SEDDI

SCONTO **-10%**

Via Mare, 29 - tel. 349 2467604
www.cantinaliseddi.it - amministrazione@cantinaliseddi.it

VITA - L'ispirazione è nata per mano del nonno Francesco Antonio Stangoni, che già negli anni Sessanta produceva vino: Franco, allora bambino, rimase impressionato dalla magia della trasformazione dell'uva, così nel 2001, insieme alla moglie Monica Stangoni, ha iniziato a produrre la sua prima etichetta. La loro attività si basa principalmente sull'accoglienza: all'agriturismo piano piano hanno aggiunto l'attività della cantina.

VIGNE - Le vigne si trovano quasi tutte a livello del mare, coltivate ad alberello, piantate sulla sabbia a piede franco, come vuole la tradizione di Badesi. La vista di questi vigneti è sempre impressionante per la sua unicità. Il terreno cede molta mineralità a una produzione che verte sui bianchi al 70%. Le uve atte a fare il Cannonau passito rimangono sulle piante almeno due mesi prima di essere raccolte.

VINI - La produzione verte su uno stile tradizionale e di nicchia, che con l'aiuto di Dino Addis e della tecnologia dà vita a vini molto attuali.

TOP **Vermentino di Gallura Sup. Li Pastini 2019** VINO SLOW ○ 7.000 bt; 15 € - Balsamico, con note di lentisco e macchia mediterranea, si apre in un sorso succoso e ampio, con grande freschezza e sapidità.
Vermentino di Gallura Sup. Lagrimedda 2019 ○ 7.000 bt; 13 € - Complesso e floreale, con note di erbe aromatiche e resinosa, ha un sorso saporito e piacevole.
Cannonau di Sardegna Maistrali 2016 ● 5.000 bt; 12 € - Frutta scura, cioccolato e tabacco, e un tocco balsamico. Possente in bocca, dove è giustamente tannico, ha un finale molto sapido.
Cannonau di Sardegna Maistrali Ris. 2013 ● 4.000 bt; 18 € - Robusto, speziato, consistente.
Cannonau di Sardegna Rosamarina 2019 ● 9.000 bt; 12 € - Fresco, fruttato, dettagliato.
Cannonau di Sardegna Passito Lichittu 2015 ● 2.000 bt da 0,5 l; 35 € - Armonico, fruttato, autentico.

ha 10 - **bt** 50.000
Fertilizzanti letame
Fitofarmaci rame e zolfo
Diserbo lavorazione meccanica/manuale
Lieviti selezionati industriali
Uve 100% di proprietà
Certificazione nessuna certificazione

BAUNEI (NU)

LORENZO PUSOLE

SCONTO **-10%**

Località Perda e Cuba - Via Monte Oro, 13 - tel. 333 4047219
roberto.pusole@gmail.com

VITA - Roberto, Lorenzo e Loredana Pusole gestiscono l'azienda di famiglia, di cui rappresentano la quarta generazione. Non si occupano solo di viticoltura, ma anche di allevamento di suini allo stato brado, olivicoltura e altre produzioni. Roberto ha studiato enologia in Piemonte, e dopo varie esperienze in importanti realtà italiane, ha deciso di tornare a casa. La prima bottiglia è del 2012.

VIGNE - L'approccio dei Pusole è basato sul rispetto della pianta in ogni sua fase. Gli 11 ettari dell'azienda sono divisi nei territori di Lotzorai e Baunei, nell'Ogliastra. Sono 8 gli ettari vitati, con cannonau, cannonau bianco e vermentino. I terreni sono stati scelti con cura in base all'adattabilità alle varietà: troviamo scisto, granito, pietre e sabbia. Una piccola chicca sul cannonau bianco: è un'antichissima varietà presente solo in questa zona e simile al grenache blanc francese.

VINI - Lo stile naturale di questi vini fa emergere l'attenzione e la cura che Roberto e la sua famiglia mettono in ogni etichetta. Fermentazioni spontanee e pochi interventi in cantina danno vita a vini estremamente piacevoli e caratteristici, piena espressione del territorio. Le nuove annate non erano ancora pronte al momento dei nostri assaggi. Abbiamo quindi riassaggiato l'annata 2018 delle principali etichette. Il Pusole Bianco 2018 si conferma un Vermentino dalle mille sfaccettature, con sorso pieno e piacevoli note amarognole, per una bocca incisiva. Il Karamare 2018, il Cannonau bianco che fa macerazione sulle bucce, mantiene sapidità, struttura e il suo bel profilo minerale. Il Cannonau di Sardegna Pusole 2018 è sempre più elegante, di ottimo equilibrio ed espressivo, con un sorso fresco e lineare. Ottimo anche il Saccarè 2018.

ha 8 - **bt** 25.000
Fertilizzanti letame in pellet
Fitofarmaci rame e zolfo
Diserbo lavorazione meccanica/manuale
Lieviti fermentazione spontanea
Uve 100% di proprietà
Certificazione in conversione biologica

BOSA (OR)

G. BATTISTA COLUMBU

Via Carmine, 104 - tel. 0785 605827 - 339 5731677
www.malvasiacolumbu.com - info@malvasiacolumbu.com

VITA - Gian Michele e Rafael Columbu hanno preso le redini di questa importante realtà fondata nel 1972 dal padre Giovanni Battista, e la gestiscono affiancati dalle rispettive mogli, Vanna Mazzon e Angela Grazia. L'obiettivo è quello di produrre e promuovere uno dei vitigni storici della Sardegna, la malvasia di Bosa, un'attività resa possibile anche grazie all'investimento sull'enoturismo, che prevede un albergo diffuso e l'attenzione per l'ospitalità in cantina.

VIGNE - Siamo nel territorio della Planargia, la zona di produzione di questo storico vitigno. La vigna di Bosa, Campeda, è eredità di un amico di Giovanni Battista, Zegone. Ripiantata tre anni fa, andrà in completa produzione tra altri tre anni. Completa la proprietà la vigna Fraus, a Magomadas. I suoli sono calcarei, con un'alta concentrazione di fossili marini.

VINI - La produzione è totalmente dedicata alla Malvasia di Bosa, realizzata in due versioni: quella classica, in stile ossidativo, e quella giovane, in versione amabile. Con entrambe si vuole proseguire la lunga tradizione di questo vino, da offrire come segno di ospitalità. Al momento dei nostri assaggi la Malvasia di Bosa Riserva 2015 non era ancora pronta.

Malvasia di Bosa Alvarega 2019 O 3.000 bt da 0,5 l; 30 € - La versione amabile è in grado di offrire un caleidoscopio di profumi e sensazioni. Complessa al naso, si apre su sentori di albicocca e miele, che poi virano verso eleganti note floreali. Di schietto e piacevole stampo aromatico, in bocca si presenta rotonda e ben integrata, nonostante non abbia sulle spalle una grande permanenza in bottiglia: fresca e sapida, ha un sorso molto persistente e disteso.

ha 3 - **bt** 6.000
Fertilizzanti nessun concime
Fitofarmaci rame e zolfo
Diserbo lavorazione meccanica/manuale
Lieviti fermentazione spontanea
Uve 100% di proprietà
Certificazione nessuna certificazione

CABRAS (OR)

CONTINI

Via Genova, 48-50 - tel. 0783 290806
www.vinicontini.com - info@vinicontini.com

VITA - Contini ha scritto un pezzo importante della storia dell'enologia sarda. Fondata nel 1898 per mano di Salvatore Contini, l'azienda ha saputo attraversare tutto il secolo scorso affrontando i cambiamenti del mercato: nata per produrre Vernaccia, vino che fino agli anni Settanta non mancava mai nelle case dei sardi, si è trasformata in sapiente interprete dei migliori vitigni isolani.

VIGNE - Alla guida oggi c'è la quarta generazione rappresentata dai cugini Mauro, Alessandro e Paolo Contini, che oltre alle prime vigne, che si trovano nel comune di Cabras e nel Sinis, può beneficiare dei successivi ampliamenti, tra cui la proprietà di altri 50 ettari ai piedi del monte Arci, sempre in provincia di Oristano. Contini, inoltre, collabora con diversi produttori di uva in tutta l'isola.

VINI - I vini hanno uno stile moderno, pur risultando territoriali. La Vernaccia di Oristano viene realizzata nel pieno rispetto della tradizione.

TOP **Vernaccia di Oristano Antico Gregori 1976** O 2.500 bt da 0,375 l; 85 € - Da un caratello del 1976, è un vero monumento al vitigno. Intrigante e complesso, con profumi di miele di castagno e di pasta di mandorle, è denso e cremoso, ha forza e profondità espressiva.
Cannonau di Sardegna 'Inu Ris. 2016 ● 30.000 bt; 19 € - Da una selezione delle migliori uve del monte Arci, a cui si aggiungono uve di conferitori del centro dell'isola, un vino ricco di tensione, austero, ma dinamico e succoso.
Nieddera 2019 ● 180.000 bt; 9 € - Nitido, sfaccettato, fresco e di facile beva. Il perfetto vino da tutti i giorni.
I Giganti Bianco 2018 O vernaccia, vermentino; 7.000 bt; 17 € - Ampio, espressivo, consistente.
Karmis 2019 O vermentino, vernaccia; 500.000 bt; 14 € - Articolato, fruttato, rilassato.
Vernaccia di Oristano 2015 ● 16.000 bt; 19 € - Stile ossidativo, austero, speziato, complesso.

ha 120 - **bt** 1.400.000
Fertilizzanti compost, organo-minerali, sovescio
Fitofarmaci chimici di sintesi, rame e zolfo
Diserbo chimico, lavorazione meccanica/manuale
Lieviti selezionati industriali
Uve acquisto 50%
Certificazione nessuna certificazione

CALANGIANUS (SS)

ORLANDO TONDINI

SCONTO **-10%**

Località San Leonardo - tel. 079 661359 - 349 4157829
www.cantinatondini.it - info@cantinatondini.it

VITA - La famiglia Tondini ha iniziato a produrre vino con le proprie etichette nel 2004. Da allora la cura, l'attenzione e l'amore per questo bel progetto familiare hanno dato vita a una gamma sempre molto apprezzata. I quattro figli di Orlando Tondini collaborano alla crescita aziendale, occupandosi ciascuno di un settore specifico. Bellissima la sala degustazione, da cui lo sguardo si perde sui vigneti di proprietà.

VIGNE - Le vigne si trovano a Calangianus, disposte in un corpo unico su una collina tra i boschi a 350 metri di altitudine, con un'escursione termica tra il giorno e la notte che arriva anche a 25 gradi: una condizione che favorisce lo sviluppo della parte aromatica delle uve. Il suolo da disfacimento granitico è occupato per il 90% da vermentino, con piante che arrivano fino a 30 anni di età. Le altre varietà sono carignano, cannonau e cagnulari.

VINI - La produzione privilegia l'utilizzo di contenitori inerti per la vinificazione, e punta principalmente alla valorizzazione delle varietà locali. Il vermentino mostra il proprio temperamento in tutte le sue espressioni: è il principe incontrastato di questo territorio.

Vermentino di Gallura Sup. Katala 2019 ○ 10.000 bt; 23 € - Nasce su terreni da disfacimento granitico molto poveri. Ampio e intenso all'olfatto, il palato è avvolgente, di buon equilibrio e succoso, la beva tesa ed elegante.
M. Cl. Brut Karagnanj 2017 vermentino; 8.000 bt; 22 € - Nasce dalla spumantizzazione di una parte del Karagnanj. Perlage persistente, elegante al naso e avvolgente al palato. Gastronomico.
Vermentino di Gallura Sup. Karagnanj 2019 ○ 100.000 bt; 17 € - Ancora da suoli da disfacimento granitico. Ottenuto da vigne più giovani, è caratterizzato da leggiadre note di erbe aromatiche, agrumi e fiori, che anticipano il sorso disteso e saporito, dotato di vivida freschezza e finale sapido.
Amjonis 2019 ● carignano, cabernet sauvignon, merlot, cagnulari; 10.000 bt; 15 € - Austero, fruttato, contrastato.

ha 30 - **bt** 265.000
Fertilizzanti humus, letame in pellet, organo-minerali, sovescio
Fitofarmaci rame e zolfo
Diserbo lavorazione meccanica/manuale
Lieviti selezionati industriali
Uve 100% di proprietà
Certificazione nessuna certificazione

CALASETTA (SU)

CANTINA DI CALASETTA

SCONTO **-10%**

Via Roma, 134 - tel. 0781 88413
www.cantinadicalasetta.it - info@cantinadicalasetta.it

VITA - La cantina è nata nel 1932, quando i soci erano appena una decina (oggi sono circa 200). Calasetta è una realtà interessante, situata nel nord dell'isola di Sant'Antioco, dove le particolari condizioni pedoclimatiche offrono la possibilità di produrre un'uva, il carignano, con forti caratterizzazioni territoriali. La priorità è quella di far emergere il vitigno, che ha un grande legame con il territorio.

VIGNE - Le vigne di carignano ad alberello e a piede franco sono principalmente sull'isola e nascono su terreni sabbiosi di origine vulcanica. Le altre si trovano fra Masainas e Porto Pino, su terreni di origine calcareo-argillosa. Il Maestrale aiuta a rinfrescare l'aria, favorendo una buona maturazione delle uve.

VINI - Lo stile dato dal giovane enologo Fabio Vitillo è moderno e punta, essenzialmente, a valorizzare al meglio il vitigno carignano.

Carignano del Sulcis Àina Ris. 2017 ● 5.000 bt; 24 € - Colpisce con il profilo balsamico e i sentori di mora matura. La bocca è piena e verticale, il finale piacevole e suadente.
Carignano del Sulcis Tupei 2018 ● 20.000 bt; 19 € - Verte su note di spezie e macchia mediterranea. Il palato è succoso, con tannini integrati e in evoluzione e un profondo finale sapido. Un'ottima interpretazione.
Carignano del Sulcis Piede Franco 2018 ● 30.000 bt; 17 € - Affina solo in cemento e presenta nuance di frutta scura matura, per una bocca equilibrata e fresca. Molto piacevole nel finale.
Carignano del Sulcis Maccòri 2019 ● 200.000 bt; 12 € - Articolato, fruttato, essenziale.
Vermentino di Sardegna Cala di Seta 2019 ○ 20.000 bt; 12 € - Croccante, fruttato, cangiante.
Moscato di Sardegna In Fundu 2017 ● 2.000 bt da 0,5 l; 15 € - Armonico, floreale, espressivo.

ha 200 - **bt** 450.000
Fertilizzanti letame
Fitofarmaci rame e zolfo
Diserbo lavorazione meccanica/manuale
Lieviti selezionati industriali
Uve 100% di proprietà
Certificazione nessuna certificazione

CASTIADAS (SU)

CANTINA CASTIADAS

Località Olia Speciosa - tel. 070 9949004
www.cantinacastiadas.com - info@cantinacastiadas.com

VITA - Questa cantina sociale ha più di 60 anni di storia ed è situata nel Sarrabus. Fondata nel 1959, oggi è guidata dal presidente Angelo Mario Sestu, coadiuvato da Sergio Spanu e dall'enologo Andrea Deiana. I soci sono una cinquantina, ma si sta lavorando per aumentarli e accogliere qualche nuovo conferitore.

VIGNE - Siamo nella sottozona del Cannonau di Sardegna di Capo Ferrato: i 150 ettari vitati si sviluppano per l'80% sulla fascia costiera, su terreni sciolti di disfacimento granitico tendenti al sabbioso. Il restante 20% si trova comunque nelle vicinanze della costa, su terreni a maggiore presenza di argilla. Si coltiva prevalentemente cannonau ad alberello, ma troviamo anche vermentino e carignano.

VINI - La gamma rispecchia il territorio e le sue peculiarità: nei vini ritroviamo sempre freschezza e sapidità. Sul cannonau l'obiettivo è quello di valorizzare le specificità della sottozona, molto caratterizzanti.

Cannonau di Sardegna Capo Ferrato Ris. 2015 ● 10.000 bt; 15 € - - Profuma di frutta matura, tra prugne e amarene, e presenta sentori speziati e di sottobosco. L'attacco in bocca è potente, trascinato da una gradevole freschezza e una decisa sapidità.
Cannonau di Sardegna Capo Ferrato Rei 2017 ● 20.000 bt; 9 € - - La spalla acida conquista il palato: è un vino semplice e immediato, con note di macchia mediterranea e sottobosco.
Vermentino di Sardegna Notteri 2019 ○ 15.000 bt; 10 € - - Gradevoli note di erbe aromatiche e frutta anticipano un sorso che si apre dolce e si sviluppa rotondo. Fresco e sapido, si beve con facilità.
Parolto 2016 ● cannonau, syrah, merlot, carignano; 8.000 bt; 18 € - - Vibrante, speziato, verace.
Cannonau di Sardegna Capo Ferrato Rosato 2019 ● 5.000 bt; 9 € - - Agile, fruttato, verticale.

ha 150 - **bt** 120.000
Fertilizzanti minerali
Fitofarmaci rame e zolfo
Diserbo lavorazione meccanica/manuale
Lieviti selezionati industriali
Uve 100% di proprietà
Certificazione nessuna certificazione

DOLIANOVA (SU)

CANTINE DI DOLIANOVA

SCONTO **-10%**

Località Sant'Esu - Strada Statale 387, km 17,150 - tel. 070 744101
www.cantinedidolianova.it - info@cantinedidolianova.it

VITA - Da poco superati i 70 anni di attività, questa importante realtà dell'isola prosegue nell'intento di promuovere il territorio e i vini del Parteòlla. Sono 320 i soci, che garantiscono numeri importanti e un'enorme mole di lavoro per una cantina sociale. Sandro Murgia è il presidente, Ercole Iannone e Andrea Deiana gli enologi, Massimiliano Farci il direttore commerciale.

VIGNE - Sono ben 1.200 gli ettari vitati, dislocati nei comuni limitrofi: Dolianova, Serdiana, Settimo San Pietro, Soleminis, Donori, Ussana e Sinnai. È sempre maggiore la cura posta nella coltivazione e nella selezione delle uve. Le varietà prodotte sono principalmente quelle autoctone, ma è presente anche qualche vitigno internazionale.

VINI - L'intento della cantina sociale è quello di seguire i cambiamenti nei gusti dei consumatori senza snaturare la tipicità. È ben distinguibile il fil rouge territoriale che ritroviamo in tutti i vini assaggiati.

Ju 2017 ● syrah, barbera sarda; 4.260 bt; 50 € - - Naso intrigante e sorso pieno, il nuovo nato stupisce già per il suo carattere deciso e profondo.
Montesicci 2018 ○ nasco; 8.000 bt; 14 € - - Un vino intrigante, dalle mille sfaccettature: al naso emergono gradevoli sentori floreali e fruttati, in bocca è sapido e fresco, per una beva agile e scattante. Da riassaggiare tra qualche anno.
Nuragus di Sardegna Perlas 2019 ○ 30.000 bt; 10 € - - Ha ottima beva, grazie a una buona freschezza. Fruttato e minerale, trova equilibrio e una vivace sapidità. Un vino dai tratti decisi.
Terresicci 2015 ● barbera sarda; 10.000 bt; 35 € - - Croccante, fruttato, complesso.
Falconaro 2013 ● cannonau, carignano, montepulciano; 15.000 bt; 21 € - - Setoso, speziato, stratificato.

ha 1.200 - **bt** 4.500.000
Fertilizzanti letame in pellet, letame, organo-minerali
Fitofarmaci chimici di sintesi, rame e zolfo
Diserbo lavorazione meccanica/manuale
Lieviti selezionati industriali
Uve 100% di proprietà
Certificazione nessuna certificazione

DORGALI (NU)

ATHA RUJA

SCONTO -10%

Località Oddoene - Via per Oddoene - tel. 347 8693936
www.atharuja.com - info@atharuja.com

VITA - Atha Ruja è stata fondata nei primi anni Novanta da Pietro Pittalis e sua moglie Annita Salis: ambedue cresciuti respirando i profumi della vendemmia, avevano però intrapreso strade diverse. Ma si sa che l'amore è un fiume che cerca sempre il mare, e così hanno dato vita a questo progetto creando un vigneto, la cantina e combinando percorsi di accoglienza per gli enoturisti. La figlia Manuela segue la parte commerciale. L'agronomo ed enologo è Marco Bernabei.

VIGNE - Il vigneto principale di circa 5 ettari è Atha Ruja, situato nella valle di Oddoene. Cannonau, bovale sardo e carignano le varietà principali piantate su terreni da disfacimento granitico, incorniciati tra le montagne del Supramonte e Tulùi, sul lato di Cala Gonone. Sulla collina di origine vulcanica di Filieri si trovano le vecchie viti di famiglia. Un vigneto a vermentino è in affitto in Gallura.

VINI - Pietro dice «noi siamo come la terra in cui viviamo»: da ciò deriva una costante tensione verso la creazione di vini che esprimano il territorio in cui nascono.

Cannonau di Sardegna Kuentu Ris. 2015 ● 3.500 bt; 20 € - Profuma di confettura di frutti di bosco, muschio e cuoio. Ha tanta materia, per una bocca opulenta, con una nota fresca che risalta.
Tuluj 2013 ● carignano, cannonau, muristellu; 3.000 bt; 31 € - Un vino ricco e speziato, che vira verso sentori terziari ed eterei. In bocca è avvolgente e setoso, pieno e lungo.
Muristellu 2013 ● 2.000 bt; 32 € - Prevalenza di uve muristellu, altrimenti detto bovale sardo, e poi cannonau e carignano, per un blend d'impatto. La ricca componente olfattiva, fruttata, balsamica, lievemente erbacea e speziata, introduce un sorso dai tannini vivi, profondo ed equilibrato.
Vermentino di Sardegna Dorvene 2018 ○ 7.000 bt; 13 € - Fresco, floreale, sapido.

ha 5 - **bt** 23.000
Fertilizzanti letame
Fitofarmaci rame e zolfo
Diserbo lavorazione meccanica/manuale
Lieviti selezionati industriali
Uve 100% di proprietà
Certificazione biologico certificato

DORGALI (NU)

BERRITTA

SCONTO -10%

Viale Kennedy, 108 - tel. 349 2462801
www.cantinaberritta.it - info@cantinaberritta.it

VITA - La famiglia di Antonio Fronteddu a Dorgali è conosciuta con il soprannome Berritta. Si sa che i soprannomi hanno una valenza fortemente identificativa ed evocativa: la scelta di presentarsi anche nel panorama vitivinicolo in questo modo risponde alla stessa esigenza di distinguersi, connotarsi e raccontare le proprie radici. I figli Francesco e Serena seguono produzione e amministrazione, il consulente enologico è Roberto Gariup.

VIGNE - I primi vigneti sono stati piantati negli anni Settanta da Antonio. La vallata granitica di Oddoene, a ridosso del mare, ospita la quasi totalità degli 11 ettari di proprietà. Qui si godono gli influssi dei venti marini e delle forti escursioni termiche tra giorno e notte. Un piccolo cru si trova sulla collina di Filieri, che in tempi antichi era un vulcano.

VINI - Forte connotazione territoriale, ricerca di uno stile gustativo rispettoso delle tradizioni, attenzione a vitigni autoctoni e poco coltivati: sono le tre principali caratteristiche dei vini di Berritta.

Cannonau di Sardegna Thurcalesu 2018 ● 6.000 bt; 15 € - Il naso è ampio e complesso, con sentori di confettura di frutti di bosco, macchia mediterranea e spezie. In bocca è asciutto, con un tannino arrotondato.
Cannonau di Sardegna Cl. Monte Tundu 2017 ● 1.500 bt; 31 € - Le sensazioni olfattive eteree si innervano su note fruttate e speziate. L'impatto in bocca è teso e vibrante, grazie alla buona acidità e al tannino ben composto. Lungo il finale.
Don Baddore 2017 ● cannonau, syrah; 3.000 bt; 20 € - Un vino corposo e possente, fitto ed energico.
Panzale 2019 ○ 3.000 bt; 15 € - Bianco macerato, schietto, fruttato, espressivo.
Cannonau di Sardegna Marinu 2019 ● 1.500 bt; 13 € - Agile, frutti di bosco, salino.
Cannonau di Sardegna Nostranu 2018 ● 6.000 bt; 13 € - Armonico, floreale, teso.

ha 11 - **bt** 30.000
Fertilizzanti letame in pellet, letame, sovescio
Fitofarmaci rame e zolfo
Diserbo lavorazione meccanica/manuale
Lieviti fermentazione spontanea, selezione di lieviti indigeni
Uve 100% di proprietà
Certificazione biologico certificato

DORGALI (NU)

CANTINA DORGALI

SCONTO -10%

Via Piemonte, 11 - tel. 0784 96143
www.cantinadorgali.com - info@cantinadorgali.com

VITA - Società cooperativa nata nel 1953, Dorgali è oggi uno dei migliori esempi di cantina sociale in Sardegna. Grazie a impegno e costanza di soci e dirigenti (oggi al timone c'è Claudia Secci), questa realtà è cresciuta in un'ottica di competitività e modernizzazione, adottando un sistema di remunerazione per obiettivi. In cantina Michele Canzittu e Carlo Mazzuoli. Coordina il lavoro in campo Gianpaolo Sanna.

VIGNE - I 660 ettari vitati coprono gran parte del territorio vitato di Dorgali, consentendo un'importante e diversificata produzione, anche grazie alla presenza di terreni di origine vulcanica e granitica. Si spazia dalla vallata di Oddoene, a ridosso della montagna che separa il paese dal mare di Cala Gonone, e si arriva a valle, lambendo il mare di Cala Cartoe: una vera ricchezza pedoclimatica.

VINI - Si cerca di valorizzare il vitigno principe che è il cannonau, pur dedicando attenzione agli altri vitigni a disposizione. La gamma è ampia e di tutto rispetto.

Cannonau di Sardegna Rosato Filieri 2019 ● 18.000 bt; 9 € - Un rosa fruttato e ben composto, che regala sensazioni di freschezza, delicatezza e leggiadria.
Cannonau di Sardegna Villa di Isalle 2018 ● 50.000 bt; 10 € - Al naso sprigiona le sue note varietali di macchia mediterranea e viole. In bocca è consistente ed energico, integro e verace.
Cannonau di Sardegna Vinìola Ris. 2015 ● 8.000 bt; 18 € - Ci accoglie con avvolgenti sentori di frutta sotto spirito e spezie. L'ingresso in bocca è nitido, preciso, e prosegue a lungo con il sostegno di un corpo consistente.
Vermentino di Sardegna Filine 2019 O 20.000 bt; 10 € - Agile, fruttato, sapido.
Bardia 2018 ● cannonau; 40.000 bt; 10 € - Succoso, balsamico, varietale.
Noriolo 2015 ● cannonau, cabernet sauvignon; 6.000 bt; 17 € - Articolato, fruttato, consistente.

ha 660 - **bt** 1.500.000
Fertilizzanti organo-minerali, sovescio
Fitofarmaci chimici di sintesi, rame e zolfo
Diserbo lavorazione meccanica/manuale
Lieviti selezionati industriali
Uve 100% di proprietà
Certificazione nessuna certificazione

GERGEI (SU)

OLIANAS

SCONTO -10%

Località Porruddu - tel. 344 2369837
www.olianas.it - olianas@olianas.it

VITA - L'azienda è nata nel 2002 dall'incontro tra Artemio Olianas e Stefano Casadei, quest'ultimo già proprietario di due realtà vitivinicole in Toscana. Il desiderio di valorizzare le varietà locali e il rispetto per la natura che li accomuna sono diventati l'occasione per perfezionare e applicare un protocollo di gestione etica e sostenibile chiamato biointegrale. Particolare attenzione è riservata alla vitalità del terreno, che viene lavorato con l'aiuto dei cavalli e sul quale pascolano 150 oche.

VIGNE - Le vigne sono nel Sarcidano, su una collina che raggiunge la quota di 400 metri, in un luogo che rappresenta la grande varietà di terreni che si trovano sull'isola, con suoli vulcanici, granitici, calcareo-argillosi e argilloso-sabbiosi. Questa particolarità consente anche di coltivare il cannonau a piede franco. La gestione della vigna segue le pratiche biodinamiche, sotto la consulenza agronomica di Adriano Zago.

VINI - In cantina trova continuità l'approccio viticolo, e le fermentazioni vengono innescate con il pied de cuve (per i rossi vengono condotte nelle anfore). Tutta la produzione punta su eleganza, facilità di beva e freschezza.

Perdixi 2018 ● bovale, carignano; 15.000 bt; 19 € - Da terreni calcareo-sabbiosi, al naso profuma di frutti scuri, erbe mediterranee e spezie. Al palato è pieno e avvolgente, con il tannino fitto in evidenza. Il finale è lungo e di carattere.
Cannonau di Sardegna Ris. 2017 ● 10.000 bt; 22 € - Da terreni calcareo-argillosi, denota complessità e piacevolezza all'olfatto. Il sorso è gustoso, di grande freschezza, con una trama tannica che emerge decisa. Il finale si allunga richiamando le note del frutto.
Vermentino di Sardegna 2019 O 75.000 bt; 13 € - Bianco macerato, ampio, mentolato, sapido.

ha 30 - **bt** 160.000
Fertilizzanti compost, sovescio
Fitofarmaci rame e zolfo
Diserbo lavorazione meccanica/manuale
Lieviti fermentazione spontanea, lieviti indigeni
Uve 100% di proprietà
Certificazione biologico certificato, in conversione biodinamica

GIBA (SU)

CANTINA GIBA

SCONTO **-10%**

Via Principe di Piemonte, 16 - tel. 0781 689718
www.cantinagiba.com - info@cantinagiba.it

VITA - Dopo anni di cambiamenti finalmente questa azienda sta trovando stabilità. Il potenziale c'è e ne sono consapevoli i soci Giovanni Irde e Paolo Boi, che insieme ad Andrés García Blas hanno creduto in questo territorio e nei vitigni che più lo rappresentano. Andrés, di origine spagnola, è l'enologo e agronomo che segue tutta la parte produttiva, ed è riuscito a dare una connotazione ben precisa alla produzione di Giba, non trascurando la sua anima, ossia facendo dei «vini artigianali», come li definisce lui.

VIGNE - I terreni si estendono su vari comuni intorno a Giba con il comune denominatore della sabbia, a cui si aggiungono argille calcaree. Gli impianti sono ad alberello a piedefranco, e a spalliera. La zona è calda, siamo nel sud-est della Sardegna, ma il vento aiuta a mitigare l'azione del sole. L'azienda è in espansione e i 4 ettari piantati a vermentino intorno alla cantina ne sono la testimonianza.

VINI - «In cantina e in vigna si usa la tecnologia, ma quello che devi fare durante i processi di lavorazione lo capisci usando le mani e assaggiando i vini». Le parole di Andrés riassumono l'approccio di casa.

Carignano del Sulcis 6Mura Ris. 2017 ● 12.500 bt; 29 € - Complesso al naso, ha un sorso succoso e prolungato, con tannini setosi e finale molto sapido.
Carignano del Sulcis Giba 2019 ● 50.000 bt; 12 € - Ottimo il frutto, con ricordi di macchia mediterranea. In bocca è gustoso, con tannini giovani e aggraziati, e molto persistente. Un vino fresco e di gradevole beva.
Vermentino di Sardegna 6Mura 2019 O 4.000 bt; 20 € - Ampio, complesso ed elegante al naso. In bocca è avvolgente, e favorisce una grande salivazione. Il finale richiama gli agrumi e il frutto.
Vermentino di Sardegna Giba 2019 O 20.000 bt; 12 € - Agile, fruttato, espressivo.

ha 18,5 - **bt** 90.000
Fertilizzanti nessun concime
Fitofarmaci rame e zolfo
Diserbo lavorazione meccanica/manuale
Lieviti fermentazione spontanea
Uve acquisto 20%
Certificazione nessuna certificazione

JERZU (NU)

ANTICHI PODERI JERZU

Via Umberto I, 1 - tel. 0782 70028
www.jerzuantichipoderi.it - antichipoderi@tiscali.it

VITA - Questa cantina sociale è nata nel 1950, in un paese dalla lunga tradizione vitivinicola. Grazie all'importante lavoro di produzione del Cannonau è cresciuta sino ad arrivare oggi a contare ben 430 soci, il cui impegno continuo viene instradato per ottenere una qualità sempre maggiore e una cura più puntuale nella coltivazione dei vigneti.

VIGNE - I 550 ettari vitati su cui può contare questa realtà sono parcellizzati in numerosi appezzamenti, dedicati per la maggior parte al cannonau, vitigno principe della zona. I terreni sono calcareo-scistosi, e alcuni dei vigneti più vecchi, di età superiore ai 60 anni, sono ancora allevati ad alberello e si trovano nelle parti più alte dell'Ogliastra.

VINI - In cantina si cerca di rimanere fedeli alla tradizione. Le etichette si concentrano sul Cannonau, con diverse espressioni e vinificazioni. Completano la gamma altri vini classici come il Vermentino e il Monica.

Cannonau di Sardegna Josto Miglior Ris. 2017 ● 60.000 bt; 27 € - Espressivo, al naso ha piacevoli sentori di frutta nera e macchia mediterranea, mentre in bocca è già gradevole anche se ha bisogno di qualche anno in bottiglia per far emergere la sua vera personalità.
Cannonau di Sardegna Bantu 2019 ● 400.000 bt; 8 € - Un vino di agile beva, dal sorso scattante e verticale che spicca per freschezza e sapidità.
Cannonau di Sardegna Marghia 2018 ● 200.000 bt; 14 € - Dai profumi freschi di piccoli frutti rossi e sottobosco, è un vino di carattere dal sorso morbido e di buona persistenza.
Cannonau di Sardegna Chuèrra Ris. 2017 ● 80.000 bt; 21 € - Armonico, fruttato, espressivo.
Vermentino di Sardegna Telavè 2019 O 200.000 bt; 8 € - Agile, fruttato, sapido.

ha 550 - **bt** 2.500.000
Fertilizzanti compost, letame
Fitofarmaci organici, rame e zolfo
Diserbo lavorazione meccanica/manuale
Lieviti fermentazione spontanea, selezionati industriali
Uve 100% di proprietà
Certificazione nessuna certificazione

LUOGOSANTO (SS)

SIDDÙRA

SCONTO -10%

Località Siddùra - tel. 079 6573027
www.siddura.com - info@siddura.com

VITA - L'imprenditore della moda Nathan Gottesdiener è rimasto affascinato dal contesto naturalistico del posto. L'incontro con Massimo Ruggero, costruttore edile, gli ha fatto capire che condividevano una passione, e così è nata l'idea di piantare la vigna in un luogo in cui prima non c'era. La prima vendemmia è del 2011. La proprietà oggi conta 200 ettari, di cui 37 a vigneto, e la cantina è interamente interrata.

VIGNE - Le vigne sono distribuite in varie zone, che vanno da Berchidda a Luogosanto, con il comune denominatore del monte Limbara. I terreni sono composti da argille e disfacimento granitico, le rese molto basse, e continua è la ricerca per una maggiore sostenibilità ambientale (in vigna non si usa il rame). L'agronomo è Luca Vitaletti.

VINI - Lo stile è contemporaneo e vuole valorizzare le diversità, come racconta l'enologo Dino Dini. Tutte le vinificazioni sono separate, per mettere in risalto proprio questo potenziale e andare alla ricerca di una sempre maggiore complessità.

Bàcco 2017 ● cagnulari; 4.058 bt; 22 € - 🜄 - Ottima espressione per questo vitigno: entusiasmano il naso centrato su frutto e note balsamiche, e la bocca succosa e persistente.
Vermentino di Gallura Sup. Maìa 2018 ○ 11.180 bt; 22 € - 🜄 - Si esprime su note floreali con un'ottima profondità di sorso, che risulta succoso e vibrante.
Vermentino di Gallura Sup. Bèru 2016 ○ 6.719 bt; 36 € - 🛢 - Note di spezie dolci aprono a un palato ampio e sapido.
Vermentino di Gallura Spéra 2019 ○ 75.000 bt; 12 € - 🜄 - Agile, fruttato, incisivo.
Cannonau di Sardegna Nudo 2019 ● 14.000 bt; 22 € - 🜄 - Croccante, fruttato, energico.
Cannonau di Sardegna Èrema 2017 ● 2.746 bt; 12 € - 🜄 - Articolato, fruttato, avvolgente.

ha 37 - **bt** 250.000
Fertilizzanti compost, letame in pellet, minerali, sovescio
Fitofarmaci chimici di sintesi, organici, zolfo
Diserbo lavorazione meccanica/manuale
Lieviti selezionati industriali
Uve 100% di proprietà
Certificazione nessuna certificazione

MAGOMADAS (OR)

EMIDIO OGGIANU

SCONTO -10%

Vigna Badde Nuraghe - Strada Vicinale Pischina - tel. 0785 359329
www.malvasiaoggianu.it - info@malvasiaoggianu.it

VITA - Emidio Oggianu ha ereditato dal padre una piccola porzione di vigneto e l'ha accresciuta nel 1970 con un unico obiettivo: produrre Malvasia di Bosa, un vino unico che, secondo Emidio, ha bisogno di tutte le cure possibili per evitare l'estinzione. L'approccio è totale: si dedica anima e corpo a questo raro gioiello enologico, nel rispetto della natura e della terra. Il figlio Stefano lo aiuta e proseguirà il suo importante lavoro.

VIGNE - I 2 ettari di vigneto guardano il mare e sono circondati da una siepe che smorza il forte Maestrale e protegge i filari coltivati a guyot. Siamo su un terreno calcareo, dove il lavoro in vigna è certosino e selettivo: sono massimo quattro i grappoli che rimangono su ogni pianta. Le uve vengono vendemmiate a mano in più riprese, solo quando ogni grappolo ha raggiunto la giusta maturazione.

VINI - Emidio ha scelto di produrre esclusivamente la tipologia Riserva, perché convinto che la Malvasia abbia bisogno di tempo per essere apprezzata nel giusto modo. Dopo la vendemmia riposa per almeno quattro anni nelle botti di legno.

Malvasia di Bosa Ris. 2008 ○ 9.000 bt da 0,5 l; 32 € - 🛢 - Di recente imbottigliamento, è figlia di un'annata di grandissima complessità. Note eteree, di frutta sciroppata, disidratata e sotto spirito, si uniscono alla frutta secca e alle spezie. In bocca è morbida e rotonda, avvolgente, straordinariamente fresca.

Abbiamo assaggiato nuovamente l'annata 2012 della Malvasia di Bosa Riserva, recensita già lo scorso anno: rivela al naso le note iodate, di albicocche disidratate, di frutta secca leggermente tostata; intensa e ampia, al palato trova un'ottima acidità. È vellutata, aromatica. molto lunga. Anche l'annata 2011 ha un naso elegante e fine, e una bocca fresca, verticale, elegante e ben equilibrata.

ha 2 - **bt** 9.500
Fertilizzanti nessun concime
Fitofarmaci rame e zolfo
Diserbo lavorazione meccanica/manuale
Lieviti fermentazione spontanea
Uve 100% di proprietà
Certificazione nessuna certificazione

CANTINA GUNGUI

SCONTO -10%

Corso Vittorio Emanuele III, 21 - tel. 347 3320735
cantinagungui@tiscali.it

VITA - La storia di Luca Gungui è una di quelle che ci piace sentire e raccontare: un giovane di un piccolo paese nel cuore della Sardegna studia, si laurea, trova un lavoro a Milano, ma nel cuore ha i vigneti del nonno e l'ambizione di fare il suo vino. Con il sostegno dei suoi cari molla tutto e segue la sua passione, creando con la compagna Alessandra Perra una piccola e virtuosa realtà enologica, basata sull'amore per la natura e sul senso di appartenenza.

VIGNE - L'estensione dei vigneti è di circa 3,5 ettari sui terreni ricchi e sabbiosi di Mamoiada. Sono suddivisi in piccoli appezzamenti da cui derivano altrettanti cru. Dal vigneto di 18 anni in zona Sas del Melas deriva il cannonau Berteru. Da un vigneto con viti di oltre 60 anni si ottiene la Riserva, che quest'anno non è uscita. Dalle più giovani vigne di Pulenaria arriva il rosa.

VINI - La politica poco interventista di Luca si riflette sui prodotti di questa cantina, generando vini espressivi e fortemente caratterizzati, sicuramente non omologati, e genuini.

TOP **Cannonau di Sardegna Berteru 2019** VINO SLOW ● 5.000 bt; 34 € - È un vino ampio e profondo nonostante la giovane età. Al naso è ricco di sentori fruttati, muschiati e speziati. In bocca è avvolgente, autentico, espressivo. Decisamente verticale e ben fatto.
Berteru En Rose 2019 734 bt; 26 € - Rimane sulle bucce per qualche ora e non subisce pressatura. Il mosto fiore ottenuto viene refrigerato meccanicamente con taniche di acqua ghiacciata. È un rosa che gioca sulla freschezza e sul floreale, dotato di una lama acida che lo rende teso e lungo. In bocca è sostenuto da una struttura in cui il tannino, ben percepibile, dona grande piacevolezza.

ha 3,5 - **bt** 6.000
Fertilizzanti n.d.
Fitofarmaci rame e zolfo
Diserbo lavorazione meccanica/manuale
Lieviti fermentazione spontanea
Uve 100% di proprietà
Certificazione biologico certificato

MAMOIADA (NU)

GIUSEPPE SEDILESU

SCONTO -10%

Via Vittorio Emanuele II, 64 - tel. 0784 56791
www.giuseppesedilesu.com - ufficio.sedilesu@gmail.com

VITA - L'azienda è stata fondata da Giuseppe Sedilesu, che oltre 30 anni fa iniziò a commerciare vino sfuso. Negli anni Duemila sono arrivate le prime etichette, e a seguire i numerosi riconoscimenti. Oggi ci troviamo di fronte a una realtà che è diventata sinonimo di territorialità, per un progetto che vede coinvolti in primissima linea i figli Francesco e Salvatore.

VIGNE - I vigneti si trovano a oltre 600 metri di quota, in agro di Mamoiada, zona da sempre vocata e rinomata per la viticoltura. I terreni da disfacimento granitico, infatti, creano le condizioni ideali per gli impianti ad alberello sardo, con conseguente longevità delle piante e qualità dell'uva. Le lavorazioni sono manuali e molto attente.

VINI - Lo stile dei vini è fortemente tradizionale, tanto per la lavorazione dell'uva cannonau (mediante lunghe macerazioni e fermentazioni spontanee) quanto nell'utilizzo esclusivo di vitigni locali.

TOP **Cannonau di Sardegna Mamuthone 2017** VINO SLOW ● 70.000 bt; 17 € - Sapiente uso del legno per un vino fortemente territoriale. Profuma di erbe aromatiche e cenni balsamici. La parte tannica dona supporto a un sorso elegante e tipico.
Granazza 2019 ○ 1.700 bt; 24 € - Il profilo olfattivo è affascinante, con note di fiori secchi di camomilla e frutti maturi. L'ingresso in bocca è deciso e ruvido, con finale sapido, lungo e avvolgente.
Cannonau di Sardegna Carnevale Ris. 2017 ● 4.000 bt; 27 € - Regala un bouquet dominato da frutti rossi e spezie. Il sorso è succoso e saporito, avvolgente e caldo, ed è supportato da una bella acidità e da una fitta trama tannica.
Cannonau di Sardegna Rosé Eréssia 2019 1.700 bt; 14 € - Vibrante, fruttato, essenziale.
Cannonau di Sardegna Sartiu 2019 ● 4.000 bt; 14 € - Schietto, fruttato, espressivo.

ha 22 - **bt** 100.000
Fertilizzanti organo-minerali, sovescio
Fitofarmaci rame e zolfo
Diserbo lavorazione meccanica/manuale
Lieviti fermentazione spontanea
Uve acquisto 10%
Certificazione biologico certificato

MONTI (SS)

CANTINA DEL VERMENTINO

SCONTO **-10%**

Via San Paolo, 2 - tel. 0789 44012
www.vermentinomonti.it - cantina@vermentinomonti.it

VITA - Questa cantina sociale nata nel 1956 oggi è la più grande realtà isolana per la produzione di Vermentino di Gallura. I 300 soci collaborano alla realizzazione del Progetto Qualità, che fissa gli standard di lavoro in vigna, con il costante supporto dei professionisti aziendali. La presidenza è affidata a Mauro Murrighile, la direzione commerciale a Franco Pirastru.

VIGNE - Il parco vitato si trova nel cuore della Gallura ad altitudini che variano tra i 100 e i 450 metri. Le viti sono allevate a spalliera o ad alberello, su terreni da disfacimento granitico. Il vermentino occupa l'80% della superficie, nella parte restante vengono coltivati cannonau, monica, pascale e malaga. Una piccola parte è dedicata a cabernet sauvignon e sangiovese.

VINI - La produzione, che ha sempre mantenuto buoni standard qualitativi, esalta freschezza e facilità di beva. L'enologo è il veneto Alberto Racanelli.

TOP **Vermentino di Gallura Sup. Aghiloja Oro 2019** VINO QUOTIDIANO ○ 200.000 bt; 12 € - Nasce su terreni da disfacimento granitico, da piante di 40 anni di età allevate ad alberello. Si presenta intenso ed elegante all'olfatto, mentre il palato è armonico e gustoso, con una beva che scivola nell'allungo fruttato e sapido.
Vermentino di Gallura Funtanaliras Oro 2019 ○ 750.000 bt; 15 € - Fresche note di agrumi ed erbe aromatiche introducono un sorso ampio e ben bilanciato, che non manca di leggiadria gustativa.
Galana 2015 ● cabernet sauvignon, carignano, malaga, monica, pascale, sangiovese; 40.000 bt; 26 € - Fitto, complesso, armonico.

ha 600 - **bt** 3.000.000
Fertilizzanti organo-minerali, sovescio
Fitofarmaci chimici di sintesi, rame e zolfo
Diserbo lavorazione meccanica/manuale
Lieviti selezionati industriali
Uve 100% di proprietà
Certificazione nessuna certificazione

MONTI (SS)

CANTINA TANI

SCONTO **-10%**

Località Conca Sa Raighina - tel. 338 6432055 - 335 5346778
www.cantinatani.com - info@cantinatani.it

VITA - Questa azienda familiare ha iniziato il suo percorso nel 1980 con l'attività di agriturismo: fu allora che vennero piantati i primi filari di vite, mentre le prime bottiglie etichettate sono del 2008. Il progetto, fortemente ancorato al territorio e alle sue tradizioni, è portato avanti da Tonino Tani e dalle figlie Angelica e Roberta. La squadra si avvale della consulenza enologica di Sergio D'Amico.

VIGNE - Il corpo centrale con 7 ettari di vermentino si trova attorno all'agriturismo, mentre la maggior parte delle uve rosse, cannonau e muristellu, è coltivata tra i 450 e i 600 metri di quota sulla collina che sovrasta il paese di Monti. Altre due vigne si trovano nel raggio di 7 chilometri. Uno scenario aspro, in cui il vento garantisce la sanità delle uve e il granito, che affiora ovunque sul terreno, determina il carattere del vino.

VINI - Tutta la produzione esprime i profumi tipici delle varietà coltivate e la freschezza sapida che caratterizza i suoli di Gallura.

Vermentino di Gallura Sup. Taerra 2019 ○ 30.000 bt; 17 € - Un vino che nasce su terreni da disfacimento granitico ed esprime un profilo olfattivo sfaccettato, con evidenti note floreali, di erbe aromatiche e di frutta croccante. Il sorso è materico e succoso, dotato di un'acidità vibrante. Un Vermentino molto espressivo e di grande eleganza.
Vermentino di Gallura Meoru 2019 ○ 25.000 bt; 12 € - Profumato e fine all'olfatto, ha un sorso pieno e avvolgente. L'acidità tesa e vibrante contribuisce a facilitare la beva, impreziosita da un bel finale sapido.
Cannonau di Sardegna Vilù 2019 1.300 bt; 14 € - Agile, fruttato, sapido.

ha 18 - **bt** 80.000
Fertilizzanti nessun concime
Fitofarmaci organici, rame e zolfo
Diserbo lavorazione meccanica/manuale
Lieviti selezionati industriali
Uve 100% di proprietà
Certificazione nessuna certificazione

MONTI (SS)

MASONE MANNU

SCONTO **-10%**

Località Su Canale - Strada Statale 199, km 48 - tel. 0789 47140
www.masonemannu.com - info@masonemannu.it

VITA - Nata come tenuta agricola nel 1960, e dedita alla produzione di vino solo 40 anni dopo, dal 2018 l'azienda è guidata dall'imprenditore romagnolo Giordano Emendatori, già proprietario di una realtà vitivinicola in provincia di Rimini. L'agronomo Leonello Anello, l'enologo Daniele Marchi e il responsabile aziendale Mattia Piludu seguono il percorso di conversione biologica e applicano il metodo biodinamico in vigna e in cantina.

VIGNE - Ci troviamo in un'oasi naturale di 110 ettari, circondata da montagne di granito e in cui si susseguono la macchia mediterranea, le sugherete e 30 ettari di vigne. Su questi terreni a un'altitudine di 200 metri il vermentino occupa il 70% della superficie coltivata; seguono le uve rosse cannonau, carignano, bovale, e gli internazionali merlot e cabernet sauvignon. Le piante non vengono cimate per proteggere i grappoli dal sole diretto.

VINI - La cantina è stata rivoluzionata sotto l'aspetto tecnologico con l'arrivo di macchine che facilitano il controllo e la selezione degli acini. La produzione vuole essere rappresentativa del territorio e si divide in due linee: una privilegia freschezza, facilità di beva e versatilità di abbinamento, mentre l'altra punta a vini più sostenuti.

Vermentino di Gallura Petrizza 2019 ○ 30.000 bt; 15 € - Intense note agrumate e di erbe aromatiche aprono a un sorso agile ed equilibrato. L'acidità slancia la beva, e la bella sensazione sapida allunga il finale, in cui si ritrova un bel frutto croccante.
Vermentino di Gallura Sup. Costarenas 2019 ○ 1.300 bt; 19 € - Qui le note di ginestra e di cedro si mettono in evidenza e caratterizzano l'olfatto. Il palato si dimostra ampio e intenso, caratteriale e incisivo.

ha 30 - **bt** 70.000
Fertilizzanti sovescio
Fitofarmaci rame e zolfo
Diserbo lavorazione meccanica/manuale
Lieviti selezionati industriali
Uve 100% di proprietà
Certificazione in conversione biologica

NUORO

GIUSEPPE GABBAS

SCONTO **-10%**

Via Trieste, 59 - tel. 078 433745
info@gabbas.it

VITA - Giuseppe Gabbas è un vignaiolo autentico, sincero e dai modi garbati. Poche parole celano una precisa visione, sorprendentemente moderna, di chi non ha avuto paura di andare in controtendenza e di fare il vino che gli piace. I primi impianti di vermentino, in una zona storica per il cannonau, risalgono a 50 anni fa. Il consulente in vigna e cantina è Lorenzo Landi. Al commerciale troviamo Francesco Gabbas.

VIGNE - I vigneti si trovano accorpati intorno alla cantina nel territorio di Oliena, su terreni di consistenza leggera, quasi sabbiosa, che non trattengono le piogge, anche per la decisa pendenza. L'età media degli impianti è di 20 anni, ma vi sono oltre 4 ettari con età superiore ai 50 anni. Si sta procedendo a reinnestare a cannonau e vermentino i vecchi impianti di cabernet sauvignon, sangiovese e altri vitigni alloctoni.

VINI - L'idea di base è tornare alla tradizione, facendo pochi vini, che siano facilmente riconoscibili e riconducibili al nome Gabbas. Giuseppe lavora perché nei suoi vini si riflettano le caratteristiche che avevano in origine le produzioni e il vigneto di famiglia.

Cannonau di Sardegna Cl. Dule 2017 ● 20.000 bt; 20 € - Spicca per l'eccezionale equilibrio e per la linearità tra naso e bocca. Sentori di frutta matura e sotto spirito, erbe aromatiche, pepe e chiodi di garofano danno il là a un ingresso in bocca gustoso e con un tannino setoso.
Cannonau di Sardegna Lillovè 2019 ● 35.000 bt; 10 € - Marasca, muschio e spezie anticipano il sorso fitto ma dinamico, dal tannino composto e solido. Un vino molto espressivo e di facile beva.
Vermentino di Sardegna Manzanile 2019 ○ 10.000 bt; 11 € - Si caratterizza per un ventaglio olfattivo che va dalla frutta alle erbe aromatiche. In bocca è pieno e sapido, succoso, di ottima beva.

ha 15 - **bt** 70.000
Fertilizzanti letame
Fitofarmaci chimici di sintesi, rame e zolfo
Diserbo lavorazione meccanica/manuale
Lieviti selezionati industriali
Uve 100% di proprietà
Certificazione nessuna certificazione

SANT'ANNA ARRESI (SU)

MESA

SCONTO **-10%**

Località Su Baroni - tel. 0781 965057
www.cantinamesa.it - info@cantinamesa.com

VITA - Gavino Sanna, il famoso pubblicitario, dopo un'importante carriera ha deciso di tornare in Sardegna e dedicarsi alla viticoltura: è così che nel 2000 è nata Mesa. In una sua intervista diceva che ha «sempre cercato di raccontare le persone dietro le cose», e così ha fatto, raccontando sé stesso attraverso questa singolare cantina. Da pochi anni l'azienda è affiancata dal Gruppo Santa Margherita.

VIGNE - I terreni, molto diversi fra loro, sono dislocati in tutto il Sulcis. Argillosi e sabbiosi, con scisto di basalto, in certi contesti sabbioso-limosi e privi di scheletro, aiutano a differenziare molto le produzioni e a ottenere il meglio dalle uve. I vitigni coltivati sono principalmente quelli autoctoni. La vigna da cui proviene il Gavino è a corpo unico: di 43 anni di età, è tutta ad alberello a piede franco.

VINI - Lo stile è moderno: l'enologo Stefano Cova riesce ogni anno a dare misurata espressione al timbro territoriale delle uve.

Vermentino di Sardegna Giunco 2019 O 150.000 bt; 12 € - Naso che regala uno spettro molto parietale e interessante, bocca succosa e di bella lunghezza e profondità.
Carignano del Sulcis Buio 2019 ● 250.000 bt; 13 € - Esprime il frutto e la freschezza: more e ciliegie mature, bacche di ginepro e pepe. Il sorso è succoso, con tannini giovani e ben integrati.
Carignano del Sulcis Buio Buio Ris. 2017 ● 35.000 bt; 26 € - Colore profondo, profumi di spezie, china e macchia mediterranea, bocca ampia e persistente, con tannini giovani e croccanti: è il Buio Buio.
Vermentino di Sardegna Opale 2019 O 15.000 bt; 21 € - Ampio, fruttato, avvolgente.
Brama 2018 ● syrah; 6.000 bt; 18 € - Ampio, speziato, sapido.

ha 74 - **bt** 730.000
Fertilizzanti compost, humus, letame in pellet, sovescio
Fitofarmaci chimici di sintesi, organici, rame e zolfo
Diserbo lavorazione meccanica/manuale
Lieviti selezionati industriali
Uve acquisto 20%
Certificazione nessuna certificazione

SANT'ANTIOCO (SU)

SARDUS PATER

SCONTO **-10%**

Via della Rinascita, 46 - tel. 0781 83937
www.cantinesarduspater.it - info@cantinesarduspater.it

VITA - L'isola nell'isola: Sant'Antioco, un luogo di una particolarità estrema, dove troviamo vigneti centenari. La cantina è nata nel 1949 con produzioni diverse rispetto a oggi per quanto riguarda le quantità. I soci della cantina sono circa 180 e credono che si debbano sostenere i giovani che vogliono iniziare a lavorare le vigne. Il loro obiettivo è favorire il cambio generazionale per dare un vero futuro a questo territorio.

VIGNE - Circa 60 ettari sono sull'isola, mentre i restanti si trovano fra Masainas e Sant'Anna Arresi. Le vigne a Sant'Antioco sono su terreni sabbiosi di origine vulcanica, con impianti di carignano perlopiù a piede franco e allevati ad alberello. Ci sono vigne di oltre 100 anni di età che sono a dir poco affascinanti. L'agronomo Roberto Mazzeu segue con attenzione tutti i vigneti.

VINI - Il giovane e talentuoso enologo Francesco Bertagna riesce a interpretare e valorizzare le peculiarità dell'uva carignano, attraverso uno stile moderno ma rispettoso della varietà.

Carignano del Sulcis Sup. Arruga 2017 ● 5.000 bt; 35 € - Da vigne di 90 anni, offre complessità olfattiva: mora matura, cappero, pepe nero, china. Succoso e profondo, ha una sapidità spinta e tannini vivaci in evoluzione.
Carignano del Sulcis Is Arenas Ris. 2018 ● 10.000 bt; 20 € - Frutti scuri e speziature dolci, freschezza in bocca con ottima acidità e sapidità finale. Il tannino è giovane, il finale prolungato.
Carignano del Sulcis Nur 2018 ● 11.000 bt; 12 € - Complesso al naso, tra frutta e spezie, ha un sorso agile e persistente.
Carignano del Sulcis Is Solus 2019 ● 50.000 bt; 11 € - Dinamico, fruttato, integro.
Vermentino di Sardegna Lugore 2019 O 5.000 bt; 16 € - Armonico, floreale, salino.
Vermentino di Sardegna M. Cl. AD49 2016 7.000 bt; 28 € - Agile, fruttato, sapido.

ha 200 - **bt** 400.000
Fertilizzanti letame in pellet, organo-minerali
Fitofarmaci rame e zolfo
Diserbo lavorazione meccanica/manuale
Lieviti selezionati industriali
Uve acquisto 5%
Certificazione nessuna certificazione

SANTADI (SU)

AGRIPUNICA

Località Barrua - tel. 0781 941012
www.agripunica.it - info@agripunica.it

VITA - Il progetto di AgriPunica è stato studiato con molta minuzia nel 2002 da Giacomo Tachis, attraverso cui Cantina di Santadi e Tenuta San Guido hanno gettato le basi di questa realtà. L'idea era quella di utilizzare la logistica sarda e i contatti toscani per spiccare il volo, fino a raggiungere l'indipendenza. L'obiettivo, come dice Massimo Podda, è «far conoscere un territorio ben definito come quello del Sulcis a un ampio pubblico internazionale».

VIGNE - I vigneti si dividono in due zone: Barrua, che è più vicina al mare e conta 22 ettari, e Montessu, una dolce collina coltivata con attenzione estrema, 48 ettari a corpo unico. I vigneti accolgono circa 6.000 piante per ettaro, su terreni di medio impasto, argilloso-calcarei con sabbia e scisto. L'età delle vigne varia dai 15-18 anni per le uve a bacca nera agli 8-9 per quelle a bacca bianca. L'agronomo è Gianni Poeta.

VINI - Con stile internazionale si cerca di valorizzare il vitigno autoctono, sempre maggioritario nei blend. Gli enologi sono Riccardo Curreli e Giorgio Marone.

Montessu 2018 ● carignano, cabernet sauvignon, cabernet franc, syrah; 155.000 bt; 19 € - - Il naso viaggia su note fruttate di prugna disidratata con accenni speziati, ed è di impatto. Il sorso è succoso, profondo, elegante e sapido nel finale.
Barrua 2016 ● carignano, cabernet sauvignon, merlot; 120.000 bt; 38 € - - Si apre su note fruttate per virare su spezie dolci che ricordano la noce moscata, il cioccolato e il tabacco. Il tannino è giovane e ben integrato, e il finale profondo e disteso.
Samas 2019 ○ vermentino, chardonnay; 35.000 bt; 13 € - - Articolato nello spettro aromatico, floreale e fruttato, con spiccata mineralità. Il sorso ha ingresso ampio e finale molto lungo e sapido.

ha 70 - **bt** 300.000
Fertilizzanti compost, letame in pellet, letame
Fitofarmaci chimici di sintesi, rame e zolfo
Diserbo lavorazione meccanica/manuale
Lieviti selezionati industriali
Uve 100% di proprietà
Certificazione nessuna certificazione

SANTADI (SU)

CANTINA SANTADI

Via Giacomo Tachis, 14 - tel. 0781 950127
www.cantinadisantadi.it - info@cantinadisantadi.it

VITA - Nel 1960 circa 200 soci hanno dato vita a questa grande cooperativa. Dopo i primi anni di difficoltà dovuti alla crisi vitivinicola generale, negli anni Ottanta è arrivata la svolta. Antonello Pilloni, ancora oggi presidente, ha avuto una grande intuizione e insieme a Giacomo Tachis ha tracciato la strada per iniziare un nuovo percorso: valorizzare il vitigno carignano e farlo uscire dall'anonimato.

VIGNE - I 600 ettari di vigneti sono dislocati in un territorio di oltre 30 chilometri di diametro, con suoli e altitudini diverse, che offrono peculiarità importanti per ogni vigna. I sistemi di allevamento sono diversi, ma l'alberello è il più comune. I soci sono consapevoli di questo valore aggiunto, e guidati dai consigli di Gianni Poeta ottengono dalla vigna uve che garantiscono una buona qualità.

VINI - L'impronta dei vini continua a essere quella che aveva impostato Giacomo: valorizzazione dell'autoctono e utilizzo di vitigni internazionali a completare i blend.

TOP **Carignano del Sulcis Grotta Rossa 2017** VINO QUOTIDIANO ● 300.000 bt; 7 € - - Un rosso molto territoriale pur avendo un prezzo da primato: profondo, speziato e allungato in bocca.
Carignano del Sulcis Sup. Terre Brune 2016 ● 80.000 bt; 45 € - - Alle gradevoli nuance di spezie e mirto si aggiungono lievi cenni balsamici. Ottima l'entrata in bocca, per un sorso lungo e con un tannino giovane e vivace.
Carignano del Sulcis Rocca Rubia Ris. 2017 ● 500.000 bt; 18 € - - Esprime al meglio la varietà: profuma di frutta rossa, china e macchia mediterranea. Succoso al sorso, è ampio e profondo nel finale.
Villa di Chiesa 2018 ○ vermentino, chardonnay; 15.000 bt; 21 € - - Fresco, sapido, espressivo.
Vermentino di Sardegna Cala Silente 2019 ○ 80.000 bt; 11 € - - Potente, fruttato, incisivo.
Latinia 2015 ● nasco; 15.000 bt da 0,375 l; 24 € - - Armonico, speziato, complesso.

ha 600 - **bt** 1.700.000
Fertilizzanti compost, letame in pellet, letame
Fitofarmaci rame e zolfo
Diserbo lavorazione meccanica/manuale
Lieviti selezionati industriali
Uve acquisto 5%
Certificazione nessuna certificazione

SERDIANA (SU)

ARGIOLAS

SCONTO **-10%**

Via Roma, 28/30 - tel. 070 740606
www.argiolas.it - info@argiolas.it

VITA - Nome importantissimo nella storia vitivinicola sarda, questa azienda ha fatto tantissima strada grazie alla direzione tracciata da Antonio Argiolas e oggi seguita dalla terza generazione. L'obiettivo è sempre quello di custodire e valorizzare il territorio, e per fare ciò si è scelto di puntare sulla ricerca della qualità attraverso l'uso consapevole della tecnologia.

VIGNE - La tenuta di Iselis, di oltre 30 ettari, rimane la fucina delle sperimentazioni dell'azienda, in cui si coltivano oltre 500 cloni diversi. In tutte le tenute si lavora sulla sostenibilità, con lo scopo di ridurre l'impatto sull'ambiente. I vigneti si trovano nei dintorni di Serdiana e in Trexenta, e accolgono, a seconda delle caratteristiche microclimatiche e dei terreni, le varietà più adatte. Il carignano viene coltivato nel Sulcis.

VINI - L'approccio produttivo, sapientemente orchestrato dall'enologo Mariano Murru, vuole raccontare il territorio attraverso i vini, dedicando particolare attenzione all'equilibrio e alla piacevolezza.

Vermentino di Sardegna Is Argiolas 2019 ○ 120.000 bt; 15 € - Nasce dalle vigne più vecchie e ha una buona struttura. Al naso emergono sentori erbacei, fruttati e floreali, e in bocca è croccante e agile, di buona persistenza.
Turriga 2016 ● cannonau, carignano, bovale, malvasia nera; 40.000 bt; 68 € - Simbolo dell'azienda, si conferma un vino espressivo e complesso, di ispirazione internazionale. Articolato sul versante olfattivo, in bocca è ampio e avvolgente, per un sorso lungo e setoso.
Korem 2017 ● bovale, carignano, cannonau; 50.000 bt; 24 € - Fine, speziato, ampio.
Carignano del Sulcis Is Solinas Ris. 2017 ● 25.000 bt; 22 € - Armonico, fruttato, sapido.
Nasco di Cagliari Iselis 2019 ○ 80.000 bt; 16 € - Croccante, floreale, verticale.

ha 230 - **bt** 2.500.000
Fertilizzanti letame, organo-minerali, preparati biodinamici
Fitofarmaci rame e zolfo
Diserbo lavorazione meccanica/manuale
Lieviti selezionati industriali, selezione di lieviti indigeni
Uve acquisto 30%
Certificazione nessuna certificazione

SERDIANA (SU)

AUDARYA

SCONTO **-10%**

Località Sa Perdera - Strada Statale 466, km 10,100 - tel. 070 740437
www.audarya.it - info@audarya.it

VITA - Salvatore Pala ha piantato la prima vigna nel territorio vocato di Serdiana nel 1950. Oggi, sotto la supervisione di papà Enrico Pala, alla guida ci sono Nicoletta e Salvatore, che rappresentano la terza generazione: portano avanti la tradizione di famiglia con vini che rappresentano il territorio e strizzano l'occhio al futuro e alla modernità.

VIGNE - Gli ettari vitati sono 37, di cui 10 proprio intorno alla cantina. I restanti si trovano nelle vicinanze, sul territorio di Serdiana e Ussana. Le quattro tenute dell'azienda godono di una posizione favorevole, in un anfiteatro di colline caratterizzato da condizioni climatiche ideali. I terreni sono calcareo-sabbiosi e argillosi, e le varietà coltivate ad alberello sono quelle autoctone: bovale, vermentino, nuragus, malvasia, cannonau, monica e nasco.

VINI - I vini hanno una forte impronta territoriale e vogliono rispecchiare la nobiltà d'animo contadina a cui si riferisce proprio il nome Audarya. Tutti sono caratterizzati da una spiccata sapidità, figlia dei venti marini che accarezzano i vigneti.

Malvasia di Cagliari Estissa 2018 ○ 3.000 bt; 20 € - I sentori fruttati e aromatici sono assai invitanti, e preludono a un sorso in cui scorrevolezza e sapidità completano il quadro. Un vino semplice solo in apparenza, da scoprire un po' alla volta.
Vermentino di Sardegna Camminera 2019 ○ 20.000 bt; 14 € - Le note agrumate, fruttate e di erbe aromatiche si risolvono in un sorso sapido e croccante. La breve macerazione sulle bucce dona eleganza e carattere.
Monica di Sardegna 2019 ● 25.000 bt; 10 € - Espressione tipica del vitigno, ha note erbacee e facile beva: è energico ed essenziale.
Nuracada 2018 ● bovale; 5.000 bt; 28 € - Incisivo, fruttato, rustico.
Cannonau di Sardegna 2019 ● 50.000 bt; 12 € - Croccante, fruttato, incisivo.

ha 40 - **bt** 300.000
Fertilizzanti letame in pellet, letame, sovescio
Fitofarmaci organici, rame e zolfo
Diserbo lavorazione meccanica/manuale
Lieviti selezionati industriali, selezione di lieviti indigeni
Uve 100% di proprietà
Certificazione nessuna certificazione

SERDIANA (SU)

ANTONELLA CORDA

SCONTO -10%

Località Pranu Raimondo - Strada Statale 466, km 6.800
tel. 070 7966300 - www.antonellacorda.it - info@antonellacorda.it

VITA - L'azienda è nata nel 2010, quando Antonella Corda ha ereditato la tradizione vitivinicola di famiglia e ha scelto di imbottigliare vini che la rappresentassero e la identificassero. Essendo agronoma, cura personalmente le vigne e lo fa con approccio sostenibile, nel pieno rispetto della natura. L'enologo è Luca D'Attoma.

VIGNE - Il parco vitato di 16 ettari si trova principalmente in territorio di Serdiana. Su terreni sabbiosi, argillosi e limosi, con un'importante presenza di calcare e ciottoli, si lavorano le varietà autoctone: vermentino, nuragus, cannonau.

VINI - Antonella vuole che i suoi vini raccontino il territorio di Serdiana. Tutte le etichette assaggiate denotano piena espressività varietale. Non mancano le sperimentazioni, tra cui l'affinamento in anfora.

TOP **Ziru 2018** VINO SLOW O vermentino; 2.000 bt; 38 € - Un bianco di grandissima complessità e verticalità, con energia espressiva e beva travolgente. Teso e ricco allo stesso tempo.
Vermentino di Sardegna 2019 O 30.000 bt; 17 € - Pienamente espressivo, presenta note fruttate in evidenza. In bocca entra agile ed è caratterizzato da una freschezza incisiva e da una spiccata sapidità.
Cannonau di Sardegna 2018 ● 12.000 bt; 21 € - Spiccate le note varietali, che non vengono soverchiate grazie all'impiego intelligente di botti non tostate. Un Cannonau sincero, con note di piccoli frutti rossi e una fresca speziatura. In bocca è morbido, dotato di tannini eleganti e di una piacevole freschezza.
Nuragus di Sardegna 2019 O 7.000 bt; 16 € - Armonico, fruttato, incisivo.

ha 16 - **bt** 55.000
Fertilizzanti letame in pellet, sovescio
Fitofarmaci rame e zolfo
Diserbo lavorazione meccanica/manuale
Lieviti selezionati industriali
Uve 100% di proprietà
Certificazione in conversione biologica

SERDIANA (SU)

MORA & MEMO

Via Verdi, 9 - tel. 331 1972266
www.moraememo.it - info@moraememo.it

VITA - Elisabetta Pala è nata in una famiglia che si occupa da sempre di vino. Essendo giovane e determinata, ha voluto creare questa piccola azienda per raccontarlo a modo suo, con una produzione che la rappresentasse appieno. Il nome e la comunicazione si rifanno all'immagine della donna sarda, da cui la dicitura Mora, e all'importanza della memoria e dei ricordi, per cui è stato scelto il termine Memo.

VIGNE - La tenuta si trova nel territorio di Serdiana, dove sorgono i vigneti che hanno un'età media di circa 30 anni. Nei 40 ettari dell'azienda si coltivano, su terreni calcarei, marnosi e argillosi, le varietà tradizionali della zona: cannonau, monica e vermentino, a cui si aggiungono altri vitigni autoctoni e un po' di sauvignon blanc.

VINI - Lo stile di casa vuole essere giovane e schietto. A tale scopo Elisabetta ha scelto di condurre le fermentazioni solo in acciaio, perché vuole che a emergere sia il vitigno, senza sovrastrutture. L'80% delle etichette è rappresentato da vini monovarietali.

Vermentino di Sardegna Tino 2019 O 25.000 bt; 17 € - Al naso emergono incisive ed evidenti note iodate e di erbe aromatiche, mentre in bocca è pieno e sapido, per un sorso che risulta scattante. Di ottima beva, combina spessore e persistenza.
Monica di Sardegna Ica 2018 ● 10.000 bt; 17 € - Ottima interpretazione del vitigno: mette in mostra piacevoli note fruttate e speziate, che si ritrovano anche in bocca. Al palato è cesellato, dal sorso croccante e lungo, per una beva molto piacevole che non stanca mai.
È 2019 ● monica, cannonau; 6.000 bt; 17 € - Schietto, fruttato, verticale.

Abbiamo riassaggiato il Cannonau di Sardegna Nau 2018: è succoso, fruttato e armonico.

ha 40 - **bt** 76.000
Fertilizzanti organo-minerali
Fitofarmaci rame e zolfo
Diserbo lavorazione meccanica/manuale
Lieviti selezionati industriali
Uve 100% di proprietà
Certificazione nessuna certificazione

SERDIANA (SU)

PALA

SCONTO -10%

Via Verdi, 7 - tel. 070 740284
www.pala.it - info@pala.it

VITA - Creata da Battistino Pala nel 1950, l'azienda ha iniziato a imbottigliare con la terza generazione, grazie alla visione e alla passione di Mario, il nipote del fondatore che attualmente gestisce questa realtà con tutta la famiglia e i fidati collaboratori. Una crescita continua, per una produzione chiaramente riconoscibile e coerente, che annovera numerose etichette.

VIGNE - Il parco vitato è situato principalmente nel territorio di Serdiana. Altre tenute si trovano nei comuni di Ussana, Uras, Terralba. I terreni variano dal calcareo-marnoso, all'argilloso e al sabbioso. Le varietà coltivate sono principalmente quelle autoctone: vermentino, cannonau, monica, bovale e nuragus prima di tutto.

VINI - Nelle etichette prodotte si vuole far emergere la semplicità e la scorrevolezza dei vini, per poter accompagnare il bevitore in ogni occasione.

TOP **Stellato Nature 2019** ○ vermentino; 798 bt; 50 € - Un'ottima espressione del vitigno, in una versione naturale con i lieviti in sospensione. Sensazioni intense al naso, con note fruttate e floreali che si alternano a sentori salmastri e di erbe aromatiche. Il sorso è coerente, fresco e sapido.
Vermentino di Sardegna I Fiori 2019 ○ 100.000 bt; 9 € - Una conferma da parecchi anni: Vermentino espressivo e di beva agile. Di buona articolazione, possiede un sorso fresco e sapido, di buona persistenza.
Essentija 2015 ● bovale; 9.800 bt; 21 € - Rosso corposo di lunga persistenza, è intenso e morbido, dai tannini fitti e con una certa freschezza e sapidità.
Entemari 2017 ○ chardonnay, vermentino, malvasia; 6.000 bt; 27 € - Ampio, fruttato, complesso.
Monica di Sardegna I Fiori 2019 ● 27.000 bt; 8 € - Succoso, fruttato, rilassato.
Assoluto 2015 ● nasco; 4.000 bt da 0,375 l; 18 € - Viscoso, floreale, profondo.

ha 100 - **bt** 500.000
Fertilizzanti compost, letame
Fitofarmaci rame e zolfo
Diserbo lavorazione meccanica/manuale
Lieviti selezionati industriali, selezione di lieviti indigeni
Uve 100% di proprietà
Certificazione nessuna certificazione

SETTIMO SAN PIETRO (CA)

FERRUCCIO DEIANA

Località Su Leunaxi - tel. 070 767960
www.ferrucciodeiana.it - deiana.ferruccio@tiscali.it

VITA - «Il vino di qualità nasce in vigna» è il principio che Ferruccio Deiana ha sposato fin dal 1997, anno in cui ha creato la propria realtà. Lo stesso concetto lo ha trasmesso al figlio Dario, che oggi ha preso in mano le redini dell'azienda. La cantina, in stile campidanese, completamente ammodernata qualche anno fa, è circondata dai vigneti.

VIGNE - La superficie vitata raggiunge i 100 ettari, suddivisi tra il corpo principale di circa 40 ettari in località Su Leunaxi, attorno alla cantina, e la tenuta di Sibiola, nel territorio di Serdiana. I suoli sono calcarei e limo-argillosi, ricchi di minerali, e accolgono varietà autoctone quali vermentino, cannonau, monica, bovale, barbera sarda, malvasia, nasco e girò.

VINI - Dario prosegue la strada tracciata dal padre Ferruccio: i vini sono precisi e territoriali, e rispecchiano l'attento lavoro di selezione dei terreni e delle uve. La gamma è sempre caratterizzata dall'ottimo rapporto tra la qualità e il prezzo.

Vermentino di Sardegna Arvali 2019 ○ 45.000 bt; 13 € - La vendemmia leggermente tardiva gli regala una spiccata personalità: il sorso è croccante e di ottima beva, grazie a freschezza e sapidità incisive.
Malvasia di Cagliari 2015 ● 1.000 bt da 0,375 l; 19 € - Semplice e delicato, esprime intriganti note fruttate e di miele. In bocca è fresco e succoso, con un sorso di lunga persistenza.
Ajana 2015 ● cannonau, carignano, bovale; 5.000 bt; 46 € - Robusto, con tannini ancora protagonisti, all'olfatto è complesso, con cenni di spezie dolci, frutta e fiori. Il sorso è pieno e avvolgente.
Cannonau di Sardegna Sileno Ris. 2016 ● 45.000 bt; 19 € - Possente, balsamico, sapido.
Oirad 2017 ● moscato, malvasia, nasco; 12.000 bt da 0,375 l; 26 € - Avvolgente, floreale, armonico.

ha 100 - **bt** 350.000
Fertilizzanti letame, organo-minerali, sovescio
Fitofarmaci chimici di sintesi, rame e zolfo
Diserbo chimico, lavorazione meccanica/manuale
Lieviti fermentazione spontanea, selezionati industriali
Uve 100% di proprietà
Certificazione nessuna certificazione

SORSO (SS)

NURAGHE CRABIONI

SCONTO **-10%**

Località Lu Crabioni - tel. 346 8292457 - 331 8701855
www.nuraghecrabioni.com - info@nuraghecrabioni.com

VITA - L'azienda è nata nel 2003, quando Augusto Seneghe è tornato nel suo paese dopo 50 anni di lavoro a Trieste e ha acquistato 35 ettari di terreno. Mauro Murgia, responsabile tecnico, ci ha detto: «noi vogliamo che i vini parlino della nostra terra, non ci accontentiamo che un Vermentino sia un buon Vermentino e un Cannonau un buon Cannonau». La squadra si avvale anche del contributo dell'agronomo Gianluca Veltroni e dell'enologo Gianni Gasperi.

VIGNE - I 17 ettari in produzione sono suddivisi tra Lu Crabioni, dove si trovano la cantina e 12 ettari di vigneto, la collina di Tres Montes e Marritza, quest'ultima più vicina al mare e dedicata al cannonau. Tutte le vigne godono della vista sull'isola dell'Asinara e hanno un'esposizione a nord-ovest che consente ai venti di maestrale di far crescere uve sane e saline. I terreni alternano calcare e sabbie ricche di microelementi.

VINI - La produzione è declinata alla ricerca di vini espressivi ed essenziali: in cantina si fa uso esclusivo di acciaio.

Vermentino di Sardegna Kanimari 2019 O 13.000 bt; 14 € - 🍷 - Da terreni argilloso-sabbiosi con il 15% di matrice calcarea, è articolato e leggiadro al naso, con le sue note erbacee, floreali e marine. Il palato è disteso e impreziosito da una freschezza citrina che dona tensione.
Kanimari Cuvée 2018 O moscato; 7.000 bt; 15 € - 🍷 - Ampio e intenso nello spettro olfattivo, in bocca è slanciato, gustoso, e dotato di allungo succoso e salino.
Vermentino di Sardegna Crabioni 2019 O 26.000 bt; 13 € - 🍷 - Nette e delicate note fruttate, di erbe aromatiche e di iodio aprono la strada a un sorso grasso ma vibrante e di buona progressione.
Cannonau di Sardegna Crabioni 2018 ● 15.000 bt; 13 € - 🍷 - Ampio, fruttato, verticale.
Sussinku Rosso 2018 ● cagnulari; 13.000 bt; 17 € - 🍷 - Robusto, mediterraneo, salino.

ha 20 - **bt** 80.000
Fertilizzanti sovescio
Fitofarmaci chimici di sintesi, rame e zolfo
Diserbo lavorazione meccanica/manuale
Lieviti selezionati industriali
Uve 100% di proprietà
Certificazione nessuna certificazione

TEMPIO PAUSANIA (SS)

CANTINA GALLURA

Via Val di Cossu, 9 - tel. 079 631241
www.cantinagallura.net - info@cantinagallura.com

VITA - Questa cantina sociale nata nel 1956 ha sempre prestato particolare attenzione al vermentino, realizzando vini di alta qualità capaci di posizionarsi bene nell'apprezzamento dei consumatori. Attualmente i soci sono una novantina e il presidente è Carlo Giua, mentre la parte agronomica ed enologica è curata da Dino Addis. Le ultime tre annate hanno restituito una minore quantità di uve a causa delle condizioni climatiche avverse.

VIGNE - Il parco vitato si sviluppa su un territorio piuttosto variegato per esposizione e altitudine. I vigneti sono suddivisi tra la zona di Tempio, dove insistono su terreni da disfacimento granitico, quella di Badesi, proprio davanti al mare e con terreni sabbiosi, e sulle pendici del monte Limbara, fino a 550 metri di quota e di nuovo su suoli da disfacimento granitico. Proprio in quest'ultima area le uve godono di una notevole escursione termica tra il giorno e la notte.

VINI - I vini esprimono in modo non mediato l'origine granitica dei suoli e le caratteristiche varietali delle uve. La produzione è concentrata in larga parte sul Vermentino di Gallura, ma in vigna troviamo anche un po' di moscato e un particolare clone di nebbiolo.

Vermentino di Gallura Sup. Canayli 2019 O 200.000 bt; 14 € - 🍷 - Molto profumato e ampio nel suo bagaglio olfattivo, al sorso risulta grasso ma anche di grande slancio e piacevolezza. L'espressività è il suo punto forte.
Vermentino di Gallura Canayli V.T. 2019 O 40.000 bt; 22 € - 🍷 - Qui troviamo di nuovo una grande profondità olfattiva, e un palato che ha struttura e personalità, impreziosito da un finale lungo e sapido.
Karana 2019 ● nebbiolo; 50.000 bt; 16 € - 🍷 - Austero, fruttato, incisivo.
Moscato di Sardegna Moscato di Tempio 2019 ◌ 30.000 bt; 16 € - 🍷 - Metodo Charmat, ampio, delicato, essenziale.

ha 250 - **bt** 300.000
Fertilizzanti organo-minerali
Fitofarmaci rame e zolfo
Diserbo lavorazione meccanica/manuale
Lieviti selezionati industriali
Uve 100% di proprietà
Certificazione nessuna certificazione

TRAMATZA (OR)

FAMIGLIA ORRO

SCONTO **-10%**

Via Verdi - tel. 347 7526617
www.famigliaorro.it - info@famigliaorro.it

VITA - Davide Orro fin da ragazzino amava trascorrere molte ore in campagna insieme al nonno, affascinato dai lavori nelle vigne. Ha studiato Agronomia all'Università di Sassari e ora, insieme alla famiglia, è uno dei più convinti custodi dei vitigni tradizionali (vernaccia e nieddera) di questa parte della valle del Tirso. Lo aiutano la madre Angelica Firinu e le sorelle Ester e Maura. Oltre al vino si producono anche conserve, salse e verdure sott'olio.

VIGNE - Davide ha avuto molto coraggio quando tre anni fa ha piantato ancora vigne di vernaccia nei terreni di proprietà vicini alla casa e alla cantina. Ma ha le idee chiare, ed è convinto che il vino millenario che ne ottiene, figlio dell'affinamento con la flor, riavrà presto il successo che merita.

VINI - Le vinificazioni sono molto attente e rigorose, e vengono condotte anche con tecniche moderne, ma sempre nel rispetto dei canoni più tradizionali.

TOP **Vernaccia di Oristano 2011** VINO SLOW ○ 2.500 bt da 0,5 l; 34 € - Riposa otto anni in legno scolmo, con la formazione dello strato di lieviti bianchi detti flor, che gli dona il classico carattere ossidativo. Intensi profumi di mandorla e mallo di noce anticipano un palato asciutto, teso, dalla sapidità quasi marina, avvolgente e di lunghezza infinita.
Karesia 2015 ● vernaccia; 500 bt da 0,5 l; 34 € - Affina quattro anni in piccole botti di ciliegio (karesia in sardo) con l'ausilio della flor. Profuma di erbe officinali e rabarbaro, ed è vibrante. Ha una spinta gustativa decisa, con un finale che abbina dolcezza e acidità sostenuta, in perfetto equilibrio.
Tzinnigas 2019 ○ vernaccia; 4.500 bt; 17 € - Agile, fruttato, docile.

ha 13 - **bt** 16.000
Fertilizzanti organo-minerali, sovescio
Fitofarmaci rame e zolfo
Diserbo lavorazione meccanica/manuale
Lieviti selezione di lieviti indigeni
Uve 100% di proprietà
Certificazione nessuna certificazione

USINI (SS)

CHERCHI

SCONTO **-10%**

Località Sa Pala 'e Sa Chessa - tel. 079 380273
www.vinicolacherchi.it - info@vinicolacherchi.it

VITA - Questa azienda è nata nel 1970 per iniziativa di Giovanni Maria Cherchi, e oggi nonostante la discreta estensione della superficie vitata, continua a essere condotta a gestione familiare. I Cherchi hanno il merito di aver creduto nelle potenzialità del cagnulari, la varietà tipica in questo territorio nel cuore del Logudoro, e oggi i figli di Giovanni Maria, Salvatore e Maria Grazia, portano avanti con caparbietà il lavoro di promozione della tradizione viticola locale.

VIGNE - Il parco vitato si sviluppa su una collina a 200 metri di altitudine, ed è costantemente rinfrescato dalla ventilazione che arriva dal mare, situato a ovest. I vigneti ospitano in egual misura uve a bacca bianca e a bacca rossa: si trovano vermentino, cagnulari e cannonau. Gli impianti a nord-ovest hanno un terreno maggiormente argilloso, mentre quelli a sud-ovest presentano una percentuale più alta di calcare.

VINI - Tutti i vini fermentano in acciaio, e solo per i rossi è previsto l'uso del legno in affinamento. Freschezza ed espressività olfattiva caratterizzano tutta la produzione. L'enologo è Piero Cella.

Luzzana 2018 ● cagnulari, cannonau; 15.000 bt; 20 € - Un vino dal bouquet olfattivo articolato e intenso, che si distingue anche per il sorso strutturato e sfaccettato, condito da un tannino austero avvolto dal succo, e con un finale di buona lunghezza.
Vermentino di Sardegna Tuvaoes 2019 ○ 60.000 bt; 15 € - Il naso è complesso ed elegante, mentre il palato risulta ampio, ma anche vibrante e profondo.
Vermentino di Sardegna Billia 2019 ○ 30.000 bt; 9 € - Delicato nei profumi, ha beva croccante e un finale che evidenzia la sapidità.
M. Cl. Filighe 2015 vermentino; 7.000 bt; 15 € - Avvolgente, complesso, armonico.

ha 30 - **bt** 180.000
Fertilizzanti letame in pellet, organo-minerali
Fitofarmaci chimici di sintesi, rame e zolfo
Diserbo lavorazione meccanica/manuale
Lieviti selezionati industriali
Uve 100% di proprietà
Certificazione nessuna certificazione

USINI (SS)

CHESSA

SCONTO **-10%**

Via San Giorgio - tel. 328 3747069
www.cantinechessa.com - info@cantinechessa.it

VITA - L'azienda è nata con Luigi Chessa, le sue vigne, i suoi vini, e l'amore per la famiglia. Nel 2005 la figlia Giovanna ha deciso di iniziare a imbottigliare con l'etichetta Cantina Chessa: ha riorganizzato gli spazi e ha ampliato la superficie vitata, acquisendo alcuni piccoli appezzamenti. La determinazione e la cura con cui segue i lavori sono le solide fondamenta di una produzione di alto livello.

VIGNE - Gli ettari vitati sono suddivisi tra Sant'Andria, S'Orinetolu e Mattariga, a circa 200 metri di altitudine, con una ventilazione che arriva da nord, nord-ovest. Una parte dei suoli è prevalentemente argillosa con integrazione di calcare e disfacimento granitico, l'altra perlopiù calcarea. Le vigne sono suddivise equamente tra vermentino e cagnulari: solo una piccola parte è dedicata a cannonau e moscato.

VINI - Chessa vuol dire valorizzazione delle varietà autoctone più legate al territorio, vermentino e cagnulari. L'uso dei legni in affinamento è molto contenuto e misurato.

Cagnulari 2019 ● 27.000 bt; 15 € - Da terreni in prevalenza argillosi che godono di un buon apporto di disfacimento granitico e calcare nasce questo vino che profuma di mora, ciliegia e alloro. In bocca spicca il tannino dolce, dal tocco vellutato, e la chiusura è caratterizzata da una piacevole sensazione di pulizia e freschezza.
Vermentino di Sardegna C'era Una Volta 2017 ○ 3.000 bt; 34 € - Questa nuova etichetta viene realizzata con una vendemmia tardiva e una breve macerazione a contatto con le bucce. Complesso e intenso all'olfatto, presenta un sorso pieno, equilibrato nella spinta alcolica e lungo.
Vermentino di Sardegna Mattariga 2019 ○ 25.000 bt; 14 € - Agile, floreale, essenziale.

ha 15 - **bt** 60.000
Fertilizzanti organo-minerali
Fitofarmaci chimici di sintesi, rame e zolfo
Diserbo lavorazione meccanica/manuale
Lieviti selezionati industriali
Uve 100% di proprietà
Certificazione nessuna certificazione

ZEDDIANI (OR)

SERRA FRATELLI

SCONTO **-10%**

Via Garibaldi, 25 - tel. 0783 418276
www.vernacciaserra.it - vitivinicola.serra@libero.it

VITA - Fu il nonno Giovanni Antonio Serra, negli anni Trenta del secolo scorso, a creare l'azienda. Commerciante e produttore di vino e cereali, vendeva a grossisti che venivano a Zeddiani ad acquistare la sua Vernaccia da ogni angolo dell'isola. La produzione di questo vino tradizionale è sempre stato il fulcro dell'attività di famiglia, adesso condotta dai cugini Gianni e Alberto.

VIGNE - Sono 11 gli ettari di proprietà ancora dedicati al vitigno vernaccia, con la vigna più vecchia di oltre 60 anni di età. I terreni sono tutto intorno al piccolo paese, in piena pianura in parte di origine alluvionale, ricca di sabbia e limo, e in parte di origine marina. Per realizzare il miracolo di questo vino di antico lignaggio si realizza una leggera surmaturazione dell'uva sulla pianta di circa 20 giorni.

VINI - In cantina la fermentazione viene condotta a temperatura controllata in acciaio, e poi ci si prepara per i molti anni di affinamento in botti scolme di castagno con l'aiuto di un sottile strato bianco di lieviti detto flor. La Vernaccia tradizionale di Oristano è un vino che si ama o si odia, di stile ossidativo: occorre molto tempo prima che acquisisca complessità e profondità. Da segnalare la vendita diretta in cantina di Vernaccia sfusa: noi vi consigliamo quella invecchiata 10 anni, che ha un prezzo particolarmente vantaggioso.

TOP **Vernaccia di Oristano 2005** VINO SLOW ○ 700 bt; 30 € - Elegante nei profumi che richiamano i fiori del cardo selvatico, la mandorla e il miele, in bocca è tesa, dritta, nervosa, salina, con un succo finale che non abbandona mai il palato. Un vero campione di complessità e finezza.
Judikessa Leonora 2016 ○ 2.500 bt; 11 € - Versione più giovane e delicata del vitigno vernaccia, sempre in stile ossidativo ma dal timbro più leggero e fruttato, è ricca di tensione e sapidità, e ha un finale leggermente dolce. È compagna ideale dei dolcetti sardi a base di pasta di mandorle.

ha 13 - **bt** 10.000
Fertilizzanti organo-minerali, sovescio
Fitofarmaci chimici di sintesi, rame e zolfo
Diserbo lavorazione meccanica/manuale
Lieviti fermentazione spontanea, selezione di lieviti indigeni
Uve 100% di proprietà
Certificazione nessuna certificazione

LESSICO DI DEGUSTAZIONE

Da questa edizione la sezione **VINI** descrive gli assaggi in ordine gerarchico di gradimento: il vino che ci è piaciuto di più compare in prima posizione nella lista, e poi in ordine dall'alto verso il basso seguono gli altri. La descrizione dei vini si sviluppa in una narrazione per esteso per al massimo tre etichette. Nel dare conto ai lettori degli altri vini, quelli che non rientrano tra quelli descritti per esteso, abbiamo formulato un lessico essenziale di riferimento, omogeneo per tutti gli assaggi e composto di tre aggettivi: uno relativo all'aspetto tattile, uno a quello aromatico e l'ultimo a quello dinamico. Di seguito vi forniamo la definizione dei termini usati.

Dimensioni dell'assaggio:

- Tattile (tannini, alcol e derivati, acidità, sali minerali, sapidità);
- Aromatica (fruttato, floreale, speziato o un riconoscimento olfattivo);
- Dinamica o riassuntiva (ingresso e percorso gustativo).

DIMENSIONE TATTILE

TANNINI

AGGETTIVO	CARATTERISTICA	DESCRIZIONE
Allappante	Eccesso	Vino che lega le mucose del palato in modo deciso.
Amorfo	Carenza	Tannino quasi assente, vino senza spina dorsale.
Astringente	Eccesso	Vino che tende a seccare le gengive; non compromette la qualità.
Austero	Integrazione	Tannino presente e ben estratto e in evidenza.
Debole	Carenza	Presenza poco sensibile della componente tannica.
Evanescente	Carenza	Tannino fine ma non sufficiente.
Fiacco	Carenza	Tannino debole in relazione all'acidità.
Fine	Integrazione	Qualità tannica elevata.
Fitto	Integrazione	Quantità tannica elevata e di buona qualità.
Inconsistente	Carenza	Tannino poco percettibile in relazione all'alcolicità.
Manchevole	Carenza	Quantità tannica insufficiente per garantire l'armonia.
Nobile	Integrazione	Qualità tannica molto elevata e in quantità.
Robusto	Eccesso	Tannino che copre le altre sensazioni, non negativo.
Ruvido	Eccesso	Tannino di qualità ma molto evidente; può essere un aspetto positivo.
Spigoloso	Eccesso	Tannino evidente e particolarmente pungente.
Setoso	Integrazione	Tannino di ottima qualità, non in evidenza e integrato.
Solido	Integrazione	Tannino di qualità che necessita di affinamento nel tempo.
Verde	Eccesso	Tannino non maturo e quindi allappante.

ALCOL E DERIVATI

AGGETTIVO	CARATTERISTICA	DESCRIZIONE
Ampio	Integrazione	Disteso e consistente.
Armonico	Integrazione	Proporzionato nelle varie parti tanniche acide e alcoliche.
Avvolgente	Integrazione	Di corpo molto estratto ma non privo di dinamica.
Denso	Integrazione	Riferito al centro bocca; che esibisce un certo peso.
Diluito	Carenza	Manchevole nell'attrito tra liquido e palato.
Ingombrante	Eccesso	Vino la cui parte emolliente è prevaricante.
Integrato	Integrazione	Vino in cui il calore alcolico è in armonia con le parti.
Magro	Carenza	Inconsistente.
Molle	Eccesso	Glicerico senza spina dorsale acida.
Pesante	Eccesso	I composti alcolici non hanno adeguato contrasto acido-sapido.
Possente	Integrazione	Molto alcolico ma in armonia.
Potente	Integrazione	Vedi "possente".
Povero	Carenza	Parte alcolica in difetto.
Scarno	Carenza	Vedi "magro".
Stucchevole	Eccesso	Eccesso di morbidezza che rasenta il dolce.
Tecnico	Eccesso	Ben eseguito ma non emozionante.
Viscoso	Integrazione	Densità e slancio in appagante misura.
Vuoto	Carenza	Poco sostenuto dalla componente alcolica.

ACIDITÀ/SALI MINERALI/SAPIDITÀ

AGGETTIVO	CARATTERISTICA	DESCRIZIONE
Acescente-volatile	Eccesso	Bruciante.
Agile	Integrazione	Freschezza che dona sorso leggiadro.
Articolato	Integrazione	Acidità presente che sostiene il corpo.
Aspro	Eccesso	In fine di bocca eccesso di acido tartarico.
Caustico	Eccesso	Volatile scissa, avvertibile dopo la deglutizione.
Citrino	Integrazione	Acidità quasi aromatica di agrumi.
Corto	Carenza	Poca acidità strutturale che non permette un allungo gustativo.
Croccante	Integrazione	Fibra acida che aiuta la bevibilità.
Dinamico	Integrazione	Scorrevole ma non manchevole.
Fresco	Integrazione	Dotato di acidità sufficiente o buona.
Incisivo	Integrazione	Acidità che accompagna a lungo il sorso, anche il più strutturato.
Inconsistente	Carenza	Poco acido e diluito.
Molle	Carenza	Privo del necessario corredo acido-tannico.
Piatto	Carenza	Per nulla sostenuto da acidità.

Pungente	Eccesso	Ai limiti del caustico anche se più integrato.
Schietto	Integrazione	Acidità in evidenza ma che dona bevibilità.
Sfibrato	Carenza	Poco sostenuto da acidità, corto.
Spigoloso	Eccesso	Esubero di acidità ma non in senso negativo.
Succoso	Integrazione	Acidità integrata che favorisce la salivazione.
Teso	Integrazione	Acidità in evidenza e armonico.
Vibrante	Integrazione	Segnato dalla freschezza sapida.
Vivo	Integrazione	Acidità piuttosto abbondante ma saporito.

DIMENSIONE AROMATICA

AROMI PRIMARI, AROMI FERMENTATIVI, AROMI DI AFFINAMENTO

In questa dimensione abbiamo lasciato spazio alla soggettività del redattore della scheda. Non amando i voli pindarici che spesso risultano caricaturali e involontariamente comici si è preferito individuare una famiglia di riconoscimenti olfattivi primari (Floreale, Fruttato o Speziato) oppure usare liberamente un solo descrittore per gli aromi fermentativi o di affinamento, data l'esigenza di riassumere in breve l'esperienza, che il lettore potrà leggere sempre come seconda espressione dei tre termini usati.

DIMENSIONE DINAMICA O RIASSUNTIVA

AGGETTIVO	MOMENTO	DESCRIZIONE
Amaro	Percorso	Dal finale amaricante e poco sostenuto dagli aromi.
Ampio	Ingresso	Vedi lo stesso termine nella dimensione alcolica.
Anonimo	Percorso	Vino manchevole; di poco sapore.
Armonico	Percorso	Ottima articolazione delle sensazioni tattili e odorose.
Autentico	Percorso	Il gusto evoca sensazioni positive di schiettezza e/o complessità.
Avvolgente	Percorso	Unisce all'ampiezza una proporzionata scorrevolezza.
Banale	Percorso	Vedi "anonimo".
Cangiante	Percorso	Esalta plurime sensazioni gustative anche non coerenti (es. ampio e dinamico)
Compatto	Percorso	Massiccio nelle dimensioni tattili e gliceriche.
Complesso	Percorso	Struttura armonica e notevole potenziale evolutivo.
Consistente	Ingresso	Di notevole peso estrattivo (tannino e alcol).
Contrastato	Percorso	La freschezza acida permette un ottimo contrappunto al fitto tannino.
Contratto	Percorso	Manchevole del necessario allungo succoso.
Corto	Percorso	Privo di complessità e struttura.
Cupo	Percorso	Scuro; di vino al limite dell'ossidato.
Decadente	Percorso	Ossidazione positiva con frutto evoluto ma armonico.
Delicato	Percorso	Non ampio, dotato di grazia.
Dettagliato	Percorso	Armonico con tratti aromatici definiti e acidità ben integrata.

Diluito	Percorso	Poco estratto ed eccessivamente scorrevole.
Docile	Ingresso	Delicato e setoso nella prima parte del palato.
Dolciastro	Percorso	Parte glicerica in eccesso.
Energico	Percorso	Innervato di acidità ben integrata oppure corroborante.
Espressivo	Percorso	Autentico e incisivo.
Essenziale	Percorso	Leggiadro e di qualità.
Gastronomico	Percorso	Tramite tannino e acidità stimola l'abbinamento col cibo.
Incerto	Percorso	Non armonico.
Incisivo	Percorso	Ricco di freschezza utile alla deglutizione.
Inconsistente	Percorso	Privo di spina dorsale acida.
Increspato	Percorso	Tannino che ostacola la dinamica.
Integro	Percorso	Vino armonico e di carattere.
Irrisolto	Percorso	Una o più parti strutturali risultano poco integrate.
Leggiadro	Percorso	Fine, aereo e di peso contenuto.
Molle	Percorso	Sbilanciato sulla parte morbida.
Opulento	Percorso	Alcolico e glicerico ma comunque bilanciato.
Ossidato	Percorso	Privo di armonia e profumi; evoluto anzitempo.
Profondo	Percorso	Di corpo; incisivo e verticale.
Rilassato	Ingresso	Semplice, beverino e gustoso.
Rustico	Percorso	Schietto, tannico e fresco.
Salino	Percorso	Dotato di corredo sapido in evidenza.
Sapido	Percorso	Vedi "salino".
Scarnificato	Percorso	Poco concentrato.
Scomposto	Percorso	Articolazione scomposta.
Scuro	Percorso	Poco definito nel contrasto gusto-aromatico ma complesso.
Severo	Ingresso	Di impatto tannico e rigido.
Sfibrato	Percorso	Carente di spina dorsale acida.
Sgraziato	Percorso	Una o più dimensioni poco coerenti.
Sottile	Ingresso	Fine e delicato.
Sporco	Percorso	Grezzo, troppo rustico o addirittura difettato.
Stanco	Percorso	Evoluto precocemente.
Stratificato	Percorso	Ricco di sensazioni e complessità.
Stucchevole	Percorso	Sbilanciato nell'apporto emolliente.
Teso	Percorso	Dotato di lunga acidità.
Varietale	Percorso	Rispecchia nel bicchiere il vitigno di origine.
Verace	Percorso	Vino schietto, incisivo; contrario di anonimo.
Verticale	Percorso	Dinamica del gusto agile e succosa.

INDICE DEI PRODUTTORI

0-9

A

B

C

D

E

F

G

H

I

J

K

L

M

N

O

P

Q

R

S

T

U

V

W

Z

INDICE DEI COMUNI

A

B

C

D

E

F

G

I

J

K

L

M

N

O

P

Q

R

S

INDICE DEI COMUNI

T

U

V

Z